OPERA

Frontispice
Projet de décors pour un inferno, gravure de Stefano della Bella
d'après un dessin de Lodovico Ottavio Burmacini, Vienne, vers 1666.

Copyright 1999 © pour la version originale
Könemann Verlagsgesellschaft mbH
Bonner Strasse 126, D-50698 Cologne

Direction artistique   Peter Feierabend
Direction éditoriale   Kirsten E. Lehmann
Suivi éditorial   Britta Harting, Sybille Carmanns
Assistance rédaction   Evelyn Lampe

Maquette   Stephanie Weischer
Notes   Kottamester BT., Budapest
Recherche iconographique   Barbara Linz

Fabrication   Mark Voges
Photogravure   Typografik, Cologne

Titre original : *Opera. Komponisten, Werke, Interpreten*

Copyright 2000 © pour l'édition française
Könemann Verlagsgesellschaft mbH

Traduction de l'allemand
Olivier Mannoni (p. 4-193, 490-497, 754-877, 922-924) ; Odile Demange (p. 194-419) ;
Jean Bertrand (p. 420-489) ; Sophie Vieillard (p. 498-583) ; Nadine Fontaine (p. 584-665) ; Lydie Échasseriaud (p. 666-753)

Coordination éditoriale et réalisation   Studio Pastre, Toulouse
Révision et conseil   Christophe Ghristi, Toulouse
Corrections   Marie-Laurence Sarret, Toulouse
Lecture   Anne Mingam, Ville d'Avray

Suivi éditorial   Lisa Heilig, Cologne

Fabrication   Ursula Schümer
Impression et reliure   Mateu Cromo Artes Gráficas, Madrid

Imprimé en Espagne

ISBN : 3-8290-4994-3

10 9 8 7 6 5 4 3 2 1

OPERA
Compositeurs · Œuvres · Interprètes

Direction **András Batta**

Lectorat **Sigrid Neef**

KÖNEMANN

L'opéra en livre

Ce volume n'a pas été conçu pour les seuls passionnés d'opéra, mais aussi et surtout pour ceux qui ne connaissent pas beaucoup ou pas du tout cet univers musical – un genre destiné aux gourmets, qui viennent y chercher des plaisirs quasiment culinaires. OPÉRA veut vous faire savourer l'art lyrique comme un bon plat.

L'ouvrage comporte plusieurs « strates », comme une partition. Il y a d'abord les images. Pour illustrer les nombreuses facettes de l'opéra, nous avons recouru aux archives de la Collection des Sciences théâtrales de l'université de Cologne, et notamment à la Collection graphique, qui contient deux siècles de croquis de décor, à la Collection photographique, aux portraits d'artistes, aux gravures anciennes et aux illustrations. Nous tenons à remercier ici son directeur, le Pr Elmar Buck, de nous avoir laissé accéder aux trésors que recèle son établissement et les publier, pour la première fois dans un certain nombre de cas. Les photographies prises lors de représentations sur des scènes de renommée internationale illustrent en outre l'histoire des représentations et de l'interprétation des œuvres évoquées dans ce volume.

Les textes de cet ouvrage présentent quatre siècles de compositeurs d'opéra, avec leurs œuvres caractéristiques. Hormis des indications sur la distribution et sur le sujet des différents opéras, on y trouvera des informations et des commentaires sur les aspects importants de chaque compositeur, son œuvre, la genèse des opéras ou les traditions qui s'attachent à leur exécution.

Les extraits de partitions peuvent être lus comme des reflets graphiques des caractéristiques de la musique ; on y trouvera les thèmes et les motifs les plus connus, les airs célèbres d'un opéra. Ces exemples notés permettent parfois d'expliquer les singularités musicales et dramatiques ou les liens avec d'autres compositions. Les textes se réfèrent donc à ces extraits de partitions.

L'embarras du choix

Le monde de l'opéra ne connaît pas de frontières. Les grandes scènes lyriques puisent dans un répertoire de base comprenant 50 à 60 opéras. Auxquels s'ajoutent à peu près autant d'œuvres données de manière occasionnelle. Si l'on y adjoint les scènes de moindre taille, les innombrables mises en scène montées pour les festivals, le cinéma et la télévision, mais aussi pour un marché du CD et de la vidéo toujours plus volumineux, le nombre des opéras susceptibles d'être présentés atteint presque aujourd'hui le millier.
Cet ouvrage tente de trouver un juste milieu entre le répertoire d'opéra établi sur les scènes internationales, quelques raretés que l'on a aujourd'hui cessé d'interpréter et la création lyrique du XXe siècle, à laquelle il rend hommage. Il présente 338 opéras de 124 compositeurs. Mentionnons simplement deux aspects importants de notre choix. Les cinq musiciens lyriques qui trônent sans contestation possible sur les sommets de l'histoire de l'opéra (Mozart, Puccini, Richard Strauss, Verdi et Wagner) sont représentés par la totalité de leur œuvre lyrique. Dans la sélection, nous avons accordé une attention particulière au répertoire du XXe siècle.

L'opéra n'est pas seulement le plus complexe, mais aussi le plus énigmatique de tous les arts de la scène. Cet ouvrage permettra d'en déchiffrer les rébus – des mystères que l'on pourra entendre en se rendant à l'opéra. Le principal message de la musique est l'indicible…

Giacomo Puccini, *Turandot*: air de Calaf (acte III)

Ma il mio mi-stero è chiuso in me, il nome mio nessun sa-prà! No, no, sul-la tua boc - ca lo - di - rò quando la lu - ce splen - de - rà!

Quelques indications pour l'utilisation de ce livre

Cet ouvrage est classé par ordre alphabétique des compositeurs. Pour chacun d'entre eux, on détaille les opéras qui ont été retenus pour ce volume. Les présentations individuelles reprennent les dates de vie et de mort, une biographie, un aperçu de l'œuvre et une brève caractérisation du compositeur au sein de l'histoire de l'opéra. Suivent les présentations des œuvres. L'ouvrage respectant l'ordre alphabétique, nous avons renoncé à établir un sommaire. S'agissant d'une édition internationale, nous avons choisi l'orthographe anglaise pour les noms de compositeurs. Certains d'entre eux, comme angl. : Shostakovitsh (Chostakovitch), se situent donc à une place inhabituelle.

Dans les annexes du livre, le lecteur trouvera un glossaire comportant les définitions des principales notions musicales, un index reprenant les opéras, les créations et les exemples notés, et un résumé des textes contenus dans le livre sur l'histoire de l'opéra. Il y trouvera également un index des personnes et des thèmes, un choix bibliographique sur l'opéra et les crédits photographiques.

Les auteurs des différents articles (présentés en annexe) sont indiqués par leurs initiales à la fin des textes ou des doubles pages. Tous les autres textes sont du directeur de cet ouvrage, M. András Batta.

Pages 6 et 7 : croquis de rideau de l'atelier théâtral Otto Müller-Godesberg pour le Stadttheater de Barmen, 1905 (TWS).

Pages 8 et 9 : Giuseppe Verdi, *Un Ballo in maschera*, mise en scène et décors : Richard Jones et Antony Mc Donald, direction musicale : Marcello Viotti, Festival de Bregenz, 1999.

John Adams

Né à Worcester (Massachussetts) le 15 février 1947

Adams étudie la musique de 1966 à 1971 à la Harvard University de Cambridge, près de Boston. En 1971, il s'installe sur la côte ouest des États-Unis ; il vit d'abord à Oakland, puis devient professeur au San Francisco Conservatory of Music où il dirige le New Music Ensemble. À l'instigation du directeur et chef d'orchestre Edo de Waart, Adams est successivement devenu conseiller, puis compositeur résident auprès du San Francisco Symphony Orchestra. En 1985, il se marie, puis s'installe à Berkeley (Californie), où il vit depuis comme compositeur indépendant et organisateur de concerts, travaillant avec des compositeurs comme Robert Ashley, Glenn Branca, Gavin Bryars, → John Cage, Meredith Monk et → Steve Reich. En Europe, Adams s'est fait un nom avec ses œuvres orchestrales et son opéra *Nixon in China*, mais aussi à la direction de grands orchestres, de l'Ensemble Schönberg, de la Sinfonietta de Londres et de l'Ensemble Modern.

Œuvres : Opéras : *Nixon in China,* 1984/1986 (Nixon en Chine) ; *The Death of Klinghoffer,* 1989/1990 (La mort de Klinghoffer) ; *I was Looking at the Ceiling and Then I Saw the Sky,* 1993/1994. Œuvres majeures (sélection) : *Phrygian Gates* pour piano, 1977 ; *Shaker Loops* pour septuor à cordes, 1978, rév. en 1983, ; *Light Over Water* pour synthétiseur, 1983 ; *Harmonielehre* pour orchestre, 1984/1985 ; *Short Ride in a Fast Machine,* 1986 ; *The Chairman Dances,* 1986.

Adams fait partie de la deuxième génération des musiciens minimalistes. Alors que chez Steve Reich, les aspects constructifs et la répétition d'éléments harmoniques et rythmiques forgent le minimalisme, Adams produit des moments expressifs et puissants en utilisant les ralentis soudains et des changements harmoniques inattendus.

Minimalisme et humour américain

« Ni Mozart ni Verdi, Wagner ou Puccini ne sont parvenus à faire donner leurs œuvres en aussi peu de temps et dans autant de salles. Alors que *Nixon in China* est son premier opéra. » Telle fut la réaction des contemporains étonnés du triomphe ahurissant de cet opéra et de son compositeur. Même si le scénario est fondé sur l'importante visite de Nixon en Chine, il ne s'agit pas d'un opéra politique. Adams s'intéressait plutôt à la rencontre de deux cultures et modes de vie totalement étrangers. L'un des exemples en est l'air d'entrée de Nixon (lors de son arrivée en Chine, sur l'aéroport) qui joue simultanément avec humour sur les possibilités de la musique minimaliste, de la répétition permanente des mêmes thèmes : « New news news news news news news news news news news a has a has a has a has a has a kind of mystery a has a has a has a kind of mistery. » L'épouse de Mao, responsable de la destruction violente de la culture chinoise traditionnelle, doit être imaginée dans le style d'une diva européenne. Le ballet révolutionnaire chinois, en revanche, a été entièrement conçu par Adams dans un son hollywoodien : du kitsch idéologique, dans un cas comme dans l'autre. C'est la pure musique minimaliste qui domine, mêlée à de grands airs et ensembles caractérisés par une grande variété harmonique. La pulsation musicale ininterrompue a été conçue par le compositeur Adams comme un antipode critique aux activités frénétiques des protagonistes. *S. N.*

Nixon in China
Nixon en Chine

Opéra en trois actes

Livret : Alice Goodman
Création : le 22 octobre 1987 à Houston (Opera House)
Personnages : Richard Nixon, président des États-Unis (bar.), Pat Nixon, son épouse (sop.), Zhou Enlai, premier ministre chinois (bar.), Mao Zedong, président du Parti (tén.), Chiang Ch'ing, épouse de Mao (sop.), Henry Kissinger (basse), première et deuxième secrétaires de Mao (2 mezzosop.), troisième secrétaire de Mao (alto), Wu Ching-hua (danseuse), Hung Chang-ching (danseur), citoyens de Pékin, ouvriers de l'industrie, soldats de l'Armée populaire chinoise (chœur)

Argument
À Pékin, en 1972.
Acte I
La réception du président Nixon et de son épouse respecte parfaitement le protocole, que ce soit à l'aéroport (tableau 1), pendant le premier entretien de contact des Américains avec les Chinois (2e tableau) ou pendant le banquet (tableau 3). D'un côté comme de l'autre, on est déconcerté, on ne comprend pas ; la situation est à la fois menaçante et amusante, mais on préserve l'étiquette.
Acte II
La *First Lady* accomplit son programme culturel, visite les monuments de Pékin, aussi bien les réalisations communistes contemporaines que celles de l'ancien empire (tableau 1). Le soir, les hôtes sont invités à l'Opéra traditionnel de Pékin. Mao Zedong, très fier, fait interpréter à leur intention le ballet révolutionnaire *Le Bataillon rouge des femmes* (tableau 2).
Acte III
Dernière nuit des Américains à Pékin. La visite a-t-elle eu une importance historique ? Oui. Mais Nixon et Mao Zedong se demandent s'ils se sont rapprochés ainsi de leurs rêves de jeunesse. Le Chinois voulait mettre en œuvre l'idéal d'une grande révolution asiatique, tandis que l'Américain s'était fixé comme objectif de tenir son propre stand de hamburgers. Seul le vieux Zhou Enlai a abandonné tous ses vœux, il n'a plus rien à craindre, plus rien à espérer. *S. N.*

Nixon in China, photo de scène avec Susan Burghardt dans le rôle de Chiang Ch'ing, mise en scène : John Dew, décors et costumes : Gottfried Pilz, création allemande, Bühnen der Stadt Bielefeld, 1989.
La revue présentée à Nixon et à son escorte propose une autoprésentation de la direction chinoise. On l'a par ailleurs adaptée aux goûts des hôtes de marque de cette visite d'État.

I Was Looking at the Ceiling and Then I Saw the Sky

Après ses deux premières œuvres scéniques, cet opéra fut le troisième travail scénique commun de John Adams et du metteur en scène Peter Sellars : un jeu vocal inspiré par la musique folk, avec un orchestre de huit personnes. Pour la librettiste Jun Jordan, il s'agit d'une « romance tremblement de terre » entre sept jeunes hommes et femmes sur la côte ouest des États-Unis dans les années quatre-vingt-dix. L'immigrante clandestine Consuelo cherche le bonheur avec le chef de gang Dewain (le père de son deuxième enfant), le prédicateur baptiste David le cherche avec Leila, tandis que le juriste arrivé, Rick, ne peut assumer le fait d'être issu des Boat People, et que Mike, le policier homosexuel, a des difficultés à se dévoiler face à la journaliste de reality-show Tiffany. Lors d'un tremblement de terre, les églises et les prisons, extérieures et intérieures, s'effondrent. Consuelo dit adieu au paradis de la consommation et rentre au Salvador. À la création américaine, en 1994, ont succédé des tournées en Europe, comme aux festivals d'Édimbourg et de Helsinki. La première allemande a eu lieu en 1995 au Thalia Theater de Hambourg.

Nixon in China, photo de scène avec Thomas Hammons (Henry Kissinger), Eilene Hannan (Pat Nixon) James Maddalena (Richard Nixon) et Sanford Sylvan (Zhou Enlai) (de g. à dr.), mise en scène : Peter Sellars, Opéra de Francfort, 1992. L'utilisation dans l'opéra d'Adams des lieux où sont tournées les informations télévisées quotidiennes crée une nouvelle atmosphère scénique. On découvre avec stupéfaction à quel point les clichés de l'étiquette politique s'harmonisent bien avec les types de scène de l'opéra : la scène politique, elle aussi, connaît les airs, les duos et les ensembles.

The Death of Klinghoffer
La Mort de Klinghoffer

Livret : Alice Goodman
Création : le 19 mars 1991 à Bruxelles (Théâtre royal de la Monnaie)
Personnages : Capitaine (basse), premier officier (bar.-basse), grand-mère suisse (mezzosop.), Molqui (tén.), Mamoud (bar.), femme autrichienne (mezzosop.), Leon Klinghoffer (bar.), « Rambo » (bar.-basse), danseuse anglaise (mezzosop.), Omar (mezzosop.), Marilyn Klinghoffer (alto), Palestiniens et Juifs, « chœur de l'océan », « chœur de la nuit », « Hagar et l'ange », « chœur du désert », « chœur du jour » (chœur)

Argument
Le navire de croisière italien *Achille Lauro* en 1985.
Prologue
Les morts délivrent un message (chœurs des Palestiniens et des Juifs exilés).
Acte I
Non loin du port d'Alexandrie, des terroristes palestiniens ont pris d'assaut le navire de luxe *Achille Lauro*. Les passagers, le plus souvent des touristes d'un certain âge, sont rassemblés dans une salle ; on sépare les Américains, les Britanniques et les Israéliens. La voix de la nature leur parle à tous, mais ils ne la perçoivent pas. Être terroriste, c'est ne pas trouver le repos de l'âme – tel est le sort du plus jeune d'entre eux, Mamoud, le mélomane. C'est à lui qu'il revient de surveiller le capitaine, et un contact s'établit entre les deux hommes.
Acte II
La Bible raconte l'histoire de Hagar et de l'ange. Sur le conseil de sa femme stérile, Sarah, le juif Abraham a engrossé l'esclave égyptienne Hagar ; celle-ci, ne supportant plus le joug de Sarah, a pris la fuite. L'ange de Dieu a pourtant ordonné à Hagar de supporter la dureté de Sarah. Les terroristes conduisent les Américains, les Britanniques et les Israéliens sur le pont, mais ils ne savent pas encore comment procéder. Le soleil brûle, impitoyable. Le juif Klinghoffer, attaché à son fauteuil roulant, est conduit sous le pont. Peur de part et d'autre : qui sera la victime, qui sera le bourreau ? Tous ont ainsi une épreuve à franchir, comme dans le désert. Klinghoffer est abattu. Le capitaine est disposé à se sacrifier : le jour se lève. L'*Achille Lauro* entre dans le port. Les Palestiniens ont abandonné le navire. À cet instant seulement, Madame Klinghoffer apprend la mort de son mari.

S. N.

The Death of Klinghoffer, photo de scène avec chœur, mise en scène : Barbara Bayer, décors : Hermann Feuchter, direction musicale : Andreas Kowalewitz, Opéra de Nuremberg, 1997.
Le deuxième opéra d'Adams doit lui aussi sa conception au metteur en scène Peter Sellars et se fonde également sur un épisode réel de l'histoire récente. Selon Adams, il s'agit d'une représentation de la Passion, dans la tradition de Bach. Car ce n'est pas la prise d'otages des terroristes qui constitue le centre de l'action, mais l'expression accordée aux morts et à l'âme de la nature et du monde par le biais des chœurs. L'œuvre a une dimension mystique.

Eugen d'Albert (1864-1932)
Vers 1910, on considérait d'Albert comme le plus important pianiste de son temps. C'était effectivement un virtuose impeccable ; on a conservé de lui quelques enregistrements, dont la *Sonate en si mineur* de Franz Liszt. D'Albert a débuté sa carrière de pianiste à Londres, où il a fait ses études à la National Music School auprès d'Ernst Pauer, et a remporté dès l'âge de 17 ans le prix Mendelssohn.
Hans Richter, le grand chef d'orchestre de Bayreuth, l'entendit interpréter le concerto de Schumann au Crystal Palace de Londres, il invita alors le jeune artiste à Vienne. Ainsi débuta la carrière de d'Albert dans les pays germanophones. Il étudia deux ans auprès de Franz Liszt à Weimar, fit ses débuts à Berlin et effectua dès les années 1880 de grandes tournées en Europe.
Comme presque tous les pianistes célébrés du romantisme, Franz Liszt en tête, d'Albert dut aussi se battre pour établir sa renommée de compositeur en même temps que sa célébrité de pianiste. Il a commencé sa carrière de compositeur avec des œuvres pour piano, son *Opus 1* (1883) est une suite pour piano dans le style baroque, ce qui constituait à l'époque une nouveauté. Dans les années 1890, il dirigeait déjà des orchestres. En 1895, il devint même chef d'orchestre à l'Opéra de Weimar (il succédait à Richard Strauss, qui avait le même âge que lui).
D'Albert connut souvent le succès dans sa musique et dans sa vie : il conquit les scènes lyriques, donna des œuvres de Bach et de Beethoven, et il avait un profond penchant pour les femmes, qui ne l'appréciaient pas seulement pour son talent musical.

Eugen **d'Albert**

Né à Glasgow le 10 avril 1864
Mort à Riga le 3 mars 1932

D'Albert fait ses études à Londres auprès d'Ernst Pauer, à Vienne auprès de Hans Richter et à Weimar auprès de Franz Liszt. Il devient un grand pianiste ; à partir de 1895, à Weimar, il est chef d'orchestre d'opéra et impose un style romantique dans son interprétation des œuvres de Bach et Beethoven.

Œuvres : 21 opéras, entre autres *Die Abreise*, Francfort s/Main, 1898 (Le Départ); *Tiefland*, Prague, 1903 (Les Basses plaines); *Die Toten Augen*, Dresde, 1916 (Les Yeux morts); *Der Golem*, Francfort s/Main, 1926; *Die schwarze Orchidee*, Leipzig, 1928. Concertos, œuvres orchestrales, musique de chambre.

*L*e compositeur d'Albert tenta une synthèse entre le drame musical de Richard Wagner et le charme vocal de l'opéra italien ; l'important, pour lui, était la clarté du langage musical.

Tiefland, projet de décor (détail) de Franz Gruber, Stadttheater de Fribourg-en-Breisgau, 1910 (TWS).
Dans ce projet de décor, la nostalgie d'une vie libre de toute agitation, exprimée dans l'opéra, est projetée dans la nature. Son caractère virginal en fait le symbole de la vérité et de la pureté, tandis que les basses plaines, déformées par l'homme, sont le royaume du faux.

Tiefland
Les Basses plaines

Drame musical en un prélude et deux actes

Livret: Rudolph Lothar, d'après la pièce *Terra Baixa* d'Angel Guimerà
Création: **1re version** (en trois actes) le 15 novembre 1903 à Prague (Neues Deutsches Theater); **2e version:** le 16 janvier 1905 à Magdebourg (Stadttheater)
Personnages: Sebastanio, un riche propriétaire foncier (bar.), Tommaso, le doyen de la communauté, nonagénaire (basse), Moruccio, valet du meunier (bar.), Marta (sop.), Pepa (sop.), Antonia (mezzo-sop.), Rosalia (alto), Nuri (sop.), Petro et Nando, bergers au service de Sebastiano (2 tén.), une voix (basse) le prêtre (rôle muet), paysans et paysannes (chœur)

Argument
Dans les Pyrénées et dans un village de Catalogne, vers 1900.

Prologue
Sur l'alpage, Pedro et Nando sont deux bergers au service du riche Sebastiano. Ils vivent dans un total isolement, auprès de leurs animaux, dans la montagne. Mais Pedro voudrait une épouse. Un jour, Sebastiano apparaît en compagnie de la servante Marta et du doyen de la communauté, Tommaso. Marta est la maîtresse de Sebastiano, mais le maître veut à présent la marier à Pedro, lui-même devant épouser une femme riche pour rembourser ses dettes. Face à Marta, Sebastiano reconnaît franchement qu'il demeurera son amant. Le pauvre berger Pedro doit, en guise de cadeau de mariage, reprendre le moulin dans la vallée. Marta est indignée par les intentions de Sebastiano et s'enfuit dans la vallée. Pedro, qui ne se doute de rien, apprend par Tommaso, tout aussi ignorant, qu'il va avoir le bonheur de pouvoir épouser la belle Marta. Il quitte son alpage, charge Nando de surveiller ses animaux et balaie d'un revers de main tous les avertissements que lui lance son ami à propos des perfides basses plaines.

Acte I Dans le moulin.
Pepa, Antonia et Rosalia ont entendu parler du projet de mariage entre Marta et Pedro et pressent Moruccio de leur expliquer le fond de l'affaire. Comme celui-ci se tait, elles s'adressent à l'innocente Nuri qui, confidente de Marta, connaît tous les détails et raconte tout sans faire de difficultés. Pedro est accueilli par des moqueries. La cérémonie nuptiale débute, malgré la résistance de Marta. Tommaso, devenu méfiant, veut que Sebastiano lui dise la vérité. Moruccio s'indigne. Marta, dit-il, barre la voie à Sebastiano parce qu'il doit épouser une riche jeune fille pour éponger ses dettes. Tommaso court à l'église pour empêcher la cérémonie, mais celle-ci a déjà eu lieu. Pedro, d'une manière naïve et touchante, tente de s'attirer l'amour de son épouse, mais Marta reste de glace. C'est seulement lorsqu'elle comprend que Sebastiano a floué Pedro et que celui-ci a

l'âme pure qu'elle tombe amoureuse de lui.

Acte II Dans le moulin.
Le chant matinal de Nuri réveille les deux jeunes mariés. Tommaso demande à Marta de faire preuve de loyauté envers Pedro. Mais c'est trop tard: à la ville, Pedro a appris la vérité sur son mariage, sans pouvoir cependant apprendre le nom de son rival. Sebastiano apparaît à cet instant avec quelques paysans et ordonne à sa servante Marta de danser pour lui. Marta avoue alors la vérité.

C'en est fini des projets de riche mariage fomentés par Sebastiano: Tommaso a prévenu la fiancée et sa famille. Le seigneur se rabat sur son ancienne maîtresse et importune Marta. Pedro défie son rival à la lutte et étrangle son seigneur, de la même manière qu'il avait jadis tué à mains nues un loup qui menaçait le troupeau. Il va chercher les paysans, en fait les témoins de sa vengeance et remonte librement dans la montagne avec Marta.

M. S.

Tiefland, photo de scène de l'acte II, avec Marta, Pedro et Sebastiano (assis), Berlin, 1907.

Tiefland, l'œuvre la plus populaire de d'Albert, ne put s'imposer sur les scènes allemandes qu'après une révision dans la mise en scène de Hans Gregor au Komische Oper de Berlin. L'intendant du Hoftheater de Dresde, Ernst von Schuch, proposa à d'Albert de mettre en musique ce sujet catalan. Le librettiste entreprit quelques modifications – on établissait ainsi, sans la moindre nuance, une relation entre la vérité et la nature intacte de la montagne, tandis qu'on identifiait la fausseté avec les basses plaines, formées par l'être humain. Le choc des deux mondes débouchait sur des modèles de comportement archétypiques. La représentation de la vie villageoise, tantôt réaliste et critique, tantôt idéalisée, correspondait au sentiment fondamental de citadins aspirant à une existence sans contraintes. En s'inspirant, sur certains points, du drame musical wagnérien, d'Albert utilise les techniques expressives énergiques du vérisme, cite → *Le Prophète* de Meyerbeer (1849) et diversifie l'œuvre, dont il avait déjà composé de longues parties, en y insérant des numéros isolés.

Auber, caricature de B. Roubaud, Paris, 1839. Auber était un véritable faiseur d'opéras, qui en composa un nombre considérable : un artiste qui devait être un véritable expert en musique et en arts de la scène, mais qui savait aussi comment séduire le public. De ce point de vue, Auber était un véritable homme de théâtre. Sa popularité lui valut la reconnaissance de la cour impériale : à partir de 1857, il porta le titre prestigieux de Chef d'orchestre de la cour.

Daniel François Esprit Auber

Né à Caen le 29 janvier 1782
Mort à Paris le 12/13 mai 1871

Auber débute sa carrière de compositeur en amateur ; son premier opéra-comique est créé en 1805. Après 1820, il publie presque chaque année un nouvel opéra-comique, et écrit aussi une dizaine d'œuvres pour l'opéra (entre autres *Gustave III*, dont le sujet fut rendu célèbre, plus tard, par → *Un Ballo in maschera* de Verdi). De 1830 à 1850, Auber et son librettiste Eugène Scribe sont les maîtres incontestés de la veine légère de l'opéra français.
Leur collaboration donne aussi le jour, en 1828, au premier exemple du grand opéra romantique, *La Muette de Portici*.
En 1842, Auber succède à Cherubini au poste de directeur du Conservatoire de Paris.

Œuvres : sur la cinquantaine de ses œuvres scéniques, seules *La Muette de Portici*, 1828, et *Fra Diavolo*, 1830, purent s'affirmer dans le répertoire ; les autres sombrèrent dans l'oubli après avoir connu des succès sensationnels du vivant de leur compositeur.

Auber exerça une influence décisive sur le Grand Opéra, mais c'est dans l'univers humoristique et intime de l'opéra-comique que son style s'épanouit le mieux.

Fra Diavolo

Opéra-comique en trois actes

Livret : Eugène Scribe
Création : le 28 janvier 1830 à Paris (Opéra-Comique)

Personnages : Fra Diavolo, chef des bandits (tén.), Lady Pamela, Anglaise en voyage (mezzo-sop.), Lord Kookburn, époux de Pamela (bar.), Lorenzo, officier des dragons romains et amant de Zerline (tén.), Zerline, fille de Matteo (sop.), Beppo et Giacomo, bandits (tén, basse), Matteo, aubergiste de Terracina (basse), un meunier (basse), un soldat (tén.), dragons, villageois (chœur)

Argument
Près de Naples, vers 1830.
Le brigand Fra Diavolo fait régner la terreur par monts et par vaux. Mais il permet à Lorenzo de connaître le bonheur. Le carabinier capture le brigand, reçoit la prime promise et peut ainsi épouser sa Zerline.

Acte I
La fille de l'aubergiste, Zerline, aime le carabinier Lorenzo. Mais celui-ci est pauvre, et Zerline est promise à un riche paysan. Lorenzo est donc à la poursuite du tristement fameux brigand Fra Diavolo, dont la tête est mise à prix pour une forte somme. Un couple anglais vient se réfugier juste à temps dans l'auberge. Ils ont été dépouillés, en chemin, par Fra Diavolo. Lorenzo se lance sur ses traces. Pendant ce temps-là, Fra Diavolo, déguisé en marquis, apparaît et fait la cour à la lady. Lorenzo revient avec les bijoux qu'il a récupérés, et les Anglais lui offrent une récompense substantielle.

Acte II
L'heure de dormir est venue. Zerline, elle aussi, va se coucher, et prend soin de mettre à l'abri l'argent de Lorenzo. Fra Diavolo et ses sbires, Beppo et Giacomo, l'observent en secret. Zerline doit mourir pour qu'ils puissent prendre l'argent. Mais Lorenzo dérange Fra Diavolo au bon moment. Le marquis prétexte un rendez-vous, et pendant que Lorenzo et l'Anglais se disputent pour savoir quelle est l'épouse infidèle, la bande de voleurs s'échappe.

Acte III
Fra Diavolo est convenu avec Beppo et Giacomo de l'appeler en lui faisant un signe lorsque le chemin sera libre et les gens partis à la messe. Mais les deux bandits ne sont pas assez prudents, Zerline les reconnaît et Lorenzo les force à lancer le signal convenu. Fra Diavolo est capturé. Lorenzo a désormais suffisamment d'argent pour épouser Zerline.

S. N.

Fra Diavolo, photo de scène (Acte II) avec Eberhard Waechter (Beppo) et Karl Dönch (Giacomo), mise en scène : Nathaniel Merrill, direction musicale : Ivan Parik, Volksoper de Vienne, 1986.
Comme d'habitude dans les comédies classiques, ce sont ici des personnages typiques qui agissent dans des situations typiques. Avec la belle fille du village toute simple, Zerline, et le gaillard honnête, Lorenzo, les rudes canailles Beppo et Giacomo.

Opéra-comique

À côté du drame lyrique importé d'Italie, l'opéra-comique fut considéré comme le genre typique de l'histoire de l'opéra français au début du XIXe siècle. Il a les mêmes racines que le *Singspiel* allemand, mais son ton lui est donné par une légèreté spécifiquement française. Un opéra-comique était constitué de dialogues en prose alternant avec des chansons à strophes légères (les « couplets »), des numéros d'ensemble simples et des scènes chorales animées. L'atmosphère était essentiellement celle d'un divertissement pur, fréquemment du comique frivole, tout tragique étant exclu. Cette conception changea vers 1870, lorsque l'on ajouta au genre une plus grande profondeur psychologique. Dans la première moitié du XIXe siècle, on produisit à Paris des quantités d'œuvres de ce genre, qui se prolongea avec les opérettes d'Offenbach.

Bandit et gentleman

Le chef de bande Fra Diavolo, dont le personnage s'inspire d'une figure historique datant du temps du roi de Naples Joseph Bonaparte, incarne le noble criminel, qui reviendra plus tard sous les traits d'Arsène Lupin ou de Zorro. Son nom suffit à lui seul à répandre la terreur : dans l'imagination des gens simples du village, il apparaît comme le symbole du diable. On en a un écho dans le récit de Zerline.

Le bandit Fra Diavolo s'attache pourtant beaucoup à son élégance, comme on le voit dans son amourette avec Pamela (duo, acte I). Mais il peut aussi jouer l'amant italien au sang chaud (barcarolle, acte II). Le romantisme des brigands, exprimé sur scène à travers son personnage, pouvait agréablement séduire le public, d'autant plus qu'il ne dépassait pas les limites du comique légendaire.

P. H.

Fra Diavolo, croquis de décor de Franz Moser, Vienne, vers 1920 (TWS). Quelles qualités permirent à *Fra Diavolo* de se détacher parmi des centaines d'œuvres analogues de l'opéra-comique ? Sa force tient à son art mélodique pénétrant, qui culmine moins dans les passages lyriques que dans les situations de gaieté piquante. L'élan communicatif dans lequel se succèdent les différents numéros chantés ne laisse pas de temps à la réflexion. Il attire l'auditeur dans son sillage et agit de manière très directe. Le cadre, pour sa part, dégage une atmosphère tranquille.

1. Couplet de Zerline

2. Barcarolle de Fra Diavolo

Béla **Bartók**

Né à Nagyszentmiklós (Transsylvanie, à l'époque en Hongrie) le 25 mars 1881
Mort à New York le 26 septembre 1945

Bartók se consacre essentiellement à la composition et au folklore. C'est un homme très réservé, dont la vie s'est déroulé sans grande animation extérieure.
Après avoir fréquenté le lycée de Pozony (Bratislava), il fait des études de piano à l'Académie de musique de Budapest auprès d'István Thoman, élève de Franz Liszt, et de composition auprès de Hans Koessler, ami de Brahms. Son génie lui a permis d'aborder une brillante carrière de pianiste, mais il ne correspond pas au type du grand virtuose international : c'est un compositeur-interprète qui se soucie avant tout de la restitution fidèle de ses œuvres et de celles des autres. Son expérience artistique décisive est celle de la musique populaire hongroise, qu'il étudie à partir de 1904 dans les petits villages. En 1905, il fait la connaissance de Zoltán Kodály ; tous deux se consacrent à l'étude du folklore hongrois, développent et propagent leurs idéaux esthétiques communs en vue d'une nouvelle musique hongroise. Bartók ne fait que tardivement sa percée comme compositeur dans son propre pays – ce fut en réalité après la Première Guerre mondiale. Il se heurte au conservatisme du public hongrois. Fuyant le fascisme, il émigre en 1940 aux États-Unis, où il a vécu quelques années dans des conditions difficiles, en proie à la maladie, mais a continué toutefois à créer des compositions importantes.

Œuvres : Œuvres scéniques : *Le Château de Barbe-Bleue*, 1911/création 1918 ; *Le Prince de bois*, ballet, 1917 ; *Le Mandarin merveilleux*, pantomime, 1919/création 1926. Œuvres pour piano, dont : sonates pour piano et le célèbre *Allegro barbaro* 1911, trois concertos pour piano (1926, 1931, 1945). Six quatuors à cordes, chœurs, mélodies, œuvres pour orchestre, *Concerto pour orchestre* (1943), musique de chambre, adaptations de chants populaires.

Le Château de Barbe-Bleue

Opéra en un acte

Livret : Béla Balázs
Création : le 24 mai 1918 à Budapest (Opéra royal)
Personnages : Le duc Barbe-Bleue (basse), Judith (sop.), les anciennes épouses de Barbe-Bleue (rôle muet), prologue (récitant)

Argument

Le château du duc Barbe-Bleue, hier et aujourd'hui.
Prologue : on demande ce que signifient de vieilles chansons : rapportent-elles des événements survenus à l'étranger ou dans le pays, désignent-elles le passé ou un présent éternel ?
Judith a quitté sa maison natale et son fiancé pour suivre le ténébreux Barbe-Bleue. Elle l'aime parce qu'il souffre. Dans son sombre château, elle trouve sept portes muettes et noires. Pour comprendre tout à fait son bien-aimé et apporter de la lumière dans cette sombre existence, Judith le presse d'ouvrir ces portes. Les deux premières cachent la chambre des tortures et la salle d'armes de Barbe-Bleue, la troisième et la quatrième le trésor et le jardin enchanté. Judith presse alors Barbe-Bleue d'ouvrir la cinquième porte. La clarté se répand, la vue s'ouvre sur l'extérieur et sur tout le royaume. Heureux, Barbe-Bleue veut prendre Judith dans ses bras. Mais elle a découvert du sang, et elle demande à connaître toute la vérité. Malgré la mise en garde de Barbe-Bleue, elle ouvre la sixième porte, celle qui donne sur l'étang des larmes. Enfin, derrière la septième porte, Judith aperçoit les anciennes femmes de Barbe-Bleue, qui vivent dans son souvenir. Judith va les rejoindre au royaume de la mémoire. Le château de Barbe-Bleue replonge dans l'obscurité.

S. N.

Le Château de Barbe-Bleue, photo de scène avec Barbe-Bleue et Judith, mise en scène : Peter Konwitschny, Opéra de Leipzig, 1991.
Judith et Barbe-Bleue incarnent, comme homme et femme, deux principes opposés qui – selon la conception pessimiste de Bartók – ne peuvent jamais s'accorder. C'est aussi ce que reflètent leurs rôles : dans l'ombre, Barbe-Bleue est passif et immobile, tandis que Judith est dynamique et active. Mais à la cinquième porte, elle est aveugle et sourde à la vive splendeur du royaume des hommes.

Le Château de Barbe-Bleue – Bartók

Page de gauche, en haut
Le Château de Barbe-Bleue, affiche de János Kass, Budapest, 1960.
Chaque porte offre un autre regard dans l'âme humaine, des couleurs s'associent aux symboles des qualités masculines : chambre des tortures – rouge, salle d'armes – rouge jaune, trésor – jaune d'or – jardin enchanté – bleu vert, tout le royaume – blanc, étang des larmes – blanc, avec un éclairage discret, chambre des anciennes femmes de Barbe-Bleue – argent.

Bartók a créé un langage sonore original où la tradition musicale de l'Europe centrale joue un rôle déterminant, tout comme le folklore de différents peuples (notamment des Hongrois, Roumains et Slovaques).
Il ne s'est pas soumis à une mode, mais a développé un mélange génial de modernité et d'archaïsme.

La porte de l'âme

Le genre de l'opéra ne correspondait pas à la nature artistique de Bartók. À l'instar de Beethoven, il était plutôt un compositeur instrumental. Pourtant, avec l'œuvre en un acte *Le Château de Barbe-Bleue*, il a créé l'un des opéras les plus importants du XXe siècle. Car le texte chargé de symboles de Béla Balász, la forme et le langage de la ballade populaire, loin de pousser Bartók en direction de l'opéra romantique, l'ont incité à chercher des structures forgées par la symphonie. Les motifs et l'instrumentation sont tellement imagés et expressifs que l'imagination visuelle du spectateur intervient aussi lors des nombreuses versions concertantes qui en ont été données. L'opéra commence et s'achève en fa dièse mineur, avec une mélodie qui, pour sa part, rappelle la sombre forêt de → *Pelléas et Mélisande* de Debussy – à l'influence déterminante.

Mais elle est aussi, d'autre part, composée dans le style d'un chant populaire hongrois. N 1
L'antipode tonal (do majeur) apparaît à l'ouverture de la cinquième porte, lorsque la clarté se répand dans le sombre château. Des accords grandioses et le son de l'orgue donnent une expression musicale à cet instant littéralement aveuglant. Jusqu'à la cinquième porte, l'intérieur s'éclaire, pour retomber dans la pénombre après ce point culminant. N 2

« La nuit sera désormais éternelle, éternelle… »

Béla Balász a qualifié de « ballade de la vie intérieure » son livret mis en musique par Bartók. Lors de son travail de composition, Bartók a été inspiré par un grand amour romantique sans retour, mais aussi par les idées littéraires et philosophiques de la fin du XIXe siècle (notamment celles de Nietzsche), ou encore par la découverte des contenus archaïques du folklore hongrois, dans lequel les images de l'intérieur et de l'extérieur s'inversent constamment. Comme Barbe-Bleue, Bartók a tenté de protéger sa vie intérieure contre le monde extérieur, de créer un « château » isolé. Il n'en livra l'accès à aucun de ses proches, pas même à sa première et à sa seconde épouses. On trouve dans l'œuvre une référence textuelle à → *Lohengrin* de Richard Wagner, où Lohengrin ordonne à Elsa : « Tu ne devras jamais m'interroger. » « Va et vois, mais ne demande jamais. Regarde tout, ne demande jamais », demande Barbe-Bleue à Judith. L'opéra s'achève comme il commence : dans la pénombre. Une vision moderne (composée en 1911 !) et pessimiste de l'inéluctable tragédie entre les deux sexes.

Ariane et Barbe-Bleue de Paul Dukas, croquis de décor de Bernd Steiner, Stadttheater de Brême, 1927 (TWS).
Le modèle de Béla Balázs était le drame de Maurice Maeterlinck *Ariane et Barbe-Bleue (1902)*, mis en musique par Paul Dukas en 1907. Le librettiste de Bartók reprit les personnages de l'homme et de la femme, ainsi que le motif des sept portes et des femmes cachées dans le château, tel que l'avait imaginé Maeterlinck. Contrairement à son ancêtre dans la légende et dans les premières adaptations littéraires, ce Barbe-Bleue ne tue pas ses femmes, mais les garde dans son château comme une prison. Cependant, Barbe-Bleue ne peut jamais être satisfait par leur amour servile et inconditionnel, si bien qu'il est constamment en quête de nouvelles femmes. Ariane promet à Barbe-Bleue l'amour éternel. Son sens véritable demeure certes caché à Barbe-Bleue, mais l'amour est sauvé comme symbole et promesse – même lorsque l'individu périt.

Fidelio

Opéra en deux actes

Livret : Joseph Sonnleithner (première version) et Friedrich Treitschke (version définitive)
Création (première version) : le 20 novembre 1805 à Vienne (Theater an der Wien)
Création (version définitive) : le 23 mai 1814 à Vienne (Kärntnertor Theater)
Personnages : Don Fernando, ministre (bar.), Don Pizarro, gouverneur d'une prison d'état (bar./basse), Florestan, un prisonnier (tén.), Leonore, son épouse, sous le nom de Fidelio (sop.), Rocco, geôlier en chef (basse), Marzelline, sa fille (sop.), Jaquino, portier (tén.) premier prisonnier et deuxième prisonnier (tén., basse), soldats de garde, prisonniers politiques, peuple (chœur)

Argument
Une prison politique, à quelques lieues de Séville, à la fin du XVIIIe siècle.

Acte I
Dans la cour de la prison.
Le geôlier en chef, Rocco, a beaucoup à faire. Jaquino, le portier, lui apporte volontiers son aide, car il aime la fille de Rocco, Marzelline, et ils sont déjà fiancés. Mais voilà : Rocco a un nouvel assistant, et l'arrivée de ce Fidelio a tout changé. L'étranger habile a gagné la confiance de Rocco, et Marzelline est tombée amoureuse de lui. Mais Fidelio est une femme. Leonore s'est déguisée pour chercher son époux Florestan, un combattant de la vérité, et pour le libérer. Elle soupçonne son adversaire Pizarro de l'avoir enfermé illégalement dans cette prison. Lorsque le gouverneur Pizarro apprend que ses méfaits sont devenus notoires, il veut en effacer toute trace. Le ministre ne doit pas trouver Florestan lors de l'inspection qu'il a prévu de faire. Florestan avait jadis découvert un crime commis par Pizarro ; il croupit à présent dans la plus profonde des geôles. Toutes les tours doivent être occupées pour guetter l'arrivée du ministre : celle-ci doit être annoncée par un signal de trompette afin que Pizarro ne soit pas surpris pendant qu'il commet ses actes ignobles. À la demande de Fidelio et de Marzelline, Rocco a laissé les prisonniers sortir dans le jardin de la prison. Pour Leonore, c'est l'occasion de chercher Florestan. Pizarro est furieux de l'initiative prise par Rocco, et fait ramener les prisonniers dans leur cachot. Comme Leonore n'a pu découvrir Florestan, elle obtient l'autorisation d'accompagner Rocco dans un cachot souterrain. On doit y creuser une tombe.

Acte II
Tableau 1 Le cachot souterrain. Florestan se plaint de son sort cruel : la recherche de la vérité ne lui a valu que les chaînes. Lors d'un songe, il voit la liberté. Elle porte les traits de Leonore. Rocco et Fidelio creusent la tombe. Dans un premier temps, Leonore ne reconnaît pas son époux, mais elle veut sauver le prisonnier, quelle que soit son identité. Enfin, dans un accès de courage suicidaire, elle se jette entre Florestan et Pizarro et décline sa véritable identité, celle de Leonore. Mais le meurtrier n'est pas impressionné par cet amour conjugal. Leonore pointe l'arme sur Pizarro. C'est alors que retentit le signal de la trompette. Pizarro s'arrête. Une joie extraordinaire s'empare du couple sauvé.

Tableau 2 L'esplanade du château. Le ministre rencontre les prisonniers dans un esprit fraternel. Rocco conduit Florestan et Fidelio/Leonore à la lumière du jour. Pizarro subit une juste peine. Marzelline se tourne de nouveau vers Jaquino. Le ministre salue en Florestan un ami qu'il croyait défunt. Leonore défait les chaînes. Tous se rassemblent pour chanter l'amour conjugal. S.N.

Ludwig van Beethoven

Né à Bonn le 17 décembre 1770
Mort à Vienne le 26 mars 1827

Beethoven est issu d'une famille de musiciens. Il a une enfance difficile : son père est alcoolique, sa mère meurt dès 1787. Il trouve un refuge intellectuel auprès de son professeur Christian Gottlob Neefe, musicien aux multiples talents. C'est par son intermédiaire que Beethoven découvre *Le Clavier bien tempéré* de Bach, qu'il maîtrise rapidement par cœur. Il entame une carrière de pianiste virtuose ; cet instrument, plus que tout autre, lui permet d'attirer l'attention après son départ pour Vienne. Mais dès la fin des années 1790, il a ses premiers troubles de l'audition, qui le mènent peu à peu à la surdité et empêchent toute carrière de virtuose. Il est alors en proie à une profonde crise (1801/1802), caresse des idées de suicide et rédige à l'été 1802 le *Testament de Heiligenstadt*, un manifeste moral.
Son génie de compositeur apparait très tôt essentiellement dans le domaine de la musique pour piano et de la musique de chambre. Il commence à numéroter ses œuvres à partir de 1795 seulement (avec les trios pour piano op. 1). Il doit attendre 1800 pour faire sa percée définitive en tant que compositeur (avec sa première symphonie et les quatuors à cordes op. 18). *L'Héroïque*, qui bouleverse le genre symphonique traditionnel, lui vaut d'être considéré comme l'esprit le plus original de la vie musicale européenne.
Le fait qu'il ne se soit jamais marié a alimenté de nombreuses hypothèses. L'une des plus connues est la fiction poétique d'une « maîtresse immortelle » (selon des recherches très récentes, mais contestées : Antonie Brentano). Son œuvre a inspiré autant ses contemporains (surtout Schubert) que les compositeurs du romantisme qui lui succèdent.
Il est arrivé aussi qu'elle les tétanisât. Mais elle joue dans tous les cas un rôle majeur. Comment pouvait-on composer encore après ce « géant » ? Avec Beethoven, l'idée même de la musique s'était transformée en profondeur.

Œuvres : Opéra : *Fidelio* 1804-1814. Neuf symphonies, 32 sonates pour piano et autres œuvres pour piano (variations, bagatelles, etc.) ; musique de chambre (quatuors à cordes, trios pour piano, sonates pour violon ou pour violoncelle et piano, etc.) ; œuvres religieuses (dont la *Missa solemnis*, 1819-1823) ; lieder, musiques de scène, ouvertures, œuvres chorales profanes, ballets.

L'unique opéra de Beethoven est à la fois disparate et grandiose ; de nombreux courants musicaux s'y unissent. On ne trouvera guère une critique qui ne lui ait pas été faite ni une louange qui ne lui ait pas été adressée.

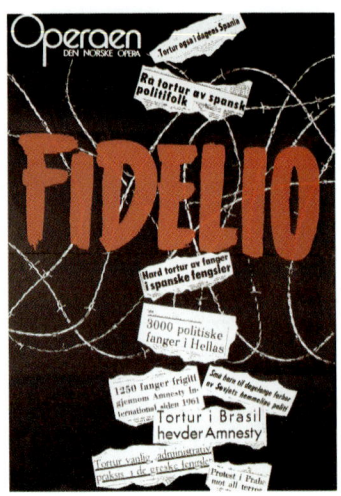

Fidelio, affiche, Operaen Den Norske Opera, Oslo.
Depuis près de deux siècles, *Fidelio* de Beethoven n'a rien perdu de son actualité. La plupart des opéras européens ont symboliquement inauguré leur première saison de paix, après la Seconde Guerre mondiale, avec une représentation de *Fidelio*.

Fidelio, photo de scène avec Daniel Kirch (1er prisonnier), Jürgen Freier (Don Pizarro), Andreas Conrad (Jaquino), Matthias Hölle (Rocco), Brigitte Geller (Marzelline), Miranda van Kralingen (Leonore), Johannes Schmidt (Don Fernando) (de g. à dr.) et choristes solistes, mise en scène : Harry Kupfer, direction musicale : Yakov Kreizberg, Komische Oper de Berlin, 1997.
La mise en scène de Harry Kupfer donne un exemple de la singulière intemporalité de *Fidelio*. Il a présenté la situation de base suivante : 180 années après la naissance de l'œuvre, une compagnie d'opéra interprète *Fidelio*. « Pour les chanteuses et chanteurs, qui apparaissent en tenue contemporaine, pratiquement comme à la ville, la représentation sera plus qu'une interprétation de la pièce traditionnelle. Chaque participant se confronte à sa manière avec son personnage, si bien que son identification avec lui et les commentaires qu'il y apporte entrent dans son interprétation. »

Politique et amour

On dit que *Fidelio* se fonde sur des faits véritables, survenus sous la Révolution française. À l'époque, une femme audacieuse aurait libéré de prison son époux, un aristocrate. C'est à cet épisode que s'est référé Jean Nicolas Bouilly dans le livret qu'il a écrit pour Pierre Gaveaux, dont l'opéra-comique *Léonore ou L'Amour conjugal* a été donné sur scène le 19 février 1798 à Paris. Bien que le livret de Bouilly soit antirévolutionnaire, et que le lieu de l'action ait été déplacé en Espagne, le public parisien associa les événements survenant sur la scène aux événements révolutionnaires parisiens. Bouilly, et plus encore le traducteur viennois Sonnleithner, devaient redouter les foudres de la censure : il ne fallait pas être soupçonné « d'opinions révolutionnaires ».

1. Message de liberté

Es sucht der Bruder seine Brü - der, und kann er helfen, hilft er gern.

Fidelio : une ode à la liberté ?

Les autorités viennoises avaient plus de motifs de craindre l'acuité politique de la pièce que le pouvoir parisien. En Autriche, les tristement célèbres prisons politiques, les forteresses de Spielberg et de Kufstein, étaient encore en fonction à l'époque de l'empereur François Ier. L'aristocratie redoutait les Français, qui avaient jadis détruit la Bastille et exécuté leur propre roi. Sonnleithner dut soigneusement éviter toute référence à l'époque. L'attitude de Beethoven, qui englobait dans sa vision tous ses frères humains, donna d'emblée à l'opéra une portée symboliste et idéaliste : *Fidelio* devint un ardent manifeste contre les prisons politiques de toute nature. L'action n'est fixée à aucun lieu ni époque. N1

Fidelio, photo de scène avec Stella Kleindienst dans le rôle de Marzelline (au centre) et le chœur du Staatsoper de Stuttgart, mise en scène : Martin Kušej, costumes : Gisela Storch, direction musicale : Michael Gielden, Staatsoper de Stuttgart, 1998.
La clarté et l'univocité du texte et de la musique peuvent mener sur la scène à une gestuelle et une platitude ostentatoires. Ce risque est particulièrement élevé lorsque l'on monte *Fidelio*. En cela, l'opéra de Beethoven sur la liberté constitue un défi pour toute équipe de mise en scène.

Fidelio, Hildegard Behrens dans le rôle de Leonore, mise en scène : Otto Schenk, Staatsoper de Vienne, 1992.
Hildegard Behrens (née en 1941), juriste de formation, pouvait peut-être ressentir plus vivement encore l'injustice dans le rôle de Leonore. Celui-ci, depuis la fin du XIXe siècle, est le plus souvent chanté par des héroïnes wagnériennes.
Les créations des trois versions avaient été assurées par la soprano dramatique Anna Milder (1785-1838). Il lui vient l'idée de transformer le titre de l'opéra, *Leonore*, en *Fidelio*. Les programmes de théâtre de 1805 et 1806 annoncent encore l'opéra sous le titre *Fidelio oder die eheliche Liebe* (*Fidelio ou l'amour conjugal*). Beethoven considérait le mariage comme un idéal sublime, dans l'esprit de → *Die Zauberflöte*, l'opéra de Mozart qu'il appréciait le plus (→ *Così fan tutte* ou → *Don Giovanni* lui paraissaient trop frivoles). « Homme et femme, femme et homme atteignent au divin », y est-il dit. Le personnage de Leonore est conçu dans cet esprit, pénétré d'une profonde gravité morale. Quatre cors (instruments d'ordinaire réservés aux rois) expriment ensemble la force de sa volonté (acte I). N 7

Opéra symphonique ou symphonie lyrique ?

Il est vrai que *Fidelio* possède une action et même des rebondissements, qui sont ceux d'un opéra. Mais sa musique est conçue comme une symphonie. Pour les différentes versions de cet opéra, Beethoven a composé quatre ambitieuses ouvertures (trois ouvertures de *Leonore* et l'ouverture de *Fidelio*). Le point culminant révèle la nature instrumentale de Beethoven : à l'instant où Leonore décide de tuer Pizarro retentit un signal de trompette qui annonce l'arrivée du ministre : la solution dramatique est annoncée par une musique sans parole – l'antipode du mot chanté avec émotion. N 2
L'interprétation musicale de l'instant de la délivrance est poignante : une mélodie émouvante, hymnique. N 3
Les racines musicales de l'opéra remontent à une cantate que Beethoven écrivit à vingt ans, à la mort de Joseph II, son souverain idolâtré. Ici, la musique représente aussi bien la nuit du despotisme et du fanatisme que le rayon pénétrant des Lumières : « Les hommes sont remontés à la lumière, la Terre s'est mise à tourner plus heureuse autour du Soleil. » Cette mélodie, Beethoven l'a reprise dans le deuxième finale de *Fidelio*, lorsque Leonore libère son époux de ses chaînes. Elle est d'abord interprétée par le hautbois puis, à la manière d'un hymne, reprise par tout l'orchestre et, plus tard, par le chœur. N 4
Le chœur des prisonniers est lui aussi conçu comme une symphonie. La substance musicale est portée, une fois de plus, par l'orchestre : un thème ascendant, comparable à une main tendue vers la lumière. N 5
Comme aveuglés par le soleil, les prisonniers tâtonnent vers la lumière. Leur chant enfle, presque menaçant, lorsqu'un jeune prisonnier fait l'éloge de la liberté, jusqu'à ce que les mises en garde d'un prisonnier plus âgé le ramènent à davantage de réserve.

Le geôlier en chef et les autres

Dans *Fidelio*, de grands instants héroïques se succèdent. Mais le quotidien, lui aussi, a sa place, tout comme l'homme moyen et ses problèmes – c'est le cas du geôlier en chef Rocco, de sa fille Marzelline et du portier Jaquino. On évoque souvent une certaine rupture dramatique, qui aurait été provoquée par l'inexpérience de Beethoven dans la composition d'opéras. Mais que serait l'opéra sans ces gens soit-disant banals ?
Avec quelle échelle de valeur faudrait-il alors mesurer les actes des héros ? Et le noble esprit de Leonore n'a-t-il pas aussi un effet édifiant sur ces gens simples ? Dans le quatuor (Marzelline, Leonore, Jaquino et Rocco), les voix chantées se cherchent et se suivent comme dans un canon, créant une atmosphère d'introspection comparable au mouvement lent d'un quatuor à cordes : clair et fervent. De ce point de vue là aussi, Leonore accomplit un prodige, dans l'esprit de Jean Nicolas Bouilly : « Donner au peuple une leçon d'humanité. » N 6

Fidelio, photo de scène avec Patrick Raftery (Florestan), mise en scène : Christoph Marthaler, décors et costumes : Anna Viebrock, direction musicale : Sylvain Cambreling, Opéra de Francfort, 1997.
À l'origine, Beethoven avait plus à l'esprit une idée qu'une personne. Le Florestan de la version originale devait chanter un air héroïque qui s'achevait sur une phrase répétée jusqu'à l'obsession : « Florestan a eu raison. » Les amis de Beethoven, notamment Friedrich Treitschke, finirent par convaincre le maître qu'un prisonnier épuisé par la faim n'est plus capable de prendre une pose héroïque. Mais c'est un autre texte qui finit par convaincre Beethoven : un songe où il voit le printemps et la liberté soulève le prisonnier épuisé, qui s'écroule ensuite, inconscient. Comme le chanteur, le hautbois doit jouer ici à trois reprises un fa très aigu pour donner l'image musicale d'un homme qui tente de retrouver sa respiration. N 8

2. Signal des trompettes

3. Mélodie de la délivrance miraculeuse

4. Hymne à la liberté

5. Motif d'accompagnement du chœur des prisonniers

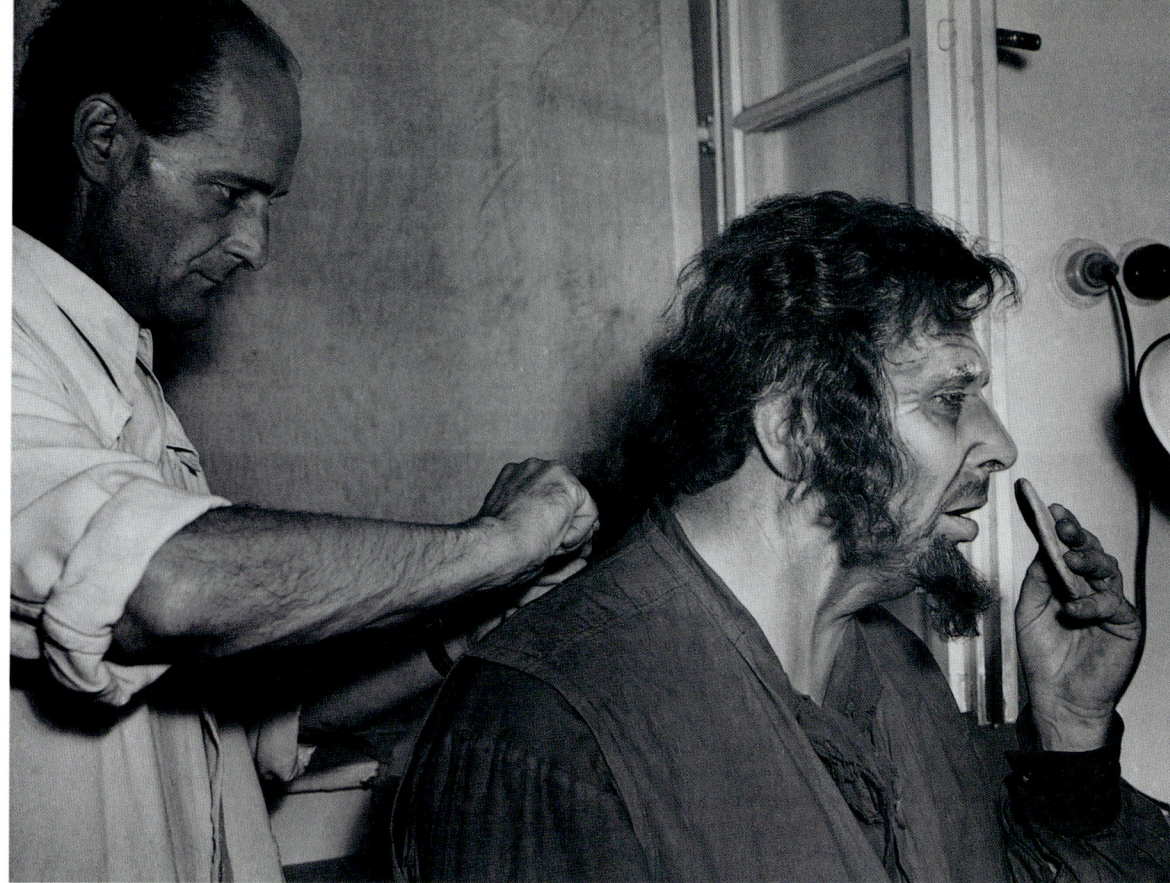

Fidelio : Julius Patzak (1898-1974), remarquable Florestan de son époque, en tenue de scène, avant sa prestation au Festival de Salzbourg en 1950.
La partie de Florestan est difficile et extrêmement ingrate. C'est un fait caractéristique du comportement souverain de Beethoven face au genre de l'opéra et aux exigences des chanteurs : il n'a pourvu le principal personnage masculin que d'un seul air, qui se trouve en plus dans l'acte II, et où le chanteur, après une longue introduction symphonique, doit attaquer immédiatement sur une note difficile. Dans les nouvelles versions de *Fidelio*, le personnage de Florestan est resté le point névralgique.

Fidelio, croquis de décor de Leo Pasetti (acte I, finale) pour la mise en scène d'Anton von Fuchs au Nationaltheater de Munich, 1923, direction musicale : Hans Knappertsbusch (TWS).
La situation et le texte du chœur des prisonniers rappellent le message de la cantate de deuil du jeune Beethoven, composée pour la mort de Joseph II où on lit : « Alors les hommes sortirent à la lumière », « Oh, quel plaisir de respirer légèrement à l'air libre ! » chantent les prisonniers dans *Fidelio*, les mains tendues vers la lumière.

Fidelio, Wilhelmine Schröder-Devrient fut une Leonore de légende dans les années 1820.

Vincenzo **Bellini**

Né à Catania (Sicile) le 3 novembre 1801
Mort à Puteaux le 23 septembre 1835

Vincenzo Bellini commence ses études musicales au sein de sa famille. Il étudie ensuite auprès de Nicola Zingarelli au conservatoire de Naples, où il travaillé minutieusement sur les œuvres de → Haydn, → Mozart et → Pergolesi. La représentation napolitaine de → *Semiramide* de Rossini (1824) constitue pour lui un événement décisif ; ensuite, Bellini s'est exclusivement consacré à la scène.
Son deuxième opéra, *Bianca e Fernando*, attire sur lui l'attention de l'impresario Domenico Barbaja, qui commande au jeune compositeur un opéra pour la Scala de Milan. Avec *Il Pirata* (1827) débute l'étroite collaboration de Bellini avec le librettiste Felice Romani, qui est suivie d'une série de succès : *La Straniera* (1829), *I Capuletti e i Montecchi* (1830) et surtout *La sonnambula* et *Norma* (tous deux en 1831). L'échec de *Beatrice di Tenda* (1833) provoque sa brouille avec Romani ; ensuite, Bellini quitte l'Italie, part pour Londres et s'installe finalement à Paris. Il devient rapidement l'un des favoris du milieu artistique parisien. C'est là qu'il compose son dernier opéra, *I Puritani* (1835) ; le compositeur meurt quelques mois après sa création, à l'âge de 34 ans.

Œuvres : Opéras (sans exception *opere serie*) : *Adelson e Salvini*, 1825 ; *Bianca e Fernando*, 1826-1828 ; *Il Pirata*, 1827 (Le Pirate) ; *La Straniera*, 1829 (L'Étrangère) ; *Zaira*, 1829 ; *I Capuletti e i Montecchi*, 1830 (Les Capulet et les Montaigu) ; *La Sonnambula*, 1831 (La Somnambule) ; *Norma*, 1831 ; *Beatrice di Tenda*, 1833 ; *I Puritani*, 1835 (Les Puritains). Musique vocale religieuse, mélodies.

Vincenzo Bellini, gravure d'Antoine Maurin, Paris, 1836.
Bellini était un sicilien blond, ce qui n'est pas une rareté parmi les habitants de cette île. Au cours de sa carrière tragiquement brève, il manifesta un lien exclusif et profond avec la sensibilité romantique qui caractérisait l'artiste du XIXe siècle ; sa personnalité associait la passion, l'exaltation, la mélancolie et même la dépression. Ce n'est pas un hasard si son œuvre ne comporte que des opéras graves relevant de l'*opera seria* (même *La Sonnambula*, qui présente quelque traits d'opéra *semi-seria*, à demi sérieux, ne contient pas de scènes véritablement comiques). Il lui manquait pour cela l'humour pétillant et la gaieté jaillissante de → Rossini ou → Donizetti et les facilités de composition de ses rivaux.

*L*es opéras de Bellini témoignent d'un art de la mélodie unique en son genre, grandiose, pathétique, plein de dignité et d'une profonde sensibilité. Grand mélodiste, Bellini exerce une grande influence aussi bien sur les compositeurs d'opéras (Verdi, Wagner) que sur les compositeurs de musique intrumentale (Chopin, Liszt).

Felice Romani (1788-1865), le librettiste de Bellini.
Romani, qui comptait d'abord s'engager dans une carrière de juriste, fut le librettiste italien le plus demandé et le plus reconnu de son époque. Plus d'une centaine de ses livrets furent mis en musique, dont des opéras pour Bellini (→ *Il Pirata*, → *La Sonnambula*, → *Norma*), Donizetti (→ *L'Elisir d'amore*, → *Lucrezia Borgia*) et Rossini (→ *Il Turco in Italia*). Même le malheureux opéra-comique de jeunesse de Verdi → *Un Giorno di regno* a été composé sur un livret de Romani.
Les textes de Romani, écrits dans un style élégant et souple, révèlent des affects et des passions puissants, qui correspondaient aux conceptions musicales et dramatiques de Bellini.
Aucun autre compositeur italien de l'époque ne s'est attaché avec autant de constance à un unique librettiste – et aucun, sans doute, n'a été aussi exigeant envers un auteur.

Le roi du *bel canto* et ses reines – Bellini

I Capuletti et i Montecchi, Wilhelmine Schröder-Devrient (1804-1860) dans le rôle de Roméo. Un Roméo comme rôle travesti. Giulietta est certes une soprano, mais le rôle a été revu par le compositeur pour être interprété par une mezzosoprano, lors d'une représentation à Milan. Le père Lorenzo, tantôt baryton, tantôt ténor… *I Capuletti e i Montecchi* (1830) est une manifestation extrême du règne des chanteurs à l'époque du *bel canto*. Ceux qui y chercheront le modèle de Shakespeare seront déçus. Le livret de Romani propose une histoire conventionnelle d'amour triangulaire : la mezzo (Roméo) retrouve l'amour de la soprano (Giulietta), le ténor (Tebaldo) repart seul. La mort apparente de Giulietta, et la mort réelle des deux amants, constituent, aussi bien dans l'opéra que dans le drame de Shakespeare, la conclusion tragique. La nouvelle italienne de Matteo Bandello, dans laquelle Shakespeare puisat également son inspiration, a joué pour l'opéra un rôle plus important que le texte de Shakespeare. La véritable influence de Shakespeare sur le drame lyrique a commencé en Italie avec Verdi, qui, dans son → *Macbeth* (1847), a introduit de nouveaux idéaux dramatiques dans les conventions de l'opéra. Mais dix-sept années séparent ces deux ouvrages – tout un chapitre de l'histoire de l'opéra italien.

Ci-dessus
Laure Cinti-Damoreau (1801-1863), dessin.
Être une *prima donna* était au XIXe siècle le but et le rôle de toute une vie. La *prima donna* jouait partout la première dame : élégante, désirée, adulée. Cinti-Damoreau fut l'une des plus grandes *prima donna* françaises et elle accomplit des prouesses dans les répertoires français et italien. Elle fit cependant ses débuts dans le rôle travesti de Chérubin (Mozart, → *Le Nozze di Figaro*) au Théâtre-Italien à Paris, et elle chanta les premiers rôles féminins de plusieurs opéras de Rossini créés à Paris (→ *Moïse, Le Comte Ory*, → *Guillaume Tell*). De 1834 à 1843, elle fut membre de l'Opéra-comique. Au soir de sa vie, elle fut un professeur de chant réputé et écrivit même un manuel de chant.

Maria-Felicia Malibran, gravure.
Maria-Felicia Malibran (1808-1836) était issue de la plus célèbre famille de chanteurs espagnols du XIXe siècle. Son père, Manuel Garcia (1775-1832), chanta le comte Almaviva dans la première représentation du → *Barbiere* de Rossini. Après que Manuel Garcia eut conquis les capitales du théâtre qu'étaient Paris et Londres, il monta (à l'instigation de l'ancien librettiste de Mozart, qui vivait à New York, Lorenzo da Ponte) une compagnie d'opéra italien et organisa à New York la création américaine du → *Don Giovanni* de Mozart. Manuel Garcia fut célébré comme un grand maître du chant. Il composa en outre plus de cent opéras (aujourd'hui oubliés). Parmi ses meilleurs élèves, on trouvait surtout ses propres enfants : Manuel, Maria (Malibran) et Pauline (Garcia-Viardot, Meyerbeer → *Le Prophète*). Ses deux filles furent des légendes. La voix de Maria allait de l'alto au soprano, elle chanta Rosine (Rossini, → *Il Barbiere di Siviglia*) et Norma (Bellini, → *Norma*) avec la même perfection que Leonore dans → *Fidelio* de Beethoven. Maria-Felicia Malibran commença sa carrière théâtrale dans sa petite enfance : à cinq ans, déjà, elle chantait des rôles d'enfants. Sa vie fut brève : elle mourut à 28 ans des suites d'un accident de cheval.

Giulia et Giuditta Grisi, 1833.
Les sœurs et *prime donne* Giulia et Giuditta Grisi étaient connues bien au-delà des frontières de leur patrie italienne. Giuditta (1805-1849), mezzosoprano, chanta Roméo pour la création de *I Capuletti e i Montecchi* de Bellini ; Giulia (1811-1869) fut célébrée aussi bien dans les grands rôles féminins de Bellini, Donizetti et Rossini que dans les parties dramatiques de Meyerbeer et Verdi. Grâce sa large tessiture et ses belles capacités de comédienne, elle conquit aussi bien le public parisien (Théâtre Italien) que celui de Londres (Covent Garden).

La Sonnambula
La Somnambule

Mélodrame en deux actes

Livret : Felice Romani, d'après le ballet-pantomime *La Somnambule ou L'Arrivée d'un nouveau seigneur (1827)* d'Eugène Scribe

Création : le 6 mars 1831 à Milan (Teatro Carcano)

Personnages : Comte Rodolfo, seigneur du village (basse), Teresa, meunière (mezzosop.), Amina, orpheline élevée par Teresa, fiancée d'Elvino (sop.), Elvino, riche paysan (tén.), Lisa, aubergiste amoureuse d'Elvino (sop.), Alessio, paysan amoureux de Lisa (basse), un notaire (tén.), paysans et paysannes (chœur)

Argument
Un village en Suisse, au XIXᵉ siècle.
Personne au village ne se doute que la jeune Amina est somnambule. Mais cela déclenche presque une catastrophe. Car lorsque Amina, dans un état second, s'égare dans la chambre à coucher d'un étranger, son promis, Elvino, rompt les fiançailles. La parole de la jeune fille et ses protestations de bonne foi ne peuvent expliquer ce qui s'est passé. C'est seulement lorsque le village rassemblé voit Amina en pleine crise de somnambulisme qu'elle est innocentée. Plus rien alors ne s'oppose au mariage.

Acte I
Dans le village, on célèbre les fiançailles d'Amina et Elvino ; seule l'aubergiste Lisa est triste, car elle aussi aime Elvino. Au milieu de la fête, un étranger se présente et demande s'il peut descendre dans l'auberge de Lisa. Il s'agit de Rodolfo, le fils du comte défunt, qui revient *incognito* sur les lieux de sa jeunesse. Ensorcelé par la beauté d'Amina, il lui fait des compliments, ce qui déclenche la jalousie d'Elvino. La fête est interrompue : on dit qu'un mystérieux spectre erre dans l'obscurité. Lisa vient rendre visite à Rodolfo dans sa chambre. Un bruit dérange son badinage. Elle s'enfuit et oublie son mouchoir. Amina apparaît en pleine crise de somnambulisme dans la chambre de Rodolfo, qui comprend son état et quitte la pièce. Lorsque les paysans viennent rendre hommage au comte, qu'ils ont reconnu, ils trouvent Amina endormie dans le lit du seigneur. Elvino rompt ses fiançailles.

Acte II
Amina proteste en vain de son innocence. Personne ne prête foi non plus aux explications du comte sur le somnambulisme. À présent, Elvino veut épouser Lisa. Teresa, la mère adoptive d'Amina, présente le mouchoir de Lisa oublié chez Rodolfo. Elvino se sent aussi trompé par Lisa. Tous sont désemparés. Alors Amina, dans un état second, à nouveau victime de somnambulisme, apparaît devant tous et proclame sa fidélité et son amour pour Elvino. Le futur époux est alors convaincu de son innocence, les paysans sont en liesse et tirent Amina de son sommeil. Plus rien ne s'oppose au mariage.

La Sonnambula, photo de scène avec Michele Pertusi (Rodolfo) et Eva Mei (Amina), mise en scène : Mauro Avogadro, décors : Giacomo Andrico, direction musicale : Roberto Tolomelli, Teatro Regio de Turin, 1998. Lorsqu'Amina, qui n'est plus maîtresse d'elle-même, s'égare dans la chambre d'un inconnu, son promis, Elviro, rompt les fiançailles. Les mots et les protestations ne peuvent expliquer ce qui s'est passé.

La Sonnambula, illustration de l'époque. La somnambule sur le toit, une idée excentrique, telle que l'on ne pouvait se l'imaginer qu'à l'époque romantique des *prime donne*.
En 1831, le Teatro Carcano de Milan, qui avait ouvert en 1803, voulut affronter avec une saison particulièrement riche son puissant rival, la fameuse Scala. L'ambitieux directeur du Carcano parvint non seulement à engager quelques stars lyriques de l'époque – dont Giuditta Pasta et Giovanni Battista Rubini –, mais aussi à commander un nouvel opéra à deux célèbres compositeurs, respectivement Gaetano Donizetti et Vincenzo Bellini. Bellini voulut d'abord mettre en musique *Hernani* (d'après Victor Hugo), mais les menaces de censure lui firent au bout du compte préférer le thème de *La Sonnambula*. La création fut l'un de ses plus grands succès.

1. Le grand air d'Amina
Ah! non credea mi-rar - ti si presto estin-to, o fio - re

L'hystérie comme moyen dramatique

Il y eut dès le XVIIe siècle, par exemple en Angleterre, de nombreux compositeurs qui écrivaient volontairement à l'intention de cantatrices célèbres des « scènes de folie », numéros musicaux particulièrement gratifiants. Le culte de la *prima donna* pratiqué dans le milieu de l'opéra romantique exigea ensuite d'autres prestations efficaces, dans lesquelles l'art de la *coloratura* pouvait même se voir confier une fonction dramaturgique : les passages aériens et les vocalises devaient exprimer l'esprit « libéré de ses charges ». On accompagnait de préférence ce type de scènes à la flûte ou au cor anglais. Lorsque Benjamin Britten, dans son opéra → *A Midsummer Night's Dream* (1960), voulut caricaturer la scène de Thisbe devenue folle, dans le spectacle des artisans, il écrivit un « air de folie » tout à fait respectueux du genre, avec un solo de flûte d'une naïveté poignante.
Mais la structure des scènes de folie présente elle aussi des traits caractéristiques. Insérés dans la forme scénique traditionnelle (récitatif, première partie de l'air lente, deuxième partie rapide), on emploie fréquemment des motifs que le voile des visions extatiques fait apparaître comme le souvenir de situations passées. Les deux scènes de somnambulisme dans *La Sonnambula* montrent en outre à quel point Bellini opère une distinction nette, par les moyens musicaux, entre ces situations. Dans l'acte I, il donne à la scène des dimensions réduites, car elle n'est que le déclencheur du conflit ; mais à la fin de l'acte II, le somnambulisme d'Amina se déploie dans une scène grandiose en plusieurs parties. Celle-ci n'est qu'en apparence une scène de *prima donna* : non seulement les éléments thématiques du souvenir exercent ici une fonction de « solution des conflits » (cela convainc Elvino de la fidélité d'Amina), mais le personnage d'Amina est aussi représenté dans toute la richesse de ses sentiments. Lorsque Rossini qualifiait la mélodie de cette scène (*Ah! Non credea mirarti*) comme « passionnément triste, pathétique, pleine de goût et de sensibilité exquise », il résumait précisément le caractère de ce personnage si sensible. N 1

É. P.-L.

La Sonnambula, photo de scène avec Juan-Diego Flórez (Elvino), Eva Mei (Amina) et Michele Pertusi (Rodolfo) (de gauche à droite), mise en scène : Mauro Avogadro, décors : Giacomo Andrico, direction musicale : Roberto Tolomelli, Teatro Regio de Turin, 1998.

Des femmes en extase sur la scène de l'opéra

Sur la scène de l'opéra du début du XIXe siècle, le somnambulisme apparaissait comme une forme un peu plus douce de la véritable folie. Mais tandis que celle-ci, considérée comme la négation de la raison humaine, tend vers un apogée tragique et cathartique, le somnambulisme n'est pas menacé par cette irréversibilité – on le considérait donc comme bénin et digne d'un sourire. Les deux formes d'expression de l'extase ont pourtant des racines artistiques et musicales communes. La folie était déjà un thème apprécié au XVIIe siècle ; elle devint de plus en plus populaire, notamment dans les opéras italiens et français du XIXe siècle. Il faut en chercher les motifs, d'une part, dans l'esthétique romantique (fuite devant la réalité, repli dans un monde extatique et imaginaire après la confrontation avec un environnement méchant, hostile et incompréhensif). D'autre part, les scènes dites de folie symbolisaient l'ultime conséquence de ce comportement exalté, empli d'émotions brûlantes, qui caractérise si clairement la plupart des personnages d'opéra du romantisme italien. Les fous étaient presque toujours des amants déçus et (ce n'était sans doute pas un hasard) des personnages féminins : la fuite dans l'irréalité, où l'extase et la folie se complétaient, représentait pratiquement la mise sous tutelle intellectuelle de la femme « guidée par ses seuls sentiments », c'est-à-dire irrationnelle parce qu'imprévisible.

Norma

Melodramma en deux actes

Livret : Felice Romani d'après la tragédie *Norma* de Louis Alexandre Soumet (1831)

Création : le 26 décembre 1831 à Milan (Teatro alla Scala)

Personnages : Pollione, proconsul romain en Gaule (tén.), Oroveso, chef des druides et père de Norma (basse), Norma, grande prêtresse des druides (sop.), Adalgisa, jeune prêtresse vierge (sop. ou mezzosop.), Clotilde, confidente de Norma (mezzosop.), Flavio, ami de Pollione (tén.), deux enfants de Norma et Pollione (muet) ; druides, bardes, prêtresses, guerriers gaulois, soldats (chœur)

Argument
La Gaule au temps de l'occupation romaine (avant J.-C.)

Norma, la grande prêtresse des druides, aime secrètement le Romain Pollione et lui a donné deux enfants. C'est pour lui qu'elle retarde l'insurrection des Gaulois contre les Romains : elle espère la paix. L'amour de Pollione pour Norma s'est éteint, il cherche les faveurs de la jeune prêtresse Adalgisa. Pour Norma, c'est le signe du combat. Pollione doit être sacrifié aux dieux comme offrande pour la victoire. Malgré la menace de la mort, il reste fidèle à son nouvel amour. Impressionnée par cette attitude, Norma s'accuse elle-même de trahison. L'amour que lui voue Pollione s'enflamme de nouveau, et c'est ensemble qu'ils montent au bûcher.

Acte I
Les prêtres et les guerriers gaulois se rassemblent dans le bois sacré des druides, en attendant la grande prêtresse Norma qui doit, lorsque paraîtra la lune, donner le signal du combat contre les Romains. L'amour secret du proconsul romain Pollione pour Norma s'est éteint, il est tombé amoureux de la jeune prêtresse Adalgisa. Norma n'en sait rien. Elle accomplit la cérémonie, mais retarde le moment où elle donnera le signal du combat. Elle demande la paix à la déesse de la lune (air *Casta Diva*). Adalgisa ne peut concilier son amour pour le Romain, l'ennemi, avec son serment. Pollione la presse de s'enfuir à Rome. Adalgisa se confie à Norma, mais sans citer le nom de Pollione. La grande prêtresse est touchée par la similitude de leurs deux destins. Elle libère Adalgisa de son vœu. Lorsque Norma apprend la trahison de Pollione, elle est prise de fureur.

Acte II
Norma, sous le choc, veut tuer ses enfants, mais elle est incapable de commettre un acte aussi cruel. Elle espère que Pollione sera pris de remords, comprendra et reviendra vers elle, mais en vain. Elle donne alors le signal du combat contre les Romains. Conformément au rite, Pollione doit être sacrifié, en gage d'une heureuse issue de la guerre. Norma se bat pour trouver une solution avec lui, lui promet la vie sauve s'il abjure sa nouvelle passion. Pollione reste inflexible. Alors, Norma s'offre elle-même en victime, s'accuse d'avoir trahi son peuple et fait préparer son propre bûcher. Devant une telle grandeur d'âme, l'amour de Pollione pour Norma se ranime. Elle confie ses enfants à la garde du chef des druides et marche vers le bûcher en compagnie de Pollione.

Norma, photo de scène avec Maria Callas dans le rôle de Norma, direction musicale : Tullio Serafin, décors : Nicola Benois, Teatro alla Scala, Milan, 1955.
Le personnage de Norma est l'une des plus célèbres incarnations de la légendaire cantatrice. En le dépouillant de son fardeau historisant, elle en fit un être d'amour et de souffrance, réalisant un accord impressionnant entre l'âme et sa représentation scénique.

Page de droite
Norma, Giulia Grisi (1811-1869) dans le rôle de Norma.
La représentation romantique de l'atmosphère mystérieuse des druides dans les scènes religieuses et guerrières était plus importante que la fidélité aux faits. Pourtant, on discerne dans les motifs du personnage de Norma un certain respect du mythe. Les druides vivaient dans les forêts et se sentaient liés à la nature. La couronne de feuilles de chêne sur la tête de Norma, la faucille qu'elle porte à la main et qui lui sert à couper le gui sacré sur le chêne, peuvent être considérées comme des attributs authentiques.

Norma – **Bellini** 27

GIULIA GRISI.
LA NORMA.

Norma, photo de scène avec Leyla Gencer dans le rôle de Norma, mise en scène : Margarethe Wallmann, décors et costumes : Salvatore Fiume, Teatro alla Scala, Milan, 1964.
Au XIXᵉ siècle, la précision historique n'était pas forcément de rigueur dans un livret d'opéra. Le récit de *Norma* présente certes des analogies avec l'insurrection des Gaulois et avec la victoire du Chérusque Arminius contre les Romains (Le nom de la divinité « Imminsul » peut être relié, étymologiquement, au mot allemand « Hermannssäule », colonne d'Arminius), mais la date et le lieu de l'action ne sont présents que sous forme allusive dans le livret de Romani.

Norma, photo de scène avec Margaret Price (Norma) et Alicia Nafé (Adalgisa), Royal Opera House Covent Garden, Londres, 1987.
Au moment où Adalgisa se confie à Norma, celle-ci comprend que leurs deux destins sont parallèles.

L'amour et la vie d'une femme

Le personnage de Norma compte au nombre des plus grands rôles féminins de l'histoire de l'opéra. Felice Romani a entrepris de profondes modifications par rapport à la tragédie de Soumet. Les modèles de Soumet étaient les figures mythologiques de Niobé et de Médée, ainsi que la Lady Macbeth de Shakespeare et la prêtresse druidesque Velléda, dans l'épopée *Les Martyrs ou le Triomphe de la religion chrétienne* de Chateaubriand. Romani enrichit ce personnage féminin déjà complexe de deux aspects importants : son amour inextinguible pour Pollione et l'amour tout aussi profond qu'elle porte à ses enfants. Alors que Norma, chez Soumet, tue ses enfants dans une crise de folie, elle ne commet pas cet acte chez Romani et Bellini. La Norma de Bellini est un personnage aux sentiments profonds et aux multiples facettes : grande prêtresse et mère, amante abandonnée et rivale vengeresse, tout cela à la fois. Sa disparition tragique est inéluctable. Elle résulte de ses conflits intérieurs, de l'incompatibilité entre le serment, le devoir et l'amour trompé. Sa mort est moins une punition infligée à elle-même qu'une solution cathartique à des conflits insolubles. Le finale compte au nombre des scènes les plus bouleversantes du répertoire lyrique ; il est bâti sur une unique grande mélodie. Un apogée du drame lyrique, qui trouva une digne succession deux décennies plus tard, chez Wagner (→ *Die Walküre*, → *Tristan und Isolde*) N 2

De longues, longues mélodies...

Lorsque Verdi écrit de Bellini qu'il existait chez lui « de longues, longues mélodies, comme nul n'en avait encore écrit », et lorsque Wagner trouve dans la musique de Bellini, « quelle que soit sa pauvreté, une véritable passion, un vrai sentiment », ils caractérisent ainsi des qualités importantes de ses œuvres. Il est vrai que les cantilènes longues et grandioses passaient, en raison de leur émotion particulière, pour du « Bellini typique ». L'air le plus célèbre de Bellini, sans doute, la prière adressée par Norma à la déesse de la lune, *Casta Diva*, montre la qualité typique de la mélodie de Bellini : son caractère *infini*. L'effet naît d'une intensification savante. Bellini laisse les différents segments du motif, relativement bref, passer à des registres toujours plus élevés, ce qui augmente la dynamique. N 3
Cela caractérise aussi la mélodie inimitable du célèbre duo Norma-Adalgisa (acte II). N 4
Sans amour maternel, le portrait de Norma serait incomplet : dans un accès de déception et de rage elle va pour tuer ses enfants mais le couteau lui tombe des mains. Son *arioso Teneri Figli* est d'une sobriété saisissante. N 5

Le *bel canto* au piano : Chopin

On souligne souvent, dans les opéras de Bellini, l'analogie de l'invention mélodique avec celle de Frédéric Chopin (1810-1849). Bellini fit effectivement en 1833, à Paris, la connaissance de Chopin, l'un de ses admirateurs. Le pianiste polonais s'exprima en termes enthousiastes sur → *La Sonnambula*, et rendit hommage à *Norma* : il reprit la mélodie fervente de l'*arioso Teneri figli* dans son *Étude en do dièse mineur* opus 25/7. N 6
Ainsi naquit l'un des plus beaux exemples musicaux de parenté intellectuelle entre deux artistes.

2. Mélodie de la catharsis

3. Prière de Norma

Ca — sta Di — va, ca-sta Di-va, che i-nar-gen — ti

4. Duo Norma – Adalgisa

Mira, o Norma, a'tuoi ginocchi questi ca-ri tuoi pargo-let-ti

5. *Arioso* de Norma

Te - ne - ri, te - ne - ri fi - gli

6. Chopin : étude opus 25, n° 7

7. Cabalette d'Oroveso

Si: par-la-rà ter - ri - bi - le   da que-ste quer-cie an-ti - che

8. Chœur guerrier

Guerra,   guerra! Le gal - liche sel - ve   quan-te han quer-cie pro - du - can guerrier

Norma, Donzelli (1790-1873) dans le rôle de Pollione, lithographie de A. Ramacci.
Dans les opéras de Bellini, on ne trouve pas de personnage totalement mauvais. Les forces infernales étaient étrangères au compositeur de mélodies célestes. Même le pécheur Pollione n'est pas un homme méchant, mais un faible, que seule la grandeur de Norma et leur mort commune par le feu peuvent transformer en héros.

Sonorités patriotiques

Le grand prêtre Oroveso qui, à la tête de son peuple opprimé, attend le signal céleste de l'insurrection, est un précurseur des prophètes, généraux et combattants de la liberté imaginés par Verdi pendant la décennie du *Risorgimento* (Verdi → *Nabucco*). Ici, les mélodies ressemblent à des marches, échauffées par une résolution fanatique. N 7

Les chœurs des opéras de Bellini eux non plus ne sont pas seulement décoratifs : dans l'Italie des années 1830, ils décrivent un peuple chargé d'un message politique contemporain. L'annonce du combat contre le « nid d'aigle » détesté et la « ville des César » n'a pas manqué son effet à Milan, le siège des Habsbourg, pas plus que la force élémentaire et brûlante du chœur *Guerra, guerra*. N 8 Comme dans de nombreux autres opéras romantiques historiques, la trame ancienne ne fut pour Bellini qu'un prétexte permettant de traiter des phénomènes contemporains. Il se souciait moins ici de l'élément politique superficiel que d'exprimer le désir individuel et collectif d'une existence fondée sur l'autodétermination et sur la fin des interdictions et des réglementations, avec tous les risques et toutes les contestations que cela supposait.

É. P.-L

Norma, Nicola Rossi-Lemeni dans le rôle d'Oroveso au Teatro alla Scala, Milan (1951-1952).
Nicola Rossi-Lemeni (1920-1991) fut, en scène avec Maria Callas, l'un des plus grands interprètes de ce rôle. Cette basse italienne, née à Istanbul, a débuté en 1946 dans le rôle de Varlaam (Moussorgski, → *Boris Godounov*). Il avait dans sa voix une solennité toute slave qui le prédestina aussitôt aux rôles de souverains russes, mais aussi de prophètes italiens.

I Puritani

Les Puritains

Melodramma en trois parties

Livret : Carlo Pepoli, d'après le drame *Têtes rondes et cavaliers* (1833) de Jacques Ancelot et Saintine (Joseph-Xavier Boniface)
Création : le 24 janvier 1835 à Paris (Théâtre-Italien)
Personnages : Lord Gualtiero Valton, gouverneur général, puritain (basse), Sir Giorgio, son frère, ancien colonel puritain (basse), Lord Arturo Talbo, chevalier, partisan des Stuart (tén.), Sir Riccardo Forth, capitaine, puritain (bar.), Sir Bruno Roberton, officier, puritain (tén.), Elvira, fille de Lord Valton (sop.), Enrichetta di Francia, veuve du roi Charles Ier, sous le nom de Dama di Villa Forte (sop.) ; soldats, puritains, garnison de la forteresse, dames (chœur)

Argument
À Plymouth, en Angleterre, vers 1650.
Au cours des préparatifs des noces d'Elvira, fille du puritain Lord Valton, avec le partisan des Stuart Lord Arturo Talbo, le futur époux doit accomplir un acte de sauvetage politique pour son parti ; il est soupçonné d'infidélité et de trahison. Elvira en perd la raison. Elle ne la retrouve que lorsque toute l'affaire s'arrange. Elvira et Talbo formeront un couple heureux.

Acte I
Dans le château de Lord Valton, on prépare les noces de sa fille, Elvira. En réalité, elle devait épouser le puritain Riccardo ; mais à la suite du plaidoyer de son oncle bienveillant, Giorgio, elle peut offrir sa main à son bien-aimé Arturo, partisan des Stuart, le camp adverse. Pendant la fête, Arturo découvre une prisonnière, la veuve du roi exécuté Charles Ier. Le devoir l'emporte sur l'amour : Arturo aide la reine à prendre la fuite. Elvira, l'épouse, ne connaît pas les raisons qui ont poussé son époux à quitter la noce et devient folle.

Acte II
Au château, on s'inquiète pour Elvira. Giorgio, pris de compassion, sait qu'une bonne nouvelle pourrait réveiller la raison d'Elvira et en appelle à la pitié de Riccardo. À la demande de Giorgio, celui-ci abandonne toutes ses prétentions à la main d'Elvira et décide d'aller se battre pour les puritains.

Acte III
Arturo a été condamné à mort par contumace, mais revient secrètement. Au château, il rencontre Elvira qui, de bonheur, retrouve ses esprits. Mais Arturo est découvert et arrêté. L'esprit d'Elvira sombre à nouveau. Arturo est gracié à la dernière minute, Elvira recouvre la raison, et le couple heureux célèbre enfin ses noces.

S. N.

I Puritani, Sala d'Arme con loggie, gravure pour le croquis de décors de Domenico Ferri, troisième scène de l'acte I (la salle d'armes, dans le château de Lord Valton), pour la création au Théâtre-Italien à Paris, en 1835. Dans *I Puritani*, une héroïne sensible et plusieurs héros aux sentiments profonds agissent dans un milieu militaire (l'action se déroule dans une forteresse). Ce n'est pas dans cet environnement, mais dans les réactions émotionnelles que se trouve le véritable Bellini.

Bellini à Paris
Au début de l'année 1833, Bellini quitta l'Italie. Il partit d'abord pour Londres où trois de ses opéras furent donnés en avril et connurent un grand succès. Puis, au mois d'août, il partit pour Paris. La capitale française connut dans les années 1830, c'est-à-dire pendant le répit de la monarchie de juillet, entre les révolutions de 1830 et 1848, un grand essor artistique. Dans les somptueux salons de la riche aristocratie, comme dans ceux de la bourgeoisie montante, avide de sensations, on admirait et on célébrait l'art virtuose et l'attitude romantique d'un Paganini, d'un Liszt ou d'un Chopin. Dans le salon de la princesse Cristina Belgiojoso, que Bellini connaissait depuis son séjour milanais, le compositeur rencontra entre autres Heinrich Heine (qui donna dans sa nouvelle *Nuits florentines* une description fidèle, mais guère flatteuse, de Bellini), et entretint des amitiés avec Chopin, Hiller et Paër. Mais il bénéficia surtout du soutien de Rossini : si celui-ci ne composait plus d'opéras à cette époque, il était toujours considéré comme une personnalité dominante de la vie musicale parisienne. Rossini, toujours généreux et disposé à aider ses jeunes collègues, permit à Bellini d'obtenir une commande d'opéra pour le Théâtre-Italien.

Un point de rencontre des patriotes italiens.
Aux côtés de l'Académie royale, qui accueillit de grands opéras, comme → *Guillaume Tell* de Rossini ou → *Robert le Diable* de Meyerbeer, et l'Opéra-Comique, avec les œuvres romantiques et romanesques d'un Adam ou d'un → Boieldieu, le Théâtre-Italien proposait les grands ouvrages du répertoire italien, avec les plus célèbres chanteurs italiens de l'époque. Ces attentes élevées stimulent Bellini, qui de toute façon ne manquait pas d'ambition : il suivit les conseils de Rossini sur l'orchestration et travailla jusqu'au dernier moment au livret et à la musique. À la création, Bellini fut non seu-

À droite
I Puritani, photo de scène avec Edita Gruberová dans le rôle d'Elvira, mise en scène : Emilio Sagi, décors : Pier'Alli, Teatro Comunale de Bologne, 1996. Comme dans presque tous les opéras de Bellini, la crédibilité et le succès d'une représentation dépendent du protagoniste féminin.

Ci-dessous
I Puritani, photo de scène avec Luciano Pavarotti (Lord Arturo Talbo) et Joan Sutherland (Elvira), mise en scène : Sandro Segui, décors : Wing Cho Lee, direction musicale : Richard Bonynge, Metropolitan Opera de New York, 1976. Une représentation à la distribution somptueuse. L'art de Joan Sutherland contribua (après l'enregistrement magistral réalisé par la Callas à Glyndebourne, en 1960) à la résurrection des *Puritains*. La voie brillante et lyrique du ténor Pavarotti semble avoir été créée pour le rôle d'Arturo.

9. Le duo du combat (Riccardo–Giorgio)

Suo - ni la tromba, e in -tre - pido io pu -gnerò da for - te

lement salué par l'ovation du public, mais fut aussi célébré par ses collègues compositeurs. Aux dires de Bellini, la scène de démence d'Elvira, chantée par la célèbre Giulia Grisi, émut le public jusqu'aux larmes ; le duo héroïque Riccardo – Giorgio, *Suoni la tromba*, ne devint pas seulement le signal du combat patriotique : il servit aussi de départ au cycle de variations *Hexameron*. À l'instigation de la princesse Belgiojoso, les virtuoses du Paris de l'époque créèrent leurs propres paraphrases sur ce thème apprécié – parmi eux, Franz Liszt, Sigismund Thalberg, Johann Peter Pixis, Henri Herz, Karl Czerny et Frédéric Chopin. É. P-L

I Puritani, photo de scène avec Stuart Neill dans le rôle d'Arturo Talbo, mise en scène : Graham Nick, décors et costumes : Richard Hudson, Gran Teatro La Fenice, Venise, 1995.
À la fin du XXᵉ siècle s'est dessinée une transformation fondamentale dans la création de décors. À la place de lieux fidèles à l'histoire, furent conçus des espaces exprimant les forces et les émotions.

Milieu anglais, influence française, veine italienne.
Les compositeurs d'opéra italiens appréciaient beaucoup, à l'époque, les sujets anglais (Rossini : *Elisabetta d'Inghilterra*, Donizetti : *Anna Bolena* → *Lucia di Lammermoor*). De nombreux livrets puisaient dans les romans de Sir Walter Scott – *Les Puritains* furent eux aussi attribués à Walter Scott, jusqu'à ce que leur source réelle soit identifiée. Bellini travailla parallèlement aux deux versions de l'opéra. L'une était destinée à Paris, l'autre à Naples : cette dernière fut adaptée à d'autres dieux de l'opéra (le rôle d'Elvira y était destiné à la légendaire mezzosoprano, Maria-Felicia Malibran),

ce qui poussa Bellini à effectuer de nombreuses transformations dans les parties vocales. La fusion des styles d'opéra italien et français produit dans *Les Puritains* un mélange stylistique tellement passionnant que l'on s'interroge forcément sur la manière dont Bellini aurait développé ces expériences musicales et dramaturgiques. Le style de l'opéra français, avec sa préférence pour les grands tableaux et les scènes décoratives et illustratives dans lesquelles le coloris orchestral joue un rôle beaucoup plus important qu'en Italie, par exemple, exerça une très forte influence sur la musique des *Puritains*. L'orchestration colorée, qui assure l'atmosphère héroïque et les descriptions de la nature (lever du soleil au début de l'opéra, scène d'orage au commencement de l'acte III), mais aussi le caractère dansé, plus à la mode lors de la création à Paris, témoignent de la sensibilité qu'avait Bellini pour le goût français. Il conçut *à la polacca* (c'est-à-dire dans le style d'une polonaise) la prestation d'Elvira en future épouse heureuse, et l'air de Giorgio, implorant la pitié (*Se tra il buio un fantasma vedrai*) possède des traits de valse. N 10, N 11

Ci-dessus
I Puritani, Giovanni Battista Rubini dans le rôle d'Arturo, gravure de R.J. Lane d'après un dessin de Chalon (1836).
Giovanni Battista Rubini chanta plusieurs rôles de ténor de Bellini, y compris celui d'Arturo. Fait intéressant, ce héros ténor n'a pas de véritable grande scène en solo, même si son rôle est considéré comme une partie de ténor extrêmement brillante. Bellini lui a même écrit un fa situé deux lignes au-dessus de la portée, ce qui est considéré comme une curiosité dans l'histoire de l'opéra : cette note est située quelques tons plus haut que le légendaire contre-ut !

10. *Polonaise* d'Elvira
Son ver- gin vez- zo- sa in ve- sta di spo- sa

11. Air de Giorgio
Se tra il buio un fan- ta- sma ve- dra- i bian- co, lie- ve

Elvira

La convention des airs séparés marque fortement le personnage d'Elvira. Dans l'acte I, elle brille avec sa *polonaise*, tandis qu'au point central de l'acte II elle interprète sa scène de la folie, extrêmement exigeante du point de vue vocal et dramaturgique (un modèle manifeste pour → *Lucia di Lammermoor* de Donizetti). La démence d'Elvira est déjà anticipée dans l'air de Giorgio, au début de l'acte. Son finale n'est que la réaction bouleversée de Riccardo et Giorgio – la folie d'Elvira provoque en Riccardo une mutation spirituelle cathartique.

I Puritani, Edita Gruberová dans le rôle d'Elvira, mise en scène : John Dew, direction musicale : Placido Domingo, Staatsoper de Vienne, 1994. Les solistes de premier ordre (Giulia Grisi, Giovanni Battista Rubini, Luigi Lablache et Antonio Tamburini) ont joué un rôle essentiel dans le triomphe des *Puritains*. L'opéra fit très rapidement la conquête des grandes scènes d'Europe. Mais avec la disparition de l'art du *bel canto*, celui de la Malibran, de Giulia Grisi ou Lilli Lehmann, il sombra dans l'oubli en même temps que d'autres opéras de Bellini. Il fallut attendre la renaissance du *bel canto* dans les années 1950-1960, avec des cantatrices comme Maria Callas, Joan Sutherland, Renata Scotto, Montserrat Caballé et, plus tard, Edita Gruberová, pour que l'on redécouvre et que l'on juge à leur juste valeur les opéras de Bellini.

I Puritani, Marcello Giordani dans le rôle d'Arturo, mise en scène : John Dew, Staatsoper de Vienne, 1994.
La volonté croissante de crédibilité de l'opéra italien et le lieu de création de *I Puritani* (Paris) ont imposé l'image du ténor comme *primo uomo* débordant d'amour et d'héroïsme.

Un opéra militaire avec larmes

Le finale de l'acte II montre justement avec quelle inspiration et quelle minutie dans la composition Bellini dessine ses personnages. Au lieu d'un grand ensemble, Bellini imagine un duo en trois parties entre Riccardo et Giorgio. La partie en fa majeur implorante se transforme en un fa mineur assourdi et tendu (*Se tra il buio un fantasma vedrai*) : Giorgio fait comprendre à Riccardo qu'Elvira ne survivra pas à la mort d'Arturo, et que sa mort pèsera sur la conscience de Riccardo. À cette mélodie sensible, dans le style de Chopin, Riccardo ne peut résister : ému aux larmes, il se montre disposé à abandonner ses idées de vengeance.

É. P.-L.

I Puritani, Giulia Grisi (Elvira) et Luigi Lablache (Sir Giorgio) au King's Theatre de Londres, gravure d'après un dessin de Chalon (1835), Paris.
La petite *prima donna* Giulia Grisi se réfugie auprès du grand Luigi Lablache, son oncle dans l'opéra. Lablache (1794-1858), la basse italienne la plus célébrée de son époque, était effectivement un géant. Lorsqu'il jouait Leporello dans → *Don Giovanni* de Mozart, il avait par exemple l'habitude de prendre sous son bras le solide paysan qu'était censé être Masetto.

À droite
I Puritani, Antonio Tamburini (1800-1876) dans le rôle de Lord Valton, estampe.
Lors de la création parisienne en 1835, Antonio Tamburini jouait le rôle de Riccardo. Alors que dans les opéras précédents de Bellini, les rôles d'hommes étaient encore fréquemment attribués à des sopranos ou mezzo sopranos, rappelant l'ancien emploi des castrats, il était déjà indispensable, dans le dernier opéra de Bellini, qu'ils soient tenus par des hommes.

Wozzeck, photo de scène de la mise en scène de Ruth Berghaus, décors : Hans Dieter Schaal, direction musicale : Christoph von Dohnányi, Opéra national de Paris, 1985.
À l'occasion du centenaire d'Alban Berg et du cinquantenaire de sa mort, une équipe allemande a pu mettre cette œuvre en scène dans la citadelle de l'Opéra de Paris.

1. Le « J'accuse » de Wozzeck

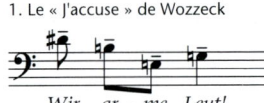

Wir ar - me Leut!

Alban Berg

Né à Vienne le 9 février 1885
Mort à Vienne le 24 décembre 1935

Alban Berg compose ses premières œuvres à l'âge de quinze ans. Sa vie et sa création sont marquées par son goût pour la mystique des chiffres et par son nombre fatidique, le 23, déduit de la date de sa première crise d'asthme (23 juillet 1900). Berg étudie le droit et l'histoire de la musique à l'université de Vienne. En 1904, il entame des études privées de théorie et de composition musicales auprès d'Arnold Schönberg. Il connait de nombreuses personnalités artistiques importantes du milieu artistique viennois (entre autres Gustav Mahler, Karl Kraus, Adolf Loos). À cette époque a lieu sa première rencontre avec Helene Nahowski, sa future épouse. Un héritage permet à Berg d'abandonner son emploi de fonctionnaire. En 1908, il crée sa première œuvre portant un numéro d'opus, une sonate pour piano. En 1911, il achève ses études auprès de Schönberg, auquel il reste lié toute sa vie. Pendant la Première Guerre mondiale, Berg sert d'abord en Hongrie, puis au ministère de la Guerre à Vienne. Entre 1918 et 1921, il travaille à l'association pour les Représentations musicales privées, fondée et dirigée par Schönberg. En 1922, la transcription pour piano de l'opéra *Wozzeck* est imprimée en auto-édition (avec le soutien financier d'Alma Mahler). En 1923, la Wiener Universal Edition prend ses compositions sous contrat ; Berg se consacre à la technique dodécaphonique (→ Schönberg) et compose le *Kammerkonzert*. En 1930, il devient membre de la Preussische Akademie der Künste. En 1935, il écrit sa dernière composition, le *Concerto pour violon* dédié à la « mémoire d'un ange » (Manon Gropius, la fille d'Alma Mahler et de Walter Gropius). Il meurt le 24 décembre 1935 d'une septicémie.

Œuvres : Opéras : *Wozzeck* (1922, création 1925) ; *Lulu*, (1934-35, création 1937). Œuvres pour orchestre (*Trois pièces pour orchestre*, 1914) ; musique de chambre (*Suite lyrique pour quatuor à cordes*, 1927) ; *Kammerkonzert* (1923) ; *Concerto pour violon* (1935), Œuvres pour piano (*Sonate pour piano*, 1908) ; lieder.

Wozzeck

Opéra en trois actes

Livret : Alban Berg, d'après le drame *Woyzeck* de Georg Büchner
Création : le 14 décembre 1925 à Berlin (Staatsoper)
Personnages : Wozzeck (bar.), le Tambour-major (tén.), Andres (tén.), le Capitaine (tén.), le médecin (basse), premier ouvrier (basse), deuxième ouvrier (bar.), le fou (tén.), Marie (sop.), Margret (alto), l'enfant de Marie (sop.), soldats et jeunes hommes, dont un soldat (tén.), servantes et prostituées, enfants (chœur)

Argument
Une petite ville allemande vers 1820.
Acte I
Tableau 1 La chambre du capitaine. Le matin. Wozzeck, un pauvre soldat, rase le capitaine. Le capitaine veut s'entretenir avec lui. Il philosophe, parle du climat. En vain. Wozzeck lui répond toujours par « Oui, mon capitaine ». Mais lorsque le capitaine parle de morale et se met à bavarder à propos de l'enfant de Wozzeck, né « sans la bénédiction de l'église », le soldat abandonne son mutisme et argumente : les pauvres n'ont pas la possibilité de se comporter moralement : « Voyez-vous, mon Capitaine, l'argent, l'argent (…) Nous, les pauvres gens ! Je crois que si nous allions au ciel, nous serions forcés d'aider à faire gronder le tonnerre ! » Le capitaine est ahuri.
Tableau 2 Un champ dégagé, devant la ville. Wozzeck et son camarade Andres coupent de l'osier. Wozzeck a des visions terribles.
Tableau 3 La petite chambre de Marie. Le soir. La fanfare militaire défile dans la rue. Marie fait un signe au tambour-major, ce que la voisine Margret commente en termes narquois. Wozzeck rend une brève visite à sa maîtresse et à leur enfant commun ; il ne parle cependant pas d'amour, mais uniquement de ses sombres pressentiments.
Tableau 4 Le bureau du médecin. Wozzeck s'est mis à la disposition du médecin pour faire des expériences, afin de gagner quelques sous. Depuis des mois, il ne mange que des haricots. Il parle de ses visions. Il est ainsi prouvé, pour le médecin, qu'une nourriture fondée sur un seul aliment provoque un trouble mental. Le médecin espère que cette découverte va lui valoir la gloire éternelle.
Tableau 5 Une rue devant le logement de Marie. Le soir. La nature l'emporte en Marie : elle ne peut résister au tambour-major, un homme de belle stature.

Acte II
Tableau 1 la chambre de Marie. Le matin. Marie se réjouit de sa jeunesse et de sa beauté, et se regarde dans un miroir. Le tambour-major lui a offert des boucles d'oreilles. Wozzeck la surprend, pressent la vérité, mais se retient. Il donne de l'argent à Marie et repart à grands pas.

Tableau 2 La rue. En plein jour. Le capitaine exténue le médecin avec sa philosophie. Celui-ci se venge et prophétise au capitaine une attaque d'apoplexie. Lorsque Wozzeck croise leur chemin, tous deux défoulent sur lui leur agressivité. Ils font allusion à l'aventure de Marie avec le tambour-major. Wozzeck est profondément touché et désespéré.
Tableau 3 Devant la chambre de Marie. Le jour. Wozzeck tente de faire parler Marie. Elle lui interdit de se mêler de ses affaires.
Tableau 4 Le jardin d'une auberge. Le soir. Soldats, ouvriers, femmes et jeunes filles qui dansent. Parmi eux, Marie et le Tambour-major. Wozzeck voit le couple qui danse. Un fou prédit un crime de sang.
Tableau 5 La caserne. La nuit. Wozzeck ne peut pas dormir. Il supplie de ne pas être induit en tentation. Le tambour-major, de retour à son poste, fanfaronne à propos de sa nouvelle conquête. Wozzeck attaque le tambour-major, mais celui-ci le roue de coups.

Acte III
Tableau 1 De nouveau la chambre de Marie. La nuit. Marie ressent un profond remords. Elle cherche une consolation dans la Bible.
Tableau 2 Un chemin forestier au bord d'un étang. La nuit. Wozzeck et Marie sont en chemin vers la ville. Wozzeck poignarde sa maîtresse avec un couteau.
Tableau 3 L'auberge. La nuit. Wozzeck tente d'oublier son meurtre, danse et s'amuse avec Margret. Elle voit du sang sur lui. Wozzeck prend la fuite.
Tableau 4 Le chemin forestier au bord de l'étang. Wozzeck veut dissimuler le couteau au fond de l'eau. Il va de plus en plus loin dans l'étang et se noie. Le médecin et le capitaine passent devant et entendent des bruits suspects, mais ne font strictement rien. Le médecin constate simplement que quelqu'un est en train de se noyer.
Tableau 5 Devant la porte de Marie. Le matin. Les enfants jouent. On retrouve le corps de Marie. Tous accourent pour voir son cadavre. L'enfant de Marie et de Wozzeck, désormais orphelin, ne comprend encore rien à tout cela et continue à jouer avec son cheval de bois. *S.K.*

Berg était un avant-gardiste, doué d'une nature romantique, le plus talentueux des musiciens lyriques dans l'entourage de Schönberg. Son penchant pour la mystique des nombres l'accompagna toute sa vie.

Wozzeck, croquis de décors de Ludwig Sievert pour la création de la mise en scène par Herbert Graf à l'Opernhaus de Francfort, 1931 (TWS).
Le leitmotiv de l'opéra est un « J'accuse » dirigé contre la bourgeoisie. N 1
Le drame, comme l'opéra, ont été conçus en temps de crise. Après les guerres napoléoniennes, des milliers de soldats n'avaient plus rien à manger (comme l'homme qui servit de modèle au rôle-titre, Johann Christian Woyzeck). La misère du prolétariat était inconcevable. Une crise analogue avait éclaté après la Première Guerre mondiale. L'Allemagne avait subi une défaite, la monarchie austro-hongroise s'effondrait. Toute l'organisation du monde et des valeurs était désormais devenue bancale, déformée, contradictoire. C'est ainsi que Ludwig Sievert caractérise dans ses décors l'atmosphère fondamentale de *Wozzeck*.

Wozzeck, photo de scène avec Franz Grundheber (Wozzeck) et Heinz Zednik (le capitaine), mise en scène: Adolf Dresen, décors: Herbert Kapplmüller, direction musicale: Claudio Abbado, Staatsoper de Vienne, 1987.
Berg notait, à propos du personnage du capitaine: « Un zéro… facilement ému par lui-même ». Sa philosophie est constituée de définitions du type: « La morale, c'est quand on est moral. » Il parle; mieux, il pense en lieux communs. Et puis il n'est pas en bonne santé, il souffre d'asthme et tousse souvent (Berg a soigneusement noté, sous forme musicale, le rythme de la toux.) « Boursouflé, gras, le cou épais »: c'est ainsi que le médecin le caractérise dans le deuxième acte. La musique du capitaine a elle aussi quelque chose de « boursouflé ». Cette partie a parfois des notes extrêmement aiguës. Le thème qui caractérise le capitaine est fortement chromatique, un peu insolent, jovial et grotesque. N 2

Woyzeck et Wozzeck

Le 27 août 1824, à Leipzig, le coiffeur Johann Christian Woyzeck était exécuté en public. Trois ans plus tôt, il avait tué sa compagne. On se demanda s'il était vraiment responsable de ses actes. Dans les milieux scientifiques s'ouvrit alors un débat passionné dont l'intensité persista pendant de nombreuses années. Woyzeck était mort depuis longtemps lorsque le jeune médecin et écrivain Georg Büchner (1813-1837) s'intéressa à l'histoire de ce procès déjà ancien. Il commença à écrire un drame sur le « meurtrier innocent ». Il mourut du typhus, à l'âge de 24 ans, sans avoir achevé son travail.

Quatre décennies environ après la mort de Büchner, l'écrivain et chercheur en littérature Karl Emil Franzos (1848-1904) recomposa une version pour la scène du projet de drame de Büchner. Il interpréta comme un « z » le « y » de Woyzeck, écrit en gothique, et le drame commença ainsi sa carrière sous le nom de *Wozzeck* et non pas *Woyzeck*. C'est seulement après avoir achevé sa composition qu'Alban Berg découvrit le titre originel, *Woyzeck*, et tenta de corriger cette « erreur » – mais il abandonna rapidement ce travail sans espoir. *Wozzeck* a une sonorité plus dure que *Woyzeck*, et correspond donc mieux au milieu des soldats.

Chiffres magiques

Il semble absolument inutile de se demander combien de mesures comptent un tableau ou un opéra entier. Ce n'était pas le cas pour Alban Berg. Il était un partisan passionné des jeux de chiffres. *Wozzeck* en est un bon exemple. L'œuvre compte au total 1 927 mesures. Si l'on en élimine les six « pauses générales » (elle se situent à la fin de l'acte II et au début de l'acte III), la somme est de 1 921. C'est en 1921 que Berg a achevé le brouillon de la partition de son opéra. Le nombre 21 joue aussi un rôle important dans les différents tableaux. Le dernier tableau compte 21 mesures, dans la scène du docteur se succèdent 21 variations. Certaines d'entre elles ne comptent qu'une seule mesure – mais ces mesures sont composées en 7/4. Le sept était un autre chiffre magique de Berg. L'opéra *Wozzeck* est son opus 7!

S. K.

Wozzeck, photo de scène avec Hildegard Behrens (Marie) et Franz Grundheber (Wozzeck), mise en scène: Adolf Dresen, décors: Herbert Kappmüller, direction musicale: Claudio Abbado, Staatsoper de Vienne, 1987.
Marie, selon Büchner, doit avoir entre 16 et 18 ans et être remarquablement jolie. C'est une personnalité contradictoire – mais c'est à elle que va incontestablement la sympathie du compositeur. Il n'existe que deux assez longs passages dans l'opéra dont la musique paraît clairement « tonale » et « romantique »: la musique de deuil en ré mineur après la mort de Wozzeck, et une partie du premier tableau de l'acte III. Lorsque Marie commence à raconter une histoire à l'enfant, le cor entonne une mélodie chaude et chantante en fa mineur. Et la berceuse de Marie, elle aussi, est d'une intériorité mélodieuse et romantique. N 4, N 5

Wozzeck, photo de scène, avec Franz Grundheber (Wozzeck) et Aage Haugland (le docteur). Mise en scène : Adolf Dresen, direction musicale : Claudio Abbado, Staatsoper de Vienne 1987.
Le docteur incarne la science sèche et inhumaine, Berg a construit son thème musical de telle sorte que les douze notes y figurent. N 3
La tessiture de la partie du médecin peut être qualifiée « d'extrême », puisqu'on y chante ici et là des notes remarquablement graves. Certains analystes ont parfois vu dans ce personnage une vision prémonitoire du médecin nazi Mengele. Mais les médecins glaciaux n'ont pas vécu ni travaillé que sous le Troisième Reich. Berg parle, dans une lettre, d'un médecin militaire « diabolique » dont il a fait la connaissance pendant la Première Guerre mondiale.

À droite
Wozzeck, photo de scène avec Franz Grundheber (Wozzeck) et Hildegard Behrens (Marie), mise en scène : Adolf Dresen, décors : Herbert Kapplmüller, direction musicale : Claudio Abbado, Staatsoper de Vienne, 1987.
Dans le deuxième acte, Wozzeck donne de l'argent à Marie. C'est tout ce qu'il a gagné auprès du capitaine et du médecin, pour ainsi dire la somme de ses efforts. Berg a noté sur ce passage un triple accord en do majeur. « Comment pourrait-on exprimer plus clairement l'honnêteté de l'argent dont il s'agit », estima ultérieurement le compositeur. Après cet instant de répit, Wozzeck reprend son calvaire. On peut à juste titre parler d'un calvaire, car Wozzeck meurt au 14e tableau de l'opéra. Et le chemin du Golgotha est composé, on le sait, de 14 stations.

Wozzeck, Martin Abendroth dans le rôle du docteur, Staatsoper de Berlin, 1925.
La création, sous la baguette d'Erich Kleiber, devint une légende. Tous ceux qui comptaient à l'époque dans le monde musical étaient présent.

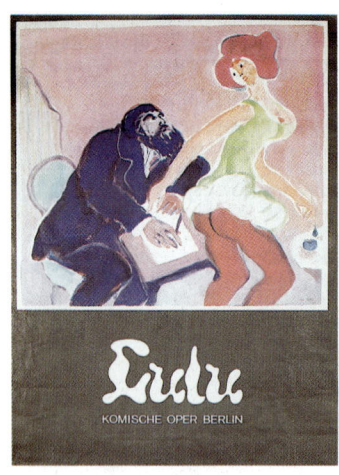

Lulu, affiche de Dietrich Kaufmann pour la mise en scène en deux actes au Komische Oper de Berlin, en 1975.
Joachim Herz a hissé Lulu sur la légendaire scène d'opéra berlinoise de Walter Felsenstein. Le fondateur du Komische Oper n'avait jamais voulu monter l'opéra lui-même : il n'y trouvait pas l'impulsion érotique positive.

L'Éveil du printemps

Frank Wedekind (1864-1918), fils d'un médecin qui s'essaya d'abord à la vie bourgeoise avant d'entrer dans le monde du cirque et du théâtre, suscita une grande attention avec sa pièce *L'Éveil du printemps*. Le « printemps » désignait la sexualité en éveil, avec tous ses conflits. Les deux drames indépendants qu'étaient *L'Esprit de la terre* (1895) et *La Boîte de Pandore* (1902) ne furent rassemblés qu'en 1913 par Wedekind, pour former la tragédie *Lulu*.

Lulu

Opéra en trois actes et un prologue

(Orchestration de l'acte III complétée par Friedrich Cerha)

Livret : Alban Berg, d'après les tragédies *Der Erdgeist* (L'esprit de la terre) et *Die Büchse der Pandora* (La boîte de Pandore) de Frank Wedekind
Création de l'œuvre inachevée : le 2 juin 1937 à Zurich (Stadttheater)
Création (version achevée, en trois actes) : le 24 février 1979 à Paris (Opéra)
Personnages : Lulu (sop.), la comtesse Geschwitz (mezzosop.), une employée de la garde-robe du théâtre, aussi un lycéen, aussi un groom (alto), le médecin (rôle parlé), le banquier (basse), le professeur (muet), le peintre, aussi un Nègre (tén.), le Dr Schön, rédacteur en chef, aussi Jack l'éventreur (bar.), Alwa, fils du Dr Schön, écrivain (tén.), Schigolch, un vieillard (basse), un dresseur d'animaux, aussi un athlète (basse), le prince, aussi le valet de chambre, aussi le marquis (tén.), le directeur du théâtre (basse), un clown (muet), un ouvrier de scène (muet), le commissaire de police (rôle parlé), une jeune fille de quinze ans (sop.), sa mère (alto), une artisane d'art (mezzosop.), un journaliste (bar.), un serviteur (bar.)

Argument
Actes I et II : en Allemagne ; acte III : à Paris et à Londres, à la fin du XIXe siècle.

Prologue
L'animal dans l'homme ! Un dresseur d'animaux présente sa ménagerie. On y trouve le docteur Schön (un tigre), Alwa (un singe), Schigolch (un ver), le médecin (un reptile), la comtesse Geschwitz (un crocodile) et Lulu (un serpent).

Acte I
Tableau 1 Le médecin a commandé à un peintre le portrait de sa femme. Celle-ci prend la pose : Lulu en Pierrot. Le Dr Schön et son fils Alwa prennent part au travail. Pressés par leurs obligations mondaines, ils laissent seuls le peintre et son modèle. Le peintre est fasciné par Lulu et le lui fait comprendre clairement. L'époux, témoin de la scène, est victime d'une attaque cardiaque.
Tableau 2 Le peintre et le modèle se sont mariés, grâce au Dr Schön. Celui-ci espère que Lulu est bien installée dans son nouveau couple : il veut mettre un terme à sa relation amoureuse avec elle, et se marier à son tour. Le vieillard Schigolch va et vient chez Lulu. C'est son premier mari, et peut-être son père. Lorsque le Dr Schön comprend que Lulu n'est pas bien surveillée par son époux, il dévoile au peintre la vérité sur Lulu. Le peintre se suicide.
Tableau 3 Le Dr Schön a emmené Lulu au théâtre. Grâce à la popularité de Lulu, on donne avec succès une pièce d'Alwa. Le Dr Schön est parmi les spectateurs avec sa fiancée. Mais Lulu profite de la situation pour s'en prendre à lui. Elle fait mine de s'évanouir en scène et compromet ainsi son mécène. Elle joue ensuite son dernier atout : elle a trouvé un courtisan qui l'emmène en Afrique. Le Dr Schön est bouleversé par le caractère irrévocable de sa décision. Lulu lui dicte alors ses vœux. Il va rompre avec sa fiancée et l'épouser, elle, Lulu.

Acte II
Tableau 1 Lulu a épousé le Dr Schön. Il n'est plus maître chez lui. La comtesse Geschwitz courtise Lulu. Schigolch s'est installé comme s'il était chez lui ; tout comme lui, un lycéen et un athlète tournent autour de la maîtresse de maison. Alwa est également aux pieds de l'épouse de son père. Le Dr Schön force Lulu à prendre un revolver, afin qu'elle mette fin à ses jours. Lulu, en légitime défense, tourne le revolver contre son mari et le tue. Alwa appelle la police.
Métamorphose (intermède cinématographique) : Lulu est en prison, pour avoir assassiné le Dr Schön. La comtesse Geschwitz mène une opération téméraire pour libérer Lulu et prend sa place en prison.
Tableau 2 Schigolch, l'athlète et Alwa ont prêté assistance à Geschwitz. Ils ont tout préparé pour une fuite à l'étranger. C'est une Lulu affaiblie par la maladie qui sort de prison. Alwa prend le rôle de son père : il devient le protecteur de Lulu.

Acte III
Tableau 1 Lulu en fuite. À Paris. Lulu s'est liée à un marquis. Mais celui-ci pratique la traite des blanches et la vend au Caire. Si elle refuse de s'y rendre, il la livrera à la police. Alwa ne peut pas l'aider, pas plus que la comtesse Geschwitz. Le premier a perdu sa fortune en spéculant, l'argent de la comtesse a été dépensé pour la libération de Lulu. Cernée par la police, Lulu échange ses vêtements avec un groom et s'échappe. Alwa la suit.
Tableau 2 À Londres. Lulu vit avec Schigolch et Alwa. Ils n'ont plus aucun moyen pour vivre. Schigolch envoie Lulu sur le trottoir. Le premier client, le professeur, un homme versé dans la Bible, réincarnation musicale du médecin, donne peu d'argent et obtient beaucoup d'amour. La comtesse Geschwitz les dérange. Le deuxième client, la réincarnation musicale du peintre, veut d'abord avoir Lulu, et payer ensuite. Alwa intervient, veut assommer l'homme, mais c'est lui qui perd la vie. Schigolch s'en va. Reste la comtesse. Au troisième client, c'est Lulu qui paie. Elle lui donne de l'argent, mais il lui donne la mort : c'est Jack l'éventreur. Il assassine également la comtesse Geschwitz.

S. N.

Lulu, photo de scène avec Christine Schäfer (Lulu) et John Bröcheler (Dr Schön), mise en scène et décors: Peter Mussbach, costumes: Andrea Schmidt-Futterer, direction musicale: Michael Gielen, Festival de Salzbourg, 1995. Le défi de toute mise en scène de *Lulu* consiste en la nécessité de représenter le rôle-titre comme une personne réelle, tout en la faisant apparaître comme l'incarnation des fantasmes masculins. La mise en scène de Peter Mussbach était une coproduction du Staatsoper de Berlin.

Lulu, croquis de décor de Ruodi Barth pour la mise en scène de Werner Düggelin, Düsseldorf, 1984, (TWS).
Pour Wedekind et Berg, l'homme est une bête mal domestiquée. C'est la raison pour laquelle les personnages sont d'abord présentés par un dresseur d'animaux. À ce prologue succède la comédie bourgeoise. Conformément à ce principe, on retrouve ici les éléments mobiles d'une scène de variété – intégrés au décor – derrière l'ambiance bourgeoise.

L'esprit de la terre

L'homme est capable de discerner les lois de l'univers s'il apprend avec zèle et pense avec logique. C'est selon cette idéologie rationaliste que l'enseignement fut mené dans les écoles au cours du dernier tiers du siècle précédent. Cela n'avait rien d'étonnant, compte tenu des conquêtes techniques impressionnantes. Ce que l'on n'enseignait pas, c'étaient les réalités de la vie. Il n'était pas convenable de parler d'instinct et de sexualité dans la société bourgeoise.

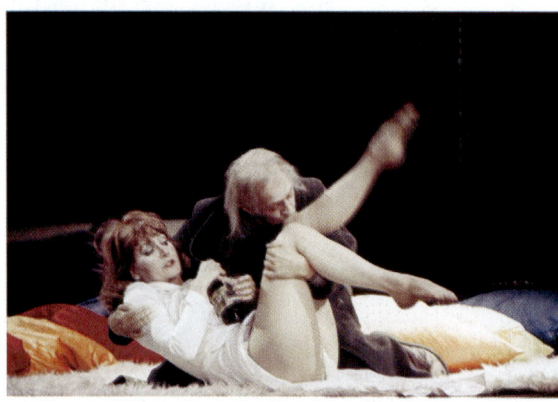

Lulu, photo de scène avec Karan Armstrong (Lulu) et Erik Saeden (Schigolch), mise en scène : Götz Friedrich, décors : Timothy O'Brien, direction musicale : Colin Davis, Covent Garden, Londres 1981.
La soprano américaine Karan Armstrong (née en 1941) fut célébrée à Londres et Berlin dans le rôle de Lulu.

Vers le début du XXe siècle, des réactions se développèrent contre ce rationalisme naïf et optimiste. Sigmund Freud forgea le concept du « subconscient », expliquant les facteurs pour ainsi dire « irrationnels » qui influencent le comportement humain. Dans le même temps apparut en littérature le personnage de la femme fatale, symbole de la sexualité et d'un instinct incompréhensible par la logique ou la raison – instinct qui, au bout

du compte, détermine toute la vie humaine. Tel serait le véritable « esprit » du monde terrestre, *L'Esprit de la terre*, pour reprendre le titre d'un drame de Wedekind.

Lulu

Qui est au juste Lulu ? On ne nous dit presque rien sur son enfance et ses origines. Chaque homme lui donne un nom différent. Chez Wedekind, le médecin l'appelle Nelly (dans l'opéra, il ne prononce pratiquement pas un mot). Pour le peintre, elle est Eva, pour le Dr Schön, Mignon. C'est Schigolch qui lui aurait donné le nom de Lulu. Dans chaque tableau, elle apparaît dans une tenue différente, parfois elle doit même se changer très rapidement, et à plusieurs reprises. Elle se présente donc sous les apparences les plus diverses. La femme éternelle, pourrait-on dire, qui domine les hommes et devient finalement leur victime. Dans l'opéra de Berg, ce trait ressort tout particulièrement. Les trois derniers clients de Lulu doivent être identiques au médecin, au Dr Schön et au peintre. Un point reste énigmatique : pour-

Lulu, photo de scène avec Christine Schäfer (Lulu) et Tom Fox (le dresseur), mise en scène et décors : Peter Mussbach, costumes : Andrea Schmidt-Futterer, direction musicale : Michael Gielen, Festival de Salzbourg, 1995.
La variété utilisée comme théâtre de la comédie bourgeoise : le principe fut aussi mis en œuvre musicalement au Festival de Salzbourg, où un orchestre de jazz jouait la musique de scène à côté de la Staatskapelle de Berlin.

Lulu, photo de scène avec Evelyn Lear et Dietrich Fischer-Dieskau, mise en scène : Gustav Rudolf Sellner, direction musicale : Karl Böhm, décors : Filippo Sanjust, Deutsche Oper de Berlin, 1968.
Pour jouer Lulu, il faut une soprano wagnérienne à la silhouette de danseuse de cabaret. Pour incarner ce rôle, une voix de soprano dotée d'une force dramatique et aux capacités de coloratura est nécessaire, des qualités que possède la grande cantatrice Evelyn Lear.

quoi Lulu perd-elle son attrait dans le troisième acte? Elle n'a pas beaucoup vieilli et n'est pas moins belle. Mais son enchantement s'est éteint. Comme si elle était subitement passée de mode, à l'instar d'un costume, d'une tenue de gala ou d'une œuvre d'art.

Douze

Alban Berg a composé son deuxième opéra sur la base de la technique dodécaphonique, une méthode de composition que le professeur et ami de Berg → Arnold Schönberg a élaborée au début des années vingt. Bien que Berg ait déjà utilisé plusieurs fois dans ses œuvres des structures thématiques dodécaphoniques (→ *Wozzeck*, thème du docteur, N 3), il n'a repris le procédé de Schönberg que pas à pas, et a cherché d'emblée ses solutions personnelles, qui ne correspondaient pas rigoureusement aux lois énoncées par Schönberg. Dans l'opéra *Lulu*, il créa un système de plusieurs séries fondamentales dont il déduisait ensuite d'autres séries. Chaque personnage de l'opéra possède ainsi sa propre série. La série attribuée à Geschwitz est particulièrement caractéristique, par la dominante de la quinte. Bien entendu, d'autres moyens de caractérisation sont aussi employés, essentiellement la sonorité. Le personnage de Lulu est ainsi associé à la sonorité du vibraphone, tandis que celui de l'athlète l'est aux claviers. S. K.

Lulu, photo de scène avec Christine Schäfer (Lulu) et Gerd Wolf (le directeur du théâtre), mise en scène et décors : Peter Mussbach, costumes : Andrea Schmidt-Futterer, direction musicale : Michael Gielen, Festival de Salzbourg, 1995.

Passaggio

Messa in scena

Livret : Eduardo Sanguinetti

Création : le 6 mai 1963 à Milan (Piccola Scala)

Personnages : Elle (sop.), chœur (altos, basses)

Argument
Les étapes de la vie d'une femme : passions individuelles et politiques, prison, torture, persécution, carrière, prostitution.

S. N.

Messe scénique

Berio avait pris pour modèles de son personnage principal, laconiquement nommée « Elle », la journaliste juive Milena Jesenská (1896-1944, camp de Ravensbrück), entrée dans l'histoire de la littérature comme amie de Franz Kafka, et Rosa Luxemburg (1870-1919). L'élément singulier de cette œuvre que Berio décrit comme une messe scénique, et qui renvoie à des passages de la Bible, est le chœur, qui doit chanter en italien, en anglais, en français, en allemand et en latin. Il doit exprimer le public, partie du peuple qui, inerte et hébété, intellectuellement immobile et pauvre en compassion, accompagne le chemin de la Passion. Berio se souciait moins ici de supprimer la séparation entre la scène et le parterre que de donner un sens au genre de l'opéra à une époque où, selon Berio – qui se référait à Brecht – une conversation sur les arbres est presque un crime parce qu'elle implique le silence sur un grand nombre de crimes.

Luciano Berio

Né le 24 octobre 1925 à Oneglia (aujourd'hui Imperia, en Italie)

Berio commence très jeune ses études musicales sous la direction de son père, les poursuit auprès de Ghedeni au conservatoire de Milan et, pendant un séjour d'études à Tanglewood en 1951, auprès de → Dallapiccola. Il fonde en 1954, avec Bruno Maderna, à Milan, un studio électroacoustique (Studio di Fonologia Musicale di RAI) qu'il dirige jusqu'en 1961. De 1956 à 1960, il édite la revue *Incontri Musicale* et dirige jusqu'en 1960 la série de concerts du même nom.
À partir de 1960, Berio, professeur demandé, travaille en Europe et aux États-Unis, où il vit jusqu'en 1972. Lié d'amitié avec le linguiste et romancier italien Umberto Eco (connu du grand public pour son roman *Le Nom de la rose*), Berio crée une série « d'œuvres d'art ouvertes » ; ainsi, dans les compositions baptisées *Sequenz*, il expérimente avec humour et humeur, à partir de 1958, les possibilités qu'ont les différents instruments de franchir les frontières traditionnelles. De 1950 à 1966, Berio est marié avec la cantatrice américaine d'origine arménienne Cathy Berberian ; il compose des œuvres pour sa voix extraordinairement expressive et changeante, comme *Circle* (1960), des arrangements de chants populaires et *Sequenza III* en 1966. C'est à sa mémoire (Berberian est morte en 1983 à l'âge de 57 ans) que sont dédiés les *Requiem* pour orchestre de 1983-1984. En 1993-1994, Berio est nommé par Charles Eliot Norton *Professor of Poetry* à la Harvard University. Il travaille avec les principaux orchestres symphoniques aux États-Unis et en Europe. Sa *Sinfonia* de 1968, pour huit voix solo (*Swingle Singers*) et orchestre est un événement de premier plan. Elle est dédiée à → Leonard Bernstein et aux musiciens du Philharmonique de New York, qui créèrent l'œuvre. La vérité et la beauté s'y associent à l'intelligibilité et l'humour du philosophe rejoint celui du peuple.

Œuvres : Pour la scène lyrique : *Racconto mimico* (1952/1959) ; *Passaggio* (1963) ; *Opera* (1970-1977) ; *La Vera storia* (1977-1978, création 1982) (l'Histoire vraie) ; *Un re in ascolto* (1979/1983) (Un Roi à l'écoute) ; *Outis* (1997). Ballets, œuvres pour orchestre, concertos pour solistes, musique de chambre, musique électronique.

*B*erio compte au nombre des compositeurs les plus importants, les plus éclectiques, mais aussi de ceux qui ont eu le plus de succès au cours de la seconde moitié du XXe siècle. Sa musique témoigne d'une joyeuse intelligence et de l'idée d'un adieu serein et réfléchi.

Passagio, photo de scène avec Giuliana Tavolaccini, mise en scène : Luciano Berio, Eduardo Sanguinetti et Virginio Puecher, direction musicale : Luciano Berio, décors : Nicola Benois, La Piccola Scala, Milan, 1963.
La grande scène de la Scala de Milan était, traditionnellement, la citadelle de l'art établi. Ce n'est pas le cas de la Piccola Scala : ici, sont données et sont régulièrement créées des œuvres nouvelles.

Récit mimique sur une puce

Le premier opéra de Berio fut le récit mimique (*racconto mimico*) *Allez-Hopp* de 1952/1959, d'après un texte d'Italo Calvino, pour mezzosoprano, huit mimes, ballet et orchestre. L'action se déroule dans un monde imaginaire. Une puce s'est enfuie du cirque d'État et atterrit dans une réception politique officielle. Elle dérange tellement les politiciens qu'ils finissent par déclarer la guerre. Lorsque celle-ci est terminée et que la paix est revenue, le monde paraît tellement ennuyeux au propriétaire du cirque qu'il lâche, cette fois volontairement, l'un de ses petits animaux. Toute l'affaire peut ainsi recommencer. Dans son premier opéra, se comprend déjà la volonté de Berio de ne pas éluder les conflits très sérieux qui agitaient le monde, non plus de prendre un ton professoral ou maussade : il préfère utiliser l'humour et l'ironie.

Méditation, rêve et *morality play* : Opera

Opera dans le sens de plusieurs œuvres présentées simultanément : c'est ainsi que Luciano Berio désigna sa troisième composition scénique dont la première version fut créée en 1970 à l'Opera de Santa Fe, au Nouveau-Mexique. La deuxième version fut créée en 1977 au Teatro della Pergola à Florence. Les chanteurs et les comédiens interviennent dans l'œuvre de manière égale, un chœur rappelle la mort d'Eurydice et par conséquent le mythe d'Orphée. On associe des scènes du naufrage du Titanic à celles d'une agonie dans un service de soins intensifs d'une clinique spécialisée (Terminal). Selon Berio, il s'agit « d'une méditation, d'un rêve, mais aussi, un peu, d'un *morality play* sur le thème de la fin ».

S. N.

Passaggio, photo de scène avec Evelyne Mandak, Juillard School of Music, New York, 1963.
Par le biais de son ami, le linguiste, écrivain et philosophe de la civilisation Umberto Eco, Berio se familiarisa avec l'idée du *passage*, développée par le philosophe allemand Walter Benjamin. Le programme de son opéra traite lui aussi de ce sujet : le passage comme métamorphose, dangereux, nécessaire et inéluctable.

La Vera Storia
L'Histoire vraie

Opéra en deux actes

Livret : Italo Calvino
Création : le 9 mars 1982 à Milan (Teatro alla Scala)
Personnages : Ada (mezzosop.), Leonora (sop.), Ugo (tén.), Ivo (bar.), le condamné (basse), le commandant (bar.), un prêtre (tén.) deux chanteuses d'histoires de brigands (mezzosop., alto), quatre passants (comédiens), ensemble vocal et chœur, mimes, danseurs, acrobates.

Argument
Acte I
Pendant une fête, un tyran fait arrêter et exécuter un homme. Par vengeance, la sœur de l'homme assassiné enlève un fils du commandant, mais ne parvient pas à le tuer et l'élève comme s'il s'agissait de son propre fils. Le tyran meurt et son deuxième fils prend le pouvoir. Les frères ne savent rien l'un de l'autre, mais tombent amoureux de la même femme et se battent à mort.

Acte II
Pendant une fête (à moins qu'il ne s'agisse d'une insurrection ?) un homme est capturé est exécuté. Un enfant est enlevé, par amour ou par vengeance ? Pour quelle raison se disputent ces deux hommes : pour une femme, pour l'amour ? Ou bien tout cela n'est-il qu'un prétexte ? Mais de quoi ?

S. N.

La Vera Storia, photo de scène avec la chanteuse protéiforme Milva, mise en scène : Luis Pasqual, décors et costumes : Roberto Plate, Opéra National de Paris, 1985.
Dans le premier acte, Berio reprend le récit de → *Il Trovatore* de Verdi, dans des situations paradigmatiques, exemplaires de conflits et de sentiments élémentaires. Dans le deuxième acte se répète apparemment l'action du premier, les textes sont à peine transformés, mais la forme musicale et scénique est différente. Berio demande : « Où est donc la véritable histoire ? Dans la deuxième ou la première partie ? » Sa réponse est la suivante : « Je ne le sais pas. Peut-être dans une troisième partie, encore plus véritable, que l'on placerait devant les autres… » De la même manière que Berio, Akira Kurosawa avait traité en 1950 dans son film-culte *Rashomon* le thème de l'indéterminable *vérité* de la vie humaine.

La Vera Storia, photo de répétition avec Milva, Teatro alla Scala, Milan 1981.
La superstar italienne Milva a largement contribué au succès de la création, mais aussi de la mise en scène à l'Opéra Bastille, à Paris, en 1985.

À droite
La Vera Storia, photo de répétition, Teatro alla Scala, Milan 1981.
Fête ou insurrection ? Au milieu d'une assemblée humaine, on capture un homme… Ce qui commence d'une manière apparemment non équivoque devient douteux lorsqu'on le répète sous une autre forme.

Un Re in ascolto
Un Roi à l'écoute

Azione musicale en deux parties

Livret : Italo Calvino
Création : le 7 août 1984 à Salzbourg (Kleines Festspielhaus)
Personnages : Prospero (bar.-basse), metteur en scène (tén.), Vendredi (rôle parlé), protagoniste (sop.), soprano I, soprano II, mezzosoprano ; trois chanteurs (tén., bar., basse), infirmière (sop.), épouse (mezzo-sop.), docteur (tén.), avocat (basse), un pianiste qui chante ; accordéoniste, mime, message, décorateur avec assistants, couturière, une dame à scier en deux, acrobates, clown (rôles muets) ; chœur

Argument
Partie 1 Ce Prospero moderne espérait pouvoir se réfugier sur une île déserte ; mais pris dans la tempête de la vie, il a choisi le refuge de l'art, en tant que directeur de théâtre. Il épie un régisseur qui voudrait contraindre beaucoup de volontés antinomiques à former un ensemble artistique. Tantôt, on semble aboutir à la grande harmonie, tantôt elle s'effondre à nouveau. L'harmonie survient par hasard, inattendue, on ne peut l'obtenir par la force.
Partie 2 Prospero est à l'agonie. Les artistes qui dépendent de lui s'activent autour de lui, jouent leurs jeux hypocrites, mais de véritables sentiments apparaissent aussi parfois. Prospero emporte dans la mort son rêve de perfection.

S. N.

En haut
Un Re in ascolto, photo de scène avec Donald McIntyre (Prospero) et Graham Valentine (Vendredi), mise en scène : Graham Vick, Opéra national de Paris, 1991.
Pour la création (direction musicale : Lorin Maazel, rôle-titre : Theo Adam), Götz Friedrich a mis en scène *l'azione musicale* de Berio sous une forme âpre et réaliste, comme une réflexion sur l'art.
En vérité, c'est une œuvre d'adieu, une « réflexion musicale » sur la fin. Les *effets d'adieu* tellement typiques de la musique de Berio, le jeu avec les souvenirs sous la forme de citations, ne sont véritablement apparus qu'avec la mise en scène suivante, une coproduction du Covent Garden, Londres (1990) et de l'Opéra-Bastille, Paris (1991).

Un Re in ascolto, mise en scène : Graham Vick, Opéra National de Paris, 1991.

Hector **Berlioz**

Né à La-Côte-Saint-André le 11 décembre 1803
Mort à Paris le 8 mars 1869

C'est avec son œuvre la plus jouée, la *Symphonie fantastique*, qu'Hector Berlioz connaît son premier grand succès. Malgré quelques commandes officielles assez importantes et de grandes tournées de concerts comme chef d'orchestre, il doit gagner sa vie comme journaliste et bibliothécaire du conservatoire. Dans son rôle de critique musical, il observe avec acuité l'activité de ses contemporains. Son manuel d'instrumentation est encore considéré aujourd'hui comme un ouvrage indispensable à tout compositeur. Il est lié par une étroite amitié avec Liszt et Chopin, qui vivent tous deux à Paris. Il est par excellence le compositeur romantique français.

Œuvres: Opéras: *Benvenuto Cellini* (1838), *Béatrice et Bénédict* (1862), *Les Troyens* (1863); œuvres dramatiques: *Roméo et Juliette* (1839), *La Damnation de Faust* (1846). Musique symphonique: *Symphonie fantastique* (1830), *Harold en Italie* (1834); oratorios: *Requiem* (1837), *Te Deum* (1849), *L'Enfance du Christ* (1854); mélodies, *Les Nuits d'été*.

Tannhäuser demandant à voir son petit frère. Caricature à propos des Troyens *de Berlioz, parue dans la revue* Charivari, *25 novembre 1863.*

Peu de compositeurs ont autant été la cible de moqueries que Berlioz, dont l'avant-gardisme et le goût de l'expérimentation géniale alimentaient les critiques des petits bourgeois. Dans le domaine de l'opéra, tout particulièrement, il n'eut pas beaucoup de chance quant à l'accueil de ses œuvres. Son premier opéra, *Benvenuto Cellini* (1838), fut un échec, *Béatrice et Bénédict* fut fraîchement accueilli et l'on ne donna que deux actes des → *Troyens* du vivant du compositeur. Cela deux ans après le scandale provoqué par la version parisienne de → *Tannhäuser* de Richard Wagner, ce qui incita de nombreux adversaires de Wagner à établir une comparaison.

Béatrice et Bénédict

Opéra-comique en deux actes

Livret: Hector Berlioz, d'après la comédie de William Shakespeare *Much adoe about nothing* (Beaucoup de bruit pour rien)
Création: le 9 septembre 1862 à Baden-Baden (Neues Theater)
Personnages: Don Pédro, général de l'armée sicilienne (basse), Claudio, son adjudant (bar.), Bénédict, officier sicilien, ami de Claudio (tén.), Léonato, gouverneur de Messine (basse), Héro, fille de Léonato (sop.), Béatrice, nièce de Léonato (sop.), Ursule, dame d'honneur de Héro (mezzosop.), Somarone, chef d'orchestre (basse), un messager, un notaire, deux serviteurs, musiciens, chanteurs et chanteuses, peuple sicilien, escorte du gouverneur (chœur)

Argument
À Messine, au XVIe siècle.
Alors que Héro et Claudio sont certains de s'aimer, Béatrice et Bénédict pensent qu'ils se détestent mutuellement. Une supercherie montée par leurs amis leur révèle leurs véritables sentiments, et ils deviennent un couple soudé par un amour mêlé de haine.

Acte I
Scène 1 On salue l'armée de Don Pédro, qui revient victorieuse. Héro attend Claudio pour l'épouser, Béatrice attend Bénédict pour se quereller avec lui. Claudio, le futur époux, et Don Pédro veulent convertir Bénédict au mariage. En vain.
Scène 2 Pour le chef d'orchestre Somarone, les noces sont une bonne occasion de se mettre en valeur. Il répète une composition pour le mariage.
Scène 3 Claudio, Don Pédro et Léonato font croire à Bénédict que Béatrice l'aime. Cette nouvelle inattendue éveille en Bénédict de tendres sentiments à l'égard de Béatrice, sentiments jusqu'alors muets.
Scène 4 L'heureuse fiancée Héro a trompé Béatrice avec le même stratagème. Elle-même se tait, attendant avec joie ses noces imminentes.

Acte II
Scène 1 Le chef d'orchestre Somarone, en prévision des noces, improvise une chanson à boire aussi maladroite que la chanson de noces.
Scène 2 Béatrice est profondément touchée par l'amour présumé de Bénédict et se rappelle combien elle a été soucieuse en voyant Bénédict partir à la guerre. Elle aussi l'aime, mais la fierté l'a jusqu'ici empêchée de dévoiler ses sentiments. Elle observe avec envie le bonheur de Héro. Les noces des deux amis ont déjà commencé lorsque Béatrice et Bénédict engagent une nouvelle dispute, chacun croyant déjà pouvoir discerner dans les mots de l'autre les signes de l'amour. Lorsque Héro et Claudio signent le contrat de mariage, les deux querelleurs les rejoignent, après avoir réglé quelques malentendus.   S. N.

Berlioz était un esprit fantastique et un avant-gardiste. Malgré ses succès, il resta, en musique, un marginal dont les innovations téméraires ne furent reconnues qu'après sa mort.

Le chant du cygne – une comédie ?

Lorsque l'on se penche sur l'œuvre de Berlioz, sur cette longue succession de réalisations fantastiques et de tentatives échouées, on est étonné de constater que sa dernière partition achevée est un opéra-comique – c'est d'ailleurs son unique tentative dans ce genre. Berlioz ponctua son histoire de *Béatrice et Bénédict* d'un rire un peu amer et confus, car il s'agit ici de la critique d'un être décalé par rapport à son époque et qui ne veut se plier à aucun pouvoir extérieur, ni celui des conventions ni celui de la mode. L'étiquette « opéra-comique » doit donc être largement nuancée dans le cas de *Béatrice et Bénédict*. L'opéra-comique de Berlioz satisfait sans doute aux règles du genre, mais il n'a plus rien de commun, sur le fond, avec l'opéra-comique de → Auber et → Halévy, qui, dans les années 1820-1850, était produit et consommé en masse à Paris. Le simple choix d'une pièce de Shakespeare montre que cette œuvre était plus que l'esquisse d'un opéra banal.

Béatrice et Bénédict, photo de scène avec Hélène Perraguin (Béatrice) et Tibere Raffalli (Bénédict), mise en scène : Pierre Barrat, Opéra de Lyon, 1991.
L'Opéra de Lyon s'est fait dans les dernières décennies du XXe siècle la réputation d'une scène montant des fragments reconstitués, des œuvres rarement jouées et des créations mondiales. Ainsi, sous la baguette du chef d'orchestre Kent Nagano, on a souvent assisté à de remarquables mises en scène.

Une musique singulière

La musique de *Béatrice et Bénédict* n'est pas comparable aux clichés des productions courantes de l'opéra-comique. Elle est beaucoup plus travaillée et subtile que celle des œuvres contemporaines du même genre. La grande ouverture, dont la partie principale revient dans le duo final, à la fin du deuxième acte, se veut plus spirituelle que comique. N 1

1. Duettino Béatrice-Benedict

On trouve un ton similaire dans le trio masculin du premier acte et dans le *rondo* de Bénédict. En plus d'une toile de fond pleine d'humour et de son brio technique, Berlioz fait également valoir le côté dramatique. Il est particulièrement marqué dans le grand air de Béatrice (acte II). Des souvenirs angoissants oppressent l'héroïne, et la scène se déploie en un monologue grandiose qui aurait pu aussi bien trouver sa place dans *Les Troyens*. N 2

2. Le grand air de Béatrice

Le plus beau joyau de l'opéra est cependant le duo Héro – Ursule. Le désir d'amour et l'attente s'unissent à l'innocence virginale et s'épanouissent, sous l'éclat du ciel étoilé, en un *notturno* envoûtant. N 3   P. H.

« *Malvenuto Cellini* », caricature de Banger, Paris, 1838.
À sa création en 1838, le premier opéra de Berlioz fut effectivement *malvenuto*, c'est-à-dire « indésirable ». Ce fut le plus grand et le plus douloureux fiasco que dut subir Berlioz pendant sa vie aventureuse. L'ouverture fut accueillie chaleureusement par le public – Berlioz était un symphoniste né – mais tous les autres numéros de l'opéra furent sifflés. *Benvenuto Cellini* est un opéra efficace, riche en situations comiques et en moments grandioses. Sa principale thématique est celle de l'artiste créatif. On y trouve quelques scènes de masse géniales ; il faut particulièrement souligner celle du carnaval.

3. Nocturne (Ursule-Héro)

Les Troyens

Grand opéra en cinq actes

Livret : Hector Berlioz d'après *L'Énéide* de Virgile.
Création : Actes III et V : le 4 novembre 1863 à Paris (Théâtre-Lyrique)
En concert : Actes I et II : le 7 décembre 1879 (dix ans après la mort de Berlioz) à Paris (Théâtre du Châtelet)
Création de l'opéra intégral : les 5 et 6 décembre 1890 à Karlsruhe (Hoftheater)

Personnages : Énée, héros troyen, fils de la déesse Vénus (tén.), Ascagne, fils d'Énée (sop.), Panthée, prêtre troyen, ami d'Énée (basse) – À Troie : Cassandre, prophète troyenne, fille de Priam (mezzosop.), Chorèbe, prince asiatique, fiancé de Cassandre (bar.), Priam, roi de Troie (basse), Hécube, son épouse (sop.), Hélénos, prêtre troyen, fils de Priam (tén.), Polyxène, sœur de Cassandre (sop.), l'ombre d'Hector, héros troyen, fils de Priam (basse), soldat grec (basse), Andromaque et Astyanax, veuve et fils d'Hector (muet), – À Carthage : Didon, reine de Carthage (mezzosop.), Anna, sa sœur (alto), Narbal, ministre de Didon (basse), Iopas, poète à la cour de Didon (tén.), Hylas, jeune marin phrygien (ténor ou alto), deux soldats troyens (2 basses), le dieu Mercure (basse), un prêtre de Pluton (basse), Troyens, Grecs, Tyriens, Carthaginois, nymphes, satyres, faunes, esprits de la forêt, ombres invisibles (chœur)

Argument

Troie et Carthage à l'époque de la guerre de Troie. Après dix années de guerre, les Grecs victorieux tuent tous les habitants de Troie. Seul Énée peut s'échapper avec quelques compagnons, mais accompagné par l'ombre du héros mort, Hector ; il doit fonder une nouvelle dynastie dans des contrées lointaines. Ce chemin mène Énée chez les Carthaginois, et il connaît le bonheur avec leur reine, Didon. Mais l'ombre des ancêtres le force à poursuivre sa route. Didon, abandonnée, met fin à ses jours et, dans sa vision d'agonie, découvre la vérité : l'acte commis sans amour n'engendre que la détresse. Les victimes des Grecs reviendront en criminels sanglants et détruiront Carthage à leur tour.

Acte I

Après dix années de siège de Troie, les Grecs ont soudain disparu, laissant seulement derrière eux un gigantesque cheval de bois. Les Troyens célèbrent cela comme une victoire. Seule Cassandre redoute une ruse de l'ennemi et met en garde contre une joie prématurée. Les Troyens ne lui accordent aucune attention.

Acte II

Les Troyens consacrent le cheval de bois comme divinité protectrice et le font entrer dans leur ville. Mais des Grecs sont cachés dans le cheval. Troie tombe, ses habitants sont assassinés. Vénus sauve son fils aîné, et l'ombre d'Hector lui ordonne d'aller fonder une nouvelle patrie en Italie. Cassandre et les femmes troyennes préfèrent le suicide à la détention.

Acte III

Sous la régence de la reine Didon, le peuple de Carthage coule des jours heureux. Didon se sent seule depuis la mort de son mari. Pourtant, elle repousse les propositions du roi des Numides, et doit donc s'attendre à une guerre. Les Troyens jettent l'ancre dans le port et demande à Didon hospitalité et protection.

Acte IV

Carthaginois et Troyens lors d'une chasse commune. Un orage se lève. Didon et Énée cherchent refuge dans une grotte, la déesse de l'amour leur envoie des messagers. Le dieu Mercure rappelle à Énée qu'il ne doit pas oublier sa mission. Le ministre de Didon, Narbal, révèle à Didon le destin d'Énée, et recommande de ne pas défier la volonté des dieux. Mais le conseil vient trop tard pour Didon. La reine de Carthage et le héros troyen s'aiment.

Acte V

L'ombre d'Hector met Énée en garde. Le héros choisit le devoir plutôt que l'amour. Lorsque Didon apprend qu'Énée l'a quittée, elle brûle sur un bûcher tous les souvenirs qui lui rappellent son amant, et finit par s'immoler elle-même. Dans une vision, elle voit la puissante Carthage détruite par Rome. *S. N.*

Les Troyens, projet de décor (détail) de Franz Angelo Rottonora, Cologne, 1898 (TWS). Le dessin du célèbre décorateur viennois révèle un certain désarroi. Manifestement, certaines idées de la mise en scène parisienne sont conservées, mais dans la conception se mêlent le classicisme (le monde antique) et l'exotisme forgé par le romantisme (le royaume de Didon se trouvait sur la côte septentrionale de l'Afrique).

Les Troyens, dessin de décor de Philippe Chaperon pour la création au Théâtre-Lyrique, Paris, 1863.
Les dimensions colossales ne furent pas seules à effrayer les contemporains de Berlioz; ils furent aussi choqués par la nature de cette œuvre, qui ne se pliait absolument pas aux conventions de l'opéra français. Il se présentait ici comme un panorama grandiose de l'Antiquité, dont l'esprit fondamentalement classique n'avait rien à voir avec 'habituel divertissement superficiel fréquent à l'opéra.

Ars poetica et forme dramatique

On a souvent constaté que chaque œuvre de Berlioz possède des références autobiographiques. Qu'il s'agisse de Cellini, le fondeur de bronze, de Faust, l'homme qui réfléchit sans fin, ou de Roméo, avec son amour juvénile, ces personnages sont toujours aussi des incarnations des idéaux qui dirigent le compositeur lui-même. Dans *Les Troyens*, l'action est déterminée par la tâche confiée par les dieux à Énée : aller fonder un nouvel empire. Vers de nouveaux rivages ! Cette idée s'inscrivait dans le patrimoine intellectuel du romantisme, qui espérait fonder un nouveau monde sur les ruines du monde déchu. Ici, cette idée est mise en œuvre par le renoncement du héros. Cela crée l'unité d'action. Un homme chargé d'une mission (et un artiste) ne peut être détourné de son objectif ni par son propre bonheur ni par le souci du bien des autres – on peut résumer ainsi le bilan impitoyable tiré par Berlioz. Pourtant, une contradiction réside dans le développement concret de cette thèse : le compositeur n'a pas fondé son esthétique en s'efforçant d'atteindre à une nouvelle musique, mais en reprenant une tradition déjà ancienne. Cette tradition était née des opéras de Gluck qui, dans les années 1770, avait alors apporté du sang neuf à la musique française. Jadis, la réforme de Gluck avait provoqué le retour à l'éminence classique ; Berlioz voulait désormais répéter ce virage, même si le contexte historique avait changé.

Le compositeur vieillissant rappela alors tous ses modèles. Outre Gluck, qu'il estimait toujours beaucoup et dont il prépara parfois les œuvres pour de nouvelles représentations plus fidèles encore, se trouvait aussi Spontini, le maître classiciste de l'Empire de Napoléon Ier, mais aussi, bien sûr, Mozart et Shakespeare. Dans ce cercle imaginaire, il se sentait digne de Virgile et de son grand sujet. Pour ses adieux, il voulait fonder le drame musical de l'avenir. Et Wagner ? Il est à la fois étonnant et caractéristique de constater qu'en 1861, après des concerts de et avec Wagner, à Paris, Berlioz rédigea pour un article les thèses des nouveaux idéaux du drame lyrique. Comme tous les autres réformateurs de l'opéra, il déclarait la guerre aux conventions, au règne des chanteurs et à la belle sonorité de la musique : le drame au lieu de l'opéra ! Le prototype issu de son atelier était déjà prêt et attendait sa création : *Les Troyens*.

P. H.

Les Troyens, croquis de décor de Franz Angelo Rottonara, Cologne, 1898 (TWS). La chambre à coucher de la reine Didon. C'est ici, au dernier acte, après le départ inattendu d'Énée, qu'elle fait ses adieux au monde dans un sublime monologue. La sensualité romantique et l'ivresse des personnages de Berlioz sont ici absentes. Même le duo d'amour nocturne possède des lignes mélodiques claires et des proportions classiques. Les protagonistes se déplacent dans le drame comme les figurines du théâtre d'ombre derrière une toile blanche. La couleur du deuil, la elle aussi, est le blanc plutôt que le noir. De là provient la discordance entre le décor d'un romantisme décadent et l'univers sonore de Berlioz.

Parachever la tradition

En quoi ce lien à la tradition s'exprime-t-il dans *Les Troyens* ? En renonçant totalement aux coloratures et aux concessions faites aux chanteurs. Les parties chantées sont sobres, souvent peu caractéristiques. Berlioz s'attachait moins à créer des passages remarquables du point de vue dramatique ou lyrique qu'à créer une atmosphère générale à laquelle l'orchestre participait à part égale. Dès lors, tout l'opéra est caractérisé par son souffle épique, qui apparaît aussi bien dans sa préférence pour les tempos lents que dans la réunion de plusieurs numéros en un tableau. Les frontières entre le récitatif et l'air sont elles aussi estompées. Mais on ne doit pas craindre de s'ennuyer pour autant. Il s'agit seulement d'établir d'autres critères que les normes habituelles pour l'opéra du XIXe siècle. On est tenté de comparer l'opéra de Berlioz avec les œuvres de Wagner. Mais on peut aussi le considérer comme son antipode, car il ne vise pas à renouveler le langage musical mais, à l'inverse, à parachever une tradition.

4. Marche troyenne

5. Chant national
Gloi - re, gloire à Di - don, not - re rei - ne ché - ri - e !

Grands moments musicaux

La première moitié des *Troyens* est dominée par la figure prophétique de Cassandre. Les scènes où elle intervient, notamment le long duo avec son fiancé Chorèbe, sont caractérisées par une sombre résolution, qui culmine dans le furieux finale du deuxième acte, avec le suicide de masse qu'elle ordonne aux autres femmes. La vision de Cassandre sur la vérité est mise en contraste avec l'illusion des Troyens qui, après ce long siège, se sentent enfin libérés. Après l'introduction audacieuse et énergique, cet optimisme s'exprime dans ce que l'on a appelé *la marche des Troyens* (finale, acte I). Berlioz, toujours très sensible à l'effet de la musique dans l'espace, fait apparaître dans cette scène monumentale trois orchestres scéniques qui reprennent, à des distances différentes, les motifs de la marche. N 4

À la marche succède – tournant scénique et monstrueux renversement – l'apparition de l'ombre d'Hector, qui révèle à Énée sa vocation. Dans cette scène, élaborée avec une singulière finesse dramatique, quatre cors bouchés créent une atmosphère mystique incomparable.

Après le gémissement des Troyens qui périssent résonnent les voix heureuses des Carthaginois. L'essor réjouissant du pays est illustré par le défilé des architectes, matelots et ouvriers, inséré musicalement dans un chant national. Sa mélodie dégage un calme éminent, en contraste absolu avec la marche troyenne. N 5

Seule la reine Didon est malheureuse. Son dévouement pour son peuple ne remplit pas sa vie. Elle rêve d'amour (duo Didon – Anna). À l'arrivée des Troyens chassés de chez eux retentissent ses « armoiries musicales », mais la marche est transposée en tonalité mineure, ce qui trahit immédiatement la mélancolie et le désir de la reine. Les Troyens sont salués par les Carthaginois comme des frères d'armes, ce qui donne au finale un élan militaire.

Berlioz apparaît aussi comme un compositeur symphonique (Acte IV, 1er tableau). L'intermède, intitulé *Chasse royale et orage* est un insert orchestral accompagné d'une pantomime scénique minutieusement définie. La première rencontre de Didon et Énée se déroule dans un cadre naturel idyllique – un chœur murmuré (manifestation des créatures mythiques) enrichit la palette musicale de l'orchestre d'une couleur singulière. Le deuxième tableau de l'acte IV – avec un assez long ballet – mène au duo final. Celui-ci est précédé par deux grands ensembles qui motivent psychologiquement l'amour croissant de Didon pour Énée. Ici, Berlioz a été inspiré par un tableau de Pierre Guérin. Énée raconte son triste destin. Lorsque les amoureux restent seuls, ensuite, l'aveu décisif jaillit de leur cœur débordant. Les motifs du livret sont empruntés au *Marchand de Venise* de Shakespeare. On vante le pouvoir enivrant de la nuit. Berlioz a créé un *notturno* d'une beauté enchanteresse, dont les mélodies planent en formant des lignes infinies, aussi infinies que le bonheur amoureux espéré. N 6

Le cinquième acte est celui du dégrisement et de la fin tragique. Énée est rappelé à sa vocation. Didon, abandonnée, fait des adieux définitifs au bonheur et à la vie. Elle s'éloigne du monde, non pas dans un air concis, comme chez Purcell (→ *Dido and Æneas*), mais en exprimant une suc-

6. Duo d'amour (Didon-Énée)

Nuit d'iv - resse et d'ex - ta - se in - fi - ni - e !

Blon - de Phoe - bé, grands as - tres de sa cour

7. Adieux de Didon

A - dieu, fiè - re ci - té, qu'un généreux ef-fort si promptement é-le-va flo-ris-san - te.

cession d'états d'âme différents. Dans les deux derniers tableaux de l'opéra, les barrières formelles sont définitivement brisées. La musique se répand comme un flot qui n'est plus retenu que par moment, par exemple lors du chœur rigoureux de la cérémonie de deuil.

Le plus beau joyau est un air dans lequel Didon dit adieu à sa ville, à sa patrie et à ses proches. Les mots qu'elle prononce et qui semblent brisés sont transposés en musique à la manière d'un psychodrame et le génie de Berlioz est effectivement digne de la tradition du classicisme français. N 7

P. H.

Les Troyens, gravure pour l'acte I : *Didon offre l'hospitalité à Énée*, Théâtre de l'Opéra-Comique, Paris, 1892. Depuis sa jeunesse, Berlioz avait mené un travail intense sur Virgile. Il fonda son opéra sur les quatre premières parties de l'épopée, plaçant la chute de Troie (qui, chez Virgile, est racontée par Énée) sur la scène, comme une action directe. Il créa ainsi une structure qui peut facilement se décomposer en deux parties. Les deux premiers actes se déroulent à Troie, affligée par la guerre. Les trois derniers, dans la Carthage prospère de Didon. Berlioz concevait cependant l'œuvre composée en 1856-1858 comme une structure cohérente ; il ne put, de son vivant, l'entendre jouer dans sa totalité.

Leonard **Bernstein**

Né à Lawrence (Massachusetts) le 25 août 1918
Mort à New York le 14 octobre 1990

Après une formation de musicologue, pianiste et chef d'orchestre, Bernstein enseigne en 1941-1942 à l'Institute of Modern Art de Boston ; en 1942, il est l'assistant de Koussevitzky au Berkshire Music Center et commence à composer. Après avoir brillamment remplacé au pied levé, le 14 novembre 1943, Bruno Walter souffrant, il devient aussitôt deuxième chef d'orchestre, puis, de 1945 à 1948, chef assistant du Philharmonique de New York. Il est ensuite invité par les plus célèbres orchestres, tient une chaire de professeur au Berkshire Music Center et, de 1951 à 1956, à la Brandeis University de Waltham. À partir de 1955, il est responsable d'émissions où il fait découvrir l'art musical d'une manière aussi vivante qu'adaptée à son audience. En 1959, il prend la succession de Mitropoulos au pupitre du Philharmonique de New York et demeure lié à l'orchestre après 1960, en tant que chef d'honneur. Dans les années 1960, il transfère plus nettement son activité en Europe, entreprend une riche collaboration avec le Philharmonique de Vienne, mais contracte aussi des engagements avec l'Israel Philharmonic Orchestra et dirige, comme chef invité, tous les grands orchestres du monde. Chef d'orchestre de renommée mondiale, compositeur de grande personnalité et écrivain, il a durablement marqué la vie musicale internationale.

Œuvres : Œuvres scéniques : *On The Town* (1944, New York), *Trouble in Tahiti* (1952, Brandeis University), *Wonderful Town* (1953, New York), *Candide* (1956, New York), *West Side Story* (1957, Washington, New York), *1600 Pennsylvania Avenue* (1976, New York), *A Quiet Place* (1983, Houston). Musique de scène, ballets, musique de films, œuvres pour orchestre.

Les compositions de Bernstein sont caractérisées par un type de musique issu de la grande ville américaine, dans laquelle la musique européenne, les traditions musicales juives et le jazz afro-américain s'associent avec une forte énergie individuelle et une grande inventivité mélodique, pour former un style tout à fait spécifique.

Candide, photo de scène, mise en scène : Jonathan Millers et John Wells, décors : Richard Hudson, direction musicale : John Mauceri, Scottish Opera, Glasgow, 1988.
Convaincus de la thèse du Dr Pangloss, selon laquelle ils vivent dans le meilleur des mondes, les protagonistes sont poussés par les troubles de la guerre dans de lointains pays, où ils sont bien forcés de découvrir la différence entre la philosophie et la réalité. Arrogance, prostitution, meurtre et fanatisme caractérisent le monde. Ils tentent de résister au mal.

Voltaire et Bernstein, de la comédie musicale à l'opéra

Candide a accompagné Bernstein pendant 35 années. L'œuvre a d'abord été une comédie musicale (créée le 1er décembre 1956 à New York). Le texte de l'écrivain américain Lillian Hellman se fonde sur le célèbre conte de Voltaire *Candide ou L'Optimisme* de 1759. Après une deuxième version de la comédie musicale (créée en 1973, elle aussi, à New York), Bernstein a composé une version d'opéra qui a été créée sur la scène du Barbican Center de Londres, le 13 décembre 1989, sous la baguette de son compositeur. Ce fut du reste le dernier enregistrement sur disque de Bernstein. *Candide* ne put s'imposer comme comédie musicale, et ce ne fut pas non plus un succès comme opéra, bien que Bernstein ait beaucoup aimé cette œuvre. On y raconte la vie aventureuse de Candide et Cunégonde, que leur maître, le Dr Pangloss, un philosophe, a éduqués dans la certitude de vivre dans le meilleur des mondes. Une guerre détruit leur patrie, ils doivent prendre la fuite et se perdent l'un l'autre. À Lisbonne, Pangloss et Candide sont victimes de l'Inquisition, mais le fameux tremblement de terre de 1755 les sauve de la mort, alors que Cunégonde gagne son pain comme courtisane auprès de deux messieurs, le grand Inquisiteur et un banquier juif. Candide et Cunégonde se retrouvent, arrivent dans l'Eldorado, deviennent immensément riches et perdent tout de nouveau. Pangloss se retrouve esclave sur une galère, Cunégonde fait le trottoir. Candide rachète son maître et, avec ses dernières richesses, s'offre un morceau de terrain à la lisière d'une grande ville. Il y vivra avec Cunégonde et Pangloss, dénué de toute illusion, mais en respectant le principe « Il faut cultiver son jardin ». Cette dernière phrase du roman, aussi célèbre qu'énigmatique, a été l'objet de controverses depuis 1759. Pour les uns, elle prouve que la thèse de Pangloss sur le meilleur des mondes est d'une naïveté coupable, et que Voltaire a voulu, dans son œuvre, la mener à l'absurde. Pour les autres, elle signifie que toute la misère et toute la souffrance peuvent mener à une décision fertile.

Musicalement, *Candide* est un hybride, qui contient des éléments relevant de la comédie musicale et d'autres de l'opéra. D'où la difficulté à intégrer l'œuvre dans le répertoire. On ne trouve guère de chanteurs capables de maîtriser les parties chantées, exigeantes, et de satisfaire aux nécessités de la comédie. Un exemple en est l'air de Cunégonde, *Glitter And Be Gay*, périlleux numéro de coloratura. [1]

1. L'air de Cunégonde, un morceau de bravoure

Un opéra américain

En 1980, le journaliste Stephen Wadsworth demanda une interview à Bernstein, et lui proposa de lui écrire un livret. Bernstein accepta. Wadsworth, répondant à son vœu, écrivit un texte sur les Américains de la classe moyenne. *A Quiet Place* est un opéra en trois actes ; il a été créé le 17 juin 1983 au Jones Hall, à Houston. L'histoire se déroule dans l'Amérique du XXe siècle. Une mère de famille est morte des suites d'un accident de voiture. Lorsque ceux qu'elle a laissés, le père, les enfants adultes (un fils et une fille) se rencontrent, il est clair qu'ils n'ont plus aucun lien entre eux. L'amour a laissé place, depuis longtemps, à la haine et à la colère. Mais les conflits qui s'enflamment sont apaisés par une lettre de la mère décédée qui implore l'amour et la compassion des enfants pour leur père. Ceux-ci ne cèdent d'abord à cette demande que par obéissance ; mais ils finissent par le faire par conviction personnelle.

S. N.

À droite
Candide, photos de scène avec Konstanze Esser (Cunégonde), Fred Hoffmann (Candide) et Peter Anton Ling (Dr Pangloss), mise en scène : Holger Klembt, décors et costumes : Andreas Rank, direction musicale : Myron Romanul, Staatstheater de Mayence, 1996.
Candide de Bernstein est un joyau du point de vue de la musique et du livret, une comédie pleine d'humour, pétillante, avec un fond philosophique et du mordant satirique, aussi actuel à sa création que maintenant. Mais les scènes éprouvent des difficultés à monter cette œuvre, dont elles font souvent une comédie sans énergie ; on élude sa violence en se réfugiant dans l'époque de la pièce, le XVIIIe siècle. *Candide* attend encore son metteur en scène.

À gauche
A Quiet Place, photo de scène, direction musicale : Leonard Bernstein, mise en scène : Stephen Wadsworth, Staatsoper de Vienne, 1986.
La mort de Dinah réveille des souvenirs lourds de conflits : son fils Junior avait une relation avec François, devenu l'époux de Deden, la fille. Le père, Sam, prend conscience de sa distance envers ses enfants et de ses manquements dans son couple. Mais les prières de la mère morte et quelques propos purificateurs rapprochent de nouveau les membres de la famille.

Les Pêcheurs de perles, photo de scène avec Nadir, Leïla et Zurga au Staatsoper de Berlin, 1934.
L'opéra *Les Pêcheurs de perles* s'inscrit dans un nouveau genre qui doit sa naissance à l'ouverture du Théâtre-Lyrique, en 1851, et aux ambitions de son directeur Léon Carvalho. Conformément aux exigences de l'ère nouvelle, le rôle des masses et des effets scéniques ont été réduits dans les drames lyriques et les conflits entre protagonistes ont repris la première place.

Bizet a donné au genre de l'opéra-comique une musique tellement vivante et passionnée qu'il est devenu le précurseur du vérisme à l'aube du XXe siècle.

Georges **Bizet**

Né à Paris le 25 octobre 1838
Mort à Bougival le 3 juin 1875

Bizet étudie la composition au Conservatoire de Paris auprès de → Halévy, dont il épouse ultérieurement la fille, et dont le neveu rédige le livret de *Carmen*. Après ses premières tentatives de compositions instrumentales, il choisit finalement la scène. Au total, quatorze œuvres scéniques achevées, opéras et opérettes, et musiques de scène ont été conservées. Après le succès modéré de ses autres œuvres survient le triomphe inattendu de *Carmen* (1875). Mais Bizet meurt avant de pouvoir apprécier le succès mondial de cet opéra.

Œuvres : opéras : *Les Pêcheurs de perles*, 1863 ; *La Jolie Fille de Perth,* 1867 ; *Djamileh,* 1872 ; *Carmen,* 1874, création 1875. Musique de scène pour *L'Arlésienne,* 1872.
Symphonie en ut majeur, œuvres pour piano, mélodies, œuvres chorales.

Les Pêcheurs de perles

Opéra en trois actes

Livret : Michel Carré et Eugène Cormon
Création : le 30 septembre 1863 à Paris (Théâtre-Lyrique)
Personnages : Leïla, une prêtresse (sop.), Nadir, un pêcheur de perles (tén.), Zurga, roi des pêcheurs de perles (bar.), Nourabad, prêtre brahmane (basse), pêcheurs de perles et leurs femmes (chœur)

Argument

Sur l'île de Ceylan, en des temps reculés.
Au nom de leur amitié, Nadir et Zurga ont fait le vœu de renoncer à l'amour : jadis, ils sont tombés amoureux de la même femme. Lorsque cette femme, devenue une chaste prêtresse, s'unit dans l'amour avec Nadir, l'amitié triomphe tout de même. Zurga, au prix de sa propre vie, sauve les deux amants de la mort.

Acte I

En chantant et en dansant, les pêcheurs de perles invoquent la bénédiction des dieux pour leur dangereux travail, et élisent un nouveau chef : Zurga. Après une longue absence, Nadir revient. Zurga et Nadir raniment leur vieille amitié, tous deux prétendant être restés fidèles à leur serment commun : ils ont juré de renoncer à l'amour, parce qu'ils sont jadis tombés amoureux de la même femme. Une prêtresse brahmane, appelée par les pêcheurs, doit désormais constamment implorer la faveur des dieux. La femme voilée prête serment de chasteté. À sa voix, Nadir reconnaît Leïla, la femme qu'il aime. Elle aussi l'aperçoit dans l'assistance, mais accomplit tout de même le rituel.

Acte II

Le grand prêtre installe Leïla dans le lieu où elle va désormais officier, un temple en ruines et inacces-

Goût français

Le principal modèle du jeune Bizet était → Gounod, avec lequel il était lié dans une relation paternelle et amicale. C'est chez lui qu'il apprit la clarté et la transparence de la mélodie, mais aussi le sens de l'orchestration colorée. Bizet, dans *Les Pêcheurs de perles*, ne s'est pas seulement révélé comme un élève zélé, mais aussi comme un maître en devenir – comme le prouve l'air le plus populaire de l'opéra, la romance de Nadir (acte I). N1
La mélodie, avec ses vagues tranquilles auxquelles une voix de ténor donne un effet tout particulier, est d'une suave mélancolie. Malgré sa simplicité, elle possède un caractère marquant qui prouve l'inventivité géniale de Bizet. Des qualités analogues se trouvent aussi dans la cavatine de Leïla (acte II).
Le duo Leïla-Nadir (numéro central de l'acte II) ne correspond absolument pas au schéma d'un classique duo d'amour. Un long chemin psychologique et musical

sible. Nadir parvient pourtant jusqu'à elle. Prise entre le devoir et son inclination, Leïla cède finalement à l'amour. Mais les amants sont surpris et doivent être punis. Zurga a de la peine pour son ami et la prêtresse étrangère. Mais lorsqu'on lui ôte son voile, il reconnaît la femme qu'il a jadis lui aussi aimée et se sent trahi par Nadir.

Acte III
Tableau 1 Zurga est pris entre la colère que lui inspire la trahison et le sentiment de leur amitié. Il fait venir Leïla. Elle lui demande la grâce pour Nadir, déclenchant ainsi la colère de Zurga, qui ordonne que tous deux soient brûlés. Mais au collier que porte Leïla, il reconnaît l'inconnue qui, jadis, lui a sauvé la vie. Il considère désormais comme son devoir de faire échapper Leïla et son ami à la mort.
Tableau 2 Les pêcheurs se sont réunis pour célébrer le sacrifice de Leïla et Nadir. C'est alors que Zurga sonne l'alarme: le camp est en flammes. Il a mis le feu lui-même pour donner aux amants la possibilité de prendre la fuite. S.N.

mène à l'harmonie des deux voix. Pour finir, l'amour de Nadir l'emporte sur le sens du devoir de Leïla. L'élément dramatique de cet instant est condensé dans une forme mélodique animée et sobre. N 2
Le duo Nadir-Zurga a un rôle plus important; sa mélodie hymnique, qui ressemble plutôt à une marche sublime, fonctionne comme un motif récurrent. Elle rappelle l'amitié entre les deux hommes, et invoque simultanément le personnage de Leïla, cette femme divinement pure dont ils sont tous deux amoureux. N 3 P.H.

Les Pêcheurs de perles, photo de scène avec Edith Leinbacher (Leïla) et Jean-Luc Chaignard (Nadir), mise en scène: Torsten Fischer, direction musicale: Bertrand de Billy, Volksoper de Vienne, 1994.
Même si le livret n'est pas considéré comme un chef-d'œuvre théâtral, il possède toutefois une géométrie fonctionnelle dans laquelle chacun des trois personnages principaux se profile dans un air, et où chacun participe à un duo. Ces ensembles sont couronnés par un trio (acte III) dans lequel s'expriment les principaux motifs de l'action (l'amour et l'abnégation).

Les Pêcheurs de perles, croquis de décor (détail) de Heinz Grete, Nuremberg, 1930-1931 (TWS).

Exotisme
L'histoire des *Pêcheurs de perles* devait à l'origine se dérouler à Mexico – des Indiens d'Amérique et non pas des Hindous devaient en être les héros. L'action fut déplacée à Ceylan – Bizet semblait moins tenir à la coloration orientale qu'à l'immédiateté d'un univers «non-européen». L'abandon des danses religieuses (prélude à l'acte I et chœur dansé de l'acte III) s'inscrit autant dans ce contexte que la rigueur sublime de la cérémonie brahmane (acte I) et la sombre atmosphère de la marche de deuil (pendant les préparatifs de l'exécution, à l'acte III).

Carmen

Opéra-comique en quatre actes

Livret: Henri Meilhac et Ludovic Halévy, d'après la nouvelle de Prosper Mérimée
Création: le 3 mars 1875 à Paris (Opéra-Comique)
Personnages: Carmen, une bohémienne (mezzo-sop.), Don José, sergent (tén.), Micaëla, une jeune fille du village de Don José (sop.), Escamillo, un torero (bar.); contrebandiers: Dancaïre (tén.), Remendado (tén.); Bohémiennes: Frasquita (sop.), Mercédès (sop.); Officiers: Zuniga, lieutenant (basse), Moralès (bar.), Lillas Pastia, aubergiste (bar.); enfants; cigarières; soldats, Bohémiens; toreros, contrebandiers, etc.

Argument
À Séville, vers 1820.
Une passion amoureuse fait perdre la tête au candide soldat Don José. L'amour de Carmen pour la liberté entre en conflit avec sa volonté de possession. Il agit en soldat et tue l'élément anarchique qui trouble sa vie: Carmen.

Acte I
En face de la fabrique de tabac se trouve un poste de garde militaire. La jeune paysanne Micaëla

y cherche son José, un sergent. Dans la manufacture, c'est la pause, les ouvrières sortent en essaim, déjà attendues par les galants. Carmen, la bohémienne, se met en scène avec grand effet, admirée par tous les hommes. José est le seul à s'éloigner sans avoir été impressionné, et Carmen le provoque en lui lançant une fleur. Fils de paysan, il est troublé par cette sexualité insolente, mais retrouve le calme auprès de Micaëla. On entend alors du bruit dans la manufacture, Carmen a blessé une autre ouvrière à la suite d'une dispute. Le lieutenant Zuniga ordonne à José de conduire Carmen en prison. Elle lui tourne la tête, il la laisse s'enfuir, ce qui vaut au soldat de se retrouver aux arrêts.

Acte II
La gargote de Lillas Pastia est le point de rendez-vous d'une bande de contrebandiers, à laquelle appartient aussi Carmen. Après un mois de prison, José vient d'être libéré; Carmen l'attend. Le fameux torero Escamillo remonte les rues, acclamé par tous, et descend un moment chez Lillas Pastia; il voit Carmen, qui le fascine. Mais celle-ci est reconnaissante envers José. Comme elle le lui avait promis, elle chante et danse en son honneur. Lorsque la trompette rappelle José à la caserne, il hésite entre l'amour et le devoir. Surpris par le lieutenant Zuniga, venu faire la cour à Carmen, José menace son supérieur de son arme. Les contrebandiers séparent les deux hommes. José n'a plus qu'une issue désormais: rester auprès des contrebandiers et participer à leurs activités.

Acte III
Dans la nuit, les contrebandiers tiennent conseil dans la montagne. Carmen en a déjà assez de José. Avec ses amies, elle interroge les cartes sur son avenir; elles lui confirment son pressentiment d'une mort prochaine. Une partie de la bande reprend la route, accompagnée par les filles, pour détourner l'attention des douaniers. José reste pour surveiller le reste des marchandises. Escamillo, qui recherche Carmen, engage un duel au couteau avec José. Carmen apparaît alors, et Escamillo l'invite au prochain combat de taureaux à Séville. On découvre alors Micaëla, cachée dans la fissure d'un rocher: elle cherche José. Sa mère mourante voudrait le voir encore une fois. José hésite à quitter les contrebandiers, mais suit finalement Micaëla, tout en annonçant à Carmen, menaçant, qu'ils se reverront.

Acte IV
La corrida est une grande fête populaire et un triomphe pour Escamillo. Carmen est désormais sa promise. Devant l'arène, José attend Carmen. Elle lui fait face courageusement; il commence par implorer son amour, avant de l'exiger. Carmen lui jette aux pieds la bague qu'il lui avait offerte autrefois et veut passer devant lui pour rentrer dans l'arène; mais elle court droit sur le couteau de José.

S. N.

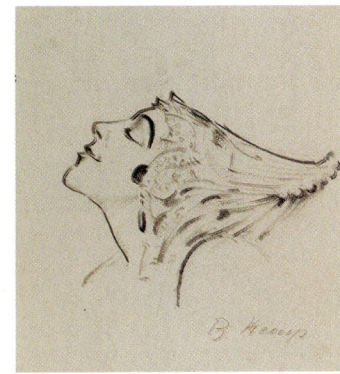

Carmen, dessin de Hanns Haas, Berlin 1922. En transe: Barbara Kemp dans le rôle de Carmen. L'année suivante, elle épousa le compositeur Max von Schillings. Elle fut engagée jusqu'en 1931 au Hofoper de Berlin.

Carmen, photo de scène (acte IV) dans la mise en scène de Franco Zeffirelli, direction musicale: Carlos Kleiber, Staatsoper de Vienne, 1978.
Six ans après sa création, *Carmen* était donnée dans 15 villes sur trois continents. Cette série de succès était déjà irrésistible à l'époque. En 1907, le public se livra devant le théâtre de São Paulo à une bataille de rue qui fit plusieurs morts: certaines personnes n'avaient pu obtenir d'entrée à la représentation. Depuis 1908, plus de 50 versions de l'œuvre ont été enregistrées sur disque. Aujourd'hui encore, l'œuvre de Bizet remplit les caisses à coup sûr. Curieusement, le public n'a pas reconnu immédiatement le génie de l'œuvre, et Bizet a été durement touché par le fiasco de sa création. Contrairement à ce qu'affirme une émouvante légende, il n'est pas mort de chagrin. Dans les mois qui suivirent, il travailla à un oratorio et décida de réviser l'opéra pour la représentation viennoise, prévue à l'automne. Bizet mourut d'une défaillance cardiaque le 3 juin 1875. La mort survint à l'instant où le rideau se refermait après la 33e représentation de *Carmen*.

Emmy Destinn (1878-1930) interprète Carmen. Au premier regard, elle ressemble plus à une bourgeoise délurée du début du siècle qu'à une farouche bohémienne; Carmen observe ici la carte qui lui annonce sa mort. Cette photo fait sentir la solitude de la grande héroïne d'opéra. Mais la Carmen enflammée, qui rend l'air brûlant autour d'elle et forme toujours le centre du monde qui l'environne, peut-elle seulement être solitaire? Dans le trio des cartes, elle apprend l'issue inéluctable de son aventure avec Don José. Carmen reçoit cette prophétie avec un sérieux tragique, et même avec dignité; son chant grave exprime la prémonition de la mort.

Carmen, photo du film de Francesco Rosi avec Julia Migenes dans le rôle de Carmen, direction musicale: Lorin Maazel, Orchestre National de France, France/Italie 1983. Grâce à l'opéra de Bizet, Carmen est aujourd'hui devenue l'incarnation de la femme belle et indomptable, associée à l'exotisme et au folklore espagnol – un excellent sujet pour le cinéma.

Interdiction à la jeunesse!

Il est difficile de dire si la froide réaction du public, lors de la création de *Carmen*, s'adressait davantage au sujet ou à la musique. Au bout du compte, l'un comme l'autre offraient motifs à rejet. En plaçant en son centre une bohémienne qui incite un soldat à la désertion, se livre à la contrebande, danse, et que son ancien amant tue finalement en pleine scène, l'œuvre de Bizet se démarque singulièrement des conventions de l'opéra-comique. On lui reprocha de se dérouler dans un univers sans loi, on accusa surtout le rôle-titre de dépravation publique. La presse exigea ainsi que les représentations soient interdites aux mineurs, pour des raisons de mœurs. Mais en vérité, Bizet était parvenu à créer un personnage archétypique dont l'effet peut être comparé à celui de Don Giovanni, Hamlet ou Faust. Carmen a pris une importance particulière au XXe siècle, où elle est devenue l'incarnation d'une femme décidant librement de son destin.

Carmen et la mort

Dès le début, la musique annonce que Carmen est condamnée à mort. Un leitmotiv pathétique, une mise en garde, suit son personnage. N 4.
Ce motif, auquel des intervalles de seconde augmentée donnent une teinte exotique et une atmosphère menaçante, revient dans deux variantes: la version capricieuse s'entend dès l'ouverture de l'opéra. L'autre, qui accompagne la première entrée en scène de Carmen, produit l'effet d'un coup de tonnerre. N 5
Lorsque les bohémiennes interrogent les cartes pour connaître l'avenir (trio des cartes), Frasquita et Mercédès rêvent de bonheur; Carmen, quant à elle, est confrontée à sa mort imminente. Ce moment est sans doute l'un des plus abyssaux de tout l'opéra; il montre Carmen entrant en contact avec les forces qui décident de son sort. N 6

Femme fatale?

On aura du mal à faire entrer Carmen dans le stéréotype de la femme fatale. Elle est différente de la Salomé de Richard Strauss ou de la Lulu d'Alban Berg. Ce n'est pas elle qui conquiert les hommes, mais eux qui la convoitent. Peut-être sent-elle qu'il ne peut exister de lien plus profond que la sensualité superficielle. Lorsqu'elle comprend que José ne veut pas seulement posséder son corps, mais aussi son âme, elle doit fuir cette relation. Son amour pour José est certes différent des précédents, mais il lui est aussi insupportable que les autres. Tandis que Don José se laisse emporter par sa propre sensualité, Carmen se consume dans la découverte de ses émotions.

L'héroïne sans peur

Carmen ne connaît ni passé ni futur. Elle vit exclusivement dans le présent. L'amour ne représente pas pour elle un programme existentiel, mais une simple saute d'humeur. L'essentiel de sa vie est justement le changement, que Don José déteste par dessus tout. Pour Carmen, il n'y a pas d'alternative, tout se vaut. En attendant Don José, elle flirte sans la moindre gêne avec Zuniga et Escamillo. L'un est comme l'autre; chacun aura son tour, il suffit qu'il sache attendre. Carmen ne veut rien garder, aucun homme, aucun objet. (Et c'est précisément en jetant la bague offerte par Don José qu'elle provoque le meurtre.) Alors que Don José cherche son bonheur dans la constance, Carmen le trouve dans l'inconstance. Chez elle, le motif social ne joue pas un grand rôle, ce n'est pas une révolutionnaire, elle se situe en-dehors de la société. C'est la raison pour laquelle ses actes ne peuvent être mesurés à l'aune des normes morales. Tel un phénomène naturel, Carmen a ses propres lois.

Page de gauche
Carmen, photo de scène avec Giulietta Simionato dans le rôle de Carmen au *Teatro alla Scala*, 1959. Giulietta Simionato (née en 1910) fut une des grandes Carmen de la deuxième moitié du XXᵉ siècle. En raison de l'ampleur, du timbre singulier de sa voix et de sa technique de chant admirable, elle chanta tous les rôles, depuis le contralto colorature jusqu'à la mezzosoprano dramatique. Elle donnait des traits humains à ses héroïnes d'opéra ; sa Carmen était un portrait de femme pleine de passion, d'amabilité et au tempérament méridional : un être sans égal dans tout le répertoire lyrique.

Carmen, affiche de Josef Fenneker, Opéra de Duisbourg, Theater am Königsplatz, 1935. *Carmen* fut après la Première Guerre mondiale, lorsque le genre de l'opéra perdit peu à peu ses racines sociales, l'une des rares œuvres à ne pas exiger d'actualisation scénique. Le personnage de Carmen et son histoire tragique sont à la fois tellement modernes et intemporels que l'on oublie facilement les traits relevant spécifiquement de l'opéra en se laissant emporter par le drame. La Carmen de cette affiche ne rappelle nullement une chanteuse d'opéra, mais plutôt une prolétaire des années vingt, représentée à la manière d'une Käthe Kollwitz, grand peintre berlinois de l'expressionnisme.

4. Motif du destin

5. Portrait musical de Carmen

6. Trio des cartes

En vain, pour é-vi-ter les ré-pon-ses a-mères, En vain, tu mê-le-ras!

Don José

L'opéra est certes dominé par le puissant personnage de Carmen, mais en réalité, c'est l'histoire de Don José qu'il raconte. Au début, c'est un garçon timide qui bâtit son existence sur son rapport avec sa mère. Le mariage qu'il prévoit de contracter avec Micaëla n'est qu'un prolongement du contexte idyllique de son enfance. Mais la sexualité qu'il a soigneusement refoulée rejaillit soudain. Cela lui coûte aussitôt son rang et son honneur. Lorsqu'après avoir été libéré de prison, il se hâte de rejoindre Carmen, il chante pour lui-même (en coulisses) une petite chanson. On dirait un air chanté par un enfant perdu dans la forêt pour se donner du courage. Le duo avec Carmen, dans le deuxième acte, manifeste plus une séparation qu'un accomplissement. Le fameux air de la fleur n'en est qu'un élément. José évoque la fleur que lui a jetée Carmen comme preuve de l'intensité de son amour éternel. N 7

Duel ou duo d'amour ?

On compte trois dialogues entre Carmen et Don José. Il est difficile de parler de duos, car aucun d'entre eux ne respecte les conventions des duos d'amour italiens ou français, dans lesquels les voix des deux chanteurs s'associent en un parfait unisson. Ils marquent trois étapes de l'action : la séduction, le conflit et l'issue tragique, et montrent qu'entre Carmen et José ne s'établit aucune coexistence idyllique. Pour décrire un processus d'amour destructeur, Bizet renonce à l'univers formel traditionnel de l'opéra-comique. La séguédille est elle aussi un chant provocateur qui ne donne place à un duo que dans sa partie centrale, sur le mode récitatif. N 8

José ne manifeste ici aucune volonté personnelle ; il ne peut que répondre et obéir à Carmen. Il en va de même dans le grand duo de l'acte II, qui débute avec une petite chanson de Carmen, dont elle assure elle-même l'accompagnement aux castagnettes. N 9

L'idée géniale de Bizet est de souligner ultérieurement cette mélodie avec les trompettes de la retraite. José ne prend la parole qu'au moment où sa conscience du devoir le rappelle à la caserne. Il ne peut que l'assurer maladroitement de son amour, et Carmen se moque de lui. Mais ensuite, avec l'air de la fleur, vient l'aveu d'amour passionné. La popularité de l'air fait souvent oublier que Carmen répond à cette mélodie émouvante par ces quelques mots froids : « Tu ne m'aimes pas ! ». Néanmoins, elle aussi réagit à plus long terme, en exprimant un aveu plein d'élan. Il ne s'adresse cependant pas à José, mais est consacré à l'enivrante liberté. Cette partie constitue le centre de la scène, alors que José ne peut répondre à l'enthousiasme de Carmen que par un soupir désespéré. Ce « duo d'amour » s'achève alors comme presque aucun autre dans l'histoire de l'opéra : José se résout à quitter Carmen. Seule l'arrivée inattendue de Zuniga change le cours des événements. Dans le duo final (acte IV), José prend pour la première fois une initiative. Mais uniquement parce que Carmen n'a plus rien à lui dire. Seule une situation désespérée permet à cet homme de trouver l'expression authentique de sa passion. Il n'y a plus de longues mélodies, juste de brèves phrases, des cris désespérés. N 10 Alors que l'on fête bruyamment la victoire d'Escamillo dans l'arène, José tue Carmen.

P. H.

Ci-dessus
Carmen, Ludwig Suthaus (1906-1971) dans le rôle de Don José.

Ci-dessous
Carmen, Emmy Soldene dans le rôle de Carmen, vers 1880.
Emmy Soldene, l'une des premières interprètes de Carmen, et Ludwig Suthaus, le ténor wagnérien, tous deux fumant la cigarette. Aucune indication scénique sur la partition ne stipule que Carmen et Don José doivent fumer sur scène. Cependant, au moins pour les photos de rôle, il est devenu habituel de représenter les deux protagonistes avec une cigarette. Mais s'agit-il vraiment d'une cigarette ? Carmen travaille, avec des centaines d'autres femmes, dans une manufacture de tabac où l'on roule des cigares espagnols. Le motif des cigares apparaît avec force dans la nouvelle de Prosper Mérimée (1803-1870) *Carmen*, qui a servi de modèle littéraire au livret : l'écrivain, qui avait visité l'Andalousie en tant qu'intellectuel français en voyage, et qui a fait dans des circonstances aventureuses la rencontre de Don José et de Carmen (avant de raconter leur histoire), attire la sympathie de Don José en lui proposant un cigare. Lui-même fume beaucoup pendant le récit (fumer est pour ainsi dire sa caractéristique française). Il apporte à Don José, condamné à mort et emprisonné, un cigare en guise de dernier cadeau. C'est grâce à ce cigare que l'histoire émouvante de Carmen et Don José fut racontée à Mérimée.

7. Air de la fleur de Don José

La fleur que tu m'a-vais je-tée Dans ma pri-son m'é-tait res-té-e ; Flé-trie et sè-che cet-te fleur Gar-dait tou-jours sa douce o-deur.

8. Séguédille

Près des rem-parts de Sé-vil - le, Chez mon a-mi Li-las Pas-tia

9. Duo Carmen – Don José (acte II)

La la la la la la la la

10. Duo Carmen – Don José (acte IV)

Mais, moi, Car-men, je t'aime en-co - re, Car-men, hé-las ! moi, je t'a-do - re !

Carmen, Enrico Caruso dans le rôle de Don José, auto-caricature de 1910.
Don José comme Bizet ne se l'est jamais imaginé. Cette caricature est un témoignage de l'auto-ironie marquée sur soi-même et du don pour la représentation qui étaient ceux du « véritable » Caruso. Le personnage de Don José est tout sauf un soldat de plomb corpulent. Il est naïf et innocent. Dans la première moitié de l'histoire, son rôle correspond plutôt à un ténor lyrique qu'à un ténor dramatique. Don José était-il un séducteur ? Il l'était forcément : une femme comme Carmen aurait sans doute utilisé un homme peu séduisant pour lui permettre de fuir, mais elle ne l'aurait jamais entraîné comme partenaire dans une vie libre.

Page de gauche
Carmen, photo de scène avec Agnès Baltsa (Carmen) et Jon Buzea (Don José), mise en scène : Jean-Pierre Ponnelle, direction musicale : Rolf Reuter, Opernhaus de Zurich, 1981.
Le tempérament méridional est l'un des traits du personnage de Carmen. Mais comme il est difficile de restituer ce tempérament chaque soir sur la scène, avec la même intensité ! C'est le secret des plus grandes cantatrices – Agnès Baltsa est l'une d'entre elles.

Ci-dessous
Carmen, photo de scène de l'acte IV, avec Marilyn Schmiege (Carmen) et Neil Wilson (Don José), mise en scène : Harry Kupfer, spectacle invité du Komische Oper de Berlin aux Wiener Festwochen, 1992.
Homme et femme, face à face, sans éclat ni exotisme. En quoi consiste le tragique de Don José ? Ce n'est pas en tant qu'homme qu'il rate sa relation avec Carmen, mais parce que son existence antérieure, profondément enracinée dans les traditions sociales, domine sa conscience. Pour Carmen, il sent toujours l'uniforme et l'uniformité. C'est la raison pour laquelle elle finit par choisir Escamillo, le torero itinérant. Escamillo et Carmen sont des créatures similaires : ils vivent dangereusement, ils jouent constamment avec la mort – et échappent, indemnes, au péril mortel. Une seule fois, Carmen ne peut l'esquiver : lorsque la mort apparaît sous la forme de la jalousie aveugle.

La version avec récitatifs

Ni la création de l'œuvre ni la mort de Bizet n'ont mis un terme à l'histoire de la genèse de *Carmen*. Sa forme originelle, une succession de dialogues en prose et de pièces musicales, s'est révélée inutilisable pour les représentations en dehors de la France. Pour la première représentation viennoise, déjà, Ernest Guiraud a dû les remplacer par des récitatifs. C'est sous cette forme, qui rapprochait l'ancien opéra-comique du grand opéra, que l'œuvre a été diffusée dans le monde entier. En France uniquement, où l'œuvre triompha après sa reprise en 1883, elle fut jouée dans sa version originale, sans la moindre transformation. Il fallut attendre la mise en scène légendaire de Walter Felsenstein en 1949, au Komische Oper de Berlin, pour que certains établissements, et après eux les maisons de disques, reviennent à la version dialoguée.

Micaëla et Escamillo

À côté du couple Don José-Carmen, les deux personnages principaux de l'œuvre, les librettistes ont créé deux « rivaux », Micaëla et Escamillo. La jeune fille symbolise le passé de José, le torero, quant à lui, l'avenir de Carmen. Ils sont à la fois des personnages agissants et les symboles des différents principes de vie – Micaëla incarne l'innocence dans le caractère de Don José, Escamillo la pure sensualité qu'il ne peut atteindre. D'un point de vue musical, ils se situent dans deux sphères opposées. Micaëla, avec sa pureté presque kitsch, trouve ses antécédents dans les opéras lyriques de Gounod. Même lorsqu'elle rassemble son courage pour sauver José, elle demeure une villageoise un peu falote. N 11

Escamillo, en revanche, est plutôt une figure de l'univers de l'opéra-comique. C'est le seul auquel Bizet a donné un couplet, un chant à strophes.

11. Air de Micaëla

Je dis que rien ne m'é-pou-van-te, Je dis, hé-las ! que je ré-ponds de moi ;

Carmen, croquis de décor de Ludwig Sievert pour le premier acte de la mise en scène de Hans Meissner à l'Opernhaus de Francfort, en 1936 (TWS).
La place principale de Séville, avec Carmen (au milieu) et Don José (assis à gauche). Beaucoup de grands décorateurs et metteurs en scène n'ont pas voulu renoncer à la splendeur et aux aspects pittoresques de *Carmen*. Le décor détaillé de Ludwig Sievert peut être considéré comme un précurseur de la grande mise en scène de Zeffirelli. La vision d'une scène de masse suggère plutôt le grand opéra que l'opéra-comique. Mais la représentation naturaliste et folklorique exprime le coloris espagnol omniprésent dans la partition.

Le compositeur savait pertinemment que sa mélodie puissante le rendrait populaire. Mais il n'accordait pas beaucoup de valeur à cette popularité. « Ils ont voulu avoir de la pacotille, ils l'ont eue », disait-il de l'air le plus connu de son opéra. N 12

L'environnement musical

Le drame de Carmen et José s'insère dans un environnement musical agité. Ce type de scènes d'ambiance, comme le chœur des enfants, le brillant quintette des contrebandiers ou le grand ensemble de l'acte III, qui se déroule sur le rythme d'une marche, respectent les normes de l'opéra-comique. Mais ils ne faut pas les considérer comme de simples concessions à un public avide de spectacle. Ils assurent en effet un arrière-plan qui intervient, indifférent ou compatissant, dans le destin de l'individu. La chanson tzigane, à l'acte II, qui correspond entièrement à l'idiome de *Carmen*, mais se développe pour devenir un ballet impressionnant, montre bien comment ce mélange est obtenu. N 13

Coloris espagnol

Curieusement, la chanson tzigane de Carmen, mélodie tout à fait « espagnole », est une invention personnelle de Bizet, de la même manière que tout le reste de la musique qui paraît « authentique » dans l'opéra. Lorsqu'on lui demanda s'il aimerait faire un voyage d'étude en Espagne, le compositeur répondit : « Cela ne ferait que me troubler ». Il ne voulait pas imiter l'Espagne exotique, mais la rêver, et cela accorda à sa musique une atmosphère captivante. La recherche musicologique a tout de même mis au jour trois mélodies d'origine ibérique. La plus célèbre se trouve dans le premier chant de Carmen, la *habanera*, qui est le mieux à même de faire apparaître son naturel libre. Écrite par le compositeur populaire Sebastian de Yradier, elle s'adapte parfaitement au style de Bizet grâce au contraste entre un chromatisme raffiné et un diatonisme rayonnant. N 14

Un autre chant d'auteur a été repris dans le prélude de l'acte IV. La petite chanson avec laquelle Carmen provoque Zuniga est le seul air d'origine folklorique de cet opéra. N 15

P. H.

Carmen, photo du film de Francesco Rosi avec Julia Migenes (Carmen) et Placido Domingo (Don José), France/Italie, 1983. L'année 1983 fut une année *Carmen* dans l'histoire du cinéma. Carlos Saura tourna d'après la nouvelle de Mérimée un film de danse sur de la musique de flamenco, avec Laura Sol et Antonio Gades. Jean-Luc Godard actualisa des motifs de l'histoire de *Carmen* pour son polar mélodramatique *Prénom Carmen*. Enfin, Francesco Rosi présenta l'opéra de Bizet avec la séduisante cantatrice Julia Migenes (qui débutait sa carrière de star à Broadway) dans le rôle-titre, et avec Placido Domingo et Ruggero Raimondi dans les deux premiers rôles masculins.

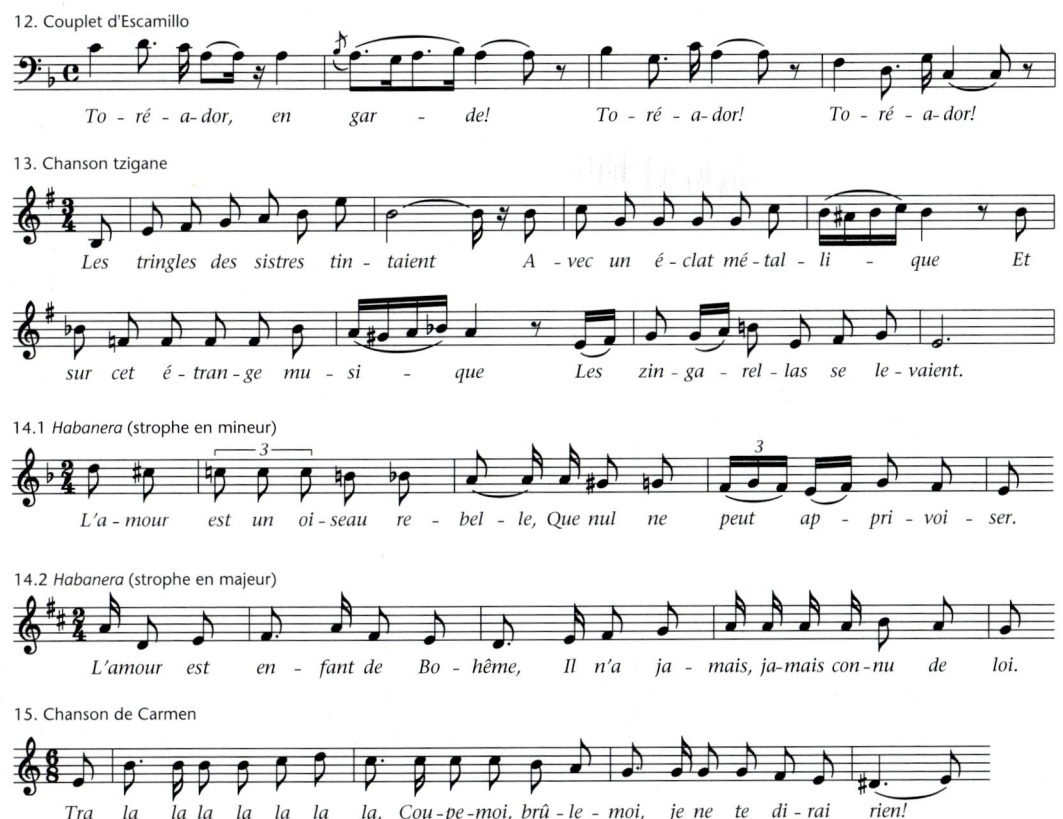

François Adrien **Boieldieu**

Né à Rouen le 16 décembre 1775
Mort à Jarcy, en région parisienne, le 8 octobre 1834

Le premier opéra-comique de Boieldieu est créé dès 1793. Au cours des années suivantes, d'autres opéras de sa plume sont donnés sur scène.
Il fait alors, à Paris, la connaissance de Méhul et de → Cherubini. De 1803 à 1810, il vit à Saint-Pétersbourg, comme compositeur à la cour du tsar. Il revient ensuite à Paris et est nommé en 1817 professeur de composition au Conservatoire.

Œuvres: De sa trentaine d'opéras, partiellement composés avec Cherubini, Auber et Herold, seuls quelques-uns ont survécu, dont *Le Calife de Bagdad* (1800), *Le Petit Chaperon rouge* (1818) et surtout *La Dame blanche* (1825).

*A*vec Auber, Boieldieu passait dans les années 1820 pour le roi sans couronne de l'opéra-comique. Il s'inspira dans son œuvre de l'opéra italien et du singspiel allemand.

La Dame blanche, illustration (détail) d'Emile Vernier (1829-1887), Paris.
Dans la scène-clef (acte II), qui transforme le cours de l'histoire, le bienveillant fantôme, Anna, agit à la manière écossaise. La harpe fait partie de la culture celte; elle a donc été attribuée à la Dame blanche. Par tradition, dans l'histoire de l'opéra, cet instrument signale les phénomènes mystérieux.

La Dame blanche

Opéra-comique en trois actes

Livret: Eugène Scribe d'après Sir Walter Scott
Création: le 10 décembre 1825 à Paris (Opéra-Comique)
Personnages: Gaveston, administrateur du château d'Avenel (basse), Anna, sa pupille (sop.), George, officier anglais (tén.), Dikson, fermier (tén.), Jenny, son épouse (sop.), Marguerite, vieille servante du comte d'Avenel (sop.), McIrton, juge de paix (basse), Gabriel, valet de Dikson (basse), gens du village (chœur)

Argument
Dans un village écossais, au milieu du XVIIIe siècle.
Dans un monde dominé par la violence, de braves gens ont recours à la ruse. Anna hante le château, déguisée en fantôme, et aide son ancien ami d'enfance à recouvrer son héritage. Désormais, la Dame Blanche, devenue comtesse d'Avenel, pourra elle aussi résider dans le château, débarrassé de son fantôme.

Acte I
Le fermier Dickson fête la naissance d'un fils. Mais le parrain est empêché. Le soldat George, auquel Dickson accorde l'hospitalité, le remplace au pied levé. Dickson doit son bonheur à un spectre qui hante le château voisin, une Dame blanche dont il n'a qu'à exécuter les ordres. Pour cette soirée, elle le fait venir auprès d'elle au château: le lendemain, on doit vendre cette propriété aux enchères. Au lieu de l'anxieux Dickson, c'est George qui se rend au château.

Acte II
Le régisseur du château, Gaveston, a volontairement provoqué la ruine de la propriété pour en prendre possession. C'est à contrecœur qu'il laisse George passer la nuit chez lui. La pauvre pupille de Gaveston, Anna, reconnaît dans le soldat son ancien ami d'enfance, l'enfant, jadis enlevé, du comte, Julien. Elle lui apparaît la nuit en costume de Dame blanche et lui ordonne, quoi qu'il arrive, de battre Gaveston le lendemain. Pendant la vente aux enchères, Gaveston l'emporte sur les fermiers unis, mais est lui-même dépassé par George qui, en réalité, ne possède pas un centime et se retrouverait en prison si cela s'apprenait.

Acte III
Dans la salle des chevaliers, les gens du village saluent leur nouveau seigneur; Anna se rappelle son enfance avec Julien. Lorsque Gaveston exige que George le paie, la Dame blanche apparaît et remet aux soldats le trésor caché des Avenel, et un document certifiant qu'il s'agit bien du comte Julien d'Avenel. Gaveston démasque le fantôme: c'est sa propre pupille. Le comte Julien fait d'Anna la comtesse Avenel.

S. N.

La Dame blanche, Henriette Sontag dans le rôle d'Anna, Vienne, 1826.
Au XIXe siècle, *La Dame blanche* fut un grand succès. En l'espace de quelques mois seulement après la première parisienne, elle fit la conquête d'un grand nombre d'opéras en Europe. La fameuse chanteuse allemande Henriette Sontag (1806-1854) chanta elle aussi volontiers le rôle-titre. Dans le registre dramatique et les rôles de coloratura, Henriette Sontag faisait des prodiges; elle était aussi à l'aise dans le répertoire allemand qu'italien, et fit ses débuts à Vienne en 1822 avec un rôle de Boieldieu, dans l'opéra *Jean de Paris*. Elle fut en outre la première → *Euryanthe* de Weber et créa la partie de soprano dans la *Neuvième symphonie* de Beethoven.

L'Écosse, un lieu romantique

L'Écosse, avec ses clans rivaux et ses châteaux hantés, fut à la mode au début du XIXe siècle grâce aux romans de Sir Walter Scott. Ses récits efficaces et dramatiques, avec leur atmosphère fascinante, attirèrent les compositeurs. Sur les scènes européennes se succédèrent rapidement des opéras plus ou moins basés sur les récits de Walter Scott. Rossini, toujours sensible à la nouveauté, fut en 1819 l'un des premiers à y céder avec *La Donna del lago*. Il fut suivi par ses jeunes rivaux Donizetti et Bellini (respectivement → *Lucia di Lammermoor* et → *I Puritani*, tous deux en 1835). La France, elle non plus, ne put échapper à cette tendance : Auber composa ainsi *Leicester* (1823) et Boieldieu *La Dame blanche* (1825). Le fait que ces récits se soient déroulés en Écosse n'est du reste évident que dans certains passages – par exemple avec l'hymne national écossais qui rappelle à George sa patrie perdue (Acte III). Boieldieu a emprunté la mélodie à une ballade écossaise. N 1

Une vente aux enchères sur la scène de l'opéra

Dans l'opéra-comique, les numéros musicaux sont reliés par des dialogues en prose. Boieldieu respecta cette tradition, mais composa aussi des récitatifs dramatiques. La tension augmente lors de la scène de la vente aux enchères, qui constitue le finale de l'acte II. En tant que scène d'opéra, c'est une véritable exception. Elle sera ranimée, avec un parallélisme extravagant, dans l'opéra tardif de Stravinsky → *The Rake's Progress*. Dans le drame sont associés l'hésitation et la résolution, la ruse et le courage, le désespoir et la joie du vainqueur.

P. H.

En haut
La Dame blanche, photo de scène avec Sandra Zeltzer (Jenny) et Steven Cole (Dikson), mise en scène : Jean-Louis Pichon, costumes : Frédéric Pineau, Opéra-Comique, Paris, 1999.
Au début de l'opéra, on fête la naissance du fils de Jenny et Dikson.

À gauche
La Dame blanche, photo de scène avec Jael Azzaretti (Anna) et Gregory Kunde (George), mise en scène : Jean-Louis Pichon, costumes : Frédéric Pineau, Opéra-Comique, Paris, 1999. Les personnages principaux n'ont pas de caractéristiques folkloriques, mais ils tranchent dans le contexte de l'opéra-comique aux figures ordinairement assez simples. Cela vaut surtout pour Anna, qui, en véritable héroïne, repousse tout le reste dans l'ombre. Son air (début de l'acte III) apparaît comme une anticipation de l'air de la grande salle *Dich, teure Halle* d'Elisabeth dans → *Tannhäuser* de Wagner. N 2
George incarne, de manière conventionnelle, le type du soldat à l'esprit léger. Mais dans sa cavatine (acte II) apparaissent les qualités d'un jeune homme sensible. N 3

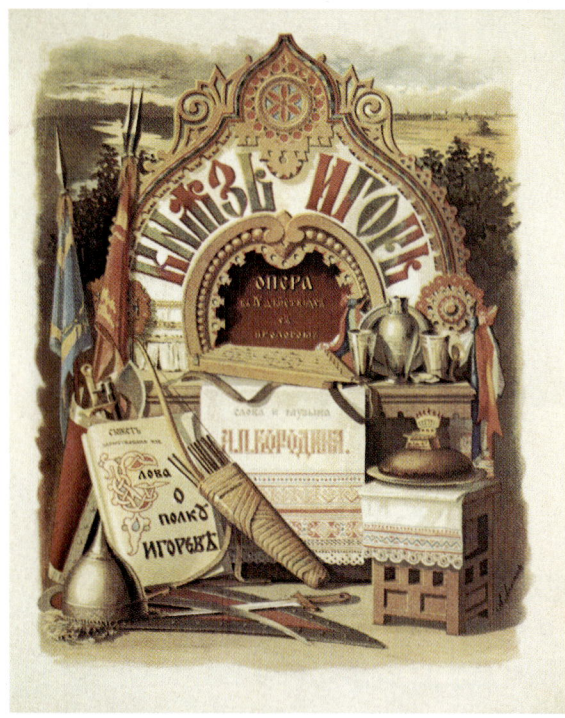

Un chef-d'œuvre inachevé

Borodine a travaillé à son opéra de 1869 à sa mort, avec des interruptions. *Le Prince Igor* est pourtant resté inachevé. Il n'en existe pas de version authentique. Borodine lui-même n'instrumenta qu'un quart de l'opéra. Après la mort du compositeur, Rimski-Korsakov et Glazounov complétèrent la partition d'après des brouillons. C'est leur version qui est jouée aujourd'hui dans le monde entier. Le musicologue russe soviétique Pavel Lamm prépara en 1947 la publication d'une version authentique : un cinquième de la musique composée par Borodine n'avait pas été utilisé par Rimski-Korsakov et Glazounov, et les deux

adaptateurs avaient également modifié l'ordre des scènes. Cette édition ne fut pas publiée. Le compositeur Iouri Fortunatov et l'historien de la musique Ievgueni Levachov préparèrent en 1974, en se fondant sur les recherches de Lamm, une nouvelle version pour une représentation à Vilna – elle fut finalement publiée et donnée en 1978 au Deutsche Staatsoper de Berlin. En 1993, on donna au Théâtre Mariinski de Saint-Pétersbourg une nouvelle version améliorée, dans l'instrumentation de Iouri Falik. Celle-ci existe aussi en disque compact.

M. P.

Alexandre Porfirievitch Borodine

Né à Saint-Pétersbourg le 12 novembre 1833
Mort à Saint-Pétersbourg le 27 février 1887

Borodine est le fils illégitime d'un prince tatare et d'une jeune bourgeoise de Saint-Pétersbourg. Il reçoit une solide éducation, apprend les langues étrangères et la musique (violoncelle, piano, flûte). Borodine fait ses études à l'Académie de médecine et de chirurgie à Saint-Pétersbourg, où il passe en 1858 son doctorat de médecine. Il étudie parallèlement la chimie (entre autres à Heidelberg) et obtient une chaire, puis un titre de professeur de chimie à Saint-Pétersbourg. Avec des découvertes dans le domaine de la chimie, reconnues par les chercheurs internationaux, Borodine devient un scientifique estimé dans le monde entier. Il s'engage activement dans les questions sociales et a notamment milité pour l'émancipation des femmes en Russie. La composition est demeurée pour lui une occupation annexe. Borodine a fait partie du groupe de compositeurs, le *Groupe des Cinq*, défenseur d'une musique russe nationale et typique. On trouve dans ce groupe, outre Balakirev, Cui, → Moussorgski et → Rimski-Korsakov. À partir de 1880, il est reconnu comme compositeur, y compris en Europe occidentale. Borodine s'est lié d'amitié avec Franz Liszt.

Œuvres : Opéra : *Kniaz Igor,* 1869-1887, inachevé, création 1890 (Le Prince Igor). Deux symphonies (une troisième demeure inachevée), une esquisse symphonique intitulée *Dans les steppes de l'Asie centrale*, deux quatuors à cordes, musique de chambre, mélodies.

Borodine était un autodidacte génial. Dans sa musique s'associent des traits stylistiques orientaux et russes.

En haut à gauche
Le Prince Igor, couverture de la première édition de la partition, 1880.

Opéra héroïque russe ou épopée héroïque musicale ?
Il est impossible de désigner le grandiose spectacle de Borodine en fonction des catégories d'opéra occidentales. C'est Vladimir Stassov, en 1869, qui recommanda à Borodine le thème d'Igor. Cet important critique et esthète tenta de transformer en drame les épisodes narratifs, descriptions de paysages et réflexions lyriques du chant historique. Mais c'est Borodine lui-même qui écrivit le livret, après avoir étudié en détail les sources historiques et littéraires. Il n'en termina pas l'écriture – ce fut un autre obstacle à l'achèvement de son opéra – mais il composa la musique en même temps qu'il rédigeait les différentes parties du texte. Tout au long de ses années de travail de compositeur, il s'éloigna de plus en plus de l'idéal du drame historique rédigé par Stassov, et revint à l'épopée.

En bas à gauche
Le Prince Igor, photo de scène, mise en scène : Harry Kupfer, Det Kongelige Teater de Copenhague, 1976.
Le Prince Igor de Borodine fut classé par les musicologues comme une épopée héroïque de l'ancienne Russie, et mena ainsi une existence modeste sur les scènes internationales. Cela ne changea qu'au moment où les metteurs en scène cessèrent de placer l'élément exotique, extérieur, au-dessus de l'essence de l'œuvre. Harry Kupfer tint une place prépondérante dans ce phénomène, avec sa mise en scène de Copenhague, et, une décennie plus tard, Christian Pöppelreiter au Staatsoper de Berlin. Si Kupfer espérait encore réconcilier les ennemis (chez lui, *Le Prince Igor* s'achève sur les noces de Vladimir et Kontchakovna), Pöppelreiter mit en scène l'inconciliabilité des principes du pouvoir.

Le Prince Igor, photo de scène avec Therese Waldner dans le rôle de Iaroslavna, mise en scène : Günter Könemann, décors : Csaba Antal, Badisches Staatstheater de Karlsruhe, 1995. Les rôles russes ne sont plus réservés aux chanteurs slaves. Le milieu international de l'opéra intègre de plus en plus souvent les opéras nationaux russes dans son répertoire, avec de nouvelles interprétations, scénique et musicale.

Le Prince Igor

Opéra en quatre actes et un prologue

Livret : Alexandre Borodine, d'après l'épopée russe *La Chronique de la campagne d'Igor*
Création le 4 novembre 1890 à Saint-Pétersbourg (Théâtre Mariinski)
Personnages : Igor Svatoslavitch, prince de Novgorod (bar.), Iaroslavna, sa deuxième épouse (sop.), Vladimir, fils d'Igor en premières noces (tén.), Vladimir Iaroslavitch, prince Galitzki, frère de la princesse Iaroslavna (basse), Kontchak, khan polovtsien (basse), Kontchakovna, sa fille (alto), Ovlour, Polovtsien baptisé (tén.), Skoula et Ierochka, joueurs de goudok (basse, tén.), la nourrice de Iaroslava (sop.), une jeune fille polovtsienne (sop.), Gsak, khan polovtsien (muet, également basse), princes et princesses russes, boyards (hommes et femmes), les doyens, guerriers russes, jeunes filles, peuple ; khan polovtsien, prisonniers de guerre russes, gardes polovtsiens (chœur), jeunes filles polovtsiennes, esclaves hommes et femmes, guerriers polovtsiens (ballet)

Argument (version de Nikolai Rimski-Korsakov et Alexandre Glazounov)
La ville de Poutivl et le camp des Polovtsiens en campagne, en 1185.

Prologue
Le prince Igor a dressé son camp de guerre. Il veut tenter une campagne contre les Polovstiens. Le ciel s'assombrit. Mais Igor ne tient pas compte de ce signe. Il prend congé de sa femme Iaroslavna, confie son royaume au prince Galitzki, le frère de son épouse. Sous les chants de louanges, il part en guerre avec ses combattants. Seuls les deux joueurs de goudok, Skoula et Ierochka, craignent plus la mort que la honte d'un échec dû à la lâcheté. Ils se cachent et restent en lieu sûr, dans la ville de Poutivl.

Acte I
Le prince Galitzki célèbre une fête pour s'attirer la faveur des sujets et usurper le trône d'Igor. Skoula et Ierochka lui rendent déjà hommage comme s'il était le nouveau seigneur. Des jeunes filles exigent de cette brute qu'il libère l'une de leurs amies qu'il a enlevée. Mais Galitzki se moque d'elles et les chasse. Iaroslavna est inquiète pour Igor, dont elle n'a encore eu aucune nouvelle. Les jeunes filles viennent implorer Iaroslavna de les protéger contre Galitzki. Celui-ci chasse les femmes, se moque de sa sœur en colère et se croit déjà sur le trône d'Igor. À Iaroslavna, profondément inquiète, reçoit des boyards une mauvaise nouvelle : Igor est prisonnier, l'armée russe est battue.

Acte II
Dans le camp des Polovtsiens, la fraîcheur du soir incite les jeunes filles à danser et à chanter. La fille du khan et le fils d'Igor, Kontchakovna et Vladimir, s'avouent leur amour. La nuit, Igor erre sans répit dans le camp. Il regrette cette campagne irréfléchie et aspire à retrouver sa femme bien aimée. Iaroslavna a envoyé auprès d'Igor un Polovtsien baptisé qui vit à Poutivl. Mais le prince ne veut pas agir contre son honneur : le khan Kontchak le considère comme un ami auquel il accorde l'hospitalité. Kontchak propose au Russe une alliance : unis, ils seraient invincibles, pourraient semer la terreur et soumettre les peuples. Igor repousse cette offre. Pour réjouir son hôte sans joie et le gagner tout de même à son projet, le khan fait venir les plus belles filles. Elles entourent et flattent le prince triste, et des Polovtsiens font preuve à l'étranger de leur force de guerriers.

Acte III
Les hordes du cruel khan Gsak reviennent d'une campagne de pillages en terre russe. Igor se décide alors à s'enfuir. Vladimir hésite à suivre son père, Kontchakovna lui demande de rester ou de la laisser fuir avec lui. On découvre la fuite d'Igor. Kontchak épargne le fils de l'ennemi, mais il espère utiliser le jeune faucon pour prendre le vieux.

Acte IV
Iaroslavna pleure Igor. Mais le prince qui réussit à s'enfuir revient. Skoula et Ierochka, qui ne sont pas au courant, chantent un chant de dérision sur Igor. Ils voient alors que la bannière d'Igor flotte de nouveau sur Poutivl. Ils sonnent les cloches, ameutent le peuple et annoncent le retour d'Igor. « Le soleil est clair dans le ciel – le prince Igor est revenu en terre russe. »

S.N.

Le Prince Igor, Le prince Igor et le khan Kontchak, personnages de Constantin A. Korovine, 1909.

Un message politique
En l'espace de deux siècles, plus de huit cents études sur la légende de la campagne militaire d'Igor ont été rédigées. Aujourd'hui encore, il n'a pas encore été défini à quelle date la légende est née, quand et dans quelle partie de Russie son auteur anonyme vivait et de quelle origine il était, pourquoi il pérennisa la campagne en soi injustifiée d'un prince sans importance (car Igor était le souverain d'une minuscule principauté) et enfin pourquoi il s'en prit au petit peuple des Polovtsiens plutôt qu'aux Tatares, qui dominèrent la Russie pendant deux siècles. La légende d'Igor était aussi d'une vive actualité au XIXe siècle. On la considérait comme un appel à l'union contre l'ennemi commun, qu'il fallait chercher dans l'empire russe lui-même, où les puissants se montraient indignes de l'idéal patriotique. D'après les nationalistes (Borodine en était un), le progrès de la Russie n'était possible que grâce à une institution tsariste spirituellement régénérée par des réformes politiques, une noblesse éclairée et une bourgeoisie (qui n'existait pas encore à cette époque). Dans l'opéra *Le Prince Igor*, la question *pour quoi ?* est beaucoup plus importante que la question *contre qui ?*. C'est la raison pour laquelle Borodine, en quête d'un sujet d'opéra national, a choisi la légende d'Igor.

Le Prince Igor, croquis de décor de Heinz Grete, mise en scène: Richard Meyer-Waldens, direction musicale: Richard Lert, Nationaltheater de Mannheim, 1925 (TWS). S'il existait un genre d'opéra baptisé *grand opéra russe*, *Le Prince Igor* en serait le magistral exemple. Borodine voulait écrire l'histoire sous forme d'opéra et a dessiné une précieuse légende musicale à partir de scènes grandioses entre différents groupes ethniques.

Faits historiques

Les Polovtsiens, peuple nomade de langue turque, ont atteint la Volga au XIᵉ siècle en revenant de leurs pérégrinations en Sibérie; ils s'y sont heurtés, pour la première fois, aux armées russes. Kontchak était l'un de leurs plus fameux généraux. À la fin du XIIᵉ et au début du XIIIᵉ siècles, les Polovtsiens continuèrent leur route sous la pression des Tatares. Une partie d'entre eux colonisa le bassin des Carpates. L'éclipse racontée dans la *Chronique d'Igor* eut effectivement lieu, le 1ᵉʳ mai 1185, à 15 h 25. Le prince Igor partit en campagne en 1185 contre les Polovtsiens. C'était cependant un allié des Polovtsiens, dont il avait épousé la fille du khan, Kontchak. Il remporta la première bataille, mais fut battu au cours d'un deuxième affrontement devant le fleuve Kajala. Son armée fut anéantie. Lui-même partit rejoindre le grand prince russe à Kiev.

La Russie et l'Orient

La particularité musicale et dramatique de l'opéra de Borodine est fondée sur l'opposition de deux univers radicalement différents: la vieille Russie et l'Orient exotique. En représentant l'atmosphère russe, Borodine lui donna cependant des traits beaucoup plus archaïques que ne l'avait fait Glinka trente ou quarante années plus tôt. Borodine composait dans l'esprit des vieilles chansons populaires, utilisait des tonalités modales et des tournures mélodiques caractéristiques de la vieille musique religieuse russe. N 1

Borodine ne reprit pas seulement la musique populaire et religieuse, mais aussi la romance de salon du XIXᵉ siècle. Le style de celle-ci est lié au cercle thématique de l'amour: il caractérise surtout le personnage de Vladimir, mais apparaît aussi dans une ravissante mélodie chez Igor (air, acte II) et chez Iaroslavna (chant de plainte, acte IV). N 2

1. Chœur des boyards

Нам, княгиня, не впервы-е под сте-на-ми го-род-скими у во-рот встре-чать вра-гов

La musique des Polovtsiens, comme toute la musique orientale de Borodine, est enchanteresse, tantôt légère et érotique, tantôt brutale et barbare. Contrairement à la sphère russe, les mélodies orientales sont riches en poésie méismes. N 3, N 4

À l'occasion d'une conférence de sciences naturelles qui se tint en 1874 à Kazan, la « porte de l'Orient », Borodine s'intéressa aux Polovtsiens et aux autres peuples orientaux. L'université de Kazan gérait le plus grand centre de recherches en sciences orientales. Les opinions démocratiques du compositeur ont peut-être influencé sa vision des Polovtsiens « barbares » qui n'ont pas du tout l'air plus mauvais ou plus primitifs que les héros russes. À sa manière, le khan Kontchak est une aussi grande âme qu'Igor, et Kontchakovna est un personnage féminin aussi séduisant que Iaroslavna. Ils se situent au même niveau, mais ont un autre tempérament et d'autres habitudes.

M. P.

Le Prince Igor, photo de scène, Théâtre Mariinski, Saint-Pétersbourg, 1993. Sous la direction de Valeri Guergiev, sans doute le chef d'orchestre russe le plus connu de l'ère post-gorbatchévienne, le Théâtre Mariinski, lieu historique un temps négligé, a retrouvé sa réputation. Le grand nombre d'enregistrements de disques compacts, notamment, le démontre. Le niveau musical est élevé, les décors restent traditionnels.

2. Air d'Igor

Ты од - на, го - луб-ка ла - да, ты од - на ви - нить не станешь,

серд-цем чут-ким всё пой-мёшь ты, всё ты мне про-стишь.

3. Danses polovtsiennes (thème des femmes)

4. Danses polovtsiennes (thème des hommes)

Le Prince Igor, Fiodor Ivanovitch Chaliapine dans le rôle du prince Galitzki, en 1910 (à gauche) et dans celui du khan Kontchak, en 1930 (à droite). Chaliapine (1873-1938) fut au XXᵉ siècle l'un des plus grands interprètes lyriques. Cette basse russe acclamée, dont les prestations étaient toujours un événement sensationnel, de Moscou à New York, sur les scènes d'opéra mais aussi en récital, devant l'orchestre, et dont les cachets colossaux n'avaient d'égal que sa réputation, naquit dans un faubourg de Kazan, dans une famille extrêmement pauvre. Chaliapine ne devint pas célèbre du jour au lendemain, il mena une lutte aussi rude qu'inflexible pour être reconnu sur la scène, qui était sa passion. Sa voix sombre, slave, était incomparable, il chantait très souvent *piano*, avec une diction parfaite. Les traits de son visage étaient tendres et bienveillants, adaptés aux masques les plus divers et parvenant à donner une grande crédibilité aux caractères dramatiques. L'art exceptionnel qui permettait à Chaliapine de présenter sur la scène les rôles de basse de → Glinka, → Rimski-Korsakov, → Moussorgski et → Borodine avait donné pour la première fois aux amateurs d'art lyrique européens et américains la possibilité de découvrir la culture de l'opéra russe, encore inconnue à la fin du siècle précédent.

Benjamin **Britten**

Né à Lowestoft (Angleterre, Suffolk) le 22 novembre 1913
Mort à Aldeburgh (Angleterre, Suffolk) le 4 décembre 1976

Britten entre très précocement dans le monde de la musique, grâce à sa mère, une chanteuse amateur. Il fait ses études auprès du grand compositeur Frank Bridge, auquel il rend hommage ultérieurement dans une œuvre pour orchestre (*Variations on a Theme of Frank Bridge*, 1937). Par le biais de Frank Bridge, il découvre les compositions de Béla Bartók et de la deuxième *École de Vienne* (→ Schönberg, → Berg, Webern). Au début des années 1930, Britten fait des études au Royal College of Music de Londres et développe, parallèlement à ses capacités de compositeur, des facultés de pianiste tout à fait extraordinaires. C'est au cours de cette période qu'il crée son opus 1, une *Sinfonietta* (1932). La découverte de *Wozzeck* d'Alban Berg (lors d'une diffusion à la radio, en 1934) est pour lui d'une importance décisive. Au cours de la seconde moitié des années 1930, il se consacre à la musique de film et compose ses premières œuvres vocales. En 1939, il part pour les États-Unis avec le chanteur Peter Pears, artiste à la personnalité fascinante, qui partage sa vie. Il revient en Angleterre, définitivement, au bout de deux ans. Au cours de ces années de guerre, Britten compose plusieurs œuvres importantes, dont l'opéra *Peter Grimes* (1944) pour le Sadler's Wells Theatre. Le succès fulgurant de l'œuvre (1945) en fait le premier dramaturge lyrique d'Angleterre. Au cours des années suivantes, il crée régulièrement d'autres opéras. À partir de 1947, Britten compose de préférence pour l'English Opera Group, avec lequel il conçoit et monte le Festival d'Aldeburgh à partir de 1948. Beaucoup de ses œuvres ont été créées à Aldeburgh (où il vécut jusqu'à sa mort). Dans les années 1960, lui-même et Peter Pears entretiennent des relations amicales étroites avec d'importants artistes soviétiques comme le violoncelliste Mstislav Rostropovitch, le pianiste Sviatoslav Richter et le compositeur Dmitri Chostakovitch. Il réalise alors des enregistrements devenus légendaires dans le domaine du lied et de la musique de chambre. En 1973, après une opération du cœur, Britten a une attaque qui assombrit les dernières années de sa vie. Il doit abandonner ses activités d'interprète, mais continue à composer jusqu'à sa mort.

Œuvres : Opéras : *Paul Bunyan*, 1941 ; *Peter Grimes*, 1944-1945 (L'Opéra du gueux) ; *The Rape of Lucretia*, 1946 (Le Viol de Lucrèce) ; *Albert Herring* (1947) ; *The Beggars'Opera*, 1948 ; *The Little Sweep* (Le petit Ramoneur) ; partie autonome de l'opéra pour enfants, *Let's Make an Opera*, 1949 (Faisons un opéra) ; *Billy Budd*, 1951/1960 ; *Gloriana*, 1953 ; *The Turn of the Screw*, 1954, (Le Tour d'écrou) ; *A Midsummer Night's Dream*, 1960 (Le Songe d'une nuit d'été). Trois paraboles religieuses : *Curlew River*, 1964 (La Rivière aux Courlis) ; *The Burning Fiery Furnace*, 1966 (La Fournaise ardente) ; *The prodigal Son*, 1968 (Le Fils prodigue). *Owen Wingrave*, opéra télévisé, 1970-1971 ; *Death in Venice*, 1973 (Mort à Venise). Œuvres symphoniques, chorales et instrumentales, musique de chambre, mélodies, musique de scène et de cinéma, et un ballet (*The Prince of the Pagodas*, 1956-1957).

Avec Henry Purcell, Britten est considéré comme la plus importante personnalité de l'histoire musicale anglaise. Sa musique est extrêmement suggestive, non avant-gardiste ; elle est toujours au service du drame et de la poésie.

La renaissance de l'opéra anglais

Peter Grimes fut le premier opéra anglais à entrer au répertoire international, après → *Dido and Æneas* de Purcell. Dans sa composition, Britten ne put s'appuyer sur aucune tradition anglaise. Il créa, en toute autonomie, l'opéra anglais moderne. Bien qu'il ait été fortement influencé par → *Wozzeck* d'Alban Berg, notamment dans le choix d'un rôle-titre non héroïque, Britten, dans le traitement du matériau musical, respecta les structures éprouvées : différents numéros, comme des airs, des ensembles et des chœurs, alternent avec les récitatifs qui font avancer le récit. Le langage musical est caractérisé par le lien entre les éléments stylistiques traditionnels et modernes. Sa transparence repose sur une conception totalement liée à la mélodie. Les deux personnages principaux sont Ellen et Grimes. Mais le véritable sujet de l'opéra est la présentation de la terreur psychologique exercée sur un être différent. L'action de Grimes, dans l'opéra (divergeant du récit en vers), paraît illogique : il se comporte comme s'il était coupable, bien qu'il ne le soit pas. La musique est en contradiction avec la défaillance névrotique du héros ; avec sa force d'expression et sa magnificence, elle fait de Grimes un caractère riche et contradictoire.

P. M.

En haut à droite
Peter Grimes, photo de scène de la première scène de l'acte II, avec Janice Watson (Ellen Orford) et Iain Goosey (John), mise en scène : Peter Stein, direction musicale : Carlo Rizzi, New Theatre de Cardiff, 1999.
Peter Stein, qui dirigea autrefois la légendaire Schaubühne de Berlin, misa aussi, sur les qualités de comédien de ses chanteurs.

Peter Grimes, photo de scène de la création, avec Peter Pears (1910-1986) dans le rôle de Peter Grimes, mise en scène : Éric Crozier, costumes : Kenneth Green, direction musicale : Reginald Goodall, Sadler's Wells Theatre, Londres 1945.
La partie de Peter Grimes avait été écrite sur mesure pour le grand ténor anglais Peter Pears, comme, par la suite, tous les grands rôles de ténor dans les opéras de Britten. Pears exerça une grande influence sur la création de son compagnon. Ils fondèrent ensemble le festival de musique d'Aldeburgh. En 1978, il fut anobli et devint Sir Peter Pears.

Peter Grimes, photo de scène avec Neil Shicoff dans le rôle de Peter Grimes, mise en scène: Christine Mielitz, direction musicale: Mstislav Rostropovitch, Staatsoper de Vienne, 1996.
Peter Grimes est un homme solitaire, repoussé par la communauté, et qui souffre surtout de sa propre nature. Jadis, les metteurs en scène comme les interprètes le définissaient avec des traits possédés et sadiques, y compris dans son apparence. Cette vision s'est transformée. Le ténor américain Neil Shicoff (né en 1949) apparaît comme un être conscient de sa maladie mentale. Il aime et blesse à la fois. Cette interprétation correspond mieux à l'admirable partie chantée, très sensible, extrêmement expressive et lyrique.

Peter Grimes, photo de scène de la deuxième scène de l'acte III, avec John Daszak dans le rôle de Peter Grimes, mise en scène: Peter Stein, décors: Stefan Mayer, direction musicale: Carlo Rizzi, New Theatre de Cardiff, 1999.
Avec une intensité très réaliste, la mise en scène de Peter Stein raconte une histoire de marginalité dans un village de pêcheurs, une situation qui ne touche pas seulement Grimes, mais aussi Ellen Orford, le capitaine Balstrode et Bob Boles.

Peter Grimes

Opéra en trois actes et un prologue

Livret: Montagu Slater, d'après le poème *The Borough* de George Crabbe
Création: le 7 juin 1945 à Londres (Sadler's Wells Theatre)
Personnages: Peter Grimes, un pêcheur (tén.), un jeune garçon (John), son apprenti (muet), Ellen Orford, veuve, institutrice du village (sop.), le capitaine Balstrode, ancien de la marine marchande (bar.), Auntie, tenancière de l'auberge « The Boar » (alto), première et deuxième nièce, attractions principales de « The Boar » (2 sop.), Bob Boles, pêcheur et méthodiste (tén.), Swallow, avocat (basse), Mrs. (Nabob) Sedley, rentière, veuve d'un employé de l'East India Company (mezzosop.), rév. Horace Adams, le pasteur (tén.), Ned Keene, pharmacien et charlatan (bar.), Dr Crabbe (rôle muet), Hobson, routier (basse), habitants de la bourgade, pêcheurs (chœur)

Argument
The Borough, village de pêcheurs de la côte Est de l'Angleterre, vers 1880.

Prologue
Le pêcheur Peter Grimes a été cité devant un tribunal d'instruction qui doit éclaircir les circonstances énigmatiques dans lesquelles son apprenti a trouvé la mort. Même s'il est acquitté par le tribunal, il demeure un meurtrier aux yeux des habitants du village. Le juge d'instruction Swallow interdit à Grimes d'embaucher un nouvel apprenti. La colère de Grimes est apaisée par Ellen Orford.

Acte I
1er intermède orchestral (lever du jour)
Tableau 1 Malgré la décision du tribunal, Grimes veut faire venir chez lui un nouvel apprenti provenant du foyer des pauvres. La veuve Ellen Orford le soutient dans cette entreprise. Le capitaine Balstrode tente amicalement de convaincre Grimes qu'il doit mener une vie normale, s'adapter aux circonstances. Mais Grimes n'est pas encore prêt pour cela.
2e intermède orchestral (la tempête)
Tableau 2 Comme toujours, les habitants de la petite ville se réunissent au bistrot « The Boar ». Dehors, une tempête fait rage. Lorsque Grimes vient chercher son nouvel apprenti, un silence hostile s'installe. Une fois de plus, Ellen prend la défense de Grimes et va chercher le jeune homme.

Acte II
3e intermède orchestral (dimanche matin sur la plage)
Scène 1 Quelques semaines plus tard, un dimanche matin, à l'heure du culte. Ellen remarque que le manteau de John (le nouvel apprenti de Grimes) est déchiré et que le garçon porte des marques de mauvais traitements au cou. Elle reproche à Grimes ses colères subites et sa violence. Elle ne peut retenir les rumeurs sur les nouvelles brimades infligées par Grimes à son apprenti. Après le culte, les hommes se rendent donc à sa cabane pour contrôler la manière dont il traite son apprenti.
4e intermède orchestral (passacaille)
Scène 2 Dans la cabane de Grimes, près des falaises. Grimes chante chaleureusement une chanson au jeune garçon, tout en l'accusant d'avoir menti à Ellen. Lorsqu'il remarque la foule qui approche, il ouvre la porte et veut sortir avec l'enfant – mais celui-ci dévale la falaise et se tue. Le pasteur et Swallow trouvent une cabane vide et rangée, et reviennent, tranquillisés. Seul Balstrode regarde les falaises en dessous de lui, et constate ce qui s'est véritablement passé.

Acte III
5e intermède musical (la cabane)
Scène 1 Quelques jours plus tard. La rumeur court de nouveau: Grimes aurait assassiné son nouvel apprenti. Ellen et Balstrode veulent aider Peter. La foule excitée réclame vengeance.
6e intermède orchestral (la brume)
Scène 2 Quelques heures plus tard. (L'orchestre se tait, mis à part une corne de brume – un tuba derrière la scène, auquel s'ajoute un soupir éloigné du chœur). Grimes est seul, au bord de la folie. Il crie une dernière fois son nom, le silence lui répond. Ellen ne peut plus le tranquilliser. Balstrode lui conseille de sortir en mer et de couler avec son bateau. Une fois de plus, les rumeurs circulent. On dit qu'un bateau a fait naufrage. Malgré tout, la vie suit son cours ordinaire dans la ville.

P. M.

La mer de Britten

Dans *Peter Grimes* de Benjamin Britten, la mer n'a rien à voir avec l'eau merveilleuse et scintillante que décrit Claude Debussy dans ses esquisses symphoniques comme *La Mer*, ou avec la force élémentaire somptueuse et colorée des compositeurs italiens, *il mare azzuro*! Ce n'est pas seulement lié à une raison géographique évidente : la mer, le long de la côte orientale de l'Angleterre, est brumeuse et menaçante. Les braves citoyens ne veulent rien avoir à faire avec cet élément lourd de malheur. Ils refusent aussi bien dans la nature que dans la société humaine ce qui se classe difficile-

À droite
Peter Grimes, photo de la deuxième scène de l'acte III, avec John Daszak dans le rôle de Peter Grimes, mise en scène : Peter Stein, décors : Stefan Mayer, direction musicale : Carlo Rizzi, New Theatre de Cardiff, 1999.
Le dernier choix : la mer. Le monde des humains repousse l'homme chassé vers la nature, qui se comporte envers lui avec indifférence.

Ci-dessus
Peter Grimes, croquis de décor de Kenneth Green pour la création, Sadler's Wells Theatre, Londres, 1945.
Le Sadler's Wells Opera de Londres fut inauguré en 1931 ; il est étroitement lié au nouvel opéra anglais.

Ci-contre
Peter Grimes, croquis de décor de Ruodi Barth, mise en scène : Friedrich Schramm, direction musicale : Ludwig Kaufman, Staatsoper de Wiesbaden, 1959-1960 (TWS).
Contrairement au décor de Ruodi Barth, qui campe une atmosphère dure et hostile à l'homme, le décor de la création par Kenneth Green paraît presque recréer un cadre idyllique. Il fallut quelques années pour que les décorateurs du XXe siècle se détachent des clichés romantiques.

ment, ce qui est incommode, ce qui ne s'adapte pas à la norme. Tôt ou tard, Grimes, qui se détache de la majorité, doit donc devenir une victime, pour ne pas mettre en péril la paix entre l'homme et la mer. L'intérêt que portait Britten à *The Borough* (1810) reposait entre autres sur le fait que Crabbe était son compatriote et, comme lui, un homme de la terre. Le poète comme le compositeur venaient du Suffolk. Le lieu de l'action est le village d'Aldeburgh, où le compositeur s'installa plus tard et où se trouvent aujourd'hui les archives Britten. Ce dernier aimait sa terre natale à un point tel qu'il choisit comme lieu de séjour aux États-Unis l'État américain du Suffolk, bien qu'on lui ait proposé un appartement confortable au centre de New York. En 1941, ayant lu dans un article sur George Crabbe ces mots : « Rappeler le personnage de Crabbe, c'est rappeler l'Angleterre », il ressentit une telle nostalgie de sa patrie qu'il revint définitivement en Angleterre l'année suivante. L'expressivité de la musique de *Peter Grimes* – notamment celle des intermèdes orchestraux (Britten en a publié quatre par la suite, sous forme de cycles autonomes pour orchestre, au titre *Four Sea Interludes*) et des morceaux choraux – est enracinée dans l'origine anglaise de Britten.

P. M.

Peter Grimes, photo de scène avec René Kollo dans le rôle de Peter Grimes, mise en scène : Tim Albery, direction musicale : Andrew Davis, Bayerische Staatsoper de Munich, 1991.
Peter Grimes est souvent chanté par d'importants ténors wagnériens, comme René Kollo (né en 1937), qui a chanté à Bayreuth tous les rôles wagnériens de sa tessiture. Bien que l'on ne puisse pas dire de sa partie qu'elle soit héroïque, au sens de l'opéra wagnérien, elle est pourtant si exigeante qu'elle ne peut être maîtrisée que par des chanteurs ayant une grande endurance.

The Rape of Lucretia, photo de scène, Bühnen der Stadt Köln, création allemande, 1948.

La tension entre la sensualité et l'hypocrisie des Étrusques, d'un côté, l'humiliation infligée à la morale romaine, d'autre part, est un *leitmotiv* littéraire. Les premières sources remontent à Tite-Live et Ovide, dont Shakespeare a repris la tradition dans un poème de jeunesse, avant de la retravailler dans *Macbeth* et *Cymbeline*. La pièce d'Obey, d'après laquelle Roland Duncan a écrit le livret de l'opéra de Britten, a été à l'origine rédigée pour une compagnie de théâtre française (la Compagnie des Quinze, dirigée par Jacques Copeau). Obey a abondamment cité Shakespeare, et il a introduit le chœur des femmes et des hommes dans son spectacle, symbolisé par une femme et un homme. Le couple d'auteurs Britten/Duncan a toutefois donné au chœur une signification nouvelle par rapport aux modèles littéraires. Le rôle de commentateur du chœur rappelle, dans sa fonction, les drames de la Grèce antique, le texte du chœur cependant est, par son contenu chrétien, plus approprié à une Passion du Christ. La Lucrèce de Britten est la variante féminine de l'agneau de Dieu innocent.

The Rape of Lucretia
Le Viol de Lucrèce

Opéra en deux actes

Livret : Roland Duncan, d'après la pièce *Le Viol de Lucrèce* d'André Obey
Création : le 12 juillet 1946 à Glyndebourne, Sussex (Mr. and Mrs John Christie's Opera House)
Personnages : Chœur récitant (tén., sop.), Collatin et Junius, généraux romains (basse, bar.), le prince Tarquin, fils du tyran étrusque Tarquin le Superbe (bar.), Lucrèce, épouse de Collatin (alto), Bianca, vieille nourrice de Lucrèce (mezzosop.), Lucia, servante de Lucrèce (sop.)

Argument
Camp romain/Maison de Lucrèce à Rome, vers 500 avant J.-C.

Prologue
Récit du malheur de Rome sous le règne de Tarquin.

Acte I
Tableau 1
Un campement militaire devant les portes de Rome. Nuit torride. Collatin, Junius et Tarquin boivent et accusent les femmes infidèles. Seule Lucrèce, l'épouse de Collatin, a une réputation d'extrême vertu. Tarquin décide de prendre au piège cette femme dont on vante tellement les mérites, en la séduisant. (Intermède : récit de la chevauchée de Tarquin vers Rome.)

Tableau 2
Lucrèce est au rouet avec sa servante et sa nourrice. Tarquin entre et demande l'hospitalité pour la nuit.

Acte II
Tableau 1
Les Étrusques ont provoqué d'effroyables dégâts à Rome. Mais que représentent les ravages matériels à côté de la catastrophe psychologique ? Les Romains ont encore un ultime rempart contre les Étrusques amoraux : la vertueuse Lucrèce. Cependant, Tarquin parvient à entrer dans la chambre de Lucrèce. Elle se défend en vain : il la viole.
(Intermède : chorale sur la Passion du Christ, lorsque la vertu est « refoulée par le péché »)

Tableau 2
Bianca et Lucia saluent joyeusement le nouveau jour. Mais quel effroi lorsqu'elles apprennent ce qui s'est produit ! Lucrèce exige de voir son mari et fait ses adieux à la vie. Collatin lui déclare sans doute sa confiance et son amour, mais Lucrèce estime que l'unique possibilité de prouver son innocence est de se suicider. Elle se poignarde. La consternation et le deuil général (passacaille) que provoque sa mort débouchent sur une promesse de salut (épilogue). S. N.

L'opéra de chambre : faire de pauvreté vertu

Cette œuvre est le premier opéra de chambre de Britten ; elle est composée pour huit solistes vocaux et treize instrumentistes. Britten avait destiné le rôle-titre à la cantatrice Kathleen Ferrier, une « créature angélique » et une alto extraordinaire. Comme il n'existait pas beaucoup de compagnies d'opéra en Angleterre à cette époque (1946), Britten conçut son œuvre pour une petite compagnie mobile. Cet ensemble itinérant (Glyndebourne English Opera Company) fut organisé par le jeune Rudolf Bing, le futur directeur à succès du Metropolitan Opera à New York. De ce groupe est né l'English Opera Group, dont le compositeur principal fut Benjamin Britten, et qui créa la plupart des œuvres scéniques du compositeur.

P.M.

À droite
The Rape of Lucretia, photo de scène de la création avec Kathleen Ferrier dans le rôle de Lucrèce, Anna Pollak et Margaret Ritchie, mise en scène : Éric Crozier, décors et costumes : John Piper, direction musicale : Ernest Ansermet, English Opera Group, Mr. and Mrs. John Christie's Opera House, Glyndebourne, Sussex, 1946.
Kathleen Ferrier (1912-1953), qui maîtrisait sa voix d'alto comme un instrument parfait, débuta sa carrière de cantatrice en tant que récitaliste. Elle fit ses débuts à l'opéra à Glyndebourne en 1946, mais il ne lui resta que quelques années pour développer sa carrière sur scène avant sa mort tragique et prématurée. Outre ses concerts, son nom n'est lié qu'à quelques rôles éminents et tragiques, notamment l'Orphée de Gluck (→ *Orfeo ed Eurydice*). Il ne fait aucun doute que le caractère pur de K. Ferrier et son art vocal incomparable ont inspiré de manière déterminante ce personnage feminin extrêmement pur (une rareté dans ses rôles à l'opéra).

À gauche
The Rape of Lucretia, photo de scène avec Laureen Livingston (Lucia) et Judith Pierce (Bianca), mise en scène : Anthony Besch, décors : John Stoddart, Scottish Opera, Glasgow, 1976.
À la nuit du crime, le viol de la vertueuse Lucrèce, succède un matin somptueux : Lucia et Bianca trient des fleurs avant que Lucrèce, humiliée, n'apparaisse sur la scène. La scène des fleurs a une portée dramatique et symbolique. La musique de Britten souligne de manière éloquente le contraste des situations.

Albert Herring, dessins de Miss Wordsworth et d'Albert Herring par Josef Fenneker, costumes pour la mise en scène de Werner Kelch, Städtische Oper de Berlin, 1950 (TWS).
La parodie musicale et dramaturgique à laquelle Britten se livre sur les habitudes sociales et les caractères typiquement britanniques est appréciée dans le monde entier : Miss Wordsworth, la directrice d'école et le (encore) vertueux Albert Herring.

Albert Herring

Opéra-comique en trois actes

Livret : Eric Crozier, d'après la nouvelle de Guy de Maupassant *Le Rosier de madame Husson*
Création : le 20 juin 1947 à Glyndebourne, Sussex (Mr. and Mrs. John Christie's Opera House)
Personnages : Lady Billows, une vieille dame imposante, intolérante et tyrannique (sop.), Florence Pike, sa gouvernante (alto), Miss Wordsworth, directrice de l'école des jeux de l'église (sop.), Mr. Gedge, pasteur (bar.), Mr. Upfold, maire de Loxford (bar.), Mr. Budd, chef de la police locale (basse), Sid, un apprenti boucher (bar.), Albert Herring, commis dans une boutique de légumes (tén.), Nancy Waters, fille du boulanger (mezzosop.), Mrs. Herring, mère d'Albert (mezzosop.), Emmy, Siss et Harry, écoliers de Loxford (2 sop., sop. enfants ou sop.)

Argument
Loxford, une petite ville de l'East Suffolk, en avril et mai 1900.

Acte I
Tableau 1 Au petit déjeuner, chez Lady Billows. Les notables veulent élire une reine de Mai. Mais on ne trouve à Loxford aucune jeune fille vertueuse qui pourrait remplir les critères fixés. Le commissaire de police Budd propose Albert Herring, un jeune garçon chaste, qui est encore dans les jupes de sa mère.
Tableau 2 Dans la boutique de légumes de Mrs. Herring. Le garçon boucher Sid se moque du vendeur de légumes Albert. Il fanfaronne sur les plaisirs de la chasse et flirte avec Nancy. C'est alors que le comité des fête proclame la nomination d'Albert. Lorsqu'il tente de se rebiffer, il est ramené à la raison par sa mère ; Lady Billows offre vingt livres en or au lauréat.

Acte II
Tableau 1 Dans le jardin du presbytère. Miss Wordsworth répète avec les enfants un chant d'accueil pour le roi de Mai. Sid ajoute à la limonade préparée pour Albert une bonne rasade de rhum. Miss Wordsworth tient un discours patriotique. Mais comme elle mélange les feuilles de son manuscrit, elle prononce les phrases dans le désordre (Britten parodie ici une série de chants patriotiques anglais bien connus). Albert est trop timide pour répondre, néanmoins il boit genti-

Albert Herring – **Britten** 77

Albert Herring, de décor de Rolf Christiansen pour la mise en scène de Reinhard Lehmann, direction musicale : Heinz Dressel, Städtische Bühnen de Fribourg-en-Breisgau, 1951-1952 (TWS). Du point de vue musical, l'opéra de chambre *Albert Herring* est aussi divers et irrégulier que les maisons d'un vieux village anglais. L'histoire est racontée par treize chanteurs, y compris les enfants, et par douze instrumentistes seulement. La virtuosité dont faisait preuve Britten dans la composition, la maîtrise avec laquelle il savait former les ensembles de chant les plus divers et son imagination parodique n'ont pas de limites dans cet opéra. Le *philtre enchanté* d'Albert est une citation du Tristan de Wagner (→ *Tristan und Isolde*), et lorsque le chef de la police raconte le viol, l'orchestre reprend le motif de Lucrèce dans le précédent opéra de chambre de Britten (→ *The Rape of Lucretia*). Britten manie les récitatifs avec beaucoup d'esprit : il les compose en polyphonie, c'est-à-dire que les personnages dramatiques chantent souvent simultanément, chacun selon son propre langage. On se trouve ainsi face à des ensembles de récitatifs qui donnent à la pièce une vivacité étincelante.

ment sa limonade. (L'orchestre commente avec une fantaisie sur l'accord de Tristan – Wagner → *Tristan und Isolde* Symbole d'un breuvage enchanté qui éteint la raison et supprime les inhibitions.)

Tableau 2 Dans la boutique de légumes de Mrs. Herring. Albert, ivre, revient dans le magasin, décidé à s'insurger enfin contre sa mère. Lorsque Sid et Nancy passent devant lui, Albert quitte lui aussi la boutique. Mrs. Herring trouve les lieux vides.

Acte III

Tableau 1 Dans la boutique, le lendemain après-midi. Tous s'inquiètent pour Albert. Lorsque quelqu'un rapporte la couronne de mai en fleurs d'orangers, écrasée par une carriole dans la rue, Mrs. Herring croit même que son fils est mort. Plainte bruyante « Au cœur de la vie, la mort nous menace à chaque instant ». C'est alors qu'Albert apparaît et décrit les joies d'une nuit passée à boire. Les notables du bourg se détournent de leur protégé. Seuls Sid et Nancy fêtent Albert, enfin libéré.

A Midsummer Night's Dream, affiche, Komische Oper de Berlin, 1961.

La mise en scène de Walter Felsenstein, en 1961, au Komische Oper de Berlin, valut une gloire internationale à l'opéra de Britten (la même année eut lieu la première américaine, à San Francisco). La musique était déjà présente dans le modèle littéraire de Shakespeare *Le Songe d'une nuit d'été*. Le manuscrit mentionne des chansons, des fanfares et d'autres effets musicaux. À l'époque de la Restauration anglaise, plusieurs drames de Shakespeare sous forme de théâtre musical avec des intermèdes chantés et dansés furent donnés et même avec des scènes entièrement dansées (« masques »). Le titre de l'œuvre fut également traité avec une certaine liberté : *A Midsummer Night's Dream* a ainsi été rebaptisé *The Fairy Queen* en 1692. La musique accompagnant les masques a été composée par Henry Purcell. Des décennies plus tard, la délicieuse comédie de Shakespeare figurerait encore à l'affiche : une sorte de comédie musicale baroque. L'intention de Britten, de composer un opéra à partir du *Songe d'une nuit d'été*, possédait donc des racines historiques. Cependant, en Angleterre, notamment dans la seconde moitié du XXᵉ siècle, on considéra qu'il s'agissait d'une tentative téméraire que de mettre en musique les textes de Shakespeare dans leur version « brute », sans réécriture, uniquement dans une version abrégée.

A Midsummer Night's Dream
Songe d'une nuit d'été

Opéra en trois actes

Livret : Benjamin Britten et Peter Pears d'après William Shakespeare
Création : le 11 juin 1960 à Aldeburgh, Suffolk (Jubilee Hall)
Personnages : Oberon, roi des Elfes (contre-tén. ou alto), Tytania, reine des Elfes (sop. coloratureì), Puck (parlé), Theseus, duc d'Athènes (basse), Hippolyta, reine des Amazones, fiancée de Theseus (alto), Lysander et Demetrius, deux amoureux d'Hermia (tén., bar.), Hermia, amoureuse de Lysander (mezzo-sop.), Helena, amoureuse de Demetrius (sop.), Bottom, un tisserand (bar.-basse), Quince, un menuisier (bar.), Flute, un facteur de soufflets (tén.), Snug, un menuisier (bar), Snout, un chaudronnier (tén), Starveling (bar.), Cobweb, Peaseblossom, Mustardseed, Moth, des Elfes (enfants sop.), chœur des Elfes (enfants sop. ou sop.)

Argument
Une forêt près d'Athènes, le palais de Theseus, au temps des mythes.
Acte I
Dans la forêt d'Athènes, une profonde pénombre. Le royaume des Elfes est en émoi : le couple royal est en querelle. La reine des Elfes refuse de rendre un page indien à Oberon. Pour punir Tytania, le roi des Elfes ordonne à Puck de trouver une fleur enchantée : lorsque l'on en verse le suc sur les yeux d'une personne, elle tombe amoureuse de la première créature qu'elle aperçoit en s'éveillant. Les artisans d'Athènes se rencontrent dans la forêt. Ils veulent s'essayer à un métier qu'ils ne connaissent pas (l'art) et féliciter le duc pour ses noces, en présentant une pièce qu'ils auront spécialement écrite et mise en scène. Hermia a fui Athènes avec Lysander pour ne pas devoir épouser Demetrius. Celui-ci est cependant sur sa trace, suivi par Helena, qui aime Demetrius. Oberon ordonne à Puck de verser du suc sur les yeux de Demetrius pour qu'il aime Helena. Mais Puck prend Lysander pour Demetrius, et c'est celui-là qu'il ensorcelle. Lysander ouvre les yeux, voit Helena, en tombe amoureux et quitte Hermia. Les Elfes allongent Tytania pour qu'elle se repose. Oberon verse lui-même le suc enchanté sur les yeux de son épouse récalcitrante.
Acte II
Dans la forêt. La nuit. Non loin du campement de Tytania endormie, les artisans répètent leur pièce de théâtre. Puck, agacé par leur mièvrerie, se moque d'eux et pourvoit leur maître, le tisserand Bottom, d'une tête d'âne. Les autres s'enfuient, horrifiés. Tytania s'éveille, et son regard tombe sur le tisserand à tête d'âne. Elle en fait son amant. Oberon découvre le trouble que Puck a semé parmi les jeunes Athéniens. Il intervient pour réparer l'erreur, verse le suc sur les yeux de Demetrius, qui tombe amoureux d'Helena. Lysander et Demetrius se querellent à présent pour celle qu'ils honnissaient jadis, alors qu'ils ne veulent plus rien savoir d'Hermia, jadis tellement convoitée. Oberon ordonne alors à Puck de pourchasser les quatre amants à travers la forêt jusqu'à l'épuisement.
Acte III
Dans la forêt. Au petit matin. Oberon libère Tytania de sa folie amoureuse. Le tisserand reprend figure humaine. Les couples d'amoureux pensent qu'ils ont rêvé tout ce qui est arrivé pendant la nuit et reforment, cette fois-ci, les couples souhaités : Lysander avec Hermia, Demetrius avec Helena. Les artisans retrouvent leur tisserand. Dans le palais de Theseus. Les noces de Theseus et Hippolyta. Le duc donne son autorisation au mariage des deux couples qui avaient pris la fuite. On permet aux artisans de donner leur pièce. Le couple royal des Elfes, heureux et réconcilié, félicite le couple princier d'Athènes.

S. N.

A Midsummer Night's Dream – Britten

A Midsummer night's dream, photo de scène avec Rudolf Asmus (Bottom), Ella Lee (Tytania), mise en scène: Walter Felsenstein, décors et costumes: Rolf Heinrich, direction musicale: Kurt Masur, Komische Oper de Berlin, 1961. Britten et Pears ont réduit de moitié le texte d'origine: l'opéra débute avec le deuxième acte du drame, dans la forêt. Britten a classé les personnages dramatiques et les instruments selon un plan sonore précis. Les deux couples d'amoureux se voient confier les parties conventionnelles, soprano-ténor et mezzosoprano-baryton (accompagnement: bois et cordes). Les personnages de l'autre monde évoluent tous dans les registres élevés: les Elfes sont des sopranos enfants, et Tytania, la reine des Elfes, est une soprano coloratura (instruments: harpes, cymbalum, célesta et batterie). Face à eux, les artisans, conformément à leur rôle social, occupent les strates inférieures de la sonorité (orchestre: cuivres et basson).

La musique de l'invraisemblance

Avec la couleur sonore, Britten fait tout dans cet opéra. Il crée une ambiance de conte de fées, éveille des associations historiques (baroques) et caractérise les humains comme des spectres. Les instruments classiques de l'orchestre sont complétés par diverses percussions, deux harpes et un cymbalum. La partie d'opéra a été spécialement écrite pour le contre-ténor Alfred Deller, chanteur de réputation internationale. Les trois niveaux différents, elfes, amants et artisans, sont également distingués par la musique. Le monde onirique de la forêt, campé dans le premier acte, s'achève avec le passage à la cour de Theseus (acte II, 2e tableau). Un prélude, un interlude et un postlude symbolisent le sommeil enchanté (acte II), une ritournelle (acte I) évoque la forêt. N 1

Les thèmes sont fondés sur des séries dodécaphoniques, y compris l'intermède bâti sur un motif de chasse qui assure le passage entre la forêt et la cour (acte III). L'atmosphère merveilleuse de la musique du sommeil est fondée sur quatre accords simples d'une série dodécaphonique et des développements dont on réalise en permanence des variations. N 2

Le thème de la nuit s'inspire du *Nocturne* de Britten pour ténor soliste et orchestre (1958) qui s'achève sur un sonnet de Shakespeare.

P. M.

1. Sons de la forêt

2. Accords du sommeil
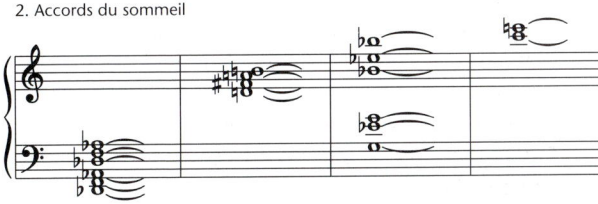

A Midsummer night's dream, photo de scène avec Lillian Watson (Tytania) et James Bowman (Oberon), mise en scène: Christopher Renshaw, décors et costumes: Robin Don, direction musicale: Roderick Brydon, Royal Opera House Covent Garden, Londres 1986.
La solution adoptée pour le registre vocal d'Oberon est unique: le roi des Elfes, créature surnaturelle, n'est ni homme, ni femme: c'est un alto masculin (contre-ténor) qui apporte ainsi un souffle de sonorité baroque dans le morceau (le premier interprète d'Oberon fut Alfred Deller, grand chanteur de la première génération de la renaissance de la musique ancienne). Et Puck? Il ne chante pas, c'est un acrobate pour enfants.

Ci-dessus, à gauche
Billy Budd, photo de scène de l'acte II lors de la création londonienne, en 1951, au Covent Garden Opera de Londres, direction musicale : Benjamin Britten, mise en scène : John Cranco, décors et costumes : John Piper.
Pour sa création, *Billy Budd* a été dirigé par Britten lui-même, Peter Pears avait créé le rôle du capitaine Vere, celui de Billy était chanté par Theodor Uppman. Le public de Londres a apprécié cette œuvre dure dont les racines plongent plus dans l'histoire musicale slave que dans les traditions musicales anglaises. Les parents spirituels de Britten sont de ce point de vue Janáček (→ *Katia Kabanova*) et Chostakovitch (→ *Lady Macbeth de Minsk*)

Ci-dessous
Billy Budd, Theodor Uppman dans le rôle titre et Peter Pears dans celui du capitaine Vere, lors de la création, en 1951, au Covent Garden Opera de Londres, direction musicale : Benjamin Britten.
Au centre de l'opéra, se trouve la lutte entre le bien et le mal, incarnée par Billy Budd et Claggart, un personnage rappelant celui de Iago. Mais le personnage principal est le capitaine Vere. Ni noble ni mauvais, il est livré au flot des passions et devient ainsi un instrument du bien et du mal. Seule sa réflexion tardive le mène sur le chemin de la connaissance et de la paix de l'âme.

Billy Budd

Opéra en quatre actes (1951), version révisée en deux actes (1960)

Livret : Edward Morgan Forster et Eric Crozier, d'après le récit d'Hermann Melville
Création : le 1ᵉʳ décembre 1951 à Londres (Covent Garden)
Personnages : Billy Budd (bar.), Edward Fairfax Vere, capitaine du navire *L'Indomptable* (tén.), John Claggart, capitaine d'armes (basse), Mr. Redburn, lieutenant (bar.), Mr. Flint, maître d'équipage (bar.), lieutenant Ratcliffe (basse), Red Whiskers, un conscrit (tén.), Dansker, un vieux marin (basse), Donald, matelot (bar.), un novice (tén.), l'ami du novice (bar.), Squeak, caporal d'armes (tén.), Bosun (bar.), un marin (bar.), premier et deuxième second-maître (2 bar.), Maintop (tén.), Arthur Jones, embarqué par la force (bar.), mousse, quatre élèves de l'école navale (4 voix de jeunes garçons) ; officiers, marins, poudriers, tambours, soldats de la marine (chœur)

Argument (version en quatre actes)
À bord du navire *L'Indomptable* pendant les guerres de coalition contre la France, en 1797.
Prologue
Le vieux capitaine Vere, à la recherche de la paix de son âme, réfléchit à sa vie. Pourquoi, lors d'un incident, en 1797, s'est-il placé du côté du mal ?
Acte I
Sur le pont de *L'Indomptable*. L'agitation règne parmi les matelots. La tension croît lorsque deux officiers condamnent un novice à la bastonnade pour un petit délit. Un patrouilleur conduit à bord trois hommes enlevés sur un navire de commerce qui passait par là. Le premier proteste contre cet embarquement de force, l'autre se plie à son destin, mais le troisième est curieux du métier qui l'attend : c'est Billy Budd, que tous apprécient. Seul le bourreau du navire, Claggart, déteste Billy Budd dès le premier instant, et accepte volontiers de l'espionner à la demande des officiers, qui lui reprochent des propos révélateurs d'une liberté de pensée suspecte.
Acte II
Tableau 1 Dans la cabine du capitaine Vere. Le capitaine étudie avec les officiers les batailles à venir. Il craint certes une attaque de *l'Esprit français* contre la marine royale anglaise, mais fait confiance à son équipage.
Tableau 2 Le dortoir des matelots. Billy surprend Squeack qui s'en prend à son sac de marin. La colère fait apparaître l'unique faiblesse de Budd, son bégaiement. Suit une bagarre au cours de laquelle Claggart intervient pour protéger Squeack, qui avait commis ce larcin sur son ordre. Le bourreau du navire fait alors pression sur le novice pour qu'il provoque Billy.
Acte III
Tableau 1 Le pont principal. Un brouillard épais empêche les combats. Claggart cherche à rendre Billy suspect aux yeux du capitaine à l'aide de vagues dénonciations. Le capitaine fait appeler Billy dans sa cabine.
Tableau 2 La cabine du capitaine Vere. Vere comprend que Billy est innocent et bon, et que Claggart est mauvais. Il organise une confrontation entre les deux hommes. Billy est tellement choqué par la méchanceté de Claggart qu'il se met à lui taper dessus. Claggart en meurt. Bien que Vere soit conscient que Claggart a reçu la peine qu'il méritait, il laisse condamner Billy à mort.
Acte IV
Le pont du navire. Les matelots sont prêts à intervenir en faveur de Billy et à tenter une mutinerie. Mais celui-ci se laisse mener sur le lieu de l'exécution.
Épilogue
Le vieux capitaine Vere trouve la paix en s'avouant sa défaillance : il n'a pas aidé le bien.

S. N.

Page de gauche à droite
Billy Budd, photo de scène, mise en scène de Francesca Zambello, décors : Alison Chitty, direction musicale : Robert Spano, Royal Opera House Covent Garden de Londres, 1995.
Le roman de Melville est fondé sur un incident réel, qui s'est déroulé dans un navire de guerre américain en 1842. Transposée au XVIIIe siècle, l'action a pour cadre la Révolution française. Comme → *Peter Grimes, Billy Budd* est un opéra de la mer. L'atmosphère de l'Océan – qui dans le décor de la mise en scène de Zambello semble entrer dans la coque du navire, pose le cadre d'une histoire de persécution et d'injustice. La musique de *Billy Budd* est extrêmement énergique. L'absence de voix féminines ne présente pas d'inconvénient, c'est au contraire un des intérêts de l'œuvre. Britten se montre, là encore, un maître du chant et de la prosodie.

Death in Venice, photo de scène avec Robert Tear dans le rôle de Gustav von Aschenbach, mise en scène : Colin Graham, décors : Tobias Hoheisel, direction musicale : Graeme Jenkins, Festival de Glyndebourne, 1992.
Il s'agit en apparence de l'amour homosexuel d'un écrivain vieillissant. Mais dans le fond c'est la question du conflit entre la beauté et la passion, entre Apollon et Dionysos. Le rôle de Tadzio est tenu par un danseur pour en souligner l'attrait dionysiaque, qui n'est bridé ni par le langage ni par la raison. L'association de nombreux personnages par la distribution à un seul chanteur-comédien renvoie à la source homogène des nombreuses tentations d'Aschenbach. Comme toute l'action se développe du point de vue d'Aschenbach, ce rôle impose d'immenses exigences à l'interprète. Ce dernier opéra de Britten peut être qualifié de récit dramatique.

Death in Venice
Mort à Venise

Opéra en deux actes

Livret : Myfawny Piper, d'après le récit de Thomas Mann *Tod in Venedig*
Création : le 16 juin 1973 à Snape (The Maltings)
Personnages : Gustav von Aschenbach, écrivain (tén.), le voyageur, également le vieux poseur, le vieux gondolier, le gérant de l'hôtel, le coiffeur de l'hôtel, le chef des chanteurs de rue, la voix de Dionysos (bar.-basse), la voix d'Apollon (contre-tén.) ; jeunes hommes et jeunes filles, clients de l'hôtel, serveurs, gondoliers, matelots, vendeurs de rue, rabatteurs, mendiants, bourgeois de Venise, chœur à San Marco, touristes, escorte de Dionysos (chœur) ; solistes du chœur : femme danoise, mère russe, femme anglaise, jeune fille française, vendeuse de fraises, vendeuse de dentelle, vendeuse de journaux, chanteuse des rues (sop.), mère française, mère allemande, jeune gouvernante russe, mendiante (alto), portier de l'hôtel, deux Américains, deux gondoliers, souffleurs de verre, chanteurs de rue (tén.), steward de navire, matelot du Lido, père polonais, père allemand, père russe, serveur d'hôtel, guide touristique à Venise, serveur de restaurant, gondolier, prêtre à San Marco, employé anglais à l'agence de voyages (bar. et basse). Ballet : la mère polonaise, son fils Tadzio, ses deux filles, l'éducatrice, Jaschiu (ami de Tadzio), d'autres garçons et filles, musiciens de rue, garde-plage

Argument
À Munich et Venise, vers 1910.
Acte I
Tableau 1 Un cimetière à Munich. L'écrivain Aschenbach cherche une issue à la crise dont il souffre dans sa vie et dans son art. Un inconnu lui conseille d'aller voyager dans le sud.
Tableau 2 Sur le bateau pour Venise. L'un des passagers, un vieux beau, suscite l'attention et le déplaisir d'Aschenbach. Il pressent un malheur.
Tableau 3 Dans une gondole. En route pour l'hôtel du Lido, Aschenbach se tranquillise de nouveau, mais a le pressentiment de sa mort en apercevant une gondole noire.
Tableau 4 À l'hôtel. Depuis sa chambre, Aschenbach a une vue magnifique sur Venise. La beauté de la ville et la beauté du jeune Polonais Tadzio, qui habite le même hôtel avec sa mère et ses frères et sœurs, l'emplissent de bonheur.
Tableau 5 Sur la plage. Aschenbach observe Tadzio qui joue avec d'autres enfants, et réfléchit à la beauté.
Tableau 6 (lieux d'action simultanés) « Le voyage à l'envers ». Aschenbach décide de quitter Venise. Mais il perd ses bagages et il est forcé de rester. Sa mauvaise humeur initiale est rapidement refoulée par la joie de revoir Tadzio.
Tableau 7 Devant le Lido. « Les jeux d'Apollon ». Observant les jeux des jeunes garçons, Aschenbach s'avoue qu'il aime la beauté en général, et le jeune Tadzio en particulier.

Acte II
Tableau 1 Chez le coiffeur de l'hôtel. C'est là qu'Aschenbach entend pour la première fois la rumeur : le choléra a éclaté et les touristes quittent Venise.
Tableau 2 (lieux d'action simultanés) « La poursuite ». Aschenbach suit secrètement la famille polonaise, espérant qu'elle ne quittera pas Venise.
Tableau 3 Terrasse d'hôtel. Des comédiens itinérants se produisent dans l'hôtel, mais refusent de donner la moindre information sur l'épidémie.
Tableau 4 Le bureau de voyage. On y confirme à Aschenbach le risque d'épidémie.
Tableau 5 Le hall de l'hôtel. Aschenbach se décide à mettre en garde la mère de Tadzio ; mais lorsqu'elle apparaît, il ne dit pas un mot – il craint de perdre le jeune garçon.
Tableau 6 Aschenbach fait un rêve : une compétition entre Apollon et Dionysos s'achève en faveur de ce dernier.
Tableau 7 Sur la plage. Une fois encore, Aschenbach est plongé dans la contemplation de la beauté.
Tableau 8 Chez le coiffeur de l'hôtel. Aschenbach se fait poudrer et, comme le vieux beau sur le navire, se fait teindre les cheveux.
Tableau 9 Débarcadère et gondole. « La dernière visite de Venise. » Aschenbach croit, dans un accès de folie, que le garçon l'encourage et, poussé par cette conviction, suit de nouveau la famille dans la ville. Il comprend alors que son penchant pour la beauté sensuelle l'a conduit dans l'abîme de la passion.
Tableau 10 Aschenbach apprend que la famille a l'intention de quitter Venise. À l'instant de sa mort, il a la vision de la beauté, incarnée, pour lui, par le jeune Tadzio.

P. M.

Ferruccio Busoni

Né à Empoli (Italie) le 1er avril 1866
Mort à Berlin le 27 juillet 1924

Busoni, enfant prodige, connait un succès considérable dès l'âge de huit ans. Il fait ses études à Graz, où s'est installée sa famille et devient un pianiste célèbre, voyage dans toute l'Europe. À partir de 1888, il enseigne à Helsinki, Moscou et Boston. En 1894, il choisit de s'installer principalement à Berlin, mais conserve une activité au Conservatoire de Vienne en 1907-1908 et un poste de directeur du Liceo Musicale à Bologne de 1913 à 1919. Avec le déclenchement de la Première Guerre mondiale, Busoni choisit de s'installer à Zurich; il y reste jusqu'en 1920, date à laquelle il prent la direction d'une classe de composition à Berlin. Il connait un égal succès comme interprète, pédagogue et compositeur. Son texte *Ébauche d'une nouvelle esthétique de la Musique* influence de nombreux compositeurs, notamment → Arnold Schönberg.

Œuvres: opéras: *Die Brautwahl,* Hambourg, 1912; *Arlecchino,* Zurich, 1917 (Arlequin); *Turandot,* Zurich, 1917; *Doktor Faust,* Dresde, 1925 (Docteur Faust). Œuvres pour piano, musique vocale, œuvres pour orchestre, musique de chambre, transcriptions.

Busoni associa des idées esthétiques originales et intéressantes, et cultiva un style très artificiel, en se référant parfois, de manière ironique, au langage musical romantique. Les procédés de citation et de parodie caractérisent son mode de pensée musicale.

Le jeune Busoni vers 1874. Son état civil complet est Ferruccio Dante Michelangiolo Benvenuto Busoni. Ce nom devint un programme: le compositeur Busoni se sentait fortement enraciné dans la tradition de l'art européen, comme le montrent déjà les partitions choisies comme exemples sur cette photo (Haydn, Mozart, Beethoven). Busoni était un Européen, au sens le plus fort du terme: né près de Florence, Allemand par sa mère, Italien par son père, c'est Berlin qu'il choisit pour patrie.

Arlecchino
Arlequin

Capriccio théâtral en un acte

Livret: Ferruccio Busoni
Création: le 11 mai 1917 à Zurich (Stadttheater)
Personnages: Ser Matteo del Sarto, maître tailleur (bar.), Abbate Cospicuo (bar.), le docteur Bombasto (basse), Arlecchino (parlé), Leandro, cavalier (tén.), Annunziata, épouse de Matteo (muet), Colombina, épouse d'Arlequin (mezzosop.), deux sbires, un charretier, un âne, personnes aux fenêtres

Argument
Bergamo, au XVIIIe siècle.

Le tailleur Matteo est assis devant sa maison et coud tout en lisant *La Divine Comédie*. Pendant ce temps, dans la maison, son épouse Annunziata le trompe avec Arlecchino. Mais comment mettre un terme à l'aventure? Arlecchino, dans un accès de témérité, saute par la fenêtre, juste devant les pieds du tailleur, et lui annonce que les barbares se trouvent devant la porte de la ville. Arlecchino met aussi en garde le docteur et Abbate contre ce danger présumé. Ceux-ci se cachent aussitôt dans l'auberge. Arlecchino se déguise en officier et ordonne au tailleur de défendre la ville. Mais ensuite, le rendez-vous d'Arlecchino avec Annunziata est dérangé par Colombina.

L'épouse d'Arlecchino prend sa revanche et sort avec le cavalier Leandro. Arlecchino tue Leandro, dépose le corps devant l'auberge, crie au meurtre et se cache. Lorsque l'on découvre le cadavre de Leandro, Abbate appelle au secours, mais aucun des curieux qui regardent la scène par les fenêtres ne lui prête assistance. Le corps est finalement chargé sur une charrette tirée par un âne, tandis que Abbate, Bombasto et Colombina entonnent le chant d'adieu. Arlecchino s'en va avec Annunziata. Lorsque le tailleur revient de cette guerre qui n'a pas eu lieu, Annunziata a disparu, elle prétend être allée aux vêpres. Matteo replonge dans *La Divine Comédie*.

M. S.

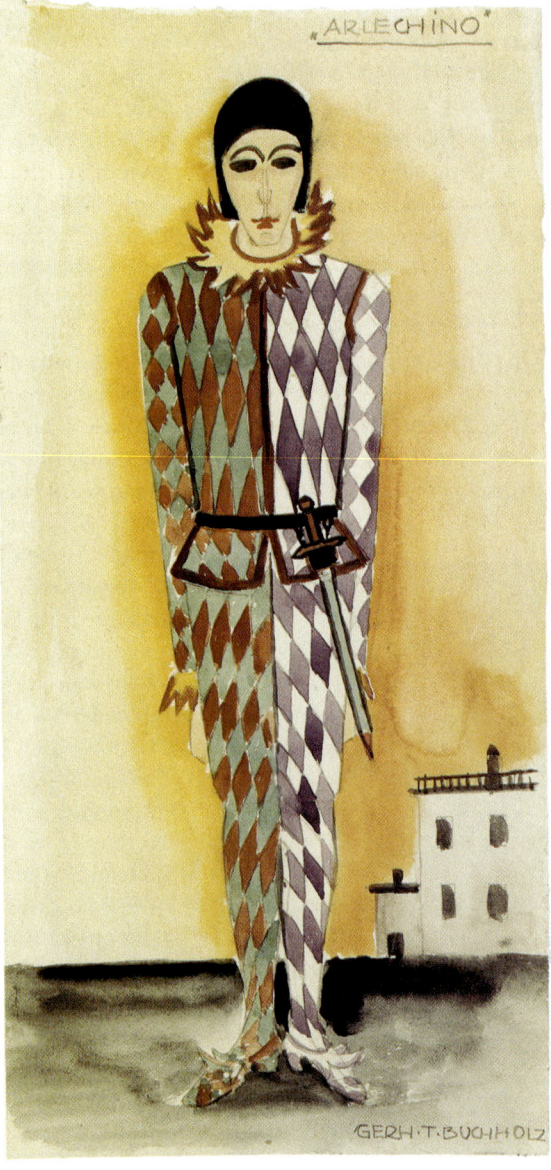

Arlecchino, le personnage d'Arlecchino par Gerhard T. Buchholz, Wiesbaden, 1926 (TWS).

Tandis que le tailleur lit Dante, Arlecchino séduit sa femme (allusion musicale à → *Don Giovanni* de Mozart). Busoni représentait, aussi bien dans ses écrits que dans ses œuvres scéniques, des idéaux classiques, mais aussi très pragmatiques: les situations élémentaires ne peuvent ainsi être présentées que de manière allusive pour échapper au risque du ridicule. « Un duo d'amour en pleine scène n'est pas seulement impudique, mais tout à fait artificiel... Il n'y a rien de pire à voir et à entendre qu'un petit homme et une grande dame qui s'idolâtrent mélodieusement tout en se tenant les mains », remarqua Busoni dans son essai *Des Possibilités de l'opéra* en 1921. Ce jugement esthétique explique pourquoi il s'est tourné vers la *Commedia dell'arte* et vers les contes chinois anciens. Dans *Arlecchino* comme dans *Turandot*, les sentiments apparaissent presque toujours entre guillemets.

Turandot, croquis de décors de Friedrich Schleim, mise en scène : Dr. Schüler, direction musicale : Joseph Rosenstock, Staatstheater de Wiesbaden, 1927-1928 (TWS).
Busoni avait écrit dès 1905 une musique d'accompagnement pour *Turandot* de Gozzi. La représentation exemplaire de *Turandot* par Max Reinhardt, en 1911 (avec la musique de scène de Busoni), fut le prétexte pour travailler de nouveau sur ce sujet. Dans l'opéra aussi, Busoni suivit avec une assez grande fidélité la *commedia dell'arte* écrite par Gozzi en 1764, reprit les personnages de Truffaldino, Pantalone, Tartaglia. Mis à part le sujet et le coloris chinois, cette version n'a pas grand-chose de commun avec le → *Turandot* de Puccini, composé plus tard, beaucoup plus populaire et plus efficace (1926).

Turandot

Fable chinoise en deux actes

Livret : Ferruccio Busoni, d'après l'œuvre de Carlo Gozzi

Création : le 11 mai 1917 à Zurich (Stadttheater)

Personnages : Altoum, empereur (basse), Turandot, sa fille (sop.), Adelma, sa confidente (mezzosop.), Kalaf (tén.), Barak, son fidèle (bar.), la reine-mère de Samarcande, une Maure (sop.), Truffaldino, chef des eunuques (tén.), Pantalone et Tartaglia, ministres (2 basses), huit docteurs (4 tén., 4 basses), un chantre féminin (mezzosop.), le bourreau, un prêtre, esclaves hommes et femmes, soldats (muets) ; escorte d'Altoum, femmes, eunuques, peuple (chœur), pleureuses (voix de femmes), danseuses

Argument

En Chine, au temps des contes.
Le prince Kalaf fait la cour à la belle princesse Turandot, la fille de l'empereur de Chine. Mais celle-ci pose trois questions à ses prétendants. Celui qui ne peut y répondre est décapité. Contrairement à ses prédécesseurs, Kalaf trouve les bonnes réponses. Kalaf cependant offre une chance à Turandot que ce mariage rend profondément malheureuse : si elle parvient à deviner son origine, elle recouvrera la liberté. Un hasard vient au secours de Turandot. Sa confidente, Adelma, avait elle-même jadis nourri des espoirs de mariage avec Kalaf. Par vengeance, elle révèle à Turandot l'origine de Kalaf. Mais le prince n'a pas à tenir sa parole : Turandot l'aime et le prend pour mari.

M. S.

Opéras de masques

Busoni a assisté en 1912 à la représentation d'une *commedia dell'arte* à Bologne et à un spectacle de marionnettes à Rome. Cette expérience a déteint sur le sujet et la manière de ses opéras suivants. Il songea d'abord à une « tragédie pour marionnettes avec musique ». Avant même la Première Guerre mondiale, il écrivit le livret d'*Arlecchino*, mais la composition de l'œuvre prit du retard en raison d'une tournée américaine. En 1916, la partition était prête. La création était déjà convenue avec le Stadttheater de Zurich, mais Busoni voulait combiner *Arlecchino* avec son autre court opéra *Turandot*. Les deux œuvres furent créées en même temps ; on en donna ensuite quelques autres représentations en Europe, mais elles ne suscitèrent de nouveau l'attention que dans les années 1960 – notamment *Arlecchino*. Comme Busoni ne peut être classé ni parmi les avant-gardistes, ni parmi les conservateurs, ses œuvres sont considérées comme marginales. Dans les faits, *Arlecchino* a exercé une plus grande influence structurelle sur la perspective musicale du théâtre épique de Weill et Brecht qu'il n'est généralement admis.

M. S.

Doktor Faust
Docteur Faust

Poème pour musique en deux préludes,
un intermède et trois tableaux principaux

Livret : Ferruccio Busoni
Création (version de Philippe Jarnach) : le 21 mai 1925 à Dresde (Sächsisches Staatstheater, Opernhaus)
Création (version d'Antony Beaumont) : le 2 avril 1985 à Bologne (Teatro Communale)
Personnages : Le Poète (rôle parlé), Doktor Faust (bar.), Wagner, son assistant, puis Rector Magnificus (bar), Méphistophélès : d'abord un homme vêtu de noir, puis un moine, un héraut, un aumonier, un messager, un veilleur de nuit (tén.), le Duc de Parme (tén.), la Duchesse de Parme (sop.), le maître de cérémonies (basse), le frère de la jeune fille, soldat (bar.), un lieutenant (tén.), trois étudiants de Cracovie (tén., 2 basses), théologien (basse), juriste (basse), savant naturaliste (bar.), six étudiants à Wittenberg (4 tén., 2 bar.), le timide (basse), voix des esprits : Gravis (basse), Levis (basse), Asmodus (bar.), Beelzebuth (tén.), Megäros (tén.), trois voix de

Doktor Faust, photo de scène avec James Johnson dans le rôle du docteur Faust, mise en scène : Werner Herzog, décors et costumes : Henning von Gierke, Teatro Comunale de Bologne, 1985.
Le *Faust* de Busoni n'est jamais devenu un opéra du répertoire, mais il a toujours attiré les metteurs en scène. Ce fut le cas en 1985 pour le réalisateur Werner Herzog. Busoni avait pu, avant sa mort, parachever la version définitive de la partition, à quelques détails près. Aujourd'hui, l'opéra existe dans les versions de l'élève de Busoni, Jarnach (1925) et du chef d'orchestre Beaumont (1984).

femmes (sop., mezzosop., alto), apparitions (muet) : un essaim de petits diables ressemblant à des faunes, Salomon et la reine de Saba, Samson et Dalila et une esclave noire, Jeanne et Salome avec un bourreau, Helena, un jeune garçon nu, un enfant, six soldats, deux porteurs de torche, personnes se rendant à l'église, soldats, courtisans, chasseurs, étudiants catholiques et luthériens, paysans (chœur)

Argument
À Wittenberg et Parme, à la fin du Moyen Âge.
Premier prélude Faust mène en vain des expériences pour acquérir des forces magiques ; trois étudiants de Prague lui apportent le livre magique *Clavis Astartis Magica* qui doit lui révéler comment on peut entrer en contact avec des énergies surhumaines.
Deuxième prélude Le livre magique aide Faust à recruter un serviteur venu de l'enfer. Méphistophélès sait comment il peut plaire à Faust. Pour prouver ce qu'il est capable de faire, il tue les croyants devant la porte du savant. Au son des cloches de Pâques, Faust signe un pacte avec le diable : celui-ci doit exaucer tous ses vœux ; en récompense, il recevra l'âme de Faust.
Intermède À la cathédrale de Wittenberg, un soldat implore Dieu de lui montrer l'homme qui a séduit sa sœur et l'a ainsi poussée au suicide. Faust est témoin de cette prière et souhaite que le soldat soit mis hors d'état de nuire. Des hommes en armes se ruent aussitôt sur la maison de Dieu et tuent le soldat, qu'ils soupçonnent d'avoir assassiné leur capitaine.

Action principale
Tableau 1 Le duc de Parme a invité à ses noces Faust, devenu un magicien célèbre. Avec l'aide de Méphistophélès, Faust impressionne grâce à ses tours de magie les invités de la fête, notamment la duchesse. Il transforme le jour en nuit et fait apparaître sur demande des créatures bibliques. La duchesse se laisse séduire par Faust et le suit, sans volonté, tandis que Méphistophélès, sous les traits du chapelain de la cour, tranquillise le duc.
Tableau 2 Dans une auberge de Wittenberg, Faust est entraîné dans une confrontation entre étudiants protestants et catholiques. Lorsque les antagonistes se sont calmés, ils veulent participer aux expériences de Faust avec les femmes. Celui-ci se rappelle son amour pour la duchesse. Méphistophélès arrive en annonçant la mort de celle qu'il aima jadis et lui apporte son « dernier souvenir » : un nouveau-né mort. Le diable transforme l'enfant mort en une botte de paille et fait apparaître dans les flammes l'image d'une femme idéale : Helena. Faust veut attraper la créature, mais elle disparaît. Il prend alors conscience du caractère éphémère de la vie et de l'absurdité de son acte. Les souvenirs d'enfance s'éveillent et lui inspirent le vœu d'un recommencement. Mais trois étudiants de Prague, envoyés de l'Enfer, lui annoncent sa mort prochaine.
Tableau 3 Une soirée d'hiver. Des étudiants fêtent la nomination de l'ancien assistant de Faust, Wagner, au titre de Rector magnificus. Faust est revenu dans sa ville natale et découvre sur les marches de son ancienne maison une mendiante avec un enfant : une apparition de la duchesse. Elle lui remet l'enfant défunt. Désespéré, Faust court à la cathédrale, mais le soldat mort lui barre le chemin. Faust atteint cependant le crucifix, mais ne trouve aucun mot pour prier. Méphistophélès transforme l'image du Crucifié en une représentation d'Helena. À l'instant de la mort, Faust offre son âme à l'enfant mort ; à la place de celui-ci se dresse un jeune homme. Méphistophélès ne trouve plus que l'enveloppe charnelle vide de Faust.

M. S.

Doktor Faust, croquis de décors par Walter Gondolf, Hanovre, 1967-1968 (TWS).
Le laboratoire magique de Faust. Qui est cet homme ? Cette question occupe les poètes, les musiciens et les gens de lettres depuis des siècles. Pour Busoni, artiste de « nature faustienne », elle était particulièrement importante. Il ne se souciait pas de la triple question habituelle, celle de la faute, du pardon et de la rédemption, mais de la force motrice intérieure, de la volonté de l'être humain. Son rôle-titre le professait : « Moi, Faust, une volonté éternelle. »

Doktor Faust, croquis de Karl Dannemann, Berlin, 1925 (TWS).

Le chef d'œuvre de Busoni

« Depuis mon enfance, une pièce m'a ravi et dans cette pièce, ce que le diable a à y dire. » (extrait du prologue de Busoni, 1922). Busoni lui-même se décrivait comme une « nature faustienne ». Il fut aussi inspiré par l'œuvre symphonique majeure de Franz Liszt, *Faust Symphonie* (1854-1857). Dès 1906, il songeait à mettre *Faust* en musique, voulut écrire avec le poète D'Annunzio un opéra sur Léonard de Vinci, en qui il voyait le « Faust italien ». Il rédigea le livret entre 1910 et 1914, et travailla jusqu'à sa mort à la composition ; il y respecta son esthétique de l'opéra, qu'il présenta également sous une forme écrite et théorique : « La scène de la vie montre les attitudes, l'inauthenticité est marquée sur son front… Et si, en tant que réalité, vous vous en moquez, elle force au sérieux comme jeu pur. Mon jeu se présente donc sous une forme bien vivante, mais on voit bien qu'il remonte aux marionnettes. » (Extrait du prologue)

Busoni ne s'efforçait pas de suivre un scénario linéaire. Il laissait un vaste champ de manœuvre à la musique. Il n'a pas travaillé sur le *Faust* de Goethe, mais sur une version pour marionnettes de la pièce populaire traitant du Doktor Faustus. Il a associé des compositions déjà existantes et nouvelles, afin de souligner la portée formelle spécifique de la musique et de ne pas en faire une servante du mot et de la scène. Busoni espérait : « L'œuvre engendrera une école qui mûrira pendant des décennies et deviendra féconde. » (Extrait du prologue). Cette prophétie était une illusion, l'opéra ne fit pas école. Mais les idées esthétiques de Busoni eurent un écho aussi bien dans le néoclassicisme que dans les anti-opéras de la fin du XXe siècle (actions scéniques mêlant mystères et *happening* de Kagel, Ligeti, Stockhausen et autres).

M. S.

Doktor Faust, photo de scène avec Horst Hiestermann (Méphistophélès), Tomas Möwes (Doktor Faust) et Lia Frey-Rabine (Duchesse de Parme), mise en scène : Willy Decker, décors : Wolfgang Gussmann, direction musicale : Georg Schmöhe, Opernhaus de Leipzig, 1991.
Si Busoni est un précurseur des opéras de la fin du XXe siècle, c'est aussi parce qu'il a créé dans *Doktor Faust* un mélange de mystère et de *happening* scénique.

John Cage

Né à Los Angeles le 5 septembre 1912
Mort à New York le 12 août 1992

Cage, fils d'un inventeur technique, fait d'abord des études de sciences humaines au Pomona College, puis apprend l'architecture et le piano à Paris. Il rentre aux États-Unis en 1931, prend des cours chez Arnold Schönberg, à Los Angeles, de 1934 à 1937. En 1941, Cage est nommé par László Moholy-Nagy professeur de musique expérimentale à la Chicago School of Design. En 1942, il fait à New York la connaissance de Max Ernst, Piet Mondrian, André Breton et Marcel Duchamp, ainsi que du danseur Merce Cunningham, avec lequel il monte nombre de ses spectacles d'avant-garde. Aussi extraordinaires que puissent paraître les œuvres de Cage entre les années trente et le milieu des années quarante – il souligne le silence, utilise de préférence des instruments producteurs de bruits (piano préparé et, dès 1939, production de sons électroacoustiques) –, on retrouve toujours dans ces compositions une expression subjective et des structures planifiées. Dans la seconde moitié des années quarante, Cage accomplit une rupture esthétique lourde de conséquences vers un « art sans intention » dans lequel les choses doivent parler d'elles-mêmes. Irrité par les folies barbares de la civilisation, qui culminent avec la Seconde Guerre mondiale, Auschwitz et Hiroshima, il se consacre à l'étude de la pensée d'Extrême-Orient.
À la Columbia University, il fait d'abord des études auprès de l'Indien Gita Sarabhai, puis auprès de l'important philosophe zen japonais Daisetz T. Suzuki. Les idées fondamentales du zen vont dès lors déterminer la vie et l'art de Cage; il intègre la philosophie de l'anarchisme d'Henry Thoreau, ou encore les idées des futurologues Fuller et McLuhan. Des opérations aléatoires, fondées sur l'utilisation du livre d'oracles chinois I Ging deviennent pour Cage un instrument universel au service de son « art sans intention ». Il en donne le premier échantillon en 1951, avec *Concerto for prepared piano and chamber orchestra*. Avec son *Esthétique du néant et du hasard*, Cage devient le principal innovateur et rénovateur de la musique de la seconde moitié du XXe siècle.

Œuvres: Pour la scène: diverses pièces scéniques, entre autres *Theatre Piece*, 1960, *Europera 1-5*, 1987-1991; *Music of Change*, 1951; *Imaginary Landscape IV*, 1951; *Winter Music*, 1957; *Concert for piano and orchestra*, 1957/58; *Atlas Eclipticalis*, 1961-1962; *Variations IV for any number of players, any sounds or combinations of sounds produced by any means, with or without other activities*, 1963; *Songbooks*, 1970; *Mozart Mix*, 1991; (l'inventaire des œuvres comporte environ 300 compositions, ainsi que des textes, des peintures, des installations et des films).

Europera

Création: *Europera 1 & 2*: le 12 décembre 1987 à Francfort/Main (Städtische Bühnen); *Europera 3 & 4*: le 17 juin 1990 à Londres (Almeida Theatre); *Europera 5* le 12 avril 1991 à Buffalo (University of New York, Department of Music, Slee Hall)

Europera 5, photo de scène avec Marcia Parks, mise en scène: Björn Kruse, décors et costumes: Frank O. Sulzer, Staatstheater d'Oldenburg, 1994.
Le principe de Cage, selon lequel rien ne doit être en relation avec quelque chose d'autre, sauf par hasard, fait des comédiens de véritables coauteurs. En fonction de la date et du lieu de la représentation, c'est à eux d'inventer des situations plastiques.

Cage est considéré comme le plus important rénovateur de la musique dans la seconde moitié du XXe siècle. À l'aide d'opérations aléatoires dans l'expression, la structure et la dramaturgie, il cherchait à épurer l'art de toute apparence de subjectivité, dans l'esprit du zen, et à dépasser ainsi la volonté de domination de l'ego humain sur la nature animée et inanimée.

Plus qu'une parodie d'opéra anarchiste

Le titre est un jeu sur les mots Europe et opéra, que Cage explique ainsi: « Pendant des siècles, les Européens nous ont inondés avec leurs opéras – à présent, je leur rends tout en une seule fois. » *Europera 1 & 2* était une commande de l'Alten Oper de Francfort. La simultanéité complexe des événements scéniques et musicaux naît de l'association d'actions – jusqu'à douze – se déroulant en parallèle (dans les *Europera 3, 4 & 5*, Cage a renoncé au jeu scénique en se limitant à l'action musicale). Cette association s'accomplit selon le principe « rien n'est relié à quoi que soit d'autre, si ce n'est par le hasard », mais aussi en fonction de l'inversion de cette maxime: « dans l'univers tout est effet et tout est aussi cause ». Les épisodes de l'action, pièces rapportées des opéras européens courants, sont assemblés de manière arbitraire, tout comme la musique de 64 partitions d'opéras. La coordination se déroule par moniteurs, grâce à des indications temporelles digitales. *Europera 1* dure 90 minutes, *Europera 2* n'en compte que 45. Les 19 solistes doivent chanter leurs airs très connus sur un accompagnement qui ne leur est pas adapté. On joue en outre une bande magnétique préparée par Cage, avec des extraits de 101 enregistrements d'opéras résonnant en même temps. (Le chiffre 101 est une allusion aux *Mille et une nuits*.) Les rôles et les costumes ne vont pas les uns avec les autres, puisqu'ils sont dirigés par le hasard, tout comme le décor et la lumière. Les modèles bien connus de l'opéra et de ses représentations sont traités comme une sorte « d'objet trouvé », de la même manière que dans les arts plastiques contemporains. L'histoire de l'opéra devient ainsi un réservoir de pensées et de sentiments courants, que de nouvelles constellations aléatoires viennent briser.

Europera 5, photo de scène avec Marcia Parks, mise en scène: Björn Kruse, décors et costumes: Frank O. Sulzer, Staatstheater d'Oldenburg, 1994.
Une liaison réussie entre des objets du quotidien, ordinaires et univoques, et des épisodes ambigus.

À droite
Europera 1 & 2, photo de scène de la création en Suisse, installation scénique: Roberto Goldschlager/Andrew Culver, Opernhaus de Zurich, 1991.
On cite et on détourne des modèles musicaux et des motifs visuels bien connus.

Dans *Europera 3 & 4* (durée respective 70 et 30 minutes), on fait une variante du concept. Six chanteuses et chanteurs (dans *Europera 3*) mettent en œuvre l'action concertante dans laquelle il faut manier six phonographes et magnétophones, et où interviennent deux pianistes (dans *Europera 4*, il n'y a plus que deux chanteurs). Des « objets trouvés » dans 100 opéras défilent sur le magnétophone ou en direct. Dans *Europera 5* (60 minutes), seuls deux chanteurs et un technicien se produisent encore. Un pianiste doit accomplir des opérations aléatoires, un écran de télévision vide scintille devant lui, le pavillon muet d'un phonographe se dresse. Cage a-t-il seulement voulu rappeler une culture ancienne, pleine de subjectivité et d'émotivité? Ou bien faire aussi allusion à l'état d'esprit d'une bourgeoisie européenne cultivée et à son mobilier spirituel?   S. N.

Alfredo Catalani

Né à Lucques (Italie) le 19 juin 1854
Mort à Milan le 7 août 1893

Catalani, né dans une famille de musiciens, commence ses études à Lucques – entre autres auprès de Fortunato Magi, un oncle de Puccini. Il les poursuit à Paris et les achève à Milan, auprès d'Antonio Bazzini. À Milan, il devient membre de l'union littéraire *Scapigliatura* et se rallie aux représentants de la génération de « l'après-Verdi », autour d'Arrigo Boito et de Franco Faccio. C'est par leur intermédiaire qu'il découvre la musique de → Richard Wagner. En 1875, il compose pour son diplôme de fin d'études au conservatoire l'opéra en un acte *La Falce*. Elle le rend célèbre et financièrement indépendant. Son deuxième opéra, *Elda*, en 1880, est un succès plus modeste. Suit un fiasco avec *Dejanice* en 1883 à Milan. Après le succès de son quatrième opéra, *Edmea*, Catalani reprend *Elda*, et l'opéra est donné en 1890 à Turin, sous les applaudissements, sous le titre de *Loreley*. Catalani devient en 1886, à la suite de Ponchielli, professeur de composition au Conservatoire de Milan. Il meurt au sommet d'une brillante carrière.

Œuvres: Opéra: *La Falce,* églogue orientale, 1875; *Elda,* drame fantastique, 1880, sous le titre *Loreley,* 1890; *Dejanice,* drame lyrique, 1883; *Edmea,* 1886; *La Wally* drame lyrique, 1892. Œuvres pour piano, mélodies, œuvres pour orchestre.

Catalani est considéré comme le représentant du néoromantisme et du prévérisme italien. Il fut l'ami d'Arturo Toscanini.

Ci-dessus
La Wally, photo de scène, Brême, 1985.

À droite
La Wally, Joanna Povracková (Wally) et Vera Ehrensperger (Walter), Théâtre de Hof, 1995.
Le personnage de Wally dissimule une grande sensibilité derrière son aspect rude et masculin. Ce sont les villageois qui lui donnent le surnom reconnaissant de « Wally au vautour » dans le roman, après qu'elle est allée chercher un jeune vautour tombé en bas d'une falaise et qu'elle l'a présenté à son père. Wally est courageuse et désintéressée, vengeresse et sans protection ; elle est la victime des intrigues, mais ourdit elle-même une tentative de meurtre.
Il y a quelque chose d'unique chez cette femme, dans l'adaptation de Catalani et d'Illica : elle reconnaît la responsabilité qu'elle porte dans son propre destin et l'accepte sans s'apitoyer sur elle-même – une attitude d'ordinaire réservée aux hommes, dans le vérisme italien.

La Wally

Drame lyrique en quatre actes

Livret: Luigi Illica, d'après le roman *Die Geier-Wally* de Wilhelmine von Hillern (1875)
Création: le 20 janvier 1892 à Milan (Teatro alla Scala)
Personnages: Wally (sop.), Stromminger, son père (basse), Afra (mezzosop.), Walter, troubadour (sop.), Giuseppe Hagenbach, de Sölden (tén.), Vincenzo Gellner, de Hochstoff (bar.), le messager de Schnals (basse) ; habitants de la montagne, chasseurs, jeunes gens, enfants de Sölden et de Hochstoff, musiciens ambulants (chœur, figurants, ballet)

Argument
Au Tyrol, vers 1800.
Wally, fille de paysans, aime secrètement le chasseur Hagenbach et s'enfuit dans les montagnes pour ne pas devoir épouser le régisseur Gellner. Après son retour, Hagenbach l'humilie au vu et au su de tous. Wally charge Gellner de tuer Hagenbach. Mais saisie par les remords, Wally sauve Hagenbach et se retire dans les montagnes. C'est seulement lorsque Hagenbach vient la voir pour lui avouer son amour qu'elle accepte de revenir au village. Sur le chemin du retour, Hagenbach a un accident mortel. Wally met fin à ses jours.

Acte I
Dans le village montagnard de Hochstoff, dans l'Ötztal. Le régisseur Gellner aime Wally, la fille du riche Stromminger ; il propose à son père de l'épouser, mais Wally aime le chasseur Hagenbach. Le père place sa fille devant une alternative : soit elle épouse Gellner, soit elle quitte la maison. Wally s'enfuit dans les montagnes.

Acte II
La place du village de Sölden. À la mort de son père, Wally revient, doublement convoitée comme riche héritière. Gellner la persuade que le chasseur aime Afra, la propriétaire de l'auberge. Wally offense Afra. Hagenbach ne sait rien de l'amour de Wally, mais se sent obligé de protéger Afra contre celle-ci. Il fait de Wally un objet de moquerie, mais est lui-même saisi d'amour pour cette femme hors d'atteinte. Celle-ci ne devine cependant rien de l'amour du chasseur et promet sa main à Gellner, à condition qu'il assassine Hagenbach.

Acte III
La nuit même, Wally et Hagenbach sont pris de vifs remords. Revenue à Hochstoff, Wally veut mettre en garde Hagenbach contre le péril mortel qu'il court, mais une tempête l'empêche de revenir à Sölden. Hagenbach, lui, ose se rendre à Hochstoff en pleine nuit afin de demander pardon pour son comportement insolent à la fête et de lui avouer son amour. Gellner tente de le tuer, mais Wally sauve l'homme qu'elle aime et qu'elle prend toujours pour le fiancé d'Afra. Elle repart de nouveau seule dans la montagne.

Acte IV
Sur le Murzoll. Wally vit solitaire dans les montagnes et ne veut plus jamais rentrer au village. Elle veut mettre fin à ses jours, mais se ravise lorsqu'elle entend Hagenbach monter jusqu'à elle. Alors que tous les obstacles semblent avoir été surmontés, une avalanche emporte le chasseur dans l'abîme. Wally suit son bien aimé dans la mort.

S. N.

La Wally, mise en scène de Tim Albery, Festival de Bregenz, 1990.
Les cadres de *La Wally* sont ceux qui se prêtent le mieux aux possibilités séduisantes d'une scène en plein air intégrant le paysage avoisinant, comme celle de Bregenz.

1. Les adieux de Wally

Eb - ben?.. Ne andrò lon - ta - na, co - me va l'e - co del - la pia cam - pa - na là, fra la ne - ve... bian - ca! là fra le nu - bi d'or!

2. Ländler des chasseurs tyroliens

3. Chant de Walter

vi - ve mu - ta - ta la fan - ciul - la in fior!
Ah! ah! ah! ah! ah! ah! mu - ta - ta in fior!

Edelweiss et iodle tyrolien

Dans sa structure scénique et musicale, *La Wally* s'inspire du modèle de l'opéra français de la fin du XIXe siècle, de la même manière que → *Manon Lescaut* de Puccini (qui était plus jeune que Catalani). Il existe aussi des similitudes avec le vérisme. Les manifestations de passion et d'amertume de Gellner dans les deux premiers grands soli des actes I et II sont comparables à ceux de Canio ou de Beppo dans → *I Pagliacci* (→ Leoncavallo). Bien qu'il soit en langue italienne, l'opéra doit son harmonie colorée et riche à l'influence allemande. On trouve des « germanismes » musicaux, sous forme de quasi-citations, dans la valse ou le ländler tyrolisant de la *danse du baiser*, ainsi que dans le chant de l'edelweiss de l'acte I, qui se présente comme un iodle. Le coloris germanique apparaît ici comme un facteur d'exotisme. N 2, N 3   J. K.

La Wally, Mara Zampieri dans le rôle de Wally, mise en scène : Tim Albery, Festival de Bregenz, 1990.
Le Festival de Bregenz se distingue entre autres par les représentations régulières d'œuvres rarement jouées.

Le rival de Puccini ?

Catalani a bien des points communs avec Puccini, comme son sens de la suave tristesse, son goût pour l'humeur élégiaque et sensible, et des grands préludes orchestraux. Arturo Toscanini voyait en Catalani un grand talent qu'une mort précoce empêcha de s'épanouir pleinement. Catalani a composé l'un des plus beaux airs de soprano du répertoire de l'opéra, *Ebben ? Ne andrò, lontana* (Eh bien ? Je m'en irai au loin). N 1.

Dans ses compositions, Cerha se confronte tout à la fois au folklore et à la musique extra-européens, au néo-classicisme, à la technique de composition d'Anton Webern et au sérialisme.

Baal, première allemande avec Hubert Bischof (Baal) et Beatrice Niehoff (Sophie), mise en scène : Kurt Horres, direction musicale : Hans Drewanz, Staatstheater de Darmstadt, 1981.
La première allemande fut plus critique et plus tournée vers l'époque contemporaine que la création viennoise.

À droite
Baal, création avec Theo Adam dans le rôle de Baal, mise en scène : Otto Schenk, direction musicale : Friedrich Cerha, Staatsoper de Vienne, 1981.
« L'œuvre scénique » de Cerha se déroule comme un monodrame. Ce sujet accompagna le compositeur quinze années durant.

Friedrich Cerha

Né à Vienne (Autriche) le 17 février 1926

Cerha commence à composer dès l'âge de neuf ans, fait des études suivies à la Musikhochschule de Vienne et passe en 1951 son doctorat en université avec une thèse sur *L'Histoire de Turandot dans la littérature allemande*. La guerre met un terme brutal à son apprentissage. Enrôlé en 1943 dans la Wehrmacht, il a une activité dans la Résistance. Avant d'achever sa formation, peu après la guerre, il est guide de montagne dans le Tyrol. À partir de 1956, il participe aux cours de vacances de Darmstadt et reçoit en 1956/1957 une bourse pour se rendre à Rome. En 1958, il fonde en collaboration avec Kurt Schwertsik l'ensemble *Die Reihe* (la Collection) pour présenter de nouvelles œuvres ; il dirige la *Camerata Frescobaldiana* dans les années cinquante et est, à partir de 1959, chargé de cours à la Musikhochschule de Vienne. En 1969, il est nommé professeur invité. De 1976 à 1987, il tient une chaire de composition, de notation et d'interprétation de la musique contemporaine. Dès 1969, il se produit comme chef d'orchestre dans les festivals internationaux et dans des opéras de premier plan. Profondément lié à l'univers sonore d'Alban Berg, il instrumente en 1977-1978 le troisième acte inachevé de l'opéra de Berg → *Lulu*.

Œuvres : Œuvres scéniques : *Baal*, Salzbourg, 1981 ; *Netzwerk*, Vienne, 1981 ; *Der Rattenfänger*, Graz, 1987. Musique radiophonique, œuvres chorales, lieder, œuvres pour orchestre, concertos, musique de chambre.

Baal

Œuvre scénique en deux parties

Livret : Friedrich Cerha, d'après la pièce homonyme de Bertolt Brecht
Création : le 7 août 1981 à Salzbourg (Kleines Festspielhaus)
Personnages : Baal (bar.), Ekart (basse), Johannes (tén. ou baryton aigu), Emilie (mezzosop.), jeune femme (mezzosop.), Johanna (sop.), Sophie (sop.), la mère de Baal (alto), petits rôles en double distribution : sop., alto, 2 tén., 2 bar., basse, deux rôles parlés

Argument
À l'époque présente.
Partie 1
Chez le grossiste et éditeur Mech a lieu une soirée dans le cadre de laquelle le poète et chansonnier Baal est présenté. Il se montre aussi extravagant que la bonne société s'imagine être qu'un véritable artiste

peut être et a du succès. Après avoir beaucoup bu, il brusque l'éditeur et les critiques, il ne veut pas être récupéré. La société le bouscule à son tour. L'épouse de Mech, Emilie, tente en vain de trouver un terrain d'entente. Tandis que Baal ratiocine sur sa position d'artiste libre, son ami Johannes lui confie sa vision d'une maîtresse vierge. Emilie est fascinée par Baal. Il lui donne rendez-vous à l'auberge. Là, Baal fait la connaissance de Johanna, la maîtresse de son ami Johannes. Il chante pour les clients, essentiellement des chauffeurs, la ballade de la putain Evelyn Roe. Celle-ci, en quête de la « Terre Sainte », vendit son corps et dut, après sa mort, pareillement exclue du Ciel et de l'Enfer, errer dans le *no man's land*, affligée de ses désirs inassouvis. Pour s'amuser, Baal fait subir une humiliation à Emilie : elle doit se laisser embrasser par le chauffeur Horgauer. Johanna s'est « donnée » à Johannes. Celui-ci se sent privé de sa vision de la virginité et la chasse. Baal explique à Johanna l'inconstance de la chair et la rend totalement malheureuse. Deux sœurs se fraient un chemin dans les bras et le lit de Baal. Baal trouve en Sophie une fidèle compagne. Il prend une place de chanteur de cabaret, mais ses couplets osés consternent le public, qui appelle la police. Il échappe à l'arrestation en s'enfuyant par la fenêtre des toilettes. Après avoir fixé rendez-vous dans un café nocturne à son ami Ekart, il a tout juste le temps de lui confier Sophie avant d'être arrêté par la police secrète. En prison, il promet à sa mère d'entamer après sa libération une vie nouvelle et sérieuse.

Partie 2
Baal a tenu parole : il est devenu bûcheron, sans se défaire pour autant de son alcoolisme. Lorsqu'il apprend que Sophie est enceinte de lui, il prend brutalement ses distances avec elle, qui va se réfugier chez Ekart. Dans la gargote d'un auspice, il reconnaît dans les créatures ravagées sa propre image et s'enfuit dans la nature avec Ekart, où il souille une jeune femme qui cherche ce dernier. Il rencontre sa mère et tente de la tranquilliser en lui faisant miroiter les rêves d'une vie de grand écrivain. Elle meurt dans ses bras. Dans la gargotte, il doit gagner l'argent pour son enterrement en interprétant une nouvelle chanson. Il y rencontre aussi Johannes, dans un état épouvantable, qui est poursuivi dans ses rêves par un cadavre de noyé : Johanna, qui s'est suicidée. Baal courtise désormais son ami Ekart. Lorsqu'il le surprend dans une scène de tendresse familière avec une servante, il le tue. Dans sa fuite, il se retrouve dans un dancing. Comme autrefois, il veut forcer les filles à danser, mais les garçons le maîtrisent et le jettent hors du café. Recherché par les gendarmes, il trouve refuge dans une cabane, près des bûcherons. Il sent venir sa fin et, craignant de mourir solitaire, implore les frustres bûcherons de rester avec lui. Mais ils le laissent seul. Il rassemble ses dernières forces pour ramper hors de la cabane et « crève, seul comme une bête » dans la forêt.

S. N.

Cerha et Brecht

Cerha écrivit le livret en intégrant les quatre versions de *Baal* de Bertolt Brecht. Du point de vue de la composition, il fit en sorte d'obtenir le plus grand continuum sonore possible, en fusionnant les différents éléments structurels. L'opéra est fortement marqué par deux modèles, → *Wozzeck* et → *Lulu* d'Alban Berg. Ce n'est pas un hasard : Friedrich Cerha avait reconstitué l'orchestration de l'acte III de *Lulu* d'après les ébauches de Berg. *Baal* fut très remarqué au Festival de Salzbourg, où il fut confronté à l'œuvre originale de Brecht. Pourtant, l'œuvre, autant que la mise en scène de sa création, furent l'objet de controverses. Le compositeur, comme le metteur en scène, se virent reprocher d'avoir adapté la pièce anarchiste de Brecht aux normes bourgeoises de la décence. Theo Adam, interprète du rôle-titre, fit pourtant tout ce qu'il put pour donner une stature à ce personnage d'égocentrique qui, avec une violence brute, se détruit lui-même et détruit les autres. Des critiques bienveillants défendirent au contraire l'opéra de Cerha comme une tentative aboutie de traiter Brecht comme un « classique », puisque par l'esprit conciliateur de la musique, tout ce qui pouvait être troublant et subversif avait éliminé. M. S.

À gauche
Baal, photo de scène de la création avec Theo Adam dans le rôle de Baal, mise en scène : Otto Schenk, décors et costumes : Rolf Langenfass, direction musicale : Friedrich Cerha, Festival de Salzbourg, 1981.
Theo Adam se surpassa pour donner forme au personnage de Baal. Ce chanteur qui, presque par nature, a dans chacun de ses rôles, des traits nobles et éminents devait camper ici un anarchiste à la dérive.

À droite
Baal, première allemande avec Hubert Bischof (Baal) et Beatrice Niehoff (Sophie), mise en scène : Kurt Horres, décors et costumes : Andreas Reinhardt, direction musicale : Hans Drewanz, Staatstheater de Darmstadt, 1981.
Pour la première allemande, Kurt Horres conçut l'adaptation de Brecht par Cerha comme un opéra contemporain qui raconte l'histoire d'un soixante-huitard marginal et vieillissant, une œuvre sur la difficulté à demeurer marginal.

Louise, Emmy Destinn dans le rôle de Louise, 1906.
L'histoire de ce grand succès scénique débuta comme beaucoup d'autres, dit-on, dans un restaurant parisien. C'est là que le compositeur fantasmait avec ses amis artistes sur une histoire parisienne moderne, tout à fait dans l'esprit du siècle nouveau qui leur promettait une vie « d'une beauté féerique ». Charpentier parvint à rendre précisément compte de l'esprit du temps. Dès sa création, l'œuvre connut un succès sensationnel avec la jeune débutante inconnue Marthe Rioton, qui entra dans l'histoire de la musique pour cet unique rôle – elle quitta la scène à tout jamais deux années plus tard. *Louise* fit aussi la célébrité de Mary Garden, à l'aube d'une grande carrière. Elle remplaça le rôle-titre à l'acte III de la 33e représentation. À la première berlinoise, c'est Emmy Destinn, déjà mondialement connue à cette époque, qui tenait le rôle de la petite couturière parisienne. La même année, l'opéra fut donné à Vienne, sous la baguette de Gustav Mahler. Toscanini dirigea l'œuvre pour la première fois en 1908 à la Scala de Milan. En 1938, *Louise* (son récit et quelques grands airs de l'opéra) fut adapté au cinéma par le grand réalisateur Abel Gance, avec Grace Moore en Louise et Georges Thill en Julien. Son deuxième opéra, *Julien*, qui était la suite de *Louise*, fut un fiasco.

Louise

Roman musical en quatre actes

Livret: Gustave Charpentier
Création: le 2 février 1900 à Paris (Opéra-Comique)
Personnages: Louise, ouvrière dans une manufacture de couture (sop.), Julien, poète, amant de Louise (tén.), le père de Louise (bar.), la mère de Louise (mezzosop.), gens de la rue: le chiffonnier, la petite chiffonnière, le somnambule, le ramasse-papiers, la balayeuse des rues, la laitière, la glaneuse, le factotum, le garçon des rues, deux surveillants, couseuses: Irma, Camille, Élise, Marguerite, Gertrude, Jeannette, Henriette, Madeleine, Blanche, Suzanne, les amis de Julien: deux philosophes, le peintre, le sculpteur, le chanteur, l'étudiant, le poète, le pape des fous, couturières, bohémiens, habitants de Montmartre (chœur)

Argument
Paris, vers 1900.
Paris est le paradis pour les uns, l'enfer pour les autres. La ville promet bonheur et amour à la jeune ouvrière Louise. Ses parents, en revanche, détestent cette ville, qui leur fait peur.

Acte I
La jeune ouvrière Louise est courtisée par le jeune poète Julien. Mais les parents se méfient du milieu des artistes et interdisent à leur fille de fréquenter Julien.

Acte II
Louise travaille dans un atelier de couture à Montmartre. Les parents croient l'y avoir mise en sûreté. Mais Julien retrouve la trace de sa bien-aimée, lui joue une sérénade et Louise s'enfuit avec lui.

Acte III
Louise vit heureuse depuis quelques semaines avec son Julien, au-dessus des toits de Paris. Les amis de Julien la sacrent Reine des bohèmes et Muse de Montmartre. Mais la mère attire la jeune fille au foyer de ses parents en lui faisant croire que son père malade désire la voir, et en lui promettant qu'elle pourra revenir quand elle le voudra auprès de Julien.

Acte IV
Plusieurs semaines se sont de nouveau écoulées. Contrairement à leur promesse, les parents ont retenu Louise à la maison. Ils pleurent sur leur destin : un dur travail et une fille ingrate. Lors d'une dispute, le père maudit Julien et chasse sa fille. Louise s'enfuit dans la ville. Le père maudit Paris, la cité lui a volé sa fille.

S. N.

Gustave Charpentier

Né à Dieuze (Moselle) le 25 juin 1860
Mort à Paris le 18 février 1956

Fils d'un boulanger, Charpentier ne peut faire ses études de musique que grâce à une bourse. Il commence sa carrière de compositeur avec des œuvres pour orchestre. Son plus grand succès est l'opéra *Louise*. Même la suite, *Julien*, ne peut approcher le triomphe de cette œuvre. Après les deux opéras qui le rendirent célèbre, il ne compose plus beaucoup. Il est en revanche réputé pour sa bienfaisance. Il fonde ainsi le conservatoire populaire Mimi Pinson, en mémoire de l'héroïne du roman *Scènes de la vie de bohème* de Henri Murger (et des opéras de → Puccini et → Leoncavallo).

Œuvres: *Louise*, 1900; *Julien*, 1913. Œuvres pour orchestre, mélodies.

Avec Louise, *Charpentier a présenté sur scène un réalisme inhabituel en France...*

Liberté et machine à coudre
La glorification sans limite de la nouveauté était dans l'air du temps au début du siècle; mais il s'agit d'un héritage du romantisme. Elle est la conclusion de longs efforts accomplis pour transformer radicalement le monde. Charpentier considère que l'art contemporain remplit cette mission. Une question se pose pourtant: ouvre-t-on ici une perspective viable? Le double attachement de Louise (à son père et à son amant) passe pour le problème insoluble de l'homme moderne qui, dans ce monde en transformation fulgurante, aspire autant au renouvellement qu'à la stabilité. Symbolisme et réalisme: Charpentier joue sur les deux tableaux. Les transitions entre ces deux sphères sont toujours soigneusement agencées. À une scène vespérale, petite bourgeoise, presque paisible, dans laquelle même le cliquetis des cuillers à soupe est mis en musique, succède sans transition une présentation quasi-surréaliste de l'ambiance matinale parisienne. En revanche, la scène de la manufacture, avec le bourdonnement et le grincement des machines, possède une tonalité naturaliste.

La fin d'une époque
L'homogénéité de *Louise* n'est pas seulement due à l'emploi logique de quelques thèmes caractéristiques. Déjà, pour l'introduction à l'acte I, Charpentier construit sur un motif débordant d'énergie et repris, au fil de l'opéra, sous des formes variées, comme un signe de jeunesse. N 1
L'amour de Julien s'exprime lui aussi par le retour d'une mélodie passionnée, alors que la sombre figure du père

est symbolisée par les sonorités de cordes graves. L'apogée de l'opéra est le fameux air de Louise et le duo d'amour qui lui succède (début de l'acte III). Ces sentiments de tendresse et de dévouement donnent à cet air son caractère jubilatoire. N2 Cette scène est celle qui montre de la manière la plus convaincante le double visage de la musique de Charpentier. D'une part, avec ses émotions intenses, il est proche de → *Tristan und Isolde* de Richard Wagner (proximité soulignée par des allusions textuelles et musicales). D'autre part, ce qui ne serait pas concevable chez Wagner, la tension s'évanouit ici dans une valse grandiose – un prolongement conscient de la tradition française.

Cette ambiguïté prouve que *Louise* se trouve effectivement entre deux mondes – l'œuvre est la conclusion de l'âge d'or de l'opéra français et marque l'entrée dans une ère nouvelle, celle de la modernité classique naissante.

P. H.

Louise, affiche de la création par G. Rochegrosse, Opéra-Comique, Paris, 1900.
Charpentier a qualifié *Louise* de « roman musical ». Et il accordait effectivement une grande importance à donner du monde une description plus détaillée qu'intensive. Ce monde, c'est Paris, la puissante métropole de la vie moderne, environnement artificiel créé pour les souffrances et les joies humaines, pour la nostalgie et le désespoir. Paris, dans cet opéra, possède sa propre voix : fraîche, ambitieuse et séduisante. La voix de la bohème.

Médée, acte III, avec Lorraine Hunt dans le rôle de Médée et l'ensemble *Les Arts florissants*, mise en scène: Jean-Marie Villégier, direction musicale: William Christie, coproduction Opéra-Comique, Théâtre de Caen et Opéra du Rhin, Paris, 1994.
L'ensemble *Les Arts florissants* a joué un rôle majeur dans la réhabilitation de l'ancienne tradition baroque. C'est dans cette perspective que s'est fondée la mise en scène de *Médée* à Paris, en 1994.

Charpentier fut, avec Lully, le principal compositeur de musique lyrique et religieuse sous Louis XIV. Sa musique unissait la pompe française et la déclamation à la souplesse du chant italien.

Marc-Antoine Charpentier

Né à Paris en 1634 (?)
Mort à Paris le 24 février 1704

Contrairement à → Lully, par exemple, on ne dispose que de très peu d'informations sur la vie de Charpentier. L'une des raisons en est qu'il n'a jamais été au service du roi. Il fait vraisemblablement ses études à Rome auprès de Giacomo Carissimi (un maître de la musique religieuse dramatique et de l'oratorio au XVIIᵉ siècle) – d'où l'influence italienne de son œuvre. Il occupe les fonctions de maître de musique chez différents aristocrates. Sa musique en fait un successeur de Lully. Après que celui-ci eut mis un terme à sa collaboration avec Molière, Charpentier compose pour le dramaturge la musique de ses comédies-ballets. Charpentier ne peut présenter sa grande tragédie lyrique (*Médée*, 1693) qu'après la mort de Lully, celui-ci étant le seul à détenir le privilège royal des compositions d'opéras de grand format. Dans les années 1680, Charpentier occupe divers postes dans le domaine de la musique religieuse. Au sommet de sa carrière, il devient maître de musique à la Sainte-Chapelle à Paris, où il connaît un grand succès jusqu'à sa mort.

Œuvres: pour la scène: *Médée*, tragédie en musique, 1693; *David et Jonathas*, tragédie en musique, 1688, d'autres opéras de moindre ampleur dont *Les Plaisirs de Versailles*, vers 1680; *Les Arts florissants*, 1686; *La Descente d'Orphée aux enfers*, 1687. Mais aussi pastorales et divertissements, intermèdes et musiques d'accompagnement. Création abondante (et en partie inconnue) pour la musique religieuse (11 messes, 10 mises en musique du *Magnificat*, 4 *Te Deum*, 84 mises en musique des psaumes, 204 motets et autres compositions spirituelles), musique instrumentale (à vocation essentiellement religieuse).

Médée

Tragédie en musique en un prologue et cinq actes

Livret: Thomas Corneille
Création: le 4 décembre 1693 à Paris (Académie Royale de Musique)

Personnages: Prologue: la Victoire (sop.), la Gloire (sop.), Bellonne/allégorie de la Guerre (alto), deux bergères (deux sop.), meneur du peuple (basse), un berger (tén.); habitants de la rive de la Seine, bergers héroïques (chœur). Action: Créon, roi de Corinthe (basse), Créuse, fille de Créon (sop.), Médée, princesse de Colchos (sop.), Jason, prince de Thessalie (tén.), Oronte, prince d'Argos (bar.), Arcas, confident de Jason (tén.), Nérine, confidente de Médée (sop.), Cléone, confidente de Créuse (sop.), l'Amour (sop.), une Italienne (sop.), deux spectres (sop.), deux Corinthiens (tén., haute-contre), deux Argonautes (haute-contre., basse), la Jalousie (tén.), la Vengeance (basse), trois prisonniers (sop., alto, haute-contre.), habitants de Corinthe et d'Argos, escorte de Créon et Oronte, captifs de l'amour, démons, gardes, esprits (chœur)

Argument
À Corinthe, en des temps mythiques.

Prologue
Une contrée bucolique. Dans un jeu allégorique, il est rendu hommage à Louis XIV, qui a apporté la paix. Prélude: Médée a quitté sa patrie. Elle y avait aidé Jason, l'intrus, à voler la Toison d'Or de ses ancêtres; elle a suivi l'étranger et lui a donné des enfants.

Acte I
Une place publique à Corinthe. Jason et Médée se sont réfugiés dans cette ville. Médée est taraudée par le doute: Jason lui est-il encore fidèle? Elle jure de laisser libre cours à ses forces magiques et destructrices si elle acquiert la certitude que Jason aime Créuse, la fille du roi de Corinthe. Jason veut offrir un somptueux présent à Créuse pour la remercier de lui avoir accordé asile. Il avoue à son confident son amour pour Créuse. Arcas le met en garde contre la colère de Médée. Le prince d'Argos, Oronte, se met à la disposition de Créonte avec ses soldats, et lui demande la main de Créuse. Jason et Oronte décident de partir ensemble au combat. Divertissement: les Corinthiens et les Argonautes se préparent ensemble pour la campagne militaire.

Acte II
Une salle hypostyle du palais. Créon chasse Médée du pays, sa présence provoquant des tensions politiques. Il ne veut désormais accorder asile qu'aux enfants de Médée. Celle-ci est disposée à quitter le pays, mais avec Jason uniquement. Or, Créon ne

peut pas renoncer à l'aide de Jason pendant la guerre. Ce dernier est pris dans un conflit entre son honneur et son amour. Créon mise sur le fait que Jason restera à Corinthe par amour pour Créuse ; il encourage leur amour. Créuse repousse courtoisement les avances d'Oronte. Divertissement : le dieu Amour emprisonne les êtres des deux sexes.

Acte III
Une grotte. Médée vérifie qu'elle dispose toujours de son ancien pouvoir magique qui lui permettait de dominer les démons. Oronte se dit disposé à accorder asile à Médée et Jason après la guerre, mais elle lui explique la véritable situation : Jason aime Créuse. Médée invoque les démons pour qu'ils la soutiennent dans ses projets de vengeance. La robe destinée à Créuse, le cadeau de Jason, doit tuer sa rivale.

Acte IV
Au palais, la cour. Créuse, vêtue de sa nouvelle robe, éveille le désir de Jason. Oronte voit se confirmer le soupçon de Médée. Avant de partir en exil, Médée veut inciter Créon à marier Créuse à Oronte. Lorsque Créon rejette avec indignation sa demande impérieuse, Médée lui montre son pouvoir magique. Créon est paniqué.

Acte V
Le palais de Médée. Créon, devenu fou, s'est suicidé. Les Corinthiens pleurent sa mort. Créuse, elle aussi, lutte contre la mort : le poison qui se trouve dans sa robe fait effet. Agonisante, elle fait ses adieux à son bien-aimé Jason. Comme une furie de la vengeance, Médée raconte à Jason la mort de ses enfants, qu'elle a tués de ses mains. Jason s'effondre. Médée fait détruire le palais de Créon et incendier la ville par les démons.

Une tentative de la jeune génération

Le librettiste Thomas Corneille était le frère cadet du « grand » Corneille. Comme Charpentier vis-à-vis de Lully, le poète dut lui aussi s'affirmer face à son frère, le classique de la tragédie française. Avec l'histoire de Médée, déjà traitée par Euripide, Sénèque et Pierre Corneille, il voulut prouver ses capacités de dramaturge. Sa version de *Médée* ne débute donc ni avec le mariage de Jason et de Créuse (Euripide) ni avec le bannissement de Médée (Corneille), mais avec une situation incertaine et donc dramatique : Médée soupçonne que Jason pourrait la tromper. Dans cette version le portrait de Médée a les traits plus humains que chez ses prédécesseurs antiques et classiques. Elle apparaît ici comme une personnalité multiple. Créature humaine (femme et mère), elle veut surtout conserver le cœur de l'homme qu'elle aime, et c'est seulement après avoir échoué dans cette tentative qu'elle met en œuvre ses forces surhumaines.

Médée, René Schirrer (Créon) et Esther Hinds (Médée), mise en scène : Robert Wilson, direction musicale : Michel Corboz, Opéra National de Lyon, 1984.
Robert Wilson est l'un des principaux metteurs en scène de théâtre du XXᵉ siècle. La carrière de l'Américain a débuté en France. L'une de ses premières mises en scène d'opéra a été celle de *Médée* à Lyon.

À gauche
Médée, photo de scène de l'acte V avec Lorraine Hunt dans le rôle de Médée (debout) et Monique Zanetti (couchée), mise en scène : Jean-Marie Villégier, direction musicale : William Christie, Paris, 1994.
L'élément singulier, dans le personnage de Médée, tient au fait que Corneille et Charpentier n'ont pas seulement laissé s'exprimer en elle la souffrance de la femme abandonnée, mais aussi la fureur et la volonté de vengeance de la magicienne. La scène dans laquelle Médée invoque les démons et acquiert par la magie noire une robe porteuse de mort (acte III, dernière scène) est l'un des moments les plus efficaces de l'histoire de l'opéra baroque. Dans cette magnifique scène de démence apparaît le type de la *prima donna* française. Et à la création, c'est effectivement une *prima donna*, Marthe Le Rochois, qui chanta le rôle de Médée.

Ci-dessous
Medea, couverture de la première édition, Paris, 1797. Au cours de la dernière décennie du XVIIIe siècle, on vit apparaître en Europe un nouveau type de classicisme dans l'art (Mozart → *Titus*), expression de la restauration politique, de la résurrection de l'Ancien Régime après la Révolution française. Luigi Cherubini était considéré comme un maître de cet esprit classique. Paradoxalement, l'homme qui écrivit le livret pour Cherubini (le sujet est inspiré par Euripide et le drame *Médée* de Pierre Corneille), François-Benoît Hoffman, est celui qui avait écrit les livrets pour Étienne Nicolas Méhul (1763-1817), compositeur vedette des opéras de la Révolution. *Medea* fonda la gloire de Cherubini. Celui-ci composa son opéra monumental dans le style de l'opéra-comique, avec des dialogues parlés, mais créa sur le plan musical de plus grandes unités cohérentes. Conformément à ce qu'avait fait son modèle, → Gluck, il se donna pour objectif de raconter la tragédie de Médée avec une musique énergique. Médée, personnage central, est presque constamment sur scène ; on présente à l'aide de techniques subtiles, littéralement symphoniques, toutes les étapes émotionnelles qu'elle franchit, depuis le suprême bonheur jusqu'à la haine démente. Il s'agit de la monumentalité des sentiments et des personnages qui les expriment.

Ci-dessus
Médéa, mise en scène : Lilian Cavani, décors : Ezio Frigerio, Opéra National de Paris, 1986.
Mieux qu'aucun autre décorateur, Ezio Frigerio a su rassembler en une synthèse la volonté stylistique baroque et le sentiment existentiel moderne : les mises en scène du pouvoir et de la magnificence, les rituels collectifs.

Médée à l'opéra

Jusqu'au XXe siècle, les premiers opéras consacrés à Médée (malgré de nombreuses tentatives pour ranimer le *Medea* de Cherubini) ont lentement sombré dans l'oubli. Cela tient peut-être au fait qu'il n'existe pas d'opéra sur Médée dans la création des dramaturges lyriques particulièrement appréciés au XIXe siècle (tels Gluck, Mozart, Weber, Meyerbeer, Verdi, Wagner). Au début du XXe siècle, de nombreux personnages de femmes destructrices apparurent sur la scène des opéras, comme Salomé ou Elektra (→ Richard Strauss), mais on ne fit pas renaître Médée. La postérité dut attendre le *Medea* de Cherubini jusqu'à ce que Maria Callas l'interprète en 1953, le → *Médée* de Charpentier jusqu'à ce que le mouvement d'interprétation « Musique Ancienne » ne fasse redécouvrir le répertoire baroque français (William Christie et son ensemble *Les Arts florissants,* 1985). Les deux opéras consacrés à Médée respectent des idéaux d'opéra qui ne firent pas école et n'eurent pas de successeur. On peut y ajouter un troisième opéra sur Médée, dont l'héroïne porte le nom de Norma. *Norma* de Bellini est une variante du même sujet (c'est d'ailleurs aussi un opéra qui représente la fin d'une époque stylistique, l'ère du *bel canto*). Alors que les *Médée* de Charpentier et de Cherubini, même s'ils mènent leur récit différemment, placent le rôle-titre au centre de l'opéra, l'héroïne qui se livre finalement aux forces du mal, Norma vainc au dernier moment la rage de vengeance qui l'anime, épargne ses enfants et va sur le bûcher avec l'amant qui l'a trahie. Chez Bellini, le sentiment romantique surpasse le principe archaïsant de l'exécution de la peine. M. S.

Luigi Cherubini

Né à Florence le 14 septembre 1760
Mort à Paris le 15 mars 1842

Fils d'un musicien de théâtre, Cherubini bénéficie du soutien du grand-duc de Florence, le futur empereur Léopold II. Il fait, à partir de 1778, quatre années d'études auprès de Giuseppe Sarti, qui lui apprend les rudiments de la polyphonie. Après avoir exercé une activité de compositeur religieux, Cherubini se consacre bientôt, et avec un grand succès, à l'opéra. Il travaille de 1784 à 1788 à Londres, où il est nommé compositeur royal de la cour, puis décide d'aller tenter sa chance à Paris. Chef d'orchestre au petit théâtre de la reine Marie-Antoinette, il est le témoin direct des bouleversements politiques et sociaux. En 1795, il est à l'origine de la fondation du Conservatoire de Paris, où il travaille comme inspecteur. Des commandes passées par des opéras européens le mènent constamment à l'étranger, jusqu'à ce qu'il obtienne, en 1816, une chaire de composition au conservatoire de Paris, dont il assure la direction de 1821 à 1842. Jusqu'à l'abolition de cette fonction, en 1830, il est en outre surintendant de la musique du roi.

Œuvres : Opéras (choix) : *Quinto Fabio,* Alessandria, 1780 ; *Armida abbandonata,* Florence, 1782 ; *Adriano in Siria,* Livourne, 1782 ; *Mesenzio, Re d'Etruria,* Florence, 1782 ; *L'Allessandro nelle Indie,* Mantoue, 1784 ; *La Finta principessa,* Londres, 1785 ; *Giulio Sabino,* Londres, 1786 ; *Ifigenia in Aulide,* Turin, 1788 ; *Démophon,* Paris, 1788 ; *Lodoïska,* Paris, 1791 ; *Élisa ou le Voyage aux glaciers du Mont Saint-Bernard,* Paris, 1794 ; *Medea,* Paris, 1797 ; *La Punition,* Paris, 1799 ; *Les Deux journées ou le Porteur d'eau,* Paris, 1800 ; *Anacréon ou l'Amour fugitif,* Paris, 1803 ; *Faniska,* Vienne, 1806 ; *Les Abencérages ou L'Étendard de Grenade,* Paris, 1813 ; *Ali Baba ou les Quarante Voleurs,* Paris, 1833. Musique vocale profane et religieuse, œuvres pour orchestre, musique de chambre.

Cherubini a longtemps passé pour un glorificateur de la Restauration. C'était plutôt un défenseur des principes éthiques, qu'il estimait menacés par la terreur révolutionnaire et la proclamation d'instincts égoïstes et arbitraires.

Medea
Médée

Opéra en trois actes

Livret: François-Benoît Hoffman
Création:
1re version: le 13 mars 1797 à Paris (Théâtre Feydeau)
2e version: le 6 novembre 1802 à Vienne (Kärntnertortheater)
Personnages: Créon, roi de Corinthe (basse), Créüse, sa fille, promise de Jason (sop.), Jason, chef des Argonautes (tén.), Medea/Médée, son épouse abandonnée (sop.), Néris, sa servante (alto ou mezzosop.), deux servantes de Créüse (sop., mezzosop.), Capitaine de la garde royale (basse), capitaine des Argonautes (tén.), les deux enfants de Jason et Médée (rôles muets); Argonautes, prêtres, soldats, valets, servantes, peuple de Corinthe (chœur)

Argument
À Corinthe, en des temps légendaires.

Prélude
Jadis, Médée a aidé le Grec Jason à voler la Toison d'Or dans sa patrie, la Colchide. Elle a pris la fuite avec Jason et lui a donné deux enfants. Ils se sont réfugiés en Corinthe et y ont vécu heureux avant que Jason ne répudie Médée pour épouser Créüse, la fille du roi de Corinthe.

Acte I
Au matin des noces, Créüse est terrassée par la peur que lui inspire la vengeance de Médée. Afin de la tranquilliser et de lui montrer qu'il a coupé ses anciens liens, Jason apporte à sa promise la Toison d'Or. Créon implore les dieux de protéger le jeune couple. Une femme voilée demande alors à pouvoir entrer. C'est Médée. Elle rappelle à Jason le bonheur qu'ils ont tous deux vécu. En vain. Il la repousse de nouveau. Médée jure de se venger.

Acte II
Médée ne veut pas laisser ses enfants à Jason et à Créüse. La garde du palais évente sa tentative d'enlèvement. Le peuple, qui redoute cette femme étrangère, menace Médée de mort. Elle demande à Jason de lui accorder protection pour une journée en Corinthe. Elle compte ensuite quitter Corinthe seule. Avec une grande habileté diplomatique, Néris trouve un compromis: Médée est autorisée à passer cette dernière journée avec ses enfants. Entre-temps, Médée réalise une partie de son plan de vengeance et envoie à Créüse, pour ses noces, un voile qui causera sa mort.

Acte III
Néris a conduit les enfants au temple. Médée oscille entre l'amour maternel et un délire destructeur. Alors, la plainte funèbre qui s'élève autour de Créüse (la magie du voile a déjà fait effet) déclenche de nouveau sa haine. Submergée par la passion, elle se précipite dans le temple, poignarde les enfants et se montre au peuple horrifié, son arme ensanglantée à la main. Puis elle maudit Jason et disparaît sur un char guidé par un dragon, en répandant le feu. *M. S.*

Medea, Maria Callas dans le rôle de Médée, Teatro alla Scala, Milan, 1953.
C'est avec ce rôle que la Callas fit sa percée internationale. Leonard Bernstein assura la direction musicale de la représentation, à la Scala de Milan. L'art de la grande cantatrice permit aussi une redécouverte de Medea. Malgré de brillantes productions discographiques, l'opéra ne trouva cependant pas de place solide au xxe siècle dans le répertoire scénique international, même si l'intérêt historique pour cette œuvre ne disparut jamais.

Les Deux journées ou le Porteur d'eau, illustration de Moritz von Schwind (1804-1871). Le chœur tire sans doute la leçon dans le finale – l'objectif suprême d'une vie est de servir l'humanité –, mais *Les Deux journées* est l'apothéose de l'homme modeste. Sur la scène, on voit agir l'homme moyen, un homme sorti de la masse, du public, et que sa décision inspirée par la compassion transforme en héros. L'idée de la liberté se révèle par l'humanité. L'acte qui apporte le salut devient une profession de foi, un programme existentiel dans l'esprit de → *Fidelio* de Beethoven : « Il cherche le frère de ses frères et il peut aider, il aide volontiers. »

Les Deux journées ou le Porteur d'eau

Opéra en trois actes

Livret : Jean Nicolas Bouilly
Création : le 16 janvier 1800 à Paris (Théâtre Feydeau)
Personnages : Armand, président du Parlement (tén.), Constance, son épouse (sop.), Mikéli, un Savoyard, porteur d'eau (basse), Daniel, son père (basse), Antonio, fils de Mikéli (tén.), Marcellina, fille de Mikéli (sop.), Sémos, un riche métayer à Gonesse (basse), Angelina, sa fille (sop.), deux officiers (2 basses), un officier de la garde (rôle muet), deux soldats italiens (2 basses), une jeune fille (sop.), habitants de Gonesse, soldats, paysans (chœur)

Argument
À Paris et au village de Gonesse, en 1647.
Acte I
La maison de Mikéli à Paris. Son fils Antonio compte épouser le lendemain Angelina, fille d'un riche métayer. Pour prouver l'égalité de tous les hommes et la nécessité de la grandeur d'âme, il raconte comment, jadis, un noble sauva un Savoyard de la mort par le gel et comment celui-ci put ultérieurement prendre sa revanche en libérant le noble de prison. Lui-même a été sauvé par un noble étranger d'une famine qui lui aurait valu une mort certaine. Le père d'Antonio, Mikéli, a l'esprit élevé. Il veut protéger le comte Armand et son épouse Constance contre les persécutions de Mazarin. Après les avoir déguisés en porteur d'eau et en Savoyarde, il les cache dans sa maison, si bien qu'ils ne sont pas découverts, même lors d'une perquisition. Antonio reconnaît dans le comte l'homme qui lui a jadis sauvé la vie.

Acte II
Une place devant la salle de garde d'une porte de la ville, à Paris. Portant la tenue de Marcellina, et accompagnée par Antonio, la comtesse tente de franchir la porte au petit matin. On lui refuse tout d'abord le passage, car la description contenue dans son passeport ne correspond pas à sa personne. Intervient alors l'officier qui, la veille, avait mené la perquisition chez les Mikéli ; il identifie à tort la comtesse comme la fille du porteur d'eau : il la laisse passer. Mikéli, comme d'habitude, la suit sur la charrette, avec son tonneau d'eau. Lorsqu'on l'interroge sur le comte et son épouse, il envoie les poursuivants dans la mauvaise direction, si bien que le comte peut monter dans le fût sans se faire voir et s'enfuir de Paris.

Acte III
Une région rurale, en lisière du village de Gonesse. Antonio a sauvé le comte et la comtesse en les menant chez son beau-père. Mais, alors que débute la noce (où les habitants du village offrent à la promise, Angelina, des pigeons comme symboles de l'amour), des soldats italiens occupent le village et prennent leurs quartiers chez Semos. Le comte doit se cacher dans un arbre creux. Son épouse Constance lui apporte à manger, mais les soldats, qui l'épient, s'emparent d'elle. À la dernière minute, Mikéli, accompagné par des soldats français, parvient à sauver le couple de la mort : avec le soutien de citoyens parisiens, il a pu obtenir auprès de la reine la grâce du comte et de la comtesse, très populaires. Plus rien ne s'oppose désormais aux noces d'Angelina et d'Antonio.

S. N.

Un opéra sur la fraternité

Le livret de Jean Nicolas Bouilly fut fondé sur un épisode réel survenu à l'époque de la Terreur jacobine : l'histoire d'un fonctionnaire sauvé de la mort par un porteur d'eau. Il s'agit d'une « leçon d'humanité », dit Bouilly dans ses *Récapitulations* de 1836, et non d'une prise de position politique contre la Révolution. C'est la raison pour laquelle il déplaça l'action en 1647, lorsque le cardinal Jules Mazarin avait ordonné l'arrestation des membres du parti de la noblesse, sous les ordres de Louis II, prince de Condé. La création des *Deux journées* de Cherubini fut un triomphe. L'œuvre resta jusqu'en 1830 au programme de l'Opéra-Comique et fut reprise en 1842. Elle devint aussi une pièce à succès en-dehors de la France – elle fit bientôt partie du répertoire en Allemagne. Mais l'intérêt déclina vers la fin du siècle. On tenta de le ranimer en en faisant des adaptations et des réactualisations. Malgré tout, *Les Deux journées* sombra dans l'oubli au XXe siècle.

M. S.

Chanter la noblesse d'esprit...

L'idée fondamentale de cet opéra est celle de l'humanité, selon laquelle il faut secourir tout être humain en détresse, hors de toute considération sur son origine et sa position. L'héroïsme et le sacrifice des sauveteurs, l'atrocité et la peur de mourir du côté des menacées, offraient au compositeur une quantité de sensations humaines et donc l'occasion de créer des figures musicales subtiles, sous un aspect essentiellement moral et édifiant. *Les Deux journées ou le Porteur d'eau* de Cherubini était une œuvre très appréciée, aussi bien par
→ Beethoven que, plus tard, par
→ Carl Maria von Weber.
→ *Fidelio* de Beethoven est fondé sur les mêmes valeurs de l'opéra de Cherubini ; il est aussi reconnaissable à divers éléments de mise en forme, comme la technique du mélodrame. C'est au librettiste de Cherubini, Jean Nicolas Bouilly, que l'on doit le premier livret de *Fidelio*, qui fut monté en 1798 à Paris, dans une mise en musique de Pierre Gaveaux. Cherubini, avec son orchestration raffinée, l'emploi efficace de moyens stylistiques dramatiques puissants et l'intégration de chants populaires strophiques, fut un modèle et influença les compositeurs de son époque – le même sujet fut mis en musique par Jean Frédéric Auguste Lemière, Simon Mayr, Thomas Attwood et Paolo Fabrizi.

Les Deux journées, Éliane Lublin (Constance), Charles Burles (Armand), Françoise Garner (Marcellina), Jean-Philippe Lafont (Mikéli), Annick Dutertre (Angelina) et Tibere Raffalli (Antonio), mise en scène : Bernard Sobel, décors : Bernard Thomassin, direction musicale : Pierre Dervaux, Opéra-Comique Paris, 1980.
En France, à l'époque de Napoléon Ier et de la Restauration, Cherubini était considéré comme le compositeur de l'opéra classiciste *Medea*, et non comme celui du singspiel *Les Deux journées*. Le succès de la pièce sur la fraternité fut beaucoup plus important sur les scènes allemandes et autrichiennes au début du XIXe siècle. Même Beethoven avait une grande estime pour cet opéra (il existe des similitudes musicales entre *Les Deux journées* et *Fidelio*). Pourtant, le monde de l'opéra oublia peu à peu cette histoire à suspens, qui ne fut pratiquement plus jouée au XXe siècle, notamment en France, où elle avait été créée. C'est aussi pour cette raison que la tentative de réactualisation de l'œuvre à l'Opéra-Comique de Paris fut très remarquée ; parallèlement, la production de Bernard Sobel fit l'objet d'une controverse.

Portrait d'Adrienne Lecouvreur (1692-1730), gravure de Legnay d'après un dessin de Ch. A. Coypel.
Adrienne Lecouvreur fut l'une des comédiennes françaises les plus célèbres et les plus remarquables de son temps. Elle était la maîtresse du comte Maurice de Saxe (1696-1750), lui-même fils illégitime d'Auguste le Fort. Il vivait à Paris, où il était maréchal de l'armée française. La relation amoureuse entre Maurice et Adrienne s'acheva avant la mort de la comédienne. Après son décès prématuré courut la rumeur selon laquelle elle avait été la victime d'une intrigue. C'est sur ce bruit qu'Eugène Scribe et Ernest Legouvé bâtirent l'intrigue de leur pièce *Adrienne Lecouvreur* (1849).

Francesco **Cilea**

Né à Palmi (Italie) le 23 juillet 1866
Mort à Varazze (Italie) le 20 novembre 1950

Contre la volonté de son père, un avocat renommé, Cilea choisit la carrière de compositeur. Il étudie de 1881 à 1889 le piano et la composition au conservatoire de Naples. Le succès de son travail de fin d'études, l'opéra *Gina*, lui vaut un contrat avec l'éditeur musical milanais Sonzogno. En 1894, il obtient une chaire de professeur de piano au conservatoire de Naples, dont il devient directeur en 1916.
Son œuvre principale est l'opéra *Adriana Lecouvreur* qui, accueillie avec enthousiasme en 1902, s'affirmera au répertoire jusqu'à la fin du XXe siècle.

Œuvres : Opéras : *Gina*, 1889 ; *La Tilda*, 1892 ; *L'Arlesiana*, plusieurs versions : 1897, 1910, 1937, (L'Arlésienne) ; *Adriana Lecouvreur*, 1902 (Adrienne Lecouvreur) ; *Gloria*, 1907 ; *Il Matrimonio selvaggio*, 1909. Œuvres pour piano, mélodies, œuvres pour orchestre.

Adriana Lecouvreur

Opéra en quatre actes

Livret : Arturo Colautti, d'après la pièce de théâtre *Adrienne Lecouvreur*, d'Eugène Scribe et Ernest Legouvé (1849).
Création : le 6 novembre 1902 à Milan (Teatro Lirico)
Personnages : Maurizio/Maurice, comte de Saxe (tén.), le prince de Bouillon (basse), l'abbé de Chazeuil (tén.), Michonnet, régisseur de la Comédie-Française (bar.), Quinault et Poisson, membres de la Comédie (basse, tén.), Adriana Lecouvreur, actrice à la Comédie (sop.), la princesse de Bouillon (mezzosop.), le concierge (tén.), Mlle Jouvenot et Mlle Dangeville, membres de la Comédie (sop., mezzosop.) ; Athenaide, duchesse d'Aumont, la marquise, la baronne, une servante de la cour (rôles muets) ; dames, messieurs, figurants, auxiliaires de scène, serviteurs

Argument
À Paris, en mars 1730.
La comédienne Adriana Lecouvreur et Maurizio de Saxe s'aiment d'un amour réciproque. Le prince de Bouillon aime lui aussi une comédienne, la concurrente d'Adriana, la Duclos, et craint qu'elle ne tente de le duper. Mais en réalité, c'est sa propre femme qui le trompe. Le comte Maurizio avait, par calcul politique, noué une relation amoureuse avec la princesse de Bouillon. Lorsqu'il fait ses adieux à la princesse, la femme humiliée se défend. Elle envoie à l'heureuse comédienne un bouquet de fleurs empoisonnées pour son anniversaire. Adriana meurt dans les bras de son amant.

Acte I
Le foyer de la Comédie-Française. Adriana Lecouvreur, une comédienne adulée, avoue à son admirateur Michonnet qu'elle aime le jeune officier Maurizio. Celui-ci est en réalité le comte de Saxe. Avant la représentation où elle doit jouer le rôle de Roxane dans la tragédie de Racine *Bajazet*, elle donne à Maurizio un bouquet de violettes en signe de son amour. Mais l'ombre d'une ancienne relation plane sur la nouvelle : le comte n'a pas encore mis fin à son aventure avec la princesse de Bouillon. Le prince de Bouillon a lui aussi une maîtresse parmi les comédiennes, Mlle Duclos, qui veut transmettre au comte, pendant la représentation, une invitation de la princesse à venir la retrouver chez elle pour un rendez-vous secret. Mais le billet est intercepté par le comte. Le prince croit être trompé par Mlle Duclos : après la représentation, il invite tous les artistes dans la demeure en question.

Acte II
Dans la petite maison de la comédienne Duclos, sur le terrain de la Grange Batelière, la princesse de Bouillon rencontre le comte de Saxe. Il lui est reconnaissant de

Adriana Lecouvreur, Neil Shicoff (Maurice) et Vesselina Kasarova (princesse de Bouillon), mise en scène : Andrei Serban, décors : Chloé Obolensky, Opernhaus de Zurich 1994.
La mezzo-soprano bulgare, l'une des plus demandées des années 1990, a conquis le monde du *belcanto*. Avec le ténor touche-à-tout, d'une grande culture de chant et d'interprétation qu'est Neil Shicoff, elle a convaincu le public de Zurich que *Adriana* de Cilea existe encore, même dans l'ombre de → *Tosca* et de → *Salome*, près d'un siècle après la création scénique.

l'aide politique qu'elle lui a apportée, mais repousse son amour. Pour apaiser son soupçon (elle croit qu'il a une nouvelle amante), il lui donne le bouquet de violettes de Mlle Duclos. Le prince et ses invités viennent se convaincre de l'infidélité d'Adriana, mais ils ne trouvent aucune dame chez le comte. Avec l'aide d'Adriana, la princesse parvient à quitter la villa par une porte dérobée.

Acte III
Lors d'une fête au palais Bouillon, Adriana et la princesse réalisent qu'elles sont rivales. Pour répondre à la provocation de la princesse, Adriana récite un monologue extrait du *Phèdre* de Racine – une allusion à l'immoralisme de la princesse. Les invités réservent à la comédienne des applaudissements enthousiastes, mais la princesse, amère et blessée, comprend le message du monologue.

Acte IV
Pour son anniversaire, Adriana reçoit entre autres cadeaux le bouquet de violettes qu'elle a un jour offert au comte de Saxe. Les fleurs – empoisonnées – ont été envoyées par la princesse à sa rivale. Adriana croit cependant que c'est Maurizio qui lui a envoyé les violettes comme cadeau d'adieu. Mélancolique, elle hume le parfum mortel des fleurs. Maurizio, qui lui avoue de nouveau son amour, arrive trop tard; Adriana meurt dans ses bras.

S. N.

*C*ilea *était proche du vérisme, mais sa musique d'opéra est plus lyrique et mélancolique que passionnée et excessive. L'opéra* Adriana Lecouvreur *est devenu plus célèbre que son créateur.*

Adriana Lecouvreur, croquis de décor d'Eduard Löffler, Teatro Municipal, Rio de Janeiro, 1943 (TWS).
L'original de Scribe est une pièce à intrigue piquante; il y donne un tableau fidèle du monde théâtral derrière les coulisses, une présentation « historisante » de l'ère baroque et de fines pointes qui élèvent parfois l'ensemble dans les parages de la comédie. Cilea se sert lui aussi du moyen du comique, c'est-à-dire du style français de l'opéra-comique de la fin du romantisme, suivant l'exemple de → Massenet et → Puccini. Dans les scènes de groupe, Cilea adopte un ton de conversation détendu et nonchalant, souvent teinté d'humour. Mais l'ambiance fondamentale est sérieuse, et même sensible.

Des cartes de visite mélodiques
Suivant la mode de l'époque, Cilea a créé des motifs de souvenir et des thèmes directeurs, des mélodies simples, le plus souvent réussies, et les a assemblés en un système assez souple. Il a donné à chaque personnage principal un profil musical caractéristique : le comte Maurizio (l'un des grands rôles d'Enrico Caruso) s'est ainsi vu attribuer une cantilène passionnée, juvénile et pleine d'allant N1, la princesse un motif de haine sombre et très fortement rythmé N2, associé à la puissance d'une tessiture de mezzosoprano menée le plus souvent dans les graves. Mais Cilea a offert à Adriana son idée mélodique la plus tendre. Celle-ci est introduite dès la scène initiale du premier acte, dans une sorte d'« air d'entrée », et symbolise constamment l'héroïne jusqu'à la fin de l'œuvre. N3 Ainsi, le sublime du texte des airs contribue directement à caractériser une femme à l'esprit élevé : *Io son l'umile ancella del Genio creator* (je suis l'humble servante du génie créateur).

J. K.

Ci-dessous
Adriana Lecouvreur, photo de scène avec Mara Zampieri dans le rôle d'Adriana, mise en scène : Andrei Serban, Opernhaus de Zurich, 1994.
Mara Zampieri (née en 1941) chante de préférence les rôles d'opéra de compositeurs italiens peu connus de la fin du dernier siècle, comme Catalani, Zandonai et Cilea.

Domenico Cimarosa

Né à Aversa (Italie) le 17 décembre 1749
Mort à Venise (Italie) le 11 janvier 1801

Cimarosa suit une formation de violoniste, de pianiste et de chanteur au conservatoire Santa Maria di Loreto à Naples, et prend ensuite des cours auprès du célèbre Niccoló Piccinni. Après le succès de sa première création d'opéra, en 1772, à Naples, d'autres grands opéras italiens s'ouvrent également à lui (c'est le cas à Rome et à Venise). En 1779, il est nommé organiste royal à Naples. Répondant à une invitation de la Tsarine Catherine II à la cour de Saint-Pétersbourg, il y devient en 1787 le successeur de Sarti. En 1791, il part pour Vienne et obtient la fonction de Kapellmeister de la cour (ce que Mozart avait vainement tenté d'obtenir). Après la mort de Léopold II, en 1793, Cimarosa rentre à Naples, où il jouit d'une grande popularité jusqu'à l'insurrection contre les Bourbons (1799). Un hymne patriotique, composé en protestation contre l'occupation française à Naples, lui valut quatre mois de prison. Contrairement à ce que prétendit une rumeur, il ne fut pas empoisonné par les royalistes, mais mourut peu de temps après sa libération ; il n'avait guère plus de cinquante ans.

Œuvres : Soixante-cinq opéras dont il est l'auteur en toute certitude (datés et représentés), appartenant à différents genres : *dramma giocoso, dramma per musica, commedia per musica, farsa per musica, intermezzo in musica*. Le premier opéra, en 1772, *Le Stravaganze del conte* était une *commedia per musica* ; le dernier, un *dramma tragico per musica, Artemisia*, de 1801, reste inachevé. Le plus célèbre de ses opéras est *Il Matrimonio segreto*, en 1792, (Le Mariage secret). Oratorios, messes et autres compositions religieuses, cantates, 32 sonates pour piano en un mouvement, musique de chambre.

Il Matrimonio segreto
Le Mariage secret

Dramma giocoso per musica en deux actes

Livret : Giovanni Bertati, d'après la comédie *The Clandestine Marriage* (1766) de George Colman l'Ancien et David Garrick
Création : le 7 février 1792 à Vienne (Hoftheater)
Personnages : Geronimo, riche marchand (basse), Elisetta, sa fille aînée (sop.), Carolina, sa fille cadette (sop.), Fidalma, sœur de Geronimo, riche veuve (mezzosop.), le comte Robinson (basse), Paolino, jeune commis dans la maison de Geronimo (tén.)

Argument
À Bologne, au XVIIIe siècle.
Carolina, la fille du marchand Geronimo, doit, conformément à la volonté de son père, devenir l'épouse du comte Robinson. Mais elle est déjà secrètement mariée avec Paolino. Après quelques turbulences, il ne reste finalement plus d'autre solution à Carolina que de tout avouer à son père. Mais celui-ci donne sa bénédiction à contrecœur, car le comte se déclare disposé à épouser la fille aînée de Geronimo.

Acte I
Le riche marchand Geronimo voudrait marier au moins l'une de ses deux filles à un noble. Mais la cadette, Carolina, est déjà mariée en secret avec Paolino, le commis. Attiré par la dot élevée, le comte Robinson se présente comme prétendant. Mais son choix se porte sur Carolina, dédaignant Elisetta, qui, elle, désire se marier.

Acte II
Le comte Robinson informe Geronimo qu'il veut épouser Carolina plutôt qu'Elisetta. Geronimo se refuse à donner sa bénédiction paternelle. Il faut que le comte propose de renoncer à la moitié de la dot pour que Geronimo soit enfin convaincu. La sœur de Geronimo, Fidalma, s'est elle aussi mise en tête d'épouser Paolino, mais le jeune homme repousse ses avances. Les deux femmes éconduites, Fidalma et Elisetta, se liguent alors contre Carolina et suggèrent à Geronimo d'envoyer celle-ci dans un couvent. Les époux secrets confessent leur détresse au père. Celui-ci fait contre mauvaise fortune bon cœur : le comte épouse Elisetta et Fidalma reste seule.
S. N.

Il Matrimonio segreto, mise en scène : Peter Baumgardt, décors : Peter Werner, Staatstheater am Gärtnerplatz, Munich, 1988.
L'une des rares mises en scène de *Il Matrimonio segreto* dans laquelle cette vieille histoire se déroule à notre époque. En montant cette œuvre, les artistes affirmaient que le théâtre pouvait s'actualiser.

Titre ou moyen, un panorama du rire

Giovanni Bertati a transposé le modèle anglais dans le milieu de l'*opera buffa* et de la *commedia dell'arte* italienne. Avec ses manières tyranniques, son arrogance et sa ruse, Geronimo a une similitude avec le personnage type de Pantalone, par exemple. Sa surdité est la cause de malentendus comiques. Les autres personnages – les époux secrets, Elisetta, jalouse et acariâtre, la sœur de Geronimo, tante Fidalma, veuve et avide d'amour – s'adaptent au répertoire type de la comédie traditionnelle italienne.

À l'aune de l'histoire de la musique

À côté de Baldassare Galuppi, Pasquale Anfossi, Giuseppe Sarti, Niccolò Piccinni et Antonio Salieri, Cimarosa fut l'un des plus brillants représentants d'une génération de compositeurs qui, au XVIIIe siècle, assura la floraison de l'*opera buffa*. Dans ce domaine, il était aussi en concurrence avec son contemporain Mozart. Mais parmi les nombreux opéras-comiques de Cimarosa, seul *Il Matrimonio segreto* fut un succès durable. Cependant, même cet opéra ne peut rivaliser avec → *Le Nozze di Figaro* et → *Così fan tutte* de Mozart. Son action repose sur des schémas de l'opéra-bouffe; sa musique n'a pas de profondeur, mais elle est en revanche pleine de légèreté et d'allant.

Caricatures vocales

L'œuvre témoigne d'une grande maîtrise et d'une mûre capacité à la composition. Avec son grand nombre de numéros d'ensemble, elle prouve l'ouverture à l'égard des tendances modernes de l'époque. Cimarosa avait un sens des caricatures musicales; avec le moyen fréquemment utilisé de la répétition de notes pour représenter le bavardage creux, il anticipa sur le style bouffe de Rossini et de Donizetti. Avec *Il Matrimonio segreto*, Cimarosa obtint le plus brillant succès de sa carrière de compositeur. Selon des récits de l'époque, après la seconde représentation au Hoftheater de Vienne, la pièce fut bissée à la demande de l'empereur Léopold II. *Il Matrimonio segreto* fait partie (avec les opéras de Mozart) des rares opéras-comiques issus du XVIIIe siècle qui se maintiennent encore aujourd'hui au répertoire.

J. K.

Ci-dessus
Il Matrimonio segreto, acte I, Carlos Chausson (Geronimo) et Malin Hartelius (Elisetta), mise en scène: Jonathan Miller, décors: John Conklin, direction musicale: Adam Fischer, Opernhaus de Zurich, 1996.
Un archétype de situation satirique et comique: le bourgeois en noble et sa fille, que la noblesse d'esprit ou de sang laisse froide et qui ne s'exalte que pour l'amour.

Il Matrimonio segreto, Antti Suhonen (le comte Robinson) et Efrat Ben-Nun (Elisetta), mise en scène: Hennig Brockhaus, direction musicale: Asher Fisch, Deutsche Staatsoper de Berlin, 1994.
Dans chaque comédie réside aussi un souffle de tragédie. Et le *happy end* n'est pas toujours heureux pour tout le monde: il y a aussi des perdants.

Il Matrimonio segreto, affiche de la mise en scène de Giorgio Strehler, Milan, 1949.

À gauche
Mariage à la mode, cycle d'images de William Hogarth (1743-1745). Premier tableau: Les fiançailles (le contrat de mariage). Huile, National Gallery, Londres.
À côté de deux autres opéras importants du XXe siècle (Strauss, → *Der Rosenkavalier*, Stravinsky → *The Rake's Progress*), l'*opera buffa* de Cimarosa est le troisième, mais le premier dans le temps, à avoir été inspiré (même indirectement) par cette série d'images. La comédie *The Clandestine Marriage* attaquait avec une vive satire les mœurs de la bourgeoisie parvenue et de la noblesse appauvrie. Ce type de contexte n'était pas inconnu non plus en Italie.

Cimarosa est l'un des principaux représentants de l'opéra-comique dans l'Italie de la fin du XVIIIe siècle. Il avait un don pour les compositions tonitruantes.

À droite
Der Barbier von Bagdad, photo de scène avec Constanze Nettesheim (Margiana) et Willy Wörle (Nureddin), Staatsoper de Berlin, 1935.
Le duo d'amour intervient relativement tard, dans le dernier tiers de l'opéra. La protagoniste, Margiana, n'a certes que deux minutes de chant solo dans l'opéra, mais son rôle n'est pas du tout insignifiant. Sa partie est admirable. L'une des nouvelles idées intelligentes de Cornelius est de faire succéder au duo d'amour traditionnel un autre duo d'amour interrompu, par le chant du barbier qui monte la garde de l'autre côté de la rue – un joyau du drame lyrique.

Cornelius était lié à la Nouvelle École allemande et à Franz Liszt. Il vénérait le Français Berlioz et le Hongrois Liszt. Sa musique est pourtant beaucoup plus intime: on y retrouve le ton de Weber et de Mendelssohn.

Peter Cornelius

Né à Mayence (Allemagne) le 24 décembre 1824
Mort à Mayence le 26 octobre 1874

Cornelius était déjà connu des lecteurs de la *Nouvelle Revue de musique* comme l'un des plus virulents représentants de la Nouvelle École allemande avant qu'il ne se fasse remarquer, sept ans après la fin de sa formation musicale, en 1853, comme compositeur de lieder. De son vivant, il met en œuvre ses nombreux dons en réalisant pour → Hector Berlioz des traductions en allemand, en écrivant lui-même des textes, en se produisant comme comédien et, surtout, en composant de la musique vocale. Après la création de son *Barbier von Bagdad*, qui n'a guère de succès, sous la direction de Franz Liszt, il quitte Weimar en 1858 et part pour Vienne. En 1867, on le nomme professeur de composition à la nouvelle Königliche Musikschule à Munich.

Œuvres: *Der Barbier von Bagdad*, Weimar, 1858 (Le Barbier de Bagdad); *Der Cid*, Weimar, 1865 (Le Cid); *Gunlöd* (fragment). Lieder et chœurs.

Condamné à l'échec

Peter Cornelius avait 28 ans lorsqu'il rendit visite pour la première fois à Franz Liszt, en 1852, à Weimar, à la villa Altenburg. Il lui fallait monter de nombreuses marches pour se rendre dans le bureau de Liszt. Il les compta: si leur nombre était pair, cette rencontre lui porterait bonheur, s'il était impair, elle lui porterait malheur, pensa le jeune compositeur, qui avait aussi un talent non négligeable pour la littérature. Il y avait 21 marches… Un mauvais présage. Six ans plus tard, c'est l'accueil scandalisé réservé au *Barbier von Bagdad* sous la direction de Liszt qui incita ce dernier à abandonner son poste de Kapellmeister à la cour de Weimar. Cornelius, fils d'un couple de comédiens, avait perdu son père prématurément; il habita ensuite chez son oncle, à Berlin, le célèbre peintre Peter von Cornelius. Le milieu artistique de Liszt lui parut donc aussitôt familier. Ses connaissances linguistiques (il parlait remarquablement français) lui valurent d'être engagé comme secrétaire par Liszt. Il habita chez lui, à Altenburg. Il traduisit les articles de Liszt, mais aussi quelques textes de ses chants français en allemand. Liszt voulait en faire un compositeur d'église. Cornelius composa ainsi plusieurs messes, qui n'eurent cependant pas de succès. En 1854, Cornelius se retira dans une petite maison forestière de la forêt de Thuringe, traduisit le livret de *Benvenuto Cellini* de Berlioz et com-

Der Barbier von Bagdad, photo de scène avec Ivar Andersen (Abul Hassan) et Willy Wörle (Nureddin), Staatsoper de Berlin, 1935.
Une scène comique délicieuse. Le barbier bavard, Abul assan, met pratiquement à vif les nerfs de son client Nureddin avec son papotage incessant. Cette longue scène du rasage est intéressante du point de vue musical: le barbier scande un texte très long à une allure vive et rythmée, tandis que Nureddin, amoureux, chante sur quelques mots de grandes courbes musicales. Ce schéma s'inverse totalement lorsque le barbier devient de plus en plus avare de ses mots et que Nureddin réagit avec une colère croissante à cette perte de temps. Le chant d'Abul qui résonne dans cette scène, parodique et dansant, a été baptisé « menuet du raseur » par Cornelius et ses amis de Weimar.

Der Barbier von Bagdad
Le Barbier de Bagdad

Opéra-comique en deux actes

Livret : Peter Cornelius, d'après les récits tirés des *Mille et une nuits* (de la 29e à la 31e nuit)
Création : le 15 décembre 1858 à Weimar (Hoftheater)
Personnages : le calife (bar.), Baba Mustapha, un cadi (tén.), Margiana, sa fille (sop.), Bostana, une parente du kadi (mezzosop.), Nureddin (tén.), Abul Hassan Ali Ebn Bekar, barbier (basse), trois muezzins (basse, 2 tén.), un esclave (tén.), quatre hommes en armes (2 tén., 2 basses) ; serviteurs de Nureddin, amis du cadi, peuple de Bagdad, pleureuse, escorte du calife (chœur)

Argument
À Bagdad.
Acte I
Nureddin est amoureux de Margiana, la fille du cadi. Sans espoir de la recevoir comme femme, il broie du noir, malade d'amour. Mais lorsque Bostana, une amie de Margiana, lui annonce que la femme qu'il adore l'attend pour un rendez-vous à l'appel du muezzin, pendant que son père prie à la mosquée, le suicidaire se transforme en jeune homme heureux de vivre. Pour paraître aussi beau que possible devant sa bien-aimée, il confie son visage au meilleur barbier de la ville, Abul Hassan. Parlant plus qu'il ne travaille, celui-ci se lance dans une opération dramatique d'enjolivement et fait parler Nureddin sur son amour. Lorsqu'il insiste, en plus, pour l'accompagner, Nureddin utilise une ruse : il diagnostique une lourde maladie chez le barbier et lui prescrit le repos au lit.

Acte II
Margiana et Bostana attendent Nureddin, dans un climat joyeux et tendu. Le futur époux désigné par le père de la jeune fille, le riche Selim de Damas, a fait envoyer à Margiana un coffre plein de trésors, en guise de cadeau de noces. À peine le cadi a-t-il quitté la maison pour aller à la prière, Nureddin fait son apparition. Le barbier l'a suivi en secret et tient la garde devant la maison. Le cadi revient à l'improviste et corrige un esclave à cause d'un vase cassé. Nureddin disparaît aussitôt dans le coffre au trésor. Le barbier soupçonne que son protégé est en danger, entre dans la maison avec des passants, apprend que Nureddin se trouve dans le bahut et accuse le cadi de meurtre. Le calife vient régler la querelle, fait ouvrir le coffre et prononce son jugement : dès lors que, selon les dires du cadi, le coffre et son contenu constituent le trésor de sa fille, elle est autorisée à le conserver. On invite généreusement aux noces toutes les personnes présentes. Le calife prend le barbier à son service.

M. S.

Der Barbier von Bagdad, croquis de décor (détail) de Josef Fenneker pour l'opéra de Duisbourg, 1936, mise en scène : Werner Jacob, direction musicale : Paul Drach. Bien que l'action soit située à Bagdad, la musique de Cornelius n'est pas exotique au sens où on l'entend dans le singspiel allemand, depuis → Mozart jusqu'à → Lortzing. Cornelius a aussi fait appel à un autre genre d'opéra. Il n'y a pas ici de dialogues parlés, l'opéra est composé de bout en bout. On a l'impression qu'avec *Der Barbier von Bagdad*, Cornelius a voulu implanter sur le sol allemand l'idéal d'opéra de → Berlioz. Les œuvres d'Hector Berlioz furent fréquemment données à Weimar dans les années 1850, à l'instigation de Liszt. Mais le coloris oriental n'est pas totalement absent de cette œuvre. Dans l'introduction orchestrale à l'acte II, Cornelius décrit en musique l'ambiance de midi à Bagdad. Le livret contient encore plus de coloration exotique (Cornelius était un remarquable linguiste et connaisseur de la littérature), avec des noms turco-arabes provoquant un effet comique, et une manière de parler volontairement exubérante.

posa son propre opéra-comique, *Der Barbier von Bagdad*. Liszt ne fut pas enthousiasmé par cette idée – le comique ne tenait pratiquement aucune place dans la création de cet homme du monde pour le reste plein d'humour. Il parraina pourtant la présentation de l'œuvre au public. Ignorant qu'il s'agissait d'une cabale lancée contre Liszt par l'intendant du Hoftheater, Franz von Dingelstedt, Cornelius interpréta le fiasco absolu comme un manque de qualité de son opéra. Même plusieurs révisions et réinstrumentations ne permirent pas à l'œuvre de connaître le succès espéré : le problème ne se situait pas sur le plan de la musique ou du texte, mais était fondé sur l'aversion des auditeurs pour la Nouvelle École allemande. Il fallut que Hermann Levi reprenne la version originelle lors de la représentation munichoise du 15 octobre 1885 pour que l'œuvre soit acceptée. La reprise de la version originale à Weimar, le 10 juin 1904, fut elle aussi un succès. Depuis le milieu du siècle, l'œuvre fait partie du répertoire des petites scènes.

M. S.

Luigi **Dallapiccola**

Né à Pisino (Croatie) le 3 février 1904
Mort à Florence (Italie) le 19 février 1975

Dès sa prime jeunesse, Dallapiccola fait l'expérience du pouvoir de la politique : en 1917, son père, enseignant et directeur d'une école secondaire italienne, est déporté à Graz avec sa famille, où il est soumis jusqu'à la fin 1918 au statut d'étranger indésirable. Après sa formation à Graz et à Florence, et de nombreux séjours d'études internationaux qui mènent Dallapiccola jusqu'aux États-Unis, au Berkshire Music Center, il est jusqu'en 1967 professeur de piano au conservatoire de Florence. Son expérience artistique décisive est la représentation du cycle de Lieder *Pierrot Lunaire*, de et avec Arnold Schönberg, en 1924, à Florence. La protestation contre la satisfaction déplacée telle qu'elle s'exprime dans cette œuvre correspond à l'attitude personnelle de Dallapiccola. Marqué par la Seconde Guerre mondiale, Dallapiccola professe un antifascisme intellectuel rigoureux, doublé d'un engagement moral ; il sera de ce point de vue un modèle pour les jeunes compositeurs.

Œuvres : Œuvres scéniques : *Volo di notte*, Florence, 1940 (Vol de nuit) ; *Il Prigioniero*, Florence, 1950 (Le Prisonnier) ; *Job*, Rome, 1950 ; *Odysseus*, Berlin, 1968 (version originale : *Ulysse*). Ballets, musique de films, musique vocale, œuvres pour orchestre.

Il Prigioniero, Thomas de Vries dans le rôle du prisonnier, mise en scène : Joachim Griep, décors et costumes : Joachim Griep, direction musicale : Reinhard Seifried, Staatstheater d'Oldenburg, 1996.
Ces minutes de la vie d'un détenu et sa souffrance qu'a choisies Dallapiccola pour en faire le sujet de son œuvre en un acte deviennent une parabole de l'impuissance d'un homme qu'une force invisible poursuit jusque dans ses illusions les plus personnelles – et finit par détruire.

Dallapiccola fut l'un des premiers rénovateurs d'une musique italienne figée dans la tradition.

La dernière déception fut musicale

Après la Seconde Guerre mondiale, le sérialisme fut pour la nouvelle génération de compositeurs, de Dallapiccola à Pierre Boulez, la technique de composition moderne et actuelle. La musique était organisée par séries de douze notes ou moins, dans une succession bien précise. Dans *Il Prigioniero*, Dallapiccola mit la technique dodécaphonique au service de l'expression dramatique. Le prisonnier, qui exprime librement ses sentiments véritables, chante en mélodies dodécaphoniques aux accents brutaux. Sa prière, avant sa fuite supposée, contient les douze notes et constitue une mélodie dissonante, étrange, aux formes libres. N1
En revanche, le Grand Inquisiteur qui se fait passer pour un moine chante sur une métrique régulière, accompagné par des accords tonals harmonieux, une mélodie en forme d'*arioso*. N2
D'autres moyens musicaux jouent aussi un grand rôle. La scène de la fuite du prisonnier, dans laquelle, pris d'un espoir anxieux, il cherche le chemin vers la liberté, est fondée sur une forme musicale baroque, en contrepoint : le *ricercare* (littéralement : chercher quelque chose de nouveau). Le chœur a lui aussi une grande importance. Dans ses intermèdes, le compositeur avait sous les yeux « des œuvres chorales espagnoles du XVIe siècle, fanatiques et ensanglantées ».

Il Prigioniero
Le Prisonnier

Un prologue et un acte

Livret : Luigi Dallapiccola, d'après la nouvelle d'Auguste Villiers de l'Isle-Adam *La Torture par l'espérance* et le roman de Charles de Coster *La Légende d'Eulenspiegel*

Création : version concertante : le 1er décembre 1949 à Turin (Radiotelevisione Italiana) ; version scénique : le 20 mai 1950 à Florence (Teatro Comunale)

Personnages : la mère (sop.), le prisonnier (bar.), le geôlier (tén.), Fra Redemptor (rôle muet), deux prêtres (tén., bar), le Grand Inquisiteur (tén.) ; chœur de chambre (sur la scène), grand chœur (derrière la scène).

Argument

Une prison de l'Inquisition à Saragosse, dans la seconde moitié du XVIe siècle.

Prologue

Devant un rideau intermédiaire noir. Une mère attend son fils emprisonné par l'Inquisition. Elle pressent sa fin prochaine : dans un rêve, elle a vu le roi Philippe II, responsable de la fureur de l'Inquisition, prendre les traits de la mort.

Tableau 1

Une cellule souterraine avec une couche de paille et un banc de torture. C'est là que le prisonnier rencontre sa mère cette fois rempli d'espoir, car le geôlier l'a appelé « frère », ce qu'il interprète comme un signe de sa libération prochaine.

Tableau 2

La même cellule, après que le prisonnier a fait ses adieux à sa mère. Le geôlier revient rendre visite au prisonnier et lui raconte qu'une insurrection dans les Flandres affaibli le pouvoir de Philippe II. Comme pour confirmer ses paroles, il laisse la porte ouverte en s'en allant et le prisonnier sort en courant.

Tableau 3

Un souterrain voûté. Le prisonnier traverse des galeries souterraines, doit se cacher à plusieurs reprises, mais on ne le découvre pas.

Tableau 4

Un grand jardin. Lorsqu'il arrive enfin dans un jardin et, après une si longue période, aperçoit le ciel étoilé, il est salué par le mot « frère » – prononcé par le geôlier, en réalité le Grand Inquisiteur. L'espoir de la liberté était la dernière torture qu'on lui avait destinée. Il est mené au bûcher.

S. N.

La torture par l'espérance

Dallapiccola lut la nouvelle de Villiers de l'Isle-Adam *La Torture par l'espérance*, en 1939, et l'associa immédiatement à la présentation du roi Philippe II par Victor Hugo (*La Légende des siècles*). Le cruel persécuteur des hérétiques, Philippe II, inspira au compositeur des associations d'idées avec Hitler et Mussolini. Dallapiccola écrivit la première version du livret fin 1943 début 1944 et acheva la partition en 1948, après d'assez longues pauses.

L'opéra est lié par une étroite parenté intellectuelle avec les *Canti di prigionia* (1941) et les *Canti di liberazione* (1955) qui lui succédèrent. *Il Prigioniero* est né d'une situation politique d'actualité (l'installation de dictatures fascistes en Europe), mais il traite les souffrances des détenus politiques d'une manière archétypique, inspirée par la *Divine Comédie* de Dante et y faisant allusion. Chez Dante, quiconque entre dans le monde souterrain doit abandonner toute espérance. C'est ce qui donne son caractère supratemporel et singulier à l'opéra de Dallapiccola. Au-delà, l'idée dramatique est ici mise en musique d'une manière convaincante, avec le renversement de toute situation en son contraire : *La speranza... l'ultima tortura* (L'espoir... l'ultime torture). Dallapiccola travaillait par séries dodécaphoniques (→ Schönberg)

À droite
Il Prigioniero, Eberhard Waechter dans le rôle du prisonnier chantant sa prière, mise en scène : Günter Rennert, Teatro alla Scala, Milan, 1961-1962.
Dans une interview, Dallapiccola raconta les obstacles que dut surmonter l'intendant du Festival Maggio Musicale à Florence avant la première de *Il Prigioniero*. L'année 1950 avait été proclamée « année sainte » par le pape et l'Église ne tenait guère à ce que l'on présente sur scène la face la plus sombre de son histoire, l'Inquisition. C'est la raison pour laquelle, lors de la première, les deux prêtres n'apparurent pas en aube, mais en costumes de chevalier. L'opéra a finalement été accueilli avec sympathie par le public. Il est, depuis une œuvre scénique appréciée dans le monde entier.

associées à certaines idées et qui s'inversent sous forme de mouvement rétrograde, de renversement, ou de mouvement rétrograde en renversement lorsque la situation et le sentiment basculent dans leur contraire. Des formes cohérentes (*ricercare*, *ballata*, airs) préservent la transparence de l'action musicale.

S. N.

1. Prière du prisonnier

Si - gno - re, A - iu - ta - mi a cammi - na - re

2. Air du Grand Inquisiteur

Sul - l'O - ce - a - no, sul - la Schel - de, con il so - le, con la piog - gia, con la gran - di - ne e la ne - ve

Il Prigioniero, (de g. à dr.), Helga Thiede (la mère), Gerald Hupach (le prêtre), John Bröcheler (le prisonnier), Hajo Müller (le prêtre) et Tom Martinsen (le geôlier/le Grand Inquisiteur), mise en scène : Christian Pöppelreiter, direction musicale : Ingo Metzmacher, décors : Jörg Kossdorf, Semperoper de Dresde, 1993.
L'une des mises en scène modernes de cette œuvre importante : ce n'est pas le cas isolé qui est ici en débat, mais le rituel du sacrifice en tant que tel. Christian Pöppelreiter s'est fié à l'expressivité de la musique. Le son des cloches du Roeland de Gand est particulièrement important : dans la vision du prisonnier, ce son puissant l'appelle aussi vers la liberté – mais au bout du compte, il s'agit du glas annonçant son exécution.

Ci-dessus
Pelléas et Mélisande, François le Roux et Frederika von Stade, mise en scène : Antoine Vitez, direction musicale : Claudio Abbado, décors et costumes : Yannis Kokkos, Staatsoper de Vienne, 1988.
Jeu près de la fontaine : Mélisande perd sa bague. À cet instant précis, Golaud tombe de son cheval. Dans la scène du puits se révèlent les âmes parentes, puériles et naïves, de Pelléas et Mélisande, l'origine de leur inclination réciproque. Eux-mêmes ignorent s'il faut donner à ce phénomène le nom d'amour.

Debussy, compositeur lié à l'impressionnisme autant qu'au symbolisme, cherchait une expression libre ; il accordait une signification particulière à la couleur sonore.

Claude **Debussy**

Né à Saint-Germain-en-Laye le 22 août 1862
Mort à Paris le 25 mars 1918

Debussy étudie le piano et la composition au Conservatoire de Paris. Après trois années de séjour à Rome, il travaille à Paris comme compositeur indépendant et entretient des relations étroites avec des gens de lettres et des peintres qui affineront et marqueront profondément son goût. Au centre de son œuvre précoce, on trouve l'opéra *Pelléas et Mélisande*, avec lequel il fonde dans les années 1890 son langage musical. Par la suite, il essaie d'écrire un second opéra (*La Chute de la maison Usher*, d'après Edgar Allan Poe), mais celui-ci restera à l'état de fragment.

Œuvres : Outre son unique opéra complet, *Pelléas et Mélisande*, 1902, il compose la cantate scénique *L'Enfant prodigue*, le mystère *Le Martyre de saint Sébastien*, de nombreuses mélodies, œuvres pour piano (*Pour le piano, Estampes, Images* I-II, *Préludes* I-II), musique de chambre, œuvres pour orchestre (*Prélude à l'après-midi d'un faune, Nocturnes, La Mer, Images*) et ballets (*Khamma, Jeux*).

Pelléas et Mélisande

Drame lyrique en cinq actes (15 tableaux)

Livret : Maurice Maeterlinck
Création : le 30 avril 1902 à Paris (Opéra-Comique)
Personnages : Arkel, roi d'Allemonde (basse), Pelléas et Golaud, petits-fils d'Arkel, demi-frères (tén., bar.), Yniold, fils de Golaud en premières noces (sop.), Geneviève, mère de Golaud et Pelléas (alto), Mélisande (sop.), voix d'un berger (basse), un médecin (basse), servantes, mendiant (rôles muets), voix de matelots (chœur)

Argument
Le royaume d'Allemonde, en des temps légendaires. Golaud prend pour épouse, dans son château, une créature énigmatique du nom de Mélisande. Son frère Pelléas veut quitter le château, mais il reste, se sentant attiré par Mélisande, et réciproquement. Golaud assassine Pelléas. Mélisande met au monde un enfant de Golaud et meurt.

Acte I
Tableau 1 Une forêt. Égaré pendant la chasse, Golaud rencontre Mélisande en larmes. Il ne parvient pas à la consoler, mais l'emmène avec lui.
Tableau 2 Une salle dans le château. Golaud demande par lettre à son demi-frère cadet, Pelléas, d'intercéder en sa faveur auprès du roi Arkel : après six mois en mer, il voudrait revenir chez lui avec sa seconde femme, Mélisande, qu'il vient d'épouser. Sa mère Geneviève lit la lettre à Arkel. Pelléas veut, quant à lui, quitter le château : un ami agonisant l'appelle auprès de lui. Bien que le roi Arkel ait destiné une autre femme à Golaud, il approuve le choix de celui-ci et l'autorise à revenir. Mais il interdit à Pelléas de partir.
Tableau 3 Devant le château. Geneviève fait découvrir à Mélisande sa nouvelle patrie. Celle-ci est effrayée par ce château et ce parc ténébreux. On entend des voix dans le navire qui s'éloigne. Mélisande et Pelléas se sentent attirés l'un vers l'autre.

Acte II
Tableau 1 Un puits dans le parc. Pelléas mène Mélisande à la fontaine des aveugles, dont l'eau a le pouvoir de rendre la vue. Elle ouvre aussi les yeux de Pelléas et Mélisande, qui se découvrent l'un l'autre. Mélisande laisse tomber l'alliance de Golaud dans le puits.
Tableau 2 Une chambre dans le château. À la seconde même où Mélisande laissait tomber l'alliance de Golaud dans le puits, celui-ci est tombé de cheval et s'est blessé. Mélisande le soigne. Il découvre alors qu'elle a perdu la bague. Elle ment et prétend l'avoir égarée dans une grotte. Il l'envoie chercher le gage de son amour.
Tableau 3 La grotte. À la demande de Golaud, Pelléas accompagne Mélisande, partie chercher la

bague. Ils sont liés par le mensonge. Le malheur rôde aux alentours. La maladie et la famine règnent dans le royaume. Ils rencontrent trois vieillards grabataires et squelettiques, et s'enfuient, effrayés.

Acte III
Tableau 1 Une tour. Mélisande peigne ses longs cheveux d'or, transforme sa nostalgie en chant, et fait ainsi venir Pelléas auprès d'elle. Tous d'eux s'offrent l'un à l'autre dans le jeu des regards et des gestes : Pelléas s'enveloppe de la chevelure d'or de Mélisande. Golaud les surprend : « Quels enfants. »
Tableau 2 Un souterrain voûté. Golaud menace Pelléas ; il lui fait découvrir la terreur de la pénombre et de la mort.
Tableau 3 Une terrasse à la sortie de la cave voûtée. Bouleversé par la peur de la mort, Pelléas revoit avec joie le monde et l'éclat du soleil. Golaud interdit à Pelléas toute nouvelle relation avec Mélisande : cela pourrait nuire à sa grossesse.
Tableau 4 Devant le château. Golaud fait de son fils Yniold, l'enfant de son premier mariage, un dénonciateur. Il le soulève à la fenêtre et lui demande ce que font Mélisande et Pelléas ensemble dans la chambre. Yniold se rebelle. Il craint son père, mais ressent aussi sa détresse. Golaud apprend tout et rien par la bouche de l'enfant : Pelléas et Mélisande sont simplement assis l'un en face de l'autre, tristes et silencieux.

Acte IV
Tableau 1 Une chambre dans le château. Pelléas demande à Mélisande d'ultimes adieux dans le parc.
Tableau 2 Une chambre dans le château. Arkel tente de consoler Mélisande et de tenir auprès d'elle le rôle de Pelléas. Cela ne la console pas. Golaud montrant ouvertement sa jalousie et sa colère, tire Mélisande par ses cheveux d'or.
Tableau 3 Un puits dans le parc. Yniold joue, tout seul. Comme chaque jour, il entend s'approcher les moutons qui reviennent. Mais ils se taisent. Le berger leur barre le passage vers l'étable : ils vont à l'abattoir. L'enfant est saisi par le pressentiment de la mort. Pelléas prend congé de Mélisande. Pour la première fois, ils se confient par la parole le sentiment qu'ils ont l'un pour l'autre. Golaud tue Pelléas. Mélisande s'enfuit.

Acte V
Une chambre dans le château. Mélisande a mis au monde une petite fille. Golaud tente en vain de justifier son meurtre. Pour le roi Arkel, l'enfant est un gage de survie de sa famille, de la victoire de la vie. Mélisande plaint sa fille, car celle-ci est forcée de vivre. Elle-même meurt.

S. N.

Pelléas et Mélisande, croquis de décor (détail) d'Ottomar Starke, Munich, 1909 (TWS). Un opéra dans lequel, extérieurement, rien ne se passe. On pourrait croire que ces mots constituent une critique anéantissante. Mais dans le cas de *Pelléas et Mélisande*, ils sont l'expression de la plus haute louange, car ils témoignent de la mise en œuvre parfaite des intentions du créateur. Debussy rêvait d'un opéra dans lequel l'action extérieure ne progresserait que par allusions. Ce qui n'est pas montré concrètement sur la scène doit être complété par la musique et l'imagination. La mer, la forêt et le château, la fontaine, la grotte et la tour sont aussi importants que les êtres humains, dans l'univers dramatique de cette œuvre.

Ci-dessous
Pelléas et Mélisande, Edith Mathis dans le rôle de Mélisande, Bayerische Staatsoper, Munich, 1973-1974.
La partie de Mélisande a pris des traits féminins vivants grâce à la personnalité harmonieuse d'Edith Mathis (née en 1938). La cantatrice, née en Suisse et installée à Londres, a accompli de remarquables prouesses dans les années soixante et soixante-dix, notamment dans le registre de soprano lyrique. Son art raffiné brillait notamment dans les rôles de Mozart et le lied.

Pelléas et Mélisande, Mary Garden dans le rôle de Mélisande, portrait dessiné, Paris, 1902.
Mary Garden (1877-1967), après une carrière très rapide, était déjà une cantatrice célébrée à l'Opéra-Comique lorsqu'elle créa le rôle singulièrement nouveau de Mélisande. Elle s'était fait un nom du jour au lendemain avec une prestation sensationnelle dans → *Louise* de Gustave Charpentier. En 1907, elle partit pour l'Amérique, où elle devint membre, et plus tard directrice de l'Opéra à Chicago.

Ci-dessus
Pelléas et Mélisande, Frederika von Stade dans le rôle de Mélisande, mise en scène : Antoine Vitez, direction musicale : Claudio Abbado, Staatsoper de Vienne, 1988.
Mélisande est un mélange de sirène et d'ange, elle oriente le destin sans le savoir, elle est à la fois Desdémone et Loreley. La mezzosoprano américaine Frederika von Stade (née en 1945) était, dans la mise en scène d'Antoine Vitez, un personnage plutôt féerique.

Conflits cachés

Pelléas et Mélisande est apparemment une simple histoire de relation triangulaire. Sa singularité tient à ce qu'elle dissimule. Golaud, l'époux, est un homme de raison, qui ne comprend pas son épouse Mélisande. Pelléas est un homme qui hésite. Il veut partir, mais il reste. Il nourrit des sentiments puérils et innocents à l'égard de Mélisande. C'est seulement au dernier moment, à l'instant mortel, qu'il ose se confier à elle. Le personnage le plus singulier, c'est Mélisande. Une enfant perdue, enjouée, mais aussi une femme fatale. Son origine demeure obscure, ses angoisses constantes ne sont pas justifiées. Elle devait illuminer comme un rayon de soleil la sombre vie des hommes, mais elle s'éteint irrévocablement.

Très rarement, les voix chantées prennent un contour effectivement mélodique, comme dans le chant entonné *a capella* par Mélisande en se peignant. Ici, le caractère de Mélisande s'exprime pleinement. N 1   P. H.

1. Chant de Mélisande

Pelléas et Mélisande, croquis de décor avec les trois protagonistes de Hans Strohbach, mise en scène : Hans Strohbach, direction musicale : Eugen Szenkar, Vereinigte Stadttheater de Cologne, 1927-1928 (TWS).
Maurice Maeterlinck avait le même âge que Debussy. Au début du siècle, c'était déjà un auteur reconnu. Ses personnages sont placés dans un univers onirique. Ils se sentent constamment livrés à un danger tragique qui ne les menace pas de l'extérieur, mais de l'intérieur d'eux-mêmes. Selon Maeterlinck, leur destin est « toujours une tierce personne qui est énigmatique, invisible mais constamment présente, si bien que l'on pourrait la qualifier de figure sublimée ». Cette « tierce personne », c'est la mort.

Léo **Delibes**

Né à Saint-Germain-du-Val le 21 février 1836
Mort à Paris le 16 janvier 1891

Léo Delibes fait ses études au Conservatoire, auprès d'Adam. Sa première œuvre scénique, une opérette, est créée dès 1855. Suivent plusieurs compositions interprétées aux Bouffes-Parisiens d'Offenbach et au Théâtre-Lyrique. Delibes mène une sorte de double vie. À côté de son activité quotidienne d'organiste, il est également un homme de théâtre raffiné qui travaille d'abord comme répétiteur de chœurs au Théâtre-Lyrique, puis comme chef de chœur à l'Opéra. À partir de 1881, il donne des cours au Conservatoire. Il ne présente aucune nouvelle œuvre dans ses dernières années.

Œuvres: On ne joue plus aujourd'hui que ses ballets *Coppélia*, 1870 et *Sylvia*, 1876, ainsi que les opéras-comiques *Le Roi l'a dit*, 1873 et *Lakmé*, 1883.

La légèreté et l'entrain de la musique de Delibes la fit apprécier d'un très large public.

Lakmé

Opéra en trois actes

Livret: Edmond Gondinet et Philippe Gille
Création: le 14 avril 1883 à Paris (Opéra-Comique)
Personnages: Lakmé, prêtresse brahmane (sop.), Nilakantha, son père, prêtre brahmane (basse), Gérald et Frédéric, officiers anglais (tén., bar.), Ellen et Rose, jeunes anglaises (2 sop.), Mrs. Bentson, leur gouvernante (mezzosop.), Mallika, servante de Lakmé (mezzosop.), Hadji, serviteur de Nilakantha (tén.); Anglais et Anglaises, brahmanes, nomades indiens, marchands chinois et indiens, croyants, peuple (chœur)

Argument
L'Inde, au XIXe siècle.
Par son courage et son abnégation, l'Indienne Lakmé sanctifie son amour terrestre pour un Anglais. Cette culture étrangère étant incompréhensible pour l'Européen, il ne lui reste que l'admiration et le deuil.

Acte I
Le prêtre brahmane Nilakantha, un adversaire juré des colonisateurs anglais, a confié pendant une brève absence le jardin sacré à la garde de sa fille Lakmé. Bien que ce soit interdit aux Européens, des Anglais entrent dans le lieu sacré. Gérald tombe ainsi amoureux de Lakmé, qui éprouve les mêmes sentiments à son égard.

Acte II
Nilakantha est indigné par ce sacrilège et cherche le coupable. Mais Lakmé se tait. Le prêtre se déguise alors en mendiant et force Lakmé à attirer l'attention sur elle en chantant sur la place du marché. Gérald tombe dans le piège et se trahit. Nilakantha tente de l'assassiner, mais la blessure n'est pas mortelle.

Acte III
Lakmé a caché Gérald dans une cabane, en forêt, et l'a soigné. Son ami Frédéric demande à l'amoureux de respecter de nouveau son devoir de soldat. Lakmé comprend que leur amour est impossible. L'absorption d'une eau sanctifiée met son amant à l'abri de son père. C'est elle-même qui s'empoisonne. Nilakantha est apaisé: sa fille s'est lavée toute seule de sa honte.

S. N.

Lakmé, Marie van Zandt dans le rôle de Lakmé, l'année de la création, Paris, 1883.
Le charme de l'opéra *Lakmé* repose sur l'opposition entre la beauté rayonnante du rôle-titre et l'atmosphère oppressante de son environnement. Le grand succès de la création fut aussi dû à la cantatrice Marie van Zandt, qui brilla dans le rôle-titre. Pendant sa carrière extrêmement courte, la soprano américano-hollandaise montra qu'elle était une remarquable mozartienne (Chérubin, Zerlina) et une comédienne virtuose dans les opéras de Rossini et de Bellini (Rosina dans → *Il Barbiere di Siviglia* et Amina dans → *La Sonnambula*). Hormis Delibes, elle inspira aussi Massenet, qui composa pour elle le rôle de la capricieuse Manon.

Exotisme

Présenter l'histoire tragique de *Lakmé* sur la scène de l'Opéra-Comique était une idée un peu curieuse : les spectateurs de cette salle s'attendaient plutôt à y voir des pièces gaies. Mais huit ans plus tôt, on avait déjà créé sur cette scène une grande tragédie : → *Carmen* de Bizet. Cet opéra n'était pas seulement un précurseur dramaturgique de *Lakmé* : Delibes s'est aussi laissé inspirer par la musique de Bizet. Les deux œuvres ont également en commun le choix d'un milieu non bourgeois ou exotique.

L'histoire de *Lakmé* prend ses racines dans l'humus intellectuel de l'ère coloniale. À cette époque, les Européens étaient de plus en plus souvent en contact avec des cultures extra-européennes et l'art les utilisa comme de séduisantes coulisses. Dans le dernier tiers du XIXe siècle, tout ce qui promettait un attrait exotique pouvait compter sur un grand succès. On n'attendait cependant pas du compositeur qu'il mène un travail en profondeur sur la musique de chaque région. L'authenticité ne comptait pas, il suffisait de faire des allusions à quelque chose d'étranger, d'effrayant ou d'aventureux. Cette attente du public était souvent comblée par le seul choix du lieu de l'action – ce fut le cas pour → *Les Pêcheurs de perles* de Bizet. L'Inde, dans *Lakmé*, ne prétend pas non plus à l'authenticité. Les chants des brahmanes dans l'introduction de l'acte I ou la série de danses de l'acte II (un exercice obligé pour tout compositeur lyrique français) sont seulement teintés de quelques tournures harmoniques locales. Il faut notamment mentionner le duo onirique et rêveur entre Lakmé et Mallika, qui laisse deviner la tranquillité intérieure et la proximité avec la nature caractérisant le mode de vie indien. N 1

1. Duo Lakmé-Mallika

Dô - me é-pais le jas - min A la ro - se s'as - sem - ble.

L'air des clochettes

Cet esprit rêveur porte aussi le fameux air des clochettes. Il retentit au centre de l'acte II et n'a rien à voir avec un insert charmant : il remplit une fonction dramatique importante. Lakmé est exposée par son père comme un « oiseau exotique ». Sa voix, qui s'élève à des hauteurs ahurissantes, doit attirer l'innocent. La scène est chargée d'une incroyable tension : l'âme de Lakmé est déchirée entre la fidélité aux commandements de sa religion et son amour naissant pour l'étranger désormais coupable. N 2

Un opéra multiculturel

Dans le flot des opéras exotiques, il était rare que l'on place au centre de l'œuvre le choc de deux cultures – ce que l'on fit par exemple plus tard dans → *Madame Butterfly* de Puccini. *Lakmé* est l'une de ces exceptions. La digne fille indienne du prêtre y occupe un rang moral supérieur à celui des Anglaises, présentées sous un trait plutôt caricatural. « Mon ciel n'est pas le tien, je ne connais pas les dieux que tu vénères », confesse Lakmé à Gérald, et cette phrase formule avec force un problème culturel de fond. Développer la compréhension mutuelle demeura un vœu pieux au XIXe siècle. Les deux amants vivent leur relation comme dans un sommeil ; la réalité les chasse de leur ciel rêvé, les fait retomber sur terre et cause leur perte. P. H.

Lakmé, Franz Egenieff dans le rôle de Nilakantha, Komische Oper de Berlin, vers 1906. Au début des années 1880, quarante ans avant le mouvement de libération de Gandhi, l'histoire de *Lakmé* était d'une audace et d'une modernité ahurissantes.

2. Air des clochettes de Lakmé

Ah ! ah ! ah ! ah ! ah ! ah ! ah ! ah ! ah ! ah ! ah ! ah ! ah !

Dessau devint le modèle d'un art musical avant tout éthique dans l'Allemagne d'après-guerre et associa avec brio les procédés techniques et musicaux modernes avec les modes de création traditionnels.

Paul Dessau

Né à Hambourg le 19 décembre 1894
Mort à Königswusterhausen (près de Berlin) le 28 juin 1979

À l'âge de onze ans, Dessau se produit déjà en public comme violoniste. Il fait ses études au Klindworth-Scharwenka-Konservatorium à Berlin et s'engage, en 1912, dans une carrière de chef d'orchestre. De 1925 à 1933, il travaille au Städtische Oper de Berlin, émigre ensuite à Paris, se lie d'amitié avec René Leibowitz qui lui permet de mieux connaître la technique dodécaphonique. En 1939, il émigre aux États-Unis, d'abord à New York, puis à Hollywood. C'est dans ce pays, en 1942, qu'il collabore pour la première fois avec Bertolt Brecht. En 1948, il rentre en Allemagne et s'installe à Zeuthen (près de Berlin). Grâce à lui et à son épouse Ruth Berghaus, metteur en scène de renommée internationale, sa maison devient le point de rendez-vous d'artistes importants, parmi lesquels on trouve les poètes Heiner Müller et Karl Mickel, les compositeurs → Hans Werner Henze et → Luigi Nono. Dessau est l'un des compositeurs importants de la RDA et un modèle pour beaucoup de jeunes artistes.

Œuvres: œuvres scéniques: *Die Verurteilung des Lukullus,* Berlin, 1951, (La Condamnation de Lukullus); *Puntila,* 1956/création Berlin 1966; *Lanzelot,* Berlin, 1969; *Einstein,* Berlin, 1974; *Leonce und Lena,* Berlin, 1979. Œuvres vocales, œuvres pour orchestre, musique de chambre.

Paul Dessau et Bertolt Brecht vers 1940.
Outre à Kurt Weill et Hans Eisler, Bertolt Brecht, dans sa dernière période, fit volontiers appel à Paul Dessau comme compositeur pour ses textes de chansons et ses musiques de scène.

Die Verurteilung der Lukullus
La Condamnation de Lukullus

Opéra en douze scènes

Livret: Bertolt Brecht
Création:
1re version: *Das Verhör des Lukullus,* le 17 mars 1951 à Berlin (générale, Deutsche Staatsoper)
2e version: *Die Verurteilung des Lukullus,* le 12 octobre 1951 à Berlin (Deutsche Staatsoper)
Personnages: Lukullus, général romain (tén.), personnages de la frise: le roi (basse), la reine (sop.), deux enfants (deux sop.), deux légionnaires (2 basses), Lasus, cuisinier de Lukullus (tén.), le porteur de cerisier (tén.); personnages du royaume des morts: la poissonnière (alto), la courtisane (mezzosop), le maître d'école (tén.), le boulanger (tén.), le cultivateur (basse), Tertullia, une vieille femme (mezzosop); trois voix de femmes (3 sop., dans l'orchestre), le juge des morts (basse), cinq officiers (3 tén., 2 basses), le maître d'école (tén.), deux ombres (2 basses), une voix de femme (sop., dans l'orchestre.), orateur du tribunal des morts, 3 aboyeurs, 2 jeunes filles, 2 marchands, 2 femmes, 2 plébéiens, un cocher (rôles parlés); foule, soldats, esclaves, ombres (chœur), chœur d'enfants

Die Verurteilung des Lukullus, photo de scène avec Alfred Hülgert (à gauche) dans le rôle de Lukullus, mise en scène: Wolf Völker, direction musicale: Hermann Scherchen, Staatsoper de Berlin, 1951.
Le message sacarstique et pacifiste de l'œuvre a été entendu et a fait sensation.

Argument

Rome et le royaume des ombres, dans l'Antiquité.
Le général Lukullus a soumis l'Orient, abattu sept rois et multiplié la richesse de la ville de Rome. Un cortège de deuil fastueux l'accompagne à son ultime demeure. Les esclaves portent une frise avec les reproductions de ses actes. Après l'inhumation au bord de la Via Appia, les vivants reviennent à leurs occupations quotidiennes. Les soldats de l'escorte funèbre se mettent d'accord pour faire un tour au bordel. Un maître d'école enseigne aux élèves, à coups de timbale, les actes du grand conquérant. Lukullus doit attendre dans l'antichambre du royaume des ombres. Cet homme jadis puissant n'a pas l'habitude d'être placé sur le même plan que d'autres humains. Il proteste. En vain. Avant lui, une vieille femme est convoquée devant le tribunal. Cela ne dure pas longtemps. Elle peut aller rejoindre les ombres. Le tribunal interroge Lukullus sur ses actes. Lorsque l'on demande s'il a plutôt servi l'humanité ou s'il lui a plutôt nui, Lukullus ne trouve personne pour plaider en sa faveur. Le juge des morts ordonne de faire apporter la frise et appelle ceux qui y sont reproduits comme témoins. Un roi dont le royaume a été conquis par Lukullus, une reine profanée et assassinée par ses soldats, deux enfants tués lors de la destruction de villes et une courtisane témoignent contre Lukullus. Celui-ci justifie la destruction de 53 villes par le bien et la gloire de Rome. Mais qui est Rome? Le juge des morts ordonne une pause. Le procès de Lukullus dure longtemps. Des ombres qui viennent d'arriver, jadis des gens simples, se pressent dans le vestibule et se plaignent de la vie misérable qu'ils menaient à Rome. Pour accélérer la procédure, une poissonnière porte plainte au nom de toutes les mères. Des milliers de légionnaires ont trouvé la mort dans les campagnes de Lukullus. Le cuisinier élève alors la voix pour le défendre: il est reconnaissant envers Lukullus, qui lui a permis de pratiquer la cuisine comme un art. Et un cultivateur adresse des louanges à Lukullus parce que celui-ci a rapporté de ses campagnes une espèce rare de cerisier. Mais pour conquérir le cerisier, un homme aurait suffi. Lukullus en a sacrifié des milliers. Le verdict: au néant!

S. N.

Un opéra en forme de procès

Dans le contexte de l'invasion des troupes allemandes en Pologne, à l'automne 1939, Bertolt Brecht écrivit une pièce radiophonique intitulée *Das Verhör des Lukullus* (L'Interrogatoire de Lukullus), qui fut diffusée pour la première fois depuis Berne, le 12 mai 1940. Dessau fit la connaissance de Brecht pendant l'émigration; ce dernier le chargea de proposer ce sujet à Igor Stravinsky, pour que celui-ci le mette en musique. Stravinsky refusa, mais Dessau se montra intéressé par le sujet et son traitement. À leur retour en allemagne, ils proposèrent l'œuvre commune au Deutsche Staatsoper de Berlin. Ils eurent des difficultés avec la bureaucratie de la culture et les auteurs durent changer non seulement le titre, mais aussi la scène de conclusion: l'œuvre s'achevait désormais par une condamnation définitive, alors qu'à l'origine on ne connaissait pas l'issue du procès. L'opéra dépasse son prétexte historique. Ses réflexions centrales sont universelles: il s'agit de la crainte de la mort et de la manie de la gloire. La musique est particulièrement puissante, colorée dans l'instrumentation et l'harmonique; les allusions aux œuvres de Bach et de Haendel l'ont enrichie de nombreuses associations. La « plainte de la poissonnière », un numéro apprécié, est restée célèbre. L'œuvre a été un jalon dans la mise au point d'un opéra autonome dans l'Allemagne d'après-guerre. La création berlinoise de *Die Verurteilung des Lukullus* fut un succès; en 1952, Hermann Scherchen créa en public, à Francfort-sur-le-Main, la première version de l'œuvre, *Das Verhör des Lukullus*. Avec la mise en scène leipzigoise de 1957, l'œuvre acquit une notoriété internationale. Elle triompha à Paris en 1958, lors du festival « Théâtre des Nations ».

S. N

Ci-dessous
Die Verurteilung der Lukullus, photo de scène, mise en scène: Ruth Berghaus, Staatsoper de Berlin 1983 (photo: 1998). Les enfants tués pendant les guerres de Lukullus sont des personnages permanents de l'opéra.

Ci-dessous
Die Verurteilung des Lukullus mise en scène: Ruth Berghaus, décors: Hans-Joachim Schlieker, direction musicale: Hartmut Haenchen, Staatsoper de Berlin, 1983 (Photo 1998). Ruth Berghaus a monté l'opéra à cinq reprises. La mise en scène de 1983 resta au programme pendant plus d'une décennie et connut également un grand succès lors de sa reprise en 1998, avec Reiner Goldberg dans le rôle de Lukullus et Barbara Bornemann dans celui de la poissonnière.

Doktor und Apotheker, projet de fresque de Moritz von Schwind pour le foyer de l'Opéra de Vienne, 1866.
Les archétypes de la *commedia dell'arte* : Dottore (Krautmann), Capitano (Sturmwald) et la jeune fille (Leonore) qui en aime un autre.

Dittersdorf fonda la tradition de l'opéra-comique allemand il fut influencé par le singspiel du nord de l'Allemagne, reprit des techniques italiennes et utilisa des moyens stylistiques empruntés à la tradition viennoise.

Karl Ditters von Dittersdorf

Né à Vienne le 2 novembre 1739
Mort au château de Rothlhotta (près de Nové Dvory/Neuhof, Bohême) le 24 octobre 1799

Dès son enfance, Karl Ditters von Dittersdorf joue dans l'orchestre d'une église bénédictine viennoise. On lui donne ensuite, en tant que page de l'armurier général, le prince Josef von Hildburghausen, une éducation solide dont la partie musicale est assurée par Joseph Bonn – lequel l'aide à prendre une position élevée au Hofopernorchester de Vienne. Violoniste virtuose, Dittersdorf entreprend, en Italie, une tournée couronnée de succès avant de devenir, à la suite de Joseph Haydn, Kapellmeister du duc de Grosswardein. Parmi les principaux événements de sa vie, on compte la remise de l'ordre pontifical de l'Éperon d'or, et son anoblissement. Il refuse le titre de Kapellmeister de la cour, que lui offre l'empereur : à cette époque, il dirige son propre théâtre à Johannisberg. Plus tard, dans l'ombre de → Mozart, il ne peut imposer ses œuvres scéniques, à l'exception de *Doktor und Apotheker*.

Œuvres : Plus de 40 opéras, entre autres *Amore in Musica*, Grosswardein, 1767 ; *25 000 Gulden oder im Dunkeln ist gut munkeln* ; Vienne, 1785 ; *Doktor und Apotheker*, Vienne, 1786 ; *Betrug durch Aberglauben*, Vienne, 1786 ; *Die Liebe im Narrenhause*, Vienne, 1787 ; *Hieronymus Knicker*, Vienne, 1789 ; *Das rote Käppchen*, Vienne, 1788 ; *Das Gespenst mit der Trommel*, Oels, 1794 ; *Don Quixote der Zweyte*, Oels, 1795 ; *Die lustigen Weiber von Windsor*, Oels, 1796. Oratorios, messes, cantates, œuvres pour orchestre.

Doktor und Apotheker
Médecin et pharmacien

Komisches Singspiel en deux actes

Livret : Johann Gottlieb Stephanie (le Jeune)
Création : le 11 juillet 1786 à Vienne (Burgtheater)
version française créée à Vienne en 1794
Personnages : Stössel, un pharmacien (basse), Claudia, son épouse (mezzosop.), Leonore, leur fille (sop.), Rosalie, la nièce de Stössel (sop.), Krautmann, un docteur (basse), Gotthold, son fils (tén.), Sturmwald, un capitaine invalide avec une jambe de bois et un bandeau sur un œil (tén.), Sichel, un chirurgien (tén.), Gallus, serviteur d'une patiente (tén.), un commissaire de police (basse)

Argument
À Vienne, vers 1780.
Acte I
Ennemi du docteur Krautmann, le pharmacien Stössel ne supporte pas que sa fille Leonore épouse le fils de Krautmann, Gotthold, et ordonne un mariage avec l'invalide Sturmwald. La nièce de Stössel, Rosalie, s'est acoquinée avec le chirurgien Sichel. Une nuit, Gotthold et Sichel attirent Stössel hors de la maison et rejoignent leur bien-aimée respective par la fenêtre. Les jeunes couples se mettent d'accord pour se marier sans l'autorisation de leurs parents. Mais dans leur fébrilité, ils réveillent Claudia, la femme de Stössel. Celui-ci rentre chez lui avec Sturmwald. Il est ivre. Les deux jeunes hommes se réfugient au laboratoire, les jeunes filles sont enfermées par Claudia et Sturmwald promet qu'il montera la garde. Mais il s'endort, Sichel et Gotthold lui dérobent sa jambe de bois et son uniforme, et l'enferment dans le laboratoire.

Acte II
On joue une comédie à Stössel : Gotthold, déguisé en notaire, marie Leonore à Sturmwald – en fait, à Sichel. Alors qu'ils s'apprêtent à prendre leur repas de noces, Sturmwald se réveille. Sichel se déguise en femme et s'échappe. Claudia révèle la mascarade et se moque de Stössel et de Sturmwald. Entre-temps, un patient traité par Stössel à la place de Krautmann est mort. Krautmann veut porter plainte contre Stössel pour charlatanisme. Claudia propose que Krautmann retire sa plainte et que Stössel renonce à accuser Gotthold d'enlèvement. On se met d'accord, et les jeunes gens peuvent se marier.

M. S.

Populaire – sur ordre de l'empereur
Sur ordre de la direction impériale des opéras, le directeur du Burgtheater, Stephanie, commanda à Dittersdorf un opéra allemand. L'empereur Joseph II voulait une œuvre à succès pour relancer le singspiel national allemand. Mais des emprunts à l'opéra italien étaient indispensables. Le librettiste conçut dans cet esprit l'histoire et les personnages. Les figures d'opéra-bouffe que sont Stössel et Krautmann furent dotées

Doktor und Apotheker, Karl Seydel dans le rôle de Sichel, Munich, 1925.
Une vieille recette de la comédie : un homme en vêtements de femme.

d'une musique assez détendue. La clarté et le comique de situation, associés à une mélodie gracieuse et marquante et à de petits effets percutants, devaient garantir le succès. La disposition du finale de l'acte I est assez intéressante ; on y discerne des traces du finale de l'acte II de → *Le Nozze di Figaro* de Mozart. L'opéra de Mozart fut créé peu avant *Doktor und Apotheker*, mais ne fut pas, et de loin, un aussi grand succès que le singspiel de Dittersdorf – qui valut tout de même à son compositeur trois autres commandes d'opéra.

M. S.

Ci-dessus
Doktor und Apotheker, Gabriele Prahm dans le rôle de Claudia, mise en scène : Kornelia Repschläger, Südostbayerische Städtetheater Landshut, 1992.
La musique de Dittersdorf mélange le style bouffe italien à l'art populaire autrichien.

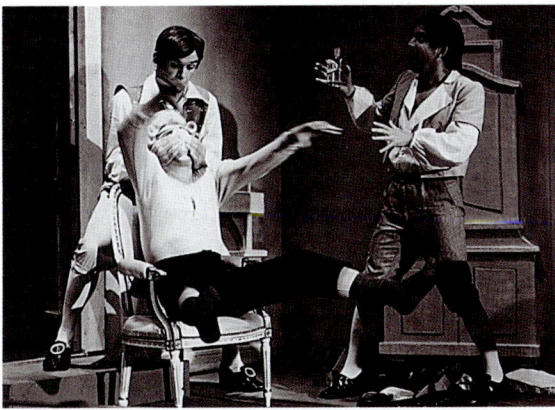

À droite
Doktor und Apotheker (de g. à dr.) Santucci, Krause et Anders, Landestheater de Dessau.
Les éléments comiques présentent encore aujourd'hui de grands attraits pour les chanteurs et les metteurs en scène.

Ci-dessous
Doktor und Apotheker, mise en scène : Hans Hartleb, décors : Ludwig Hornsteiner, direction musicale : Meinhard von Zallinger, Bayerische Staatsoper de Munich, 1961.
Krautmann et Stössel se traitent de charlatans en pleine rue. Ici, on ridiculise les médecins en utilisant une technique éprouvée.

Dernière scène de *Maria di Rohan* avec Eugenia Tadolini (la comtesse Maria di Rohan), Carlo Guasco (1813-1876) (Riccardo, comte de Chalais) et Giorgio Ronconi (Enrico, duc de Chevreuse), d'après le dessin de J. Cajetan, gravé par J. W. Zinke pour le *Wiener Theaterzeitung*, milieu du XIXᵉ siècle. Une scène d'opéra typique, avec les chanteurs de la création de *Maria di Rohan* de Donizetti : la soprano (comtesse Maria di Rohan) et le ténor (Riccardo, comte de Chalais) s'aiment, le baryton (Enrico, duc de Chevreuse) se sent trahi et tue le ténor au dernier acte.

*D*onizetti était un dramaturge aux multiples talents. Son œuvre est d'une ampleur étonnante ; il possédait une grande inventivité mélodique et un sens unique des situations théâtrales.

Ci-dessus
Elisa Orlandi interprète Giovanna Seymour dans *Anna Bolena*.
L'époux sanguinaire d'Anna Bolena, le roi Enrico VIII (Henri) (basse) la trompe avec sa dame de cour Giovanna Seymour, dont il veut faire sa reine. Anna est son seul obstacle – plus pour longtemps. Une rencontre secrète, mais parfaitement anodine avec son ami de jeunesse lord Riccardo Percy (ténor) donne à Enrico VIII le prétexte de l'enfermer, puis de l'exécuter. Dans sa cellule, elle sombre dans la folie et se met à prier sur une belle mélodie (le texte est cité sur le portrait), pour elle, pour sa rivale et pour le roi. N 1

Adelaide Gambaro dans le rôle du noble romain Maffio Orsini dans *Lucrezia Borgia*. Même dans l'univers stylisé de l'opéra, c'était une combinaison rare : un rôle en pantalon, mais une robe de femme et une moustache : l'alto travestie.

Gaetano **Donizetti**

Né à Bergame (Italie) le 29 novembre 1797
Mort à Bergame (Italie) le 8 avril 1848

Donizetti reçoit auprès de Giovanni Simone Mayr une formation musicale extrêmement approfondie pour l'Italie de l'époque ; il travaille dans les domaines de la musique d'orchestre et de chambre, de la cantate et de la musique religieuse, mais aussi de la mélodie. Après la représentation de son opéra *Zoraida di Granata* (Rome, 1822), qui attire l'attention du célèbre impresario Domenico Barbaja, il se consacre essentiellement à l'opéra. Il fait sa grande percée vers la carrière internationale avec *Anna Bolena*, Milan, 1830. D'autres succès confirment sa gloire : *L'Elisir d'amore* (Milan, 1832), (L'Élixir d'amour), *Lucrezia Borgia* (Milan, 1833) et *Lucia di Lammermoor* (Naples, 1835) ont été accueillis avec enthousiasme. Il est vrai que tous ses opéras ne sont pas des triomphes (ce qui ne dit cependant rien sur leur qualité musicale) ; la création de *Maria Stuarda* (Naples, 1834), est un fiasco. Après *Pia de Tolomei* (Venise, 1837), *Roberto Devereux* (Naples, 1837) et *Maria di Rudenz* (Venise, 1838), ainsi que l'interdiction par la censure de *Poliuto* (Naples, 1848), Donizetti, profondément touché par la mort précoce de son épouse, quitte l'Italie. Son objectif est Paris, comme dans le cas de → Rossini et de → Bellini. Dans la capitale française, il connaît un succès tellement rapide (*La Fille du régiment*, *La Favorite*, tous deux en 1840) qu'Hector Berlioz parle d'une « véritable guerre d'invasion ». Au début des années 1840, son état de santé se dégrade. Malgré quelques élans créatifs et quelques succès (par exemple avec *Linda di Chamounix* en 1842 à Vienne et *Don Pasquale* en 1843 à Paris), la dernière décennie de sa vie est marquée par l'évolution, mortelle, au bout du compte, d'une syphilis. Donizetti passe ses dernières années dans un sanatorium, perdant peu à peu la raison, puis chez des amis à Bergame, où la mort l'emporte.

Œuvres : Plus de 70 opéras, dont environ deux tiers d'*opere serie* ou *semiserie* ; cantates, nombreuses œuvres religieuses, un grand nombre de mélodies, musique de chambre (dont 18 quatuors à cordes) et pour orchestre.

1. Prière d'Anna Bolena

Cie-lo, a' miei lun-ghi spa-si-mi con-ce-di alfin ri-po-so

La typologie des rôles du romantisme

Les personnages lyriques étaient associés à des types de chanteurs et à leur forme d'expression musicale : le rôle de l'héroïne innocente et souffrante, éclatant littéralement dans les coloratures de la démence, était « écrit sur mesure » pour une soprano virtuose, de la même manière que l'on composait pour le ténor les parties d'amoureux, tantôt poétiques, tantôt héroïques, mais toujours passionnées. Les barytons et les basses pouvaient jouer le rôle d'intrigants malveillants ou d'amis paternels (il fallut attendre le talent du fameux Giorgio Ronconi, qui chanta dans de nombreux opéras de Donizetti et fut le premier Zaccaria dans → *Nabucco* de Verdi, pour que l'on commence à étendre et à nuancer ce registre vocal). Lorsque → Igor Stravinsky écrivait, à propos de sa collaboration avec le librettiste Wystan Hugh Auden sur son opéra → *The Rake's Progress* « nous commençons avec un héros, une héroïne et un gredin, nous décidons ensemble qu'il devrait s'agir d'un ténor, d'une soprano et d'une basse », il désignait (avec bien entendu l'ironie qui le caractérisait) cette répartition des types de rôles que l'on pratiquait couramment dans l'opéra romantique, aussi bien sur le fond qu'en fonction de la musique ou de la voix.

É. P-L.

Maria Stuarda, Agnès Baltsa dans le rôle d'Élisabetta, mise en scène : Erich Grischa Asagaroff, direction musicale : Adam Fischer, Staatsoper de Vienne, 1985.
À l'ère du *bel canto*, on appréciait les sujets anglais. Le combat auquel se livrèrent pour le même homme (le comte de Leicester) les reines Élisabeth 1re et Marie Stuart offrait une série d'états d'âme opposés qui se prêtaient très bien aux grands monologues, scènes et airs. Là encore, comme pour la plupart des *opere serie* de cette époque, l'ambiance fondamentale est la mélancolie. En tant que personne privée, la puissante reine Élisabeth est la créature la plus solitaire au monde.

À gauche
Achille Basini dans le rôle de Don Alfonso, dans *Lucrezia Borgia*.
Dans le livret le plus terrifiant du répertoire lyrique, *Lucrezia Borgia*, les caractères historiques sont modifiés en fonction des genres vocaux. La tristement célèbre empoisonneuse Lucrèce Borgia exerce certes de temps en temps son activité redoutée, mais elle donne toujours un contrepoison à son propre fils. Celui-ci ne la reconnaît pas et tombe même amoureux d'elle. Le mauvais personnage est son quatrième époux, Don Alfonso 1er, duc de Ferrara (basse), qui voit à juste titre un rival amoureux dans la personne du jeune soldat Gennaro (ténor).

L'Elisir d'amore, Otto Edelmann dans le rôle de Dulcamara, Theater an der Wien, Vienne, 1954.
Charlatan sans scrupules ou habile psychologue ? Le docteur itinérant Dulcamara épice la vie monotone du village avec son élixir, mais aussi avec sa personnalité clownesque et expressive. Il peut avoir un effet positif et négatif : *dolce* (suave) et *amare* (amer), « comme il vous plaira ».

À droite
L'Elisir d'amore, photo de scène de l'acte I, Staatsoper de Vienne, 1980.
Avant 1832, année où il composa *L'Elisir d'amore*, Donizetti avait déjà écrit plusieurs opéras-comiques, dont la superbe comédie *Le Convenienze ed inconvenienze teatrali* (connu sous le titre *Viva la Mamma !*, 1827), mais son premier grand succès dans le genre de l'opéra joyeux fut *L'Elisir d'amore*. Le milieu villageois italien, des motifs typiques de l'impromptu et des mélodies simples aux allures de chants populaires donnèrent à l'opéra un charme campagnard qui contribua à sa notoriété. La légende selon laquelle l'opéra aurait été composé en quinze jours a été réfutée depuis : Donizetti eut besoin de six semaines pour écrire son œuvre.

L'Elisir d'amore
L'Élixir d'amour

Melodramma giocoso en deux actes

Livret : Felice Romani, d'après *Le Filtre* d'Eugène Scribe
Création : le 12 mai 1832 à Milan (Teatro della Canobbiana)
Personnages : Adina, riche et lunatique propriétaire terrienne (sop.), Nemorino, un jeune paysan simple, amoureux d'Adina (tén.), Belcore, sergent de la garnison du village (bar.), Dottore Dulcamara, charlatan ambulant (basse), Giannetta, jeune paysanne (sop.) ; paysans, paysannes, soldats (chœur)

Argument
Un village du Pays basque, au début du XIXᵉ siècle.

Le jeune paysan Nemorino aime la riche et belle Adina, à qui le sergent Belcore fait aussi une cour assidue. Pour adoucir sa souffrance amoureuse, Nemorino achète un « élixir d'amour » (en réalité une bouteille de bon vin) au « docteur miracle » Dulcamara. Lorsque Adina apprend que Nemorino s'est fait enrôler comme soldat pour acheter ce noble breuvage, elle comprend, émue, l'amour sincère qu'il lui porte, le rachète, et tous deux forment un couple heureux.

Acte I
À la joyeuse fête des ouvriers des récoltes, le jeune et simple paysan Nemorino raconte son amour pour la riche et belle Adina. Adina lit aux habitants du village la vieille histoire de Tristan et Iseult et se moque de l'effet du philtre d'amour avec lequel Tristan a conquis Iseult. Le sergent Belcore a fait son entrée en scène au son d'une marche solennelle et livre à Adina une cour tempétueuse. Adina, flattée, ne voit pas les avances discrètes que lui fait Nemorino. La curiosité des habitants du village est éveillée par la magnifique cariole d'un charlatan ambulant nommé Dulcamara : le docteur propose des remèdes contre les maux de toutes sortes. Bien entendu, il a aussi une boisson magique à la disposition de Nemorino pour apaiser son chagrin d'amour. Il s'agit seulement d'une bonne bouteille de Bordeaux, mais son effet est rapide : Nemorino, éméché, perd sa timidité envers Adina. Par défi, Adina accepte la demande en mariage de Belcore.

Acte II
Nemorino est désespéré : le philtre magique n'a pas agi comme il l'espérait. Pour pouvoir acheter une seconde bouteille de cette boisson coûteuse, il est forcé de se laisser recruter comme soldat par Belcore et paie le docteur miracle avec sa prime d'engagement. Dans le village se répand entre-temps une rumeur : Nemorino aurait hérité d'un riche oncle récemment décédé. D'un seul coup, toutes les jeunes filles le convoitent. Ignorant la rumeur, il attribue le phénomène à l'élixir. Adina apprend que Nemorino s'est engagé pour payer la boisson magique. Elle est touchée par la sincérité de son amour et le rachète. Tous deux s'avouent enfin leur amour. Quant à Dulcamara, il est lui aussi extrêmement satisfait : il fait désormais des affaires magnifiques avec son « élixir magique ».

É. P-L.

L'Elisir d'amore – **Donizetti** 121

Le philtre d'amour

Elisir di sì perfetta, di sì rara qualità... (Un philtre tellement parfait, d'une si rare qualité)..., commentent Adina, Nemorino et les habitants du village lorsque l'on raconte l'histoire du philtre enchanté qui, jadis, rassembla Tristan et Iseult. Dans *L'Elisir d'amore* de Donizetti, on commence par lire à voix haute et par commenter, sur un ton amusé et ironique, la légende de Tristan et Iseult. Seul Nemorino croit à l'efficacité de la boisson. Et elle agit effectivement. Ce n'est cependant pas par enchantement, mais en suscitant une métamorphose intérieure chez les personnages principaux. Le « philtre magique » de Dulcamara, le sublime vin rouge, n'est pas une escroquerie à bon marché (dans tous les sens du terme, puisque Nemorino paie pour les bouteilles un prix considérable), ni un moyen sorti de la boîte à malices de *l'opera buffa*, mais un véritable remède permettant d'éliminer les inhibitions et de reconnaître enfin ses propres sentiments.

É. P.-L.

L'Elisir d'amore, Roberto Alagna (Nemorino) et Angela Gheorghiu (Adina), mise en scène: Frank Dunlop, costumes: Jacques Schmidt, direction musicale: Evelino Pido, Opéra National de Lyon, 1995.
Le philtre d'amour est un mélange de plusieurs vieilles recettes relevant de la comédie. En revanche, la description fine de la psychologie d'un amour et l'étude du désir paraissent extrêmement modernes.

Ci-dessus
L'Elisir d'amore, Mirella Freni (Adina) et Luciano Pavarotti (Nemorino), mise en scène et décors : Jean-Pierre Ponnelle, direction musicale : Reynald Giovanetti, Staatsoper de Hambourg, 1977.
Une distribution de stars, un haut niveau musical et une représentation scénique reflétant l'esprit de la partition caractérisaient la représentation de *L'Elisir d'amore* en 1977 à Hambourg. C'est aussi à cette période que Ponnelle réalisa ses grandes mises en scène et adaptations cinématographiques de *Figaro* (Mozart, Rossini). Il en donna des versions fidèles à la lettre et à l'esprit des œuvres, dans leur milieu originel, sans actualisation. Il libéra cependant de leurs vieux clichés scéniques les œuvres les plus jouées du répertoire lyrique.

Ci-dessus à droite
Andrea Rost dans le rôle d'Adina, dans sa loge du Metropolitan, à New York, 1996. Dans la loge, déjà, on se « met en voix ». La soprano hongroise Andrea Rost chante depuis le début des années quatre-vingt-dix dans les grands théâtres du monde de l'opéra.

Une comédie douce-amère

L'idylle campagnarde adopte parfois des traits fort graves, la comédie villageoise prend une signification plus profonde. Les personnages ont certes leurs racines dans l'*opera buffa*, mais la musique de Donizetti les nuance et les caractérise avec une grande diversité. Nemorino (« le petit rien ») se qualifie d'imbécile, mais même s'il est parfaitement comique lorsqu'il est ivre, il éveille la compassion. Son amour pour Adina est sincère et profond. Le « philtre enchanté » lui apprend quelque chose de capital : il devrait assumer ses sentiments. Son fameux air *Una furtiva lagrima* (Une larme furtive), que l'on ne trouve d'ailleurs pas dans le texte de Scribe, car ce sont Romani et Donizetti qui l'ont intégré à l'opéra, est un morceau de bravoure pour les grands ténors. Il est aussi, au-delà, l'expression d'une nouvelle maturité, d'une nouvelle intensité. Il est vrai que Donizetti ne laisse même pas cet instant lyrique se dérouler sans « rupture de lumière », sans alternance entre le grave et le comique. L'air *Una furtiva lagrima* est ainsi introduit par une combinaison inhabituelle de harpe, de basson (un instrument employé, d'ordinaire pour les effets plutôt comiques) et de *pizzicati* aux cordes. N 2

Le personnage d'Adina, qui est chez Scribe plutôt coquet et capricieux, prend lui aussi des traits sensibles chez Romani et Donizetti. Au début, elle repousse Nemorino et se sent flattée par les compliments de Belcore. Mais elle prouve son amour véritable en utilisant son argent pour libérer Nemorino de l'armée. Son air *Prendi, per me sei libero* (Prends, grâce à moi tu es libre), une autre invention de Romani et Donizetti, montre une certaine simplicité et dignité mélodique, comparable aux cantilènes de Bellini. N 3

Même Dulcamara (son nom signifie « doux-amer », comme le goût d'un philtre enchanté) est plus que le stéréotype d'un charlatan itinérant. Le personnage du « Dottore », beau parleur et débrouillard, était depuis la *commedia dell'arte* un élément essentiel des comédies italiennes. Donizetti avait déjà créé une figure du même type dans son opéra en un acte *I Pazzi per progetto* (1830). Dulcamara, un rôle extrêmement gratifiant pour les grandes basses bouffes, suscite, avec son

L'Elisir d'amore, Alfred Piccaver dans le rôle de Nemorino, Vienne, 1916.

2. Romance de Nemorino

U-na fur-ti-va la-grima ___ negl' oc-chi suoi spun-tò

3. Air d'Adina

prendi, per me sei li-be-ro: re-sta nel suol na-ti-o

air d'entrée en scène, *Udite, udite o rustici* (Écoutez, écoutez, ô campagnards) et avec les superbes solos de trompette, l'admiration entière du village. Mais ensuite, en homme sage et avisé, il se sert de ses pratiques pour aider les indécis à choisir, et donc à connaître le bonheur. Avec de telles facettes, *L'Elisir d'amore*, malgré ses nombreuses situations comiques, est un œuvre d'une sensibilité saisissante, et se révèle ainsi comme une comédie où transparaît toujours « une larme furtive ».

É. P.-L.

À droite
L'Elisir d'amore, Luciano Pavarotti dans le rôle de Nemorino, Staatsoper de Vienne, 1984.
Dans sa jeunesse, Pavarotti était le Nemorino idéal. Le soleil de l'Italie habite sa voix d'or, et il chante les mélodies populaires de Nemorino avec un naturel inimitable.

Ci-dessous
L'Elisir d'amore, photos de plateau avec Roberto Alagna (Nemorino) et Angela Gheorghiu (Adina), mise en scène : Frank Dunlop, décors : Roberto Plate, direction musicale : Evelino Pido, Opéra National de Lyon, 1995.
L'Elisir d'amore peut facilement être détaché de son milieu villageois italien d'origine et de son époque, car, d'une part l'opéra n'a pas de coloris local exerçant un pouvoir de définition, et d'autre part il est plus facile d'actualiser un opéra-comique qu'un opéra tragique, le type d'expression dramatique étant beaucoup plus direct.

Lucia di Lammermoor

Dramma tragico en deux parties, trois actes et sept tableaux

Livret : Salvatore Cammarano, d'après le roman *The Bride of Lammermoor* de sir Walter Scott
Création : le 26 septembre 1835 à Naples (Teatro San Carlo)
Personnages : lord Enrico Ashton (bar.), Lucia, sa sœur (sop.), sir Edgardo di Ravenswood (tén.), lord Arturo Bucklaw (tén.), Raimondo Bidebent, un prêtre, précepteur de Lucia (basse), Normanno, capitaine de la garde de Ravenswood (tén.), Alisa, dame de cour de Lucia (mezzosop.) ; dames et nobles liés à la maison Ashton, habitants de Lammermoor, pages, hommes d'armes à cheval, domestiques chez les Ashton (chœur)

Argument

En Écosse, à la fin du XVIIe siècle.
Lord Enrico Ashton veut marier sa sœur Lucia à Lord Arturo Bucklaw. Mais Lucia aime Edgardo, l'ennemi juré de son frère. Trompée par une lettre falsifiée qui lui fait croire à l'infidélité d'Edgardo, elle accepte d'épouser cet homme qu'elle n'aime pas. Maudite par Edgardo, innocent, Lucia devient folle, tue son époux pendant la nuit de noces et meurt. Edgardo se suicide.

Acte I

Tableau 1 Lord Enrico Ashton persécute son ennemi héréditaire, Edgardo di Ravenswood, dont les ancêtres ont jadis été dépouillés de leurs biens par les Ashton. Pour des raisons politiques et tactiques, Lucia doit à présent être mariée à lord Arturo Bucklaw. Lorsque Ashton apprend que Lucia aime secrètement Edgardo, il jure vengeance.
Tableau 2 Lucia parle à sa dame de cour d'un certain Ravenswood qui, jadis, tua sa maîtresse qui apparaît depuis sous la forme d'un spectre devant le puits du jardin. Alisa l'interprète comme un mauvais présage et met en garde Lucia contre un destin analogue. Malgré tout, Lucia rencontre Edgardo. Ils se font leurs adieux provisoires : Edgardo doit partir en mission politique. Ils se jurent l'un l'autre amour et fidélité éternels.

Acte II

Tableau 1 À l'aide d'une lettre falsifiée, Enrico a fait croire à Lucia qu'Edgardo lui avait été infidèle. Lucia, désespérée, accepte d'épouser Arturo.

Tableau 2 Lorsque Lucia signe le contrat de mariage, Edgardo fait son apparition et maudit la malheureuse.

Acte III

Tableau 1 Enrico et Edgardo veulent mettre fin à leur querelle en organisant un duel ; mais ils reportent leur combat au lendemain matin.

Tableau 2 Les joyeuses noces s'interrompent lorsqu'on apprend que Lucia a tué son nouvel époux. Celle-ci, devenue folle, apparaît devant l'assemblée, en tenue tachée de sang, un poignard à la main. Elle se croit marié avec Edgardo, rêve d'obtenir son pardon et appelle une mort rapide.

Tableau 3 Edgardo se cache dans le caveau de ses ancêtres. Il attend Enrico. Lorsqu'il apprend le délire et la mort de Lucia, il se suicide.

É. P.-L.

Edgardo prend aussi la parole

Lors de la création, c'est la fameuse *prima donna* Fanny Tacchinardi-Persiani qui interpréta le rôle-titre. Cela contribua certes de manière décisive au grand succès de *Lucia di Lammermoor*, mais ce fut aussi le début de ces transformations et de ces coupes qui caractérisèrent les représentations ultérieures et défigurèrent l'œuvre. Lorsque Fanny Tacchinardi-Parsiani transposait par exemple la grande scène de la démence vers les graves, elle pouvait briller plus efficacement avec les notes aiguës, qu'elle octaviait. D'une scène dramatique, et même du rôle tout entier, elle fit ainsi au bout du compte un brillant numéro de bravoure pour cantatrice. Même la fin de l'opéra – le suicide d'Edgardo – perdait désormais une partie de son sens. Conformément aux conventions de l'opéra romantique, l'œuvre aurait dû s'achever sur la grande scène de folie et de mort du rôle-titre. Mais Donizetti ne respecta pas cette convention et donna ainsi de nouveaux traits au personnage d'Edgardo. Dans son air *Tu che a Dio spiegasti l'ali*, dans lequel il décrit Lucia comme un ange radieux, le jeune héros, follement amoureux, souvent passionné et tempétueux, montre des traits poignants et tragiques qui anticipent déjà le pathos et la dignité des grands rôles de ténors chez Verdi. N 4

É. P.-L.

Lucia di Lammermoor, Adelina Patti (page de gauche, en haut) et Marie von Marra (ci-dessus) dans le rôle de Lucia.
La densité dramaturgique et l'expressivité de la musique ont fait de l'œuvre la quintessence de l'opéra romantique – une idée qui a été exprimée dans différents romans (*Anna Karénine* de Tolstoï ou *Madame Bovary* de Flaubert). Le rôle de Lucia avait une importance fondamentale pour toutes les *prime donne*. Adelina Patti (1843-1919), l'une des *prime donne* italiennes les plus demandées du XIXe siècle, fit ses débuts à 16 ans, à New York, dans le rôle de Lucia.
Sa collègue et aînée Marie von Marra (1822-1878), qui chanta Lucia à Vienne du vivant de Donizetti, fut en revanche négligée par l'histoire de l'opéra.

Page de gauche, en bas
Lucia di Lammermoor, croquis de décor d'Adolph Mahnke ; mise en scène : Hans Strohbach, direction musicale : Kurt Striegler, Semperoper de Dresde, 1937-1938.
L'univers romantique, avec un château écossais et un puits éclairés par la lune. Les œuvres de sir Walter Scott (1771-1832) étaient très appréciées dans les livrets d'opéra du XIXe siècle. Dans ses histoires, Scott proposait aussi bien le cadre historique, qui remplaça dans les livrets d'opéra romantiques la thématique antique ou mythologique, mais aussi des récits palpitants, avec aventures et conflits amoureux. Son roman *The Bride of Lammermoor* (1819) a été mis en musique pas moins de six fois entre 1827 et 1834.

Lucia di Lammermoor, Giovanni Pancani dans le rôle d'Edgardo, lithographie, 1841.
Edgardo est la quintessence de ce que l'on appelle le ténor lyrique. Son rôle en fait un jeune homme qui n'a pas l'habitude des intrigues de cour.

4. Les adieux d'Edgardo

Tu che a Dio spie-ga-sti l'a-li, o bel-l'alma in-na-mo-ra-ta

Lucia di Lammermoor, Alexandra von der Werth dans le rôle de Lucia, mise en scène : Christof Loy, décors et costumes : Herbert Murauer, direction musicale : Francesco Corti, Deutsche Oper am Rhein, Theater der Stadt de Duisburg, 1999.
On réserva un triomphe à la jeune soprano Alexandra von der Werth, incarnation idéale de Lucia : outre sa voix pure comme de l'eau de source et ses traits séduisants, elle convainquit surtout par sa présence scénique qui faisait apparaître, par de petits gestes et l'attitude corporelle, la contrainte exercée sur Lucia par la société masculine.

Lucia di Lammermoor, acte II, finale avec Edita Gruberová (Lucia) et Alfredo Kraus (Edgardo), Staatsoper de Vienne, 1987.
Le fameux sextuor (fin de l'acte II) est considéré comme le « centre » de l'opéra : les émotions des différents personnages y sont condensées en un ensemble admirable. Lorsque Edgardo apparaît tout à coup aux noces de Lucia, le temps s'immobilise pratiquement : Edgardo et Enrico, désormais en proie aux remords, entonnent la mélodie bouleversante du sextuor. Lucia et son tuteur Raimondo les rejoignent, précédant Alisa et Arturo (qui complètent la texture musicale plus qu'ils ne la prolongent).

Lucia, la malheureuse

On a souvent vanté avec enthousiasme la beauté et l'élégance uniques, l'élan enflammé et la passion tumultueuse que l'on trouve dans l'art mélodique de Donizetti. Le récit que fait Lucia de la vision du spectre hantant le puits en est l'un des plus beaux exemples. La mélodie, d'abord simple et ondulante comme un *notturno*, est enrichie, en raison de l'émotion croissante de Lucia, par des passages de coloratura « bouleversés ». On voit ici que Lucia est un être sensible jusqu'à l'exaltation, affligée de sombres pressentiments et d'angoisses.

5. Coloratures de Lucia (air, acte I)

6. Scène de folie sur un rythme à trois temps

7. Mélodie du sextuor (acte II)

trait musical. Donizetti avait déjà utilisé la flûte et la harpe comme instruments d'accompagnement : ainsi, la scène de folie d'Anna Bolena est accompagnée par la harpe. Pour l'air d'Amelia dans *Elisabetta o Il Castello di Kenilworth* (1829), il a écrit pour harmonica et harpe. Il faut attendre *Lucia* pour que les sonorités éthérées et les mélismes des deux instruments deviennent des moyens d'expression caractéristiques. É. P.-L.

À gauche
Lucia di Lammermoor, Joan Sutherland dans le rôle de Lucia, mise en scène : Franco Zeffirelli, Royal Opera Covent Garden, Londres, 1959.
Représenter la démence et y confronter le public est la grande tâche que doivent accomplir les cantatrices choisies – ici Joan Sutherland (née en 1926), dans la mise en scène de Franco Zeffirelli (né en 1923), une chanteuse aux interprétations légendaires.

À droite
Lucia di Lammermoor, Andrea Rost dans le rôle de Lucia, mise en scène : Andrei Serban, direction musicale : Bruno Campanella, Opéra National de Paris, 1996.
Les situations hautement dramatiques débouchent souvent, dans les opéras romantiques du *bel canto*, sur la décomposition de la raison, la folie. Les scènes de démence étaient, d'un point de vue musical et théâtral, des scènes finales gratifiantes pour les grandes *prime donne* – ici, Andrea Rost (Hongroise, née en 1962). Dans l'Italie du début du XIXe siècle, écrire un opéra revenait, pour les compositeurs, à se plier aux exigences souvent tyranniques des grands noms du chant lyrique.

À l'exception de son grand duo d'amour avec Edgardo (acte I), l'héroïne de l'opéra ne paraît à aucun moment heureuse, joyeuse ou équilibrée. La déchéance mentale est la conséquence presque logique de ses états d'âme de plus en plus extrêmes. Lucia ne trouve la paix et la sérénité qu'en invoquant la mort. Ses mots apparemment tranquilles, *Spargi d'amaro pianto* (Couvre de larmes amères) N 6, sont de plus en plus troublés par des retournements harmoniques subits, des figures chromatiques et des passages déformés par la passion. Les coloratures « ordinaires » d'une scène de folie traditionnelle deviennent un élément existentiel d'un por-

La Fille du régiment, Elisabeth Leisinger (1856-1934) dans le rôle de Marie. Au XIXe siècle, une femme jouant le rôle d'un soldat devait produire un singulier effet comique. Le costume et le petit tambour étaient tellement caractéristiques de ce rôle que l'on en a pourvu toutes les interprètes de Marie. Ainsi naquit une armée de filles du régiment.

La Fille du régiment

Opéra-comique en deux actes

Livret: Jules Henri de Saint-Georges et Jean-François Alfred Bayard
Création: le 11 février 1840 à Paris (Opéra-Comique)
Personnages: Marie, jeune vivandière (sop.), Tonio, jeune Tyrolien (tén.), la marquise de Birkenfeld (mezzosop.), Sulpice, sergent (basse), la duchesse de Crakentorp (alto), Hortensio, concierge de la marquise (basse), un paysan (tén.), un caporal (basse), un notaire (rôle parlé); soldats français, paysans du Tyrol, commis de ferme bavarois (chœur)

Argument

Dans les montagnes du Tyrol, près de la frontière suisse, à la fin des guerres napoléoniennes, vers 1815.

Marie, qui a été trouvée et élevée par les soldats, est la mascotte du régiment; elle suit ses protecteurs comme vivandière. Un jeune Tyrolien devient soldat par amour pour Marie. La mère de Marie, une marquise, retrouve sa fille, l'emmène avec elle dans son château, veut l'y éduquer conformément à son rang et lui trouver un époux. Mais Marie demeure fidèle à ses soldats.

Acte I

Marie a été recueillie, enfant, par des soldats qui l'ont élevée. À présent, elle suit leur régiment comme vivandière. Elle est amoureuse du jeune Tyrolien Tonio. Lorsque celui-ci apprend que seul un membre du régiment peut épouser Marie, il entre dans la compagnie. La marquise de Birkenfeld affirme que Marie est sa nièce et l'emmène avec elle au château, pour qu'elle reçoive une bonne éducation.

Acte II

Marie vit au château depuis un an; mais elle ne peut s'habituer à sa nouvelle vie, bien que la marquise ait reconnu qu'elle était sa mère. Elle doit désormais épouser le fils d'une duchesse. Les invités de la noce se présentent, mais Marie se rappelle l'époque heureuse passée avec ses soldats. Lorsque la mère du futur époux, la duchesse de Crakentorp, veut signer le contrat de mariage, le régiment intervient juste à temps. Tonio, qui a entre-temps été promu lieutenant, révèle à cette société élégante le passé de vivandière de Marie. C'en est fini des noces que l'on voulait célébrer; les invités, indignés, quittent le château. Mais la marquise donne à Marie et à Tonio sa bénédiction pour qu'ils se marient.

S. N.

Salut à la France

Le succès de l'œuvre (dans laquelle Donizetti, conformément aux règles de l'opéra-comique français, utilise des dialogues parlés) tenait certainement à la présentation naïve et idéaliste de la vie militaire. C'était devenu une tradition de jouer cet opéra pour le 14 juillet, anniversaire de la prise de la Bastille. Le *Salut à la France* de Marie était pratiquement considéré comme le second hymne national de la France. N 8

À droite
La Fille du régiment, mise en scène : Giancarlo del Monaco, décors et costumes : Toni Businger, direction musicale : Marcello Panni, Opernhaus de Zurich, 1988.
Le metteur en scène a composé pour l'apogée de l'opéra un tableau scénique qui fait l'effet d'une peinture historique.

Ci-dessus
La Fille du régiment, caricature de Johann Christian Schoeller parue dans le *Wiener Theaterzeitung*, 1840.
Le rêve du petit-bourgeois en 1840 : « C'est dans ce régiment que j'aimerais servir ! »

pourrait aussi qualifier *La Fille du régiment* d'opéra populaire. Donizetti, dix ans avant la naissance de l'opérette, a créé une œuvre caractérisée par des bonds subits dans l'action, qui renonce même à la logique étrange d'un livret d'opéra romantique. L'action de *La Fille du régiment* relève de l'opérette. Même le clin d'œil dramatique anticipe le genre scénique qui connut le plus grand succès au XIXe siècle. Tout est considéré avec un regard bourgeois, voire petit-bourgeois : l'armée, la patrie, la noblesse. Et le dénouement relève tout à fait de l'opérette : mieux vaut conclure un mariage bourgeois par amour qu'une union aristocratique pour satisfaire à son rang. Même la marquise, la mère de Marie, finit par céder, émue aux larmes, et donne sa bénédiction au jeune couple. Presque de la même manière que les aristocrates d'opérettes, soixante-dix années plus tard, dans la *Princesse Csardas* d'Emmerich Kálmán.

La Fille du régiment fut aussi apprécié pour ses deux premiers rôles gratifiants. La partie de Tonio, notamment l'air *Je suis soldat*, requiert toutefois un ténor maîtrisant bien ses aigus. N 9

Le personnage de Marie fut l'un des rôles qui assura le triomphe de célèbres sopranos colorature, comme Jenny Lind, Adelina Patti et Toti dal Monte. Le rôle de la vivandière est aussi séduisant qu'exigeant quant à l'art dramatique, par exemple dans la leçon de chant de l'acte II. Marie doit être éduquée pour devenir une dame élégante ; dans un premier temps, elle entonne un chant gracieux, mais elle le trouve insipide. Lorsque son ami, le sergent Sulpice, commence à chanter à voix basse le motif du Rataplan enflammé qui rappelle à Marie la vie heureuse qu'elle mena jadis au régiment, elle oublie son entourage aristocratique raffiné et se met elle aussi à chanter avec enthousiasme, ce qui suscite l'indignation croissante de la marquise. Une situation pleine d'humour et de retournements qui rappelle les opérettes françaises d'Offenbach ou de Hervé. N 10

É.P.L.

Le secret d'un succès.

Mendelssohn est censé avoir dit un jour qu'il aurait volontiers écrit *La Fille du régiment*. L'heureuse carrière que connut cette œuvre (entre sa création et 1950, elle fut donnée mille fois à l'Opéra-Comique, à Paris) n'est pas seulement due à sa construction dramaturgique et musicale. Il existe des pièces qui font époque, sans même que le compositeur en soit conscient. Dans *La Fille du régiment*, Donizetti résumait avec génie le goût scénique des Français : on y trouve aussi bien l'élément décoratif que l'atmosphère de différentes visions de la vie et des ordres sociaux. Ici, c'est une revue militaire avec des soldats-jouets (et les instruments qui les accompagnent : clairons, piccolos et chapeau chinois), là une scène bucolique avec des sonorités pastorales, ailleurs une parodie de la noblesse rurale sur une musique affectée et archaïsante. Le tout est simple, facile à comprendre et même accessible à tous. On

La Fille du régiment, Daniela Lojarro (Marie) et Maurizio Picconi (Sulpice), mise en scène : Giancarlo del Monaco, décors et costumes : Toni Businger, direction musicale : Marcello Panni, Opernhaus de Zurich, 1988.
Marie, dans cet opéra, ne conquiert pas seulement le libre choix de sa situation sociale. La carrière militaire lui donne aussi conscience de sa condition de femme.

À droite
La Favorite, Dagmar Peckova (Léonor de Guzmán) et Robin Timothy Buck (Alphonse), mise en scène : Andreas Rochholl, décors et costumes : Gerd Friedrich, direction musicale : Rüdiger Bohn, Théâtre de Bâle, 1994.
Un triangle amoureux : Léonor, Alphonse XI et, agenouillé au second plan, Fernand, qui revient en soldat. Comme dans la plupart des opéras du *bel canto*, il s'agit là encore d'un destin de femme. Elle renonce au statut privilégié de maîtresse royale et son amant ne la comprend pas. Lui doit seulement expier. Mais elle doit mourir.

La Favorite, Rosine Stolz (Léonor) dans le rôle de la maîtresse du roi, Paris, 1840.
Comme d'autres Leonore sur la scène lyrique romantique, Léonor, la favorite, aime, prie et souffre. Mais c'est également une femme séduisante. La différence la plus évidente avec les autres Leonore est la tessiture choisie : un rôle de *prima donna* que peuvent aussi interpréter les mezzosopranos.

La Favorite

Opéra en quatre actes

Livret : Alphonse Royer, Gustave Vaëz et Eugène Scribe, d'après *Le Comte de Comminges* de Baculard d'Arnaud
Création : le 2 décembre 1840 à Paris (Opéra)

Personnages : Alphonse XI, roi de Castille (bar.), Léonor de Guzmán, sa favorite (sop. ou mezzosop.), Fernand, jeune novice (tén.), Balthazar, supérieur du monastère de Saint-Jacques de Compostelle (basse), Don Gaspar, officier du roi (tén.), Inès, confidente de Léonor (sop.), un noble (tén.) ; seigneurs et dames de la cour, pages, gardes, moines, novices, pèlerins (chœur)

Argument
En Castille, au milieu du XIVe siècle.
Le jeune novice Fernand ne se doute pas que la femme qu'il adore, Léonor, est en réalité la favorite du roi. Par peur d'être excommunié, le roi veut mettre un terme à sa liaison et marie Léonor à Fernand. Lorsque Fernand apprend la vérité sur Léonor, il revient au monastère. Léonor l'y retrouve, lui avoue son amour et lui demande pardon. Elle meurt dans les bras de Fernand.

Acte I
Fernand, le jeune novice, quitte le monastère pour une belle femme qui ne dévoile pas son identité. Il ne se doute pas que la dame est Léonor, la favorite du roi. Fernand veut se couvrir de gloire comme soldat, pour devenir digne de la main de Léonor.

Acte II
Fernand s'est distingué comme soldat et Léonor, qui aime le jeune officier, demande à présent au roi de la libérer. Le roi veut faire de Léonor sa reine. Mais Balthazar apporte la nouvelle que le pape veut excommunier ceux qui rompent leur mariage.

Acte III
Le roi Alphonse autorise le mariage de Léonor et Fernand, mais empêche que ce dernier apprenne la vérité sur Léonor. Fernand comprend seulement après la cérémonie de mariage qu'il a épousé la maîtresse du roi. Profondément déçu, il retourne au monastère.

Acte IV
Au moment où Fernand s'apprête à passer ses vœux, Léonor arrive, épuisée. Elle n'avait rien à voir avec l'intrigue ourdie par le roi et demande pardon. L'amour de Fernand se ranime une nouvelle fois, mais il est trop tard : Léonor meurt dans ses bras.

É. P.-L.

Un grand air emprunté à soi-même
L'histoire de la genèse de *La Favorite* est particulièrement compliquée. Donizetti a fait appel à quatre de ses œuvres antérieures, pas moins : c'est seulement pendant les répétitions qu'il a intégré, par exemple, l'air d'une beauté enivrante *Spirito gentil*, une perle du répertoire des airs romantiques tirée de son opéra inachevé *Il Duca d'Alba* (1839). N 11

Tragédie sociale à la cour du roi
Ce récit, plein de confusions amoureuses et d'intrigues de cour, était typique du Grand opéra français. Mais l'histoire triangulaire de Léonor, de Fernand et du roi est celle de trois êtres dont la véritable tragédie tient au fait que leur rang social ne leur permet pas, et leur interdit même formellement, de laisser libre cours à leurs émotions. Cela apparaît sous une forme profondément tragique dans le destin de Léonor. Celle-ci a cru, jadis, que le roi l'épouserait. Mais la promesse n'a pas été tenue et elle est désormais une maîtresse du roi, tolérée mais nullement respectée. Le personnage de la femme qui a « pris le mauvais chemin » se trouve entre autres dans *Rosmonda d'Inghilterra* ou *Linda di Chamounix* de Donizetti, mais aussi dans → *Norma* de Bellini, et jusqu'à → *La Traviata* de Verdi, → *Manon* de Massenet et → *Manon Lescaut* de Puccini. Dans une société qui exige de la femme fidélité et soumission, considérées comme les deux vertus cardinales (l'époque à laquelle se passe l'action est sans importance), la femme n'a pas de prétention à se déterminer elle-même. Si toutefois elle le tente, elle doit le payer. Elle peut se réfugier dans la folie ou mourir : dans ce cas, on ne l'accepte qu'après-coup, dans la mesure où elle en appelle à la compassion hypocrite du petit-bourgeois ou au pardon, tout aussi hypocrite, de

La Favorite – Donizetti

La Favorite, Rosine Stolz (1815-1903) dans le rôle de Léonor, déguisée en novice. Dans la vie réelle aussi, Rosine Stolz joua le rôle de favorite – mais pas celui de novice. Cette importante mezzosoprano fonda sa carrière en 1836 avec une remarquable interprétation de → *La Juive* de Halévy. Donizetti écrivit pour elle le rôle de Léonor, qu'elle fit triompher. Elle devint la favorite de Léon Pillet, le directeur de l'Opéra de Paris. En 1847, elle dut quitter l'opéra à la suite de cabales au théâtre et dans la presse. Elle partit pour le Brésil, où elle redevint favorite – ce fut cette fois celle de l'empereur Don Pedro, qui l'engagea dans son opéra avec des cachets fabuleux.

Ci-dessous
La Favorite, Fiorenza Cossotto dans le rôle de Léonor, Teatro alla Scala, Milan, 1964-1965. Léonor fut le premier rôle-titre chanté par Fiorenza Cossotto (née en 1935) à la Scala de Milan ; il lui valut la célébrité mondiale du jour au lendemain. Avec Giulietta Simionato, elle fut la principale mezzosoprano italienne des années soixante et soixante-dix. Elle entra dans les annales de l'histoire de l'opéra, notamment pour le timbre admirable de sa voix, sa technique de chant parfaite et l'équilibre de ses différents registres vocaux. Outre les plus grands rôles de mezzosoprano, elle interpréta aussi les principales parties d'alto du répertoire lyrique italien.

11. Air de Fernand

Spi-ri-to gen-til, ne' so-gni mie-i bril-la-sti un dì, ma ti perde-i:

La Favorite, Dagmar Peckova (Léonor de Guzmán) et Egils Silins (Balthazar), mise en scène : Andreas Rochholl, Théâtre de Bâle, 1994. *La Favorite* est une histoire contemporaine camouflée sous des traits historiques. Une variante précoce de *La Traviata* sur la scène de l'opéra.

l'Église. Le destin de Léonor, c'est-à-dire l'impossibilité d'être acceptée par la société, est particulièrement souligné à l'acte II : bien qu'il n'y ait pas d'harmonie entre le roi et Léonor, tous deux regardent avec une feinte gaieté un long ballet à la cour, jusqu'à ce que lui parvienne la nouvelle de l'excommunication pontificale. La scène débouche sur un finale ému. L'insert conventionnel du ballet, un élément constant de l'opéra français, est intégré dans une action dramatique rigoureuse dans laquelle on décrit avec une acuité unique en son genre les sentiments de deux êtres déçus et amers.

É. P.-L.

Don Pasquale, Marian Pop (Malatesta) et Sebastian Reinthaller (Ernesto), Volksoper de Vienne, 1996.
Dans cet opéra de chambre, le docteur Malatesta est le maître du jeu, toujours présent aux premier et second plans.

Don Pasquale

Dramma buffa en trois actes

Livret : Giovanni Ruffini et Gaetano Donizetti, d'après *Ser Marcantonio* d'Angelo Anelli
Création : le 3 janvier 1843 à Paris (Théâtre-Italien)
Personnages : Don Pasquale, un vieux célibataire (basse), Ernesto, son neveu, amant de Norina (tén.), Norina, une jeune veuve (sop.), docteur Malatesta (bar.), un notaire (bar.) ; valets, serviteurs (chœur)

Argument

À Rome, au XIXe siècle.
La jeune veuve Norina et son admirateur Ernesto, neveu du riche et vieillissant Don Pasquale, font perdre à celui-ci ses perspectives de mariage : Norina, déguisée, met en scène avec l'aide du malicieux docteur Malatesta un « faux mariage » particulièrement agité.

Acte I

Le vieux célibataire Don Pasquale attend impatiemment le docteur Malatesta, qui lui a promis une épouse. Don Pasquale veut déshériter son neveu en se mariant. Ernesto est profondément déçu. Malatesta veut aider le neveu et sa maîtresse, la veuve Norina. Il conçoit un plan : il va présenter à Don Pasquale Norina, sous l'identité de sa jeune et pieuse sœur Sofronia, et mettre en scène un mariage fictif pour faire passer au vieil homme ses rêves d'amour.

Acte II

Ernesto veut déjà repartir. Malatesta présente alors sa fausse sœur à Don Pasquale, qui est immédiatement enflammé par la beauté et la modestie (soigneusement travaillée au préalable) de « Sofronia ». Le mariage est aussitôt scellé. Ernesto, qui a compris l'intrigue du docteur, se propose comme témoin. À peine le (faux) notaire a-t-il établi le contrat que Norina/Sofronia se transforme en une furie tyrannique qui met sans dessus dessous tout le foyer et commence à jeter par les fenêtres l'argent de Don Pasquale.

Acte III

Dans la maison de Don Pasquale, les factures s'accumulent. La patience de l'époux frais émoulu est encore mise à l'épreuve lorsque Norina annonce qu'elle veut aller au théâtre. Comme Don Pasquale le lui interdit, il reçoit une gifle retentissante. Norina s'enfuit, mais laisse auparavant tomber une petite lettre. Don Pasquale, humilié, y lit que sa « Sofronia » prépare un rendez-vous. Il veut à présent se venger, avec l'aide de Malatesta, et surtout se débarrasser de son « épouse ». Ce serait possible, dit Malatesta, s'il consentait au mariage d'Ernesto et Norina. Pasquale accepte. Une fois qu'on lui a révélé l'intrigue, il n'a plus qu'à faire contre mauvaise fortune bon cœur et à accorder son pardon, aussi bien au couple d'amoureux qu'au docteur.

É. P.-L.

Don Pasquale, Oleg Bryjak (Don Pasquale) et Ludwig Grabmeier (Malatesta), mise en scène : Tobias Richter, direction musicale : Francesco Corti, Deutsche Oper am Rhein, Düsseldorf, 1998.
Même dans ce cadre surréaliste, le fameux duo des bavards (Malatesta-Don Pasquale) produit un effet frénétique.

Don Pasquale, Erich Syri (Pasquale) et Karl Adolf Appel (le notaire), mise en scène : Venjamin Smechov, direction musicale : Wolfram Koloseus, décors : David Borovski, Nationaltheater de Mannheim, 1993.
Pendant ce mariage en trompe-l'œil, Don Pasquale doit comprendre qu'il n'est pas seulement devenu une victime de son héroïsme, mais aussi un héros tragique. Il découvre que la solitude est la seule forme de vie qui lui convienne.

À droite
Don Pasquale, Elena Brilova (Norina) et Ludwig Grabmeier (Malatesta), mise en scène : Tobias Richter, direction musicale : Francesco Corti, Deutsche Oper am Rhein, Düsseldorf, 1998.

Corpulent Don Pasquale

Donizetti fut « appâté » par le Théâtre-Italien de Paris grâce à une distribution de premier ordre. Giulia Grisi, qui avait déjà chanté Elvira lors de la création des → *I Puritani* de Bellini, devait interpréter Norina. Le trio des hommes était composé de trois chanteurs légendaires : le ténor Giovanni Mario, le baryton Antonio Tamburini (que l'on appelait le « Rubini des barytons ») et – dans le rôle-titre – la basse Luigi Lablache, qui avait ravi entre autres le public parisien dans le rôle de Riccardo des *Puritains* et qui était aussi célèbre pour ses moyens vocaux que pour son tour de taille. « Comme un scarabée monstrueux qui veut ouvrir ses ailes et s'envoler, mais n'y parvient pas », le décrivit Théophile Gautier dans la scène des noces, où le corpulent Don Pasquale se force à entrer dans ses vêtements de soirée qui datent du temps jadis.

É. P.-L.

Don Pasquale, mise en scène : Stefano Vizioli, direction musicale : Riccardo Muti, Teatro alla Scala de Milan, 1993-1994.
Le chœur a un petit rôle, mais très intéressant. Il accompagne la fameuse sérénade d'Ernesto et donne au numéro un caractère féerique. D'autre part, le chœur fait beaucoup de bruit et de désordre lors des cérémonies de mariage : un mauvais présage pour le jeune célibataire en route vers une nouvelle vie, la vie conjugale.

Une comédie à l'ombre de l'âge

Donizetti et son librettiste Giovanni Ruffini ont fait du scénario de base une sorte de jeu social pour quatre personnes, avec une alternance constante entre des situations typiques de l'*opera buffa* (par exemple la scène du mariage fictif, dans laquelle on dicte le contrat de mariage sur le ton d'une récitation) et des scènes tout à fait sérieuses, voire réalistes. Ce jeu n'est amusant qu'en apparence; il tourne parfois à une lucidité presque cruelle et les « protagonistes » ont des caractères nuancés. On ne peut pas douter de l'amour de Norina pour Ernesto – et pourtant, elle surprend toujours par sa faculté de transformation, par sa volonté d'atteindre son objectif (épouser Ernesto) grâce à l'illusion et au mensonge. Son « exercice » avec Malatesta, lorsqu'elle se demande sous quel aspect elle devrait faire la conquête de Don Pasquale, est certes d'un comique renversant; mais dans l'acte III, lorsqu'elle provoque volontairement une querelle avec Don Pasquale, elle va trop loin: sa gifle n'est plus qu'une manière d'abaisser inutilement un homme déjà humilié. Le fait qu'elle en ait honte témoigne de sa compassion et de son humanité – mais ensuite, elle prend congé de Don Pasquale, appelé « le petit grand-père » avec une mélodie en valse légère qui relève presque de l'opérette *Via, caro sposino* (viens, cher petit homme). N 12

Ernesto affiche lui aussi des sentiments profonds, non seulement dans son air résigné, accompagné par un solo de trompette mélancolique *Cercherò lontana terra* (je veux partir au loin), acte II, N 13 mais aussi dans sa fameuse sérénade *Com'è gentil la notte a mezzo April!* (Comme la nuit est aimable à la mi avril!), acte III, N 14 censée tromper Don Pasquale, aux aguets, mais qui révèle plutôt les véritables émotions d'Ernesto.

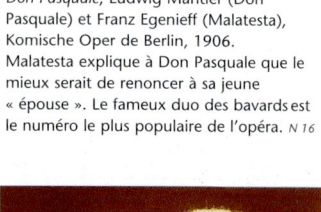

Don Pasquale, Ludwig Mantler (Don Pasquale) et Franz Egenieff (Malatesta), Komische Oper de Berlin, 1906.
Malatesta explique à Don Pasquale que le mieux serait de renoncer à sa jeune « épouse ». Le fameux duo des bavards est le numéro le plus populaire de l'opéra. N 16

Ci-dessus
Don Pasquale, Janet Perry (Norina) et Alexander Malta (Don Pasquale), Staatstheater am Gärtnerplatz, Munich, 1972.
On fait allusion, sur la scène, à la tragédie du jeu: Norina et Don Pasquale, sans costumes historiques, dans la décennie où l'on découvre les relations humaines aliénées. Les hommes vieillissants ne sont-ils pas les perdants de nombre d'*opera buffa* importants, où ils attirent la compassion? La dernière comédie de Donizetti ne devrait-elle pas être considérée comme la tragédie de Don Pasquale? L'adaptation du sujet opérée par Stefan Zweig pour Richard Strauss (→ *Die schweigsame Frau*, 1935) apporte à cette question une réponse claire et résignée.

Don Pasquale (de g. à dr.), Paolo Montarsolo (Don Pasquale), Urban Mahnberg (Ernesto) et Hellen Kwow (Norina), mise en scène: Franz Marijnen, décors: Santiago del Corral, direction musicale: Stefan Soltesz, Hamburgische Staatsoper, Hambourg, 1987.
Le galant Don Pasquale ne sait pas encore qui se cache sous le voile blanc. Dans la mise en scène de Hambourg, le rôle fut incarné par une basse doué d'un talent comique inné.

12. Moquerie de Norina
Via, ca - ro spo - si - no, non far - mi il ti - ran - no

13. Tristesse d'Ernesto
Cerche - rò lon - ta - na ter - ra do - ve ge - mer sco - no - sciuto;

14. Sérénade d'Ernesto
Com'è gen - til la notte a mezzo April!

15. Mélancolie de Don Pasquale

16. Duo des bavards (Pasquale-Malatesta)
A - spet - ta, a - spet - ta, ca - ra spo - si - na: la mia ven - det - ta già s'avvi - ci - na

Une erreur de traitement ?

Même le docteur Malatesta, le manipulateur, est parfois touché par la souffrance de Don Pasquale : il n'est pas seulement un intrigant, c'est aussi un homme expérimenté qui voudrait empêcher le mariage malheureux d'un vieil homme et d'une jeune femme. Malatesta ne cesse de souligner le fait qu'il emploie sa « méthode curative » dans l'intérêt de ses patients. Mais de quelle « maladie » faut-il guérir Don Pasquale ? Le répertoire littéraire et lyrique est plein de « vieux fous » qui tombent amoureux d'une jeune femme. Leurs sentiments sont parfois dépeints sur le mode tragique, parfois sur le mode comique et grotesque : le roi Marke dans → *Tristan und Isolde* de Wagner, Hans Sachs dans les → *Meistersinger von Nürnberg* ou le roi Philippe II dans → *Don Carlos* de Verdi ont cette solitude des vieux hommes, tandis que le répertoire de l'*opera buffa*, depuis → *La Serva padrona* de Pergolesi et *Lo Speziale* de Haydn, en passant par → *Il Barbiere di Siviglia* de Rossini et, justement, *Don Pasquale* de Donizetti, a raillé le retour de flammes tardif que connaissent des personnes âgées. Ces deux antipodes dans la présentation de « l'amour dans le grand âge » ont un point commun : on y met en question l'amour, voire la sexualité des personnes âgées. La sensualité passe pour le domaine des jeunes. Lorsque des vieux tombent amoureux, ils deviennent des objets de raillerie et de moquerie, il faut les « guérir ». Beaucoup de comédies théâtrales grivoises et d'opéras-comiques traitent de ces vieux hommes présentés comme des comiques et des cocus. Cette thématique est liée aux habitudes sociales : un vieux galant riche avait effectivement plus de chances d'épouser une jeune fille que n'en aurait eu, par exemple, un jeune homme sans moyens. Il était sans doute rare que ce genre de liaison apporte le bonheur. La capacité de Donizetti à décrire dans le cadre de l'*opera buffa* aussi bien des réactions humaines sérieuses que des situations réalistes apparaît dans les adieux résignés en la mineur, *E finita, Don pasquale*, après la gifle. Même le *happy end* de l'opéra ne peut faire illusion sur la solitude de Don Pasquale. N 15

É. P.-L.

Don Pasquale (de g. à dr.), Michael Volle (Malatesta), Julia Borchert (Norina), Erich Syri (Don Pasquale) et Karl Adolf Appel (le notaire), mise en scène : Venjamin Smechov, direction musicale : Wolfram Koloseus, Nationaltheater de Mannheim, 1993.

Don Pasquale, Nationaltheater de Mannheim, 1931-1932.
Une scène de comédie classique : sur ordre de la nouvelle maîtresse, on dérange tout chez le vieux célibataire. Ainsi débutent les tourments de Don Pasquale.

Antonín Dvořák

Né à Nelahozeves (République tchèque) le 8 septembre 1841
Mort à Prague le 1er mai 1904

Pendant ses études à l'École d'Orgue de Prague, Dvořák découvre d'abord la musique du classicisme, et se mesure comme musicien d'orchestre à → Robert Schumann, Franz Liszt et → Richard Wagner. Une bourse à Vienne (1875-1878), obtenue par le biais de Johannes Brahms et Eduard Hanslick, lui ouvre la voie d'une carrière internationale et marque le début d'une grande activité de voyageur, qui le mène aux États-Unis, où il est, de 1892 à 1895, directeur du National Conservatory of Music de New York. Professeur depuis 1891, il dirige le Conservatoire de Prague de 1901 à 1904. Alors qu'il s'est déjà fait remarquer avec sa musique pour orchestre et sa musique de chambre, il crée avec Rusalka un opéra qui attirera l'attention au-delà des frontières de sa patrie.
Œuvres : Opéras : *Alfred,* 1870/création Olmütz, 1938 ; *Král a uhlir,* Prague 1871 (Le Roi et le charbonnier) ; *Trvdé palice,* 1874/création Prague, 1881 (Les Amants têtus) ; *Vanda,* Prague, 1875 ; *Šelma sedlák,* Prague, 1878 (Le Paysan fripon) ; *Dimitrij,* Prague, 1882 ; *Jakobin,* Prague, 1889 (Le Jacobin) ; *Cert a Káca,* Prague, 1899 (Le Diable et Catherine) ; *Rusalka,* Prague, 1901 (Roussalka) ; *Armida,* Prague, 1904.
Œuvres pour orchestre dont 9 symphonies, musique de chambre, œuvres chorales, mélodies.

Rusalka, Gabriela Beňačková-Čáp (Rusalka) et Ievgueni Nesterenko (le génie des eaux), mise en scène : Otto Schenk, costumes : Silvia Strahammer, direction musicale : Vaclav Neumann, Staatsoper de Vienne, 1987.
Rusalka, la jeune promise, se plaint de son destin auprès du génie des eaux. *Rusalka* est un opéra proche de la nature. Comme cela se produira plus tard dans la musique tchèque, avec Janáček, la nature et le rapport des créatures naturelles avec les êtres humains joue un rôle important chez Dvořák, elle constitue l'aspect le plus original de l'opéra. Pour Rusalka, la nature représente le monde familier de la vie qu'elle a menée jusqu'alors : l'enfance. Le représentant de ce monde, c'est le génie des eaux. Sa tessiture et sa partie rappellent les grands rôles de basse, mais ce rôle est caractérisé par des mélodies plus tendres et plus chaleureuses.

L'Ondine tchèque

Lors d'un voyage d'agrément sur l'île de Bornholm, en 1899, Jaroslav Kvapil eut l'inspiration d'un texte d'opéra, qui correspondait certes à l'univers mystique fin de siècle, mais qui ne fut apprécié ni par Oskar Nedbal, ni par Josef Bohuslav Foerster, ni par Josef Suk. Seul le truchement du directeur du Théâtre national de Prague, František Šubert, permit de faire passer le livret à Dvořák, qui fut aussitôt fasciné par sa teneur lyrique et impressionniste, et composa son opéra entre avril et novembre 1900.
Puisant dans les expériences de ses nombreuses œuvres, il utilisa tous les moyens stylistiques qui lui paraissaient adaptés pour caractériser les deux mondes opposés : les créatures élémentaires, dépourvues d'âme, mais non de compassion, et les êtres humains, doués d'âmes mais aux émotions changeantes. Dvořák y intégra tout le répertoire expressif de son siècle et ne laissa aucun sentiment à l'écart du traitement musical. Il associe les procédés classiques, le travail sur les motifs, les formes du lied et de l'aria, en utilisant les moyens de la technique tonale impressionniste et les grands élans expressionnistes. Le compositeur put ainsi communiquer au public l'univers irrationnel du sujet de son opéra qui fut remarqué dans le monde entier. *M. S.*

Dans la musique de Dvořák se discernent les influences des formes classiques et des liens avec Liszt et Wagner. En intégrant des éléments du folklore et des techniques impressionnistes, il a cependant développé un style personnel inimitable.

Rusalka

Conte lyrique en trois actes

Livret : Jaroslav Kvapil d'après le récit *Ondine* de Friedrich de la Motte-Fouqué, le conte *La petite Sirène* de Hans Christian Andersen et la pièce *La Cloche engloutie* de Gerhart Hauptmann
Création : le 31 mars 1901 à Prague (Théâtre National)
Personnages : Le prince (tén.), la princesse étrangère (sop.), Rusalka (sop.), Le génie des eaux (basse), sorcière (mezzosop.), garde-chasse (tén.), un marmiton (sop.), un chasseur (tén.), trois Elfes (2 sop, alto) ; sylvains, hôtes du château, ondines (chœur), l'escorte du prince (figurants) ; ballet : sylvains, hôtes du château.

Argument
En un lieu et en des temps féeriques.
Acte I
Forêt profonde. La nuit, les elfes dansent sur le rivage et taquinent le génie des eaux. Seule Rusalka est malheureuse : elle rêve d'avoir une apparence

humaine et une âme pour conquérir l'amour du jeune prince qu'elle a vu récemment se baigner dans le lac. Le génie des eaux met vainement en garde son ondine préférée contre cet amour. Rusalka demande de l'aide à une sorcière. Celle-ci accède à sa demande, mais à la condition que Rusalka soit désormais muette pour les êtres humains. Si son bien-aimé devait lui être infidèle, elle serait condamnée à être exilée définitivement. Rusalka accepte sans crainte. Lorsque, pendant sa chasse, le prince se perd sur le rivage du lac, elle le conquiert avec sa beauté silencieuse, et il l'emmène avec lui dans son château.

Acte II

Près de l'étang, dans le parc du château. La promise silencieuse déconcerte et inquiète le personnel. Le prince aime certes sa belle inconnue, mais il est aussi irrité par son étrangeté. Ce dont profite une princesse invitée à la noce, qui fait au futur époux des avances non dissimulées.

Rusalka se réfugie auprès de l'étang et va dire sa douleur au génie des eaux. Alors que le prince fait une cour passionnée à la princesse, le génie emmène Rusalka dans son étang et menace le futur époux infidèle. Profondément bouleversé par la perte de son véritable amour, le prince sombre dans la folie.

Acte III

Sur la rive du lac. Devenue apatride et chassée du cercle de ses sœurs, Rusalka va de nouveau voir la sorcière. Mais celle-ci ne peut lui apporter une aide que si elle tue son amant infidèle. Or Rusalka ne le veut ni ne le peut. Un garde-chasse princier et un marmiton se présentent chez la sorcière : ils cherchent un remède à la profonde dépression de leur seigneur. Il a été forcé de se marier par une créature malveillante, dont l'enchantement l'a ensuite rendu malade. Furieux, le génie des eaux chasse les deux hommes.

Une fois de plus, les elfes veulent plaisanter avec le génie. Mais celui-ci, chagriné, leur raconte le triste destin de Rusalka. Sur la rive du lac, le prince cherche Rusalka. Devenue un feu follet, elle hante la surface du lac. Le prince demande un baiser à Rusalka, que celle-ci lui donne. Extasié, le prince meurt dans ses bras.

S. N.

Rusalka, acte III : le tableau final de l'opéra, avec Gabriela Beňačková-Čáp (Rusalka) et Peter Dvorsky (le prince), mise en scène : Otto Schenk, décors : Günther Schneider, direction musicale : Vaclav Neumann, Staatsoper de Vienne, 1987.
Conclusion émouvante de l'opéra : Rusalka doit définitivement renoncer à son prince, c'est-à-dire à l'amour humain, et rentre dans le royaume des créatures élémentaires. Le mot tchèque « Rusalka » est d'origine russe ; il signifie « créature féminine enchantée et ensorcelante ». Rusalka s'apparente à ces créatures qui, dans différents contes, mythes ou légendes, ont qualifiées de nymphes, sirènes, ondines ou sirènes.

Dantons Tod, Peter Weber (Danton) et Wolfgang Glashob (Robespierre), mise en scène : Gernot Friedel, décors : H. Hauser, direction musicale : Isaac Karabtchevsky, Theater an der Wien, 1992.

En 1939, Einem vit pour la première fois sur scène la pièce de Georg Büchner *La Mort de Danton*. Fasciné par l'expressivité du drame, et personnellement touché par la dictature de Hitler, il écrivit un livret en collaboration avec Boris Blacher et commença la composition le 22 juillet 1944. Pour rester aussi authentique que possible d'un point de vue musical, Einem étudia les textes et les mélodies des chants révolutionnaires français. Des scènes chorales efficaces, des passages en parlando pour soutenir le texte et des moyens esthétiques puissants pour définir les personnages et les situations ont assuré un succès fulgurant à l'opéra (six tableaux) lors de sa création, le 6 août 1947, au Festival de Salzbourg. Einem fut le premier compositeur vivant à donner une représentation d'opéra lors de ce festival.

Le principe stylistique d'Einem est l'intégration de différentes techniques historiques.

Gottfried von **Einem**

Né à Berne (Suisse) le 24 janvier 1918
Mort à Waldviertel (Basse-Autriche) le 12 juillet 1996

Après des débuts en autodidacte, Einem fait ses études auprès de Boris Blacher et développe un langage sonore spécifique et tempéré. En 1938, il commence sa carrière comme répétiteur de chœur au Berliner Oper et d'assistant au Festival de Bayreuth. Il est arrêté à plusieurs reprises sous le national-socialisme. Après la guerre, il occupe des fonctions importantes, entre autres au Festival de Salzbourg et aux Festwochen de Vienne. Il est, de 1963 à 1972, professeur à la Musikhochschule de Vienne et, à partir, de 1964 membre de l'Akademie der Künste de Berlin ; il occupe de 1965 à 1970 les fonctions de président de l'Académie autrichienne de musique.

Œuvres : Opéras : *Dantons Tod,* Salzbourg, 1947 (La Mort de Danton) ; *Der Prozess,* Salzbourg, 1953 (Le Procès) ; *Der Zerrissene,* Hambourg, 1964 (Le Déchiré) ; *Der Besuch der alten Dame,* Vienne, 1971 (La Visite de la vieille dame) ; *Kabale und Liebe,* Vienne, 1976, (Intrigue et amour) ; *Jesu Hochzeit,* Vienne, 1980 ; *Tulifant,* Vienne, 1990. Ballets, musique de théâtre, Lieder, pièces pour orchestre, musique de chambre.

Dantons Tod
La Mort de Danton

Livret : Gottfried von Einem et Boris Blacher, d'après le drame de Georg Büchner *La Mort de Danton*
Création : Le 6 août 1847 au Festival de Salzbourg
Personnages : Georges Danton (bar.), Camille Desmoulins, député (tén.), Hérault de Séchelles, député (tén.), Robespierre (tén.) et Saint-Just, membre du Comité de Salut public (basse), Herman, président du tribunal révolutionnaire (bar.), Simon, souffleur (basso buffo), un jeune homme (tén.), premier et deuxième bourreaux (tén. bar.), Julie, épouse de Danton (mezzo-sop.), Lucile, épouse de Desmoulins (sop.), une dame (sop.), une femme, épouse de Simon (alto)

Argument
À Paris, en 1794.
La terreur imposée par Robespierre et la détresse du peuple mènent à une atmosphère de crise que les conseillers du dictateur considèrent comme menaçante. On doit trouver un moyen d'éliminer l'opposition autour de Danton. Comme le peuple soutient Danton et comme il faut épargner Desmoulins, ami personnel du dictateur, le seul moyen est de faire courir le bruit que Danton est royaliste. Lorsque Robespierre apprend que Desmoulins s'est lui aussi placé dans l'opposition, il approuve son arrestation. Le brillant plaidoyer tenu par Danton devant le tribunal ne peut le sauver de l'exécution, pas plus que ses camarades.

S. N.

Der Prozess
Le Procès

Livret : Boris Blacher et Heinz von Cramer, d'après le roman de Franz Kafka *Le Procès*
Création : le 17 août 1953 au Festival de Salzbourg
Personnages : Josef K. (tén.), Franz (basse), Willem (bar.), le surveillant (bar.), Mme Grubach (mezzosop.), Mlle Bürstner (sop.), épouse de l'huissier (sop.), Leni (sop.), un passant (bar.), un gaillard (tén.), le juge d'instruction (bar.), l'huissier (basse), l'étudiant (tén.), le donneur de coups (basse), Albert K. (basse), l'avocat (bar.), l'avocat du cabinet (basse), le directeur de fabrique (bar.), trois messieurs (tén. et basse), le vice directeur (tén.), une jeune fille bossue (sop.), Titorelli (tén.), le religieux (bar.), premier monsieur (parl.), trois jeunes gens (tén., bar), quatre récitants

Argument

Un jour de 1919, on informe Josef K. qu'il a été condamné à une peine, mais qu'il peut encore se déplacer librement jusqu'au moment où il la purgera. Dans la rue, la nuit, un passant lui transmet à l'improviste la convocation à une première audience. Sans connaître le motif de la condamnation et de l'accusation, le petit employé de banque insignifiant se sent coupable tout d'un coup. Il est forcé de reconnaître que tout le monde, dans son entourage, est mieux informé de sa situation que lui-même. Il sombre dans le désespoir, ne sait plus que faire. Finalement, Josef K. cherche refuge dans la cathédrale et demande de l'aide au chapelain, mais celui-ci ne peut plus la lui accorder : deux sbires viennent déjà chercher le condamné et l'emmènent sur le lieu de l'exécution.

S.N.

L'influence de Brecht

La concentration d'Einem sur les ambiances et les contrastes, avec pour objectif la plus grande compréhensibilité du langage, fait apparaître l'influence latente de Brecht. La tension et la transparence dans la rythmique et la mélodie apportèrent à l'œuvre un grand succès public.

Kafka, Brecht, Einem

L'opéra d'Einem, *Der Prozess*, d'après le roman de Franz Kafka (1925) est à l'arrière-plan d'un scandale. En 1947, Caspar Neher demanda à Einem, alors conseiller du Festival de Salzbourg, de soutenir Bertolt Brecht, désormais apatride après son expulsion des États-Unis et en attente de la nationalité autrichienne à Zurich, où il disposait d'un titre de séjour provisoire. Il fallait confier à Brecht le livret de l'opéra *Der Prozess*. Le projet échoua car Brecht considéra que le mot devait avoir la priorité sur la musique. Einem utilisa cependant ses contacts avec des personnalités influentes pour accélérer la procédure de naturalisation de Brecht, qui fut réglée en 1950. L'engagement d'Einem eut des conséquences : la rumeur selon laquelle il était communiste et donc indésirable au Festival de Salzbourg mena à son licenciement. Malgré ce scandale qui le gêna beaucoup, Einem présenta en 1952 son opéra en deux parties *Der Prozess*.

M.S.

Der Prozess, croquis de décor d'Alfred Siercke, mise en scène : Günther Rennert, direction musicale : Leopold Ludwig, Staatsoper de Hambourg, 1953 (TWS). Dans la cathédrale. La scène clef du roman et de l'opéra.

Der Besuch der alten Dame
La Visite de la vieille dame

Livret : Friedrich Dürrenmatt, d'après sa tragi-comédie *La Visite de la vieille dame*
Création : le 23 mai 1971 au Staatsoper de Vienne
Personnages : Claire Zachanassian, née Wäscher, multimillionnaire (mezzosop.), son époux VII (figurant), époux IX (tén.), le concierge (tén.), Toby et Roby (figurants), Koby, Loby, aveugles (tén.), Alfred Ill (bar.), son épouse (sop.), sa fille (mezzosop.), son fils (tén.), le maire (tén.) le prêtre (bar.-basse), l'enseignant (bar.), le médecin (bar.), le policier (bar.-basse), première et deuxième femmes (sop.), Hofbauer (tén.), Helmesberger (bar.), un chef de gare (bar.-basse), un chef de train (basse), un conducteur (tén.), un journaliste (rôle parlé), un cameraman (basse), une voix (tén.)

Argument
À Güllen, à notre époque.
Claire Wäscher et le marchand Alfred Ill se sont jadis aimés. Engrossée et abandonnée par lui, elle a cherché son bonheur à l'étranger. Des années plus tard, elle revient, devenue la riche Claire Zachanassian, dans le village appauvri et endetté de sa jeunesse. Elle promet d'offrir une somme d'argent élevée si Ill expie en mourant. Lorsqu'elle quitte les lieux, le cercueil n'est plus vide. Ill a payé de sa vie.

S. N.

Der Besuch der alten Dame, mise en scène : Otto Schenk, décors : Günther Schneider-Siemssen, direction musicale : Horst Stein, Staatsoper de Vienne, 1971 (photo 1977).
Outre les grandes scènes chorales, ce sont surtout les passages en *arioso* presque parodiques qui frappent dans l'opéra d'Einem, ainsi que le sens affirmé du compositeur pour l'efficacité scénique ; sont également intégrés de nombreux effets sonores.

Einem et Dürrenmatt
Le chef-d'œuvre d'Einem est fondé sur la comédie tragique *La Visite de la vieille dame* écrite par Dürrenmatt en 1955. Dürrenmatt s'était persuadé que le langage sonore d'Einem était fait pour sa pièce, et écrivit le livret lui-même. En s'appuyant sur la tonalité, Einem utilise un « art populaire » presque mahlérien pour rendre justice au sujet grotesque. Il attribue à chaque personnage une caractérisation musicale distincte. Du point de vue acoustique, l'utilisation de différentes cloches structure la progression de l'action et la disposition des rôles parlés prend des traits musicaux. Une parenté étroite entre les thèmes, l'imitation et la variation ont donné sa cohérence interne à l'opéra et garanti son intelligibilité, si bien que cette œuvre a elle aussi connu un grand succès.

M. S.

Der Besuch der alten Dame, Patricia Johnson dans le rôle de Claire Wäscher, mise en scène : Otto Schenk, costumes : Leo Bei, direction musicale : Horst Stein, Staatsoper de Vienne, 1971 (photo 1977).
Otto Schenk a mis en scène l'opéra au début des années 1970 avec Christa Ludwig dans le rôle-titre. Patricia Johnson, dans la reprise, six années plus tard, s'est elle aussi révélée comme une chanteuse de composition très expressive.

À droite
Der Besuch der alten Dame, Anton Wendler (Koby) et Karl Terhal (Loby), mise en scène : Otto Schenk, costumes : Leo Bei, direction musicale : Horst Stein, Staatsoper de Vienne, 1971 (photo 1977).
Pour avoir fait un faux témoignage dans la plainte en recherche de paternité contre l'ancien amant Ill, Kopy et Loby ont été rendus aveugles à la demande de la vieille dame ; depuis, devenus son escorte aveugle, ils rendent toutes sortes de services.

Vue intérieure du Théâtre National hongrois à Budapest, vers 1840. Le premier théâtre national hongrois, dont le directeur musical fut à partir de 1838 Ferenc Erkel, était destiné à la fois au théâtre et à l'opéra. Avant et après la révolution de 1848, il joua un rôle politique important. Le bel Opéra de Budapest fut inauguré en 1884. Il n'existe plus aujourd'hui.

Le plus malheureux des compositeurs nationaux

Ferenc Erkel fut peut-être le plus malheureux des compositeurs nationaux du romantisme. Bien qu'il ait écrit neuf opéras, dont deux œuvres aussi remarquables que *Hunyadi László* et *Bánk bán*, son nom est resté presque inconnu en dehors de la Hongrie. Il n'est pas parvenu à faire connaître sur les grandes scènes internationales l'histoire et la musique de son pays. Quelques-uns de ses contemporains célèbres, comme le cosmopolite d'origine hongroise Franz (Ferenc) Liszt et le novateur français Hector Berlioz, qui assista à Pest au triomphe de *Hunyadi László*, promirent leur protection à Erkel. Mais tout cela demeura à l'état de projet. La barrière linguistique joua certainement un rôle dans ce phénomène, tout comme, et sans doute plus encore, la vie retirée que mena Erkel – il ne quitta jamais le territoire de la Hongrie.

Le patriarche de la musique nationale autrichienne

Les sujets de la plupart des opéras d'Erkel sont empruntés à l'histoire hongroise. À l'époque où la Hongrie était gouvernée par la monarchie des Habsbourg, la formation d'une identité nationale était d'une importance vitale pour les patriotes hongrois comme Erkel. La Hongrie était resté un pays féodal, avec d'innombrables villages et petites villes rurales dispersés dans la *puszta*, dans les vallées et les montagnes de la Transylvanie. Il fallut attendre 1873 pour que l'unification de trois villes (Buda, Pest et Obuda) donne le jour à la capitale, Budapest. Au milieu du XIXe siècle, la majorité des habitants de Buda et de Pest était encore essentiellement germanophone. Il existait un théâtre national depuis 1837, mais il fallut attendre 1884 pour obtenir un véritable opéra. Erkel accomplit donc un travail de pionnier.

« Un nouveau jour se lève, ô Hongrie ! »
(*Hunyadi László*)

L'action se déroule en 1456-1457 à Nándorfehérvár (aujourd'hui Belgrade), à Temesvár (aujourd'hui Timisoara) et à Buda. Le roi László V (tén.) est mineur, c'est son oncle Ulrik Cilley (bar.) qui assure la régence. Celui-ci déteste la Hongrie et voit dans la famille Hunyadi (Corvinus) de dangereux rivaux. Il fait en sorte que László Hunyadi (tén.) tombe en disgrâce auprès du roi et tente de le tuer, mais meurt pendant cette tentative. Le roi, déstabilisé, jure à la famille Hunyadi de ne pas venger la mort de son oncle et régent — mais il rompt ce serment quelques mois plus tard et fait exécuter László Hunyadi à Buda. L'opéra se conforme ainsi à la réalité historique, mais il va plus loin sur un point : le roi jette son dévolu sur la belle promise de Hunyadi, Mária (sop.). Son père, le palatin Gara (bar.), avide de pouvoir, est un rival politique des Hunyadi. Il promet au roi la main de sa fille si l'on exécute László Hunyadi. La

---

Ferenc **Erkel**

Né à Gyula (Hongrie) le 7 novembre 1810
Mort à Budapest (Hongrie) le 15 juin 1893

Erkel est né dans le sud de la Hongrie, près de la frontière actuelle avec la Roumanie. Sa famille qui vient de Pressbourg (aujourd'hui Bratislava), est essentiellement composée de musiciens et de pédagogues. Il reçoit l'essentiel de sa formation musicale à Presbourg (1822-1825) et à Klausenbourg (aujourd'hui Cluj, 1828-1834). Le jeune musicien attire surtout l'attention du public par ses remarquables qualités de pianiste (il crée ainsi en Hongrie le *Concerto pour piano en mi bémol* de Chopin). À partir de 1834, il vit à Pest, donne des concerts et dirige des opéras. En 1838, il est maître de chapelle au premier Théâtre National hongrois. Il connaît ses plus grands succès de compositeur dans les années 1840. À cette époque, il compose deux opéras, dont *Hunyadi László*, devenu extrêmement populaire en Hongrie, le chant choral patriotique *Appel* et l'hymne national. Il fonde la Philharmonie nationale hongroise, devient directeur de l'opéra (1873) et directeur de l'Académie de musique fondée à son initiative et à celle de Franz Liszt (1875). C'est avec ses œuvres que l'on inaugurera l'Opéra de Budapest en 1884. Comme homme et comme artiste, l'écrasement dans le sang du combat pour la liberté, en 1848-1849, lui est particulièrement douloureux. Après des années d'interruption, il ne parvient plus à atteindre, comme compositeur, l'originalité et l'élan de ses premières œuvres. Il écrit ses derniers opéras en collaboration avec ses fils, qui eux aussi jouent un rôle important dans l'histoire de la musique hongroise de la fin du XIXe siècle.

Œuvres : Opéras : *Bátori Mária*, 1840 ; *Hunyadi László*, 1844 ; *Erzsébet*, 1857 (Élisabeth) ; *Bánk bán*, 1861 ; *Sarolta*, 1862 ; *Dózsa György*, 1867 ; *Brankovics György*, 1874 ; *Névtelen hősök*, 1880 (Les Héros inconnus) ; *István király*, 1885 (Le roi Étienne). Œuvres chorales, musiques d'accompagnement, divertissements musicaux pour pièces populaires, mélodies, œuvres pour piano.

mère inquiète pour son fils, Erzsébet Szilágyi (sop.), joue ici un rôle important et émouvant. L'opéra *Hunyadi László* occupa dans l'atmosphère d'avant mars 1848 une fonction analogue à celle des opéras de Verdi pendant le *Risorgimento*. Quelques exemples: après la mort de Cilley, homme hostile à la Hongrie, un chœur patriotique annonce avec optimisme (acte I): « L'intrigant est mort!... Un nouveau jour se lève, Hongrois! »; ou encore: les Hunyadi interdisent aux mercenaires allemands de l'escorte royale l'accès à leur château. À l'époque, pareilles scènes étaient politiquement explosives et elles ne manquèrent pas leur effet. La grande prestation créative d'Erkel fut d'intégrer sans rupture la musique populaire hongroise dans des opéras à numéros composés selon les modèles italiens et français, et de créer ainsi un opéra national hongrois de haut niveau musical.

Anne de la Grange dans le rôle d'Erzsébet, dans l'opéra *Hunyadi László* d'Erkel, lithographie de Miklós Barabás.
En 1850, la fameuse soprano coloratur Anne de la Grange vint donner un récital au Théâtre national (elle chanta les héroïnes de Rossini, Bellini et Meyerbeer). Le public insista pour l'entendre aussi dans un opéra hongrois. Elle interpréta le morceau de la mère dans *Hunyadi László*. À cette occasion, Erkel composa pour Erzsébet un air de coloratur périlleux, entré dans la tradition des interprètes sous le nom « air de La Grange ». Pendant sa tournée, l'un des plus célèbres peintres du XIXe siècle fit son portrait en tenue nationale.

Hunyadi László, gravure d'époque colorée
La scène constitue le finale de l'acte II. Le roi et le héros national se prêtent mutuellement serment. Pour les scènes décoratives, Erkel anima le milieu hongrois par une musique de danse somptueuse et populaire.

*E*rkel a été le père de l'opéra national, le compositeur de l'hymne national et le fondateur de nombreuses institutions.

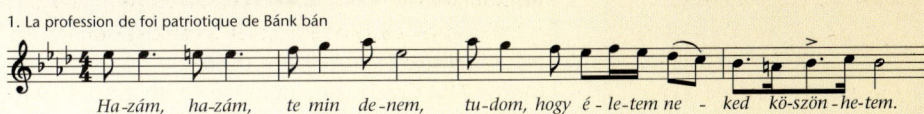

1. La profession de foi patriotique de Bánk bán
Ha-zám, ha-zám, te min de-nem, tu-dom, hogy é - le-tem ne - ked kö-szön-he-tem.

« Mon pays, mon pays, mon unique et mon tout! » Cette citation provient du grand air du rôle-titre Bánk bán (Acte I, n 1). Cet air est un joyau du *bel canto* à la hongroise, une profession de foi patriotique. À une époque marquée par la tutelle étrangère, et même au XXe siècle, il servit à consoler le peuple hongrois avec l'idée d'un État hongrois souverain, et provoqua l'enthousiasme à un point tel que l'on assista parfois à des manifestations publiques. L'action se déroule au début du XIIIe siècle, à l'époque des croisades. Des nobles hongrois s'allient contre la reine allemande Gertrud (mezzosop.) et ses partisans qui, en l'absence du roi Endre II (bar.), ont méprisé et pillé le pays et le peuple. Seul le palatin hongrois Bánk bán (tén.) hésite: il a juré au roi une fidélité éternelle. Après qu'un neveu de la reine, Otto (tén.) déshonore avec l'aide de Gertrud l'épouse de Bánk bán, Melinda (sop.) et pousse celle-ci à la folie, Bánk bán tue la reine. Lorsque le roi, de retour, demande des comptes à la noblesse hongroise, Bánk bán reconnaît son acte. Mais la mort de sa femme brise son courage et sa force. Tel est le cadre du drame national hongrois de József Katona (1815), sur lequel l'opéra est basé, et dont la censure autrichienne interdit la représentation jusqu'en 1860. Dans l'opéra, la tragédie de Bánk bán est mise en valeur par le tableau du monde frivole du souverain étranger et par la description de la situation misérable de la population hongroise opprimée. Pour l'univers hongrois, Erkel utilisa les tournures mélodiques de la musique populaire des *verbunkos* du XIXe siècle et créa, grâce aux cymbales, à la viole d'amour et aux flûtes (actes II et III), une atmosphère sonore nationale ensorcelante.

La Vida breve
La Vie brève

Livret : Carlos Fernández Shaw
Création : le 1er avril 1913 à Nice (Théâtre du Casino municipal)
Personnages : Salud, une jeune fille de Grenade (sop.), la grand-mère de Salud (mezzosop.), Paco (tén.), Sarvaor, l'oncle de Salud (basse ou bar.), Carmela, la promise de Paco (mezzosop.), Manuel, frère de Carmela (bar.), un chanteur (bar.), quatre marchandes (3 sop., une mezzosop.), voix d'un forgeron (tén.), voix d'un marchand (tén.), voix dans le lointain (tén.) ; forgerons, population de Grenade, invités de la noce (chœur et ballet)

Argument
À Grenade, vers 1900.

Acte I
Tableau 1 La cour d'une maison dans un quartier pauvre de Grenade. Activité quotidienne. Martèlement rythmique des forgerons, chants et conversations des ouvriers. La grand-mère de Salud nourrit les oiseaux dans la cour. Elle se fait du souci pour le destin de sa petite-fille. Salud attend son bien-aimé Paco, et son retard la met au désespoir. Mais lors de sa visite, Paco parvient à tranquilliser la jeune fille, bien que celle-ci ait des motifs de douter de son amour. L'oncle de Salud, Sarvaor, raconte avec indignation à la grand-mère que Paco s'apprête à épouser une jeune fille de son rang.

Tableau 2 Intermède musical. Le jour s'achève, la nuit tombe sur Grenade.

Acte II
Tableau 1 Une petite rue devant la maison de Carmela. Par les grandes fenêtres ouvertes, on peut voir la cour intérieure. Les noces de Carmela et Paco. Salud voit la joyeuse fête depuis l'extérieur et pleure sur son triste destin. Paco sent la présence de Salud et ne parvient pas à profiter vraiment de la fête, il paraît distrait et étourdi.

Tableau 2 La cour intérieure de la maison. Salud entre dans la maison de l'heureuse épouse. La grand-mère et l'oncle la suivent. Elle accuse publiquement Paco de rupture de serment. Paco conteste tout. Elle lui demande alors de la tuer. Il refuse, horrifié. Une dernière fois, elle marche vers lui, s'effondre à ses pieds et meurt. L'effroi général met un terme aux noces.

S. N.

Le style musical de Manuel de Falla est tout à fait personnel. La musique y prend un attrait particulier grâce à sa tonalité harmonique et instrumentale particulière, issue du folklore andalou authentique.

La Vida breve, figurines de Wera Schawlinsky, Cologne, 1946-1947 (TWS). L'opéra de Manuel de Falla rayonne d'une atmosphère mystérieuse et enchantée. Le tragique des émotions, la manière dont les figures sont vouées à leur destin proviennent du folklore tzigane ; la musique, quant à elle, s'enracine dans la tradition espagnole de la musique dansée. Avec cette œuvre, de Falla, alors âgé de 28 ans, s'imposa comme compositeur national espagnol d'une étonnante perfection.

Manuel Maria **de Falla**

Né à Cadix le 23 novembre 1876
Mort à Alta Gracia (Argentine) le 14 novembre 1946

De Falla complète sa formation au Conservatoire de Madrid, en 1904, en prenant des cours particuliers auprès de Felipe Pedrell. En 1905, avec *La Vida breve*, il remporte le prix d'art lyrique de la Real Academia de Bellas Artes à Madrid, et est aussitôt reconnu comme compositeur. En 1907, il prend un poste de professeur de piano à Paris, où il noue des contacts amicaux avec → Ravel, → Debussy, Dukas et Albéniz. À partir de 1914, il vit à Grenade. Parti pour une tournée de concerts en Argentine, en 1939, il ne reviendra jamais en Europe.

Œuvres : Œuvres scéniques : *La Vida breve*, 1905/création Nice 1913, (La vie brève), *El Retablo de maese Pedro*, Séville et Paris, 1923, (Les Tréteaux de maître Pierre). Ballets, musiques de scène, musique vocale, œuvres pour orchestre, musique de chambre.

L'honneur tzigane espagnol

La Vida breve était à l'origine une contribution à un concours d'opéra (tout comme, quinze ans plus tôt en Italie, → *Cavalleria rusticana* de Mascagni). Dans un cas comme dans l'autre, il s'agit de fidélité et d'honneur, et l'histoire prend un cours mortel. Le motif de la ballade joue toutefois un rôle plus important dans l'opéra espagnol que dans l'opéra national italien. Avec *La Vida breve*, de Falla renouait avec les *zarzuelas* espagnols (mélange scénique de chant, de danse et de dialogues à la manière espagnole), mais il les dépassa pour créer un opéra espagnol authentique. L'histoire de la jeune fille abandonnée, qui va tout droit vers la mort, est approfondie par de nombreux symboles textuels et musicaux. Cela commence par le dicton prononcé par un apprenti forgeron : « Malheureux, l'homme né pour un sombre destin/Malheureux celui qui est fait pour être l'enclume plutôt que le marteau. » La grand-mère qui nourrit les oiseaux, la tombée de la nuit (dans l'intermède musical) et les fleurs qui se fanent expriment métaphoriquement la brièveté de la vie. Il faut prêter une valeur symbolique analogue au premier des deux tableaux de l'acte II, lorsque Salud voit les riches célébrer leurs noces. Une fois entrée dans leur cercle, il ne lui reste plus que la mort. De Falla intègre ici le folklore andalou, cependant moins sous forme de citation mélodique qu'avec l'utilisation d'instruments typiques (comme les castagnettes et la guitare), la coloration harmonique, et surtout le traitement particulier des voix chantées. On n'y trouve pas d'air ou d'ensemble dans leur forme habituelle, mais une déclamation continue mêlée d'*ariosos* et de danses. Le chœur, conformément au caractère romanesque de l'œuvre, forme un décor sonore, il reste à l'arrière-plan, mais apparaît et agit aussi lorsque l'œuvre arrive à son apogée.

M. S.

La vida breve, mise en scène et décors : Herbert Wernicke, Théâtre de Bâle, 1995-1996.
L'une des rares mises en scène à avoir pu échapper avec succès au nivellement du folklore banalisant et à ramener l'action à l'essentiel : la toute puissance des rituels collectifs auxquels est soumis l'individu.

El Retablo de maese Pedro
Les Tréteaux de maître Pierre

Adaptation scénique et musicale d'un épisode du roman de Miguel de Cervantes *Don Quichotte*

Livret : Manuel de Falla
Création : Version concertante : le 23 mars 1923 à Séville (Teatro San Fernando) ; version scénique : le 25 juin 1923 à Paris (chez la princesse de Polignac)
Personnages : Don Quijote (Don Quichotte) (basse ou bar.), maître Pedro, marionnettiste (tén.), el Trujamán, son rabatteur et récitant (sop. enfant), Sancho Panza (rôle muet), l'aubergiste (rôle muet), un étudiant (rôle muet), un page (rôle muet), un lancier et hallebardier (rôle muet), les personnages du théâtre de marionnettes : Carlo Magno (Charlemagne), Melisendra, sa fille ; Don Gayferos, son époux, Don Roldán, chevalier à la cour de Charlemagne, Marsilio, roi des Maures, un maure amoureux ; hérauts, chevaliers et gardes à la cour de Charlemagne, un capitaine et des soldats du roi Marsilio, sbires, maures.

Argument

L'écurie d'une auberge, en Aragon, avec un théâtre de marionnettes éclairé par des bougies, fin du XVIe siècle. Maître Pedro annonce bruyamment la présentation d'une pièce sur la libération de la belle Melisendra. Les spectateurs prennent place, curieux ; parmi eux, Don Quijote et son accompagnateur Sancho Panza. Maître Pedro prend les marionnettes, le rideau s'ouvre, le récitant commence.

Tableau 1 Salle dans le palais de Charlemagne. Don Gayferos joue aux échecs avec le chevalier Roldán. Indigné, Charlemagne exige que son beau-fils libère sa fille et l'épouse de Roldán, Melisendra, de l'emprise du roi des Maures, Marsilio.

Tableau 2 Une tour dans le château de Marsilio à Saragosse. Melisendra regarde l'horizon, nostalgique, et songe à ses amours. C'est alors qu'un jeune Maure s'approche et veut la forcer à l'embrasser. Entendant ses appels au secours, Marsilio accourt et ordonne que l'on punisse le Maure. Don Quijote intervient, hors de lui, on ne peut plus donner le spectacle. Maître Pedro tranquillise le chevalier, le récitant peut reprendre.

Tableau 3 Une place à Saragosse. Le jeune Maure est puni de deux cents coups de fouet.

Tableau 4 Les Pyrénées. Gayferos chevauche dans la montagne.

Tableau 5 Une tour sur le château de Marsilio. Depuis la tour, Melisendra interpelle le chevalier inconnu et lui demande où est Gayferos. Celui-ci dévoile son identité, et tous deux prennent la fuite.

Tableau 6 Une place à Saragosse. La fuite est découverte. Marsilio fait sonner la cloche d'alarme. Indigné, Don Quijote interrompt le jeu. Les Maures, dit-il, ne font pas sonner les cloches, mais utilisent les tambours et les chalumeaux. Maître Pedro tente de calmer le chevalier énervé en mettant en scène de manière très efficace la poursuite de Melisendra et Gayferos par les Maures. Son interprétation poignante enflamme le sentiment chevaleresque de Don Quijote. Il prend son épée et fait des ravages parmi les marionnettes. Il dédie sa victoire à sa Dulcinée adorée. Mais maître Pedro a perdu ses marionnettes et son gagne-pain.

S. N.

El retablo de maese Pedro, Karsten Mewes (Don Quijote) et Eberhard Büchner (maître Pedro), mise en scène : Hartmut Lorenz, direction musicale : Simone Young, Staatsoper de Berlin, 1993.
À l'origine de Falla avait l'intention de camper l'histoire servant de cadre au récit et le récit lui-même avec des marionnettes, en cachant les chanteurs dans l'orchestre. Mais dès les années vingt, on se mit à confier l'histoire servant de cadre aux chanteurs et aux comédiens, en laissant des marionnettistes professionnelles raconter le récit épique. Le succès de la création concertante éveilla l'intérêt pour cette œuvre tout à fait personnelle qui a été donnée dans le monde entier.

Des marginaux célèbres

La princesse Polignac, fille du fabriquant de machines à coudre américain Singer, passa au cours des années de guerre plusieurs commandes à des compositeurs, dont Igor Stravinsky et de Falla. Ainsi naquirent les deux fameuses œuvres « marginales » de l'art lyrique européen : *Renard* de Stravinsky et *El Retablo de maese Pedro* par Manuel de Falla. Depuis son installation à Grenade, en 1914, de Falla avait mené un travail intensif sur le folklore andalou, entre autres le *canto jondo,* et la vieille tradition des marionnettes. Il collabora étroitement avec le poète Federico García Lorca sur ce sujet. Tel fut le contexte de la naissance de *El retablo de maese Pedro,* dont la création entra dans la légende. Parmi les invités se trouvaient Paul Valéry, Pablo Picasso et Igor Stravinsky, Wanda Landowska jouait du clavecin, de

Falla dirigeait la formation andalouse, l'Orquestra bética de cámara fondé par García Lorca. Ici encore, le folklore andalou n'est pas présent sous forme de citations mélodiques, mais de couleur et de sonorité harmoniques.

L'homme comme marionnette – pour sauver le rire
La catastrophe de la Première Guerre mondiale provoqua dans l'art un malaise généralisé à l'idée de présenter l'être humain comme créateur et formateur de son propre destin. La reprise de la tradition ancienne du jeu de marionnettes offrait la possibilité de présenter l'être humain en proie à des forces indomptables, de montrer la réalité du monde et des hommes comme ils étaient sans devoir pour autant renoncer au rire.

S. N.

À gauche
El Retablo de maese Pedro, mise en scène : Lorenz, décors et costumes : K. Kavrakova-Lorenz, personnages : K. Tiefensee, direction musicale ; Simone Young, Deutsche Staatsoper de Berlin, 1993.
Dans son *Maese Pedro,* de Falla s'efforce de séparer les éléments : le chant et le jeu sont réservés aux chanteurs, l'illustration aux marionnettes. La présence visible des joueurs de marionnettes devait exclure les effets illusionnistes en usage dans le théâtre populaire espagnol.

Ci-dessous
El Retablo de maese Pedro, mise en scène : Pierre-Jean Valentin, direction musicale : Peter Seibel, décors et costumes : Pit Fischer, Staatsoper de Hambourg, 1980.
La poursuite de Melisendra et de Don Gayferos par les Maures constitue une scène à grand effet musical et scénique. De Falla jouait ainsi sur le goût du théâtre de rue espagnol pour les poursuites à grand spectacle.

Martha, Krisztina Laki (Lady Harriet), Waldtraud Meyer (Nancy) et Jörn W. Wilsing (Tristan Mickleford), mise en scène : Vicco von Bülow, Württembergisches Staatstheater de Stuttgart, 1986.
Au début de l'opéra, Lady Harriett et Nancy s'ennuient ostensiblement.

Ci-dessous
Martha, Adelina Patti (1843-1919) dans le rôle de Lady Harriet.
La chanson *Last Rose of summer* (d'après une mélodie irlandaise de Thomas Moore, chantée par Lady Harriet dans l'acte II) devint un air éternel de l'histoire de l'opéra.

Friedrich von **Flotow**

Né à Gut Teutendorf (Allemagne) le 27 avril 1812
Mort à Darmstadt (Allemagne) le 24 janvier 1883

Après ses études auprès de Reicha, à Paris (1828-1830) Flotow, le noble campagnard qui s'est consacré à la musique, connaît le succès dès son premier opéra, *Le Naufrage de la Méduse*. La révolution de Juillet à Paris le pousse à rentrer en Allemagne. En France, il écrit quelques œuvres scéniques pour les scènes lyriques germanophones. De 1855 à 1863, il est intendant de la cour à Schwerin. Après 1863, il vit de nouveau à Paris. Son plus célèbre opéra est *Martha*, suivi d'*Alessandro Stradella*. Bien que toutes ses œuvres scéniques sont reconnues, seul *Martha* conservera une place dans les programmations internationales.

Œuvres : 25 œuvres scéniques, dont *Alessandro Stradella,* Hambourg, 1844 ; *Martha,* Vienne, 1847 ; *Die Grossfürstin Sophie Katharina,* Berlin, 1850 ; *Indra,* Berlin, 1852 ; *Rübezahl,* Francfort s/Main, 1853 ; *La veuve Grapin,* Paris, 1859 ; *Pianella,* Paris, 1860 ; *Zilda,* Paris, 1866 ; *Am Runenstein,* Prague, 1868 ; *L'Ombre,* Paris, 1870.

Martha oder Der Markt zu Richmond
Martha ou le Marché de Richmond

Opéra-comique romantique en quatre actes

Livret : Friedrich Wilhelm Riese, d'après une idée de Jules Henri Vernoy, marquis de Saint-Georges
Création : le 25 novembre 1847 à Vienne (Kärntnertortheater)
Personnages : Lady Harriet Durham, demoiselle d'honneur de la reine (sop.), Nancy, sa confidente (mezzosop.), lord Tristan Mickelford, son cousin, surveillant royal des pages (basse), Plumkett, un riche fermier (basse), Lyonel, son frère adoptif (tén.), le juge de Richmond (basse), trois servantes (alto, 2 sop.), trois serviteurs de la Lady (2 basse, tén.), Greffier (rôle muet), une fermière (sop.), un fermier (basse) ; bonnes, servantes, chasseuses de l'escorte du roi, valets, fermiers, fermières, paysans, serviteurs (chœur)

Argument
En Angleterre, vers 1710, sous le règne de la reine Anne.
La dame d'honneur de la reine, Lady Harriet, et sa confidente Nancy s'ennuient et, pour s'amuser, se déguisent en servantes. Sur le marché de Richmond, les fausses servantes, sous le nom de Martha et Julia, sont engagées par le fermier Plumkett et son frère adoptif, Lyonel. La maladresse absolue des servantes met le fermier en rage, et seul Lyonel, amoureux de Martha, peut les sauver de la punition. Les deux femmes mettent un terme à leur aventure en prenant la fuite. Pendant une chasse, l'escorte royale fait halte dans une auberge forestière. Plumkett et Lyonel reconnaissent alors leurs prétendues servantes parmi les dames royales, mais personne ne les croit. Au contraire : Lady Harriet accuse Lyonel d'être fou. Celui-ci est arrêté. Cependant, une bague dont il a hérité révèle la véritable identité de Lyonel : c'est le fils d'un noble tombé en disgrâce et réhabilité depuis. Plus rien ne s'oppose désormais à un mariage avec Harriet. Lyonel, vexé, rejette son offre de réconciliation. Lady Harriet, avec l'escorte de la cour, met alors en scène une saynette dans laquelle le marché de Richmond est reconstitué et où elle se fait de nouveau engager avec Nancy chez Plumkett et Lyonel. Ému, Lyonel lui pardonne ; Plumkett et Nancy forment également un couple.

S. N.

1. Chant de la dernière rose

Letz - te Ro - se, wie magst Du so ein - sam hier blühn?

Flotow s'est inspiré du style français et a créé un type d'opéra Biedermeier, avec des mélodies facilement reconnaissables.

La recette d'une pièce à succès

Lorsque Flotow, après le succès sensationnel de son opéra *Alessandro Stradella* (1844), reçut une commande du Hofoper de Vienne, il décida de collaborer avec l'auteur de théâtre Friedrich Wilhelm Riese et reprit un sujet qu'il avait déjà mis en musique : le ballet pastiche *Lady Harriette ou la Servante de Greenwich*. L'histoire s'élève contre la décadence de la noblesse, dont les sens ne peuvent plus être excités que par la dureté de la vie quotidienne à la campagne. Le gag dramaturgique d'une « scène sur la scène » donne de l'humour à l'action : la répétition d'un événement qui s'est mal terminé permet de corriger un mauvais comportement.

Du point de vue de la technique de composition, Flotow s'est efforcé d'obtenir la transparence dans la structure et l'harmonie ; il a su représenter le monde de la noblesse dans le style de l'opéra français, quand il campait l'univers des campagnards par des danses, des mélodies simples et des chansons dans l'esprit de l'opéra-comique d'un Auber. À la création, le succès fut certes limité ; mais elle triompha quand Liszt donna l'œuvre en 1848 à Weimar. Elle connut pour finir une grande popularité, notamment en raison de ses mélodies ravissantes.

M. S.

Ci-dessus
Martha, croquis de décor d'Anatoli Gelzer pour le Théâtre Bolchoï de Moscou, 1873.
Malgré le décor à l'anglaise et la bière Porter (chantée par Plumkett), le coloris anglais est peu rendu par la musique.

Martha, mise en scène : Vicco von Bülow, direction musicale : Wolf-Dieter Hauschild, Württembergisches Staatstheater de Stuttgart, 1986.
Harriet conteste son aventure amoureuse avec Lyonel et le fait arrêter.

George **Gershwin**

Né à Brooklyn (New York) le 26 septembre 1898
Mort à Beverly Hills (Californie) le 11 juillet 1937

Confronté de bonne heure au folklore de la ville, Gershwin met au point un style palpitant qui incite son éditeur, Dreyfus, à le lancer à Broadway. Lorsque Paul Whiteman entend sa musique, il lui conseille d'écrire du « jazz symphonique ». De cette démarche il en résulte en particulier la *Rhapsody in Blue* (1924). Toujours à la recherche de nouveaux sons, il entreprend pour son opéra populaire *Porgy and Bess* des études musicales et ethnologiques dans les États du Sud. Connaissant bien les techniques avant-gardistes de la musique européenne (il connaît personnellement Schönberg), il apporte une contribution essentielle à l'expression musicale de « l'American Way of Life ». Il est mort d'une tumeur au cerveau, à l'apogée de sa gloire.

Œuvres (sélection) : Œuvres scéniques *Blue Monday,* 1922 ; *Lady Be Good,* 1924 ; *Oh Kay*, 1926 ; *Funny face,* 1927 ; *Strike Up The Band,* 1930 ; *Girl Crazy,* 1930 ; *Of Thee I Sing*, 1931, *Porgy and Bess*, 1935. Œuvres instrumentales, dont *Rhapsody in Blue*, 1924 ; *An American in Paris*, 1928 (Un Américain à Paris). Chansons, musiques de revues, musiques de film.

Ci-dessus
Porgy and Bess, Everyman Opera Company de New York, avec William Wartfield (Porgy) et Helen Colbert (Clara), direction musicale : Alexander Smallens, Titania Palast, Berlin, 1953.
Après cinq représentations données devant un public enthousiasmé au Volksoper de Vienne, l'Everyman Opera Company partit pour Berlin où elle fascina le public allemand avec treize représentations subjuguantes au Titania Palast. *Porgy and Bess* fut dans l'après-guerre la meilleure réclame pour la culture américaine, et même pour l'Amérique en général. Vers la fin de la tournée, l'ensemble de *Porgy* alla jouer en Union Soviétique, un acte exceptionnel en cette époque de Guerre froide. En 1956, la compagnie revint aux États-Unis, où elle se désagrégea rapidement, faute d'avoir pu trouver un théâtre permanent.

Porgy and Bess, mise en scène : Götz Friedrich, décors : Hans Schavernoch, direction musicale : Andrew Litton et Wayne Marshall, Festival de Bregenz, 1998.
Au cours des mises en scènes ultérieures de *Porgy and Bess*, il était visible que le regard des Européens sur l'Amérique était devenu plus critique. Le folklore était évité autant que possible, et le rude combat pour l'existence s'y substitua.

George Gershwin: le compositeur national américain, né avec un peu de retard. Il créa un idiome musical rassemblant les classes et les races, une musique populaire nationale de haut niveau.

Porgy and Bess

« An American Folk Opera »

Livret : Du Bose Heyward d'après son roman *Porgy* et la comédie de Dorothy Hartzell Heyward
Création : le 10 octobre 1935 à New York (Alvin Theatre)

Personnages : Porgy, un Noir mutilé (bar.-basse), Bess, une jeune Noire (sop.) Sportin'Life, trafiquant de drogue et escroc (tén.), Crown, un Noir brutal qui gagne bien sa vie (bar.), Jake, un pêcheur (bar.), Clara, sa femme, mère d'un fils en bas âge (sop.), Robbins, un jeune pêcheur (tén.), Serena, son épouse (sop.), Peter, un vieux Noir, marchand de miel (tén.), Maria, son épouse (alto), Jim, Minho et Nelson, Noirs, pêcheurs (bar, 2 tén.), Lily et Annie, Noires (2 mezzosop.), Scipion, un jeune Noir (rôle parlé), une marchande de fraises (mezzosop.), un marchand de crabes (tén.), M. Archdale, un avocat blanc (tén.), Simon Fraizer, un avocat noir (bar.), le croque-morts (bar.), un médecin-légiste, un détective, un policier (rôles parlés) ; habitants du Catfish Row, pêcheurs, enfants, ouvriers du port (chœur)

Argument

Charleston (Caroline du Sud), vers 1870, après la Guerre civile.
« Oh, I got plenty o'nuttin, an'nuttin's plenty fo'me… » Voilà comment il prend la vie, Porgy, le Noir estropié qui a attaché une chaise devant sa charrette de savon et se promène dans le quartier noir de Charleston. À la dérobée, il observe et admire la séduisante Bess. Elle est la maîtresse d'un homme brutal, Crown ; ce n'est pas une femme pour le mutilé. Jusqu'à ce que Bess, de manière totalement imprévisible, vienne chercher refuge dans la cabane de Porgy, dans le Catfish Row, car Crown a tué un pêcheur pendant une bagarre et a pris la fuite devant la police. Porgy est fou de bonheur de pouvoir offrir un gîte à la jeune femme. Bess habite à présent chez le plus pauvre des pauvres et répond par la moquerie à toutes les propositions du sot Sportin'Life, qui lui avait toujours vendu, jusqu'alors, de la « poudre à rêve » et aimerait l'attirer à New York. Les voisins du Catfish Row sentent que l'amour transforme Porgy et Bess. Ils admettent Bess dans leur communauté. Les deux amoureux participent avec décontraction au pique-nique traditionnel dans l'île de Kittiwah. Crown, l'assassin, n'a eu qu'un rire narquois lorsqu'il a appris que Bess avait décidé de vivre chez un estropié. Pendant la fête, il force son ancienne maîtresse à le rejoindre dans sa cachette. Porgy rentre seul dans le Catfish Row. Quelques jours plus tard, Bess, fiévreuse, revient dans la cabane de Porgy. Elle l'implore de la protéger si Crown venait la chercher. Pendant un terrible orage, alors que les femmes, les enfants et les vieillards prient Jésus pour qu'il sauve les pêcheurs en mer, Crown réapparaît. Il a vaincu la tempête et ne va tout de même pas se laisser prendre sa Bess par un infirme ! Mais Porgy vainc son rival lorsque Crown tente d'entrer chez lui avec un couteau, le maîtrise avec ses bras puissants et le tue. La police trouve le cadavre de Crown et cherche en vain le meurtrier, puis emmène l'infirme comme témoin. Personne n'a rien vu ni entendu. Tous soutiennent Porgy. Bientôt, au grand bonheur de ses amis et voisins du Catfish Row, Porgy revient. Mais Bess n'est plus là. Sportin'Life lui a fait perdre confiance en lui racontant que Porgy ne reviendrait plus. Elle a quitté la cabane. « Oh, Bess, oh where's my Bess ? » ne cesse de demander Porgy. Mais il n'abandonne pas. Il se met en route avec sa caisse tirée par une chèvre pour aller chercher Porgy dans la lointaine New York : « Oh Lawd, I'm On My Way. »

S. N.

Porgy and Bess, Everyman Opera Company de New York, Leontyne Price (Bess) et Lorenzo Fuller (Sportin'Life), direction musicale : Alexander Smallens, Titania Palast, Berlin, 1953.
Le succès mondial de *Porgy and Bess* a débuté avec la tournée américaine et européenne de la compagnie fondée pour l'opéra de Gershwin. L'Everyman Opera Company a été composée par Blevins Davis et Robert Breen à partir d'un groupe de jeunes chanteurs noirs remarquables. Bien qu'il y ait déjà eu des représentations triomphales du vivant de Gershwin, la première donnée le 9 juin 1952 à Dallas (Texas) fut un événement sensationnel. Ainsi débuta la passion des années 1950 pour Gershwin. Au cours du même été, la compagnie tourna dans toute l'Amérique ; et, en septembre, elle entama sa marche triomphale à travers l'Europe. La jeune Leontyne Price (née en 1927) semblait faite pour interpréter Bess, avec sa présence scénique séduisante, sa voix sensuelle et sa parfaite technique vocale. Son interprétation de la Bess de Gershwin, mais aussi sa réputation de très grande chanteuse verdienne l'ont fait entrer dans l'histoire de l'opéra. À la fin des années 1950, le public de la scène lyrique internationale acclamait Leontyne Price pour son incomparable Aida et sa Leonore dans → *Il Trovatore*. Leontyne Price fut la première chanteuse noire à être acceptée et acclamée sans réserve sur la scène de l'opéra.

Le ton national : l'embarras du choix

Il n'était pas évident que Gershwin choisisse l'afro-américain dans la variété du folklore américain comme source de sa musique. Il aurait pu, avec une plus grande légitimité historique, considérer que le folklore indien était plus représentatif de l'Amérique originelle. La population blanche possédait elle aussi son folklore mixte certes, mais spécifique. Son choix a été dicté par une expérience littéraire, le roman et la comédie *Porgy* des deux Heyward, et par sa passion pour le jazz. Lequel, même s'il ne s'agit pas d'une musique populaire au sens premier du terme, a exercé une influence décisive sur la musique du XXe siècle.

Porgy and Bess, mise en scène : Götz Friedrich, décors : Hans Schavernoch, direction musicale : Andrew Litton et Wayne Marshall, Festival de Bregenz, 1998. Un terrible orage se déclenche, les femmes, les enfants et les hommes restés à terre prient pour les pêcheurs sortis en mer. C'est un épisode réel, mais aussi une métaphore de la vie.

Pièce populaire et opéra national

« Je trouve cette musique tellement admirable que je ne parviens pas à croire que je l'ai écrite. » (George Gershwin)

Bien que Gershwin ait pu engager pour le livret l'auteur de roman Edwin Heyward, et que son frère Ira Gershwin lui ait fourni les textes des chansons, il chercha des expériences authentiques et passa l'été 1934 à Folly Island, près de Charleston. Les fruits de ce séjour furent des motifs rythmiques et des intonations spécifiques dans les récitatifs de l'opéra. À la fin de l'été 1935, l'œuvre était achevée. Des problèmes apparurent lors de sa production : on ne disposait pas d'un nombre suffisant de chanteurs lyriques noirs et il fallut faire appel à des chanteurs de night-clubs. La représentation fut une tentative aboutie pour créer avec une troupe américaine un opéra typiquement américain.

Comédie musicale ou opéra ?

Le sujet et le langage musical – une synthèse de procédés traditionnels et de motifs relevant de la musique de divertissement – sont considérés comme typiquement américains. Gershwin, qui s'était déjà fait remarquer comme compositeur de comédies musicales données à Broadway, voulait, en dépassant le cercle fermé des amateurs de musique, toucher le grand public. En toute logique, il intégra l'action principale, l'amour constamment menacé de Porgy et de Bess, dans la vie quotidienne d'un quartier tout à fait banal dont les habitants et leur destin sont présentés de manière épisodique. La succession de scènes, intégralement composées, et la plasticité musicale font penser, du point de vue structurel, au vérisme (→ Mascagni) mais, avec sa synthèse autonome, Gershwin créa un nouveau type d'opéra. La critique, qui attendait toujours des genres clairs, en regretta la proximité avec la comédie musicale. Certes, le public aima certains numéros qui devinrent des airs à la mode, mais le succès des représentations resta limité, si bien que l'œuvre dut être retirée de l'affiche au bout de 124 représentations pour raisons financières. Le grand succès ne débuta qu'après la mort de Gershwin, d'abord essentiellement aux États-Unis, puis en Europe. Ainsi, en 1943, *Porgy and Bess* fut donné à Copenhague en guise de protestation contre l'occupation par les nationaux-socialistes, qui durent attendre plusieurs représentations avant de pouvoir ôter de l'affiche cet « opéra nègre ». La percée définitive de l'œuvre fut acquise avec l'adaptation cinématographique d'Otto Preminger, en 1959.

M.S.

Porgy and Bess, Everyman Opera Company de New York, avec William Warfield dans le rôle de Porgy, Titania Palast de Berlin, 1953.
Porgy, exubérant, veut prendre le monde entier dans ses bras. Comme la musique de l'opéra de Gershwin s'enracine dans le folklore afro-américain et que les numéros ont le plus souvent la forme simple des *songs*, la stylisation paraît beaucoup moins importante entre le sentiment à exprimer et l'effet musical que dans l'opéra européen, ancré dans la tradition. Aussi bien les protagonistes que le chœur (auquel revient aussi un rôle important) révèlent leurs sentiments de manière élémentaire, voire éruptive. Vers 1870, en Caroline du Sud, malgré les confrontations violentes, parfois sanglantes, cette communauté de Noirs respire d'un même souffle. Ils vivent leur rude existence de manière intense et expriment leurs passions grâce au chant. Le chant est la réalité de leur monde, c'est la raison pour laquelle *Porgy and Bess* émeut aussi directement ses auditeurs.

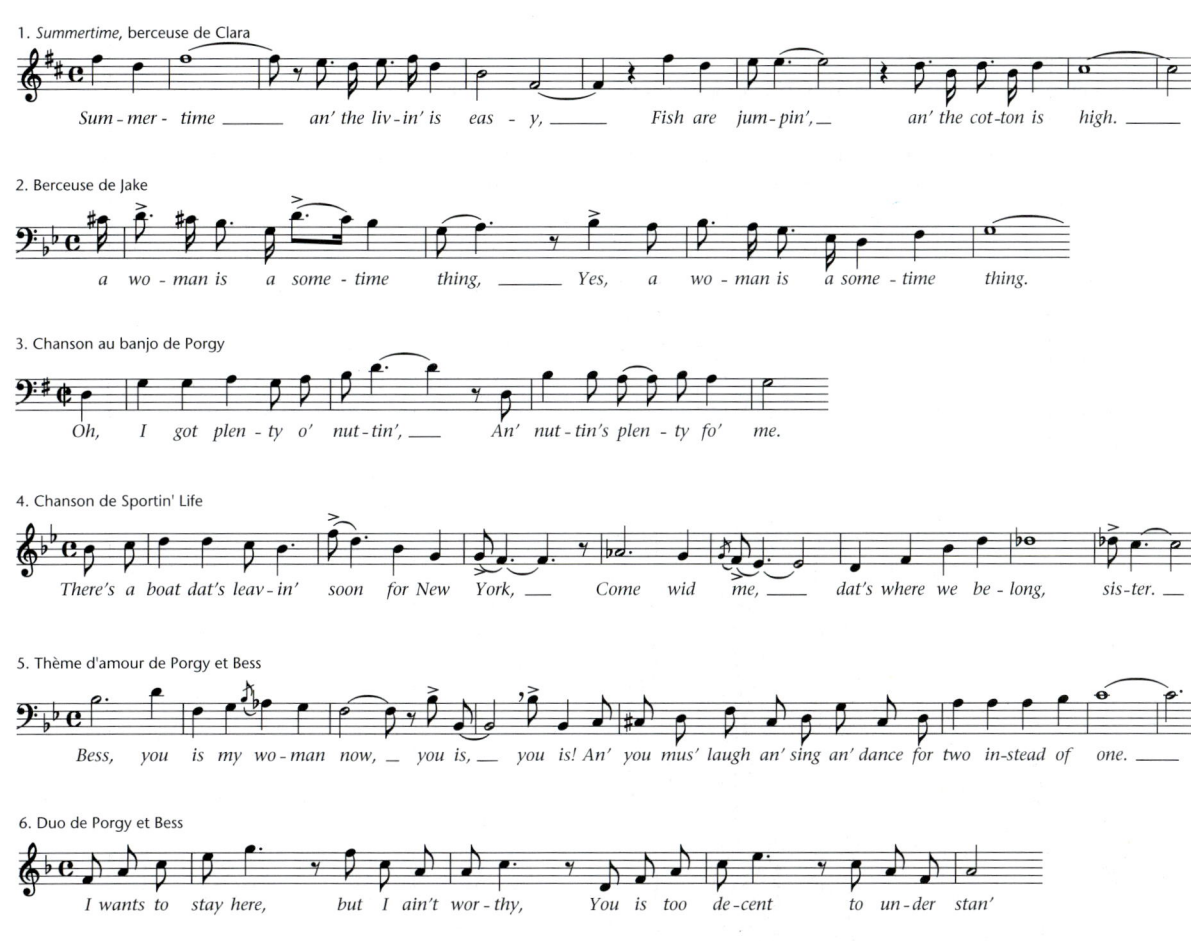

Porgy und Bess, mise en scène : Götz Friedrich, décors : Hans Schavernoch, direction musicale : Andrew Litton et Wayne Marshall, Festival de Bregenz, 1998. Le chœur est au centre de l'œuvre. Le petit monde de la rue, au contraire d'un corps homogène de choristes, est toujours en mouvement.

Andrea Chénier
André Chénier

Dramma di ambiente storico en quatre tableaux
Drame historique

Livret : Luigi Illica
Création : le 28 mars 1896 à Milan (Teatro alla Scala)
Personnages : André Chénier (tén.), Charles Gérard (bar.), Madeleine de Coigny (sop.), Bersi, mulâtresse (mezzosop.), comtesse de Coigny (mezzosop.), la vieille Madelon (mezzzosop.), Roucher (basse), Pietro Fleville, romancier, pensionnaire du roi (basse ou bar.), Fouquier Tinville, accusateur public (basse ou bar.), Matthieu, dit Populus, un sans-culotte (bar.), l'Abate, poète (tén.), un Incroyable (tén.), un concierge (basse), Dumas, président du Comité de salut public (basse), Schmidt, porte-clefs de Saint-Lazare (basse) ; personnes de toutes les classes sociales et exerçant les professions les plus diverses (chœur)

Argument
La France de 1789 à 1794, pendant la Révolution. Dans les troubles de la Révolution française, le poète André Chénier, jadis partisan, est lui-même devenu un persécuté. La noble Madeleine de Coigny tente

À gauche
Andrea Chénier, Pilar Lorengar (Madeleine) et Stefano Algieri (André Chénier), mise en scène : Nicolas Joel, décors et costumes : Hubert Monloup, direction musicale : Rico Saccani, Opéra de Lyon, 1989.
Les idées enflamment les hommes et les consument parfois : André, le partisan de la révolution, est condamné par le tribunal révolutionnaire. Seul l'amour de Madeleine et d'André reste incandescent au-delà de la mort.

Umberto Giordano

Né à Foggia (Italie) le 28 août 1867
Mort à Milan le 12 novembre 1948

Fils de pharmacien, Giordano devient musicien contre la volonté de ses parents. Il étudie au Conservatoire de Naples avec quelques interruptions, jusqu'en 1890. Lorsqu'il participe avec l'œuvre en un acte, *Marina*, à un concours des éditions Sonzogno, en 1889, Mascagni obtient certes le premier prix avec → *Cavalleria rusticana*, mais la maison d'édition commande un opéra entier à Giordano. C'est ainsi qu'est composé *Mala Vita*, en 1892 ; la pièce la plus extrême du vérisme en train de devenir à la mode. Giordano obtient son succès le plus grand et le plus durable, avec *Andrea Chénier* en 1896, et conforte sa position, en 1898, avec l'opéra suivant, *Fedora*. En Italie, c'est devenu un diction : *Fedora fè d'oro* (Fedora fait de l'or). La gloire que connaît Giordano jusque dans son grand âge repose sur ces deux œuvres.

Œuvres : Opéras : *Marina*, vers 1889 ; *Mala Vita*, 1892, renommé *Il Voto*, 1897 ; *Regina Diaz*, 1894 ; *Andrea Chénier*, 1896 ; *Fedora*, 1898 ; *Siberia*, 1903 ; *Marcella*, 1907 ; *Mese Mariano*, 1910 ; *Madame Sans-Gêne*, 1915 ; *La Cena della beffe*, 1924 ; *Il Re*, 1929. Quelques pièces pour orchestre, œuvres pour piano, mélodies, ballets et musique de scène.

Giordano est l'un des compositeurs du vérisme. Comme la plupart de ses contemporains, par exemple Mascagni, Leoncavallo, Catalani, Cilea, il est devenu mondialement célèbre grâce à une seule œuvre.

Andrea Chénier, croquis de décor de Kurt Söhnlein, mise en scène : Peter Eber, direction musicale : Ernst Richter, Landestheater de Hanovre, 1955-1956 (TWS).
Parallèlement à un amour tragique et sensible, c'est la Révolution elle-même qui est présentée à travers une série de détails sous forme d'épisodes. Giordano insère des citations très caractéristiques, comme la gavotte rococo (tableau 1), symbole d'un monde en perdition, ou les fragments de chants révolutionnaires célèbres comme *Ça ira*, *La Carmagnole* ou *La Marseillaise*. Il a créé une image de la vie volontairement réaliste, non dénuée d'ironie amère.

d'échapper auprès de Chénier aux sbires de la révolution. Ils tombent amoureux. Chénier est arrêté et condamné à mort par le tribunal révolutionnaire. Madeleine suit son amant en prison pour mourir avec lui.

Tableau 1
Dans le château du comte de Coigny, en province, la tension s'accroît entre les nobles et le Tiers État, à la veille de la Révolution française. Le valet de chambre de la comtesse de Coigny, Charles Gérard, démissionne et se rallie aux révolutionnaires. Le poète André Chénier refuse lui aussi son art à la noblesse ; la fille de la comtesse, Madeleine, l'admire pour son courage et sa sincérité.

Tableau 2
Paris, l'été 1794. Charles Gérard a fait carrière pendant la Révolution. Chénier s'était également associé à la Révolution et en fut l'un des favoris, mais il est tombé en disgrâce. Madeleine, poursuivie et en péril parce qu'elle appartient à la noblesse, cherche refuge après de Chénier. Tous deux menacés, ils se soutiennent l'un l'autre et se jurent un éternel amour. Prévenu par un espion, Gérard surgit : il est désormais le rival de Chénier en amour. Gérard reconnaît Chénier et le laisse s'enfuir pour s'assurer que Madeleine sera protégée contre la terreur jacobine. Aux gardes venus à son secours, il dit ne pas avoir reconnu son agresseur.

Tableau III
La première Chambre du Tribunal révolutionnaire. Chénier est arrêté et accusé d'être un partisan de la noblesse. Gérard veut le protéger. Il découvre alors l'amour qui lie André et Madeleine, dont il est lui-même amoureux. Il exige de Madeleine qu'elle se donne à lui. Elle y est disposée. Ému par cette abnégation, Gérard prend la défense de Chénier. En vain. La Révolution dévore enfants. Le poète est condamné à mort.

Tableau IV
La prison de Saint-Lazare, la nuit du 24 juin 1794. Le dernier service que Charles puisse rendre à ses amis : il corrompt le geôlier pour que Madeleine puisse prendre la place d'une mère condamnée à mort et mourir avec Chénier.

S. N.

La nouvelle tendance de l'opéra : la politique et la passion
Luigi Illica (le librettiste attitré de Puccini) rédigea son livret, en partie drame de l'amour et de la jalousie, en partie récit criminel historique et politique, en se fondant sur des études minutieuses de sources historiques et littéraires, sans se rattacher à un modèle dramaturgique. Au XIXe siècle, le livret d'opéra prend un caractère de plus en plus littéraire et original. Le livret d'Illica a été le premier d'une série d'opéras analogues, dont les plus connus furent → *Tosca* de Puccini (1900) et *Fedora* de Giordano.

Andrea Chénier, décor de la création par Constantino Magni et Mario Sala : une rue parisienne (tableau 2), Milan, 1896 (TWS). Un décor typique de la période de l'historicisme. L'architecture monumentale, le tombeau, les larges escaliers ne sont pas seulement caractéristiques du rococo, mais aussi du goût de la fin du XIXe siècle. La vue de Paris, avec la Seine à l'arrière-plan, est presque idyllique. Seuls les lampadaires, qui rappellent des potences, laissent deviner que ce cadre bien aménagé peut devenir le champ de bataille sanglant d'un règlement de comptes.

Andrea Chénier, Stefano Algieri (André Chénier) et Jean-Philippe Lafont (Charles Gérard), mise en scène : Nicolas Joel, décors et costumes : Hubert Monloup, direction musicale : Rico Saccani, Opéra de Lyon, 1989.
Amis ou ennemis ? Le poète qui, dans ses textes, vénère les idéaux d'un ordre social pacifique et humain, et l'ancien valet de chambre qui a fait carrière dans la politique et doit se reconnaître comme le valet d'une illusion détruite. En tout cas, ils ne jouent pas l'un contre l'autre, mais l'un à côté de l'autre.

Andrea Chénier, Eva Marton (Madeleine) et Piero Cappuccilli (Charles Gérard), direction musicale : Riccardo Chailly, Teatro alla Scala, Milan, 1985.
Même le public blasé de la Scala célébra un événement extraordinaire : Eva Marton, Pietro Cappuccilli et José Carreras ensemble sur la scène.

Le poète sous la guillotine

André Chénier (1762-1794) fut un personnage important de la littérature française, et l'une des nombreuses victimes de la terreur jacobine. Essayiste et poète, il fut à l'origine un partisan enthousiaste des idées révolutionnaires, mais s'opposa aux Jacobins sur la question de l'exécution du roi. Il fut accusé de royalisme et condamné à mort. Giordano présente le rôle-titre de son opéra comme un poète sensible. Dans les deux airs de Chénier, sa poésie et son âme sont transfigurées par d'amples mélodies. N 2, N 3

Les révolutions dévorent leurs enfants

Giordano a qualifié son opéra de « drame historique ». Au sens politique, *Andrea Chénier* est l'œuvre de la désillusion. Les protagonistes de l'opéra ne sont pas seulement déçus par les atrocités de la « glorieuse » Révolution française : la dictature les fait tous disparaître. La seule chose qui leur soit restée, c'est l'amour. Grâce à l'amour, la liberté apparaît à Madeleine et à André – mais c'est une liberté tragique, celle de choisir librement leur mort commune. À l'aube de l'exécution, le duo final, en huis clos, symbolise l'union des amants prêts à mourir. N 1 C'est une mort par amour, dans le sens de *Tristan et Yseult*. L'histoire d'*Andrea Chénier* reflète des sentiments bourgeois déçus. Après 1789, la France a connu trois révolutions (1830, 1848, 1870), mais les idéaux de Liberté, d'Égalité et de Fraternité ne sont pas devenus réalités. Qu'est-il resté de sacré ? Réponse de Chénier : l'amour, et lui seul.

J. K

Andrea Chénier, Lotte Lehmann (Madeleine) et Tino Pattiera (Chénier) au Staatsoper de Vienne, 1925.
Le couple d'amoureux et leur adversaire, Gérard, se voient attribuer dans l'opéra de Giordano des rôles mélodieux et gratifiants. Le premier André Chénier sur scène, Giuseppe Borgatti, était le plus important chanteur wagnérien italien de son époque (d'ailleurs, l'influence de Wagner se sent dans la partition de cet opéra). Plus tard, presque tous les grands ténors italiens ont chanté ce rôle, depuis Enrico Caruso jusqu'à José Carreras. Tino Pattiera, le ténor héroïque d'origine dalmatienne, fut un favori du public entre les deux guerres mondiales, tout comme la chanteuse adulée de Wagner et de Richard Strauss qu'était Lotte Lehmann. Pattiera connut surtout de grands succès à Dresde, dont il fut membre de l'Opéra jusqu'en 1941, et à Vienne : il s'y installa après la guerre et s'y fit aussi un nom comme professeur de chant.

Andrea Chénier – **Giordano** 157

1. Duo final (Madeleine – André)

La no-stra mor - te è il tri-on - fo dell' a-mor!

2. Air d'André (acte I)

Un dì al-l'az-zur-ro spa - zio guar-dai pro-fon - do,

3. Air d'André (acte IV)

Come un bel dì di mag - gio che con bac-chio di ven - to

e ca-rez-za di rag - gio si spe-gne in fir-ma-men - to,

Andrea Chénier, Katia Riccarelli dans le rôle de Madeleine, mise en scène : Otto Schenk, direction musicale : Nello Santi, Staatsoper de Vienne, 1981. Malgré certaines analogies entre → *Tosca* et *Andrea Chénier,* écrits du reste par le même librettiste, l'héroïne de Giordano, Madeleine de Coigny, n'est pas une Tosca capable de tuer par amour, mais une femme tendre et déstabilisée. Elle cherche protection auprès de Chénier, qui aurait lui-même besoin d'aide. Cette découverte les mène à un amour romantique et sans espoir. *Viva la morte ! Insieme !* sont les derniers mots d'un duo extatique conçu comme une apothéose de l'amour.

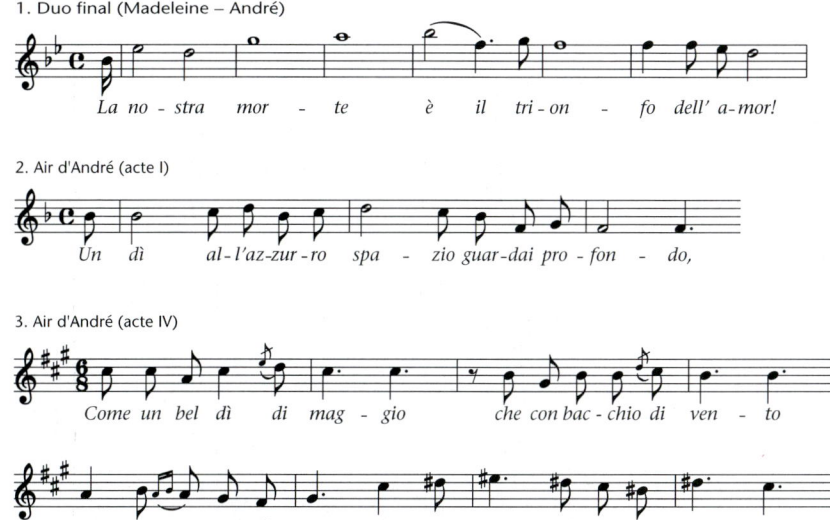

Andrea Chénier, Gabriela Beňačková-Čáp (Madeleine) et Piero Cappuccilli (Gérard), mise en scène : Otto Schenk, direction musicale : Riccardo Chailly, Staatsoper de Vienne, 1981.
Par de nombreux détails, *Andrea Chénier* rappelle *Tosca,* qui sera créé quatre années plus tard. La force motrice de l'action dramatique est Gérard, symbole politique et adversaire de Chénier dans le drame amoureux, personnage contradictoire. Il accomplit le pas décisif : de serviteur opprimé d'un aristocrate il devient un révolutionnaire convaincu. Puis, abusant de son nouveau pouvoir, il prend des traits similaires à ceux du Scarpia de Puccini. Mais Gérard n'est pas un « Scarpia » cohérent. Le sentiment de l'amour et de l'amitié l'emporte sur sa soif de vengeance.

Philip Glass

Né le 31 janvier 1937 à Baltimore

Glass étudie à l'université de Chicago et à la Juilliard School of Music à New York, il est l'élève de Darius Milhaud à Aspen (Colorado) et de Nadia Boulanger à Paris. Sa rencontre avec le grand musicien indien Ravi Shankar et avec le fameux joueur de tabla Alla Rakha est un bouleversement pour Glass. Au milieu des années soixante, il retire les compositions qu'il a écrites jusqu'alors (le plus souvent dans le style post-sériel) et applique à son œuvre les principes de la pratique musicale indienne méditative, tel l'alignement « additif » de minuscules cellules mélodiques en une impulsion fondamentale, l'ajout ou l'abandon « en terrasse » de ces cellules, l'harmonie apparemment statique et l'extrême réduction des moyens : la musique minimaliste. L'objectif de l'exécution musicale n'est plus de distraire et d'informer, mais de guider vers le flot du temps en répétant immuablement des formules identiques (« série répétitive »). À partir de 1968, Glass interprète cette musique avec son propre orchestre. Il acquiert une célébrité mondiale avec son opéra inspiré par Robert Wilson *Einstein on the Beach*, qui constitue, avec l'opéra sur Gandhi *Satyagraha* et *Akhnaton,* une trilogie sur la transformation du monde par les forces spirituelles. Glass devient une figure culte. Des artistes établis, comme le musicien pop David Bowie ou le metteur en scène Achim Freyer s'identifient à lui. La production des opéras de Glass à Stuttgart par Freyer, au milieu des années quatre-vingt, devient ainsi un événement européen. La musique des trois films culte de Godfrey Reggio fait de Glass une figure d'identification dépassant les frontières des races, des pays et des générations : *Koyaanisqatsi* (en dialecte indien hopi : « monde inversé »), 1988 ; *Powaqqatsi* (« Enchanteur du monde », ou bien « Vie en transformation ») et ANIMA MUNDI (« Âme du monde »), 1991. Ne pas oublier la musique du film de Paul Schrader *Mishima* (1985). D'autres productions, comme *A Descent into the Maelstrom* de l'Australia Dance Theatre, *In the Upper Room* de Twyla Tharp et *Glass Pieces* dans la chorégraphie de Jerome Robbins pour le New York City Ballet comptent parmi les événements artistiques d'envergure, tout comme les *Portraits naturels* pour orchestre : *The Light*, 1987, *The Canyon*, 1988, et *Itaipu* pour chœur et orchestre, 1988.

Œuvres : œuvres scéniques : *Einstein on the Beach*, 1976 ; *Satyagraha*, 1980 ; *The Photographer*, 1982 ; *Akhnaton*, 1984 (Akhnaton) ; *1000 Airplanes on the Roof*, 1988 ; *The Fall of the House of Usher*, 1988 ; *The Making of the representative of Planet 8*, 1988 ; *The Voyage*, 1992, *Die Ehen zwischen den Zonen 3, 4 und 5*, 1997 ; *Monsters of Grace*, 1998 ; *Hydrogen Jukebox*, 1991. Opéras filmés : *Orphée*, 1993, *La Belle et la Bête*, 1994. Symphonies, concertos, quatuors à cordes, pièces pour piano, musique de scène, musique de films.

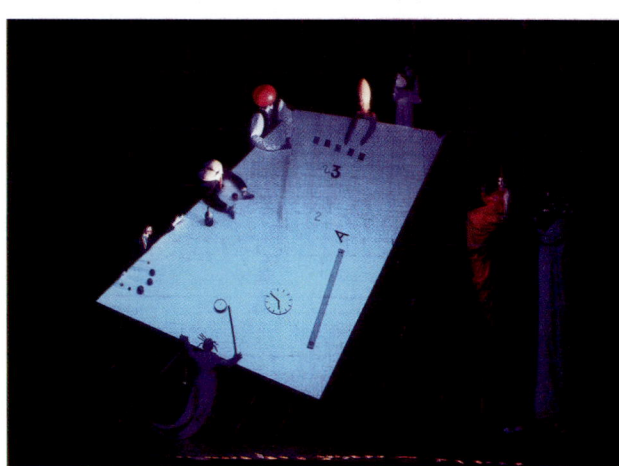

Einstein on the Beach, mise en scène : Achim Freyer, décors et costumes : Achim Freyer, direction musicale : Michael Riesman, Württembergisches Staatstheater de Stuttgart, 1988.
La mise en scène d'Achim Freyer fut un événement scénique très remarqué.

Einstein on the Beach

« Opera »

Livret : Robert Wilson et Philip Glass
Exécutants : Quatre comédiens principaux, danseuses, danseurs, récitant, deux chanteuses solo (sop., alto), chanteur soliste (tén.) ; chœur
Création : le 25 juillet 1976 à Avignon (Théâtre Municipal)

Argument
Partout, à notre époque.
Acte I
Scène 1 Le train (chemin de fer) : mouvement final limité sur la terre de lieu en lieu. **Scène 2** Tribunal (avec lit). Nos propres jugements et préjugés et ceux des autres, nous condamnent.
Acte II
Scène 1 Danse 1 – champ avec vaisseau spatial : ouvrir les pensées à de nouvelles dimensions. **Scène 2** Train de nuit : période de transition, les espaces s'estompent.
Acte III
Scène 1 Tribunal/prison : comment l'on peut être enchaîné par ses propres idées et celles des autres. **Scène 2** Danse 2 – champ avec vaisseau spatial. Élévation au-dessus de tout ce qui nous enchaîne : l'univers et la machine espace-temps s'ouvrent.
Acte IV
Scène 1 Bâtiment/train : « Ici, le temps devient espace ». **Scène 2** Lit (sans tribunal) : se détacher de ses propres idées qui « enchaînent ». **Scène 3** Le vaisseau spatial. Arriver à l'intérieur de la machine espace-temps : faire voler le corps et l'esprit. Liberté ou catastrophe, holocauste nucléaire.

S.N.

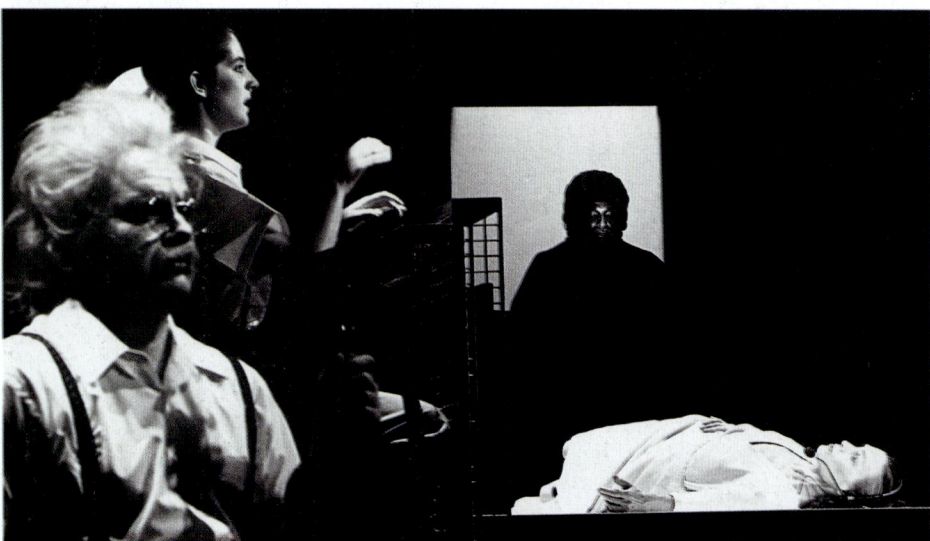

Einstein on the Beach, mise en scène : Robert Wilson, direction musicale : Philip Glass, opéra de Francfort, 1992.
Cet opéra est un regard poétique sur Albert Einstein, comme scientifique, humaniste, violoniste amateur et fondateur de la physique nucléaire moderne ; il apparaît tantôt comme la personnalité bien connue que présentent les manuels scolaires, tantôt comme Einstein-Monsieur-tout-le-monde.

Satyagraha
M. K. Gandhi en Afrique du Sud
Opéra en trois actes

Cahier de mise en scène : Philip Glass et Constance de Jong
Création : 5 septembre 1980, Rotterdam (Stadsschouwburg)
Personnages : Mohandas Karamchand Gandhi (tén.), Miss Schlesen, sa secrétaire (sop.), Mrs. Naidoo, une collaboratrice indienne (sop.), Kasturbai, épouse de Gandhi (mezzosop. ou alto), M. Kallenbach, un collaborateur européen (bar.), Parsi Rustomji, un collaborateur indien (basse), Mrs. Alexander, une amie européenne (alto). Personnages mythologiques : Arjuna (tén.), Krishna (basse) et Duryodhana (rôle muet). Personnages historiques et légendaires : Léon Tolstoï, Rabindranath Tagore, Martin Luther King (rôles muets). Guerriers de deux armées ennemies, Satyagrahi (cherchant l'illumination), Européens, Indiens, policiers (chœur)

Argument
Sur le champ de bataille mythologique de « Kuru », à une époque mythologique, et en Afrique du Sud, 1896-1913.

Acte I « Tolstoï »
Tableau 1 « Kuru », le champ de la Justice, champ de bataille mythologique, mais aussi une plaine en Afrique du Sud. Deux armées s'y font face, prêtes au combat. Tout comme le héros mythologique Arjuna, Gandhi se demande s'il a le droit de se battre. Le dieu Krishna lui apprend que l'homme ne peut faire plus que de définir la motivation de son action. Si celle-ci est pure, il a le droit de combattre, car dans ce cas, il n'y aura ni victoire, ni défaite, ni ami, ni ennemi, mais uniquement la vérité.

Tableau 2 Sur la « ferme Tolstoï », en 1910. Suivant l'écrivain, philosophe et pacifiste russe Tolstoï, Gandhi a fondé une coopérative en Afrique du sud, et y pratique le Satyagraha, action née de motifs purs.

Tableau 3 « Le serment ». En plein air, 1906. Le gouvernement sud-africain a renforcé sa politique de discrimination raciale avec le *Black Act*. Les indiens jurent de résister ensemble, dans l'esprit du Satyagraha.

Acte II « Tagore »
Tableau 1 « Confrontation et salut », 1896. Les environs immédiats d'une colonie européenne en Afrique du Sud. Les Européens craignent pour leurs privilèges et leurs avantages. On lance des pierres à Gandhi : la résistance sans violence à l'épreuve. Une Européenne le sauve.

Tableau 2 « L'*Indian Opinion* », 1906. Gandhi diffusera ses idées dans le journal *Indian Opinion*.

Tableau 3 « Protestation » : En plein air, 1908. Gandhi et ses partisans jurent de mener leur combat sans haine. Ils brûlent leurs certificats d'inscription pour se mettre sur le même plan que les expulsés et les prisonniers.

Acte III « King »
« La marche sur Newcastle », champ de bataille mythique, mais aussi une plaine en Afrique du Sud, en 1913. Les idées de Gandhi se propagent. La marche de Newcastle est un succès. Le gouvernement et la police sont impuissants : pas de résistance, pas de point d'attaque, et l'on ne peut pas enfermer des milliers de personnes. Gandhi formule sa découverte : Satyagraha doit être reconquis chaque jour. Chaque homme en quête peut néanmoins être certain que les éclairés lui apporteront leur aide.
S. N.

Glass est le représentant le plus abouti de la musique minimaliste américaine et d'autant plus représentatif des opéras composés dans ce courant stylistique. À la place d'une narration chronologique des événements, sont présentées des actions simultanées. Par conséquent, il en résulte une simultanéité et une égalité de valeur entre hier, aujourd'hui et demain.

Satyagraha, mise en scène, décors et costumes : Achim Freyer, direction musicale : Dennis Russel Davies, Württembergisches Staatstheater de Stuttgart, 1981. Achim Freyer, peintre de formation, avait fait ses premières expériences scéniques en collaboration avec Ruth Berghaus. Il prolongea alors avec maestria le principe de la « métaphore scénique » et devint, avec son épouse Ilona, un adaptateur fidèle de l'œuvre de Glass.

« Opera »
Avec cet opéra, le metteur en scène Robert Wilson (né en 1941) et Philip Glass ont bouleversé l'histoire du théâtre, bien que le terme « opera » n'ait pas désigné ici un genre spécifique, mais ait signifié « les œuvres ». Grâce à *Einstein on the Beach*, ils ont libéré l'ancien opéra de ses attaches littéraires traditionnelles. Il n'y a pas de textes formés (des chiffres, des syllabes de solfège, des mots absurdes sont chantés). En revanche, les images et les métaphores sont toutes-puissantes, au même titre qu'une musique qui donne l'impulsion et déploie la dimension du temps. Des *kneeplays* (jeux de genoux) ouvrent et ferment l'œuvre et relient les actes. Selon Wilson et Glass, ce nom est dérivé de « rotule », car il s'agit d'une « liaison entre deux éléments analogues ». Après cette œuvre, Glass composa deux autres opéras sur des figures qui transformèrent la compréhension du monde, *Satyagraha* et *Akhnaton* ; idée fondamentale de cette trilogie : « le monde peut être transformé par la force de la pensée. » (Philip Glass) S. N.

Satyagraha : Au-delà du terrorisme de la consommation

L'intérêt de Glass pour la vie et l'enseignement de Gandhi a coïncidé, au début des années soixante, avec sa passion pour la musique indienne. Convaincu de l'actualité de la doctrine professée par Gandhi (1896-1948), celle du Satyagraha (s'en tenir à la vérité), il composa, après son opéra sur Einstein, un portrait de Gandhi. Tolstoï, Tagore et King, qui « parrainent » chacun un acte, sont les représentants historiques de ce principe, modèles spirituels issus d'époques, de cultures et de religions diverses, agissant chacun pour des motifs spécifiques et unis par leur seule motivation : la compassion et l'amour. Le premier tableau de l'opéra n'est pas le seul à être fondé sur la *Bhagawadghita* (*Chant des sublimes*), l'une des scènes centrales du *Mahabharata* ; d'autres textes sanscrits sont eux aussi centrés sur ces traditions religieuses de l'hindouisme, si bien que les personnages sont autant présentés comme incarnations de personnages historiques que comme médiateurs des textes sacrés. Ici comme dans toute son œuvre, Glass aspire à fusionner le savoir antique et les obligations quotidiennes actuelles. La musique et le sujet convergent d'une manière exceptionnelle. La répétition de modèles sonores identiques aboutit à des champs sonores reposants et oscillatoires, ce qui respecte l'orientation du Satyagraha : ne plus faire qu'un avec les énergies cosmiques. Le son est plus doux que dans *Einstein on the Beach* : Glass utilise cette fois un ensemble à cordes et un chœur très nombreux. Chaque image, parfois même seulement un solo ou un ensemble, est fondée sur un modèle mélodique et harmonique identique qui acquiert variation et tension par l'ouverture et la fermeture en fondu harmonique. L'œuvre a touché un public sensible aux idées de la résistance non violente : pacifistes, opposants à l'énergie nucléaire, personnes motivées religieusement à la quête d'une voie dépassant le terrorisme de la consommation. Ce fut le thème de la mise en scène d'Achim et Ilona Freyer à Stuttgart, en 1981 – une représentation qui connut un grand succès et fut très remarquée. La mise en scène de la création fut donnée sur les scènes des villes d'Utrecht, de Scheveningen et d'Amsterdam, puis, en 1981, de New York. *Satyagraha* n'est pas un opéra extraordinaire par les moyens exceptionnels qui y sont employés, mais par sa dimension éthique et religieuse. Ce n'est pas un hasard si, cette année-là, le réalisateur Richard Attenborough sortit son film sur Gandhi. S.N.

The Fall of the House of Usher
La Chute de la maison Usher

Livret : Arthur Yorinks et Philip Glass d'après Edgar Allan Poe
Création : le 18 mai 1988, Cambridge/Ma., États-Unis
Personnages : Roderick Usher (tén.), Madeline Usher, sa sœur (sop.), William, ami et narrateur (bar.) ; le médecin, serviteur, esprits (rôles parlés)

Argument

Quelque part en Angleterre, par une journée d'automne, à la fin du XIXe siècle.
Roderick et sa sœur malade, Madeline, les derniers de la lignée des Usher, vivent dans l'angoisse et la terreur, entourés par des ombres menaçantes, ne faisant plus qu'un avec leur demeure, qui a absorbé les énergies négatives de toutes les générations précédentes et les restitue désormais. À la demande pressante de Roderick, William, un vieil ami d'études (et le récitant de l'opéra) rejoint le frère et la sœur. Mais lui non plus n'y peut rien ; il voit, impuissant, Madeline mourir d'une mort inexpliquée, réapparaître et entraîner son frère au royaume des morts. Lui-même parvient tout juste à se sauver de l'effondrement de la maison. S.N.

Ce qu'aucun savoir livresque ne se permet d'imaginer

Le récit d'Edgar Allan Poe a fasciné pendant plus d'un siècle les poètes, les dramaturges et les compositeurs, entre autres → Claude Debussy, Heiner Müller et Pierre Boulez. Philip Glass et Arthur Yorinks sont parvenu à créer une atmosphère riche en supputations, faux-semblants, mensonges et vérités. Reste à savoir si l'inceste, l'homosexualité, le meurtre ou des forces surnaturelles entrent en jeu, ou si les derniers des Usher doivent porter la faute de leurs ancêtres. Le déploiement des surfaces sonores correspond à la structure dramatique : une présence constante d'ombres inéluctables.

The Fall of the House of Usher, Antje Herzog dans le rôle de Madeline Usher, mise en scène : Henry Akina, direction musicale : Brynmor Llewelyn Jones, Kammeroper de Berlin, 1993.
Le Kammeroper de Vienne tourna en Europe avec sa production de 1990, suivirent Münster (1991) et le Kammeroper de Berlin (1993), qui se firent un nom en montant cette œuvre.

Akhnaton

Opéra en trois actes

Livret : Philip Glass en collaboration avec Shalom Goldman, Robert Israel, Richard Ridell et Jerome Robbins
Création : le 24 mars 1984 à Stuttgart (Württembergisches Staatstheater, Grosses Haus)
Personnages : Akhnaton (haute-contre), Néfertiti, son épouse (alto), la reine Tiji, sa mère (sop.), Haremhab, général et futur pharaon (bar), Aye, père de Nefertiti et conseiller du pharaon (basse), Grand prêtre d'Amon (tén.), les six filles d'Akhnaton et de Néfertiti (6 voix de femmes), le narrateur (rôle parlé), dans les rôles d'Amenophis (le fils de Hapou), du scribe et du guide de voyage ; participants à l'enterrement, peuple de Thèbes (chœur)

Argument
Thèbes et Akhet-Aton, vers 1365-1368 avant J.-C. et à notre époque.

Acte I
Thèbes, l'an I du règne d'Akhnaton : le cortège funèbre accompagnant le pharaon défunt Amenophis III se met en route vers Ra. Son fils, Akhnaton, monte sur le trône.

Acte II
Thèbes et Akhet-Aton dans les années 5 à 15 du règne d'Akhnaton ; Akhnaton renverse la caste toute puissante des prêtres, qui servent de nombreux dieux et instaure le règne du dieu unique, Aton. Il lui édifie un temple et une ville : Akhetaton.

Acte III
Akhet-Aton, l'an 17 du règne d'Akhnaton, et notre époque : voué à son dieu, à son amour pour son épouse Nefertiti et sa mère Tiji, Akhnaton se détache de tout ce qui est terrestre. Il est renversé. Dans les ruines d'Akhet-Aton (aujourd'hui Amara), des touristes distraits écoutent le récit sur Akhnaton que leur fait un guide indifférent. Pendant ce temps, dans le cortège cosmique des morts, Akhnaton prend sa place dans le convoi funèbre de son père.

S. N.

Akhnaton : un homme moderne
Akhnaton, l'hérétique sur le trône du pharaon, n'a pas survécu en tant que mythe des Temps anciens, mais selon Glass, c'est « un homme moderne sur un trône antique ». Par rapport aux deux opéras précédents, le son était plus dur, et surtout nettement mécanique. La mise en scène d'Achim et d'Ilona Freyer a montré le roi hérétique comme porteur de lumière. David Free, dans la création américaine, en 1984, à Houston, l'a campé en hermaphrodite capricieux.

Akhnaton, création, mise en scène : Achim Freyer, décors et costumes : Achim et Ilona Freyer, direction musicale : Dennis Russel Davies, Württembergisches Staatstheater de Stuttgart, 1984.
Après *Einstein on the Beach* (1976) et l'opéra sur Gandhi *Satyagraha* (1980), Glass a créé à l'instigation d'Achim et d'Ilona Freyer le dernier opéra de sa trilogie, un hommage aux forces spirituelles qui transforment le monde.

Mikhail Ivanovitch Glinka

Né à Novospasskoïe (gouvernement de Smolensk) le 1er juin 1804
Mort à Berlin le 15 février 1857

Glinka passe son enfance sur les terres de sa famille. Plus tard, les impressions précoces de la musique populaire et de la musique de salon inspireront son art. Il reçoit également une formation musicale privée (piano, violon, chant italien). À partir de 1818, il vit à Saint-Pétersbourg et s'engage brièvement dans une carrière de fonctionnaire. Des voyages en Italie (où il fait la connaissance de → Bellini et → Donizetti) et en Allemagne (rencontre avec Mendelssohn) le conduisent, entre 1830 et 1833, à consacrer de plus en plus de temps à la composition. La création de son premier opéra à Saint-Pétersbourg est un grand succès. En 1837-1839, Glinka dirige l'orchestre des chanteurs de la cour. Après le mauvais accueil réservé à son deuxième opéra, il ne fréquente plus la société de la noblesse russe. Il vit ensuite le plus souvent à l'étranger (Espagne, France, Pologne et Allemagne)

Œuvres : Une Vie pour le tsar (Ivan Sousanine), 1836 ; *Ruslan et Ludmila*, 1842. Œuvres symphoniques, musique de scène pour le drame de Nestor V. Koukolnik *Le Prince Kholmski* ; deux ouvertures espagnoles : *Jota aragonesa* et *Une Nuit d'été à Madrid* ; fantaisie orchestrale *Kamarinskaïa*, nombreuses mélodies et romances, œuvres pour piano.

Dans le domaine de l'opéra, de la mélodie et de la musique symphonique, Glinka est considéré comme le père de la musique nationale russe. Il a été un modèle pour les compositeurs russes qui lui ont succédé.

Les « pères » de l'opéra russe

Glinka est vénéré comme le père de l'opéra national russe : il est vrai qu'en 1836, avec *Une vie pour le tsar*, il inaugurait une nouvelle ère de la musique russe. Mais il ne fut pas le premier compositeur d'opéras russe. Le créateur de l'opéra russe travaillait quelques décennies plus tôt à la cour de Catherine II : Vassili Alexeïevitch Pachkevitch (1742-1797). Entre 1779 et 1791, il composa sur des textes russes six opéras (des opéras-comiques pour la plupart, dont trois sur des livrets écrits par la tsarine elle-même !) Pachkevitch fut le directeur musical de l'un des premiers théâtres privés de Russie ouverts au public, le Théâtre libre de Karl Knipper à Saint-Pétersbourg. Dimitri Stepanovitch Bortnianski (1751-1825), qui travailla à la cour à la même époque, était un élève du compositeur d'opéras italien Baldassare Galuppi, très en vogue à l'époque. Il composa des opéras sur des livrets français, dans l'esprit de la cour du tsar, très liée à l'Occident et notamment à l'aristocratie française. Le premier opéra composé sur un texte de Beaumarchais, *Il Barbiere di Siviglia* de Paisiello, fut créé à la cour de Catherine II où l'on porta un vif intérêt pour la deuxième partie scandaleuse de la trilogie de Beaumarchais (*Le Mariage de Figaro*) → Mozart (*Le Nozze di Figaro*) Le troisième artiste important de l'époque classique fut Evstigneï Ipatovitch Fomine (1761-1800), créateur d'opéras-comiques. Parmi les auteurs de textes littéraires dont il s'est inspiré, se trouvent aussi bien Catherine II que Voltaire. Quant à Alexeï Nikolaievitch Verstovski (1799-

Le Théâtre Bolchoï à Saint-Pétersbourg, dessin de V. Sadovnikov, vers 1830. Saint-Pétersbourg symbolisait le tournant occidentaliste pris par la Russie. Fondée par Pierre le Grand en opposition à Moscou, la Perle de la Neva devint un Versailles russe. C'est ici, au Grand Théâtre, qu'eut lieu en 1836 la création du premier opéra de Glinka. Après son incendie (un accident au XIXe siècle) et sa reconstruction, l'Opéra de Saint Pétersbourg fut rebaptisé Théâtre Mariinski (ou théâtre Marie) en 1860. Ainsi débuta l'histoire de l'opéra le plus représentatif de la tradition en Russie. On y créa, outre → *Boris Godounov* (Moussorgski), *Le Convive de pierre* (Dargomijski) et *Le Démon* (Rubinstein), mais aussi → *La Forza del destino* de Verdi.

Un salon à Saint-Pétersbourg, avec Glinka, dessin de N. Stepanov.
Dans le salon du poète Nestor Koukolnik à Saint-Pétersbourg, vers le milieu des années 1830. Au piano, Glinka, qui interprète ses opéras devant un public amateur. Ce dessin présente un portrait du groupe des visiteurs du salon plutôt qu'une situation réelle. Dans la réalité, le père de l'opéra national russe était certainement écouté avec une vive attention.

1862), il travailla à Moscou et s'efforça (selon le modèle du → *Freischütz* de Carl Maria von Weber) de mettre en œuvre un opéra romantique russe sous forme d'opéras enchantés ou de grands opéras romantiques. Glinka n'est donc pas venu du néant dans l'histoire de l'opéra russe. Néanmoins, s'il fut considéré comme le patriarche de l'opéra au XIXe siècle, cela tenait à son talent remarquable et à la formation d'une technique de déclamation russe spécifique pour la scène de l'opéra.

Le plan de la plus grande salle d'opéra du monde.
Le plan de la plus grande salle d'opéra du XIXe siècle n'a pas été réalisé. Comparé à ce rêve monumental d'un architecte, même le Palais-Garnier, à Paris aurait produit l'effet d'un théâtre médiocre. En 1890, le tsar Alexandre III chargea l'architecte Viktor Schroeter d'édifier un théâtre privé. Ce palais géant devait être un lieu prestigieux à la disposition de la famille du tsar. L'idée se volatilisa avec la mort soudaine du souverain. Jusqu'à leur chute en 1917, les tsars durent se contenter du Théâtre Marie.

Le Bolchoï à Moscou, 1856.
Le premier Bolchoï Teatr (Grand-Théâtre) a été construit dès 1776, deux ans avant l'inauguration du Teatro alla Scala à Milan. L'histoire du bâtiment est une succession d'incendies catastrophiques et de reconstructions. La première reconstruction a eu lieu en 1825, la deuxième en 1856 (ce fut l'œuvre d'Alberto Cavo), la troisième, après un bombardement, en 1942. Après la révolution d'Octobre, en 1917, cette salle lyrique joua un rôle majeur en Union soviétique. Dans les villes et les villages de ce vaste pays, beaucoup rêvaient de pouvoir aller au « Bolchoï » une fois dans leur vie. Pour beaucoup, cela resta un rêve inaccessible. Le Bolchoï Teatr avait au répertoire un choix représentatif d'opéras essentiellement russes et soviétiques. Des réunions politiques y furent aussi organisées (le plan d'électrification du pays y fut décidé).

Fiodor Ivanovitch Chaliapine (1873-1938) dans le rôle d'Ivan Sousanine, dessin de I.V. Jerchov.
Ivan Sousanine fut le rôle décisif de la carrière de Chaliapine. Il chanta à 22 ans l'air de Sousanine pour son examen d'admission au Théâtre Mariinski. Le lendemain, le 1er février 1895, il fut engagé à l'Opéra de la cour du tsar. Le grand bassiste dut sacrifier un temps sa vie artistique au souverain : car l'imprésario du Théâtre Mariinski était le tsar lui-même.

Ci-dessous à gauche
Une Vie pour le tsar, Evgueni Nesterenko, Alexander Lomonossov et Elena Oustinova, Bolchoï Teatr donnée au Teatro alla Scala, Milan, 1989.
Que ce soit au Théâtre du Bolchoï de Moscou ou au Théâtre Mariinski de Saint-Pétersbourg, le chant est remarquable et le style affirmé.

Ci-dessous à droite
Ivan Sousanine, Boris Chtokolov, Théâtre Mariinski, Saint-Pétersbourg, 1978.

Une Vie pour le tsar
Ivan Sousanine

Opéra en quatre actes et un épilogue

Livret : Georgi F. Rosen
Création : le 9 décembre 1836 à Saint-Pétersbourg (Grand-Théâtre) ; livret de Sergueï Gorodietski (sous le titre *Ivan Sousanine*) : le 21 février 1939 à Moscou (Bolchoï Teatr)

Personnages : Ivan Sousanine, paysan du village de Domnino (basse), Antonida, sa fille (sop.), Bogdan Sobinine, soldat de la milice rurale et époux d'Antonida (tén.), Vania, un petit orphelin adopté par Sousanine (alto), un général polonais (basse), un messager polonais (tén.), guerriers russes (basse) ; paysannes et paysans russes, soldats de la milice rurale, société de cour polonaise, chevaliers (chœur) ; société de cour polonaise (ballet)

Argument
Le village russe de Domnino, la Pologne et Moscou, 1612-1613.
Acte I
À Domnino, les paysans se rallient à la milice rurale pour défendre le pays contre les envahisseurs. Antonida, la fille du paysan Sousanine, rêve de son fiancée Sobinine, qui se bat au loin. Sousanine encourage le peuple à la résistance. Des soldats russes, dont Sobinine, apportent une bonne nouvelle : Moscou a été libérée. La noblesse a réussi à s'accorder sur un candidat pour le trône du tsar : Mikhaïl Fiedorovitch Romanov.
Acte II
Au palais du roi Sigismond, les nobles polonais célèbrent leurs conquêtes en Russie avec un festin et des danses (polonaise, cracovienne, valse et mazurka). Un messager apporte la nouvelle de la reconquête de Moscou par les Russes. Le roi Sigismond envoie une troupe pour retrouver la trace du jeune tsar et le capturer.
Acte III
Vania, fils adoptif de Sousanine, aimerait se rallier aux défenseurs russes et servir la patrie, comme son père adoptif. Les habitants du village saluent Antonida et Sobinine comme un couple de futurs mariés. Sousanine les invite tous aux noces. C'est alors qu'une patrouille polonaise fait irruption dans la maison de Sousanine. Le maître de maison doit montrer aux Polonais le chemin menant à la cachette du tsar, ce qu'il fait mine d'accepter. Il parvient à faire fuir Vania secrètement, pour qu'il prévienne le tsar. Sousanine prend alors la direction des Polonais. Lorsque les invités arrivent pour la noce, ils ne trouvent plus que la fiancée, Antonida, seule et en larmes.
Acte IV
Sobinine se met en route avec les siens pour sauver Sousanine. Vania rejoint au plus vite le monastère situé dans la forêt voisine afin de mettre le tsar en garde. Sousanine conduit les Polonais dans une forêt impénétrable et marécageuse. Au petit matin, les Polonais comprennent qu'ils ont été trompés et tuent Sousanine. Mais eux aussi perdent la vie.
Épilogue
À Moscou, on prépare le couronnement. Dans la foule en liesse se trouvent aussi Antonida, Sobinine et Vania. Ils portent le deuil d'Ivan Sousanine et annoncent son acte héroïque. Le peuple célèbre le nouveau tsar et la Russie libérée.

M. P.

Une Vie pour le tsar, aquarelle de G. Gagarine représentant un tableau de l'acte III de l'opéra, avec Ivan Sousanine (au centre), le couple de fiancés Antonida et Sobinine.
À l'arrière-plan, des soldats polonais. Glinka voulut caractériser par la musique les Russes et les Polonais. L'univers russe était représenté musicalement par une grande diversité de moyens; les soldats et courtisans polonais, en revanche, étaient accompagnés par de simples danses polonaises (mazurka, polonaise, cracovienne). L'opposition (y compris musicale) des deux nations hostiles est au centre du drame, comme dans → *Boris Godounov* de Moussorgski.

Histoire, légende, politique

L'action se déroule vers la fin de ce que l'on a appelé le temps des Troubles. La noblesse russe avait mis un terme à des décennies de querelles dynastiques; cette union nationale lui avait permis de refouler les envahisseurs étrangers, les Polonais et les Suédois. Le peuple garda en mémoire plusieurs héros légendaires de cette époque. Le plus célèbre d'entre eux fut Ivan Sousanine, un simple paysan russe qui sauva la vie du jeune tsar en lui sacrifiant la sienne, et qui mena à la mort une armée polonaise toute entière. Sa légende fut ranimée au début du XIXe siècle, dans les Beaux-Arts et dans la littérature, elle était jouée aussi bien sur les scènes d'opéra que dans les salles de concert. En 1815, fut créé avec un grand succès un opéra intitulé *Ivan Sousanine*, de Catterino Cavo, à Saint-Pétersbourg. Celui-ci se terminait bien. Glinka ne fut pas inspiré par cette représentation (il avait onze ans à l'époque) mais par une ballade de Kontrati Ryleïev, un poète du mouvement décabriste qui soulignait, à travers Sousanine, le rôle autonome du peuple russe. Le noble Kondrati Ryleïev fut condamné par le tsar pour avoir pris la tête de l'insurrection du 14 décembre 1825 et exécuté. Voilà l'un des étranges paradoxes de l'histoire russe : le chant épique rédigé par le condamné fut au centre d'un opéra que l'on créa plus tard sous le titre *Une Vie pour le tsar*. Glinka n'était pas un compositeur politique, sa loyauté à l'égard de la cour du tsar ne fait aucun doute. D'un autre côté, sa position dans la vie artistique de Saint-Pétersbourg lui fit rencontrer de nombreux représentants d'une intelligentsia russe insatisfaite, avec laquelle il était lié par d'étroites amitiés. Il oublia cependant la politique quotidienne pour la grande idée de l'opéra national. Dans les années 1830, le thème de Sousanine fut récupéré par l'État policier de Nicolas Ier, et placé au service de l'idéologie officielle. L'écrasement de l'insurrection polonaise, en 1830-1831, lui accorda même une nouvelle actualité politique. Peu importait à Nicolas Ier et aux idéologues de la cour que les Polonais aient attaqué la Russie en 1612, plus de deux siècles avant l'invasion russe de 1830 en Pologne. Pour le tsar et sa cour, l'essentiel était le propos démonstratif : le paysan russe est toujours disposé à sacrifier sa vie pour le divin tsar.

M. P.

Une Vie pour le tsar, Maria Stepanova dans le rôle d'Antonida, peintre inconnu. L'atmosphère villageoise, les personnages folkloriques, l'action menée de manière didactique et l'aspect populaire de la musique (dans laquelle se mêlent des éléments de la musique paysanne russe et du folklore citadin, dans un style musical homogène) sont les particularités de cet opéra. Ils carcatérisent aussi d'autres compositeurs nationaux romantiques de l'Europe centrale et orientale (→ Smetana, → Dvořák → Moniuszko, → Erkel). Pourtant, la représentation est fortement idéalisée : la jeune paysanne, Antonida, est vêtu d'une précieuse tenue traditionnelle, la petite maison en bois de Sousanine est aussi agréable et propre que dans un conte de fée et, surtout, les protagonistes russes sont tous courageux et héroïques. Il manque la figure des mauvais. L'adversaire apparaît ici sous une forme collective, celle de la nation hostile.

Un opéra pour le tsar

Le processus de création de l'œuvre s'étala sur deux ans. Le titre original de l'œuvre était *Ivan Sousanine*. C'est Glinka lui-même qui conçut le scénario. Plusieurs auteurs participèrent à la mise en forme finale du texte, jusqu'à ce que, pour finir, le baron de Rosen (secrétaire du tsarevitch) établisse la version définitive. Celui-ci fit en sorte que Sousanine ne rappelle pas trop un véritable serf. Du héros de légende, il fit un sujet idéal : l'incarnation d'un paysan modèle. Il n'est pas étonnant que l'opéra ait beaucoup plu au tsar Nicolas II. Il assista aux répétitions, fit venir Glinka au palais, se mit à le tutoyer comme un ami dévoué ; le jour de la création, il lui offrit un anneau précieux. Pendant les répétitions, Glinka changea le titre *Ivan Sousanine* en *Une Vie pour le tsar*, et dédia son opéra au tsar, ce qui n'empêcha d'ailleurs pas celui-ci d'entrer dans l'histoire sous le sobriquet de « gendarme de l'Europe ».

Le chœur de Slavsia

« Salut au tsar, salut à la Russie ! » : à plusieurs reprises, on a envisagé d'utiliser le fameux chœur final comme hymne national russe, puis soviétique. Avec sa simplicité lapidaire et sa coloration inspirée par la polyphonie populaire russe, le chœur produit un très grand effet. Son thème musical exprime la « sainte figure » imaginaire du tsar, qui est identique à la patrie russe. N 1

Une Vie pour le tsar, Ossip Afanassievitch Petrov, le premier Ivan Sousanine
Ossip Afanassievitch Petrov (1897-1878) fut la plus grande basse russe de son temps. Le directeur de l'Opéra de Saint-Pétersbourg remarqua par hasard sa voix unique, sur un marché de Koursk. Elle était d'une profondeur exceptionnelle et d'une grande ampleur (c'est à peine croyable : il parvenait à faire sonner le contre-si « des profondeurs » ; sa note la plus élevée, le sol dièse première, était bien sûr aussi assez grave). Il fit ses débuts en 1830 à Saint Petersbourg dans le rôle de Sarastro (Mozart, → *Die Zauberflöte*) mais il fut surtout célébré dans les nouveaux opéras russes, dans lesquels il créa une série de grands rôles de basses, entre autres Ivan Sousanine et Russlan (Glinka).

La basse – *Made in Russia*

Avec le rôle d'Ivan Sousanine débuta la série des grandes parties de basse russes dans le répertoire lyrique : on y trouve les puissants personnages de Boris Godounov (→ Moussorgski), Dossifei et Ivan Khovansky (→ Moussorgski, *Khovantchina*), du prince Galitski et du khan Kontchak (Borodine, → *Le Prince Igor*), d'Ivan le Terrible (Rimski-Korsakov, *La Pskovitaine*) et du vieux prince Iouri de Kitège (→ Rimski-Korsakov, *La Légende de la ville indivisible de Kitège*). Ces héros ont le plus souvent l'âge d'être pères, ils ont fréquemment des enfants. Le poids et l'aura de ces rôles sont cependant rarement déterminés par des relations familiales et personnelles, mais plutôt par le rang social et politique, la vocation ou le charisme. Les parties de basses russes sont surtout réservées aux personnages extraordinaires, incarnations de tsars, de meneurs, de sauveurs de la patrie. Le sentiment paternel ne joue qu'un rôle secondaire. La partie de basse héroïque exprime le très grand intérêt social que les intellectuels russes du XIXe siècle portaient aux idées messianiques. Tel était aussi l'objectif de leur musique, le plus souvent sublime. Le ton de l'air des adieux et de la mort d'Ivan Sousanine (acte IV) se retrouve dans des personnages plus tardifs, comme le prince Igor, Dossifei et le prince Iouri de Kitège. N 2

Une Vie pour le tsar, croquis de décor d'Andrej Roller pour la création, 1836. Une maison modèle pour le paysan modèle ! Cadre de l'acte III : l'intérieur d'une maison paysanne russe, typique mais idéalisée.

Une Vie pour le tsar, mise en scène : Alfed Kirchner, costumes : Joachim Herzog, direction musicale : Vladimir Fedosseïev, Opernhaus de Zurich, 1996. L'Europe de l'Ouest aborde les œuvres russes en respectant leur caractère national, mais elle y cherche aussi des idées universelles. Alfred Kirchner a pour sa part misé sur la présentation de phénomènes éternels, et a ainsi fait de l'opéra russe un événement théâtral.

Les grandes parties de basses russes furent créées par des chanteurs russes tout à fait remarquables. Ossip Petrov (1807-1878) fut le premier Sousanine et le premier Russlan. Trois décennies plus tard, il chanta Varlaam pour la création de → *Boris Godounov*. Parmi les principales basses de la génération suivante, se trouvait Fiodor Stravinski (1843-1902), le père du compositeur Igor Stravinsky, membre du Théâtre Mariinski de Saint-Pétersbourg. Il fut suivi par Fiodor Chaliapine (1873-1938), qui commença sa carrière dans le théâtre privé de Savva Mamontov à Moscou et devint une star internationale. L'une des grandes basses russe et soviétique de la génération succédant à celle de Chaliapine fut Mark Reisen (1896-1995), membre du Bolchoï de Moscou à partir de 1930 ; il chanta jusque dans les années soixante-dix et vécut très vieux. Ses successeurs, Evgueni Nesterenko, Alexander Vedernikov et d'autres, sont déjà sur le déclin. La basse russe, phénomène singulier dans le monde de l'opéra, semble s'être éteinte à la fin du XXᵉ siècle.

M. P.

Ci-dessus
Une Vie pour le tsar, Boris Chtokolov (Ivan Sousanine) et Larissa Diadkova (Vania), mise en scène : Roman Tikhomirov, direction musicale : Victor Fedorov, Théâtre Mariinski, Saint-Pétersbourg, 1974 (photo 1978).
En Russie, on est longtemps resté collé à la convention qui faisait de *Une Vie pour le tsar* un récit historisant et légendaire sans beaucoup de liens avec le temps présent.

À droite
Une Vie pour le tsar, Matti Salminen (Ivan Sousanine) et Elena Mossuc (Antonida), mise en scène : Alfred Kirchner, direction musicale : Vladimir Fedosseïev, Opernhaus de Zurich, 1996.

Russlan et Ludmila, N. Ognovenko (Russlan) et L. Netzebko (Ludmila), Théâtre Mariinski, Saint-Pétersbourg, 1996.
Valeri Guerguiev, Premier chef d'orchestre du Théâtre Mariinski, a réveillé cette salle d'opéra russe de son sommeil. Sa version de *Russlan et Ludmila* est devenue un événement de premier plan.

Russlan et Ludmila, Fiodor Ignatievitch Stravinski (1843-1902) dans le rôle de Farlaf. Fiodor Stravinski était le père du compositeur mondialement célèbre → Igor Stravinsky, et la première basse du Théâtre Mariinski, issu de la génération de chanteurs de Chaliapine. Pendant un quart de siècle, il a chanté 64 rôles de basse en 1 200 soirées, aussi bien des rôles héroïques que des rôles comiques.

Russlan et Ludmila

Opéra en cinq actes

Livret: Mikhaïl Glinka et Valerian Schirkov, d'après le poème d'Alexandre Pouchkine
Création: le 9 décembre 1942 à Saint-Pétersbourg (Grand Théâtre)
Personnages: Svietostar, grand prince de Kiev (basse), Ludmila, sa fille (sop.), Russlan, chevalier de Kiev et fiancé de Ludmila (basse ou bar.), Ratmitr, prince khazar (alto), Farlaf, guerrier (basse), Finn, bon enchanteur (tén.), Naïna, méchante fée (mezzosop.), Gorislav, prisonnière de Ratmir (sop.), Baïan (tén.), Tchernomor, mauvais magicien, un nain (rôle muet), tête d'un géant (chœur masculin: tén., basse); escorte de Svietostar, chevaliers, boyards hommes et femmes, servantes, jeunes femmes, nourrices, enfants nobles, porteurs d'armes, écuyers tranchants, droujina, peuple, Maures, nains, esclaves de Tchernomor, jeunes filles du château enchanté, nymphes et ondines (chœur et ballet)

Argument
En Russie et Orient légendaires, dans l'Antiquité.

Acte I
Un Baïan chante des faits remontant à une période oubliée depuis longtemps et met en garde contre les aléas du destin. Les invités de la noce du grand prince Svietostar réclament des chansons plaisantes. Ludmila, la fiancée, prend gaiement congé de son père et console ses deux galants éconduits, Ratmir et Farlaf. Svetosar bénit les enfants. On entend alors éclater un coup de tonnerre. La pénombre s'abat. Lorsque la lumière revient, Ludmila a disparu. Le père promet la moitié de son royaume et la main de sa fille à celui qui lui ramènera Ludmila. Russlan et Ratmir se mettent en route. Farlaf prépare de sombres projets.

Acte II
En quête de sa fiancée disparue, Russlan rencontre le vieux Finn. Celui-ci, dans sa jeunesse, a fait la cour à la belle Naïna et a été éconduit. De longues années d'études lui ont conféré des forces magiques et donné ainsi finalement l'amour de Naïna. Tous deux sont devenus vieux; effrayé, Finn cherche à présent à échapper à l'amour de celle qu'il a tant désirée jadis. Depuis, Naïna poursuit de sa haine tous ceux qui s'aiment. Finn indique à Russlan le chemin qui le mènera à Ludmila: elle a été enlevée par le nain Tchernomor. Naïna préfère cependant le rival de Russlan, Farlaf, et lui promet son aide. Russlan doit affronter une tête de géant. Il emporte la victoire. Le mourant livre son secret. Frère du nain Tchernomor, il a été tué par lui. Il offre alors une épée à Russlan et lui réclame vengeance.

Acte III
Dans le château enchanté de Naïna, de jeunes Perses promettent un refuge contre la froidure du monde et détournent les chevaliers du chemin de la vertu. Ce qui arrive à Russlan et Ratmir. Rendu fou par les jeunes filles de Naïna, Ratmir ne reconnaît plus sa bien-aimée Gorislava, qu'il avait quittée autrefois. Russlan, lui aussi, se laisse prendre dans les filets des jeunes filles. Son amour pour Ludmila décline et il croit aimer Gorislava. Mais Finn démasque le subterfuge de Naïna et ramène les chevaliers sur le droit chemin. Ratmir se retrouve lui-même dans l'amour pour la fidèle Gorislava et s'allie avec Russlan, dont il est devenu l'ami.

Acte IV
La prisonnière résiste aux tentations de Tchernomor et songe avec nostalgie à son Russlan. Le nain maléfique défie Russlan au combat. Tchernomor plonge sa captive dans un sommeil enchanté, affronte Russlan et perd la bataille. Mais Ludmila dort toujours de son sommeil enchanté et rien ne peut la réveiller. Ses lèvres sourient. Le désespoir et la jalousie s'emparent de Russlan. Ses amis Ratmir et Gorislava tentent de le tranquilliser, le mettent en garde contre la folie et lui conseillent de rentrer chez lui.

Acte V
Ratmir surveille le sommeil de Russlan. Pendant ce temps, Farlaf enlève Ludmila. Russlan part à la poursuite du voleur. Finn met à l'épreuve l'amitié de Ratmir et lui confie un anneau magique avec l'aide duquel il pourra réveiller Ludmila. Farlaf conduit Ludmila endormie à Kiev, où il réclame sa main et le trône. Mais il ne peut pas dissiper l'ensorcellement. Seul Russlan parvient à éveiller la femme endormie car Ratmir lui a donné l'anneau magique de Finn. Ratmir et Gorislava, Russlan et Ludmila ont franchi les épreuves de l'amour et de l'amitié: «Les murs de la salle des fêtes s'effondrent» et le peuple s'unit avec son couple princier aguerri par la souffrance, pour chanter les louanges de la patrie commune.

S. N.

Des voix à contre-voie

En écoutant pour la première fois *Russlan et Ludmila*, certaines choses peuvent paraître étranges. La raison en tient peut-être à la distribution inhabituelle, totalement différente de celle que l'on trouve dans l'opéra français et italien. Le jeune chevalier Russlan n'est pas un ténor héroïque, mais une basse ou un baryton héroïque. La partie de ténor est réservée à deux personnages sans âge : le magicien Finn et le Baïan. La partie de soprano de Ludmila ne peut être qualifiée ni de dramatique, ni de lyrique, alors que Gorislava est une véritable soprano lyrique. Ratmir apparaît comme un alto au personnage exotique, la sorcière Naïina comme une alto comique, son protégé Farlaf a une partie de basse bouffe. Alors que le rôle-titre lui était réservé dans l'opéra *Ivan Sousanine*, la partie de basse héroïque est ici attribuée à un petit rôle, celui du grand prince de Kiev, père de Ludmila.

M. P.

À droite
Russlan et Ludmila, N. Ognovenko (Russlan) et L. Netzebko (Ludmila), mise en scène : Lotfi Mansouri, direction musicale : Valeri Guerguiev, Théâtre Mariinski de Saint-Pétersbourg, 1996.
Le grand prince de Kiev bénit sa fille Ludmila et son fiancé Russlan. Malgré la forme musicale convaincante, la scène et le jeu sont conventionnels.

Ci-dessous
Russlan et Ludmila, Tchernomor, le mauvais nain. Personnage de Valentina Chodassevitch, Bolchoï Teatr, Moscou, 1937.
Le mauvais nain Tchernomor, avec sa longue barbe, ne chante pas mais il lui est attribué un leitmotiv marquant : une gamme en tons entiers qui paraît étrange et dissonante dans l'harmonique classique et romantique. Son frère n'est pas moins étrange : il est constitué uniquement d'une tête géante dont la partie est chantée par tout un chœur masculin.

Russlan et Ludmila, Finn, le bon magicien, personnage de Valentina Chodassewitch, Bolchoï Teatr, Moscou, 1937.
Finn, le bon enchanteur, est un personnage sympathique. Dans sa ballade comique, il raconte comment, simple berger, il a pu s'élever en étudiant inlassablement afin de conquérir la main de la belle Naïna. Mais tandis qu'il se livrait avec zèle à ses études, Naïna est devenue une vieille sorcière répugnante. C'est elle, à présent, qui le poursuit de son amour…

Christoph Willibald Gluck

Né à Erasbach (Allemagne) le 2 février 1714
Mort à Vienne le 15 novembre 1787

Gluck, fils d'un forestier, grandit en Bohême. Il étudie la musique à l'Université de Prague et commence à gagner sa vie en effectuant de temps en temps des travaux musicaux pour la noblesse, et en tant qu'organiste d'église (1727-1734). Gluck fait ensuite ses premières expériences comme musicien d'orchestre (œuvres de Vivaldi, Albinoni, Lolli, Pollarolo, Porta) et découvre le genre de l'opéra en assistant à des représentations à Prague. Vers 1735, il part pour Vienne, puis pour Milan, où il devient quatre années durant l'élève de Giovanni Battista Sammartini. Son premier opéra (*Artaserse*) est créé au Teatro Ducale de Milan en 1741. Entre 1745 et 1752, il fréquente différents centres musicaux européens. Il compose ainsi un *pasticcio* pour la réouverture du Haymarket Theatre à Londres (*La Caduta dei giganti*, 1746) et donne un concert commun avec Haendel. Compositeur attaché à l'ensemble d'opéra italien de Mignotti, ses opéras sont donnés à Vienne, Hambourg, Copenhague, Paris et Prague. En 1752, il s'installe à Vienne ; devenu un maître reconnu, la cour impériale lui passe régulièrement des commandes d'opéras italiens et d'opéras-comiques. En 1761 débute sa collaboration avec le librettiste Ranieri de'Calzabigi et le chorégraphe Gaspari Angiolini. En réaction à la routine qui caractérise l'opéra de son époque, Gluck met au point ses idées de réforme. De 1773 à 1779, il vit de nouveau à Paris, où sa réforme du genre national de l'opéra français, la tragédie-lyrique, déclenche de vives discussions ; un affrontement a lieu entre « gluckistes » et « piccinnistes ». Au cours de la dernière décennie de sa vie, Gluck travaille alternativement à Vienne et à Paris, et jouit de la plus haute reconnaissance.

Œuvres : (en majeure partie des compositions pour la scène) Opere serie (sélection) : *Artaserse*, 1741 ; *Demofoonte*, 1742 ; *Il Re Poro*, 1743 ; *Ipermestra*, 1744 ; *Ezio*, 1750 ; *La Clemenza di Tito*, dramma per musica, 1752 ; *Les Chinoises*, azione teatrale, 1754. Opéras-comiques (sélection) : *Le Chinois*, 1756 ; *L'Île de Merlin ou Le Monde renversé*, 1758 ; *L'Ivrogne corrigé*, 1760 ; *Le Cadi dupé*, 1761 ; *La Rencontre imprévue*, 1763. Opéras réformés (italien, français) : *Orfeo ed Euridice*, azione teatrale per musica, 1762 et *Orphée et Eurydice*, tragédie-opéra, 1774 ; *Alceste*, tragédie-opéra, 1767, 1776, *Paride ed Elena*, dramma per musica, 1770 ; *Iphigénie en Aulide*, tragédie-opéra, 1774 ; *Armide*, drame héroïque, 1777 ; *Iphigénie en Tauride*, tragédie-opéra, 1779 ; *Écho et Narcisse*, drame lyrique, 1779. Ballets (sélection) : *Don Juan ou Le Festin de pierre*, 1761 ; *Semiramide*, 1765. Sept odes et lieder d'après Klopstock (1786), *De profundis* pour chœur et orchestre, huit sonates pour deux violons et basse continue (1746).

Gluck est l'un des grands réformateurs de l'histoire de l'opéra ; avec ses œuvres lyriques, il a accompli un pas important vers l'idéal du « drame musical ».

En finir avec le règne des chanteurs !

Le genre d'opéra dominant au XVIIIe siècle était l'*opera seria* (→ Haendel). Mais ce genre était à tel point dépendant du savoir-faire et de l'arbitraire des *prime donne* et des castrats que les compositeurs, s'ils voulaient réussir, devaient composer leurs airs et leurs ensembles, mais aussi, fréquemment, imaginer l'action en fonction du goût des chanteurs. La réforme de l'opéra menée par Gluck consista à replacer l'opéra sous la loi du drame, comme l'était la tragédie grecque à laquelle Gluck se référait. Il alla chercher avant tout dans la musique les motifs de la crise de l'*opera seria*, et c'est là aussi qu'il fit débuter sa réforme. Il remplaça les récitatifs *secco* conventionnels (uniquement accompagnés au clavecin) par des *accompagnati* soutenus par l'orchestre, des moyens plus expressifs et qu'il mena parfois jusqu'à l'*arioso*, conformément à la situation dramatique. Il ne concevait pas ses œuvres en fonction du déroulement des scènes, dont la structure est calée sur l'entrée et la sortie des personnages : il créait d'assez grandes unités thématiques qui englobaient parfois un demi-acte ou un acte entier et dans lesquelles la communauté (chœur et ballet) se voit chargée d'un rôle dramatique actif.

Vive la tragédie qui finit bien !

La réforme menée par Gluck eut certes un grand effet sur l'histoire de l'opéra au cours des décennies suivantes, mais elle ne put sauver l'*opera seria*. Les innovations de Gluck ne touchaient pas à l'essentiel du genre : on ne bannit pas les héros de la mythologie antique, le comique demeura lui aussi rigoureusement interdit, réservé au seul *opera buffa*. Mais surtout, Gluck ne rompit pas avec le principe du *lieto fine* (nom que l'on donnait au XVIIIe siècle au happy end). L'*opera seria* demeura (contrairement à toutes les apparences) un divertissement pour la société de cour. Les grands conflits autour desquels tourne l'action des opéras sont certes vécus et ressentis par les personnages, cependant ce ne sont pas eux, mais les dieux, qui dénouent la tragédie.

Le chevalier Gluck, le classique

Gluck fut vénéré par ses contemporains, et même par l'aristocratie. Son titre de Kapellmeister de la Double-Monarchie à la cour de Marie-Thérèse et, plus tard, de Joseph II, ne fut pas même conféré, après sa mort, à un Mozart. Celui-ci dut se contenter du titre de « compositeur de la cour de la Double-Monarchie ». En 1809, Hoffmann, dans son récit *Le Chevalier Gluck* (dans les *Fantaisies à la manière de Callot*) présentait encore la musique de Gluck comme un exemple du vieux style éminent. Gluck était effectivement « chevalier de l'Éperon d'or ». Il obtint ce titre, comme plus tard le jeune Mozart, de l'Accademia Filharmonica de Bologne. Hector Berlioz et Richard Wagner se rattachèrent, eux aussi, aux idées de réforme de Gluck : ce n'était pas Haydn ou Mozart, mais Gluck qui passait pour un classique. On trouve chez lui la pénombre et la lumière, la simplicité et l'emphase, l'amour et la haine, le statique et le dynamique, dans un équilibre parfait. Même le flot des passions ne brise pas les barrières formelles. Cet équilibre parfait dans chacune de ses œuvres incita Winckelmann, Goethe et les philosophes français de l'époque à vanter dans la musique de Gluck les proportions « classiques » (c'est-à-dire rappelant l'architecture de la Grèce antique).

T. Sz.

La réforme de l'opéra – **Gluck**   171

Alceste, dessin de décor par Theo Lau, mise en scène : Boris Pilato, Musiktheater im Revier, Gelsenkirchen, 1964-1965 (TWS).
Cela ne fait aucun doute, le plus fort souvenir que laisse un opéra de Gluck est celui des grandioses scènes de chœur. Gluck ne voulait pas seulement ranimer le modèle du drame grec sur la scène de l'opéra en utilisant de nouveaux moyens musicaux. Le chœur incarne aussi la communauté, la société, l'humanité. On chante des sensations fortes et universelles, comme la tristesse, la joie, la colère. Sans les chœurs de Gluck, et ce n'est pas le moins important, l'Ode à la joie de Beethoven, dans le finale de la IXe symphonie, n'aurait sans doute jamais pu voir le jour.

Ci-dessous
Orphée et Eurydice, croquis de décor par Jean-Pierre Ponnelle, Cologne, 1977 (TWS).
Le premier opéra de l'histoire (*Euridice* de Jacopo Peri), le premier chef-d'œuvre du genre (→*Orfeo* de Monteverdi) et le premier opéra réformé (→ *Orphée et Eurydice* de Gluck) placent tous au centre de l'action le destin du musicien de la mythologie et le pouvoir de la musique. Il s'agit d'autoportraits camouflés : l'artiste est seul avec son art, son destin est lié à son œuvre, il ne peut perdre ou gagner que par son art. Une représentation mélancolique de la solitude d'Orphée.

1. Chœur du deuil

Ah, se intorno a quest' urna funesta, Euridice, ombra bella,

2. Plainte d'Orphée

Che farò senza Euridice? Dove andrò senza il mio ben?

Orphée et Eurydice, Lucia Popp (Eurydice) et Yvonne Minton (Orphée), mise en scène: Jean-Pierre Ponnelle, direction musicale: Jesus Lopez Cobos, Opéra de Cologne, 1977.
Avec ses mises en scène imagées et poétiques, Jean-Pierre Ponnelle a écrit un chapitre de l'histoire théâtrale du XXe siècle – entre autres avec son *Orphée et Eurydice* à Cologne. Là encore, on retrouve le lien, devenu label, entre des lieux construits par l'homme et la nature cultivée, tous deux en ruines, en état d'interpénétration, expression imagée du genre de l'opéra lui-même.

L'opéra du deuil

Dans l'opéra de Gluck, on porte deux fois le deuil d'Eurydice. Une douleur funèbre profonde et définitive s'exprime dans des tonalités sombres (acte I). Le destin semble inéluctable. Dans le finale (acte III), il s'agit d'une tragédie de la conscience. Ici, ce ne sont pas les dieux, mais lui-même qu'Orphée rend responsable de la perte d'Eurydice. Mais quel que soit son désespoir, Orphée demeure un artiste jusque dans le deuil. Dans son chant plaintif, devenu célèbre, l'idéal classique de la beauté atteint sa perfection. N 1, N 2

Orphée et Eurydice
Tragédie-opéra en trois actes

Livret: version italienne et viennoise: Ranieri de'Calzabigi; version de Paris: Pierre-Louis Moline, d'après Calzabigi
Création: le 5 octobre 1762 à Vienne (Kaiserliches Hoftheater); le 2 août 1774 à Paris (Académie Royale)

Personnages: Orfeo/Orphée (alto, tén. à Paris), Euridice/Eurydice (sop.), Amor/l'Amour (sop.), bergers, bergères, nymphes, Furies, Ombres heureuses, héros, héroïnes (chœur et ballet)

Argument (identique dans toutes les versions)
Sur la Terre et dans les enfers, en des temps mythiques.

Acte I
Un bosquet de cyprès, à côté de la tombe d'Eurydice. Orphée porte le deuil d'Eurydice, en compagnie des bergers et des nymphes. Il implore les dieux de lui rendre sa bien-aimée. L'Amour annonce à Orphée que Zeus, ému par la douleur du ménestrel, lui permet d'aller chercher Eurydice dans le monde souterrain. Mais il y associe une condition: Orphée n'a pas le droit de regarder Eurydice dans le royaume des morts, sinon elle sera à tout jamais perdue pour lui.

Acte II
Tableau 1 L'entrée des Enfers. Les Furies interdisent à Orphée l'accès au monde souterrain. En chantant et en jouant sur sa lyre, il les apaise pour un bref instant et peut ainsi entrer au royaume des morts.
Tableau 2 La vallée des bienheureux. C'est là qu'Orphée trouve son Eurydice. Tous deux se mettent en marche pour revenir sur la terre.

Acte III
Tableau 1 Une sombre grotte dans le monde souterrain. Eurydice ne comprend pas pourquoi son aimé ne le regarde pas. Elle doute des sentiments qu'il lui porte: s'il ne l'aime plus, elle veut rester auprès des morts. Dans son désespoir, Orphée transgresse le commandement de Zeus et se retourne vers Eurydice. Elle tombe morte dans ses bras.
Tableau 2 Le temple de l'Amour. L'Amour empêche Orphée de se suicider. En récompense pour la constance de son amour, le ménestrel peut retrouver Eurydice. Le couple est de nouveau uni, et tous célèbrent le pouvoir de l'amour.

T. Sz.

Orphée et Eurydice – **Gluck** 173

Orphée et Eurydice, Jochen Kowalski dans le rôle d'Orphée, mise en scène : Harry Kupfer, direction musicale : Hartmut Haenchen, décors : Hans Schavernoch, costumes : Eleonore Kleiber, Komische Oper de Berlin, 1987. Harry Kupfer, dans sa mise en scène, a transposé le vieux mythe dans le XXe siècle : Orphée tient dans les bras la version moderne de l'instrument de culte : la guitare. Un processus de transposition qui lui a valu le Laurence-Olivier Award de la meilleure représentation pour l'année 1989.

La voix d'Orphée

Le destin d'*Orphée et Eurydice* de Gluck est des plus étranges. La création viennoise lui valut un succès assez réservé. Il fallut attendre quelques années supplémentaires, après la création à Parme, en 1769, pour que l'œuvre commence à conquérir le monde. La partie d'Orphée connut alors une métamorphose hasardeuse. Dans la version viennoise, elle était chantée, conformément aux habitudes de l'époque, par un castrat alto ; à Parme, elle fut reprise par un castrat soprano. Entre cette date et 1774, l'œuvre fut donnée à Londres, Bologne, Munich et Stockholm. Dans ces représentations, la hauteur de la partie d'Orphée dépendait toujours du castrat qui chanterait le rôle-titre : Gaetano Guadagni (alto) ou Giuseppe Millico (soprano), les deux plus célèbres castrats d'Europe. Le compositeur préféra une troisième version à l'occasion de la création parisienne, où Orphée fut interprété par un ténor. Les Français n'aimaient pas les castrats sur la scène de l'opéra. Après la mort de Gluck et la fin de l'ère des castrats à l'opéra, les trois versions coexistèrent. Les possibilités de varier les tessitures se multiplièrent même, en fonction des chanteurs ou du goût des metteurs en scène. Depuis la version revue par Hector Berlioz en 1859 – souvent interprétée –, la partie d'Orphée peut aussi être chantée par une alto. Berlioz avait arrangé la partition pour Pauline Viardot-Garcia. D'autres grandes cantatrices lui succédèrent au XXe siècle : Kathleen Ferrier, Marilyn Horne, Janet Baker. La distribution avec un baryton (par exemple, Dietrich Fischer-Dieskau) a elle aussi acquis droit de cité dans la pratique. Depuis le début du XIXe siècle, la voix de castrat originelle est remplacée par un haute-contre. On peut presque considérer comme un symbole le fait qu'Orphée, fils des muses, parfaite incarnation du musicien et de la musique, puisse être représenté sur scène dans tous les registres vocaux humains.

T. Sz.

À droite
Orphée et Eurydice, dessin de décor d'Eduard Löffler, mise en scène : Georg Hartmann, direction musicale : Franz von Hässlin, Friedrichtheater de Dessau, 1925 (TWS).
Dans une « sombre grotte formant un labyrinthe sinueux, enchâssée dans des blocs de pierre tombés de la falaise, recouverts de racines nouées et de plantes sauvages » (Calzabigi) : tel est le cadre de la scène finale de l'opéra. Une sorte « d'épreuve du feu et de l'eau » (Mozart → *Die Zauberflöte*) avec une issue négative. L'épreuve d'amour, cette fois-ci, n'est pas réussie. Pourquoi ? Parce qu'Eurydice doute de l'amour d'Orphée. Du point de vue de Calzabigi et de Gluck, Eurydice n'était-elle pas digne de son compagnon ? Ou bien cela montre-t-il que même des personnes élues ne sont pas à la hauteur des commandements divins ? Mais l'amour triomphe de tout. Grâce à l'intervention de l'Amour, tout est bien qui finit bien.

Gluck – Alceste

Alceste, version française avec Anna Caterina Antonacci dans le rôle d'Alceste, mise en scène: Achim Freyer, direction musicale: Thomas Hengelbrock, production du Staatsoper de Berlin aux Festwochen de Vienne, 1993.

L'histoire d'Alceste est une sorte d'inversion du mythe d'Orphée. Jusqu'à la fin, l'action, est menée dans une direction qui exclut en réalité une fin heureuse. L'environnement est lui aussi marqué par l'inexorable et la tragédie. Les sombres tonalités en mineur, une musique infernale et les cris des oiseaux de la mort qui accompagnent le dialogue d'Alceste avec les dieux de l'enfer, créent l'atmosphère de l'œuvre.

Alceste

Tragédie ou tragédie-opéra

Livret: version italienne et viennoise: Ranieri de'Calzabigi, version de Paris: Marie-François Le Blanc du Rollet

Création: le 26 décembre 1767 à Vienne (Kaiserliches Hoftheater); le 23 avril 1776 à Paris (Académie Royale)

Personnages: Admeto/Admetus, roi de Thessalie (tén.), Alceste, son épouse (sop.), Eumelo et Aspasio, leurs fils (2 sop. version française: rôles muets), Evandro/Evander, le confident d'Admeto (tén.), Ismene (uniquement dans la version italienne, sop.), le grand prêtre d'Apollon (tén.), Hercule (uniquement dans la version française, basse), Apollon (tén.), héraut (basse), oracle (basse), dieu de l'Enfer (basse); courtisans, bourgeois, dames de cour d'Alceste, prêtres d'Apollon, dieux de l'Enfer (chœur et ballet)

Argument (version viennoise)
La Thessalie en des temps mythiques.

Acte I
Tableau 1 Le parvis du palais d'Admeto. Le roi Admeto est à l'agonie. Le peuple est invité à demander aux dieux s'ils peuvent apporter une aide.
Tableau 2 Le temple d'Apollon. L'oracle l'annonce: Admeto peut vivre si un autre meurt à sa place. Alceste est disposée à se sacrifier pour son époux.

Acte II
Tableau 1 Un bois dédié aux dieux de l'Enfer. Alceste prie les dieux d'accepter son sacrifice; elle est entendue. Mais elle veut d'abord prendre congé d'Admeto et de ses enfants.
Tableau 2 Une salle dans le palais d'Admeto. Après avoir subitement guéri, Admeto apprend que le prix de sa vie est la mort d'Alceste. Désespéré, il implore les dieux de ne pas accepter ce sacrifice.

Acte III
Le parvis du palais. Le sacrifice d'Alceste est irrévocable. Les époux se font leurs adieux. Alceste meurt. Admeto s'apprête à la rejoindre dans la mort, mais Apollon apparaît avec Alceste et réunit le couple, au nom de leur amour conjugal inébranlable.

Argument (version parisienne)
Thanatos et Éros, la Mort et l'Amour, se disputent. Le roi Admetus doit mourir, mais, selon l'oracle, il peut être sauvé si quelqu'un se sacrifie à sa place. Son épouse Alceste est prête à le faire. Mais Admetus ne peut vivre sans elle et veut la suivre dans la mort. Son hôte et ami, le héros et demi-dieu Hercule, est témoin de cet amour conjugal puissant. Hercule arrache Alceste au monde des morts. Éros a vaincu Thanatos – le peuple célèbre le roi, Alceste et Admetus remercient le dieu.

S. N.

Un seul opéra, mais deux œuvres
La version parisienne diverge tellement de la version viennoise que l'on doit obligatoirement parler de deux œuvres différentes. Gluck a transformé l'ampleur et la succession des scènes, il a éliminé les passages dansés et en a composé de nouveaux. Le personnage d'Ismene (la confidente d'Alceste) a disparu, tandis qu'apparaît, s'inspirant en cela du drame d'Euripide, Hercule, qui reprend au profit d'Alceste le combat avec les dieux de l'Enfer.

Une noble simplicité
« J'ai pensé que je devais consacrer tous mes efforts à la recherche d'une beauté simple et j'ai pris soin d'éviter les étalages de difficultés qui nuisent à la clarté ; je n'ai pas jugé souhaitable de placer des nouveautés qui ne seraient pas naturellement suggérées par la situation et l'expression. »
Dans son avant-propos à *Alceste*, dédié en 1769 au grand-duc Léopold de Toscane, Gluck a commenté, comme un programme, ses principes esthétiques. *Alceste* est donc considéré comme le prototype de l'opéra réformé de Gluck.

3. Chant d'imploration d'Alceste

O funesta Dea, Nume fatal, non io placar dell'immortal corruccio vo' il re-origor, non io vo' non vo' placare del corruccio il reo rigore!

4. Adieux d'Alceste

Il grido del dolor che spezza i vostri cor non può placar al fin l'orribile destin?

La mort comme motif fondamental
Malgré la fin heureuse, Gluck a écrit pour *Alceste* l'une des musiques les plus tristes et les plus tragiques, sans doute, de l'histoire de l'opéra. Entre l'ouverture (qui, conformément à la nouvelle esthétique lyrique de Gluck, et contrairement aux habitudes, prépare le spectateur à l'ambiance tragique de l'œuvre) et l'apparition d'Apollon (dans le finale), rien ne vient détourner l'attention de l'action tragique. Il s'agit de l'une des principales questions fondamentales de l'existence humaine : l'absence de défense face à la mort et la douleur que cause la perte d'un être aimé. L'imploration d'Alceste, qui demande la vie de son époux, tout comme ses adieux à son mari et à ses enfants (acte III) sont des moments profondément émouvants.

T. Sz.

Iphigénie en Aulide

Tragédie-opéra en trois actes

Livret : Marie-François Le Blanc du Rollet, d'après *Iphigénie* de Jean Racine
Création : le 19 avril 1774 à Paris (Opéra, Palais Royal)
Personnages : Agamemnon, roi de Mycène, commandant des Grecs contre Troie (basse), Clytemnestre, son épouse (sop.), Iphigénie, leur fille (sop.), Achille, roi de Thessalie (haute-contre), Patrocle, son ami (basse), Calchas, grand prêtre du temple de Diane en Aulide (basse), Arcas, capitaine de la garde personnelle d'Agamemnon (basse), trois Grecques (3 sop.) et un Grec de la suite d'Iphigénie (tén), une autre Grecque (sop.) ; officiers et soldats grecs, peuple grec, gardes, guerriers de Thessalie, femmes d'Argos avec la suite de la reine et d'Iphigénie, femmes d'Aulide, esclaves de Lesbos, prêtresses de Diane (chœur et ballet)

Argument
Le camp grec sur la plage d'Aulide, immédiatement avant le début de la guerre de Troie.

L'armée grecque se trouve en Aulide, prête à partir pour Troie afin de venger l'enlèvement de la belle Hélène. Mais une bonace interdit la sortie en mer. Diane punit ainsi Agamemnon, qui a jadis tué l'une de ses biches sacrées. Elle exige du chef de l'armée grecque qu'il sacrifie sa propre fille, Iphigénie, attendue au campement de l'armée pour ses noces avec Achille. Agamemnon, désespéré, ne veut pas céder et tente de garder sa fille à l'écart. Mais ses efforts sont vains. En chemin vers l'autel nuptial, Iphigénie et sa mère Clytemnestre apprennent la volonté des dieux. Achille et ses troupes de Thessalie protègent la future épouse. Mais pour que le combat imminent ait une issue favorable, les Grecs demandent que le sacrifice ait lieu. Iphigénie se plie alors à la volonté des dieux. Clytemnestre implore protection auprès de Jupiter. Achille mobilise ses soldats contre les Grecs. Les dieux cèdent : la vertu d'Iphigénie, les larmes de sa mère et la bravoure d'Achille ont rendu le sacrifice inutile. Les vents se lèvent déjà. Plus rien ne s'oppose plus désormais au départ de l'armée grecque. Tous rendent hommage à Diane, la magnanime.

S. N.

Un combat pour Paris

Gluck ne se contenta pas de réformer l'opéra italien : dans les années 1770, il remodela aussi le genre de la tragédie-lyrique française (→ Lully, → Rameau) et créa ainsi les bases du grand opéra héroïque français du XIXᵉ siècle. Il n'eut pas la tâche facile à Paris. La création d'*Iphigénie en Aulide* fut l'un des plus fameux scandales de l'histoire de l'opéra. Une partie du public adorait Gluck, l'autre l'Italien Niccolò Piccinni (1728-1800), qui avait composé sur le même sujet mythologique. Cela mena à la tristement célèbre querelle des « gluckistes » contre les « piccinnistes ». Il ne s'agissait pas seulement de l'opéra, mais de différents intérêts en matière de politique artistique. Mais la noble force de la musique de Gluck et la protection de la reine Marie-Antoinette (la fille de Marie-Thérèse) permirent au compositeur de remporter la victoire en quelques années.

T. Sz.

Iphigénie en Aulide, dessin de décor de Gustav Wunderwald, Berlin, 1914 (TWS). Dans les conflits marquants, les contrastes et les caractères dramatiques, les particularités de l'opéra romantique français, mais ensuite aussi allemand, ont été anticipées. L'esthétique de l'opéra de Gluck a influencé énormément Richard Wagner et sa conception du drame musical. En gage de son admiration, Wagner fit jouer en 1847 *Iphigénie en Aulide* de Gluck et l'inclua dans le répertoire de l'Opéra de Dresde. Wagner en modifia néanmoins la chute d'origine. Dans sa version, c'est Artemis qui sauve Iphigénie et en fait une prêtresse de son temple en Tauride. En dépit de ce changement arbitraire, Wagner a largement contribué à la redécouverte de la musique de Gluck en Allemagne.

Iphigénie en Tauride

Tragédie en quatre actes

Livret : Nicolas François Guillard, d'après la tragédie de Claude Guimond de la Touche
Création : le 18 mai 1779 à Paris (Opéra, Palais Royal)

Personnages : Iphigénie, grande prêtresse du temple de Diane en Tauride (sop.), Oreste, son frère (tén.), Pylade, prince grec, ami d'Oreste (haute-contre), Thoas, roi des Scythes (basse), Diane (sop.), deux prêtresses (2 sop.), serviteurs dans le sanctuaire (basse), un Scythe (bar.-basse), quatre prêtresses (2 sop., 2 alto) ; grecs, prêtresse, Euménides, peuple des Scythes, garde de Thoas (chœur) ; Scythes, Euménides, l'ombre de Clytemnestre (ballet)

Argument

La Tauride, en des temps archaïques.
Tempête sur la Tauride : elle menace de détruire le temple de Diane à Tauride et fait rage dans l'âme d'Iphigénie. La grande prêtresse de Diane voit, dans un rêve, que l'on a assassiné son père Agamemnon, que sa mère Clytemnestre lui a tendu une épée pour qu'elle, Iphigénie, tue son frère Oreste. Iphigénie implore Diane de lui donner la mort afin de pouvoir retrouver sa famille au royaume des ombres et d'échapper à l'emprise du roi des Scythes, Thoas, qui la force à pratiquer des sacrifices humains. Mis en garde par un oracle, Thoas craint toute personne étrangère sur son île et le fait tuer pour la gloire de la déesse. Tel est le sort qui est réservé aux deux Grecs qui viennent d'accoster : ce sont Oreste et son ami Pylade. Le frère et la sœur ne se reconnaissent qu'à la dernière seconde, lorsque Iphigénie brandit le couteau contre son frère. Elle refuse alors d'exécuter l'ordre de Thoas. Pylade parvient à s'enfuir, rameute leurs compagnons grecs et un combat s'engage entre les Grecs et les Scythes. Diane apparaît et ordonne que sa statue soit rapportée en Grèce. Elle pardonne à Oreste la faute de son matricide. Il doit revenir à Mycène avec Iphigénie, et y régner. La colère des dieux a été apaisée par la souffrance. S.N.

Iphigénie en Tauride, croquis de décor et personnage de Clytemnestre dessinés par Achim Freyer pour sa mise en scène au Bayerische Staatsoper, direction musicale : Karl Richter, Munich, 1979 (TWS).
Iphigénie en Tauride a connu un cheminement intéressant dans l'interprétation qui en a été faite. Ce n'est pas un hasard si Richard Strauss a composé vers 1900 sa fameuse adaptation de l'histoire des Atrides (→ *Elektra*). À l'époque de la psychologie des profondeurs, un opéra dont l'action consiste dans l'accomplissement d'un rêve d'angoisse ne pouvait que susciter l'intérêt. Même à la fin du XX siècle, l'attention des interprètes va encore aux effroyables abîmes de l'âme humaine.

Ci-dessus
Karoline Bettelheim (1845-1926), la muse de Goldmark pour *Die Königin von Saba*. L'idée d'écrire un opéra sur la reine de Saba fut, selon l'anecdote, le fruit d'une remarque incidente du régisseur en chef de l'Opéra de Vienne. Celui-ci aurait dit de Karoline Bettelheim, l'ancienne élève de piano préférée de Goldmark : « Cette fille ! Ce visage ! Une vraie reine de Saba ! »

Ci-dessous
Die Königin von Saba, Amalie Materna, la reine de la création viennoise, avec son voile prometteur.

Après avoir tenu des rôles de soubrette dans des opérettes, Amalie Materna (1844-1918) débuta comme chanteuse d'opéra à Vienne, en 1864, dans le rôle-titre de → *L'Africaine* de Meyerbeer. Jusqu'en 1897, elle fut membre actif du Hofoper de Vienne. Elle fut l'une des premières chanteuses wagnériennes de son temps, la première Brünnhilde (1876) et la première Kundry (1882) à Bayreuth.

Die Königin von Saba, Leo Slezak dans le rôle d'Assad.
La romance d'Assad – l'air le plus fameux de tout l'opéra – est un morceau de bravoure pour grands ténors. Caruso l'a lui aussi chanté, tout comme, au cours des dernières décennies, Nicolai Gedda et Siegfried Jerusalem. À la fin, le chanteur doit entonner, comme par magie, un contre-ut pianissimo ! N 3

Karl Goldmark

Né à Keszthely (Hongrie) le 18 mai 1830
Mort à Vienne le 2 janvier 1915

Fils d'un chantre juif, Goldmark grandit dans des conditions modestes, entouré de nombreux frères et sœurs. Après des études de violon approfondies, aussi bien en Hongrie qu'en Autriche, il est au cours des premières décennies de sa vie violoniste dans différentes compagnies de théâtre hongroises et autrichiennes. Après avoir activement participé aux guerres de libération hongroises (1848-1849), il s'installe à Vienne en 1851. Ce sont des œuvres de musique de chambre qui marquent le début de sa carrière de compositeur, dans les années 1850. Son principal succès précoce est la création de l'ouverture *Sakuntala* avec le Philharmonique de Vienne (1865). Mais il ne réussit sa véritable percée qu'avec son premier opéra, le plus connu aujourd'hui, *Die Königin von Saba* (1875). Cette œuvre en fera l'un des compositeurs les plus appréciés et les plus reconnus de la monarchie austro-hongroise.

Œuvres : Opéras : *Die Königin von Saba*, 1875 (La Reine de Saba) ; *Merlin*, 1886 ; *Das Heimchen am Herd*, 1896 (Le Grillon du foyer) ; *Götz von Berlichingen*, 1902 ; *Ein Wintermärchen*, 1908 (Un Conte d'hiver). Œuvres pour orchestre, chœur et orchestre, lieder, musique de chambre, œuvres pour piano.

Die Königin von Saba
La Reine de Saba

Opéra en quatre actes

Texte : Salomon Hermann Mosenthal
Création : le 10 mars 1875 à Vienne (Hopfoper)

Personnages : le roi Salomon (bar.), le grand prêtre (basse), Sulamith, sa fille (sop.), Assad, le favori de Salomon (tén.), Baal-Hanan, surveillant du palais (bar.), la reine de Saba (mezzosop.), Astaroth, son esclave (sop.), voix du gardien du temple (basse) ; femmes, jeunes filles, servantes, esclaves, garde du corps, soldats de Salomon, esclaves de la reine de Saba, escorte de Baal-Hanan, peuple, prêtres, Lévites, chanteurs (chœur, ballet, figurants)

Argument
Jérusalem et la lisière du désert syrien, en des temps bibliques.

Acte I
Une grande salle au palais du roi Salomon. Le roi Salomon attend la visite de la reine de Saba ; il a envoyé son favori, Assad, à la rencontre de son invitée. Mais celui-ci revient bouleversé de sa mission et évite sa fiancée Sulamith. Au roi, il avoue avoir été séduit, sous les cèdres du Liban, par une femme merveilleuse. Lorsque la reine de Saba lève son voile, à son arrivée, Assad reconnaît en elle cette femme. Mais elle nie ce qui s'est passé. Salomon rappelle à Assad qu'il doit se marier le lendemain avec Sulamith.

Acte II
Tableau 1 Jardin fantastique. La nuit. La reine, amoureuse d'Assad, ne veut pas accepter qu'il épouse Sulamith le lendemain. À l'aide de sa servante, elle attire Assad dans le jardin et il succombe de nouveau.

Tableau 2 Le temple. Pendant la cérémonie des noces, la reine apparaît avec des cadeaux de mariage. Assad interrompt la cérémonie, se défait de son alliance et déclare que la reine est sa déesse. Les juifs orthodoxes demandent la mort pour ce blasphème. Mais Salomon les fait taire et se réserve le droit de prononcer un jugement.

Acte III
La salle de fête. Le roi donne une fête en l'honneur de son invitée. La reine demande grâce pour Assad. Elle révèle ainsi son amour caché et Salomon repousse aussi bien ses prières que ses menaces. C'est seulement lorsque Sulamith au cœur pur l'implore de sauver Assad que le roi Salomon le gracie. Assad devra vivre à la lisière du désert.

Acte IV
La lisière du désert. Assad est de nouveau tenté par la reine, qui se trouve sur le chemin du retour. Mais cette fois, il repousse la séductrice et meurt, apaisé, dans les bras purs de sa fiancée Sulamith.

S. N.

Die Königin von Saba – Goldmark

Avec Die Königin von Saba, *le pendant musical des peintures luxuriantes et exotiques de Hans Makart, Goldmark apparaît comme le représentant typique de l'historicisme austro-hongrois du XIXe siècle.*

Un précurseur du *Jugendstil*

Le milieu exotique, les orientalismes imaginaires, aussi bien visuels que sonores, et la technique d'orchestre en *sfumato*, typique du romantisme tardif, donnent à l'opéra un coloris qui anticipe le *Jugendstil* viennois. Cette orientation stylistique concerne surtout le rôle-titre de la reine de Saba, qui doit apparaître dans une luxuriante atmosphère *Jugendstil* (acte II) : « Jardin fantastique de cèdres, palmiers et rosiers-buissons,... au premier plan, à gauche, une fontaine... la nuit. La lune se lève ». Elle porte une « robe et un voile vaporeux, entremêlés d'argent, qui auréolent toute sa silhouette ». Assad, une sorte de Tannhäuser oriental, oscille entre l'enchantement érotique de la reine et sa virginale fiancée, Sulamith. Sa passion s'exprime musicalement dans le leitmotiv exotique du personnage. N 1

Face à lui, le monde sobre et éminent de Salomon. Pour les cérémonies au temple de Salomon, Mosenthal a utilisé d'anciens textes hébraïques, a intégré des éléments des usages juifs, et Goldmark a donné au chœur des Juifs le caractère d'une psalmodie. N 2

1. Air d'Assad — O zau-ber-haf-ter Traum, der mei-ne Seel' er - füllt, der mei - ne Seel' er - füllt

2. Chœur sacral — E-wig e-wig währt sei - ne Gü - te, e-wig, e-wig währt sei - ne Gü - te, sei - ne Gü - te.

3. Romance d'Assad — Ma - gi-sche Tö - ne, be - rau-schen-der Duft, küs - se mich, mil - de A - bendluft

Die Königin von Saba, croquis de décor par Carlo Brioschi (aquarelle).
Le décor historique du second tableau de l'acte III (le temple) a été l'un des plus beaux travaux de ce décorateur viennois d'origine italienne, Carlo Brioschi (1826-1895), qui, avec ses fameux collègues Hermann Burghart et Johann Kautsky, a conçu et réalisé le décor de la création de *Die Königin von Saba*. Ce dessin de décor à l'allure exotique s'inspirait des croquis de vestiges trouvés par Austen Henry Layard lors des fouilles opérées dans la région du Tigre. L'image mélange des éléments stylistiques assyriens et égyptiens. Ainsi, conformément à la musique luxuriante de Goldmark, se constitua l'expérience visuelle d'un Orient fidèle à l'histoire, mais qu'il faut bien qualifier d'éclectique.

Berthold **Goldschmidt**

Né à Hambourg le 18 janvier 1903
Mort à Londres le 17 octobre 1996

Goldschmidt fait ses études aux universités de Hambourg et de Berlin. Il est entre autres l'élève de → Franz Schreker et obtient dès 1925 le Prix Mendelssohn de composition. En 1926-1927, il est répétiteur de chœur au Landestheater de Dessau et au Staatsoper de Berlin; de 1927 à 1929, il occupe les fonctions de Kapellmeister au Landestheater de Darmstadt. En 1931, la Philharmonie de Leningrad en fait son chef d'orchestre invité. La création de l'orchestre radiophonique lui ouvre un nouveau champ d'activité comme chef d'orchestre radiophonique à Berlin. On l'engage en outre en 1933 comme conseiller artistique au Städtische Oper de Berlin-Charlottenburg. En 1935, il émigre en Angleterre, où il trouve du travail à la BBC (European Service). Goldschmidt a essentiellement une activité de chef d'orchestre. Il dirige, en 1964, la création de la version établie par Deryck Cooke et lui-même de la *Dixième symphonie* de Gustav Mahler.

Œuvres: *Der Gewaltige Hahnrei,* Mannheim, 1932 (Le Cocu magnifique); *Beatrice Cenci,* 1951. Ballets, musiques radiophoniques et vocale, œuvres pour orchestre, musique de chambre.

*L*a musique de Goldschmidt souligne la rythmique et la mélodie chantée. On y perçoit l'influence de Stravinsky, de Hindemith et du jazz. Les nuances émotionnelles dans la musique scénique et radiophonique sont obtenues grâce à l'emploi de moyens harmoniques romantiques.

Der Gewaltige Hahnrei, croquis de décor pour la création, par Eduard Löffler, mise en scène: Richard Hein, direction musicale: Joseph Rosenstock, Nationaltheater de Mannheim, 1932 (TWS).
En 1922, le génie théâtral Vsevolod Meyerhold mit en scène en Russie soviétique la pièce à succès de Crommelynck *Le Cocu magnifique*; l'œuvre fut connue en Allemagne à la suite d'une tournée du Théâtre Meyerhold, en 1930. Le metteur en scène Erich Maria Rabenalt recommanda à Goldschmidt d'utiliser la pièce comme livret. Du point de vue stylistique, la musique de Goldschmidt se distinguait par une instrumentation transparente, une rythmique précise et une grande mélodie vocale; les conditions d'un succès étaient ainsi réunies. Mais le sujet osé déplut aux forces conservatrices et il fallut opérer des transformations dans le texte. Malgré les chahuts organisés par les nationaux-socialistes, l'opéra du compositeur juif fut bien accueilli à Mannheim. Mais en raison de l'évolution politique, on n'en donna que quatre représentations.

Der gewaltige Hahnrei

Le Cocu magnifique

Tragi-comédie musicale en trois actes

Livret : Berthold Goldschmidt d'après la pièce *Le Cocu magnifique* de Fernand Crommelynck
Création : le 14 février 1932 à Mannheim (Nationaltheater)

Personnages : Bruno (tén.), Stella, son épouse (sop.), Petrus, capitaine de marine et cousin de Stella (basse), vacher (basse), Estrugo, secrétaire de Bruno (tén.), le jeune homme d'Osterke (tén.), la nourrice Meme (alto), gendarme (bar.), Cornelie (sop.), Florence (alto) ; paysans, paysannes, musiciens, gendarmes (chœur)

Argument
Dans les Flandres.
Bruno souffre d'une jalousie maladive qui le contraint à chercher les indices d'un faux pas de sa femme, bien qu'il n'ait aucune raison de douter de sa fidélité. Et de fait, en l'absence de Bruno, le garçon vacher parvient à s'approcher de Stella. Mais l'intervention courageuse de la nourrice l'empêche d'arriver à ses fins. La visite de Petrus, le cousin de Stella, alimente la jalousie de Bruno. Il provoque le jeune homme sans motif et le jette dehors. Stella ne sait quoi faire. Elle décide de simuler l'infidélité pour libérer son mari de sa folie. Mais la situation s'aggrave : Bruno comprend son attitude et croit qu'elle agit ainsi pour protéger son véritable amant. Il prend alors lui-même l'initiative et amène à Stella tous les hommes du village. Elle répond une fois de plus à ses demandes, mais Bruno croit qu'elle veut juste distraire son attention pour qu'il ne voie pas son véritable amant. Déguisé, il fait alors lui-même la cour à Stella qui s'enflamme effectivement pour l'inconnu et ne peut lui résister. Lorsque les femmes du village s'en prennent au séducteur supposé, il fait porter toute la faute à Stella. C'est elle, alors, que l'on agresse. Seul le vacher vient au secours de Stella et réclame l'amour comme salaire. Bruno en conclut que le vacher est le véritable amant de Stella et provoque celui-ci. Stella quitte alors son époux maladivement jaloux et se place sous la protection du vacher. On ne peut plus rien faire pour Bruno.

M. S.

Der gewaltige Hahnrei, Günter Neumann (Bruno) et Yvonne Wiedstruck (Stella), mise en scène : Harry Kupfer, direction musicale : Yakov Kreizberg, décors : Hans Schavernoch, costumes : Reinhard Heinrich, Komische Oper de Berlin, 1994
À l'époque du national-socialisme en Allemagne, la musique de Goldschmidt était considérée comme « dégénérée ». À l'interdiction de donner l'opéra succédèrent cinq décennies d'oubli. En 1982, l'œuvre fut donnée à Londres, en version concertante. Au début des années 1990, on assista à une renaissance générale de la musique de Goldschmidt ; on donna ainsi une série de représentations de ses opéras. Le compositeur put ainsi assister de son vivant, en 1994, à la réalisation scénique expressionniste et cubiste de Harry Kupfer à Berlin.

Une œuvre grotesque
L'homme, créateur de son destin : c'est un vieux cliché de la culture européenne. Il a été remis en question par la Première Guerre mondiale. Crommelynck a exprimé ses doutes sur l'énergie créative de l'être humain, en 1920, sous la forme d'une œuvre grotesque, selon le principe : on devient ce que l'on redoute le plus. Bruno craint d'être « trompé » et il se retrouve finalement dans la situation qu'il a lui-même provoquée : celle d'un cocu violent. Cette comédie grotesque est aussi une parodie du mariage bourgeois, où la vie commune se limite à « l'usage réciproque des organes génitaux », comme le disait Emmanuel Kant.

S. N.

Ci-dessus
Il Guarany, mise en scène : Werner Herzog, direction musicale : John Neschling, Opéra de Bonn, 1994.
La création allemande fut un événement sensationnel pour les amateurs de raretés lyriques ; on y trouvait un grand rôle de soprano (Cecilia), un rôle de ténor significatif (Pery) et un rôle de baryton gratifiant (Gonzales). L'opéra ne comporte certes pas de samba sud-américaine, mais (hormis la partie de Pery) il a globalement un caractère léger et dansé, même dans les instants passionnés. De là, peut-être, cette curieuse désignation de genre : *opera ballo*.

Gomes, compositeur national brésilien, est considéré comme le représentant abouti de l'école d'opéra italienne fondée par son aîné et contemporain Verdi.

Antônio Carlos Gomes

Né à Campinas (Brésil) le 11 juillet 1836
Mort à Belém (Brésil) le 16 septembre 1896

Gomes prend dès sa petite enfance ses premiers cours de musique auprès de son père, chef d'orchestre ; il donne très tôt ses premières prestations publiques de compositeur et de pianiste. Après des études au Conservatoire de Rio de Janeiro, il attire l'attention avec deux opéras qui se succèdent sur une très brève période. L'empereur brésilien Pedro II lui accorde une bourse qui lui permet d'aller faire des études au conservatoire de Milan. C'est dans cette ville qu'il compose son œuvre maîtresse, *Il Guarany*, à laquelle le public de la Scala de Milan fait un triomphe. Verdi et Boito, s'expriment eux aussi en termes flatteurs sur le talent du jeune Brésilien. Il compose cinq autres opéras, revient en 1880 à Rio de Janeiro et s'y installe, reconnu de tous. Après l'abolition de la monarchie, il perd sa position exceptionnelle et partit pour Belém, où il dirige le conservatoire pendant cinq ans. Il meurt dans cette ville, amer et isolé.

Œuvres : Opéras : *A Noite do Castelo*, 1861 ; *Joana de Flanders*, 1863 ; *Il Guarany*, 1870 ; *Fosca*, 1873 ; *Salvator Rosa*, 1874 ; *Maria Tudor*, 1879 ; *Lo Schiavo*, 1889 ; *Condor*, 1891. Oratorio : *Colombo*, 1892, pour les quatre cents ans de la découverte de l'Amérique.

Il Guarany

Opera ballo en quatre actes

Livret : Antonio Enrico Scalvini et Carlo d'Ormeville, d'après le roman *O Guarany* de José Martiniano de Alencar

Création : le 19 mars 1870 à Milan (Teatro alla Scala)

Personnages : Don Antonio de Mariz, vieil hidalgo portugais (basse), Cecilia, sa fille (sop.), Pery, chef des Guarany (tén.), Don Alvaro, aventurier portugais (tén.), Gonzales, Ruy-Bento et Alonso, aventuriers espagnols (bar., tén., basse), le cacique, chef des Aimoré (basse), Pedro, homme en arme au service de Don Antonio (basse) ; aventuriers de toutes les nationalités, Hommes et Femmes de la colonie portugaise, indigènes de la tribu des Aimoré (chœur)

Argument

Au Brésil, non loin de Rio de Janeiro, en 1560. Le noble hidalgo Antonio a une jolie fille, Cecilia, dont le Portugais Don Alvaro est amoureux. Mais Cecilia aime le chef des Guarany, Pery, qui lui a jadis sauvé la vie, et celui-ci l'aime également. Mais son père veut lui donner Don Alvaro pour époux. Les aventuriers espagnols Gonzales, Ruy-Bento et Alonso ont trouvé l'hospitalité chez Antonio ; ils veulent s'emparer de la mine d'argent d'Antonio et prévoient d'enlever Cecilia. Pery espionne ces mauvais bougres, conseille à Ruy-Bento et à Alonso de prendre la fuite et désarme Gonzales. Le « noble sauvage » offre la vie à l'Européen à condition qu'il quitte le pays. Gonzales fait mine d'accepter. Pery se rend auprès de Don Antonio pour le mettre en garde. Le palais d'Antonio est alors attaqué par la tribu des Aimoré. Les Espagnols se défendent efficacement, seuls Cecilia et Pery sont capturés. Le chef des Aimoré est fasciné par la beauté de Cecilia et veut en faire sa femme. Quant à Pery, les Indiens cannibales comptent en faire un plat bienvenu pour les noces. La fête commence avec des danses rituelles. À la dernière minute, Antonio et Alvaro parviennent à les sauver, mais ce dernier reçoit une blessure mortelle pendant le combat. Pour entrer en possession de la mine d'argent, les aventuriers espagnols occupent le palais d'Antonio. Pery connaît une issue souterraine. Pour sauver Cecilia, il est prêt à abjurer sa foi et à se faire baptiser. Alors seulement, Don Antonio accorde la main de sa fille à Pery. Il fait exploser le palais dans lequel les Espagnols et lui-même se sont enfermés.

S. N.

Un opéra national cosmopolite

Les compositeurs du XIXe siècle (Weber, Glinka, Smetana, Moniuszko, Erkel) voulurent présenter leur peuple au public international, souvent avec une intention politique, afin d'exprimer une volonté d'indépendance. Le coloris national s'exprimait dans le lieu de l'action, presque toujours dans la langue, dans les éléments folkloriques et la couleur musicale locale. L'opéra national brésilien *Il Guarany* constitue une exception. Il a certes été créé sur une trame brésilienne, mais composé en langue italienne et donné en création au Teatro alla Scala. L'élément exotique et folklorique n'y joue pas un grand rôle, les Espagnols, les Portugais et les Indiens chantent dans le même style musical. Gomes a créé à la fois un opéra brésilien et un opéra cosmopolite. Protégé du roi brésilien d'origine portugaise Pedro II, il opposa le « noble sauvage » Pery et les Portugais, représentants du bien, aux mauvais Espagnols. Le Guarany, contrairement aux Aimoré, accepte paisiblement le colonisateur et s'efforce de se montrer pondéré. Ce propos politique est lié à la date de composition de l'opéra. Mais l'histoire n'a pas entendu Gomes : son rêve de fraternisation entre les différentes strates de la population brésilienne est demeuré une utopie. On continue tout de même aujourd'hui à donner son opéra au Brésil.

Il Guarany, Veronica Villaroel (Cecilia) et Placido Domingo (le chef Pery), mise en scène : Werner Herzog, direction musicale : John Neschling, Opéra de Bonn, 1994. Cecilia et Pery. Le couple d'amoureux incarne l'idée d'une coexistence pacifique entre Blancs et indigènes au Brésil. Mais les extrémistes des deux camps persécutent le couple. Musicalement, Gomes a créé une synthèse entre le *bel canto* et le Grand opéra français. Indiens et Blancs y interprètent une musique très européenne.

Le style lyrique de Gounod constitue un renouvellement de l'opéra français. Après la mise en musique par Meyerbeer du politique et de l'universel dans le Grand opéra, c'est maintenant un personnage unique qui se présente au centre de la musique et de la scène, avec ses émotions.

Charles **Gounod**

Né à Paris le 17 juin 1818
Mort à Saint-Cloud le 18 octobre 1893

Fils d'un peintre connu, Gounod commence ses études musicales de bonne heure. Au conservatoire, il apprend la composition, notamment avec Halévy. Ses premiers opéras (par exemple *Sapho*, 1851) ne connaissent pas un grand succès. C'est l'opéra *Faust*, créé en 1859 au Théâtre-Lyrique, repris dix années plus tard à l'Opéra et, bientôt, donné dans toute l'Europe, qui lui apporte la gloire. Suivent, dans les années 1860, d'autres opéras au succès variable. Dans ses dernières années, il se consacre à la musique religieuse.

Œuvres : *Sapho*, 1851 ; *La Nonne sanglante*, 1854 ; *Le Médecin malgré lui*, 1858 ; *Faust*, 1859 ; *Philémon et Baucis*, 1860 ; *La Reine de Saba*, 1862 ; *Mireille*, 1864 ; *Roméo et Juliette*, 1867 ; *Le Tribut de Zamora*, 1881. Seize messes, œuvres chorales liturgiques et mélodies.

Faust, Francisco Araiza dans le rôle de Faust, mise en scène : Götz Friedrich, décors : Andreas Reinhardt, direction musicale : Rafael Frühbeck de Burgos, Opernhaus de Zurich, 1997.
Tout l'art d'une mise en scène de *Faust* est de représenter un érudit du Moyen Âge dans son ambiance historique, sans rogner sur l'aura du scientifique actuel ni faire oublier son « péché originel » (la bombe atomique).

Faust

Opéra en cinq actes

Livret : Jules Barbier et Michel Carré, d'après la pièce *Faust et Marguerite* de M. Carré, et le drame *Faust* de Johann Wolfgang von Goethe
Création : le 19 mars 1859 à Paris (Théâtre-Lyrique)

Personnages : Faust (tén.), Marguerite (sop.), Méphistophélès (basse), Valentin, soldat, frère de Marguerite (bar.), Siébel, jeune homme, amoureux de Marguerite (sop.), Marthe, voisine de Marguerite (mezzosop.), Wagner, soldat (basse) ; jeunes filles et femmes, bourgeois, étudiants, soldats, spectres, anges (chœur)

Argument

Dans une petite ville allemande, au XVIᵉ siècle.
Le vieux Faust, doutant du sens de sa science et de sa vie, se voue à l'enfer ; il veut trouver le bonheur par la jeunesse, la richesse et l'amour. Il précipite ainsi une jeune fille dans la corruption et tue son frère. Tandis que Faust, l'homme de savoir, l'homme fort, ne parvient pas à sauver son âme, Marguerite, faible et ignorante, arrive à s'arracher à l'enfer.

Acte I

Faust est devenu vieux ; il doute du sens de son action et conclut un pacte avec Méphistophélès. Il reçoit la jeunesse, la richesse, le bonheur amoureux, mais il doit en échange mettre son âme en gage.

Acte II

Des étudiants, des soldats et des bourgeois se réfugient dans l'alcool et les plaisirs pour échapper à leur triste quotidien. Le soldat Valentin doit partir à la guerre. Il adule sa sœur Marguerite et la confie à la garde de son ami Siébel, qui aime la jeune fille. Méphistophélès se fait un plaisir d'exciter la foule

Faust – Gounod 185

Faust, croquis de décor (Nuit de Walpurgis) par Hein Heckroth, mise en scène : Wolf Völker, direction musicale : Gustav Kozlik, Essen, 1928-1929 (TWS).

Le *Faust* de Gounod est un opéra sur la perte générale des valeurs. Le seul personnage intégralement positif est Valentin, un petit-bourgeois étriqué. L'amour en soi très sentimental entre Marguerite et Faust naît par l'effet d'une puissance démoniaque ; il est ainsi, par principe, entaché de péché et de sang. La richesse associée au pouvoir de Méphistophélès (le veau d'or, air des bijoux, dialogue avec Marthe) joue un rôle aussi central que dans les romans de Balzac. L'idée que le monde était profondément corrompu ne correspondait que trop bien aux expériences quotidiennes des bourgeois au temps de Napoléon III. Ce tableau de l'époque plaisamment déguisé a peut-être contribué au succès du *Faust* de Gounod.

et de déchaîner en elle les plus bas instincts. Faust est pris d'un désir enflammé pour Marguerite.

Acte III
Siébel apporte à Marguerite un bouquet de fleurs, en guise de salutations. Mais Méphistophélès renchérit en offrant de précieux bijoux à la jeune fille. Après cette préparation, Satan introduit Faust chez Marguerite. Pendant que Méphistophélès distrait Marthe, sa voisine, Faust fait la cour à Marguerite. Il conquiert la confiance et la tendresse de la jeune fille.

Acte IV
Marguerite, que l'on admirait jadis comme une incarnation de la vertu, est devenue un objet de moquerie. Elle a mis au monde un enfant de Faust, mais celui-ci l'a quittée. Valentin rentre de la guerre et apprend le destin de sa sœur. Marguerite cherche une consolation dans la prière, mais Méphistophélès l'empêche de se réconcilier avec Dieu. Faust veut de nouveau s'occuper de la jeune fille. Méphistophélès l'empêche également de le faire. En jouant une sérénade, il fait semblant de faire la cour à Marguerite, mais sa chanson est une moquerie. Un duel a lieu entre Valentin et Faust. Satan dirige la lame de Faust de telle sorte que Valentin soit tué. En mourant, Valentin maudit sa sœur.

Acte V
Méphistophélès conduit Faust à la fête de la Nuit de Walpurgis, où se déchaînent les esprits et les éléments. À l'apogée de la fête, Faust voit apparaître l'image de Marguerite. Sa conscience le tourmente ; Marguerite a tué son enfant, on va l'exécuter. Avec l'aide de Méphistophélès, Faust veut arracher la condamnée à l'emprise de la justice : il se présente dans la prison en compagnie de celui-ci. Mais Marguerite ne le suit pas. Elle meurt. Au tonitruant « Damnée ! » crié par Méphisto, les anges répondent : « Sauvée ! ». Apothéose : « Les murs de la prison disparaissent, l'âme de Marguerite monte au ciel. » *S. N.*

Le créateur de mélodies

Toute adaptation musicale d'une œuvre littéraire constitue une réinterprétation radicale de son modèle. C'est aussi le cas ici. Le style pompeux de l'opéra français est très éloigné de la sobriété classique de Goethe. Gounod a effectivement conservé certains éléments traditionnels du Grand opéra, comme dans la valse ou le chœur des soldats. N 1, N 2

Mais dans quelques scènes, il a assoupli le principe de l'opéra rigoureux à numéros, ce qui lui a souvent valu d'être qualifié « d'Allemand » par ses compatriotes. L'introduction, la scène de l'église et celle de la prison brisent la chaîne schématique des numéros musicaux qui se succèdent.

L'instrumentation est, sur bien des points, plus ambitieuse qu'il n'était courant dans l'opéra français de son époque. Pourtant, Gounod est avant tout un magnifique créateur de mélodies, qui met en œuvre, jusque dans les récitatifs, des idées mélodiques avec une générosité dispendieuse. Il a pourvu de superbes mélodies les trois personnages principaux, mais aussi quelques personnages secondaires, tels Valentin ou Siébel. N 3, N 4

Marguerite

Gounod a été avant tout inspiré par le personnage de Marguerite. Innocence, corruption et transfiguration : la transformation dramatique d'une âme pure et vulnérable occupe le centre de l'opéra. La Marguerite de Gounod n'est pas une héroïne ; elle ressemble plutôt à une enfant accueillant les bijoux avec la même joie qu'elle accepte la tendresse courtoise du docteur Faust. Elle vit isolée dans l'atmosphère oppressante d'une petite ville et son frère en a fait l'image idéale d'un ange. Emplie d'une profonde piété, elle a cependant les fantasmes sains d'une jeune fille et s'adonne sans suspicion à sa première aventure amoureuse. L'apogée, dans la description de son caractère innocent est constituée par l'air des bijoux, écrit sur un rythme de valse, et complétée par la sobriété du duo d'amour et le tragique bouleversant de la scène de l'église. N 5

Mais lorsque Marguerite reconnaît ce qu'il y a de démoniaque en Faust, un dilemme tragique apparaît : le religieux et le péché se télescopent dans son âme déchirée. Le conflit n'est cependant pas mené à son

Faust, Nellie Melba (1861-1931) dans le rôle de Marguerite, vers 1900.
Nellie Melba, une soprano australienne adulée, mena une carrière internationale étonnamment longue et glorieuse entre 1887 et 1926.

1. Valse

2. Chœur des soldats

Faust, croquis de décor pour l'acte I, par Franz Angelo Rottonara, Wiesbaden, 1899 (TWS).
L'antre de Faust correspond, même sur la scène de l'opéra, au modèle littéraire de Goethe : une salle gothique et étroite à hautes voûtes. Une sonorité mystérieuse des cordes basses et une mélodie chromatique incarnent musicalement la pénombre et la méditation de Faust. Mais le Faust français n'entend pas de voix d'anges au petit matin : il perçoit le chœur des filles de paysans et des moissonneurs. La vie l'appelle. Il apparaît certes aussi dans l'opéra comme un homme atteint par l'âge, mais sa voix chantée (ténor) est d'une force juvénile. Dans une mélodie entraînante, au rythme de marche, il s'apprête à mettre fin à ses jours. Dans l'opéra, la sensualité l'emporte sur la philosophie. Rien d'étonnant dès lors à ce que l'on ait donné son opéra en Allemagne sous le titre *Margarete*.

terme ; son dénouement apparaît ici sous la forme d'une transfiguration, comparable à l'ancien *Deus ex machina*. L'apothéose de Marguerite est plus la conséquence des sentiments religieux du compositeur que celle d'une dramaturgie conçue jusqu'à son terme.

Faust

Bien que le personnage de Faust ait été à l'origine le rôle-titre, il est un peu renvoyé à l'arrière-plan dans l'opéra. Sa personnalité est très ambiguë. D'une part, son pacte avec le diable en fait le véritable déclencheur des événements tragiques : la corruption de Marguerite et la mort de Valentin. D'autre part, Faust a aussi des sentiments honorables qui apparaissent clairement dans la cavatine de la raillerie ou dans le duo passionné avec Marguerite. N 6

Faust est un héros problématique, qui exècre sans doute les manigances infâmes de son complice Méphistophélès, mais les accepte sans leur opposer de volonté.

Méphistophélès

Le diable fait l'effet d'une créature arrivée par erreur dans un opéra lyrique. Son véritable domaine serait plutôt l'opéra-comique, où son personnage élégant et méchant trouverait le meilleur environnement. Il n'est guère démon, ressemble plutôt à un diablotin. Ses fameux airs – le rondo du veau d'or et la sérénade – sont au bout du compte des divertissements légers dans lesquels Gounod a pu déployer au mieux son goût pour la caricature et assurer la popularité de l'opéra. Le premier air est rayonnant et entraînant, tandis que le second a un caractère un peu exotique. N 7, N 8   P. H.

Faust, Fiodor Chaliapine dans le rôle de Méphistophélès, 1906.
Méphisto peut aussi avoir d'autres dimensions : dans la scène de l'église et dans la Nuit de Walpurgis, il prouve son pouvoir diabolique.

3. Prière de Valentin

4. Couplet de Siébel

5. Air des bijoux de Marguerite

6. Cavatine de Faust

7. Rondo du Veau d'Or

8. Sérénade

Mireille

Opéra en cinq actes

Livret: Michel Carré, d'après l'épopée populaire *Mirèio* de Frédéric Mistral
Création: le 19 mars 1864 à Paris (Théâtre-Lyrique)

Personnages: Mireille, jeune paysanne riche (sop.), Vincent, pauvre tresseur de corbeilles, amant de Mireille (tén.), Taven, une diseuse de bonne aventure (mezzosop.), Ourrias, éleveur de taureaux, rival de Vincent (bar.), Vincenette, sœur de Vincent (mezzosop.), maître Ramon, père de Mireille (basse), Ambroise, père de Vincent (basse), Nocher (basse), Andreloux, berger (mezzosop. ou voix d'enfant); population citadine et rurale de la Provence, pèlerins, paysans, âmes des Noyés (chœur)

Argument

En Provence au XIXe siècle
Mireille et Vincent sont faits l'un pour l'autre. Mais leur amour doit surmonter une série d'épreuves difficiles et s'accomplit non pas dans ce monde, mais dans l'au-delà.

Acte I
Mireille, la fille d'un riche fermier, et le pauvre fils de tresseur de corbeilles Vincent, se vouent un amour réciproque. Comme une diseuse de bonne aventure leur prédit un malheur, ils font le vœu de se rendre, en cas de danger, au lieu de pèlerinage des Saintes-Maries-de-la-Mer.

Acte II
Dans les arènes d'Arles, les paysans s'amusent et dansent la farandole; parmi eux, Mireille et Vincent. Le riche fermier aimerait que l'éleveur de taureaux Ourrias devienne l'époux de sa fille et maudit Mireille en apprenant sa liaison avec Vincent.

Acte III
Dans le Val d'Enfer, Vincent et Ourrias se rencontrent. Vincent est touché et sévèrement blessé par son rival. Ourrias est tourmenté par sa conscience et trouve la mort en traversant le Rhône.

Acte IV
Chez le fermier, on célèbre la nuit de la Saint-Jean et l'on danse la musette, une vieille danse rurale accompagnée à la cornemuse. Mireille envie un pâtre qui joue de la flûte et son existence facile. Lorsqu'elle apprend la blessure de Vincent, elle se rend aussitôt au lieu de pèlerinage. Sur le chemin, il lui faut traverser la Crau, une région désertique. Elle s'effondre, épuisée.

Acte V
Sur le lieu de pèlerinage, soigné par la diseuse de bonne aventure, Vincent attend Mireille, respectant fidèlement son vœu. Épuisée, Mireille se traîne jusque dans l'église et meurt en extase dans les bras de Vincent. (Dans une version abrégée par Gounod, l'acte III disparaît et les deux derniers actes regroupés le remplacent.)

S. N.

Mireille, Maryse Castets (Mireille) et Rita Gorr (Taven), mise en scène: Robert Fortune, Opéra Comique, Paris, 1995.
Une sombre prophétie constitue l'ouverture dramatique de l'histoire d'amour malheureuse entre un pauvre tresseur de corbeilles et Mireille, la riche fille de fermier: le geste de Taven exprime ici à la fois la menace et la consolation.

De la jeune paysanne à l'héroïne : Mireille

Mireille est un opéra de vedette au sens propre du terme, dans lequel la chanteuse du rôle-titre doit presque constamment se trouver sur la scène, mis à part à l'acte III. Le rôle-titre apparaît d'abord comme une jeune paysanne naïve qui mûrit peu à peu pour devenir une grande héroïne et accepter un destin tragique. Ses différentes scènes – la valse, la cavatine et la traversée de la Crau – jalonnent cette évolution. N 9, N 10, N 11

À côté du personnage un peu falot de Vincent, c'est Mireille qui fait progresser l'action. Lorsqu'elle s'engage dans la lutte contre son père et, pleine d'abnégation, tente d'apporter une aide à son amant, sa force semble déjà dépasser les limites de l'opéra lyrique. La musique de Gounod conserve cependant un caractère fondamentalement transparent, insistant sur le sentiment, et ne se décompose jamais en gestes surdramatisés. De pieux sentiments confortent la résolution de Mireille sur son chemin de croix – ce qui permet d'établir un lien entre son personnage et celui de Marguerite (→ *Faust*). La religiosité de Gounod l'a bien sûr incité à atténuer la fin de l'opéra avec des notes exprimant le ravissement sacré et la transfiguration de Mireille. P. H.

Mireille, croquis de décor de Marcel Jambon pour l'acte IV, Opéra-Comique, Paris, 1901. *Mireille* est à tout point de vue une œuvre solitaire dans l'histoire de l'opéra français ; le lieu de l'action (la Provence) y joue un rôle essentiel. Tous les décors sont inspirés de lieux réels – les arènes d'Arles, par exemple, où les paysans dansent la farandole.

9. Valse de Mireille

O lé-gère hi - ron - del - - le,

10. Cavatine de Mireille

A toi, mon â - me, Je suis ta fem - me ! Mal-gré leur blâ - me Je t'ap-par-tiens !

11. Air de Mireille

En mar - che, en mar - che, en marche, ain - si que Ma-gue-lon - ne !

Roméo et Juliette

Opéra en cinq actes

Livret : Jules Barbier et Michel Carré, d'après le drame de William Shakespeare

Création : le 27 avril 1867 à Paris (Théâtre-Lyrique)

Personnages : Roméo, de la maison des Montaigu (tén.), Juliette, de la maison des Capulet (sop.), frère Laurent (basse), les Montaigu : Mercutio, ami de Roméo (bar.), Stéphano, page de Roméo (sop.), Benvolio, ami de Roméo (tén.), les Capulet : le comte Capulet, père de Juliette (basse), Tybalt, neveu de Capulet (tén.), Gertrude, nourrice de Juliette (mezzosop.), Gregorio, serviteur des Capulet (bar.), comte Pâris, fiancé de Juliette (bar.), le duc de Vérone (basse), frère Jean (basse) ; dames de cour et nobles, invités du bal et de la noce, suite du duc, hommes en armes, domestiques, peuple (chœur)

Argument
Vérone, au début du XVᵉ siècle.
Les enfants de deux familles ennemies, les Montaigu et les Capulet, se rencontrent et s'aiment. Frère Laurent les marie. À la suite d'une bataille de rue sanglante, Roméo est banni de la ville. Après quelques quiproquos tragiques, les amoureux se suicident ensemble.

Prologue
Le chœur anticipe les événements à venir.

Acte I
Dans la maison des Capulet, on organise un grand bal. Parmi les hôtes se trouvent deux hommes qui n'ont pas été invités : Roméo et Mercutio, membres de la famille adverse des Montaigu. Roméo aborde une belle inconnue dont il tombe amoureux. Il apprend à son grand effroi qu'il s'agit de Juliette, la fille de son pire ennemi. Les Montaigu sont démasqués et doivent prendre la fuite.

Acte II
Dans le jardin, Roméo attend sous le balcon de Juliette l'instant où il pourra capter son regard. Il est encore poursuivi par les Capulet, mais il parvient à se dissimuler. Les jeunes gens s'avouent leur amour ; malgré les querelles familiales, ils veulent se marier.

Acte III
Frère Laurent, le confesseur de Roméo, bénit dans l'isolement d'un monastère le mariage secret de Juliette et Roméo. Il espère que cette union pourra mettre un terme à la vieille querelle. Stéphano, le page de Roméo, agace les Capulet avec une chanson moqueuse. La scène se déroule en terrain ennemi, devant la maison des Capulet. Tybalt Capulet veut le chasser, mais Mercutio prend le jeune garçon sous sa protection. Les deux hommes s'affrontent. Roméo veut apaiser le conflit, mais Tybalt poignarde Mercutio. Roméo s'engage alors à son tour dans le combat et tue Tybalt. Le duc de Vérone condamne Roméo à un exil perpétuel.

Acte IV
Avant de quitter la ville, Roméo passe la nuit avec Juliette. Le comte Capulet a l'intention de marier sa fille avec Pâris, au petit matin. Frère Laurent a imaginé une ruse. Juliette doit prendre un somnifère spécial. On croira qu'elle est morte et on la déposera dans la crypte familiale, pour qu'elle y trouve son dernier repos. Mais juste à temps, lorsqu'elle se réveillera de ce sommeil identique à la mort, Roméo se trouvera sur place et l'emmènera. Juliette approuve ce projet audacieux. Les invités se réunissent pour la noce. Pendant la cérémonie, Juliette s'effondre. Elle semble morte.

Acte V
Juliette repose dans la crypte. Le messager de frère Laurent n'a pas pu prévenir Roméo. Celui-ci, croyant que sa Juliette est bel et bien morte. Il prend du poison pour être uni dans la mort avec sa bien-aimée. Juliette s'éveille alors que Roméo est déjà à l'agonie. Elle découvre avec effroi son amoureux, au bord de la mort. Ils rêvent encore un instant d'une vie commune, puis Roméo trépasse et Juliette le suit dans la mort.

P. H.

Roméo et Juliette, la scène du balcon, avec Adelina Patti et Jean de Reszké à l'Opéra de Paris en 1888, gravure.
L'opéra n'est pas vraiment aussi coloré que → *Faust,* il est peut-être moins poétique que → *Mireille,* mais ses contours bien définis, qui créent une atmosphère surchargée d'émotion, permettent de le considérer comme la partition la plus homogène de Gounod. Rien d'étonnant à ce qu'il soit devenu l'opéra le plus populaire du compositeur en France. Toute l'histoire repose sur une série de duos représentant l'évolution de deux êtres, depuis une inclination légère jusqu'à la fin nécessairement mortelle, en passant par un amour assumé.

Les plus belles mélodies

La valse de Juliette se situe dans la lignée de l'air des bijoux dans → *Faust* et de la valse dans → *Mireille*. N 12 Dans le deuxième acte, on trouve un admirable *notturno*. N 13

La cavatine de Roméo est le portrait tendrement dessiné d'un jeune homme qui, ravi par des sentiments naissants, se comporte en véritable héros au seuil d'un bonheur menacé. La situation et le ton poignant rapprochent cet air de la cavatine de Faust. N 14

L'acte III est beaucoup plus dramatique que les deux précédents. Le finale est grandiose, lorsque la haine inextinguible entre les Montaigu et les Capulet s'enflamme de nouveau et que Roméo exprime sa souffrance. L'éminente dignité de cette mélodie en courbe prouve quel effet dramaturgique peut aussi avoir la retenue d'un compositeur. N 15

L'acte IV est introduit par un grand duo. L'apogée de cette tendre présence à deux est exprimée par l'orchestre. Lorsque le couple d'amoureux s'unit pour un baiser muet, on entend une mélodie passionnée qui, même sans paroles, illustre la perfection du bonheur. N 16

Le texte du dialogue d'amour est emprunté presque mot pour mot à Shakespeare, tandis que sa mise en forme musicale, une mélodie de l'extrême désespoir, fait partie des passages les plus émouvants de la partition de Gounod. N 17 Le duo final résume le chemin de croix des deux amoureux. Comme dans la dernière scène de → *Faust*, les souvenirs leur reviennent en mémoire. On cite les mélodies des anciens duos, comme le thème de l'amour et le dialogue entre l'alouette et le rossignol, et, comme dans un flash-back, on voit apparaître l'histoire douce-amère d'un amour impossible. À la fin de cet opéra, ce ne sont pas les amants qui sont transfigurés, mais l'amour lui-même.

P. H.

Roméo et Juliette, Francisco Araiza dans le rôle de Roméo, mise en scène : Bernard Uzan, décors et projections : Annelies Corrodi, direction musicale : Serge Baudo, Opernhaus de Zurich, 1990.
Dans la mise en scène zurichoise, la ville était « projetée » dans l'histoire d'amour des enfants de deux familles hostiles, pour que le lien et l'interférence entre l'histoire individuelle et la construction sociale soit immédiatement présents sur la scène.

Éventail espagnol avec des motifs du palais Garnier, par Scalbert Lefebvre (TWS).
Souvenir du Grand Opéra, Paris ! Ce joyau – un triptyque représentant la phase finale de l'âge d'or de l'opéra – dépeint un bal au palais Garnier. À Gauche : point de rencontre et défilé de mode de la haute société sur l'escalier de gala. À droite : invités masqués en ambiance de carnaval. Au milieu : levez le rideau ! L'acteur principal, l'incarnation de l'Empire sous Napoléon III : le palais Garnier.

L'Opéra de Paris : le palais Garnier

Après l'échec d'un attentat contre Napoléon III devant l'ancien Opéra de Paris, en 1858, l'empereur décida d'ériger ailleurs un opéra de prestige. Charles Garnier, l'architecte du Grand Opéra de Paris, n'avait que 36 ans lorsqu'il remporta le concours en 1861. Ses plans furent préférés à 171 autres projets d'architectes renommés. L'impératrice protégeait quant à elle un autre architecte. Lorsque Garnier eut présenté ses plans, elle lui demanda, indignée : « Qu'est-ce que cela est censé être ? Cela n'est pas un style. Cela n'est ni du Louis XIV, ni du Louis XV, ni du Louis XVI. » Garnier répondit : « Madame, c'est du Napoléon III ! » On travailla pendant 15 ans pour édifier ce bâtiment gigantesque. Le chantier se déroula sous le Second Empire, mais les cérémonies d'inauguration eurent lieu en 1875, sous la Seconde République. Au soir de l'inauguration, Garnier fut nommé chevalier de la Légion d'honneur. Mis à part l'Opéra de Budapest, construit d'après le modèle parisien (1884), il n'existe pratiquement aucun autre opéra au monde auquel on donne l'élégant titre de « palais ». Le palais Garnier n'a jamais été propriété royale ou princière. C'est un palais de la bourgeoisie.

Ci-dessus
Carte postale représentant Gounod et l'Opéra de Paris.
Deux signes distinctifs de Paris : Gounod et l'Opéra sur carte postale. Le compositeur avait 57 ans lorsque l'on inaugura le grand Opéra, mais sans jouer l'une de ses œuvres (à cette époque, Gounod était chef de chœur à Londres). La soirée de première fut dédiée à la mémoire de → Halévy et de → Meyerbeer ; tous deux étaient décédés plus d'une décennie auparavant. Bize, lui non plus ne put assister à la première d'une de ses œuvres dans ce bel établissement : il mourut en 1875. Le compositeur victorieux de la génération romantique fut Gounod qui, jusqu'à sa mort en 1881, put encore apprécier pendant 18 ans le succès des reprises de ses anciennes œuvres au grand Opéra.

À droite
Charles Garnier, 1868, gravure de M. Deveaux, d'après le portrait de P. Baudry.
L'architecte à l'époque où l'on construisait « son » opéra.

Page de droite
Le grand escalier d'honneur en 1878.
Les bourgeois parisiens, étonnés, prennent possession de leur palais.

LE NOUVEL OPERA DE PARIS

GRAND ESCALIER D'HONNEUR

La Juive, Marie-Cornélie Falcon dans le rôle de Rachel, gravure, vers 1835.
Lors de la création de *La Juive,* la jeune *prima donna* Marie-Cornélie Falcon (1812-1897) a remporté un immense succès dans le rôle de Rachel. Elle est entrée dans l'histoire de l'art lyrique pour la couleur sombre et l'expression dramatique de sa voix, qui ont défini un nouveau type vocal, le « soprano Falcon ».

La Juive, photo de scène, mise en scène : John Dew, décors et costumes : Gottfried Pilz, direction musicale : Rainer Koch, Stadttheater de Bielefeld, 1989.
Cette mise en scène de John Dew fait de *La Juive* d'Halévy une passionnante pièce de théâtre musical contemporaine.

Jacques Fromental Halévy

Né à Paris le 25 mai 1799
Mort à Nice le 17 mars 1862

Issu d'une famille juive d'origine allemande, Halévy étudie au Conservatoire de Paris avec Cherubini avant d'exercer les fonctions de chef de chœur à l'Opéra de Paris. À partir de 1840, il enseigne la composition au Conservatoire. Il a notamment pour élèves → Gounod, → Bizet et → Saint-Saëns, c'est-à-dire les plus grands compositeurs français de la deuxième moitié du siècle. Malgré de nombreux succès, il a le sentiment d'être un peu éclipsé par Auber et → Meyerbeer.

Œuvres : Plus de 40 opéras, dont : *La Juive,* 1835, *Guido et Ginevra,* 1838, *La Reine de Chypre,* 1841, ainsi que des œuvres chorales et des mélodies.

La Juive, qui est sans doute la meilleure œuvre d'Halévy, offre un excellent exemple du style du Grand Opéra. Cet ouvrage a été l'une des pièces du répertoire les plus jouées de son temps.

La Juive

Opéra en cinq actes

Livret : Eugène Scribe
Création : le 23 février 1835 à Paris (Opéra)
Personnages : Eléazar, orfèvre juif (tén.), Rachel, sa fille (sop.), l'empereur Sigismond (rôle muet), Léopold, prince d'Empire (tén.), la princesse Eudoxia, nièce de l'empereur (sop.), le cardinal de Brogni (basse), Ruggiero, prévôt (basse), Albert, officier de la garde du corps impériale (basse), deux hommes du peuple (tén., basse), le héraut de l'empereur (basse), l'intendant de l'empereur (basse), un officier de l'empereur (tén.), bourgeois, juifs, courtisans, ecclésiastiques, officiers et soldats.

Argument
À Constance en 1414.
Brogni, un Chrétien, a provoqué bien des malheurs à la suite d'une mauvaise action, et a fait brûler les deux fils du juif Eléazar. Ce dernier a sauvé plus tard la fille de Brogni, à l'insu du Chrétien. Brogni cherche par la suite à se réconcilier avec Eléazar, mais il se heurte à la colère croissante du Juif, qui supporte de plus en plus mal la situation difficile dans laquelle il vit. Brogni recevra la monnaie de sa pièce : à l'instant où Rachel, la fille d'Eléazar, meurt sur l'ordre de Brogni, le Juif révèle la vérité au Chrétien : Rachel n'était autre que sa fille disparue.

Acte I
À Constance, est célébrée la victoire de Léopold, prince d'Empire, sur les Hussites. Mais Eléazar, l'orfèvre juif, trouble la paix de ce jour férié par de bruyants coups de marteau. Il est condamné à être exécuté, avec sa fille Rachel. Mais le cardinal Brogni gracie le Juif. En effet, à l'époque où il était premier magistrat romain, il a fait exécuter les deux fils d'Eléazar. Le destin l'a ensuite cruellement frappé : sa femme et sa fille ont été tuées par des soldats lors de l'incendie de Rome. Devenu cardinal, Brogni est prêt à la réconciliation. Mais ce n'est pas le cas du Juif. Il a sauvé la fille de Brogni et l'a adoptée à l'insu de son père, attendant l'heure de la vengeance.

Acte II
Rachel aime le jeune Samuel, en réalité le prince Léopold qui se fait passer pour un Juif. Elle célèbre avec lui la Pâque juive dans la maison de son père. Eudoxia, la nièce de l'empereur Sigismond, commande à Eléazar une parure pour le lendemain, jour de ses noces avec Léopold. Pendant la Pâque, Rachel remarque que le prétendu Samuel fait d'étranges entorses au rite. Elle l'interroge. Il avoue être Chrétien. Eléazar le maudit.

Acte III
Pendant les noces de Léopold et d'Eudoxia, Eléazar apporte le bijou commandé. Rachel reconnaît son

La Juive, photo de scène avec James O'Neill (Eléazar) et Gidon Saks (le cardinal de Brogni), mise en scène: John Dew, décors et costumes: Gottfried Pilz, direction musicale: Rainer Koch, Stadttheater de Bielefeld, 1989.
À travers le conflit entre Eléazar et le cardinal de Brogni, le sujet de Scribe présente à première vue une intéressante similitude avec le drame de Lessing, *Nathan le sage*, une émanation du siècle des Lumières. Dans les deux œuvres, la haine religieuse conduit à des situations extrêmes. Il y a cependant une différence de taille: Eléazar n'est pas un sage comme Nathan, car il n'est capable ni de pardon ni de réconciliation. En bon professionnel des effets scéniques, Scribe cherchait à choquer les spectateurs. Lessing, l'humaniste, voulait quant à lui instruire son prochain.

En bas
La Juive, Leo Slezak dans le rôle d'Eléazar, Hofoper de Vienne, 1911.
Le rôle d'Eléazar a été écrit pour le célèbre ténor Adolphe Nourrit, qui a prêté à ce personnage une étonnante profondeur psychologique. Eléazar est la création la plus originale d'Halévy, qui donne vie à un grand homme avec toutes ses pulsions contradictoires et toute sa complexité: rebelle fanatique et digne rabbin, négociant rusé et père attentif – tous ces éléments antinomiques se mêlent en lui. Son air de l'acte IV résume son dilemme: doit-il sacrifier Rachel à son désir de vengeance? Cette mélodie d'une indicible tendresse, dans laquelle semblent résonner les échos d'une mélancolie immémoriale, est devenue justement célèbre. N 1

amoureux et l'accuse ouvertement d'entretenir avec elle, une Juive, une liaison illicite. Brogni fait incarcérer Léopold, Rachel et Eléazar.

Acte IV
Voulant sauver Léopold de la mort, Eudoxia supplie Rachel de s'accuser de tous les torts. Par amour, Rachel accepte. Brogni, désireux de sauver Rachel, adjure Eléazar de renier sa foi. Le Juif refuse avec colère et se venge du cardinal en lui révélant que sa fille a jadis été sauvée par un Juif et qu'elle est encore vivante. Ni les prières ni les menaces ne peuvent lui arracher un mot de plus.

Acte V
Eléazar et Rachel sont conduits au supplice: ils vont être jetés vivants dans une cuve d'eau bouillante. Grâce à Rachel, Léopold n'a été condamné qu'au bannissement. Eléazar laisse sa fille libre de se convertir au christianisme. Mais elle reste fidèle à celui qu'elle prend pour son père. À l'instant où Rachel est précipitée dans la cuve, Eléazar révèle la vérité à Brogni.

Des intrigues à motivation religieuse
Après la Révolution, la France a abordé la question juive dans un esprit particulièrement progressiste. La séparation de l'Église et de l'État a retiré tout fondement à la persécution officielle des Juifs. Le capital juif a pu ainsi participer sans entraves à l'essor économique. Dans la vie intellectuelle, les artistes et les savants d'origine juive ont joui des mêmes droits que leurs confrères chrétiens. *La Juive* a vu le jour dans un milieu où l'antisémitisme ne jouait aucun rôle majeur. Comme d'autres livrets d'Eugène Scribe, cet opéra traite également de questions morales telles que la vengeance et la réconciliation, l'amour sans mélange et l'imposture destructrice – autant de thèmes qui assurent la progression rapide du drame.

1. Air d'Eléazar

Georg Friedrich Händel (Haendel)

Né à Halle (Allemagne) le 23 février 1685
Mort à Londres le 14 avril 1759

Haendel étudie l'orgue, le clavecin, le violon et le hautbois, ainsi que le contrepoint et la composition auprès de Friedrich Wilhelm Zachow, organiste à Halle. Il est lui-même organiste dans sa ville natale (1702) avant d'être nommé Kapellmeister à l'Opéra de Hambourg (jusqu'en 1707). Il réside ensuite jusqu'en 1710 en Italie, où l'on donne ses opéras et où il se produit comme organiste et comme claveciniste. Haendel entre ensuite au service du prince électeur de Hanovre, qui accepte de financer son voyage à Londres (1711), où Haendel s'installe en 1712. Jusqu'à la fin des années 1730, il compose régulièrement des opéras italiens pour le public londonien. En 1719, il devient membre de la Royal Academy of Music. En 1739, il entreprend la composition d'oratorios en langue anglaise sur des thèmes bibliques. Jouissant d'une grande renommée en Angleterre, il en devient le compositeur national.

Œuvres : Sa production dramatique est considérable. Elle comprend 46 opéras – le premier (*Almira*) est créé à Hambourg en 1705, le dernier (*Deidamia*) à Londres en 1741. Entre ces deux œuvres, Haendel écrit notamment *Agrippina*, 1709 ; *Rinaldo*, 1711-1731 ; *Acis and Galatea*, 1718 ; *Radamisto* ; 1720 ; *Tamerlano*, 1724 ; *Rodelinda, regina de'Langobardi*, 1725 (Rodelinda, reine des Lombards) ; *Orlando*, 1733 ; *Alcina*, 1735 ; *Giustino* ; 1737 ; *Serse*, 1738 (Xerxès). Son opéra le plus célèbre est *Giulio Cesare in Egitto*, 1724 (Jules César). On considère que près du tiers de l'ensemble des opéras de Haendel a été perdu, ou est demeuré fragmentaire. Il a composé par ailleurs 30 oratorios, parmi lesquels *Saul*, 1739, *Israël en Egypte*, 1739 ; *Le Messie*, 1742 et *Jephta*, 1752, ainsi que des cantates, des anthems, des œuvres pour orgue et clavecin, des concerti et des concerti grossi, des suites – dont la *Watermusic*, 1717 et la *Music for the Royal Fireworks*, 1749 (Musique pour les Feux d'artifice royaux) – et des sonates.

Agrippina

Dramma per musica en trois actes

Livret : Vincenzo Grimani
Création : le 26 décembre 1709 à Venise (Teatro di S. Giovanni Grisostoma)
Personnages : Agrippina/Agrippine, impératrice romaine, épouse de Claude (sop.), Claudio/Claude, empereur romain (basse), Nerone/Néron, fils d'Agrippine (sop.), Ottone/Otton, général (alto), Poppea/Poppée, maîtresse d'Otton (sop.), Pallante, courtisan (basse), Narciso/Narcisse, courtisan (tén.), Lesbo, serviteur de Claude (basse), Giunone/Junon (alto)

Argument
À Rome, en 54 apr. J.-C.
Agrippine a épousé Claude en secondes noces dans la seule intention de devenir impératrice. Elle est bien décidée à obtenir le trône pour son fils, Néron. Pour réaliser ce projet, elle ne recule devant rien : calomnie, imposture, trahison, tous les moyens sont bons. Son pouvoir s'accroît, elle atteint son but et les plus faibles se retirent de la scène politique.

Acte I
Les appartements d'Agrippine et de Poppée. Une place sur le Capitole.
On annonce à Agrippine, l'impératrice romaine, la mort de son époux, Claude. Elle veut faire couronner son fils Néron et le pousse à revendiquer publiquement le trône. Mais ses desseins sont contrariés par Otton, un général qui, en réalité, a sauvé Claude de la mort et à qui celui-ci, reconnaissant, a promis le trône. La belle Poppée est courtisée par Claude, Néron et Otton, mais elle n'aime qu'Otton. Agrippine calomnie Otton auprès de Poppée, qui se fâche contre Otton et, de dépit, entreprend de charmer l'empereur. Agrippine attise alors la jalousie de Claude à l'égard d'Otton.

Acte II
La rue du palais impérial. Les jardins de Poppée. Les appartements d'Agrippine.
Ayant enfin percé à jour les intrigues d'Agrippine, Poppée médite sa vengeance. Mais Agrippine profite de la situation pour persuader Claude d'évincer Otton de la succession au profit de Néron.

Acte III
La chambre de Poppée. La salle impériale
Grâce à une ruse, Poppée dévoile à Claude les machinations d'Agrippine et de son fils. Agrippine s'en tire par de belles paroles. Otton déclare publiquement qu'il est prêt à renoncer au trône pour l'amour de Poppée. Magnanime, Claude accorde à Otton la main de Poppée et couronne Néron, qui devient ainsi le nouvel empereur de Rome.

S. N.

Agrippina, photo de scène avec Lisa della Casa et Costanza Cuccaro, Orpernhaus de Zurich, 1970.
Deux Vénitiennes raffinées se cachent derrière le masque des Romaines Agrippine et Poppée. Bien qu'elle n'obéisse qu'à la soif de pouvoir, Agrippine n'a rien d'un monstre ; c'est au contraire une femme séduisante et décidée. Poppée va jusqu'à éveiller la sympathie des spectateurs : si elle se sert du sexe comme d'une arme, elle n'en éprouve pas moins un amour sincère.

Ci-dessus
Agrippina, photo de scène avec Janice Hall (Poppée) et Claudio Nicolai (Otton), mise en scène : Michael Hampe, décors et costumes : Mauro Pagano, direction musicale : Arnold Östman, Opéra de Cologne présentée au Festival de Schwetzingen, près de Heidelberg, en 1985.
Le regain d'intérêt pour une interprétation authentique de la musique ancienne et la volonté de redonner vie à la pratique d'exécution originale des œuvres du passé se sont traduits dans deux mises en scène majeures d'*Agrippina* : en 1985 au théâtre baroque de Schwetzingen et en 1991 au Festival de Göttingen (avec la Capella Savaria dirigée par Nicholas McGegan).

Une pièce d'actualité

Pour l'Italie, déchirée par la guerre de succession d'Espagne, l'action de cet opéra regorgeait d'allusions à l'actualité en abordant les motifs très subjectifs de la soif de pouvoir et des changements politiques. Le cardinal Vincenzo Grimani était un diplomate chevronné qui rédigeait des livrets en guise de passe-temps. Il soutenait le parti des Habsbourg dans la guerre de succession, alors que le pape Clément XI s'était rangé dans le camp de la France et de l'Espagne. La rivalité entre Néron et Otton reflète cette situation. Quelle décadence dans la terrible histoire d'Agrippine ! Cette mère avide de pouvoir n'hésita pas à coucher avec son propre fils (Néron), pour finir assassinée sur ordre de celui-ci. Néron a été le tyran le plus sanguinaire de l'époque romaine. L'opéra et la réalité se rejoignent dans l'absence de morale des puissants. À la différence des autres personnages de l'action, Poppée était une courtisane ambitieuse, que son mari imprudent présenta à Néron pour réveiller ses sens assoupis. Ces événements et ces personnages sont décrits en détail dans les chroniques de Tacite (et de Suétone). Grimani a fait de ce sujet sanglant un livret presque cynique – un des meilleurs que Haendel ait jamais eu à mettre en musique.

La Rome de Néron à Venise

Agrippina de Haendel invite inéluctablement à une comparaison avec → *Le Couronnement de Poppée* (1642) de Monteverdi, qui, plusieurs décennies auparavant, avait mis en scène la « suite » de cette histoire. Chez Monteverdi, Néron et Poppée occupent le premier plan, tandis qu'Agrippine n'apparaît pas. Malgré le comique de quelques personnages secondaires et de quelques situations, l'opéra de Monteverdi est beaucoup plus sombre que celui de Haendel. On relève cependant plusieurs similitudes dans la description d'une époque où les pulsions s'exprimaient sans entraves ni tabous, et dont l'immoralité semblerait plus tard inconcevable dans l'univers noble et héroïque de l'*opera seria*. Dans ces deux opéras, le décor n'est pas celui d'une Rome fictive mais d'une Venise bien réelle, puissante et riche ville portuaire.

J. M.

Haendel a composé en trois langues (allemand, italien, anglais) et a su intégrer dans ses compositions toute la diversité des moyens stylistiques musicaux de son temps. Avec Johann Sebastian Bach, Haendel est le plus grand et le dernier représentant de la perfection baroque.

Rinaldo

Dramma per musica en trois actes

Livret : Giacomo Rossi, d'après un scénario d'Aaron Hill, lui-même inspiré de l'épopée *La Gerusalemme liberata ovvero Il Goffredo* (La Jérusalem délivrée) de Torquato Tasso (Le Tasse)

Création : 1re version : le 24 février 1711 à Londres (Haymarket Theatre) ; 2e version : le 6 avril 1731 à Londres (Haymarket Theatre)

Personnages : Goffredo/Godefroy de Bouillon, général de l'armée chrétienne (alto), Almirena, sa fille (sop.), Rinaldo/Renaud, héros chrétien (sop.), Eustazio, frère de Goffredo (alto), Argante, roi de Jérusalem, amant d'Armida (basse), Armida/Armide, magicienne, reine de Damas (sop.), un mage chrétien (alto), un héraut (tén.), une femme (sop.), deux sirènes (2 sop.)

Argument (1re version)
À Jérusalem, vers 1100, pendant le siège de la première croisade.
Il faut conquérir Jérusalem, symbole de la vraie foi. Mais Goffredo promet sa propre fille en récompense au capitaine Rinaldo, mêlant ainsi des sentiments profanes aux questions religieuses. Devant le trouble qui s'empare des cœurs, des forces magiques en profitent pour s'imposer.

Acte I
Dans la ville assiégée. Jardin de délices avec fontaine jaillissante et cage à oiseaux.
Goffredo, général de l'armée chrétienne, promet la main de sa fille Almirena à son capitaine Rinaldo s'il réussit à s'emparer de Jérusalem. Une épreuve de force avec Argante, le roi de Jérusalem, se profile. Armida, une magicienne, reine de Damas, décide de prêter appui à son amant Argante dans sa lutte contre Rinaldo. Elle enlève Almirena, dont le père est incapable de lutter contre ses pouvoirs magiques. Goffredo envisage alors de faire lui-même appel à un mage.

Acte II
Sur un rivage avec une barque. Jardin de délices dans le palais enchanté d'Armida.
Accompagné de son frère Eustazio et de Rinaldo, Goffredo part à la recherche du mage. Abusant Rinaldo, Armida réussit à l'éloigner de ses compagnons. Elle le conduit dans son château où elle le retient captif. La magicienne tombe amoureuse du guerrier chrétien, tandis qu'Argante est pris d'une passion dévorante pour Almirena. Mais les deux chrétiens demeurent inflexibles.

Acte III
Un paysage montagneux et sauvage où se dresse le château d'Armida. Les jardins d'Armida. La ville assiégée.
Goffredo et Eustazio reçoivent du mage une baguette magique qui leur permet de détruire le château et de délivrer Rinaldo et Almirena. Armida et Argante prennent la fuite avant d'être capturés par l'armée chrétienne victorieuse. Armida et Argante se convertissent à la foi chrétienne, Rinaldo peut épouser Almirena.

S. N

Rinaldo, croquis de Maria-Luisa Walek pour le costume du mage, mise en scène : Jean Louis Martinoty, décors : Heinz Balthes, Badisches Staatstheater, Karlsruhe, 1981. Le mage avec ses talismans guerriers. Les trente années de combat qu'a menées Haendel pour obtenir la faveur du public anglais ont commencé avec *Rinaldo*.

Rinaldo, photo de scène, mise en scène : Frank Corsaro, décors : Mark Negin, Metropolitan Opera de New York, 1984. Au XXe siècle, le Metropolitan Opera est devenu un des hauts lieux de l'art lyrique et a su attirer les plus grandes vedettes du chant. Se produire dans cette salle était considéré comme un honneur qui vous faisait accéder au cercle des « élus ». Ce prestigieux établissement est pourtant resté très conventionnel dans ses mises en scène.

La recette du succès londonien

Au XVIIIe siècle, Londres était la plus opulente et la plus grande ville d'Europe. Les églises, les palais et les salles de concert servaient de cadre à une vie musicale animée. Le plus grand compositeur anglais, Henry Purcell, était mort depuis quinze ans déjà. Haendel a été le premier grand compositeur étranger à venir tenter sa chance durablement à Londres. Aaron Hill, gérant du Théâtre Haymarket, imagina pour le nouveau venu une intrigue d'opéra mi-féerique, mi-historique. Il s'agissait de surprendre le public par un grand nombre d'effets scéniques. Dans le même souci, Haendel accorda un poids tout particulier aux cuivres. À la différence d'→*Agrippina*, cet opéra dispose – en plus de l'ouverture – de sept mouvements orchestraux indépendants. Malgré la brièveté de sa genèse, *Rinaldo* est l'un des opéras les plus brillants et les plus captivants de Haendel. Hill et Haendel avaient engagé les plus grandes vedettes italiennes, dont l'excellente basse Giuseppe Maria Boschi, qui avait déjà tenu le rôle de l'empereur Claude dans →*Agrippina*. Le succès de cette œuvre fut si retentissant qu'un éditeur musical avisé de l'époque, John Wash, fit fortune en publiant différents airs traduits en anglais. *Cara sposa* (air de Rinaldo, fin de l'acte I), compte parmi les numéros les plus connus et les plus appréciés. N 1   J. M.

1. Air de Rinaldo

Ca - ra spo - sa, a - man - te ca - ra, do - ve se - i? do - ve se - i? deh! ri - tor - na a' pian - ti mie - i!

Rinaldo, photo de scène avec Samuel Ramey dans le rôle d'Argante, mise en scène: Frank Corsaro, décors: Mark Negin, Metropolitan Opera de New York, 1984.
La mise en scène de Frank Corsaro a rendu l'éclat et l'opulence du baroque jusque dans les moindres détails des costumes: le roi de Jérusalem, pendant exotique du commandant chrétien Rinaldo.

Acis and Galatea
Acis et Galatée

Masque

Livret: John Gay, avec des ajouts d'Alexander Pope, de John Dryden et de John Hughes
Création: En 1718 à Cannons (Edgeware)
Personnages: Galatea/Galatée, une nymphe (sop.), Acis, un berger (tén.), Coridon, un berger (tén.), Damon, son ami et compagnon (tén.), Polyphème, un géant (basse); nymphes et bergers (chœur)

Argument
Au temps de la mythologie grecque.
Acis et Galatée sont tendrement épris. Le géant Polyphème veut obtenir l'amour de Galatée par la force. Acis relève le défi. Il est vaincu. La nature, les hommes et les dieux pleurent le berger, qui est transformé en source. S. N.

L'opéra à la mode anglaise

C'est à Cannons, dans le domaine d'un comte anglais, que Haendel composa un masque, un « petit opéra », d'après un épisode des *Métamorphoses* d'Ovide – si l'on en croit un journaliste de l'époque. Le masque traditionnel de la cour d'Angleterre consistait en dialogues en prose, en chansons et en danses, et se prêtait à un jeu de société avec des interprètes masqués (→ Purcell). *Acis and Galatea* se distingue moins du type de l'opéra italien par les critères du genre que par son texte en langue anglaise. On peut y voir le germe des oratorios de Haendel. Le chœur composé de solistes joue un rôle plus important que dans tous les autres opéras de Haendel (la cantate *Acis, Galatea e Polifemo* composée par Haendel à Naples en 1708 ne peut elle-même rivaliser avec cette œuvre sur ce plan). Le chant funèbre du début rappelle la tragédie grecque et anticipe la réforme de l'opéra entreprise par → Christoph Willibald Gluck. N.2
La musique révèle l'influence qu'a exercée sur Haendel l'opéra de Purcell → *Dido and Æneas*. Elle apparaît notamment dans le rôle exceptionnellement important accordé au chœur et dans certaines similitudes entre l'air funèbre de Galatée et l'air des adieux de Didon. N 3   J.M.

2. Chœur de deuil

Mourn, all ye mu - ses! weep, all ye swains!

3. Air funèbre de Galatée

(Orchestre)

Must I my A - cis still be - moan, in - glo - rious crush'd be-neath that stone, in - glo - rious crush'd be-neath that stone

Comment implanter l'opéra italien en terre étrangère

Organisez pour des aristocrates blasés et pour des bourgeois avides de sensations un monde d'opéra captivant, où se fomentent sur scène et en coulisse d'innombrables intrigues, tandis que se déroulent combats et victoires artistiques. Trouvez tout d'abord l'argent nécessaire à cette entreprise. Recourez au crédit du trésor royal et extorquez par souscription aux aristocrates le plus de subsides possibles. Donnez à votre affaire le nom élégant de Royal Academy of Music. Il convient encore d'engager des artistes dignes de tout cela. Cette recette a été appliquée à la lettre en 1719 à Londres.

La notion même de droit d'auteur n'existait pas encore dans la vie lyrique du XVIIIe siècle. Chaque livret, chaque *aria* même, pouvaient être exploités librement. Il n'était pas rare que plusieurs compositeurs écrivent ensemble (ou assemblent à partir d'un matériau étranger) un opéra, ou qu'un compositeur crée un « nouvel » opéra à partir d'*arias* et de scènes de sa composition qu'il se contentait de réutiliser. C'est ce que l'on appelait un *pasticcio* dans la pratique théâtrale du XVIIIe siècle. Haendel lui-même était un maître de l'improvisation. Il reprenait volontiers des airs anciens dans ses opéras du jour ou composait de nouveaux numéros pour de nouvelles versions de ses anciens opéras. C'est ainsi qu'il écrivit en 1731 pour la seconde version de → *Rinaldo* l'air *Lascia ch'io pianga* d'Almirena, un joyau de la création de Haendel. N 4

À droite
Piero Metastasio (dit Métastase), de son vrai nom Pietro Antonio Domenico Bonaventura Trapassi (1698-1782).
Eau-forte coloriée de Johann Ernst Mansfeld l'Aîné (1739-1796), d'après la peinture de Johann Nepomuk Steiner (1725-1793). Métastase était poète de la cour à Vienne et connut ses plus grands succès littéraires grâce à la rédaction de livrets destinés à l'*opera seria*. C'est sans doute le librettiste le plus mis en musique de toute l'histoire de l'opéra. Au XVIIIe siècle, certains de ses livrets ont inspiré 60 à 70 compositeurs. Il existe ainsi au moins 40 versions différentes d'opéras sur *Artaserse* (son best-seller!). Haendel lui-même composa des opéras sur certaines adaptations de livrets de Métastase.

Ci-dessous
Caricature des chanteurs Bernardi Senesino, Francesca Cuzzoni et Berenstadt, gravure de l'époque.
Tel Gulliver à Lilliput – du célèbre roman contemporain de Jonathan Swift (1727) –, le caricaturiste a représenté le célèbre castrat Senesino à côté de la non moins réputée *prima donna* Francesca Cuzzoni. Les castrats étaient généralement grands et corpulents, peut-être en raison du manque d'hormones mâles. Mais à l'époque comme aujourd'hui, le public d'opéra était tout prêt à renoncer à l'idéal d'une représentation scénique réaliste au profit de voix exceptionnelles et d'un art lyrique hors du commun.

La victoire

Au cours de la cinquième saison, Bononcini subit un coup décisif. Le 20 février 1724 – après une genèse particulièrement longue pour Haendel –, on put assister à la création de → *Jules César,* le plus grandiose opéra du compositeur. Les principaux interprètes en étaient Senesino, Cuzzoni, Boschi et Durastanti (dont ce fut le dernier rôle scénique). La partie brillamment héroïque de Jules César était chantée par un castrat. Cet opéra fut donné 13 fois d'affilée. Désormais, Bononcini, dont les œuvres figureront encore de temps à autre à l'affiche, se trouva pour ainsi dire évincé de la direction de la Royal Academy.

Le rival

La Royal Academy of Music ouvrit ses portes le 2 avril 1720 avec la création de l'opéra *Numitore* de Giovanni Porta. La deuxième production allait être → *Radamisto* de Haendel. La deuxième et la troisième saisons de la Royal Academy furent essentiellement marquées par des succès de Bononcini. La première de son opéra *Astaro* (19 novembre 1720) fut suivie d'une série de 24 représentations, un chiffre exceptionnel pour l'époque. Bononcini – un compositeur cultivé et imaginatif – devait ce succès à une musique plus accessible que celle de Haendel. Les mélodies insinuantes de ses airs sont courtes, simples, faciles à retenir. Elles se retrouvaient plus facilement sur toutes les lèvres que les airs de Haendel, avec leur intonation complexe, leurs surprises fréquentes et leur accompagnement exigeant. Bononcini n'eut donc aucun mal à asseoir sa popularité; en contrepartie, le public ne pouvait que se lasser tôt ou tard de cette musique trop facile. Ainsi, si les premières saisons valurent un immense succès à Bononcini, la faveur du public se tourna ensuite, lentement d'abord puis de plus en plus rapidement, vers Haendel. Dès le mois de janvier 1723, au cours de la quatrième saison, Bononcini dut s'incliner devant la création d'→ *Ottone* de Haendel. L'« arme miracle » que Haendel employa en la personne de la *prima donna* récemment engagée, la soprano Francesca Cuzzoni, n'était certes pas étrangère à sa victoire. Cette jeune femme trapue et sans beauté était l'une des plus admirables cantatrices de son temps et exerçait sur les auditeurs un charme irrésistible. *J. M.*

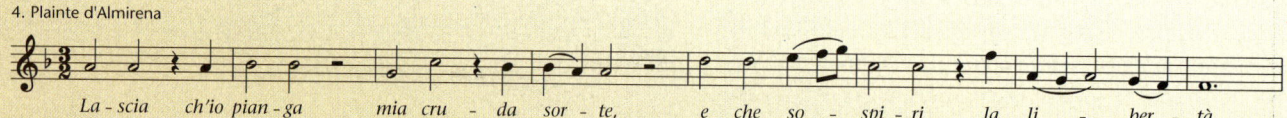

4. Plainte d'Almirena
La - scia ch'io pian - ga mia cru - da sor - te, e che so - spi - ri la li - ber - tà,

Gravure représentant le Haymarket Theatre, en face de l'ancienne Royal Academy of Music, vers 1780.
Appelé tantôt King's, tantôt Queen's : le Haymarket Theatre de Londres (proche de l'actuel Trafalgar Square). Ce bâtiment a abrité les luttes les plus acharnées de l'opéra du XVIIIe siècle.

Illustration d'époque du *Beggar's opera* (l'Opéra des gueux) de John Gay et Johann Christoph Pepusch.
Haendel allait devoir affronter la concurrence sérieuse d'une pièce de théâtre qui était tout sauf un opéra : *The Beggar's Opera* (1728). Le genre bien plus tardif de l'opérette était déjà préfiguré dans cette pièce insolente, critique à l'égard de la société, et qui parodiait le grand opéra par des intermèdes musicaux (*songs*). John Gay (1685-1732) y racontait l'histoire de bandits, de mendiants et de prostituées, comme le grand opéra dépeignait celle d'hommes d'honneur, de rois et de nobles dames (→ Weill, *L'Opéra de quat'sous*). La musique était empruntée pour une part au patrimoine des chansons populaires, pour une autre à des œuvres célèbres de compositeurs anglais très connus, comme Purcell et Haendel. Pepusch (1667-1752), né à Berlin où son père occupait un poste diplomatique, ne composa lui-même que l'ouverture et se contenta d'harmoniser les *songs*. Tout en s'opposant par cette pièce à l'entreprise d'opéra italien de Haendel à Londres, ses auteurs cherchaient à offrir au public bourgeois anglais un divertissement savoureux et populaire. Pour couronner le tout, c'est avec cet Opéra des gueux que Covent Garden, le nouvel Opéra Royal de Londres, fut inauguré en 1732.

Alessandro Scarlatti (1660-1725)

Originaire d'une famille de musiciens siciliens, Scarlatti a connu une célébrité mondiale, chose assez rare dans la vie musicale de cour de l'époque baroque. Principal représentant de l'école napolitaine, il a porté à sa perfection l'opéra baroque italien. Il a privilégié le genre du *dramma per musica* (synonyme d'*opera seria*) au contenu sérieux, noble, généralement emprunté à la mythologie, qu'il conduisait régulièrement à un finale heureux. Un opéra de Scarlatti durait en moyenne trois heures et contenait entre 40 et 60 airs, généralement courts – le duo étant défini comme une « aria à deux », c'est-à-dire un air à deux voix. Scarlatti a composé 69 opéras, dépassant ainsi de loin la production de Haendel. Son style, extrêmement homogène, se caractérise par une inspiration mélodique inépuisable et expressive, par une légèreté amusante et une grande profondeur d'émotions. Scarlatti était un musicien imaginatif qui a su atteindre des effets dramatiques indéniables malgré l'alternance monotone entre récitatifs et airs dictée par ce genre musical.

Alessandro Scarlatti (1660-1725), portrait avec partition, XVIIIᵉ siècle, Bologne, Accademia Rossini.

Pietro Metastasio, dit Métastase (1698-1782)

Il n'a composé aucun opéra et il a pourtant été une figure clé de l'histoire de l'opéra, le roi sans couronne du livret de son siècle. À l'époque, le livret occupait une place beaucoup plus importante et son existence était bien plus durable que celle de ses différentes adaptations musicales. Alors que les livrets d'opéras étaient largement diffusés, on n'importait ou l'on n'exportait qu'exceptionnellement des opéras tout entiers, c'est-à-dire la musique à laquelle ils servaient de support. Métastase a écrit 27 livrets pour des opéras héroïques en trois actes et toute une série d'œuvres dramatiques de dimensions plus modestes, relevant du genre fort apprécié de l'*azione* ou de la *festa teatrale*, ou encore de celui de la *serenata*, généralement réservée aux mariages aristocratiques. Métastase a réformé – c'est-à-dire rationalisé et uniformisé – les textes d'opéra; il a « purgé » l'intrigue des interventions de puissances surnaturelles et malheureusement aussi de ses éléments comiques; il a éliminé les excès linguistiques grandiloquents et supprimé la domination des effets scéniques techniques. Il contribua également à définir le nombre et les caractéristiques des rôles, normalisa la fonction et la place des airs au sein des différentes scènes, etc. (Ces mesures répondaient aussi aux exigences financières de l'époque: il fallait en effet produire des opéras bon marché, c'est-à-dire avec le moins de chanteurs et le moins d'accessoires onéreux possible.) La réforme de Métastase a entraîné indéniablement un certain appauvrissement et une certaine schématisation. En revanche, l'opéra a tiré un grand bénéfice de la plus grande densité de l'action, de la qualité littéraire, de la construction dramatique solide et des situations émouvantes, se prêtant particulièrement bien à une mise en musique. En introduisant le personnage du souverain compréhensif et clément, Métastase se rapprochait déjà de l'esprit des Lumières. Son influence s'est fait sentir jusqu'à l'époque de Mozart.

Johann Adolf Hasse (1699-1783)

À en croire la critique de l'époque, ses œuvres représentaient l'incarnation parfaite des principes de Métastase. Il a entretenu du reste de longues relations amicales avec le roi du livret. Près de la moitié de ses 63 opéras sont des mises en musique directes ou indirectes de livrets de Métastase. Il a été l'un des représentants marquants de l'*opera seria*, un genre très prisé par la cour et l'aristocratie. Hasse a vécu et travaillé dans trois grands centres musicaux de l'époque: Dresde, Venise et Naples. En Italie, on le surnommait *Il Sassone* (le Saxon), un signe de reconnaissance qui n'a été accordé à aucun autre compositeur.

En bas, à droite
Johann Adolf Hasse (1699-1783), gravure d'après un portrait de Rotari.

Antonio Vivaldi (1678-1741), caricature de Pier Leone Ghezzi (1674-1755), 1723.

Ci-dessous
Stefano Dionisi dans le rôle de Farinelli, photo du film *Farinelli* de Gérard Corbiau, France, 1995.
L'art des castrats fait partie des mystères de l'opéra. Malgré son registre aigu de soprano ou d'alto, leur voix était semble-t-il plus puissante, plus rayonnante et plus virile que les voix de femmes actuelles.

Antonio Vivaldi (1678-1741)

La postérité tarde à prendre conscience que le rénovateur fondamental de la musique baroque instrumentale italienne, le génie inépuisable du concerto, s'est consacré à l'opéra dans la seconde moitié de sa vie, à partir de 1713. Vivaldi nous a laissé plus de 20 opéras, qui sont encore bien mal connus. Bien qu'il n'ait pas atteint dans ce domaine l'importance qui est la sienne dans celui de la musique instrumentale et bien que ses contemporains aient souvent critiqué vertement les lacunes prétendues ou réelles de ses opéras, Vivaldi a indéniablement fait partie des compositeurs scéniques italiens les plus prisés. Il a également exercé les fonctions d'impresario. Le principal attrait des opéras de Vivaldi est la grande qualité musicale de leurs airs. Au cours de sa première période de compositeur d'opéras, il a écrit des airs qui rappellent la forme du concerto. La partie vocale entretient en effet avec l'orchestre les mêmes rapports qu'un solo instrumental et la partie médiane de l'air évoque un passage instrumental en ritournelle. Cette construction sera supplantée dans ses opéras ultérieurs par la forme en *da capo*, simple et usuelle.

Farinelli (Carlo Broschi), lithographie de J. Wagner, d'après la peinture de Jacopo Amiconi.
Farinelli, star divinisée, dans un décor de l'Antiquité grecque (sur le Parnasse ?). Il reste indifférent à la présence de sa muse à demi nue.

Farinelli, le roi des chanteurs

L'opéra a connu son apogée entre 1720 et la Révolution française. Jamais on n'avait composé autant d'opéras, jamais ce genre artistique n'avait fait aussi durablement l'objet de discussions animées, voire de véritables querelles. Ce fut aussi l'âge d'or des chanteurs, et surtout des castrats. Caffarelli, Senesino, Ranuzzini et d'autres étaient adulés par les têtes couronnées. Ils ont été les grandes stars du XVIIIe siècle. Et leur roi à tous, le Paganini de l'art vocal pourrait-on dire, fut indéniablement Farinelli (de son vrai nom Carlo Broschi, 1705-1782). Entre 1734 et 1737, il ruina Haendel à Londres, car il faisait partie de la troupe d'opéra rivale. Il quitta la capitale anglaise couvert d'or pour se rendre à la cour du roi d'Espagne, où chaque soir il apaisait le roi Ferdinand VI, dépressif et insomniaque par son chant divin (les pièces favorites du souverain étaient des airs de Hasse). Il était le « rossignol » de cette cour déprimante, où il demeura jusqu'à la mort du roi, en 1759, aux côtés de ce génial claveciniste qu'était Domenico Scarlatti (neveu du compositeur d'opéras). Il s'installa ensuite à Bologne, où il vécut riche et célèbre. Il eut notamment pour visiteurs Gluck et Mozart, Joseph II d'Autriche et Casanova…

Radamisto

Opera seria en trois actes

Livret: Nicola Francesco Haym d'après le livret de Benedetto Domenico Lalli destiné à *L'Amor tirannico*, *dramma per musica* de Francesco Gasparini

Création: 1re version: le 27 avril 1720 à Londres (Haymarket Theatre); 2e version: le 28 décembre 1720 à Londres (Haymarket Theatre)

Personnages: Radamisto, fils de Farasmane (alto), Zenobia, femme de Radamisto (sop.), Farasmane, roi de Thrace (basse), Tiridate, roi d'Arménie (basse), Polissena, sa femme, fille de Farasmane (sop.), Tigrane, prince du Pont (sop.), Fraarte (sop.)

Argument
En Thrace et en Arménie, vers 50 apr. J.-C.
La vie et l'amour de Radamisto et de Zenobia sont menacés par le roi d'Arménie, Tiridate, qui déclenche une guerre pour s'emparer de Zenobia. Mais celle-ci reste fidèle à Radamisto, tout comme l'épouse de Tiridate, Polissena, conserve sa tendresse pour son mari. Tiridate est vaincu par un capitaine rebelle. La magnanimité l'emporte et les couples se retrouvent: un hymne à l'amour conjugal.

Acte I
La tente du roi arménien. Un campement militaire. Une place devant le palais de Radamisto.
Polissena se plaint de l'infidélité de son mari, Tiridate, roi d'Arménie. Il est tombé amoureux de Zenobia, l'épouse de Radamisto, successeur au trône de Thrace, dont il a attaqué le pays. Tigrane, le commandant de Tiridate, fait la cour à Polissena, qui le repousse. Radamisto et son père Farasmane sont capturés par les Arméniens. Ils auront la vie sauve s'ils acceptent de capituler. Farasmane, Radamisto et Zenobia refusent, ils sont prêts à mourir. Tiridate ordonne d'exécuter le père et le fils, mais son commandant Tigrane désobéit à cet ordre.

Acte II
Les rives de l'Arax. Les jardins de Tiridate. La salle du roi.
Radamisto et Zenobia sont arrivés à s'enfuir. Épuisée, Zenobia supplie son mari de la tuer. Il ne peut s'y résoudre et elle se jette dans le fleuve. Radamisto croit Zenobia morte. Mais Tigrane l'a sauvée et elle est entre les mains de Tiridate. Radamisto veut la libérer, mais Polissena s'interpose entre les deux hommes: l'un est son mari, l'autre son frère. Radamisto emploie alors la ruse: il se travestit et se fait passer pour mort.

Acte III
Une cour devant le palais du roi. À l'intérieur du palais. Le temple de Tiridate.
Tiridate harcèle Zenobia et lui offre la couronne de son royaume. Radamisto étant considéré comme mort, Tiridate n'est pas sur ses gardes et Radamisto parvient à se jeter sur lui traîtreusement. Polissena s'interpose à nouveau. Radamisto doit être exécuté. Tigrane abandonne Tiridate et empêche l'exécution de la sentence. Farasmane est rétabli sur le trône de Thrace. Radamisto, heureux de retrouver Zenobia, renonce à la vengeance. Tiridate se repent et revient à sa femme Polissena.

S. N.

Radamisto, photo de scène, mise en scène: Drew Minter, direction musicale: Nicholas McGegan, décors: Scott Blake, Deutsches Theater de Göttingen, 1993.
Radamisto est le premier opéra que Haendel a composé pour la Royal Academy of Music. Au troisième acte, le librettiste et le compositeur réunissent tous les protagonistes de cet opéra baroque pour nouer plus étroitement encore les fils de l'action – avant le dénouement final.

la fin des actes II et III), sont eux aussi d'une beauté émouvante. Haendel attachait beaucoup de prix à l'éclat des parties vocales et à l'orchestration. On remarquera ainsi la domination dans l'orchestre des flûtes, des trompettes et des cors à côté des hautbois et du basson. N 6, N 7

J.M.

Radamisto, photo de scène, mise en scène : Drew Minter, direction musicale : Nicholas McGegan ; décors : Scott Blake, Deutsches Theater de Göttingen, 1993.
La renaissance haendélienne du XXe siècle a pris son départ à Göttingen. Les initiatives de cette ville trouvèrent ensuite un écho à Halle – la ville natale de Haendel. Les Archives Haendel se trouvent aujourd'hui à Halle, alors que le Festival Haendel de Göttingen reste un haut lieu de l'interprétation haendélienne internationale. On doit de remarquables exécutions au travail de recherche des chefs d'orchestre John Eliot Gardiner et Nicholas McGegan.

Ci-dessous
Haendel et le roi George Ier d'Angleterre lors d'une croisière musicale sur la Tamise, eau-forte coloriée d'après la peinture d'Edouard Hamman (1819-1888).
Haendel entretenait des relations amicales avec la famille royale, originaire d'Allemagne. Cette amitié lui valut quelques déboires dans le cadre d'intrigues politiques, car l'opposition aristocratique chercha plusieurs fois à irriter la cour en organisant des scandales à l'opéra.

Opéra héroïque

Radamisto est un opéra baroque héroïque – baigné, comme il se doit, de sang et de terreur. Le véritable sujet de cet ouvrage – comme le remarqua déjà le public de l'époque – est l'amour conjugal.

L'amour de Radamisto et de Zenobia qui triomphe de tous les obstacles a pour contrepoint le sort de Polissena. C'est elle la véritable héroïne de l'opéra, car elle reste fidèle à un époux tyrannique et infidèle malgré toutes les tentations. Il lui doit même la vie. L'air le plus populaire de l'opéra est *Ombra cara di mia sposa* (Ombre chère de mon épouse, acte II), où Radamisto pleure la perte présumée de sa femme. Cette plainte a inspiré à Haendel l'une de ses cantilènes les plus enchanteresses. Le compositeur lui-même en faisait grand cas, car il affirma plus tard à son biographe John Mainwaring que c'était son meilleur air – avec l'aria *Cara sposa* de → *Rinaldo*. N 5

Les deux duos de Radamisto et de Zenobia, placés à deux endroits très en vue de l'opéra (respectivement à

À droite
Janet Baker dans le rôle de Jules César, Londres, 1984.
Lors de la création, le rôle titre était interprété par le chanteur préféré de Haendel, le célèbre castrat alto Senesino (env. 1680-1750) qui assura la création de plusieurs grands rôles de Haendel. Par la suite, on a remplacé les castrats par des cantatrices virtuoses, qui ont dû incarner avec crédibilité des personnages masculins et maîtriser des parties vocales très ardues. Grâce à la technique vocale britannique, qui s'enracine dans la pratique chorale et se caractérise par un vibrato très faible, de grandes altos et mezzosopranos anglaises – comme Janet Baker (née en 1933) – ont été parmi les premières à se rapprocher de l'idéal de l'art vocal baroque.

Giulio Cesare in Egitto
Jules César en Égypte

Dramma per musica en trois actes

Livret : Nicola Haym, d'après un livret de Giacomo Francesco Bussani
Création : le 20 février 1724 à Londres (Haymarket Theatre)
Personnages : Giulio Cesare/Jules César, premier imperator romain (alto), Curio, tribun romain (basse), Cornelia/Cornélie, épouse de Pompeo/Pompée (alto), Sesto/Sextus, fils de Cornélie et de Pompée (sop.), Cleopatra/Cléopâtre, reine d'Égypte (sop.), Tolomeo/Ptolémée, roi d'Égypte, frère de Cléopâtre (alto), Achillas, général et conseiller de Ptolémée (basse), Nireno/Nirenus, confident de Cléopâtre et de Ptolémée (alto) ; suite de César, conjurés (chœur)

Argument
En Égypte, en 48 av. J.-C., pendant la campagne de César contre Pompée.
Jules César écrase tous ses adversaires et échappe à tous les attentats politiques ; mais il succombe aux sortilèges de l'amour. C'est ainsi que le plus puissant homme d'Europe sert de tremplin à une ambitieuse princesse égyptienne.

Acte I
Une plaine au bord du Nil. Les appartements de Cléopâtre. Le camp de César. Une salle dans le palais de Ptolémée. César a porté un coup décisif à son rival politique à Rome avant de pourchasser Pompée en fuite jusqu'en Égypte. À la demande de la femme et du fils de Pompée, Cornélie et Sextus, il est disposé à se réconcilier avec son adversaire. C'est alors que Ptolémée, souverain d'Égypte, lui offre en présent la tête de Pompée. L'Égyptien dispute le trône à sa sœur Cléopâtre et espère obtenir le soutien du Romain. Mais César ne lui en est pas reconnaissant. Ptolémée décide alors d'assassiner César avec l'aide d'Achillas et promet à son général de lui donner Cornélie en récompense. Cléopâtre s'introduit auprès de César, déguisée en servante. Il succombe à ses charmes et lui promet son soutien. Ptolémée organise en l'honneur de César un banquet au cours duquel le Romain doit être assassiné. L'attentat échoue. Cornélie et Sextus font alors irruption dans le palais de Ptolémée pour venger la mort de Pompée. Cet attentat échoue également : Sextus est jeté au cachot, Cornélie est enfermée dans le sérail de Ptolémée.

Acte II
Les appartements de Cléopâtre. Les jardins du sérail. Jardins de délices de Cléopâtre. Les jardins du sérail.
Cléopâtre gagne l'amour de César au cours d'un tendre tête-à-tête troublé par les sbires de Ptolémée. César se jette à la mer pour leur échapper. On le tient pour mort. Achillas réclame à Ptolémée la récompense promise en échange de ses services : Cornélie. Ptolémée le repousse avec mépris. Achillas passe alors dans le camp des Romains.

Acte III
Une forêt près d'Alexandrie. Le port. Les appartements de Cléopâtre. La salle du trône. Le port d'Alexandrie.
Vainqueur de Cléopâtre et de ses alliés romains, Ptolémée ordonne l'exécution de sa sœur. Achillas, mortellement blessé au cours du combat, remet à Sextus sa bague de commandement. César a échappé à la mort et reprend le commandement. Il écrase Ptolémée et offre le trône à Cléopâtre.

S. N.

Giulio Cesare in Egitto, photo de scène avec Graciela Araya dans le rôle de Jules César, mise en scène, décors et costumes : Herbert Wernicke, direction musicale : Michael Hofstetter,. Théâtre de Bâle, 1998.
Herbert Wernicke sait remarquablement associer un jeu léger et pétillant, la poésie visuelle et les allusions riches en métaphores.

Originalité musicale

Giulio Cesare in Egitto est resté l'opéra le plus populaire de Haendel. La richesse de sa caractérisation musicale, sa qualité élevée parfaitement homogène et son pathos clair et noble en font un authentique chef-d'œuvre. Le grand récitatif accompagné de César, méditation sur le sens de l'existence qu'il chante seul devant la dépouille mortelle de son noble ennemi Pompée (*Alma del gran Pompeo*, acte I, scène 7), son air vigoureux accompagné d'un brillant cor obligé (*Va tacito*, acte I, scène 9), la plainte bouleversante (*Piangero*) de Cléopâtre (acte III, scène 3) ou l'air de vengeance archétypal de Sextus (*La giustizia*, acte III, scène 5) font partie des moments les plus admirables de toute la littérature de l'opéra. N 8, N 9, N 10

Il s'agit en outre de la partition d'opéra la plus riche de Haendel (quatre cors, flûtes à bec, flûtes traversières et parties de basson divisées). En plus du solo de cor déjà mentionné, elle ménage de merveilleux *soli* de violon et de hautbois. La scène qui se déroule dans le bosquet de cèdres (acte II, scène 1), où les timbres singulièrement subtils de la harpe, du théorbe et de la viole de gambe (musique de scène) se mêlent au son du reste de l'orchestre, représente un sommet absolu. Et comme on est loin ici de la juxtaposition monotone d'airs *da capo*! Mouvements instrumentaux, récitatifs accompagnés, cavatines, chœurs, duos (on songe surtout au merveilleux *Son nata a lagrimar* de Cornélie et Sextus, acte I, scène 11, finale) et toute une série d'ensembles assurent à *Giulio Cesare* une diversité sans égale dans la tradition de l'*opera seria*. N 11   J.M.

Giulio Cesare in Egitto, croquis de décor de Leo Pasetti, mise en scène : Max Hofmüller, direction musicale : Hans Knappertbusch, Nationaltheater de Munich, 1923 (TWS).
Leo Pasetti a été l'un des plus grands décorateurs du XXe siècle. Ses projets de décor s'inspirent de l'esprit de la musique. Les couleurs contrastantes et vives prêtent à l'image des traits expressionnistes. Ce type de peinture s'adapte particulièrement bien à la musique baroque pleine d'élan de Haendel.

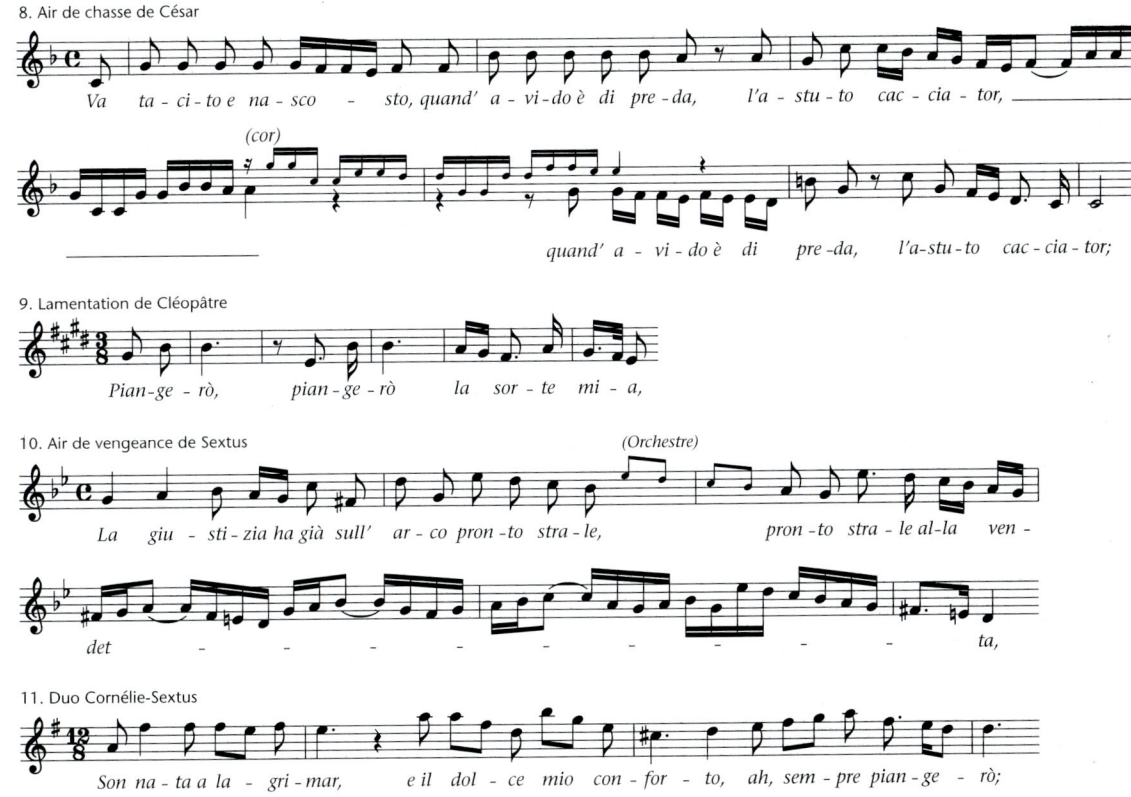

Le favori du public

Giulio Cesare reste le plus populaire des opéras de Haendel. Du vivant même du compositeur, cette œuvre a été reprise trois fois à Londres et a connu un total de 38 représentations. Entre 1725 et 1737, le public de l'Opéra de Hambourg a également fêté les héros de l'histoire romaine. Cet opéra a été redécouvert à Göttingen en 1922 et fait partie depuis des piliers du répertoire international.

Tamerlano
Tamerlan

Dramma per musica en trois actes

Livret : Agostino Piovene, d'après la tragédie *Tamerlan ou La Mort de Bajazet* de Jacques Pradon, adaptée par Nicola Francesco Haym
Création : le 31 octobre 1724 à Londres (Haymarket Theatre)
Personnages : Tamerlano/Tamerlan, empereur des Tartares (alto), Bajazete/Bajazet Ier, sultan turc, prisonnier de Tamerlan (tén.), Asteria, fille de Bajazet, amante d'Andronicus (sop.), Andronico/Andronicus, prince grec, allié de Tamerlan, amant d'Asteria (alto), Irène, princesse de Trébizonde, fiancée de Tamerlan (alto), Leone, confident d'Andronicus et de Tamerlan (basse), Zaida, confidente d'Asteria (rôle muet)

Argument
À Pruse, capitale de la Bithynie, en 1403.
Une intrigue fomentée par Tamerlan pour obtenir l'amour d'Asteria, elle-même attirée par Andronicus, déclenche des tentatives de suicide et d'assassinat en chaîne. Le malheur ne sera conjuré que lorsque Bajazet se sacrifiera pour protéger sa fille, annonçant une fin heureuse pour tous.

Acte I
La cour du palais de Tamerlan, à Pruse. Appartements de Bajazet et d'Asteria. La cour du palais.
Tamerlan, empereur des Tartares, a annexé l'empire turc et capturé le sultan Bajazet ainsi que sa fille, Asteria. Le prince grec Andronicus vit à la cour de Tamerlan. Il aime Asteria, et son amour est payé de retour. Pour des raisons politiques, Tamerlan s'est fiancé sans la connaître avec la princesse Irène de Trébizonde. Mais il courtise cependant Asteria qui, comme son père, repousse ce parvenu avec horreur. Tamerlan n'ignore rien de l'amour d'Andronicus et recourt à la ruse, calomniant le Grec auprès d'Asteria. Irène séjourne incognito à la cour de Tamerlan et observe tout.

Acte II
Un portique devant les appartements de Tamerlan. La salle du trône.
Après avoir menti à Asteria, Tamerlan abuse également Andronicus. Asteria s'est résolue à accepter les projets de mariage de Tamerlan dans la seule intention de l'assassiner. Ignorant ses desseins, Andronicus et Bajazet sont profondément bouleversés par l'annonce de ce mariage. Irène de Trébizonde se présente comme son propre envoyé et rappelle sa promesse à l'empereur des Tartares. En vain. La date du mariage est fixée. Bajazet menace sa fille de se suicider, ce qui l'oblige à révéler son projet d'assassinat. Tamerlan est fou de rage.

Tamerlano, photos de scène avec Axel Köhler dans le rôle de Tamerlan, mise en scène : Peter Konwitschny, Opernhaus Halle, 1990.
D'abord assistant de Ruth Berghaus au Berliner Ensemble, Peter Konwitschny est devenu l'un des plus grands metteurs en scène d'opéra du XXe siècle, grâce au talent magistral avec lequel il rend l'essence des scènes musicales. Sa mise en scène de *Tamerlano* a été un chef-d'œuvre d'élucidation des facettes psychologiques de l'œuvre.

Acte III
La cour du sérail. La salle impériale au palais, avec préparatifs de banquet.
Condamnés à périr d'une mort ignominieuse, Bajazet et Asteria se procurent du poison. Tamerlan humilie Asteria en l'obligeant à servir comme esclave lors d'un banquet. Elle en profite pour verser du poison dans une coupe. Irène empêche cet attentat, révèle son identité et gagne les bonnes grâces de Tamerlan. Asteria doit être livrée aux esclaves pour qu'ils la violent. Bajazet s'empoisonne alors sous les yeux de Tamerlan et fait appel à la conscience du tyran. Asteria attend la mort. La vie n'a plus aucun attrait pour Andronicus non plus. Mais le suicide de Bajazet a adouci Tamerlan, qui fait enfin preuve de clémence. Il épouse Irène et accepte le mariage d'Andronicus et d'Asteria.

S. N.

Un ténor dans un rôle principal
En 1724, Haendel engagea un nouveau chanteur à la Royal Academy of Music, le célèbre Francesco Borosini. Il a été le premier grand ténor italien que Londres ait connu. Il a également joué un rôle dans la composition de *Tamerlano*, car c'est lui qui a fait découvrir à Haendel ce sujet sous forme d'un opéra de Francesco Gasparini. On prétend même qu'il aurait eu l'idée de la fin tragique (le suicide et le monologue de Bajazet, magistralement composés par Haendel sous forme d'un mélange de récitatifs et d'ariosos). Le simple fait que le personnage principal tragique de Bajazet ait été destiné à une voix de ténor donne à cet opéra une place particulière. Il s'agit en effet du premier rôle important de ténor de toute l'histoire de l'opéra. Après les innombrables ténors héroïques de l'opéra romantique, on a peine à comprendre pourquoi l'*opera seria* confiait les rôles de héros masculins à des castrats et à des sopranos féminins, mais aussi à des castrats à voix d'alto, et pourquoi – jusqu'à *Tamerlano* – les ténors semblaient impropres à tenir ces parties. La basse avait toujours été un type vocal autonome, alors que le ténor était considéré comme un pâle succédané du soprano.

J. M.

Rodelinda

Dramma per musica en trois actes

Livret : Antonio Salvi, d'après la tragédie *Pertharite, roi des Lombards* de Pierre Corneille, adaptée par Nicola Francesco Haym

Création : le 13 février 1725 à Londres (Haymarket Theatre)

Personnages : Rodelinda, reine des Lombards et épouse de Bertarido (sop.), Bertarido, chassé de son trône par Grimoaldo (alto), Grimoaldo, amant d'Eduige (tén.), Garibaldo, duc de Turin, en révolte contre Bertarido, ami de Grimoaldo (basse), Eduige, sœur de Bertardio (alto), Unulfo, noble lombard, conseiller de Grimoaldo, resté secrètement l'ami de Bertarido (alto) ; Flavio (rôle muet)

Argument

À Milan, au VIIe siècle.
Grimoaldo a chassé le roi des Lombards et rompu avec sa fiancée pour épouser la reine Rodelinda. Son ami Garibaldo est bien décidé à marcher sur ses traces. Renonçant lui aussi à la vertu et à la compassion, il n'a plus qu'une idée en tête : évincer Grimoaldo du trône. Seuls les personnages chassés, persécutés et repoussés conservent leur amour et restent fidèles. Ils renoncent à la vengeance et sauvent Grimoaldo de son perfide ami. Le méchant se repent – liesse générale.

S.N.

Apologie du mariage

Bien que Haendel (qui a toujours manifesté un vif intérêt pour la gent féminine et plus particulièrement pour les jolies cantatrices) soit resté un célibataire convaincu, c'est avec une grande poésie qu'il a mis en musique l'amour conjugal dans ses opéras. Le rôle de l'héroïne est dévolu à l'épouse. Comme dans → *Radamisto*, *Rodelinda* célèbre le triomphe de la fidélité conjugale. On a souvent comparé *Rodelinda* au → *Fidelio* de Beethoven. En effet, le point culminant de ces deux œuvres est une scène de libération. Remarquons en passant que Beethoven est lui aussi resté célibataire...

Rodelinda, croquis de décor de Hans Strohbach, Grosse Volksoper de Berlin, 1924 (TWS).
Cette aquarelle aux teintes pastel rend le caractère fondamental de l'opéra de manière plus pertinente encore que le décor réalisé. Dans sa musique, Haendel aimait à décrire la nature – comme il le fit également dans ses oratorios plus tardifs – et *Rodelinda* contient de ravissantes scènes de nature.

Orlando

Opera seria en trois actes

Livret : adaptateur anonyme du livret de Carlo Capece d'après l'épopée *Orlando furioso* (*Roland furieux*) de Ludovico Ariosto (l'Arioste)
Création : le 27 janvier 1733 à Londres (Haymarket Theatre).
Personnages : Orlando/Roland (alto), Angelica, reine de Catai (Chine), amante de Medoro (sop.), Medoro, prince africain (alto), Dorinda, bergère (sop.), Zoroastro, magicien (basse)

Argument

Le magicien Zoroastro veut conduire son ami Orlando sur la voie de la vérité et de l'héroïsme chevaleresque. Mais Orlando est pris dans les rets d'un amour malheureux pour avec la princesse Angelica, qui finit par s'enfuir avec Medoro, le prince maure dont elle est amoureuse. Pour protéger les fugitifs, Zoroastro trouble l'esprit d'Orlando. Dans son délire, celui-ci s'apprête à commettre des actions effrayantes. Délivré de sa folie par Zoroastro, Orlando reconnaît la vérité, renonce à l'amour et se consacre entièrement à la vie chevaleresque. Angelica et Medoro peuvent alors, comme tous les amants, jouir d'un bonheur sans mélange.
S. N.

Orlando, Alcina – quelques similitudes

Ces deux opéras renoncent à une trame historique pour s'inspirer, l'un comme l'autre, d'un épisode du *Roland furieux* de l'Arioste. Un magicien ou une magicienne y jouent un rôle déterminant (bien que dans une fonction très différente). Enfin, les deux ouvrages exigent une réalisation scénique riche en grands effets. Il est vrai qu'avec ses cinq personnages *Orlando* relève davantage de l'œuvre de chambre, alors qu'*Alcina* a tout du grand opéra, de l'authentique pièce à grand spectacle avec ses sept chanteurs solistes, son chœur et son ballet. Parallèlement au masque *Acis and Galatae* de 1718, c'est dans *Orlando* et *Alcina* que l'influence de Purcell est la plus manifeste.

Zoroastro et Alcina – précurseurs de la *Flûte enchantée* ?

Zoroastro et Alcina ne sont pas sans évoquer Sarastro et la reine de la Nuit de → *La Flûte enchantée* de Mozart. Leurs tessitures renforcent encore cette association : Zoroastro est une basse (un registre rare dans l'*opera seria*), Alcina une soprano coloratura. Zoroastro veut libérer le jeune chevalier Orlando de sa folie amoureuse égoïste, Alcina se livre au contraire à la magie noire et cherche à tout détruire par jalousie.

Alcina

Dramma per musica en trois actes

Livret : adaptateur anonyme du livret d'Antonio Fanzaglia, d'après les sixième et septième chants de l'épopée *Orlando furioso* (*Roland furieux*) de Ludovico Ariosto (l'Arioste)
Création : le 16 avril 1735 à Londres (Covent Garden Theatre)
Personnages : Alcina, magicienne (sop.), Ruggiero (sop.), Morgana, sœur d'Alcina (sop.), Bradamante, fiancée de Ruggiero – apparaît aussi déguisée sous les traits de Ricciardo (alto), Oronte, commandant des troupes d'Alcina (tén.), Melisso, confident de Bradamante (basse), Oberto, fils du paladin Astolfo (sop.) ; dames, pages, servantes, jeunes chevaliers, créatures magiques, esprits infernaux (chœur)

Argument

Alcina, la belle magicienne, a envoûté Ruggiero, qu'elle retient sur son île. L'amour fidèle de Bradamante, qu'il semble avoir oublié dans les bras d'Alcina, le sauve. Le royaume enchanté d'Alcina disparaît.
S. N.

Alcina, photo de scène avec Eva Mei dans le rôle d'Alcina et son cercle enchanté, mise en scène : Jürgen Flimm, décors : Erich Wonder, direction musicale : Nikolaus Harnoncourt, Wiener Festwochen, 1997.
Les productions récentes cherchent régulièrement à détacher les opéras de Haendel de leur cadre mythologque et de leur univers féerique pour les transposer à différentes époques se prêtant mieux à l'expression des sentiments d'un vrai drame musical. La coproduction des Wiener Festwochen et de l'Opéra de Zurich en 1997 en offre un bon exemple. Le drame musical de Haendel trouve un lieu idéal dans le décor qu'Erich Wonder a conçu pour cette mise en scène.

Alcina, photo de scène avec Sonia Theoduridu, mise en scène, décors et costumes : Herbert Wernicke, direction musicale : Michael Hofstetter, Théâtre de Bâle, 1996.
Wernicke a su s'éloigner sans tapage des conventions de la tradition haendélienne érudite pour mettre en scène des situations psychologiques avec une poésie et une imaginations rares.

Ci-dessous
Alcina, photo de scène avec Hedwig Fassbender et Anette Markwander, mise en scène, décors et costumes : Herbert Wernicke, direction musicale : Michael Hofstetter, Théâtre de Bâle, 1996.

Tours de magie avec ballet

Dans sa logique interne, *Alcina* s'écarte fondamentalement d'*Orlando*. Alors que dans ce dernier, le bon magicien Zoroastro veille avec une bienveillance imperturbable sur les agissements des mortels, dans *Alcina*, la magicienne (le rôle-titre) agit en femme mue par un désir passionné. Dans *Orlando*, le conflit repose sur le choix du chevalier entre l'amour et la chevalerie sans passion, alors que Ruggiero hésite entre l'amour sensuel (Alcina) et l'amour pur (Bradamante). On pourrait dire qu'Alcina incarne Zoroastro et Orlando en une seule personne, sous des traits féminins, certes, dotée de pouvoirs magiques et totalement emportée par sa passion. La structure de l'opéra doit beaucoup à la présence d'une troupe de ballet française – la troupe de Marie Sallé – que l'impresario John Rich venait d'engager pour son ensemble théâtral récemment installé au théâtre de Covent Garden rénové, c'est-à-dire pour la troisième Académie de la saison 1734-1735. Cela explique pourquoi tous les actes d'*Alcina* contiennent un numéro de ballet – toujours parfaitement intégré à l'action. J. M.

Alcina, croquis de costume de Maria-Luisa Walek, mise en scène : Hans Hartleb, décors : Heinz Balthes, Badisches Staatstheater, Karlsruhe, 1978 (TWS).
Alcina doit sa résurrection au magnifique rôle de soprano du rôle-titre. C'est la grande cantatrice Joan Sutherland qui a permis à cette œuvre de retrouver sa place au répertoire international en l'interprétant à Londres en 1957, dans une mise en scène de Franco Zeffirelli. Cette production a connu un succès triomphal. Au cours des seules vingt dernières années, on compte au moins huit remarquables interprétations scéniques de cet opéra, dont celle de Karlsruhe en 1978.

Serse
Xerxès

Dramma per musica en trois actes

Livret: adaptateur anonyme d'un livret de Silvio Stampiglia
Création: le 26 avril 1738 à Londres (Haymarket Theatre)
Personnages: Serse/Xerxès, roi de Perse (sop.), Arsamene, frère de Serse, amant de Romilda (sop.), Ariodate, prince et général (basse), Romilda, sa fille (sop.), Atalanta, sa fille (sop.), Amastre, amante de Serse (alto), Elviro, serviteur d'Arsamene (basse); soldats, marins, prêtres (chœur)

Argument
À Abydos, sur l'Hellespont, en 480 av. J.-C.
Le roi Serse est amoureux de Romilda. Mais malgré tous les efforts du souverain, elle lui préfère son frère Arsamene. Par un mélange de maladresse et de ruse, l'esclave d'Arsamene, Elviro contribue, à résoudre un certain nombre de conflits. Finalement, Serse revient à Amastre qui lui est restée fidèle. Romilda et Arsamene sont unis.

S. N.

Larghetto
Parmi les trois derniers opéras de Haendel, c'est *Serse* qui s'est heurté à la plus grande incompréhension du public d'aujourd'hui. Cela n'a pas empêché cette œuvre d'être l'opéra de Haendel le plus joué au cours des soixante quinze dernières années. Le *Largo* (qui n'était qu'un *Larghetto* dans la partition originale) est devenu un des « tubes » les plus connus de la musique classique ; il a été interprété par les plus grands chanteurs et transcrit pour tous les instruments imaginables. N 12

Serse contient des situations tragiques aussi bien que comiques. Peut-être l'importance, rare dans l'*opera seria*, des aspects comiques et populaires tient-elle au grand succès de → *The Beggar's Opera* (*L'Opéra des gueux*) de Gay et Pepusch.

Serse, photo de scène avec Ann Murray dans le rôle-titre, mise en scène : Martin Duncan, décors et costumes : Ultz, direction musicale : Ivor Bolton, Bayerische Staatsoper, Munich, 1996.
Dans *Serse*, la musique de Haendel alterne constamment entre sérieux et comique – répondant parfaitement à l'humeur lunatique du personnage principal. Avec cet opéra, le dernier qu'il ait écrit pour le Haymarket Theatre de Londres, Haendel renouait également avec ses débuts, et notamment avec les couleurs satiriques d'*Agrippina*.

À gauche
Serse, croquis de costume d'Ute Frühling pour le général Ariodate, Karlsruhe, 1983 (TWS).
Les airs étant d'une longueur considérable et l'action se déroulant avec lenteur, le costume assume une fonction particulièrement importante.

12. Larghetto (air de Serse)

Om— — bra mai fù di ve-ge— -ta-bi-le ca-ra ed a-ma-bi-le so-a-ve più,

Giustino

Dramma per musica en trois actes

Livret: adaptation anonyme d'après un livret de Pietro Pariati
Création: le 16 février 1737 à Londres (Covent Garden Theatre)
Personnages: Anastasio, empereur de Byzance (sop.), Arianna, son épouse (sop.), Leocasta, sœur de l'empereur (alto), Amanzio, général des troupes impériales (alto), Giustino, paysan (alto), Vitaliano, tyran d'Asie mineure (tén.), Polidarte, son général (basse), La Fortuna (sop.), voix venant de l'intérieur du tombeau (basse); peuple, cour, matelots (chœur)

Argument
À Byzance, en Asie Mineure, entre les IVe et Ve siècles.
Fortuna, la déesse de la Chance, promet au paysan Giustino gloire, richesse et couronne s'il sort dans le vaste monde. Chemin faisant, Giustino arrive à la cour de l'empereur de Byzance. Il se dérobe cependant à toutes les intrigues, obéit à toutes les règles de la vertu, protège et délivre les individus menacés et persécutés. Cela lui vaut honneur et gloire, mais aussi solitude et misère. À l'instant où Giustino commence à douter de la Chance, elle se porte à son secours: le hasard lui permet d'obtenir la couronne. *S. N.*

Le rôle catalyseur du chœur
Dans *Giustino*, un opéra tardif de Haendel, le principal protagoniste est le chœur, qui incarne plusieurs groupes humains différents. Sur les 42 numéros que compte cet opéra, douze sont des mouvements choraux ou instrumentaux. On peut y déceler une influence française (les grands *Tableaux musicaux* de l'arsenal de la tragédie lyrique de Lully et de Rameau). Par ailleurs, on perçoit déjà l'intérêt de Haendel pour l'oratorio (à partir de 1733, le compositeur privilégia peu à peu ce genre national par rapport à l'opéra, ce qui lui valut de grands succès).

Deidamia, croquis de décor de Helmut Jürgens, mise en scène: Heinz Arnold, Bayerische Staatsoper de Munich, 1959 (TWS).
La scène baroque, dans une stylisation néo-classique. Ce décor doit élucider visuellement l'ancrage temporel de l'opéra baroque et l'intemporalité de la grandiose musique de Haendel. La redécouverte de l'opéra baroque vers la fin des années cinquante s'est accompagnée d'un intérêt nouveau pour les interprétations historiques de la musique ancienne.

Deidamia

Melodramma en trois actes

Livret: Paolo Antonio Rolli
Création: le 10 janvier 1741 (Theatre Royal Lincoln's), Inn Fields.

Personnages: Deidamia, fille du roi Lykomedes (sop.), Nerea, son amie, princesse (sop.), Achille, travesti en fille sous le nom de Pirra (mezzosop.), Ulisse/Ulysse, roi d'Ithaque, sous le nom d'Antilochos (tén.), Phénix, roi d'Argos (bar.), Lykomedes, roi de Skyros (basse), Nestor, roi de Pylos (rôle muet); compagnes de Deidamia, maîtres de cérémonie, cour (chœur)

Argument
Sur l'île de Skyros, dans la mer Égée, avant le début de la guerre de Troie. Peu après la naissance d'Achille, un oracle lui a prédit une mort précoce mais héroïque sur le champ de bataille. Pour lui éviter ce sort, ses parents le font élever sous des vêtements de fille chez un roi de leurs amis. Mais un autre oracle annonce qu'en l'absence d'Achille, l'armée grecque ne remportera pas la victoire au siège de Troie. Ulysse part donc à la recherche du guerrier grec disparu. Dans l'intervalle, Deidamia, la fille du roi, a reconnu le héros sous ses vêtements féminins. Achille et Deidamia se prennent d'affection l'un pour l'autre. Mais ni le subterfuge de ses parents ni l'amour de Deidamia ne sauveront Achille, qui aspire à prendre les armes et à faire la guerre. Au lieu d'apporter à Deidamia amour et bonheur, son mariage avec Achille ne lui vaut que les adieux de son bien-aimé *S. N.*

Échec d'un chef-d'œuvre
Le théâtre de Lincoln's Inn Fields n'a pas fait le bonheur de Haendel. C'est ici qu'en 1728 → *L'Opéra des gueux* de Pepusch et Gay fut donné 26 fois (!) d'affilée – cause directe de la faillite de la première Royal Academy of Music. Et c'est également ici que la carrière d'imprésario d'opéra de Haendel s'acheva au terme de trois mois d'activité. Le public accueillit *Deidamia* avec indifférence et l'ouvrage fut retiré au bout de trois représentations seulement. Cet échec était immérité, car il s'agit d'une remarquable mise en musique d'un livret d'une qualité exceptionnelle. Haendel se trouvait vraiment dans son élément. Sa peinture du personnage de Deidamia est d'une richesse et d'une diversité admirables. De plus, en la personne du rusé et aimable Ulysse, il a créé un intéressant pendant dramatique au personnage principal. *J. M.*

Karl Amadeus **Hartmann**

Né à Munich le 2 août 1905
Mort à Munich le 5 décembre 1963

Hartmann commence ses études pour devenir professeur avant de fréquenter l'Akademie für Tonkunst de Munich entre 1924 et 1929. Il participe en 1928 à la fondation de la série de concerts « Die Juryfreien » et se lie ainsi d'amitié avec Hermann Scherchen. Ses œuvres sont interdites en Allemagne entre 1933 et 1945. En 1936, son *Premier Quatuor à cordes* remporte le premier prix au concours de musique de chambre de Genève. En 1942, il prend des cours auprès d'Anton Webern, à Vienne. Il fonde en 1945 la série de concerts « Musica viva », qu'il dirigera jusqu'à sa mort, faisant jouer des œuvres interdites sous le régime nazi et offrant ainsi une tribune aux jeunes compositeurs.

Œuvres : *Das Wachsfigurenkabinett* (cinq petits opéras, 1929-1930) ; *Simplicius Simplicissimus* (1935, création 1949, nouv. version 1957). Huit symphonies, concertos, deux quatuors à cordes, musique pour piano, *Friede Anno 48* pour soprano, chœur et piano, d'après Andreas Gryphius, *Gesangsszene* pour baryton et orchestre, d'après Jean Giraudoux.

Simplicius Simplicissimus

Trois scènes de sa jeunesse

Livret : Hermann Scherchen, Wolfgang Petzet et Karl Amadeus Hartmann, d'après Hans Jakob Christoffel von Grimmelshausen
Création : version concertante le 2 avril 1948 à Munich (Bayerischer Rundfunk) ; version scénique le 20 octobre 1949 à Cologne (Theater der Stadt, Kammerspiele) ; nouvelle version le 9 juillet 1957 à Mannheim (Nationaltheater)

Personnages : Simplicius Simplicissimus (sop.), ermite (tén.), gouverneur (tén.), lansquenet (bar.), capitaine (basse), paysan (basse), dame (danseuse), récitant (rôle parlé) ; paysans, chœur et chœur parlé

Argument
En Allemagne centrale, pendant la guerre de Trente ans.
Introduction
Un récitant récapitule le nombre de victimes tuées au cours de la guerre de Trente ans.
Scène 1 Un jeune berger est chargé de garder des moutons. Il s'endort sous un arbre et rêve que l'arbre souffre sous le poids des hommes assis sur ses branches. Il est réveillé par un lansquenet. Son village est détruit et les habitants, dont ses propres parents, ont été tués.
Scène 2 Dans la forêt, l'orphelin rencontre un ermite qui le surnomme « Simplicius Simplicissimus » à cause de sa naïveté. L'ermite apprend au garçon à vivre dans la joie et dans l'harmonie avec la nature. Sentant la mort venir, il creuse une tombe et s'éteint paisiblement. Simplicius se retrouve à nouveau seul.
Scène 3 Dans le palais du gouverneur, les auteurs du carnage font ripaille. Ils accueillent Simplicius comme une sorte de bouffon. Simplicius se souvient de son rêve. Devenu plus avisé, il est désormais capable de l'élucider : les riches seigneurs et les généraux sont assis sur les branches, plus bas se trouvent les négociants et les hommes de guerre, tandis que les paysans sont contraints de travailler durement au niveau des racines. Une armée de paysans prend alors le château d'assaut. Le massacre est général. Simplicius s'en tire sain et sauf. Le récitant récapitule une fois encore le nombre de morts.

S. N.

Simplicius Simplicissimus, affiche du spectacle munichois, Bayerische Staatsoper au Theater am Brunnenhof, 1951.
L'arbre de la société, affiche et décor (voir page de droite). Dans *Simplicius Simplicissimus*, l'image traditionnelle de l'arbre de la société ou des classes sociales joue un rôle central. C'est une métaphore des rapports sociaux et des structures de pouvoir. Mais chez Hartmann, ce symbole n'a rien de statique ; c'est au contraire le moteur du drame. Quand Simplicius rêve pour la première fois de l'arbre, celui-ci incarne une vérité générale et abstraite. Ce n'est qu'à travers des expériences douloureuses que cette vérité l'aide à accéder à une conscience individuelle et concrète.

Simplicius Simplicissimus, croquis de décor de Helmut Jürgens, mise en scène: Heinz Arnold, Bayerische Staatsoper, Munich, 1960. D'autres motifs se cachent dans l'ancien symbole de l'arbre de la société et la mise en scène de *Simplicius Simplicissimus* s'est attachée à les élucider. L'arbre peut être compris comme le symbole de la vie, protégé par sa couronne de feuilles, ou comme un vétéran dénudé par les tempêtes, comme un être qui survit aux siècles, témoin du devenir et de la fugacité universels, devant lequel les destinées humaines prennent une valeur relative.

Profession de foi

Dans son *Esquisse autobiographique*, Karl Amadeus Hartmann a souligné que son art, et plus particulièrement son opéra *Simplicius Simplicissimus*, se fait l'écho d'une profession de foi. Le compositeur considérait l'année 1933 comme le début d'une évolution sociale pernicieuse de l'Allemagne, comme la « victoire de l'idée de despotisme ». Cet instant historique lui a fait prendre conscience de la nécessité d'affirmer ses convictions, de rappeler que l'homme est libre malgré tout, qu'en dépit des contraintes et des oppressions extérieures, il peut choisir librement sa voie, agir pour préserver la vie ou pour la détruire. En résumé : il n'existe pas d'« obligation d'obéissance » pour la conscience.

Une parabole historique ?

Hartmann prête un sens bien particulier à l'expérience de « l'émigration intérieure ». L'ermite montre à travers son existence que l'on peut rester intact moralement et faire le bien, malgré les revers extérieurs. Sa mort représente le centre de l'œuvre, un assoupissement paisible au milieu d'un enfer de mort et de destruction. Des générations ultérieures de compositeurs ont dû faire le voyage de l'Inde et découvrir les religions orientales pour comprendre ce message (citons ainsi → Cage, → Glass, → Reich, → Stockhausen). Simplicius est une sorte de Jedermann, ce personnage des mystères médiévaux qui accède au salut en choisissant la voie de la moralité. Les deux scènes extrêmes se répondent en miroir : assassinat et homicide sous des signes contraires, ici comme là, la violence engendre la violence. L'action est synonyme de prise de conscience, illustrée par le rêve de l'arbre que fait Simplicius et par son interprétation. Il ne s'agit donc pas d'un opéra d'action au sens usuel du terme. Si le « réalisme » est une attitude intellectuelle qui, au-delà de la surface des choses, cherche à révéler la structure d'une situation historique, alors *Simplicimus* d'Hartmann est réaliste. On est évidemment loin pourtant d'un naturalisme à effets. Il ne s'agit pas non plus d'une pièce historique. La guerre de Trente Ans n'a pas conduit à la guerre des Paysans, qui s'était déroulée un siècle plus tôt. L'opposition entre des assassins professionnels et les paysans qui résistent relève d'une situation historique plus générale, se référant au XXe siècle.

Citations, associations

On est frappé par la présence de genres musicaux typiques, marches, danses et chorals, couplets (scène 3), auxquels s'ajoute une allusion à la musique populaire juive (solo d'alto de l'ouverture). Mais on relève également des citations ou des allusions aux œuvres d'autres compositeurs, tels que Bach, → Stravinsky et → Prokofiev ; à l'instar de la mélodie juive, ces citations sont autant de signes sonores de la solidarité du compositeur avec la musique proscrite par les nazis. La citation du célèbre *Florian-Geyer-Lied* souligne musicalement le lien entre le destin de Simplicius et celui de beaucoup de ses frères humains. S.N.

Hartmann a composé une musique empreinte d'une affliction extrêmement expressive et d'une grande intériorité. Cette musique, qui n'a jamais résonné dans l'Allemagne nazie, a permis à Hartmann de manifester une intégrité éthique exceptionnelle et de servir d'exemple à la génération de compositeurs qui l'a suivi. Il a intégré des citations musicales dans un sens bien particulier : souvenir de choses oubliées et bannies, dialogue avec les esprits élevés de toutes les cultures et de tous les temps.

Vue côté parc du château à Eszterháza vers le sud, 1784 (Musée national hongrois).
L'esplanade située à gauche devant l'opéra – on la traversait pour assister au grand événement : les nobles s'installaient dans les loges, le public ordinaire au parquet, où les places étaient gratuites.

Une parade dans la cour du château à Eszterháza avec musiciens, 1784 (Musée national hongrois).
Haydn entra en 1761 au service de la famille Eszterházy. « Son » prince, Nicolas Ier, dit le Magnifique, devint en 1762, à 48 ans, le maître de la résidence d'Eisenstadt. Il fit immédiatement construire un château d'agrément à une cinquantaine de kilomètres à l'est d'Eisenstadt (sur l'actuelle frontière austro-hongroise), au milieu des marécages du lac de Fertö. Ce superbe bâtiment entouré d'un immense parc à la française fut achevé en 1766.

Joseph Haydn

Né à Rohrau (Autriche) le 31 mars 1732
Mort à Vienne le 31 mai en 1809

Haydn est originaire d'un milieu très modeste. Après la découverte précoce et fortuite de son talent musical, il reçoit une solide formation, entre dans le chœur de jeunes garçons de la cathédrale Saint-Étienne de Vienne (à partir de 1740), avant d'étudier avec Nicola Porpora, compositeur qui était également le plus célèbre professeur de chant de son temps. Il dirige ensuite l'orchestre privé du comte Morzin à Lukavce (Bohême), où il compose sa première symphonie (1759). En 1761, il entre au service de la famille du duc d'Eszterházy et exerce ses activités de compositeur attitré et de directeur de la vie musicale dans la résidence à Eszterháza jusqu'en 1790. Il y est fort apprécié de ses protecteurs. Ses œuvres sont publiées par des éditeurs viennois et lui valent une réputation internationale, sans l'obliger pourtant à quitter durablement la résidence ducale. Après sa mise à la retraite, il répond à l'invitation qui lui est faite de composer des symphonies pour la scène musicale anglaise et de venir en préparer l'exécution à Londres même. Ses deux voyages en Angleterre (1790-1792 et 1794-1796) sont d'immenses succès artistiques, mondains et financiers. Il y compose les douze *Symphonies Londoniennes*. Après son retour d'Angleterre, il s'établit à Vienne et, sur le modèle de Haendel, écrit deux grands oratorios (*La Création*, 1798 et *Les Saisons*, 1801). Au soir de sa vie, il est célébré comme le compositeur national par excellence (il est l'auteur de l'hymne impérial autrichien, qui est devenu depuis l'hymne national allemand).

Œuvres : Les opéras italiens, composés (à l'exception du dernier) pour l'opéra de la cour des Eszterházy, occupent une place prédominante dans la production scénique de Haydn. Les ouvrages qui nous sont parvenus intégralement sont les suivants : *La Canterina, intermezzo in musica*, 1766 ; *Lo Speziale, dramma giocoso*, 1768 ; *Le Pescatrici, dramma giocoso*, 1770 ; *L'Infedeltà delusa, burletta per musica*, 1773 (L'Infidélité déçue) ; *L'Incontro improvviso, dramma giocoso*, 1775, (La Rencontre imprévue) ; *Il Mondo della luna, dramma giocoso*, 1777 (Le Monde de la lune) ; *La Vera costanza, dramma giocoso*, 1779 (La Vraie Constance) ; *L'Isola disabitata, azione teatrale*, 1779 (L'Île inhabitée) ; *La Fedeltà premiata, dramma pastorale giocoso*, 1780 (La Fidélité récompensée) ; *Orlando Paladino, dramma eroico-comico*, 1782 ; *Armida, dramma eroico*, 1783 ; *L'Anima del filosofo ossia Orfeo ed Euridice, dramma per musica*, 1791, création 1951 (L'Âme du philosophe ou Orphée et Eurydice*) et l'unique *singspiel* qui nous soit parvenu (opéra pour marionnettes) : *Philemon und Baucis oder Jupiters Reise auf die Erde*, 1773 (Philémon et Baucis ou Le Voyage de Jupiter sur la Terre).

Principales œuvres : 104 symphonies, 84 quatuors à cordes, trios avec piano et autres pièces de musique de chambre, 52 sonates pour piano, oratorios et œuvres liturgiques.

*D*oyen de la triade du classicisme viennois, Haydn a inauguré une nouvelle ère musicale avec Mozart et Beethoven.

Un paradis de l'opéra

Au XVIIIe siècle, le petit opéra du château d'Eszterháza pouvait se flatter de posséder les dispositifs techniques scéniques les plus modernes, lesquels n'ont cependant pas été conservés. En vis-à-vis se trouvait le théâtre de marionnettes, où l'on donnait également des opéras. Ce curieux théâtre de marionnettes est évoqué dans la *Description du château princier d'Esterháss dans le royaume de Hongrie*, datant de 1784 : «… L'ensemble du parterre ressemble à une grotte, tous les murs, les niches et les ouvertures étant couverts de minerais, de pierres, de coquillages et d'escargots, ce qui lui prête un aspect fort étrange et frappant lorsqu'il est éclairé. Le théâtre est assez vaste, les décors tout à fait gracieux, les marionnettes aussi sont fort bien confectionnées et superbement vêtues. – On n'y donne point seulement des farces et des comédies, mais également des *opera seria* ; c'est ainsi que la défunte Marie-Thérèse accorda de bienveillants applaudissements à l'opéra *Alceste* et admira les changements de décor instantanés et invisibles. »

Le Magnifique

Haydn entra en 1761 au service d'une grande famille de l'aristocratie hongroise. Le fondateur de la dynastie princière, Pál Eszterházy (1635-1713), était lui-même un ami des arts. Il composait et, « accessoirement », mena dans les années 1680 des campagnes militaires victorieuses contre les Turcs. Ses successeurs héritèrent de ses goûts artistiques. Ce fut tout particulièrement le cas de Nicolas Ier, dit le Magnifique. En 1762, à 48 ans, Nicolas devint le maître de la résidence d'Eisenstadt et se lança immédiatement dans la construction d'un château d'agrément situé à une cinquantaine de kilomètres à l'est

Eszterháza, paradis de l'opéra – **Haydn** 217

Une représentation d'opéra (probablement) à Eszterháza, entre 1766 et 1790, gouache (Deutsches Theatermuseum, Munich). Cette rare représentation d'une exécution d'opéra au XVIIIe siècle a probablement pour cadre le théâtre du château d'Eszterháza. On joue un opéra à sujet exotique. La qualité des décors et la figure de l'ange dans les nuages (en haut à droite) témoignent du haut développement de la culture technique et picturale du théâtre baroque. La représentation de l'orchestre est fort intéressante. Le Kapellmeister (peut-être Haydn lui-même) est assis à gauche, au clavecin, entouré par la basse (violoncelle, contrebasse, basson). Ces trois instruments forment le fondement de la musique (la fameuse basse continue). On remarque en outre deux hautboïstes, six ou sept violonistes et altistes. L'orchestre traditionnel de l'époque comprenait également deux cornistes. Leur absence sur cette image nous conduit à penser que, conformément aux usages du temps, ils étaient en train de jouer d'un autre instrument.

d'Eisenstadt (à Fertö, sur l'actuelle frontière austro-hongroise), au milieu des marécages du lac de Fertö. Ce superbe bâtiment entouré d'un immense parc à la française fut terminé en 1766 et l'on y construisit deux théâtres au cours des années suivantes.

Haydn, compositeur et chef d'orchestre d'opéras
Haydn était avant tout un compositeur instrumental. Cela n'empêcha pas l'opéra de jouer un rôle important dans sa carrière, particulièrement pendant ses longues années de service à Eszterháza. Les statistiques sont ahurissantes: en l'espace d'une trentaine d'années, le petit opéra du château servit de cadre à quelque 1 200 représentations d'opéras, dont 88 créations. On y donna notamment des opéras de Haydn. Ce dernier ne s'est pas contenté de faire étudier et exécuter les ouvrages de ses contemporains – Anfossi, Cimarosa, Gazzaniga, Guglielmi, Traetta, Paisiello, Piccini, Sarti et Gluck –, il les a également remaniés ou complétés pour les adapter aux contraintes locales. Ainsi, de nombreux airs de Haydn ont été conservés sous forme d'interpolations dans les opéras d'autrui. Ses opéras cherchaient à satisfaire les goûts de la cour, mais non à les influencer. Alors que sous le prince Nicolas Ier, la musique instrumentale atteint un niveau remarquable grâce à l'originalité de Haydn, la résidence en marge de l'Europe ne put rivaliser, dans le domaine de l'opéra, avec Paris, Londres, Vienne et quelques villes italiennes d'importance. T. Sz

Ci-dessous
L'opéra princier du château à Eszterháza, plan et élévation. Gravure d'après Joseph von Fernstein tirée de *Description du château princier d'Esterháss dans le royaume de Hongrie*, 1784 (Musée national hongrois).
« On joue tous les jours alternativement des *opere serie* aussi bien que des *opere buffe* et des comédies allemandes, auxquels le prince assiste toujours et dont il fixe généralement l'horaire à six heures du soir. On ne saurait décrire les délices qui s'offrent ici aux yeux et aux oreilles. Par la musique qui pénètre l'âme, lorsque l'orchestre tout entier résonne soudain, avec tantôt la plus émouvante délicatesse, tantôt la plus violente puissance des instruments – car c'est le grand musicien, monsieur Haydn, qui se trouve au service princier comme Kapellmeister, qui la dirige –, mais aussi par l'éclairage excellent, par les décors les plus trompeurs, avec des nuages portant des dieux qui descendent lentement ou remontent pour disparaître en un instant; on se trouve transporté dans les jardins les plus charmants, dans une forêt ensorcelante, dans une salle somptueuse. »

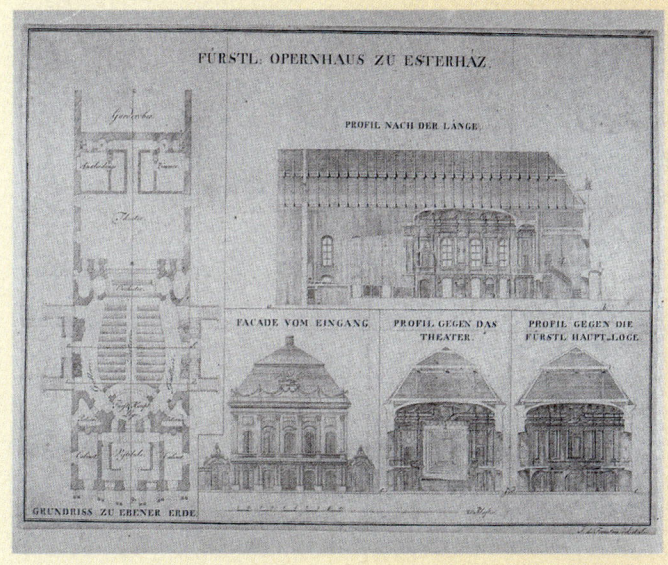

L'Isola disabitata, photo de scène, mise en scène : Alexander Schulin, direction musicale : Francesco Corti, Staatsoper Unter der Linden, Berlin, 1996.
L'Isola disabitata a été composée en 1779 sur un livret de Métastase. Conçue comme une *azione teatrale*, c'est-à-dire comme une pièce de cour solennelle, elle occupe une place exceptionnelle dans l'œuvre lyrique de Haydn. Cette œuvre a été le seul opéra de Haydn sur un livret italien qui ait été publié en réduction pour piano (1909) plusieurs décennies avant l'édition intégrale critique. Sa reprise en 1996 était placée sous le signe de la distance parodique.

À droite
L'Isola disabitata, photo de scène, mise en scène : Alexander Schulin, direction musicale : Francesco Corti, Staatsoper Unter den Linden, Berlin, 1996.
Cette pièce d'hommage (que Haydn lui-même qualifiait d'« opérette ») fut composée pour la fête du prince Nicolas, le 6 décembre. Mais à la suite d'un incendie survenu dans le bâtiment de l'opéra, sa création eut lieu au théâtre de marionnettes de la cour.

L'opéra : la nostalgie d'une vie

Haydn aurait déclaré à son premier biographe, Georg August Griesinger, qu'au lieu d'écrire des quatuors à cordes, des sonates et des symphonies, il aurait dû consacrer plus de temps à la musique vocale ; il aurait pu ainsi devenir le meilleur compositeur d'opéra de son temps. On ne peut que s'interroger sur les raisons qui l'incitèrent à s'en abstenir. Haydn vécut dans un relatif isolement. Il dut attendre d'avoir 60 ans pour pouvoir assister à des spectacles d'opéras hors des frontières de sa patrie (par exemple à Londres). Peut-être était-il trop enfermé dans les schémas traditionnels de l'opéra, peut-être avait-il trop peu de temps pour se consacrer aussi intensément à la musique scénique qu'à la musique instrumentale, peut-être aussi était-il moins doué pour ce genre que Gluck ou Mozart. On ne peut qu'admirer la lucidité avec laquelle Haydn appréciait sa place sur la scène lyrique. C'est avec perspicacité et modestie qu'en décembre 1787 (quelques semaines après la création à Prague du → *Don Giovanni* de Mozart), ce maître internationalement célèbre repoussa la prière des Praguois désireux d'obtenir de lui un opéra déjà composé : « ... tous mes opéras [sont] trop liés à notre personnel (d'Eszterháza, en Hongrie) et ne sauraient en aucun cas produire l'effet que j'ai soigneusement calculé en fonction du local. Les choses seraient fort différentes si j'avais le bonheur inestimable de composer un tout nouvel ouvrage pour votre théâtre. Mais il me faudrait pour cela bien de l'audace, car il est difficile de rivaliser avec le grand Mozart. »

Il Mondo della luna, photo de scène avec Karl-Friedrich Dürr (Bonafede), Josefin Hirte (Clarice), Anat Efraty (Flaminia), Tom Allen (Astradamus) et Jan Konieczny (Prospero), mise en scène : Ulrich Greb, décors et costumes : Birgit Angele, direction musicale : Francesco Corti, Württembergisches Staatstheater de Stuttgart, 1995.
L'opéra-comique de 1777 ne se déroule pas vraiment sur la lune, mais à Venise. Deux jeunes gens rusés, qui veulent épouser les filles de l'astrologue amateur Bonafede, font croire au vieil homme qu'il est invité par l'empereur de la lune. L'acte II se passe donc sur une lune prétendue et l'histoire s'achève par la victoire des jeunes gens.

Un opéra selon toutes les règles du jeu

Malgré une imagination musicale débordante, Haydn n'a jamais cherché à rompre radicalement avec les conventions musicales et dramaturgiques des genres dominants de l'*opera seria* et de l'*opera buffa*. Il a choisi ses livrets et ses trames parmi les sujets d'opéras contemporains à la mode et s'est montré beaucoup moins exigeant à l'égard de ses librettistes que Gluck ou Mozart. Ses opéras sont en majorité des *dramme giocosi*, c'est-à-dire des opéras-comiques, des histoires charmantes relevées par un comique de situation ou des situations psychologiques frivoles, dans lesquelles les dialogues (récitatifs *secco*) sont articulés par des airs et des scènes remplis de gaieté, d'intimité, de comique ou de sensibilité, en fonction des circonstances. Les numéros et les ensembles fermés sont écrits sur le modèle des opéras-comiques de Paisiello (→ Mozart : *Les Noces de Figaro*) et de → Cimarosa. Mais l'opéra de Haydn a également assimilé de nombreux traits de la chanson de l'époque, qui se marient fort bien avec l'humour rafraîchissant et la sensibilité de sa musique. Ses deux opéras-comiques les plus populaires, *Lo Speziale* (L'Apothicaire), d'après une comédie de Carlo Goldoni, et *Il Mondo della luna* (Le Monde de la lune) figurent fréquemment aujourd'hui au répertoire des opéras, bien que sous une forme généralement abrégée et remaniée.

T. Sz.

L'Anima del filosofo, photo de scène avec Eva Mei (le génie) et Roberto Saccà (Orphée), mise en scène : Jürgen Flimm, direction musicale : Nikolaus Harnoncourt, coproduction des Wiener Festwochen et de l'Opernhaus de Zurich, 1995.

On ne saurait ranger *L'Anima del filosofo* dans une des catégories traditionnelles de l'opéra de son temps. L'année de la mort de Mozart, Haydn a entrepris de suivre la trace de son jeune ami dans le domaine du drame musical, en mêlant magistralement les styles au service du drame. On trouve ici des airs d'*opera seria* avec de nombreuses coloratures (notamment dans la partie du génie), des chœurs à la Gluck et à la Haendel. Et enfin, l'influence de Mozart (par ex. → *Don Giovanni*) transparaît nettement dans la représentation des Enfers.

L'Anima del filosofo ossia Orfeo ed Euridice

L'Âme du philosophe ou Orphée et Eurydice

Dramma per musica

Livret : Carlo Francesco Badini
Création : le 9 juin 1951 à Florence (Teatro della Pergola)
Personnages : Orfeo/Orphée, chanteur thrace (tén.), Euridice/Eurydice, fiancée d'Aridée (sop.), Creonte/Créon, roi, père d'Eurydice (basse), un génie, messager de Sibylle (sop.), Plutone/Pluton, souverain des Enfers (basse), suite de Créon (4 basses), un guerrier d'Aridée (tén.), bacchante (sop.) ; amours, vierges, hommes, ombres désolées, Furies, bacchantes (chœur)

Argument
En des lieux et des temps mythologiques.

Acte I
Antécédents : Créon a promis la main de sa fille Eurydice à Aridée. Mais elle aime le chanteur Orphée.
Tableau 1 Dans une forêt sauvage. Eurydice s'est réfugiée dans la solitude avant ses noces avec un homme qu'elle n'aime pas. Mais elle est menacée par des bêtes sauvages qui veulent la sacrifier aux dieux. Les fauves sont apaisés par le chant d'Orphée et Eurydice est sauvée.
Tableau 2 Apprenant cela, Créon accepte le mariage d'Orphée et Eurydice.

Acte II
Tableau 1 Dans une région idyllique. Orphée et Eurydice célèbrent leurs noces. Mais lorsque Orphée laisse son épouse seule un instant, un des guerriers d'Aridée cherche à s'emparer d'elle. Eurydice prend la fuite, marche sur un serpent venimeux et meurt.
Tableau 2 Au palais royal. Un messager d'Aridée déclare la guerre à Créon, coupable d'avoir rompu sa promesse. Celui-ci jure de venger la mort de sa fille.

Acte III
Tableau 1 Sur la tombe d'Eurydice. Orphée, Créon, des vierges et des hommes pleurent la défunte.
Tableau 2 Créon s'efforce en vain de réconforter Orphée.
Tableau 3 Dans une caverne à l'entrée des Enfers. Orphée demande de l'aide à la sage Sibylle. Elle lui envoie un génie qui lui conseille de chercher du réconfort dans la philosophie. Il le conduira aux Enfers pour y chercher Eurydice.

Acte IV
Tableau 1 Au cours de leur traversée des Enfers, ils passent devant les ombres souffrantes et malheureuses.
Tableau 2 Devant la porte du royaume de Pluton. La douleur d'Orphée ébranle le maître des Enfers. Il lui permet de reconduire Eurydice sur Terre. Mais il ne devra pas se retourner pour voir Eurydice avant d'avoir regagné la lumière du jour.

Acte V (inachevé)
Tableau 3 Orphée n'a pas su résister. Il a perdu son Eurydice pour toujours. Désespéré, il erre sur le rivage. Des bacchantes cherchent à le séduire. Il les repousse et abjure tout amour. Les bacchantes l'obligent à boire le « philtre d'amour » (en réalité du poison). La mort délivre Orphée.

T. Sz.

Un opéra énigmatique

Le titre lui-même est déjà mystérieux : *L'Âme du philosophe*. Peut-être faut-il y voir le reflet de l'intérêt du librettiste Carlo Francesco Badini pour la philosophie ? De fait, le génie conseille à Orphée de se consoler en se réfugiant dans la philosophie. Mais ce philosophe ne pourrait-il pas incarner Orphée, l'âme représentant alors Eurydice ? Ou s'agirait-il de l'histoire d'une plongée en soi-même sous la conduite d'un génie ? À cet égard, la descente aux Enfers d'Orphée n'est pas sans évoquer la *Divine Comédie* de Dante : un artiste est conduit à travers le royaume des ombres. Haydn reçut cette commande d'opéra en 1791, à l'époque où il prit la décision de se rendre à Londres, à presque 60 ans. Il y vit une chance d'explorer des voies nouvelles dans la composition lyrique. Ce titre singulier lui parut opportun, car → *Orphée et Eurydice* de Gluck passait toujours pour la plus parfaite adaptation musicale de ce célèbre sujet mythologique.

Inachevé – pourquoi ?

John Gallini, imprésario londonien, voulait donner un ouvrage de Haydn pour inaugurer le King's Theatre du Haymarket, qui avait été incendié en 1783 et reconstruit avec le soutien du prince de Galles (le futur George IV). À la suite d'intrigues de cour (et surtout de la rivalité entre George III et le prince de Galles), le roi refusa à Gallini l'ouverture du théâtre. Ce revers décida du sort de l'opéra. On peut se demander si Haydn aurait conservé la fin que nous connaissons aujourd'hui. La pratique du temps et la tradition de l'*opera seria* excluaient en effet une issue tragique.

T. Sz.

L'Anima del filosofo, photo de scène avec Cecilia Bartoli dans le rôle d'Eurydice, mise en scène : Jürgen Flimm, direction musicale : Nikolaus Harnoncourt, coproduction des Wiener Festwochen et de l'Opernhaus de Zurich, 1995.
Le dernier opéra de Haydn a longtemps été victime de l'oubli. Le compositeur lui-même n'en connut en 1806 qu'une édition incomplète. Le silence retomba ensuite pendant près d'un siècle et demi sur cette mise en musique du sujet d'Orphée. Les vedettes qui présidèrent à la création de cet opéra à Florence en 1951 (Maria Callas, Boris Christoff, Tygge Tyggeson, sous la baguette d'Erich Kleiber) auraient dû arracher cet ouvrage à l'oubli. Mais il redisparut de la scène pendant 16 ans encore (jusqu'à la nouvelle production des Wiener Festwochen de 1967, avec Joan Sutherland et Nicolai Gedda). Il doit sa plus récente résurrection (1995) au mouvement de la « musique ancienne ». La production fort réussie de l'Opéra de Zurich, sous la direction musicale de Nikolaus Harnoncourt et dans la mise en scène de Jürgen Flimm, ainsi que l'enregistrement d'un disque compact (direction : Christopher Hogwood, Cecilia Bartoli dans le double rôle d'Eurydice et du génie) ont largement contribué à la redécouverte de ce fragment d'opéra aussi singulier que bouleversant.

Boulevard Solitude, photo de scène, mise en scène, décors et costumes : Jean-Pierre Ponnelle, direction musicale : Klaus Tennstedt, Bayerische Staatsoper, Munich, 1974.
Ponnelle a réhabilité cet ouvrage plus de vingt ans après sa création (il avait déjà conçu les décors de la création). Henze a emprunté le titre de son adaptation du célèbre sujet de *Manon* (→ Auber, 1856, → Massenet, 1884 et → Puccini, 1893) à l'univers cinématographique : le film *Sunset Boulevard* de Billy Wilder lui a inspiré ce *Boulevard Solitude*. Distanciation, froideur sentimentale et technique de montage cinématographique : tous ces aspects répondaient à l'idéal d'objectivité des années cinquante.

L'écriture de Henze se caractérise par un pluralisme stylistique – qui va de la technique orchestrale postromantique à un emploi très personnel du sérialisme et du naturalisme. Dans l'opéra, il redonne vie à la richesse formelle du genre traditionnel et l'associe à des éléments tout à fait originaux.

Boulevard Solitude, photo de scène avec Janet Williams dans le rôle de Manon Lescaut, mise en scène : Nicolas Brieger, Opéra de Francfort, 1998.
L'adaptation de Manon proposée par Henze ne traite pas de l'excès de passion, sujet traditionnel de l'opéra, mais de l'absence de sentiment. Voilà qui a mis à rude épreuve des interprètes formés dans la grande tradition du genre, ce qui explique peut-être que cet opéra ait eu du mal à s'imposer sur scène.

Boulevard Solitude

Drame lyrique en sept tableaux

Livret : Grete Weil et Walter Jockisch, d'après *Manon Lescaut* de l'Abbé Prévost
Création : le 17 février 1952 à Hanovre (Landestheater)

Personnages : Manon Lescaut (sop.), Armand des Grieux, étudiant (tén.), Lescaut, frère de Manon (bar.), Francis, ami d'Armand (bar.), Lilaque le père, un riche chevalier (tén. bouffe), Lilaque le fils, son fils (bar.), une prostituée (ballerine), domestique de Lilaque le fils (pantomime), deux cocaïnomanes (danseurs) ; ballet : vendeurs de journaux, mendiants, prostituées, policiers, étudiants, étudiantes, voyageurs

Argument
En France, à l'époque actuelle.
Dans le hall de gare d'une grande ville française, l'étudiant Armand rencontre Manon Lescaut. Il la persuade de rester avec lui au lieu de partir en pension. Ils vivent heureux dans une mansarde à Paris, jusqu'au jour où Manon se laisse convaincre par son frère d'accorder ses faveurs au riche Lilaque. Lescaut commet un vol chez le protecteur de sa sœur qui chasse alors Manon. Celle-ci retourne auprès d'Armand, mais il s'est abîmé dans l'enfer de la drogue. Lescaut jette sa sœur dans les bras du fils de Lilaque. Mais lorsque Armand rend visite à Manon, ils sont surpris par Lilaque le père. Manon l'abat. Elle purge une peine de prison et rompt avec Armand. Celui-ci l'attend à sa sortie de prison, mais elle passe devant lui sans lui accorder un regard.

Hans Werner Henze

Né à Gütersloh le 1er juillet 1926

Ancien élève de Wolfgang Fortner et de René Leibowitz, Henze prend en 1948-1949 la direction musicale du Deutsches Theater de Heinz Hilpert à Constance. Au terme de son activité de directeur artistique du ballet du Staatstheater de Wiesbaden (1950-1953), il décide de s'établir définitivement en Italie. Dans sa carrière de compositeur, il s'est toujours intéressé à l'opéra, un genre qu'il n'a jamais jugé démodé – se distinguant en cela des représentants de l'avant-garde de sa génération. Au contraire, il y a toujours vu un lieu d'interrogations actuelles et intemporelles parfaitement contemporain. En décidant de recourir à tous les moyens stylistiques lui permettant d'élucider avec pertinence des contenus verbaux et non verbaux, il s'est écarté des tendances de l'avant-garde sans que sa popularité auprès du public en pâtisse.
Œuvres : Opéras : *Das Wundertheater*, Heidelberg, 1949, Francfort-sur-le-Main, 1965 ; *Ein Landarzt*, opéra radiophonique, Hambourg, 1952 (Un Médecin de campagne) ; *Boulevard Solitude*, Hanovre, 1952 ; *Das Ende einer Welt*, opéra radiophonique, Hambourg, 1953 (La Fin d'un monde) ; *König Hirsch*, Berlin, 1956 (Le Roi cerf) ; *Der Prinz von Homburg*, Hambourg, 1960 (Le Prince de Hombourg) ; *Elegie für junge Liebende*, Schwetzingen, 1961 (Élégie pour de jeunes amants) ; *Der junge Lord*, Berlin, 1965 (Le Jeune Lord) ; *Die Bassariden*, Salzbourg, 1966 (Les Bassarides) ; *La Cubana oder Ein Leben für die Kunst*, Munich, 1975 (La Cubana ou Une Vie pour l'art) ; *We Come to the River*, Londres, 1976 ; *Pollicino*, Montepulciano, 1980 ; *Die englische Katze*, Schwetzingen, 1983 (La Chatte anglaise) ; *Das verratene Meer*, Berlin, 1990 ; *Venus und Adonis*, Munich, 1997 (Vénus et Adonis). Ballets, symphonies, concertos, musique de chambre, œuvres vocales (notamment *Voices*, *Das Floss der Medusa*).

Boulevard Solitude, photo de scène avec Martin Kränzle, mise en scène : Nicolas Brieger ; costumes : Jorge Jara, Opéra de Francfort, 1998.
L'hypocrisie et le conformisme exigés par la société, un des grands fléaux de notre temps selon Hannah Arendt, sont, avec la froideur des sentiments, d'autres thèmes de cet opéra, élucidés dans cette mise en scène.

König Hirsch
Le Roi cerf

Opéra en trois actes

Livret : Heinz von Cramer, d'après la tragi-comédie de Carlo Gozzi
Création : version abrégée : le 24 septembre 1956 à Berlin (Städtische Oper) ; version originale : le 7 mai 1985 à Stuttgart (Württembergisches Staatstheater, Grosses Haus) ; 2e version sous le titre *Il Re cervo oder Die Irrfahrten der Wahrheit* : le 10 mars 1963 à Kassel (Staatstheater)
Personnages : le roi (tén.), la jeune fille (sop.), le gouverneur (bar.-basse), Scollatella, rôle féminin divisible (sop. coloratura), Scollatella II, III et IV (soubrette, mezzosop., alto), Checco, un garçon mélancolique (tén. bouffe), Coltellino, un assassin peureux (tén. bouffe), une dame en noir (alto), les inventeurs (clowns avec chant ad lib.), le cerf (rôle muet), le perroquet (ballerine), deux statues (2 sop. ou 2 sop. enfants), voix de la forêt (sop., mezzosop., alto, tén., basse), esprits du vent (danseurs), Cigolotti (rôle parlé, 2e version) ; personnages féminins, voix des hommes, courtisans, peuple, sbires, chasseurs, soldats, animaux, apparitions (chœur et figurants)

Argument
Dans un paysage méridional, une Venise entre forêt et mer, à une époque légendaire.
Acte I
À l'intérieur d'un palais. Le jeune roi a grandi dans la forêt. Il vient d'être couronné et désire se marier. On organise un défilé des fiancées. Scollatella veut absolument devenir reine et fait fébrilement la cour à un seigneur qu'elle prend pour le roi – mais celui-ci est en réalité le gouverneur, qui a du reste grande envie de s'emparer du trône. Une jeune fille refusant de participer au défilé des fiancées, le gouverneur l'accuse d'avoir tenté d'assassiner le roi. Or, celui-ci était précisément tombé amoureux de cette candidate. Profondément bouleversé, le roi quitte le palais.

Acte II
Dans la forêt. Le gouverneur ordonne alors au craintif Coltellino d'assassiner le roi. Mais celui-ci poursuit un autre gibier. Le gouverneur se met donc lui-même en chasse. Les animaux de la forêt n'ont pas fait bon accueil à leur ancien compagnon. Le roi prend alors l'apparence d'un cerf. Le gouverneur est témoin de la métamorphose et s'empare de l'apparence du roi.

Acte III
Sur une grande place, d'où partent des rues en étoile. Sous les traits du roi, le gouverneur exerce une véritable dictature. Le vrai roi arrive dans la ville sous l'aspect du cerf, à la recherche de la jeune fille. Le gouverneur essaie de tuer le cerf, mais c'est lui qui meurt. Le roi cerf reprend alors son apparence humaine et épouse la jeune fille. Le peuple acclame le couple.

S. N.

König Hirsch, photo de scène de la création de la version originale avec Julia Conwell (la jeune fille) et Toni Krämer (le roi), mise en scène : Hans Hollmann, décors : Hans Hoffer, direction musicale : Dennis Russel Davies, Württembergisches Staatstheater de Stuttgart, 1985.
König Hirsch est un opéra féerique, une réponse à l'idéal d'objectivité des années cinquante. Il se caractérise par des rappels baroques (scène d'orage, atmosphère sylvestre), par la multiplicité des strates musicales, synthèse de différentes formes d'opéras traditionnels intégrant jusqu'à la musique symphonique.

Der junge Lord
Le Jeune Lord

Opéra-comique en deux actes

Livret : Ingeborg Bachmann, d'après *Der Affe als Mensch*, conte de Wilhelm Hauff
Création : le 7 avril 1965 à Berlin (Deutsche Oper)
Personnages : sir Edgar (rôle muet), son secrétaire (bar.), lord Barrat, neveu de sir Edgar (tén.), Begonia, la cuisinière jamaïcaine (mezzosop.), le maire (bar.-basse), le grand conseiller judiciaire Hasentreffer (bar.), le conseiller économique Scharf (bar.), le professeur von Mucker (tén. bouffe), la baronne Grünwiesel (mezzosop.), Frau von Hufnagel (mezzosop.), Frau Hasentreffer, épouse du conseiller (sop.), Luise, pupille de la baronne (sop.), Ida, son amie (sop. coloratura), une femme de chambre (sop.), Wilhelm, un étudiant (tén.), Amintore La Rocca, directeur de cirque (tén.), un allumeur de réverbères (bar.) ; Monsieur La Truaire, maître de danse ; Meadows, le valet ; Jeremy, un Maure ; le professeur, le ramasseur de feuilles, deux hommes portant de la peinture et des pinceaux (rôles muets) ; gens de cirque (danseurs) : « Rosita, la fille de l'air », une petite funambule venue des Deux-Siciles, Brimbilla, jongleur venu de la dangereuse Istrie, Vulcano, avaleur de feu du grand Milan, le singe Adam ; dames, messieurs, jeunes filles et jeunes gens de la bonne société de Hülsdorf-Gotha, gens du peuple, enfants (chœur) ; orchestre de la garnison, orchestre de danse (figurants)

Argument
À Hülsdorf-Gotha, en 1830.

Acte I
Sir Edgar s'installe dans une maison sur la grand-place, pour y poursuivre ses études sans être importuné. Mais il est harcelé par les notables. Pendant ce temps, Luise, la pupille de la baronne Grünwiesel, fait la connaissance de l'étudiant Wilhelm. Sur la place, un cirque ambulant annonce un spectacle. Sir Edgar offre aux artistes de les héberger.

Acte II
D'étranges cris sortent de la maison de sir Edgar. Les notables qui accourent sont tranquillisés par le secrétaire de sir Edgar : son maître est en train de donner des cours de langues à son neveu Barrat, qu'il présentera sous peu à la société. Le jour venu, tous se retrouvent chez sir Edgar où ils découvrent le neveu de sir Edgar, un jeune homme excentrique auprès duquel tout le monde s'empresse. Au cours d'un bal, les fiançailles de Luise et de Barrat se préparent. Mais la danse de Barrat tourne à la fureur ; il menace Luise, la jette contre le mur et finit par arracher les décors des murs. Sir Edgar prend un fouet : l'admirable neveu se révèle être le singe Adam du cirque ambulant. Luise revient à Wilhelm, repentante.

M. S.

Der junge Lord, photo de scène, mise en scène : Günter Krämer, décors et costumes : Andreas Reinhardt, direction musicale : Dennis Russel Davies, Bayerische Staatsoper de Munich, 1995.
Ingeborg Bachmann a ajouté à la parabole de Hauff un couple d'amoureux (Luise et Wilhelm) et lui a prêté une touche Biedermeier. À l'écart de l'école de Darmstadt, Henze a choisi un style inspiré par Mozart et Rossini. Les critiques montèrent bien sûr au créneau, mais le public fit un triomphe à cet opéra.

Die Bassariden
Les Bassarides

Opera seria en un acte avec *intermezzo*

Livret: Hugh Auden et Chester Kallman, d'après Euripide
Création: le 6 août 1966 à Salzbourg (Grosses Festspielhaus)
Personnages: Dionysos, également la voix et l'étranger (tén.), Penthée, roi de Thèbes (bar.), Cadmos, son grand-père, fondateur de Thèbes (basse), Tirésias, un vieux devin aveugle (tén.), le capitaine de la garde royale (bar.), Agavé, fille de Cadmos et mère de Penthée (mezzosop.), Autonoé, sa sœur (sop.), Béroé, une vieille esclave, ancienne nourrice de Sémélé et de Penthée (mezzosop.); une jeune femme, esclave de la maison d'Agavé, un enfant, sa fille (rôles muets)
Personnages de l'*intermezzo Le Jugement de Calliope*: Vénus (mezzosop.), Proserpine (sop.), Calliope (tén.), Adonis (bar.); serviteurs, musiciens, bassarides (ménades, bacchantes); citoyens de Thèbes, gardes (chœur)

Argument
Au palais royal de Thèbes et sur le mont Cythéron, en des temps mythologiques.

Mouvement I
Le vieux fondateur de Thèbes, Cadmos, a transmis le pouvoir à son petit-fils Penthée. L'arrivée de Dionysos sème la discorde: Agavé, la mère de Penthée, doute de l'origine divine de Dionysos; Cadmos, qui veut la paix avec les dieux, reste dans l'expectative, tandis que Tirésias se précipite avec de nombreuses autres personnes sur le mont Cythéron, afin de rendre hommage au dieu. Penthée interdit le culte de Dionysos et éteint le feu sur la tombe de Sémélé, mère de Dionysos. Mais il est impossible de résister aux séductions du dieu et Agavé elle-même suit la voix qui l'appelle vers Cythéron.

Mouvement II
Penthée ordonne de faire des prisonniers sur le mont Cythéron pour leur arracher, par des interrogatoires et sous la torture, des informations sur ce qui se passe sur cette montagne. Mais ils se trouvent tous en état de transe et sont incapables de faire le moindre aveu.

Mouvement III
Partie 1 Les tentatives de Penthée pour découvrir la vérité ont échoué; qui plus est, la flamme du tombeau de Sémélé est rallumée par un tremblement de terre et tous se précipitent une nouvelle fois vers le mont Cythéron. Seul un étranger reste en arrière. Il s'agit de Dionysos lui-même qui, à l'aide d'un miroir, montre à Penthée ce qui se passe sur le Cythéron.
Intermezzo Jardin mythologique, décor de théâtre rococo: Agavé dans le rôle de Vénus, Autonoé dans celui de Proserpine, Tirésias dans celui de Calliope et un capitaine dans celui d'Adonis jouent *Le Jugement de Calliope*. Il s'agit de la victoire de la sensualité et de l'ivresse.
Partie 2 Profondément troublé, Penthée suit le conseil de l'étranger. Il se rend à Cythéron sous un déguisement pour pouvoir observer les événements sans se faire reconnaître. Il y assiste à la transformation de braves citoyens en bassarides et en ménades déchaînées. L'étranger révèle la cachette de Penthée et le roi est mis à mort par la foule, conduite par Agavé.

Mouvement IV
Triomphantes, les bassarides font leur entrée dans Thèbes. Convaincue d'avoir tué un lion, Agavé brandit la tête du roi. Cadmos leur révèle la vérité: elle a tué son propre fils. Dionysos l'exile, incendie le palais et appelle sa mère Sémélé pour monter avec elle dans l'Olympe. Impressionné et angoissé, le peuple se soumet au nouveau dieu.

M. S.

Opéra en forme de symphonie
Au début des années soixante, à l'époque où Henze s'intéressait vivement à la forme symphonique, le poète Auden a attiré son attention sur la tragédie d'Euripide qui avait déjà fasciné Egon Wellesz en 1931 et Giorgio Federico Ghedini en 1948. C'est ainsi que la symphonie, avec ses quatre mouvements traditionnels, a présidé au façonnement formel de l'opéra. Des chromatismes accusés caractérisent Dionysos, tandis que Penthée est représenté sous une forme diatonique. Des modes dodécaphoniques assurent la cohésion de l'ensemble. Des danses stylisées permettent de représenter le déchaînement sensuel, l'art de la séduction de Dionysos se déployant dans un *adagio et fugue*. L'*intermezzo* recherche des associations avec le drame satyrique antique, afin de donner un peu de jeu à l'action qui se dirige inéluctablement vers la catastrophe.

M. S.

Die Bassariden, photo de scène avec Horst Hiestermann et le chœur, mise en scène: Christine Mielitz, décors et costumes: Gottfried Pilz, direction musicale: Markus Stenz, Staatsoper de Hambourg, 1994. Pendant longtemps, presque tous les metteurs en scène des *Bassarides* ont cherché à rendre le niveau de signification mythologique profond du sujet. Le résultat: des productions intelligentes, mais peu attrayantes pour le public car elles étaient dénuées de toute connexion avec le présent. Christine Mielitz, metteur en scène de réputation internationale, qui a pris la succession de Harry Kupfer à Dresde avant de travailler au Komische Oper de Berlin, puis de diriger le théâtre de Meiningen, a voulu au contraire révéler le caractère politique actuel de cette œuvre.

We Come to the River
Actions for music

Livret: Edward Bond
Création: le 12 juillet 1976 à Londres (Covent Garden)
Personnages: le général (bar.), l'adjudant (basse), le commandant Hillcourt (rôle parlé), le sergent-chef (bar.), le sergent (tén.), le déserteur (tén.), l'empereur (mezzosop.), le gouverneur (bar.), un ministre grisonnant (basse), le médecin (bar.-basse), le tambour (percussionniste), Rachel (sop. colorature), May (mezzosop.), une jeune femme (sop.), une vieille femme (mezzosop.), la femme du deuxième soldat (sop.), quatre officiers (2 tén., bar., bar.-basse), huit soldats (4 tén., 3 bar., basse), sept soldats blessés (2 tén., 2 bar., 3 rôles parlés), trois ministres (tén. bar., bar.-basse), trois employés (tén., bar., bar.-basse), trois messieurs (tén., bar., bar.-basse), deux gardes-malades (bar., basse), deux assassins (2 tén.), quatre dames (2 sop., 2 mezzosop.), six jeunes dames (3 sop., 3 mezzosop.), six jeunes filles (3 sop., 3 mezzosop.), trois prostituées (3 mezzosop.), dix fous (3 tén., 4 bar., 2 rôles parlés, percussionniste), huit folles (2 sop., 3 mezzosop., 3 rôles parlés), treize victimes (3 sop., 3 mezzosop., 2 tén., 2 bar., 2 bar.-basses, basse), trois enfants (3 enfants sop.); domestiques, soldats (figurants)

Argument
Dans un empire imaginaire, à une époque imprécise mais actuelle.

Partie 1
1. La victoire. Une révolte populaire a été réprimée dans le sang. Le général dicte le communiqué de victoire. Les soldats s'enivrent, un déserteur attend son jugement. 2. La cour martiale. Le général condamne le déserteur à mort, sans lui permettre de se justifier. 3. La longue nuit. Accueil solennel des vainqueurs. Au poste de garde, le déserteur explique au peloton d'exécution les raisons de sa fuite. Le général apprend de la bouche de son médecin qu'il va perdre la vue. 4. Le champ de bataille. À l'aube, le général se rend sur le champ de bataille et contemple pour la première fois les souffrances dont il est responsable. Une jeune femme et une vieille femme fouillent les morts à la recherche d'objets de valeur; la jeune femme espère trouver son mari. Celui-ci est tué à l'instant même: c'était le déserteur. 5. Le gouverneur. Une parade militaire rend hommage au nouveau gouverneur. Le général a l'esprit dérangé. 6. La liquidation. Il retourne sur le champ de bataille et y est arrêté par les officiers de sa suite. 7. Au bord du fleuve. Le général prisonnier voit la vieille femme essayer de s'enfuir en traversant le fleuve avec son petit-fils et se faire abattre par les soldats.

Partie 2
8. L'asile. On a mis le général à l'asile. Un soldat est arrivé à le joindre et lui demande conseil sur la manière d'assassiner le gouverneur. Le gouverneur lui-même lui rend visite. Son empire est menacé, seul le prestige du général pourrait le sauver. Le général repousse les deux sollicitations: il ne fait pas encore partie des victimes et ne compte plus parmi les puissants. 9. L'attentat. Le soldat abat le gouverneur. Il paiera ce geste de sa vie et de celle de sa famille. 10. L'empereur. Le tout jeune régent est plongé dans l'ésotérisme, c'est un bouddhiste convaincu. Il ordonne que l'on aveugle le général. 11. L'éblouissement. Cet aveuglement dessille les yeux du général – il contemple ses victimes et éprouve de la compassion pour elles. Les patients de l'asile ont peur de l'aveugle et l'étouffent. Le général parvient jusqu'au fleuve où il meurt.

S. N.

We Come to the River, photo de scène, mise en scène: Michael Hampe, décors: John Gunter, direction musicale: Wolfgang Gayler, Opéra de Nuremberg, 1981. L'équipe de Nuremberg a pris l'œuvre de Henze très au sérieux et en a donné une mise en scène efficace, grâce à la conviction et à l'engagement absolu de tous les participants. Ils ont présenté ainsi une production exemplaire.

Un jeu à trois niveaux
Les événements se déroulent sur trois scènes simultanées. La première ménage un niveau de réflexion; les événements sociaux se déroulent sur la seconde, tandis que la troisième est réservée au récit de l'histoire du général. La complexité des événements scéniques est rendue par une structure musicale très claire: lied, *song*, aria ou madrigal trouvent leur emploi, le cantique côtoie le charleston et la gavotte, avec parfois des intentions parodiques, comme l'air de colorature – signe d'un bien-être factice – ou la musique de valse qui accompagne une exécution. On remarquera également le développement subtil d'une série dodécaphonique, qui ne prend sa forme complète que lorsque le destin du général s'accomplit. Henze a su créer ici une œuvre importante et courageuse, dont le message – nous sommes tous à la fois coupables et victimes – a été immédiatement perçu. Malgré les immenses exigences scéniques de cet ouvrage, il a donné lieu à plusieurs productions réussies, dont celles de petits théâtres comme celui de Nuremberg.

M. S.

Die englische Katze
La Chatte anglaise

Histoire pour chanteurs et instrumentistes

Livret: Edward Bond, d'après *Peines de cœur d'une chatte anglaise* d'Honoré de Balzac
Création: le 2 juin 1983 à Schwetzingen (Schlosstheater)
Personnages: lord Puff, matou, président de la Société royale pour la protection des rats (S.R.P.R.) également chanteur de sérénades (tén.), Arnold, matou, son neveu, chanteur de sérénades (basse), Mr Jones, matou, prêteur sur gages, également Mr Fawn, matou, membre de la S.R.P.R., également juge, chien, chanteur de sérénades (bar.), Tom, matou, chanteur de sérénades (bar.), Peter, matou, ami de Tom, également Mr Keen, matou, membre de la S.R.P.R., également avocat, chien, également prêtre, mouton, également Lucian, renard, également chanteur de sérénades (tén.), Minette, chatte (sop.), Babette, chatte, sa sœur, également la lune, également membre du jury, oiseau (mezzosop.), Louise, souris, membre de la S.R.P.R., également une étoile, également membre du jury, oiseau (sop.), miss Crisp, chatte, membre de la S.R.P.R., également une étoile, également membre du jury, oiseau (sop.), Mrs Gomfit, membre de la S.R.P.R. également une étoile, également membre du jury, oiseau (sop.), lady Toodle, chatte, membre de la S.R.P.R., également une étoile, également membre du jury, oiseau (mezzosop.), Mr. Plunket, matou, membre de la S.R.P.R., également procureur, chien, également chanteur de sérénades (bar.-basse)

Argument
À Londres, en 1900.
Mrs Halifax, présidente de la société végétarienne, a décrété que Puff, son vieux matou, devait contribuer à la préservation de l'espèce et épouser la jeune chatte de campagne Minette. Ce mariage assure à Puff la présidence de la S.R.P.R., la Société royale pour la protection des rats, à laquelle appartient également Louise, une souris orpheline épargnée par les chats. Arnold, le neveu de Puff, couvert de dettes, cherche par tous les moyens à empêcher ce mariage, afin d'entrer lui-même en possession de l'héritage de Puff. Une fois les noces célébrées, Minette fait fortuitement la connaissance de Tom, un chat errant, un événement qui arrive à point nommé pour Arnold. Tom aime Minette et l'assiste dans sa procédure de divorce. On découvre alors sa véritable identité: il est le fils d'un lord disparu, un richissime héritier. Mais trop tard: il ne pourra sauver Minette, qui se noie dans la Tamise. Il se lie alors avec Babette, la sœur de Minette et décide de lui léguer tous ses biens. Au moment de signer son testament, il est poignardé par un membre de la S.R.P.R. Sa mort est présentée comme un suicide. Tous ses biens reviennent à la société. Profondément déçue, la souris Louise rompt avec le monde des chats.

S. N.

Die englische Katze, photo de scène de la création avec Inge Nielsen et Martin Finke, mise en scène: Hans Werner Henze, décors et costumes: Jakob Niedermeier, direction musicale: Dennis Russel Davies, Württembergisches Staatstheater de Stuttgart, Festival de Schwetzingen, 1983. L'opéra, qui a vu le jour entre mars 1980 et mai 1983, ne lésine pas sur la critique de la société, qui dénonce la bigoterie et l'hypocrisie et sait associer engagement politique et humour. Stylistiquement, cette œuvre doit beaucoup à Offenbach, Verdi, Rossini et Donizetti; on relève également l'influence des chansons de Kurt Weill. Sur le plan formel, Henze a suivi la tradition de l'*opera buffa* du XVIIIe siècle, tout en visant à une transparence extrême du langage musical. Cet ouvrage a été immédiatement adopté par les scènes, petites ou grandes.

À gauche
Die englische Katze, photo de scène de la création avec Inge Nielsen (au centre), mise en scène: Hans Werner Henze, décors et costumes: Jakob Niedermeier, direction musicale: Dennis Russel Davies, Württembergisches Staatstheater de Stuttgart, Festival de Schwetzingen, 1983.

Ci-dessus, à gauche
Die englische Katze, photo de scène de la mise en scène de Hans Werner Henze, décors et costumes: Jakob Niedermeier, direction musicale: Dennis Russel Davies, Württembergisches Staatstheater de Stuttgart, 1983

Das verratene Meer, photo de scène de la création avec (de g. à dr.) Andreas Schmidt (Ryuji), Stephanie Sundine (Fusako) et Clemens Bieber (Noboru), mise en scène : Götz Friedrich, décors : Hans Hofer, direction musicale : Markus Stenz, Deutsche Oper de Berlin, 1990.
Le roman de Yukio Mishima, *Le Marin rejeté par la mer*, qui traite sans exotisme oriental du problème de la dépravation affective des jeunes, a suscité de nombreux débats dans l'Allemagne de la seconde moitié des années quatre-vingt. Henze a composé entre 1986 et 1989 son opéra en se passant de toute citation japonaise, mais en lui prêtant une dimension symphonique et en utilisant des éléments naturalistes (bruits de rue, rouleau compresseur, marteau piqueur, bulldozer, etc.) pour illustrer acoustiquement le quotidien des protagonistes.

Das verratene Meer

Drame musical

Livret : Hans-Ulrich Treichel, d'après le roman *Gogo No Eiko* (Le marin rejeté par la mer) de Yukio Mishima
Création : le 5 mai 1990 à Berlin (Deutsche Oper)
Personnages : Fusako Kuroda, une veuve de 33 ans, propriétaire de la boutique de mode « Rex » à Yokohama (sop.), Noboru, son fils de 13 ans, également appelé « numéro trois » (tén.), Ryuji Tsukazaki, second officier sur le cargo *Rakuyo-Maru* (basse) ; la bande de jeunes et les amis de Noboru : numéro un, le meneur (bar.), numéro deux (haute-contre), numéro quatre (bar.), numéro cinq (basse) ; second-maître (tén.), un officier de marine, marins, dockers, le gérant de la boutique « Rex », trois vendeuses

Argument
Au Japon, au XXᵉ siècle.

La veuve Fusako, vit à Yokohama avec son fils Noboru. Au cours de la visite d'un navire, elle tombe amoureuse du second officier, Ryuji Tsukazaki. Son fils considère ce marin comme un navigateur héroïque. Mais celui-ci, las de la vie en mer, demande Fusako en mariage et quitte la marine pour travailler comme vendeur de vêtements. Noboru est membre d'une bande de jeunes et s'était enorgueilli des exploits de Ryuji auprès de ses amis. Déçu, il est forcé de reconnaître que celui-ci n'est pas un héros. La bande de jeunes déteste la génération des parents et évoque différentes possibilités pour se débarrasser de leurs pères. À leurs yeux, Ryuji est un lâche. Comme ils l'ont fait auparavant pour un chat qu'ils ont ensuite torturé à mort, les jeunes organisent le procès de Ryuji. Pendant que la mère rêve d'une vie de famille heureuse, les jeunes attirent Ryuji dans un lieu secret et mettent à exécution la sentence de mort prononcée contre lui.

S. N.

À droite
Das verratene Meer, photo de scène de la création avec (de g. à dr.) Martin Gantner (numéro un), Ralf Lukas (numéro quatre), Friedrich Molsberger (numéro cinq), David Knutson (numéro deux) et Clemens Bieber (Noboru), mise en scène : Götz Friedrich, décors : Hans Hofer, direction musicale : Markus Stenz, Deutsche Oper de Berlin, 1990.
Le Deutsche Oper de Berlin, commanditaire de cet opéra, l'a monté en collaboration avec la Scala de Milan. Trois types de compositions différents sont attribués aux trois personnages principaux : Fusako est représentée par des sons de cordes, le marin par des phrases de vents dissonantes, tandis que Noboru, le fils, est figuré par de la « musique de leçon de piano » (Henze) enrichie de percussions.

Venus und Adonis, photo de scène de la création, mise en scène: Pierre Audi, décors et costumes: Chloé Obolenski, direction musicale: Markus Stenz, Bayerische Staatsoper de Munich, 1997.

Dans cette œuvre, Henze enchaîne Antiquité et présent par le jeu d'actions parallèles : tandis que Vénus et Adonis s'unissent, la *prima donna* et le jeune ténor entretiennent une liaison. Ce processus n'est pas sans évoquer le montage parallèle d'un film. Pour rendre visible la distance temporelle, Henze demande à la cantatrice et au chanteur en costumes contemporains de chanter des récitatifs et des airs de danse, tandis que les interprètes de l'époque archaïque dansent des boléros. Pendant ce temps, des bergers commentent l'action sous forme de madrigaux à la manière de Gesualdo, de Marenzio ou de Monteverdi. En analogie avec ces trois niveaux d'action (danse, chant et commentaire), cet opéra requiert trois orchestres, qui portent les noms des personnages mythologiques.

Venus und Adonis

Opéra en un acte pour chanteurs et danseurs

Livret: Hans-Ulrich Treichel
Création: le 11 janvier 1997 à Munich (Bayerische Staatsoper)

Personnages: chanteurs: la *prima donna* (sop.), Clemente, un jeune chanteur d'opéra (tén.), l'interprète du héros (bar.), six madrigalistes (bergers) (sop. mezzosop. alto, tén., bar., basse); ballerines et danseurs (mimes, acteurs): Vénus, Adonis, Mars, la jument, l'étalon, le sanglier

Argument

Dans des paysages, à notre époque et dans l'antiquité. Un ténor d'opéra et un baryton héroïque rivalisent pour séduire la *prima donna*. Leurs sentiments se manifestent sous la forme de personnages et d'événements mythologiques, qu'observent et commentent des bergers antiques. L'intrigue se cristallise autour de la célèbre et tragique histoire de Vénus et Adonis, un sujet qui a inspiré de nombreux artistes. Sur le plan de la mythologie, le ténor d'opéra correspond à Adonis. Surpris dans son sommeil par Vénus, il répond à sa tendresse, comme le fait le ténor avec la *prima donna*. Éclairs et tonnerre annoncent le malheur. Adonis est tué par le sanglier, le baryton assassine le ténor. Pour Hans Werner Henze, « trois chanteurs d'opéra vivent et entretiennent de puissants conflits érotiques, dont les explosions émotionnelles sont constamment reprises et poursuivies par leurs doubles dansants – vecteurs de l'action et porteurs des noms de « Vénus », « Adonis » et « Mars » –, jusqu'à ce que se produise un éclat qui fait exploser la forme de toute l'œuvre. »

S. N.

Mörder, Hoffnung der Frauen, croquis de décor de Ludwig Sievert, mise en scène : Ernst Lert, Opéra de Francfort, 1922 (TWS). Ludwig Sievert a conçu un décor conforme au livret expressionniste.

Des opéras immoraux

Dans sa pièce écrite en 1907 pour le Gartentheater de l'Exposition d'art de Vienne, le peintre Oskar Kokoschka remettait en question la morale sexuelle bourgeoise et mettait en scène des comportements archétypaux. Hindemith s'est rallié à ses idées. – Il a trouvé le récit du *Nusch-Nuschi* dans les *Vermischten Schriften* de Franz Blei. Des citations wagnériennes distanciées, des allusions ironiques à la tradition de l'opéra et la condamnation de la morale sexuelle dominante par le biais d'un spectacle de marionnettes ont donné à cette œuvre un caractère franchement provocateur.

Dans sa jeunesse, Hindemith prenait plaisir à provoquer, sans négliger pour autant la maîtrise technique de son métier de compositeur. Ses œuvres se caractérisent par une organisation originale du matériau sonore sans rupture avec la tonalité et par la grande sûreté stylistique avec laquelle il intègre les formes les plus diverses, historiques dans certains cas.

Paul Hindemith

Né à Hanau-sur-le-Main le 16 novembre 1895
Mort à Francfort-sur-le-Main le 28 décembre 1963

Après avoir achevé sa formation au conservatoire de Francfort, où il étudie le contrepoint et la composition dans la classe d'Arnold Ludwig Mendelssohn et le violon dans celle d'Alfred Rebner, Hindemith exerce les fonctions de premier violon à l'Opéra de Francfort de 1915 à 1923. Il prend une part active à la création du Festival de Donaueschingen et de celui de Baden-Baden, et accepte en 1927 une chaire de professeur de composition au Conservatoire de Berlin. Il perd ce poste en 1934. Les nazis ordonnent le boycott de ses œuvres, le poussant ainsi à émigrer. Après des tournées de concerts aux États-Unis, il s'installe provisoirement en Suisse avant de s'établir aux États-Unis en 1940. Il enseigne à l'université de Zurich de 1951 à 1957.

Œuvres : Œuvres scéniques : *Mörder, Hoffnung der Frauen*, 1921 (Assassin, espoir des femmes) ; *Das Nusch-Nuschi*, 1921 (Le Nusch-Nuschi) ; *Sancta Susanna*, 1922 ; *Tuttifäntchen*, Darmstadt, 1922 ; *Cardillac*, 1926 ; *Hin und zurück*, Baden-Baden, 1927 (Aller et retour) ; *Neues vom Tage*, Berlin, 1929 (Nouvelles du jour) ; *Lehrstück*, Baden-Baden, 1929 ; *Wir bauen eine Stadt*, Berlin, 1930 (Nous construisons une ville) ; *Mathis der Maler*, 1938 (Mathis, le peintre) ; *Die Harmonie der Welt*, Munich, 1957 (L'Harmonie du monde) ; *The Long Christmas Dinner*, Mannheim, 1961 (Le Long repas de Noël). Œuvres pour orchestre, musique de chambre, lieder.

Mörder, Hoffnung der Frauen

Assassin, espoir des femmes

Opéra en un acte

Livret : Oskar Kokoschka
Création : le 4 juin 1921 à Stuttgart (Württembergisches Landestheater)

Argument

Un terrain s'élevant vers une tour avec une porte de fer grillagée, dans l'Antiquité.
Des guerriers s'opposent à l'ordre de marche de leur chef. Une femme et une jeune fille affirment leurs droits sur ce lieu. Il s'ensuit un affrontement et des provocations sexuelles. La tension latente se libère dans le conflit des protagonistes : l'homme marque la femme au fer rouge, elle le blesse d'un coup de couteau. Les guerriers enferment leur chef dans la tour. Hommes et jeune fille sont plongés dans l'extase sexuelle. Mais la femme est attirée par le chef et s'accouple avec lui. Dans l'acte amoureux, l'homme retrouve son comportement dominateur, tandis que la femme se sent prise de faiblesse. Une légère poussée de l'homme suffit à tuer la Femme. Dans sa chute, celle-ci entraîne un flambeau qui provoque un incendie général. Les guerriers et la jeune fille se réfugient auprès du chef qui les tue « comme des mouches ». Au premier chant du coq, il s'éloigne seul, dans la rue en flammes.

Das Nusch-Nuschi

Pièce en un acte pour marionnettes birmanes

Livret : Franz Blei
Création : le 4 juin 1921 à Stuttgart (Württembergisches Landestheater)

Argument

Dans le royaume de l'empereur Mung Tha Bya.
À la demande de son maître Zatwai, Tum-Tum doit enlever une femme du harem de l'empereur. Or les quatre femmes présentes décident de le suivre, car toutes sollicitent l'amour du beau Zatwai. Pressentant un malheur, Tum-Tum se met en quête d'un nouveau maître. Kamadewa, le dieu du désir, prédit le bonheur à Tum-Tum, car il a permis aux femmes de l'empereur de découvrir le plaisir. Il disparaît, laissant derrière lui Nusch-Nuschi, son animal de selle, « à demi rat de belle taille, à demi caïman ». Un général ivre a peur de Nusch-Nuschi. Tum-Tum se porte à son secours et le général reconnaissant le prend à son service. Les quatre femmes de l'empereur arrivent chez Zatwai par leurs propres moyens. Mais un tribunal se réunit et Tum-Tum est accusé d'enlèvement. Il se retranche derrière les ordres de son maître. Or, celui-ci n'est plus Zatwai, mais le général. L'empereur ordonne de castrer le général, selon l'usage. Le bourreau revient bredouille en annonçant : « Ce n'était plus nécessaire. » Kamadewa apparaît, triomphant. Seul, un vieux mendiant rappelle la fugacité de l'amour et du plaisir terrestres.

S. N.

Sancta Susanna

Opéra en un acte

Livret: Paul Hindemith, d'après *Sancta Susanna. Ein Gesang der Mainacht* (Sancta Susanna. Un chant de la nuit de mai) d'August Stramm

Création: le 26 mars 1922 à Francfort-sur-le-Main (Opernhaus)

Argument

Dans la chapelle d'un monastère, par une nuit de mai. Soucieuse, sœur Klementia observe la jeune religieuse Susanna plongée dans une prière extatique devant l'autel de la Vierge. Par la fenêtre de la chapelle pénètrent les parfums et les bruits du printemps, ainsi que les cris de plaisir d'une femme. Susanna demande à cette femme de bavarder avec elle, mais la conversation est rapidement interrompue par l'arrivée du jeune homme qui vient chercher son amie. Cet incident rappelle à Klementia une autre nuit de printemps au cours de laquelle sœur Beata s'était mise nue, avait embrassé l'image du Christ – une profanation qui lui avait valu d'être emmurée vivante. Le plaisir sensuel s'empare alors de Susanna. Elle se déshabille et retire le pagne qui ceint la statue du Christ. Les religieuses se rassemblent, la pécheresse demande à être châtiée avant de s'opposer à l'accomplissement de sa peine.
S.N.

Sancta Susanna, photo de scène avec Beate Blandzija dans le rôle de Susanna, mise en scène: Siegfried Schoenbohm, direction musicale: Klauspeter Seibel, Opéra de Kiel, 1992. *Sancta Susanna* reste une œuvre difficile à représenter et requiert une audace dont peu sont capables.

Un opéra interdit

Ein Gesang der Mainacht (1913) d'August Stramm a inspiré à Hindemith son troisième petit opéra, venant ainsi compléter un triptyque « érotique ». Hindemith en acheva la composition le 5 février 1921 au terme d'un peu plus de deux semaines de travail. Dans une harmonie aérée qui évoque Debussy, Hindemith a disposé son matériel autour d'un axe de symétrie: un motif musical de croix. À sa création, l'œuvre fut jugée si choquante que l'Association des femmes catholiques réclama des dommages et intérêts et que différentes associations organisèrent des conférences pour prôner un retour à la moralité. La mise scène très réussie d'Alexander Zemlinsky à Prague en 1923 ne changea rien à l'attitude négative du public et de l'Église. En 1958, Hindemith retira l'ensemble de ces trois œuvres. N 1
M.S.

1. Extase de Susanna

Neues von Tage

Nouvelles du jour

Opéra joyeux en trois parties

Livret: Marcellus Schiffer

Création: 1re version: le 8 juin 1929 à Berlin (Krolloper; version analysée ici);
2e version en deux actes dans la traduction de Rinaldo Küfferle sous le titre *Novità del giorno*: le 7 avril 1954 à Naples (Teatro San Carlo)

Personnages: Laura (sop.), Eduard (bar.), le beau monsieur Hermann (tén.), monsieur M. (tén.), madame M. (mezzosop.), un directeur d'hôtel (basse), un officier d'état-civil (basse), un guide touristique (basse), une femme de chambre (sop.), un majordome (tén.) six managers (2 tén., 2 bar., 2 basses); chœur

Argument

Laura et Eduard décident de se séparer et louent les services du « beau monsieur Hermann », qui doit fournir le motif du divorce. Mais Eduard sort de son rôle et agresse le trop séduisant comparse. L'affaire fait grand bruit. Pour payer l'amende, ils jouent moyennant finance des scènes de leur vie conjugale au cinéma, au cirque, au théâtre et au music-hall. Ils se réconcilient. Mais ils doivent rester ce qu'ils sont devenus, ce que l'on a fait d'eux: un couple déchiré, la « nouvelle du jour ».
S.N.

Opéra d'actualité

Créé en 1929 dans la légendaire Krolloper berlinoise sous la direction d'Otto Klemperer, *Neues von Tage* s'inscrit dans le genre de l'« opéra d'actualité ». Il dénonce le pouvoir de la presse et l'impuissance d'un amour qui s'atrophie dans les liens du mariage. On y représente des tentatives tragicomiques de libération et les imbroglios absurdes qui en découlent. « Art d'actualité » et « art d'éternité » se rejoignent ici, a déclaré en 1929 le célèbre musicologue Alfred Einstein.

Neues von Tage, photo de scène avec Karan Armstrong (Laura) et Andrzej Dobber (Eduard), mise en scène: Günter Krämer, direction musicale: Manfred Mayrhofer, Opéra de Cologne, 1999.
Grâce à ses textes spirituels et caustiques, à sa musique remarquablement amusante et à sa thématique toujours actuelle, l'opéra d'Hindemith a su éveiller l'intérêt d'un metteur en scène comme Günter Krämer. Celui-ci fait beaucoup parler de lui par ses interprétations intelligentes et surprenantes des œuvres.

Cardillac

Opéra en trois actes (quatre tableaux)/opéra en quatre actes

Livret: 1re version: Ferdinand Lion, d'après le conte d'E.T.A. Hoffmann, *Mademoiselle de Scudéry*;
2e version: Paul Hindemith, d'après la première version
Création: 1re version : le 9 novembre 1926 à Dresde (Sächsisches Staatstheater, Opernhaus);
2e version : le 20 juin 1952 à Zurich (Stadttheater)
Personnages de la première version: l'orfèvre Cardillac (bar.), sa fille (sop.), l'officier (tén.), le marchand d'or (basse), le chevalier (tén.), la dame (sop.), le chef de la prévôté (basse aiguë); le roi, des chevaliers et des dames de la cour, la prévôté (rôles muets); peuple (chœur)
Personnages de la seconde version: Cardillac, un célèbre orfèvre (bar.), sa fille (sop.), son apprenti (tén.), la *prima donna* de l'opéra (sop.), l'officier (basse), le jeune chevalier (tén.); dans l'opéra de Jean-Baptiste Lully *Phaëton*: Climène (alto), Phaéton (tén.), Apollon (basse), le riche marquis (rôle muet); choristes, danseurs, personnel du théâtre, peuple, gardes (chœur)

Argument
À Paris, à la fin du XVIIe siècle.
Acte I
Tableau 1 Un espace dégagé. Le peuple de Paris est alarmé par une série de crimes. Les victimes sont toutes des clients du célèbre orfèvre Cardillac. Fascinée par ses créations, une dame déclare qu'elle ne cédera à son prétendant, le chevalier, que s'il lui offre une œuvre sortant de l'atelier de Cardillac.
Tableau 2 La chambre à coucher de la dame. Malgré sa peur, le chevalier a acheté une coûteuse parure. Il l'apporte à sa bien-aimée. Pendant leur étreinte, il est poignardé par un homme masqué.

Acte II
L'atelier de Cardillac. Le marchand d'or de Cardillac soupçonne un lien entre l'orfèvre et le mystérieux assassin. Méfiant et anxieux, il rend visite à son client, mais Cardillac n'est pas satisfait de l'or et part à la recherche d'une marchandise de meilleure qualité. La fille de Cardillac aime un officier, mais ne peut se résoudre à le suivre et à quitter son père. Le roi et la cour arrivent chez Cardillac et admirent ses bijoux. D'abord fier et flatté, Cardillac devient de plus en plus cassant et réticent, et finit par faire fuir le roi et sa suite. Resté seul, il s'avoue qu'il aurait dû tuer le roi si celui-ci était devenu l'un de ses clients. Cardillac accorde de bon cœur à l'officier la main de sa fille. Mais lorsque celui-ci lui arrache une chaîne, jette l'argent sur la table et s'en va, Cardillac court derrière lui pour reprendre le bijou.

Acte III
Une rue nocturne. L'officier s'attendait à une agression et parvient à déjouer la tentative de meurtre de Cardillac. Le marchand d'or a observé l'incident et

Cardillac, projet de décor de Theo Lau, mise en scène: R. Schubert, Musiktheater im Revier, Gelsenkirchen, 1964 (TWS). Justice populaire. L'assassin doit être châtié (2e version). L'atmosphère de catastrophe menaçante, omniprésente dans l'opéra *Cardillac,* a été traduite en décors par des emprunts au langage pictural expressionniste – des lignes obliques et tombantes, image d'une ville sans stabilité ni sécurité. Il s'agissait également d'une allusion à l'époque de composition de l'opéra et d'une référence au cinéma expressionniste allemand.

donne l'alerte. Cardillac prend la fuite. Le peuple et la police accourent. Le marchand dénonce Cardillac, mais l'officier détourne les soupçons sur l'accusateur lui-même. Le marchand d'or est arrêté. L'officier n'avoue la vérité qu'à la fille de Cardillac. Le peuple fête l'arrestation présumée de l'assassin et rend hommage à Cardillac. Mais celui-ci profère d'étranges propos. Interrogé, il s'empêtre dans ses contradictions et finit par avouer ses crimes. Il mourra, lynché par le peuple.

Argument de la seconde version
Les lieux de l'action sont légèrement différents.
Un homme a une nouvelle fois été poignardé devant la maison de Cardillac. Un officier calme le peuple furieux. Sans s'inquiéter des rumeurs menaçantes, une cantatrice demande à son amant un diadème de l'atelier de Cardillac. Lorsqu'il le lui apporte et enlace sa maîtresse, l'amant est poignardé par un homme masqué. Le diadème est dérobé.
L'apprenti de Cardillac courtise vainement la fille de son maître. Il pressent la vérité et se doute que Cardillac est l'assassin. Mais il est lui-même soupçonné et arrêté.
Cherchant des bijoux convenant à une production de *Phaëton* de Jean-Baptiste Lully, la troupe de l'opéra en trouve chez Cardillac. Glacée d'effroi, la cantatrice reconnaît le diadème qu'on lui a volé. Elle le choisit.
L'apprenti a réussi à s'évader de prison. Pendant la représentation de *Phaëton*, l'officier et l'apprenti observent la scène depuis les coulisses. L'apprenti met la cantatrice en garde contre Cardillac, mais celle-ci éprouve une grande sympathie pour l'orfèvre. Après la représentation, elle lui rend le diadème. L'officier le lui arrache. Cardillac agresse l'officier devant la sortie du théâtre, mais l'apprenti le désarme. Cardillac parvient cependant à prendre la fuite; l'apprenti est alors accusé d'être l'assassin. Entre-temps, la cantatrice a repris le diadème et l'a offert à la fille de Cardillac en cadeau de mariage. Lorsque Cardillac aperçoit le diadème sur sa fille, il est pris de folie. Devant la foule, il avoue ses crimes. Il sera victime de la colère du peuple.

S. N.

Plusieurs mises en musique, plusieurs jugements
Après la Seconde Guerre mondiale et devant les atrocités commises, Hindemith a pris ses distances par rapport à toute identification avec l'assassin, susceptible de donner lieu à malentendu. Il a condensé le système de référence et veillé à une caractérisation logique; mais surtout, il a « modernisé » les personnages. Le roi s'est transformé en marquis, la dame en cantatrice. La représentation de *Phaëton* de Lully a ménagé un effet de « théâtre dans le théâtre », un clou du spectacle. Le spectateur d'opéra assiste ainsi à un effet cinématographique, celui de la mise en scène d'un assassinat – sans caméra, mais avec une parfaite crédibilité. La référence à Lully ayant enrichi cette œuvre d'un niveau stylistique original, Hindemith a réduit les percussions, donné une tournure plus chantante aux parties vocales sans pour autant rompre avec l'original. Sur les 18 numéros de la première version, il en a en effet repris 14.
Après sa création, cette œuvre a connu un grand succès. Mais après 1953, Hindemith n'a plus autorisé l'exécution de la première version. La seconde version révisée a mis un certain temps à se faire admettre et n'a jamais réussi à s'imposer vraiment.

M. S.

Cardillac, croquis de décor: Ludwig Sievert, mise en scène: Hans Esdra, Opéra de Francfort, 1928 (TSW).
Tentative de meurtre. Cardillac et l'officier devant la taverne (1re version). Le récit policier d'E.T.A. Hoffmann *Mademoiselle de Scudéry* a fasciné les écrivains autant que les compositeurs. Avant Hindemith, Lucien Dautresme avait déjà composé un opéra, créé à Paris en 1823. En 1911, Mario Cesarini a fait du récit d'Hoffmann un scénario de film. Dans l'esprit de son sujet, Hindemith a employé le vocabulaire musical du XVIIIe siècle. Il s'est servi de la forme de l'opéra à numéros, s'est livré à une mise en scène des tonalités, a su associer des structures complexes et simples, et a réduit l'orchestre. S'il a conservé l'important effectif de percussions, les vents n'interviennent qu'à titre de solistes et les cordes sont utilisées avec une très grande économie.

Cardillac, photo de scène avec Doris Soffel, (tableau 2), mise en scène et décors: Jean-Pierre Ponnelle, direction musicale: Wolfgang Sawallisch, Bayerische Staatsoper, Munich 1985.
Dans la chambre à coucher de la dame (tableau 2, acte I), l'amant espère vivre une heure idyllique, mais trouve la mort sous les coups de l'assassin. Jean-Pierre Ponnelle a lui aussi choisi des lignes obliques pour rendre l'atmosphère menaçante qui règne dans cette œuvre.

Costume de Charlotte Vocke, avec un motif du retable d'Issenheim, Gelsenkirchen, 1952 (TWS).
La vie et l'activité du maître du retable d'Issenheim, Matthias Grünewald (initialement Mathis Gothart Nithart), sont entourées de mystère. Il est probablement né vers 1480 à Wurzbourg et est resté un certain temps au service d'Albrecht von Brandenburg à Mayence-Aschaffenburg. Il a réalisé son merveilleux retable pour l'église d'un couvent (avant la Réforme). Les Antonins prétendaient pouvoir guérir l'érysipèle, une maladie extrêmement dangereuse au Moyen Âge (également appelée « feu de saint-Antoine » dans le langage populaire). Grünewald était un contemporain d'Albrecht Dürer et de Lucas Cranach l'Ancien. Il est mort en 1528.

À droite
Mathis, der Maler, photo de scène avec Jorma Hynninen dans le rôle de Mathis, mise en scène : Götz Friedrich, décors et costumes : Peter Sykora, direction musicale : Jiri Kout, Deutsche Oper de Berlin, 1993.
L'idée de base de l'œuvre et de la mise en scène : Mathis est peintre ; il agit ainsi en tant que créateur et créature au sein d'un monde pictural bien défini. Ce monde est une réaction aux troubles sociaux quotidiens qui l'entourent.

Mathis, der Maler
Mathis, le peintre

Opéra en sept tableaux

Livret : Paul Hindemith
Création : le 28 mai 1938 à Zurich (Stadttheater)
Personnages : Albrecht von Brandenburg, cardinal, archevêque de Mayence (tén.), Mathis, peintre à son service (bar.), Lorenz von Pommersfelden, doyen de la cathédrale de Mayence (basse), Wolfgang Capito, conseiller du cardinal (tén.), Riedinger, riche citoyen de Mayence (basse), Hans Schwalb, chef des paysans révoltés (tén.), l'écuyer von Waldburg, commandant de l'armée confédérée (basse), Sylvester von Schaumberg, l'un de ses officiers (tén.), le comte von Helfenstein (rôle muet), le fifre du comte (tén.), quatre paysans (2 tén., 2 basses), Ursula, fille de Riedinger (sop.), Regina, fille de Schwalb (sop.), la comtesse Helfenstein (alto) ; citoyens papistes, citoyens luthériens, paysans, lansquenets, frères de Saint-Antoine, démons (chœur)

Argument
À Mayence, à Königshofen, dans la forteresse saint-Martin et dans l'Odenwald, dans les années 1520, du temps de la guerre des Paysans.
Ému par la misère de la guerre qui se déroule pendant la Contre-Réforme, le peintre Mathis rejoint le camp des paysans. Défiant toutes les tentations, il n'abandonne pas son art ; après avoir achevé le retable d'Issenheim et pleurant la mort de Regina, la jeune paysanne qu'il aime, il se sent lui-même arrivé au terme de sa vie.

Tableau 1
Dans le couvent des Antonins, au bord du Main. Blessé, le chef des paysans, Schwalb, trouve refuge avec sa fille Regina dans un monastère dont le peintre Mathis décore le chemin de croix. Les moines soignent les blessures de Schwalb. Regina plaît à Mathis. Lorsque les soldats de l'armée confédérée arrivent au couvent, Mathis facilite la fuite du meneur des paysans en lui abandonnant son cheval. Le commandant menace Mathis de le dénoncer à son maître, le cardinal Albrecht.

Tableau 2
Une salle de la forteresse Saint-Martin de Mayence. Le cardinal Albrecht met fin au conflit entre catholiques et luthériens. Mathis est retourné auprès de son maître ; il est accueilli avec joie par Ursula Riedinger, qui est amoureuse de lui. Son riche père promet au cardinal Albrecht des dons pour encourager les arts, à condition qu'il empêche l'autodafé qui doit avoir lieu. Mais le cardinal libéral ne parvient pas à imposer ses vues au dogmatique doyen de la cathédrale. Mathis est accusé de complicité avec l'ennemi. Grâce à Albrecht, il évite toute sanction. Le cardinal exprime le désir que Mathis ne vive désormais que pour l'art. Convaincu de la justesse de la cause paysanne, Mathis préfère quitter son service.

Tableau 3
La demeure de Riedinger, sur la place du marché de Mayence. Les livres qu'il avait dissimulés sont découverts et emportés pour être brûlés. Pour que le cardinal Albrecht puisse enfin payer ses dettes, son conseiller Capito lui propose de se convertir au protestantisme, ce qui lui permettrait d'épouser Ursula Riedinger. Mais Ursula aime Mathis. Celui-ci refuse pourtant une existence bourgeoise et préfère lutter pour les déshérités.

Tableau 4
À Königshofen, une petite place avec des maisons en mauvais état. Les paysans ont pris le pouvoir, ils tuent le comte Helfenstein et humilient son épouse. Ces actes de violence suscitent l'opposition de Mathis qui se prend de querelle avec les paysans. Schwalb, accompagné de Regina, rappelle ses hommes à l'ordre. L'ennemi n'est pas Mathis, mais l'armée confédérée qui approche. Les paysans sont écrasés. Schwalb trouve la mort et Mathis n'échappe à l'exécution que grâce à l'intervention de la comtesse. Il quitte le champ de bataille avec Regina.

Tableau 5
La salle de travail du cardinal, à la forteresse saint-Martin. Le cardinal Albrecht refuse de se convertir pour des mobiles matériels. Lorsque Ursula Riedinger cherche à le convertir au protestantisme, il comprend qu'elle n'agit pas par amour, mais mue par une profonde foi. Il décide alors de rester fidèle à sa vraie foi.

Tableau 6
Dans l'Odenwald, une région où poussent de grands arbres : dernières lueurs du jour. Bouleversée par les horreurs auxquelles elle a assisté, Regina ne trouve pas le sommeil. Mathis lui parle d'anges musiciens, la réalité et l'imagination se confondant peu à peu. Au cours d'une vision, Mathis est soumis aux tentations de saint Antoine. Sous les traits de saint Paul, le cardinal Albrecht l'exhorte à poursuivre son œuvre.

Tableau 7
L'atelier de Mathis, à Mayence. La nuit. Mathis vient d'achever le retable d'Issenheim lorsque Regina, soignée par Ursula, meurt. Sa mort rappelle à Mathis sa propre fin. Il refuse une invitation du cardinal et met en ordre ses maigres possessions.

M. S.

L'*Ars poetica* d'Hindemith

Après plusieurs vaines tentatives de collaboration avec des écrivains de renom, Hindemith a entrepris de rédiger lui-même un livret dont le sujet était alors l'imprimeur Johann Gutenberg. Ce n'est qu'après l'arrivée d'Hitler au pouvoir qu'il s'est tourné vers le sujet de Mathis. En septembre 1933, une première mouture du livret était achevée et il composa immédiatement le prélude et l'interlude dont Wilhelm Furtwängler assura la création en 1934 sous forme de la Symphonie *Mathis, der Maler*. Après plusieurs remaniements du livret, Hindemith acheva sa partition le 27 juillet 1935. Il venait de donner ainsi naissance à l'une de ses œuvres majeures, nourrie par une profonde réflexion sur la mission de l'artiste dans la société. Touchant la composition, Hindemith a structuré l'action à l'aide de formes baroques, telles que la chaconne ou le *concerto grosso*. Des passages d'écriture modale (citations originales de l'*Altdeutschen Liederbuch* de 1877 édité par Böhme) s'insèrent avec une parfaite cohérence dans sa tonalité élargie. Le prélude de l'opéra, le *Concert d'anges* avec la citation du lied *Es sungen drei Engel* a acquis une popularité toute particulière. Une conduite mélodique linéaire et l'intelligibilité du texte ont facilité la réception d'une œuvre dont le régime nazi a commencé par empêcher la diffusion en Allemagne. N 2   M. S.

Mathis, der Maler, photo de scène avec Hubert Hofmann dans le rôle de Mathis, mise en scène : Oscar Fritz Schuh, direction musicale : Hans Schmidt, Staatsoper de Hambourg, 1967.
Les difficultés de transposition scénique de cette œuvre majeure, tant sur le plan des idées que sur celui de la musique, tiennent notamment à la nécessité de représenter un peintre du Moyen Âge dans l'exercice de son art. On retrouve le même problème dans → *Tosca* de Puccini. L'idée proclamée par Hindemith – l'artiste est, en un sens, le messager de la vérité – incite souvent les chanteurs à prendre une attitude missionnaire. Or, le sujet choisi fait quelque peu obstacle à cette intention : Hindemith voulait avant tout souligner que l'homme moderne est responsable de ses actions.

2. *Es sungen drei Engel*

Mathis, der Maler, photo de scène avec Jorma Hynninen dans le rôle de Mathis, mise en scène : Götz Friedrich, décors et costumes : Peter Sykora, direction musicale : Jiri Kout, Deutsche Oper de Berlin, 1990.
Le héros éponyme devant sa toile. La correspondance entre la silhouette du peintre et le motif pictural concrétise une idée chère à Hindemith : celle de la vérité inhérente à toute création artistique. Cette idée est également rendue par l'accord très réussi entre costumes, décors et mise en scène.

Mathis, der Maler, projet de décor de Heinz Grete pour la mise en scène de Rudolf Hartmann, direction musicale : Alfons Dressel, Städtische Bühnen, Nuremberg, 1951 (TWS).
Les tableaux qui se succèdent à la manière d'un récit légendaire prêtent à cet opéra un trait épique, proche de l'oratorio. À l'époque où *Mathis, der Maler* a été composé et créé, d'autres grands compositeurs, comme Schönberg, Bartók, Stravinsky et Honegger, rappelaient par des œuvres pénétrantes et proches, elles aussi, de l'oratorio le devoir d'humanité et cherchaient dans leur musique à réaliser l'unité entre la nature, Dieu, l'art et le genre humain.

Adriana Hölszky

Née à Bucarest le 30 juin 1953

Roumaine de souche allemande née à Bucarest, Adriana Hölszky étudie la composition au conservatoire de sa ville natale dans la classe de Stefan Niculescu. Après s'être établie en République fédérale d'Allemagne en 1976, elle devient l'élève du compositeur yougoslave d'avant-garde Milko Kelemen à Stuttgart et s'initie à l'électronique auprès d'Erhard Karkoschka. Entre 1977 et 1980, elle se produit comme pianiste au sein du Trio Lipatti, fondé par Antonio Janigro, ce qui lui vaut des prix aux concours de musique de chambre de Florence (1978) et de Colmar (1980). Elle se fait connaître par des cours de composition et de musique de chambre à Sienne, Darmstadt, Salzbourg, Bayreuth et Cambrils; elle obtient notamment en 1992 le célèbre prix de la Villa Massimo de Rome. En 1980, Adriana Hölszky est nommée professeur de théorie musicale et de formation auditive à la Hochschule für Musik de Stuttgart. Dans le domaine de la composition, elle exploite pleinement son potentiel d'Européenne de l'Est polyglotte et multiculturelle: sa musique se caractérise par son absence de parti pris à l'égard des courants stylistiques contemporains, ainsi que par une grande sensibilité vis-à-vis des profondeurs et des abîmes du langage. Elle travaille sur la sonorité, les bruits, les transformations électroniques du son, ainsi qu'avec les techniques sérielles qu'elle maîtrise à la perfection et qu'elle fait intervenir avec autant d'imagination que d'humour. Elle s'impose véritablement en 1988 avec la création de l'« œuvre vocale sur une vie de femme », *Bremer Freiheit*, dans le cadre de la biennale de Munich, fondée et dirigée par → Hans Werner Henze. Les œuvres d'Adriana Hölszky sont présentes dans tous les grands festivals de musique; elle organise des séminaires de composition dans le monde entier, et plus particulièrement à Tokyo et Kyoto, ainsi qu'à l'IRCAM de Paris (1992), à Athènes et Boston (1994). En 1998, on lui confie la direction de la classe de composition à l'Ecole supérieure de musique et de théâtre de Rostock.

Œuvres: Œuvres scéniques: *Bremer Freiheit*; 1988, *Die Wände*, 1995 (Les Paravents); *Der Aufstieg der Titanic*, opeRatte, 1997 (L'Ascension du Titanic); *Der unsichtbare Raum*, tragédie, 1997. Œuvres pour orchestre, musique de chambre, compositions vocales.

Bremer Freiheit

Singwerk auf ein Frauenleben (œuvre vocale sur une vie de femme)

Livret: Thomas Körner d'après la pièce de Rainer Werner Fassbinder
Création: le 4 juin 1988 à Munich (dans le cadre de la biennale, par la troupe de l'Opéra de Stuttgart)
Personnages: Geesche Gottfried (mezzosop.), Miltenberger, son premier mari (bar.), Timm, son père (basse), la mère de Geesche (alto), Gottfried, son second mari (tén.), Johann, son frère (bar.), Zimmermann, un ami (tén.), Rumpf, un ami (tén.), le père Markus (basse), Bohm, un cousin (bar.), Luisa Mauer, une amie (sop.)

Argument

En Allemagne, à l'époque actuelle.
Geesche mène une vie de femme normale, elle est humiliée et opprimée par son mari, tenue en bride par son père, sa mère et son frère, exaspérée par ses enfants et par son amie, soumise aux pressions de ses amis. Elle décide alors de mettre de l'ordre dans sa vie: ils meurent tous, les uns après les autres: maris, enfants, père, mère, frère, amie et amis. Jusqu'à ce que l'on découvre du poison dans le café. C'est alors au tour de Geesche de mourir.   S. N.

Bremer Freiheit, photo de scène de la création, mise en scène: Christian Kohlmann, décors et costumes: Birgit Angele, direction musicale: Andras Hamary, Munich, 1988.
Les actions scéniques et musicales apparaissent sous forme de processus interdépendants, qui se conditionnent mutuellement et correspondent aux « *Leitklänge* (sons directeurs) associatifs » et aux « actions sonores imaginaires » conçus par le compositeur.

« Radicaleuse »

Le sous-titre « œuvre vocale sur la vie d'une femme » fait allusion à un chef-d'œuvre incontournable de l'intériorité bourgeoise, *L'Amour et la vie d'une femme* de Robert Schumann, d'après Adalbert Chamisso – chant de louange à la femme qui sert avec dévouement son fidèle mari. Ce faisant, Chamisso avait écrit une épitaphe au personnage historique de Geesche Gottfried : « ... j'ai mené la guerre, comme chacun le doit et comme chacun le fait, contre des violences ennemies. Je n'ai fait que ce que vous faites tous... » L'idée d'une guerre privée allant jusqu'au crime contre une société elle-même ressentie comme criminelle se retrouve dans *Michael Kohlhaas* de Kleist, *Crime et châtiment* de Dostoïevski ou *Monsieur Verdoux* de Charlie Chaplin, dans un registre cinématographique grotesque. Avec Fassbinder et Hölszky, c'est leur pendant féminin qui se voit rendre justice. La Geesche historique a été décapitée en 1831 sur la place de la cathédrale de Brême et, jusqu'en 1932, tous les braves bourgeois de Brême manifestaient leur indignation morale en crachant sur la pierre qui avait, prétendait-on, vu rouler sa tête. Jusqu'à ce qu'une nuit, un joyeux drille antifasciste ajoute des barres à la croix gravée dans la pierre. La pierre scandaleuse fut enfin retirée, après un siècle de pieuse indignation masculine.

Un opéra en style télégraphique

L'œuvre vocale de Hölszky se situe dans la tradition du Grand Guignol, ce théâtre parisien célèbre pour ses scènes d'horreur. En dix courtes scènes, neuf crimes se succèdent, sans longues motivations psychologiques. Au moment où Geesche est enfin arrêtée, elle remarque stoïquement « C'est à mon tour de mourir », entonnant alors le choral « Adieu, monde – je suis lasse de toi », qu'elle a déjà chanté à neuf reprises pour ses victimes. Hölszky travaille avec des *Leitklänge* associatifs : « chaînes qui tombent » pour Geesche, tocsin pour le père, « feulement de lion » pour le premier mari, son d'une trompette d'enfant pour le frère. On assiste à des « actions sonores imaginaires » (les instrumentistes sont appelés à participer acoustiquement à l'action en chantant, en beuglant, en ajoutant des sortes de commentaires et en prenant leurs distances), différentes strates se superposent, plages composées, percussions grinçantes et pétaradantes, sons oscillants. Le mélange de terreur et de bonne humeur, d'horreur et de gaieté est absolument magistral et débusque toute hypocrisie, toute sentimentalité caractéristiques de la représentation des relations amoureuses à laquelle l'opéra moderne s'était attaqué depuis le légendaire → *Wozzeck* d'Alban Berg en 1925.

La production très réussie de la création a été présentée en 1989 aux Wiener Festwochen et en 1991 au Festival d'Helskinki. En 1994, Brême a proposé une nouvelle production de cet ouvrage.

Pas d'opéras littéraires

Thomas Körner est un excellent adaptateur de textes. Dès 1973, il avait remanié une pièce de Lenz pour l'opéra *Hot* de Friedrich Goldmann ; en 1978, il avait adapté *Léonce et Léna* de Büchner pour → Paul Dessau et réalisé des compilations de textes pour → Mauricio Kagel. Il est devenu ensuite le librettiste d'Adriana Hölszky. Grâce à son entremise, les modèles littéraires sont présents autrement que par leur titre et l'œuvre musicale acquiert une dimension propre. C'est également le cas de l'opéra de Hölszky *Die Wände*, créé en 1995 au Theater an der Wien d'après *Les Paravents*, une pièce que Jean Genet avait écrite en 1961. Le célèbre metteur en scène Hans Neuenfels a monté ce spectacle avec Ulf Schirmer à la baguette et dans des décors de Reinhard von der Thannen. Un grand succès, cette fois encore. Une petite scène comme celle d'Oldenburg n'a pas hésité à reprendre ce spectacle en 1996. Il retrace l'histoire de l'Arabe Saïd dans un monde d'aspect colonial ; solitaire anarchiste, il cherche à forcer l'ordre des morts et se trouve ainsi pris entre les fronts (les paravents), tantôt victime, tantôt criminel.

Un opéra sans chanteurs

La « tragédie » *Der unsichtbare Raum*, une commande de l'Opéra de Bonn créée dans cette même ville en 1997, est un opéra sans chanteurs : « L'œuvre s'attache à mettre au jour des événements sonores ». Si en 1984, Luigi Nono avait imposé une interdiction absolue d'images pour → *Prometeo*, sa « tragédie de l'audition », Adriana Hölszky proscrit désormais les chanteurs de la scène et souhaite, selon l'interprétation du metteur en scène Hans Neuenfels, transformer la tragédie du quotidien en écoute : « La musique de Hölszky, son écoute n'adoucit rien, n'épargne rien, n'édulcore rien, ne renchérit sur rien : le chat qui feule joue sur un pied d'égalité avec le chien qui hurle ». S.N.

Die Wände, photo de scène avec Helmut Wildheber (Si Slimane), Elisabeth Reichardt (la pleureuse arabe), et Jutta Geister (la prostituée), mise en scène : Hans Neuenfels, décors et costumes : Reinhard von der Thannen, direction musicale : Ulf Schirmer, Theater an der Wien, 1995.
Cette adaptation des *Paravents* de Jean Genet a imposé Adriana Hölszky sur la scène musicale internationale. Cet opéra a su séduire un metteur en scène aussi célèbre et novateur que Hans Neuenfels.

La manière paradoxale dont Hölszky se débarrasse des schémas de pensée et des conventions stylistiques a été qualifiée de « radicaleuse » – radicale et scandaleuse. Dans ses sujets, qui traitent de forfaits quotidiens intimes de la fin du XXe siècle, le crime effroyable côtoie l'humour burlesque.

Arthur Honegger

Né au Havre le 10 mars 1892
Mort à Paris le 27 novembre 1955

D'origine allemande, Honegger est de nationalité suisse. Après des études de musique à Zurich et au Havre, il vit essentiellement à Paris. Avec → Milhaud, Auric, → Poulenc, Durey et Tailleferre, il est membre du « Groupe des Six », dont Jean Cocteau est le porte-parole. Honegger exerce les activités de chef d'orchestre et de pianiste accompagnateur, de critique et de journaliste, de professeur de composition et de compositeur. Sur ses 186 œuvres, 33 relèvent de la musique de film, les catégories de la musique radiophonique et des musiques de scène regroupant un nombre de pièces à peu près équivalent. Honegger se fait connaître sur le plan international en 1921 grâce à son oratorio scénique *Le Roi David* et à une œuvre symphonique de sept minutes, *Pacific 231,* de 1923. Parallèlement aux cinq grandes symphonies écrites entre 1930 et 1951, il considère *Antigone* (1927) comme l'une de ses œuvres majeures. Cette tragédie musicale sera cependant supplantée par l'oratorio dramatique (1935), *Jeanne au bûcher*.

Œuvres: pour l'opéra: *Judith*, 1925, *Antigone*, 1927, *Le Roi David*, oratorio scénique, 1921, *Jeanne au bûcher*, oratorio dramatique, 1938; Opérettes, dont *Les Aventures du roi Pausole*, 1930, musiques de scène, œuvres chorales, œuvres orchestrales, pièces pour piano, musique de chambre et cinq symphonies.

Judith

Opéra sérieux en trois actes

Livret: René Morax
Création: 1re version: le 11 juin 1925 à Mézières en Suisse (Théâtre du Jorat); 2e version: le 13 février 1926 à Monte Carlo (Opéra)

Personnages: Judith, Israélite (mezzosop.), sa servante (sop.), Holopherne, un capitaine assyrien (bar.), Bagoas, son serviteur (basse), Ozias, gouverneur de la forteresse juive de Béthulie (bar.), garde (tén.), soldat (tén.), trois voix (sop., tén., bar.), esclave (ballerine); femmes, peuple et soldats de Béthulie, chef de l'armée assyrienne, soldats, prêtres (chœur); peuple, soldats (rôles parlés)

Argument

À Béthulie, à l'époque des conquêtes de Nabuchodonosor II.
La ville de Béthulie est assiégée par une armée assyrienne supérieure en nombre, commandée par Holopherne. Prête à capituler, la population de Béthulie espère encore un miracle divin. C'est alors que l'Israélite Judith décide de se rendre dans le camp ennemi, assurée que Dieu lui montrera la voie du salut. Au terme de diverses péripéties, elle parvient à enivrer Holopherne et à le tuer dans son sommeil. Elle est fêtée par son peuple et tous entonnent un chant de louange au Tout-Puissant.

S. N.

Un opéra biblique

Honegger renoue avec l'idée biblique d'un événement qui s'accomplit presque de lui-même, l'homme dépassant dans l'action ses propres limites et servant de truchement aux forces divines. C'est évidemment vrai de l'héroïne éponyme, mais également du rôle du peuple. Les parties chorales, qui ont valu à cette adaptation de l'histoire de Judith le nom d'« opéra-oratorio », constituent le centre musical de l'œuvre.

Jean Cocteau rapprochait le génie d'Honegger de celui qui avait présidé à la construction des cathédrales et des usines. Dans son œuvre, disait-il, le monde des machines jouxte celui des retables, des arcs-boutants et des vitraux.

Judith, photo de scène avec William Oberholtzer (Holopherne) et Susan Maclean (Judith), mise en scène: Elmar Fulda, direction musicale: Lukas Höfling, décors et costumes: Ruth Schaefer, Stadttheater de Bielefeld, 1995. L'« opéra biblique » d'Honegger fait régulièrement la preuve de son étonnante actualité. Il ne s'agit pas d'une illustration de l'histoire biblique, mais d'une question plus générale: Comment l'homme acquiert-il et préserve-t-il sa force intérieure malgré l'oppression? Holopherne apparaît ainsi tout à la fois comme un personnage concret et réel, et comme une métaphore de la violence.

Antigone, projet de décor de Teo Otto et photo de scène avec Helga Pilarczyk, mise en scène : Günther Rennert, direction musicale : Leopold Ludwig, Staatsoper de Hambourg, 1961 (TWS).
Dans les décors de Teo Otto, archaïsme et modernité, profane et sacré, sont érigés en symboles. Helga Pilarczyk a été une célèbre interprète d'Antigone, qui a su exprimer de manière émouvante la force intérieure d'une femme pleine de tendresse.

Antigone

Tragédie musicale en trois actes

Livret : Jean Cocteau
Création : le 28 décembre 1927 à Bruxelles (Théâtre de la Monnaie)

Personnages : Antigone (alto ou mezzosop.), Ismène, sa sœur (sop.), Créon, roi de Thèbes (tén.), Euridice, sa femme (mezzosop.), Hémon, son fils, fiancé d'Antigone (bar.), Tirésias (basse), le garde (tén.), le messager (basse), quatre coryphées (sop., alto, tén., basse) ; peuple de Thèbes (chœur)

Argument
À Thèbes, à l'époque mythologique.
Malgré toutes leurs bonnes résolutions, les fils d'Œdipe se disputent le trône. Polynice s'allie avec les ennemis de Thèbes pour renverser Étéocle. Les deux frères sont tués au combat. Le beau-frère d'Œdipe, Créon, a repris le trône vacant et a interdit, sous peine de mort, l'inhumation de Polynice, traître à la patrie. Mais sa sœur Antigone place l'amour et l'humanité au-dessus de la raison d'État et enterre son frère. Elle doit mourir. Créon fait emmurer vivante l'insoumise, malgré les supplications d'Hémon, son propre fils. Seule la malédiction du devin Tirésias fait réfléchir Créon. Trop tard : son fils s'est pendu à côté du cadavre de sa fiancée et Euridice, sa femme, se suicide elle aussi.
S. N

Des émotions cachées
En 1922, Jean Cocteau monta le sujet d'Antigone dans sa célèbre « dramaturgie simple » sur la scène du Théâtre de l'Atelier, à Paris. Les milieux artistiques ne furent pas les seuls à remarquer ce spectacle. Grâce à une distance émotionnelle, Cocteau a su créer une proximité nouvelle avec un sujet antique, extrêmement actuel pourtant dans son conflit entre amour et raison d'État. Honegger a assis sa dramaturgie sur la bipolarité fondamentale entre Antigone et Créon. Il s'agit d'une opposition symphonique et conflictuelle de thèmes et de motifs musicaux. Mise en scène à Essen quelques semaines seulement après sa création, cette *Antigone* fit scandale aussi bien en 1927 qu'en 1954. Cet ouvrage réapparaît régulièrement au répertoire international.

Jeanne au bûcher

Oratorio dramatique en un prologue et onze scènes

Livret : Paul Claudel
Création : version de concert le 12 mai 1938 à Bâle (Grosser Musiksaal) ;
version scénique : le 13 juin 1942 à Zurich (Stadttheater)
Personnages : Jeanne d'Arc (rôle parlé), frère Dominique (rôle parlé), la Vierge (mezzosop.), Marguerite (sop.) Catherine (mezzosop.), Porcus (tén.) ; hérauts, clercs, rois, reines, valets, hommes d'armes, foule

Argument
À Rouen, le 30 mai 1431.
Jeanne d'Arc au moment de son supplice : au cours d'un dialogue avec saint Dominique et la Vierge, l'esprit de la jeune fille revient sur les différents lieux de son existence. Jeanne reconnaît l'essence des choses et se libère de toutes ses chaînes terrestres.

S. N.

Oratorio ou opéra ?

Il s'agit en fait d'un mélange de théâtre, d'opéra et d'oratorio. Cette œuvre a connu une grande popularité en France au début de l'occupation allemande. À partir de 1941, elle a été donnée dans plus de 40 villes par une troupe expressément fondée à cette fin. L'intégration de la voix parlée dans le flot musical compte parmi les plus remarquables réalisations d'Honegger. La distribution orchestrale, elle aussi, est insolite avec ses trois saxophones, plusieurs types de clarinettes et des ondes Martenot. L'oratorio dramatique d'Honegger fait partie des valeurs sûres des grandes scènes. La première représentation en Allemagne a eu lieu en 1947, à Berlin. En 1950, une mise en scène de Roberto Rossellini au Teatro San Carlo de Naples avec Ingrid Bergman (direction musicale : Gianandrea Gavazzeni) a fait sensation. Munich a également attiré l'attention en 1984, avec Andrea Jonasson dans le rôle-titre (direction musicale : Silvio Varviso, mise en scène : August Everding). Parmi toutes les adaptations du sujet de Jeanne d'Arc, celle d'Arthur Honegger occupe une place toute particulière. Cette singularité apparaît dans toutes les productions, aussi différentes soient-elles : la vérité de la vie que l'on a menée se manifeste à l'instant de la mort ; en même temps, la mort apparaît comme un dernier et immense effort pour exprimer cette vérité.

Ci-dessus
Jeanne au bûcher, projet de décor de Paul Haferung, Essen, 1948 (TWS).
Jeanne au bûcher d'Honegger sous forme d'un mystère médiéval. Dans l'Allemagne de l'immédiat après-guerre, cet opéra résolument antifasciste devait avoir la force d'une promesse de salut.

Jeanne au bûcher, photo de scène avec Inge Lange dans le rôle de Jeanne, mise en scène : Rudolf Kempe, direction musicale : Arthur Honegger, Bayerische Staatsoper, Munich, 1953.
La production munichoise avec Inge Lange dans le rôle de Jeanne a été un grand événement théâtral.

Jeanne au bûcher – **Honegger**   241

À droite
Jeanne au bûcher, photo de scène avec Ingrid Bergman dans le rôle de Jeanne, mise en scène: Roberto Rossellini, Teatro San Carlo, Naples, 1950. Avec son héroïne, le réalisateur de cinéma a donné naissance à des scènes marquantes, illustrant l'un des grands sujets de l'art européen : au seuil de la mort, on revoit les images de toute sa vie.

Ci-dessous
Roberto Rossellini et Ingrid Bergman, Teatro San Carlo, Naples 1950.

Ci-dessous, en bas
Jeanne au bûcher, projet de décor de Heinz Dahm, Sarrebruck, 1961 (TWS). En 1961, l'intérêt se portait moins exclusivement sur l'antifascisme historique et concret que sur la résistance face à des institutions prétendument toutes-puissantes, en l'occurrence l'Église.

Au seuil de la mort
Depuis sa création, *Jeanne au bûcher* d'Honegger s'est imposé sur les scènes du monde entier, et ce en dépit de son caractère insolite. Cette œuvre a su susciter l'enthousiasme de vedettes comme Ingrid Bergman, Marthe Keller et Isabelle Huppert, et de metteurs en scène mondialement célèbres comme Roberto Rossellini grâce, notamment, à son message central. L'idée qu'à l'instant de mourir, on voit défiler les images de sa vie est un thème récurrent de l'art européen. Mais d'ordinaire, cet instant tragique sert de véhicule à la représentation de différentes étapes de l'existence. Honegger a choisi une tout autre solution. Ici, à l'instant de la mort, la vie n'est évoquée que pour permettre de se libérer de toutes les chaînes terrestres. L'instant de la mort devient ainsi une action héroïque, devant laquelle tous les exploits guerriers de la vaillante Jeanne font pâle figure. Jeanne accède au dévouement suprême, au dépassement de soi, accomplissant ainsi l'espoir et le désir de nombreux humains.
S. N.

Hänsel und Gretel, carte postale.
La date de la création (le 23 décembre 1893) est à l'origine de la tradition consistant à donner *Hans et Gretel* comme conte de Noël, spectacle familial destiné aux petits et aux grands. Il est vrai que les situations, ainsi que les textes et les mélodies se retiennent facilement et plaisent beaucoup aux enfants. N1
Cet opéra apporta à Humperdinck et à d'autres compositeurs une échappatoire à l'imitation servile et leur permit d'échapper à l'ombre par trop pesante de Richard Wagner en empruntant d'autres voies : une solution différente de celle des drames musicaux wagnériens comme du vérisme italien (outre Humperdinck, le genre de l'opéra féerique attira également Alexander Ritter, Ludwig Thuille et Siegfried Wagner, le fils de Richard Wagner). Des chefs d'orchestre d'envergure s'intéressèrent à cet opéra. La création à Weimar fut dirigée par Richard Strauss ; Felix Mottl, Hermann Levi et Gustav Mahler n'hésitèrent pas à exciter de leur baguette la chevauchée de la sorcière. Plus tard, de grands chefs (comme Karajan et Solti) ont inscrit *Hänsel et Gretel* à leur répertoire.

Engelbert **Humperdinck**

Né à Siegburg (Allemagne) le 1er septembre 1854
Mort à Neustrelitz (Allemagne) le 27 septembre 1921

Fils d'un directeur d'école, Humperdinck apprend très tôt le piano. Ses dons de compositeur se manifestent dès l'âge de 14 ans. Mais ses parents le poussent à étudier l'architecture. À partir de 1872, il s'engage dans des études de musique au conservatoire de Cologne (composition, piano, violoncelle, orgue). En 1874, il détruit la plus grande partie de ses œuvres de jeunesse. Lauréat de plusieurs concours de composition et bénéficiaire d'une bourse Mozart à Munich, il est encouragé dans sa vocation par Joseph Rheinberger et Franz Lachner. Il entreprend un voyage d'études en Italie, où il fait la connaissance de Richard Wagner, qu'il assiste dans les préparatifs de la création de → *Parsifal* à Bayreuth (1881-1882). Il se fait connaître à l'échelle internationale en 1893 avec *Hänsel und Gretel*, puis avec l'opéra féerique *Die Königskinder* au Metropolitan Opera de New York en 1910. Il occupe des postes d'enseignement dans différents pays et dans divers établissements, travaille comme critique au *Bonner Zeitung*, puis au *Frankfurter Zeitung*. En 1900, il s'établit à Berlin, où il connaît également succès et notoriété internationale comme professeur de composition et comme membre de l'Académie des Beaux-Arts.

Œuvres : Œuvres scéniques : *Hänsel und Gretel*, 1893 (Hänsel et Gretel) ; *Die sieben Geisslein*, 1895 (Les Sept Chevreaux) ; *Die Königskinder*, sous forme de mélodrame, 1897, sous forme d'opéra féerique, 1910 (Les Enfants du roi) ; *Dornröschen*, 1902 (La Belle au bois dormant) ; *Die Heirat wider Willen*, 1905 (Le Mariage forcé) ; *Bübchens Weihnachtstraum*, jeu de la Nativité mélodramatique, 1906 ; *Die Marketenderin*, 1914 (La Vivandière) ; *Gaudeamus : Szenen aus dem deutschen Studentenleben*, 1919. Œuvres chorales, lieder, musique de scène, œuvres pour orchestre, musique de chambre.

Hänsel und Gretel

Hänsel et Gretel

Conte musical en trois actes

Livret : Adelheid Wette, d'après le conte des frères Grimm
Création : le 23 décembre 1893 à Weimar (Hoftheater)
Personnages : Peter, fabricant de balais (bar.), Gertrud, sa femme (mezzosop.), leurs enfants, Hänsel (mezzosop.) et Gretel (sop.), le marchand de sable (sop.), le bonhomme rosée (sop.), la sorcière de la maisonnette de pain d'épice (mezzosop. ou tén.), l'écho (4 sop., 2 alti) ; les enfants de pain d'épice (chœur d'enfants), quatorze anges (ballet)

Argument

Dans un univers de conte de fées.
Tableau 1 Dans une petite chambre misérable de la maison du fabricant de balais. Le père et la mère sont sortis essayer de trouver de l'argent et du pain. Pendant ce temps, les enfants doivent se rendre utiles : ravauder des bas et attacher des balais. Mais Hänsel et Gretel ont faim. Leur seule consolation est la cruche de lait, promesse d'un gâteau de riz. Tout heureux, ils jouent et oublient leur travail. Leur mère rentre à la maison fatiguée et bredouille. Elle voit le travail négligé, gronde les enfants et attrape le balai pour les corriger. Mais elle renverse la cruche de lait. Elle envoie les enfants chercher des fraises dans la forêt et leur interdit de revenir avant que leur panier ne soit plein. Le père a eu plus de chance ; il rentre, ivre, mais chargé de provisions. Mais où sont les enfants ? Ils risquent de rencontrer la sorcière de la maisonnette de pain d'épice près de l'Ilsenstein ! Les parents

Hänsel und Gretel, photo de scène avec Nigel Robson dans le rôle de la sorcière, mise en scène : Richard Jones ; décors : John MacFarlane, direction musicale : Wladimir Jurowski, Welsh National Opera, Cardiff, 1999.
La sorcière : un étrange rôle de mezzosoprano et une aventure passionnante pour un ténor bouffe !

1. Ronde (Hänsel, Gretel)
Brü-der-chen, komm tanz mit mir, bei-de Händ-chen reich ich dir, ein-mal hin, ein-mal her, rund her-um, es ist nicht schwer !

2. Prière du soir de Gretel
A-bends, will ich schla-fen gehn, vier-zehn En-gel um mich stehn

se précipitent dans la forêt à la recherche de leurs enfants.

Tableau 2 La forêt, à l'arrière-plan, l'Ilsenstein. En cherchant des fraises, les enfants sont arrivés à proximité du dangereux Ilsenstein. Le panier de Hänsel est plein, Gretel a tressé une couronne de fleurs. Les enfants recommencent à jouer. Le temps passe, la nuit tombe. Hänsel a oublié le chemin du retour. La jolie forêt familière semble soudain menaçante, pleine de dangers. Les enfants se réfugient sous un arbre. Le marchand de sable leur apporte calme et sommeil. Quatorze anges veillent sur eux.

Tableau 3 Le bonhomme rosée réveille les enfants. Ils ont faim. Et que voient-ils? Une petite maison de pain d'épice, un petit-déjeuner de rêve. Mais la sorcière attrape les enfants et leur jette un sort. Elle décide d'engraisser Hänsel, mais de manger tout de suite Gretel. Lorsque la sorcière ordonne à la fillette de vérifier la cuisson des pains d'épice dans le four, Gretel fait celle qui ne comprend pas. Voulant lui expliquer comment faire, la sorcière entre dans le four et Gretel referme aussitôt la porte. Quand la sorcière est consumée, le four explose et les enfants de pain d'épice apparaissent, pétrifiés et muets. Avec les oreilles de l'amour, Hänsel et Gretel comprennent qu'ils veulent être délivrés. Gretel câline les enfants qui prennent vie. Hänsel les délivre de leur torpeur. Les enfants de pain d'épice remercient Hänsel et Gretel, qui rendent grâce quant à eux à leurs quatorze anges gardiens. Le chant de moqueries adressé à la sorcière et les remerciements adressés aux anges rassemblent aussi les parents, qui ont retrouvé leurs enfants et sont tout heureux de les serrer dans leurs bras. S.N.

Hänsel und Gretel, croquis de décor : Ludwig Sievert, mise en scène : Lothar Wallerstein, Opéra de Francfort, 1926 (TWS).
Au début du XXe siècle, la forêt de *Hänsel und Gretel* et ses ténèbres ont intéressé les spécialistes de psychanalyse. Leurs interprétations ont mis en évidence le sens caché des contes familiers, tout en leur retirant une partie de leur naïveté et de leur immédiateté. Cet éclairage psychanalytique n'a pas nui à l'opéra de Humperdinck. Rien n'empêche, bien sûr, d'interpréter opéra et conte comme un drame de la puberté. Mais si scandale il y a eu, il a plutôt été dû aux connotations religieuses du motif des anges gardiens, incarnation de la protection dont jouit l'homme, dans ses pensées et ses actions. Voilà qui n'était pas fait pour plaire à une époque férue de rationalisme. En cette fin du XXe siècle, on voit s'amorcer une évolution des mentalités, dont témoigne une véritable avalanche de recherches et d'ouvrages sur les anges gardiens.

Avec son opéra féerique aux intentions philosophico-religieuses, Humperdinck s'est engagé dans une direction nouvelle, qui a frayé la voie aux compositeurs des générations à venir.

La naissance de l'opéra : un vrai conte de fées

C'est une mère de famille qui est à l'origine de cet ouvrage ; pourtant, le personnage de la mère de *Hänsel und Gretel* n'est pas particulièrement positif. La sœur cadette du compositeur, Adelheid Wette, voulait faire une surprise à son mari pour son anniversaire en faisant interpréter un petit spectacle à leurs enfants. Elle en commanda les chansons à son frère. C'est ainsi que le numéro le plus populaire du futur opéra *Brüderlein, komm tanz mit mir* vit le jour. L'ouvrage fut accueilli avec enthousiasme par la famille. Quelques mois plus tard, Adelheid Wette développa son idée et écrivit un livret complet pour Engelbert Humperdinck. Voilà comment une mère de famille est entrée dans l'histoire en tant que librettiste.

Une version différente d'un conte familier

Adelheid Wette modifia certains motifs du conte de Grimm *Häns und Gretel*, elle en supprima d'autres et en rajouta quelques-uns. Chez Grimm, c'est la méchante marâtre des enfants qui les envoie à l'aventure. Et cette belle-mère impitoyable rend l'âme à l'instant même où la sorcière est anéantie. Deux événements indépendants en apparence, mais qui se déroulent parallèlement. Dans son texte, Adelheid Wette n'a pas mis en scène de marâtre, mais une ménagère parfaitement normale, qui se met injustement en colère par fatigue et par désespoir, et qui regrette aussitôt son geste : « Et voilà ce bon pot en miettes ! On ne gagne jamais rien à se précipiter ! » Chez elle, le père n'est pas bûcheron mais fabricant de balais, ce qui permet des jeux de mots et de scène multiples : balais à vendre et pour balayer, balais pour donner la fessée et enfin, balais de sorcière.

Un leitmotiv pieux dans l'univers barbare du conte de fée. Mais toutes ces modifications sont secondaires par rapport au motif des quatorze anges, dont le personnage et l'action sont déjà anticipés dans l'ouverture sous forme d'une mélodie religieuse pleine de recueillement. Celle-ci trouvera son développement complet dans le tableau de la forêt (tableau 2, fin), forêt à laquelle elle prête le sens panthéiste de temple de Dieu. Si dans le reste de l'opéra, les motifs caractéristiques sont toujours liés à la situation du moment, le thème de la « bénédiction du soir » revient constamment, à la manière d'un leitmotiv. Il résonne dans la prière du soir de Gretel (tableau 1), exprime la supplication des enfants angoissés par l'obscurité de la forêt (tableau 2) et sert enfin de fondement à l'apothéose finale (tableau 3). N2 S.N.

Hänsel und Gretel, croquis de costume de Hans Strohbach pour le personnage de la sorcière, Cologne, 1930 (TWS).
La sorcière est le personnage le plus original – musicalement aussi – de l'opéra, une place qu'elle ne doit pas seulement à sa diabolique chevauchée. Humperdinck l'a dotée d'un mélange singulier de chant et d'intonations parlées, avec des mélodies à coloration pentatonique et de brefs motifs, reposant sur quelques notes seulement.

Leoš Janáček

Né à Hukvaldy (Moravie) le 3 juillet 1854
Mort à Ostrava le 12 août 1928

Après avoir étudié l'orgue et d'autres disciplines musicales à Prague, Leipzig et Vienne (1874-1880), Janáček fonde une école d'orgue à Brno en 1881. Il y dirige également la Société philharmonique (1881-1888) et exerce à partir de 1884 les fonctions de rédacteur de la revue musicale *Hudební listy*. Il compose son premier opéra, *Šárka*, en 1887-1888 et commence à recueillir des chansons populaires en Moravie orientale (il publie en 1890 le premier recueil de chansons populaires avec František Bartoš). La vie de Janáček est marquée par plusieurs événements tragiques. Il perd son fils (1890), puis sa fille (1903), mène une vie conjugale difficile avec Zdenka Schulz et tire son inspiration artistique des liaisons qu'il entretient avec des femmes issues du milieu artistique et musical (Kamila Urválková, Kamila Stösslová, Gabriela Horvátová). Malgré le succès de la création de *Jenufa* (Brno 1904), il ne connaîtra la célébrité qu'en 1916, avec la première représentation de cet opéra au Théâtre national de Prague. En 1919, il prend la direction du conservatoire de Prague fondé depuis peu. Après l'étatisation de cet établissement (1920), il enseigne jusqu'à sa mort dans l'annexe du conservatoire ouverte à Brno.

Œuvres : Opéras : *Šárka*, 1888, création 1925, *Počátek románu*, 1891, création 1894 (Le Début d'une romance) ; *Její pastorkyňa*, 1904 (Jenufa) ; *Osud*, 1904, création 1958 (Destin) ; *Výlety páně Broučkovy*, 1917, création 1920 (Les Aventures de Monsieur Brouček), *Káta Kabanová*, 1921 (Katia Kabanova) ; *Příhody lišky bystroušky*, 1924 (La Petite Renarde rusée) ; *Věc Makropulos*, 1926 (L'Affaire Makropoulos) ; *Z mrtvého domu*, 1930 (De la maison des morts). Œuvres orchestrales (*Tarass Boulba*, 1915-1918 ; *Sinfonietta*, 1926), œuvres pour piano, musique de chambre, deux ballets, publications de chansons populaires et d'arrangements de chansons populaires, œuvres chorales, compositions liturgiques (*Messe glagolitique*, 1926).

Janáček s'est imposé tardivement comme l'un des grands dramaturges musicaux du XXe siècle. Sa musique réalise la fusion entre le langage musical contemporain d'Europe occidentale et le dialecte des chansons populaires tchèques et moraves. Son intérêt pour l'idiome tchéco-morave se reflète dans la prosodie minutieuse et originale de ses œuvres vocales.

Jenufa, Martha Mödl dans le rôle de la Kostelnicka, Staatsoper de Vienne, 1964. La diaconesse est un rôle très expressif que les sopranos dramatiques, comme la grande wagnérienne Martha Mödl (née en 1912), interprètent de préférence dans la seconde moitié de leur carrière. La mère adoptive de Jenufa est une femme impitoyable, volontaire, dont la tendre Jenufa est incapable de contester l'autorité. Son effondrement psychologique n'en est que plus douloureux lorsqu'elle se voit contrainte de s'incliner devant le sort.

Jenufa

Opéra en trois actes inspiré de la vie rurale morave

Livret : Gabriela Preissová, d'après sa pièce *Sa Fille adoptive*
Création : le 21 janvier 1904 à Brno (Théâtre National)
Personnages : la vieille Buryja, propriétaire du moulin (alto), Laca Klemeň, son petit-fils (tén.), Steva Buryja, son petit-fils, demi-frère du précédent (tén.), la Kostelnicka (la diaconesse), sa bru (sop.), Jenufa, fille adoptive de celle-ci (sop.), le maître compagnon (bar.), le juge du village (basse), sa femme (mezzo-sop.), Karolka, sa fille (mezzosop.), Barena, servante au moulin (sop.), Jano, jeune berger (sop.), Tante (alto) ; musiciens, villageois, recrues (chœur)

Argument
Dans un village de montagne de Moravie, dans la deuxième moitié du XIXe siècle.

Acte I
Une place devant le moulin. Jenufa attend son amant, Steva, qui doit rentrer du centre de recrutement militaire. Son éventuel départ pour l'armée l'inquiète car il empêcherait leur mariage. Or, à l'insu de la famille, elle attend un enfant de lui. Le demi-frère de Steva, Laca, est amoureux de Jenufa, mais la jeune fille ne lui prête pas attention. Steva est rentré, dégagé de toute obligation militaire, et s'est enivré de joie. Aux yeux de la Kostelnicka, la mère adoptive de Jenufa, que tout le monde respecte et redoute, Steva se conduit de manière scandaleuse. Elle retarde donc leur mariage d'un an. Jenufa, soucieuse, repousse avec colère les avances de Laca. Fou de rage, Laca blesse Jenufa au visage d'un coup de couteau.

Acte II
Six mois plus tard, chez la Kostelnicka. Personne ne se doute que Jenufa a donné naissance à un enfant, car la Kostelnicka a caché la jeune fille chez elle et a fait croire à tout le monde que Jenufa était partie en voyage. La mère adoptive se reproche sa sévérité, car Steva ne veut plus épouser Jenufa, défigurée par le coup de couteau. Le jeune homme s'est fiancé à Karolka, la fille du juge du village. Mais Laca aime toujours Jenufa. La Kostelnicka craint

Le sens de l'honneur de la paysannerie tchèque
La conception dramatique de *Jenufa* (l'opéra tchèque le plus souvent joué après → *La Fiancée vendue* de Smetana) est inhabituelle dans l'œuvre de Janáček, sans être cependant unique. Ses protagonistes sont presque tous des « antihéros » : des êtres humains faillibles, dominés par des préjugés, des craintes et des émotions presque incontrôlables. L'arrière-plan psychologique est sombre, l'action naturaliste. Ce milieu villageois ne contient pas grand-chose de l'at-

qu'il ne renonce à ses projets de mariage s'il apprend l'existence de l'enfant. La conscience déchirée, elle décide de noyer le fils de Jenufa dans le ruisseau, alors que la jeune femme délire de fièvre pendant deux jours. Elle fait croire à Jenufa que l'enfant est mort de mort naturelle. Désespérée, Jenufa accepte d'épouser Laca.

Acte III
Deux mois plus tard, chez la Kostelnicka. C'est le matin des noces de Jenufa et Laca et les invités arrivent. Parmi eux, Steva et Karolka. Au moment où la Kostelnicka s'apprête à bénir le jeune couple, on entend des cris : on a trouvé dans le ruisseau du moulin, sous la glace, le corps d'un nouveau-né. Jenufa est accusée d'infanticide. Mais la Kostelnicka avoue sa faute. Elle est arrêtée. Seule Jenufa lui pardonne. Steva et Laca se sentent également coupables de cette tragédie. Karolka rompt ses fiançailles avec Steva et Jenufa dégage Laca de sa parole. Mais celui-ci lui déclare que son amour est intact et ils décident de commencer ensemble une vie meilleure.
S. N.

mosphère idyllique des opéras nationaux folkloriques et romantiques du XIXe siècle. Le folklore exerce ici une autre fonction. L'organisation des motifs sur le modèle des chants populaires est placée au service de l'expression et du renforcement des effets psychologiques. L'action musicale se déroule sans articulations en numéros fermés, les scènes successives prennent corps en formant un unique processus musical, un flot continu. Le dialecte morave et la tonalité fondamentale des chansons populaires moraves définissent les mélodies (bien que Janáček n'ait pas utilisé un seul chant populaire) et font de *Jenufa* une œuvre clé du vérisme tchèque.

La carrière internationale de *Jenufa* a commencé avec sa première représentation à la Hofoper de Vienne en 1918. Maria Jeritza, la cantatrice vedette de Vienne, interprétait le rôle-titre. Cette grande artiste appréciait beaucoup Janáček, dont elle se sentait particulièrement proche en raison de ses origines tchèques. La liste des interprètes de Jenufa est presque interminable ; du vivant même de Janáček, le plus populaire de ses opéras a connu plus de 70 productions. La réalisation présentée en 1999 au Théâtre Royal de Copenhague, avec son champ de blé s'étendant à l'infini, fait quasiment oublier que l'on se trouve à l'opéra : on se croirait presque en pleine nature… T. Sz.

Jenufa, photo de scène avec Gitta-Maria Sjöberg dans le rôle de Jenufa, mise en scène : David Radok, décors : Tazeena Firth, direction musicale : Jan Latham Koenig, Det Kongelige Teater, Copenhague, 1999.
Les productions les plus récentes de *Jenufa* insistent moins sur la critique des préjugés sociaux que sur la constitution et la préservation d'une force vitale remarquable, incarnée par l'héroïne éponyme.

À gauche
Jenufa, Waldemar Kmentt dans le rôle de Laca, Staatsoper de Vienne, 1964.
Dans *Jenufa*, les hommes jouent un rôle beaucoup moins important que les femmes. Laca, le garçon fermier, ne devient le digne partenaire de Jenufa que dans le duo final. Le célèbre ténor autrichien Waldemar Kmentt (né en 1920) interprétait ici ce rôle moins héroïque qu'expressif.

Osud, mise en scène de Joachim Herz, costumes: Eleonore Kleiber, direction musicale: Hans-E. Zimmer, Semperoper, Dresde, 1991. *Osud* est un opéra rarement joué. Il est vrai qu'il ne résiste pas à la comparaison avec les autres chefs-d'œuvre de son compositeur. Joachim Herz a entrepris sa réhabilitation en 1991.

Kamila Urválková, 1903.
Muse et modèle: Kamila Urválková, l'amie de Janáček.

Osud
Destin

Opéra en trois actes

Livret: Leoš Janáček et Fedora Bartošová
Création: le 25 octobre 1958 à Brno (Théâtre National)
Personnages: Živny, compositeur (tén.), Míla Válková (sop.), la mère de Míla (alto), le Dr. Suda (tén.), Lhotský, peintre (basse), Konečný (bar.), Mlle Stuhlá, professeur (sop.), un poète (tén.), deux dames (2 sop.), la femme du major (sop.), son enfant (sop. enfant), Mlle Pacovská (sop.), un étudiant (tén.), une vieille Slovaque (alto), la femme du conseiller (alto), une jeune veuve (alto), un ingénieur (tén.), Fanča, jeune fille (sop.), deux jeunes gens (tén., basse), Doubek, fils de Míla et de Živny (sop. enfant, à l'acte III: tén.), Žán et Vána, domestiques (rôles muets), Verva, étudiant (bar.), Součková et Kosinská, étudiantes (sop., alto), un maître d'hôtel (tén.); institutrices, étudiants, étudiantes, curistes, étudiants du conservatoire (chœur)

Argument
En Moravie, au tournant du XXe siècle.

Acte I
Par une matinée d'été, dans le parc de la station thermale de Luhačovice. Les curistes s'entretiennent gaiement. La belle Míla est la coqueluche de la société. Mais voilà que surgit inopinément le compositeur Živny, son ancien amant, le père de son enfant. Alors que la joyeuse compagnie part en excursion, Míla et Živny se rencontrent. Ils s'aiment toujours. Leur rupture était due à la mère de Míla, qui n'a pas voulu confier sa fille à Živny. Lorsque les excursionnistes rentrent, les deux jeunes gens sont déjà partis ensemble.

Acte II
Quatre ans plus tard, dans le bureau du compositeur Živny. Míla, Živny et leur fils Doubek vivent ensemble. La mère de Míla leur rend la vie difficile. Elle doute des compétences de Živny, aussi bien comme compositeur que comme époux. Tandis que Míla et le compositeur feuillettent ensemble la partition de son opéra encore inachevé, Míla songe aux premiers jours de leur amour et se demande si ses désirs et ses projets se sont réalisés. La mère de Míla reproche à son gendre d'avoir rendu sa fille malheureuse. Dans sa folie, elle se jette du balcon, entraînant dans sa chute sa fille qui cherchait à la retenir.

Acte III
Onze ans plus tard, par une chaude journée d'été dans la grande salle du conservatoire. Des étudiants préparent la première représentation du nouvel opéra. Ils n'en comprennent pas les accents pathétiques et la répétition tourne à la parodie. Ils demandent à Živny de leur expliquer son œuvre. Le compositeur est pris d'une émotion croissante, car il s'identifie au héros de son opéra. Un violent orage éclate alors. Le fils du compositeur, qui se trouve parmi les étudiants, crie le nom de sa mère au moment où il est question de la mort de l'héroïne de l'opéra. Tous comprennent qu'il s'agit du destin personnel de Živny. Le compositeur s'éloigne, profondément abattu: l'œuvre restera à jamais inachevée. *T. Sz.*

Une tranche de vie
De nombreux éléments de cet opéra, qui ne fut pas représenté du vivant du compositeur, reflètent la crise psychologique que traversa Janáček entre 40 et 50 ans. Sa dépression n'était pas seulement due à des problèmes de création, mais aussi à une tragédie familiale: la mort de sa fille Olga, à l'âge de 21 ans, en 1903. Après avoir achevé Jenufa, Janáček, pour qui la composition représentait souvent un refuge, se mit en quête d'un livret qui lui permettrait d'exprimer sa douleur. Six mois après la mort d'Olga, il se rendit à Luhačovice, la ville thermale morave à la mode, pour se

Osud, mise en scène: Joachim Herz, décors: Reinhart Zimmermann, direction musicale: Hans-E. Zimmer, Semperoper, Dresde, 1991.
Le style de *Osud* est très différent de celui de *Jenufa*. Pour représenter l'atmosphère de ville de cure et les scènes de dialogues de Míla et Živny (acte I), les délires de Živny (acte II) ainsi que la répétition d'orchestre (acte III), Janáček a employé des motifs modernes, courts et prégnants, dont il a trouvé la source dans le rythme original de la langue morave. Il a développé cette méthode avec beaucoup de succès dans ses opéras ultérieurs. En 1906, l'« opéra-dialogue » psychologisant, représentant les diverses facettes des conflits personnels des protagonistes, était une nouveauté qui n'enthousiasma guère, il est vrai, la scène théâtrale tchèque.

reposer et reprendre des forces. C'est là qu'il fit la connaissance de celle qui allait devenir sa muse, Kamila Urválková, l'épouse de l'administrateur forestier des forêts impériales moraves. (Quatorze ans plus tard, il allait rencontrer au même endroit le dernier grand amour de sa vie, Kamila Stösslová.) Cette femme de 27 ans, très séduisante, avait voulu devenir actrice, mais sa famille riche et distinguée avait fait obstacle à ses projets artistiques, ainsi qu'à son union avec Ludvík Celansky, un chef d'orchestre et compositeur doué, dont la popularité ne cessa de croître dans les années 1890. Celui-ci immortalisa plus tard leur histoire d'amour dans un opéra créé en 1897 sous le titre *Kamila* au Théâtre national de Prague. Janáček fut fasciné par la beauté et par la jeunesse de Kamila Urválková. Le destin de cette jeune femme lui inspira cet opéra, qui jette cependant un regard sceptique sur les conséquences éventuelles d'un mariage (acte II).

T. Sz.

Výleti páně Broučkovy
Les Aventures de Monsieur Brouček

Opéra en deux parties (neuf tableaux)

Livret : 1re partie : Viktor Dyk et František Serafin Procházka ; 2e partie d'après Svatopluk Čech
Création : le 23 avril 1920 à Prague (Théâtre National)
Personnages : Mathias Brouček, propriétaire à Prague (tén.), Mazal, un jeune peintre, en rêve : Mazalun, constructeur chef et fiancé d'Amalka (tén.), le sacristain de saint-Guy, en rêve : Lukristan, et le sonneur de cloches de l'église de Teyn (bar.-basse), Málinka, sa fille, en rêve : Lunamalis et Amalka (sop.), Würfl, patron de l'auberge *Vikárka*, en rêve : président Würflun et conseiller municipal Koska (basse), Piccolo à l'auberge *Vikárka* de Würfl, en rêve : ministre du Culte et étudiant (sop.), Fanny Nowak, gouvernante de Brouček, en rêve : ministre de l'Alimentation et Frantischka, gouvernante chez le sonneur de cloches (alto), un conducteur de tramway, en rêve : ministre des Transports et portier Miroslav (tén.), le président de l'Association des propriétaires, en rêve : Vaček à la main de fer (bar.), clients de la *Vikárka*, en rêve : députés de la République lunienne et du peuple de Prague en 1420

Les Aventures de Monsieur Brouček, croquis de décor de Rochus Gliese (scène de la lune), mise en scène : Wolf Völker, direction musicale : Joseph Keilberth, Prinzregententheater, Munich, 1959 (TWS).
Monsieur Brouček le petit bourgeois est l'ancêtre du brave soldat Chveik de Jaroslav Hašek. Il a fait de son inventeur, Svatopluk Čech, l'écrivain tchèque le plus populaire de son temps. Dans son opéra, Janáček a intentionnellement prêté des traits antipathiques au personnage de Brouček. « Il existe dans notre peuple autant de Brouček qu'il y a d'Oblomov dans le peuple russe. J'ai voulu qu'un tel homme nous répugne, qu'à chaque pas nous l'exterminions, nous l'étranglions – surtout en nous-mêmes, afin de ressusciter dans la pureté de l'esprit des martyrs de notre peuple », écrivait-il en 1918.

Argument
À Prague, dans la nuit du 12 au 13 juin 1920 ; en rêve : sur la lune et à Prague en 1420.

Partie 1
Tableau 1 Devant l'auberge *Vikárka*. Brouček s'y retrouve comme à l'accoutumée avec le sacristain de la cathédrale Saint-Guy. Málinka, la fille du sacristain, vient chercher son père. Le jeune ingénieur Mazal, qui fait la cour à Málinka, arrive à l'auberge. Brouček boit souvent plus que de raison. Il s'endort alors et fait des rêves étranges.

Tableau 2 Sur la lune. Au cours de son premier rêve, Brouček arrive sur la lune, où il rencontre les personnages de sa vie quotidienne sous les traits de Luniens. Mazalun (Mazal) est l'inventeur de la fusée destinée à se rendre sur la Terre. Mais Lukristan (le sacristain) lui refuse la main de sa fille Lunamalis (Málinka). Brouček s'envole en hélicoptère avec Lunamalis.

Tableau 3 Au centre du gouvernement de la République lunienne. L'invité venu d'un monde étranger est conduit au centre de la République lunienne. Au cours d'une réception donnée en son honneur, il peut se délecter du spectacle d'images colorées et de parfums de fleurs. Dédaignant tout cela, il sort de sa poche un morceau de saucisse qu'il entreprend de manger au grand effroi des Luniens. Lunamalis (alias Málinka) tombe tout de même amoureuse de lui. Bien que Brouček apprenne que les Luniens meurent au moindre contact physique, il enlace Lunamalis, qui se dissout dans le néant. Brouček se réveille.

Tableau 4 En rêve sur terre. Les derniers clients ont quitté l'auberge, Málinka rentre chez elle, accompagnée de Mazal. Brouček continue à rêver.

Partie 2
Tableau 5 Sur les rochers de Barrandov, près de Prague. Brouček part pour la lune dans un vaisseau spatial.

Tableau 6 Sur le boulevard circulaire de la vieille ville en 1420. Au lieu de se retrouver sur la lune, Brouček atterrit dans sa propre ville à l'époque des guerres hussites. Le sonneur de cloches de l'église de Teyn (le sacristain) le prend pour un espion de l'empereur Sigismond. Brouček se fait passer pour un Français.

Tableau 7 Dans la maison du sonneur. Le peuple se prépare pour la bataille décisive des guerres hussites. Le sonneur présente Brouček à sa fille Amalka (Málinka) et à son fiancé Mazal. Brouček s'engage dans une discussion politique avec eux. Enfin, il se blottit lâchement dans son lit pendant que les autres partent au combat.

Tableau 8 Sur le boulevard circulaire de la vieille ville. Brouček cherche à se cacher, mais il est reconnu par les guerriers qui rentrent. Il est accusé de calomnies et de diffusions de doctrines erronées. Seule Amalka essaie de le défendre. Cela ne fait qu'aggraver son cas, car il se trouve alors accusé d'immoralité et condamné. On le traîne vers le bûcher et on le fourre dans un tonneau.

Tableau 9 De retour devant l'auberge *Vikárka*. Lorsque Brouček revient à lui, sa situation est véritablement critique. Il est tombé dans un tonneau. Würfl entend son cri de détresse et le délivre. Brouček constate, soulagé, qu'il est revenu à son époque. Il commence tout de suite à plastronner.

(Ce résumé de l'argument suit l'une des nombreuses versions de l'œuvre, les remaniements concernant également les personnages et leurs noms).

T. Sz.

Les Aventures de Monsieur Brouček – Janáček

1. Valse de la taverne

2. Motif de la lune

3. Choral des hussites

Kdy vzej - de v zla - tém pla - me - ni?

Les Aventures de Monsieur Brouček, croquis de décor : Rochus Gliese (auberge « Vikárka), mise en scène : Wolf Völker, direction musicale : Joseph Keilberth, Prinzregententheater, Munich, 1959 (TWS). Les scènes de taverne sont dominées par des motifs de valse, qui décrivent la simplicité joviale du héros ; l'atmosphère mystique du rêve lunaire est représentée par des couleurs impressionnistes, alors que l'époque de la guerre hussite est caractérisée par des motifs de chorals et de cantiques archaïsants.
N 1, N 2, N 3

Katia Kabanova

Opéra en trois actes

Livret : Leoš Janáček d'après *L'Orage*, une pièce d'Alexandre Ostrovski
Création : le 23 novembre 1921 à Brno (Théâtre National)

Personnages : Saviol Prokofievitch Dikoï, marchand (basse), Boris Grigorievitch, son neveu (tén.), Marfa Kabanova (dite Kabanicha), une riche veuve de marchand (alto), Tikhon Ivanitch Kabanov, son fils (tén.), Katerina (dite Katia), sa femme (sop.), Vania Koudriach, professeur, chimiste, mécanicien (tén.), Varvara, fille adoptive de la Kabanicha (mezzosop.), Kouliguine, ami de Koudriach (bar.), Glacha et Fekloucha, domestiques (2 mezzosop.), un passant (tén.), une femme du peuple (alto) ; les gens de la ville (chœur)

Argument
Dans la petite ville de Kalinov, au bord de la Volga, au milieu du XIXe siècle.

Acte I
Tableau 1 Sur les rives de la Volga. Boris Grigorievitch est désespérément amoureux de Katia Kabanova, une femme mariée. Mais il est financièrement dépendant de son oncle Dikoï. Katia Kabanova est malheureuse dans la maison de sa belle-mère qui lui rend la vie difficile. Son mari lui-même se plie à toutes les volontés de sa mère. La Kabanicha ordonne à son fils de se rendre au marché de Kazan pour deux semaines.
Tableau 2 Une chambre dans la maison des Kabanov. Katia avoue à Varvara que, malgré tous ses efforts, elle ne peut s'empêcher d'aimer Boris. Varvara lui promet son aide. Tikhon est prêt à partir. Désespérée, Katia essaie de le retenir. Elle sait que si elle reste seule, elle ne résistera pas à la tentation. En vain : Tikhon s'en va.

Acte II
Tableau 1 Un bureau chez les Kabanov. Varvara prépare son rendez-vous nocturne avec Koudriach et donne à Katia la clé de la porte du jardin. Elle lui annonce que Boris l'y attend.
Tableau 2 Un petit bois au milieu des rochers. Les deux couples d'amoureux connaissent quelques heures de bonheur.

Acte III
Tableau 1 Une ruine, sur les berges de la Volga. L'orage menaçant, Koudriach, Dikoï, la Kabanicha et Katia se réfugient dans une ruine au bord de la Volga. Katia est pleine de remords. La fureur des éléments ne fait que renforcer son angoisse. Apercevant Tikhon qui vient de rentrer, elle se jette à ses genoux et lui avoue qu'elle a passé les dix nuits précédentes avec Boris. Puis elle part en courant dans la tempête.
Tableau 2 Un lieu désolé sur les rives de la Volga. La Kabanicha est résolue à punir sévèrement Katia. Varvara et Koudriach décident de s'enfuir à Moscou. Katia est folle de peur et de désespoir. Boris est envoyé en Sibérie par son oncle. Les deux amants se disent adieu. Puis Katia pénètre dans l'eau. Devant le cadavre de Katia, Tikhon ose pour la première fois s'en prendre à sa mère, qu'il accuse de la mort de Katia.

T. Sz.

Katia Kabanova, Nancy Gustafson dans le rôle-titre, mise en scène : Joachim Herz, direction musicale : Ulf Schirmer, Staatsoper de Vienne, 1991.
L'image de Kamila Stösslová, le dernier grand amour de Janáček, se cache derrière le personnage de Katia Kabanova. Cela explique que le compositeur ait insisté sur le motif de l'amour, aux dépens des éléments psychologiques et de la critique sociale extrêmement présents dans la pièce d'Ostrovski. Katia Kabanova devient ainsi le personnage pivot de l'opéra, écartelée entre sa passion et ses scrupules.

Katia Kabanova, Clarry Bartha dans le rôle-titre, mise en scène : Stein Winge ; décors et costumes : Timian Alsaker, direction musicale : Hans Wallat, Deutsche Oper am Rhein, Düsseldorf, 1996.
Aliénation et solitude : ainsi se définit l'atmosphère de cet opéra. Dans la production de Düsseldorf, l'isolement psychologique de Katia était rendu de manière particulièrement impressionnante par un décor qui « cerne » littéralement l'héroïne dans une cour entourée de bâtiments – et en fait ainsi la cible de tous les regards inquisiteurs.

Au milieu, à gauche
Katia Kabanova, Clarry Bartha (Katia) et Christian Papis (Boris Grigorievitch), mise en scène : Stein Winge, décors et costumes : Timian Alsaker,
direction musicale : Hans Wallat, Deutsche Oper am Rhein, Düsseldorf, 1996.

Au milieu, à droite
Katia Kabanova, (de g. à dr.) Louise Winter (Varvara), Nancy Gustafson (Katia) et Ryland Davies (Tikhon), mise en scène : Nikolaus Lehnhoff, décors : Tobias Hoheisel, direction musicale : Andrew Dawis, Glyndebourne Opera Festival, 1988.
Dans sa mise en scène, Nikolaus Lehnhoff a fait du froid hivernal omniprésent l'un des moteurs de l'action.

Ci-dessous
Katia Kabanova, photo de scène avec Louise Winter (Varvara) et Nancy Gustafson (Katia), mise en scène : Nikolaus Lehnhoff, décors : Tobias Hoheisel, direction musicale : Andrew Davies, Glyndebourne Opera Festival, 1988.

Janáček, le russophile

L'attrait de Janáček pour la littérature russe a déterminé ses goûts artistiques dès sa jeunesse. Les œuvres de Tolstoï, Gogol, Dostoïevski, Ostrovski, Tourgueniev et Tchekhov l'ont beaucoup influencé, comme en témoignent les thèmes « russes » de ses opéras ; mais ces auteurs lui ont également inspiré de nombreuses œuvres instrumentales. Janáček se concevait comme une sorte de nationaliste panslave, en opposition peut-être aux tendances germanophiles de la bourgeoisie de Brno. Il parlait le russe à la perfection, donna à ses enfants des noms russes, fit plusieurs voyages dans l'empire tsariste et fonda à Brno un « cercle russe », dont l'activité se poursuivit jusqu'à la fin de la Première Guerre mondiale. *Katia Kabanova* est le premier opéra de Janáček doté d'une thématique russe – une profession de foi en faveur de la culture et de l'âme russes sous l'aspect d'une ballade sentimentale.

La mère Volga et l'âme féminine

À la différence des musiques de nature à fonction plutôt illustrative que l'on rencontrait dans les opéras précédents, la description expressive de la nature assume ici un rôle psychologique prépondérant. La nature et surtout, en l'occurrence, la Volga, servent de truchement aux émotions des protagonistes. Le fleuve est présent dès le début de l'acte I, même dans la scène d'amour, et jusqu'au suicide. Au point culminant de l'œuvre – la scène d'orage – la fureur des éléments renforce l'angoisse de Katia et l'intensifie jusqu'à la folie. *Katia Kabanova* est l'une des premières grandes créations de l'expressionnisme musical ; cet ouvrage occupe une place majeure tant dans l'œuvre de Janáček que dans l'histoire de la musique du XXe siècle.

T. Sz.

Příhody lišky bystroušky

La Petite Renarde rusée

Opéra en trois actes

Livret : Leoš Janáček, d'après le récit de Rudolf Těsnohlídeks
Création : le 6 septembre 1924 à Brno (Théâtre National)
Personnages : le forestier (bar.), la femme du forestier (alto), l'instituteur (tén.), le prêtre (basse), Harašta, colporteur (basse), l'aubergiste Pásek (tén.), Pásková, sa femme (sop.), Frantík et Pepík, petits garçons (voix d'enfants), la petite renarde rusée (sop.), le renard (sop.), Lapák, le basset (mezzosop.), le coq (sop.), la poule huppée (sop.), le blaireau (basse), le pic (alto), la chouette (alto), le geai (sop.), le moustique (tén.), la grenouille, le grillon, le hanneton (voix d'enfant sop.), les renardeaux (sop., alto), les poules (sop., alto) ; voix de la forêt, différents animaux des bois, villageois (chœur) ; mouche, libellule, hérisson, écureuil, toutes sortes d'animaux des bois (pantomimes)

La Petite Renarde rusée, croquis de costumes d'animaux de Ruodi Barth pour la mise en scène de Bohumil Herlischka à l'Opéra de Düsseldorf, 1972 (TWS).
Janáček aimait les sons de la nature, qu'il étudiait et recueillait. Il lui arrivait de rester assis des heures durant dans son jardin à écouter les chants des oiseaux, le bourdonnement des insectes et le bruissement des arbres. Il nota ainsi dans son carnet le chant de nombreuses espèces d'oiseaux. Ces expériences ont nourri la partition de *La Petite Renarde rusée*, qui compte certainement parmi les œuvres les plus proches de l'impressionnisme que Janáček ait jamais écrites. N 4

Argument

Dans la forêt et dans un village de Moravie, à une époque indéterminée.

Acte I

Tableau 1 Dans une clairière. Paysage de forêt, l'été. Une après-midi ensoleillée. Dans le silence qui précède l'orage, le forestier rêve de Terynka la gitane. En se réveillant, il aperçoit une petite renarde, dont le regard lui rappelle les yeux de Terynka. Il la prend dans ses bras et l'emporte chez lui. La petite renarde appelle sa mère au secours, en vain.
Tableau 2 Dans la cour de la maison forestière. Une après-midi d'automne ensoleillée. La petite renarde n'est pas heureuse chez le forestier. La femme du forestier ne l'aime pas, et ses deux petits garçons ne cessent de la taquiner. Depuis qu'elle a cherché à se défendre, elle est tenue en laisse comme un chien. La petite renarde ronge sa corde et s'enfuit dans la forêt.

Acte II

Tableau 3 Dans la forêt. Devant le terrier du blaireau. Une fin d'après-midi. Les animaux des bois saluent amicalement le retour de la petite renarde, désormais adulte. En quête d'un logis, elle déloge le blaireau de son terrier.
Tableau 4 À l'auberge de Pásek. La pièce réservée aux notables ; à côté, le café. Bruits d'auberge. Le prêtre, le forestier, l'instituteur et le professeur boivent en parlant de Terynka, qui les attire tous. Ils reprochent au forestier d'avoir cherché à installer la gitane au village. Mais que peut-on attendre d'un homme qui héberge un renard à côté de son poulailler, puis le laisse s'échapper ?
Tableau 5 Dans la forêt, la nuit, au clair de lune. L'instituteur ivre croit reconnaître Terynka dans un tournesol derrière laquelle se cache la petite renarde et il la submerge de déclarations d'amour. Lorsque le forestier découvre la petite renarde, il la chasse de deux coups de feu.
Tableau 6 Le terrier de la petite renarde. Par un superbe clair de lune d'été, la petite renarde sent s'éveiller en elle ses instincts féminins. Elle accepte les avances du petit renard. Le couple est sur le point de disparaître dans le terrier du blaireau, quand la chouette annonce leur amour à toute la forêt. Il ne leur reste qu'à accepter que le pic les marie officiellement. Les animaux célèbrent leurs noces par des chants et des danses.

Acte III

Tableau 7 À la lisière de la forêt. Vers midi, en automne. Le ciel est clair. Le colporteur Harašta s'apprête à célébrer ses noces avec Terynka et se rend dans la forêt pour prendre des oiseaux. Sur son chemin, il trouve un lièvre mort, probablement l'œuvre de la petite renarde, à en croire le forestier. Il tend un piège. Mais la renarde et ses renardeaux se moquent de lui ; elle sait déjouer tous les pièges. Harašta observe les renardeaux qui jouent : comme il aimerait offrir à Terynka une jolie fourrure de renard pour son mariage ! Harašta tire et atteint la renarde, l'ancienne petite renarde.
Tableau 8 À l'auberge de Pásek. Dans le jardin, près de la piste de quilles. L'instituteur et le forestier écoutent, moroses, la joyeuse animation du mariage de Harašta et Terynka. Pásková admire la belle fourrure de renard que Harašta a offerte à Terynka. C'est ainsi que le forestier apprend la mort de sa petite renarde rusée. Bouleversé, il part dans la forêt.
Tableau 9 Dans la clairière (la même qu'au premier tableau). Il a plu. Le soleil surgit. Le forestier s'est rendu à l'endroit où il avait rencontré jadis Terynka et où il a capturé la petite renarde. Il éprouve un profond chagrin. Mais lorsqu'il aperçoit un renardeau dont le regard lui rappelle sa petite renarde, son âme se laisse peu à peu envahir par la paix de la forêt et par la force de la nature, qui se renouvelle éternellement.

T. Sz

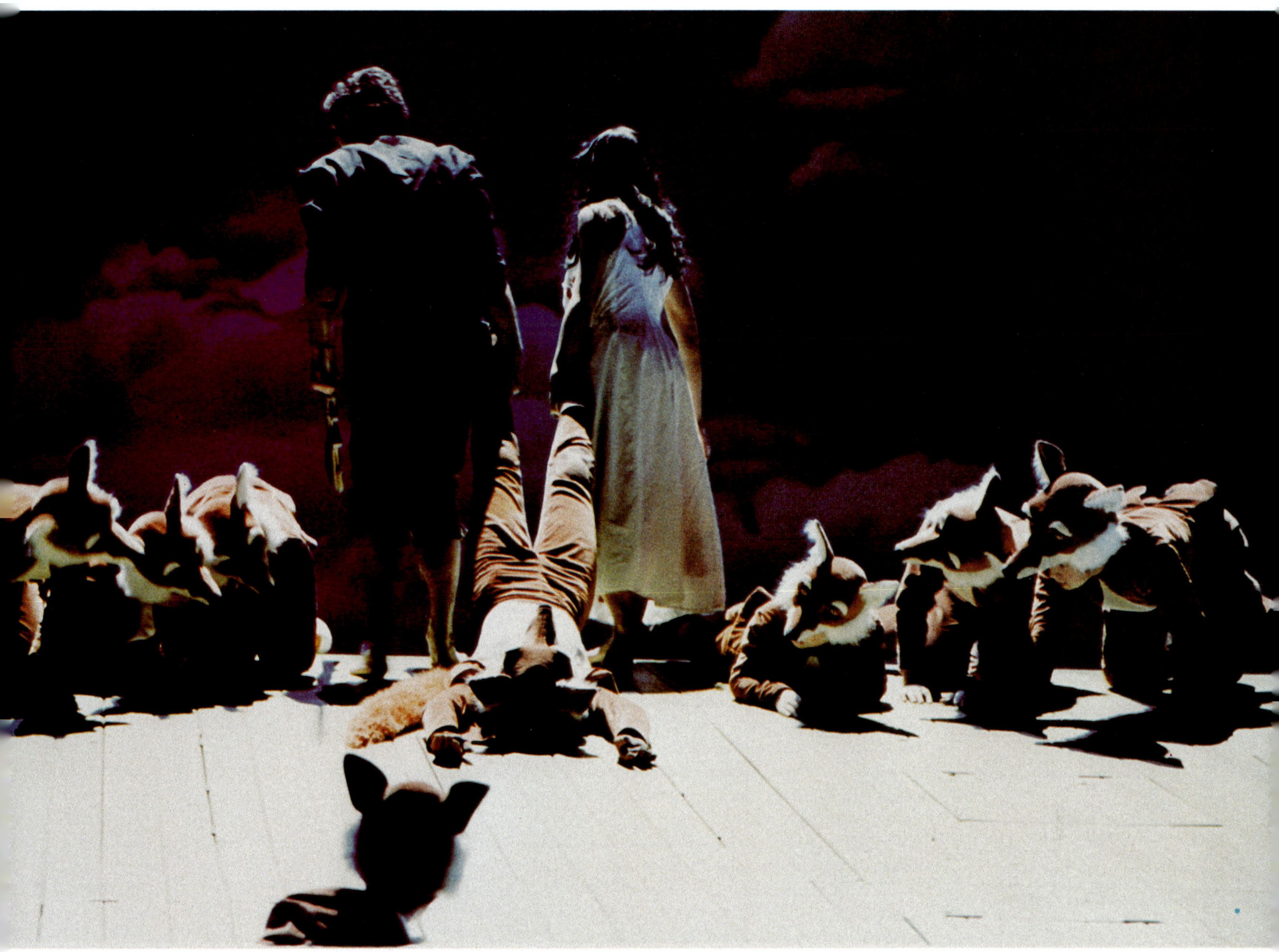

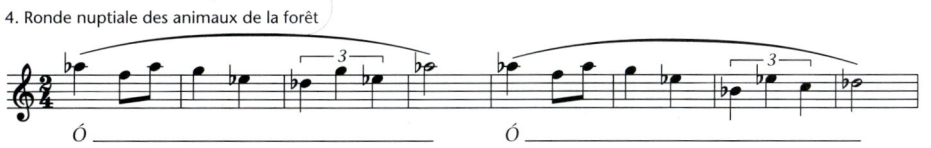

La Petite Renarde rusée, photo de scène, Volksoper de Vienne, 1992.
Vers la fin de sa vie, Janáček voyait dans la forêt le symbole d'un monde solitaire, intime et triste. L'amour sans espoir du forestier pour une jeune fille à la beauté rayonnante et la résignation de l'homme vieillissant devant la fugacité de la vie sont empreints de renoncement et de sagesse.

4. Ronde nuptiale des animaux de la forêt

Songe d'une nuit d'été tchèque teintée de résignation
Janáček a découvert par hasard le petit monde de la forêt dans l'hebdomadaire de Brno, *Lidové noviny*. Ce périodique publia à partir d'avril 1920 un roman humoristique de Rudolf Těsnohlídek sous forme de feuilleton, avec des dessins de Stanislav Lolek. Et ce texte inspira au compositeur sa *Petite Renarde rusée.* Janáček avait 63 ans quand il composa cette *Renarde,* qui porte indéniablement la marque de l'âge. Une nouvelle fois, la figure-clé de l'opéra est une jeune femme : Terynka, la bohémienne, qui bouleverse l'existence de tout le monde. Curieusement, elle n'apparaît jamais sur scène. La petite renarde rusée la remplace, et leur destin est étroitement lié. La petite renarde doit mourir pour que Terynka ait sa fourrure en cadeau de noces. Ainsi, le forestier perd définitivement son amour tout en perdant la renarde qui symbolisait cet amour. Ce lien mystérieux entre le monde humain et le monde animal évita tout sentimentalisme au compositeur – alors amoureux de Kamila Stösslová, de 38 ans sa cadette. Humour et philosophie caractérisent le personnage du forestier vieillissant, capable de rire de lui-même. Il se réveille guéri de ce songe d'une nuit d'été. *T. Sz*

Več Makropulos

L'Affaire Makropulos

Opéra en trois actes

Livret: Leoš Janáček d'après la comédie de Karel Capek
Création: le 18 décembre 1926 à Brno (Théâtre National)
Personnages: Emilia Marty, cantatrice (sop.), Albert Gregor (tén.), Vítek, assistant de l'avocat (tén.), Kristina, sa fille (mezzosop.), Jaroslav Prus (bar.), Janek, son fils (tén.), le Dr. Kolenaty, avocat (bar.-basse), un machiniste (basse), une habilleuse (alto), Hauk-Šendorf, diplomate (tén.), une femme de chambre (alto); voix d'hommes en coulisses (chœur d'hommes)

Argument

À Prague, en 1922.

Acte I

Dans le bureau de l'assistant Vítek, situé dans le cabinet d'avocat du Dr. Kolenaty. Le procès entre les familles Prus et Gregor a été une source de revenus pour plusieurs générations de Kolenaty, avocats de père en fils. L'objet du procès est une immense fortune. Josef Ferdinand Prus est mort cent ans auparavant, intestat et sans enfants. Il a cependant déclaré, verbalement, au comité directeur du Theresianum de Vienne, qu'un jeune homme du nom de Ferdinand Karel Gregor, étudiant au Theresianum, devait hériter du domaine de Loukov. Cette directive n'a pas été respectée. Dès la deuxième génération, la famille Gregor a fait appel à la justice. Elle est sur le point de perdre définitivement son procès. Mais, grâce à Emilia Marty, une célèbre cantatrice, l'affaire semble prendre un cours différent. Emilia déclare sous serment que les revendications de la famille Gregor sont justifiées: Ferdinand Karel Gregor serait en effet le fils illégitime de Josef Ferdinand Prus et d'Eliana McGregor, cantatrice à l'Opéra de la Cour de Vienne. Des documents prouvant ses allégations se trouveraient chez les Prus. Kolenaty entreprend de vérifier ses dires. Sur ces entrefaites, Albert Gregor fait la cour à Emilia, qui le repousse. L'avocat confirme l'exactitude des indications d'Emilia et, ce faisant, le bien-fondé des revendications de Gregor.

Acte II

Sur la scène vide d'un grand théâtre. Après la représentation, Emilia reçoit ses admirateurs, dont Vítek, Gregor et le diplomate Hauk-Šendorf. Janek Prus se trouve également parmi eux, bien qu'il soit fiancé à Kristina, la fille de Vítek. Emilia Marty rappelle à Hauk-Šendorf la cantatrice espagnole Eugenia Montez, qui a été sa maîtresse cinquante ans plus tôt. Le père Prus raconte qu'il a trouvé dans ses papiers les lettres d'Eliana McGregor et qu'à son avis, Eliana et une certaine Elina Makropoulos ne font qu'une. Emilia cherche à racheter les lettres à Prus. Devant le refus de celui-ci, elle essaie de convaincre Janek de dérober ces documents à son père. Prus surprend leur entretien. Il chasse son fils et conclut un accord avec Emilia: il lui remettra les papiers si elle accepte de passer une nuit avec lui.

Acte III

La chambre d'hôtel d'Emilia. Prus est déçu par la nuit qu'il a passée avec Emilia, mais il tient parole et lui remet les documents. Pendant ce temps, Janek s'est suicidé, ne pouvant supporter l'idée d'une liaison de son père avec Emilia. Prus est désespéré. Emilia apprend la nouvelle avec froideur. Le Dr. Kolenaty est inquiet – la police soupçonne une fraude: la signature d'Eliana McGregor qui figure sur les documents trouvés chez Prus est manifestement de la même main que la dédicace qu'Emilia Marty a écrite pour Kristina sur l'une de ses photos. Pendant qu'Emilia se change, les hommes examinent les lettres et les papiers qui se trouvent sur son secrétaire. Les initiales des signatures sont toujours E. M. : Elina Makropoulos, Eliana McGregor, Elsa Müller, Ekaterina Miskine, Eugenia Montez et enfin: Emilia Marty et – chose encore plus singulière – toutes les signatures sont de la même main. Emilia leur raconte alors l'histoire de sa vie. Elle s'appelle en réalité Elina Makropoulos. Elle est née 337 ans auparavant, en 1585. Son père, alchimiste grec et médecin de l'empereur Rodolphe II, aurait inventé l'élixir de longue vie et l'aurait essayé sur sa fille. Son père a été assassiné peu après. Au cours des siècles passés, elle a vécu dans différents pays, sous les différentes identités qui figurent sur les papiers. Elle a laissé le document qui contient le secret de l'élixir il y a cent ans dans la maison du seul homme qu'elle ait jamais aimé, Josef Ferdinand Prus. Elle est intervenue dans le procès pour reprendre possession de ce document et pouvoir ainsi prolonger encore son existence. Désormais, ayant reconnu que cette existence est malheureuse et sans but, elle renonce à l'immortalité. Elle remet le document à Kristina, qui le jette au feu. Emilia meurt, soulagée et heureuse.

T. Sz.

L'Affaire Makropoulos, photo de scène avec Anja Silja (Emilia) et Kurt Schreibmayer (Albert Gregor), mise en scène: Christine Mielitz, Staatsoper de Vienne, 1993.
Le texte de Karel Capek (1890-1938) se prêtait mal à la rédaction d'un bon livret d'opéra, au sens courant du terme. Mais le compositeur a été fasciné par l'étrange personnage d'Emilia. Cette femme froide, cynique, inaccessible, qui s'humanise tardivement, lui a permis de créer une héroïne pleine de contradictions. Une scène étrange, dans une histoire pour le moins étrange: Emilia et Albert Gregor, grand-mère et petit-fils (illégitime).

L'Affaire Makropoulos, croquis de décor : Ruodi Barth, mise en scène : Walter Pohl, Staatstheater de Wiesbaden, 1961 (TWS).
Un cabinet d'avocat « surréaliste ». Avec la mise en musique de longs textes juridiques et la présence sur scène d'objets modernes (téléphone ou automobile), *L'Affaire Makropoulos* relève du type de « l'opéra d'actualité » des années vingt. Janáček a élaboré ici un nouveau style musical, en s'inspirant principalement des œuvres du cercle d'Arnold Schönberg. Sans composer de musique dodécaphonique, Janáček a cependant accordé au chromatisme, moyen d'expression de la tension et du crime, une place plus importante que dans ses opéras précédents. Les événements s'enchaînent rapidement, comme dans un drame en prose : pas de numéros fermés (arias), mais un style de conversation en récitatif presque continu, qui échappe cependant à la déclamation sèche grâce à une orchestration riche en couleurs, au charme particulier que lui prête la mélodie singulière du langage. N 5

5. Lecture du testament

Vzá-vě-ti-je reč o ja-kém-si Fer-di-nan-do-vi, narozeném v Loukově 20. listopadu 1816 v ma-trič-ním zá-pi-se to-hle: No-men in-fan-tis: Fer-di-nand Ma-kro-pu-los, tho-rus, ne man-žel-ská' o-tec vy-ne-chán; ma-ter: E-li-na Ma-kro-pu-los.

De la maison des morts, croquis de décor d'Eduard Löffler, Mannheim, 1930 (TWS). *De la maison des morts* de Janáček a souvent été qualifié d'« opéra noir ». Une faible lueur vient éclairer la douleur des forçats à l'extrême fin de l'œuvre : l'aigle s'envole.

Z mrtvého domu

De la maison des morts

Opéra en trois actes

Livret : Leoš Janáček, d'après *Souvenirs de la maison des morts* de Fiodor Dostoïevski
Création : le 12 avril 1930 à Brno (Théâtre National)
Personnages : Alexandre Petrovitch Goriantchikov (bar.), Alieïa, un jeune Tatare (tén.), Filka Morozov, en prison sous le nom de Luka Kousmitch (tén.), le grand forçat (tén.), le petit forçat (bar.), le commandant de la place (bar.), le très vieux forçat (tén.), Skouratov (tén.), Tchenoukov (bar.), le forçat ivre (tén.), le cuisinier (bar.), le forgeron (basse), le pope (bar.), le jeune forçat (tén.), une prostituée (mezzo-sop.), un forçat (dans le rôle de Don Juan et du brahmane) (bar.), Kedril (tén.), Chapkine (tén.) Chichkov (basse), Tcherevine (tén.), premier garde (tén.), deuxième garde (bar.) ; forçats (chœur) ; chevalier, Elvire, la femme du cordonnier, la femme du pope, meunier, meunière, scribe, diable (rôles muets dans la pièce jouée par les forçats)

Argument

Dans un camp pénitentiaire d'Irtych en Sibérie, au milieu du XIXe siècle.

Acte I

Dans la cour du camp pénitentiaire, au petit jour, en hiver. Les tâches matinales des forçats sont troublées par une violente querelle. L'atmosphère du camp est agitée : on attend en effet l'arrivée d'un nouveau condamné, dont on ne sait qu'une chose : c'est un « politique ». Le commandant accueille le nouveau, un certain Alexandre Goriantchikov, par cent coups de fouet. Cette injustice laisse tout le monde impassible. C'est la routine du camp. Les prisonniers hébergent un

Une descente aux Enfers

« En chaque créature se trouve une étincelle de Dieu » – cette phrase figure sur la page de titre du dernier opéra de Janáček, qu'il acheva peu avant sa mort. Il n'assista pas à sa création. «… Cet opéra ténébreux me donne bien du fil à retordre. J'ai l'impression de m'enfoncer de plus en plus bas, jusqu'aux tréfonds de l'humanité, rejoignant les plus misérables de tous. Et c'est un chemin pénible… », écrivait-il en novembre 1927, neuf mois avant sa mort. À la différence du roman qui l'a inspiré, l'opéra n'a pas de personnage principal. Les événements commencent et s'achèvent certes par l'arrivée et le départ d'Alexandre Goriantchikov, mais l'ouvrage ne repose pas sur ses expériences et ses réflexions. L'intérêt se concentre au contraire sur la diversité des destinées, l'ouvrage traite du péché, de la souffrance, de la cruauté et du comportement humain dans des circonstances dégradantes. « Le vrai n'exclut pas le beau », disait Janáček au soir de sa vie, songeant à l'avenir de l'opéra. Bien que la littérature se soit attachée à exprimer les aspects obscurs de l'existence humaine plusieurs décennies auparavant (surtout avec Dostoïevski et Zola), il fallut une catastrophe sociale (la Première Guerre mondiale) pour que l'opéra aborde des problématiques sociales et individuelles. Dix ans avant Janáček, Puccini avait lui aussi composé une tragédie du prolétariat (→ *Il Tabarro*). Après la création berlinoise de 1925, la deuxième représentation du → *Wozzeck* d'Alban Berg avait eu lieu à Prague. Janáček y avait assisté avec un grand enthousiasme. Cette représentation coïncidait avec la période de composition de son dernier opéra. Janáček découvrait lui aussi l'abîme de la destinée individuelle. En ce sens, et malgré son ton fondamental narratif, cet opéra est fascinant sur le plan dramatique – depuis l'aube hivernale glauque du début jusqu'à l'hymne final à la liberté. N 6

T. Sz.

De la maison des morts, croquis de costumes de Rudolf Schulz, Hanovre, 1958 (TWS).
Des prisonniers, avec ou sans visage. Ce thème inhabituel a obligé le compositeur à élaborer des moyens musicaux et dramaturgiques nouveaux, différents de ceux de ses œuvres précédentes. C'est un « opéra d'hommes ». À part les prostituées (Acte II), aucun personnage féminin ne figure dans *De la maison des morts*. L'érotisme lui-même, dont la représentation musicale importait tant à Janáček par le passé, apparaît ici sous un jour repoussant (dans la scène des prostituées et dans le récit de Chichkov). Le chœur assume un rôle central, inconnu des opéras antérieurs de Janáček, tandis que le son orchestral se rapproche de la musique de chambre.

6. Motif de la liberté (chœur final)

Svo - bo - da, svo - bo - dič - ka!

aigle incapable de voler. Ils voient en lui un symbole de leur propre destin. Skouratov se souvient de sa vie à Moscou et, à demi fou, danse jusqu'à s'écrouler. Luka raconte qu'il a tué le précédent commandant du camp.

Acte II
Sur les berges de l'Irtych, à l'arrière-plan, la plaine kirghize, un an plus tard. En été. Les forçats démontent une épave de bateau. Goriantchikov s'est lié avec le Tatare Alieïa. C'est un jour de fête. Un prêtre bénit le camp et célèbre l'office. Les forçats ont répété deux pantomimes (*Kedril et Don Juan* et *La Belle Meunière*) qu'ils jouent sur une scène fabriquée avec des planches de navire. Lorsqu'ils regagnent leur cellule, un forçat pris de folie attaque Alieïa.

Acte III
Tableau 1 À l'infirmerie. Le soir. Goriantchikov est assis au chevet d'Alieïa. Luka Kousmitch est à l'agonie. Les forçats malades évoquent leurs souvenirs. Chapkine raconte l'histoire des tortures qu'il a subies. Chichkov avoue qu'il a fait assassiner sa femme Akoulka en apprenant qu'elle avait été autrefois la maîtresse de Filka Morozov et que celui-ci avait continué à l'aimer après son mariage. Lorsque son récit s'achève, Luka meurt. Chichkov le dévisage alors plus attentivement et reconnaît Filka Morozov. Goriantchikov est appelé chez le commandant.
Tableau 2 Dans la cour du camp pénitentiaire. Le commandant ivre présente publiquement ses excuses à Goriantchikov et lui annonce sa libération. Alieïa lui fait ses adieux. Lorsque Goriantchikov quitte le camp, les forçats rendent sa liberté à l'aigle. On voit briller un instant une infime lueur d'espoir. Mais le travail reprend, la misérable existence du camp se poursuit.

T. Sz.

Mauricio Kagel

Né à Buenos Aires le 24 décembre 1931

Kagel fait ses études musicales à Buenos Aires (clarinette, violoncelle, piano et direction d'orchestre; il est autodidacte en matière de composition). Il étudie également la littérature (notamment avec Jorge Luis Borges) et la philosophie (il s'intéresse surtout à Spinoza). En 1949, il devient conseiller artistique du *Gruppe Nueva Musica*. Ses premières compositions voient le jour en 1950; il participe à la fondation de l'Association cinématographique argentine, rédige des critiques de films, compose des musiques de cinéma et des œuvres radiophoniques. D'abord directeur d'études à l'Opéra de chambre, il travaille comme chef de chant et comme chef d'orchestre au Teatro Colón. Kagel se rend en Europe en 1957 et s'établit à Cologne. À partir de 1958, il participe aux cours d'été de musique contemporaine de Darmstadt, où il devient professeur en 1960. Professeur de composition à la State University of New York à Buffalo en 1964-1965, il dirige en 1968 les cours scandinaves de musique contemporaine à Göteborg, avant de prendre entre 1969 et 1975 la direction des cours de musique contemporaine à Cologne. En 1970, Kagel inaugure avec son œuvre intitulée *Sur scène* la scène expérimentale du Bayerische Staatsoper à Munich, où il est régulièrement invité depuis. En 1974, il est nommé professeur de théâtre musical à la Musikhochschule de Cologne, puis compositeur résident de la Philharmonie de Cologne en 1989. Son *Staatstheater*, créé à Hambourg en 1971, a été un modèle pour toute une génération d'artistes; il y ridiculise le comique et l'absurdité de toute l'activité musicale. *Erschöpfung der Welt*, créé en 1980 à Stuttgart, relève de la même veine.

Œuvres: Pour l'opéra (sélection): *Sur scène* (1962); *Staatstheater*, composition scénique, 1971; *Mare nostrum*, découverte, pacification et conversion de l'espace méditerranéen par une tribu amazonienne, 1975; *Die Erschöpfung der Welt*, illusion scénique en onze tableaux, 1980; *Aus Deutschland*, opéra-lieder, 1981. Pour la scène: *Die Frauen*, pièce de dames pour voix et instruments, 1964; *Prima vista*, pour diapositives et nombre indéterminé de sources sonores, 1964; *Tremens*, montage scénique d'un test pour deux interprètes et instruments électriques, 1965; *Acustica*, musique pour corps sonore expérimental, haut-parleur et deux à cinq instrumentistes, 1970; *Klangwehr*, pour corps musical en marche, 1970; *Zwei-Mann-Orchester*, pour deux hommes-orchestre, 1973; *Bestiarium*, fables sonores sur deux scènes, 1976; *Déménagement*, pièce muette pour machinistes, 1977. Pièces radiophoniques, œuvres orchestrales, œuvres pour instruments solistes et musique de chambre.

Staatstheater

Théâtre National

Composition scénique en neuf parties

Création: le 25 avril 1971 à Hambourg (Staatsoper)
Exécutants: 1. *Repertoire. Szenisches Konzertstück* (au moins cinq participants: instrumentistes ou acteurs), 2. *Einspielungen. Musik für Lautsprecher* (bande enregistrée à l'avance), 3. *Ensemble für 16 Stimmen* (quatre sopranos, quatre altos, quatre ténors, deux barytons, deux basses), 4. *Debüt für 60 Stimmen* (chœur: 15 sopranos, 15 altos, 15 ténors, 15 basses), 5. *Saison. Sing-Spiel in 65 Bilden* (entre 16 et 76 participants: chanteurs et/ou chanteuses), 6. *Spielplan. Instrumentalmusik in Aktion* (cinq à sept instrumentistes, surtout percussionnistes), 7. *Kontra-Danse. Ballett für Nichttänzer* (sept exécutants féminins et masculins), 8. *Frei-Fahrt. Gleitende Kammermusik* (au moins deux instrumentistes de chacun des pupitres suivants: vents, cordes et percussions), 9. *Parkett. Konzertante Massen-Szene* (10-76 participants et producteurs de sons de nature diverse).

Argument

1. *Repertoire*: Sur des « non-instruments » (fermeture Éclair, papier Cellophane, assiettes, brosses métalliques, jouets à coin-coin, bouteilles, etc.), des acteurs et des instrumentistes solistes produisent des sons et des bruits, surenchérissant les uns sur les autres. 2. *Einspielungen*: Les bandes sonores préenregistrées peuvent être mises en marche à volonté sur n'importe quel autre morceau. 3. *Ensemble*: 16 solistes, représentants des principaux types vocaux (de la soprano colorature à la basse profonde), font étalage de leurs facultés vocales (sur des syllabes dépourvues de sens) et forment des couples traditionnels et insolites, revendiquent d'anciennes positions musicales hiérarchiques et en conquièrent de nouvelles. 4. *Debüt*: 60 solistes de chœur débutent dans des rôles archi connus, de la mendiante au roi. 5. *Saison*: Différents groupes recherchent l'originalité vocale en faisant appel à des bruitages, le tout ponctué de décors de différentes productions de la saison en cours. 6. *Spielplan*: Objets usuels et jouets sont utilisés comme percussions. 7. *Kontra-Danse*: Des non-danseurs s'efforcent d'exécuter les figures complexes du ballet traditionnel. 8. *Frei-Fahrt*: Pour l'imagination. Quelques rares instruments s'évertuent à produire quelques rares sons pour accompagner une profusion de scènes d'opéra imaginaires. 9. *Parkett*: Chœur et solistes produisent ensemble des suites d'accords immuables tout en exécutant des exercices d'assouplissement.

S. N.

Page de gauche
Zwei-Mann-Orchester, photo de scène avec Wilhelm Bruck, construction, architecture et travail musical : Wilhelm Bruck et Theodor Ross, Staatstheater Kassel, 1992.
Zwei-Mann-Orchester (pour deux hommes-orchestres) de 1973 se rapproche des intentions d'un → John Cage. Tout ce qui peut servir à produire des sons est utilisé ici pour faire de la musique. Cage avait un jour proposé de se mettre en quête d'objets permettant de faire de la musique dans des décharges. On aboutit ainsi à des définitions assez nouvelles de la musique et de la production sonore. Kagel outrepasse lui aussi avec esprit, ironie et bonne humeur les distinctions traditionnelles, et notamment celle qui oppose les instruments musicaux sublimes (à qui une longue utilisation prête de la valeur) aux objets utilitaires ordinaires (qui se retrouvent dans les décharges lorsqu'un usage prolongé les a privés de toute valeur). L'arrière-plan intellectuel de cette plaisanterie s'exprime dans la question suivante : pourquoi l'âge augmente-t-il la valeur des artistes et des hommes politiques, alors qu'un homme « ordinaire » a du mal, la cinquantaine venue, à se vendre sur le marché du travail ?

> *Kagel, l'un des compositeurs les plus spirituels et les plus imaginatifs du XXᵉ siècle, à la fois mystique et rationaliste, conjugue à merveille exubérance clownesque et sérieux rationnel. C'est avec une imagination presque inépuisable qu'il invente des sources sonores et des actions de théâtre musical.*

Staatstheater, photo de scène de la création du 25 avril 1971, mise en scène et direction musicale : Mauricio Kagel, décors et costumes : Ursula Burgkardt et Mauricio Kagel, Staatsoper de Hambourg, 1971.
On peut aisément interpréter *Staatstheater* de Mauricio Kagel comme une parodie. Cette méprise a incité le compositeur à souligner dans la préface de cet ouvrage qu'il s'agit « moins d'une parodie d'opéra que d'une déclaration d'amour à l'opéra ». Avec le premier mandat de Rolf Liebermann à la direction de la Staatsoper de Hambourg, l'Opéra de la cité hanséatique était devenu le plus grand centre d'innovation en matière d'opéra des pays de langue allemande. Et ce fut tout naturellement à Hambourg que *Staatstheater* fut créé par une troupe compétente et très motivée. En 1970, Rolf Liebermann proposa au compositeur Mauricio Kagel de lui succéder à la direction de l'Opéra. Kagel déclina cette offre, préférant consacrer tout son temps à la composition. Mais ce refus lui en coûta car il était convaincu, à l'instar de Liebermann, que « le théâtre a besoin de marginalité ». Et qui mieux que Mauricio Kagel aurait pu se porter garant de cette marginalité productive ?

Exercices d'assouplissement pour l'esprit et pour l'âme

Staatstheater (Théâtre National) est une œuvre de commande du directeur de la Staatsoper de Hambourg, le compositeur Rolf Liebermann. Kagel y démonte et y théâtralise les mécanismes de l'audition et de la production musicale, usant du comique d'exagération et de minimisation. Il s'agit avant tout d'une critique de la pratique bien rodée du théâtre lyrique, selon la formule de Kagel : « L'activité musicale est d'un comique involontaire. » L'émiettement du théâtre national en sphères hautement spécialisées y est poussé à l'extrême, les schémas dominants sont dévoilés, notamment les attitudes hiérarchiques en matière vocale et instrumentale. En ce sens, *Staatstheater* relève également de la critique sociale, c'est une représentation de l'État comme théâtre. À la différence d'autres compositeurs de sa génération comme Henze ou Nono, Kagel ne se livre pourtant à aucune attaque directe, mais se pose en maître de la critique à double sens.

S. N.

Die Erschöpfung der Welt, photo de scène de la création avec Jutta Meyer zur Heide, Benno Ifland et Jan Geerd Buss, mise en scène: Mauricio Kagel, décors: Helmut Stürmer, direction musicale: Bernhard Kontarsky, bruitages: Mauricio Kagel, Württembergisches Staatstheater de Stuttgart, 1980.
Si au cours de l'ère Gielen (1977-1987), l'Opéra de Francfort-sur-le-Main a brillé pour ses nouvelles productions spectaculaires d'ouvrages anciens, l'Opéra de Stuttgart a quant à lui attiré l'attention par des productions au moins aussi remarquables. Parmi celles-ci, la création de *Die Erschöpfung der Welt*, préparée musicalement par Kagel lui-même.

Œuvre majeure d'une théologie négative

Kagel, Argentin exilé, se sent parfaitement à l'aise dans la tradition judéo-chrétienne. Suivant l'exemple de son maître en philosophie, Spinoza, il a élaboré une « théologie négative », développée dans *Die Erschöpfung der Welt*, un ouvrage qu'il définit lui-même comme une *Illusion scénique* en onze tableaux. L'action est décrite par l'intitulé et la succession des onze tableaux : I. À l'origine de quelques actions et malédictions du Seigneur – II. La naissance du décor de théâtre comme parabole – III. Le jardin zoologique de Dieu – IV. Inondation, déluge, prédéluge – V. Hymne et procession des images de Dieu – VI. Chronique de la reproduction et de la transformation – VII. Appétit et foi – VIII. Lamentations – IX. Scène de danse de funérailles avec action de grâces – X. Tableau de concert – XI. Le hachoir de Dieu. Finale.

Le texte qui a donné son titre à l'opéra (jeu de mots sur la Création, *Schöpfung*, et *Erschöpfung*, l'épuisement) et qui lui sert d'ouverture est l'œuvre du psychanalyste Tilmann Moser, qui a défini ses « Prières avant l'aube » comme autant d'intoxications divines : « À la fin, Dieu épuisa le monde, le ciel et la Terre./ La Terre était déserte et vide/Le smog se trouvait à la surface de l'abîme/et le souffle de Dieu planait sur les eaux usées. » Lorsque, au terme de six années de travail, *Die Erschöpfung der Welt* fut créé sous forme d'une coproduction du Théâtre, de l'Opéra de Stuttgart et du Süddeutscher Rundfunk sous la direction de Kagel lui-même, l'accueil fut enthousiaste. On en fit l'antipode du *Paradis perdu* de Penderecki, *opéra-rappresentazione*, créé un an auparavant, juste à côté, à l'Opéra de Stuttgart. D'un côté, une mise en musique littéraire affirmative, attachée à la tradition chrétienne de l'épopée en vers de John Milton, de l'autre le doute critique, radical, une vision s'ouvrant sur le désespoir. Comme l'indique Kagel : l'espoir par l'absence d'espoir. Pourtant, *Die Erschöpfung der Welt* n'est pas seulement une cosmogonie inversée, c'est aussi une œuvre musicale. Le premier élan, la première émotion de l'homme vient de la pratique musicale et, lorsque les sons de flûte se dérobent, la louange divine extatiquement balbutiante intervient. Le « zoo de Dieu » se peuple d'animaux musicaux (un hippopotame avec deux guitares en guise de gueule, une vache dont le pis est une cloche) qui s'accouplent avec leurs organes génitaux instrumentaux.

Un Argentin en Allemagne

Kagel a utilisé le concept de *Lieder-Oper* pour décrire son grand opéra *Aus Deutschland* (D'Allemagne), créé en 1981 à la Deutsche Oper de Berlin. Il a pour thème le romantisme allemand et ses souvenirs – évoqués avec autant de maîtrise que de sensibilité par la musique, le texte et l'image. Kagel prend le romantisme et ses métaphores au pied de la lettre ; des silhouettes et des événements fantastiques peuplent son *Lieder-Oper* en 27 tableaux, sur plus de 70 textes de lieder de Heine, Hölderlin, Goethe, Eichendorff, Chamisso, et bien d'autres. Ici encore, Kagel se révèle comme un maître de la confusion, du brouillage des jeux et des images. Le romantisme allemand, héritage profondément national, entre les mains d'un Argentin ? N'est-ce pas Friedrich Schiller qui disait : « Si tu veux le posséder, conquiers-le » ?

S. N.

Aus Deutschland, mise en scène, décors et costumes : Herbert Wernicke, direction musicale : Jörg Henneberger, Théâtre de Bâle, 1997.
Le romantisme allemand, spécialité nationale, vu par un Argentin sur une scène suisse, n'a pas seulement conservé sa spécificité ; il a également manifesté toute sa fraîcheur, sa beauté, son esprit, son aspect ludique et sa poésie, dans son contenu universel comme dans son exiguïté nationale. Cette réussite tient essentiellement à l'absence de tabous et de préjugés. Les textes du passé se sont ainsi prêtés à une lecture et à une interprétation pleines de nouveauté et de naïveté.

Aus Deutschland, mise en scène : Herbert Wernicke, direction musicale : Jörg Henneberger, Théâtre de Bâle, 1997.
Désir amoureux et mal d'amour, la musique expression de la fascination érotique, action à motivation érotique, tension entre Éros et Thanatos (amour et mort) – dans sa mise en scène du *Lieder-Oper* de Kagel, Herbert Wernicke a présenté ce thème du romantisme allemand en tableaux transparents et légers, avec un esprit et une ironie qui ne font pas obstacle à un niveau de signification plus profond. Le double sens inhérent au romantisme ainsi qu'à l'adaptation de Kagel convenait parfaitement au caractère du metteur en scène : mettre sous les feux de la rampe son désir, ses secrets, ses silences.

Zoltán Kodály

Né à Kecskemét (Hongrie) le 16 décembre 1882
Mort à Budapest le 6 mars 1967

Fils d'un haut fonctionnaire des chemins de fer obligé de changer fréquemment de résidence, Kodály ne peut suivre un enseignement musical régulier que relativement tard. Mais la musique est très présente dans son foyer. Il s'intéresse rapidement à la musique populaire, dont l'empreinte marquera toute sa carrière artistique. À Budapest, il suit des cours de hongrois et d'allemand à la faculté des lettres et des cours de composition à l'Académie de musique, dans la classe de Hans Koessler. Il consacre sa thèse à la structure strophique du chant populaire hongrois (1906). Il se fait connaître comme compositeur en 1906 (*Soir d'été* pour orchestre) et publie avec Béla Bartók, son ami, défenseur comme lui de la musique hongroise, un recueil d'arrangements de chansons populaires. Vers 1910, les milieux musicaux considèrent Kodály comme un compositeur d'avant-garde au même titre que Bartók, les créations de leurs œuvres provoquant des scandales comparables. Influencé par la musique française de son temps (surtout par → Debussy) comme par le folklore hongrois, Kodály compose ses premières œuvres d'importance (*Premier Quatuor à cordes*, musique pour piano, *Sonate pour violoncelle et piano*). Il occupe une chaire de professeur de composition à l'Académie de musique de Budapest à partir de 1908 et de nombreuses générations de compositeurs hongrois le reconnaissent pour maître. Ses élèves s'emploient à poursuivre son projet d'un « plan séculaire » de développement de la culture chorale et de la musique scolaire.

Œuvres: Deux comédies lyriques: *Háry János*, 1926; *Székely fonó*, 1932 (Les Fileuses de Transylvanie). Œuvres chorales *a capella* (chœurs mixtes, chœurs d'enfants, chœurs d'hommes), œuvres chorales avec orchestre (dont son chef-d'œuvre: *Psalmus Hungaricus*, 1923), mélodies, arrangements de chansons populaires, œuvres pour orchestre, musique de chambre, œuvres pour piano.

Háry János

(Les Aventures de Nagyabony jusqu'à la cour du château)

Comédie lyrique en quatre aventures avec prologue et épilogue

Livret: Béla Paulini et Zsolt Harsányi (textes en prose), chansons populaires
Création: le 16 octobre 1926 à Budapest (Opéra Royal)

Personnages: Háry János (bar.), Örzse, sa fiancée (mezzosop.), l'empereur Franz d'Autriche (rôle parlé), l'impératrice (sop.), Napoléon (bar.), Marie-Louise, fille de l'empereur et épouse de Napoléon (mezzosop.), Marci, cocher de Marie-Louise (basse), Ebelasztin (tén.); général Kruzifix, général Dufla, comtesse Melusina, baronne Estrella, sentinelle hongroise, sentinelle russe, la petite mère, premier hussard, deuxième hussard, troisième hussard, premier artilleur, deuxième artilleur, le laquais, le garde, l'intendant, le maire du village, l'étudiant, l'aubergiste, premier paysan, second paysan (rôles parlés); généraux, soldats hongrois et français, jeunes Ruthéniennes, courtisans (chœur)

Argument
À Nagyabony, à Vienne et en Italie du Nord, vers 1810, pendant les guerres napoléoniennes.
Prologue
Dans l'auberge de Nagyabony, le vétéran Háry János raconte une fois de plus ses aventures.
1re aventure
János est hussard dans l'armée impériale sur la frontière avec la Russie. Sa fiancée Örzse l'a suivi. Un jour, les garde-frontières russes refusent de laisser passer Marie-Louise, la fille de l'empereur Franz. Promptement, János repousse le poste de garde où attend la fille de l'empereur et son mari

Kodály est le compositeur national hongrois du XXe siècle. Son activité de musicologue et de pédagogue a été aussi importante que son œuvre de compositeur.

Háry János, hussards russes, croquis de costumes de Tivadar Márk, Opéra National Hongrois, 1952.
Si les hussards de *Háry János* font l'effet de soldats de plomb – leurs singuliers exploits étant pour le moins irréalistes –, le chœur des soldats et la musique de recrutement (Intermezzo, N 1) expriment l'assurance et la fierté d'une nation privée de son indépendance pendant 450 ans. L'objectif de Kodály dans *Háry János* était surtout de faire connaître dans le monde entier le folklore hongrois par des adaptations de chansons populaires. S'il y est parvenu, c'est probablement moins à travers cet ouvrage scénique que grâce à la suite d'orchestre mondialement connue qui contient les meilleurs numéros de l'opéra.

Háry János, le baron de Münchhausen hongrois
À la demande des éditions Universal Verlag de Vienne, Kodály a explicité lui-même le contenu de *Háry János* en 1929: « Tous les Hongrois sont des rêveurs. Ils fuient une réalité triste depuis des siècles… se réfugiant dans un monde d'illusions. Mais les fanfaronnades de Háry János sont plus qu'un rêve: elles sont aussi un poème. Les auteurs de poèmes héroïques ne sont généralement pas des héros, mais les parents spirituels des héros. Háry János n'a évidemment accompli aucun des exploits qu'il raconte, mais il en recelait la possibilité. János est un poète primitif; ce qu'il a à dire se concentre en un unique héros: lui-même. Le fait qu'après avoir assisté à ses glorieux exploits rêvés, nous le retrouvions dans l'auberge crasseuse du village est un symbole tragique. Dans sa misère, il semble pourtant heureux: un roi dans le pays de ses rêves. »

Napoléon de l'autre côté de la frontière. La route de Vienne est libre. Reconnaissante, Marie-Louise emmène le hussard avec elle pour en faire le garde du corps de son père. Örzse est autorisée à l'accompagner.

2e aventure

À la cour impériale, János – devenu sergent-chef – maîtrise un cheval sauvage et soigne la goutte du vieil empereur. Le chevalier d'Ebelasztin est jaloux de János et transmet à l'empereur Franz la déclaration de guerre de Napoléon qu'il conservait jusqu'alors dans la poche de son habit. En toute hâte, l'empereur Franz nomme Háry János capitaine, lui accorde sa confiance et l'envoie se battre contre Napoléon.

3e aventure

János est promu colonel ; il écrase Napoléon près de Milan et le capture. En reconnaissance de ses services, le général autrichien Kruzifix lui offre son grade. Lorsque Marie-Louise aperçoit son Napoléon tremblant de peur, elle l'abandonne immédiatement et veut absolument épouser le nouveau général. Mais Örzse proteste.

4e aventure

Marie-Louise s'est séparée du lâche Napoléon. L'empereur Franz accepte une union avec János et veut lui donner en cadeau de noces la moitié de son empire. Mais János renonce à la fille de l'empereur et à la moitié de l'empire, car il veut rentrer chez lui avec Örzse. L'empereur le relève de ses obligations militaires.

Épilogue

De retour dans sa patrie, le couple se marie et vit heureux jusqu'à la mort d'Örzse. Ainsi disparaît l'unique témoin oculaire des exploits de János. Mais qui irait douter de la véracité de son récit ?

S. N

Háry János, la chambre d'Háry au château, croquis de décor de Gusztáv Oláh pour la création, Opéra Royal, Budapest, 1926 (Bibliothèque nationale hongroise, fonds théâtral).
Dans la Hofburg de Vienne, le héros Háry János obtient une suite meublée d'un poêle rustique hongrois. Le décor de Gusztáv Oláh conserve les éléments stylistiques folkloriques et orientaux du Jungendstil hongrois. L'atmosphère humoristique et ironique du conte, qui frôle souvent l'absurde, a également marqué de son empreinte cette interprétation pleine de fantaisie. Le décorateur Gusztáv Oláh (1901-1956) a occupé pendant plus de 20 ans une place prédominante dans l'atelier de décors de l'Opéra de Budapest. Certains de ses décors ont encore été utilisés récemment.

Ci-dessous
Háry János, l'aigle bicéphale des Habsbourg avec un mécanisme intégré lui permettant de battre des ailes, croquis de costume de Tivadar Márk, Opéra National de Budapest. L'aigle bicéphale des Habsbourg était un symbole particulièrement douloureux pour les Hongrois ; en effet, il figura sur les armes hongroises de 1745 (depuis le règne de l'impératrice Marie-Thérèse) jusqu'à la révolution de 1848. Dans un épisode satirique qui se déroule au château de Vienne, Örzse (diminutif populaire d'Élisabeth), la fiancée d'Háry, fait manger des épis de maïs à l'aigle bicéphale. Pendant ce temps, elle chante une chanson populaire hongroise pleine de nostalgie. N 2

Le jeune Korngold, vers 1908.
Korngold a été l'un des musiciens les plus doués du XXe siècle. Son père, le célèbre critique musical Julius Korngold, présente son fils aux plus grands professeurs et aux meilleurs interprètes. Séduit par le talent de l'enfant, Mahler lui recommande de suivre les cours d'Alexander von Zemlinsky. Felix von Weingartner en personne dirige la pantomime du petit garçon de 12 ans à la Hofoper de Vienne, tandis qu'un Trio avec piano est créé par Bruno Walter, Arnold Rosé, premier violon de l'Orchestre philharmonique de Vienne, et le violoncelliste soliste Friedrich Buxbaum. Ses œuvres pour orchestre sont données sous la baguette des plus grands chefs de l'époque. À 19 ans, Korngold peut assister à la création de ses premiers opéras (*L'Anneau de Polycrate*, *Violanta*). Il a 23 ans quand son œuvre majeure, *La Ville morte*, a été créée simultanément à Hambourg et à Cologne.

Die tote Stadt

La Ville morte

Opéra en trois tableaux

Livret: Paul Schott (Julius Leopold Korngold) et Erich Wolfgang Korngold d'après *Bruges-la-Morte* de Constantin Rodenbach et *Le Mirage* (1897) de Georges Raymond
Création: le 4 décembre 1920 à Hambourg (Stadttheater) et à Cologne (Opernhaus)

Personnages: Paul (tén.), Marietta, danseuse, également spectre de Marie, défunte épouse de Paul (sop.), Frank, l'ami de Paul (bar.), Brigitta, gouvernante de Paul (alto), Juliette, danseuse (sop.), Lucienne, danseuse (mezzosop.), Gaston, danseur (pantomime), Victorin, metteur en scène (tén.), Fritz, le Pierrot (bar.), le comte Albert (tén.); béguines, apparition de la procession, danseurs, danseuses (chœur)

Argument
À Bruges, vers la fin du XIXe siècle.

Tableau 1
Dans la chambre de Paul. Paul a dressé à Marie, son épouse défunte et tendrement aimée, un autel du souvenir. Renonçant à tous les plaisirs de la vie, il vit à Bruges, la « ville morte ». C'est alors que la danseuse Marietta, membre d'une troupe venue donner *Robert le Diable* de Meyerbeer dans la ville, entre dans sa vie. Physiquement, Marietta ressemble à s'y méprendre à Marie, morte très jeune. Paul invite Marietta chez lui. Grâce à une chanson (la célèbre « chanson de Marietta ») et à une danse lascive elle cherche à le séduire, mais se rend compte qu'il est obsédé par le souvenir de sa femme. Elle part hâtivement pour se rendre à une répétition. Troublé, Paul entend en imagination les serments d'amour de Marie, dont la silhouette se transforme immédiatement en celle de Marietta en train de danser. Une vision l'envahit...

Tableau 2
Un quai désert à Bruges. La nuit. Paul voit Marietta rentrer chez elle après le spectacle, entourée d'admirateurs. Elle parodie avec pétulance la scène du réveil des nonnes dans l'œuvre de Meyerbeer. Paul interrompt brutalement le jeu. Marietta prend congé de ses amis et se tourne vers Paul, espérant que son charme saura dissiper les ombres de la mort.

Tableau 3
La chambre de Paul. Le lendemain matin. Après avoir passé la nuit avec lui, Marietta pense avoir guéri Paul de son obsession. Une procession religieuse passe alors devant la maison et Paul cède à nouveau à ses pensées macabres. Irritée, Marietta passe autour de son cou les mèches de cheveux de Marie, relique sacrée qu'elle a sortie du temple, et se lance dans une danse orgiaque. Paul l'étrangle. Sa vision s'évanouit. Marietta revient chercher son parapluie oublié. Paul se sent libéré de son obsession et déclare à son ami Frank qu'il va remettre un peu d'ordre dans sa vie.

S. N.

Erich Wolfgang **Korngold**

Né à Brno (République tchèque) le 29 mai 1897
Mort à Los Angeles (Hollywood) le 29 novembre 1957

Dès l'âge de onze ans, le fils du critique musical Julius Leopold Korngold attire l'attention par des œuvres remarquables. Erich Korngold fait ses études à Vienne auprès de Robert Fuchs et d'→ Alexander von Zemlinsky, et s'impose rapidement dans la vie musicale comme jeune compositeur d'opéras. En 1921, un an après la création triomphale de *Die tote Stadt* à Hambourg, on l'engage au Stadttheater. Dix ans plus tard, Korngold est nommé professeur à la Musikakademie de Vienne, un poste auquel il renonce en 1934 pour émigrer aux États Unis. Contrairement à l'Europe, qui jugeait son style « ampoulé », les studios de Hollywood font bon accueil à ses dons musicaux et dramatiques. Avec Max Steiner, il est à l'origine de ce que l'on appelle le « Hollywood Sound ». Cette activité cinématographique discrédite Korngold en Europe, ce qui l'empêche, après 1945, de renouer avec ses premiers succès européens. À la fin de sa vie, il se partage entre l'Europe et les États-Unis.

Œuvres: *Der Schneemann*, pantomime, 1910 (Le Bonhomme de neige); *Der Ring des Polykrates,* Munich, 1916 (L'Anneau de Polycrate); *Violanta*, Munich, 1916, *Die tote Stadt*, Hambourg et Cologne, 1920 (La Ville morte); *Das Wunder der Heliane*, Hambourg, 1927; *Die stumme Serenade*, 1946, création Dortmund, 1954. Œuvres pour orchestre, lieder, musique de chambre.

La Ville morte, photo de scène avec John Vickers dans le rôle de Paul, mise en scène: Götz Friedrich, direction musicale: Heinrich Hollreiser, Staatsoper de Vienne, 1985.
Le premier enregistrement de *La Ville morte* a eu lieu en 1975, 55 ans après la création, sous la direction d'Erich Leinsdorf, avec Carol Neblett (Marietta) et René Kollo (Paul). L'émouvante histoire de Paul a été programmée dans la ville natale de Korngold en 1985.

Un succès public méconnu

Lors de son séjour à Vienne, Puccini entendit cette œuvre qui lui plut beaucoup. Le livret reprend certaines thèses de la psychanalyse, une discipline moderne à l'époque, et exploite en quelque sorte l'illusion scénique pour représenter le dénouement d'une fixation pathologique. Vision et réalité se juxtaposent, le tout prenant une certaine ambiguïté grâce au procédé du théâtre dans le théâtre, avec la scène de → *Robert le Diable* de Giacomo Meyerbeer. Le style de Korngold révèle les dons qui allaient faire de lui un compositeur de musiques de film à succès. La musique se déroule sur deux niveaux ; le premier, symphonique, transmet au spectateur les valeurs émotionnelles ; l'autre, musico-dramatique, fait progresser l'action. Mais ni l'habile dramaturgie musicale ni la beauté mélodique des rôles n'ont su préserver cet ouvrage de l'oubli. En tant qu'opéra au sens strict, il était trop pathétique pour le prosaïsme de l'entre-deux-guerres, et, après la Seconde Guerre mondiale, lorsque les centres d'intérêt se partagèrent entre un patrimoine culturel éprouvé et une abstraction absolue, on jugea cette œuvre démodée. Jusque dans les années soixante-dix, toutes les tentatives de réhabilitation rencontrèrent la faveur du public, sans permettre cependant à cet opéra de s'imposer durablement au répertoire. Peu d'amateurs d'opéras savent que *La Ville morte* contient l'une des plus belles mélodies qui soient (dans le duo passionné et rêveur de Paul et Marietta). N 1

M. S.

La musique de Korngold se caractérise par une mélodie un peu suave mais d'une grande richesse, associée à une orchestration colorée.

La Ville morte, croquis de décor de Johannes Schroeder, mise en scène : Saladin Schmitt, Vereinigte Stadttheater, Duisburg/Bochum, 1931-1932 (TWS).
L'idée de présenter une ville médiévale comme un lieu fantomatique et mort, scène abandonnée d'une félicité passée, avant de l'animer par des sonneries de cloches, des couleurs et une procession, révèle que l'opéra de Korngold est plus qu'une simple histoire d'amour nostalgique et résignée.

1. Duo Marietta-Paul

Glück, das mir ver-blieb, rück zu mir, mein treu-es Lieb. A - bend sinkt im Hag, _ bist mir Licht und Tag.

Ernst Krenek

Né à Vienne le 23 août 1900
Mort à Palm Springs le 22 décembre 1991

Après avoir achevé ses études musicales à Vienne et Berlin auprès de Franz Schreker, Krenek travaille entre 1925 et 1927 comme conseiller artistique au Staatstheater de Kassel. C'est là que son deuxième opéra, *Orpheus und Eurydike*, sur un livret du peintre Oskar Kokoschka, est créé en 1926. Après le succès mondial – et financier – de son opéra d'actualité *Jonny spielt auf*, Krenek s'installe à Hietzing, le quartier chic de Vienne. En 1938, il émigre aux États-Unis, où il occupe une chaire de professeur au Vassar College de Poughkeepsie (près de New York) et à la Hamline University de St. Paul (Minnesota). En 1966, il s'établit à Palm Springs. Au cours des dernières années de sa vie, répondant à une invitation, il passe les mois d'été en Autriche à la « Schönberg Haus » de Mödling.

Œuvres : Opéras : *Der Sprung über den Schatten*, 1924 (Le Saut par-dessus l'ombre) ; *Orpheus und Eurydike*, 1926 (Orphée et Eurydice) ; *Jonny spielt auf*, 1927 (Jonny mène la danse) ; *Der Diktator*, 1928 ; *Das geheime Königreich*, 1928 (Le royaume secret) ; *Schwergewicht oder Die Ehre der Nation*, 1928 ; *Leben des Orest*, 1930 (Vie d'Oreste) ; *Karl V.*, 1938 (Charles Quint) ; *Tarquin*, 1950 ; *Dark Waters*, 1950 ; *Pallas Athene weint*, 1955 ; *The Belltower*, 1957 ; *What Price Confidence ?*, 1962 ; *Der goldene Bock*, 1964, (Le Bélier d'or) ; *Das kommt davon oder Wenn Sardakai auf Reisen geht*, 1970 ; *Kehraus um St. Stephan*, 1990 – Opéras télévisés, opérettes, ballets, œuvres pour orchestre, musique de chambre, œuvres vocales.

Jonny spielt auf

Jonny mène la danse

Opéra en deux parties (onze tableaux)

Livret : Ernst Krenek
Création : le 10 février 1927 à Leipzig (Stadttheater)

Personnages : le compositeur Max (tén.), la cantatrice Anita (sop.), Jonny, noir, violoniste de jazz-band (bar.), le violoniste virtuose Daniello (bar.), la femme de chambre Yvonne (sop.), l'impresario (basse bouffe), le directeur d'hôtel (tén.), un employé des chemins de fer (tén.), trois policiers (tén., bar., basse) ; une femme de chambre, un groom, un veilleur de nuit de l'hôtel, un agent de police, deux chauffeurs, une vendeuse, un porteur (rôles muets) ; clients de l'hôtel, voyageurs, public, voix du glacier (chœur)

Argument
Dans une grande ville d'Europe centrale, à Paris, dans les Hautes-Alpes, à l'époque actuelle.

Partie 1

Avec la cantatrice Anita, le compositeur Max entreprend une excursion sur un glacier. Par des mots d'amour, elle l'arrache à ses idées noires. Mais la solitude angoisse Anita qui a hâte de regagner l'hôtel. Une fois rentrée, elle doit rapidement quitter Max pour se préparer à la représentation de l'opéra de celui-ci. Alors qu'elle s'éloigne, le violoniste virtuose Daniello la protège des assiduités importunes de Jonny, le violoniste de jazz. Daniello parvient à exploiter la situation pour nouer une liaison avec Anita. Le lendemain, il est tout surpris qu'elle veuille retourner auprès de Max. Lorsqu'il lui demande un souvenir, Anita lui offre une bague. Pendant ce temps, Jonny a joué un tour à Daniello, échangeant son précieux violon contre le banjo d'Anita. Daniello porte plainte pour vol auprès du directeur de l'hôtel. Soupçonnant Yvonne, femme de chambre et amie de Jonny, le directeur la renvoie ; mais Anita la prend immédiatement à son service.

Partie 2

Daniello rumine une vengeance. Il charge Yvonne de transmettre à Max la bague qu'Anita lui a donnée en souvenir. Le stratagème semble réussir. Max est malheureux de l'absence nocturne d'Anita et prend cette bague pour une preuve de son infidélité. Il veut se jeter dans l'abîme du haut du glacier. Mais la voix du glacier lui conseille de revenir. Par le haut-parleur de l'hôtel, la chanson qu'il a composée parvient jusqu'à lui, chantée par Anita. Son amour se ranime. Jonny s'empare du violon de Daniello qu'Anita transporte avec elle à son insu pour accompagner la chanson d'Anita transmise par la radio. Daniello reconnaît alors le son de son violon. Avant l'arrivée de la police prévenue par Daniello, Jonny se précipite à la gare. Il y aperçoit Max, venu accompagner Anita en partance pour l'Amérique, et place l'instrument dans ses bagages. Max va être arrêté comme suspect, ce dont Daniello s'empresse d'informer Anita bouleversée. Mais Yvonne, témoin de l'affaire, veut disculper Max. Daniello essaie de l'en empêcher de force. Dans la mêlée, Daniello tombe sous un train qui entre en gare. Jonny promet à Yvonne de tout arranger. Il maîtrise les policiers, libère Max et le conduit à la gare, juste à temps pour qu'il monte dans le train qui doit conduire Anita vers le Nouveau Monde. Héros du jour – et de l'époque –, Jonny, homme et artiste de l'avenir, joue sa musique sur le prestigieux violon.

M. S.

Krenek est l'un des premiers compositeurs du XXe siècle que l'on puisse qualifier de « postmoderne ». Avec une ouverture d'esprit exemplaire, il décline les styles d'écriture les plus divers, dodécaphonisme ou sérialisme ; il est à l'aise aussi bien dans le romantisme que dans l'expressionnisme et assimile des éléments de jazz et de musique électronique.

Page de gauche
Jonny spielt auf, croquis de décor de Paul Schönke, mise en scène : Ernst Legal, Staatlisches Theater Kassel, 1927-1928 (TWS).
L'intervention de musiques de danse à la mode et la traduction musicale d'une atmosphère de gare n'ont pas été étrangères à l'immense succès de cet opéra moderne. N 2
Dans le croquis de décor de Paul Schönke, le réalisme spectral de la scène de gare, dépourvue d'êtres humains, mais avec un rendu des détails et de la réalité d'une grande fidélité, trahit également l'angoisse suscitée par le siècle de la machine. Est-ce un hasard si le violoniste virtuose trouve la mort sous les roues du train ?

1. Mélodie de Jonny

Oh, ma bell', nicht so schnell, gib mir ei - ne kiss!

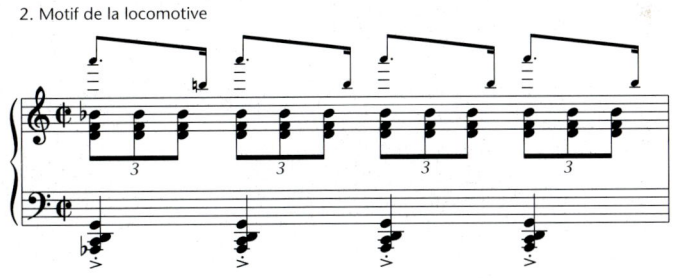

2. Motif de la locomotive

Jonny spielt auf, croquis de costume de Lothar Schenck von Trapp pour Jonny, Darmstadt, 1927-1928 (TWS).
Dans les années vingt, le mythe de l'Amérique, symbole et accès d'une vie moderne pleine de promesses a souvent défini le cadre des « opéras d'actualité ». Personnage symbolique, Jonny incarne l'homme nouveau dont la vitalité et la musicalité instinctive succéderont à la vieille culture européenne avec ses traditions pesantes (représentée dans l'opéra par le virtuose décadent et le compositeur méditatif). N 1

Opéra d'actualité

L'actualité voulue de cet ouvrage se manifeste par le choix de lieux quotidiens – montagne, hôtel, gare –, par l'intégration de situations ordinaires, comme le concert radiodiffusé du musicien de jazz noir, ainsi que par la référence technologique avec le bâtiment de la gare. La radio était alors si nouvelle que l'élite intellectuelle aisée venait de s'en emparer et l'orchestre de jazz faisait en quelque sorte partie de l'équipement de base des hôtels et des restaurants modernes des années vingt et trente. Cette réceptivité à l'esprit du temps a permis à cet ouvrage de s'imposer auprès du public, mais a incité ses contemporains plus élitistes à douter du sérieux de Krenek. Pourtant, son style très maîtrisé techniquement jusque dans les séquences de jazz reste entièrement inféodé à la musique savante. Malgré toutes les réserves et les mises en garde, le public a fait à *Jonny* un accueil enthousiaste, généralement réservé aux opérettes. En l'espace d'une seule saison, *Jonny spielt auf* a connu 500 représentations. Avant 1930, 70 théâtres l'ont mis à l'affiche ; peu conforme aux idées artistiques des nationaux-socialistes, cet ouvrage a ensuite été banni des scènes et rejeté dans la catégorie de l'« art dégénéré ».

M. S.

Ci-dessous
Kurt Weill: *Le Tsar se fait photographier*, croquis de décor de Johannes Schroeder, Vereinigte Stadttheater Duisburg, 1929 (TWS).
Un opéra d'aujourd'hui, qui s'attache à reproduire l'actualité, un niveau de réalité proche d'un article de journal. On parlait aussi à l'époque de comédie musicale, d'opéra de music-hall, d'opéra-bouffe, d'opéra-jazz, d'opéra contemporain, de music-hall d'actualité. Automobile, radio et téléphone ont ici leur mot à dire. L'action s'effectue sur un rythme rapide, cinématographique. Dans *Aller et retour* de Paul Hindemith, l'action se déroule effectivement en un acte, en avant et en arrière. Dans son opéra grotesque en un acte, *Le Tsar se fait photographier*, Kurt Weill prend pour cible les révolutionnaires de salon, dont l'attentat soigneusement préparé contre le dirigeant des Russes (le dernier tsar avait été assassiné par les bolchevik dix ans plus tôt) échoue lamentablement.

Ci-dessus
Ernst Krenek: *Jonny spielt auf*, croquis de décor de Lothar Schenck von Trapp, mise en scène: Renato Mordo, direction musicale: Karl Böhm, Hessisches Landestheater, Darmstadt, 1927-1928 (TWS).
Projection en toile de fond et technique de collage des années vingt. Au milieu des années vingt, après les expériences de la Première Guerre mondiale, de nombreux Européens se sont tournés vers l'Amérique, image de la Terre Promise. La rapidité avec laquelle le culte de l'Amérique s'est transformé en un courant de mode à part entière apparaît dans cette projection, véritable résumé de l'*American Way of Life*. Mais cet hommage aux États-Unis n'a pas grand-chose à voir avec l'opéra de Krenek. La liberté sexuelle, musicale et morale de Jonny symbolise davantage l'enlisement d'une culture ancienne que le triomphe d'un nouveau monde. Jonny annonce un siècle nouveau, barbare et primitif. La conclusion de cet opéra d'actualité, favori du public, est plus énigmatique que démonstrative. Quelle danse Jonny mène-t-il: une ronde de liberté ou une danse macabre? La question reste ouverte.

À droite
Max Brand: *Maschinist Hopkins*, croquis de décor de Johannes Schroeder pour la création au Staatstheater de Duisburg, 1928-1929 (TWS).
Avec sa « Musique des machines » (1929) composée pour l'opéra *Maschinist Hopkins*, Max Brand a pris fait et cause pour les tendances futuristes. « De toutes parts, écrivait Heinrich Strobel, alors critique à Berlin, on s'est efforcé de redéfinir l'opéra. On en avait assez de se faire constamment transporter par l'opéra dans des univers lointains et fantastiques. On était du côté de l'actualité, et on voulait voir l'actualité sur scène. »

L'opéra d'actualité – Krenek 269

Ci-dessus
Paul Hindemith : *Neues vom Tage,* croquis de décor de Traugott Müller pour la création, mise en scène : Ernst Legal, direction musicale : Otto Klemperer, Krolloper (Staatsoper am Platz der Republik), Berlin, 1929 (TWS).
Neues vom Tage de Paul Hindemith est une satire du siècle des médias : bureau spacieux avec cliquetis de machine à écrire assortis du vacarme d'annonces du siècle des médias balbutiant, d'une crise conjugale et de la destruction symbolique d'une statue de Vénus trimillénaire (objet de culte de la tradition européenne soigneusement conservé !).

À droite
George Antheil : *Transatlantic,* croquis de décor de Ludwig Sievert pour la création à l'Opéra de Francfort, 1930, mise en scène : Herbert Graf, direction musicale : Hans-Wilhelm Steinberg (TWS).
L'opéra d'actualité a eu une durée de vie éphémère. Le navire du *Transatlantic* de George Antheil a, semble-t-il, sombré définitivement en 1930. L'esprit de l'opéra d'actualité annonce cependant son retour dans les années quatre-vingt-dix. John Adams, compositeur américain populaire, a choisi des événements politiques contemporains pour thème de ses opéras → *Nixon in China* et → *The Death of Klinghoffer.*

Der Diktator

Le Dictateur

Opéra tragique en un acte (deux tableaux)

Livret: Ernst Krenek

Création: le 6 mai 1928 à Wiesbaden (Staatstheater)

Personnages: le dictateur (bar.), Charlotte, sa femme (sop.), l'officier (tén.), Maria, sa femme (sop.), un courrier, un groom, un garde-malade, un détective (rôles muets)

Argument

Dans un pays quelconque, après la Première Guerre mondiale.
Lorsque le dictateur déclare la guerre à un petit pays, sa femme Charlotte lui reproche ce bain de sang inutile. Ses réprimandes sont sans effet. Bien au contraire : le dictateur trinque à son pouvoir et ne détourne pas son regard de Maria, qui confie au sanatorium voisin son mari, atteint de cécité à cause de la guerre. Maria veut tuer le responsable de cette souffrance. Mais au lieu d'agir, elle se laisse entraîner dans un débat avec le dictateur. C'est lui qui a le dernier mot et elle n'a plus qu'à se soumettre. Derrière un paravent, Charlotte observe la scène. Au moment où Maria va céder au dictateur, Charlotte tire, mais elle atteint Maria. Devant le cadavre de Maria, l'aveugle demande si tout est accompli.

M. S.

Der Diktator, photo de scène avec Karl-Friedrich Dürr (le dictateur) et Ulrike Sonntag (Charlotte), mise en scène : Brian Michaels, direction musicale : Manfred Schreier, Württembergisches Staatstheater de Stuttgart, 1990. Krenek qualifia son *Diktator* d'opéra tragique, non sans une nuance d'ironie. Il s'agit en effet de la juxtaposition paradoxale d'une crise conjugale et d'une crise politique.

Das geheime Königreich, photo de scène, mise en scène : Brian Michaels, direction musicale : Manfred Schreier, Württembergisches Staatstheater de Stuttgart, 1990. Le triptyque de Krenek représente une série de variations d'absurdités aveugles, qui se produisent avec si peu de logique et de vraisemblance que l'on pourrait presque les croire réelles. Le monde est incompréhensible et donc angoissant. Tel est le message d'un compositeur de 28 ans dans ce cycle de trois opéras en un acte, dont la partie médiane, *Das geheime Königreich*, constitue le mouvement lent, lyrique. La redécouverte de ces ouvrages de Krenek a commencé en 1980 à Minneapolis, avant de s'étendre à plusieurs opéras européens au début des années quatre-vingt-dix. Le compositeur, alors fort âgé, a eu la joie d'assister à l'accueil chaleureux réservé à son œuvre.

Das geheime Königreich

Le Royaume secret

Conte de fées lyrique en un acte (deux tableaux)

Livret: Ernst Krenek
Création: le 6 mai 1928 à Wiesbaden (Staatstheater)

Personnages: le roi (bar.), la reine (sop.), le fou (bar.), le rebelle (tén.), les trois dames qui chantent (sop., mezzosop., alto), premier révolutionnaire (tén.), deuxième révolutionnaire (basse), un garde (tén.); rebelles, danseurs, dames de la reine (chœur)

Argument

Dans un pays et à une époque féeriques.
C'est la révolte dans le royaume : le peuple s'insurge. Le roi remet au fou les insignes de son pouvoir. Sur ces entrefaites, la reine tourne ses regards vers un beau prisonnier qui ne s'intéresse cependant qu'à la couronne, qu'il veut remettre au peuple. La reine essaie par tous les moyens d'arracher au fou son costume et les insignes du pouvoir. Elle libère le rebelle. Celui-ci incite immédiatement le peuple à la révolte et le persuade de donner l'assaut au palais, obligeant la reine, le fou et le roi – déguisé en fou – à s'enfuir. Mais le rebelle rattrape la reine et exige violemment la remise des insignes du pouvoir. Elle les lui refuse, tout en se déshabillant afin de le séduire. Au moment où il va se jeter sur elle, elle se transforme en arbre. Le roi cherche la mort. Comme deux insurgés décidés à tuer le roi pour obtenir la prime promise ne le reconnaissent pas, il décide de se suicider. Mais la forêt s'illumine alors et, comme par magie, le roi reconnaît la beauté de la nature et s'endort, rasséréné.

M. S.

Schwergewicht
oder Die Ehre der Nation
Poids lourd ou L'Honneur des nations

Opérette burlesque en un acte

Livret : Ernst Krenek
Création : le 6 mai 1928 à Wiesbaden (Staatstheater)
Personnages : Adam Ochsenschwanz, champion de boxe (basse), Evelyne, sa femme (sop.), Gaston, maître de ballet (tén.), le professeur Himmelhuber (bar.), Anna Maria Himmelhuber, sa fille (mezzosop.), un journaliste (tén.), un conseiller du gouvernement (tén.), Ottokar, domestique d'Ochsenschwanz (rôle muet), une femme de chambre (figurante)

Argument

Dans la salle d'entraînement du champion de boxe, aujourd'hui.

Le boxeur Ochsenschwanz est agacé par les cours de danse que Gaston donne à sa femme, car il craint que celle-ci ne lui soit infidèle : de fait, elle s'intéresse davantage à Gaston qu'à la danse. Surprenant le couple en train d'échanger un baiser furtif, Ochsenschwanz perd son sang-froid ; il réduit la table en miettes et met sa femme sous clé, pendant que Gaston se réfugie dans la pièce voisine. À cet instant, l'étudiante Himmelhuber s'introduit dans la maison pour obtenir un autographe d'Ochsenschwanz. Découverte par Gaston, elle se déguise en mannequin d'entraînement. En effet, son père, le professeur Himmelhuber, vient d'arriver pour remettre au célèbre boxeur un titre de docteur *honoris causa*. Très

Schwergewicht oder Die Ehre der Nation, photo de scène avec Karl-Friedrich Dürr dans le rôle d'Adam Ochsenschwanz, mise en scène : Brian Michaels, costumes : Katrin Scholz, direction musicale : Manfred Schreier, Württembergisches Staatstheater de Stuttgart, 1990.

honoré, le boxeur prouve ses compétences par un direct qui met K.O. le mannequin vivant. Le professeur reconnaît sa fille et accuse Ochsenschwanz de détournement de mineure. Furieux, le boxeur se dirige vers sa machine d'entraînement. Gaston branche celle-ci, ce qui lui permet de s'enfuir avec l'épouse du boxeur, tandis qu'Ochsenschwanz est condamné à s'entraîner sans répit. Un conseiller du gouvernement venu inviter le champion aux jeux olympiques n'ose pas arrêter la machine infernale, de crainte de déranger le boxeur.

M. S.

Ci-dessous
Schwergewicht oder Die Ehre der Nation, croquis de décor d'Egon Wilden, Hagen/Elberfeld-Barmen, 1928-1929 (TWS). Appareils d'entraînement et instruments de *fitness* aux États-Unis comme en Europe : la passion du sport ne connaît pas de frontières. Avec l'indignation d'un esprit cultivé, Krenek s'est opposé aux propos d'un diplomate prétendant que les sportifs avaient plus fait pour la réputation internationale de l'Allemagne que l'élite intellectuelle. Conçue comme une opérette, cette œuvre est marquée par un style de conversation limpide que le public a su apprécier.

Karl V.
Charles Quint

Drame musical en deux parties

Livret: Ernst Krenek
Création: 1ʳᵉ version: le 22 juin 1938 à Prague (Neues Deutsches Theater); 2ᵉ version: le 11 mai 1958 à Düsseldorf (Deutsche Oper am Rhein)
Personnages: Karl V./Charles Quint (bar.), Juana, sa mère (alto), Eléonore, sa sœur (sop.), Ferdinand, son frère (tén.), Isabella, sa femme (sop.), Juan de Regla, son confesseur (rôle parlé), Henri Mathys, son médecin personnel (rôle parlé), Francisco Borgia, jésuite, ancien intendant de l'impératrice (tén.), Alarcon, Alba, Frundsberg et Lannoy, capitaines de l'empereur (4 rôles parlés), un chancelier de l'empereur (rôle parlé), Pizarro (tén.), un libertin espagnol (rôle parlé), François Iᵉʳ (tén.), Frangipani (tén.), le pape Clément VII (rôle parlé), un cardinal (rôle parlé), Martin Luther (bar.), Maurice de Saxe (rôle parlé), un partisan de Luther (tén.), un capitaine protestant (rôle parlé), le sultan Soliman (basse), son astrologue de cour (tén.), quatre esprits (2 sop., mezzosop., alto), quatre pendules (2 sop., mezzosop., alto); voix de Dieu, alumnats du couvent, ecclésiastiques, hérétiques espagnols, lansquenets allemands, dames espagnoles, religieuses, peuple allemand et espagnol, voix des morts (chœur)

Argument
En Europe, en 1558.

Charles Quint confesse au jeune moine Juan de Regla les égarements de son existence. Il ne cesse d'opposer les contraintes extérieures à un idéalisme éthique à connotations religieuses. Alors que Juan éprouve peu à peu une certaine compréhension envers Charles Quint, le jésuite Borgia – conscience autorisée, en quelque sorte – s'obstine à exiger de Charles l'aveu de sa culpabilité.

Partie 1
À la fin de sa vie, après son abdication et désireux de trouver le repos, Charles Quint rend visite au jeune moine Juan de Regla. La voix de Dieu l'a appelé à prendre ses responsabilités et il souhaite confier au moine en confession générale les dilemmes de son existence – symbolisés par ses armes. Lorsqu'il était jeune, il avait le projet de renouveler le royaume chrétien. Mais l'abandon de l'Église romaine par Luther lui a imposé une rude épreuve en le faisant douter de la possibilité d'une unité durable. Ses doutes n'étaient pas le fruit d'un manque de conviction religieuse, mais le résultat de la conjoncture politique; en effet, les intérêts nationaux s'opposaient à l'unité religieuse et le roi de France, François Iᵉʳ, refusait de négocier la paix. François Iᵉʳ avait épousé Eleonore, la sœur de Charles, mais cela n'empêchait pas le Français d'exciter les Turcs contre Charles, tandis que des mercenaires allemands pillaient Rome. Il s'est ensuivi un grave conflit avec le pape et le renforcement du pouvoir des protestants. Charles a pris des mesures impitoyables pour lutter contre tous les hérétiques. Seule la douleur que lui a causé la mort de sa femme l'a sensibilisé aux souffrances d'autrui, et notamment à la détresse des hérétiques espagnols. Il a alors commencé à se demander si les moyens sanglants employés pour défendre la religion étaient les bons. À cet endroit de sa récapitulation, écrasé par le poids de l'émotion, Charles Quint perd connaissance.

Partie 2
Les épanchements de Charles Quint éveillent des doutes en Juan. Le jésuite Francisco Borgia essaie de les dissiper en le renvoyant à l'immuabilité de la foi et de la morale. Il reproche à Charles Quint sa tiédeur religieuse. Juan éprouve de la pitié pour Charles Quint, un sentiment que Borgia juge irrecevable, car il fait obstacle à l'accomplissement de nobles missions. Lorsque Charles Quint se réveille de son long évanouissement, il raconte comment il a voulu réaliser de force son idéal de jeunesse. Après la mort de Luther, il a ordonné la conversion de tous les protestants allemands au catholicisme. Mais cette mesure lui a aliéné le peuple, a renforcé son adversaire religieux, le sultan Soliman, et l'a contraint, en dernier recours, à abdiquer. Juan admet que les contraintes extérieures sont responsables des actions de Charles, alors que Borgia exige du mourant un aveu de repentir.

M. S.

En haut à droite
Karl V., photo de scène de la mise en scène d'Otto Schenk, décors et costumes: Xenia Hausner, direction musicale: Erich Leinsdorf, Staatsoper de Vienne, 1984.
Karl V. est l'œuvre scénique majeure de Krenek: une composition dense et complexe, un opéra d'esprit philosophique dans le sens du → *Palestrina* de Hans Pfitzner. *Karl V.* apporte également la preuve de l'importance de Krenek, une importance de plus en plus reconnue de nos jours. Sur le plan artistique, il a su éviter de poursuivre sur la voie du succès facile de →*Jonny spielt auf*. La création de *Karl V.* à Prague (1938) a été suivie de longues années de silence, avant qu'Essen n'amorce un retour en grâce en 1950. *Karl V.* fait aujourd'hui partie du répertoire de base de l'opéra du xxᵉ siècle.

Ci-dessus, à gauche
Karl V., photo de la mise en scène d'Otto Schenk, décors et costumes: Xenia Hausner, direction musicale: Erich Leinsdorf, Staatsoper de Vienne, 1984.
Karl V. avait été une œuvre de commande de la Staatsoper de Vienne, qui n'en assura cependant pas la création en raison de l'entrée des troupes nazies en Autriche. En 1984, Otto Schenk n'a pas pu, pour cette production de la Staatsoper de Vienne, faire abstraction du passé et mettre en scène cet opéra comme un simple drame historique. Malgré sa toile de fond historique, l'ouvrage comme la mise en scène se sont transformés en débat actuel sur la justice et l'injustice d'une volonté de pouvoir universel.

Europe, 1933

Devant l'aggravation de la situation politique de l'Allemagne vers 1930, Krenek commença à s'interroger sur l'opportunité de son style « néo romantique ». Artiste et intellectuel, il tenait à prendre une part active aux événements politiques. S'il avait déjà clairement pris position contre toute forme de tyrannie dans → *Der Diktator*, il ne pouvait que faire bon accueil à la proposition du chef d'orchestre Clemens Krauss qui lui demanda de composer une œuvre scénique historique pour la Staatsoper de Vienne. Cette commande devait en effet lui permettre de porter un regard critique sur sa propre époque. En choisissant de traiter le thème de l'empire chrétien universel, dont la conception n'était pas sans évoquer l'idéologie de l'État corporatif chrétien instauré en Autriche en 1933, Krenek s'imposa de longues recherches historiques. Il voulait manifester clairement son opposition aux tentatives d'annexion du Troisième Reich. Il écrivit son opéra entre juillet 1932 et mai 1933. Trois mois avant la création scénique, les troupes nazies envahissaient l'Autriche. En 1954, Krenek réalisa une seconde version, supprimant la scène de repentir final. Pour mettre en évidence la simultanéité entre passé et présent, l'action se déroule sur deux scènes en même temps. Ce procédé s'inspire du drame baroque tout en portant la marque du théâtre musical épique de Kurt Weill et de Bertolt Brecht, et de la technique du *flash-back*. On remarquera l'innovation que représente l'emploi de la dodécaphonie; pour Krenek, c'était la seule forme de communication concevable pour un tel sujet. Mais le compositeur ne renonça pas pour autant aux formes structurelles traditionnelles.

M. S.

Karl V., croquis de décor de Paul Haferung, mise en scène : Hans Hartleb, direction musicale : Gustav König, Städtische Bühnen Essen, 1950 (TWS).
Le centre de ce décor est occupé par une libre paraphrase d'une toile historique – l'*Adoration de la Trinité (Gloria)* du Titien (vers 1554), une œuvre commandée au peintre par Charles Quint. Celui-ci prisait ce tableau plus que tout et ne s'en sépara jamais, même lorsqu'il entra au couvent de San Yuste. Dans son testament, il évoque l'œuvre du Titien sous le nom du « Jugement Dernier ».

Un opéra historique

Charles Quint (1500-1558), dont Le Titien a réalisé le portrait à deux reprises, a été l'un des souverains les plus importants de l'histoire occidentale. Pour asseoir le pouvoir central de son empire, il lui a fallu lutter contre la France, contre les mouvements de Réforme religieuse et contre les princes allemands despotiques. Cet empereur rêvait d'une *Monarchia universalis* sans partage; mais il dut, au soir de sa vie, moine solitaire du couvent de San Yuste, assister au déclin de la structure de pouvoir universelle. Krenek voyait dans cette figure l'éminente personnalité, gage de réconciliation et d'intégration, dont l'Europe avait le plus grand besoin au moment où les tendances nationales-socialistes commençaient à s'imposer. Krenek posa également dans cet opéra le problème de la responsabilité politique et de la justification des actions d'un souverain dictées par les circonstances historiques. Krenek voulait démontrer sous forme d'un opéra la diversité de l'histoire, dans l'esprit de *Guerre et Paix*, le grand roman de Tolstoï. Il choisit à cette fin la méthode musicale la plus complexe, la technique dodécaphonique: *Karl V.* est le premier opéra de l'histoire du théâtre lyrique dont la composition respecte la technique dodécaphonique à la lettre.

Ruggiero **Leoncavallo**

Né à Naples le 8 mars (ou le 23 avril) 1850
Mort à Bagni di Montecatini le 9 août 1919

Fils d'un agent de police, Leoncavallo étudie la composition à Naples avec Lauro Rossi, puis la littérature à l'université de Bologne. Stimulé par ses études de lettres, il se prend d'un vif intérêt pour les drames musicaux de → Wagner, sous l'influence desquels il compose son premier opéra, *Chatterton*. Il projette ensuite d'écrire une trilogie historique, dont il n'achèvera que la première partie (*I Medici*). Pianiste de cafés-concerts, il voyage à travers toute l'Europe et se rend même en Égypte. Ses années d'errance s'achèvent lorsqu'il fait la connaissance de l'éditeur Giulio Ricordi, qui lui commande un opéra. L'ouvrage, *I Medici*, ne plaît pas à Ricordi. Leoncavallo se sépare de lui et s'adresse à son rival, l'éditeur Sonzogno, à qui il remet l'opéra *I Pagliacci*. C'est le début d'une carrière mondiale. Premier compositeur à s'intéresser sérieusement aux enregistrements pour le Gramophone, il écrit pour ce support la chanson *Mattinata* qui connaît une célébrité mondiale et qu'il enregistre en 1904 avec Caruso. En 1907, le premier enregistrement intégral d'un opéra italien voit le jour sous sa direction : ce sera *I Pagliacci*. Le succès continue à lui sourire avec ses ouvrages ultérieurs. À sa mort, Leoncavallo est un compositeur à la mode et recherché, mais il s'est considérablement éloigné de son intention artistique d'origine : implanter l'œuvre d'art totale wagnérienne sur le sol italien.

Œuvres : Opéras : *Chatterton*, 1876 ; *I Pagliacci*, 1892 (Paillasse) ; *I Medici*, 1893 (Les Médicis) ; *La Bohème*, 1897 ; *Zazà*, 1900 ; *Il Rolando*, 1904 (Le Roland de Berlin) ; *Maia*, 1910 ; *Zingari*, 1912 (Les Tziganes) ; *Edipo Re*, 1920 (Œdipe roi) ; *Prometeo*, inédit, jamais représenté (Prométhée). Neuf opérettes, mélodies, œuvres pour piano, pour chœur et pour orchestre.

Ci-dessus
I Pagliacci, croquis de décor de Johann Kautzky, Berlin, 1904 (TWS).
Ce croquis de décor de Hans Kautzky trahit le retard avec lequel les décors scéniques ont su s'adapter aux critères esthétiques de l'opéra novateur de la fin du XIXᵉ siècle. Au lieu des tréteaux adaptés à une troupe ambulante, on a imaginé ici un petit théâtre idéalisé. Au moment où le naturalisme s'est imposé à l'opéra (vérisme), le féerique et le décoratif restaient une exigence esthétique immuable de la scène lyrique. La plupart des décors étaient construits dans des ateliers de théâtres qui les livraient aux théâtres – ces représentations de lieux typiques de scènes d'opéras traditionnelles n'étaient pas obligatoirement destinées à une pièce déterminée.

Ci-dessous
I Pagliacci, croquis de décor d'Helene Gliewe, Städtische Bühnen Mönchengladbach/Rheydt, 1937-1938 (TWS).
La petite scène improvisée loin de la ville, au milieu de ruines et sous un clair de lune blafard, ressemble à un échafaud. On relève la présence d'éléments constructivistes (très à la mode même parmi les décorateurs de théâtre à partir des années vingt), ainsi que des traits expressionnistes (les couleurs crues, par exemple) qui engendrent une sorte de généralisation : une telle scène ne peut convenir qu'à un rituel de mort.

I Pagliacci, croquis de décor d'Otto Reigbert, mise en scène : Walter Felsenstein, direction musicale : Fritz Zaun, Städtische Bühnen Cologne, 1933 (TWS).
Ici, *I Pagliacci* est situé dans un milieu prolétaire à l'époque de la grande crise économique des années trente. Le contraste entre les jolies maisons Renaissance d'une bourgade italienne à l'arrière-plan et le chapiteau sale et déchiré que les comédiens ont planté sous un réverbère prosaïque et moderne attire l'attention sur la contradiction entre les temps anciens de la *commedia dell'arte* et l'intemporalité (c'est-à-dire l'actualité) du drame de la jalousie. Il élucide en même temps la motivation de Nedda, impatiente de s'évader de ce monde oppressant.

I Pagliacci

Paillasse

Drame en un prologue et deux actes

Livret : Ruggiero Leoncavallo
Création : le 21 mai 1892 à Milan (Teatro dal Verme)

Personnages : Canio, directeur d'une troupe de comédiens, dans la pièce Paillasse (tén.), Nedda, comédienne et épouse de Canio, dans la pièce Colombine (sop.), Tonio « l'idiot », comédien bossu, dans la pièce Taddeo (bar.), Beppe, comédien, dans la pièce Arlequin (tén.), Silvio, un paysan (bar.), deux paysans (basse, tén.) ; jeunes garçons, paysannes, paysans, musiciens (chœur)

Argument

À Montalto en Calabre, le jour de l'Assomption (15 août), entre 1865 et 1870.
Des comédiens ont dressé leurs tréteaux sur une place de village. L'acteur Tonio confie au public sa philosophie de la vie et de l'art : l'opposition entre l'être et le paraître, la vie et le jeu, l'homme et le masque se résout dans la vérité de la représentation et dans l'indivisibilité des sentiments. Le directeur Canio annonce le spectacle du soir, une pièce qui traite d'amour et de jalousie. Sa jeune et jolie épouse, Nedda, est courtisée par le difforme Tonio. Les paysans plaisantent à ce sujet, mais Canio les avertit : même s'il joue le sot Paillasse, dans la vie, il vaut mieux ne pas plaisanter avec lui. Tonio se fait pressant vis-à-vis de Nedda, qui le chasse d'un coup de fouet. L'amour du bossu se mue alors en haine. Il révèle au directeur l'amour de Nedda pour un jeune paysan, qui échappe à grand peine à la colère de Canio. Au cours du spectacle du soir, Nedda joue le rôle de Colombine, qui trompe Paillasse (Canio) avec Arlequin. Emporté par la passion, Canio exige de connaître le nom du jeune paysan. Nedda/Colombine se dérobant, il la poignarde avant de se jeter sur son rival qui se précipite sur la scène. Tonio renvoie les spectateurs chez eux. La pièce est finie...

S. N.

Leoncavallo est l'un des plus remarquables représentants du vérisme italien et l'un des plus populaires. Au tournant du siècle, on le considérait encore comme le rival de Puccini.

à droite
I Pagliacci, Franco Corelli dans le rôle de Canio, Teatro alla Scala, Milan, 1955-1956. En raison de la force dramatique irrésistible et de l'éclat héroïque de sa voix, Franco Corelli (né en 1921) a été considéré par de nombreux amateurs et spécialistes d'opéra comme le plus grand ténor italien des années cinquante et soixante. Il a fait ses débuts en 1951 dans le rôle de Don José (dans → *Carmen* de Bizet) et s'est rapidement produit sur les plus grandes scènes du monde (la Scala, le Met, le Staatsoper de Vienne). Il a été le partenaire de Birgit Nilsson dans les représentations de *Turandot* dans les années soixante, incitant les critiques à parler de « combat de géants ».

Ci-dessous
I Pagliacci, Placido Domingo dans le rôle de Canio, mise en scène : Jean-Pierre Ponnelle, direction musicale : Adam Fischer, Staatsoper de Vienne, 1985.
Tu sei Pagliacco ! (Tu es Paillasse !) – le clown doit amuser le public même s'il souffre en tant qu'être humain. Une situation favorite de tous les genres artistiques, de Watteau à Fellini. Dans son célèbre monologue *Vesti la gubba* (Enfile ton costume), le Canio de Leoncavallo trahit la solitude et la vulnérabilité de l'artiste qui ne trouve plus sa place dans la société et qu'une pulsion intérieure contraint à vivre dans un monde imaginaire, en héros de sa propre histoire.

Avant-propos en musique

Lorsqu'ils désirent proclamer une nouvelle esthétique à travers leur opéra, les compositeurs du passé et d'aujourd'hui écrivent généralement un avant-propos, comme l'ont fait Lully ou Gluck, ou rédigent des traités explicatifs, comme Wagner, Busoni et d'autres. Leoncavallo, pour sa part, a mis en musique ses thèses esthétiques et les a exposées en guise de prologue à *I Pagliacci*. Tonio confie ainsi au public l'« intention du poète » de présenter, dans le cadre de la *commedia dell'arte*, d'authentiques êtres humains avec leurs véritables sentiments. Mais avec la superbe mélodie du prologue, Leoncavallo indique à demi mot, dans un *andante* triste, que le masque du clown cache le compositeur lui-même. N1

Des comédiens mélancoliques

La douleur de Canio s'exprime dans le plus célèbre numéro de l'opéra, contenant le fameux *Ridi Pagliaccio* (Ris, Paillasse) : sur scène, Canio joue le rôle de sa vie, celui du mari trompé. N2
Le sujet présenté ici comme un destin tragique et inéluctable apparaît quarante ans plus tard chez → Goldschmidt (*Der gewaltige Hahnrei*), parodié en traumatisme naturel d'une idée bourgeoise de possession.

Directeur de troupe, Canio est impérieux et parfois brutal, mais dans le fond, c'est un homme résigné, sans doute nettement plus âgé que la jolie Nedda, sa femme. Malgré son attitude tyrannique, il l'aime profondément. Lorsque les paysans lancent des allusions piquantes aux manœuvres d'approche de Tonio, Canio répond par un *cantabile* sur un ton triste et sublime N3, et conclut par un aveu que Puccini citera presque mot pour mot dix ans plus tard (*Tosca*, → Air du tableau de Cavaradossi, acte I) : *Adoro la mia sposa !* (J'aime ma femme plus que tout !). N4
Nedda redoute l'amour possessif de son mari ; elle est lasse de leur vie errante. Elle voudrait être libre comme un oiseau. Sa *Ballatella* (une petite ballade) est un morceau de bravoure, fabuleusement orchestré. L'écriture orchestrale brillante révèle clairement l'appartenance du jeune Leoncavallo à la génération des wagnériens italiens. N5
« Le ténor veut coucher avec la soprano, mais le baryton l'en empêche ». Cette boutade de George Bernard Shaw ne s'applique pas à *I Pagliacci*. Le rôle du mari trompé est en effet confié à un ténor, alors que le prétendant éconduit et l'amoureux exaucé sont chantés par des barytons. Tonio le bossu aime Nedda et lui témoigne d'abord un grand respect. Après la *Ballatella*, il parle à Nedda *con dolcezza* et les trois accords qui l'accompagnent sont « très tendres et tristes » (*dolcissimi gli accordi con espressione dolorosa*). Tonio ne devient amer et vindicatif qu'après avoir été humilié. N6

À gauche
I Pagliacci, photo de répétition avec Ileana Cotrubas (Nedda), Placido Domingo (Canio) et Jean-Pierre Ponnelle, mise en scène : Jean-Pierre Ponnelle, direction musicale : Adam Fischer, Staatsoper de Vienne, 1985. On répète l'assassinat. Le metteur en scène et décorateur Jean-Pierre Ponnelle (1932-1988) était capable de jouer par cœur au piano tous les opéras dont il assurait la mise en scène et savait mettre en relief avec efficacité le moindre accord, le moindre mot. Il apparaît ici en directeur d'acteurs infatigable et omniprésent.

À droite
I Pagliacci, Caruso dans le rôle de Canio, autocaricature, Vienne, 1911. Caruso dans le rôle de Canio : il a chanté ce rôle plus de cent fois et s'est immortalisé dans cette autocaricature fort réussie. Son nom était indissociable de ce rôle. C'est à lui et à son prédécesseur Fernando de Lucia (le premier Canio) que remonte la tradition consistant à placer la célèbre phrase finale *La commedia è finita !* (La comédie est finie) dans la bouche de Canio. C'est une erreur. Le manuscrit indique clairement que Leoncavallo souhaitait que la pièce s'achève comme elle avait commencé : Tonio s'adresse au public fictif et réel.

Ci-dessous
I Pagliacci, Ileana Cotrubas (Nedda), Placido Domingo (Canio) et Matteo Manuguerra (Tonio), mise en scène : Jean-Pierre Ponnelle, direction musicale : Adam Fischer, Staatsoper de Vienne, 1985. L'assassinat sur scène. Avec → *Cavalleria rusticana*, *I Pagliacci* a fondé le genre de l'opéra-choc en un acte de la charnière des XIX⁰ et XX⁰ siècles.
La fin à vous couper le souffle est indissociable du mécanisme d'efficacité dramatique, de → *Cavalleria rusticana* (Mascagni, 1890) à → *Il Tabarro* (Puccini, 1918).

Le véritable amoureux de Nedda, Silvio, n'échappe pas, lui non plus, à cette mélancolie. Il s'approche d'elle « tristement, amoureusement » (… *mestamente e con amore*). Pressentirait-il l'issue tragique de leur amour ? N 7
Le duo d'amour au cours duquel Silvio persuade Nedda de fuir trouve ses racines dans l'acte II de → *Tristan und Isolde* (Richard Wagner). On y retrouve le même caractère onirique, la même profonde émotion. Le point culminant rappelle indéniablement l'hymne à la nuit de Tristan et Isolde (→ *Nocturne*, acte II). Le texte lui-même a une signification identique : *Tutto scordiam !* (Oublions tout !). N 8

1. *Prologue de Tonio*

Un ni-do di me-mo-rie in fon do a-ll'ani-ma can-ta-va un gior-no,

2. *Ris, Paillasse*

Ri - di Pa-gliac-cio, sul tuo a-mo-re in-fran - to !

3. *Cantabile de Canio*

Un tal gio-co, cre-de-te-mi, è me-glio non gio-car-lo con me, miei ca-ri ;

4. *Motif d'amour de Canio*

A - do - ro la mia spo - sa !...

5. *Ballatella de Nedda*

Stri - do - no las-sù, li - be - ra-men - te...

6. *Tendres accords de Tonio*

7. *Mélancolie de Silvio*

8. *Duo d'amour (Nedda-Silvio)*
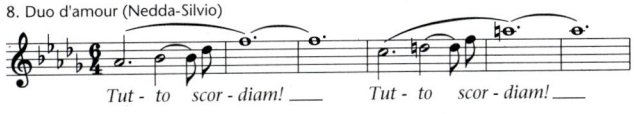
Tut - to scor - diam ! Tut - to scor - diam !

György **Ligeti**

Né à Dicsöszentmárton (alors en Hongrie, aujourd'hui Tirnaveni en Roumanie) le 28 mai 1923

Ligeti prend ses premiers cours de musique à Klausenburg (en hongrois Kolozsvár, en roumain Cluj) avec, notamment, Ferenc Farkas. Entre 1945 et 1949, il étudie à l'Académie musicale de Budapest auprès de personnalités musicales de premier plan comme Pál Kadosa, Pál Járdányi, Sándor Veress, Ferenc Farkas ou Lajos Bárdos. Après ses études, suivant les traces de son modèle → Bartók, Ligeti se plonge dans la musique populaire et consigne plusieurs centaines de chansons populaires de Transylvanie et de Hongrie. De 1950 à 1956, Ligeti est professeur d'harmonie, de contrepoint et d'analyse musicale à l'Académie de musique de Budapest; il y compose deux œuvres pédagogiques, qui sont toujours utilisées dans les établissements d'enseignement hongrois. Après l'échec du soulèvement hongrois contre le régime soviétique, Ligeti fuit son pays. De 1956 à 1959, il est collaborateur libre du studio de musique électronique de la Westdeutscher Rundfunk à Cologne. En 1959, il s'établit à Vienne et prend la nationalité autrichienne en 1967. Dans les années soixante, Ligeti enseigne tous les ans aux cours internationaux d'été de Darmstadt; il est également professeur invité au Conservatoire de Stockholm. En 1969-1970, il est allocataire du Deutscher Akademischer Austauschdienst (Service d'échanges universitaires allemands) et en 1972 compositeur en résidence à la Stanford University en Californie. En 1973, Ligeti a été nommé professeur à l'école nationale supérieure de musique de Hambourg, ville dans laquelle il vit désormais.

La création de sa première œuvre orchestrale composée à l'ouest, *Apparitions* (1958-1959) à la Weltmusikfest de l'IGNM (Internationale Gesellschaft für Neue Musik) à Cologne en 1960 sous la direction d'Ernest Bour avec l'orchestre symphonique de la Norddeutscher Rundfunk fait sensation. Le compositeur réussit à s'imposer d'un coup sur la scène internationale: le processus sonore est l'unique vecteur d'expression, remplaçant les structures traditionnelles et l'empreinte rythmique. La note isolée devient l'événement, tout comme l'évolution, la modification et l'évanouissement des sons dans le temps. Depuis sa création très appréciée en 1961 à Donaueschingen, *Atmosphères* pour grand orchestre sans percussions est considéré comme une œuvre clé de la musique contemporaine de la deuxième moitié du XXe siècle. Les *Aventures* et *Nouvelles Aventures* de 1962-1965 (rassemblées en 1966 en une action musicale dramatique) sont devenues l'incarnation même du « théâtre instrumental ». La composition pour orgue *Volumina* de 1962, une œuvre exclusivement formée de clusters et de plages sonores, a joué un rôle déterminant dans l'évolution ultérieure de la musique pour orgue. Et Ligeti a magistralement réhabilité l'opéra avec *Le Grand Macabre*. Ligeti est en outre un professeur très demandé dans le monde entier, et un essayiste musical brillant.

Œuvres: Pour la scène: *Aventures & Nouvelles Aventures*, 1966; *Le Grand Macabre*, 1978, 1997; *Rondeau* (One-Man Show), 1976; *Apparitions pour orchestre*, 1959; *Atmosphères*, 1961; *Volumina* pour orgue, 1962; *Requiem*, 1963-1965; *Lontano*, 1967. *Ramificationes* pour orchestre à cordes ou douze solistes, 1968-1969. Concertos.

Ligeti est un maître des passages de frontières visionnaires; loin de la technique dodécaphonique, il élabore un style original caractérisé par une polyphonie extrêmement dense (« micropolyphonie ») et par la dissolution du rythme et de l'harmonie en surfaces sonores. Sa musique contient également une réflexion sur le processus musical et sur le son isolé, en sa qualité d'événement.

L'opéra, action musicale

En associant musique, texte et action figurative muette, Ligeti ne renonce pas au genre de l'opéra; il en assemble les éléments anciens d'une manière différente. Voilà sans doute pourquoi on parle de lui comme d'un « révolutionnaire doux ». Au lieu des monologues et des dialogues habituels, il présente un texte réduit à des phonèmes, des syllabes, des mots, des fragments de phrase isolés, dont la combinaison n'engendre aucune narration. L'action consiste en manifestations affectives vocales et instrumentales inconditionnelles, en jeux ludiques à double sens avec des schémas de langage, de pensée et d'images interpolés. Les *Aventures & Nouvelles Aventures* sont-elles sérieuses ou relèvent-elles de la farce? À l'alternative, Ligeti préfère l'association. Elles relèvent en effet des deux domaines: expression d'un humour ludique et, en même temps, expression d'une volonté résolue d'innovation du contenu et de la forme. Avec ses anciennes et nouvelles *Aventures*, Ligeti apporte également une intéressante solution au problème ancestral de l'opéra, celui de la priorité du texte ou de la musique. Ici, mot et son ont véritablement la même valeur, car il n'y a pas de texte à mettre en musique; les syllabes, les voyelles et les consonnes deviennent des éléments mêmes de la musique.

S. N.

Aventures & Nouvelles Aventures

Action musicale dramatique en 14 tableaux

Livret: György Ligeti
Création: le 19 octobre 1966 à Stuttgart (Württembergisches Staatstheater, Kammertheater)
Exécutants: soprano colorature, alto, baryton, deux mimes, une mime, Golem, coureurs olympiques (danseurs), flûtiste, corniste, percussionniste, claveciniste, pianiste, violoncelliste, contrebassiste

Argument

Réactions affectives à une action imaginaire (à réinventer à chaque mise en scène). Cinq stéréotypes de réactions ou *stories* sont préalablement établis: d'abord, celui de l'ironie, de la moquerie et de la raillerie; deuxièmement celui du chagrin et de la mélancolie; troisièmement celui de la plaisanterie; quatrièmement celui de l'érotisme, du désir et de l'exaltation et cinquièmement celui des angoisses, de l'incertitude et de l'irritation. Ces modèles de réactions sont fixés en tant qu'évocations vocales et instrumentales, gestes de son et de bruit. Le texte est constitué de voyelles, de consonnes et de fragments de phrases chargés d'affect.

S. N.

Aventures & Nouvelles Aventures, photo de répétition avec Herbert Fritsch, mise en scène : Leander Haussmann, Operntheater de Vienne, 1997.
Les *Aventures* font partie des opéras modernes régulièrement donnés. Outre de nombreuses représentations en Allemagne, elles ont été montées à Paris, à Amsterdam et à Rome. L'une des réalisations les plus intéressantes a eu lieu en 1997 : cette coproduction de l'Operntheater de Vienne avec l'Ensemble Modern de Francfort-sur-le-Main et le Marstall-Theater de Munich était signée Leander Haussmann, metteur en scène de théâtre.

Aventures & Nouvelles Aventures, photo de la création, mise en scène : Rolf Scharre ; décors et costumes : Gisela Zeh, direction musicale : Friedrich Cerha, Württembergisches Staatstheater de Stuttgart, 1966.
Les *Aventures* datent de 1962-1963, les *Nouvelles Aventures* de 1962-1965.
Ligeti les a réunies en 1966 pour en faire *Aventures & Nouvelles Aventures*.
Leur version en pantomime a été créée en 1966 au Württembergisches Staatstheater. On reconnaît ici l'une des scènes typiques d'appel et d'écoute simultanés.

Le Grand Macabre, Willard White (Nekrotzar) et le chœur, mise en scène : Peter Sellars, direction musicale : Esa-Pekka Salonen, décors : Georges Tsypin, Festival de Salzbourg, 1997.

Selon Ligeti (dans une interview accordée à Monika Lichtenfeld), tout, dans *Le Grand Macabre*, est « constamment à double sens ». Notamment le finale avec sa *Passacaille*. Les protagonistes annoncent qu'ils n'ont plus peur de la mort et que désormais il n'existe plus sur terre pour eux que le plaisir. (Allusion à la célèbre fin du *Falstaff* de Verdi : « Tout au monde n'est que farce ».)
Mais pour Ligeti, une « vie sans crainte, une vie qui ne connaît que le plaisir, est d'une profonde tristesse ».

Le Grand Macabre

Opéra en deux actes (quatre tableaux)

Livret : Michael Meschke et György Ligeti, d'après Michel de Ghelderode
Création : le 12 avril 1978 à Stockholm (Kungliga Operan) ; version révisée : le 28 juillet 1997 à Salzbourg (Grosses Festspielhaus)

Personnages : Gepopo, chef de la police secrète (sop. coloratura), Vénus (sop.), Clitoria (sop.), Spermando (mezzosop.), Mescalina (mezzosop.), le prince Go-Go (soprano enfant, ad lib. haute-contre), Piet vom Fass (ténor bouffe), Nekrotzar (bar.), Astradamors (basse), Ruffiack (bar.), Schobiack (bar.), Schabernack (bar.), le ministre blanc (rôle parlé), le ministre noir (rôle parlé) ; rôles muets : membres de la police secrète et bourreau, pages et serviteurs de la cour du prince Go-Go, suite infernale de Nekrotzar à l'arrivée du prince Go-Go ; le peuple de Breughelland (chœur)

Argument
Dans le pays de Breughelland, à une époque indéterminée.

Acte I
Tableau 1 Un couple brûlant d'amour cherche un lieu où assouvir ses pulsions. C'est alors qu'une créature sort du tombeau et se présente comme Nekrotzar, venu annoncer et accomplir la fin du monde. Il rend service à l'ivrogne Piet vom Fass. Le couple d'amoureux choisit la tombe désertée pour abriter ses amours.
Tableau 2 L'astrologue de la cour est harcelé par sa femme Mescalina, qui le bat et l'oblige à faire le ménage. Il découvre dans le ciel l'approche d'une comète qui devrait provoquer la fin du monde, à minuit. Mescalina rêve d'un homme sexuellement puissant. Nekrotzar la satisfait, mais, à la fin de son acte sexuel excessif et brutal, il lui donne un baiser mortel de vampire avant de se diriger à grands pas vers la cour du souverain de Breughelland. Astradamors se précipite derrière son libérateur.

Acte II
Tableau 3 Le prince Go-Go ne pense qu'à boire et à manger, tandis que ses deux ministres ne songent qu'à favoriser leur parti respectif. Un soulèvement populaire menace, alors que Nekrotzar s'approche du palais pour y délivrer son message apocalyptique. L'heure de la pénitence et du repentir a sonné. Mais, d'après les usages du pays, ce grand événement, la fin du monde, doit se célébrer par une beuverie. Nekrotzar lui-même se laisse entraîner, prenant le vin pour du sang humain. Lorsque minuit sonne, il est aussi ivre que les autres et personne ne peut accomplir la fin du monde.

Tableau 4 Le lendemain matin, on ne sait plus très bien si la fin du monde a eu lieu ou pas. Mescalina ne demande pas si elle est morte ou vive. Dès qu'elle reconnaît en Nekrotzar son premier mari, elle l'agresse avec colère. Tout penaud, le Grand Macabre disparaît. Les autres continuent à boire. Le couple d'amoureux, ivre de délices, sort de la tombe. Ils n'ont strictement rien remarqué. Liesse générale, tous se félicitent d'avoir, une fois encore, échappé à la mort.

S. N.

Jouer avec la fin du monde
À la fin des années soixante-dix, les idées de fin du monde étaient dans l'air. En 1980, Mauricio Kagel monte ainsi son → *Erschöpfung der Welt*. Face aux dangers de la société industrielle moderne, on imaginait volontiers l'imminence d'une fin effrayante (venant remplacer un effroi sans fin) ; mais Ligeti trompe cet espoir en maniant le double sens. En vérité, le danger de fin du monde existe depuis longtemps, mais si on ne le perçoit pas ou, si on en a conscience, on le balaye d'un sourire. Comme les habitants du Breughelland de l'opéra, l'humanité est depuis longtemps plongée à son insu dans la catastrophe. Après la première allemande en 1978 à Hambourg, *Le Grand Macabre* a été monté sur des scènes plus modestes, comme celles de Fribourg, Leipzig et Ulm. En 1997, Peter Sellars a créé la nouvelle version revue par Ligeti au Festival de Salzbourg.

Anti-anti-opéra = opéra

Ligeti a travaillé pendant dix ans sur son *Grand Macabre*, une commande de l'Opéra de Stockholm. La création a fait sensation. Longtemps avant que l'on ait pu savoir si cet opéra allait faire recette ou faire un four, la Staatsoper de Hambourg s'était assuré la première allemande, tandis que Rolf Liebermann obtenait la création française à Paris ; Bologne – coupant l'herbe sous le pied de la Scala de Milan – avait pris une option sur les droits de création en Italie. Le public a fait un véritable triomphe au compositeur et à l'ouvrage. Ligeti avait choisi pour modèle la *Ballade du Grand Macabre*, une comédie apocalyptique et surréaliste de Ghelderode, un auteur belge, écrite en 1934. Son livret se rattache aux danses macabres médiévales et aux mystères baroques. Mais, au lieu de gentilles allégories, ce sont des personnages et des situations grossiers issus de l'univers des bandes dessinées, des contes, des spectacles de foire et du cinéma qui définissent l'action. Nekrotzar doit son aura à la tradition littéraire et musicale d'un Don Giovanni, d'un Don Quichotte, d'un Dracula et d'un Roi Ubu (Alfred Jarry). C'est un personnage hybride, assemblé sans cohérence psychologique. Comme l'a expliqué Ligeti dans une interview publiée dans la *Neuen Zeitschrift für Musik* en 1984, la « musique du *Macabre* n'est pas atonale, sans marquer non plus un retour à la tonalité. Elle se rapproche du pop art. Elle est figurative en un sens ; on y trouve des lignes, des rapports mélodiques, qui sont traités comme des objets. Cette œuvre regorge de citations issues de la tradition, mais aussi de pseudo-citations et souvent de fausses citations. » À côté des instruments philharmoniques traditionnels, Ligeti a utilisé des « objets trouvés » : klaxons, coucous et timbres de porte. N 1   S. N.

Le Grand Macabre, mise en scène et décors : Marco Arturo Marelli, direction musicale : Zoltán Peskó, Opéra de Zurich, 1992. Le couple Mescalina-Astradamors, dont la vie conjugale est une parodie de la paix des ménages bourgeoise et de la célèbre définition kantienne du mariage bourgeois (« utilisation réciproque des organes sexuels »). Mescalina exige des relations sexuelles, mais Astradamors est surmené par sa double tâche : ses obligations professionnelles d'astrologue et ses corvées ménagères.

Le Grand Macabre, avec Jard van Nes (Mescalina) et Frode Olsen (Astradamors), mise en scène : Peter Sellars, direction musicale : Esa-Pekka Salonen, décors : Georges Tsypin, Festival de Salzbourg, 1997. Devant les horreurs réelles qui accompagnent la fin du XXe siècle, il n'a pas été facile pour les metteurs en scène d'imaginer sur scène des ambiances de catastrophe. L'équipe réunie autour de l'Américain Peter Sellars a proposé une solution intéressante, avec un mélange de fantaisies hollywoodiennes contemporaines et de décors empruntés à des motifs picturaux de Hieronymus Bosch.

Gustav Albert Lortzing

Né à Berlin le 23 octobre 1801
Mort à Berlin le 21 janvier 1851

Après une formation musicale générale auprès de Rungenhagen à Berlin, Lortzing écrit son premier opéra, *Ali Pascha*, à 23 ans. Mais suivant l'exemple de ses parents, il se fait engager d'abord comme acteur au théâtre de la cour de Detmold. De 1833 à 1844, il est acteur et ténor bouffe au théâtre municipal de Leipzig, où il exerce également quelque temps les fonctions de Kapellmeister avant d'aller passer plusieurs années à Vienne. En 1848, il regagne Leipzig après avoir vainement cherché à obtenir la succession de Wagner à Dresde. En 1850, Lortzing est engagé comme maître de chapelle au Friedrich Wilhelm städtisches Theater de Berlin qui vient d'être fondé. Le jour de la création de son dernier opéra, *Die vornehmen Dilettanten*, il succombe à une attaque.

Œuvres : *Ali Pascha von Janina*, Münster, 1828 ; *Der Pole und sein Kind*, Osnabrück, 1832 ; *Die beiden Schützen*, Leipzig, 1837 ; *Zar und Zimmermann*, Leipzig, 1837 (Tsar et charpentier) ; *Caramo*, Leipzig, 1839 ; *Hans Sachs*, Leipzig, 1840 ; *Casanova*, Leipzig, 1841 ; *Der Wildschütz*, Leipzig, 1842 (Le Braconnier) ; *Undine*, Magdeburg, 1845, 1847 (Ondine) ; *Der Waffenschmied*, Vienne, 1846 (L'Armurier) ; *Regina*, 1848, création Berlin 1899 ; *Rolands Knappen oder Das ersehnte Glück*, Leipzig, 1849 (Les Écuyers de Roland) ; *Die Opernprobe oder Die vornehmen Dilettanten*, Francfort-sur-le-Main, 1851 (La Répétition d'orchestre).

Lortzing a adapté certains éléments stylistiques de l'opéra-comique français au singspiel allemand, fondant ainsi le genre allemand de l'opéra-comique, caractérisé par la simplicité du langage musical. Il a porté le lied d'opéra à un véritable sommet artistique.

Zar und Zimmerman

Tsar et charpentier

Opéra-comique en trois actes

Livret : Gustav Albert Lortzing, d'après *Der Bürgermeister von Saardam oder Die zwei Peter* de Georg Christian Römer
Création : le 22 décembre 1837 à Leipzig (Stadttheater)

Personnages : Peter der Erste/Pierre Ier, tsar de Russie, apprenti charpentier sous le nom de Pierre Michaïlov (bar.), Pierre Ivanov, jeune Russe, apprenti charpentier (tén.), van Bett, bourgmestre de Saardam (basse), Marie, sa nièce (sop.), le général Lefort, ambassadeur russe (basse), lord Syndham, ambassadeur anglais (basse), le marquis de Châteauneuf, ambassadeur français (tén.), la veuve Browe, charpentière (alto), un officier (rôle parlé), un messager (rôle parlé) ; charpentiers, habitants de Saardam, soldats hollandais, magistrats, gardes, officiers, matelots (chœur), ballet

Argument

À Saardam en Hollande, en 1698.

Acte I

Au chantier de constructions navales. Pierre Michaïlov, en réalité le tsar Pierre Ier, suit incognito une formation de charpentier dans l'atelier de constructions navales de la veuve Browe à Saardam. Son compatriote Pierre Ivanov, lui aussi employé aux chantiers, a fui le service militaire. Il craint

Tsar et charpentier, Boje Skorhus (le tsar Pierre Ier), Birgid Steinberger (Marie) et Herwig Pecoraro (Pierre Ivanov), mise en scène : Heinz Lukas-Kindermann, direction musicale : Ascher Fisch, décors et costumes : Heidrun Schmelzer, Volksoper de Vienne, 1996.

Une entreprise familiale

Lortzing connaissait sans doute de longue date l'histoire du tsar qui apprend le métier de charpentier sous un déguisement : Karl August von Lichtenstein, chez qui les parents of Lortzing étaient engagés, avait présenté en 1814 l'opéra *Frauenwert oder Der Kaiser als Zimmermann*. En outre, Lortzing et son père avaient interprété des rôles dans l'opéra de Joseph Weigl → *Die Jugend Peters des Grossen*. Le thème était, il est vrai, séduisant. Après le succès de *Die beiden Schützen*, Lortzing rédigea son livret en s'inspirant de ce sujet divertissant, qu'il traita suivant les conventions de l'opéra-comique, un genre familier au public : un texte parlé pour faire progresser l'action et la prédominance de la musique aux points culminants du drame. Le numéro le plus célèbre est le lied du tsar *Sonst spielt' ich mit Zepter, mit Krone und Stern* (Je jouais avec un sceptre, une couronne et une étoile) (acte III, n° 14). N 1 d'être découvert par le bourgmestre à qui l'on a affirmé que le tsar se trouverait aux chantiers. De surcroît, il aime la nièce du bourgmestre, sans pouvoir espérer l'épouser. Le vrai tsar est informé qu'une révolte a éclaté dans son empire et décide de partir. Mais il doit continuer à jouer le jeu, car van Bett a convoqué toutes les personnes portant le nom de Pierre. Il croit reconnaître le tsar en la personne de Pierre Ivanov. Les ambassadeurs anglais et français recherchent, eux aussi, le souverain russe.

Acte II

Une grande auberge. Au cours de la noce du fils de la propriétaire des chantiers, l'ambassadeur français discute avec le vrai tsar, Pierre Michaïlov, tandis que l'Anglais, mis sur la fausse piste par le bourgmestre, ne jure que par Pierre Ivanov. Un contrôle d'identité est censé faire toute la lumière. Mais Pierre Michaïlov déclenche une bagarre, échappant ainsi au contrôle.

Acte III

Une grande salle de l'hôtel de ville. Le bourgmestre fait répéter une cantate qu'il a lui-même composée pour accueillir le tsar. Marie est malheureuse, car si Pierre Ivanov est le tsar, elle ne pourra pas l'épouser. Pierre Michaïlov remet à Ivanov, qui aspire à la liberté, une lettre cachetée qu'il ne devra ouvrir qu'une heure plus tard. Pierre Ivanov est contraint d'écouter les hommages sans broncher. On entend alors des coups de canon. Un navire sort du port, emportant à son bord Pierre Michaïlov, le tsar. Ivanov ouvre la lettre : le tsar gracie le déserteur, lui accorde l'autorisation de se marier et le nomme inspecteur général impérial. Marie et Pierre Ivanov vont pouvoir célébrer leurs noces. S. N.

Zar und Zimmerman, croquis de décor d'Eduard Löffler, mise en scène : Alexander d'Arnals, direction musicale : Erich Walter, Grosse Volksoper de Berlin, 1924 (TWS).

Lortzing l'avait composé initialement comme « chanson de loge », épreuve d'entrée dans la loge *Zum goldenen Rade* d'Osnabrück. Lortzing interprétait lui-même le rôle d'Ivanov, ce qui donne à penser qu'il possédait de remarquables facultés vocales. Parmi d'autres numéros célèbres, on peut citer le lied du marquis, l'air du bourgmestre van Bett et le chant nuptial de Marie. N 2, N 3, N 4

Lors de la création, la mère de Lortzing jouait le rôle de la veuve. Mais cet ouvrage n'a connu un véritable succès qu'avec sa première berlinoise, le 4 janvier 1839. Il s'est assuré depuis une place solide au répertoire de langue allemande. M. S.

1. Lied du tsar
Sonst spielt' ich mit Zep-ter, mit Kro-ne und Stern; das Schwert, schon als Kind, ach, ich schwang es so gern!

2. Lied du marquis
Le-be wohl, mein flan-drisch Mädchen, wi-der Wil-len muß ich fort

3. Air du bourgmestre van Bett
Die-se aus-drucks-vol-len Zü-ge, die-ses Aug', wie ein Flambeau

4. Chant nuptial de Marie
Lieb-lich rö-ten sich die Wan-gen ei-ner Jungfrau, hold und schön

Die Wildschütz, croquis de décor comme exercice de style d'Eduard Löffler, Berlin, 1924 (TWS).
Lortzing dirigea lui-même la création de cet ouvrage, qui lui valut enfin le succès attendu. Pourtant, les exigences considérables imposées aux chanteurs ont empêché cet opéra de s'imposer durablement au répertoire international.

Der Wildschütz
oder Die Stimme der Natur
Le Braconnier ou la Voix de la nature

Opéra comique en trois actes

Livret: Gustav Albert Lortzing, d'après la pièce *Der Rehbock oder Die schuldlosen Schuldbewussten* d'August Friedrich Ferdinand von Kotzebue
Création: le 31 décembre 1842 à Leipzig (Stadttheater)
Personnages: le comte d'Eberbach (bar.), la comtesse, son épouse (alto), le baron Kronthal, frère de la comtesse (tén.), la baronne Freimann, une jeune veuve, sœur du comte (sop.), Nanette, sa femme de chambre (mezzosop.), Baculus, maître d'école dans un domaine du comte (basse), Gretchen, sa fiancée (sop.), Pancratius, majordome au château du comte (basse), un invité (basse); domestiques et chasseurs du comte, paysans, paysannes, écoliers (chœur)

Argument
En Allemagne, pendant l'été de 1803.
Lors de ses fiançailles avec Gretchen, le maître d'école du village est renvoyé par le comte pour braconnage. Gretchen veut intervenir, mais l'instituteur envoie au comte, un étudiant, déguisé en Gretchen. Or, l'étudiant n'en est pas un; c'est la baronne Freimann déguisée, de même que le garçon d'écurie du comte est un baron masqué. Ce double travestissement conduit à un imbroglio complet à l'issue duquel les couples se retrouvent. L'instituteur n'a pas abattu le gibier du comte, mais son propre âne; il pourra donc continuer à exercer ses fonctions aux côtés de Gretchen. M. S.

Undine
Ondine

Opéra féerique romantique en quatre actes

Livret: Gustav Albert Lortzing, d'après le conte de Friedrich de la Motte-Fouqué
Création: 1re version: le 21 avril 1845 à Magdeburg (Stadttheater); 2e version: le 20 octobre 1847 à Vienne (Theater an der Wien)
Personnages: Bertalda, fille du duc Heinrich (sop.), le chevalier Hugo von Ringstetten (tén.), Kühleborn, un puissant prince des ondes (bar.), Tobias, un vieux pêcheur (basse), Mardle, sa femme (alto), Undine/Ondine, leur fille adoptive (sop.), le père Heilmann, religieux du couvent de Maria-Gruss (basse), Veit, écuyer d'Hugo (tén.), Hans, maître de chai (basse), un courtisan (rôle parlé); nobles du royaume, chevaliers, femmes, hérauts, pages, chasseurs, écuyers, pêcheurs, pêcheuses, paysans, apparitions spectrales, esprits des eaux (chœur); ballet

Argument
Dans un village de pêcheurs, dans une ville de l'empire et au château de Ringstetten, vers 1450.
Pour sonder l'âme humaine, le prince des ondes Kühleborn fait élever la nymphe Ondine par un couple de pêcheurs, dont la propre fille est élevée par un duc. Le chevalier Hugo se perd au cours d'une épreuve de courage qu'il subit pour l'amour de Bertalda. Égaré en pleine nature, il rencontre Ondine au bord d'un lac. Il épouse la belle jeune fille tout en sachant que la moindre infidélité causera sa mort. De retour en ville, il revient auprès de Bertalda. Ondine l'entraîne dans le royaume du prince des ondes. M. S.

Pour gagner la faveur du public
Der Wildschütz doit sa composition à plusieurs échecs qui portèrent lourdement préjudice à la situation financière, mais aussi à l'orgueil de ce professionnel du théâtre. Les opéras *Caramo* et *Casanova* furent effectivement loin de renouer avec le succès de → *Zar und Zimmerman*; Lortzing décida alors de s'en tenir désormais à des pièces de théâtre éprouvées. En effet, ses ouvrages ne restaient à l'affiche que s'ils convenaient au goût du public. La pièce de Kotzebue semblait idéale à cet égard. Dès l'ouverture, un coup de feu retentit sur scène, assurant à Lortzing l'intérêt du public. La frivolité du sujet, les dialogues en prose spirituels et les numéros chantés mélodieux dans un style assez proche de Mozart – le quintette du billard (acte II) et la chasse dans l'obscurité qui lui succède —, ainsi que les scènes chorales caractéristiques font toujours le succès de cette pièce – assaisonnée d'un soupçon d'outrance parodique. M. S.

Die Waffenschmied
L'Armurier

Opéra-comique en trois actes

Livret: Gustav Albert Lortzing, d'après la pièce *Liebhaber und Nebelbuhler in einer Person* de Friedrich Julius Wilhelm Ziegler
Création: le 30 mai 1846 à Vienne (Theater an der Wien)
Personnages: Hans Stadinger, un célèbre armurier et vétérinaire (basse), Marie, sa fille (sop.), le comte de Liebenau, chevalier également présent sous le nom de Konrad (bar.), Georg, son écuyer (tén.), le chevalier Adelhof de Souabe (basse), Irmentraut, la gouvernante de Marie (mezzosop.), Brenner, aubergiste, beau-frère de Stadinger (tén.), un apprenti armurier (basse); citoyens, citoyennes, apprentis armuriers, voisins, enfants, cortège (chevaliers, écuyers, hérauts, pages, trompettes, jeunes filles, dames de la cour) (chœur)

Argument

À Worms, au XVIe siècle.
Pour épouser Marie, la fille de l'armurier Stadinger, le comte de Liebenau joue le rôle de l'apprenti Konrad, dont Marie tombe amoureuse. Un pari de Stadinger fait d'abord obstacle à ce mariage. Après plusieurs tentatives, Liebenau parvient à son objectif et Stadinger renonce à son aversion pour les nobles, fruit de mauvaises expériences antérieures.

Acte I

Dans l'atelier d'armurier de Stadinger. Avec son écuyer Georg, le comte de Liebenau s'est fait engager sous le pseudonyme de Konrad dans l'atelier de Stadinger, dans l'espoir d'épouser sa fille Marie. Il connaît en effet l'aversion qu'éprouve Stadinger pour les nobles depuis que son épouse a été autrefois séduite par un aristocrate. Or, Mlle von Katzenstein voudrait épouser le comte, mais Marie la gêne. Si Konrad épousait celle-ci, le comte serait libre. Le chevalier Adelhof doit persuader Stadinger d'accepter ce mariage. Sur ces entrefaites, Liebenau se convainc une dernière fois de la fidélité de Marie en lui faisant la cour sous les traits du comte: le père et la fille l'éconduisent.

Acte II

Konrad et Marie sont sûrs de leur amour. Malgré l'appui d'Adelhof, Stadinger refuse cette relation et renvoie tout le monde de chez lui. Georg soupçonne un complot de Mlle von Katzenstein derrière l'intervention d'Adelhof et imagine un plan. On découvre alors qu'à la suite d'un pari Stadinger ne peut donner la main de sa fille qu'à Georg. Celui-ci tente de calmer le jeu, mais Adelhof, prenant en compte la nouvelle situation, recommande à Stadinger de prendre effectivement Georg pour gendre.
Lors d'une fête donnée pour les vingt-cinq ans de maîtrise de Stadinger, Marie est enlevée. Il s'agit d'une mise en scène de Liebenau, qui a projeté de la délivrer sous les traits de Konrad. L'affaire tourne mal, car Liebenau n'arrive pas à convaincre Stadinger, tandis que Georg et Marie refusent de se marier. Stadinger menace sa fille de la mettre couvent.

Acte III

Le conflit semble insoluble; même l'intervention de Brenner en faveur de Marie ne sert à rien. Adelhof essaie une nouvelle fois d'agir en révélant l'identité de Liebenau, mais il est réduit au silence par de nombreuses menaces. Stadinger reçoit alors une lettre du conseil municipal, qui exige le mariage de Marie et de Konrad pour préserver l'ordre public. Sans se douter que cette lettre émane de Liebenau, il donne son accord. Stupéfait, il découvre lors des noces la véritable identité de son gendre. M. S.

Ondine, croquis de décor de Wilhelm Kuhn, Cologne, 1900 (TWS).
Parallèlement à l'aspect féerique de ce conte – dans lequel le compositeur met en œuvre tous les moyens stylistiques de son temps, dont la technique du *leitmotiv* et la grande *aria* à l'italienne –, Lortzing accentue ici le comique, à l'aide des techniques du *Singspiel* allemand. Ce procédé n'est certainement pas étranger à la grande popularité dont cet opéra a joui au XIXe siècle dans les pays germaniques.

5. *Lied* de l'armurier
Auch ich war ein Jüng-ling mit lo-cki-gem Haar, an Mut, wie an Hoff-nun-gen reich

Jean-Baptiste Lully

Né à Florence le 28 novembre 1632
Mort à Paris le 22 mars 1687

Fils de meunier, Giovanni Battista Lully naît à Florence. Un moine assure son éducation musicale (théorie et guitare). Lorsqu'il a 14 ans, le chevalier de Guise l'emmène à Paris et le présente à la duchesse de Monpensier, désireuse d'approfondir sa connaissance de la langue italienne. La duchesse l'emploie d'abord comme marmiton, tout en permettant à ce jeune garçon, visiblement doué pour la musique, de prendre régulièrement des leçons de musique (composition, clavecin, violon, orgue). Également doué pour la danse, il a 20 ans lorsque Louis XIV, alors âgé de 14 ans et qui danse dans le même ballet que lui, le remarque. Comme d'autres musiciens, il peut prendre part à la composition de musiques de fêtes pour la cour et dirige le petit ensemble à cordes (la « petite bande ») du roi. Il réforme la pratique orchestrale de la cour et crée à partir des multiples formations réduites un grand orchestre, destiné à accompagner les représentations de ballet (on lui doit ainsi la première musique d'orchestre régulière d'Europe). En 1661, Lully devient intendant de la musique de chambre de la cour, avant d'être nommé en 1662 maître de musique de la famille royale. Il renforce cette position en épousant la fille du riche compositeur de cour Lambert. À partir de 1664, il collabore avec Molière. Plusieurs comédies-ballets voient ainsi le jour. En 1671, Lully obtient du roi l'exclusivité des représentations d'opéra. Avec son librettiste Philippe Quinault, il crée un nouveau genre de drame musical, la tragédie-lyrique ou tragédie en musique. Jusqu'à sa mort, il compose chaque année une tragédie musicale en cinq actes. À 55 ans, il est au zénith de la gloire lorsqu'il se blesse au pied en dirigeant avec le lourd bâton de cérémonie alors en usage, et meurt de septicémie.

Œuvres : Tragédies-lyriques : *Cadmus et Hermione*, 1673 ; *Alceste ou Le Triomphe d'Alcide*, 1674 ; *Thésée*, 1675 ; *Atys*, 1676 ; *Isis*, 1677 ; *Psyché*, 1678 ; *Bellérophon*, 1679 ; *Proserpine*, 1680 ; *Persée*, 1682 ; *Phaëton*, 1683 ; *Amadis*, 1684 ; *Roland*, 1685 ; *Armide*, 1686 ; *Achille et Polyxène*, 1687 ; *Les Fêtes de l'Amour et de Bacchus*, pastorale-pastiche, 1672, ; *Acis et Galatée*, pastorale héroïque, 1686. Ballets, comédies-ballets (généralement composées pour les comédies de Molière). Motets et œuvres instrumentales (surtout des danses).

Lully, planète artistique dans l'orbite du Roi Soleil, a été un maître de la grande musique décorative aussi bien sur scène qu'à l'église. Dans le domaine de la musique de ballet, il a su imposer son modèle au-delà des frontières de la France.

Lully et ses musiciens, eau-forte de Robert Bonnart, vers 1687, Royal College of Music, Londres.
La perspicacité et l'absence de préjugés du Roi Soleil en matière artistique apparaissent dans sa décision de faire d'un Italien d'origine modeste le souverain absolu des divertissements musicaux de la cour et de le reconnaître comme l'inventeur de l'opéra français. Louis XIV prêtait une grande valeur au talent et à la vocation de ses sujets. Il accorda à Lully le titre de secrétaire royal et l'anoblit. Lorsque d'autres secrétaires protestèrent, il leur fit valoir que c'étaient eux qui devaient se sentir honorés de voir placé au même rang qu'eux un esprit créateur aussi supérieur.

Finesse sociale et opportunisme
En 1669, lorsque Pierre Perrin obtient le privilège royal de fonder des Académies d'Opéra, Lully affirme publiquement que la langue française ne convient pas aux livrets d'opéra. Cela n'empêche pas Perrin et son compositeur Robert Cambert de remporter un grand succès en 1671 avec leur opéra-pastorale *Pomone*. Peut-être ce triomphe n'a-t-il pas été étranger à la décision de Lully de racheter le privilège de Perrin lorsque celui-ci a été emprisonné pour dettes à la suite des graves difficultés financières de son entreprise.

La naissance de l'opéra français

À l'époque baroque, l'opéra français fut le seul à défier la suprématie de l'opéra italien et à réussir à préserver durablement son autonomie, sa spécificité et ses conventions. Depuis la construction des premiers établissements lyriques publics à Venise dans les années 1630, l'opéra italien briguait les faveurs d'un vaste public ; en revanche, l'opéra national français doit sa naissance à une décision royale. Et la cour continua à déterminer la suite de son destin. L'opéra devait répondre aux attentes d'une seule et unique personne : le roi. Cette exigence retarda son évolution et favorisa le maintien des traditions. Bien qu'il s'agisse d'un genre tout à fait caractéristique présentant une structure très stable, l'opéra baroque français s'est nourri de plusieurs traditions. Évoquons ainsi le rôle important de la tragédie française classique de Racine et Corneille, du ballet de cour français, de l'opéra italien, ainsi que de la pastorale, originaire d'Italie. Avant d'élaborer le type de l'opéra français, Lully composa des musiques d'accompagnement, généralement destinées à des scènes de ballets figurant dans des comédies de ses contemporains, un genre appelé comédie-ballet.

Un opéra sur mesure

Lully entreprit donc de composer des opéras en français. Cela lui imposait avant tout de résoudre le problème du récitatif et de trouver un idiome musical approprié au texte. Lully prit cette tâche tellement à cœur qu'il assista régulièrement aux représentations du Théâtre de l'Hôtel de Bourgogne afin d'étudier l'accentuation de la célèbre actrice Madame Champmeslé dans ses interprétations des drames de Racine. Lully trouva la solution musicale – notamment dans ses premiers opéras – dans un rythme de scansion suivant la forme du vers ; il chercha ce faisant à éviter la raideur par de fréquents changements de mesure. Lully fit précéder cette déclamation dramatique chantée-parlée, déterminante pour l'avenir de l'opéra français, d'une musique de marche solennelle, qu'il intitula Ouverture. Le roi et sa suite prenaient place pendant cette musique d'introduction. Lully est également l'inventeur du divertissement, un intermède qui trouve place dans les actes et qui n'entretient qu'un lien fort vague avec l'action ; cette scène de masse repose sur l'intervention du chœur et du ballet. Lully reprit par ailleurs le genre réduit de la pastorale pour le prologue de ses opéras. Les scènes allégoriques obligées avec divinités mythologiques trouvèrent une sorte d'actualisation à travers les exploits et les aventures amoureuses du roi, et des allusions à la politique du moment.

J. M.

Vue intérieure du théâtre du château de Versailles (Salle du Spectacle), gravure de Charles Nicolas Cochin, Paris, 1741 (TWS). La cour du roi de France assiste à une représentation de ballet dans la salle du spectacle de Versailles. Cette gravure d'époque contient des informations instructives. Mieux que tout autre document, elle montre bien que la scène baroque est le reflet de la salle de spectacle. Ces deux mondes qui se confondent sont séparés par l'orchestre, particulièrement important. Le placement des membres de la cour est strictement régi par l'étiquette : le couple de souverains trône au centre, entouré de courtisans des rangs les plus divers. Contrairement à l'usage des opéras baroques italiens, les séries de loges latérales sont ouvertes et s'offrent aux regards. On voulait bien voir et, surtout, être vu. Le jeu qui se déroulait sur scène et celui qui se déroulait dans les loges et au parterre se stimulaient mutuellement.

Cadmus et Hermione, croquis de costume de Jean Bérain pour le rôle d'Hermione, Paris, vers 1682 (gravure de Jacques Le Pautre). Les costumes jouaient un rôle essentiel. Les courtisans s'engouaient de vêtements luxueux. La mode n'a probablement occupé une place aussi importante dans aucune autre cour royale. Les costumes de l'Hermione de la première tragédie lyrique de Lully auraient parfaitement pu être portés par une dame de la cour.

La tragédie-lyrique, rendez-vous des arts

L'opéra de Lully, la tragédie-lyrique, cultivait à parts égales le drame, la musique, la danse et le décor scénique. Il s'agissait d'une sorte d'art total, comme en témoigne ce sous-titre d'opéra : « Tragédie en musique, ornée d'entrées de ballet, de machines et de changements de théâtre » – une sorte de grand *show* lyrique à la française. Lully avait choisi pour librettiste de la plupart de ses opéras Philippe Quinault, avocat de son état, qui se conforma avec une souplesse et une patience hors du commun aux exigences rigoureuses et méticuleuses du compositeur. Lully s'attacha également jusqu'en 1680 les services de Carlo Vigarani, décorateur et architecte italien. Il fut ensuite remplacé par Jean Bérain, remarquable concepteur de décors et de costumes. La chorégraphie des scènes de ballet était assurée par Charles Louis Beauchamps. Lully, compositeur exigeant et autocratique, s'entoura toujours des plus grands artistes.

Le thème

L'opéra français suit des règles parfaitement définies. Conformément aux traditions de la tragédie grecque et française, le livret s'inspire généralement d'un sujet mythologique, et, dans certains cas, d'événements historiques ou de légendes médiévales. La règle classique de l'unité de temps et de lieu n'y est pas respectée, contrairement au principe de l'unité d'action. L'opéra reprend également la structure en cinq actes de la tragédie. On trouve encore dans les premiers opéras de Lully, dont *Alceste*, de petits rôles comiques et quelques scènes humoristiques. Ces instants de détente disparaîtront plus tard, car ils ne sont pas du goût du roi. L'opéra doit refléter la vie raffinée de la cour. Ce ne sont pas de simples hommes qui y vivent, mais des dieux et des demi-dieux.

Quel que soit le sujet, le monde de l'opéra est un univers idéalisé, irréel, gouverné par des conflits fondamentaux immuables (tels que le dilemme entre amour et devoir) qui se répètent d'opéra en opéra avec des situations dramatiques schématisées et standardisées, répondant à une construction rigoureuse. À cet égard, le genre de la tragédie-lyrique est le successeur direct de la tragédie classique française.

Éléments de construction et architecture musicale

L'un des traits caractéristiques des opéras de Lully est le rapport singulier qu'entretiennent le récitatif et l'air, très différent de la pratique italienne. Au cours de l'évolution de l'opéra italien, la délimitation entre air (*aria*) et récitatif s'est accentuée, l'envergure, l'importance et les exigences formelles du premier prenant une place croissante. Il en va tout différemment dans l'opéra français de Lully. Chez lui, l'air est une figure relativement courte, très simple sur le plan formel, où le texte n'est pas moins important que dans le récitatif. Une anecdote raconte qu'un musicien italien de passage à l'Opéra de Paris passa toute la soirée à attendre vainement le premier air. Lully fait porter l'accent sur une autre forme fondamentale du numéro chanté fermé: le duo, qu'il conçoit comme deux lignes vocales parallèles, ne tenant pas obligatoirement compte de la différence de personnalités dramatiques ni des dispositions affectives individuelles des personnages. Il construit de longues scènes de duo sur l'alternance entre passages en récitatif et courtes *arias*.

Les motifs musicaux récurrents sont un élément de construction scénique et de stabilisation formelle que Lully emploie délibérément. La même musique peut ainsi apparaître sous forme de mouvement instrumental, d'air ou de duo, un procédé curieux qui trahit les idéaux de rigueur formelle et d'ordre de la tragédie-lyrique. De même, des motifs récurrents de basse soutiennent souvent la construction musicale et permettent de créer des entités formelles plus vastes. Dans ses opéras, Lully attache le plus grand soin au plan et aux proportions; en cela, ses ouvrages répondent à l'amour de l'ordre qui s'exprime également dans les jardins à la française.

Page de gauche, en bas
Opéra à la cour du Roi Soleil
Scène du *Malade imaginaire*, gravure de Jacques Le Pautre (1618-1682).
Tous les lieux du château et du parc pouvaient servir de décors. La cour vivait comme sur une immense scène d'opéra. L'acteur principal était le roi, dont la scène devait refléter l'éclat unique. Il était assis au centre, entouré des membres de la famille royale et de ses maîtresses. La cour était disposée autour de lui suivant une hiérarchie et un placement rigoureusement définis.

À droite
Opéra à la cour du Roi Soleil, gravure de Jacques Le Pautre (1618-1682).
Lorsque Lully obtint le monopole des représentations d'opéra, il ne disposait d'aucun théâtre. Carlo Vigarani en construisit un en 1672 dans la rue Saint-Honoré, à proximité du jardin du Luxembourg. Mais ce n'était pas le seul lieu où l'on donnait des opéras. Le roi tenait sa cour alternativement dans différents châteaux, à Marly, à Saint-Germain, à Fontainebleau et fréquemment à Versailles, considéré sous son règne comme le château et le parc les plus somptueux d'Europe. Il était courant de monter des spectacles d'opéra ou de ballet dans une belle salle, dans une cour intérieure décorative ou même dans le parc.

Divertissement à la Louis XIV

Lully, danseur avant d'être compositeur d'opéras, profite dès le début de sa carrière lyrique de sa grande expérience de compositeur de ballets. La danse occupe une place privilégiée sur la scène d'opéra française, en raison des talents de danseur du Roi Soleil. Il n'est guère d'acte d'un opéra de Lully qui ne contienne un intermède dansé, généralement intégré dans une scène allégorique sans lien intime avec l'action. Le divertissement, comme son nom l'indique, avait pour unique fonction de divertir et permettait même aux éminents membres de la cour de prendre directement part au spectacle. On dansait généralement le menuet (devenu l'emblème de l'époque de Louis XIV) et la gavotte. Ces deux types de danses se complétaient fort bien. Les suites de danse jouaient un grand rôle dans la musique baroque et étaient un bon article d'exportation pour la France. Alors que l'opéra italien ne savait guère tirer parti de la description de la nature, sinon dans les scènes d'orage obligées – la seule chose qui comptait pour Monteverdi et ses contemporains était en effet la représentation des passions humaines –, Lully brilla par ses descriptions musicales de la nature pleines d'imagination: il composa ainsi de nombreux mouvements instrumentaux (pour des scènes de pantomime), afin de représenter sur scène des phénomènes naturels aimables aussi bien que terrifiants.

J. M.

Page de droite, en bas
Alceste, illustration de la première édition, Paris.
Acte II: l'île de Skyros. Admète, vainqueur du combat, est menacé par la mort.

Ci-dessous
Alceste, page de titre de la première édition, Paris.
Alceste a été l'une des tragédies musicales de Lully les plus efficaces et les plus appréciées. Le livret a fait l'objet de plus de 30 réimpressions. Le prologue se déroule dans le jardin des Tuileries ; la nymphe de la Seine fait l'éloge du roi, qui rentre triomphant d'une campagne militaire. Généralement, le roi choisissait personnellement le sujet de l'opéra, et le prologue s'attachait à glorifier les derniers exploits du souverain (combats, aventures amoureuses).

Alceste ou Le Triomphe d'Alcide

Tragédie

Livret: Philippe Quinault
Création: le 19 janvier 1674 à Paris (Opéra, Palais Royal)
Personnages: prologue: la nymphe de la Seine (sop.), la Gloire (sop.), la nymphe des Tuileries (sop.), la nymphe de la Marne (sop.); suite de la Gloire, naïade, divinités des bois et des rivières, les Plaisirs (chœur); nymphes, divinités fluviales (ballet). Action: Alcide (basse), Lychas, son confident (haute-contre), Céphise, confidente d'Alceste (sop.), Straton, confident de Licomède (basse), Licomède, frère de Thétis, roi de l'île de Skyros (basse), Phérès, père d'Admète (tén.), Admète, roi de Thessalie (tén.), Cléante, écuyer d'Admète (basse), Alceste, princesse d'Iolkos (sop.), deux tritons (2 hautes-contre), Céphise, nymphe marine (sop.), Thétis, néréide (sop.), Éole, dieu des vents (basse), Apollon (haute-contre), une femme affligée (sop.), un homme affligé (basse), Diane (sop.), Mercure (rôle muet), Charon (basse), une ombre repoussée (sop.), Pluton (basse), Proserpine (sop), l'ombre d'Alceste (rôle muet), Alecton, une Furie (haute-contre); Thessaliens, divinités de la mer, matelots, soldats de la suite de Licomède, soldats thessaliens, femmes et hommes affligés, ombres, suite de Pluton, peuple grec, les neuf Muses, bergers, bergères (chœur); quatre vents du nord, quatre zéphyrs, les Arts, pages, suite d'Alceste (figurants); matelots, nymphes de la mer, tritons, pêcheurs, lutteurs, démons, bergers, bergères, pâtres (ballet)

Argument
En Thessalie, sur l'île de Skyros et aux Enfers à l'époque mythologique.

Prologue
Sur les berges de la Seine, les nymphes attendent l'arrivée du roi, parti en campagne; en effet, son retour sera ramènera la joie sur Terre.

Action
Alceste, très courtisée pour sa beauté et son charme, a choisi pour mari Admète, roi de Thessalie. Alcide et Licomède, qui aiment encore Alceste l'un comme l'autre, assistent aux cérémonies du mariage. Licomède enlève Alceste et la conduit sur l'île de Skyros, dont il est roi. En revanche, Alcide se range aux côtés d'Admète pour reconquérir Alceste. Au cours du combat, Admète est mortellement blessé. Mais avant qu'il n'expire, Alceste se poignarde et descend aux Enfers à la place de son bien-aimé. Pour délivrer Alceste, Alcide se rend auprès de Pluton. Son amour est plus fort que la mort. Bien plus, Alcide triomphe de sa propre passion et renonce à Alceste qui, par gratitude, est prête à épouser son sauveur. Apollon et les Muses célèbrent l'heureux couple et rendent hommage à la magnanimité d'Alcide.

S. N

À droite et page de droite, en haut
Phaëton, mise en scène et chorégraphie: Karine Saporta, direction musicale: Marc Minkowski, décors: Jean Bauer, costumes: Sylvie Skinazi, Opéra National de Lyon, 1993.
Phaëton, tragédie lyrique de Lully, fut créé le 9 janvier 1683 à Versailles. L'ambitieux Phaëton, fils du dieu du soleil, sacrifie amour et famille pour accéder au trône égyptien. Il emprunte le char solaire de son père (page de droite, en haut) et veut se faire passer pour le dieu du soleil. Mais il tombe: Jupiter n'aime pas les présomptueux. (Une parabole qui dut plaire au Roi Soleil, qui s'identifiait évidemment à Jupiter.)

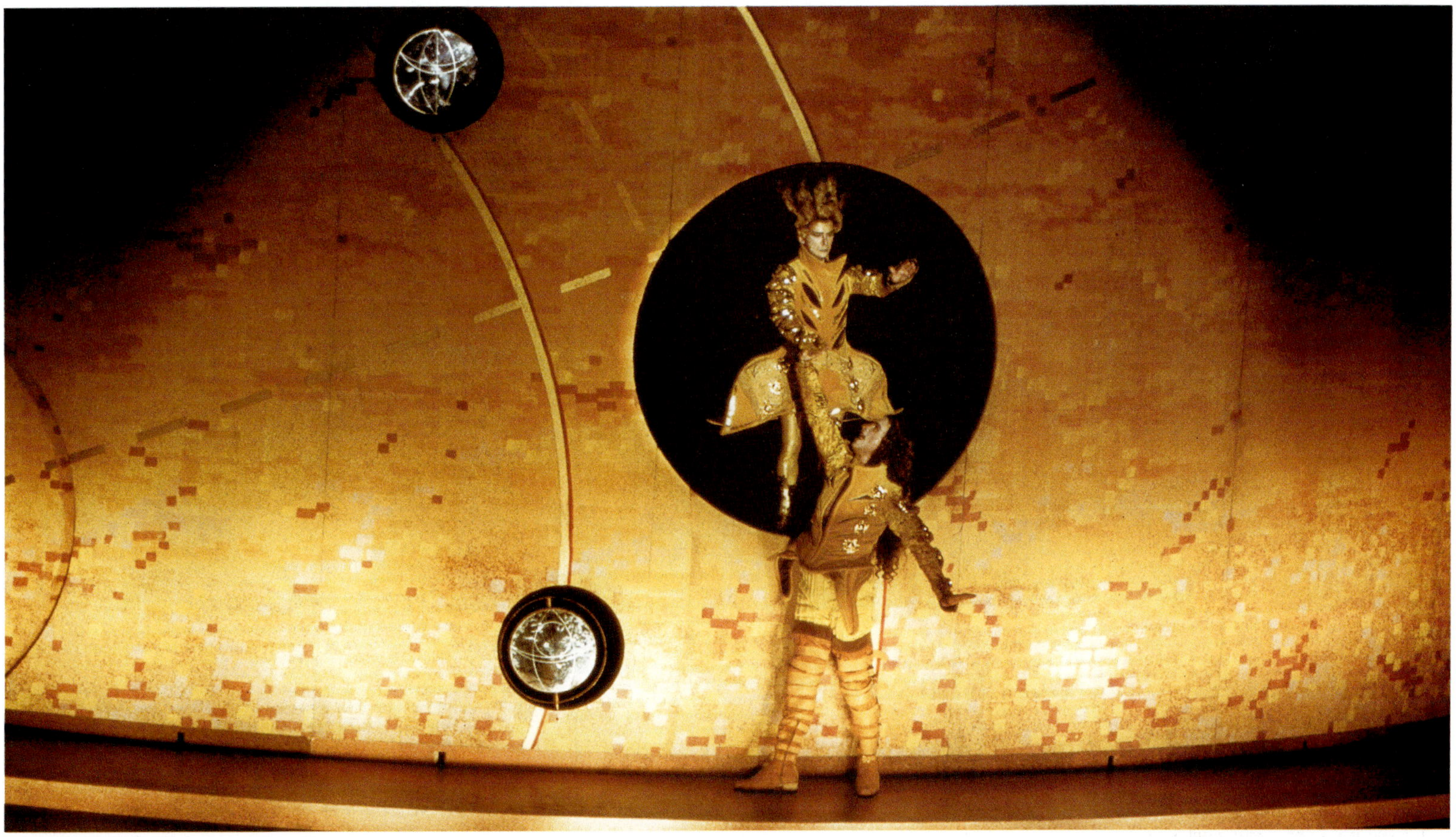

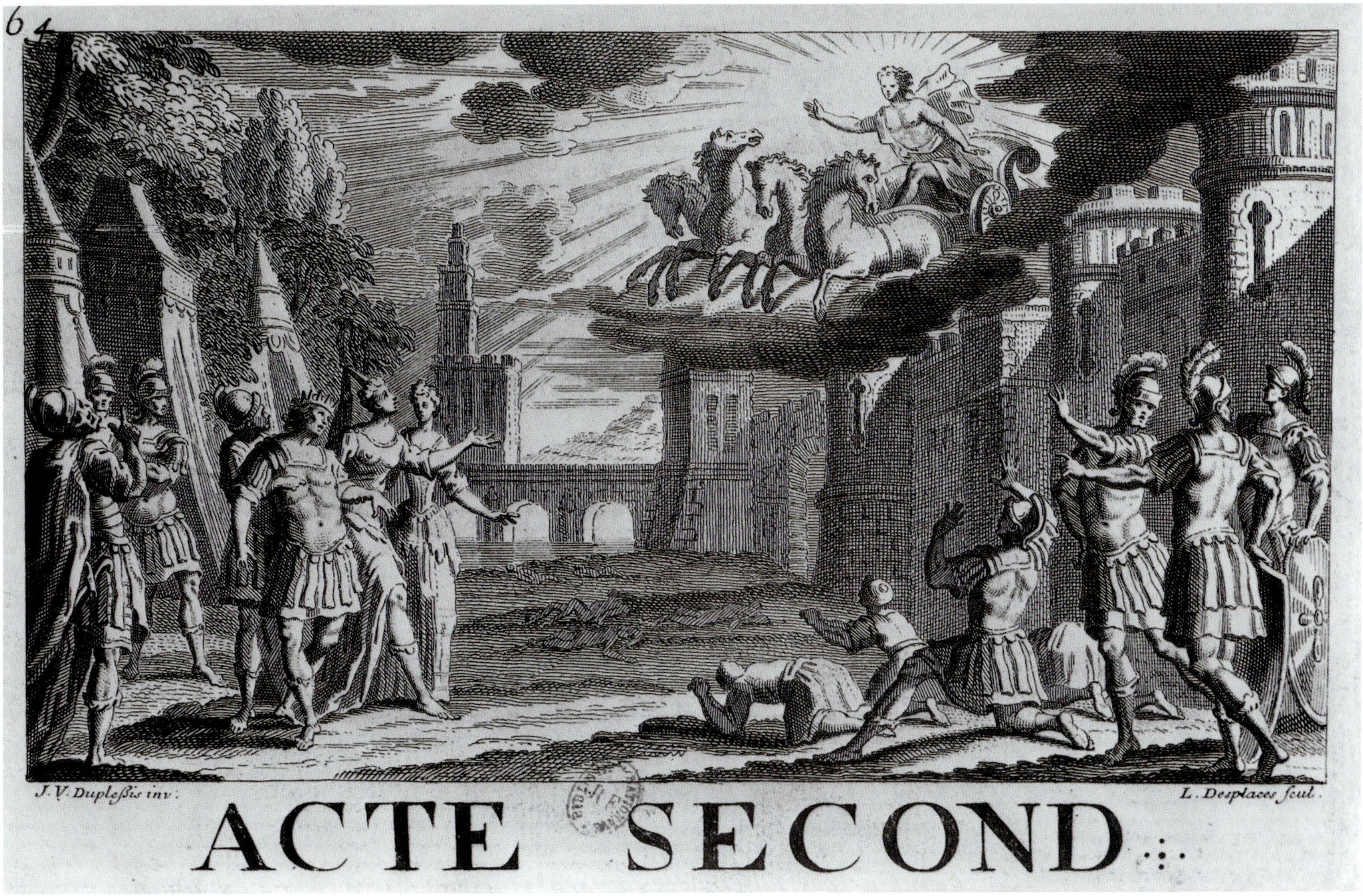
64
J.V. Duplessis inv.
L. Desplaces sculp.
ACTE SECOND

Hans Heiling, fresque de Moritz von Schwind, pour la Hofoper de Vienne, 1866.
Cet opéra féerique a connu une genèse tout aussi féerique : au début de 1831, Marschner reçut d'un correspondant anonyme un livret qui le fascina tant qu'il en entreprit immédiatement la composition. Le librettiste, qui se fit connaître plus tard, était le baryton Eduard Devrient de l'Opéra de Berlin, interprète du rôle du templier dans le célèbre opéra de Marschner, *Le Templier et la Juive*. Il avait déjà proposé ce livret à Mendelssohn, qui avait redouté une trop grande proximité avec le *Freischütz* de →Weber. Cela ne dérangea guère Marschner.

Marschner est le romantique allemand par excellence, dans sa maîtrise des descriptions de la nature et son goût pour le surnaturel. Il a élaboré une déclamation dramatiquement efficace et possédait une technique orchestrale subtile. C'est le plus grand dramaturge musical entre Weber et Wagner.

Heinrich **Marschner**

Né à Zittau (Allemagne) le 16 août 1795
Mort à Hanovre le 14 décembre 1861

Encore écolier, Marschner chante déjà dans un chœur. Après la mue, il décide de devenir compositeur; en 1810, malgré une formation pour le moins insuffisante, il compose un ballet *Die stolze Bäuerin*. Il commence des études de droit à Leipzig, où il suit parallèlement les cours de Kirnberger et de Türk; il entreprend des premières tournées de concerts et se décide définitivement à embrasser une carrière de musicien. En 1816, on lui propose l'emploi de professeur de musique du comte Zichy à Presbourg (Bratislava); le prince Krasatkowitz l'engage comme maître de chapelle. En 1820, → Carl Maria von Weber fait donner l'opéra de Marschner *Heinrich IV. und D'Aubigné* à Dresde, avec un grand succès. Marschner s'établit alors à Dresde, où il écrit des musiques de théâtre et obtient le poste de directeur de la musique. En 1826, il quitte Dresde, car on lui refuse la succession de Weber. Après un long voyage, il prend en 1827 la direction de l'orchestre du Stadttheater de Leipzig. En 1831, il devient maître de chapelle du théâtre de la cour de Hanovre. Après sa mise à la retraite en 1859, il s'installe à Paris.

Œuvres: Opéras: *Titus*, 1816; *Heinrich IV. und D'Aubigné*, 1829 (Henri IV); *Saidar und Zulima*, 1818; *Das stille Volk*, 1818; *Der Kyffhäuserberg*, 1822; *Lukretia*, 1827 (Lucrèce); *Der Holzdieb*, 1825; *Der Vampyr*, 1828 (Le Vampire); *Der Templer und die Jüdin*, 1829 (Le Templier et la Juive); *Des Falkners Braut*, 1832; *Hans Heiling*, 1833; *Das Schloss am Ätna*, 1836 (Le Château de l'Etna); *Kaiser Adolph von Nassau*, 1845 (L'Empereur Adolphe de Nassau); *Austin*, 1852; *Sangeskönig Hiarne oder das Tyrsingsschwert*, 1863 (Hiarne). Musiques de scène, lieder, chœurs, œuvres pour orchestre, musique de chambre.

Hans Heiling

Opéra romantique en un prologue et trois actes

Livret: Eduard Devrient
Création: le 24 mai 1833 à Berlin (Königliches Opernhaus)
Personnages: la reine des esprits souterrains (sop.), Hans Heiling, son fils (bar.), Anna, sa fiancée (sop.), Gertrude, la mère d'Anna (alto), Konrad, tireur personnel du burgrave (tén.), Stephan, forgeron (basse), Niklas, paysan (rôle parlé); esprits souterrains, paysans, paysannes, invités de la noce, ménestrels, tireurs (chœur)

Argument
Prologue
Hans Heiling est le fils de la reine des esprits souterrains et d'un être humain. Voulant découvrir l'amour terrestre, il se rend sur terre malgré les mises en garde de sa mère. Il souhaite épouser Anna, une jeune paysanne. Il regagnera le royaume maternel si la jeune fille lui est infidèle. Outre une parure de noces, il emporte un livre de magie, car sur terre il ne dispose pas de ses pouvoirs surnaturels.
Acte I
Tableau 1 Au logis de Heiling. La mère Gertrude trouve que Hans Heiling est un bon parti, car il est riche. Elle rend visite à ce prétendant avec sa fille

Une œuvre intermédiaire ?

Bien que la partition ait été achevée dès le milieu de l'année 1832, sa création n'eut lieu qu'en 1833 – à la suite, dit-on, des intrigues de Spontini, directeur général de la musique. Après ce premier succès, les plus grandes scènes lyriques d'Europe la mirent à l'affiche. Les recherches artistiques de Richard Wagner furent fortement influencées par *Hans Heiling*, au point que l'histoire de la musique a fait de Marschner un précurseur de Wagner, n'accordant à cette œuvre au sein du répertoire international que le rang d'intéressante curiosité historique. *Hans Heiling* est pourtant une œuvre extrêmement originale et personnelle – notamment dans les scènes de mélodrame.

M. S

Hans Heiling, Roland Hermann dans le rôle-titre, mise en scène : Nicolaus Lehnhoff, direction musicale : Massime de Bernart, Opernhaus de Zurich, 1979.
La mise en scène de Nikolaus Lehnhoff à la fin des années soixante-dix s'est surtout attachée à éclairer la psychologie des personnages.

Anna, qui ne lui obéit qu'à contrecœur ; elle aime en effet Konrad, un tireur, et trouve Hans Heiling étrange et bizarre. Ses soupçons se confirment lorsqu'elle découvre le livre de magie et se rend compte qu'il se feuillette tout seul. Elle exige de Heiling qu'il le détruise. Il obéit et, en gage d'amour, offre à Anna une chaîne d'or. Toute heureuse, Anna, qui a envie que tout le monde admire ce bijou, demande à Heiling de l'accompagner à la fête du village. Il hésite à accepter et finit par exiger qu'elle ne danse pas.

Tableau 2 Sur la place, devant l'auberge du village. Les paysans célèbrent la saint Florian. Konrad, le tireur du comte, arrive avec ses chasseurs ; on raconte des histoires de nains et de kobolds. Konrad, secrètement amoureux d'Anna, l'invite à danser. Mais Heiling le lui interdit et lui rappelle sa promesse. Les fiancés se disputent et Anna suit Konrad à l'auberge.

Acte II

Tableau 1 Une région sauvage de forêts et de rochers. En rentrant de la fête, Anna traverse une forêt sauvage. Elle aime Konrad, mais est liée à Heiling par sa promesse de mariage. Elle se trouve soudain devant un groupe d'esprits souterrains conduits par la reine, qui lui prédit un grand malheur si elle épouse Hans Heiling, le souverain des créatures souterraines. D'effroi, Anna perd connaissance. Konrad la trouve et la ramène chez elle.

Tableau 2 Dans la cabane de Gertrude. Anna ne veut plus épouser Heiling. Mais mère Gertrude hésite à donner sa fille au pauvre Konrad. Lorsque Heiling apporte la parure nuptiale, Anna cherche refuge auprès de Konrad et lui révèle que Heiling est un esprit souterrain. Konrad montre la porte à Heiling. Celui-ci donne un coup de couteau à son rival et part en ricanant.

Acte III

Tableau 1 Une vallée rocheuse déserte. Heiling convoque les esprits souterrains ; il pense avoir obtenu satisfaction par la mort de Konrad. Mais Konrad n'est que blessé. Il va épouser Anna le jour même. Fou de rage, Heiling jure de se venger. Les nains et les gnomes acceptent de l'aider.

Tableau 2 Une forêt avec une chapelle dans les rochers. C'est ici qu'Anna et Konrad se marient. Après le mariage, la jeune épouse doit, selon une vieille coutume, trouver toute seule son mari. À peine a-t-on bandé les yeux d'Anna que Heiling apparaît. Anna comprend la situation et se remet à son destin. Elle supplie simplement Heiling d'épargner Konrad. Ce dernier veut tuer l'esprit souterrain, mais il est invulnérable. Avant que Heiling n'ait pu tirer vengeance, sa mère, la reine, apparaît. Hans Heiling doit renoncer à son espoir d'un amour humain et accepter son sort d'esprit souterrain. La paix peut enfin revenir. S. N.

Hans Heiling, Josef Alois Prokop dans le rôle de Hans Heiling.
Marschner a écrit le rôle principal pour un baryton, le brillant Eduard Devrient. C'était aussi une manière de remercier l'auteur du livret de cet opéra.

Martinů, émigrant tchèque, n'a jamais rompu avec la musique de sa patrie, les mélodies populaires bohémiennes et l'art des musiciens ambulants. Son œuvre porte également la marque des tendances stylistiques modernes et notamment des pièces de Stravinsky, Milhaud et Honegger.

Ö Bohuslav **Martinů**

Né à Policka (Bohême orientale) le 8 décembre 1890
Mort à Liestal (Suisse) le 28 août 1959

Formé par Josef Suk et Albert Roussel, Martinů travaille à Prague comme musicien d'orchestre. Entre 1923 et 1940, il s'installe à Paris, où il compose des opéras, avant d'émigrer aux États-Unis où il réside jusqu'en 1946. Il occupe ensuite pendant deux ans une chaire de professeur à Prague et enseigne à Princeton (États-Unis) de 1948 à 1957. Il passe les dernières années de sa vie en Suisse. Comme Kurt Weill, Martinů prend pour thèmes des événements de la vie quotidienne : l'œuvre orchestrale *Policka* (Mi-temps, 1925) s'inspire d'un match international de football, *La Bagarre* (1927) est consacrée au vol de Lindbergh. En 1943, aux États-Unis, il compose un *Memorial to Lidice* après le massacre perpétré par l'occupant allemand.

Œuvres: Plus de 15 opéras, dont *Voják a tanecnice*, Brno, 1928 (Le Soldat et la danseuse) ; *Trojí Prání*, 1929, création Brno, 1971 (Trois Souhaits ou Les Vicissitudes de la vie) ; *Hlas lesa,* 1935 (La Voix de la forêt) ; *Le Théâtre de faubourg*, 1936 ; *Veselohra na moste*, Prague, 1937 (Comédie sur le pont) ; *Julietta*, Prague, 1938 ; *Zenitba*, New York, 1953 (Le Mariage) ; *Mirandolina*, Prague, 1959 ; *Recké pasije,* Zurich, 1961 (La Passion grecque) ; *Ariadne*, Gelsenkirchen, 1961 ; *Alexander bis*, 1937, création Mannheim, 1964. Concertos et musique de chambre.

Julietta ou La Clé des songes

Opéra lyrique en trois actes

Livret : Bohuslav Martinů d'après la pièce de Georges Neveux *Juliette ou La Clé des songes*
Création : le 16 mars 1938 à Prague (Théâtre National)
Personnages : Julietta (sop.), Michel (tén.), le commissaire/facteur/garde forestier (tén.), l'homme au casque (bar.), l'homme à la fenêtre (basse), un petit Arabe (mezzosop.), un vieil Arabe (basse), la marchande d'oiseaux (mezzosop.), la marchande de poissons (mezzosop.), trois messieurs, un en bleu, deux en gris (voix de femmes), le père la Jeunesse (basse), le grand-père (basse), la grand-mère (alto), une vieille dame (mezzosop.), le chiromancien (alto), le marchand de souvenirs (bar.-basse), un vieux matelot (basse), un jeune matelot (mezzosop.), le garçon d'hôtel (mezzosop.), le mendiant (bar.), le bagnard (basse), l'employé (tén.), le conducteur de locomotive (tén.), le veilleur de nuit (rôle parlé), le policier (rôle muet) ; habitants de la ville (chœur), un groupe de silhouettes vêtues de gris (figurants)

Argument
Dans une petite ville côtière.
À la recherche d'une jeune fille qu'il a entendu chanter une chanson d'amour au cours d'un voyage, Michel arrive dans la ville sans souvenirs ; il décide d'en partir car personne ne peut l'aider. Mais la gare a disparu. Julietta, la jeune fille qu'il cherche, apparaît alors. Un rendez-vous dans la forêt devrait tout élucider. Le devin du passé et le marchand de souvenirs l'aident à passer le temps. Lorsqu'il se trouve enfin seul avec Julietta, on entend une sonnerie de cor et elle s'enfuit en courant. Il tire dans sa direction un coup de revolver et la perd. Déprimé, il prend un bateau pour repartir, mais se retrouve au bureau central des rêves. Là, il succombe à nouveau au charme de la voix de Julietta et l'histoire recommence, car un trop long séjour dans l'univers des rêves rend tout retour impossible.

M. S.

Julietta, croquis de décor de Ruodi Barth, mise en scène : Walter Pohl, direction musicale : Ludwig Kaufmann, Staatstheater/Grosses Haus Wiesbaden, 1958-1959 (TWS).
Du vivant même du compositeur, Wiesbaden s'est engagé activement en faveur de cette œuvre de Martinů, rarement jouée. Ce croquis de décor est un élément de l'œuvre volumineuse du Suisse Ruodi Barth, l'un des plus grands décorateurs du théâtre germanique d'après-guerre.

La Passion grecque

Opéra en quatre actes

Livret: Bohuslav Martinů, d'après le roman *Le Christ recrucifié* de Nikos Kazantzakis
Création: le 12 juin 1961 à Zurich (Stadttheater)
Personnages: le prêtre Grigoris, un ancien du village (bar.-basse), Patriarcheas, un ancien du village (bar.), Ladas, un ancien du village (rôle parlé), Michelis, fils de Patriarcheas (tén.), Kostandis, propriétaire d'un café (bar.), Yannakos, marchand (tén.), Manolios, berger (tén.), Panaït, forgeron (tén.), Nikolios, jeune berger (sop.), Andonis, barbier (tén.), Katerina, veuve (sop.), Lenio, fiancée de Manolios (sop.), une vieille femme (alto), le prêtre Fotis (bar.-basse), Despinio (sop.), un vieil homme (basse); un immense porte-bannière (rôle muet); habitants du village de Lycovrissi, réfugiés (chœur avec maîtrise de jeunes garçons)

Argument

À Lycovrissi, un village grec sur les versants du Sarakina, au temps de la domination turque.
Manolios, désigné par Grigoris pour jouer le rôle de Jésus dans le prochain jeu de la Passion, tend à se confondre avec son modèle: il se sépare de Lenio, sa fiancée, exhorte les villageois au recueillement, a des visions et incite Katerina, une veuve dépravée, à se convertir. Lorsque des réfugiés viennent demander de l'aide, il leur indique un lieu où s'installer, sur le mont Sarakina. Ils y construisent un village. Un vieillard demande à être emmuré vivant pour éloigner le mal. Peu à peu, tous les interprètes de la Passion s'identifient à leur rôle. C'est également le cas de Panaït, le Judas de la pièce. Pendant les noces de Lenio et de Nikolios, il tue Manolios, l'interprète du rôle de Jésus.

M. S.

La Passion grecque, Festival de mai de Wiesbaden, production de Prague en tournée, 1988 (TWS).
La concentration de l'action déplace le centre de gravité du roman: ce n'est plus l'aspect politique qui domine, mais la composante religieuse et visionnaire. Des réminiscences de folklore grec et de musique liturgique orthodoxe donnent à cette œuvre un indéniable parfum d'authenticité. Parfaitement crédible dans la caractérisation des personnages et des situations, archaïsante par la place accordée au chœur, la représentation se déroule à un niveau naturaliste, auquel s'oppose radicalement la séquence de rêve de l'acte III. À la demande expresse de Martinů, la création a été dirigée avec succès par son mécène, Paul Sacher.

Pietro Mascagni

Né à Livourne (Italie) le 7 décembre 1863
Mort à Rome le 2 août 1945

Fils de boulanger, le jeune Mascagni commence à étudier la musique et à composer très jeune (à 13 ans, il travaille déjà à un opéra.) Admis en 1882 au Conservatoire de Milan, Mascagni étudie deux ans avec → Ponchielli et Saladino. Il quitte ensuite le Conservatoire, est engagé comme contrebassiste au Teatro Dal Verme avant de se joindre comme chef d'orchestre à plusieurs troupes itinérantes. Il s'établit enfin à Cerignola, dans les Pouilles, où il est nommé directeur municipal de la musique. En 1889, Mascagni apprend par hasard, en lisant le journal, que l'éditeur de musique milanais Sonzogno organise un concours de composition d'opéras en un acte. Mascagni compose alors rapidement *Cavalleria rusticana*. Il se présente contre 70 autres participants et obtient le premier prix, ex-aequo avec deux autres candidats. Cet opéra lui vaudra la célébrité mondiale en moins d'un an.

Ce succès fraie la voie à une activité intense de chef d'orchestre, qu'il exercera toute sa vie durant. En 1895, il devient directeur du conservatoire de Pesaro, puis de celui de Rome à partir de 1903. Après *Cavalleria rusticana*, il compose douze autres opéras, qui n'atteignent cependant ni l'originalité ni la popularité de son premier ouvrage en un acte. Le régime fasciste de Mussolini le présente comme le compositeur national, raison pour laquelle ses collègues (notamment Toscanini) et ses anciens amis se détournent de lui.

Œuvres : Opéras : *Pinotta*, vers 1880, création 1932 ; *Guglielmo Ratcliff*, 1885, création 1895 ; *Cavalleria rusticana*, 1890 ; *L'amico Fritz*, 1891 (L'Ami Fritz) ; *I Rantzau*, 1892 ; *Silvano*, 1895 ; *Zanetto*, 1896 ; *Iris*, 1898 ; *Le Maschere*, 1901 (Les Masques) ; *Amica*, 1905 ; *Isabeau*, 1911 ; *Parisina*, 1913 ; *Lodoletta*, 1917 ; *Il Piccolo Marat*, 1921 (Le Petit Marat) ; *Nerone*, 1935 (Néron). Mélodies, œuvres chorales profanes et spirituelles, œuvres généralement inédites pour orchestre, pour piano et musique de chambre.

1. Melodie des l'Intermezzo

Cavalleria rusticana, mise en scène : Liliana Cavani, direction musicale : Massimo de Bernart, décors : Dante Ferretti, Teatro Comunale de Bologne, 1997.
Santuzza se sent bannie de la messe de Pâques et exclue de la communauté en raison de son amour « immoral ». Le dimanche de printemps radieux prête des contours encore plus noirs à sa solitude.

> *Mascagni était un mélodiste d'un immense talent et possédait un remarquable sens du drame. Il a su donner de la* vita italiana *une expression musicale authentique.*

Le compositeur national italien ?

Si *Cavalleria rusticana* est indéniablement un opéra séduisant, cet ouvrage n'est pas dépourvu de défauts formels et dramaturgiques, et n'a certainement pas révolutionné l'histoire de l'opéra. *Cavalleria rusticana* n'est pas plus passionné que le → *Il Trovatore* de Verdi ni plus original que la → *Carmen* de Bizet dans sa couleur exotique et son naturalisme. Pourtant, son nom reste indissolublement lié au vérisme, un nouveau courant musical de la fin du siècle. Le vérisme s'attachait à représenter la vie quotidienne sans fard ni idéalisation. *Cavalleria rusticana* est devenu l'un des ouvrages les plus populaires du théâtre musical. Ses mélodies n'ont pas tardé à s'imposer dans le patrimoine de chansons italiennes et la plus célèbre d'entre elles (tirée de l'*Intermezzo*) est même chantée par les gondoliers vénitiens. N1 Et il n'y a sans doute pas un grand ténor du répertoire italien qui n'ait sangloté au moins une fois dans sa carrière les adieux de Turiddu à la mamma. N11

Si un opéra devait porter les couleurs de l'Italie (une hypothèse qui relève presque du pléonasme, puisque le genre même de l'opéra est une invention italienne !), ce serait *Cavalleria rusticana*. Pourquoi ? D'abord pour son intrigue populaire : amour, jalousie et vengeance mortelle (*vendetta*). Le lieu et l'époque – un village de Sicile, le dimanche de Pâques – seront eux aussi caractéristiques, l'Église apparaissant ici au centre même de la vie.

Cavalleria rusticana

Mélodrame en un acte

Livret: Giovanni Targioni-Tozzetti et Guido Menasci, d'après le récit populaire du même nom de Giovanni Verga
Création: le 17 mai 1890 à Rome (Teatro Costanzi)
Personnages: Santuzza, une jeune paysanne (sop.), Turiddu, un jeune paysan (tén.), Lucia, sa mère (alto), Alfio, un charretier (bar.), Lola, sa femme (mezzosop.); une femme (rôle parlé); paysans, hommes, femmes, enfants (chœur)

Argument

Dans un village sicilien, à Pâques, vers 1880. Turiddu aimait Lola avant de partir pour l'armée. À son retour, il découvre qu'elle a épousé le charretier Alfio. Son ancienne passion ne s'est pas éteinte et, de déception, il se réfugie dans les bras de Santuzza, à qui il promet le mariage. Santuzza aime passionnément Turiddu et se donne à lui. Lola, jalouse du bonheur de son amie, tourne autour de Turiddu et l'attire dans ses rets. Déshonorée, Santuzza n'ose pas entrer dans l'église le matin de Pâques parce qu'elle a péché; elle se confie à la mère de Turiddu. Celle-ci est incapable de l'aider. Repoussée par Turiddu, Santuzza, désespérée, dénonce à Alfio la liaison de Lola avec Turiddu. Alfio défie l'adultère en combat singulier. Plein de noirs pressentiments, Turiddu demande à sa mère de s'occuper de Santuzza. Il meurt, victime de la vengeance d'Alfio.

S. N.

Cavalleria rusticana, Violeta Urmana (Santuzza) et José Cura (Turiddu), mise en scène : Liliana Cavani, direction musicale : Massimo de Bernart, Teatro Comunale de Bologne, 1997.
Si l'on ne comprend pas le texte du duo de Santuzza et de Turiddu, on risque de le prendre pour un duo d'amour. Du reste, le sentiment dominant de Santuzza est bien l'amour. N 2
Bien que Turiddu repousse Santuzza avec une irritation croissante, Mascagni ne lui a donné aucun matériau musical spécifique. La flamme de Turiddu pour Santuzza est-elle vraiment tout à fait éteinte ? N 3, N 4

2. Aveu d'amour de Santuzza

La tu - a San-tuz - za pian-ge e t'im-plo - ra;

3. Doutes de Santuzza

No, no, Tu - rid - du, ri - mani, rima-ni an-co-ra, ab-bando-nar - mi dun-que tu vuo - i?

4. Supplication de Santuzza

Ah, no, Tu - rid - du, ri - ma - ni, ri-ma-ni an-co - ra, an - cor!

Cavalleria rusticana, croquis de décor d'Otto Müller-Godesberg, Coblence, 1923 (TWS). Certains opéras se laissent difficilement transposer dans un autre milieu géographique : les murs blancs et l'azur transparent du ciel sont aussi indissociables de *Cavalleria rusticana* que le porche de l'église et la rue typique de l'Italie du Sud.
Le climat méditerranéen a lui aussi été immortalisé : dans les voix des chanteurs.

Des refrains à la mode dans un contexte dramatique

Les mélodies de *Cavalleria rusticana* se sont si bien détachées de leur contexte pour devenir des refrains populaires que l'intrigue de l'ouvrage a perdu beaucoup de son importance. Il n'en est que plus intéressant de constater, lorsque l'on assiste à une représentation de l'œuvre intégrale, que tous ces succès ont une fonction dramatique parfaitement précise. Le premier numéro chanté, une Sicilienne – pouvait-il en être autrement ? –, suffit à le prouver. Elle révèle l'amour aveugle de Turiddu pour Lola.

Le chœur d'entrée solennel exprime aussi bien l'atmosphère printanière que le recueillement d'un dimanche dans la campagne italienne.
Les fidèles s'engouffrent toujours plus nombreux derrière la porte de l'église ; les justes y ont accès, mais les pécheurs sont condamnés à rester dehors. C'est en tout cas ce que croit Santuzza, qui s'est donnée à Turiddu sans la bénédiction de l'église, et mamma Lucia lui donne raison. L'opéra ne contient que peu de

5. Sicilienne de Turiddu

O Lo-la, bian-ca co-me fior di spi-no, quan-do t'af-fac-ci-tu, s'af-fac-cia il so-le

dialogues dramatiques. La concision obligatoire d'un ouvrage en un acte a obligé le compositeur à se contenter de rappeler les antécédents par quelques allusions. Cela ajoute au dynamisme de l'opéra, qui échappe ainsi au risque de s'étendre exagérément sur les situations pathétiques et passionnées. Mais voilà que le charretier Alfio entre en scène (chanson d'entrée avec refrain choral) : c'est un homme enjoué, un peu grossier. N 6

Après la chanson d'Alfio, bâtie sur des motifs courts, intervient la grandiose mélodie du chœur pascal, entonnée par Santuzza. N 7

Le spectateur n'apprend qu'au milieu de l'action ce qui se passe réellement entre cinq habitants de ce village sicilien en ce dimanche de Pâques. Santuzza confesse à mamma Lucia (sous forme d'une romance) son amour pour Turiddu, mais elle révèle également l'infidélité du jeune homme qui est revenu à Lola, coupable d'adultère. La mélodie toute simple du début de son récit s'inspire d'une chanson populaire N 8, et l'apothéose pleine de tristesse compte parmi les plus belles mélodies de l'opéra. N 9

La romance de Santuzza aboutit à un bref dialogue avec mamma Lucia, le récitatif succédant ainsi au numéro fermé au lieu de le précéder comme le voulait l'usage. De même, le grand duo Santuzza-Turiddu répond à une idée formelle inhabituelle : il inclut la chanson de Lola (chantée en coulisses). Ce numéro indépendant et très différent qui résonne au milieu du duo inspire à Santuzza comme à Turiddu un désespoir accru. La chanson de Lola a connu une telle popularité qu'elle a même été publiée sur des cartes postales pour accompagner le portrait de Mascagni.

Avant la catastrophe, Turiddu entonne encore une chanson à boire, dont la gaieté contraste avec le caractère tragique de l'action et accroît encore la tension. N 10 Turiddu dit adieu à mamma Lucia en lui demandant, plein de pressentiments, de s'occuper de Santuzza après sa mort. Il s'agit en l'occurrence d'un monologue presque parlé, seule l'explosion sentimentale désespérée étant traduite par une grande mélodie. N 11

Carte postale avec le portrait de Mascagni et un extrait de partition (chanson de Lola). Au tournant du siècle, Pietro Mascagni est au sommet de sa gloire. Avec Verdi et Puccini, Mascagni reste aujourd'hui encore l'un des compositeurs les plus populaires d'Italie. Sa correspondance, qui comprend quelque 5 000 lettres, pour la plupart inédites, est conservée dans l'église paroissiale du petit village de Bagnara di Romana. C'est là qu'il passait tous ses étés avec sa compagne Anna Lolli.

Manon, Dagmar Hermann (Rosette), Dorothea Frass (Javotte) et Ruthilde Boesch (Poussette) dans la production de la Staatsoper de Vienne au Theater an der Wien, 1949.

Massenet acheva *Manon* à La Haye, dans l'appartement même où l'Abbé Prévost avait écrit son roman plus d'un siècle et demi auparavant. Cette proximité géographique influença d'autant plus Massenet qu'il souhaitait, dans cet opéra, ériger un monument à toute l'époque rococo française, à ce monde déchiré de l'Ancien Régime. On peut en trouver un exemple dans la gavotte, qui résonne dès l'introduction et dont le thème domine ensuite la fête en plein air de l'acte III. N 1 L'air de Manon à l'acte III présente lui aussi un caractère rococo. N 2 En revanche, l'amour s'exprime en mélodies ouvertes, parfaitement romantiques. N 3, N 4, N 5

Jules **Massenet**

Né à Montaud le 12 mai 1842
Mort à Paris le 13 août 1912

Vers le tournant du siècle, Massenet passe pour le plus grand compositeur d'opéra français. Son style se rattache essentiellement à la grande tradition lyrique du XIXe siècle. Il s'emploie à faire connaître la musique de Wagner et de Liszt en France. On peut définir son œuvre comme une série de portraits féminins pleins de séduction, de finesse psychologique et de radieuse sensualité. Onzième fils d'un officier, il étudie au conservatoire avec → Thomas et → Gounod. En 1878, il prend la succession de ses maîtres. Ses principaux élèves sont → Gustave Charpentier et George Enesco. Son œuvre si riche est aujourd'hui redécouverte et réhabilitée.

Œuvres: Près de 30 opéras, dont *Hérodiade*, opéra biblique, 1881 ; *Manon*, opéra-comique, 1884 ; *Werther*, drame lyrique, 1892 ; *Thaïs*, comédie lyrique, 1894 ; *La Navarraise*, 1894 ; *Cendrillon*, opéra féerique, 1899 ; *Le Jongleur de Notre-Dame*, miracle, 1902 ; *Don Quichotte*, comédie héroïque, 1910. Œuvres pour orchestre, pour piano ; mélodies.

Manon

Opéra-comique en cinq actes

Livret: Henri Meilhac et Philippe Gille, d'après *Histoire du chevalier Des Grieux et de Manon Lescaut* de l'Abbé Prévost
Création: le 17 janvier 1884 à Paris (Opéra-Comique)
Personnages: Manon Lescaut (sop.), le chevalier Des Grieux (tén.), Lescaut, cousin de Manon (bar.), le comte Des Grieux, père du chevalier (basse), Guillot de Morfontaine, riche viveur (tén.), Brétigny, fermier général (bar.), Poussette, Javotte, Rosette, actrices et amies de Manon (2 sop., mezzosop.) ; voyageurs, clients, bonimenteurs, fidèles, soldats, marchands et marchandes, peuple (chœur)

Argument

À Amiens, à Paris, sur la route du Havre, en 1721. Manon fait le bonheur et le malheur de Des Grieux et inversement : bonheur du véritable amour, malheur de la misère et de la dépravation par le luxe. Ils se trouvent, se perdent, se retrouvent et s'entraînent mutuellement dans l'abîme.

Acte I

Dans une auberge d'Amiens, Guillot et Brétigny, deux riches Parisiens, attendent leur déjeuner en compagnie d'actrices. Ils observent avec curiosité l'arrivée de la diligence, d'où sort la ravissante Manon que sa famille envoie au couvent sous l'escorte de son cousin, Lescaut. Guillot lui fait immédiatement la cour, ce qui déconcerte la jeune fille innocente. Lorsque le jeune Des Grieux, tout aussi innocent, lui adresse la parole et tombe amoureux de la jeune fille, celle-ci sent la passion naître en elle. Ils s'enfuient ensemble à Paris dans la calèche de Guillot.

Acte II

Les jeunes amants vivent ensemble dans un modeste logement. Manon supporte mal la pauvreté. Des Grieux souhaite légaliser leur liaison et écrit à son père. Depuis des semaines, Brétigny fait la cour à Manon et cherche à la convaincre de le choisir, lui et sa fortune. Il a prévenu le père Des Grieux, qui veut reprendre son fils. Manon ne fait aucune promesse à Brétigny, mais elle n'avertit pas non plus Des Grieux. Lorsqu'un envoyé de son père maîtrise Des Grieux et l'emmène, Manon quitte leur logis.

Acte III

À Paris, sur la promenade du Cours-la-Reine, une fête bat son plein. Manon se trouve parmi les badauds avec son cercle, Guillot, Brétigny et les actrices. Elle est la reine de ce petit monde et se sent parfaitement heureuse. Elle apprend alors que le malheureux Des Grieux a décidé de se consacrer entièrement à Dieu et s'apprête à se faire prêtre. Discrètement, elle quitte la compagnie et se précipite à Saint-Sulpice, où Des Grieux charme les fidèles repentantes par sa jeunesse et par sa rhétorique. Manon lui parle, évoque leur amour. Des Grieux se défend vainement, cherchant à rester sur la voie de la paix intérieure qu'il a choisie. Mais son amour pour Manon finit par l'emporter.

Acte IV

Manon et Des Grieux sont à nouveau ensemble, mais Manon a pris des goûts de luxe dont elle est incapable de se défaire. Des Grieux a touché l'héritage de sa mère. Manon le persuade de se rendre à l'Hôtel de Transylvanie, une maison de jeux mal famée. Des Grieux gagne contre Guillot, qui l'accuse d'avoir triché. On arrête Manon et Des Grieux.

Acte V

Grâce à l'intervention de son père, Des Grieux est libéré. Mais Manon est condamnée à la déportation pour vol. Une tentative d'évasion organisée par Des Grieux échoue. Il lui reste tout juste assez d'argent pour soudoyer le garde et tenir Manon dans ses bras une dernière fois. Ils se souviennent des jours de bonheur. Puis, épuisée par la détention, Manon expire.

S. N.

Le style de Massenet, fidèle à la tradition lyrique du XIXe siècle, lui a valu un grand succès de son vivant. Mais le sentimentalisme de ses œuvres est rapidement passé de mode. Il a fallu attendre la fin du XXe siècle pour que les scènes d'opéra redécouvrent sa musique.

1. Gavotte
2. Air de Manon (acte III) — Profitons bien de la jeunesse, Des jours qu'amène le printemps ; Aimons, rions, chantons sans cesse, Nous n'avons encor que vingt ans !
3. Air de Manon (acte I) — Je suis... encor... tout étourdie... Je suis... encor... tout engourdie...
4. Thème d'amour (Manon-Des Grieux)
5. Air de Des Grieux — Manon, sphynx étonnant, Véritable sirène !...

Werther

Drame lyrique en quatre actes

Livret : Édouard Blau, Paul Milliet et Georges Hartmann, d'après *Les Souffrances du jeune Werther* de Johann Wolfgang von Goethe
Création : le 16 février 1892 à Vienne (Hofoper)
Personnages : Werther (tén.), Charlotte, la fille du bailli (mezzosop.), Albert (bar.), Sophie, la jeune sœur de Charlotte (sop.), le bailli (bar.), Schmidt et Johann, amis du bailli (tén., bar.), les enfants du bailli : Fritz, Max, Hans, Karl, Gretel, Clara (sop. ou voix d'enfants) ; habitants de Wetzlar, invités, musiciens (chœur)

Argument

À Wetzlar, entre juillet et décembre 178...
Werther, âme sensible, aime Charlotte, qui épouse néanmoins Albert, par sens du devoir. Ce n'est qu'au moment où Werther, désespéré, se suicide que Charlotte lui avoue son amour. Cet aveu adoucit les derniers instants du jeune homme.

Acte I

Dans la maison du bailli. En plein été, les enfants du bailli répètent un chant de Noël sous la conduite de leur père. Schmidt et Johann, deux bons buveurs, viennent chercher leur ami le bailli pour aller boire un verre. Werther, rêveur et solitaire, invite Charlotte au bal. Depuis la mort de sa mère, Charlotte s'occupe de ses cinq petits frères et sœurs. Pendant que Sophie, sa jeune sœur, reste à la maison, Charlotte suit Werther. Entre-temps, Albert, le fiancé de Charlotte, rentre d'un long voyage. Charlotte et Werther regagnent la maison du bailli dans la nuit et le jeune homme ose enfin lui avouer son amour. Charlotte se sent elle aussi attirée par Werther. Mais elle le repousse, car elle a promis à sa mère, sur son lit de mort, d'épouser Albert.

Werther, avec (de g. à dr.) Gabriele Rassmanith, Siegfried Vogel, Oskar Purgstaller et Carl Schultz, mise en scène : Harry Kupfer, direction musicale : Gerd Albrecht, décors : Hans Schavernoch, Staatsoper de Hambourg, 1991.
Un collage scénique avec gestes et reliques de l'univers petit-bourgeois. Un monde dans lequel, vus de l'extérieur, les personnages, acteurs du jeu social, se comportent comme des marionnettes, alors que leur vie sentimentale est très intense. Qu'est-ce qui a bien pu séduire Massenet dans ce sujet littéraire des années 1780 ? La musique intérieure des êtres humains !

Werther, croquis de décor d'Alexandre Benois pour la production du Teatro alla Scala, Milan, 1950-1951 : scène de la ville en hiver.
« L'Allemagne, un conte d'hiver » – tel est le titre que Heinrich Heine a donné à son poème de 1844, douze ans après la mort de Goethe et presque cinquante ans avant l'opéra de Massenet. Dans le cas de *Werther*, on pourrait élargir ainsi ce célèbre titre : le monde extérieur en hibernation. Seule la flamme des âmes sensibles veille encore.

Acte II

Les tilleuls. Un dimanche matin de la fin de l'été, Schmidt et Johann regardent la foule qui se presse vers l'église. Au milieu des fidèles, Charlotte et Albert qui, mariés, vivent un bonheur sans nuage depuis trois mois. Werther, désespéré, attend devant l'église. Albert lui demande de faire preuve de compréhension et de lui pardonner : sa vie est indissolublement liée à celle de Charlotte. Sophie invite Werther à danser. Lorsque Charlotte et Werther se retrouvent seuls, il l'assaille de nouvelles déclarations d'amour. Elle finit par l'envoyer en exil jusqu'à Noël pour leur permettre de réfléchir à la situation. Werther prend la fuite, au désespoir. En le voyant se comporter de manière aussi étrange, Albert comprend que son ami aime toujours Charlotte.

Acte III

Charlotte et Werther. Dans l'après-midi de Noël, Charlotte lit les lettres de Werther. Ces missives ne la laissent pas insensible. Sophie essaie en vain de la réconforter. Charlotte attend et redoute tout à la fois le retour de Werther. Lorsque celui-ci arrive, ils parlent du passé. Charlotte se souvient qu'il voulait traduire autrefois les poèmes d'Ossian. Werther comprend à cette allusion que Charlotte l'aime aussi et donne libre cours à ses sentiments. Il cherche à la convaincre de ne plus réprimer son amour. Pendant un bref instant, il la tient dans ses bras. Mais le sens du devoir l'emporte : Charlotte demande à Werther de ne plus chercher à la revoir.
En rentrant chez lui, Albert remarque le trouble de sa femme et comprend ce qui s'est passé. Lorsque Werther lui fait demander ses pistolets qu'il souhaite lui emprunter pour un long voyage, Albert les lui fait parvenir sans sourciller. Charlotte éprouve des pressentiments funestes.

Acte IV

Le soir de Noël. Un interlude orchestral décrit le trajet de Charlotte jusqu'au logis de Werther.
La mort de Werther. Se précipitant dans la maison, Charlotte aperçoit du sang par terre et trouve Werther allongé sur son lit, grièvement blessé. Elle s'apprête à aller chercher de l'aide, mais le jeune homme la conjure d'accepter de rester seule avec lui pendant ses derniers instants. Elle peut enfin lui avouer son amour. Leur premier baiser sera aussi le dernier. Pendant que les enfants entonnent le chant de Noël répété durant l'été, Werther meurt, heureux, dans les bras de Charlotte.

P. H.

Le Werther français

À Vienne, le *Werther* de Massenet provoqua une indignation générale, due aux libertés que les librettistes avaient prises avec le roman épistolaire de Goethe. Le *Werther* de Goethe, pierre angulaire du romantisme qui avait, en son temps, déclenché une vague de suicides dans toute l'Europe, prenait dans son interprétation française un visage qui ne plaisait guère aux lecteurs allemands. Comme il l'avait déjà fait quelques années auparavant avec *Manon*, Massenet s'efforça dans *Werther* de placer les événements centraux devant une toile de fond colorée, riche en détails. Cette fois, il s'agissait de la vie de famille allemande, de l'intimité du foyer, dont la description n'était pas particulièrement flatteuse. L'incompréhension générale qui entoure les sentiments de Werther, le confort petit-bourgeois de l'époque Biedermeier sont brillamment révélés musicalement, notamment par les scènes qui servent de cadre à l'opéra : répétition et exécution du chant de Noël. N 6

6. Chant de Noël

No - ël! No - ël! Jé - sus vient de naî - tre, Voi - ci no - tre di - vin maî - tre, Rois et ber - gers d'Is - ra - ël!

Werther, Keth Ikaia-Purdy (Werther) et Kathleen Kuhlmann (Charlotte), mise en scène : Harry Kupfer, direction musicale : Gerd Albrecht, décors : Hans Schavernoch, Stattsoper dede Hambourg, 1991. Le metteur en scène et le décorateur ont projeté les sentiments des protagonistes dans un audacieux paysage de rochers. La maison bourgeoise, si familière d'ordinaire, prend ainsi une dimension spectrale, soulignant la proximité spirituelle des êtres humains abandonnés dans cet espace immense.

Werther, le héros

Au milieu d'un environnement aux structures intellectuelles très simples, pour qui la vie se résume à l'accomplissement de devoirs, la silhouette de Werther se dresse comme un phare. D'emblée, son grand hymne à la nature trahit que, chez lui, l'expression sentimentale domine toutes les relations. N 7

De fait, Werther détonne dans cet environnement petit-bourgeois, car il est incapable de trouver du plaisir dans les joies simples ou dans une moralité vertueuse. Avec sa mort, le monde se débarrasse d'un élément inquiétant qui aurait pu, par son insistance sur les sentiments, apporter un souffle d'air frais à son exiguïté oppressante.

Un opéra sur Charlotte?

La situation et le rôle de Charlotte dans l'opéra de Massenet sont très différents de ceux du roman de Goethe. Dans l'opéra, Charlotte n'est pas seulement liée à son mari par le sacrement du mariage, mais aussi par un vœu, fait au chevet de sa mère mourante. Chez Massenet, Albert prend également des traits plus ténébreux que chez Goethe. Présenté chez ce dernier comme l'ami et l'époux compréhensif, il joue un rôle négatif chez Massenet. Sur cette toile de fond, le personnage de Charlotte prend des traits d'héroïne d'opéra. Contrairement au personnage du rôle-titre, plutôt statique, elle connaît, ce qui n'était pas le cas dans le roman, une évolution dramatique considérable au fil de l'ouvrage. On pourrait ainsi concevoir tout l'opéra comme une série de quatre duos Charlotte-Werther qui permettent de suivre minutieusement la voie empruntée par Charlotte. Perdant son innocence juvénile, elle accède aux dimensions d'une vraie héroïne, qui déclare ses sentiments au moment où Werther va rendre l'âme. La scène des lettres représente en l'occurrence le vrai tournant, l'instant où les sentiments de Werther trouvent un écho dans son âme.
N 8

En lisant, elle fait taire un instant sa raison pour laisser agir les mots émouvants de Werther. À ce sommet de l'action, la musique de Massenet atteint une dimension extatique, qui cédera bientôt la place à un froid refus, la volonté de Charlotte reprenant le dessus. Alors que les trois premiers duos se sont achevés par des adieux et par une séparation, les amants sont enfin réunis à l'acte IV. Le bonheur s'accomplit sous l'ombre de la mort, au moment où Charlotte prend conscience de sa tragique erreur et demande pardon, tandis que Werther s'abandonne, ravi, à la mort. N 9

P. H.

Werther, Werther et Charlotte, tournée du Sadler's Wells Opera à Vienne, 1952.
L'image que l'on se fait de Werther et de Charlotte: sensibles, tristes – et muets. Les âmes n'ont pas besoin de mots pour se comprendre. Ils vivent et agissent comme les personnages de roman de la littérature sentimentale préromantique. Qu'ils évoquent Klopstock ou Ossian, ils ne parlent que de leur amour.

7. Air de Werther (acte I)
O na-tu-re, plei-ne de grâ-ce Rei-ne du temps et de l'es-pa-ce,

8. Charlotte, air des lettres (acte III)
Qui m'au-rait dit la pla-ce que dans mon coeur il oc-cu-pe au-jourd'hui?...

9. Duo final (Charlotte-Werther, acte IV)
Et moi, Werther,... et moi je t'ai-me!...

Gian Carlo Menotti

Né le 7 juillet 1911 à Cadegliano-Viconago (Italie)

Américain d'origine italienne, Menotti fait ses études au conservatoire de Milan entre 1923 et 1927. Il entre ensuite dans la classe de Rosario Scaleri de 1928 à 1933, au Curtis Institute of Music de Philadelphie, établissement où il enseigne lui-même la composition jusqu'en 1955. En 1936, passionné par la vie culturelle européenne, il se rend avec son ami Samuel Barber en Autriche, où il crée *Amelia al Ballo*, satire de la grande bourgeoisie viennoise. En 1958, il fonde le *Festival dei Due Mondi* à Spolète. Privilégiant son activité de compositeur scénique, il atteint la notoriété mondiale par son choix de sujets actuels et de schémas scéniques confirmés, associés aux techniques les plus modernes.

Œuvres : Opéra : *Amelia al ballo*, Philadelphie, 1937 (Amélie va au bal) ; *The Old Maid and the Thief*, Philadelphie, 1941 (La Vieille Fille et le voleur) ; *The Medium*, New York, 1946 (*Le Médium*) ; *The Telephone or l'Amour à trois*, New York, 1947 (Le Téléphone) ; *The Consul*, Philadelphie, 1950 (Le Consul) ; *Amahl and the Night Visitors*, New York, 1951 (Anahl et les Visiteurs de la nuit) ; *The Saint of Bleeker Street*, New York, 1954 (La Sainte de Bleeker Street) ; *Maria Golovin*, Bruxelles, 1956 (Maria Golovine) ; *Le Dernier sauvage*, Paris, 1963 ; *Martin's lie*, Bristol, 1964 (Le Mensonge de Martin) ; *Help! Help! The Globolinks!*, Hambourg, 1968 (Au Secours ! Les Globolinks !) ; *The Most Important Man*, New York, 1971 (L'Homme le plus important) ; *Tamu-Tamu*, Chicago, 1973 ; *The Heroe*, Philadelphie, 1976 (Le Héros) ; *La Loca*, San Diego, 1979 (Jeanne la Folle) ; *Goya*, Washington, 1986 ; *The Wedding*, Séoul, 1988 (Le Mariage). Autres opéras pour la radio et la télévision, ballets, concerto pour piano, concerto pour violon.

En haut, à droite
The Consul, Hilde Zadek dans le rôle de Magda Sorel, Vienne, 1951.
Menotti a composé *The Telephone*, opéra en un acte, après le succès du *Medium* (1946). Son sens de l'effet théâtral et du sujet efficace lui a permis de s'imposer sur la scène internationale et a fait de lui l'un des jeunes compositeurs les plus joués de son temps.

La musique de Menotti contient des réminiscences de Moussorgski, Stravinsky, Puccini et Debussy. Il adapte le style récitatif historique et s'attache, dans sa musique, à des effets dramatiques puissants.

The Telephone, affiche, Amerika Haus, Munich.
Bien qu'il ne s'agisse pas de la première apparition d'un téléphone sur une scène d'opéra, l'idée dramatique de Menotti était tout à fait originale : avant son départ, Ben n'arrive pas à avoir de conversation avec Lucy, constamment au téléphone. Il quitte donc l'appartement et lui fait sa demande en mariage par téléphone. Le téléphone occupe également une place dramatique importante dans *The Consul*. Il ne sonne que lorsqu'il est trop tard, exprimant ainsi un caractère indiciblement tragique.

The Telephone or l'Amour à trois
Le Téléphone ou L'Amour à trois

Opéra-bouffe en un acte
Livret : Gian Carlo Menotti
Création : le 18 février 1947 à New York (Heckscher Theatre)
Personnages : Lucy (sop.), Ben (bar.)

Argument
Dans l'appartement de Lucy, au XXe siècle.
Ben est amoureux de Lucy et a quelque chose d'important à lui dire avant de partir en voyage. Au moment où ils entrent dans l'appartement, le téléphone sonne. Lucy bavarde longuement avec une amie. Lorsqu'elle raccroche, Ben élève la voix tendrement, mais le téléphone sonne encore. George, un ami de Lucy, lui reproche d'avoir répandu des calomnies sur son compte. Elle quitte la pièce en pleurant et Ben est tenté de couper le câble du téléphone. Lucy s'y oppose avec effroi ; il faut absolument qu'elle appelle son amie pour se faire consoler. Pendant ce temps, Ben a quitté l'appartement. C'est lui qui appelle à présent, pour demander à Lucy, par téléphone, si elle accepte de l'épouser.
S. N.

Conversation téléphonique déterminante avec valse
En 1946, lorsque Lincoln Kirstein, organisateur de la Ballet Society de New York, accepta *The Medium*, il demanda à Menotti une autre pièce de courte durée, pour compléter la soirée. Menotti choisit un drame à deux personnages, qui dénonce avec humour les problèmes de communication. Les trois longues conversations téléphoniques prennent la forme d'*arias*, d'aspect néoclassique ou de style italien dramatique, en fonction de leur humeur. Les conversations avec Ben sont conçues comme des récitatifs. Au moment de l'entente téléphonique finale, on entend résonner une valse pleine de tierces et de sixtes plaisantes.

The Consul
Le Consul

Drame musical en trois actes (six tableaux)

Livret: Gian Carlo Menotti
Création: le 1er mars 1950 à Philadelphie (Shubert Theatre)
Personnages: John Sorel (bar.), Magda Sorel (sop.), la mère (alto), agent de la police secrète (basse), deux détectives (rôles muets), la secrétaire (mezzosop.), Mr Kofner (bar.-basse), l'Italienne (sop.), Anna Gomez (sop.), Vera Boronel (alto), le magicien Nika Magadoff (tén.), Assan, vitrier (bar.), voix du disque (sop.)

Argument
Quelque part en Europe, àprès la Seconde Guerre mondiale.

Acte I
Avec d'autres patriotes, John Sorel lutte contre un régime dictatorial. Sa mère et sa femme parviennent à le cacher, mais il faut qu'il se réfugie à l'étranger. Sa femme le suivra avec leur enfant après avoir fait les démarches nécessaires au consulat. Au consulat, Magda Sorel apprend qu'il y a de très nombreux candidats à l'obtention d'un visa. Tant que tous les formulaires ne seront pas remplis, personne ne pourra parler au consul. Magda a beau mettre en avant la gravité de sa situation, elle est renvoyée à la semaine suivante.

Acte II
Cela fait un mois que Magda s'efforce vainement d'obtenir son visa. Un agent secret la harcèle. Son enfant tombe malade et meurt. Elle apprend par un ami que John l'attend, caché dans les montagnes. Une grande animation règne au consulat, mais les postulants à l'émigration n'obtiennent guère de réponses positives. Désespérée, Magda fait une scène à la secrétaire qui tente alors de l'aider. Mais à l'instant même où la porte du bureau du consul s'ouvre, c'est l'agent secret qui en sort. Magda comprend que sa situation est sans issue.

Acte III
Magda tente une dernière fois de parler au consul. Elle apprend par son ami que John a l'intention de rentrer. Elle l'en dissuade dans une lettre et quitte le consulat. Juste avant la fermeture des bureaux, John se réfugie au consulat, mais il y est arrêté par la police secrète. Il demande à pouvoir téléphoner à Magda, ce qui lui est accordé. Magda rentre chez elle. Le téléphone sonne. Elle n'y prête pas attention ; elle ouvre le robinet de gaz et attend la mort. Lorsque le téléphone sonne encore une fois, elle n'a plus la force de décrocher le combiné.

S. N.

Actualité politique à l'opéra

La première œuvre de grande ampleur de Menotti s'inspire d'un entrefilet du 12 février 1947 relatant le suicide d'une émigrante polonaise qui s'était vu refuser son visa d'entrée aux États-Unis. Se rappelant le destin

de ses amis juifs d'Autriche et d'Allemagne, il décide de composer un opéra sur ce sujet. Les parallèles avec → *Tosca* de Puccini sont flagrants. Quant à l'écriture musicale, Menotti renoue avec des techniques véristes pour donner une illustration bouleversante des situations : les stéréotypes du comportement bureaucratique y trouvent aussi bien place que des visions et des hallucinations conformes à la tradition de l'opéra. Le grand succès international, qui a commencé par 270 représentations d'affilée à l'Ethel Barrymore Theatre de New York, témoigne de la qualité de cet ouvrage.

M. S.

The Consul, Hans Braun dans le rôle de John Sorel, portrait de rôle, Vienne, 1951. Après l'expérience bouleversante d'un nouveau grand mouvement d'émigration dans les années quarante, l'histoire du *Consul* était d'une singulière actualité. La situation s'est souvent reproduite dans la réalité, et l'intemporalité de la tragédie représentée dans l'opéra de Menotti rend ce drame poignant particulièrement adapté à la scène d'opéra.

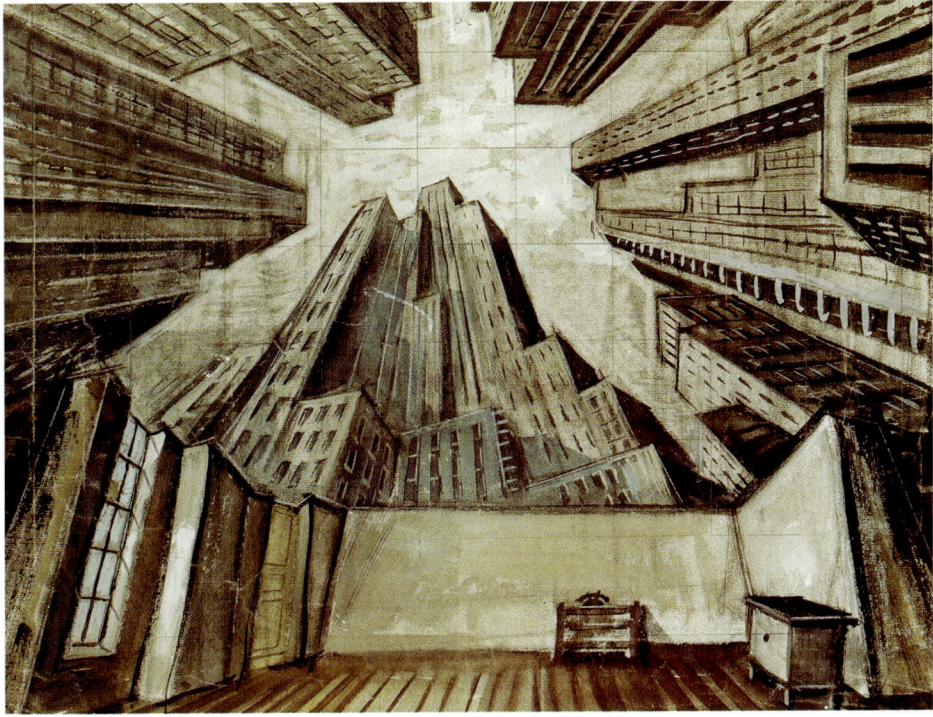

The Consul, croquis de décor de Hans Aeberli, mise en scène : Erich Schumacher, direction musicale : Romanus Hubertus, Vereinigte Städtische Bühnen Mönchengladbach, 1952 (TWS). Le monde moderne : labyrinthe urbain et vestiges du pouvoir impersonnel de la bureaucratie.

Olivier Messiaen

Né à Avignon le 10 décembre 1908
Mort à Paris le 28 avril 1992

Compositeur avant tout, Messiaen est également un organiste et un pianiste brillant, un théoricien perspicace remarquablement cultivé et un professeur fort apprécié. Il a eu pour élèves de grands noms de la musique contemporaine européenne, comme Pierre Boulez, → Karlheinz Stockhausen, Yannis Xenakis ou György Kurtág. Né à Avignon, Messiaen est le fils de la poétesse Cécile Sauvage et de Pierre Messiaen, traducteur de Shakespeare. De 1919 à 1931, il étudie l'orgue (dans la classe de Marcel Dupré) et la composition (dans celle de Paul Dukas) au Conservatoire de Paris, où il enseigne lui-même l'esthétique, la théorie et l'analyse à partir de 1942. En 1955, on crée pour lui une classe de philosophie musicale. À partir de 1931, il est titulaire presque sans interruption de l'orgue de l'église parisienne de la Sainte-Trinité.

La musique de Messiaen doit autant au grégorien qu'à l'univers sonore du gamelan javanais ; elle associe la métrique de la versification grecque aux gammes des ragas indiens et établit des relations entre les empilements de quarte et quinte d'un Debussy et d'un Scriabine et les principes sériels, leur associant également les chants d'oiseaux du monde entier. Sa musique a pour élément fondamental une cosmogonie dans laquelle confluent la mystique du catholicisme et celle de l'Asie orientale. Messiaen a lui-même exposé son esthétique en 1944 dans un traité intitulé *Technique de mon langage musical*. Sa création a atteint un sommet dans la *Turangalîla-Symphonie*, composée en 1946-1948 à la demande du chef d'orchestre russo-américain Sergueï Koussevitzky qui représente une œuvre-clé de l'époque. On peut en dire autant de son opéra *Saint François d'Assise*, dans lequel il refuse la séparation occidentale entre sacré et profane pour rendre à l'opéra une dimension mystique et solennelle, depuis longtemps perdue.

Œuvres: Opéra : *Saint François d'Assise*, 1983. Pièces pour orgue, piano, orchestre, chœur et musique de chambre, dont les quatre méditations symphoniques pour orchestre, *L'Ascension*, 1932, version pour orgue 1933 ; le *Quatuor pour la fin du temps*, 1941 ; la *Turangalîla-Symphonie*, 1946-1948 ; *Le réveil des oiseaux* pour piano et orchestre, 1953 ; *Oiseaux exotiques*, 1956 ; *Chronochromie* pour grand orchestre, 1959-1960 ; *Des canyons aux étoiles* pour piano et 40 instruments, 1971-1975 ; *Éclair sur l'au-delà* pour grand orchestre, 1987-1991.

Saint François d'Assise

Scènes franciscaines

Opéra en trois actes et huit tableaux

Livret: Olivier Messiaen
Création: le 29 novembre 1983 à Paris (Opéra, Palais Garnier)

Personnages: l'ange (sop.), Saint François (bar.), le lépreux (tén.), frère Léon (bar.), frère Massée (tén.), frère Élie (tén.), frère Bernard (basse), frère Sylvestre (basse), frère Rufin (basse) ; frères, voix du Christ (chœur)

Argument
En Italie, au XIIIe siècle.

Acte I
Tableau 1 *La Croix*. Dans une rue. Les frères s'interrogent sur la vie, car ils ont peur de la mort. Saint François leur apprend à vivre dans la joie, c'est-à-dire à surmonter la peur de la mort par l'amour de son prochain.
Tableau 2 *Les Laudes*. À l'intérieur d'une cellule de moine. Saint François chante les louanges des créatures de Dieu, qu'il supplie de lui donner la faculté d'aimer même un lépreux.
Tableau 3 *Le Baiser au lépreux*. Dans une léproserie, Saint François est pris de nausée devant le lépreux, mais il se reprend, l'embrasse et le guérit. (Interlude orchestral *Danse de joie du lépreux*.)

Acte II
Tableau 4 *L'Ange voyageur*. Le mont de La Verna. Un ange demande à pouvoir entrer dans le couvent des frères. Ceux-ci le repoussent avant de l'admettre lorsqu'il leur parle de la prédestination.
Tableau 5 *L'Ange musicien*. Profondément ému par la musique de l'ange, saint François est prêt à mourir.
Tableau 6 *Le Prêche aux oiseaux*. Saint François prêche aux oiseaux de sa patrie d'Ombrie, mais aussi à ceux du monde entier. « Toute chose de beauté doit parvenir à la liberté, la liberté de gloire » (Interlude orchestral : *Grand concert d'oiseaux*.)

Acte III
Tableau 7 *Les Stigmates*. À la Verna. La Nuit. Après une longue imploration, Dieu accorde à Saint François les cinq stigmates du Christ, symbole d'un amour parfait du prochain.
Tableau 8 *La Mort et la Nouvelle Vie*. Saint François dit adieu à ses frères ; en mourant, il parle de l'essence de sa vie et obtient l'illumination : « Seigneur ! Seigneur ! Musique et Poésie m'ont conduit vers Toi : par image, par symbole et par défaut de vérité. »

S. N.

Page de gauche
Saint François d'Assise, José van Dam dans le rôle de saint François, mise en scène : Peter Sellars, direction musicale : Kent Nagano, Festival de Salzbourg, 1992. La présence sur scène de plusieurs téléviseurs n'a rien d'inhabituel en cette fin du XXᵉ siècle. Ce mobilier technologique symbolise avant tout un certain niveau de civilisation et le mode de vie qui lui est lié, la surabondance d'informations visuelles au siècle des moyens de reproduction de masse. Mais selon un vieil adage : « L'œil conduit l'homme vers le monde et l'oreille conduit le monde vers l'homme. »

Messiaen a été l'un des représentants les plus influents et les plus atypiques de la musique française du XXᵉ siècle. Ses œuvres sont le truchement d'une attitude profondément éthique, à motivation religieuse.

À droite
Saint François d'Assise, photo de scène avec Chris Merritt dans le rôle du lépreux, mise en scène : Peter Sellars, direction musicale : Kent Nagano, Festival de Salzbourg, 1992. Le personnage du lépreux, symbole de la souffrance humaine et incarnation de l'exhortation à faire le bien – selon la parole biblique voulant que les anges n'aient pas de nom mais qu'il puisse advenir à toute heure qu'ils portent le tien !

Un ouvrage lyrique central

Saint François d'Assise est le chef-d'œuvre d'Oliver Messiaen. Les dernières paroles du saint sont également une déclaration de foi du compositeur. En même temps, cet opéra est un ouvrage central du XXᵉ siècle. Lorsque Rolf Liebermann lui proposa de composer un opéra pour Paris, Messiaen, surpris, commença par refuser. Mais il décida ensuite de saisir cette chance. La composition s'étendit de 1975 à 1983. Le compositeur jugea que la création à l'Opéra Garnier (sous la direction de Seiji Ozawa) répondait à ses intentions. Mais les contraintes de cet ouvrage (une durée de quatre heures et quart, la présence d'un immense orchestre et de 150 choristes) ont évidemment fait obstacle aux représentations scéniques. C'est ainsi que s'est imposée la pratique consistant à donner quelques scènes en version de concert, comme ce fut le cas à Salzbourg en 1985 avec Dietrich Fischer-Dieskau. L'Opéra de Lyon a mis à l'affiche en 1988 une exécution intégrale en version de concert avec le London Philharmonic Orchestra sous la baguette de Kent Nagano, avant une mise en scène très appréciée de Peter Sellars pour le Festival de Salzbourg de 1992. En 1997, l'Opéra de Leipzig (avec l'orchestre du Gewandhaus et Jiri Kout) a prouvé qu'une scène de moyenne importance pouvait en faire un grand événement lyrique.

Saint François d'Assise, mise en scène : Peter Sellars, Festival de Salzbourg, 1992.
« Écoute ; et ton âme vivra ! » : cette exhortation s'applique de manière absolument exemplaire à l'opéra de Messiaen. La création érigée en chant de louange est l'un des messages centraux du modèle historique comme du « héros » de l'opéra. Il s'agit donc *stricto sensu* d'un opéra qui peut se passer d'illustration scénique et qui met évidemment à rude épreuve les metteurs en scène chargés de trouver un mode de représentation adéquat.

Les oiseaux

Saint François d'Assise n'est pas une fantasmagorie ésotérique ou catholique. C'est une œuvre d'art qui s'efforce, par des moyens d'une grande intégrité, d'invoquer le divin comme expression de la liberté, de la joie et de l'absence totale de crainte. Dans sa musique, dans ses rythmes fluctuants et son harmonie diaprée de chromatisme, Messiaen réussit à exprimer à la fois ce qui est intelligible à l'homme et ce qui relève d'une complexité supérieure. La prédication aux oiseaux occupe le centre de l'œuvre. Dans l'esprit de Messiaen, les oiseaux annoncent l'amour de Dieu et l'amour pour Dieu. Grâce à leur aide, on peut s'approcher, pas à pas, de la vérité divine, à travers la nature perceptible par les sens.

S. N.

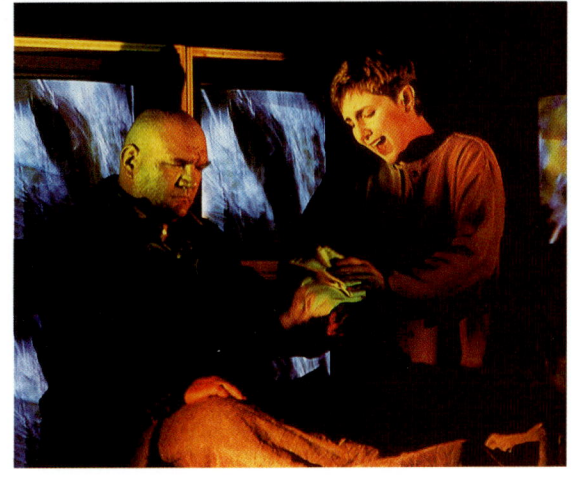

Robert le diable, image de la création d'après Ciceri, Opéra de Paris, 1831. Cette scène dans les ruines du couvent, où Robert se procure le rameau magique, est devenue célèbre. Dans une longue bacchanale, les nonnes sorties de leur tombeau évoquent les tentations les plus dangereuses de la vie terrestre: alcoolisme, passion du jeu et sexualité. Ciceri, le plus grand décorateur de l'Opéra de Paris, imagina pour cette scène une réplique du cloître de l'abbaye de Montfort-l'Amaury, un monument du XVIe siècle. Toujours perspicace, Heinrich Heine observait que cet opéra devait son succès sans précédent au fait que le public des années 1830, qui avait vécu la révolution de Juillet, retrouvait en Robert une image de son dilemme entre désir de révolte et espoir de stabilité.

Giacomo **Meyerbeer**

Né à Vogelsdorf, près de Berlin, le 5 septembre 1791
Mort à Paris le 2 mai 1864

Meyerbeer est issu d'une riche famille juive de banquiers berlinois. Enfant prodige, il est l'élève de l'abbé Vogler et a pour condisciple → Carl Maria von Weber. Sa carrière le conduit du *singspiel* allemand à l'*opera seria* italien et, enfin, au grand opéra français, dont il devient le maître incontesté. Créateur d'un nouveau genre, il le porte à son sommet absolu. Ses œuvres remportent un succès sans précédent dans toute l'histoire de la musique. Bien que des liens très solides l'attachent à Paris, il travaille aussi, surtout dans les années 1840, dans sa ville natale de Berlin, où il est nommé Generalmusikdirektor royal.

Œuvres: Opéra: *Robert le diable*, 1831; *Les Huguenots*, 1836; *Le Prophète*, 1849; *L'Étoile du Nord*, 1854; *Dinorah*, 1859; *L'Africaine*, 1865, inachevé. Singspiels, opéras italiens, œuvres de circonstance, lieder et mélodies.

Le Grand Opéra – du grand spectacle européen

Vers 1830, l'Opéra de Paris rassemblait une équipe artistique dirigée par Victor Léon et dont les membres étaient tous des professionnels du théâtre, de la musique ou de la technique scénique. L'orchestre du Grand Opéra était constitué de 70 musiciens d'excellente qualité. Renforcé par des figurants, le chœur était capable de représenter sur scène de véritables effets de masse. Le ballet, qui pouvait se targuer d'une longue tradition, était considéré comme le meilleur d'Europe. On accorda alors une attention nouvelle au décor scénique. L'environnement dans lequel se déroulaient les événements historiques devait reproduire la réalité le plus fidèlement possible. Les lieux privilégiés étaient des palais, des églises et d'autres sites imposants, restitués avec un incroyable souci du détail. Le librettiste Eugène Scribe et le compositeur Giacomo Meyerbeer avaient d'abord conçu *Robert le diable* comme un opéra-comique. Mais l'œuvre subit des modifications décisives à la suite des effets visuels qui vinrent enrichir l'action, par exemple dans la pantomime de la partie de dés de l'acte I, qui repose sur une sicilienne (conformément au lieu de l'action) N1, ou dans la valse infernale de l'acte III, au moment où Bertram invoque les démons. N2

P. H.

1. Sicilienne de Robert
O fortune, à ton caprice, viens, je livre mon destin!

2. Valse infernale
Noirs démons, fantômes, oublions les cieux, des sombres royaumes célébrons les jeux!

Meyerbeer a été, dans l'univers de l'opéra, le pionnier du cinéma à grand spectacle ou des grands shows de music-hall du XXe siècle. Il a su fondre plusieurs styles nationaux en une écriture personnelle et a influencé un grand nombre de ses contemporains, parmi lesquels Verdi et Wagner.

Robert le diable

Opéra en cinq actes

Livret : Eugène Scribe
Création : le 21 novembre 1831 à Paris (Opéra)
Personnages : Robert, duc de Normandie (tén.), Bertram, son ami (basse), le prince de Grenade (rôle muet), le roi de Sicile (rôle muet), Isabelle, princesse de Sicile, sa fille (sop.), Alice, jeune paysanne normande (sop.), Raimbaud, son fiancé (tén.), Alberti, un chevalier (basse), un héraut d'armes (tén.), le maître des cérémonies du roi de Sicile (tén.), un prêtre (basse), dame de cour d'Isabelle (sop.) ; chevaliers, courtisans, soldats, paysans, peuple, moines et religieuses (chœur)

Argument
À Palerme et aux alentours, vers 1250.
Robert, le duc de Normandie banni en Sicile, fait la cour à la princesse Isabelle. Pour arriver à ses fins, il compte sur l'aide du diabolique Bertram. Alice, sœur de lait de Robert et fidèle servante de sa mère, lui ouvre les yeux : Bertram est son propre père, mais il est également un démon maléfique qui aime son fils mais ne peut être uni à lui que dans la damnation. Avec l'aide d'Alice, Robert dénoue ces liens funestes et conquiert l'amour d'Isabelle.

Acte I
Banni en raison de son existence dissolue, Robert n'est que difficilement toléré en Sicile. Un chevalier étranger du nom de Bertram lui a accordé son aide. Robert aime la princesse Isabelle, qui l'aime en retour ; il veut participer à un tournoi pour obtenir sa main. Alice, une jeune Normande, lui remet le testament de sa mère, qu'il ne pourra lire que lorsqu'il en sera digne. Bertram entraîne Robert dans une partie de dés au cours de laquelle ce dernier perd tout, même ses armes.

Acte II
Isabelle fournit de nouvelles armes à Robert afin qu'il puisse disputer le tournoi dont elle est l'enjeu. Mais Bertram déjoue ses plans. Il attire Robert dans la forêt sous prétexte d'une provocation en duel d'un rival prétendu, le prince de Grenade. À l'heure dite, Robert ne se présente pas au tournoi. En revanche, le fantôme d'un prince de Grenade, conjuré par Bertram, remporte la main d'Isabelle.

Acte III
Bertram est harcelé par les démons : si à minuit il n'a pas pu attirer Robert en enfer, il sera lui-même damné et séparé à jamais de son fils.
Robert croit toujours à la loyauté de son ami Bertram ; il ne se doute pas qu'il s'agit de son père et encore moins d'un démon. Bertram incite alors Robert à se procurer une arme miraculeuse qui lui permettra de vaincre le chevalier de Grenade. Bertram fait surgir de leur tombe des nonnes pécheresses qui entraînent Robert dans une bacchanale et le poussent à s'emparer du rameau de sainte Rosalie.

Acte IV
Robert pétrifie la cour d'Isabelle grâce au rameau magique. Il éveille Isabelle et tente de la prendre de force. Elle implore le ciel d'avoir pitié d'elle et de Robert. Échappant à l'emprise du mal, Robert brise le rameau. La cour s'éveille et Robert doit fuir la colère des chevaliers.

Acte V
Pour échapper au courroux de ses poursuivants, Robert se réfugie dans une église. Ici, Bertram lui révèle qu'il est son père et lui supplie de signer un pacte et de céder son âme à l'enfer pour éviter qu'ils ne soient séparés à jamais. Robert est sur le point d'obtempérer lorsque Alice apparaît, lui remettant le testament de sa mère dans lequel elle le met en garde contre Bertram. Représentante terrestre de sa mère, Alice lutte avec Bertram pour l'âme de Robert. Lorsque minuit sonne, Bertram disparaît en enfer. Robert conduit Isabelle à l'autel.

S. N.

Les Huguenots, illustration, extrait de « Opern-Galerie », 1871.
Par fanatisme religieux, le père fait tuer sa propre fille. Scribe et Meyerbeer se doutaient-ils en 1836 que ce genre de situation allait se reproduire à maintes reprises au cours du siècle suivant ?

Emmy Destinn (1878-1930), portrait dans le rôle de Valentine de Saint-Bris, vers 1900.

Les Huguenots

Opéra en cinq actes

Livret : Eugène Scribe et Émile Deschamps
Création : le 29 février 1836 à Paris (Opéra)
Personnages : Marguerite de Valois, reine de Navarre (sop.), Raoul de Nangis, noble protestant (tén.), Marcel, son serviteur protestant (basse), Valentine de Saint-Bris, jeune noble catholique (sop.), le comte de Saint-Bris, son père (basse), le comte de Nevers, noble catholique (basse), Urbain, page de la reine (sop.), Bois-Rosé, soldat protestant (tén.) ; nobles catholiques : Cossé (tén.), Tavannes (tén.), Thoré (basse), de Retz (basse), Méru (basse), Maurevert (basse) ; nobles, dames de la cour, étudiants, soldats, habitants de Paris, gitans, moines, assassins catholiques, femmes et enfants protestants (chœur)

Argument

En France, au mois d'août 1572 (avant et pendant la nuit de la Saint-Barthélemy).
Valentine, jeune catholique, et Raoul, protestant, s'aiment, mais leur amour est contrarié par la méfiance réciproque et par l'hostilité générale entre les deux religions chrétiennes. Valentine fait alors fi de toutes les barrières. Oubliant son rang, elle se met en quête de son amant à travers les rues et, malgré sa foi catholique, se convertit à la religion protestante – n'obtient pourtant qu'une chose : être unie à son bien-aimé dans la mort.

Acte I

Le comte de Nevers a invité d'autres nobles de ses amis, dont Raoul de Nangis, seul protestant de l'assemblée. Il veut prôner ainsi la réconciliation entre les deux religions. Mais les nobles catholiques restent sceptiques, d'autant plus que Marcel, le serviteur de Raoul, les brusque par sa rudesse huguenote. Raoul a récemment tiré d'embarras une dame dans la rue et en est tombé amoureux. Surprenant une rencontre secrète entre sa belle inconnue et Nevers, il en conclut qu'elle est la maîtresse du comte. En réalité, il s'agit de Valentine, la fille du comte de Saint-Bris, qui, de son propre chef et à l'instigation de la reine Marguerite de Valois, vient rompre ses fiançailles avec Nevers pour être libre de se marier avec Raoul de Nangis. La reine espère ainsi aboutir à la réconciliation des partis ennemis.

Acte II

La reine est satisfaite de la mission de Valentine. Nevers a accepté l'annulation des fiançailles. Elle convoque Raoul pour préparer son mariage avec Valentine. Reconnaissant en Valentine son inconnue, Raoul l'insulte, persuadé qu'elle est la maîtresse de Nevers. Le comte de Saint-Bris est blessé dans son honneur. La reine ne peut empêcher une lutte ouverte entre protestants et catholiques.

Acte III

La population parisienne elle-même se divise entre protestants et catholiques et la tension monte. Saint-Bris fomente un attentat contre Raoul. Celui-ci en est averti par Valentine, qui aime toujours Raoul bien qu'elle ait épousé Nevers. Raoul comprend trop tard qu'il s'est montré injuste.

Acte IV

Dans le château de Nevers, les catholiques s'apprêtent à exterminer les huguenots sous la conduite de Saint-Bris et sur l'ordre du roi Charles IX. Nevers refuse de participer à ces meurtres. Il est arrêté. Raoul s'est introduit chez Valentine pour la prier d'excuser son injustice; il apprend ainsi le complot fomenté contre ses coreligionnaires. En vain, Valentine s'efforce de le retenir. Elle va jusqu'à lui avouer son amour. Bref instant de bonheur. Puis Raoul court prévenir ses coreligionnaires.

Acte V

On célèbre solennellement les noces de Marguerite de Valois et d'Henri IV. Raoul fait irruption et annonce le massacre des huguenots dans les rues de Paris. Les huguenots, acculés, se sont réfugiés dans un cimetière; Raoul et Marcel sont avec eux. Valentine les y découvre. Le comte de Nevers a été tué par ses propres gens. Elle est libre et Raoul pourrait se réfugier avec elle sous la protection de la reine. Mais il reste avec ses compagnons de souffrance et Valentine se convertit à la religion de son bien-aimé. Marcel bénit leur union. Grièvement blessés, les derniers huguenots se traînent dans les rues de Paris. Saint-Bris les fait tous abattre, en même temps que Raoul, Marcel et Valentine. Ce catholique fanatique se rend compte trop tard qu'il a tué sa propre fille. La reine Marguerite essaie vainement de mettre fin au massacre.

S. N.

Les Huguenots, croquis de décor de Johann Kautsky pour la catastrophe finale, Francfort, 1880.
Après le triomphe de la première, d'autres grands opéras d'Europe mirent l'œuvre à l'affiche. Son sujet, inspiré des guerres de religion, donna pourtant bien du fil à retordre aux responsables de ces productions. Les catholiques et les protestants se transformèrent en Guelfes et en Gibelins à Vienne, en Anglicans et en Puritains à Munich. À Berlin même, l'œuvre ne put être donnée qu'après la mort de Frédéric Guillaume III, en 1842. Cela n'empêcha pas *Les Huguenots* de devenir l'opéra par excellence des décennies suivantes et de figurer au répertoire de tous les établissements lyriques dignes de ce nom. À Paris, en 1903, *Les Huguenots* fut le premier opéra à atteindre le chiffre record de 1 000 représentations.

Les Huguenots, Wilhelmine Schröder-Devrient avec Eduard Mautius, caricature de F. Meyer, Berlin, 1842.
Le grand duo Valentine-Raoul vu par un caricaturiste. Wilhelmine Schröder-Devrient (1804-1860) fut certainement une personnalité de poids de la première berlinoise.

Coloratures, clarinette basse et viole d'amour

Une représentation des *Huguenots* ne saurait se passer de quelques chanteurs brillants, maîtrisant à la perfection le son caressant et la virtuosité légère du *bel canto* italien. Ces exigences s'appliquent avant tout au rôle de la reine, avec son air plein de coloratures virtuoses (début de l'acte II). N 3

À l'opposé de la reine, on trouve le fruste soldat Marcel, qui compte parmi les inventions les plus originales de Meyerbeer. On rattache souvent le personnage du vieillard inébranlable, qui consacre sa vie au service de Dieu et au bien-être de son seigneur terrestre, à la citation du choral luthérien *Ein'feste Burg* (Seigneur, rempart et seul soutien). Il offense les catholiques par cette profession de foi protestante (acte I). N 4

Parallèlement à cette citation mélodique, le son des cordes graves et (acte IV) de la clarinette basse, un instrument nouveau à l'époque, contribue à caractériser la figure robuste de Marcel. Obéissant à une autre inspiration d'orchestration singulière, Meyerbeer conçoit l'air de Raoul (acte I) comme un dialogue entre la voix chantée et cet instrument démodé qu'est la viole d'amour.

Tableaux de groupes en noir et blanc

Le rôle dévolu au chœur et aux ensembles est plus important que dans tout autre opéra de Meyerbeer. Le nombre de leurs interventions dépasse largement celui des numéros réservés aux solistes et prête un caractère grandiose à l'ouvrage. L'orgie exubérante des catholiques à l'acte II contraste avec l'érotisme léger des dames d'honneur de la reine. Les événements se concentrent au troisième acte dans un tableau d'atmosphère tendu des rues de Paris. La mélodie martiale du septuor d'hommes pourrait fort bien avoir été écrite par le Verdi de la maturité. N 5

C'est également le cas de la grande scène de foule de l'acte IV, qui voit les catholiques jurer de se venger de leurs ennemis. Le vœu, entonné par Saint-Bris, puis repris par le chœur des conjurés, possède une majesté menaçante, qui exprime remarquablement bien la force du mal. N 6

La conjuration est couronnée par l'entrée des moines, qui assurent que Dieu approuve les massacres projetés. (Cette représentation ne suscita aucune réserve de la censure, ce qui témoigne du libéralisme de la France de l'époque.)

Duo d'amour sur fond de massacres

Cette scène sinistre laisse place à un duo d'amour, dans lequel se profile l'union si longtemps différée de Valentine et de Raoul. C'est grâce au ténor Adolphe Nourrit que le quatrième acte s'achève sur ce dialogue grandiose, dont la ferveur intensifie encore la tension générale. Le point culminant du drame, le moment où Raoul apprend les menaces qui pèsent sur ses coreligionnaires, est marqué par un bon quart d'heure d'hésitation, de dilemme entre des sentiments et des impulsions contraires. Raoul veut fuir, Raoul veut se porter au secours de ses amis, Raoul veut se battre. Valentine le retient, le met en garde, le prévient qu'il court à sa perte. Constatant la vanité de ses arguments, elle sort son dernier atout : il doit rester pour elle, parce qu'elle l'aime. Raoul se réveille d'un cauchemar et découvre qu'il est au seuil de la félicité. Grisé de bonheur, il répète : « Tu l'as dit ! Oui, tu m'aimes ! », tandis que Valentine appréhende leur situation avec plus de réalisme : « C'est la mort ! Voici l'heure ! » Malgré l'antinomie de leurs propos, les voix se fondent en une admirable mélodie, image de leur union indissoluble. On assiste au développement d'un interminable dialogue euphorique porté sur la même vague de sentiment : un instant de bonheur prolongé, sous l'ombre de la mort. N 7

Acte final : un enchaînement de catastrophes

On a souvent affirmé qu'après ce sommet, l'acte V ne pouvait que marquer un recul. (Pour cette raison, les scènes allemandes ont souvent supprimé cet acte, l'opéra s'achevant après le duo sur l'image de Raoul sautant par la fenêtre et trouvant ainsi la mort – conclusion illogique, parfaitement impensable chez Scribe.) Pourtant, avec le trio de la bénédiction et la vision surnaturelle du ciel s'ouvrant au-dessus des victimes du massacre, le dernier acte contient encore bien des beautés. Lorsque le chant choral des protestants fugitifs s'éteint dans le vacarme des assassins fanatiques, cette scène arrive encore à émouvoir le cœur des hommes du XXe siècle, pourtant habitués aux atrocités quotidiennes.

P. H.

Une genèse hésitante

Après le succès retentissant des *Huguenots*, le public attendait un nouveau coup d'éclat du duo Scribe-Meyerbeer. Mais l'attente se prolongea. Bien que Scribe ait livré à Meyerbeer un nouveau livret dès 1837 et que le compositeur l'ait mis en musique vers 1840, l'ouvrage resta un bon moment au fond de leurs tiroirs, en raison des difficultés de distribution et de dissensions avec la direction de l'Opéra. Meyerbeer travailla alors pendant plusieurs années dans sa ville natale de Berlin où, en qualité de directeur général de la musique, il monta l'opéra allemand *Ein Feldlager in Schlesien* (Un Camp en Silésie). En 1847, la direction changea à l'Opéra de Paris et la célèbre cantatrice Pauline Viardot-Garcia se déclara prête à interpréter l'un des rôles principaux. Meyerbeer commença enfin à envisager de regagner Paris. La force du *Prophète* doit beaucoup aux scènes de foule, qui se prêtent à une mise en scène particulièrement efficace.

Le Prophète, Pauline Viardot dans le rôle de Fidès, Paris.
La mezzosoprano Pauline Viardot (1821-1910) est issue de l'une des plus grandes familles de chanteurs du XIXe siècle (elle avait pour père Manuel Garcia, ténor et professeur de chant réputé, et sa sœur, Maria-Felicia Malibran, était une *prima donna* très appréciée). *Le Prophète* est un opéra dont l'intrigue ne repose pas sur l'amour. Le rôle le plus important incombe incontestablement à la mère. La grande Viardot a chanté le rôle de Fidès au cours de quelque 200 représentations.

Le Prophète

Opéra en cinq actes

Livret: Eugène Scribe

Création: le 16 avril 1849 à Paris (Opéra)

Personnages: Jean de Leyde, aubergiste, puis prophète des anabaptistes (tén.), Bertha, sa fiancée (sop.), Fidès, sa mère (mezzosop.), le comte Oberthal, seigneur tyrannique (basse), trois anabaptistes: Jonas (tén.), Mathisen (bar.), Zacharie (basse); paysans et paysannes, nobles et dames, soldats, anabaptistes, habitants de Münster (chœur)

Argument

Aux Pays-Bas et en Westphalie, vers 1530.
L'aubergiste Jean de Leyde devient prophète des anabaptistes parce qu'il veut réparer les injustices commises et en empêcher de nouvelles. Mais une juste colère se transforme en cruauté arbitraire. Le prophète est incapable de contrôler le mouvement, il ne peut qu'y mettre fin. Il détruit ainsi amis et ennemis, et se détruit lui-même.

Acte I

Jean, l'aubergiste de Leyde, veut épouser Marthe, une pauvre orpheline. Celle-ci se rend avec la mère de Jean, Fidès, auprès du comte Oberthal pour lui demander l'autorisation de se marier. Des anabaptistes parcourent le pays en prêchant et en appelant le peuple à se soulever contre l'injustice des puissants. Le peuple leur prête une oreille attentive. Mais cette belle audace s'effondre à l'apparition de l'un des tyrans, le comte Oberthal. Au lieu d'accorder à Bertha l'autorisation demandée, il fait conduire de force la jeune fille et la mère Fidès à son château. Devant ce nouveau méfait, la popularité des anabaptistes s'accroît aussitôt.

Acte II

Les anabaptistes pensent avoir trouvé en Jean le chef dont leur mouvement a besoin. Mais Jean fait plus grand cas de son bonheur avec Bertha que de la gloire et du pouvoir. Pourtant, il est incapable de protéger Bertha contre Oberthal. Celui-ci lui offre le choix: lui céder sa fiancée ou laisser mourir sa mère. Désespéré, Jean abandonne sa fiancée à Oberthal et rallie les anabaptistes.

Acte III

Jean a conduit les anabaptistes à la victoire et passe pour leur prophète. L'hiver s'annonce. Ils veulent établir leurs quartiers à Münster et assiègent la ville. Entre-temps, la juste indignation des anabaptistes s'est muée en cruauté vengeresse. Cela entraîne des dissensions entre Jean et les autres chefs de file des anabaptistes. Oberthal tombe entre les mains des anabaptistes et doit être jugé. Feignant le repentir, le comte obtient d'être gracié par Jean. Il apprend de lui que Bertha s'est réfugiée à Münster. Jean donne l'ordre de prendre la ville.
L'attaque a échoué et les anabaptistes en imputent la faute au prophète. Mais, grâce à son charisme, celui-ci parvient à les rallier autour de lui.

Acte IV

À Münster enfin conquise, les anabaptistes instaurent un régime de terreur, contre la volonté de Jean. La mère Fidès et Bertha se retrouvent et croient à tort que Jean a été assassiné par le prophète. Bertha veut venger Jean et tuer le prophète.
Dans la cathédrale de Münster, Jean est couronné prophète. Fidès reconnaît alors son fils. Mais en tant que prophète, Jean est obligé de renier sa mère et de rester fidèle à l'objectif qu'il s'est fixé.

Acte V

Dans le dos de Jean, les chefs de file des anabaptistes négocient avec l'empereur, qui se trouve devant Münster avec une forte armée. On leur promet l'impunité s'ils livrent le prophète. Jean se reconnaît alors coupable devant sa mère, qui est prête à lui pardonner ses massacres s'il quitte les anabaptistes. En quête du prophète, Bertha découvre la mère et le fils et croit un bref instant qu'elle va retrouver Jean. Reconnaissant en lui le prophète, elle se suicide pour ne pas être complice de ses crimes.
Jean a été informé de la trahison de ses compagnons. En secret, il a donné l'ordre de faire sauter le palais où ont lieu les négociations avec les envoyés de l'empereur. Au moment où Oberthal entre dans la salle, Jean donne le signal. Amis et ennemis meurent sous les décombres; Jean expire dans les bras de sa mère.

S. N.

Comment l'amour pâtit de l'arrivée de la mezzosoprano

L'engagement de Pauline Viardot, dotée d'une remarquable voix de mezzosoprano, pour le rôle de Fidès obligea Scribe et Meyerbeer à procéder à un certain nombre de remaniements. Le résultat fut un opéra où le grand amour n'occupe pas une place centrale. Bertha et Jean ne forment pas un véritable couple d'amoureux et ne chantent pas un seul duo. Le rôle principal incombe incontestablement à la mère. Le conflit central repose sur la relation troublée que Jean entretient avec elle. Son fils la quitte et se range aux côtés des anabaptistes immoraux. Au point culminant de l'ouvrage, la scène du couronnement, Jean est amené à la renier. Mais il lui revient au dernier acte et tous deux acceptent la mort dans l'espoir que leur martyre sauvera le monde des débordements de violence. Meyerbeer avait toute confiance dans le génie de

Pauline Viardot et il composa pour elle les plus admirables mélodies. N8

Jean, chef de secte

Conformément aux conventions du grand opéra, l'affrontement social est étroitement lié au destin individuel des personnages. Scribe s'est inspiré de données historiques et a pris pour modèle la carrière de Jean de Leyde, « roi des anabaptistes ». Reconnu comme le Messie, celui-ci s'établit en 1534 à Münster, où il annonçait l'avènement d'un royaume céleste. Son mouvement possédait certains traits précommunistes, et luttait contre le pouvoir profane et ecclésiastique. Sa révolte fut écrasée dans le sang en deux ans et lui-même périt d'une mort atroce. Ces événements offraient un décor tout aussi romantique que celui de la nuit de la Saint-Barthélemy dans Les Huguenots. Pourtant, le sentiment fondamental qui gouverne Jean n'est pas la noble voix de l'honneur mais une illusion religieuse qui le conduit à se poser en Messie. Il relève du type du héros faible, qui cause la perte de ses partisans par un mauvais choix. Ses adeptes, les anabaptistes, se présentent comme une trinité démoniaque (Jonas, Matthisen et Zacharie). Dès le premier acte, quand ils excitent le peuple contre les dirigeants, on entend résonner leur *leitmotiv*, un chant exhalté en forme de choral – composé cette fois par Meyerbeer au lieu d'être emprunté au patrimoine vocal protestant comme dans Les Huguenots. Franz Liszt a composé sur ce thème sa grande *Fantaisie et fugue pour orgue* (1850). N9

Choc scénique avec bruit et silence

La force du *Prophète* réside elle aussi dans les scènes de foule qui se prêtent à une mise en scène efficace. Elles prédominent à l'acte III. On trouve également dans cet acte la scène de ballet obligatoire, les villageois s'amusant sur un étang gelé en dansant valse, galop, ainsi qu'une danse en patins. N10

L'intervention la plus puissante de Jean a lieu à la fin de cet acte : par une prière, il apaise la révolte de ses soldats, avant de les inciter à repartir au combat par un chant de triomphe en forme de marche. N11

La scène du couronnement (acte IV) compte parmi les plus grandes réalisations de Meyerbeer. Ce tableau, qui dure près d'une demi-heure, rassemble les deux fils de l'action. Jean est au sommet de la gloire et entre dans la cathédrale de Münster pour être couronné. (La musique de marche a probablement influencé la marche de triomphe d'→ Aïda de Verdi.)

Les festivités sont interrompues par la lamentation de Fidès. Après ce point d'arrêt lyrique, le conflit se tend jusqu'à l'extrême. Les compagnons de Jean font mine de se soulever contre lui. Pour les tenir en échec, il faut qu'il accomplisse un miracle. La scène d'imploration possède une force hypnotique. Le fils et la mère se font face, deux volontés s'affrontent, et leur dialogue n'est accompagné que par le timbre mystique de la clarinette basse et les sons célestes des flûtes.

P. H.

Le Prophète, illustration d'après le décor de M. Cambon pour la création, Paris 1849
Les scènes de foule de Meyerbeer ont connu la célébrité mondiale peu après la création. Les décors scéniques spectaculaires du Grand Opéra étaient alors une spécialité parisienne, comme le deviendraient plus tard les spectacles de music-hall et de cabaret de la capitale française.

8. Cavatine de Fidès
O toi qui m'a-ban-don-nes, Mon coeur, mon coeur est dés-ar-mé, Est dés-ar-mé.

9. Chœur des anabaptistes
Ad nos, ad sa-lu-ta-rem un - - - dam

10. Ballet des patineurs

11. Chant de triomphe de Jean
Roi du ciel et des an-ges, Je di-rai tes lou-an-ges Com-me Da-vid ton ser-vi-teur !

L'Africaine

Opéra en cinq actes

Livret: Eugène Scribe
Création: le 28 avril 1865 à Paris (Opéra)
Personnages: Vasco de Gama, explorateur portugais (tén.), Inès, fille du grand amiral, amoureuse de Vasco (sop.), Selika, reine africaine en esclavage (sop.), Nelusko, Africain membre de la suite de Selika (bar.), Don Pedro, président du conseil royal du Portugal, mari d'Inès (basse), Don Diego, membre du conseil royal, père d'Inès (basse), Anna, suivante d'Inès (mezzosop.), Don Alvaro, noble portugais, membre du conseil (tén.), le Grand Inquisiteur de Lisbonne (basse), le grand prêtre de Brahma (basse) ; membres du conseil, évêques, dames de la cour, matelots et officiers, prêtres sacrificateurs, brahmines madécasses des deux sexes, indigènes des deux sexes (chœur)

Argument

À Lisbonne, sur mer et dans un pays exotique, à la fin du XVe siècle.

Vasco de Gama se voit interdire de nouveaux voyages d'exploration ; sa fiancée Inès doit épouser Don Pedro. Seule Selika, la reine africaine captive, lui reste fidèle. Le corps expéditionnaire de Don Pedro est exterminé par les indigènes. En Afrique, Vasco est sauvé par l'amour de Selika. Mais lorsqu'il retrouve Inès, Selika lui rend sa liberté et se suicide.

Acte I

Le grand amiral veut marier sa fille Inès à Don Pedro. Mais elle aime Vasco de Gama, l'intrépide navigateur disparu en mer. À la séance du grand conseil, Vasco de Gama, que l'on croyait mort, apparaît et présente pour preuve de l'existence des pays qu'il a découverts deux esclaves, Selika et Nelusko. Mais le conseil repousse ses projets. Fou de rage, il s'en prend au Grand Inquisiteur et est jeté en prison.

Acte II

En prison, Selika empêche Nelusko d'assassiner Vasco de Gama. Inès a obtenu la liberté de Vasco en acceptant d'épouser Don Pedro. C'est lui qui dirigera désormais les expéditions. Nelusko offre ses services à Don Pedro ; sa connaissance de ces terres nouvelles lui sera précieuse.

L'Africaine, croquis de décor de Johann Kautsky, Wiesbaden, 1903 (TWS).
La navigation – un milieu insolite pour un opéra. Avec *L'Africaine* et après les immenses succès de ses grands opéras, Meyerbeer cherche à reconduire son navire dans le port des opéras italiens de sa jeunesse, où les personnages individuels avaient encore la priorité sur les effets de foule. Il mourra plus d'un an avant la création.

Acte III
Le navire de Don Pedro est piloté par Nelusko qui, assoiffé de vengeance, a juré la perte des Européens. Vasco de Gama a suivi son rival sur un autre navire ; il le rejoint et cherche à sauver la vie de Don Pedro pour l'amour d'Inès. Mais Don Pedro repousse son aide, irrité. Une tempête éclate et les indigènes prennent le vaisseau d'assaut. Ils massacrent l'équipage. Vasco de Gama est le seul rescapé.

Acte IV
Selika, reine de son pays, est accueillie en grande pompe. Elle jure d'exterminer leurs ennemis jusqu'au dernier. Vasco de Gama admire la magnificence du pays et tombe entre les mains des prêtres sacrificateurs qui guettaient leur proie. Selika le sauve en déclarant que Vasco de Gama est son époux. Croyant Inès morte, Vasco accepte son destin.

Acte V
Mais Inès a échappé à la mort. Les amants se rencontrent. Leurs douces retrouvailles sont interrompues par Selika. L'Africaine veut se venger de la trahison de Vasco. Mais elle comprend que l'amour d'Inès et de Vasco est si fort que l'homme qu'elle aime ne lui appartiendra jamais entièrement. Elle laisse donc les amants repartir ensemble pour l'Europe. Elle observe leur départ, assise sous le grand mancenillier dont les fleurs exhalent un parfum mortel. Elle meurt et Nelusko la suit dans la tombe. P. H.

Ci-dessous
L'Africaine, photo de l'atelier Kautsky, Wiesbaden, 1903.
Neuf ans avant le naufrage du *Titanic*, on avait construit un navire de malheur pour le Festival de mai de Wiesbaden : il était destiné au troisième acte de *L'Africaine*. Les rescapés du naufrage se font massacrer par les indigènes. Seul Vasco de Gama sort sain et sauf de ce chaos. Il a encore des découvertes à faire et quelques notes à chanter dans la suite de l'opéra...

Vers de nouveaux rivages !
Vasco de Gama appartient à la série des héros faibles comme Robert (→ *Robert le diable*) et Jean (→ *Le Prophète*). Il aime Inès, mais, voyant sa vie menacée, il s'abandonne sans hésiter à la reine africaine Selika. Et lorsque Inès, que l'on croyait morte, réapparaît, il trahit sans plus de scrupules l'Africaine pour s'enfuir avec Inès. En fait, l'amour n'est pas le souci premier de Vasco de Gama, ce qui explique cette attitude. Il a d'autres objectifs : c'est un homme qui voue toute son existence à une activité qui doit lui permettre de s'imposer dans la société.

Ce comportement entretient une étrange proximité avec la situation d'un compositeur d'opéra qui, livré au bon plaisir de son public, brigue constamment de nouveaux succès. Comment ne pas relever que l'unique air de Vasco de Gama dans cet opéra – la mélodie la plus populaire au demeurant que Meyerbeer ait jamais composée – ne traite pas d'amour mais parle d'une terre sur laquelle il a été le premier Européen à poser le pied ? Il veut découvrir des pays nouveaux et accéder ainsi à la gloire et à l'immortalité. Gloire et immortalité – serait-il exagéré de voir dans ce désir un pendant des ambitions personnelles de Meyerbeer ? N 12 P. H.

Ci-dessus, à gauche
L'Africaine, photo de scène avec Jessye Norman (Selika) et Gian Giacomo Guelfi (Nelusko) (devant), mise en scène : Franco Enriquez, direction musicale : Riccardo Muti, Mai musical de Florence, 1972.
Scène de l'acte IV, sur l'île de Selika. L'Africaine est la reine d'une île lointaine, appartenant aux Indes, nous dit le livret. Du temps de Meyerbeer, tout ce qui n'était pas européen était exotique. Pourtant, le personnage de Selika offre un séduisant rôle de soprano dans l'esprit de l'opéra français. Jessye Norman, cantatrice noire américaine dotée d'une admirable voix de soprano dramatique, se trouvait alors au début de sa carrière.

Darius Milhaud

Né à Marseille le 4 septembre 1892
Mort à Genève le 22 juin 1974

Au conservatoire de Paris, Milhaud est l'élève de Dukas, de Widor et de D'Indy. Il fait partie du cercle d'artistes réunis autour de Diaghilev. Milhaud quitte cependant Paris pour accompagner son ami, l'écrivain et ambassadeur Paul Claudel, envoyé en service diplomatique à Rio de Janeiro. À son retour en France, on le compte parmi les membres du groupe des Six (Milhaud, Honegger, Taillefer, Poulenc, Auric et Dury). Il obtient une chaire d'enseignement au Mills College d'Oakland, aux États-Unis. Entre 1947 et 1962, il partage son temps entre Paris et Oakland.

Œuvres : Œuvres scéniques (extrait) : *Les Malheurs d'Orphée*, 1926 ; *L'Enlèvement d'Europe*, 1927 ; *Le Pauvre matelot*, 1927 ; *L'Abandon d'Ariane*, 1928 ; *La Délivrance de Thésée*, 1928 ; *Christophe Colomb*, 1930 ; *Médée*, 1939 ; *David*, 1955 ; *L'Orestie : Agamemnon, les Choéphores, les Euménides*, Berlin, 1963. Ballets, dont la pièce à succès surréaliste *Le Bœuf sur le toit*, 1919 et *La Création du monde*, 1923. Symphonies et d'autres œuvres symphoniques, concertos, quatuors à cordes et d'autres pièces de musique de chambre, œuvres pour piano, musiques de films.

Milhaud écrivait une musique condensée et pointilliste, avec des accents méridionaux, parfois sud-américains. Elle se caractérise par la domination de l'aspect mélodique et par une couleur sonore bien spécifique, due à un traitement des percussions tout à fait original. On le considère comme l'incarnation de la musique française de l'époque du surréalisme. *Le Bœuf sur le toit* est devenu son véritable emblème.

Les Malheurs d'Orphée

Opéra en trois actes

Livret : Armand Lunel
Création : le 7 mai 1926 à Bruxelles (Théâtre de la Monnaie)
Personnages : Orphée (bar.), Eurydice (sop.) ; les Métiers : le forgeron (tén.), le charron (bar.), le vannier (basse) ; les animaux : le renard (sop.), le loup (mezzosop.), le sanglier (tén.), l'ours (basse) ; les gitanes : la sœur jumelle d'Eurydice (sop.) ; sa petite sœur, sa grande sœur (chœur)

Argument
En Camargue, à l'époque moderne.
Orphée, le rebouteux, fuit les hommes ; mais il aime les animaux et leur porte secours. Son amour pour Eurydice la bohémienne n'est approuvé ni par la famille de la jeune fille ni par les villageois. Les amants s'enfuient. Mais Eurydice tombe malade et Orphée n'arrive pas à la soigner. Elle meurt. Orphée revient au village et secourt désormais les hommes au même titre que les bêtes. Les sœurs d'Eurydice tiennent Orphée pour responsable de sa mort et le tuent. Dans une dernière vision, Orphée se voit uni à Eurydice.

S. N.

L'Enlèvement d'Europe

Opéra-Minute en huit scènes

Livret : Henri Étienne Hoppenot
Création : le 17 juillet 1927 à Baden-Baden (Stadthalle)
Personnages : Agénor, roi de Thèbes (basse), Pergamon (bar.), Zeus déguisé en taureau (tén.), Europe (sop.), trois servantes et trois guerriers (chœur : sop., mezzosop., alto, tén., bar., basse)

Argument
À Thèbes, en des temps mythologiques.
Europe rompt avec Pergamon, parce qu'elle a découvert son amour pour les animaux. Le dieu Zeus prend la forme d'un taureau. Pergamon veut tuer l'animal, mais sa flèche se retourne contre lui. Europe s'enfuit sur le dos du taureau. De son union avec le dieu naîtra Minos.

S. N.

L'Enlèvement d'Europe, croquis de costumes de Hein Heckroth, Essen, 1929 (TWS).
Le visible, expression de l'invisible, était l'un des thèmes favoris de Milhaud. L'animalité de l'homme l'intéressait, mais lui inspirait des idées fort différentes de celles, par exemple, des artistes allemands (Wedekind/Berg → *Lulu*). Ce Français cosmopolite voyait plutôt dans la sexualité un élément qui réconcilie et rapproche homme et animal.

Opéras-Minutes
La Première Guerre mondiale s'est accompagnée, dans la réalité comme dans l'art, de l'image des combattants regagnant leur foyer. Elle a imposé une expérience massive de l'imprévisible et de l'incontrôlable. Le temps semblait s'être accéléré ; la rapidité et la brièveté étaient devenues des valeurs en soi. Le film, puis la radio, recourront à cette fin à la technique du montage. Les formes de présentation concises et condensées étaient à la mode. L'opéra n'a pas été épargné par ce courant. Au lieu d'être exploités longuement, dans toutes leurs fibres, les sujets n'étaient qu'exposés en pointillés. Milhaud maîtrisait cet art comme peu d'autres. *Les Malheurs d'Orphée* durent 35 minutes. *L'Enlèvement d'Europe* se réduit à neuf minutes. Milhaud a perfectionné encore la technique de la concentration. *Le Pauvre matelot*, une histoire réaliste et tragique en forme de complainte, se déroule en 40 minutes, tandis qu'*Ariane* met à peine dix minutes à se faire abandonner.

M. S.

Le Pauvre Matelot

Complainte en trois actes

Livret : Jean Cocteau
Création : le 16 décembre 1927 à Paris (Opéra-Comique)
Personnages : le matelot (tén.), sa femme (sop.), son ami (bar.), son beau-père (basse)

Argument
Dans le bar d'un port, à une époque indéterminée
Après quinze ans d'absence, un matelot rentre chez lui. Sa femme, qui l'a toujours aimé fidèlement, ne le reconnaît pas il doute de son amour et provoque sa propre mort.
Il fait croire à la femme que lui, l'étranger, transporte de précieux trésors dans ses bagages, alors que son mari est demeuré pauvre et est poursuivi par les créanciers. Il annonce le retour prochain du disparu et ne demande pour lui-même qu'un endroit où passer la nuit. La femme le tue pendant son sommeil. Après avoir passé quinze ans à lutter avec succès contre le veuvage, la femme est elle-même cause de son veuvage ; fuyant son destin, elle l'accomplit elle-même.

L'Abandon d'Ariane

Opéra-minute en cinq scènes

Livret : Henri Étienne Hoppenot
Création : le 20 avril 1928 à Wiesbaden
Personnages : Ariane (sop.), Phèdre (sop.), Thésée (tén.), Dionysos (bar.), trois marins naufragés (tén., bar., basse), trois bacchantes gitanes (sop., mezzo-sop., alto)

Argument
Sur l'île de Naxos, à l'époque mythologique.
Ariane n'aime plus Thésée, contrairement à sa sœur Phèdre, qui essaie vainement de le séduire. Lorsque les deux sœurs accordent l'aumône à Dionysos déguisé en mendiant, le dieu se montre reconnaissant et résout leurs problèmes. Il enivre Thésée et lui fait prendre Phèdre voilée pour sa sœur Ariane. Thésée quitte l'île avec Phèdre, sa nouvelle bien-aimée. Ariane abandonnée est heureuse et voit son souhait exaucé : elle prendra place dans les cieux à côté de Diane, sous forme d'une constellation.

S. N.

L'Abandon d'Ariane, croquis de décor de Hein Heckroth, mise en scène : Karlheinz Gutheim, direction musicale : Hans Mikerey, Städtische Bühnen, Opéra de Chemnitz, 1932 (TWS).
Étroitement lié aux surréalistes français, Milhaud cherchait comme ses amis peintres à contester les normes établies avec esprit, ironie et bonne humeur. Un thème central s'était dégagé au fil des décennies dans l'opéra européen : l'amour entre l'homme et la femme. *L'Abandon d'Ariane* démonte ce cliché. La relation amoureuse entre homme et femme est remplacée par un amour femmes-étoiles. Comme si, souvent chez Milhaud, il s'agit tout à la fois d'une plaisanterie et d'un débat sérieux.

Stanislaw Moniuszko

Né à Ubiel (aujourd'hui Ubel, près de Minsk)
le 5 mai 1819
Mort à Varsovie le 4 juin 1872

Après avoir commencé sa formation à Minsk et à Varsovie, Moniuszko étudie à Berlin avec C. F. Rungenhagen. En 1840, il devient organiste à Wilna (Vilnius), où il noue des relations avec les principaux représentants de la littérature polonaise (Kraszewski, Fredro). En 1857, Moniuszko va s'établir à Varsovie. La création de son opéra *Halka* (2e version) en 1858 à Varsovie lui assure une célébrité immédiate. Ses funérailles se transforment en manifestation de la soif de liberté du peuple polonais, et en protestation contre l'oppression tsariste.
Œuvres : Opéra : *Halka*, 1848 ; *Flis*, 1858 (Le Batelier) ; *Hrabina*, 1860 (La Comtesse) ; *Straszny Dwór*, 1865 (Le Château hanté) ; *Paria*, 1869. Musique vocale (sept messes, requiem, œuvres chorales profanes, 360 mélodies), musique instrumentale – *Bajka* (Le Conte) –, ouvertures, deux quatuors à cordes.

À l'instar de Glinka (Russie), Smetana (Bohême) et Erkel (Hongrie), Moniuszko s'est érigé en compositeur national en raison de son intérêt pour les problèmes pressants de son temps et parce qu'il a su intégrer dans ses compositions le folklore musical de la Pologne.

Halka

Opéra en quatre actes

Livret : Wlodzimierz Wolski
Création : 1re version en deux actes : le 1er janvier 1848 à Wilna (version de concert), le 28 février 1854 à Wilna (version scénique) ; 2e version en quatre actes : le 1er janvier 1858 à Varsovie

Personnages : Stolnik, propriétaire foncier et écuyer du roi (basse), Zofia, sa fille (sop.), Dziemba, intendant de Stolnik (basse), Janusz, noble et propriétaire foncier (bar.), Halka (sop.) et Jontek (tén.), serfs de Janusz, un joueur de cornemuse (basse), un paysan (tén.) ; nobles, invités, serfs et serves (chœur)

Argument
Devant le château de Stolnik, non loin de Cracovie, et dans un village de montagne, à la fin du XVIIIe siècle.
Janusz, noble propriétaire foncier, entretient une liaison avec Halka, sa serve. Elle attend un enfant de lui. Lorsqu'il se fiance à la fille de l'écuyer royal, il renvoie dans son village natal la jeune fille qui ne se doute de rien et lui donne pour accompagnateur son serf Jontek. Jontek aime Halka et sait la vérité. Mais Halka ne le croit pas. Son destin suscite une grande émotion parmi les villageois. Lorsque les noces de Janusz sont célébrées, Halka est contrainte d'admettre l'infidélité de son amant et se jette dans la rivière. Le chant des serfs du village de Halka appelés à assister aux noces prend des accents menaçants.

S. N.

L'opéra, miroir de la nation
Alors que Fryderyk (Frédéric) Chopin connaissait la gloire comme ambassadeur culturel de son peuple opprimé en France, son jeune collègue Moniuszko défendait la culture polonaise dans sa patrie même. Il a su associer les caractéristiques de l'opéra italien, français et allemand aux spécificités stylistiques de la tradition et du folklore polonais. En outre, les connotations patriotiques et la critique sociale que contenait son opéra ont fait de *Halka* un objet d'identification nationale. Dans le cadre de ce que la censure pouvait tolérer, *Halka* permettait, tant par son contenu que par sa musique, à de très larges fractions de la population polonaise de se reconnaître dans cette histoire, d'identifier la situation politique et culturelle de leur pays et de comprendre qu'il fallait tout faire pour la transformer. Il faut bien admettre que Moniuszko n'a pas su

Halka, Barbara Rusin dans le rôle-titre (au premier plan), mise en scène : Teresa Kujawa, direction musicale : Tadeusz Kozlowski, spectacle du Grand Théâtre de Lodz donné à l'Opéra National de Lyon, 1986.
À l'acte III, Halka découvre la trahison de Janusz, son seigneur. Les paysans appréhendent son histoire d'amour avec une émotion lourde de menaces. Dans les opéras nationaux d'Europe de l'Est, le sentiment d'identité se conjugue souvent à une sensibilité sociale marquée.

adapter la chanson populaire polonaise d'une manière aussi sublime que Chopin, et qu'au lieu de rendre toute l'étrangeté et l'originalité du folklore des paysans des Tatras (une chaîne située au sud de Cracovie), il l'a plutôt édulcoré (contrairement à → Karol Szymanowski dans les années vingt). *Halka* n'en demeure pas moins un jalon de l'histoire musicale polonaise du XIXe siècle. En effet, Moniuszko a considérablement dépassé le romantisme complaisant et fade de ses contemporains et a frayé la voie à la naissance d'une culture musicale polonaise autonome à la fin du XIXe et au début du XXe siècle.

Le folklore : une vitrine idéologique

C'est avec une grande habileté dramaturgique que Moniuszko a associé les types génériques et les intonations folkloriques au canon formel de l'opéra français et italien ; il a su nourrir son œuvre de sa vaste connaissance du répertoire européen et de l'instinct d'un dramaturge musical né (dans la lignée de Chopin). C'est ainsi que *Halka* est devenu l'œuvre historique maîtresse de l'opéra polonais, tout en remportant un grand succès à l'extérieur des frontières polonaises. Les opéras et les mélodies de Moniuszko étaient étroitement liés aux questions fondamentales qui agitaient la société polonaise de son temps. Les « idées contenues dans les œuvres du compositeur étaient communes à toutes les régions du pays. En outre, Moniuszko a été le représentant et l'interprète d'une solide compétence technique, dont les compositeurs d'Europe se sont servis encore longtemps après lui. » Voilà ce qu'écrit Witold Rudzinski, musicologue, compositeur et éditeur des œuvres de Moniuszko. Et c'est bien là ce qui fait l'intérêt de Moniuszko, dont l'œuvre a jeté un pont entre la musique polonaise traditionnelle et la musique de Chopin.

H. L.

Ci-dessous
Halka, Ernst Gutstein (Janusz), Georg Schnapka (Stolnik) et Anni Felbermeyer (Zofia), Volksoper de Vienne, 1966.
Stolnik, le seigneur du village, bénit sa fille Zofia et Janusz avant leur mariage.

En bas
Halka, carte postale, Varsovie/Moscou, 1900.
Une joyeuse noce. Caractéristique majeure : le costume national. Dans un opéra national d'un pays opprimé, tout ce qui pouvait marquer l'identité nationale prenait une signification politique. Message d'un tel opéra : nous possédons un folklore bien à nous, capable de s'imposer à côté des plus grandes œuvres musicales.

Claudio Monteverdi

Baptisé à Crémone le 15 mai 1567
Mort à Venise le 29 novembre 1643

Fils d'un apothicaire, Monteverdi est confié au chef de chœur de la cathédrale de Crémone. Il s'initie ainsi à la théorie musicale et à la composition, joue du violon et chante dans le chœur. Il publie sa première œuvre musicale (des motets à trois voix) à 15 ans (*Sacrae Cantiunculae*, 1582). À 20 ans, il s'acquitte de l'obligation faite à tous les jeunes compositeurs de son temps en publiant un recueil de madrigaux à cinq voix, qui sera suivi de huit autres. En 1590, il entre au service du duc Vincent Gonzague Ier de Mantoue, d'abord comme joueur de viole, puis comme compositeur attitré. Il accompagne le duc au cours de longs voyages (en Autriche, en Hongrie et en Flandres). À Mantoue, il épouse la cantatrice Claudia Cattaneo. En 1612, à la mort du duc Vincent, Monteverdi est renvoyé par son successeur, le duc François. Il postule alors avec succès au poste de Giovanni Gabrieli, récemment décédé, à la basilique Saint-Marc de Venise. Maître fort apprécié, il y vit jusqu'à sa mort et compose des ouvrages spirituels aussi bien que profanes. Il conserve jusqu'à un âge avancé la fraîcheur et l'originalité de sa veine créatrice.

Œuvres : Œuvres scéniques musicales intégralement conservées, de grande envergure : *L'Orfeo*, Mantoue, 1607 (La Légende d'Orphée) ; *Il Ritorno d'Ulisse in patria*, Venise, 1640 (Le Retour d'Ulysse dans sa patrie) ; *L'Incoronazione di Poppea*, Venise, 1642 ou 1643 (Le Couronnement de Poppée). Neuf recueils de madrigaux, 1587-1651, le dernier publié à titre posthume, *Scherzi musicali* (madrigaux de plus petites dimensions), œuvres spirituelles (dont des messes et son grand oratorio *Vespro della Beata Vergine*, 1610 (Les Vêpres de la Vierge).

L'Orfeo
La Légende d'Orphée

Favola in musica

Livret : Alessandro Striggio le Jeune
Création : le 24 février 1607 à Mantoue (Palazzo Ducale)
Personnages : la Musique (sop.), Orphée (tén.), Eurydice (sop.), la Messagère (sop.), Charon (basse), Pluton (basse), Proserpine (sop.), l'Espérance (sop.), Écho (tén.), Apollon (tén.), quatre bergers (alto, 2 tén., basse), nymphe (sop.), deux esprits infernaux (2 tén.) ; nymphes, bergers, esprits des Enfers (chœur) ; bergers (ballet)

Argument
En Thrace, à une époque mythologique.

Prologue
La Musique vante le pouvoir des sons. Puissent-ils adoucir le public comme jadis le chant d'Orphée a su apaiser la nature.

Acte I
Bergers et nymphes célèbrent la fin des tourments d'Orphée et son mariage avec Eurydice.

Acte II
Orphée chante son bonheur. C'est alors qu'on lui annonce une terrible nouvelle : Eurydice est morte. En cueillant des fleurs, elle s'est fait mordre par un serpent. Le chanteur se rend aux Enfers pour arracher son épouse à la mort.

Acte III
Conduit par l'Espérance, Orphée arrive aux portes des Enfers. L'Espérance l'abandonne à l'entrée. Orphée entrera seul dans le monde des ténèbres. Le passeur des morts, Charon, refuse de lui faire traverser le Styx. Le chanteur implore vainement sa pitié ; le seul effet de son chant est d'endormir Charon. Dans une barque, Orphée franchit seul le Styx. Rien ne paraît impossible à cet homme, s'étonnent les esprits des Enfers.

Acte IV
Proserpine, l'épouse de Pluton, est tellement émue par la lamentation d'Orphée qu'elle obtient de son mari qu'il rende la liberté à Eurydice. Pluton pose cependant une condition pour que la jeune femme puisse suivre son époux : qu'Orphée ne se retourne pas. En se dirigeant vers la lumière, Orphée craint qu'Eurydice ne le suive pas. Il regarde derrière lui et perd sa bien-aimée pour toujours. Il s'est rendu maître des Enfers, mais il ne s'est pas maîtrisé lui-même, déclarent les esprits.

Acte V
Orphée s'abandonne à la douleur de cette perte définitive ; il veut abjurer à jamais l'amour des femmes, sacrifie sa lyre et l'art vocal à une dernière glorification de l'aimée. Son père Apollon l'exhorte à la modération ; son fils le suivra dans les cieux où il vivra éternellement. Il pourra revoir le visage d'Eurydice dans les étoiles. Les bergers rendent hommage au chanteur devenu dieu.

S. N.

L'Orfeo avec Reingard Didusch (Eurydice) et Philippe Huttenlocher (Orphée), mise en scène : Jean-Pierre Ponnelle ; direction musicale : Nikolaus Harnoncourt, Opernhaus de Zurich, 1975.
C'est par une danse débridée (Moresca) que Monteverdi évoque la version de la mort brutale et sans gloire d'Orphée.

Monteverdi a été l'un des premiers grands dramaturges lyriques que le monde ait connus. Il a défini les critères du genre de l'opéra et a opéré dans ses ouvrages la synthèse de tous les éléments stylistiques de la musique du début du baroque italien.

L'Orfeo, Peter Keller (Apollon) et Philippe Huttenlocher (Orphée), mise en scène : Jean-Pierre Ponnelle, direction musicale : Nikolaus Harnoncourt, Opéra de Zurich, 1975.
Il n'est pas facile de trouver une fin heureuse à une histoire reposant sur deux événements tragiques. Les sources grecques ne contiennent aucun *happy end*. Dans les *Métamorphoses*, Ovide raconte qu'après avoir définitivement perdu sa bien-aimée, Orphée n'eut plus aucun goût pour les femmes et se mit à s'intéresser aux jeunes gens. Les femmes se vengèrent cruellement : il fut mis en pièces par les Bacchantes. Il eût certainement été déplacé de montrer une telle scène à la cour. Monteverdi choisit donc une solution énigmatique. Apollon accorde à Orphée la distinction suprême de l'artiste, l'immortalité. Mais en tant qu'époux, il subira le sort des humains ordinaires.

À droite
L'Orfeo, photo de la version filmée, mise en scène : Jean-Pierre Ponnelle, direction musicale : Nikolaus Harnoncourt, 1978.
Le cycle Monteverdi monté à Zurich par Nikolaus Harnoncourt et Jean-Pierre Ponnelle a été un événement marquant. Au fil des siècles, la tradition avait occulté l'authenticité des œuvres anciennes. Pour la première fois, on a cherché à renouer avec la pratique musicale et avec l'univers iconographique des débuts du baroque. Cette volonté, qui s'est traduite notamment par l'interprétation sur instruments anciens dont Harnoncourt a été le pionnier, a suscité de nombreuses controverses. En 1978-1979, toutes les mises en scène du cycle de Ponnelle ont été filmées.

La recette de l'Enfer baroque

« Pour représenter un enfer on peut, pourvu qu'un espace ou une courette ouverte soit ménagés derrière le milieu du fond de scène, procéder ainsi. On allume deux feux : l'un juste en face de l'ouverture de ladite courette, l'autre éloigné du premier autant qu'il le faut pour ne point risquer de blesser les personnes qui doivent apparaître sur scène, passer ou danser entre les deux. Ainsi, tout le monde aura l'impression qu'ils se trouvent au milieu des flammes, car on verra certes qu'il s'agit d'un vrai feu, mais sans pouvoir distinguer, du fait de la distance, comment cet effet est produit. » Voilà ce que conseille Nicola Sabattini, décorateur contemporain de Monteverdi, dans son ouvrage *Pratica di fabricare scene,* 1638 (nouvelle édition, Weimar 1926).

Une structure symétrique

Si l'→*Euridice* de Jacopo Peri n'a précédé *L'Orfeo* de Monteverdi que de quelques années, ces deux adaptations du même sujet mythologique n'en sont pas moins fondamentalement différentes. L'ouvrage de Peri est formé d'un enchaînement de récitatifs qui donne l'impression que le compositeur a cherché à donner un exemple didactique de monodie. En revanche, *L'Orfeo* de Monteverdi fait alterner des airs et des monologues librement récités. Tout a l'air naturel et spontané ; pourtant, la structure de l'œuvre révèle une symétrie délibérée. La danse finale (*Moresca*) répond à la *Toccata* d'introduction, les deux actes extrêmes (actes I et V) sont statiques (célébration des noces pour l'un, plainte d'Orphée et consolation d'Apollon pour l'autre). Les actes médians sont consacrés à la double perte tragique d'Eurydice. Le centre est occupé par l'acte des Enfers, où Orphée triomphe des puissances des ténèbres grâce aux sortilèges de son art.

Page de droite
Illustration d'une représentation dans la salle de théâtre des Offices de Florence, à l'occasion d'un mariage entre les dynasties des Médicis et des Gonzague, avec un décor de Giulio Parigi, gravure de Jacques Callot, 1617.
Une scène baroque avec machineries a été aménagée dans une salle Renaissance. C'est la seule illustration que nous ayons de ce théâtre de cour. On y joue un opéra à l'occasion d'un mariage entre les familles de Médicis et de Gonzague. Le chœur dansé, qui célèbre le nouveau couple dans une action allégorique, a dépassé la rampe pour évoluer au niveau du parterre ; dans le public aristocratique, des couples se joignent rapidement au ballet. Le public de spectateurs est assis de part et d'autre. L'opéra baroque est issu des fêtes de cour ; scène et parterre fusionnent.

Esquisse d'une machinerie de l'opéra *Germanico sul Reno* de Giovanni Legrenzi (1626-1690), dessin à la plume et au lavis, artiste anonyme.
Dès sa naissance, l'opéra baroque a intégré la représentation de phénomènes naturels et de créatures surnaturelles, conduisant au développement rapide de l'art de la machinerie. Les châssis étaient dissimulés par des nuages et des végétaux peints. Plusieurs personnages (dieux, muses, sirènes, amours, etc.) apparaissaient sur des dispositifs scéniques mobiles. Les chevaux et les éléphants étaient peints. L'ensemble de la structure pouvait se déplacer lentement vers l'avant ou disparaître soudainement dans une trappe. Cette illusion scénique parfaitement maîtrisée venait ainsi accroître le charme de l'opéra.

Un divertissement mondain

Personne ne sait vraiment qui a eu la curieuse idée de conjuguer action et chant au sein d'une scène dramatique. Cette idée doit le jour au goût de l'aristocratie pour l'« amusement ». Les premières représentations d'opéra faisaient en effet partie intégrante des fêtes de la cour. Aucun lieu spécifique n'était encore nécessaire, la salle d'apparat d'un palais convenant parfaitement. Au demeurant, chaque cour princière disposait de chanteurs et d'instrumentistes de qualité, attachés à sa maison. Quant au public – la famille aristocratique et ses distingués invités –, il possédait une solide culture musicale et participait souvent à la représentation. Les héros de l'action étaient des dieux, des figures allégoriques et mythologiques : on se mettait soi-même en scène et l'on représentait des intrigues remplies d'allusions à l'actualité, sous couvert de mythologie. Les chroniques de cour de l'époque relatent les noces du prince Ferdinand de Médicis avec Christine de Lorraine. Au cours de la fête on représenta des pièces de théâtre. Les entractes étaient meublés par la représentation de brefs épisodes mythologiques chantés. Ces mini-opéras s'appelaient des intermèdes. Date et lieu : Florence, 1589.

Comme les anciens Grecs...

Cette nouvelle union du mot et de la musique exigeait un fondement théorique. On prit pour modèle les tragédies de la Grèce antique, dont on supposait qu'elles avaient associé texte et musique. Pourtant, aucune mélodie chantée n'avait été conservée, hormis un bref chœur chanté d'*Oreste*, tragédie d'Euripide. D'ailleurs, la prétendue « résurrection » de l'art de la Grèce antique n'en tint aucun compte. On s'appuya en effet sur d'autres sources. Vincenzo Galilei (1533-1591, père de l'astronome Galileo Galilei), musicien féru d'histoire, avait déjà étudié et publié les vestiges musicaux existants. Un autre Italien audacieux, Nicola Vicentino, fabriqua un instrument (l'archicembalo) destiné à reproduire les gammes grecques anciennes. Des érudits et des artistes fondèrent un cercle artistique, baptisé *Camerata*, pour redonner vie à la tragédie antique. Le chef de file de ce cercle était initialement le comte Giovanni Bardi, auquel succéda plus tard un autre aristocrate, Jacopo Corsi. Parmi ses membres figuraient notamment des poètes comme Ottavio Rinuccini et Gabriello Chiabrera (les premiers librettistes de l'histoire de la musique), et des musiciens comme Jacopo Peri, Giulio Caccini ou Emilio de Cavalieri. Peri et Caccini ont été les fondateurs de l'opéra. Ils ont composé entre 1594 et 1598 le premier opéra de grande envergure, *Dafne*, malheureusement perdu. Le premier opéra que nous ayons conservé s'inspire du mythe d'Orphée : il s'agit d'*Euridice* (1600), avec un texte de Rinuccini et une musique de Peri.

Sources musicales

Avant 1650, le mot d'« opéra » (qui signifie simplement « œuvre ») ne servait pas à désigner les pièces musicales dramatiques ; on employait en effet des formulations universelles comme *dramma per musica* (drame pour musique) ou *favola in musica* (fable en musique). En effet, les premières actions musicales ne se distinguaient guère de longs madrigaux, la forme d'expression musicale la plus populaire du XVIe et du début du XVIIe siècle. Parmi les précurseurs du drame musical en plusieurs actes, il convient de citer les pastorales si prisées de l'Italie de la Renaissance, et plus particulièrement *Aminta* du Tasse (1544-1595) et *Il Pastor fido* (Le Berger fidèle) de Giovanni Battista Guarini (1538-1612). Toute une série de procédés dramatiques typiques de l'opéra baroque, comme les quiproquos, l'intervention de personnages secondaires comiques ou l'issue heureuse obligatoire, trouve là ses racines. L'opéra balbutiant s'est également inspiré des comédies-madrigaux de la fin du XVIe siècle, surtout de celles d'Orazio Vecchi et d'Adriano Banchieri. Spécificité de ce genre : il n'y avait aucune différence musicale entre le chœur et les protagonistes ; on chantait exclusivement en groupe. On relèvera également une intéressante tentative au sein de l'abondante production de madrigaux de cette époque. Trois excellentes cantatrices se produisaient alors à Ferrare. Le compositeur de la cour princière de la famille d'Este, Luzzasco Luzzaschi, composa pour elles des madrigaux solo : des morceaux pour une à trois voix, avec accompagnement d'accords, joués généralement sur un instrument à clavier ou au luth et accompagné par une basse. On n'attendait plus que l'apparition d'un génie qui saurait créer, à partir de tous ces courants musicaux, le drame musical proprement dit ; et ce génie allait être Claudio Monteverdi.

Il ritorno d'Ulisse in patria
Le Retour d'Ulysse dans sa patrie

Dramma per musica

Livret : Giacomo Badoaro, d'après l'*Odyssée* d'Homère
Création : en 1640 à Venise (Teatro di San Cassiano)

Personnages : la Fragilité humaine (sop.), le Temps (basse), le Destin (sop.), l'Amour (sop.)., Jupiter (tén.), Neptune (basse), Minerve (sop.), Junon (sop.), Ulysse (tén.), Pénélope, sa femme (sop.), Télémaque, le fils d'Ulysse (tén.), Antinoo, Pisandro, Anfinomo, prétendants de Pénélope (basse, tén., alto), Mélanto, suivante de Pénélope (sop). Eurymaque, amant de Mélanto (tén.), Eumée, porcher d'Ulysse (sop.), Iro, parasite et bouffon des prétendants (tén.), Euryclée, nourrice d'Ulysse (mezzosop.) ; Phéaciens, créatures célestes, créatures marines (chœur)

Argument
À Ithaque, en des temps mythologique.

Prologue
La Fragilité humaine reproche au Temps, au Destin inconstant et à l'Amour d'être responsables de la cruauté du sort humain.

Acte I
Depuis de longues années, la chaste Pénélope attend le retour d'Ulysse, son mari. Elle se plaint de sa solitude et de l'humiliation que lui inflige la présence de prétendants importuns. Sa suivante, Mélanto, jouit des délices de l'amour avec Eurymaque et exhorte sa maîtresse à accepter un nouveau mariage. Le retour d'Ulysse est empêché par Neptune, car le héros a tué un fils du dieu de la mer. Avec l'aide de Minerve, les Phéaciens ont conduit l'errant sur la plage d'Ithaque. Neptune a beau transformer le navire des Phéaciens en rocher, Minerve conduit son protégé en lieu sûr. Elle lui raconte tout ce qui s'est passé et le déguise en vieux mendiant apparemment inoffensif. Il pourra ainsi écraser les prétendants avec l'aide de son fidèle porcher, Eumée.

Acte II
Minerve préside aux retrouvailles entre le père et le fils. Ulysse se fait reconnaître de Télémaque. Au palais, la situation devient intolérable pour Pénélope, car les prétendants se font de plus en plus insistants. Eumée annonce le retour prochain d'Ulysse. Le seul nom du héros plonge les prétendants dans l'effroi. Ils veulent assassiner Télémaque et obliger Pénélope à choisir l'un d'eux avant le retour d'Ulysse. Minerve révèle son plan à Ulysse. Elle inspirera à Pénélope les mots qui conviennent : l'épouse d'Ulysse proposera aux prétendants un duel avec le mendiant. Elle-même prêtera alors secours à Ulysse. Ulysse se présente au palais sous les traits du mendiant. Personne ne le reconnaît. Ridiculisé par Iro, il remet le parasite à sa place. Pénélope propose un concours aux prétendants impatients : celui qui parviendra à tendre l'arc d'Ulysse obtiendra sa main. Aucun n'y arrive, seul le mendiant réussit à tendre l'arc. De ses flèches, il tue les prétendants.

Acte III
Ne pouvant plus vivre aux crochets des prétendants, Iro se suicide. Pénélope ne peut croire que ce vieux mendiant soit Ulysse. Mélanto attise ses soupçons. Ni Eumée, le fidèle porcher, ni Télémaque ne peuvent la convaincre de l'identité d'Ulysse. Les dieux s'opposent au bonheur des hommes. Minerve et Junon demandent à Jupiter d'accorder la paix et le repos à Ulysse, déjà tant éprouvé. Le père des dieux obtient la grâce de Neptune pour le héros, suffisamment puni par ses longues pérégrinations. En lavant les pieds du prétendu mendiant, la nourrice reconnaît une cicatrice d'Ulysse. Mais cela ne suffit toujours pas à Pénélope. Même lorsque Ulysse se présente à elle sous ses propres traits, elle se croit abusée par les dieux. Il faut qu'Ulysse se fasse reconnaître par un secret connu d'eux seuls, le dessin de la couverture de leur lit nuptial, pour que Pénélope étreigne enfin son époux si longtemps attendu.

S. N.

Il Ritorno d'Ulisse, scène du prologue avec Werner Hollweg et Werner Gröschel, mise en scène : Jean-Pierre Ponnelle, direction musicale : Nikolaus Harnoncourt, Opernaus de Zurich, 1977.
L'histoire des longues pérégrinations d'Ulysse était faite sur mesure pour Venise, ville portuaire et marchande. Le peuple de marins comprenait mieux que tout autre la fragilité de l'existence humaine. Dans les premiers opéras vénitiens, la mer ne jouait pas seulement un rôle important comme lieu de l'action, on l'imaginait également sous les traits d'une puissante divinité. Dans sa mise en scène qui a fait date dans l'histoire de l'interprétation (au sein du cycle Monteverdi de Zurich), Jean-Pierre Ponnelle a proposé une représentation suggestive de l'allégorie de la Fragilité humaine.

Il Ritorno d'Ulisse, photo de la version filmée avec Trudeliese Schmidt dans le rôle de Pénélope, mise en scène : Jean-Pierre Ponnelle, 1978.
Pénélope et les prétendants. Le rôle de Pénélope, marqué par de longs monologues déclamatoires, est empreint de noblesse tragique. Sa constance devait servir d'exemple aux femmes de marins vénitiennes.

À droite
Il Ritorno d'Ulisse, Württembergisches Staatstheater de Stuttgart, 1995.
Les opéras tardifs de Monteverdi embrassent un univers cosmique. Les hommes, mais aussi les dieux, se livrent à une lutte de pouvoir et d'influence, les divinités interviennent dans le destin des humains, secourent ou châtient les mortels. Neptune et Jupiter (sur la photo) se disputent Ulysse. Neptune tue les Phéaciens, Jupiter parvient à sauver son protégé avec l'aide de sa fille Minerve.

Il Ritorno d'Ulisse, croquis de décor d'Alfred Siercke pour l'acte II de la mise en scène de Günther Rennert à la Staatsoper de Hambourg, 1964 (TWS). Ulysse évanoui sur la plage d'Ithaque ; à l'arrière-plan, le navire des Phéaciens transformé en rocher.

L'art du chant

Ce n'est qu'au tournant des XVIe et XVIIe siècles que l'on a commencé à s'efforcer de composer de la musique « moderne ». Un tel dessein était totalement étranger aux préoccupations des compositeurs du Moyen Âge et de la Renaissance. Les idées et les programmes esthétiques proclamés par les musiciens italiens des débuts du Baroque firent d'autant plus sensation. Le langage et la poésie se trouvaient au cœur de leurs réflexions. La musique devait éveiller des passions et des émotions, et donner une profondeur nouvelle au contenu poétique des textes. *Favellar in musica*, parler en musique : telle était la mission première de l'interprète des premiers drames musicaux italiens. Le discours chanté (*parlar cantando*) suivait la ligne de l'élocution naturelle.

Le chant, et surtout le chant solo, prit une fonction nouvelle, insistant sur le caractère individuel. Aussi peut-on parler à juste titre de la naissance du *bel canto* italien. On distinguait principalement trois types de chant : le chant aux coloratures virtuoses (*cantar passaggiato*), le chant simple, sobre (*cantar sodo*), et l'interprétation *affettuose*, riche en couleurs dynamiques, claires et sombres (*Cantar d'affetto*). Dans les parties vocales de → *L'Orfeo*, Monteverdi a placé ces trois types de chant au service de l'expression dramatique.

L'opéra : une affaire de goût

Trente-trois ans séparent la première œuvre musicale scénique de Monteverdi, → *L'Orfeo*, du second *dramma in musica* dont il nous a laissé une partition intégrale. Certes, Monteverdi ne cessa pas de composer de la musique dramatique (il écrivit ainsi plusieurs ouvrages perdus ou dont nous ne possédons que des fragments, comme *L'Arianna,* 1608, *Le Nozze di Tetide,* 1616, *La Finta paza Licori* 1627 ainsi que des madrigaux dramatiques comme *Il Combattimento di Tancredi e Clorinda* 1624). L'ouverture du premier opéra public de Venise et la fièvre opératique qui s'ensuivit réveillèrent l'intérêt du vieux Monteverdi pour la scène musicale. Les défis à relever étaient, il est vrai, bien plus importants que trois décennies auparavant. À Venise, on ne composait pas seulement pour une petite élite aristocratique, mais aussi pour un public issu de milieux sociaux très divers. Celui-ci attendait du librettiste et des compositeurs une action captivante, vivante, remplie de scènes efficaces et contrastées, de personnages intéressants et d'effets scéniques spectaculaires. Les deux opéras tardifs de Monteverdi répondent brillamment à ces exigences.

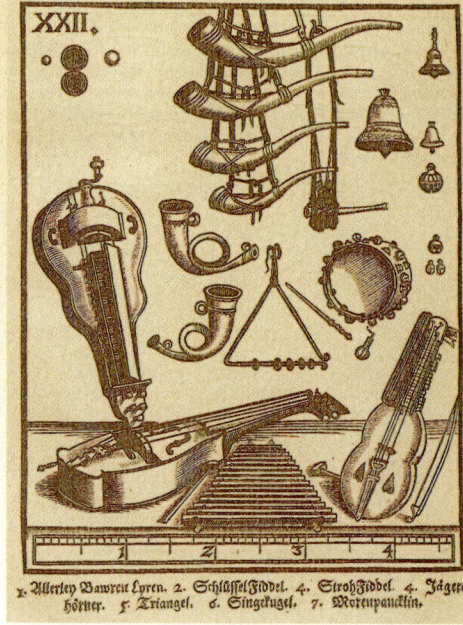

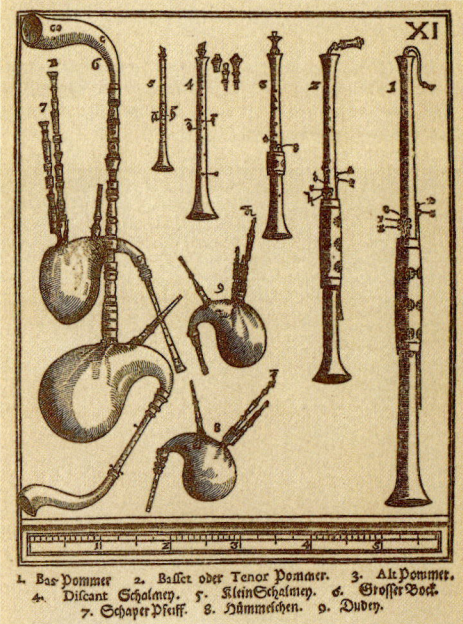

La nouvelle importance des instruments – Monteverdi

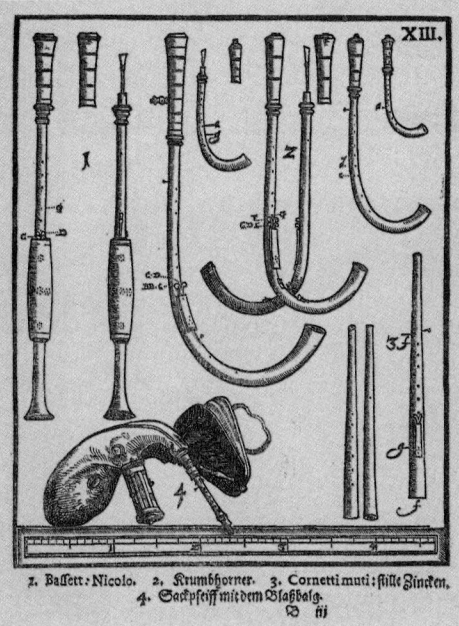

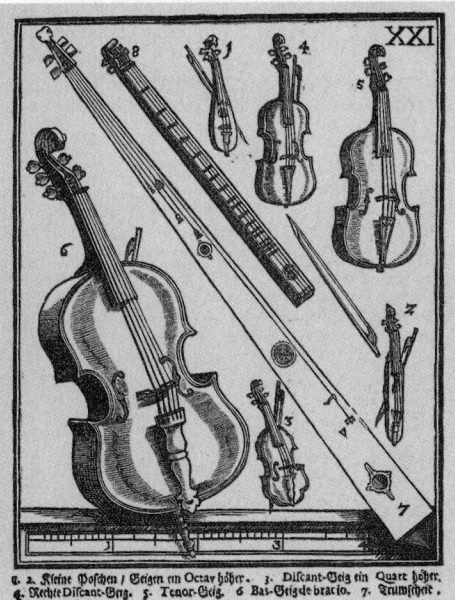

Le message des instruments

Sur la page de titre de la partition de *L'Orfeo*, imprimée à Venise en 1609, Monteverdi a noté un certain nombre d'instruments qui devaient sans doute figurer dans l'orchestration originale. La partition elle-même contient peu d'indications touchant l'intervention de tels ou tels instruments. Cela correspond à la conception et à l'usage du temps, où une notation assez floue laissait aux interprètes beaucoup plus de liberté que par la suite. La partition était considérée comme un pense-bête soutenant le développement vivant de la composition, en fonction des capacités des musiciens. La mention de certains instruments précis n'empêchait pas les musiciens de déterminer le nombre d'instruments et leur permettait même d'exécuter la musique en fonction des possibilités du lieu (instrumentistes, instruments disponibles). *L'Orfeo* peut ainsi être joué avec la même efficacité par dix ou quarante instruments. Il convient cependant d'observer, dans l'orchestration, quelques règles de la pratique musicale de l'époque : on distinguait ainsi deux groupes d'instruments : les instruments « fondamentaux » et les instruments « ornementaux » ; le premier groupe comprenait les instruments à clavier et à cordes pincées : clavecin, virginal, orgue, régale, luth, chitarrone, harpe ; le second rassemblait toutes sortes d'instruments à vent et à cordes, comme les violes. Flûtes à bec, cordes et instruments à cordes pincées créent la toile de fond sonore de la sphère pastorale, tandis que les cuivres (trompettes et trombones), les cornets et un petit instrument à clavier et à anches vibrantes, la régale, relèvent de la sphère sonore des Enfers. On recommande de caractériser le personnage d'Orphée à l'aide des sons subtils du luth, de la harpe et de l'*organo di legno* (orgue en bois). Au début de l'ouverture, une introduction en fanfare (appelée *Toccata* par Monteverdi) rend hommage au lieu de la création : ce sont les armes musicales de la famille de Gonzague.

Arsenal instrumental

À l'époque de la naissance de l'opéra, l'Italie du XVIIe siècle ne possédait pas encore d'orchestre d'opéra homogène. Dans ce domaine, les inventeurs furent les Français, sous la conduite de Jean-Baptiste Lully (d'origine italienne, il est vrai). Au temps du Roi Soleil, il dirigeait déjà une formation orchestrale stable, et dont l'effectif était immuable. Dans l'Italie de l'époque baroque, en revanche, le terme d'« orchestre » désignait un groupe fluctuant d'instrumentistes qui – à l'instar de leurs collègues de la Renaissance, quelques décennies plus tôt – possédaient tout un arsenal d'instruments. En fonction du lieu d'exécution et de la distribution, ils choisissaient tel ou tel instrument de leur collection. Le compositeur et musicographe allemand Michael Praetorius (1571-1621) a rassemblé dans son dictionnaire de musique en trois volumes (*Syntagma musicum*, 1615-1620) une somme des instruments de son temps, qui constitue un document historique des plus précieux. On y trouve surtout des instruments qui ont disparu peu à peu au cours de l'histoire de l'orchestre.

Illustrations d'instruments de musique du *Syntagma Musicum*, vol. II, de Michael Praetorius, (1615-1620). On est frappé par la richesse et la diversité des familles instrumentales : il existait déjà un groupe très varié de violes (les ancêtres des cordes actuelles, en bas à droite). Parmi les tambours (en haut à droite), seule la timbale a su s'imposer durablement dans l'orchestre ; plusieurs types de bois se sont développés à partir de la chalemie ; luths, cromornes, cornemuses, vielle à roue et même la flûte à bec ont été bannis des orchestres « modernes » au XVIIIe siècle. J. S. Bach et Mozart ont encore connu ces instruments, mais pour Mozart, c'étaient déjà les vestiges d'un siècle révolu.

Un nouveau théâtre en fer à cheval

Le plan du Teatro Farnese de Parme dessine une arène ouverte dans le style romain. On peut reconnaître la représentation du spectacle inaugural du 21 décembre 1628, *Mercurio e Marte*, un *tornero* (musique de tournoi) avec des intermèdes de Monteverdi. Il n'y a pas de séparation stricte entre espace scénique et salle de spectacle, une singularité qui allait s'imposer plus tard dans le théâtre baroque. Le plan d'un théâtre vénitien transformé en 1654 pour des spectacles d'opéra (le Teatro dei SS. Giovanni e Paolo), où fut créé le dernier opéra de Monteverdi → *L'Incoronazione di Poppea* en 1642, révèle clairement l'influence de l'amphithéâtre antique. Avec néanmoins quelques différences : la salle de spectacle est disposée en fer à cheval, les rangées de sièges identiques en amphithéâtre, d'esprit démocratique, sont remplacées par des loges à l'ordonnancement hiérarchique. Ce schéma allait servir de modèle à la construction des théâtres d'opéra italiens. Posséder sa loge devint un signe de rang : elles étaient louées, souvent de façon héréditaire, par les riches familles patriciennes. Le parterre des opéras anciens était utilisé à la fois comme salle de danse à l'occasion de bals solennels ou comme promenoir lors de spectacles scéniques.

À droite
Dessin de Carlo Fontana représentant le Teatro dei SS. Giovanni e Paolo à Venise, 1654 (Sir John Soane's Museum, Londres).

Ci-dessous
Plan du Teatro Farnese de Parme dessiné par Giovanni Battista Aleotti, 1618-1628.

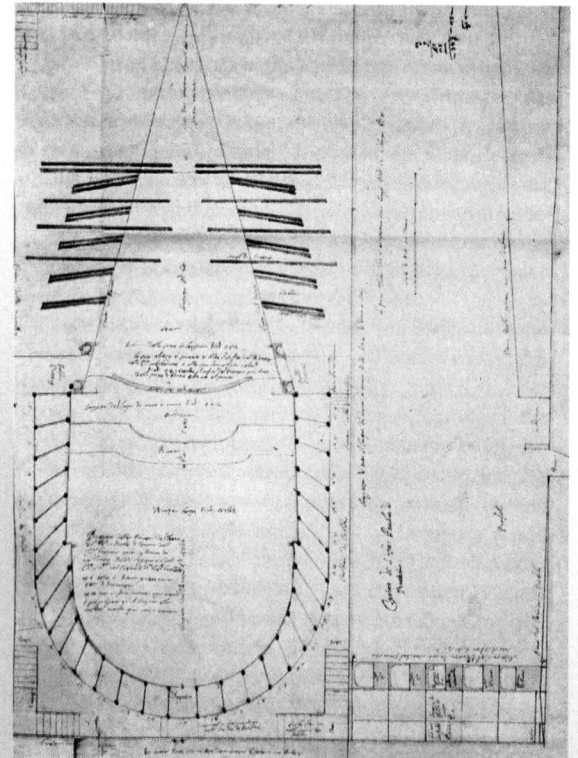

Vue de la toile de fond du Teatro Olimpico de Vicence, eau-forte, artiste anonyme, 1584, Victoria & Albert Museum, Londres.
Le Teatro Olimpico de Vicence, n'était certes pas destiné à des opéras puisque les travaux de construction eurent lieu peu de temps avant la naissance de ce genre (1580-1585) ; il reflétait un idéal du renouveau de la tragédie antique. Andrea Palladio, architecte vénitien reconnu, fut responsable du seul théâtre Renaissance qui survécut. Nous lui devons outre le paysage urbain de Vicence et certains bâtiments importants, également un certain nombre de villas le long de la Brenta entre Venise et Padoue.
Il ne put assister de son vivant à l'inauguration de son théâtre par la représentation d'*Oedipe roi de Sophocle* en 1585. Son style de construction, d'un classicisme romain, en forme d'amphithéâtre elliptique fut considéré comme un modèle de construction pour les premiers opéras italiens.

Le premier théâtre lyrique

Pour l'inauguration du premier théâtre destiné à présenter des spectacles lyriques (San Cassiano, 1637), on importa un opéra de Rome (*L'Andromede* de Francesco Manelli). Le théâtre de San Cassiano était ouvert, moyennant un droit d'entrée, à un vaste public bourgeois, contrairement à la pratique antérieure qui faisait des spectacles d'opéra l'apanage de l'aristocratie. L'entreprise rapporta des bénéfices et, au cours des décennies qui suivirent, plus de dix théâtres lyriques s'ouvrirent à Venise. La cité de la lagune devint ainsi, avec Rome et Naples, le plus grand centre d'opéra de l'Italie des XVIIe et XVIIIe siècles. Ajoutons que cette brusque floraison de l'opéra incita Monteverdi à composer ses derniers drames musicaux.

La mer sur la scène baroque

Un contemporain de Monteverdi, le décorateur Nicola Sabattini, a décrit dans un ouvrage contenant des directives pratiques les objets de représentation les plus fréquents de la scène baroque et différents moyens de figuration de phénomènes naturels. On disposait ainsi de plusieurs méthodes pour simuler une mer agitée aux yeux des spectateurs. La plus simple consistait à faire bouger habilement une toile peinte en bleu. Une solution plus complexe exigeait la construction de minces planches de bois représentant des vagues, peintes avec subtilité, et que l'on déplaçait dans un sens ou dans l'autre pour produire les effets souhaités, depuis le moutonnement paisible de la mer jusqu'au ressac déchaîné.

Décor historique de Giacomo Torelli pour l'opéra *Bellerofonte* de Francesco Sacrati, Venise, 1642 (TWS).
Le décor typique d'un opéra vénitien à succès : une scène de port avec à l'arrière-plan la place Saint-Marc et la mer.

L'Incoronazione di Poppea
Le Couronnement de Poppée

Opera musicale

Livret : Giovanni Francesco Busenello
Création : en 1642 (ou 1643) à Venise (Teatro dei S S. Giovanni e Paolo)

Personnages : le Destin (sop.), la Vertu (sop.), l'Amour (sop.), Poppée, courtisane romaine (sop.), Néron, empereur (sop.), Octavie, impératrice (alto), Othon, ancien amant de Poppée (alto), Sénèque, philosophe (basse), Drusilla (sop.), la nourrice d'Octavie (alto), Arnalta, la nourrice de Poppée (tén.), Lucain, poète de la cour (tén.), Pallas Athéné (sop.), Mercure (basse), Vénus (sop.), un Licteur (basse), un capitaine, un affranchi (tén.), page (sop.), demoiselle de cour (sop.), deux soldats (2 tén.) ; amis de Sénèque, consuls, tribuns (chœur ou ensemble de solistes)

Argument
Rome, vers 62 apr. J.-C., du temps de l'empereur Néron.

Prologue
Le Destin, la Vertu et l'Amour se querellent : quel est celui qui exerce le plus d'influence sur les hommes ?

Acte I
Scène 1 Rentrant chez lui au point du jour, Othon se réjouit de revoir Poppée, sa bien-aimée. Mais deux soldats de l'empereur montent la garde devant sa villa. Néron l'a supplanté auprès de Poppée.
Scène 2 Les soldats font des commentaires critiques sur la situation politique : le bien privé passe avant le bien public. L'amour de Néron pour Poppée ne leur vaut que des tourments, dont cette nuit de garde.
Scène 3 Poppée ensorcelle l'empereur par ses charmes érotiques. Néron lui dit tendrement adieu.
Scène 4 Arnalta, la nourrice de Poppée, met en garde sa maîtresse : les humeurs de Néron sont imprévisibles. La fréquentation des puissants impose la prudence.
Scène 5 L'impératrice Octavie se lamente sur son sort d'épouse trompée. Sa nourrice lui conseille de se trouver un autre homme. Mais Octavie rejette cette solution.
Scène 6 Sénèque cherche à réconforter Octavie par des considérations philosophiques. L'impératrice lui demande de défendre ses droits auprès de Néron et du Sénat. Le page considère le philosophe comme un bavard indélicat.
Scènes 7 et 8 Sénèque voit sa philosophie confirmée : les puissants eux-mêmes sont frappés par le malheur. Pallas Athéné lui annonce qu'il mourra bientôt. Il accueille ce message dignement.
Scène 9 Sénèque demande raison à son ancien disciple Néron de sa liaison scandaleuse avec Poppée. Néron lui retire son amitié.
Scène 10 Caché, Othon est témoin de l'amour de Poppée et Néron. L'empereur promet à Poppée de se débarrasser de Sénèque.
Scène 11 Poppée se moque d'Othon, toujours amoureux. La compatissante Arnalta a pitié de l'amant éconduit.
Scènes 12 et 13 Othon, blessé dans son amour-propre, voudrait tuer Poppée mais il redoute la vengeance de Néron. Dans son malheur, il est consolé par Drusilla qui l'aime.

Acte II
Scène 1 Mercure, messager céleste, annonce à Sénèque sa mort imminente.
Scène 2 Un capitaine remet à Sénèque l'ordre de Néron : il doit se suicider.
Scène 3 Sénèque dit adieu à ses amis.
Scène 4 *Absente du matériel original*
Scène 5 Le page se divertit avec sa bien-aimée.
Scène 6 Néron célèbre avec son favori, Lucain, la disparition du dernier obstacle à son union avec Poppée : la réputation et l'influence politique de Sénèque.
Scène 7 *Absente du matériel original*
Scène 8 Othon se reproche d'avoir voulu tuer Poppée.
Scène 9 L'impératrice lui ordonne alors d'attenter aux jours de Poppée. S'il refuse, elle l'accusera d'avoir poursuivi l'impératrice de ses assiduités.
Scène 10 Drusilla est heureuse : Poppée, qu'elle déteste, va mourir. Le page se livre à des comparaisons entre les femmes jeunes et vieilles et se moque de la nourrice d'Octavie.
Scène 11 Othon demande à Drusilla de lui prêter ses vêtements pour assassiner Poppée.
Scène 12 Poppée se voit déjà impératrice. Arnalta la met en garde contre une ambition sans frein et chante pour endormir Poppée.
Scènes 13 et 14 L'Amour veille sur le sommeil de Poppée, empêchant l'attentat de réussir. Othon s'enfuit. On le prend pour Drusilla.

Acte III
Scènes 1 et 2 Drusilla se réjouit de la fin prochaine de Poppée. Soupçonnée de tentative de meurtre, elle est arrêtée.
Scènes 3 et 4 Par amour pour Othon, Drusilla s'accuse de tout. Mais il avoue également et Néron le bannit. Drusilla suit son amant. Octavie, instigatrice du crime, est elle aussi envoyée en exil.
Scène 5 Rien ne s'oppose plus au mariage de Néron et de Poppée.
Scène 6 Octavie dit adieu à Rome.
Scène 7 Arnalta est désormais la nourrice de la future impératrice. Elle se réjouit de cette ascension sociale.
Scène 8 Poppée est couronnée impératrice. L'Amour est vainqueur.

A. G.

Portrait de Sabina Poppea, maître anonyme de l'École de Fontainebleau, XVIe siècle, Musée d'art et d'histoire, Genève. Poppée, la courtisane romaine, qui a effectivement été couronnée grâce à sa beauté et à sa séduction, peut en outre se flatter d'avoir accédé à une gloire immortelle. À l'instar du peintre anonyme de l'École de Fontainebleau, Monteverdi l'a représentée comme une femme dotée d'un indéniable charme érotique.

L'Incoronazione di Poppea, photo de la version filmée avec Rachel Yakar dans le rôle de Poppée, mise en scène : Jean-Pierre Ponnelle, direction musicale : Nikolaus Harnoncourt, 1978.
Poppée a atteint son but, la courtisane devient impératrice. La solennité et le faste exagérés de la cérémonie nuptiale produisent un effet grotesque, voulu par Monteverdi. Le pouvoir de l'Amour a véritablement fait marcher le monde sur la tête. Mais l'amour est contradictoire : Néron aime Poppée, et Poppée aime le trône. Ils ont obtenu entière satisfaction l'un comme l'autre.

Le théâtre universel de Monteverdi

Tacite, le célèbre historien romain, décrit dans ses *Annales* le règne de Néron, marqué par toutes sortes d'atrocités. Busenello et Monteverdi ont suivi la trame historique avec une étonnante exactitude – si l'on songe aux libertés que prendront les librettistes à venir – et avec un réalisme d'une remarquable subtilité : l'ascension de Poppée aurait fort bien pu se dérouler dans la cité de la lagune en l'an 1642. Venise, ancienne puissance mondiale dont la renommée était alors en plein déclin, n'était-elle pas comparable à la Rome de Néron ? N'existait-il pas, ici comme là, des courtisanes, des puissants lunatiques, des femmes abandonnées, des philosophes diserts, des nourrices avisées et des mercenaires sans feu ni lieu ? Ces types ne se retrouvent-ils pas dans toute société, à n'importe quelle époque ? Cet opéra fait l'objet d'un intérêt tout particulier depuis la seconde moitié du XXe siècle : *Le Couronnement de Poppée* est décidément intemporel.

Le manège social de Tacite et de Monteverdi

Avant sa liaison avec Néron, Sabina Poppea avait déjà été mariée deux fois. La description que donne Tacite de la Poppée historique dans ses *Annales* s'applique également au personnage imaginaire de Monteverdi. « Elle feignait la modestie tout en menant une vie débridée ; elle ne sortait que rarement dans le monde et seulement le visage à demi voilé afin de ne pas satisfaire les regards concupiscents ou parce que cela lui seyait. Elle ne tenait jamais compte de sa réputation… et comme elle ne cédait à aucune passion, personnelle ou étrangère, elle ne donnait libre cours à sa sensualité que lorsque cela lui profitait. » À la différence de l'opéra, Othon, son mari, était également un ami intime de Néron. C'est lui qui attira l'attention de l'empereur sur les charmes de Poppée. Monteverdi a emprunté à Tacite sans grands changements la figure de Néron, dictateur et parricide paranoïaque, ainsi que celles du philosophe Sénèque et de l'impératrice Octavie.

De nouveaux motifs se sont ajoutés, grâce à l'intrigue obligée de l'opéra baroque (un homme pris en étau entre trois femmes rivales : Othon entre l'impératrice, Poppée et Drusilla). L'apparition de divinités correspond au goût baroque : mentionnons ainsi Pallas Athéné, messagère de mort, et l'Amour qui sauve de l'assassinat sa protégée Poppée par un effet de *deus ex machina*. Les personnages populaires sont quant à eux des inventions de Busenello et de Monteverdi : les deux nourrices, les soldats et le page avec sa bien-aimée. C'est essentiellement à travers eux que Monteverdi touche de plus vastes couches de spectateurs. Ils représentent l'opinion publique. Ce n'est pas Sénèque mais ces personnages secondaires qui tirent les véritables conséquences philosophiques de l'histoire. Venise n'était-elle pas une république ?

Voix

À la différence des compositeurs ultérieurs, Monteverdi n'a pas précisé les registres vocaux de ses interprètes. Les deux manuscrits de l'ouvrage qui nous sont parvenus (l'un de Venise, l'autre de Naples) n'indiquent même pas les instruments requis ; seules les parties vocales et la basse continue sont notées. Il incombe donc à l'interprète de compléter et d'exécuter cette esquisse de notation en appliquant les règles de son temps. Il pouvait jadis s'appuyer sur une tradition d'exécution vivante, ce qui n'est plus le cas aujourd'hui. Selon l'usage de l'époque, les rôles de Poppée et d'Octavie doivent être interprétés par des voix de soprano (curieusement, lors de la création, la *prima donna* Anna Renzi interprétait Octavie et non Poppée). De même, la partie de Néron a été écrite pour une tessiture de soprano, c'est-à-dire pour un castrat (à l'apogée de l'opéra vénitien, les castrats virtuoses s'imposèrent sur scène ; ils allaient la dominer pendant plus d'un siècle : → Haendel). Le registre d'Othon donne à penser que ce personnage était interprété par un castrat doté d'une voix de soprano plus grave. La voix de basse était réservée à Sénèque, incarnation du personnage majestueux. En revanche, Arnalta était chantée par un ténor, le type de la « vieille comique » étant incarné par un homme selon les usages vénitiens. On rencontre également le cas inverse : le page est un rôle de femme travestie. Pour des questions de crédibilité, les représentations modernes renoncent à certaines prescriptions historiques, en particulier pour le rôle de Néron, parfois incarné par un ténor sur la scène du XXe siècle.

L'Incoronazione di Poppea, photo de la version filmée, mise en scène : Jean-Pierre Ponnelle, direction musicale : Nikolaus Harnoncourt, 1978.
Après avoir obligé Sénèque à se suicider, Néron demande à son poète de cour Lucain de célébrer par un chant la sensualité de Poppée. Dans un duo enivré, deux ivrognes glorifient ainsi les charmes de Poppée.

Érotisme et authenticité

Monteverdi, alors âgé de 74 ans, a évoqué avec une finesse d'intuition et une tendresse remarquables l'amour entre le tyran aux mains souillées de sang et la courtisane ambitieuse. Quatre scènes autonomes sont réservées à Poppée et Néron ; trois d'entre elles sont des duos d'amour passionnés – le plus impressionnant est le duo final, où les deux voix se fondent dans une mélodie presque infinie.

Pour les admirateurs de Monteverdi, les doutes que les musicologues expriment quant à l'authenticité de ce superbe duo font figure de sacrilège. Il n'est pas impossible, certes, que le vieux Monteverdi ait dirigé une sorte d'atelier, selon la pratique des Beaux-Arts, et qu'un disciple ait écrit ce duo suivant ses indications. Mais une chose est sûre : seul un puissant génie créateur a pu concevoir *Le Couronnement de Poppée*.

J. M.

À gauche
L'Incoronazione di Poppea, Rachel Yakar (Poppée) et Éric Tappy (Néron), mise en scène : Jean-Pierre Ponnelle, cycle Monteverdi de l'Opernhaus de Zurich, 1977.
Les musicologues actuels avancent une hypothèse qu'il est difficile d'accepter : le magnifique duo final de Néron et Poppée, apothéose érotique de l'opéra, ne serait pas de Monteverdi lui-même, mais de Francesco Sacrati, l'un de ses élèves. Les admirateurs de Monteverdi ne peuvent qu'être déçus, car cet hymne à l'amour passait jusqu'alors pour l'une des plus belles pièces du maître. Il pourrait aussi s'agir d'un travail d'atelier, sur le modèle des écoles de peintres vénitiennes. Peut-être le vieux maître a-t-il tout de même chanté ou sifflé un jour à ses élèves la sublime mélodie de ce duo...

Il Pomo d'oro, Antonio Cesti, gravures coloriées de Francesco Sbarra pour les scènes allégoriques, d'après les décors de Lodovico Ottavio Burnacini, Vienne : « L'Empire de Pluton et de Proserpine » (à gauche), « Le Festin des dieux » (page de droite, en haut), « L'Été » (page de droite, en bas), 1668 (TWS).

Trois variations du décor baroque à perspective centrale, dont Burnacini a été le maître incontesté. Vingt-quatre eaux-fortes de grandes dimensions étaient ajoutées au livret. Comment ne pas admirer le talent avec lequel les décorateurs du baroque savaient transformer les schémas scéniques immuables par des accessoires variés, mais typiques ! L'imagination picturale jouait en l'occurrence un rôle majeur. Burnacini s'est inspiré de grands artistes des Beaux-Arts, tels que Paolo Veronese et Ferdinando Tocca. *Il Pomo d'oro* a été un opéra exceptionnel à tous égards. Comme un grand cirque, cette œuvre gigantesque a été présentée à la foule curieuse trois fois par semaine pendant toute une année. Cet opéra contient au demeurant — un peu comme une récapitulation encyclopédique — tous les éléments de l'opéra baroque.

Cavalli, le prince des opéras de cour

Francesco Cavalli (de son vrai nom Pier-Francesco Caletti-Bruni, né à Crema le 14 février 1602, mort à Venise le 14 janvier 1676) a rendu hommage à son mécène, le patricien vénitien Federigo Cavalli, en adoptant son nom. Il a été le compositeur d'opéra le plus célèbre de la génération qui a suivi celle de Monteverdi. Il s'est engagé très tôt dans une carrière d'organiste, tout en travaillant pour le premier opéra public (Venise, San Cassiano) dès la seconde moitié des années 1630. Il a composé 42 opéras, dont 28 seulement nous sont parvenus. Son premier grand ouvrage, *La Didone* (Didon), composé pour le carnaval de 1640-1641, se distingue par ses airs au noble pathos, composés sur des motifs de basse récurrents (ostinati). *L'Ormindo*, une *favola regia* (fable royale) qui repose sur une histoire d'amour romantique, se déroule en Afrique ; mais le prologue chante la gloire de Venise. Cavalli a connu son succès le plus durable avec *Giasone* (Jason), produit typique de l'opéra vénitien du XVIIe siècle avec ses personnages sérieux et comiques, ses éléments oniriques ainsi que son alliance entre chansons populaires et airs extrêmement savants. Dans *Serse*, 1655 (Xerxès), Cavalli est allé encore plus loin dans la veine comique. Par ailleurs, cet opéra s'est fait remarquer par ses ensembles (trio, quatuor), encore inhabituels à l'époque. Cavalli était si célèbre que Louis XIV lui commanda un opéra alors que le compositeur avait déjà presque 60 ans. À défaut d'opéra français, ce fut *L'Ercole amante* (Hercule amoureux) de Cavalli qui fut donné pour le mariage du Roi Soleil ; seule la musique du ballet était française : elle était signée Jean-Baptiste Lully. Cavalli mourut, maître vénéré, dans un *palazzo* au bord du Grand Canal.

Cesti et sa pomme géante

Marc Antonio Cesti (baptisé à Arezzo le 5 août 1623, mort à Florence le 14 octobre 1669) était à la fois moine franciscain et chanteur d'opéra. Il a commencé sa carrière comme organiste à Volterra, avant d'entrer au service de la famille de Médicis à Florence. À partir de 1649, il a composé essentiellement des opéras pour Venise. Ce célèbre compositeur de théâtre a également travaillé à Innsbruck (à la Komödienhaus) ; obligé de quitter les ordres en raison de sa vie par trop profane, il a été admis comme chanteur à la Chapelle Sixtine et a conservé ses fonctions de vice-maître de chapelle impérial à Innsbruck et à Vienne. En 1668, il a présenté dans cette dernière ville son œuvre maîtresse, *Il Pomo d'oro* (La Pomme d'or), l'opéra le plus coûteux de l'époque baroque. Sans qu'il faille y voir un lien de cause à effet, Cesti a probablement été empoisonné par ses adversaires. Sa « pomme géante » devait initialement être donnée pour les noces de l'empereur germanique Léopold Ier en décembre 1666 ; mais les difficultés techniques en ont repoussé la création au mois de juillet 1668, pour les cérémonies d'anniversaire de l'impératrice Marguerite. Le prologue commence par glorifier l'Autriche, puis le prince héritier Ferdinand (bien que l'enfant soit mort dans l'intervalle). L'opéra ne compte pas moins de 19 scènes et exige 24 décors complets, représentant différents lieux de la mythologie gréco-romaine, des Enfers à l'empire des dieux, de l'Olympe à Athènes. L'empereur a confié les décors et la réalisation scénique au plus grand artiste scénique de l'époque, Lodovico Ottavio Burnacini. L'intrigue joyeuse et ironique, qui n'est pas sans évoquer un roman d'aventures, est une variation sur la célèbre histoire du jugement de Pâris (tén.). L'action est amorcée par la reine des Enfers, Proserpine (sop.), insatisfaite de son sort. La Discorde (sop.) jette une pomme parmi les dieux; elle doit revenir à la plus belle des déesses. Vénus (sop.), Pallas Athéné (sop.) et Junon (sop.) se disputent le titre. Le berger Pâris doit prononcer le jugement. Il tend la pomme à Vénus, parce qu'elle lui promet la plus belle des mortelles, Hélène (sop.). Guerres et tempêtes se déchaînent. Enfin, l'aigle de Jupiter emporte la pomme, la conduisant de la sphère mythologique vers le monde des hommes, pour la remettre à l'impératrice Marguerite, qui allie le courage de Pallas Athéné, la puissance de Junon et la beauté de Vénus. L'empereur avait fait construire un théâtre expressément destiné à ce spectacle d'opéra baroque. Musicalement, *Il Pomo d'oro* est aussi coloré que les actions et les personnages mythologiques représentés. Les scènes infernales et surnaturelles alternent, les commentaires du bouffon de la cour leur confèrent une dimension plus humaine.

J. M.

Wolfgang Amadeus Mozart

Né à Salzbourg le 27 janvier 1756
Mort à Vienne le 5 décembre 1791

Les dons musicaux de Mozart se manifestent très tôt. Son père Leopold, violoniste et compositeur, est l'auteur du plus important manuel de violon du XVIIIe siècle. Il se charge lui-même de l'éducation musicale de son fils. De longues tournées de concerts à travers l'Europe font découvrir à Mozart les plus grands centres musicaux et les principaux styles de son temps: Vienne (1763), Paris, Londres, la Hollande, la Suisse (1766), Vienne (1767), l'Italie (1769-1771: études de contrepoint avec le Padre Martini à Bologne, séjour dans d'autres villes comme Rome, Milan, Florence, Naples; commande d'opéra; deuxième voyage en Italie: 1771; troisième voyage en Italie: 1773, nouvelle commande d'opéra), Vienne (1773), Munich (1774-1775), Mannheim, Paris (1777-1779), Munich (création d'*Idomeneo*, 1781). En 1781, Mozart quitte le service de l'archevêque de Salzbourg pour s'établir à Vienne comme compositeur et pianiste virtuose indépendant. En 1782, il épouse Constanze Weber. Il doit faire face à la méfiance et au mécontentement croissants de son père (celui-ci meurt en 1787). L'empereur Joseph II s'intéresse à Mozart, mais attend la mort de Gluck (1787) pour le faire entrer au service officiel de la cour comme *Kammermusicus*. Mozart obtient la faveur du public grâce à ses grands opéras et à ses concertos, ainsi qu'avec des œuvres symphoniques et des pièces de musique de chambre. Prague fait un meilleur accueil que Vienne à ses compositions (création de *Don Giovanni* à Prague, 1787). Mozart approuve les projets de réforme de Joseph II, ainsi que les idées des francs-maçons (il entre dans une loge en 1784). À la mort de Joseph II (1790), il connaît de graves difficultés financières et existentielles. Il consacre la dernière année de sa vie à un travail fébrile, cherchant désespérément à se faire apprécier du nouveau souverain, Leopold II.

Œuvres: Opéras, œuvres liturgiques, symphonies, concertos, notamment pour piano, quatuors à corde, divertissements et sérénades, sonates pour violon, trios avec piano et autres pièces de musique de chambre, sonates pour piano, lieder – le catalogue de Köchel consigne plus de 626 œuvres, sa dernière grande composition, inachevée, est le *Requiem*. Opéras intégraux: *La Finta Semplice*, 1768, K. 51 [46a] (La Fausse naïve); *Bastien und Bastienne*, 1768, K. 50 [46b]; *Mitridate, Re di Ponto*, 1770, K. 87 [74a], (Mithridate, roi du Pont); *Lucio Silla*, 1772, K. 135; *La Finta Giardiniera*, 1775, K. 196 (La Fausse Jardinière); *Idomeneo*, 1781, K. 366 (Idoménée); *Die Entführung aus dem Serail*, 1782, K. 384 (L'Enlèvement au sérail); *Der Schauspieldirektor*, 1786, K. 486 (Le Directeur de Théâtre); *Le Nozze di Figaro*, 1786, K. 492 (Les Noces de Figaro); *Don Giovanni*, 1787, K. 527; *Così fan tutte*, 1790, K. 588; *La Clemenza di Tito*, 1791, K. 621 (La Clémence de Titus); *Die Zauberflöte*, 1791, K. 620 (La Flûte enchantée).

Wolfgang Amadeus Mozart, portrait de Barbara Krafft, née Steiner (1764-1825), Gesellschaft der Musikfreunde, Vienne.

Le génie musical de Mozart a exercé une influence déterminante sur le classicisme viennois. La maîtrise et l'universalité de son génie de compositeur restent uniques et incomparables. Mozart a porté l'écriture classique à sa perfection dans tous les genres.

Naïveté dramatique, génie musical

Avec sa profusion d'inspirations musicales, *La Finta semplice* est un bon exemple du génie précoce de Mozart. Si « inexpérience » il y a, celle-ci n'est pas musicale mais humaine. Certes, on ne trouve pas encore dans cette œuvre de jeunesse les grands ensembles où s'expriment simultanément des sentiments divergents, mais Mozart se pose déjà en maître de la représentation authentique de sentiments. Il écrit ainsi pour Rosina un air (partition n° 9) N1, étonnamment proche de l'« Air des roses » d'un chef-d'œuvre plus tardif, → *Le Nozze di Figaro*, notamment par le dialogue pénétrant entre hautbois et partie vocale. L'air passionné de Giacinta (partition n° 24) N2 dépasse largement les limites de l'opéra bouffe. Cet air peut être considéré comme une variante précoce du troisième mouvement de la « grande » *Symphonie en sol mineur* K. 550. N3 Mozart était décidément un génie né.

La Finta Semplice

La Fausse Naïve

Opera buffa en trois actes – K. 51 (46a)

Livret: Marco Coltellini, d'après le livret de Carlo Goldoni pour le *dramma giocoso* de Salvatore Perillo (Venise, 1764)
Création: prévue en 1768 à Vienne; probablement en 1769 à Salzbourg (Hoftheater)
Première exécution certaine: en 1921 à Karlsruhe
Personnages: Fracasso, capitaine des troupes hongroises stationnées dans la région de Crémone (tén.), Rosina, baronne, sœur de Fracasso, qui se prétend simple d'esprit (sop.), Don Cassandro, riche propriétaire foncier de Crémone, homme de bien vaniteux et avare (basse), Don Polidoro, frère puîné de Don Cassandro, homme de bien vaniteux (tén.), Giacinta, sœur de Don Cassandro et de Don Polidoro (sop.), Ninetta, femme de chambre de Giacinta (sop.), Simone (tén.), sergent de Fracasso (basse)

Argument
Dans une villa près de Crémone, au XVIIIe siècle.

Acte I
Fracasso et Simone ont pris leurs quartiers dans la villa de Cassandro et Polidoro. Le capitaine Fracasso est amoureux de leur sœur Giacinta, son subordonné Simone s'étant quant à lui épris de la femme de chambre, Ninetta. Mais les deux frères aiment leur tranquillité; ils ne veulent pas se marier, ni laisser partir leur sœur. Une intrigue est ourdie avec l'aide de Rosina, la sœur de Fracasso. Rosina se fait passer pour simple d'esprit. Une telle femme ne peut être redoutable et les deux frères tombent amoureux d'elle.

Acte II
Giacinta craint une querelle entre ses deux frères, tandis que Simone attend une rixe avec joie. Les deux frères comprennent qu'ils sont rivaux et se battent en duel. Ils finissent par se faire mystifier une nouvelle fois lorsqu'ils apprennent que Giacinta s'est enfuie avec tout leur argent.

Acte III
Finalement, les couples se forment: Ninetta et Simone, Giacinta et Fracasso; Rosina cède à Cassandro. Seul Polidoro est bredouille.

S. N.

La Finta Semplice – Mozart

Moussorgski → Mussorgski

La Finta semplice, Wilfried Plate, Elisabeth Hallberg, Frank Schneiders et Beate Mockenhaupt, mise en scène : Peter Brenner, décors et costumes : Heidrun Schmelzer, direction musicale : Jun Märkl, Staatstheater de Darmstadt, 1990.
Cassandro et Polidoro, les deux vieux garçons, briguent littéralement la main de la belle Rosina ; la femme de chambre Ninetta constate avec satisfaction le rapide revirement des deux patrons. Dès l'âge de douze ans, Mozart a choisi pour thème la « guerre des sexes », qui allait être l'un des thèmes récurrents de ses opéras bouffes.

1. Air de Rosina (acte I)

Sen - ti l'e - co o - ve t'ag - gi - ri

2. Air de Giacinta

Che scom - pi - glio, che fla - gel - lo, se mi ve - de mio fra - tel - lo,

3. Symphonie en sol mineur, K. 550 (3ᵉ mouvement)

4. Air de Rosina (acte II)

A - mo - ret - ti,

Amoretti

« Petits amours, vous vous cachez ici et décochez vos flèches en volant. Je vous en prie, ne venez pas à moi, ne venez pas blesser ce cœur » (partition n° 15). Cette image rococo ne correspond pas au comique robuste de l'opéra bouffe, mais à son aspect sentimental et émouvant.
Atmosphère nocturne : une jeune femme charmante rêve devant sa fenêtre ouverte ; une brise légère souffle – bref motif ondoyant à l'orchestre, comme une guirlande dorée flottant dans l'air. La tonalité est celle de mi majeur, qui exprime généralement chez Mozart un climat sublime (par exemple le trio d'adieu du premier acte de → *Così fan tutte*). N 4

Premières expériences de théâtre lyrique

La Finta Semplice est l'œuvre d'un jeune garçon de douze ans. Quels étaient les goûts de l'enfant prodige ? Dès son premier voyage en Europe de l'Ouest avec son père et sa sœur, voyage qui l'a conduit à Paris en 1766-1767, Mozart a pu découvrir la tragédie lyrique de Lully et de Rameau, mais aussi l'opéra-comique français, de Philidor ou de Monsigny, par exemple. À Versailles, Mozart a assisté à une représentation de *Bastien und Bastienne* (la version de Favart, jouée par Madame Favart). Quelques mois plus tard, la famille Mozart fréquentait les deux opéras londoniens (le théâtre de Covent Garden et le King's Theatre).

On y jouait encore avec succès le *Beggar's Opera* de Gay et Pepusch, une œuvre remontant à plusieurs dizaines d'années mais toujours extrêmement populaire en Angleterre. L'opéra italien y était également représenté, avec Piccinni, Vento et Giardini. Mais surtout, on donnait des œuvres du benjamin des fils du grand Jean-Sébastien Bach : Johann Christian, avec qui Mozart s'est lié d'une amitié indéfectible. À Londres, Mozart a également fait la connaissance de Giovanni Manzuoli, le castrat italien mondialement célèbre, qui a donné des leçons de chant à l'enfant prodige. Dès cet instant, Mozart a composé pour des chanteurs bien précis et en tenant toujours compte de leur voix.

Bastien und Bastienne, Dagmar Goldschmidt (Bastienne), Renatus Mészár (Colas) et Lothar Odinius (Bastien), mise en scène : Petra Müller, direction musicale : Siegmund Weinmeister, costumes : Imke Sturm, Staatstheater de Brunswick, 1996.
Le premier *singspiel* de Mozart pourrait se dérouler entre trois adolescents d'aujourd'hui : se croyant abandonnée, la jeune fille demande conseil à un ami.

Bastien und Bastienne

Singspiel en un acte – K. 50 (46 b)

Livret : Friedrich Wilhelm Weiskern et Johann Heinrich Müller, d'après un vaudeville de Marie Justine Benoîte Favart, Charles-Simon Favart et Harry de Guerville
Création : probablement en 1768 à Vienne
Première exécution certaine : le 2 octobre 1890 à Berlin
Personnages : Bastienne, bergère (sop.), Bastien, berger (tén.), Colas, prétendu sorcier (basse)

Argument
Dans un village, au début du XVIIIe siècle.
Bastienne se croit trahie par Bastien, son amoureux et demande conseil au vieux Colas. Pour l'aider, il lui suggère de faire semblant d'en aimer un autre. Bastien apparaît, la jeune fille se cache. Colas confie à Bastien que Bastienne a un nouvel amoureux. Bastien n'en croit rien. Colas fait apparaître Bastienne comme par enchantement. Après une courte querelle et l'évocation commune de leur bonheur paisible d'autrefois, les amants se retrouvent et célèbrent les sortilèges de Colas.

S. N.

Le modèle français
Le premier *singspiel* de Mozart est marqué par le goût musical de l'époque. Dans ce domaine comme en politique, en architecture ou en mode féminine, c'était la France qui donnait le ton. Le sujet de *Bastien und Bastienne* s'inspire d'un intermède de Jean-Jacques Rousseau, *Le Devin du village*, pièce populaire qui s'opposait à la fois à la sublime tragédie-lyrique de Lully et de Rameau et à la vogue de l'opéra italien. L'intermède de Rousseau a connu un succès durable : il est resté au répertoire parisien depuis la création (1753) jusqu'en 1829. L'année même de la première représentation, ce grand succès inspira une parodie intitulée *Les Amours de Bastien und Bastienne*. La première Bastienne était interprétée par Madame Favart, une actrice très prisée de l'époque. Pour le plus grand plaisir du public et au mépris de toutes les règles en vigueur, elle se produisit dans un costume paysan de lin, les bras nus et en sabots. Mozart assista à une représentation de cette production lors de son premier séjour à Paris en 1767. Cette pièce à succès fut traduite et adaptée par Friedrich Wilhelm Weiskern, metteur en scène de pièces populaires viennoises.

Jeu d'enfant ou coup de génie ?
Mozart avait douze ans quand il a composé son premier *singspiel*. La simplicité de la facture musicale (la plupart des airs sont en forme de lied) n'entraîne aucune monotonie, la typologie n'a rien d'éculé. La naïveté d'un jeune adolescent prête à cette œuvre un charme singulier.

Pastorale

Le *singspiel* est empreint d'une atmosphère pastorale marquée. Elle apparaît musicalement dans l'utilisation fréquente de la tonalité de sol majeur (dans l'ouverture, par exemple) N 5, image de la simplicité agreste dans l'esthétique des tonalités de l'époque, ainsi que dans la prédilection pour les thèmes dominés par les accords parfaits et les sonneries de cor évocatrices de la nature. En outre, l'atmosphère villageoise est rendue par des danses et des rythmes de danse, allant de la musette française avec imitation de cornemuse au *ländler*, cette valse lente qui servait déjà d'illustration musicale aux décors ruraux d'Allemagne et d'Autriche.

L'apparition du docteur Mesmer dans un *singspiel*?

La postérité n'a découvert les opéras de jeunesse de Mozart qu'assez tardivement. On sait peu de choses de leur genèse et il est impossible d'affirmer avec certitude si le *singspiel* de Mozart a bien été donné en 1768, dans un pavillon du jardin du docteur viennois Franz Anton Mesmer. On sait cependant que Mozart fréquenta sa demeure entre 1768 et 1773 et qu'il se lia d'amitié avec le médecin. Il évoqua son souvenir avec tendresse dans le premier finale de → *Così fan tutte*. Peut-être Mesmer (1734-1815) servit-il de modèle au personnage du sorcier Colas; il était en effet l'inventeur du mesmérisme, une théorie affirmant les vertus curatives du magnétisme. Sa méthode est considérée aujourd'hui comme l'ancêtre de la thérapie par hypnose. Dans le *singspiel* de Mozart, Colas est pourtant un charlatan (ou un fin psychologue?) qui, dans un air bouffe, débite des formules magiques sous forme d'incantations sans queue ni tête. N 6

5. Ouverture (motif pastoral)

6. Air du sorcier (Colas)
Dig-gi, dag-gi, schurry, mur-ry, ho-rum, ha-rum, li-rum, la-rum

Bastien und Bastienne, Renatus Mészár dans le rôle de Colas, mise en scène: Petra Müller, direction musicale: Siegmund Weinmeister, costumes: Imke Sturm, Staatstheater de Brunswick, 1996.
Le rôle du prétendu sorcier contient déjà en germe celui du grand meneur de jeu du futur opéra de Mozart →*Così fan tutte* (Don Alfonso). C'est certainement avec le caractère ludique de son Colas que le jeune Mozart s'identifiait le plus.

Bastien und Bastienne, Thomas Lehrberger (Bastien), Ileana Cotrubas (Bastienne), Peter van der Bilt (Colas), mise en scène et décors: Ladislav Štros, costumes: Marcel Pokorný, direction musicale: Leopold Hager, Festival de Salzbourg, 1969.
Jusqu'à une date avancée du XXe siècle, les mélomanes, et notamment les musicologues, ont considéré que tous les opéras que Mozart avait composés avant → *L'Enlèvement au sérail* n'étaient que des étapes préliminaires sur la voie des grands opéras de la maturité. Ce jugement injuste à l'égard de cette œuvre de jeunesse a progressivement évolué à partir des années soixante. Le *Bastien* de Salzbourg de 1969, production rococo donnée sur une petite scène tournante avec des interprètes de très grande qualité, a définitivement convaincu le public du génie créateur de l'enfant prodige.

Mitridate, Re di Ponto

Mithridate, roi du Pont

Opera seria en trois actes – K. 87 (74a)

Livret : Vittorio Amedio Cigna-Santi d'après la tragédie de Jean Racine
Création : le 26 décembre 1770 à Milan (Teatro Regio Ducale)
Personnages : Mitridate, roi du Pont, amant d'Aspasia (tén.), Aspasia, fiancée de Mitridate (sop.), Sifare, fils de Mitridate et de Stratonice (sop.), Farnace, fils aîné de Mitridate (alto), Ismène, fille du roi des Parthes, fiancée de Farnace (sop.), Marzio, tribun romain, ami de Farnace (tén.), Arbate, gouverneur de Ninfea (sop.), un Maure, un Romain (rôles muets)

L'Italie, La Mecque de la musique

En 1769, Mozart se rend pour la première fois en Italie avec son père, dans l'intention de s'initier à l'art sérieux et noble de l'opéra (*opera seria*). Ce séjour d'un an en Italie sera décisif. Au milieu de l'année, Mozart reçoit commande d'un *opera seria* pour le Teatro Regio Ducale de Milan : ce sera *Mitridate, re di Ponto*.

Mitridate, avec Elizabeth Gale, mise en scène : Jean-Pierre Ponnelle, direction musicale : Nikolaus Harnoncourt, Opernhaus de Zurich, 1985.
Malgré les situations normalisées et les états d'âme prédéfinis qui s'y rattachent, on entend dans *Mitridate* l'expression de sentiments authentiques. Le compositeur, alors âgé de 14 ans, a su représenter musicalement cette histoire fort célèbre au XVIIIe siècle avec une grande fraîcheur d'intuition.

Argument

Au Pont, vers 64 av. J.-C.

Mitridate, le roi du Pont, est en guerre contre les Romains. Il a fait répandre la nouvelle de sa mort pour mettre à l'épreuve ses fils Sifare et Farnace, ainsi que son peuple. Il découvre que ses fils sont tombés amoureux de sa propre fiancée, Aspasia. Pire encore, son fils Farnace semble s'être allié aux Romains, se posant ainsi en rival politique de son père. Seul Sifare est prêt à lutter avec son père contre les Romains. Lorsque Aspasia avoue qu'elle aime Sifare, le roi décide la mort de ses fils et de sa fiancée. Sifare empêche la mort d'Aspasia et soutient son père dans sa lutte contre les Romains. Mais ils sont vaincus et Mitridate se jette sur son épée. Mourant, il apprend que son fils Farnace a repoussé les Romains. Il pardonne à ses fils et accorde la main d'Aspasia à Sifare.

S. N.

Au niveau de l'opera seria

En 1770, le genre lyrique le plus exigeant était toujours l'*opera seria*. La plupart des ouvrages consacrés à Mozart présentent l'opera seria comme un genre musical dépassé, qui ne permettait pas au compositeur de façonner des personnages dramatiques vivants et ne servait que la beauté du chant. En fait, Mozart a su enrichir l'*opera seria* d'éléments essentiels sur le plan du contenu et a exploité ses spécificités stylistiques dans ses ouvrages ultérieurs, par exemple dans la caractérisation de personnages féminins comme ceux de Constance, de Donna Anna, de Fiordiligi ou de la reine de la Nuit. De même, de nombreux airs de concert de Mozart doivent leur teneur sentimentale aux situations courantes de l'*opera seria*. Les compositions de Mozart relevant de l'*opera seria* séduisent par la richesse de leur orchestration (à l'origine, ces ouvrages ont été joués par les meilleurs orchestres de cour), par la diversité des sentiments, ainsi que par la virtuosité et l'expressivité des parties vocales.

Mitridate, scène de l'acte III avec Christiane Oelze (Sifare) et Vesselina Kassarova (Farnace), mise en scène : Jonathan Miller ; décors : Peter J. Davison, costumes : Frida Parmeggiani, direction musicale : Roger Norrington, Mozartwochen de Salzbourg, 1997.
Dans la production de Salzbourg, toute une série de personnages muets (figurants) agissaient derrière les protagonistes, représentants de la vie de la cour et de l'Église, observateurs muets de situations récurrentes.

Cartes à jouer historiques, gravure française, Angleterre, vers 1800, Deutsches Spielkarten - Museum, Leinfelden - Echterdingen.

Une affiche classique

Traditionnellement, l'*opera seria* reposait sur cinq protagonistes. Ces personnages possédaient des fonctions dramatiques constantes et des registres vocaux bien établis. Le dirigeant (dieu, roi, empereur, dictateur, commandant, prince de la mythologie ou de l'histoire gréco-romaine) était interprété par le ténor. Les deux personnages masculins plus jeunes et rivaux (généralement d'origine noble) étaient attribués à des castrats (*primo uomo* et *secondo uomo*). S'y ajoutaient deux dames (*prima donna* et *seconda donna*), qui servaient généralement de prétexte au conflit entre le roi et les « jeunes » ou entre les deux « jeunes ». Les catégories de chanteurs étaient donc distribuées au compositeur comme des cartes à jouer. De même, le livret fixait les règles du jeu. Mais le compositeur définissait librement le déroulement de l'action. L'individualité des innombrables *opere serie* du XVIIIe siècle dépendait ainsi du travail de détail musical.

Viva il Maestrino !

Comment un opéra voyait-il le jour du temps de Mozart ? Très simplement et très prosaïquement. Un aristocrate, lié au théâtre où devait avoir lieu la création, commandait généralement au compositeur l'adaptation musicale d'une *scrittura*. Celle-ci contenait le sujet et représentait dans la plupart des cas un livret complet, qui avait souvent déjà fait l'objet de mises en musique. Le compositeur commençait par élaborer le récitatif, qui constituait l'ossature – on dirait aujourd'hui le livre de régie – de l'opéra. Cette trame devait être livrée dans les délais prescrits à la direction du théâtre. Les chanteurs arrivaient alors, et réclamaient leurs airs et leurs duos (l'*opera seria* contenait rarement des ensembles plus importants). Un bon compositeur savait se plier aux desiderata personnels des chanteurs. Le jeune Mozart ne procéda pas autrement pour *Mitridate*. Il arriva le 1er décembre 1770 à Milan et la création de son opéra eut lieu quelque trois semaines plus tard. Il écrivit les rôles sur mesure pour les chanteurs. L'essentiel était de gagner la sympathie de la *prima donna* et du *primo uomo* (généralement un célèbre castrat). La création eut lieu le 26 décembre 1770 au Teatro Regio Ducale (la Scala n'existait pas encore). Grâce, notamment, à une distribution brillante et à un orchestre de 56 musiciens (un effectif considérable pour l'époque), l'ouvrage remporta un grand succès. Enchanté, le public criait « *Viva il Maestro ! Viva il Maestrino !* ». Si cet enthousiasme ne suffisait pas assurer l'immortalité du compositeur (ce genre d'ambition n'avait guère place sur la scène d'opéra du XVIIIe siècle), il lui valait de nouvelles commandes. Et ainsi de suite…

Mitridate, Felicity Lott, Helrun Gardow, Julia Hamari, Yvonne Kenny et Rockwell Blake, mise en scène : Jean-Pierre Ponnelle, direction musicale : Nikolaus Harnoncourt, Opernhaus de Zurich, 1985. Réconciliation devant le roi mourant. Dans un *opera seria*, le dirigeant devait être supérieur à ses sujets, sur le plan moral également. L'*opera seria* était en effet le reflet de la société de la cour et, dans bien des cas, le véritable maître de la résidence était effectivement assis dans la salle de spectacle.

Lucio Silla

Dramma per musica en trois actes – K. 135

Livret: Giovanni de Gamerra
Création: le 26 décembre 1772 à Milan (Teatro Regio Ducale)
Personnages: Lucio Silla, tyran (tén.), Giunia, fille de Caius Marius, fiancée de Cecilio (sop.), Cecilio, sénateur proscrit (sop.), Lucio Cinna, patricien romain, ami de Cecilio et ennemi secret de Lucio Silla (sop.), Celia, sœur de Lucio Silla (sop.), Aufidio, tribun du peuple, ami de Lucio Silla (tén.); gardes, sénateurs, nobles, soldats, peuple, jeunes filles (chœur)

Argument

Rome, vers 80 av. J.-C.
Proscrit par Lucio Silla, Cecilio revient secrètement à Rome. Sa fiancée Giunia le croit mort. Lucio Silla cherche à séduire Giunia, mais elle le repousse. Leur ami Cinna ménage une rencontre entre Cecilio et Giunia. Silla veut contraindre Giunia au mariage. Cinna propose donc à Giunia de tuer le tyran dans son lit. Mais Giunia ne s'en croit pas capable et Cinna décide d'accomplir le tyrannicide lui-même. Giunia conseille à son bien-aimé de s'enfuir. Devant le Sénat, elle déclare préférer le suicide à une union avec Silla. Avec le concours de Cecilio, Cinna essaye de tuer Silla. L'attentat échoue. Cinna échappe habilement au piège. Seul Cecilio est arrêté. Cinna promet le mariage à Celia, la sœur de Silla, si elle persuade son frère de renoncer à Giunia. Giunia et Cecilio, condamné à mort, se disent adieu. Mais Celia et Cinna arrivent à persuader Silla que le peuple va se soulever en apprenant l'exécution de Cecilio. Le dictateur gracie Cecilio et tous les autres proscrits il renonce à Giunia. Cinna peut lui aussi épouser Celia.

A. G.

Ci-dessous, à gauche
Lucio Silla, Thomas Moser dans le rôle-titre, Staatsoper de Vienne.
L'histoire du dictateur romain, d'abord impitoyable, mais qui finit par triompher de lui-même, est aussi celle de la rencontre des passions: amour, constance, fidélité, acceptation de la mort se mêlent à la violence et à l'égoïsme, mais la dignité classique et la clarté des formes n'en pâtissent jamais. Action politique et conflit amoureux se déroulent en parallèle, l'éclairage dramatique est tout en clair-obscur – *chiaroscuro* comme on disait alors en Italie.

Lucio Silla, mise en scène: Jean-Pierre Ponnelle, direction musicale: Nikolaus Harnoncourt, Opernhaus de Zurich, 1999.

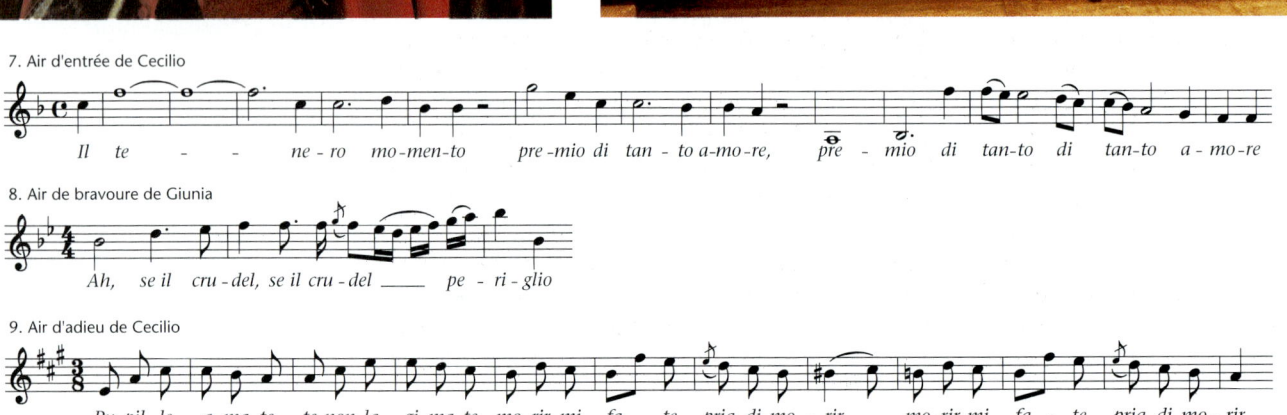

7. Air d'entrée de Cecilio
Il tenero momento premio di tanto amore, premio di tanto di tanto amore

8. Air de bravoure de Giunia
Ah, se il crudel, se il crudel periglio

9. Air d'adieu de Cecilio
Pupille amate te non lagimate morir mi fate pria di morir, morir mi fate pria di morir

Primo uomo, prima donna

Le célèbre castrat Venanzio Rauzzini (1746-1810), qui n'avait que quelques années de plus que Mozart, jouait fort bien du piano et composait habilement. Mozart a écrit pour lui le rôle de Cecilio. Leopold Mozart, le père de Wolfgang, admirait tout particulièrement la beauté sublime de son premier air et estimait que Rauzzini le chantait comme un ange (à en juger par cet air, Rauzzini devait posséder une étendue vocale importante [partition n° 2]). Le prélude orchestral spectaculaire annonce une vedette du chant ; pourtant, la voix s'élève sur un ton doux, tenu, conforme au texte : « Tendre instant, récompense d'un si grand amour, mon cœur t'imagine déjà en de douces pensées. » N 7

La *prima donna* n'était pas moins importante, puisqu'il s'agissait de Maria Anna de Amicis (vers 1733-1816). Il était prévu que Mozart lui soumette les esquisses de ses airs pour avis. Mais il lui apporta les compositions achevées, qu'elle trouva remarquables. Le grand air de Giunia (n° 11) contient des passages d'une difficulté étonnante, qui occupent la moitié de cette partie vocale de bravoure (70 mesures sur 144 !). La monotonie apparente des coloratures (au vu des notes) disparaît dans l'interprétation qui leur prête expression et couleur. Néanmoins, la virtuosité est prédominante et va jusqu'à définir le matériau thématique. Ainsi, le début même du thème repose sur une formule de technique vocale : un accord parfait ascendant de si bémol majeur, complété par un *passagio* qui permet à la cantatrice d'atteindre la note la plus aiguë. N 8

Scène funèbre

La scène centrale de l'opéra se rattache aux usages scéniques baroques et se déroule devant un tombeau (fin de l'acte I) : le sénateur Cecilio que l'on croyait mort et qui a regagné Rome en secret y rencontre sa fiancée Giunia. L'atmosphère lugubre est créée par un mouvement rythmique monotone et par de puissants accords orchestraux (cors et trombones). Le monologue de Cecilio (en forme de récitatif accompagné), le chœur funèbre (rarement significatif dans un *opera seria*) et le duo d'amour en mélodies virtuoses parallèles prouvent que le jeune Mozart avait assimilé les leçons de ce réformateur de l'opéra que fut Gluck. On perçoit également la proximité de l'univers mélodique sublime de Gluck dans le bel air, très sobre, de Cecilio *Pupille amate, non lagrimate* (Yeux tant aimés, ne pleurez pas, fin de l'acte III, n° 21). N 9

Lucio Silla, mise en scène : Patrice Chéreau, décors : Richard Peduzzi, costumes : Jacques Schmidt, direction musicale : Claudio Abbado, Teatro alla Scala, Milan, 1983.
À la différence des productions mozartiennes de Ponnelle, qui cherchaient à ressusciter l'esprit de l'*opera seria* par des connotations historiques, la mise en scène de Patrice Chéreau démontre l'actualité politique intemporelle de l'œuvre. Les héros de *Lucio Silla* vivent et se meuvent à l'ombre d'une dictature misanthrope. Le fait que le tyran, Lucio Silla, ne soit pas renversé montre clairement que cet *opera seria* a vu le jour avant la prise de la Bastille, le 14 juillet 1789. Moyennant une modification de la fin, ce sujet aurait pu convenir plus tard à un opéra de délivrance.

La Finta Giardiniera

La Fausse Jardinière

Dramma giocoso en trois actes – K. 196

Livret : 1re version (en italien) : Giuseppe Petrosellini ; 2e version (*singspiel* en allemand) : Johann Franz Joseph Stierle
Création : 1re version : le 13 janvier 1775 à Munich (Salvatortheater) ; 2e version : en mai 1780 à Augsbourg (Komödienstadl)

Personnages : Don Anchise, podestat de Lagonero, amoureux de Sandrina (tén.), la comtesse Violante Onesti, amante du comte Belfiore, tenue pour morte, travestie en jardinière sous le nom de Sandrina (sop.), le comte Belfiore, amant d'abord de Violante, puis d'Arminda (tén.), Arminda, noble dame de Milan, d'abord amante du cavaliere Ramiro, puis fiancée du comte Belfiore (sop.), le cavaliere Ramiro, amant d'Arminda, abandonné par elle (sop.), Serpetta, soubrette du podestat, amoureuse de lui (sop.), Roberto, valet de Violante, qui se fait passer pour son cousin sous le nom de Nardo, déguisé en jardinier, amoureux éconduit de Serpetta (basse)

Argument

Dans la maison et le jardin du podestat de lagonero, dans la première moitié du XVIIIe siècle.
Dans un accès de jalousie, le comte Belfiore a agressé son amante Violante. Croyant l'avoir tuée, il prend la fuite. Mais la comtesse Violante n'est pas morte et part à la recherche de Belfiore. Elle se déguise en jardinière et est embauchée par le podestat. En effet, on prépare dans sa demeure les noces de Belfiore et d'Arminda, nièce du maître de maison. Arminda a déjà vécu une relation amoureuse mouvementée avec Ramiro, invité à la fête. Lorsque tout le monde se retrouve, les anciennes flammes se raniment et contrarient les nouvelles amours. Les frictions s'intensifient jusqu'à la folie. Finalement, les anciens couples – Violante et Belfiore, Arminda et Ramiro – se retrouvent.

S. N.

La Finta Giardiniera, théâtre de marionnettes de Salzbourg, 1975.
Scène du théâtre de marionnettes de Salzbourg : le comte Belfiore fait la cour à Arminda. Marionnettes ou êtres vivants ? Tout se déroule selon la recette de l'*opera buffa*. Imbroglios amoureux, désespoir et espoir. Finalement, chacun trouve son partenaire. Un seul être est condamné à la solitude (d'où le nombre impair de personnages) : le podestat, mais pas pour longtemps sans doute. Il a pour ancêtres les figures de Pantalone et du Dottore de la *commedia dell'arte*. L'opéra d'un Mozart de 18 ans est une comédie parfois voilée de larmes. Son modèle direct pourrait être l'opéra bouffe sentimental de Niccolò Piccinni (1728-1800), *La Buona Figliula* (1760).

Ci-dessus
La Finta Giardiniera, mise en scène : Karl-Ernst et Ursel Hermann ; décors et costumes : Karl Ernst Hermann, direction musicale : Sylvain Cambreling, Théâtre Royal de la Monnaie, Bruxelles, 1986.
La production de Bruxelles, également à l'affiche du Festival de Salzbourg en 1992, montre les pérégrinations des amants dans un jardin de sentiments.
La Finta Giardiniera est peut-être le plus méconnu des opéras de jeunesse de Mozart. Il a rapidement disparu de la scène, alors que l'opéra du même nom, mais beaucoup plus simple, de Pasquale Anfossi connaissait en son temps un succès triomphal. L'ouvrage de Mozart n'a été redécouvert qu'en 1978, lorsqu'il a été publié dans l'édition intégrale critique et que les interprétations ont enfin pu lui rendre justice.

À droite
Catarina Cavalieri, silhouette de Hieronymus Löschenkohl, Vienne, 1785.
La cantatrice viennoise, qui a connu la célébrité sous le pseudonyme de Catarina Cavalieri (elle s'appelait en fait Kavalier), a fait ses débuts dans l'*opera buffa* de Mozart, *La Finta Giardiniera*. Élève modèle (et paraît-il maîtresse) du rival de Mozart, Antonio Salieri, elle a fait carrière comme *prima donna* au Burgtheater. Outre les rôles de Sandrina et de Constance, Catarina Cavalieri a interprété celui de Madame Silberklang du → *Directeur de théâtre* et a créé celui de Donna Elvira dans la version viennoise de → *Don Giovanni*. Elle est probablement la *prima donna* pour laquelle Mozart a le plus composé.

L'École des amants

La situation de départ est artificielle et raffinée : l'amant rencontre son amante qu'il croyait morte et qui le repousse. Pareille situation met les sentiments à l'épreuve. Il s'agit donc d'une école des amants. De nombreuses œuvres de l'époque (dont → *Così fan tutte*) portaient du reste l'appellation *La scuola degli amanti*. En l'occurrence, Mozart s'est montré fort bon écolier. La comtesse Violante veut commencer une vie nouvelle sous les traits de la jardinière Sandrina, une vie où l'amour ne serait pas le jouet d'un ennui mondain, mais une force déterminante. Le comte irascible a blessé sa bien-aimée par jalousie (il croit même l'avoir tuée !) et apprend l'humilité. Une situation psychologique des plus intéressantes, une tâche parfaite pour Mozart.

L'amour vainqueur

Le comte, bouffi de vanité, se flatte de son arbre généalogique auprès du podestat. Cet air bouffe (partition n° 8) semble anticiper l'air du catalogue de Leporello dans → *Don Giovanni*. Mais à l'instant où Belfiore reconnaît Violante sous le déguisement de Sandrina, son personnage prend une dimension tragique (n° 19 : récitatif accompagné et air passionnés). Sandrina doit lutter contre elle-même : elle aime toujours son amant brutal (n° 13 : un air en sol mineur agité, fougueux ; n° 21 : une scène désespérée dans une forêt sauvage), mais elle aspire à une relation entre partenaires égaux, libres de toute passion trouble. Ses vœux sont exaucés : dans la scène finale, les amants se révèlent l'un à l'autre toute la profondeur de leur âme. On se croirait presque dans une pièce bourgeoise larmoyante.

Idomeneo, Re di Creta
Idoménée, roi de Crète

Dramma per musica en trois actes – K. 366

Livret: Giambattista Varesco, d'après un livret d'Antoine Danchet
Création: le 29 janvier 1781 à Munich (Hoftheater/Théâtre Cuvilliés)

Personnages: Idomeneo/Idoménée, roi de Crète (tén.), Idamante, son fils (sop.), Ilia, princesse troyenne, fille de Priam (sop.), Elettra/Électre, princesse, fille d'Agamemnon, roi d'Argos (sop.), Arbace, confident du roi (tén.), le grand-prêtre de Neptune (tén.), la Voix (voix de l'oracle) (basse); peuple de Crète, Troyens, guerriers, marins, prêtres (chœur)

Antécédents
En Crète, après la guerre de Troie.
Le roi de l'île de Crète, Idomeneo, s'est battu pendant dix ans contre Troie avec ses guerriers, loin de sa patrie. Une fois la ville rasée et ses habitants massacrés, l'armée grecque victorieuse regagne sa patrie avec ses alliés, dont Idomeneo. Pour beaucoup, ce retour sera une douloureuse odyssée, la victoire militaire se transformera en défaite intime. C'est ainsi qu'Agamemnon, l'un des chefs de l'armée grecque, est tué à Argos. Sa fille Elettra s'est réfugiée en Crète.

Actes I et II
Idamante, le fils du roi de Crète, est passionnément amoureux d'Ilia, prisonnière troyenne. Ilia aime elle aussi Idamante, mais elle dissimule ses sentiments car le devoir lui commande de haïr le fils de son ennemi. Par amour pour Ilia, Idamante offre la liberté aux Troyens prisonniers. Les Crétois et les prisonniers troyens glorifient ce geste de réconciliation et de paix. Seule Elettra ne se réjouit pas. Elle aime Idamante et les Furies de la colère et de la vengeance lui déchirent le cœur. Au large de la Crète, la flotte d'Idomeneo est prise dans une tempête. Devant le péril, le roi promet au dieu de la mer de lui sacrifier la première créature qu'il rencontrera sur le sol de sa patrie. C'est son fils Idamante. Idomeneo tait son vœu à son fils et à son peuple et cherche une échappatoire. Il ne fait qu'aggraver la situation. Le dieu envoie un avertissement au roi défaillant en imposant de terribles épreuves au peuple crétois. Le confident Arbace

D'*Idoménée* à *Idomeneo*
Une des sources littéraires de l'opéra de Mozart est le roman de François Fénelon, dans lequel Idoménée tue son fils. Posper Jolyot Crébillon y a ajouté le motif du crime: la rivalité amoureuse.
Le drame de Crébillon (1705) a servi de modèle à la première version musicale, la tragédie-lyrique *Idoménée* d'Antoine Danchet, avec une musique d'André Campra (1712). Le livret de Danchet a inspiré le librettiste Varesco. Celui-ci a supprimé la double intrigue amoureuse (Ilia n'est aimée que par le prince héritier), simplifié l'argument (sur les trois confidents, il ne reste qu'Arbace) et réduit le nombre de divinités. S. N.

Idomeneo, avec Rachel Yakar dans le rôle d'Ilia, mise en scène: Jean-Pierre Ponnelle, direction musicale: Nikolaus Harnoncourt, Opernhaus de Zurich, 1980.
Idomeneo est l'œuvre que Jean-Pierre Ponnelle a le plus souvent mise en scène: en 1971 à Cologne, en 1978 à Chicago, en 1980 à Zurich, en 1981 à Vienne, en 1982 au Metropolitan Opera de New York avec Pavarotti dans le rôle d'Idomeneo, et en 1984 au Festival de Salzbourg.

Page de droite, en bas
Idomeneo, mise en scène: Roberto de Simone, décors: Mauro Carosi, costumes: Odette Nicoletti, direction musicale: Riccardo Muti, Teatro alla Scala, Milan, 1990.
Idomeneo est un sujet dramatique captivant qui a immédiatement fasciné Mozart. Le vœu prononcé par le roi de retour au pays et la funeste rencontre de son fils créent dès le début de l'œuvre une situation dramatique sans issue. Au fil de l'œuvre, elle se transforme en un véritable labyrinthe où les protagonistes errent, sans repère. L'issue ne peut être apportée que par une solution miraculeuse (un *deus ex machina* pour reprendre le vocabulaire de l'opéra du XVIIIe siècle): le pardon de Neptune.

Des conditions propices à l'inspiration
Idomeneo est une œuvre de commande du prince électeur de Munich, Karl Theodor. Jusqu'alors, Mozart n'avait jamais pu exercer la moindre influence sur le contenu et la forme d'une œuvre de commande. En 1780, il en eut enfin l'occasion. Par l'intermédiaire de son père, qui joua les postillons zélés, il put inspirer quelques modifications au librettiste Giambattista Varesco. Mozart trouva à Munich le célèbre orchestre de Mannheim, qui y avait suivi le prince électeur. La tradition sonore, l'articulation précise et le phrasé de cette formation pesèrent sur la conception d'ensemble de l'opéra. Le chef d'orchestre, Christian Cannabich, était un ami de Mozart; de nombreux observateurs contemporains s'accordent en outre à vanter le talent et la musicalité du flûtiste Wendling et du hautboïste Camm. Leurs qualités ne furent pas sans conséquences sur l'écriture de la partie d'orchestre. Christian Friedrich Daniel Schubart, un contemporain de Mozart, témoigne: «Aucun orchestre au monde n'a jamais surpassé celui de Mannheim. Son *forte* est un tonnerre, son *crescendo* une cataracte, son *diminuendo* un flot cristallin dont le clapotis se perd au loin, son *piano* un souffle printanier.» (tiré de *Ideen zu einer Ästhetik der Tonkunst* [Idées pour une esthétique musicale], 1784.) Mozart avait également fait la connaissance à Mannheim des deux sœurs Wendling, Dorothea et Elisabeth, qui devaient chanter les rôles d'Ilia et d'Elettra.

conseille de faire quitter l'île à Idamante en danger. Il doit embarquer pour Argos avec Elettra. La princesse grecque reprend espoir. La mer est calme. Mais Poséidon ne laisse personne quitter l'île. Il envoie des raz-de-marée et un monstre. Le peuple se demande qui a pu provoquer la colère du dieu. Le roi s'offre pour victime ; mais le dieu n'accepte pas le marché. Le monstre continue ses ravages.

Acte III

Ilia confie aux vents discrets son amour pour Idamante. Celui-ci part combattre le monstre et dit adieu à Ilia qui lui avoue alors son amour. Le grand-prêtre et le peuple exigent du roi qu'il se montre à la hauteur de sa fonction et les débarrasse du monstre. Le roi avoue alors la promesse faite à Poséidon. Idamante est prêt à mourir. Idomeneo lève la hache du sacrifice, lorsque Ilia s'interpose. Elle veut remplacer Idamante. Une voix s'élève, et ordonne à Idomeneo de remettre le pouvoir royal à son fils Idamante et de faire épouser la Troyenne au nouveau roi. Tous les espoirs d'Elettra sont réduits à néant. Elle se détourne des vivants pour se plonger dans le royaume des ombres infortunées. Le peuple célèbre l'Amour et Junon, dieux de l'amour et du mariage.

S. N.

Idomeneo, croquis de décor de Lorenzo Quaglio pour la création, Munich, 1781 (TWS).
Lorenzo Quaglio était l'un des plus célèbres architectes de théâtre de son temps. Ses décors pour la création de l'opéra à Munich firent sensation. En revanche, le nom de Mozart n'était même pas cité. « Rédaction, musique et traduction – sont originaires de Salzbourg », indiquait la *Münchner Zeitung*.

Sommet et dépassement d'un genre

Tout en restant fidèle au schéma de l'*opera seria*, Mozart le dépasse nettement. Les arguments de l'*opera seria* sont empruntés à la mythologie antique, telle, du moins, que l'appréhendaient le XVIIe et le début du XVIIIe siècles. La fable est présentée de manière à juxtaposer les situations extrêmes : naufrage, tremblement de terre, incendie et épidémie. Le livret place cinq ou sept personnages en opposition brutale : chacune avec chacun. L'agitation extérieure trouve un pendant dans l'intensité extrême des états affectifs : colère et tendresse, vengeance et clémence, folie et raison surhumaine. Les sentiments antinomiques s'interpénètrent : Éros engendre les Furies.

L'*Idomeneo* de Mozart est un produit tardif de l'*opera seria*. Des personnages nés de l'esprit des Lumières luttent sur le territoire de la dramaturgie baroque, dont relève, par exemple, l'air d'Ilia qui ouvre l'acte III. Considérer la nature comme une entité vivante correspondait à la pensée baroque : l'homme confie sa douleur aux vents silencieux. Mais l'esprit des Lumières se manifeste dans la « voix » qui vient trancher les nœuds de l'action. Le *deus ex machina* est évidemment typique de l'époque baroque. Mais dans *Idomeneo*, cette intervention extérieure exprime la « voix de la raison », ce qui la situe clairement dans la mouvance des Lumières.

La Crète est une île. Les habitants se heurtent à la mer comme à un mur. Le dieu démissionne *de facto* il confie le pouvoir à un nouveau couple de dirigeants, un couple « meilleur » ; ce faisant, il sanctionne l'ancien régime, l'ancien régime de cour. En ce sens, la parabole mythologique reste une image de la cour. Mais les personnages du drame doivent régler leurs problèmes entre eux, aucune instance ne transmet leurs appels. À ce niveau, la parabole prend une dimension historique humaine. Musicalement, cette évolution apparaît dans la disparition progressive des éléments de séparation : le premier récitatif succède sans rupture à l'ouverture, avant de se transformer insensiblement en air. En définitive, les hommes ne trouveront de réponse à leurs questions qu'auprès des hommes : comment l'âme pourrait-elle, autrement, être maîtresse des Furies ?

Idomeneo, Teatro alla Scala, Milan, 1990.
Idomeneo est le premier opéra de Mozart où la mer joue un rôle dramatique (le second et dernier sera → *Così fan tutte*).
Dans *Idomeneo*, la mer est un élément hostile : elle représente la colère de Neptune, la tempête fait rage.

10. Mélodie d'Idamante (quatuor, acte III)

An - drò ra - min - go e so - lo.

Un quatuor d'âmes inquiètes

Le quatuor « J'errerai seul » (*Andrò ramingo e solo*, mi bémol majeur, acte III) est considéré comme le premier grand ensemble de Mozart. Les quatre personnages principaux font face à leur propre mort (Idamante) ou à celle d'un être cher (Idomeneo est inquiet pour son fils, Ilia et Elettra pour l'homme aimé). Chacun réagit différemment, selon son caractère, la musique fondant cette diversité dans une tonalité commune. L'agitation psychologique s'épanche dans une mélodie qui évite tout lien avec des thèmes établis, mais s'attache à mettre en relief les sentiments de chacun. Les intensifications mélodiques et harmoniques pressantes se rétractent constamment, jusqu'à une modulation, après laquelle la tension s'intensifie au-delà du tolérable. Cette situation est renforcée par des brouillages harmoniques de la tonalité fondamentale, par des cadences rompues, des tensions sur la sensible. Sur le mot ultime *soffrir*, la fondamentale disparaît ; on voit s'ouvrir un abîme que les chanteurs ne parviennent à franchir qu'après plusieurs vaines tentatives. On dirait que l'ombre que la mort projette sur la vie est bannie par la force de l'amour qui unit ces êtres, que la mort perd son caractère effrayant car ils l'ont tous regardée dans les yeux. Mais ici encore, il n'y a pas de terme définitif, pas de triomphe. S. N.

Idomeneo, production du Teatro alla Scala, Milan, 1990.
Idomeneo incarne un type de dirigeant différent de celui que l'on rencontre habituellement dans l'*opera seria*. C'est un héros faible ; moralement, il est inférieur à ses sujets. Il n'est même pas responsable de la solution finale, la réconciliation de Poseidon irrité, puisque c'est la princesse troyenne, Ilia, mue par un amour sincère, qui la suscite.

Idomeneo, Peter Schreier (Idomeneo) et Delores Ziegler (Idamante), mise en scène : Johannes Schaaf, direction musicale : Nikolaus Harnoncourt, décors : David Fielding, costumes : Tobias Hoheisel, Staatsoper de Vienne, 1987.
Idomeneo a su s'imposer au milieu des années 1970 comme une grande œuvre de Mozart. On a découvert dans le conflit père-fils de cet opéra un reflet de la situation familiale de Mozart lui-même. À l'époque d'*Idomeneo* – peu après la mort de sa mère –, Mozart, désormais adulte, cherchait à se libérer de ses relations étouffantes avec son père, tentatives qui remplirent celui-ci d'amertume.

Idomeneo, croquis de décor de Heinz Grete, Städtisches Theater, Nuremberg, 1940 (TWS).
Un décor de l'époque où l'on considérait encore *Idomeneo* comme un conte mythologique avec dragon obligé. Le projet de Heinz Grete offre un bon exemple des préjugés dont les *opere serie* de Mozart (exception faite de *La Clémence de Titus*) ont fait l'objet tout au long du XIXe siècle et pendant la première moitié du XXe : des œuvres de jeunesse naïves relevant d'un genre musical démodé.

Ci-dessous
Idomeneo, croquis de décor de Max Bignens pour la mise en scène de Jorge Lavelli, direction musicale : Diego Masson, Théâtre des Champs-Élysées, Paris/Angers, 1975 (TWS).
Au fil des productions, les décors d'une œuvre ont tendance à se montrer de plus en plus audacieux et à adopter des formes d'expression de plus en plus modernes. Cette tendance ne pouvait que servir *Idomeneo*. Le monstre marin provoque une panique pour laquelle Mozart a composé un puissant numéro choral plein d'exaltation baroque. Cette scène doit exercer un effet acoustique et visuel bouleversant sur les spectateurs.

Idomeneo, mise en scène : Ruth Berghaus, décors : Marie-Luise Strandt, direction musicale : Peter Schreier, Staatsoper Unter den Linden, Berlin, 1981.
Idamante (Uta Priew) s'apprête à être sacrifié sur l'autel ; Ilia (Carola Nossek) s'interpose entre son amant et le grand prêtre (Henno Garduhn) : elle est prête à donner sa vie pour sauver son bien-aimé.

Un opéra choral

Habituellement, l'*opera seria* cantonne le peuple dans un rôle de figurant. Le chœur acclame l'issue heureuse de l'intrigue enfin dénouée et le chœur final n'est souvent que le pendant formel de la joyeuse fanfare de la *sinfonia* introductive. En revanche, *Idomeneo* de Mozart ménage au peuple, et donc au chœur, une place essentielle dans l'action. Lorsque Idamante libère les Troyens prisonniers, le peuple célèbre ce geste comme un signe de paix, de réconciliation entre l'Asie et l'Europe. L'angoisse mortelle des Crétois de retour, sur le point de succomber en luttant contre la tempête, contraste vivement avec cet espoir et cette luminosité. Le vœu d'Idomeneo ne semble pas seulement dicté par la peur de mourir, mais aussi par sa responsabilité à l'égard de ses guerriers. La musique des chœurs, et donc des agissements du peuple, présente un profil accusé et des couleurs puissantes. Ainsi, la représentation presque atmosphérique de la sérénité paisible de la mer avant l'embarquement projeté d'Idamante et d'Elettra contraste avec la crainte suscitée par le tumulte de la mer. Entorse la plus flagrante au schéma de l'*opera seria* : contrairement à toutes les règles, le récitatif accompagné d'Idomeneo n'est pas suivi d'un air, mais d'un chœur, une lamentation du peuple. Cet écart évident trouve son modèle dans le spectacle français (que Mozart avait découvert à Paris) et dans l'imitation de la tragédie antique. *Iphigénie en Aulide* d'Euripide avait marqué la scène française et l'opéra de Gluck, une tradition qui inspirera à Mozart son grand et unique opéra choral, *Idomeneo*.

S. N.

À droite
Idomeneo, mise en scène : Jean-Pierre Ponnelle, direction musicale : Nikolaus Harnoncourt, Opernhaus de Zurich, 1980.
Idomeneo est un opéra spectaculaire avec d'importantes scènes de chœur et de ballet, sur le modèle français. Les longs récitatifs déclamatoires doivent beaucoup, eux aussi, au goût français.

Die Entführung aus dem Serail
L'Enlèvement au sérail

Singspiel en trois actes – K. 384

Livret: Johann Gottlieb Stephanie le Jeune, d'après un livret de Christoph Friedrich Bretzner
Création: le 16 juillet 1782 à Vienne (Burgtheater)

Personnages: Selim, pacha (rôle parlé), Konstanze/Constance, amante de Belmonte (sop.), Blonde, sa soubrette (sop.), Belmonte (tén.), Pedrillo, valet de Belmonte et gardien des jardins du pacha (tén.), Osmin, gardien de la demeure du pacha (basse), Klaas, un capitaine de navire (rôle parlé), un muet, commandant de la garde; janissaires, suite du pacha, gardes (chœur)

L'Enlèvement au sérail, avec Anneliese Rothenberger (Constance) et Michael Heltau (le pacha Selim), Festival de Salzbourg, 1973.
Un couple scénique de rêve: la célèbre cantatrice allemande et le grand acteur autrichien. De nombreuses interprétations scéniques font de Selim un homme nettement plus âgé, préoccupé ou nerveux, un dictateur tout puissant. Ici, il apparaît comme un prétendant crédible de Constance. Sa tragédie – il renonce à une belle femme qui est sa prisonnière au bénéfice de son amant lointain – prête une profonde mélancolie à son personnage.

Argument
Dans la propriété du pacha en Turquie, au milieu du XVIe siècle.

Antécédents
Au cours d'une attaque contre le navire de l'Espagnol Belmonte Lostado, fils du commandant d'Oran, sa fiancée Constance et leurs domestiques Blonde et Pedrillo sont tombés aux mains des pirates. Vendus sur le marché aux esclaves au pacha Selim, un renégat espagnol, ils vivent désormais, captifs, dans la propriété de celui-ci. Pedrillo a obtenu la confiance du pacha et a pu faire parvenir à Belmonte des indications sur leur lieu de détention.

Acte I
Belmonte attend avec impatience de revoir sa bien-aimée. Il se demande comment pénétrer dans le palais du pacha Selim. Le gardien Osmin lui en interdit l'accès verbalement et physiquement. Mais l'apparition de Pedrillo lui libère la voie. Pedrillo a recommandé Belmonte au pacha, vantant ses talents d'architecte. Le pacha rentre d'un voyage d'agrément et Belmonte lui est présenté.

Acte II
Le pacha a offert Blonde à Osmin qui est tombé amoureux de la jolie Anglaise. Mais il la harcèle grossièrement, à la mode orientale. Elle lui donne une leçon sur la manière de traiter les jeunes Européennes. Constance se consume: elle aime Belmonte, mais a appris à apprécier le pacha, dont elle repousse les avances. Il lui fait alors comprendre qu'elle se trouve entre les mains d'un souverain turc qui peut user de violence à son égard. Mais Constance craint les tourments psychologiques plus que la douleur physique et se dit prête à mourir. Pedrillo informe les deux femmes de l'arrivée de Belmonte et de leur projet d'enlèvement. Il commence par mettre Osmin hors d'état de nuire à l'aide de vin de Chypre assaisonné de narcotique. Lorsque les amants se retrouvent, la jalousie de Belmonte l'emporte sur son amour et il doute de la fidélité de Constance. Celle-ci désespère: retrouvera-t-elle vraiment le bonheur perdu dans les bras de Belmonte?

Acte III
Pedrillo réveille les jeunes femmes à minuit. Une échelle doit les conduire hors du sérail. Un muet la remarque et réveille Osmin de son ivresse. Leur fuite échoue, les coupables sont arrêtés. Osmin triomphe: enfin, les Européens haïs vont connaître la torture et la potence. Les fugitifs sont conduits au pacha. Belmonte propose une rançon, révélant ainsi son origine. Il est le fils de l'ennemi mortel de Selim. La mort des amants paraît certaine. Mais la noblesse d'esprit de Selim triomphe: il pardonne l'injustice dont il a jadis été victime et offre la liberté au fils de son ennemi, à la femme qu'il aime et à leurs serviteurs. Laissant Osmin maugréer dans son coin, tous célèbrent la magnanimité du pacha Selim.

S. N.

Selim, le prince idéal
La coïncidence chronologique entre l'édit de tolérance de l'empereur Joseph II (accordant la liberté de confession), l'allégement de la censure et la composition de *L'Enlèvement au sérail* (1781) est presque symbolique. Mozart et Stephanie ont choisi le personnage du pacha Selim comme principal porte-parole des idées des Lumières. Selim n'est pas un Turc, mais un chrétien converti à l'Islam. Il fait partie des princes exemplaires de l'idéologie des Lumières, dont le prototype se trouve dans la figure du « noble païen », le sultan Saladin de *Nathan le Sage* (1777) de Gotthold Ephraim Lessing, un drame de la tolérance. Par rapport au texte de Bretzner, Stephanie a encore accentué la bonté du pacha. Chez Bretzner, Selim reconnaît en Belmonte son propre fils, alors que chez Stephanie et Mozart, il gracie le fils de son ennemi juré. Faut-il voir derrière le personnage de Selim pacha la figure de Joseph II, qui personnifiait pour Mozart et pour Stephanie le nouveau type de souverain?

Joseph II fait bon accueil au *singspiel*

Le *singspiel* a été l'une des expressions du sentiment national naissant. Avant Mozart, le *singspiel* le plus populaire avait été *Die Jagd* (La Chasse), sur un livret de Christian Felix Weisse (1732-1804) et une musique de Johann Adam Hiller (1728-1804). Joseph II, prince éclairé, fit bon accueil au *singspiel*, voyant dans ce nouveau genre le moyen de renforcer le sentiment national et d'initier au bon allemand une population viennoise ethniquement hétérogène. En 1777, le Burgtheater fut promu au rang de « Théâtre national impérial et royal ». On y œuvra dans cet esprit jusqu'à ce que les Italiens redeviennent maîtres du théâtre lyrique en 1783.

Zaïde

En 1779, Mozart se consacra à un *singspiel* allemand. On peut considérer *Zaïde* comme une esquisse préparatoire de *L'Enlèvement au sérail*. Le Chrétien Gomatz tombe entre les mains du sultan Soliman et gagne l'amour de Zaïde, que le sultan courtisait en vain. Ils tentent de s'évader, mais sont trahis et conduits devant le sultan fou de colère, qui repousse toutes leurs supplications. L'œuvre devait évidemment se conclure par un *happy end*, mais nous n'en connaîtrons jamais l'issue, car *Zaïde* est resé inachevé.

À droite
L'Enlèvement au sérail, photo de scène avec Akram Tillawi dans le rôle de Selim pacha, mise en scène : François Abou Salem, direction musicale : Marc Minkowski, décors : Francine Gaspar, Festival de Salzbourg 1997
Comment un metteur en scène turc imagine un singspiel allemand : la production de Salzbourg, qui a fait grand bruit, transposait l'œuvre dans un milieu arabo-turc actuel, dans l'empire d'un prince adulé par son peuple. Dans cette interprétation aux couleurs d'actualité historique, il ne manquait ni les mitrailleuses ni les barbelés.

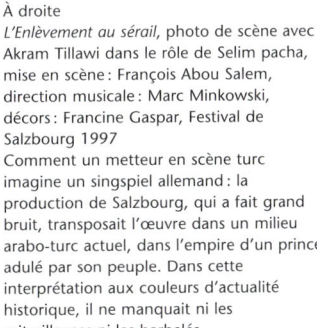

L'Enlèvement au sérail, croquis de décor (le sérail) d'Otto Müller-Godesberg, Stadttheater, Elberfeld-Barmen, 1910 (TWS).
Ambiance turque Jugendstil. Au début du XXe siècle, ce type de scène conservait, notamment en Europe centrale, des éléments de conte oriental. Un opéra comme *L'Enlèvement au sérail* de Mozart se prêtait particulièrement bien à ce genre de décors.

Pourquoi Selim pacha ne chante-t-il pas ?

Il convient de réfuter d'emblée l'idée romanesque selon laquelle Mozart n'aurait pas trouvé la musique qui convenait au personnage de Selim. Après *Idomeneo*, il était certainement capable de traduire en musique n'importe quel sentiment. Mais alors, pourquoi Selim ne chante-t-il pas ? D'abord, parce que le livret original de Bretzner en faisait un rôle parlé. D'autre part, Mozart ne disposait pas d'un chanteur adéquat : le rôle de ténor (registre vocal habituellement réservé au prince dans l'*opera seria*, genre en vigueur au XVIIIe siècle) était déjà pris par Belmonte, et le favori du public, Fischer, devait prêter sa voix de basse profonde à Osmin. Mais la raison première est sans doute qu'un *singspiel* allant dans le sens du joséphinisme éclairé accordait un rôle majeur au texte parlé.

L'infortuné pacha Selim

Il n'est pas facile d'étudier la psychologie de Selim, car il ne chante pas ; la musique ne peut donc pas trahir ses sentiments. Il pourrait servir d'exemple didactique à une parabole du noble prince. Mais Selim est un homme âgé (il pourrait être le père de Belmonte), qui brûle d'amour pour Constance et que cet amour repoussé place dans un cruel dilemme. Pourquoi devrait-il renoncer à cette jolie fille au profit d'un inconnu ? (On n'apprendra que plus tard qu'il s'agit, pire encore ! du fils de son ennemi juré.) N'est-il pas lui-même suffisamment viril, riche et vertueux ? Jusqu'où peut et doit aller son attitude loyale à l'égard de la jeune femme ?

Les Turcs sur la scène lyrique du XVIIIe siècle

Dès 1686, au cours de la guerre qui vit l'arrivée des Turcs dans l'espace austro-hongrois, on donna à Hambourg ce qui fut sans doute la première turquerie : *Kara Mustafa* de Johann Wolfgang Franck (livret : Lucas von Bostel), qui traite de l'expédition de Kara Mustapha contre Vienne. Les Turcs allaient occuper solidement la scène lyrique pendant plus d'un siècle. Le modèle immédiat de Mozart et de Johann Gottlieb Stephanie fut *Belmont und Constanze oder die Entführung aus dem Serail* (1781) de Christoph Friedrich Bretzner, lui-même précédé de l'*opera semiseria La Schiava liberata*, composé en 1768 par Niccolò Jommelli sur un livret de Gaetano Martinelli. La différence avec *L'Enlèvement* de Bretzner est que la libération des Occidentaux ne se fait pas par la violence, mais au terme de négociations pacifiques avec le sultan. Les deux opéras turcs de Christoph Willibald Gluck, composés initialement sur des livrets en français, prouvent que ce genre sut également s'imposer en France. *Le Cadi dupé* (1761) et surtout *La Rencontre imprévue ou Les Pèlerins de La Mecque* (1764) ont également connu une grande popularité à Vienne. En présence de Gluck, Mozart a improvisé en 1783 de savoureuses variations pour piano sur une mélodie populaire de basse bouffe du premier acte des *Pèlerins de La Mecque* (K. 455, *Unser dummer Pöbel meint*).

Osmin

Le premier Osmin, Johann Ignaz Ludwig Fischer, était une vedette de l'opéra de Vienne. « ... Sa voix possède presque le grave du violoncelle et l'aigu naturel d'un ténor, mais pour autant, son grave n'est pas ronflant et son aigu n'est pas ténu ; son intonation est facile, sûre et agréable », écrivait Friedrich Reichardt, critique et compositeur de son temps. Osmin est l'incarnation du méchant, mais les moyens qu'il met en œuvre sont incongrus, ce qui le rend aussi comique qu'inquiétant. Mozart est allé bien au-delà du personnage bouffe ordinaire. Les airs d'Osmin sont des explosions de rage

Ci-dessus
L'Enlèvement au sérail, Osmin (Andreas Grötzinger, acteur ; Roland Bracht, chanteur), mise en scène : Hans Neuenfels, Staatstheater de Stuttgart, 1997.

Ci-dessous, à gauche
L'Enlèvement au sérail, Andreas Conrad (Pedrillo) et Franz Hawlata (Osmin), mise en scène : François Abou Salem, direction musicale : Marc Minkowski ; décors : Francine Gaspar, Festival de Salzbourg, 1997.

mises en musique. Quand Pedrillo lui demande pourquoi il veut l'étrangler, il obtient cette réponse laconique : « Parce que je ne peux pas te souffrir. » L'air qui suit est une bordée d'injures à n'en plus finir. N 11

L'air de rage d'Osmin se termine en fa majeur ; mais il n'en a pas encore fini. « Je ne t'ai rien fait », se plaint Pedrillo. « Tu as une sale tête, ça suffit ! », hurle Osmin, jurant sur la barbe du prophète. Mozart fait suivre son air d'une partie inattendue, qu'il explique dans une lettre adressée à son père : « Toute cette histoire de "barbe du prophète" est évidemment dans le même tempo, mais sur des notes rapides, et comme sa colère ne cesse d'augmenter et que l'on croit que l'air touche à sa fin, l'*Allegro assai*, écrit dans une autre mesure et une autre tonalité, doit produire le meilleur effet. Car un homme qui éprouve une colère aussi violente dépasse toute règle, toute mesure et toute borne, il ne se connaît plus – et la musique doit ne plus se connaître non plus. Mais comme les passions, violentes ou non, ne doivent jamais être exprimées *ad nauseam*, et que la musique, même dans la situation la plus atroce, ne doit en aucun cas blesser l'oreille mais toujours la charmer, c'est-à-dire rester de la musique, je n'ai pas choisi un ton étranger au fa (ton fondamental de l'air), mais un ton apparenté ; non pas le plus proche, ré mineur, mais un la mineur lointain. » (26 septembre 1781) N 12

L'Enlèvement au sérail, croquis de costume de Heinz Grete pour Osmin, Cologne, 1914 (TWS). Grâce à sa musique géniale, le rôle d'Osmin ne le cède en rien à ceux des protagonistes. Pour Mozart, c'était un personnage comique, une basse bouffe. Osmin personnifie le Turc barbare, le rôle du noble exotique étant réservé à Selim. Dans les productions des années quatre-vingt et quatre-vingt-dix, la figure d'Osmin a pris des traits menaçants, presque terrifiants. Cela tient peut-être aux textes sadiques de ses airs. Mais sa musique en rit secrètement. N 13

Musique turque

Mozart savait parfaitement que *L'Enlèvement* devait satisfaire le goût viennois en étant tout à la fois exotique, frappant et amusant : « J'utiliserai de la musique turque pour la *sinfonia* (ouverture), le chœur du premier acte (chœur des janissaires) et le chœur final » – confiait-il à son père deux jours après avoir reçu le livret (lettre du 1er août 1781) N 14

Il ajoutera encore le célèbre duo Osmin-Pedrillo (*Vivat Bacchus !*) que Mozart lui-même désigne sous le nom de « duo de beuverie » : « per i signori Viennesi, qui n'est rien d'autre que ma retraite turque ». N 15

La musique turque (*alla turca*) qui figure dans *L'Enlèvement* n'a évidemment rien d'authentique, mais elle n'en est pas moins originale. Pour produire cette couleur orientale, Mozart a choisi une petite formation particulière, comprenant « tambours et cinelli » (cymbales, triangles, crécelles). Peut-être n'a-t-il pas noté tous ces instruments, et l'on peut sans risque – comme le prouvent les interprétations scéniques et l'enregistrement réalisés sous la direction de Nikolaus Harnoncourt – donner un timbre un peu grossier et menaçant aux passages de turqueries.

11. Explosion de rage d'Osmin (air en fa majeur)

Sol - che her-ge-lauf-ne Laf - - - - - fen

12. Osmin fou furieux (partie finale en la mineur de l'air en fa majeur)

Erst ge - köpft, dann ge - han-gen

13. Chanson de vengeance d'Osmin

O, wie will ich tri-um-phie-ren, wenn sie euch zum Richt-platz füh-ren

14. Musique turque (ouverture)

15. Duo de Bacchus (Osmin-Pedrillo)

Vi - vat Bac-chus, Bac-chus le - be, Bac-chus war ein bra-ver Mann

L'Enlèvement au sérail, croquis de décor d'Otto Reigbert pour la mise en scène de Walter Felsenstein, Städtische Bühnen de Cologne, 1932 (TWS). « Vivat Bacchus, vive Bacchus, c'était un chic type ! » La philosophie du célèbre « duo de la beuverie » n'a provoqué aucun malentendu entre Turcs et Viennois. Mais en réalité, la cour de Habsbourg se trouvait à cette époque à la veille d'une absurde guerre balkanique.

L'Enlèvement au sérail, avec Constance (Emanuela von Frankenberg, actrice ; Catherine Naglestad, cantatrice), Belmonte (Mathias Klink, chanteur ; Alexander Bogner, acteur), mise en scène : Hans Neuenfels, direction musicale : Lothar Zagrasek, décors : Christian Schmidt, costumes : Bettina Merz, Württembergisches Staatstheater de Stuttgart, 1997.

Avant Mozart, on n'avait guère l'habitude de composer pour grand ensemble dans l'opéra bourgeois, plutôt simple. Mais Mozart a trouvé dans le quatuor le reflet idéal de la situation dramatique et tendue qui voit des amants se retrouver après deux années de séparation.

À gauche
L'Enlèvement au sérail, photo de scène avec Eva Mei dans le rôle de Constance, Staatsoper de Vienne 1990
« … j'ai un peu sacrifié l'air de constance à l'agile gosier de Mad.selle Cavalieri » (Mozart à son père, le 16 septembre 1781). Le rôle de Constance allait également mettre à rude épreuve les cantatrices à venir.

Constance, la constante

Le seul personnage constant de l'œuvre est Constance (cette homonymie avec l'épouse de Mozart – leur mariage eut lieu pendant la genèse de *L'Enlèvement* – rendait cette figure plus chère encore au compositeur). Constance aime, et cet amour est toute sa vie. C'est ce que révèlent ses trois grands airs, qui expriment néanmoins des émotions fort différentes (c'est le rôle de soprano le plus ardu de tous les opéras de Mozart). Dans le premier, Constance songe au bonheur confiant dont elle jouissait aux côtés de Belmonte (air en si bémol majeur, *Ach, ich liebte*, partition n° 6), N16 dans le second, elle regrette cette sérénité disparue (air en sol mineur, *Traurigkeit*, n° 10), N17 tandis qu'après les menaces de Selim, elle triomphe dans un air de bravoure presque hystérique, espérant que la mort la délivrera de ces tortures mentales (air en ut majeur, *Martern aller Arten*, n° 11). N18

Belmonte, un homme inquiet

« O wie ängstlich, o wie feurig, savez-vous comment il est rendu – le klopfende liebevolle herz [le cœur qui bat, plein d'amour] s'annonce déjà – par les deux violons à l'octave. C'est l'air favori de tous ceux qui l'ont entendu – le mien aussi – et il est parfaitement écrit pour la voix d'Adamberger… » (Mozart à son père, le 26 septembre 1781). Après avoir étudié en Italie et s'être produit à Munich et à Londres, Valentin Adamberger arrive à Vienne en 1780. À l'instar de Catarina Cavalieri, c'est un favori de l'empereur, qui le juge « incomparable ». Sa voix n'avait pas une très grande étendue, mais il chantait avec fougue et sentiment.

Les mots-clés de Belmonte sont : peur et joie. « Avec quelle crainte, avec quelle flamme, bat mon cœur plein d'amour » – chante-t-il dans le plus beau de ses quatre airs (la majeur, partition n° 4). N 19 Son troisième air *Wenn der Freude Tränen fliessen* (Quand coulent les larmes de joie, si bémol majeur, n° 15) lors des retrouvailles tant attendues s'achève (après la longue partie lente, pleine de lyrisme et de sensibilité) abruptement, presque amèrement. Le texte évoque certes les douleurs de la séparation, mais on sent déjà rôder la jalousie dévorante qui explosera dans le quatuor, avant de s'évanouir, apaisée, dans un bercement musical ensorcelé. Belmonte est heureux de retrouver sa bien-aimée, mais il s'interroge sur sa fidélité. D'où un conflit entre les amants (quatuor en ré majeur *Ach, Belmonte! Ach, mein Leben!* n° 16, acte II), qui s'intensifie juste avant la tentative d'enlèvement.

Après l'échec de leur évasion, les amants attendent la mort et sont prêts à mourir l'un pour l'autre (duo, n° 20). Belmonte a atteint le but (l'évolution est un élément essentiel de la dramaturgie du *singspiel*) : il a atteint la hauteur d'âme de Constance.

16. Souvenirs d'amour de Constance (air en si bémol majeur)

Ach ich lieb-te, war so glück-lich, kann-te nicht der Lie-be Schmerz

17. Tristesse de Constance (air en sol mineur)

Trau - rig - keit

18. Résolution de Constance (air en ut majeur)

Mar-tern al-ler Ar-ten, al-ler Ar-ten mö-gen mei-ner war-ten

19. Espoirs de Belmonte (air en la majeur)

O wie ängst-lich, o wie feu-rig klopft mein lie-be-vol-les Herz

20. Réconciliation des amants (quatuor)

L'Enlèvement au sérail, photo de scène avec Aga Winska (Constance) et Hilmar Thate (Selim), mise en scène et décors : Karl-Ernst et Ursel Herrmann, direction musicale : Nikolaus Harnoncourt, Wiener Festwochen, 1989.
Le véritable enlèvement se déroule dans un labyrinthe de sentiments, mis en évidence par le décor de Karl-Ernst et Ursel Herrmann.

Der Schauspieldirektor
Le Directeur de Théâtre

Komödie mit Musik en un acte – K. 486

Livret : Johann Gottlieb Stephanie le Jeune
Création : le 7 février 1786 à Schönbrunn (Orangerie)
Personnages : Frank, directeur de théâtre (rôle parlé), Eiler, banquier (rôle parlé), Buff, acteur (basse), Herz, acteur (rôle parlé), Madame Pfeil, Madame Krone et Madame Vogelsang, actrices (3 rôles parlés), Monsieur Vogelsang, chanteur (tén.), Madame Herz et Mademoiselle Silberklang, cantatrices (2 sop.)

Argument

Dans la loge de Monsieur Frank, au XVIIIe siècle. Monsieur Frank, directeur de théâtre (rôle joué à l'origine par le librettiste Johann Gottlieb Stephanie) décide de constituer une troupe itinérante. Buff (Joseph Lange, le beau-frère de Mozart) l'assiste de ses conseils : il faut engager du personnel bon marché mais annoncer les représentations à grand bruit, veiller, lors du choix des pièces, à l'efficacité plus qu'à la qualité artistique et acheter les critiques. Les questions financières sont réglées par le banquier Eiler (incarné à l'origine par le célèbre acteur Johann Franz Hieronymus Brockmann), qui veut aider sa bonne amie, Madame Pfeil (Johanna Sacco, une actrice viennoise populaire), à obtenir un engagement. Les candidats cherchent à prouver leur talent dans différentes scènes et à s'évincer mutuellement. La rivalité est particulièrement âpre entre les deux *prime donne*, Madame Herz et Mademoiselle Silberklang (Tout est dans le nom ! Mozart a écrit les airs de « Madame Cœur » et de « Mademoiselle Timbre d'argent » sur mesure pour les deux cantatrices vedettes de Vienne, Aloysia Lange, sa propre belle-sœur, et Catarina Cavalieri.) L'air de Madame Herz est composé dans le style italien, celui de mademoiselle Silberklang dans le style français. Le premier air est plus sensible, le second plus gracieux. Dans le trio (*Ich bin die erste Sängerin* – Je suis la prima donna), les cantatrices poursuivent leur duel avec une agressivité accrue, tandis que Monsieur Vogelsang cherche vainement à calmer ces dames (le ténor était Valentin Adamberger, un chanteur adulé de l'époque, dont l'épouse, Maria Anna, interprétait le rôle de Madame Krone). Frank menaçant de renoncer à former une troupe, les artistes se montrent enfin raisonnables et entonnent un chant de louange à la gloire des mœurs des artistes.

A. G.

Le Directeur de théâtre, page de titre de la première édition du livret, Vienne, 1786.
Le 7 février 1786, l'empereur Joseph II donna une fête dans l'Orangerie du château de Schönbrunn, dans le parc duquel on avait édifié deux scènes. Après le banquet, on donna *Le Directeur de théâtre*. « Lorsqu'il fut fini, toute la société se dirigea vers le théâtre aménagé à l'autre extrémité, où l'on présenta incontinent un *singspiel* italien… » rapporte le protocole de la cour.

Des opéras sur l'opéra

Le Directeur de théâtre est un ouvrage de circonstance, composé pour une fête de la cour, un mélange de singspiel et de théâtre avec une ouverture, deux airs, un trio et un vaudeville. Mozart a écrit de brillantes interventions pour sa belle-sœur, Aloysia Lange, dont il avait été épris jadis. Pour la même fête, on avait également commandé une composition à Antonio Salieri qui s'était acquitté de cette tâche en présentant l'opéra bouffe *Prima la musica e poi le parole* (D'abord la musique, le texte ensuite). À en juger par le livret de Giovanni Battista Casti, cet opéra traitait lui aussi des goûts fluctuants de la scène lyrique. Avec une exagération parodique, on y décrit les conflits entre compositeur et librettiste, Casti profitant de l'occasion pour persifler son rival, Da Ponte. Un mécène princier souhaite voir confier un rôle à une cantatrice précise. *La prima donna* (incarnée par la chanteuse vedette du parti de Salieri, Nancy Storace) prouve sa supériorité vocale en chantant des airs de l'opéra *Giulio Sabino* de Giuseppe Artis, choisissant ainsi des airs composés pour un castrat. La Storace parodiait ce faisant le célèbre castrat Marchesi, qui s'était produit à Vienne peu de temps auparavant. À travers ces deux *capriccios* scéniques, l'empereur souhaitait présenter à ses invités la diversité de la vie lyrique viennoise. Satisfait de cette plaisanterie de carnaval, il remit 100 florins à Salieri, 50 à Mozart et aux autres participants de ce spectacle. L'ensemble de la fête lui coûta 1 000 florins…

Le Directeur de théâtre, affiche, Deutsche Staatsoper de Berlin.
La rivalité des deux *prime donne* : un sujet de théâtre intemporel, sur scène et en coulisses.

Page de droite, en bas à gauche
Le Directeur de théâtre, mise en scène, décors et costumes : Pet Halmen, direction musicale : Wolfgang Rot, Landestheater de Salzbourg, 1991.
Tableau de groupe avec gens de théâtre : à l'époque de Mozart déjà, tout était sens dessus dessous dans la loge d'un directeur de théâtre (ou d'opéra).

Page de droite, en bas à droite
Le Directeur de théâtre, Hilde Leidland dans le rôle de Madame Herz, mise en scène, décors et costumes : Pet Halmen, direction musicale : Wolfgang Rot, Landestheater de Salzbourg, 1991.
Comment un directeur de théâtre pourrait-il choisir entre deux *prime donne* aussi remarquables l'une que l'autre ? Mozart trouva la solution, dans cet opéra et dans d'autres, en composant des rôles superbes pour l'une et l'autre.

Ci-dessus
Le Directeur de théâtre, avec (de g. à dr.) Michal Shamir (Madame Herz), Gunda Aurich (Madame Vogelsang), Bengt-Ola Morgny (Monsieur Vogelsang), Sabine Sinjen (Madame Krone), Thomas Schendel (Buff), Peter Matic (Frank), Maria Hartmann (Madame Pfeil), Christian Berkel (Monsieur Herz), Jane Giering (Mademoiselle Silberklang) et Thomas Wolff (Eiler), mise en scène : Alfred Kirchner, direction musicale : Sebastian Lang, décors : Vincent Callara, Deutsche Oper de Berlin, 1991.

La scène lyrique viennoise

L'empereur régentait personnellement la scène lyrique viennoise. Même au cours de la guerre austro-turque de 1787-1788, alors qu'il était en campagne près de Belgrade, il se tenait régulièrement informé par le comte Orsini Rosenberg, son directeur général des spectacles, des événements qui se déroulaient à l'Opéra de Vienne, dont la création viennoise de → *Don Giovanni*. Au demeurant, les guerres se menaient aussi à Vienne, dans le domaine de l'opéra. Avec moins de passion sans doute que dans la France du XVIIIe siècle, on discutait pourtant de la supériorité de tel ou tel genre d'opéra. Ces débats occupaient surtout l'aristocratie et le cercle encore relativement restreint de la bourgeoisie cultivée. Joseph II avait échoué à faire du *singspiel* un genre véritablement populaire et à établir durablement un authentique *Nationalsingspiel* au Burgtheater. Seul *L'Enlèvement au sérail* de Mozart rapporta de l'argent à cette entreprise. Le *Nationalsingspiel* ferma ses portes en mars 1783.

Le public bourgeois n'était pas encore prêt à financer un théâtre, tandis que l'aristocratie ne manifestait guère de goût pour ce nouveau genre lyrique. Elle fut plus que satisfaite lorsque Joseph II rouvrit les portes de la cour à l'opéra italien. Sous Joseph II (entre 1780 et 1790), les compositeurs viennois étaient Salieri, compositeur de cour, et Mozart qui, sans être au service de la cour, jouissait néanmoins de la sympathie et de l'estime de l'empereur. Celui-ci l'appréciait surtout, il est vrai, pour ses œuvres instrumentales et pour sa virtuosité de pianiste. La place de l'ancien poète de la cour, Métastase (1698-1782), était briguée par deux librettistes italiens, Giovanni Battista Casti (1724-1803) et Lorenzo Da Ponte (1749-1838), qui s'établirent en même temps à Vienne, en 1782-1783. Mais Casti et Da Ponte durent se contenter du modeste titre de « poète de théâtre ». Casti connut la gloire aux côtés de Salieri, Da Ponte aux côtés de Mozart qui lui apporta même l'immortalité. Aucun castrat célèbre ne vivant alors à Vienne, le public devait se satisfaire de vedettes en tournée. En revanche, Vienne comptait plusieurs *prime donne*, Catarina Cavalieri, la maîtresse de Salieri, Aloysia Lange, la belle-sœur de Mozart, et Nancy Storace, une amie intime de Mozart. Après la faillite du *Nationalsingspiel* en 1783, on réorganisa la troupe italienne et de très bons chanteurs italiens affluèrent à Vienne.

Lorenzo Da Ponte, chevalier de la culture

Da Ponte a été l'une des personnalités les plus fascinantes de son temps. Cet homme né dans la misère, issu d'une minorité vivant dans le ghetto (juif, il était le quatorzième enfant d'un cordonnier et s'appelait en

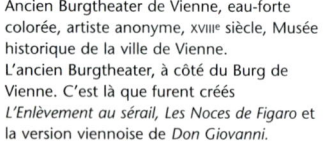

Ancien Burgtheater de Vienne, eau-forte colorée, artiste anonyme, XVIIIe siècle, Musée historique de la ville de Vienne.
L'ancien Burgtheater, à côté du Burg de Vienne. C'est là que furent créés *L'Enlèvement au sérail*, *Les Noces de Figaro* et la version viennoise de *Don Giovanni*.

Lorenzo Da Ponte (1749-1838), huile anonyme, Columbia University, New York City. Ce tableau représente Da Ponte vers la fin de sa vie en *Poeta laureatus*. C'est un homme intelligent, robuste et énergique qui nous dévisage. Il a su se faire une place et mener une vie intellectuelle intense dans divers pays et au sein de différentes cultures (Italie, Autriche, Angleterre, États-Unis et, pour peu de temps, Allemagne).

fait Emmanuele Conegliano), a gravi à la force du poignet tous les échelons de la société avant de s'imposer à la cour viennoise. Constamment à court d'argent, toujours entreprenant, c'était un coureur de jupons impénitent, comme son ami Giacomo Casanova. Ces deux hommes passaient leur temps sur les routes d'Europe, aventuriers au regard aiguisé et critique, cherchant à prendre en main leur destinée en exploitant leur talent et leur imagination. Ils étaient l'un comme l'autre passionnés de théâtre et ont laissé un legs littéraire considérable.

Lorenzo Da Ponte (il a reçu ce nom de l'évêque qui l'a baptisé) fait ses études au séminaire de Venise et devient professeur de rhétorique et de musique à Trévise ; congédié pour avoir diffusé les idées de Rousseau, il est finalement banni de la république de Venise (il peut s'estimer heureux de ne pas être condamné comme son ami Casanova à un séjour dans les redoutables plombs de Venise…). Il se rend d'abord à Dresde, puis en 1782 à Vienne, où l'un de ses poèmes attire l'attention du poète de cour impérial, Métastase.

À son arrivée, Da Ponte trouve une situation favorable à l'opéra italien, car le *Nationalsingspiel* encouragé par Joseph II n'a pas remporté le succès escompté. C'est ainsi que Da Ponte s'engage dans une carrière de librettiste. Au cours des neuf années qu'il passe à Vienne, il rédige de nombreux livrets, surtout pour Mozart (→ *Les Noces de Figaro*, → *Don Giovanni*, → *Così fan tutte*), mais également pour Salieri et d'autres compositeurs modernes.

En 1790, Da Ponte est banni de Vienne à la suite d'intrigues. Il se rend à Londres avant de s'embarquer pour New York, couvert de dettes, en 1805. Il y tient d'abord une librairie italienne, devient professeur honoraire de l'éminente Columbia University (où il fonde la faculté de langue et de littérature italiennes) et publie ses *Mémoires* aussi amusants qu'instructifs. À un âge avancé, il assiste même à la première américaine de *Don Giovanni*, ainsi qu'à l'ouverture en 1832 du premier Opéra de New York, créé à sa propre initiative. Il meurt dans la misère à New York en 1838, âgé de presque 90 ans, en ayant conservé une remarquable fraîcheur d'esprit.

F. Murray Abraham dans le rôle de Salieri, *Amadeus*, film de Milos Forman, États-Unis, 1984.
L'assassin et sa victime : Salieri et Mozart dans *Amadeus* de Milos Forman. En réalité, ils n'étaient que rivaux. Du reste, c'est Mozart qui aurait pu envier à Salieri sa position à la cour. En outre, Salieri connut en son temps beaucoup plus de succès que Mozart avec ses opéras italiens. Les grands opéras de Mozart étaient en effet d'une densité musicale incomparablement supérieure et exigeaient du public de l'époque une attention d'une intensité inhabituelle.

La légende

Les relations entre Mozart et Salieri, les deux plus grands compositeurs de Vienne au cours des dix années de règne absolu de Joseph II, n'ont pas cessé de faire jaser. Pouchkine a assuré au thème de la jalousie – Salieri assassin de Mozart – une place dans la grande littérature. Le texte de sa tragédie *Mozart et Salieri* (1830) a inspiré à Rimski-Korsakov l'opéra du même nom. La pièce de théâtre *Amadeus* de Peter Shaffer (1979) a proposé une nouvelle version de cette vieille légende et le film qu'en a tiré Milos Forman (1984) a connu une incroyable popularité dans le monde entier. Même le public peu attiré par Mozart est allé voir ce film à grand succès qui l'a convaincu que l'assassin de Mozart avait pour nom Salieri.

L'histoire est présentée de manière crédible, sous forme de *thriller* : un artiste médiocre harcèle Mozart (dont Salieri n'ignorait certainement pas le génie et la faiblesse humaine) jusqu'à le rendre malade et à le précipiter dans la mort. Il tue sans poison ni poignard, se contentant de créer et de mettre en scène des situations angoissantes pour son rival. De quoi Mozart aurait-il pu avoir peur ? Avant tout de son propre père, Leopold. De la pauvreté, ensuite. La seconde moitié des années 1780 le vit aux prises avec des difficultés financières croissantes. Et, enfin et surtout, de l'insuccès, particulièrement menaçant lorsque l'étoile de Joseph II commença à pâlir, et plus encore après la mort de l'empereur. Dans cette histoire fictive, Salieri incarne le méchant et associe habilement ces motivations, créant ainsi un réseau d'intrigues mortelles dans lequel se prendra son collègue de six ans son cadet.

La vérité

Il est évidemment impossible de reconstituer la vérité avec deux siècles de retard. En fait, Mozart et Salieri entretenaient une rivalité normale entre deux compositeurs de renom. Mozart n'a pas été empoisonné, bien que sa mort prématurée et rapide ait donné lieu rétrospectivement à certaines spéculations (on ne sait toujours pas exactement de quoi il est mort ; probablement d'une maladie infectieuse). Ajoutons qu'en 1791, année de la mort de Mozart, Salieri n'était plus compositeur d'opéra de la cour (à la mort de Joseph II, il avait en effet demandé à être déchargé de ses fonctions de Hofkapellmeister). Chose curieuse, le décès de Joseph II entraîna dans son sillage la disparition des principaux acteurs de la scène lyrique viennoise, emportés par la mort (Mozart), poussés au départ (Da Ponte) ou mis à la retraite (Salieri). Salieri avait travaillé vingt ans à Vienne et avait composé une trentaine d'opéras. Les meilleurs d'entre eux, *Les Danaïdes, Tarare, Axur*, avaient connu un succès spectaculaire à travers toute l'Europe. S'il y eut vraiment rivalité entre Mozart et Salieri, elle se limita à un court laps de temps, entre 1785 et 1790, au moment où les deux compositeurs se disputèrent la faveur du public sur le terrain de l'opéra italien et avec les mêmes chanteurs. L'idéal de Salieri en matière d'opéra était totalement différent de celui de Mozart. Salieri était encore très attaché au grand opéra d'apparat sur le modèle français. Dans ses œuvres majeures, il se posait en successeur légitime de Gluck – un rôle pour le moins insolite pour un compositeur d'opéras italiens. Dans ses lettres, Mozart évoque bien sûr les « cabales » de Salieri, mais c'étaient là des péripéties inévitables dans le monde de l'opéra. Lorsque, du vivant même de Mozart, Salieri assista à une représentation de *La Flûte enchantée*, c'est avec un enthousiasme sincère qu'il accueillit cette œuvre, pourtant aux antipodes de ses goûts. Il est vrai qu'au lendemain de la mort de Mozart, Salieri n'a rien fait pour préserver la mémoire de son collègue et n'a pas jugé bon d'assister Constanze, sa veuve. Mais il est également vrai que plus tard il a donné gratuitement des leçons au fils de Mozart, Franz Xaver, doué pour la musique – comme il le faisait du reste pour tous ses élèves, dont Beethoven, Schubert et Liszt. Salieri continua d'enseigner à Vienne presque jusqu'à sa mort en 1825. Il vécut ainsi jusqu'à un âge fort avancé, certainement pour son malheur, car il fut ainsi témoin du culte rendu à Mozart. À ce moment-là, sans doute, le vieux Salieri éprouva effectivement de l'envie à l'égard de son ancien rival, dont la dépouille mortelle n'a même pas pu être identifiée (Mozart a été inhumé dans une fosse commune). «Il grandira, je déclinerai», aurait-il dit un jour, à en croire le Journal de son élève Anselm Hüttenbrenner (un ami intime de Franz Schubert). Hüttenbrenner remarque également que le vieux Salieri aimait à attirer l'attention de ses élèves sur les prétendues fautes contenues dans les œuvres de Mozart. Et si peut-être c'était quand même lui…? C'est en vain que le vieillard à l'esprit dérangé supplia, sur son lit de malade, son élève Moscheles (le célèbre pianiste): «Méchanceté, pure méchanceté, dites-le au monde, mon cher Moscheles.» Salieri mourut en 1825. La légende prit naissance et fit boule de neige avant d'atteindre un jeune génie, dans la lointaine Moscou: Alexandre Pouchkine…

Tom Hulce dans le rôle de Mozart, *Amadeus*, film de Milos Forman, 1984.
Tous ceux qui ont vu *Amadeus*, immense succès cinématographique des années quatre-vingt, ne sont pas près d'oublier le rire exubérant, adolescent et immature de Tom Hulce dans le rôle de Wolfgang Amadeus Mozart. Il est fort peu probable que Mozart ait pu se permettre une telle conduite en présence d'un empereur de la lignée des Habsbourg. Mais cette outrance artistique permet néanmoins d'imaginer sa relation singulière avec la société aristocratique de l'époque et son incapacité à mener une carrière «normale» de musicien.

Premières réactions

« Ce qu'il n'est pas permis de dire à notre époque, on le chante » (*Wiener Realzeitung*, 11 juillet 1786.)

« Ici, on ne parle que de figaro [*sic*] ; on ne joue, ne chante, ne siffle que – figaro : on ne va voir d'autre opéra que figaro et toujours figaro… » (Mozart à son ami viennois Gottfried von Jacquin, de Prague, le 14 janvier 1787.)

Le Nozze di Figaro
Les Noces de Figaro

Opéra bouffe en quatre actes – K. 492

Livret : Lorenzo Da Ponte, d'après la comédie *La Folle journée ou Le Mariage de Figaro* de Pierre Augustin Caron de Beaumarchais
Création : le 1er mai 1786 à Vienne (Altes Burgtheater)
Personnages : le comte Almaviva (bar.), la comtesse Almaviva (sop.), Susanna/Suzanne, fiancée de Figaro (sop.), Figaro (basse), Cherubino/Chérubin, page du comte (mezzosop.), Bartolo, médecin de Séville (basse), Marcellina, gouvernante de Bartolo (alto), Basilio, maître de musique (tén.), Don Curzio, juge (tén.), Antonio, jardinier du comte (basse), Barbarina, sa fille (sop.) ; paysans et paysannes (chœur)

Les Noces de Figaro, mise en scène : Jürgen Flimm, Opernhaus de Zurich, 1996. Bien que le thème omniprésent des *Noces* soit l'amour, on n'entend qu'un duo d'amour au cours de tout l'opéra et qui plus est dans une fausse situation : le comte, qui brûle de passion pour Suzanne, l'invite à un rendez-vous nocturne. Bien que Suzanne feigne seulement de céder à ses avances, il émane de ce duo un érotisme troublant. Suzanne et Figaro se battent pour décider librement de leur destinée dans des conditions féodales. Le manège grisant des *Noces*, l'élan vertigineux de l'histoire dissimulent un jeu de cache-cache psychologique. Les participants de ce jeu se reconnaissent et se méconnaissent les uns et les autres, se trompant eux-mêmes dans le même temps.

Argument

Dans les environs de Séville, au XVIIIe siècle.

Acte I

Figaro est le valet du comte Almaviva, lequel a renoncé officiellement au droit de cuissage. Ce qui ne l'empêche pas de poursuivre de ses assiduités de jolies filles, non sans succès. Il a bien l'intention de tenter sa chance auprès de Suzanne, fiancée de Figaro et soubrette de la comtesse. Le couple de domestiques est en train d'aménager sa propre chambre. Figaro en apprécie l'emplacement, à proximité des appartements du comte et de la comtesse. Suzanne lui ouvre les yeux : une sonnerie de cloche et Figaro est éloigné, un pas et le comte est dans leur lit conjugal. Figaro défie le comte. Mais Marcellina et Bartolo sont du côté du comte. Marcellina a prêté de l'argent à Figaro, contre une promesse de mariage s'il ne pouvait rembourser. Bartolo la soutient, pour se venger de Figaro qui a jadis aidé le comte à enlever sa pupille, Rosine (l'actuelle comtesse). Il veut en outre se débarrasser de Marcellina, de qui il a eu autrefois un enfant, volé alors qu'il était encore au berceau. Le page Chérubin a essayé d'approcher la fille du jardinier, Barbarina, mais s'est fait prendre par le comte, qui a lui-même des visées sur la jeune fille. Chérubin s'est fait renvoyer. Il cherche à se faire consoler par Suzanne, mais une fois encore le comte arrive inopinément. Le page se cache derrière un fauteuil ; il est ainsi le témoin involontaire des manœuvres de séduction du comte auprès de Suzanne. Lorsque Basilio, le professeur de musique, arrive chez Suzanne, le comte se cache derrière le fauteuil, obligeant Chérubin à se blottir dans le même siège. Don Basilio plaide la cause du comte auprès de Suzanne et laisse entendre qu'il pourrait la faire chanter à propos de Chérubin, très en faveur auprès de Suzanne et de la comtesse elle-même. À ces mots, le comte sort de sa cachette, furieux, et découvre Chérubin pelotonné dans le fauteuil. Figaro a incité les sujets du comte à répandre des fleurs devant leur maître et remercie le comte en leur nom à tous d'avoir renoncé au droit de cuissage. Il demande à pouvoir se marier rapidement. Le comte obtient un délai en promettant d'organiser une fête somptueuse. Mais Chérubin, rival et témoin dangereux, doit partir sur-le-champ pour aller prendre un brevet d'officier dans un régiment lointain.

Acte II

Informée des projets de Figaro et de Suzanne, la comtesse les soutient car elle espère regagner le cœur de son époux. Figaro a fait parvenir au comte un billet anonyme donnant rendez-vous à la comtesse. Il veut ainsi faire perdre sa belle assurance à Almaviva et le détourner des manigances qui font obstacle à son mariage. Le comte se verra aussi promettre un tête-à-tête avec Suzanne, mais Chérubin déguisé prendra la place de la jeune femme. Chérubin est prêt à tout, car il adore la comtesse. Mais le comte revient de la chasse plus tôt que prévu et fait irruption, fou de rage, dans les appartements de sa femme. On enferme Chérubin dans une penderie et Suzanne se cache dans la chambre. Entendant du bruit dans la penderie, le comte exige qu'on lui ouvre. Devant le refus de la comtesse, il va chercher des outils pour forcer la porte. Il exige que la comtesse l'accompagne et ferme la chambre à clé. Pendant ce temps, Suzanne se glisse dans la penderie, tandis que Chérubin s'enfuit par la fenêtre. Bon gré, mal gré, le comte doit présenter ses excuses à sa femme. Les femmes déclarent que le billet de Figaro était une plaisanterie. Mais tout ce beau plan semble compromis lorsque le jardinier Antonio vient se plaindre : ces gens qui sautent par la fenêtre écrasent ses fleurs. Il brandit le brevet d'officier du page que celui-ci a perdu en s'enfuyant. Le comte soupçonne la vérité, mais il est incapable de la prouver. La bataille paraît gagnée. Mais voilà que Marcellina se présente, avec la promesse de mariage de Figaro. Le comte ordonne une enquête.

Acte III
Espérant obtenir l'argent nécessaire pour dégager Figaro de sa promesse, Suzanne feint de céder aux avances du comte. Mais celui-ci la perce à jour. Figaro est condamné à payer ou à épouser Marcellina. Aux abois, Figaro s'avise qu'il lui faut l'autorisation de ses parents pour se marier. À la surprise générale, on découvre qu'il n'est autre que le fils de Marcellina et de Bartolo. Marcellina est tout heureuse de le serrer dans ses bras maternels. La comtesse décide de revêtir les habits de Suzanne pour se rendre à un rendez-vous avec le comte. Elle dicte un billet à Suzanne, précisant le lieu et l'heure de cette rencontre. Pendant la cérémonie nuptiale, Suzanne glisse au comte Almaviva « son » billet. En signe d'accord, il doit lui renvoyer l'épingle qui scelle le billet. Figaro n'a pas été mis au courant de ce plan. Il voit le comte ouvrir le billet et se piquer à l'épingle.

Acte IV
Barbarina a perdu l'épingle qu'elle devait rapporter à Suzanne. Elle avoue à Figaro que le billet remis au comte était de la main de Suzanne. Figaro se croit trahi. Il fait venir de nuit ses nouveaux amis, Bartolo et Basilio, dans les jardins pour surprendre son épouse infidèle et la punir. Suzanne et la comtesse arrivent, ayant échangé leurs vêtements. Marcellina se cache dans un buisson, où Barbarina attend déjà Chérubin. Celui-ci cherche Barbarina, mais se heurte à une autre dame, qu'il prend pour Suzanne et à qui il fait immédiatement la cour. Le comte apparaît, Chérubin se dissimule dans les buissons. Le comte commence à faire la cour à la comtesse déguisée, qu'il prend pour Suzanne. Il lui offre une bague. Figaro rencontre la prétendue comtesse, mais il reconnaît Suzanne à sa voix et entreprend de déclarer sa flamme à la fausse comtesse. Tous deux finissent par voir clair dans ce petit jeu et se réconcilient. Le comte est à la recherche de « sa Suzanne ». Figaro et Suzanne lui jouent une scène d'amour entre Figaro et la comtesse. Le comte appelle son valet, fou de rage. Les « amants coupables » demandent pardon au comte. Il demeure inflexible. La vraie comtesse apparaît alors. Almaviva doit s'avouer vaincu. Il demande pardon à sa chère Rosine.

S. N.

Ci-dessus
Les Noces de Figaro, mise en scène : Jürgen Flimm, Opernhaus de Zurich, 1996.
Le comte est vaincu – non pas en tant que comte, mais en tant qu'homme. S'il n'était pas comte, peut-être son aventure avec Suzanne serait-elle allée jusqu'au bout ; en tout cas, l'affaire n'aurait pas été portée sur le terrain politique. Malgré les retrouvailles des couples, la grande question de cette œuvre demeure : combien de temps leur fidélité durera-t-elle ?

Les Noces de Figaro, avec Krisztina Laki dans le rôle de Suzanne, mise en scène : Nikolaus Lehnhoff, Deutsche Oper am Rhein, Düsseldorf, 1982.
Bien des choses peuvent se passer en fort peu de temps dans *Les Noces*. Plusieurs membres de la maison du comte cherchent à entrer dans la chambre de la soubrette Suzanne. Toute une série de situations captivantes et comiques se met ainsi en place au premier acte.

Le précurseur

Si l'on écoute attentivement *Le Barbier de Séville* de Giovanni Paisiello (cet ouvrage fort réussi est donné de temps à autre à des festivals de musique et il en existe des enregistrements), on a l'impression que les personnages de Paisiello sont à maints égards les précurseurs de ceux des *Noces* de Mozart. Ainsi, chez Paisiello, le premier air de Figaro, où il se présente au comte Almaviva, n'est pas sans évoquer Mozart (*Se vuol ballare*... partition n° 3). Mais ce passage, empreint chez Paisiello d'une légèreté dansante, se fait plus sérieux et plus menaçant chez Mozart. N 21, N 22

21. Paisiello : *Le Barbier de Séville*, air de Figaro

Scor - si giá mol - ti pa - e - si,

22. Cavatine de Figaro

Se vuol bal - la - re, si-gnor con - ti - no,

Dans la sérénade (n° 5) de Paisiello, le comte Almaviva se présente comme le fera plus tard le Chérubin de Mozart. N 23, N 24

La cavatine du comte, toujours chez Paisiello, est accompagnée à la mandoline et rappelle vivement l'ariette de Chérubin, avec ses effets de *pizzicati*.

On relève également des similitudes entre le personnage pur et émouvant de la Rosina de Paisiello N 25 et celui de la comtesse de Mozart (notamment dans son air en mi bémol majeur de l'acte III N 28). Chez Paisiello, l'air comparable (n° 13) est lui aussi écrit en mi bémol majeur et l'on retrouve chez l'un comme chez l'autre un accompagnement de clarinette (l'instrument préféré des deux compositeurs!) et de basson pour soutenir l'héroïne en détresse. Cet air révèle clairement que du temps de Mozart et de Paisiello, l'opéra bouffe n'était plus très éloigné des pièces sentimentales bourgeoises. N 26

Giovanni Paisiello (1740-1816), toile d'Élisabeth Vigée-Lebrun, Museo Teatro alla Scala.

Giovanni Paisiello, le principal acteur de la scène lyrique napolitaine, a composé plus de 80 opéras. *Le Barbier de Séville*, d'après la première partie de la trilogie dramatique de Beaumarchais, a été son plus grand succès (créé en 1782 à Saint-Pétersbourg). Cette pièce a également été fort applaudie à Vienne, en présence du compositeur qui avait alors quitté Naples pour la ville impériale. Mozart a certainement assisté à l'une de ces représentations. Paisiello a vécu longtemps et a connu gloire et honneurs. Établi à Naples, il régna en maître sur la vie musicale jusqu'à la fin de la domination française (1815). Après la Sainte-Alliance et la Restauration, il perdit néanmoins son rang exceptionnel à Naples. Et il fut témoin en 1816 d'une nouvelle adaptation musicale du sujet du *Barbier*, par un jeune Italien du nom de Rossini. Sans être le seul, Rossini a certainement été le compositeur qui a le plus agacé le vieux maître…

23. Paisiello : *Le Barbier de Séville*, cavatine du comte

Sa - per bra-ma - te, bel - la, il mio no - me; ec - co a-scol-ta - te, ec - co ascol - ta - te,

24. Air de Chérubin

Voi, che sa - pe - te che co - sa è a-mor.

25. Paisiello : *Le Barbier de Séville*, air de Rosine

Giu - sto ciel, che co - no - sce - te quan - do il cor o - ne - sto si - ha,

26. Cavatine de la comtesse (acte III)

Por - gi a-mor qual-che ri - sto - ro al mio duo - lo, a' miei so - spir!

Figaro ci, Figaro là

En son temps, *Le Mariage de Figaro* a fait l'effet d'une bombe politique. Cette comédie met en scène un comte qui se pose en rival de son valet et perd la partie. Napoléon n'avait pas tort d'affirmer quelques années plus tard : « C'était la révolution en action ! » Probablement achevée dès 1778, cette pièce continua d'agiter les milieux théâtraux français jusqu'au 27 avril 1784 (date de la première représentation publique). Le succès fut phénoménal. Trois éditions françaises virent le jour dès l'année suivante, pour le plus grand profit de Beaumarchais et de la Comédie-Française.

Figaro à Vienne

La carrière viennoise de *Figaro* prit un visage un peu différent. Joseph II était d'avis que cette pièce contenait « bien des inconvenances » et il en interdit la représentation publique sous forme théâtrale. Il autorisa néanmoins la publication du texte, supposant que les valets et soubrettes de Vienne fréquentaient peut-être les théâtres, mais ne prendraient certainement jamais la peine de lire le texte d'une pièce. C'est dans ce contexte que Mozart s'empara du sujet et demanda à Lorenzo Da Ponte d'en réaliser un livret en italien. Au milieu des années 1780, il n'était pas courant de choisir une pièce contemporaine ; l'habitude était en effet de mettre en musique un livret traditionnel, déjà adapté à plusieurs reprises. Mais composer un opéra sur une pièce de théâtre interdite par l'empereur, voilà qui était franchement déraisonnable !

Pourquoi Joseph II a-t-il autorisé la représentation des *Noces* ?

Ni les prières de Da Ponte ni le talent de Mozart n'auraient pu fléchir l'empereur. Il est plus probable que Joseph II a voulu faire passer un message politique à la noblesse : un valet peut obtenir justice contre son maître. Les relations entre l'aristocratie et l'empereur étaient tendues. Joseph II voulait en effet exercer un pouvoir absolu et avait aboli les privilèges de la noblesse. L'exemple du comte Almaviva offrait une bonne image de l'aristocrate foncier borné, fermé aux tendances nouvelles de son temps. Peut-être l'empereur partageait-il – inconsciemment ? – l'avis du Figaro de Beaumarchais : « Les sottises imprimées n'ont d'importance qu'aux lieux où l'on en gêne le cours. » Mais l'opéra de Mozart n'a pas remporté grand succès à Vienne : au cours de la première série de représentations, on ne l'a donné que neuf fois. En revanche, il s'est imposé à Prague, où l'on a compris à leur juste valeur l'esprit du livret et le génie de la musique.

Pierre-Augustin Caron de Beaumarchais (1732-1799), toile de Jean-Marc Nattier le Jeune, Paris, Comédie-Française.
Ce n'est qu'après s'être marié dans la noblesse que Pierre-Augustin Caron ajoute à son nom « de Beaumarchais ». Sa carrière n'aurait pu se dérouler à aucune autre époque qu'en cette veille de la Révolution française. Issu d'une famille d'horlogers, il fait à 21 ans une invention qu'il défend avec succès contre un plagiaire. Grâce à la musique (bon harpiste, il joue également de la flûte et de l'alto) et à ses talents d'orateur, il gravit les échelons de la société et devient rapidement professeur de musique des princesses de la cour (il a auparavant offert à l'influente Madame de Pompadour une bague avec une montre incrustée...) Il doit une grande partie de sa célébrité à ses nombreux procès, auxquels il donne une remarquable couverture presque journalistique avec un aplomb bourgeois extraordinaire et à grand renfort de plaidoyers et d'accusations émaillés de formules brillantes. Son œuvre littéraire majeure est la trilogie de Figaro (*Le Barbier de Séville*, écrit en 1772, créé en 1775, *Le Mariage de Figaro ou La Folle journée*, achevé et créé en 1784, et enfin *La Mère coupable*, de 1792, qui remportera beaucoup moins de succès). Parmi de nombreuses observations drolatiques et satiriques sur la haute société postféodale, il décrit le destin de Figaro, issu – comme lui-même – du Tiers État et qui balaie tous les obstacles juridiques et sociaux grâce à sa conscience bourgeoise imperturbable.

Les Noces de Figaro, scène de l'acte II, mise en scène : Giorgio Strehler, décors : Ezio Frigerio, costumes : Franca Squarciapino, Teatro alla Scala, Milan, 1980.
Le lit conjugal prend une signification symbolique dans *Les Noces*. Certes, il n'est pas utilisé au cours de l'œuvre, mais toute l'histoire tourne autour de cette question : Qui pourra utiliser cet objet symbolique le premier, et avec qui ? – ci-contre : le lit conjugal du comte et de la comtesse.

Les Noces de Figaro, croquis de costume de Rudolf Heinrich pour le comte Almaviva, Munich, 1967-1968 (TWS).
Le comte Almaviva : chez Mozart, il est surtout blessé dans son orgueil viril. La différence de classes ne joue plus qu'un rôle restreint.

À droite
Les Noces de Figaro, croquis de costume de Heinrich Lefler pour Antonio, Vienne, 1915 (TWS).
Les Noces de Figaro ne contiennent aucun rôle mineur. Même le jardinier Antonio, qui n'est présent que dans les grands ensembles des finales des deuxième et quatrième actes, assume une fonction dramaturgique indispensable au moment décisif (acte II, finale). Sans lui, la boule de neige des intrigues ne pourrait pas continuer à rouler.

Le comte Almaviva

Il était une fois deux amis : le jeune comte flamboyant et Figaro, le barbier de province omniscient (→ *Le Barbier de Séville* de Rossini). C'est avec l'aide de Figaro que le comte a pu jadis séduire Rosine, jeune orpheline élevée par son oncle, le docteur Bartolo. Le comte s'est installé avec sa jeune femme dans son domaine, non loin de Séville, et a pris Figaro à son service. C'est alors qu'a commencé pour la comtesse Rosine et pour le comte Almaviva l'ennuyeuse existence de l'aristocratie foncière : chasse, réceptions, intrigues. Le comte n'a pas renoncé à ses amours ancillaires avec les soubrettes et les paysannes de son domaine. Ces satisfactions amoureuses lui ont permis de renoncer généreusement à son droit féodal, le *jus primae noctis*, le droit de cuissage. Lorsque – peut-être pour la première fois de sa vie – ses avances rencontrent une certaine résistance, il se sent avant tout blessé dans son orgueil viril. Son intention de restaurer le privilège du *jus primae noctis* n'est qu'une arme dans ce duel amoureux et possède moins d'importance politique que l'on n'a bien voulu le dire depuis la création de cette comédie. Le comte convoite la jolie et piquante Suzanne, la nouvelle soubrette de sa femme. La froideur de Suzanne, qui n'aime que Figaro, ne fait que l'exciter davantage.

Figaro

Figaro est plus impliqué politiquement que le comte dans cette rivalité. On comprendra aisément que ses opinions politiques bien affirmées, que Joseph II trouva si inconvenantes chez Beaumarchais, aient été prudemment émoussées dans l'opéra de Da Ponte. À l'origine, Figaro possédait au cinquième acte un monologue rageur qui lui aurait certainement valu la Bastille (à lui et à son auteur) vingt ans plus tôt. Il est difficile d'imaginer, dans un autre contexte que celui de la Révolution imminente, que l'on ait pu imprimer et prononcer sur une scène de l'Ancien Régime ces phrases, adressées à un comte : « Parce que vous êtes un grand seigneur, Vous vous croyez un grand génie… Noblesse, fortune, un rang, des places ; tout cela rend si fier ! Qu'avez-vous fait pour tant de biens ! Vous vous êtes donné la peine de naître, et rien de plus. » Da Ponte a supprimé ce monologue, remplacé par un air vengeur de Figaro, qui se croit trahi par Suzanne, sur les maris trompés. N 27

Pourtant, son esprit de révolte politique n'a pas été entièrement édulcoré. Lorsque Figaro perce à jour les

27. Air de la vengeance de Figaro

A - pri - te un po' quegl' oc - chi, uo - mi ni in - cau - ti e scioc - chi,

intentions du comte, il entonne une chanson d'une insolence plébéienne (*Se vuol ballare signor contino*… partition n° 3, N 22) : une danse à 3/4, mais qui possède des accents de marche et de chant de masse. L'accompagnement menaçant de l'orchestre en sourdine (*pizzicati* des cordes) et les sauts mélodiques abrupts laissent percevoir la rage et le mépris amers.

Chérubin, le troublant trublion

Toute cette histoire n'aurait pas valu d'être écrite (deux hommes jaloux, une femme trompée et une fiancée dont la nuit de noces se fait un peu attendre), si un jeune garçon de la maison du comte (un parent appauvri du comte) ne venait brouiller les cartes. C'est Chérubin qui cristallise le charme de ce jeu, c'est lui le Puck de ce songe d'une nuit d'été. Chérubin a quelque chose d'une créature surnaturelle, c'est un chérubin d'amour, à y regarder de plus près, un hermaphrodite : une cantatrice chante et joue le rôle du jeune garçon, interprétant ce que l'on appelle à l'opéra un rôle de travesti. Chérubin est un adolescent dont l'identité sexuelle est encore mal définie, malgré l'amour que lui inspirent toutes les femmes (hormis Marcellina). Par l'âge, il serait plus proche de Barbarina, la fille du jardinier Antonio, âgée de 13 ans, et avec laquelle il a déjà des jeux osés. Mais le cœur de Chérubin brûle pour la comtesse (sa marraine, d'ailleurs), ce qui ne l'empêche pas de dérober volontiers un baiser à la future épouse de Figaro. Il dérange tous les hommes, surtout les maris. Voilà pourquoi le comte l'envoie à l'armée ; la dernière partie de la trilogie de Beaumarchais le verra d'ailleurs tomber au combat. Mais avant sa mort héroïque, il aura joui – toujours dans cette troisième partie – de quelques heures de bonheur dans les bras de la comtesse. Celle-ci aura un enfant de Chérubin. Un enfant de l'amour, loin de toute politique.

Les Noces de Figaro, avec Andrea Rost dans le rôle de Suzanne, mise en scène : Giorgio Strehler, direction musicale : Iván Fischer, Opéra National de Paris, 1994.
Les interprètes du rôle de Suzanne vont et viennent. Mais le célèbre fauteuil, lieu de cachette du premier acte, demeure.

L'univers féminin des *Noces*

Otto Klemperer, le grand chef mozartien, déclara, dit-on, que les personnages de des *Noces* sont liés les uns aux autres par des fils érotiques secrets. Une fois encore, le thème majeur de Mozart est l'amour avec, cette fois, la sensualité. Chambre à coucher, penderie, cabane de jardin, pavillon – tout, dans cette demeure, peut servir de cadre à des passions de toutes sortes. Paradoxalement, les deux héroïnes, la comtesse Rosine et Suzanne, la domestique, sont constantes et fidèles : difficile de dire qui est la *prima donna* de cette œuvre. Mozart disposait au demeurant de deux excellentes cantatrices, adulées du public viennois : Louisa Laschi-Mombelli (la comtesse) et Nancy Storace (Suzanne). Mozart tenait suffisamment à ces deux interprètes pour leur offrir des rôles somptueux. Si la comtesse a deux airs (N 26, N 28) contre un seul pour Suzanne N 29, cette dernière est plus présente sur scène et participe à tous les ensembles (du duo au *nonetto*). En outre, toute l'histoire tourne autour d'elle !

La première Suzanne de Mozart

Le premier grand biographe mozartien, Alfred Einstein, estime que la seule femme dont Constanze aurait pu légitimement être jalouse était Nancy Storace. Cette célèbre cantatrice, fille d'un contrebassiste italien, est née en

28. Air de la comtesse (acte III)

Do - ve so - no i bei mo - men - ti, di dol - cez - za e di pia - cer,

29. Air des roses de Suzanne

Deh vie - ni, non tar - dar, o gio - ia bel - la,

Angleterre. Arrivant à Vienne en 1783, elle devient immédiatement la coqueluche du public. Le personnage plein de tempérament, piquant et charmant de Suzanne pourrait constituer un excellent portrait musical de Nancy Storace. Si l'on se demande pour qui Nancy/Suzanne chante l'incomparable «air des roses» (il n'y a en effet personne sur scène pour l'écouter que Figaro et il n'est même pas certain que Suzanne ait conscience de sa présence), une réponse s'impose: pour Mozart lui-même.

L'art de l'ensemble

Les Noces de Figaro sont une œuvre de grandes dimensions, «ardue» (disait Leopold Mozart de la comédie de Beaumarchais). Pourtant, c'est en même temps une pièce de salon pour un petit ensemble formé de onze chanteurs de tout premier plan, si l'on inclut les rôles épisodiques du juge Don Curzio, du jardinier Antonio et de sa fille Barbarina. Jusqu'au troisième acte, deux partis hostiles se font face. Bartolo, Basilio et Marcellina du côté du comte; Figaro, Suzanne et – sentimentalement du moins – Chérubin du côté de la comtesse. Les rôles d'Antonio, de Barbarina et de Don Curzio sont relativement neutres. Tous les personnages sont motivés par des relations réciproques complexes. Aucun d'entre eux n'est mis en relief comme ce serait le cas dans un *opera seria*. Tous les personnages principaux se voient accorder plusieurs possibilités d'intervention soliste, avec des airs et des cavatines. Barbarina elle-même, qui était incarnée par la cantatrice Anna Gottlieb, future interprète du rôle de Pamina (→ *Die Zauberflöte*), alors âgée de douze ans, se voit gratifiée d'une petite chanson. Mais l'essence intime des personnages s'extériorise dans des duos, des trios, des quatuors, etc. Mozart atteint ici une densité encore sans précédent dans l'art de l'ensemble. Les finales grandioses des deuxième et quatrième actes représentent un enchaînement d'ensembles impliquant un nombre croissant de chanteurs (l'incomparable deuxième finale s'étend sans pause ni interruption de récitatif sur 940 mesures!). Une incroyable richesse d'inspirations musicales se déploie ici. Avec *Les Noces de Figaro*, Mozart a battu les Italiens sur leur propre terrain à Vienne. Le résultat est une comédie musicale complète, avec laquelle aucun opéra bouffe de l'époque ne saurait rivaliser. Avec → *Les Maîtres chanteurs de Nuremberg* (Wagner), → *Falstaff* (Verdi) et → *Le Chevalier à la rose* (Strauss), ce sommet de l'histoire de la musique compose un bouquet de chefs-d'œuvre inégalable.

Les Noces de Figaro, croquis de décor de Gustav Wunderwald pour la mise en scène de Georg Hartmann à l'occasion de l'inauguration du Deutsches Opernhaus de Berlin-Charlottenburg, le 16 novembre 1912 (TWS).
Les Noces de Figaro, opéra-comique, est-il un drame conjugal? La distance psychologique entre la comtesse et le comte paraît insurmontable, hormis pour un bref instant émouvant, tout à la fin de l'histoire.

L'érotisme d'un monde sur le déclin

Les opéras que Mozart a composés sur des textes de Lorenzo Da Ponte (→ *Les Noces de Figaro,* → *Don Giovanni,* → *Così fan tutte*) sont nimbés d'une aura érotique omniprésente. Ces chefs-d'œuvre préservent l'esprit d'un monde progressivement appelé à disparaître après la Révolution française. Le mode de vie décadent, souvent même débauché, de l'aristocratie de l'Ancien Régime est ici représenté dans toute son ampleur. Da Ponte et Mozart font tournoyer un manège bien chargé, où évoluent les figures archétypales d'une société qui s'enfonce lentement dans l'abîme.

L'érotisme : un jeu de société

Les palais et les parcs somptueux du siècle rococo regorgent de symboles d'amour. Les formes des rocailles (décorées de coquillages) sont autant de variantes inépuisables d'un symbole autorisant toutes les associations. D'innombrables *putti* sourient sur les toiles, les fresques et les statues. L'amour courtois et l'érotisme se recouvrent, les passions font partie intégrante de la vie de la haute société. Comme le prouvent à loisir les œuvres plastiques et littéraires, le corps humain sert de jouet aux plaisirs galants. Cette attitude tenait à la fois à l'existence très en vue que l'on menait dans les résidences princières et au statut social des femmes. Les femmes qui n'appartenaient pas aux couches inférieures de la société étaient généralement élevées au couvent. Leur famille les mariait souvent alors qu'elles étaient à peine pubères et il n'était pas rare qu'elles ne connaissent même pas leur futur époux. Quant à l'amour, il n'en était pas question. À la fleur de l'âge, elles devenaient les épouses d'un comte, d'un baron, d'un marquis, d'un administrateur ou d'un officier. Les règles de leur état leur interdisaient d'élever elles-mêmes leurs enfants (elles ne pouvaient même pas les allaiter). L'amour librement consenti devait se réfugier au sein de la vie mondaine, où l'on cultivait une sorte de conversation des corps. Tous les hommes et toutes les femmes parlaient ce « langage des sens », tout à la fois public et secret. De nombreuses générations des plus hautes couches de la société de l'Ancien Régime s'étaient adonnées à cette forme d'érotisme. Une danse macabre singulière et grisante, à laquelle la guillotine mit brutalement fin.

Érotisme rococo et amour bourgeois

Mozart a vécu à l'époque où Casanova et Da Ponte (deux bons amis) cultivaient leurs amours passionnées, immortalisées dans leurs volumineux et captivants *Mémoires*. Mais le roman érotique de Diderot *Les Bijoux indiscrets* et les débauches sexuelles du marquis de Sade n'ont pas été les seuls à faire sensation à l'époque. Dans les années 1780, en effet, un authentique roman d'amour traitant d'amour sincère et de fidélité bourgeoise a déclenché une vague de suicides ; il s'agissait des *Souffrances du jeune Werther* de Goethe. Mozart lui-même n'a pas seulement composé des opéras sur l'érotisme mondain (→ *Les Noces de Figaro*), sur l'immoralité libertine (→ *Don Giovanni*) ni sur l'échange de partenaires (→ *Così fan tutte*). Il a également traité de la fidélité des amants (→ *L'Enlèvement au sérail*). Dans son dernier opéra, → *La Flûte enchantée*, il glorifie la monogamie (le mariage bourgeois). *Mann und Weib und Weib und Mann reichen an die Gottheit an* (Mari et femme, femme et mari touchent à la divinité) proclament Pamina et Papageno dans un véritable hymne au mariage. Ce comportement « vertueux », attaché à la fidélité, était parfaitement étranger à la société de la cour. Mais le *singspiel*, genre musical dont relève *La Flûte enchantée*, s'adressait au public bourgeois qui nourrissait d'autres idéaux moraux. Cela explique que le XIXe siècle (à commencer par Beethoven, qui jugeait les livrets de Da Ponte trop frivoles) n'ait pas su apprécier ces ouvrages, dont la découverte véritable – notamment celle de *Così fan tutte* – ne s'est faite qu'au siècle de Sigmund Freud et de Richard Strauss.

Don Giovanni, avec Irene Theorin (Donna Anna), mise en scène : Andreas Homoki, direction musicale : Marco Guidarini ; décors : Hartmut Meyer, costumes : Mechtild Seipel, Det Kongelige Teater de Copenhague, 1996. Il est rare qu'une Donna Anna aussi désespérée sorte de sa chambre au début de *Don Giovanni*. N'a-t-elle été blessée « que » dans son honneur par le *cavaliere* étranger qui a fait irruption chez elle ou n'a-t-elle pas su résister au charme ensorcelant de Don Giovanni ? A-t-elle été violentée ou s'est-elle offerte ? Mozart était impitoyable avec les héros de ses opéras. Le dieu Éros régnait en maître sur ses sujets.

Così fan tutte, avec Catherine Naglestad dans le rôle de Fiordiligi, mise en scène : Klaus Zehelein et Gordon McKechnie, décors : Roland Aeschlimann, costumes : Dorothee Urmacher, Württembergisches Staatstheater de Stuttgart, 1999.
Così fan tutte, le plus énigmatique et le plus raffiné des opéras de Mozart, repose sur un jeu érotique. La situation de départ – une mise en scène destinée à mettre à l'épreuve la fidélité des femmes – se transforme au fil de l'ouvrage en une aventure érotique impliquant tous les protagonistes. Les femmes ne réalisent-elles vraiment pas que leur nouveau prétendant est leur ancien amant respectif ? Jeu et réalité se mêlent dans une harmonie musicale ensorcelante.

Ci-contre, à gauche
Les Noces de Figaro, avec Maria Ewing (Chérubin) et Margaret Price (la comtesse), mise en scène : Jean-Pierre Ponnelle, Opéra de Cologne, 1975.
Chérubin est un *farfalletto amoroso* – un « petit papillon amoureux », qui vole de femme en femme, comme le décrit pertinemment Figaro dans son célèbre air en ut majeur, à la fin du premier acte (n° 9). N 30
Il apparaît comme un personnage plein de désinvolture adolescente dans l'interprétation de la jeune cantatrice Maria Ewing, une réussite magistrale de ce metteur en scène mozartien de génie que fut Jean-Pierre Ponnelle.

Jean Michel Moreau le Jeune *La petite Loge* (détail), Paris, 1777-1789, eau-forte (TWS).
Au XVIIIe siècle, pendant que la scène était occupée par le spectacle d'opéra, un second duo ou trio d'amour se déroulait souvent dans la loge… Ces illustrations ont été publiées pour la première fois en 1777 et ont pour auteur Jean Michel Moreau le Jeune (1741-1814), graveur du cabinet du Roi à la cour de Louis XVI.

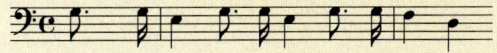

30. Air de Figaro
Non più an-drai, far-fal-lo-ne a-mo-ro-so,

Don Giovanni

Il Dissoluto punito ossia Il Don Giovanni

Le libertin puni ou Don Giovanni

Dramma giocoso en deux actes – K. 527

Livret : Lorenzo Da Ponte
Création : le 29 octobre 1787 à Prague (Théâtre national)

Personnages : Don Giovanni, jeune gentilhomme extraordinairement débauché (bar.), le Commandeur (basse), Donna Anna, noble dame, sa fille, fiancée de Don Ottavio (sop.), Don Ottavio (tén.), Donna Elvira, noble dame de Burgos, abandonnée par Don Giovanni (sop.), Leporello, valet de Don Giovanni (basse), Zerlina, paysanne (sop.), Masetto, son amoureux (basse) ; paysannes, paysans, serviteurs (chœur) ; musiciens

Argument
En Espagne, au milieu du XVIIe siècle.
Acte I
Une fois de plus, Leporello attend son maître et se plaint des désagréments de l'état de domestique. Don Giovanni s'est introduit dans la demeure du Commandeur pour séduire sa fille. Mais Donna Anna ne cède pas à l'inconnu et appelle au secours. Son père défie l'intrus en duel. Le Commandeur est tué par Don Giovanni. Le meurtrier parvient à s'échapper incognito. Ottavio, le fiancé, arrive trop tard. Donna Anna lui demande de venger la mort de son père. Leporello commence à trouver son emploi dangereux. Il menace de partir. Donna Elvira, abandonnée par Don Giovanni, suit les traces de l'infidèle. Lorsqu'elle se trouve enfin en face de lui, il prend la fuite, laissant le terrain à son valet. Leporello bouleverse la malheureuse en lui révélant tous les succès amoureux de son maître. Zerlina et Masetto, un couple de paysans, sont sur le point de se marier. La fiancée plaît à Don Giovanni qui invite

Don Giovanni, croquis de décor de Ludwig Sievert, mise en scène : Rudolf Hartmann, direction musicale : Clemens Kraus, Bayerische Staatsoper de Munich, 1941-1942 (TWS).

L'univers sonore de *Don Giovanni* se caractérise notamment par le trio de voix graves (Don Giovanni, Commandeur, Leporello) qui résonne tout au début et tout à la fin de l'œuvre. Ces deux scènes présentent également un parallèle dramatique : le Commandeur trouve la mort au cours de la première, Don Giovanni meurt au cours de la dernière. S'y ajoutent les sons menaçants des trombones. Ces instruments, qui servaient déjà à illustrer l'intervention de puissances surnaturelles (ou infernales) à l'époque baroque, résonnent également dans la scène du cimetière (début de l'acte II), au moment où Don Giovanni invite la statue à souper. Ces sons graves et durs prêtent à l'ouvrage un ton fondamental sinistre, infernal.

toute la noce à une fête dans son château. Voyant Don Giovanni courtiser Zerlina, Donna Elvira s'interpose. Donna Anna et Don Ottavio sont à la recherche d'un allié et demandent à Don Giovanni, leur pair, de les aider à retrouver l'assassin du Commandeur. Dans une explosion passionnée, Elvira les met en garde contre Don Giovanni ; celui-ci accuse Elvira d'hystérie. À cet instant, Donna Anna reconnaît en Don Giovanni l'intrus inconnu, le meurtrier de son père. Elle raconte à son fiancé son aventure nocturne et lui demande d'anéantir Don Giovanni. Don Ottavio s'y engage solennellement. La noce est arrivée chez Don Giovanni pour la fête. Mais trois masques se présentent sans avoir été conviés : Donna Elvira, Donna Anna et Don Ottavio. Don Giovanni fait l'éloge de la liberté. Chacun danse à sa manière et l'orchestre joue pour tous. Don Giovanni veut profiter du bal pour enlever Zerlina. Les masques révèlent alors leur vrai visage et accusent Don Giovanni de meurtre. Don Giovanni prend la fuite.

Acte II
Leporello rend son tablier. Don Giovanni l'amadoue avec de l'argent et de belles paroles. Pour mener à bien une nouvelle aventure, maître et serviteur échangent leurs costumes. Don Giovanni a jeté son dévolu sur la soubrette d'Elvira. Il se fait donc remplacer auprès d'Elvira par Leporello. La pauvre femme se laisse abuser et pardonne à celui qu'elle prend pour Don Giovanni. L'arrivée de ce dernier fait fuir le couple. Don Giovanni prend sa place pour donner la sérénade à la soubrette. Masetto a armé ses compagnons. Ils sont à la recherche de Don Giovanni. Le prenant pour Leporello, ils le laissent partir. Zerlina, repoussée par Masetto, le suit pas à pas et parvient à le reconquérir à force de tendresse. Leporello n'arrive plus à se défaire d'Elvira et son costume de Don Giovanni le met en danger. Les poursuivants sont sur sa piste. Il se débarrasse de ses vêtements et prend la fuite. Don Giovanni et Leporello se retrouvent au milieu des tombes. La statue du défunt Commandeur ouvre alors la bouche et les somme de respecter la paix de ce lieu sacré. Don Giovanni invite la statue chez lui ; la statue accepte. Donna Anna se rend sur la tombe de son père. Don Ottavio la presse d'accepter le mariage. Elle lui demande d'être patient. La table est dressée chez Don Giovanni. Elvira vient le supplier de se rendre à la raison et de se repentir. Don Giovanni reste impassible. L'hôte de pierre s'annonce. Elvira fuit, épouvantée. Le Commandeur mort exige de son pair fourvoyé qu'il s'amende. Don Giovanni répond neuf fois « Non ». La terre s'ouvre et l'engloutit. Il ne reste sur scène que des hommes vertueux, des femmes solitaires, un valet sans emploi. Ils approuvent tous le châtiment infligé à Don Giovanni. Leporello va aller se chercher un nouveau maître. Don Ottavio supplie Donna Anna de consentir au mariage, Zerlina et Masetto vont se réconcilier tandis qu'Elvira se retire au couvent.

S. N.

Don Giovanni, Thomas Hampson dans le rôle-titre, mise en scène : Franco Zefirelli, Metropolitan Opera de New York, 1990. Quel âge a Don Giovanni ? Bien que Da Ponte le définisse comme un jeune gentilhomme (le premier Don Giovanni, Luigi Bassi, avait 21 ans lors de la création), Don Giovanni peut être interprété de manière tout aussi convaincante par des chanteurs de tout âge. Sa combativité et ses appétits sexuels évoquent un jeune homme, son expérience des femmes pourrait en faire un homme âgé. La musique de Mozart ne permet pas davantage de définir l'âge de Don Giovanni.

Ci-dessous
Don Giovanni, Johannes Mannov dans le rôle-titre, mise en scène : Andreas Homoki, direction musicale : Marco Guidarini, décors : Hartmut Meyer, costumes : Mechthild Seipel, Det Kongelige Teater de Copenhague, 1996. La fin du premier acte. Une scène étrange : exception faite de Leporello, tous s'opposent au héros éponyme. Mais il est indomptable et sort indemne de cette situation périlleuse.

Don Giovanni, Ruggiero Raimondi dans le rôle-titre, mise en scène: Luc Bondy, direction musicale: Claudio Abbado; décors: Erich Wonder, costumes: Susanne Raschig, Wiener Festwochen, 1990. L'opéra commence comme un roman policier: violation de domicile et homicide sur la voie publique. Si l'on recherche le meurtrier tout au long de l'histoire, celle-ci traite moins du péché et du châtiment de Don Giovanni que de son éclat et de sa chute. L'autorité de ce héros mozartien est si forte que les chanteurs, les metteurs en scène et les esthéticiens se sont souvent demandé si Don Giovanni était vraiment de ce monde. Force suggestive démoniaque et comportement de voyou se mêlent dans l'interprétation que Ruggiero Raimondi donne du personnage de Don Giovanni.

Don Giovanni: un plagiat?

Da Ponte s'est contenté de reprendre le livret que Giovanni Bertati avait rédigé pour un autre opéra consacré au thème de Don Giovanni (*Il Convitato di pietra*) et créé à Venise en janvier de la même année (1787). Da Ponte l'a cependant remanié avec un instinct théâtral de génie (depuis les années 1770, on avait pu voir, notamment à Venise, plusieurs adaptations de ce sujet). Ce plagiat a d'autant moins dérangé Bertati qu'il avait lui-même emprunté cette histoire à d'autres sources. C'était une pratique parfaitement normale dans l'activité lyrique du XVIIIe siècle. L'opéra *Il Convitato di pietra* de Bertati, sur une musique de Giuseppe Gazzaniga a été redécouvert dans les années quatre-vingt. Quelques festivals l'ont mis à l'affiche et il a même été enregistré. Il s'agit d'un mélange scénique intéressant, tout à fait caractéristique de la pratique lyrique de l'époque. Il comporte un prélude suivi de l'opéra proprement dit. Le prélude est un *Capriccio drammatico*, une scène qui se déroule en fait en coulisses. Une troupe d'opéra veut séduire le public allemand en lui présentant une nouveauté, l'opéra en un acte intitulé le *Convive de pierre*. Les personnages qui apparaissent dans cet ouvrage sont les mêmes que ceux de la version de Da Ponte: Don Giovanni et le Commandeur, ainsi que Donna Anna, Donna Elvira, la jeune paysanne (qui s'appelle ici Maturina), et son fiancé (ici Biagio). Dans cette variante, Leporello porte le nom de Pasquariello. Le climat est plus enjoué que chez Mozart: au cours du souper, on ne se contente pas de manger et de faire de la musique, on porte un toast à la ville de Venise et l'on rend hommage à ses jolies femmes. N 31 Ici aussi, Don Giovanni finit en enfer (plus parodique et amusant qu'angoissant). Les personnages qui restent sur scène interprètent ensuite une chanson drôle et simple. N 32

Mozart et Prague

Les Praguois s'enorgueillissent à juste titre de l'accueil compréhensif et enthousiaste que leurs ancêtres ont réservé jadis aux *Noces de Figaro* de Mozart. Cet engouement ne fut pas sans suite, puisque c'est à Prague qu'eut lieu la création de *Don Giovanni*. Mozart comptait au nombre de ses amis plusieurs membres de l'aristocratie et de la bourgeoisie, grands amateurs d'art: le comte Thun, Franz Xaver Dussek (professeur de piano et compositeur bien connu) et sa femme Josepha (célèbre cantatrice). L'Italien Pasquale Bondini, imprésario et gérant du Théâtre National de Prague, joua aussi un rôle essentiel dans la carrière praguoise de Mozart. C'est lui qui commanda à Mozart *Don Giovanni*, qui fut composé en partie à Vienne et en partie à la *Bertrammka*, la maison du couple Dussek.

Les deux séjours de Mozart à Prague en 1787 et la création de *Don Giovanni* constituent un important chapitre

Don Giovanni, avec Ferruccio Furlanetto (Don Giovanni) et Bryn Terfel (Leporello), mise en scène : Patrice Chéreau, direction musicale : Daniel Barenboim, décors : Richard Peduzzi, Festival de Salzbourg, 1994.
Une interprétation scénique originale : la scène du cimetière (acte II). C'est ici que se réfugient Don Giovanni et Leporello après leurs dernières frasques. Don Giovanni invite la statue du Commandeur à souper. Mozart a prescrit trois trombones pour accompagner la voix de la statue. Le son terrifiant des cuivres est traditionnellement associé aux Enfers.

Ci-dessous
Don Giovanni, croquis de costume de Ludwig Sievert pour Don Giovanni, Francfort, 1926-1927 (TWS).
Un thème apparemment inépuisable de tous les pays, de toutes les époques et de tous les arts. Il existe même des catalogues concernant le sujet de Don Juan : le premier (établi par Leo Weinstein) contient 462 titres, l'autre de Margret Dietrich) 600. De nombreuses autres réalisations de Don Juan ont vu le jour depuis la naissance du cinéma et de la télévision.

de sa biographie. Le célèbre roman d'Eduard Mörike, *Le Voyage de Mozart à Prague* (1855), retrace avec quelque fantaisie littéraire son second voyage à l'automne 1787 et la création triomphale de son œuvre. Parmi les invités de la création praguoise figurait très probablement le Don Juan du jour, Giacomo Casanova. C'était un excellent ami du librettiste de Mozart, Lorenzo Da Ponte, et l'on prétend même qu'il aurait rédigé quelques vers du livret.

La version viennoise

Aujourd'hui, on parle de plus en plus d'une version viennoise à part entière à propos de *Don Giovanni*. De fait, Mozart a écrit un nouvel air (*Dalla sua pace*, sol majeur, acte I, n° 10b) pour l'interprète viennois du rôle d'Ottavio, dont les capacités vocales étaient inférieures à celles du ténor praguois et qui redoutait les riches coloratures de l'air en si bémol majeur (*Il mio tesoro intanto*, acte II, partition n° 8). Les interprètes actuels de ce rôle chantent généralement les deux airs. N 33, N 34

Avec Aloysia Lange dans le rôle de Donna Anna, Catarina Cavalieri dans celui de Donna Elvira et Luisa Laschi-Mombelli en Zerlina, Vienne possédait une distribution de rêve. Pour multiplier les situations bouffonnes et flatter le goût des Viennois, Mozart ajouta également un duo (acte II) où Zerlina capture Leporello, le ligote sur une chaise et le menace d'un couteau. Leporello réussit finalement à s'échapper par la fenêtre, toujours assis sur sa chaise. Ce duo est absent de la plupart des représentations de *Don Giovanni*. Toutes les autres modifications viennoises concernent des points de détail. Il n'existe en fait qu'un seul *Don Giovanni*.

31. Gazzaniga : *Don Juan Tenorino*, chanson à boire
Faccio un brindisi di gusto a Venezia singolar.

32. Gazzaniga : *Don Juan Tenorino*, chant final
Più non faccia-si parola del terribile successo;

33. Air en si bémol majeur d'Ottavio (pour Prague)
Il mio tesoro intanto

34. Air en sol majeur d'Ottavio (pour Vienne)
Dalla sua pace la mia dipende;

Don Giovanni, avec Ferruccio Furlanetto (Don Giovanni) et Cecilia Bartoli (Zerlina), mise en scène : Patrice Chéreau, direction musicale : Daniel Barenboim, décors : Richard Peduzzi, Festival de Salzbourg, 1994.
Ce n'est que dans la scène avec Zerlina, la jeune paysanne, au premier acte que Don Giovanni retrouve toute son aura érotique. Elle ne sait encore rien, il sait déjà tout.

Don Giovanni, scène du premier acte avec (de g. à dr.) Lea Nordin (Donna Elvira), Johan Reuter (Masetto), Irene Theorin (Donna Anna), Michael Kristensen (Ottavio), Hanne Fischer (Zerlina), mise en scène : Andreas Homoki, direction musicale : Marco Guidarini, décors : Harmut Meyer, Det Kongelige Teater de Copenhague, 1996-1997.
Les protagonistes, sans Don Giovanni ni Leporello. Ils sont tous dans l'orbite de Don Giovanni, comme des planètes tournant autour du soleil. On pourrait définir leur drame comme le « complexe de Don Giovanni ». Leur rencontre avec le héros éponyme pèsera même sur leur avenir.

Le héros éponyme

Si Don Giovanni était le héros d'un opéra romantique ou s'il appartenait clairement à un genre lyrique du XVIIIe siècle (*singspiel*, *opera seria*, *opera buffa*), il trahirait davantage de sa personnalité. Dans un d*ramma giocoso* (une désignation qui autorise des associations comiques aussi bien que sérieuses), il est énigmatique et ne nous dit rien de lui-même. Au demeurant, il n'a pas d'air au sens usuel du terme, seulement deux numéros de caractère : ce que l'on appelle l'« air du champagne » et qui relève plutôt de la chanson (*Fin ch'han dal vino calda la testa* – Jusqu'à ce que le vin vous monte à la tête... » acte I, partition n° 11) N 35 et une sérénade, que Don Giovanni, déguisé en Leporello, chante pour la soubrette de Donna Elvira (*canzonetta*, acte II, n° 3). N 36

L'« air du catalogue » de Leporello (acte I, n° 4) trace par ailleurs un portrait de Don Giovanni. N 37

Dans cet air, Leporello confie à Donna Elvira avec fierté et envie, insolence et cruauté tout le génie érotique de son maître. Don Giovanni est un être versatile, un caméléon qui sait s'adapter à toutes les situations et aux femmes les plus diverses. Un Casanova, en quelque sorte, encore plus immoral que son modèle historique. Le nombre de ses victimes est considérable : 640 en Italie, 231 en Allemagne, 100 en France, 91 en Turquie et déjà 1 003 en Espagne (soit un total de 2 065 !). Leporello livre également un aperçu de leurs origines sociales. En amour, son maître est un champion de démocratie et sa palette va de la paysanne à la duchesse. Jeunes ou vieilles, peu importe. Nous n'apprenons pas l'âge de Don Giovanni ; il n'est probablement plus tout jeune mais conserve une irrésistible séduction doublée d'une énergie presque surhumaine.

Don Giovanni, Nicolai Ghiaurov dans le rôle-titre au Teatro alla Scala, Milan, 1962-1963.
Cet opéra se raille de l'amour à travers l'érotisme outrancier de Don Giovanni. C'est une œuvre amère, car tous ceux qui restent en scène après la mort spectaculaire de Don Giovanni porteront un lourd fardeau psychologique toute leur vie durant. La saison 1962-1963 de la Scala a vu une distribution presque insurpassable : Leontyne Price, Nicolai Ghiaurov, Elisabeth Schwarzkopf, Mirella Freni.

La chute de Don Giovanni

Une énigme tracasse tous les metteurs en scène et les analystes de *Don Giovanni*: que s'est-il passé dans la chambre à coucher de Donna Anna? A-t-elle pris – comme le prétend le texte du premier *Don Juan*, celui de Tirso da Molina – son invité nocturne pour son amant, Don Ottavio, ou a-t-elle reconnu d'emblée en l'homme masqué (ou du moins dissimulé) un étranger? A-t-elle été violentée par Don Giovanni? Ou le charme érotique de ce dernier aurait-il échoué, pour la première fois de sa vie? Quoi qu'il en soit, il est chassé par les appels au secours de Donna Anna. Et cette fuite marque le début de la chute de Don Giovanni. Il s'égare en faisant la cour à son épouse abandonnée, sa tentative de séduction auprès de Zerlina est contrecarrée par deux fois et il doit même renoncer à la soubrette d'Elvira. Que lui reste-t-il, sinon la mort?

Érotisme au lieu d'amour

L'amour, thème majeur de tous les opéras de Mozart, prend un visage singulier dans *Don Giovanni*, car il demeure inassouvi. On n'y rencontre aucun couple d'amoureux au sens strict, pas plus que de duo d'amour «normal». Donna Anna et son fiancé Don Ottavio ne chantent en duo qu'une fois, lorsqu'ils jurent de se venger (Acte I, partition n° 2). N 38
Zerlina et Masetto n'ont pas de duo. En revanche, touchée par l'érotisme de Don Giovanni, Zerlina enseigne en deux airs à son fiancé l'érotisme tel qu'on le pratique à la cour. N 39, N 40
Le seul duo d'amour de l'opéra met en scène Zerlina et Don Giovanni, mais l'atmosphère de cette pièce charmante, qui a connu une incroyable popularité depuis le romantisme (*Là ci darem la mano…* – Nous nous prendrons par la main…, acte I, n° 7) est prématurément brisée par la *donna abbandonata* (Donna Elvira). N 41

Qui, dans *Don Giovanni*, éprouve un amour sincère? On ne peut répondre clairement que pour Don Ottavio. L'amant charmant et doux interprété par un ténor est de la même lignée que Belmonte (→ *L'Enlèvement au sérail*). Ce n'est pas un ange vengeur, il continuerait à aimer Donna Anna même si, dans l'obscurité de la chambre à coucher, Don Giovanni avait rempli à sa place son devoir d'amant. Mais Anna ne pense qu'à la vengeance et à son père assassiné. Le mariage? Peut-être, un jour, en des temps plus heureux – telle est sa réponse mystérieuse. Donna Elvira aime – pour son malheur – Don Giovanni qui l'a abandonnée et qui ne cesse de l'humilier. L'entêtement d'Elvira et, en un sens, sa stupidité (comment peut-elle imaginer que Don Giovanni va lui revenir?) créent un effet absurde et donc comique (acte I, n° 3). N 42

35. Air du champagne de Don Giovanni
Fin ch'han dal vi-no cal-da la te-sta, u-na gran fe-sta fà pre-pa-rar.

36. Sérénade de Don Giovanni
Deh vie-ni al-la fi-ne-stra, o mio te-so-ro,

37. Air du catalogue de Leporello
Ma-da-mi-na, il ca-ta-lo-go è que-sto

38. Serment de vengeance (Donna Anna-Don Ottavio)
Fug-gi, cru-de-le, fug-gi! la-scia che mora anch'-i-o,

39. Air de Zerlina (acte I)
Bat-ti, bat-ti, o bel Ma-set-to, la tua po-ve-ra Zer-li-na: sta-rò qui come a-gnel-li-na, le tue bot-te ad a-spet-tar.

40. Air de Zerlina (acte II)
Ved-rai, ca-ri-no, se sei buo-ni-no, che bel ri-me-di-o ti vo-glio dar.

41. Duo d'amour inassouvi (Don Giovanni-Zerlina)
Là ci da-rem la ma-no, là mi di-re-te sì;

42. Air d'Elvira (acte I)
Ah chi mi di-ce ma-i, quel bar-ba-ro dov' è,

Don Giovanni, Luigi Bassi, eau-forte, Prague 1787, (TWS).
Luigi Bassi (1766-1825) chante la sérénade de Don Giovanni. Le premier Don Giovanni a commencé sa carrière à 13 ans. À 21 ans, lorsqu'il incarne pour la première fois Don Giovanni, il est déjà célèbre. Sa voix de baryton possédait une légère coloration de ténor dans le registre élevé. Mais surtout, c'était un acteur hors pair, fort apprécié de ses contemporains. Sans doute inspira-t-il à Mozart la conception musicale du personnage de Don Giovanni. Beethoven disait de Bassi, qui occupa la scène pendant 40 ans, que c'était un « Italien plein de feu ».

Don Giovanni, Johannes Mannov dans le rôle-titre, mise en scène : Andreas Homoki, direction musicale : Marco Guidarini ; décors : Hartmut Meyer, Det Kongelige Teater de Copenhague, 1996-1997.
Don Giovanni en fuite, comme si souvent.

Que danse-t-on, que mange-t-on, que boit-on et quelle musique joue-t-on dans *Don Giovanni* ?
La scène finale du souper et de l'invité terrifiant figure dans presque toutes les adaptations de Don Juan, ainsi que dans le modèle immédiat de Da Ponte et Mozart, Bertati. Nous ignorons le menu, mais la table est richement couverte de mets divers, et Don Giovanni assouvit son appétit d'ogre (*che barbaro appetito* – soupire avec envie Leporello affamé) en dévorant, notamment, un faisan. Le vin que Leporello sert à son maître est clairement désigné : c'est du *Marzimino*, un cru italien que les connaisseurs apprécient toujours aujourd'hui. Don Giovanni lui-même le dit *eccelente*. Un repas de fête ne saurait se passer de musique. À cette fin, on a engagé une « harmonie », c'est-à-dire un groupe de vents (hautbois, clarinettes, bassons et cors par deux, renforcés par une contrebasse). Une formation de musique de chambre habituelle du temps de Mozart et particulièrement appréciée de l'empereur Joseph II (Mozart lui-même a écrit de superbes compositions pour cet ensemble). Chez un grand seigneur tel que Don Giovanni, on joue évidemment les derniers succès d'opéra. Mozart cite d'abord une mélodie d'*Una cosa rara* de Vicente Martín y Soler, puis de *Fra i due litaganti, il terzo gode* (Pendant que deux se disputent, le troisième s'amuse) de Giuseppe Sarti, et enfin un extrait de l'air de Figaro à la fin du premier acte de son propre opéra : *Non più andrai farfallone amoroso...* (Papillon amoureux, tu n'iras plus... N 30). Cette citation pourrait répondre à une intention parodique (les aventures amoureuses de Don Giovanni vont bientôt s'achever) mais c'est également une allusion spirituelle au succès pragois des *Noces*.   A. B.

Le bal de *Don Giovanni*
Le bal de la fin du premier acte est une invention de Da Ponte et Mozart. Cette scène imposante rassemble tous les fils de l'action : Don Giovanni a invité tout le monde au bal. La paysanne Zerlina danse ainsi sur le même parquet que Donna Anna, la fille du (défunt) Commandeur de Séville. Ce bal « démocratique » trouve ses racines dans les habitudes de la société viennoise du temps de Joseph II. Dans le cadre de ses réformes, Joseph II avait en effet accordé à son peuple l'accès des jardins impériaux et des bals masqués. Cela explique les paroles de salutation de Don Giovanni *Viva la libertà* (une exhortation qui n'était pas tout à fait innocente deux ans avant la Révolution française). La « liberté » est ici celle du plaisir (au sens sexuel également, dans le *castello* de Don Giovanni). Les différentes classes sociales se distinguent par la musique. Les invités disposent de trois orchestres jouant trois danses différentes. Les masques aristocratiques (Donna Anna, Donna Elvira et Don Ottavio) sont invités à esquisser les pas du menuet familier. N 43
Pour l'assistance bourgeoise, le maître de cérémonie recommande une contredanse à la mode (Don Giovanni danse lui-même sur cette mélodie avec Zerlina : il descend ainsi d'un échelon sur l'échelle sociale imaginaire tandis qu'elle en gravit un). N 44
Enfin, paysans et paysannes pourront se dégourdir les jambes sur le *ländler* pesant et populaire que leur propose le troisième orchestre. N 45
Le talent inimitable de Mozart consiste à présenter les trois danses simultanément au cours de cette scène de bal.

Don Giovanni – **Mozart** 385

43. Menuet

44. Contredanse

45. *Ländler*

Don Giovanni, croquis de décor de Ludwig Sievert, mise en scène: Oscar Wälterlin, direction musicale: Karl Maria Zwissler, Opéra de Francfort, 1933-1934 (TWS). Don Giovanni et son convive de pierre. Le décorateur est resté fidèle au modèle littéraire: le Commandeur arrive à cheval pour assister au souper de Don Giovanni. Cette scène fait partie des plus prodigieuses qui aient jamais été composées pour l'opéra. Pompe baroque ténébreuse et ivresse romantique de l'abîme caractérisent musicalement cette scène géniale.

Così fan tutte
ossia La Scuola degli amanti
Così fan tutte ou L'École des amants

Opéra bouffe en deux actes K. 588

Livret : Lorenzo Da Ponte
Création : le 26 janvier 1790 à Vienne (Burgtheater)

Personnages : Fiordiligi, dame de Ferrare, habitant Naples (sop.), Dorabella, sa sœur, habitant également Naples (sop.), Guglielmo, officier, amant de Fiordiligi (basse), Ferrando, officier, amant de Dorabella (tén.), Despina, femme de chambre des deux dames (sop.), Don Alfonso, un vieux philosophe (basse) ; femmes et hommes, également en soldats et matelots (chœur)

Argument
À Naples, à la fin du XVIIIe siècle.
Acte I
Guglielmo et Ferrando, deux jeunes officiers, sont fiers de leurs fiancées et proclament l'inaltérabilité des sentiments. Leur ami Alfonso proteste ; les trois hommes font un pari et décident de mettre à l'épreuve la fidélité des femmes. L'expérience commence. Ferrando et Guglielmo font croire à Fiordiligi et à Dorabella qu'ils doivent partir pour la guerre. Douleur des adieux. Sombres pressentiments : rien ne sera plus jamais comme avant. Alfonso se fait une complice : Despina, la soubrette des deux femmes. Mais il ne la met pas entièrement dans le secret ; il lui dit simplement que les fiancés doivent partir et que de nouveaux prétendants sont arrivés. Despina joue le jeu, elle veut apprendre à ses maîtresses les ruses de la survie. Les fiancés se présentent aux femmes abandonnées sous les traits d'inconnus. Ils prétendent ne vivre que pour l'amour. Les femmes sont troublées, irritées et émues. Commençant à comprendre qu'ils jouent avec le feu, les hommes veulent briser là. Mais Alfonso les oblige à poursuivre l'expérience.

Acte II
Ferrando s'efforce de conquérir le cœur de la fiancée de Guglielmo et inversement. Dorabella trouve Guglielmo à son goût. Ferrando désespère. Guglielmo triomphe. Alfonso intervient pour que l'expérience de la désillusion ne s'achève pas prématurément. Fiordiligi aime encore son ancien fiancé et commence à s'éprendre du nouveau prétendant. Elle veut rejoindre Guglielmo au combat pour y trouver la mort. Le nouveau prétendant menace de se suicider. C'est ainsi que Ferrando désespéré fléchit Fiordiligi désespérée. Guglielmo s'effondre. Alfonso conseille le mariage. Les deux faux couples doivent être unis. Despina joue les notaires. On découvre alors que les nouveaux maris ne sont autres que les anciens fiancés. Mais ils ont changé. Alfonso s'est trompé. La fin ne s'accompagne pas seulement de désillusion. Cette expérience les a tous mûris et ils en assumeront les conséquences.

S. N.

Così fan tutte, mise en scène : Klaus Zehelein et Gordon McKechnie, costumes : Dorothee Urmacher, Württembergisches Staatstheater de Stuttgart, 1999.
Le pari se poursuit par un jeu que tous les participants doivent mener jusqu'au bout. Ceux qui en souffrent le plus sont Fiordiligi et Ferrando. « Et tu es malheureuse comme je suis malheureux » – on perçoit déjà un frémissement romantique (extrait du *Buch der Lieder* de Heinrich Heine).

Seules les femmes…

Sur l'affiche de la création, figure la traduction allemande du titre italien: *So machen sie's, oder die Schule der Liebhaber* (*Ainsi font-elles/ils ou L'École des amants*). Ce sous-titre était une allusion à l'œuvre à succès de Salieri: *La Scuola de'gelosi* (*L'École des jaloux*, Venise 1778). Contrairement au titre allemand, le titre italien se réfère sans ambiguïté possible aux femmes. Au demeurant, *Così fan tutte* a été l'opéra de Mozart le plus remanié et le plus souvent adapté. On en connaît plus de trente versions allemandes. Certains titres trahissent une évidente incompréhension: *Ainsi font-elles toutes* ou *Les Filles viennent des Flandres* (!), *Les Épouses fidèles*, *Les Jeunes Filles fidèles*, *Les Femmes fidèles*, *La Vengeance des jeunes filles* (!?), *Les Deux Tantes* (!) *de Milan* ou *Les Travestissements*, *Le Pari*, *Fidélité féminine – fidélité aucune*, pour ne citer que quelques tentatives de traduction. Ce titre est déjà annoncé dans → *Les Noces de Figaro*. Dans le trio du premier acte, lorsque le comte découvre Chérubin caché chez Suzanne, Basilio chante: *Così fan tutte le belle, non c'è alcuna novità* (Toutes les belles agissent ainsi, cela n'a rien de nouveau). Così, mais comment? Voilà de quoi il est question dans l'opéra le plus énigmatique de Mozart.

M. D.

Così fan tutte, mise en scène: Luc Bondy, décors: Karl-Ernst Herrmann, costumes: Jorge Jara, direction musicale: Sir John Pritchard, spectacle de l'opéra National de Bruxelles aux Wiener Festwochen, 1986.
Così fan tutte est une œuvre de chambre à six interprètes. Son contenu n'est pas facile à cerner. C'est une sorte de psychodrame au sens moderne du terme: Comment deux femmes et deux hommes réagissent-ils à une situation créée de toutes pièces? On ne trouve aucune trace d'échange des amants dans les nombreux modèles littéraires du livret (d'Ovide à l'Arioste). Cette idée émane apparemment de Da Ponte. Dans *Così fan tutte*, cet échange a pour étonnante conséquence que les couples constituent enfin la constellation qui s'impose: à cet instant seulement le *primo uomo*, le ténor (Ferrando) rejoint la *prima donna* (Fiordiligi), associée initialement au *primo buffo* ou *secondo uomo* (Guglielmo).

Così fan tutte, avec (de g. à dr.) Catherine Naglestad (Fiordiligi) et Claudia Mahnke (Dorabella), mise en scène: Klaus Zehelein et Gordon McKechnie, décors: Roland Aeschlimann, costumes: Dorothee Urmacher, Württembergisches Staatstheater de Stuttgart, 1999.
La question tragique de *Così fan tutte* est celle de l'identité. Un homme peut-il rester fidèle à lui-même, ou est-il livré, impuissant, au destin et aux circonstances mouvantes? Sa faculté d'adaptation à une situation nouvelle détruira-t-elle sa personnalité au point de l'empêcher de se reconnaître dans son miroir?

46. L'épigraphe
Co - sì fan tut - te!

Così fan tutte, avec Cecilia Bartoli dans le rôle de Despina, mise en scène: Roberto De Simone, costumes: Odette Nicoletti, direction musicale: Riccardo Muti, Staatsoper de Vienne, 1994.
Parmi les protagonistes de *Così fan tutte*, nous rencontrons plutôt des membres de la bourgeoisie (Don Alfonso est sans doute le seul aristocrate). La hiérarchie sociale, qui comptait tant dans → *Les Noces de Figaro* et dans → *Don Giovanni*, ne joue aucun rôle ici. Exception faite de la femme de chambre Despina, tous les autres participants du jeu sont de rang égal. Au demeurant, Despina elle-même est davantage l'amie des dames que leur domestique. Elle s'entend à merveille aux choses de l'amour et pourrait dans ce domaine donner quelques leçons à ses maîtresses.

Sur les traces d'une naissance

Chose curieuse, nous ne savons rien des circonstances dans lesquelles cette œuvre a vu le jour. La première série de représentations a été interrompue au bout de cinq soirées en raison de la mort de Joseph II. Après la période de deuil, l'œuvre a été redonnée cinq fois, avant de disparaître du répertoire du Burgtheater. Le comte Zinzendorf, passionné d'opéra, nota dans son Journal que la musique de Mozart était «charmante» et le sujet «assez amusant». En revanche, le célèbre acteur allemand Friedrich Ludwig Schröder remarquait en 1791: «Ainsi font-elles toutes, *singspiel* composé par Mozart, une chose pitoyable qui déprécie toutes les femmes, ne saurait plaire aux spectatrices et ne remportera donc aucun succès.» Les opinions d'un aristocrate et d'un bourgeois. Le jugement de Schröder allait l'emporter pendant plus d'un siècle…

On a souvent affirmé que Joseph II lui-même avait recommandé l'intrigue de *Così fan tutte* en s'inspirant d'une histoire véritable qui s'était déroulée dans la Vienne de l'époque. Sans doute s'agit-il d'une invention. Le seul lien notoire avec la réalité est que les deux premières interprètes des rôles de Fiordiligi et de Dorabella étaient véritablement sœurs et étaient originaires de Ferrare. Adriana Gabrieli del Bene – La Ferrarese de son nom d'artiste – interprétait le rôle de Fiordiligi. Elle était alors la maîtresse de Da Ponte (ce qui expliquerait peut-être que le poète l'ait représentée dans son livret comme plus vertueuse que sa sœur). «… son organe était enchanteur, sa méthode nouvelle et merveilleusement touchante. Sa beauté n'était pas extraordinaire, son talent d'actrice n'avait rien de surprenant; mais deux très beaux yeux, une bouche gracieuse l'aidaient fort à recueillir de grands succès.» Telle est la description élogieuse qu'en livre Da Ponte dans ses *Mémoires*. Mozart créa le personnage de Fiordiligi en s'appuyant sur ces données: elles est plus dure, plus massive que sa sœur Dorabella, moins vive, moins

47. Air de Fiordiligi (acte I)

Co - me sco-glio im - mo - to re-sta con-tra i ven-ti, e la tem-pesta, e la tem-pe - sta,

souple – «Comme le rocher qui résiste, immobile» (*Come scoglio immoto resta*), chante-t-elle dans son premier air (partition n° 15), dont la mélodie vocale contient des sauts presque insurmontables. La voix de la Ferrarese se jouait-elle de tels obstacles, ou Mozart cherchait-il à taquiner ainsi la bonne amie de son librettiste? Mais peut-être lui plaisait-elle aussi… Quoi qu'il en soit, cet air est une épreuve redoutable pour toutes les cantatrices (n° 15). N 47

Così fan tutte, avec Anneliese Rothenberger (Fiordiligi) et Rosalind Elias (Dorabella), mise en scène: Jean-Pierre Ponnelle, Festival de Salzbourg, 1969. Pour sa mise en scène de Salzbourg en 1969, Jean-Pierre Ponnelle a renoncé à toute actualisation, affirmant qu'il ne voyait pas ce que pouvait rapporter une transposition au XXe siècle. Les filles de Ferrare étaient connues, rappelle-t-il, pour leur beauté et leur légèreté. Elles passaient pour émancipées…

Le miracle musical

Malgré le caractère ironique et parodique flagrant du magistral livret de Da Ponte, Mozart prend les sentiments de ses personnages dramatiques au sérieux. Cette œuvre est d'une beauté tragique, dont les mots sont presque impuissants à rendre compte. La veine comique est rarement exploitée ; la musique est transparente, harmonieuse, parfaitement proportionnée. Tout cela possède le goût doux-amer de la « dernière heure », de l'adieu. *Così fan tutte* contient du reste les plus belles scènes d'adieu qui soient, dont le *Terzettino* (partition n° 10), dans l'insolite tonalité de mi majeur, qui voit les femmes et Don Alfonso ému agiter leur mouchoir pour accompagner le départ des navires emportant leurs amants. Puis les violons et les altos en sourdine, accompagnés de *pizzicati* des basses et des sons aériens des vents, expriment un chagrin et une mélancolie remplis de douceur. Avec sa mélodie élégiaque, l'hymne nuptial (en forme de canon, dans le deuxième finale) se grise de l'illusion que cet instant de faux mariage est aussi celui d'une félicité parfaite, pour les femmes du moins. N 48

48. Canon nuptial — E nel tuo, nel mio bic-chie-re

49. Hommage au docteur Mesmer (Despina déguisée en médecin) — Que-sto è quel pez-zo di ca-la-mi-ta pie-tra Mes-me-ri-ca,

Così fan tutte, avec (de g. à dr.) Barbara Frittoli (Fiordiligi), Angelika Kirschschlager (Dorabella), Bo Skovhus (Guglielmo), Paul Groves (Ferrando), Monica Bacelli (Despina), Alessandro Corbelli (Don Alfonso), mise en scène : Roberto De Simone, décors : Mauro Carosi, costumes : Odette Nicoletti, direction musicale : Riccardo Muti, Wiener Festwochen, 1997.
Les déguisements de Despina – tantôt en médecin, tantôt en notaire – se situent dans la tradition de l'opéra bouffe. Avec la pierre magnétique que Despina masquée utilise comme remède dans le premier finale de l'opéra, Mozart évoque le souvenir de son ancien ami et mécène, le docteur Mesmer (→ *Bastien und Bastienne*). N 49

Così fan tutte, mise en scène: Klaus Zehelein et Gordon McKechnie, décors: Roland Aeschlimann, costumes: Dorothee Urmacher, Württembergisches Staatstheater de Stuttgart, 1999.
Acte II, scène des noces. La disposition scénique est tout à la fois symétrique et asymétrique. Au centre, Don Alfonso dans une posture triomphante, brandissant le contrat de mariage (preuve de l'inconstance des femmes), alors que Despina, déguisée en notaire, est assise devant la table. Les couples dessinent une sorte de double reflet inversé: à gauche, Fiordiligi et Ferrando, à droite Guglielmo et Dorabella; ce jeu aura été pour eux une aventure amoureuse et érotique.

Un labyrinthe de sentiments

La position singulière que *Così fan tutte* occupe dans la production mozartienne apparaît également dans la symétrie du livret: les couples et leurs relations sont disposés comme un jardin à la française aux plantations géométriques. Cet arrangement digne d'un théâtre de marionnettes va jusqu'à rappeler le canon formel stylisé de l'*opera seria* baroque. La symétrie naît évidemment de l'inversion des couples au cours du jeu; par ailleurs, sans former un couple, Don Alfonso et Despina viennent compléter cette disposition symétrique. Don Alfonso éprouve de la sympathie pour Guglielmo, Despina devient plus intime avec Dorabella, car les traits de caractère de Guglielmo et de Dorabella, le nouveau couple, sont plus proches de ceux de ces deux esprits réalistes et sans illusions. Comme un échiquier imaginaire, cette symétrie sert de support à une asymétrie intéressante créée par les voies différentes empruntées par les deux couples. Si la relation entre Dorabella et Guglielmo ne quitte pas le cadre d'un flirt rococo et ludique, Ferrando et Fiordiligi s'empêtrent dans une relation amoureuse fortement sentimentale. Les deux premiers airs de Guglielmo (*Non siate ritrosi*, partition n° 15 ou air de remplacement *Rivolgete a lui lo sguardo*, n° 15a) et de Ferrando (*Un'aura amorosa*, n° 17) élucident cette différence. Le chant bravache de Guglielmo et la déclaration d'amour de Ferrando expriment des caractères antagonistes. N 50, N 51, N 52

Les deux duos de séduction sont d'une nature très différente. La sensuelle Dorabella cède au cours d'un duo pastoral érotique (acte II, n° 23: *Il core vi dono, bell'idolo mio*), alors que le duo d'amour entre Fiordiligi et Ferrando trahit une expérience amoureuse bouleversante (acte II, n° 29: *Fra gli amplessi in pochi istanti*). N 53, N 54

Modèles: Orlando et Trofonio

On s'accorde à penser que la source directe du livret est *Orlando furioso*, épopée écrite par l'Arioste (1474-1533) à l'époque de la Renaissance. Le Chant XXVIII parle de deux amis qui, apprenant l'infidélité de leurs femmes, partent dans le vaste monde pour leur rendre la monnaie de leur pièce. Cet étrange «voyage d'études» connaît une conclusion inattendue: les autres femmes ne sont

Così fan tutte, avec Barbara Frittoli (Fiordiligi) et Vesselina Kasarova (Dorabella), mise en scène : Roberto de Simone, décors : Mauro Carosi, costumes : Odette Nicoletti, Wiener Festwochen, 1994.
Les deux sœurs ne sont elles pas interchangeables ? La réponse de Mozart est un non, clair et net. Les jeunes filles auront néanmoins subi une importante évolution psychologique.

pas plus vertueuses, ainsi font-elles toutes ! On trouve déjà dans l'épopée les noms de Fiordiligi, Doralice (!), Fiordespina (!), Guglielmo et Don Alfonso. Le nom d'« Orlando » lui-même apparaissait de manière parodique dans un air de Guglielmo (que l'on n'a pas entendu lors de la première) avec d'autres figures mythologiques et littéraires (dans la partition connue aujourd'hui : acte I, n° 15/a, *Rivolgete a lui lo sguardo*). Da Ponte a manifestement imaginé sa Fiordiligi sur le modèle de l'Arioste qui la fait mourir, parangon et symbole de fidélité conjugale. (Dans *Così fan tutte*, Fiordiligi a l'intention de rejoindre son bien-aimé au champ de bataille). On trouve une situation de départ analogue à celle de *Così fan tutte* dans l'opéra d'Antonio Salieri créé avec grand succès en 1785, *La Grotta di Trofonio* (livret de Giovanni Battista Casti). Aristone laisse ses filles Ofelia et Dori choisir leur futur époux. L'une s'éprend d'un intellectuel qui vit retiré du monde, l'autre d'un jouisseur qui aime la vie. Aristone estime que ses filles auraient dû procéder au choix inverse et leur conseille d'aller voir le magicien Trofonio, pour échanger leur caractère (pas leur partenaire !). Après toutes sortes de péripéties, les quatre jeunes gens reforment les couples d'origine, dictés par le cœur et non par la raison. On peut considérer cet ouvrage comme le précurseur immédiat de *Così fan tutte*.

M. D.

Le style tardif de Mozart
L'ironie tourne à la résignation, une résignation qui rattache *Così fan tutte* aux œuvres instrumentales tardives (*Quintette avec clarinette, Concerto pour clarinette, Quatuors à cordes prussiens*) aussi bien qu'aux derniers opéras plus graves, c'est-à-dire → *La Clémence de Titus* et → *La Flûte enchantée*. Transparence et simplicité marquent cet univers sonore singulier qui préserve l'impénétrabilité de l'âme humaine. Un mystère qui ne saurait être dévoilé – mais le sera-t-il ? – que par l'écoute et la sensibilité.

La Clémence de Titus, mise en scène et décors: Herbert Wernike, direction musicale: Ulrich Weder, Théâtre de Brême, 1984. Une mauvaise nouvelle de plus pour Vitellia.

La Clémence de Titus, mise en scène et décors: Herbert Wernike, direction musicale: Ulrich Weder, Théâtre de Brême, 1984. Le parcours de Vitellia est semé d'embûches, ne serait-ce que parce qu'elle est la *prima donna*. Elle se trompe à plusieurs reprises, commet bien des erreurs, et si l'empereur était moins magnanime, la fin de l'œuvre verrait sa perte. Mais elle réagit à toutes ces vicissitudes dans deux airs aussi beaux que difficiles (le second est un *rondo* avec accompagnement de cor de basset soliste) et dans plusieurs ensembles écrits dans le plus pur style de l'*opera seria*.

La Clemenza di Tito
La Clémence de Titus

Opera seria en deux actes – K. 621

Livret: Caterino Tommaso Mazzolà, d'après une pièce de Métastase
Création: le 6 septembre 1791 à Prague (Théâtre National)
Personnages: Tito Vespasiano/Titus Vespasien, empereur romain (tén.), Vitellia, fille de l'empereur Vitellius (sop.), Servilia, sœur de Sextus (sop.), Sesto/Sextus, ami de Titus, amant de Vitellia (sop.), Annio/Annius, ami de Sextus, amant de Servilia (sop.), Publio/Publius, préfet de la garde prétorienne (basse); Romains, sénateurs, patriciens, prétoriens, licteurs, députés des provinces soumises (chœur)

Argument
À Rome en 79 apr. J.-C.

Acte I
À Rome, Vitellia aspire au pouvoir. Dans ce dessein, elle essaie de s'introduire dans le lit de l'empereur Titus. Mais celui-ci a l'intention d'épouser la fille du roi de Judée. Vitellia médite une vengeance. Sextus est chargé d'assassiner Titus. Sextus, un très jeune homme, ami de Titus, est épris de Vitellia. L'empereur change d'avis et renvoie sa fiancée étrangère. Vitellia renonce alors à son projet d'assassinat. Publius, le préfet de la garde, est informé du complot et connaît les noms des conjurés. Mais Titus ne veut rien savoir. L'empereur se choisit alors une nouvelle fiancée, Servilia, la sœur de Sextus. Vitellia réitère alors son ordre d'assassinat. Mais Servilia avoue à Titus qu'elle aime Annius et ne tient pas au pouvoir. Touché par sa sincérité, Titus accepte qu'elle épouse Annius. Enfin, Titus se décide pour Vitellia. Celle-ci est arrivée à ses fins, mais il est trop tard pour qu'elle prévienne les conjurés. Le soulèvement a lieu, le Capitole est en flammes. Sextus vient annoncer la mort de Titus.

Acte II
Mais Titus est en vie. Sextus a assassiné quelqu'un d'autre, qui portait les mêmes vêtements. Sextus va-t-il trahir Vitellia? Celle-ci lui conseille de fuir. Trahi par l'un de ses complices, Sextus est arrêté. S'il ne dit rien, Vitellia sera impératrice. Elle attend. Titus interroge le jeune homme. Sextus appelle la mort de ses vœux et avoue son forfait. Annius demande sa grâce. L'empereur veut connaître les mobiles de cette trahison. Mais Sextus se tait. L'empereur signe le décret de mort, avant de le déchirer. Ces deux gestes ont lieu sans témoin. Vitellia croit que Sextus a parlé. Il va falloir qu'elle avoue de son propre chef, et sans tarder. Mais Servilia et Annius viennent lui dire que Sextus n'a rien dit; il doit être livré aux fauves et Vitellia sera couronnée. Il faut qu'elle obtienne sa libération. Cruel dilemme: si elle ne le sauve pas, elle est sauvée. Elle a le choix entre la mort du fidèle serviteur ou le renoncement à ses rêves de pouvoir. C'en est trop. Elle avoue et l'empereur, clément, lui fait grâce et pardonne à Sextus.

S. N.

Gouverner, mais comment ? Titus sur scène

Lorsque l'empereur apprend la trahison de son ami Sextus, il commence (dans un grand monologue, scène 8) par décider de se conduire en monarque. C'est une réaction traditionnelle. Mais cette émotion aveugle s'efface rapidement devant des réflexions pragmatiques. Quels mobiles ont bien pu inciter Sextus à vouloir la mort de son impérial ami ? Le dirigeant doit-il livrer son meilleur ami aux fauves dans l'arène ? Toute la rationalité du monde ne saurait dissimuler que l'objectif secret de Titus est de prouver l'innocence de Sextus. Il est prêt à tout pour conserver cette amitié. Cet idéal prouve, une fois de plus, que Mozart avait assimilé les idées des Lumières par l'intermédiaire des francs-maçons. On reproche souvent au personnage de Titus de manquer d'initiative. Mais sa passivité est le corollaire de sa nature de souverain éclairé : le sens des événements se révèle lorsque la passion cède la place à la souffrance. La noble impuissance de Titus est le fruit de la compréhension et de la tolérance qu'il manifeste. C'est ainsi que le culte du génie du XVIIIe siècle se répercute sur le type du souverain éclairé. Titus est au nombre de ces grands hommes qui souffrent de la solitude, que personne ne comprend mais qui doivent, quant à eux comprendre tous les autres.

M. D.

La Clémence de Titus, mise en scène et décors : Herbert Wernike, direction musicale : Ulrich Weder, Théâtre de Brême, 1984. Dans cette œuvre, il n'est pas toujours facile de reconnaître le sexe des personnages. Sextus (debout sur la photo) est un rôle de travesti pour soprano ; en revanche, le rôle d'Annius a été écrit pour un castrat, également dans une tessiture de soprano. S'y ajoutent les femmes, Vitellia et Servilia (deux soprani). Publius est le seul personnage à être interprété par une voix grave. Titus, le ténor, occupe une position médiane, dramatiquement et vocalement.

La Clémence de Titus, croquis de décor de Giorgio Fuentes, Francfort, 1799 (TWS). Fruit tardif d'un genre moribond ? Dernière tendance stylistique européenne d'esprit universel, avant l'époque des États-nations, l'*opera seria* représente dignement l'époque baroque. À l'extrême fin du XVIIIe siècle, le néoclassicisme s'est pris d'intérêt pour la forme de l'*opera seria*. Cela explique que *La Clémence de Titus* ait été (avec → *La Flûte enchantée*) l'œuvre scénique de Mozart la plus jouée et la plus appréciée dans les deux premières décennies du XIXe siècle. La pompe des cours baroques et le néoclassicisme sublime de l'époque napoléonienne entretenaient certaines affinités. Celles-ci transparaissent également dans les immenses décors néoclassiques, tels que ceux de Giorgio Fuentes et de son élève Friedrich Christian Beuther, fort appréciés de leurs contemporains. Goethe admirait, lui aussi, la grandeur paisible et la sérénité des décors de Beuther : le classicisme s'effaçait devant le néoclassicisme.

Le livret – un jeu d'échecs?

Pierre Métastase (de son vrai nom Pietro Trapassi) a élevé le genre du livret au niveau de la tragédie française classique, à laquelle il a également emprunté son rationalisme. Les modèles français dont s'inspire *La Clémence de Titus* (*Bérénice* de Racine et *Cinna* de Corneille) sont tout aussi typiques de l'*opera seria* que les circonstances de la première mise en musique de ce livret, le couronnement de Charles VI en 1734. Après Antonio Caldara, ce livret ne séduisit pas moins de 70 compositeurs, parmi lesquels Hasse, Wagenseil, Gluck, Jommelli et Traetta. La série d'adaptations s'est poursuivie jusqu'en 1816, c'est-à-dire jusqu'à une époque déjà dominée par le grand opéra. *La Clémence de Titus* est un livret rêvé pour un couronnement, puisqu'il relate l'histoire d'un empereur romain, déjà glorifié de son vivant comme bienfaiteur de l'humanité. Pourtant, le thème de cette parabole n'est pas le dirigeant lui-même, mais la vertu de la clémence, comme le révèle clairement le titre.

Néoclassicisme musical

Le génie de Mozart lui a permis de ressusciter un genre dépassé dans un style d'une froide élégance, transparent en même temps que grandiose. La réduction du *ritornello* de nombreux airs à une introduction de quelques mesures ne marque pas le retour aux schémas de l'école napolitaine, car cette concision est mise au service d'idées nouvelles. Indéniablement, certains airs des personnages secondaires n'ont guère d'importance sur le plan artistique. Mais dans les airs de Vitellia et de Sextus, ainsi que dans les ensembles, les brefs segments mélodiques cèdent la place à des lignes de chant amples, étales et de grande envergure. D'où l'idée géniale de confier aux clarinettes et aux cors de basset un rôle important dans la partition, notamment dans les airs de Vitellia et de Sextus (partition n° 9 et 23). Mozart a composé cette partie instrumentale pour son ami, le clarinettiste Anton Stadler. Par la couleur des bois, dominés par la clarinette, le caractère du chœur (n° 15) se rapproche de celui d'un *divertimento*. N 55

Le timbre retenu et la mélancolie de la famille de la clarinette – qui attirent également l'attention sur les affinités spirituelles qu'entretiennent *La Clémence de Titus* et → *La Flûte enchantée* – correspondent à ce néoclassicisme musical: simplicité, transparence et retenue. Ces qualités n'ont pas été sans conséquences sur la nature de la virtuosité vocale. *La Clémence de Titus* n'a rien d'une œuvre surannée. Pour le metteur en scène Jean-Pierre Ponnelle, le dernier *opera seria* de Mozart était même riche d'avenir: «J'entends dans la partition de *La Clémence de Titus* du Bellini, certains éléments anticipent même Verdi. Les chœurs, le finale du premier acte

La Clémence de Titus, avec Ann Murray (Sextus) et Peter Straka (Titus), mise en scène: John Dew, décors et costumes: Gottfried Pilz, direction musicale: Nikolaus Harnoncourt, Opernhaus de Zurich, 1993. En ce XXe siècle finissant, de grands metteurs en scène se sont pris d'un intérêt croissant pour l'*opera seria*. Dans la mise en scène de John Dew, Sextus et Titus se rencontrent dans un décor contemporain.

Leopold II et sa famille, tableau de Wenzel Werlin, 1773, Kunsthistorisches Museum, Vienne.
Tableau de groupe des Habsbourg avec vue sur Florence. Léopold, encore Grand duc de Toscane avec sa famille devant un tableau de sa mère, l'impératrice Marie-Thérèse. Mozart espérait qu'il poursuivrait la politique induite par Joseph II – inspirée des principes des Lumières –, et le maintiendrait dans son titre de compositeur de la cour. Mais Mozart mourut trois mois après la création de *La Clémence de Titus* et trois mois plus tard ce fut au tour de Léopold II de disparaître. Ainsi se termina la courte période des Lumières à Vienne.

me font penser au meilleur Verdi. Il y a également quelques ébauches de Weber. »

Titus et Leopold – gouverner avec son cœur

Le choix du texte – le livret avait été écrit à l'origine pour un opéra de couronnement – semble d'autant plus heureux que le rôle de Titus, le bon empereur romain (79-81), se prêtait à la représentation d'une image idéale d'un souverain de l'époque du joséphinisme. Cette adaptation insiste moins sur la magnanimité que sur le renoncement. Titus renonce ainsi à ses prérogatives héréditaires – au moment de choisir une épouse, il n'écoute pas la voix de son cœur si elle s'oppose aux intérêts de l'État ; il renonce également à la peine de mort. En reconnaissant chez les autres la priorité du cœur, il ne s'arroge pas non plus les attributs divins habituels du souverain. Il s'agit là d'un pas décisif en direction de la définition moderne du dirigeant, « premier serviteur de l'État ». Joseph II ainsi que son frère et successeur Leopold II incarnaient bien cet idéal. Le livret de *Titus* a été conçu sur mesure pour Leopold II. Avant son avènement, ce représentant de la lignée des Habsbourg gouvernait le grand-duché de Toscane selon les principes des Lumières. Ses contemporains en faisaient le « Salomon de [leur] temps », le « philosophe régnant ». Lorsque, à la suite de la publication de son code pénal, les gibets et les instruments de torture furent brûlés sur la place publique, les nobles florentins décidèrent d'exprimer leur respect en lui faisant ériger une statue équestre. Mais Leopold y renonça en faveur du bien public. L'argent rassemblé servit à construire des canalisations. Cette anecdote très connue est comparable à la situation que l'on rencontre dans *La Clémence de Titus*, lorsque l'empereur fait parvenir aux habitants de Pompéi victimes d'une éruption du Vésuve les présents que l'on est venu lui porter en hommage. On peut encore mentionner un autre parallèle singulier entre ces deux dirigeants : comme Titus, Leopold n'a occupé le trône impérial que deux ans (1790-1792).

M. D.

Métastase et Mozart

L'univers baroque courtois d'un Métastase nous semble aujourd'hui à des années-lumière de Mozart. Pourtant, Mozart éprouva toute sa vie durant une prédilection pour ces textes. Métastase est en effet l'auteur des textes de pièces de cour comme *Il Sogno di Scipione* (1772), *Il Re pastore* (1775) et de *La Betulia liberata* (1771). Les textes du roi des librettistes étaient également incontournables si Mozart voulait complaire à ses chanteurs en leur écrivant des airs de concert : au cours de ses voyages en Italie, à Mannheim et à Vienne, il a mis en musique un total de 20 textes d'airs de Métastase. Mozart avait découvert le livret de *La Clemenza di Tito* dès 1770, dans une adaptation musicale de Hasse.

55. Titus et son peuple

(Chœur) Ah grazie, si rendano al sommo fattor,

(Titus) Ah no, sventurato non sono cotanto

Die Zauberflöte
La Flûte enchantée

Eine deutsche Oper (un opéra allemand) en deux actes – K. 620

Livret : Emanuel Schikaneder
Création : le 30 septembre 1791 à Vienne (Freihaustheater auf der Wieden)
Personnages : Sarastro (basse), Tamino (tén.), der Sprecher/le récitant (basse), premier prêtre (basse), deuxième prêtre (tén.), troisième prêtre (rôle parlé), Die Königin der Nacht/la reine de la Nuit (sop.), Pamina, sa fille (sop.), trois dames (3 sop.), trois jeunes garçons (3 sop.), Papageno (basse), Papagena (sop.), Monostatos, un Maure (tén.), deux hommes en armure (tén., basse), trois esclaves (rôles parlés) ; prêtres, esclaves, suite de Sarastro (chœur)

Argument
En des lieux et des temps mythiques.

Acte I
Fuyant un serpent géant, le prince Tamino s'égare ; il appelle au secours et s'évanouit d'épuisement. Trois femmes merveilleuses le sauvent et tuent le monstre. L'oiseleur Papageno se vante d'être l'auteur de cet exploit auprès de Tamino qui a repris connaissance. Mais les trois femmes reviennent et punissent le fanfaron en lui fermant la bouche avec un cadenas. Elles se présentent comme des dames d'honneur de la reine de la Nuit, dans le royaume de laquelle se trouve le prince. La reine, lui disent-elles, est dans la détresse, car sa fille Pamina lui a été ravie. Elles offrent au prince le portrait de Pamina, et le jeune homme s'éprend immédiatement de la jeune fille. La reine de la Nuit apparaît et promet au prince la main de Pamina s'il lui permet d'échapper au pouvoir du méchant Sarastro. Tamino ne demande pas mieux. Papageno l'accompagnera. En guise de talisman, les trois dames remettent à Tamino une flûte enchantée et un carillon à Papageno. Papageno retrouve l'usage de la parole et trois jeunes garçons leur indiquent le chemin qui mène au royaume de Sarastro.

Dans le palais de Sarastro et en l'absence du maître de maison, Monostatos, le gardien des esclaves, poursuit Pamina de ses assiduités brutales. En chemin, Papageno a perdu tout contact avec Tamino. Par hasard, il découvre Pamina et la sauve (assez involontairement) de Monostatos. Pamina se réjouit en apprenant que Tamino va venir la délivrer.

Entre-temps, le prince est arrivé au temple de la Sagesse. Il apprend que Sarastro y règne et ne peut donc être le monstre qu'on lui a décrit. À l'aide de sa flûte enchantée, il appelle Pamina. La flûte de Pan de Papageno lui indique comment rejoindre sa bien-aimée. Pamina et Papageno essaient de fuir, mais Monostatos et ses esclaves les en empêchent. Papageno jette un sort aux gardiens avec son carillon : ils se mettent à danser sans pouvoir s'arrêter. L'évasion est sur le point de réussir quand Sarastro rentre de la chasse. Il pardonne à Pamina, punit le Maure et fait conduire Tamino et Papageno au temple des Épreuves.

Acte II
Sarastro explique aux prêtres que Tamino et Pamina sont destinés l'un à l'autre. C'est également pour cette raison qu'il a soustrait Pamina à l'influence de sa mère. Mais Tamino doit encore triompher d'une série d'épreuves avant de pouvoir être admis au temple de la Sagesse et d'être digne de Pamina. Tamino est décidé à se soumettre aux épreuves, serait-ce au péril de sa vie. Attiré par la promesse d'obtenir une gentille petite femme, Papageno suit le prince, à contrecœur. Le premier commandement est le silence absolu. Les dames de la reine de la Nuit mettent les candidats en garde contre la malignité des prêtres : leur vie est en danger. Mais Tamino et Papageno demeurent inflexibles. Monostatos s'est introduit auprès de Pamina endormie. La reine de la Nuit rend elle aussi visite à sa fille et conjure Pamina de tuer Sarastro et de reprendre ainsi possession du septuple cercle solaire, emblème du pouvoir suprême. Le Maure arrache à Pamina le poignard offert par sa mère et la menace : l'amour ou la mort. Sarastro sauve Pamina et chasse le Maure. Pamina avoue à Sarastro l'ordre de sa mère et le supplie de faire preuve de compréhension à l'égard de la reine.

La première épreuve exige l'observation rigoureuse du silence. Papageno cède, mais Tamino reste muet même devant les larmes de Pamina qui le supplie de lui dire un mot d'amour. Se croyant trahie par Tamino, la jeune fille veut se donner la mort. Les trois garçons lui arrachent son poignard et la conduisent à Tamino. Papageno veut lui aussi mourir car il ne peut plus espérer la récompense promise. Mais il est tout heureux de renoncer à son projet lorsque les trois garçons lui amènent sa Papagena. Pamina et Tamino surmontent les épreuves de l'eau et du feu. La reine de la Nuit et sa suite, introduites dans le royaume de Sarastro par Monostatos, sont anéanties. Pamina et Tamino sont unis et admis parmi les initiés.

S. N.

La Flûte enchantée, croquis de décor de Leo Pasetti, Munich, 1925 (TWS).

La Flûte enchantée n'est pas seulement le chef-d'œuvre de la production lyrique de Mozart. C'est également l'ouvrage le plus joué sans doute de toute la littérature d'opéra. « Le succès silencieux » de la première – que nota Mozart – ne cessa de se confirmer de soir en soir, transformant *La Flûte enchantée* en triomphe mondial. Dès novembre 1792, c'est-à-dire un an après la création et après la mort de Mozart Schikaneder annonçait la centième représentation ; en octobre 1795, le chiffre de 200 avait été atteint. Un phénomène unique dans la pratique théâtrale de l'époque. En tant qu'intendant, Goethe fit donner 82 fois *La Flûte enchantée* à Weimar. Il prévoyait une seconde partie, mais ne trouva plus après la mort de Mozart de compositeur suffisamment compétent (ou du moins conforme à ses goûts). Le secret de *La Flûte enchantée* est qu'elle s'adresse à tous les âges et à toutes les classes sociales. C'est un conte pour enfants naïfs aussi bien qu'un drame universel pour philosophes.

La Flûte enchantée, mise en scène: Andreas Homoki, décors: Hartmut Meyer, costumes: Mechthild Seipel, direction musicale: Georg Fischer et Jiri Kout, Bühnen der Stadt Köln, 1995.
Une *Flûte enchantée* qui n'a plus rien d'une œuvre féerique ni d'une parabole. La mise en scène en fait une œuvre d'actualité politique, nourrie par la vision pessimiste d'un siècle finissant qui n'a pas vraiment été placé sous le signe du bonheur.

Ci-dessous
La Flûte enchantée, mise en scène: Robert Wilson, costumes: John Conklin, direction musicale: Armin Jordan, Opéra National de Paris, 1991.
L'Américain Robert Wilson s'est attaché à élucider l'action tout en en confirmant l'aspect énigmatique, procédant à la fois avec naïveté et perspicacité. Cette vision non européenne a apporté un regard nouveau sur l'œuvre de Mozart: une redécouverte.

Instruments enchantés

Comment la flûte ne serait-elle pas l'instrument principal d'un opéra intitulé *La Flûte enchantée*? Peut-être la familiarité du premier Tamino avec cet instrument ne fut-elle pas étrangère à sa présence dominante dans l'opéra. Pamina nous renseigne sur l'origine de la flûte enchantée que la reine de la Nuit remet à Tamino: « Mon père l'a taillée au plus profond d'un chêne millénaire, en un moment magique. » D'après les indications de mise en scène initiales, on apprend que la flûte est un symbole solaire et qu'elle est dorée. N 57 Contrairement à la flûte de Tamino, le glockenspiel de Papageno n'a pas de signification symbolique. C'est un jouet d'argent qui permet d'accomplir des prodiges. Le carillon sert trois fois. D'abord au moment où Monostatos et les esclaves surprennent les fugitifs (Pamina, Papageno). Ses notes magiques obligent les gardiens agressifs à chanter et à danser. N 58
La deuxième fois, Papageno accompagne sa chanson au son du carillon. N 59 La troisième fois, le timbre argenté fait surgir Papagena. La flûte de Pan est l'instrument personnel de Papageno. Avec ses cinq notes d'appel et son timbre exotique (la syrinx de l'Antiquité classique, l'instrument du dieu Pan), elle exprime sa proximité avec la nature. N 56, N 60

57. Air de Tamino accompagné de la flûte enchantée

Wie stark ist nicht dein Zau-ber-ton, weil, hol - de Flö - te

58. *Glockenspiel* de Papageno

56. Notes de l'appel de Papageno

(Flûte de Pan)

La Flûte enchantée, croquis de costume de Roland Topor pour Tamino (en Japonais), Essen, 1990-1991 (TWS).
En désignant Tamino comme un prince japonais, Schikaneder soulignait les origines lointaines et féeriques du héros. Il ne songeait sans doute pas à un authentique Japonais, mais l'idée de Roland Topor n'a rien de farfelu.

Schikaneder : un maître de la scène

Emanuel Schikaneder, un homme de théâtre aux dons universels, a joué un rôle décisif dans la genèse de *La Flûte enchantée*. Mozart avait fait sa connaissance dès 1780 à Salzbourg, où Schikaneder se produisait avec sa troupe itinérante (dans le rôle d'Hamlet !). Ils se lièrent ensuite d'amitié et devinrent frères de la même loge maçonnique. En 1789, Schikaneder prit la gérance du Freihaustheater auf der Wieden (une cour dans un grand immeuble locatif), où il avait l'intention de donner des œuvres pleines d'aventures avec de riches décors pour le public des faubourgs. C'est dans cet esprit qu'il rédigea le livret de *La Flûte enchantée* et qu'il dirigea la mise en scène. Il raccourcit la profondeur scénique par un fond de scène derrière lequel il pouvait changer les décors au cours même de l'action. Il utilisa pour *La Flûte enchantée* la machinerie théâtrale baroque, notamment le procédé de la « gloire », et ne lésina ni sur les tours de magie ni sur la présence d'animaux, tels que des singes, des lions et des serpents. Les décors et costumes de cette « nouvelle comédie à machines » lui coûtèrent une fortune : 5 000 florins, soit plus de 700 000 de nos francs actuels. Il interprétait lui-même le rôle de Papageno. N 59, N 60

La Flûte enchantée, Papageno (Mikael Melbye) avec un lion, mise en scène : Otto Schenk, direction musicale : Nikolaus Harnoncourt, costumes : Yannis Kokkos, Staatsoper de Vienne, 1988.
La mise en scène de *La Flûte enchantée* proposée par Otto Schenk était parfaitement fidèle à l'esprit de l'œuvre originale. Papageno avec l'animal domestique de Sarastro.

L'exotisme en toile de fond dramatique et spirituelle

Les indications scéniques présentent Tamino comme un prince japonais, Pamina occupe chez Sarastro une somptueuse chambre égyptienne, et la réunion des prêtres (acte II) se déroule dans une palmeraie : « dix-huit sièges de feuilles, sur chaque siège une pyramide et un grand cor noir, enchâssé d'or. » Ce n'était pas le premier sujet égyptien que Mozart mettait en musique. En 1773, il avait déjà composé la musique d'accompagnement de la pièce de Tobias Philipp Gebler, *Thamos, roi d'Égypte*, qui anticipe à maints égards le sujet de *La Flûte enchantée*. L'Égypte était très proche de l'univers spirituel de la franc-maçonnerie. Le roman *Séthos* de l'abbé Jean Terasson (1731) joua en l'occurrence un rôle très important. On peut voir dans Séthos l'archétype de Sarastro : il est pur, innocent et vaillant, il gouverne avec dix-huit prêtres initiés dans un temple de la Sagesse en forme de pyramide. On rencontre ici encore un serpent, symbole du mal, des trombones résonnent dans la salle sacrée, et l'on trouve mot pour mot le texte antique des deux hommes en armure au moment de l'épreuve du feu et de l'eau : *Der, welcher wandert die Strasse voll Beschwerden...* (Celui qui suit cette route pleine de dangers...)

La Flûte enchantée, Reinhard Dorn (Papageno) et les trois garçons, mise en scène : Andreas Homoki, costumes : Mechthild Seipel, direction musicale : Georg Fischer, Bühnen der Stadt Köln, 1995.
Les jeunes garçons donnent à manger et à boire à Papageno. L'histoire sublime de *La Flûte enchantée* prend une dimension humaine grâce au personnage de Papageno. Papageno est Mozart : un homme amoureux, jouisseur, joueur.

Les chanteurs

La distribution de la création reflète d'étroites relations familiales et amicales. Le rôle vocalement le plus difficile fut confié à la belle-sœur de Mozart, Josepha Hofer, l'un des meilleurs éléments de la troupe de Schikaneder. Elle allait incarner la reine de la Nuit pendant plus de dix ans. Le premier Tamino était Benedikt Schak, dont Leopold Mozart, le père de Wolfgang, un critique pourtant sévère, écrivait : « Il chante à merveille, a une belle voix, une agilité de gosier facile et une belle méthode. » Schak jouait également fort bien de la flûte, mais on ne sait pas s'il joua lui-même de cet instrument dans *La Flûte enchantée*. Par ailleurs, Schak était le compositeur maison de Schikaneder, tout comme Franz Xaver Gerl, le premier Sarastro, dont l'épouse, Barbara, chantait la partie de Papagena. Mozart était très ami avec Gerl et lui écrivit le célèbre air de concert avec contrebasse obligée *Per questa bella mano* (K. 612). Quant à la première Pamina, Anna Gottlieb, elle avait chanté le rôle de Barbarina lors de la création des *Noces de Figaro*.

Ci-dessous
La Flûte enchantée, mise en scène : Nikolaus Lehnhoff, décors : Susan Pitt, Hessisches Staatstheater de Wiesbaden, 1983.

Ci-dessus
La Flûte enchantée, mise en scène : Achim Freyer, Festival de Salzbourg, 1997-1998.
« Mari et femme, femme et mari, touchent à la divinité » – cette sage parole est certes prononcée par Pamina et Papageno, mais elle s'applique surtout à Tamino et Pamina qui – premier couple d'amoureux initiés – ont pu accéder à l'échelon suprême de l'univers de *La Flûte enchantée* en réussissant l'épreuve du feu et de l'eau.

La Flûte enchantée, avec Ai-Lan Zhu (Pamina) et les trois garçons, mise en scène : Peter Sellars, costumes : Dunà Ramicova, Festival de Glyndebourne, 1990.
Il est curieux que le motif du suicide, qui n'apparaît dans aucun opéra de Mozart à l'exception d'*Idomeneo*, soit utilisé à deux reprises dans *La Flûte enchantée*. S'il produit un effet comique avec Papageno, il est dangereux pour Pamina : prise entre le royaume de sa mère et celui de Sarastro, elle ne trouve plus son identité. Cette situation est peut-être liée aux expériences maçonniques de Mozart : tu dois tuer ton ancien ego pour pouvoir accéder à une vie nouvelle. Au dernier moment, les trois garçons viennent empêcher Pamina d'attenter à ses jours.

La Flûte enchantée, croquis de décor de Karl Friedrich Schinkel, Berlin, 1816 (TWS). Le décor de Karl Friedrich Schinkel est l'un des plus célèbres du XIXe siècle. La représentation triomphale du 18 janvier 1816 à l'opéra Unter den Linden de Berlin eut lieu à l'occasion d'une fête de couronnement et de paix. Un parfait exemple d'historicisme : grand opéra, monumentalité et architecture d'inspiration égyptienne. Au centre, la statue de culte d'Osiris avec le cercle solaire et le triangle de la pyramide.

L'épreuve du feu et de l'eau

Les indications scéniques originales précisent : « Le théâtre se transforme en deux grandes montagnes ; l'une contient une cascade que l'on entend bruire et gronder ; l'autre crache du feu ; chaque montagne a un treillage percé par lequel on voit du feu et de l'eau ; ... deux hommes en armure noire conduisent Tamino à l'intérieur. Du feu brûle sur leurs casques. Ils lui lisent l'inscription transparente écrite sur une pyramide. » N 62

Mozart et la franc-maçonnerie

La franc-maçonnerie a joué un rôle essentiel au cours des dix années que Mozart a passées à Vienne ; en effet, ses idées étaient très proches des principes de la réforme politique de Joseph II. Les loges rassemblaient les plus grands esprits de Vienne : érudits, artistes et aristocrates éclairés formaient une élite secrète. La personnalité dirigeante de la franc-maçonnerie viennoise était Ignaz Born, un éminent naturaliste, qui mourut l'année de la composition de *La Flûte enchantée*. Il aurait pu servir de modèle au personnage de Sarastro. Outre le cercle étroit des amis et des parents de Mozart, ce cénacle comprenait notamment son père Leopold, Joseph Haydn et Emanuel Schikaneder. Mozart entra dans la loge en 1784 et resta fidèle à ses idées, même lorsque la franc-maçonnerie ne fut plus officiellement en odeur de sainteté.

61. Thème principal de l'ouverture

62. Chant choral des deux hommes en armure
Der, wel-cher wan-dert die-se Stra-ße voll Be-schwer-den

Les symboles francs-maçons de *La Flûte enchantée*

Dans *La Flûte enchantée*, Mozart a associé les idées de la franc-maçonnerie et les idéaux du joséphinisme. Le résultat – un authentique drame musical au lieu d'une œuvre didactique marquée par son temps – n'est que l'un des miracles de cet opéra. Les 18 initiés (masculins) correspondent aux frères maçons, Sarastro incarne le maître. Les relations entre membres sont marquées par le respect et par l'égalité sociale. Lorsque les initiés demandent si l'on peut vraiment soumettre un prince à des épreuves aussi cruelles, Sarastro répond en ces termes : « Plus encore – c'est un homme. » Tamino commence son parcours dans le domaine nocturne et étoilé de la reine de la Nuit et l'achève comme initié aux côtés de Pamina, dans le royaume du Soleil. Il passe ainsi des ténèbres à la lumière, comme le prescrit le rituel d'initiation des francs-maçons.

Réunion de la loge « l'Espérance couronnée », toile anonyme, Historisches Museum, Vienne.
Cette toile représente une séance de la loge « l'Espérance couronnée ». On ignore en quelle occasion ce tableau fut peint et à quelle fin. Le musicologue anglais H. C. Robbins Landon a pu identifier la plupart des participants, dont Mozart, assis, en train de bavarder avec Schikaneder (en bas à droite).

Le mystérieux chiffre trois

Le chiffre trois, symbole de la révélation divine, joue un rôle majeur dans les rites maçonniques aussi bien que dans l'univers du conte de fées. C'est sur trois accords puissants que commence l'ouverture (les trois coups que le maître de loge assène aux apprentis?) et le thème *allegro* est formé de trois fois deux notes répétées. N 61

Le «triple accord» résonne également après les paroles de Sarastro, lorsqu'il fait l'éloge des trois qualités de Tamino (vertu, discrétion, charité). On rencontre également trois dames, trois jeunes garçons, trois instruments magiques (flûte, glockenspiel, flûte de Pan). À l'entrée du royaume de Sarastro, Tamino découvre trois temples et il essaie d'entrer par trois fois. Enfin et surtout : Tamino subira trois épreuves.

Des initiées ?

Pamina est elle aussi soumise à l'épreuve du feu et de l'eau. Voilà qui est d'autant plus surprenant que les loges maçonniques n'acceptaient que des hommes. Mais pour Mozart, cette épreuve de l'amour comptait davantage que le dogmatisme rigide des francs-maçons. Il a même noté des voix de femmes dans le chœur final des initiés. C'est dans cette interprétation que réside toute l'humanité de *La Flûte enchantée*, dont le nouveau royaume est formé de frères, mais aussi de sœurs.

La Flûte enchantée, croquis de décor de Heinrich Leffer et Hugo Baruch (atelier), Vienne/Dresde/Zurich, 1910 (TWS). La mise à l'épreuve de Pamina témoigne de la largeur d'esprit et de l'audace de Schikaneder et de Mozart. Ce qui n'empêche pas *La Flûte enchantée* de contenir quelques formules péjoratives sur «la perfidie des femmes». L'épreuve du feu et de l'eau, vue par le Jugendstil.

La Flûte enchantée, croquis de décor de Marc Chagall pour le Metropolitan Opera de New York, 1965-1966. Le décor de théâtre constitue une discipline artistique à part entière. Mais ce travail scénique a exercé et exerce toujours un charme irrésistible sur certains grands peintres. Marc Chagall est du nombre : il a créé pour le théâtre une part non négligeable de son œuvre. Pour *La Flûte enchantée* de Mozart au Metropolitan Opera de New York, Chagall a peint une vision aux couleurs crues, avec un tapis de nuages jaune/bleu/vert à l'arrière-plan, des animaux à visage d'homme et une silhouette d'ange musicien en vol – autant d'éléments typiques de la peinture de Chagall et qui se prêtent merveilleusement à l'illustration de la musique de Mozart.

Une histoire de famille ?

Il n'est pas facile d'établir la généalogie des personnages de la *La Flûte enchantée*. Ils surgissent comme par enchantement. Il était une fois un prince qui s'appelait Tamino. Il partit tenter sa chance dans le vaste monde. Papageno ne sait même pas où il est né, ni qui étaient ses parents. On suppose que l'inimitié entre la reine de la Nuit et Sarastro est née d'un conflit familial. Quelles étaient les relations entre la reine et Sarastro dans le royaume de l'ancien roi (le père de Pamina) ? Nikolaus Harnoncourt suppose que Sarastro était un ami de la famille et vivait à la cour. Ingmar Bergman va jusqu'à penser que nous sommes en présence d'un couple divorcé. Le vieux roi serait-il une invention de la mère « nuit » pour discréditer Sarastro auprès de Pamina, et Sarastro est-il le père de la jeune fille ? Pamina est la victime de ce conflit, elle se sent perpétuellement abandonnée. Son désespoir la conduit à vouloir se donner la mort. N 63

Sarastro

Sarastro est le grand prêtre des initiés et on le présente presque toujours comme un symbole de l'humanité. Son premier air (en fa majeur, sans violon, avec cor de basset) est une sorte de prière sacerdotale. N 64
Mais l'étude de sa personnalité révèle d'autres traits de caractère. Initialement, il devait regagner son palais après la chasse dans un char de triomphe tiré par des lions. Par ailleurs, il possède des esclaves et fait administrer à Monostatos 77 coups de fouet. Un peu plus tard (dans son admirable air en mi majeur), il affirme pourtant que « dans ces lieux sacrés, on ne connaît pas la vengeance ». N 65
Sarastro a enlevé Pamina de force. Sarastro prouve sa grandeur en s'effaçant devant son jeune rival et en prenant le jeune couple sous sa protection, comme un ami paternel. C'est « l'épreuve du feu et de l'eau » de Sarastro. Il se rapproche ainsi de l'idéal de pureté proclamé.

La reine de la Nuit

Au début, la reine de la Nuit apparaît comme une mère affligée, à qui l'on a ravi sa fille unique. D'après la conception de Walter Felsenstein, qui a introduit une nouvelle ère d'interprétation de *La Flûte enchantée* grâce à sa géniale mise en scène de 1954, il s'agit là d'un de ses nombreux stratagèmes pour obtenir le concours de Tamino dans sa lutte pour le pouvoir. N 66
Plus tard (à l'acte II), elle ne cherche pas seulement à faire assassiner perfidement Sarastro par Pamina, elle veut ruiner tout le royaume du soleil et prendre le pouvoir. N 67 La reine est-elle intrinsèquement mauvaise, ou le désespoir la transforme-t-elle en démon vengeur ? Ces questions sont souvent posées par les metteurs en scène, qui proposent des réponses fort diverses.

À droite
La Flûte enchantée, Celina Lindsley dans le rôle de la reine de la Nuit, mise en scène : Nikolaus Lehnhoff, décors : Susan Pitt, Hessisches Staatstheater de Wiesbaden, 1983.

La Flûte enchantée, la reine de la Nuit, croquis de costume de Pierre Eugène Lacoste, Paris, 1883 (TWS).
La reine de la Nuit, superbe femme élancée comme une ballerine, ressemble à une déesse de la mythologie.

La Flûte enchantée, mise en scène : Robert Wilson, costumes : John Conklin, direction musicale : Armin Jordan, Opéra National de Paris, 1991.
La reine de la Nuit et sa suite, les dames. La reine personnifie la femme froide, sans amour, avide de pouvoir. En revanche, sa fille Pamina est le personnage féminin le plus tendre et le plus pur de Mozart.

Die Zauberflöte – **Mozart**

Ci-dessus
La Flûte enchantée, la reine de la Nuit, croquis de décor de Simon Quaglio, Munich, 1818 (TWS).
Alors que Karl Friedrich Schinkel présentait *La Flûte enchantée* comme une grandiose œuvre néoclassique dans l'esprit de Goethe, Simon Quaglio créa seulement deux ans plus tard un décor romantique et féerique qui convient fort bien au royaume infernal de la reine de la Nuit.

Ci-dessous
La Flûte enchantée, avec Amanda Halgrimson (la reine de la Nuit) et Nina Stemme (Pamina), mise en scène : Andreas Homoki, direction musicale : Georg Fischer (première : Jiri Kout), décors : Hartmut Meyer, Bühnen der Stadt Köln, 1995.
La reine de la Nuit apparaît comme un ange vengeur. Elle veut utiliser sa fille pour assassiner Sarastro et répand la terreur dans son âme.

63. Le désespoir de Pamina (air en sol mineur)

Ach, ich fühl's, es ist verschwunden, e - wig hin der Lie-be Glück

64. Sarastro, le prêtre (air en fa majeur)

O I - sis und O - si - ris, schen-ket der Weis-heit Geist dem neu-en Paar!

65. Sarastro, l'ami paternel (air en mi majeur)

In diesen heil'gen Hal - len kennt man die Ra - che nicht

66. La reine de la Nuit en mère affligée (air en si bémol majeur)

Zum Lei - den bin ich aus-er-ko-ren

67. La reine de la Nuit en démon vengeur (air en ré mineur)

Der Höl-le Ra - che kocht in meinem Her-zen

Modeste Petrovitch Moussorgski

Né à Karevo (gouvernement de Pskov) le 21 mars 1839
Mort à Saint-Pétersbourg le 28 mars 1881

Moussorgski, issu d'une famille aristocratique, passe son enfance dans le domaine familial. Le folklore paysan le marque profondément. À partir de 1849, il fréquente l'école d'aspirants de la garde de Saint-Pétersbourg, avant de s'engager en 1856 dans une carrière d'officier. Il quitte l'armée en 1858 pour se consacrer à la musique. En raison des difficultés financières de sa famille, Moussorgski occupe plusieurs postes dans l'administration. Dès sa jeunesse, ses talents de pianiste lui valent de grands succès mondains. Il étudie la composition avec son ami Balakirev (à partir de 1857), fondateur du Groupe des Cinq et chef de file de la Nouvelle École Russe. Moussorgski fera lui-même partie de ce groupe de compositeurs, qui rassemble également → Borodine, Cui et → Rimski-Korsakov. Malgré de nombreuses invitations, il ne quitte pour ainsi dire jamais Saint-Pétersbourg. En 1879, il entreprend une unique tournée en Ukraine comme pianiste-accompagnateur de la cantatrice Daria Leonova. Il remporte le plus grand succès de sa carrière avec la création de *Boris Godounov* (1874). Mais dans l'ensemble, ses contemporains accueillent avec scepticisme les audaces stylistiques de sa musique. Devant le désintérêt du public, il se réfugie dans l'alcool et meurt à 42 ans.

Œuvres: *Salambo*, 1863-1866, inachevé (Salambô); *Chenitba*, 1868, inachevé (Le Mariage); *Boris Godounov*, 1874; *La Khovanchtchina*, 1872-1881, inachevé; *Sorotchinzkaïa yarmarka*, 1874-1881, inachevé (La Foire de Sorotchintsy). Plus de 60 mélodies, œuvres chorales avec orchestre, œuvres symphoniques *Une Nuit sur le mont chauve*, 1867; œuvres pour piano dont les *Tableaux d'une exposition*, 1874.

Boris Godounov, Ivan Alexandrovitch Melnikov dans le rôle de Boris Godounov. Ivan Alexandrovitch Melnikov (1832-1906) a incarné le premier Boris Godounov de Moussorgski. De son temps, il passait pour l'un des plus grands chanteurs de Saint-Pétersbourg.

Boris Godounov, mise en scène: Herbert Wernicke, direction musicale: Claudio Abbado, Festival de Salzbourg 1994. Pimène (en costume historique, symbole de la religion intemporelle) se conçoit comme un simple chroniqueur, il ne remarque pas que son récit inspire à un tout jeune homme un irrépressible désir de pouvoir (l'usurpateur en costume moderne).

Boris Godounov

1re version: œuvre scénique musicale en quatre parties (sept scènes), 1868-1869; 2e version: opéra en un prologue et quatre actes, 1871-1872

Livret: Modeste Moussorgski, d'après le drame de Pouchkine et (2e version) l'*Histoire de l'État russe* de Nikolaï Karamzine
Création de la 2e version: le 8 février 1874 à Saint-Pétersbourg (Théâtre Mariinski)
Personnages: Boris Godounov (bar.), Fiodor (mezzosop.) et Xenia (sop.), ses enfants, la nourrice de Xenia (mezzosop.), le prince Vassili Ivanovitch Chouiski (tén.), Andreï Chtchelkalov, secrétaire-chiffreur de la Douma (bar.), Pimène, chroniqueur, moine (basse), le faux Dimitri, usurpateur sous le nom de Grigori, novice sous la protection de Pimène (tén.), Marina Mnichek, fille du voïvode de Sandomir (mezzosop.), Rangoni, jésuite déguisé (basse), Varlaam et Missaïl, moines vagabonds (basse, tén.), une Aubergiste (mezzosop.), un innocent (tén.), Nikititch, un officier de la police tsariste (basse), Mitioukha, un paysan (basse), un boyard de la cour (tén.), le boyard Krouchtchov (tén.), Lavitzki et Tchernikovski, jésuites (basses); boyards, enfants de boyards, gardes, streltzy, gardes, officiers de police, aristocrates polonais, jeunes filles de Sandomir, moines itinérants, peuple de Moscou, vagabonds (chœur), jeunes garçons (chœur d'enfants)

Argument
En Russie et en Pologne, entre 1598 et 1605.
(Découpage des actes et des tableaux d'après la 2e version de 1871-1872, dite «originale», complétée par la 1re version, le «Boris primitif» de 1868-1869.)

Prologue
Tableau 1 Dans la cour du monastère de Novodevitchi, près de Moscou. La Russie est en proie à la terreur, à la violence et à la famine. Des Moscovites pauvres ont été envoyés au monastère; à coups de knout, l'officier de police les oblige à chanter des prières sans interruption. Personne ne sait ni pourquoi ni pour qui. Chtchelkalov, secrétaire de la Douma, informe enfin la foule des raisons de cette manifestation: le boyard Boris Godounov vient d'être élu tsar, mais il refuse la couronne. Des pèlerins arrivent au monastère et implorent Dieu de sauver la Russie de l'anarchie. Un nouveau tsar serait d'un précieux secours.
Tableau 2 Sur une place du Kremlin. Le prince Vassili Chouiski exige que l'on rende hommage au nouveau tsar. Le peuple convoqué au Kremlin entonne des chants de louange à la gloire du tsar. Boris Godounov, qui vient de ceindre la couronne, se présente au peuple, s'agenouille humblement devant Dieu et

invite tout le monde à un banquet de couronnement. La foule acclame alors Boris de bon cœur.

Acte I
Tableau 1 La nuit, dans une cellule du monastère de Tchoudov. Après une vie bien remplie, le moine Pimène rédige une chronique. Il impute aux puissants toutes les injustices et les souffrances de ce monde. L'élève de Pimène, le jeune moine Grigori, regrette d'être enterré si jeune au fond d'un couvent et pose des questions sur l'assassinat du tsarévitch Dimitri à Ouglitch. Pimène s'y trouvait au moment des faits. Pimène pense que Dimitri a été assassiné par Boris Godounov. Le tsarévitch aurait à présent l'âge de Grigori.
Tableau 2 Dans une auberge à la frontière entre la Russie et la Lituanie. L'aubergiste est seule et rêve d'amour. Trois clients arrivent: Grigori, qui s'est évadé du monastère, avec deux moines vagabonds, Missaïl et Varlaam. Grigori veut passer la frontière et se réfugier en Lituanie. Les deux vagabonds commandent du vin. L'aubergiste indique à Grigori comment franchir la frontière. Une patrouille de police russe fait sa ronde. Varlaam et Missaïl se font passer pour de braves frères mendiants, Grigori pour leur accompagnateur. L'officier est analphabète et lui demande de bien vouloir lui lire un décret du tsar. En le lisant, Grigori se rend compte qu'il s'agit de son signalement. La police le recherche. Il transforme la description pour attirer les soupçons sur Varlaam. Celui-ci le perce à jour et Grigori se sauve en sautant par la fenêtre.

Acte II
Tableau 1 (version de 1869) Dans les appartements du tsar au Kremlin. La fille du tsar, Xenia, pleure la mort de son fiancé. Le fils de Boris, Fiodor, apprend la géographie pour se préparer à régner un jour. Le puissant tsar est incapable d'apaiser le chagrin de sa fille chérie ; en six années de paix, il n'a pas non plus su remédier à la misère du peuple. Ces échecs le tourmentent et affaiblissent sa position politique. Il se méfie des boyards. Le puissant prince Chouiski met à l'épreuve la force de volonté du tsar et découvre sa faiblesse. L'usurpateur Grigori menace le trône de Russie.
Tableau 1 (version de 1872) Dans les appartements du tsar au Kremlin. La fille du tsar, Xenia, pleure la mort de son fiancé. Son frère et sa nourrice sont incapables de la consoler. Le tsar ne peut pas plus remédier à la douleur de sa fille qu'à la misère de son peuple. Il se sent coupable de l'assassinat du tsarévitch Dimitri. Son fils vient lui dire que le perroquet chéri du tsar tyrannise les servantes. L'incident fait figure de symbole, le perroquet incarnant l'opinion publique. Ses échecs politiques tourmentent le tsar et affaiblissent son pouvoir. Il a de bonnes raisons de se méfier des boyards. Le puissant prince Chouiski met à l'épreuve la force de volonté du tsar et découvre sa faiblesse. L'usurpateur Grigori menace le trône de Russie.

Acte III
Tableau 1 Dans le cabinet de toilette de Marina Mnichek, au château de Sandomir. Ni l'or ni l'amour n'ont su séduire l'orgueilleuse Marina Mnichek. Elle aspire au pouvoir. Elle veut devenir tsarine avec la complicité de Grigori qui se fait passer pour le tsarévitch Dimitri. Le jésuite Rangoni exige qu'elle ne cède à Grigori que si celui-ci impose la foi catholique romaine en Russie.
Tableau 2 Dans les jardins du château de Sandomir, au clair de lune. Marina a donné rendez-vous à Grigori. Elle ne répondra à son amour que lorsqu'il sera tsar. Grigori, très amoureux, accepte.

Acte IV
Tableau 1 (version de 1869) Une place devant la cathédrale Saint-Basile. La Russie gémit sous le poids de la misère : des pauvres se rassemblent devant l'église, espérant des aumônes. Des rumeurs circulent. À l'intérieur de l'église, on serait en train d'excommunier l'ancien moine Grigori. Mais le peuple affamé croit en la résurrection de Dimitri et voit en lui un sauveur possible. Des enfants se moquent de l'innocent et lui volent ses kopeks. Le tsar et sa suite quittent la cathédrale, le peuple mendie. L'innocent s'adresse au tsar. Et Boris demande au plus misérable de ses sujets de prier pour lui. Mais l'innocent refuse : pas de prières pour l'infanticide.
Tableau 1 (version de 1872) Dans une grande salle du Kremlin, à Moscou. Le conseil des boyards condamne à mort l'usurpateur et tous ceux qui le suivront. Chouiski est en retard. Il a fait surveiller secrètement Boris et raconte que le prétendu spectre du tsarévitch assassiné plonge Boris dans l'effroi. Le tsar semble avoir perdu la raison. Lorsque Boris apparaît, il a repris ses esprits et commence à régler les affaires courantes du gouvernement. Chouiski introduit un sage vieillard. Il s'agit de Pimène, qui fait état d'une guérison miraculeuse survenue sur la tombe du tsarévitch assassiné. Pour Boris, la sentence est prononcée. Le tsar sent la mort approcher ; il appelle son fils et lui confie sa succession.
Tableau 2 Dans une clairière de la forêt de Kromy. L'anarchie règne en Russie. Des vagabonds se sont emparés d'un boyard et s'apprêtent à le tuer. Varlaam et Missaïl appellent au soulèvement contre le tsar satanique. Le peuple plongé dans la misère se révolte. Deux jésuites seront les premières victimes. On décide de les pendre. Le cortège du faux Dimitri apparaît alors. L'usurpateur est acclamé par la foule. En qualité de nouveau tsar, Grigori promet le bonheur ; il recommande de libérer le boyard et les deux jésuites et poursuit sa route vers Moscou. La foule le suit. L'innocent reste seul, pleurant sur le sort amer de la Russie.

S. N.

Moussorgski, autodidacte de génie et auteur de drames musicaux réalistes, passe pour l'enfant terrible de la musique russe du XIXe siècle. Son œuvre fragmentaire a beaucoup inspiré ses successeurs, et notamment les représentants de la musique française, comme Ravel et Debussy.

À droite
Boris Godounov, croquis de décor de Hein Heckroth, Essen, 1927 (TWS).
Illusion de liberté derrière des grilles. Les idéologues soviétiques auraient volontiers fait de la scène de la forêt de Kromy le modèle d'un soulèvement populaire. On est bien loin du message amer et réaliste de cette scène : le peuple est manipulé et se fait exploiter par tous les dirigeants qui se succèdent.

Ci-dessus
Boris Godounov, Marina Mnichek (Julia Platonovna) et le jésuite Rangoni (Ossip Palatchek), 1874.
La première interprète du rôle de Marina, Julia Fiodorovna Platonovna, a largement contribué à obtenir de la direction du théâtre l'autorisation de monter cette œuvre. Elle a également participé à la réalisation scénique de la création. Cette photo d'atelier révèle un habile stratagème du photographe : le jésuite Rangoni se tient derrière le cadre d'un miroir sans verre.

Boris Godounov, Varlaam (Ossip Petrov) et Missaïl (Douchikov), 1874.
Les moines vagabonds incarnaient un type nouveau sur la scène lyrique : les hommes sans biens ni moyens d'existence, issus des échelons inférieurs de la société – précurseurs des représentants du prolétariat du xx⁰ siècle.

Boris Godounov, mise en scène : Herbert Wernicke, direction musicale : Claudio Abbado, Festival de Salzbourg, 1994.
Herbert Wernicke a pris au sérieux la célèbre formule de Moussorgski : « montrer le présent à travers le passé ». Au moment où Boris Godounov se présente à la foule après son couronnement, on aperçoit sous sa cape de tsar un être ordinaire, avide de pouvoir. Derrière lui, la galerie de ses rivaux assassinés. Wernicke fait en même temps allusion à des photos et à des films documentaires connus du temps de Lénine et de Staline.

Les pères de *Boris Godounov* : Pouchkine et Moussorgski

Pouchkine a consciencieusement étudié les drames monarchiques de Shakespeare, l'histoire russe de l'historien Karamzine et les chroniques anciennes. Il voulait concentrer la vérité historique sous une forme dramatique dépourvue d'artifice. Son *Boris Godounov* a été publié en 1830, mais le tsar Nicolas II n'en a autorisé la représentation publique qu'en 1870, soit 40 ans plus tard (33 ans après la mort de Pouchkine). Cette année-là, Moussorgski remettait à la direction du théâtre impérial de Saint-Pétersbourg son *Boris* primitif. La pièce de Pouchkine a été mal accueillie par la critique. Gênée par son message démocratique pernicieux, la censure avait exigé des coupures (sur les 23 scènes, 7 avaient été supprimées, essentiellement des scènes de foule). Dans l'esprit de Pouchkine, le rôle historique de Boris Godounov aurait été impensable sans le soutien de son peuple. Le *Boris* de Moussorgski a été lui aussi refusé par la direction du théâtre en 1870. Motif : trop de scènes de foule et pas de grand rôle féminin. Moussorgski s'était inspiré du plan original de Pouchkine et avait cherché à créer une tragédie sans intrigue amoureuse. Lorsqu'il a remanié l'opéra en 1871-1872, il a ajouté les tableaux polonais et l'histoire d'amour de Dimitri et Marina. Ces ajouts élargissent l'horizon historique de l'ouvrage, mais ne s'intègrent pas au climat fondamental du drame musical de Moussorgski, marqué par le personnage de Boris et par le peuple. Rimski-Korsakov a suggéré à son ami Moussorgski de ne pas conclure l'opéra sur la mort de Boris, mais avec la scène de révolution à Kromy. C'est sous cette forme que l'œuvre (dite le *Boris* original) a été créée en 1874.

En haut
Boris Godounov, Fiodor Stravinski dans le rôle de Varlaam, autoportrait, 1895.
Fiodor Stravinski s'est immortalisé dans ce dessin en vieux moine mendiant, sous le masque de Varlaam. Cette basse, fort connue en son temps, était le père du compositeur Igor Stravinsky.

Ci-dessus
Boris Godounov, Fiodor Chaliapine dans le rôle de Varlaam.
Les opéras d'Europe de l'Ouest du XIXe siècle confiaient généralement le rôle de Varlaam à une basse bouffe. Pourtant, la partie vocale du héros de Moussorgski est chargée d'une énergie fruste, grossière et effrayante, même lorsque Varlaam chante sa célèbre chanson à boire dans la scène de l'auberge.

Boris Godounov, croquis de décor d'Eduard Löffler, Mannheim, 1928 (TWS).
L'horloge du palais du tsar est une réalité historique. Moussorgski a eu l'idée géniale de mettre cette horloge en mouvement à deux reprises : une fois sous l'aspect d'un jouet destiné à Fiodor, le fils du tsar, et à la fin du deuxième acte, sous forme d'une vision de Boris souffrant. Dans cette vision, l'évolution dynastique se concentre en un unique instant : les tsars apparaissent et disparaissent. Une intuition tragique du monarque tout-puissant.

Boris Godounov, mise en scène : Andreï Tarkovski, direction musicale : Claudio Abbado, décors et costumes : Nicolas Dvigoubski, Staatsoper de Vienne, 1991. Andreï Tarkovski, réalisateur de cinéma et écrivain russe, a monté *Boris Godounov* en 1983 pour l'Opéra de Covent Garden, à Londres. Cette production, avec Claudio Abbado au pupitre, a obtenu un succès prodigieux. Cinq ans après la mort de Tarkovski, sa production a été remise à l'affiche au Staatsoper de Vienne, à l'initiative de Claudio Abbado. Tarkovski avait mis en scène le pouvoir et la fragilité des idéologies de violence, préfiguration prophétique de l'effondrement de l'empire russo-soviétique.

La version de Rimski-Korsakov

Rimski-Korsakov, qui a remanié l'ouvrage en 1896, a écrit une nouvelle orchestration et entrepris quelques coupures radicales. Critiqué pour ces interventions, il a proposé en 1906-1908 une nouvelle version, où figurent la musique solennelle du couronnement et la polonaise. Ces interpolations sont caractéristiques du style de Rimski-Korsakov, qui tire le drame musical de Moussorgski vers le grand opéra romantique. Cette tendance est renforcée par une orchestration colorée et claire, par des raffinements et des simplifications harmoniques et rythmiques, ainsi que par une articulation en actes et en scènes, étrangère au flot musical ininterrompu de Moussorgski. Lors de la première parisienne en 1908, Chaliapine fit du *Boris Godounov* remanié par Rimski-Korsakov un succès mondial. Pendant plusieurs dizaines d'années, cet ouvrage n'a été connu que dans cette version, la plus populaire.

Autres versions scéniques et éditions

Dans les années vingt, on a complété la version de Rimski-Korsakov en intégrant la scène qui se déroule devant la cathédrale Saint-Basile. Au lieu de reprendre l'orchestration de Moussorgski (le contraste avec celle de Rimski-Korsakov aurait été trop fort), on a préféré choisir celle de Mikhaïl Ippolitov-Ivanov. La partition originale de Moussorgski a été éditée en 1928. Jouée à Moscou et Leningrad, elle s'est progressivement imposée dans les opéras d'Europe occidentale à partir des années trente. D'autres orchestrations ont cependant vu le jour (celle d'Emil Melngailis à Riga en 1924, celle de Dimitri Chostakovitch à Leningrad en 1940 et celle de Karol Rathaus à New York en 1952).

Le retour à l'original

On considère aujourd'hui que la version de Rimski-Korsakov est dépassée et dénature la partition originale. Une question demeure pourtant : Parmi les deux versions créées par Moussorgski lui-même, laquelle faut-il donner ? La décision n'est pas facile à prendre. On choisit généralement la seconde version de Moussorgski, complétée par la scène de la première version devant la cathédrale Saint-Basile.

La véritable histoire

L'interrègne : En 1584, Ivan le Terrible laisse un lourd héritage à son fils Fiodor. Ce dernier est faible d'esprit depuis sa naissance. Son beau-frère exerce donc le pouvoir à sa place : il s'agit de Boris Godounov, un nobliau de basse extraction. À la mort de Fiodor en 1598, Boris rassemble l'Église et le peuple de Moscou derrière lui par d'habiles manœuvres, et se fait couronner tsar.

Le vrai Dimitri : Dimitri, le fils mineur d'Ivan le Terrible, né d'un troisième mariage, est élevé à Ouglitch, loin de Moscou. Dimitri meurt en 1591 dans des circonstances obscures. La commission d'enquête envoyée à Ouglitch et dirigée par le puissant boyard Chouiski établit que l'enfant de neuf ans, souffrant d'une grave épilepsie, s'est probablement blessé mortellement en jouant avec un petit poignard. Mais cela n'empêche pas la rumeur de prétendre que Boris aurait fait tuer Dimitri (pour s'emparer du trône). Cette hypothèse est mentionnée au début de la chronique en quatre volumes de Nikolaï Karamzine publiée au XIXe siècle, une source historique essentielle de Pouchkine et de Moussorgski.

Sur le règne de Boris Godounov : Les chroniques et les notes de l'époque présentent Boris Godounov comme un bon tsar, compétent et ambitieux. Par ses qualités de dirigeant, il est bien supérieur aux tsars légitimes qui l'ont précédé. Mais l'époque et les circonstances travaillent contre lui. Au début de 1600, une sécheresse funeste provoque une effroyable famine ; de grands incendies dévastent Moscou ; les paysans et la population pauvre des villes se révoltent.

Le pseudo-Dimitri : L'armée polonaise franchit alors la frontière pour aider un imposteur à s'emparer du trône : cet usurpateur se fait passer pour Dimitri, le plus jeune fils d'Ivan le Terrible. Dans cette situation de crise, Boris Godounov meurt subitement, en 1605. On soupçonne un empoisonnement criminel. L'armée polonaise, conduite par le faux Dimitri, pénètre dans Moscou. Les Polonais éliminent l'héritier de la couronne, Fiodor, le fils de Boris Godounov, et couronnent leur « Dimitri ». Pour sceller l'amitié russo-polonaise, le nouveau tsar épouse immédiatement Marina, la fille du voïvode Mnichek qui soutient l'imposteur.

Épilogue historique : Au cours des années suivantes de cette « époque de troubles », trois autres tsars s'emparèrent du trône de Russie, dont Vassili Chouiski. Après l'assassinat du premier Dimitri, Marina Mnichek qui, paraît-il, n'avait rien d'une beauté, en épouse deux autres. Elle aura même un enfant du troisième. Manifestement, le trône de Russie exerçait sur elle un invincible attrait...

M. P.

Boris Godounov, mise en scène : Andreï Tarkovski, direction musicale : Claudio Abbado, décors et costumes : Nicolas Dvigoubski, Staatsoper de Vienne, 1991. Convaincu que la violence ne se maîtrise pas par la violence, mais uniquement par l'amour, Tarkovski a imaginé un symbole convaincant de cette idée : l'icône de la mère de Dieu. Il a fait de l'image fragile et en même temps étincelante de la Vierge à l'Enfant le contrepoint scénique central, véritable rayon de lumière dans le royaume obscur du mensonge et de la violence.

Boris Godounov, Ivan Koslovski (1900-1993) dans le rôle de l'Innocent au théâtre du Bolchoï de Moscou.
L'innocent : un personnage omniprésent de la littérature et de la musique russes du XIXe siècle. Il est la seule figure symbolique du drame musical historique et réaliste de Moussorgski. Le fou en larmes est aussi le seul personnage clairvoyant, au sens politique : il incarne le peuple russe abusé, angoissé et opprimé.

Le tsar sur la scène lyrique

Ivan Melnikov a été le premier interprète du rôle de Boris (avec une autorisation spéciale de la censure, car il était interdit de représenter sur scène des membres de la famille Romanov), mais la figure à la fois puissante et douloureuse du tsar a commencé sa carrière internationale grâce à Fiodor Chaliapine, qui l'a incarnée lors de la première parisienne. Son interprétation grandiose, théâtralement pathétique, allait dominer la conception de ce rôle pendant plusieurs dizaines d'années. En 1952, Boris Christoff en a réalisé un enregistrement discographique sous la baguette d'Ivan Dobroven ; il y chantait trois rôles de basse : le tsar Boris, Varlaam et Pimène. Dans la seconde moitié de notre siècle qui a vu la fin de l'ère des grandes basses slaves, les interprètes ont mis en relief le caractère méditatif du personnage davantage que sa grandeur et son pouvoir. Malgré l'absence de partis pris avec laquelle, en bon réaliste, Moussorgski représentait ses héros, sa sympathie pour Boris est évidente, comme en témoignent le monologue et la scène de la mort de Boris. N 1, N 2

Un peuple abusé

Lors de la création, un critique reprocha à Moussorgski de représenter un « peuple récalcitrant, ivrogne, opprimé et désespéré ». Pire encore, « le compositeur nous montre un peuple complètement stupide, superstitieux, simplet et bon à rien. » Il est vrai que les hommes contraints par la force à chanter les louanges du tsar (dans les scènes du monastère de Novodevitchi et du Kremlin, mais aussi devant la cathédrale Saint-Basile) apparaissent comme des niais et des bons à rien. D'autres, comme Varlaam et Missaïl, sont réfractaires et alcooliques. Sur ce plan, Pouchkine et Moussorgski se rejoignent pour donner une représentation réaliste – faut-il l'imputer, en bien ou en mal, à l'écrivain ou au compositeur ? Après tout, qu'importe. Pourtant, sous cette passivité imbécile, la foule recèle des forces élémentaires, qui surgissent dans la scène de la cathédrale Saint-Basile avant de s'exprimer dans la révolte ouverte de la forêt de Kromy. Il est vrai qu'ici le peuple russe n'a plus rien de sympathique : il envisage de lyncher un homme et d'en pendre d'autres. Mais cette image laisse transparaître une profonde compassion : de toute évidence, il s'agit d'un peuple abusé et manipulé, d'un peuple faillible. Les insurgés de Kromy s'en prennent instinctivement à un boyard et à des jésuites, qui représentent pour eux les envahisseurs étrangers. Cela ne les empêchera pas de se ranger brusquement du même côté que leurs victimes pour entonner l'éloge du prétendant au trône. On a voulu voir dans le tableau de Kromy une scène révolutionnaire. En fait, on ne peut que s'étonner que la représentation de cette scène ait été autorisée dans l'ancienne Union soviétique et dans les États du bloc de l'Est. En effet, Moussorgski y peint la révolution sous un jour plus négatif que positif. Il établit néanmoins une nuance : il désige les pauvres de Moscou sous le nom de « peuple » (*narod*) et les insurgés de Kromy sous celui de « vagabonds » (*brodiagi*), autrement dit : la populace.

Le fou de Dieu

Le personnage de l'innocent est un type récurrent de l'art russe, qu'il s'agisse de littérature, d'opéra, de théâtre ou d'arts plastiques ; l'historiographie et la sociologie elles-mêmes se sont intéressées à lui. Dans la tradition populaire, l'innocent est vêtu de haillons, il porte des chaînes et une sébile, et parcourt le pays hiver comme été. Il peut s'agir d'un pauvre fou, dont il faut avoir pitié, ou d'un homme en quête de vérité qui commande le respect. Les fous de Dieu vivent d'aumônes, mais ils sont la cible des quolibets. Leur origine est extrêmement diverse ils peuvent être issus de familles princières comme de la classe paysanne –, mais ils sont tous parents, car leur cœur est pur, leur âme pleine de naïveté enfantine, ils sont proches de Dieu et voient le monde et les hommes avec une perspicacité et une acuité instinctives. Moussorgski a également emprunté ce personnage de l'innocent à la pièce de Pouchkine, mais sa musique en a fait la figure symbolique du peuple russe. Dans la scène de la cathédrale Saint-Basile, la lamentation bouleversante du peuple se déploie à partir de la plainte du fou, avant de se perdre à nouveau en elle. N 3

Chant populaire et chant liturgique – des sources d'inspiration

La mélodie songeuse sur laquelle s'ouvre l'opéra correspond au type de la chanson populaire russe « étendue » (*protiachnaïa*). Le thème pourrait passer pour la quintessence de la mélodie populaire russe. Pourtant, il est de la main même de Moussorgski. N 4

Boris Godounov, production du Théâtre Mariinski au Théâtre de Heilbronn 1996.
L'une des scènes les plus impressionnantes de l'opéra : le nouveau tsar, Boris Godounov, se présente au peuple et lui promet le salut. Sous la direction de Valeri Guerguiev, le Théâtre Mariinski (ancien Théâtre Kirov) a retrouvé un remarquable niveau musical.

Boris Godounov, Mark Reisen 1928 (à droite), Boris Christoff (ci-dessous), Nikolaï Ghiaurov (en bas) dans le rôle-titre.
Une petite galerie de portraits des grands tsars de la scène : Mark Reisen, Boris Christoff et Nikolaï Ghiaurov (ces deux derniers sont d'origine bulgare) dans le rôle de Boris Godounov. Jusqu'à une époque très récente, le personnage de Boris est resté fidèle à un certain nombre de conventions : son costume de tsar, mais également ses gestes pathétiques se sont transmis de génération en génération – et pas seulement parmi les chanteurs russes.

Moussorgski a cependant utilisé quelques chansons populaires originales, comme le chant de raillerie dans la forêt de Kromy. N 5

Le chœur de la scène de couronnement s'inspire, lui aussi, d'une chanson populaire originale, que Beethoven a d'ailleurs utilisée dans le deuxième mouvement du *Quatuor à cordes* op. 59 n° 2 (dédié au prince russe Razoumovski). Cette mélodie accompagnait initialement des vœux de Noël avant de devenir le thème du chant de louanges par excellence dans l'opéra russe du XIXe siècle. On en trouve des exemples dans *Le Marchand Kalachnikov* d'Anton Rubinstein (1879), → *Mazeppa* de Tchaïkovski (1884) et *La Fiancée du tsar* de Rimski-Korsakov (1899). N 6

Les harmonies caractéristiques de la musique liturgique russe se sont également insinuées dans la musique de Moussorgski (par exemple dans la scène du monastère de Tchoudov et dans celle de la mort de Boris). Le chœur des pèlerins aveugles du prologue associe de manière singulière la polyphonie de la musique populaire russe au style liturgique orthodoxe. N 7

M. P.

1. Monologue de Boris

2. La mort de Boris

3. La lamentation du peuple

4. Mélodie « russe » (prélude)

5. Chanson populaire dans la forêt de Kromy

6. Thème choral du couronnement

7. Chœur des pèlerins (prologue)

La Khovanchtchina

Drame musical populaire en cinq actes

La Khovanchtchina, Fiodor Chaliapine dans le rôle de Dossifeï, autoportrait, 1911. Chaliapine a interprété le rôle de Dossifeï lors de la première représentation officielle de l'œuvre, le 12 novembre 1897, au théâtre Mamontov de Moscou, un opéra privé. Ce rôle est marqué par trois grands monologues. Dans l'ouvrage lui-même, Dossifeï apparaît comme une sorte de directeur de conscience. Même lorsque le nouveau dirigeant, le tsar Pierre Ier, le pousse à organiser le suicide collectif de ses partisans, il conserve sa position dominante de chef spirituel. Seuls quelques chanteurs inspirés comme Chaliapine ont su rendre scéniquement crédible cette présence spirituelle.

Livret : Modeste Moussorgski et Vladimir Stassov
Création : Dans la version de Nikolaï Rimski-Korsakov : le 21 février 1886 à Saint-Pétersbourg (scène privée de la salle Kononov) ; dans l'orchestration de Dimitri Chostakovitch : le 25 novembre 1960 à Leningrad (Théâtre Kirov)

Personnages : le prince Ivan Khovanski, chef des Streltsy (basse), le prince Andreï Khovanski, son fils (tén.), le prince Vassili Golitzyne (tén.), le boyard Chaklovity (bar.), Dossifeï, chef des Raskolniki (Vieux Croyants) (basse), Marfa, une Vieille Croyante (alto), Susanna, une Vieille Croyante (sop.), un écrivain public (tén.), Emma, une jeune fille du faubourg allemand (sop.), un pasteur (basse), Varsonofiev, confident de Golitzyne (basse), Kouska, un Strelets (tén.), deux Streltsy (2 basses), Strechnev, un jeune boyard (tén.), un homme de main de Golitzyne (tén.) ; Moscovites, immigrés, Streltsy, Raskolniki, domestiques et esclaves perses d'Ivan Khovanski, Petrovtsy, le régiment de Pierre Ier, peuple (chœur, ballet)

Argument
À Moscou et dans les environs, en 1682.
Acte I
Sur la place Rouge de Moscou. Les Streltsy se conduisent en maîtres de la ville et se vantent de leurs actes de terreur. Ces temps agités sont une aubaine pour l'écrivain public : il y a pléthore de dénonciations à rédiger. Le boyard Chaklovity lui dicte une lettre, pour avertir le tsar d'une conjuration des Streltsy. Une foule, entièrement composée d'analphabètes, oblige l'écrivain public à lui lire les noms qui figurent sur une colonne. Ce sont les noms des Streltsy, ces anciens soldats qui s'opposent au bien public. La foule se plaint de l'arbitraire des puissants. Cela ne l'empêche pas d'acclamer Ivan Khovanski, le chef des Streltsy, qui se pose en protecteur du peuple : la foule applaudit le loup déguisé en agneau. Andreï Khovanski, le fils d'Ivan, a tué le père d'une jeune Allemande. Son fiancé a été exilé et Andreï poursuit la malheureuse de ses assiduités. Ivan Khovanski envie la belle Emma à son fils. Devant le peuple réuni, les deux loups se disputent leur proie. Les Vieux Croyants s'opposent aux Streltsy. Leur chef spirituel, Dossifeï, sauve la luthérienne allemande et la confie à Marfa, une jeune Vieille Croyante, ancienne maîtresse d'Andreï. Dossifeï encourage ses partisans à vivre selon le message des Évangiles.
Acte II
Dans le palais du prince Golitzyne. Ce dernier, le protégé de la régente Sophie, a brisé le pouvoir des boyards et vaincu les Polonais. Mais il craint un revers de fortune. L'opportunisme le pousse à accorder son aide aux Allemands installés à Moscou, et notamment à un pasteur luthérien. Golitzyne, prince éclairé, mais néanmoins superstitieux, a fait appeler Marfa, connue pour ses dons de voyante. Elle lui prédit l'avenir et prononce les mots qu'il redoute : bannissement. Il donne secrètement l'ordre de l'assassiner. Golitzyne a convoqué les hommes les plus puissants de Moscou : le chef des Streltsy, Ivan Khovanski, et celui des Vieux Croyants, Dossifeï. Golitzyne et Khovanski se disputent le pouvoir. Ils n'ont pas la moindre intention de suivre l'exemple de Dossifeï, ancien prince Mychetzki, qui a renoncé à tout pouvoir et à tout honneur. Marfa a pu échapper aux hommes de main de Golitzyne grâce à l'intervention des Petrovtsy, le régiment du tsar Pierre Ier. Au nom du tsar, Chaklovity annonce le jugement des Streltsy accusés de sédition.
Acte III
Sur les rives de la Moskova. Dans le quartier des Streltsy. Marfa chante son amour malheureux pour l'ingrat Andreï. Susanne, une zélatrice, l'accuse d'éprouver un amour coupable. Mais Dossifeï accorde sa protection à Marfa. Comme Dossifeï, Chaklovity se soucie du sort de la nation. Mais les deux hommes suivent des voies opposées. Ainsi, Chaklovity préfère se fier aux puissants de ce monde plutôt qu'au roi des cieux. L'inquiétude se répand parmi les Streltsy. On apprend que les Petrovtsy font la chasse aux Streltsy à Moscou. Bouleversés, ils vont, avec leurs femmes, demander protection et conseils à Khovanski. Celui-ci les apaise et les renvoie chez eux.
Acte IV
Tableau 1 Dans la demeure d'Ivan Khovanski. En veine de divertissements, celui-ci réclame des chansons joyeuses et des danses. Golitzyne le fait prévenir que le tsar est en train de faire assassiner les Streltsy. L'orgueilleux Khovanski prend cet avertissement comme une insulte et fait tuer le messager de Golitzyne. Lorsque Chaklovity lui transmet une invitation du tsar, il se précipite tête baissée dans le piège. Il est abattu sur le seuil de sa propre maison.
Tableau 2 La place devant la cathédrale Saint-Basile. Golitzyne part en exil. Le peuple a pitié de son sort. Dossifeï a demandé à Marfa de se renseigner sur le sort que le tsar réserve aux Vieux Croyants. Les Raskolniki doivent être rassemblés et massacrés. Andreï ignore tout des événements ; il cherche Emma et croit que Marfa l'a cachée. Les Streltsy qui ont si longtemps tyrannisé Moscou marchent au supplice. Au dernier moment, Pierre Ier leur fait grâce et leur laisse la vie sauve.
Acte V
Un ermitage dans la forêt, la nuit. Les Vieux Croyants s'y sont réfugiés. Ils sont encerclés par les Petrovtsy. Dossifeï reconnaît que leur situation est sans issue et décide que les croyants s'immoleront par le feu. Ce sacrifice sauvera le monde. Andreï, aveuglé, est toujours sur les traces d'Emma. Marfa se charge de lui. Dossifeï fait signe d'embraser le bûcher.

S. N.

La Khovanchtchina – **Mussorgski (Moussorgski)** 413

La Khovanchtchina, croquis de décor de Ludolfs Liberts, Riga, 1927 (TWS).
La dernière étape du chemin de croix des Vieux Croyants dans *La Khovanchtchina* de Moussorgski. Aux abois – encerclés par les sbires du tsar Pierre Ier –, les Raskolniki s'apprêtent à s'immoler par le feu. À droite, les Vieux Croyants dans leurs vêtements noirs orthodoxes, à gauche, dans leurs robes blanches, prêts à monter sur le bûcher.

La Khovanchtchina, Menielkiev dans le rôle d'Ivan Khovanski, direction musicale : Valeri Guerguiev, décors : F. F. Fedorovski, Théâtre Mariinski, Saint-Pétersbourg, 1992.
Sous la direction de Valeri Guerguiev, le Théâtre Mariinski a retrouvé sa remarquable qualité artistique d'autrefois. La scène où Ivan Khovanski se distrait au milieu de ses serves en offre un bon exemple.

La Khovanchtchina, croquis de costumes de Konstantin Korovine pour les Streltsy, 1911.
Comme dans *Boris Godounov*, le chœur joue un rôle capital dans *La Khovanchtchina*. Conformément à la nature même du thème historique, différents groupes de population y sont caractérisés. Les Streltsy sont sanguinaires et impitoyables, mais après la mort de leur chef, Ivan Khovanski, ils marchent au supplice avec la docilité d'un troupeau de moutons. Konstantin Alexeïevitch Korovine (1861-1939) s'est fait connaître comme peintre et comme décorateur. Il a développé l'art du costume et du décor d'opéra en Russie. Il a essentiellement travaillé pour l'opéra privé de Savva Mamontov (1885-1899) à Moscou, où Chaliapine a commencé sa carrière. Les croquis qu'il a réalisés pour les Streltsy font une large place à l'exactitude historique, tout en visant à une universalité intemporelle. Les Streltsy, avides de pouvoir et de faste, dénués de tous scrupules, apparaissent clairement comme des mercenaires hâbleurs avec leurs uniformes et leurs armes. Moussorgski a écrit pour eux une musique expressive, dont la palette sonore va de la grossière chanson à boire à la lamentation pitoyable, en passant par la ronde joyeuse.

La Khovanchtchina, Nikolaï Ghiaurov dans le rôle d'Ivan Khovanski, 1962.
Nikolaï Ghiaurov a interprété le rôle barbare et vigoureux d'Ivan Khovanski dès le début de sa carrière. Le Bulgare Ghiaurov possède une voix un peu plus souple que la plupart des basses russes. Ses études de chant à Moscou au début des années cinquante ont eu une grande importance pour son interprétation de la musique russe.

L'époque de *La Khovanchtchina*

La Khovanchtchina se déroule au début du règne de Pierre Ier, une période de troubles marquée par des soulèvements, des schismes religieux, des querelles dynastiques. Dans son opéra, Moussorgski condense en quelques jours les événements historiques qui se sont déroulés au cours de plusieurs années.

En 1682, à la mort du tsar Fiodor, Pierre, âgé de dix ans, lui succède. Mais sous la pression des Streltsy, unique force armée de la Russie, il est obligé de partager le pouvoir avec son demi-frère Ivan. La sœur des deux petits tsars, la princesse Sophie, soutient les Streltsy. Le pouvoir est entre ses mains. Cette armée de Streltsy (tireurs) a été créée par Ivan IV (le Terrible). Les Streltsy touchent une solde en échange de leur service armé, mais ils peuvent également se livrer à des activités artisanales et commerciales, et vivent avec leur famille dans des colonies particulières. Sous la régence de Sophie, ils sèment la terreur dans tout Moscou. La puissance de leurs chefs, les princes Ivan et Andreï Khovanski, commence à porter ombrage à Sophie qui décide de les faire exécuter. La stabilité de la régence de Sophie et de son favori, le prince Golitzyne, repose cependant sur les Streltsy. En 1689, Sophie et Golitzyne essaient de se débarrasser de Pierre en fomentant un complot avec l'aide des Streltsy. Mais le jeune tsar a transformé le régiment d'enfants en garde combative et bien organisée, les Petrovtsy. Pierre écrase ainsi le soulèvement des Streltsy et fait enfermer sa sœur dans un monastère. Le dernier soulèvement des Streltsy a lieu neuf ans plus tard, en 1689. Pierre Ier décide alors de se débarrasser définitivement d'eux. Deux mille Streltsy tombent sous la hache du bourreau, sur la place Rouge. Pierre Ier participe directement aux exécutions.

Guerre des religions

Avant l'avènement de Pierre Ier, au milieu du XVIIe siècle, l'Église orthodoxe connaît un important mouvement de réforme. Le patriarche Nikon unifie la liturgie, sélectionne les textes des livres saints et introduit le chant polyphonique. Il centralise l'Église, dans l'esprit de l'absolutisme. Cette réforme entraîne une fracture entre le clergé et les fidèles. Les Anciens Croyants (également qualifiés de sectaires, en russe : Raskolniki) trouvent de nombreux partisans, surtout parmi les paysans. La résistance religieuse se transforme en mouvement d'opposition. Le pouvoir tsariste persécute impitoyablement les Anciens Croyants. Mais ceux-ci restent fidèles à leur foi, préférant s'immoler collectivement par le feu ou fuir dans des régions lointaines plutôt que de se soumettre. Au XXe siècle encore, on trouvera des communautés de Raskolniki en Sibérie et dans différentes régions d'Europe et d'Amérique.

Le manuscrit inachevé

Moussorgski a élaboré le scénario avec son ami Vladimir Stassov, critique et théoricien de valeur. Mais il a rédigé lui-même le livret. Le travail de composition proprement dit lui a pris beaucoup plus de temps que pour → *Boris Godounov*. Moussorgski a laissé mûrir longuement les différentes scènes et a, dans certains cas, mis plusieurs années avant de se décider à les noter. Ce rythme de travail lui était imposé par les dimensions et la nouveauté du sujet. Les idées de Moussorgski n'ont cessé de s'éloigner des propositions de Stassov. En 1876, il se lance dans la composition d'un nouvel opéra, *La Foire de Sorotchintsy*, sans avoir achevé *La Khovanchtchina*. Désormais, il mène de front la composition des deux œuvres. En août 1880, il écrit à Stassov que *La Khovanchtchina* est presque terminée ; il lui reste encore à l'orchestrer. Mais le 28 mars 1881, la mort vient mettre prématurément fin à ce travail.

D'importantes retouches : Rimski-Korsakov
Rimski-Korsakov, l'ami de Moussorgski, a orchestré le matériel conservé ; il l'a abrégé et remanié. Il a supprimé plus de 800 mesures de la partition initiale, soit l'équivalent d'un acte entier. *La Khovanchtchina* a commencé sa carrière scénique en 1886 sous cette forme modifiée, dans la production d'un groupe d'amateurs de Saint-Pétersbourg. La première représentation donnée par des professionnels a eu lieu au théâtre privé moscovite de Savva Mamontov, avec Fiodor Chaliapine dans le rôle de Dossifeï. Par la suite, Chaliapine a signé les mises en scènes, en 1911 au Théâtre Mariinski de Saint-Pétersbourg et en 1912 au Théâtre du Bolchoï de Moscou.

Pour Paris : Ravel, Stravinsky
Pour la première parisienne, en 1913, le directeur des Ballets russes, Sergueï Diaghilev, commande une nouvelle orchestration à Maurice Ravel et à Igor Stravinsky. Mais Chaliapine refuse de chanter le rôle de Dossifeï dans une autre orchestration que celle de Rimski-Korsakov. Le public occidental découvre ainsi une étrange version mixte. L'orchestration de Ravel et de Stravinsky n'a pas été conservée, exception faite du finale, composé par Stravinsky d'après les esquisses de Moussorgski et publié en 1914. (Claudio Abbado a inclus cette version du finale pour la production de la Staatsoper de Vienne en 1989 et pour son enregistrement discographique.)

Retour aux sources : Chostakovitch
La production viennoise de 1989 reprenait l'orchestration de Dimitri Chostakovitch, conformément à l'usage qui s'est imposé à la fin du XXe siècle. Chostakovitch avait orchestré en 1959 la réduction pour piano originale de Moussorgski sans coupures ni remaniements. (Il est vrai que Boris Assafiev avait déjà orchestré cette piano-chant originale en 1931, mais cette version de *La Khovanchtchina* n'avait été ni publiée ni jouée.)

M. P.

La Khovanchtchina, croquis de costumes de Konstantin Korovine, 1911.
Korovine a également employé sa méthode habituelle pour caractériser les Anciens Croyants. L'habit noir est dépourvu de tout ornement ; il enveloppe étroitement les personnages et les isole du monde extérieur. Moussorgski a utilisé d'authentiques mélodies chorales pour individualiser les Anciens Croyants. La prédominance des voix masculines révèle deux sentiments extrêmes : le fanatisme, par les voix de ténor conduites dans le registre aigu de fausset, et un abandon paisible à la mort dans les profondes mélodies des basses.

Interprétations justes et fausses

La modernisation forcée de la Russie par Pierre Ier, le « révolutionnaire couronné », a été accomplie par des méthodes cruelles et a provoqué un nombre considérable de victimes. La réussite n'a été que partielle. Néanmoins, le système militaro-bureaucratique instauré par Pierre Ier a survécu jusqu'à la fin du XXe siècle. Pour l'intelligentsia russe, la personnalité et les réformes de Pierre le Grand sont demeurées un sujet de litige permanent. À l'époque où *La Khovanchtchina* a vu le jour, ce débat suscitait un intérêt particulièrement vif. En effet, la Russie a fêté en 1872 le bicentenaire du tsar fondateur. Le tsar Alexandre II, lui aussi qualifié de « révolutionnaire couronné », a vivement encouragé le culte de son grand prédécesseur. L'intelligentsia russe elle-même, qui se prétendait pourtant progressiste et qui critiquait l'autoritarisme du gouvernement, rejoignait le tsar sur ce point. C'est dans ce climat que Stassov a soumis à Moussorgski le thème de *La Khovanchtchina*. L'idéologue de la Nouvelle École russe a explicité son propos à plusieurs reprises : il voulait représenter le choc d'une ère nouvelle et de la Russie réactionnaire, la victoire de l'innovation sur l'ancien. Rimski-Korsakov assimilait lui aussi le « monde nouveau », dont la naissance est si merveilleusement mise en musique dans le prélude de l'opéra *Lever de soleil sur la Moskova*, avec le régime de Pierre le Grand. Ce lien n'étant pas clairement affirmé chez Moussorgski, Rimski-Korsakov a donné plus de poids à ce thème lorsqu'il a remanié l'œuvre. À la fin de l'acte II, quand Marfa vient annoncer que les Petrovtsy l'ont sauvée et que Chaklovity proclame le jugement du tsar, Rimski-Korsakov a ajouté un postlude orchestral sur le thème du prélude. Le « lever de soleil » prenait ainsi une signification politique. N 8

L'idée d'« un nouveau monde qui naît tandis que l'ancien décline » a continué de faire florès dans la littérature spécialisée du XXe siècle. Aussi paradoxal que cela puisse paraître, l'époque stalinienne a fait de Pierre le Grand et d'Ivan le Terrible (ce dernier dans le célèbre film de Sergueï Eisenstein) des parangons du dirigeant russe, dont Staline se plaisait à adopter les poses. Mais quelle était l'intention initiale de Moussorgski ? S'il a laissé les nouveaux horizons politiques en suspens (Pierre le Grand n'apparaît pas une seule fois sur scène), il a réservé toutes les beautés et toute la richesse de sa musique à l'autre visage de la Russie : « le monde en déclin », la Russie sombre, réactionnaire, bigote et fanatique. Moussorgski se serait-il trompé de camp ?

L'univers sonore de *La Khovanchtchina*

Dans plusieurs lettres, Moussorgski qualifie *La Khovanchtchina* de « drame musical populaire », alors qu'il désigne → *Boris Godounov* comme une « œuvre scénique musicale ». Si *Boris Godounov* met en scène le conflit entre le tsar et le peuple, le sou-

8. Lever de soleil (prélude)

La Khovanchtchina, mise en scène : Harry Kupfer, direction musicale : Gerd Albrecht, décors : Hans Schavernoch, Staatsoper de Hambourg, 1994.
Une mise en scène qui raconte la « vieille histoire » en se remémorant le passé le plus récent, en prenant conscience du présent et en tournant les yeux vers l'avenir.

La Khovanchtchina – **Mussorgski (Moussorgski)**

La Khovanchtchina, mise en scène : Alfred Kirchner, direction musicale : Claudio Abbado, décors : Erich Wonder, costumes : Joachim Herzog, Staatsoper de Vienne, 1989.
Claudio Abbado a présenté à Vienne une version mixte. Il a conservé les coupures prévues par Moussorgski, a repris les épisodes que le compositeur avait orchestrés lui-même. Pour le reste, il s'est appuyé sur l'orchestration courante et a fini par le finale composé par Igor Stravinsky (prière à Dieu et bûcher). La photo du finale de la production viennoise a fait le tour du monde. L'immolation volontaire a été interprétée comme une métaphore scénique impressionnante et bouleversante. Les hommes prêts à mourir lèvent les bras comme sur un navire en détresse et leur geste fait figure d'un vain appel au secours.

verain n'apparaît jamais dans *La Khovanchtchina*. En revanche, tout le spectre de la société russe est présent sur scène, des grands-ducs aux plus pauvres des pauvres. Moussorgski présente avant tout la naissance de la dictature bureaucratique, militaro-policière de la fin du XVIIe siècle, ainsi que le cataclysme social qui a accompagné ce processus. L'effroi qui domine les protagonistes est mystique et irrationnel, car leur époque n'en donne aucune explication. Mais Moussorgski a compris que deux siècles après les événements historiques, l'essence du régime n'avait pas changé : un pouvoir intangible, dont le rayonnement angoissant procède d'un système rigide et obtus.

M. P.

À droite
La Khovanchtchina, Sofia Preobrachenskaïa (1904-1966) dans le rôle de Marfa. Cette mezzo-soprano russe a été membre du Kirov (Théâtre Mariinski) de Leningrad (Saint-Pétersbourg) à partir de 1928. Elle a obtenu de grands succès, surtout dans les grands rôles de mezzosoprano du répertoire russe. Mais elle aussi été une remarquable Azucena (→ *Le Trouvère* de Verdi) et une excellente Carmen (→ Bizet).

La Khovanchtchina, direction musicale : Valeri Guerguiev, décors : F. F. Fedorovski, Théâtre Mariinski, Saint-Pétersbourg, 1992.
La « guerre des chefs » : le chef des Streltsy, Ivan Khovanski (à gauche), le prince Golitzyne (au centre) et Dossifeï, le chef des Vieux Croyants (un ancien prince), se sont réunis pour s'entretenir de l'avenir de la Russie. Cette rencontre aboutit à une lutte pour le pouvoir.

Des portraits musicaux différenciés

Ce drame musical reflète la diversité de l'existence humaine : on voit apparaître des personnalités profondément éthiques, pures, responsables (Marfa, Dossifeï), des individus de grande envergure, qui associent des traits négatifs, voire grotesques, à une authentique dignité (Ivan Khovanski, Golitzyne), un intrigant aux nobles mobiles (Chaklovity) ainsi que l'archétype du carriériste malveillant et mesquin, à l'âme défigurée et à l'échine brisée (l'écrivain public).

Avec Marfa, le compositeur a créé le plus séduisant de ses personnages féminins. Marfa vit tous les événements avec une intensité extrême. Musicalement et dramatiquement, elle possède une expressivité incandescente. N 9

Dossifeï est tout à la fois un chef religieux et un homme politique, qui incarne à lui seul toutes les formes d'opposition contre le tsar Pierre Ier. Il cherche de toutes ses forces à assurer l'unité fragile du soulèvement. Il n'est pas poussé par la soif du pouvoir. Il obéit à une conviction morale et idéologique inébranlable et n'accepte donc – sur l'essentiel – aucun compromis. Pour lui, c'est la victoire ou le suicide. Le portrait humain de Dossifeï se révèle dans les scènes qui le mettent en présence de Marfa et dans son grand monologue (début de l'acte V). On y découvre que derrière ses actes déterminés se cache un homme conscient de ses immenses responsabilités, un homme en proie au doute. N 10

Le vieux prince Khovanski n'en paraît que plus avide de pouvoir, dénué de tout scrupule. Il est issu d'une vieille famille de grands-ducs, ce qui lui permet de prétendre au trône. Il est le chef de la seule force militaire sérieuse du pays : les Streltsy. Le prince et ses Streltsy entretiennent des relations de type patriarcal, telles qu'elles existaient du temps du *Rous* de Kiev, du temps des principautés. Ses adieux aux Streltsy sont bouleversants (fin de l'acte III) : il quitte ses soldats comme un père quittant ses fils.

Le prince Golitzyne fait obstacle aux tendances despotiques et aux revendications d'Ivan Khovanski. C'est un réformateur ; il est vêtu à l'européenne et vit dans un palais baroque. Derrière ses manières policées se cache une personnalité ambivalente : « mi-Européen, mi-Asiatique », selon Stassov. Malgré son souci de réformes, son ambition le pousse à s'allier avec Khovanski, le représentant de l'ordre ancien, et avec les Vieux Croyants. Il connaîtra l'exil et les souffrances, comme le lui prédit Marfa. Lorsque cette prophétie devient réalité (début de l'acte IV), la mélodie de la prophétie prend les dimensions d'un hymne de souffrance universelle. Le peuple compatissant regrette le malheur de Golitzyne. N 10

L'ambiguïté de Chaklovity a des racines bien différentes. Il semble incarner l'intrigant par excellence. Moussorgski en fait « un homme de caractère, un fripon notoire doté d'un trait de crânerie feinte, mais, malgré sa nature sanguinaire, non dépourvu d'une certaine grandeur. » Il est curieux que Moussorgski ait composé pour Chaklovity un air sur l'amour de la patrie. (Le réalisateur du film soviétique *La Khovanchtchina* de 1959 a d'ailleurs préféré faire chanter cet air par le peuple). N 11

Le personnage comique et grotesque de l'écrivain public incarne la faiblesse et la lâcheté humaines. Il représente le type du fonctionnaire qui court à sa perte, qui s'incline humblement en regardant les puissants, sans cesser de s'enfoncer dans l'abîme.

M. P.

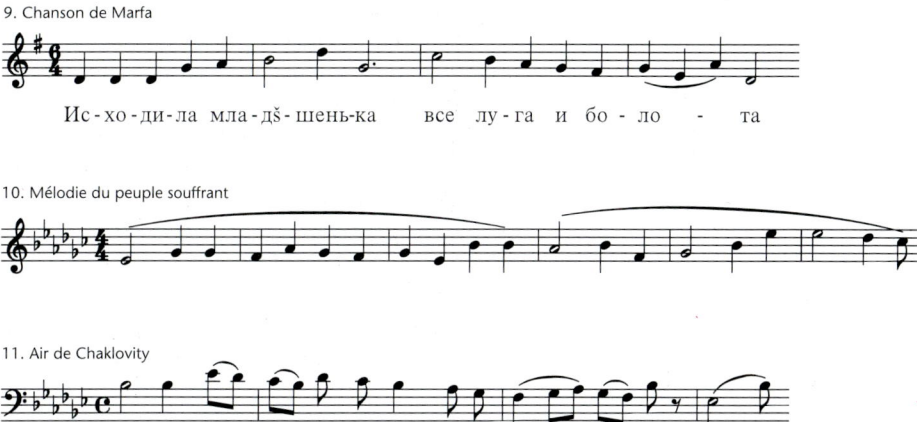

9. Chanson de Marfa

Ис - хо - ди - ла мла - дё - шень - ка все лу - га и бо - ло - та

10. Mélodie du peuple souffrant

11. Air de Chaklovity

Ах ты, в судь - би - не злосчаст-на-я, род - на - я Русь

La Khovanchtchina, direction musicale : Valeri Guerguiev, décors : F. F. Fedorovski, Théâtre Mariinski, Saint-Pétersbourg, 1992.
Tout est prêt pour l'exécution des Streltsy ; ils vont subir un châtiment bien mérité. Mais le tsar les gracie au dernier moment.

Les joyeuses Commères de Windsor, mise en scène : Robert Herzl, direction musicale : Leopold Hager, décors et costumes : Waltraud Engelberg, Volksoper de Vienne, 1994.
Le sujet de Falstaff avait déjà été traité au XVIIIe siècle par des compositeurs comme Salieri. L'intrigue peut donner lieu à une comédie originale, inspirée de la *commedia dell'arte* et agrémentée d'une scène nocturne fantastique. Nicolai a composé une musique fluide et élégante. Aujourd'hui encore, pour peu que la mise en scène ne soit pas trop traditionnelle, cet opéra enchante le public.

Pour forger son propre style, Nicolai mêla des éléments des traditions allemande et italienne, créant du même coup l'opéra-comique allemand.

Otto **Nicolai**

Né à Königsberg (aujourd'hui Kaliningrad)
le 9 juin 1810
Mort à Berlin le 11 mai 1849

De 1826 à 1830, Nicolai fait ses études à Berlin, entre autres auprès de Carl Friedrich Zelter. Puis, en 1833, il est nommé organiste à l'ambassade de Prusse à Rome, où il est pendant quelque temps l'élève de Giuseppe Baini. À Naples, il fait la connaissance de → Donizetti. Il devient ensuite maître de chapelle au Kärntnertortheater de Vienne, dirigé alors par Conradin Kreutzer. Un an plus tard, en 1837, il s'installe à Rome comme compositeur d'opéras. Très marqué par l'œuvre de → Bellini, il se situe dans la tradition de l'opéra italien et obtient un vif succès. En 1841, il est engagé comme premier kapellmeister à Vienne, où il prend la succession de Kreutzer et fonde les Phulharmonische Konzerte (Concerts philharmoniques). En 1847, peu avant de mourir prématurément, il revient à Berlin où il est nommé chef des chœurs de la cathédrale et chef de l'orchestre du Königliche Oper.

Œuvres : Opéra : *Enrico II*, Trieste, 1838 ; *Il Templario*, Turin, 1840 ; *Odoardo e Gildippe*, Gênes, 1840 ; *Il Proscritto*, Milan, 1841 ; *Die lustigen Weiber von Windsor*, Berlin 1849, (Les joyeuses Commères de Windsor). Musique sacrée, œuvres pour orchestre, musique de chambre.

Die lustigen Weiber von Windsor

Les joyeuses Commères de Windsor

Opéra comico-fantastique en trois actes

Livret : Salomon Hermann von Mosenthal, d'après la comédie de William Shakespeare
Création : le 9 mars 1849 à Berlin (Königliches Opernhaus)
Personnages : sir John Falstaff (basse), Monsieur Fluth (bar.), Monsieur Reich (basse), Fenton (tén.), le hobereau Spärlich (tén.), le docteur Cajus (basse), Madame Fluth (sop.), Madame Reich (mezzosop.), Anna Reich (sop.), le patron de l'auberge « À la Jarretière » (rôle parlé), premier citoyen (tén.), deuxième, troisième, quatrième citoyens (3 rôles parlés), deux valets de Monsieur Fluth (rôles muets) ; citoyens et femmes de Windsor, enfants, elfes et esprits (chœur) ; elfes, fées, moucherons, guêpes, gnomes, kobolds, salamandres (ballet) ; chasseurs, personnages fantastiques (figurants)

Argument
À Windsor, au début du XVIIe siècle.

Acte I
Falstaff, un chevalier désargenté, a envoyé la même lettre d'amour à deux riches citoyennes de la ville. Or,

Une genèse difficile
En acceptant les fonctions de maître de chapelle du Kärntnertor Theater de Vienne, Nicolai s'engageait à composer un opéra en allemand. Il lui fallait dès lors trouver un sujet. L'appel qu'il lança en 1842 resta sans réponse, et il retint finalement la proposition de ses amis d'adapter la comédie de Shakespeare *Les Joyeuses Commères de Windsor*. Nicolai chargea l'écrivain Jakob Hoffmeister d'adapter deux numéros à titre d'essai. Satisfait du résultat, il lui envoya en 1846 un scénario détaillé, mais Hoffmeister renonça à l'entreprise. C'est en la personne du fondé de pouvoir des Rothschild à Vienne que Nicolai trouva enfin son librettiste. Entièrement composé dès octobre 1846, l'opéra arriva pourtant, au dire de l'intendant Balocchino, un an trop tard. Il n'était plus question désormais de le créer à Vienne. En guise d'adieu, Nicolai fit néanmoins entendre aux Viennois le *Chœur de la lune* N 1 et la *Danse des elfes* N 2 avant de rejoindre son nouveau poste à Berlin, où, à la demande du roi Frédéric Guillaume IV, il commença à faire répéter son œuvre. Mais la création prévue en 1848 fut elle aussi annulée, cette fois pour cause de troubles révolutionnaires. Représenté l'année suivante, deux mois avant la mort de Nicolai, l'opéra n'obtint aucun succès auprès du public, ni de la presse. Nicolai ne connut pas la gloire posthume de son œuvre. Certains numéros sont pourtant devenus des classiques du genre. N 3, N 4, N 5

il se trouve qu'elles sont amies; elles décident de lui jouer un tour. Madame Fluth répond aux avances de Falstaff en lui proposant un rendez-vous galant, tandis que son amie court prévenir Monsieur Fluth de l'heure et du lieu de la rencontre. Monsieur Fluth apparaît à l'heure dite, mais son épouse a dissimulé le malheureux chevalier dans le panier à linge, que deux valets sont alors chargés d'aller vider à la rivière. Monsieur Fluth est ridiculisé et dénoncé comme un homme jaloux et tyrannique. Monsieur et Madame Reich ont une fille, Anna, qui est en âge de se marier. Sa mère souhaiterait que sa fille épouse un Français, le docteur Cajus. Mais son père lui préfère le hobereau Spärlich. Quant à Anna, elle aime Fenton, un jeune homme sans fortune.

Acte II
Falstaff est à l'auberge, comme à son habitude, lorsqu'il reçoit une nouvelle invitation de Madame Fluth. Flatté, il propose à l'assemblée de parier qu'il fera sa conquête. Parmi les clients se trouve un certain Bach, en réalité Monsieur Fluth, qui veut confondre son épouse. Prétendant vouloir séduire Madame Fluth, il demande à Falstaff de lui prêter assistance. Ce dernier, sûr de son prochain succès, révèle le lieu et l'heure de son rendez-vous avec Madame Fluth. Fenton retrouve Anna en secret, mais leur tendre rencontre est gênée par le docteur Cajus et le hobereau Spärlich venus chanter une sérénade à leur bien-aimée. Cette fois, Madame Fluth est sur le point d'être surprise par son époux en compagnie de Falstaff. Elle n'a que le temps de déguiser le chevalier en vieille tante de sa servante, qu'elle chasse de la maison en l'accusant d'être trop bavarde. La scène n'éveille pas les soupçons de Monsieur Fluth. Sûr de son fait, celui-ci a pourtant fait venir les voisins pour qu'ils soient témoins de l'infidélité de son épouse. Mais c'est lui, à nouveau, qui est ridiculisé.

Acte III
Les deux femmes dévoilent le secret à leurs époux. Les hommes décident alors, eux aussi, de jouer un tour au chevalier. Madame Fluth invite Falstaff à un nouveau rendez-vous. Il doit se présenter dans la forêt, dans le costume du chasseur Herne, à minuit, près d'un chêne. Le chevalier apparaît, mais la rencontre n'a pas lieu comme prévu: déguisés en esprits de la forêt, les habitants se jouent du pauvre Falstaff. Mais ils seront à leur tour mystifiés. Anna a reçu de ses parents deux costumes différents. Le père et la mère ont révélé, chacun à son prétendant favori, quel serait le costume d'Anna. Mais Anna a interverti ces costumes et les a envoyés à Cajus et Spärlich en leur demandant de les revêtir. Ainsi, chacun prend l'autre pour sa bien-aimée. Pendant ce temps, Anna, déguisée en Titania, épouse Oberon, le roi des fées, qui n'est autre que Fenton. Falstaff fait amende honorable. Émus, tous se réconcilient.

S. N.

Les joyeuses Commères de Windsor, esquisses de Falstaff et des rôles féminins (Anna et Madame Fluth), Königliche Schauspiele de Wiesbaden, 1902 (TWS).

Cet opéra, qui avait reçu un accueil mitigé lors de sa création, devint l'un des plus populaires du début du siècle sur les scènes de langue allemande. Il présente un caractère romantique (la forêt, le clair de lune, la danse des elfes), surtout dans la scène nocturne où Falstaff apparaît en chasseur Herne, portant un bonnet orné de bois de cerf. Par ailleurs, cette œuvre ne peut dissimuler ses influences françaises. Les personnages principaux sont bien caractérisés et présentent tous un aspect comique: Madame Fluth, la chaste épouse, n'hésite pas à jouer des tours à Falstaff, mais aussi à son mari; Anna Reich, en exploitant adroitement la situation, parvient à épouser celui qu'elle aime contre la volonté de ses parents; quant à Falstaff, c'est un bon vivant tout droit issu du temps de la chevalerie, qui aime l'alcool et les femmes, et qui tient à la fois de Don Juan et de Don Quichotte.

Intolleranza 1960

Azione scenica (action scénique) en deux parties

Livret : Luigi Nono, sur une idée d'Angelo Maria Ripellino
Création : le 13 avril 1961 à Venise (Teatro La Fenice)
Personnages : un immigrant (tén.), sa compagne (sop.), une femme (alto), un Algérien (bar.), un homme victime de la torture (basse), quatre gendarmes (4 rôles parlés) ; mineurs, manifestants, victimes de torture, prisonniers, immigrants, Algériens, paysans (chœur)

Argument

De nos jours, dans un village de mineurs, une ville, un commissariat de police, un camp de concentration et sur la rive d'un fleuve en crue.

Pour fuir le chômage du Sud, un homme a immigré dans les mines du nord. Là, il a trouvé un logement et une compagne. Arrivé au milieu de sa vie, il décide de rentrer au pays et quitte sa compagne. Sur le chemin du retour, il est confronté aux manifestations, aux arrestations, aux interrogatoires et à la torture. Il se retrouve dans un camp de concentration, s'évade, découvre la bureaucratie, la terreur et le fanatisme, l'absurdité et l'intolérance d'une vie marquée par la faim et la peur. Impliqué dans chacune de ces situations, il découvre la frustration sexuelle et le chantage, l'amour et la vie communautaire. Il est finalement emporté par un fleuve en crue, mais reste jusqu'au bout fidèle à ses convictions : sa place est là où l'on a besoin de lui.

S. N.

Intolleranza 1960, mise en scène : Günter Krämer, direction musicale : Hans Zender, décors : Andreas Reinhardt, Staatsoper de Hambourg, 1985.
Cette production de Hambourg, avec William Cochran (l'immigrant) et Slavka Taskova (sa compagne), apporta à cette œuvre la consécration. Elle était remarquablement bien servie, tant sur le plan musical que scénique.

Quelques points de repère

Lors de la production d'*Intolleranza 1960* qu'il dirigea à Hambourg en 1985, le compositeur Hans Zender souligna que « dans l'œuvre de Luigi Nono, les passages centraux contiennent toujours des éléments d'introspection et de douceur lyrique ». C'est également cet aspect que Bernhard Kontarsky mit en relief en 1992 dans la production de Stuttgart (mise en scène : Christof Nel, décors : Alfred Hrdlicka). Cette production contribua largement à faire reconnaître le compositeur. Rappelons que la création de cette pièce en 1961 avait donné lieu à un immense scandale et que des groupes néofascistes bien organisés avaient tenté d'en empêcher la représentation. Ce n'était pas un hasard. Nono était certes parti de situations fondamentales de l'existence humaine, mais il les avait associées à des contextes concrets de l'époque qui visaient à stigmatiser les phénomènes de l'émigration de la main-d'œuvre, de l'arbitraire policier, de la menace néofasciste et des catastrophes écologiques. *Intolleranza 1960* raconte le destin d'un homme du XXe siècle, donc forcément confronté à la montée de l'intolérance raciste, nationale, sociale et idéologique.

Luigi Nono

Né à Venise le 28 janvier 1924
Mort à Venise le 8 mai 1990

Parallèlement à ses études de droit à l'université de Padoue, Nono suit des cours de composition auprès de Gian Francesco Malipiero au conservatoire de Venise. Par la suite, il étudie auprès de Bruno Maderna et Hermann Scherchen. Entre 1950 et 1959, il participe aux Cours d'été de Darmstadt, où il fait en 1959 une intervention restée célèbre, dans laquelle il prend ses distances par rapport à une démarche purement expérimentale et se prononce en faveur d'une musique socialement engagée. À partir de là, on parle d'une « ligne Nono » dans la musique de l'Àpresguerre. On attribue à → Karl Amadeus Hartmann cette formule : « Nono dénonce et sa parole devient feu. » En 1959-1961, Nono enseigne à l'Académie d'été de Darlington. Dans les années soixante, il se consacre plus particulièrement à la musique électronique (au Studio di Fonologia de la RAI à Milan), ainsi qu'à des tournées de conférences en Europe de l'Est et en Amérique Latine. À partir de 1975, Nono vit essentiellement à Venise, où il publie à partir de 1979 la revue *Laboratori Musicale*. Dans les années quatre-vingt, il poursuit ses recherches au Studio Expérimental de la Südwestfunk à Fribourg (RFA). Outre ses activités de compositeur, Nono s'engagea aussi sur le plan politique, devenant membre du PCI dès 1952. C'est un homme fascinant, qui compte parmi ses amis les plus grandes personnalités de ce siècle, comme le chef d'orchestre Claudio Abbado, le pianiste Mauricio Pollini, le poète Heiner Müller, le metteur en scène russe Youri Lioubimov, ainsi que la plupart des compositeurs contemporains, parmi lesquels → Alfred Schnittke, Gavin Bryars ou → Paul Dessau. La musique de Nono a fait l'objet de nombreuses controverses et de violents débats. Longtemps, on l'a soupçonné de vouloir pratiquer un art subversif. Mais en 1979, le quatuor à cordes *Fragmente – Stille, An Diotima* a apporté à ses derniers détracteurs la preuve que la musique de Nono exprimait « la vérité de la souffrance » (Hölderlin). À partir de ce quatuor à cordes et de *Prometeo*, défini par Nono comme une « Tragédie de l'écoute » (*Tragedia dell'ascolto*), un changement s'est opéré dans la réception de ses œuvres, couronné en 1992 à Stuttgart par la reprise très remarquée de son premier opéra, *Intolleranza 1960*.

Œuvres : Actions scéniques : *Intolleranza 1960*, 1961 ; *Al gran sole carico d'amore*, 1975 (Au grand soleil d'amour chargé) ; *Prometeo*, 1984. Musique orchestrale : *Coma una ola de fuerza y luz*, 1972. Œuvres pour bande magnétique (et voix/instruments) : *La fabbrica illuminata*, 1964 ; *… soferte onde serena…*, 1976. Musique de chambre.

Intolleranza 1960 – Nono 423

Intolleranza 1960, mise en scène: Christof Nel, direction musicale: Bernhard Kontarsky, décors: Alfred Hrdlicka, Württembergisches Staatstheater de Stuttgart, 1992.
Dans cette mise en scène de Stuttgart, le destin de l'immigrant était à la fois inscrit dans son époque et dans l'intemporalité. La scénographie signée Alfred Hrdlicka – un sculpteur autrichien très engagé contre le fascisme – a largement contribué à cette belle réussite scénique.

Tout d'abord disciple de l'Ecole de Darmstadt, un courant marqué par la technique sérielle de Schönberg, Nono n'a pas fait preuve du même éclectisme que la plupart de ses contemporains, mais il a élaboré un langage musical où s'expriment les extrêmes: le silence et le cri.

Un nouveau rapport espace-son

Dans *Intolleranza 1960*, Nono développe un nouveau rapport espace-son, où il n'existe plus de lien évident entre les sources et événements sonores et visuels. Lorsque le spectateur voit sur scène des visages et des personnages intolérants, il doit être environné de leurs émanations sonores, se sentir bousculé dans le dos et attaqué de côté, tant par le chant que par l'orchestre. En revanche, lorsqu'il est surpris et ému par des gestes de solidarité, il doit percevoir autour de lui un chant tangible et vibrant. Les sons se transforment alors en phonèmes, les phonèmes en syllabes et en mots pour former un *canto sospeso*. Le son doit littéralement transcender le temps et le lieu de la représentation: l'écoute doit permettre d'appréhender l'espace, tant horizontalement que verticalement, par l'intermédiaire des haut-parleurs répartis à travers l'espace, mais aussi par la saturation du champ chromatique et par la technique de déconstruction syllabique et articulatoire des textes. L'opéra doit redevenir une expérience de l'écoute.

S. N.

Intolleranza 1960, mise en scène: Christof Nel, décors: Alfred Hrdlicka, Württembergisches Staatstheater de Stuttgart, 1992. Cette image de scène très pertinente symbolise l'union latente de l'amour et de la violence.

Al gran sole carico d'amore
Au grand soleil d'amour chargé

Azione scenica (action scénique) en deux parties

Livret : Luigi Nono et Youri Lioubimov
Création : 1re version : le 4 avril 1975 à Milan (Teatro Lirico, par la troupe de la Scala) ; 2e version : le 26 juin 1978 à Francfort-sur-le-Main (Städtische Bühnen)

Argument
La Commune de Paris (1871), les révolutions russes (1905 et 1917), les combats de libération en Amérique du Sud dans les années cinquante et soixante.
L'institutrice et communarde parisienne Louise Michel rencontre Tamara Bunke, la compagne de lutte de Che Guevara. Des liens de solidarité se nouent entre la « Mère » de la révolution russe (Gorki/Brecht) et l'amante passionnée Deola (Pavese). Confrontées à la violence, elles seront tentées d'y répondre par la violence, essaieront de résister, mais seront finalement emportées par la spirale de la violence.

S. N.

Al gran sole carico d'amore, mise en scène : Martin Kušej, décors : Martin Zehetgruber, costumes : Heide Kastler, direction musicale : Lothar Zagrosek, Württembergisches Staatstheater de Stuttgart, 1998.
Lors de la création, la mise en scène de Youri Lioubimov, conçue en étroite collaboration avec Nono, apparaissait comme un requiem intemporel et abstrait en l'honneur des morts et des victimes révolutionnaires.
En 1978, Jürgen Flimm mit en scène à Francfort-sur-le-Main une seconde version de l'opéra (dirigée par Michael Gielen), où il inscrivait les situations dans leur contexte historique. La mise en scène de Stuttgart de 1998 reposait sur une extrême précision des détails.

La tête et l'esprit, mais aussi le cœur et les mains
Lors de la création de cette action scénique (dont le titre est tiré d'un poème d'Arthur Rimbaud intitulé *Les Mains de Jeanne-Marie*), on craignait un scandale analogue à celui d'*Intolleranza 1960*. Inutilement, puisque l'œuvre fut unanimement applaudie. Nono avait réussi le tour de force de faire sortir d'Union soviétique Youri Lioubimov, le directeur du légendaire Théâtre de la Taganka de Moscou. Tous deux s'employèrent à mettre en scène des personnages absents de l'histoire officielle de la révolution, les femmes, utilisées et exploitées par leurs adversaires autant que par leurs compagnons de lutte. On ne suit aucun personnage en particulier, mais l'on voit apparaître des figures qui ont réellement existé, comme Louise Michel ou Tamara Bunke, des héroïnes littéraires, comme la Mère du roman de Maxime Gorki et de la pièce de Brecht, ou encore Deola, tout droit issue d'un récit de Pavese. On assiste à un jeu constant entre un chœur à configuration variable et des solistes, parmi lesquels émergent quatre sopranos, une alto et un ténor. Ils chantent et jouent en direct sur scène, mais on entend aussi leur voix diffusée par des haut-parleurs. Telles des apparitions fantomatiques, acteurs d'une histoire encore contemporaine, ils se rencontrent à diverses reprises et à travers différents épisodes, langues, lieux et époques.

Prometeo
Prométhée

Tragedia dell'ascolto (Tragédie de l'écoute)

Livret: Massimo Cacciari

Création: 1re version : le 25 septembre 1984 à Venise (église San Lorenzo) ; 2e version : le 25 septembre 1985 à Milan (Stabilemento Ansaldo, par la troupe de la Scala)

Argument
C'est une présentation du mythe de Prométhée à travers ses différentes traditions et interprétations, à partir de textes d'Hésiode, Eschyle, Pindare, Goethe, Nietzsche, Hölderlin et Benjamin.

Apologie d'une écoute totale
La critique écrivit sous forme de boutade qu'il était plus facile de dire ce que n'était pas *Prometeo*, que ce qu'il était : ni un opéra, ni une action scénique, pas même un anti-opéra. Alors quoi d'autre ? Une « tragédie de l'écoute ». Mais dans quel sens ?
Les textes utilisés, témoignages d'une culture européenne millénaire, montrent comment Prométhée, toujours récalcitrant à la volonté des dieux, courut continuellement le risque d'être transformé en héros, idéalisé par la tradition, c'est-à-dire de tomber dans le conformisme du beau et du noble. La tragédie, c'est de ne pouvoir échapper au danger du conformisme tant que l'on ne peut comprendre les traditions dans toutes leurs vérités, même les plus désagréables.
C'est pourquoi Nono confia un micro à chacun des musiciens, instrumentistes ou chanteurs. Tandis qu'ils jouent en direct, tous les sons parasites habituellement filtrés et éliminés – produits par une respiration ou un mouvements de lèvres –, et qui font partie intégrante du spectre harmonique, sont eux aussi amplifiés afin d'entrer dans le champ auditif. Les sons produits en direct réapparaissent après avoir été enregistrés et transformés. L'individu et sa production sonore ainsi distancée se rencontrent dans l'espace et le temps de la représentation. Des événements non simultanés apparaissent simultanément. L'idéal de cette musique, c'est le « son mobile ».
Par ailleurs, Nono interdit toute utilisation de l'image pour son *Prometeo*, dans le but de résister à la dictature de la consommation dans l'art, qui édulcore la vérité. L'ancien opéra s'en trouvait ainsi réhabilité. Cela se passait en Italie, et à l'initiative d'un Vénitien. Il est vrai que c'est de Venise que l'opéra conquit jadis le monde.

S. N.

Al gran sole carico d'amore, avec les quatre sopranos (de g. à d.) Sarah Leonard, Priti Coles, Sabine Ritterbusch, Elena Vink, mise en scène : Travis Preston, décors et costumes : Nina Flagstad, direction musicale : Ingo Metzmacher, Staatsoper de Hambourg, 1999.
La mise en scène de Hambourg faisait explicitement référence à l'effondrement des idées révolutionnaires de gauche, mais elle allait plus loin.
Aux côtés des quatre sopranos apparaît « l'ange de l'Histoire » (Ilona König, à droite). Nono appréciait tout particulièrement un passage des *Thèses de philosophie de l'histoire* de Walter Benjamin, où l'on peut lire :
« Il existe un tableau de Paul Klee intitulé *Angelus Novus*. Un ange y est représenté, qui semble être sur le point de s'éloigner de quelque chose qu'il regarde fixement. Ses yeux sont écarquillés, sa bouche ouverte et ses ailes déployées. C'est à cela que doit ressembler l'ange de l'Histoire. Il a le visage tourné vers le passé. Ce qui nous apparaît comme une suite d'événements, lui le voit comme une unique catastrophe. Il souhaiterait se reposer. Mais une tempête qui souffle du paradis s'est accrochée dans ses ailes. Cette tempête l'entraîne irrémédiablement vers l'avenir, à qui il tourne le dos, tandis que devant lui le tas de décombres s'élève de plus en plus haut dans le ciel. Cette tempête est ce que nous appelons le progrès. »

Ci-dessus
Jacques Offenbach, caricature d'Armand, (TWS).
Chroniqueur musical d'une époque désabusée, Offenbach écrivit entre 1839 et 1880 plus d'une centaine d'ouvrages pour la scène. Il n'existe toujours pas de répertoire complet de ses œuvres, peut-être en raison de cette prolixité à laquelle la caricature fait justement allusion. Pourtant, on constate un regain d'intérêt de la part des spécialistes autant que du public, avide de mieux connaître cette œuvre monumentale.

Jacques **Offenbach**

Né à Cologne le 20 juin 1819
Mort à Paris le 5 octobre 1880

Jacques Offenbach naît d'un père relieur et chantre à la synagogue. Il commence à apprendre le violon, avant d'adopter le violoncelle. En 1833, la famille déménage à Paris, où Offenbach poursuit les cours de violoncelle et étudie la composition auprès d'→ Halévy. Il gagne sa vie comme musicien d'orchestre à l'Opéra-Comique, tout en composant de la musique de salon (des romances et des valses). Ses premiers essais pour la scène n'obtiennent aucun succès.
En 1850, il devient chef d'orchestre au Théâtre Français, puis, en 1855 – l'année de l'Exposition universelle de Paris –, il ouvre son propre théâtre sur les Champs-Élysées, baptisé les Bouffes-Parisiens. Au départ, sa licence ne lui permet de monter que des « musiquettes », des pièces à deux ou trois personnages.
Avec l'opéra-bouffe *Orphée aux Enfers* (1858), il signe le modèle de ce que seront les opérettes d'Offenbach. Au faîte de la gloire, dans les années 1860, il travaille avec les librettistes Henri Meilhac et Ludovic Halévy. Après la guerre de 1870 et l'effondrement de l'Empire, la société évolue et ses œuvres perdent de leur attrait. Son Théâtre de la Gaîté fait faillite et il doit entreprendre une tournée en Amérique pour se renflouer. L'opéra fantastique *Les Contes d'Hoffmann* est resté inachevé. Orchestré et modifié par Guiraud, il reste, en dépit de sa popularité, une œuvre en cours d'écriture. Le genre de l'opérette créé par Offenbach a été repris par → Johann Strauss (fils), Gilbert et Sullivan, ainsi que Lehár et bien d'autres compositeurs, mais il a finalement été accaparé par l'industrie du divertissement. On doit aux efforts de l'écrivain viennois Karl Kraus une redécouverte d'Offenbach au début des années vingt.

Œuvres : Opéras : *Die Rheinnixen,* Vienne, 1864 ; *Les Contes d'Hoffmann,* Paris, 1881. Opéras-bouffes (sélection) : *Orphée aux Enfers,* 1858 ; *La Belle Hélène,* 1864 ; *Barbe-Bleue,* 1866 ; *La Vie parisienne,* 1866 ; *La Grande-Duchesse de Gérolstein,* 1867.

*O*ffenbach compte parmi les compositeurs lyriques les plus prolixes de l'histoire. Sa musique « a pour fonction de libérer des soucis de la vie et de procurer du repos à l'esprit, tout en stimulant l'activité cérébrale sur un mode divertissant. » (Karl Kraus)

Orphée aux Enfers, Johann Nepomuk Nestroy (Jupiter) et Wilhelm Knaack (Styx), illustration parue lors de la création viennoise au Carl-Theater en 1860 (TWS).
Jupiter, interprété dans cette production viennoise par Johann Nestroy, a pris l'apparence d'une mouche pour butiner Eurydice. On le voit ici avec Styx, le gardien des Enfers.
Orphée aux Enfers est la première grande opérette satirique d'Offenbach. Elle dresse un portrait cynique d'un monde décadent, où les dieux et les hommes se comportent de façon immorale. Le seul épisode où ils font preuve de sincérité, c'est au final, lorsqu'ils se livrent à une immense bacchanale destinée à leur faire oublier la réalité.

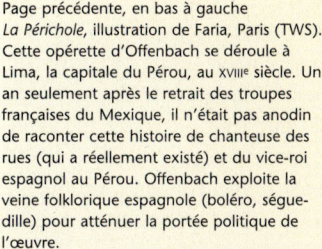

Page précédente, en bas à gauche
La Périchole, illustration de Faria, Paris (TWS).
Cette opérette d'Offenbach se déroule à Lima, la capitale du Pérou, au XVIIIᵉ siècle. Un an seulement après le retrait des troupes françaises du Mexique, il n'était pas anodin de raconter cette histoire de chanteuse des rues (qui a réellement existé) et du vice-roi espagnol au Pérou. Offenbach exploite la veine folklorique espagnole (boléro, séguedille) pour atténuer la portée politique de l'œuvre.

Page précédente, en bas au milieu
Orphée aux Enfers, affiche de Jules Chéret, Paris, 1858.
Comique exhubérant, monumentalité antique et ostentation bourgeoise attiraient chaque soir les Parisiens au Théâtre de la Gaîté.

Page précédente, en bas à droite
La Belle Hélène, édition originale, Paris.
La couverture est illustrée d'un portrait d'Hortense Schneider, la créatrice du rôle d'Hélène.

Le Mozart des Champs-Élysées

Au départ, l'opérette d'Offenbach ne se voulait rien d'autre que la sœur cadette du grand opéra. Elle restait d'ailleurs très liée à ce genre, dont elle apparut tout d'abord comme une parodie. S'il ne fut pas le créateur de l'opérette – Hervé l'avait déjà traitée avant lui –, Offenbach sut en revanche la populariser. *Orphée aux Enfers* et *La Belle Hélène* allaient devenir ses plus grands succès. À première vue, leur intrigue semble ne mettre en scène que des héros de l'Antiquité. Pourtant, à bien y regarder, elles sont truffées d'allusions à la vie quotidienne sous le Second Empire et sous la Troisième République. Rossini qualifia Offenbach de « Mozart des Champs-Élysées. » Il fut également apprécié du romancier russe Léon Tolstoï et de Heinrich Heine, témoin ironique des mœurs de l'époque. Un autre auteur à la plume acérée, Karl Kraus, admirait lui aussi Offenbach. Pour lui, les lois du chaos constituaient le véritable fondement de l'opérette, dont il exprimait ainsi l'universalité : « En conjuguant l'effet apaisant de la musique et une innocente gaieté qui, au milieu de cette confusion, nous laisse entrevoir la réelle absurdité du monde, l'opérette apparaît comme la seule forme dramatique parfaitement adaptée aux potentialités du théâtre. »

L'Olympe à travers un miroir déformant

À cette époque, Offenbach n'était pas le seul à se soucier de « l'absurdité du monde ». En effet, on retrouve des préoccupations analogues chez Richard Wagner et Karl Marx. Dans sa *Tétralogie* (→ *L'Anneau du Nibelung*), composée au cours des années 1850, Wagner prédisait le crépuscule de cette humanité âpre au gain et au pouvoir. Dans les opéras-bouffes d'Offenbach, s'ils prennent du bon temps, les dieux dansent sur un volcan et connaissent eux aussi une sorte de « crépuscule des dieux ». Quant à Marx, dans son *Capital*, il prédisait une sombre fin à la bourgeoisie. Que ce soit dans le domaine du drame musical, de l'opérette ou de l'économie politique, tous faisaient donc le même constat : l'humanité était vouée à la décadence. Tandis que Wagner et Marx y voyaient une tragédie, Offenbach réagit au contraire avec le plus grand flegme. S'il a brandi un miroir déformant à la face de cette société décadente, on lui a reproché de lui avoir offert aussi « une image spirituelle de cette décadence pour mieux l'attirer au théâtre, où elle se divertissait à la vue de dames légèrement vêtues, de grivoiseries amoureuses et de cancans érotiques ». Mais ces reproches s'appliquent plus à ses successeurs qu'à Offenbach lui-même, le Mozart des Champs-Élysées. Comme dit le dicton : Honni soit qui mal y pense ! S. N.

Les Contes d'Hoffman

Opéra fantastique en cinq actes

Livret: Jules Barbier, d'après la pièce de Jules Barbier et Michel Carré
Création: le 10 février 1881 à Paris (Opéra-Comique)

Personnages: Hoffmann (tén.), Lindorf, également Coppélius, le docteur Miracle et Dapertutto (basse), Andrès, également Cochenille, Franz et Pitichinaccio (tén.), maître Luther (basse), Nathanaël (tén.), Wolfram (tén.), Hermann (basse), Spalanzani (tén.), Crespel (basse), Peter Schlemil (tén.), la muse, Niklausse (mezzosop.), Olympia, également Giulietta, Antonia et Stella (sop.), la voix de la mère (mezzosop.), le capitaine des agents (rôle muet) ; esprits de la bière, du vin et du rhum, étudiants, six laquais, invités de Spalanzani, invités de Giulietta, des domestiques, agents de police (chœur)

Argument
En Allemagne et en Italie, vers 1800.

Prologue
Le poète Hoffmann et la chanteuse Stella s'aimaient d'un amour passionné. Mais ils se séparèrent au moment où Stella démarrait une carrière fulgurante, tandis que le succès se refusait à Hoffmann.

Acte I
Dans la taverne de Luther, non loin de l'Opéra. Devenue célèbre, Stella revient à Berlin chanter Donna Anna dans le *Don Giovanni* de Mozart. La muse d'Hoffmann redoute alors que son protégé ne s'enflamme à nouveau pour Stella et ne se détourne de sa vocation. Après avoir conclu un pacte avec les esprits de la bière et du vin, elle prend l'apparence de l'étudiant Nicklausse et se mêle aux autres jeunes gens. Hoffmann est très perturbé d'avoir vu Stella sur scène interpréter Donna Anna. D'autant que le conseiller Lindorf apparaît dans la taverne de Luther et que le poète le considère comme un rival. Lindorf a intercepté une lettre que Stella avait envoyée à Hoffmann et qui contient la clé de sa loge.
Hoffmann distrait ses amis étudiants en interprétant la légende de Kleinzach. Puis le ton monte entre l'orgueilleux Lindorf et l'indécis Hoffmann. Pour finir, Hoffmann ironise sur ses trois amis, traitant leurs maîtresses de poupée inerte, de froide virtuose et de fieffée courtisane. En réalité, c'est Stella qu'il décrit. Tandis qu'à l'Opéra débute le deuxième acte de *Don Giovanni*, Hoffmann commence à raconter.

Acte II
Un cabinet de physicien. Le savant Spalanzani a inventé un automate, la poupée Olympia. Mais la faillite de son banquier lui a fait subir de grosses pertes et il espère gagner quelque argent en présentant son invention. Spalanzani en est réduit à payer avec un chèque en bois les 500 couronnes de l'opticien Coppélius qui lui a fourni les yeux d'Olympia. Ayant aperçu Olympia, Hoffmann en tombe aussitôt amoureux. Coppélius lui vend alors un lorgnon avec lequel on ne voit que ce que l'on a envie de voir. En l'occurrence que la poupée Olympia est une personne charmante et parfaitement vivante. La performance vocale d'Olympia, qui chante un air plein de virtuosité, ravit tous les invités. Hoffmann déclare sa flamme à Olympia, puis ouvre le bal avec elle. Mais l'automate s'emballe. Tournant de plus en plus vite, Olympia projette Hoffmann sur le sol. Le lorgnon se brise. Coppélius, fou de rage parce qu'il a découvert que Spalanzani l'a dupé, détruit la poupée. Hoffmann accepte enfin de voir la réalité en face.

Acte III
Une chambre avec un clavecin. Hoffmann a retrouvé Antonia, la fille d'une célèbre chanteuse et du luthier Crespel, qui avait subitement disparu alors qu'ils étaient déjà fiancés. À cette époque, voyant Hoffmann inciter sa fille à chanter, son père avait voulu la soustraire à son influence, craignant qu'elle ne meure de la même maladie que sa mère. Antonia avait alors accepté de suivre son père. Apprenant par hasard pourquoi Antonia a arrêté le chant, Hoffmann lui demande d'y renoncer définitivement pour sauver leur amour. Mais le docteur Miracle, qui a déjà entraîné dans la mort la mère d'Antonia, tente maintenant de convaincre Antonia de ne pas sacrifier ses dons au profit d'une vie bourgeoise et de renoncer à épouser Hoffmann. Il invoque la voix de la mère morte. Antonia se joint au chant de sa mère et s'effondre, mourante.

Acte IV
Tableau 1 Venise. Une galerie dans un palais. Hoffmann cherche l'oubli dans les bras de Giulietta, une courtisane qui est sous l'emprise de Daperdutto. Pour lui, elle s'est déjà emparée du reflet de Peter Schlemil.
Tableau 2 Un jardin. Hoffmann tue Schlemil et lui dérobe la clé de la chambre de Giulietta.
Tableau 3 Un boudoir. Hoffmann offre à Giulietta son reflet dans un miroir. Puis elle lui conseille de fuir, car il va être recherché pour le meurtre de Schlemil. Hoffmann réalise alors qu'il a perdu son reflet, sans pour autant gagner le cœur de Giulietta. Il lève le bras pour la poignarder, mais atteint le nain Pitichinaccio, véritable amant de la courtisane.

Acte V
La taverne de Luther. Hoffmann termine son récit, tandis que la représentation s'achève à l'Opéra. Mais, complètement ivre, il manque Stella. C'est Lindorf qui raccompagne la chanteuse.

S. N.

Les Contes d'Hoffmann, Kenneth Riegel dans le rôle d'Hoffmann, mise en scène : Patrice Chéreau, direction musicale : Jean Périsson, décors : Richard Peduzzi, costumes : Jacques Schmidt, Opéra National de Paris, 1978.
On ne s'étonnera pas que cet opéra fantastique soit centré autour d'un homme d'âge mûr. *Les Contes d'Hoffmann* sont une œuvre de vieillesse où retentit l'écho résigné d'une vie pleine d'illusions et de déceptions. Cet ouvrage unique en son genre foisonne d'airs aussi géniaux qu'originaux. N1, N2, N3, N4

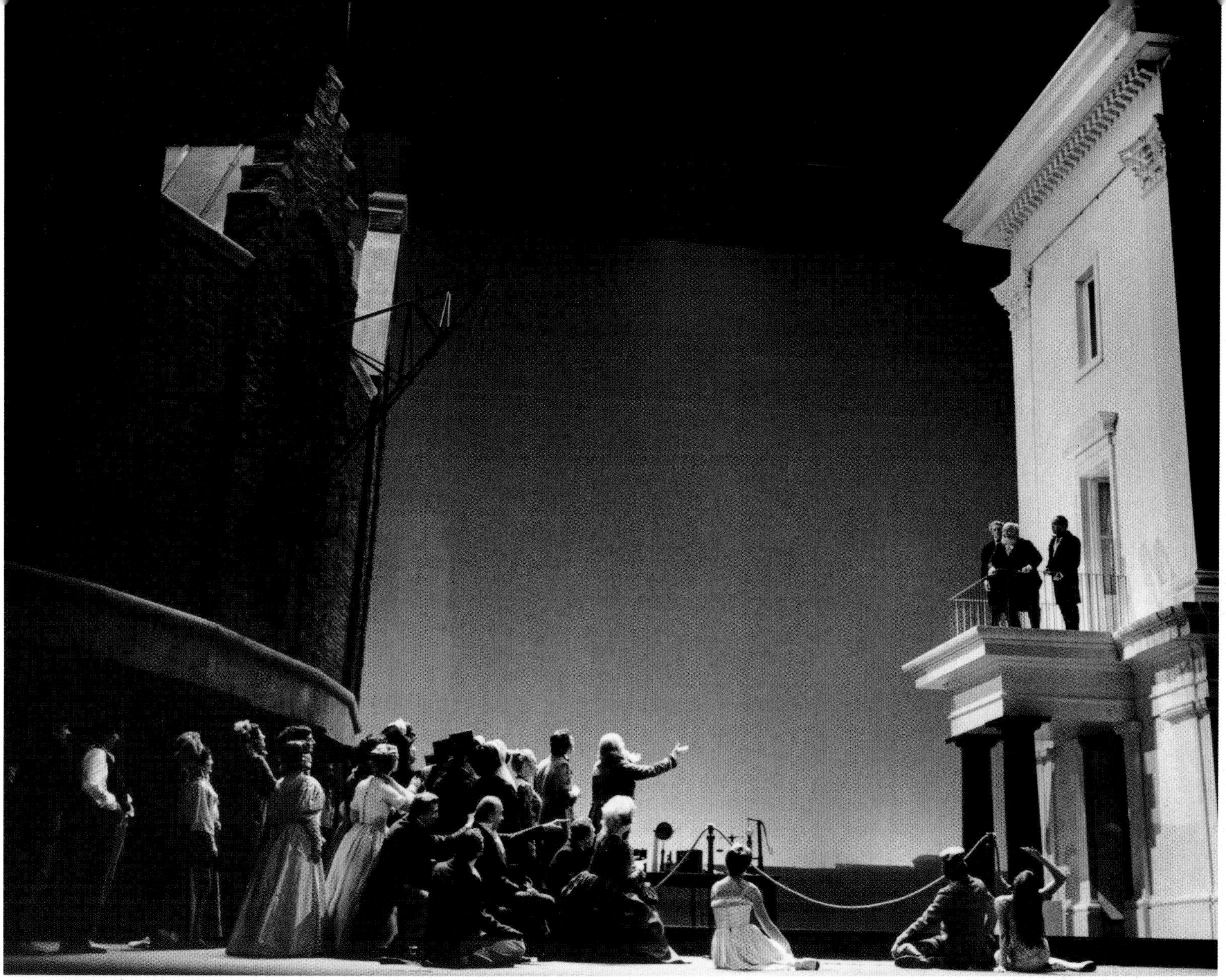

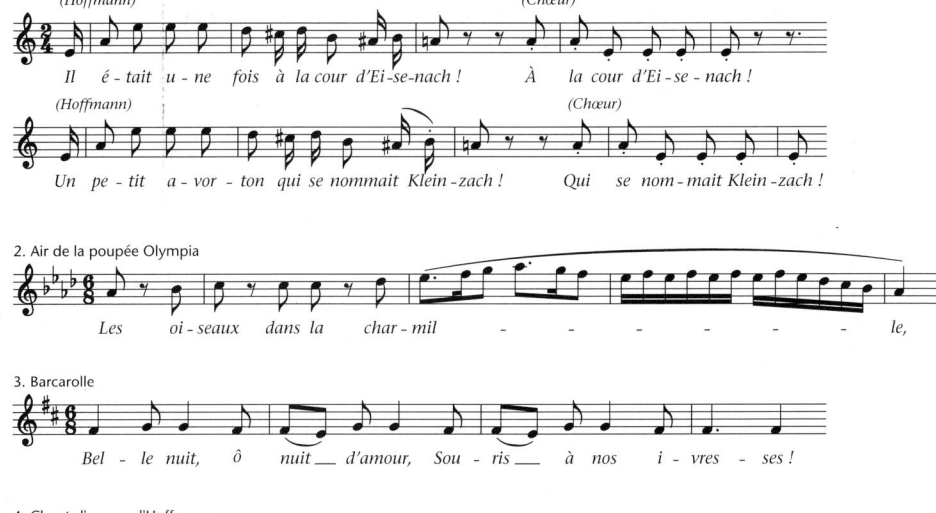

1. Légende de Kleinzach (Hoffmann)

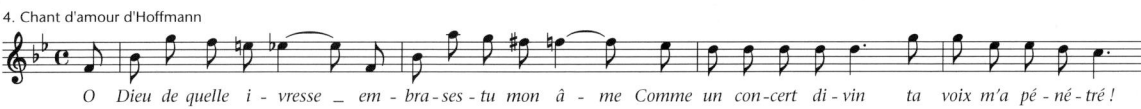

(Hoffmann)
(Chœur)
Il é-tait u-ne fois à la cour d'Ei-se-nach ! À la cour d'Ei-se-nach !
(Hoffmann)
(Chœur)
Un pe-tit a-vor-ton qui se nommait Klein-zach ! Qui se nom-mait Klein-zach !

2. Air de la poupée Olympia

Les oi-seaux dans la char-mil - - - - - - le,

3. Barcarolle

Bel-le nuit, ô nuit_ d'amour, Sou-ris_ à nos i-vres-ses !

4. Chant d'amour d'Hoffmann

O Dieu de quelle i-vresse _ em-bra-ses-tu mon â-me Comme un con-cert di-vin ta voix m'a pé-né-tré !

Les Contes d'Hoffmann, mise en scène : Patrice Chéreau, direction musicale : Georges Prêtre, décors : Richard Peduzzi, Opéra National de Paris, 1974.
Partant de l'idée que ce qui conditionne notre destin, c'est moins ce que l'on vit, que la façon dont on le vit, Patrice Chéreau a joué sur les notions d'être et de paraître, de rêve et de réalité, de fantaisie et de délire. *Les Contes d'Hoffmann* étant restés inachevés, les grands metteurs en scène de notre temps (parmi lesquels Walter Felsenstein, Jean-Pierre Ponnelle, Harry Kupfer et Johannes Schaaf) ont pu proposer des interprétations très personnelles de l'œuvre.

Les multiples reflets d'une œuvre inachevée

Les Contes d'Hoffmann, l'un des opéras les plus populaires du répertoire, est une œuvre mal connue, dont on ne possède que des versions non définitives et des adaptations. Offenbach ne fixait en effet la forme de ses œuvres qu'après plusieurs représentations. Cette fois, il n'a laissé qu'une version inachevée. À l'origine, Offenbach avait écrit une version entièrement chantée, dont la création était prévue au Théâtre de la Gaîté. Mais le théâtre ayant fait faillite, Offenbach céda les droits de création à l'Opéra-Comique, où la règle imposait que les œuvres comportent des dialogues parlés, un genre mieux adapté aux interprètes de la troupe. Offenbach entreprit de réviser son œuvre, mais n'eut pas le temps de l'achever. Lors de la création de cette partition incomplète, orchestrée par Ernest Guiraud, il manquait l'acte consacré à Giulietta (aujourd'hui le quatrième acte) et la fameuse barcarolle était intégrée à l'histoire d'Antonia. On joua cette version tronquée jusqu'en 1905. Il fallut que Hans Gregor reconstitue l'acte manquant pour le Komische Oper de Berlin, avant guerre, pour que l'on puisse jouer les cinq actes des *Contes d'Hoffmann*. Durant tout le XXe siècle, les metteurs en scène s'efforcèrent d'accorder leur interprétation à la forme de l'œuvre. La reconstruction de Fritz Oeser (1977-1978) ne résolut pas le problème, mais l'enrichit de nouvelles possibilités. Il arrive que l'on retrouve encore des éléments inconnus du manuscrit. Mais Offenbach a emporté dans la tombe le secret de la forme définitive de son œuvre.

S. N.

Cherchez le nain!

La genèse de l'opéra se sera poursuivie près de 150 ans après que Jules Barbier et Michel Carré aient achevé d'écrire la pièce des *Contes d'Hoffmann*. La partition complète n'étant pas connue, l'opéra fut considéré comme inachevé jusque dans les années quatre-vingt-dix. C'est alors que réapparurent mystérieusement, en 1993, dans un château de Bourgogne, plusieurs centaines de pages du manuscrit original. Quelques années plus tôt, le livret original avait été découvert aux Archives nationales de Paris. Dans cette version, un nouvel élément apparaît au final: Giulietta ne disparaît plus en gondole avec Daperdutto, laissant Hoffmann éploré, comme on le représentait jusque-là, mais Hoffmann tue Pitichinaccio et comprend devant le désespoir de Giulietta que le nain était l'amant de la courtisane! La création de cette nouvelle version, qui eut lieu à Hambourg le 24 janvier 1999, fut assombrie par une polémique concernant les droits de publication.

Les Contes d'Hoffmann, avec Placido Domingo dans le rôle d'Hoffmann, mise en scène: Jean-Pierre Ponnelle, direction musicale: James Levine, Festival de Salzbourg, 1980.
Dans cette production où Placido Domingo interprète le rôle d'Hoffmann, Ponnelle met en scène l'histoire de façon très poétique, tout en respectant l'approche traditionnelle.

À gauche
Les Contes d'Hoffmann, esquisses de Coppélius, Dapertutto et du docteur Miracle de Leonard Fanto, Berlin, 1910. Les personnages démoniaques – Coppélius, Daperdutto et le docteur Miracle (ce dernier n'apparaît pas dans l'œuvre d'E.T.A Hoffmann) – sont autant d'incarnations de Lindorf, de même que les trois personnages féminins représentent Stella.

Ci-dessus
Les Contes d'Hoffmann, croquis de décor de László Moholy-Nagy pour la mise en scène d'Ernst Legal, direction musicale: Alexander von Zemlinsky, Staatsoper am Platz der Republik, Berlin, 1929 (TWS).
Le Hongrois Moholy-Nagy conçut un décor très fidèle à l'esprit d'E.T.A. Hoffmann. C'est l'option que retiendra également plus tard le Français Patrice Chéreau.

Ci-contre
Les Contes d'Hoffmann, croquis de décor de Max Bignens pour la mise en scène de Paul Hager, Volksoper de Vienne, 1964 (TWS).
On retrouve dans l'opéra d'Offenbach le monde fantastique des nouvelles écrites par E.T.A. Hoffmann. Les différents épisodes s'enchaînent comme par magie. Les héros d'Offenbach apparaissent sur la scène comme s'ils étaient le jouet d'un magicien. Le bonimenteur choisit Hoffmann comme victime, qui ira de déception en déception.

Page de gauche
Les Contes d'Hoffmann, création mondiale du finale de Guilietta (acte IV) avec Ulrike Schneider (Niklausse) et Marcus Haddock (Hoffmann), mise en scène: Andreas Baesler, décors: Andreas Wilkens, costumes: Susanne Hubrich, direction musicale: Ingo Meztmacher, Staatsoper de Hambourg, 1999.

Carl Orff

Né à Munich le 10 juillet 1895
Mort à Munich le 29 mars 1982

En 1914, Carl Orff termine ses études à l'Académie de musique de Munich. Jusqu'en 1917, il exerce les fonctions de chef d'orchestre aux Kammerspiele de Munich, puis travaille en 1918-1919 aux Théâtres de Mannheim et de Darmstadt. De retour à Munich, il fonde en 1924, avec Dorothee Günther, une école de gymnastique, de danse et de musique. Il y met en pratique ses idées sonores et crée son propre instrumentarium – les fameux « instruments Orff » – qu'il fait réaliser par le constructeur de piano Karl Maendler. Parallèlement, en 1935, il rédige un *Manuel pédagogique* où il applique ses idées sur l'enseignement de la musique. À cette époque, Orff dirige également l'Association Bach de Munich. Entre 1950 et 1960, il enseigne la composition au conservatoire de Munich. Lorsqu'il prend sa retraite, en 1961, il intègre le conservatoire de Salzbourg, le fameux Mozarteum, au sein de l'Institut qui porte son nom.
Œuvres: Œuvres scéniques: *Carmina Burana*, 1937; *Der Mond*, 1939, (La Lune); *Ein Sommernachtstraum*, 1939, création 1952 (Le Songe d'une nuit d'été); *Die Kluge*, 1943 (La Femme intelligente); *Catulli carmina*, 1943; *Die Bernauerin*, 1947; *Antigonae*, 1949; *Astutuli*, 1953; *Trionfo di Afrodite*, 1953 (Le Triomphe d'Aphrodite); *Comoedia de Christi Resurrectione*, 1957; *Oedipus der Tyrann*, 1959; *Ludus de nato Infante mirificus*, 1960; *Prometheus*, 1968; *De Temporum fine comoedia*, 1973 (Le Jeu de la fin des temps). Cantates, musique vocale, *Manuel pédagogique*, adaptations.

Der Mond
La Lune

Un petit théâtre du monde

Livret: Carl Orff, d'après le conte des frères Grimm (Jacob Ludwig Karl et Wilhelm Karl Grimm)

Création: le 5 février 1939 à Munich (Nationaltheater)

Personnages: le récitant (tén.), les quatre garçons qui volent la lune (2 bar., tén., basse), un paysan (bar.), un bourgmestre (rôle parlé), un aubergiste (rôle parlé), un autre bourgmestre (rôle muet), Pierre, un vieil homme qui garde le ciel (basse), un enfant qui aperçoit la lune dans le ciel (rôle parlé); des gens qui boivent à la taverne et se laissent voler la lune, des gens qui se réjouissent du vol de la lune et qui enterrent les morts, des cadavres réveillés par la lune (chœur, chœur d'enfants)

Der Mond, croquis de décor de Ruodi Barth pour la mise en scène de Bohumil Herlischka, Deutsche Oper am Rhein de Düsseldorf, 1978 (TWS). Quatre garçons commettent un étrange larcin. Bien que la lune soit au centre de l'histoire, l'opéra ne présente aucun des caractères du nocturne.

Argument

Sur la terre et sous la terre, en des temps fabuleux Découvrant la lune accrochée à un chêne, quatre garçons décident de la voler pour la rapporter dans le pays des ténèbres où ils sont nés. Toute leur vie, ils soignent si bien la lune que chacun obtient le droit d'en emporter un quartier dans la tombe. Sur terre, le ciel s'assombrit de plus en plus. Mais une fois que le dernier garçon est mort, la lune se recompose dans les entrailles de la terre. Elle diffuse bientôt une telle lumière que les morts se réveillent et organisent de bruyantes beuveries. Effrayé par ce chahut, Pierre décide d'intervenir. Après avoir déchaîné en vain la foudre et le tonnerre, il descend en personne sous la terre. Là, il parvient rapidement à calmer les morts, récupère la lune, cause du vacarme et la raccroche dans le ciel. Un enfant l'aperçoit alors et tout le monde fête le retour de la lune.

M. S.

Die Kluge
La Femme intelligente

Histoire en douze scènes du roi et de la femme intelligente

Livret : Carl Orff, d'après le conte des frères Grimm (Jacob Ludwig Karl et Wilhelm Karl Grimm)
Création : le 20 février 1943 à Francfort-sur-le-Main (Städtische Bühnen)

Personnages : le roi (bar.), le paysan (basse), la fille du paysan (sop.), le geôlier (basse), l'homme qui possède une ânesse (tén.), l'homme qui possède une mule (bar.), trois vagabonds (tén., bar., basse)

Argument
Le château du roi et ses environs, en des temps fabuleux.
Un jour, un paysan trouve un mortier en or. Passant outre les conseils de sa fille, il apporte sa découverte au roi. Mais il le regrette vite, car, loin de récompenser son honnêteté, le roi le soupçonne d'avoir gardé le pilon. Jeté au cachot, le paysan pleure sur son sort et déplore de n'avoir pas écouté sa fille. Entendant cela, le roi est intrigué par cette femme si avisée. Il la fait venir et lui pose trois énigmes qu'elle résout sans problème. Le roi la prend pour épouse. Mais la reine aime également la justice. Et un jour que le roi a rendu un mauvais jugement, elle demande réparation. Chassée du palais, elle peut néanmoins emporter dans un coffre « ce à quoi elle tient le plus au monde ». Alors elle endort le roi en lui faisant boire une potion et, au matin, c'est lui qui se réveille dans le coffre sous un arbre en fleurs.

M. S.

Orff a élaboré un style reconnaissable entre tous, tant par son rythme tonique et un ostinato *quasi motorique*, que par l'emploi d'une percussion riche et différenciée.

Die Kluge, mise en scène : Ulrich Rapp, direction musicale : Alexander Winterson, décors : Pia Oenel, Deutsche Oper am Rhein de Düsseldorf, 1994.
Le roi et son épouse ressentent un mélange d'attirance sexuelle et de répulsion sociale. Orff l'exprime à travers un usage très personnel de la déclamation, du parler rythmé, du discours emphatique, de la parodie et de la citation.

Die Kluge, croquis de décor de Joachim Streubel, Staatsoper d'Oldenbourg, 1967 (TWS).
Dans ses œuvres scéniques, Orff remonte aux sources de la tradition européenne. Ses deux opéras en un acte s'inspirent de la comédie médiévale improvisée. Il n'a pas écrit d'opéra au sens classique ou romantique du terme, ses formes d'expression musicale étant toujours liées à des modèles plus anciens.

Antigonae

Tragédie en cinq actes

Livret: d'après la tragédie de Sophocle, dans la traduction allemande de Hölderlin

Création: le 9 août 1949 à Salzbourg (Felsenreitschule – Manège des Rochers)

Personnages: Antigone (sop.), Ismène (alto), Créon (bar.), un garde (tén.), Hémon (tén.), Tirésias (tén.), un messager (basse), Eurydice (sop.), le chef de chœur (bar.); les vieux Thébains (chœur)

Argument
Le palais royal de Thèbes, en des temps mythiques.

Pendant le siège de Thèbes, Étéocle et Polynice (deux jumeaux nés d'Œdipe, frères d'Antigone et Ismène) s'affrontent au combat et meurent tous les deux. Polynice, qui a combattu aux côtés des agresseurs, est déclaré ennemi du royaume par le roi Créon. Seul Étéocle, qui défendait Thèbes, aura le droit d'être enterré suivant les rites.
Mais Antigone transgresse la loi de Créon et enterre son frère, ce qui lui vaut d'être condamnée à mort. Le prétendant d'Antigone, Hémon, fils de Créon, implore la clémence de son père.
À son tour, le devin Tirésias prévient le roi que sa décision entraînera un grand malheur. Mais toutes les prières restent vaines. Antigone se suicide, Hémon également.
L'épouse de Créon, Eurydice, accablée de douleur, les rejoint dans la mort. Il ne reste qu'un roi seul et misérable.

M. S.

La renaissance de la tragédie
À travers les œuvres de Monteverdi dont il fit l'adaptation, mais aussi la traduction d'*Antigone* par Hölderlin qu'il vit jouer à Vienne en 1940, Carl Orff s'intéressa beaucoup aux sujets antiques. Un an plus tard, il mit au point un concept qui abandonnait la prédominance de la parole au profit de la musique. Sa conception personnelle de la tragédie adaptée au XXe siècle se manifeste surtout dans son langage musical, qui recourt à tous les moyens d'expression: cantilène libre, *arioso*, envolées lyriques, fragments *a capella*, effets de timbres, et jusqu'à l'emploi d'instruments solistes comme la flûte, symbole de l'amour.

Astutuli

Une comédie bavaroise

Livret: Carl Orff

Création: le 20 octobre 1953 à Munich (Kammerspiele)

Personnages: deux vagabonds, deux citoyens, Jörg Zaglstecher, le maire, sa fille Fundula, Hortula et Vellicula, des jeunes filles, trois galants, trois membres du conseil des sages, Wunibald Hirnstössl, le garde, le bateleur, les habitants d'une petite ville, hommes et femmes, jeunes et vieux (rôles parlés)

Argument
En des temps immémoriaux.
Le maire, les notables et toute la population sont rassemblés devant un théâtre improvisé pour assister à la représentation d'un bateleur. Habillé en mage, le forain invente tout un monde de fantasmagories avec des gestes, des incantations et des effets de lumière. Certains spectateurs doutent, d'autres se laissent prendre au jeu. Puis le forain demande au maire de revêtir un nouvel habit. Un peu malgré lui, il se retrouve en chemise afin de pouvoir passer de nouveaux vêtements, mais ceux-ci sont invisibles.
Les gens du peuple suivent l'exemple du maire et se retrouvent en chemise. Les lumières s'éteignent et le forain disparaît. Tandis que le public attend la suite de la représentation, les jeunes gens profitent de la pénombre pour former des couples d'amoureux.
Les spectateurs plus âgés s'ennuient, se demandant si le forain va revenir. Il s'avère finalement que les vêtements ont disparu avec le forain et qu'ils se sont fait berner. Mais voici que le forain revient sous un autre déguisement, celui d'un faiseur d'or. Le maire et le conseil le saluent et lui apportent tout leur argent pour qu'il le change en or. Ils sont une nouvelle fois bernés. Sans compatir le moins du monde, le peuple se met à danser, tandis que les « deux » forains s'éclipsent avec tout ce qu'ils ont dérobé.

M. S.

Astutuli, croquis de décor d'Helmut Jürgens pour les Kammerspiele de Munich, 1953 (TWS).
Astutuli (du latin *astutus*, rusé) est à la fois une satire de sa tragédie d'*Antigonae* et de son opéra bavarois *Die Bernauerin* (1942-1946). Inspirée du conte *Les Nouveaux vêtements de l'empereur*, cette œuvre traite du comportement des masses et du penchant qu'ont les hommes à se bercer d'illusions, notamment en période de crise. La pièce est rédigée dans un dialecte bavarois empreint d'une grande musicalité.

À droite
Carmina Burana, croquis de costumes de Hans Aeberli, Essen, 1980 (TWS).
Hans Aeberli a dessiné des personnages directement inspirés de la danse macabre du Moyen Âge.

Ci-dessous
Carmina Burana, croquis de décor (la roue de la Fortune) de Hans Aeberli, Städtische Bühnen, Essen, 1980 (TWS).
La mort est là, au cœur de la vie, pensait-on au Moyen Âge. Dans ses *Carmina Burana*, grâce à son sens aigu du rythme, Orff exprime l'idée inverse : dans l'ombre de la mort, la vie jaillit de l'homme. Peut-être est-ce là le secret de l'incroyable popularité de cette œuvre ?

1. *Fortune plango vulnera*
2. *Chramer, gip die varwe mir*

Carmina Burana

Cantiones profanae cantoribus et choris cantande comitantibus instrumentis atque imaginibus magicis (chants profanes pour solistes et chœurs avec un accompagnement instrumental en plusieurs tableaux)

Livret : chansons en latin et en allemand tirées des *Carmina Burana*, un manuscrit de 1250, sélectionnées par Carl Orff
Création : le 8 juin 1937 à Francfort-sur-le-Main (Opéra)
Personnages : soprano, ténor, baryton, petits ensembles : deux ténors, baryton, deux basses, chœur d'enfants, chœur

Argument
Un grand chœur d'introduction est chanté en l'honneur de Fortuna, la capricieuse déesse du destin. Répété tout au long de l'œuvre, ce chœur encadre des situations qui se succèdent dans un ordre logique. On assiste tout d'abord à un hymne au printemps, à la nature et à la joie de vivre (*Primo vere/Uf dem Anger*). La deuxième partie (*In Taberna*) conte les plaisirs terrestres vus par l'abbé de Cucanie, et exprimés dans des chants grotesques pour solistes, comme *Vom gebratenen Schwan*. La dernière partie (*Cour d'amours/Blanziflor et Helena*) est dédiée à l'amour sous toutes ses formes. Conformément à la structure choisie, aucun personnage ne reste sur scène durant toute l'œuvre. Ils incarnent au contraire des types, tels l'aventurier, les jeunes filles et leurs prétendants, les joueurs ou encore le couple d'amoureux.

M. S.

Carmina Burana, avec Jacek Strauch et Wolfgang Ablinger-Sperrhocke, mise en scène et éclairage : Werner Michael Esser, direction musicale : Roman Zeilinger, décors : Kurt Pint, chorégraphie : Virgil Stancin, Landestheater de Linz, 1995.
En tournant, la roue de la Fortune entraîne une partie des hommes vers le haut, d'autres vers le bas, emportant dans sa course tous ceux qui se tiennent à proximité.

Catulli carmina

Ludi scenici (jeux scéniques)

Livret : poèmes de Catulle assemblés par Carl Orff
Création : le 6 novembre 1943 à Leipzig (Städtische Bühnen)

Personnages : Catulle, Lesbia, son amie, Caelius, un ami de Catulle, Ipsitilla et Ameana, des amants et des courtisanes (rôles dansés) ; des garçons et des filles, des vieillards (chœur)

Argument

Les vieillards se moquent des jeunes gens occupés à s'échanger des déclarations d'amour. Pour eux, ce ne sont que des mots inutiles, puisque rien sur terre n'est éternel. Les deux conceptions s'opposent sans que rien ne puisse les départager. La pièce qui suit sera censée les départager :
Lesbia retrouve Catulle qui s'endort dans ses bras. Mais elle l'abandonne bientôt pour aller danser à la taverne pour ses soupirants. Guettant son retour, Catulle se couche dans la rue devant la maison de Lesbia. Mais il voit en rêve la liaison de Lesbia et de Caelus et se réveille en sursaut.
Toujours amoureux de Lesbia, Catulle écrit une lettre d'amour à Ipsitilla, puis il repousse Ameana, une vieille courtisane. Enfin, il aperçoit Lesbia entourée de couples d'amis. Mais cette fois, Catulle repousse Lesbia de façon brutale. Blessée, elle s'enfuit.
La dispute qui oppose la jeunesse impétueuse à la vieillesse expérimentée tourne en faveur des jeunes, qui jamais n'apprendront des erreurs commises par d'autres avant eux, et toujours s'adonneront à leurs passions : *Eis aiona*. À toi je serai, pour l'éternité ! M. S.

Le *Triptyque* de Carl Orff

Johann Andreas Schmeller publia en 1847 les *Carmina Burana*, le plus important recueil de poèmes écrits vers 1220-1250 en latin médiéval et en moyen haut allemand, et conservé au monastère de Benediktbeuern. Découvrant ce volume près d'un siècle plus tard, en 1934, Orff fut tellement fasciné par les consonances archaïques de cette poésie qu'il ébaucha aussitôt une cantate scénique, qu'il acheva en août 1936. Il réalisa ensuite un montage analogue pour une deuxième œuvre composée sur des textes de Catulle, où le poète conte son amour pour la patricienne Clodia Pulcher (Lesbia). Orff disposait désormais de deux œuvres autonomes, la première en forme d'ouverture, la seconde d'intermède. Il décida alors de conclure cette série sur une scène de mariage. À nouveau, Orff puisa dans l'œuvre de Catulle, dont il sélectionna quelques poèmes de noces, puis il les combina avec des fragments de Sappho et une strophe d'un chœur d'Euripide pour l'apparition d'Aphrodite. La troisième partie du triptyque fut achevée en 1951. Ce qui caractérise les *Carmina Burana*, c'est leur forme strophique sans variations, leur alternance étudiée, un rythme obstiné et des mélodies hachées. Beaucoup plus expressifs et subtilement sensuels, les *Catulli carmina* sont marqués par une expression extatique et une abondante percussion riche en effets surprenants. Dans le *Trionfo di Afrodite*, c'est la voix qui prédomine sur les instruments. Orff y expérimente une nouvelle approche de la tonalité. Renonçant à affirmer une tonalité marquée, il recourt à une tonalité élargie. Lorsqu'il fut question de créer les *Carmina Burana*, l'œuvre passait pour injouable. Elle obtint pourtant un succès public qui suscita des réactions négatives de la part des nazis.

Après la Seconde Guerre mondiale, l'œuvre fit son entrée dans le répertoire international, soit jouée seule, soit intégrée au *Triptyque*, aussi bien en version scénique qu'en version concert. Les deux autres parties n'ont pas connu la popularité des *Carmina Burana*.

M. S.

Carmina Burana, avec Jacek Strauch et Wolfgang Ablinger-Sperrhocke, mise en scène et éclairage : Werner Michael Esser, direction musicale : Roman Zeilinger, décors : Kurt Pint, Landestheater de Linz, 1995.

Trionfo di Afrodite
Le Triomphe d'Aphrodite

Concerto scenico (concert scénique)

Livret : poèmes de Catulle et de Sappho, ainsi qu'une strophe d'un chœur d'*Hippolyte* d'Euripide, assemblés par Carl Orff
Création : le 14 février 1953 à Milan (Teatro alla Scala)
Personnages : la fiancée (sop.), le fiancé (tén.), trois chefs de chœurs (tén., sop., basse), Aphrodite (rôle muet) ; vierges, jeunes hommes, vieillards, parents, amis, peuple (chœur, chœur dansé)

Argument
Le couple originel – les fiancés – fête ses noces éternelles. Après les évocations rituelles et la prière à Hymen, le dieu du mariage, les jeunes filles conduisent la fiancée dans la chambre nuptiale, au milieu des chants et des danses. Pendant ce temps, les hommes poursuivent le fiancé en chantant des airs satiriques. L'apparition de la déesse Aphrodite, symbole d'amour, achève le rituel.

M. S.

À gauche
Carmina Burana, mise en scène et éclairage : Werner Michael Esser, direction musicale : Roman Zeilinger, décors : Kurt Pint, Landestheater de Linz, 1995.

Die Teufel von Loudun

Les Diables de Loudun

Opéra en trois actes

Livret : Krzysztof Penderecki, d'après le roman d'Aldous Huxley adapté au théâtre par John Robert Whiting
Création : le 20 juin 1969, Hambourg (Staatsoper)
Personnages : Jeanne, prieure des ursulines (sop. dramatique), Claire (mezzosop.), Gabrielle (sop.) et Louise (alto), des sœurs ursulines, Philippe, une jeune fille (sop. léger), Ninon, une jeune veuve (alto), Grandier, curé de Saint-Pierre (bar.), le père Barré, vicaire de Chinon (basse), le baron de Laubardemont, représentant du roi (tén.), le père Rangier (basse profonde), le père Mignon, confesseur des ursulines (tén.), Adam, un pharmacien (tén.), Mannoury, un chirurgien (bar.), d'Armagnac, maire de Loudun (rôle parlé), de Cerisay, gouverneur de Loudun (rôle parlé), le prince Henri de Condé, envoyé du roi (bar.), le père Ambrose, un vieux prêtre (basse), Bontemps, un geôlier (bar.-basse), le greffier du tribunal (rôle parlé) ; ursulines, carmélites, habitants, enfants, gardes, soldats (chœur)

Argument
À Loudun (dans la Vienne), en 1634.

Acte I
Dans la cellule de Jeanne, dans les rues de Loudun, dans une baignoire, à l'église, au confessionnal, sous les remparts de la ville, dans le cloître, à la pharmacie. La prieure Jeanne, amoureuse du père Grandier, vit cet « amour impur » dans les fantasmes. Elle demande à Grandier de devenir confesseur du couvent, mais il refuse. Soupçonné de mener une mauvaise vie, Grandier est surveillé, mais seule son opposition politique peut être établie. Jeanne confesse alors au père Mignon qu'elle a eu la vision des pratiques diaboliques de Grandier. Il ordonne qu'elle soit exorcisée.

Acte II
À l'église, dans une cellule, au jardin du couvent, sur les fortifications. Les charges contre Grandier s'accumulent, bien qu'elles ne soient pas fondées car il ne connaît pas les sœurs. Scandalisé par ces accusations, le gouverneur ordonne d'arrêter l'exorcisme. Mais le père Mignon provoque une nouvelle confession des sœurs et pratique un exorcisme public. La folie s'empare des sœurs et des habitants. Grandier, opposé à l'Eglise et à l'État, est arrêté.

Acte III
Dans trois cellules, sur une place publique, à l'église Saint-Pierre, au couvent des Ursulines, sur le lieu de l'exécution. Bien qu'il n'ait pas reconnu les faits, même sous la torture, Grandier est condamné au bûcher. Jeanne tente en vain de se suicider avant de sombrer dans la folie.

M. S.

Krzysztof **Penderecki**

Né à Debica (Pologne) le 23 novembre 1933

À partir de 1958, ses études terminées, Penderecki enseigne la composition au Conservatoire de Cracovie, dont il prend la direction en 1972. Entre 1966 et 68, il est professeur de composition et d'orchestration à l'Ecole de musique Folkwang d'Essen. Il se produit de plus en plus comme chef d'orchestre, et devient en 1988 premier chef invité de l'Orchestre symphonique de la NDR. Son incontestable talent lui a valu une renommée internationale, attirant l'attention du public sur les fluctuations stylistiques de sa musique.

Œuvres : Opéras : *Die Teufel von Loudun,* Hambourg, 1969 (Les Diables de Loudun) ; *Paradise Lost,* Chicago, 1978 (Le Paradis perdu) ; *Die schwarze Maske,* Salzbourg, 1986 (Le Masque noir) ; *Ubu Rex,* Munich, 1991. Œuvres pour chœur et orchestre : *Psaumes de David,* 1958 ; *Émanations* (pour orchestres à cordes), 1959 ; *Thrène,* 1959 ; *Anaklasis,* 1960 ; *La Passion selon saint Luc,* 1966 ; *Dies Irae* (oratorio), 1967 ; *Te Deum,* 1980 ; *Requiem polonais,* 1984 ; cinq symphonies.

Après de multiples expériences musicales, Penderecki opéra une synthèse entre les techniques traditionnelles et de l'avant-garde.

Ci-dessus
Les Diables de Loudun, affiche, Genève, 1979.

Les Diables de Loudun, mise en scène : Günter Krämer, décors : Carlos Diappi, direction musicale : János Kulka, Deutsche Oper am Rhein de Düsseldorf, 1989.
La création, qui eut lieu à Hambourg (dans une mise en scène de Konrad Swinarski), était dirigée par le chef polonais Henryk Czyz, le dédicataire de l'œuvre. Mais c'est la production de l'Opéra de Stuttgart (mise en scène par Günther Rennert) qui, deux jours plus tard, allait assurer le succès public de l'œuvre et lui ouvrir les chemins du répertoire international. János Kulka dirigea cet opéra à Stuttgart en 1969 et à Düsseldorf en 1989.

Les Diables de Loudun, avec Trudeliese Schmidt (Jeanne) et Michael Busch (Grandier), mise en scène : Günter Krämer, décors : Carlos Diappi, direction musicale : János Kulka, Deutsche Oper am Rhein Düsseldorf, 1989.
La mise en scène de Günter Krämer ouvrait de nouvelles pistes d'interprétation en faisant de l'opéra un plaidoyer contre toutes les violences politiques, dans l'esprit d'Amnesty International.

Le fanatisme, un sujet universel

Enthousiasmé par la pièce de Whiting, Penderecki conçut dès 1964 le projet d'en tirer un opéra. Il put le réaliser en 1967, lorsque Rolf Liebermann lui commanda une œuvre pour l'Opéra de Hambourg en vue d'inaugurer le 43e festival de la SIMC. L'histoire est basée sur un événement réel qui s'est produit en France en 1634 : l'exécution d'Urbain Grandier. Avant d'écrire son livre, Huxley entreprit des recherches historiques que Whiting exploita abondamment, mais en les interprétant différemment. À son tour, Penderecki chercha à lui donner une dimension plus universelle en accentuant l'horreur du régime dans la scène de l'autodafé. Les intrigues politiques et le fanatisme religieux conduisent inévitablement à chercher des coupables, et les victimes sont souvent ceux qui dérangent. Les moyens musicaux sont employés avec économie, afin de respecter l'intelligibilité du texte. *Clusters* et *glissandi*, notes tenues et procédés répétitifs donnent à l'ouvrage une certaine couleur monastique, tout en exprimant l'état d'esprit des protagonistes, qui oscille entre la contemplation et la violence. Après un premier accueil mitigé du public, l'œuvre fut jouée dans le monde entier.

M. S.

Die schwarze Maske
Le Masque noir

Livret : Krzysztof Penderecki et Harry Kupfer, d'après Gerhart Hauptmann
Création : le 15 août 1986 au Festival de Salzbourg
Personnages : Silvanus Schuller, le bourgmestre (tén.), Benigna, son épouse (sop.), Arabella, une jeune métisse (sop.), Rosa Sacchi, confidente de Benigna (mezzosop.), Jedidja, domestique de la maison Schuller (tén.), François Tortebat, un jardinier huguenot (basse), Daga, une servante (sop.), Löwel Perl, un marchand (bar.), Robert Dedo, le prince-abbé de Hohenwaldau (bar.-basse), Plebanus Wendt, un pasteur (basse), Hadank, un organiste (tén.), le comte Ebbo Hüttenwächter (basse), la comtesse Laura Hüttenwächter (alto), Schedel, conseiller municipal (tén.), le docteur Knoblochzer, conseiller municipal (tén.), Johnson (rôle parlé), une voix (alto)

Argument

À Bolkenhain (Silésie), en 1662.

En 1662, lors du carnaval, treize personnes se retrouvent à la table du riche Schuller, bourgmestre de Bolkenhain, en Silésie, tandis qu'à l'extérieur, l'épidémie de peste fait rage. Un nouvel invité se présente alors, dissimulé derrière un masque noir, et qui commence à évoquer le passé. Benigna, l'épouse de Schuller, a eu autrefois, à Amsterdam, une liaison avec un esclave nommé Johnson. Leur fille commune, Arabella, travaille comme servante chez Schuller. À l'époque, Johnson a obligé sa maîtresse à épouser le riche marchand d'esclaves Geldern, puis l'a fait chanter jusqu'à ce que son époux meure de façon mystérieuse. On comprend peu à peu que tous les invités ont agi de façon criminelle et que derrière le masque se cache Johnson, venu se venger.

M. S.

« La source est tarie » (Penderecki)

De même que certaines musiques de films reprennent parfois des thèmes connus, Penderecki a intégré à son œuvre des passages célèbres, comme le *Dies Irae*, une séquence musicale tirée de la messe médiévale des morts.
Pour produire l'atmosphère irréelle qui baigne son opéra, Penderecki a recouru à un style de déclamation nuancé et à l'ostinato rythmique, mais s'est aussi inspiré d'expériences romantiques et de techniques avant-gardistes.
Après sa création à Salzbourg, le 15 août 1986, l'opéra a été repris dans toute l'Europe, puis donné avec un certain succès aux États-Unis, à partir de 1988.

Giovanni Battista **Pergolesi**

Né à Jesi (province d'Ancône) le 4 janvier 1710
Mort à Pouzzoles (près de Naples) le 17 mars 1736

De son vrai nom de famille Draghi, Pergolesi entre au conservatoire de Naples sous le nom de Jesi, son lieu de naissance. Lui-même se fait appeler Pergolesi (mais on trouve aussi Pergolese sur les documents d'époque). Il perd sa mère en 1727, puis son père en 1732. Ses frères et sœurs disparaissent également très jeunes. Lui-même est chétif et a des difficultés à marcher. Pergolesi découvre la musique comme enfant de chœur, avant d'étudier le violon et la composition, où il fait preuve de dons extraordinaires. Sa première œuvre importante, un drame sacré, est créée en 1731. En 1732, il est nommé maître de chapelle du vice-roi de Naples. La même année, il écrit son premier opéra. Il meurt de la tuberculose à 26 ans, ce qui ne lui laisse que cinq ans pour écrire toute son œuvre.

Œuvres : Opéra : *Salustia*, 1732 ; *Lo Frate 'nnamurato*, 1732 (Le Frère amoureux) ; *Il Prigionier superbo*, 1733 ; *La Serva padrona*, 1733 (La Servante maîtresse) ; *Adriano in Siria*, 1734 ; *L'Olimpiade*, 1735 ; *Il Flaminio*, 1735 ; *Livietta e Tracollo/La Contadina astuta*, 1737. Oratorios, messes et œuvres sacrées, dont le célèbre *Stabat mater*, 1736, cantates, arias et pièces instrumentales.

La Serva padrona
La Servante maîtresse

Intermezzo in musica

Livret : Gennaro Antonio Federico
Création (en intermède à l'*opera seria Il Prigionier superbo*) : le 5 septembre 1733 à Naples (Teatro San Bartolomeo)
Personnages : Uberto, un vieil homme (basse), Serpina, sa servante (sop.), Vespone, son domestique (rôle muet)

Argument
En Italie, au début du XVIIIe siècle.
La servante Serpina (petit serpent) a la haute main sur le foyer d'Uberto, un vieux célibataire fortuné. Pour échapper à sa tyrannie, Uberto annonce qu'il va se marier. Serpina décide alors de régner officiellement sur les lieux. Elle commence par démontrer à Uberto combien il est habitué à elle. Puis, faisant mine de vouloir elle aussi se marier, elle lui présente le capitaine Tempête, qui n'est autre que le domestique Vespone travesti. Face à ce capitaine mal dégrossi, Uberto prend pitié de Serpina. Et lorsque cette dernière lui propose de la doter de 4000 thalers ou bien de l'épouser, Uberto choisit le mariage, faisant de sa servante la maîtresse officielle de sa maison.

S. N.

Son extrême précocité, la simplicité, la légèreté et la beauté de sa musique ont valu à Pergolesi le surnom de Mozart italien !

Le retour du comique

À la naissance de l'opéra (Monteverdi, → *L'Orfeo*), le comique était totalement absent de ce genre. Ce n'est qu'avec l'ouverture à Venise de la première salle d'opéra (San Cassiano, 1637) qu'apparurent les premiers personnages comiques, souvent issus du peuple. L'âge d'or de l'opéra vénitien (Monteverdi, → *Il Ritorno d'Ulisse in patria*, 1640, et → *L'Incoronazione di Poppea*, 1642) réconcilia les genres en combinant des scènes tragiques et des moments comiques. À ses débuts, Haendel dut lui aussi offrir au public vénitien des œuvres conciliant les moments drôles et sérieux (→ *Agrippina*, 1709). L'opéra-comique apparut à une époque où les cours aristocratiques étaient des lieux spécifiquement consacrés à l'*opera seria*, un genre dont les canons étaient irrémédiablement fixés. Ce sont les salles d'opéra publiques et payantes qui misèrent alors sur des œuvres plus légères pour attirer le public. Au départ, les deux genres cohabitèrent en bonne intelligence, puisque les intermèdes comiques étaient joués pendant les entractes des *opera seria*, puis ils acquirent leur autonomie en se développant jusqu'à occuper une soirée entière.

Un genre qui demande aussi du souffle

On ne peut certes pas dire que l'*opera buffa* nécessite moins de souffle que l'*opera seria*, mais c'est un fait que les premières œuvres de ce genre présentaient souvent des motifs courts, répétés parfois de façon exagérée pour susciter le rire. Les airs étaient eux aussi plus courts et comportaient moins de notes tenues. Désormais, il n'était plus indispensable d'engager des castrats habitués à la virtuosité vocale. L'accent était mis sur la finesse des dialogues et sur le jeu des personnages. L'*opera buffa* requérait un effectif réduit, mais des interprètes rompus à ce genre de difficultés.

L'humour est éternel

S'il est incontestable que *La Servante maîtresse* est un véritable petit chef-d'œuvre, on peut néanmoins se demander pourquoi cet opéra connut un aussi grand succès au XVIIIe siècle. En effet, le livret fut rapidement traduit en plusieurs langues, dont le suédois et le russe, et l'œuvre de Pergolesi fut jouée en Amérique (Baltimore et New York) dès la fin du XVIIIe siècle. À Paris, la création déclencha en 1746 la fameuse « Querelle des Bouffons », qui opposa les défenseurs du style de cour français (→ Rameau) aux adeptes d'un genre plus populaire. Rousseau et les Encyclopédistes firent de *La Servante maîtresse* le modèle de la musique « naturelle ». Les XIXe et XXe siècles témoignèrent eux aussi d'un grand intérêt pour la musique de Pergolesi, à tel point qu'on lui attribua toute une série de compositions nouvelles écrites à sa manière.

Page ci-contre à gauche
Croquis de costumes pour Pantalone et Dottore, deux personnages de la *commedia dell'arte*, Lodovico Ottavio Burnacini, vers 1700.
Pantalone et Dottore, le vieux célibataire fortuné et le docteur pédant, sont deux cibles traditionnelles de la *commedia dell'arte*. Parmi les personnages ridicules de cet univers, citons aussi le capitaine, qui se dresse comme un coq sur ses ergots pour mieux prouver sa virilité. Quant au facétieux Arlequin (Pulcinella en italien) et surtout la coquine Colombine, ils passent leur temps à se moquer d'eux dans des situations qui tournent toujours à leur avantage.

Ci-contre
La Servante maîtresse, croquis de décor de Ludwig Zuckermandel-Bassermann pour la mise en scène de Walter Jakob, direction musicale : Ludwig Leschetzky, Stadttheater de Lübeck, 1930-1931 (TWS).
L'intermède de Pergolesi est représenté ici comme un univers en sucrerie. Il faut peut-être y voir une allusion à la ville de Lübeck, capitale du massepain, où fut montée cette production. En tout cas, les lignes obliques et les différents espaces de jeu ménagés par le décor soulignent bien la continuité de l'action dramatique, caractéristique de l'*opera buffa* de Pergolesi à Mozart et Rossini.

Ci-dessus
Pimpinone de Georg Philipp Telemann, avec Jutta-Renate Ihloff (Vespetta) et Kurt Moll (Pimpinone), mise en scène : August Everding, décors et costumes : Toni Businger, direction musicale : Mathias Husmann, Staatsoper de Hambourg, 1974.
Si Telemann n'avait composé *Pimpinone* huit ans plus tôt, on pourrait très bien imaginer que cet intermède comique est une version allemande de la *Servante maîtresse* de Pergolesi. Les deux œuvres recourent pratiquement à la même intrigue du vieux célibataire et de la jolie servante. Conçu comme un intermède à l'*opera seria* de Haendel →*Tamerlan* pour l'Opéra am Gänsemarkt de Hambourg, *Pimpinone* connut un gros succès financier. À l'époque, le public allait volontiers au théâtre pour rire et se divertir.

Hans Pfitzner, Munich, vers 1930 (photo de Müller Hilsdorf).
Le message et la musique de cet opéra s'exprime avec une telle emphase romantique que l'on a souvent pensé que Pfitzner s'identifiait à Palestrina, ce qu'il a toujours contesté.

Palestrina, avec William Cochran (Palestrina) et Wious Slabbert (le cardinal Borromeo), mise en scène : Nikolaus Lehnhoff, direction musicale : Klaus Wallat, Deutsche Oper am Rhein de Düsseldorf, 1999.
En Allemagne et en Autriche, les représentations de *Palestrina* font toujours figure d'événement. Hans Hotter, Fritz Wunderlich, Julius Patzak et Peter Schreier resteront des interprètes célèbres du rôle-titre.

Palestrina

Légende musicale en trois actes

Livret : Hans Pfitzner
Création : le 12 juin 1917 à Munich (Prinzregententheater)

Personnages : le pape Pie IV (basse profonde), Giovanni Morone, légat du pape (bar.), Bernardo Novagerio, légat du pape (tén.), Carlo Borromeo, cardinal romain (basse), Giovanni Pierluigi da Palestrina, maître de chapelle à l'église Sainte-Marie-Majeure de Rome (tén.), Ighino, son fils, 15 ans (sop.), Silla, son élève, 17 ans (mezzosop.), cinq chanteurs de Sainte-Marie-Majeure (2 tén., 2 basses, 1 basse profonde), un jeune docteur (alto), l'apparition de Lucrèce, l'épouse décédée de Palestrina (alto), les apparitions de neuf compositeurs du passé (3 tén., 3 bar., 3 basses), trois voix d'anges (3 sop. légers), deux nonces du pape (rôles muets), Giuseppe, le vieux domestique de Palestrina (rôle muet) ; anges, domestiques italiens, allemands et espagnols, participants au Concile de Trente, chanteurs de la chapelle papale, habitants (chœur) ; cardinaux, prélats, princes, émissaires, patriarches, évêques, archevêques, généraux, abbés, théologiens, peuple, soldats (figurants)

Argument
À Rome et à Trente, en novembre et décembre 1563.

Acte I
Une pièce de la maison de Palestrina à Rome. Le soir. Silla chante un nouveau madrigal qu'il a composé dans le style de l'École florentine. Il s'ensuit une dispute avec Ighino, le fils de Palestrina, qui préfère l'art polyphonique traditionnel. Palestrina rentre chez lui accompagné du cardinal Borromeo, qui apprécie fort la composition de Silla. Palestrina soutient son élève dans sa recherche d'un langage musical personnel. Au nom du pape, Borromeo charge Palestrina de composer une messe dans l'ancien style polyphonique. À cette époque, la musique sacrée est au centre d'un débat public qui oppose le

Hans **Pfitzner**

Né à Moscou le 5 mai 1869
Mort à Salzbourg le 22 mai 1949

Né d'une mère pianiste et d'un père violoniste, Pfitzner fait ses études à Francfort-sur-le-Main. Tout d'abord chef d'orchestre à Mayence (1894-1896), puis professeur de composition au Conservatoire Stern de Berlin (1897-1907), il devient, à partir de 1903, chef d'orchestre au Theater des Westens. Il exerce ensuite à Munich, avant d'accepter en 1908 la direction musicale de l'Opéra et du conservatoire de Strasbourg. En 1920, l'Académie des arts de Berlin lui confie une classe de composition. De 1929 à 1934, Pfitzner exerce à l'Académie de musique de Munich. Par la suite, il réside à Vienne et Salzbourg. Toute sa vie, il s'est montré très réticent face à la modernité. Ses œuvres, bien qu'encensées par un cercle d'admirateurs, n'ont jamais connu les faveurs du grand public.

Œuvres : Opéra : *Der arme Heinrich*, Mayence, 1895 ; *Die Rose vom Liebesgarten*, Elberfeld, 1901 ; *Das Christelflein*, Munich, 1906 ; *Palestrina*, Munich, 1917 ; *Das Herz*, Berlin, 1931. Musique pour chœurs, œuvres pour orchestre, musique de chambre, lieder, œuvres pour piano.

Pfitzner fut un ardent défenseur de la tradition européenne. Il a élaboré un style romantique qui repose sur un travail thématique important et, dans ses dernières œuvres, sur une conception très libre de la dissonance.

pape à l'empereur. Mais Palestrina doute pouvoir encore composer. Resté seul, Palestrina est assailli de visions. Des compositeurs du passé, puis Lucrèce, son épouse décédée, apparaissent pour l'encourager à parfaire la grande tradition polyphonique. Des anges lui dictent sa musique. Épuisé, il s'endort. Au matin, Ighino et Silla découvrent la partition achevée de la messe.

Acte II
Trente, une grande salle du palais de l'archevêché. Le concile se déroule dans une ambiance survoltée. Avant même que la salle soit prête, les domestiques des délégués se querellent. Le légat Novagerio tente de rétablir l'ordre. Le cardinal Borromeo l'informe alors du refus de Palestrina de faire exécuter sa messe. À quoi Novagerio répond en vantant les positions de l'Inquisition. Mais Borromeo a déjà mis Palestrina en prison. Alors commence une séance houleuse consacrée à l'avenir de la musique liturgique. Borromeo sort la messe de Palestrina comme un ultime atout. Mais les participants ne parviennent pas à s'accorder. La séance est reportée. Les dignitaires quittent la salle mécontents, tandis que les domestiques sortent les couteaux pour se battre.

Acte III
Une pièce de la maison de Palestrina à Rome. Le soir. Pour faire sortir son père de prison, Ighino a dû remettre à Borromeo la partition de la messe. En compagnie de son fils et de son élève, Palestrina attend la fin du concert qui a lieu chez le pape. Quand la porte s'ouvre, des acclamations se font entendre et les chanteurs viennent témoigner de l'effet saisissant de cette *Missa Papae Marcelli*. Le pape apparaît en personne et confie à Palestrina la direction de la Chapelle Sixtine. Les invités se retirent au milieu des acclamations. Seul Borromeo reste chez Palestrina et s'excuse du traitement qu'il lui a fait subir. Silla décide alors de partir pour Florence. Palestrina lui donne sa bénédiction. Insensible à la gloire ou au reproche, il a maintenant trouvé la paix. Il s'asseoit à son orgue et s'abandonne à la musique.

s. n.

Palestrina, croquis de décor de Rudolf Hraby (l'atelier) pour la mise en scène de Hans Pfitzner, direction musicale : Otto Klemperer, Vereinigte Stadttheater de Cologne, 1919-1920 (TWS).
C'est dans l'histoire de la musique d'August Wilhelm Ambros que Pfitzner découvrit la légende selon laquelle Palestrina fut le sauveur de la musique sacrée. Musicalement, il s'inspira des polyphonies de l'époque de Palestrina, mais sans chercher à les imiter. Afin de rendre l'esprit de l'époque, il fit une étude approfondie de la *Missa Papae Marcelli* de Palestrina, dont il intégra plusieurs citations à son opéra.

La Gioconda

Dramma lirico en quatre actes

Livret: Tobia Gorrio (Arrigo Boito), d'après un drame de Victor Hugo

Création (de la 1re version): le 8 avril 1876 à Milan (Teatro alla Scala); quatre autres versions suivront jusqu'en 1880

Personnages: La Gioconda, une chanteuse (sop.), La Cieca, sa mère aveugle (alto), Alvise Badoero, un chef de l'Inquisition (basse), Laura Adorno, son épouse (mezzosop.), Enzo Grimaldo, un noble gênois (tén.), Barnaba, un chanteur de rue (bar.), Zuàne, un batelier (basse), un chanteur (basse), Isèpo, un écrivain public (ten.), un meunier (basse), deux voix au loin (tén., basse); gens du peuple, marins, sénateurs, gens de la bonne société, masques, moines (chœur)

Argument
Au XVIIIe siècle, à Venise.

Pour des motifs politiques, le noble Enzo a dû renoncer à Laura, son amour de jeunesse. Fiancé à La Gioconda, une chanteuse, il ne peut pourtant oublier Laura, qui a dû épouser Alvise.
Enzo tente d'enlever Laura, mais en vain. La Gioconda, jalouse, reconnaît en Laura celle qui a sauvé sa mère. Alvise oblige son épouse à boire un poison, mais Gioconda le remplace par un somnifère. Pour protéger la fuite d'Enzo et de Laura, elle doit promettre à Barnaba, l'espion de

Amilcare Ponchielli

Né à Paderno Fasolaro (auj. Paderno Ponchielli) le 31 août 1834
Mort à Milan le 16 janvier 1886

Ponchielli reçoit ses premières leçons de musique de son père, un modeste commerçant qui tient l'orgue de l'église du village. À partir de 1843, il étudie la théorie de la musique, la composition et le piano au conservatoire de Milan. Il débute sa carrière comme organiste et chef d'orchestre à Crémone (1854), où son premier opéra est créé en 1856. Mais il doit attendre encore une vingtaine d'années avant d'obtenir une véritable consécration avec *La Gioconda* (1876). À cette époque, il est devenu un professeur réputé du Conservatoire de Milan.

Œuvres: Opéra: *I Promessi sposi*, 1856; *Bertrando*, 1858; *La Savoiarda*, 1861; *Roderico, re dei Goti*, 1863; *Il Parlatore eterno*, 1873; *I Lituani*, 1874; *I Mori di Valenza*, 1874; *La Gioconda*, 1876; *Il Figliuol prodigo*, 1880; *Marion Delorme*, 1885. Ballets, cantates, musique sacrée, mélodies, œuvres pour orchestre, musique de chambre, œuvres pour piano.

De Padoue à Venise: Hugo et Boito
Dans une pièce datant de 1835, Victor Hugo avait choisi de décrire la terreur qui avait fait rage à l'époque du *conseil des Dix* à cause d'un réseau de mouchards et de petits potentats. Boito reprit les principaux personnages mis en scène par Hugo, modifia leur nom et transposa l'intrigue de Padoue à Venise, le cadre idéal pour un « grand opéra ».

Ponchielli est le compositeur italien le plus important entre Verdi et Puccini.

La Gioconda, avec Maria Callas (la Gioconda) et Lucia Danieli (la Cieca), mise en scène: Mario Frigerio, décors: Nicola Benois, Teatro alla Scala Milan, 1950-1951.
C'est l'une des rares photographies où Maria Callas apparaît au début de sa carrière, avant son régime amaigrissant. Après avoir passé plusieurs années aux États-Unis, la chanteuse d'origine grecque a relancé sa carrière européenne dans le rôle de La Gioconda, aux arènes de Vérone.
Ce personnage de chanteuse des rues lui a valu une gloire internationale.

l'Inquisition, de s'offrir à lui. Lorsque Barnaba vient réclamer son dû, La Gioconda se poignarde sous ses yeux.

Prologue
Le noble Enzo aime Laura, qui partage cet amour. Mais pour des raisons politiques, Laura est mariée à Alvise, l'un des chefs de l'Inquisition de Venise. Il se fiance alors avec la chanteuse Gioconda, qui l'aime d'un amour passionné. Banni de Venise, il ne parvient pourtant pas à oublier Laura.

Acte I (La Gueule du lion)
Dans la cour du palais des Doges, à Venise, le peuple attend le début de la régate. Barnaba, chanteur des rues et espion de l'Inquisition, aime Gioconda. Plusieurs fois repoussé, il accuse alors la mère de Gioconda, une vieille femme aveugle et pieuse, d'être une sorcière. Il faudra l'intervention de Laura, masquée, pour empêcher qu'elle ne soit lynchée. L'aveugle offre un rosaire à celle qui l'a sauvée. Barnaba prétend organiser la fuite d'Enzo et de Laura, mais il prévient aussi Alvise, le mari trompé, puis met Gioconda dans la confidence.

Acte II (Le Rosaire)
Sur la rive d'une île inhabitée de la lagune Fusina. Les deux amants se préparent à fuir avec le bateau d'Enzo. Mais au dernier moment, Gioconda tente d'empêcher leur départ. Elle se lamente sur l'infidélité d'Enzo, veut se venger de sa rivale, mais découvre grâce au rosaire que c'est Laura qui a sauvé sa mère. Pleine de gratitude, elle décide d'aider Laura, qui lui remet son masque. À l'arrivée d'Alvise et de ses hommes d'armes, Enzo saborde son bateau, mais s'en tire sain et sauf. Laura rejoint alors son époux, informé par Barnaba de ce qui se tramait.

Acte III (La Maison d'or)
Tableau 1 Blessé dans son honneur, Alvise ordonne à son épouse infidèle de boire un poison. Gioconda intervient à nouveau pour sauver Laura et remplace le poison par un puissant somnifère. Elle veut ainsi remercier Laura d'avoir sauvé sa mère.

Tableau 2 Un bal masqué. Les invités d'Alvise assistent au somptueux ballet de la *Danse des Heures*, tandis qu'à l'extérieur, le glas sonne pour Laura. Venu se jeter dans la gueule du loup, Enzo est arrêté. Avec l'aide de Barnaba, Gioconda tente encore d'organiser la fuite des deux amants. En échange, Barnaba exige que Gioconda se donne à lui le soir même.

Acte IV (Le Canal Orfano)
La dépouille de Laura repose sur l'île de la Giudecca, où Gioconda attend que soit scellé son malheureux destin. Enzo, qui pense que Laura est réellement morte, veut se venger de Gioconda. Or, cette dernière est prête à recevoir la mort de l'homme qu'elle aime. Mais à cet instant, Laura sort de son profond sommeil et Enzo comprend à quel sacrifice Gioconda a consenti. Enzo et Laura s'enfuient, avec la bénédiction de Gioconda. Restée seule, elle est surprise par Barnaba. Face à ce dernier, venu réclamer son dû, elle se poignarde. Se penchant à l'oreille de Gioconda, Barnaba lui annonce qu'il a tué sa mère.

S. N.

Le méchant Barnaba
C'est le personnage de Barnaba que Boito transforma le plus. Chez Hugo, le méchant n'est qu'un moyen de déclencher le mécanisme de l'intrigue. Il disparaît ensuite au milieu de la pièce. Boito dote l'espion d'une motivation personnelle : son Barnaba n'est pas seulement un délateur professionnel, c'est aussi un amant repoussé. Cet élément nouveau conduira à l'issue tragique de l'opéra, puisque l'héroïne se suicide. Sur scène, durant pratiquement tout l'opéra, Barnaba apparaît comme un précurseur du personnage démoniaque de Iago (Verdi, → *Otello*).

Des interprètes comblés
La Gioconda est une œuvre qui fait la part belle aux chanteurs, avec de nombreuses mélodies autonomes et de véritables morceaux de bravoure, tels la mélodie du rosaire de l'aveugle N1, la romance d'Enzo (acte II) N2, le fameux « air du poison » de Gioconda (début de l'acte IV) N3, les duos d'amour ou encore des scènes de genre musicales, comme celle de *la Furlana*. J. K.

1. Mélodie du rosaire de l'aveugle

2. Romance d'Enzo

3. Air du poison de Gioconda

Francis Poulenc

Né à Paris le 7 janvier 1899
Mort à Paris le 30 janvier 1963

Poulenc prend ses premières leçons de piano avec sa mère avant d'étudier auprès de Charles Koechlin. À 15 ans, il devient l'élève du pianiste Ricardo Vines qui l'introduit dans le monde musical parisien. Les contacts avec Satie et Auric enrichissent son univers spirituel et musical et l'aident à élaborer un style personnel. Après la Première Guerre mondiale, il devient membre du groupe des six avec → Honegger, Tailleferre, → Milhaud, Auric et Durey, un cercle qui ne prétend pas former un courant esthétique, mais cherche à susciter un renouveau de la musique française. Il voyage en Europe avec Darius Milhaud et rencontre à Vienne les compositeurs de l'école Schönberg, sans toutefois adhérer à leurs conceptions artistiques. Ses talents de mélodiste (il a mis en musique de nombreux poèmes d'Apollinaire et d'Eluard) et de compositeur de ballet l'amenèrent tout naturellement à l'opéra. Poulenc puise sans scrupules (mais toujours à bon escient) dans l'œuvre des maîtres de la Renaissance et du Baroque, copie les romantiques français, → Verdi ou → Saint-Saëns, s'inspire de Moussorgski → Mussorgski et emprunte aux contemporains comme → Stravinsky, Satie et surtout → Debussy et → Ravel.

Œuvres: Opéras: *Les Mamelles de Tirésias*, Paris, 1947; *Les Dialogues des Carmélites*, Milan, 1957; *La Voix humaine*, Paris, 1959. Ballets, musique pour orchestre, musique de chambre, mélodies, chœurs religieux et profanes.

La fuite dans le surréalisme
En mettant en musique le *Drame surréaliste* de Guillaume Apollinaire (1917), Poulenc signait en 1944 le prototype de l'opéra surréaliste qui joue avec la folie du monde et conduit à l'absurde, déclenchant un rire salvateur. À la création, en 1947, on lui reprocha pourtant d'avoir composé une œuvre aussi légère dans une période d'après guerre aussi dure. La musique y est drôle et se nourrit de parodies: polka, valse, ariette et chœur semblent s'y croiser par hasard, et l'action est ponctuée par des bruitages. Par la suite, l'œuvre obtint une reconnaissance unanime.

Les Mamelles de Tirésias

Opéra-bouffe en un prologue et deux actes

Livret: Guillaume Apollinaire
Création: le 3 juin 1947 à Paris (Opéra-Comique)

Personnages: le directeur de théâtre (bar.), Thérèse, puis Tirésias (sop.), la marchande de journaux (mezzosop.), une dame élégante (mezzosop.), une grosse dame (mezzosop.), le mari (bar.), le gendarme (bar.), Presto (bar.), Lacouf (tén.), le journaliste (tén.), le fils (tén.), un monsieur barbu (basse); le peuple de Zanzibar (chœur)

Argument
En 1910 à Zanzibar, une ville imaginaire entre Nice et Monte Carlo.
Le directeur explique que le théâtre doit servir à réformer les mœurs et enjoint le public à faire des enfants.
Thérèse ne supporte plus d'être une femme. Elle perd ses seins qui s'échappent comme des ballons et la barbe lui pousse.
Abandonné, le mari de Thérèse s'habille en femme et se fait aborder par un gendarme. Tandis que les femmes de Zanzibar, galvanisées par le général Tirésias, scandent leur refus de faire des bébés, le mari annonce qu'il enfantera tout seul. Effectivement, 40 000 bébés naissent d'un coup, mais cette surproduction menace de provoquer la ruine du pays. Finalement, Thérèse/Tirésias sauve la situation en acceptant la contrainte du mariage et la conception des enfants.

Poulenc percevait comme personne l'esprit de son temps. Avec Dialogues des Carmélites, *il a cependant composé un chef-d'œuvre intemporel.*

Dialogues des Carmélites

Opéra en trois actes et douze tableaux

Livret: Georges Bernanos

Création: le 26 janvier 1957 à Milan (Teatro alla Scala)

Personnages: le marquis de la Force (bar.), Blanche, sa fille (sop.), le chevalier de la Force, son fils (tén.), Madame de Croissy, la prieure (alto), Madame Lidoine, la nouvelle prieure (sop.), mère Marie (mezzosop.), sœur Constance, une novice (sop.), mère Jeanne (alto), sœur Mathilde (mezzosop.), le confesseur du couvent (tén.), deux commissaires (tén., basse), le geôlier (basse), Javelinot, un médecin (bar.), Thierry, un domestique (bar.), deux vieilles femmes, un vieux monsieur (rôles parlés); onze carmélites, représentants de la municipalité, officiers, des prisonniers, gardes, gens du peuple (chœur)

Argument
Sous la Révolution, entre 1789 et 1794, à Paris et à Compiègne.
Depuis son enfance, Blanche souffre de la peur. Son père, le marquis de la Force, accepte qu'elle entre dans un couvent de Carmélites. La prieure ne considère pas les motifs de Blanche – la peur du monde et l'angoisse de la mort – comme suffisants pour devenir religieuse, mais elle lui offre son hospitalité et la confie à mère Marie, une religieuse au caractère noble et sévère. À la mort de la prieure, mère Marie prend en main le destin de Blanche. Celui-ci semble irrévocablement lié à celui de sœur Constance, une autre jeune novice. Le pays est livré à la terreur révolutionnaire, qui s'en prend particulièrement aux couvents. Son frère tente de ramener Blanche à la maison, mais en vain. Le couvent est fermé. Les sœurs, poussées par mère Marie, acceptent de faire le serment du martyre. Prise de panique, Blanche tente de regagner la demeure familiale, déguisée en servante. Mais elle a été saccagée et son père assassiné. Elle se retrouve servante des nouveaux propriétaires. Mère Marie vient à son secours et lui propose de lui trouver un refuge sûr. Mais elle refuse.
Entre-temps, les autres sœurs ont été arrêtées et condamnées à mort. L'une après l'autre, elles montent sur l'échafaud en chantant leur foi. Constance, la dernière, aperçoit Blanche qui se faufile à travers la foule. Reprenant le *Salve Regina*, Blanche suit ses compagnes dans la mort, enfin libérée de ses angoisses et rendue à la paix de Dieu.

S. N.

La Voix humaine

Tragédie lyrique en un acte

Livret: Jean Cocteau
Création: le 6 février 1959 à Paris (Opéra-Comique)

Personnage: une jeune femme (sop.)

Argument

Dans sa chambre à coucher, une jeune femme est étendue comme morte sur son lit. Elle ne s'anime que lorsque retentit la sonnerie du téléphone. Son amant, qui l'a abandonnée et qui s'apprête à en épouser une autre, veut lui dire adieu. Elle affecte tout d'abord le détachement, puis évoque leurs souvenirs communs, tombe dans le désespoir, puis s'effondre à la fin de la conversation.

S. N.

Dialogues des Carmélites, croquis de décor de Wolfram Munz pour la mise en scène de Hans Harteb, direction musicale: Wolfgang Trommer, Stadttheater d'Aix-la-Chapelle, 1969-1970 (TWS).
Les angoisses personnelles de Poulenc et son intérêt philosophique et individuel pour le catholicisme trouvèrent un écho particulier dans l'histoire de cette nonne en proie aux questionnements, et qui ne trouve la paix intérieure qu'à travers le sacrifice volontaire avec ses compagnes de couvent. L'opéra et la pièce dont il est inspiré comptent parmi les très rares œuvres dramatiques françaises où la Révolution est présentée de façon ouvertement négative.

Ci-dessus
La Voix humaine, avec Denise Duval, mise en scène et décors: Jean Cocteau, lors de la création à l'Opéra-Comique, Paris, 1959.
Ce monodrame, écrit en 1930 par Jean Cocteau, inspira également un film à Roberto Rossellini, *La Voce umana*, avec Anna Magnani. C'est le phénomène de la « communication déshumanisée » qui intéressa Cocteau. Le téléphone permet de rompre une relation en évitant tout contact personnel:
ce qui facilite les choses pour l'amant infidèle, mais les rend plus difficiles encore pour la femme abandonnée.

Ses contemporains considéraient Prokofiev comme un représentant du grotesque. En réalité, il ne faisait qu'éviter tout sentimentalisme, misant sur un rire salvateur, un lyrisme subtil et des sentiments profonds.

L'Amour des trois oranges, croquis de décor de Max Bignens pour la mise en scène d'Arno Assman, direction musicale : Kurt Eichhorn, Staatstheater am Gärtnerplatz, Munich 1962 (TWS).
Dans cette ouvrage, Prokofiev rompt de façon manifeste avec l'art ampoulé du début du siècle. Il œuvre pour un renouveau de l'*opera buffa* et évite toute caractérisation psychologique des personnages. L'enchaînement rapide des images et des situations, conjugué à un emploi approprié de la dissonance, renvoient à l'univers cinématographique. La musique de cet opéra recourt à des techniques vocales extrêmes, mais elle est également ponctuée aussi d'harmonies simples à base d'accords parfaits. Grâce à cette combinaison, le public n'a aucun mal à accepter les effets les plus hardis. Le succès international de cet opéra en est la meilleure preuve.

Sergueï Sergueïevitch **Prokofiev**

Né à Sontsovka (Ukraine) le 23 avril 1891
Mort à Moscou le 5 mars 1953

Après avoir étudié de 1904 à 1914 au conservatoire de Saint-Pétersbourg, Prokofiev voyage pour parfaire ses connaissances. À Londres, il fait la rencontre de Diaghilev, à Rome de → Stravinsky. Il rentre régulièrement en Union soviétique, où il est alors considéré comme un compositeur de premier plan. En 1933, lorsqu'il revient s'installer définitivement en Russie, les autorités attendent de lui qu'il adopte les principes du réalisme socialiste. Mais ses œuvres ne correspondent pas suffisamment à l'esthétique en vigueur et sont condamnées en 1948 par les services culturels russes. Malgré ses promesses de respecter la résolution du Comité central, les autorités ont du mal à retrouver dans ses œuvres la doctrine officielle. Son attitude, qui est considérée dans son pays comme un refus de coopérer, est perçue en Occident comme le signe d'un endoctrinement politique.

Œuvres : Opéra : *Maddalena*, 1912, création Londres, 1979 ; *Le Joueur*, Bruxelles, 1929 ; *L'Amour des trois oranges*, Chicago, 1921 ; *L'Ange de feu*, 1919-1927, création Paris, 1954 ; *Simeon Kotko*, Moscou, 1940 ; *Fiançailles au couvent*, 1940, création Leningrad, 1946 ; *Guerre et paix*, Moscou, 1944 ; *L'Histoire d'un homme véritable*, 1948, création Moscou, 1960. Ballets, musique de scène et de films, œuvres pour orchestre, musique de chambre, œuvres pour la voix et pour piano.

L'Amour des trois oranges

Opéra en quatre actes, dix tableaux et un prologue

Livret : Sergueï Prokofiev, d'après la pièce de Carlo Gozzi et la comédie de Konstantin Vogak, Vsevolod Meyerhold et Vladimir Soloviov
Création : le 30 décembre 1921 à Chicago (Auditorium Theatre)
Personnages : le roi de trèfle, souverain d'un royaume imaginaire, habillé comme le roi de trèfle d'un jeu de cartes (basse), le prince, son fils (tén.), la princesse Clarissa, nièce du roi (alto), Léandre, son premier ministre, habillé en roi de pique (bar.), Truffaldino, bouffon (tén.), Pantalon, ami du roi (bar.), le magicien Tchelio, protecteur du roi (basse), la sorcière Fata Morgana, protectrice de Léandre (sop.), les princesses Linetta, Nicoletta et Ninetta, déguisées en oranges (alto, mezzosop., sop.), la cuisinière Créonte (basse), Farfarello, un démon (basse), Smeraldina, une servante noire (mezzosop.), le maître de cérémonie (tén.), un héraut (basse), le trompette (tromboniste) ; dix spectateurs, adeptes de la comédie, adeptes de la tragédie, beaux esprits, esprits simples, petits démons, médecins, courtisans (chœur), monstres, ivrognes, gloutons, gardes, serviteurs, quatre soldats (figurants)

Argument
Prologue
Les partisans des différentes formes théâtrales défendent un art conforme à leur idéal et en viennent aux mains. Les membres de la direction du théâtre mettent un terme à la querelle en promettant une œuvre qui répondra aux attentes de tous, *L'Amour des trois oranges*.
Afin d'assurer le bon déroulement du spectacle, ils postent des gardes à l'intérieur de deux tours placées sur le devant de la scène.
Acte I
Des médecins annoncent que le prince souffre d'une maladie incurable. Pantalon explique au roi désemparé que, d'après la sagesse populaire, il suffirait de le faire rire pour qu'il guérisse. Le roi ordonne que l'on prépare aussitôt des fêtes, et l'on engage le bouffon Truffaldino.
Le magicien Tchelio et la sorcière Fata Morgana se querellent et décident de régler leur différend par

Le surréalisme présocialiste
En dépit d'une forme qui peut paraître néoclassique, l'opéra de Prokofiev relève surtout du surréalisme et de l'absurde. Dans sa période avant-gardiste, celui qui devint par la suite le maître du réalisme socialiste musical et le compositeur génial des musiques de films d'Eisenstein, était acquis à un idéal théâtral inspiré de l'esthétique de Meyerhold, beaucoup plus proche du monde féerique de Carlo Gozzi que des pièces réalistes.

M. S.

une partie de cartes. Tchelio perd.
Smeraldina, la servante de Morgana, avertit le ministre Léandre que Tchelio soutient le prince, mais que Morgana est prête à l'épauler. Aidé de la nièce du roi, Clarissa, Léandre cherche à s'emparer du trône et n'a aucun intérêt à ce que le prince guérisse. Tchelio a perdu de ses pouvoirs magiques, les démons ne lui obéissent plus. Léandre semble avoir les atouts dans son jeu.

Acte II

Tous les efforts de Truffaldino pour dérider le prince restent vains. Il parvient tout de même à le convaincre de se rendre à la fête.
Mais là, rien n'y fait. Le prince n'ébauche pas même un sourire. C'est alors qu'apparaît Morgana. Tandis qu'elle se dispute avec Truffaldino, Morgana trébuche et fait une chute malencontreuse. Il n'en faut pas plus pour que le prince éclate de rire et soit guéri. Dépitée, Morgana le maudit et lui annonce qu'il tombera amoureux de trois oranges. Malgré l'interdiction de son père, le prince part sur le champ à la recherche des trois oranges, accompagné de Truffaldino. Farfarello les pousse sur la route en actionnant un grand soufflet.

Acte III

Le magicien Tchelio ayant perdu la partie de cartes, Farfarello ne lui obéit plus. Mais Tchelio parvient à remettre à Truffaldino un ruban qui l'aidera à voler les oranges chez Créonte.
Dans la cuisine de Créonte, le prince dérobe les trois oranges, pendant que Truffaldino détourne l'attention de la cuisinière grâce au ruban magique. Tous deux s'en sortent sains et saufs.
Sur le chemin du retour, le prince et Truffaldino tombent de fatigue, totalement assoiffés. Tandis que le prince dort, Truffaldino ouvre deux oranges, malgré les conseils de Tchelio. Il en sort deux princesses qui, n'ayant rien à boire, meurent aussitôt de soif. Très embarrassé, Truffaldino s'enfuit dans le désert. Le prince ouvre alors la troisième orange et la princesse Ninetta lui tombe dans les bras. Mais elle mourrait également de soif si les spectateurs, au mépris des conventions de l'art, n'arrivaient sur scène avec un seau d'eau. Ninetta envoie alors le prince lui chercher une tenue plus convenable. Restée seule, Ninetta est changée en rat par Smeraldina, qui se substitue à la princesse. Sur ordre de son père, le malheureux prince devra épouser Smeraldina.

Acte IV

Tchelio et Morgana se combattent par tous les moyens, même les plus déloyaux. Mais Morgana reste la plus forte. Alors les spectateurs interviennent et enferment la sorcière dans une tour de l'avant-scène. Il ne reste plus à Tchelio qu'à préparer l'heureux dénouement.
Tout est prêt pour les noces. Mais c'est un rat qui est assis sur le trône et Tchelio ne parvient pas à conjurer le sortilège. Alors les gardes tirent sur l'animal et Ninetta réapparaît.
Il est établi que Smeraldina était la complice de Léandre et de Clarissa. Le roi ordonne qu'ils soient pendus. Morgana parvient à s'échapper par une trappe avec ses protégés. Malgré cela, la scène se termine dans la liesse générale autour du couple d'amoureux.

S. N.

Ci-dessus
L'Amour des trois oranges, cartes à jouer historiques illustrées par Alfred Rethel: le roi de trèfle et le roi de pique, 1852, deutsches Spielkarten – museum, Leinfelden-Echterdingen.

L'Amour des trois oranges, avec (de g. à dr.) Diana Rehbock (Nicoletta), Donald George (étendu, le prince), Daniel Kirch (Truffaldino) et Caren van Oyen (Linetta), mise en scène: Andreas Homoki, direction musicale: Michail Jurowski, décors: Frank Philipp Schlössmann, costumes: Mechthild Seipel, Komische Oper de Berlin, 1998. Malgré l'interdiction, Truffaldino, assoiffé, a ouvert deux des trois oranges. Mais au lieu que ce soit du jus, ce sont deux jeunes filles qui en sortent. Désemparé, Truffaldino voit les deux princesses se dessécher sur place. Durant la tragédie, le prince est endormi. À son réveil, il reste encore la troisième orange.

Giacomo Puccini, 1919.
Puccini avait un tempérament mélancolique, comme la plupart des grands musiciens qui ont sondé l'âme humaine jusque dans ses tréfonds.

L'œuvre de Puccini témoigne d'un instinct théâtral très sûr, d'inventions mélodiques somptueuses et d'innovations musicales destinées à rendre le pittoresque des situations. C'est aussi un très émouvant peintre de l'âme humaine.

Le Villi
Les willis

Opera ballo en deux actes

Livret: Ferdinando Fontana, d'après le récit de Jean Baptiste Alphonse Karr

Création: 1re version en un acte : le 31 mai 1884 à Milan (Teatro dal Verme) ; 2e version en deux actes : le 26 décembre 1884 à Turin (Teatro Regio)

Personnages: Guglielmo Wulf, garde forestier (bar.), Anna, sa fille (sop.), Roberto (tén.) ; les gens de la montagne, les willis (chœur)

Argument
En Forêt-Noire, à une époque indéterminée. Dans la maison du garde forestier Wulf, on célèbre les fiançailles d'Anna, la fille de Guglielmo, et de Roberto. Mais Roberto doit se rendre à Mayence pour régler une affaire d'héritage. Là, il rencontre une femme. Anna se sent trahie et meurt de chagrin. Son esprit rejoint les willis, les âmes des femmes qui ont subi le même destin. Guglielmo enjoint l'esprit de sa fille de se venger. Roberto rentre plein de remords. Les willis l'entraînent dans une danse endiablée, à l'issue de laquelle il s'écroule mort.　A. G

La mélancolie
Dans son premier opéra, on trouve déjà ce qui sera l'une des principales caractéristiques du style puccinien : un goût prononcé pour la mélancolie, qui s'exprime au travers d'une harmonie chatoyante et voilée. Les scènes entre les deux amants sont empreintes de ce « doux tourment » du spleen et de la nostalgie. L'air d'Anna baigne lui aussi dans cette atmosphère, et trahit l'idée que la beauté et le bonheur sont éphémères. On entrevoit déjà ici l'état d'esprit qui sera celui de Manon Lescaut (→ Manon Lescaut). N 1

Intermezzo
L'intermède (*parte sinfonica*) intitulé *L'Abbandono* (L'Abandon), composé par Puccini pour la seconde version de l'opéra, reçut à l'époque un accueil très favorable de la part de la critique. C'est une évocation musicale de l'émoi ressenti par Roberto et l'oubli progressif de son ancienne maîtresse. On sent dans ce programme l'influence de Wagner, qui fut d'ailleurs indéniable sur toute la jeune génération italienne. L'éloge de la critique inspira ce commentaire à Verdi, alors très âgé, et qui ne connaissait vraisemblablement l'opéra de Puccini que de réputation : «... l'opéra est une chose, la symphonie en est une autre. Et je ne crois pas qu'il faille prévoir des échappées symphoniques pour le seul plaisir de faire danser l'orchestre... » On peut considérer que ce genre d'intermède orchestral ne fut qu'une mode passagère (→ *Cavalleria rusticana* de Mascagni). Néanmoins, Puccini conserve le goût pour ces pages symphoniques, puisqu'on en retrouve un exemple entre le deuxième et le troisième acte de → *Manon Lescaut* ou dans les vastes préludes orchestraux du dernier acte de → *Tosca* et de → *Madama Butterfly*.

Giacomo **Puccini**

Né à Lucques (Italie) le 22 décembre 1858
Mort à Bruxelles le 29 novembre 1924

Puccini est issu d'une famille de musiciens. Dès l'âge de cinq ans, il reçoit ses premiers cours d'orgue de son père. Après la mort de ce dernier, il poursuit ses études auprès de Fortunato Magi, puis de Carlo Angeloni. À dix ans, il entre dans les chœurs de l'église San Marino et San Michele. À partir de 1876, il poursuit ses études musicales à Milan auprès d'→ Amilcare Ponchielli et mène une vie d'étudiant et de bohème. En 1884, il présente à un concours de composition son premier opéra, *Le Villi*, qui est récompensé et joué. Il fait la connaissance de l'éditeur de musique Giulio Ricordi, qui publie désormais ses œuvres. Il emménage alors avec sa compagne Elvira Bonturi, qui lui donne un fils, Antonio, en 1886. En 1891, la famille s'installe à Torre del Lago, où Puccini résidera jusqu'à sa mort. Après la création et le succès retentissant de son opéra *Manon Lescaut* (1893), Puccini acquiert une renommée internationale. La genèse de ses futurs opéras sera néanmoins toujours difficile, tant sur le plan du travail avec les librettistes que sur celui de l'écriture ou des répétitions préliminaires à leur création. Ses œuvres s'imposeront sur les plus grandes scènes d'opéra et feront de Puccini le compositeur le plus populaire de ce début de siècle.

Œuvres : Opéras : *Le Villi*, 1884 ; *Edgar*, 1889 ; *Manon Lescaut*, 1893 ; *La Bohème*, 1896 ; *Tosca*, 1900 ; *Madama Butterfly*, 1904 ; *La Fanciulla del West*, 1910 (La Fille du Far West) ; *La Rondine*, 1917 ; *Il Trittico* (Le Triptyque) : *Il Tabarro* (La Houppelande), *Suor Angelica* (Sœur Angelica), *Gianni Schicchi*, 1918 ; *Turandot*, 1924, création 1926. Dans les autres genres, sa contribution est plus modeste : mélodies, œuvres chorales (*Messa di Gloria*, *Requiem*), *Capriccio sinfonico*, *Crisantemi* pour quatuor à cordes.

---

1. Air d'Anna

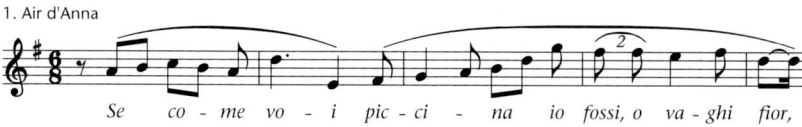

Se co-me vo-i pic-ci-na io fossi, o va-ghi fior,

Edgar, Romilda Pantaleoni (1847-1917) est la première à avoir incarné Tigrana dans l'opéra de Puccini.
Lors de la création, Romilda Pantaleoni connut un énorme succès dans le rôle de Tigrana. D'après les comptes-rendus de l'époque, ce n'était pas une beauté, mais une comédienne née. Par ailleurs, elle n'était pas mezzo, mais soprano, et il fallut donc adapter le rôle de Tigrana à sa tessiture.

Edgar

Dramma lirico en trois actes

Livret: Ferdinando Fontana, d'après le drame en vers *La Coupe et les lèvres* d'Alfred de Musset

Création: 1re version en quatre actes: le 21 avril 1889 à Milan (Teatro alla Scala); 2e version en trois actes: le 28 février 1892 à Ferrare (Teatro Comunale)

Personnages: Edgar (tén.), Gualtiero, père de Frank et de Fidelia (basse), Frank (bar.), Fidelia (sop.), Tigrana (mezzosop.); paysans, paysannes, bergers, femmes, vieillards, enfants, soldats, domestiques, moines, habitants (chœur)

Argument

Dans les Flandres, en 1302.
Edgar et Fidelia forment un couple heureux, jusqu'au jour où Tigrana séduit Edgar et repousse Frank, son prétendant. Le nouveau couple vit quelque temps en harmonie, jusqu'au jour où Edgar se querelle avec Tigrana et regrette la vie avec Fidelia. Il rejoint alors une unité de soldats commandée par Frank, le frère de Fidelia. Les deux hommes se réconcilient. Tigrana part à la recherche d'Edgar. Or, celui-ci, après s'être déguisé en moine, annonce qu'Edgar est mort au combat. Tout le monde se retrouve autour du catafalque. Fidelia pleure Edgar, qui se fait connaître et la prend dans ses bras. Mais Tigrana poignarde sa rivale. Edgar s'effondre, désespéré.

S. N.

Edgar, croquis de décor d'Oppo, Teatro alla Scala, Milan, 1944.
Edgar n'apparaît plus que rarement au programme des théâtres. Pourtant, Puccini n'a jamais été aussi proche de Verdi que dans cette œuvre.

2. Le faux requiem

Re - quiem ae - ter - nam!

Le chœur

En comparaison avec les opéras ultérieurs de Puccini, le chœur joue ici un rôle important. Peut-être certains passages trahissent-ils encore, dans le rythme ou la conduite de la mélodie, quelques similitudes avec le style de Verdi, mais ce ne sont là que de simples réminiscences. En revanche, de son passé de musicien d'église, Puccini a gardé un sens et une pratique de l'écriture chorale qui sont pour lui autant de trésors où il peut puiser. Le magistral ensemble du finale, au premier acte, ainsi que le « faux requiem », au début du dernier acte, témoignent de sa maîtrise précoce dans ce domaine. D'un point de vue dramaturgique, on peut le trouver maladroit par sa démesure et sa recherche d'effets spectaculaires, mais il n'empêche qu'il s'agit là d'une construction musicale imposante. Arturo Toscanini le dirigea en 1924, lors des funérailles de Puccini. N 2

Tigrana

Fontana créa Fidelia (la fidèle) et Tigrana (la tigresse) à partir de deux personnages féminins de Musset. Nouvel avatar de la mode exotique lancée par Mérimée, puis Bizet (→ *Carmen*), Tigrana est une enfant trouvée, qui plus est « mauresque ». À considérer les œuvres ultérieures de Puccini, ce portrait de séductrice n'apparaît pas comme sa réussite la plus originale. Ce type de personnage restera pour lui une expérience unique. Le rôle de Tigrana est écrit dans une tessiture de mezzosoprano dramatique – vraisemblablement en référence à Carmen –, une tessiture que Puccini n'exploitera pas non plus dans ses œuvres de la maturité. Le rôle fut fortement réduit lors de la révision de l'opéra. La version d'origine en quatre actes lui réservait quatre airs. Elle ne conserva par la suite qu'une seule grande scène au premier acte. Dans cette nouvelle version, Tigrana n'a que peu de musique vraiment significative. Un nouveau duo avec Edgar (acte II) présente en revanche un intéressant traitement mélodique, souple et raffiné. Mais même s'il s'agit ici d'exprimer la ferveur, il faut bien reconnaître que cette musique n'est tout de même guère compatible avec la caractérisation musicale d'une femme fatale. D'ailleurs, dans la première version, cette mélodie était chantée par Fidelia et Puccini se contenta de la transposer pour Tigrana.

Fidelia

Dans la version définitive de l'opéra, Fidelia conserve en revanche trois grands airs solo (actes I et III). Ce personnage lyrique et douloureux contient déjà en germe les principales caractéristiques des futures grandes héroïnes de Puccini. C'est elle qui incarne la véritable source d'inspiration de Puccini. À travers ce rôle et celui d'Edgar, on sent s'épanouir la veine mélodique du compositeur et s'élaborer au fil des airs le style de ses œuvres à venir.

J. K.

Manon Lescaut

Dramma lirico en quatre actes

Livret : Marco Praga, Domenico Oliva, Luigi Illica, Giuseppe Giacosa et Giulio Ricordi, d'après le roman *Histoire du chevalier Des Grieux et de Manon Lescaut* de l'Abbé Prévost
Création : le 1er février 1893 à Turin (Teatro Regio)

Personnages : Manon Lescaut (sop.), Lescaut, son frère, sergent de la garde du roi (bar.), le chevalier Des Grieux (tén.), Géronte de Ravoir, trésorier général (basse), Edmond, un étudiant (tén.), l'aubergiste (basse), un musicien (mezzosop.), le maître de danse (tén.), l'allumeur de réverbères (tén.), le sergent des archers (basse), le commandant de navire (basse), un perruquier (rôle muet) ; jeunes filles, bourgeois, peuple, étudiants, musiciens, vieux messieurs, prêtres, courtisanes, archers, soldats de la marine, marins (chœur)

Argument
En France et en Amérique du Nord, pendant la seconde moitié du XVIIIe siècle.

Acte I
Devant une auberge d'Amiens, au milieu d'un attroupement, le chevalier Des Grieux attend l'arrivée de la diligence. Parmi les voyageurs se trouve Géronte, le sergent Lescaut et sa sœur Manon. Les hommes pénètrent à l'intérieur de l'auberge, Manon reste seule. Des Grieux en tombe aussitôt amoureux. Ils nouent un dialogue, dont il ressort que Manon, sur l'ordre de son père, doit être conduite au couvent. Pendant ce temps, Edmond, un ami de Des Grieux, apprend que Géronte projette d'enlever Manon. Des Grieux déclare son amour à Manon et lui demande de s'enfuir avec lui. Tandis que Lescaut et des étudiants retiennent Géronte au jeu, les amoureux partent avec la voiture de Géronte.

Acte II
Manon vit à Paris, dans le palais de Géronte. Elle a quitté Des Grieux parce qu'il n'avait plus d'argent. Mais elle s'ennuie au milieu de ce luxe stérile et se languit de l'amour de Des Grieux. Elle apprend par son frère que le chevalier l'aime toujours. Avec l'aide de Lescaut, ils se retrouvent au palais de Géronte, mais ce dernier les surprend. Des Grieux pousse Manon à s'enfuir. Tandis qu'elle rassemble ses bijoux, elle est arrêtée par les soldats de Géronte. Manon est accusée de vol par Géronte, arrêtée et jetée en prison.

Acte III
Près du port du Havre. Manon Lescaut est condamnée à la déportation. Des Grieux tente en vain de soudoyer les gardes afin de libérer Manon. Elle devra prendre le bateau pour la Louisiane, avec d'autres prostituées. Au moment des adieux, un sergent arrache Manon des bras du chevalier. Le capitaine du navire intervient et propose à Des Grieux de s'embarquer avec eux.

Acte IV
À la Nouvelle-Orléans, pour entretenir Manon, Des Grieux s'est laissé entraîner dans une histoire de meurtre. Ils doivent quitter la ville précipitamment. À bout de force, Manon s'effondre dans le désert. Des Grieux cherche en vain de l'eau. Avant de mourir dans ses bras, Manon lui dit une dernière fois son amour pour lui.

A.G.

Manon Lescaut, avec Peter Dvorsky (Des Grieux) et Mirella Freni (Manon), mise en scène : Otto Schenk, direction musicale : Giuseppe Sinopoli, Volksoper de Vienne, 1986.
Cette œuvre retrace un amour passionné, désespéré, dévastateur et pourtant immortel, qui place ses protagonistes au panthéon des couples mythiques, aux côtés de Roméo et Juliette, Didon et Énée, et Tristan et Iseut.

Manon Lescaut, couverture de la partition Ricordi.
Sur cette couverture, on cherche en vain le nom des librettistes. Il faut dire qu'entre 1889 et 1892, ils ne furent pas moins de cinq à participer à l'élaboration de cet opéra : d'abord Ruggiero Leoncavallo, puis Marco Praga et Domenico Oliva, enfin Luigi Illica et Giuseppe Giacosa. C'est Puccini, par ses continuelles demandes de modification, qui fut finalement le véritable artisan de ce livret. Ainsi, il n'est guère étonnant qu'aucun de ses collaborateurs n'ait souhaité en signer le texte hybride.

Un sujet sensible

Premier grand succès de Puccini, *Manon Lescaut* lui apporta une consécration relativement tardive, puisque le compositeur avait déjà 35 ans lors de sa création à Turin. Le choix du sujet n'était pas sans risque. La → *Manon* de Jules Massenet triomphait depuis 1884 sur toutes les scènes d'Europe. De plus, le chef-d'œuvre de son rival français était très proche de l'esprit, de l'atmosphère et de l'intrigue de l'Abbé Prévost. Puccini y avait certainement songé : il connaissait l'œuvre de Massenet, du moins dans sa réduction pour piano (il fallut attendre 1893 pour que cet opéra soit monté sur une scène italienne). En revanche, il est peu probable que Puccini ait eu connaissance des versions plus anciennes, comme celle d'Auber datant de 1866. En tout cas, il y aurait découvert un traitement de l'intrigue analogue à celui que l'on trouve chez Massenet.

Certains de ses amis, parmi lesquels l'éditeur Ricordi, déconseillèrent – en vain – à Puccini de se mesurer à un opéra français qui avait connu un tel succès. Mais rien ne put détourner Puccini de son projet. Sa réponse : « Massenet voit Manon comme un Français, avec des perruques poudrées et des menuets. Moi, je la vois comme un Italien, avec une passion désespérée. » Il fit preuve à cette occasion d'une attitude étrange qui se répéta plusieurs fois par la suite, au moment de choisir le sujet de → *La Bohème* (déjà traité par Leoncavallo), puis de → *Tosca* (traité par Franchetti). On serait tenté de croire qu'il ne se passionnait vraiment pour un sujet que lorsque d'autres s'y étaient intéressés avant lui.

Une histoire d'amour racontée par un abbé

Le roman de l'Abbé Prévost (Antoine-François Prévost d'Exiles, 1697-1763), publié pour la première fois en 1731 à Amsterdam et à Paris, connut un succès mondial. Il racontait l'histoire d'amour scandaleuse de deux jeunes gens qui transgressent les conventions sociales et se laissent guider par leurs seuls sentiments. Manon a 15 ans, Des Grieux 17. La jeune fille est envoyée contre son gré à Amiens pour devenir religieuse. Lui doit rejoindre l'ordre des chevaliers de Malte. Ils s'enfuient à Paris, où ils tentent de mener une vie commune. De multiples péripéties entraînent finalement Manon dans la prostitution, puis l'exil à la Nouvelle-Orléans. Nulle part, les deux amoureux ne trouvent le repos. Contraints une nouvelle fois de s'enfuir, Manon meurt finalement en Amérique dans les bras de son amant. Des Grieux rentre en France et raconte son histoire à un certain monsieur D., une sorte de pseudonyme de l'auteur. C'est ce qui explique que le roman s'intitule *Histoire du chevalier Des Grieux et de Manon Lescaut, par Monsieur D.* Cette histoire d'amour est certainement émaillée de nombreux détails autobiographiques de l'auteur. Prévost – personnalité marquante de la littérature bourgeoise moderne, et précurseur de Rousseau et de Dumas fils – mena une vie mouvementée et romanesque. Le livre fut interdit dès sa parution, ce qui ne fit que contribuer à son incroyable popularité.

Une source importante

Dans aucune autre de ses œuvres, Puccini n'a autant subi l'influence de Richard Wagner. En effet, à partir des années 1870-1880, c'est-à-dire un peu plus tardivement que dans les pays de langue allemande, l'Italie fut submergée par la mode wagnérienne. Puccini eut la chance de découvrir ces œuvres au festival de Bayreuth, où il fut envoyé dans les années 1890 par les éditions Ricordi. Les nombreuses impressions qu'il en rapporta – en particulier la découverte du chromatisme de Tristan (→ *Tristan und Isolde*) – ont exercé une influence non négligeable sur la partition de *Manon Lescaut*.

Des influences françaises

Le style de Puccini s'est nourri d'influences françaises que l'on retrouve dans l'évocation musicale de la place du marché d'Amiens (acte I) ou dans celle du salon parisien de Manon (acte II). Ces scènes ne comportent pas véritablement de grands airs, mais seulement de brèves interventions (parfois de construction strophique, comme les couplets de Des Grieux au premier acte N 3), ainsi que de petites ariettes et ariosos qui forment les récitatifs.

Lorsqu'il décrit le boudoir parisien de Manon (acte II), Puccini se rapproche même de la fameuse ambiance de « perruque poudrée et menuet » qu'il voulait éviter. La musique de danse d'inspiration française, les airs de menuet et une certaine stylisation lui permettent de recréer « l'atmosphère parfumée » du salon de Manon. N 4

Une grande partie de cette musique reprend des morceaux que Puccini avait écrits dans sa jeunesse, des premières versions de compositions de chambre, des mélodies et des œuvres de circonstance datant de ses études. Cette façon de réutiliser des pièces anciennes, courante chez beaucoup de compositeurs, restera une constante chez Puccini jusqu'à l'époque de → *Tosca*. Ainsi, on trouve dans la partition de *Manon* un exemple de recyclage digne de surprendre : le madrigal de l'acte II, si parfaitement intégré à l'atmosphère rococo de la scène, n'est autre que l'*Agnus Dei* de sa *Messa di Gloria*, une œuvre de jeunesse composée quinze ans plus tôt ! N 5

Mais la grande réussite de cet acte, c'est l'air où Manon décrit sa solitude intérieure et se languit, dans sa cage dorée, de joies simples et sincères. N 6

Manon

Avec *Manon Lescaut*, Puccini franchit un pas décisif, qui aura des répercussions sur toute son œuvre future. Il invente en effet un nouveau type de personnage féminin qui lui correspond : *la piccola donna innamorata* (la petite femme amoureuse), comme Puccini l'a lui-même surnommée, qui incarne également la femme qui souffre. Sous cet angle, Manon est parente de Mimì, de Cio-Cio-San et de Liù. C'est l'amour qui leur fait commettre des « erreurs tragiques ». Dans l'univers de Puccini, c'est également l'amour qui leur fait accepter leur terrible sort. N 7, N 8

J. K.

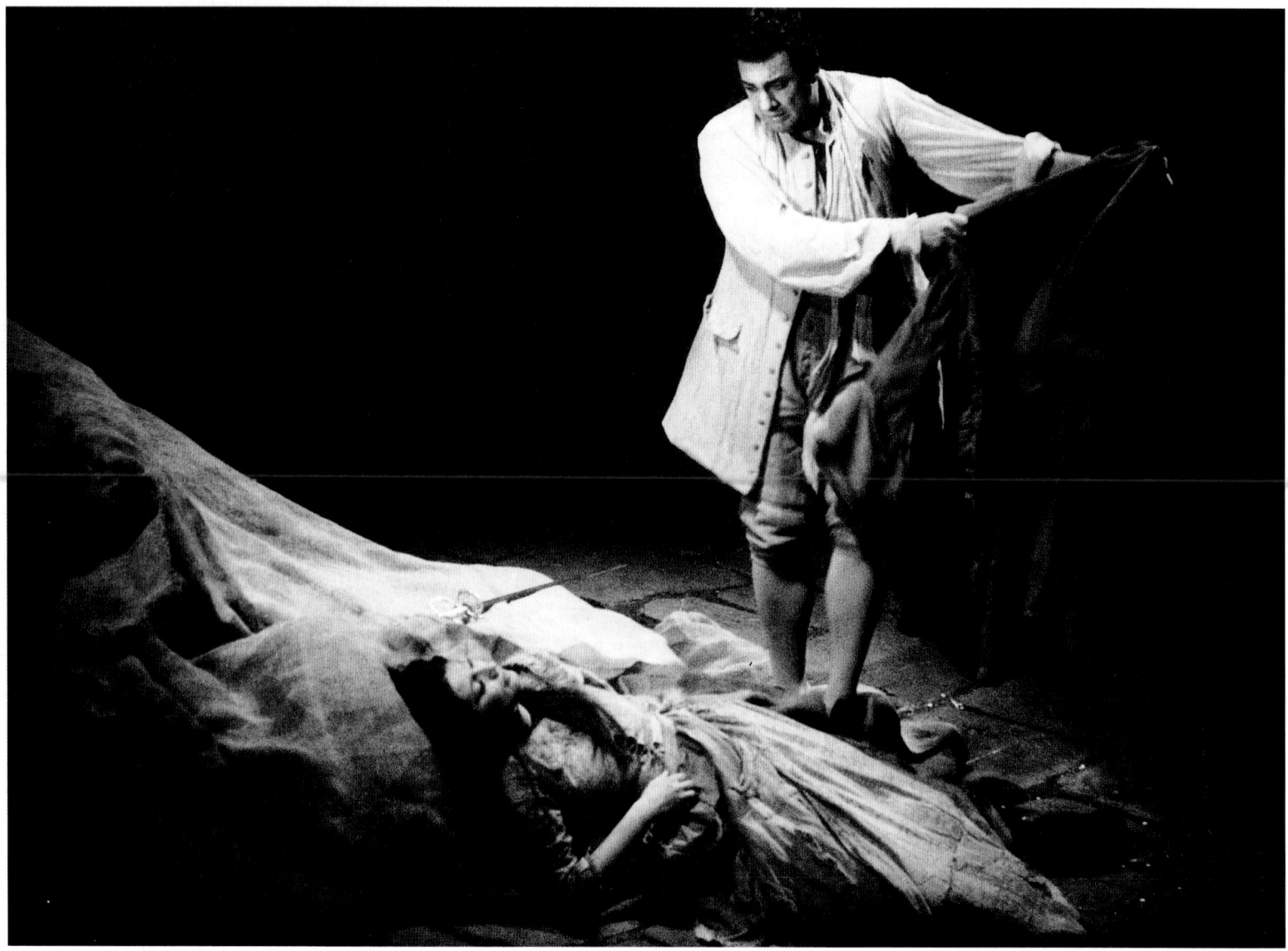

Manon Lescaut, mise en scène : Pamela McRae, décors : Desmond Heeley, direction musicale : Nello Santi, Metropolitan Opera, New York, 1990.
Une vision idyllique de la place d'Amiens : il règne une joyeuse animation, les étudiants chantent et plaisantent. La diligence d'Arras est arrivée. Dès qu'il l'aperçoit, l'étudiant Des Grieux s'enflamme pour la belle Manon.

Page de gauche
Manon Lescaut, avec Sylvia Sass (Manon) et Placido Domingo (Des Grieux), mise en scène : Piero Fagioni, direction musicale : Claudio Abbado, Teatro alla Scala, Milan, 1978.
À quelques exceptions près (comme Minnie et Turandot), la plupart des héroïnes de Puccini meurent à la fin de l'opéra. Ce dénouement tragique n'est suivi d'aucune rédemption au sens romantique du terme. Il se produit de façon inexorable ou brutale, au terme d'une situation sans issue. Le compositeur en souffrait beaucoup lui-même, car il s'identifiait intensément au destin de ses héroïnes.

3. Couplet de Des Grieux

Donna non vidi mai simile a questa!

4. Menuet

5. Madrigal

Sulla vetta tu del monte erri, o Clori:

6. Air de Manon (acte II)

In quelle trine morbide nell'alcova dorata

7. Thème de Manon (dans le duo d'amour de Manon et Des Grieux, acte I)

Manon Lescaut mi chiamo.

8. Duo d'amour (Manon-Des Grieux, acte II)
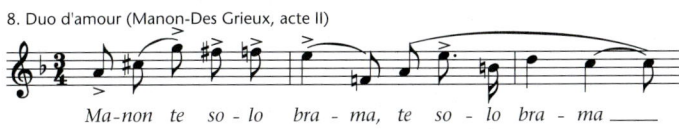
Manon te solo brama, te solo brama

Manon Lescaut, avec Mirella Freni (Manon) et Peter Dvorsky (Des Grieux), mise en scène : Pamela McRae, décors : Desmond Heeley, direction musicale : Nello Santi, Metropolitan Opera, New York, 1990.
Mirella Freni interprète le chant d'amour de Manon sur un ton triste et absent qui laisse déjà entrevoir à Des Grieux ce qui les sépare.

La Bohème, affiche du Komische Oper de Berlin.
Dans *La Bohème*, Puccini met en scène des héros d'un genre nouveau, des sans-noms, et un milieu encore mal connu. Le monde artistique apparaît ici misérable, vivant au rythme des petites joies et des peines quotidiennes.

Photo de groupe avec (de g. à dr.) Giacomo Puccini et ses librettistes Giuseppe Giacosa et Luigi Illica.
« La Sainte Trinité », tel était le surnom que Puccini avait donné à l'équipe qu'il formait avec Luigi Illica (1857-1919) et Giuseppe Giacosa (1847-1906) à l'époque de la genèse de *La Bohème*. Ils étaient amis et membres de cette fameuse « bohème ». Mais Puccini, qui n'était jamais satisfait de ses livrets, fit plus d'une fois le désespoir de ses collaborateurs. Ils lui restèrent pourtant fidèles, aussi bien lors de → *Tosca* que de → *Madama Butterfly*.

La Bohème

Scènes de la vie de bohème en quatre tableaux

Livret : Giuseppe Giacosa et Luigi Illica, d'après le roman de Louis-Henri Murger
Création : le 1ᵉʳ février 1896 à Turin (Teatro Regio)
Personnages : Mimi (sop.), Musetta (sop.), Rodolfo, poète (tén.), Marcello, peintre (bar.), Schaunard, musicien (bar.), Colline, philosophe (basse), Parpignol, marchand ambulant (tén.), Benoît, le propriétaire (basse), Alcindoro, conseiller d'État (basse), sergent des douanes (basse), douanier (basse) ; étudiants, grisettes, modistes, bourgeois, marchands ambulants, soldats, garçons de café, enfants (chœur).

Argument
À Paris, vers 1830.
Tableau 1
Le poète Rodolfo, le peintre Marcello, le musicien Schaunard et le philosophe Colline partagent une mansarde sous les toits de Paris. Le soir de Noël, ils se retrouvent sans argent ni bois pour se chauffer. Le froid est tel que Marcello ne peut tenir ses pinceaux. Rodolfo sacrifie le manuscrit de son drame pour allumer le feu. Colline revient du mont-de-piété où il espérait placer des livres, mais il était fermé. Schaunard rentre alors avec du bois, de la nourriture et du vin, qu'il doit aux libéralités d'un lord anglais. Ils décident de passer le réveillon au café Momus, leur repaire attitré. Mais le propriétaire frappe à la porte et réclame le loyer en retard. Ils parviennent finalement à le congédier. Les amis se mettent en route. Seul Rodolfo s'attarde quelques minutes dans la mansarde. On frappe à nouveau à la porte : c'est la voisine Mimi qui a besoin de feu pour allumer sa bougie. Une quinte de toux l'oblige à s'attarder quelques instants. Puis elle revient chercher la clé qu'elle avait oubliée. Un courant d'air éteint les deux bougies. Cherchant la clé dans le noir, Rodolfo effleure la main de la jeune femme. Ils se sentent alors irrésistiblement attirés l'un vers l'autre. Dans la rue, ses amis appellent Rodolfo. Ils descendent tous les deux, bras dessus bras dessous.

Tableau 2
C'est Noël dans le Quartier latin. Les amis font leurs emplettes. Rodolfo offre à Mimi un bonnet. Il la présente à ses amis et ils en viennent à parler d'amour. Soudain apparaît une dame élégante accompagnée d'un vieil homme distingué. C'est Musetta, l'ancienne maîtresse de Marcello. Lassée du vieil Alcindoro, elle tente de reconquérir Marcello. Prétextant un besoin urgent de chaussures neuves, elle éloigne Alcindoro. Les anciens amants se retrouvent. Les amis suivent une fanfare militaire. Lorsque Alcindoro revient, le patron du café lui présente les additions à payer.

Tableau 3
Musetta et Marcello habitent dans un hôtel à la barrière d'Enfer. Mimi vient voir Marcello et lui raconte désolée que Rodolfo, jaloux, l'a abandonnée. Lorsque Rodolfo apparaît, elle se cache derrière un arbre. Elle apprend alors la véritable raison de son comportement. S'il l'a abandonnée, c'est par souci de la santé de Mimi. Elle est tuberculeuse et l'atmosphère de la mansarde n'a fait qu'empirer son état. Mimi tombe dans les bras de Rodolfo, puis dit adieu à son amant. Mais au moment de se quitter, ils en sont incapables. Une scène de jalousie éclate alors entre Musetta et Marcello, qui se séparent à leur tour.

Tableau 4
Dans leur mansarde, Rodolfo et Marcello s'efforcent en vain de travailler pour oublier leurs maîtresses. Colline et Schaunard arrivent avec du pain et des harengs, et les deux amis savourent ce vrai repas. Ils dansent comme des fous, Schaunard et Colline se battent en duel avec la pelle à charbon et les tisonniers. Musetta surgit alors avec Mimi, quasi mourante, qui souhaite revoir une dernière fois son amant. On installe la malade sur le lit. Musetta sort pour aller acheter un manchon à Mimi, Marcello pour chercher un médecin, Colline pour porter son manteau au mont-de-piété. Restés seuls, Rodolfo et Mimi évoquent leur première rencontre. Les autres réapparaissent. Mimi se réjouit du manchon, pensant que c'est un cadeau de Rodolfo, et s'endort. Musetta prépare les médicaments rapportés par Marcello. Schaunard découvre alors que Mimi est morte. Rodolfo s'effondre au pied de la dépouille de sa bien-aimée.

A. G.

Page de droite
La Bohème, couverture de l'édition originale Ricordi.
L'édition originale Ricordi n'illustre pas l'aspect tragique de l'œuvre, mais souligne au contraire le pittoresque des personnages de *La Bohème* confrontés à différentes situations : l'animation de Noël à Paris, la scène de genre du faubourg dans le demi-jour hivernal, la vie dans les rues et sous les toits de Paris. Telle est la structure même de l'œuvre, que Puccini a choisi de découper non pas en actes (*atti*), mais en tableaux (*quadri*).

La Bohème, esquisse de Musetta par Hans Strohbach, Cologne, 1931 (TWS).
Musetta est représentée ici dans le style de Toulouse-Lautrec. On doit la célèbre scène de Musetta, au deuxième acte, à une initiative de Puccini. Il ne composa d'ailleurs pas une musique originale pour la célèbre valse de Musetta, mais se servit de l'une de ses premières œuvres de circonstance : une musique de fête écrite pour l'inauguration d'un navire ! N 9

La Bohème, avec Caroline Stein dans le rôle de Musetta, mise en scène : Chris Alexander, direction musicale : Hans Urbanek, Niedersächsische Staatsoper de Hanovre, 1999.
Musetta est une jolie Parisienne coquette et émancipée. Marcello en tombe amoureux dès qu'il l'entend chanter son air de valse au charme sensuel.

Les véritables bohèmes

Henri Murger (de son vrai nom Henry Mürger (1822-1861), un fils d'Alsacien apparaît dans l'histoire de la littérature comme l'auteur d'un seul ouvrage, les *Scènes de la vie de bohème*. Il s'agit d'un roman paru à partir de 1844 sous forme de feuilleton dans la revue *Corsaire* et seulement plus tard, en 1851, sous forme de livre (*La Vie de bohème*). L'auteur n'avait que 22 ans lorsqu'il en rédigea la première version et il y décrit une réalité qu'il a lui-même connue. Ses personnages vivent dans le Quartier latin. Ce sont de jeunes artistes plus ou moins maudits et leurs maîtresses, des grisettes et des petites mains, touchantes égéries issues du monde ouvrier. Tous sont campés de façon très réaliste et l'on sent bien qu'ils sont inspirés de personnages ayant véritablement existé. Plusieurs dizaines d'années plus tard, en 1887, un ancien membre de la bohème de cette époque, Alexandre Schanne (Schaunard), entreprit dans ses mémoires d'identifier certains personnages du livre.

La Bohème, mise en scène, décors et costumes : Jean-Pierre Ponnelle, direction musicale : Alain Lombard, Strasbourg, 1977.
Devant le café Momus, la musique de Puccini opère à la façon d'une caméra de cinéma qui s'arrêterait tour à tour sur des visages, des gestes ou des situations.

La Bohème, la mort de Mimi, avec Mirella Freni (Mimi), Giovanni Raimondi (Rodolfo) et Rolando Panerai (Marcello), mise en scène: Franco Zeffirelli, Teatro alla Scala, Milan, 1963.
C'est l'un des finales les plus dramatiques de toute l'histoire de l'opéra. Le premier à avoir pleuré à la mort de Mimi, c'est Puccini lui-même, lorsqu'il joua pour la première fois ce finale devant des amis. Mimi, la plus douce des héroïnes de Puccini, n'a pas la solennité d'une Cio-Cio-San (→ *Madama Butterfly*) ou d'une Liù (→ *Turandot*). Son destin s'accomplit sous nos yeux, sans qu'elle fasse rien d'exceptionnel: elle aime, souffre et meurt.

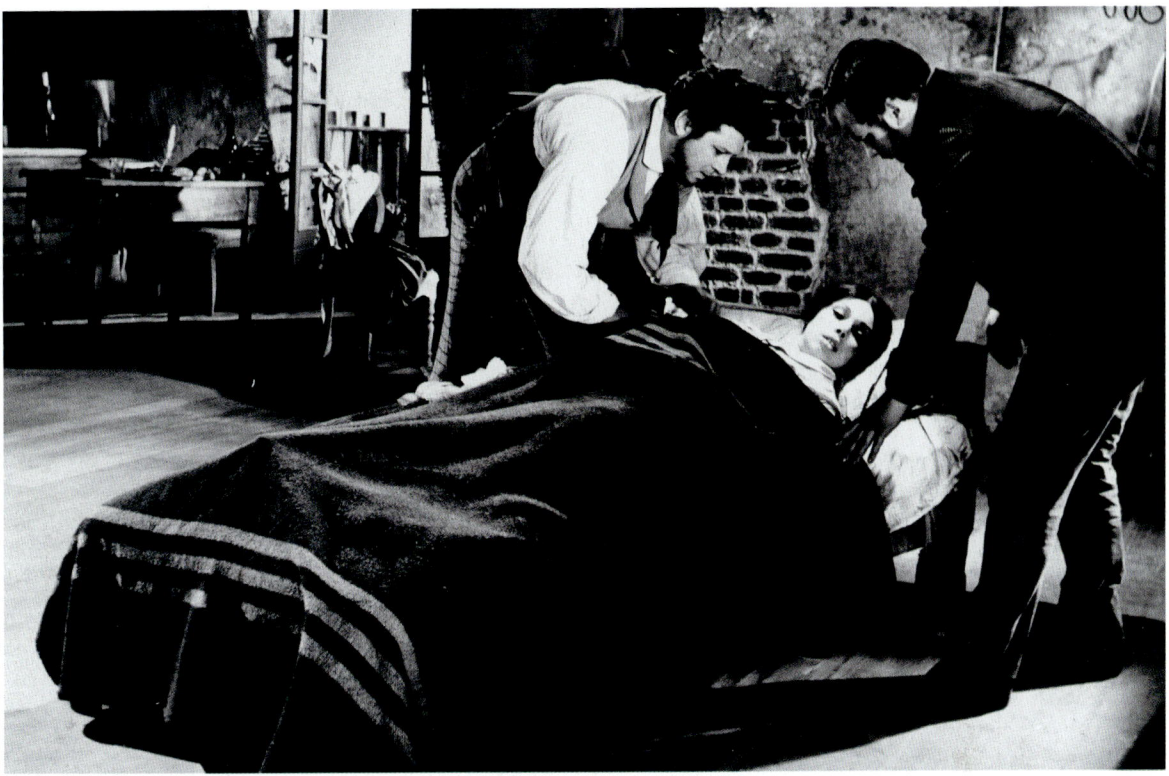

La Bohème, croquis de décor d'Hein Heckroth pour la mise en scène de Wolf Völker, direction musicale: Alfons Rischner, Städtische Bühnen d'Essen, 1930-1931 (TWS).
La Bohème est une exception dramaturgique, un opéra unique, même dans l'œuvre de Puccini. Un opéra qui ne met en scène pratiquement aucune action, mais traduit l'atmosphère particulière des mansardes du Quartier latin.

Une bohème pour deux opéras

Les premières traces de la genèse de l'opéra remontent à 1892. L'idée vint tout d'abord de Ruggiero Leoncavallo, qui aurait même proposé à Puccini d'en rédiger le livret. Leoncavallo, à la fois compositeur et librettiste, rédigea lui-même tous les textes de ses opéras. Ne connaissant pas encore le roman de Murger et occupé à → *Manon Lescaut*, Puccini ne donna alors aucune suite à la proposition de Leoncavallo. Entre-temps, ce dernier se décida à mettre lui-même en musique → *La Bohème*. Lorsqu'en mars 1893, il s'avéra que de son côté Puccini avait finalement adopté le projet, la presse se fit l'écho d'une violente polémique et d'une amère rivalité qui refroidit l'amitié qui unissait les deux compositeurs. Leoncavallo composa donc sa propre *Bohème*, qui fut créée en 1897, un an après celle de Puccini, à La Fenice de Venise. La principale différence entre les deux opéras, c'est que Leoncavallo fait débuter son histoire au café Momus (acte II chez Puccini). Leoncavallo met en scène plusieurs conflits, des disputes et des dialogues plus exaltés. Son opéra est plus proche du vérisme, le style moderne de l'époque. À l'inverse, Puccini laisse s'exprimer tout le lyrisme intérieur de ce monde de la bohème.

J. K.

9. Valse de Musetta

Quan - do me'n vo', _____ quando me'n vo' so - let - ta per la via, la gen - te so - sta e mi - ra...

La poésie des petites choses

« Je n'ai de goût que pour les petites choses et je ne veux m'intéresser à rien d'autre qu'à ces petites choses ! » Cet art poétique, tel que Puccini le définit lui-même, ne fut jamais aussi actuel et pertinent que dans *La Bohème*. Le compositeur y peint en effet de petites gens, avec leurs joies et leurs malheurs. Le crépitement des flammes dans le fourneau, le goutte à goutte de la glace qui fond dans le tableau hivernal du troisième acte, un rayon de soleil qui éclaire soudain le visage de la mourante, tous ces éléments n'apparaissent pas seulement sur la scène, mais trouvent également leur expression dans la partition de Puccini. Cet art du détail alimente toute une série de petites scènes de genre, tel le passage du marchand de jouets au milieu de l'agitation des fêtes de Noël ou la laitière à la barrière des douanes au troisième acte. Grâce à ces éléments concrets, tous ces tableaux (*quadri*) évoqués par Puccini se chargent de vie et d'émotion. L'air du philosophe Colline (acte IV), qui porte son manteau au mont-de-piété pour pouvoir acheter de quoi soigner Mimi, compte parmi les plus populaires. N 10

J. K.

La Bohème, mise en scène, décors et costumes : Tom Cairns, direction musicale : Oleg Caetani, Staatsoper de Stuttgart, 1991. Au troisième acte, Puccini traite en parallèle le dialogue des deux couples d'amoureux, sans que la scène débouche sur un quatuor.

à droite
La Bohème, avec Gunnel Bohman (Mimi) et Elia Levensky (Rodolfo), mise en scène : Alfred Kirchner, direction musicale : Klaus-Peter Seibel, décors et costumes : Andreas Reinhardt, Opéra de Francfort, 1998. Malgré tout ce que le spectateur apprend sur eux, Mimi et Rodolfo gardent un certain mystère. On dirait que ces deux personnages ne sont évoqués que pour mieux disparaître.

10. Air de Colline

Vec-chia zi-mar-ra, sen-ti, io resto al pian, tu a-scen-dere il sacro monte or de-vi

La Bohème, mise en scène, décors et costumes : Jean-Pierre Ponnelle, direction musicale : Alain Lombard, Württembergisches Staatstheater de Stuttgart, 1977.
Au début du troisième acte, Rodolfo confie à son ami Marcello qu'il a été obligé d'abandonner Mimi à cause de sa maladie. Mimi, toute tremblante, se tient à l'arrière-plan.

La Bohème, avec Mirella Freni (Mimì) et Giovanni Raimondi (Rodolfo), production télévisée de la WDR, 1966.
Il n'est peut-être pas exagéré de dire que Mimi et Rodolfo forment le couple le plus populaire de l'histoire de l'opéra, probablement parce qu'ils sont à la fois quotidiens et uniques. Leurs merveilleuses mélodies transfigurent leur personnage et disent que l'amour, par nature, ne sera jamais banal. Cet opéra ne comporte aucune intrigue amoureuse, aucune figure du mal. Le destin frappe sous la forme d'une maladie : une tragédie crédible pour nous tous, qui nous laissons toucher par la poésie de *La Bohème*. N 11, N 12, N 13, N 14

11. Rodolfo (acte I)

Che ge-li-da ma-ni-na, se la la-sci ri-scal-dar. Cer-car che gio-va? Al bu-io non si tro-va.

12. Thème de l'amour de Rodolfo (acte I)

Ta-lor dal mio for-zie-re ruban tutti i gio-iel-li due la-dri: gli oc-chi bel-li.

13. Thème de Mimi (acte I)

Sì. Mi chia-ma-no Mi-mi, ma il mio no-me è Lu-ci-a

14. L'amour de Mimi (acte I)

ma quando vien lo sge-lo il primo sole è mi-o, il pri-mo ba-cio del-l'a-pri-le è mi-o!

Tosca

Melodramma en trois actes

Livret: Giuseppe Giacosa et Luigi Illica, d'après le drame de Victorien Sardou

Création: le 14 janvier 1900 à Rome (Teatro Costanzi)

Personnages: Floria Tosca, une chanteuse célèbre (sop.), Mario Cavaradossi, un peintre (tén.), le baron Scarpia, chef de la police (bar.), Cesare Angelotti, ancien consul (basse), Spoletta, agent de police (tén.), le sacristain (bar.), Sciarrone, gendarme (basse), geôlier (basse), berger (alto); chanteurs, des enfants, enfants de chœur, peuple (chœur)

Tosca, avec Catherine Naglestad dans le rôle de Tosca, mise en scène: Willy Decker, direction musicale: Lothar Zagrosek, Württembergisches Staatstheater de Stuttgart, 1998.
Les derniers instants de l'opéra, au moment où Tosca s'apprête à sauter dans le vide. L'œuvre ne s'achève ni sur une rédemption ni sur une mort héroïque. La mort apparaît ici dans toute son absurdité.

Argument
À Rome, en juin 1800.

Acte I
Cesare Angelotti, ancien consul de la République romaine, vient de s'évader du château Saint-Ange. Il trouve refuge à l'église Sant'Andrea della Valle. Il se cache dans une chapelle où sa sœur lui a préparé des vêtements de femme. Le sacristain ne se rend compte de rien, trop occupé à regarder le peintre Cavaradossi travailler au portrait d'une madone. Le sacristain trouve une étrange ressemblance entre ce portrait et une dame qui vient souvent prier à l'église: la marquise Angelotti. Cavaradossi, croit quant à lui avoir donné à sa madone les traits de sa maîtresse, la chanteuse Floria Tosca. Après avoir apporté au peintre un panier de victuailles, le sacristain disparaît. Angelotti peut enfin sortir de sa cachette et découvrir en Cavaradossi un vieil ami. Celui-ci l'assure de son soutien. Lorsque Tosca entre dans l'église, Angelotti doit à nouveau se cacher. Le tableau provoque la jalousie de Tosca, mais Cavaradossi parvient à la calmer. Après le départ de Tosca, Angelotti réapparaît. Les coups de canon tirés du château Saint-Ange révèlent que l'évasion d'Angelotti a été découverte. Cavaradossi offre de le cacher dans sa villa. À peine sont-ils partis que le sacristain arrive avec de jeunes curés et des choristes pour fêter la victoire prochaine des royalistes sur Napoléon. À la recherche d'Angelotti, Scarpia fouille l'église avec ses sbires. Lorsque Tosca revient chercher Cavaradossi, Scarpia lui montre un éventail trouvé dans la chapelle et prétend que le peintre y avait rendez-vous avec la marquise. Folle de jalousie, Tosca se rue chez Cavaradosi pour les surprendre en flagrant délit. Enflammé par les charmes de Tosca, Scarpia décide de surveiller son rival et fait suivre la chanteuse par ses espions.

Acte II
Au palais Farnese, Scarpia attend des renseignements concernant Angelotti. Il a fait remettre un billet à Tosca, la priant de venir le voir après le concert. La chanteuse est obligée de répondre à l'invitation de cet homme puissant. Spoletta annonce qu'Angelotti reste introuvable, mais qu'ils ont arrêté Cavaradossi, soupçonné de complicité. Il fait entrer Cavaradossi. Mais celui-ci nie tout en bloc et conjure Tosca de faire de même. On le conduit à la salle des tortures. Afin de sauver son amant, Tosca révèle alors la cachette d'Angelotti. Cavaradossi la maudit. Lorsque l'on annonce que c'est finalement Napoléon qui a vaincu, Cavaradossi crie victoire. Il est condamné à mort pour délit d'opinion. Mais Scarpia propose un marché à Tosca: si elle cède à ses désirs, Cavaradossi sera sauvé. Elle fait mine d'accepter. Scarpia lui remet un sauf-conduit. Mais Tosca le poignarde au moment où il s'approche d'elle.

Acte III
Sur la terrasse du château Saint-Ange, Cavaradossi écrit une lettre d'adieu à Tosca. La chanteuse apparaît alors et lui annonce que ce ne sera qu'un simulacre d'exécution. Le peloton se forme. Confiant, Cavaradossi s'adosse au mur. Mais les balles sont bien réelles. Tosca comprend que Scarpia l'a trompée et que Cavaradossi est mort. Le meurtre de Scarpia a été découvert et l'on entend déjà ses sbires approcher. Tosca se donne la mort en sautant de la terrasse du château Saint-Ange.

A. G.

Une ambiance romaine

Avant d'aborder la composition de son nouvel opéra, Puccini commença par se familiariser avec certains détails susceptibles d'ajouter à l'authenticité de l'intrigue. Ainsi, pour le finale du premier acte, il demanda à un ami romain de lui communiquer la mélodie exacte du *Te Deum* grégorien, telle qu'elle était jouée dans le rituel romain. Puis il se demanda comment était accordée la grande cloche de Saint-Pierre, la *campanone* (on estima qu'elle était proche du mi grave). Mais Puccini ne s'arrêta pas là. Il se rendit lui-même à Rome afin d'entendre le son des cloches, au lever du jour, dans le quartier du château Saint-Ange et de Saint-Pierre. Il exploita ces impressions sonores dans l'introduction musicale du troisième acte, où le lyrisme de ce matin d'été contraste avec la tragédie qui va suivre. Pendant les derniers mois de la composition, l'idée vint à Puccini d'ajouter à cette scène une mélodie populaire de berger (*Io de'sospiri*). Il ne fit pas appel à ses librettistes, mais à Luigi Zanasso, un écrivain local romain, pour qu'il lui compose un texte d'inspiration folklorique dans le dialecte de Campanie. N 15

J. K.

15. Chanson du berger

Io de' so-spi-ri, _____ Te ne ri-man-no tan-ti _____

Tosca, croquis de décor de Ruodi Barth pour la mise en scène de Bohumil Herlischka, direction musicale : Christian Süss, Deutsche Oper am Rhein de Düsseldorf 1970, (TWS). Certains critiques du début du siècle n'ont vu dans cet opéra que le fruit d'une imagination exaltée mêlant érotisme et sadisme, sans croire à la vraissemblance de l'intrigue. L'histoire du xxe siècle a peut-être apporté un éclairage nouveau à l'aspect politique de cet opéra. Le décor de Ruodi Barth traduit cette réalité par une structure architectonique très stricte. La monumentalité des lignes verticales rappelle les bâtiments des années trente et renvoie directement au régime nazi et à la terreur de l'État.

Un heureux incident

La chanteuse Maria Jeritza fut victime d'un accident lors des répétitions pour la reprise de *Tosca* à Vienne, en 1914. À la répétition générale, en présence de Puccini, la cantatrice fit une chute qui l'obligea à chanter couchée son air *Vissi d'arte*. Puccini fut tellement emballé qu'il décréta que c'était l'image qui s'était imposée à lui au moment où il composait la scène.

Une héroïne aux prises avec son histoire

Dans *Tosca*, les personnages n'apparaissent pas comme des héros d'opéra romantique habituels. Cavaradossi ne chante que deux airs courts, Tosca un seul, et leurs duos sont très fragmentaires. On a le sentiment que Puccini a réduit au maximum les grands moments lyriques pour mieux coller au déroulement de l'action. Ce que le spectateur garde en mémoire, ce n'est pas une image figée de Tosca, mais son histoire et les différentes situations auxquelles elle est confrontée. Comme dans un film, les épisodes s'enchaînent sous nos yeux : ainsi, on la voit apparaître au premier acte telle une diva resplendissante, puis s'enflammer de jalousie à la vue d'un tableau ; résister à Scarpia au deuxième acte, puis être désavouée par son amant, se transformer en meurtrière et rendre les devoirs funèbres à sa victime ; enfin, au troisième acte, dire un adieu éternel à Cavaradossi. C'est cette mosaïque d'épisodes qui compose le personnage de Tosca, tel que l'ont vu plusieurs générations de spectateurs.

Une occasion d'applaudir

La partition ne réserve qu'un seul grand air à l'héroïne de Tosca : *Vissi d'arte* (J'ai vécu d'art et d'amour) au deuxième acte, habituellement surnommé la Prière de Tosca. S'il marque une pause dans l'action – Puccini en a fait lui-même la critique –, ce morceau de bravoure donne au public la possibilité d'applaudir au moins une fois l'interprète du rôle. N 16 J. K.

À gauche
Tosca, Eva Marton (née en 1944) dans le rôle-titre, arènes de Vérone, 1984.
Eva Marton fut une Tosca que Scarpia lui-même devait redouter. D'origine hongroise, cette soprano dramatique débuta dans le rôle en 1973. Elle l'interpréta avec beaucoup de vitalité et une maîtrise très calculée. Sa très forte présence scénique fait de chacune de ses apparitions un événement théâtral.

Page de gauche, en haut
Tosca, Maria Callas (1923-1977) dans le rôle-titre.
Pour les amateurs d'opéra, son interprétation de Tosca à Covent Garden reste une référence absolue. Il subsiste de sa prestation – du moins dans le deuxième acte – un film tourné à Covent Garden avec Tito Gobbi dans le rôle de Scarpia. C'est une production magistrale, réglée dans tous les détails et jusqu'au moindre regard, mais qui ne sacrifie en rien la spontanéité. Une référence pour tous les interprètes et historiens de la musique.

Tosca, Sarah Bernhardt (1844-1923) interprétant le rôle de Tosca dans le drame de Victorien Sardou, Paris, 1887.
La grande comédienne du début du siècle, Sarah Bernhardt, dans le rôle de Tosca. C'est pour elle que l'auteur à succès Victorien Sardou (1831-1908) écrivit des portraits de femmes d'une incroyable force dramatique (Fédora, Theodora, Tosca). Compositeurs et écrivains (comme Puccini, Giordano et Oscar Wilde) furent séduits et inspirés par la personnalité et le jeu de Sarah Bernhardt.

16. La prière de Tosca

Ci-dessus
Tosca, Lotte Lehmann (1888-1976) dans le rôle-titre.
Lotte Lehmann dans le premier acte de *Tosca*. Sa musicalité et ses talents de comédienne en firent l'une des cantatrices les plus célèbres de la première moitié du XXe siècle. Elle maîtrisait un vaste répertoire, en particulier les opéras de Richard Strauss, dont elle créa plusieurs rôles. Elle contribua à faire admirer Puccini en Allemagne.

Tosca, Maria Jeritza (1887-1982) dans le rôle-titre.
Maria Jeritza fut Tosca telle que Puccini l'avait imaginée. La première fois qu'il la vit chanter Tosca, le compositeur consacra son interprétation comme un modèle du genre. À en croire ses contemporains, comme l'amateur d'opéra Marcello Prawy, grand admirateur de Jeritza, elle possédait une intensité dramatique inégalée : c'était l'apparition d'une reine au tempérament volcanique et à la voix puissante et sensuelle. Elle fut la plus grande *prima donna* de son temps.

Tosca, couverture de l'édition originale Ricordi.
Avanti lui tremava tutti Roma (Et tout Rome tremblait devant lui), murmure Tosca avec mépris devant le cadavre de Scarpia à la fin du deuxième acte. C'est cet épisode qui est illustré sur la couverture de l'édition originale et qui servit également d'affiche à la création. Mais comment cette fille de berger en est-elle arrivée là ? D'après Victorien Sardou, Floria Tosca fut élevée par des sœurs bénédictines et étudia le chant auprès du célèbre maître Domenico Cimarosa. Au moment de l'action, c'est déjà une chanteuse célèbre à Rome. Son conflit avec le pouvoir naît de sa liaison avec Cavaradossi. Ce sont les événements qui font d'elle une héroïne tragique. C'est du moins ce que suggère Puccini en faisant entendre un thème pathétique au moment du meurtre de Scarpia. N 17

Tosca, Benjamino Gigli (1890-1957) dans le rôle de Cavaradossi.
Benjamino Gigli fut un interprète magistral de Cavaradossi. À son époque, il était le ténor puccinien par excellence. Cavaradossi fut le premier rôle de Puccini qu'il chanta en public (1915). Sur la partition, le rôle de Cavaradossi apparaît comme celui d'un héros lyrique qui requiert une voix de ténor légèrement veloutée. Ses deux airs, au premier et au troisième acte, sont plutôt mélancoliques. Le célèbre mot de Cavaradossi au troisième acte : *Muoio disperato* (Je meurs désespéré) est une invention de Puccini et non de Sardou. L'exclamation du deuxième acte (*Vittoria !*), à l'annonce de la victoire française de Marengo, le montre en proie à la plus grande exhaltation. Ces accents martiaux lui confèrent alors une dimension proprement héroïque. N 18, N 19, N 20

17. Thème du destin de Tosca

18. Air de Cavaradossi (acte I)

Re - con - dita ar - mo - ni - a   di bellez - ze di - ver - se!...   È bru - na, Flo - ri - a, l'ar - den - te a - man - te mi - a,

19. Air de Cavaradossi (acte III)

Oh! dol - ci ba - ci, o languide ca - rez - ze,   mentr'io fre - men - te   le bel - le   for - me disciogliea   dai ve - li!

20. Chant de victoire de Cavaradossi (acte II)

L'al - ba   vin - di - ce appar   che fa gli em - pi tremar!   Li - ber - tà   sor - ge,   crol - lan   ti - ran - ni - di!

Tosca, acte II, direction musicale : Semyon Bychkov, mise en scène : Luca Ronconi, Teatro alla Scala, Milan, 1996-1997.
En combinant des éléments épars et disloqués de l'univers scénique tel que l'on le représente habituellement, Ronconi tenta de monter *Tosca* comme un grand drame intérieur. Puccini, en prévoyant très soigneusement tous ses effets dramatiques, laissa très peu de place à l'interprétation des metteurs en scène. Il décrivit avec la plus grande minutie les réactions et les gestes de ses personnages, mais aussi le milieu dans lequel ils évoluent.

Madama Butterfly, affiche de la création, Adolfo Hohenstein, 1904.
Madama Butterfly fut le seul grand échec de la carrière de Puccini. Dans la version originale, le deuxième (et dernier) acte – qui durait une heure et demie – parut beaucoup trop long au public. Puccini retira aussitôt son opéra de l'affiche pour le remanier. Grâce à cela, il écrivit l'une des plus belles scènes de l'histoire de l'opéra, celle où Cio-Cio-San passe la nuit à attendre Pinkerton. Il est probable que Puccini se soit inspiré ici de la pièce de David Belasco (une pièce muette de trois quarts d'heure qui fit sensation à l'époque), dont la « nuit de veille » de Cio-Cio-San l'avait beaucoup impressionné la première fois qu'il avait assisté à une représentation. Il reprit donc cette scène de transition, qu'il conçut comme une sorte d'intermède scénique et musical entre deux actes. Il devait en outre se résoudre à ménager une pause et organiser l'opéra en trois actes. C'est ce moment qu'illustre l'affiche : la fidèle Cio-Cio-San attend, imperturbable, le retour de son époux américain. N 21

21. Chœur (bouche fermée)

Madama Butterfly

Madame Butterfly

Tragédie japonaise en trois actes

Livret : Giuseppe Giacosa et Luigi Illica, d'après John Luther Long et David Belasco
Création : 1re version (en deux actes) : le 17 février 1904 à Milan (Teatro alla Scala) ; 2e version (en trois actes, le deuxième ayant été divisé) : le 28 mai 1904 à Brescia (Teatro Grande) ; version définitive : le 28 décembre 1906 à Paris (Opéra-Comique)

Personnages : Cio-Cio-San, surnommée Madama Butterfly (sop.), Suzuki, sa servante (mezzosop.), Kate Pinkerton (mezzosop.), Benjamin Franklin Pinkerton, lieutenant de marine américain (tén.), Sharpless, consul américain à Nagasaki (bar.), Goro (tén.), le prince Yamadori (tén.), le bonze (basse), oncle Yakusidé (basse), le commissaire impérial (basse), l'officier du registre (basse), la mère de Cio-Cio-San (mezzosop.), la tante (sop.), la cousine (sop.), Dolore, cuisinier (rôle muet) ; parents et amis de Cio-Cio-San, domestiques (chœur)

Argument
À Nagasaki, vers 1900.

Acte I
Pendant une permission, le lieutenant américain Pinkerton s'éprend d'une geisha, Cio-Cio-San, et décide de procéder à un mariage de convenance. Le consul Sharpless tente en vain de lui faire comprendre que la jeune fille l'aime réellement. La famille de Cio-Cio-San se réunit pour la cérémonie. Dès que les invités, le consul, le commissaire impérial et l'officier du registre sont partis, apparaît un bonze, l'oncle de Cio-Cio-San, qui renie la jeune fille parce qu'elle a trahi, par amour pour un étranger, la religion de ses ancêtres au profit du christianisme. Pinkerton la console. Désormais, elle ne pourra plus compter que sur lui seul.

Acte II
Pinkerton est rentré dans son pays. Pendant trois ans, Cio-Cio-San ne reçoit aucune nouvelle, mais elle l'attend patiemment, sans perdre confiance. Sharpless lui rend visite. Pinkerton vient de lui écrire qu'il a épousé une Américaine et qu'il se prépare à faire avec elle un voyage au Japon. Mais il doit attendre avant de pouvoir lire cette lettre à Butterfly, car celle-ci reçoit la visite du prince Yamadori, un prétendant. Mais Butterfly se sent toujours liée à Pinkerton. Une fois le prince parti, Sharpless peut enfin l'informer du contenu de la lettre. Cio-Cio-San est comme frappée par la foudre. Désespérée, elle présente à Sharpless le fils qu'elle a conçu de Pinkerton, et dont le consul ignorait l'existence. Dans le port, un coup de canon annonce l'arrivée du navire de Pinkerton. Butterfly espère encore qu'il est venu la rejoindre. En hâte, elle décore sa maison de fleurs, se prépare à recevoir son amant et attend, veillant toute la nuit.

Acte III
Le lendemain matin, Butterfly attend toujours son amant. En vain. Enfin, Pinkerton s'approche de la maison de Butterfly, accompagné du consul. La servante Suzuki est la première à l'apercevoir. Elle est sur le point d'appeler Butterfly lorsqu'elle remarque une femme étrangère derrière eux. Elle apprend que c'est l'épouse de Pinkerton, qui voudrait adopter l'enfant de Butterfly. Pinkerton repart sans avoir eu le courage de dire la vérité à Butterfly. Mais quand celle-ci aperçoit l'étrangère, elle comprend enfin la vérité. Elle est prête à confier l'enfant à son père. Elle saisit un poignard hérité de son père, qui autrefois se fit hara-kiri sur l'ordre de l'empereur, et relit les mots qui sont gravés sur la lame : « Mourir dans l'honneur plutôt que vivre dans le déshonneur. » Puis elle fait ses adieux à son fils et se suicide selon l'antique tradition japonaise.

A. G.

Madama Butterfly, avec Michiè Nakamaru (Cio-Cio-San) et Franco Farina (Pinkerton), mise en scène : Kiju Yoshida, direction musicale : Kent Nagano, Opéra National de Lyon, 1995.
Le papillon prend son envol… L'histoire de Cio-Cio-San n'est pas seulement une tragédie sociale, mais aussi une grande histoire d'amour.

À droite
Madama Butterfly avec Leontyne Price (Cio-Cio-San) et Gabriela Carturan (Suzuki), mise en scène : Carlo Maestrini, décors et costumes : Tsugo Fojita, Teatro alla Scala, Milan, 1961.
Cio-Cio-San en plein désarroi. Elle reste forte, résolue et confiante jusqu'au moment où elle apprend la vérité : Pinkerton a épousé une Américaine et il veut récupérer son fils. Mais elle ne connaît qu'un court instant de faiblesse. Très digne, elle décide aussitôt de quitter ce monde. Et c'est cette dignité qui donne à la scène un effet dramatique aussi saisissant.

Madama Butterfly, Emmy Destinn dans le rôle de Cio-Cio-San, 1907.
Emmy Destinn interpréta Cio-Cio-San – au côté d'Enrico Caruso – lors de la création londonienne de l'opéra à Covent Garden (1905), puis deux ans plus tard, en présence du compositeur, au Metropolitan Opera de New York. Elle dédicaça cette photographie à cette occasion.

La couleur japonaise

Dans ses opéras, Puccini fit toujours preuve d'un grand talent pour peindre des atmosphères. De nouveaux horizons s'ouvrent ici, tout empreints du charme de l'exotisme. Ce fut l'occasion pour lui de se documenter de façon très précise sur la musique japonaise, bien sûr, mais aussi sur les coutumes, les rites et l'architecture du pays. Le résultat de ses recherches trouva un écho immédiat dans la partition de *Madama Butterfly*. Ainsi, relève-t-on dans l'opéra sept mélodies authentiquement japonaises, citées parfois de façon fragmentaire, dont l'hymne de l'empereur. N 22

D'autres mélodies de caractère nettement exotique n'ont pu être identifiées et sont certainement des créations de Puccini. Au deuxième acte, le grand air de Cio-Cio-San et le duo des fleurs avec Suzuki trahissent également de fortes influences étrangères. N 23, N 24

En revanche, le thème de l'amour qui retentit dès la première apparition de Cio-Cio-San et qui réapparaît au point culminant du grand duo d'amour (acte I), est d'inspiration nettement italienne. N 25

Pinkerton

L'officier de marine américain Pinkerton ne figure pas parmi les héros les plus significatifs de Puccini. Bien qu'elle l'aime d'un amour profond, Cio-Cio-San identifie cet homme ordinaire au symbole de son pays, l'hymne américain, exploité dans l'opéra comme un leitmotiv. N 26

Cependant, le jeune officier insouciant qui apparaît au premier acte est très différent de l'homme qui se laissera enflammer par l'amour passionné de Cio-Cio-San. Lui-même se présente comme un *Yankee vagabondo*. N 27

Au troisième acte, ce n'est pas sans éprouver de la douleur et de la nostalgie qu'il quitte la maison qui abrita sa brève liaison amoureuse avec la jeune femme japonaise. Mais il comprend trop tard que, pour lui aussi, cet amour représentait bien plus qu'un simple mariage de convenance. N 28

J. K.

Madama Butterfly, croquis de décor de Ludwig Zuckermandel-Bassermann, Lübeck, 1932-1933 (TWS).
À l'opéra, l'exotisme – aussi bien oriental qu'extrême-oriental – est une source d'inspiration importante pour les compositeurs et les décorateurs. Dans cette esquisse, Ludwig Zuckermandel-Bassermann, qui réalisa aussi la scénographie du → *Trovatore* de Verdi et du → *Freischütz* de Weber, créa une atmosphère particulière en mêlant des éléments d'intérieur traditionnel et des œuvres d'art japonaises. Ce décor illustre bien la mélancolie de Cio-Cio-San.

22. Hymne impérial japonais

23. Air de Cio-Cio-San (acte II)

Un bel dí, ve-dre-mo le-var-si un fil di fu-mo sull' e-stre-mo confin del ma-re. E poi la nave ap-pa-re

24. Duo des fleurs (Cio-Cio-San-Suzuki, acte II)

Scuo-ti quel-la fron-da di ci-lie-gio e m'in-non-da di fior

25. Duo d'amour (Cio-Cio-San-Pinkerton, acte I)
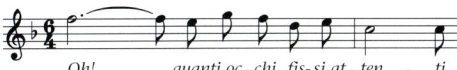
Oh! quanti oc-chi fis-si, at-ten-ti

26. Hymne des États-Unis

27. Air d'entrée de Pinkerton (acte I)
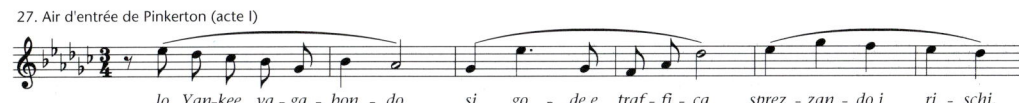
Io Yan-kee va-ga-bon-do si go-de e traf-fi-ca sprez-zan-do i ri-schi.

28. L'adieu de Pinkerton (acte III)

Ad-di-o fio-ri-to a-sil di le-ti-zia e d'amor...

Madama Butterfly, Alfred Piccaver dans le rôle de Pinkerton, 1913.
L'officier de marine américain Benjamin Franklin Pinkerton fut l'un des nombreux soldats américains à avoir contracté un mariage de convenance au Japon. Cet usage est abondamment décrit dans le roman de Pierre Loti *Madame Chrysanthème* (1887). Officier de marine, Loti connut lui aussi, à Nagasaki, du printemps à l'automne 1884, les plaisirs d'un mariage de convenance qui, dans son cas, ne connut pas d'issue tragique. L'histoire ne devint dramatique qu'en passant à la scène, chez David Belasco, et surtout chez Puccini.

Les origines de *Madama Butterfly*
La pièce en un acte de David Belasco s'inspirait de sources anciennes, mais surtout d'une nouvelle de John Luther Long (1898). Celui-ci, qui n'était jamais allé au Japon, tira la matière de ses récits japonais, dont *Madama Butterfly*, des anecdotes que lui racontait sa sœur Jennie Correll, épouse d'un missionnaire méthodiste. Madame Correll passa aux côtés de son mari plusieurs années à Nagasaki et connut personnellement les femmes qui servirent de modèle au récit.

Madama Butterfly, une scène du film de Frédéric Mitterand (1994), avec Ying Huan dans le rôle de Cio-Cio-San.
La rencontre fatale : le baisemain, un geste symbolique qui unit et maintient la distance entre cet homme et cette femme de cultures différentes. L'arrivée de Butterfly et la cérémonie de mariage sont devenues de véritables scènes d'anthologie. Toujours à la recherche d'effets dramatiques, Puccini n'a pas hésité à exploiter la tension érotique de ce moment. Depuis quelques années, les chanteuses asiatiques se sont à leur tour emparées du rôle de Cio-Cio-San. Ainsi, c'est une jeune Chinoise de Shangai, Ying Huan, qui incarne la jolie Japonaise du film de Frédéric Mitterand, tourné en Tunisie en 1994. Elle fut retenue parmi 200 candidates !

La Fanciulla del West

La Fille du Far West

Opéra en trois actes

Livret : Guelfo Civinini et Carlo Zangarini, d'après la pièce *The Girl of the Golden West* de David Belasco

Création : le 10 décembre 1910 à New York (Metropolitan Opera)

Personnages : Minnie (sop.), Jack Rance, le shérif (bar.), Dick Johnson alias Ramerrez, un bandit (tén.), Nick, barman du saloon La Polka (tén.), Ashby, employé de la société de transports Wells Fargo (basse) ; des chercheurs d'or : Sonora (bar.), Trin (tén.), Sid (bar.), Bello (bar.), Harry (tén.), Joe (tén.), Happy (bar.), Larkens (basse), Billy Jackrabbit, un Peau-Rouge (basse), Wowkle, sa femme (mezzosop.), Jake Wallace, chanteur ambulant (bar.), José Castro, Mexicain de la bande de Ramerrez (basse), un courrier (tén.) ; chercheurs d'or, hommes du campement (chœur)

Argument

En Californie, en 1849-1850, pendant la ruée vers l'or.

Acte I

Les chercheurs d'or passent leurs soirées au saloon La Polka, situé sur leur campement. On y trouve également l'employé Ashby et le shérif Rance, amoureux de Minnie, la tenancière. Tous deux sont à la poursuite du bandit Ramerrez. Seule femme des environs, mais respectée de tous, Minnie dispense aux hommes des cours sur la Bible. Le courrier arrive et remet à Ashby un télégramme d'une Espagnole qui promet de révéler la cachette de Ramerrez. Un nouveau client arrive à son tour, Johnson, de Sacramento. Minnie l'a déjà rencontré autrefois, si bien que les hommes lui réservent un accueil bienveillant. Les chercheurs d'or quittent le saloon et Johnson reste seul. Minnie lui explique que c'est à elle que les hommes confient l'or qu'ils ont trouvé. Johnson tombe amoureux de Minnie et renonce à son projet initial, qui était de s'emparer de l'or. Ils se donnent rendez-vous pour la nuit.

Acte II

Dans sa chambre, Minnie se prépare à recevoir la visite de Johnson. Elle lui raconte un peu sa vie et Johnson aborde le sujet de l'amour. Puis ils se déclarent leur flamme avec passion. Johnson est sur le point de partir, lorsque trois coups de feu retentissent devant la maison. Le shérif et trois

La Fanciulla del West, affiche de la création. Dès sa création, la partie de poker apparut comme la scène cruciale de l'opéra. Auparavant déjà, les cartes avaient joué un rôle important dans d'autres œuvres du répertoire, surtout entre les mains de cartomanciennes, comme Ulrica dans → *Un Ballo in maschera* de Verdi, ou dans → *Carmen* de Bizet. Mais ici, Puccini donne au jeu une fonction dramatique. La scène époustouflante où Minnie et le shérif jouent la vie de Johnson blessé et l'amour de Minnie constitue le finale du deuxième acte.

La Fanciulla del West, le saloon La Polka, mise en scène : Wolfgang Weber, direction musicale : Leonard Slatkin, Staatsoper de Vienne, 1988.
Cet opéra introduisait dans les salles lyriques un univers d'hommes qui, pour échapper à la monotonie de leur existence, jouent aux cartes et boivent du whisky, apparaissant tour à tour tels des coeurs tendres prêts à verser une larme ou des individus impulsifs prêts à pendre un des leurs sous prétexte qu'il a triché au jeu. Une vision romantique du Far West.

chercheurs d'or viennent trouver Minnie. Johnson se cache. Le shérif est soucieux pour Minnie, car l'inconnu n'est autre que le bandit Ramerrez. Minnie envoie les hommes à sa recherche, puis demande à Johnson de sortir. Sitôt dehors, il est touché par une balle. Poussée par l'amour, Minnie cache le blessé dans sa mansarde. Mais une tache de sang révèle sa présence au shérif. Minnie propose alors au shérif de faire une partie de poker pour décider du sort de Johnson. Elle gagne la partie en trichant.

Acte III
Les chercheurs d'or se retrouvent dans la forêt, au milieu d'une clairière. Tous sont à la recherche du bandit Ramerrez. Le bruit court alors que le fuyard leur aurait échappé. Mais Ashby apparaît avec Johnson enchaîné; on lui passe la corde au cou. Minnie surgit alors à cheval et profite de la stupeur générale pour s'approcher de Johnson, pistolet au poing. Elle menace de tuer Johnson puis de se suicider si les hommes refusent de le gracier. Elle rappelle aux chercheurs d'or tout ce qu'elle a fait pour eux. Touchés par ses propos, ils finissent par accepter de laisser partir Johnson. Minnie et Johnson quittent le pays pour aller mener ailleurs une vie nouvelle.

A. G.

Un western d'opéra

La pièce de David Belasco dont est inspiré *La Fanciulla del West* fut l'une des premières tentatives d'adaptation de western à la scène. Tout juste cinquante ans séparent l'époque évoquée dans la pièce de la date de sa création, qui eut lieu à Philadelphie en 1905. L'histoire se passe en Californie, en 1849-1850, en pleine ruée vers l'or, et se base sur des faits réels transmis à l'auteur par la tradition et des souvenirs de famille. Dans sa pièce – à la limite du kitsch –, Belasco s'intéresse plus à l'aspect merveilleux de l'histoire qu'au destin des trois personnages. Le bandit au grand cœur, personnage invraisemblable dont l'épaisseur dramatique ne repose guère que sur son pouvoir de séduction, offre l'image – cliché du brigand romantique. Quant au shérif, un « Scarpia aux petits pieds » – toujours enclin à abuser de son pouvoir, mais toujours contraint de se plier à la règle des truands –, il reste un méchant sans grand relief. La jeune tenancière de saloon, Minnie – seul personnage féminin décrit par Belasco, objet de vénération de la part des chercheurs d'or, mais aussi cause de jalousie entre eux –, rassemble les traits de personnalité les plus contradictoires: innocence et opiniâtreté, gentillesse et fermeté, idéalisme rêveur et sens des réalités. Cet ange, qui porte un pistolet à la ceinture, sait jouer au poker et monter à cheval. Elle attend encore l'homme « à qui elle donnera son premier baiser ». Pourtant, dès qu'elle aura fait son choix, elle emploiera toute son énergie à réaliser son bonheur.

La Minnie de Puccini

Si l'on excepte la courte apparition de la femme peau-rouge au début du deuxième acte, Minnie est l'unique personnage féminin de cet opéra, face à 18 (!) rôles masculins. Quelque étrange que puisse paraître cette configuration, elle ne dessert en rien l'équilibre musical et dramatique de l'œuvre. La présence et l'intensité du rôle de Minnie suffisent à rétablir la balance. Il semble même que ce soit justement ce côté extrême du personnage qui ait intéressé Puccini. Le compositeur était fasciné par la richesse des sentiments de Minnie et le magnétisme érotique de cette inaccessible amazone qui reste à distance de tous les hommes, réservant son « premier baiser » à celui qu'elle aura choisi. Après la série des *piccole donne* prédestinées au chagrin (Manon, Mimi, Cio-Cio-San), Puccini découvrit en Minnie un autre aspect de la féminité: une personnalité extrêmement féminine et bienveillante, certes, mais aussi une héroïne volontaire et passionnément amoureuse, capable de tout pour défendre son bonheur. Une héroïne qui, dans la galerie de portraits de Puccini, trouve sa place aux côtés des personnages forts comme Tosca et Turandot.

J. K.

La Fanciulla del West, avec Gigliola Frazzoni (Minnie), Giangiacomo Guelfi (le shérif), Franco Corelli (Johnson), mise en scène: Carlo Maestrini, Teatro alla Scala, Milan, 1964.

La Fanciulla del West, avec Tito Gobbi dans le rôle du shérif, mise en scène: Mario Frigerio, costumes: Nicola Benois, Teatro alla Scala, Milan, 1955.
Jack Rance, le shérif, ne perd pas seulement la partie de poker. Il doit renoncer à l'amour de Minnie et relâcher par deux fois son rival, le bandit Johnson.

Une œuvre emblématique pour le Met

Opéra « américain » de Puccini, la création de la *La Fanciulla del West* eut lieu à New York. C'était la première fois que l'une de ses œuvres était créée en dehors d'Italie, mais elle le fut néanmoins par une troupe largement dominée par des Italiens, puisque l'on trouvait Enrico Caruso et Pasquale Amati parmi les interprètes masculins, Arturo Toscanini à la direction, Tito Ricordi comme assistant du metteur en scène David Belasco et Giulio Gatti-Casazza à la direction générale du Met. Cet événement mondain fut également un immense succès public et les spectateurs restèrent longtemps attachés à cette œuvre. Après New York, l'opéra fut monté à Chicago et Boston, puis, dès la saison suivante, à Londres à Covent Garden. La première production italienne n'eut lieu qu'en juin 1911 à Rome.

Toscanini et le Metropolitan Opera

La première fois qu'il dirigea → *Aida* de Verdi (16 novembre 1908) au Metropolitan, Toscanini obtint un succès retentissant. Bien plus, ce soir-là, il balaya d'un coup toutes les traditions poussiéreuses qui s'étaient accumulées dans les vieilles maisons d'opéra européennes tout au long du XIXe siècle. Pourquoi Toscanini était-il venu au Met ? Parce qu'il espérait pouvoir y imposer, grâce au soutien de la direction, ses idées et sa vision des œuvres. De plus, il était accompagné de Gatti-Casazza, l'un de ses amis capables de supporter sans broncher tous ses états d'âme. Emportés dans le tourbillon théâtral du Metropolitan, ils vécurent – Filippo Sacchi décrit très bien cela dans sa biographie de Toscanini – comme une tortue (Gatti-Casazza) cohabitant avec un chat (Toscanini), chacun suivant sa propre logique et son tempérament. Par ailleurs, Toscanini se réjouissait de retrouver Gustav Mahler, qui dirigeait lui aussi l'orchestre du Metropolitan depuis 1907. Il fut convenu au départ que Mahler serait en charge du répertoire allemand et Toscanini du répertoire italien, mais ce dernier décida finalement de débuter sa première saison avec Wagner. Il consacra ses premières répétitions au → *Crépuscule des dieux* (sans partition !), puis, dès l'année suivante, inscrivit → *Tristan et Isolde* au programme. Il resta au Metropolitan jusqu'en 1921, puis reprit la direction musicale de la Scala jusqu'en 1929. Après avoir été pris à partie par un groupe de fascistes parce qu'il refusait de diriger leur hymne, il revint à New York où il s'installa définitivement quelques années plus tard.

La Fanciulla del West, Enrico Caruso dans le rôle de Johnson.
Lorsqu'en 1910 Caruso créa le rôle de Johnson à New York, il était déjà depuis sept ans invité permanent du Metropolitan Opera, où il était payé 10 000 dollars par soirée. Son premier rôle au Met, en 1903, fut celui du duc dans → *Rigoletto* de Verdi. Au cours des années suivantes, il y assura la création de la plupart des grands rôles de ténors italiens. Il lui arrivait aussi de chanter les rôles de barytons. Un soir où une basse avait dû déclarer forfait pour *La Bohème* de Puccini, il interpréta même le fameux air de Colline (*Vecchia zimarra, senti*).

Ci-dessus
L'auditorium du Metropolitan Opera de New York.
En 115 ans d'histoire, le Metropolitan n'a guère présenté de créations et *La Fanciulla del West* de Puccini constitue plutôt une exception. Pourtant, le vieux Met comptait déjà parmi les plus importantes maisons d'opéra du monde. Depuis le début du siècle, il a accueilli les plus grands chanteurs allemands et italiens, d'Enrico Caruso à Leo Slezak. Au cours du XXe siècle, le Met a rivalisé d'importance avec la Scala. Aujourd'hui encore, chanter au Met apparaît comme la consécration d'une carrière internationale.
Le vieux Met fut inauguré en 1883 avec le → *Faust* de Gounod. Détruit neuf ans plus tard par un incendie, il fut reconstruit. Ce nouveau théâtre, conçu sur le modèle italien, fut utilisé jusqu'en 1965, date à laquelle il fut rasé. Dès l'année suivante, un autre bâtiment fut inauguré avec *Antony and Cleopatra* de Samuel Barber. Le nouveau Met du Lincoln Center fut dessiné par l'architecte Wallace Harrison. La salle contient plus de 3 800 places qui répondent à un critère égalitaire : où que l'on soit assis, on voit et on entend parfaitement bien.

À droite
Photo de groupe avec (de g. à dr.) Giulio Gatti-Casazza, David Belasco, Arturo Toscanini et Giacomo Puccini, vers 1910.
Giulio Gatti-Casazza (1869-1940) fut l'un des plus grands directeurs de théâtre de l'époque : il avait une véritable conception artistique, un flair particulier pour découvrir les nouveaux talents et des nerfs d'acier. Après des études d'ingénieur, il débuta sa carrière en 1893 au Teatro Municipale de Ferrare, dont il devint le directeur à 24 ans ! Il y fit preuve d'une telle compétence qu'il fut nommé cinq ans plus tard à la tête de l'une des salles les plus prestigieuses d'Italie, la Scala de Milan. Sous sa direction, le répertoire de la Scala s'enrichit de chef-d'œuvres étrangers comme → *Boris Godounov* (Moussorgski) et → *Pelléas et Mélisande* (Debussy). Il appréciait également beaucoup les drames de Wagner. Mais son nom fut surtout associé à celui du Metropolitan Opera. Il resta à la tête de cette institution de 1908 à 1935, et apporta un renom mondial à la plus grande scène américaine, en particulier sous la direction musicale de Toscanini. Sous son mandat, le Met présenta 177 œuvres différentes.

Arturo Toscanini (1867-1957)

Étant donné la réputation internationale de Toscanini sur le plan humain et artistique, ainsi que les performances nouvelles du matériel de prise de vue américain, nombre de ses concerts ont été filmés. Jusqu'à un âge très avancé, il fascina les gens par l'étendue de ses connaissances musicales, sa sensibilité et son aura personnelle. Des portraits de l'époque et des témoignages postérieurs le décrivent comme l'un des plus grands chefs du XXe siècle et comme le plus grand chef d'opéra italien. Alors qu'il avait participé à la création d'→ *Otello* de Verdi en tant que violoncelliste, il commença sa carrière de chef à l'âge de 19 ans, à l'Opéra de São Paulo. Il entretint toute sa vie des liens d'amitié avec Puccini, qui avait dix ans de plus que lui. À 29 ans, il dirigea la création de *La Bohème* à la Scala de Milan. En 1910, il assura la direction musicale de la première représentation de *La Fanciulla del West* au Metropolitan de New York. Après la mort de Puccini, c'est lui qui dirigea la création de → *Turandot* à la Scala de Milan. Sa mémoire légendaire, sa connaissance approfondie des œuvres et sa droiture en tant qu'homme et en tant qu'artiste en ont fait une référence unique pour ses interprétations musicales.

Arturo Toscanini en répétition, photos non datées.
Le rôle du chef d'orchestre consiste, entre autres, à donner le tempo et à le faire respecter, à contrôler la masse sonore de l'orchestre et à mobiliser l'énergie des musiciens. Lorsqu'il dirigeait un concert, Toscanini faisait des gestes simples et précis. En répétition, en revanche, il pouvait chanter, crier, jurer et se laisser totalement emporter par la fougue que lui insufflait la musique.

La Rondine
L'Hirondelle

Commedia lirica en trois actes

Livret : Giuseppe Adami
Création : le 27 mars 1917 à Monte Carlo (Opéra du Casino)
Personnages : Magda de Civry (sop.), Lisette, sa femme de chambre (sop.), Ruggero Lastouc, un jeune homme de Montauban (tén.), Prunier, un poète (tén.), Rambaldo, un riche Parisien (bar.), Périchaud (basse), Gobin (tén.), Crébillon (basse), Rabonnier (bar.), trois amies de Magda : Yvette (sop.), Bianca (sop.) et Suzy (mezzosop.), un maître d'hôtel (basse) ; dames et messieurs, cousettes et grisettes, clients, maîtres d'hôtel, serveurs, curieux, couples de danseurs (chœur)

Argument
À Paris et près de Nice, sous le Second Empire.

Magda, une courtisane parisienne, est entretenue par un riche banquier, mais elle garde enfoui au fond de sa mémoire le souvenir d'un amour de jeunesse qu'elle a rencontré autrefois au café Bullier. Un soir, le jeune Ruggero débarque de sa province chez le banquier parisien. Les invités de Magda recommandent à Ruggero de passer sa première soirée au café Bullier, ce qui réveille chez Magda de vieux souvenirs. Elle se déguise en soubrette et sort discrètement de la maison du banquier. Chez Bullier, elle retrouve Ruggero, à qui elle se présente sous le nom de Paulette. Ils s'éprennent rapidement l'un de l'autre. Au matin, Magda ne rentre pas dans sa cage dorée, mais part vivre avec Ruggero, loin de Paris, plusieurs mois de bonheur passionné. Ce n'est que lorsque Ruggero veut régulariser la situation et épouser Magda que celle-ci avoue qui elle est vraiment. Elle quitte alors son amant et rentre à Paris retrouver son ancienne vie de courtisane.

S. N.

La Rondine, mise en scène : Lotfi Mansouri, direction musicale : Alessandro Siciliani, décors : Ralph Funicello, costumes : Sam Kirkpatric, Lincoln Center State Theatre de New York, 1993.
Au deuxième acte, le café d'artistes Bullier était un prétexte pour faire entendre des airs de danse à la mode. Dans *La Rondine*, Puccini voulut composer un opéra de son temps, comme l'avait été → *La Bohème*, sans exotisme ni passé historique. Les conflits qui éclatent dans ce deuxième acte rappellent ceux de → *La Traviata* de Verdi et de *La Bohème*. C'est d'ailleurs là le véritable point faible de l'opéra. Les grands chefs-d'œuvre ne vivent pas du souvenir des partitions qui les ont précédés. Avec ses deux opéras de jeunesse, *La Rondine* est l'œuvre la moins connue de Puccini.

La Rondine, mise en scène : Lotfi Mansouri, direction musicale : Alessandro Siciliani, décors : Ralph Funicello, costumes : Sam Kirkpatric, Centre Lincoln Center State Theatre de New York, 1993.
La Rondine fut qualifiée en plaisantant de « Traviata du pauvre », mais c'est pourtant bien le cas. Tout d'abord parce que sa création eut lieu pendant la Première Guerre mondiale, mais surtout parce que l'histoire d'amour de Magda (un nom typique de la monarchie austro-hongroise !) et de Ruggero reprend exactement la même intrigue que celle de la dame aux camélias (Verdi → La Traviata).

Les sirènes de l'opérette

En octobre 1913, Puccini reçut des directeurs du Carltheater de Vienne, Siegmund Eibenschütz et Heinrich Berté, la proposition d'écrire une opérette. S'il est évident que ses commanditaires avaient tout intérêt à s'assurer la collaboration d'un compositeur aussi réputé que Puccini, on peut en revanche se demander pourquoi celui-ci accepta leur proposition. Peut-être à cause d'une promesse d'honoraires non négligeable, estimée à l'origine à 200 000, voire 400 000 couronnes autrichiennes selon les sources. Mais, pour le compositeur, il s'agissait également de s'essayer à l'opérette, un genre très populaire à l'époque, où il n'avait encore fait aucune incursion. Le plus étonnant est qu'il travailla à cette œuvre parallèlement à l'écriture de son opéra le plus sombre, → Il Tabarro !

De l'opérette à la comédie lyrique

Puccini avait pleinement conscience de s'atteler à un genre nouveau. C'est ce qui explique ses nombreux états d'âme durant toute la genèse de l'œuvre, tant par rapport au sujet qu'au genre lui-même, ses multiples tentatives pour contourner les contraintes auxquelles il s'était engagé par contrat et, plus tard, à mesure que le travail avançait, ses déclarations visant à se justifier. Il voulait « sauver son âme » en prétendant, contre toute évidence, n'avoir pas écrit une opérette, mais une « comédie lyrique » qui, à l'inverse de l'opérette, se caractérise par une musique continue. Néanmoins, cette œuvre ne peut guère nier ses affinités avec l'opérette. L'opérette sentimentale et nostalgique – sans rebondissement tragique et sans fin heureuse – était une forme nouvelle de musique légère popularisée par Franz Lehár, que Puccini connaissait personnellement et qu'il appréciait. La partition de La Rondine suit une recette bien éprouvée. Baignant dans une atmosphère de valse viennoise, elle laisse également la place à des airs de danses à la mode à l'époque, comme le tango, le slow-fox ou le one-step. L'œuvre connut en son temps un certain succès. Pourtant, en dépit de plusieurs tentatives pour la remettre au goût du jour (par exemple, en 1993 au Lincoln Center State Theater de New York, ou en 1994, à la Scala de Milan), La Rondine ne figure plus que rarement au programme des maisons d'opéra.

J. K.

Il Tabarro

La Houppelande

Opéra en un acte

Livret : Giuseppe Adami, d'après la pièce de Didier Gold
Création : (le même soir que *Suor Angelica* et *Gianni Schicchi*) : le 14 décembre 1918 à New York (Metropolitan Opera)

Personnages : Michele, patron de la péniche (bar.), Luigi, débardeur (tén.), Tinca, débardeur (tén.), Talpa, débardeur (basse), Giorgetta, femme de Michele (sop.), Frugola, femme de Talpa (mezzo-sop.), un chanteur de rue (tén.), six midinettes (6 sop.), un couple d'amoureux (sop., tén.)

Argument
À Paris, vers 1900.
La péniche de Michele est ancrée au bord de la Seine. Tandis que les débardeurs terminent leur dur travail, Michele, en proie à la jalousie, observe sa femme Giorgetta en train de discuter avec Luigi. On entend jouer un orgue de barbarie. Tinca, un débardeur, invite Giorgetta à danser, mais Luigi le repousse. Giorgetta pense avec nostalgie à sa vie et au bonheur d'autrefois, quand elle habitait un faubourg de Paris. Luigi est originaire du même quartier. Ils se déclarent leur amour. Luigi promet de revenir dès qu'elle lui fera signe en grattant une allumette. Michele songe lui aussi au passé, à l'époque où il vivait en harmonie avec Giorgetta et leur enfant décédé, lorsqu'il les enveloppait tous deux sous sa grande houppelande. Giorgetta repousse une nouvelle fois l'un de ses élans amoureux. Il allume tristement sa pipe. Voyant une allumette flamber, Luigi croit que c'est le signal convenu. Michele entend des pas furtifs et intercepte Luigi. Une querelle éclate ; Michele saisit Luigi à la gorge pour lui faire avouer son amour pour Giorgetta, puis il l'étrangle. Michele dissimule le cadavre sous sa houppelande. Giorgetta revient vers Michele et lui demande de l'envelopper dans sa houppelande. Alors Michele ouvre son manteau et lui montre le cadavre de Luigi. Quand Giorgetta se met à hurler, Michele la précipite contre le cadavre de son amant.

A. G.

Il Tabarro, croquis de décor d'Otto Reigbert pour la mise en scène d'Erich Bormann, Städtische Bühnen, Cologne, 1934 (TWS). Ce croquis de décor sombrement réaliste évoque la crise économique et la dictature nazie. *Il Tabarro* est une tragédie prolétarienne.

Le Triptyque (*Il Trittico*)

Au début des années dix, Puccini conçut une trilogie à la manière de Dante, en associant un drame naturaliste, un mystère religieux et un *opera buffa*. Sur le modèle de la *Divine Comédie*, la première partie (*Il Tabarro*) était censée représenter l'enfer de la misère humaine, la deuxième partie (*Suor Angelica*) le purgatoire, et la troisième (*Gianni Schicchi*) le paradis. En 1918, alors que les trois parties avaient trouvé leur forme définitive, l'un de ses amis proposa à Puccini d'intituler l'ensemble *Il Trittico* (Le Triptyque), en référence aux retables gothiques.

Le symbole du manteau

La pièce de Didier Gold *La Houppelande* fut l'un des grands succès parisiens du début des années dix. Conçu dans l'esprit d'Émile Zola, ce drame terrible décrit de façon très émotionnelle les conditions de vie des classes défavorisées dans la grande ville. L'action démarre au crépuscule et se prolonge jusqu'à la nuit noire. L'obscurité qui envahit peu à peu la scène ne sert pas seulement à créer une ambiance, mais prend ici un sens véritablement symbolique. La houppelande y apparaît également comme un double symbole. Elle figure tout d'abord l'appartenance à la famille, l'enveloppe protectrice, mais sert ensuite à dissimuler l'horreur, le meurtre odieux qui vient d'être commis.

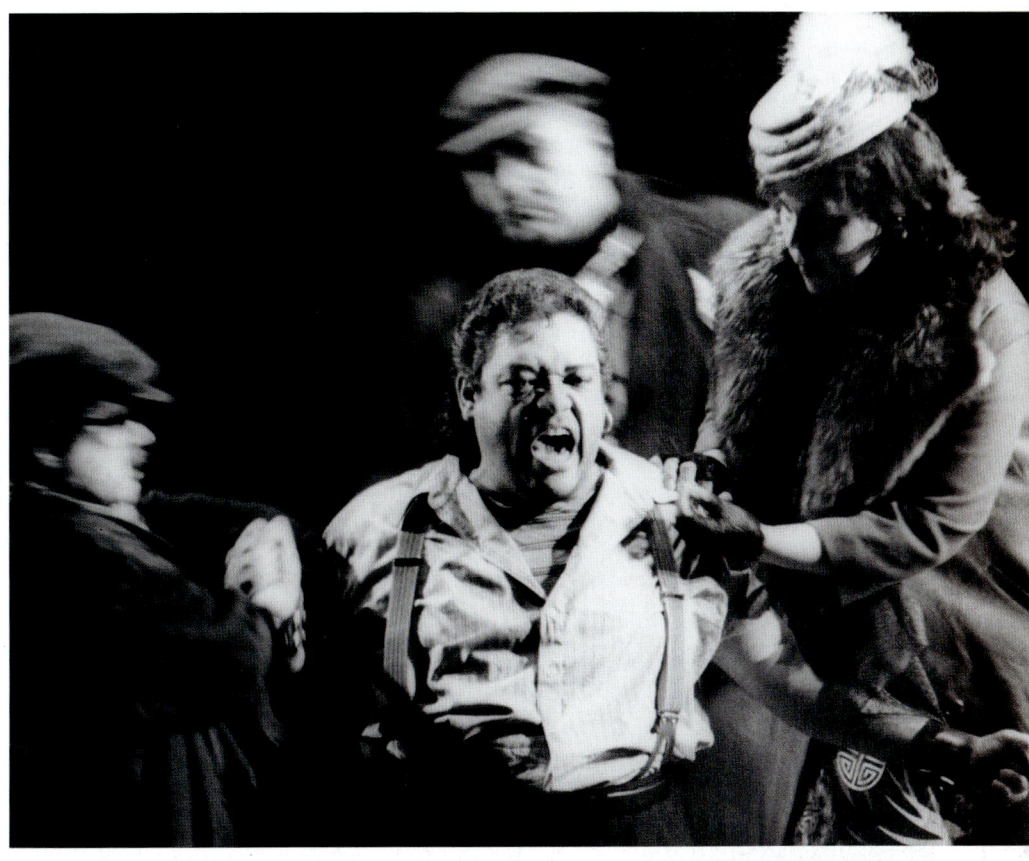

Il Tabarro, mise en scène : Willy Decker, Opéra de Cologne, 1995.

Sur les bords de Seine

Haut lieu de la vie prolétarienne des faubourgs parisiens, où se mêlent le clinquant bon marché et la misère la plus noire, les bords de la Seine forment un décor d'une sombre richesse. Si les couples d'amoureux s'y donnent rendez-vous, ils attirent aussi les candidats au suicide et les criminels qui y sont protégés par l'obscurité de la nuit. Dans son opéra, Puccini donne au fleuve un thème particulier, exposé dès l'introduction, puis répété en vagues successives. Ses contours harmoniques flottants sont comme une réminiscence impressionniste et évoquent un nocturne orchestral de Debussy intitulé *Nuages*. N 29 Même dans l'air du chanteur de rue, l'ambiance a quelque chose de désespérément triste. L'image joyeuse du printemps s'y mêle à l'idée de la mort et l'on se rappelle l'histoire de Mimi. La chanson fait également une allusion claire à la tragédie que vont vivre Giorgetta et Luigi : « Si l'amour nous fait vivre, il nous fait mourir aussi... » N 30

J. K.

À gauche
Il Tabarro, avec (de g. à dr.) Jukka Rasilainen (Michele), Antonio Barasorda (Luigi) et Soïa Smolianinova (Giorgetta), mise en scène : Udo Samel, décors : Bernhard Kleber, Sächsische Staatsoper de Dresde, 1998.

Il Tabarro, couverture de la partition originale, 1918.

29. Thème de la Seine

30. Air du chanteur de rue

Pri-ma-ve-ra, pri-ma-ve- ra! Chi ha vis-su-to per a- mo-re, per a-mo-re si mo-rí

Suor Angelica

Sœur Angelica

Opéra en un acte

Livret : Giovacchino Forzano
Création : (le même soir que *Il Tabarro* et *Gianni Schicchi*) : le 14 décembre 1918 à New York (Metropolitan Opera)
Personnages : sœur Angelica (sop.), la princesse, sa tante (alto), l'abbesse (mezzosop.), la zélatrice (mezzosop.), la maîtresse des novices (mezzosop.), sœur Geneviève (sop.), sœur Osmine (sop.), sœur Dulcinée (sop.), la sœur infirmière (mezzosop.), deux sœurs quêteuses (2 sop.), deux novices (sop., mezzosop.), deux converses (sop., mezzosop.); sœurs, novices, voix d'anges (chœur)

À droite
Suor Angelica, avec Sena Jurinac dans le rôle d'Angelica, mise en scène : Carlo Maestrini, décors : Ardengo Soffici, costumes : Enzo Rossi, Teatro alla Scala, Milan, 1959.
Ses seules joies, Angelica les trouve au jardin. Elle qui vivait pour ses plantes se tournera vers elles pour mourir. Puccini rend-il ici hommage à sa sœur préférée, Iginia ? Lorsqu'il en eut achevé l'écriture, il se rendit à Vicepelago pour jouer son opéra devant les sœurs du couvent. On imagine que l'auditoire fut ému aux larmes par l'histoire de cette nonne imaginaire. Sena Jurinac, Autrichienne d'origine croate, fut l'une des plus grandes cantatrices des années cinquante et soixante, et l'enfant chérie de l'Opéra de Vienne.

Suor Angelica, mise en scène : Harry Kupfer, décors et costumes : Hans Schavernoch, direction musicale : Gerd Albrecht, Staatsoper de Hambourg, 1995.
Dans sa mise en scène du *Triptyque*, Harry Kupfer choisit d'exploiter un espace scénique fermé tel un leitmotiv dramatique. Les trois opéras se déroulent tous dans un cadre restreint : → *Il Tabarro* sur une péniche, *Suor Angelica* dans un couvent et → *Gianni Schicchi* dans une chambre mortuaire. Nulle part, il n'est possible de s'évader.

Argument

À la fin du XVIIe siècle, dans un couvent.
Après la prière du soir, les nonnes se rendent dans le cloître. La zélatrice distribue les pénitences. Les nonnes prient pour leur sœur morte l'année précédente. Beaucoup font des vœux. Seule sœur Angelica prétend ne rien souhaiter. Les sœurs ne la croient pas. Sœur Angelica a intégré le couvent sept ans plus tôt. Issue d'une famille visiblement très noble, elle attend depuis des années des nouvelles de ses proches. Deux sœurs quêteuses annoncent qu'une riche voiture vient de s'arrêter à la porte du couvent. Angelica est appelée au parloir. Sa tante, une princesse très digne, mais froide et inaccessible, l'informe qu'elle est chargée de régler l'héritage familial. La jeune sœur d'Angelica doit bientôt se marier. La tante a fait rédiger les actes et Angelica n'a plus qu'à signer. Angelica demande qui est le fiancé. Elle obtient pour toute réponse que c'est quelqu'un qui, par amour, a surmonté la honte qu'Angelica a jetée sur la famille. Angelica répond humblement que pour expier sa faute elle a tout sacrifié à la Vierge. La seule chose qui lui semble insurmontable, c'est d'oublier son fils. La princesse lui apprend alors que l'enfant est mort depuis deux ans. Angelica tombe à terre en poussant un grand cri. La nuit, quand le calme est revenu au couvent, Angelica va cueillir au jardin des plantes toxiques et prépare un breuvage. Mais sitôt qu'elle a absorbé le poison, elle se rend compte du péché que représente le suicide. Désespérée, elle implore la Vierge de la sauver. La porte de l'église s'ouvre alors et la madone lui apparaît, tenant un enfant blond par la main. Angelica ouvre les bras en direction de son fils et meurt.

A. G.

À droite
Suor Angelica, mise en scène : Massimo Bogianchino, direction musicale : Claudio Abbado, Teatro alla Scala, Milan, 1963.
Cette histoire de couvent témoigne une fois de plus du sens dramatique de Puccini. La cruauté du monde extérieur s'abat telle la foudre sur le monde lumineux, serein et idyllique du couvent, répandant un voile opaque qui arrête la lumière du soleil.

Un monde de femmes

Le drame de *Suor Angelica* se joue dans un cadre très particulier, décrit avec beaucoup de minutie. À la fin du XVIIe siècle, un couvent de nonnes en Toscane constituait un monde en soi. Puccini connaissait bien ce milieu, car l'une de ses sœurs, Iginia, était devenue supérieure d'un couvent à Vicepelago.

Un cœur de pierre

L'arrivée au couvent de la tante d'Angelica provoque un véritable choc. Le portrait de cette femme est un chef-d'œuvre du genre. C'est le seul grand rôle d'alto que Puccini ait écrit. Pour la première fois, un personnage féminin incarne la malveillance. Les accents menaçants du baryton Scarpia sont transposés ici dans le registre sombre de la voix d'alto. C'est un personnage que rien ne peut ébranler. Sa force dévastatrice réside dans sa rigidité et son impassibilité. Elle apparaît tel un roc de glace capable de blesser mortellement tout être sensible. Face à ce monstre qui ne connaît pas la miséricorde, Angelica mène un combat sans espoir. Après avoir appris que son enfant était mort loin d'elle, Angelica chante son désespoir, évoque le Ciel et tombe en extase. N 31

J. K.

Suor Angelica, couverture de l'édition originale Ricordi, 1918.

31. Air d'Angelica

O - ra che sei un an - ge - lo del cie - lo, o - ra tu puoi ve - der - la la tua mam - ma,

Suor Angelica, croquis de décor d'Eduard Löffler, Teatro Municipal de Rio de Janeiro, 1942 (TWS).
Puccini s'attacha à décrire un monde de femmes qu'il connaissait bien dans la réalité, puisque sa sœur Iginia vivait dans un couvent. Lorsqu'il en eut achevé l'écriture, le compositeur se rendit à Vicepelago pour jouer son opéra devant la communauté de sœurs.

Gianni Schicchi

Opéra en un acte

Livret : Giovacchino Forzano, d'après un épisode tiré du chant XXX de *L'Enfer* de la *Divine Comédie* de Dante Alighieri
Création (le même soir que *Suor Angelica* et *Il Tabarro*) le 14 décembre 1918 à New York (Metropolitan Opera)
Personnages : Gianni Schicchi (bar.), Lauretta (sop.) ; la famille de Buoso Donati : Zita, surnommée la Vieille, cousine de Buoso (alto), Rinuccio, neveu de Zita (tén.), Gherardo, neveu de Buoso (tén.), Nella, sa femme (sop.), Gherardino, leur fils (alto), Betto di Signa, beau-frère de Buoso (basse), Simone, cousin de Buoso (basse), Marco, son fils (bar.), la Ciesca, épouse de Marco (mezzosop.) ; maître Spinelloccio, médecin (basse), Amantio di Nicolao, notaire (bar.), Pinellino, cordonnier (basse), Guccio, peintre (basse)

Argument
À Florence, en 1299.
Buoso Donati vient de mourir et ses proches le pleurent avec beaucoup d'hypocrisie, lorsque la nouvelle se répand que Donati aurait légué sa fortune à un couvent. Simone annonce que si le testament est déjà chez le notaire, il n'y a plus rien à faire, mais qu'en revanche, s'il est resté dans la maison... Tous cherchent le testament et Rinuccio le trouve enfin. Mais personne ne sait comment procéder. Rinuccio connaît un homme susceptible de les aider, un certain Gianni Schicchi. Mais la famille refuse parce qu'il n'est pas du pays. Rinuccio explique alors que Florence doit justement sa gloire à certains de ses « nouveaux venus ». Gianni Schicchi apparaît alors avec sa fille Lauretta, qui souhaite épouser Rinuccio. Zita s'étant prononcée contre le mariage, Gianni Schicchi fait mine de partir, vexé. Seules les supplications de sa fille parviennent à le retenir. Il propose alors un stratagème : si personne n'est au courant de la mort de Donati, il est encore possible de rédiger un nouveau testament. Mais il les prévient que la loi est sévère et qu'ils risquent l'exil et une main coupée. Quand le médecin arrive, la famille l'empêche d'entrer dans la chambre. Gianni Schicchi imite la voix de Donati et, à travers la porte entrebâillée, assure qu'il se sent mieux et souhaite dormir. On envoie chercher le notaire et des témoins. Pendant ce temps, chacun vient chuchoter à l'oreille de Gianni Schicchi ce qu'il attend de l'héritage. Ayant passé les vêtements du mort, Schicchi dicte alors « son » testament au notaire. Les membres de la famille tentent de protester, mais n'osent insister à cause de la peine qu'ils encourent. Dès que le notaire est parti, tous s'en prennent à Gianni Schicchi. Mais, ayant hérité de la maison, il les chasse de chez lui. Lauretta et Rinuccio restent seuls : ils ont désormais un toit pour abriter leur amour. Gianni Schicchi se tourne vers le public et explique que Dante, pour ce stratagème, l'a condamné à l'enfer. Et il espère que le jugement du public sera plus clément.

A. G.

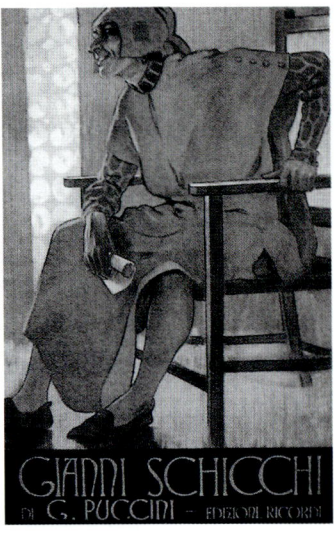

Gianni Schicchi, couverture de l'édition originale Ricordi, 1918.

Gianni Schicchi, mise en scène : Udo Samel, décors : Bernhard Kleber, Sächsische Staatsoper de Dresde, 1998.
Symboles des faiblesses humaines, les membres de la famille de Buoso Donati incarnent la cupidité, l'hypocrisie et la haine des étrangers. Pourtant, individuellement, les personnages ne sont pas des allégories. En s'appuyant sur un geste ou un thème musical, Puccini dessine de savoureux portraits de ce cercle familial. Dès le début de l'opéra, il instaure une atmosphère unique, grotesque et pleine d'humour, mais néanmoins inspirée par l'amour du prochain.

Gianni Schicchi, croquis de décor d'Eduard Löffler, mise en scène et direction musicale : Wolfgang Schubert, Stadttheater de Klagenfurt, 1959 (TWS).
Dans cette magnifique esquisse de facture traditionnelle, la vaste loggia ouverte souligne le cadre historique et géographique de *Gianni Schicchi*, la Florence de l'époque de Dante, en 1299. Par les faiblesses humaines qu'elle met en scène, cette comédie grinçante a quelque chose d'intemporel. Pourtant, le texte et la musique se réfèrent explicitement à la ville de la Renaissance italienne, la capitale de la région natale de Puccini, la Toscane.

Dante et Puccini

Gianni Schicchi est un personnage qui a réellement existé, un citoyen florentin contemporain de Dante, qui était lui-même parent avec la famille Donati. Schicchi faisait partie des *contadini*, des provinciaux venus à la ville qui formaient une classe de nouveaux riches. Dante n'avait aucune sympathie pour eux, ce qui explique qu'il ait envoyé en enfer ce rusé renard. Puccini et son librettiste Forzano ne partageaient en rien l'animosité de Dante.

La *commedia dell'arte* revisitée

La comédie de *Gianni Schicchi* s'inscrit dans une longue tradition littéraire et s'inspire de la *commedia dell'arte* et de l'*opera buffa*. On trouve en effet de très nombreuses satires sur le thème du testament et de la convoitise des héritiers, dans des situations qui tournent en ridicule ceux qui se font escroquer. Il n'est pas difficile de retrouver dans *Gianni Schicchi* des traces de la *commedia dell'arte*. Le personnage de Schicchi n'est qu'un nouvel avatar d'Arlequin, le farceur impénitent, et derrière Simone se cache Pantalone. Quant à Lauretta et Rinuccio, ils représentent le couple conventionnel des jeunes amoureux. Le notaire et le *Dottore* bolognais (le docteur Spinelloccio) constituent eux aussi des types bien connus. En outre, le *Capitano* et le Maure apparaissent au détour de quelques phrases du livret.

J. K.

32. Air de Lauretta

Oh! mio babbino caro, mi piace, è bello, bello; vo'andare in Porta Rossa a comperar l'anello!

Gianni Schicchi, avec Tito Gobbi (Schicchi) et Renata Scotto (Lauretta), mise en scène : Carlo Maestrini, décors : Gianni Vangnetti, costumes : Vieri Vangnetti, Teatro alla Scala, Milan, 1958-1859.
Lauretta tente de convaincre son père de rester en lui chantant un air *Oh! mio babbino caro* (Oh! mon cher père) qui compte aujourd'hui parmi les plus célèbres du répertoire. N 32

Turandot

Dramma lirico en trois actes et cinq tableaux

Livret: Giuseppe Adami et Renato Simoni, d'après la pièce de Carlo Gozzi et l'adaptation de Friedrich von Schiller
Création: version inachevée: le 25 avril 1926 à Milan (Teatro alla Scala); version complétée par Franco Alfano: le 27 avril 1926 à Milan (Teatro alla Scala)

Personnages: la princesse Turandot (sop.), l'empereur Altoum (tén.), Timur, roi de Tartarie en exil (basse), Calaf, son fils (tén.), Liù, une jeune esclave (sop.), Ping, grand chancelier (bar.), Pang, grand maître des provisions (tén.), Pong, grand maître de la cuisine (tén.), un mandarin (bar.), le prince de Perse (tén.), le bourreau (rôle muet); garde impériale, assistants du bourreau, enfants, prêtres, mandarins, dignitaires, huit sages, servantes de Turandot, soldats, gardes, musiciens, esprits des morts, foule (chœur)

Turandot, croquis de décor de Ludwig Siefert pour la mise en scène de Lothar Wallerstein, direction musicale: Clemens Krauss, Opéra de Francfort, 1927 (TWS).
Avec → *Aida*, *Turandot* est l'une des œuvres les plus spectaculaires de l'histoire de l'opéra. Le palais impérial de Chine, la foule et tous les figurants donnent à l'opéra un caractère monumental qui stimule les décorateurs et les metteurs en scène à inventer de nouveaux univers. Une tâche dont se tira particulièrement bien le réalisateur Franco Zeffirelli, qui créa des tableaux grandioses en recourant à un nombre impressionnant de figurants.

Argument
À Pékin, en des temps mythiques.

Acte I
Un mandarin annonce que tous les prétendants à la main de Turandot devront répondre à trois énigmes. S'ils échouent, ils seront exécutés, comme présentement le prince de Perse.
Dans la foule, le prince Calaf retrouve son père Timur, aveugle, qui a été chassé de son pays et qui est venu se réfugier à Pékin avec l'esclave Liù. C'est par amour pour Calaf que Liù l'a suivi. Lorsque la lune se lève, le prince de Perse est conduit sur le lieu de l'exécution. La foule implore la grâce de Turandot, mais elle confirme l'ordre d'exécution. Calaf est fasciné par la beauté de la princesse. Timur, Liù et trois personnages masqués, les ministres Ping, Pang et Pong, tentent de le dissuader, mais en vain: au troisième coup de gong, il se présente comme le nouveau prétendant de Turandot.

Acte II
Les ministres Ping, Pang et Pong évoquent avec nostalgie l'époque qui précédait le règne de Turandot. Ils craignent pour l'avenir de la Chine, car treize princes ont déjà été exécutés. Une grande clameur ramène les ministres à la réalité.
La cour et le peuple se rassemblent pour assister à l'épreuve du nouveau prétendant, que personne ne connaît. Turandot raconte qu'autrefois, l'une de ses ancêtres fut prise de force et emmenée par un étranger. Par cette épreuve, elle entend la venger. L'empereur Altoum enjoint Calaf à renoncer à l'épreuve. Mais celui-ci confirme à trois reprises son intention de s'y soumettre. Il parvient à résoudre les trois énigmes. Turandot se jette alors aux pieds de son père et le supplie de ne pas la donner à cet étranger. Mais l'empereur ne revient pas sur sa promesse. Souhaitant susciter l'amour de Turandot, Calaf lui propose à son tour de résoudre une énigme. Si elle parvient à connaître son nom avant le lever du soleil, il jure d'accepter de mourir.

Acte III
Sur l'ordre de Turandot, tous les habitants de la ville sont tenus de chercher le nom du prince étranger. Les trois ministres surveillent Calaf. On fait venir Timur et Liù, qui ont été vus en compagnie de l'étranger. Turandot conduit elle-même l'interrogatoire. Pour sauver le vieux souverain, Liù prétend être la seule à connaître le secret. On menace de la torturer. Elle dit adieu à Calaf et se poignarde. On évacue son cadavre. Turandot et Calaf restent seuls. Calaf embrasse Turandot qui reconnaît que depuis le début elle éprouve pour lui un mélange de haine et d'amour. Calaf remet son destin entre ses mains en lui disant son nom. Turandot proclame devant le peuple le nom de l'étranger: pour elle, il se nomme Amour.

A. G

Turandot, affiche de la création, 1926.
Puccini mourut d'un cancer à la gorge le 29 novembre 1924, alors qu'il travaillait à *Turandot*. Son ami et compositeur Franco Alfano (1877-1954) acheva le troisième acte à partir des esquisses laissées par Puccini.

Lorsqu'il fut créé à la Scala de Milan, l'opéra était déjà achevé. Néanmoins, le soir de la première, Toscanini ne joua que la partition écrite de la main de Puccini et s'arrêta après la mort de Liù.

Pourquoi *Turandot* ?

Le sujet de *Turandot* n'a rien de comparable avec ceux que Puccini avait mis en musique jusque-là. Il n'est plus question ici de drame réaliste, ni de subtile évocation naturaliste, mais d'une pièce merveilleuse, symbolique et à grand spectacle. Peut-être Puccini souhaitait-il, en 1920, grâce à *Turandot*, rivaliser avec l'œuvre monumentale de Richard Strauss, le conte symbolique de → *La Femme sans ombre* (1919) ? Le sujet n'était pas nouveau, puisqu'il existe en tout une dizaine d'opéras tirés de cette histoire, en particulier ceux de → Carl Maria von Weber (1809) et de → Ferruccio Busoni (1911, 1917). Cette dernière version était peut-être même connue de Puccini.

Schiller

La comédie de Gozzi était conforme à l'esprit des Lumières et du rationalisme. On retrouve les mêmes principes dans l'adaptation scénique (1802) qu'en fit Friedrich von Schiller. L'évolution des sentiments de l'héroïne y est décrite comme un processus en différentes étapes soigneusement motivées, au cours desquelles l'orgueil s'affronte à l'amour naissant. La nature d'amazone de Turandot et son refus des hommes s'exprime chez elle par un rejet de la condition d'épouse et de mère de famille. Turandot s'entête à défendre un privilège qui consiste à pouvoir choisir elle-même son époux.

Une chinoiserie

À plusieurs reprises, Puccini eut l'occasion d'entendre des mélodies chinoises, en particulier au cours de son voyage à Londres en 1920. Il se servit de différentes sources. Des analyses montrèrent que la partition de *Turandot* contenait au moins six ou sept thèmes authentiquement chinois. On y trouve en particulier un « hymne impérial », que Puccini connaissait d'une boîte à musique chinoise et qui apparaît comme l'un des principaux thèmes de l'opéra. N 33

Turandot, mise en scène et décors : Franco Zeffirelli, direction musicale : Claudio Abbado, costumes : Anna Anni et Dada Saligieri, Teatro alla Scala, Milan, 1983. À lire les documents relatifs à la genèse de *Turandot*, Liù fut l'un des premiers personnages inventés par Puccini. D'emblée, elle fut voulue comme un contrepoint à Turandot, comme une nouvelle incarnation de la « petite femme aimante », dernier avatar d'une série de portraits qui comptait déjà Mimì, Cio-Cio-San, Giorgetta et sœur Angelica.

Par ailleurs, Puccini introduisit des sonorités typiquement orientales en employant toute une batterie de percussions exotiques. Des gongs chinois, des tam-tams, des xylophones et des glockenspiels enrichissent l'instrumentarium traditionnel des percussionnistes. Puccini recourut dans cette partition à une douzaine d'instruments de ce type, un cas unique dans l'œuvre du compositeur.

33. Hymne impérial chinois

Gozzi

À l'origine, le conte de *Turandot* n'avait rien à voir avec la Chine. La plupart des thèmes qui y sont développés appartiennent à la tradition du Moyen-Orient, l'évocation de la Chine n'apparaissant qu'aux XVe et XVIe siècles dans les récits arabes, en particulier dans les contes des Mille et Une Nuits. Carlo Gozzi, le premier auteur important à avoir réalisé une adaptation de cette intrigue, situa sa pièce dans une atmosphère chinoise. La particularité de sa démarche est d'avoir introduit des figures de la *commedia dell'arte* italienne – Truffaldino, Brighella, Tartaglia, Pantalone – comme personnages secondaires de cette chinoiserie. On en retrouve d'ailleurs la trace dans l'œuvre de Puccini, puisque ces personnages ont servi de modèle à Ping, Pang et Pong, les trois ministres chinois de l'opéra.

Turandot, mise en scène et décors : Franco Zeffirelli, direction musicale : Claudio Abbado, costumes : Anna Anni et Dada Saligieri, Teatro alla Scala, Milan, 1983. Puccini eut certainement du mal à se résoudre à faire mourir Liù, son dernier personnage de « petite femme ». Elle forme un contrepoint positif au personnage de Turandot. Aimante, bonne, compatissante, elle s'occupe humblement du vieux roi aveugle, Timur, et aime Calaf à en mourir. Mais elle n'est pas de taille à lutter contre le pouvoir de l'amour, dont elle sera finalement la victime.

Ping, Pang et Pong

Dans sa correspondance, Puccini désignait les trois ministres chinois sous le nom de *maschere*, ce qui était logique puisqu'ils étaient directement inspirés de la *commedia dell'arte*, le théâtre masqué italien. Dans ses premières esquisses, ils apparaissaient tout d'abord (peut-être à l'exemple d'→ *Ariane à Naxos* de Strauss) extérieurs à l'environnement merveilleux chinois. Mais Puccini changea rapidement d'idée et créa, à partir de ses modèles italiens, de véritables Chinois. Néanmoins, ces personnages ont gardé dans leur forme définitive certains traits qui rappellent leurs origines. Malgré leur costume chinois, ils sont restés des clowns de la *commedia dell'arte*. Ainsi, sur scène, ils se déplacent toujours en groupe, tel un trio de marionnettes, et leurs apparitions ont généralement un côté grotesque.

J. K.

Ci-dessus
Turandot, acte II, direction musicale : Lorin Maazel, décors et costumes : Timothy O'Brien et Tazeena Firth, Staatsoper de Vienne, 1983.
Dans cette mise en scène viennoise, Turandot chantait son air du haut d'un escalier qui montait jusqu'aux cintres. L'opéra était interprété ici comme l'histoire d'une descente au royaume des sentiments humains. Turandot ne pouvait quitter l'escalier que lorsqu'elle avait abandonné son pouvoir dictatorial au bénéfice du pouvoir de l'amour.

Turandot, avec Ghena Dimitrova, mise en scène et décors : Franco Zeffirelli, direction musicale : Claudio Abbado, costumes : Anna Anni et Dada Saligieri, Teatro alla Scala, Milan, 1983.
S'il est relativement court, le rôle de Turandot n'en est pas moins d'une incroyable difficulté : d'une part en raison de sa tessiture particulière, mais aussi parce que l'interprète est censée rester immobile, à une hauteur inaccessible, sous un costume pesant chargé d'or. Dans son grand air du deuxième acte, la voix est l'unique moyen d'expression dont elle dispose.

À droite
Turandot, Lotte Lehmann dans le rôle de Turandot.

Ci-dessous
Turandot, avec Katerina Ikonomou (Turandot) et Veronica Viliarroel (Liù), mise en scène et décors : Hiroshi Teshigahara, direction musicale : Kent Nagano, Opéra National de Lyon 1991-1992.
Turandot et Liù n'incarnent pas seulement des principes contradictoires, comme le pouvoir et l'amour, la vengeance et la pitié, ce sont également deux rivales qui aiment le même homme. Or, seule la musique trahit ce conflit. Dans ce que dit et chante la princesse, il y a une sphère inconsciente à laquelle personne n'a accès en dehors de Calaf. En obligeant Liù à nommer Calaf, c'est son amour pour lui que Turandot voudrait lui arracher.

Le rôle-titre

« Qui chantera mon opéra ? », demandait Puccini en 1924, avec le pressentiment qu'il ne pourrait peut-être pas assister à sa création. « Il faudra trouver une femme extraordinaire et un excellent ténor… » Mais quelles difficultés présente donc le rôle-titre ? Elles ne résident pas dans la longueur du rôle, puisque Turandot n'intervient qu'à partir de la moitié du deuxième acte, ni dans les notes extrêmes, car la partition ne contient que deux contre ut. Ce sont plutôt les nombreux changements de registre et la nécessité de chanter continuellement à pleine voix qui constituent les véritables défis de ce rôle, réservé aux sopranos dramatiques les plus valeureuses. N34

Liù, entre la vie et la mort

Dans ses premiers projets, Puccini ne prévoyait pas de faire mourir Liù. Ce n'est qu'au bout de deux ans de travail que le compositeur arriva à la conclusion qu'il était indispensable de sacrifier ce personnage. En novembre 1922, il écrivit donc à Adami, son librettiste : « Liù doit mourir. Je ne vois pas d'autre moyen pour donner du relief à son personnage que de la faire mourir sous la torture. Et pourquoi pas ? Sa mort pourrait avoir un impact fort sur la transformation de la princesse au cœur froid… » N 35

Turandot, avec Eva Marton dans le rôle-titre, Vienne, 1983.
Lors de la création de l'opéra, c'est Rosa Raisa qui interpréta le rôle de Turandot. Par la suite, au gré des productions, les plus célèbres sopranos dramatiques se mesurèrent à ce rôle. Parmi les cantatrices les plus prestigieuses, citons Maria Nemeth, Maria Jeritza, Lotte Lehmann, Eva Turner et, plus tard, Maria Callas et Birgit Nilsson. On peut compléter cette liste avec des interprètes plus récentes telles que Gwyneth Jones ou Ghena Dimitrova. Le rôle de Turandot fut également l'un des moments les plus remarquables de la carrière d'Eva Marton.

34. Air de Turandot (acte II)

Mai nes-sun, nes-sun m'a-vrà! L'or-ror di chi l'uc-ci-se vi-vo nel cor mi sta!

35. Air de Liù (acte III)

Tu, che di gel sei cin-ta, da tan-ta fiam-ma vin-ta l'a-me-ra-i an-che tu!

36. Air de Calaf (acte I)

Non pian-ge-re, Liù! Se in un lon-ta-no gior-no io t'ho sor-ri-so,

37. Air de Calaf (acte III)

Ma il mio mi-ste-ro è chiu-so in me, il nome mio nes-sun sa-prà! No, no, sul-la tua boc-ca lo-di-rò quando la lu-ce splen-de-rà!

Turandot, acte III, mise en scène et décors : David Hockney, direction musicale : Bruno Bartoletti, Lyric Opera of Chicago, 1991-1992.

Turandot est le seul opéra où Puccini donne au chœur un véritable rôle. Les choristes occupent la scène pratiquement du début à la fin de l'œuvre. C'est ce qui donne à l'opéra un côté vraiment spectaculaire, tout en offrant aux décorateurs et aux metteurs en scène la possibilité de laisser libre cours à leur imagination. Dans la magnifique production de Vienne, Turandot descend pratiquement du ciel en empruntant un immense escalier (acte II ; décors et costumes : Timothy O'Brien et Tazeena Firth, mise en scène : Harold Prince). Quant à la production du Lyric Opera of Chicago, elle comportait de somptueux effets de lumières.

Une intrigue non résolue

Au printemps 1924, six mois avant sa mort, Puccini avait achevé l'écriture de sa partition jusqu'à la scène où Liù devait mourir. Il arrivait là au point crucial de l'opéra et il fallait se décider à résoudre les contradictions de l'intrigue. En effet, la mort de Liù jette une ombre fâcheuse sur le dénouement de l'histoire. Turandot apparaît une nouvelle fois comme une froide meurtrière. En outre, à ce stade de l'histoire, il n'est plus seulement question de la conscience de Turandot, mais surtout des sentiments de Calaf. Face à cet acte d'amour suprême de Liù, les autres passions ne risquent-elles pas de paraître un peu vaines ? Comment Calaf peut-il, l'instant d'après, s'enflammer d'amour pour la terrible princesse ? Tels furent les problèmes qui accompagnèrent Puccini, peu avant sa mort, sur le trajet qui le mena à la clinique de Bruxelles. S'il en avait eu le temps, aurait-il trouvé un dénouement plus satisfaisant à son opéra ?

J. K.

Un rôle héroïque pour les ténors

De tous les rôles de ténors écrits par Puccini, celui de Calaf est le plus héroïque. Sa tessiture très aiguë confère au personnage une intensité et un éclat particuliers. Mais c'est surtout sa passion ardente et sa volonté imperturbable qui rend Calaf supérieur à tous les autres personnages de Puccini. C'est pourquoi les plus grands ténors de l'histoire de l'opéra l'ont interprété, tels Mario del Monaco, Giuseppe di Stefano, Placido Domingo, José Carreras et Luciano Pavarotti. N 36
Son deuxième air, au début de l'acte III (*Nessun dorma !* Personne ne dort !) est l'un des morceaux les plus célèbres du répertoire. N 37

Ci-dessus
Portraits de John Blow (organiste à l'abbaye de Westminster et prédécesseur de Purcell) et d'autres contemporains, gravure sur cuivre de H. Drayton d'après un dessin de R. Smirke.

À droite
Portrait de Matthew Locke, contemporain de Purcell, gravure de James Caldwall, vers 1770.

Les patriarches de la scène musicale anglaise

Matthew Locke (1621-1677) et John Blow (1649-1708), les premiers compositeurs baroques anglais renommés et de haut niveau, ont exercé une influence significative sur Purcell. Locke a appris au jeune compositeur les principes du style dramatique et Blow a fourni avec son masque en un acte *Venus and Adonis* le modèle de l'opéra de Purcell → *Dido and Æneas*. Le premier commanditaire des compositeurs anglais, avec l'Église, était le roi – ce fut aussi le cas pour Locke et Blow.

Matthew Locke

Pendant le règne des Puritains, Locke composa la musique des masques *Cupid and Death* (1653), *The Siege of Rhodes* (1656) et *The Cruelty of the Spaniards in Peru* (1658), ainsi que de la pièce de théâtre *The History of Sir Francis Drake* (1659). Il s'agissait de danses, d'ouvertures, d'arias, de chœurs et de récitatifs. Avec Locke, le baroque musical arrivait pour la première fois sur la scène. Sous le règne de Charles II, Locke fut nommé compositeur permanent au Duke's Theatre et commença à écrire des semi-opéras, un genre anglais singulier qui allait jouer ultérieurement un rôle important dans la création de Purcell. Les premiers de ces semi-opéras furent des adaptations de *Macbeth* (1673) et de *La Tempête* de Shakespeare (1674). Le principal semi-opéra de Locke fut *Psyche* (sur un texte de Thomas Shadwell, 1675): une œuvre innovatrice, presque un *dramma per musica*.

Psyche

Locke donna à son œuvre le nom d'*english opera*. Il fut un défenseur acharné des intérêts de la musique anglaise, qu'il essaya de préserver des influences étrangères. Les éléments de *Psyche* sont un grand chœur de prêtres, un trio d'ondines, des numéros musicaux accompagnant une procession au temple, une scène d'amour tragique et un suicide de masse. Locke montre le dieu Vulcain et un Cyclope qui tapent sur l'enclume, les Furies et le diable qui se mettent d'accord.

John Blow

L'œuvre majeure de John Blow fut la musique du masque *Venus and Adonis*, où, contrairement à la tradition, il mit en musique une bonne partie des textes. L'œuvre fut composée vers 1683 pour une représentation à la cour royale. Même s'il ne s'agit pas de son unique musique théâtrale (entre 1680 et 1696, il composa des chants et des dialogues pour neuf pièces), son unique opéra prit une position singulière. Le centre de gravité de sa création était composé par les mises en musique de messes et d'hymnes (plus de 100, dont des œuvres pour trois couronnements, auxquels s'ajoutent 25 odes pour la cour, des *songs*, des musiques pour instruments à cordes, des œuvres pour orgue et clavecin. La vie de Blow n'eut rien de spectaculaire. Après avoir été enfant de chœur à la Royal Chapel, il devint en 1688 organiste à l'abbaye de Westminster, où il travailla jusqu'à la fin de ses jours, mis à part une période d'interruption. En tant que *Master of the Children of the Royal Chapel* (directeur des enfants de chœur de la Chapelle royale, à partir de 1674), il fut l'enseignant de Purcell (auquel il ne donna cependant pas de cours de chant).

Venus and Adonis

Le librettiste de *Venus and Adonis* est inconnu. Dans la partition manuscrite, on trouve uniquement l'indication *A Masque for the Entertainment of the King* (Un masque pour le divertissement du roi, c'est-à-dire de Charles II). La partie de Vénus était interprétée par Mary Davies, maîtresse du roi; Cupidon était incarné par la fille naturelle de la cantatrice, âgée de dix ans,

Vue sur le Dorset Gardens Theatre à Londres, gravure sur cuivre d'un artiste inconnu, XIXe siècle.
Le plus somptueux théâtre baroque de Londres fut inauguré en 1671. La scène et l'espace réservé aux spectateurs se prêtaient fort bien à des pièces avec accompagnement musical (par exemple, les adaptations de Shakespeare). En 1689, en hommage à la reine Marie, on donna à cette salle le nom de Queen's Theatre. C'est là que furent données les œuvres scéniques de Purcell – à l'exception de *Dido and Æneas*.

lady Mary Tudor. Une représentation de la pièce fut donnée en dehors de la cour, le 17 avril 1684, dans l'internat dirigé à Chelsea par Josias Priest – le lieu où fut créé → *Dido and Æneas*.

Raconté comme une histoire d'amour baroque

Venus and Adonis de Blow, composé d'une ouverture à la française, d'un prologue et de trois actes, anticipe à plus d'un titre *Dido and Æneas* de Purcell. Cela concerne aussi bien les détails de la mélodie, la fonction dramaturgique des chœurs et des danses, que la partition en trois actes, la « mort d'amour » au finale et même la tonalité (sol majeur). Un chœur funèbre (chez Blow, *Mourn for thy servant*) devient dans les deux œuvres un numéro remarquable. Mais Blow s'en est tenu aux récitatifs, aux ariettes et aux chœurs, n'a pas développé d'arias ni de scènes cohérentes, comme celles qui caractérisent *Dido and Æneas*.

Et pourtant, l'intérêt de *Venus and Adonis* ne relève pas de la pure et seule histoire de la musique. Le compositeur baroque John Blow a créé de grandes lignes cohérentes, sa musique est très éloquente, elle contient des structures parfaitement élaborées et son expression est intense.

P. M.

Henry Purcell

Né à Londres entre juin et novembre 1659
Mort à Westminster (Londres) le 21 novembre 1695

Après avoir reçu une formation d'enfant de chœur, Purcell, prenant la succession de son enseignant Matthew Locke, est nommé en 1677 compositeur de l'ensemble royal de violons. Âgé d'à peine vingt ans, il succède à son maître John Blow à l'un des trois postes d'organiste de l'abbaye de Westminster ; en 1682, il est en outre nommé organiste à la Chapelle royale de la cour, et en 1683 compositeur de la cour. Les rois anglais Charles II et Guillaume III l'estiment beaucoup. Il servira sous trois rois différents et laissera une œuvre abondante, publiée de son vivant en différentes parties et, à partir de 1878, sous forme d'édition intégrale en 25 volumes. Les sources connues n'indiquent pas pourquoi Purcell est mort si tôt, dans sa trente septième année.
Sa mort serait due à un refroidissement dont il aurait été victime par une froide nuit de la fin de l'automne, une nuit où, échauffé par le vin, son épouse furieuse l'a laissé devant la porte de sa propre maison. Purcell a eu droit à une sorte d'enterrement officiel à Westminster – une preuve de la valeur du compositeur. Le premier recueil de ses chants est paru en 1698, trois années seulement après sa mort, sous le titre *Orpheus Britannicus*.

Œuvres : Opéra : *Dido and Æneas*, 1689 (Didon et Énée). Semi-opéras : *The Prophetess, or The History of Dioclesian*, 1690 (Dioclesian) ; *King Arthur, or The British Worthy*, 1691 (Le Roi Arthur ou Le Valeureux Britannique) ; *The Fairy Queen*, 1692 (La Reine des fées) ; *The Indian Queen*, 1695 ; *The Tempest, or The Enchanted Island*, vers 1695. Environ 50 musiques théâtrales (masques), songs, œuvres chorales sacrées et profanes, fantaisies et autres œuvres pour cordes, compositions pour clavecin.

Purcell est considéré comme l'« Orpheus Britannicus », un musicien génial chez qui les courants musicaux de l'époque ont fusionné en un style personnel et unique, d'une poésie intemporelle.

Profession de foi patriotique

King Arthur fut l'œuvre scénique de Purcell la plus appréciée, et l'on ne cessa de la redonner, pendant tout le XVIIIe siècle et jusqu'au XIXe siècle. Il s'agit de l'unique exemple d'un semi-opéra qui ne soit pas fondé sur la musique d'un masque ou d'une comédie. Dryden voulait écrire un *dramatick opera* anglais et patriotique (c'est-à-dire une pièce de théâtre avec numéros musicaux) afin de célébrer les 25 premières années de la monarchie britannique restaurée (1660-1685). Le roi Charles II, qui avait vécu en France pendant l'interrègne, souhaitait un opéra dans le style français, c'est-à-dire entièrement chanté. Dryden réprouva alors *King Arthur* et transforma le prologue original en une œuvre scénique autonome intitulée *Albion and Albanius*. Le Français Louis Grabu, qui vivait à Londres, apporta ses services de compositeur. La création eut lieu en 1685. Encouragé par le succès gigantesque du semi-opéra *Diocletian*, en 1690, Dryden se consacra de nouveau à *King Arthur* et le remodela spécialement pour Purcell.

Une carte géographique en musique

Musicalement, l'œuvre s'articule en six scènes : la première raconte le sacrifice des Saxons (acte I) ; au milieu de la deuxième scène, on trouve les chœurs des esprits qui se querellent (*Hither this way, this way bend*). Ils constituent un élément véritablement dramatique et digne de l'opéra : Philidel et Grimbald tentent chacun d'orienter la force de combat du roi vers le bon ou le mauvais côté. Dans la troisième, Purcell démontre son génie pour les scènes pastorales, avec le chœur *How blest are the shepherds*. [N1] La quatrième scène est devenue célèbre pour l'effet de tremblement orchestral : Purcell l'obtient par des répétitions d'accord dans les cordes, chaque accord étant accentué par un puissant vibrato. L'esprit du froid, appelé au-dessus de la terre, demande donc de pouvoir y revenir : *Let me, let me freeze again*. [N2] La remarquable coloration chromatique de l'harmonique chez Purcell augmente l'effet. La cinquième scène contient le chant tentateur des deux sirènes, *Two daughters of this aged stream are we* en sol mineur, suivi par l'une des plus remarquables compositions de Purcell, la passacaille pour hautbois, cordes, soprano, alto, basse solo et chœur *How happy the lover*. [N3] Pour invoquer l'île, dans la dernière scène, un baryton doit d'abord proclamer *Ye blustering bretheren*, souligné par une bravoure des cordes destinée à illustrer les vents tempétueux qui s'apaisent peu à peu. Dans le silence qui se fait, apparaît la Grande-Bretagne. Parmi les chants de joie du finale, on trouve le chant populaire anglais *Your hay is now mow'd* et le fameux *Fairest isle, all isles excelling* [N4], un aria patriotique dont l'élévation ne cède en rien à la fin de *Dido and Æneas*. P.M.

King Arthur, or The British Worthy

Le Roi Arthur ou Le Valeureux Britannique

Semi-opéra en cinq actes

Livret : John Dryden
Création : mai ou juin 1691 à Londres (Queen's Theatre, Dorset Garden)
Exécutants : comédiens et chanteurs séparés ; pas d'identité de rôle, à deux exceptions près : l'esprit de l'air Philidel (sop.) et l'esprit de la terre Grimbald (bar.-basse)

Argument
Dans les îles britanniques, en des temps mythiques.

Acte I
Oswald, le roi de Saxe, menace le roi britannique Arthur. Tous deux rivalisent pour la main d'Emmeline, la fille aveugle du duc de Cornwall. Oswald aurait déjà vaincu son adversaire depuis longtemps si Merlin le magicien, ne protégeait pas Arthur. Oswald est quant à lui assisté par le magicien Osmond, Philidel, l'esprit de l'air, et Grimbald, l'esprit de la terre. Le combat s'engage ; les Saxons sont vaincus.

Acte II
Le magicien Merlin a rallié l'esprit de l'air à son camp. Tandis que Grimbald tente d'égarer les

Le semi-opéra

L'inventeur du semi-opéra fut Thomas Betterton, comédien et directeur du Duke's Theatre, Dorset Garden, à Londres. Il s'était fait connaître en France avec les opéras de → Jean-Baptiste Lully et voulait créer un équivalent anglais. Il fit réaménager le théâtre du Dorset Garden pour répondre aux exigences d'un opéra et créa ainsi les conditions pour des productions que l'on peut décrire comme une sorte de drame de la restauration : mis en scène de manière spectaculaire, avec des passages musicaux grandioses dont le caractère rappelle le masque, uniquement des rôles épisodiques – le plus souvent des créatures surnaturelles, leurs adorateurs et serviteurs. L'action principale était parlée ; les scènes musicales ont joué un rôle décisif dans le succès du genre.

1. *How blest are shepherds*
2. *Cold Genius*, air du gel
3. *How happy the lover*
4. *Fairest isle*

King Arthur, mise en scène : Friedrich Meyer-Oertel, décors : Heidrun Schmelzer, Theater am Gärtnerplatz Munich, 1986.
Le semi-opéra de Purcell peut être considéré comme un opéra national britannique, tant le « principe anglais » est présent dans le modèle littéraire et dans la musique. L'interprétation à la fois dramatique et musicale de la mise en scène de Munich a permis au spectateur actuel de se rapprocher de l'esprit du théâtre baroque anglais.

troupes britanniques, Philidel les ramène sur le bon chemin.

Acte III
Avec l'aide de l'esprit de la terre et du magicien Osmond, le roi de Saxe enlève Emmeline. Arthur déplore la perte de sa bien-aimée. Les Britanniques jurent de la libérer. Oswald fait pression sur Emmeline, mais ne peut gagner ses faveurs. Philidel lui rend la vue grâce à un baume. Osmond plonge le pays et les habitants dans l'immobilité, mais Amour apporte de la chaleur et la vie revient.

Acte IV
Le magicien Osmond tente à présent d'attirer Arthur dans un pays plein d'ondines, de nymphes et de sirènes, et de le corrompre. Mais Arthur démasque la tromperie, résiste à la séduction de deux sirènes, détruit la forêt et capture Osmond.

Acte V
Les deux armées s'affrontent. Un duel a lieu entre Oswald et Arthur, qui l'emporte. Le Britannique offre généreusement la vie au Saxon. Emmeline est de nouveau unie à Arthur. Merlin proclame une paix générale et tous entonnent un chant de louange à la Grande-Bretagne et à son patron, saint Georges.

S. N.

The Fairy Queen, Hans Piesbergen dans le rôle de Bottom, mise en scène : Wolfgang Hofmann, décors : Klaus Teepe, costumes : Bettina Ernst, direction musicale : Volker Christ, Theater der Stadt Heidelberg, 1995. Le rêve de Bottom lui donne des ailes pour danser. Dans *Le Songe d'une nuit d'été*, on trouve beaucoup de musique. On le savait et on l'utilisait déjà à l'époque du théâtre élisabéthain. Depuis Shakespeare, de nombreuses scènes et compositions du *Songe d'une nuit d'été* sont entrées dans l'histoire de la musique : de Nicolai à Britten, de Verdi à Tippett, et même chez Wagner, où l'on trouve une réminiscence du sujet dans la scène nocturne des → *Meistersinger* – sans parler de la transposition musicale immortelle et parfaitement adaptée qu'en a fait Mendelssohn, et des nombreuses adaptations de ballets.

Une pièce coûteuse

The Fairy Queen est l'œuvre scénique la plus imposante qu'ait conçue Purcell. Elle est devenue la production la plus coûteuse de l'époque. Pendant deux siècles, la partition a été considérée comme perdue. Il a fallu attendre 1903 pour que l'on retrouve un manuscrit qui avait manifestement été utilisé à la création. Il fut publié par la Purcell Society. Dans la version de 1693, le compositeur avait aussi créé de la musique pour l'acte I, ce qui donne cinq scènes musicales pour cette pièce en cinq actes.

The Fairy Queen
La Reine des fées

Semi-opéra (cinq scènes musicales à partir d'une pièce en cinq actes)

Livret : adaptation anonyme de *A Midsummer Night's Dream* (Le Songe d'une nuit d'été) de Shakespeare
Création : le 2 mai 1692 à Londres (Queen's Theatre, Dorset Garden)
Une seconde version, augmentée et revue par Purcell, fut donnée en 1693

Les personnages du drame parlé : les humains : le duc d'Athènes, Égée, père d'Hermia, Lysandre, Démétrius, Hermia, Helena ; les fées : Obéron, roi des fées, Titania, reine des fées, Robin-Good-Fellow/Puck, fées ; les artisans : un menuisier, Bottom, tisserand, Flûte, raccommodeur de soufflets, Snout, chaudronnier, Snug, tailleur.
Personnages chantant et dansant dans les numéros musicaux (pas d'identité de rôle) : suite de Titania : elfes et faunes, trois poètes ivres, un petit page indien ; esprits : la Nuit, le Chez-soi, le Silence, le Sommeil et leurs accompagnateurs, Coridon et Mopsa (des nymphes), faune, naïades, hommes verts, ouvriers de la fenaison ; Printemps, Été, Automne, Hiver et leurs accompagnateurs, Phébus, Junon, Hymen, Chinois, Chinoise, chœur des Chinois, singes

Argument
Acte I

Égée se plaint de sa fille Hermia devant le duc d'Athènes. Elle doit épouser Démétrius, mais elle aime Lysandre. Le duc décide que les noces d'Hermia auront lieu en même temps que son propre mariage.
1re scène musicale : Dans une forêt près d'Athènes, les elfes taquinent trois poètes ivres et les renvoient à la ville. Les artisans athéniens se sont retirés dans la forêt afin de préparer une pièce de théâtre pour les noces imminentes de leur duc. La reine des fées, Titania, se réfugie dans cette forêt pour échapper à Obéron : elle se dispute avec lui pour un petit page indien.

Acte II

Obéron, se retrouve lui aussi dans la forêt et prépare sa vengeance. Puck doit lui procurer un philtre enchanté qui, versé sur les yeux, rend amoureux de la première créature que l'on aperçoit en les ouvrant. Lysandre et Hermia se sont enfuis dans la forêt, suivis par Démétrius, qui suit lui-même la trace d'Helena, amoureuse.
2e scène musicale : Titania se fait divertir par les elfes et va se reposer. Les esprits de la Nuit, du Chez-soi, du Silence et du Sommeil la servent fidèlement.

Acte III

Obéron veut faire le bonheur des amants athéniens et ordonne à Puck d'utiliser sur eux le suc magique ; quant à lui, il verse le philtre sur les yeux de Titania. Mais Puck se trompe : désormais, les deux hommes aiment Helena et Hermia est seule. Les artisans répètent leur pièce. Puck, agacé par ce contretemps, les disperse et coiffe le tisserand d'une tête d'âne. En s'éveillant, Titania aperçoit le tisserand à tête d'âne et tombe amoureuse de lui.

3ᵉ scène musicale : les elfes divertissent le nouvel amant de Titania en prenant des rôles comiques, tel celui du couple inégal formé par Coridon et Mopsa.

Acte IV

À la suite de l'intervention d'Obéron, les couples retrouvent l'ordre normal. Le roi des fées a pitié de Titania et la libère de sa folie.

4ᵉ scène musicale : on appelle le dieu du soleil, Phébus, et les quatre saisons pour célébrer la réconciliation.

Acte V

Le duc d'Athènes approuve le mariage des deux heureux couples d'amoureux.

5ᵉ scène musicale : Obéron et Titania invoquent les joies de l'amour. Dans un jardin chinois, un Adam asiatique et son Ève créent des conditions paradisiaques. Junon arrive avec Hymen. On rend hommage à l'amour et au mariage.

S. N.

Shakespeare et Purcell

Thomas Betterton, directeur de théâtre et inventeur du semi-opéra, a vraisemblablement révisé la pièce de Shakespeare. Les textes des chansons ne remontent pas à Shakespeare ; les paroles sont au contraire taillées sur mesure pour la musique. De nombreux passages de Shakespeare ont été supprimés, tout comme les rôles d'Hippolyte et de Philostrate ou encore la pièce présentée par les artisans Pyrame et Thisbé à l'acte V.

P. M.

The Fairy Queen, English National Opera, Londres, 1995.
La troisième scène musicale (dans l'acte III) se déroule dans une forêt mythique, sous de hauts arbres, au bord d'une rivière. À côté des elfes et des nymphes apparaissent aussi différents animaux ; on entend des chants en solo, des duos et des numéros de chœurs, suivis par les danses des elfes et des ouvriers de la fenaison. Les textes des chansons ont souvent un contenu érotique.

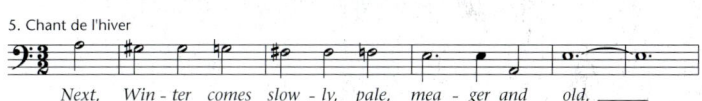

5. Chant de l'hiver

Next, Win-ter comes slow-ly, pale, mea-ger and old,

Un monde enchanté, une musique enchantée

Pour exprimer son monde enchanté, Purcell a utilisé des effets musicaux subtils que l'on n'emploie pas d'ordinaire au théâtre. On trouve ainsi dans *The Fairy Queen* des canons qui dissocient octave et octave plus septième N 8, de magnifiques passages de coloratures, une *canzone* composée en fugue, de fines colorations chromatiques et des instrumentations originales (par exemple dans le chant de l'hiver). N 5 Ainsi est née une musique magistrale, poétique et fantastique.

The Fairy Queen, mise en scène : Wolfgang Hofmann, direction musicale : Volker Christ, décors : Klaus Teepe, costumes : Bettina Ernst, Theater der Stadt Heidelberg, 1995. Purcell a composé à l'origine cinq intermèdes : cinq masques avec danse et chant, qui avaient une fonction divertissante et ne suivaient pas rigoureusement l'action du *Songe d'une nuit d'été*. Wolfgang Hofmann a rassemblé dans sa mise en scène les trois ensembles du Théâtre de Heidelberg : les chanteurs, les comédiens et – pour cette scène, par exemple – le ballet.

Dido and Æneas

Didon et Énée

Un opéra en trois actes

Livret : Nahum Tate, d'après sa tragédie *Brutus of Alba, or The Enchanted Lovers* et le chant IV de l'*Énéide* de Virgile
Création : le 11 ou le 30 avril 1689 à Chelsea, Londres (Josias Priest's School of Young Ladies)
Personnages : Didon, reine de Carthage (sop.), Belinda, sa sœur (sop.), deuxième épouse (sop.), magicienne (mezzosop.), première et deuxième sorcières (sop.), esprit (mezzosop.), Énée, prince troyen (tén.), un marin (sop. ou tén.) ; gens de la cour, gens de la mer, sorcières (chœur, ballet), Furies, cupidons (ballet)

Argument
À Carthage, en des temps mythiques.
Acte I
Le palais de Didon. Énée, qui s'est échappé de Troie, a trouvé refuge à Carthage. Didon aime le Troyen, mais elle pressent un malheur et a honte de lui avouer son sentiment.

Acte II
Tableau 1 Une grotte. Une magicienne veut tuer Didon et met ses sorcières dans la confidence. Elle-même, déguisée en dieu-messager Mercure, va rappeler à Énée que Jupiter lui a ordonné de partir pour l'Italie et d'y fonder un nouveau royaume. On entend souffler une tempête.
Tableau 2 Un bosquet dans une forêt. Didon, Énée et leur suite se reposent de la chasse. Alors, la tempête des sorcières s'abat sur eux et disperse les chasseurs. Énée reste seul. Le faux Mercure lui apparaît alors et l'exhorte à suivre le commandement de Jupiter. Énée se plie à cet ordre, mais avec désespoir.

Acte II
Tableau I Sur le quai. La magicienne et les sorcières observent avec joie les préparatifs du départ et ourdissent de nouveaux malheurs. Didon mourra, Carthage disparaîtra en fumée et les Troyens se noieront en mer.
Tableau 2 Le palais de Didon. Didon déplore son sort. Lorsque Énée, désespéré, lui annonce qu'il veut rester à Carthage et ne pas obéir à l'ordre de Jupiter, elle le chasse et met fin à ses jours.

S. N.

Le Mozart anglais
Les œuvres scéniques de Purcell apportent avant tout un grand plaisir musical. Il a été le Mozart anglais : mort de bonne heure, créateur d'une œuvre gigantesque à la perfection étonnante. Le vif intérêt porté ces dernières années à l'époque baroque et le nombre toujours croissant de connaisseurs de la langue et de la culture anglaises permettent une renaissance de cet *Orpheus Britannicus*.

Dido and Æneas, scène du marin, croquis de décor de Hein Heckroth pour la mise en scène de Kurt Jooss, direction musicale : Rudolf Schulz-Dornburg, Münster, 1926 (TWS).

Un jalon – comme si de rien n'était
Curieusement, on ne sait pas vraiment quelles circonstances ont présidé à la composition et à la création du premier opéra national anglais. On ne sait rien du prétexte de la composition (on suppose qu'il s'agissait du couronnement de Guillaume III ou de Marie II, ou bien du vingt-septième anniversaire de la reine) et l'on ignore qui interprétait les rôles masculins (la partie de ténor, Énée, et la partie basse dans le chœur). L'opéra n'a pas non plus contribué à la célébrité de Purcell ; il a percé du jour au lendemain avec *Diocletian* et, de son vivant, les chants de ses semi-opéras étaient plus connus que la plainte de Didon *When I am laid in earth* (Lorsque je serai enterrée sous terre). Cet air est aujourd'hui considéré comme l'un des plus splendides de l'histoire de la musique. N6
Ce chant plaintif repose sur un *ostinato* composé de quatre notes en tonalité mineure se déplaçant vers le bas. La tonalité a elle aussi une importance : le sol mineur était déjà utilisé depuis plus de deux générations, à l'époque de Purcell, par les compositeurs de théâtre anglais, comme signal musical de la mort. N7
Avant qu'Énée ne lève l'ancre avec son navire, les matelots entonnent un chant de marin joyeux et cru qui paraît populaire dans sa simplicité et sa force directe. N8

Une allégorie politique ?
En 1689, l'année où fut écrit le livret, Charles II mourut, le roi catholique Jacques II fut renversé et l'on couronna le couple royal protestant formé par Guillaume et Marie. Dans un poème écrit vers 1686, Tate fit allusion à Jacques II sous les traits d'Énée. Mais l'allégorie montre Jacques prenant le mauvais chemin en raison des manigances malveillantes d'une sorcière et de ses aides, et quittant Didon, symbole du peuple britannique. Dans les pièces de l'époque, les sorcières représentaient souvent les catholiques. La motivation des sorcières a fait l'objet de querelles pendant de nombreuses générations. Dans l'opéra de Purcell, elles semblent représenter le mal incarné, illustré par ces

paroles : *Harm's our delight and mischief all our skill* (Faire du mal est notre délice et notre plus grand art). Car si l'on considère la symbolique éventuelle, il ne semble guère logique que les sorcières « catholiques » éliminent un roi qui l'était tout autant. Un indice historique envisageable de cette allégorie pourrait cependant être le fait qu'Énée partit pour l'Italie, où il fonda Rome ; Jacques II se réfugia lui aussi en Italie et vécut à Rome.

P. M.

Dido and Æneas, scène des sorcières, croquis de décor de Hein Heckroth, Münster, 1926 (TWS).

Dido and Æneas n'est pas un semi-opéra ; il est intégralement chanté. Même si, dans l'Angleterre du XVIIe siècle, on désignait *Dido and Æneas* comme un masque, il s'agit bien d'un opéra, aussi court soit-il. Dans sa musique, Purcell fait naître des passions extrêmes qui font de ce bref opéra une grande œuvre d'art.

6. Plainte de Didon

When I am laid, am laid _____ in earth, may my wrongs cre-ate no trou-ble, no trouble in ___ thy breast.

7. Motif en *ostinato*

8. Chant des matelots

Come a-way, fel-low sai-lors, come a-way, Your an-chors be weigh-ing

Aleko

Opéra en un acte

Livret : Vladimir Nemirovitch-Dantchenko, d'après la pièce d'Alexandre Pouchkine *Les Tziganes*
Création : le 9 mai 1893 à Moscou (Théâtre Bolchoï)
Personnages : Aleko (bar.-basse), un jeune tzigane (tén.), le vieux père de Zemfira (basse), Zemfira (sop.), une vieille tzigane (alto) ; tziganes (chœur et ballet)

Argument
En Russie, au XIXe siècle.
Le Russe Aleko, las de sa vie bourgeoise et sédentaire, rejoint une troupe de tziganes errants et vit avec la jeune Zemfira qui lui donne un enfant. Bien que le père de sa bien-aimée l'ait averti que cela ne lui confère aucun droit, Aleko tue un jeune homme dont Zemfira s'est éprise. Les Tziganes ne jugent pas l'assassin, mais le rejettent.

S. N.

Sergueï Vassilievitch Rachmaninov

Né dans le domaine de Semionovo (près d'Onega, à Novgorod) le 1er avril 1873
Mort à Beverly Hills (Los Angeles) le 28 mars 1943

Entré à l'âge de neuf ans au conservatoire de Saint-Pétersbourg, le jeune Rachmaninov doit interrompre ses études, car ses parents ne parviennent plus à les payer. Avec l'aide du chef d'orchestre et pianiste Alexander Siloti, il fait ses débuts au conservatoire de Moscou en 1885 auprès de Sergueï Taneiev et d'Anton Arenski. Il achève ses études de pianiste en 1891 – il a alors 18 ans – et obtient son diplôme de compositeur avec *Aleko* un an plus tard. Rachmaninov sera pianiste, compositeur et, à partir de sa nomination au célèbre Opéra privé moscovite russe en 1897, chef d'orchestre. Suit la naissance d'une longue amitié avec Fiodor Chaliapine, pour qui il écrira trois opéras. De 1904 à 1906, Rachmaninov est chef d'orchestre au Théâtre Bolchoï de Moscou, une période qui entrera dans l'histoire de la musique. Pianiste à la fois brillant et romantique, il est adulé dans le monde entier, tandis que son *Concerto pour piano n°2* et son *Prélude en do dièse mineur* (op. 3, n° 2, 1892) confirment bientôt son talent de compositeur. En 1917, il fuit la révolution d'Octobre et quitte la Russie. Le reste de ses jours et de son œuvre sera marqué par la nostalgie d'un pays où il ne retournera plus. Même si les autorités soviétiques ont interdit les œuvres de Rachmaninov pendant un temps, le peuple russe n'a jamais oublié l'homme et le musicien de cœur qui, au cours de la Seconde Guerre mondiale, a fait don à ses compatriotes de nombreuses recettes de ses concerts légendaires. De 1931 à 1939, il réside en Suisse avec sa famille, puis émigre aux États-Unis avant la Seconde Guerre mondiale, où il s'installe et devient citoyen américain.

Œuvres : Opéras : *Aleko*, 1893 ; *Francesca da Rimini*, 1906 ; *Skupoi rysar*, 1906 (Le Chevalier ladre) ; *Monna Vanna*, fragment, 1907, création 1984 ; quatre concertos pour piano ; *Rhapsodie sur un thème de Paganini* pour piano et orchestre op. 43, 1934 ; compositions pour piano, trois symphonies, œuvres pour orchestre, musique sacrée, mélodies.

Aleko, Ferruccio Furlanetto (Aleko) et Elena Zilio (Zemfira), direction musicale : Youri Abramovitch, Teatro Regio, Turin, 1980.
La Tzigane Zemfira se sépare d'Aleko qui tente de la retenir.

Compositeur contesté, Rachmaninov a été l'un des plus grands pianistes de son temps et jouit de toute l'estime des mélomanes. Sa musique reflète une immense sensibilité en une époque marquée par le néoréalisme. Si certains ont admiré l'art post-romantique dans ses compositions, d'autres (à l'instar d'Igor Stravinsky) ont persiflé ce qu'ils ont qualifié de « musique de film ». Il n'en demeure pas moins que Rachmaninov a su résister à un monde trépidant et submergé par l'ivresse des sens, fort de son légendaire « long souffle musical » exprimant une profondeur de sentiments emplie d'émotion.

La liberté, valeur intérieure
Dans son premier opéra *Aleko*, le jeune compositeur de 19 ans plein de prémonition se demande si l'homme doit attendre la mort pour être libéré de ses passions instinctives. Le leitmotiv introduit au début de l'opéra évoque la jalousie dévastatrice du héros principal : un trait des instruments à cordes dans un registre sombre et sinistre suivi de deux accords finaux joués *fortissimo* par les cuivres. N 1

Des opéras pour des étoiles qui n'en ont pas l'air
Les trois opéras achevés de Rachmaninov sont de rares chefs-d'œuvre : le compositeur a su sortir des chemins battus des opéras à numéros et des drames musicaux. Héritage capital laissé au XXe siècle, aussi bien au niveau de la conception que de la thématique, ces œuvres sont restées en marge des programmes d'opéras, même si elles ont toujours figuré dans les répertoires internationaux. Visions d'états d'âme, les opéras de Rachmaninov appellent des interprétations musicales de haut niveau, fascinantes, se faisant lieux intérieurs en quelque sorte. La densité de l'action, qui ne dure pas plus d'une heure, exige de la part des interprètes une présence totale et suffisamment d'humilité pour reléguer au second plan leur propre personne. Autant d'œuvres pour des vedettes qui ne s'en donnent pas l'air, à l'instar de Fiodor Chaliapine, ami de Rachmaninov. C'est pour lui et ses semblables que ces trois opéras ont été composés.

1. Leitmotiv d'Aleko

Le Chevalier ladre

Opéra en un acte et trois tableaux

Livret: Sergueï Rachmaninov, d'après la tragédie d'Alexandre Pouchkine
Création: le 24 janvier 1906 à Moscou (Théâtre Bolchoï)
Personnages: le baron (bar.), Albert, son fils (tén.), le duc (bar.), un Juif (tén.), un serviteur (basse)

Argument

Une tour, une cave et un palais, au temps des chevaliers.
Albert, fils d'un baron riche mais d'une grande avarice, aime les tournois et la vie de cour. Son père lui refusant une armure digne de son rang, Albert entreprend de faire un emprunt auprès d'un usurier, mais celui-ci ne lui prêtera de l'argent que lorsqu'il aura remboursé ses anciennes dettes.
Pendant ce temps, le baron contemple avec béatitude la profusion de richesses qui emplit ses coffres et ses caisses dans la cave. Son unique souci est de protéger sa fortune de son héritier dispendieux. Albert se présente au duc et lui demande son aide. Celui-ci ordonne au baron de procurer à son fils une armure digne de son rang. Pris de panique à l'idée de perdre son or, le vieil homme meurt. Au risque d'indigner le duc, sa dernière pensée va non pas au repos de son âme, mais à la sauvegarde de ses biens.

S. N.

Le Chevalier ladre, création en Allemagne avec la collaboration du Théâtre Mariinski de Saint-Pétersbourg, mise en scène: Steffen Piontek, décors et costumes: Martin Rupprecht, direction musicale: Hans E. Zimmer, Sächsische Staatsoper de Dresde, 1993.
Les trois lieux de l'action ont chez Rachmaninov une signification symbolique. Le fils est banni dans une tour, tandis que la cave, où le père a caché ses trésors, est le lieu de prédilection de ce dernier. Seul le duc habite un espace libre, le château. La mise en scène de Dresde transpose cette symbolique dans un contexte social. Au finale, le fils se situe tout en bas (au pied de l'escalier), le baron au milieu et le duc tout en haut de l'échelle sociale.

Armé de raison et mené par ses instincts

Dans *Le Chevalier ladre*, Rachmaninov renonce à l'interprétation vocale en un point crucial pour représenter sur le plan symphonique, de manière allégorique, l'union de l'homme et de la richesse. Au fond de sa cave, l'avare allume des bougies, ouvre ses coffres, faisant apparaître l'or étincelant, lorsque retentit le thème de l'or qui s'achève sur l'éclat d'un ré majeur d'une grande pureté. L'image de la beauté extérieure – l'illumination du fond obscur de la cave – est en vérité le décor d'une âme sinistre.

S. N.

Entre le moment et l'éternité
Dans *Francesca da Rimini*, Rachmaninov fixe l'instant suspendu entre le moment du salut terrestre et l'éternité d'atroces souffrances. Comme l'écrivait Hegel dans *La Phénoménologie de l'esprit*, sa musique sonde avec objectivité l'amour sensuel dans toute sa profondeur, ce que le monde des vivants compte de plus éphémère, de plus fugitif, de valeur et de futilité au travers du concept suprême, du jugement divin.

Francesca da Rimini
Opéra en un prologue, un acte et un épilogue

Livret : Modeste Tchaikovski, d'après un passage de *L'Enfer* de *La Divine Comédie* de Dante Alighieri
Création : Moscou, le 24 janvier 1906 (Théâtre Bolchoï)
Personnages : Dante (tén.), l'ombre de Virgile (bar.), Lanciotto Malatesta, régent de Rimini (bar.), Francesca, son épouse (sop.), Paolo, son frère (tén.), le cardinal (rôle muet) ; visions de l'enfer (chœur)

Argument
L'Enfer de Dante, la vieille ville de Rimini, temps de la représentation et du souvenir.

Prologue
Dans le premier cercle de l'Enfer. Le seigneur des damnés attaque Dante et l'ombre de Virgile qui l'accompagne. Parmi eux figurent également Francesca da Rimini et Paolo.

Tableau 1 À Rimini. Le palais de Malatesta. Par le biais d'une supercherie, le monstrueux Malatesta a fait de Francesca son épouse. Torturé par le doute, il se demande si celle-ci ne le trompe pas avec son propre frère Paolo, plus jeune et plus beau. Le pape l'ayant sommé de partir à la guerre, Malatesta décide de leur tendre un piège.

Tableau 2 Dans une pièce du palais. Selon les ordres de son frère, Paolo prend soin de Francesca et, à la lecture d'une épopée chevaleresque, tous deux s'avouent leur amour. Malatesta les tue.

Épilogue
Dans le premier cercle de l'Enfer. Le seigneur des damnés attaque à nouveau Dante et l'ombre de Virgile qui l'accompagne. La pitié fait taire le poète : « Il n'est pas de peine plus grande que de se rappeler dans le malheur les temps heureux. »

S. N.

Francesca da Rimini, Stanislav Suleimanov (Malatesta) et Rüdiger Oertel (le cardinal), mise en scène : sir Peter Ustinov, direction musicale : Michail Jurovski, coproduction du Festival Musikfestspiele de Dresde avec les Städtische Theater de Chemnitz, 1993.
Les apparences sont trompeuses. Si Malatesta baise la main du cardinal, c'est cependant l'ecclésiastique qui demande de l'aide au guerrier.

Ci-dessus
Francesca da Rimini, Svetlana Katchour (Francesca) et Arkadi Mischenkin (Paolo), mise en scène : Sir Peter Ustinov, décors : Josef Svoboda, coproduction du Festival Musikfestspiele de Dresde avec les Städtische Theater de Chemnitz, 1993.
Francesca et Paolo s'avouent leur amour sans prononcer une parole.

Hippolyte et Aricie, ensemble Les Arts florissants, mise en scène : Jean-Marie Villégier, direction musicale : William Christie, Opéra de Paris, 1996.

Rameau ou le dernier grand compositeur français du baroque et du monde de l'Ancien Régime.

Jean-Philippe Rameau

Baptisé à Dijon le 25 septembre 1683
Mort à Paris le 12 septembre 1764

Tandis que son père est organiste à Dijon, Rameau étudie la musique dans un séminaire jésuite et, plus tard, à Milan. À son retour en France, il devient organiste à Avignon, puis à Clermont (1702) et à Paris (1706), où il publie ses premières pièces pour clavecin. En 1709, Rameau succède à son père à la cathédrale Notre-Dame de Dijon. En 1713, il part pour Lyon, avant de revenir à Clermont (1715) où il demeure jusqu'en 1722-1723. Durant cette période, il compose essentiellement de la musique religieuse et donne naissance au premier volume de son œuvre majeure de théorie musicale *Traité de l'harmonie* (1722). Il s'installe ensuite à Paris (probablement en 1723) où il travaille en tant qu'artiste indépendant.
Sa candidature au poste d'organiste de la cathédrale Saint-Paul de Paris étant restée vaine, Rameau ne pourra exercer à nouveau son métier d'organiste de façon régulière qu'après 1732. Il écrit entre-temps d'importants traités de théorie musicale. Depuis toujours, il désire composer pour la scène, un souhait qui, au terme de bien des efforts, est exhaussé en 1733 avec la tragédie-lyrique *Hippolyte et Aricie*. Rameau est alors âgé de 50 ans, tandis que le librettiste, l'abbé Simon-Joseph Pellegrin, a 70 ans. Pendant 22 ans, Rameau dirige l'orchestre privé du riche mécène La Pouplinière chez lequel il vit quelque temps. Il compose près de 30 œuvres pour la scène (opéras, ballets). Jusqu'à sa mort, il se consacre à la théorie qui, à ses yeux, prévaut sur la composition. En 1745, il est nommé compositeur du cabinet du Roy et anobli peu avant sa mort.

Œuvres : Œuvres pour la scène (sélection) : *Hippolyte et Aricie,* tragédie en musique, 1733 ; *Castor et Pollux,* tragédie en musique, 1737 ; *Les Fêtes d'Hébé,* opéra-ballet, 1739 ; *Dardanus,* tragédie en musique, 1739 ; *Le Temple de la gloire,* opéra-ballet, 1745 ; *Pigmalion,* acte de ballet, 1748 ; *Naïs,* opéra pour la paix, 1749 ; *Zoroastre,* tragédie en musique, 1749 ; *Linus,* tragédie en musique, vers 1750 ; *Les Boréades,* tragédie lyrique, années 1750. Autres pièces pour la scène : actes de ballets, pastorale héroïque, divertissement, comédie-ballet, ballet héroïque. Œuvres de musique religieuse, cantates, publication de plusieurs livres de pièces de clavecin, musique de chambre.

Hippolyte et Aricie

Tragédie en musique en cinq actes et un prologue

Livret : Simon-Joseph Pellegrin

Création : le 1er octobre 1733 à Paris (Opéra, Palais Royal)

Personnages : prologue : Diane (sop.), Amour (sop.), Jupiter (basse) ; action : Aricie (sop.), Phèdre (sop.), Œnone, confidente de Phèdre (sop.), la grande prêtresse de Diane (sop.), Diane (sop.), Thésée (basse), Hippolyte, fils de Thésée (tén.), Tisiphone, une furie (tén.), Pluton (basse), Mercure (tén.), Neptune (basse), les trois Parques (haute-contre, tén., basse), Arcas, confident de Thésée (tén.), une prêtresse (sop.), une femme matelot (sop.), un chasseur (basse), une chasseresse (sop.), une bergère (sop.) ; nymphes de Diane, habitants des bois, suite de Diane et d'Amour, prêtresses de Diane, dieux des Enfers, chasseurs, chasseresses, bergers et bergères, Troyens, matelots hommes et femmes, Zéphyres (chœur et ballet)

Argument
En des lieux et des temps mythiques.
Diane veut interdire à Amour l'entrée dans son royaume, mais Jupiter l'oblige de l'y laisser régner le temps d'une journée. Celle-ci jure alors de s'immiscer dans les affaires d'Amour et d'apporter secours aux amants Hippolyte et Aricie. Phèdre, l'épouse de Thésée, s'est éprise de son beau-fils Hippolyte, qui aime Aricie d'un amour partagé. À la nouvelle de la mort de Thésée, descendu aux Enfers pour y sauver un ami, Phèdre avoue sa passion à Hippolyte. Apprenant l'amour qu'éprouve Hippolyte pour Aricie, Phèdre veut se donner la mort. Mais Hippolyte lui arrache à temps son épée. Revenant des Enfers, Thésée se méprend sur la scène et maudit son fils. Ce dernier part en exil avec Aricie, mais la malédiction de son père le rattrape. Neptune, dieu de la Mer et père de Thésée, l'engloutit dans son royaume. Après avoir certifié l'innocence d'Hippolyte, Phèdre se tue. Diane sauve Hippolyte de la colère de Neptune et l'unit à Aricie.

S. N.

À droite
Hippolyte et Aricie, mise en scène : Olivier Benezech, décors et costumes : Pier Luigi Pizzi, direction musicale : John Eliot Gardiner, Opéra National de Lyon, 1984.
Le premier opéra de Rameau est peuplé de personnages vertueux et de fidèles sujets de la déesse Diane. En dépit des flèches que décoche Amour dans leur cœur, tous réagissent avec la dignité des tragédies classiques d'un Racine ou d'un Corneille. C'est précisément cette rigidité morale qui entraîne la rupture tragique entre le père et le fils.

Ci-dessous
Hippolyte et Aricie, Mark Padmore (Hippolyte) et Anna-Maria Panzarella (Aricie), mise en scène : Jean-Marie Villégier, Opéra Garnier, Paris, 1996.
La cour en train de danser dans la scène allégorique du prologue et les deux personnages principaux en proie aux tourments du destin humain. Si les opéras de Rameau sont classiques quant aux proportions des actes et des scènes, les harmonies expressives de sa musique, souvent très hardies car riches en dissonances, génèrent une tension intérieure dépassant l'idéal classique. De longues scènes de danse, jouées pour la plupart dans des sphères surhumaines, sont censées faire contrepoids aux monologues chargés d'émotion. Le théâtre musical de Rameau est habité par des dieux et des hommes, les uns en quête d'équilibre, les autres victimes de leurs passions.

Décors

Dans le prologue (la forêt d'Érymanthe, paysage mythologique), Amour atterrit au pays de la chaste déesse Diane. Tous deux ont une conception différente de l'amour. Devant trancher, Jupiter, le père des dieux, s'incline lui aussi devant la puissance d'Amour : l'amour libre doit triompher de l'amour moral. Le premier acte se déroule dans le temple de Diane, le second aux Enfers, le troisième dans le palais de Thésée, au bord de la mer, et le quatrième dans le bois sacré de Diane (avec une scène de chasse et un monstre surgissant des flots déchaînés). Le cinquième acte commence dans ce bois et s'achève dans le royaume paradisiaque de Diane.

Une vieille recette remise au goût du jour

L'opéra *Hippolyte et Aricie* de Rameau a été composé selon les règles de la tragédie-lyrique telle qu'elle fut introduite par → Lully, soit un prologue, cinq actes et un thème de la mythologie grecque, le tout orné de scènes de danses et de chœurs. Néanmoins, son portrait des passions humaines, tant sur le plan dramatique que musical, génère davantage de chaleur et d'émotion qu'il n'était coutume au temps du Roi Soleil. En témoigne par exemple la vision de l'enfer particulièrement suggestive (acte II, scène 4, trio des Parques). Rameau a recours à des moyens d'expression qui, même au XXe siècle, seront jugés audacieux. Les scènes du quatrième acte (chasse, tempête, mort d'Hippolyte, deuil de Phèdre et reconnaissance de sa culpabilité) révèlent en Rameau un dramaturge de génie. De son vivant, il existait déjà en France une véritable tradition orchestrale. Ainsi a-t-il pu faire de l'orchestre un moyen d'expression en soi, au même rang que la voix. À l'image de Lully, Rameau a marqué le monde de la musique par sa maîtrise des couleurs orchestrales et ses splendides descriptions de la nature.

J. M.

Le dernier prophète de l'Ancien Régime

Les tragédies musicales de Rameau s'inscrivent parmi les dernières œuvres majeures de l'Ancien Régime sur la scène de l'opéra. La seconde version de *Castor et Pollux* a permis au compositeur et à ses adeptes, les ramistes, de vaincre l'opéra italien à Paris et de célébrer un triomphe magistral. Jusqu'à la Révolution française, *Castor et Pollux* a été interprété 250 fois dans la capitale avant de tomber dans l'oubli pendant un siècle. Il a fallu attendre 1903 et l'initiative du compositeur Vincent d'Indy pour que cette œuvre resurgisse lors d'un concert. Si le mouvement de musique ancienne né dans les années soixante-dix a conduit à une découverte tardive de l'œuvre de Rameau, celle-ci demeure jusqu'à ce jour encore largement inexplorée.

Castor et Pollux

Tragédie en musique en cinq actes et un prologue

Livret : Pierre-Joseph Gentil-Bernard
Création : 1re version : le 24 octobre 1737 à Paris (Opéra, Palais Royal) ; 2e version : le 11 janvier 1754 à Paris (Opéra, Palais Royal)
Personnages : Minerve (sop.), Vénus (sop.), Amour (haute-contre), Mars (basse) ; confidentes de Minerve : les Arts, confidentes d'Amour : les Plaisirs (chœur) ; confidentes de Vénus : les Grâces, confidentes de Minerve et d'Amour (ballet)
Action : Télaïre, fille du Soleil (sop.), Phébé, princesse de Sparte (sop.), Castor, fils de Tindare (haute-contre), Pollux, fils de Jupiter et de Leda (basse), Jupiter (basse), Hébé (rôle dansé), les servantes d'Hébé (sop.), une ombre heureuse (sop.), le grand prêtre de Jupiter (tén.), deux athlètes (haute-contre, basse), une planète (sop.), Mercure (rôle muet) ; athlètes, lutteurs, guerriers, Spartiates, prêtres de Jupiter, Plaisirs célestes, confidentes de Hébé, démons, ombres heureuses, étoiles (chœur, ballet) ; peuple, monstres, satellites, dieux (figurants)

Argument

En Grèce, en des temps mythiques.

Prologue

Les génies des Plaisirs et des Arts, Amour et Minerve, demandent à Vénus de les aider à dompter le dieu de la Guerre, Mars, à l'aide des chaînes de l'amour. L'un des deux demi-frères, Castor, vient de trouver la mort au combat, tandis que l'autre, Pollux, fils de Jupiter, est immortel. Télaïre pleure son époux Castor. Pollux, qui aime Télaïre, descend aux Enfers pour ressusciter Castor. En vain, Phébé tente de retenir Pollux, son époux. Jupiter fait savoir à ce dernier qu'il lui faudra payer de sa vie. Castor refuse le sacrifice de son frère et ne retourne sur Terre que le temps d'une journée. Désespérée, Phébé se donne la mort. À Sparte, dans le bonheur de son union avec Télaïre, Castor décide, contre la volonté de sa bien-aimée et des Spartiates, de rejoindre le royaume des morts. Mais Jupiter récompense cet amour désintéressé et Castor devient immortel. Les deux frères et leur bien-aimée Télaïre reçoivent une place dans la voûte céleste.

Scènes et particularités

Acte I
Le sépulcre des rois de Sparte (divertissement : jeux guerriers des soldats revenant du combat).

Acte II
Le temple de Jupiter (représentation chorégraphique des plaisirs de la vie auxquels Castor doit renoncer).

Acte III
L'entrée des Enfers (danse des démons).

Acte IV
Les champs Élysées (danse des ombres heureuses).

Acte V
Les environs de Sparte (les étoiles, les planètes et la lune prennent part à la fête).

S. N.

Castor et Pollux, mise en scène, décors et costumes : Pier-Luigi Pizzi, Festival d'Aix-en-Provence de 1991.
Au lieu de l'aria éclatant de l'*opera seria*, la tragédie lyrique de Rameau commence par une grande scène de chœur (deuil) qui servira de modèle à → Gluck dans sa réforme de l'opéra (*Orpheus*, *Alkestis* et les deux *Iphigenie*). Le prologue fait allusion aux « paix préliminaires » de Vienne en 1735, assurant la paix par l'échange de quelques villes et duchés au sein des familles royales d'Europe.

Castor et Pollux, mise en scène, décors et costumes : Pier-Luigi Pizzi, Festival d'Aix-en-Provence, 1991.
Moments de bonheur dans une belle région, aux environs de Sparte. Le tableau final de cet opéra, où s'équilibrent drame et musique, nous livre une vision contrastée mêlant deuil et joie, douleur et béatitude.

Polémiques à l'opéra

Dès son premier opéra, → *Hippolyte et Aricie*, Rameau divisa la scène de l'opéra français en deux camps, d'un côté les traditionalistes (lullistes) et de l'autre, les adeptes de l'opéra italien, tous reprochant au compositeur une action trop longue et « contraire à la nature ». Ainsi Rameau fut-il contraint de raccourcir plusieurs de ses œuvres « dans l'intérêt de l'accélération de l'action et non pour des raisons musicales », selon ses propres mots. Toutefois, le public dans sa majorité accueillit ces innovations avec enthousiasme, tandis que ses défenseurs, les ramistes, déclenchaient une violente polémique avec la presse. Par la suite, Rameau fut abondamment critiqué d'autres parts. La représentation d'une troupe italienne à Paris en 1752 vit naître le triomphe de l'*opera buffa* italien. Les défenseurs de la tragédie lyrique traditionnelle, l'aristocratie essentiellement, s'opposaient désormais aux Bouffons qui se glorifiaient de → *La Serva padrona* de Pergolesi pour son expression simple et naturelle. Leurs critiques concernaient particulièrement le rôle, selon eux exagéré, que Rameau attribuait aux instruments. Une conception clairement revendiquée par les Encyclopédistes français, en premier lieu par Jean-Jacques Rousseau qui, en tant que compositeur, donnait la faveur à l'opéra-comique traditionnel, comme en témoigne sa pièce la plus populaire à l'époque *Le Devin du village*. Lully et Rameau finirent par se retrouver dans le même camp, puis tombèrent dans l'oubli à la mort de ce dernier.

J. M.

Maurice Ravel

Né à Ciboure (Pyrénées-Atlantiques) le 7 mars 1875
Mort à Paris le 28 décembre 1937

Fils d'un ingénieur, Ravel grandit au sein d'une famille heureuse. Il fait des études de musique au conservatoire de Paris avec Fauré pour professeur et mène une vie retirée, entouré de ses amis. À la fois chef d'orchestre et pianiste, il interprète ses œuvres et acquiert rapidement une renommée mondiale. Intellectuel hors pair, Ravel accorde une extrême importance à la conception dans le processus de création et lui consacre beaucoup de temps, quitte à mener rapidement l'élaboration.
Il s'emploie dans toute son œuvre à ne pas subir les influences de l'air du temps et à conserver son originalité, faisant preuve de subtilité lorsqu'il donne vie à de nouvelles impulsions musicales et contribuant de façon remarquable au renouvellement du langage musical.

Œuvres: Opéras: *L'Heure espagnole,* 1911; *L'Enfant et les sortilèges,* 1925. Ballets (entre autres: *Daphnis et Chloé,* 1912; *La Valse,* 1920), œuvres pour piano, œuvres pour orchestre (parmi lesquelles: *Boléro,* 1928), concertos, mélodies, musique de chambre.

Ravel compte avec Debussy parmi les compositeurs français les plus importants de sa génération. Sa musique se distingue par des formes concentrées d'une grande clarté et une sonorité raffinée. La Valse et le Boléro font figure de modèles musicaux à l'aube du XXe siècle.

L'Heure espagnole

Comédie musicale en un acte

Livret: Franc-Nohain (Maurice Étienne Legrand)
Création: le 19 mai 1911 à Paris (Opéra-Comique)

Personnages: Concepción, épouse de Torquemada (sop.), Gonzalve, poète (tén.), Torquemada, horloger (tén. bouffe), Ramiro, muletier (bar.), Don Inigo Gomez, banquier (basse bouffe)

Argument
À Tolède, au XVIIIe siècle.
L'horloger Torquemada s'absente tous les jeudis à la même heure pour aller régler les horloges de la ville. Son épouse Concepción (conception en espagnol, allusion ironique au dogme de l'Église catholique de l'Immaculée Conception) en profite pour recevoir son amant, Gonzalve. Mais cette fois, Torquemada prie le muletier Ramiro, venu faire réparer ses deux horloges, d'attendre son retour. Concepción envoie Ramiro avec l'une des horloges dans sa chambre afin d'être seule avec Gonzalve. Leur idylle est bientôt interrompue par la réapparition de Ramiro. Gonzalve se cache dans la seconde horloge. Le riche Inigo arrive sur ces entrefaites pour faire sa cour à l'épouse de l'horloger. Elle le renvoie, prie le muletier d'échanger les horloges et l'accompagne jusqu'à sa chambre pour s'assurer que son amant n'est point trop secoué lors du transport. Seul dans la boutique, Inigo se cache dans l'horloge vide. Concepción revient déçue pour découvrir qu'Inigo l'attend dans l'horloge. Une dernière fois, elle demande à Ramiro d'échanger les horloges. Mais Inigo, incapable de sortir de sa cachette, ne peut pas davantage la satisfaire. Concepción invite alors Ramiro à rapporter l'objet dans le magasin, puis à l'accompagner dans sa chambre, cette fois sans horloge. À son retour, l'horloger trouve deux horloges et deux hommes alléguant avoir voulu vérifier les mécanismes. Concepción apparaît accompagnée de Ramiro qui parvient à extraire le gros Inigo resté coincé dans le boîtier de l'horloge. Ramiro sera le nouvel amant de Concepción.

M. S.

L'Heure espagnole, croquis de décor Theo Lau, mise en scène: Walter Jacob, Städtische Bühnen de Gelsenkirchen, 1958 (TWS). Depuis la création de l'œuvre, les horloges dominent la scène, formant un décor remarquable tant sur le plan optique qu'acoustique. L'opéra débute avec la musique pleine d'esprit d'une horloge à plusieurs voix.

Commedia dell'arte à la française
Dans cette comédie musicale, Ravel s'oppose à l'exubérance et à l'hypocrisie des sentiments rencontrées dans les opéras de → Massenet, ainsi qu'à l'impulsivité symboliquement codée de → *Pelléas et Mélisande* de Debussy. Ici, Ravel joue avec le temps, faisant preuve d'originalité et de spiritualité. Le temps déterminé durant lequel l'horloger effectue sa tournée à travers la ville, le temps infini pour les amoureux dans leur cachette, le temps éclair d'une heure d'amour. Sans oublier la relation entre les mécanismes et l'acte sexuel établie avec humour dans la musique et le texte. Une version française moderne de la *commedia dell'arte* qui fut jugée à l'origine trop frivole, même en France, et donc refusée par Albert Carré, alors directeur de l'Opéra-Comique.

L'Enfant et les sortilèges

Fantaisie lyrique en deux parties

Livret: Colette

Création: le 21 mars 1925 à Monaco (Grand Théâtre)

Personnages: l'enfant (mezzosop.), la mère (alto), la bergère (sop.), la tasse chinoise (mezzosop.), le feu (sop. léger), la princesse (sop. léger), le chat (mezzosop.), la libellule (mezzosop.), le rossignol (sop. léger), la chauve-souris (sop.), la chouette (sop.), l'écureuil (mezzosop.), une pastourelle (sop.), un pâtre (alto), le fauteuil (basse), l'horloge (bar.), la théière Wedgwood (tén.), l'arithmétique (tén.), le chat (bar.), un arbre (basse), la rainette (tén.); pâtres, grenouilles, animaux, arbres (chœur et ballet); banc, canapé, pouf, chaise de jardin, chiffres (chœur d'enfants)

Argument
Une maison à la campagne, à notre époque.
Partie 1
Un enfant refusant de faire ses devoirs, sa mère le prive de sortie. Furieux, il se venge sur les meubles, s'en prend à l'écureuil apprivoisé et au chat, et même à son livre préféré. Mais les objets et les animaux, qui ont une voix et une âme, dénoncent l'enfant. Les mystérieuses apparitions s'évanouissent à la tombée de la nuit.
Partie 2
Par la porte restée ouverte, l'enfant sort dans le jardin plongé dans l'obscurité de la nuit et envahi par la végétation. Il fait subir à la flore le même traitement, blessant arbres et buissons qui, à l'unisson avec les animaux, portent plainte et demandent son châtiment. Dans l'agitation générale, l'écureuil est blessé et l'enfant, pris de remords, panse ses plaies. Réconciliés par ce geste, les animaux appellent la mère qui serre tendrement son enfant dans ses bras.

M. S.

L'Enfant et les sortilèges, Isabelle Eschenbrenner dans le rôle de l'enfant, mise en scène: Éric Tappy, décors: Christian Rätz, costumes: Patrice Caurier, direction musicale: Éric Tappy, Opéra National de Lyon, 1989.
Torturé par ses actes inconsidérés, l'enfant entend les voix des objets et des êtres qu'il a maltraités.

À gauche
L'Enfant et les sortilèges, illustration du magazine *Le Théâtre,* Paris, avril 1926. Cette œuvre comprend toute une série de numéros comiques parodiant les clichés de l'opéra, tels le duo de la théière dans le style *ragtime,* le *lamento* de la princesse de conte de fée ou le chœur des chiffres. Sans oublier l'imitation stupéfiante des bruits d'animaux et des effets optiques grâce à l'instrumentation magique de Ravel.

L'Enfant et les sortilèges, mise en scène: Éric Tappy et Didier Puntos, décors: Christian Rätz, costumes: Patrice Caurier, direction musicale: Éric Tappy, Opéra National de Lyon, 1989.
L'enfant se souvient des adultes qui le tourmentent: parents, enseignants et éducateurs.

Le timbre ensorcelant d'une râpe à fromage

Ravel compose son second opéra en 1924. Si l'analogie avec *Alice au pays des merveilles* de Lewis Carroll est indéniable, sa dimension profondément panthéiste et sa sonorité raffinée font toute son originalité. Ravel utilise les danses modernes comme parodie du style et présente les apparitions d'objets et d'animaux comme les numéros d'une revue musicale. Des combinaisons instrumentales et des instruments insolites (par exemple une râpe à fromage) génèrent des sonorités nouvelles, tandis que l'orchestre au grand complet est dirigé à la façon d'un ensemble de musique de chambre.

M. S.

Steve Reich

Né à New York le 3 octobre 1936

Parmi les fondateurs de la *minimal music* américaine (La Monte Young, Terry Riley, Steve Reich, → Philip Glass), Reich n'est pas seulement le compositeur le plus rigoureux, mais aussi le plus novateur, car s'il n'a jamais cessé d'enrichir son œuvre en multipliant les variations, il s'est toujours adonné à l'expérimentation.
Enfant, Reich apprend brièvement le piano avant de se mettre aux percussions à l'âge de 14 ans avec Roland Kohlhoff, timbalier solo au Philharmonic Orchestra de New York. En 1957, Reich passe avec succès son diplôme de philosophie à l'université Cornell et entreprend des études de composition. Il obtient en 1963 son Master of Arts en musique au Mills College, où il est, entre autres, l'élève de → Darius Milhaud et de → Luciano Berio. En 1970, une bourse de voyage de l'Institute for International Education le mène au Ghana. En 1973-1974, il étudie le gamelan balinais avec des professeurs originaires de Bali à l'American Society for Eastern Arts à Seattle et Berkeley. En 1976-1977, il se tourne vers les formes traditionnelles de psalmodie des écritures hébraïques à New York et à Jérusalem. Une démarche qui aboutit en 1981 à la création de *Tehillim*. Avec son ensemble fondé en 1966, comprenant trois musiciens au départ et jusqu'à 30 par la suite, il effectue entre 1971 et 1985 16 tournées à travers l'Europe et l'Amérique, au cours desquelles la formation *Steve Reich and Musicians* donnera plus de 300 concerts dans des salles combles, qu'il s'agisse de Carnegie Hall ou de Bottom Line Cabaret à New York. Les meilleurs orchestres au monde dirigés par les chefs d'orchestre les plus prestigieux interprètent bientôt ses œuvres, et les commandes affluent des plus grands festivals de musique, radios, orchestres symphoniques et ensembles de musique de chambre, comme le quatuor Kronos. Sans oublier de célèbres chorégraphes, tels Jerome Robbins et Maurice Béjart, qui ont également travaillé à partir de la musique de Steve Reich.

Œuvres: Opéras: *It's Gonna Rain,* 1965; *Come out,* 1966; *Drumming,* 1971; *Tehillim,* 1981; *The Desert Music,* 1984; *Different Trains,* 1988; *The Cave,* 1993

The Cave

La Caverne

Opéra vidéo en trois actes pour deux sopranos, ténor, baryton, batterie, instruments à clavier, bois et cordes

Livret: Steve Reich et Beryl Korot, sur la base d'interviews et de textes de la Bible
Vidéo: Beryl Korot
Création: le 15 mai 1993 à Vienne (Wiener Festwochen, Messehalle)

Argument
À Jérusalem et, à New York, en 1989-1992.
Dans une interview menée par Korot et Reich, des Israéliens, des Palestiniens et des Américains répondent à des questions sur le personnage biblique Abraham, son épouse Sarah et son esclave Agar, ses fils Ismaël et Isaac. Un véritable kaléidoscope de souvenirs sur la base de réflexions, de jugements et d'aperçus. C'est à la fois une représentation du mythe biblique et un portrait de la situation politique au Proche-Orient. Les personnes interviewées apparaissent dans des séquences d'images vidéo, statiques et en mouvement, enchaînées avec art et projetées sur cinq écrans, accompagnées en direct par quatre chanteurs et 13 instrumentistes – quatuor à cordes, bois, batterie et orgue électronique –, qui sont également aux commandes de consoles d'ordinateurs, tels des opérateurs rythmiques. Le texte de la Genèse, sa version originale et sa traduction en trois langues, est intégré de manière visuelle et acoustique.

S. N.

The Cave, Hugo Munday (baryton), Cheryl Bensman Rowe (soprano), Marion Beckenstein (soprano) et James Bassl (ténor), mise en scène: Carey Porloff, décors: John Arnone, costumes: Donna Zakowska, direction musicale: Paul Hiller, Royal Festival Hall de Londres, 1993.
Les quatre chanteurs, à la fois commentateurs, narrateurs et acteurs.

Reich est considéré sur la scène internationale comme l'un des compositeurs vivants les plus importants. Sa musique, connue sous les noms de minimal music, trance music, modular music, phase music ou encore pulse music prend sa source dans une pléiade de traditions musicales, couvrant aussi bien la musique européenne du XIIe au XVIIIe siècle, le gamelan balinais et la musique d'Afrique de l'Ouest que le jazz américain entre 1950 et 1965, sans oublier les œuvres de Stravinsky, Bartók et Webern.

La caverne inaccessible

Il s'agit ici de la caverne Machpelah, citée dans la Genèse. Située à proximité de la ville d'Hébron, elle abrite les sépultures d'Abraham, de son épouse Sarah, d'Isaac et Jacob et de leurs épouses Rébecca et Léa. C'est l'un des rares lieux vénérés aussi bien par les juifs que les musulmans, les premiers revendiquant la descendance d'Abraham, de Sarah et de leur petit-fils Jacob, les seconds celle d'Abraham et de son fils Ismaël que le patriarche eut avec Agar, servante de Sarah. La caverne qui, dit-on, aurait abrité l'entrée du paradis, est inaccessible à l'intérieur. Une situation jugée « à la fois paradoxale et porteuse d'espoir » par Steve Reich, qui considère Abraham comme « l'une des figures les plus radicales et les plus visionnaires », car le patriarche a détruit les idoles de ses pères et imposé la foi en un Dieu unique, tout-puissant et invisible. Un sujet pour les musulmans, les juifs et les chrétiens. Cette œuvre donne ainsi la parole aux trois religions, chacune dans un acte. Les réponses révèlent les décalages des perspectives dans ces traditions et celles, inexistantes, de l'Américain moderne pour qui le nom d'Abraham évoque Lincoln et qui associe Ismaël à *Moby Dick*.

Techniques médiévales et musique pop

Steve Reich n'aspire pas ici à un *bel canto* retentissant, mais à une technique déjà répandue au Moyen Âge, celle de l'absence de vibrato également utilisée dans la musique pop pour que les voix conservent une sonorité aussi naturelle que possible. Ainsi Paul Hillier, spécialiste de musique ancienne, dirigea-t-il la création de Vienne et les tournées qui suivirent à la Biennale de Berlin, au festival de Hollande, à Paris, à Londres et à New York.

Un opéra en rupture avec les traditions ?

Lorsqu'il a écrit sa première œuvre qui lui avait été commandée pour le Festival de Vienne, Steve Reich a avoué son désintérêt pour l'opéra traditionnel. Apparemment aux antipodes de l'opéra européen traditionnel avec ses schèmes parlés enregistrés sur vidéo à la place d'acteurs-chanteurs, *The Cave* lui doit toutefois l'une de ses idées, celle de la mélodie du langage parlé. Steve Reich s'est référé à → Leoš Janáček pour qui les mélodies de la langue sont autant de fenêtres ouvertes sur l'âme, capitales pour la musique dramatique. Dans *The Cave*, Reich a eu recours à des fragments de phrases et liaisons parlés, qu'il a repris sur le plan instrumental pour modeler leur spécificité, le tout entrecoupé de textes de la Bible, scandés avec dureté, chantés et projetés à l'écran.

S. N.

The Cave, photo de la création, Wiener Festwochen, 1993.
L'opéra vidéo de Reich constitue un événement scénique complexe, à plusieurs voix pour parler le langage de la musique. Une expérience auditive au sens acoustique est ainsi proposée au public. Les mélodies, les formes rythmiques et l'ensemble de la toile musicale et textuelle naissent des idiomes linguistiques des personnes interviewées : hébreu, arabe et anglais.

Das Schloss, photo de la création avec (de g. à dr.) Peter Maus (l'instituteur), Adrianne Pieczonka (Frieda) et Wolfgang Schöne (K.), mise en scène : Willy Decker, décors et costumes : Wolfgang Gussmann, direction musicale : Michael Boder, Deutsche Oper de Berlin, 1992.
L'espace vital de K., réduit au lit protecteur de Frieda, est menacé par la visite de l'instituteur.

Aribert **Reimann**

Né à Berlin le 4 mars 1936

Après avoir découvert très tôt la musique, Reimann, dont le père est professeur à l'Université et la mère une cantatrice célèbre, étudie le piano avec Otto Rausch et la composition avec Boris Blacher de 1955 à 1960. À l'âge de 21 ans, il est déjà un pianiste confirmé. Les relations qu'il noue avec des chanteurs, notamment Dietrich Fischer-Dieskau, le sensibilisent aux horizons de l'expression vocale. En 1983, Reimann, compositeur indépendant, évitant tout rattachement à un groupe particulier, obtient une chaire de professeur de lied contemporain à la Hochschule für Künste de Berlin.

Œuvres : Ein Traumspiel, Kiel, 1965 (Un Songe) ; *Melusine*, Schwetzingen, 1971 ; *Lear*, Munich, 1978 ; *Die Gespenstersonate*, Berlin, 1984 (La Sonate des spectres) ; *Troades*, Munich, 1986 (Les Troyennes) ; *Das Schloss*, Berlin, 1992 (Le Château). Ballets, musique vocale, lieder, concerts, musique pour orchestre, musique de chambre.

Das Schloss
Le Château

Opéra en deux parties (dix tableaux avec interludes et changement de décors)

Livret : Aribert Reimann, d'après le roman de Kafka et l'adaptation théâtrale de Max Brod
Création : le 2 septembre 1992 à Berlin (Deutsche Oper)
Personnages : K. un étranger, environ 40 ans (bar.), le tenacier de l'auberge Zur Brücke (bar.), sa femme (alto dramatique), Schwarzer, le fils d'un sous-intendant du château (rôle parlé), Artur et Jeremias, les commis (tén., bar.-basse), Barnabas, le messager du château (tén.), Olga et Amalia, ses sœurs (mezzosop., sop.), le tenacier de l'auberge Herrenhof (bar.-basse), Frieda, serveuse à l'auberge Herrenhof (sop.), le maire (basse), Mizzi, son épouse (rôle muet), l'instituteur (tén.), Bürgel, sous-secrétaire (rôle parlé), quatre paysans (2 tén., 2 basses) ; paysans et serviteurs (chœur)

Argument
Partie 1

Tableaux 1 et 2 Devant et à l'intérieur de l'auberge Zur Brücke. K. arrive épuisé à l'auberge du village Zur Brücke où, toutes les chambres étant occupées, il doit se contenter d'un sac de couchage. À peine s'est-il endormi que Schwarzer le tire de son sommeil pour lui apprendre qu'il est interdit de séjourner au château sans autorisation. K. se fait passer pour le nouveau géomètre. Une information confirmée au château.
Deux commis de fortune se présentent à K. Ce dernier souhaite une audience au château, ce qui, pour un étranger, relève de l'illusion. Le messager Barnabas apporte une lettre du fonctionnaire Klamm priant K. de se présenter au maire.
Tableau 3 Dans la rue et à l'orée de la forêt, devant l'auberge Herrenhof où logent les fonctionnaires pouvant le renseigner. K. ne possède pas de droit de séjour et se cache chez Frieda, l'amie de Klamm. Mais il ne parvient pas à échapper aux commis qui le rattrapent.
Tableau 4 Une mansarde de l'auberge Zur Brücke.

> *Reimann s'est inspiré de Berg, de Webern et de la musique indienne, concevant ses opéras à partir de la voix.*

Pessimisme et grandeur musicale

Fasciné par des sujets littéraires renommés dans le monde entier, Reimann s'engage sur sa voie de prédilection, la face obscure de l'existence humaine, qu'il s'agisse de la folie dans *Lear* ou du monde nordique si trouble de *Traumspiel*. Svesal connaît d'immuables moments de pessimisme nés d'une souffrance injustement affligée et d'une amère déception. Une approche musicale rigoureuse, qui saisit ce domaine dans toutes ses nuances, a fait de Reimann avec la création de *Lear* un grand compositeur lyrique du XXe siècle.

M. S.

Vivant depuis quatre jours avec Frieda dans une chambre, l'aubergiste, une ancienne maîtresse de Klamm, juge impossible une union de K. et de Frieda en raison de sa situation instable. K. se rend chez le maire comme il est d'usage avant de prendre ses fonctions.

Tableau 5 La chambre rustique du maire. Celui-ci informe K. qu'il doit sa présence au village à une erreur de dossier que l'on cherche en vain. Apprenant que le village n'a nul besoin d'un géomètre, K. est indigné.

Partie 2

Tableau 6 Une mansarde de l'auberge Zur Brücke. L'instituteur cherche K.; il est chargé de l'informer que son insubordination envers le maire a été consignée sur dictée. La proposition qui lui est faite de travailler comme aide à l'école le plonge dans un état de fureur. Mais Frieda insiste pour que K. accepte ce poste, d'autant que l'aubergiste leur a donné leur congé.

Tableau 7 Une rue du village, déserte et enneigée, plongée dans l'obscurité. Las d'attendre, K. se dirige vers le château, poursuivi par les commis. Barnabas apporte la lettre mensongère de Klamm, qui vante le travail de K. et laisse entrevoir une récompense. K. sollicite une audience au château et fait fuir les commis.

Tableau 8 Le jour suivant. Dans la cabane de Barnabas. K. espère que Barnabas a un message pour lui. Mais celui-ci est au château. Les commis ont démissionné suite à la brutalité de K. Barnabas informe K. que le fonctionnaire Erlanger le recevra en audience à l'auberge Herrenhof.

Tableau 9 Un couloir de l'auberge Herrenhof la nuit. K. erre dans l'auberge après avoir rencontré Frieda en bonne compagnie avec l'un des deux commis. Lors de la distribution des dossiers, il en reste un à l'intérieur duquel se trouve un morceau de papier. Un serviteur le déchire tout en observant K. endormi.

Changement de décor Un cimetière au centre duquel se trouve une sépulture béante. On aperçoit au loin le château. Toutes les personnes qui le connaissaient sont rassemblées autour de la tombe de K. Arrive Barnabas, porteur du message délivrant un droit de séjour à K.

M. S.

Das Schloss, photo de la création avec Wolfgang Schöne (K.) et Peter Matič (Bürgel), mise en scène : Willy Decker, décors et costumes : Wolfgang Gussmann, direction musicale : Michael Boder, Deutsche Oper de Berlin, 1992.
Un pied dans la tombe, K. a beau se débattre, il a déjà atteint les limites mêmes des possibilités existentielles.

Wolfgang Rihm

Né à Karlsruhe (Allemagne) le 13 mars 1952

Dès l'âge de 16 ans, Rihm étudie la théorie musicale, le piano et la composition à la Musikhochschule de Karlsruhe. Il est l'élève d'Eugen Velte, → Karlheinz Stockhausen et Klaus Huber. De 1973 à 1978, il est professeur à la Musikhochschule de Karlsruhe, avant de dispenser ses enseignements aux Darmstädter Ferienkurse (cours d'été de Darmstadt) à partir de 1978. Il a depuis 1985 une chaire de professeur de composition à Karlsruhe. Plusieurs voyages à l'étranger l'ont également mené en Italie et en France. Créateur d'une œuvre d'une grande richesse, il compte parmi les compositeurs majeurs de la jeune génération.
Œuvres: Opéras: *Faust und Yorick*, Mannheim, 1977; *Jakob Lenz*, Hambourg, 1979; *Oedipus*, Berlin, 1981; *Tutuguri*, ballet, Berlin, 1982; *Medea-Spiel*, théâtre dansé, Salzbourg, 1989; *Die Hamletmaschine*, Mannheim, 1987; *Die Eroberung von Mexico*, théâtre musical, Hambourg, 1992 (La Conquête du Mexique); *Séraphin*, théâtre musical sans paroles, Francfort-sur-le-Main, 1994. Plusieurs œuvres pour orchestre, symphonies, quatuors à cordes, musique de chambre, lieder.

Rihm donne vie à des impulsions musicales aussi bien à partir d'une tradition jugée positive que de sa confrontation avec Schönberg, Varèse et Stockhausen. Il est considéré comme le représentant de la « nouvelle simplicité ».

Jakob Lenz, Richard Salter dans le rôle de Jakob Lenz, avec la statue de Goethe, mise en scène: Heinz-Lukas Kindermann, direction musicale: Peter Keuschnig, décors et costumes: Dietrich Schoras, Staatsoper de Vienne, 1988.
À l'ombre du grand Goethe. Le sujet de Büchner, celui d'un artiste en échec, assailli par des pressions intérieures, permet de représenter musicalement la déchéance d'une personnalité complexe. On retrouve ici les traces stylistiques d'une tradition romantique de l'opéra, tant au travers de moments illustratifs que de la *Sprechtechnik* de l'école viennoise ou de l'atonalité. Les formes de la tradition confèrent à l'œuvre sa stabilité extérieure et facilitent la réception d'un opéra de chambre qui a connu plusieurs mises en scène en Europe et aux États-Unis.

Jakob Lenz

Opéra de chambre en 13 tableaux

Livret: Michael Fröhlich, d'après la nouvelle *Lenz* de Georg Büchner
Création: le 8 mars 1979 à Hambourg (Staatsoper, Opera stabile)
Personnages: Lenz (bar.), Oberlin (basse), un commerçant (tén.), six voix (2 sop., 2 alti, 2 basses), deux (quatre) enfants (sop., rôle parlé)

Argument

En Allemagne, au début du XIXe siècle.
Attiré dans l'inconnu par des voix intérieures, Lenz se retrouve devant la maison du pasteur Oberlin où il tombe dans une fontaine. Oberlin vient à sa rescousse et l'héberge chez lui. La nuit venue, son ardeur pour Friederike le tourmente. Suit une autre tentative de suicide. Oberlin lui vient à nouveau en aide et propose une promenade dans la nature pour le détendre. Les voix de Lenz se personnifient, prenant l'apparence de paysans. Leur message optimiste l'incite à faire un sermon. Sur ces entrefaites arrive le commerçant qui tourne la situation en ridicule et encourage Lenz à rentrer chez lui. Celui-ci s'enfuit à nouveau, consolé par les voix qui prophétisent toutefois la mort de Friederike. Il fait demi-tour et prend une jeune fille morte pour sa bien-aimée disparue, qu'il tente, en vain de ramener à la vie. Le commerçant insiste pour qu'il rentre. On est alors obligé de mettre au personnage déchaîné la camisole de force.

M. S.

Jakob Lenz, le personnage de Lenz, mise en scène : Sabrina Hölzer, décors : Jean Kalman, costumes : Franziska Just, direction musicale : Claire Gibaut, coproduction du Hebbel Theater avec la Philharmonie de Berlin et l'Opéra National de Lyon, 1997.
Lenz aux côtés du cadavre d'une jeune fille inconnue qu'il prend pour Friederike, possédé par les voix et au bord de la folie.

Die Hamletmaschine

Wolfgang Rihm a écrit pour le Nationaltheater de Mannheim une pièce de théâtre musicale (en cinq parties) d'après la pièce de Heiner Müller. Au-delà de l'influence shakespearienne, cette œuvre se veut originale et intemporelle. Trois interprètes de Hamlet incarnent autant de dimensions de l'existence, du passé, du présent et de l'idéal intemporel. La première partie, *Familienalbum* aborde la maladie existentielle de Hamlet, culminant dans le désir d'annuler sa naissance. La deuxième partie, *Europa der Frau*, a pour thème les souffrances et la résistance d'Ophélie, tandis que la troisième, *Scherzo*, renverse les valeurs des modes de pensée existants. Ainsi Hamlet revêt-il les habits d'Ophélie pendant son strip-tease pour devenir une femme. La quatrième partie, *Pest in Buda, Schlacht um Grönland*, évoque le soulèvement du peuple hongrois en 1956. Hamlet avoue enregistrer mécaniquement sans pouvoir agir. La cinquième partie, *Tiefsee*, montre Ophélie clouée dans un fauteuil roulant, impuissante devant la misère.

À l'instar des textes qui comprennent des citations, Rihm utilise des motifs extraits d'œuvres de Haendel, Bach et Wagner tout en recourant à nombre de supports stylistique modernes, y compris le rap. La création au Nationaltheater de Mannheim le 30 mars 1987 connut un tel succès que la ville de Fribourg en Breisgan reprit la production la même année.

Die Eroberung von Mexico

Rihm composa son livret *Die Eroberung von Mexico* (théâtre musical) pour l'Opéra de Hambourg d'après *La Conquête du Mexique* (1932) et *Le Théâtre de Séraphin* (1936) d'Antonin Artaud. Cette œuvre n'est pas construite sur une succession logique d'événements, mais sur l'enchaînement d'états intérieurs et extérieurs. L'historicité et l'intemporalité en sont les fondements. Montezuma (soprano dramatique) apparaît sur le plan acoustique comme une femme et incarne le principe indien de la protection. L'action de Cortez est en revanche dictée par l'agressivité. La première partie, *Die Vorzeichen*, expose ces principes contenus dans les mots « neutre – masculin – féminin ». Dans la deuxième partie, *Bekenntnis*, les soldats espagnols envahisseurs sont surpris par les autochtones. Des problèmes de communication entre Cortez et Montezuma empêchent toutes négociations et ce dernier est fait prisonnier. La troisième partie, *Umwälzungen*, montre les conséquences des principes fondamentaux : le rituel paisible des Aztèques d'un côté, et de l'autre l'agression des Espagnols qui blessent mortellement Montezuma lors d'un discours. *Die Abdankung* n'a pas pour seul objet l'enterrement de Montezuma, mais aussi la vengeance des Aztèques. Très expressives, les techniques musicales vont de l'utilisation subtile des voix d'hommes et de femmes à l'intégration d'enregistrements musicaux sur magnétophone. Un concept musical plastique qui sut convaincre le public lors de la création à Hambourg le 9 février 1992.

M. S.

Nikolaï Andreievitch **Rimski-Korsakov**

Né à Tikhvine (gouvernement de Novgorod) le 18 mars 1844
Mort à Lioubensk (près de Saint-Pétersbourg) le 21 juin 1908

Issu d'une famille aristocrate, Rimski-Korsakov est élève à l'école des cadets de la marine de Saint-Pétersbourg (1856-1862). Officier de marine, il fait le tour du monde en bateau. En 1861, il rencontre Mili Balakirev, fondateur de la Nouvelle École russe, à laquelle il adhère, tout comme ses amis → Borodine, Cui et → Moussorgski. C'est l'époque de ses premières compositions. Il est alors nommé intendant général de l'orchestre de la marine (1873). Entre 1874 et 1881, il succède à Balakirev à la tête de l'école libre de musique de Saint-Pétersbourg et devient chef d'orchestre. Il dirige également la chapelle de la cour (1882-1894) et devient à partir de 1886 chef d'orchestre et directeur musical des concerts organisés par Mitrofan Beliaïev (riche mécène et éditeur musical : édition Beliaïev). Ses talents de chef d'orchestre lui valent une renommée internationale, comme en 1907 lorsqu'il dirige les concerts historiques russes organisés à Paris par Serge Diaghilev. Nommé professeur de composition et d'instrumentation au conservatoire de Saint-Pétersbourg, il compte notamment parmi ses disciples → Igor Stravinsky. Rimski-Korsakov est considéré comme le musicien des Lumières de la Russie. Cette personnalité exemplaire sur le plan artistique, humain et éthique nous laisse une œuvre marquée par des convictions panthéistes.

Œuvres : *Pskovityanka*, 1873 (La Pskovitaine) ; *Boïarynia Vera Scheloga*, 1877/création 1898 (Vera Cheloga) ; *Maïkaïa notch*, 1880 (La Nuit de mai) ; *Snegourotchka*, 1882 (La Fille de glace) ; *Mlada*, 1892 ; *Notch pered rochdestvom*, 1895 (La Nuit de Noël) ; *Sadko*, 1898 ; *Mozart i Salieri*, 1898 ; *Tzrskaïa nevesta*, 1899 (La Fiancée du tsar) ; *Skaska o Tzare Saltane*, 1900 (Le Tsar Saltan) ; *Serviliïa*, 1902 (Servilia) ; *Kachtcheï besmertny*, 1902 (Kaschtcheï l'immortel) ; *Pan Voïevoda*, 1904 (Pane Voïevode) ; *Skasaniïa o nevidimom grade Kitege i deve Fevroniïe*, 1907 (La Légende de la ville invisible de Kitège et de la vierge Fevronia) ; *Zolotoï petuschok – Neblytza v lyzakh*, 1909 (Le Coq d'or). Symphonies et autres œuvres pour orchestre (*Sadko, Antar, Schéhérazade, Capriccio espagnol*), mélodies, musique de chambre.

Sadko

Opéra-légende en sept tableaux

Livret : Nikolaï Rimski-Korsakov, avec la collaboration de Nikolaï Findeisen, Vladimir Stassov, Vassili Jastrebzev, Nikolaï Schtrup et Vladimir Belski, d'après des contes et légendes russes

Création : le 7 janvier 1898 à Moscou (Théâtre Solodounikov, ensemble de l'Opéra privé russe de Savva Mamontov)

Personnages : Sadko, joueur de gousli et chanteur à Novgorod (tén.), Lioubiava Bouslaïevna, son épouse (mezzosop.), Neshata, jeune barde de Kievgorod (alto), Foma Nasaritch et Luka Sinovitch, gouverneurs de Novgorod (tén., basse), Duda et Sopel, saltimbanques (basse, tén.), un marchand viking (basse), un marchand indien (tén.), un marchand vénitien (bar.), Océan, le roi des profondeurs (basse), Volkhova, sa fille la plus jeune et la plus belle (sop.) ; apparition : puissants héros sous la forme d'un pèlerin (bar.), deux Bouffons (2 mezzosop.), deux magiciens (2 tén.) ; citoyens de Novgorod, commerçants, équipage, suite de Sadko, Skomorochen : société joyeuse ; pèlerins : vieillards sérieux, ondines, jolies jeunes filles, cygnes blancs et miracles des mers (chœur) ; l'épouse du roi des profondeurs : la tsarine blanche Vodianiza ; ses douze filles aînées : les rivières unies aux mers bleues ; les petits-enfants : ruisseaux, poissons d'or et d'argent et autres miracles des mers (ballets)

Argument

À Novgorod, dans la mer et ses profondeurs, en des temps légendaires et historiques.

Tableau 1 Les locaux de la corporation des commerçants de Novgorod. Les riches commerçants font la fête. Le barde Neshata chante de vieilles mélodies et reçoit leurs applaudissements ; les saltimbanques sont également de la partie. Mais le barde Sadko compare l'étroitesse de la vie citadine avec l'infini des horizons sur les océans. Tous se moquent de lui et le rejettent.

Tableau 2 Les berges du lac Ilmen. Les hommes refusant de l'écouter, Sadko, offensé, cherche consolation dans la nature et trouve une oreille attentive auprès des ondines. La fille préférée du roi des profondeurs, Volkhova, lui offre son cœur et trois poissons d'or.

Tableau 3 La maison de Sadko. Lioubiava attend son bien-aimé, mais Sadko repousse son amour

Sadko, Vladimir Galouzine (Sadko) et Valentina Sidipova (Volkhova), mise en scène : Alexei Stepaniuk, direction musicale : Valeri Guerguiev, Mariinski Teatr de Saint-Pétersbourg, 1993.
Le fait que Sadko soit pris entre son épouse et la princesse imaginaire n'engendre pas ici de conflit dramatique. Cet opéra raconte une légende fantastique au dénouement heureux.

et ses plaintes, captivé par la mer et la princesse des mers.

Tableau 4 Le port de Novgorod. Sadko défie les commerçants et parie sa tête contre leur fortune qu'il pêchera des poissons d'or. Vainqueur, il devient riche et fait l'acquisition de trente embarcations et d'un équipage avant de prendre la mer, fasciné par le récit de trois marchands vantant la beauté de leur océan : la mer du Nord, l'océan Indien et la Méditerranée.

Tableau 5 Au milieu de l'océan, douze ans plus tard. Sadko s'est enrichi. Sa flotte se hâte de rentrer au pays, tandis que seul le voilier de Sadko reste immobile, entravé dans sa course par des forces invisibles. Volkhova l'appelle et celui-ci quitte son embarcation qui poursuit sa course sans lui. Le roi des profondeurs attire Sadko dans son royaume.

Tableau 6 Dans les profondeurs de la mer. Le chanteur rend hommage au roi des profondeurs, à la grande joie des fleuves et des mers qui célèbrent les noces de Sadko et de Volkhova. Le tumulte des éléments fait sombrer les navires et entraîne les hommes dans la misère. Le héros mythique met un terme à cette situation. Il décide que Sadko retournera au pays et que Volkhova se transformera en rivière reliant Novgorod à la mer.

Tableau 7 Après leurs noces, Sadko et Volkhova se rendent à Novgorod dans un coquillage. Sur les berges du lac Ilmen, la princesse des mers fait ses adieux à Sadko, puis se métamorphose en rivière. Lioubiava récupère son époux, tandis que les habitants de Novgorod acclament Sadko, vainqueur des éléments. Celui-ci proteste, seul son chant lui ayant permis de gagner les faveurs du roi des profondeurs. Les remerciements reviennent donc au héros mythique. L'enseignement de Sadko se perd dans l'allégresse qui submerge la ville de Novgorod. (Le compositeur a également proposé de présenter cet opéra en trois ou cinq actes.)

S. N.

L'opéra-byline

La byline (en russe *bylina*) est une forme de chant épique de la vieille Russie qui connut un renouveau au XIXe siècle, dans le sillage des aspirations nationales. Ainsi des chanteurs professionnels rassemblèrent-ils des bylines, qu'ils donnèrent en concert à Moscou et à Saint-Pétersbourg pour le plus grand plaisir des mélomanes russes. Ces mélodies séculaires inspirèrent moult compositeurs et Rimski-Korsakov souligna lui-même dans ses Mémoires (1906) l'importance de cet art dans son œuvre *Sadko*, estimant que le récitatif utilisé ne reposait pas sur la langue parlée, mais sur le style de représentation et la ligne mélodique des légendes tout au long de l'opéra pour lui conférer un caractère à la fois national et mythique.
La plainte de Lioubiava (fa mineur) tout comme le chant d'adieu de Volkhova (du reste, une berceuse traditionnelle) incarnent ces intonations de la vieille Russie. N 1, N 2
L'atmosphère qui émane de la vieille ville russe de Novgorod (tableaux 1 et 4) se marie harmonieusement au style caractéristique de la byline.
La mélopée épique alterne ici avec des scènes populaires construites à partir de la reprise brève et rapide des motifs.

M. P.

Sadko, mise en scène : Alexeï Stepaniouk, décors : Viatcheslav Okaniov d'après Korovine, direction musicale : Valeri Guerguiev, Mariinski Teatr de Saint-Pétersbourg, 1993.
Les deux tableaux populaires situés à Novgorod (1 et 4) s'achèvent sur un crescendo musical éblouissant, également représenté sur le plan scénique. Les scènes finales de chant et de danse ainsi que l'atmosphère de fête, pleine d'euphorie et d'entrain, constituent le point culminant de cette œuvre.

1. Plainte de Lioubiava

2. Berceuse de Volkhova

Rimski-Korsakov fut un maître de l'instrumentation. Il s'inspira des contes et légendes de la vieille Russie, qu'il enrichit d'idées panthéistes et développa dans sa musique avec une imagination inépuisable.

Rimski-Korsakov et la mer
La famille Rimski-Korsakov a toujours été liée à la mer, avec un ancêtre du compositeur officier de marine sous Pierre le Grand, une île du Pacifique nommée d'après l'un de ses oncles (île Korsakov) et son frère aîné, Woin, amiral. À l'image du jeune chanteur du lac Ilmen (tableau 2), Rimski-Korsakov rêvait aussi d'aventures sur les mers dans sa jeunesse. En 1867, alors âgé de 22 ans, il composa le poème symphonique *Sadko*, dont il reprit la représentation musicale de la mer, la musique du roi des profondeurs et le *Trepak* nuptial dans l'opéra qu'il écrivit trois années plus tard. Les scènes de la mer richement instrumentées engendrent par le biais d'une harmonique multicolore, souvent impressionniste et changeante, un monde musical unique, où l'on sent l'influence de Richard Wagner. Magique, le chant de l'appel des ondines jaillissant des flots n'est pas sans rappeler les filles-fleurs de Wagner (→ *Parsifal*), tout en évoquant les êtres surnaturels des premiers opéras de Rimski-Korsakov, les ondines (*roussalki*) de → *La Nuit de mai*, la fée du printemps dans *La Fille de glace* et les nymphes de *Mlada*. N 3

La gloire d'un artiste
La vie de Sadko représente une histoire russe à succès. Sans ressources, le barde de Novgorod aspire à la fortune et à la gloire, un rêve qu'il réalise grâce à ses talents de chanteur, pour rentrer, comblé, de son épopée sur les océans. On verra ici le triomphe du citoyen téméraire qui conquiert les marchés de lointaines contrées. Ou encore celui de l'homme qui sonde les forces inconnues de la nature et surmonte toutes les épreuves dressées sur son chemin. Deux visions présentes dans l'opéra de Rimski-Korsakov. Toutefois, le compositeur, alors quinquagénaire, semble s'être surtout intéressé à la carrière artistique de Sadko, campant un personnage ne rêvant ni de biens matériels ni d'amour, mais finalement heureux dans une ville où il aime sa jeune femme. C'est davantage la curiosité de l'artiste, la quête du fantastique et de l'au-delà qui l'animent et lui procurent des richesses miraculeuses. N 4

Les hommes ouvrent leur cœur à Sadko. Ainsi les trois marchands d'outre-mer lui racontent-ils leur lointaine patrie. Et le Viking d'évoquer la mer du Nord, l'Indien les chaudes mers du sud et le Vénitien la beauté de la cité méditerranéenne. N 5, N 6, N 7

Rimski-Korsakov n'a pas fait de l'histoire de Sadko un drame musical à vertu psychologique. L'épouse du personnage attend ainsi fidèlement son mari neuf ans durant, n'exprimant ni jalousie ni haine, les habitants de Novgorod n'envient pas davantage Sadko pour sa soudaine fortune et les deux chanteurs, Sadko et Neshata, ne sont point rivaux. De même, Rimski-Korsakov s'attache à ne pas accorder trop d'importance au héros mythique qui apparaît sous les traits d'un pèlerin pour annoncer la fin du règne du roi des profondeurs.

Sadko n'est pas obligé de retourner dans sa ville auprès de son épouse parce que le royaume du roi des profondeur s'avère païen et mauvais ou parce qu'il a commis le péché de bigamie en s'unissant à la princesse des mers, mais parce que la place d'un chanteur de Novgorod est aux côtés de ses concitoyens. Fort de ses expériences, l'artiste doit servir l'homme. Le Sadko de Rimski-Korsakov atterrit dans un monde de l'au-delà et prend la voie de la mort dont il revient. Avec le retour de Sadko, Volkhova va mourir et s'effacer, se métamorphosant en rivière pour ramener celui-ci à la vie sur terre. Parmi les nombreux personnages féminins séduisants du compositeur, Volkhova est l'un des plus poétiques. Sa métamorphose en un être fantastique s'effectue dans un merveilleux cadre de nature musical, semblable à celui de Fevronia arrivant dans la ville invisible de l'au-delà (→ *La Légende de la ville invisible de Kitège*). N 8

M. P.

Sadko au royaume du roi des profondeurs, tableau d'Ilia Repine, Musée russe de Saint-Pétersbourg, 1876.
Cet opéra doit sa naissance à des sources d'inspiration picturales. Lors de sa création, les tableaux décoratifs firent le même effet que les peintures d'artistes célèbres de l'époque (comme Leon Bakst), que Mamontov engagea pour les décors de son théâtre privé. De même, le merveilleux tableau de Repine a vraisemblablement joué un rôle décisif dans la composition de cette œuvre.

La Légende de la ville invisible de Kitège, croquis de décor: Max Bignens, mise en scène: Hans Neugebauer, Opernhaus et Bühnen de Cologne, 1967-1968.
L'opéra comprend trois lieux d'action terrestres et un décor mystique (la ville invisible ou la ville céleste de Kitège-la-Grande). L'action humaine se déroule dans la forêt, dans la ville de Kitège-la-Petite et dans la résidence princière de Kitège-la-Grande. La forêt incarne la nature, le refuge de Fevronia, paisible et harmonieux, tandis que Kitège-la-Petite représente la vie quotidienne. Un lieu habité par des êtres ordinaires, mais aussi par le gueux Grichka Koutierma, volontiers au service du Mal. Kitège-la-Grande est le siège du Bien et symbolise la patrie idéalisée.

Ci-dessous
La Légende de la ville invisible de Kitège, Miranda van Kralingen (Fevronia) et Günter Neumann (Grichka), mise en scène: Harry Kupfer, direction musicale: Shao-Chia-Lü, décors: Hans Schavernoch, costumes: Reinhard Heinrich, coproduction Festival de Bregenz et Komische Oper de Berlin, 1996.
Le Bien et le Mal apparaissent dans la légende de l'opéra tels les principes du monde, absolus et omniprésents. Contrairement au lyrisme romantique, ni Fevronia ni Grichka ne sont vaincus ou éliminés par leurs adversaires respectifs.

La Légende de la ville invisible de Kitège et de la vierge Fevronia

Opéra en quatre actes (six tableaux)

Livret: Vladimir Belski, d'après des légendes et chroniques russes

Création: le 20 février 1907 à Saint-Pétersbourg (Théâtre Mariinski)

Personnages: Fevronia (sop.), Grichka Koutierma (tén.), Youri, grand prince de Kitège (basse), Vsevolod, son fils (tén.) Fiodor Pojarok (bar.), un garçon (mezzosop.), deux riches citoyens (tén., basse), un joueur de gousli (basse), un montreur d'ours (tén.), le chantre des mendiants (bar.), Bedjai et Burundai, les chefs tatars (2 basse), les oiseaux de paradis: Sirin et Alkonost (sop., alto); tireurs du Prince, suite, joueur de luth, gens de bonne société, frères du mendiant, peuple, Tatars (chœur, ballet)

Argument
Dans la ville légendaire de Kitège et ses environs, au XIIIe siècle.

Acte I
Fevronia vit seule dans la forêt avec les animaux pour unique compagnie. Le prince Vsevolod se perd à la chasse et rencontre par hasard Fevronia, dont la candeur, la gaieté et la sagesse l'envoûtent. Ils se fiancent.

Acte II
Les gens du Peuple, parmi lesquels le montreur d'ours, le joueur de gousli, le saltimbanque et le mendiant se presse dans Kitège-la-Petite. Tous attendent l'arrivée du cortège nuptial devant mener Fevronia de sa forêt à Kitège-la-Grande, la résidence princière. De riches citoyens paient Grichka Koutierma pour qu'il se saoule et raille la jeune mariée pour ses origines modestes. Surgissent alors des hordes de Tatars qui pillent et tuent, faisant prisonniers Fevronia et Grichka. Menaçant ce dernier de la torture, ils l'obligent à les conduire jusqu'à Kitège-la-Grande. Fevronia implore Dieu de sauver Kitège-la-Grande.

Acte III
Tableau 1 Les habitants de Kitège-la-Grande apprennent l'invasion tatare par le chef de l'armée, Fiodor Pojarok, rendu aveugle par les envahisseurs. Le prince Vsevolod part au combat avec les siens. Restent son père Youri, les femmes, les enfants et les vieillards, qui tous conjurent Dieu de les aider. Un garçon observe du haut d'une tour l'arrivée des Tatars, tandis qu'un épais brouillard se répand. Les cloches sonnent aussitôt. Un miracle se produit : Kitège-la-Grande est devenue invisible.
Interlude : *La Bataille de Kershenez.* Le prince Vsevolod et son commandant essuient une défaite désastreuse dans la bataille contre les Tatars.
Tableau 2 Les Tatars campent sur les rives du lac Swetly Jar, en face de Kitège-la-Grande. Grichka est attaché à un arbre. Les Tatars se partagent leur butin, tandis que Fevronia est l'objet d'une querelle sanglante entre les deux chefs qui s'entretuent. Pendant le sommeil des envahisseurs, Fevronia, prise de pitié, libère le traître Grichka de ses chaînes. Tous deux s'enfuient dans la forêt. À l'aube, les cloches se mettent à sonner ; les coupoles de Kitège-la-Grande se reflètent dans les eaux du lac, mais le rivage est vide. Pris de panique, les Tatars prennent leurs jambes à leur cou.

Acte IV
Tableau 1 Fevronia et Grichka errent dans une contrée déserte. Torturé par les remords, celui-ci est devenu fou et se perd dans la forêt. Épuisée, Fevronia s'endort et rêve de fleurs poussant ça et là, tandis que de merveilleux oiseaux de paradis lui présagent la mort et la vie éternelle. Apparaît son défunt époux pour l'accompagner à Kitège.
Transition symphonique : Fevronia et Vsevolod pénètrent dans la ville invisible sur fond de carillon.
Tableau 2 Dans la cathédrale de Kitège-la-Grande, ornée et resplendissante, le Grand Prince Youri attend le jeune couple. Dans son bonheur, Fevronia pense aussi au misérable Grichka. Elle aimerait lui montrer le chemin jusqu'à Kitège et lui envoie une lettre de réconfort. Le peuple de Kitège acclame Fevronia et Vsevolod.

M. P.

La Légende de la ville invisible de Kitège, Peter Rose dans le rôle du prince Youri, mise en scène : Harry Kupfer, décors : Hans Schavernoch, costumes : Reinhard Heinrich, direction musicale : Shao-Chia-Lü, coproduction Festival de Bregenz et Komische Oper de Berlin, 1996.
L'opéra de Rimski-Korsakov ne doit pas au hasard son surnom de « Parsifal slave », s'agissant ici, comme chez Wagner, de la délivrance d'une misère terrestre. Kitège-la-Grande est à deux reprises le lieu de l'action, manifestation d'un royaume terrestre idéal, bien qu'isolé, conçu et régi par le prince Youri, et lieu « céleste » en référence à la métaphore judéo-biblique de Jérusalem.

La Légende de la ville invisible de Kitège, Miranda van Kralingen (Fevronia) et Andrzej Dobber (Fiodor Pojarok), mise en scène : Harry Kupfer, décors : Hans Schavernoch, costumes : Reinhard Heinrich, direction musicale : Shao-Chia-Lü, Komische Oper de Berlin, 1996.
Harry Kupfer a été l'un des premiers metteurs en scène de renommée internationale à situer cette œuvre dans le contexte de la Genèse. Dans un cortège nuptial solennel, Fevronia est menée par Fiodor Pojarok à Kitège-la-Grande sous les acclamations des habitants de Kitège-la-Petite.

La Légende de la ville invisible de Kitège, création (1907) avec Marianna Tcherkasskaia dans le rôle de Fevronia.
Candeur enfantine et dévouement religieux caractérisent le mystère dans l'opéra russe. Il émane de Fevronia une douceur et une innocence infinies, tandis que Grichka est un être diabolique et frénétique. À l'instar de → *Parsifal* de Richard Wagner, cette œuvre peut être qualifiée de festival scénique sacré.

Parsifal à la russe

Le livret relie deux légendes populaires : le sauvetage miraculeux de la ville sainte et l'histoire de la vierge Fevronia. Ce n'est pas ici un homme mais une femme qui incarne la « porte pure » de l'opéra de Kitège, portant en soi les dons divins de la foi, de l'amour, de l'humilité et de la sagesse innée, et qui libère la ville. Aussi faut-il voir dans la subtile mélodie descendante qui accompagne les prières de Fevronia pour sauver la ville (fin de l'acte II) la musique de la délivrance. Si la cérémonie de la prière à Kitège-la-Grande est construite sur cette mélodie, le carillon des cloches de Kitège naît du thème de la délivrance. N 9

Fevronia est une enfant de la nature, elle en fait presque partie. Ayant grandi dans la solitude de la forêt, elle comprend le langage des arbres, des fleurs, des oiseaux et des animaux. Ses mélodies dépassent le bruissement de la forêt entendu au prélude ; la musique de la nature se transforme progressivement en chant. N 10

Même durant les épreuves les plus terribles, Fevronia conserve son harmonie intérieure et la diffuse. Prisonnière des Tatars après la mort de son fiancé, la jeune femme console Grichka Koutierma, lui aussi prisonnier, cet être sournois qui l'a calomniée en faisant porter sur elle le soupçon de la trahison. Elle lui parle du bonheur intérieur, fruit du renoncement et de l'humilité, empruntant la variante de cette mélodie avec laquelle elle rendit jadis hommage à la forêt, son refuge. La musique crée une unité merveilleuse en symbiose avec Fevronia, grâce à des mélodies pour lesquelles Rimski-Korsakov s'inspira de chants populaires, à la seule exception du thème omniprésent, d'une expressivité presque wagnérienne, signalant sa foi en Dieu. Fevronia est indubitablement le rôle principal de cette œuvre. Son bien-aimé, le prince Vsevolod (un ténor héroïque), n'est qu'un rôle épisodique. Son véritable partenaire, même s'il est aux antipodes de la jeune femme, est Grichka Koutierma (également un ténor, de caractère russe). Grichka est, à sa façon, un philosophe. La misère l'a rendu égoïste, obséquieux et méprisant à l'égard de ceux qui sont encore plus pauvres. En un moment historique, ce gueux malfaisant, bien qu'en réalité pitoyable, trahit sa patrie et calomnie l'être le plus pur. Si la calomnie, comme la réprimande et la moquerie rebondit sur Fevronia sans l'atteindre, Koutierma creuse sa propre tombe. L'humilité et l'amour si doux de Fevronia font naître en lui des remords d'une telle violence qu'il sombre dans la folie. Musicalement, Rimski-Korsakov a rendu de manière pénétrante les hallucinations de Grichka, qui entend bien les cloches de Kitège, mais dans une variante fortement dissonante.

Les Tatars, instigateurs de cataclysmes mondiaux

L'histoire interrompt brutalement l'idylle de Kitège avec l'invasion des Tatars qui, sur le plan philosophique, symbolise le Mal originel, la punition de Dieu. Si l'on connaît l'histoire des Russes, on comprendra aisément que les Tatars incarnent le Mal dans le mystère russe. Dans la préface, Belski indique qu'il ne faut pas représenter ici de manière réaliste, c'est-à-dire sur le plan ethnique, les hordes de Tatars, mais telles qu'elles sont décrites dans les vieux chants populaires. Ainsi la marche des Tatars tire-t-elle son origine d'un chant populaire russe bien connu. N 11

Dans la représentation à la fois terrible et grandiose de l'invasion des Tatars se cache la prémonition de cataclysmes mondiaux des intellectuels russes au tournant du siècle. De même, la philosophie de la religion russe à cette époque, la quête de Dieu de Soloviov, Berdiaiev, Florenski ou Merechkovski, ainsi que les idées de Tolstoï sur la clémence et la tolérance sont autant de fondements de cet opéra. Son dénouement invite à la réflexion puisque, malgré l'apothéose, la Terre est gouvernée par le Mal, tandis que la ville sainte et vertueuse demeure invisible au peuple. Un Rimski-Korsakov vieillissant porte ici un regard sur le monde qui n'est pas celui d'un orthodoxe, mais celui, d'une profonde résignation, le regard d'un panthéiste.

9. Prière de Fevronia
Боже, со - тво - ри не - ви - дим Ки - тежь-градъ

10. Thème de la nature de Fevronia
Ах, ты лес, мой лес, пу - сты - ня пре - крас - на - я

11. Marche des Tatars
Та - кой кра - сы в сте - пи не бу - дет, све - зем в Ор - ду цве - ток бо - лот - ный.

La Légende de la ville invisible de Kitège, Sergeï Naida (le prince Vsevolod), Andrzej Dobber (Fiodor Pojarok) et Christiane Oertel (le garçon), mise en scène : Harry Kupfer, décors : Hans Schavernoch, costumes : Reinhard Heinrich, direction musicale : Shao-Chia-Lü, Komische Oper de Berlin, 1996. Fiodor Pojarok, rendu aveugle par les Tatars envahisseurs de Kitège-la-Petite, apporte, accompagné du jeune garçon, la triste nouvelle à Kitège-la-Grande. Horrifié, le prince Vsevolod apprend la capture et l'enlèvement de sa promise.

Le mystère dans l'opéra

À l'aube du XXᵉ siècle, Rimski-Korsakov mûrit pendant cinq ans son idée d'un opéra religieux slave, destiné à l'origine à clore son œuvre dramatique, la *Légende* faisant figure de profession de foi et de testament. Il fit preuve d'une intransigeance comparable à celle de Wagner dans → *Parsifal* pour la représentation de cet opéra, exigeant par exemple à l'acte II des cloches spéciales placées derrière la scène. Après la révolution d'octobre 1917, la *Légende* disparut des programmes, l'idéologie officielle de l'Union soviétique se révélant décontenancée par ce *Parsifal* slave. On toléra toutefois l'opéra qui, dans les années cinquante, fut même l'objet d'un disque (avec des textes arrangés). La représentation de 1983 au Théâtre Bolchoï de Moscou et celle au Théâtre Mariinski de Saint-Pétersbourg dans les années quatre-vingt-dix s'inscrivent dans le cadre d'une véritable résurrection. En témoigne également l'intérêt croissant de la scène internationale de l'opéra.

M. P.

Le Coq d'or

Opéra en trois actes

Livret : Vladimir Belski, d'après Alexandre Pouchkine
Création : le 7 octobre 1909 à Moscou (Théâtre Solodovnikov avec l'ensemble de l'Opéra privé de Sergeï Simin)

Personnages : le tsar Dodon (basse), Guidon et Afron ses fils (tén., bar.), le général Polkan (basse), Amelfa, l'intendante (alto), l'astrologue (tén. aigu), la tsarine Chemakha (sop.), le coq d'or (sop.) ; domestiques de la cour, peuple, soldats, esclaves (chœur)

Argument
Dans un univers de conte de fées.
Un astrologue se présente comme le metteur en scène et l'acteur d'un jeu ; il invite le public à démêler l'histoire.

Acte I
Le palais du tsar. Jadis grand batailleur, le tsar Dodon a vieilli et aspire à la paix. La Douma et ses deux fils ne savent plus à qui se vouer pour protéger le pays de ses ennemis. L'astrologue vient à leur aide en offrant au tsar un coq d'or chargé de protéger son royaume et de donner éventuellement l'alarme. Le roi jouit du calme, bientôt interrompu par le chant du coq. Les deux premières fois, Dodon envoie ses fils à la guerre, à la troisième, il part lui-même au champ de bataille.

Acte II
Le champ de bataille, la nuit. Dodon trouve ses armées battues et ses deux fils qui se sont entre-tués. Il n'y a pourtant pas un ennemi en vue. Une belle femme apparaît dans l'aurore, qui se dit être la tsarine Chemakha, fille de la reine des Airs. Dodon lui offre son cœur et sa main.

Acte III
Une rue de la capitale. Dodon rentre avec sa promise. L'Astrologue demande la tsarine Chemakha en salaire du coq. Le tsar refuse et le tue. Le coq tue à son tour le tsar d'un coup de bec, avant de disparaître avec Chemakha ricanant. Le peuple reste, désemparé et terrifié : comment vivre sans le tsar ?

Épilogue
L'Astrologue réapparaît devant le rideau comme le maître du jeu ; il explique qu'au royaume de Dodon seuls lui et Chemakha étaient mortels. Tout cela n'était qu'un conte de fées.

S. N.

Le Coq d'or, acte I, Michaïl Guzhov dans le rôle de Dodon, mise en scène : Dmitry Bertman, décors et costumes : Igor Nezhny et Tatiana Tulubieva, direction musicale : Lothar Königs, Théâtre Helikon de Moscou, 1999.
Sur fond de perestroïka, la pièce fut naturellement placée dans un contexte historique récent avec le tsar Dodon, secrétaire du parti (avec une allusion au guide de la révolution Lénine), et « son peuple ». Il faut voir dans *Le Coq d'or* une comédie virulente.

Caricature contemporaine du tsar Dodon.

Une caricature du tsar

Une caricature contemporaine du tsar Dodon attira l'attention de Rimski-Korsakov sur le poème fantastique de Pouchkine *Le Coq d'or* (1834). À l'époque du poète, Dodon (que Pouchkine écrivait Dadon pour la prononciation) faisait déjà figure de caricature du tsar de la Russie. Le livret de l'opéra fait directement allusion aux événements de cette période. Ainsi la plainte de Dodon découvrant ses armées vaincues rappela-t-elle aux contemporains du compositeur la guerre russo-japonaise de 1905 perdue suite à l'incompétence du commandement des armées. L'opéra réduit à l'absurde un régime tsariste idiot et borné, ce qui fut loin de plaire aux autorités. Rimski-Korsakov passa les derniers mois de sa vie à se battre contre la censure, qui n'autorisa ni l'impression ni la représentation du *Coq d'or*. Il ne fut donc pas donné au compositeur d'assister à la création de son dernier opéra.

M. P.

Ci-dessus
Le Coq d'or, mise en scène : Tim Hopkins, direction musicale : Vladimir Jurovski, décors et costumes : Anthony Baker, Royal Opera Covent Garden de Londres, 1998.
Dodon est une caricature du tsar particulièrement satirique. Seule sa partie de basse grave évoque une époque où on le craignait réellement.

Le Coq d'or, acte II, Marina Andreeva (dans le rôle de la tsarine Chemakha), mise en scène : Dmitry Bertman, décors et costumes : Igor Nezhny et Tatiana Tulubieva, direction musicale : Lothar Königs, Théâtre Helikon de Moscou, 1999.
La tsarine Chemakha et ses compagnes, symboles d'une beauté envoûtante et d'un érotisme fascinant dans cette œuvre, sont perçues par les générations post-socialistes comme des femmes faisant le commerce de leurs charmes.

Le tsar Dodon et son royaume

Rimski-Korsakov et son librettiste Belski s'inspirèrent du poème de Pouchkine pour la représentation satirique du tsar Dodon. Le compositeur écrivit pour le tsar (rôle principal de basse de l'opéra) une musique résolument simplifiée, plutôt niaise et naïve. Les cuivres suraigus dans le thème de la marche symbolisant le pouvoir de Dodon visent à caricaturer et à standardiser les chants de masse et les défilés militaires, tels qu'ils existent dans les dictatures de tous temps et dans tous les pays. N 12

Le peuple de Dodon apparaît comme lâche, démoralisé et sans histoire. Les chœurs ont presque toujours un caractère comique et grotesque, à l'exception, bouleversante, du dernier, lorsque le peuple horrifié se rassemble autour de la dépouille de Dodon. Le texte devient alors profondément ironique : « Qu'allons-nous devenir sans notre tsar ? » Il est toutefois suivi d'un contrepoint, au travers d'une musique chargée de commisération, exprimant toute la compassion de Rimski-Korsakov envers le peuple immature. N 13

La tsarine, l'astrologue et le coq

Si les spécialistes de la littérature et de la musique soviéto-russes ont eu coutume de souligner essentiellement dans *Le Coq d'or* de Pouchkine ses origines nationales russes, l'histoire n'a en réalité que peu de rapport avec le patrimoine populaire. Il s'agit davantage d'une adaptation pour le moins étrange, inspirée directement d'un récit exotique, *La Légende de l'astrologue arabe,* de l'ouvrage *The Alhambra* de l'écrivain américain Washington Irving (1783-1859). Il a fallu attendre un siècle (1933) pour qu'Anna Akhmatova découvre le rapport entre les œuvres d'Irving et le poème de Pouchkine, en trouvant par hasard l'édition française du roman dans la succession de Pouchkine. Rimski-Korsakov et Belski, qui ne connaissaient vraisemblablement pas l'ouvrage de l'Américain, n'ont pu le savoir. Il ne demeure pas moins qu'il existe un lien entre les œuvres de ce der-

Le Coq d'or, Reiner Süss (le tsar Dodon) et Gudrun Fischer (la tsarine Chemakha), mise en scène : Erhard Fischer, direction musicale : Heinz Fricke, décors : Wilfried Werz, Staatsoper de Berlin, 1968.
À la fin du XIXe siècle, les artistes russes pensaient trouver auprès des peuples d'Orient l'amour sans entraves et la spontanéité, voyant dans la gent féminine orientale des êtres sauvages et mystérieux. Autant de traits que l'on retrouve dans la tsarine imaginaire Chemakha. La flûte, la clarinette, le célesta, la harpe et des tournures appartenant au mélisme lui confèrent musicalement toute sa clarté et sa légèreté. Au contraire, le tsar Dodon est un personnage lourd sur le plan musical, achevé, auquel la voix grave de basse confère une force obscure.

12. Chant des louanges du tsar

13. Plainte du peuple

14. Apparition dans l'aurore de la tsarine Chemakha

15. Entrée de l'astrologue

16. Motif du coq

nier et celles du compositeur russe. L'élément oriental, qui constitue une partie organique dans les récits d'Irving se déroulant dans un contexte arabe, n'apparaît pas chez Pouchkine, contrairement à l'opéra. La musique des personnages fantastiques, celle de l'astrologue et surtout de la tsarine Chemakha est empreinte d'une sonorité orientale qui, depuis → Glinka, fait partie de la musique russe. Grâce à cette musique, *Le Coq d'or* se rattache à la mode et à l'art fin-de-siècle, le Jugendstil. La tsarine Chemakha apparaît sous les traits d'un certain type de femme fatale russe. Elle use de séduction sensuelle et la mort est dans son sillage. Elle-même considère la mort et le péché ridicules. La tsarine est pourtant le personnage le plus attirant et le plus mystérieux de l'opéra, en même temps enfant de la nature, déesse de l'amour et ange de la justice punitive. Belski la compare à la « tentation diabolique de la beauté sensuelle ». Sa voix est celle d'une soprano colorature, dramatique et lyrique. Son texte est d'une beauté poétique, empli de moments mystiques, exotiques et érotiques. Sa musique est particulièrement colorée, sa partie mêlant des éléments orientaux et russes, notamment le melos de la musique populaire russe. N 14

Le rôle de l'astrologue est certes modeste comparé à celui de la tsarine, mais extrêmement caractéristique. Pouchkine ayant qualifié d'eunuque le mystérieux sage oriental, Rimski-Korsakov composa ce rôle pour une tessiture de ténor aigu, tessiture fort rare. Le thème de ses premiers airs naît de la mélodie chromatique de la tsarine, les deux personnages étant alliés à la mort de Dodon. N 15

Tandis que dans cette mélodie de la tsarine inlassablement reprise, c'est la douceur des couleurs graves des cordes et des bois qui domine, l'astrologue est caractérisé dans son thème orchestral par le célesta et son timbre exotique, et le coq d'or par les cuivres suraigus, principalement la trompette. Selon les instructions de Rimski-Korsakov, le petit rôle du coq doit être tenu par une soprano à l'éclat métallique. Le thème strident de l'animal pénètre tout le royaume de Dodon. N 16   M. P.

Le Coq d'or, décors : Ludofs Liberts, Théâtre allemand de Riga, 1928 (TWS).
Le tsar Dodon rencontre Chamakha devant sa tente. Dans l'acte II, celle-ci salue l'aurore qui symbolise l'Orient attendant l'éveil, la résurrection (un symbolisme dont fait aussi partie le coq). Mais les personnages à la fois exotiques et énigmatiques de la tsarine et de l'astrologue sont également des êtres d'Orient, tous deux sources de destruction. Pour combien de temps encore ? Rimski-Korsakov ne l'apprit pas de son vivant.

À droite
Tancredi, Gloria Scalchi dans le rôle-titre, mise en scène : Michael Sturminger, Opernhaus de Zurich, 1996.
Aujourd'hui, la fin tragique l'emporte sur le dénouement heureux.

Ci-dessous
Tancredi, Giuditta Pasta dans le rôle-titre.
Giuditta Pasta (1797-1865), ici dans le rôle de Tancredi, fut une personnalité marquante de l'ère des *prime donne* et du *bel canto*. Si elle ne prit part à aucune création de Rossini, la cantatrice contribua au succès de nombre de ses héroïnes et son talent inspira aussi bien Bellini que Donizetti. Au soir de la création, ce fut Adelaide Malanotte-Montresor qui interpréta le rôle de Tancredi, rôle chanté par la suite épisodiquement par un célèbre castrat.

Gioacchino **Rossini**

Né à Pesaro (Italie) le 29 février 1792
Mort à Passy (près de Paris) le 13 novembre 1868

Rossini est d'abord l'élève de son père, le corniste et trompettiste Giuseppe Rossini. En 1806, il commence ses études au Liceo Musicale de Bologne avec le père Stanislao Mattei. En 1810, on lui commande son premier opéra et d'autres suivront rapidement. En 1813, *Tancredi* et *L'Italiana in Algeri* lui valent un immense succès. Il signe en 1815 un contrat avec le Teatro San Carlo de Naples et compose, hormis un grand nombre d'*opere serie*, des chefs-d'œuvre de l'*opera buffa* tels que *Il Barbiere di Siviglia*, *La Cenerentola* et *La Gazza ladra*. Il épouse en 1822 la soprano Isabella Colbran. Après son dernier opéra écrit pour l'Italie, *Semiramide* (1823), il part à Londres, puis s'établit à Paris à partir de 1824, où il prend la direction du Théâtre-Italien. En 1829, il compose sa dernière œuvre pour la scène, *Guillaume Tell* ; suivent alors de courtes pièces de caractère et des œuvres religieuses comme le *Stabat Mater* et la *Petite Messe solennelle*. Rossini se sépare d'Isabella Colbran en 1837 et épouse Olympe Pélissier en 1846. Au début des années 1850, il connaît des problèmes de santé croissants et meurt chez lui, aux environs de Paris, en 1868, entouré des plus grands honneurs.

Œuvres : 39 opéras (y compris les arrangements de ses propres œuvres), dont plus de la moitié sont des *opere serie* (composés essentiellement entre 1813 et 1829) ; 15 *opere buffe*. *Tancredi*, 1813 (Tancrède) ; *L'Italiana in Algeri*, 1813 (L'Italienne à Alger) ; *Il Turco in Italia*, 1814 (Le Turc en Italie) ; *Il Barbiere di Siviglia*, 1816 (Le Barbier de Séville) ; *Otello, ossia Il Moro di Venezia*, 1816 (Othello ou le Maure de Venise) ; *La Cenerentola ossia La Bontà in trionfo*, 1817 (Cendrillon ou le Triomphe de la bonté) ; *Mosè en Egitto*, 1818 (Moïse en Égypte) ; version française : *Moïse et Pharaon ou Le Passage de la mer Rouge*, 1827 ; *Guillaume Tell*, 1829. Œuvres religieuses, cantates, mélodies, *Péchés de Vieillesse*, 1857-1868, 13 recueils de courtes œuvres instrumentales et vocales.

Le compositeur romantique Rossini fut un virtuose de l'opéra, particulièrement attiré par la musique classique viennoise (surtout les opéras de Mozart). Son lieu de naissance lui valut également le surnom de « cygne de Pesaro ».

Tancredi
Tancrède

Melodramma eroico en deux actes

Livret : Gaetano Rossi, d'après *Tancrède* de Voltaire
Création : le 6 février 1813 à Venise (Teatro La Fenice)

Personnages : Argirio, roi de Syracuse (tén.), Amenaide, sa fille (sop.), Tancredi (alto), Orbazzano, duc de Sicile (basse), Isaura, amie d'Amenaide (mezzosop.), Roggiero, valet de Tancredi (sop.) ; nobles, cavaliers, écuyers, peuple, Sarrasins (chœur)

Argument
À Syracuse, en l'an 1005.
Tancredi et Amenaide s'aiment. Or Tancredi est envoyé en exil et Amenaide est promise à un autre homme. Ils devront surmonter de dures épreuves, mais leur fidélité et leur vertu triompheront et ils finiront par se retrouver.

Acte I
Les deux familles rivales d'Argirio et d'Orbazzano fêtent à Syracuse leur réconciliation, et scellent une union contre les Sarrasins et leur prince Solamir. Argirio promet à Orbazzano la main de sa fille Amenaide. Or, celle-ci aime Tancredi, banni, avec lequel elle s'est fiancée secrètement des années auparavant. Tancredi est rentré clandestinement à Syracuse. Orbazzano intercepte une lettre d'Amenaide à son bien-aimé, qu'il croit destinée à Solamir. Pendant les noces, il accuse la jeune femme de trahison et la fait emprisonner.

Acte II
Amenaide doit être pendue. Tancredi, encore incognito, demande un jugement de Dieu et provoque les chevaliers en duel. Il vainc Orbazzano et part au combat contre les Sarrasins. Il gagne et défait l'ennemi avant d'apprendre de Solamir, mourant, l'innocence d'Amenaide. Le héros Tancredi et Amenaide s'unissent dans le bonheur.

(Dans la version jouée à Ferrare, Tancredi rentre mourant du champ de bataille, apprend d'Argirio l'innocence d'Amenaide et meurt dans les bras de sa bien-aimée.)

E. P.-L.

Le Rossini sérieux

Le premier *opera seria* de Rossini ne lui valut pas seulement une reconnaissance internationale (l'opéra fut joué sur nombre de scènes et chanté dans plusieurs langues), mais révéla également une force novatrice et une dextérité de la composition portées pour la première fois à leur pleine maturité. Il émane ainsi de *Tancredi* un équilibre dans la pure tradition classique faisant de la paix, de l'honneur, de la foi et de l'amour des vertus majeures. En témoigne le *lieto fine* (dénouement heureux). Pourtant, quelques semaines après la création, Rossini, insatisfait de l'incontournable dénouement heureux, avait écrit pour une représentation à Ferrare un autre finale dans lequel mourait le jeune héros. Il est non moins significatif que le public de l'époque ait refusé cet arrangement et que le compositeur soit non seulement revenu au finale d'origine, mais resté fidèle au principe du *lieto fine* dans les *opere serie* qu'il écrivit par la suite.

Les palpitations de la jeunesse

Stendhal rapporta sa fascination pour le « génie virginal » de *Tancredi*. Selon lui, Rossini avait trouvé là la juste mesure de richesse et de luxe, qui flatte la beauté sans la gâcher ni la surcharger d'ornements inutiles. Certaines solutions quant à la forme prophétisent ici, pour la première fois (par exemple, le résumé d'une scène en une vaste unité musicale), l'affirmation d'un style. La multiplicité des mélodies est saisissante. Le célèbre air de Tancredi *Di tanti palpiti* témoigne d'une expression vocale certes simple en apparence, mais non moins expressive. L'histoire veut que ce premier succès de Rossini fut repris aussi bien par les gondoliers vénitiens que par les juges ô combien vénérables. Lorsque lord Byron dans son *Don Juan* chante, à propos de cette œuvre, les louanges de Rossini en Angleterre et que Richard Wagner, plus de cinquante ans plus tard, parodie cette aria au troisième acte de ses → *Meistersinger von Nürnberg*, comment ne pas voir là la popularité, que dire, la mélodie immortelle d'un jeune homme de 21 ans. N.T. É. P-L.

Tancredi, Tancredi et Amenaide, mise en scène et scénographie : Pier Luigi Pizzi, direction musicale : Daniele Gatti, Teatro alla Scala de Milan, 1993.
La gestuelle théâtrale exprimant les différents sentiments (appelée *affetti* pendant le baroque) fait autant partie du style de l'*opera seria* romantique que le raffinement du chant.

1. Air de Tancredi — Di tan-ti pal-pi-ti, di tan-te pe-ne,

Tancredi, Giuseppe Scorsin dans le rôle d'Orbazzano, mise en scène : Michael Sturminger, décors : Martin Warth, costumes : Marquan Dib, direction musicale : Theodor Guschlbauer, Opernhaus de Zurich, 1996.
Le duc Orbazzano, adversaire de Tancredi. Le sujet est conçu ici dans le contexte de la mafia : l'histoire de deux familles ennemies en Sicile. Il est remarquable que des personnages et des situations connus dans des films s'intègrent si bien dans un opéra d'une autre époque. Ici et là règnent des règles du jeu et des clichés figés.

Ci-dessous, en bas
L'Italiana in Algeri, mise en scène, décors et costumes : Jean-Pierre Ponnelle, direction musicale : Claudio Abbado, Staatsoper de Vienne, 1994.
L'arrivée au sérail des Européens capturés. Taddeo ne connaît pas encore les nouvelles règles du jeu. Si dans ses deux *opéras turcs*, Rossini utilise l'exotisme comme élément comique, la musique elle-même est dénuée de sonorité orientale.

Ci-dessous
L'Italiana in Algeri, répétition avec Agnes Baltsa dans le rôle d'Isabella et Claudio Abbado, mise en scène, décors et costumes : Jean-Pierre Ponnelle, direction musicale : Claudio Abbado, Staatsoper de Vienne, 1987.

L'Italiana in Algeri
L'Italienne à Alger

Dramma giocoso per musica en deux actes

Livret : Angelo Anelli
Création : le 22 mai 1813 à Venise (Teatro di San Benedetto)
Personnages : Mustafa, bey d'Alger (basse), Elvira, son épouse (sop.), Zulma, esclave d'Elvira (mezzo-sop.), Haly, chef des corsaires (basse), Lindoro, un jeune Italien, esclave préféré de Mustafa (tén.), Isabella, une Italienne (mezzosop.), Taddeo, accompagnateur d'Isabella (bar.) ; dignitaires à la cour du Bey, corsaires algériens, gardes, eunuques, esclaves italiens (chœur)

Argument

En Algérie, au XVIIe siècle.
Isabella, enlevée par les pirates, est vendue au bey Mustafa et retrouve ici son bien-aimé Lindoro. L'Italienne parvient à déjouer Mustafa et à s'enfuir avec son amant.

Acte I

Las de son épouse Elvira, le bey Mustafa veut la marier à son esclave italien Lindoro et charge le pirate Haly de lui trouver une Italienne en échange. Isabella, maîtresse de Lindoro, arrive au palais du bey flanquée d'un soupirant des plus obstinés, Taddeo. Celle-ci a tôt fait de comprendre la situation et gagne les faveurs de Mustafa. L'entrée de Lindoro, ne se doutant de rien, en compagnie de celle qui lui a été imposé, Elvira, provoque un tohu-bohu général, plus personne ne sachant qui appartient à qui et qui veut quoi.

Acte II

Isabella et Lindoro organisent leur fuite et mettent Taddeo au courant de leur projet. Au cours d'une cérémonie, Isabella confère le titre de « Pappataci » à Mustafa amoureux (cherchant en vain à se retrouver seul avec elle). Tandis que Mustafa s'applique dans l'exercice de ses nouvelles fonctions (manger, boire et se taire), Isabella s'enfuit avec Lindoro et Taddeo. Berné, Mustafa retourne, repentant, auprès de son épouse.

É. P.-L.

Il Turco in Italia
Le Turc en Italie

Dramma buffo en deux actes

Livret : Felice Romani, d'après le livret de Caterino Mazzolà

Création : le 14 août 1814 à Milan (Teatro alla Scala)

Personnages : Selim, un prince turc en voyage (basse), Donna Fiorilla, la jeune épouse de Don Geronio, capricieuse, mais sincère (sop.), Don Geronio, (basse), Don Narciso, le soupirant de Fiorilla (tén.), Prosdocimo, un poète (basse), Zaida, une tsigane, ancienne fiancée de Selim (mezzosop.), Albazar le confident de Selim (tén.) ; tziganes, peuple, Turcs et invités au bal (chœur)

Argument
À Naples, au début du XIXe siècle.

Le poète Prosdocimo tire les ficelles dans une intrigue entre deux couples. Après de nombreux malentendus qui lui fournissent un excellent sujet de comédie, les protagonistes se réconcilient.

Acte I
Don Geronio cherche à savoir auprès de la tsigane Zaida si son épouse, la capricieuse Donna Fiorilla, l'aime encore. Lorsque le poète Prosdocimo, en quête d'un sujet de comédie, apprend que Zaida fut autrefois la maîtresse du riche Turc Selim, il croit avoir trouvé l'histoire qu'il lui faut. Sur ces entrefaites paraît Selim, fraîchement arrivé au port. Celui-ci s'éprend aussitôt de la jeune Fiorilla, que son époux et son soupirant Narciso surveillent jalousement. Un soir, Selim et Zaida se rencontrent et se reconnaissent. Fiorilla est jalouse, pour la plus grande satisfaction du poète.

Acte II
Selim veut acheter Fiorilla à Geronio, qui refuse. Prosdocimo entreprend alors de nouer une intrigue : tous se rendront vêtus de costumes turcs à un bal masqué où Fiorilla prendra Narciso pour Selim. Zaida et Selim, ainsi que Fiorilla et Narciso s'enlacent. Geronio reste seul. L'histoire prenant une tournure qui n'est pas du goût du poète, celui-ci intervient une fois encore. La fin veut que Selim et Zaida partent en bateau, Fiorilla et Geronio se réconcilient et Narciso reste seul.

É. P.-L.

À droite
Il Turco in Italia, caricature : « Il Tambour Rossini ou la nouvelle mélodie », lithographie de Villain.
Si la caricature de Villain est pertinente, son texte l'est moins, la plus grande innovation de Rossini n'ayant pas porté sur la mélodie, mais sur l'instrumentation. Ainsi les solos du hautbois, de la trompette ou de la flûte, et surtout le dynamisme et l'extravagances des crescendos confèrent-ils à sa musique un style unique, couronné aux moments forts par le jeu des instruments d'un orchestre militaire : cymbales, grand tambour, piccolo (petite flûte) et triangle.

L'intrigant
Il Turco in Italia a été comparé à juste titre au → *Così fan tutte* de Mozart. À l'instar de Don Alfonso dans l'œuvre de Mozart, le poète Prosdocimo de Rossini est celui qui « tire les ficelles », mène et commente les événements, illustrant parfaitement la dramaturgie d'un Pirandello. La fusion du jeu intellectuel et du comique non délibéré confère à cet opéra une dualité incomparable qui dépasse largement le cadre conventionnel des personnages et des situations comiques de l'*opera buffa*.

Il Turco in Italia, Nicola Rossi-Lemeni dans le rôle de Selim, Teatro alla Scala de Milan, 1954-1955.

Campanello
Le finale éclatant du premier acte de *L'Italiana in Algeri* : *Nelle testa ho un campanello* témoigne du penchant de Rossini à souligner les effets comiques d'une scène par des jeux de mots et des onomatopées. N 3
Le trio désopilant dans lequel Mustafa reçoit le titre honorifique de *Pappataci* (bouffe et tais-toi !) compte indéniablement parmi les plus grandes scènes de l'*opera buffa*. N 2

É. P.-L.

2. Trio *Pappataci*

Fra gli a-mo-ri e le bel-lez-ze, fra gli scherzi fra gli scherzi e le ca-rezze

3. Motif de la cloche (acte I, finale)

Nella testa ho un campa-nel-lo nella testa ho un campa-nel-lo

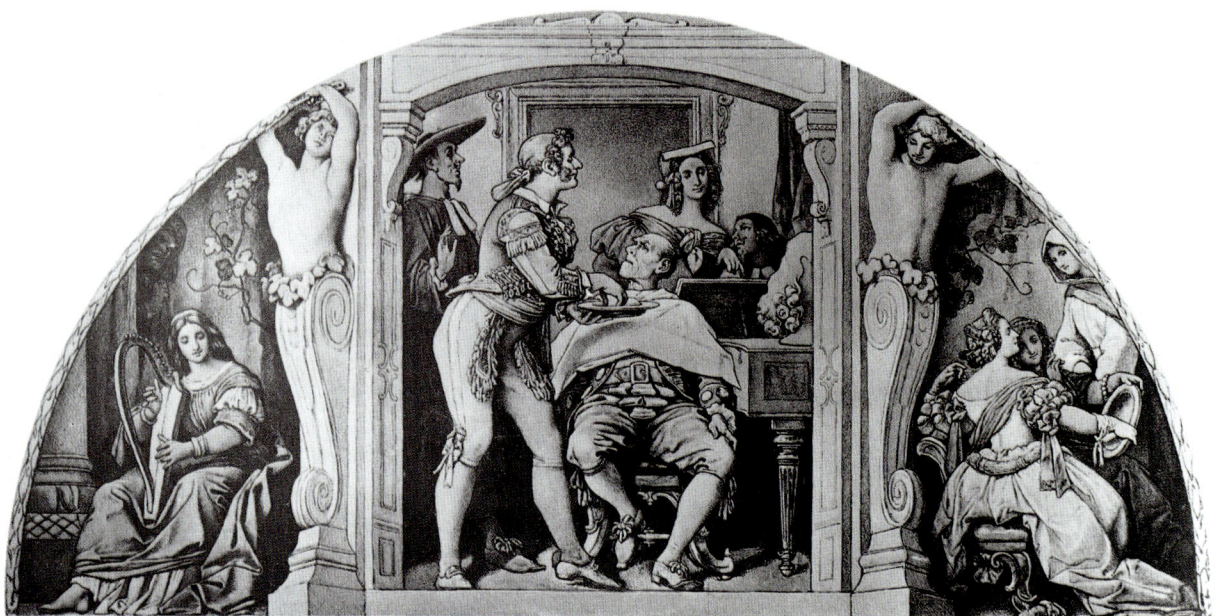

Il Barbiere di Siviglia, fresque de Moritz von Schwind réalisée pour le foyer du Hofoper de Vienne, 1866.
Le Hofoper de Vienne, dont les architectes sont Eduard van der Nuell et August Siccardsburg, fut inauguré en 1869 avec une représentation de *Don Giovanni* de Mozart. Le peintre reconnu Moritz von Schwind (1804-1871), ami intime de Schubert dans sa jeunesse, orna la loggia et d'autres parties du foyer des scènes d'opéra les plus célèbres.

Il Barbiere di Siviglia, Luigi Lablache dans le rôle de Figaro, Vienne, 1820 (TWS).
Le célèbre interprète à la voix et à la stature de géant qui chanta plus tard dans la catégorie poids lourds (basse) créa dans sa jeunesse un barbier baryton plus animé.

Il Barbiere di Siviglia
Almaviva ossia l'inutile precauzione

Le Barbier de Séville
Almaviva ou la précaution inutile

Comédie en deux actes

Livret : Cesare Sterbini, d'après la comédie *Le Barbier de Séville ou La Précaution inutile* de Pierre-Augustin Caron de Beaumarchais
Création : le 20 février 1816 à Rome (Teatro Argentina)
Personnages : le comte Almaviva (tén.), le docteur Bartolo, tuteur de Rosina (basse), Rosina, pupille de Bartolo (sop. ou mezzosop.), Figaro, barbier (bar.), Basilio, maître de musique (basse), Berta, gouvernante de Bartolo (mezzosop. ou alto), Fiorello, serviteur d'Almaviva (bar.), Ambrosio, serviteur de Bartolo (basse), un officier de la garde (basse), le notaire (rôle muet) ; policiers, soldats (chœur)

Argument

À Séville, au milieu du XVIIe siècle.
Le comte Almaviva demande Rosina en mariage et parvient avec l'aide de Figaro, malin et plein d'imagination, à duper son tuteur. Le comte et la jeune bourgeoise se marient.

Acte I

Sous le nom d'emprunt de Lindoro, le comte Almaviva tente en vain de rencontrer sa bien-aimée Rosina, pupille du docteur Bartolo, un austère vieillard. Nécessitant l'aide de Figaro, le comte l'engage à son service. Bartolo se montre extrêmement méfiant, d'autant plus que le maître de musique Basilio l'a prévenu que le comte Almaviva était en ville et rôdait autour de sa maison. Sur les conseils de Figaro, Almaviva, déguisé en soldat, entreprend de s'introduire dans la maison de Bartolo muni d'un billet de logement. Il joue un ivrogne, ce qui alarme la garde. Almaviva révèle secrètement son identité à l'officier qui se retire aussitôt avec ses hommes. Bartolo ne comprend plus rien au monde.

Acte II

Toujours sur les conseils de Figaro, Almaviva pénètre dans la maison de Bartolo sous les traits d'un maître de musique. Il prétend être envoyé par Basilio, souffrant. Lorsque le vieillard méfiant, de fatigue, finit par s'endormir, la leçon de chant se transforme en rendez-vous galant. Figaro en profite pour voler à Bartolo la clé du balcon. Arrive Basilio, qui ne se doute de rien ; celui-ci laisse le champ libre au faux maître de musique, après qu'une bourse bien remplie l'a convaincu de sa maladie.
Tandis que Figaro fait une démonstration de ses talents de barbier pour détourner l'attention du docteur, Rosina et Almaviva organisent leur fuite. Toutefois, Bartolo flaire le danger et chasse le prétendu maître de musique. Il envoie Basilio mander un notaire, décidé à épouser lui-même Rosina sur-le-champ. Il convainc Rosina de l'infidélité de Lindoro et celle-ci, au désespoir, confesse leur plan de fuite.
Bartolo part alarmer la garde. Comme prévu, Almaviva et Figaro grimpent dans la maison de Bartolo. Lindoro révèle à Rosina qu'il est en fait le comte Almaviva et parvient à infirmer la calomnie de Bartolo. Figaro a beau presser les amoureux à prendre la fuite, il est trop tard : l'échelle par laquelle ils devaient fuir a été retirée. Basilio survient accompagné du notaire. Lorsque le docteur Bartolo revient enfin avec la garde, c'est pour trouver un couple heureux et marié : ses précautions n'auront servi à rien.

S. N.

Le second *Barbier*…

La création du *Barbiere di Siviglia* constitua l'un des plus gros scandales de l'histoire de l'opéra, la légende rapportant un Basilio trébuchant et faisant une chute sanglante sur le nez, ainsi qu'un chat miaulant égaré sur la scène. Reconstituer les faits avec exactitude est chose difficile aujourd'hui, mais une chose est sûre, Rossini se heurta à une violente réprobation, malgré une brillante distribution. Geltrude Giorgi-Righetti (qui chanta un an plus tard le rôle principal lors de la création de → *La Cenerentola*) interprétait le personnage de Rosina, tandis que le premier Almaviva naissait sous les traits du légendaire ténor espagnol Manuel Garcia, également célèbre professeur de chant et compositeur. Les protestations émanaient d'un public qui restait fidèle au *Barbiere di Siviglia* de Giovanni Paisiello (Mozart → *Le Nozze di Figaro*) créé en 1782. Rossini eut beau lutter contre cette rivalité au travers de lettres et de déclarations fort polies, il ne put rien changer au fait que sa pièce était meilleure et avait davantage d'impact que celle de Paisiello. Le public le reconnut très rapidement. En un temps record, *Il Barbiere di Siviglia* compta parmi les opéras les plus populaires de la scène internationale, incarnant jusqu'à ce jour l'*opera buffa* par excellence. É.P.-L.

Il Barbiere di Siviglia, Eberhard Waechter (Bartolo) et Franz Waechter (Figaro), mise en scène : Grisha Asagaroff, direction musicale : Ralf Weikert, Staatsoper de Vienne, 1986.
Il Barbiere di Siviglia prend ses racines dans la comédie improvisée (*commedia dell'arte*), dont la scène du rasage comprend tous les éléments.

À gauche
Il Barbiere di Siviglia Ahnsjö Claes-Haahan (le comte Almaviva) et Janet Perry (Rosina), mise en scène : Ruth Berghaus, décors : Andreas Reinhardt, direction musicale : Silvio Varviso, Bayerische Staatsoper de Munich, 1974.
L'un des célèbres scandales de l'histoire lyrique. Le sage public bavarois jugea les décors trop frivoles et seuls ses enfants chéris, Reri Grist et Hermann Prey dans les rôles de Rosina et de Figaro, purent sauver la première de 1974 du désastre. Cette mise en scène connut par la suite un vif succès. Le buste démesuré est censé représenter l'emprisonnement de la féminité. Lorsque l'amant Almaviva le gravit tout en chantant son aubade N 4, le cœur de la femme s'ouvre, Rosina ouvrant de l'intérieur, à gauche, là où bat le cœur.

Musique et humour

La popularité sans précédent de cette œuvre s'explique en partie par de savoureuses mélodies au premier acte, qui sont toutes devenues de grands succès de l'opéra. À partir de la comédie de Beaumarchais, Rossini et son librettiste Sterbini ont donné vie à un sujet qui, s'il exploite moins les allusions socio-politiques de la pièce, dresse un portrait non moins vivant et pertinent des personnages et des situations. L'entrée en scène électrisante de Figaro (*Largo al factotum* N 5) ou la cavatine de Rosina (*Una voce poco fa* N 8) éblouissent par leur caractère pétillant et la virtuosité du chant. Sans oublier le sens infaillible de l'humour qui empreint la musique de Rossini. Ainsi l'air de la calomnie (la calomnie est un petit vent léger N 9) de Basilio illustre-t-il à la perfection le raffinement et l'esprit des effets orchestraux du compositeur. Rossini suit la progression du texte, l'exacerbation de la calomnie, du chuchotement aux hauts cris, au travers de son célèbre crescendo : nombre croissant d'instruments, augmentation de la sonorité, puis passage dans des registres toujours plus aigus. Un coup de canon du grand tambour rompt alors la tonique en ré majeur, modulée en mi bémol majeur.

Il Barbiere di Siviglia, Nicolaï Ghiaurov dans le rôle de Don Basilio, mise en scène : Grisha Asagaroff, direction musicale : Ralf Weikert, Staatsoper de Vienne, 1986.
Un passage du célèbre air de la calomnie de Don Basilio.

Ci-dessous
Il Barbiere di Siviglia (acte I, finale), mise en scène : Nicolaus Brieger, direction musicale : Carlos Kalmar, représentation du Théâtre de la Monnaie de Bruxelles aux Festwochen de Vienne, 1992.
Fredda ed immobile : le final du premier acte, l'un des grands moments burlesques de la musique lyrique.

Il Barbiere di Siviglia, Ning Liang dans le rôle de Rosina, mise en scène : Nicolaus Brieger, direction musicale : Carlos Kalmar, représentation du Théâtre de la Monnaie de Bruxelles aux Festwochen de Vienne, 1992. L'impertinence et la fraîcheur de Rosina, l'un des personnages les plus merveilleux de l'opéra, inspirent toujours les metteurs en scène. Les amours de la jeune femme font littéralement pencher du mauvais côté l'ordre des choses, si sage, de la bourgeoisie, représenté par une chambre à coucher dans laquelle l'armoire est à la fois belvédère et cachette.

Confusion à l'état pur

Cette appréciation du journaliste Karl Kraus destinée à l'opérette au tournant du siècle décrit également les finales de certains opéras-bouffes de Rossini, notamment celui du premier acte d'*Il Barbiere*. Ceux-ci sont basés sur une chaîne d'idées musicales qui, tout en représentant différents états d'âme, forment un tout. Après l'apparition d'Almaviva sous les traits d'un soldat ivre (sa prestation est accompagnée des gloussements du basson), l'irritation grandissante de Bartolo, et les actions de Basilio et de Figaro, la confusion culmine à l'arrivée de la garde, avec un canon dans lequel les personnes impliquées tentent d'expliquer la situation à l'officier. Le canon symbolise ici la confusion créée par plusieurs personnes parlant simultanément. N 11

Quand Almaviva montre secrètement sa bague à l'officier et que la garde se retire, la stupéfaction du docteur Bartolo est rendue par l'ensemble *Fredda ed immobile*, une musique qui suspend littéralement le temps. N 12

É. P.-L.

4. Sérénade d'Almaviva

5. Cavatine de Figaro

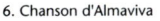

6. Chanson d'Almaviva

7. Duo d'Almaviva et de Figaro

8. Cavatine de Rosina

9. Air de la calomnie de Basilio

10. Air de Bartolo

11. Canon de la confusion (acte I, finale)

12. Thème de la stupéfaction (acte I, finale)

Isabella Colbran

Du fait de son engagement au Teatro San Carlo de Naples (1815), la carrière artistique, mais aussi la vie privée de Rossini furent influencées de manière décisive par deux personnes. L'une d'elles était la cantatrice Isabella Colbran (1785-1845), l'ancienne maîtresse de Domenico Barbaja, puis du roi de Naples, dit-on, avant d'épouser Rossini en 1822. La sensibilité de son expression vocale et déclamatoire autant que l'intensité de ses interprétations étaient tout à fait nouvelles. Un art plus réaliste remplaça alors les acrobaties vocales ou gazouillis encore à la mode à cette époque, qui n'emplissaient pas seulement de virtuosité les arcs de la mélodie, mais aussi de sentiments profonds. En composant ses plus grands rôles féminins, Rossini avait en permanence la voix d'Isabella Colbran dans l'oreille. Ainsi l'héroïne d'*Elisabetta, regina d'Inghilterra,* par exemple,

Domenico Barbaja (1778-1841). L'imprésario le plus célèbre de l'histoire de l'opéra, que des liens artistiques féconds unirent à Rossini, Bellini, Donizetti et au jeune Verdi.

Isabella Colbran (1785-1845). La première épouse de Rossini fut en son temps une *prima donna* célèbre, mariée au *maestro* de 1822 à 1837. Rossini épousa plus tard, en 1846, la Française Olympe Descuilliers-Pélissier, qui était déjà sa maîtresse durant son premier mariage. Celle-ci resta aux côtés de son mari jusqu'à sa mort.

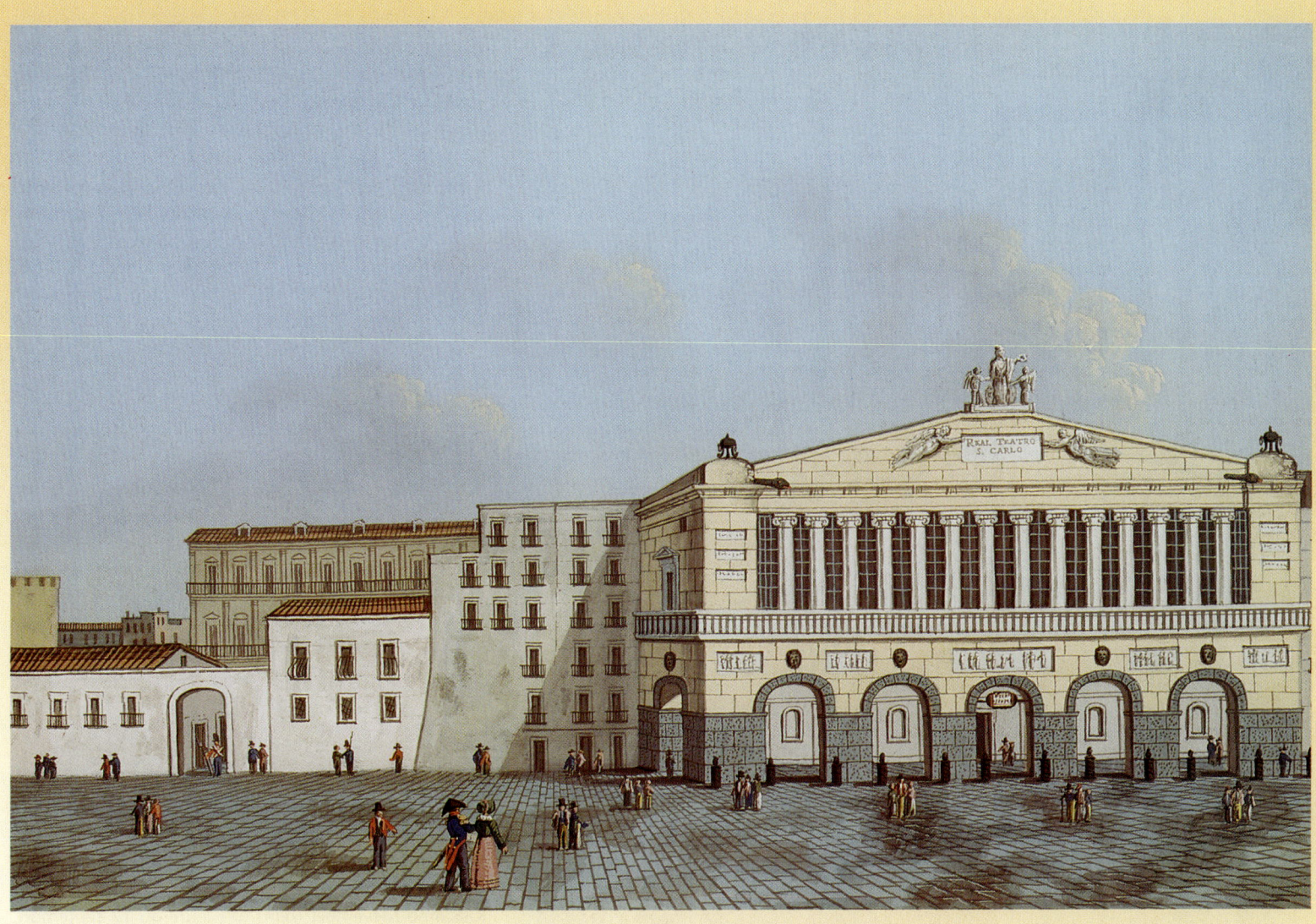

une femme aimant à la passion, dont l'ultime et généreux pardon cache une solitude douloureuse et une certaine résignation ou Desdemona au troisième acte d'→ *Otello*, incontestablement au cœur du drame qui se joue, tandis que le rôle principal d'*Armida* révèle des traits d'une sensualité telle qu'elle sera considérée à juste titre comme l'une des premières femmes fatales de l'opéra du XIXe siècle.

Domenico Barbaja

L'un des imprésarios les plus doués de tous les temps, Domenico Barbaja (1778-1841), fut le second personnage à influencer la carrière de Rossini. Ce n'est pas un hasard s'il était surnommé le « vice-roi de Naples »; cet autodidacte par excellence, après avoir travaillé comme garçon de café (il aurait inventé la *barbaiata*, un mélange de chocolat ou de café et de crème fouettée, connu aujourd'hui en Italie sous le nom de *granita di caffè*), puis dirigé une maison de jeu, allait devenir le maître tout-puissant de l'opéra à Naples, Milan et Vienne. Barbaja n'était pas seulement un homme d'affaires génial – quand par exemple le Teatro San Carlo brûla complètement en 1816, c'est lui qui le fit reconstruire (avec sa propre société de bâtiment) et finança le tout –, il possédait également un flair infaillible s'agissant d'apprécier le talent des artistes. Ainsi aida-t-il Rossini, → Bellini, → Donizetti, Mercadante et → Weber, pour ne citer qu'eux, à accéder à la gloire. Il fut même donné à ce brillant instigateur, tant dans le monde des affaires et de la société que derrière les coulisses, de se produire une fois sur la scène, dans l'opéra de Daniel Auber *La Sirène* (1844). La carrière à facettes de Barbaja ne fut possible que dans l'univers de l'opéra italien, non moins chatoyant. À l'aube du XIXe siècle, l'opéra loin de consacrer un art de la musique et du chant majestueux, était un lieu de divertissement, un lieu de rencontre de la société, où l'on ne venait pas seulement écouter de la musique, mais aussi traiter des affaires, lire, bavarder (sans parler d'autres plaisirs plus intimes). Les jeux de hasard y étaient également représentés; ainsi Stendhal raconte-t-il que l'Italien étant joueur de nature, les banquiers faisaient d'excellentes affaires et payaient de grosses sommes aux caisses des théâtres. En témoigne Barbaja qui, avant de partir pour Naples, possédait des tables de jeu au foyer de la Scala de Milan. Parmi les compositeurs de son époque, Rossini lui fut le plus proche, tous deux bons vivants et fins gourmets.

Le Teatro San Carlo de Naples. Construit en 1737, le Teatro San Carlo de Naples, alors théâtre lyrique le plus grand et, à l'exception de la Scala de Milan, le plus important d'Italie, était l'opéra fréquenté par la haute société napolitaine. Bien doté financièrement, il engageait d'excellents chanteurs et disposait d'un orchestre de qualité (chose rare à l'époque en Italie, où l'orchestre n'occupait pas une place importante dans l'opéra). En outre, il jouissait du privilège d'organiser une soirée de gala en l'honneur de chacun des compositeurs les plus doués du conservatoire. Le talent de Barbaja, la virtuosité de Rossini et la qualité artistique de l'ensemble se rencontrèrent à un moment où le style traditionnel de l'*opera seria* avait besoin d'innovation sur le plan de la musique et de la dramaturgie, une tâche à laquelle s'employa Rossini au Teatro San Carlo, qui agrandit les horizons de ce genre lyrique.

Otello, Giuditta Pasta (1797-1865) dans le rôle de Desdemona.
Le personnage de Desdemona est semblable chez Shakespeare, Verdi et Rossini : la victime innocente de la jalousie masculine. Ici, la légendaire *prima donna* Giuditta Pasta.

Otello ossia Il Moro di Venezia
Othello ou le Maure de Venise

Dramma per musica en trois actes

Livret : Francesco Berio di Salsa, d'après *Othello* de William Shakespeare
Création : le 4 décembre 1816 à Naples (Teatro Del Fondo)

Personnages : Otello, un Maure au service de Venise (tén.), Desdemona, la maîtresse et l'épouse secrète d'Otello (sop.), Elmiro, son père, sénateur de Venise (basse), Rodrigo, fils du doge, soupirant indésirable de Desdemona (tén.), Jago, ennemi secret d'Otello (tén.), Emilia, confidente de Desdemona (sop.), Lucio, confident d'Otello (tén.), le doge (tén.), gondolier (tén.) ; officiers, soldats, peuple (chœur)

Otello, croquis de décor de Karl Friedrich Schinkel, Berlin, 1821 (TWS).
Si à l'instar de la pièce de Shakespeare (à la différence d'→ *Otello* de Verdi), le premier acte se déroule à Venise, Rossini a pris des libertés par rapport à l'œuvre du poète. Les paroles chagrines de lord Byron au sortir d'une représentation de l'opéra de Rossini à Venise en 1818 témoignent du destin de cet opéra : « Ils ont crucifié Otello ! La musique est bonne, bien que d'une grande tristesse, mais les textes… Toutes les scènes avec Jago ont disparu, laissant place à la plus grosse bêtise : le mouchoir est devenu « billet doux » et l'acteur principal ne voulait pas noircir son visage… Par contre, la décoration, les costumes et la musique sont excellents. » Le librettiste avait écrit l'histoire conventionnelle d'un amour à trois, et des personnages de Shakespeare il ne restait plus guère que les noms…

À droite
Otello, avec à gauche Paola Antonucci (Desdemona) et Michelle Breedt (Emilia), direction musicale : Marco Boemi, mise en scène : Gustav Kuhn, Staatstheater de Brunswick, 1993.

Argument
À Venise, au milieu du XVe siècle.
Le père de Desdemona souhaite marier sa fille à Rodrigo, le fils du doge, et non au Maure Otello. Avec l'aide de Jago, il parvient à détruire l'amour et la confiance qu'éprouve Otello pour Desdemona. Otello la tue et se suicide après avoir appris son innocence.

Acte I
Otello rentre à Venise en héros triomphal d'une bataille remportée sur les Turcs, avec l'espoir d'obtenir enfin la main de Desdemona. Mais Rodrigo, le fils du doge, Jago (rejeté par Desdemona) et Elmiro, le père de la jeune femme, haïssent Otello et veulent sa mort. Dans le but d'attiser sa jalousie, Elmiro intercepte une lettre d'amour et une boucle de cheveux que Desdemona destinait à son bien-aimé. Celui-ci sème le trouble dans une cérémonie organisée par le père pour célébrer le mariage de Rodrigo et Desdemona qui, après la longue absence d'Otello, doute de son amour. Une querelle éclate.

Acte II
Desdemona se considère exclusivement comme l'épouse d'Otello. Mais celui-ci est jaloux, croyant que la jeune femme lui préfère Rodrigo. Jago lui remet comme preuve la lettre et la boucle de cheveux. Otello laisse éclater sa fureur, provoque Rodrigo en duel et le bat. Desdemona est alors punie du mépris et de la haine de son père.

Acte III
Desdemona confie son chagrin à sa confidente. Le chant d'un gondolier lui fait pressentir une mort prochaine. Pendant un orage, Otello s'introduit dans la chambre de Desdemona et lui dit que Jago aurait tué Rodrigo. Au désespoir, elle reconnaît l'intrigue de Jago. Or, Otello se méprend sur ses paroles et, croyant qu'elle pleure la mort de Rodrigo, la tue dans un excès de jalousie. Lorsqu'il voit enfin clair dans l'intrigue de Jago, il réalise l'innocence de Desdemona. Mais il est trop tard et il met fin à ses jours.

É. P.-L.

Trois ténors pour Desdemona
Les contemporains de Rossini avaient déjà perçu l'intensité dramatique du troisième acte d'Otello, comparable à celle de l'œuvre de Shakespeare. En témoigne Giacomo Meyerbeer (dans une lettre du 17 septembre 1818 adressée à son frère Michael Beer), qui écrit : « Ce troisième acte est véritablement divin et le plus extraordinaire est que sa beauté ne rappelle point Rossini. Des déclamations de premier ordre, des récitatifs toujours passionnés, de mystérieux accompagnements pleins de couleurs atteignent ici un niveau suprême de perfection. » Si les deux premiers actes n'ont pas cette densité dramatique, c'est parce que Rossini dut tenir compte des conditions de la création napolitaine. Il y avait alors une véritable pléthore de ténors (les parties d'Otello, de Rodrigo et de Jago étant toutes écrites pour ce registre). Ainsi certaines scènes font-elles presque penser à un

concours pour ténors, des rôles tous plus ardus les uns que les autres. Mais la véritable protagoniste n'apparaît qu'au troisième acte, où Rossini concentre l'action dramatique sur le personnage de Desdemona (qui jusque-là n'a pas encore eu d'aria). Bien qu'il soit construit sur des numéros isolés, il émane de ce troisième acte composé en un seul bloc une réelle unité musicale dramatique. Rossini fait preuve d'innovation géniale en montrant Desdemona et sa confidente Emilia écouter le chant d'un gondolier au loin reprenant les célèbres paroles de Francesca da Rimini dans *L'Enfer* de Dante (*La Divine Comédie*): *Nessum maggior dolore che ricordarsi del tempo felice nella miseria* (Il n'est pas de peine plus grande que de se rappeler dans le malheur les temps heureux). N 13

Ce chant anticipe le malheur imminent et fait présager à Desdemona une mort prochaine. Son air du saule reprend la tonalité en sol mineur et quelques tournures mélodiques du chant du gondolier, chanté à trois reprises dans de subtiles variations. N 14

Si la tension s'intensifie à l'apparition d'Otello et durant son duo avec Desdemona pour décroître avec la mort, le suicide d'Otello est bref. Il était à cette époque si peu commun de clore un opéra par la mort des deux personnages principaux, que Rossini, pour une représentation à Rome en 1820, dota son œuvre d'un dénouement heureux, supprimant le chant du gondolier et faisant se réconcilier les amoureux.

É. P.-L.

Otello, mise en scène: Gustav Kuhn, direction musicale: Marco Boemi, Staatstheater de Brunswick, 1993. L'un des ensembles les plus célèbres de Rossini. L'action extérieure s'arrête pour laisser libre cours aux sentiments. Une situation qui réunit amis et ennemis, et les oblige à réagir sur le plan émotionnel: sympathies et aversions s'accentuent. À la fin de l'ensemble, si rien n'a changé extérieurement, les relations entre les personnages ont gagné en profondeur.

13. Chant du gondolier

Nes - sun maggior do - lo - re, nes - sun maggior do - lo - re

14. Chant du saule (Desdemona)

As - si - sa a'pied'un sa - li - ce, immer - sa nel do - lo - re gia - cea trafit - ta Isaura dal più crude - le a - mo - re;

La Cenerentola ossia La Bontà in trionfo

Cendrillon ou Le Triomphe de la bonté

Dramma giocoso en deux actes

Livret: Jacopo Ferretti, d'après le conte de Charles Perrault *Cendrillon*

Création: le 25 janvier 1817 à Rome (Teatro Valle)

Personnages: Don Ramiro, prince de Salerno (tén.), Dandini, son valet de chambre (bar.), Alidoro, son professeur et un philosophe (basse), Don Magnifico, baron de Montefiascone (basse), Tisbe et Clorinda, ses filles (sop.), Angelina, appelée Cenerentola, belle-fille de Don Magnifico (mezzosop. ou sop.); invités au bal et domestiques (chœur)

Argument

Dans la maison de Don Magnifico et au château de Don Ramiro.
Le prince Ramiro cherche le véritable amour. Il le trouve en la personne d'Angelina, qui subit les railleries et les humiliations de ses demi-sœurs et d'un beau-père cupide. Angelina et le prince finiront par se marier. La jeune fille incarne le véritable amour, pardonnant à son beau-père et à ses demi-sœurs, et punissant le mal par le bien.

Acte I

Don Magnifico est le père de deux filles, Clorinda et Tisbe, et le beau-père d'Angelina, surnommée Cenerentola (Cendrillon), condamnée à nettoyer la maison. Désargenté, Magnifico rêve de riches prétendants pour ses filles. Le prince Ramiro, en quête d'une épouse, a envoyé son professeur Alidoro en reconnaissance, lequel, déguisé en mendiant, sonde le cœur des filles de Magnifico, mais ne trouve de compassion qu'auprès de Cenerentola. L'invitation au bal du prince attise les espoirs de Clorinda et Tisbe, qui entreprennent de se faire belles. Magnifico se réjouit, car son rêve de richesse semble enfin se réaliser. Sur les conseils d'Alidoro, le prince Ramiro se rend chez Magnifico sous les traits d'un serviteur et s'éprend de Cenerentola qui lui rend son amour. Pendant ce temps, les deux sœurs courtisent le serviteur Dandini, apparu dans les habits du prince. Tous partent pour le château, à l'exception de Cenerentola, qui n'en a pas l'autorisation. Alidoro offre à la jeune fille une robe merveilleuse et celle-ci peut alors se joindre aux autres.
Pendant le bal, le serviteur Dandini se pavane dans son rôle princier et confère à Magnifico le titre de sommelier. L'apparition d'Angelina sème le trouble: la belle étrangère est-elle Cenerentola?

Acte II

Don Magnifico et ses filles se réjouissent d'avoir conquis le prince, qui n'est en fait que son serviteur. Entre-temps, le prince déclare son amour à Cenerentola qui lui offre un bracelet. S'il l'aime vraiment, il devra trouver son pendant. Puis elle disparaît. Dandini révèle la vérité à Magnifico et ses filles qui, dupés et furieux, rentrent chez eux.
Ramiro se rend dans la maison de Magnifico, cette fois dans ses habits de prince. Il y trouve le pendant du bracelet et prend Cenerentola pour femme. Les sœurs déçues et leur père crachent leur venin. Le prince veut les châtier, mais Cenerentola demande grâce et leur pardonne.

S. N.

La Cenerentola, photo de film avec Frederika von Stade, mise en scène, décors et costumes: Jean-Pierre Ponnelle, direction musicale: Claudio Abbado, 1981. Si le conte accorde une part importante à l'aspect social, il a aussi sa place dans l'opéra. Le cœur noble de Cenerentola la positionne au-dessus des autres protagonistes qui se situent plus haut dans l'échelle sociale, comme le traduit la répartition musicale des rôles. Une *prima donna* dans le registre mezzo ou une jeune servante étoile de l'opéra!

Un conte réaliste

Pourquoi un conte dans un *opera buffa* réaliste ? Le talent de Ferretti et le génie de Rossini ont enrichi l'histoire de Cendrillon par des actions et des émotions humaines crédibles. Hormis les situations et les personnages typiques d'un opéra-comique (comme les rêves de richesse de Magnifico, désargenté, ou les sœurs effrontées et éternellement insatisfaites), révélateurs de la réalité, la trame de l'histoire ne repose pas tant sur des événements fantastiques que sur la démarche du prince Ramiro en quête d'amour véritable (le duo de Ramiro et Angelina *Un soave non so che* ainsi que l'air du prince *Si, ritrovarla io giuro* ont une dimension émotionnelle nettement plus profonde que l'*opera buffa* en général). Des éléments sensibles, voire mélancoliques, apparaissent au cœur de la comédie, notamment chez la principale protagoniste : si Cenerentola déplore de manière pathétique son destin, le célèbre rondo final *Non più mesta accanto al fuoco*, véritable morceau de bravoure pour mezzosopranos virtuoses, révèle une femme généreuse, dont le pardon, loin d'être cousu de fil blanc, est profondément sincère.

Il peut sembler fabuleux que l'amour d'un prince pour une jeune fille pauvre devienne réalité, d'autant que Cenerentola l'anticipe en quelque sorte dans l'air *Una volta c'era un rè* (Il était une fois un roi, acte I). Mais les jeunes gens ne rêvent-ils pas quotidiennement d'une vie meilleure, de plus grandes richesses et d'un bonheur inattendu (même en amour) ? N 15

É. P.-L.

La Cenerentola, Agnès Baltsa dans le rôle de Cenerentola, mise en scène : Gian-Carlo Menotti, direction musicale : Claudio Abbado, décors et costumes : Pasquale Grossi, Staatsoper de Vienne, 1981.
D'une grande bonté, Cenerentola apporte à Alidoro, présumé mendiant, du café et du pain. La partie de Cenerentola est à la fois l'une des plus spectaculaires et des plus étranges que Rossini ait jamais composées dans ses opéras. Elle contient une coloratura merveilleuse, bien que périlleuse, tandis que le personnage dramatique suppose davantage une approche lyrique naïve.

15. Air de Cenerentola (acte I)
Una vol-ta c'e ra un re   che a star solo   che a star solo   s'anno-jò;

Ci-dessus
La Cenerentola, Giuseppe Taddei dans le rôle de Don Magnifico, mise en scène : Gian-Carlo Menotti, direction musicale : Claudio Abbado, décors et costumes : Pasquale Grossi, Staatsoper de Vienne, 1981.
Le rôle de Don Magnifico est un rôle comique pour basses et barytons absolument exquis. Au cours de sa longue carrière, Giuseppe Taddei (né en 1916), l'un des plus grands interprètes de la seconde moitié du XXe siècle, chanta, hormis le répertoire italien, nombre de parties de Mozart et de Wagner.

La Cenerentola, mise en scène : Giancarlo del Monaco, direction musicale : Antonello Allemandi, décors et costumes : Toni Businger, Staatstheater de Stuttgart, 1992.
À l'origine, le librettiste ne voulait pas prendre pour titre le célèbre conte et avait opté pour *Angiolina ossia La Bontà in trionfo*. Or la censure s'y opposa, Angiolina étant une courtisane tristement célèbre de l'époque. Une association curieuse si l'on pense à la vertueuse jeune fille.

Mosè in Egitto, Ruggero Raimondi dans le rôle de Moïse, mise en scène: Hugo de Ana, direction musicale: Daniele Gatti, Teatro Comunale de Bologne, 1990-1991.
Rossini innova à maints égards, composant en plein règne des *prime donne* et des ténors un rôle principal pour une voix de basse. Mais à l'aube de la révolution allemande de mars 1848, le personnage du chef charismatique n'aurait pu être davantage d'actualité. La version française du *maestro* a contribué notablement à l'essor du grand opéra.

Version italienne:

Mosè in Egitto
Moïse en Égypte

Azione tragica-sacra en trois actes

Livret: Andrea Leone Tottola, d'après la tragédie *L'Osiride* de Francesco Ringhieri
Création: 1re version: le 5 mars 1818 à Naples (Teatro San Carlo); 2e version: le 7 mars 1819 à Naples (Teatro San Carlo)

Version française:

Moïse et Pharaon ou Le Passage de la mer Rouge

Opéra en quatre actes

Livret: Luigi Balocchi et Victor-Joseph Étienne de Jouy, d'après le livret de la version italienne
Création: le 26 mars 1827 à Paris (Opéra)

Personnages (noms de la version française cités en seconde position): Pharao/Pharaon d'Égypte (basse), Amaltea/Sinaïs, son épouse (sop.), Osiride/Aménophis, son fils (tén.), Elcia/Anaïs, une femme hébraïque, épouse secrète d'Osiride/Aménophis (sop.), Mosè/Moïse, chef des Hébreux (basse), Aronne/Eliézer, son frère (tén.), Amenofi/Miriam, sa sœur (sop.); (version italienne): Grands d'Égypte et demoiselles de la noblesse, Hébreux, femmes, la mère et l'enfant (chœur) – (version française): Hébreux et Madianites, hommes et femmes; Égyptiens: grands de la cour, prêtres, soldats, dames et seigneurs de la cour, peuple (chœur)

Au sommet du romantisme

La création aurait été un franc succès si quelques défaillances scéniques dans la dernière scène – la mer Rouge engloutissant l'armée de Pharao – n'avaient provoqué l'hilarité générale. Aussi Rossini remplaça-t-il ce numéro dans la seconde version (1819) par la prière de Moïse, devenue l'un des airs d'opéra les plus populaires et les plus célèbres du XIXe siècle. Il émane de cette mélodie – d'après laquelle Niccolò Paganini composa ses variations ô combien ardues pour corde de sol au violon – une émotion d'une profondeur inégalable. La gestuelle suppliante de la première strophe en sol mineur/si bémol majeur est modulée en sol majeur dans la dernière strophe en signe d'espoir et de confiance. Et Honoré de Balzac de s'interroger dans son roman *Massimilla Doni* s'il existe un thème plus riche qu'un peuple souhaitant s'affranchir, pris dans les chaînes de la mauvaise volonté, et qui, élevé par Dieu, fait des miracles pour conquérir sa liberté. Les contemporains de Rossini furent nombreux à voir dans la prière de Mosè un hymne à la libération de l'Italie. Mosè lui-même apparaît sous les traits d'un personnage parallèle à d'autres prophètes basses, comme Oroveso (Bellini → *Norma*) ou Zaccaria (Verdi → *Nabucco*). N16

E.P-L

16. Prière de Moïse

Dal tuo stella-to so-glio, Si-gnor, ti vol-gi a _ no - i; pie-tà de'fi - gli tuo - i, del po-pol tu-o pie - tà;

Argument
En Égypte, à l'époque de l'Ancien Testament.

(version italienne)
Acte I
Le peuple israélien déplore l'obscurité répandue par Dieu pour le punir de son emprisonnement. Sur les instances de Pharao, Mosè fait apparaître miraculeusement la lumière. Pharao veut libérer les Juifs. Osiride, le fils de Pharao, et Elcia, une femme hébraïque, s'aiment et redoutent d'être séparés. Le prêtre égyptien conseille à Pharao de revenir sur sa parole. En punition, Mosè fait pleuvoir un déluge de feu et de grêle sur l'Égypte.

Acte II
Dans sa peur, Pharao se résout à laisser partir les Hébreux. Osiride et Elcia tentent en vain de se cacher. Pharao rompt une fois encore sa promesse, et lorsque Mosè le menace d'une nouvelle punition, il fait emprisonner le prophète. Elcia avoue à Mosè son amour pour Osiride. Celui-ci, désirant la mort de Mosè, est exécuté par Dieu. Elcia pleure la mort de son bien-aimé Égyptien.

Acte III
Sur la mer Rouge. Mosè implore le salut de Dieu. Lorsque, accompagné de ses hommes, il touche l'eau, les flots s'entrouvrent, offrant la voie de la liberté. Les soldats de Pharao envoyés à la poursuite des Hébreux sont engloutis par les flots. Les Hébreux remercient Dieu pour leur salut.

(version française)
Acte I
Sur l'ordre de Dieu, Moïse apporte à son peuple les tables de la Loi. Aménophis, le fils de Pharaon, aime la jeune Juive Anaïs. Redoutant de la perdre, celui-ci convainc son père de retenir les Juifs dans le pays. Dieu punit les Égyptiens dans un déluge de feu et de grêle.

Acte II
L'Égypte est plongée dans l'obscurité. Pharaon s'engage une fois encore à libérer les Juifs et Moïse répand la lumière.

Acte III
Pharaon exhorte Moïse à faire un sacrifice en l'honneur de la déesse Isis, mais celui-ci s'y refuse. Pharaon apprend que de nouvelles plaies se sont abattues sur l'Égypte (l'eau devient sang, la peste prolifère, les sauterelles détruisent les récoltes) et jure vengeance. Mais lorsque Moïse éteint avec ses hommes le feu de l'autel d'Isis, Pharaon prend peur et décide de libérer les Hébreux.

Acte IV
Sur les rives de la mer Rouge. Aménophis implore Anaïs de rester, mais en vain. Celle-ci suit son peuple. Assoiffé de vengeance, Aménophis entreprend d'exterminer les Hébreux avec son armée. Sur les prières de Moïse et de son peuple, les flots s'entrouvrent. Les Hébreux parviennent à atteindre l'autre rive, tandis qu'Aménophis et les soldats égyptiens sont engloutis par les flots.

É. P-L

Mosè in Egitto, Csaba Airizer dans le rôle de Mosè, mise en scène : Miklós Gábor Kerényi, direction musicale : Lamberto Gardelli, Opéra National de Hongrie de Budapest, 1992.
Si la prière de Moïse compte parmi les mélodies les plus célèbres de la musique romantique, le succès de cet opéra, que seule l'œuvre de Meyerbeer parvint à éclipser à Paris, ne s'est pas reproduit au XXe siècle. On n'a longtemps admiré chez Rossini que le maître de l'opéra-bouffe. Lamberto Gardelli (1915-1997), qui dirigea la représentation de Budapest, joua un rôle inestimable lors de la résurrection tardive des opéras moins connus et des œuvres de jeunesse de Verdi.

L'ouverture de Tell

La postérité connaît davantage les ouvertures que les opéras de Rossini et nombre d'entre elles figurent en tant qu'œuvres orchestrales dans les répertoires de concert. L'ouverture de *Tell* est incontestablement la plus célèbre et la plus importante. L'atmosphère musicale anticipe ici l'action de l'opéra, même s'il s'agit d'une composition indépendante de l'opéra quant aux motifs. La musique paisible du début (cinq violoncelles solos et contrebasses), la description de la tempête, la mélodie du ranz des vaches (flûte répondant au cor anglais) et le galop des chevaux (finale) qui s'achève en apothéose sont autant d'éléments formant une atmosphère dont on ne retrouve qu'une certaine parenté dans l'opéra. Un témoignage brillant du génie musical de Rossini.

Guillaume Tell

Opéra en quatre actes

Livret : Victor-Joseph Étienne de Jouy et Hippolyte Louis Florent Bis, d'après la pièce *Wilhelm Tell* de Friedrich von Schiller et le récit *Guillaume Tell ou La Suisse libre* de Jean Pierre Claris de Florian

Création : le 3 août 1829 à Paris (Opéra)

Personnages : Guillaume Tell, un conspirateur suisse (basse), Arnold Melcthal, un conspirateur suisse (tén.), Walter Fürst, un conspirateur suisse (tén.), Melcthal, le père d'Arnold (basse), Jemmy, le fils de Tell (sop.), Gessler, gouverneur des cantons de Schwyz et d'Uri (basse), Rodolphe, chef des archers de Gessler (tén.), Ruodi, un pêcheur (tén.), Leuthold, un berger (basse), Mathilde, princesse de Habsbourg (sop.), Hedwige, épouse de Tell (mezzosop.), chasseur (basse) ; dames de la cour et courtisans, hérauts, pages, soldats, gardes de Gessler, chasseurs, habitants des campagnes, peuple (chœur)

Argument

Dans le canton d'Uri, en Suisse, au XIIIe siècle.

Acte I

Un acte arbitraire du tyran de Habsbourg vient jeter une ombre sur un mariage célébré dans le village suisse de Bürglen. Guillaume Tell essaie en vain de convaincre Arnold Melcthal de se joindre à la révolte qu'il fomente. Or, ce dernier, épris de la princesse de Habsbourg Mathilde, tente de rester loyal au tyran. Le berger Leuthold, qui a tué un soldat autrichien en légitime défense, fuit ses bourreaux. Le pêcheur Ruodi, craignant l'orage, refuse de le transporter dans son bateau jusqu'à l'autre rive du lac, ce dont se charge Tell. Personne ne trahit aux bourreaux de Gessler le nom du courageux sauveteur et, en signe de représailles, ceux-ci prennent en otage un vieillard, le père d'Arnold Melcthal.

Acte II

Lasse de la vie à la cour, Mathilde est attirée par la nature. Arnold et Mathilde se jurent amour et fidélité. Mais en apprenant que son père a été tué sur l'ordre de Gessler, Arnold rejoint les rangs des patriotes. Les chefs des cantons d'Uri, de Schwyz et Unterwald font le serment de lutter ensemble contre les tyrans étrangers.

Acte III

Gessler donne une fête et exige que tous les villageois s'inclinent devant son chapeau attaché à un bâton. Devant le refus de Tell, Gessler lui donne l'ordre de percer de son arbalète une pomme posée sur la tête de son petit garçon. Tell y parvient, mais confesse que s'il avait tué son fils, il aurait tiré une seconde fois et tué le gouverneur. Tell est alors condamné à mort.

Acte IV

Gessler et ses hommes, ainsi que leur prisonnier Tell, se font surprendre par un orage sur le lac de Vierwaldstätt. Seul Tell parvient à ramer et dirige l'embarcation vers sa maison. Il saute sur le rivage, repousse le bateau et tue le tyran avec son arbalète. Partout scintillent les feux de la révolte. La victoire des Suisses est irréversible.

É. P-L

Guillaume Tell, scène du finale du deuxième acte, gravure en couleur de la gazette *Wiener Allgemeinen Tageszeitung*. Arnold Melcthal, à l'origine loyal par amour à la dynastie des Habsbourg, prête serment de se venger avec Guillaume Tell et Walter Fürst.

Interprétation du *Guillaume Tell* de Schiller : guerre ou paix ?

La tragédie de Schiller (1804), qui traite de la révolte des cantons suisses pour la liberté, repose sur le *Chronicon Helveticum* (chronique suisse) d'Ägidius Tschudi, datant du XVIe siècle. La pièce fut interprétée de manière contradictoire dans son contenu politique, célébrée comme un hymne à la liberté, avant de subir de nouvelles coupes radicales dans ses descriptions de la nature et d'être même interdite en Allemagne pendant la période du national-socialisme (1941), car légitimant l'exécution du tyran. On pourra effectivement interpréter de multiples façons l'œuvre de Schiller, y voir le message politique de la lutte pour la liberté aussi bien que la représentation classique quasiment idyllique de la vie d'êtres simples et vertueux. Des êtres que les circonstances obligent à faire preuve de courage et à se battre avec héroïsme, certes, mais qui, une fois leur tâche accomplie retournent vaquer à leurs occupations quotidiennes.

Rossini et la politique

Si le mélange d'éléments idylliques et héroïques va parfaitement dans le sens de Rossini, qu'en est-il du message politique ? De son vivant, sa position apolitique lui fut reprochée à plusieurs reprises. Il incarnait l'artiste de la Restauration par excellence, une époque de consolidation largement réactionnaire, qui signifiait le retour à l'ancien statu quo, l'ère post napoléonienne. Les prises de position univoques contre l'oppression comme dans → *Mosè en Egitto* ou *Guillaume Tell*, constituent plutôt des exceptions dans l'œuvre de Rossini. La présence seulement latente d'idées patriotiques dénonçant la tyrannie ne s'explique pas seulement par la censure toute-puissante, mais également par la nature musicale du compositeur et les conventions scéniques qui prévalaient à cette époque. Toutefois, en écoutant l'aria héroïque *Pensa alla patria* d'Isabella dans → *L'Italiana in Algeri* et autres mélodies enflammées, ainsi que les rythmes pointés, rappelant souvent la raideur des marches, qui caractérisent les opéras de Rossini, on comprend Heinrich Heine qui voyait dans la musique du *maestro* un « trille dangereux pour l'État et des coloratures révolutionnaires ».

É. P.-L.

Guillaume Tell, mise en scène : Luca Ronconi, décors : Gianni Quaranta, costumes : Vera Marzot, direction musicale : Riccardo Muti, Teatro alla Scala de Milan, 1988. L'extraordinaire mise en scène de Ronconi, en symbiose avec la musique de Rossini, se sert de la projection d'une immense cascade pour mettre en valeur la beauté, mais aussi la violence de la nature. Rossini a dépeint les éléments romantiques de son opéra à travers la description de la nature, tandis que les arias et les scènes de chœur incarnent son classicisme musical.

Guillaume Tell, les personnages de Gessler et de Tell sur le *Deutsches Blatt* (jeu de tarots), vers 1840, Leipzig, Deutsches Spielkarten-Museum de Leinfelden-Echterdingen.
Le fait que les anciens ennemis Gessler et Tell aient pu se battre mais doivent se tolérer sur le jeu de cartes *Deutsches Blatt* fait partie des injustices de l'histoire. Rossini aurait pu lui aussi jouer avec eux, peut-être entre deux compositions…

Camille Saint-Saëns

Né à Paris le 9 octobre 1835
Mort à Alger le 16 décembre 1921

À l'instar de → Berlioz, Saint-Saëns compte parmi les rares compositeurs français dont les plus grands succès ne reviennent pas à l'opéra. Il commence sa carrière comme organiste et restera par la suite fidèle à la musique instrumentale. De ses contemporains il est celui qui possède l'aperçu le plus vaste de la musique étrangère, même si, fondateur de la Société nationale de la musique, il se pose également en défenseur patriote de la culture française. Saint-Saëns se réclame des grands maîtres allemands, → Bach, → Mozart et → Beethoven. Il se penche sur les drames musicaux de → Richard Wagner et entretient de bonnes relations avec Franz Liszt qu'il rencontre plusieurs fois à Weimar. Ainsi ses nombreux poèmes symphoniques s'inscrivent-ils dans la lignée du compositeur hongrois qui lui apporte son soutien lorsqu'il rencontre des difficultés liées à la représentation de *Samson et Dalila*. Liszt fait en sorte que la création ait lieu à Weimar, où l'œuvre est « baptisée » en 1877 sous la direction d'Edouard Lassen. Cet opéra ne sera joué à Paris que 15 ans plus tard.

Œuvres : plus de dix opéras : *Le Timbre d'argent*, 1865, création 1877 ; *La Princesse jaune*, 1872 ; *Samson et Dalila*, 1877 ; *Étienne Marcel*, 1879 ; *Henry VIII*, 1883 ; *Proserpine*, 1887 ; *Ascanio*, 1890 ; *Phryné*, 1893 ; *Les Barbares*, 1901 ; *Hélène*, 1904 ; *L'Ancêtre*, 1906 ; *Déjanire*, 1911. Œuvres pour chœur, mélodies, symphonies, concertos, musique de chambre, œuvres pour piano. *Le Carnaval des animaux* est devenu particulièrement populaire, même si Saint-Saëns craignait à l'époque que cette farce musicale ne laisse paraître une fausse image de sa personne.

Samson et Dalila

Opéra en trois actes

Livret : Ferdinand Lemaire, d'après la Bible
Création : le 2 décembre 1877 à Weimar (Hoftheater)

Personnages : Samson, un chef militaire hébreux (tén.), Dalila, prêtresse des Philistins (mezzosop.), le grand prêtre du dieu Dagon (bar.), Abimélech, satrape des Philistins à Gaza (bar.), un vieil Hébreux (basse), le messager des Philistins (tén.), deux Philistins (tén., basse) ; Philistins et Hébreux, prêtres, serviteurs des temples, princes et guerriers (chœur)

Argument
En Palestine, deux mille ans avant notre ère.
Séduit par son ennemie Dalila, le chef hébreux Samson perd sa pureté morale et sa force, mais retrouve sa vigueur avec la grâce de Dieu et écrase les Philistins.

Acte I
Les Israéliens opprimés par les Philistins à Gaza se laissent guider par Samson. Le satrape Abimélech est tué par Samson et le grand prêtre doit prendre la fuite. Samson est épris de la belle prêtresse Dalila, qui l'invite à couronner des joies de l'amour la victoire des Israéliens.

Acte II
Dalila attend Samson. Elle explique au grand prête que son amour est factice, uniquement destiné à se venger de l'ennemi de son peuple. Dalila parvient à séduire Samson, qui lui dévoile le secret de sa force. Une fois qu'elle lui a coupé les cheveux, il est à la merci de ses ennemis.

Acte III
Gisant dans un cachot, enchaîné et les yeux bandés, Samson entend les plaintes de son peuple à nouveau asservi. Les Philistins célèbrent leur victoire. Samson est mené au temple, où ses ennemis l'humilient en la présence de Dalila. Samson implore la grâce et la pitié de Dieu, et retrouve sa force ; il provoque l'écroulement du temple et tue ses ennemis avant de se donner lui-même la mort.

P. H.

Samson et Dalila, Placido Domingo dans le rôle de Samson, Royal Opera Covent Garden de Londres, 1992.
Le public londonien a découvert et apprécié tardivement le talent de Domingo. Si le jeune Pavarotti a fait ses débuts dans la capitale britannique, la carrière internationale de Domingo l'a d'abord mené au Mexique, en Israël, à Hambourg et à Vienne. Après le succès rencontré au Metropolitan Opera, il a également conquis Covent Garden, où ses interprétations sont entrées dans la légende, notamment celles de Des Grieux, Don José, Otello et Samson.

Quand le folklore tient lieu d'exotisme

Les teintes austères qui représentent le destin tragique des Israéliens contrastent avec l'univers coloré et sensuel des Philistins. Un monde que les scènes de ballet, qui étaient du goût du public parisien, rendent avec le plus d'expression. La bacchanale (acte III) organisée par les prêtresses des Philistins contient des imitations de la musique orientale du plus bel effet. Les Français ont montré un vif intérêt pour les contes orientaux, comme en témoignent des opéras tels que → *Les Pêcheurs de perles* de Bizet ou → *Lakmé* de Delibes. Si l'on ne peut ignorer l'anachronisme dans le choix d'une musique découverte par Saint-Saëns lors de ses nombreux séjours à Alger pour une cérémonie orgiaque qui se déroule deux mille ans avant notre ère, l'enthousiasme qu'elle suscite suffit à la légitimer.

Dans une ère encline au sentimentalisme, le style néoclassique de Saint-Saëns fut jugé trop froid et dénué de sentiments. Une réserve que l'on sait mieux apprécier aujourd'hui.

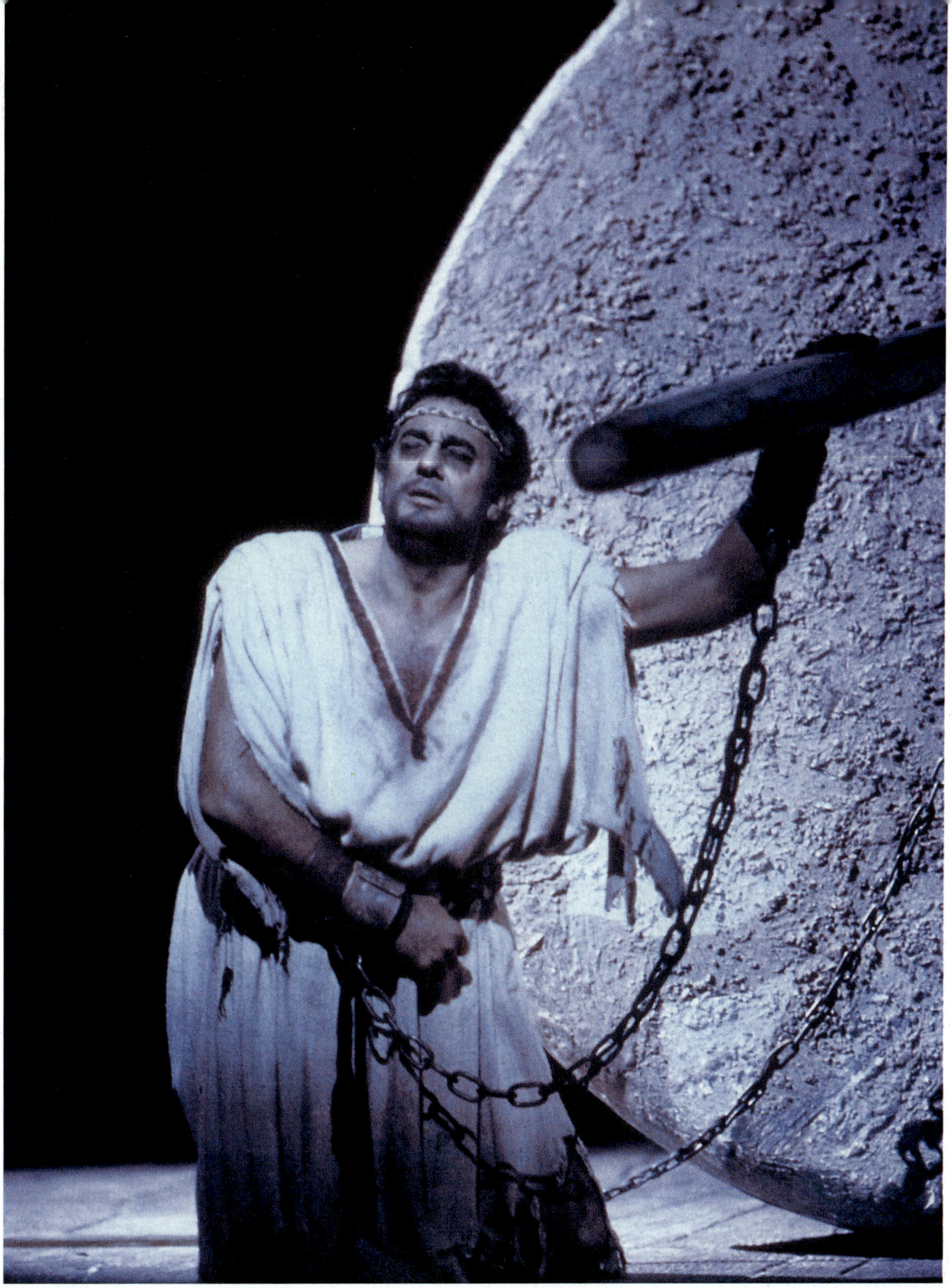

Samson et Dalila, Placido Domingo dans le rôle de Samson, mise en scène : Elijah Moshinsky et Jeremy Succliffe, direction musicale : Marc Emler, scénographie : Sidney Nolan, Royal Opera Covent Garden de Londres, 1992.
Une partie de ténor lyrique et plutôt mélodieuse échoit au vigoureux Samson.
Si Saint-Saëns n'était pas un dramaturge né, il était un maître des timbres, tour à tour subtils, puissants et légers.

La Bible et l'opéra

L'histoire de Samson et Dalila provient du *Livre des Juges* de l'Ancien Testament. Comment Saint-Saëns est-il parvenu à combler le fossé entre ces deux mondes opposés que sont la Bible et l'opéra ? Tout d'abord, en accomplissant un travail de longue haleine qu'il modifia à plusieurs reprises. Ainsi décida-t-il en 1866 de composer le thème sous la forme d'un oratorio, dont certaines parties furent jouées dans le cercle de concerts privés, sans trouver néanmoins d'écho favorable. Était-ce la défaite dévastatrice des Français contre les Allemands en 1870-1871 ? Rien n'est sûr, mais le compositeur se remit à la tâche, utilisant la métaphore biblique pour sermonner également ses compatriotes. L'humiliation et l'impuissance des Israéliens rappellent trop la guerre qui sévissait alors pour passer inaperçues. Ainsi verra-t-on dans le commandement de chasteté que rompt Samson l'amorce d'un renouveau de la société après des années de luxe et de corruption sous le règne de Napoléon III.

P. H.

1.1. Motif fougueux de danse (bacchanale)

1.2. Motif mélancolique (bacchanale)

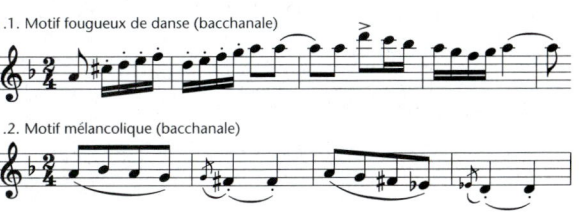

Opéra ou oratorio ?

Saint-Saëns eut beau s'efforcer d'adapter le sujet à la scène de l'opéra, la conception épique de *Samson et Dalila* reste fortement attachée à l'oratorio. Chacune des scènes évoque une statue, le récit dominant sur l'action directe, comme l'illustre par exemple la neutralisation de Samson par les Philistins (fin du deuxième acte), une scène reléguée derrière les coulisses. Le rôle central du chœur, partenaire au même titre que les deux personnages principaux, témoigne également de l'oratorio au cœur des pensées de Saint-Saëns. Certains passages, comme l'introduction par exemple, ne sont pas sans rappeler → Haendel, voire Bach, bien que le motif de Dieu qui, immuablement, rappelle à Samson sa vocation, retentit tel un cantique luthérien. N2

Samson et Dalila, Agnès Baltsa (Dalila) et Placido Domingo (Samson), mise en scène : Götz Friedrich, direction musicale : Georges Prêtre, Staatsoper de Vienne, 1990. Un étrange paradoxe sur la scène de l'opéra : la chaste séductrice et le grand héros dans l'ivresse des sens. Vienne fut l'une des premières villes européennes à s'enflammer pour Placido Domingo qui, depuis plus de 25 ans, suscite l'extase du public viennois dans presque tous les rôles de son immense répertoire (près de 100 rôles principaux). Les billets, même les plus chers, pour aller écouter Domingo à l'opéra se vendent des mois à l'avance et l'acquisition modeste de places debout est exclue si l'on ne campe pas une journée et une nuit devant les caisses du théâtre le moment venu.

Samson et Dalila, illustration d'une scène de l'acte III, Paris, 1892.
Samson est mené au temple de Dagon. Illustration de la première parisienne qui succéda, 15 ans plus tard, à la création de Weimar.

Ténor et mezzosoprano : un couple étrange

La tension dramatique ne naît pas ici, comme c'est souvent le cas à l'opéra, d'une relation à trois, mais de celle d'un couple, dans lequel les deux partenaires sont en proie à des pensées complexes. Samson lutte avec la détermination d'un chef qui lui a été imposée par Dieu, tandis que Dalila n'est menée que par sa soif de vengeance. S'opposent ainsi un homme fort d'apparence, mais déchiré intérieurement, et une femme qui, bien que se montrant sous le jour de la faiblesse, possède une grande volonté. On notera que la partie de Samson s'inscrit dans le vaste groupe des ténors de convention. En revanche, le rôle de Dalila a été composé pour une voix de mezzosoprano, rejoignant certains personnages féminins mystérieux comme Azucena (Verdi → *Il Trovatore*) ou Ulrica (Verdi → *Un Ballo in maschera*). Dalila diffuse même un peu de l'éclat enjôleur et érotique de Carmen. La confrontation décisive entre Samson et Dalila se produit dans le duo du deuxième acte, au cœur duquel figure le célèbre air de Dalila qui, à l'instar de l'air de la fleur de Don José dans → *Carmen*, Bizet, ne constitue pas un numéro en soi, mais un pas seulement vers la séduction fatale. N 3

Sublime, cette mélodie s'insinue telle une couleuvre et crache son venin dans les veines de Samson pour neutraliser ses dernières forces. Saint-Saëns apporte la preuve de son extraordinaire maîtrise du drame en intégrant le duo d'amour dans une scène d'orage. Celle-ci incarne également la colère de Dieu tout en symbolisant l'aspect moral, car Samson y perd sa pureté et sa force. P. H.

2. Motif orchestral accompagnant la prière de Samson

3. Le baiser de Dalila

Ah ! ré - ponds à ma ten - dres - se !

Mona Lisa

Opéra en deux actes

Livret: Beatrice Vay-Dovsky
Création: le 26 septembre 1915 à Stuttgart (Hoftheater)
Personnages de la première et de la dernière scène: un étranger (bar.), une femme (sop.), un frère convers (tén.)
Personnages de la partie principale: Francesco del Giocondo (bar.), Pietro Tumoni (basse), Arrigo Oldofredi (tén.), Alessio Beneventi (tén.), Sandro da Luzzano (bar.), Masolino Pedruzzi (basse), Giovanni de'Salviati (tén.) Mona Fiordalisa, épouse de Francesco (sop.), Mona Ginevra ad Alta Rocca (sop.), Dianora, fillette de Francesco d'un premier mariage (sop.), Piccarda, femme de chambre de Mona Fiordalisa (alto), Sisto, serviteur de Francesco (tén.); peuple de Florence, nonnes de Santa Trinità, moines de San Marco (dont Savonarola), serviteurs (chœur, figurants)

Mona Lisa, mise en scène: Gregor Horres, décors: Andreas Reinhardt, direction musicale: Ernst Märzendorfer, Volksoper de Vienne, 1996.

Argument
À Florence, à la fin du XVe siècle. Prologue et épilogue: à l'époque actuelle.

Prologue
Dans la maison du frère Certosa. Un frère convers fait visiter la maison à un couple de touristes et leur raconte l'histoire de Mona Lisa qui se déroula en ces lieux. La femme montre la plus grande compassion.

Acte I
Une pièce dans la maison de Francesco. Mardi gras. Marié à la belle Mona Lisa, Francesco est rongé par la jalousie, car celle-ci ne lui rend pas le célèbre sourire immortalisé par Léonard de Vinci. Francesco fête le dernier jour du carnaval avec des invités, tandis que son épouse est allée se confesser et que les moines et les nonnes, conduits par Savonarola, se recueillent et font pénitence. Le Pape charge Giovanni de'Salviati de faire l'acquisition d'une perle précieuse chez Francesco. À l'abri avec d'autres dans un coffre-fort de la taille d'une armoire, elle doit lui être remise le jour suivant. Mona Lisa, qui déteste les perles, doit la porter en ce jour. Giovanni et Mona Lisa, épris l'un de

Max von Schillings

Né à Düren (Allemagne) le 19 avril 1868
Mort à Berlin le 24 juillet 1933

Formé par Joseph Brambach et Otto von Königslöw, Schillings s'inscrit à l'Universität für Rechtswissenschaft, Philosophie und Kunstgeschichte de Munich. Dès 1892, il est engagé comme assistant à Bayreuth. De 1908 à 1918, Schillings est *Generalmusikdirektor* à Stuttgart, puis intendant du Preussische Staatsoper de Berlin de 1919 à 1925. À partir de 1926, il dirige le festival Zoppoter Waldfestspiele, avant d'être nommé à la fin mars 1933 intendant général du Städtische Oper de Berlin.

Œuvres: *Ingwelde*, Karlsruhe, 1894; *Der Pfeifertag*, Schwerin, 1899; *Moloch*, Dresde, 1906; *Mona Lisa*, Stuttgart, 1915. Œuvres pour orchestre, musique de chambre, musique de scène et œuvres pour chœurs.

De *Lady Godiva* à *Mona Lisa*

En 1911, Schillings rencontre l'écrivain et actrice viennoise Beatrice Vay-Dovsky (1870-1923). En travaillant à une pièce de la jeune femme, *Lady Godiva*, il tombe sur l'une de ses œuvres pour la scène, *Mona Lisa*, qui obtient aussitôt sa préférence. Un choix inspiré puisque l'actualité du sujet – le tableau de Léonard de Vinci fut retrouvé à Florence en 1913 – suscita l'intérêt des opéras de New York, Vienne et Berlin.

Successeur de Wagner et professeur de Wilhelm Furtwängler, Schillings appartenait au cercle de Bayreuth, même si sa musique dénotait un style personnel, notamment influencé par l'impressionnisme et le vérisme.

l'autre, sont observés et surpris par Francesco. Giovanni se réfugie dans le coffre-fort. Francesco en retire la clé, puis la jette dans l'Arno. Mona Lisa s'effondre, avant que Francesco n'abuse d'elle.

Acte II

Tableau 1 Une pièce de la maison de Francesco. Mercredi des Cendres. Mona Lisa se réveille, guettant en vain un signe de vie dans le coffre-fort. Mais Giovanni est mort, étouffé. Dianora, fillette de Francesco née d'un premier mariage, lui apporte la clé trouvée dans un bateau sur les berges de l'Arno. Mona Lisa l'envoie à l'office du matin. N'ayant pas la force d'ouvrir le coffre-fort, elle dit à Francesco être en possession de la clé depuis la veille. Celui-ci ouvre le coffre-fort pour en vérifier le contenu et Mona Lisa le pousse à l'intérieur.

Tableau 2 Dans la maison du frère Certosa. La femme a suivi le récit avec une vive émotion et donne au frère convers de l'argent pour qu'une messe soit dite pour le repos de l'âme de Mona Lisa. En partant, elle laisse échapper un bouquet d'iris, les fleurs préférées de Mona Lisa.

S. N.

La scène de l'opéra vers 1911 : érotisme, joyaux et cruauté

Bien avant qu'il soit nommé *Generalmusikdirektor* à Stuttgart, les critiques de son époque avaient reconnu en Schillings le dramaturge musical et ses premiers opéras, *Ingwelde* et *Moloch,* lui valurent un franc succès auprès du public. Après le vide que laissa la mort de Wagner dans l'opéra allemand, Schillings apparut comme un successeur potentiel sur « la colline verte », digne de l'esprit de Bayreuth. Mais ce à quoi aspirait Schillings, à l'instar de ses contemporains les plus célèbres, → Richard Strauss, → Franz Schreker et l'Autrichien → Alexander von Zemlinsky, c'était une dramaturgie à facettes, plus de mélodies, de couleurs dans l'orchestre, d'érotisme dans les sujets. Par ailleurs, la soif, non pas de trôner sur le Parnasse, mais d'être de son temps, attira aussi Schillings dans son sillage et, s'il existe un livret *Jugendstil*, il s'agit sans nul doute de celui de Beatrice Vay-Dovsky, avec son superbe personnage féminin entouré de mystère, ses luxuriantes couleurs Renaissance, ses joyaux éblouissants et son érotisme brut et absolu.

M. S.

Mona Lisa, croquis de décor de Josef Fenneker avec le tableau de *Mona Lisa* en préparation pour la mise en scène de Julius Kapp, Städtische Oper de Berlin, 1953

Un moment fort du théâtre
De grands artistes russes ont participé à la création de cette œuvre, tels le violoncelliste et chef d'orchestre Mstislav Rostropovitch, le peintre et scénographe de renommée mondiale Ilia Kabakov, ainsi que le légendaire fondateur et directeur du théâtre de musique de chambre moscovite Boris Pokrovski : la rencontre unique de célébrités et de vieux amis qui, après la perestroïka, ont enfin eu l'occasion de se retrouver dans le cadre d'un projet commun.

Schnittke a fait d'une stylistique plurielle un programme, une méthode destinée à conjuguer le passé et le présent dans la musique.

Alfred Garriievitch Schnittke

Né à Engels (ex-Union soviétique) le 24 novembre 1934
Mort à Hambourg le 3 août 1998

Fils d'un journaliste qui travaillait par intermittence pour le journal viennois *Wiener Zeitung*, c'est à Vienne que Schnittke prend ses premières leçons de musique. En Union soviétique, il suit les cours de l'école de musique de Valentinovka dans les environs de Moscou, avant de devenir un excellent chef de chœur et pianiste. Il achève sa formation en 1961 au conservatoire de Moscou, où il étudie la composition et le contrepoint avec Jevgeni Golubov, et l'instrumentation avec Nikolaï Rakov. Ouvert à tous les styles, il s'inspire de Filip Herschkovitch, disciple de Webern, tout en se consacrant aux œuvres de → Stravinsky ou Chostakovitch. Ses fonctions d'enseignant au conservatoire (1961-1972) n'étant guère reconnues, il écrit de nombreuses musiques pour le cinéma et le théâtre. À partir de 1972, il est compositeur indépendant, puis membre de plusieurs académies européennes dans les années quatre-vingt. Il s'installe en 1985 à Hambourg, où il est chargé d'un cours de composition à la Musikhochschule à partir de 1988. Il obtient la nationalité allemande en 1990 et compte aujourd'hui parmi les compositeurs contemporains les plus célèbres.
Œuvres : *La Vie avec un idiot*, Amsterdam, 1992 ; *Gesualdo*, Vienne, 1994 ; *Historia von D. Johann Fausten*, Hambourg, 1995. Musique de films, ballets, musique pour orchestre, musique de chambre.

Une genèse difficile
Depuis que Schnittke avait découvert le récit de l'écrivain Jerofeiev en 1985, le sujet ne l'avait plus quitté. Mais la priorité revenait alors au drame de Faust, l'*Historia von D. Johann Fausten* (début en 1989). Sous la pression de ses amis et de son éditeur, qui insistaient pour qu'il mette le texte en musique, Schnittke se décida à en écrire lui-même le livret, tandis que Mstisav Rostropovitch lui remettait la commande de la composition pour le compte de l'Opéra d'Amsterdam et de la fondation Eduard van Beinum. Bientôt confronté au délai, Schnittke interrompit ses travaux sur l'opéra de Faust, raccourcit le livret d'un tiers et commença à composer. Durant l'orchestration du premier acte, entreprise en mai 1991, il fut victime d'une attaque qui, après un repos de trois mois, continua de le gêner. Afin de respecter le délai imparti, les compositeurs Wolfgang Nicklaus et Andreï, le fils de Schnittke, écrivirent la partie de piano. En couvrant tous les registres de la musique, Schnittke a donné naissance dans *La Vie*

La Vie avec un idiot

Opéra en deux actes (quatre scènes)

Livret : Viktor Jerofeiev
Création : le 13 avril 1992 à Amsterdam (De Nederlandse Opera)

Personnages : Je, l'écrivain (bar.), son épouse (sop.), Vova, l'idiot (tén.), le gardien (basse), un jeune fou (tén.), Marcel Proust (bar.) ; amis, fous, homosexuels, voix (chœur)

Argument
En Russie, à une époque indéfinie.

Acte I
Prologue et tableau 1 L'écrivain manque de compassion, un délit puni par l'obligation de prendre chez lui un fou, qu'il a toutefois le droit de choisir. L'écrivain pense à un fou religieux et les amis le félicitent d'écoper d'une si douce amende.

Tableau 2 À la recherche d'un fou religieux dans l'asile, l'écrivain apprend que le roux Vova est un être docile et absolument inoffensif. Un modeste pot-de-vin remis au gardien accélère la procédure et lui permet de ramener sur-le-champ Vova chez lui, dont le mode de communication se limite à un « Eche » expressif et riche en nuances. L'épouse de l'Écrivain considère la pièce rapportée au foyer sans grand enthousiasme.

Acte II
Tableau 1 La communication avec le fou s'avère d'abord difficile, car son « Eche » ne révèle rien sur sa personnalité ou sa vie. Mais le calme n'est que passager. Celui-ci ouvre un jour la porte du réfrigérateur, jette les denrées autour de lui et poursuit son œuvre destructrice dans la bibliothèque, où il déchire l'édition de Proust préférée de l'épouse. Mais le pire est à venir : lorsque le couple intervient, il fait ses besoins sur le tapis, en enduit les murs, démolit les meubles et le téléphone. Enfin, il jette l'écrivain hors de la chambre pour violer son épouse. Il finit par se calmer et l'épouse se montre tout aussi comblée.

avec un idiot à une gradation rythmique et diasthématique d'une grande subtilité. L'apogée dramatique se traduit par une immense explosion de l'ensemble de l'orchestre offrant un timbre d'une grande richesse. En dépit de sa dimension absurde, l'œuvre rencontra un tel succès qu'elle fut aussitôt donnée à Vienne (1992), Moscou (1993) et Wuppertal (1993).

M. S

Tableau 2 Des arguments logiques ne permettent pas de maîtriser la situation. L'écrivain remplace donc l'édition de Proust et achète de beaux habits pour Vova. En réponse, celui-ci offre à l'écrivain un bouquet de violettes et participe aux tâches ménagères. Ce nouveau bonheur s'achève brutalement avec l'avortement de l'épouse, car Vova se réjouissait de l'enfant à venir. Il se détache alors de l'épouse et au risque de la choquer, a une relation sexuelle avec l'écrivain. Les deux hommes négligent et maltraitent la femme. Ils partagent la même chambre à coucher. La femme exige de Vova qu'il choisisse entre eux deux. Le fou saisit alors le sécateur, décapite la femme, puis disparaît. L'acte dépasse le seuil de tolérance de l'écrivain, qui atterrit à l'asile sous les traits d'un nouvel idiot, accueilli par le gardien comme s'il était une vieille connaissance.

M. S.

« J'ai réussi à écrire un texte corrosif »

En choisissant le librettiste Viktor Jerofeiev, Schnittke a opté pour un écrivain contemporain bien connu. Né à Moscou en 1947, celui-ci est le conteur russe le plus important de son temps. Après avoir grandi à l'étranger dans un milieu ouvert à l'art, ce fils de diplomate a bientôt connu des difficultés quant à la publication de ses travaux en Union soviétique. Outre son exclusion du cercle des écrivains russes, il a reçu l'interdiction de faire publier ses œuvres, un verdict d'autant plus dur qu'il n'écrit que dans la langue russe. Pendant la perestroïka, Jerofeiev a été réhabilité sur le plan littéraire. Son roman *Une Beauté moscovite* écrit en 1980-1982 et paru en 1990, a rencontré un immense succès à travers le monde et a été traduit dans 20 langues. Il traite ici, comme dans *La Vie avec un idiot*, du thème de la sexualité, tabou dans la société soviétique. Jerofeiev vit en Russie et aux États-Unis, où il enseigne les langues et littératures slaves et romanes.

S. N.

La Vie avec un idiot, photo de la création, avec Dale Duesing (Je), Teresa Ringholz (l'épouse) et Howard Haskin (Vova), mise en scène : Boris Pokrovski, décors : Ilia Kabakov, direction musicale : Mstislav Rostropovitch, Het Muziektheater, De Nederlandse Opera, Amsterdam, 1992.
L'idée fondamentale du sujet est la domination du rationnel par l'irrationnel, deux pôles personnifiés par l'écrivain aux mots violents et par Vova, limité au son « eche ». Vova gagne le pouvoir, tandis que l'écrivain plonge dans une folie muette et finit à l'asile.

Arnold Schönberg

Né à Vienne le 13 septembre 1874
Mort à Los Angeles le 13 juillet 1951

Schönberg est issu d'une famille juive de la petite bourgeoisie. Comme beaucoup de Juifs de langue allemande au tournant du siècle, il n'attache pas véritablement d'importance à la foi mosaïque, davantage soucieux de s'assimiler à la culture de ses compatriotes. Il devient ainsi membre de l'Église évangélique en 1898. Néanmoins, au début des années vingt, son appartenance au judaïsme reprend son importance, et le contraint d'abandonner son poste à Berlin en 1933 et de partir aux États-Unis pour fuir le régime national-socialiste, il réintègre en chemin la communauté juive à Paris. Sa formation musicale est essentiellement celle d'un autodidacte et c'est peut-être la raison pour laquelle il est devenu l'un des plus grands professeurs du XXe siècle. Il se lance dans l'enseignement en 1903 dans une école privée de Vienne. À partir de 1904, ses classes de composition comptent pour élèves → Alban Berg et Anton von Webern. De 1911 à 1915, puis à nouveau de 1926 à 1933, il enseigne à Berlin. Après avoir émigré aux États-Unis (1933), il poursuit cette activité, tout d'abord à New York et plus tard à Los Angeles. Si ses premières œuvres (comme par exemple *Verklärte Nacht* pour sextuor à cordes) sont extrêmement romantiques, il remet bientôt en question les idéaux établis en matière de tonalité, ainsi que l'harmonie traditionnelle. Ses principales œuvres expressionnistes voient le jour au début des années dix. Après avoir expérimenté la dissolution du son (musique atonale), il recherche un nouvel ordre qu'il trouvera au début des années vingt dans le dodécaphonisme (système musical fondé sur douze sons). À compter de ce moment, il ne travaillera plus qu'avec ce système (à l'exception de quelques œuvres mineures), qui fera des émules parmi ses disciples les plus brillants, comme Berg et Webern.

Œuvres: pour la musique de scène: *Erwartung*, 1909, création 1924 (Attente); *Die glückliche Hand*, 1913, création 1924 (La Main heureuse); *Von heute auf morgen*, 1930 (Du Jour au lendemain); *Moses und Aron*, 1932, création 1954 (Moïse et Aaron); *Verklärte Nacht*, sextuor à cordes, 1899 (La Nuit transfigurée); *Gurrelieder* pour solistes, chœur et grand orchestre, 1900-1911; *Pelleas und Melisande*, poème symphonique, 1903 (Pelléas et Mélisande); *Pierrot lunaire*, 1912; *Die Jakobsleiter*, oratorio, 1917-1922 (L'Échelle de Jacob); *Ein Überlebender aus Warschau*, mélodrame, 1947 (Un Survivant de Varsovie). Deux symphonies de chambre, quatuors à cordes, lieder, chœurs, œuvres pour orchestre, œuvres pour piano.

Erwartung

Attente

Monodrame en un acte

Livret: Marie Pappenheim
Création: le 6 juin 1924 à Prague (Deutsches Theater)
Personnage: femme (sop.)

Argument

Dans une forêt, à l'époque actuelle.
Une femme évolue dans une forêt plongée dans l'obscurité. Terrifiée, celle-ci a le pressentiment qu'un malheur va se produire. Elle a rendez-vous avec son amant, qu'elle trouve mort. Elle revit auprès de son cadavre tous les stades de la jalousie et du désespoir, et reste seule, brisée et désemparée. s. k.

Ci-dessus
Erwartung, mise en scène: R. Hoffmann, Opéra de Francfort, 1994.
Dans *Erwartung*, Schönberg a voulu décrire au ralenti, en 30 minutes, ce qui se produit l'espace d'une seconde d'intense agitation psychique.

Erwartung, croquis de décor de Arnold Schönberg (sans date), Centre Arnold Schönberg de Vienne.
Pour une mise en scène d'*Erwartung* prévue au Hofoper de Vienne, Schönberg chargea le peintre Max Oppenheim de réaliser les esquisses des décors. Pour une mise en scène à Mannheim, il proposa Oskar Kokoschka
Si finalement le projet n'aboutit pas, Schönberg travailla lui-même à plusieurs ébauches pour une autre représentation programmée à Berlin en 1930.

Fièvre musicale

Le texte d'*Erwartung*, que Schönberg, dans la fièvre de son inspiration, mit en musique en 1909 (sa création eut lieu 15 ans plus tard), est l'œuvre d'une jeune femme médecin, Marie Pappenheim (l'épouse d'un éminent neurologue). Celle-ci excellait dans l'écriture et certains de ses poèmes furent publiés dans la revue de Karl Kraus, *Die Fackel*. La musique d'*Erwartung* est l'exemple même de ce que l'on appelle l'expressionnisme musical, une sorte de radiographie des timbres s'efforçant de suivre le plus fidèlement possible le cheminement d'une âme malade. (Le philosophe et musicologue Theodor Adorno voyait là un enregistrement « sismique de chocs traumatiques ».) La tonalité, les thèmes et les motifs de base, ainsi que les reprises structurantes dans l'ancien sens du terme ont disparu pour faire place à de fortes dissonances. Et ce que les analystes qualifient de « relation thématique » n'est, semble-t-il, guère plus qu'une ressemblance fortuite. Fortissimo aigu et pianissimo à peine audible se succèdent à la manière d'une rapsodie. Schönberg pousse ici à l'extrême l'idée d'une prose musicale, c'est-à-dire d'une musique sans reprise ni période.

Schönberg fut, selon Willi Reich, un « révolutionnaire conservateur » qui, dans le domaine de la tradition musicale austro-allemande, tira les derniers enseignements de la période classique romantique pour développer un système de composition fondé sur l'emploi des douze sons n'ayant de rapports qu'entre eux.

La découverte de la technique des douze sons

Schönberg justifia historiquement la création de sa méthode de composition avec douze sons comme s'inscrivant dans le processus d'évolution permanente qui caractérise l'histoire de la musique européenne. Au Moyen Âge, marqué par l'emploi des tonalités religieuses succéda l'ère des modes majeur et mineur. Quand leurs possibilités commencèrent à s'épuiser, la gamme diatonique connut une évolution résolument chromatique. Dans → *Tristan und Isolde*, Richard Wagner atteignit alors la limite des tonalités. Après l'ancien système modal, l'utilisation équivalente des notes chromatiques jeta le trouble dans le système tonal. Un pas de plus mena à la dissolution des tonalités : l'atonalité (l'abandon des tonalités connues) était née, utilisant de manière égale l'ensemble des douze degrés de la gamme chromatique occidentale. L'enchaînement des sons (motifs, thèmes et modulations) ne se rapportant plus à la note dite dominante ou à la tonique, un nouvel ordre s'imposait : un nouveau système des rapports. Une conclusion et une méthode dont tout le mérite revient à Arnold Schönberg.

S. K.

Erwartung, projet de décor d'Alfred Siercke pour la mise en scène de Günther Rennert, Staatsoper de Hambourg, 1954 (TWS). Schönberg désirait que l'on comprenne son monodrame comme un cauchemar, la femme devant se trouver dans une forêt réelle. C'est la forêt elle-même qui lui inspire la peur ; les chemins qu'elle emprunte sont illuminés pour représenter le cheminement de ses visions.

Die glückliche Hand
La Main heureuse

Drame avec musique en un acte

Livret: Arnold Schönberg
Création: le 14 octobre 1924 à Vienne (Volksoper)
Personnages: un homme (bar.), une femme (rôle muet), un monsieur (rôle muet); six femmes et six hommes (chœur)

Argument
À une époque et en un lieu indéfinis (action symbolique).

La pièce commence avec la voix du subconscient (imaginé par un petit chœur invisible). Au début, l'homme semble être la victime d'un être fabuleux, sa dépression. Or, le monstre se volatilise. L'homme se figure être un génie, capable, entre autres choses, de créer instantanément et sans la moindre peine un superbe diadème. Pourtant, ce que son œuvre lui apporte, la vie le lui refuse: le bonheur. Sa femme le quitte pour un monsieur « élégamment vêtu », symbole du capitaliste nanti et du pouvoir (et du diable). Le monstre fabuleux réapparaît à la fin et l'homme se demande inconsciemment (chœur à l'arrière-plan): « Fallait-il que tu revives une fois encore ce que tu vis si souvent? Était-ce nécessaire? Ne peux-tu donc pas renoncer? Enfin te résigner? »

S. K.

Die glückliche Hand, projet de décor de Walter Gondolf pour la mise en scène d'Erich Bormann, Bühnen der Stadt de Cologne, 1954-1955 (TWS). Esquisse des décors avec partition en couleurs. Au moment où *Die glückliche Hand* voit le jour (1913), la conception scénique de Schönberg, évoquant la synesthésie, est dans l'air. Ainsi le compositeur russe de la fin du romantisme, Alexandre Scriabine, et le peintre Vassily Kandinsky se sont-ils prêtés à des expériences sur l'interprétation des couleurs et de la lumière – avec et sans musique. De la même façon, les couleurs symbolisent les scènes et les qualités humaines dans l'opéra de → Bartók, *Le Château de Barbe-Bleue* (1911).

Autobiographie
Schönberg composa cet opéra dès 1913, une œuvre aux traits indéniablement autobiographiques. Le compositeur avait effectivement traversé de graves problèmes conjugaux en 1907, lorsque sa première femme Mathilde (la sœur du compositeur et ami → Alexander von Zemlinsky), maîtresse du peintre Richard Gerstl avait quitté mari et enfant. Les amis de Schönberg (notamment Anton von Webern) avaient fini par la convaincre de réintégrer le foyer conjugal (le peintre s'était suicidé peu après).

Couleurs
Les couleurs jouent ici un rôle important. Pas seulement les couleurs du timbre de l'orchestre gigantesque, mais aussi celles de la lumière. Schönberg en personne conçut méticuleusement les effets de l'éclairage scénique. Ainsi un « crescendo lumineux » est-il prévu au milieu de la pièce, allant d'une lumière tamisée rougeâtre au jaune clair en passant par des teintes vert sale, gris-bleu foncé, violet, rouge foncé, rouge orangé, orange. Selon la partition, ce crescendo de la

lumière (et le bruit simultané de la tempête) doit émaner de l'« homme », un passage naturellement rendu aussi sur le plan musical.

Le peintre Schönberg
Si Schönberg épuisa tous les modes d'expression artistique, il avait aussi un don pour la peinture, un art qu'il dut d'abord apprendre. Pour ce faire, il s'adressa à Richard Gerstl, dont l'atelier se trouvait sous le même toit que le foyer de la famille Schönberg en 1908. Mathilde Schönberg posa ainsi à plusieurs reprises pour le peintre. Par la suite, le compositeur fit la connaissance d'un artiste russe qui vivait en Allemagne, Vassily Kandinsky, et du cercle du Blaue Reiter. Kandinsky travaillait alors à une doctrine chromatique fort complexe qu'il enseigna plus tard au Bauhaus. Il attribuait à chaque couleur une expression : le jaune, par exemple, incarnait l'activité et l'énergie. Schönberg semble avoir repris ces idées, ce qui explique peut-être la singularité de ses autoportraits, dont les yeux sont souvent colorés de jaune vif. Le compositeur réalisa un grand nombre de tableaux au cœur desquels figurent ses autoportraits.

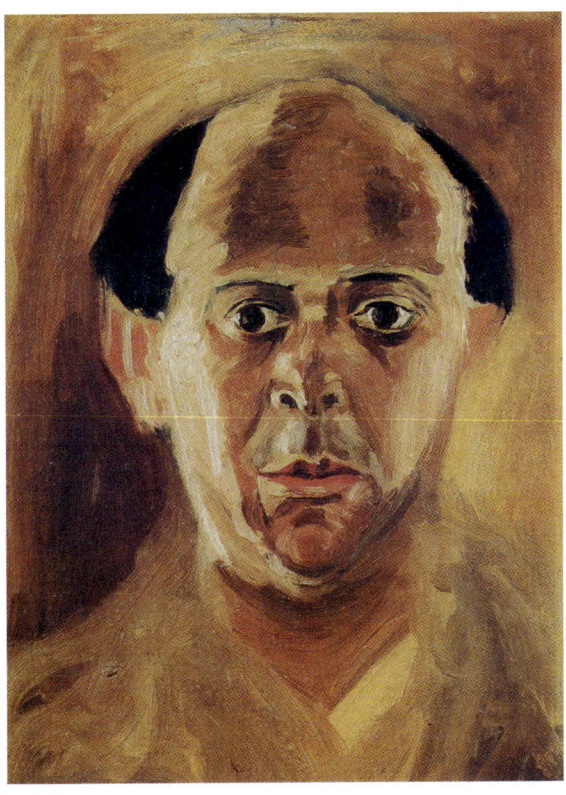

Arnold Schönberg, autoportrait, huile sur toile (sans date), Centre Arnold Schönberg de Vienne.
Schönberg réalisa un grand nombre d'autoportraits dans la tradition de l'expressionnisme allemand. S'il ne fut qu'un peintre épigone, il innova dans la musique en fondant la méthode des douze sons, un système fonctionnant de la façon suivante : le compositeur fixe préalablement les douze sons différents d'une série qui sera conservée dans toute l'œuvre. Les séries et leurs dérivés (la forme renversée, la forme récurrente et la récurrence du renversement) peuvent être également transposés (sur d'autres degrés de l'échelle chromatique). Si cette technique a fait l'objet de vives critiques, elle n'en constitue pas moins une innovation révolutionnaire incontournable.

Von heute auf morgen
Du Jour au lendemain

Opéra en un acte

Livret : Max Blonda (Gertrud Kolisch-Schönberg)
Création : le 1er février 1930 à Francfort-sur-le-Main (opéra)

Personnages : la femme (sop.), le mari (bar.), l'amie (sop.), le chanteur (tén.), l'enfant (rôle parlé)

Argument
Dans une ville allemande, à l'époque actuelle.
Un couple rentre à la maison après une soirée divertissante. Le mari ne parvient pas à oublier l'amie charmante. Sa femme décide de lui donner une leçon et revêt les habits élégants d'une femme « moderne » qui ne veut plus s'occuper des tâches ménagères. En outre, elle exprime son attirance pour un chanteur. Un conflit éclate. Mais quand surviennent l'amie et le chanteur, le couple a retrouvé son équilibre. Le mari prend conscience des avantages du couple traditionnel et ne veut plus vivre au jour le jour ni quitter sa femme. Quand l'enfant demande ce qu'est une personne moderne, le rideau tombe en guise de réponse.
S. K.

« Un révolutionnaire conservateur »
Tel est le titre pertinent que Willi Reich a attribué à sa monographie de Schönberg (1968). Les convictions conservatrices de l'inventeur du dodécaphonisme, tant dans son art que dans la vie courante, ne font aucun doute et, en vieillissant, celui-ci a accordé une importance croissante aux traditions. Un an après la mort de sa femme, il se remarie avec Gertrud Kolisch (1924), la sœur du violoniste Rudolph Kolisch, en laquelle il trouvera une compagne idéale. Gertrud partage ses opinions sur la morale et la tradition, tous deux jugeant le nouveau style de vie à la mode immoral, voire dangereux pour la santé de la société. À ce sujet, l'opéra *Von heute auf morgen* témoigne de leur communion d'esprit, dont Gertrud Kolisch-Schönberg écrira le texte sous le pseudonyme de Max Blonda. La musique est rigoureusement dodécaphonique, et exige des chanteurs une concentration et des efforts extrêmes.
S. K.

Ci-dessus
Von heute auf morgen, figure de Sophia Schroeck représentant la femme, mise en scène : Hans Hartleb, Amsterdam, 1961 (TWS).
L'épouse sous les traits d'une dame demi-mondaine à la mode. La métamorphose de la femme mariée est l'idée dramatique centrale de cette œuvre.

Von heute auf morgen, Else Genter-Fischer (la femme), Benno Ziegler (le mari), Elisabeth Friedrich (l'amie) et Anton Maria Topitz (le chanteur), mise en scène : Herbert Graf, direction musicale : Hans Wilhelm Steinberg, Opéra de Francfort, 1930.

Moses und Aron, affiche de la représentation au Städtische Oper de Berlin, 1960. Après Hambourg et Zurich, représentation au Städtische Oper de Berlin sous la direction musicale de Hermann Scherchen (mise en scène : Gustav Rudolf Sellner). Une production jugée novatrice dans les années soixante.

Moses und Aron

Moïse et Aaron

Opéra en trois actes

Livret : Arnold Schönberg
Création : en concert : le 12 mars 1954 à Hambourg (Musikhalle) ; sur scène : le 6 juin 1957 à Zurich (Stadthalle)
Personnages : Moses/Moïse (rôle parlé), Aron/Aaron (tén.), le prêtre (basse), la jeune fille (sop.), une malade (alto), l'éphèbe nu (tén.), l'éphraïmite (bar.), un homme (bar.), quatre vierges nues (2 sop., 2 alti) ; voix du buisson ardent, mendiantes et mendiants, quelques vieillards, 70 aïeux, 12 princes, chœur (chœur) ; six voix solo dans l'orchestre

Argument
Pendant l'exode biblique, sur le mont Sinaï, vers 1200 avant J.-C.

Acte I
Scène 1 Dieu se présente à Moïse sous la forme d'une voix sortant du buisson ardent et lui donne la mission de libérer le peuple israélien d'Égypte. Il ordonne de mettre fin à l'idolâtrie et lui révèle la foi en lui, Dieu unique, invisible et inimaginable. Si Moïse comprend la parole de Dieu, il s'avère un piètre orateur. Aussi Aaron l'aidera-t-il dans sa mission.
Scène 2 Moïse et Aaron se rencontrent dans le désert. Moïse veut proclamer la parole de Dieu telle qu'il l'a reçue, tandis qu'Aaron revendique un message plus populiste.
Scène 3 La nouvelle de l'alliance de Moïse et Aaron avec un « nouveau » Dieu suscite aussi bien l'assentiment que le rejet parmi les Juifs.
Scène 4 Moïse et Aaron proclament la nouvelle d'un Dieu unique, invisible et inimaginable. Le peuple accueille les paroles de Moïse avec scepticisme, mais se laisse convaincre par Aaron.

Acte II
Scène 1 Depuis quarante jours, Moïse s'est retiré au sommet de la montagne, où Dieu lui révèle les Tables de la Loi. Le peuple est privé de son guide et les premiers signes d'anarchie apparaissent. Les soixante-dix aïeux prient Aaron de remédier rapidement à la situation.
Scène 2 Le peuple exigeant le retour aux anciens dieux, Aaron autorise qu'une idole tangible, un Veau d'or, soit édifiée.
Scène 3 Le Veau d'or est intronisé avec des danses et des rituels sanglants.
Scène 4 Moïse descend de la montagne avec les tables de la Loi. Sa parole divine fait autorité et il détruit l'idole.
Scène 5 Moïse rend Aaron responsable, mais celui-ci se défend habilement, expliquant que si les idoles sont fausses, il en est de même pour les Tables qui, elles aussi, ne sont que des images de la pensée. Moïse détruit alors les Tables de la Loi. Lorsque le peuple suit une colonne de feu se transformant en colonne de nuages, il se résigne : *O Wort, du Wort, das mir fehlt.* (Ô parole, parole qui me manque !)
(Dans l'acte III, que Schönberg n'a pu mettre en musique, le conflit entre Moïse et Aaron se poursuit. Aaron est condamné à mort pour avoir porté outrage à l'esprit des paroles divines. Moïse lui offre la liberté : *Wenn er es vermag, so lebe er* (Laissez-le libre et, s'il le peut, qu'il vive). Mais, à peine libéré de ses chaînes, Aaron s'effondre, mort.

S. K.

L'ébauche achevée
À l'origine, Schönberg voulut composer un oratorio en restant le plus fidèle possible au texte de la Bible. Mais la traduction luthérienne, qu'il jugeait archaïque, ainsi que les contradictions parsemant la Bible, notamment concernant le rôle d'Aaron, l'en dissuadèrent. Il décida donc de traiter librement le texte biblique. La mise en musique des deux premiers actes fut réalisée entre mai 1930 et mars 1932 (avant son émigration). Schönberg écrivit le texte complet du troisième acte et fit quelques ébauches de la musique en 1937, qui ne furent jamais achevées. L'effondrement de Moïse (à la fin du deuxième acte) raconte l'essentiel, et si cette œuvre est restée inachevée, elle n'en constitue pas moins une entité.

Moses und Aron, mise en scène : Harry Kupfer, direction musicale : Siegfried Kurz, décors : Reinhart Zimmermann, costumes : Hartmut Henning, Staatsoper de Dresde, 1975.
La mise en scène de Harry Kupfer en 1975 fut un événement sans précédent. On apprécia l'approche en termes de conception et d'esthétique qui consistait à représenter l'histoire biblique de l'interdiction des images dans le contexte contemporain d'un conflit de pouvoir.

Moses und Aron, croquis de décor de Paul Haferung pour la création scénique de Zurich de 1957 dans le cadre du festival mondial de la musique de la Société internationale de musique nouvelle au Stadttheater de Zurich (TWS), mise en scène : Karl Heinz Krahl, direction musicale : Hans Rosbaud, avec 350 répétitions des chœurs et 50 de l'orchestre.
Si Schönberg rejetait vigoureusement toute identification à Moïse, il ne contestait pas sa ressemblance avec le chef des Hébreux et se plaçait de son côté dans le conflit qui l'oppose à Aaron.

Dieu et le peuple

Le chœur est remarquablement traité. Dieu et le peuple sont représentés par des procédés musicaux semblables, le timbre singulier d'un chœur chantant et parlant à moitié. Dans la conception de Schönberg, le peuple élu est en quelque sorte le reflet de Dieu. Malgré tous ses méfaits, il porte en soi de manière latente la perfection divine, tandis que Moïse et Aaron sont imparfaits, car dépendants l'un de l'autre. Moïse, l'homme de la pensée, mais mauvais orateur (qui, selon la Bible, bégayait !), s'en tient presque exclusivement au *Sprechgesang*, tandis qu'Aaron chante en *bel canto*.

Alpha et oméga

La musique de cet opéra est purement dodécaphonique, reposant entièrement sur une seule série. Les deux premiers accords (symbole de Dieu) N 2 sont formés au début et à la fin de la série (d'où les symboles Alpha et Omega). N 1

Un ballet dodécaphonique

La polyphonie de Schönberg s'avère toujours magistrale et hautement complexe. La plupart des choristes exécutent ici un canon à deux voix. La *Tanz um das Goldene Kalb* (la danse du Veau d'or) est devenue célèbre. Le compositeur, qui ne souffrait aucune forme de ballet, tenta ici de créer un numéro populaire et séduisant sans pour autant abandonner les principes du dodécaphonisme.

Et si Dieu téléphonait ?

Une idée saugrenue (peut-être sous l'influence du *Zeitoper* ou théâtre contemporain, → Krenek) avec laquelle Schönberg pensait résoudre le problème suivant : Dieu étant invisible, le chœur devait l'être également. Le timbre des voix devait donc provenir de l'arrière-plan. Or, Schönberg craignait qu'il ne soit pas suffisamment fort. L'usage de micros étant à l'époque peu répandu, il pensa installer sur la scène six téléphones censés « transmettre » la parole divine. Rapidement oubliée par le compositeur, cette idée ne fut jamais réalisée.

S. K.

Franz Schreker

Né à Monaco le 23 mars 1878
Mort à Berlin le 21 mars 1934

Schreker étudie la composition à Vienne auprès de Robert Fuchs et Hermann Graedener, ainsi que le violon auprès de Sigismund Bachrich et Josef Rosé. Fondateur (1908) et plus tard directeur (1911) du chœur philharmonique de Vienne, il est nommé en 1912 à la Musikakademie de la capitale autrichienne. À partir de 1920, il est à la tête de la Musikhochschule de Berlin, avant de diriger un cours de composition à la Preussische Akademie der Künste berlinoise en 1932-1933. Schreker a pour amis → Schönberg et → Berg, et compte parmi ses disciples Alois Hába et → Ernst Krenek. Il fait partie des compositeurs d'opéra les plus populaires de son époque, éclipsant même → Richard Strauss par le nombre de représentations de ses œuvres lyriques. En 1933, il est relevé de toutes ses fonctions par le régime national-socialiste.
Œuvres : Opéras : *Flammen*, 1902, création scénique 1985 (Flammes) ; *Der ferne Klang*, 1912 (Le Son lointain) ; *Das Spielwerk und die Prinzessin*, 1913 (Le Jouet et la princesse) ; *Die Gezeichneten*, 1918 (Les Maudits) ; *Der Schatzgräber*, 1920 (Le Chercheur de trésors) ; *Irrelohe*, 1924 (Flamme folle) ; *Der singende Teufel*, 1928 (Le Diable chantant) ; *Christophorus*, 1929, création 1978 ; *Der Schmied von Gent*, 1932 (Le Forgeron de Gand). Pièces pour la danse, parmi lesquelles *Der Geburtstag der Infantin*, 1908 (L'Anniversaire de l'infante), œuvres pour orchestre, musique vocale.

Der ferne Klang
Le Son lointain

Opéra en trois actes

Livret : Franz Schreker
Création : le 18 août 1912 à Francfort-sur-le-Main (Opéra)
Personnages : le vieux Graumann, un petit fonctionnaire à la retraite (basse), sa femme (mezzosop.), Grete, leur fille, au deuxième acte sous le nom de Greta, au troisième acte sous celui de Tini (sop.), Fritz, un jeune artiste (tén.), le tenancier de l'auberge Zum Schwan (basse), un baladin (bar.), le Dr. Vigelius, avocat marron (bar.-basse), une vieille femme (mezzosop. ou alto aigu), une jeune fille (mezzosop.), des danseuses : Mizi (sop.), Milli (mezzosop.), Mary (sop.), une Espagnole (alto), des noceurs : le comte, 24 ans (bar.), le baron, 50 ans (basse), le chevalier, 30-35 ans (tén.), Rudolf, intime de Fritz et médecin (bar.-basse), deux choristes (tén., basse), la serveuse (mezzosop.), un individu douteux (tén.), un policier (basse), un serviteur (rôle parlé) ; invités, serveurs et serveuses et domestiques de l'auberge Zum Schwan, jeunes filles, danseuses de toutes les nations, hommes et femmes en partie masqués, personnel du théâtre, spectateurs du théâtre, voiturier (chœur, ballet)

Argument
Dans une petite ville, à Venise et dans une grande ville, au début du XXe siècle.

Acte I
Grete et Fritz s'aiment, mais un son lointain attire le compositeur, qui se sépare de sa bien-aimée. Le Dr Vigelius s'est accordé une plaisanterie avec le père, ivrogne, de Grete, auquel il conseille d'offrir sa fille en gage à l'aubergiste. Le père exige alors que Grete épouse l'aubergiste. Aucune prière ne peut le faire

Schreker fut à la fois le compositeur le plus populaire d'un art lyrique influencé par la psychologie des profondeurs, avec des sujets symboliques d'une extrême intensité, écartelant de manière pathétique les conflits sexuels, et le maître des timbres expressifs qui épuisa toutes les possibilités du chromatisme.

Der ferne Klang, Catherine Malfitano (Grete) et Thomas Moser (Fritz), mise en scène : Jürgen Flimm, direction musicale : Gerd Albrecht, décors : Rolf Glittenberg, Staatsoper de Vienne, 1991.
Alors que le directeur du Hofoper de Vienne avait jadis refusé l'œuvre, jugeant le livret « impossible », la ville devait bien une reprise à son élève prodige (Schreker fit ses études dans la ville impériale). On célébra en 1991 la redécouverte du couple formidable mis en musique dans l'opéra de Schreker. Néanmoins, cette œuvre confronte chaque metteur en scène à la difficulté de « concrétiser » la quête indéfinie exprimée par la musique, ici sous la forme des retrouvailles de Grete et de Fritz.

changer d'avis. Seule une vieille femme étrange témoigne de la sympathie à Grete. La malheureuse fuit le foyer parental. Réalisant qu'elle ne trouvera plus Fritz, Grete veut se noyer dans le lac. Mais le charme de la nature la console et la fait changer d'avis. Épuisée, celle-ci s'endort dans la forêt. La vieille femme arrive sur le chemin et emmène Grete avec elle.

Acte II
Dix ans plus tard, dans un dancing à Venise. Grete est ici une star que l'on courtise, mais reste torturée par le souvenir de Fritz. Elle décide de céder à celui de ses prétendants qui saura le lui faire oublier. Le comte et le chevalier sont rivaux. Tandis que Grete se demande qui sortira vainqueur, un bateau apparaît sur la mer, avec Fritz à son bord, dans un état misérable. Après avoir pourchassé le son lointain sans parvenir à le saisir, il a cherché Grete dans le monde entier jusqu'à ce que le son le mène en ce lieu. Il souhaite rester aux côtés de Grete et partager sa vie. Radieuse, elle accepte. Mais s'apercevant qu'il se trouve dans une maison de joie, Fritz rejette Grete et la quitte. Grete s'enfuit à nouveau, cette fois avec le comte.

Acte III
Dans un jardin placé devant un café, non loin du théâtre, le Dr Vigelius se reproche d'avoir jadis joué un mauvais tour au père de Grete, qui l'a chassée du foyer. On donne au théâtre une nouvelle pièce *Die Harfe* (La Harpe) du compositeur Fritz. Grete, qui gagne sa vie en offrant ses charmes, a vu la pièce et se montre profondément bouleversée par la musique. Lorsque le troisième acte, contre toute attente, se révèle un échec, Grete, désireuse de réconforter Fritz, prie le Dr Vigelius de la mener au compositeur. Celui-ci vit reclus et apparaît sous les traits d'un homme gravement malade, épuisé, qui n'a plus depuis longtemps entendu le son lointain. Mais lorsque Grete entre dans la pièce, il entend distinctement le fameux son. Heureux, il se jette dans les bras de la jeune femme et meurt.
S. N.

Les stations d'un succès à scandale
Vers 1900, Schreker pense déjà à un opéra qui ne reposerait pas seulement sur la musique, mais qui serait la musique même. Le poète Ferdinand Saar sera le seul à le soutenir pendant la phase d'élaboration, tandis que d'autres amis, y compris son professeur Robert Fuchs, le décourageront. Ses idées paraissent trop insolites. Schreker n'achève qu'en 1910 l'instrumentation de sa première grande œuvre pour la scène, dont la création connaîtra un succès phénoménal, véritable consécration de sa carrière de compositeur lyrique. La pièce sera jouée sur toutes les grandes scènes jusqu'à son interdiction par le régime national-socialiste. En dépit de son aspect romantique, cet opéra se veut profondément anti romantique. Point de destin d'artiste au cœur du sujet, mais la misère de ceux qui restent. Le fin mot de l'histoire: la réalisation du bonheur personnel tout comme l'accomplissement artistique ne se situent pas dans un lointain éblouissant, mais dans la proximité des choses indignes. N 1

M. S.

1. Le son lointain

Der ferne Klang, Thomas Moser dans le rôle de Fritz, mise en scène: Jürgen Flimm, direction musicale: Gerd Albrecht, décors: Rolf Glittenberg, Staatsoper de Vienne, 1991.
Au tournant du siècle, les artistes viennois octroyaient une place importante au rêve et au monde du subconscient en général. Schreker voyait une signification particulière dans le pont (brisé) entre le domaine onirique et la réalité. Fritz demeure ainsi au bord du rêve, dans l'utopie des beaux-arts, qui, comme la Lorelei, l'attire dans le royaume des morts.

Die Gezeichneten, Karl Erb dans le rôle d'Alviano Salvago, vers 1918.
Le grand ténor allemand Karl Erb (1877-1958) chanta la partie d'Alviano lors de la création, comme un an auparavant le rôle principal de → *Palestrina* de Pfitzner. Il fut un chanteur virtuose, un interprète de Mozart adulé, ainsi qu'un évangéliste bouleversant dans les *Passions* de Bach.

Style et réception

Dans *Die Gezeichneten*, Franz Schreker se réclame de l'expressionnisme, se concentrant sur une représentation nuancée d'événements psychiques en recourant aux supports symphoniques pour la facture d'un contexte musicalement rigoureux. Si la guerre interrompit le triomphe des *Gezeichneten* après la création de 1918, plus rien ne put l'arrêter dans les années vingt. Mais le régime national-socialiste interdit les œuvres de Schreker et la génération d'après-guerre oublia le compositeur jadis célèbre. Une première résurgence s'est timidement annoncée au début des années soixante dix.

Die Gezeichneten

Les Maudits

Opéra en trois actes

Livret: Franz Schreker
Création: le 25 avril 1918 à Francfort-sur-le-Main (Opéra)
Personnages: le duc Antoniotto Adorno (bar.-basse), le comte Andrea Vitelozzo Tamare (bar.), Lodovico Nardi, podestat de la ville de Gênes (basse), son épouse (rôle muet), Carlotta Nardi, sa fille (sop.), Alviano Salvago, noble génois (tén.), Guidobald Usodimare (tén.), Menaldo Negroni (tén.), Michelotto Cibo (bar.), Gonsalvo Fieschi (bar.), Julian Pinelli, noble génois (bar.), Paolo Calvi, noble génois (basse), une servante (mezzosop.), le capitaine de justice (basse), Ginevra Scotti (sop.), Martuccia, employée de maison chez Salvago (alto), Pietro (tén.), un éphèbe (tén.), son ami (basse), une jeune fille (sop.), six sénateurs (2 tén., 2 bar., 2 basses), trois citoyens (tén., bar., basse), le père (basse), la mère (alto), l'enfant (sop.), trois jeunes gens (tén., bar., basse), un citoyen géant (basse), huit personnes masquées (rôles muets); peuple de Gênes, nobles, citoyens, soldats, servantes et servants, femmes, jeunes filles, enfants, faune, naïades, bacchantes (chœur, ballet, figurants)

Argument

À Gênes, au XVIᵉ siècle.

Acte I

Alviano, ayant tiré les conséquences de sa laideur, évite tout contact avec la gent féminine. Fort généreux, il veut offrir son île Elysium aux citoyens de Gênes. Mais ses amis de la noblesse qui ont utilisé l'endroit secrètement pour des orgies, interviennent auprès du duc Adorno. L'un d'entre eux, Tamare, est tombé amoureux de Carlotta, la fille du podestat. Mais celle-ci repousse ses avances, ayant des vues sur Alviano, dont elle veut peindre l'âme.

Acte II

Le rejet de Carlotta rend fou Tamare, qui jure de l'enlever et d'en faire une fille de joie. Le duc Adorno apprend ce qui s'est passé sur l'île et, comme il ne veut pas de problèmes, fait tout pour camoufler le précédent.
Carlotta doit d'abord séduire l'âme d'Alviano et se sert pour cela de ses charmes féminins. Alviano se croit aimé.

Acte III

Étonnés, les citoyens de Gênes prennent possession de l'île. Alviano demande la main de Carlotta au Podestat. Mais celle-ci lui échappe pour tomber entre les mains de Tamare, auquel, consentante, elle se donne.
Pendant ce temps, le duc fait circuler la rumeur qu'Alviano enlève des jeunes filles dont il abuse.
La foule se presse dans une grotte secrète, où gît Carlotta, mourante. Tamare se vante en public de son rapt. Alviano lui donne un coup de poignard. Effrayée par le cri que pousse Tamare avant de rendre l'âme, Carlotta appelle son bien-aimé, pensant à Tamare, et meurt. Alviano sombre dans la folie.

S. N.

Die Gezeichneten, mise en scène: Günter Krämer, direction musicale: Hans Wallat, décors: Xenia Hausner, Deutsche Oper am Rhein de Düsseldorf, 1987.
La scène-clé de l'opéra se joue dans l'atelier de Carlotta. Alviano se méprend sur son intérêt artistique de peindre l'âme noble du hideux personnage. Ainsi s'élève le duo de la soprano et du ténor qui devrait être celui de l'amour; mais le rôle de l'amant, sensuel et érotique, est réservé au baryton, Tamare.

Ci-dessus
Die Gezeichneten, mise en scène : Günter Krämer, direction musicale : Hans Wallat, décors : Xenia Hausner, Deutsche Oper am Rhein de Düsseldorf, 1987.
Les maudits sont ceux qui aspirent langoureusement à la beauté. La beauté, ici sous les traits de la femme, possède dans le monde de Schreker une fonction similaire à celle du son lointain.

Die Gezeichneten, mise en scène : Günter Krämer, direction musicale : Hans Wallat, décors : Xenia Hausner, Deutsche Oper am Rhein de Düsseldorf, 1987.
Avant même la composition des *Gezeichneten*, Schreker s'intéressa au personnage dramatique de l'être laid. En 1908, il composa un ballet-pantomime, *Der Geburtstag der Infantin* (d'après Oscar Wilde), dont le héros souffrant est un nain bossu. Un sujet qui inspira également Zemlinsky dans sa pièce en un acte *Der Zwerg* (Le Nain).

La fascination de la laideur
L'idée d'un homme laid, mais noble, qu'un amour malheureux conduit au crime revient à → Alexander Zemlinsky, lui-même accusé jadis de laideur par la jeune Alma Schindler, qui le quitta au profit de Gustav Mahler. « Il était un affreux gnome. Petit, sans menton et édenté, portant toujours sur lui ces odeurs des salons de thé, sale... mais incroyablement fascinant par la vivacité et l'intensité de son esprit », avoue Alma Mahler-Werfel dans ses mémoires. Après que Schreker eut achevé le texte des *Gezeichneten* pour Zemlinsky, il l'utilisa lui-même pour la composition entreprise en 1911 et achevée en 1915.

M. S.

Der Schatzgräber
Le Chercheur de trésors

Opéra en un prologue, quatre actes et un épilogue

Livret: Franz Schreker
Création: le 21 janvier 1920 à Francfort-sur-le-Main (Oper)
Personnages: Le roi (bar.-basse), la reine (rôle muet), le chancelier (tén.), le comte, Herold (bar.), le Magister, médecin personnel du roi (basse), le fou (tén.), le bailli (bar.), le hobereau (bar.), Elis, troubadour et scholar (tén.), le maire (basse), l'employé aux écritures (tén.), l'aubergiste (basse), Els, sa fille (sop.), Albi, son valet (tén.), un valet de la campagne (basse), trois citoyens (tén., bar. basse), deux vieilles filles (2 mezzosop. ou 2 alti), une femme (alto ou mezzosop.), des bourreaux, des geôliers (rôles muets); ducs, comtes, cavaliers, nobles et leurs femmes, valets de la campagne (soldats), moines, peuple (chœur, figurants)

Argument
Dans le royaume d'Allemagne au Moyen Âge.

Prologue
La reine a perdu son bijou, et ainsi sa beauté et sa fertilité. Le fou lui apporte conseil: le troubadour Elis peut trouver tous les trésors du monde avec son luth. Si Elis trouve le trésor, le fou pourra choisir une épouse.

Acte I
Els, la fille de l'aubergiste, doit, sur l'ordre de son père, épouser un hobereau qu'elle déteste. Elle envoie son prétendant chercher le bijou de la reine pour le lui rapporter. Elle charge toutefois le valet Albi de tuer le hobereau. Le troubadour Elis se mêle aux invités de la noce. Venant de trouver un précieux joyau dans la forêt, il l'offre à la mariée. Ils s'éprennent l'un de l'autre. Mais le hobereau est retrouvé mort dans les bois et Elis est accusé du meurtre.

Acte II
Le troubadour doit être pendu. Els demande conseil au fou qui vient à son secours; les messagers du roi libèrent Elis pour qu'il trouve le joyau de la reine. Pour ne pas être démasquée, Els demande à Albi de voler le luth du troubadour.

Acte III
Els offre elle-même le bijou à Elis durant une nuit d'amour, à la condition qu'il n'en demande jamais l'origine et qu'il lui fasse toujours confiance.

Acte IV
Elis rapporte son bijou à la reine, qui le félicite. Mais Albi a été emprisonné et a fait des aveux. Els est démasquée comme l'instigatrice du meurtre. Le fou rappelle à la reine la promesse qu'elle lui a faite et choisit Els pour épouse, ainsi sauvée du bûcher. Quand à Elis, il se détourne d'Els.

Épilogue
Un an plus tard. Els est mourante. Le fou va quérir le troubadour Elis, qui chante à Els ses plus belles ballades. Celle-ci croit n'avoir fait qu'un mauvais rêve et meurt, réconciliée, dans les bras d'Elis.

S. N.

Der Schatzgräber, Harald Stamm, Franziska Ponitz, Josef Protschka et Gabriele Schnaut, mise en scène: Günter Krämer, direction musicale: Gerd Albrecht, Staatsoper de Hambourg, 1989.
Cette mise en scène au Staatsoper de Hambourg a ramené l'œuvre sur la scène.

Else, Elis, Els…

C'est une scène de vacances en 1915 – la fille d'un paysan, Else, entonnant à la veillée de vieux chants au son du luth – qui incita Schreker à composer ce livret à la manière d'une ballade. Else y incarne deux personnages : le troubadour errant Elis qui, même devant la mort, parvient à chanter un chant merveilleux N 2, et sa bien-aimée Els, la fille diabolique de l'aubergiste. Pendant qu'il travaillait à cette œuvre, Schreker, assailli par le doute, se tourna vers le critique musical Paul Bekker qui sut le conseiller et l'encourager. En 1918, l'opéra était achevé. Schreker a créé dans *Der Schatzgräber* une dramaturgie musicale originale et érigé en code les « objets trouvés » de la musique, à savoir de vieux chants populaires reconstitués, parfois accompagnés au luth, des tournures modales et des citations, ici notamment celle de « l'accord de Tristan » en signe de non-rédemption (à l'interlude du troisième acte). Son dernier opéra, *Der Schatzgräber*, fut son plus grand succès et connut une gloire considérable. Entre 1920 et 1925, il fut l'objet de 44 mises en scène. Cependant, la rupture d'une époque, le passage d'une expressivité fébrile au néoréalisme vers 1924, n'a pas été sans conséquences sur les opéras de Schreker. M. S.

Der Schatzgräber, croquis de décor d'Ernst Rufer pour la mise en scène d'Helmuth Götze, Landestheater d'Oldenburg, 1931 (TWS).
Le roi et le fou. Schreker reprend ici plusieurs motifs de ses premiers opéras : le fou amoureux, la sphère idéale de l'art (au travers des quatre merveilleuses ballades du troubadour Elis) et, comme leitmotiv, l'aspiration absolue à la beauté.
Der Schatzgräber a été le plus grand succès du vivant du compositeur.

2. Chant final d'Elis

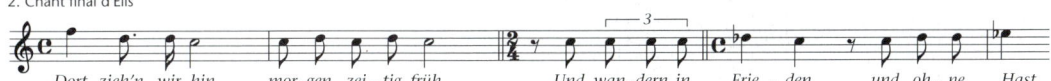

Dort zieh'n wir hin ___ mor-gen zei-tig früh. Und wan-dern in Frie - den und oh - ne Hast

Alfonso und Estrella
Alfonso et Estrella

Argument
Mauregato (tén.) a usurpé le trône du roi Froila (bar.). S'étant retiré dans la solitude, ce dernier a étudié les forces de la nature et prodigue de sages conseils aux populations paysannes. Il offre à son fils Alfonso (tén.), aspirant à de lointains voyages, la chaîne sacrée d'Eurich qui le protégera. Pendant ce temps, Mauregato connaît des difficultés. Ayant promis à son général Adolfo (basse), qui a vaincu l'ennemi, de satisfaire l'un de ses souhaits, ce dernier demande la main d'Estrella (sop.), sa fille. Celle-ci se refuse à lui. Mauregato s'appuie alors sur un ancien adage selon lequel Estrella ne pourra épouser que le détenteur de la croix sacrée d'Eurich. Sur ces entrefaites, Adolfo déclare la guerre à Mauregato. Seul, Alfonso rencontre Estrella qui s'est enfuie. L'amour embrase le cœur des deux jeunes gens et Alfonso offre la chaîne à Estrella. Alfonso vainc Adolfo. Lorsque les deux pères, souverains, se rencontrent, Froila pardonne à son ennemi Mauregato, qui renonce au trône en faveur des enfants.

S.N.

Schubert, représentant suprême du lied allemand, apparaît dans ses opéras comme le compositeur d'espaces imaginaires et le peintre de subtils états d'âme.

Franz Schubert

Né à Lichtental (jadis banlieue de Vienne) le 31 janvier 1797
Mort à Vienne le 19 novembre 1828

Dès son plus jeune âge, Schubert apprend la musique, d'abord avec son père, puis avec le chef de chœur Michael Holzer. Élève de Wenzel Ruzicka au séminaire de la capitale impériale et royale d'Autriche, il prend des leçons particulières avec Antonio Salieri. Sa première composition date de 1810, son premier lied de 1811. En 1814, il travaille comme assistant à l'école de son père, mais des complications surviennent bientôt. Ce mode de vie rangé et bourgeois s'avère incompatible avec son existence entièrement vouée à la musique. Il semble qu'il n'ait jamais cessé de composer. Il écrit en 1815 quelque 145 lieder, dont *Der Erlkönig* (Le Roi des aulnes). Il ne sort pour ainsi dire pas de Vienne, si ce n'est à deux reprises (en 1818 et en 1824) pour se rendre en Hongrie, où il est engagé comme professeur de musique par la famille du comte Esterházy. Si l'impression de certaines de ses œuvres et la création, sans succès, de deux œuvres lyriques ont lieu de son vivant, il n'assistera qu'à un seul concert présentant ses compositions, un an avant sa mort. Ce compositeur exceptionnel est resté presque inconnu de ses contemporains, un destin unique dans l'histoire de la musique. Il a fallu attendre la postérité pour le découvrir et lui rendre honneur (grâce à d'éminents musiciens, tels → Schumann et Liszt).

Œuvres: Œuvres pour la scène (sélection d'œuvres achevées) : *Des Teufels Lustschloss*, vers 1813-1815, création 1949 (Le Château de plaisance du diable); *Der vierjährige Posten*, 1815, création 1896; *Fernando*, 1815; *Die Freunde von Salamanka*, 1815, création 1928 (Les Amis de Salamanque); *Die Zauberharfe*, 1820 (La Harpe enchantée); *Die Zwillingsbrüder*, 1820 (Les Jumeaux); *Alfonso und Estrella*, 1822, création 1854 (Alfonso et Estrella); *Die Verschworenen*, 1823, création 1861 (Les Conjurés); *Fierrabras*, 1823, création 1897. Plus de 600 lieder, dont les cycles *Die schöne Müllerin*, 1823 (La Belle Meunière) et *Winterreise*, 1827 (Voyage d'hiver). Neuf symphonies, musique de chambre, œuvres pour piano, chœurs religieux et profanes.

Alfonso und Estrella, Olaf Bär (Mauregato) et Thomas Hampson (Froila), mise en scène : Jürgen Flimm, direction musicale : Nikolaus Harnoncourt, production de l'Opéra de Zurich pour les Wiener Festwochen, 1997.
Les deux souverains ennemis se rencontrent sur le champ de bataille : Mauregato, roi de León et Froila, roi banni de León.

Schubert, un compositeur lyrique ?
La conception de l'opéra de ce créateur génial dans tous les domaines de la musique ne manquera pas de susciter l'intérêt, tant pour des raisons biographiques qu'esthétiques. S'il ne sut satisfaire aux attentes du théâtre lyrique de l'époque, auxquelles il tenta de s'adapter, il réalisa son idéal musical dramatique dans ses deux cycles de lieder, *Die schöne Müllerin* et *Winterreise*, ainsi que dans deux de ses opéras, *Alfonso und Estrella* et *Fierrabras*. Les opéras de Schubert n'ont été découverts qu'à la fin du XXe siècle, même si le registre de son œuvre montre clairement qu'il revendiquait aussi sa présence sur la scène, avec dix œuvres achevées, essentiellement des vaudevilles et l'opéra héroïque romantique *Fierrabras*. Aucune ne fut interprétée de son vivant et il fallut attendre Franz Liszt pour que le public s'intéresse au compositeur d'opéra Schubert, chose faite avec *Alfonso und Estrella* le 24 juin 1854 à Weimar, 26 ans après la mort du musicien.

1.1 Ballade du roi Froila

Er folg-te ih-rer Stim-me Ru-fen und stieg den rau-hen Pfad hin-an

1.2 *Täuschung* (extrait de *Winterreise*)

Ein Licht tanzt freund-lich vor mir her, ich folg ihm nach die Kreuz und Quer

Fierrabras, László Polgár dans le rôle du prince maure Boland, mise en scène : Ruth Berghaus, direction musicale : Claudio Abbado, Wiener Festwochen, 1988. Schubert utilise dans *Fierrabras* tout ce que l'opéra a engendré jusque-là : de l'ensemble au mélodrame en passant par la forme simple du lied strophique. Le texte et la musique tentent de percer un secret. De l'âme naissent les aspirations élémentaires, les peurs et les espoirs, autant de sentiments sur lesquels la musique s'arrête pour laisser s'ouvrir des abîmes vertigineux ou éclore une tendresse inattendue.

Tromperie et déception

Si le livret de Franz von Schober est généralement considéré comme le point névralgique de *Fierrabras*, les événements extérieurs ne sont ici qu'un moyen utilisé pour mettre en musique des états d'âme. Ce qui fait toute la difficulté et la beauté de cette œuvre. On ne pourra l'apprécier à sa juste valeur qu'en comprenant le tout comme une parabole nous enseignant comment vivre dans l'amour, sans pour autant céder à des passions brûlantes ou à des désirs dévastateurs. C'est pourquoi Schubert esquive ce qui souvent constitue l'action d'un opéra et s'intéresse moins à la rage et à la violence des passions qu'aux flux paisibles des sentiments du désir, de la tromperie et de la déception. Ainsi le roi banni chante-t-il une ballade (acte II) racontant l'histoire d'une jeune fille-nuage, une sorte de Lorelei qui charme l'éphèbe avant de disparaître dans un brouillard bleuté et de l'attirer dans un précipice. Un joyau de la musique, mais aussi une grande surprise pour les schubertiens, qui prophétise le lied *Täuschung* dans *Winterreise*. La succession de tromperies et de déceptions inspira Schubert dans la facture de la musique la plus belle et la plus originale que compte l'opéra. N1   S. N.

Fierrabras

Argument

Le roi Karl (basse) s'emploie à « pacifier » les Maures à coups de feu et de sabre. Sa fille Emma (sop.) aime le pauvre chevalier Eginhard (tén.) qui, grâce à sa témérité, espère gagner la confiance de Karl et la main d'Emma. Le prisonnier maure de Karl, Fierrabras (tén.), aime lui aussi Emma, tandis que sa sœur Florinda (sop.) s'est éprise de l'un des chevaliers de Karl, le chrétien Roland (bar.). Karl envoie le chevalier Roland accompagné d'une légation proposer la paix aux Maures s'ils se convertissent à sa religion, faute de quoi ce sera la guerre. Les chevaliers francs sont vaincus par le prince maure Boland (basse) et condamnés à mort. Florinda implore en vain la grâce de Boland, son père. Eginhard parvient à libérer ses amis, et c'est au tour de Boland et des siens de devoir mourir. Fierrabras, le fils du prince maure, converti au christianisme, survient in extremis. Sous l'action des armes et des mots, il instaure la paix extérieure et intérieure. Le chrétien Roland s'unit à la Mauresque Florinda et Eginhard à sa bien-aimée Emma. Fierrabras renonce à son amour.   S. N.

Un opéra héroïque et romantique

C'est ainsi que Schubert qualifiait *Fierrabras*. La démarche des jeunes gens est héroïque dans un sens bien particulier : contrairement à leurs pères, ils ne luttent point contre un ennemi extérieur, mais sont confrontés à leurs passions intérieures, qu'ils parviennent à vaincre, Fierrabras en particulier. L'œuvre est romantique en ce sens qu'elle aspire à la réconciliation des enfants avec leurs géniteurs. Ce n'est pas le livret, soi-disant mauvais, de Josef Kupelwieser qui s'opposa à la réception de l'opéra, mais davantage le caractère de l'œuvre en contradiction avec le comportement martial traditionnel du héros.

Genoveva

Opéra en quatre actes

Livret: Robert Schumann et Robert Reinick, d'après Johann Ludwig Tieck et Christian Friedrich Hebbel
Création: le 25 juin 1850 à Leipzig (Stadttheater)

Personnages: Hidulfus, évêque de Trèves (bar.), Siegfried, comte palatin (bar.), Genoveva (sop.), Golo (tén.), Margaretha (sop.), Drago, intendant (basse), Balthasar et Caspar, serviteurs au château de Siegfried (basse, bar.), Angelo (rôle muet), Conrad, page de Siegfried (rôle muet); chevaliers, prêtres, écuyers, servantes, valets, peuple, apparitions (chœur, figurants)

Argument

Dans Strasbourg et ses environs, en l'an 730 de notre ère.

Acte I

Le comte Siegfried part aider le roi Charles Martel dans la guerre contre les Maures. Il confie son épouse Genoveva à son vassal Golo et ses domestiques à son fidèle valet Drago. Amoureux de Genoveva, Golo tente de vaincre sa passion. Mais sa nourrice Margaretha, qui hait Siegfried, l'incite à déclarer sa flamme.

Acte II

Godo importune Genoveva, qui le repousse et l'offense. Celui-ci fait alors circuler la rumeur selon laquelle Genoveva trompe son époux. Indignés, les domestiques demandent des comptes à leur maîtresse et fouillent ses appartements où ils découvrent Drago, innocent. Ils tuent celui qu'ils considèrent comme l'amant de Genoveva et arrêtent la jeune femme.

Acte III

Pendant ce temps, Siegfried gît blessé à Strasbourg. Margaretha, suivie de Golo, le rejoint en toute hâte. Siegfried guérit bientôt et Margaretha lui montre dans un miroir magique le prétendu adultère de Genoveva. Furieux, Siegfried brise le miroir et part immédiatement. Du miroir en morceaux jaillit l'ombre du défunt Drago, qui exhorte Margaretha de mettre fin au sortilège en la menaçant du bûcher.

Acte IV

Les valets mènent Genoveva dans un désert de rochers. Golo tente une dernière fois de gagner son amour, mais elle reste insensible. Muni du sabre et de l'anneau de Siegfried, Golo ordonne de tuer Genoveva. Mais les valets n'ont pas le cœur d'exécuter la femme toute à ses prières et s'enfuient au son des cors. Margaretha avoue la vérité à Siegfried. Tous deux partent à la recherche de Genoveva qu'ils trouvent dans une région désertique. Celle-ci est entièrement disposée à commencer une nouvelle vie avec Siegfried. L'évêque de Trèves bénit leur union, tandis que le peuple remercie Dieu de sa miséricorde

S. N.

Robert Schumann

Né à Zwickau (Allemagne) le 8 juin 1810
Mort à Endenich le 29 juillet 1856

Fils d'un libraire, Schumann se trouve très tôt au contact de la littérature, un domaine dans lequel il montre les mêmes dons que pour la musique. Après la mort précoce de son père, il se plie au souhait de la famille et fait des études de droit à Leipzig et Heidelberg. Mais très vite, il se consacre à sa passion pour la musique et prend des leçons de piano auprès de Friedrich Wieck, célèbre à l'époque. En 1840, il épouse contre la volonté de son père Clara Wieck, une grande pianiste. Cocréateur de la revue *Neue Zeitschrift für Musik*, il se révèle un brillant critique musical. En 1843, il occupe une chaire de professeur au conservatoire de Leipzig qui a été fondé par Mendelssohn. Entre 1844 et 1850, il contribue à la création de la « Schumannsche Singakademie » de Dresde. En 1853, une paralysie progressive le contraint à renoncer à ses fonctions de directeur de la musique à Düsseldorf qu'il occupait depuis 1850. Après une tentative de suicide, il passe les dernières années de sa vie dans une institution privée à Endenich.

Œuvres: Œuvres pour la scène: *Genoveva*, opéra, 1850; *Manfred*, poème dramatique, 1848-1849. Œuvres pour piano, musique vocale (lieder, chœurs, oratorios), symphonies, concertos, musique de chambre.

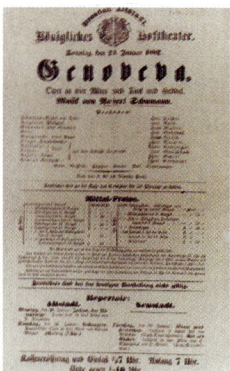

Genoveva, programme de la représentation du 29 janvier 1882 à Dresde, collection de la fondation Robert Schumann-Haus à Zwickau.
Il y eut au XIXe siècle quelques rares représentations scéniques de *Genoveva*. Par la suite, l'exécution concertante de cet opéra, qui évoque un oratorio, est devenue courante.

Genoveva, mise en scène: Katja Czellnik, décors et costumes: Heike Scheele, direction musicale: Geoffrey Moull, Stadttheater de Bielefeld, 1995-1996.
Genoveva raconte sous la forme d'une légende les conflits profonds qui assaillent quotidiennement notre âme. Une mise en scène qui suppose un don de poésie et de fantaisie.

Un opéra allemand

La recherche d'un sujet satisfaisant aux exigences de Schumann s'avéra laborieuse et de longue haleine. Après avoir passé au crible les œuvres de Goethe, Hoffmann et Mörike, et envisagé presque tous les sujets des opéras wagnériens, le compositeur se décida finalement pour la tragédie de Genoveva. Il s'inspira de Hebbel pour les motifs et l'action, de Tieck pour le caractère légendaire et l'idée d'un Dieu protecteur. Il consigna le jour de la décision, le 1er avril 1847, et entreprit aussitôt l'ébauche de l'ouverture. Son ami Robert Reinick fut chargé du livret, mais un conflit obligea le compositeur à l'achever lui-même. Malgré ces complications, la composition s'avéra aisée et rapide. La création à Leipzig fut repoussée à deux reprises en faveur de Verdi (→ *Ernani*) et de Meyerbeer (→ *Le Prophète*). Malgré le succès rencontré, celle-ci ne fut suivie que de deux représentations. Une situation qui devait se renouveler ultérieurement. Si la qualité de cette œuvre quant à la composition et la poésie est incontestable, le théâtre allemand n'était et n'est toujours pas préparé à son approche particulière des sentiments les plus profonds. La tentative d'écrire un « opéra allemand » signifiait aux yeux de Schumann le renoncement aux effets théâtraux et une tendance à une dramaturgie intérieure intense, des structures musicales subtiles et différenciées, la domination du lied, l'intégration de l'orchestre dans une fonction de commentateur et de conteur. Le théâtre a toujours voulu adopter cet opéra, la tentative la plus illustre du XXe siècle revenant à la mise en scène de Gustaf Gründgens en 1951, au Mai Musical de Florence (chef d'orchestre : André Cluytens).

M. S.

Genoveva, mise en scène : Katja Czellnik, direction musicale : Geoffrey Moull, décors et costumes : Heike Scheele, Stadttheater de Bielefeld, 1995-1996.
La mise en scène de Bielefeld intégrait la fusion des éléments historiques d'épopées chevaleresques, du romantisme et du prosaïsme du quotidien qui caractérisent cette œuvre.

À gauche
Genoveva, extrait de la revue *Illustrierte Zeitung* (Leipzig, 13 juillet 1850) relatif à la création, tiré de *Schumanns gesammelten Zeitungsstimmen*, collection de la fondation Robert Schumann-Haus à Zwickau.
Schumann lui-même publia une revue pendant un temps, *Neue Zeitschrift für Musik*, 1834-1844). Dans nombre d'articles documentés, il informait ses lecteurs des événements principaux de la musique nouvelle.

Le style poétique du compositeur Schumann a aussi laissé son empreinte dans son unique opéra. Il revendiqua la facture d'un « opéra allemand », à l'abri de toute influence italienne ou française.

Dmitri Dmitrievitch Chostakovitch

Né à Saint-Pétersbourg le 25 septembre 1906
Mort à Moscou le 9 août 1975

Véritable enfant prodige, Chostakovitch achève prématurément ses études de piano, de théorie et de composition au conservatoire de sa ville natale. Avec sa première symphonie, il est en 1924-1925 un compositeur célèbre dans le monde entier, ainsi qu'un pianiste reconnu (prix Chopin à Varsovie en 1927). À partir de 1927, il est conseiller musical au Théâtre Meyerhold de Leningrad et compose durant les premières années du renouveau artistique les opéras *Le Nez* (1929) et *Lady Macbeth du district de Mtzensk* (1934), qui rencontrent un franc succès sur les scènes nationale et internationale. Dans le cadre de la campagne du formalisme russe, la bureaucratie stalinienne chargée de la culture l'accuse en 1936 d'être un ennemi du peuple. Ses œuvres disparaissent alors des opéras et des salles de concert. Pensant subir le même sort que ses amis, le général Tuchatchevski et le génie du théâtre Meyerhold, c'est-à-dire l'emprisonnement et l'exécution, il sera pourtant épargné. Chacune des créations de ses 15 symphonies sera un événement dans la société russe soviétique. La *Symphonie de Leningrad* (septième symphonie) de 1942 confirme aux quatre coins de la planète le talent exceptionnel du compositeur, même si sa musique sera souvent l'objet des critiques les plus vives dans le camp des idéologues du parti jusqu'à la mort de Staline en 1953. Principal compositeur du pays avec → Prokofiev, il exercera ensuite des fonctions dans la politique culturelle soviétique sans pour autant s'engager personnellement.

Œuvres: Nos, 1929 (Le Nez) ; *Katerina Ismaïlova*, 1934, (Lady Macbeth du district de Mtzensk); *Jgroki*, inachevé, 1942 (Les Joueurs). Ballets, musique de films, 15 symphonies, œuvres pour orchestre, 15 quatuors à cordes, musique de chambre.

Un nez pour des oreilles modernes

Le Nez est une perle de l'avant-garde dans la Russie soviétique des années vingt. Inspiré par la pièce de théâtre de Meyerhold, Chostakovitch s'intéresse à ce sujet formaliste et compose l'opéra entre l'automne 1927 et l'été 1928. Couronnée de succès, la création de 1930 suscite une vague de considération et sera suivie de 16 représentations. Même si elle a rarement sa place dans les programmes, cette œuvre est une date dans l'histoire de l'opéra. Chostakovitch place le galop, la polka et la valse aux côtés de l'interlude de conception symphonique, les braillements des laquais aux côtés de l'air larmoyant d'un homme de la société, le dialogue prosaïque à l'avant-plan de la musique sacrée, comme dans le dialogue dans la cathédrale entre le nez et son ancien propriétaire Kovaliov. La fugue pour percussions fut considérée à l'époque comme une audace. N1 Des épisodes atonaux d'une grande expressivité succèdent ici à d'autres de caractère ludique et néoclassique, naïf et folklorique; un grotesque glacial laisse la place à une mascarade dépourvue de toute facétie.
Des timbres orchestraux invraisemblables et des rythmes inhabituels subliment les textes prosaïques mis en musique. Un opéra moderne, un chef-d'œuvre aux multiples facettes.

Le Nez, figures de Ruodi Barth pour la scène de la rédaction des petites annonces avec (de g. à dr.) L'employé de la rédaction, un laquais et trois lecteurs, mise en scène: Bohumil Herlischka Staatstheater am Gärtnerplatz de Munich, 1971.

Le Nez

Opéra en trois actes et dix tableaux

Livret: Dmitri Chostakovitch, Jevgeni Samjatin, Georgi Jonin et Alexander Preiss, d'après le récit de Nikolaï Gogol
Création: en concert: le 16 juin 1929 à Leningrad (Théâtre Maly); sur scène: le 18 janvier 1930 à Leningrad (Théâtre Maly)

Personnages: le major Platon Kusmitch Kovaliov (bar.), Ivan Jakovlevitch, barbier (basse), Praskovia Ossipovna, femme du barbier (sop.), un sergent (tén.), Ivan, laquais de Kovaliov (tén.), le nez (tén.), Pelageïa Grigorievna Podtotchina, veuve d'un officier d'état-major (mezzosop.), sa fille (sop.), un employé de la rédaction des petites annonces (basse), un médecin (basse), Jarischkin (tén.); 66 rôles épisodiques, chœur

Argument
À Saint-Pétersbourg, vers 1850.

Acte I
Le major Kovaliov est chez le barbier. Se réjouissant à la perspective d'aventures érotiques, il réprimande le barbier pour ses mains malodorantes. Plus tard, ce dernier trouve chez lui un nez dans le pain sortant du four. Sa femme le chasse du foyer et il tente de se débarrasser du nez en le jetant dans la Neva. Kovaliov se réveille après d'agréables rêves et constate la disparition de son nez. Il part immédiatement à la recherche de son organe olfactif, qu'il rencontre en la personne d'un conseiller d'État dans la cathédrale de Kazan. Il supplie le nez de bien vouloir reprendre sa place sur son visage. Celui-ci l'envoie promener, puis disparaît.

Acte II
Kovaliov essaie de retrouver son nez en faisant passer une petite annonce dans le journal, mais celui-ci n'accepte pas les annonces concernant les nez perdus. Le serviteur Ivan reste de marbre face à la peine de son maître.

Acte III
Des forces de police sont détachées pour empêcher le nez de sortir de la ville. Celui-ci se trouve au relais. Tous les voyageurs sont au complet et la diligence prête à partir. Le nez surgit à la dernière minute et tente d'arrêter la diligence. Le cheval s'affole et la panique se répand. Le nez, prétendu voleur, est mis à terre; il reprend sa taille initiale avant d'être arrêté par le sergent, c'est-à-dire enveloppé dans un mouchoir. Le sergent rend son nez à Kovaliov en l'échange d'un pourboire. Or, le nez ne tient plus sur le visage de Kovaliov. Le médecin lui-même ne trouve aucun remède. Kovaliov soupçonne la veuve

d'un officier d'état-major de se servir du vol du nez pour le contraindre à épouser sa fille. Il lui écrit une lettre à ce sujet, mais celle-ci rejette toute accusation. Pendant ce temps, une rumeur circule dans les rues de la ville affirmant que l'on peut voir le nez de Kovaliov s'y promener. Une cohue monstre se presse dans le jardin d'été ; la police et les pompiers sont obligés d'intervenir. Mais il n'y a rien à voir.

Épilogue
Un beau matin, le nez a repris sa place sur le visage de Kovaliov. Le barbier arrive pour le raser et à nouveau, Kovaliov se plaint de ses mains malodorantes et se délecte des aventures amoureuses qui l'attendent. Il flâne le long de la perspective Nevski, reprend ses habitudes, rencontre des personnes de sa connaissance, flirte et jouit de la vie. N 1   S. N.

Chostakovitch possédait un don génial qui incarnait les meilleures traditions de l'avant-garde russo-soviétique. Il a forgé un style symphonique authentique reliant les techniques de montage de Gustav Mahler à la rigueur de la forme héritée de Bach, un style qu'il appliqua également à l'opéra. Au lieu d'emprunter la voie de « l'émancipation de la dissonance », à l'instar de la modernité en Europe de l'Ouest, il a pavé celle de « l'émancipation de l'ambivalence musicale ».

1. Fugue pour percussions

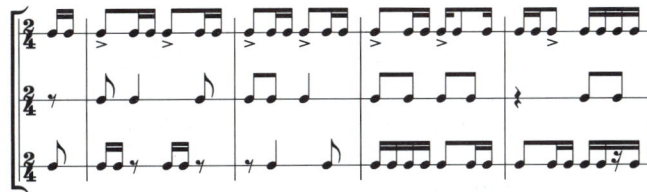

Le Nez, mise en scène : Alfred Kirchner, direction musicale : Michail Jurovski, décors : Anette Murschetz, costumes : Margit Koppendorfer, Opéra de Leipzig, 1999.
Agitation autour du nez. Avant le départ de la diligence de la poste, le nez recherché est découvert et arrêté par des forces de police détachées à cet effet.

Malgré l'absurde des événements et le comique de chaque situation, sa musique est aussi peu légère que Gogol l'était dans sa pièce. Lorsque le sergent doit chanter fort et dans les tonalités les plus aiguës, cela n'a rien de drôle mais dépeint la vérité, car « dès que cet homme ouvre la bouche, c'est pour crier ou donner des ordres », n'ayant pas d'autre moyen d'expression.

Lady Macbeth du district de Mtzensk
Katerina Ismaïlova

Opéra en quatre actes et neuf tableaux

Livret: Alexander Preiss et Dmitri Chostakovitch, d'après le récit de Nikolaï Leskov

Création: 1re version : le 22 janvier 1934 à Leningrad (Maly Teatr); 2e version : le 8 janvier 1963 à Moscou, sous le titre *Katerina Izmaïlova* (Théâtre Stanislavski)

Lady Macbeth du district de Mtzensk, Kathryn Harries (Katerina) et Ian Blinkhof (Sergeï), mise en scène : Johannes Schaaf, direction musicale : Ingo Metzmacher, décors : Nina Ritter, costumes : Franz Lehr, Württembergisches Staatstheater de Stuttgart, 1992.
Le thème intrinsèque de cet opéra a été mis en lumière au fil des années, ce qui a permis sur la scène de le libérer de son folklore et de sa coloration nationale russe pour représenter des revendications sociales et érotiques exprimées avec une violence primaire.

Personnages: Boris Timoféïevitch Izmaïlov, commerçant (basse), Sinovi Borissovitch Izmaïlov, son fils, commerçant (tén.), Katerina Lvovna Izmaïlova, épouse de Sinovi (sop.), Sergeï, commis des Izmaïlov (tén.), Axinia, cuisinière (sop.), un personnage sordide, ouvrier dépravé (tén.), l'intendant (basse), un serviteur de la maison (basse), trois contremaîtres (3 tén.), un meunier (bar.), un cocher (tén.), un pope (basse), le chef de la police (bar.), un policier (basse), un professeur (tén.), un hôte ivre (tén.), un sergent (basse), un garde (basse), Sonetka, une femme envoyée au bagne (sop.), l'esprit de Boris Timoféïevitch (basse); ouvriers et ouvrières d'Izmaïlov, invités à la noce, policiers, forçats, hommes et femmes, (chœur)

Argument
Dans un chef-lieu, en Russie, vers 1860.

Acte I
La femme du commerçant, Katerina Izmaïlova, s'ennuie. Son époux Sinovi la répugne et elle n'a pas d'enfants. Lorsque celui-ci s'absente pour quelques jours, son beau-père l'humilie, la forçant à jurer fidélité à l'absent devant tous les domestiques, hilares. La cuisinière Axinia connaît une issue. Elle attire l'attention de Katerina sur un nouvel ouvrier qui, ayant eu une liaison avec sa patronne précédente, a perdu sa place. Le Sergeï en question pourrait bien remédier à l'ennui de la jeune femme. Quelques ouvriers s'amusent avec Axinia et la situation menace de dégénérer en viol, lorsque intervient Katerina. Sergeï la provoque en lui proposant de comparer leurs forces. Son impertinence n'est pas sans plaire à Katerina. Sous le prétexte d'emprunter quelques livres, Sergeï s'introduit dans la chambre de Katerina; c'est le début d'une liaison amoureuse.

Acte II
Obsédé par des souvenirs lubriques et souffrant d'insomnie, Boris surveille la maison, la cour et surtout sa bru. Il entreprend d'user des droits conjugaux de l'époux absent. En sortant par la fenêtre de Katerina, Sergeï se fait prendre par le vieillard qui, au lieu d'éprouver sa vigueur dans le lit de Katerina, s'acharne sur le dos du commis qu'il bat presque jusqu'à la mort en présence de tous les domestiques et de la jeune femme impuissante. Il fait enfermer Sergeï dans le cellier. L'exercice l'ayant mis en appétit, Boris demande à sa bru de lui apporter le reste des champignons du jour, un plat qu'elle relève de mort-aux-rats. Tandis que le vieillard se meurt dans d'atroces souffrances, elle dérobe les clés du cachot de Sergeï. Katerina partage avec Sergeï le lit conjugal ; lorsque son époux rentre la nuit venue, les deux amants le tuent et cachent son cadavre dans la cave.

Acte III
Katerina, dont le mari est porté disparu, épouse Sergeï. Pendant que la noce est à l'église, un paysan dépravé force la porte de la cave. Au lieu du vin espéré, il y trouve le cadavre et court avertir la police. Furieux de ne pas avoir été conviés au mariage, le chef de la police et les gendarmes voient là le prétexte de se rendre aux festivités. Tandis que la fête bat son plein, Katerina découvre la serrure forcée. Mais il est trop tard pour fuir. Les meurtriers sont arrêtés.

Acte IV
Katerina et Sergeï sont condamnés aux travaux forcés en Sibérie. La nuit, hommes et femmes dorment dans des camps séparés. Mais Katerina soudoie le garde pour se rendre aux côtés de Sergeï, devenu sa seule consolation, lequel lui reproche d'être la cause de son malheur. À ses yeux, l'ancienne femme du commerçant a perdu tous ses charmes et il s'intéresse désormais à Sonetka, une femme plus jeune du bagne. Lorsque Katerina découvre l'infidélité de Sergeï, elle pousse sa rivale dans l'eau, puis saute elle-même. Toutes deux se noient. Les forçats continuent leur chemin.

S. N.

Libération sexuelle

Lady Macbeth du district de Mtzensk est l'œuvre d'un jeune compositeur de 26 ans qui choisit pour sujet la médiocrité, une contrée austère de Russie et des motifs banals tels que l'oisiveté et une sexualité insatisfaite. Mais quelle était la place de la musique ? Les années de naissance de cet opéra (1930-1932) furent marquées par deux événements interdépendants. Chostakovitch se trouva mêlé aux désordres de l'amour et de la sexualité. En 1932, il épousa Nina Warsar, à laquelle il dédia cette œuvre. C'est pour elle qu'il l'écrivit, à une époque où, si le principe de la liberté sexuelle animait les débats et les pratiques de la jeunesse soviétique, l'amour et la sexualité n'en étaient pas moins réduits officiellement à des rituels de reproduction. L'état s'évertuait à renforcer la croyance qui voulait que les pulsions sexuelles soient domestiquées et mises au service de la société soviétique. L'opéra de Chostakovitch est une réaction à cette hérésie ; il nous parle de la non-domesticité de ces pulsions, d'actes de libération et de violence sexuelles.

Tragédie satirique ou satire tragique

Au niveau musical, la fusion de la tragédie et de la satire apparaît dans les sonorités de la polystylistique et dans la confrontation violente de l'inconciliable ; des bruits stridents se mêlent aux éléments contrapuntiques, tandis que des effets d'imitations naturalistes couvrent les passages symphoniques. La musique n'interprète pas, elle présente. Seuls les interludes de l'orchestre, grandioses et ô combien expressifs, ont une fonction de commentaire. Chostakovitch accélère et force les rythmes de façon à mettre en évidence le potentiel de violence qui habite les événements du quotidien, une technique empruntée au cinéma.

Ci-dessous
Lady Macbeth du district de Mtzensk, Rebecca Blankenship dans le rôle de Katerina, mise en scène : Christine Mielitz, direction musicale : Donald Runnicles, Volksoper de Vienne, 1991.
Ni l'envie ni l'aspiration au pouvoir ne prévalent dans la variante russe de *Lady Macbeth*, mais la solitude de l'âme, les blessures intérieures et l'assouvissement impulsif et violent des instincts.

À gauche
Lady Macbeth du district de Mtzensk, Hildegard Behrens (Katerina) et Kurt Schreibmayer (Sergeï), mise en scène : Volker Schlöndorff, direction musicale : Peter Schneider, décors : Viktor A. Volsky, costumes : Raphael Volsky, Bayerische Staatsoper de Munich, 1993.
Le rôle de Katerina Izmaïlova compte parmi les parties les plus convoitées de la scène de l'opéra. En témoigne l'interprétation de la cantatrice Hildegard Behrens.

Un chaos en guise de musique

Son audace eut un prix. La création de 1934 rencontra en effet un tel succès qu'une autre mise en scène suivit à Moscou la même année et trouva le même écho à l'étranger. Janvier 1935 vit ainsi éclore une mise en scène à Cleveland, puis les créations se succédèrent à New York, Philadelphie, Stockholm, Prague et Zurich. Mais cela n'empêcha pas l'opéra d'être interdit en Russie soviétique en 1936, dans les faits, si ce n'est sur le plan formel et juridique. En janvier, le théâtre de la création de Leningrad joua *Lady Macbeth du district de Mtzensk* à Moscou. Staline assista à l'une des représentations qu'il quitta prématurément suite à un emploi du temps chargé sans émettre d'opinion. Cela fut interprété comme une manifestation de mécontentement, bientôt suivie d'une campagne de presse dans toutes les règles d'un État totalitaire lancée dans l'article tristement célèbre de la *Pravda* « Un chaos en guise de musique » du 28 janvier 1936. Celui-ci s'en prenait au portrait prétendument faux que dressait Chostakovitch d'un monde fondamentalement beau. L'opéra disparut aussitôt des programmes nationaux et le compositeur dut se soumettre à quelques révisions qui débouchèrent sur une reprise en 1963 sous le titre *Katerina Izmaïlova*. Les conflits y étaient estompés et la représentation de la femme pitoyable tyrannisée par la société masculine prévalait. Il fallut attendre 1979, quatre ans après la mort de Chostakovitch, pour que Mstislav Rostropovitch s'approprie la partition de la première version et que *Lady Macbeth du district de Mtzensk* retrouve sa forme originale sur la scène.

S. N.

Une musique à l'écoute du corps

Si la « confusion des sentiments » compte parmi les thèmes traditionnels de l'opéra, Chostakovitch raconte dans *Lady Macbeth du district de Mtzensk* le désir de la chair, anarchique et muet. Ainsi les timbres instrumentaux se font-ils les métaphores des états du corps, et chaque heurt, glissement, grimace, éructation, couinement ou sonorité stridente des instruments a ici sa raison d'être. Le compositeur a donné naissance à des timbres et à des couleurs instrumentales symboliques, et conféré à chaque personnage une aura, associant la flûte alto à Sinovi, le contrebasson à Boris, le violoncelle à Sergeï, le hautbois et la clarinette à Katerina.

À droite
La Fiancée vendue, Sabine Passow et Michael Rabsilber, mise en scène : Harry Kupfer, direction musicale : Rolf Reuter, costumes : Eleonore Kleiber, Komische Oper de Berlin, 1985.
L'opéra de Smetana fut d'emblée voué à la célébrité. Un succès à attribuer à sa qualité musicale, mais sans doute aussi à ses personnages pleins d'humour dépeint avec amour. Cet humour tchèque se retrouve dans nombre d'œuvres littéraires et certains opéras de → Janáček du XXᵉ siècle.

Avec Dalibor, *chef-d'œuvre à la fois grave et allègre, dans la tradition de Liszt et de Wagner, Smetana posa la première pierre de l'opéra national tchèque.*

La Fiancée vendue, affiche du film de Max Ophüls, Allemagne, 1932.
Le film tiré de *La Fiancée vendue* fut réalisé en 1932 par Max Ophüls, avec Jarmila Novotna (Marie), Willi Domgraf-Fassbaender (Hans), Liesl Karlstadt (madame Brunner) et Karl Valentin (le directeur du cirque Brunner).
Hormis l'utilisation de la caméra – virtuose pour l'époque –, l'approche ironique et la prestation inoubliable de l'acteur et cabarettiste Karl Valentin, le film séduit également par la transposition réussie de la musique à l'écran.

Bedřich Smetana

Né à Leitomischl (Bohême orientale) le 2 mars 1824
Mort à Prague le 12 mai 1884

Formé à l'école de musique de Josef Proksch, Smetana devient un pianiste de concert renommé et fonde dès l'âge de 24 ans sa propre école qu'il dirigera jusqu'en 1856. Il est nommé directeur des concerts du Harmoniska Sällskapet à Göteborg avant de s'installer à Prague en 1861. Il y assume plusieurs fonctions officielles, en particulier celle de chef d'orchestre à l'opéra que sa surdité le contraint à abandonner en 1874. Le fondateur de la musique nationale tchèque souffre bientôt de troubles psychiques qui marqueront ses dernières œuvres. Il meurt en 1884 dans un asile.

Œuvres : *Braniboři v Čechách*, Prague, 1866 (Les Brandebourgeois en Bohême) ; *Prodaná nevěsta*, Prague, 1866 (La Fiancée vendue) ; *Dalibor*, 1868 ; *Dvě dvory*, Prague, 1874 (Les Deux Veuves) ; *Hubička*, Prague, 1876 (Le Baiser) ; *Tajemství*, Prague, 1878 (Le Secret) ; *Libussa*, Prague, 1881 (Libuse) ; *Čertova stěna*, Prague, 1882 (Le Mur du diable) ; *Viola*, inachevé. Poèmes symphoniques, quatuors à cordes, musique de chambre, compositions religieuses.

La naissance de l'opéra national tchèque

Avant de se tourner vers l'opéra, Smetana connut un véritable engouement pour les poèmes symphoniques des compositeurs allemands de la nouvelle génération. Ce fut un concours organisé par le comte Johann von Harrach en 1861 qui l'incita à écrire sa première œuvre pour la scène. Le sujet des *Brandebourgeois en Bohême* remplissait les conditions imposées. Il s'agissait alors de forger un style national, l'œuvre primée devant consacrer l'ouverture du théâtre provisoire tchèque de Prague. Il choisit pour la composition les techniques des opéras italiens et français et, comme le voulait la mode de l'époque, s'inspira de la mélodie du langage national pour les récitatifs. Cet opéra constitua une étape décisive dans l'émergence d'un opéra national tchèque et, au terme de trois années de répétition, l'œuvre fut finalement créée le 5 janvier 1866 à Prague. Le compositeur remplit ensuite tous les critères d'un opéra national dans *La Fiancée vendue*. Dans sa troisième œuvre *Dalibor*, le héros paye sa révolte de sa vie, une dimension tragique qui, toutefois, ne correspondait pas à Smetana. Aussi dota-t-il ses opéras suivants (*Les Deux Veuves*, *Le Baiser* et *Le Secret*) d'un dénouement heureux à la satisfaction générale. Il composa son avant-dernier opéra *Libuse*, une partition patriotique et pathétique, pour l'ouverture de l'Opéra de Prague. Quant au dernier, *Le Mur du diable*, il ouvre les portes d'un monde à la fois romantique et comique. Autant d'œuvres dans lesquelles Smetana a forgé un style qui fut à la hauteur de son temps et suscita l'intérêt international pour des aspirations nationales.

La Fiancée vendue

Opéra-comique en trois actes

Livret : Karel Sabina
Création : 1ʳᵉ version (en deux actes) : le 30 mai 1866 à Prague (Théâtre provisoire) ; 2ᵉ version : le 29 janvier 1869 à Prague (Théâtre provisoire) ; 3ᵉ version : le 1ᵉʳ juin 1869 à Prague (Théâtre provisoire) ; 4ᵉ version : le 25 septembre 1870 à Prague (Théâtre provisoire)

Personnages : Krušina, un paysan (bar.), Ludmila, son épouse (mezzosop.), Mařenka, leur fille (sop.), Micha, propriétaire foncier (bar.), Háta, sa seconde épouse (mezzosop.), Vašek, son fils (tén.), Jenik, le fils de Micha issu de son premier mariage (tén.), Kecal, l'entremetteur (basse), le directeur du cirque (tén.), Esmeralda, une danseuse (sop.), Muff, un comédien (basse) ; habitants du village, comédiens, enfants (chœur, ballet, figurants)

Argument

Dans un village de Bohême, lors d'une fête patronale au printemps, au milieu du XIXᵉ siècle.
Acte I
Une auberge sur la place du village. Les paysans célèbrent gaiement une fête patronale. Seule Mařenka est accablée, car elle doit épouser le bègue Vašek. Son père Krušina a conclu une affaire avec le père du jeune homme, Micha, un riche propriétaire foncier, au terme de laquelle sa fille épousera l'un de ses fils.

La Fiancée vendue, Herwig Pecoraro (Vašek), mise en scène : Edgar Kelling, direction musicale : Jan Krenz, décors et costumes : Bauer-Eczy, Volksoper de Vienne, 1994. L'effet comique naît du défaut d'élocution de Vašek et s'exacerbe lorsque survient une troupe de comédiens ambulants au geste et au verbe faciles.

Le fils issu de son premier mariage ayant disparu, il ne reste plus que Vašek. Or, Mařenka aime Jenik, un étranger qui se prétend de bonne naissance. Selon ses dires, une belle-mère détestable l'a incité à fuir son foyer. Kecal, l'entremetteur, intervient. Flairant un gage généreux, il s'emploie à accélérer la conclusion du mariage. Mais c'est Jenik que Mařenka veut pour époux.

Acte II

L'auberge. Kecal tente de décourager Jenik d'épouser Mařenka, tandis que cette dernière dissuade le bègue Vašek de ce mariage, prétendant qu'elle ne lui apportera que du malheur. Vašek prend peur. Au même moment, Kecal marque un point : Jenik est disposé à renoncer à la jeune fille en échange d'une grosse somme, à la condition qu'elle n'épouse qu'un fils de Micha. Jenik signe le pacte dans l'indignation générale.

Acte III

L'auberge sur la place du village. Une troupe de comédiens ambulants est arrivée au village. Vašek est séduit par la danseuse Esmeralda et, pour lui plaire, se glisse dans la peau d'un ours. Si Vašek a trouvé le bonheur, Mařenka sombre dans le désespoir, car elle a eu vent de la rumeur de la « vente de la fiancée ». Mais le problème est bientôt résolu : Micha reconnaît dans l'étranger son fils Jenik. Les pactes passés entre Krušina et Micha d'une part, Jenik et Kecal d'autre part, seront respectés : Mařenka épousera Jenik, le fils de Micha.

M. S.

Un opéra national viable

Smetana voulait opposer à l'opéra allemand de style wagnérien un opéra national tchèque, une idée clairement revendiquée dans sa deuxième œuvre pour la scène, *La Fiancée vendue*. Dès 1863, il annonça ce nouvel opéra au monde de la musique au cours d'une exécution de l'ouverture dans une version pour piano à quatre mains. L'œuvre était prête en août 1864, même s'il ne se montrait pas encore entièrement satisfait de la forme, prônant une structure en trois actes. Smetana compléta également le finale dansé d'un *Furiant*. En juin 1869, il mit la dernière main à une deuxième version qui connut également nombre de modifications. Ainsi quatre versions virent-elles le jour. Les parties chantées, l'harmonie entre la motricité trépidante de la danse et la profondeur des sentiments, ainsi que la parfaite mise en valeur musicale des personnages sont autant d'éléments qui expliquent le succès mondial de cette œuvre.

La Fiancée vendue, Liesl Karlstadt et Karl Valentin dans le film de Max Ophüls, Allemagne, 1932. Les comédiens ambulants représentent eux aussi des exquis personnages tels le directeur du cirque, ici Karl Valentin, et son épouse Liesl Karlstadt.

Faust, mise en scène: Matthias Oldag, direction musicale: Geoffrey Moull, décors: Heinz Balthes, Stadttheater de Bielefeld, 1993. Mephistopheles à l'œuvre. La dimension diabolique de l'opéra est particulièrement réussie. Dans la scène du Blocksberg, Spohr écrit une partition aux sonorités féeriques, qui trouvera écho dans la musique de Mendelssohn composée pour le *Songe d'une Nuit d'été* de Shakespeare quelques années plus tard. Le sabbat des sorcières, comme l'opéra tout entier, inspira Weber, attelé à son → *Freischütz*; c'est d'ailleurs Weber qui en fut le directeur musical lors de la création.

Louis Spohr

Né à Brunswick (Allemagne) le 5 avril 1784
Mort à Kassel (Allemagne) le 22 octobre 1859

Né dans une famille de musiciens, Spohr prend des leçons de violon dès son plus jeune âge. À 18 ans, il se produit en concert aux côtés du célèbre violoniste Franz Eck et atteint une virtuosité telle qu'il sera comparé à Paganini. De 1812 à 1815, il est maître de chapelle au Theater an der Wien. Après une série de concerts en Italie, il dirige l'orchestre du Stadttheater de Francfort à partir de 1817. Nommé maître de chapelle (1822-1857) à Kassel, il y réalisera la plus grande partie de sa carrière. Ses interprétations légendaires des adagios, entre autres, feront de Spohr un instrumentiste de renom. Cet individualiste romantique a forgé son propre style. Son approche progressiste se manifeste dans l'opéra où il remplace le principe des numéros par l'organisation scénique du déroulement de l'action, choisit pour motifs des souvenirs, mettant ainsi en œuvre une idée dont → Wagner revendiquera plus tard la paternité.
Œuvres: *Die Prüfung*, Gotha, 1806 (L'Examen); *Alruna, die Eulenkönigin*, Gotha, 1809 (Alruna, la reine des chouettes); *Der Zweikampf mit der Geliebten*, Hambourg, 1811 (Le Duel avec l'aimée); *Faust*, Prague, 1816; *Zemire und Azor*, Francfort-sur-le-Main, 1819 (Zémire et Azor); *Jessonda*, Kassel, 1823; *Der Berggeist*, Kassel, 1825 (L'Esprit de la montagne); *Pietro von Abano*, Kassel, 1827; *Der Alchymist*, Kassel, 1830; *Die Kreuzfahrer*, Kassel, 1845 (Les Croisés). Quatre oratorios, dix symphonies, dix-huit concertos pour violon, quatre concertos pour clarinette, musique de chambre, une centaine de lieder.

Zemire und Azor, figures de Helga Heckemüller, 1984, Collection de la Fondation Internationale Louis Spohr-Gesellschaft, Kassel.
Les costumiers réalisèrent des costumes exotiques, même si la musique de Spohr ne l'était pas réellement.

Faust

Opéra romantique en deux actes

Livret: Josef Karl Bernard
Création: 1re version (en prose): le 1er septembre 1816 à Prague (Ständetheater); 2e version (en italien avec récitatifs): le 15 juillet 1852 à Londres (Covent Garden)

Personnages: Faust (bar.), Mephistopheles (bar.), le comte Hugo (tén.), Kunigunde, sa fiancée (sop.), Gulf, un chevalier (basse), Kaylinger (bar.), Wohlhaldt (tén.), Wagner et Moor, compagnons de Faust (tén., basse), Röschen, jeune bourgeoise (sop.), Franz, garçon orfèvre (tén.), un valet de Hugo (rôle parlé), une servante de Kunigunde (sop.), une voix (sop.), Sycorax, la meneuse des sorcières (sop.), un hôte (rôle parlé); peuple, suivants du comte et du chevalier, femmes, masques, sorcières, invités à la noce, huissiers, esprits (chœur, figurants); Amour, hymen, nymphes et amourettes (ballet)

Argument
À Strasbourg et à Aix-la-Chapelle, au Moyen Âge.
Acte I
Avec l'aide de Mephisto, Faust a retrouvé sa jeunesse, s'est enrichi et a gagné le cœur d'une jeune bourgeoise de Strasbourg, Röschen. À la surprise de ses amis, Faust souhaite dorénavant faire le bien. Franz, qui aime également Röschen, est jaloux et méfiant. Faust invite la jeune fille à le rejoindre, mais Franz mobilise le peuple pour la reconquérir. Mephisto aide Faust et Röschen à trouver refuge. Or, Faust se trouve mêlé au destin de la belle Kunigunde qui a été enlevée par le chevalier Gulf. Grâce au secours de Mephisto, Faust et le fiancé de Kunigunde, le comte Hugo, parviennent à libérer la malheureuse. Faust s'éprend de la jeune noble.
Acte II
Mephisto mène Faust au sabbat des sorcières sur une montagne, le Blocksberg, où on lui remet un philtre. Kunigunde et Hugo célèbrent leur mariage à Aix-la-Chapelle. Parmi les convives se trouvent Faust et Mephisto, ainsi que la fidèle Röschen qui, accompagnée de Franz, est à la recherche de Faust. Ce dernier donne le philtre à Kunigunde, qui s'éprend de lui. Tous deux prennent la fuite. Ils sont bientôt poursuivis et le comte Hugo tombe aux mains de Faust. Mephisto et Faust sont vite las de toute l'agitation. Faust aspire à une vie paisible aux côtés de Röschen, Mephisto voudrait retourner en enfer. Kunigunde qui ne sait encore rien de la mort du comte, surprend l'infidèle Faust avec Röschen et tente de le tuer. Apprenant la liaison de Faust avec Kunigunde, Röschen se noie. Les amis de Faust se détournent de lui et le diable vient le chercher.

S. N.

Le premier opéra romantique?

Après s'être essayé à la musique dramatique, Spohr décida de mettre en musique le sujet de Faust alors qu'il était chef d'orchestre au Theater an der Wien, où la machinerie avait le don de le fasciner. Il composa l'opéra entre mai et septembre 1813, mais une querelle avec Ferdinand Palffy, directeur et futur propriétaire du théâtre, mit fin à l'espoir de Spohr d'une création à Vienne. Le compositeur ne présenta donc que l'ouverture dans le cadre du Congrès de Vienne, en 1814, et serait entré dans l'histoire de la musique comme le compositeur du premier opéra romantique si E. T. A. Hoffmann ne l'avait devancé (*Undine*, 1816). Spohr ne put assister à la création de Prague, en 1816, dirigée par Carl Maria von Weber.

Une histoire de Faust sans transfiguration

Le sujet de Faust, jadis fort prisé, enrichi d'éléments psychologiques, se distingue clairement des pièces populaires du même type. Si la renommée du *Faust* de Goethe (première partie en 1806) n'était pas encore établie à l'époque, Spohr le connaissait vraisemblablement, puisque son épineuse mise en musique parut en 1808-1809. La partition impressionne par le portrait sensible des émotions, l'aptitude au chant et la dramaturgie passionnante, mais c'est le recours aux souvenirs en guise de motifs qui prédomine. Les effets musicaux sont également en avance sur leur temps; en témoignent l'ouverture et le moment de la noce qui retentissent derrière la scène. Spohr voulait être à la pointe du progrès musical. L'œuvre fit son apparition en 1829 à Berlin et fut surtout connue dans les pays germanophones.

M. S.

Spohr et Weber ont posé les jalons de l'opéra romantique allemand.

Jessonda, Jenny Lutzer dans le rôle de Jessonda, estampe, Vienne, 1836 (TWS)
Jessonda, une histoire d'amour embrouillée autour d'une magnifique Orientale, fut avec *Faust* l'opéra de Spohr le plus populaire au XIXe siècle. L'air de l'héroïne principale (*Bald bin ich ein Geist geworden*) au premier acte, où, veuve aux côtés de son défunt mari, elle attend la mort sur le bûcher, faisant montre d'une immense paix intérieure, compte parmi les moments les plus pathétiques des prémices du romantisme allemand.

Composition en joyeuse compagnie

Si Spohr n'était pas un bon pianiste, il n'en jouait que mieux du violon. Quand il composait une œuvre, il allait immanquablement à Vienne, chez son ami Meyerbeer. Ce dernier interprétait aussitôt avec brio les partitions, tandis que Spohr chantait et sifflait les parties chantées.

Ci-dessus
Faust, titre de l'édition originale de la partie de piano, seconde version, Vienne, 1854.
Collection de la Fondation internationale Louis Spohr-Gesellschaft, Kassel.

Jessonda, ébauche d'une peinture murale de Moritz von Schwind, 1854.
Schwind s'inspira des scènes-clés de l'opéra: les amants, Jessonda et Tristan, se retrouvent près d'une source.

La Vestale

Tragédie-lyrique en trois actes (quatre tableaux)

Livret: Victor-Joseph Étienne
Création: le 15 décembre 1807 à Paris (Opéra, salle Montansier)

Personnages: Licinius, général romain (tén.), Cinna, commandant de la légion (tén.), le grand prêtre (basse), grand Haruspex (basse), un consul (basse), Julia, une jeune vestale (sop.), la grande prêtresse des vestales (mezzosop.); des vestales, prêtres, femmes, jeunes filles, sénateurs, consuls, licteurs, guerriers, gladiateurs, enfants, musiciens, esclaves, prisonniers (chœur, figurants); de jeunes guerriers romains, des romaines, un romain, des ménades, des personnes de rangs différents, Sappho, deux femmes de Lesbos, des guerriers romains, cinq jeunes romaines, deux jeunes romains, les prêtres de Vénus (ballet, figurants)

Spontini représente le Grand Opéra pathétique à l'aube du XIXe siècle.

Gaspare Spontini

Né à Maiolati (Italie) le 14 novembre 1774
Mort à Maiolati le 24 janvier 1851

Après des études au conservatoire royal de Naples, suivies à l'âge de 22 ans d'un premier opéra à Rome, Spontini entame deux ans plus tard une brillante carrière dans les villes de Rome et de Venise, dont l'envers sera jalonné de scandales. Comme par exemple la création de son opéra *La Petite Maison*, en 1804 à Paris, où la presse anti-italienne sème la panique et oblige à interrompre la représentation. Cela n'empêchera pas l'impératrice Joséphine de le nommer compositeur à la cour en 1805. Au contact de l'œuvre de → Gluck à Paris, il modifie son style de façon à captiver son public sur le plan musical et visuel. En 1812, deux ans seulement après sa nomination, il est démis de ses fonctions de directeur du Théâtre-Italien, criblé de dettes. Sa dernière charge officielle, qu'il conservera pendant plus de 20 ans (1820-1841), lui sera confiée par le roi de Prusse Frédéric Guillaume III.

Œuvres: (sélection) *Il Puntigli delle donne*, Rome, 1796; *Le Metamorfosi di Pasquale*, Venise, 1802; *La Finta filosofa*, Paris, 1804; *Milton*, Paris, 1804; *Julie ou Le Pot de fleurs*, Paris, 1805; *La Vestale*, Paris, 1807; *Fernand Cortez ou La Conquête du Mexique*, Paris, 1809; *Pélage ou le Roi de la paix*, Paris, 1814; *Olimpie*, Paris, 1819 (Olympie); *Lalla Rookh*, Berlin, 1821; *Nurmahal oder Das Rosenfest von Kaschmir*, Berlin, 1822 (Nurmahal ou La Fête des roses du Cachemire); *Alcidor*, Berlin, 1825; *Agnes von Hohenstaufen*, Berlin, 1827.

Argument
Dans la Rome antique.

Acte I
Le forum romain et, à gauche, l'atrium avec les appartements des vestales. Le général Licinius rentre vainqueur de la guerre contre les Gaulois où il s'est rendu par amour pour la belle Julia. Entre-temps, celle-ci est devenue vestale en l'honneur de son père disparu et s'est engagée à rester chaste sa vie durant, faute de quoi elle devra mourir. Julia est désignée pour remettre au général Licinius la couronne du vainqueur; celui-ci en profite pour s'annoncer chez la vestale la nuit venue, bien décidé à l'enlever.

Acte II
À l'intérieur du temple de Vesta, avec au centre la flamme sacrée sur un grand autel en marbre. Julia est gardienne de la flamme pour la nuit, qui ne doit jamais s'éteindre. Licinius arrive pour enlever la jeune femme, mais celle-ci résiste à la tentation. La flamme s'éteint pendant leur altercation. Le grand prêtre exige le nom du coupable, mais Julia s'y refuse; elle est condamnée à mort.

Acte III
Tableau 1
Les tombes en forme de pyramide de la Porta Collina. Licinius implore vainement le ciel que Julia survive et avoue sa culpabilité. Julia nie ces allégations et entre dans la tombe pour y être enterrée vivante. Elle dépose son voile de vestale devant l'autel, qu'enflamme un éclair. C'est le signe que la déesse lui pardonne.

Tableau 2
Le temple de Vénus à Eryx. L'union de Licinius et de Julia est célébrée dans la joie.

S. N.

La Vestale, mise en scène: Christine Mielitz, direction musicale: Robert Duerr, décors et costumes: Gerd Friedrich, Théâtre de Bâle, 1994.
Le temple de Vesta (acte II) transposé dans le contexte de la fin du XXe siècle. La scène rappelle l'intérieur d'un vaisseau spatial. L'atmosphère glaciale confère à ce passage un caractère à la fois surhumain et inhumain.

Les jalons de l'opéra romantique

Si le sujet n'a rien de nouveau Bellini l'avait pris pour modèle dans son opéra → Norma, Spontini innove dans la dramaturgie. Fruit de l'ère napoléonienne, la musique intervient ici comme élément de différenciation psychologique et culmine dans les tableaux, véritables métaphores acoustiques. En outre, Spontini intègre l'aménagement de l'espace (le chœur et l'orchestre étaient placés derrière la scène), ce dont s'inspirera → Berlioz. Sa technique musicale laissera ses marques dans les œuvres de → Rossini, → Meyerbeer et surtout → Wagner. Sans parler de la précision de l'exécution qui, connaissant le perfectionnisme du compositeur, va de soi.

Un directeur musical importé

Le roi de Prusse Frédéric Guillaume III nomma Spontini premier chef d'orchestre et créa à son intention le titre de directeur général de la Musique ; il lui paya des gages généreux et lui accorda certains privilèges. Une situation qui n'eut cesse de faire des envieux. L'Allemagne, qui s'employait justement à créer son propre style, ne voulait se placer sous l'égide d'un Italien. Sa rencontre avec le souverain permit à Spontini de travailler avec E. T. A. Hoffmann, qui écrivit la version allemande d'Olimpie. La création fut accueillie avec scepticisme. Le roi, mécontent de la polémique injustifiée, fit censurer toute critique négative. Par la suite, la presse glorifia de façon excessive le concours de Hoffmann à l'opéra et fit une ovation euphorique au → Freischütz de Weber (1821). Même ses adversaires finirent par reconnaître la sensibilité de ses œuvres et son immense talent d'organisation.

M. S.

La Vestale, le temple de Vesta, décors signé Karl Friedrich Schinkel, repris dans une aquatinte de Friedrich Jügel.
Le décor de la « splendeur spontinienne », comme on avait coutume de le dire au XIXe siècle, était des plus classiques. La monumentalité bien proportionnée se trouvait en harmonie avec les tentatives de restauration de l'empereur Napoléon. L'ébauche des décors de Karl Friedrich Schinkel (1781-1841) correspondait aux canons de la forme du classicisme et au courant de l'historicisme.

Karlheinz Stockhausen

Né à Mödrath (Allemagne) le 22 août 1928

Stockhausen est considéré comme l'un des plus grands génies musicaux de la seconde moitié du XXe siècle, l'apôtre de la musique électronique, la réincarnation de la force messianique de → Richard Wagner, mais aussi comme un charlatan et l'enfant modèle de l'avant-garde. Il est en outre l'expérimentateur le plus intarissable de sa génération. Il fait ses études à l'université et à la Musikhochschule de Cologne (1947-1951) avec Frank Martin pour professeur, puis à Paris (1952-1953) avec → Olivier Messiaen. Il travaille au Studio de musique concrète avec Pierre Schaeffer. En 1953, Herbert Eimert le fait venir au nouveau studio de musique électroacoustique de la Westdeutscher Rundfunk de Cologne, qui, placé sous sa direction à partir de 1963, deviendra un lieu important pour la création de musique nouvelle au niveau international. Il enseigne aux Darmstädter Ferienkurse (cours d'été) dès 1953, après que ses constructions radicales pour une « musique ponctuelle » ont fait scandale en 1952 à Donaueschingen et à Darmstadt. En 1956, la composition sérielle révolutionnaire *Gesang der Jünglinge im Feuerofen*, conçue à l'origine pour une messe à la cathédrale de Cologne et transformée en musique pour salle de concert spatialisée à travers des haut-parleurs, fait de Stockhausen un personnage-clé de la modernité. Suivent alors les expériences retentissantes de la spatialisation de la musique (*Gruppen* pour trois orchestres en 1955-1957 et *Carré* pour quatre orchestres en 1959-1960). À la fin des années soixante, il se tourne vers la philosophie et l'art d'Extrême-Orient et s'oriente vers la « musique intuitive », comme en témoigne sa deuxième œuvre méditative *Inori* en 1974. Dans le cadre de l'Exposition mondiale qui se tient à Osaka en 1970, il compose la musique du pavillon allemand. Entre 1971 et 1977, il est professeur à la Musikhochschule de Cologne, avant de se consacrer exclusivement à la composition, et à la théorie musicale et d'entreprendre *LICHT*, un cycle musical et théâtral correspondant aux sept jours de la semaine – l'*opus summum* de son œuvre.

Œuvres : Cycle de l'opéra *LICHT* (Lumière) : *Donnerstag aus LICHT*, 1981 (Jeudi) ; *Samstag aus LICHT*, 1984 (Samedi) ; *Montag aus LICHT*, 1988 (Lundi) ; *Dienstag aus LICHT*, 1993 (Mardi) ; *Freitag aus LICHT*, 1996 (Vendredi). *Studie I*, 1953 ; *Gesang der Jünglinge im Feuerofen*, 1955-1956 (Chant des adolescents) ; *Gruppen* pour trois orchestres, 1955-1957 ; *Carré* pour quatre orchestres, 1959-1960 ; *Kontakte*, 1959-1960 ; *Telemusik*, 1966 ; *Mantra*, 1970 ; *Inori*, 1974 ; *Sirius*, 1975-1977.

LICHT

Lumière

Les sept jours de la semaine

Livret et conception : Karlheinz Stockhausen
Créations :
Donnerstag : le 15 mars 1981 à Milan (Teatro alla Scala)
Samstag : le 25 mai 1984 à Milan (Teatro alla Scala)
Montag : le 7 mai 1988 à Milan (Teatro alla Scala)
Dienstag : le 28 mai 1993 à Leipzig (Opéra)
Freitag : le 12 septembre 1996 à Leipzig (Opéra)

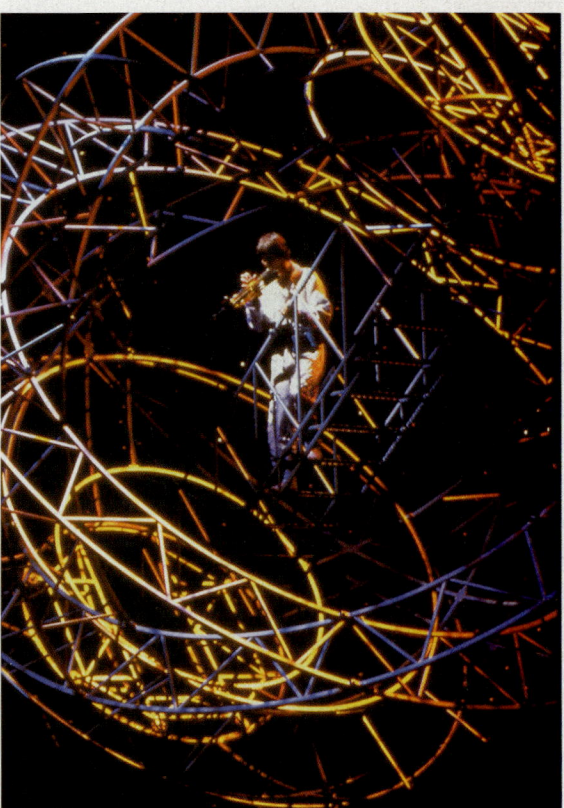

Donnerstag aus LICHT

Jeudi de Lumière

Opéra en trois actes, un salut et un adieu

(Jour de Michael, jour d'étude, couleur principale : bleu)
Personnages : Michael (tén., trompettiste, danseur), Eva, également mère, Mondeva, une femme (sop., clarinettiste alto, danseuse), Luzifer (basse, tromboniste, danseur mime), accompagnatrice de Michael le jour de l'examen (pianiste) ; un médecin, un garde-malade, des secouristes, les gens du village (rôles muets) ; un couple d'hirondelles clownesques (2 clarinettistes), des pingouins du pôle Sud (orchestre), deux garçons (2 saxophonistes), une imagière avec trois photocompositions, une vieille femme (actrice), un messager (tén.), les « chœurs invisibles » (bande magnétique) ; les délégués de l'univers de Michael (chœur)

Donnerstag aus LICHT, projection acoustique : Karlheinz Stockhausen, producteur : Michael Bogdanow, direction musicale : Peter Eötvös, décors et costumes : Maria Bjørnson, éclairage : Chris Ellis, Royal Opera Covent Garden de Londres, 1985.

Argument

Acte I

Jeunesse de Michael. Eva, la mère, apprend à Michael le chant, la plaisanterie et la danse ; le père Luzifer, lui enseigne la prière, la chasse, le tir et le théâtre. La mère atterrit dans un asile de fous où elle meurt, le père part à la guerre et se fait tuer. Michael s'éprend d'une Mondeva, passe avec succès trois examens et entre à l'école supérieure de musique.

Acte II

Voyage de Michael autour du monde. Il se rend d'abord au pôle Sud chez les pingouins (musiciens), puis de Cologne à New York, au Japon, à Bali, en Inde, en Afrique centrale et à Jérusalem où, séduit par le timbre d'une clarinette alto, il demeure.

Acte III

Retour de Michael. Eva, la mère, accompagne son fils dans sa résidence céleste, où Luzifer essaie de les troubler en vain. Les derniers mots de Michael sont : *Mensch geworden bin ich [...], um Himmelsmusik den Menschen und Menschenmusik den Himmlischen zu bringen, auf dass der Mensch Gott lausche und Gott seine Kinder erhöre.* (Je suis devenu homme [...] pour apporter la musique céleste aux êtres humains et la musique humaine au ciel, que l'homme écoute Dieu et que Dieu exhausse ses enfants.)

Samstag aus LICHT

Samedi de Lumière

Opéra en un salut et quatre scènes pour 13 interprètes

(Jour de Luzifer, samedi est le jour de Saturne, le « jour de la mort et de la nuit du transfert vers la lumière », couleurs principales : noir brillant et bleu-vert)

Personnages : Luzifer (basse, porte des échasses), l'interprète rêvée de Luzifer (pianiste), le chat noir Kathinka (flûtiste et flûtiste piccolo), les six sens mortels (6 batteurs), un visage humain géant (orchestre harmonique), Michael (trompette piccolo), un danseur avec rubans, l'intendant du théâtre (acteur), un instrumentiste à vent diabolique (tromboniste), un oiseau noir sauvage ; trois fois 13 moines (chœur) ; les larmes (ballet)

Argument

Scène 1 *Rêve de Luzifer ou morceau de piano XIII.* Luzifer rêve du morceau de piano XIII appelant les cinq éléments et sombre, épuisé, dans une mort apparente.

Scène 2 *Chant de Kathinka, requiem de Luzifer.* Pensant à tous ceux qui cherchent la lumière éternelle, le chat Kathinka sort de la « tombe en forme d'aile » et produit sous les traits d'une flûtiste des sons merveilleux destinés à « conduire l'âme des morts vers la conscience ». Les « six sens mortels » (écouter, voir, sentir, goûter, toucher et penser) interviennent. Kathinka les congédie, puis retourne dans la tombe.

Scène 3 *Danse de Luzifer.* Luzifer a repris vie ; il domine la pensée et les sensations humaines : danses des sourcils, des yeux, des joues, des ailes du nez, de la lèvre supérieure, de la pointe de la langue, du menton. Michael proteste contre les grimaces, mais Luzifer le rejette avec ses échasses. Le visage s'apaise et verse des larmes de compassion.

Scène 4 *Départ de Luzifer.* Les moines célèbrent la *Lolli delle virtù* (Louanges des vertus) de Saint-François d'Assise. Un sac de noix de coco tombe du ciel. Les moines délivrent un oiseau noir sauvage de sa cage et adressent leurs bons vœux au monde, symbolisés par l'extraction de la chair des fruits et la destruction des noix.

S. N.

Stockhausen a enrichi le paysage expérimental de la musique grâce à l'intégration et à l'accentuation différenciée des sonorités électroniques, ainsi qu'une approche ritualiste quasiment religieuse de la représentation musicale. Il se distingue de tous ses contemporains par son engagement emphatique pour des messages messianiques.

Page de gauche
Donnerstag aus LICHT, projection acoustique : Karlheinz Stockhausen, producteur : Michael Bogdanow, décors et costumes : Maria Bjørnson, éclairage : Chris Ellis, direction musicale : Peter Eötvös, Royal Opera Covent Garden de Londres, 1985. Le cycle *LICHT* ne sera achevé qu'avec la création des opéras *Mittwoch* en mai 2000 (opéra de Bonn) et *Sonntag* en 2003.

Donnerstag aus LICHT, projection acoustique : Karlheinz Stockhausen, producteur : Michael Bogdanow, direction musicale : Peter Eötvös, décors et costumes : Maria Bjørnson, éclairage : Chris Ellis, Royal Opera Covent Garden de Londres, 1985. Alors que le cycle *LICHT* de Stockhausen n'essuyait encore que des refus dans les opéras allemands, les critiques décernaient en 1981 à Bergame le prix de la musique contemporaine à *Donnerstag aus LICHT*, qui fut mis en scène en 1985 au Royal Opera Covent Garden de Londres. Les thèmes du cycle *LICHT* apparaissent ici dans leur contenu universel, enrichi de détails réalistes et temporels.

Montag aus LICHT
Lundi de Lumière

Opéra en trois actes, un salut et un adieu

(Jour d'Eva, une fête musicale en l'honneur de la mère, une fête de la naissance et de la renaissance, couleur principale : vert clair)

Personnages : Eva (3 sop.), Luzifer (basse), Luzipolyp (basse, acteur), trois matelots (3 tén.), sept garçons (7 petits chanteurs solistes), cœur de basset (clarinettiste alto), trois clarinettistes alti (2 clarinettistes alti, 1 voix), une perruche pianiste (pianiste), le voleur d'enfants (flûtiste alto, avec piccolo), vingt et une femmes d'acteurs (21 rôles muets) ; des hommes et des femmes ; le chœur des enfants : sept garçons-animaux, sept lutins, fillettes, enfants (chœur)

Argument
Acte I
Premier accouchement d'Eva. Eva offre au monde sept garçons-animaux et sept lutins. Insatisfait, Luzifer renvoie les enfants dans le ventre d'Eva et la prie de tout recommencer.

Acte II
Second accouchement d'Eva. Eva est fécondée par Klavierstück XIV et donne naissance à sept garçons qui, comme au paradis, grandissent au sein de leur mère.

Acte III
Miracle d'Eva. Les garçons deviennent des hommes. Un flûtiste charme Eva dans un duo érotique et enlève tous les enfants qui continuent de grandir. Eva vieillit et devient une montagne au sommet de laquelle de grands oiseaux blancs volent en cercle, tandis qu'au loin on entend les voix des enfants-oiseaux.

Dienstag aus LICHT
Mardi de Lumière

Opéra en deux actes, un salut et un adieu
(Jour du combat, couleur principale : rouge)

Personnages : la troupe de Michael (3 trompettes, 1 cornet, 6 trompettes, batterie, synthétiseur), Luzifer (basse) et sa troupe (9 trombones, batterie, synthétiseur) Eva (sop.), les coureurs des millé-

Montag aus LICHT, photo de répétition : mise en place des décors, projection acoustique : Karlheinz Stockhausen, producteur : Michael Bogdanow, direction musicale : Peter Eötvös, décors et costumes : Maria Bjørnson, éclairage : Chris Ellis, Teatro alla Scala de Milan, 1988.
Le corps géant de la femme est érigé sur le lieu de la création. Le premier jour de la semaine appartient à la mère originelle, Eva qui met au monde des garçons humains et animaux. L'« éternel féminin » s'inscrit dans une nouvelle mythologie du monde à la fin du XXᵉ siècle.

naires, des siècles, des décennies et des années (4 danseurs mimes), des arbitres (acteurs-chanteurs), trois arbitres auxiliaires et trois distributeurs de fleurs, un cuisinier, un lion et un singe (3 mimes), une petite fille (actrice enfant), une jolie femme (nudiste), les interprètes de la course des années (14 musiciens), quatre montres à cylindres (4 assistants musicaux), le fou-synthétiseur (joueur de synthétiseur de la troupe de Luzifer); ensemble de Michael et de Luzifer, êtres de l'au-delà (chœur)

Argument
Acte I
Course des années. L'archange Michael affronte avec sa trompette le trombone de Luzifer. Luzifer et Michael règlent leur querelle sur une vie avec ou sans Dieu dans une compétition autour du temps. Les millénaires, les siècles, les décennies et les années s'assemblent, puis, séduits par Luzifer, interrompent leur course que Michael les invite à poursuivre. Michael sort vainqueur.

Acte II
Invasion, explosion et adieu. Les canons musicaux des troupes de Michael et de Luzifer s'affrontent. Pleine de compassion, Eva se charge des morts et des blessés, mais ne peut mettre fin au carnage. Luzifer met au jour l'intérieur d'une montagne en verre où jouent des êtres de l'au-delà avec des armes elles aussi en verre. Ils prennent congé dans un au-delà encore plus lointain.

Freitag aus LICHT
Vendredi de Lumière

Opéra en deux actes, un salut et un adieu
(Jour de la tentation, couleur principale: orange)
Personnages: Eva (sop.), Ludon (basse), Kaino (bar.), Ela (clarinette alto), Lufa (flûte), Synthibird (synthétiseur), douze couples de danseurs mimes (parmi lesquels sont intégrés quelques objets): femme/homme, chat/chien, photocopieuse/machine à écrire, automobile/pilote de course, machine à sous/joueur, football/jambe qui shoote, lune/fusée, bras/seringue contenant de la drogue, taille-crayons/crayon, Bouche de femme/cornet de glace, violon/archet, nid/corbeau, (chœur); chœur des enfants, douze choristes

Argument
Acte I
Vendredi. Douze couples se sont formés. Ludon propose à Eva une relation avec son fils Kaino. Les deux enfants font de la musique ensemble et l'un pour l'autre.
Acte II
Tentation. Eva s'unit à Kaino et d'autres couples changent également de partenaires. Ainsi naissent des couples bâtards et des enfants bâtards qui se font la guerre. *Guerre des enfants.* Eva et les couples bâtards demandent grâce. Leur vœu est exhaussé: les couples bâtards s'unissent en une grande flamme, se consument et deviennent LUMIÈRE. S. N.

Montag aus LICHT, Karlheinz Stockhausen pendant une répétition pour la création au Teatro alla Scala de Milan en 1988. Stockhausen s'est attribué lui-même un rôle nouveau et complexe dans la représentation de son œuvre. Compositeur, il définit la substance et l'architecture de la composition, chef d'orchestre, il dirige la représentation du pupitre de mixage et magicien des sons, il forge par un procédé électroacoustique les timbres produits par les interprètes. On n'exagérera à peine en prétendant que son œuvre, c'est lui.

Quand la musique relie ciel et terre

L'idée du cycle *LICHT* composé de sept parties est née en 1977. L'ensemble de la composition repose sur la «super formule» élaborée en 1978, la superposition des mélodies attribuées à chacun des trois protagonistes, Michael, Eva et Luzifer. Si les jours de la réconciliation (*Mittwoch*) et de l'union mystique d'Eva et de Michael (*Sonntag*) sont conçus en cette fin de XXe siècle, leur réalisation scénique est encore à venir. L'idée fondamentale est de retrouver un certain sens religieux et biologique dans les jours de la semaine déterminés par les rythmes de la consommation et de la production, pour qu'une référence à Dieu soit possible dans la vie quotidienne. Des modes de représentation anciens et nouveaux, issus aussi bien des traditions européenne qu'asiatique, fusionnent ici en une forme d'art rituelle comportant des éléments du *kathakali* indien, du *gagaku* et du *nô* japonais. Les danseurs, artistes, techniciens et instrumentistes agissent au même titre que les chanteurs. Ainsi Michael est-il représenté par un chanteur et un trompettiste, et les pingouins du pôle Sud par les musiciens de l'orchestre philharmonique en habit. Couleurs, sons spatialisés, effets d'éclairage et accessoires ont une signification et une vie qui leur sont propres. Tous les épisodes d'une journée, de même que chaque jour en soi, peuvent être joués de manière autonome. Mais pas un jour ne passe sans oiseaux. Ils annoncent, comme chez le professeur de Stockhausen → Olivier Messiaen, l'amour de Dieu et l'amour en Dieu. Le voyage de Michael autour du monde marque les stations de la musique moderne des dernières décennies du XXe siècle, de l'ancien au nouveau monde (du dodécaphonisme de → Schönberg à la musique minimaliste), sans oublier l'influence de l'Asie du Sud-Est (musique aléatoire, spatialisation et timbres nouveaux). Le chat Kathinka (*Samstag*) n'est pas sans rappeler le bouddhisme, la seule religion à compter six sens humains avec la pensée, la seule également à prôner la délivrance par l'écoute (enseignée dans le livre des morts tibétain *Bardo-Tödol*). Stockhausen se place ici dans une vieille tradition européenne et asiatique de la pensée, qui commence dans les années vingt avec les études du *Bardo-Tödol* de C. G. Jung et s'étend jusqu'à la comédie de Beckett *Jeu* de 1963. Malgré les critiques du début que suscita une pléthore d'effets singuliers et fantastiques, *LICHT* n'en demeure pas moins l'œuvre du renouvellement par excellence. Elle est la synthèse des principales techniques de composition du XXe siècle, dans laquelle Stockhausen applique l'ancien concept de «modulation», le passage d'une tonalité à une autre dans la musique dite classique, à la fusion de styles différents provenant des cultures et des époques les plus diverses. S. N.

Johann **Strauss**

Né à Vienne le 25 octobre 1825
Mort à Vienne le 3 juin 1899

Outre ses frères Josef (1827-1870) et Eduard (1835-1916), le fils aîné de Johann Strauss (1804-1849) est devenu le compositeur le plus célèbre de la dynastie des musiciens viennois. Il étudie secrètement la musique contre la volonté de son géniteur et obtient en 1844 la licence l'autorisant à se produire publiquement en concert. Il fonde alors son propre ensemble qui fait bientôt concurrence à son père. À la mort précoce de ce dernier, en 1849, il réunit les deux orchestres. Il acquiert une renommée internationale telle qu'il se fait représenter par ses frères à l'occasion, le temps de reprendre son souffle.
Œuvres: Opérettes (sélection): *Indigo und die vierzig Räuber*, 1871 (Indigo et les quarante voleurs); *Karneval in Rom*, 1873 (Carnaval à Rome); *Die Fledermaus*, 1874 (La Chauve-souris); *Cagliostro in Wien*, 1875 (Cagliostro à Vienne); *Prinz Methusalem*, 1877 (Le Prince Méthusalem); *Blindekuh*, 1878; *Das Spitzentuch der Königin*, 1880; *Der lustige Krieg*, 1881; *Eine Nacht in Venedig*, 1883 (Une Nuit à Venise); *Der Zigeunerbaron*, 1885 (Le Baron tzigane); *Simplicius*, 1887; *Ritter Pásmán*, 1892 (Le Chevalier Pasman); *Fürstin Ninetta*, 1893 (Princesse Ninetta); *Jabuka*, 1894; *Waldmeister*, 1895; *Die Göttin der Vernunft*, 1897. Danses (essentiellement des valses et des polkas), pièces de caractère.

Die Fledermaus

La Chauve-souris

Opérette comique en trois actes

Livret: Richard Genée, d'après la pièce *Le Réveillon* d'Henri Meilhac et Ludovic Halévy

Création: le 5 avril 1874 à Vienne (Theater an der Wien)

Personnages: Gabriel von Eisenstein, rentier (tén.), Rosalinde, son épouse (sop.), Frank, directeur de la prison (tén.), le prince Orlofsky (mezzosop.), Alfred, son professeur de chant (tén.), le Dr Falke, notaire (tén.), le Dr Blind, avocat (tén.), Adèle, camériste de Rosalinde (sop.), Ida, sa sœur (sop.), Ali-Bey, un Égyptien (tén.), Ramusin, attaché de légation (tén.), Murray, un Américain (basse), le marquis Cariconi (basse), Frosch (grenouille), huissier (comique), Ivan, valet de chambre du prince (bar.), Mélanie, Faustine, Felicita, Minni et Sidi, invitées à la fête (5 sop.), Hermine, Nathalie, Sabine et Sylvia, invitées à la fête (4 alti), quatre serviteurs (4 tén.), un huissier (rôle muet); danseuses, dames, messieurs, serviteurs, invités à la fête (chœur, figurants, ballet)

La meilleure opérette du « roi de la valse », Johann Strauss, figure dans tous les répertoires des opéras européens.

Die Fledermaus, acte II, la soirée chez le prince Orlofsky, Staatsoper de Vienne, 1993.
La Chauve-souris est une comédie viennoise. Ici, point de convivialité, mais une joie maligne. Pour Fritz Kortner, les Viennois s'amusent des sujets les plus graves. La fête chez le prince Orlofsky est une danse sur un volcan, mais un volcan viennois. N 1

Argument
Dans une station balnéaire située à proximité d'une grande ville, au XIXᵉ siècle.

Prologue
Eisenstein déguisé en papillon et le Dr Falke en chauve-souris sont allés à un bal masqué où ils ont bien bu – surtout Falke – et, sur le chemin du retour, Eisenstein l'a laissé dormir sous une porte cochère. À la grande joie des gamins des rues, Falke, toujours dans ses habits de chauve-souris, a dû traverser la ville en plein jour pour rentrer chez lui.

Acte I
Les liens du mariage sont devenus une prison pour Eisenstein et Rosalinde. Celui-ci s'est livré à des voies de fait sur un représentant de l'ordre et a été condamné à huit jours de prison. Falke incite son ami à se révolter contre le joug conjugal et lui propose avant le cachot une promenade chez le prince Orlofsky et ses belles dames. Les deux hommes s'esquivent, prétendant partir pour la prison. Rosalinde se réjouit de ces huit jours sans mari qu'elle veut passer en compagnie d'un ténor. La cameriste Adèle se révolte elle aussi contre les contraintes de son métier et projette une carrière artistique. Mais Frank, le directeur de la prison, intervient et fait emprisonner celui qu'il prend pour Eisenstein, qui n'est autre que son remplaçant, le ténor.

Acte II
Grâce à l'adresse de Falke, nos trois fuyards se rencontrent chez le prince Orlofsky. Ce dernier s'ennuie et Falke lui promet une petite distraction. Le marquis Renard, en fait Eisenstein, fait des avances à sa propre femme apparue dans les habits d'une comtesse hongroise, tandis que Rosalinde découvre de ses propres yeux la double vie de son époux et de sa bonne. Le directeur de la prison, Frank, déguisé en chevalier Chagrin, se lie d'amitié avec le marquis et se fait passer pour le protégé de jeunes artistes ambitieuses telles Adèle et sa sœur Ida.

Acte III
Après une nuit fort joyeuse, le directeur de la prison, Frank, agrandit sa ménagerie où l'attend une grenouille, son huissier. Il laisse voleter les papillons qu'il a attrapés à la fête du prince Orlofsky : la bonne devenue artiste et sa sœur Ida. Eisenstein se retrouve également en prison pour y faire les huit jours de cachot auxquels il a été condamné. Il a tôt fait de voir son épouse partir avec le ténor pour se distraire les jours suivants. Telle était la vengeance de la chauve-souris. *S. N.*

Rêves de valse
La valse a pour géniteur le « vilain peuple », qui n'aimait point la pruderie et la raideur des danses de la cour. À Paris, la valse conquit la scène du Grand Opéra en 1800 avec *La Dansomanie*. Et bientôt l'Europe toute entière tournoya au rythme de la mesure à trois temps. Après l'échec de la révolution de 1848, la frénésie virevoltante de la liberté avec ses illusions de fraternité se perdit dans l'ivresse de l'oubli : *Glücklich ist, wer vergisst, was nicht mehr zu ändern ist…* (Heureux celui qui oublie, ce qui ne peut être changé…)

Vienne omniprésente
La création de *Die Fledermaus* connut à Vienne un vif succès que la première à Berlin au Friedrich-Wilhelmstädtisches Theater en 1874 porta à l'échelle mondiale. Il fallut pourtant attendre que Gustav Mahler intègre cette opérette dans le programme de l'Opéra de Hambourg en 1894 pour qu'elle figure dans le répertoire des théâtres du monde entier. La représentation de *Die Fledermaus* par Richard Strauss en 1899 au Hofoper de Berlin, la mise en scène de Max Reinhardt en 1929 au Deutsches Theater et la légendaire ouverture du Komische Oper de Berlin par Walter Felsenstein, en 1947, comptent parmi les moments forts de l'histoire du théâtre. *Die Fledermaus* est une comédie viennoise, certes, mais Vienne est omniprésente. Karl Kraus ne disait-il pas en 1928 : « Je connais un État qui vit au jour le jour et qui court à la ruine/Attendez… avant que l'histoire soit finie/Il lui faut des milliards pour la grande vie et le théâtre. » N 2 *S. N.*

Die Fledermaus, Otto Schenck dans le rôle de Frosch, Staatsoper de Vienne, 1993.
Otto Schenck (né en 1930), l'un des metteurs en scène les plus prolifiques et les plus connus sur la scène internationale de l'opéra, ici dans le rôle de Frosch, un rôle de bravoure pour les acteurs et surtout les comiques les plus célèbres. Schenck n'est pas seulement apprécié chez lui, dans sa ville de Vienne. Son humour n'est pas sans rappeler le grand mime viennois Hans Moser (1880-1964).

Ci-dessous
Die Fledermaus, Hermann Prey dans le rôle d'Eisenstein, mise en scène : Otto Schenck, direction musicale : Theodor Guschlbauer, Staatsoper de Vienne, 1993.
Le rentier Eisenstein rêve d'être marquis pour une nuit et, dans cette position sublime, de séduire toutes les petites danseuses du monde. L'un des grands rôles du chanteur, souvent acclamé dans le monde de l'opéra.

1. Valse de la Chauve-Souris

2. Duidu (valse)
   dui-du, dui-du, la la la la la, dui-du, dui-du, la la la la la

3. Chanson à boire d'Alfred
   Glücklich ist, wer vergißt, was nicht mehr zu än-dern ist! Glücklich ist, wer vergißt, was nicht zu än-dern ist!

Strauss : le dernier romantique allemand.

Pauline de Ahna, 1894.
La cantatrice, aux talents très prometteurs, épouse le compositeur l'année même de la création. Elle tient le rôle féminin principal de *Guntram*. Le compositeur ne s'identifie donc pas totalement au personnage de Guntram, il ne peut renoncer à la belle Freihild. Toutefois, c'est la première et dernière fois que Pauline interprétera un rôle dans un opéra de son mari.

Richard Strauss, 1934.
Il est assis devant la partition de *Die schweigsame Frau*. Lorsque Hitler accède au pouvoir, Strauss, âgé de 70 ans, est déjà le grand homme de la musique allemande, mais la situation politique exerce une influence néfaste sur sa création. Pendant les premières années du national-socialisme, il en accepte les honneurs ; mais il se retire après l'affaire Zweig (→ *Die schweigsame Frau*) et c'est avec résignation mais constance qu'il compose ses belles œuvres de vieillesse.

Richard Strauss

Né à Munich le 11 juin 1864
Mort à Garmisch-Partenkirchen (Allemagne) le 8 septembre 1949
Son père (Franz) était un célèbre corniste et Richard Strauss révèle très tôt ses talents de musicien (compositions de jeunesse). Après des études à Munich (musique, études générales), il devient chef d'orchestre à Meiningen (1885), Munich (1886-1889 et 1894-1898), à Weimar (1889-1894) et à Berlin (1898-1919). À partir de 1908, il dirige la Philharmonie de Berlin, puis l'Opéra de Vienne (1919-1924) ; cofondateur du Festival de Salzbourg (à partir de 1920), il en est l'une des éminentes personnalités. Pendant le nazisme, son attitude équivoque est justifiée par le souci égoïste de son œuvre (1933-1935, président de la Chambre de musique du Reich). Il rend de réels services en réorganisant les règles qui régissent la propriété artistique.

Œuvres : Quinze opéras : *Guntram*, 1894 ; *Feuersnot*, 1901 (Le Feu de la Saint-Jean) ; *Salome*, 1905 (Salomé) ; *Elektra*, 1909 ; *Der Rosenkavalier*, 1911 (Le Chevalier à la rose) ; *Ariadne auf Naxos*, 1912 (Ariane à Naxos) ; *Die Frau ohne Schatten*, 1919 (La Femme sans ombre) ; *Intermezzo*, 1924 ; *Die ägyptische Helena*, 1928 (Hélène d'Égypte) ; *Arabella*, 1933 ; *Die schweigsame Frau*, 1935 (La Femme silencieuse) ; *Friedenstag*, 1938 (Jour de paix) ; *Daphne*, 1938 (Daphné) ; *Die Liebe der Danae*, 1940, répétition générale publique 1944, création 1952 (L'Amour de Danaé) ; *Capriccio* (1942). Poèmes symphoniques 1888-98 : *Macbeth*, *Don Juan*, *Tod und Verklärung* (Mort et Transfiguration), *Till Eulenspiegel*, *Also sprach Zarathustra* (Ainsi parlait Zarathoustra), *Don Quixote* (Don Quichotte), *Ein Heldenleben* (Une Vie de héros) ; 1903 : *Sinfonia Domestica* ; 1915 : *Eine Alpensymphonie* (Une Symphonie alpestre). Lieder, musique de chambre.

Guntram

Opéra en trois actes

Livret : Richard Strauss
Création : le 10 mai 1894 à Weimar (Hoftheater) ; reprise : le 29 octobre 1940 à Weimar (Nationaltheater)

Personnages : le vieux duc (basse), Freihild, sa fille (sop.), le duc Robert, mari de Freihild (bar.), Guntram, chantre (tén.), Friedhold, chantre, frère en religion de Guntram (basse), le fou du duc (tén.), une vieille femme (alto), un vieil homme (tén.), deux hommes plus jeunes (2 basses), trois vassaux (3 basses), un messager (bar.), quatre troubadours (2 tén., 2 basse) ; moines, serviteurs, chevaliers, miséreux et vassaux (chœur)

Argument
En Allemagne, au milieu du XIIIe siècle.
Le jeune Guntram fait partie d'un ordre médiéval de troubadours qui chante les louanges non pas de l'amour sensuel mais de l'amour chrétien. Sur les terres d'un tyran, il rencontre la misère et la brutalité. Il fait aussi la connaissance de la « Mère des pauvres », Freihild, l'épouse du tyran, une femme au bon cœur mais malheureuse. Guntram espère convertir le duc par son chant, mais il échoue et tue son adversaire lors d'un combat. Il renonce à l'amour de Freihild et quitte son ordre pour, dans la solitude, se réconcilier avec Dieu.

Acte I
Une forêt dans le domaine de Robert. Pendant que Guntram distribue de la nourriture à des pauvres, il prend conscience de sa mission : à l'aide de son art, il lui faut convaincre le tyran et le peuple, qui habitent cette contrée troublée, du pouvoir de la paix et de l'amour. La bonne Freihild, que Robert a contraint autrefois au mariage, veut mettre fin à ses jours, mais elle sera sauvée par Guntram. Le vieux duc reconnaissant organise des festivités.

Acte II
À la cour du duc. Alors que d'autres chantres entonnent les louanges du duc Robert, Guntram chante que la nature paisible est contraire au règne violent du tyran. Quand il apprend que le peuple se soulève, Guntram s'empare d'une épée et blesse mortellement Robert. Le vieux duc l'arrête. Freihild décide de libérer Guntram.

Acte III
Un cachot. Guntram repousse l'amour de Freihild ; il refuse également de répondre de son meurtre devant sa communauté religieuse, ainsi que le propose frère Friedhold. Il veut s'en aller seul sur les chemins de sa réconciliation avec Dieu.

Guntram, le surhomme

Pendant la longue genèse (1887-1893), Strauss écrivit plusieurs versions du livret. À l'origine, la fin de Guntram répondait au goût d'un vieil ami de Strauss qui admirait →Richard Wagner et Franz Liszt. Il s'agit d'Alexander Ritter, violoniste et compositeur. Selon ce dernier, Guntram s'accusait d'avoir enfreint les règles de son ordre. Dans cette première version, il repousse certes l'idée wagnérienne de la rédemption par la femme, mais son but est d'expier sa faute en Terre sainte. Strauss apporta des changements radicaux lors d'un long voyage en Grèce et en Égypte qu'il entreprit en 1892. Son héros s'éloigne non seulement de son ordre (Cercle Wagner de Bayreuth?), mais aussi de toute idéologie protectrice. De toute évidence, l'idée sous-jacente du grand monologue final de Guntram n'est pas sans rappeler la philosophie de Friedrich Nietzsche, le penseur le plus influent du tournant du siècle. « Seul l'élan de mon cœur apaise mes souffrances, seule la pénitence de mon choix expie mes fautes ; ma vie détermine la loi de mon esprit ; à travers moi, mon Dieu me parle à moi seul ! »

Guntram, photo de la création avec Heinrich Zeller (Guntram, à gauche) et Ferdinand Wiedey (Friedhold), Hoftheater de Weimar, 1894.
Habits de moine, crucifix autour du cou, lyre et épée à la ceinture symbolisent le fardeau des pensées dont Guntram doit se libérer.

« Simple et mélodieux »

Si, au moment de la composition (1892), Strauss écrivit à ses parents que la musique de *Guntram* était simple et mélodieuse, il dut un an plus tard avouer qu'il ne pouvait se débarrasser d'une certaine nervosité de la phrase orchestrale. L'orchestre monumental de *Guntram* (ne serait-ce que sur le plateau, il y a déjà quatre cors ténors) offre une gamme de timbres encore plus étendue que l'orchestre wagnérien. L'inspiration symphonique des scènes et les grands monologues annoncent les nouvelles formes dramatiques que revêtiront bientôt →*Salome* et →*Elektra*. Toutefois, l'idéal de simplicité s'est en partie réalisé. Tout au long des « infinies » guirlandes mélodiques apparaissent parfois des strophes de la douceur d'un lied (notamment dans le monologue final que chante Guntram). C'est avant tout cette relation entre des strates élevées et triviales qui laisse pressentir le style straussien de la maturité.

Ein Heldenleben, « l'ennemi du héros », caricature de Strauss par John Jack Vrieslander, 1902.
Dans la dernière décennie du XIXe siècle, Strauss était considéré comme le héros de la nouvelle musique. L'esprit petit-bourgeois et la médiocrité étaient ses ennemis. D'ores et déjà dans le poème symphonique *Ein Heldenleben* (1898), dont le compositeur est lui-même le personnage principal, il représentait ses adversaires de manière grotesque et péjorative. Le *Singgedicht* (poème chanté) *Feuersnot* est également une œuvre de vengeance, car, en mars 1899, le public munichois avait hué la création du poème symphonique *Also sprach Zarathustra*.

Feuersnot
Le Feu de la Saint-Jean

Singgedicht (poème chanté) en un acte

Livret : Ernst von Wolzogen
Création : le 21 novembre 1901 à Dresde (Hofoper)
Personnages : Schweiker von Gundelfingen, bailli (tén.), Ortolf Sentlinger, bourgmestre (basse), Diemut, sa fille (sop.), Elsbeth, Wigelis, Margret, ses compagnes de jeu (mezzosop., alto, sop.), Kunrad, l'aplanisseur (bar.), Jörg Pöschel, aubergiste (basse), Hämerlein, épicier (bar.), Kofel, forgeron (basse), Kunz Gilgenstock, boulanger et brasseur (basse), Ortlieb Tulbeck, maître tonnelier (tén.), Ursula, sa femme (alto), Ruger Aspeck, potier (tén.), Walpurg, sa femme (sop.) ; citadins et citadines, serviteurs du duc, enfants (chœur)

Argument
À Munich, au solstice d'été, à une époque imaginaire. Tout Munich se prépare à fêter joyeusement le solstice d'été. Exubérant de joie, Kunrad, le jeune magicien, embrasse Diemut en pleine rue. La fière jeune fille se venge. Elle donne un rendez-vous nocturne à son galant, le hisse dans un panier le long de la maison jusqu'à son balcon mais, à la risée de tous, l'immobilise à mi-hauteur. Kunrad éteint alors tous les feux et les lumières de la ville. Diemut entraîne Kunrad dans sa chambre et les deux jeunes gens se donnent à leur amour. Les lumières reviennent car, quand « l'amour s'unit à l'enchantement du génie, alors même le plus obtus des philistins doit commencer à y voir clair… ». (Ernst von Wolzogen)

Wolzogen, le librettiste
Ernst von Wolzogen (1855-1934) fut une personnalité intéressante de la littérature allemande au tournant du siècle. Tout comme Strauss, il était originaire de Munich et, comme lui, rencontrait quelques problèmes avec le public conservateur de sa ville natale. Ils firent connaissance à Munich à la fin du siècle (1898-1899). Tous deux se rendirent à Berlin. Strauss y dirigea l'Opéra (Hofoper), et Wolzogen fonda un cabaret littéraire à la française, le *Überbrettl* (1900). De nombreux poètes et écrivains importants du Jugendstil, tels Richard Dehmel, Karl von Levetzow, Frank Wedekind et Otto Julius Bierbaum, travaillèrent pour cette institution. Même le jeune Arnold Schönberg y gagna quelque temps son pain en tant qu'accompagnateur au piano et compositeur maison. Plus tard, Strauss et Wolzogen projetèrent d'écrire ensemble une autre pièce en un acte (d'après une nouvelle de Cervantes), mais ce projet ne se réalisa pas.

Un persiflage
Toute sa vie, Strauss aima parodier, se citer lui-même ou bien les autres compositeurs. Que ce soit par le choix du lieu ou de l'époque, les auteurs font ici allusion aux → *Meistersinger* de Richard Wagner : une ville médiévale d'Allemagne pendant les fêtes du solstice d'été, c'est-à-dire de la Saint-Jean. Il en est de même pour la caricature de la bourgeoisie conservatrice qui regarde d'un mauvais œil les défenseurs d'idées innovatrices – Walter von Stolzing chez Wagner, Kunrad chez Strauss. Mais les allusions vont encore plus loin. Un vieux magicien se fait appeler Maître Reichart (Richard !), vers qui Kunrad se tourne quand il se trouve en danger. Kunrad, le jeune magicien, ressemble à Richard Strauss. Lors de la première de → *Tristan und Isolde* (1865) et celle des → *Meistersinger* (1868), les Munichois avaient fort mal traité Wagner. Dans sa grande harangue au peuple de Munich, Kunrad y fait clairement allusion dans un jeu de mot que l'on pourrait traduire ainsi :

« Alors vous chassâtes son **charron** hors des murs
Son équipage vous sembla bien trop audacieux,

Mais le méchant ennemi, vous ne le renvoyâtes point
Toujours il se présente à vous pour vous **combattre**[2].
De nombreux braves gens
Certes[3], aimant l'audace **vinrent**[4] des lointains horizons du royaume
Jusqu'au bord de l'Isar
Pour y construire leur nid tout en haut des sommets. »

Le véritable Strauss

Le livret de *Feuersnot* est rempli d'allusions à double sens, et Strauss qui, depuis *Ein Heldenleben*, son poème symphonique autobiographique, aime à faire des citations musicales, se sent dans son élément : il cite abondamment Wagner et lui-même, mais avec discrétion, finesse et, surtout, une époustouflante virtuosité. La musique diffère totalement de celle de → *Guntram*. Là, une musique pathétique, post-wagnérienne avec un grand rôle pour soprano et ténor à la façon de → *Tristan* ou de → *Götterdämmerung* (Crépuscule des Dieux), ici un baryton aigu au chant récitatif et rhétorique. Avec *Feuersnot*, Strauss commence à utiliser un procédé auquel il ne cessera de recourir : il relie les situations et la musique de manière distanciée et contrapuntique. Malgré tout, cette pièce en un acte ne semble jamais aride. Le mélodiste qu'est Strauss ne se désavoue pas ; le grand effet théâtral s'y déploie, sans lequel on ne peut imaginer aucun des opéras plus tardifs de Strauss. Au finale, la ville entière brille de tous ses feux, la musique regorge de couleurs et crépite comme un feu d'artifice. Et n'oublions pas l'érotisme ! Il est parfois d'une paillardise toute populaire, voire anticléricale, presque païen : « Toute la chaleur sourd de la femme, toute la lumière vient de l'amour. » Le texte comme la musique renferment des allusions érotiques. Tout cela se retrouvera dans les opéras ultérieurs de Strauss. Avec *Feuersnot*, le compositeur réussit son entrée sur la scène lyrique : il s'éloigne de Wagner et trouve son propre style.

Feuersnot, croquis de décor de Leo Pasetti, mise en scène : Alois Hofmann, direction musicale : Hans Knappertsbusch, Munich, 1930 (TWS).
Croquis de décor de Leo Pasetti représentant des maisons féériques toutes de guingois dans la Sendlinger Strasse à Munich. On y voit le magicien et le panier fatidique – en haut de la maison qui fait le coin. La légende d'où est tiré l'opéra vient du large répertoire de contes et légendes qui ont trait au solstice. On trouve également des variations de ces histoires en dehors de l'Europe.

1. « Wagner » en allemand
2. « Strauss » en allemand a plusieurs sens, parmi lesquels : combat, querelle
3. « Wohl » veut dire en français : certes
4. « Zogen » en allemand, est l'imparfait du verbe « ziehen », ici dans le sens de venir

Salome

Salomé

Drame musical en un acte

Livret : D'après la pièce théâtrale d'Oscar Wilde dans la traduction allemande de Hedwig Lachmann
Création : le 9 décembre 1905 à Dresde (Hofoper)
Personnages : Hérode, tétrarque de Judée (tén.), Hérodias, épouse du tétrarque (mezzosop.), Salomé, fille d'Hérodias (sop.), Jochanaan, prophète (Jean-Baptiste) (bar.), Narraboth, jeune Syrien, capitaine de la garde (tén.), le page d'Hérodias (alto), cinq Hébreux (4 tén., 1 basse), deux Nazaréens (tén., basse), deux soldats (2 basses), un Cappadocien (basse), un esclave (sop. ou tén.)

Argument

Une terrasse de la forteresse de Machéronte – l'un des palais d'Hérode II Antipas – située en Pérée, à l'est de la mer Morte.
Salomé, jeune femme de grande beauté et belle-fille d'Hérode, est subjuguée par le prophète Jochanaan, tenu prisonnier, mais celui-ci repousse énergiquement ses avances. Après que Salomé a dansé devant Hérode à la demande de celui-ci, elle réclame en récompense la tête de Jochanaan. Ainsi fait-elle sien l'homme aimé. Hérode donne l'ordre de tuer Salomé.

Scène 1
Banquet d'anniversaire chez Hérode. Narraboth, le jeune capitaine, est séduit par la beauté de Salomé. Son ami, le page, le met en garde contre cette passion, mais en vain. Narraboth s'approche de Salomé qui, lasse et écœurée par l'entourage dépravé de son beau-père, a quitté la salle et s'est rendue sur la terrasse.

Scène 2
On entend la voix du prophète Jochanaan sortir de la citerne où il est emprisonné. Il accuse Hérode et surtout Hérodias, la mère de Salomé, de leurs vices. Salomé veut le voir, mais les soldats refusent de le faire sortir. Cela leur est interdit, sous peine d'être châtiés. Seul Narraboth ne peut s'opposer au désir de sa princesse bien-aimée et fait sortir Jochanaan.

Scène 3
Le prophète intensifie ses accusations et repousse avec la dernière énergie les avances érotico-curieuses de Salomé. Et c'est justement ce refus qui séduit la jeune fille. Narraboth tente en vain de calmer Salomé avant de mettre fin à ses jours.

Scène 4
Le roi et la reine, alertés par les bruits, surviennent. Hérodias exige la mort du prophète. Hérode tente de faire diversion. Convoitant les charmes de Salomé, il demande à sa belle-fille de danser pour lui, et lui promet de satisfaire son désir, quel qu'il soit. Salomé exécute sa danse et lui réclame la tête de Jochanaan. Hérode considère le prophète comme un saint homme et négocie avec Salomé, lui offrant une autre récompense. En vain. Il doit finalement se résigner et fait tuer le prophète. Salomé présente la tête de la victime sur un plateau d'argent. Elle embrasse les lèvres du mort avec passion. Hérode donne l'ordre de tuer Salomé.

S. N.

Salome, Maria Cebotari (Salomé) et Julius Pölzer (Hérode), Staatsoper de Berlin, 1942.
Dans la représentation de Berlin, Hérode apparaît comme une caricature méchante et grotesque, à mi-chemin entre Frankenstein et le comte Dracula. Salomé est grimée comme une girl raffinée de music-hall. Cette photo de scène montre clairement que l'idéologie nazie utilisa *Salome* pour servir sa propagande tout en le qualifiant d'« art dégénéré ». C'était une situation paradoxale et gênante, puisque Strauss était considéré ces années-là comme le gardien de l'art allemand.

Salome, Emmy Destinn dans le rôle de Salomé, vers 1910.
Emmy Destinn dans une pose victorieuse. La grande cantatrice tchèque (1878-1930) débuta en 1898 à Berlin avant d'être la première Senta de Bayreuth et d'inspirer à Strauss sa sulfureuse Salomé et son émouvant Minnie à Puccini → *La Fianculla del West*

Le personnage de Salomé dans la Bible

Dans les récits du Nouveau Testament (Matthieu et Marc), Salomé montre peu d'intérêt pour cet acte cruel. Selon saint Marc (6, 21-29), il est dit : « Pour son anniversaire, Hérode donna un banquet à ses dignitaires, à ses officiers et aux notables de Galilée. La fille de cette Hérodias vint exécuter une danse et elle plut à Hérode et à ses convives. Le roi dit à la jeune fille : "Demande-moi ce que tu veux et je te le donnerai." Et il lui fit même ce serment : "Tout ce que tu me demanderas, je te le donnerai, serait-ce la moitié de mon royaume." Elle sortit et dit à sa mère : "Que vais-je demander ?" Hérodias répondit : "La tête de Jean le Baptiste." En toute hâte, la jeune fille rentra auprès du roi et lui dit : "Je veux que tu me donnes tout de suite sur un plat la tête de Jean le Baptiste." Le roi devint triste, mais à cause du serment qu'il avait fait devant tous ses convives, il ne voulut pas lui refuser. »

Chez Heinrich Heine

Après les innombrables représentations dramatico-héroïques d'Hérodias ou de Salomé que l'on rencontre dans les arts plastiques, le poète allemand Heinrich Heine s'enhardit à réinterpréter avec ironie le sujet de

la vengeance d'Hérodias. Dans sa satire épique *Atta Troll* (1842), Hérodias fait partie des plus grands pécheurs de l'humanité et devra errer parmi les âmes mortes « jusqu'au Jugement dernier » :
« Entre ses mains, elle tient toujours / Ce plat où repose la tête / De Jean-Baptiste, et elle l'embrasse / Oui, elle embrasse la tête avec ferveur, / Car jadis elle aima Jean-Baptiste. / La Bible ne le dit pas, / Mais parmi le peuple vit la légende / De l'amour sanguinaire d'Hérodias. / Sinon le désir de cette dame / Serait incompréhensible. / Une femme convoiterait-elle la tête / D'un homme qu'elle n'aime pas ? »

Chez les Français
En France, pendant la seconde moitié du XIXe siècle, le thème d'Hérodias et de Salomé était dans l'air du temps. Gustave Moreau exposa en 1876 ses peintures à l'huile *Salomé dansant devant Hérode* et *L'Apparition* ; le poème dramatique de Stéphane Mallarmé, *Fragment d'une étude scénique ancienne d'un poème d'Hérodiade* (1869), et *Hérodias* (1877), une nouvelle de Gustave Flaubert, agitèrent les esprits parisiens. Toutefois, l'étrange famille de Judée et son prophète personnel n'avaient pas encore foulé les planches de la scène lyrique. Giulio Ricordi, son éditeur italien, suggéra à → Jules Massenet de travailler ce thème et lui fit parvenir en 1878 un scénario d'Angelo Zanardini. Ce dernier écrivit son livret d'après la nouvelle de Flaubert, qui s'articule non pas autour du personnage de Salomé mais autour de sa mère.

Scandale autour de *Salomé*
Oscar Wilde, qui était tout à fait au courant du scandale qu'avait déclenché l'opéra de Massenet (*Hérodiade*, 1881), s'attendait, dix ans plus tard, à ce que dans la puritaine Angleterre, la représentation de sa *Salomé* soit interdite. Il prit alors les devants en menaçant le théâtre anglais et la censure : « Si le censeur interdit *Salomé*, je quitte l'Angleterre et je pars m'installer en France. » Sa méfiance pour la société anglaise fut corroborée par une grande déception : la censure mit sa pièce à l'index. En 1893, Oscar Wilde fit monter *Salomé* à Paris, une pièce que, curieusement, il avait écrit en français et non en anglais. Mais Salomé ne monta pas plus sur les planches parisiennes, et Wilde ne put jamais entendre ses phrases colorées et sensuelles sortir de la bouche de Sarah Bernhardt.

Comparée aux pays catholiques ou puritains, la pruderie était un peu moins forte en Allemagne. *Salomé* fut jouée à Berlin au Kleines Theater de Max Reinhardt (avec Gertrud Eysoldt dans le rôle principal). Cette représentation donna à Strauss l'idée de son *Salomé*. La création de l'opéra à Dresde ne déclencha pas de scandale ; en revanche, l'empereur autorisa une représentation à Berlin à condition que la fin fût optimiste : l'étoile du matin devait apparaître dans le ciel pour annoncer la venue des trois Rois mages. En dépit des efforts de Gustav Mahler, il fut interdit de représenter *Salome* à l'Opéra de Vienne jusqu'à la fin de la monarchie, en 1918 ; la première dut même être annulée à New York.

Salome, Anja Silja (née en 1940) dans le rôle de Salomé.
Strauss devait attendre des décennies avant de voir la Salomé de ses rêves, « âgée de 16 ans avec la voix d'Isolde ». La « révolution » des mœurs des années soixante transforma aussi l'image de Salomé. Anja Silja en donna l'une des interprétations les plus intéressantes et réussit à faire un effet saisissant lors de la *Danse des sept voiles* (le premier strip-tease de la scène lyrique).

Le « pauvre » compositeur
Autour de la personnalité du compositeur gravitent des anecdotes comme celle-ci, caractéristique de l'humour un peu rude de Strauss : « Guillaume II dit un jour à son intendant : "Je trouve dommage que Strauss ait composé cette *Salome* ; normalement, je l'aime beaucoup, mais là il va s'attirer de graves ennuis." Grâce à ces ennuis, j'ai pu faire construire ma villa de Garmisch ! » (Richard Strauss : *Erinnerungen an die ersten Aufführungen meiner Opern*, 1942.)

La sensualité et Salomé

Alors qu'il travaillait à *Salomé*, Oscar Wilde se lia d'amitié avec Gomez Carillo, un jeune diplomate et écrivain du Guatemala. Ce dernier apporta quelques détails importants à la « naissance » de la figure féminine la plus scandaleuse qui apparut au tournant du siècle. Oscar Wilde parlait inlassablement de Salomé. En ce temps-là, toutes les femmes qu'il croisait dans la rue lui semblaient être de potentielles princesses de Judée. Lorsqu'il passait dans la rue de la Paix, il s'arrêtait devant chaque joaillier et cherchait les bijoux qui conviendraient.

Un après-midi, il demanda au jeune Gomez Carillo : « Qu'en pensez-vous, ne devrait-elle pas plutôt être nue ? Oui, nue comme un ver, seulement drapée de lourds colliers cliquetants en pierres précieuses, dont les couleurs étincellent et qui se réchauffent sur le sein d'un corps d'ambre. Je ne pense pas à elle comme à une fille légère et inconsciente, comme à un objet muet. Non, ses lèvres posées sur le portrait de Leonardo trahissent son âme cruelle. Sa volupté est incommensurable, sa perversion ne connaît pas de limites. Il faut que les perles qui habillent son corps dégagent de la chaleur. »

Sarah Bernhardt et Salomé

Sarah Bernhardt, la plus célèbre tragédienne de la fin du XIXe siècle, joua à Londres une saison en 1892. À une soirée, elle demanda à Oscar Wilde de réécrire la pièce pour elle. « C'est déjà fait », répondit Wilde au « serpent du vieux Nil » (comme il l'appelait avec une irrévérencieuse familiarité…). Peu de temps après, Sarah Bernhardt lut la pièce et décida de jouer le rôle-titre.

Couleurs

Charles Ricketts, pressenti pour être le décorateur de la création londonienne de *Salomé* d'Oscar Wilde, proposa un « plancher noir » pour « mettre en valeur les pieds blancs de Salomé. (…) Le ciel devrait être d'un bleu turquoise soutenu, percé de cordages japonais qui tombent à l'aplomb et forment une tente flottante au-dessus de la terrasse. » Oscar Wilde suggéra d'habiller les Hébreux de jaune, Hérode et Hérodias de pourpre, Jochanaan de blanc. Quant au costume de Salomé, il suscita des discussions sans fin. « Plutôt noir comme la nuit ? Ou bien argenté comme la lune ? » Wilde proposa « vert comme un lézard exotique et venimeux ». Ricketts voulait que la lune se reflète sur le plateau,

Salome, croquis de décor de Max Bignens, mise en scène : Wolf Völker, direction musicale : Günter Wich, Düsseldorf, 1968 (TWS). L'esquisse de Max Bignens montre une orgie de couleurs fort expressive, tout à fait dans le sens d'Oscar Wilde. On reconnaît les lignes du Jugendstil qui naît à la même époque que *Salome*.

À droite,
Salome, croquis de décor de Max Kruse pour la création allemande de la pièce de théâtre, Berlin, 1903 (TWS).

mais de façon à ce que la source de lumière reste invisible. Wilde insista sur le choix d'un « modèle bizarrement sombre dans le ciel ». On demanda également conseil au peintre Graham Robertson, qui recommanda de colorer le ciel en violet. « Un ciel violet, dit Wilde, je n'y avais pas encore songé ; et avec des colonnes de fumée à la place de l'orchestre. Imaginez ! Des volutes odoriférantes qui, tel un voile, recouvrent de temps en temps la scène – une senteur différente pour chaque émotion. »

Pour la création de la pièce en Allemagne, en 1903, Max Kruse, le décorateur, imagina des coulisses plus sages, prenant modèle sur ses aînés. La scénographie pourrait très bien dater du début du XIXe siècle, de l'époque classique ou romantique. Des effets tels que la lumière se déversant à travers les portes du palais et les taches rouges sur le sol sauront peu de temps après exalter les personnages expressionnistes avec une force plus dramatique.

À droite
Salome, croquis de décor d'Emil Rieck pour la création de Dresde (1905) de l'œuvre de Richard Strauss (TWS)

Salome, affiche de Pet Halmen, Opéra de Cologne, dans les années quatre-vingt. Une affiche réussie avec un message fort. La représentation graphique garde l'ambiance chère aux célèbres illustrations Jugendstil d'Aubrey Beardsley que celui-ci exécuta pour l'édition originale, ou aux imitations de Marcus Brehmer qui illustrèrent la première édition allemande de la pièce de Wilde.

Le baiser de Salomé

Écouter *Salome*, c'est écouter une suite de sommets qui se surpassent les uns les autres en intensité et qui, ensemble, forment un immense crescendo. La danse de Salomé (qui est le cœur de l'opéra, bien que composée ultérieurement) est l'avant-dernier sommet de l'opéra, dont le baiser et le meurtre rapide et brutal de Salomé constituent le point culminant. La force dramatique est entraînée par la forme de l'œuvre, une pièce en un acte, genre très apprécié à cette époque : on devine la catastrophe dès le début de la pièce (l'une des premières phrases du drame n'est-elle pas : « Il va arriver un malheur » ?) La vision de la tête ensanglantée de Jochanaan – que les énormes bras noirs du bourreau tirent de la citerne avant d'être offerte à Salomé – est répugnante et terrifiante à souhait. Mais la musique qui l'accompagne est d'une séduisante beauté ; elle raconte l'histoire d'un grand amour qui à cet instant-même s'accomplit pour la jeune vierge. C'est la « mort par amour » de Salomé, paraphrasant la *liebestod* d'Isolde de Richard Wagner (→ *Tristan und Isolde*). Salomé trouve aux lèvres de Jochanaan un goût amer, et la musique de cet étrange acte d'amour est également douce-amère. D'abord, c'est l'accord de l'ivresse amoureuse qui retentit, puis le geste musical se répète avant d'aboutir à un accord désuni : satisfaction et destruction sont identiques. N 1

1. Le baiser de Salomé

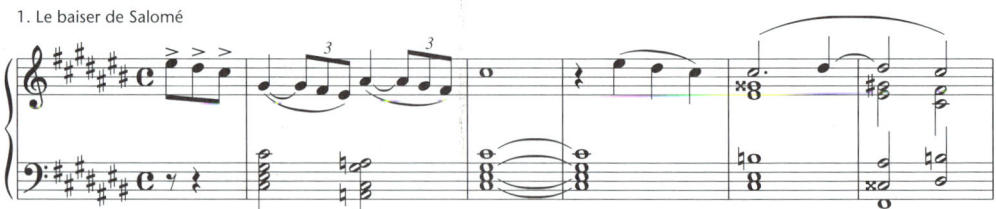

La lune, métaphore dramatique

Sarah Bernhardt, la Salomé de rêve pour Oscar Wilde, déclara dans un entretien que la lune était en fait le personnage principal de la pièce. Au tournant du siècle, la lune devint la métaphore abondamment citée de l'âme malade. « Regardez la lune, la lune a l'air très étrange. On dirait une femme qui sort d'un tombeau », dit le page à Narraboth pour le mettre en garde. Mais le capitaine, épris de Salomé, a une tout autre interprétation : « Elle a l'air très étrange. Elle ressemble à une petite princesse qui a des pieds comme des colombes blanches... On dirait qu'elle danse. » Pour Salomé, la lune est « comme une fleur d'argent, froide et chaste. Elle a la beauté d'une vierge restée pure ». Hérode l'hystérique voit dans la lune ses propres démons : « Elle ressemble à une femme prise de folie qui va chercher des amants partout (...). N'est-ce pas qu'elle chancelle comme une femme ivre ? » Seule Hérodias reste sereine face à la lune : « Non, la lune ressemble à la lune, c'est tout. »

Sonorités

Lorsque l'on écoute *Salome*, on a l'impression, fort juste au demeurant, qu'il y est question d'un monde multicolore, bien que l'histoire toute entière se déroule dans un seul et même lieu. Tout est-il vraiment exotique ? Il n'y a pas de réponse unique à cette question. Car, que signifie l'exotisme ? Des coloris étrangers ? Dans *Salome*, l'exotisme caractérise l'atmosphère qui règne sur tout l'opéra. Et c'est là que réside la différence avec les exotiques opéras romantiques (tels que → *Samson et Dalila* de Saint-Saëns, *Die Königin von Saba* de Karl Goldmark ou → *Aida* de Verdi). « Depuis longtemps, je reproche aux opéras à sujet oriental et juif de manquer de couleurs orientales et de soleil brûlant. C'est ce besoin qui me suggéra l'harmonie exotique qui, telle la moire, scintille surtout dans les cadences étrangères », expliqua Strauss. Le drame de Wilde lui fournit un texte vibrant de couleurs orgiaques (le « collier de quatre rangs de perles », la « plus belle émeraude », les « paons blancs », les « topazes jaunes et rouge clair », les « opales qui toujours étincellent d'un feu froid comme la glace », etc.). Ici se déploie la poésie d'un cantique pour lequel Strauss composa une musique ardente et riche en timbres. Il n'oublia pas non plus la couleur locale. Certes, il ne connaissait pas personnellement le pays où se déroulait l'histoire, mais il rapporta de semblables impressions de son grand voyage en Égypte (1892). La musique de *Salome* a souvent des accents orientaux. À cet effet, Strauss introduisit un nouvel instrument dont le timbre se rapproche du hautbois arabe strident : le heckelphone (une sorte de hautbois grave). La source de lumière participe largement à l'atmosphère de l'opéra. À l'exception de la scène du baiser, la lune est pâle, rouge ou jaune et ne quitte pas la scène tout au long de la pièce. Au tournant du siècle, la lune symbolisait l'âme malade.

Salome, Maria Zampieri dans le rôle de Salomé, mise en scène : Boleslav Barlog, direction musicale : Peter Schneider, décors et costumes : Jürgen Rose, Staatsoper de Vienne, 1991.
Après l'exécution de Jochanaan, le monologue de Salomé retentit avec une ardeur terrifiante ; on s'attendrait presque à ce que la tête parle à Salomé ou qu'elle réponde à ses marques d'amour. C'est le duo d'amour le plus étrange de l'histoire de l'opéra, composé d'un rôle chanté et d'un autre muet. Une vision à la fois repoussante et fascinante.

Elektra, Hildegard Behrens dans le rôle-titre, mise en scène : Otto Schenck, direction musicale : James Levine, décors : Jürgen Rose, Metropolitan Opera, New York, 1997. Si l'on prend au mot l'anecdote de Strauss qui voulait pour le rôle de Salomé une interprète de 16 ans avec la voix d'Isolde, alors le rôle d'Elektra exige une jeune femme douée d'une force dramatique extraordinaire et dotée de la voix de Brünnhilde. Le fait que cela soit une pièce en un acte ne doit pas tromper : *Elektra* dure presque une heure et demie ; le rôle-titre est un défi, aussi bien physiquement que mentalement, que seules de grandes cantatrices peuvent relever. Elektra règne sur la scène du premier au dernier instant.

Elektra
Electre

Tragédie en un acte

Livret : Hugo von Hofmannsthal
Création : le 25 janvier 1909 à Dresde (Hofoper)
Personnages : Klytämnestra/Clytemnestre (mezzo-sop.), ses filles : Elektra/Électre (sop.) et Chrysothémis (sop.), Orest/Oreste, le fils de Clytemnestre (bar.), Aegisth/Égisthe, second mari de Clytemnestre (tén.), le précepteur d'Oreste (basse), la confidente (sop.), la porteuse de traîne (sop.), un jeune serviteur (tén.), un vieux serviteur (basse), la surveillante (sop.), cinq servantes (1 alto, 2 mezzosop., 2 sop.) ; servantes et serviteurs (chœur)

Argument

À Mycènes, après la guerre de Troie.
Au moment où Agamemnon s'apprête à mener l'armée grecque au combat à Troie, un devin lui demande de sacrifier sa propre fille Iphigénie à Artémis, la déesse de la guerre. Le père obéit aux dieux contre la volonté de la mère.

Lorsqu'Agamemnon revient de la guerre auréolé de gloire, Clytemnestre, sa femme, l'assassine avec l'aide d'Égisthe, son amant (préambule).
Il reste trois enfants : Elektra, Chrysothémis et Oreste. Elektra refuse de passer outre et désire venger son père. Chrysothémis préfère oublier et mener une vie normale. Oreste passe pour mort, mais il a été exilé par sa mère. Elektra espère qu'il sera un jour l'instrument de sa vengeance. Il revient et tue le successeur de son père, ainsi que sa propre mère. Elektra meurt sous l'emprise d'une joie extatique.

Scène 1
Elektra mène la vie d'une servante, répudiée par sa mère, car elle ne cesse de reprocher à Clytemnestre sa faute passée. Les servantes de la cour se moquent d'Elektra et l'insultent.

Scène 2
L'idée de vengeance s'intensifie et Elektra se souvient de son père assassiné.

Scène 3
Elektra et Chrysothémis. Chrysothémis voudrait mener une vie de femme normale. Elektra rejette tout compromis, elle est inconsolable.

Scène 4
Elektra et Clytemnestre. La mère est la proie de cauchemars et va demander conseil à la fille qu'elle rejette. Elektra lui recommande de se donner elle-même en sacrifice aux dieux.

Scène 5
Elektra et Chrysothémis. On apprend qu'Oreste est mort. Elektra demande à sa sœur de participer à sa vengeance. Chrysothémis refuse et Elektra décide d'agir seule.

Scène 6
Oreste est vivant ! Sans que personne ne le reconnaisse, il est revenu secrètement chez lui ; seule Elektra le découvre. Toute à sa joie, elle lui donne l'instrument de la vengeance : la hache.

Scène 7
Elektra entend Oreste assassiner Égisthe et sa mère à l'intérieur du palais. En proie à un triomphe extatique, elle meurt.

S. N.

« Le sang appelle le sang » (les Atrides)

L'arbre généalogique de l'orgueilleuse et maudite famille des Atrides remonte jusqu'au plus grand dieu de l'Olympe, Zeus. Le premier membre de cette famille commet un crime : le roi Tantale tue son fils Pélops et, voulant mettre la sagacité des dieux à l'épreuve, il leur présente son fils à manger. Il en sera châtié : immergé dans l'eau jusqu'au cou, sous un arbre fruitier recouvert de fruits, il ne peut assouvir sa faim ni sa soif – et doit subir, justement, les supplices de Tantale. Les dieux rappellent à la vie son fils Pélops, qui engendre deux fils : Atrée et Thyeste, avec qui commence l'extermination réciproque des deux branches de la famille. Thyeste séduit la femme de son frère Atrée qui, à son tour, tue les fils de Thyeste et sert à celui-ci leur sang et leur chair. Thyeste viole

Ci-dessus
Elektra, croquis de décor d'Emil Riek pour la création de Dresde, 1909 (TWS).
Sur le plateau se trouve cette même cour royale, décrite dans un exotisme méditerranéen avec des moyens plutôt conventionnels : ciel bleu foncé, arbre touffu, lumière chaude et sensuelle filtrant de l'intérieur du palais. Une importante stylisation et un décor artificiel furent longtemps l'apanage des scènes lyriques.

Ci-dessous
Elektra, croquis de décors de Max Kruse, Berlin, 1903-1904 (TWS).
Pour le drame d'Hofmannsthal, *Elektra*, Max Kruse dépeint Mycènes dans un paysage grec étrange et inhospitalier : pierres grises, blocs monstrueux. La porte des Lions qui mène au palais des Atrides ressemble à l'entrée d'une prison : basse et étroite.

sa propre fille, dont naît Égisthe, qui tue Atrée. Agamemnon, fils d'Atrée, prend Clytemnestre pour femme, et son frère Ménélas épouse Hélène, sœur de Clytemnestre. Commence la guerre de Troie. Iphigénie donne sa tête à couper au bourreau, sacrifiée par son père Agamemnon. Clytemnestre partage le pouvoir et son lit avec Égisthe ; ils tuent ensemble Agamemnon à son retour de dix années de guerre. Voici les faits dont sont tirées les tragédies d'Eschyle, de Sophocle, d'Euripide, ainsi que l'opéra de Hofmannsthal/Strauss. Seule la « danse de mort » extatique d'Elektra ne se trouve pas dans les sources anciennes. Hofmannsthal l'a inventée pour Strauss qui appréciait fort la danse, en tant que forme d'expression telle que l'entendait Nietzsche (*La Naissance de la tragédie*). D'ailleurs, il y eut recours à maintes reprises (dans le poème symphonique → *Also sprach Zarathustra*, dans l'opéra → *Feuersnot* et surtout dans → *Salome*).

Page de gauche
Elektra, avec Eva Marton dans le rôle-titre, mise en scène : Núria Espert, Gran Teatro del Liceo, Barcelone, 1990.
Eva Marton, l'une des plus grandes cantatrices qui incarna Elektra dans ces vingt dernières années, ici dans une représentation à Barcelone en 1990. La mise en scène de la célèbre comédienne espagnole Núria Espert fut un grand événement.
Elle transposa l'histoire en 1943 dans une villa romaine en ruines, où Égisthe, un officier de la Gestapo, mène une vie de débauche. Elektra, qui refuse de participer à cette vie, habite une vieille Mercedes, dans la cour de la villa. Le public acclama cette représentation. Le Teatro del Liceo à Barcelone, victime d'un incendie au milieu des années quatre-vingt-dix, a rouvert ses portes avec une mise en scène de → *Turandot* par Núria Espert en octobre 1999, une fois les travaux de rénovation achevés.

Josef Breuer et Sigmund Freud : *Studien über Hysterie* (Études sur l'hystérie), page de titre de l'édition de 1895 de la Société Sigmund Freud, Vienne.
Contrairement à Gustav Mahler, son confrère, Strauss ne consulta jamais Freud dans son cabinet de la Berggasse à Vienne. Il possédait une nature robuste et était d'un caractère plutôt flegmatique. Une seule fois, pendant qu'il dirigeait → *Tristan* de Wagner, il s'enflamma tel un volcan et le flegmatique « fut la proie d'une véritable ivresse », se souvint Otto Strasser, un membre de l'Orchestre philharmonique de Vienne.

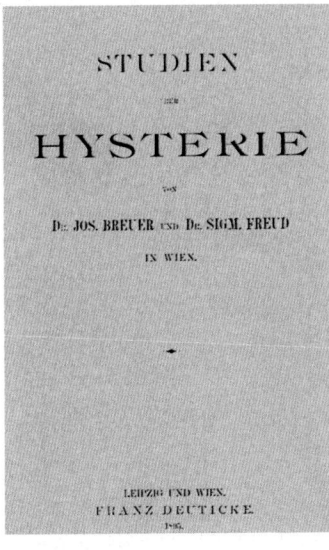

Le complexe d'Elektra au cœur du drame

La Grèce inventée par Hofmannsthal et Strauss est tout sauf classique. Car ni le lieu ni l'époque ni même la mythologie ne sont déterminants. L'important, c'est l'âme humaine. Contrairement à *Salome*, l'exotisme, la couleur locale ne jouent ici aucun rôle. À la grande joie des metteurs en scène, *Elektra* peut être monté n'importe où : dans un quartier pauvre et dévasté d'une grande ville, dans le métro londonien ou dans un abri antiatomique. Hofmannsthal, lui-même le meilleur interprète de son œuvre, résuma l'essentiel de sa pièce ainsi : « Dans *Elektra*, c'est l'acte et le rapport à cet acte qui est au centre : un crime va être racheté par un autre crime, et ce péché est porté par un être qui devra le payer de sa vie pour deux raisons : en tant qu'individu, il se sent capable de perpétrer cet acte, mais incapable à cause de son sexe. » Voilà la raison pour laquelle Elektra est si frustrée, même si elle est la plus digne des trois principales figures féminines de l'opéra. Cette difficulté et hésitation à accomplir son geste fait penser à Hamlet ; la trame des deux tragédies recèle également d'évidentes similitudes. Mais Elektra, une enfant, a pour son père un penchant inconscient encore plus fort qu'Hamlet. La psychanalyse appelle cette trop forte relation entre une fille et son père, le complexe d'Elektra, parallèle au complexe d'Œdipe. C'est une situation névrotique. Le premier monologue d'Elektra trahit à quel point l'héroïne est pathologiquement dépendante de son père. Vu par Elektra, Agamemnon est caractérisé par un thème violent et monumental. N 2

Dans le monde émotionnel d'Elektra, il lui apparaît comme un père tendre (ce qu'il n'était peut-être pas en réalité). Le long thème mélodieux souligne la chaleur qui, ici et plus fortement encore à la fin de l'opéra, se révèle être un amour enfantin. N 3

Après le double meurtre d'Égisthe et de Clytemnestre perpétré par Oreste, Elektra est en proie à l'extase : elle danse éperdument avant de s'écrouler, morte. Sa danse de joie fatale ressemble un peu à la chevauchée des Walkyries (→ *Die Walküre*) de Wagner. C'est en cela qu'Elektra est véritablement la fille d'un héros (à l'instar de la Brünnhilde de Wotan). La danse, que la mort de l'héroïne interrompt brutalement alors qu'elle atteint son paroxysme, est à la fois apocalypse et mort par amour ; elle est à mettre en parallèle avec le baiser et la mort de Salomé. Par ailleurs, cette fin confirme les limites d'Elektra : la vengeance a accompli son destin.

2. Motif d'Agamemnon

3. Motif de l'amour paternel (Elektra)

Études sur l'hystérie ?

Le livre de Sigmund Freud et de Josef Breuer – dont le titre ne comporte pas de point d'interrogation – parut six ans avant la création de la tragédie *Elektra* de Hofmannsthal, et l'œuvre majeure de Freud, *L'Interprétation des rêves*, six ans après. Strauss, un être impossible et qui ne connaissait pas les affres de la création ni des sentiments, ne sonna jamais au cabinet de la Berggasse à Vienne. En revanche, Hofmannsthal avait plus d'affinités avec la psychologie des profondeurs, même s'il ne s'allongea jamais sur le célèbre divan de Freud. Du moins lut-il les œuvres de Freud. Contrairement à leur retentissement sur certains milieux intellectuels, notamment ceux de la monarchie austro-hongroise, ces œuvres furent beaucoup moins lues qu'on l'imagine aujourd'hui. (Les huit premières années, ce livre, que l'on peut considérer comme une œuvre-clé de cette époque, fut vendu à 600 exemplaires seulement.) Quoi qu'il en soit, Hofmannsthal était tout à fait dans l'air du temps quand il écrivit *Elektra*. Ces années-là, Strauss avait une perception très fine de l'esprit du temps et il comprit que la possibilité lui était donnée d'exprimer les tréfonds de l'âme féminine en mêlant des moments musicaux lyriques, émouvants, nerveux et brutaux.

Un opéra de femmes

L'opéra en un acte qu'est → *Salome* semblait étrange par rapport au répertoire lyrique traditionnel, puisqu'il ne comportait pas de duo conventionnel (soprano et ténor). Le chant d'amour de Salomé est rejeté par le prophète ascétique (un baryton dans cet opéra). L'un des personnages, Hérode, est certes un ténor, mais c'est Salomé qui est la reine absolue de l'œuvre. Avec *Elektra*, Strauss va encore plus loin. L'opéra a à peine commencé qu'Elektra apparaît déjà sur scène où elle restera jusqu'à la fin. En composant ce rôle, Richard Strauss a créé un des rôles les plus exigeants pour un soprano dramatique. Les rôles masculins sont on ne peut plus brefs et réduits à des épisodes.

Elektra, photo de la création avec Marie Götze (Clytemnestre) et Thila Plaichinger (Elektra), Schauspielhaus de Berlin, 1909. La scénographie suivit les indications de Hofmannsthal et marqua les futures interprétations.

Ci-dessous
Elektra, Brigitte Fassbaender dans le rôle de Clytemnestre, mise en scène: Harry Kupfer, décors: Hans Schavernoch, costumes: Reinhard Heinrich, direction musicale: Claudio Abbado, Staatsoper de Vienne, 1989.
Ivre de folie, Clytemnestre titube à travers la scène en chantant sa partie avec des accents expressionnistes. La merveilleuse interprète qu'est Brigitte Fassbaender créa, avec une inspiration spectrale, ce personnage de femme qui gémit, hurle, murmure.

Clytemnestre

Dans la pièce, Clytemnestre, la mère, ressemble à une morte vivante: «À la lumière crue des torches, son visage blême et bouffi semble encore plus pâle au-dessus de sa robe rouge écarlate. (...) La reine est littéralement recouverte de pierres précieuses et de talismans. (...) Ses paupières semblent démesurément grandes et on dirait qu'elle ne peut les tenir ouvertes qu'au prix d'un effort terrible.» (Indications scéniques de Hofmannsthal.) D'effroyables cauchemars torturent Clytemnestre. Elle a commis un crime et a l'impression d'être retenue prisonnière dans son palais de Mycènes, en butte à Elektra qui l'accuse, sa conscience vivante. Sa maladie psychique a deux causes: la crainte de la punition inexorable («le sang appelle le sang»), et l'idée obsessionnelle qu'Oreste n'est pas mort et qu'il reviendra un jour en vengeur. L'atmosphère qui l'entoure est saturée d'hystérie. Elle chante très lentement, d'une façon peu naturelle, comme on parle parfois en rêve, et l'orchestre gronde lorsqu'elle paraît. Sa maladie porte un nom: l'hystérie, que Hofmannsthal décrit parfaitement en lui faisant dire: «Pas même un mot, pas même un mal, cela ne m'oppresse ni m'étrangle, ce n'est rien, pas même un cauchemar, et pourtant c'est si effrayant que mon âme espère être pendue, que chacun de mes membres appelle la mort à grands cris; et malgré cela, je vis, je ne suis même pas malade.»

Chrysothémis

Chrysothémis est la fille la moins connue d'Agamemnon ; elle occupe une place à part dans la famille damnée. C'est l'enfant de la lumière, une femme qui souhaite être heureuse. Elle préférerait de loin quitter Mycènes : « Je suis une femme et je veux un destin de femme. Plutôt mourir que de vivre sans vivre ! », lance-t-elle en sanglotant au visage d'Elektra, sa sœur qui, pleine de mépris, met ces mots sur le compte de la faiblesse et de l'indignité humaines. Le personnage de Chrysothémis est très caractéristique du monde poétique de Hofmannsthal. Dans ses œuvres, il aimait l'idée de la métamorphose ; il opposait souvent un être humain capable de se transformer au héros statufié (comme dans l'opéra → Ariadne auf Naxos). D'un point de vue dramaturgique, Strauss avait besoin de Chrysothémis pour servir de contre poids lyrique à Elektra, bien que les rôles aient été tout deux composés pour des sopranos dramatiques. Malgré tout, ces deux personnages offrent un bon exemple de la différence qui existe entre « dramatique » et « très dramatique ». Et surtout, pour Chrysothémis, Strauss donne libre cours à son imagination mélodique (un talent musical qui lui est propre depuis le commencement). Le caractère cantabile de ce rôle est irrésistible et confine parfois à des airs de valse qui pour Strauss ont toujours symbolisé l'existence ou l'espérance de félicité. N 4

Ci-dessus
Elektra, Cheryl Studer (Chrysothémis, à gauche) et Eva Marton (Elektra), Staatsoper de Vienne, 1989.
Au début du XXe siècle, la scène lyrique allemande avait manifestement évolué, puisqu'un opéra moderne tel qu'*Elektra* avait été monté à trois semaines d'intervalle à Dresde et à Berlin, c'est-à-dire presque simultanément, mais avec une distribution et une direction d'orchestre différentes. Plein de gratitude, Strauss a consigné le nom des deux premières interprètes d'Elektra : Annie Krull (Dresde) et Thila Plaichinger (Berlin).

Elektra, Janis Martin (Elektra, à gauche) et Livia Budai-Batky (Clytemnestre), mise en scène : Núria Espert, direction musicale : Guido Johannes, costumes : Franca Squarciapino, Rumstadt, Opéra de Francfort, 1994.

4. Chrysothémis aspirant à la maternité

ih - nen sel - ber quillt sü - ßer Trank.

Der Rosenkavalier, figure d'Octavian, signée Alfred Roller pour la création à Dresde, 1911 (TWS).

Der Rosenkavalier
Le Chevalier à la rose

Comédie pour musique en trois actes

Livret : Hugo von Hofmannsthal
Création : le 26 janvier 1911 à Dresde (Hofoper)
Personnages : Die Feldmarschallin/la maréchale, princesse Werdenberg (sop.), le baron Ochs de Lerchenau (basse), Octavian, surnommé Quinquin, jeune homme de famille noble (mezzosop.), Monsieur de Faninal, riche parvenu, récemment anobli (bar.), Sophie, sa fille (sop.), Marianne Leitmetzerin, sa duègne (sop.), Valzacchi, intrigant italien (tén.), Annina, sa complice (alto), un commissaire de police (basse), le majordome de la maréchale (tén.), le majordome de Faninal (tén.), un notaire (basse), un aubergiste (tén.), un chanteur (tén.), trois nobles orphelines (sop., mezzosop., alto), une modiste (sop.), un marchand d'animaux (tén.), les quatre laquais de la maréchale (2 tén., 2 basses), quatre maîtres d'hôtel (1 tén., 3 basses), quatre enfants (4 sop.), un flûtiste, un érudit, un coiffeur, une noble veuve, le valet de pied de Lerchenau, un homme à tout faire, un petit page noir, un médecin (rôles muets) ; domestiques, coursier, heiduques, filles de cuisine, convives, musiciens, cochers, deux gardes, quatre jeunes enfants, divers personnages douteux (chœur)

Argument
À Vienne, dans les premières années du règne de l'impératrice Marie-Thérèse.
Une belle noble (la maréchale) envoie son jeune amant (Octavian) chez Faninal, un nouveau riche. Il doit demander la main de la fille de Faninal (Sophie) pour le compte du cousin de la maréchale (le baron Ochs), en lui apportant une rose d'argent. Octavian tombe amoureux de Sophie et l'entreprenant Ochs est tourné en ridicule. La maréchale renonce à son amant en faveur du jeune bonheur et joue la femme vieillissante qui se résigne.

Acte I
De bon matin, dans la chambre à coucher de la maréchale. Le jeune Octavian et la maréchale sont dérangés dans leurs étreintes par une visite impromptue : le baron Ochs cherche un messager pour demander la main d'une jeune fille riche. Octavian, qui s'est déguisé en soubrette, Mariandl, séduit le baron sur-le-champ. La maréchale désigne Octavian pour être le héraut de Ochs. Des gens de toutes sortes assistent au lever de la maréchale.
L'effervescence passée, la maréchale reste seule. Ce matin-là, elle ressent profondément la fugacité de la vie sur terre et relie ce sentiment à sa vie et à son amour. Mais Octavian, qui a retrouvé son costume masculin, ne parvient pas à comprendre son amante.

Acte II
La maison Faninal attend le chevalier à la rose. Octavian offre la rose d'argent et la beauté de Sophie le conquiert totalement. Le comportement grossier du baron offusque Sophie ; elle se sent attirée par Octavian et recherche sa protection. Prenant sa défense, celui-ci se bat en duel contre le baron. Faninal chasse Octavian de chez lui et ordonne à sa fille d'épouser le baron. À ce moment, « Mariandl » donne rendez-vous à Ochs. C'est Octavian qui a eu l'idée de cette ruse pour venir en aide à Sophie. Le baron Ochs de Lerchenau tombe dans le piège ; il accepte et rêve déjà de sa prochaine aventure amoureuse.

Acte III
Le complot se prépare dans une auberge. Octavian apparaît déguisé en Mariandl et a toutes les peines du monde à garder Ochs à distance et à ne pas se trahir. Il a discrètement envoyé chercher Faninal pour que le père de la fiancée surprenne son futur gendre en flagrant délit. En outre, il met en scène une petite comédie : Annina, une intrigante prête à rendre tous les services, accuse le baron de bigamie ; ce dernier est par ailleurs sur le point d'être arrêté pour avoir séduit une jeune innocente (Mariandl). Ochs capitule. Faninal reconnaît la mesquinerie du baron et annule les noces. Dès son arrivée, la maréchale juge toute la situation et rend sa liberté à Octavian. Les jeunes amoureux se déclarent leur bonheur.

S. N.

Der Rosenkavalier, Anne-Sophie von Otter (Octavian) et Barbara Bonney (Sophie), mise en scène : Otto Schenck, direction musicale : Leonard Bernstein, costumes : Erni Kniepert, Staatsoper de Vienne, 1968.

Un son argenté

En quoi consiste le fameux timbre de la rose d'argent ? C'est un mélange subtil de sons aigus. Les harmonieux accords majeur sont joués par trois flûtes, trois violons solo, une harpe et un célesta (petit instrument à clavier dont le nom ne vient pas par hasard de « céleste »). Strauss utilise ce son si caractéristique pour peindre le monde du chevalier à la rose comme si c'était une couleur autonome, à la manière de Gustav Klimt. C'est ainsi que sont traduits en musique les chatoiements argentés et l'ornementation de roses propres au Jugendstil qui, au tournant du siècle, marqua les arts du spectacle et les arts appliqués, l'architecture, ainsi que la mode. On peut alors se demander si le Jugendstil n'aurait pas également laissé des traces dans la musique. L'œuvre qui eut le plus grand succès à cette époque, *Der Rosenkavalier*, en donne une preuve flagrante. N S

5. Motif de la rose d'argent

Ochs contre le chevalier à la rose

L'objectif commun était d'écrire une œuvre heureuse. Mais Strauss et Hofmannsthal ne voulaient pas emprunter le même chemin pour y parvenir. Strauss penchait pour une comédie virevoltante où Ochs serait le personnage central. Hofmannsthal, considérait quant à lui que la comédie viennoise était le genre idéal. Pour lui, la rose d'argent, le messager (Octavian) et la maréchale étaient plus importants. Cette controverse se refléta dans la longue quête du titre. *Ochs von Lerchenau* fut la première idée de Strauss. Plus tard, le comte Kessler, ami et confident de Hofmannsthal, proposa les titres *Le Cousin de province* et *Quinquin* (le surnom d'Octavian). L'auteur les refusa tous deux. Le titre définitif apparut assez tard, pendant les préparatifs de la première, après toute une série de diverses variantes. Alfred Roller, le célèbre décorateur et costumier de la création, demanda à Strauss le 4 mai 1910 s'il ne pouvait pas, « faute de mieux », utiliser pour ses croquis le titre proposé par Hofmannsthal : *Der Rosenkavalier*. Ce à quoi le compositeur répondit avec humeur : « Le chevalier à la rose ne me plaît pas du tout, moi, c'est Ochs qui me plaît ! Mais qu'y puis-je. Hofmannsthal aime ce qui est tendre, éthéré, et ma femme m'a ordonné : *Rosenkavalier*. Donc ce sera *Rosenkavalier* Que le diable l'emporte ! »

Der Rosenkavalier, Kurt Rydl (Ochs), Trudeliese Schmidt (Octavian) et Heinz Zednik (Valzacchi), mise en scène : Otto Schenck, direction musicale : Leonard Bernstein, décors : Rudolf Heinrich, costumes : Erni Kniepert, Staatsoper de Vienne, 1968.
Le baron Ochs après le duel, attendant son verre de vin de Tokay.

Richard Strauss, l'avant-gardiste

« En vérité, je te le dis, notre maître à tous s'appelle Richard Strauss », affirma Béla Bartók, l'un des futurs protagonistes de l'avant-garde musicale, dans une lettre écrite en 1904, à l'âge de 23 ans. Jusqu'au grand tournant que constitua, en 1911, la composition du *Rosenkavalier* dans le style musical de Strauss, les jeunes compositeurs le considéraient comme le prototype du musicien progressiste qui avait assez de force pour sortir la musique européenne de l'ombre des grands romantiques et la faire pénétrer dans le XXe siècle. Même Arnold Schönberg, personnage radical s'il en fut, était l'un des partisans de Strauss, du moins pendant un certain temps.

Lieu et date : à Vienne vers 1740

Hofmannsthal a puisé plusieurs noms du *Rosenkavalier* directement dans le gotha de la noblesse viennoise : le jeune comte Rofrano (le nom officiel d'Octavian) doit le sien à une vieille lignée, jadis propriétaire du palais Auersperg. Son surnom, Quinquin est celui que portait le comte Esterházy qui mourut en 1785, membre de la loge maçonnique « Zur gekrönten Hoffnung » (à l'espoir couronné). C'est à l'occasion de ce décès que Mozart composa sa *Maurerische Trauermusik* (K 477) ; la sœur d'un comte Rofrano avait épousé en secondes noces un maréchal (marquis Ludwig von Brechainville) et pourrait donc être le modèle de la maréchale ; dans ce personnage, on retrouve sans conteste quelques traits de caractère de l'impératrice elle-même (ce n'est pas un hasard si le nom de la maréchale, Marie Thérèse, ressemble à celui de l'impératrice, Maria Theresia). Le baron Leupold Anton Ochs auf Lerchenau descendait de la famille Orsini-Rosenberg, originaire de Carinthie, et dont l'aïeul, à l'époque de Mozart, était le « directeur général des spectacles » de Vienne et portait le nom subsidiaire de baron de Lerchenau. Mais il se peut également que le nom du personnage rappelle celui du banquier Peter Ochs, qui quitta la Suisse pour s'installer à Vienne. Toutefois, il ne vivait pas à l'époque de Maria Theresia, mais était un contemporain de Hofmannsthal que l'écrivain connaissait peut-être personnellement. S'il a servi de modèle au baron Ochs, on est en droit de penser qu'Hofmannsthal n'avait pas sur lui la meilleure des opinions. Hofmannsthal enrichit ce monde de mille détails de son cru. Il utilisa divers parlers pour caractériser ses personnages, mais qui n'existent pas dans la réalité en tant que tels. La plus belle invention d'Hofmannsthal est celle de la rose d'argent qu'un héraut apporte à la future mariée, un motif qui, pris sous l'angle du rococo, est historiquement tout à fait crédible. Il est dommage que cette coutume n'existât pas en ce temps-là. L'impératice aurait pu nommer Hofmannsthal maître de cérémonie de la cour... L'air du chanteur italien est d'ordinaire interprété par de célèbres ténors de *bel canto*. Si la mélodie rend un effet très italien, elle reste dans l'ensemble purement straussienne. N 6

6. Air du chanteur italien

Di ri - go - ri ar - ma - to il se - no con - tro a - mor mi ri - bel - llai, _____

William Hogarth : tiré du cycle *Le Mariage à la mode* – 4ᵉ tableau : *Le Lever de la comtesse*, peinture à l'huile, National Gallery, Londres, 1743.

Ce tableau, tiré du cycle *Le Mariage à la mode*, de William Hogarth, joua un rôle prépondérant comme source d'inspiration pour dépeindre le milieu évoquant cette époque. Dans les tableaux de son cycle, Hogarth représenta avec un soin tout particulier et une acuité sarcastique les contradictions sociales de la société anglaise au début du capitalisme, qui correspond exactement à la décennie au cours de laquelle se passe l'action du *Rosenkavalier*. Pour le premier acte, Hofmannsthal reprit la configuration des personnages du tableau *Le Lever de la comtesse*. Pendant l'Ancien Régime, le lever d'une femme du monde représentait un événement. Il avait lieu le matin, entre onze heures et midi. Encore en déshabillé, la dame était entre les mains de son coiffeur qui s'affairait à la coiffure compliquée. Pendant ce temps, on bavardait, on nouait des relations amoureuses, on ourdissait des intrigues de cour ; des quémandeurs apparaissaient, on jouait de la musique – ainsi que Hogarth l'a minutieusement représenté. Cette scène forme une polyphonie fraîche et joyeuse qui inspira Strauss, virtuose de la composition. L'air délicieux du chanteur italien (texte italien) accompagné d'une flûte toute aérienne, la rengaine mécanique et primitive des trois orphelines, les dialogues secs que le baron et le notaire échangent à propos de la corbeille de noces forment des coulisses musicales colorées. Mais l'une des plus merveilleuses qualités de cette scène réside dans le fait qu'il ne s'agit pas d'une composition néoclassique (c'est-à-dire d'une imitation), en dépit de son effet de parodie historique. Strauss réussit une parfaite illusion grâce à sa propre écriture musicale – à l'instar de Hofmannsthal avec ses tournures inventées.

Le temps – quelle chose étrange

« Le temps est une étrange chose », philosophe la maréchale à la fin du premier acte devant son miroir. Il serait peut-être exagéré de qualifier *Der Rosenkavalier* de drame schizophrène : à la fois une comédie et une tragédie, puisque des éléments qui caractérisent ces deux genres s'entremêlent. Mais le dilemme que constitua le choix du titre (*Ochs* ou *Rosenkavalier*) fait déjà présager de la difficulté pour les auteurs de mettre en avant un aspect de la pièce plutôt qu'un autre. Ce qui, dans *Der Rosenkavalier*, arrive au baron Ochs relève de la comédie pure, une intrigue digne de la *commedia dell'arte* et de l'opéra-bouffe. Avec le personnage de la maréchale, Hofmannsthal et Strauss introduisirent dans l'œuvre lyrique une atmosphère mi-tragique et douce-amère. Et c'est justement cette atmosphère qui confère à l'œuvre son aspect incomparablement nostalgique. Pour la maréchale, le tragique réside dans le temps qui passe, dans la vieillesse. « Comment cela peut-il bien arriver ? Et comment le Bon Dieu s'y prend-il ? », se demande-t-elle (monologue, fin du premier acte). « Et si Dieu veut agir comme il le fait, pourquoi me laisse-t-il tant de lucidité ? » Elle décide de prendre le temps de court et de renoncer volontairement à Octavian, son jeune amant. Octavian comprend à peine l'explication philosophique : « On dirait qu'aujourd'hui il me faudra éprouver la fragilité de toutes les choses éphémères jusqu'au fond de mon cœur ; apprendre qu'on ne doit rien vouloir retenir, que les bras se referment sur du vide, que tout s'enfuit entre nos doigts, comment tout se délie quand on croit le serrer, comment tout se dissipe, à la façon des rêves et de la brume. » Or, la maréchale n'est pas une vieille femme, ce n'est pas une Hans Sachs en jupons qui doit renoncer à l'amour et s'incliner devant un jeune rival. Elle est en pleine possession de sa beauté et de sa séduction. Elle doit être – comme la caractérisa ultérieurement Strauss – « une jeune et belle femme de 32 ans environ qui, les jours de mauvaise humeur, se considère comme une vieille femme face à Octavian, âgé de 17 ans. Octavian n'est ni le premier ni le dernier amant de la belle Maréchale qui ne doit pas jouer la fin du premier acte de façon sentimentale ni comme si elle disait tragiquement adieu à la vie, mais plutôt avec la grâce et la légèreté viennoises, avec un œil qui pleure et un œil qui rit. » C'est là l'explication qui convient à cette étrange atmosphère du « comme si » du *Rosenkavalier*. *Der Rosenkavalier* n'est pas fait pour quiconque n'aurait pas le cœur serré en écoutant le trio final (la maréchale, Sophie, Octavian), la plus belle musique que Strauss composa jamais (et qui, selon ses vœux, fut jouée à ses obsèques sous la direction du jeune Georg Solti) ; « Ça donne envie d'pleurer... À cause que c'est tellement beau. » (Mariandl, acte III). N 7

Der Rosenkavalier, Elisabeth Schwarzkopf dans le rôle de la maréchale, princesse Werdenberg, portrait de 1960, mise en scène : Rudolf Hartmann, direction musicale : Herbert von Karajan, Staatsoper de Vienne, 1960. Apparition toute de noblesse et voix de poétesse : Elisabeth Schwarzkopf est l'une des plus grandes cantatrices du XXe siècle. Son inimitable résignation raffinée, ses gestes éloquents et souvent cachés, ainsi que son regard expressif rendent son interprétation inoubliable. Heureusement, un film conserve pour la postérité son interprétation qui marqua les esprits dans les années soixante, sous la direction de Herbert von Karajan.

7. Trio (la maréchale-Sophie-Octavian)

Hab' mir's ge-lobt, ihn lieb ——— zu ha-ben in der rich-ti-gen Weis' ———

Der Rosenkavalier, Lotte Lehmann dans le rôle d'Octavian dans les années vingt. Lotte Lehmann (1888-1976) était la cantatrice préférée de Strauss. Elle interpréta tous les grands rôles du compositeur et assura la création de certains. Elle fit ses débuts en 1909 à Hambourg ; entre 1914 et 1938, elle fit partie de la troupe de l'Opéra de Vienne, puis s'exila aux États-Unis où elle se produisit principalement au Metropolitan Opera jusqu'en 1951. Elle créa le rôle du compositeur (→ *Ariadne auf Naxos*), de la teinturière (→ *Die Frau ohne Schatten*) et de Christine (→ *Intermezzo*). Lotte Lehmann chanta pour *Der Rosenkavalier* les trois rôles, celui de la maréchale, celui d'Octavian (photo) et celui de Sophie au tout début de sa carrière. Elle possédait une « voix chaleureuse et une diction parfaite, [était] d'une expression théâtrale géniale et [avait] une belle présence scénique », se souvint le vieux compositeur avec enthousiasme. (*Erinnerungen an die ersten Aufführungen meiner Opern*, 1942.)

Un anachronisme musical : la valse

Certes, il serait exagéré de définir *Der Rosenkavalier* comme un opéra de valse ; toutefois, des airs de valse s'élèvent à trois reprises et à des moments cruciaux (en relation avec le personnage du baron Ochs). D'un point de vue historique, l'introduction de la valse dans un opéra dont l'action se déroule à l'époque de l'impératrice Maria Theresia est un grossier anachronisme, une falsification spectaculaire. En effet, au milieu du XVIIIe siècle, personne encore ne dansait la valse, et surtout pas dans les milieux aristocratiques. La danse favorite était le menuet de cour à trois temps. La renommée de la valse débuta dans les années 1820, lorsque le *ländler* populaire et la danse allemande, repris par des artistes viennois tels que Johann Strauss père et Joseph Lanner, entrèrent dans les auberges avant de pénétrer dans les salles de bal, anoblis par l'élégance bourgeoise. La valse conquit en un clin d'œil toute l'Europe et fut indéniablement considérée jusqu'à la Première Guerre mondiale comme la danse la plus populaire. À Vienne, la valse avait déjà des racines si profondes dans la bonne société comme dans la manière de vivre que Strauss pouvait la considérer comme un phénomène intemporel. La Vienne traditionnelle se révélait dans la valse et même un artiste cultivé comme Strauss n'était pas censé savoir de quand cette danse datait. Car que serait *Der Rosenkavalier* sans ses valses ? N 8

8. Valse du baron Ochs

À droite
Der Rosenkavalier, Lucia Popp (la maréchale) et Trudeliese Schmidt (Octavian), mise en scène : Otto Schenck, direction musicale : Leonard Bernstein, décors : Rudolf Heinrich, costumes : Erni Kniepert, Staatsoper de Vienne, 1968.
Il ne fait aucun doute que, comparé à → *Elektra*, *Der Rosenkavalier* n'est pas si audacieux ; Strauss, l'enfant terrible des années 1900, ne voulait plus emprunter la voie qui aboutissait à la dissolution de la tonalité. L'élément porteur de scandale ne manque pourtant pas au *Rosenkavalier* : il se trouve dans l'érotisme sans voile. L'opéra s'ouvre sur une longue scène d'alcôve qui retentit des doux sons d'une belle nuit d'amour.

De secrètes forces d'attraction

Peu de gens savent que cette valse est en réalité un délicieux plagiat. La mélodie est en partie identique à la valse composée par Josef Strauss (le frère du roi de la valse). Cette valse porte un titre éloquent et qui joue sur les mots : *Dynamiden (forces d'attraction secrètes)*. Que signifie ce mystérieux sous-titre ? S'agit-il des forces d'Eros ? L'explication nous est fournie par les sciences naturelles. Joseph Strauss qui, avant d'entamer sa carrière de musicien, avait fait des études techniques et travaillé comme ingénieur, avait dédié sa valse, créée en 1865, à la Fédération des sociétés industrielles. Les mélodies de valse sont les « Dynamides » (*dynamis* signifie « force » en grec) du *Rosenkavalier* : « la musique va dans le sang », comme remarque très à propos le Baron Ochs à l'acte III.

Mozart

Selon Max Steinitzer, ami et premier biographe de Strauss, ce dernier aurait dit, alors que la création d'→ *Elektra* était en préparation : « La prochaine fois, j'écris un opéra à la manière de Mozart. » Il a peut-être dit cela par boutade, car la hardiesse de l'écriture musicale, l'énorme orchestre et les difficiles parties chantées d'*Elektra* lui causaient beaucoup de soucis. Or, le qualificatif d'« opéra mozartien » est d'une importance cruciale pour la genèse de *Der Rosenkavalier*. Quiconque écoute le duo final Sophie-Octavian a plus que l'impression d'avoir déjà entendu ça quelque part. N 9

Le début du thème renvoie à une citation de la → *Zauberflöte* (Pamina et Papageno au finale du premier acte). N 10 Mais point n'est besoin de ce lien direct, car le duo rappelle le style musical du classicisme viennois. Le motif se rapproche également, et d'une façon non dénuée d'ironie, du célèbre lied *Heidenröslein* de Franz Schubert. N 11

La mélodie du duo est la plus simple de toute l'œuvre. Aussi simple que la solution de la fin : après l'imbroglio sentimental, deux jeunes gens se trouvent. Cela mis à part, l'influence de Mozart a laissé peu de traces dans la musique, mais bien plus dans la caractérisation des personnages, notamment chez Octavian dont on trouve le modèle chez Cherubino dans → *Le Nozze di Figaro* (le rôle de travesti, l'âge – 17 ans –, la relation intime avec une femme mûre et distinguée qui, dans les deux cas, a connu une ascension sociale grâce à son mariage). Ces éléments montrent que cela va au-delà des associations d'idées de hasard. La soudaine exaltation des sentiments rappelle également les opéras de Mozart et suscita un vif intérêt en ce siècle de la psychologie des profondeurs, sans oublier, bien sûr, le → *Così fan tutte* de Mozart. Cette œuvre était justement l'un des opéras préférés de Strauss. Est-ce un hasard si la création du *Rosenkavalier* tomba la veille de l'anniversaire de Mozart et le même jour que la première de *Così fan tutte* (26 janvier) ?

Der Rosenkavalier, Erna Denera et Elisabeth Böhm von Endert, Berlin, 1912. En souvenir de Berlin, photo d'atelier du *Rosenkavalier* (acte I, scène du petit déjeuner). Entre 1911 et 1914, la popularité de l'œuvre n'avait d'égal que les opérettes à succès de Lehár ou de Kálman. L'intérêt du public était si grand que des trains spéciaux *Rosenkavalier* furent mis en place pour relier Berlin et Dresde.

Ariadne auf Naxos, figure du perruquier Ernst Stern pour la création à Stuttgart, 1912 (TWS). Le perruquier incarne le monde de la comédie de Molière (*Le Bourgeois gentilhomme*) que Strauss et Hofmannsthal considéraient comme la plus importante de leurs sources d'inspiration, même si elle fut supprimée dans la seconde version de l'œuvre lyrique. Seul le personnage du perruquier fut conservé et reste l'élément indispensable aux deux versions.

Ariadne auf Naxos

Ariane à Naxos

Opéra en un acte et un prologue

Livret: Hugo von Hofmannsthal

Création: 1re version: le 25 octobre 1912 à Stuttgart (Hoftheater, Kleines Haus), à jouer après *Le Bourgeois gentilhomme* de Molière; 2e version: le 4 octobre 1916 à Vienne (Hofoper)

Personnages du prologue: le majordome (rôle parlé), le maître de musique (bar.), le compositeur (sop. ou mezzosop.), le ténor (Bacchus) (tén.), un officier (tén.), un maître de ballet (tén.), un perruquier (basse aigue), un Laquais (basse), Zerbinetta (sop.), la *prima donna*/Ariadne (sop.)

Personnages de l'opéra: Ariadne/Ariane (sop.), Bacchus (tén.), Naïade (sop.), Echo (sop.), Dryade (alto); personnages de l'intermède: Zerbinetta (sop.), Harlekin (bar.), Scaramuccio (tén.), Truffaldin (basse), Brighella (tén.)

Argument
À Vienne, à la fin du XVIIe siècle.
Un parvenu donne une fête et, en guise de réjouissances, fait interpréter simultanément une *commedia dell'arte* et un opéra tragique. Zerbinetta et Ariadne, la comédienne et la tragédienne, apprennent à se comprendre. La tragédie se termine d'une manière inattendue.

Prologue
Dans le théâtre d'un palais. Un jeune compositeur prépare la représentation de son premier opéra. Le mécène et hôte ordonne de le jouer en même temps qu'une comédie. Tous sont consternés. Seule la comédienne Zerbinetta ne perd pas courage et apaise le compositeur grâce à son charme.

Opéra
Sur une île déserte. Ariadne, que son époux Thésée a abandonnée, accuse son destin et songe à la mort. Zerbinetta apprend à l'héroïne comment oublier l'infidélité des hommes en aimant à nouveau. Des esprits annoncent la venue d'un dieu. Ariadne tombe dans les bras du présumé dieu de la mort. Mais c'est Bacchus qui l'éveille à un nouvel amour et à une nouvelle vie.

S. N.

Ariadne auf Naxos, croquis de décor de Ludwig Sievert, mise en scène: Carl Hagemann, direction musicale: Wilhelm Furtwängler, Nationaltheater de Mannheim, 1916 (TWS).
Début du mystère: l'arrivée du dieu Bacchus. N 12
La dernière demi-heure de l'opéra est entièrement consacrée aux seuls Ariadne et Bacchus. Le grand duo est constitué d'une immense progression musicale qui, lorsque l'enthousiasme atteint son paroxysme, débouche sur une mélodie envoûtante. Bacchus (*Heldentenor*) ne chante que pendant 15 minutes, mais celles-ci font partie des plus difficiles rôles de ténor (chez Strauss, le premier depuis → *Guntram*, son tout premier opéra).

12. Duo d'amour (Ariadne-Bacchus)

Dei - ner hab ich um al - - les be - durft! Nun bin — ich ein and - rer,

Le mélange des genres selon Hofmannsthal

Hofmannsthal s'attelle dès 1911, au lendemain de la création triomphale du → *Rosenkavalier*, à une nouvelle idée d'opéra rococo. Un roman du Français Philippe Monnier lui tombe entre les mains, qui décrit la vie que l'on menait à Venise à l'époque de Goldoni, de Gozzi et de Casanova. Toutefois, Hofmannsthal a déniché le cœur de son sujet dans la mythologie, notamment dans l'histoire d'Ariane. Il informe le compositeur de sa nouvelle idée d'un « opéra de trente minutes pour petit orchestre de chambre [qui] porte le titre d'*Ariane à Naxos*, et [renferme un] mélange de personnages héroïques de la mythologie en costumes du XVIIIe siècle (…) et de figures de la *commedia dell'arte*, tels Arlequin et Scaramouche ; ceux-ci représentent l'élément bouffe qui s'entrecroise continuellement avec l'élément héroïque… » (20 mars 1911).

Quelques mois plus tard, Hofmannsthal trouve la comédie adéquate qui devra entourer *Ariadne* : *Le Bourgeois gentilhomme* de Molière. Cette comédie, une « comédie-ballet », fut représentée à la cour du Roi Soleil, accompagnée de danse et de la musique que composa → Jean-Baptiste Lully. « Le divertissement *Ariadne auf Naxos* se jouera après le dîner de Jourdain », précise Hofmannsthal au compositeur.

Les versions de Stuttgart et de Vienne

À la création de Stuttgart, Max Reinhardt mit en scène la comédie de Molière accompagnée de la musique de Strauss, ainsi que l'épilogue de Strauss, *Ariadne auf Naxos*. Après la première, Strauss décida d'abandonner cette configuration pour des raisons techniques. C'est ainsi que naquit une nouvelle version de l'opéra, principalement jouée de nos jours. Strauss transforma la musique qu'il avait composée pour accompagner la comédie de Molière adaptée par Hofmannsthal (Berlin, 1918) en une suite pour orchestre (Vienne, 1920).

Ariadne auf Naxos, mise en scène : Folke Abenius, direction musicale : Hans E. Zimmer, décors et costumes : Søren Fransen, Det Kongelige Teater de Copenhague, 1992 (photographie de 1999). Richard Strauss imita avec légèreté ce que seul Mozart avait réussi au XVIIIe siècle ; il réunit harmonieusement des éléments de l'*opera seria* et de l'*opera buffa* dans un troisième genre lyrique en créant un personnage tragique entouré de personnages de comédie.

Mythologie et interprétation

La légende d'Ariane, fille du roi de Crête, nous a été léguée dans plusieurs versions. Thésée vainc le monstre crétois à tête de taureau, le Minotaure, avec l'aide d'Ariane et délivre ainsi Athènes, sa ville natale, de son sanglant tribut. Il s'unit à Ariane et repart avec elle vers son pays natal. Mais il l'abandonne en chemin sur une île déserte. Une thèse bienveillante explique que Thésée ne voulait pas livrer sa femme enceinte aux tempêtes. Une autre interprétation, plus sobre, fait valoir des raisons d'ordre juridique. En effet, si Thésée avait poursuivi la traversée avec Ariane, ils auraient perdu le bel héritage crétois d'Ariane (en particulier tous les biens). Mais c'est la poésie qui nous offre la plus belle version : le dieu Bacchus (Dionysos) serait apparu en rêve à Thésée et aurait revendiqué Ariane pour lui-même. Puisqu'il était dangereux de s'affronter à un dieu pour conquérir une femme, Thésée laissa à Bacchus la place qu'il occupait aux côtés d'Ariane. D'ailleurs cette version dit également qu'Ariane aurait déjà épousé Bacchus avant qu'elle ne fasse la connaissance de Thésée… Le poète qu'était Hofmannsthal reconnut dans la rencontre d'Ariane et de Bacchus une métamorphose merveilleuse et mystérieuse : « Il s'agit d'un problème vital, simple et immense : celui de la fidélité. S'accrocher à ce que l'on a perdu, persister éternellement, jusqu'à la mort – mais aussi vivre, continuer à vivre, aller plus loin, se métamorphoser, renoncer à l'unité de son âme tout en restant soi-même dans la métamorphose, être toujours un être humain, sans s'abaisser à devenir un animal dépourvu de mémoire. (…) Ariane n'a pu être l'épouse ou l'amante que d'un seul homme, elle ne peut être abandonnée, quittée que par un seul homme. Mais une chose demeure, même pour elle : le miracle, le dieu. Elle se donne à lui, car elle le prend pour la mort : il est à la fois la vie et la mort, il lui dévoile les insondables abîmes de sa propre nature, il fait d'elle une magicienne, une enchanteresse qui a métamorphosé la pauvre petite Ariane ; il lui révèle magiquement ici-bas l'au-delà, lui permet de rester telle qu'elle est tout en la métamorphosant. » (Lettre de Hofmannsthal à Strauss, mi-juillet 1911.)

Ariadne auf Naxos, croquis de décors d'Adolph Mahnke, mise en scène : Heinz Arnold, Staatstheater de Brunswick, 1937 (TWS).
La représentation a-t-elle déjà commencé ou est-ce une répétition ?, se demande-t-on lorsque le rideau se lève. Le prologue laisse les spectateurs jeter un œil derrière les coulisses.

Ariadne auf Naxos, avec (de g. à dr.): Johnny van Hal (ténor/Bacchus), Jørgen Ole Børch (le perruquier) et Andy Stottler (la *prima donna*/Ariadne), mise en scène: Folke Abenius, direction musicale: Hans E. Zimmer, décors et costumes: Søren Fransen, Det Kongelige Teater de Copenhague, 1992 (photographie de 1999).
Le prologue est un chef-d'œuvre du théâtre moderne: un véritable divertissement. Les artistes peuvent d'ores et déjà se glisser dans les personnages dramatiques de l'opéra qui va suivre. Mais là aussi, on s'aperçoit rapidement qu'il s'agit uniquement de rôles, car le vrai visage des hommes n'apparaîtra que dans quelques minutes.

À droite
Ariadne auf Naxos, Lotte Lehmann dans le rôle du compositeur, à Vienne dans les années vingt. C'est Mozart qui servit de modèle au personnage du compositeur. La sympathie qui naît entre lui et Zerbinetta est le seul moment lyrique du prologue. À la création de Stuttgart, le compositeur était un rôle parlé (théâtre). Pour la nouvelle version de Vienne, en 1916, c'est Lotte Lehmann qui chanta ce rôle de travesti destiné à une soprano ou à une mezzo.

Ariadne auf Naxos, Maria Jeritza dans le rôle d'Ariadne, Vienne, 1917.
Maria Jeritza créa le rôle d'Ariadne dans la version de Vienne (plus courante aujourd'hui), aux côtés de Bela von Környeys (Bacchus). Selma Kurz jouait Zerbinetta et Lotte Lehmann le compositeur. Cette représentation était dirigée par Franz Schalk, avec qui Strauss partagea, à partir de 1919, la direction du Staatsoper de Vienne.

Ariadne auf Naxos, Edita Gruberová dans le rôle de Zerbinetta, mise en scène : Filippo Sanjust, direction musicale : Karl Böhm, Staatsoper de Vienne, 1976.
Zerbinetta est un rôle pour coloratura que seules les cantatrices pouvant atteindre des aigus vertigineux et douées d'une virtuosité sans pareille sont capables de maîtriser. Edita Gruberová (née en 1946) fut découverte au milieu des années soixante-dix par le grand chef d'orchestre Karl Böhm, qui fut le successeur de Strauss et l'un de ses amis.

13. Sérénade d'Harlekin

Lie - ben, Has - sen, Hof - fen, Za - gen, al - le Lust ____ und al - le Qual

14. Danse des comédiens

Es gilt, ob Tan - zen, ob Sin - gen tau - ge, von Trä - nen zu trock - nen ein schö - nes Au - ge.

Des comédiens empreints de tristesse

Hormis quelques remarques amusantes en guise de réaction aux lamentations sans fin d'Ariadne, les personnages de l'opéra-bouffe (de la *commedia dell'arte*) ne rendent pas un effet comique. Zerbinetta et ses quatre amants (Harlekin, Scaramuccio, Truffaldin et Brighella) viennent du monde et de l'époque du peintre français Antoine Watteau (1684-1721). Les comédiens se caractérisent plus par leur grand sérieux que par une joie débonnaire. Certes, les comédiens *dell'arte* dans *Ariadne* chantent et dansent, comme l'exige le genre, mais on ressent une certaine oppression. L'île déserte où se trouve une femme en pleurs et inconsolable est pour eux un monde si étranger qu'ils se comportent avec retenue. Ils chantent des airs simples et beaux, plus propices à apaiser qu'à faire rire. N 13, N 14

L'orchestre d'*Ariadne*

Le corps sonore se définit par les idéaux classiques, que ce soit pour les cordes ou les instruments à vent. Pourtant les couleurs, si caractéristiques de l'orchestre straussien, ne manquent pas : deux harpes, le célesta et son timbre argenté, le discret harmonium et la rangée de percussions. Dans cette composition, le piano joue un double rôle : dans le prologue et dans les récitatifs de l'opéra, Strauss utilise parfois le piano comme un clavecin, l'instrument d'accompagnement indispensable de l'époque baroque. Toutefois, en bon héritier de ce début de siècle, il lie le timbre du piano à celui des autres instruments de l'orchestre. Le son subtil de l'ouverture de l'opéra, de la musique de chambre, aussi bien que la grandiose apothéose avec la sublime « musique de la métamorphose », séduisent par leur maîtrise instrumentales et leur beauté.

Le style d'Ariadne

Certes, Strauss ne fait en aucun cas ses adieux à son style post romantique, mais le monde sonore d'*Ariadne* est plus limpide que celui du → *Rosenkavalier*, par exemple, une œuvre d'ores et déjà composée sous le signe d'un changement de style. Par ailleurs, Strauss n'omettait pas une occasion de faire des citations. Ainsi composa-t-il pour Ariadne un *lamento* dans le style pathétique du baroque, pour ses personnages *bouffes* de simples chansons, et emprunta le style romantique de Wagner pour écrire le grand duo amoureux entre Ariadne et Bacchus. Curieusement, Strauss glissa aussi des références à Bellini et Donizetti entre les époques stylistiques. La modernité d'*Ariadne auf Naxos* ne se fonde pas sur une écriture musicale novatrice, mais sur le traitement de la musique d'hier. De nos jours, on qualifierait ce procédé de composition de « postmoderne ». Hofmannsthal avait tout à fait raison quand il croyait davantage à l'avenir qu'au présent de cette troisième œuvre lyrique écrite en commun. Richard Strauss devint de son vivant citoyen d'honneur de l'île de Naxos…

Ariadne auf Naxos, figure d'Harlekin d'Ernst Stern pour la création de Stuttgart, 1912 (TWS).
Harlekin, clown triste, un personnage apprécié au tournant du siècle.

Zerbinetta

Zerbinetta est le personnage le plus mystérieux de l'œuvre. Selon la tradition du siècle d'or de l'opéra (XVIIe-XVIIIe siècles), elle devrait être la deuxième dame, la *seconda donna*, en d'autres termes, la soubrette. Quant à son rang social – c'est une comédienne et une improvisatrice –, il serait à classer, dans la hiérarchie des rôles, à un niveau subalterne, parmi les femmes de chambre futées et insolentes de l'opéra-bouffe. Mais chez Strauss, elle dépasse largement ce registre. Zerbinetta est l'un des rôles de coloratura les plus difficiles de tout l'opéra couronné par une scène et un air d'une virtuosité étourdissante. N 15
Il est difficile de dire pourquoi Strauss composa pour le rôle de Zerbinetta, des vocalises aussi périlleuses et riches. Quoi qu'il en soit, ces vocalises ont le charme et la séduction de l'héroïne.

Ariadne auf Naxos, Elisabeth Schwarzkopf (Zerbinetta) et Karl Schmitt-Walter (Arlekin), mise en scène : Hans Batteux, direction musicale : Artur Rother, Deutsche Oper de Berlin, 1940.
Elisabeth Schwarzkopf chanta dans ses premières années de sa carrière le rôle de Zerbinetta.

15. Air de Zerbinetta (cadence et thème du rondeau)

Als ein Gott kam Je-der ge-gan-gen

La symbolique des personnages

L'empereur: incarnation d'une conscience renfermée sur elle-même, indifférente aux étrangers.
L'impératrice: son désir de devenir humaine est le « sens de toute l'œuvre » (Hofmannsthal).
L'ombre: symbole de la mortalité et de l'humanité.
La nourrice: protectrice de l'impératrice du point de vue du royaume des esprits. Prisonnière de son amour possessif, elle ne peut suivre l'impératrice dans sa quête de la compassion envers toutes les créatures.
Keikobad: l'invisible maître des esprits tente de mener tous les êtres sur le chemin de la compassion.
Le faucon: envoyé du royaume des esprits, à la fois conscience aiguë et analytique.
Le teinturier: son métier a une portée symbolique: il confère à toute chose couleur, caractère et sens. Lui-même incarne les sentiments chaleureux. C'est l'opposé de l'empereur et le seul des quatre personnages de l'œuvre qui porte un nom (Barak).
Les frères infirmes: ils caractérisent les imperfections humaines, et symbolisent l'incapacité des hommes à reconnaître et à évaluer une situation de la vie avec justesse. Si le teinturier s'oppose à l'empereur, les frères infirmes sont le contraire du faucon.
La teinturière: elle incarne les forces anarchiques qui, sans but moral (par exemple, la maternité), peuvent conduire au chaos et à la perte de l'existence humaine (ombre).
Les voix des veilleurs: elles chantent les louanges de l'amour, seul moyen pour le créateur et ses créatures de trouver l'harmonie.
Les voix des enfants qui ne sont pas nés: symboles des potentialités latentes de création, elles attendent de se manifester.

Die Frau ohne Schatten
La Femme sans ombre

Opéra en trois actes

Livret: Hugo von Hofmannsthal
Création: le 10 octobre 1919 à Vienne (Staatsoper)
Personnages: Der Kaiser/l'empereur (tén.), Die Kaiserin/l'impératrice (sop.), Die Amme/la nourrice (mezzosop.), le messager des esprits (bar.), un gardien des portes du temple (sop.) l'apparition d'un jeune homme (tén.), la voix du faucon (sop.), une voix d'en haut (alto), Barak, le teinturier (bar.), Die Färberin/la teinturière (sop.), les frères du teinturier : le borgne (basse aigue), le manchot (basse), le bossu (tén.), six voix d'enfants (voix des enfants qui ne sont pas nés) (3 sop., 3 alti), les voix des veilleurs de nuit (3 basses) ; serviteurs du couple impérial, enfants mendiants, esprits de serviteurs, voix des esprits (chœur, chœur d'enfants)

Argument
En un lieu et à une époque imaginaires.
Un mystère auquel participent esprits et êtres humains. Deux couples ont à subir des épreuves: l'empereur et l'impératrice (royaume des esprits), le teinturier et sa femme (monde des humains). Tous doivent se transformer. L'impératrice apprend à connaître le destin des hommes afin de pouvoir posséder une ombre (c'est-à-dire devenir un être humain) ; l'empereur renonce à aimer d'un amour possessif. Tous deux apprennent à ressentir de la compassion et à la développer. Le teinturier, au corps robuste, libère sa sensibilité aux affaires de l'âme et sa femme découvre la valeur du don d'amour. Seule la nourrice, dont l'esprit accompagne l'impératrice, ne réussit pas l'épreuve et reste prisonnière de son amour exclusif pour l'impératrice.

Préambule
La fille de Keikobad, le maître des esprits, a hérité de sa mère humaine le désir de devenir une femme et d'enfanter. Elle est capturée par l'empereur de l'île du Sud-Est sous l'aspect d'une gazelle blanche et prend forme humaine. C'est ainsi que la fille de Keikobad devient l'épouse de l'empereur. Or, l'empereur repousse son faucon rouge qui lui avait signalé la gazelle blanche ; l'impératrice perd alors son talisman qui lui donne la force de se métamorphoser et lui permet de se rappeler le commandement de son père: l'empereur sera changé en pierre si, en l'espace d'un an, elle ne parvient pas à devenir mère et à conquérir une ombre humaine.

Acte I - Scène 1 Sur la terrasse surplombant les jardins impériaux. Le messager de Keikobad rappelle que le délai expire dans trois jours et qu'ensuite, l'empereur sera changé en pierre. La nourrice exulte, car elle hait les humains et voudrait retourner dans le royaume des esprits avec l'impératrice. Grâce au faucon, celle-ci se souvient de l'injonction de son père. Elle se désespère. Tout entière dévouée à sa protégée, la nourrice est prête à lui procurer une ombre. Mais l'impératrice doit elle-même aller la chercher auprès des humains. Les deux femmes descendent chez les hommes.

Scène 2 La maison du teinturier. La nourrice a trouvé une femme dont elle espère dérober l'ombre: l'épouse de Barak, le teinturier. Celle-ci souffre d'être pauvre et de vivre une vie spirituelle étroite. Le teinturier qui s'acquitte de son dur labeur avec humilité ne comprend pas sa femme. Ce couple, lui aussi sans enfants, n'en finit pas de se quereller. La nourrice et l'impératrice, sous l'aspect de deux servantes, se mettent au service de la femme du teinturier.

Acte II - Scène 1 La maison du teinturier. La nourrice fait apparaître d'un fétu de paille le fantôme d'un jeune homme et fait miroiter à la teinturière qu'elle pourra grâce à lui réaliser ses désirs les plus secrets.

Scène 2 La fauconnerie de l'empereur, au milieu des bois. L'empereur cherche sa femme. Le faucon rouge le conduit jusqu'à la fauconnerie. Lorsque l'impératrice et la nourrice reviennent tard dans la nuit et qu'elles exhalent l'« odeur des humains », l'empereur, en proie à la plus brûlante des jalousies, veut tuer sa femme. Il ne peut s'y résoudre et se retire dans une caverne isolée.

Scène 3 La maison du teinturier. La nourrice offre à Barak un breuvage qui l'endort. La teinturière voit sa résistance s'effondrer lorsque le jeune homme réapparaît par sortilège. Torturée par sa conscience, elle réveille Barak, mais doit se rendre à l'évidence: il ne la comprend pas. Alors, désemparée, elle s'enfuit de la maison. L'impératrice est témoin du désarroi de Barak et se sent coupable.

Scène 4 Chambre de l'impératrice dans la fauconnerie. L'impératrice voit dans un rêve prophétique l'empereur se changer en pierre.

Scène 5 La nature déchaînée pousse la teinturière à retourner auprès de Barak. La confrontation entre les deux époux devient de plus en plus vive. L'impératrice reconnaît sa responsabilité et refuse l'ombre de la teinturière que la nourrice lui propose. Les éléments en furie anéantissent la maison du teinturier et la coupent en deux. Keikobad convoque un tribunal.

Acte III - Scène 1 Séparés l'un de l'autre, Barak et sa femme prennent conscience de leur amour mutuel. Une voix les exhorte à se retrouver.

Scène 2 À l'entrée du temple des esprits. Dans une barque poussée par des forces mystérieuses, l'impératrice et la nourrice abordent des montagnes inaccessibles. L'impératrice se sépare de la nourrice et se présente devant le tribunal de Keikobad. Il est défendu à la nourrice de retourner dans le royaume des esprits.

Scène 3 À l'intérieur du temple des esprits. L'impératrice doit subir la pire des épreuves. Alors qu'elle se tient devant l'empereur quasi pétrifié, on lui offre l'eau de la Vie. Si elle la boit, elle obtiendra l'ombre de la teinturière et l'empereur pourra vivre. Elle résiste à la tentation. Son propre bonheur ne peut être acheté par le malheur d'autrui. Keikobad lui offre alors une ombre et l'empereur renaît à la vie.

Scène 4 Un paysage au royaume des esprits. La teinturière et Barak se retrouvent, mais un fossé les sépare. L'ombre retrouvée jette un pont entre eux.

S. N.

Die Frau ohne Schatten, croquis de décor de Leo Pasetti, mise en scène : Kurt Barré, direction musicale : Hans Knappertsbusch, Nationaltheater de Munich, 1935 (TWS). Le moment cathartique, lorsque surgit le pont reliant le royaume des esprits au monde des hommes. Lorsqu'il commença à écrire son œuvre, Hofmannsthal nota ces mots de Goethe : « Seul l'homme qui se surpasse peut se libérer de la loi qui lie tous les êtres. » (Extrait du poème *Les Mystères*.) Ce pourrait être la devise de cet opéra.

Une œuvre majeure méconnue

En créant *Die Frau ohne Schatten*, Strauss et Hofmannsthal souhaitaient couronner leur collaboration. Dès le début, ils eurent pour projet de créer un opéra comme une sorte d'œuvre à jouer lors d'un festival pour, l'heure venue, ne retentir que dans les meilleures conditions artistiques. Le successeur de Strauss, le grand chef d'orchestre Karl Böhm, mit sur pied et forma son propre ensemble pour interpréter cet opéra. Les représentations ultérieures qu'il donna à Vienne et à Salzbourg (à la fin des années soixante-dix) avec Leonie Rysanek, Birgit Nilsson, James King et Walter Berry sont entrées dans la légende. *Die Frau ohne Schatten* tient dans la conscience des amateurs d'opéra d'aujourd'hui une place beaucoup plus petite qu'elle ne devrait. Pourquoi cette œuvre lyrique ne trouvait-elle ou ne trouve-t-elle pas de nos jours un meilleur accès immédiat au public ? L'argument le plus couramment avancé est que l'histoire est complexe. Or, l'action n'est pas plus compliquée que celle d'un opéra de Mozart ou de Haendel. C'est plutôt l'étrangeté des situations qui en est la cause. Dans → *Die Zauberflöte*, que l'on pourrait en un certain sens considérer comme le modèle de *Die Frau ohne Schatten*, il y a, hormis les initiés non humains et leurs rites étranges, Papageno et sa soif de vivre, sans oublier toute une série de situations et de dialogues relevant de la vie quotidienne. *Die Frau ohne Schatten* dévoile un mystère pur et abstrait, et la symbolique en freine la réception. Comment interpréter la relation de l'empereur et de son faucon ? Que chantent les enfants qui ne sont pas nés, tandis que la nourrice, grâce à sa magie, met des poissons dans la poêle de la teinturière ? La nourrice est-elle bonne ou mauvaise ? Que signifient les êtres humains imparfaits qui habitent chez Barak ? Et ainsi de suite. Une multitude de situations étranges, très éloignées du quotidien.

Die Frau ohne Schatten, Lotte Lehmann dans le rôle de la teinturière, lors de la création à Vienne en 1919.

Die Frau ohne Schatten, Eva Marton dans le rôle de l'impératrice, mise en scène : Nathaniel Merrill et Bruce Donnell, direction musicale : Erick Leinsdorf, décors et costumes : Robert O'Hearn, Metropolitan Opera de New York, 1981.
Eva Marton succéda dans le rôle de l'impératrice à Leonie Rysanek au Metropolitan Opera ; plus tard dans sa carrière, elle a également interprété le rôle de la teinturière.

À droite
Die Frau ohne Schatten, Karen Huffstodt dans le rôle de l'impératrice, mise en scène : Andreas Homoki, direction musicale : Armin Jordan, décors : Wolfgang Gussmann, Grand Théâtre de Genève, 1997.
Si l'impératrice est un rôle cosmique, ce n'est pas uniquement parce que, vocalement, il exige de la cantatrice une prouesse quasi surhumaine ; car ce personnage se meut aussi dans le royaume des esprits. Même si, à la fin de l'opéra, elle obtient son ombre, l'impératrice reste un être d'essence divine – à l'instar de la Brünnhilde de Wagner.

Une œuvre majeure anachronique

Un mois seulement après la création triomphale du → *Rosenkavalier*, Hofmannsthal projetait une nouvelle fois d'écrire pour Strauss « quelque chose de grandiose » : *Die Frau ohne Schatten*, une pièce fantastique…, « une fable où deux hommes et deux femmes se font face ». Curieusement, Hofmannsthal se tourna cette fois-ci vers les opéras de Mozart :
« Soit dit en passant, cette œuvre (…) serait à la *Zauberflöte* ce que le *Rosenkavalier* est à *Figaro* : ici comme là, ce ne serait pas une imitation, mais une sorte d'analogie … » (Lettre de Hofmannsthal à Strauss, 20 mars 1911). *Die Frau ohne Schatten* connut la plus longue genèse de tous les opéras de Strauss ; la partition ne fut terminée qu'en 1917 et la création de l'œuvre eut lieu en 1919 au Staatsoper de Vienne (en guise d'inauguration, à l'époque où Strauss en fut le directeur). Entre-temps, la Première Guerre mondiale avait éclaté ; Strauss avait composé « de la main gauche » *Ariadne auf Naxos* (1912), le ballet *Josephslegende* (coécrit avec Hofmannsthal) avait été porté sur les fonts baptismaux (1914), l'œuvre musicale de bravoure qu'est l'*Alpensymphonie* était créée (1915). Si la composition de cet opéra tira en longueur, cela n'est pas dû uniquement à des questions conceptuelles. Les deux auteurs étaient conscients que cette œuvre très exigeante ne pouvait être exécutée en ces temps de guerre et de trouble, compte tenu des prouesses théâtrales et musicales attendues.

Musicalement génial

Die Frau ohne Schatten se compose de quatre voix de même importance, techniquement exposées et extrêmement difficiles : deux sopranos dramatiques, un ténor wagnérien et un baryton à la Hans Sachs. Les personnages masculins se singularisent par rapport aux voix féminines dans le sens où ils appartiennent à une écriture typiquement straussienne, tandis que les voix féminines – y compris le contralto de la nourrice et la soprano qui annonce le faucon – résonnent de façon inhabituelle et étrange. *Die Frau ohne Schatten* possède un monde sonore particulier, caractéristique et séduisant, notamment grâce à son instrumentation d'une richesse unique. Strauss lui dédia son plus grand orchestre pour opéra, où l'énorme arsenal de percussions est particulièrement impressionnant. Outre les cordes et les instruments à vent (de la flûte piccolo au tuba), Strauss impose des timbales, des carillons, un xylophone, cinq gongs chinois et des tam-tams, auxquels s'ajoutent deux célestas, un harmonica de verre et un orgue. Cet orchestre monumental peut tout jouer : déchaîné dans l'apothéose finale, il bouleverse les auditeurs les plus imperturbables. Mais ce monde sonore si varié peut au cours de l'œuvre éclater en de petits orchestres de musique de chambre. Exemplaire à ce titre est le merveilleux violoncelle solo qui accompagne le faucon et ses accents étranges en introduction au monologue de l'empereur. N 16

Die Frau ohne Schatten, croquis de décor pour la scène 1 de Ludwig Sievert, mise en scène : Rudolf Hartmann, direction musicale : Clemens Krauss, Staatsoper de Munich, 1938-1839 (TWS).
Le messager des esprits transmet l'ordre de Keikobad, le maître des esprits, à la nourrice.

16. Mélodie au violoncelle de l'empereur solitaire

Le Festival de Salzbourg

Au moment même où *Die Frau ohne Schatten* était créé, des artistes prestigieux, parmi lesquels Richard Strauss, rêvaient déjà du Festival de Salzbourg qui a lieu en été. Sa mise en œuvre est l'une des plus belles entreprises que la culture de l'Europe centrale ait réussi au XXe siècle. Si l'on y inclut les prémices qui présidèrent à sa création, cette célèbre institution englobe plus d'un siècle d'histoire.

1877-1910: Festival Mozart, organisé par la Fondation Mozart de Salzbourg avec la participation des chefs d'orchestre les plus réputés de leur temps, tels que Hans Richter, Felix Mottl, Richard Strauss, Gustav Mahler et Felix Weingartner.
1914: un festival d'été est en projet, mais la Première Guerre mondiale en empêche la réalisation.
1917: Friedrich Gehmacher et Heinrich Damisch fondent la Maison des Festivals de Salzbourg (*Festspielhausgemeinde*) et Richard Strauss rédige un appel en faveur de sa création (voir page de droite). La même année, Max Reinhardt remet à la direction des théâtres de Vienne un mémorandum qui va dans le même sens. S'il imagine un festival à Hellbrunn (dans les environs de Salzbourg), son programme artistique peut être quant à lui tout à fait appliqué à Salzbourg. Il projette de construire deux salles: une grande pour l'opéra et une petite pour le théâtre; il propose également de créer un conservatoire supérieur de théâtre.
1918: le maire de Salzbourg, M. Künzelmann, prend fait et cause pour le projet de Reinhardt. Un comité artistique comprenant Reinhardt, Strauss, Hofmannsthal, Alfred Roller (décorateur) et Franz Schalk (chef d'orchestre) est fondé.
1920: première représentation de *Jedermann*, mystère de Hofmannsthal, dans une mise en scène de Max Reinhardt, qui a lieu sur le parvis de la cathédrale de Salzbourg (22 août). Jouée chaque année depuis ce jour.
1922: premières représentations lyriques: opéras de Mozart sous la direction de Strauss et de Schalk. L'Orchestre philharmonique de Vienne est l'orchestre lyrique permanent du festival.

1924: l'école équestre (*Felsenreitschule*) est transformée en théâtre.
1925: inauguration du *Festspielhaus* (salle de concert)
1926: reconstruction du *Festspielhaus* (architecte: Clemens Holzmeister); le premier opéra contemporain (*Ariadne auf Naxos* de Richard Strauss) est joué dans la *Felsenreitschule*.
1927: premier spectacle lyrique (*Fidelio* de Beethoven) au *Festspielhaus*.
Années trente: premier apogée du Festival de Salzbourg avec Bruno Walter, Clemens Krauss, Arturo Toscanini, Wilhelm Furtwängler et Hans Knappertsbusch comme chefs d'orchestre invités permanents (direction: Herbert Graf).
Après 1945: des œuvres contemporaines renouvellent le répertoire. Personnalités marquantes: Wilhelm Furtwängler et Herbert von Karajan (1956-1960, 1964-1989: directeur du festival; à partir de 1967: c'est à son initiative qu'un festival est organisé à Pâques avec l'Orchestre philharmonique de Berlin).
Années quatre-vingt-dix: le festival s'étend sur plusieurs lieux de concert: le *Grosses* et *Kleines Festspielhaus*, la *Felsenreitschule*, le *Mozarteum*, le *Landestheater*, ainsi que la Cour de la Résidence. Gérard Mortier est l'intendant général à partir de 1989. Le programme artistique s'ouvre à l'art contemporain; des mises en scène innovatrices – pour le théâtre comme pour l'opéra – font l'objet d'ardents débats. L'intérêt du public ne faiblit pas.

Ci-dessus
Hans Richter (1843-1916) et Felix Mottl (1856-1911), 1888.
À gauche
Gustav Mahler (1860-1911), portrait de Moriz Nähr, 1907.
À droite (de haut en bas)
Felix Weingartner (1863-1942), eau-forte de Johannes Lindner, vers 1905.
Bruno Walter (1876-1962), carte postale photographique, vers 1925.
Hans Knappertsbusch (1888-1965), vers 1960.
Wilhelm Furtwängler (1886-1954), portrait de Trude Fleischmann, vers 1927.

Les plus grands chefs d'orchestre de leur temps participèrent à la réalisation d'une idée unique en son genre. Leur personnalité artistique, ainsi que leur style dans la direction d'orchestre, contribuèrent pour une large part au profil musical qui apporta au Festival de Salzbourg sa renommée internationale.

Le Festival de Salzbourg – **Strauss**   617

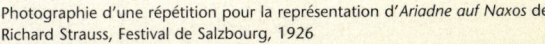

Ci-dessus
Croquis d'un rideau de théâtre par l'atelier de Ferdinand Moser, Ferdinand Theater, Vienne, vers 1910 (TWS).
« En ces temps où les biens de l'esprit sont beaucoup plus rares que les biens matériels et où l'égoïsme, l'envie, la haine et la méfiance semblent régner sur le monde, celui qui soutiendra nos propositions fera une bonne œuvre et contribuera à restaurer la fraternité et l'amour du prochain… » (Extrait de « l'Appel à la création de Salzbourg » de Richard Strauss, 1917.) Cette idée de festival était déjà dans l'air ; ce rideau fut créé par l'atelier de Ferdinand Moser à Vienne, vers 1910.

Photographie d'une répétition pour la représentation d'*Ariadne auf Naxos* de Richard Strauss, Festival de Salzbourg, 1926
L'année 1926 constitua un tournant dans l'histoire – encore récente – du festival. C'était la première fois que l'on donnait un opéra contemporain (en l'occurence composé par Richard Strauss). Clemens Krauss, le chef d'orchestre, était le protégé de Strauss. Il ne dirigea pas seulement *Ariadne*, mais aussi deux concerts joués par l'Orchestre philharmonique de Vienne, dont l'un fut exclusivement consacré à des œuvres de Strauss (un programme d'une grande rareté à cette époque).

Intermezzo, Fritz Fitzau dans le rôle du baron Lummer, mise en scène : Max Hofmüller, direction musicale : Hans Knappertsbusch, Munich, 1926.
La voie est libre ? Le baron Lummer, sur ses skis, est renversé par Christine alors qu'elle fonce à en perdre haleine (également musicalement) sur sa luge (acte I, scène 2).

Un nouveau style lyrique
Intermezzo est, d'un point de vue musical, plus important que l'on ne croit d'ordinaire. Mais le sujet comme le langage d'*Intermezzo* relèvent de la vie quotidienne. Le public de la scène lyrique, habitué depuis l'époque baroque à une certaine surélévation dans le traitement de l'intrigue et de la langue, fut quelque peu perplexe devant cette histoire de couple bourgeois accompagnée d'une musique attrayante et de dialogues parfois extrêmement rapides. Strauss en était tout à fait conscient : « En se détournant des infaillibles histoires d'amour ou de crimes des livrets d'opéra courants, (…) cette œuvre ouvre une voie nouvelle » (extrait de l'avant-propos d'*Intermezzo*, 1924). *Intermezzo* est le premier « opéra d'actualité » (→ Krenek, *Zeitoper*), dans le sens où un opéra d'actualité est une œuvre lyrique qui inclut le télégramme, le téléphone et les journaux. → Paul Hindemith (*Neues vom Tage*) et → Arnold Schönberg (*Von heute auf morgen*) créèrent leurs opéras de ce type bien plus tard, respectivement en 1929 et 1930.

Intermezzo

Comédie bourgeoise en deux actes avec interludes symphoniques

Livret : Richard Strauss
Création : le 4 novembre 1924 à Dresde (Schauspielhaus)
Personnages : Christine (sop.), le petit Franzl, son fils âgé de huit ans (rôle parlé), le chef d'orchestre Robert Storch, son mari (bar.), Anna, sa femme de chambre (sop.), le baron Lummer (tén.), le notaire (bar.), sa femme (sop.), les quatre partenaires au skat de Robert : le chef d'orchestre Stroh (tén.), le conseiller de commerce (bar.), le conseiller de justice (bar.), le chanteur (basse), Marie et Therese, femmes de chambre (2 rôles parlés), Resi, une jeune fille (sop.)

Argument
Au bord du Grundlsee et à Vienne, au début des années vingt.
Le célèbre chef d'orchestre et compositeur Robert Storch se trouve à Vienne, invité pour la saison. Pendant son absence, le courrier apporte une lettre intime qui lui est adressée par une certaine Mieze Maier. Christine Storch se sent trahie et, séance tenante, veut demander le divorce. Storch est face à un mystère : il ne connaît pas de Mieze Maier. En revanche, celle-ci est l'amie de l'un de ses compagnons de skat, lui aussi chef d'orchestre, et qui s'appelle Stroh. La lettre a été envoyée à une adresse erronée. Après des explications réciproques, car Christine a eu entre-temps une amourette avec un baron, les époux se réconcilient.

Acte I
Scène 1 Dans la maison du chef d'orchestre Robert Storch, au bord du Grundlsee. Scène domestique mouvementée avant le départ de Storch pour Vienne. L'une de ses amies téléphone à Christine, restée seule, pour l'inviter à faire de la luge.
Scène 2 Sur la piste de luge. Christine entre en collision avec le jeune baron Lummer. Ils font connaissance.
Scène 3 Un bal à l'auberge de Grundlsee. Christine danse et bavarde avec le baron Lummer.
Scène 4 Une chambre meublée chez le notaire. Christine loue une chambre pour le baron désargenté.
Scène 5 Chez les Storch. Le baron, en visite, tente de susciter la pitié.
Scène 6 La chambre du baron. Le baron écrit une lettre à Christine pour lui demander une aide de 1 000 marks.
Scène 7 La salle à manger des Storch. Christine ouvre une lettre adressée à son mari par une certaine Mieze Maier et croit qu'il la trompe. Elle envoie à son mari un télégramme lui annonçant qu'elle demande le divorce.
Scène 8 Une chambre d'enfant. Christine parle avec son fils Franzl de leur vie future, quand ils seront séparés du père.

Acte II
Scène 1 Une partie de skat chez le conseiller de commerce. Storch reçoit le télégramme de sa femme pendant qu'il joue aux cartes.
Scène 2 Le bureau du notaire. Christine a l'intention de demander le divorce.
Scène 3 Au Prater. Orage et vent violent. Storch, en plein désarroi, suit Stroh, son confrère et compagnon de skat. Mieze est l'amie de Stroh et a envoyé sa lettre à une mauvaise adresse. Il faut que Stroh aille à Grundlsee afin de dissiper le malentendu.
Scène 4 Dans le cabinet de toilette de Christine. Christine ne peut croire à l'explication télégraphique que Storch lui a envoyée concernant la véritable situation.
Scène 5 La salle à manger de la famille Storch. Stroh tente de tout expliquer, mais il n'y réussit pas mieux que Storch, qui vient de rentrer chez lui. À l'arrivée du baron, le péché mignon de Christine, celle-ci se montre conciliante. La paix règne à nouveau dans le ménage.

A. G.

Compositeur et librettiste

Le titre de l'œuvre est significatif à plus d'un égard. Il s'agit d'un intermède tragi-comique sur le mariage. Mais on peut aussi le comprendre comme une pause dans la collaboration avec Hoffmannsthal. Strauss eut l'idée de créer une pièce de conversation bourgeoise avec musique dès 1916, alors qu'il travaillait à *Die Frau ohne Schatten*. (Étonnamment tôt quand on pense que ce genre d'« opéra d'actualité » devint à la mode seulement dans les années vingt!) Toutefois, Hofmannsthal rejeta cet opéra « de caractère et de nerfs, complètement moderne et tout à fait réaliste » et recommanda un autre librettiste, Hermann Bahr, également écrivain. Toutefois, il apparut très vite que seul Strauss pouvait écrire cette histoire très personnelle. C'est ainsi que Strauss devint son propre librettiste pour la deuxième et dernière fois (presque 30 ans après → *Guntram*, sa première œuvre lyrique).

Intermezzo, Richard Strauss en compagnie des interprètes de la création à Vienne, le 15 janvier 1927, avec (de g. à dr.): Margarethe Kraus (Anna), Karl Ziegler (Baron Lummer), Lotte Lehmann (Christine), Alfred Jerger (Robert Storch), Lothar Wallerstein (metteur en scène).

Intermezzo, croquis de décor de Lothar Schenck von Trapp, mise en scène: Renato Mordo, direction musicale: Max Rudolf, Hessisches Landestheater de Darmstadt, 1929-1930 (TWS).
Un dessin de Lothar Schenck von Trapp pour des décors caractéristiques de l'opéra moderne des années vingt. Il ne manque même pas à ce collage le valet de cœur (en bas à droite). Que ce soit dans le jeu de skat ou dans le ménage Storch, c'est la carte la plus importante. Strauss mit en musique son activité favorite, jouer au skat, en faisant intervenir les cordes et le piano dans un style proche de la musique de chambre.

Die ägyptische Helena
Hélène d'Égypte

Opéra en deux actes

Livret: Hugo von Hofmannsthal
Création: 1re version : 6 juin 1928 à Dresde (Staatsoper) ; 2e **version**: le 14 août 1933 à Salzbourg (Festival)
Personnages: Hélène (sop.), Ménélas (tén.), Hermione, leur fille (sop.), Aithra, fille d'un roi d'Égypte et magicienne (sop.), Altaïr (bar.), Da-ud, son fils (tén.), les deux servantes d'Aithra (sop., mezzosop.), trois elfes (2 sop., 1 alto), le coquillage omniscient (alto) ; servantes d'Aithra, elfes, guerriers, esclaves, eunuques (chœur)

Die ägyptische Helena, Maria Jeritza dans le rôle d'Hélène, dans les années trente. Dans le rôle d'Hélène, Maria Jeritza (1887-1982) enchanta le public lyrique. Certes, elle n'interpréta pas ce grand rôle lors de la création de Dresde ni pour celle de Salzbourg (ce sont Elisabeth Rethberg et Viorica Ursuleac qui créèrent le rôle d'Hélène), mais Strauss trouva avec elle l'incarnation idéale de ce personnage.

Argument

Sur l'île d'Aithra, non loin d'Égypte, après la guerre de Troie. Dans une palmeraie isolée au pied de l'Atlas. Bien qu'il continue à l'aimer, Ménélas se sent obligé de tuer Hélène, son épouse infidèle, qui a été la cause de la terrible guerre de Troie. Aithra tente de l'aider ; elle efface grâce à un philtre les souvenirs du passé et déclare qu'Hélène de Troie est un fantôme. Ménélas entame une nouvelle vie aux côtés d'une Hélène égyptienne, prétendument idéale, mais les anciens événements se répètent. D'autres hommes tombent amoureux d'Hélène et Ménélas tue à nouveau ses rivaux. Seule l'entière vérité peut lui venir en aide. Hélène donne elle-même à Ménélas le philtre du souvenir à boire. C'est seulement quand l'amour embrasse toutes les métamorphoses des amants, même l'infidélité et les peines infligées, les souffrances et les vexations, qu'il peut vaincre le présent et évoluer.

Acte I
Une chambre dans le palais d'Aithra. La magicienne Aithra, épouse de Poséidon, apprend par son coquillage omniscient que le navire qui passe devant son île transporte des Spartes revenant de la guerre de Troie. Ménélas est sur le point de tuer Hélène, sa femme, car c'est à cause d'elle qu'a eu lieu cette guerre où tant d'hommes sont tombés. Aithra déclenche une tempête et le navire sombre ; Ménélas et Hélène atteignent le rivage et sont secourus par la magicienne. Tout d'abord, grâce à ses elfes, Aithra fait croire à Ménélas qu'il a tué l'infidèle et, pendant ce temps, donne à Hélène un élixir de jouvence. Puis, elle fait croire à son époux troublé qu'il n'a tué que le fantôme d'Hélène, car la véritable Hélène aurait été enlevée par les dieux et, fidèlement, l'aurait attendu ici, en Égypte. Elle lui fait boire le philtre de l'oubli et efface tous ses souvenirs. Ménélas lâche son épée et se réconcilie avec la vraie fausse Hélène. Lorsque Aithra veut renvoyer le couple à Sparte, Hélène hésite : les souvenirs ne reviendront-ils pas quand ils seront chez eux ? Aithra les installe donc dans une oasis au pied de l'Atlas. Mais les elfes, mécontents que les époux se soient réconciliés, cachent secrètement dans les bagages des voyageurs l'épée de Ménélas, ainsi qu'un philtre du souvenir.

Acte II
Sous une tente, dans une palmeraie de l'Atlas. Hélène croit que ses vœux se sont réalisés, mais Ménélas pense que la femme qui se tient devant lui est également une vue de l'esprit. Le prince des montagnes et son fils présentent leurs hommages aux nouveaux arrivants, et tous deux tombent sans tarder amoureux d'Hélène. La vieille histoire recommence... Le prince des montagnes envoie Ménélas à la chasse et lui donne son fils Da-ud pour lui servir de guide, espérant pendant ce temps pouvoir séduire Hélène. À la chasse, Ménélas et Da-ud se querellent et ce dernier est tué. Hélène est désormais convaincue que seules la vérité et la lucidité sur le passé de Ménélas et le sien peuvent les sauver. Elle lui donne à boire le philtre du souvenir. Ménélas apprend alors qu'il vient de passer toutes ces journées aux côtés de sa bien-aimée Hélène et que son amour englobe même son infidélité, les souffrances qui lui ont été infligées, toutes les vexations. Le vaisseau qui ramène les Spartes chez eux émerge des flots. Il a à son bord Hermione, la fille d'Hélène et de Ménélas, et emporte le couple à nouveau réuni.

S. N.

Die ägyptische Helena, Matti Kastu (Ménélas) et Eva Marton (Hélène), mise en scène : Joachim Herz, décors : Jörg Zimmermann, costumes : Eleonore Kleiber, direction musicale : Wolfgang Sawallisch, Bayerisches Nationaltheater de Munich, 1981.
Derrière le mythe, la crise d'un couple.

Le destin d'Hélène

Hofmannsthal décrivit la situation dans laquelle se trouvait Ménélas avec un grand sens dramatique : « Cette nuit-là, lorsque les Grecs pénétrèrent dans Troie en flammes (il nous est en quelque sorte plus facile qu'aux hommes de 1914 de nous représenter les horreurs d'une telle nuit), cette nuit-là, Ménélas dut trouver sa femme dans un palais en flammes, sous les décombres, cette femme qui était son épouse bien-aimée, qui lui avait été enlevée, soit dit en passant la plus belle femme du monde, celle qui avait été la cause de cette guerre, de cette terrible décennie, de cette plaine jonchée d'hommes morts et de cet incendie, cette femme qui était de surcroît la veuve de Pâris et l'amie de dix ou douze fils de Priam, qui gisent maintenant morts ou blessés – la veuve donc de ces dix ou douze jeunes princes ! Quelle situation pour un époux ! »

Deux Hélène ?

« Il existe donc l'*Hélène* d'Euripide, le seul poème antique qui relate cette époque : Hélène et Ménélas rentrent de Troie. C'est ici qu'apparaît le motif d'un "fantôme" d'Hélène (...) – cette seconde Hélène, pas celle de Troie, mais celle d'Égypte. Nous sommes en Égypte ou sur l'île de Paros qui appartient à l'Égypte, devant un palais royal. Ménélas apparaît, seul, alors qu'il revient de Troie. Son navire erre depuis des mois, rejeté de rivage en rivage, sans cesse détourné de son cap. Il a laissé Hélène, son épouse reconquise, dans une crique cachée en compagnie de ses guerriers ; il cherche un conseil, une aide, un oracle qui puisse lui dire comment retrouver le chemin du retour. Et derrière une arcade du palais surgit Hélène, non pas la belle et si célèbre femme qu'il a laissée sur son vaisseau, mais une autre qui serait la même. Et elle affirme être sa femme – celle restée sur le navire ne serait personne ni rien, un fantôme, un mirage qu'Héra aurait mis dans les bras de Pâris pour narguer les Grecs. » (Hofmannsthal, avril 1923.)

Strauss au sujet d'Hélène

Dans une interview donnée à la *Neue Freie Presse* (le 27 mai 1928), Strauss fit des remarques fort pertinentes sur la musique de *Die ägyptische Helena* : « Il y a peu de choses à dire sur la musique ; elle est, je le crains, mélodieuse, agréable à entendre et, malheureusement, elle ne procure absolument aucun problème aux oreilles qui ont dépassé le XIXe siècle. » Était-ce une boutade dirigée contre les nouvelles tonalités ? Quoi qu'il en soit, *Die ägyptische Helena* fut aussi vite oublié que les opéras avant-gardistes composés ces années-là. Il n'était pas aisé au XXe siècle de rencontrer un succès durable avec une nouvelle œuvre lyrique.

Arabella

Comédie lyrique en trois actes

Livret : Hugo von Hofmannsthal
Création : le 1er juillet 1933 à Dresde (Staatsoper)
Personnages : le comte Waldner, capitaine de cavalerie à la retraite (basse), Adelaide, sa femme (mezzo-sop.), Arabella (sop.) et Zdenka (sop.), leurs filles, Mandryka (bar.), Matteo, officier (tén.), le comte Elemer (tén.), les soupirants d'Arabella : le comte Dominik (bar.) et le comte Lamoral (basse), Fiakermilli (sop.), une cartomancienne (sop.), Welko, ordonnance hussard de Mandryka (rôle parlé), Djura et Jankelles, serviteurs de Mandryka (rôles parlés), un garçon d'étage (rôle parlé), la duègne d'Arabella (rôle muet), trois joueurs (3 basses), un médecin (rôle muet), un groom (rôle muet) ; cochers, clients de l'hôtel, hôtes du bal, serveurs (chœur)

Argument
À Vienne, en 1860.
Une famille noble et ruinée. Il faut qu'Arabella, la fille aînée, se marie au plus riche de ses prétendants ; Zdenka, la fille cadette, est obligée de s'effacer et de porter des vêtements de garçon. Une tragédie. Mais le destin s'en mêle : le riche prétendant aime vraiment la jeune fille que l'on veut brader et est aimé en retour. La jeune fille peut enlever son masque, puisque l'homme idéal est là. Mais une ombre vient obscurcir le conte de fées. Un quiproquo attise la jalousie et la méfiance. Toutefois, l'histoire finit bien, car Arabella, avec générosité, pardonne : par amour ou par nécessité ?

Ci-dessus
Arabella, Viorica Ursuleac (Arabella) et Jaro Prohaska (Mandryka), mise en scène : Heinz Tietjen, direction musicale : Wilhelm Furtwängler, Staatsoper Unter den Linden, Berlin, 1933.
Küss' die Hand, gnäd'ges Fräulein (Je vous baise les mains, mademoiselle), une locution qui n'était pas seulement en usage à l'époque de l'empire austro-hongrois – ici en situation : Arabella et Mandryka lors du bal.

Arabella, Lotte Lehmann dans le rôle-titre, Vienne, 1933.
Arabella attend l'homme idéal dont elle rêve. Son rôle mélodieux de soprano est l'un des plus beaux de tous les opéras de Strauss. *Arabella* est musicalement proche des personnages féminins du *Rosenkavalier*, la maréchale et Sophie.

Acte I

Un salon dans un hôtel à Vienne. C'est ici que logent les Waldner et leurs deux filles : Arabella et Zdenka. Cette dernière est habillée en jeune homme car les Waldner, désargentés, ne peuvent pas la marier. Zdenka est amoureuse de Matteo, un officier des chasseurs, lui-même épris d'Arabella. Zdenka lui écrit des lettres en signant du nom d'Arabella. Celle-ci attend le grand amour, le coup de foudre. Le père a envoyé à un ancien et riche camarade de régiment une lettre lui décrivant sa situation désespérée et accompagnée d'un portrait de la belle Arabella pour servir d'hameçon. Et en effet, un riche poisson a mordu à l'hameçon : le neveu du vieil ami s'est épris du portrait ; il a quitté sa lointaine Croatie pour venir à Vienne et être présenté à Arabella lors du bal des cochers.

Acte II

Dans une salle de bal public. Comme prévu, Mandryka est présenté à Arabella lors du bal des cochers : c'est le coup de foudre. Arabella demande à Mandryka de quitter le bal avant elle : elle veut dire adieu à sa vie de jeune fille. Zdenka donne à Matteo la clé de sa chambre et non pas celle d'Arabella. Mandryka est par hasard témoin de l'échange et se persuade que son amour est d'ores et déjà trahi. Sur le point de repartir, il est retenu par le père des jeunes filles.

Acte III

Dans le hall de l'hôtel, avec un escalier. Arabella, qui rentre du bal, croise Matteo qui croit avoir à peine quitté ses bras. Son attitude réservée le vexe et une dispute éclate. Mandryka, que le père ramène à l'hôtel, la prend pour une querelle d'amoureux. Zdenka explique la situation avant que l'on n'en vienne au duel et au voyage retour. Matteo va épouser Zdenka et Arabella pardonne Mandryka en lui tendant un verre d'eau limpide qui, selon une coutume de Croatie, le pays natal de Mandryka, symbolise les fiançailles.

S. N.

Arabella, Lisa della Casa (Arabella) et Anneliese Rothenberger (Zdenka), mise en scène : Rudolf Hartmann, décors : Stefan Hlawa, costumes : Ernie Kniepert, direction musicale : Joseph Keilberth, Festival de Salzbourg, 1958.
La scène lyrique n'est pas seulement le lieu où se déroule un drame musical, c'est aussi un théâtre de voix qui sont quasiment les rôles d'une vie. Chez les plus grands *maestri*, un jeu secret et intéressant s'harmonise entre les voix des chanteurs. Par exemple, Arabella n'est pas seulement la *prima donna* en raison de la distribution des rôles, elle l'est également au sein de sa famille, alors que le rôle de travesti, par conséquent la deuxième soprano, revient à sa sœur cadette que la famille n'a pas les moyens de faire paraître dans le monde.

17. Chant d'espoir d'Arabella

A - ber der Rich - ti - ge, wenn's ei - nen gibt für mich auf die - ser Welt

Arabella, Richard Strauss, Lotte Lehmann et Alfred Jerger après la représentation du 21 octobre 1933 à Vienne.
Strauss, âgé de 69 ans (assis au piano), donne des instructions à Lotte Lehmann (Arabella) et Alfred Jerger (Mandryka) après la création à Vienne d'*Arabella*. Derrière Strauss se tient le metteur en scène Lothar Wallerstein.

18. Tyrolienne de Fiakermilli

Au bal des cochers

Le premier bal des cochers eut lieu sous le règne de l'empereur Joseph II, en 1787 (l'année où fut créé → *Don Giovanni* de Mozart, un opéra au cours duquel se déroule d'ailleurs une scène de bal remarquable). Au début, on se rencontrait dans les environs de la ville, puis on se rapprocha du centre. Le bal des cochers trouva enfin sa place dans les *Blumensäle* (salles aux fleurs), un élégant salon dans la Ringstrasse, et se tenait le mercredi des Cendres. Les bals des cochers connurent leur apogée entre 1880 et 1900. Toutes les couches de la population s'y rendaient. Les aristocrates aimaient aussi y aller, mais seuls, sans les femmes. Bien sûr, la musique jouait un grand rôle : valses, chansons, couplets, marches et encore des valses. Le célèbre *Schrammelquartett* s'y produisit après 1880. La « Fiakermilli », Emilie Turaczek (1846-1889), était la star absolue : une chanteuse viennoise populaire qui se fit un tel nom grâce à la chanson viennoise qu'un véritable culte voué à Milli se propagea dans la ville impériale. Strauss tenait peu d'informations sur la Fiakermilli. Au début, il supposa qu'elle était une jodleuse, puis une « femme dans des bottes de canonnier » (la Fiakermilli montait sur scèneen effet en pantalons courts, avec de grandes bottes, un képi de hussard et une canne). Pour jouer ce rôle dans *Arabella*, il faut une soprano colorature virtuose : sa partie monte jusqu'au contre-ré. Imitant le *jodeln*, elle chante en permanence dans le registre le plus aigu. N 18

De nouveau à Vienne

Dès qu'ils commencèrent à travailler à l'opéra *Arabella*, Strauss et Hofmannsthal surent que ce ne serait pas simple de créer une pièce viennoise à succès, presque 20 ans après → *Der Rosenkavalier* (et 10 ans après la guerre qui mit un terme à la monarchie austro-hongroise). « Le point décisif est de trouver le bon ton pour l'ensemble – une sorte de ton général dans lequel toute l'œuvre baignera », écrivit le poète à Strauss après qu'ils eurent passé un an à peaufiner leur projet (13 juillet 1928). « Encore une fois, le ton d'*Arabella* se distingue beaucoup de celui du *Rosenkavalier*. Dans les deux cas il s'agit de Vienne, mais quelle différence entre les deux époques ! Un siècle entier ! Vienne sous Maria-Theresa et Vienne en 1860 ! J'ai plongé cette Vienne du XVIIIe siècle dans une atmosphère à la fois grandiloquente et bon enfant en lui faisant parler une langue d'ailleurs inventée de toutes pièces ; l'atmosphère d'*Arabella*, beaucoup plus proche de notre époque, est plus ordinaire, plus naturelle, plus vulgaire. Les trois comtes qui, avec frivolité, partent à la chasse aux femmes et aux jeunes filles, tout le milieu malsain autour de ce capitaine de cavalerie qu'est Waldner, qui veut engranger de l'argent, tous ont quelque chose de grossier ; une Vienne un tant soit peu vulgaire et dangereuse entoure ces personnages – dont se détachent en fait Arabella, une femme autonome et courageuse, et Zdenka, dont le manque de caractère nous émeut. Cependant, cette Vienne frivole, en quête de plaisirs et dépensière, est une folie aux yeux de Mandryka – lui qui est nimbé de la pureté de ses villages, de ses forêts de chênes qu'aucune hache n'a jamais touchés, de ses vieux chants populaires –, c'est la grande Autriche tout entière et à moitié slave qui fait son entrée dans une comédie viennoise et y fait souffler un tout autre air… »

Arabella, croquis de décor pour l'acte III, d'Otto Reigbert, Cologne, 1934 (TWS). Les plus grands moments d'une histoire d'amour se déroulent souvent dans des lieux neutres – par exemple, dans un vestibule. Dans ce croquis de décor, Otto Reigbert a également représenté les figurines d'Arabella et de Mandryka.

Die schweigsame Frau
La Femme silencieuse

Opéra-comique en trois actes

Livret: Stefan Zweig, dans une libre adaptation de Ben Jonson
Création: le 4 juin 1935 à Dresde (Staatsoper)
Personnages: sir Morosus (basse), sa gouvernante (alto), le barbier (bar.), les comédiens: Henry Morosus (tén.), Aminta, sa femme (sop.), Isotta (sop.), Carlotta (mezzosop.), Morbio (bar.), Vanuzzi (basse), Farfallo (basse); comédiens et voisins (chœur)

Argument

Dans la chambre de sir Morosus, dans la banlieue de Londres, vers 1780.
Sir Morosus, un ancien officier de la Marine, souhaite finir ses vieux jours dans la paix et le silence. De par son métier, il a l'habitude de commander et, comme il a beaucoup d'argent, tous lui obéissent. Tous sauf son propre neveu et héritier. Celui-ci a épousé une chanteuse et a lui-même embrassé la carrière de comédien. Le vieil homme le déshérite et introduit chez lui une jeune femme silencieuse. Cependant, il est dupé par son neveu. À la fin, Morosus est content de se débarrasser de la jeune femme tout en ayant abandonné dans cette aventure une bonne partie de son épaisse carapace. Henry retrouve son héritage et Morosus conquiert sa tranquillité.

Acte I
Sir Morosus souffre du bruit et, avec ses sautes d'humeur, rend la vie dure à son entourage. Henry, son neveu et héritier, n'en a cure. Il a épousé une chanteuse et est lui-même devenu un artiste. À présent, il veut loger chez son oncle avec toute une clique d'artistes bruyants. Morosus le déshérite et demande au barbier de lui trouver une jeune femme silencieuse, car il souhaite se marier.

Acte II
Le barbier a conclu un pacte avec Henry: trois comédiennes, qui jouent les candidates, sont présentées à Morosus. Ce dernier choisit Timida, en vérité Aminta, la femme d'Henry. À peine le mariage (fictif) a-t-il été célébré que la silencieuse et modeste femme se révèle être un dragon domestique qui hurle à pleins poumons.

Acte III
Par son chant et son tapage, Timida/Aminta amène Morosus au bord du désespoir. Il n'aspire plus qu'au repos éternel et est heureux lorsqu'il peut abandonner la femme à son neveu. Il a retenu la leçon et accepte dorénavant de vieillir. Que la vie ici-bas est belle, oui belle, quand elle est finie.

A. G.

Die schweigsame Frau, Reri Grist dans le rôle d'Aminta, Opéra de Cologne, 1975.
Die schweigsame Frau était pour la soprano américaine Reri Grist un splendide chef-d'œuvre que l'histoire n'avait pas entaché.

Quand le destin sépare...

« Si vous aussi vous me laissez tomber, alors il va falloir que je mène désormais la vie d'un pauvre homme sans emploi. (…) Moi, je ne vous abandonne pas, même si nous avons aujourd'hui un gouvernement antisémite. » (Lettre de Strauss à Zweig, 26 février 1935)
Cette phrase tirée d'une lettre devenue célèbre ne montre pas pour la première ni pour la dernière fois la naïveté politique de Strauss, ni son égoïsme d'artiste. Un fait est indéniable: il se montra loyal envers le régime nazi. Il ne refusa pas le siège de président de la Chambre de musique du Reich (*Reichsmusikkammer* 1933-1935) que lui proposa Goebbels, et il dirigea à Bayreuth à la place de chefs d'orchestre qui ne voulaient ou ne pouvaient pas se produire en Allemagne (comme par exemple Arturo Toscanini et Bruno Walter). Son attitude changea lors de la création de *Die Schweigsame Frau*. Deux jours avant la première, Strauss apprit que le nom de son librettiste d'origine juive ne serait pas imprimé sur les affiches. Strauss protesta avec véhémence et imposa sa volonté. Il ne s'était pas demandé si cela porterait tort à Zweig ou non. Son respect de l'art avait été blessé. Mais l'affaire n'en resta pas là. La Gestapo intercepta la lettre qu'il avait écrite à Zweig. Strauss, citoyen libre, était courroucé. Tout à sa colère, il rédigea un mémorandum au gouvernement (le 10 juillet 1935) et démissionna de la présidence de la Chambre de musique du Reich. Dans ses notes, il remarque avec résignation qu'il a en fait perdu la bataille contre les puissants: « Seule l'œuvre a gagné bien que Hitler et Goebbels (que ce soit sciemment ou bien empêchés à cause, dit-on, d'un orage au moment de décoller de Hambourg) n'aient pas assisté à la création de Dresde. (…) Nous vivons une époque malheureuse où un artiste de ma trempe doit demander à un garçonnet de ministre ce qu'il a le droit de composer et de faire interpréter. J'appartiens aussi à cette nation de "domestiques et de garçons de café" et j'envierais presque Stefan Zweig, pourchassé à cause de sa race, qui refuse catégoriquement de travailler pour moi ouvertement ou secrètement, car il ne veut revendiquer pour lui une "tolérance spéciale" pendant le Troisième Reich. Je ne comprends pas ce sentiment de solidarité entre Juifs et je regrette que l'"artiste" Zweig ne puisse s'élever au-dessus des contingences politiques. Si nous-mêmes ne préservons pas en nous la liberté de l'artiste, nous ne pouvons l'exiger de la part de ces discoureurs de comptoir. (…) Il me semble que mon œuvre s'achève pour toujours avec *Die schweigsame Frau*. Sinon, j'aurais pu encore créer certains ouvrages non dénués de valeur. » *Die schweigsame Frau* se retrouva à nouveau à l'affiche le 23 novembre 1946, après la chute du régime nazi. Avec, bien évidemment le nom de Stefan Zweig sur le programme. Malheureusement, cela faisait quatre ans que l'écrivain était mort. Zweig avait mis fin à ses jours alors qu'il se trouvait en exil en Amérique du Sud.

Die Schweigsame Frau à une époque de bruit et de fureur

«Après la mort du génial et fidèle Hofmannsthal, je dus me résigner à reconnaître que mon œuvre lyrique était terminée...», se souvint Strauss en parlant de l'époque qui avait suivi la perte irrémédiable de «son» poète en 1928, après plus de 20 ans de collaboration. Mais, contre toute attente, il fit la connaissance d'un autre génie. En 1931, Anton Kippenberg, des Éditions Insel, lui recommanda Stefan Zweig comme librettiste potentiel. «Si je pouvais être sûr de ne pas vous faire perdre une heure, je vous demanderais l'autorisation de me présenter à vous», écrivit Zweig plein d'humilité en octobre de la même année. Dès les premières propositions littéraires que fit l'auteur pour le futur livret, Strauss, en vieux renard de théâtre qu'il était, reconnut sans peine qu'il avait trouvé en Zweig le digne successeur de Hofmannsthal. Dès les premiers instants, Strauss ressentit une profonde sympathie pour Zweig. Comparé à Hofmannsthal, celui-ci était sobre, placide, précis; dans les lettres qu'il écrivit à Stefan Zweig, Strauss, alors âgé de 70 ans, débordait même d'enthousiasme: le livret de *Die schweigsame Frau* lui semblait «convenir à la musique comme jamais *Figaro* ou le *Barbier de Séville* ne le furent» (lettre à Zweig du 24 juin 1932). Zweig était lui aussi fasciné par le savoir-faire de Strauss: «Je n'imaginais pas trouver chez lui une intelligence artistique et une compréhension aussi rapide, ni une connaissance de la dramaturgie aussi étonnante. Dès qu'on lui exposait un sujet, il trouvait tout de suite la forme dramatique et l'adaptait aussitôt – ce qui est encore plus remarquable – à ses propres possibilités, dont il percevait les limites avec une acuité presque inquiétante.»

Die schweigsame Frau, croquis de décor pour l'acte I d'Adolph Mahnke pour la création de Dresde, 1935, mise en scène: Josef Gielen (TWS).
Le nid du vieux loup de mer, sir Morosus. Une cabine tranquille qui vogue sur l'océan déchaîné de la vie? Mais il manque quelque chose: une femme silencieuse!

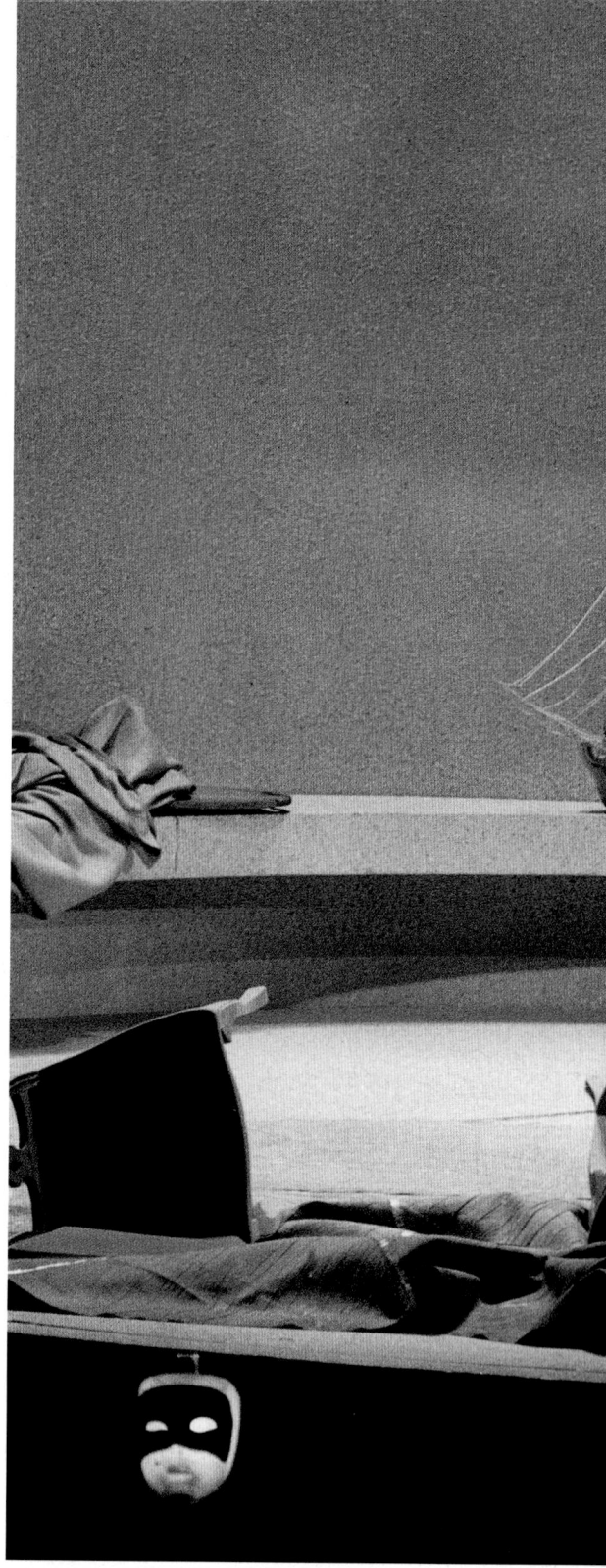

Die schweigsame Frau, Kirsten Blanck (Aminta/Timida) et Günter von Kannen (sir Morosus), mise en scène et décors : Marco Arturo Marelli, direction musicale : Christof Prick, Semperoper de Dresde, 1998.
Le pire moment dans le ménage de sir Morosus : sa maquette de bateau, symbole de son identité de marin – et donc de sa liberté –, est menacé par sa jeune femme « silencieuse ». Ce n'est pas seulement une plaisanterie, mais aussi un conflit entre les générations et les sexes. Tous deux en tirent des conséquences amères, à l'instar de → *Don Pasquale*, la comédie que composa Donizetti.

Comédie de la vieillesse

Tout grand artiste ne réussit pas à créer une comédie de la maturité comme c'est ici le cas. Strauss se trouve, il est vrai, en bonne compagnie : Monteverdi composa sa → *Poppea* à l'âge de 75 ans, Verdi écrivit → *Falstaff* à 80 ans, Puccini avait 60 ans à l'époque de → *Gianni Schicchi* et Wagner avait passé la cinquantaine quand il composa les → *Meistersinger von Nürnberg*. Le seul opéra-bouffe de Donizetti qui fut couronné de succès vit le jour l'année même où le compositeur contracta une maladie incurable, après avoir composé presque 70 opéras ! Strauss avait 70 ans tout juste lorsqu'il composa *Die schweigsame Frau*. Il aurait pu parachever son œuvre avec cet opéra. Dans cette œuvre de la maturité, Strauss opta pour un style très mélodieux ; tout est instrumenté dans la transparence, des citations musicales et des parodies de style apparaissent. Le *componere*, cette façon de composer un nouvel ensemble avec des éléments musicaux distincts, possède ici un sens philosophique. Strauss lui-même parlait d'un « atelier joyeux ». Il dota son opéra-comique de nombreux ensembles comme l'entendait Mozart. Est-ce là aussi un signe de maturité ? Avons-nous dorénavant un « écoutons-nous les uns les autres » ou « parlons à côté les uns des autres » au lieu d'un monologue « qui chante contre le monde » ?

Le leitmotiv du personnage de Morosus est constitué d'une période classique à la manière de Mozart, en fait un menuet lent. N 19 À la fin, Morosus trouve les mots justes – et comprend ainsi la quintessence de la comédie de sa vie.

« Quelle est belle la musique, oui belle, quand elle est finie ! Quelle est merveilleuse la femme jeune et silencieuse, oui merveilleuse, quand elle reste la femme d'un autre ! Quelle est belle la vie, oui belle, quand on n'est pas un idiot et que l'on sait vivre ! »

Qu'est-ce qui rend le vieil homme si heureux à la fin de l'opéra ? De l'extérieur, rien n'a changé, mais à l'intérieur, il est devenu plus doux, plus généreux, plus conciliant.

19. Musique du silence (acte III, finale)

Friedenstag

Jour de paix

Opéra en un acte

Livret : Joseph Gregor, avec la collaboration de Stefan Zweig
Création : le 24 juillet 1938 à Munich (Nationaltheater)
Personnages : le commandant de la ville assiégée (bar.), Maria, sa femme (sop.), la garnison : le chef de la garde (basse), le tirailleur (tén.), le connétable (bar.), le mousquetaire (basse), un clairon (basse), un officier (bar.), un officier du front (bar.) ; un Piémontais (tén.), le Holsteiner, commandant de l'armée assiégeante (basse), le bourgmestre (tén.) et le prélat (bar.) de la ville assiégée, une femme du peuple (sop.) ; femmes envoyées en députation auprès du commandant, soldats, peuple (chœur)

Argument

Dans la citadelle d'une ville assiégée, le 24 octobre 1648 (le jour de l'armistice qui met fin à la guerre de Trente ans).

Après un long siège, les hommes sont à bout de forces. Un matin, ils exigent du commandant de la citadelle leur reddition. Le commandant, qui se sent acculé, les fait patienter jusqu'à midi : à ce moment-là, un signal sera donné et les portes de la ville s'ouvriront. Le peuple croit à un signe de paix, mais en vérité le commandant a pour projet de faire sauter la citadelle avec la garnison, restant ainsi fidèle à l'ordre de l'empereur de ne pas livrer la citadelle. Sa femme Maria est touchée par la présumée bonté de son mari et les époux retrouvent leur amour depuis longtemps perdu. Midi : le commandant fait préparer la mise à feu. Trois coups de canon résonnent. Le commandant éteint la mèche, pensant que les assiégeants attaquent et qu'il peut enfin livrer une dernière bataille. Mais les cloches se mettent à sonner : la paix vient d'être signée. Les ennemis d'hier se donnent l'accolade fraternelle, le peuple invoque ce qu'il ne connaît plus mais auquel il aspire de tous ses vœux : la paix.

Jour de paix (*Friedenstag*) – 1938

Friedenstag est un opéra à la fois intemporel et actuel. Il tient une place à part parmi les œuvres lyriques de Strauss : grand chœur, plusieurs rôles masculins de premier plan, pas de finesses alambiquées : tout donne un effet brut et robuste, tel un roc. Parfois, Strauss recourt au pathos wagnérien (notamment dans les textes déclamés). L'idée de *Friedenstag* vient de Stefan Zweig. Comme il ne voulait ni ne pouvait travailler pour une scène allemande, il avait recommandé au compositeur de prendre pour nouveau librettiste Joseph Gregor (1888-1960), Viennois et historien du théâtre. *Friedenstag* ne relate pas un événement historique, mais symbolique. Le commandant incarne la raison, Maria le cœur et les villageois l'âme. Tous s'opposent les uns aux autres ; ils sont marqués par la souffrance et les tortures, et sont poussés par un vague désir de bonheur. Le miracle de la paix n'a pas lieu d'une façon psychologico-réaliste, mais plutôt comme dans un conte de fées. Il vient d'ailleurs, obéissant en cela au proverbe : « c'est lorsque la misère est la plus forte que le secours arrive ».

S. N.

Ci-dessous
Friedenstag, , mise en scène : Peter Konwitschny, décors et costumes : Johannes Leiacker, direction musicale : Stefan Soltesz, Sächsische Staatsoper de Dresde, 1999.
Friedenstag est moins un opéra qu'une oraison flamboyante en faveur de la paix intérieure et extérieure, devenant ainsi une œuvre à la fois intemporelle et actuelle.

Friedenstag, croquis de décor de Heinz Grete, Nuremberg, 1939 (TWS).
Friedenstag tire son origine d'un tableau de Velázquez d'après le drame de Calderón, *La Redencion de Bredá* (Reddition de Breda). Lors de la création de l'opéra de Strauss, les immenses et beaux décors de Ludwig Sievert impressionnèrent le public. Un an plus tard, Heinz Grete créa dans le même ordre d'esprit les décors pour la représentation de Nuremberg (l'opéra fut joué une centaine de fois dans différentes villes allemandes).

Daphne, figure de Ludwig Sievert, Munich, 1941 (TWS).
Daphné au moment de sa métamorphose, lorsqu'elle prend la forme d'un laurier. La musique n'est pas moins magique : les voix instrumentales et les motifs s'entremêlent comme les branches et leurs feuilles. Le clair de lune argenté accroît l'effet théâtral. N 20

Daphne, Zsuzsanna Bazsinka dans le rôle de Daphné, mise en scène : Peter Konwitschny, décors : Johannes Leiacker, Altes Musiktheater d'Essen, 1999.
Pour jouer Daphné, Strauss développa un style que l'on qualifia de « clair-obscur », afin de « conférer au personnage de Daphné la pénombre dont il a besoin pour rendre (...) palpable son lien avec la nature, qui est son destin, et son rejet des êtres humains. » (Lettre à Gregor, 26 janvier 1936.)

20. Métamorphose de Daphné

Daphne
Daphné

Tragédie bucolique en un acte

Livret : Joseph Gregor
Création : le 15 octobre 1938 à Dresde (Staatsoper)
Personnages : Pénée (basse), Gaea (alto), Daphné (sop.), Leucippe (tén.), Apollon (tén.), quatre bergers (1 bar., 1 tén., 2 basses), deux servantes (2 sop.) ; bergers, masques de la suite de Bacchus, servantes (chœur, ballet)

Argument
Près de la cabane de Pénée, au bord du fleuve du même nom, en des temps mythologiques.
Daphné, la fille du dieu du fleuve et de la mère terre, est pure nature, proche des arbres, des fleurs et des sources. Lors de la fête de la vigne donnée en l'honneur de Dionysos, Leucippe, son camarade d'enfance, et le dieu Apollon courtisent la charmante nymphe, mais sa nature l'empêche de ressentir le moindre amour charnel. Leucippe tente de la séduire par la ruse ; il se déguise en jeune fille et, afin d'enflammer ses sens, lui donne à boire l'élixir de Dionysos. Apollon démasque son rival et le tue en combat. Après avoir bu le breuvage, Daphné se sent innocemment coupable et étrangère à elle-même. Apollon prend pitié d'elle et demande à Zeus, le père des dieux, de rendre Daphné à elle-même et de la lui offrir, sinon en femme du moins sous l'apparence d'un laurier. La métamorphose s'accomplit.

S. N.

La métamorphose
« Ne pourrait-on pas interpréter Daphné comme étant l'incarnation humaine de la nature, touchée (...) par les deux dieux Apollon et Dionysos, celle qui devine mais ne comprend pas, et qui, en mourant, devient le symbole du chef-d'œuvre éternel et ressuscite en laurier parfait ? » (Lettre de Strauss à Gregor, 8 mars 1936.)

Capriccio, Elisabeth Schwarzkopf dans le rôle de la comtesse, Vienne, vers 1960.
Tout artiste recherche la grâce. La belle comtesse : Elisabeth Schwarzkopf et son sourire mystérieux.

Capriccio

Konversationsstück für Musik (Conversation pour musique) en un acte

Livret : Clemens Krauss et Richard Strauss
Création : le 28 octobre 1942 à Munich (Nationaltheater)
Personnages : la comtesse Madeleine (sop.), le comte, son frère (bar.), Flamand, un musicien (tén.), Olivier, un poète (bar.), La Roche, directeur de théâtre (basse), Clairon, comédienne (alto), Monsieur Taupe, souffleur (tén.), une chanteuse italienne (sop.), un ténor italien (tén.), une jeune danseuse (danseuse soliste), le majordome (basse), huit domestiques (4 tén., 4 basses), trois musiciens : un violoniste, un violoncelliste, un claveciniste

Argument
Dans un château des environs de Paris, à l'époque où Gluck commença à réformer l'opéra, vers 1775. Un opéra qui a pour sujet l'opéra. Dans le salon d'une comtesse à l'esprit artistique, un groupe d'artistes se rencontre afin de préparer une fête d'anniversaire. Chacun se croit indispensable et élu par la comtesse. Le poète (Olivier) et le musicien (Flamand), en particulier, se mesurent l'un à l'autre. À qui la comtesse va-t-elle donner le rendez-vous promis ? Celle-ci est indécise. Elle goûte ces arts merveilleux, mais elle ne peut donner sa préférence à l'un ou l'autre des artistes, car « choisit-on l'un d'entre eux et l'on perd les autres ». L'opéra qu'elle a proposé restera alors inachevé ?! Tant mieux. Car sinon la fin risquerait d'être triviale.
A. G.

Un caprice de théâtre
L'idée, qui n'avait certes pas encore été baptisée, venait, comme tous les opéras tardifs de Strauss, de Stefan Zweig. Tandis qu'ils travaillaient à → *Die schweigsame Frau*, en 1934, Zweig donna à Strauss en guise de modèle un livret de Giovanni Battista Casti, *Prima la musica, poi le parole*. Antonio Salieri l'avait mis en musique en 1786 et il avait été interprété en même temps que → *Der Schauspieldirektor* de Mozart à Schönbrunn. Strauss ne travailla pas à son sujet en 1934. Ce n'est que pendant qu'il instrumentait → *Die Liebe der Danae* qu'il reprit le projet de l'opéra de Casti, mais l'histoire que Joseph Gregor (le successeur de Stefan Zweig auprès de Strauss) avait élaborée ne le satisfaisait pas : « Pas un brin de ce que j'avais à l'idée – une paraphrase dramatique pleine d'esprit sur le thème : d'abord les paroles, puis la musique, (Wagner) ou bien d'abord la musique, puis les paroles (Verdi) ou bien seulement des paroles et pas de musique (Goethe) ou encore la musique seule et pas de paroles (Mozart), pour nommer quelques-unes des sentences. Entre tout çela, il y a bien sûr beaucoup de nuances et de façons de jouer ! » (Lettre à Gregor, 15 mai 1939). C'est à ce moment-là, à l'automne 1939, que Clemens Krauss, le célèbre chef d'orchestre, entra en scène. Dans une lettre qui fourmille d'exemples tirés de l'histoire de la musique et d'indications, il donna au vieux maître d'importantes impulsions qui l'aidèrent à poursuivre son travail. En 1941, *Capriccio* fut choisi pour être le titre définitif, jouant sur un terme qui désignait un genre d'opéra courant au XVIIIe siècle et dont Mozart, avec son → *Schauspieldirektor*, était le représentant le plus célèbre.

Une musique qui parle de musique
Comment peut-on mettre en musique des conversations pleines d'esprit au sujet de l'art ? Voilà une idée bizarre et qui ne peut réussir que si l'on tisse ensemble les différentes parodies stylistiques pour en forger une œuvre unifiée. Flamand met aussitôt le sonnet en musique sur son clavecin. N 22
La comtesse reprend avec sensualité cette même mélodie à la scène finale (seulement accompagnée de la harpe). Une telle maestria dans le style nous fait penser qu'un « vrai » duo italien n'était pour Strauss qu'un exercice pour les doigts. N 23 Et en plus, on danse – car nous sommes en France – le passepied, la gigue et la gavotte ! N 24

21. Sextuor à cordes

22. Sonnet (Flamand)

Kein An - dres, das mir so im Her - zen loht, _ nein, Schö - ne, nichts auf die - ser gan - zen Er - de

23. Duo italien (soprano-ténor)

Ad - di - o mia vi - ta, ad - di - o, non ___ pian - ge - re il mi - o fa - to

24. Gavotte

Lorsque l'opéra fut achevé, Clemens Krauss demanda à Strauss quels étaient ses projets. En guise de réponse, celui-ci posa une question à laquelle le temps finit par répondre « oui » : « Ce ré bémol majeur n'est-il pas le meilleur final de toutes mes œuvres lyriques ? On ne peut que laisser un testament ! » (28 juillet 1941.)

Capriccio, croquis de décor de Rochus Gliese pour la création de Munich, 1942 (TWS).
L'action se déroule entièrement dans une seule pièce, un salon. L'opéra s'ouvre sur une musique enchanteresse, une musique de chambre aux sonorités classiques, un sextuor à cordes. N 21
Le comte lit à sa sœur un sonnet d'Olivier : « Je ne sçaurois aimer autre chose que vous / Non, Dame, je ne sçaurois le faire / Autre que vous ne me sçauroit complaire / Et fust Vénus descendue entre nous. »

Die Liebe der Danae, Sabine Hass dans le rôle de Danaé, mise en scène : Giancarlo del Monaco, direction musicale : Wolfgang Sawallisch, décors et costumes : Monika von Zallinger, Festival lyrique de Munich, Bayerische Staatsoper, 1988.
La mise en musique de la pluie d'or (union de Danaé et de Jupiter) est, musicalement, le moment straussien le plus original et le plus vrai. Une impression rendue par le timbre du xylophone, du célesta, du triangle et de la flûte. N 25

Die Liebe der Danae, mise en scène : Giancarlo del Monaco, direction musicale : Wolfgang Sawallisch, décors et costumes : Monika von Zallinger, Festival lyrique de Munich, Bayerische Staatsoper, 1988.
Les décors dans un style antique rappellent ceux qu'Emil Preetorius avait dessinés pour la création.

Die Liebe der Danae
L'Amour de Danaé

Heitere Mythologie (Pièce mythologique gaie) en trois actes

Livret : Joseph Gregor
Répétition générale en public (en la présence du compositeur) : le 16 août 1944 à Salzbourg (Festspielhaus)
Création : le 14 août 1952 à Salzbourg (Festspielhaus) (Même si *Die Liebe der Danae* fut créé de manière posthume, cet opéra est l'avant-dernière composition lyrique de Strauss)
Personnages : Jupiter (bar.), Mercure (tén.), Pollux, roi d'Éos (tén.), Danaé, sa fille (sop.), Xanthe, servante de Danaé (sop.), Midas (tén.), quatre rois, neveux de Pollux (2 tén., 2 basses), quatre reines : Sémélé (sop.), Europe (sop.), Alcmène (mezzosop.) et Léda (alto), quatre gardes (4 basses) ; créanciers, suite et serviteurs de Pollux et de Danaé, peuple (chœur)

Argument
En Grèce, en des temps mythologiques.
Pour pouvoir s'acquitter de ses dettes, le roi Pollux offre sa fille au riche roi Midas. Celui-ci s'éprend réellement de la belle Danaé, mais le dieu Jupiter lui fait obstacle. Contre toute attente, Danaé choisit Midas au détriment de Jupiter, le dieu. Rien ne la fait changer d'avis, même lorsque le riche roi Midas est transformé en un pauvre ânier. Elle-même se métamorphose : la jeune fille vaniteuse et narcissique devient une femme opiniâtre et courageuse qui fait face à la misère et aux mauvais coups du sort. Même Jupiter s'incline devant sa transformation : troublé par l'amour que Danaé, sourde à toute tentation, porte à son époux, il abandonne son rôle d'amant et endosse celui d'un ami paternel qui donne sa bénédiction.

Acte I
Tableau 1 La salle du trône du roi Pollux. Crise au sommet de l'État : il n'y a plus d'argent dans les caisses. Pour apaiser les créanciers, Pollux envoie ses quatre neveux chez le roi Midas pour lui proposer de se marier avec sa fille Danaé.
Tableau 2 La chambre à coucher de Danaé. Danaé rêve d'une pluie d'or.

Tableau 3 Le péristyle du palais. Les neveux apportent la preuve des merveilleux dons de Midas : celui-ci envoie à Danaé une branche d'arbre qu'il a changée en or en la touchant de sa main. Le navire de Midas arrive au port. Le roi se déguise en messager, tandis que Jupiter a pris l'apparence et le rôle de Midas. Danaé ressent une profonde sympathie pour le véritable Midas, sous ses habits de messager.

Tableau 4 Le port. Jupiter/Midas est reçu. Danaé est troublée : elle reconnaît en lui celui qui est apparu dans son rêve de pluie d'or.

Acte II

Une salle du palais royal. Les épouses des quatre neveux de Pollux, Sémélé, Europe, Alcmène et Léda, préparent la couche nuptiale. Chacune d'entre elles a eu naguère Jupiter pour amant. Elles ont reconnu le dieu en dépit de son déguisement et sont jalouses de la nouvelle favorite de leur ancien amant. Le véritable Midas se fait reconnaître comme le vrai roi et rejoint Danaé dans la couche nuptiale. Jupiter apparaît et Danaé se transforme en statue d'or dans les bras de Midas. Sommée d'aimer soit le dieu soit l'être humain, elle choisit Midas.

Acte III

Tableau 1 Un chemin de campagne, en Orient. Jadis, Jupiter avait attribué à Midas le don de changer tout ce qu'il touche en or. Il enlève dorénavant cette faveur à son heureux rival et Midas doit gagner sa vie comme pauvre ânier. Danaé reste avec lui.

Tableau 2 Un paysage méridional de montagne. Jupiter apprend de Mercure que les autres dieux se moquent de lui à cause de son échec auprès de Danaé. Pollux et ses créanciers demandent des comptes au présumé Midas et Jupiter parvient à leur échapper en faisant tomber une abondante pluie d'or.

Tableau 3 La cabane de Midas. Jupiter tente encore une fois de séduire Danaé, mais elle file le parfait amour avec Midas, que Jupiter finit par bénir. *S. N.*

Un Germain grec

Dès avril 1920, Hofmannsthal avait écrit un scénario pour Strauss : *Danae oder die Vernunftheirat – Kleine Oper für R. Str.* (Danaé ou Le Mariage de raison – petit opéra pour R. Strauss). Le compositeur s'intéressait depuis sa prime jeunesse à l'Antiquité grecque et se pencha sur le sujet au milieu des années trente avec l'intention de composer une sorte d'opérette mythologique (à la → Offenbach).

En 1944, il dit à son ami musicologue Willi Schuh, à propos du troisième acte, que celui-ci « fait partie de ce qu'[il] a écrit de mieux ». Strauss, qui se définissait lui-même comme un « Germain grec », a créé avec le personnage de Jupiter une image idéalisée de sa propre vieillesse et fait l'éloge de Danaé, sa femme idéale. *N 26*

Die Liebe der Danae, croquis de décor qu'Emil Preetorius avait prévu pour la création – qui eut lieu pour le quatre-vingtième anniversaire de Strauss, Salzbourg, 1944 (TWS). Cependant, Adolf Hitler et Joseph Goebbels ayant proclamé « la guerre totale » et fermé tous les théâtres, la représentation ne put avoir lieu que camouflée en répétition générale. La distribution était toutefois époustouflante : Viorica Ursuleac, Hans Hotter, László Szemere et l'Orchestre philharmonique de Vienne sous la direction de Clemens Krauss – qui joua également un rôle important dans la composition de la dernière œuvre de Strauss (→ *Capriccio*) –, dans une mise en scène de Rudolf Hartmann. *Die Liebe der Danae* fut créé dans le même théâtre en 1952, trois ans après la mort de Strauss. Annelies Kupper (Danaé), László Szemere (Pollux), Paul Schöffler (Jupiter) et Josef Gostic (Midas) interprétaient les rôles principaux. Cette œuvre ne parvint cependant pas vraiment à trouver sa place dans le répertoire lyrique international.

Igor Fiodorovitch Stravinsky

Né à Oranienbaum (auj. Lomosov, près de Saint-Pétersbourg) le 17 juin 1882
Mort à Paris le 6 avril 1971

Fils d'une célèbre basse russe, Fiodor Stravinski, il fait d'importantes expériences musicales dès sa prime enfance. Il étudie la composition auprès de → Nikolaï Rimski-Korsakov, dont l'empreinte se retrouve dans son œuvre pour orchestre *Feu d'artifice* (1909), qui suscite par ailleurs l'intérêt de Serge Diaghilev, directeur artistique et impresario des Ballets russes. C'est en 1909 que débute leur collaboration qui fait date dans l'histoire musicale et théâtrale du XXe siècle et, engendre des chefs-d'œuvre tels que *L'Oiseau de feu*, *Petrouchka* et *Le Sacre du printemps*. Le scandale retentissant que déclenche la création parisienne du *Sacre du printemps* rend Stravinsky mondialement célèbre. Il passe les années de la Première Guerre mondiale en Suisse. Après la révolution d'Octobre (1917), il vit d'abord à Paris (1920-1939), puis aux États-Unis (il acquiert la nationalité américaine en 1945 et vit à partir de cette date en Californie). Jusqu'à sa mort, Stravinsky jouit d'un immense prestige artistique et d'une excellente situation financière.

Œuvres : *Le Rossignol*, 1914 ; *Mavra*, 1922 ; *Oedipus Rex*, opéra-oratorio 1927 (*Œdipe roi*) ; *The Rake's Progress*, 1951 (*La Carrière du libertin*). Autres pièces pour la scène : *Renard*, 1915-1916 ; *L'Histoire du soldat*, 1918. Ballets (sélection) : *L'Oiseau de feu*, 1909-1910 ; *Petrouchka*, 1910-1911 ; *Le Sacre du printemps*, 1911-1913 ; *Pulcinella*, 1919-1920. Musique sacrée (sélection) : *Symphonie de psaumes*, 1930 ; *Mass*, 1947 ; *Threni*, 1957-1958 ; *Requiem Canticles*, 1965-1966. Œuvres pour orchestre, concertos, œuvres pour piano et pour chœur, mélodies.

Le Rossignol

Conte lyrique en trois actes

Livret : Stepan Mitousso et Igor Stravinsky, d'après Hans Christian Andersen
Création : le 26 mai 1914 à Paris (Opéra)
Personnages : le rossignol (sop.), le pêcheur (tén.), la cuisinière (sop.), l'empereur de Chine (bar.), le chambellan (basse), le bonze (basse), trois émissaires du Japon (1 tén., 2 basses), la mort (alto) ; courtisans, chœur des Esprits (chœur)

Argument
En Chine, en des temps fabuleux.

Acte I
Un pêcheur écoute le merveilleux chant du rossignol. Des courtisans l'invitent à se produire à la cour de l'empereur de Chine. Le rossignol accepte l'invitation.

Acte II
Le rossignol chante pour le souverain qui est ému aux larmes. Des émissaires de l'empereur du Japon apportent un rossignol mécanique. Le rossignol s'enfuit sans que personne ne le remarque pendant que l'on présente le jouet qui ravit les courtisans.

Acte III
L'empereur est à l'agonie. Abandonné de tous, c'est la mort qui est à son chevet. Il invoque la musique. Seul le rossignol l'entend et entonne son chant qui guérit l'empereur.

S. N.

Le Rossignol, mise en scène : A. Petrov, direction musicale : A. Titov, Théâtre Mariinski de Saint-Pétersbourg, 1995.
Le rossignol et l'empereur : réconciliation de la nature et du pouvoir. Après la création, cet opéra conquit les scènes du monde entier, exepté en Russie où il fallut attendre la perestroïka avant que la nature et le pouvoir ne se réconcilient, du moins sur scène.

*S*travinsky, citoyen du monde d'origine russe, est le compositeur le plus éclectique du XXe siècle ; il est, pour cette raison, souvent comparé à Picasso. Figure de proue du fauvisme en musique, du néoclassicisme et de l'expressionnisme, il développe néanmoins son propre style dont les caractéristiques sont toujours perceptibles et reconnaissables.

Le chant caché de l'oiseau
L'histoire, mais aussi en quelque sorte la musique de ce bref opéra, rappellent fort les opéras féeriques de → Rimski-Korsakov qui fut le professeur de Stravinsky. Toutefois, l'impressionnisme, et notamment l'écriture musicale de Debussy, a laissé son empreinte. La marche chinoise (début de l'acte II) et ses couleurs violentes dévoilent cependant un compositeur souverain. La voix du rossignol est chantée par une soprano coloratura, qui se tient dans la fosse, avec l'orchestre ; l'oiseau est libre de prendre toutes les apparences physiques. Le solo du rossignol artificiel recèle un charme très particulier, d'une grande virtuosité ; il est néanmoins empreint d'un caractère rigide et mécanique.

N 1

1.1. Le vrai rossignol (chant)

1.2. Le rossignol mécanique (hautbois)

Mavra

Opéra-bouffe en un acte

Livret: Boris Kochno, d'après *La Petite Maison de Kolomna*, poème en vers d'Alexandre Pouchkine
Création: le 3 juin 1922 à Paris (Opéra)
Personnages: Parasha (sop.), la voisine (mezzosop.), la mère (alto), le hussard (tén.).

Argument

Parasha, une jeune fille de la petite bourgeoisie, et un hussard s'aiment. Mais où et comment peuvent-ils se retrouver? Le hasard va les aider. La cuisinière vient de mourir et Parasha fait engager une remplaçante. C'est ainsi que son hussard entre dans la maison sous le nom de Mavra. La mère est contente: Mavra ne coûte pas cher et travaille bien. Mais un homme est obligé de se raser, ce que la mère le surprend en train de faire. Le scandale est énorme. Mavra s'enfuit de la maison. En vain, Parasha cherche son hussard des yeux.

S. N.

Ci-dessus
Mavra, mise en scène: Y. Alexandrov, direction musicale: A. Paulavitchus, Théâtre Mariinski de Saint-Pétersbourg, 1995. Parasha (à droite) en conversation avec sa mère et le hussard déguisé (à gauche). Les connaisseurs estiment grandement *Mavra*. C'est ainsi que l'opéra fut monté sous l'instigation d'Otto Klemperer au Kroll-Oper de Berlin, puis il conquit la Scala de Milan; Dmitri Kitajenko le fit jouer sur une scène moscovite en 1975 et, en 1995, *Mavra* gagna Saint-Pétersbourg.

Folklore russe et influence du jazz

Stravinsky dédia *Mavra* « à la mémoire de Pouchkine, Glinka et Tchaïkovski ». Il expliqua dans ses *Mémoires* les raisons de cette dédicace. Il appréciait de moins en moins le célèbre groupe de compositeurs russes (connu sous le nom de Groupe des Cinq auquel appartint un temps → Rimski-Korsakov) qui défendaient une esthétique folklorique, vantant la terre russe. D'après Stravinsky, → Glinka, → Tchaïkovski et surtout Pouchkine faisaient quant à eux, partie de « ces personnalités extraordinaires qui (…) savaient unir l'esprit européen aux éléments spécifiquement russes ». Mais en ce qui concerne la musique de cet opéra, il faudrait plutôt parler d'esprit de « l'Ouest sauvage » et non d'esprit « occidental ». On dénote sans l'ombre d'un doute l'influence de la musique de jazz qui vient, comme on le sait, des États-Unis. La sonorité est dure; les cordes jouent un rôle insignifiant. L'accompagnement orchestral des arias et des duos, entre autres, recèle de nombreux et inattendus accents « épicés ». Les mélodies rappellent souvent le folklore citadin russe, c'est-à-dire les chants que des musiciens, et non des paysans, entonnent et jouent dans les cafés.

S. K.

Ci-dessous
Mavra, croquis de décor de Ewald Dülberg, mise en scène et direction musicale: Otto Klemperer, Staatsoper am Platz der Republik, Berlin, 1928 (TWS).
Des décors constructivistes, typiques de la réforme scénographique avant-gardiste. Seul le poêle de céramique rappelle aux spectateurs que la scène se déroule dans un salon russe. La fenêtre est ouverte à une visite suspecte: le hussard peut l'enjamber.

Oedipus Rex

Œdipe roi

Opéra-oratorio en deux actes

Livret : Igor Stravinsky et Jean Cocteau, d'après Sophocle (traduit en latin par Jean Daniélou)
Création : en concert : le 30 mai 1927 à Paris (Théâtre Sarah Bernhardt) ; sur scène : le 23 février 1928 à Vienne (Staatsoper)
Personnages : Œdipe (tén.), Jocaste (mezzosop.), Créon (bar.-basse), Tirésias (basse), le berger (tén.), le messager (bar. basse) ; chœur d'hommes, un récitant

Argument
Thèbes, en des temps mythiques.
Préambule : Laïos, le roi de Thèbes, est tué par un inconnu sur les chemins. Peu de temps après, Œdipe arrive dans la cité qui n'a plus de souverain. Grâce à sa sagacité, il sauve Thèbes des colères du Sphinx qui demande son tribut humain. Proclamé nouveau roi de la cité, il épouse Jocaste, la reine qui était devenue veuve.

Acte I
La peste ravage Thèbes. Le peuple appelle à son secours le roi Œdipe. Celui-ci a déjà envoyé Créon, son beau-frère, à Delphes pour consulter l'oracle d'Apollon. Créon révèle l'oracle : le meurtre du roi Laïos, qui n'a pas été vengé, doit être expié. Le meurtrier se trouve dans la cité. Œdipe met en œuvre sa sagacité pour trouver le meurtrier. Il questionne Tirésias, le devin aveugle, qui lui donne cette réponse : « Le roi a été tué par un roi. » Alors, Œdipe accuse le devin de s'être ligué avec Créon contre lui. La querelle entre les deux hommes fait venir Jocaste.

Acte II
Jocaste tente de calmer les esprits. Elle ne croit pas les oracles, car elle a appris qu'ils pouvaient mentir. On avait prophétisé à Laïos, son mari, qu'il serait tué par la main de son propre fils. Mais n'a-t-il pas été assassiné par un inconnu à la croisée des chemins ? Œdipe prend peur. N'a-t-il pas, douze ans auparavant, tué un vieillard à ce même endroit ? Mais ce n'est pas tout. Œdipe apprend la mort du roi Polybe. Le messager lui révèle que celui-ci n'était pas son père. On trouva Œdipe, les pieds percés, dans la montagne. Jocaste se doute de la vérité et rentre précipitamment dans la maison. Œdipe croit qu'elle a honte d'avoir épousé un vagabond. Il presse le messager de lui dévoiler le secret de ses origines et apprend ainsi qu'il est le fils de Laïos et de Jocaste. À cause d'un funeste oracle, Laïos ordonne que l'on tue son propre fils. Mais Jocaste, la mère éplorée, le fait abandonner dans le désert. La vérité terrasse Œdipe : « *Lux facta est.* » Il rentre dans la maison. Un messager annonce au peuple le suicide de Jocaste. Œdipe, lui, s'est crevé les yeux et s'expose ainsi sous le regard de son peuple. Selon l'ordre d'Apollon, Œdipe est chassé hors de Thèbes : « Je t'aimais, Œdipe, je te dis adieu, Œdipe, adieu. »

S. N.

Oedipus Rex, le chœur dans une mise en scène de théâtre dansé, chorégraphie et mise en scène : Jan Linkens, direction musicale : Yakov Kreizberg, Komische Oper de Berlin, 1995.
En classant son œuvre dans un genre très particulier, Stravinsky voulut en souligner une des caractéristiques principales. *Oedipus Rex* doit rendre cet effet statique de l'oratorio jusque dans la réalisation scénique. Il ne faut pas que les protagonistes bougent, le roi Œdipe doit rester à la même place, Créon et Tirésias sont sur scène dès le début sans qu'il soit possible de les apercevoir. Seule la lumière les rendra visibles au public. Jocaste apparaît lorsque la cantatrice tire le rideau qui la cache. Un seul chanteur a le droit de se mouvoir sur scène : le messager qui vient d'ailleurs.

Une langue classique sous des habits modernes
En 1925, Stravinsky lut un livre sur saint François d'Assise. Il y apprit que saint François considérait que l'italien n'était pas une langue propice à la prière. Lorsqu'il parlait à Dieu, il s'exprimait en français, la langue de sa famille maternelle. Stravinsky se mit à son tour en quête d'une langue supérieure à celle de tous les jours. C'est ainsi que lui vint l'idée de créer une grande œuvre lyrique sur un livret en latin. D'après lui, cette langue recèle quelque chose de « sublime » en ce qu'elle n'est plus « vivante », qu'elle n'est plus parlée dans les rues. Stravinsky demanda à son ami Jean Cocteau une version moderne d'Œdipe, que Cocteau écrivit en français, texte que le père Jean Daniélou (un ami de Cocteau) traduisit en latin. Cocteau suggéra à Stravinsky d'introduire un récitant qui raconte l'histoire au public dans la langue du pays où a lieu la représentation. Le contraste entre la langue vivante et la langue morte confère à la composition une étrange tension.

S. K.

Cocteau et la musique

Jean Cocteau (1899-1963) avait de nombreux amis parmi les musiciens français ou vivant en France. C'est lui qui écrivit, entre autres, le scénario de *Parade* (1918), le ballet d'Erik Satie qui fit scandale. La même année, il publia *Le Coq et Arlequin*, un recueil d'aphorismes ironiques et pleins d'esprit que l'on peut en quelque sorte considérer comme le manifeste des compositeurs français de la nouvelle génération, les membres du futur Groupe des Six (dont → Honegger, → Milhaud et → Poulenc). Un peu plus tard, il créa une version moderne d'*Antigone* qu'Arthur Honegger mit en musique et qui plut beaucoup à Stravinsky. Cocteau entretint très tôt d'étroites relations avec les Ballets russes de Diaghilev et assista à la création du *Sacre du printemps* de Stravinsky (1913) qui déclencha un scandale. Il a brossé avec cet humour qui le caractérise des portraits de Satie, de Diaghilev et de Stravinsky. Mais il eut la main moins heureuse avec le livret d'*Oedipus Rex*. Son premier essai déplut au compositeur. « C'était justement ce dont je ne voulais pas », se souvint Stravinsky plus tard, « un drame musical dans une prose terriblement mélodieuse. » Avec patience et bonne grâce, Cocteau retravailla sa pièce à maintes reprises jusqu'à l'entière satisfaction du compositeur. Mais la collaboration entre les deux artistes s'arrêta là.

Émotions refroidies

« L'attitude » est le mot-clé de la musique d'*Oedipus Rex*. Stravinsky écrivit lui-même dans ses mémoires (*Chronique de ma vie*, 1936) : « Plus je me penche sur la question et plus le problème de "l'attitude" que doit emprunter une œuvre musicale devient crucial à mes yeux. » Une œuvre d'art ne saurait exister sans ordre. Un compositeur peut engendrer un tel ordre à condition qu'il ressuscite d'anciens modèles formels et qu'il crée à l'aide des éléments traditionnels de nouveaux ensembles. C'est sur cette idée que naquit dans les années vingt le mouvement néoclassique. *Oedipus Rex* est l'exemple type du néoclassicisme. Cette œuvre est clairement structurée par les nombres (arias, etc.). Jocaste a une grande scène à l'italienne dont le travail motivique n'est pas sans rappeler le style de → Donizetti ou de → Verdi dans ses premières années. N 2

Le rôle d'Œdipe possède de nombreuses vocalises – il faut bien que le chant royal soit ornementé ! –, répondant en cela à la vieille tradition de la musique européenne. Ce n'est que dans les derniers airs brefs que l'écriture se simplifie – Œdipe se dépouille pour ainsi dire de la splendeur royale. Les harmonies et les tonalités de ces courtes scènes peuvent aussi donner lieu à une interprétation historique. Dans la couche inférieure du son, on entend des accords en ré mineur (au XVIIIe siècle, le ré mineur caractérisait souvent la passion et les ténèbres, voire la descente aux Enfers du héros dans → *Don Giovanni* de Mozart). Dans la partie supérieure de l'espace sonore scintille un ré majeur (tonalité de la lumière) : *Lux facta est* (Et la lumière fut) est la dernière phrase que prononce Œdipe. La ligne mélodique de la voix se déroule clairement en si mineur (que Beethoven aurait considéré comme le ton du suicide). N 3

L'air tripartite de Créon est d'une grande force et plein d'énergie. Il commence par un motif tiré de l'accord parfait descendant en ré majeur et il est accompagné par des trompettes. On peut en donner une interprétation du point de vue de l'histoire de la musique : Créon est l'intermédiaire entre la voix de Dieu et le peuple, le son doit donc être clair et majestueux. N 4

Mais en général, le timbre de *Oedipus Rex* est plutôt dur et étincelant. Ce sont les instruments à vent qui dominent, les cordes jouant un rôle tout à fait secondaire. En revanche, Stravinsky fait souvent jouer les percussions et les notes graves du piano. Aucune mesure ne rend un effet « romantico-sentimental ». Les passions des personnages sont pour ainsi dire « refroidies », dissimulées sous les anciennes formules musicales.

S. K.

Oedipus Rex, figure de Ruodi Barth représentant Jocaste, Paris, 1979 (en haut) et figurines de Lore Haas représentant Œdipe, Krefeld, 1976 (ci-dessus) (TWS). *Œdipe* de Sophocle a une structure presque « géométrique ». Plus l'histoire avance et plus elle entraîne les protagonistes dans leur passé. Le livret de Cocteau souligne cette singularité de la tragédie. Chaque apparition d'un personnage fait faire un pas en arrière.

2. Air de Jocaste

3. Œdipe comprend

4. Air de Créon

The Rake's Progress
La Carrière du libertin

Opéra en trois actes

Livret : une fable de Wystan Hugh Auden et Chester Kallman
Création : le 11 septembre 1951 à Venise (Teatro La Fenice)
Personnages : Trulove (basse), Anne, sa fille (sop.), Tom Rakewell (tén.), Nick Shadow (bar.), Mother Goose (mezzosop.), Baba, dite Baba la Turque (mezzosop.), Sellem, commissaire-priseur (tén.), un gardien de l'asile de fous (basse); filles de joie et mauvais garçons, domestiques, citadins, aliénés (chœur)

Argument
En Angleterre, au XVIIIe siècle.

Acte I
Tableau 1 Un jardin devant la maison de la famille Trulove (*true love* signifie amour fidèle) à la campagne. Un après-midi printanier. Anne Trulove et Tom Rakewell sont heureux : ils s'aiment. Le père d'Anne pousse son futur gendre à trouver un bon emploi. Mais Tom ne veut pas s'y atteler. Il souhaite beaucoup d'argent. Et son souhait se réalise sur-le-champ. Un inconnu qui se tient à la porte lui révèle qu'il hérite d'un riche oncle qui vient de décéder et que le jeune homme ne connaissait pas jusqu'ici. L'inconnu offre ses services à Tom. Il s'appelle Nick (en anglais, ce nom désigne le diable) Shadow (ombre). On parlera des gages plus tard, dans un an et un jour. Tom promet à Anne de revenir très vite et part pour Londres en compagnie de Nick Shadow.
Tableau 2 Le lupanar de Mother Goose à Londres (*goose* signifie oie ; c'est ainsi que l'on appelait la syphilis en Angleterre au XVIIIe siècle). Putains et libertins vouent un culte à l'amour et s'y adonnent. Nick Shadow emmène Tom au bordel et étudie avec lui le bréviaire de l'amour. C'est Mother Goose en personne qui l'initie, lui faisant perdre ainsi son innocence.
Tableau 3 De nouveau chez les Trulove. Une nuit d'automne, pleine lune. Anne reste sans nouvelles de Tom et craint qu'il ne soit en danger. Elle quitte la demeure familiale et part à sa recherche.

Acte II
Tableau 1 La salle du petit déjeuner chez Tom, dans sa maison londonienne. Belle matinée ensoleillée. La vie de Tom s'est mise au diapason de la mode, mais son cœur, ses sens et sa raison tournent à vide. Il désire être heureux. Nick Shadow a déjà une réponse toute prête. Il explique la mélancolie de Tom comme étant la conséquence de son manque de liberté dû aux sempiternels « il faut faire ceci », « on doit faire cela ». Se marier avec un monstre, avec la célèbre Baba la Turque serait un acte absurde, un acte gratuit. Puisque Tom n'aime ni ne désire la femme à barbe, le mariage serait la preuve de sa liberté.
Tableau 2 Une rue devant la maison de Tom à Londres. À l'automne, au crépuscule. Anne retrouve enfin Tom, mais il est trop tard. Une chaise à porteurs amène Baba la Turque, la femme à barbe de Tom, une nouvelle qui fait sensation à Londres.
Tableau 3 La salle du petit déjeuner chez Tom, dans sa maison londonienne. Baba n'a pas apporté à Tom la liberté, mais plutôt l'esclavage engendré par un perpétuel bavardage. Tom lui cloue le bec en lui mettant une perruque sur la tête. Il s'endort. Pendant ce temps, Nick Shadow montre au public comment, par un simple trucage et une machine adéquate, on peut changer les pierres en pains. Tom se réveille et souhaite devenir le bienfaiteur de l'humanité. Encore une fois, Shadow réalise son vœu et lui présente la machine miraculeuse.

Acte III
Tableau 1 La salle du petit déjeuner chez Tom, dans sa maison londonienne. Un après-midi de printemps. Tom s'est complètement ruiné avec sa machine truquée. Ses biens sont vendus aux enchères, parmi lesquels se trouve Baba la Turque, rendue muette et aussi figée qu'une morte. Elle renaît à une nouvelle vie et retourne au cirque. Anne cherche Tom ; Baba lui conseille de le chercher dans les rues et de le séparer de Nick Shadow.
Tableau 2 Un cimetière d'église. Une nuit sans étoiles. Le délai est passé. Nick exige ses gages : la vie et l'âme de Tom. Mais il lui laisse une dernière chance : il peut sauver sa vie en gagnant une partie de cartes contre Nick Shadow. Dépouillé de tout désir et de tout espoir, Tom devine les bonnes cartes et la reine de cœur lui fait comprendre qu'il a raté sa vie.

Nick retourne au royaume des ombres, mais brise auparavant le lien qui relie l'âme de Tom à la raison.
Tableau 3 L'asile de Sainte-Marie-de-Bethléem, appelé Bedlam. Tom, qui se prend pour Adonis attend Vénus. Anne lui rend visite et apaise l'esprit troublé de Tom. Son chant parvient à l'endormir. Le père Trulove ramène sa fille à la maison. À son réveil, Tom cherche en vain sa Vénus et meurt de déception. Mais son âme est sauvée.

Épilogue
Devant le rideau. La salle des spectateurs est éclairée. Baba, Nick, Anne et le père Trulove, les hommes sans perruque et Baba sans sa barbe tirent la morale de cette histoire.

S. N.

The Rake's Progress de William Hogarth, sir John Soane Museum, Londres. William Hogarth (1697-1764) fut le Jérôme Bosch anglais du XVIIIe siècle. Peintre et graveur, il brossa dans ses tableaux la société londonienne aux premiers temps du capitalisme sans y omettre ses contradictions et sa décadence. La série de toiles intitulée *The Rake's Progress* fut créée entre 1732 et 1735 et appartient aux œuvres satiriques et moralisatrices du peintre. Hormis Stravinsky, les tableaux de Hogarth inspirèrent Cimarosa (→ *Il Matrimonio segreto*) et Richard Strauss (→ *Der Rosenkavalier*).

Première rangée du haut
I : The Rake Taking Possession of his Estate
(Le Libertin prend possession de son héritage).

Page de gauche
II : The Rake's Levee
(Le Lever du libertin).

Deuxième rangée à gauche
III : The Rake at the Rose-Tavern
(Le Libertin au lupanar).

Deuxième rangée à droite
IV : The Arrested, Going to Court
(Le Prisonnier sur le chemin du tribunal).

Troisième rangée à gauche
V : The Wedding
(Les Noces).

Troisième rangée à droite
VI : The Rake at a Gaming House
(Le Libertin dans l'enfer du jeux).

Quatrième rangée à gauche
VII : The Rake in Prison
(Le Libertin en prison).

Quatrième rangée à droite
VIII : The Madhouse
(L'Asile de fous).

Une histoire en tableaux comme source d'inspiration

Celui qui mène une vie de débauche aura un jour à l'expier. C'est d'après cette morale naïve que le peintre et graveur britannique William Hogarth (1697-1764) peignit ses séries de tableaux pour l'édification des pieux Londoniens. Voici en résumé ce que raconte l'œuvre qu'il acheva en 1735 (un modèle pour les romans-photo d'aujourd'hui) : Tom Rakewell, un brave jeune homme, fait un bel héritage à la mort de son père. Il promet à sa fiancée, Sarah Young, de l'épouser très prochainement (I). Mais le riche homme qu'il est devenu commence à dépenser son argent inconsidérément (II). D'abord, son chemin le mène au bordel (III). Comme il est très endetté, il se met à voler. Il est arrêté, mais Sarah paie la caution (IV). Pour avoir à nouveau de l'argent, Tom épouse une vieille femme laide mais riche. Sarah tente en vain d'empêcher le mariage (V). Il recommence à gaspiller son argent : le libertin perd au jeu toute sa fortune (VI). La prison (VII) et l'asile de fous (VIII) seront les dernières étapes de son déclin.

Le compositeur et le librettiste

Igor Stravinsky, qui vivait aux États-Unis depuis 1939, vit les tableaux de William Hogarth en 1947 lors d'une exposition à Chicago. L'idée lui vint aussitôt de composer un nouvel opéra d'après ce sujet. Sur les conseils de T. S. Eliot, son ami et voisin de Hollywood, il choisit Wystan Hugh Auden (1907-1973) comme librettiste. Auden étudia à Oxford où il faisait partie d'un groupuscule de poètes d'extrême gauche. En 1935, il épousa la fille de Thomas Mann, Erika. Il s'engagea dans la guerre d'Espagne contre le fascisme, puis vécut pendant des années aux États-Unis à partir de 1939. Pendant la Seconde Guerre mondiale, il combattit dans l'aviation. À partir de 1956, il enseigna la poésie à Oxford. Sa virtuosité poétique et son don de l'improvisation époustouflèrent Stravinsky. Après leur rencontre à Hollywood (sur l'invitation de Stravinsky), ils poursuivirent leur collaboration par lettres. Le compositeur publia ultérieurement une partie de cette correspondance dans son livre *Memories and Commentaries*.

Leur collaboration fut une source de grande joie pour le compositeur comme pour le librettiste. Ils commencèrent à transformer petit à petit l'histoire, dont ils tirèrent un mélange de *Faust* et de *Don Giovanni*, comme le prouve le choix des noms. Anne, par exemple, devrait rappeler par association Donna Anna (→ *Don Giovanni* de Mozart). Nick Shadow, le diable, n'apparaît pas chez Hogarth ; c'est un nouveau personnage – à mi-chemin de Méphisto et de Leporello. On doit à Auden l'idée selon laquelle l'héritage ne vient pas du père mais d'un oncle inconnu et quelque peu mystérieux. La vieille femme laide se mua en Baba la Turque, un personnage de cirque. Pour accélérer le travail, Auden demanda l'aide de Chester Kallman, qui écrivit notamment la scène de la mise aux enchères. s. k.

The Rake's progress, mise en scène : Peter Mussbach, décors : Jörg Immendorf, direction musicale : Sylvain Cambreling, Festival de Salzbourg, 1994.
Le lupanar de Mother Goose à Londres (acte I, tableau 2). Filles de joie et libertins chantent les louanges de l'amour. Le naïf jeune homme pas encore dégrossi sera initié par Mother Goose en personne et perdra son innocence.

Un opéra classique ?

« The end of a trend », dit un jour Stravinsky en parlant de son opéra. Avec *The Rake's Progress*, c'était un mouvement musical important du XXe siècle qui prenait fin. Dans les années cinquante, tous les jeunes compositeurs se détournaient du néoclassicisme. Stravinsky étonna son public en empruntant très vite un tout autre chemin stylistique, dont d'ailleurs cet opéra ne porte encore aucune trace, car nous avons ici un chef-d'œuvre néoclassique. Le bref prologue (cuivres) résonne comme la Toccata de → *L'Orfeo* de Monteverdi, certaines mélodies rappellent la musique baroque anglaise (→ Purcell), d'autres le monde des opéras tragiques de → Christoph Willibald Gluck. Il ne manque pas non plus les rythmes de jazz (la musique de la scène au bordel, notamment, n'est pas sans rappeler le chant choral, drôle et frivole, des nains dans *Blanche-Neige* de Walt Disney). Mais c'est avec certains opéras de Mozart que le lien est le plus fort. La grande scène d'Anne (acte I) est sciemment construite d'après le modèle mozartien et un motif classique (récitatif, aria lente, bref récitatif, aria rapide avec un motif d'accord parfait dans la mélodie). N 5

Toutes les scènes se décomposent clairement en récitatifs et arias, duos, etc., et ce tout à fait dans la ligne de l'*opera seria* du XVIIIe siècle. « Le drame musical et l'opéra sont deux choses complètement différentes », disait Stravinsky, et « personnellement, j'ai consacré ma vie entière à la seconde ».

La façon dont les diverses tonalités sont utilisées est tout à fait classique. La première scène est en la majeur (la tonalité de l'amour chez Mozart); il en est de même pour les premières mesures de la dernière scène (Tom, à l'asile de fous, se souvient de son amour) et pour l'épilogue. La grande scène d'Anne se termine en ut majeur (et avec un contre-ut), donc dans la tonalité mozartienne de la « pureté », que l'on pense par exemple à la grande aria en ut majeur de Constance (→ *Die Entführung aus dem Serail* de Mozart). N 5

L'instrumentation est magistrale et confère un charme particulier à cette œuvre. Les répétitions rapides de la trompette lors de la scène des triples enchères sont tout à fait singulières. Dans le prologue de la scène suivante, au cimetière, les cordes graves rendent un son lugubre, tragique, léthargique. Même le timbre argenté du clavecin classique et baroque apparaît sans cesse dans les récitatifs (la première fois, lorsque le diable paraît sur scène), cela afin de séparer clairement les parties et surtout mettre en avant une atmosphère mozartienne.

Dernière étape : Venise

Lorsque l'on prend le bateau de Venise pour aller à Murano, on peut voir en passant la petite île de San Michele. Certaines lignes de bateaux s'y arrêtent. C'est peut-être le plus beau cimetière du monde. Et c'est là que se trouve la tombe d'Igor Stravinsky. Il est impossible de savoir aujourd'hui si c'est le fruit de sa dernière volonté ou la décision de sa veuve. Mais une chose est sûre : le compositeur aimait tout particulièrement Venise, une ville qui joua dans sa vie un rôle important. Il participa aux festivals à de nombreuses reprises. En 1955, il composa l'œuvre chorale *Canticum Sacrum* destinée à la basilique San Marco. Et c'est à Venise que fut créé avec succès *The Rake's Progress*. Plusieurs grands opéras (Metropolitan, Covent Garden, Scala) s'étaient portés candidats. Mais Stravinsky porta son choix sur un petit théâtre, car il considérait son œuvre comme un opéra de chambre. La splendide salle baroque du Teatro La Fenice était idéale pour recevoir ce tardif et néanmoins actuel opéra à numéros. La création se transforma en événement et en rendez-vous du beau monde, à l'instar de l'âge d'or de l'opéra.

Stravinsky et le diable

Peut-être aucun autre compositeur qu'Igor Stravinsky n'entretenait avec le diable des relations aussi étroites. Il y avait déjà quelque chose de diabolique chez le magicien du ballet *Petrouchka*. Dans *L'Histoire du soldat*, le diable vainc l'âme du soldat. Nick Shadow se contente d'une malédiction et de lancer une menace (dans l'épilogue) : le diable ne dort jamais. Stravinsky imagina une dernière fois un diable dans *The Flood* (Le Déluge). Composée en 1962, cette œuvre était d'abord destinée à la télévision. L'histoire, tirée de la Bible, reprend le thème de la Genèse, de l'expulsion hors du paradis et du déluge. Fort curieusement, Stravinsky imagina le personnage de Satan comme le principe d'images d'un blanc lumineux qui s'inverserait en un noir profond et vice versa. Malheureusement, cette idée ne fut jamais réalisée.

S. K.

The Rake's progress, mise en scène : Peter Mussbach, décors : Jörg Immendorff, direction musicale : Sylvain Cambreling, Festival de Salzbourg, 1994.
Anne Trulove (*nomen est omen*) fait partie des personnages les plus émouvants du répertoire lyrique. Elle suit son amant infidèle, l'assiste dans les pires heures de la misère et de la mort. Le moment où Anne part à sa recherche (acte II, tableau 2, arioso) est l'un des sommets de l'opéra.

5. Cabalette d'Anne
I go, I go to him. Love can-not fal-ter, Can-not de-sert

Karol Szymanowski

Né le 6 octobre 1882 à Tymoszówka (Ukraine)
Mort le 29 mars 1937 à Lausanne

Szymanowski vient d'une famille aristocratique et cultivée. Il compose dès l'enfance, mais détruit presque toutes ses œuvres de jeunesse. Pendant ses études, il est en contact avec le groupe de compositeurs Jeune Pologne. Il se rend en Italie en 1908 et considère dès lors ce pays comme sa seconde patrie, y puisant durant ses nombreux séjours de nouvelles forces créatrices. Sa principale œuvre, l'opéra *Le Roi Roger* (*Król Roger*), doit sa naissance (1918-1924) à ses expériences italiennes. Tandis que les œuvres de Szymanowski reçoivent un très bon accueil en Allemagne et en Autriche, elles sont plutôt rejetées par l'élite musicale polonaise. Cela conduit le compositeur à élire domicile à Vienne entre 1910 et 1914. La révolution russe le surprend en 1917 à Tymoszówka, sa ville natale. La destruction de la demeure familiale oblige la famille à partir pour Jelisawetgrad. Après la restauration de l'État polonais, la famille Szymanowski s'installe en 1919 à Varsovie. Le compositeur passe les années vingt d'une part en Pologne où, grâce à son intérêt croissant pour le folklore polonais, il donne de nouvelles impulsions à la musique nationale, et d'autre part en voyageant en Europe et aux États-Unis afin d'assister aux représentations, de plus en plus nombreuses, de ses œuvres. Il souffre dès son plus jeune âge de tuberculose osseuse, dont il meurt à l'âge de 55 ans dans un sanatorium à Lausanne.

Œuvres : Hagith, pièce en un acte, 1913, création 1922 ; *Król Roger* (Le Roi Roger), 1926. Œuvres pour orchestre (dont quatre symphonies, deux concertos pour violon), œuvres pour chœur, musique de chambre, mélodies et œuvres pour piano.

Le Roi Roger

Opéra en trois actes

Livret : Jaroslaw Iwaszkiewicz et Karol Szymanowski
Création : le 12 juin 1926 à Varsovie (Teatr Wielki)
Personnages : Roger II, roi de Sicile (bar.), Roxana, sa femme (sop.), Edrisi, un érudit arabe (tén.), le berger (tén.), l'archevêque (basse), la diaconesse (alto) ; prêtres, moines, serviteurs, dignitaires de la cour, garde royale, chevaliers normands, jeunes femmes et jeunes hommes, eunuques, courtisans, domestiques, quatre musiciens qui accompagnent le berger (chœur ; à l'acte III, le chœur reste invisible)

Argument
En Sicile, vers 1150.
Acte I
À la lueur du soleil couchant, des courtisans et le peuple se rendent à la cathédrale byzantine de Palerme pour le service religieux. Le roi Roger, accompagné de sa femme Roxana et de son conseiller Edrisi, assistent également à la grand-messe solennelle. L'archevêque et la diaconesse apprennent au roi Roger que l'Église est menacée par un nouveau prophète, un jeune et beau berger qui a déjà rassemblé autour de lui de nombreux adeptes. À la demande du roi, on fait venir le jeune homme. L'archevêque et la diaconesse pensent avoir affaire à un blasphémateur et, soutenus par la foule excitée, exigent du roi que le jeune berger soit jugé et condamné à mort. Or, la douceur et l'humilité de celui-ci impressionnent le roi, Roxana et

Un drame sans conflits
Celui qui cherche dans cet opéra des rôles traditionnels s'est fourvoyé. L'intrigue n'est pas nouée ni résolue de façon habituelle. Pourquoi un roi écoute-t-il un berger et son message ? Sa femme Roxana est-elle amoureuse du berger ? Et ce berger, qui est-il en fin de compte ? Un dieu ? Un fils de Dieu ? Le guide d'une secte ? Ou bien un séducteur, un bon vivant qui réussit à braver l'Église historique, à briser des chaînes en acier, à entraîner ses adeptes vers l'inconnu ? L'opéra comporte de nombreuses lacunes et imprécisions. Les personnages dramatiques semblent être liés par un enchaînement d'actions flou et surtout ouvert : ils apparaissent et disparaissent soudainement. Pourtant (ou justement pour cette raison ?), *Le Roi Roger* est une œuvre importante du XXe siècle, encore peu connue.

Le Roi Roger, Kristine Ciesinski dans le rôle de Roxana, mise en scène et décors : Peter Mussbach, costumes : Florence von Gerkan, direction musicale : Lothar Zagrosek, Württembergisches Staatstheater de Stuttgart, 1990.
Roxana : un personnage tout de sensualité et de spiritualité.

1. Chant de Roxana

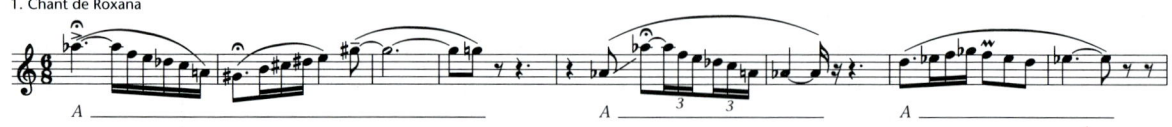

Edrisi. Le roi a tout d'abord l'intention de faire exécuter le berger, mais il le remet finalement en liberté tout en le convoquant au procès qui aura lieu au palais.

Acte II
Dans la cour intérieure du palais. Le berger est attendu. Le roi se plaint auprès d'Edrisi : Roxana n'est pas heureuse et ne l'aime plus. Celle-ci exhorte le roi à traiter le berger avec mansuétude. Ce dernier entraîne Roxana et les courtisans après lui. Les quatre musiciens qui entourent le berger jouent une musique enchanteresse qui les entraîne tous dans une danse de joie. Seul le roi ne succombe pas à la magie. Il ordonne d'enchaîner le berger. Mais celui-ci brise facilement ses lourdes chaînes et appelle le peuple à marcher vers le pays de la liberté éternelle. Tous le suivent, excepté le roi et Edrisi qui restent au palais. Le roi abandonne son trône ; le pèlerin qu'il est devenu se met à la recherche de Roxana et du berger.

Acte III
Les ruines du théâtre antique de Syracuse. C'est là qu'au terme d'une longue errance sont arrivés le roi Roger et Edrisi. Roger appelle Roxana à grands cris. Celle-ci lui répond du lointain, puis apparaît devant lui et chante les louanges du culte du berger. Seul ce dernier a pu la guérir de sa vie maladive. Ils allument ensemble le feu du sacrifice et le berger paraît aussitôt dans l'amphithéâtre sous son véritable aspect : il est Dionysos. Tout à son ravissement, Roger salue le lever du soleil.

S. N.

Le Roi Roger, Sidwill Hartmann dans le rôle du berger, mise en scène et décors : Peter Mussbach, costumes : Florence von Gerkan, direction musicale : Lothar Zagrosek, Württembergisches Staatstheater de Stuttgart, 1990.
Le berger est en réalité le dieu Dionysos. Lorsqu'il apparaît (acte I), la musique change de tonalité et passe d'un mouvement pour chœur d'une grande gravité à des ariosi solistes très variés.
De nombreux chefs d'orchestre de grande envergure furent de tous temps fascinés par *Le Roi Roger*. L'interprétation que Simon Rattle donna au Festival de Salzbourg en 1998 fut d'ailleurs enregistrée.

Hans Werner Henze a repris le même sujet dans → *Die Bassariden*, créé en 1966, et a traité une thématique similaire. Avec *Le Roi Roger*, Szymanowski tente de trouver une tonalité digne des légendes. Les épisodes, reliés entre eux par un fil ténu, confèrent plutôt à cette œuvre le style de l'oratorio. Pourtant et contrairement, par exemple, à Bartók dans → *Le Château de Barbe-Bleue*, à → *Jeanne au bûcher*, de Honegger ou à → *Oedipus Rex* de Stravinsky, *Le Roi Roger* est par ailleurs un véritable opéra, car il exige une grande imagination scénique : de par les couleurs et la magnificence des lieux, de par le passage de la lumière et de l'ombre, d'une grande importance pour la dramaturgie, de par le symbolisme du lever et du coucher du soleil. L'action commence dans une église byzantine, plongée dans une demi-pénombre, et s'achève dans un amphithéâtre grec noyé de soleil. Des éléments religieux parsèment les trois actes, qu'ils soient byzantins, arabo-orientaux ou gréco-païens. Tous les mystères traversent le roi, un personnage las, plongé dans ses réflexions et dans une quête. Est-ce l'alter ego du compositeur ? *Le Roi Roger* garde tout son mystère.

Rendez-vous en Sicile
Szymanowski adorait l'Italie. Depuis Mozart, il n'existe peut-être aucun autre compositeur étranger chez qui l'*Italianità* a joué un rôle aussi primordial – ce courant italianisant prenant bien sûr ici un tout autre sens, même s'il est d'une même force. L'Italie était pour lui comme un élixir de vie. Après avoir visité ce pays à de nombreuses reprises, il se rendit en Sicile en 1911 et 1914. « En Sicile, les cultures de l'Occident et de l'Orient se sont superposées et ont engendré un climat particulier qui perdure encore aujourd'hui », écrivit-il à son retour dans une lettre à son ami Jaroslaw Iwaszkiewicz qui dut quelques années plus tard écrire un livret en se basant sur ces expériences difficilement transmissibles. Les métopes (des frises aux sujets mythologiques) du monastère médiéval de Sélinonte et le temple abandonné de Ségeste – « un mélange d'éléments baroques et de mozaïques byzantines » – eurent une grande influence sur le compositeur. Celui-ci voulait représenter la simultanéité des cultures et des religions dans une intrigue, et les traduire dans un langage musical.

Un creuset musical et religieux
Dans *Le Roi Roger*, une danse dionysiaque caractérise le passage du christianisme au paganisme, le passage du Moyen Âge, dans les deux premiers actes, au monde antique du troisième. (Le recours à Dionysos rappelle un opéra de Strauss, → *Ariadne auf Naxos*, où Dionysos, là aussi un jeune homme d'une grande séduction érotique, apparaît à la fin de l'opéra pour ramener Ariadne, qui se languit de la mort, à une vie débordante de sensualité.) Le très beau chant de Roxana (au début de l'acte II) fait néanmoins partie d'une troisième sphère culturelle, comme le montrent ses tournures mélodiques arabo-turques : celle de l'Islam. C'est comme si, en composant son mystère en 1924, Karol Szymanowski avait voulu bâtir un monument à la gloire de toutes les religions universelles. N 1

Szymanowski fut le compositeur polonais le plus important de la première moitié du XXe siècle. Sa musique d'inspiration slave est mélodieuse et se caractérise par une luxuriance post-romantique tout en s'ouvrant aux styles musicaux contemporains (tels que, notamment, le néoclassicisme, l'expressionnisme et l'impressionnisme).

Piotr Ilitch **Tchaikovski**

Né à Votkinsk (Oural) le 7 mai 1840
Mort à Saint-Pétersbourg le 6 novembre 1893

Jusqu'à l'âge de dix ans, Tchaikovski grandit parmi cinq frères et sœurs, et montre dès l'enfance des signes dépressifs. La tragédie qui marque profondément sa vie a lieu lorsqu'il a 14 ans : sa mère meurt. Il commence à composer en 1854, étudie le droit, puis travaille au ministère de la Justice (jusqu'en 1863). Il étudie le piano et la composition auprès de Rubinstein et de Zaremba. En 1866, il reçoit la médaille d'argent pour la cantate qu'il compose pour l'examen final. Il enseigne la théorie musicale à l'école de musique de Rubinstein (qui deviendra ultérieurement le conservatoire de Moscou). Il compose son premier opéra en 1867 et sa première symphonie en 1868. Un an plus tard, son projet d'épouser la cantatrice belge Désirée Artôt échoue. Tchaikovski se rend en Europe de l'Ouest, où il fait la connaissance de musiciens importants, et c'est à ce moment-là que commence sa correspondance avec Nadejda von Meck qui deviendra sa mécène. Son mariage malheureux (en 1877) avec Antonina Milioukova ne dure pas. Il devient chef d'orchestre à partir de 1887, et part en tournée à travers l'Europe et les États-Unis. Les causes de son décès font aujourd'hui encore l'objet de controverses : contamination involontaire au choléra ou suicide ?

Œuvres : Opéras : *Le Voïvode*, 1869 ; *Ondina*, non joué ; *Opritchnik*, 1874 ; *Eugène Onéguine*, 1879 ; *La Pucelle d'Orléans*, 1881 ; *Mazeppa*, 1884 ; *Tchérévitchki – Les Souliers en maroquin*, 1887, précédemment intitulé *Vakoula le forgeron*, 1876 ; *L'Enchanteresse*, 1887 ; *La Dame de pique*, 1890 ; *Iolanta*, 1892. Ballets : *Le Lac des cygnes*, 1877 ; *La Belle au bois dormant*, 1890 ; *Casse-Noisette*, 1892. Six symphonies, fantaisies symphoniques (*Roméo et Juliette*, 1870 ; *Francesca da Rimini*, 1876), sérénades pour cordes, *Capriccio italien*, trois concertos pour piano, un concerto pour violon, *Variations rococo* pour violoncelle et orchestre, musique de chambre, mélodies, œuvres pour chœur.

Eugène Onéguine
Yevgeni Oneguine

Scènes lyriques en trois actes

Livret : Piotr Ilitch Tchaikovski et Konstantin S. Chilovski, d'après le poème d'Alexandre Pouchkine
Création : le 29 mars 1879 à Moscou (Théâtre Maly)

Personnages : Madame Larina, propriétaire terrienne (mezzosop.), Tatiana et Olga, ses filles (sop., alto), Filipievna, la nourrice (mezzosop.), Eugène Onéguine (bar.), Lenski (tén.), le prince Grémine (basse), un capitaine (basse), Zaretzki (basse), Monsieur Triquet (tén.) ; paysans et paysannes, convives du bal, propriétaires terriens (hommes et femmes), officiers (chœur et ballet)

Argument
Dans une propriété de campagne et à Saint-Pétersbourg, au cours des années 1820.

Eugène Onéguine, croquis de décor de Gustav Wunderwald pour la mise en scène de Hans Kaufmann, direction musicale : Rudolf Krassell, Deutsches Opernhaus de Berlin, 1913 (TWS).
Dans le croquis des décors de Gustav Wunderwald, la nature et la solitude humaine forment une unité douce-amère.

*T*chaikovski est de nos jours le plus apprécié des compositeurs russes. À l'instar de Glinka, il a forgé son style en s'appuyant sur les techniques de composition occidentales, que ce soit dans la forme ou l'harmonie. Sa tonalité mélancolique, pathétique, mais aussi voluptueuse et toujours élégante, est reconnaissable entre toutes.

À la campagne
La première scène s'ouvre sur la représentation idyllique d'un nid de l'aristocratie russe du XIXe siècle. Les filles de la maison chantent des romances d'une douce nostalgie, les femmes font des confitures sur la véranda, les paysans, fatigués par les moissons, saluent avec une joie que rien n'entame leur maîtresse bien-aimée. Cette scène pourrait tout aussi bien se trouver dans un roman de Tourgueniev. Le seul moment d'action important réside dans le fait que Tatiana fait la connaissance d'Onéguine. Mais cet événement a pour ainsi dire lieu en passant. La musique rend de façon parfaite le quotidien russe, la forme est libre et déliée. Même si certains passages sont fermés, la plupart des événements intérieurs essentiels sont exprimés dans des récitatifs du type de l'arioso, dont la ligne mélodique vient de la romance. Tchaikovski puisa dans le folklore citadin russe, l'une de ses plus importantes sources musicales. N 1

Acte I

Tableau 1 Dans le jardin de la propriété de la famille Larine. Les jeunes filles, Tatiana et Olga, aspirent à l'amour et au bonheur. Des paysans saluent leur maîtresse. Seule Tatiana les écoute attentivement. Lenski, leur voisin, est un poète fiancé à la joyeuse Olga. Il présente Eugène Onéguine, son ami de Saint-Pétersbourg, aux Larine. Tandis que Lenski courtise son Olga adorée, Onéguine fait la conversation à la mélancolique Tatiana.

Tableau 2 Tatiana se renseigne sur l'amour auprès de sa nourrice. Elle s'est éprise d'Onéguine, qui lui paraît incarner le héros de ses rêves et de ses lectures romantiques. Elle lui déclare son amour dans une lettre et envoie sa nourrice lui porter sa missive.

Tableau 3 Tatiana attend Onéguine avec impatience et angoisse. Celui-ci se refuse poliment à la jeune fille : il ne cherche ni n'a besoin d'amour.

Acte II

Tableau 1 Les nobles des environs sont conviés au bal donné en l'honneur de l'anniversaire de Tatiana. Monsieur Triquet, un Français, déclame des vers pour féliciter la jeune fille. Onéguine s'ennuie et en veut à Lenski qui l'a convaincu de venir au bal. Il ne cesse de danser avec Olga, afin d'irriter son ami. Blessé dans son amour-propre, Lenski provoque Onéguine en duel.

Tableau 2 Le lendemain matin, les deux amis, devenus des ennemis, se font face. Tous deux savent que ce duel est absurde, mais aucun ne trouve la force de dire le mot qui les sauverait. Onéguine tue Lenski.

Acte III

Tableau 1 Onéguine revient à Saint-Pétersbourg après avoir fui pendant des années à l'étranger. Il y retrouve Tatiana, dorénavant princesse Gremine, une belle femme très courtisée. Onéguine s'éprend de celle qu'il a jadis repoussée.

Tableau 2 Onéguine a demandé instamment à Tatiana de le recevoir ; il lui déclare son amour. Tatiana l'aime encore, mais elle le repousse : elle reste fidèle à son mari.

S. N.

Eugène Onéguine, mise en scène : Youri Temirkanov, décors : Igor Ivanov, Théâtre Mariinski de Saint-Pétersbourg, 1982. Bal dans un palais princier de Saint-Pétersbourg. Onéguine, qui a vécu pendant des années à l'étranger, est de retour et y retrouve Tatiana, désormais princesse Grémine. Youri Temirkanov, qui précéda à Valeri Guerguiev au Théâtre Mariinski, chamboula les vieilles habitudes soviétiques en vigueur sur la scène et dans la fosse. Ses tournées rendirent ses interprétations de Tchaikovski célèbres dans le monde entier.

Des gens « superflus »

Avec le personnage d'Eugène Onéguine, Pouchkine créa le type de l'« être superflu », tel qu'on le trouve chez Lermontov, Tourgueniev, Dostoïevski, Tolstoï, Tchekhov et même chez Pasternak. L'équivalent dans la littérature occidentale se retrouve chez Byron (Manfred, Childe Harold). Qui est cet être superflu ? Une personnalité qui se détache de celle de l'homme moyen ou quelqu'un qui s'en détourne, étranger à la vie ? La faible marge de manœuvre que la société lui laisse provoque le dégoût d'Onéguine. Mais Onéguine n'est pas le seul à appartenir à ce genre, Tatiana et Lenski en font également partie. Ils vivent moins dans la réalité que dans leurs rêves. C'est pourquoi leur désillusion est nécessaire et tragique.

Scènes lyriques

En composant Eugène Onéguine, Tchaikovski se démarqua sciemment des conventions lyriques françaises et italiennes. « Je me fiche que cela ne soit pas un opéra pour la scène », écrivit-il à son élève Sergueï Taneïev. « Cela fait belle lurette que je suis connu pour ne pas avoir le sens de la scène (…) ». Dans une autre lettre, également adressée à Taneïev, Tchaikovski soulève la question du genre : « Si, comme vous l'affirmez, l'opéra est une intrigue telle qu'elle n'apparaît pas dans mon Eugène Onéguine, je suis prêt à ne pas caractériser Onéguine comme un opéra, mais à lui donner un tout autre nom (…) ». Finalement, il trouva le titre de scènes lyriques, qui diffère des appellations courantes.

Un acte tragique et singulier dicté par l'opéra

Pendant qu'il travaillait à Eugène Onéguine, Tchaikovski reçut une lettre d'amour d'Antonina Milioukova, l'une de ses anciennes élèves. Il avait déjà mis en musique la scène de la lettre de Tatiana. Tchaikovski n'était pas seulement amoureux de sa Tatiana, il s'était aussi identifié à elle. Et c'est dans cette situation qu'il reçut une deuxième lettre d'amour d'Antonina. Comme il ne voulait pas endosser le rôle d'Onéguine (le comportement de ce dernier lui était insupportable), il demanda la jeune femme en mariage. Toutefois, ce fut un mariage bref et malheureux. À cause de son homosexualité, Tchaikovski était en proie à des conflits psychiques et il avait espéré que son mariage lui apporterait une certaine « normalisation ». Il fit une tentative de suicide au retour de son voyage de noces. Qui sait si ce mariage aurait eu lieu sans Onéguine de Pouchkine et sans la composition de son opéra ?

M. P.

Voix

Tchaikovski déroge fort aux conventions en ce qui concerne l'attribution des voix. Ici, c'est un baryton (Onéguine) qui s'associe à une soprano (Tatiana) et un ténor (Lenski) à une alto (Olga). La basse est traditionnellement dévolue à l'époux vieillissant. Peut-être le compositeur voulait-il, en leur donnant des voix du registre aigu, signifier que Tatiana et Lenski appartiennent à une sphère morale plus élevée ?

Eugène Onéguine, Lidia Tchernitch (Tatiana) et Irina Bogatcheva (la nourrice), mise en scène : Stanislav Gaudassinski, décors et costumes : Viachesla Okoniev, direction musicale : Andreï Anikhanov, coproduction de l'Opéra Moussorgski de Saint-Pétersbourg et du Stadttheater de Heilbronn, 1995.
Alors que le roman en vers de Pouchkine commence par la description détaillée de l'enfance et de la jeunesse, du caractère et de l'entourage d'Onéguine, la musique du prologue de l'opéra annonce quant à elle Tatiana. Le compositeur fit débuter son œuvre par la carte de visite musicale de Tatiana, l'héroïne la plus importante selon lui, et qu'il chérissait le plus. N 2
C'est la scène de la lettre qui signe le portrait musical emblématique de cette héroïne. Pendant que Tatiana écrit sa missive, ses pensées font éclater ses émotions, tel un volcan. N 3

Eugène Onéguine, croquis de décor de Heinz Heckroth, mise en scène : Hans Hartleb, direction musicale : sir Georg Solti, Opéra de Francfort, 1957 (TWS).
Le duel fatal entre Onéguine et Lenski (acte II, tableau 2). Une absurde tragédie qui a lieu quasiment par inadvertance. Dans un opéra romantique français ou italien, cette scène en aurait été la clé de voûte et aurait entraîné des conséquences dramatiques (vengeance, meurtre). Ici, elle n'est qu'un épisode. Le duel entre deux hommes qui, la veille, étaient les meilleurs amis fait partie de ces scènes de la vie que l'on menait à l'époque d'Onéguine.

1. Duo (Tatiana-Olga)

2. Leitmotiv de Tatiana

3. Débordement émotionnel de Tatiana (scène de la lettre)

Eugène Onéguine, le rôle de Tatiana interprété, de haut en bas, par Berta Försterová-Lauterová, Mirella Freni et Maria Nikolaïevna Klimentova-Mouromzeva (1856-1946). Berta Försterová-Lauterová fut, en 1888, la première Tatiana à Prague. Tchaikovski fut très satisfait de sa prestation ; elle dédia au compositeur la photographie qui la représente dans son rôle. Maria Nikolaïevna Klimentova-Mouromzeva interpréta Tatiana lors de la création à Moscou. Elle eut lieu au Théâtre Maly et fut principalement exécutée par des étudiants du conservatoire, sous la baguette d'Anton Rubinstein. Mais elle ne reçut pas le succès que cette œuvre géniale mérite.

Tatiana

Tatiana est une héroïne typique de la littérature russe, dotée d'une riche vie intérieure et d'un grand sens moral. Dans la vie quotidienne, Tatiana est un être dénué de valeur, elle est timide, réservée ; mais les sentiments qui l'animent sont d'une force si extraordinaire qu'ils l'obligent à commettre un acte qui fera sauter le carcan des conventions sociales : elle déclare son amour à l'homme qu'elle aime. Il existe chez Tchaikovski d'autres personnages féminins pourvus d'une semblable force morale : Jeanne (*La Pucelle d'Orléans*), Nastasia (*L'Enchanteresse*), Maria (→ *Mazeppa*), Lisa (→ *La Dame de pique*) et Iolanta (→ *Iolanta*). On s'est parfois demandé comment Tchaikovski avait trouvé les beaux personnages féminins si nobles et empreints de sentiments profonds qui habitent ses opéras et prennent presque toujours une place plus importante que leurs partenaires masculins. Or, grâce à une sensibilité peu commune, le compositeur parvient indéniablement à pénétrer l'âme féminine. On peut également remarquer que tous ses personnages féminins sont marqués par le malheur et les désillusions. Que ce soit avant ou après la lettre, Tatiana est entourée de gens bruyants et bavards : sa mère et sa nourrice, Olga et Lenski, Onéguine et les servantes. En dépit du fait que les conversations sont au premier plan, la musique exprime avant tout la solitude, les rêveries et la peine de Tatiana. C'est avec les oreilles de Tatiana que nous écoutons les joyeux chants des paysans, les exhortations de sa mère et de la nourrice, les paroles acérées et sentencieuses d'Onéguine, le chant lointain des jeunes filles cueillant des framboises. La scène de bal de l'acte II est construite de la même façon. Elle est introduite par un prélude orchestral qui, parce qu'il se transforme en symphonie en reprenant le grand thème de la scène de la lettre, stigmatise l'état moral de Tatiana : à l'orchestre est confié le rôle de dire l'indicible. N 4

Le second tableau de l'acte II, qui renferme l'air célèbre de Lenski et le funeste duel, est la seule scène sans Tatiana, bien qu'elle soit malgré tout présente. Le thème principal de l'air de Lenski est le même que la mélodie descendante et de grande envergure que chante Tatiana au moment où elle attend avec crainte la réponse d'Onéguine (fin de l'acte I). Cette mélodie réapparaît lorsque, devenue princesse Grémine, elle attend Onéguine (acte III, tableau 2). Comme si ce motif était la signature du destin de Tatiana et de Lenski. N 5, N 6

Tchaikovski a mieux réussi à mettre en musique l'âme de Tatiana que la soudaine passion qui enflamme Onéguine (acte III). Certes, celui-ci se trouve au centre du premier tableau du troisième acte, mais la plus belle musique – l'air de Grémine – parle de Tatiana : la nouvelle Tatiana que de durs événements ont ciselée en un diamant étincelant. N 7

Au dernier tableau de l'opéra, Tatiana devient une véritable héroïne, car c'est avec une belle attitude morale et une grande force d'âme qu'elle repousse les supplications d'Onéguine. S'il se pliait au principe de réalité, le roman de Tatiana et d'Onéguine devrait se poursuivre comme dans *Anna Karénine* de Tolstoï. En faisant sortir Tatiana et apparaître son époux, l'œuvre de Pouchkine s'achève de façon mystérieuse. La version de Tchaikovski élève Tatiana à une moralité supérieure : l'effort qu'elle fait sur elle-même scelle aussi le destin d'Onéguine.

M. P.

Eugène Onéguine – Tchaikovski

[photograph of Eugène Onéguine production]

4. Motif de Tatiana avant la scène de bal

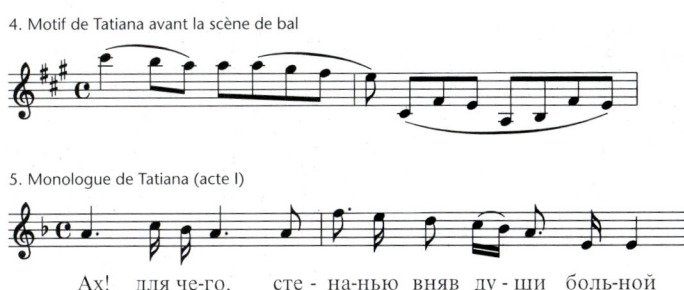

5. Monologue de Tatiana (acte I)

Ах! для че-го, сте-на-нью вняв ду-ши боль-ной

6. Air de Lenski (acte II)

Я лю-блю те-бя, я лю-блю те-бя, как од-на ду-ша по-э-та только любит

7. Air de Grémine (acte III)

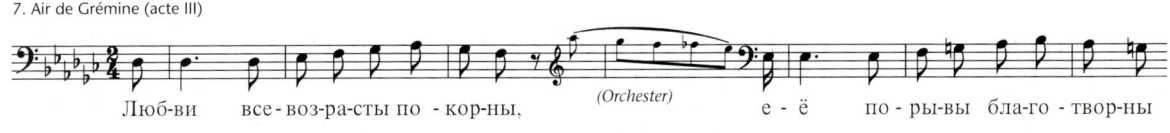

Люб-ви все-воз-ра-сты по-кор-ны, (Orchester) е-ё по-ры-вы бла-го-твор-ны

8. Mazurka

Ка-кой пре-крас-ный э-тот день, ког-да в сей де-ре-вен-ский сень про-сы-паль-ся belle Ta-ti-a-na!

Eugène Onéguine, Mirella Freni (Tatiana) et Nicolaï Ghiaurov (le prince Grémine), Staatsoper de Vienne.
Il est rare que des rôles lyriques trouvent leur équivalent dans la vie privée : Mirella Freni et Nicolaï Ghiaurov sont également mariés à la ville. L'air du prince Grémine est la splendide confession presque nostalgique d'un époux à sa femme. Le témoignage musical du bonheur que Tchaikovski n'aura jamais connu.

Page de gauche
Eugène Onéguine, mise en scène : Stanislav Gaudassinsky, décors et costumes : Viachesla Okoniev, direction musicale : Andreï Anihanov, coproduction de l'Opéra Moussorski de Saint-Pétersbourg et du Stadttheater de Heilbronn, 1998.
Tchaikovski plante le décor dans les premiers tableaux des deuxième et troisième actes : la fête villageoise a un caractère plutôt rude. On joue des valses et des mazurkas, Monsieur Triquet rencontre un vif succès en déclamant ses vers. N 8

Mazeppa

Opéra en trois actes (six tableaux)

Livret: Victor Bourenine et Piotr Ilitch Tchaikovski d'après *Poltava*, un poème d'Alexandre Pouchkine
Création: le 15 février 1884 à Moscou (Théâtre Bolchoï)
Personnages: Mazeppa, capitaine des cosaques d'Ukraine (bar.), Kotchoubeï, riche propriétaire ukrainien (basse), Lioubov, sa femme (mezzosop.), Maria, sa fille (sop.), Andreï, jeune cosaque (tén.), Orlik, confident de Mazeppa (basse), Iskra, ami de Kotchoubeï (tén.), un cosaque ivre (tén.) ; cosaques, convives et domestiques de Kotchoubeï, soldats, moines (chœur)

Argument
En Ukraine, au début du XVIIIe siècle.

Acte I
Tableau 1 Maria est amoureuse du vieux Mazeppa et repousse l'amour d'Andreï, son ami d'enfance. Le capitaine des cosaques demande à son ami Kotchoubeï la main de sa fille, mais ne reçoit pas satisfaction à cause de son grand âge. Maria suit Mazeppa contre la volonté de ses parents.
Tableau 2 La mère pleure sa fille perdue et le père ourdit sa vengeance. Il ira dénoncer Mazeppa auprès de Pierre Ier et l'accusera de conspirer contre le tsar. Andreï se met en route pour rendre visite au tsar.

Acte II
Tableau 1 Mazeppa a pris Kotchoubeï de vitesse en le calomniant auprès du tsar, qui laisse à Mazeppa le soin de juger Kotchoubeï. Ce dernier est soumis à la torture dans les geôles de Mazeppa pour qu'il avoue où il a caché sa fortune.
Tableau 2 Malgré tout, Mazeppa aime Maria et lui cache ce qu'il fait subir à son père. Or, la mère réussit à entrer en contact avec sa fille alors que Mazeppa la garde au secret ; elle lui révèle la vérité et la supplie de sauver son père.
Tableau 3 La foule attend l'exécution de Kotchoubeï. Un cosaque ivre chante une chanson satirique sur les puissants avant d'être chassé. Kotchoubeï et Iskra, son confident, sont menés sur le lieu de l'exécution. Maria et sa mère y arrivent au moment où Kotchoubeï est mis à mort.

Interlude musical: *La Bataille de Poltava*

Acte III
Mazeppa s'est allié aux Suédois pour combattre le tsar ; vaincu par Pierre Ier, il cherche un abri. Il rencontre Andreï qui combattait aux côtés du tsar ; Andreï lève son épée sur le vieillard désarmé. À ce moment-là (Tchaikovski donne deux versions), il est tué par Mazeppa ou bien par Orlik, le confident de celui-ci. Alarmée par le bruit, Maria, qui a sombré dans la folie, apparaît ; mais ne sachant plus que Mazeppa est son amant, elle chante une berceuse pour Andreï qui se meurt.

M. P.

Mazeppa, acte III, Sergueï Moskalkov (Mazeppa) et Ekaterina Vassilenko (Maria), mise en scène : Dmitri Bertman, décors et costumes : Igor Nezhny et Tatiana Tulubieva, direction musicale : Kirill Tichonov, Opéra Helikon de Moscou, 1999.
Maria et Mazeppa dans la dernière scène de l'opéra. L'histoire rappelle la légende de Barbe-Bleue où une jeune femme repousse la demande en mariage d'un jeune homme et, contre la volonté de ses parents, suit dans son château un homme plus âgé et à la mauvaise réputation. Maria, elle, est rendue folle par le comportement schizophrène de Mazeppa – il est d'un côté un homme aimant et de l'autre un soldat brutal qui n'épargnera même pas la vie de son père.

Mazeppa : héros ou crapule ?

L'historien ne peut jusqu'ici dire si le légendaire chef des cosaques fut un héros qui se battit contre le tsar russe pour conquérir la liberté de son peuple, ou bien s'il fut un cruel misérable, un aventurier politique avide de pouvoir qui fit assassiner le père de sa fiancée, qui fomenta une révolte et s'allia aux Suédois dans le but d'usurper la place du tsar. Les œuvres d'art plastique de l'époque romantique ainsi que la musique (notamment *Mazeppa*, le poème symphonique de Liszt, 1854) ont idéalisé ce personnage. En revanche, Pouchkine en fit un vieillard cruel et avide de pouvoir que seul l'amour tardif illumine. De toute évidence, Pouchkine et Tchaikovski se placent aux côtés de Pierre le Grand qui vainquit le chef des cosaques et sa rébellion. Dans l'interlude musical, *La Bataille de Poltava*, Tchaikovski reprend, pour thématiser la marche vers la victoire, le même chant populaire russe qu'utilisèrent Moussorgski pour l'hymne de gloire dans → *Boris Godounov* et Rimski-Korsakov pour caractériser Ivan le Terrible (*La Pskovitaine*). Un hommage musical au tsar. N9

Mazeppa, croquis de décor de Fritz Mahnke, Duisburg, 1938 (TWS).
Le monde de Mazeppa : sombre et morbide. Tchaikovski souffrait d'une grave dépression au moment où il composa cette œuvre. Une vision que l'interlude orchestral *La Bataille de Poltava* projette sur la scène : les cosaques sont vaincus. Or, Tchaikovski, étranger à l'idée de créer un opéra national à la gloire de l'histoire russe, s'intéresse davantage à la tragédie inhérente aux relations humaines qu'à la réalité historique.

Un duo final qui sombre dans la folie

Le moment le plus poétique et le plus bouleversant de l'opéra se trouve dans le final : Andreï, qui est en train de mourir, avoue une dernière fois son amour à la jeune fille qui, devenue folle, ne le reconnaît pas ; pourtant, elle lui chante une berceuse, croyant que l'agonisant est un enfant fatigué. N 10

Au moyen de cette scène, Tchaikovski délivre un message que l'on retrouvera dans d'autres opéras : l'amour se fonde sur un malentendu entre l'homme et la femme et est promis à la mort.

M. P.

9. Marche victorieuse

10. Berceuse de Maria

Спи, мла-де-нец мой пре-крас-ный, спи, мой ми-лый, спи, род-ной!
Ба-юш-ки ба-ю, ба-юш-ки ба-ю!

Mazeppa, acte I, mise en scène : Dmitri Bertman, décors et costumes : Igor Nezhny et Tatiana Tulubieva, direction musicale : Kirill Tichonov, Opéra Helikon de Moscou, 1999.
Les femmes en robes de mariée incarnent le destin « normal » des femmes que Maria rejette à cause de l'attirance mystérieuse que Mazeppa exerce sur elle.

La Dame de pique, G. Gregorian (Hermann) et A. Filatova (la comtesse), mise en scène : Youri Temirkanov, décors : Igor Ivanov, Théâtre Mariinski de Saint-Pétersbourg, 1993.
Hermann, un officier ingénieur dévoré par la passion du jeu, est entré discrètement dans la chambre de la comtesse et lui réclame le secret des mythiques cartes infaillibles. La comtesse meurt d'épouvante.

La Dame de pique
Pikovaïa dama

Opéra en trois actes (sept tableaux)

Livret : Modeste Tchaikovski, d'après la nouvelle d'Alexandre Pouchkine
Création : le 19 décembre 1890 à Saint-Pétersbourg (Théâtre Mariinski)
Personnages : Hermann (tén.), le comte Tomski (bar.), le prince Eletski (bar.), Tchekalinski (tén.), Sourine (basse), Tchaplitski (tén.), Namourov (basse), le maître de cérémonie (tén.), la comtesse (mezzosop.), Lisa, sa petite-fille (sop.), Pauline, sœur de Lisa (alto), la gouvernante (mezzosop.), Macha, femme de chambre (sop.), un enfant qui donne des ordres à ses camarades de jeux (rôle parlé) ; enfants, institutrices, gouvernantes, nourrices, promeneurs, convives, joueurs (chœur)
Personnages de l'intermède : Chloé (sop.), Daphnis/Pauline (mezzosop.), Plutus/Tomski (bar.) ; Hymen, Amour, bergers et bergères (chœur et ballet)

Argument
À Saint-Pétersbourg, à la fin du XVIIIe siècle.
Acte I
Tableau 1 Le jardin d'été de Saint-Pétersbourg. Le premier rayon de soleil a fait sortir les citadins. Les enfants de l'aristocratie imitent les adultes,

De l'anecdote au drame amoureux

Modeste Tchaikovski, le fidèle collaborateur de son frère, fit un mélodrame romantique de la nouvelle ironique qu'écrivit Pouchkine à grands traits. En créant les personnages de Lisa et d'Hermann, le compositeur poursuivit d'autres buts que le poète. Lisa devint pour lui l'incarnation de la femme russe idéale qui sacrifie sa vie pour son véritable amour. Chez Pouchkine, elle ne meurt pas mais épouse un autre homme. Dans son livret, Modeste Tchaikovski laissait le destin de Lisa ouvert, elle ne réapparaissait plus après la mort de la comtesse. C'est Piotr Illyitch Tchaikovski qui introduisit la scène sur le quai de la Neva et le suicide de Lisa. Il imposa sa version contre la volonté de son frère. Pour lui, *La Dame de pique* était la tragédie de deux êtres, d'Hermann et de Lisa.

M. P.

La Dame de pique, affiche du Komische Oper de Berlin.
Celui qui confond la vie avec un jeu de hasard peut facilement sombrer lorsqu'il perd au jeu. C'est là la morale de la nouvelle de Pouchkine.

jouant à la mariée ou au soldat. Deux officiers parlent d'un ami, Hermann, officier ingénieur. Tous les soirs, celui-ci observe les joueurs de hasard mais ne s'assoit jamais à la table de jeu. Le prince Eletski présente Lisa, sa fiancée. Hermann reconnaît en elle son amour secret. Sa passion est sans espoir, car c'est la petite-fille adoptive d'une riche comtesse. Son ami Tomski lui raconte l'histoire de la comtesse : lorsqu'elle était jeune et belle, la comtesse était une grande joueuse et elle connaîtrait le secret des trois cartes infaillibles. Hermann est fasciné et veut découvrir son secret.

Tableau 2 La chambre de Lisa. Les jeunes filles nobles conversent en chantant. Restée seule, Lisa se plaint de son amour inassouvi pour Hermann. Ce dernier, qui apparaît en personne, veut savoir ce qu'il advient de lui. Elle lui avoue son amour.

Acte II

Tableau 1 Un grand salon dans une demeure aristocratique. Eletski sent que Lisa se dérobe et tente de gagner son amour en faisant preuve d'une grande noblesse de cœur. Des bergers jouent une saynète. Lisa remet à Hermann la clé de ses appartements. Lorsqu'il apprend qu'il devra traverser la chambre de la comtesse pour parvenir à celle de Lisa, il est décidé à lui arracher son secret.

Tableau 2 La chambre à coucher de la comtesse. Hermann se cache. La comtesse monte se coucher et s'endort. Hermann menace la vieille femme ; épouvantée, elle meurt. Lisa découvre Hermann. Celui-ci ne réussit pas à lui expliquer la situation et s'enfuit.

Acte III

Tableau 1 La chambre d'Hermann à la caserne. Lisa n'a pas oublié son amour pour Hermann ; elle lui écrit une lettre lui demandant un rendez-vous. Le fantôme de la comtesse apparaît à Hermann. Celui-ci apprend ainsi le secret des trois cartes, mais sans le comprendre. Il entend seulement le nom des trois cartes – le trois, le sept et l'as – et non la condition qui lui est attachée : rendre Lisa heureuse.

Tableau 2 Un quai au bord de la Neva, en hiver. Lisa attend Hermann. Elle réussit un court instant à susciter la meilleure facette du caractère d'Hermann. Mais la fièvre du jeu s'empare de lui. Lisa met fin à ses jours.

Tableau 3 Une salle de jeu. Le prince Eletski, avec qui Lisa a rompu ses fiançailles, tente sa chance au jeu. En jouant, les aristocrates essaient de donner quelque couleur à leur vie absurde. Hermann se reconnaît dorénavant dans ce mode de vie. Il mise sur le trois, puis sur le sept et gagne de grosses sommes. Personne n'ose suivre excepté le prince qui participe à la dernière partie. Hermann mise sur l'as, mais c'est la dame de pique qui sort, dans laquelle il aperçoit le visage ricanant de la vieille comtesse. La mort le délivre de la folie. Il reconnaît en l'amour de Lisa le sens inassouvi de sa vie.

S. N.

Une carte à jouer : la dame de pique, fac-similé d'une carte russe de 1817, Musée allemand du jeu de cartes, Leinfelden-Echterdingen.
Joueurs, attention ! La dame de pique, qui apporte le malheur, est une sombre farce que joue la vieille dame. Peut-être est-elle la dame de pique ? Son apparence et le secret de sa vie s'entremêlent, formant ainsi une mystérieuse symbiose.

La Dame de pique, mise en scène : Alexander Galibine, décors : Alexander Orlov, direction musicale : Vladimir Guerguiev, Théâtre Mariinski de Saint-Pétersbourg, 1999.

La Dame de pique, figurine de la gouvernante de Günter Walbeck pour la mise en scène de Nikolaus Sulzberger, Deutsche Oper de Berlin, 1977 (TWS). Sait-on qui se cache derrière la poudre de riz et sous la perruque de la gouvernante? Comme c'est souvent le cas dans la littérature russe du XIXe siècle, il est quasi impossible de démêler la réalité de l'absurde.

La Dame de pique, mise en scène et direction musicale: Youri Temirkanov, décors: Igor Ivanov, Théâtre Mariinski de Saint-Pétersbourg, 1993.
Au bord de la Neva, en hiver, à Saint-Pétersbourg (acte III, tableau 2).
Le dernier rendez-vous des amants. Mais Hermann sacrifie son amour pour Lisa à la passion du jeu.

L'amour, la passion, la mort...

D'après ses journaux intimes et ses lettres, Tchaikovski se plongea dans le monde de *La Dame de pique* au moment de sa composition. Lorsqu'il mit en musique l'air de Lisa à l'acte III (dont il écrivit aussi le texte), il pleura autant que pendant l'air final d'Hermann. «Soit je suis épuisé, soit c'est vraiment bon», nota-t-il dans son journal. N 11

Le tableau qui se déroule dans la chambre de la comtesse provoqua d'autres sentiments. «À certains moments – par exemple dans la quatrième scène que j'ai instrumentée aujourd'hui –, je ressens soudain une telle peur, une telle horreur et une telle épouvante que le public ressentira sûrement les mêmes émotions en l'écoutant (...)». Tchaikovski cite ici de façon cauchemardesque un air tiré de *Richard Cœur de Lion*, un opéra de Grétry (1741-1813) composé en 1784 et dont le texte relate un rendez-vous nocturne. N 12

Il y a quelque chose de terrifiant et de pathologique dans les débordements d'Hermann pendant le grand duo d'amour (fin de l'acte I), dont la brûlante passion rappelle les grands duos d'amour de Puccini. Lisa les met encore sur le compte de la passion amoureuse, mais Hermann est déjà pris dans les rets du jeu, comme le souligne musicalement le motif des trois cartes.

La noblesse vit comme dans un opéra

La Dame de pique est l'opéra le plus lyrique de Tchaikovski. Il y intégra avec brio toutes les conventions de l'opéra, de Mozart à Bizet en passant par la tradition franco-italienne. La description du milieu est magistrale et pleine d'allant: la promenade dans le jardin d'été de Saint-Pétersbourg (acte I, tableau 1), la séance de musique chez les deux sœurs (acte I, tableau 2), le bal masqué où les convives se délectent d'une musique rococo (acte II, tableau 1). La solitude de la nuit d'hi-

La Dame de pique, croquis de décor d'Eduard Löffler pour la mise en scène d'Alexandre d'Arnals, direction musicale: Issai Dobrowen, Berlin, 1924 (TWS). La scène nocturne entre Hermann et la comtesse (acte II, tableau 2) pourrait être tirée d'un roman policier. Hermann est un officier pauvre qui croit pouvoir réaliser ses rêves en jouant et en volant: cette situation rappelle le titre d'une nouvelle écrite par Franz Werfel: *Nicht der Mörder, der Ermordete ist schuldig* (Ce n'est pas l'assassin mais la victime qui est coupable).

ver, froide et sombre (acte III, tableau 2) et l'atmosphère enfiévrée du casino (acte III, tableau 3) font directement basculer la scène de genre dans la tragédie individuelle. Comme c'était déjà le cas dans *Eugène Onéguine*, Tchaikovski ancre ici deux êtres dans le quotidien de l'aristocratie de la ville.

Tchaikovski, le néoclassique

Ivan Vsevolochski, le directeur du Théâtre impérial qui proposa de mettre en musique la *Dame de pique*, suggéra à Tchaikovski de placer l'histoire à la fin du XVIIIe siècle et non dans les années 1820 comme l'avait fait Pouchkine. Le compositeur reprit cette idée, car l'ère classique et rococo, l'âge d'or de la musique, représenta toujours son idéal, comme en témoignent quelques-unes de ses œuvres composées dans l'esprit et le style classiques (par exemple, les *Variations rococo* pour violoncelle et orchestre, 1876). Il est l'un des premiers compositeurs que l'on peut qualifier de néoclassique. L'élément stylistique sert, dans *La Dame de pique*, de coulisses musicales: le chœur et la saynète des bergers dans la scène du bal, le chant français que fredonne la vieille comtesse avant de mourir (tiré de *Richard Cœur de Lion* de Grétry) recréent un monde ancien et étrange. Pour la saynète des bergers, Tchaikovski introduisit une mélodie tirée d'un opéra rococo, *Le Fils rival*, de Dmitri Bortnianski (→ Glinka). Quand il composa cette scène et le ballet, il écrivit dans son journal: «J'ai l'impression de vivre au XVIIIe siècle et que rien ni personne n'a existé après Mozart.»

M. P.

La Dame de pique, mise en scène : Alexander Galibine, décors : Alexander Orlov, direction musicale : Valeri Guerguiev, Théâtre Mariinski de Saint-Pétersbourg, 1999.

Si les scènes de genre de *La Dame de pique* semblent idylliques, c'est seulement de prime abord, car en vérité, elles montrent que les tragédies se déroulent au milieu d'une foule indifférente. En passant brusquement d'une écriture musicale qui commente à une écriture qui décrit des émotions, Tchaikovski rend audibles les catastrophes muettes du quotidien – et créa ainsi des situations au caractère véritablement cauchemardesque.

La Dame de pique, acte I, tableau I, mise en scène : Kurt Horres, décors et costumes : Andreas Reinhardt, direction musicale : Dimitri Kitaenko, Staatsoper de Vienne, 1982.

L'après-midi, promenade dans Saint-Pétersbourg. Le pouvoir funeste des cartes s'abat telle la foudre sur la vie fade que mène une société lasse et rigide.

11. Air de Lisa

Ах, ис-то-ми-лась я го-рем... Ночью ли, днём, только о нём

12. Monologue de la comtesse

Je crains de lui par-ler la nuit

Iolanta, avec (de g.à dr.) Thomas Mäthger (Bertrand), Jelena Jevseïeva (Iolanta), Nikita Storoïev (René), Georgi Roussev Jordanov (Alméric) et Monika Straube (Martha), mise en scène : sir Peter Ustinov, décors : Josef Svoboda, direction musicale : Michail Jourovski, coproduction du Festival de Dresde et du Städtisches Theater de Chemnitz, 1993.

Iolanta

Opéra lyrique en un acte

Livret : Modeste Tchaikovski, d'après le drame *La Fille du roi René* d'Henrik Hertz

Création : le 18 décembre 1892 à Saint-Pétersbourg (Théâtre Mariinski)

Personnages : René, roi de Provence (basse), Robert, duc de Bourgogne (bar.), le comte de Vaudémont, chevalier bourguignon (tén.), Ebn-Hakia, médecin maure (bar.), Alméric, écuyer du roi René (tén.), Bertrand, portier du château (basse), Iolanta, fille aveugle du roi René (sop.), Martha, épouse de Bertrand, nourrice de Iolanta (alto), Brigitte et Laura, amies de Iolanta (2 mezzo-sop.) ; servantes et amies de Iolanta, suite du roi, soldats et écuyers du duc de Bourgogne (chœur)

Argument

En Provence, au XVᵉ siècle.
Iolanta, qui est aveugle, vit dans un jardin isolé ; son père la tient cachée au regard des hommes. Pour ne pas la rendre malheureuse, son entourage ne lui a pas révélé qu'elle était aveugle. La jeune fille respire le parfum des fleurs et écoute le chant des oiseaux ; c'est avec ravissement qu'elle entend les chants de sa nourrice et de ses amies. Elle ne manque de rien. Le roi René demande à Ebn-Hakia, un médecin maure, de guérir sa fille. Le médecin conseille au roi de dévoiler à Iolanta sa cécité, afin que celle-ci désire elle-même sa guérison. Le roi hésite à suivre le conseil du médecin.
Partis à la chasse, Robert, duc de Bourgogne, et le comte de Vaudémont se sont perdus. Piqués par la curiosité, ils escaladent les murs qui entourent le jardin. Ils aperçoivent Iolanta endormie et le comte s'éprend aussitôt d'elle. Robert part à la recherche de sa suite. Vaudémont et Iolanta font connaissance et tombent amoureux l'un de l'autre. Lorsque le chevalier se rend compte que Iolanta est aveugle, il tente de lui expliquer ce que sont les couleurs et la lumière. Le roi René se met en colère et menace le comte de mort. Seule la guérison de Iolanta pourrait l'en sauver. Puisque la vie de son cher inconnu est en jeu, la jeune fille désire que la vue lui soit rendue ; elle guérit. Vaudémont demande sa main au roi René, mais celui-ci l'a promise au duc de Bourgogne. Or, le duc aime une autre jeune femme. Rien ne fera donc obstacle à l'amour de Vaudémont et Iolanta.

M. P.

Un adieu heureux

Iolanta est le dernier opéra de Tchaikovski. La création eut lieu onze mois avant sa mort soudaine ; celle-ci n'est pas encore complètement élucidée et reste l'objet de nombreux débats. À la lumière des dernières photographies qui montrent le visage fatigué et résigné du compositeur, on cherche involontairement les signes d'un adieu dans cette dernière et belle œuvre, rarement jouée. Le sujet tient davantage de la parabole que d'une intrigue lyrique et présente des facettes poético-philosophiques. On peut interpréter l'histoire merveilleuse de Iolanta de plusieurs manières. Bien entendu, personne ne peut dire précisément à quel point Tchaikovski s'est identifié à son héroïne, combien il se sentait proche de cette jeune aveugle qui vit dans l'isolement. Iolanta est-elle l'allégorie de l'artiste ? Ou bien le double féminin de Tchaikovski dont l'homosexualité le mettait en marge de la vie « normale » et qu'il devait tenir secrète face à la société d'alors ? On peut aussi interpréter *Iolanta* sous l'angle du couple opposé que forment le roi et le médecin, comme le fait Sigrid Neef dans son *Handbuch der russischen und sowjetischen Oper*. Le roi représente le principe monarchique autoritaire. C'est lui qui décide si sa fille doit apprendre la vérité ou non. Pour le médecin, en revanche, seule la connaissance de la vérité peut guérir Iolanta. Il se serait opposé au principe autoritaire si le hasard ne lui avait pas prêté main-forte à maintes reprises. Finalement, c'est le hasard qui décide et l'amour triomphe. C'est là une illusion magnifique du compositeur vieillissant après qu'il eut créé dans ses autres opéras tant de personnages aux amours tragiques. À la fin de l'opéra, il élève Iolanta et Vaudémont au sommet d'une apothéose de félicité, les illumine d'un accord parfait à la harpe comme le ferait une auréole. N 13

M. P.

Iolanta, avec Jelena Jevseïeva (Iolanta) et Viatscheslav Potschapski (Ebn-Hakia), mise en scène : sir Peter Ustinov, décors : Josef Svoboda, direction musicale : Michail Jourovski, coproduction du Festival de Dresde et du Städtisches Theater de Chemnitz, 1993.
Iolanta et le médecin maure après l'opération réussie des yeux. C'est seulement à partir du moment où elle connaît l'amour que Iolanta a la force de désirer recouvrer la vue. La raison de ce sujet digne d'un conte de fées et à la fin heureuse tient peut-être au fait que Tchaikovski projetait de représenter ensemble *Iolanta* et le ballet *Casse-Noisette* au Théâtre Mariinski.

13. Duo (Iolanta-Vaudémont)

Им по-знал я, не-до-стой-ный, вас, о де-ва кра-со-ты

Iolanta, (de g. à dr.) Cornelia Strelov (Brigitte), Monika Straube (Martha), Jelena Jevseïeva (Iolanta) et Regine Lehmann-Köbler (Laura), mise en scène : sir Peter Ustinov, décors : Josef Svoboda, direction musicale : Michail Jourovski, coproduction du Festival de Dresde et du Städtisches Theater de Chemnitz, 1993.
Dans la première scène, les amies de Iolanta chantent pour l'endormir. La conception dramatique ne porte aucune trace des récentes influences italiennes, les opéras en un acte véristes comme → *Cavalleria rusticana* de Mascagni ou → *I Pagliacci* de Leoncavallo. Tchaikovski composa un poème musical sous une forme dramatique.

Ambroise Thomas

Né à Metz le 5 août 1811
Mort à Paris le 12 février 1896

Thomas fait ses études au conservatoire de Paris auprès de Kalkbrenner et de Le Sueur. À partir de 1837, il écrit une quinzaine d'œuvres dans lesquelles il se révèle le successeur d' → Auber et d' → Halévy. Parallèlement, il subit l'influence de la musique toute d'émotions de Gounod. Il dirige le conservatoire à partir de 1871 et contribue à la modernisation de l'école jusque-là conservatrice.
Œuvres: Après quelques opéras-comiques aujourd'hui oubliés – *Mignon*, 1866 et *Hamlet*, 1868 – ballets, mélodies et œuvres pour orchestre.

Mignon, affiche de Jules Chéret pour la création, Paris 1866.

Seuls quelques personnages et noms, ainsi que certaines situations sorties de leur contexte intellectuel rappellent l'œuvre de Goethe. *Mignon* de Thomas est un opéra léger où des situations conventionnelles et des parties musicales composées dans le but de plaire devaient contribuer à la renaissance de l'opéra-comique.

Le style de Thomas possède la grâce de la danse; les tensions dramatiques lui sont fondamentalement étrangères.

Mignon

Opéra en trois actes

Livret: Michel Carré et Jules Barbier, d'après le roman *Les Années d'apprentissage de Wilhelm Meister* de Johann Wolfgang von Goethe
Création: le 17 novembre 1866 à Paris (Opéra-Comique)
Personnages: Mignon (sop. ou mezzosop.), Wilhelm Meister, étudiant (tén.), Philine, comédienne (sop.), Laërte, comédien (tén.), Lothario, barde (basse), Jarno, tzigane (basse), Frédéric (tén. ou alto); peuple, tziganes, comédiens, courtisans, bourgeois, paysans et paysannes (chœur)

Mignon, Adolf Dallapozza (Wilhelm) et Graciela Araya (Mignon), mise en scène: Herzl, costumes: Toni Businger, direction musicale: Ernst Märzendorfer, Volksoper de Vienne, 1988.

Argument
En Allemagne et en Italie, vers 1790.
Wilhelm Meister sauve Mignon des griffes du brutal Jarno. Tandis qu'il commence à aimer Philine, une comédienne, il ne remarque pas l'amour que lui porte Mignon. C'est seulement arrivé en Italie et après avoir mené une vie agitée qu'il reconnaît son amour pour Mignon.

Acte I
Loisirs dominicaux sur la place du marché, dans une petite ville allemande. Au milieu de la foule qui entoure Lothario, un barde dont la raison vacille, ainsi que Philine et Laërte, deux comédiens qui cherchent un engagement. Des tziganes gagnent de l'argent en divertissant le peuple. Leur chef, Jarno, veut obliger Mignon, une fillette, à danser. L'un des spectateurs vole à son secours et rachète sa liberté aux tziganes. Il s'appelle Wilhelm Meister, un étudiant aventurier qui court le monde. Il s'éprend de Philine. Mignon avoue à son bienfaiteur son désir inextinguible de revoir son pays natal perdu, qui se trouve dans le Sud. Déguisée en page, Mignon désire suivre Wilhelm dans toutes ses pérégrinations, lequel à son tour suit Philine, qui espère un engagement dans un château des alentours.

Acte II
Philine et Laërte apprécient le confort du château. Wilhelm Meister et Philine se content fleurette, ce que Mignon observe avec tristesse, et Frédéric, un ancien galant, avec jalousie. On est à deux doigts du duel. Lorsque Wilhelm Meister se rend compte que Mignon est jalouse, il menace de se séparer d'elle. Profondément blessée et vexée, Mignon erre dans les jardins du château et rencontre Lothario. Les deux malheureux déversent ce qu'ils ont sur le cœur. Lorsque les préparatifs de la fête arrivent à ses oreilles, Mignon souhaite que la foudre s'abatte sur Philine. Or, dans son rôle de Titania, la comédienne rencontre un vif succès. Wilhelm Meister, qui regrette de s'être mal comporté envers Mignon, part à sa recherche. Philine envoie la fillette chercher un bouquet de fleurs dans la maison. À peine a-t-elle pénétré à l'intérieur qu'un incendie éclate. C'est Lothario qui, ayant interprété de travers le souhait de Mignon, a mis le feu. Wilhelm sauve des flammes Mignon évanouie.

Acte III
Wilhelm Meister a acheté un château en Italie pour servir de refuge à Mignon, Lothario et lui-même. Lothario surveille Mignon endormie pendant que des pêcheurs célèbrent une fête sous leur fenêtre. Wilhelm, qui s'est enfin rendu compte qu'il aimait Mignon, remplace Lothario. Lorsque Mignon se réveille, il lui avoue son amour. Avant que Mignon puisse lui répondre, la voix de Philine résonne dans le lointain; Mignon en est effrayée. Elle souhaite voir Lothario, qui apparaît dans de magnifiques atours. Il vient de recouvrer la raison. Ce château lui a jadis appartenu et Mignon est sa propre fille qui lui fut autrefois enlevée. Soudain, une foule de comédiens menée par Philine entre en chantant et dansant. Mignon a peur de perdre Wilhelm. Mais Philine pose la main de Wilhelm dans celle de Mignon. Elle-même se tourne vers Frédéric. (Dans une autre version, fidèle à l'œuvre de Goethe et jouée habituellement sur les scènes allemandes, Mignon meurt, car son amour pour Wilhelm est sans espoir.)

P. H.

Hamlet, la mort d'Ophélie, illustration de la création, Paris, 1868.
La scène de folie d'Ophélie qui, avec le ballet, remplit entièrement le quatrième acte, est une représentation psychologique très riche du désespoir. Elle passe d'un récitatif à une valse à vocalises à couper le souffle, qui elle-même laisse la place à une sombre ballade qui n'est paradoxalement pas danoise, mais suédoise. (La mélodie suédoise d'origine fut introduite en hommage à Christine Nilsson, la première Ophélie.)

Hamlet, Jean-Baptiste Faure a créé le rôle d'Hamlet en 1868 à Paris.
Le rôle-titre de ce grand opéra fait partie des plus grands rôles de barytons du répertoire. Excepté au quatrième acte, Hamlet est quasiment sur scène du début à la fin. Le héros solitaire de Shakespeare conserve son caractère neurasthénique, qui ne cesse de l'empêcher d'accomplir son acte. Son monologue « Être ou ne pas être » est également une pierre angulaire sur le plan musical, car Thomas s'essaya ici à un style libre qui lui était inhabituel.

Hamlet

Grand opéra en cinq actes

Livret : Michel Carré et Jules Barbier, d'après la tragédie de William Shakespeare
Création : le 9 mars 1868 à Paris (Opéra)
Personnages : Hamlet, prince danois (bar.), Claudius, roi du Danemark (basse), le fantôme du père d'Hamlet (basse), Gertrude, reine du Danemark, mère d'Hamlet (sop.), Polonius, le surintendant (basse), Ophélie, fille de Polonius (sop.), Laërte, fils de Polonius (tén.), Marcellus (tén.) et Horacio (basse), officiers, amis d'Hamlet, deux fossoyeurs (basse, tén.) ; courtisans, soldats, comédiens, domestiques, paysans et paysannes (chœur)

Argument
Au château d'Elseneur, au Moyen Âge.
Hamlet voit le fantôme de son père. Le vieux roi a été assassiné par celui qui est désormais au pouvoir. Hamlet hésite longtemps à se venger et s'estime responsable de ce qui arrive à Ophélie, qui l'aime. L'histoire se termine avec de nombreux morts et le malheur s'abat sur les survivants.

P. H.

Michael Tippett

Né à Londres le 2 janvier 1905
Mort à Londres le 8 janvier 1998

Tippett étudie la composition, le piano et la direction d'orchestre au Royal College of Music. Après ses études, il devient professeur de musique. En 1933, il dirige le Moreley College Orchestra de Londres. Pendant la Seconde Guerre mondiale, pacifiste convaincu, il fait acte de résistance et se retrouve un mois en prison. Il travaille à la BBC à partir de 1951 et dirige des orchestres en Grande-Bretagne et à l'étranger. De 1969 à 1974, il est directeur du festival de Bath et anobli en 1966. Sir Michael se retire de la vie musicale à la fin des années quatre-vingt et se consacre à l'arboriculture.

Œuvres : Opéras (sélection) : *Robin Hood*, 1934 (Robin des bois) ; *The Midsummer Marriage*, 1955 (Le Mariage du solstice d'été) ; *King Priam*, 1962 (Le Roi Priam) ; *The Knot Garden*, 1970 (Le Jardin aux chemins enchevêtrés) ; *The Ice Break*, 1977 (Rompre la glace) ; *New Year*, 1989 (Le Nouvel An). Mélodies, musique sacrée, deux oratorios, musique de chambre (quatre quatuors à cordes), œuvres pour piano (trois sonates pour piano) et pour orchestre (quatre symphonies et un concerto pour piano).

The Midsummer Marriage

Le Mariage du solstice d'été

Opéra en trois actes

Livret : Michael Tippett
Création : le 27 janvier 1955 à Londres (Covent Garden)
Personnages : Mark, jeune homme de parents inconnus (tén.), Jenifer, sa fiancée (sop.), King Fisher, père de Jenifer (bar.), Bella, secrétaire de King Fisher (sop.), Jack, ami de Bella, mécanicien (tén.), Sosostris, voyante (alto), un prêtre et une prêtresse du temple des Anciens (basse, mezzosop.), un homme ivre (basse), un danseur (tén.), Strephon (rôle dansé) ; amis de Mark et de Jenifer (chœur) ; danseurs de la suite des Anciens (ballet)

Argument
Dans un temple en ruines au milieu d'une clairière, à l'époque actuelle.

Acte I
Mark et Jenifer découvrent le matin de leurs noces qu'ils ne se connaissent pas plus eux-mêmes qu'ils ne connaissent l'autre. Ils se rendent au temple des Anciens. Jenifer veut s'adonner tout entière à la spiritualité ; elle disparaît par un escalier du temple qui mène au ciel. Mark, se sentant attiré par le monde sensuel et sexuel, descend dans une crypte du temple. Les Anciens interviennent ; Jenifer et Mark doivent échanger leur place.

Acte II
Bella la secrétaire et Jack le mécanicien veulent également se marier. Les Anciens leur montrent les dangers inhérents à une sexualité débridée.

Acte III
King Fisher, le père de Jenifer, ne veut pas que sa fille épouse un homme sans ressources. En dépit des exhortations des Anciens, il intervient dans le rite initiatique et en meurt. Son sacrifice devient le gage de l'union heureuse de Jenifer et Mark, qui ont appris et accepté de se connaître eux-mêmes ainsi que les désirs et la sensualité de l'autre.

S. N.

Une vision

Tippett travailla à cet opéra de 1946 à 1953 ; une vision est à son origine. Selon le compositeur, le sommet boisé d'une colline lui serait apparu, où une jeune femme audacieuse et dure repoussait un doux jeune homme. Selon la théorie de C. G. Jung, des archétypes collectifs et magiques – « Anima » et « Animus » – seraient ici à l'œuvre. La jeune fille, magnifiée par le garçon, s'élève et disparaît dans le ciel, tandis que le jeune homme, bouleversé par la jeune fille, sombre dans l'enfer. Mais il est clair que les deux jeunes gens réapparaîtront.

Page de gauche
The Midsummer Marriage, mise en scène : Graham Vick, direction musicale : Bernard Haitink, Royal Opera Covent Garden de Londres, 1986.
The Midsummer Marriage de Tippett n'a cessé d'éveiller l'intérêt de prestigieux chefs d'orchestre. Paul Sacher s'attela en 1953 à la suite concertante, Colin Davis dirigea l'opéra en 1968, Richard Armstrong en 1976, Mark Elder en 1985 et Bernard Haitink en 1986.

À droite
The Midsummer Marriage, mise en scène : Richard Jones, décors : Giler Cadle, costumes : Nicky Gillibrand, direction musicale : Mark Elder, Bayerische Staatsoper de Munich, 1998.
Les aspects philosophiques et psychologiques du livret (celui-ci coûta deux ans de travail au compositeur) offrent une grande richesse d'interprétations. Les sources littéraires et musicales vont de l'Antiquité grecque à la philosophie indienne en passant par Shakespeare, William Blake, Mozart, G. B. Shaw, T. S. Eliot, Paul Valéry, Wagner, Hofmannsthal et même C. G. Jung et l'anthropologue James George Frazer.

King Priam, mise en scène, décors et costumes : Tom Cairns, direction musicale : Paul Daniel, Royal Opera Covent Garden de Londres, 1995.
King Priam fut créé en 1962 pour la consécration de la cathédrale de Coventry qui avait été reconstruite après sa destruction pendant la guerre. Il fut de nouveau à l'affiche au Covent Garden en 1967, 1972, 1980 et 1995. On considère souvent que le rôle-titre symbolise le père de famille éprouvé par la guerre.

À droite
The Knot Garden, mise en scène : Nicholas Hytner, décors : Bob Crowley, direction musicale : Sian Edwards, Royal Opera Covent Garden de Londres, 1989.
C'est grâce à la création de *The Knot Garden*, sous la direction de Colin Davis, que le Covent Garden s'imposa comme le lieu des créations de Tippett et qu'il fait dorénavant référence pour toutes les représentations.

L'opéra est le miroir de l'âme

La construction de cette œuvre garde les structures traditionnelles à l'intérieur desquelles le ballet a un rôle important. C'est lui qui fait la transition entre le réel et le surnaturel. Il y est question des expériences inconscientes : selon la thèse du compositeur, tout être doit se connaître s'il veut résoudre les problèmes créés par son environnement personnel et social. Après un début difficile, cet opéra réussit à s'imposer, son attrait consistant en grande partie en la forte expressivité de la musique, d'un lyrisme époustouflant.

Tippett est avec Britten le compositeur anglais le plus important du XXe siècle. Influencé à ses débuts par les chants populaires anglais et Sibelius, le compositeur fut marqué plus tard par Stravinski, la renaissance anglaise et le jazz avant de réussir une synthèse tout à fait personnelle. Encadrés par une structure narrative conventionnelle, ses opéras traitent de questions d'ordre psychanalytique, ainsi que de problèmes posés à l'homme moderne.

Der Kaiser von Atlantis
oder Die Todverweigerung

L'Empereur d'Atlantis ou le Refus de la mort

Pièce en un acte

Livret: Petr Kien
Création: le 16 décembre 1975 à Amsterdam (Théâtre Bellevue)
Personnages: L'empereur Overall (bar.), le héraut (basse), la mort (basse), Arlequin (tén.), un soldat (tén.), Bubikopf, femme soldat (sop.), le tambour (alto ou mezzosop.)

Argument

En tous lieux et en tous temps.
Arlequin et la mort sont rejetés car les hommes ont désappris le rire et ne meurent plus dans la dignité. Tout à sa chimère – il croit être le sauveur du monde – l'empereur d'Atlantis proclame la « guerre sainte » pour se libérer du « chiendent de la haine » et annonce publiquement que la mort est son alliée. Se sentant à ce point malmenée, la mort fait la preuve de son pouvoir en refusant d'obéir. L'empereur est impuissant, plus aucun condamné ne meurt, aucun malade n'est délivré de ses souffrances. Si les soldats continuent à s'entretuer sur les champs de bataille, ils n'en restent pas moins en vie. Un soldat remarque dans le visage de son ennemi des traits féminins. L'homme et la femme se souviennent des plaisirs oubliés de l'amour. Les « êtres humains se battent avec la vie afin de pouvoir mourir ». La mort promet la rédemption, mais à la condition qu'un seul être accepte de mourir. L'empereur se laisse entraîner par la mort et quitte le monde. *S. N.*

Viktor Ullmann

Né à Český Těšín (Moravie du Septentrionale) le 1er janvier 1898
Assassiné dans le camp de concentration d'Auschwitz le 18 (?) octobre 1944

Ullmann suit des cours particuliers de musique, puis, de 1918 à 1921, étudie la composition auprès d'→ Arnold Schönberg et le piano auprès d'Eduard Steuermann. Il vit à Prague à partir de 1919, où il est chef de chœur, répétiteur et maître de chapelle au Neues deutsches Theater (Nouveau théâtre allemand) sous la direction d'→ Alexander von Zemlinsky. Il rencontre ses premiers succès avec ses propres compositions dès 1923. Il dirige avec un immense succès l'Opéra d'Aussig pendant la saison 1927-1928. Ullmann est chef d'orchestre et compositeur (musique de scène) de 1929 à 1931 au Schauspielhaus de Zurich. Pendant deux ans, il se tourne vers l'anthroposophie de Rudolf Steiner et abandonne toute activité musicale ; il dirige avec sa femme une librairie anthroposophe à Stuttgart. Après l'arrivée d'Hitler au pouvoir, il s'enfuit à Prague avec sa femme et Max, leur fils âgé d'un an. Il y vit de son travail de musicien et reçoit deux fois le prix de composition Hertzka ; par ailleurs, il étudie auprès d'Alois Hába les compositions écrites en quarts de ton. Bien que le régime nazi lui interdise de représenter ses œuvres, le deuxième quatuor pour cordes d'Ullmann est joué lors du festival de l'IGNM de Londres durant l'été 1938. Le 8 septembre 1942, Ullmann est déporté au camp de concentration de Theresienstadt (aujourd'hui Terezin). Il fait partie de la section musicale de la prétendue « organisation des loisirs » mise en place par les nazis pour, à travers des représentations artistiques, donner l'illusion aux commissions internationales de contrôle que s'y déroule une vie normale. (Les déportés pensaient par ailleurs améliorer ainsi leurs conditions de vie.) Ullmann fait partie du « convoi de la mort » qui part le 16 octobre 1944 à Auschwitz, où il est envoyé, vraisemblablement deux jours plus tard, à la chambre à gaz.

Œuvres: Opéras: *Der Sturz des Antichrist*, 1935, création 1995 (La Chute de l'Antéchrist), *Der zerbrochene Krug*, 1942, création 1996 (La Cruche cassée) ; *Der Kaiser von Atlantis oder Die Todverweigerung*, 1943, création 1975 (L'Empereur d'Atlantis ou Le Refus de la mort). Œuvres pour la scène, musique de chambre, lieder, quatuors à cordes, œuvres pour piano, œuvres pour orchestre dont deux symphonies, une fantaisie symphonique et une rhapsodie slave. *Der Kaiser von Atlantis* et le *Concerto pour piano et orchestre* (opus 25) sont ses œuvres les plus souvent jouées.

*É*lève de Schönberg et d'Hába, Ullmann maîtrisa souverainement les techniques de composition, auxquelles il ajouta une note très personnelle qui lui permit de conférer à ses œuvres une tonalité fragile et, plus tard, transcendentale – après sa rencontre avec l'anthroposophie – qui contraste fortement avec le monde sonore d'ici-bas.

Der Kaiser von Atlantis, avec Fred Hoffmann (Arlequin) et Hans-Otto Weiss (la mort), mise en scène : Stephan Kopf, décors : Sibylle Schmalbrock, direction musicale : Michael Millard, Staatstheater de Mayence, 1993.
Selon Petr Kien, l'opéra commence par une scène où « la mort et Arlequin se retrouvent sur une voie de garage ». La mort et Arlequin réfléchissent à leur situation : le monde moderne n'a plus besoin d'eux.

Der Kaiser von Atlantis, Birgit Thomas (Bubikopf, femme soldat) et Fred Hoffmann (un soldat), mise en scène : Stephan Kopf, décors : Sibylle Schmalbrock, direction musicale : Michael Millard, Staatstheater de Mayence, 1993.
Deux soldats ennemis se reconnaissent comme homme et femme. Pendant un bref laps de temps, ils se souviennent que la vie peut également être synonyme d'amour, de tendresse et de bonheur.

Une musique qui naquit à Theresienstadt

Der Kaiser von Atlantis fut composé en 1942 à Theresienstadt, qui fut le vestibule de l'enfer, la salle d'attente avant le départ pour Auschwitz. Et malgré cela, Ullmann nota dans son journal : « La seule chose digne d'être dite est (…) que nous ne restions pas là à pleurer au bord des fleuves de Babylone, mais que notre volonté de créer était aussi forte que notre désir de vivre. » L'opéra fut interdit dès le lendemain de la répétition générale, mais des partitions et un livret furent sauvés. À la création d'Amsterdam en 1975 succédèrent la première américaine à San Francisco et celle de Tel Aviv en 1982. C'est seulement en 1985 qu'eut lieu la première représentation en Allemagne, à Stuttgart. La mise en scène que George Tabori créa en 1987 à la Kammeroper de Vienne – et que l'on pourrait qualifier de géniale – fit sensation. Il y eut une production en 1988 en Angleterre (au festival Bloomsbury et à Londres) et une autre à Berlin en 1989 (Staatsoper et Kammeroper Neukölln). Depuis lors, cette œuvre est même au programme de scènes de moindre notoriété, comme par exemple en 1996 à Neustrelitz, avec la représentation de cet opéra associé à *Rothschilds Geige*, un opéra de chambre de Benjamin Fleischmann, élève de Chostakovitch – une association fort intéressante et tout à fait probante. Une nouvelle représentation eut lieu en 1998 aux États-Unis, à New York cette fois-ci.

Peut-il être question de la « mort, tel un jardinier » à Auschwitz ?

Petr Kien, le librettiste (1919-1944), qui était avant tout graphiste, avait également un don pour la caricature, la poésie et la musique. À l'âge de 25 ans, il suivit volontairement ses parents à Auschwitz. Ce n'est pas en reprenant l'imagerie médiévale de la Grande Faucheuse que Kien veut traiter de la mort, mais comme si elle était un « jardinier ». Cette interprétation anthroposophique est aussi la contre-métaphore de la mort sans conscience et indifférenciée qui règne en ce siècle de nivellement par la masse. « Tel un jardinier, moi, la mort, je ramasse les feuilles fanées (…), je fauche le blé mûr », promet la mort dans l'opéra. La mort survient donc. Une « mort opportune ». Également à Auschwitz ? L'œuvre se termine par la phrase « Tu ne dois pas implorer en vain le grand nom de la mort », chantée sur la mélodie du cantique luthérien *Ein feste Burg ist unser Gott*, si souvent mésusé par les puissants en tous genres, c'est-à-dire imploré en vain.

Petit dans son ampleur, grandiose dans son propos

Selon Kien, l'opéra commence avec « Arlequin et la mort sur une voie de garage ». Serait-il possible de mettre cela en musique autrement qu'en ayant recours à l'écriture d' → Arnold Schönberg, d' → Alban Berg ou de Gustav Mahler ? La musique codée fit partie de celles mises par les nazis sur une « voie de garage ». Les personnages du soldat et de Bubikopf révèlent une vie non vécue, sans mémoire, définie par les coulisses des danses de société et du jazz. Nous sommes quelque peu agacés que l'empereur d'Atlantis qui porte le nom riche d'enseignements d'Overall et incontestablement représenté sous les traits d'un dictateur et d'un puissant de la pire espèce, comparable à Hitler et à Staline – soit prêt à mourir et qu'Ullmann et Kien l'aient doté d'un air de grande beauté et intemporel. Petr Kien y inscrivait-il son propre destin ? Si *Der Kaiser von Atlantis* est un opéra de petite envergure, son propos est grand : la mort joue le rôle d'un élément hautement dramatique qui explique la réalité de l'existence de l'âme.

S. N.

Giuseppe Verdi

Né aux Roncole, commune de Busseto (duché de Parme), le 9 ou le 10 octobre 1813
Mort à Milan le 21 janvier 1901

Verdi étudie d'abord la musique aux Roncole, auprès de Ferdinando Provesi. En 1831, il fait la connaissance d'Antonio Barezzi, qui deviendra son ami et mécène. Ayant échoué à l'examen d'entrée au conservatoire de Milan, Verdi suit l'enseignement du chef d'orchestre Vincenzo Lavigna. Après son mariage avec Margherita Barezzi, il compose son premier opéra, dont on ne sait aujourd'hui s'il a disparu ou s'il a été remanié pour donner naissance à une œuvre ultérieure. En 1838-1839, il perd ses deux enfants. 1839 est aussi l'année de la création à la Scala de Milan de son premier opéra achevé, *Oberto*. Un an plus tard, sa femme meurt et son opéra-comique intitulé *Un Giorno di regno* est un véritable échec. Verdi décide de ne plus composer. L'imprésario de la Scala, Merelli, parvient cependant à le convaincre de se remettre au travail. Il compose alors *Nabucco* (1841), dont la création, avec dans le rôle d'Abigaille, la *prima donna* Giuseppina Strepponi (future compagne de Verdi), sera un triomphe. Verdi est élevé au rang de compositeur national (1842). De 1842 à 1849, il compose une série d'opéras enflammés à portée politique en collaboration avec de grands librettistes: Temistocle Solera, Francesco Maria Piave et Salvatore Cammarano. En 1848, il achète une propriété à Sant'Agata, près de Busseto. À partir de 1849, Verdi et Giuseppina Strepponi séjournent souvent à Paris. Au cours des années 1850, le compositeur devient mondialement connu. À partir de 1860, il est député au premier Parlement national constitué à Turin; il deviendra sénateur à Rome en 1874. En 1861 et 1862, il se rend à diverses reprises en Russie, à Saint-Pétersbourg et Moscou. C'est aussi en 1862 qu'il fait la connaissance à Paris d'Arrigo Boito, le librettiste de ses derniers opéras. Verdi fondera par la suite une maison de repos réservée aux artistes âgés (Casa di Riposo, 1895-1899). Giuseppina Strepponi s'éteint en 1897. Quatre ans plus tard, Verdi est inhumé à ses côtés dans la crypte de la Casa di Riposo.

Œuvres: Après un certain nombre d'œuvres de jeunesse – des pièces sacrées et des compositions occasionnelles écrites à partir de 1828 –, ce sont 26 opéras que Verdi produira de 1839 à 1893 (sans compter les remaniements et les diverses adaptations): *Oberto, conte di San Bonifacio*, 1839 (Oberto); *Un Giorno di regno – Il Finto Stanislao*, 1840 (Un Jour de règne – Le Feint Stanislas); *Nabucco*, 1842; *I Lombardi alla prima crociata*, 1843 (Les Lombards à la première croisade – adaptation française: *Jérusalem*); *Ernani*, 1844; *I Due Foscari*, 1844; *Giovanna d'Arco*, 1845 (Jeanne d'Arc); *Alzira*, 1845; *Attila*, 1846; *Macbeth*, 1847; *I Masnadieri*, 1847 (Les Brigands); *Il Corsaro*, 1848 (Le Corsaire); *La Battaglia di Legnano*, 1849 (La Bataille de Legnano); *Luisa Miller*, 1849; *Stiffelio*, 1850; *Rigoletto*, 1851; *Il Trovatore*, 1853 (Le Trouvère); *La Traviata*, 1853; *I Vespri siciliani/Les Vêpres siciliennes*, 1855; *Simone Boccanegra*, 1857 (Simon Boccanegra); *Un Ballo in maschera*, 1859 (Un Bal masqué); *La Forza del destino*, 1862 (La Force du destin); *Don Carlo*, 1867 (Don Carlos); *Aida*, 1871 (Aïda); *Otello*, 1887 (Othello); *Falstaff*, 1893. On lui doit également un *Quatuor à cordes*, 1873, un *Requiem*, 1874, *Quattro Pezzi sacri*, 1898, des mélodies ainsi que de nombreuses œuvres sacrées.

Giuseppe Verdi, portrait du compositeur, gravure sur bois d'après une photographie, 1893.
Cinquante-quatre ans séparent les derniers opéras de Verdi des premiers. Dans l'histoire de l'opéra, cette époque fut celle du *bel canto* et du drame lyrique italien. Grâce à une créativité étonnante, Verdi réussit à renouveler par trois fois son style musico-dramatique. Ses compositions, tant de jeunesse, de maturité, que de vieillesse, sont de véritables chefs-d'œuvre dénotant son génie.

Verdi est le compositeur d'opéra italien le plus important du XIXe siècle. Subissant l'influence des compositeurs français et allemands, il a brisé le cliché du bel canto et mis le chant au service du drame lyrique.

Oberto, conte di San Bonifacio
Oberto, comte de San Bonifacio

Drame en deux actes

Livret: Temistocle Solera, d'après le *libretto* d'Antonio Piazza *Rocester*
Création: le 17 novembre 1839 à Milan (Teatro alla Scala)

Personnages: Cuniza, sœur d'Ezzelino da Romano (mezzosop.), Riccardo, comte de Salinguerra (tén.), Oberto, comte de San Bonifacio (basse), Leonora, sa fille (sop.); Imelda, confidente de Cuniza (mezzosop.); chevaliers, nobles dames, vassaux (chœur)

Argument:
Au château d'Ezzelino à Bassano, et dans les environs, en 1228.
Riccardo – le fiancé de Cuniza – séduit Leonora, qui se voit de ce fait repoussée par son père, le comte Oberto. Lorsque Cuniza apprend l'infidélité de Riccardo, elle se montre prête à renoncer à l'amour de ce dernier pour sauver l'honneur de Leonora. Oberto veut cependant laver l'affront dans le sang. Riccardo, qui a tué Oberto en duel, regrette son geste. Leonora, désespérée, se donne la mort. A. G.

Le premier-né
Sur un fond historique évoqué seulement dans ses grandes lignes se déroule un drame personnel qui, par bien des revirements, présente des analogies insoupçonnées avec certains passages de → *Rigoletto* ou de → *La Forza del destino*. Ceux qui connaissent les opéras ultérieurs de Verdi entendent déjà à de nombreux endroits le langage musical caractéristique du compositeur, un langage que l'on ne peut confondre avec celui d'aucun de ses prédécesseurs. Ici naît un style musical unique qui, à la fois énergique et lapidaire, apparaît tout particulièrement dans certains ensembles et dans maintes cabalettes très vives. Pour les passionnés de Verdi, le duo bouffe placé en tête est une curiosité qui présente une ressemblance étonnante avec la fanfare d'*Aida* N 94, composée par Verdi une trentaine d'années plus tard. N 1

Opéra-bouffe sur fond de larmes

Merelli, l'imprésario de la Scala de Milan, avait besoin d'un opéra-comique pour la saison 1840-1841. Il en confia la composition à un nouveau venu dans le domaine de l'opéra, Verdi. Mais *Un Giorno di regno* fut un échec. Cet opéra léger vit le jour à un moment où Verdi se trouvait personnellement dans une situation dramatique. Il avait en effet perdu en peu de temps ses deux enfants et sa première femme. Le livret s'inspire d'une comédie du Français Alexandre Vincent Pineux-Duval, *Le Faux Stanislas* (Paris, 1808), elle-même inspirée d'une histoire vraie, celle de l'aristocrate polonais Stanislas Leszczynski. Ce protégé de Louis XV avait été roi de Pologne de 1704 à 1711, puis à nouveau de 1733 à 1736, grâce à l'appui de la France. En 1733, c'est déguisé en cocher qu'il avait quitté clandestinement la France pour se rendre à Varsovie, où il avait alors refait surface inopinément. Pendant ce temps, un galant homme français (dans la pièce, un certain Beaufleur; dans l'opéra, Belfiore) s'était fait passer pour Stanislas, afin de faire croire aux ennemis de ce dernier que le prétendant à la couronne était toujours en France. Le faux Stanislas est la figure-clé de la comédie. Ce faux roi est reçu tel un hôte de marque au château du baron de Kelbar, situé en Bretagne. Il permet à deux jeunes amoureux de voir leur vœu le plus cher se réaliser en dépit de l'opposition parentale, et parvient à se réconcilier avec sa propre bien-aimée qui, induite en erreur sur son compte, s'apprêtait à en épouser un autre.

Page de gauche
Oberto, acte I, scène 1, le château et le paysage environnant, mise en scène : Gianfranco De Bosio, décors et costumes : Maria Antonietta Gambaro, direction musicale : Zoltán Pesko, Teatro Comunale de Bologne, 1977.

Un Giorno di regno/Il Finto Stanislao

Un Jour de règne/Le Feint Stanislas

Melodramma giocoso en deux actes

Livret : Felice Romani (remanié par Temistocle Solera), d'après *Le Faux Stanislas* d'Alexandre Vincent Pineux-Duval

Création : le 5 septembre 1840 à Milan (Teatro alla Scala).

Personnages : le chevalier di Belfiore, agissant sous le nom de Stanislao, roi de Pologne (bar.), le baron di Kelbar (basse bouffe), la marquise del Poggio, jeune veuve, nièce du baron et bien-aimée du chevalier (sop.), Giulietta di Kelbar, fille du baron et bien-aimée d'Edoardo (mezzosop.), Edoardo di Sanval, jeune officier (tén.), Signor La Rocca, trésorier de la Bretagne et oncle d'Edoardo (basse bouffe), le comte Ivrea, gouverneur de Brest (tén.), Delmonte, écuyer de Stasnislao (basse) ; serviteurs et servantes, vassaux du baron (chœur)

Argument

Aux environs de Brest et au château de Kelbar, au cours de la première moitié du XVIIIe siècle.
Le roi de Pologne, Stanislao, a demandé à son ami Belfiore de se faire passer pour lui à un double mariage. L'une des mariées est cependant la bien-aimée de Belfiore. La seconde mariée, Giulietta, aime Edoardo, c'est-à-dire aussi un autre homme que celui qui lui est destiné. Le faux roi enrichit le bien-aimé de Giulietta, procure au fiancé initial une femme disposant d'une certaine fortune et récupère lui-même sa bien-aimée.

A. G.

Opéra d'un jour ?

Ce serait une erreur de croire que *Un Giorno di regno* n'a jamais eu de succès du vivant de Verdi. Cinq ans après le fiasco survenu à Milan, l'opéra fut repris au cours de la saison 1845-1846 à Venise, où fut donnée une série de représentations. Plus tard encore, en 1859, probablement en raison du prestige dont jouissait de plus en plus Verdi, l'opéra fut inscrit au programme du théâtre San Carlo de Naples. Il n'était donc pas si mauvais !

J. K.

Un Giorno di regno, Renato Girolami dans le rôle du chevalier di Belfiore, mise en scène : Helmut Polixa, direction musicale : Asher Fisch, Volksoper de Vienne, 1995.
Que se serait-il passé si le premier opéra-comique de Verdi avait eu immédiatement du succès auprès du public ?

1. Fanfare d'*Aida* par anticipation (*Oberto,* duo bouffe)

Nabucco

Drame lyrique en quatre parties

Livret: Temistocle Solera, d'après la pièce d'Auguste Anicet-Bourgeois et Francis Cornu *Nabuchodonosor*, plus précisément d'après le ballet d'Antonio Cortesi *Nabucodonosor*
Création: le 9 mars 1842 à Milan (Teatro alla Scala)
Personnages: Nabucco, roi de Babylone (bar.), Ismaele, neveu du roi Sedecia de Jérusalem (tén.), Zaccaria, grand prêtre des Hébreux (basse), Abigaille,

Nabucco, partie III, scène 1, mise en scène: Roberto de Simone, décors: Mauro Carosi, costumes: Odette Nicoletti, direction musicale: Riccardo Muti, Teatro alla Scala de Milan, 1986.
Au cours de cette scène on peut entendre le duo le plus palpitant de cet opéra, celui entre une femme et un tyran aussi fous l'un que l'autre. Pour le rôle d'Abigaille – un mélange de haine, de complexe d'infériorité et de soif de pouvoir – Verdi s'est largement inspiré des capacités d'actrice de la cantatrice Giuseppina Strepponi.

esclave, fille aînée présumée de Nabucco (sop.), Fenena, fille de Nabucco (sop.), le grand prêtre de Baal (basse), Abdallo, vieil officier du roi de Babylone (tén.), Anna, sœur de Zaccaria (sop.); soldats babyloniens, soldats hébreux, Juifs (Hébreux), Lévites, vierges juives, Babyloniennes, courtisans, hauts dignitaires, gardes et guerriers à la cour de Babylone, mages, peuple (chœur)

Argument

À Jérusalem et Babylone, à partir de 586/587 av. J.-C.

Partie I (Jérusalem)
L'intérieur du temple de Salomon. Les Hébreux supplient Jéhovah de leur venir en aide face aux troupes babyloniennes. Le grand prêtre Zaccaria a pris en otage Fenena, la fille de Nabucco, roi de Babylone. Fenena, qui avait libéré Ismaele, le neveu du roi Sedecia retenu prisonnier à Babylone, avait suivi ce dernier par amour jusqu'à Jérusalem. Maintenant, Ismaele s'apprête à rendre le même service à Fenena. Mais Abigaille, fille aînée supposée de Nabucco, va s'y opposer. Également amoureuse d'Ismaele, elle vient d'entrer dans le temple avec ses soldats habillés en Juifs dans l'intention de sauver Ismaele. Se voyant repoussée, elle jure vengeance. Nabucco ayant osé pénétrer dans le temple, Zaccaria menace de tuer Fenena. Ismaele l'en empêche. Nabucco donne alors l'ordre de piller le temple et d'emprisonner les Hébreux. Ismaele est considéré par ses compatriotes comme un traître.

Partie II (L'impie)
Tableau 1 Les appartements du palais de Baal. Nabucco a confié la régence à Fenena tandis qu'il poursuit sa campagne contre les Hébreux. Les prêtres de Baal voient leur pouvoir menacé par la présence sur le trône de cette femme favorable aux Juifs. Le grand prêtre s'arrange pour que tombe entre les mains d'Abigaille le document indiquant qu'elle est fille d'esclave et Fenena, l'héritière légitime du trône. Abigaille s'allie aux prêtres, qui font croire que Nabucco a trouvé la mort en combattant.
Tableau 2 Une salle du palais. Zaccaria convertit Fenena à la religion hébraïque. Cette conversion sauve Ismaele qui, condamné pour trahison, s'avère désormais avoir sauvé une Juive. Trompés par la fausse nouvelle de la mort de Nabucco, les Babyloniens réclament le couronnement d'Abigaille. Celle-ci exige que Fenena lui remette la couronne. Nabucco s'interpose, place la couronne sur sa propre tête, blasphème les dieux de Babylone et le dieu des Juifs, et ordonne qu'on le considère lui-même comme un dieu. La foudre s'abat sur lui et le frappe de folie.

Partie III (La prophétie)
Tableau 1 Les jardins suspendus de Babylone. Abigaille règne en souveraine sur Babylone. Le grand prêtre apporte pour le faire signer le document condamnant à mort les Juifs et Fenena. Sur ces entrefaites arrive Nabucco, qui trouve son trône occupé. Abigaille parvient à convaincre cet homme devenu fou que tout est pour le mieux et lui fait signer la condamnation à mort. Se rendant soudain compte qu'il vient aussi de condamner à mort sa fille Fenena, Nabucco exprime son intention de révéler les origines d'Abigaille afin de l'évincer du trône. Mais Abigaille détruit le document compromettant.
Tableau 2 Les rives de l'Euphrate. Les Hébreux se lamentent: ils ont perdu leur liberté et leur patrie. Zaccaria les incite à se mobiliser contre l'ennemi en leur prédisant la chute prochaine de Babylone.

Partie IV (L'idole brisée)
Tableau 1 Le palais royal de Babylone. Abigaille a fait arrêter Nabucco, que des cauchemars torturent. Ce dernier est réveillé par des clameurs qu'il pense être celles de troupes partant au combat contre les Hébreux. Lorsqu'il se rend compte que sa fille Fenena est conduite sur son lieu de mort, il demande pardon au dieu des Juifs et le prie de venir à son secours. C'est alors que la folie le quitte. Avec l'aide de quelques gardes qui lui sont restés fidèles, il s'empresse d'aller sauver Fenena.
Tableau 2 Les jardins suspendus. Le rituel au cours duquel les Juifs doivent être suppliciés devant le portrait de Baal est sur le point de commencer. Nabucco s'oppose à son déroulement et ordonne de détruire l'idole. Celle-ci s'écroule cependant d'elle-même et les chaînes des Hébreux se brisent. Nabucco rend aux prisonniers leur liberté et les invite à reconstruire un temple à Jéhovah. Après s'être empoisonnée, Abigaille, mourante, demande pardon à Fenena et aux Hébreux.

S. N.

Nabucco – **Verdi** 669

Nabucco, partie IV, scène 1, mise en scène : Roberto de Simone, décors : Mauro Carosi, costumes : Odette Nicoletti, direction musicale : Riccardo Muti, Teatro alla Scala de Milan, 1986.
Le lion de Babylone recouvre sa force : Nabucco brandit son épée et ses soldats restés fidèles entonnent en chœur un chant de bataille qui soulève chez le public un enthousiasme sans bornes, même en période de calme politique.

Ci-dessous
Nabucco, Renato Bruson dans le rôle-titre, mise en scène : Roberto de Simone, décors : Mauro Carosi, costumes : Odette Nicoletti, direction musicale : Riccardo Muti, Teatro alla Scala de Milan, 1986.
Nabucco a été le premier grand rôle de baryton créé par Verdi : ce personnage, dans lequel se mêlent une soif de pouvoir aveugle et des sentiments paternels, est absolument bouleversant dans la scène où il devient fou.

Le *Risorgimento*

Le père des mouvements de réforme italiens fut Giuseppe Mazzini (1805-1872). En 1831, Mazzini, en exil à Marseille, fonde une société secrète, la *Giovine Italia* (Jeune Italie), dont l'objectif est d'œuvrer à la création d'une Italie unie, républicaine et démocratique. En 1833, il fait la connaissance d'un Italien qui se bat pour la liberté de son pays et décide d'adhérer à cette société secrète. Il s'agit de Giuseppe Garibaldi (1807-1882). En 1834, après l'échec du soulèvement populaire orchestré par les deux hommes dans le Piémont, Garibaldi fuit en Amérique du Sud, tandis que Mazzini s'exile à Londres. Vers la fin des années 1840, le mouvement révolutionnaire se durcit en Italie et les troupes autrichiennes sont chassées de Milan. Charles Albert de Sardaigne déclare la guerre à l'Autriche et prend la tête du mouvement national de libération. Au même moment, Camillo Benso, comte de Cavour, fonde le journal *Il Risorgimento*, dont le titre résume à lui seul la volonté de restauration (*risorgimento*), sous l'autorité d'un roi, du rôle culturel dominant et de l'unité politique de l'Italie, volonté qui existe dans le pays depuis 1815. Garibaldi et Mazzini rentrent en Italie et prennent la tête de la défense de la république de Rome contre les Français. Ces derniers brisent cependant la résistance italienne et la révolution échoue. L'unité de l'Italie ne se fera qu'en 1860.

Ci-dessous
Nabucco, mise en scène : David Poutney, décors : Stefanos Lazaridis, Festival de Bregenz, 1993-1994.
Les Hébreux font figure de représentants d'une nation opprimée. Ils véhiculent un message politique, puisqu'au moment de la création, tout patriote italien pouvait s'identifier à eux. Le poids des scènes avec chœurs, mais aussi l'assurance avec laquelle Verdi mettait ces chœurs en mouvement ressortent clairement. Dans *Nabucco* et dans les opéras ultérieurs contemporains du *Risorgimento*, les chœurs font moins songer à l'agitation aveugle des scènes de foule dans les grands opéras de Meyerbeer qu'à l'héritage laissé par Rossini, qui a su montrer l'affliction et le pouvoir de révolte des peuples opprimés (→ *Mose en Egitto*, →*Guillaume Tell*).

Ci-dessus
Giuseppina Strepponi, tableau anonyme, musée de la Scala, Milan, 1842.
La partie vocale la plus difficile échoit dans *Nabucco*, comme c'est habituellement le cas dans les opéras italiens, à la *prima donna*. La partie d'Abigaïlle appelle une cantatrice de grande envergure, ayant un véritable talent de comédienne et disposant d'une voix capable d'aller du registre des mezzosopranos à celui des sopranos. Lors de la création, le rôle d'Abigaïlle était tenu par une étoile de l'opéra : Giuseppina Strepponi (1815-1897). Verdi, qui avait fait sa connaissance par l'intermédiaire d'un ami, Bartolomeo Merelli, imprésario de la Scala, avait composé cette partie en fonction de ses aptitudes vocales. Étant donné la difficulté de ce rôle, il semble impensable que le talent de Giuseppina Strepponi ait à l'époque déjà commencé à décliner, comme l'ont prétendu certains de ses contemporains. Il est vrai qu'elle quitta les planches dès 1846 pour enseigner le chant à Paris. Nul ne sait si Verdi était déjà amoureux de la cantatrice à l'époque de *Nabucco*. À partir de 1846, le compositeur et la *prima donna* vécurent ensemble. Giuseppina Strepponi fut une compagne digne du compositeur. Elle mourut en 1897. Verdi ne lui survécut que quatre ans.

Vue intérieure de la Scala de Milan, œuvre anonyme, illustration du XIXe siècle (TWS). Le nom donné au plus grand opéra d'Italie, la Scala, a deux raisons d'être. En effet, cet opéra doit son nom à l'église qui se dressait autrefois en ce même lieu, Santa Maria della Scala (« scala » signifie escalier). De plus, en musique, le terme « *scala* » désigne les gammes que sont contraints de faire chaque jour les chanteurs et les instrumentistes. Avant la Scala, Milan eut pour opéra le Teatro Regio Ducale, où Mozart et Gluck créèrent quelques-uns de leurs premiers opéras. Après l'incendie qui détruisit ce bâtiment en 1776, les propriétaires des loges demandèrent à l'architecte Giuseppe Piermarini de concevoir le Teatro alla Scala. Le bel édifice fut inauguré en 1778 avec un opéra d'Antonio Salieri (*L'Europa riconosciuta*). Au cours des cent cinquante premières années d'existence de la Scala, 350 opéras y furent créés, entre autres → *Nabucco* (1842), → *Otello* (1887) et → *Falstaff* (1893) de Verdi, mais aussi *Mefistofele* (1868) d'Arrigo Boito, →*La Gioconda* (1876) d'Amilcare Ponchielli, → *La Wally* (1892) d'Alfredo Catalani et → *Madame Butterfly* (1904) de Giacomo Puccini. La Scala demeure aujourd'hui à l'échelle internationale une référence dans le milieu de l'opéra. Quiconque chante sur cette scène l'un des principaux rôles du répertoire italien est assuré de faire carrière dans le monde entier.

Une tranche de vie devenue un morceau de littérature

Verdi, habituellement si avare de mots, a raconté avec une précision digne d'un écrivain le moment vraisemblablement le plus prodigieux de sa vie, celui où Merelli lui remit le livret de *Nabucco* refusé par Otto Nicolai et où les mots de Solera se transformèrent en lui en notes de musique : « En chemin, je ressentis une sorte de malaise inexplicable, une immense tristesse, une douleur qui me brisait le cœur. Une fois à la maison, je jetai violemment le manuscrit sur la table et demeurai planté devant, absorbé par mes pensées. Dans sa chute, le manuscrit s'était ouvert ; mon regard se posa, je ne sais pas par quel hasard, sur la page qui s'étalait devant moi. Je me mis à lire : "Va, pensiero, sull'ali dorate…" Je poursuivis alors ma lecture en survolant les vers suivants. Je fus fortement impressionné, d'autant plus que ces vers semblaient comme sortis de la Bible, que j'avais toujours lue avec plaisir. Je lus un passage, puis un autre. Mais prenant de nouveau la ferme résolution de ne plus composer, je refermai le livret et allai me coucher. Mais *Nabucco* ne cessait de me trotter dans la tête ! Je n'arrivais pas à trouver le sommeil, je me levai et lus le livret, non pas une fois, mais deux fois, trois fois, d'innombrables fois ; je peux dire qu'au matin, je le savais par cœur. » (*Esquisse autobiographique*) N 2

« Va, pensiero… » – Les hymnes officiels de l'Italie

Si cette sublime mélodie n'était pas celle d'un opéra, qui plus est associée à la notion d'emprisonnement, si elle servait de support à un texte patriotique, elle serait peut-être devenue l'hymne national de l'Italie. Mais Verdi composa un autre hymne. En 1847, Mazzini, qui était en exil, l'avait prié de bien vouloir mettre en musique le poème patriotique *Suona la Tromba* de Goffredo Mameli, un jeune officier des troupes garibaldiennes. En 1848, Verdi lui fit parvenir la musique et l'accompagna du commentaire suivant : « Puisse cet hymne retentir bientôt dans la plaine lombarde au milieu de la musique des canons ! » Verdi ne composa cependant jamais d'hymne officiel. Le chant qui fut déclaré hymne national assez tardivement – après la Seconde Guerre mondiale –, avait aussi été composé au cours des années du *Risorgimento*, très précisément en 1847, mais par Michele Novaro (1822-1885) sous le titre *Canto degli italiani*. Il fait songer aux cabalettes endiablées des opéras de jeunesse de Verdi. N 3

2. Chœur des Hébreux (« Chœur des prisonniers »)

3. Hymne national italien

I Lombardi alla prima crociata
Les Lombards à la première croisade

Drame lyrique en quatre actes

Livret: Temistocle Solera, d'après un poème de Tommaso Grossi
Création: le 11 février 1843 à Milan (Teatro alla Scala)
Adaptation française: *Jérusalem*
Livret: Alphonse Royer et Gustave Vaëz, d'après celui de Solera
Création: le 26 novembre 1847 à Paris (Opéra)
Personnages: Arvino, chef des croisés lombards (tén.), et Pagano, futur ermite (basse), fils du seigneur Folco, Viclinda, épouse d'Arvino (sop.), Giselda, fille de Viclinda et d'Arvino (sop.), Pirro, écuyer d'Arvino (basse), un prieur milanais (tén.), Acciano, tyran d'Antioche (basse), Oronte, son fils (tén.), Sofia, épouse d'Acciano, secrètement convertie au christianisme (sop.); moines, prieur, sicaires, soldats du palais de Folco, envoyés perses, médiques, damascènes et chaldéens, croisés et soldats, pèlerins, femmes lombardes, femmes du harem, vierges célestes (chœur)

Argument

À Milan, à Antioche et dans les environs, aux abords de Jérusalem, vers 1096.

Pagano a été condamné à dix-huit ans d'exil pour

avoir tenté d'assassiner son frère, Arvino. C'est ce dernier qui a obtenu la main de la belle Viclinda, dont les deux frères étaient amoureux. L'union entre Arvino et Viclinda a donné naissance à Giselda. Aujourd'hui de retour, Pagano affiche des intentions pacifiques, mais projette en fait à nouveau d'assassiner son frère. Cependant, il tue son père par erreur. Il est alors chassé pour toujours de Milan. Pagano se met à vivre en ermite près d'Antioche, où il jouit d'une réputation de saint homme. Il dissimule sa véritable identité et aide les croisés lombards, conduits par Arvino, à conquérir Antioche. Là, Arvino retrouve Giselda, qui est retenue prisonnière dans le harem. Elle est cependant aimée d'Oronte, le fils du souverain d'Antioche, qu'elle convertit au christianisme. Giselda, se rendant soudain compte de tout le sang qu'ont fait couler les croisés, repousse son père. Au cours de sa fuite, elle rencontre Oronte, qu'elle croyait mort. Tous deux trouvent refuge dans leur amour, et abandonnent famille et patrie. Arvino poursuit Oronte et le blesse mortellement. À l'heure de sa mort, ce dernier est baptisé par l'ermite. Lors de la conquête de Jérusalem, Pagano est à son tour mortellement blessé. Il révèle alors son identité et meurt après s'être réconcilié avec son frère.

Acte I (La vengeance)

Tableau 1 Milan, place Saint-Ambroise, devant la basilique Saint-Ambroise. Un office religieux est donné à l'occasion de la réconciliation des frères Arvino et Pagano, que l'amour d'une femme avait autrefois désunis. De retour après dix-huit ans d'exil, Pagano feint le repentir, mais projette à nouveau d'assassiner son frère. Arvino est nommé chef des croisés lombards.

Tableau 2 Près du palais d'Arvino, la nuit. Les sœurs du couvent situé à proximité du palais demandent à Dieu, dans leur prière du soir, sa bénédiction et la paix, tandis que, tout près des portes du couvent, Pagano prépare son assassinat.

Tableau 3 Le palais d'Arvino. Viclinda, l'épouse d'Arvino, ne fait pas confiance à Pagano. Avec sa fille Giselda, elle demande miséricorde à la Vierge Marie et s'engage à effectuer un pèlerinage au saint sépulcre. Pagano et ses complices mettent le feu au palais, mais celui-ci tue par erreur son père. Giselda empêche Arvino de se venger. Pagano est pour toujours chassé de la ville. Il se fait lui-même horreur.

Acte II (L'homme de la caverne)

Tableau 1 La salle du trône dans le palais d'Acciano à Antioche. Les croisés, qui se tiennent maintenant devant Antioche, ont commis sur leur passage pillages et autres actes de violence. Acciano s'apprête à défendre sa ville. Giselda, aimée d'Oronte, le fils d'Acciano, est retenue prisonnière dans le harem du palais. La mère d'Oronte, Sofia, qui s'est déjà convertie au christianisme, se réjouit des sentiments de son fils pour Giselda.

Tableau 2 L'entrée d'une caverne. Pagano attend avec impatience l'arrivée des croisés lombards, auxquels il désire se joindre. Cet homme, qui expie sa faute en menant une vie d'ermite, passe déjà pour un saint. Même Arvino demande à cet être vénérable comment il peut s'introduire dans Antioche et récupérer sa fille. L'ermite lui promet de l'aider.

Tableau 3 Le harem du palais d'Antioche. Giselda est en butte aux railleries d'esclaves jalouses prenant sa beauté pour prétexte. Antioche est tombée aux mains des Lombards, aidés par un traître. Les croisés pénètrent dans le palais. Acciano et, apparemment, Oronte meurent au cours du combat. Giselda maudit son père: « Jamais Dieu n'a ordonné de verser le sang du prochain. Non, Dieu ne le veut pas. » Arvino manque de tuer sa fille insoumise.

I Lombardi alla prima crociata, Madame Juliane van Geldern dans le rôle de Giselda, 1847.
Avec Giselda, Verdi a créé un portrait de femme complexe et réaliste. C'est le seul personnage aux ressorts psychologiques apparents. Elle combat l'attachement de sa famille à la tradition et cherche à se libérer du poids de l'histoire.

À droite:
Jérusalem, Roger (Samuel Ramey) et des croisés, avec la ville en arrière-plan, mise en scène: Robert Carsen, Staatsoper de Vienne, 1995.
Quelle est la véritable Terre promise: Milan (en Lombardie) ou Jérusalem? La question ne reçoit de réponse claire ni dans le livret d'*I Lombardi* ni dans l'adaptation française, intitulée *Jérusalem*. C'est en tout cas la ville de Jérusalem – ville libérée, étincelante sous le soleil du petit jour – que les croisés et les pèlerins contemplent à la fin de chacune des deux versions.

Acte III (La conversion)
Tableau 1 Le camp des croisés dans la vallée de Josaphat. Au loin, Jérusalem. Les pèlerins qui escortent les croisés saluent la Ville sainte. Giselda, qui s'est enfuie de la tente de son père, tombe sur Oronte, qu'elle croyait mort. Tous deux se libèrent de leurs liens passés. Leur amour leur tiendra lieu de « patrie », il sera leur « vie » et leur « paradis ».
Tableau 2 La tente d'Arvino. Arvino maudit sa fille, qui a disparu. L'ermite est également parti.
Tableau 3 L'intérieur d'une grotte. Giselda et Oronte, mortellement blessé, trouvent refuge dans une grotte. L'ermite, qui les a suivis, baptise le mourant.

Acte IV (Le saint-sépulcre)
Tableau 1 Une grotte aux abords de Jérusalem. Giselda a une vision : Oronte lui apparaît et lui prédit que la source du Siloé donnera de l'eau.
Tableau 2 Les tentes des Lombards, près du tombeau de Rachel. Les Lombards, auxquels la soif a ôté toute force, songent à leur patrie. Giselda, l'ermite et Arvino les informent de l'existence de la source miraculeuse. Revigorés, les Lombards s'apprêtent à conquérir Jérusalem.
Tableau 3 La tente d'Arvino. L'ermite a été mortellement blessé au cours de la bataille. À l'approche de la mort, Pagano révèle son identité et les deux frères finissent par se réconcilier.

S. N.

I Lombardi, Emil Ivanov dans le rôle d'Oronte, mise en scène : Beppe de Tomasi, décors et costumes : Ferruccio Villagrossi, direction musicale : Carlo Franci, Stadttheater de Saint-Gall, 1994.

4. Chœur des Pèlerins

O Si-gno-re, dal tet-to na-ti-o ci chia-ma-sti con san-ta pro-mes-sa

Le livret et son message
L'œuvre fait revivre une époque où Milan était, sur le plan politique, une grande puissance, où elle pouvait lever sa propre armée et conquérir des villes lointaines. Le patriote italien du XIXe siècle souffrait en revanche de la domination d'une puissance étrangère. Le poème épique de Grossi, qui ne cachait pas son patriotisme, et le livret de Solera – qui fut enfermé par les Autrichiens dans la forteresse tristement célèbre du Spielberg – lui donnaient le sentiment d'appartenir à une nation ayant été autrefois libre et indépendante. Qu'importaient les bizarreries du livret, dès lors que les pèlerins se rendant à Jérusalem vantaient la beauté des paysages de leur patrie, la Lombardie ? N 4

I Lombardi, Valentin Pivovarov dans le rôle de Pagano, mise en scène : Beppe de Tomasi, décors et costumes : Ferruccio Villagrossi, direction musicale : Carlo Franci, Stadttheater de Saint-Gall, 1994.
Pagano est un être fait d'un singulier mélange de bien et de mal que ne retiendra pas Verdi pour ses personnages ultérieurs. C'est un assassin qui, devenu ermite, ne fait que le bien. L'aria de l'acte I, au cours de laquelle il exprime sa soif de vengeance, contraste violemment avec la scène de baptême de l'acte III, ou encore avec sa mort héroïque à l'acte IV (qui provoque la réconciliation des deux frères).

Ernani

Drame lyrique en quatre actes

Livret : Francesco Maria Piave, d'après *Hernani* de Victor Hugo
Création : le 9 mars 1844 à Venise (Teatro La Fenice)
Personnages : Ernani, un rebelle (tén.), Don Carlo, roi d'Espagne (bar.), Don Ruy Gomez de Silva, grand d'Espagne (basse), Elvira, sa nièce et fiancée (sop.), Giovanna, la nourrice d'Elvira (sop.), Don Riccardo, porteur d'armes du roi (tén.), Jago, porteur d'armes de Don Silva (basse) ; bandits et rebelles des montagnes, cavaliers et parents de Silva, servantes d'Elvira, chevaliers du roi, nobles espagnols et allemands, dames de la cour, pages et soldats allemands (chœur)

Argument
Dans les montagnes d'Aragon, au château de Don Ruy Gomez de Silva, dans le caveau de l'empereur à Aix-la-Chapelle, et à Saragosse, en 1519.

Ernani, mise en scène : Luca Ronconi, décors : Ezio Frigerio, costumes : Franca Squarciapino, direction musicale : Claudio Abbado, Teatro alla Scala de Milan, 1982. En raison de sa date de création, *Ernani* est un opéra du Risorgimento. Il se distingue cependant étonnamment des opéras avec chœurs que sont → *Nabucco*, → *I Lombardi* et → *Attila*. Les chœurs – à l'exception du chœur des conjurés à l'acte III – servent en effet moins à exprimer des idées patriotiques qu'à fournir un fond sonore au déroulement de l'action. Au début de chaque scène, ils contribuent en outre à planter le décor, comme le fait par exemple celui des brigands au début de l'acte I.

Suite à une injustice commise par le roi d'Espagne envers son père, Ernani a décidé de se révolter et de vivre parmi les brigands de la forêt qui partagent ses idées. Amoureux de la belle Elvira, il désire l'arracher des griffes de Don Silva, son oncle, qui a l'intention de l'épouser contre son gré. Don Carlo, qui a aussi des vues sur Elvira, l'enlève. Ernani et Don Silva se liguent contre lui. Mais Don Silva y met une condition : Ernani devra payer la générosité dont Don Silva a fait preuve à son égard et se montrer prêt à mourir dès que Don Silva le souhaitera. Don Carlo devient roi d'Espagne et découvre le complot ourdi contre lui. Sur la demande d'Elvira, le roi épargne les comploteurs et leur pardonne. Elvira et Ernani peuvent enfin se marier. Pendant la nuit de noces, Don Silva réclame cependant la mort d'Ernani. Ernani se donne la mort et Elvira tombe au sol, sans vie.

Acte I (Le bandit)
Ernani projette avec ses partisans de pénétrer dans le château de Don Silva, afin d'enlever Elvira, que celui-ci veut contraindre au mariage. Mais Don Carlo, de sang royal, s'est aussi épris d'Elvira. Reçu par Elvira, qui ignore sa véritable identité, il lui fait part de ses sentiments. Elvira repoussant ses avances, il décide de l'enlever, mais en est empêché par Ernani. Don Silva veut se venger des deux hommes. Don Carlo révèle alors qu'il va peut-être hériter du trône d'Espagne. Grâce à l'aide d'Elvira, Ernani parvient à s'enfuir.

Acte II (L'hôte)
Pensant qu'Ernani est mort, Elvira accepte d'épouser Don Silva. Mais Ernani est vivant et il s'introduit au château déguisé en pèlerin pour assister aux festivités du mariage. Don Silva lui offre l'hospitalité. Il ne change pas d'avis lorsque Ernani lui révèle son identité ni lorsque Don Carlo lui demande de lui livrer le rebelle. Don Carlo repart, non pas avec Ernani, mais avec Elvira. Don Silva et Ernani se liguent contre lui, mais Don Silva y met une condition : en échange de l'hospitalité qu'il a accordée à Ernani, ce dernier devra être prêt à mourir dès qu'il le souhaitera.

Acte III (La clémence)
Don Carlo cherche le caveau de ses pères, dans lequel il attendra que soit annoncé le nom du nouveau roi d'Espagne. Les conjurés, entre autres Don Silva et Ernani, se sont donné rendez-vous au même endroit afin de tirer au sort celui qui sera chargé de tuer Don Carlo. Le sort tombe sur Ernani. Trois salves d'artillerie retentissent : c'est donc Don Carlo qui montera sur le trône d'Espagne. Ayant épié le conseil des conjurés, ce dernier ordonne que les coupables soient punis. Sur l'intercession d'Elvira, il se montre finalement clément. Elvira et Ernani décident de s'unir.

Acte IV (Le masque)
Un personnage masqué de noir hante les festivités du mariage. Il s'agit de Don Silva qui, au cours de la nuit de noces, exige la mort d'Ernani. Aucune supplication ne parvient à le faire fléchir. Ernani se donne la mort et Elvira le suit.

S. N.

Un drame personnel
Ernani n'est pas un opéra populaire (en dépit de la ravissante scène avec chœur introduite dans l'acte III par Verdi et Piave : *Si ridesti il Leon di Castiglia*), mais un drame mettant en scène de grandes personnalités, écartelées entre le désir de prendre la décision qui leur conviendrait le mieux et le respect des grands principes.

Don Carlo
Dans la tragédie de Victor Hugo, les événements susmentionnés se déroulent en 1519, soit à un moment où la vie de Don Carlo (1500-1558) prend un nouveau tournant. Ce fils de roi, qui jouait les Don Juan, voit tout à coup un brillant avenir s'ouvrir devant lui : il a une chance de devenir empereur.

Ernani

Le Robin des Bois espagnol est issu d'une famille de haut rang. Banni par Philippe le Bon pour avoir refusé de se soumettre à l'autorité du roi, son père, un grand d'Espagne, est mort en exil. Celui qui se nomme alors encore Juan d'Aragon a juré de le venger. C'est sous le nom d'Ernani qu'il tente, à la tête de plusieurs milliers de rebelles, de renverser la royauté.

Don Silva

Contrairement à Ernani, Don Ruy Gomez de Silvab est issu d'une famille fidèle à la royauté. Don Silva est imprégné des « vertus espagnoles », comme le montrent son attachement obstiné à l'honneur et sa virilité en toute circonstance.

Elvira

La femme qui fait ici basculer le destin de trois hommes et change presque le cours de l'histoire du monde ne renvoie à aucune figure historique. C'est une pure invention de Victor Hugo. Dans sa tragédie, cette femme répond au nom de Donna Sol. Piave et Verdi ont conservé cette figure, car il était inconcevable en Italie dans les années 1840 de monter un opéra sans *prima donna*.

Ernani et l'œuvre ultérieure de Verdi

L'action présente quelques parallèles avec certains drames passionnels mis en musique par Verdi ultérieurement. On songe notamment à plusieurs reprises à *Il Trovatore*. Dans l'acte I, le trio Elvira-Ernani-Don Carlo anticipe sur l'ensemble Leonora-Manrico-Luna qui figurera dans l'acte I d'*Il Trovatore*. Le personnage de Don Carlo semble quant à lui être le précurseur de deux autres figures verdiennes. Le jeune souverain insouciant fait en effet songer au comte Riccardo de *Un Ballo in maschera,* tandis que l'aria chantée, sur un solo de violoncelle, par l'homme d'État qui médite dans le caveau d'Aix-la-Chapelle et se rend compte que le pouvoir est assorti d'un sentiment de grande solitude, invite à rapprocher le personnage de la grande figure dramatique qu'est Philippe II dans *Don Carlo*. (D'un point de vue historique, *Don Carlo* fait suite à *Ernani*, car Charles Quint fut le père de Philippe II.)

Le pathétisme de la mélodie

La situation de fond, très tendue, est constamment source d'exaltation. C'est ivres de leurs sentiments que les protagonistes chantent. Les héros et héroïnes des opéras italiens des années 1840 devaient nécessairement être en proie à des sentiments violents, quelle qu'en ait été la raison et quel qu'ait été le lieu de l'action. Les accents exagérément pathétiques du livret découlaient directement des formes musicales préétablies qui devaient nécessairement entrer dans la composition de tout opéra. Le texte devait en effet justifier le passage d'une aria, au tempo lent, à une cabalette vive et enflammée. N 5

5. Cabalette d'Ernani

Oh tu, che l'al-ma a-do-ra, vien, vien, la mia vi-ta in fio — ra: per noi d'ogni al-tro be — ne il lo-co amor terrà, a-mor ter-rà.

Ernani, Placido Domingo (Ernani) et Mirella Freni (Elvira), acte I, mise en scène: Luca Ronconi, décors: Ezio Frigerio, costumes: Franca Squarciapino, direction musicale: Claudio Abbado, Teatro alla Scala de Milan, 1982. Pour *Ernani*, Verdi a créé quatre grands rôles. Le plus original a été composé pour une voix de basse (Don Silva), mais les trois rôles correspondant aux registres plus élevés n'ont pas été laissés pour compte. *Ernani* a pour caractéristique sa richesse mélodique, qui fait de ce cinquième opéra de Verdi une œuvre de virtuose.

Ci-dessous
Ernani, Luciano Pavarotti dans le rôle d'Ernani, mise en scène: Pier Luigi Samaritani, décors: Desmond Heeley, Metropolitan Opera de New York, 1983.
De tous les grands rôles créés par Verdi, c'est *Ernani* que préfèrent même les plus grands ténors tels Luciano Pavarotti ou Placido Domingo, qui ont pourtant des caractéristiques vocales bien différentes. Ils préfèrent même ce rôle à celui du duc de Mantoue dans *Rigoletto*. Un certain parallélisme entre les carrières des deux plus grands ténors du dernier quart du XXe siècle (assorti peut-être d'une certaine rivalité) est quasiment indéniable.

I Due Foscari
Les Deux Foscari

Tragédie lyrique en trois actes

Livret : Francesco Maria Piave, d'après *The Two Foscari* de lord Byron
Création : le 3 novembre 1844 à Rome (Teatro Argentina)
Personnages : Francesco Foscari, doge de Venise (bar.), Jacopo Foscari, son fils (tén.), Lucrezia Contarini, épouse de Jacopo Foscari (sop.), Jacopo Loredano, membre du Conseil des Dix (basse), Barbarigo, sénateur (tén.), Pisana, amie et confidente de Lucrezia (sop.), un serviteur du Conseil des Dix (tén.), un serviteur du doge (basse) ; membres du Conseil des Dix et du Sénat, servantes de Lucrezia, dames vénitiennes, peuple, masques (chœur)

Argument
À Venise, en 1457.
Accusé de meurtre, Jacopo Foscari, fils du doge, est condamné à l'exil par le Conseil des Dix de la république de Venise. L'instigateur de l'intrigue politique à l'origine de l'accusation est Loredano, qui envie la position du doge. Ce dernier est convaincu de l'innocence de son fils, mais ne peut s'opposer à l'exécution de la sentence. La femme de Jacopo demande grâce pour son époux, mais en vain. Tandis que la ville festoie, la sentence est mise à exécution : Jacopo embarque sur une galère. Lorsque le véritable assassin avoue son crime, il est trop tard, Jacopo est déjà mort. Pour éviter toute enquête, Loredano dresse les membres du Conseil des Dix contre Francesco Foscari et obtient ainsi la démission du doge élu à vie. Lorsque ce dernier apprend que le nouveau doge n'est autre qu'un ennemi de la famille, il meurt à son tour.

Acte I
Tableau 1 Une salle du palais des Doges. Le Conseil des Dix et les membres du Sénat se sont réunis afin de débattre d'une affaire dans laquelle un membre de la famille du doge est impliqué. Jacopo, fils du doge, comparaît devant l'assemblée réunie. Il est accusé de meurtre.
Tableau 2 Le palais des Foscari. La femme de Jacopo, Lucrezia, veut intercéder auprès de la Justice en faveur de son époux, car ce dernier a été condamné à l'exil.
Tableau 3 Une salle du palais des Doges. Les sénateurs confirment la sentence.
Tableau 4 Les appartements privés du doge. Francesco Foscari, ulcéré, réfléchit à son incapacité à protéger son propre fils de la soif de vengeance des accusateurs. Lucrezia prie son beau-père de sauver Jacopo. Le doge est profondément ému par le courage et la compassion de cette femme.

Acte II
Tableau 1 La prison. Jacopo, qui s'attend à mourir bientôt, fait d'horribles cauchemars. Il s'éveille dans les bras de Lucrezia. Elle l'informe de la sentence prononcée par le Conseil des Dix, dont son père Francesco doit officiellement lui faire part sous le regard triomphant de Loredano, membre du Conseil des Dix et ennemi de Jacopo.
Tableau 2 Une salle du palais des Doges. Dans la salle du Conseil se trouve confirmée la sentence prononcée contre Jacopo. Ce dernier se tourne vers son père anéanti pour lui demander de lui venir en aide. Lucrezia amène ses deux enfants dans l'espoir que la sentence soit adoucie, mais en vain. La majorité des sénateurs est acquise à la cause de Loredano.

Acte III
Tableau 1 La place Saint-Marc. Des festivités ont été organisées à l'occasion de régates, traversées de façon inattendue par la funeste galère qui vient chercher Jacopo. Ce dernier dit adieu à sa femme et à ses enfants.
Tableau 2 Les appartements privés du doge. Le vieux Foscari est affligé par le sort de son dernier fils. Il reçoit une lettre inattendue, dans laquelle le véritable assassin avoue le crime dont Jacopo a été accusé. Mais il est trop tard : Lucrezia annonce au doge la mort de Jacopo. Des membres du Conseil, Loredano en tête, invitent le doge à renoncer à sa fonction en raison de son grand âge. Lucrezia demeure aux côtés de Francesco Foscari et l'aide à se retirer. La grande cloche de la basilique Saint-Marc retentit : elle annonce la nomination du nouveau doge. Le vieux Foscari meurt le cœur brisé. Loredano a mené à bien son œuvre de vengeance.

S. N.

I Due Foscari, avec (de g. à dr.) June Anderson (Lucrezia), Luciano Pavarotti (Jacopo) et Vladimir Chernov (Francesco) ; mise en scène : August Everding, direction musicale : Daniele Gatti, Royal Opera Covent Garden de Londres, 1995.
À l'intérieur de la prison : Lucrezia, Jacopo et son père qui, en tant que doge, est chargé d'annoncer à son fils la sentence. Le chant des trois personnages a été conçu sous la forme d'un trio saisissant. Il existait peu de compositeurs d'opéra capables d'exprimer la souffrance au travers d'une forme musicale aussi profonde et cathartique.

I Due Foscari, Renato Bruson, mise en scène et décors: Pier Luigi Pizzi, Teatro alla Scala de Milan, 1988.
Dans cette mise en scène, dont toute couleur locale est absente, il n'est fait allusion à la ville située sur la lagune – en dehors du glas de la basilique – que par les régates. Un élément extérieur contraste dramatiquement avec la toile de fond: il s'agit de la funeste galère venue chercher, au milieu des festivités, l'innocent injustement accusé.

Lord Byron (1788-1824), portrait d'Eduard Schuler, gravure sur acier (sans date). George Gordon Byron est l'auteur de la tragédie *The Two Foscari* (1821), dont s'est inspiré le librettiste. En raison de la hiérarchie des genres artistiques en vigueur au XIXe siècle, lord Byron fut considéré comme l'archétype de l'artiste romantique.

La dimension dramaturgique de l'opéra

Francesco Foscari fut le premier grand rôle de père et de souverain créé par Verdi. L'intégrité du doge, non dénuée d'une certaine rigidité, et sa capacité à supporter dans la solitude son destin de souverain font songer à certains traits de caractère du roi Philippe dans → *Don Carlo*. Le duo final de l'acte I – duo de Lucrezia, soprano, et de son beau-père (le doge), baryton – annonce déjà, par sa structure en chaîne et sa gigantesque étendue vocale, le grand duo de Violetta et Germont dans → *La Traviata*. À l'acte II, la scène de la prison au cours de laquelle s'enchaînent un monologue dramatique, un duo, un trio et un quatuor montre que le compositeur avait le sens des constructions formelles et des crescendos captivants, une formule peu courante qui fait honneur au jeune Verdi. Dans *I Due Foscari*, Verdi expérimenta (pour la première et la dernière fois) l'utilisation de thèmes individuels: thème plaintif en mode mineur, constamment associé à un solo de clarinette, pour Jacopo Foscari N6; thème *allegro agitato* sur instruments à cordes pour Lucrezia N7; large éventail de figures exécutées *piano* sur instruments à cordes pour le doge. N8

J. K.

6. Thème de Jacopo Foscari

7. Thème de Lucrezia

8. Thème du doge

Giovanna d'Arco
Jeanne d'Arc

Drame lyrique en un prologue et trois actes.

Livret : Temistocle Solera, d'après *Die Jungfrau von Orleans* (La Pucelle d'Orléans) de Friedrich von Schiller
Création : le 15 février 1845 à Milan (Teatro alla Scala)
Personnages : Carlo VII/Charles VII, roi de France (tén.), Giacomo/Jacques, berger à Domrémy (bar.), Giovanna/Jeanne, sa fille (sop.), Delil, officier du roi (tén.), Talbot, commandant en chef des troupes anglaises (basse) ; officiers du roi, peuple de Reims, soldats français et anglais, esprits bienfaisants et malfaisants, nobles, hérauts, écuyers, servantes, villageois, chevaliers et dames (chœur)

Argument
À Domrémy et à Reims, au XVe siècle, au cours de la guerre de Cent Ans.
Le roi de France, Carlo VII est découragé, car il a été plusieurs fois vaincu par les Anglais. Guidé par une vision, il rencontre Giovanna, jeune bergère qui n'aspire qu'à sauver la France. Giacomo, le père de Giovanna craint qu'elle ne soit possédée par le diable et qu'elle désire devenir la favorite du roi. Il la maudit. Sous la conduite de Giovanna, les troupes françaises battent les Anglais. Le roi avoue à Giovanna son amour pour elle. Devant le peuple, le père de Giovanna accuse sa fille, d'avoir pactisé avec le diable. La foule demande que Giovanna soit livrée aux Anglais. Dans sa prison anglaise, la Pucelle renonce à ses amours terrestres et à son inclination pour le roi. Elle sauve à nouveau la France. Au cours d'une dernière bataille, elle prend une fois encore le commandement de l'armée française et lui apporte la victoire. Mortellement blessée, elle meurt après s'être réconciliée avec son père et avoir accompli sa mission.

Prologue
Tableau 1 Une grande salle à l'intérieur du château de Domrémy. Carlo décrit aux villageois et aux officiers le sanctuaire où, selon un rêve, il doit aller vouer à la Vierge Marie son casque et son épée. Pour les villageois, il s'agit d'un lieu hanté par des esprits malfaisants.
Tableau 2 La forêt. La statue de la Vierge. Giovanna prie la Vierge Marie. Elle s'imagine en proie à un combat entre les puissances terrestres de l'amour et les puissances célestes, et a le sentiment d'être appelée à sauver la France. Elle redonne courage à Carlo et se montre prête à le suivre. Giacomo, qui a épié la rencontre de Giovanna et du roi, maudit sa fille.

Acte I
Tableau 1 Le camp anglais, près de Reims. Les soldats anglais, qui ont entendu parler de la vocation surnaturelle de Giovanna, ont peur d'aller au combat. Giacomo, le père de Giovanna, veut se venger de Carlo, qu'il soupçonne d'avoir séduit sa fille. Pour ce faire, il est prêt à livrer Giovanna aux Anglais.
Tableau 2 Un jardin dans le palais royal de Reims. Après avoir remporté la bataille, Giovanna désire rentrer chez elle en simple jeune fille. Carlo lui avoue son amour et la prie de le couronner. Giovanna craint la victoire des puissances terrestres de l'amour sur les puissances célestes.

Acte II
La place de la cathédrale, à Reims. Tandis que le peuple acclame Giovanna, Giacomo accuse sa fille de sorcellerie et Carlo de blasphème. Giovanna se croit coupable. Elle ne se défend donc pas. Le peuple réclame alors son bannissement. Giacomo peut donc la livrer aux Anglais.

Acte III
Une forteresse anglaise, près du champ de bataille. En prison, Giovanna prie avec ferveur : elle demande à Dieu de la faire sortir de prison et d'œuvrer à sa réconciliation avec les puissances célestes de manière à ce qu'elle puisse encore une fois venir en aide aux troupes françaises. Se rendant compte de l'innocence de sa fille, Giacomo la libère. Giovanna apporte la victoire aux siens et sauve Carlo, mais elle est mortellement blessée. Tous pleurent Giovanna qui, comme par le passé dans la forêt de Domrémy, s'en remet à la Vierge Marie.

S. N.

Giovanna d'Arco, June Anderson dans le rôle de Giovanna, mise en scène : Philip Prousse, direction musicale : Daniele Gatti, Royal Opera Covent Garden de Londres, 1996. Cet opéra a été rarement monté. Il a été surtout critiqué en raison des prétendues faiblesses du livret. On a souvent tenté de l'analyser à la lumière de → *I Due Foscari* ou de → *Macbeth*, ce qui fausse cependant la perception que l'on peut avoir de cet opéra des plus percutants, mais aussi du rôle-titre, absolument magnifique.

Temistocle Solera (1815-1878), photographie.
Solera, le premier librettiste de Verdi, est l'auteur des livrets de *Giovanna d'Arco*, *Oberto*, *I Lombardi*, *Attila* et *Nabucco*.

Giovanna d'Arco, June Anderson dans le rôle de Giovanna, mise en scène : Philip Prousse, direction musicale : Daniele Gatti, Royal Opera Covent Garden de Londres, 1996.

Schiller italianisé

Solera a réduit le nombre des protagonistes du drame de Schiller. L'opéra ne compte en effet que cinq solistes (deux personnages secondaires insignifiants et trois protagonistes : Giovanna, Carlo et Giacomo), conformément à la tradition italienne de l'époque dans le domaine de l'opéra. Si, pour une pièce de théâtre, l'intervention de puissances surnaturelles (d'anges et de démons) et la bigoterie du père, qui détermine le déroulement des événements, font figure d'éléments originaux, ce n'est nullement le cas pour un opéra de cette époque. L'opéra romantique aimait déjà mettre en scène l'effroi. Cette œuvre de Verdi ne cessa d'avoir du succès à l'époque de sa création. La musique était telle que le public se l'était imaginée de la part de Verdi et l'absence des véritables dimensions du drame de Jeanne d'Arc ne semblait pas le préoccuper outre mesure. Les aspects guerriers que présentait le livret de Solera avaient permis à Verdi d'introduire dans sa partition une musique martiale. Celle-ci comprend en effet toute une série de marches, de chœurs tonitruants et de cabalettes enflammées. On retrouve donc les schémas de composition qui avaient fait leurs preuves depuis → *Nabucco* et → *Ernani*. Les autres composantes – les scènes de prière, de deuil et d'orage, mais aussi les chœurs des esprits – ne sont généralement pas exemptes de lieux communs. Il est vrai que les lieux communs peuvent être délicieux. Verdi s'est donné du mal pour Giacomo, un personnage tout en contradiction, tantôt intriguant contre sa fille, tantôt lui montrant un véritable amour paternel.

J. K.

Ci-dessous
Giovanna d'Arco, June Anderson dans le rôle de Giovanna, mise en scène : Philip Prousse, direction musicale : Daniele Gatti, Royal Opera Covent Garden de Londres, 1996.
De tous les opéras du *Risorgimento*, *Giovanna d'Arco* est le seul ayant offert à Verdi l'occasion de représenter le peuple sans l'idéaliser. La foule qui acclame Giovanna à l'acte II est celle-là même qui, la soupçonnant de sorcellerie, réclamera pour elle le bûcher. La musique ne souligne cependant pas cette attitude contradictoire.

Alzira

Tragédie lyrique en un prologue et deux actes

Livret : Salvatore Cammarano, d'après *Alzire ou Les Américains* de Voltaire
Création : le 12 août 1845 à Naples (Teatro San Carlo)

Personnages : Alvaro, gouverneur du Pérou (basse), Gusmano, son fils et successeur (bar.), Ovando, officier espagnol (tén.), Zamoro et Ataliba, chefs de tribu péruviens (tén. basse), Alzira, fille d'Ataliba (sop.), Zuma, sa servante (mezzosop.), Otumbo, guerrier inca (tén.) ; officiers et soldats espagnols, Incas, servantes du gouverneur (chœur)

Alzira, acte I (de g. à dr.) : Keiko Fuku Shima (Alzira) et Giancarlo Pasquetto (Gusmano), mise en scène, décors et costumes : Luciano Damiani, direction musicale : Maurizio Benini, Teatro Regio de Parme, 1990-1991 (Festival Verdi).
La première décision que prend Gusmano lors de son entrée en fonction au poste de gouverneur est de rendre sa liberté au chef de tribu Ataliba.

Parme, la ville de Verdi
Parme est une ville où la musique occupe une place importante. C'est là qu'est installé l'institut Verdi, haut lieu de la recherche internationale sur le compositeur. À Parme est en outre né Toscanini, qui a suivi l'enseignement du conservatoire de la ville. Dans la cour de ce bâtiment se dressent deux statues à la mémoire de ces grands musiciens italiens. Ils étaient des gens du pays au sens le plus strict.
Le petit village de Roncole (que les habitants de la région ont pris l'habitude de dénommer *Roncole di Verdi*), où l'on peut visiter la maison natale de Verdi, se situe entre Parme et Plaisance. Non loin de là s'étend la petite ville de Busseto, où le jeune musicien fit ses études. C'est dans le petit opéra de cette ville, absolument ravissant, que Verdi découvrit l'opéra. Dans les environs s'élève également la propriété de Sant'Agata, où le compositeur s'établit en 1848 avec Giuseppina Strepponi.

Argument
Au Pérou, vers le milieu du XVIe siècle.
Le gouverneur espagnol Alvaro, qui se fait vieux, a été arrêté par les autochtones péruviens, puis relâché grâce à la générosité du chef inca Zamoro. De retour à Lima, Alvaro abdique en faveur de son fils Gusmano. Ce dernier essaie aussi de gouverner avec magnanimité. C'est ainsi qu'il rend sa liberté au chef inca Ataliba, qui s'est soumis à l'autorité espagnole. Mais comme il mêle à la politique ses intérêts personnels – il est épris de la Péruvienne Alzira, aimée de Zamoro et amoureuse de ce dernier –, un conflit éclate. Gusmano, qui remporte la victoire, laisse Zamoro libre, mais s'arroge le droit d'épouser Alzira. Déguisé en Espagnol, Zamoro tue Gusmano au cours de la cérémonie du mariage. Mourant, Gusmano reconnaît avoir été injuste et pardonne à son assassin. Il unit lui-même Alzira et Zamoro.

Prologue (Le prisonnier)
Une vaste plaine irriguée par le fleuve Rima. Les Péruviens, assujettis par les Espagnols, s'apprêtent à tuer le gouverneur espagnol Alvaro qu'ils ont fait prisonnier. Lorsque le chef de tribu Zamoro, considéré comme mort, réapparaît au milieu des siens, il fait libérer le vieil homme.

Acte I (La vie contre la vie)
Tableau 1 Une place de Lima. Des soldats espagnols partent à la conquête de nouvelles terres. Alvaro déclare renoncer à ses fonctions au profit de son fils Gusmano. La première décision que prend Gusmano après son entrée en fonction est de rendre sa liberté au chef inca Ataliba. Celui-ci s'est soumis au pouvoir des rois d'Espagne. En outre, Gusmano est amoureux de sa fille Alzira, mais celle-ci aime Zamoro.
Tableau 2 La demeure d'Ataliba, dans le palais du gouverneur. Ataliba tente de persuader sa fille de la nécessité politique d'un mariage avec Gusmano. Alzira s'obstine. Sans se faire reconnaître, Zamoro parvient jusqu'à Alzira. Les amoureux se jurent fidélité, mais sont surpris par Gusmano, qui condamne son rival à mort et viole ainsi l'accord de paix entre les Espagnols et les Péruviens. Alvaro prie son fils de se montrer clément. Il lui rappelle que Zamoro lui a autrefois sauvé la vie. Mais Gusmano demeure inflexible. Les Incas, qui réclament la libération de Zamoro, prennent cependant les armes. Leur rébellion oblige Gusmano à céder. L'Espagnol et le Péruvien jurent de se retrouver sur le champ de bataille et de tuer l'autre.

Acte II
Tableau 1 À l'intérieur des fortifications de Lima. Les soldats espagnols fêtent leur victoire sur les Incas. Zamoro et Alzira se trouvent à nouveau entre les mains de Gusmano. Zamoro est condamné à mort. Pour sauver la vie de son bien-aimé, Alzira se montre prête à épouser Gusmano.
Tableau 2 Une caverne. Le guerrier inca Otumbo annonce la nouvelle de la libération de Zamoro. Mais lorsque le chef apprend le prix payé pour obtenir sa libération, il jure d'empêcher le mariage de Gusmano avec Alzira.
Tableau 3 Une salle dans le palais du gouverneur. Tandis que Gusmano s'approche de l'autel avec Alzira, un homme en uniforme espagnol se jette sur lui et le tue. C'est Zamoro. Gusmano agonisant reconnaît sa faute, pardonne à son assassin et unit Alzira et Zamoro.

S. N.

Une étude préparatoire peu connue

Alzira est peut-être l'opéra de Verdi le moins connu. La création à Naples, qui fut très appréciée, ne fut suivie que de quelques représentations à succès dans le reste de l'Italie. L'opéra finit par disparaître des programmes des théâtres lyriques. « En réalité, cet opéra n'est pas bon du tout », dit ultérieurement Verdi de cette œuvre de jeunesse. Aujourd'hui pourtant, on ne trouve pas cet opéra déplaisant. Le milieu dépeint et le lieu de l'action surprennent, mais il est encore plus étonnant qu'*Alzire ou Les Américains* ait servi de source d'inspiration à une œuvre lyrique italienne. Dans ce texte à portée philosophique écrit par Voltaire en 1736, l'auteur entretient le lecteur du véritable esprit de la religion, son sujet favori. C'est le seul drame de ce genre qui ait inspiré un opéra à Verdi, bien que le conflit entre le chrétien sans cœur et le noble barbare (le métis) joue aussi un rôle dans l'une de ses principales œuvres, → *La Forza del destino*. Pour la question des mœurs et des races, *Alzira* peut être en revanche considéré comme une étude préparatoire à → *Il Trovatore*. Le rejeton inca Zamoro, qui n'appartient pas au même monde, peut être perçu comme une variante de Manrico. Il semble être tout aussi fougueux et également capable de grandes fureurs. Gusmano, de nature tyrannique, est un prédécesseur du comte de Luna, et Alzira se trouve dans une situation analogue à celle de Leonora, puisqu'un choix lui incombe. Il est intéressant de noter que les livrets des deux opéras sont de Salvatore Cammarano, qui inspirait à Verdi – contrairement à son librettiste habituel, Piave – un grand respect. Depuis les années soixante-dix, plusieurs œuvres de jeunesse de Verdi ont été reprises à l'opéra avec succès. Avec sa musique enlevée, *Alzira* mérite aussi d'être redécouvert.

Alzira, acte II, Giancarlo Pasquetto (à l'extrême droite) dans le rôle de Gusmano à l'agonie, mise en scène, décors et costumes : Luciano Damiani, direction musicale : Maurizio Benini, Teatro Regio de Parme, 1990-1991 (Festival Verdi).
Moment caractéristique du tableau final : le jeune Verdi plaide, comme le fera le compositeur brésilien → Gomes (*Il Guarany*) plusieurs dizaines d'années plus tard, en faveur de la réconciliation entre conquérants et conquis.

Attila

Drame lyrique en un prologue et trois actes

Livret: Temistocle Solera, d'après *Attila, roi des Huns* de Zacharias Werner

Création: le 17 mars 1846 à Venise (Teatro La Fenice)

Personnages: Attila, roi des Huns (basse), Ezio, général romain (bar.), Odabella, fille du souverain d'Aquilée (sop.), Foresto, chevalier d'Aquilée (tén.), Uldino, jeune Breton, esclave d'Attila (tén.), Leone, un vieux Romain (basse); princes, rois, soldats, Huns, Gépides, Ostrogoths, Hérules, Thuringiens, Quades, druides, prêtresses, peuple, hommes et femmes d'Aquilée, amazones d'Aquilée, officiers et soldats romains, vierges et jeunes filles romaines, ermites, esclaves (chœur)

Argument

En Aquilée, dans les lagunes de l'Adriatique et à Rome, au milieu du Ve siècle.

Attila, Ruggero Raimondi dans le rôle d'Attila, mise en scène: Giulio Chazalettes, direction musicale: Giuseppe Sinopoli, Staatsoper de Vienne, 1990.
Libo a te, gran Wodano, che invoco (Je bois à toi, grand Wotan, que j'invoque). Ainsi s'adresse souvent le roi des Huns au dieu Wotan. Pourquoi ces allusions à la mythologie germanique? En 437, les Romains et les Huns s'allièrent contre les Burgondes. Attila ne prit certes pas personnellement part aux batailles, mais il fit son entrée dans la mythologie germanique: il fut immortalisé dans la chanson des → *Nibelungen* sous le nom d'Etzel. Selon la légende, le château d'Attila se situait sur les rives du Danube, dans l'actuelle Hongrie.

Le roi des Huns, Attila, conquiert Aquilée, fait tuer son souverain et décide d'attaquer Rome à partir de cette nouvelle position. Odabella, la fille du souverain d'Aquilée, impressionne le roi des Huns en raison de son courage et de sa beauté. Ce dernier lui demande de l'épouser. Mais la fière Italienne veut venger la mort de son père. Elle cherche, tout autant que le général romain et son bien-aimé Foresto, à libérer sa patrie du joug des Huns. Elle finit par tuer Attila, comme Judith avait tué Holopherne.

Prologue

Tableau 1 La grand-place d'Aquilée. Attila fête avec sa soldatesque la conquête d'Aquilée. Parmi les amazones arrêtées, il en est une qui dirige le groupe et impressionne le roi des Huns. C'est Odabella, la fille du souverain d'Aquilée qu'Attila a fait périr. Ezio, général romain et envoyé de l'empereur, se présente chez Attila. Mais sa proposition – Attila pourrait régner sur l'ensemble de l'empire romain à l'exception de l'Italie, que l'empereur italien conserverait – est repoussée par le roi des Huns.

Tableau 2 Le rio Alto, dans les lagunes de l'Adriatique. Des réfugiés d'Aquilée s'installent dans les lagunes. Leur chef, Foresto, se fait du souci pour Odabella, dont il est amoureux, car elle est entre les mains d'Attila.

Acte I

Tableau 1 Une forêt près du camp d'Attila, dans les environs de Rome, la nuit. Odabella s'est jointe à l'armée d'Attila afin de venger son père et son bien-aimé, qu'elle tient pour mort. Errant en pleine nuit, elle tombe sur Foresto qui lui reproche sa trahison. Elle parvient cependant à le convaincre que son objectif est de libérer son peuple, à l'instar de la Judith biblique.

Tableau 2 La tente d'Attila. Un visage apparu en songe met en garde Attila contre l'expédition qu'il projette de mener sur Rome.

Tableau 3 Le camp d'Attila. Le roi des Huns ne veut cependant pas se laisser impressionner: il réunit ses troupes pour le départ. À sa rencontre s'avance une procession dirigée par Leone, dont le visage est celui qui est apparu en rêve à Attila. Au même moment apparaissent dans le ciel deux figures, dont les épées enflammées se font menaçantes. Le roi des Huns est saisi d'effroi.

Acte II

Tableau 1 Le camp d'Ezio, non loin de Rome. L'empereur Valentinien veut conclure une trêve avec Attila. Il ordonne donc au général Ezio d'abandonner la bataille. Ce dernier ne lui obéit cependant pas. Il mise sur la grandeur passée de Rome et s'associe à Foresto, qui projette d'assassiner Attila.

Tableau 2 Le camp d'Attila. Le roi des Huns donne un banquet pour fêter la trêve. Odabella déjoue le plan de Foresto, car elle se sent trompée. Elle met Attila en garde contre le poison versé dans sa boisson et lui demande de bien vouloir la laisser punir elle-même le coupable, ce qui lui permet de soustraire Foresto à la justice d'Attila. Ému et reconnaissant, le roi des Huns annonce son mariage avec Odabella.

Acte III

Une forêt près du camp d'Attila. Foresto et Ezio s'apprêtent à attaquer Attila par surprise. Foresto est révolté et jaloux, car il croit qu'Odabella l'a trahi. Cette dernière, qui a fui le camp d'Attila, l'assure de son innocence et de sa fidélité. Attila, parti à la recherche d'Odabella, tombe dans le guet-apens. Foresto veut le transpercer, mais Odabella le précède, tuant Attila et libérant son peuple à la manière de Judith dans la Bible.

S. N.

Gran Teatro La Fenice à Venise, lithographie de Giovanni Pividor, 1837, Museo Correr, Venise.
En raison de la nature du terrain sur lequel ce théâtre fut érigé, il fallut construire les fondations sur pilotis. On dut en outre aménager un canal de manière à permettre aux visiteurs de venir en gondole.

Ci-dessous
Attila, Gaetano Franschini dans le rôle de Foresto, Venise, 1846, œuvre graphique. Dans cet opéra, la partie de ténor est moins importante que les parties de basse (Attila) et de baryton (Ezio). *Attila* n'aurait pu se passer de la figure de Foresto, car un opéra italien était à l'époque inconcevable sans un couple d'amoureux (ici, Foresto et Odabella). Foresto endosse de plus un rôle important dans le prologue, puisqu'il mène le groupe des réfugiés. La cabalette au cours de laquelle il évoque « sa chère patrie » s'apparente aux innombrables marches du mouvement d'unification de l'Italie, le *Risorgimento*. N 10

Attila, la figure historique

À l'époque des grandes invasions, le plus fameux conquérant fut le puissant roi des Huns. En 452, il fit irruption en Italie et détruisit Aquilée (les habitants d'Aquilée en fuite fondèrent la ville de Venise). La même année, le pape Léon le Grand réussit à le convaincre de battre en retraite. Attila mourut en 453 au cours de sa nuit de noces. Il ne fut pas assassiné par sa dernière épouse, Hildico la Germanique, contrairement à ce que dit la légende. Dans l'opéra, l'attentat de la dernière scène relève donc du domaine de la fiction.

Un message politique

Après ses deux opéras populaires, → *Nabucco* et → *I Lombardi*, Verdi avait mis en musique des livrets se rattachant à d'autres genres (deux drames personnels, → *Ernani* et → *I Due Foscari* une légende agrémentée d'apparitions surnaturelles, → *Giovanna d'Arco*; et un texte à portée philosophique d'après Voltaire, → *Alzira*). Mais il était revenu une fois de plus à l'idée de composer une œuvre à message politique. *Attila* fait en effet partie des variations de Verdi sur le thème du *Risorgimento*.
Il n'est pas difficile de s'imaginer comment le public italien de l'époque réagit à certains passages de l'œuvre.

Resti l'Italia a me!

« Fondation de Venise (prologue) – notre pays est notre premier bien, c'est un cadeau de Dieu. Odabella se compare à la figure biblique de Judith (acte I, tableau 1) – nous avons été élus, comme le peuple de l'Ancien Testament (→ *Nabucco*). En rêve, Leone met en garde Attila s'il ne libère pas la terre des dieux (acte I, tableau 2) – Dieu punira la puissance étrangère. L'empereur Valentinien veut une trêve (acte II, tableau 1). Objection d'Ezio : si l'empereur se montre faible, nous allons perdre notre réputation. Projet d'attentat contre Attila (acte II, tableau 2). Selon Ezio et Foresto, il faut tuer le tyran de manière à retrouver la puissance d'antan! Attila doit mourir! (acte III, finale) – la liberté ne peut se conquérir que par la violence (la révolution). »

Attila regorge de phrases patriotiques, et c'est précisément la raison pour laquelle il conquit si rapidement les scènes d'opéra en Italie dans les années 1840. Dès la deuxième représentation à la Fenice, l'enthousiasme que soulevait le duo Ezio-Attila dans le prologue ne connaissait plus de limites. Le général Ezio offrait certes une alliance déloyale à Attila, le roi des Huns, puisqu'il lui proposait de s'allier à lui en vue de partager le monde et de régner sur celui-ci, mais qui s'en souciait ? Le public vénitien, qui était sous le joug des Habsbourg, saisissait le véritable sens des mots d'Ezio : « Vous pouvez avoir l'univers si vous me laissez l'Italie ! » Cette phrase, qui correspond à la dernière ligne de la strophe, est répétée 14 fois au cours de la dernière minute du duo. Son pouvoir suggestif avait un formidable impact sur les Vénitiens patriotes. N 9

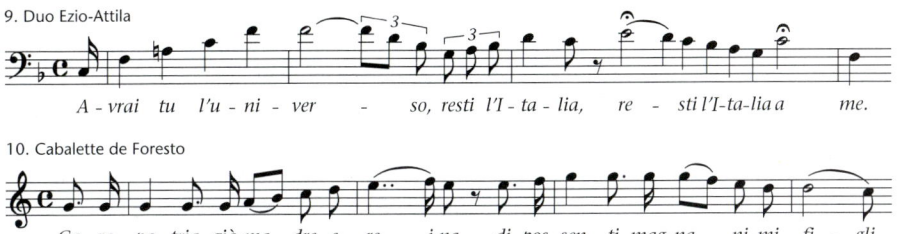

9. Duo Ezio-Attila

A - vrai tu l'u - ni - ver - so, resti l'I - ta - lia, re - sti l'I-ta-lia a me.

10. Cabalette de Foresto

Ca - ra pa - tria, già ma - dre e re - ina di pos sen - ti mag - na - ni - mi fi - gli

Macbeth

Mélodrame en quatre actes

Livret : Francesco Maria Piave, d'après la tragédie de William Shakespeare
Création : le 14 mars 1847 à Florence (Teatro della Pergola) ; adaptation française de Charles Nuitter et Alexandre Beaumont : le 21 avril 1865 à Paris (Théâtre-Lyrique)
Personnages : Duncan, roi d'Écosse (rôle muet), Macbeth, général de l'armée du roi (bar.), Banquo, général de l'armée du roi (basse), lady Macbeth (sop.), Macduff, noble écossais, seigneur de Fife (tén.), Malcolm, fils du roi Duncan (tén.), Fleance, fils de Banquo (rôle muet), une suivante de lady Macbeth (mezzosop.), un médecin (basse), un serviteur de Macbeth (basse), Sicario et Araldo, meurtriers (2 basses), un Héraut (basse), Hécate, déesse de la nuit (rôle muet) ; sorcières, bardes, messagers du roi, soldats anglais, esprits de l'air, apparitions, nobles écossais et proscrits (chœur)

Argument

En Écosse et à la frontière anglo-écossaise, au milieu du XIᵉ siècle.

Macbeth, favori du roi, est un général d'armée d'une valeur inestimable. Il lui a été prédit qu'il deviendrait lui-même roi. Mais il a été prédit à son compagnon de combat Banquo qu'il serait quant à lui père de rois. Macbeth et son épouse succombent à la tentation : ils libèrent le trône en tuant le roi. Ils consolident leur pouvoir illégal en commettant d'autres crimes. Ils font notamment assassiner Banquo. Ils se coupent ainsi de plus en plus de leurs sujets. Lady Macbeth finit par s'effondrer sous le poids de sa mauvaise conscience : elle devient folle et meurt. Macbeth s'expose à la vengeance des enfants et petits-enfants des sujets qu'il a fait tuer. Ceux-ci se liguent contre lui, mais il lui a été prédit qu'aucun homme né d'une femme ne pourrait le tuer. Il sera en fait assassiné par Macduff, dont il a fait tuer toute la famille et qu'aucune femme n'a mis au monde, puisqu'il a été extrait du ventre de sa mère. Macbeth mort, Banquo, assassiné sur ordre de ce dernier, devient père des futurs rois.

Acte I

Tableau 1 Une forêt. Après avoir remporté une victoire, les généraux écossais Macbeth et Banquo rencontrent des figures fantasmagoriques qu'ils prennent pour des sorcières. Ces dernières prédisent à Macbeth, l'actuel thane (seigneur) de Glamis, qu'il deviendra thane de Cawdor et finalement roi d'Écosse. Elles disent en outre à Banquo que ses descendants seront rois. La première prophétie se réalise rapidement, puisque des messagers du roi viennent informer Macbeth qu'il a été nommé thane de Cawdor.

Tableau 2 Une salle dans le château de Macbeth. Lady Macbeth est informée de la prophétie par une lettre de son époux. Lorsque le roi Duncan vient passer la nuit au château de Macbeth, les deux époux l'assassinent pour pouvoir s'emparer du trône.

Acte II

Tableau 1 Une salle dans le château de Macbeth. Bien que roi, Macbeth n'est pas totalement satisfait. Il n'oublie pas que, selon la prophétie, les descendants de Banquo porteront un jour la couronne. Le couple royal décide alors de faire assassiner Banquo et son fils, Fleance.

Tableau 2 Un bois avec, au loin, le château de Macbeth. Des sicaires tuent Banquo, mais Fleance parvient à s'enfuir.

Tableau 3 Une salle d'apparat dans le château de Macbeth. En sa qualité de nouveau roi d'Écosse, Macbeth a invité les nobles de son royaume à une

Macbeth, Dietrich Fischer-Dieskau (Macbeth) et Grace Bumbry (lady Macbeth), mise en scène : Oscar Fritz Schuh, décors et costumes : Teo Otto, direction musicale : Wolfgang Sawallisch, Festival de Salzbourg, 1964.
Dans l'œuvre de Shakespeare, lady Macbeth fait figure de catalyseur : elle amène Macbeth à satisfaire ses ambitions ; dans l'opéra, elle prend l'initiative et se montre décidée à participer aux forfaits de Macbeth. Ce brillant rôle de soprano et le rôle-titre sont sur un pied d'égalité, d'où l'activité débordante de lady Macbeth, qui jouait déjà un rôle important dans la première version de l'œuvre. Lors du remaniement de 1865, Verdi remplaça la seconde aria de lady Macbeth, au début de l'acte II, par un nouveau morceau qui renforça encore le poids du personnage.

Première confrontation de Verdi avec Shakespeare

La partition de *Macbeth* comporte de nombreuses composantes inhabituelles, faisant fi des conventions et multiples habitudes en la matière. Le souci de se montrer à la hauteur du dramaturge conduisit Verdi à explorer de nouvelles voies, comme en témoignent tant les innovations formelles (adoption de formes nouvelles pour des scènes entières) que le langage musical proprement dit : harmonies audacieuses et surprenantes, création de nouveaux timbres et traitement particulier des modes. *Macbeth* a pour caractéristique une sombre couleur de fond. Verdi a su passer outre les règles de son temps – aujourd'hui naturellement dépassées – en matière d'esthétique, en vertu desquelles était condamné l'« abus des modes mineurs » (*abuso dei minori*).

J. K.

fête. Mais la fête n'est pas une réussite. Au moment où Macbeth apprend la mort de Banquo et la fuite de Fleance, sa mauvaise conscience prend forme humaine : l'esprit de Banquo lui apparaît et Macbeth se met à converser avec lui. Ses propos horrifient les invités.

Acte III
Une caverne obscure. Déstabilisé et affolé par ses propres actes, Macbeth revient sur ses pas et demande aux sorcières de lui révéler la suite de sa destinée. Elles l'informent qu'aucun homme né d'une femme ne pourra le tuer et qu'il régnera jusqu'à ce que la forêt de Birnam avance à sa rencontre. Elles le mettent aussi en garde contre l'un de ses sujets, Macduff. Lorsqu'il leur demande ce qu'il en est des descendants de Banquo, toute une galerie de portraits de rois lui apparaît. Le couple royal, sans enfants, a le sentiment que son avenir est en danger. Il fait assassiner toute la famille de Macduff, y compris les femmes et les enfants.

Acte IV
Tableau 1 Un lieu désert à la frontière entre l'Écosse et l'Angleterre. Macduff, dont toute la famille a été tuée, et Malcolm, fils du roi assassiné, ont constitué une armée pour se venger.
Tableau 2 Une salle dans le château de Macbeth. La mauvaise conscience dont souffre lady Macbeth lui provoque des crises de somnambulisme. Elle ne la laisse pas en paix et la torture tellement qu'elle finit par en mourir.
Tableau 3 Une salle dans le château. Macbeth est furieux lorsqu'il apprend que Malcolm, aidé des Anglais, approche du château avec l'intention de se venger, mais c'est avec indifférence qu'il apprend la mort de lady Macbeth.
Tableau 4 Une vaste plaine. Macbeth se trouve face à l'armée constituée par Macduff et Malcolm. La forêt de Birnam s'avance vers lui : les soldats portent en effet des rameaux derrière lesquels ils se dissimulent. Macbeth est tué par Macduff, né d'aucune femme, puisqu'il a été extrait du ventre de sa mère.

S. N.

Macbeth, projet de décor de Hans Strobach, mise en scène : Hans Strobach, direction musicale : Ernst Cremer, Städtische Bühnen de Cologne, 1931.
Nous avons ici l'une des scènes les plus étranges de toute l'histoire de l'opéra. Un roi entre en invité avec toute sa suite, sans chanter ni prononcer un seul mot dans le château de l'un de ses sujets. Le rôle du roi est un rôle muet : il va être assassiné dans le château en question. Une marche douce accompagne son arrivée. Verdi avait écrit sur la partition : *musica villereccia* (musique champêtre).

Un opéra sans ténor et sans amour

Lors de la création de cet opéra à Florence, les critiques et les spectateurs reprochèrent à cette œuvre jusqu'à son genre : il y manquait un grand rôle de ténor et un conflit amoureux. Il existait certes d'autres exemples d'*opera senz'amore*, mais il s'agissait de cas extrêmement isolés dans l'opéra italien du XIXe siècle. Verdi avait courageusement fait fi de la tradition et créé non pas un drame amoureux, mais un drame traitant de la psychologie du pouvoir et du problème de la conscience.

Visions, troubles psychiques et esprits

Les diverses scènes de vision figurent au nombre des pages musicales les plus fascinantes de toute l'histoire de l'opéra – et les plus modernes de l'époque. Le monologue de Macbeth avant l'assassinat du roi n'est en soi qu'un *recitativo accompagnato*, une *scena* entrecoupée d'*ariosi larghi*. Il ne s'agit cependant pas d'un récitatif stéréotypé. Il se distingue déjà des récitatifs traditionnels par sa longueur inhabituelle. Ce qui frappe, c'est la sensibilité que dénotent les formules d'accompagnement musicales qui, collant au texte, reflètent les moindres émotions et pensées des personnages, ainsi que les variations d'atmosphère les plus infimes. Lorsque l'on compare le livret de l'opéra à l'œuvre de Shakespeare (acte II, tableau 1), on remarque surtout combien l'auteur est resté fidèle au texte d'origine : certaines formulations, expressions ou tournures métaphoriques ont été reprises telles quelles. N 11

Les pénibles crises de somnambulisme de lady Macbeth (au dernier acte) nécessitaient sur le plan musical la découverte d'une solution originale. Ni une aria de forme traditionnelle et stéréotypée ni un récitatif sans délimitation n'auraient pu faire l'affaire. Il fallait trouver une forme intermédiaire : un arioso se déployant amplement à l'intérieur d'une forme symétrique lui servant de cadre. L'ampleur du prélude et du finale joués par l'orchestre signale l'importance toute particulière de cette scène. Verdi a en l'occurrence créé l'une des composantes musicales les plus importantes de l'œuvre, à savoir une mélodie caractéristique. Et ce n'est pas un hasard si la même mélodie occupe une place importante dans l'ouverture : elle évoque symboliquement l'enchaînement culpabilité/expiation. Lorsque le médecin et la dame d'honneur sont involontairement témoins des aveux et du tragique effondrement de lady Macbeth, c'est là encore le texte de Shakespeare que l'on entend presque mot pour mot (acte V, tableau 1). N 12

Les sorcières

Le groupe des sorcières appartient aussi au domaine du surnaturel. Chez Verdi, il a pris la forme d'un chœur de femmes à trois voix (à l'origine, le compositeur avait exigé la réunion de trois fois six voix, soit dix-huit voix). Verdi considérait que les sorcières étaient le troisième rôle principal de son opéra, après ceux de Macbeth et de lady Macbeth. Dans la première version, l'ensemble des sorcières se composait déjà d'un mélange singulier de timbres grotesques et criards. Verdi, contemporain

Macbeth, projet de décor de Paul Haferung pour la production du Reichs-Gau-Theater de Posen (Poznan), 1944 (TWS).
Chez Verdi, les sorcières ne sont en aucun cas des créatures méchantes. Il s'agit bien plus d'esprits élémentaires. Il n'existe pas de sentiments dans le monde dans lequel elles vivent. Entre elles, elles se montrent joueuses et gaies. Elles n'ont aucune influence sur les événements. Elles ne font que prédire l'avenir. Pour elles, le passé, le présent et l'avenir sont du reste des notions qui n'existent pas. Elles vivent en effet dans un espace temporel sans début ni fin, et c'est la raison pour laquelle elles savent tout.

de → Berlioz et de Liszt, cherchait à souligner les traits méphistophéliques de ces esprits. N 13

Le peuple

Le peuple ne joue pas un rôle essentiel dans le drame de Shakespeare. Verdi ayant cependant créé son opéra au cours de la décennie du *Risorgimento*, il avait voulu pour des raisons tant inhérentes qu'extérieures à l'œuvre y introduire une scène avec chœur d'une grande puissance, ce qui fut fait au début de l'acte IV. Peut-être avait-il été aussi tenté par la création d'un tel chœur en raison de l'énorme succès qu'avaient eu auprès du public les chœurs de → *Nabucco* et de → *I Lombardi* : tous évoquent l'affliction liée à la perte de sa patrie. La composition de 1865 venue en remplacement du chœur de 1847 ne fait cependant plus place au patriotisme des années 1840. Elle traite de la souffrance humaine en général. Ce sera dès lors le langage des grandes créations verdiennes. N 14, N 15   J. K.

Macbeth, mise en scène : Ruth Berghaus, décors : Erich Wonder, Württembergisches Staatstheater, Stuttgart, 1995.
Pour le monde de l'opéra, Shakespeare était une découverte, surtout en Italie. Dans les années 1840, Verdi avait déjà envisagé de mettre en musique *Hamlet* et *The Tempest* (La Tempête). Pendant plusieurs dizaines d'années, il hésita en outre à adapter *King Lear* (Le Roi Lear). Vers 1850, il informa même son éditeur français, Escudier, qu'il avait l'intention de créer à l'opéra les principaux drames de Shakespeare. Il n'en adapta finalement que trois : *Macbeth*, → *Otello* et → *Falstaff*. Il créa le premier à l'âge de 33 ans ; les deux derniers à la fin de sa vie.

11. Monologue de Macbeth

12. Scène de folie de lady Macbeth

13. Danse des sorcières

14. Chœur des proscrits (1847)

15. Chœur des proscrits (1865)

Shakespeare et Schiller, représentation allégorique des deux grands auteurs ayant inspiré Verdi, œuvre graphique du XIXe siècle.

I Masnadieri
Les Brigands

Mélodrame tragique en quatre actes

Livret : Andrea Maffei, d'après *Die Räuber* (Les Brigands) de Friedrich von Schiller
Création : le 22 juillet 1847 à Londres (Her Majesty's Theatre)
Personnages : Massimiliano, comte de Moor (basse), Carlo (tén.) et Francesco (basse), fils de Massimiliano, Amalia, orpheline, nièce du comte (sop.), Arminio, chambellan au service de la famille du comte (tén.), le Pasteur Moser (basse), Rolla, compagnon de Carlo Moor (tén.) ; brigands, femmes, jeunes garçons, serviteurs (chœur)

Argument
En Bohême et en Franconie, au cours de la première moitié du XVIIIe siècle.

Une intrigue de Francesco, jaloux de son frère Carlo, a amené ce dernier à quitter son père et à tenter sa chance parmi les brigands. Mais même la vie au milieu des proscrits le déçoit. Francesco empêche toute réconciliation entre Carlo et son père en se faisant porteur de fausses lettres et annonciateur de fausses nouvelles. Il fait ainsi croire à Massimiliano, le père, et à Amalia, la bien-aimée de Carlo, que celui-ci est mort et qu'il a formulé au moment de sa mort le souhait qu'Amalia épouse Francesco. Amalia, qui veut échapper à ce mariage, se réfugie dans les forêts de Bohême. Francesco fait jeter son père dans un cachot et prend sa place. Lorsque Carlo se rend enfin compte des agissements de son frère, il est trop tard : son père est devenu fou et si affaibli qu'il va bientôt mourir ; lui-même est lié aux brigands par serment. Pour épargner à Amalia de vivre dans la honte, il la tue, puis il part lui-même à la rencontre de la mort.

Die Räuber de Schiller sur une scène d'opéra italienne

Le livret d'*I Masnadieri* a été écrit par Andrea Maffei. Poète alors célèbre, il avait traduit Shakespeare et Schiller, mais était aussi l'époux d'une femme qui joua un rôle extraordinairement important dans la vie de Verdi, la comtesse Clara Maffei. Dans le salon des Maffei se croisaient des hommes politiques et des artistes patriotes. C'est là que Verdi fit la connaissance, entre autres, du poète italien le plus important de l'époque, Alessandro Manzoni. Lors de la création de cet opéra à Londres, la direction musicale fut assurée par Verdi lui-même. Ce fut un véritable triomphe, auquel le choix de la cantatrice pour le premier rôle féminin, celui d'Amalia, ne fut pas étranger. Ce rôle avait en effet été confié à la *prima donna* Jenny Lind. Sur le continent européen, cet opéra fut assez mal accueilli. Il est intéressant de noter que la fougue propre à la jeunesse et la violente critique de la société présentes dans l'œuvre de Schiller ont disparu dans la version italienne de l'opéra. Le rôle d'Amalia ayant été tenu par Jenny Lind à la première représentation, il est devenu vocalement le plus important. Vient immédiatement après la figure impressionnante de Francesco, le méchant.

Brigands recherchés

L'action d'*Il Corsaro* présente une curieuse similitude avec le sujet d'*I Masnadieri*. À l'instar de Carlo Moor, Corrado ne devient brigand qu'après avoir subi une injustice. Les deux opéras sont en outre inspirés d'œuvres littéraires dont les auteurs adhéraient aux idéaux du romantisme. Ce n'était pas *I Masnadieri* qui était destiné à l'Angleterre, mais *Il Corsaro* (d'où le choix d'un texte de Byron). Verdi trouva cependant *Die Räuber* plus intéressant et acheva l'opéra qui s'en inspire plus rapidement.

Il Corsaro, Eduard Tumagian dans le rôle de Seid, mise en scène : Hans Neugebauer, décors et costumes : Hans Brosch, direction musicale : Michelangelo Veltri, Theater im Pfalzbau de Ludwigshafen, 1993.
Au XVIIIe siècle, *Il Corsaro* aurait été une turquerie. Il s'agit en effet bel et bien d'un « enlèvement au sérail », qui se termine cependant de manière tragique, puisque le pacha et le ravisseur meurent.

Il Corsaro
Le Corsaire

Mélodrame tragique en trois actes

Livret : Francesco Maria Piave, d'après *The Corsair* (Le Corsaire) de lord Byron
Création : le 25 octobre 1848 à Trieste (Teatro Grande)
Personnages : Corrado, capitaine des corsaires (tén.), Medora, sa fiancée (mezzosop.), Seid, pacha de Coron (bar.), Gulnara, son esclave préférée (sop.), Selimo, aga (tén.), Giovanni, corsaire (basse), Anselmo, corsaire (rôle muet), un eunuque noir (tén.), un esclave (tén.) ; corsaires, gardes, Turcs, esclaves, odalisques, servantes de Medora (chœur)

Argument
Sur une île de la mer Égée et dans la ville de Coron (Péloponnèse), au début du XIXe siècle.

Les corsaires apprécient la liberté dont ils jouissent. Leur capitaine, Corrado, se sent pourtant enchaîné à un funeste destin : le retour à une vie honnête et heureuse lui est interdit. Exalté par son amour de la patrie, il entraîne ses hommes à effectuer des actes de piraterie. Ayant pris d'assaut le palais du pacha de Coron, Seid, il s'apitoie sur le sort des esclaves prisonnières des flammes dans leur harem et leur sauve la vie. Lorsqu'il est lui-même fait prisonnier, il est condamné à mort malgré les supplications des jeunes femmes qu'il a sauvées. Gulnara, l'esclave préférée du pacha, libère Corrado dont elle est amoureuse, et poignarde le tyran, qu'elle déteste. Corrado demeure cependant fidèle à sa fiancée Medora. Celle-ci s'est empoisonnée lorsqu'elle a vu les corsaires revenir de leur expédition au palais turc sans Corrado. Las de la vie, le capitaine des corsaires se jette alors à la mer.

S. N.

La Battaglia di Legnano, mise en scène : Nicola Benois, Teatro alla Scala de Milan, 1961-1962.
« Il n'y a – et ne peut non plus y avoir – d'autre musique que celle qui est chère aux oreilles des Italiens en 1848 : la musique des canons ! », s'enflammait Verdi dans une lettre adressée à Piave le 21 avril 1848. Il écrivit
un hymne pour les combattants de la révolution avant de partir pour Paris, où il commença à composer *La Battaglia di Legnano*. Ce dernier opéra de la période *Risorgimento* présente de nombreuses nouveautés, notamment la grande scène de prière de l'acte IV. Verdi a réuni là différents niveaux musico-dramatiques qui s'imbriquent les uns dans les autres d'une manière étonnamment complexe : l'ample mélodie de la soprano (Lida), le chœur situé sur scène (celui du peuple) et le chœur en coulisses (celui des chevaliers de la mort) chantent à l'unisson.

Des opéras créés par nécessité
I Masnadieri, *Il Corsaro* et *La Battaglia di Legnano* sont des opéras que Verdi a composés à la fin de ce qu'il a lui-même appelé ses « années de galère » (*anni di galera*), les années 1844 à 1850. Verdi, qui n'avait cessé de composer, était épuisé et, bien qu'il ait cherché
de nouvelles voies à la fin des années 1840, ces trois œuvres-là demeurèrent conventionnelles.

La Battaglia di Legnano

Tragédie lyrique en quatre actes

Livret : Salvatore Cammarano, d'après *La Bataille de Toulouse* de François Joseph Méry
Création : le 27 janvier 1849 à Rome (Teatro Argentina)
Personnages : Federico Barbarossa, empereur allemand (basse), premier consul de Milan (basse), second consul de Milan (basse), bourgmestre de Côme (basse), Rolando, un duc de Milan (bar.), Lida, son épouse (sop.), Arrigo, soldat véronais (tén.), Marcovaldi, prisonnier allemand (bar.), Imelda, servante de Lida (mezzosop.), un héraut (tén.), écuyer d'Arrigo (tén.) ; chevaliers de la mort, édiles et ducs de Côme, servantes de Lida, peuple milanais, sénateurs milanais, soldats de Vérone, de Brescia, de Novare, de Plaisance et de Milan, armée allemande (chœur)

Argument
À Milan et à Côme, en 1176.
Dans la ville de Milan, le peuple, des soldats et des bourgeois ayant uni leurs forces s'apprêtent à combattre, pour les besoins de l'unité italienne, l'armée allemande dirigée par l'empereur Barbarossa. À cette occasion, le Milanais Rolando retrouve un ami qu'il croyait mort, le Véronais Arrigo. En dépit de rivalités personnelles – Lida, qui fut la bien-aimée d'Arrigo, est devenue l'épouse de Rolando –, Arrigo et Rolando demeurent politiquement proches : tous deux se présentent à Côme pour venir en aide à Milan. Ne pouvant espérer avoir une vie privée heureuse, Arrigo se rallie à la cause des Chevaliers de la mort, une société secrète qui se bat pour l'unité de l'Italie et dont la devise est : « La victoire ou la mort ». Les Lombards finissent par vaincre l'empereur allemand. Blessé au combat, Arrigo meurt après avoir réconcilié Rolando et Lida.

S. N.

Un tract mis en musique
La Battaglia di Legnano n'est comparable ni à *I Masnadieri* ni à *Il Corsaro* : elle est d'un type radicalement différent. Cet opéra fut la contribution de Verdi au combat pour la liberté. À l'époque de sa création, Rome connaissait une situation politique tendue qui conduisit finalement le pape à se réfugier en janvier 1849 à Gaète, d'où il demanda l'aide des puissances étrangères. Étant donné cette situation désespérante, mais pas tout à fait désespérée, le dernier opéra de la période du *Risorgimento* de Verdi eut droit lors de sa création à un franc succès. Le chœur du *Giuramento* (le serment), au début de l'acte I, répondait déjà aux attentes du public. L'opéra avait pour sujet la victoire des Italiens. Douze jours après sa création, Garibaldi proclama à Rome une république, qui allait cependant être de courte durée.

Luisa Miller

Mélodrame tragique en trois actes

Livret : Salvatore Cammarano, d'après *Kabale und Liebe* (Intrigue et amour) de Friedrich von Schiller
Création : le 8 décembre 1849 à Naples (Teatro San Carlo)
Personnages : le comte Walter (basse), Rodolfo, son fils (tén.), Federica, duchesse d'Ostheim, nièce du comte Walter (alto), Wurm, secrétaire du comte (basse), Miller, ancien soldat à la retraite (bar.), Luisa, sa fille (sop.), Laura, une villageoise (mezzo-sop.), un paysan (tén.) ; dames d'honneur de Federica, pages, domestiques, gardes du corps, villageois (chœur)

Argument

Au Tyrol, au cours de la première moitié du XVIIIe siècle. Un père, conscient de son rang et débordant d'amour-propre, et son secrétaire, prêt à intriguer, tentent de séparer deux personnes qui s'aiment : le comte Walter et son secrétaire Wurm forcent en effet la villageoise Luisa à trahir son bien-aimé Rodolfo, le fils du comte. En ce monde, les méchants l'emportent : ne voyant aucune issue possible, le fils du comte tue sa bien-aimée et se tue lui-même. Les deux amoureux sont heureux d'être unis par la mort. Rodolfo entraîne Wurm dans la tombe et laisse son père sans héritier.

Acte I (L'amour)

Tableau 1 Un charmant village. Devant la maison de Miller. Parmi les invités venus fêter l'anniversaire de Luisa figure son amoureux, Rodolfo. L'intendant du château, Wurm, convoite la main de Luisa, mais son amour n'est pas payé de retour. Pour éliminer son rival Rodolfo, il révèle au vieux Miller l'identité de ce dernier : Rodolfo est le fils du comte Walter.

Tableau 2 Une salle dans le château du comte Walter. Wurm a informé Walter des amours de Rodolfo. Pour éviter une mésalliance, le comte ordonne le mariage de son fils Rodolfo avec la duchesse d'Ostheim. Rodolfo confie à cette amie de jeunesse son amour pour Luisa, mais Federica ne fait preuve d'aucune compréhension : cet amour n'éveille en elle que de la jalousie.

Luisa Miller, Daniela Dessì dans le rôle de Luisa, mise en scène : Daniele Abbado, décors : Dante Ferretti, direction musicale : Bruno Bartoletti, Opernhaus de Zurich, 1999.
Avec Luisa, Verdi créa un type de personnage féminin qui allait par la suite souvent réapparaître dans ses opéras. Nul ne peut venir en aide à Luisa : elle est à la merci d'une société masculine – ou plus précisément régie par des hommes – et victime d'une intrigue. En ce sens, elle annonce le personnage de Gilda dans → *Rigoletto*.

Tableau 3 La maison de Miller. Miller informe sa fille du rang de Rodolfo et de son prochain mariage. Rodolfo confirme cependant son amour à la jeune fille et tous deux demandent à Miller la permission de se marier. Le comte, qui espionne son fils, offense Miller et sa fille. Il envisage même de les faire tous deux emprisonner. Mais son fils le menace de révéler les sombres machinations qui lui ont permis d'être comte.

Acte II (L'intrigue)

Tableau 1 La maison de Miller. Le comte a bel et bien fait jeter Miller en prison. Wurm explique alors à Luisa que, pour récupérer son père, il lui suffirait d'écrire une lettre par laquelle elle reconnaîtrait n'aimer que Wurm. Désespérée, elle accepte.

Tableau 2 Une salle au château du comte Walter. Le comte est soucieux, car Rodolfo sait qu'il a commis un crime avec l'aide de Wurm pour obtenir son titre de comte. Le secret ne pourra donc être gardé que si Rodolfo renonce de lui-même à Luisa. C'est pour cette raison que Walter et Wurm exigent de la jeune fille qu'elle confirme devant la duchesse d'Ostheim n'aimer que le secrétaire du comte.

Tableau 3 Les jardins du château. Wurm s'est arrangé pour que Rodolfo ait connaissance de la lettre de Luisa. Désespéré, il le provoque en duel, mais Wurm s'enfuit. Walter se montre compréhensif envers son fils et l'autorise à épouser Luisa. Lorsque Rodolfo avoue à son père la trahison de Luisa, ce dernier lui conseille de se venger en épousant la duchesse.

Acte III (Le poison)

La maison de Miller. Luisa désire adresser une lettre à Rodolfo et lui avouer le chantage dont elle a été victime, mais Miller, tout juste sorti de prison, craint d'y retourner. Le père et sa fille décident alors de partir. Au moment où Luisa est absorbée par sa prière d'adieu, Rodolfo entre dans la pièce sans qu'elle s'en aperçoive. Il verse dans une tasse du poison, qu'ils boivent tous les deux. À l'approche de la mort, Luisa avoue la vérité et les amoureux meurent réconciliés. Utilisant les forces qui lui restent, Rodolfo transperce Wurm de son épée. Il ne reste plus que deux pères privés de leur enfant.

S. N.

Ci-dessus
Luisa Miller, Mario Zanessi dans le rôle de Miller, mise en scène : Margherita Wallmann, décors : Attilio Rossi, Teatro alla Scala de Milan, 1968.
Miller tenant la lettre funeste. *Kabale und Liebe* de Schiller est une pièce de théâtre ancrée dans l'époque à laquelle elle a été créée (chez Schiller, qui a écrit toute une série de drames historiques, il s'agit de la seule œuvre de ce genre) : c'est une critique de la société d'alors. Ni le livret de Cammarano ni l'opéra de Verdi ne suivent fidèlement l'œuvre de Schiller. L'action a été en effet transposée au XVIIIe siècle, dans un village du Tyrol. La petite principauté, avec son atmosphère sulfureuse et empoisonnée, ainsi que l'actualité sociale de la pièce de Schiller ont disparu.

Une tragédie bourgeoise

Tel est le sous-titre de l'œuvre de Schiller *Kabale und Liebe*. Verdi en a-t-il fait un « opéra bourgeois » comparable, en raison de l'atmosphère et du milieu dépeints, à → *Stiffelio* (1850) ou encore à → *La Traviata* (1853) ? *Luisa Miller* est une tragédie bourgeoise dans le sens où cette œuvre correspond, à ne pas s'y tromper, à une incursion dans la vie privée de bourgeois. L'opéra qui en a été tiré est aussi un drame personnel bourgeois et non pas une œuvre historico-politique. À cet opéra correspond plus d'un changement de couleur dans le monde dramaturgique de Verdi, même si l'adaptation ne suit pas fidèlement la pièce contestataire de Schiller. Il y a à cela plusieurs raisons. Elles sont à chercher tant du côté de la prudence – dont le compositeur et son librettiste, Salvatore Cammarano, désiraient faire preuve en raison du climat politique qui régnait alors dans le royaume de Naples, où l'opéra devait être créé – que du côté de la technique compositionnelle de Verdi, qui demeurait à cette époque attaché à la tradition.

Dans l'opéra, l'action se déroule à ses débuts dans une douce ambiance villageoise, qui n'est pas sans rappeler les modèles sentimentalo-idylliques de → *La Sonnambula* de Bellini ou encore de *Linda di Chamounix* de Donizetti. Elle se poursuit par une intrigue, dont les moments les plus importants renvoient à l'œuvre de Schiller. Elle a cependant été quelque peu simplifiée. Elle s'enlise dans les machinations d'un potentat local et de son complice, liés par un sombre passé, un assassinat perpétré secrètement en vue de permettre au potentat d'hériter du pouvoir. Bien que l'action ait été simplifiée et arrachée à son milieu d'origine, l'opéra nous fait tout de même pénétrer dans l'« intimité de la bourgeoisie » et annonce la gamme de sentiments qui s'exprimera dans → *La Traviata*. Les nombreux observateurs qui pensent déceler un lien entre les deux opéras n'ont pas tout à fait tort. Ici se fait jour une intimité d'un genre nouveau : la caractérisation musicale de Luisa – jeune héroïne appelée à souffrir – introduit dans l'œuvre de Verdi un mode d'expression qui en avait été jusqu'alors quasiment absent. Ainsi *Luisa Miller* ouvrait-il de nouvelles perspectives en matière de caractérisation des personnages.

J. K.

Luisa Miller, Carlos Chausson dans le rôle de Wurm, mise en scène : Daniele Abbado, direction musicale : Bruno Bartoletti, Opernhaus de Zurich, 1999.
C'est à Wurm que revient le rôle du méchant. Il a certes ses raisons, puisqu'il aimerait épouser Luisa, mais il n'agit que par plaisir de la destruction. Verdi et → Wagner sont les deux seuls compositeurs d'opéra à avoir représenté le mal de manière aussi crue et aussi effrayante.

Luisa Miller, Daniela Dessì dans le rôle de Luisa, mise en scène : Daniele Abbado, décors : Dante Ferretti, Opernhaus de Zurich, 1999.
Luisa fut la première figure féminine moderne de Verdi. Sur les scènes d'opéra, il n'était alors pas courant de dépeindre le milieu bourgeois. Luisa est une figure si ancrée dans le quotidien que seuls des événements extrêmes peuvent en faire une héroïne tragique. C'est pourquoi elle se révèle pleinement dans le dernier acte.

À droite
Luisa Miller, Lásló Polgár (le comte Walter) et Carlos Chausson (Wurm, à droite), mise en scène : Daniele Abbado, direction musicale : Bruno Bartoletti, Opéra de Zurich, 1999.
C'est dans *Luisa Miller* que fut pour la première fois fortement mis en évidence un dialogue entre deux voix masculines graves, en l'occurrence celles du comte et de Wurm, qui se détestent mais sont liés par l'acte qu'ils ont commis ensemble par le passé. C'est ce même type de dialogue qui confère à la rencontre de héros ennemis tels Boccanegra et Fiesco (→ *Simone Boccanegra*) ou le roi Philippe II et le Grand Inquisiteur (→ *Don Carlo*) une atmosphère singulière d'un point de vue musical et dramaturgique.

Ouverture à la *Freischütz*

Ce n'est peut-être pas un hasard si *Luisa Miller* de Verdi commence par une ouverture dont le mode (do mineur/do majeur), le style, la manière dont elle a été travaillée et, de temps en temps, la thématique font fortement songer à l'ouverture de → *Der Freischütz* de Carl Maria von Weber. L'étrange ressemblance de la tonalité générale tient peut-être au fait que l'opéra de Verdi est librement inspiré d'un drame allemand. Quoi qu'il en soit, la générosité symphonique de *Der Freischütz* s'est apparemment imposée à Verdi, qui s'en est fait un modèle : l'ouverture de *Luisa Miller* est l'une de ses créations les plus intéressantes et les plus réussies. Il s'agit d'une forme sonate *allegro* mono-thématique qui, d'une construction stricte, témoigne de la solide formation classique de Verdi. Ce n'est peut-être pas la plus connue ni la plus populaire de ses ouvertures (contrairement, par exemple, à celle d'→ *I Vespri siciliani* ou de → *La Forza del destino*), mais c'est l'une des meilleures. Il s'agit là d'un de ses premiers chefs-d'œuvre, et pas seulement d'un point de vue formel : fort sérieuse, la tonalité générale nous introduit indubitablement dans l'univers d'une tragédie. N 16

Les méchants

Dans l'acte II, les figures négatives passent au premier plan. Il s'agit de Wurm, qui par son chantage contraint Luisa à rédiger la lettre, et du comte Walter, qui dialogue avec Wurm dans la scène suivante. Au cours de leur duo, ces deux basses ténébreuses montrent qu'elles ont peur que soit découvert l'horrible forfait qu'elles ont perpétré ensemble et qu'elles avouent du même coup. Cette scène témoigne de manière impressionnante de l'art qu'avait Verdi de camper ses personnages. N 17

Étant donné la hiérarchie entre les chanteurs, c'est le comte qui devrait avoir à nos yeux le rôle le plus important. Pourtant, en tant que figure dramatique et en tant qu'ébauche qu'affinera Verdi dans bon nombre d'opéras, c'est Wurm qui suscite notre intérêt. Il servira de modèle à de nombreux autres coquins créés par Verdi, à Paolo Albiani de → *Simone Boccanegra* ou à Iago d'→ *Otello*, par exemple. Wurm est le maître à penser, mais aussi celui qui met en place toute la mécanique de l'intrigue. Est-ce un hasard si, 35 ans plus tard, Verdi a utilisé, pour caractériser musicalement Iago, les mêmes moyens d'expression que pour Wurm, à savoir des trilles diaboliques à exécuter à l'unisson ? Dans le cas de Wurm, ils annoncent déjà l'épisode de la lettre. N 18, N 19

Mort et transfiguration

L'héroïne, qui a donné à l'œuvre son titre, prend sa véritable dimension et apparaît dans toute sa spécificité au dernier acte. La manière dont Verdi a ici campé son personnage se rapproche fortement de la façon dont il rendra compte des personnages et de l'atmosphère dans les grandes œuvres des années 1850. L'introduction instrumentale de l'acte final – qui reprend des thèmes de l'ouverture en alternance avec des motifs du duo d'amour de la scène introductive – fait songer à la future → *Traviata*, où le prélude de l'acte III reprend aussi des passages du morceau d'introduction. (Et comme *La Traviata*, c'est l'idée musicale de l'ouverture qui semble avoir été reprise dans l'intro-

duction du dernier acte et non le contraire comme dans les ouvertures de type pot-pourri.) Les véritables temps forts de cet acte ne coïncident pas avec les moments les plus dramatiques de l'action. Ce ne sont pas en effet les récitatifs animés de Rodolfo et Luisa qui vont aboutir au drame final, ni même leur dernier duo désespéré, qui demeure conventionnel, mais les scènes précédentes : le tableau du début, teinté d'une tristesse émouvante (Luisa parmi ses compagnes), et la scène suivante, au cours de laquelle Miller s'entretient avec sa fille. Le moment où Luisa envisage la mort (*La tomba è un letto sparso di fiori…*/Le tombeau est un lit jonché de fleurs…) est une valse triste, Luisa se montrant résignée et comme transfigurée par l'idée de la mort. Ce passage est, par l'atmosphère qui y règne, digne du dernier acte de *La Traviata*. N 20 Le duo que forment le père et sa fille est assez proche, tant par son contenu que par sa forme musicale, du duo Rigoletto-Gilda dans l'acte II de → *Rigoletto*. (Même la décision qu'ils prennent ensemble, celle de quitter définitivement leur terre natale devenue une vallée de larmes, fait songer à *Rigoletto*). Et la fin éblouissante de l'opéra (le trio final) annonce déjà → *La Forza del destino*. N 21

J. K.

Luisa Miller, Juan Pons (Miller) et Daniela Dessì (Luisa), mise en scène : Daniele Abbado, décors : Dante Ferretti, direction musicale : Bruno Bartoletti, Opernhaus de Zurich, 1999.
Un père et sa fille, une scène récurrente dans l'œuvre dramatique de Verdi. Il est intéressant de noter que l'amour paternel qu'inspire à un homme vieillissant sa fille ou tout autre jeune femme occupe aussi une place importante chez → Wagner (citons Wotan et Brünnhilde, mais aussi Hans Sachs et Eva ou encore le roi Marke et Isolde). Dans chacun des cas ont été associées une voix masculine grave et une soprano. Dans → *Die Zauberflöte* de Mozart, on trouvait déjà cette même association de voix dans le duo Sarastro-Pamina.

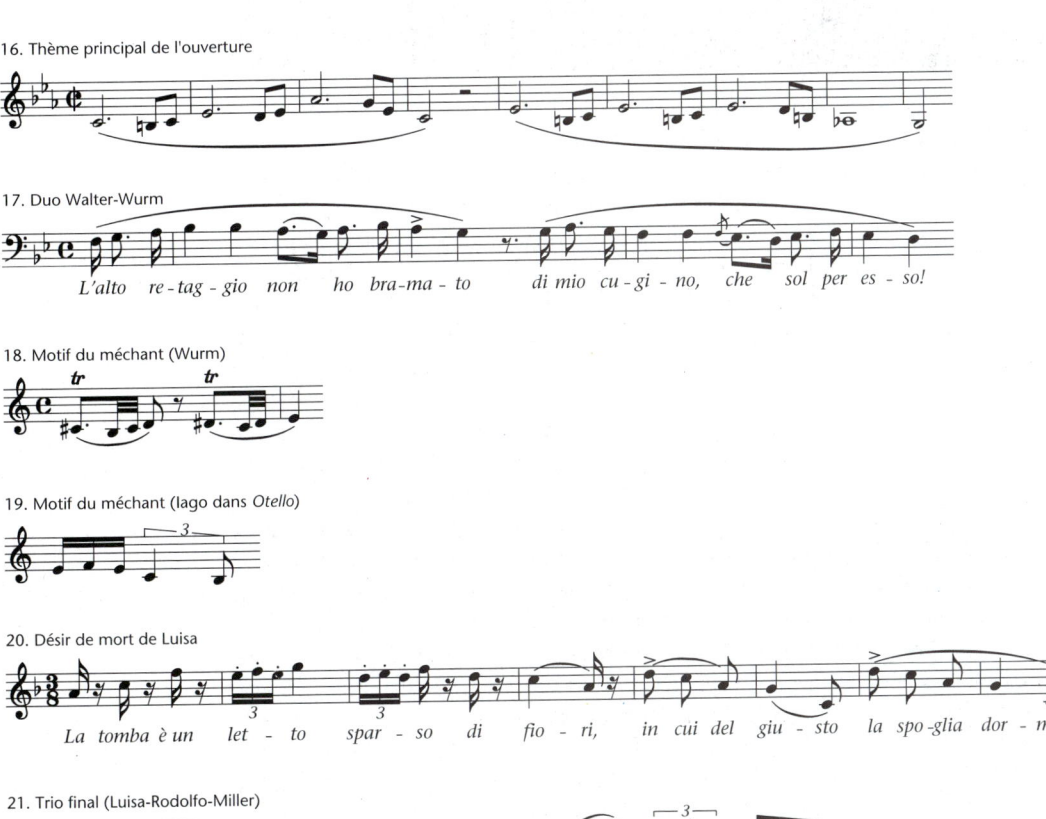

16. Thème principal de l'ouverture

17. Duo Walter-Wurm

L'alto re-tag-gio non ho bra-ma-to di mio cu-gi-no, che sol per es-so!

18. Motif du méchant (Wurm)

19. Motif du méchant (Iago dans *Otello*)

20. Désir de mort de Luisa

La tomba è un let-to spar-so di fio-ri, in cui del giu-sto la spo-glia dor-me

21. Trio final (Luisa-Rodolfo-Miller)

Mi be-ne-di-ci… o pa-dre mi-o… mi be-ne-di-ci…

Qui est Stiffelio ?

Il y eut apparemment deux figures historiques répondant au nom de Stiffelius. Il s'agit de deux pasteurs. L'un vécut au XVIe siècle et fut un partisan de Martin Luther ; l'autre était du début du XIXe siècle. Tous deux exerçaient à l'origine leur sacerdoce en Autriche, mais ils durent se réfugier en Saxe pour échapper aux persécutions. Les auteurs français de ce drame transposèrent l'action à Salzbourg qui au cours de la première moitié du XIXe siècle, était encore considérée comme une ville intolérante sur le plan religieux, tout particulièrement envers le protestantisme. Souvestre s'est inspiré des deux figures historiques pour créer son héros dramatique. Il ne leur a cependant emprunté que leur nom, car sa pièce de théâtre, une pure invention, ne doit rien à leur histoire personnelle.

Stiffelio, Mara Zampieri (Lina), José Carreras (Stiffelio) et Peter Jelosits (Federico), Staatsoper de Vienne, 1996.
Le moment de l'acte I où la situation est la plus captivante : Stiffelio tend à sa femme le livre incriminé (*La Messiade* de Klopstock) qui lui permettra de savoir si elle est coupable.

Stiffelio

Drame lyrique en trois actes

Livret : Francesco Maria Piave, d'après *Le Pasteur ou L'Évangile et le foyer* d'Émile Souvestre et Eugène Bourgeois
Création : le 16 novembre 1850 à Trieste (Teatro Grande)

Personnages : Stiffelio, pasteur des Ashavériens (tén.), Lina, son épouse (sop.), Stancar, comte d'Empire et ancien colonel, père de Lina (bar.), Raffaele di Leuthold (tén.), Jorg, pasteur âgé (basse), Federico di Frengel, cousin de Lina (tén.), Dorotea, cousine de Lina (mezzosop.) ; amis du comte, Ashavériens (chœur)

Les différentes variantes :
Guglielmo Wellingrode
Adaptation effectuée par l'impresario Mario Lamari pour des représentations données en 1851 à Rome (Teatro Apollo) et à Florence (Teatro della Pergola). Dans cette variante, le héros principal est un homme d'État du XVe siècle.
Aroldo
Création : le 16 août 1857 à Rimini (Teatro Nuovo). Nouvelle adaptation. Le héros principal est cette fois un croisé anglais du XIIIe siècle.

Argument

Sur la Salzach (Autriche), au début du XIXe siècle.

Acte I
Tableau 1 Une salle au château du comte Stancar. Le pasteur Stiffelio, de retour après une longue absence, raconte une histoire qui lui est arrivée : un batelier lui a remis un portefeuille perdu par un homme qui, s'enfuyant de la chambre d'une femme, s'est jeté dans le fleuve. Stiffelio, se montrant vertueux, pratique le pardon : il détruit la pièce à conviction. Il ne sait pas que ce portefeuille lui aurait apporté la preuve que sa propre femme est coupable d'adultère. Seul le père de cette dernière a des soupçons. Lorsqu'il voit Raffaele tenter de faire parvenir un message à sa fille en glissant un billet dans un livre, ses soupçons se trouvent confirmés. Il contraint cependant Lina à garder le silence pour sauver l'honneur de la famille.
Tableau 2 La salle de réception du château. Le pasteur Jorg, qui est aussi au courant de la présence du billet dans le livre, pense que le cousin Federico est impliqué dans l'affaire. Stancar, père de Lina, s'empare finalement du billet.

Acte II
Un cimetière près d'une vieille église. Lina a cherché refuge sur la tombe de sa mère. Même en ce lieu, Raffaele l'assaille de son amour. Elle le repousse et avoue ne lui avoir cédé que dans un moment de faiblesse. Stancar provoque Raffaele en duel. Stiffelio, qui ne se doute de rien, tente de réconcilier les deux hommes au nom de Dieu, mais il apprend alors l'adultère de sa femme et se trouve déchiré entre une jalousie démesurée et le désir de pardonner en bon chrétien.

Acte III
Tableau 1 Une antichambre au château. Stancar apprend que Raffaele veut s'enfuir avec Lina. Stiffelio demande à Lina un entretien et contraint Raffaele à écouter sans se montrer. Lorsque le pasteur s'apprête à rendre à sa femme sa liberté, elle le supplie d'entendre sa confession en simple pécheresse et non plus en tant qu'épouse. Au cours de sa confession, elle lui dit qu'elle n'a eu qu'un moment de faiblesse et qu'elle voue à son époux, aujourd'hui comme hier, tout son amour. Un peu trop pressé de sauver l'honneur de la famille et ne connaissant pas bien la situation Stancar a tué Raffaele tandis qu'il écoutait la conversation.
Tableau 2 À l'église. Malgré son trouble, Stiffelio doit paraître devant la communauté et accomplir les tâches de son ministère. Il ouvre la Bible au hasard et tombe sur le passage de la femme adultère. Il suit dans son sermon le texte biblique, ce qui l'amène au pardon. Il pardonne en effet à Lina et se conduit en bon chrétien, bien que profondément blessé par la conduite de son épouse.

S. N.

Religion et réalisme

Verdi avait trouvé le sujet de *Stiffelio* « intéressant ». Il s'agissait d'une histoire moderne qui se déroulait dans un milieu contemporain et reposait sur un conflit psychologique. Elle s'inscrivait à l'époque dans la lignée des courants réalistes de la littérature française moderne. La pièce de théâtre d'Émile Souvestre et Eugène Bourgeois, créée à Paris en février 1849, traitait du cas de conscience que posait à un pasteur l'adultère de son épouse : devait-il se venger du séducteur et répudier sa femme ou, se montrant digne de son sacerdoce, pratiquer le pardon ? C'était, pour l'Italie catholique du XIXe siècle, un sujet délicat. Cette figure de pasteur et de « chef de secte » – un ecclésiastique marié ! – devait déjà lui paraître étrange. Quant à dissoudre les liens du mariage par un divorce, c'était dans ce pays à peine concevable, si ce n'est scandaleux. (Verdi a du reste eu à ce propos de nombreuses difficultés avec la censure austro-italienne de Trieste.)

Une partition importante

La technique de composition de Verdi et son langage musical raffiné avaient atteint ici le niveau qu'ils allaient avoir dans les grandes œuvres suivantes. Les moyens d'expression musicaux employés ici sont en effet souvent les mêmes que dans ces grandes œuvres, mais tous ne se fondent pas encore les uns dans les autres pour former un style homogène. Les connaisseurs ont raison de souligner la manière dont Verdi a traité de main de maître les ensembles et les chœurs (le septuor de l'introduction par exemple, celui du premier finale, le quatuor du deuxième finale, ou encore le chœur, fort impressionnant, du tableau final). Même le style donné aux solos annonce les opéras suivants. La tenue de voix du principal ténor, dépourvue de toute fioriture, amena un critique contemporain à écrire que Verdi s'était éloigné de l'idéal du *bel canto* et que le chant ne se distinguait plus qu'à peine de la prose. Ici s'amorçait en effet le tournant vers un style nouveau, simple, dénué de tout artifice et efficace, un tournant qui allait conduire au langage mélodique naturel des années de maturité. Dans *Stiffelio*, de nombreuses atmosphères renvoient en outre à diverses situations caractéristiques des chefs-d'œuvre ultérieurs. Ainsi, l'introduction orchestrale de l'acte II et la scène nocturne du cimetière qui lui fait suite, où l'héroïne apparaît torturée par sa conscience, semble avoir reçu pour pendant le solo d'Amelia au début du deuxième acte de → *Un Ballo in maschera*. N 22

J. K.

Stiffelio, José Carreras dans le rôle de Stiffelio, mise en scène : Elijah Moshinsky, décors : Michael Yeargan, direction musicale : Fabio Luisi, Staatsoper de Vienne, 1996.
Stiffelio est un rôle de ténor qui semble avoir été taillé sur mesure pour Carreras. Parmi les grands ténors verdiens, il fait figure d'exception. Il est en effet d'un nouveau type. Il chante avec la même fougue que ses semblables, mais se montre le plus souvent pensif, telle une basse d'un certain âge dans un rôle de prêtre. La production du Staatsoper de Vienne, en 1996, fit redécouvrir *Stiffelio* sur scène. Le metteur en scène, Elijah Moshinsky, avait transposé l'histoire en Amérique, à l'époque coloniale.

22.1. Scène du cimetière (introduction orchestrale de *Stiffelio*)

(hautbois)

22.2. Scène au champ des supplices (introduction orchestrale de *Un Ballo in maschera*)

(cor anglais)

Rigoletto, Irmgard Stadler dans le rôle de Gilda, mise en scène : Johannes Schaaf, décors : Alexander Lintl, costumes : Gabi Rahm, Württembergisches Staatstheater de Stuttgart, 1994.
Gilda, le cœur transpercé par un poignard, fait ses adieux à son père. Cette scène a souvent été utilisée pour démontrer l'absurdité de l'opéra en général. Mais l'opéra est précisément capable de rendre saisissant ce qui deviendrait rapidement ridicule sur une scène de théâtre : telle est sa véritable nature.

Rigoletto, Alfred Piccaver (1883-1958) dans le rôle du duc de Mantoue, vers 1913. La pose royale de l'acteur rappelle un célèbre portrait du roi François Ier, le protagoniste du drame de Victor Hugo *Le roi s'amuse* dont s'inspire *Rigoletto*. Antimonarchique, la pièce de théâtre fut interdite même en France, pays qui se voulait pourtant libéral à l'époque.

Rigoletto

Mélodrame en trois actes

Livret : Francesco Maria Piave, d'après *Le Roi s'amuse* de Victor Hugo
Création : le 11 mars 1851 à Venise (Teatro La Fenice)
Personnages : le duc de Mantoue (tén.), Rigoletto, son bouffon (bar.), Gilda, sa fille (sop.), Sparafucile, tueur à gages (basse), Maddalena, sa sœur (alto), Giovanna, confidente de Gilda (mezzosop.), le comte Monterone (basse), Marullo, un noble (bar.), Matteo Borsa, courtisan (tén.), le comte Ceprano (basse), la comtesse Ceprano (mezzosop.), un huissier (tén.), le page de la duchesse (mezzosop.) ; courtisans, pages, hallebardiers (chœur)

Argument

À Mantoue et dans les environs, au XVIe siècle.
Un duc, régnant en monarque absolu, séduit les femmes et les déshonore au gré de sa fantaisie, éliminant au passage leur époux ou leur père de façon plus ou moins légale. Il a à son service un bouffon, qui lui tient lieu de complice mais pense pouvoir préserver sa vie privée des horreurs perpétrées par son maître. En tant que bouffon, Rigoletto ne vaut guère mieux que son maître : il se moque des victimes de son despotisme. Il se montre cependant affectueux et attentionné envers sa fille, qu'il élève en secret. Mais il arrive à Rigoletto précisément ce qu'il fait subir aux autres. Sans le savoir, il prête main-forte aux ravisseurs de sa propre fille et entraîne la mort de cette dernière. Ce qu'il craint être le résultat de la malédiction proférée contre lui par le comte Monterone n'est en fait que la conséquence de ses propres actes.

Préambule

Le duc de Mantoue et son bouffon difforme, Rigoletto, ont enlevé la fille du comte Monterone. La malheureuse se suicide.

Acte I

Tableau 1 Une salle du palais ducal. Le duc se vante de sa toute dernière aventure : il a découvert une jeune fille qu'il ne connaît pas, s'en est approchée en costume de bourgeois et désire maintenant la séduire. En attendant, il a jeté son dévolu sur la comtesse Ceprano. Celle-ci tente de repousser le duc, qui lui fait des avances en présence de son mari. Rigoletto se moque du couple livré sans défense à la tyrannie du duc. Presque tous les courtisans ont déjà eu droit aux railleries de Rigoletto et ont été humiliés. Marullo les ayant cependant informés que Rigoletto cache sa bien-aimée, ils décident de faire payer au bouffon son infamie. Lorsque Rigoletto se moque du malheureux comte Monterone, ce dernier le maudit.

Tableau 2 Une impasse, la maison de Rigoletto et son jardin ; de l'autre côté de la rue, le palais du comte Ceprano. La nuit. Rigoletto a été profondément affecté par la malédiction prononcée à son encontre par Monterone. Dans la rue, un étranger l'aborde. C'est le tueur à gages Sparafucile, qui lui offre ses services. Rigoletto prend bonne note de son nom et de son adresse. Il se rend ensuite auprès de sa fille Gilda, qu'il garde à l'abri du monde extérieur. Il lui tait son nom et son métier. Elle-même ne lui a pas dit que, depuis des mois, elle voit un jeune homme qu'elle ne connaissait pas auparavant et qu'elle aime. Il s'agit du duc, qui se fait passer auprès de Gilda pour un étudiant. Les courtisans veulent enlever celle qu'ils prennent pour la bien-aimée de Rigoletto. Ce dernier revient inopinément. Les courtisans lui font alors croire qu'ils enlèvent la comtesse Ceprano. Rigoletto participe à ce vilain jeu. Lorsqu'il comprend qu'il a, sans l'avoir voulu, contribué à l'enlèvement de sa propre fille, il est trop tard.

Acte II
Un salon au palais ducal. Les courtisans offrent au duc celle qu'ils prennent pour la bien-aimée de Rigoletto, Gilda. Le bouffon retrouve son enfant dans la gueule du loup. Les courtisans se repaissent du désespoir de Rigoletto. Ce dernier informe sa fille de l'identité et de la véritable nature de son prétendu amoureux. Cela ne change cependant rien aux sentiments de Gilda : elle aime cet homme, qu'il soit étudiant ou duc. Rigoletto jure de tuer le séducteur pour se venger.

Acte III
Sur la rive du Mincio, la maison de Sparafucile. C'est la nuit. Rigoletto a chargé Sparafucile d'assassiner le duc. Mais il veut auparavant guérir Gilda de son amour en lui prouvant la déloyauté du duc. Il l'oblige à regarder comment ce dernier badine avec la sœur de Sparafucile, Maddalena, une jeune femme de toute beauté qui a accepté de se prêter à cette supercherie. Elle finit cependant elle aussi par tomber sous le charme. Rigoletto conseille à sa fille, très troublée et désespérée, de se rendre à Vérone en habits d'homme. Mais Gilda fait demi-tour et apprend que son père veut faire assassiner le duc. Maddalena supplie son frère d'épargner ce dernier. Sparafucile décide alors que le premier inconnu qui franchira le seuil de la porte sera tué à la place du duc. Gilda se sacrifie et entre dans la maison, où elle est mortellement blessée. Sparafucile remet à Rigoletto le sac dans lequel le corps du duc est censé se trouver. Mais Rigoletto, qui exulte, entend soudain au loin la voix du duc. Il ouvre le sac et découvre sa fille en train d'agoniser.

S. N.

Rigoletto, Catriona Smith (Gilda) et Philip Ens (Sparafucile), mise en scène : Johannes Schaaf, décors : Alexander Lintl, direction musicale : Jun Märkl, Württembergisches Staatstheater de Stuttgart, 1994.
Une violente tempête accompagnée d'éclairs et de tonnerre se déchaîne au moment de la scène du meurtre dans le dernier acte. Les événements s'accélèrent comme dans un film. Dans la pénombre les spectateurs peuvent à peine distinguer les personnages. Après un duo captivant entre Maddalena et son frère Sparafucile, Gilda au seuil de son sacrifice, frappe à la porte. Elle se précipite au devant du coup de couteau : la rencontre de la jeune fille et de la mort.

Sensibilité de la censure

Ce ne fut ni la première ni la dernière fois que Verdi eut des difficultés avec la censure. Le thème délicat du libertinage et l'enlèvement d'une jeune fille à des fins libertines dérangeaient-ils vraiment les autorités ? Rien de tout cela n'a disparu dans la version définitive de *Rigoletto* (à l'exception d'une « scène de chambre à coucher », présente dans l'acte III de l'œuvre de Victor Hugo), pour laquelle la censure donna sa bénédiction.

Les motivations de la censure étaient d'un autre ordre. Depuis la répression de la révolution de 1848-1849, Venise dépendait à nouveau de la monarchie des Habsbourg. Les autorités de cette monarchie ne pouvaient officiellement tolérer qu'une tête couronnée apparaisse dans un drame de mœurs sous les traits d'un héros totalement blâmable. Elles s'intéressèrent apparemment peu aux autres aspects de l'œuvre. Elles se montrèrent satisfaites après modification du lieu de l'action et de l'identité des personnages, la personne du roi de France (François Ier) ayant cédé la place à un potentat brutal, régnant sur un petit duché.

J. K.

Rigoletto, Andrea Rost dans le rôle de Gilda, mise en scène : Sandro Sequi, direction musicale : Simone Young, Staatsoper de Vienne, 1995.
Les figures féminines de Verdi ayant des voix de soprano sont toutes angéliques, à l'exception d'Abigaille dans → *Nabucco* et de lady Macbeth dans → *Macbeth*. Elles resplendissent au milieu d'un sinistre univers masculin. N 26

Rigoletto, projet de décor d'Eduard Löffler, Berlin, 1923 (TWS).
Rigoletto correspond à un tournant dans l'œuvre de Verdi. Bellini s'était intéressé au sujet dès les années 1830, mais il avait abandonné son projet en raison des complications dues à la censure. Dès le début de sa carrière, en 1844, Verdi avait exprimé le souhait d'inscrire le drame d'Hugo à son programme. Celui-ci a emprunté quelques noms et figures à l'histoire. Dans sa pièce apparaissent en effet François Ier, roi de France de 1515 à 1547, mais aussi sa maîtresse, Diane de Poitiers, et le père de cette dernière, le comte Saint-Vallier (le comte Monterone lui fait ici pendant). Le bouffon a lui-même bel et bien existé. C'est Triboulet qui a servi de modèle : les traits de son visage sont connus grâce à une œuvre de Jean Marot.

Rigoletto

Au cœur du drame se situe, avec toutes ses contradictions et sa complexité, le héros ayant donné son nom à l'opéra. Difforme et apparemment méchant, il garde au fond de lui un secret : il est père et c'est au travers de cette paternité qu'apparaît le meilleur de lui-même, à savoir son amour et son inquiétude pour sa fille. Il s'agit donc d'un homme dont le caractère et le mode de vie révèlent les contradictions. Par moments, le texte ne parvient plus à exprimer à lui seul toute la violence des sentiments. C'est alors que l'éloquence du chant et la puissance de l'orchestre au grand complet deviennent indispensables. Le *Cortigiani, vil razza dannata...* (Courtisans, race vile et damnée...) de Verdi est insurpassable, tout comme, du reste, la description des souffrances du père effondré et bien d'autres passages au cours desquels le compositeur a fait apparaître toute la richesse du conflit psychologique. N 23

Rigoletto, Roberto Alagna dans le rôle du duc de Mantoue, mise en scène : Sandro Sequi, direction musicale : Simone Young, Staatsoper de Vienne, 1995. Le duc chante sa célèbre chanson : *La donna è mobile*. Tout comme son non moins célèbre air dans l'acte I N 27, ce chant révèle sa nature volage. N 28 Hugo avait également inséré une chanson à cet endroit, s'appuyant même en l'occurrence sur un document historique : ces lignes seraient, selon un panonceau figurant au château de Chambord, de la main même du roi François Ier. Cette chanson tient lieu de carte de visite au duc. Elle retentit trois fois. Tout d'abord, à la manière d'une chanson à boire sur un accompagnement orchestral banal. On l'entend une deuxième fois lorsque le duc s'endort chez Sparafucile : sombrant lentement dans le sommeil, sa voix est hachée tout comme ses pensées, qu'il n'exprime plus que par bribes. On entend enfin une dernière fois la chanson du duc au moment où Rigoletto ouvre le sac : là, on a l'impression d'entendre la voix d'un fantôme, une voix provenant de l'au-delà, un mirage...

Un opéra fait de duos

Les propos de Verdi selon lesquels il aurait « conçu *Rigoletto* presque sans aucune aria ni aucun finale, comme une chaîne sans fin de duos », ne sont en rien exagérés. Tout dans cet opéra signale l'adoption de solutions non conventionnelles et plus particulièrement le renoncement aux grands ensembles dont se composaient traditionnellement les finales. Dans *Rigoletto*, ceux-ci ont été remplacés par des fins d'actes courtes se caractérisant par des pointes portées à leur paroxysme. L'acte I comporte vers la fin, un chœur bref, celui des ravisseurs, qui fait suite à l'air de Gilda – *piano, staccato*. Cela correspond chez Verdi, d'après la gestuelle, à un type de représentation négative des masses, comparable aux « chœurs de conjurés ». (La partition de *Rigoletto* présente une particularité : les chœurs sont tous des chœurs d'hommes.) N 24 À la fin de l'acte II, le bref duo au cours duquel Rigoletto (secondé par la voix de Gilda) exprime son désir de vengeance tient lieu, au milieu des autres, de cabalette. Même le dernier acte se termine sur un duo, celui de Rigoletto et de Gilda agonisante, immédiatement suivi d'une fin instrumentale d'une brièveté fulgurante, soulignant le caractère catastrophique du dénouement. N 25

J. K.

Rigoletto, figure de Rigoletto d'Otto Reigbert (en haut), Cologne, 1932-1933, et d'Heinrich Lefler (ci-dessus) (TWS). Rigoletto a deux visages : « Pour ma part, je trouve beau de mettre en scène cette figure qui, difforme et apparemment ridicule, brûle d'une ardeur tout intérieure et est capable d'amour. C'est précisément pour cette raison que j'ai choisi ce sujet. » (Verdi)

23. Explosion de colère de Rigoletto

Cor-ti-gia-ni, vil raz-za dan-na-ta, per qual prezzo ven-de-ste il mio be-ne?

24. Chœur nocturne des courtisans

Zit - ti, zit - ti mo-via-mo a ven-det-ta,

25. Duo final (Gilda-Rigoletto)

Las-sù ... in cie - lo, vi-ci-na al-la ma-dre ... in e - ter - no per voi ... pre-ghe-rò.

26. Air de Gilda

Ca-ro no-me che il mio cor fe-sti pri-mo pal-pi-tar

27. Air du duc (acte I)
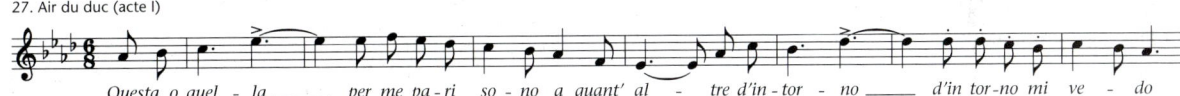
Questa o quel-la ___ per me pa-ri so-no a quant' al-tre d'in-tor-no ___ d'in tor-no mi ve-do

28. Chanson du duc (acte III)

La don-na è mo-bi-le qual piu-ma al ven-to, mu-ta d'ac-cen-to e di pen-sie-ro.

Polyphonie vocale des âmes

Le pouvoir de séduction du duc est à l'origine du drame que vit le quatuor à l'acte III. Il détermine le rapport au duc des autres figures : Maddalena, qui s'amuse à l'aguicher ; Gilda, déçue et désespérée, mais toujours amoureuse ; Rigoletto, assoiffé de vengeance. La répartition sur scène du quatuor est remarquable : deux des protagonistes, Maddalena et le duc, se trouvent à l'intérieur de la cabane de Sparafucile ; les deux autres, Gilda et Rigoletto, épient de l'extérieur. Chacune des parties est porteuse d'un ton qui lui est propre, d'une mélodie et d'un thème qui la caractérisent. N 29

29. Polyphonie vocale des âmes (quatuor)

Gilda : In - fe - li - ce cor
Maddalena : Ah! ah! ri do ben di co-re che tai ba-je cos-tan po-co;
Le duc : schia - vo son de' - vez - zi tuo - i
Rigoletto : Ch'ei men - ti - va ch'ei

Il Trovatore, Enrico Caruso dans le rôle de Manrico (caricature du chanteur par lui-même) Il existe des rôles de ténor plus difficiles, mais il n'en existe guère de plus spectaculaires. Caruso fut le premier grand chanteur à effectuer de nombreux enregistrements pour Gramophone. *Il Trovatore* est un opéra classique pour lequel le compositeur s'est volontairement abstenu de reprendre les formes radicalement nouvelles adoptées pour *Rigoletto*. La plupart des tableaux reposent sur la succession d'une cavatine, d'un duo, d'un trio et d'un finale, c'est-à-dire sur de doubles arias accompagnées de scènes introductives et de cabalettes, et sur des ensembles saisissants.

Le *bel canto* et l'ut de poitrine
L'ut de poitrine est une notion indissociable des grands ténors du *bel canto*. Cette voix masculine aiguë avait déjà beaucoup de succès au temps des castrats, soit aux XVIIe et XVIIIe siècles. Au XIXe siècle, ce sont d'une part les *prime donne*, d'autre part les ténors, qui héritèrent des rôles autrefois réservés aux castrats. La voix de ténor est un singulier don de la nature. Le charme de cette voix tient au fait qu'un timbre particulier et une puissance rayonnante suffisent à doter ce registre, mal aisé et absolument pas naturel, d'un pathos héroïque. Les bons ténors sont extrêmement rares. Il existe dix basses extraordinaires et vingt bonnes sopranos pour un seul grand ténor. On naît ténor, on ne le devient pas. Un ténor de *bel canto* a un autre timbre de voix qu'un ténor wagnérien. Ce dernier doit avoir beaucoup d'endurance et une puissance comparable à celle d'une fanfare. Sa voix doit être monumentale. Le ténor du *bel canto* a une voix d'une belle douceur, qui s'écoule avec beaucoup de naturel. Si le ténor a pour véritable patrie le Sud – l'Italie ou l'Espagne –, c'est dû à la douceur du climat, à la proximité de la mer Méditerranée, à la beauté souriante du paysage, à la caresse du soleil, à la légèreté de l'air et à bien d'autres facteurs purement méditerranéens.

Il Trovatore

Drame en quatre parties

Livret: Salvatore Cammarano, d'après *El Trovador* d'Antonio García Gutiérrez
Création: le 19 janvier 1853 à Rome (Teatro Apollo)
Personnages: comte de Luna (bar.), Leonora, la comtesse Sargosto (sop.), Azucena, une gitane (mezzosop.), Manrico, un troubadour (tén.), Ferrando, vassal de Luna (basse), Ines, confidente de Leonora (sop.), Ruiz, capitaine de Manrico (tén.), un vieux gitan (basse), un Messager (tén.); religieuses, serviteurs du comte, soldats, gitans et gitanes (chœur)

Argument
En Biscaye et en Aragon, au début du XVe siècle.
La haine attire la haine et finit par l'emporter. Face à elle, l'amour n'a aucune chance. Une gitane, accusée d'avoir ensorcelé l'enfant d'un comte, a été condamnée au bûcher alors qu'elle est innocente. Au moment où elle lutte contre la mort, elle demande à sa fille de la venger. La gitane Azucena honore la promesse de vengeance faite à sa mère. Elle enlève l'un des deux fils du comte, mais jette par erreur son propre enfant dans les flammes. Elle élève alors l'enfant du comte comme si c'était le sien. La lutte pour le pouvoir divise le pays et le peuple. Le duc Urgel conteste la légitimité du roi. Manrico, l'enfant que la gitane a élevé, se bat pour le duc, contre le comte de Luna, demeuré fidèle au roi. Manrico et le comte de Luna sont en outre amoureux de la même femme, Leonora, mais celle-ci choisit Manrico. Luna fait exécuter son rival. C'était son propre frère.

Partie I (Le duel)
Tableau 1 Le hall du palais d'Aliaferia. Au cours d'une garde de nuit, Ferrando raconte une histoire survenue à la famille du comte de Luna: une gitane, accusée d'avoir ensorcelé l'un des fils du comte, fut un jour condamnée à mourir sur le bûcher. Sa fille enleva aussitôt après, l'un des fils du comte et le fit périr par le feu.
Tableau 2 Les jardins du palais, la nuit. Lors d'un tournoi, Leonora s'est éprise d'un chevalier dont elle ne connaît pas l'identité. Elle se rend compte que le troubadour venu lui chanter une sérénade n'est autre que lui: l'ayant reconnu à sa voix, elle va à sa rencontre. Le comte de Luna est également sur les lieux. Lui aussi aime Leonora. Reconnaissant en la personne de l'heureux rival un adversaire politique, il le provoque en duel.

Partie II (La gitane)
Tableau 1 Un camp de gitans dans les montagnes de Biscaye. Manrico a remporté le duel contre le comte, mais lui a laissé la vie. Le comte de Luna l'attire cependant à nouveau dans un combat en pays ennemi; cette fois, Manrico est vaincu. La gitane Azucena parvient à ramener à la vie Manrico, qui a été grièvement blessé. Elle lui demande de lui rendre la pareille et lui raconte son histoire. Elle lui explique comment sa mère, qui était innocente, a été condamnée au bûcher par le père du comte de Luna, comment elle a enlevé l'un des enfants du comte, jeté le sien dans les flammes et élevé celui du comte comme le sien. Le doute qui saisit Manrico quant à sa propre identité la trouble: elle affirme qu'il est son enfant et doit venger la mort de sa grand-mère. Manrico est prêt à le faire. Cependant, lorsqu'il apprend que Leonora, le croyant mort, s'apprête à prendre le voile, il se précipite au couvent et remet sa vengeance à plus tard.
Tableau 2 L'intérieur d'un couvent près de Castellor. Le comte de Luna a également appris que Leonora voulait entrer au couvent et il veut l'en arracher de force. Manrico lui barre à nouveau le chemin. Les deux amoureux vont se réfugier à l'intérieur de la forteresse de Castellor.

Partie III (Le fils de la gitane)
Tableau 1 Le camp militaire de Luna devant la forteresse de Castellor. Le comte de Luna donne l'assaut à la dernière place forte du duc Urgel, commandée par Manrico. Azucena a été arrêtée à proximité du camp et emprisonnée pour espionnage. Lorsque, apeurée, elle appelle son fils Manrico, Luna comprend qu'elle est la mère de son ennemi juré et ordonne son exécution – d'autant que Ferrando a reconnu en elle la gitane longtemps recherchée, celle qui avait autrefois enlevé le frère du comte de Luna.
Tableau 2 Le château fort de Castellor. Leonora et Manrico veulent se marier. Lorsque Manrico apprend qu'Azucena a été emprisonnée, il mobilise ses maigres troupes et sort combattre pour délivrer sa mère, bien qu'il n'ait aucune chance.

Partie IV (Le supplice)
Tableau 1 Une aile du palais d'Aliaferia. Le comte de Luna a remporté la victoire, occupé la forteresse de Castellor et fait prisonnier Manrico. Leonora, qui a fui, apprend que Manrico et Azucena seront exécutés au petit matin. Elle promet de se donner au comte, s'il libère Manrico. Le comte accepte. Leonora prend en secret du poison de manière à ne pas avoir à honorer sa promesse envers le comte.
Tableau 2 Une prison plongée dans l'obscurité. Manrico et Azucena sont enchaînés. Leonora prie Manrico de s'enfuir; mais comme elle refuse de le suivre, il croit qu'elle l'a trahi. Ce n'est que lorsque le poison commence à agir qu'il comprend ce qui s'est passé. Leonora, avec laquelle il s'est réconcilié, meurt dans ses bras. Le comte de Luna voit qu'il a été dupé. Il fait exécuter Manrico et contraint Azucena à regarder l'exécution. Celle-ci lui révèle alors la vérité: « C'était ton frère! », lui dit-elle. S. N.

Il Trovatore, projet de décor de Ludwig Zuckermandel-Bassermann pour le Stadttheater de Münster, 1936 (TWS).

« Du fin fond de l'Afrique à l'Inde, on ne cesse d'entendre *Il Trovatore* », écrivait Verdi en 1862 à son ami le comte Arrivabene. Du temps de Verdi, cet opéra était déjà l'une des œuvres du compositeur qui avaient le plus de succès. Il en est encore ainsi aujourd'hui. *Il Trovatore* – notamment la sérénade de Manrico et sa strette – a servi de source d'inspiration à d'innombrables mélodies populaires. Ses couleurs dramatiques – noir, blanc et rouge – sont vives et contrastées. *N 30, N 31*

30. Romance de Manrico

Deser-to sul - la ter - ra, col rio de-sti-no in guer - ra, è sola speme un cor, è sola spe-me un cor, è sola spe-me un cor, un cor al Tro - va - tor!

31. Strette de Manrico

Di quel-la pi - ra l'or-ren-do fo - co tut-te le fi - bre m'ar - se, av-vam-pò!

Azucena

Le registre vocal d'Azucena suffirait déjà à faire de cette nouvelle figure une figure marquante parmi les personnages féminins créés par Verdi. Les autres rôles féminins à voix grave mis en musique par Verdi, telles Federica dans → *Luisa Miller* ou Maddalena dans → *Rigoletto*, n'appartiennent pas à la même catégorie de personnages. Comparés à celui d'Azucena, ils font figure de rôles secondaires, d'une importance anecdotique. Le rôle d'Azucena est en revanche un rôle de premier ordre. Il arrive en tête de la série des grandes parties d'alto et de mezzosoprano de Verdi, une série qui allait par la suite se prolonger avec Ulrica, Eboli et Amneris. (Dans l'Italie du XIXe siècle, les notions d'alto et de mezzosoprano étaient, dans la pratique du chant, des notions extrêmement floues, sans délimitation nette. Chez Verdi, tout au moins dans ses solos, n'apparaît jamais la désignation d'alto ou de contralto, mais toujours uniquement celle de mezzosoprano. Tel est aussi le cas pour Azucena.) Les représentantes de ce registre grave sont, d'un point de vue dramaturgique, conçues comme des adversaires chez lesquelles se mêlent traits de caractère positifs et négatifs. Le registre de la voix contribue à camper le personnage. Chez Verdi, le rapport entre ce nouveau type de figure féminine et les sopranos est de même nature qu'entre les barytons et les ténors.

Azucena est comme possédée. Elle a vécu par le passé des événements terribles et commis des actes terribles. Le cœur brisé et habitée par des sentiments contradictoires, elle vit sous l'emprise d'une idée fixe : venger la mort de sa mère. C'est aussi dans cette intention qu'elle a élevé son prétendu fils, Manrico, qu'elle entoure – mystérieuse contradiction psychologique – d'un amour maternel mêlé d'inquiétude.

Les lueurs d'une aube digne d'une ballade enveloppent sa personne. Son début de confession, dans la première scène de l'acte II, revêt aussi la forme d'une ballade, très précisément d'une *canzona* à deux strophes (et non pas d'une aria !), qui éveille en elle des souvenirs cauchemardesques.

Il Trovatore, Rebecca Turner (Leonora) et Corneliu Murgu (Manrico), mise en scène : Florian-Malte Leibrecht, décors et costumes : Markus Lüpertz, direction musicale : Ira Levin, Deutsche Oper am Rhein de Düsseldorf, 1996. Leonora et Manrico au château de Castellor. La nouvelle de l'emprisonnement d'Azucena contraint Manrico à prendre congé de sa bien-aimée.

Il Trovatore – **Verdi**

Page de gauche, en bas
Il Trovatore, Fiorenza Cossotto dans le rôle d'Azucena.
Azucena est l'une des figures les plus mystérieuses et les plus contradictoires créées par Verdi, mais c'est aussi la partie de mezzosoprano la plus importante de toute son œuvre lyrique. Le conflit intérieur d'Azucena fait songer aux difficiles relations entre un père et son enfant, un thème qui occupe une place importante dans de nombreux opéras de Verdi, de → *Luisa Miller* à → *Don Carlo*. Fiorenza Cosotto, qui joua le rôle à la Scala de Milan, en a été l'une des plus brillantes interprètes.

Ci-dessus
Il Trovatore, mise en scène : Florian-Malte Leibrecht, décors et costumes : Markus Lüpertz, direction musicale : Ira Levin, Deutsche Oper am Rhein de Düsseldorf, 1996.
La coloration espagnole d'*Il Trovatore* – qui apparaît du reste tout au plus à travers le milieu des gitans – a été ici soulignée par un décor s'inspirant de l'œuvre de Pablo Picasso. À une échelle aussi gigantesque, les personnages prennent un aspect menaçant tout à fait en accord avec la définition musicale des héros verdiens.

Stride la vampa – La flamme crépite : la thématique brève et abrupte de la chanson, les trilles « crépitants » de l'accompagnement instrumental permettent de se représenter clairement son horrible vision. N 32, N 33 Le premier tableau de l'acte II est entièrement consacré à Azucena. Cette scène d'ouverture est suivie du récit – *racconto* – destiné à Manrico, un récit devenu célèbre. Azucena évoque le souvenir d'horreurs passées qui, sous l'effet de l'émotion grandissante, conduisent presque à une perte de connaissance. N 34 Dans la scène de la prison, au dernier acte, Azucena, qui semble avoir à moitié sombré dans le sommeil, apparaît comme en transe. Des images épouvantables de mort par le feu alternent dans son esprit avec des vues nostalgiques de son pays montagneux, pays paisible où elle n'est plus. Avec son fatalisme (*Ai nostri monti...* – Nous reviendrons dans nos montagnes...), Azucena est à nouveau mise en perspective comme dans une ballade. N 35

J. K.

32. *Canzona* d'Azucena

Stri - de la vam - pa! la fol - la in - do - mi - ta

33. Motif des flammes (vison d'Azucena)

34. Récit d'Azucena

Con - dot - ta ell' era in cep - pi

35. Rêve d'Azucena (scène de la prison)

Ai no-stri mon - ti ri - tor - ne - re - mo, l'an - ti - ca pa - ce i - vi go - dre - mo,

La Traviata

Mélodrame en trois actes

Livret: Francesco Maria Piave, d'après *La Dame aux camélias* d'Alexandre Dumas fils
Création: le 6 mars 1853 à Venise (Teatro La Fenice)
Personnages: Violetta Valéry, courtisane parisienne (sop.), Flora Bervoix, son amie (sop.), Annina, servante de Violetta (mezzosop.), Alfredo Germont (tén.), Giorgio Germont, son père (bar.), Gaston, vicomte de Létorères (tén.), le baron Douphol (bar.), le marquis d'Obigny (basse), le docteur Grenvil, médecin (basse), Joseph, domestique de Violetta (tén.), un serviteur de Flora (bar.), un commissionnaire (basse) ; amis et invités de Violetta et de Flora, domestiques, masques (chœur)

La Traviata, Tiziana Fabriccini (Violetta) et Roberto Alagna (Alfredo), mise en scène : Liliana Cavani, direction musicale : Riccardo Muti, décors : Dante Ferretti, costumes : Gabriella Pescucci, Teatro alla Scala de Milan, 1991.
La violence ne joue un rôle dans *La Traviata* que dans le finale de l'acte II. Alfredo pense que Violetta l'a trahi. Dans cette scène, les souffrances de l'héroïne, humiliée et atteinte d'une maladie mortelle, deviennent insupportables.

Argument
À Paris et dans les environs, vers 1850.
Une courtisane parisienne et un jeune homme de province se rendent compte qu'il y a plus dans la vie que les divertissements auxquels s'adonne la société. Ils découvrent comment un grand amour peut amener à se surpasser. Violetta et Alfredo se réfugient à la campagne. Mais là, les conventions les rattrapent. Le père d'Alfredo demande à Violetta de renoncer à son amour pour sauver l'honneur de la famille. Violetta dissimule à Alfredo la véritable raison de son départ, retourne à Paris et mène une vie de courtisane, en apparence, comme par le passé. Ce n'est qu'au moment de mourir qu'elle avoue la vérité à son bien-aimé et qu'elle retrouve le bonheur et l'amour dans les bras d'Alfredo.

Acte I
Un salon dans la maison de Violetta. Violetta Valéry fête son retour dans le monde après une crise, brève mais aiguë, de tuberculose. Parmi ses vieilles connaissances figure un nouveau venu, originaire de province, qui s'éprend de la jeune femme. Violetta tente de se montrer ironique et de jouer les coquettes pour calmer cette ardeur qui la touche, mais elle se sent saisie par le charme de l'amour. Une fois les invités partis, elle entend résonner au fond d'elle-même la déclaration d'amour d'Alfredo.

Acte II
Tableau 1 Une maison de campagne, non loin de Paris. Alfredo et Violetta se sont retirés à la campagne afin de se consacrer entièrement à leur amour. Le tendre amoureux n'a aucun sens pratique. La servante lui apprend que Violetta vend ses biens pour couvrir leurs dépenses. Honteux, il se rend à Paris pour trouver de l'argent. Son père, Giorgio Germont, profite de son absence pour rendre visite à Violetta et lui demander de renoncer à Alfredo, afin de ne pas ternir la réputation de la famille. Après s'être désespérément opposée à cette idée, Violetta consent à se séparer d'Alfredo, auquel elle écrit une lettre d'adieu. Alfredo se montre surpris désespéré et blessé dans son amour-propre. Les paroles de consolation hypocrites de son père ne lui sont d'aucun secours. Alfredo n'a plus qu'un désir : se venger de Violetta.

Tableau 2 L'intérieur du palais de Flora. La séparation de Violetta et d'Alfredo est le tout dernier sujet de conversation à la fête costumée donnée par Flora, qui se réjouit de la présence de son amie. Violetta est venue avec le baron Douphol, qu'Alfredo prend pour son nouvel amant. À la table de jeu, les deux adversaires se font face et Alfredo fâche le baron par des remarques incisives. Pour éviter un scandale, Violetta tente de le raisonner. Comme elle ne lui indique pas la raison de sa rupture, il jette à ses pieds tout l'argent qu'il a gagné, la traitant ainsi comme une véritable prostituée. Le baron le provoque en duel. Le père d'Alfredo voit Violetta humiliée et les invités tout en émoi. Il réprimande son fils, car celui-ci a manqué à l'étiquette.

Acte III
La chambre de Violetta. Violetta est arrivée au stade terminal de sa tuberculose. Elle ne croit pas le médecin qui prétend qu'elle va bientôt guérir. Alfredo a blessé le baron en duel, mais n'a pas été lui-même touché. Il s'est réfugié à l'étranger. Informé du sacrifice de Violetta par son père repentant, il revient à Paris pour lui demander pardon. Les deux amoureux rêvent de vivre à nouveau ensemble, mais il est trop tard. Violetta meurt dans les bras d'Alfredo.

S. N.

Teresa Stratas dans le film de Franco Zeffirelli, *La Traviata,* Italie, 1982.
Telle une artiste lyrique, l'actrice canadienne chanta de sa voix de soprano même les rôles dramatiques.

La Traviata, Maria Callas dans le rôle de Violetta, 1958.
Violetta était un rôle qui convenait à Maria Callas. Elle se sentait tout spécialement attirée par les personnages d'une grande tristesse. Peut-être cet attrait particulier avait-il aussi, chez cette cantatrice qui se donnait entièrement à son art, des raisons d'ordre personnel.

La dame aux camélias

La dame aux camélias répondait dans la vie au nom de Marie Duplessis. Elle était âgée de 23 ans lorsqu'elle succomba à sa maladie pulmonaire en 1847 (soit un an avant la publication du roman d'Alexandre Dumas, dans lequel l'héroïne a pour nom Marguerite Gautier). Originaire de province, elle était arrivée à Paris à l'âge de 15 ans. Elle avait commencé par exercer le métier de midinette (vendeuse d'articles de mode). Son étrange beauté et sa soif d'aventure l'avaient rapidement amenée à quitter ce milieu pour devenir l'une des courtisanes de Paris qui jouissaient du plus grand luxe. Elle était entretenue par de riches aristocrates et de bons amis. En société, elle avait toujours un bouquet de camélias à la main ou le décolleté orné de l'une de ces fleurs. Marie était tout aussi jeune que Dumas (le fils du célèbre romancier). Tous deux avaient 20 ans au moment de leur liaison, qui dura tout juste un an, entre 1844 et 1845. Dans le roman, Dumas eut recours à un trait d'esprit pour résumer la raison de la séparation: « Adieu, ma chère Marguerite; je ne suis ni assez riche pour vous aimer comme je le voudrais, ni assez pauvre pour vous aimer comme vous le voudriez… » *J.*

À gauche
La Traviata, Elisabeth Schwarzkopf dans le rôle de Violetta, 1947.
Cette photographie est une pièce exceptionnelle, puisque la grande cantatrice était considérée comme la reine absolue des opéras de Mozart et de Richard Strauss, ainsi que du lied allemand. Au début de sa carrière, elle interpréta cependant aussi des rôles de coloratura, tel celui de Violetta dans *La Traviata*.

La Traviata, Gitta Alpár (Violetta) et Heinrich Schlusnus (Giorgio Germont), direction musicale : Erich Kleiber, Staatsoper de Berlin, 1930.
La cantatrice Gitta Alpár, dont le père était chantre dans une synagogue, eut beaucoup de succès en Allemagne dans les années vingt et au début des années trente (surtout à Munich et Berlin), puis aux États-Unis. Son partenaire, le baryton Heinrich Schlusnus, était considéré à l'époque en Allemagne comme le meilleur chanteur verdien.

Comment Marguerite Gautier est devenue Violetta Valéry

Dumas acheva sa pièce de théâtre en 1849 ; elle fut créée à Paris, au Théâtre du Vaudeville, en 1852. Verdi la vit cette même année à Paris. Dans la pièce, Dumas avait abandonné le réalisme impitoyable de son roman, et doté son héroïne de traits plus sympathiques afin d'en faire un personnage plus « positif ». « Traviata » est un mot italien qu'il est quasiment impossible de traduire avec précision, car il signifie tout à la fois « celle qui s'est écartée du droit chemin » (*tra via*), « celle qui s'est engagée dans une mauvaise voie » ou encore « celle qui fait fausse route ». On ne pouvait imaginer un sujet plus contemporain que celui de *La Traviata* sur les scènes d'opéra italiennes en 1853.

Au cours de sa carrière, Verdi ne traita jamais aussi directement des problèmes sociaux et moraux de son époque qu'autour de 1850, lorsqu'il composa → *Luisa Miller*, → *Stiffelio*, et *La Traviata*. « Pour Venise, j'écris *La Dame aux camélias* », écrivit-il à un ami. « Un autre compositeur ne se lancerait pas dans cette entreprise à cause des costumes, de l'époque et de mille autres bêtises. Je le fais quant à moi avec le plus grand plaisir. » En dépit de l'actualité du sujet, il ne put cependant s'empêcher de l'idéaliser quelque peu. Verdi était, comme le montrent clairement ses grandes compositions, un moraliste convaincu. Aussi contradictoire que cela puisse sembler, il parvint à créer une œuvre morale à partir du sujet difficile, considéré même comme frivole, de *La Dame aux camélias*. Son opéra ressemble peu au portrait réaliste que Dumas avait livré de cette demi-mondaine. Verdi s'est contenté d'esquisser à grands traits la société dans laquelle elle vivait, qui plus est sous la forme d'une simple présentation. Sur la scène, le passé de la demi-mondaine n'apparaît dans toute sa réalité que de manière floue, à la manière d'un préambule, dans lequel il est présenté comme la condition préalable nécessaire et la cause de la tragédie dont l'héroïne va être victime. Le véritable sujet de l'opéra est l'histoire d'un amour bouleversant et purificateur, mais aussi l'histoire de son échec dû aux conventions sociales et au passé de l'héroïne.

Dans son opéra, Verdi tira surtout parti des scènes que Dumas avait créées pour les besoins de la pièce de théâtre : la soirée du premier acte ; la scène de l'agonie du dernier acte ; le long dialogue entre Violetta et le vieux Germont dans la maison de campagne de Violetta, ainsi que la grande fête donnée par Flora avec le scandale de l'humiliation de Violetta, à partir duquel Verdi construisit le magnifique finale de l'acte II.

Le monde des salons : danses et conversations

Dans la partition de *La Traviata*, un grand rôle revient aux musiques de danse. On pourrait même dire que le thème de la valse est dominant (si l'on considère, bien évidemment, les caractéristiques françaises, et non viennoises, du genre) qu'il donne le ton général de l'œuvre. Verdi tenait apparemment beaucoup à rendre compte de l'époque et du milieu dans lesquels se déroulait l'histoire, mais aussi de l'ambiance du Paris de ces années-là, en introduisant dans sa musique des airs de danse à la mode. Ces derniers donnent à *La Traviata* une coloration qui lui est particulière. Verdi ne cessa de considérer qu'il était très important de marquer chacune de ses œuvres d'un sceau qui lui fût propre et qui permît de ne pas la confondre avec une autre. La majeure partie du

La Traviata, Placido Domingo et Teresa Stratas dans le film de Franco Zeffirelli, Italie, 1982.
Zeffirelli est passé maître dans l'art de décrire un milieu, même sur une scène d'opéra. Ses scènes, travaillées jusque dans le moindre détail, semblent être comme autant de photographies des lieux de l'action, qui n'existent pourtant que dans son imagination d'artiste.

premier acte, la soirée donnée par Violetta (qui constitue à vrai dire une longue scène d'introduction), s'organise autour d'une succession de danses. Des airs de danse à la mode – de polka, de galop, mais surtout de valse – dominent la musique de toute la scène. Ces musiques de danse, qui se succèdent, servent de supports aux intermèdes musicaux invitant à la danse, aux chœurs rendant compte du tumulte général des invités et à de petits numéros de chant individuels, le plus célèbre d'entre eux étant la chanson à boire chantée par Alfredo et Violetta sur un air de valse. N 36

Même la fin de l'acte, la partie finale du grand air de Violetta, cède au rythme tourbillonnant de la valse, à un vertige dont les tentations du passé ne sont pas absentes. N 37 La danse est aussi présente dans l'acte suivant. Sous la forme de ballets et de chœurs, les danses prennent leur autonomie au début du deuxième finale, lors de la grande soirée donnée au palais de Flora. Il s'agit de danses de coloration espagnole, au timbre caractéristique et s'accompagnant de tambourins: une danse gitane, une danse de matador et enfin une séguedille.

Mais c'est dans le grand ensemble final de l'acte II que le compositeur a tout particulièrement rendu hommage à la danse, en lui prêtant cette fois des vertus cathartiques en raison du tournant tragique que prend le destin de l'héroïne. Un air de valse lent, qui se déploie amplement et par lequel tous les personnages présents se laissent emporter, prend la forme d'une véritable apothéose dédiée à une héroïne tragique, Violetta, profondément blessée. Par cet air de valse, le compositeur la délivre et la transfigure. N 38

Les musiques de danse constituent une base à partir de laquelle la mise en place des voix des chanteurs peut s'effectuer librement. Elles permettent d'adopter sur scène un style qui, proche de la conversation, produit un effet de réalisme et n'est aucunement lié aux formes figées de la construction mélodique. Ce style est l'une des grandes caractéristiques de *La Traviata*. En dehors du premier acte, il apparaît dans la scène du jeu de cartes du deuxième finale. Là la tension, alimentée par un échange de paroles brusques, repose sur un motif orchestral entêtant. Une telle technique de composition n'est certes pas sans précédent dans l'histoire de l'opéra, mais elle revêt dans *La Traviata* une importance capitale, car elle donne le ton de l'œuvre.

J. K.

La Traviata, Giusi Devinu (Violetta) et Alfredo Kraus (Alfredo), mise en scène: Otto Schenk, décors: Günther Schneider-Siemssen, costumes: Reihs-Gromes, direction musicale: Josef Krips, Staatsoper de Vienne, 1971 (photographie de 1991).
La première rencontre. Violetta et Alfredo au moment du célèbre *Libiamo*. Ce duo, dont le refrain est chanté en chœur, est peut-être, de toutes les mélodies d'opéra, la plus connue. Il n'est en effet de gala sans cette chanson à boire, chantée avec ardeur et élégance.

36. Chanson à boire (Violetta-Alfredo)

Li - bia - mo, li - bia-mo ne' lie - ti ca - li-ci che la bel-lez-za in-fio - ra

37. Violetta, la dame de salon (air, acte I)

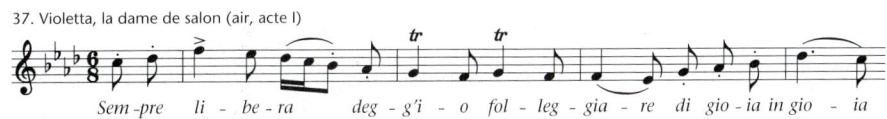

Sem - pre li - be - ra deg-g'i - o fol - leg-gia - re di gio-ia in gio - ia

38. Violetta, l'héroïne (finale, acte II)

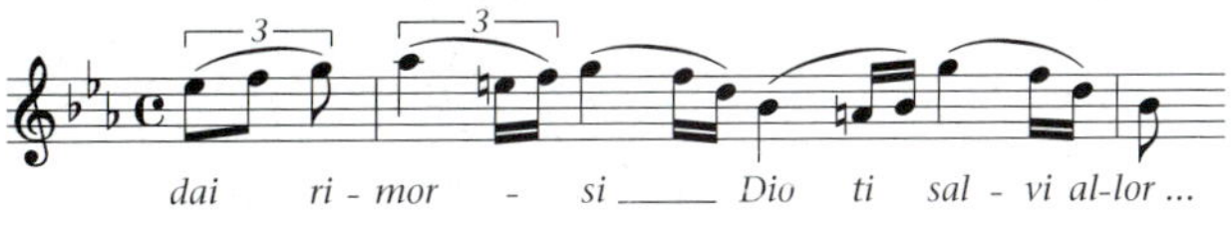

dai ri - mor - si _____ Dio ti sal - vi al - lor...

La Traviata, Tiziana Fabriccini (Violetta) et Paolo Coni (Giorgio Germont), mise en scène: Liliana Cavani, direction musicale: Riccardo Muti, décors: Dante Ferretti, costumes: Gabriella Pescucci, Teatro alla Scala de Milan, 1991.
La Traviata est le seul opéra tragique de Verdi dans lequel la violence ne joue aucun rôle. L'héroïne meurt de tuberculose. La décision que prend Violetta, lorsqu'elle s'assoit à son secrétaire pour écrire une lettre d'adieu à son bien-aimé, est cependant tout aussi bouleversante que le sacrifice de Gilda dans → *Rigoletto*.

Le père de famille et la courtisane

Dans *La Traviata*, le moment décisif, celui de l'entretien entre le vieux Germont et Violetta, se présente sous la forme d'un long duo. Au cours de ce duo, qui est loin d'être statique, le rapport de forces entre les protagonistes évolue, d'où son intérêt dramatique. Les deux personnages se livrent ici un combat dont leur destin dépend. Violetta, qui se heurte à la détermination et à l'inflexibilité de Germont, finira par totalement abandonner sa position. Au cours du récitatif du début, elle s'indigne, avec toute la fierté d'une dame du monde, des propos brutaux et irréfléchis de Germont. Elle n'aura cependant pas longtemps le dessus. Germont adopte un ton plus conciliant tout en s'en tenant à son argumentation de départ. Il y va des perspectives de mariage de sa fille, de l'avenir d'une existence bourgeoise solidement établie, la relation entre Violetta et Alfredo mettant en péril la réputation de la famille. N 39 Violetta se montre tout d'abord surprise et horrifiée. Il y va de son bonheur, de son seul espoir dans l'existence. Elle ne cède pas, mais propose un arrangement. Elle serait prête, s'il le fallait, à renoncer à Alfredo pendant un certain temps, mais pas définitivement: elle ne veut pas sacrifier son amour. Elle n'a de toute façon que peu de temps à vivre et donc peu de temps à être heureuse. Elle est déterminée à ne pas

laisser cet amour lui échapper. N 40 Mais cela ne suffit pas à Germont. Il ne prête pas foi aux propos de Violetta lorsqu'elle dit être atteinte d'une maladie mortelle et, bien qu'affable, demeure inflexible. Violetta ne peut espérer qu'une liaison de cette nature débouche un jour sur la fondation d'un foyer heureux, à la réputation non entachée. N 41 Après ces derniers mots de Germont, Violetta, qui connaît aussi les règles du jeu de la société, murmure, le cœur brisé : « C'est vrai ! C'est vrai ! ». La scène prend alors un tournant décisif. Violetta est désormais prête à préserver les intérêts des autres et à sacrifier son propre bonheur. N 42

Cette abnégation apitoie Germont, qui cherche à la consoler. Mais comment Violetta doit-elle s'y prendre pour répondre au désir de Germont ? Celui-ci essaie de lui donner des conseils (dans le dernier morceau du récitatif), mais Violetta a une meilleure idée. Elle prend sa décision au cours de la cabalette finale. N 43

La voix de Violetta, sur fond de marche funèbre, semble être celle d'une martyre s'apprêtant à mourir. On assiste à un drame à l'intérieur même du drame. Verdi n'allait utiliser cette brillante formule qu'une seconde fois au cours de sa carrière, quelques dizaines d'années plus tard dans →*Aida*, dans l'acte qui se situe sur les rives du Nil.

J. K.

La Traviata, Ernst Gutstein (Giorgio Germont) et Melitta Muszely (Violetta), mise en scène : Walter Felsenstein, direction musicale : Kurt Masur, Komische Oper de Berlin, 1967.
Violetta, sans aucun éclat ni maquillage, espérant encore pouvoir être heureuse, et Germont, père de famille affectueux, prêt à sacrifier à la bonne réputation de sa fille la vie d'une autre femme.

39. Imploration de Germont (air, acte II)

Pu-ra siccome un an-ge-lo Id-dio mi diè una fi-glia;
se Alfredo ne-ga rie-de-re in se-no alla fa-mi-glia

40. Violetta au cours de son entretien avec Germont (duo, acte II)

Non sa-pe-te quale af-fet-to vivo, im-men-so m'arda in pet-to?

41. Germont au cours de son entretien avec Violetta (duo, acte II)

Un dì, quan-do le ve-ne-ri il tem-po a-vrà fu-ga-te, fia
pre-sto il te-dio a sor-ge-re... Che sa-rà al-lor?... Pen-sa-te...

42. Violetta sacrifie son amour (duo, acte II)

Di-te al-la gio-vi-ne sì bel-la e pu-ra, ch'av-vi u-na vit-ti-ma del-la sven-tu-ra,

43. Violetta prend sa décision (duo, acte II)

mor-rò!... la mia me-mo-ri-a non fi-a ch'ei ma-le-di-ca, se
le mie pe-ne or-ri-bi-li vi sia chi al-men gli di-ca.

I Vespri siciliani, Teatro alla Scala de Milan, 1989.
Le peuple sicilien et les soldats français dans le grand tableau de l'acte II, qui se déroule dans une vallée non loin de Palerme, avec la mer en toile de fond. En dépit du lieu de l'action, cette œuvre est le premier opéra « français » de Verdi. Le compositeur revient – cette fois sans motivation politique – à ses « opéras populaires ».

I Vespri siciliani
Les Vêpres siciliennes

Opéra en cinq actes

Livret : Eugène Scribe et Charles Duveyrier
Création : le 13 juin 1855 à Paris (Grand Opéra)
Personnages : Guido di Monforte/le duc de Montfort, gouverneur de Sicile (bar.), de Béthune, officier français (bar.), le comte de Vaudemont, officier français (basse), Arrigo/Henri, un jeune Sicilien (tén.), Giovanni da Procida, médecin sicilien (basse), la duchesse Elena/Hélène, sœur du duc Frédéric d'Autriche (sop.), Ninetta, servante d'Elena (alto), Danieli, Manfredo, Siciliens (2 tén.), Thibaut et Robert, soldats français (tén., basse) ; Siciliens et Siciliennes, soldats français (chœur)

Argument
À Palerme et dans les environs en 1282, lors de l'occupation de la Sicile par la France.

Acte I
La place du marché à Palerme. La Sicile est occupée par les Français. Le Guido di Monforte exerce le pouvoir. La duchesse Elena incarne les espoirs des opprimés, car son frère a été tué par les Français. Au moment où elle sort de l'église, un soldat français l'oblige à chanter une chanson. Elle choisit un vieux chant sicilien incitant le peuple à prendre son destin en main.

À l'arrivée du duc de Monforte, les Siciliens s'enfuient, à l'exception du jeune Arrigo, qui avait été fait prisonnier en combattant et vient d'être mystérieusement libéré. Ce dernier brûle d'un amour secret pour la duchesse Elena. Il ose s'en prendre à Monforte. Surpris et impressionné, le gouverneur tente de s'en faire un ami, mais il se heurte à la fierté d'Arrigo, qui décline l'offre.

Acte II
Une vallée à proximité de Palerme. Le docteur Procida revient au pays après un long exil. Avec Elena et Arrigo, il mènera le peuple au combat pour libérer la Sicile. Arrigo promet à Elena de venger la mort de son frère. Arrigo est appelé au palais de Monforte. Comme il refuse de s'y rendre, il y est emmené de force. Procida considère alors que c'est le moment d'appeler le peuple à se soulever.

Les Français ayant tenté d'enlever les jeunes filles

présentes à un mariage sicilien, le peuple exprime soudain sa colère. Portés par cette vague d'indignation, les conjurés veulent s'introduire, masqués et sous la conduite de Procida, dans le palais de Monforte pour l'assassiner.

Acte III

Tableau 1 Le cabinet de travail de Monforte. Monforte vient d'apprendre qu'Arrigo est son propre fils. À l'approche de la mort, sa femme, qui l'avait quitté peu après leur mariage, vient en effet de lui faire savoir qu'elle a eu un fils de lui. Monforte informe Arrigo, mais celui-ci ne peut montrer d'amour filial à l'oppresseur de la Sicile.

Tableau 2 La salle de bal au palais de Monforte. Le duc de Monforte donne une fête. Elena et Procida ont l'intention d'assassiner le gouverneur de la Sicile. Arrigo, en proie à des sentiments contradictoires, met son père en garde, mais en vain. Monforte brave le danger et demeure dans la salle. Lorsque Elena s'apprête à poignarder Monforte, Arrigo protège son père. Les Siciliens sont arrêtés. Elena et Procida, qui ignorent le conflit intérieur d'Arrigo, le considèrent comme un traître.

Acte IV

La cour de la prison. Arrigo explique son comportement à Elena, qui lui pardonne. Les conjurés sont condamnés à mort. Arrigo informe son père qu'il s'associera à eux dans la mort s'il ne les gracie pas. Monforte met une condition à leur libération : Arrigo doit le reconnaître comme père. Arrigo accepte par amour pour Elena. Les conjurés sont libérés. Monforte décide de marier Elena et Arrigo afin d'apaiser les querelles entre la France et la Sicile. Procida y voit l'occasion de passer à l'acte.

Acte V

Les jardins du palais de Monforte. Arrigo et Elena s'imaginent que leur mariage contribuera à la réconciliation des deux pays. Procida révèle son plan à Elena : lorsque la cloche des vêpres retentira pour ouvrir les festivités du mariage, les Siciliens attaqueront par surprise les Français. Elena ne parvient pas à l'en dissuader. Finalement, elle refuse de se rendre à l'autel pour éviter que la cloche ne sonne. Arrigo maudit celle qu'il croit avoir été infidèle, mais Monforte ordonne le mariage. La cloche retentit, les Siciliens se jettent sur Monforte et sur les Français.

A. G.

Marque de fabrique : « Scribe »

Le livret de cet opéra a eu une histoire mouvementée. Il résulte du remaniement d'un livret plus ancien du librettiste français Eugène Scribe (→ Meyerbeer, *Les Huguenots*). Dans le texte d'origine, la figure centrale était le duc d'Albe, le tristement célèbre gouverneur espagnol des Pays-Bas au temps du roi Philippe II. Ce livret, *Le Duc d'Albe*, conçu par Scribe en collaboration avec Charles Duveyrier, avait tout d'abord été proposé à Halévy, puis à Donizetti. Ce drenier avait même commencé à le mettre en musique, mais n'avait jamais achevé son opéra. Après avoir essuyé un refus de la part de Verdi en 1852 pour deux projets de livret plus anciens, Scribe eut l'idée de proposer à celui-ci de remanier pour ses besoins le livret demeuré inédit. Il se plia au moindre souhait de Verdi : le titre de l'œuvre fut changé et l'action transposée « sous un climat moins rigoureux que celui des Pays-Bas ; sous un climat chaud et chantant semblable à celui de Naples ou de Sicile », pour reprendre les termes mêmes de Scribe.

J. K.

I Vespri siciliani, affiche du Deutsche Staatsoper de Berlin.
Il y eut en effet en 1282 une insurrection contre la domination de Charles d'Anjou. Il s'agissait en réalité d'une guerre civile qui se prolongeait. Une atmosphère guerrière, survoltée, domine tout l'opéra.

I Vespri sicilian, avec (de g. à dr) Montserrat Caballé (Elena), Sherrill Milnes (Monforte) et Nicolai Gedda (Arrigo), Metropolitan Opera de New York, 1974.
Une guerre sans paix : comme presque tous les opéras composés à partir d'un livret d'Eugène Scribe, celui-ci s'achève sur une catastrophe. La distribution de rêve au Met. – avec Caballé, Gedda et Milnes – fut un événement majeur dans l'histoire des représentations de cet opéra de Verdi, qui n'est pas très populaire.

Une ouverture ambitieuse

Ce n'est pas un hasard si la somptueuse ouverture d'*I Vespri siciliani* appartient aujourd'hui encore au nombre des morceaux les plus prestigieux inscrits aux programmes des concerts. Elle englobe les différents thèmes de l'opéra, mais – contrairement à un pot-pourri de forme libre – dans le respect des règles classiques. Elle se compose donc d'une formule rythmique servant de fond musical – le « motif de la mort » – du *De profundis* du finale de l'acte IV, du principal thème allegro de la scène du massacre (dernier finale) N 44, et du thème secondaire qui se fait entendre au cours du duo entre Monforte et son fils Arrigo ; un thème qui, ici amplement déployé, est l'une des idées de mélodies les plus belles qu'ait jamais eues Verdi. N 45

La maturité de Verdi et son savoir-faire n'apparaissent pas seulement dans cette ouverture, magistralement travaillée, mais dans tout l'ensemble de l'œuvre : travail d'épure au niveau de la partition ; association de délicieuses sonorités au niveau de l'instrumentation ; nouvelles nuances et audaces du langage harmonique, mais surtout lyrisme et nouvelle envergure des mélodies. Verdi avait pour ambition de s'imposer à l'Opéra de Paris.

Les éléments stylistiques français

I Vespri siciliani est un des opéras de Verdi les plus longs. Sa longueur n'est en effet comparable qu'à la première version parisienne de → *Don Carlo*. Il doit celle-ci notamment au ballet de l'acte III, qui est aussi dans son genre, en matière de danse, le morceau le plus long jamais créé par Verdi : il dure presque une demi-heure. Ce divertissement (*Les Quatre Saisons*) se compose d'une suite de danses alors à la mode : polka, mazurka et galop. Il valut à Verdi de nombreux éloges dans la presse parisienne. Ce qui impressionnait le plus Verdi dans l'opéra français, c'était la magnificence de la mise en scène. Dès juillet 1847, lors d'un premier séjour de quelques jours seulement à Paris, il avait écrit à une amie, la comtesse Clara Maffei : « Hier soir, j'étais à l'Opéra… La magnificence des décors m'a totalement abasourdi. On jouait *La Juive* d'Halévy. » En France, la mise en scène était l'une des composantes essentielles du grand opéra. Conformément aux habitudes parisiennes, Verdi fournit avec ses *Vespri siciliani* des indications scéniques. Cette manière de travailler allait avoir une incidence déterminante sur les œuvres italiennes suivantes (*disposizioni sceniche*). Le grand opéra avait pour idéal la variété. Ainsi se succédaient des tableaux scéniques sensationnels pour les grandes scènes de foule, des scènes individuelles annonciatrices de conflits et des finales captivants avec des revirements de situation explosifs. Les décors, l'action dramatique et la peinture de genre, tout contribuait à l'effet d'ensemble. En témoignent clairement la tarentelle endiablée (chœur et danse) de l'acte II N 46 ou encore le deuxième finale, où l'action se dissout en un vaste tableau de genre, une scène idyllique avec chœur et barcarolle ayant pour cadre la mer. N 47

Le célèbre boléro chanté par Elena avant son mariage (dernier acte) – une *canzone* à deux strophes dont le refrain est chanté par un chœur – est l'un des sommets de l'opéra. N 48

Monforte

De tous les personnages d'*I Vespri siciliani*, celui de Monforte est certainement le plus intéressant et le plus individualisé. Il occupe une place honorable parmi les grands rôles de baryton créés par Verdi. Quelle que soit sa dureté, Monforte conserve un ton noble et se montre même souvent chaleureux. Ce n'est pas un hasard si sa partie comporte des inflexions qui rappellent la voix de Rigoletto ou annoncent celle du roi Philippe. N 49   J. K.

44. Thème de la scène du massacre (ouverture)

45. Thème du duo Monforte-Arrigo (ouverture)

46. Tarentelle

47. Idylle sur la mer (barcarolle)
Del pia - cer s'a van - za l'o - ra! Col - le Gra - zie dal tuo cie - lo

48. *Canzone* d'Elena (boléro)
Mer - cè, di-let - te a - mi - che, ___ di quei leg - gia - dri fior

49. Air de Monforte
In braccio alle do - vi - zie, nel se - no de - gli o - nor

I Vespri siciliani, croquis du costume de Procida, dessiné par A. Albert pour la création à l'Opéra de Paris en 1855. Procida devait incarner l'image positive du libérateur, par opposition à celle négative de l'oppresseur, le gouverneur français Monforte. Au cours de l'opéra, celui-ci devient cependant de plus en plus sympathique au spectateur et lui inspire de plus en plus de respect. Procida ne parvient en revanche à conquérir le spectateur que lorsque sa destinée prend un tournant critique, lorsque la mort rôde autour de lui (finale des actes III et IV). Impossible de dire qui soulève l'enthousiasme du spectateur: le « noble » tyran ou le conjuré fanatique ?

Simone Boccanegra, Mirella Freni (Amelia) et Piero Cappuccilli (Simone Boccanegra), mise en scène : Giorgio Strehler, direction musicale : Claudio Abbado, décors : Ezio Frigerio, Teatro alla Scala de Milan, 1981.
À l'acte III, au palais des Doges, Boccanegra revoit sa fille pour la dernière fois ; la joie d'être père ne lui a été accordée que brièvement. Le personnage de Boccanegra rappelait-il à Verdi le souvenir de ses enfants morts prématurément ? En tout cas, Boccanegra est certainement, de tous les héros dramatiques que le compositeur a créés, celui que l'on peut le plus considérer comme son *alter ego*.

Page de droite
Simone Boccanegra, Carla Baso (Amelia), Phillip Joll (Simone Boccanegra), James Johnson (Paolo), mise en scène : Johannes Schaaf, décors : Alexander Lintl, costumes : Muriel Gerstner, Württembergisches Staatstheater de Stuttgart, 1995.
Le poison de Paolo fait effet. Boccanegra est victime de sa carrière politique.

Remaniement après révision du livret

Bien que l'on ne sache aujourd'hui quasiment rien de la version initiale de *Simone Boccanegra*, celle de 1857, on peut comprendre, grâce à des documents de l'époque, pourquoi l'opéra n'eut alors aucun succès. La tristesse du sujet et la noirceur générale de l'action furent ressenties comme oppressantes. Les critiques insistèrent sur le manque de rondeur de la musique, l'audace des harmonies, le style dépouillé du chant. Le public d'aujourd'hui ne connaît *Simone Boccanegra* qu'au travers de sa version définitive, celle de 1880-1881. Vers 1879-1880, au moment des premières négociations pour → *Otello*, Verdi, tout d'abord hésitant, se laissa finalement convaincre par Giulio Ricordi de reprendre la partition de *Simone Boccanegra*, depuis longtemps tombée dans l'oubli. « La partition, dans son état actuel, est impensable », écrivit Verdi en novembre 1880. « Elle est trop triste, trop désespérée. » Il était également nécessaire d'intervenir sur le plan dramaturgique. Arrigo Boito proposa ses services. La rencontre de Boito allait permettre à Verdi de tester les qualités du futur librettiste d'→ *Otello*.

J. K.

Simone Boccanegra
Simon Boccanegra

Mélodrame en un prologue et trois actes

Première version
Livret : Francesco Maria Piave
Création : le 12 mars 1857 à Venise (Teatro La Fenice)
Version définitive
Livret : Arrigo Boito
Création : le 24 mars 1881 à Milan (Teatro alla Scala)
Personnages du prologue : Simone Boccanegra, corsaire au service de la république de Gênes (bar.), Jacopo Fiesco, noble génois (basse), Paolo Albiani, fileur d'or génois (bar.), Pietro, citoyen génois, chef du parti du peuple (bar.)
Personnages de l'opéra : Simone Boccanegra, premier doge de Gênes (bar.), Amelia (Maria) Boccanegra, sa fille, d'abord sous le nom d'Amelia Grimaldi (sop.), Jacopo Fiesco, d'abord sous le nom d'Andrea (basse), Gabriele Adorno, noble génois (tén.), Paolo Albiani, favori de Simone Boccanegra (bar.) ; Pietro, courtisan (basse), un capitaine des arbalétriers (tén.), une servante d'Amelia (mezzosop.)

Argument
À Gênes et dans les environs, au milieu du XIVe siècle.

Prologue
Une place de Gênes, avec le palais de Fiesco. L'ambitieux Paolo Albiani et Pietro, le chef du parti du peuple, décident d'user de leur influence pour amener le peuple à élire doge l'héroïque Simone Boccanegra. Simone est surpris, mais il espère que ces hautes fonctions lui permettront de revoir enfin sa bien-aimée, Maria. Le père de cette dernière, Fiesco, la garde cachée, car il ne veut pas la donner en mariage au plébéien qu'est Boccanegra. Fiesco est cependant prêt à se montrer conciliant à condition que Simone lui confie l'éducation de la fille qu'il a eue avec Maria. Mais cette enfant a mystérieusement disparu il y a déjà longtemps. Simone s'introduit dans le palais de Fiesco, où il découvre sa bien-aimée morte. Dehors, sur la place, le peuple fête le nouveau doge, Boccanegra.

Acte I
Tableau 1 Vingt-cinq ans plus tard. Les jardins du palais des Grimaldi. Amelia, la fille des Grimaldi, famille noble bannie par le doge, aime Gabriele Adorno, également originaire d'une branche de la noblesse en mauvais termes avec le doge. Avec l'aide d'Adorno, Fiesco prépare une insurrection contre le doge. Amelia met en vain en garde contre la violence et la haine, car seul l'amour peut permettre d'améliorer le monde. Fiesco confie à Gabriele qu'Amelia est seulement la fille adoptive des Grimaldi et qu'elle est de rang inférieur. Gabriele veut tout de même l'épouser. Le doge

demande la main d'Amelia pour son favori, Paolo. La jeune fille refuse en invoquant ses origines incertaines. C'est alors que le doge reconnaît en Amelia sa propre fille. Tous deux décident de tenir dans un premier temps cette découverte secrète. La réponse négative rapportée par le doge à son favori, remplit ce dernier de haine. Paolo décide d'enlever Amelia.

Tableau 2 La salle du Conseil au palais des Doges. Simone tente de dissuader les conseillers de partir en guerre contre Venise. Son appel à la paix n'est pas entendu. Des bruits d'émeute montent de l'extérieur. L'apparition de Boccanegra devant le peuple transforme les cris de menace en cris de joie. La foule en colère traîne Gabriele Adorno, qui a tué le ravisseur d'Amelia. Mais le donneur d'ordre court toujours. Adorno accuse le doge en personne et lance un poignard dans sa direction. Amelia protège le doge. La haine entre nobles et plébéiens s'enflamme à nouveau. Simone se doute que Paolo est le donneur d'ordre. Il maudit le responsable, que nul ne connaît, et oblige son favori, Paolo, à en faire autant. C'est ainsi que Paolo se maudit lui-même.

Acte II
Une salle du palais des Doges. Paolo veut entraîner le doge dans sa chute. Il verse du poison dans la coupe de Simone et laisse sortir de prison Fiesco et Adorno. Poison ou poignard : le destin décidera par quel moyen le doge mourra. Fiesco refuse de l'assassiner. Paolo enferme alors Adorno dans une pièce et lui fait croire que le doge utilise Amelia pour s'adonner à des plaisirs coupables. Le doge boit le poison. Amelia empêche Adorno de le tuer. Lorsque celui-ci apprend que Simone est le père d'Amelia, il lui demande pardon et se montre prêt à combattre à ses côtés.

Acte III
L'intérieur du palais des Doges. En arrière-plan, la mer. Le parti du doge a gagné. Boccanegra se montre généreux et laisse à Fiesco sa liberté. Paolo, qui s'est battu aux côtés des nobles, est en revanche mené à la mort, tandis que l'on entend les chants d'Amelia et Gabriele à l'occasion de leur mariage. Le poison de Paolo commence à faire effet. Boccanegra à l'agonie demande à Fiesco de faire la paix. Ce dernier continue cependant de le haïr. Ce n'est que lorsque Simone Boccanegra lui révèle qu'Amelia est sa fille et donc la petite-fille de Fiesco, que ce dernier lui pardonne. Boccanegra fait de Gabriele Adorno son successeur et meurt.

S. N.

Le vrai Boccanegra

Le premier doge de Gênes, Simone Boccanegra, n'était ni corsaire ni même marin, contrairement à son frère, Egidio Boccanegra (le dramaturge espagnol Antonio García Gutiérrez avait fait des deux figures historiques un seul et même personnage). Le vrai Boccanegra défendait les intérêts du peuple et des marchands face à ceux de l'aristocratie. Il régna à une époque de très grande instabilité, marquée en outre par une forte précarité. Son premier règne dura de 1339 à 1344. Il fut en effet contraint d'abdiquer à cette date suite aux pressions exercées par le parti de l'aristocratie. De 1356 à 1364, il fut à nouveau doge, jusqu'à ce qu'il succombe, dit-on, à un empoisonnement. Il avait à cœur d'aplanir les querelles intestines. Conformément à l'esprit de Pétrarque, qui adressa aux doges de Venise et de Gênes une lettre dans laquelle il les sommait de promouvoir l'unité à l'intérieur des frontières de l'Italie, Boccanegra s'efforça de parvenir à un accord avec la ville portuaire rivale, Venise.

Paolo, le méchant

L'hymne sublime entonné après l'appel à la paix de Boccanegra est suivi de l'horrible malédiction, ce qui crée un contraste violent. C'est Paolo Albiani qui, en tant que haut dignitaire de l'État et sur ordre du doge, maudit celui qui a commandité l'enlèvement de la jeune fille, c'est-à-dire lui-même! Telle est la dernière touche apportée au portrait du conseiller, une touche d'un effet dramatique saisissant, digne du pouvoir d'imagination du dramaturge Boito. Si cette scène contribue à faire de Boccanegra un souverain énergique et strict, elle est toutefois avant tout consacrée à Paolo Albiani. Ce n'est qu'une fois revue par Boito que cette figure a pris toute son ampleur. Boito a transformé le simple coquin de la version de 1857 en un démon de la pointure d'un Iago, d'où les sonorités évoquent déjà *Otello* que cette figure a inspirées à Verdi : à son caractère convient en effet le sombre do mineur de la scène de la malédiction, qui fait suite au fa dièse majeur de l'hymne à la paix. N 53

Boccanegra, le héros de l'opéra

Dans la version de 1857, Boccanegra apparaissait déjà plus ou moins sous les traits d'un père affectueux et sa chaleur humaine le rendait attachant. Ce rôle de père fait partie de la série de ceux qui constituent une sorte de noyau central dans la pensée dramatique du compositeur et semblent avoir servi de fil conducteur à l'ensemble de son œuvre : de Francesco Foscari au roi Philippe II ou à Amonasro en passant par le vieux Miller et Rigoletto. Mais aucun de ces personnages, souvent tiraillés entre des sentiments contradictoires, ne bénéficie d'un éclairage aussi favorable que Boccanegra, qui entretient avec son enfant une relation sans nuage, limpide et respirant l'amour. Au cours de la scène du duo, au moment où père et fille se reconnaissent l'un l'autre, le spectateur se sent envahi par un sentiment qui le submerge. Pour la version définitive, il n'a été besoin que d'affiner la forme du duo et de donner une tonalité plus grave aux couleurs orchestrales et aux harmonies pour obtenir un morceau encore plus resplendissant. N 50

Dans la version de 1857, il manquait encore beaucoup au portrait de Boccanegra pour donner au personnage toute sa mesure. Il apparaissait davantage comme un aventurier du monde politique que comme un homme d'État généreux. Il manquait d'envergure. Bien que conscient de la nécessité d'un compromis, Verdi le fit remarquer à Boito dans une lettre : « (...) mes objectifs sont plus modestes (...) il me semble malgré tout qu'il y a dans les figures de Fiesco et de Simone quelque chose dont on pourrait faire quelque chose de bon. » Le remaniement de 1880-1881 – notamment le nouveau final de l'acte I, avec la scène du Conseil – répondit au souhait de Verdi de voir le protagoniste défini par des contours plus nets. La scène du Conseil précise en effet les traits de caractère de Boccanegra : il s'agit d'un véritable homme d'État, d'un humaniste, d'un homme politique qui voit loin et d'un souverain ayant une volonté de fer, tout à la fois généreux lorsqu'il s'agit de gracier et impitoyable lorsqu'il s'agit de punir.

Le nouveau final s'ouvre solennellement sur la séance au cours de laquelle les conseillers discutent, sous la présidence du doge, des affaires de l'État et plus précisément de questions de guerre et de paix. Il offre au doge l'occasion d'exposer ses convictions politiques, selon lesquelles il faut promouvoir et sauvegarder l'harmonie entre les États italiens. N 51 S'ensuit une scène grandiose, au cours de laquelle on voit le peuple se soulever contre Boccanegra à l'instigation de l'aristocratie. Le pouvoir magique de l'autorité du doge apaise les esprits. Gabriele Adorno s'introduit dans la salle du Conseil pour demander à Boccanegra des éclaircissements sur l'enlèvement d'Amelia. Après l'arrivée inopinée d'Amelia dans cette même salle et son récit disculpant le doge, la situation évolue et Boccanegra prononce une allocution solennelle : c'est une proclamation de paix à laquelle se joignent quelques figures, avant qu'elle ne soit reprise par le peuple tout entier. Là s'élève alors l'hymne à la paix de Verdi, une gigantesque voûte musicale qui happe le spectateur. N 52 J. K.

Simone Boccanegra, croquis de décor d'Hein Heckroth pour la mise en scène de Rudolf Schulz-Dornburg, direction musicale : Georg Solti, production des Städtische Bühnen pour l'Opernhaus d'Essen, 1929-1930 (TWS).

L'élection de Boccanegra : une fête en noir et blanc. En raison des scènes de foule que *Simone Boccanegra* comporte, cette œuvre pourrait être considérée comme un grand opéra à la française ayant été simplement italianisé. Tel n'est cependant pas le cas : dans les opéras français, les protagonistes agissent en tant que représentants d'un groupe de population, c'est-à-dire d'une partie de la foule, tandis que chez Verdi ils se détachent de la foule, du peuple, par leur destin personnel. Lorsque Boccanegra subit dans sa vie privée, au cours du prologue, le plus gros revers de fortune qui soit (la mort de sa fiancée et la disparition de sa fille), il est en même temps fêté par le peuple en tant que nouveau doge.

50. Scène de la reconnaissance mutuelle (duo Boccanegra-Amelia)

Figlia! a tal nome io pal - pi-to qual se m'aprisse i cie - li... un mondo d'i - nef - fa - bi - li le - ti - zie a me ri - ve - li

51. Discours de Boccanegra (scène du Conseil, acte I)

Atten - da alle sue ri - me il cantor del - la bion - da Avi - gno - ne - - se.

52. Hymne à la paix (scène du Conseil, acte I)

Pian - go su voi, sul pla - ci - do rag - gio del vo - stro cli - vo

53. Motif de la malédiction (scène du Conseil, acte I)

Simone Boccanegra, croquis de décor d'Eduard Löffler, Teatro Municipal de Rio de Janeiro, 1941, (TWS).
La scène du Conseil, véritable chef-d'œuvre de Verdi à sa maturité. Elle montre de manière éclatante à quel point la foule peut être manipulée, mais elle permet aussi de se rendre compte que le véritable drame se joue entre individus. Apparaît ici une nouvelle perception du peuple, peuple dont le jeune compositeur se sentait encore proche lorsqu'il incarnait l'idée de liberté. Avec l'âge, Verdi le perçoit apparemment de manière plus nuancée et a plus de doutes à son égard.

Ci-dessus
Simone Boccanegra, croquis de décor de Josef Fenneker, Berlin, 1944 (TWS).
L'aube au bord de la mer. C'est dans un milieu naturel, très prometteur, que Verdi fait apparaître Amelia. Dans cette œuvre noire, elle incarne un avenir sans nuage. Matérialiser les évocations musicales de la nature et transposer cette scène au bord de la mer, dans les jardins du palais des Grimaldi, fut une idée de Boito.

À gauche
Simone Boccanegra, croquis de décor de Josef Fenneker, mise en scène: Rudolf Scheel, Theater im Admiralspalast de Berlin, 1944 (TWS).
La lutte pour le pouvoir politique recouvre d'un voile noir l'histoire de Boccanegra. Comme dans de nombreux autres opéras de Verdi, les protagonistes n'ont ici aucun moyen d'échapper aux coups du destin. Leur seule volonté ne leur permet pas de s'en sortir: ils errent dans un sombre labyrinthe.

Simone Boccanegra, Mirella Freni et Veriono Lucchetti, tournée de la Scala à Tokyo en 1981.
Le fait que l'amour ne joue qu'un rôle épisodique dans *Simone Boccanegra* est l'une des singularités de cet opéra. Le seul duo d'amour – celui d'Amelia et d'Adorno sur fond de mer – traite de l'amour d'un point de vue non pas dramatique mais «philosophique»: il dénonce la tendre naïveté de la jeunesse.

Page de droite
Simone Boccanegra, Phillip Joll dans le rôle de Simone Boccanegra, mise en scène: Johannes Schaaf, décors: Alexander Lintl, costumes: Muriel Gerstner, Württembergisches Staatstheater de Stuttgart, 1995.
Les patriciens (qui portent une perruque) et les plébéiens (qui ont un chapeau) s'affrontent dans la scène du Conseil (acte I, scène 2). Boccanegra – qui, en raison de son costume, fait songer à une figure prophétique – va réussir à venir à bout de cette situation délicate grâce à son pouvoir de persuasion.

Créatures de l'ombre et atmosphère sombre

Trois rôles masculins importants, correspondant à des registres de voix assez graves, déterminent l'atmosphère de cet opéra: ce sont ceux de Boccanegra, de Paolo et de Fiesco. Ce dernier est le beau-père de Boccanegra, contre son gré, mais aussi le grand-père d'Amelia. Il demeure à l'arrière-plan presque jusqu'à la fin de l'opéra, mais l'atmosphère lugubre doit beaucoup à cette figure mystérieuse. Il vit dans l'ombre sous un pseudonyme: Padre Andrea. Son heure arrive dans le dernier acte: sortant de l'obscurité, il se trouve à nouveau face à face avec son ennemi juré, Boccanegra, qui lutte contre la mort.

Verdi cherchait vraisemblablement à donner une importance analogue à deux grands rôles masculins à la voix grave, comme dans → *Don Carlo* (Philippe II et le Grand Inquisiteur), lorsqu'il attira l'attention de Boito sur Boccanegra et sur Fiesco. Mais ce qui donne vraiment toute sa stature à Fiesco, c'est la musique de Verdi. N 56

La mer

Comme les autres œuvres de maturité de Verdi, *Simone Boccanegra* a une coloration qui lui est propre (ce que l'on appelle dans le milieu de l'opéra italien *la tinta*). C'est en l'occurrence l'atmosphère et la voix de la mer qui la lui donnent, une idée qui semble couler de source car l'action se déroule à Gênes et le destin du héros est lié de mille façons à la mer. Il est intéressant de noter que Verdi, qui ne faisait pas grand cas par ailleurs des évocations musicales de la nature, s'est ici servi de ce moyen de façon aussi manifeste. Dans la première version de *Simone Boccanegra*, l'acte I s'ouvrait déjà sur une évocation des vagues. La cavatine que chante Amelia au moment où elle paraît est sous-tendue par une orchestration qui rend audibles le jeu des vagues et le souffle de la brise. N 54

La nouvelle partition, celle de 1881, fit apparaître ce doux mélange de sons de manière encore plus nette et plus éclatante. À l'heure où le doge agonise, la mer le salue une dernière fois en laissant entendre, par la fenêtre ouverte, le murmure de ses vagues. À l'acte III retentit à nouveau cette musique de houle symbolisant tout le passé de Boccanegra. Dans la version de 1881, le motif de la mer est quasiment présent dès le début de l'opéra: l'introduction orchestrale du prologue, entièrement nouvelle, forme une toile de fond ondoyante qui, en raison de l'atmosphère particulière qu'elle crée, se prête non seulement au dialogue de la première scène, mais aussi à toute la suite de l'opéra. N 55

J. K.

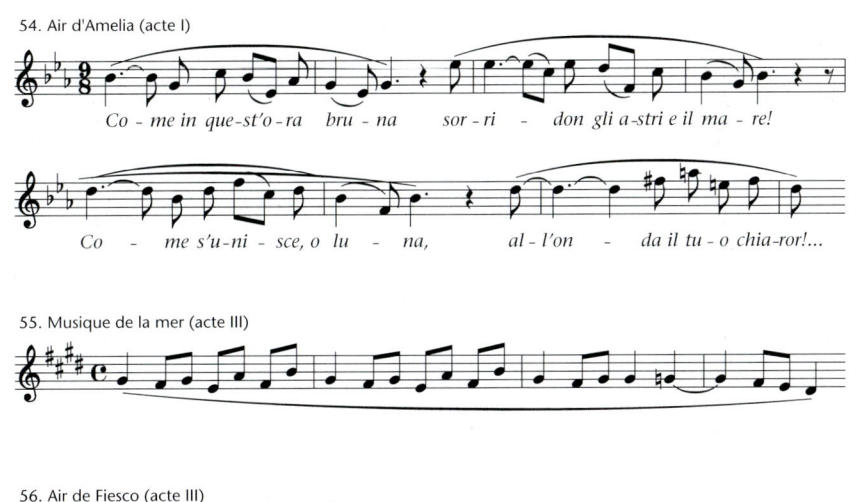

54. Air d'Amelia (acte I)

Co - me in que-st'o-ra bru - na sor - ri - don gli a-stri e il ma - re!
Co - me s'u-ni - sce, o lu - na, al - l'on - da il tu - o chia-ror!...

55. Musique de la mer (acte III)

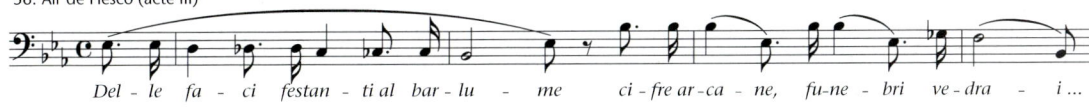

56. Air de Fiesco (acte III)

Del - le fa - ci festan - ti al bar - lu - me ci - fre ar - ca - ne, fu-ne - bri ve - dra - i...

TEATRO ALLA SCALA
SERATA D'INAUGURAZIONE
DELLA STAGIONE LIRICA 1971/72
SIMON BOCCANEGRA
GIUSEPPE VERDI
CLAUDIO ABBADO

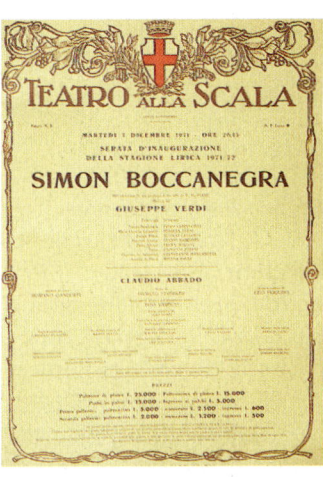

Simone Boccanegra, affiche de la Scala de Milan, 1971.

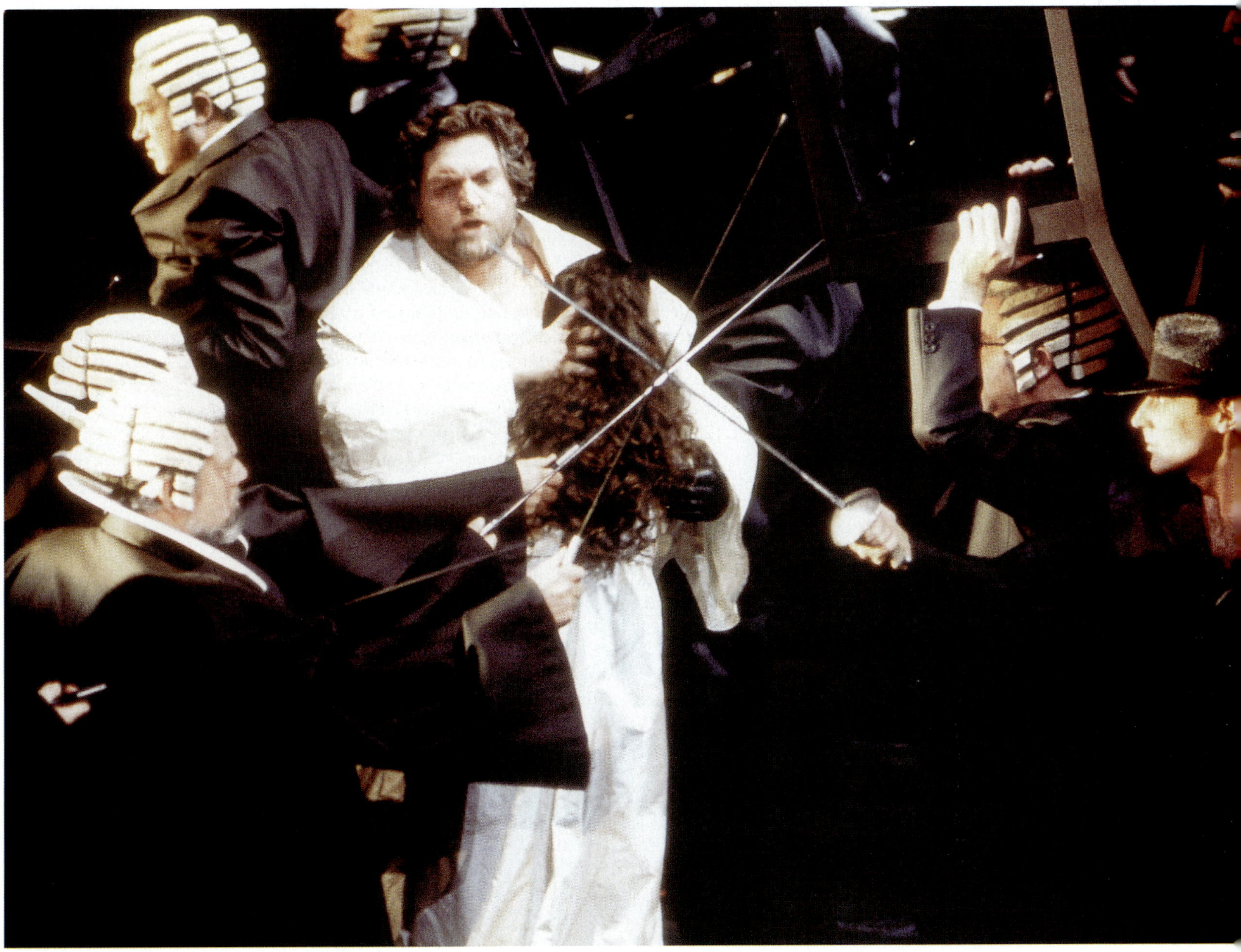

Un Ballo in maschera

Un Bal masqué

Mélodrame en trois actes

Livret: Antonio Somma, d'après le livret *Gustave III ou Le Bal masqué* d'Eugène Scribe
Création: le 17 février 1859 à Rome (Teatro Apollo)
Personnages (les noms de la version initiale, interdits par la censure, figurent entre parenthèses): Riccardo, comte de Warwick, gouverneur de Boston (Gustave III, roi de Suède) (tén.), Renato, créole, son secrétaire (comte René Anckarström, son ami) (bar.), Amelia, son épouse (sop.), Ulrica (Arvidson), une devineresse (alto), Oscar, un page (sop.), Samuel (comte Ribbing) et Tom (comte Horn), ennemis du comte (conjurés se battant contre le roi de Suède/Gustave III) (2 basses), Silvano, un marin (Christian, un marin) (bar.), un juge (tén.), un serviteur (tén.); députés (courtisans), officiers, conjurés, serviteurs, masques (chœur)

Argument
À Boston, à la fin du XVIIᵉ siècle (à Stockholm, en 1792).

Version initiale

Acte I
Tableau 1 La salle d'audience au château du roi. Audience du matin accordée par le roi Gustave III. Solliciteurs et courtisans sont introduits dans la salle. Parmi eux se trouvent les comtes Ribbing et Horn, qui préparent un attentat contre le roi, ainsi que leurs partisans. Le page Oscar remet au roi la liste des invités au prochain bal masqué. Sur cette liste figure entre autres Amelia, l'épouse de son meilleur ami et conseiller – le comte René Anckarström –, dont il est secrètement épris. Lorsque René le met en garde contre une éventuelle conjuration, Gustave III est soulagé de constater que son ami ne se doute pas de l'amour qu'il éprouve pour Amelia et ne tient nullement compte de sa mise en garde. Un juge demande de condamner à l'exil la devineresse Ulrica, mais le page Oscar intercède en sa faveur. Sa curiosité ayant été éveillée, Gustave III décide de rendre visite à la devineresse avec ses courtisans. Les conjurés voient là une chance de perpétrer leur attentat.
Tableau 2 La cabane de la devineresse. Ulrica est entourée de beaucoup de monde. Un marin lui demande s'il sera enfin récompensé de tous les sacrifices qu'il fait pour le roi depuis des années. Gustave III lui remet en secret une lettre de promotion et de l'argent. Une noble dame demande à Ulrica un entretien. Gustave III épie la conversation des deux femmes. La noble dame n'est autre qu'Amelia: elle demande à Ulrica comment combattre un amour interdit. La devineresse lui recommande une herbe magique, qu'elle doit cependant aller cueillir elle-même dans le champ des supplices, près du gibet. Amelia a l'intention d'aller chercher cette herbe au cours de la nuit suivante. Gustave III se doute que c'est de lui dont elle est éprise. Il décide donc de la suivre. Auparavant, habillé en pêcheur, il se laisse prédire l'avenir. Ulrica lui annonce une mort prochaine, mort que lui donnera le premier qui lui tendra la main. Le premier à le faire est René Anckarström, ce qui fait dire à tout le monde qu'Ulrica n'est pas infaillible. Égayés par cet incident, les courtisans entonnent un chant de louange au roi, que le peuple ne tarde pas à reprendre. Au milieu de cette foule en liesse, le roi est protégé de ceux qui cherchent à l'assassiner. Ulrica met en vain en garde ceux qui se moquent de sa prophétie.

Acte II
Une région déserte au pied d'une colline, près de Stockholm. La nuit. Suivant le conseil d'Ulrica, Amelia cherche dans le champ aux supplices l'herbe magique susceptible de la guérir de son amour. Gustave III, qui l'a suivie sans se faire voir, lui révèle l'amour qu'il éprouve pour elle et parvient à lui faire dire que c'est lui qu'elle aime. René a aussi suivi son ami pour le protéger et le mettre une nouvelle fois en garde contre l'attentat projeté. Les deux hommes échangent leur manteau et René raccompagne en ville l'inconnue recouverte d'un voile, sans s'enquérir de son identité. Les conjurés se pressent autour de celui qu'ils prennent pour le roi, à savoir Anckarström revêtu du manteau du roi. Amelia se jette entre lui et les conjurés, révélant ainsi son identité. Les conjurés se moquent du noble qui vient d'être dupé. Fou de jalousie, Anckarström invite les conjurés à se rendre chez lui le lendemain.

Acte III
Tableau 1 Le cabinet de travail d'Anckarström. René, qui veut tuer sa femme, ne prête pas attention à ses protestations d'innocence. Tout ce que cette dernière obtient, c'est un moratoire. Elle est autorisée à revoir son enfant une dernière fois. Pendant le délai accordé, la colère de René se retourne contre le roi. Il s'adjoint aux conjurés. Un tirage au sort permet de déterminer qui devra tuer le roi. Le sort tombe sur Anckarström. Oscar apporte l'invitation au bal masqué. Amelia se doute que ce bal se terminera mal pour le roi.
Tableau 2 Le cabinet du roi. Déchiré entre son amour pour Amelia et sa fidélité en amitié, Gustave III décide finalement d'envoyer Anckarström et sa femme en Angleterre. Dans une lettre anonyme, Amelia le met en garde contre un attentat. Mais le roi ne fait pas plus cas de cette mise en garde que des autres.
Tableau 3 Une grande salle de bal. La fête bat son plein. Les conjurés se mêlent aux invités masqués. Sous la menace, le page révèle à René le masque sous lequel se cache le roi. Amelia tente de persuader le roi de quitter la fête, mais en vain. Il est tué par René. Gustave III, agonisant, montre à son ami le document par lequel il l'envoyait avec sa femme en Angleterre, et lui jure qu'il ne s'est rien passé d'inconvenant entre Amelia et lui-même. Il pardonne à son assassin et meurt.

S. N.

La victime, Gustave III (en haut), et le meurtrier, Johan Jacob Anckarström (ci-dessus). Dans la nuit du 15 mars 1792, un attentat fut perpétré au cours d'un bal sur la personne du roi de Suède, Gustave III, qui succomba à ses blessures quelques semaines plus tard. Il s'agissait d'un attentat purement politique: un groupe issu de la noblesse féodale conservatrice éliminait par ce geste un souverain attaché aux principes de l'absolutisme éclairé. L'auteur du meurtre demeura inébranlable: il ne révéla pas le nom des autres conjurés.

Page de droite, en haut
Un Ballo in maschera, avec (de g. à dr.) Magda Nádor (Oscar), Luciano Pavarotti (Gustave III), et Margaret Price (Amelia), mise en scène: Gianfranco de Bosio, costumes: Santuzza Cali, Staatsoper de Vienne, 1986.
Suite à un petit flirt, le ténor le plus attachant de tous les héros verdiens doit mourir. C'est ici la première fois que, dans un opéra de Verdi, un homme a un effet de catharsis. Le roi n'est certes pas aussi irréprochable que les héroïnes angéliques de Verdi, mais il est en l'occurrence innocent et victime d'un malentendu. Le grand effet dramatique, prévu par Scribe à cet endroit, a été réduit ici à l'échelle humaine. Au lieu d'une catastrophe épouvantable, l'opéra offre au spectateur une scène finale tragique, mais sublime.

Page de droite, en bas
Un Ballo in maschera, mise en scène et décors: Richard Jones et Antony McDonald, direction musicale: Marcello Viotti, Festival de Bregenz, 1999.
Le décorateur et le metteur en scène d'*Un Ballo in maschera* au festival de Bregenz en 1999 ont écrit un nouveau chapitre de l'histoire des décors: plus de 300 acteurs prirent place ce soir-là dans leur décor spectaculaire, un livre ouvert qui voguait sur le lac de Constance et mesurait 34 x 25 mètres. La mort suivait le déroulement de l'action, livre en main, et attendait le roi de Suède.

Les démêlés avec la censure

L'assassinat d'un roi perpétré en Europe dans les années 1790 était considéré comme un événement trop proche, tant géographiquement que dans le temps pour ne pas avoir à craindre de la part du public italien, agité par les idées du *Risorgimento*, des associations d'idées dangereuses. Verdi reçut l'ordre de remanier son œuvre. Il décida donc de s'adresser à Rome, mais là aussi, il dut faire des concessions aux autorités chargées de la censure. Ce n'est qu'en février 1859 que fut enfin donnée la première de son nouvel opéra, dont le titre définitif était *Un Ballo in maschera*. Quelques années plus tard, le nouveau royaume italien se montrant plus libéral, le compositeur eut la possibilité de rétablir les noms historiques et les faits relatés dans l'œuvre de Scribe (comme de nombreux metteurs en scène l'ont fait au cours des dernières décennies), mais il ne le fit point.

J. K.

Un Ballo in maschera, acte I, scène 1, mise en scène : Franco Zeffirelli, direction musicale : Claudio Abbado, décors : Renzo Mongiardino, Teatro alla Scala de Milan, 1972.
La simplicité et la concision avec lesquelles Verdi a dépeint l'atmosphère de la cour et amené le thème de la conjuration au début de l'opéra sont un véritable trait de génie. Le prélude ne dure que quelques minutes, mais il suffit à nous familiariser avec l'époque et à nous faire saisir la situation politique.

L'esprit du XVIIIe siècle

L'atmosphère générale de l'opéra reflète l'élégance de la cour au XVIIIe siècle. Même l'insouciant roi de Suède renvoie à la joie de vivre et à la légèreté de la société de cour. C'est un homme bon et attachant, ami de ses sujets et chaleureux. Au cours de son premier air, qu'il chante déguisé en pêcheur au milieu de la foule réunie chez la devineresse Ulrica, il semble être le protagoniste d'une farce d'écolier. N 57

Gustave III

Le rôle de Gustave III est un rôle de ténor important, mais il ne nécessite pas un fort ténor. Il appelle plutôt un chanteur lyrique d'une grande sensibilité. Le roi Gustave III est un héros sympathique, chaleureux, capable de renoncer par amitié à son grand amour. N 58

Oscar

Le rôle de travesti du page Oscar correspond dans les opéras de Verdi à un nouveau registre. Oscar est en effet un soprano léger tout droit sorti de la scène musicale française, une figure de genre calquée sur le modèle français, dont le rôle est entrecoupé de chansons et d'une partie de coloratura ornemental, d'une virtuosité manifeste. Sa chanson à deux strophes, dans la scène de bal du dernier acte, est devenue le passage le plus connu de l'opéra. N 59

Ulrica

L'utilisation du registre féminin grave pour le rôle d'Ulrica – premier portrait de femme comparable à celui d'Azucena dans → *Il Trovatore* – fait partie des moyens relativement nouveaux utilisés par Verdi pour représenter le fatalisme de ses personnages. Cette figure a quelque chose de mystique et d'ambigu : il est impossible de déterminer si elle possède réellement des pouvoirs surnaturels ou s'il ne s'agit que d'une habile affairiste. N 60

Un Ballo in maschera, croquis de décors de Adolph Mahnke, Dresde, 1940 (TWS).
Le final du deuxième acte, où devant son époux Amelia est démasquée par les conspirateurs sarcastiques, réunit des profils fortement individualisés au sein d'un ensemble à plusieurs voix. C'est là un instant d'ironie noire, où toute l'absurdité d'une situation désespérée est présentée dans l'esprit caustique du théâtre français.

Un Ballo in maschera, acte I avec Ludmilla Schmetschu dans le rôle d'Ulrica, mise en scène : Giannfranco De Bosio, direction musicale : Claudio Abbado, Staatsoper de Vienne, 1986.
Chez Ulrica, l'action est encore drôle. Le rire accompagne tout le déroulement de l'action d'une manière quasiment fantomatique. Dans aucun autre opéra de Verdi on ne rit autant (celui-ci comprend une air et un quintette placés sous le signe du rire, sans parler de la gaieté du bal masqué) et le rire n'est jamais si mortel que dans celui-ci.

57. Air du roi déguisé en pêcheur (acte I)

58. Air du roi (acte III)

René

Il est tout d'abord le secrétaire et le dévoué partisan du roi, puis son ennemi juré. Son premier air est un chant composé de strophes N 61 ; le second, d'une construction plus aérienne, se subdivise sur le plan formel en trois parties N 62, ce qui a permis d'introduire dans un même cadre les émotions violentes et les moments de réflexion.

59. Chanson d'Oscar (scène de bal, acte III)

Amelia

Même les airs chantés en solo par Amelia – d'amples cavatines – sont des pièces élégiaques, dénotant l'inquiétude et la détresse du personnage. Il n'existe guère chez Verdi de figure féminine aussi malheureuse et se trouvant dans une situation aussi désespérée : épouse et amante malheureuse, torturée par le sentiment de culpabilité que lui inspire son amour, de toute façon sans espoir. Le personnage dont le sort se rapproche le plus du sien est peut-être celui de la reine Élisabeth dans → *Don Carlo*. Ce n'est certainement pas un hasard si les deux musiques présentent des similitudes. Ce sont notamment le sombre *decrescendo* en fa mineur et la coloration élégiaque de l'instrument d'accompagnement – qui s'imposait pour le solo d'Amelia (le cor anglais) – qui annoncent cette œuvre ultérieure. N 63

60. Motif orchestral d'Ulrica

61. Air de René (acte I)

62. Air de René (acte III)

63. Air d'Amelia (acte II)

Duo d'amour

Peut-être est-ce en raison des exigences du développement dramatique et du cheminement de pensée qui s'opère au cours de l'œuvre – assaut de l'amour, réaction de défense, résignation – que Verdi a jugé bon de revenir sur le plan formel pour le duo Amelia-Gustave III au type italien le plus conventionnel : le duo qui, construit à partir de deux sections principales, se termine sur une cabalette vive. La cabalette se déploie elle-même ici selon une construction ancienne : la strophe du ténor est suivie de celle de la soprano et, après un bref intermède instrumental, les deux voix chantent à l'unisson. N 64 Extrêmement conventionnel, le duo correspond pourtant sur le plan mélodique à une rupture : on songe à un Tristan italien. *Un Ballo in maschera* et → *Tristan und Isolde* de Richard Wagner furent en effet créés quasiment en même temps. N 65

Ensemble placé sous le signe du rire

L'élégance et l'ingéniosité avec lesquelles les grandes scènes d'ensemble ont été réalisées montrent que Verdi a exploité une veine nouvelle, celle de la décennie marquée par la création de → *Rigoletto* et de → *La Traviata*. Le célèbre quintette du premier finale, par exemple, est un véritable chef-d'œuvre. Il correspond à un moment de stupéfaction générale provoquée par la prophétie funeste d'Ulrica au sujet du roi. On est en présence de la situation caractéristique d'un *finale concertato* : c'est dans cet instant de stupeur que les réactions des personnes présentes s'expriment, et ce au cœur d'un ensemble polyphonique. L'emplacement et la fonction de ce type de *concertato* dans les finals des opéras italiens avaient depuis longtemps été fixés par la tradition. Ce qui n'est en revanche absolument pas traditionnel, c'est la manière dont Verdi s'est acquitté de cette tâche. Chaque voix a en effet reçu un ton qui lui est caractéristique, une expression qui lui est propre et un profil thématique spécifique, ce qui a donné lieu à une abondance de mélodies et à autant de traits de génie. Rien ne pouvait mieux convenir au portrait du roi en souverain décontracté qu'un rire sceptique (d'où la dénomination de « quintette du rire »). Peut-être dissimule-t-il sa stupéfaction sous une désinvolture forcée ? Ulrica, qui ne sait pas encore à qui elle a affaire, se montre tout naturellement vexée et vindicative, défendant par cette attitude la véracité de sa prophétie. N 66 Le choix de *staccati* rapides et enlevés – du type de ceux utilisés pour les intrigants – pour caractériser les chefs des conjurés est tout à fait judicieux. N 67 Et comme pour couronner cet édifice musical, la haute voix de soprano d'Oscar vient se mêler à l'ensemble en décrivant un gigantesque arc mélodique. N 68

Un Ballo in maschera, Maria Callas dans le rôle d'Amelia, mise en scène : Luchino Visconti, décors : Lila de Nobili, Teatro alla Scala de Milan, 1956.
Sur le plan dramatique, le rôle d'Amelia n'est pas très individualisé. C'est cependant un rôle féminin important d'un point de vue musical, car les émotions que suscite l'hésitation entre la fidélité à l'époux et l'amour permettent de grands moments lyriques.

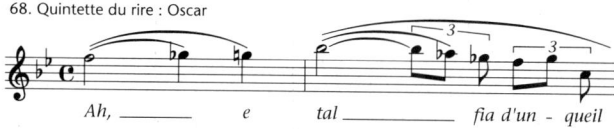

Le bal masqué

Le tableau final du bal masqué reprend aussi des modèles ayant fait leurs preuves, des techniques compositionnelles déjà employées dans les scènes de bal de → *Rigoletto* et de → *La Traviata*. C'est ici aussi un air de danse qui sous-tend les moments dramatiques au cours desquels se joue le destin des personnages. La conversation des invités et le ton retenu des dialogues planent sur ce gracieux air de danse. Noyée dans la foule qui danse, Amelia s'approche du roi costumé pour le mettre en garde contre le danger qui le menace et lui annoncer qu'elle renonce définitivement à son amour. Sur scène, un orchestre composé d'un petit nombre d'instruments à cordes entonne la musique du bal, une mazurka légère et mélancolique N 69, jusqu'au moment où les instruments installés dans la fosse de l'orchestre se mêlent aux autres en vue de signifier, par la répétition d'une figuration de violons comme désaccordés et par l'intermédiaire d'un motif de mort N 70, que toute mise en garde et tout renoncement arrivent trop tard : la catastrophe s'approche inexorablement. La tension est à son paroxysme au cours de cet air de danse. Il ne reste que le constat d'un grand malentendu. Regrets, pardon et mort relèvent déjà du dénouement et de la catharsis.

J. K.

69. Menuet-Mazurka (scène de bal)

70. Motif de mort

Un Ballo in maschera, acte III, scène 3, mise en scène : Franco Zeffirelli, direction musicale : Claudio Abbado, décors : Renzo Mongiardino, Teatro alla Scala de Milan, 1972.
Dans cet opéra, tout le monde porte un masque, au sens propre comme au sens figuré : les courtisans se rendent masqués chez Ulrica ; au champ des supplices, René échange son manteau contre celui du roi et Amelia a le visage voilé. Le véritable visage des protagonistes demeure caché jusqu'au dernier moment. Seul Oscar sait des choses, mais il ne les dit pas…

La Forza del destino
La Force du destin

Opéra en quatre actes

Livret : Francesco Maria Piave, d'après *Don Alvaro o La Fuerza del sino* du duc de Rivas avec adjonction d'une scène du *Wallensteins Lager* (Le Camp de Wallenstein) de Friedrich von Schiller
Création : le 10 novembre 1862 à Saint-Pétersbourg (Grand Théâtre impérial)
Première de la version remaniée (remaniement du livret : Antonio Ghislanzoni) : le 27 février 1869 à Milan (Teatro alla Scala)
Personnages : le marquis de Calatrava (basse), Leonora di Vargas, sa fille (sop.), Don Carlo di Vargas, son fils (bar.), Alvaro, métisse descendant d'une famille de rois incas (tén.), Preziosilla, jeune bohémienne (mezzosop.), le père Guardiano, franciscain (basse), Fra Melitone (bar.), Curra, camériste de Leonora (mezzosop.), un alcade (basse), Mastro Trabuco, muletier puis marchand ambulant (tén.), un chirurgien de l'armée espagnole (tén.) ; muletiers, paysans espagnols et italiens, soldats espagnols et italiens, ordonnances, recrues italiennes, frères franciscains, mendiantes et mendiants, villageois espagnols et italiens, vivandières (chœur)

Argument
En Espagne et en Italie, au milieu du XVIIIe siècle.

Acte I
Une salle dans la demeure du marquis de Calatrava à Séville. Leonora di Vargas attend son bien-aimé, Don

La Forza del destino, mise en scène : Helmut Polixa, décors et costumes : Franz Lehr, Théâtre de Brême, 1992.
Leonora est une héroïne tragique dès les premiers instants du drame. Elle hésite face à un choix auquel elle ne peut échapper bien qu'il soit à vrai dire impossible : elle doit en effet choisir entre son amour pour Alvaro et l'amour de son père. La mort tragique de ce dernier est lourde de conséquences, puisque Leonora, accusée dès lors de complicité de meurtre, doit prendre la fuite, se voit arrachée à son bien-aimé et contrainte de s'isoler dans un exil qu'elle a elle-même choisi. La tragédie de son destin constitue le thème central de l'œuvre musicale de Verdi. Dans cet opéra, le célèbre motif du destin (motif principal dès l'ouverture) est étroitement lié à Leonora. N 76

Alvaro, descendant d'une famille inca. Tous deux veulent s'enfuir, car le père de Leonora a interdit à sa fille d'épouser un métisse. Leonora, qui aime son père, hésite encore alors que tout est prêt pour le départ. C'est ainsi que le père surprend les deux amoureux et tente de retenir sa fille. Don Alvaro prouve la pureté de ses intentions en jetant son arme au sol, mais le coup part accidentellement et tue le marquis.

Acte II
Tableau 1 Le village d'Hornachuelos. Leonora et Alvaro n'ont pas réussi à fuir ensemble, et se sont perdus au cours de cette nuit effroyable. Leonora erre à la recherche d'Alvaro. Elle s'est habillée en homme pour échapper à la vengeance de son frère Carlo. Le frère et la sœur se croisent dans la ville portuaire. Grâce à une campagne de mobilisation, Leonora n'est pas reconnue par son frère. Carlo satisfait la curiosité de la foule en racontant l'histoire de Leonora et d'Alvaro, qui, selon lui, serait retourné en Amérique. Leonora se sent non seulement coupable de la mort de son père, mais aussi trahie et abandonnée par Alvaro. Elle décide d'expier sa faute.

Tableau 2 Le couvent franciscain de la Madonna degli Angeli, près d'Hornachuelos. Leonora cherche certes à échapper aux poursuites de son frère, mais aussi et surtout à se délivrer du désir qu'elle a de revoir son bien-aimé, un désir qui la consume. C'est la raison pour laquelle elle choisit de mener une vie d'ermite et non pas de séjourner dans le couvent. Le père Guardiano connaît le destin de Leonora. Il accepte donc qu'elle devienne, au cours d'un rituel solennel, membre d'un ermitage proche du couvent. Malédiction et damnation s'abattront sur quiconque s'approchera de la cellule en vue de percer le secret de cet ermite.

Acte III
Tableau 1 Une forêt dans les environs de Velletri (Italie), quelques années plus tard. Alvaro, qui croit Leonora morte, a fait carrière dans l'armée espagnole sous un faux nom. Il se lie d'amitié avec un officier auquel il a sauvé la vie sans le connaître. Il s'agit de Carlo, qui sert aussi dans l'armée espagnole sous un faux nom.

Tableau 2 Une salle de réception dans les quartiers d'un grand officier espagnol. Alvaro, qui a été grièvement blessé, confie toutes ses affaires à Carlo en lui demandant toutefois de détruire ses papiers au cas où il succomberait à ses blessures. Carlo devient méfiant, car son ami a tremblé au nom de Calatrava. Il s'est engagé à ne pas lire les papiers qu'il lui a confiés, mais découvre dans ses affaires un portrait de Leonora. Il comprend alors que son ami n'est autre que l'ennemi si longtemps recherché.

Tableau 3 Carlo indique sa véritable identité à Alvaro, remis de ses blessures, et le provoque en duel. Alvaro jure sur leur amitié, son innocence et supplie Carlo de faire la paix par amour pour Leonora. En vain. Seuls les gardes permettent à Alvaro d'échapper à la haine aveugle de Carlo, très attaché à son honneur. Le monde ne pouvant offrir à Alvaro ce qu'il cherche, la tolérance et l'amour, il se retire donc dans un couvent pour y trouver la paix. La foule se réjouit de l'ivresse de la guerre.

Comme l'alcool, elle fait oublier les horreurs du monde. Nul n'a d'oreilles pour les importuns, ceux qui, comme Fra Melitone, mettent en garde contre la guerre.

Acte IV
Tableau 1 La cour du couvent de la Madonna degli Angeli. Fra Melitone fait l'aumône à des mendiants.

Carlo a cherché Alvaro pendant sept ans. Il le trouve enfin dans ce couvent. Tout a changé depuis cette épouvantable nuit où les deux amoureux se sont enfuis, tout sauf Carlo, qui est toujours fermement décidé à venger la mort de son père. Alvaro, devenu moine, tente d'éviter la confrontation, mais en vain.

Tableau 2 Une vallée encaissée entre des rochers inaccessibles. Leonora s'est livrée ici pendant de longues années à de nombreux exercices spirituels, mais la paix intérieure ne lui a pas été accordée. L'amour qu'elle éprouve pour Alvaro ne cesse de la consumer. Deux hommes à la recherche d'un prêtre se précipitent dans sa cellule. Alvaro a mortellement blessé Carlo au cours de leur duel. Les amoureux se reconnaissent. Avant de mourir, Carlo transperce sa sœur de son épée. Leonora reçoit la bénédiction du père Guardiano et meurt dans les bras d'Alvaro. (Dans la version initiale, Alvaro se donne la mort juste après, en se jetant dans le vide.) S. N.

Leonora
Verdi a donné au portrait musical de Leonora une expression mélodique et dramatique d'une force particulière. Son grand solo, au dernier acte, est un monologue qu'il ne conviendrait guère de désigner sous le nom d'air au sens traditionnel du terme. Verdi lui a donné le nom de *melodia*. Au cours de ce monologue, Leonora fait le bilan de son existence, se plaint de ne pas avoir eu une vie heureuse et s'insurge une dernière fois contre le destin. « La paix, la paix, mon Dieu » sont ses premiers mots. La paix ne se trouve cependant nulle part, ni dans le cœur bouleversé de Leonora ni dans le monde qui s'agite tout autour. Seule la mort peut lui apporter la paix. Ce sont cette intuition et l'imminence de sa mort qui rendent son monologue si saisissant. N 71

À gauche
La Forza del destino avec (de g. à dr.) Julia Varady (Leonora), Giorgio Merighi (Alvaro) et Maria José Brill (Curra, la caméreste de Leonora), mise en scène : Hans Neuenfels, décors : Erich Wonder, direction musicale : Marcello Viotti, Deutsche Oper de Berlin, 1998.
Verdi s'avère être une fois de plus le maître des contrastes : cet opéra, dont l'action se déroule dans deux pays et se situe à une époque historique agitée, commence dans la chambre d'une jeune fille.

La Forza del destino, Ilona Tokody (Leonora) et Simon Estes (le père Guardiano), mise en scène : Hans Neuenfels, décors : Erich Wonder, direction musicale : Marcello Viotti, Deutsche Oper de Berlin, 1998.
Même comparé aux autres duos de Verdi – compositeur que l'on peut pourtant considérer comme un maître en la matière –, le duo de Leonora et du père Guardiano apparaît comme un véritable chef-d'œuvre. La longueur de cette scène-clé est déjà à elle seule impressionnante : elle dure presque 20 minutes, ce qui est normalement la durée de la moitié d'un acte ! Dans cette scène, Leonora fait au père Guardiano le récit de son destin et lui fait part de ses intentions : elle désire vivre incognito parmi les moines. Le père Guardiano, qui voit Leonora pour la première fois, se laisse convaincre par la grandeur d'âme et la force de cette femme. Deux êtres insolites se retrouvent dans une situation insolite.

71. Air final de Leonora (acte IV)

La Forza del destino, mise en scène : Helmut Polixa, décors et costumes : Franz Lehr, Théâtre de Brême, 1992.
Le père Guardiano et ses frères dans le final de l'acte II. La pensée chrétienne occupe une place importante dans ce grand opéra romanesque. Verdi oppose à la doctrine chrétienne les réalités du monde – haine, guerre, soif de vengeance, hypocrisie, déchéance morale – et dresse en tant que dramaturge un bilan amer. De tous les personnages de l'opéra, le seul véritable chrétien est le père Guardiano. Ici, la croix se dresse derrière cette noble figure, digne d'agir sous ce signe.

Page de droite
La Forza del destino, croquis de décor d'Heinz Grete pour la dernière scène, Nuremberg/Berlin, 1930-1931 (TWS). Dans ce paysage rocheux et sauvage, Leonora se bat avec son destin. Ici, au pied de la croix va se dérouler un duel mortel entre son bien-aimé et son frère. Tant les protagonistes que les personnages secondaires de cet opéra vivent dans l'ombre de la mort. Le sentiment d'être livré à son destin confère à cette œuvre une tension effrayante.

Le père Guardiano

Le père Guardiano, prieur du couvent de la Madonna degli Angeli, contraste avec les figures qui, poursuivies par le malheur, semblent incarner la misère humaine. Il est de ceux qui ont une incidence sur le destin des autres. Dans le chemin de croix de Leonora, il intervient à un moment crucial (acte II, tableau 2) : il offre consolation et protection à cette femme qui cherche un refuge, et fait preuve d'humanité à son égard. Le poids et la portée de sa voix de basse lui confèrent une grande envergure. Toutes les figures religieuses de Verdi – du Zaccaria de → *Nabucco* au grand prêtre d'→ *Aïda* en passant par le Grand Inquisiteur de → *Don Carlo* – semblent être de marbre. Il émane de leur personne une certaine rigueur et une sorte de supériorité, celle du père Guardiano résidant en l'occurrence dans un sens aigu de la morale, une humanité faite de beaucoup de compréhension et une grande bonté. N 72

Alvaro

Don Alvaro était déjà une figure byronienne dans le drame de Rivas. Il a toutes raisons de se plaindre de l'injustice de son sort. Dans l'œuvre de Rivas, il est défini comme un homme extrêmement « passionné, se montrant cependant toujours généreux et d'une grande noblesse d'âme ». Il est dès le début destiné à un sort tragique. La question de ses origines joue un rôle décisif. C'est un métisse, un « homme de couleur ». La description plus détaillée qu'a livrée de lui Rivas nous apprend qu'il est le fils du vice-roi espagnol du Pérou, un homme qui avait épousé une princesse inca péruvienne et avait eu l'intention de fonder un royaume indépendant qui n'aurait plus été rattaché à la couronne espagnole. En une scène et une romance (début de l'acte III), Alvaro nous résume brièvement ses origines et son destin : il est né en prison et a été élevé à l'étranger. N 73

Carlo

À côté des deux créatures poursuivies figure le poursuivant. Don Carlo, le frère de Leonora, est un personnage qui, assoiffé de vengeance et obsédé par son rang, fera le malheur de ses victimes, mais aussi le sien. De tous les héros négatifs de Verdi au portrait déjà ébauché dans les œuvres littéraires ayant servi de sources d'inspiration, Don Carlo di Vargas est le plus singulier. Il apparaît d'emblée comme un homme suspect. Pour lui, la fin justifie les moyens. Ce n'est nullement un chevalier sans peur et sans reproche, mais sa ténacité le rend grandiose. Verdi en fait un adversaire effroyable tout en lui prêtant un tempérament curieusement sublime. Il lui confère même une certaine noblesse, comme en témoignent la solennité et l'imposante mélodie du célèbre duo de l'amitié entonné aux côtés d'Alvaro, alité en raison de ses blessures. N 74 Les deux duos suivants de Carlo et Alvaro (actes III et IV) contrastent violemment avec ce dernier : la haine y atteint son paroxysme. Le dernier duo est un véritable chef-d'œuvre d'intensification dramatique. Le texte et la musique reposent sur le perpétuel flux et reflux des émotions. De la mélodie du début du duo (elle constitue l'un des thèmes les plus importants de l'ouverture !) émane une atmosphère mélancolique faite d'une tristesse insurmontable. De cette querelle, nul ne ressort vainqueur. N 75

J. K.

La Forza del destino – **Verdi**

72. Duo Guardiano-Leonora

Sull' al-ba il piede all' e-re-mo so-lin-ga vol-ge-re-te

73. Romance d'Alvaro (acte III)

Del-la na-tal sua ter-ra il pa-dre vol-le spezzar l'e-stranio gio-go

74. Duo de l'amitié (Alvaro-Carlos, acte III)

A-mi-co, fi-da-te, fi-da-te nel cie-lo, fi-da-te nel ciel, ____ a-mi-co, fi-da-te nel cielo, fi-da-te.

75. Règlement de compte (duo Alvaro-Carlos, acte IV)

Le mi-naccie, i fie-ri ac-cen-ti por-tin se-co in pre-da i ven-ti, per-do-na-te-mi, pie-tà, o fra-tel, pie-tà, pie-tà.

76. Motif du destin

Encadrement par des figures de genre

Le déroulement de la tragédie est à plusieurs reprises interrompu par des épisodes qui s'apparentent à des scènes de genre. La coloration vive et crue de ces scènes contraste avec la noirceur de la tragédie proprement dite. Leur lien avec l'action principale paraît lâche, mais il est en même temps d'une importance cruciale. Sur fond de haine, de pouvoir, de séduction, d'intolérance et de folie collective, le destin de Leonora, d'Alvaro et de Carlo semble n'être qu'un destin parmi des centaines d'autres tout à fait semblables. Cette idée apparaît clairement dans la scène de l'auberge (acte II). Leonora, qui erre en habits d'homme, et son poursuivant, Carlo, n'émergent que quelques minutes de la foule. La chanson de Carlo – au cours de laquelle il se présente sous le nom de Pereda et livre un récit à moitié vrai – provoque un changement d'attitude chez Leonora. Sa solitude devient manifeste, précisément parce que la majeure partie de la scène est consacrée aux autres personnes présentes, qui toutes – voyageurs, paysans, pèlerins, soldats ou gitans – errent comme elle, sans véritable contact avec les autres.

Trabuco, Preziosilla

Preziosilla et Trabuco semblent être des figures anecdotiques. Verdi n'a cependant pas considéré ces rôles comme secondaires. La distribution de l'époque prévoyait pour Preziosilla une *prima donna* mezzosoprano, et pour Trabuco un *tenore comprimario*, devenu même dans la distribution milanaise de 1869 un *tenore brillante*!

Dans la scène de l'auberge, Trabuco est un muletier chargé d'une mission secrète : il doit aider Leonora à fuir. Au camp de Velletri, il est devenu marchand ambulant, faisant ainsi pendant au Croate du drame de Schiller tout en rappelant Isacco, le marchand ambulant juif dans *La Gazza ladra* de Rossini. Dans sa correspondance avec Piave, Verdi a une fois nommé Trabuco l'*ebreo* (l'Hébreu). Dans la scène du camp, le portrait de Trabuco, rapidement esquissé, le fait apparaître comme un homme ironique et plein d'humour. Il offre ses marchandises aux soldats tout en chantant une chanson monotone.

Pour Preziosilla, Verdi s'est inspiré de bien d'autres œuvres que le drame de Rivas, mais il s'est aussi laissé guider par l'exemple qu'offraient les personnages de ce genre dans l'opéra français. De ses traits de caractère, ceux qui la désignent comme une gitane ou une devineresse ne sont que des attributs accessoires empruntés au modèle français. Ces particularités n'ont en effet chez elle rien d'essentiel ; elles ne revêtent dans l'opéra de Verdi qu'une importance secondaire. Preziosilla est avant tout une vivandière ; elle endosse même, sans y être contrainte, le rôle de commissaire à la propagande. Dans la scène de l'auberge, près d'Hornachuelos, les deux strophes qu'elle entonne lorsqu'elle arrive ne sont en effet rien d'autre qu'un chant de propagande. Il n'est donc pas étonnant de la retrouver au camp de Velletri (cette fois en Italie !) chef des vivandières auprès des troupes espagnoles. Il s'agit d'une femme obligée de vivre de la guerre et de s'en accommoder.

La brillante partie de Preziosilla avait eu des précédents, la plupart dans les scènes de genre des → *Huguenots* de Meyerbeer, comme les divers airs de danse et chansons (dont une tarentelle endiablée avec chœur dans le tableau du camp), mais aussi le célèbre Rataplan. Il est intéressant de noter que la fonction d'accompagnement n'échoit pas ici à un fond sonore instrumental mais au chœur des soldats, qui souligne le rythme du tambour, une solution que l'on trouve également dans l'œuvre de Meyerbeer. Le destin de Preziosilla, qui apparaît ainsi comme celui d'une femme en temps de guerre, fait contrepoids à celui de Leonora.

La guerre : réalisme et romantisme

La guerre est présente dans tout l'acte III. Les images de guerre placent l'œuvre dans une perspective historique réelle : c'est un épisode de la guerre de succession d'Autriche (1740-1748) qui est évoqué, la campagne des troupes italo-espagnoles et la bataille de Velletri ayant fait partie des derniers moments de cette guerre. La description de la guerre et de la vie militaire doit à nouveau beaucoup au drame de Schiller. Cette description est à la fois réaliste et romantique : elle ne passe certes pas sous silence la misère de la guerre et ses tragiques conséquences, mais elle s'en tient cependant aux éléments grotesques et crus.

Fra Melitone

Le sermon de Fra Melitone est le passage le plus brillant du tableau consacré au camp militaire. Il ne se présente pas sous la forme d'un air mais d'un monologue libre. Il correspond très précisément au sermon prononcé par le capucin dans le drame de Schiller. Le cheminement de pensée général étayant cette gro-

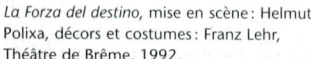

La Forza del destino, mise en scène : Helmut Polixa, décors et costumes : Franz Lehr, Théâtre de Brême, 1992.

tesque logorrhée, ainsi que les tournures et les jeux de mots ahurissants de Schiller ont été repris en italien, ou plus précisément recréés en italien grâce à l'habileté de Piave et surtout à l'excellente traduction de l'œuvre de Schiller par Andrea Maffei. Dans le second tableau de l'acte II, Fra Melitone apparaissait déjà aux côtés du père Guardiano : portier du couvent, ce drôle de personnage grincheux ne cessait de bougonner. Il semblait être la version comique du noble religieux, semblable à un clown qui serait entré dans les ordres. Il revient au début de l'acte IV dans une scène comique qui fait ressortir encore plus clairement son caractère. Pendant l'aumône, il perd patience, se mettant soudain à gesticuler dans tous les sens et à pester contre les pauvres.

La partie de Fra Melitone était destinée à un *primo baritono brillante*. On sait en outre que Verdi voulait pour ce rôle un chanteur vedette, ce qui montre l'importance qu'il lui accordait et les aptitudes de chanteur et d'acteur que ce rôle requiert.

J. K.

Ci-dessus
La Forza del destino, mise en scène : Hans Neuenfels, décors : Erich Wonder, costumes : Dirk von Bodisco, direction musicale : Paolo Olmi, Deutsche Oper de Berlin, 1998. Dans aucun autre opéra de Verdi, le peuple n'apparaît dans une situation qui porte autant atteinte à sa dignité. On a affaire à une population démoralisée par la guerre. Dans ce contexte, même le sermon de Fra Melitone (une traduction du sermon du capucin de Schiller) devient un discours d'une présomption ridicule.

La Forza del destino, Giulietta Simionato (Preziosilla) et Franco Riccardi (Trabuco), Teatro alla Scala de Milan, 1955-1956. Dès la première version de → *Simone Boccanegra*, il apparaît clairement que Verdi avait l'intention de représenter groupes et individus en mouvement. Cette tendance est encore plus marquée dans *La Forza del destino* en raison du sujet traité. Sont romanesques non seulement l'action principale et les divers épisodes regroupés en chapitres, mais aussi les personnages eux-mêmes : ils sont dans le ton du récit.

Au sujet des différentes versions

Quel est le véritable *Don Carlo*? Entre la création et la deuxième représentation de l'œuvre, qui eurent lieu toutes deux à Paris à deux jours d'intervalle, des changements étaient déjà intervenus. La première version italienne fut écrite en 1872 pour Naples. La version italienne revue et corrigée, qui ne comptait plus que quatre actes, fut, quant à elle élaborée en 1882-1883 pour Milan, et la version italienne en cinq actes, mais sans ballet, vit le jour en 1886 pour Modène. Aujourd'hui, on fait essentiellement la distinction entre la version française (1867) et la version italienne (1884). Ce sont ces deux versions qui sont généralement connues, car elles ont été mises en scène à plusieurs reprises et enregistrées sur CD.

Don Carlo
Don Carlos

Opéra en quatre (cinq) actes

Livret: Joseph Méry et Camille du Locle, d'après le drame de Friedrich von Schiller
Création: version française en cinq actes: le 11 mars 1867 à Paris (Opéra); version italienne en quatre actes après révision du livret par Antonio Ghislanzoni: le 10 janvier 1884 à Milan (Teatro alla Scala).
Personnages: Philippe II, roi d'Espagne (basse), Élisabeth de Valois, son épouse (sop.), Don Carlo, infant d'Espagne (tén.), la princesse Eboli, dame de compagnie (mezzosop.), le marquis de Posa, chevalier de Malte (bar.), le Grand Inquisiteur (basse), le comte de Lerme (tén.), le comte d'Aremberg (rôle muet), Thibault, page de la reine (sop.), un moine (l'empereur Charles Quint) (basse), une voix céleste (sop.); députés flamands, seigneurs et dames des cours de France et d'Espagne, peuple, pages et gardes du corps, moines, inquisiteurs, soldats, condamnés (chœur)

Argument
En France et en Espagne, vers 1560.

Don Carlo, Mara Zampieri (Élisabeth de Valois) et Placido Domingo (Don Carlo), mise en scène: Pier Luigi Pizzi, direction musicale: Claudio Abbado, Staatsoper de Vienne, 1989 (photographie: 1992).
Au cœur de ce grand opéra historique se situe une histoire de famille, plus précisément un amour tragique qui, ne pouvant être assouvi, tourmente tous ceux qu'il concerne. En dehors du marquis de Posa et du Grand Inquisiteur, tous les protagonistes de *Don Carlo* sont frustrés.

Acte I (prologue de la version italienne)
La forêt de Fontainebleau. Pendant la trêve de 1559 entre l'Espagne et la France, une légation de Philippe II séjourne à la cour de France. En gage de paix, le roi d'Espagne a fiancé son fils Don Carlo à Élisabeth de Valois, mais les fiancés ne se sont encore jamais rencontrés. Ce n'est qu'à l'occasion d'une sortie de chasse qu'Élisabeth rencontre par hasard son fiancé. Tous deux s'éprennent follement l'un de l'autre. Plus aucun espoir ne leur est cependant permis lorsque Philippe II décide, pour des raisons politiques, d'épouser lui-même Élisabeth.

Acte II (acte I de la version italienne)
Tableau 1 Le couvent de Saint-Just. Don Carlo ne peut chasser les sentiments que lui a inspiré Élisabeth. Inconsolable, il trouve refuge au couvent de Saint-Just, où il se recueille sur le tombeau de son grand-père, l'empereur Charles Quint. En ce lieu, la paix au ciel est considérée comme plus importante que le pouvoir temporel. C'est dans ce couvent que le marquis de Posa, de retour après des années passées en Flandre, découvre Don Carlo. En Flandre, l'Inquisition se déchaîne et l'armée espagnole écrase dans le sang toute révolte. Posa connaît la disposition d'esprit de Carlo, son ami de jeunesse. Il espère détourner son énergie au profit de sa cause politique, la libération de la Flandre. Carlo s'engage à demander à son père une mission en Flandre.

Tableau 2 Un endroit agréable aux portes du couvent de Saint-Just. Posa remet à Élisabeth des lettres de la reine de France. Il lui demande par la même occasion de bien vouloir user de son influence sur Carlo pour le convaincre d'adhérer à une bonne cause politique et morale. Elle accepte et accorde immédiatement une entrevue à Carlo. Mais celui-ci se laisse emporter par sa passion et amène Élisabeth à avouer aussi ses espoirs déçus. Ayant cependant conscience de sa position et de ses responsabilités, elle se ressaisit et redonne courage à Carlo. Arrivé inopinément, le roi trouve son épouse sans dame de compagnie. Il réagit à cette violation de l'étiquette en renvoyant la dame de compagnie responsable. Faisant preuve de courage, Élisabeth se montre brusque envers son époux: elle prend congé de sa dame de compagnie en lui signifiant son attachement et en prononçant quelques mots amers à l'encontre de l'Espagne. Lorsque le roi rencontre Posa, dont il connaît les mérites, il cherche à se l'attacher en lui accordant une faveur. Mais Posa refuse tout avantage personnel. Il demande grâce pour la Flandre. Philippe II, impressionné par ce courage inouï, aimerait se faire un ami de Posa. Il confie au marquis sa jalousie envers son propre fils et les soupçons qu'il nourrit envers Élisabeth. Il lui accorde en outre les pleins pouvoirs politiques et le met en garde contre l'Inquisition.

Acte III (acte II de la version italienne)
Tableau 1 Les jardins du château à Madrid. Élisabeth, qui ne veut pas assister à une fête masquée, confie son manteau, ses bijoux et son masque à l'une de ses dames de compagnie, Eboli. Cette dernière aime éperdument Carlo et l'attire par un billet dans les jardins du château. Carlo s'imagine être en compagnie de la reine. Après une déclaration d'amour mutuelle, Carlo se rend compte de son erreur. Il a involontairement révélé son amour pour la reine. Eboli se sent humiliée et son amour se transforme en haine. Posa, qui a été par hasard témoin de la méprise, veut tuer la dame de compa-

gnie, devenue dangereuse. Mais il lui vient l'idée de tirer parti de la confusion et de se sacrifier le moment voulu. Il demande tout d'abord à Carlo de lui remettre tous les papiers compromettants qu'il a en sa possession.

Tableau 2 Devant l'église de Valladolid. L'Inquisition a préparé un autodafé public. La foule s'est rassemblée. Les condamnés et leurs bourreaux se présentent devant le roi. Philippe II renouvelle son serment contre l'hérésie. Les députés flamands s'avancent alors, sous la conduite de Carlo. Ils implorent grâce pour leur pays et leur peuple martyrisé. Don Carlo demande au roi de l'envoyer en Flandre. Le roi refuse. Le fils pointe alors son épée contre son père. Le monarque ne peut punir cette provocation ayant eu lieu sur la place publique qu'en emprisonnant son fils. Comme personne n'ose désarmer l'infant, c'est Posa qui le fait de manière à limiter les conséquences de cet acte impulsif insensé. On allume alors le feu devant consumer les condamnés. Au cours de cet autodafé, qui remplit les uns de satisfaction mais fait éprouver aux autres un sentiment d'impuissance et une vive compassion, une voix céleste se fait entendre : elle promet la paix aux martyrs innocents.

Acte IV (acte III de la version italienne)
Tableau 1 Le cabinet de travail du roi à Madrid. Philippe a de nouveau veillé toute la nuit : il est rongé par la jalousie et se sent seul et impuissant. Il a fait venir le Grand Inquisiteur pour lui demander si un père a le droit de tuer son propre fils. Le Grand Inquisiteur lui rappelle alors le sacrifice de Jésus et transforme ainsi l'idée chrétienne de rédemption en son contraire : le maintien du pouvoir humain. Il s'engage à donner l'absolution au roi si ce dernier sacrifie son fils. En échange, il lui demande de lui livrer Posa, que l'Inquisition surveille depuis longtemps. L'homme qui sommeille en Philippe explique en vain au Grand Inquisiteur qu'il a besoin d'un ami. Le souverain cède, car il a besoin de l'Église pour conserver son pouvoir. Élisabeth vient de découvrir qu'on lui a volé son coffret. La princesse Eboli s'est arrangée pour le faire parvenir au roi. Ce dernier l'ouvre brusquement et y découvre le médaillon que Carlo avait offert autrefois à sa fiancée dans la forêt de Fontainebleau. Il offense gravement Élisabeth. Voyant une épouse injustement soupçonnée, Eboli avoue sa culpabilité à la reine, qui la chasse de la cour. Eboli sait que Philippe a déjà rédigé la condamnation à mort de Carlo. Elle décide courageusement de tenter de le sauver.

Tableau 2 La prison. Posa prend congé de Carlo. Il s'est désigné dans une lettre comme l'agitateur ayant pris les documents à Carlo avec une intention cachée. Il s'est arrangé pour que cette lettre tombe entre les mains du roi. La vengeance du roi déçu est sanglante et ne se fait point attendre : une balle mortelle atteint Posa. À l'agonie, il fait savoir à Carlo que la reine désire le voir une dernière fois avant qu'il ne parte pour la Flandre. Le roi veut libérer lui-même de prison son fils ayant apparemment été également trompé par Posa. Carlo lui jette la vérité à la figure. La foule amenée par la princesse Eboli réclame la libération de Carlo et s'introduit dans la prison. Seule la venue du Grand Inquisiteur met fin à la rébellion.

Acte V (acte IV dans la version italienne)
Le couvent de Saint-Just. Posa avait décidé que l'infant ferait ses adieux à Élisabeth au couvent. Celle-ci encourage Carlo à épouser la cause de la Flandre. Don Carlo est enfin prêt à se charger de cette mission, mais il a trop tardé et s'est trahi lors de la mort de son ami. L'Inquisition s'empare de lui. Une force surnaturelle intervient alors : un moine arrache Don Carlo des mains des inquisiteurs. Le Grand Inquisiteur et Philippe II, saisis d'effroi, font un pas en arrière. Le moine ressemble en effet à Charles Quint, dont il a en outre la voix. Le père de Philippe II, considéré comme mort, avait renoncé autrefois au pouvoir temporel pour accéder à la paix éternelle.

S. N.

Don Carlo, Placido Domingo dans le rôle de Don Carlo, mise en scène : Pier Luigi Pizzi, direction musicale : Claudio Abbado, Staatsoper de Vienne, 1989.
Le Don Carlo de Verdi est très différent du personnage historique. L'infant d'Espagne n'avait fondamentalement rien à voir avec l'image idéalisée que les œuvres littéraires donnèrent de lui par la suite. Selon certains documents de l'époque, il était difforme, bossu, brutal et avait des penchants sadiques. En 1568, le roi Philippe se vit contraint de faire emprisonner son fils pour rébellion et de porter l'affaire devant les Grands d'Espagne. Pendant les préparatifs du procès, Don Carlos trouva la mort en prison.

Don Carlo, Agnes Baltsa dans le rôle de la princesse Eboli, mise en scène : Pier Luigi Pizzi, direction musicale : Claudio Abbado, Staatsoper de Vienne, 1989.
L'amour aveugle de la princesse Eboli – qui brûle d'une flamme ardente – plonge dans le désespoir trois personnes.

Don Carlo, croquis de décor d'Eduard Löffler pour la mise en scène de Richard Hein, Nationaltheater de Mannheim, 1930 (TWS). Décor du final avec le peuple, les hérétiques, les députés flamands, le roi, Don Carlo, Posa et Élisabeth.

Une légende historique

Au moment du remaniement définitif de *Don Carlo*, en 1883, Verdi écrivit à son éditeur Giulio Ricordi : « Dans ce drame, aussi brillante en soit la forme et aussi nobles en soient les idées, tout est faux (…) Don Carlo était un faible d'esprit, coléreux et fort peu sympathique. Élisabeth n'a jamais été amoureuse de lui. Posa est quant à lui un personnage imaginaire, qui n'aurait jamais pu exister sous le règne de Philippe II. Ce Philippe II dit entre autres : "Gardez-vous de mon inquisiteur !" et "Qui me rendra ce mort ?" Le vrai Philippe II n'était pas si tendre. Enfin : il n'y a dans ce drame rien de véritablement historique. »

L'autodafé

La scène de l'autodafé constitue l'un des sommets de *Don Carlo*. Le terme « autodafé » (en latin : *actus fidei* ; en espagnol : *auto de fe*) désigne un acte de foi au cours duquel les personnes condamnées par une juridiction ecclésiastique (l'Inquisition) sont remises entre les mains du pouvoir exécutif temporel. Aux XVIe et XVIIe siècles, les exécutions publiques attiraient paradoxalement une foule considérable. La scène de l'autodafé ne figure pas dans l'œuvre de Schiller ayant servi de source d'inspiration à cet opéra. En raison de ses multiples facettes et de son envergure, c'est un épisode qui a besoin d'une scène d'opéra pour produire tout son effet. Lorsqu'on lit les indications scéniques fournies pour la création de l'œuvre, on est stupéfait par l'échelle de cette scène : des centaines de choristes et de comparses, positionnés selon leur fonction respective, devaient peupler une scène gigantesque et très profonde ; sur cette scène devait en outre prendre place un orchestre de cuivres qui, comptant pour l'époque un nombre considérable de musiciens, était censé produire un effet de fanfare. Tout était fait pour obtenir un effet visuel et sonore grandiose.

Le final avec les bûchers

La scène commence et se termine par un chœur et les cris d'allégresse de la foule qui s'est rassemblée ici pour assister à un rituel macabre. Au milieu de ces chants se fait entendre sur le mode mineur une marche funèbre, sourde et menaçante : les hérétiques condamnés à mort font leur apparition. À la fin de l'acte, lorsque les flammes s'élèvent des bûchers, une voix céleste retentit : elle promet la paix aux martyrs. Au milieu du tableau, le roi sort de la cathédrale ; il adresse au peuple une allocution au cours de laquelle il réaffirme son intransigeance envers les incroyants et les hérétiques. C'est alors que se produit le premier choc : l'arrivée des députés du Brabant et leur entrevue avec le roi Philippe II. À partir de ce moment se développe le grand ensemble du final, qui ne se contente pas de décrire de façon neutre une situation gênante. Il dénote clairement la position de Verdi dans cette mise en présence des forces positives et négatives du drame. Fortement rythmé, le solo en mode mineur du roi Philippe, au cours duquel ce dernier réaffirme son pouvoir et invoque la raison d'État, se heurte ici à la mélodie en mode majeur – conçue à la manière d'un hymne – des députés flamands qui défendent une juste cause. À leurs voix se mêlent celle de la reine Élisabeth et celle de la foule ; le roi est soutenu par les moines. On est en présence d'une construction musicale très puissante qui réduit le conflit dramatique à l'essentiel.

J. K.

Page de gauche, à droite
Don Carlo, Nicolai Ghiaurov dans le rôle Philippe II, mise en scène : Pier Luigi Pizzi, direction musicale : Claudio Abbado, Staatsoper de Vienne, 1989.
Le roi Philippe II, le souverain le plus puissant du XVIe siècle. Ses problèmes de père, d'époux et de souverain servent de fil conducteur au drame. Verdi a brossé son portrait en faisant preuve de beaucoup d'intuition : il s'agit d'un homme de pouvoir, qui ne peut pas davantage échapper à son destin que le plus petit de ses sujets. Pourtant derrière le masque figé du monarque, on sent une autorité profondément humaine. Cette figure dramatique est monumentale !

Don Carlo, Mirella Freni dans le rôle d'Élisabeth, mise en scène : Pier Luigi Pizzi, direction musicale : Claudio Abbado, Staatsoper de Vienne, 1989.
Élisabeth de Valois, figure historique dont s'inspire le personnage de l'opéra, était la fille du roi de France Henri Ier. Elle avait le même âge que l'infant Don Carlos, mais mourut à 23 ans (1545-1568). À 15 ans, elle était devenue la troisième femme du roi Philippe II, alors âgé de 33 ans. L'existence d'un penchant entre Élisabeth et Don Carlos est dénuée de tout fondement historique. Cette histoire d'amour fictive n'a été imaginée qu'un siècle après la mort des personnes concernées.

77. Monologue de Philippe II

78. Romance d'Élisabeth

79. Air d'Élisabeth

80. Chanson du voile (princesse Éboli)

81. Air de la princesse Éboli

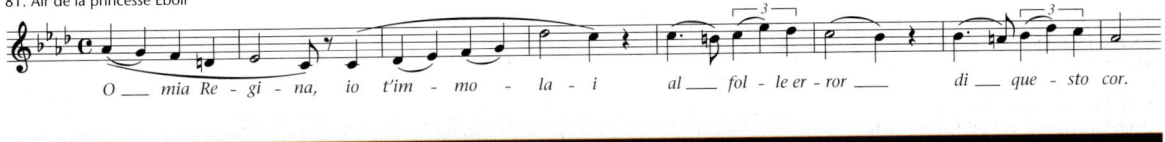

Motif rythmique à l'Escurial

Les opéras de la maturité de Verdi ont tous une coloration musicale différente, c'est-à-dire une aura résultant d'un ensemble de gestes musicaux, de timbres, de tournures mélodiques et de rythmes caractéristiques. De → *Rigoletto* à → *Falstaff*, cette aura n'est la même pour aucune des compositions. Il suffit d'essayer de chanter les principaux thèmes musicaux ou de regarder de plus près les partitions pour se rendre compte des différences entre tous ces chefs-d'œuvre. Un rythme ponctué – court/long, court/long – domine la plupart des mélodies de *Don Carlo*. Au travers de ce rythme se révèle à nous le monde figé, solennel et cérémoniel de la cour du roi d'Espagne au XVIe siècle. N 84, N 85 Mais on entend aussi les assauts d'un désir de liberté politique et personnelle. N 82 Pompe et fanatisme n'ont pas été oubliés dans la composition. C'est cependant une dimension musicale absente, par exemple des solos des figures féminines (Élisabeth, Éboli N 78 - N 81) et de la plupart des thèmes des duos Élisabeth/Carlo. N 83 Leur déclamation lyrique, sous-tendue par d'amples mélodies et portée par un rythme régulier, nous fait découvrir les sentiments les plus profonds de ces deux personnages. Pour le roi, Verdi n'a renoncé au rythme court/long, qui sert à véhiculer sa puissance et sa fierté, qu'au moment de son grand monologue, lorsqu'il analyse son monde intérieur. N 77

Dialogue autour du pouvoir

Le dialogue hautement dramatique entre Philippe II et le Grand Inquisiteur se subdivise du point de vue de son contenu en deux grandes parties. Dans la première, c'est le roi qui mène la conversation. Il se demande s'il a le droit de livrer son fils à la justice et s'il peut en toute conscience le laisser condamner à mort. Cette partie est construite sur un motif orchestral qui réapparaît en guise de conclusion à la fin de la scène. N 84

Dans la seconde partie, c'est le Grand Inquisiteur qui prend la parole. Sont en jeu, selon lui, des questions beaucoup plus importantes que la vie d'un seul insurgé. Il y a de l'unité de la foi, menacée par les activités subversives d'un agitateur hérétique, à savoir l'ami du roi, le marquis de Posa! C'est lui dont il faut se débarrasser! Le roi est alors lui-même soupçonné d'être le complice d'un esprit libéral. Dans cette partie, où le Grand Inquisiteur prend le dessus, l'accompagnement orchestral devient plus dynamique, plus enlevé. N 85 Deux sombres voix de basse, deux volontés de fer se heurtent l'une à l'autre. Au cœur de cet affrontement ne figure plus que la question déterminante de la primauté ou non du pouvoir ecclésiastique sur le pouvoir temporel. Au XVIe siècle, au temps de Philippe II, cette question aurait été anachronique, mais pour l'époque de Schiller, et même celle de Verdi vers 1867, elle était éminemment importante. La question posée était en effet celle de l'émancipation du pouvoir de l'État, de la séparation de l'Église et de l'État. Dans cette scène apparaît une problématique propre aux XVIIIe et XIXe siècles. Cela ne change évidemment rien au fait que l'affrontement entre les deux forces en présence a donné naissance à l'un des sommets dramaturgiques et musicaux de l'œuvre.

Dialogue autour de la politique

Autre confrontation de deux voix masculines graves, le duo entre le Philippe II et le marquis de Posa revêt la forme d'une conversation familière, d'un tête-à-tête. C'est le roi qui a pris l'initiative de cet entretien. Posa profite cependant de cette audience pour révéler au roi les effroyables répercussions de la répression espagnole en Flandre et pour tenter de l'amener à changer de politique. Philippe a besoin de Posa : il veut ouvrir son cœur à cet homme franc, partager sa solitude avec lui, lui confier la jalousie qui le ronge et les soupçons qu'il nourrit à l'encontre de son épouse et de son fils. Il demande à Posa de l'aider.

Dialogue autour de la liberté

Au cours du duo Carlo-Posa (acte I/II), l'infant confie son secret à Posa : il lui révèle son amour pour sa belle-mère, Élisabeth. Posa garde le secret de son ami, mais il s'applique dès lors à détourner l'attention de l'infant : il tente de l'amener à embrasser la cause de la Flandre. À la fin, la cabalette se transforme en un duo enthousiaste au cours duquel les deux voix conservent, sur un air ressemblant à une marche, une même ligne : c'est l'une des mélodies les plus célèbres de tout l'opéra. Ce duo de l'amitié et de la liberté (construit selon le schéma traditionnel des duos italiens) comporte une particularité : il est interrompu par une scène muette – celle de la visite du couple royal sur la tombe de Charles Quint au couvent de Saint-Just – et ne se termine qu'après le retour du thème de la liberté. N 82

Dialogue autour de l'amour

Dans la version définitive de l'œuvre, Verdi opta pour une fin merveilleuse et mystique. Si Verdi avait écouté son cœur, l'opéra se serait probablement terminé sur un duo d'adieu, du type de celui qu'il avait entre-temps réalisé pour → *Aida* (1871). Le fabuleux duo Élisabeth-Carlo (le *duetto d'addio*, comme il est appelé dans la partition) demeure, en raison de son contenu musical, le dernier morceau véritablement important de cet opéra. Deux amoureux sont venus au couvent de Saint-Just se dire adieu : ils sont tristes mais résolus et décidés à se sacrifier. Ils songent au marquis de Posa qui, avant de mourir, leur a confié une mission. Dans la partie rapide et martiale du duo, ils se représentent la tâche héroïque qui donnera à l'avenir tout son sens à la vie de Carlo : le combat pour la liberté de la Flandre. Là, le rythme se ralentit pour laisser place aux larmes. La fin, sur un rythme éthéré *sostenuto, piano*, est signe de résignation : Élisabeth et Carlo s'abandonnent à l'espoir de se retrouver un jour « là-haut », dans un autre monde, un monde meilleur. N 83

J. K.

82. Duo de la liberté (Carlo-Posa)

Dio, che nell' alma infon - de - re a - mor vo - les - ti e spe - me,
de - sio nel cor ac - cen - de - re tu dèi di li - ber - tà

83. Mélodie de la résignation (duo Élisabeth-Carlo)

In tal dì, che per noi non a - vrà più do - ma - ni

Don Carlo, croquis de décor d'Eduard Löffler (Philippe II et le Grand Inquisiteur) pour la mise en scène de Richard Hein, Nationaltheater de Mannheim, 1930 (TWS). Philippe II consulte le Grand Inquisiteur. Lors de cet entretien nocturne qui se déroule dans le cabinet de travail du roi, au début de l'acte III/IV, les deux hommes prennent en secret, à l'instar de tous les dictateurs, d'effroyables décisions.

84. Motif orchestral du roi (duo Philippe II-le Grand Inquisiteur)

85. Motif orchestral du Grand Inquisiteur (duo Philippe II-le Grand Inquisiteur)

Aida
Aïda

Opéra en quatre actes

Livret: Antonio Ghislanzoni, d'après un scénario d'Auguste Mariette
Création: le 24 décembre 1871 à l'opéra du Caire
Personnages: le roi d'Égypte (basse), Amneris, sa fille (mezzosop.), Aida, esclave, fille du roi d'Éthiopie Amonasro (sop.), Radames, commandant en chef égyptien (tén.), Ramphis, grand prêtre (basse), Amonasro, roi d'Éthiopie, père d'Aida (bar.), un messager (tén.); gardes du corps, prêtres, prêtresses, hauts fonctionnaires, officiers, troupes égyptiennes, dignitaires, esclaves et prisonniers éthiopiens, peuple égyptien (chœur)

Aïda, danseuses, mise en scène: Elijah Moshinsky, direction musicale: Edward Downs, Royal Opera House (Covent Garden), Londres, 1994.
En ce qui concerne la part de réalité historique et de création artistique qui entre dans les événements servant de contexte à l'histoire d'Aida, d'Amneris, de Radames et d'Amonasro, on peut dire que l'on est en présence d'une remarquable symbiose entre recherche historique (découverte de l'ancienne Égypte au XIXe siècle) et historicisme, un courant intellectuel alors à la mode. Les noms de personnes et de lieux ont été empruntés à l'histoire de l'Égypte ancienne de 1500 et 120 av. J.-C.

Argument
À Memphis et à Thèbes à l'époque des pharaons.

Acte I
Tableau 1 Le palais du roi d'Égypte à Memphis. Aida, fille du roi d'Éthiopie Amonasro, vit comme esclave à la cour d'Égypte. Elle s'est éprise de Radames, qui éprouve les mêmes sentiments à son égard (romance de Radames N 86). La fille du roi d'Égypte, Amneris, est aussi amoureuse du jeune et courageux soldat (duo Amneris-Radames). La profonde sympathie que Radames manifeste à l'égard d'Aida inquiète (trio Aida-Amneris-Radames). Lorsque la guerre reprend entre l'Éthiopie et l'Égypte, Radames est nommé commandant en chef des troupes égyptiennes. Tous souhaitent qu'il remporte la victoire, même Aida, qui ne se rend compte que plus tard qu'elle trahit ainsi son père. Désespérée, elle se plaint de son sort aux dieux de son pays. Il ne lui semble pas possible de résoudre le problème qui se pose à elle : celui du choix entre son bien-aimé et son propre père (scène et romance d'Aida N 87).
Tableau 2 L'intérieur du temple de Vulcain à Memphis. Par un chant et une danse cultuels, prêtres et prêtresses conjurent la divinité de donner la victoire à Radames. Ramphis remet à Radames l'épée sacrée.

Acte II
Tableau 1 Les appartements d'Amneris. Les Égyptiens, conduits par Radames, ont remporté la victoire. Des esclaves parent Amneris pour la fête donnée à cette occasion. Celle-ci a recours à une ruse pour révéler à Aida le secret de son amour pour Radames (scène et duo Aida-Amneris).
Tableau 2 Devant l'une des portes de Thèbes. Les soldats de retour sont accueillis avec des cris d'allégresse (marche et hymne de la victoire N 88, N 89). Amneris honore le vainqueur Radames de la couronne de la victoire et le roi s'engage à satisfaire n'importe lequel de ses vœux. Radames lui demande de rendre la liberté aux Éthiopiens retenus prisonniers. Le roi accepte, mais tient à garder en otage Aida et son père. Il offre ensuite à Radames la main d'Amneris et la succession au trône.

Acte III
Les rives du Nil. Au cours de la nuit précédant le mariage, Amneris va prier dans le temple d'Isis. Aida attend Radames sur les rives du Nil, où les deux amoureux se sont donné rendez-vous en secret (romance d'Aida N 90). Amonasro profite de cette occasion pour demander à sa fille d'obtenir de Radames les plans d'attaque des troupes égyptiennes (duo Aida-Amonasro). Aida parvient à convaincre Radames de fuir avec elle (duo Aida-Radames). Lorsque Radames évoque le chemin que compte emprunter son armée pour combattre les Éthiopiens, Amonasro, triomphant, sort de l'obscurité et décline son identité. Amneris, qui a quitté inopinément le temple, est témoin de la trahison involontaire de Radames. Aida et Amonasro parviennent à s'enfuir, tandis que Radames se laisse arrêter.

Acte IV
Tableau 1 Une salle du palais. Radames est accusé de haute trahison et doit répondre de sa conduite devant les prêtres. Amneris promet de le sauver s'il renonce à Aida. Radames demeure cependant inébranlable et se montre prêt à mourir (scène et duo Amneris-Radames). Il est condamné à mort par les prêtres.
Tableau 2 Le temple de Vulcain. En dessous, un caveau. C'est là que Radames doit être enterré vivant. Aida s'est glissée sans être vue dans le caveau pour mourir avec son bien-aimé. Tandis que les prêtres en appellent à la divinité et qu'Amneris souhaite une paix éternelle à Radames, les deux amoureux, réunis, disent adieu à la vie (duo Aida-Radames N 91).

A. G.

Aida – Verdi

Vue aérienne des arènes de Vérone, 1984. Depuis 1913, des opéras sont présentés en période estivale dans les arènes de Vérone. 25 000 spectateurs assistent chaque soir aux représentations : *Aida*, dont les scènes de foule solennelles et les ballets ont été initialement conçus pour une grande scène pourvue d'un décor extrêmement ornemental, fait naturellement partie des opéras souvent montés dans les arènes gigantesques de cette ville Renaissance. Si Verdi, au moment où il composait cet opéra, espérait qu'une représentation en serait donnée à l'occasion de l'ouverture du canal de Suez en 1869, il comptait aussi le voir mis en scène à l'Opéra Garnier, à Paris. Finalement, il acheva son œuvre deux ans après la date prévue. L'opéra fut créé au Caire et ne fut pas monté à Paris avant 1880.

Ci-dessous
Aida, Enrico Caruso dans le rôle de Radames. Selon des contemporains du chanteur, celui-ci se laissait tellement imprégner par ses personnages qu'il conservait dans la vie quotidienne, le temps du rôle, leurs habitudes gestuelles.

86. Romance de Radames

Ce - le - ste A - i - da, ___ for - ma di - vi - na, ___ mi - sti - co ser - to - di lu - ce e fior

87. Romance d'Aida (acte I)

(Clarinette) e l'a mor mi - o? (Clarinette) Dun - que scor - dar pos - s'i - o

88. Marche des vainqueurs

Glo - ria all' Egitto, ad I - si - de che il sacro suol pro - teg - ge!

89. Hymne de la victoire

S'in - trec - ci il lo - to al lau - ro sul crin dei vin - ci - to - ri!

90. Romance d'Aida (acte III, scène sur les rives du Nil)

O cieli az - zurri, o dolci au - re na - ti - ve do - ve se - re - no il mio mattin bril - lò...

91. Duo final (Aida-Radames)

O terra, ad - di - o; addi - o val - le di pian - ti...

Aida, Sylvie Valayre dans le rôle d'Aida, mise en scène, décors et costumes : Pier Luigi Pizzi, direction musicale : Daniel Oren, Vérone, 1996.
Dans cet opéra, ce ne sont pas des intrigants et des innocents qui se font face, mais des personnages de tragédie dont les actes sont toujours logiques et se justifient d'un point de vue éthique, qu'il s'agisse d'Amneris, d'Aida, des représentants du pouvoir égyptien ou d'Amonasro et des Éthiopiens.

Une attraction pour touristes ?

Aida n'est pas seulement un opéra de fête. C'est aussi un opéra de festival qui a fait l'objet d'innombrables représentations en plein air. C'est tout autant un opéra pour touristes qu'un drame de choix destiné aux inconditionnels de l'opéra. La danse des prêtresses dans la scène du temple (acte I, tableau 2), l'un des trois morceaux chorégraphiques que compte *Aida*, n'est pas un ballet tenant lieu d'intermède, mais le complément visuel d'un rituel. La danse des esclaves noires dans les appartements d'Amneris (acte II, tableau 1) fait partie des brefs intermèdes qui, simples épisodes d'une scène complexe, apparaissent chez Verdi à plusieurs reprises.

Le véritable grand spectacle apparaît au cours du finale de l'acte II. Le ballet en question, qui met en valeur le cortège des vainqueurs, ne fait pas figure d'ajout venu compléter l'œuvre, il en fait partie intégrante. Lors de la création de ce ballet, Verdi avait certainement les modèles parisiens présents à l'esprit. Il espérait même sûrement que son opéra serait monté à Paris. Nul ne sait cependant pourquoi ce ne fut le cas qu'en 1880. Pour Paris, Verdi fut obligé d'allonger encore la durée du ballet.

Exotisme

Il est étonnant que les nombreux documents relatifs à la composition de cet opéra n'indiquent pas l'origine des exotismes. Il n'existe en tout cas aucun document mentionnant les sources de Verdi pour la musique antique et le folklore oriental. Il est facilement concevable qu'il puisse s'agir d'exotismes instinctifs créés par le compositeur, même s'il est vrai qu'ils ne sont pas totalement dénués de réminiscences mélodiques de musique arabe. N 92

Quelques sonorités instrumentales singulières ajoutent à la couleur locale : des soli de hautbois plaintifs, des mélanges de sons de flûte graves et, dans quelques scènes, l'utilisation manifeste de la harpe « égyptienne » (dans la scène du temple et au début de l'acte II, par exemple).

Couleurs orchestrales

L'instrumentation d'*Aida*, qui est très colorée, est fabuleuse. L'expérience qu'avait Verdi de la musique française de l'époque l'avait amené à innover en tirant parti de l'évolution de la technique orchestrale moderne et, partant, à exiger toujours plus des orchestres.

La scène nocturne sur les rives du Nil doit son incomparable atmosphère à une merveilleuse instrumentation. L'extrême ampleur du sol qui s'étend sur quatre octaves suffit à évoquer l'eau – du Nil – et le sentiment d'intemporalité. La mélodie jouée par les premiers violons s'étend aussi sur quatre octaves, de la corde de sol à vide au triplement du registre : une performance osée à l'époque en raison de la sonorité même des violons, au nombre de douze ! N 93.1

Le son qui se déploie en éventail, à la manière d'une tâche de couleur en pleine oscillation, repose sur les sons harmoniques des violoncelles. N 93.2

Le son d'une seule flûte, semblable à un air joué au loin par un berger, met progressivement en mouvement ce tableau nocturne immobile. N 93.3

Aida, Rudolf Bockelmann dans le rôle d'Amonasro, Staatsoper de Berlin, 1939.
Amonasro, le roi-lion des Éthiopiens, est le type même du baryton héroïque. Contrairement à Radames, Amonasro est un héros puissant, mais vaincu. Il fut vraiment roi d'Éthiopie (vers 275 - 260 av. J.-C.). Il fit transférer dans son temple, en symbole de son pouvoir, les deux lions couchés de Toutankhamon.

Aïda, croquis de décor de Ludwig Sievert (avec le sphinx à l'arrière-plan), Munich et Berlin, 1937 (TWS).
Si *Aïda* n'est pas tombé dans l'oubli contrairement à de nombreux autres grands opéras du XIXe siècle, c'est grâce à sa valeur dramaturgique. En dehors de ses décors sensationnels et de certaines composantes spectaculaires, c'est en effet à cette valeur intrinsèque qu'*Aïda* doit de convaincre encore aujourd'hui : cet opéra est considéré comme un parfait exemple de théâtre réussi.

Les fanfares d'*Aïda*

Le ton emphatique des cuivres qui retentissent à l'occasion de la victoire des Égyptiens contraste avec la musique douce qui se fait entendre par la suite sur les rives du Nil. Hormis les cuivres habituels, Verdi a utilisé ici des instruments de fanfare entrés dans l'histoire de l'art instrumental sous le nom de « trompettes d'Aïda ». Ces dernières ont une forme analogue à celle de la véritable trompette égyptienne : elles mesurent 1,52 m de long, sont droites et sans pistons. Pour la marche triomphale, Verdi fit fabriquer à Milan six trompettes, trois en la et trois en si. Les trois trompettes en la jouent la marche à l'unisson en mi bémol majeur, tandis que les trompettes en si reprennent la mélodie en si majeur. Ce brusque changement de tonalité confère à cette imposante scène de foule une grande solennité et la rigueur d'un rituel. N 94

L'art de chanter doucement

Les récitatifs au cours desquels Radamès apparaît en vainqueur sont accompagnés de coups de trompette et de trombone ; la partie chantée doit l'être, selon les indications de Verdi, « avec enthousiasme » (*con entusiasmo*). Les indications pour la célèbre romance prescrivent en revanche une manière de chanter expressive, plutôt lyrique, douce, voire très douce (*con espressione, dolce, sempre dolcissimo, parlante ppp*). Pour les quatre mesures finales, l'interprète doit chanter extrêmement doucement et laisser sa voix comme s'évanouir (*pppp, ppp dim.*), et le si bémol aigu, difficile à chanter, doit même donner l'impression de s'éteindre (*pp morendo*). L'attitude du premier interprète de ce rôle, Giuseppe Capponi, qui avait jugé qu'il était impossible de suivre ces indications, fit par la suite école. Verdi l'avait autorisé à chanter le deuxième si une octave plus bas. Encouragé par ce compromis, le ténor Ernest Nicolini, époux de la célèbre *prima donna* Adelina Patti, demanda à chanter le tout un demi-ton plus bas (en la majeur), ce que Verdi refusa catégoriquement. La romance demeure un cauchemar pour les ténors. La chanter est en effet délicat, car elle figure avec ces nuances tout en finesse au début de l'opéra, ce qui signifie que le chanteur l'entonne pour ainsi dire sans s'être chauffé. N 95

J. K.

92. Chœur des prêtresses égyptiennes

93.1 Musique sur les rives du Nil (motif des violons)
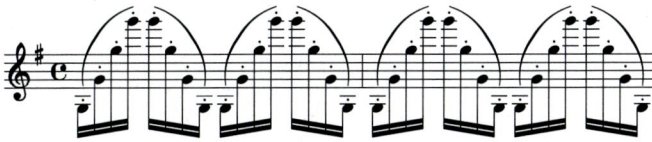

93.2 Musique sur les rives du Nil (sons harmoniques des violoncelles)

93.3 Musique sur les rives du Nil (son de la flûte)

94. Fanfare

95. Fin de la romance de Radamès (acte I)

Otello
Othello

Drame lyrique en quatre actes

Livret : Arrigo Boito, d'après *The Tragedy of Othello, the Moor of Venice* de William Shakespeare.

Otello, Kallen Esperian (Desdemona) et Kristian Johannsen (Otello), mise en scène : Henning Brockhaus, décors : Josef Svoboda, costumes : Sázka Hejnova, direction musicale : Christian Thielemann, Teatro Communale de Bologne, 1993.
C'est Boito qui eut l'idée géniale de renoncer au tableau d'ouverture du drame de Shakespeare, qui se situait à Venise, et de présenter Otello au faîte de sa gloire en pleine tempête. Le drame qui va se dérouler à partir de ce moment conduira à la chute du héros, totale à l'acte final, lorsque Otello tue Desdemona.

Création : le 5 février 1887 à Milan (Teatro alla Scala)

Personnages : Otello, Maure, commandant de la flotte vénitienne, gouverneur de Chypre (tén.), Desdemona, son épouse (sop.), Iago, enseigne (bar.), Emilia, son épouse (mezzosop.), Cassio, capitaine (tén.), Roderigo, noble vénitien (tén.), Lodovico, envoyé de la république de Venise (basse), Montano, officier, ancien gouverneur de Chypre (basse), un Hérault (basse) ; soldats et marins, nobles vénitiens, peuple (chœur)

Argument
Dans une ville portuaire sur l'île de Chypre, à la fin du XVᵉ siècle.

Acte I
Une place devant le château. Un port, une taverne. Le peuple de Chypre et les troupes vénitiennes craignent qu'Otello, le commandant de la flotte vénitienne qui revient d'un combat victorieux contre les Turcs, ne parvienne pas à rentrer au port en raison d'une violente tempête. Otello réussit à accoster et tous acclament le héros vainqueur. Il n'y en a qu'un qui ne se réjouit pas : il s'agit de l'enseigne Iago. Il a le sentiment d'avoir été oublié par Otello, qui a promu Cassio, et non lui, au rang de capitaine. Il songe à se venger. L'instrument de sa vengeance sera le Vénitien Roderigo, amoureux de Desdemona, l'épouse d'Otello. Il fait boire Cassio et s'arrange pour déclencher une querelle entre Roderigo et Cassio, devenu ivre. Lorsque le chef de patrouille Montano tente de séparer les deux hommes, il se fait blesser par Cassio. Comme Iago l'avait prévu, le bruit attire Otello, qui considère Cassio responsable et le dégrade. Desdemona calme la colère d'Otello. Celui-ci prend à nouveau conscience de la fragilité de leur union : l'union d'un noir d'origine incertaine avec une belle et riche vénitienne de noble extraction. Il craint que son bonheur ne soit que passager, mais Desdemona n'a pas peur. Elle éprouve pour Otello un amour infini.

Acte II
Une salle du château avec vue sur les jardins. Iago poursuit son plan. Il conseille à Cassio, qui est désespéré, de demander à Desdemona d'intercéder en sa faveur auprès d'Otello. Il présente son plan de vengeance comme le résultat d'une influence diabolique. Il s'imagine décider du sort des autres, car il connaît le point faible d'Otello, dont la plus grande crainte est en effet de perdre l'amour de Desdemona. Il présente à Otello les relations entre Desdemona et Cassio sous un faux jour, de sorte que chaque tentative d'intercession de Desdemona en faveur de Cassio semble à Otello une preuve de son infidélité. Iago parvient à s'emparer du mouchoir de Desdemona, un cadeau de fiançailles d'Otello. Et lorsque Otello exige des preuves de l'infidélité de Desdemona, Iago lui fait croire qu'il a vu le mouchoir en question chez Cassio. Face à ces calomnies rendues crédibles, Otello se promet de mettre fin au bonheur des amoureux et de se venger.

Acte III
La grande salle du château. Lorsque Desdemona prie à nouveau son époux de se montrer clément envers Cassio, il la rudoie, car il la soupçonne d'avoir été infidèle. Iago amène Cassio à parler de sa bien-aimée Bianca, mais il s'arrange pour qu'Otello, qui épie la conversation, s'imagine que Cassio parle de Desdemona. Lorsque Otello voit dans les mains de Cassio le mouchoir perdu par Desdemona, il est convaincu de l'infidélité de son épouse et décide de la tuer. Iago se charge d'éloigner Cassio. En échange de quoi, il sera promu au rang de capitaine. Une légation arrive cependant de Venise. Elle vient démettre de ses fonctions Otello, devenu trop puissant, et confier celles-ci à Cassio. Otello, incapable de se maîtriser, humilie son épouse en public, puis s'effondre. Iago triomphe.

Acte IV
La chambre de Desdemona. Desdemona attend la visite d'Otello, avec lequel elle doit avoir une conversation qui décidera de son sort. Elle se souvient d'une vieille chanson, la chanson du saule, qui a sur elle le même effet que sur de nombreuses autres femmes avant elle : elle la console et la prépare à l'irréversible. Otello tue Desdemona en dépit de ses protestations d'innocence. La tentative d'assassinat sur la personne de Cassio mise au point par Iago, échoue. Emilia, la cámeriste de Desdemona, révèle les agissements de son époux. Otello se donne la mort. À l'agonie, il scelle son amour pour Desdemona, qui n'a jamais faibli, par un baiser. *S. N.*

Arrigo Boito (1842-1918)
Cet écrivain et compositeur est l'auteur des livrets d'*Otello* et de *Falstaff*.

Arrigo Boito

Boito, qui était le fils d'un miniaturiste et d'une comtesse polonaise, eut une jeunesse assez tumultueuse. C'est ainsi qu'il se battit en duel avec le Sicilien Giovanni Verga, poète vériste et auteur de → *Cavalleria rusticana*, suite à une querelle au sujet de Rossini et de Meyerbeer. Faisant partie des plus grands wagnériens italiens, il composa à 26 ans un opéra fortement influencé par l'œuvre de Wagner (*Mefistofele*). Il était en outre considéré comme le plus grand spécialiste italien de Shakespeare. Il avait enfin le bonheur d'être aimé d'Eleonore Duse, l'une des actrices de l'époque les plus adulées. Son amitié avec Verdi et le travail qu'il effectua en collaboration avec le compositeur l'amenèrent au faîte de sa carrière artistique.

Otello, Placido Domingo dans le rôle d'Otello, mise en scène : Peter Wood, direction musicale : Zubin Mehta, Staatsoper de Vienne, 1987.
Un bacio... un bacio ancora... Ah! un altro bacio (Un baiser... un baiser encore... Mourir sur un baiser). En tuant et en se donnant la mort par amour, Otello rend immortel l'amour qu'il porte à Desdemona.

Ci-dessus à gauche
Otello, croquis du costume de Iago d'Alfredo Edel, atelier Rico pour Wiesbaden, Milan, 1898. Avec Iago, Verdi nous a livré l'image parfaite du mal. Ce personnage correspond à l'aboutissement d'une recherche effectuée par le compositeur au fil des œuvres – le plus souvent en relation avec les voix graves masculines – depuis la création de Wurm pour → *Luisa Miller*. Verdi a eu le courage de montrer toute la puissance destructrice du personnage et ses conséquences sur le plan dramatique. Le fait que Iago soit semblable à tout autre humain est ce que le personnage a de plus effrayant.

Ci-dessus à droite
Otello, Renato Bruson dans le rôle de Iago entonnant sa chanson à boire, mise en scène : Peter Wood, direction musicale : Zubin Mehta, Staatsoper de Vienne, 1987.
« Iago est la jalousie incarnée. Iago est un méchant. Iago est un esprit critique (...). Il doit être beau, donner l'impression d'être jovial, franc et pour ainsi dire débonnaire ; il doit sembler honnête à tout le monde, sauf à son épouse, qui le connaît bien. S'il ne bénéficiait du charme que confèrent un beau physique et une apparente sincérité, sa duperie ne pourrait avoir toute l'incidence qu'elle a. » (Arrigo Boito)

Iago

Dès 1879, Verdi consacra du temps aux personnages de l'opéra qu'il envisageait d'écrire. Au début, c'est la figure de Iago qui l'intéressa le plus : « Si j'étais acteur et devais jouer le rôle de Iago, j'aimerais avoir l'apparence d'un homme grand et sec, doté de lèvres fines et de petits yeux rapprochés, comme les singes... Je me montrerais distrait, indifférent à tout, blasé, sceptique, moqueur, semblable à un homme qui décide de ce qui est bien ou mal avec une grande légèreté... » écrivit-il à son ami peintre napolitain Domenico Morelli vers 1881.

Il est significatif que l'opéra en préparation ait longtemps conservé son titre provisoire, à savoir *Iago* (entre autres pour le distinguer de l'→ *Otello* de Rossini, qui connaissait encore à l'époque un vif succès). Ce n'est qu'en 1886 que Verdi décida une fois pour toutes de donner à son opéra le nom d'un autre personnage, celui d'Otello. « Il est vrai, écrivit-il à Boito, que Iago est le démon qui déclenche tout, mais c'est Otello qui agit : il aime, il devient jaloux, il tue et se tue. Personnellement, je trouverais hypocrite de ne pas donner le nom d'Otello à cet opéra. Il me serait préférable d'entendre les gens dire : "il s'est mesuré au géant [à Rossini] mais lui est resté inférieur" que "il a tenté de se cacher derrière le titre *Iago*". »

Le premier solo de Iago est une chanson à boire au rythme enlevé, comportant d'étranges irrégularités. Le mode oscille constamment entre le si mineur, le ré majeur et le la majeur. Même la forme musicale oscille : plus Cassio devient ivre, plus il a du mal à ordonner ses pensées et plus la forme musicale devient « bancale », les phrases de la chanson à boire se succédant dans un ordre irrégulier. Les leitmotive qui servent d'attributs à Iago – galops chromatiques et trilles diaboliques – sont omniprésents dans la chanson. Le tout ressemble à une brusque rafale et se termine sur un chaos orchestré par le démon. N 96

C'est Boito qui eut l'idée d'insérer dans cet opéra le *credo* de Iago, au cours duquel le personnage affirme son impiété, son nihilisme et ses mauvaises intentions. Mais cette insertion ne fut effectuée qu'en avril 1884, soit plusieurs années après l'écriture de la première version du livret. On ne trouve dans le drame de Shakespeare aucun passage ayant pu servir directement de modèle à ce monologue. Verdi, qui réagit immédiatement avec enthousiasme à cette proposition de Boito, composa une musique géniale. Peut-être faut-il déceler dans ces suites de trilles diaboliques, ces intervalles effrayants, ces unissons retentissants et ces *pianissimi* qui laissent craindre le pire, l'influence des couleurs et aspects sataniques de *Mefistofele*. N 97

98. Arrivée d'Otello

Esultate! L'orgoglio musulmano sepolto è in mar

99. Adieu à la gloire (Otello)

Ora e per sempre addio sante memorie, addio sublimi incanti del pensier!

100. Duo de vengeance (Otello-Jago)

Sì, pel ciel marmoreo giuro!
Sì, pel ciel marmoreo giuro!

Otello

Otello est le plus grand rôle de ténor jamais créé par Verdi, mais aussi le plus difficile, peut-être même le plus difficile de tout l'opéra du XIXe siècle. Seul Tristan peut lui être comparé. On ne peut dire qu'il appelle purement et simplement un fort ténor, une voix puissante et éclatante. Le personnage apparaît sous de très nombreuses facettes : désespoir, ironie, tendresse et folie s'enchaînent. Pour Verdi et Boito, il ne s'agit pas d'un personnage fondamentalement *eroico* (héroïque), mais *cupo e terribile* (ténébreux et terrible). Il est naturellement des passages où Otello se montre héroïque ou se souvient de son héroïsme passé. Au début de l'opéra, lors de son arrivée triomphale en pleine tempête, il apparaît au faîte de sa gloire (cette introduction est un véritable défi pour les ténors !). N 98

Le ton héroïque se fait cependant de plus en plus discret tout au long de l'opéra, ne se manifestant plus pour ainsi dire qu'indirectement sous la forme d'une force autodestructrice. Lorsque le poison instillé par Iago commence à faire effet, c'est d'un geste héroïque qu'Otello dit adieu à la gloire. N 99

Ce ton héroïque avait auparavant tourné au grotesque dans le duo de vengeance Otello-Iago, au cours duquel le commandant revenu vainqueur avait pactisé avec le diable, jurant de se venger et donc de mettre fin à sa propre félicité. N 100

J. K.

Ci-contre
Otello, croquis du costume d'Otello d'Alfredo Edel, atelier Rico pour Wiesbaden, Milan, 1898 (TWS).
Otello est le dernier ténor ayant donné son nom à un opéra de Verdi.
« Soldat puissant et intègre, au comportement et aux gestes simples, à l'autorité impérieuse et au jugement inébranlable. » (Arrigo Boito)

Otello, Placido Domingo dans le rôle d'Otello, mise en scène : Peter Wood, direction musicale : Zubin Mehta, Staatsoper de Vienne, 1987.
Le rôle d'Otello, qui a valu à Placido Domingo d'être admiré dans le monde entier, a été l'un de ses plus grands rôles. Il a été dès lors purement et simplement considéré comme l'Otello des années quatre-vingt et quatre-vingt-dix, rôle dans lequel il a été immortalisé dans le film de Franco Zeffirelli. Domingo chantait cette partie héroïque avec une puissance éblouissante, mais tout en finesse, en tenant compte de chaque nuance. Sa performance d'acteur rivalisait avec celle des meilleurs interprètes d'Otello à la scène.

Agapes et mort par amour

Dans la dernière scène de l'opéra, un thème orchestral retentissant avec la gravité d'une musique rituelle joue un rôle déterminant. C'est un thème noir et impitoyable, qui signale l'accomplissement de la tragédie. N 108 Ce motif semble être une variante sur le mode mineur du motif des agapes chez Richard Wagner dans → *Parsifal*. Bien que *Parsifal* ait été créé à la scène cinq ans plus tôt, rien ne permet de penser que Verdi connaissait l'adieu au monde de Wagner. Cette parenté thématique pourrait donc être purement et simplement le fruit du hasard. Ce n'est cependant pas par hasard que ce motif figure aussi dans → *Don Carlo*. N 109 L'adieu d'Otello au monde est toutefois placé sous le signe de l'amour et non sous celui de la tristesse. Même à l'agonie, le Maure de Venise continue d'aimer sa défunte épouse.

Un grand idéal

« Vertueuse et équilibrée, Desdemona doit donner l'impression de n'être qu'amour, pureté, noblesse, douceur, candeur et résignation. Plus ses mouvements seront simples et pleins de retenue, plus elle parviendra à émouvoir le spectateur, le charme de sa jeunesse et de sa beauté devant renforcer l'effet qu'elle produira sur lui. » (Arrigo Boito)

Otello, croquis de décor de Leo Pasetti, Bayerische Staatsoper de Munich, 1931 (TWS).
Desdemona avant d'être assassinée. Dans l'acte IV d'*Otello*, assassinat et suicide se fondent en un terrible rituel : il devait en être ainsi.

101. Prière de Desdemona

102. Chanson du saule (Desdemona)

Desdemona

Dans cet opéra, Desdemona a droit à un éclairage particulier. C'est un ange. Elle doit certes ce trait de caractère à Shakespeare, mais aussi, dans une large mesure, à la magie de la musique de Verdi. En raison de son caractère et de l'humiliation qu'elle subit malgré son innocence, elle s'apparente à la reine Élisabeth de → *Don Carlo*. Verdi a conçu pour Desdemona – merveilleuse incarnation de la perception qu'il en avait – une musique d'une beauté et d'une noblesse insurpassables, dont on ne trouve pas d'équivalent dans l'ensemble de son œuvre.

À l'acte IV, la scène où apparaît Desdemona fait fortement songer, par sa construction, à l'autre opéra italien de même nom (→ Rossini, *Otello*), qui date du début du XIXe siècle. Dans les deux œuvres, le dialogue vespéral entre Desdemona et Emilia a été transféré au début du dernier acte : il marque le début de la tragédie qui va s'accomplir (il figurait chez Shakespeare à la fin de l'avant-dernier acte). Tant chez Rossini que chez Verdi, un prélude d'une grande finesse – chez Verdi, une musique de chambre jouée par des bois – crée l'atmosphère élégiaque de cette scène. Dans les deux opéras, la scène s'achève sur une prière, la *preghiera*, qui, chez Verdi, n'est qu'une libre adaptation du texte de l'*Ave Maria*. Chez Shakespeare ne figure aucune prière. La *preghiera* est un intermède musical qui fait partie des composantes traditionnelles des opéras, même chez Verdi. N 101

La *Chanson du saule*, entonnée par Desdemona présente les mêmes grandes caractéristiques structurales chez Rossini et chez Verdi : il s'agit dans les deux cas d'un chant composé de strophes et interrompu de récitatifs en prose. La scène doit sa construction, fort habile, à Shakespeare : la chanson figure pour ainsi dire entre guillemets et se trouve de temps à autre interrompue par de courtes répliques de Desdemona ou d'Emilia. Même l'épisode de la rafale – l'effroi de Desdemona dû à des pressentiments inquiétants – a été composé chez Rossini comme chez Verdi, de manière pittoresque. L'idée poétique de Shakespeare, la ponctuation de la chanson par la répétition du mot « Saule », a donné lieu dans la version musicale de Verdi à un véritable bijou : le motif du *lamento Salce ! Salce ! Salce !* qui, avec la petite tierce sans accompagnement, émerge du contexte harmonique, figure comme en exergue et crée une atmosphère, conférant au tout une dimension transcendantale. N 102

Otello/Desdemona

Le duo d'amour sur lequel se referme l'acte I correspond à une approche étonnamment moderne de cet exercice vocal. La situation elle-même a été imaginée par Boito, totalement indépendamment du texte de Shakespeare. Le duo permet d'introduire rétrospectivement les éléments contenus chez Shakespeare dans l'acte situé à Venise, un acte qui a disparu dans l'œuvre de Verdi. En dehors de cette fonction purement dramaturgique, le duo offre aussi l'occasion d'un déploiement lyrique, ce dont aucun opéra ne peut se passer. Les tournures d'une liberté inattendue lors des changements de mode, les audaces harmoniques, les finesses instrumentales dignes d'une musique de chambre font de ce duo une sorte de kaléidoscope étincelant de mille feux. Le spectateur est submergé par la beauté de la musique et envahi par une sorte de félicité. N 103

Le motif du baiser, dernier point culminant du duo, prend une forme répétitive. Idée maîtresse de toute la tragédie, il revient à la fin de l'opéra, où il devient le symbole de l'amour et de la purification d'Otello. N 104 Le seul monologue d'Otello (acte III), au cours duquel il avoue connaître la plus grande détresse, n'est qu'un marmonnement monotone et monocorde. Le thème musical a été transféré à l'accompagnement orchestral : le déroulement du motif de basse N 105 et la douloureuse figure de violon N 106, qui tiennent lieu de commentaire, provoquent un pincement au cœur. La partie mélodique finale du solo n'est ni une cavatine, ni une cabalette, mais un bref arrondi mélodique, une plainte bouleversante. N 107

J. K.

Ci-dessus à gauche
Otello, mise en scène : Henning Brockhaus, décors : Josef Svoboda, costumes : Sázka Hejnova, direction musicale : Christian Thielemann, Teatro Communale de Bologne, 1993.
Otello dans la situation la plus indigne de toute son existence (acte III, finale) : aveuglé par sa jalousie, il jette Desdemona à terre. C'est là que débute le dernier ensemble de Verdi d'un tragique émouvant.

103. Duo d'amour (Desdemona-Othello)

104. Motif du baiser d'Otello à l'agonie

105. Rumination d'Otello

106. Douleur d'Otello

107. Plainte d'Otello

108. Motif tragique du destin (scène finale)

109. Motif annonçant le motif du destin (*Don Carlo*)

Otello, Anna Tomowa-Sintow dans le rôle de Desdemona, mise en scène : Peter Wood, direction musicale : Zubin Mehta, Staatsoper de Vienne, 1987.

Ci-dessus à droite
Otello, Mario del Monaco dans le rôle d'Otello, photo d'une émission télévisée consacrée au chanteur, Westdeutscher Rundfunk (WDR), Cologne, 1966.

Falstaff

Comédie lyrique en trois actes

Livret : Arrigo Boito, d'après *The Merry Wives of Windsor* (« Les Joyeuses Commères de Windsor ») et *Henry IV* de William Shakespeare
Création : le 9 février 1893 à Milan (Teatro alla Scala)
Personnages : sir John Falstaff (bar.), Ford, époux d'Alice (bar.), Fenton (tén.), le docteur Cajus (tén.), Bardolfo et Pistola, serviteurs de Falstaff (tén., basse), Mrs Alice Ford (sop.), Nanetta, sa fille (sop.), Mrs Quickly (mezzosop.), Mrs Meg Page (mezzosop.), l'hôtelier de « La Jarretière », Robin, page de Falstaff, un jeune serviteur de Ford (rôles muets) ; bourgeoisie et peuple de Windsor, serviteurs de Ford, masques (fées, sorcières, follets et diablotins)

Argument

À Windsor, au début du XVe siècle, sous le règne d'Henri IV.

Falstaff, Giuseppe Taddei (Falstaff) et Rudolf Mazzola (Pistola), mise en scène : Filippo Sanjust, direction musicale : sir Georg Solti, Staatsoper de Vienne, 1980 (photographie de 1990).
Falstaff est une figure dramatique immortelle. Heureux de vivre comme Don Juan, espiègle comme Till, infatigable rêveur et aventurier comme Don Quichotte. Pour lui, la vie vaut vraiment la peine d'être vécue !

Acte I

Tableau 1 L'hôtellerie de La Jarretière. Sir John Falstaff, un chevalier bedonnant, vient d'écrire la même lettre d'amour à deux riches bourgeoises, Alice Ford et Meg Page : il espère de nouvelles aventures amoureuses, c'est aussi l'occasion de remplir sa bourse. Il n'a pas payé les gages de ses serviteurs depuis déjà un certain temps. Le docteur Cajus accuse les serviteurs de Falstaff de l'avoir volé. Pour toute réponse, Falstaff le jette dehors. Mais lorsqu'il demande à Bardolfo et Pistola de porter ses lettres d'amour, les deux serviteurs refusent. Furieux, Falstaff les chasse aussi et confie les lettres à son page.

Tableau 2 Le jardin de Ford. Alice et Meg ont chacune reçu la lettre de Falstaff et décidé, après s'être montré les deux missives, de punir l'impertinent chevalier avec l'aide de Mrs Quickly. Les deux serviteurs chassés par Falstaff ont entre-temps révélé les intentions de Falstaff à Ford, qui se montre jaloux. Il décide de rendre visite à Falstaff sous un faux nom pour se rendre compte par lui-même. Alice, projette quant à elle de fixer un rendez-vous à Falstaff, afin de le tancer sévèrement.

Acte II

Tableau 1 L'hôtellerie de La Jarretière. En proie à des remords, Bardolfo et Pistola se sont remis au service de Falstaff. Mrs Quickly apporte le billet par lequel Alice Ford convie Falstaff à un rendez-vous. Falstaff est heureux. Lorsque Ford lui rend visite sous le nom de Fontana et le prie de séduire Alice afin qu'il ait lui-même par la suite la tâche plus facile, sa satisfaction ne connaît plus de limites. Lorsqu'il annonce à son visiteur qu'Alice l'attend aujourd'hui même, Ford devient fou de jalousie.

Tableau 2 La maison de Ford. Mrs Quickly annonce la venue de Falstaff. Alice s'amuse de la déclaration d'amour du chevalier. Ford arrive cependant inopinément. Falstaff se cache dans un panier de linge. Ford et ses amis fouillent la maison à la recherche de Falstaff, mais ils découvrent alors Nanetta, la fille de la maison, dans les bras de Fenton. Comme Ford a l'intention de marier Nanetta au docteur Cajus, il chasse Fenton de la maison. Lorsque les hommes se remettent à la recherche de Falstaff, Alice vide dans la Tamise, par la fenêtre, le panier de linge contenant le chevalier bedonnant.

Acte III

Tableau 1 Devant l'hôtellerie de La Jarretière. Après sa malheureuse aventure amoureuse, Falstaff dénonce la mesquinerie et la fourberie de la bourgeoisie. Mrs Quickly apporte un message d'Alice, soi-disant inconsolable. Celle-ci donne cette fois rendez-vous à Falstaff dans le parc, sous le chêne de Herne. Ford et ses hommes épient la conversation et décident de punir Falstaff. Ford promet à Cajus la main de Nanetta. C'est déguisé en moine que ce dernier doit faire son apparition dans le parc. Alice souhaite cependant que sa fille fasse un mariage d'amour. Elle apporte donc son soutien à Nanetta et Fenton.

Tableau 2 Le parc de Windsor. Falstaff arrive à l'heure au rendez-vous, fixé à minuit. Les femmes font enfiler à Fenton un habit de moine pour déjouer le plan de Ford. Le rendez-vous de Falstaff et d'Alice est interrompu par Meg, venue les mettre en garde contre ceux qui les pourchassent. Les bourgeois déguisés en follets et en elfes se jettent sur Falstaff et le rouent de coups. Le docteur Cajus a droit à une fausse fiancée. Nanetta apparaît avec Fenton, que Ford prend pour Cajus. Il donne donc sa bénédiction à cette alliance. Lorsque les masques tombent, le docteur Cajus et Ford, qui s'aperçoivent qu'ils ont été dupés, sont indignés. Seul Falstaff fait contre mauvaise fortune bon cœur, d'autant qu'il est invité au mariage de Nanetta et de Fenton. Tous s'accordent à dire que « le monde est une farce ».

A. G.

Une comédie inattendue

Peu nombreux étaient ceux qui pensaient que Verdi, alors âgé de plus de 70 ans, allait encore composer un opéra après avoir achevé → *Otello*, qui plus est une comédie après 24 tragédies lyriques à succès. *Falstaff* fut une véritable surprise pour le monde de la musique et l'une des plus grandes contributions à l'histoire de l'opéra. Rossini, le maître de la comédie lyrique, doutait que Verdi fût capable d'en composer une : « Verdi est un compositeur sérieux et mélancolique ; son coloris est sombre et triste, il sourd abondamment et spontanément de son être, et c'est la raison pour laquelle il est estimable ; j'ai pour lui le plus grand respect, mais il ne fait aucun doute qu'il n'écrira jamais un *opera semiseria* comme *Linda di Chamounix* et encore moins un opéra-bouffe comme *L'Elisir d'Amore*. » (Les deux opéras mentionnés sont de → Donizetti.) Ces considérations parurent malheureusement en 1879 dans la *Gazetta Musicale* de Ricordi, à un moment où Verdi avait de plus en plus le sentiment de devoir au monde un opéra-comique : « Pendant 20 ans, j'ai cherché un livret d'opéra-bouffe, et maintenant que je l'ai pour ainsi dire trouvé, vous donnez envie au public, avec cet article, de siffler l'opéra avant même qu'il n'ait été composé », écrivit Verdi à Giulio Ricordi en août 1879. À l'époque, personne ne pouvait être au courant du projet de Verdi et de nombreuses années allaient encore s'écouler avant que le compositeur ne commence à mettre en musique le livret choisi. « Boito a balayé toutes mes objections et m'a écrit une comédie lyrique qui ne ressemble à aucune autre », avoua Verdi en 1890 au marquis Gino Monaldi, l'un de ses futurs biographes.

J. K.

Falstaff, John Del Carlo dans le rôle de Falstaff, mise en scène : Michael Hampe, direction musicale : Fabio Luisi, décors : John Gunter, Deutsche Oper am Rhein de Düsseldorf, 1995.
Après sa mésaventure avec les commères, Falstaff, trempé et transi de froid, chante le célèbre monologue sur l'honneur, se consolant avec un hanap de vin (au début de l'acte III). Sa philosophie, dans la vie, est de nature dionysiaque.

Falstaff, Nancy Gustafson (Alice Ford), Nelly Boschkova (Mrs Quickly), Vesselina Kasarova (Meg Page), Angela Gheorghiu (Nanetta), mise en scène : Filippo Sanjust, direction musicale : sir Georg Solti, Staatsoper de Vienne, 1980 (photographie de 1993). Le quatuor des « joyeuses commères » se transforme rapidement au cours du finale de l'acte I en un *nonetto*. Cet ensemble d'une grande qualité fait songer, avec son ingénieuse polyphonie et la caractérisation des personnages par le biais de voix différenciées, aux grands opéras italiens de Mozart (→ *Le Nozze di Figaro*, →*Don Giovanni* et → *Così fan tutte*).

Une œuvre qui ne vieillit pas

Sir John Oldcastle est la figure historique dont s'inspire le personnage de Falstaff. Il combattit vers 1400 en Écosse, puis au pays de Galles et en France (1411). Accusé d'hérésie en 1413, il réussit à s'enfuir de prison, mais fut pendu en 1417. Ce n'est pas une biographie très gaie. Shakespeare ne lui prêta guère attention. *The Merry Wives of Windsor* ne fait pas partie des plus grandes œuvres du dramaturge. Shakespeare écrivit cette pièce en 1599 pour répondre apparemment au vœu de la reine Élisabeth, qui désirait voir le chevalier bedonnant (l'un des personnages caractéristiques d'*Henry IV* et d'*Henry V*) endosser le rôle comique d'un amoureux dupé. Falstaff est censé être un nom inventé par Shakespeare. On dénote dans cette pièce, écrite rapidement sur ordre de la reine, l'utilisation fréquente de poncifs éculés. Il s'agit d'une farce qui ne peut en aucun cas prétendre au même niveau d'inventivité ni à la même teneur intellectuelle que les grandes comédies shakespeariennes. Les compositeurs des premiers opéras inspirés de cette pièce de théâtre – il en existe environ une douzaine – furent précisément sensibles à ce qui en fait une farce, car cet aspect-là se prêtait à leur objectif, celui de créer un opéra-bouffe ou un vaudeville. Nous ne citerons ici que quelques compositions célèbres : → *Die lustigen Weiber und der dicke Hanns* de Karl Ditters von Dittersdorf (1796), *Falstaff ossia Le Tre Burle* d'Antonio Salieri (1799), une adaptation de l'Irlandais Michael William Balfe (1838) et l'opéra-comique d'Otto Nicolai → *Die lustigen Weiber von Windsor* (1849) qui, toujours apprécié aujourd'hui, fut considéré par Richard Strauss comme « un opéra charmant ».

Une comédie lyrique

Boito n'a pas commis la même erreur que la plupart des librettistes précédents qui, en conservant les « trois plaisanteries » – *tre burle* –, ne songeaient qu'à accumuler les situations burlesques. Il a évité les tautologies, comme par exemple les visites répétées de Falstaff chez Alice (la répétition aurait nécessairement affaibli l'effet de la première visite), et concentré l'action autour d'une seule intrigue (imbroglio) menée de main de maître dans le finale de l'acte II. Son travail dénote une économie sans précédent, une construction rigoureuse du matériau avec un bon équilibre entre les actes, chacun des trois comportant deux

110. Duo d'amour et citation de Boccace

tableaux de 20 minutes. Il a supprimé toute une série de personnages annexes qui, caricaturaux, étaient amusants dans la farce, mais n'avaient aucune raison d'être dans un opéra. Il a en outre modifié le profil de certains autres personnages. C'est ainsi que Mrs Quickly n'est plus la gouvernante du docteur Cajus, mais une voisine attachante, l'une des « joyeuses commères ». Il lui a donné le sens de l'humour et des traits beaucoup plus sympathiques que dans l'œuvre de Shakespeare. Boito a même simplifié et clarifié l'*imbroglio* avec Nanetta : la jeune fille n'a plus que deux prétendants au lieu de trois, à savoir Fenton et le docteur Cajus, et elle est la fille d'Alice et des Ford (et non plus celle des Page).

La construction dramatique n'est pas le seul aspect par lequel Boito a contribué à la qualité de cet opéra. Il a en effet relevé le niveau intellectuel de l'œuvre en mêlant des passages d'*Henry IV* au matériau fourni par la comédie de Shakespeare. Les monologues de Falstaff, notamment le monologue sur l'honneur, qui donnent au héros plus de relief et des airs de grand seigneur, ont pour origine cette autre pièce de théâtre. Le Falstaff de Boito et de Verdi est bien plus qu'un simple héros d'opéra-bouffe, et même bien plus que le personnage de la farce de Shakespeare. Il ne s'agit plus d'un clown berné, mais d'un personnage affable, plein de charme et doté dès le début des qualités qui feront de lui à la fin de l'opéra une figure symbolique.

La nouvelle manière de représenter l'amour a aussi contribué à relever la poésie de l'œuvre. L'amour de Fenton et de Nanetta se teinte ici de lyrisme, même s'il n'est pas entièrement dénué d'une certaine légèreté. Il n'a en tout cas rien à voir avec l'amour trivial et vulgaire de l'œuvre originale. Dès le début, Boito voulut attirer l'attention de Verdi sur l'importance de cet amour : « Le jeu amoureux entre Nanetta et Fenton doit apparaître très fréquemment mais de manière fugitive tout au long de l'œuvre. Dans toutes les scènes où les deux amoureux apparaissent, ils se bécotent, cachés dans un coin, se montrant audacieux mais aussi astucieux de manière à ne pas se faire voir. Ils échangent de petites phrases pleines de fraîcheur, leurs dialogues étant toujours très rapides et pleins d'esprit. Ce sont des amoureux extrêmement gais qui, en dépit de maints dérangements et interruptions, sont toujours prêts à reprendre leurs ébats. » Cet amour a donné lieu dans l'adaptation définitive à toute une série de duos d'amour miniatures, répartis entre les différents tableaux de l'opéra. C'est Boito qui eut l'idée de clore ces duos avec la citation de Boccace (extraite du *Décaméron*, II. 07), qui tient lieu de refrain : *Bocca baciata non perde ventura. Anzi rinnova come fa la luna* (Bouche baisée ne perd point son bonheur à venir ; elle se renouvelle comme la lune.). Dans la partition de Verdi, ce refrain est devenu une sorte de leitmotiv. N 110

Il s'agit d'un amour décrit à l'aide de tendres tons pastel. Il rayonne dans tout l'opéra, auquel il confère une dimension poétique. C'est un amour heureux, menacé par aucune tragédie, même s'il n'est pas totalement dénué d'une once de nostalgie, car c'est en l'occurrence un artiste âgé qui porte un regard sur la jeunesse et l'amour. Il y a un autre passage où l'œuvre de Boito et de Verdi flirte avec la poésie : il s'agit du moment où il est fait place à une dimension imaginaire et magique, absente de la comédie de Shakespeare. Ce qui, dans la scène de la forêt des *Merry Wives of Winsor*, n'était qu'une simple farce, revêt ici un aspect fantastique, s'approchant de l'atmosphère féerique d'une œuvre shakespearienne comme *A Midsummer Night's Dream* (Le Songe d'une nuit d'été). Musique et théâtre se sont associés en vue de créer en quelque sorte un monde magique.

J. K.

Falstaff, Dietrich Fischer-Dieskau dans le rôle de Falstaff, mise en scène : Luchino Visconti, direction musicale : Wolfgang Sawallisch, Bayerische Staatsoper de Munich, 1974. La comédie tardive de Verdi, qui correspond d'ailleurs à une prise de position claire contre le drame lyrique moderne, repose sur des situations vieilles comme le monde, héritées de la *commedia dell'arte*. Même la figure de Falstaff conserve le masque du clown. Le fait que Dietrich Fischer-Dieskau (né en 1925) ait endossé le plus grand rôle de bouffon après avoir joué de multiples rôles sérieux et s'être livré à d'innombrables interprétations de lieder allemands fit sensation dans le monde de l'opéra. C'est en 1966, au Staatsoper de Vienne, dans une mise en scène de Luchino Visconti et sous la direction musicale de Leonard Bernstein, qu'il joua pour la première fois Falstaff. Ce rôle marqua une étape importante dans sa carrière.

Un opéra intimiste

Falstaff est le chef-d'œuvre absolu de Verdi. Il correspond en termes de technique compositionnelle à un sommet dans toute l'œuvre du compositeur. Cet opéra offre en outre aux gourmets une véritable satisfaction intellectuelle: on ne parvient jamais à sonder totalement toute la richesse musicale et la complexité artistique de cette œuvre. *Falstaff* a pour texture musicale une musique de chambre pour grand orchestre et solistes. De plus, il n'y a ici quasiment plus de numéros fermés se présentant sous la forme d'airs chantés en solo. Les « airs » ont cédé la place à une multitude de petites formes musicales enchaînées les unes aux autres et se réduisant à de brèves mélodies. Par ailleurs, il n'existe plus de grands rôles, à l'exception du rôle-titre: aucun trio composé d'une *prima donna*, d'un fort ténor et d'un baryton, mais seulement des rôles secondaires au profil bien marqué, difficiles à jouer et, techniquement, difficiles à chanter. L'évolution artistique personnelle de Verdi l'avait conduit dans cette direction. Depuis longtemps, « deux âmes l'habitaient »: l'une se pliait aux règles, l'autre le poussait à l'expéri-

Falstaff, John Del Carlo dans le rôle de Falstaff, mise en scène: Michael Hampe, direction musicale: Fabio Luisi, décors: John Gunter, Deutsche Oper am Rhein de Düsseldorf, 1995.
La fugue finale « Le monde est une farce », inspirée des mots de Jacques dans la comédie de Shakespeare *As You Like It* (Comme il vous plaira), donne au personnage de Falstaff une dimension beaucoup plus profonde que chez Shakespeare. Il est ici bien plus qu'un ivrogne: il s'avère être un philosophe ayant de l'humour.

Épilogue

Verdi se rendait parfaitement compte que Falstaff serait sa dernière grande figure dramatique. Dans un exemplaire de la partition, Arturo Toscanini découvrit ces quelques lignes, écrites par Verdi lui-même en 1893, soit à l'âge de 80 ans:
« Tutto é finito!
Va, va, vieux John…
Poursuis ton chemin,
aussi longtemps que possible…
Amusant fripon;
toujours authentique,
sous différents masques,
en tout instant et en tout lieu!!
Va… Va…
Cours, cours…
Addio!!! »

J. K.

111. Psaume pour Falstaff

Do - mi - ni fal - lo ca - sto!

112. Sonnet de Fenton

Dal labbro il can - to esta - sï - a - to vo - la pei si - lenzi not - tur - ni e va lon - ta - no.

113. Chant des fées de Nanetta

Sul fil d'un soffio e - te - si - o scorre - te a gi - li lar - ve, fra i rami un ba - glior ce - si - o d'alba lu - na - re appar - ve.

114. Menuet

115. Le monde des fées (motif des violons)

116. Fugue finale

Tutto nel mon - do è bur - la. L'uom è na - to burlo - ne, bur - lo - ne, bur - lo - ne, tut - to é bur - la

mentation et à la rébellion. Des signes de l'existence de cette rébellion étaient déjà apparus bien plus tôt dans quelques œuvres dites secondaires, ainsi que dans maints chœurs sacrés, mais aussi dans de grandes œuvres comme → Otello, avec ses passages d'une audacieuse modernité.

Magie nocturne à l'acte III

L'atmosphère fantastique et magique créée dans le dernier opéra de Verdi se présente sous des couleurs dont il n'existe quasiment aucun exemple dans le reste de son œuvre. Ces couleurs donnent de l'importance au dernier acte de Falstaff. Le comique et le fantastique forment un heureux mélange. Les éléments satiriques rappellent, en dehors d'un scherzo moqueur, le style antérieur de Verdi sous la forme de citations parodiques. Ce qui était majestueux est cité dans un nouveau contexte, cette fois comique. À une litanie tournant en dérision la question du salut de l'âme de Falstaff se mêlent des tours mélodiques extraits du Requiem (Hostias) ou des psaumes des prêtres d'→ Aïda (acte sur les rives du Nil : O, che sei d'Osiride. N 111

Au monde onirique se rattachent aussi le sonnet de Fenton N 112, le chant des fées de Nanetta N 113, ainsi que le timbre fantastique des douze coups de minuit et le timbre argenté du menuet qui accompagne vers la fin du second tableau de l'acte III la cérémonie muette du mariage. N 114

Mais ce monde onirique magique s'annonce en quelque sorte déjà vers la fin du premier tableau de l'acte III, lorsque Alice distribue les rôles pour la mascarade. Une once de surnaturel, qui passe inaperçue, se glisse dans l'atmosphère de toute la scène. C'est là le miracle d'une instrumentation transparente, comme à bien d'autres moments de l'œuvre. « Il nous faudrait là une mélodie, écrivit Verdi en septembre 1891, tandis que pour la composition de l'acte III, qui doit devenir de plus en plus faible et se perdre dans un pianissimo des plus aigus, le mieux serait de n'avoir recours qu'au violon. » C'est d'ailleurs ainsi qu'il procéda : un thème de danse finement ciselé conduit à la transition et expire finalement sur un registre incroyablement aigu, exécuté par les violons. N 115

La fugue finale créée par amusement

La fugue finale de Falstaff fut l'un des premiers morceaux de musique que le compositeur acheva, et ce avant même d'avoir véritablement commencé le travail de composition de l'œuvre. Peut-être vit-elle le jour dans le cadre des études de contrepoint que fit Verdi au cours de ses dernières années, l'objectif ayant été inconsciemment de trouver un moyen d'aborder Falstaff. « Je m'amuse à écrire des fugues », écrivit Verdi à son librettiste en août 1889. « Si, signore : une fugue (…) une fugue même comique, qui pourrait bien trouver place dans Falstaff ! Comment cela une fugue comique ? Pourquoi comique, allez-vous demander ? Je ne sais ni comment ni pourquoi, mais c'est une fugue comique ! » Boito livra ultérieurement les huit vers de cette fugue – Tutto nel mondo è burla… (Le monde est une farce) – qui devaient devenir la morale finale de Falstaff. N 116

Les adieux

Falstaff est un personnage qui pratique l'autodérision. Confronté au comique et au ridicule de ses faits et gestes, exposé aux moqueries et victime d'une punition, il traverse une sorte de purgatoire. À la fin, il peut se redresser et dire à ses adversaires d'un ton rieur : Son io, che vi fa sclatri. L'arguzia mia crea l'arguzia degli altri. (C'est moi, dont l'art vous dégourdit. C'est mon esprit qui fait l'esprit des autres.). C'est aussi le pouvoir d'autodérision de ce grand magicien que fut Verdi qui lui permit, à l'issue d'une carrière monumentale, d'offrir au monde en guise d'adieu un gigantesque éclat de rire.

J. K.

Falstaff, Giuseppe Taddei (Falstaff) et Bernd Weikl (Ford), mise en scène : Filippo Sanjust, direction musicale : sir Georg Solti, Staatsoper de Vienne, 1980 (photographie de 1990).

Les archives de Boito et de Verdi renferment peu d'indications sur les caractéristiques du personnage de Falstaff. Dans une lettre de 1890, Verdi livra toutefois une description concise mais fort pertinente du personnage : « Falstaff est un fripon, qui fait toutes les vilenies possibles (…), mais de manière drôle. C'est un personnage ! » Il faut avoir la sagesse du grand âge pour pouvoir donner vie à ce personnage.

Richard Wagner, *Mein Leben* (Ma vie), vol. I-III, 1865-1875 (à compte d'auteur), Richard-Wagner-Museum de Bayreuth. Wagner fit paraître son autobiographie en plusieurs volumes *Mein Leben* de 1865 à 1875, avec le dessin d'un vautour (*Geyer* en allemand) sur la couverture. En 1822, on l'inscrivit sous le nom de Wilhelm Richard Geyer à la Kreuzschule de Dresde. Plus tard, il rassembla tous les souvenirs de son beau-père. On dispose encore aujourd'hui de nombreux témoignages écrits et émouvants de son amour pour Geyer.

Richard Wagner en chef d'orchestre, caricature de Willi Bithorn, Vienne, 1910 (TWS). Dans sa fonction de Theaterkapellmeister de Riga, Richard Wagner acquit une expérience suffisante en direction d'orchestre. Heinrich Dorn, son ancien maître de composition à Leipzig et son successeur au poste de directeur de la musique au Théâtre de Riga, se rappelle : « En tant que chef d'orchestre, Wagner réalisa déjà à Riga des choses très remarquables. Il répétait les œuvres d'une manière extrêmement propre (…) et lorsqu'il était au pupitre, son tempérament enflammé emportait tous les membres de l'orchestre, même les plus âgés, sans la moindre réserve : "Toujours frais ! Toujours avec entrain ! toujours un peu frais !" étaient ses exclamations préférées et elles produisaient toujours le bon effet. » Ce n'est cependant pas Wagner, mais le Hofkapellmeister de Dresde, Carl Gottlieb Reissiger, qui dirigea la création de *Rienzi*.

Richard **Wagner**

Né à Leipzig le 22 mai 1813
Mort à Venise le 13 février 1883

C'est par le biais de son père adoptif, Ludwig Geyer, que Wagner a une relation précoce et intense avec le théâtre. Il fait des études à Dresde et à Leipzig avant de devenir Opernkapellmeister (1833-1839 : Wurtzbourg, Magdebourg, Königsberg, Riga). Après un séjour à Paris (1839-1842) qui ne lui permet pas de percer, il devient Hofkapellmeister à Dresde (1843-1849). Wagner prend une part active au soulèvement de mai 1849 à Dresde, se réfugie en Suisse et vit en exil à Zurich de 1849 à 1858. Après des séjours à Venise, Lucerne et Paris, il travaille à des œuvres importantes (1858-1861) et fait des tournées de concerts (1861-1864). Il compose à Triebschen, près de Lucerne (1866-1872). Wagner a conçu le bâtiment du Festspielhaus (Maison des festivals) à Bayreuth, où il a mis en scène de manière exemplaire ses propres œuvres (1872-1883).

Œuvres: Malgré quelques compositions symphoniques, des œuvres pour piano, des lieder et des chœurs, c'est le drame scénique qui occupe le centre de sa création. Douze opéras ou drames musicaux complets : *Die Feen*, 1888 (Les Fées); *Das Liebesverbot*, 1836 (La Défense d'aimer); *Rienzi*, 1842 ; *Der fliegende Holländer*, 1843 (Le Vaisseau fantôme); *Tannhäuser*, 1845; *Lohengrin*, 1850; *Tristan und Isolde*, 1865 ; *Die Meistersinger von Nürnberg*, 1868 (Les Maîtres chanteurs de Nuremberg); *Der Ring des Nibelungen* (L'Anneau du Nibelung), tétralogie : *Das Rheingold*, 1869 (L'Or du Rhin) ; *Die Walküre*, 1870 (La Walkyrie) ; *Siegfried*, 1876 et *Die Götterdämmerung*, 1876 (Le Crépuscule des dieux); *Parsifal*, 1882. Nombreux écrits sur sa propre esthétique (texte-clef: *Oper und Drama*, 1851).

Le jeune Wagner et le théâtre

D'une manière ou d'une autre, le fils avait hérité de son père son goût pour le théâtre et sa veine de comédien. Sur ses neuf frères et sœurs, quatre partirent à la conquête de la scène. Richard était lui aussi un enfant du théâtre. Il alla voir dès l'âge de cinq ans une première représentation d'opéra; à dix ans, il vécut l'enthousiasme que déclencha → *Der Freischütz* de Carl Maria von Weber en 1822, lors de sa création à Dresde. À sept ans, il joua le petit Guillaume dans une représentation de *Guillaume Tell*, tandis que sa sœur Klara jouait Walter Tell et son beau-père Geyer, Gessler. La garde-robe théâtrale de ses sœurs l'avait déjà attiré dans sa petite enfance, et il ne put de son vivant se débarrasser de sa manie du costume et du maquillage. Sa première tentative littéraire fut une pièce de théâtre, la tragédie de Leubald et Adelaide. Mais l'événement théâtral qui subjugua véritablement Wagner fut une représentation où il vit Wilhelmine Schröder-Devrient (1804-1860) jouer – probablement – Emmy dans *Der Vampyr* de → Marschner, en 1829. Plus tard, la grande cantatrice enthousiasma à nouveau le compositeur, âgé de 21 ans, avec son interprétation dramatique de Roméo dans l'opéra *I Capuleti e i Montecchi* de → Bellini. Nous ignorons si Wagner la vit et l'entendit aussi dans le rôle-titre de Fidelio, comme il l'affirme dans son autobiographie. En tout cas, son jeu passionné laissa en lui une impression inoubliable. Pendant toute la vie de Wagner, elle demeura à ses yeux le modèle d'une comédienne-chanteuse exaltante.

La recherche de l'origine

L'interdit qui pesait sur la question de l'origine, la recherche du père, accompagna toute sa vie Richard Wagner, qui se battait pour son identité, et motiva la quasi-totalité de ses œuvres. La mort d'un père se situe au début d'un grand nombre de ses drames. Tristan, Siegfried et Parsifal n'ont jamais connu leur père, Siegmund a connu le sien, mais n'a jamais su qui il était en réalité. Tristan et Siegfried ont un père adoptif, Lohengrin doit taire son nom et son origine. Dans → *Die Meistersinger von Nürnberg*, on demande à Walter von Stolzing, orphelin de père et de mère, s'il est né libre et honorable. Siegfried tente d'extorquer à Mime le nom de son père. La mère de Parsifal, Herzeleide, cherche à

Die Feen

Les Fées

Grand opéra romantique en trois actes

Livret: Richard Wagner, d'après la pièce *La Donna serpente* de Carlo Gozzi
Création: le 29 juin 1888 à Munich (Hofoper)
Personnages: le roi des fées (basse), Ada, sa fille, épouse d'Arindal (sop.), Arindal, roi de Tramond (tén.), Lora, sa sœur (sop.), Morald, général, amant de Lora (bar.), Drolla, dame de compagnie de Lora (sop.), Gernot, serviteur d'Arindal (basse), Farzana et Zemina, fées (2 sop.), Gunther, de la cour de Tramond (tén.), Harald, général d'Arindal (basse), un messager (tén.), voix de l'enchanteur Groma (basse), les deux enfants d'Ada et Arindal (rôles muets) ; fées, compagnons de Morald, guerriers, peuple, esprits de la terre, hommes d'airain, esprits invisibles de Groma (chœur)

Argument

Dans un pays, en des temps fabuleux.
Le prince Arindal s'est égaré à la chasse, attiré par une biche dans le royaume des fées. Depuis, il vit heureux aux côtés d'une créature à moitié surnaturelle, à moitié humaine. Mais pendant huit années, il n'est pas autorisé à demander l'origine de son épouse Ada. Le délai n'est pas encore écoulé lorsqu'il pose la question. Il est alors expulsé du monde des fées, suivi par la fidèle Ada. Arindal, par manque de foi, ne la reconnaît pas et provoque la pétrification de la femme qu'il aime. Par son courage, son abnégation et un remède magique, il parvient finalement à la sauver. Il

renonce à son royaume terrestre et le couple est définitivement uni dans le monde des fées.

Acte I
Le jardin des fées. Les fées veulent éviter une liaison entre la fille de leur prince et un humain. Mais rien n'y fait. Arindal et Ada tombent amoureux l'un de l'autre. Cependant, en posant une question prématurée, Arindal perd sa femme surnaturelle et se retrouve expulsé du royaume des fées. Son royaume terrestre est lui aussi en extrême danger. Le prince est décidé à défendre l'héritage de son père contre l'ennemi. Ada décide de suivre Arindal pour devenir son épouse terrestre. Elle abandonnera ainsi son immortalité. Mais elle doit auparavant faire subir des épreuves à Arindal.

Acte II
Un palais dans la capitale du royaume d'Arindal. Arindal montre sa faiblesse au cours des épreuves auxquelles le soumet Ada (sous la forme de visions effroyables). Ada doit en payer le prix : elle est pétrifiée pour cent ans.

Acte III
La salle du trône, le royaume des morts et le sublime palais des fées. Tandis que le conflit terrestre semble se résoudre (la sœur d'Arindal, Lora, et le général Morald trôneront à la tête du pays libéré), Arindal apprend la pétrification d'Ada et la faute qu'il a commise. L'enchanteur Groma, un vieil ami de la maison royale de Tramond, donne à Arindal une épée, un bouclier et une lyre. Avec leur aide, Arindal vainc les esprits et les démons du royaume des morts et amollit la pierre grâce aux notes de la lyre enchantée. Ainsi, Arindal acquiert l'immortalité et Ada, éveillée à une nouvelle vie, le guide au royaume des fées.

S. N.

Die Feen, mise en scène : Friedrich Meyer-Oertel, décors : Dieter Flimm, costumes : Maria Lucas, direction musicale : Reinhard Schwarz, Staatstheater am Gärtnerplatz de Munich, 1989.
Die Feen ne fut pas créé du vivant de Wagner. Celui-ci offrit la partition à son mécène, le roi Louis II ; mais ce dernier non plus ne put voir de son vivant une réalisation scénique de cette œuvre. Malgré la vive résistance de Cosima Wagner (la veuve de Richard), on monta *Die Feen* en 1888 sur la scène du Hofoper de Munich en hommage au compositeur du *Ring* et de *Parsifal*.

éloigner son fils de toute connaissance sur son père. Nous pouvons décider de considérer que son père était Carl Friedrich Wilhelm Wagner (1770-1813), « premier greffier au service royal de la police », un homme passionné par le théâtre et membre d'une loge de francs-maçons, ou Ludwig Geyer (1779-1821), peintre et comédien, proche ami de la famille Wagner et beau-père de Richard (il épousa la veuve de C. F. W. Wagner en août 1814). Richard Wagner ne put quant à lui jamais acquérir une véritable certitude sur son origine.

Un précieux document du jeune dramaturge
C'est le poète et compositeur E. T. A. Hoffmann qui a attiré l'attention de Wagner sur une fable de Carlo Gozzi (1720-1806), à laquelle il vouait une grande estime. Mais le traducteur de Gozzi, Adolf Wagner, un oncle du compositeur, a peut-être lui aussi joué un rôle. Richard Wagner a transformé non seulement le titre (*La Donna serpente*), mais également l'action de ce conte (Ada, par exemple, n'est pas métamorphosée en serpent, mais en pierre).
Le conflit raconté ici (conflit auquel Lohengrin sera lui aussi exposé dans l'opéra composé douze ans plus tard) repose sur l'affrontement entre le monde supraterrestre et terrestre. Comme *Undine* d'Hoffmann et → *Hans Heiling* de Marschner (dont Wagner n'a fait la connaissance qu'après avoir débuté sa composition, à l'automne 1833), il pose la question de la possibilité d'un amour accompli entre une immortelle et un mortel. Avec le motif de la question interdite, Wagner anticipe sur → *Lohengrin* ; la compassion qui s'éveille pour l'animal atteint par la flèche, lors de la chasse d'Arindal, renvoie à l'épisode du cygne dans → *Parsifal*. Les rudes épreuves infligées aux amoureux rappellent → *Die Zauberflöte* de Mozart et la manière dont Ada est sauvée d'une pétrification semblable à la mort par la force de la lyre rejoint le mythe d'Orphée. La typologie des scènes et des numéros chantés est connue depuis le répertoire lyrique allemand et français de cette époque, que Wagner avait découvert en partie à Dresde et à Leipzig, en partie à Vienne et à Wurtzbourg, où il composa *Die Feen*. Bien que le style et le ton de l'opéra ne permettent pas de reconnaître clairement le style musical de Wagner, la maturité de la technique de composition et de dramaturgie, l'élan entraînant de la musique ont hissé l'œuvre au premier rang de l'opéra romantique allemand de cette époque. Le moment le plus exigeant de la partition sur le plan dramaturgique, même s'il est aussi figé, est un symbole sonore qui exprime la pression vers le monde supraterrestre. Comme si l'idée fondamentale des *Feen* avait été résumée pour le spectateur, une série d'accords qui devrait normalement descendre vers les graves monte dans une série quasi « contraignante » vers les aigus. Ce symbole sonore nous révèle, comme une nouvelle secrète, le fait qu'Ada ne perdra pas son immortalité et que son époux Arindal, conformément à sa mission (la rédemption par l'amour), s'élèvera vers sa sphère féerique.

Gy. K.

Richard Wagner, dessin de E. B. Kietz, Paris. 1840-1842, Richard-Wagner-Museum, Bayreuth.

Wagner est le plus grand réformateur de l'histoire de l'opéra.

Das Liebesverbot
oder Die Novizin von Palermo

La Défense d'aimer ou La Novice de Palerme

Grand opéra-comique en deux actes

Livret : Richard Wagner, d'après *Mesure pour mesure* de William Shakespeare
Création : le 29 mars 1836 à Magdebourg (Stadttheater)
Personnages : Friedrich, un Allemand, gouverneur en Sicile en l'absence du roi (basse), Luzio et Claudio, jeunes nobles (2 tén.), Antonio et Angelo, leurs amis (tén., basse), Isabella, sœur de Claudio, désormais novice (sop.), Mariana, novice (sop.), Brighella, chef des sbires (exécutants de la justice) (basse), Danieli, gérant d'une maison de vin (basse), Dorella, ancienne femme de chambre d'Isabella, et Pontio Pilato, tous deux au service de Danieli (sop., tén.) ; juges, sbires, Palermitains, peuple, masques (chœur), corps d'harmonie

Argument
À Palerme, au XVIᵉ siècle.
Friedrich, le rigoureux gouverneur allemand, gâche leur carnaval aux Italiens : il a ordonné que la consommation de boissons et l'amour extraconjugal soient punis de mort. La première victime est le jeune noble Claudio. Enfermé et condamné à mort, il appelle à l'aide sa sœur Isabella, qui vit en novice avec Mariana, l'épouse qu'a abandonné Friedrich. Isabella séduit Friedrich, montre à tous qu'il s'agit d'un hypocrite et le confronte à sa propre épouse. Après toutes sortes de jeux de masque et de cache-cache, les couples se retrouvent : Luzio, l'ami de Claudio, conquiert la belle Isabella, Friedrich reprend Mariana auprès de lui. Grâce à la belle Dorella, le gardien de la loi corrompu et brutal qu'était Brighella devient un amoureux enflammé. Le carnaval peut se dérouler sans obstacle.

Acte I
Tableau 1 Un faubourg de Palerme, avec toutes sortes de lieux de divertissement. On proclame l'ordre du gouverneur allemand : la boisson et l'amour extra conjugal seront punis ; Claudio, première victime, est arrêté.
Tableau 2 Le couvent des élisabéthaines. Mariana révèle à Isabella qu'elle est l'épouse répudiée de Friedrich. L'ami de Claudio, Luzio, prie Isabella de demander au gouverneur la grâce de son frère.
Tableau 3 Le tribunal. Dans l'attente du gouverneur, le chef des sbires, Brighella, joue au juge. Friedrich repousse une requête demandant l'annulation de l'interdiction du carnaval. Il condamne Claudio à mort. Isabella offre à son ennemi son amour contre la vie de son frère.

Acte II
Tableau 1 Le jardin de la prison. Par peur de la mort, Claudio accepte que sa sœur se prostitue. Indignée, Isabella ne lui révèle pas son véritable plan : c'est Mariana qui se rendra à sa place au rendez-vous avec Friedrich.
Tableau 2 Le palais de Friedrich. Friedrich ne tient pas la parole qu'il a donnée à Isabella ; au lieu de la lettre ordonnant la libération de Claudio, il a rédigé l'ordre de son exécution.
Tableau 3 Sur le Corso. Malgré l'interdiction, on fête le carnaval. Le chef des sbires, Brighella, semble remplir son office. Mais il ne tarde pas à se déguiser et à pratiquer avec Dorella un amour extraconjugal interdit. Le gouverneur Friedrich s'est lui aussi masqué. Mais son heure du berger avec sa maîtresse présumée, Isabella (en réalité Mariana, sa propre épouse), est dérangée. Isabella appelle tous les masques et dénonce l'hypocrisie du censeur des mœurs. Friedrich ne peut se venger, car le roi de Sicile revient, mettant un terme à sa fonction de gouverneur.

S. N.

Das Liebesverbot, scène de carnaval (acte II, conclusion), mise en scène : Jean-Pierre Ponnelle, décors : Jean-Pierre Ponnelle et Pet Halmen, costumes : Pet Halmen, direction musicale : Wolfgang Sawallisch, Bayerische Staatsoper de Munich, 1983.
Les wagnériens n'ont jamais pardonné son « péché de jeunesse » à « leur » grand maître. Le compositeur de *Tristan* et de *Parsifal* avait jadis voulu favoriser sa carrière scénique en composant une pièce de carnaval frivole, mais en vain : la première fut un four et il n'y eut pas de deuxième représentation du vivant du compositeur. C'est Jean-Pierre Ponnelle qui rendit cette œuvre à la vie en 1983, au Bayerische Staatsoper. Les parrains de cette représentation spirituelle étaient Offenbach, Feydeau et même Ionesco.

Un accueil glacial
Après tout juste dix jours de préparation, *Das Liebesverbot* fut donné sur scène pour la première fois le 29 mars 1836 à Magdebourg et fit un four. Le premier ténor eut des trous de mémoire et l'on ne pouvait même pas deviner quel était le fil de l'action. Par la suite, Wagner tenta en vain de faire jouer son opéra à Leipzig, à Berlin, mais aussi à Paris.

La Jeune Allemagne

Wagner devait l'idée de son premier opéra représenté au mouvement antiromantique de la *Junges Deutschland* (Jeune Allemagne). Il s'agissait à l'époque d'un nouveau courant de la littérature et du journalisme germanophone qui avait été lancé en France par des émigrés allemands (entre autres Heinrich Heine et Ludwig Börne, vers 1830) et qui fut aussitôt repris par un groupe de jeunes écrivains refusant les préceptes moraux butés et l'esprit petit-bourgeois. Leurs réflexions se retrouvaient de manière exemplaire dans le roman utopique *Ardinghello et les îles fortunée* (1787) de Wilhelm Heinse, un auteur issu du courant du Sturm-und-Drang. Le héros du roman est un personnage qui rappelle la Renaissance : Ardinghello jouit de la vie et cultive le libre plaisir des sens. Il fonde un État idéal utopique, sans propriété, dans lequel chacun peut vivre librement son individualité. Dans sa trilogie romanesque *Das junge Europa* (1833-1837), Heinrich Laube avait lancé des polémiques contre le mysticisme religieux et romantique, contre l'orthodoxie religieuse, mais il avait aussi formulé les idées et les tendances des mouvements de libération. Le jeune Wagner fut enthousiasmé par les mouvements de libération de son époque.

Les sources d'inspiration

Le modèle dramaturgique de Wagner pour *Das Liebesverbot* était la comédie de Shakespeare *Mesure pour mesure*, elle-même fondée sur un récit italien publié pour la première fois en Sicile en 1565 par Giraldi Cinzo dans ses *De Gli Hecatommithi*. À la différence de ses prédécesseurs, Wagner ne se soucie plus du rétablissement de la seule justice, mais de la victoire de la sensualité libre et franche sur l'hypocrisie puritaine. La joie de vivre méridionale trouve son antipode dans l'esprit germanisant et chauvin de la petite bourgeoisie, incarné par le personnage du gouverneur Friedrich. La condamnation de la tyrannie, de la censure, du double langage et de la soumission à l'autorité transparaît malgré le scénario fourmillant d'intrigues et les masques du carnaval. L'opéra-comique de Wagner est un « grand » opéra, non seulement parce qu'il fait abondamment appel au chœur, au ballet et à la pantomime, parce que l'on y trouve des mouvements d'ensemble nombreux et forts, mais aussi à cause de sa forme musicale : l'œuvre est intégralement composée. Bien qu'elle rappelle l'opéra-comique par le traitement léger et vif de la musique, elle n'est pas modelée selon les règles du genre français. Ici, le compositeur allemand suit beaucoup plus la tradition de l'*opera buffa* italien et de ses origines, la *commedia dell'arte*. Dans le livret, Dorella et Brighella sont désignés comme Pierrot et Colombine ; quant au nom du chef des sbires, Brighella, il provient du répertoire des masques de la *commedia dell'arte*. Derrière les personnages d'Isabella et de Mariana, on peut aussi discerner deux types de femmes, la fière et la douce. Les bagarres de la première et de la dernière scène, la mêlée du jeu de masques, les scènes de déguisement et toute la parodie de la scène du tribunal où un subalterne singe son seigneur (Brighella condamne Pontio Pilato) : tout cela relève du plus ancien répertoire de l'*opera buffa*. On trouve un autre modèle direct dans l'acte IV des → *Nozze di Figaro* de Mozart. Là, le comte, croyant avoir affaire à Susanna, tombe sur sa propre épouse déguisée – ce qui arrive ici à Friedrich avec sa Mariana. Le leitmotiv de toute la création est l'amour interdit. Dans *Das Liebesverbot*, Wagner a repris la dramaturgie des → *Feen* lorsqu'il a conçu le motif dramatique de l'amour interdit comme un motif instrumental du souvenir et l'a associé de manière cohérente au personnage de Friedrich. N 1

1. Motif de l'amour interdit

Le compositeur a établi des liens concrets entre la comédie et la tragédie ; il a montré quelle passion mène Friedrich à l'hypocrisie. Wagner a construit ainsi l'ample mélodie de cette Isabella, que Friedrich ne peut plus oublier, sur la même base harmonique que le chant du carnaval. N 2

2. Thème du carnaval, thème d'Isabella

Il est sûrement exagéré d'établir une analogie avec l'adage « le pouvoir plutôt que l'amour » dans → *Der Ring des Nibelungen*. Il serait encore plus hasardeux de voir en Friedrich un précurseur d'Amfortas dans → *Parsifal* (tous deux veulent détruire un « paradis érotique » de mauvaise réputation et tous deux sont victimes de leur propre passion érotique). Qu'il nous soit cependant permis ici d'anticiper → *Tannhäuser* et de faire une comparaison entre Isabella et Elisabeth, vierge pure qui sauve un Claudio perdu par la fournaise des sens. Notamment parce que dans *Das Liebesverbot* (dans la scène du couvent) on entend résonner ce motif musical accompagné par le son des cloches et le chant du *Salve Regina*, avec lequel Wagner, une dizaine d'années plus tard, a symbolisé dans → *Tannhäuser* l'idée de la grâce céleste. N 3, N 4

Gy. K.

3. *Salve Regina*

4. Motif de la grâce (*Tannhäuser*)

Rienzi, der letzte der Tribunen

Rienzi, le dernier des tribuns

Grand opéra tragique en cinq actes

Livret: Richard Wagner
Création: le 20 octobre 1842 à Dresde (Hoftheater)

Personnages: Cola Rienzi, notaire pontifical (tén.), Irene, sa sœur (sop.), Steffano Colonna, chef de la famille Colonna (basse), Adriano, son fils (mezzo-sop.), Paolo Orsini, chef de la famille Orsini (basse), Raimondo, légat pontifical (basse), Baroncelli et Cecco del Vecchio, citoyens romains (tén., basse), un messager de paix (sop.), un héraut (tén.); nobles romains, messagers, prêtres, moines, soldats, citoyens et citoyennes de Rome (chœur)

Argument

À Rome, vers le milieu du XIVe siècle.
Le fils de patricien Adriano Colonna aime Irene, la sœur de Rienzi. Mais lorsque son père est tué pendant l'insurrection, Adriano jure de tuer le tribun du peuple et prend la tête des mécontents qui n'acceptent pas la victoire politique de Rienzi. Le peuple est lui aussi rameuté contre Rienzi. Irene partage le destin de son frère et choisit de mourir en même temps que Rienzi sur le Capitole. Adriano veut la sauver et y perd la vie.

Acte I

Une rue de Rome. Devant la maison de Rienzi. Les partisans de la famille Orsini enlèvent la sœur de Rienzi, Irene. Adriano Colonna aime la jeune fille et la libère. Les deux familles de patriciens, les Orsini et les Colonna, se font face, prêtes au combat. Seul Rienzi parvient à éviter qu'ils ne se battent. Le peuple acclame Rienzi comme le libérateur de Rome et l'élit tribun du peuple.

Acte II

Une grande salle au Capitole. Les nobles préparent en secret l'assassinat de Rienzi. Celui-ci a ordonné une fête de réconciliation. Les familles nobles doivent jurer de s'entendre et prêter serment sur la loi. Lors de cette fête de la paix, Orsini enfonce son poignard dans la poitrine de Rienzi, mais une cotte de mailles sauve la vie du tribun. Le peuple réclame punition, mais Rienzi accorde sa grâce.

Acte III

La grande place de l'ancien forum. Rienzi mène le peuple armé contre les nobles qui ont rompu leur serment. Au cours du combat, les chefs des Orsini et des Colonna meurent. Adriano jure vengeance.

Acte IV

La grande place devant le Latran. Adriano excite les citoyens romains contre Rienzi. Lorsque le tribun du peuple veut entrer avec sa sœur Irene dans l'église du Latran, il est maudit par le légat pontifical Raimondo. L'excommunication doit toucher quiconque demeurera fidèle à Rienzi. Tous se détournent de lui. Seule Irene demeure auprès de son frère et repousse les avances d'Adriano.

Acte V

Une grande salle au Capitole. La place devant le Capitole. Rienzi et Irene font leurs adieux à Rome et à l'existence. Le peuple surexcité met le feu au Capitole. Adriano revient sauver la jeune fille qu'il aime. À cet instant, la tour en feu s'effondre, ensevelissant Rienzi, Irene et Adriano.

A.G.

Cortège triomphal, carte postale, dessin de Theodor Pixis, Munich, 1877-1878. Souvenir de Bayreuth: *Rienzi, der letzte der Tribunen*, «L'entrée triomphale de Rienzi à Rome» (finale de l'acte I). À l'arrière-plan, Rienzi est acclamé par le peuple devant l'arc de triomphe. Irene et Adriano partagent eux aussi sa joie – contrairement aux patriciens (devant) qui, furieux, se détournent.

Rienzi, croquis de décor (détail) de Ludwig Sievert, mise en scène: Hans Meissner, scène de plein air Am Roten Tor, Augsbourg, 1934 (TWS).
Ludwig Sievert a projeté le «sombre avertissement» qui rayonne du triste destin et de la figure de Rienzi dans l'atmosphère du décor. Par contraste avec les scènes de masse dramatiques, la solitude du protagoniste saute aux yeux.

Le jour s'est levé

«Une grande agitation régnait, une révolution dans toute la ville; j'ai été quatre fois appelé en catastrophe. On m'a garanti que le succès remporté ici par Meyerbeer avec sa représentation des → *Huguenots* était incomparable à celui de mon *Rienzi*... Dès la troisième représentation, toutes les places sont occupées... La représentation était d'une beauté ravissante – Tichatschek – la Devrient – Tout – Tout dans une perfection que l'on n'avait encore jamais connue ici. Triomphe! Triomphe!... Le jour s'est levé...»
(Lettre envoyée depuis Dresde par Richard Wagner à sa sœur Cäcilie Geyer et à son époux Eduard Avenarius à Paris, le 21 octobre 1842.)

La grandeur – difficile à supporter

Malgré l'immense succès, Wagner, toujours enclin à critiquer son propre travail, pratiqua quelques coupes. La deuxième représentation fut ainsi écourtée de trois quarts d'heure par rapport à la première (la création avait duré plus de six heures!). Wagner proposa une version répartie sur deux soirées: la grandeur de Rienzi (actes I à III) et la chute de Rienzi (actes IV et V). Cette répartition correspond au processus dramatique de l'opéra. Les trois premiers actes sont découpés en deux ou trois scènes chacun, qui préparent à chaque fois les gigantesques finals en majeur. Ces finals tirent leur brio des événements décoratifs des scènes de masse (le choix du tribun par le peuple, la fête de la paix, le rituel de la grâce, le serment sur la loi, la scène de bataille, la campagne guerrière, la prière, le serment de vengeance, le cortège triomphal). La seconde partie a une tout autre atmosphère et une tout autre structure. Le quatrième acte commence et s'achève en mineur, articulé en deux scènes de même longueur qui se succèdent, sur un rythme lourd et lent (*Grave*). Les deux premières scènes de l'acte V donnent de l'importance et une signification à la sphère privée (la prière de Rienzi, le duo du frère et de la sœur). La troisième scène apparaît comme une introduction à la dernière (la catastrophe), composée en sol mineur, tonalité tragique traditionnelle. La tendance qu'avait Wagner à répartir sur plusieurs soirées une œuvre dramatique homogène s'enracine donc dans la longueur de son premier grand opéra héroïque, une longueur qu'il avait mal supportée.

Gy. K.

Le contexte historique

L'action remonte à des événements situés entre le 20 mai et le 15 décembre 1347, lorsque le social-révolutionnaire italien Cola di Rienzo (1313-1354) fut l'instigateur d'une éphémère république romaine. Contrairement à ce qui se passe dans l'opéra, Rienzo se soumit au pape, allié à la noblesse, et ne fut tué que sept ans plus tard, lors d'une nouvelle tentative républicaine. C'est dans ce cadre historique que se développe, dans l'opéra, un conflit entre l'amour, la liberté et l'honneur familial.

Un grand opéra pour un grand espace

Avec *Rienzi*, Wagner voulait créer une grande œuvre, pour des raisons aussi bien artistiques que stratégiques. « Je lui avais donné d'emblée [au projet] des dimensions tellement importantes qu'il était devenu impossible de monter (…) cet opéra dans un petit théâtre. Par ailleurs, rien d'autre n'était possible avec ce sujet gigantesque et mon procédé était plus dicté par la nécessité que par l'intention », écrivit-il dans son *Autobiographische Skizze* (Esquisse autobiographique, 1842). Wagner harmonisa ses idées sur le drame lyrique avec le nouvel opéra de Dresde : « Le projet de construire un nouveau théâtre grandiose (il ouvrira le 12 avril 1841) m'a donné l'idée de concevoir aussi les décors extérieurs de mon théâtre de telle sorte qu'ils correspondent à ce que l'on peut accomplir dans un établissement pareil. » (Lettre au directeur général du Hoftheater de Dresde, le baron August von Lüttichau, le 4 décembre 1840.)

Effets théâtraux

« Mon opéra présente de grandes difficultés scéniques et musicales pour la représentation », dit Wagner lorsqu'il voulut préparer le chef de chœur du Hoftheater de Dresde à la nouvelle mission qui l'attendait. « Les chœurs chantés en dehors de la scène – je veux parler du chœur du Latran (acte I) et du petit chœur *Vae Tibi Maledicto* (acte IV) – devront sans doute nécessairement être interprétés par le chœur des chanteurs de la Kreuzschule. Il n'est certainement pas simple de chanter avec pureté le chœur des messagers de la paix ; il faudrait sans doute, bien sûr, ne choisir que les membres les plus musicaux du chœur féminin, doués des meilleures voix (…). Autre difficulté, la grande pantomime tragique dans le finale de l'acte II : de mon point de vue, les rôles principaux de cet acte (Lucrèce, Brutus, Tarquin et Collatinus) ne peuvent être tenus que par des membres de la Comédie, qui sont habitués, sur la scène du théâtre, à interpréter des personnages analogues. » (À Wilhelm Fischer, le 14 octobre 1841.)

Quelques extraits de lettres datant de l'époque où fut conçu → *Rienzi* illustrent les géniales capacités d'organisateur de Wagner. « Les ambassadeurs doivent en tout cas être représentés par des figurants. Cela reste la tâche du dessinateur de costumes de rendre les différents ambassadeurs aussi reconnaissables que possible, par leur tenue et par leurs autres signes ; à chacun de ces légats, on devra adjoindre une escorte de hérauts, etc., et rendre leur cortège aussi brillant que possible… » (À Wilhelm Fischer, le 8 décembre 1841.)

« Je ne cède rien quant à la pompe musicale sur scène ; elle est trop nécessaire et peut, à Dresde, être très bien reproduite avec l'aide de l'armée et d'autres corps musicaux. Mes prétentions ne sont cependant pas ordinaires : j'exige un corps musical extraordinaire qui ne soit pas composé à la manière des ensembles musicaux

Ci-dessous et page de droite, en haut Vue et plan horizontal du Semperoper à Dresde, gravure et dessin, vers 1841 (TWS). Le Hofoper de Dresde fut conçu selon le modèle des opéras italiens en fer à cheval de l'architecte Gottfried Semper, en 1841, peu avant la création de → *Rienzi* de Wagner. Semper fit une carrière précoce : à l'âge de 31 ans, il tenait déjà une chaire de professeur à l'académie de Dresde. En 1849, lui et Wagner durent émigrer en raison de leur participation à l'insurrection de mai à Dresde. Au cours de leur exil commun à Zurich, ils esquissèrent les grands principes d'un théâtre de l'avenir. Pourtant, les plans architecturaux du Festspielhaus de Zurich n'étaient pas de Semper. Revenu en Allemagne, celui-ci dut faire reconstruire son opéra de Dresde, qui avait été victime en 1869 d'un incendie (inauguration : 1878). En 1985, on construisit une troisième fois le Semperoper, qui avait été détruit pendant la Seconde Guerre mondiale. Hormis → *Rienzi*, on créa dans cet établissement → *Der fliegende Holländer* (1843) et → *Tannhäuser* (1845) de Wagner ; on y créa d'autre part un grand nombre d'opéras de Richard Strauss : → *Feuersnot* (1901), → *Salome* (1905), → *Elektra* (1909), → *Der Rosenkavalier* (1911), → *Intermezzo* (1924), → *Die ägyptische Helena* (1928), → *Die schweigsame Frau* (1935) et → *Daphne* (1938).

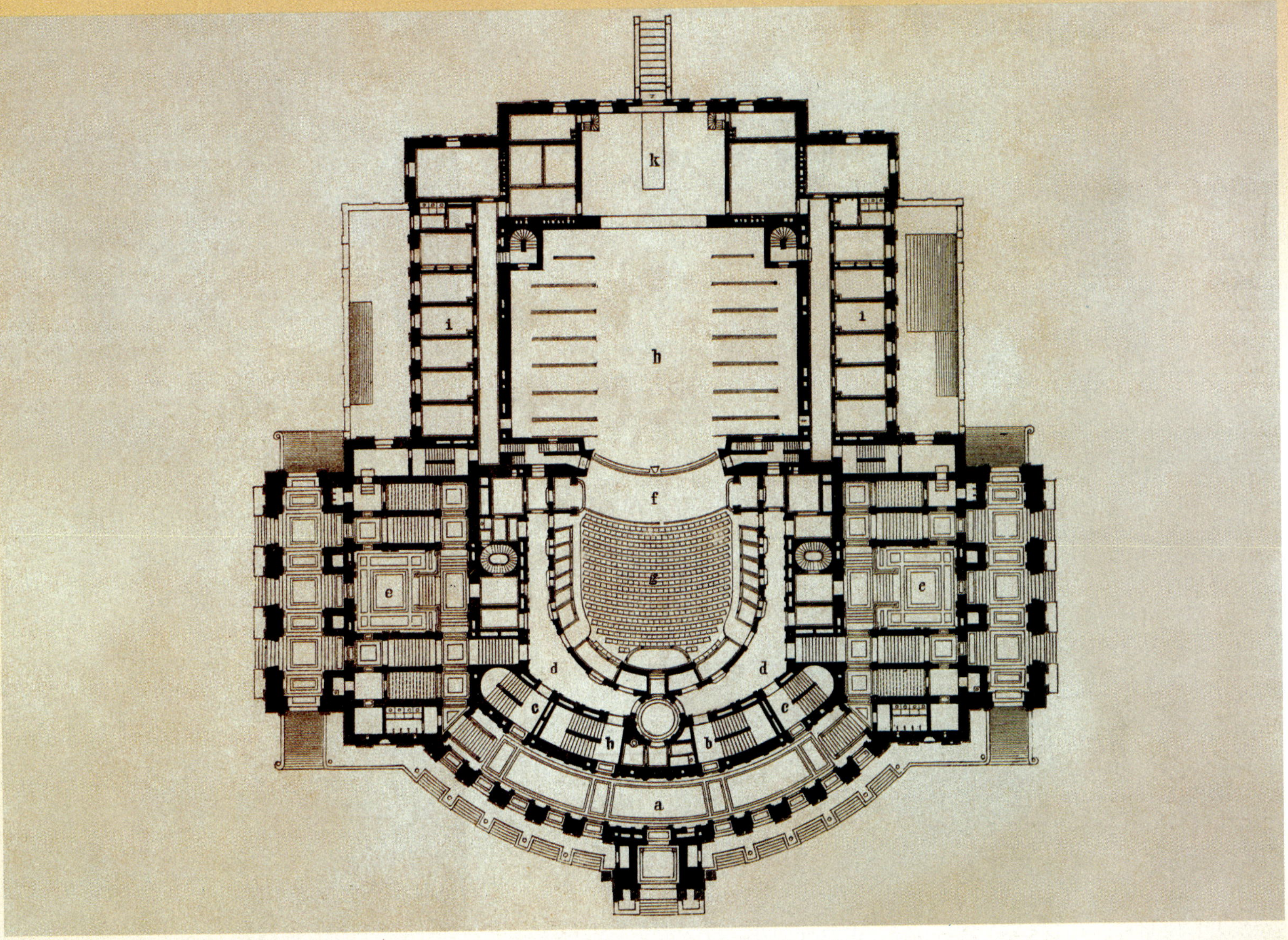

ordinaires; et pourtant, il sera possible de le constituer (...). Faites en sorte que dans le premier acte, les trompettes et les trombones qui accompagnent le cortège guerrier de Colonna et d'Orsini soient emmenés par la cavalerie et assis à cheval: cela doit, de mon point de vue, se dérouler de manière exemplaire et caractéristique, et il est certainement possible de le faire sur la scène de Dresde.» (Au metteur en scène et costumier attaché au Hoftheater de Dresde, Ferdinand Heine, fin janvier 1842.)

«Nous avons à présent tenu quatorze répétitions au piano et dans quatre semaines (...) aura lieu la représentation (...) de la Devrient [il s'agit de la cantatrice Wilhelmine Schröder-Devrient, à laquelle Wagner vouait une grande estime et pour l'amour de qui Adriano devint un rôle travesti]; il me suffit de te dire (...) que tout à la fin de l'opéra elle veut, chevauchant en habits d'homme, arriver en bondissant sur son cheval! – Tichatschek (...), avec sa voix, semble avoir été fait pour mon Rienzi et il voit ainsi cette partie comme la plus brillante qu'il ait jamais chantée. Pour ce rôle, il se fait faire une armure en argentan, abondamment ornée d'argent massif et véritable, qui doit lui coûter quelque 400 thaler.» (Au peintre Ernst Benedikt Kietz, le 6 septembre 1842.)

Gy. K.

Joseph Tichatschek (1807-1886) dans le rôle de Rienzi, Dresde, 1842 (TWS).
Les qualités du type de chanteur qui entra plus tard dans l'histoire sous le nom de «ténor wagnérien», Richard Wagner les énonça à son chanteur préféré: «Le Rienzi que je me suis imaginé et que je me suis efforcé de dépeindre devrait, au sens plein du terme, être un héros – un exalté vibrant d'enthousiasme qui, tel un éclair de lumière, apparaît parmi un peuple profondément rabaissé, dégénéré, dont il considère que sa vocation est de l'illuminer et de l'élever. C'est un fait historique; à l'époque où il a mené sa grande entreprise, Rienzi était un jeune homme d'environ 28 ans; ce fait – et ma vision particulière du caractère tellement divers de la voix de ténor – m'a incité à écrire cette partie pour ténor en abandonnant l'opinion ordinaire selon laquelle la voix de ténor correspond exclusivement au caractère de l'amant.» (À Joseph Tichatschek, le 7 septembre 1841.) Le ténor wagnérien devint un terme courant dans le monde de l'opéra. La recette est la suivante: prenez un ténor héroïque doté de force et d'endurance, dont la partie supérieure de la tessiture doit avoir un éclat rayonnant.

Grand opéra et *buono stato*

Après avoir mené une vie très pauvre et fait le détour par diverses villes provinciales aux possibilités artistiques limitées, Wagner s'était donné pour suprême objectif d'arriver avec *Rienzi* sur la scène d'un théâtre important. Le centre européen de l'opéra, au cours des deuxième, troisième et quatrième décennies du XIXe siècle, était Paris. Pour Wagner, y connaître la réussite c'était choisir un genre définitif, conquérir le type d'opéra en cinq actes à la Meyerbeer (→ *Robert le diable*, → *Les Huguenots*), tous marqués par la dramaturgie d'Eugène Scribe.

« Le "grand opéra", avec toute sa splendeur scénique et musicale, ses effets passionnés, sa musique, ses masses, se dressait devant moi; et mon ambition artistique n'était pas simplement de l'imiter mais, en me montrant démesurément dispendieux, de dépasser toutes les apparences qu'il avait prises jusqu'alors. » (*Une Communication à mes amis*, 1851.) En ce sens, l'attention de Wagner avait déjà été attirée par *Ferdinand Cortez* de → Gaspare Spontini. Le compositeur avait découvert cet opéra en trois actes au cours de l'été 1836 à Berlin et, immédiatement

après, avait lui-même écrit un scénario en quatre actes, *Die hohe Braut*, d'après le roman de Heinrich König. Un an plus tard environ, lui tomba entre les mains, dans une traduction allemande, le texte *Rienzi, or The Last of the Tribunes*, œuvre en trois volumes, parue en 1835, de l'écrivain anglais Edward George Bulwer-Lytton, que l'on connaissait pour ses conceptions radicales. Dans ce livre, Wagner découvrit, sous la forme d'une trame historique, une représentation qui le fascina : celle du bon État, du *buono stato*. Jadis, une idée analogue trouvée dans le roman de Wilhelm Heinse *Ardinghello et les îles fortunées* l'avait inspiré pour la composition de l'opéra → *Das Liebesverbot*. L'idée de la liberté de l'amour se transforma alors en idée de la liberté du citoyen. Mais l'égalité de tous devant la loi demeura le principal motif moral et politique. À ces idées s'ajouta une tendance politique fondamentale, le combat contre l'arbitraire féodal. Tous ces éléments firent du personnage de Rienzi, dans le contexte allemand de l'époque, le représentant du mouvement de la Jeune Allemagne.

Rienzi, Gotthelf Pistor (Rienzi) et Else Foerster (Irene), mise en scène : Walter Felsenstein, décors : Alfred Behrend, direction musicale : Fritz Zaun, Opéra de Cologne, 1932.
Un geste implorant, un ton de prière : deux éléments fondamentaux pour l'atmosphère de *Rienzi*. Dans cette pièce guerrière, on aspire à la paix. Un instant inoubliable, dans une mise en scène du jeune Walter Felsenstein (1901-1975), le fameux fondateur et directeur du Komische Oper de Berlin, en cette année 1932 où se jouait le sort de l'Allemagne.

Élan de liberté et prière

En ce qui concerne la musique et la construction, *Rienzi* de Wagner demeure cependant un succès du compositeur qui, en l'espace de six ans, mettait déjà son talent à l'épreuve avec un troisième opéra. *Rienzi* annonce l'extraordinaire compréhension, par Wagner, du son, de la fonction et du caractère du chœur (le chœur de joie en do mineur, dans le troisième acte, produit un effet remarquable). Avec cet opéra, il prouvait aussi son sens particulier pour les différents genres du chant de masse et de la marche. Mais la musique de Wagner n'est pas seulement animée par l'élan de la liberté. Ici encore, le compositeur montre son inventivité noble et irrésistible, son talent lyrique – par exemple dans la note du message de paix et dans la prière de Rienzi. N S

Gy. K.

5. Prière de Rienzi

Du stärk-test mich, du gabst mir ho-he Kraft

Rienzi, croquis de décor de Bernhard Klein, Berlin, 1933 (TWS).
Dans le décor d'une représentation de *Rienzi*, dans le cadre de la glorieuse Rome, on célébrait à Berlin, en 1933, le cinquantenaire de la mort de Wagner. Le Capitole est encore intact.

Der fliegende Holländer
Le Vaisseau fantôme/Le Hollandais volant

Opéra romantique en trois actes

Livret : Richard Wagner
Création : le 2 janvier 1843 à Dresde (Hoftheater)

Personnages : le Hollandais (bar.), Senta, fille de Daland (sop.), Daland, navigateur norvégien (basse), Erik, chasseur (tén.), Mary, nourrice de Senta (mezzosop.), le pilote de Daland (tén.); matelots du Norvégien, équipage du Hollandais, jeunes filles, peuple (chœur)

Argument
Sur la côte norvégienne, vers 1650.
Selon une ancienne ballade, un marin hollandais arrogant se moque un jour de Dieu ; cela lui vaut d'être condamné à errer sans répit sur la mer. Il ne peut accoster que tous les sept ans pour trouver une femme qui lui soit fidèle jusque dans la mort : elle seule pourra le délier de sa malédiction. Senta, une fille de marin, se sent désignée pour le faire et reconnaît immédiatement le malheureux lorsqu'il entre dans la maison de son père. À la grande joie du père, intéressé par les trésors du Hollandais, elle jure fidélité éternelle à l'étranger. Mais lorsque Senta, en proie à une vive lutte intérieure, veut échapper au chasseur Erik, le Hollandais se croit trahi et repart en mer. Au nom de sa fidélité éternelle, Senta se jette à la mer et sa mort apporte la rédemption au damné.

Acte I Une falaise à pic au bord de la mer.
Scène 1 Avant une violente tempête, le navire de Daland s'est réfugié dans une baie proche de sa terre natale, où il a jeté l'ancre. Peu après, le navire du Hollandais fait lui aussi son entrée dans la crique.
Scène 2 Sept nouvelles années se sont écoulées. Le Hollandais, condamné à errer sur les mers pour avoir blasphémé, débarque pour chercher la femme qui le libérera.
Scène 3 Daland est intéressé par les riches trésors de l'étranger ; il l'invite chez lui, à la maison, et lui promet la main de sa propre fille.

Theodor Lattermann dans le rôle du Hollandais, dessin de H. Dahm, Berlin, 1924.

Der fliegende Holländer, croquis de décor de Max Brückner, Bayreuth, 1880 (TWS). « Éternelle destruction, emporte-moi ! » – les premiers navires à Bayreuth : une peinture romantique du début du XXᵉ siècle. Le motif du navire domine les décors du *Fliegende Holländer*.

Acte II Une vaste chambre dans la maison de Daland.
Scène 1 Tout en filant, le soir, les jeunes filles passent le temps en chantant. Senta ne veut plus entendre ces chansons insipides. Elle aspire à un grand acte qui la changera. Elle s'inspire de la ballade du Hollandais volant (dont le portrait est accroché au mur), qu'elle raconte elle-même en s'identifiant de plus en plus à la femme qui devra sauver le Hollandais.
Scène 2 Le chasseur Erik, qui aime Senta, l'a vue en rêve unie au Hollandais et met en garde la jeune fille contre son exaltation, dont il pense qu'elle causera sa perte. Mais c'est en vain.
Scène 3 Daland revient chez lui et présente à sa fille l'étranger inconnu comme un prétendant. Mais Senta a immédiatement reconnu le Hollandais et lui jure un amour éternel.

Acte III Une baie sur la mer, avec un rivage rocheux ; sur le côté, la maison de Daland.
Scène 1 Les matelots de Daland fêtent bruyamment et joyeusement leur retour heureux et invitent l'équipage du vaisseau fantôme à une tournée commune. Mais un silence inquiétant règne sur le navire, jusqu'à ce qu'un bruit puissant et lugubre s'y élève, qui effraie les marins norvégiens.
Scène 2 Une fois encore, Erik tente de faire changer Senta d'avis en lui rappelant le serment d'amour qu'elle lui a fait jadis. Le Hollandais est par hasard témoin de cette scène. Il tient désormais Senta pour une jeune fille versatile et prend aussitôt la mer. Senta se précipite dans les flots. Le vaisseau fantôme coule. Dans « l'incandescence du soleil levant » apparaissent les silhouettes transfigurées et étroitement enlacées de Senta et du Hollandais.
S. N.

Der fliegende Holländer, Irene Theorin (Senta) et Ronnie Johansen (le Hollandais), mise en scène : Wieland Wagner, direction musicale : Christian Badea, Det Kongelige Teater de Copenhague, 1961, reprise 1999.

6. Motif de la tempête

7. Appel des matelots et écho
Hal-lo-jo!

Rencontre avec les éléments
Le sujet du *Fliegende Holländer* est puisé à des sources littéraires ; son atmosphère musicale et poétique a une origine biographique. Le modèle direct de Wagner a été le récit *Mémoires de Monsieur von Schnabelewopski*, extrait du premier volume du *Salon* d'Heinrich Heine (1834). Mais il a évité la note fondamentalement ironique et parodique du récit, et a donné à la catastrophe une forme dramatique en y ajoutant l'histoire d'Erik. La lecture de Heine se transforma en un événement personnel et charnel lorsque Wagner, à bord d'un petit schooner servi par sept hommes d'équipage, navigua pendant quatre semaines aussi aventureuses qu'excitantes, en essuyant une sévère tempête et une avarie sur la Baltique et la mer du Nord, depuis Riga (Pillau) jusqu'à Rome. Les matelots lui confirmèrent la légende du Hollandais volant, qui prit ainsi à ses yeux couleur et réalité. Cette rencontre avec la force naturelle de la mer l'aida à mettre en forme le texte – elle l'inspira aussi pour la musique. La figure des vagues, la montée et la descente des gammes aux cordes, la fureur du grand orchestre déchaîné, le *piano* souvent abrupt, le *crescendo* constant : tout cela est inspiré par une expérience immédiate de la nature, exprime la tempête violente, le hurlement de la mer et se retrouve surtout dans l'ouverture de l'œuvre, une ouverture prestigieuse par ses qualités dramatiques et symphoniques. N 6

Sources d'inspiration
Les appels de l'équipage et l'écho qui lui répond ont constitué le thème central du chant des matelots et débouché sur les effets d'écho caractéristiques qui reviennent fréquemment dans l'œuvre. N 7
Même le désert sublime et la sombre mélancolie du paysage des fjords norvégiens, que Wagner découvrit sur le schooner en détresse, ont déterminé le caractère musical du personnage principal, le Hollandais. De ce point de vue, le poème à rôles de Pierre-Jean Béranger paru en 1838, *Le Juif errant* (dont Wagner avait lu la traduction par Adalbert Chamisso), a été une source d'inspiration. La misère qu'il a connue à Paris et les déceptions que lui a causé une vie musicale gérée par des affairistes ont aussi influencé le processus de création et l'œuvre. Dans ses écrits tardifs, Wagner a établi un lien entre le personnage du Hollandais et Ulysse, et avec la légende d'Ahasverus, le « juif errant ».
Gy. K.

Der fliegende Holländer, figure du Hollandais interprété par Josef Fenneker, Duisbourg, 1937 (TWS).
Der fliegende Holländer est le premier opéra de Wagner pour lequel le compositeur ait donné des instructions de mise en scène équivalentes à une analyse psychologique (dans les notes sur la représentation de l'opéra en 1852) à propos du difficile premier rôle masculin : « Son interprète doit parvenir à éveiller et à entretenir la plus profonde compassion (...). Sa première entrée en scène est extraordinairement solennelle et sérieuse (...), une certaine tranquillité cruelle dans l'attitude extérieure, même dans la manifestation intérieure la plus passionnée de la douleur et du désespoir (...). Avec l'intervention du roulement de timbale doux (...), il éprouve un tremblement d'effroi, les poings tenus vers le bas se serrent convulsivement, ses lèvres tremblent. Nous devons voir devant nos yeux un « ange déchu » qui, poussé par un terrible tourment, proclame sa colère à l'éternelle Justice. »

Une ballade

Plus tard, en 1851, Richard Wagner dit de la ballade chantée par Senta qu'elle était le « germe thématique de toute la musique » et « l'image condensée du drame tout entier ». Ce noyau thématique est constitué de deux motifs fondamentaux : le motif de la rédemption N8 et celui de la damnation. N9 Le signal du cor, avec la quinte vide, rappelant le début de la *Neuvième symphonie* de Beethoven, c'est-à-dire une expérience musicale primitive de Wagner, peut être interprété comme « lugubre, spectral » ; le compositeur s'en est servi comme symbole de la damnation de ce marin légendaire. Il a également utilisé les deux motifs dans le monologue du Hollandais, dans le récit rêvé d'Erik, dans des passages du duo entre le Hollandais et Senta, et dans la scène finale de l'opéra.

Le monde réel

Les deux personnages principaux, l'un soumis à la malédiction, l'autre à son invocation, ne sont pas des personnages actifs, mais plutôt des créatures poussées par le destin. C'est à eux et à l'équipage du vaisseau fantôme qu'appartient la strate musicale la plus moderne. Par contraste, la musique des groupes traditionnels réels, comme celui des filles du village et des matelots norvégiens, conserve le ton des opéras de → Weber et de → Marschner. Dans l'air de Daland, le bavard, le cupide, et dans la romance d'Erik, le sentimental, les conventions de l'air se prolongent. N10-N13

Gy. K.

Der fliegende Holländer, croquis de décor d'Hein Heckroth pour la mise en scène d'Erich Hezel, Städtische Bühnen, Opéra de de Cologne, 1929 (TWS).
La catastrophe, le phénomène naturel élémentaire et l'apothéose sont rassemblés en un seul coup d'œil dans ce croquis de décor. Le miraculeux constitue, depuis *Der fliegende Holländer*, un élément indispensable des drames musicaux de Wagner.

8. Motif de la rédemption (ballade de Senta)
Doch, daß der ar-me Mann noch Er-lö-sung fän-de auf Er-den

9. Motif de la damnation (ballade de Senta)
Jo ho hoe! Jo ho ho hoe!

10. Chant du fuseau
Summ' und brumm', du gu-tes Räd---chen

11. Chant des matelots
Steuermann! Laß die Wacht!

12. Air de Daland
Mögst du, mein Kind, den frem-den Mann will-kom-men hei-ßen!
See-mann ist er, gleich mir, das Gast-recht spricht er an.

13. Air d'Erik
Mein Herz voll Treu-e bis zum Ster-ben

Une naïveté sentimentale

Wagner écrivit sur le rôle de Senta : « Même dans sa sentimentalité apparente, elle est totalement naïve. Seule une jeune fille tout à fait naïve, auréolée de toute la singularité de la nature nordique, peut éprouver des impressions semblables à celles produites par la ballade du Hollandais volant et par l'image du marin livide, peut ressentir un penchant aussi puissant et miraculeux que cette volonté de sauver le damné : celle-ci s'exprime chez elle comme une puissante folie, telle que l'on n'en rencontre véritablement qu'en des natures tout à fait naïves… »

Le Hollandais :
« La sombre ardeur que je sens brûler ici,
devrais-je, malheureux, la nommer amour ?
Ah non !
C'est le désir du salut ;
Ah, si un ange comme celui-ci pouvait me l'accorder ! »

Wilhelmine Schröder-Devrient (1804-1860) dans le rôle de Senta.
La Devrient, première diva des pays germanophones entre 1820 et 1850, fut l'un des premiers chocs artistiques de Wagner. Il l'a vraisemblablement vue pour la première fois en 1829, alors qu'elle interprétait Emmy dans l'opéra de Marschner *Der Vampyr*. Elle a porté aux fonts baptismaux trois personnages scéniques de Wagner : Adriano (→ *Rienzi*), Venus (→ *Tannhäuser*) et Senta.

La musique comme pantomime

Pour *Der fliegende Holländer*, le compositeur ne surveilla pas seulement en personne, en tant que metteur en scène, tous les arts de la scène impliqués dans la représentation ; il régla les rapports entre les costumes, les décors, l'orchestre et le chœur, et participa à la distribution des rôles. Il avait pratiqué de la même manière pour → *Rienzi*, mais cette fois il veilla dès la composition à la parfaite unité de la musique et de la scène. De ce point de vue, il fut inspiré par le mélodrame, un type scénique de l'opéra français. Ici, la musique accompagne le jeu des attitudes en une sorte de pantomime. Wagner connaissait déjà cela pour l'avoir vu dans → *Der Freischütz* de Weber et *Der Vampyr* de Marschner. *La Muette de Portici*, opéra en cinq actes d'→ Auber, exerça sur lui un effet extraordinaire. Là encore, le rôle-titre, comme le fait Senta dans *Der fliegende Holländer*, se jette d'un rocher dans la mer au dernier moment du drame. L'expression instrumentale, intégralement composée comme une symphonie et coordonnée avec tous les déplacements, tous les mouvements, toutes les mimiques du jeu scénique, et « la coordination extrêmement minutieuse de l'action et de la musique » qui culminent dans l'œuvre de Wagner avec *Die Walküre*, commencent dans la partition de *Der fliegende Holländer*. On en a des exemples avec le récitatif du Hollandais débarquant – un héros baryton d'après le modèle de Marschner – et la pantomime, lorsque le Hollandais accompagné de Daland entre dans la chambre et rencontre Senta qui, de surprise, devient pâle comme une morte.

Page de gauche
Der fliegende Holländer, croquis de décor d'Ewald Dülberg, Berlin, 1929 (TWS).
Le décor de Dülberg montre à quel point l'interprétation d'opéras était moderne (y compris visuellement) dans le Berlin des années vingt. Avec ce dessin de navire constructiviste et abstrait, on aurait pu participer à n'importe quelle exposition de l'avant-garde de cette époque.

Der fliegende Holländer, croquis de décor d'Eduard Löffler pour la mise en scène de Richard Hein au Nationaltheater de Mannheim, direction musicale : Ernst Cremer, 1933.
Pour illustrer sa vision scénique, Eduard Löffler a fait appel aux lignes confuses et agitées des images expressionnistes. En 1933, du point de vue des arts plastiques, ce procédé n'était plus considéré comme moderne, mais c'était une nouveauté sur la scène de l'opéra, qui mit beaucoup plus de temps à rompre avec la tradition conservatrice.

L'opéra en un acte perdu

À l'origine, Wagner avait conçu son scénario dans l'espoir que la direction de l'Opéra de Paris lui en confierait la mise en musique. Auparavant, il avait seulement eu l'occasion d'écrire en commun avec un autre compositeur la musique pour un acte de ballet. Le projet résumé en prose française, *Le Vaisseau fantôm*, fut présenté comme une sorte de prélude en un acte à une soirée de ballet. Ce brouillon plut à la direction, mais comme une ancienne promesse l'avait engagée envers un autre compositeur, Wagner reçut simplement 500 francs pour son projet. C'est seulement dans la version ultérieure, la seconde, donnée en vers allemand en 1841, que *Der fliegende Holländer* reçut la dénomination d'« opéra romantique », une référence à la tradition de Weber et de Marschner.

De l'opéra à numéros vers l'opéra à scènes

Wagner qualifie encore de numéros les différentes unités formelles, mais celles-ci sont en réalité de grandes images scéniques « nées des exigences de l'action dramatique ». Les numéros sont structurés d'une manière originale. L'air du Hollandais, dans l'acte I, livre un autoportrait du démon. Le récit, la prière et le désespoir s'y mêlent. Le duo Senta-le Hollandais n'est pas un dialogue, mais le double monologue de deux âmes : aux yeux du monde, tous deux sont silencieux. Lorsque Erik raconte à Senta son rêve, un songe partagé par les auditeurs et par Senta – qui semble parler en dormant –, on en vient à un singulier duo. Dans la troisième strophe de la ballade de Senta, le récit se transforme en une expérience actuelle : Senta découvre soudain sa vocation – elle doit sauver le Hollandais en proie à la souffrance.

Gy. K.

Tannhäuser, Leo Slezak (1873-1946) en Tannhäuser romantique (TWS).
Leo Slezak était un ténor wagnérien né – même s'il était tout aussi capable de jouer les rôles de ténor italien et français. Il fit ses débuts à Brno, en 1896, dans le rôle de Lohengrin, et devint membre du Hofoper (ultérieurement Staatsoper) de Vienne sous la direction de Gustav Mahler; il était interprète invité permanent à Bayreuth et au Metropolitan Opera. Slezak était un géant aimable et plein d'humour. Ses volumineux *Mémoires* sont des documents importants sur le milieu de l'opéra dans les premières décennies du XXe siècle.

Tannhäuser und der Sängerkrieg auf der Wartburg

Tannhäuser et Le Tournoi des chanteurs à la Wartburg

Grand opéra romantique en trois actes

Livret: Richard Wagner
Création: version de Dresde: le 19 octobre 1845 (Hoftheater); version révisée (version de Paris): le 13 mars 1861 (Théâtre Impérial de l'Opéra)
Personnages: Tannhäuser, troubadour (tén.), Vénus (sop.), Elisabeth, nièce du landgrave (sop.), Hermann, landgrave de Thuringe (basse), chevaliers et ménestrels: Wolfram von Eschenbach (bar.), Walther von der Vogelweide (tén.), Biterolf (basse), Heinrich, écrivain public (tén.), Reinmar von Zweter (basse), un jeune pâtre (sop.), quatre petits garçons nobles (2 sop., 2 alti); chevaliers, comtes et nobles, femmes nobles, pèlerins, sirènes (chœur)

Argument

La Wartburg et ses environs, au début du XIIIe siècle. Le jeune ménestrel Tannhäuser vénère autant l'amour charnel (Vénus) que l'amour pur et idéal (Elisabeth), mais il ne trouve le repos nulle part. Chez Vénus, il aspire à rejoindre Elisabeth, et lorsqu'il se trouve dans le monde quotidien dominé par une prude morale, il veut revenir auprès de Vénus. Lorsqu'il faut, à la fête des chanteurs, louer la véritable nature de l'amour, Tannhäuser fait l'éloge du libre plaisir, se rendant ainsi coupable à l'égard de l'amour pur d'Elisabeth. Le représentant de Dieu à Rome lui refuse l'absolution. Attendant Tannhäuser et priant pour lui, Elisabeth se ronge de chagrin et meurt. À son retour, le ménestrel rend l'âme devant son cercueil. L'enchantement de Vénus s'éteint et Tannhäuser trouve enfin une rédemption dans la mort.

Acte I

Tableau 1 L'intérieur du Hörselberg près d'Eisenach. La grotte de Vénus. Fête d'amour extatique. N 14 Tannhäuser célèbre certes Vénus et ses arts de l'amour N 15, mais il aspire aussi à revenir dans le monde extérieur. Il crie le nom de la Sainte Vierge et l'enchantement de Vénus s'éteint: à l'instant même, Tannhäuser se retrouve dans une vallée, devant la Wartburg.

Tableau 2 La vallée de la Wartburg au printemps. Chant des pâtres et chœur des pèlerins. N 16 Le landgrave Hermann rentre de la chasse avec ses troubadours et ses chevaliers. Ils reconnaissent en Tannhäuser l'ami dont ils déplorent depuis longtemps l'absence et qui faisait jadis partie du groupe des chanteurs de la Wartburg. Le chanteur retrouvé apprend par Wolfram von Eschenbach qu'Elisabeth ne l'a jamais oublié et qu'elle ne s'est plus montrée à aucune fête des chanteurs depuis la disparition de Tannhäuser. Celui-ci rentre à la Wartburg uniquement pour Elisabeth.

Acte II

La salle des chanteurs à la Wartburg. Elisabeth, dans l'attente de Tannhäuser, salue joyeusement cette salle qu'elle n'a pas vue depuis longtemps (air d'entrée, N 17). Wolfram aime lui aussi Elisabeth, mais renonce à cet amour en faveur de son ami et conduit

Tannhäuser, croquis de décor de Josef Kühn, Wiesbaden, 1865 (TWS).
Elisabeth et Tannhäuser vous saluent depuis la Wartburg… À l'époque de Wagner, on peignait le décor comme une belle carte postale, conformément au goût de l'historicisme.

Tannhäuser à Elisabeth, qui révèle par allusions au troubadour revenu le secret de son cœur. Fête des chanteurs N 18. Le landgrave donne aux chanteurs la mission de louer la nature de l'amour. Alors que tous les autres ménestrels défendent le grand amour idéal, Tannhäuser célèbre le plaisir libre et charnel comme la véritable nature de l'amour, à l'indignation croissante des auditeurs. N 15 Seule Elisabeth peut le sauver de la fureur des chevaliers. Tannhäuser rejoint les pèlerins en partance pour Rome.

Acte III

La vallée de la Wartburg en automne. Nostalgique, Elisabeth attend Tannhäuser. Les pèlerins reviennent, mais sans l'homme qu'elle attend. N 19 Elisabeth en perd le sens de la vie. Wolfram l'aime toujours et confesse à l'étoile du soir ses sentiments mélancoliques. N 20 La nuit est tombée lorsque approche un pèlerin solitaire en qui Wolfram reconnaît Tannhäuser. Le pape lui a refusé l'absolution, la rédemption ne lui sera accordée que si l'impossible arrive : si un bâton de pèlerin desséché se met à fleurir (récit du retour de Rome : tourment de Tannhäuser, malédiction du pape N 21, N 22). Pris d'un furieux désespoir, Tannhäuser veut revenir au Venusberg. La déesse de l'amour apparaît, mais Wolfram la chasse en invoquant le nom d'Elisabeth. L'enchantement de Vénus se dissipe. Au lever du jour approche un cortège funèbre avec le corps d'Elisabeth. Tannhäuser s'effondre, mort, devant le catafalque. De jeunes pèlerins arrivent avec un bâton couvert de frais feuillage : le signe visible de la rédemption de Tannhäuser.

A. G.

14. Vertige amoureux dans la grotte de Vénus

15. Louange à Vénus (Tannhäuser)

Dir tö-ne Lob! Die Wun-der sei'n ge-prie-sen, die dei-ne Macht mir Glück-li-chem er-schuf!

16.1. Chant des bergers

Frau Hol-da kam aus dem Berg her-vor

16.2. Chœur des pèlerins en pénitence

Ach, schwer drückt mich der Sün-den Last, kann län-ger — sie nicht mehr er-tra-gen

17.1. Introduction orchestrale à l'air d'entrée d'Elisabeth

17.2. Air d'entrée d'Elisabeth

Dich theu-re Hal-le, grüß' ich wie-der, froh grüß' ich dich

18.1. Chevaliers et nobles à la fête des chanteurs

Freu-dig be-grü-ßen wir die ed-le Hal-le,

18.2. Femmes nobles à la fête des chanteurs

Freu-dig be-grü-ßen wir die ed-le Hal-le

19. Chœur des pèlerins à leur retour

Beglückt darf nun dich, o Hei-mat, ich schauen und grü-ßen froh dei-ne lieb-li-chen Au-en

20. Romance à l'étoile (Wolfram)

Oh! du mein hol-der A-bend-stern, wohl grüßt'ich im-mer dich so gern

21. Motif du tourment (le retour de Rome, récit de Tannhäuser)

22. Motif de la malédiction (le retour de Rome, récit de Tannhäuser)

Tannhäuser, Dietrich Fischer-Dieskau dans le rôle de Wolfram, Bayreuth, 1962. Wolfram von Eschenbach, poète aimant sans espoir. On aurait difficilement pu trouver meilleur interprète pour le rôle de Wolfram : le jeune Dietrich Fischer-Dieskau (né en 1925), formé à la poétique allemande du lied, avec sa voix de baryton héroïque et juvénile, sa diction impeccable, était l'incarnation idéale du poète médiéval. Il interprétait vraiment comme un lied la romance à l'étoile. N 20

Le Moyen Âge de Wagner : un mélange de sagas

On compte peut-être une douzaine de reprises romantiques de la légende de Tannhäuser sur le Venusberg et des récits de la guerre des chanteurs sur la Wartburg, telle que l'on rapportée les manuscrits de chansons et les anciennes chroniques. Presque tous les poètes et écrivains significatifs du romantisme allemand ont donné une expression artistique à ce sujet. Richard Wagner connaissait nombre de ces sources, parmi lesquelles le roman de Novalis *Heinrich von Ofterdingen* (1802), les récits *Der Tannhäuser*, *Der Hörselberg*, *Der getreue Eckhart*, *Der Wartburger Krieg*, extraits des *Légendes allemandes* de Jacob et Wilhelm Grimm (1816), la nouvelle de Ludwig Tieck *Der getreue Eckhart und der Tannenhäuser* (1817), le récit d'E.T.A. Hoffmann *Der Kampf der Sänger* (1819), le *Sagenschatz des Thüringerlandes* de Ludwig Bechstein (1835), mais aussi et surtout le poème ironique *Der Tannhäuser* (1836-1837) d'Heine.

Pour Wagner, la connaissance d'un traité de Christian Theodor Ludwig Lukas (*Der Krieg von Wartburg*, 1838) a été décisive. Du point de vue de Lukas, l'acteur principal de la « guerre de la Wartburg », Heinrich von Ofterdingen, ne faisait qu'un avec le chevalier et ménestrel Tannhäuser, le légendaire héros du Venusberg. Cela ouvrit à Wagner la possibilité de relier des univers légendaires séparés à l'origine. L'autre élément décisif fut l'aménagement du lien entre Tannhäuser et Elisabeth. L'Elisabeth historique était la fille d'un couple royal hongrois, ainsi que l'épouse du fils prématurément décédé du landgrave de Thuringe, Hermann. Elle entra dans l'histoire sous le nom de sainte Elisabeth. Chez Wagner, elle est la nièce du landgrave, celle qui aime et sauve Tannhäuser. Avec ce complément apporté par Wagner, il est devenu possible de faire apparaître par des moyens dramatiques l'esprit schizophrène de Tannhäuser. Une aventure de voyage romantique a elle aussi inspiré Wagner. Autrefois, dans la forêt de Bohême, le compositeur avait rencontré un berger qui sifflait une joyeuse danse. Et c'est avec une chanson de berger que Tannhäuser salue le monde terrestre lorsqu'il s'éveille de l'enchantement où l'a plongé Vénus – même si Wagner n'a pas cité ce qu'il avait jadis entendu, mais l'a uniquement repris comme source d'inspiration. Il en a trouvé une autre chez → Hector Berlioz. Le deuxième mouvement de la symphonie *Harold* (1834), que Wagner appréciait beaucoup, lui a donné l'idée d'un chœur de pèlerins.

Une plus grande présence de Vénus

On parle souvent, et à juste titre, de deux versions de *Tannhäuser* : celle de Dresde et celle de Paris. Mais pour Wagner, il n'exista jamais qu'un seul *Tannhäuser*, sous la forme qu'il venait d'achever. Dans son final originel, c'est-à-dire celui des 13 premières représentations à Dresde, le Venusberg s'embrasait au loin et des clochettes annonçaient la mort d'Elisabeth. Dans une nouvelle version de la conclusion (Dresde, 1er août 1847), Vénus apparaissait en personne, les chevaliers se présentaient en portant Elisabeth morte sur une civière et Tannhäuser s'effondrait en mourant sur le cercueil d'Elisabeth. La recomposition de la première scène de Vénus, dans les derniers mois de 1860, fut aussi, d'un point de vue musical, le fruit de la nouvelle conclusion de 1847. La scène dans la grotte de Vénus fut augmentée et en partie réinstrumentée. La sonorité caractéristique de l'orchestre, le voile que dépose sur le personnage de Vénus le trémolo des violons hauts et assourdis, le flou et l'opacité de cette sonorité mêlée dont l'auditeur ignore

Le *Tannhäuser* de 1836

Heine a traité l'histoire d'une manière tout à fait moderne et amusante. Son poème commence par cet avertissement :
« Vous, bons chrétiens, ne vous laissez pas rouler par la ruse de Satan !
Je vous chante le chant de Tannhäuser
Pour mettre vos âmes en éveil. »

Plus tard, Tannhäuser raconte sa vie au pape Urbain :
« On m'appelle le noble Tannhäuser,
Je voulais gagner amour et plaisir,
Je suis parti pour le Venusberg
Et j'y suis resté sept années (…). »

« Je me suis sauvé de la montagne,
Mais toujours et partout me poursuivent
Les regards de la belle femme,
Ils me font signe : Reviens donc ! »

Le pape Urbain n'est pas ému par le destin de Tannhäuser :
« Le pape leva les mains, compatissant,
et se lamentant les leva pour parler :
"Tannhäuser, malheureux homme,
Rien ne peut briser l'enchantement.

Ce démon que l'on nomme Vénus
De tous les diables est le pire ;
Tu n'échapperas jamais plus
Aux jolies serres de ce Satan." »

Tannhäuser revient enfin auprès de Vénus, qui le reçoit, chaleureuse et compréhensive :
« Madame Vénus s'éveillait du sommeil ;
Elle a sauté du lit bien vite
Et passé son joli bras blanc
Autour de l'homme qu'elle aimait. »

(D'après Heinrich Heine, Œuvres complètes, vol. 1, Weimar, 1978.)

---

comment elle naît et qui la produit ainsi que les montées et descentes frénétiques des cordes exaltées, créent une impression de vertige fiévreux – autant de détails extraits de la « pléthore des combinaisons », pour reprendre le nom donné par Wagner à son nouvel art de l'orchestration. Pourtant, la scène de Vénus créée pour Paris n'eut pas seulement des effets sur le style de la musique, mais aussi des conséquences dramaturgiques. À travers cette scène s'exprime l'opposition entre le monde quotidien dans lequel Tannhäuser souhaite retourner et le « paradis artificiel » dans lequel Vénus tente de le retenir. L'essai de Baudelaire *Les Paradis artificiels* parut également en 1860. Et ce même Baudelaire fut aussi l'un des premiers grands Français à traiter en profondeur les thèmes de *Tannhäuser*. Dans la grotte de Vénus se trouve la source originelle des morceaux de musique sensuels de Wagner (→ *Die Walküre*, acte I, → *Tristan und Isolde*, acte II, et la scène entre Parsifal et Kundry dans le jardin enchanté de Klingsor, → *Parsifal*, acte II).

Gy. K.

Tannhäuser, croquis de décor (la grotte de Vénus) de Ferdinand Moser, Hofoperntheater de Vienne, 1906 (TWS). La « végétation » du « paradis artificiel » : la grotte de Vénus à Vienne était représentée, à l'époque du *Jugendstil*, avec une luxuriance tropicale.

Malédiction et errance

Le motif de la malédiction revient dans toute l'œuvre de Wagner. Dans → *Die Feen*, Ada est maudite par Arindal ; dans → *Rienzi*, l'excommunication produit l'effet d'une malédiction ; le Hollandais est poursuivi par une malédiction que seule une mort sacrificielle peut briser. Tristan maudit le philtre d'amour, Alberich (→ *Das Rheingold*) maudit l'amour et Kundry (→ *Parsifal*) est condamnée à errer à travers les siècles. Chez Wagner, le motif de la malédiction est d'emblée associé à celui de l'errance. Dans → *Die Feen*, celui qui prononce la malédiction doit lui-même partir en errance et parcourir le monde des défunts pour sauver la maudite. Le Hollandais est condamné à voguer éternellement, Tristan parcourt les chemins d'errance dans son exploration de soi. Dans → *Der Ring des Nibelungen*, l'errance est une conséquence de la malédiction historique elle-même. L'errance

Tannhäuser, croquis de décor de Ludwig Sievert pour la mise en scène de Rudolf Hartmann, direction musicale : Clemens Krauss, Staatsoper de Munich, 1933 (TWS). Une admirable représentation de « l'esprit de la forêt » allemand : des pèlerins dans la forêt de Thuringe ; à l'arrière-plan, la Wartburg. Le printemps est là (acte I). La tranquillité éminente de la forêt de Thuringe, avec les pieux pèlerins, était d'une importance tellement fondamentale aux yeux de Wagner qu'il a lancé l'ouverture de *Tannhäuser* avec la mélodie du chœur des pèlerins – une mélodie qui unit la piété et l'esprit de la forêt. N 19

cosmique s'arrête ici à la suite du suicide de Brünnhilde. Dans *Tannhäuser*, on dénombre trois malédictions et deux errances. Au début de l'acte I (scène 1), Vénus maudit Tannhäuser qui la quitte ; la guerre des chanteurs s'achève avec le bannissement de Tannhäuser de la cour de Thuringe (fin de l'acte II). Le centre musical et dramatique de l'acte III est le récit de Rome de Tannhäuser, où l'on raconte la décision (équivalente à une malédiction) du pape : il n'aura pas de rédemption avant qu'une branche sèche ne se mette à verdir. C'est ensuite, en vérité, la seconde errance de Tannhäuser, qui cherche à retrouver le royaume souterrain de Vénus.

Vénus, Maria, Elisabeth – les appels au secours de Tannhäuser

Les tournures abruptes de l'action dramatique si caractéristiques de cet opéra correspondent au caractère du rôle-titre. Sans transition ont lieu des métamorphoses essentielles, des renversements soudains. Certains d'entre eux ne valent que pour le chemin intérieur de Tannhäuser et sont seulement propres à son tempérament. Lorsque Tannhäuser comprend qu'en chantant son hymne à Vénus il a mortellement blessé Elisabeth, celle « qui l'aimait profondément et à laquelle il a joyeusement percé le cœur », il est profondément désolé. C'est dans cet état qu'il perçoit le chant des jeunes pèlerins (« dans la haute fête de la grâce et de la faveur, dans l'humilité, j'expie ma faute »). Alors, Tannhäuser, « dont les traits sont transfigurés par une lueur d'espoir rapidement éveillée, se tourne d'un coup pour partir en criant : "À Rome !" ». La plupart de ces retournements subits influent aussi sur le cours de l'action. Trois noms font l'effet de formules incantatoires. La prononciation du nom de la Sainte Vierge Marie provoque la première grande métamorphose : le Venusberg disparaît comme par un coup de baguette magique. Lorsque Wolfram prononce le nom d'Elisabeth, Tannhäuser, « vivement et joyeusement saisi », revient immédiatement sur sa décision de ne jamais retourner dans l'ancien cercle des chanteurs et pousse un cri de joie : « Vers elle ! Vers elle ! Oh, menez-moi à elle ! » À l'inverse, après son vain pèlerinage, Tannhäuser reprend le chemin qui le mène à Vénus et paraît avoir totalement oublié Elisabeth. Alors, le nom de cette dernière, une fois encore prononcé par Wolfram, a lui aussi l'effet d'une secousse : « Tannhäuser demeure rivé sur place, comme s'il avait été paralysé par un coup violent. » Le fait de prononcer

le nom de la déesse de l'amour donne aussi une tournure entièrement nouvelle à la fête des chanteurs : « Malheureux qui n'avez jamais joui de son amour, entrez, entrez dans la montagne de Vénus ! » Tannhäuser « dans un extrême ravissement », Elisabeth écoutant « avec une peur qui grandit effroyablement », « se maintenant debout en déployant toutes ses forces ». Plus tard (acte III), le nom de la douce déesse fait apparaître le royaume enchanté des ménestrels, alors que le nom d'Elisabeth provoque l'effet inverse : « Vénus disparaît, et avec elle tout ce phénomène magique. » La maîtrise de Wagner apparaît dans le fait que la symétrie de ces retournements soudains amène justement une pondération de la marche et des humeurs de l'œuvre.

La forme courbe : du printemps à l'automne

L'histoire commence au printemps, avec une bacchanale très rapide en mi majeur. Le conflit culmine dans l'affrontement bruyant et extérieur de Tannhäuser avec les chanteurs et l'effondrement silencieux, intérieur, d'Elisabeth. C'est avec une forme en voûte – un ensemble d'*adagio* en si majeur et un chant choral polyphonique dans la même tonalité (Tu dois partir avec eux en pèlerinage pour la ville de la Grâce) – que s'achève l'acte. Les différents *tempi* qui se succèdent sont globalement maintenus dans une forme lente et statique (chœur des pèlerins, prière, romance en mineur, récit du retour de Rome). Après la mort d'Elisabeth et de Tannhäuser, l'opéra s'achève avec un fragment de mélodie en mi bémol majeur, extrait du premier chœur des pèlerins en mi majeur.

Gy. K.

Tannhäuser, figure de Vénus d'Heinrich Lefler (ci-dessus) et figure d'Elisabeth d'Hugo Baruch (à gauche), Berlin, 1910 et Vienne, 1910-1911 (TWS).
Vénus et Elisabeth dans l'ambiance Jugendstil. Le potentiel psychologique des personnages de Wagner a été véritablement découvert à l'époque de Sigmund Freud. Elisabeth et Vénus sont deux variantes de « l'éternel féminin » qui accompagne Wagner jusqu'à son dernier personnage féminin, Kundry (→ *Parsifal*) : l'amour pur, idéal, considéré comme l'objectif suprême de la poésie des troubadours, et l'amour charnel comme une plongée dans la nuit éternelle du délice. L'Elisabeth dont Wagner fait le portrait n'est pas toujours en proie aux remords et en train de prier ; dans le deuxième acte, même si elle reste prude, c'est aussi une femme rayonnante. Son air d'entrée N 17 est ample et d'un grand élan. Une Vénus à la Jugendstil devait certainement paraître rafraîchissante après le style scénique luxurieux et historisant de Bayreuth. Vénus est un personnage important dans *Tannhäuser*. Bien qu'elle n'ait pas d'air spécifique, c'est son chant qui paraît le plus novateur. Musicalement, tout le premier tableau de l'acte I relève de sa sphère. N 15

Lohengrin

Opéra romantique en trois actes

Livret : Richard Wagner
Création : le 28 août 1850 à Weimar (Hoftheater)

Personnages : Lohengrin (tén.), Elsa von Brabant (sop.), Friedrich von Telramund, comte du Brabant (bar.), Ortrud, son épouse (mezzosop.), Henri l'Oiseleur, roi d'Allemagne (basse), le héraut du roi (bar.), quatre nobles du Brabant (2 tén., 2 basses), Gottfried, frère d'Elsa (rôle muet) ; comtes et nobles, femmes et enfants nobles, hommes et femmes, valets (chœur)

Argument
À Anvers, dans la première moitié du Xe siècle.
Le contexte
Avant sa mort, le duc de Brabant avait placé sa fille Elsa et son fils Gottfried sous la tutelle du comte Friedrich von Telramund, et lui avait également assuré un droit sur la main d'Elsa. Mais Elsa a repoussé le comte et celui-ci a pris pour femme Ortrud, issue de la lignée du prince frison et païen Radbod, qui régnait sur le Brabant avant la christianisation du pays. À cette époque, Gottfried, le frère d'Elsa, a disparu sans laisser de traces.

Le temps présent
La situation politique est instable : le roi d'Allemagne Henri l'Oiseleur est venu au Brabant pour appeler à la levée en masse contre la menace hongroise. Mais le Brabant n'a pas de chef.

Acte I Une prairie sur les rives de l'Escaut, près d'Anvers.
Scène 1 Telramund accuse Elsa de fratricide. On appelle un champion pour Elsa et contre Telramund.
Scène 2 Elsa implore Dieu et voit son sauveur dans une vision.
Scène 3 La vision se réalise : un inconnu apparaît dans une nacelle tirée par un cygne et terrasse Telramund. S'il doit rester comme nouveau maître du Brabant et époux d'Elsa, celle-ci ne doit jamais l'interroger sur son nom ni sur son origine.

Acte II Le château d'Anvers.
Scène 1 Telramund et Ortrud veulent revenir au pouvoir.
Scène 2 Ortrud sème dans le cœur d'Elsa le doute sur l'origine noble de son futur époux.
Scènes 3, 4 et 5 Le mariage est célébré en grande pompe. Ortrud et Telramund tentent en vain de démasquer Lohengrin lorsque le cortège mène la noce à la cathédrale.

Acte III
Tableau 1 La chambre nuptiale.
Scène 1 Le jeune couple fait une entrée solennelle.
Scène 2 Elsa et Lohengrin s'aiment. Elsa pose la question interdite. L'attentat de Telramund échoue.
Tableau 2 La prairie sur la rive de l'Escaut. Devant le roi et le peuple, l'étranger répond à la question d'Elsa : son nom est Lohengrin, il est un chevalier du Graal (récit du Graal). Lohengrin fait ses adieux. Le cygne se transforme en Gottfried. Elsa s'effondre, morte.

Á.G.

Wagner et Liszt, caricature de Willi Bithorn, Vienne, 1910.
Une grande amitié avec des rencontres réussies et d'amères déceptions (du côté de Liszt). Wagner épousa (enleva) la fille aînée de Liszt, Cosima, qui devint après la mort du compositeur la grande prêtresse du culte de Wagner. C'est sous la direction de Franz Liszt que fut créé *Lohengrin* à Weimar. Dans le manuscrit de la partition, on trouve des remarques de Liszt à propos de l'interprétation.

La source de toute une œuvre
Le traité *Der Krieg von Wartburg* (de Christian Theodor Ludwig Lukas, 1838) avait déjà inspiré Wagner en 1842 pour la conception de son → *Tannhäuser*. Il y avait aussi découvert une représentation de l'épopée anonyme sur Lohengrin, qu'il allait bientôt étudier minutieusement dans l'édition de Joseph Görres (1813) et dans le poème épique *Parzival* de Wolfram von Eschenbach, que l'on venait de republier (en 1841). Il étudia aussi avec un grand plaisir la *Deutsche Mythologie* de Jacob Grimm, ses *Deutsche Rechtsalterthümer* et *Weisthümer*, ainsi que l'édition des *Deutsche Sagen* (légendes allemandes) publiée par les frères Grimm. L'attention de Wagner fut également attirée par un épisode du *Nibelungenlied*, la dispute des reines qui devait avoir lieu dans la scène devant l'entrée de la cathédrale dans l'opéra romantique *Lohengrin*. Wagner a ainsi découvert presque d'un seul coup les sources de toute son œuvre ultérieure. On peut expliquer ainsi le fait que douze semaines après avoir achevé la partition de → *Tannhäuser* il ait rédigé le brouillon du « drame satirique » sur la tragédie de la Wartburg, un scénario (→

Lohengrin – **Wagner**

Ci-dessus
Lohengrin, les adieux de Lohengrin, carte postale, dessin de W. von Kaulbach, Bayreuth, 1877.
Une fin sans transfiguration ? « La conclusion d'une œuvre est l'essentiel », dit un jour Wagner. Il a écrit, pour la plupart de ses drames musicaux, plusieurs versions de la conclusion ; il se battait toujours avec le finale. Dans le cas de *Lohengrin*, la punition d'Elsa était le principal problème dramaturgique : « (…) la peine de séparation apparaît comme la plus nécessaire et elle ne peut pas paraître trop dure, parce qu'elle est la plus juste, la plus logique », écrivit Wagner à Hermann Franck le 30 mai 1846.

Lohengrin, Lotte Lehmann (1888-1976) dans le rôle d'Elsa. Rêveuse et extasiée, Elsa attend son sauveur.

Die Meistersinger von Nürnberg) et, dans le même temps, le brouillon en prose pour *Lohengrin* qui, avec la thématique du Graal, portait déjà en lui le germe du plan de → *Parsifal*. Tous ces brouillons, projets et réflexions ont donc été conçus deux mois et demi avant la première de → *Tannhäuser*. Lorsque la partition de *Lohengrin* fut achevée, le 28 avril 1848, Wagner songeait déjà à tirer de cette trame légendaire une tragédie de l'histoire mondiale, idée qui le mena la même année au mythe des Nibelungen et qui lui donna l'occasion de rédiger le texte du premier drame du *Ring* (*Siegfrieds Tod* → *Der Ring des Nibelungen*).

Gy. K.

Lohengrin, figure de Lohengrin, atelier Paul H. Koester, Berlin, 1905 (TWS). Aucun des héros masculins de Wagner, qu'ils soient dieux ou hommes, y compris Parsifal, n'est aussi pur et divin que Lohengrin. Dans les œuvres ultérieures de Wagner, il est toujours question d'êtres humains, même s'ils apparaissent sous la forme de dieux. Mais ici, c'est un véritable dieu qui se tient devant nous, un dieu qui n'a rien à faire parmi les hommes. Cette figure est-elle un reflet de Wagner, l'artiste romantique ?

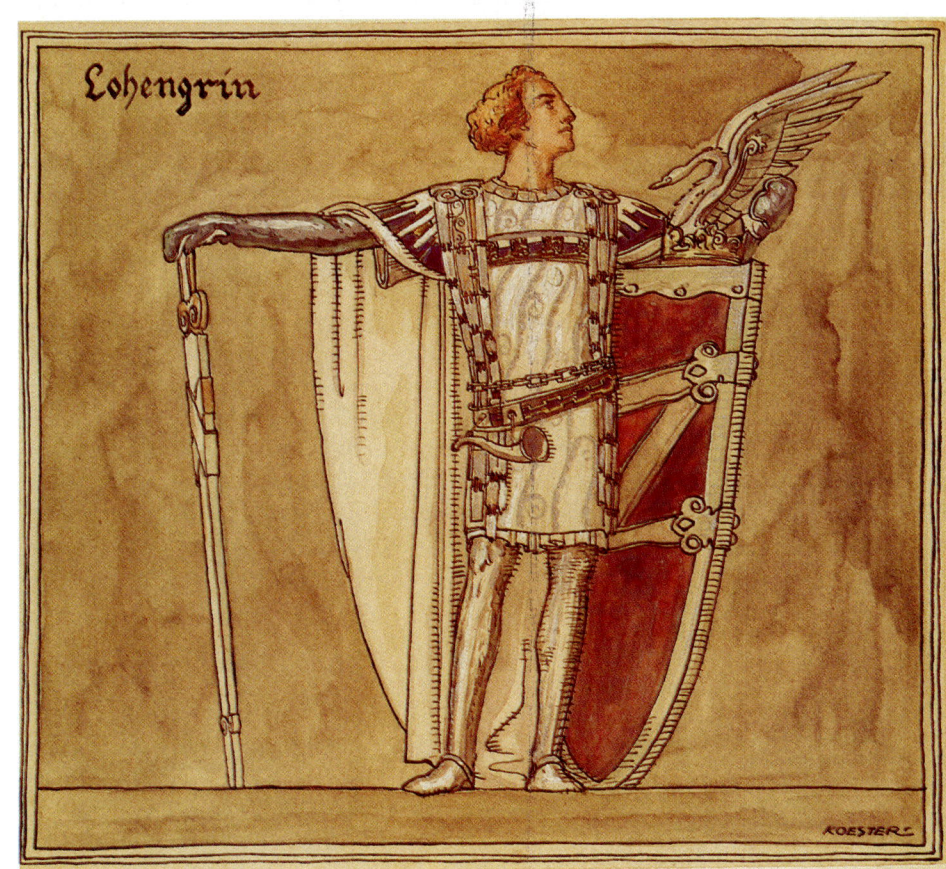

Wagner masqué

Des « fils intérieurs » relient *Lohengrin* au → *Fliegende Holländer*. Dans les deux opéras, le rôle-titre est un étranger étonnant porteur d'un mystérieux destin. Tous deux ont été envoyés au-dessus de l'eau par des forces surnaturelles. Les femmes qu'ils ont choisies sont « rêveuses ». Senta et Elsa se représentent dans des rêves visionnaires l'arrivée de leur bien-aimé qui n'existe pas encore réellement et dont l'apparition fait l'effet d'un miracle. Le choc tragique des amants concerne l'essence de l'amour et, dans ce sens, Wagner a prolongé dans le personnage d'Elsa la problématique de Tannhäuser. Elsa est pour Wagner la « femme qui peut aimer ainsi et non autrement, elle qui, en raison de sa jalousie soudaine, quitte l'adoration ravie pour entrer dans la réalité pleine et entière de l'amour (…) ». Avec les rôles-titres de ses trois derniers opéras, Wagner livre un autoportrait. Le Hollandais, Tannhäuser et Lohengrin sont les symboles de grands hommes seuls contre le monde. Leur aversion pour la société reflète la déception que Wagner a ressentie à Riga et à Paris. À l'aune de ces grands êtres, l'environnement est mesquin, insensible, aveugle et sourd ; seule la convention gouverne. La vie quotidienne ne peut plus être le véritable foyer de l'être humain, l'artiste. Soit le nouveau héros surgit de la mer comme une créature fantomatique, affrontant, ivre de sommeil, ses contemporains et compagnons de guilde, soit il descend du ciel et apparaît dans une barque tirée par un cygne, sauveur venu démasquer la tromperie du monde. Ce type de héros n'est pas tangible, dans son essence comme dans sa relation aux autres. Son étrangeté est certes liée à la souffrance et à la nostalgie, mais avec la mystique de sa mort il se perd dans un lointain nébuleux. Tannhäuser était un personnage concret et vivant qui n'avait d'étrangeté que pour ses contemporains historiques. À l'époque du romantisme, le spectateur se reconnaissait lui-même dans cette créature tourmentée par les conflits intérieurs. Avec Tannhäuser, le spectre est devenu un homme dont les sentiments et les problèmes sont indissociables de l'idéal existentiel de son environnement. La lumière ne tombe pas sur sa grandeur, mais sur sa protestation contre les conventions vides d'une société pétrifiée. Ce potentiel de protestation fait défaut au personnage de Lohengrin. D'une part, il est un héros mythique, au-dessus des humains, mais d'autre part il est lié aux hommes par ses émotions. C'est un artiste solitaire – c'est ainsi que Wagner l'a lui aussi interprété ultérieurement, en 1851, deux années après l'écrasement des mouvements de libération. Lui-même était en exil.

Du dieu à l'homme : une métamorphose

La solitude fait briller autour de Lohengrin l'aura d'un être élu. Il ne connaît ni la torture de la damnation, dont est victime le Hollandais, ni les tourments mentaux de Tannhäuser. Sa distance avec les hommes et le monde donne à son personnage un caractère prestigieux et solennel. Il conserve ce caractère jusqu'à ce que la marche nuptiale extrêmement célèbre N 23, le « doux chant », ait fini de résonner et qu'il apparaisse pour la première fois en être humain, devant Elsa, dans la chambre nuptiale. C'est une véritable métamorphose. Wagner utilise une succession d'accords pour faire comprendre que le franchissement du seuil de la chambre nuptiale est un miracle.

Cette scène d'amour a une atmosphère onirique : « les suaves parfums enivrent si gracieusement les sens ». L'introduction harmonique du chant rend sensible le miracle de l'amour, mais pas sa passion. Or, c'est justement par ce ton singulier de l'amour, individuel, encore inouï, que la déception de Lohengrin, sa tragédie humaine, devient authentique. Lorsque, après la découverte de son origine (récit du Graal), il doit abandonner Elsa, il n'a subi aucune défaite en tant que chevalier du Graal. Comme envoyé de Dieu, il a vaincu, mais comme être humain, il a perdu.

Gy. K.

Birgit Nilsson (née en 1918) dans le rôle d'Elsa (en haut) et Wolfgang Windgassen (1914-1974) dans le rôle de Lohengrin (ci-dessus), Festival de Bayreuth, 1954.
Birgit Nilsson fit ses débuts en 1946 dans le rôle d'Agathe (Weber → *Der Freischütz*). Dans les années cinquante et soixante, elle fut l'une des plus grandes héroïnes wagnériennes. Wolfgang Windgassen fut le ténor wagnérien de Bayreuth dans les années cinquante et soixante. Il chanta les parties de ténor dans les œuvres de maturité de Wagner. Son Tristan et son Lohengrin furent notamment légendaires. Wieland Wagner aurait dit en plaisantant : « Si Windgassen ne peut plus chanter, il faudra poser un écriteau sur le Festspielhaus à Bayreuth : "Fermé aujourd'hui et pour les années à venir, pour cause de manque de ténor" ». (Karl Böhm, le chef d'orchestre qui dirigea *Tristan* à Bayreuth en 1961, conta cette anecdote dans son autobiographie parue en 1973.)

Page de droite
Lohengrin, illustration de la question posée par Ortrud lors du dialogue entre Ortrud et Telramund, d'Hugo L. Braune (TWS).
« Sais-tu qui est ce héros qu'un cygne a tiré ici sur la terre ? » (acte II, scène 1). Depuis 150 ans, historiens et esthètes n'ont pu trouver de réponse sûre à cette question.

Lohengrin, figure d'Ortrud d'Heinrich Lefler, Vienne, 1907 (TWS).
Le malin règne sur le palais royal. Dans l'histoire de l'interprétation, Lohengrin s'est trouvé aussi bien du côté du chevalier blanc que de celui du chevalier noir. Sous le Troisième Reich, l'œuvre a joui d'un engouement particulièrement gênant.

23. Marche nuptiale

Treu-lich be-wacht blei-bet zu-rück, wo euch der Se-gen der Lie-be be-wahr' !

WEISST DU, WER DIESER HELD – DEN HIER EIN SCHWAN GEZOGEN AN DAS LAND?

Lohengrin, croquis de décor d'Eduard Löffler pour la mise en scène de Richard Hein au Nationaltheater de Mannheim, direction musicale : Ernst Cremer, 1933 (TWS). « Ce que signifie le pays allemand, nation guerrière, alors personne sans doute ne se moquera plus du Reich allemand » (acte I, scène 1). Jamais cet appel du roi Henri ne parut plus menaçant qu'en 1933, à l'époque du « jubilé millénaire de la victoire sur les hordes orientales ». Pour Wagner, cette victoire était une référence à un passé révolu, mais que l'on pouvait peut-être retrouver. À l'époque du romantisme, cette idée était très appréciée dans la quasi-totalité des drames nationaux et servait à aviver la conscience nationale du public.

Sonorités et scène dramatique

Wagner a assigné avec cohérence des tonalités caractéristiques aux différents personnages et contextes psychologiques. Avec la sphère du Graal (en la majeur), on associe le son clair, pur et subtil des violons qui jouent *piano* dans les notes hautes (séparés en quatre ou cinq parties) : un son qui donne de l'éclat et du scintillement – c'est l'apparence sonore du Graal. N 24

Le contraste entre les figures élevées des violons et le son des cordes et des vents graves correspond au contraste des sphères et des personnages qui agissent. Au début nocturne du deuxième acte, la sombre sonorité des violoncelles (avec, le plus souvent, l'utilisation de leur corde la plus basse, en quittant rarement la nuance *piano*) s'ajoute aux intervalles diminués et poussés à l'extrême du motif sinueux d'Ortrud : noire est la nuit, noires sont les intentions d'Ortrud et de Telramund, le trompeur trompé. N 25

Ici comme dans d'autres scènes, Ortrud et Telramund sont caractérisés à plusieurs reprises par le son de la clarinette basse et du cor anglais. Les sonorités profondes des deux instruments doivent souligner la sphère inquiétante et mystérieuse de ces créatures de la nuit. Le hautbois est en revanche attribué à Elsa : il représente sa naïveté et son innocence. Le son du hautbois mêlé à celui du cor anglais exprime cependant aussi la tristesse et la plainte. N 26

La trompette est traditionnellement l'instrument des rois et des chevaliers. Dans *Lohengrin*, sa sonorité fait partie du motif annonçant l'arrivée du rôle-titre. Pour le roi, Wagner a fait fabriquer un groupe d'instruments de fanfare spéciaux : « Quatre longs instruments en forme de trombone, de la forme la plus simple, comme on voit en jouer les anges de la résurrection sur les peintures religieuses. » Ils sonnent en do majeur, leur sonorité de fanfare parcourt toute l'œuvre et fait l'effet d'une « parure sonore » ; c'est un élément important du coloris temporel dans cet opéra.

Wagner, le metteur en scène

Le son et l'image sont ici étroitement liés et renvoient aussi à la dramaturgie du cérémonial. « Vieux chêne », « simple table de pierre », « mur de château avec courbure ronde », « portail byzantin de la cathédrale » et « chevaux sortant du décor » ne sont là que pour l'œil. Mais la porte de la tour est étroitement liée à un symbole musical, avec les « deux gardes qui sonnent le salut matinal », devenant ainsi une partie de l'effet d'écho de la musique de scène. L'arpentage du lieu de combat est une composition mimique et musicale : les témoins du combat avancent de telle sorte « qu'au terme des huit premières mesures, sur chacune desquelles ils font un pas, ils ont précisément échangé leurs positions opposées » ; le jugement de Dieu ne s'accomplit pas seulement sous forme d'une pantomime, mais recèle aussi des éléments tout à fait réalistes : « Le roi frappe trois fois avec son épée sur le bouclier suspendu au chêne. » Le long cortège des femmes, dans la quatrième scène de l'acte II, est précisément coordonné avec la marche et le caractère de la musique : le rôle du héraut a un caractère scénique et musical complexe.

Une vision de la patrie

Wagner a pu voir pour la première fois son *Lohengrin* sur scène au Hofoper de Vienne, en mai 1861. Il n'était pas présent lors de la création à Weimar. Un peu moins d'un an plus tôt, il s'était enfui en Suisse : il était sous le coup d'un mandat d'amener en Saxe pour avoir pris part à l'insurrection de Dresde. Sa participation aux préparatifs théoriques de la révolution et à l'insurrection elle-même, mais aussi ses textes artistiques après sa fuite, se sont exprimés dans la conception du → *Ring des Nibelungen*. On ne peut faire apparaître d'opinions révolutionnaires dans le caractère et le naturel de Wagner qu'en se référant à la tétralogie des Nibelungen. Sur *Lohengrin*, en revanche, il existe un texte paru sous forme anonyme dans un supplément

24. Sphère du Graal

25. Motif d'Ortrud

26. Motif d'Elsa

spécial du *Dresdener Anzeiger* le 17 juillet 1848, sous le titre : « Quelle est l'attitude des menées républicaines à l'égard du royaume ? » Son auteur, Richard Wagner, réclamait certes une « réforme sociale et nationale de la tête et des membres de la société », mais présentait encore le roi comme le premier républicain. La présentation artistique de cette conception semble avoir été mise en œuvre dans le personnage du bon roi populaire dans *Lohengrin*. Bien entendu, du point de vue de l'esthétique et de l'histoire de l'opéra, Wagner avait eu recours au drame historique parce que seule la victoire historique lui permettait de compenser la fin tragique de l'opéra. Si le drame historique recouvrait toute son actualité aux yeux de Wagner, c'est aussi parce qu'il pouvait, dans son cadre, faire apparaître sa prise de position sur les questions sociales et politiques de son époque. L'opéra *Lohengrin* donne une vision de l'unité de la patrie allemande, de l'alliance entre l'envoyé de Dieu, le roi et le peuple. Et Wagner a composé de tout son cœur les airs du bon roi, du brave guerrier, de la belle patrie. Il voulait, avec le passé allemand, donner une vision d'avenir. Du point de vue musical et poétique, son style n'est pas historique mais plutôt imaginaire, même s'il nous paraît aujourd'hui d'une « authenticité » quasi historique. Ainsi, *Lohengrin*, la première de ses œuvres scéniques à laquelle il ait donné le nom d'opéra, se révèle comme une œuvre romantique, au sens le plus élevé du terme. Ici, le mythe et l'histoire, le conte et la tragédie sont unis.

Gy. K.

Lohengrin, Thomas Moser (Lohengrin) et Inga Nielsen (Elsa, ci-dessous), mise en scène : Peter Konwitschny, décors et costumes : Helmuth Bradel, direction musicale : Ingo Metzmacher, Staatsoper de Hambourg, 1998.
Lieu de l'action : une salle de classe dans laquelle se situent les rêves et les détresses d'enfants pendant la puberté. Une conception à la fois ahurissante et convaincante.

Page de droite
Figure d'Isolde d'Heinrich Lefler, Vienne, 1914 (TWS).
Wagner a trouvé le modèle d'Isolde dans deux légendes : dans la légende irlandaise, la blessure de Tristan est soignée (et on lui cause au cœur une plus grande blessure encore) ; dans la légende bretonne, Tristan épouse Isolde. C'est à partir de ces deux personnages que Wagner a créé son Isolde, une épouse au rayonnement érotique mortel.

Tristan und Isolde, illustration de Franz Stassen, Berlin, 1900 (TWS).
Le concours de circonstances qui cause la perte de Tristan et Isolde est l'un des plus fous parmi les grands destins amoureux de la poésie et de l'histoire. « (…) Inconscient, plaisir suprême ! » sont les mots-clefs de l'opéra, prononcés par Isolde mourante. L'illustration représente l'union définitive de Tristan et Isolde (où résonne à plusieurs reprises le motif musical de la mort par amour).

Tristan und Isolde
Tristan et Isolde

Action en trois actes
Livret : Richard Wagner
Création : le 10 juin 1865 à Munich (Hoftheater)
Personnages : Tristan (tén.), Isolde (sop.), le roi Marke (basse), Kurwenal, confident de Tristan (bar.), Melot (tén.), Brangäne, confidente d'Isolde (mezzo-sop.), un berger (tén.) un timonier (bar.), voix d'un jeune marin (tén.) ; marins, chevaliers et pages, gens de la cour (chœur)

Argument
En mer sur le bateau de Tristan, dans le château du roi Marke en Cornouailles, dans le château de Tristan en Bretagne, en un Moyen Âge légendaire.

Le contexte
Morold, guerrier irlandais, est parti pour la Cornouailles afin de réclamer au roi Marke le tribut qui lui est dû. Mais Tristan, neveu et vassal de Marke, tue Morold et, au lieu du tribut, renvoie sa tête en Irlande. Or, pendant le combat, le vainqueur a reçu de l'épée empoisonnée de son adversaire une blessure qui ne guérit pas. Le poison a été préparé par la fiancée de Morold, Isolde, et elle seule peut guérir la plaie. Tristan se rend donc en Irlande sous le nom de Tantris pour se faire soigner par la fiancée du guerrier décédé. Cependant, Isolde a reconnu le meurtrier de son bien-aimé, car l'épée de Tantris a une lame correspondant aux blessures relevées sur la tête de Morold. Isolde veut alors venger la mort de son fiancé en tuant Tristan avec sa propre épée. Mais elle capte son regard et la haine d'Isolde se transforme en amour. Elle soigne le faux Tantris et laisse l'homme qu'elle aime repartir en Cornouailles après sa guérison. Peu après, Tantris revient à la cour d'Irlande, cette fois sous l'identité de Tristan, afin de trouver une épouse pour son oncle Marke. Au nom de la réconciliation entre les deux maisons royales, Isolde entreprend le voyage en Cornouailles.

Acte I En mer, sur le pont supérieur du navire de Tristan.
Scène 1 Tristan, chargé de trouver une épouse pour le roi Marke, conduit Isolde, fille du roi d'Irlande, en Cornouailles. Il l'aime et elle l'aime aussi, sans qu'ils ne se soient jamais retrouvés l'un l'autre. Un jeune timonier entonne une chanson sur la « fille irlandaise ». Isolde se sent l'objet de moqueries.
Scène 2 Isolde fait appeler Tristan auprès d'elle pour lui parler. Celui-ci repousse son invitation.
Scène 3 Profondément blessée, Isolde confie sa détresse à Brangäne.
Scène 4 Isolde décide de mourir avec Tristan et informe Brangäne de son projet : elle veut se tuer et tuer son bien-aimé, en absorbant un philtre de mort.
Scène 5 Brangäne échange cependant le philtre de mort contre un philtre d'amour. Celui-ci ouvre le cœur et les lèvres, et les amoureux se révèlent leurs sentiments. Le navire attendu par le roi Marke arrive alors en Cornouailles.

Acte II Les jardins du château du roi Marke en Cornouailles. La nuit.
Scène 1 Isolde a été confiée à Marke, mais son désir pour Tristan ne s'est pas éteint. Alors que le roi est parti à la chasse, elle attend Tristan avec impatience.
Scène 2 Tristan et Isolde s'aiment.
Scène 3 Le chevalier Melot, jaloux de Tristan, conseille au roi de revenir prématurément ; Marke découvre l'adultère. Tristan se jette sur l'épée de Melot.

Acte III Le jardin du château de Tristan, à Kareol, en Bretagne.
Scène 1 Tristan, à l'agonie, attend Isolde, qui a été informée par le fidèle Kurwenal.
Scène 2 Isolde arrive et Tristan meurt dans ses bras.
Scène 3 Le roi Marke arrive à son tour – en même temps que Melot qui, en arrivant au château de Tristan, se lance avec Kurwenal dans un combat qui leur sera fatal. Brangäne avoue à Marke qu'elle a échangé les philtres et le roi pardonne. Mais pour Isolde, le monde s'est éteint avec la mort de Tristan. Elle meurt peu de temps après son bien-aimé.

S. N.

L'action interne et l'action externe

Richard Wagner a qualifié *Tristan und Isolde* « d'action », utilisant une transposition littérale du mot grec *drama*. Action, mais dans quel sens ? En employant ce terme pour son œuvre extrêmement pauvre en action extérieure, Wagner ne peut avoir à l'esprit qu'une action intérieure. La réalité dans laquelle se déroule l'action extérieure, le monde de devoirs définis, de morale et d'honneur dans lequel « vivent et se trouvent » Kurwenal, Marke et Melot sert de simple apparence à Tristan et Isolde. Pour eux, l'espace spirituel et intérieur est le « vrai monde ». Ici, le jour devient la sphère du rêve, mais la nuit le giron de la vérité.

Les éléments d'action extérieure, les actions proprement dites (même si elles sont dépourvues de coloris historique), se limitent aux conclusions des scènes ou à la fin des actes. L'invitation d'Isolde à Tristan et son refus transmis par Kurwenal (acte I, scène 2), l'arrivée impromptue en Cornouailles (acte I, conclusion), la tentative de suicide de Tristan, son duel avec Melot (acte II, conclusion), l'arrivée d'Isolde et, juste après, l'entrée de Marke à Kareol, la mort de Melot et de Kurwenal (acte III, dernière scène) : ces événements simples se déroulent sur un plan temporel objectif – leur déroulement est réel.

Au niveau temporel subjectif, on trouve le dialogue d'Isolde avec Brangäne, mais aussi la rencontre de Tristan et Isolde sur le navire et leur union par le philtre d'amour (acte I), le duo dans la nuit d'amour et le monologue de Marke (acte II, milieu), le monologue « intérieur » de Tristan, ses visions fébriles et la mort par amour d'Isolde (acte III, début et conclusion). Le temps subjectif représente une extension de l'instant. Cela se produit par le biais d'un labyrinthe de processus spirituels et de réflexions psychiques, par la référence constante des personnages principaux – Tristan, Isolde et Marke – à leur passé. Le passé intervient ainsi dans le présent et paralyse les personnages qui se souviennent. L'action est remplacée par le désir de mort. Tout ce réseau psychique est accompagné par la musique, dont le média est l'orchestre qui, lui, « sait ».

Gy. K.

Tristan und Isolde, croquis de décor d'Hein Heckroth (la mort par amour) pour la mise en scène de Rudolf Schulz-Dornburg, direction musicale : sir Georg Solti, Städtische Bühnen d'Essen, 1928 (TWS). Une vision qui fait apparaître l'action intérieure. La mort par amour comme paysage.

Tristan und Isolde, Wolfgang Schmidt (Tristan) et Jukka Rasilainen (Kurwenal), mise en scène et décors : Marco Arturo Marelli, costumes : Dagmar Niefind-Marelli, direction musicale : Christof Prick, Sächsische Staatsoper de Dresde, 1995.
Tristan, mortellement blessé et tourmenté par des visions, attend son Isolde dans une extase fébrile. Derrière lui, son fidèle serviteur, Kurwenal. Ce que Wagner exige du ténor dans l'acte III, tant au niveau vocal que dans le jeu scénique, a suscité les plus grandes performances artistiques de l'histoire de l'opéra.

Le motif du désir

L'opéra commence avec d'infinies vagues en *crescendo* (violoncelles, piano, à l'unisson). L'élément central est une montée languissante (comme un soupir) qui débouche sur un accord des bois. Cet accord est entré dans l'histoire de la musique sous le nom d'« accord de Tristan ». La relative décomposition de la dissonance représente certes, pour cet instant, un point de répit, mais malgré tout, l'ensemble reste ouvert et entraîne, comme par une force magnétique, une nouvelle tension (le désir qui ne s'apaise jamais). La même tournure d'accord ne se dénoue définitivement qu'après d'innombrables répétitions et variantes, au dernier moment de « l'action », après la mort par amour d'Isolde. Dans l'au-delà, on ne connaît pas de dissonances. N 27, N 28

Une funeste liaison

« Mais comme, dans ma vie, je n'ai jamais connu le véritable bonheur de l'amour, je veux encore édifier un monument à ce rêve, le plus beau de tous, dans lequel, du début jusqu'à la fin, cet amour doit véritablement se rassasier », écrivit Wagner à Liszt en 1854, pendant une liaison amoureuse tempétueuse avec Mathilde Wesendonck (1828-1902). Celle-ci était mariée au mécène de Wagner, le marchand Otto Wesendonck. Cette aventure amoureuse déteignit également sur la création artistique du compositeur : parmi les œuvres littéraires de Mathilde Wesendonck, il mit en musique les *Cinq poèmes*. Cette liaison exerça aussi une influence sur *Tristan und Isolde*. Les *Wesendonck Lieder* sont ainsi étroitement liés, d'un point de vue musical, à *Tristan*. Wagner a introduit par un poème-dédicace à Mathilde l'ébauche de composition de l'acte I, qui fut achevée fin 1857. Cette liaison se transforma finalement en scandale. En 1858, Wagner se réfugia à Venise, la ville de l'amour, où il instrumenta *Tristan und Isolde* au Palazzo Vendramin, au bord du Grand Canal.

27. Motif du désir (début)

28. Motif du désir apaisé (fin)

29. Hymne nocturne à l'amour (Isolde-Tristan)

O sink' her - nie - der, Nacht der Lie - be

Tristan und Isolde, Barbara Kemp dans le rôle d'Isolde, dessin de Hanns Haas pour une mise en scène au Staatsoper de Berlin en 1920.
Dans cette illustration, la ligne graphique du motif du désir N 27 se transforme en une figure féminine. Une interprétation difficile à réaliser sur la scène.

Isolde aux mains blanches

L'histoire de Tristan, que Wagner connaissait bien depuis qu'il avait été maître de chapelle à Dresde, fait partie du cercle des légendes celtes; elle est transmise par de nombreuses sources littéraires médiévales. Le poème *Tristan* de Chrétien de Troyes (milieu du XIIe siècle), le plus célèbre trouvère de France, n'a pas été conservé. Les récits en vers de Béroul et de Thomas d'Angleterre, qui remontent eux aussi au XIIe siècle, n'ont pas non plus été intégralement transmis. Les versions les plus anciennes du récit sont celles d'Eilhart von Oberge (*Tristrant*, vers 1190) et de Godefroy de Strasbourg (*Tristan*, vers 1210). Le poète cordonnier Hans Sachs travailla lui aussi sur la légende de Tristan (*Tragedia mit 23 Personen von der strengen Lieb Herrn Tristant mit der schönen Königin Isolden*, 1553 – on trouve une allusion ironique à ce propos à l'acte III des → *Meistersinger von Nürnberg*). Dans le poème épique de Godefroy de Strasbourg revu par Hermann Kurtz et paru en 1844, Wagner découvrit la trace de deux personnages d'Isolde. À l'origine, il voulait faire apparaître les deux sur la scène, aussi bien l'épouse de Marke, l'Isolde terrestre, la belle dotée de pouvoirs magiques, et la Bretonne, Isolde aux mains blanches, qui épouse Tristan après qu'il a pris la fuite devant Marke. Le motif de la longue attente du navire d'Isolde en Bretagne et celui de la bonne ou de la mauvaise nouvelle (drapeau noir ou blanc au mât, ou bien chanson de pâtre triste ou joyeuse) sont les éléments de ce qui fut sans doute l'un des tout premiers projets; ils sont issus de l'histoire des deux Isolde. Pour le motif du philtre d'amour, Wagner a aussi pu être inspiré par l'opéra de Gaetano Donizetti → *L'Elisir d'amore*, qui faisait partie du répertoire à Dresde, et par le poème de Julius Moses *König Mark und Isolde* (le malheur provoqué par le philtre d'amour). Mais il y a un texte plus caractéristique du patrimoine sensible et intellectuel qui s'exprime dans *Tristan und Isolde* de Wagner: le roman *Lucinde* de Friedrich Schlegel (1799). On y trouve les motifs du philtre de mort et d'amour, de la mort par amour, de la puissance magique de la nuit et de «l'enthousiasme de la volupté», pour reprendre l'expression de Thomas Mann.

Nuit et rêves

Dans le roman *Lucinde*, que Wagner connaissait bien, on trouve le dialogue suivant entre les amoureux: «C'est seulement dans la tranquillité de la nuit, dit Lucinde, que s'embrase et brille le désir, clair et plein comme ce superbe soleil.» – «Et le jour, répond Julius, le bonheur de l'amour scintille d'une pâle lumière, tout comme la lune, qui ne brille que parcimonieusement.» – «Ou bien il apparaît et disparaît d'un seul coup dans la pénombre générale, ajoute Lucinde, comme ces éclairs qui ont éclairé notre pièce parce que la lune était voilée.» L'atmosphère nocturne des poèmes de Novalis (*Hymnes à la nuit*) pourrait aussi avoir influencé Wagner dans les formulations de ses textes. Novalis l'affirma: «Pour l'amoureux, la mort est une nuit de noces, un secret plein de doux mystères.» Et dans les *Hymnes à la nuit*, le poète constatait la valeur de ces éléments séparés les uns des autres, de la lumière et des ténèbres, du jour et de la nuit: «Le matin doit-il toujours venir? La puissance terrestre ne cessera-t-elle jamais? Le mystérieux sacrifice de l'amour ne brûlera-t-il jamais éternellement?» Tristan et Isolde se disent «consacrés à la nuit». N 29 On retrouve cette expression mot pour mot chez Novalis: «consacrés à la nuit».

Le délire comme purgatoire

Le premier acte montre les efforts que font les amoureux pour nier leur amour; le philtre d'amour symbolise l'impossibilité d'agir en dépit de l'amour véritable. L'acte II montre la tentative de réaliser cet amour dans un monde d'obligations sociales, de conventions conjugales et de prétentions à la propriété sexuelle. La blessure qu'a causée à Tristan l'épée de Melot symbolise le fait qu'il se plie au poids des circonstances, mais aussi à la pression de son conflit intérieur. Il faut attendre le début de l'acte III pour que la singularité de cette blessure se révèle totalement: ici, le délire de Tristan devient le processus de son illumination. Le délire, c'est le délai de mise à l'épreuve de Tristan, une grande préparation: dans la mort, il ne trouve pas l'oubli, mais le triomphe.

Tristan et ses compagnons de souffrance

Wagner a été le premier d'une longue série d'adaptateurs à ne pas représenter l'histoire de l'adultère, mais la tragédie de l'amour. Tragédie, mais dans quel sens? Celle de l'impossibilité d'accomplir l'amour ou celle des impossibilités décidées par la société? À moins que ce ne soit parce que l'amour ne peut que rester inassouvi, quels que soient le lieu et l'époque. Car ne serait-il pas dans la nature de l'amour d'être un «effroyable tourment»?

Symétries

La compression de l'action externe vers la fin de chaque acte peut aussi être interprétée comme une conséquence et un apogée des forces poussant vers l'avant: l'effet du philtre d'amour (acte I), le suicide de Tristan après l'accomplissement de l'amour nocturne (acte II), la mort de Tristan dans les bras d'Isolde (acte III). Joseph Kerman a découvert une autre symétrie de la construction dramatique (*Opera as Symphonic Poem* in *Opera as Drama*, New York, 1956). Chaque acte s'ouvre sur une musique de scène: nous entendons le chant nostalgique des matelots (acte I), le son des cors de chasse au loin (acte II) et «la ronde des bergers, jouée au chalumeau, nostalgique et triste» (acte III). Une structure symétrique caractérise le duo dans le «sein de la nuit» (acte II) et les visions enfiévrées de Tristan (acte III).

L'essence de l'amour de Tristan et la cause de son « inassouvissement » ne peuvent être expliquées de manière satisfaisante par des motifs socio-politiques (une transgression à la raison d'État) ni par des motifs métaphysiques (l'amour comme effroyable tourment). Wagner a lui-même souligné la ressemblance entre Tristan et Siegfried (→ *Die Götterdämmerung*) d'une part et entre Tristan et Amfortas (→ *Parsifal*) d'autre part. Il a ainsi expliqué la tragédie de Tristan dans un autre sens, plus profond.

Tristan et Siegfried

« Tristan, comme Siegfried, libère la femme qui lui a été destinée selon la loi primitive, sous la contrainte d'une illusion qui fait de son acte un acte non libre commis au profit d'un autre et trouve sa fin dans les quiproquos qui en résultent » (Wagner, 1871). La loi primitive ne dit pas que l'amour est toujours et partout un tourment et une détresse. Elle dit qu'il faut reconnaître la femme qui nous est destinée et interdit de trahir l'amour que l'on a reconnu. Les deux traîtres : Tristan et Siegfried…

Tristan et Amfortas

L'idée de faire apparaître au chevet de Tristan mourant Parsifal, errant en quête du Graal, provient de l'une des ébauches de textes les plus détaillées qu'ait faites Wagner. Le compositeur a justifié l'arrivée de Parsifal par le fait qu'à ses yeux « Tristan, qui périt des blessures qu'il a reçues et qui ne peut mourir (…), est devenu identique à Amfortas dans le *Roman du Graal*. » Déjà, en 1859, pendant la composition de l'acte III de *Tristan und Isolde*, il écrivait sur → *Parsifal* : « À bien y regarder, Amfortas est le centre, le sujet principal (…). Il est mon Tristan de l'acte III [de *Parsifal*], avec une impensable intensification. La blessure de la lance et sans doute une autre blessure encore – dans le cœur, puisque le pauvre, dans ses effroyables douleurs, n'a pas d'autre désir que celui de mourir. » Les deux pécheurs : Tristan et Amfortas…

Gy. K.

Tristan und Isolde, Wolfgang Windgassen et Birgit Nilsson, Festival de Bayreuth, 1959. L'hymne à la nuit N 29 que Tristan et Isolde entonnent, plongés dans leur amour éternel, est une musique enivrante de la sphère subconsciente. Leurs voix s'unissent, et l'instrumentation produit un état d'apesanteur narcotique : le temps terrestre s'est suspendu.

Tristan und Isolde, croquis de décor d'Hans Strohbach pour sa propre mise en scène, direction musicale : Eugen Szenkar, Grosse Volksoper de Berlin, 1921 (TWS). Ce croquis de décor à l'aquarelle d'Hans Strohbach représente avec une grande sensibilité le monde spirituel extasié de Tristan et Isolde, et la tendresse de la nuit qui les entoure, dans l'acte II de l'opéra. Conformément à une convention romantique, les amants se perdent dans l'émotion hymnique que leur cause la nuit.

Die Meistersinger von Nürnberg

Les Maîtres chanteurs de Nuremberg

Opéra en trois actes

Livret : Richard Wagner
Création : le 21 juin 1868 à Munich (Hofoper)
Personnages : Hans Sachs, savetier (basse), Veit Pogner, orfèvre (basse), Kunz Vogelgesang, pelletier (tén.), Konrad Nachtigall, ferblantier (basse), Sixtus Beckmesser, secrétaire de mairie (basse), Fritz Kothner, boulanger (basse), Balthasar Zorn, étameur (tén.), Ulrich Eisslinger, épicier (tén.), Augustin Moser, tailleur (tén.), Hermann Ortel, savonnier (basse), Hans Schwarz, chaussonnier (basse), Hans Foltz, chaudronnier (basse), Walther von Stolzing, jeune noble de Franconie (tén.), David, apprenti de Sachs (tén.), Eva, fille de Pogner (sop.), Magdalena, nourrice d'Eva (mezzosop. ou sop.), un veilleur de nuit (basse) ; bourgeois et femmes de tous les métiers, compagnons, apprentis, jeunes filles, peuple (chœur)

Argument

À Nuremberg, au milieu du XVIe siècle.
Le chevalier Walther von Stolzing est venu s'installer à Nuremberg afin de vivre en bourgeois dans la ville. Dans la maison du riche orfèvre Veit Pogner, il fait la connaissance de la fille du propriétaire, Eva, et les jeunes gens tombent amoureux. Mais Pogner veut prouver au monde à quel point les gens de Nuremberg vénèrent l'art : il a promis la main de sa fille au vainqueur du concours de chant. Comme seuls des membres de la confrérie des maîtres chanteurs peuvent prendre part à ce concours, Walther demande son admission. Mais il n'y parvient pas, car Beckmesser, jaloux et lui aussi amoureux de la fille de Pogner, est désigné comme « marqueur » : c'est lui qui doit relever d'un trait de craie toutes les fautes commises dans le chant. Bien que Hans Sachs ait lui aussi un œil sur la belle Eva, il aide l'amoureux et initie Walther, qui a un talent naturel, aux règles du chant de maître. Le chevalier l'emporte ainsi à la fête des chanteurs et le rusé Beckmesser subit une défaite. Mais le véritable vainqueur est Hans Sachs, qui s'est dépassé en tant qu'homme et artiste en renonçant à Eva et en discernant dans le chant de Walther un nouveau courant artistique qui n'est pas arrivé à maturité mais qu'il a aidé à percer.

Acte I L'intérieur de l'église Sainte-Catherine.
Scène 1 Walther et Eva se donnent des signes d'inclination réciproque. Mais celui-ci apprend que la main de celle qu'il adule est déjà promise au vainqueur d'un concours de chant.
Scène 2 Pour pouvoir participer au concours, Walther doit devenir membre de la confrérie des maîtres chanteurs. L'apprenti cordonnier David explique à Walther l'art compliqué du chant de maître.
Scène 3 En présence des maîtres, on vérifie l'aptitude de Walther à pratiquer le chant de maître. Beckmesser prend la fonction de « marqueur ». Walther échoue. Seul Sachs reconnaît la beauté inédite de son chant.

Acte II Dans la rue, entre la maison de Sachs et celle de Pogner.
Scène 1 Le soir. Magdalena, David et les apprentis se réjouissent de la fête de la Saint-Jean imminente.
Scène 2 Pogner et Eva. La jeune fille s'inquiète de l'issue du concours.
Scène 3 Sachs réfléchit à la nouveauté du chant interprété par Walther.
Scène 4 et 5 Sachs et Eva. Le savetier remarque l'intérêt qu'Eva porte à Walther.
Scène 6 La nuit. Sachs et Beckmesser. Beckmesser donne à Eva une sérénade nocturne. Mais au lieu de son aimée, c'est Magdalena, déguisée, qui s'est installée à la fenêtre. Sachs « tient jury avec le marteau sur la baguette », frappe avec son marteau de savetier à chaque erreur de Beckmesser. Son chant devient plus haut, couinant. Les voisins effrayés courent dans la rue.
Scène 7 David aperçoit Magdalena à la fenêtre et, par jalousie, déclenche une bagarre qui dégénère en une confusion et une beuverie générales. Sachs assiste à la tentative de fuite des amoureux, l'empêche et entraîne Walther chez lui.

Acte III
Tableau 1 L'atelier de Sachs.
Scène 1 Au petit matin. David félicite Sachs pour sa fête, la Saint-Jean. Sachs considère le tumulte de la nuit passée comme une sorte de songe d'une nuit d'été.
Scène 2 Avec l'aide de Sachs, Walther compose un chant de maître.
Scène 3 Beckmesser trouve l'atelier de Hans Sachs vide (pantomime), découvre le manuscrit que Walther a laissé sur place et veut le voler. Mais Sachs le lui offre.
Scène 4 Sachs accueille avec une chaleur paternelle Eva, venue le voir pour lui parler de Walther. La jeune fille reconnaît la grandeur d'âme de Sachs. Un souffle d'amour divin parcourt la pièce et touche Eva, Magdalena, David, Walther et Sachs (quintette).
Tableau 2 Un pré dans la campagne ; au loin, à l'arrière-plan, la ville de Nuremberg. Le matin de la Saint-Jean.
Défilé des corporations. Fête des chanteurs. Avec ses mots étrangers et sa nouvelle chanson, Beckmesser connaît un fiasco. Walther l'emporte en revanche avec sa chaleur naturelle et la maîtrise qu'il a acquise. Sachs est acclamé par le peuple et demande que l'on révère les « maîtres allemands ».

S. N.

Die Meistersinger von Nürnberg, figure d'Hans Sachs de Josef Flüggen, Bayreuth, 1888 (TWS).
L'unique opéra « comique » de Wagner se déroule à l'époque du poète cordonnier Hans Sachs (1494-1576), qui a laissé 4 275 chansons de maître, près de 1 700 récits et 208 œuvres dramatiques. On donne le nom de « chant de maître » à la poésie allemande médiévale que l'on pratiquait entre le XIVe et le XVIe siècle, presque exclusivement dans l'artisanat, selon des règles poétiques fixées par la confrérie.

Le *Songe d'une nuit d'été* allemand

Concours de chanteurs près de Nuremberg: le projet consistant à écrire un opéra-comique après → *Tannhäuser* a été mis en œuvre par Wagner sous la forme d'un brouillon en prose dès le milieu de l'été 1845, pendant un séjour de repos à Marienbad. « De la même manière que chez les Athéniens, une pièce satirique joyeuse suivait la tragédie, j'ai eu soudain pendant ce voyage d'agrément la vision d'une pièce comique qui, en vérité, pourrait être rattachée comme pièce satirique à mes *Sängerkriege auf Wartburg*. C'était *Die Meistersinger von Nürnberg*, Hans Sachs à leur tête. » (La compétition sur la prairie est le pendant de la guerre des ménestrels au château; la scène de bagarre, une parodie de la bacchanale au Venusberg.)

Le nouveau chant de maître de Walther von Stolzing

Le chant de maître – la plus grande mélodie de l'opéra – prend la forme médiévale du « Bar » (strophe-strophe-conclusion). Mais la forme de la musique est authentiquement wagnérienne. N 30

Gy. K.

30. Chant de Walther

Die Meistersinger von Nürnberg, croquis de décor de l'atelier Franz Gruber, Hambourg, 1916 (TWS).

La grande beuverie, la scène de délire collective, est achevée. Tout est revenu au calme à Nuremberg. Le veilleur de nuit peut enfin souffler dans son instrument pour dire « bonne nuit ». C'est certainement de manière tout à fait volontaire que l'opéra de Wagner a été créé le jour du solstice d'été (le 21 juin). La « nuit de l'été » païenne précéda la fête chrétienne, la Saint-Jean. *Die Meistersinger von Nürnberg* sont sous le signe de Jean. Jean (Johannes, Hans) est le prénom de Sachs; dans l'église, la paroisse chante un choral sur saint Jean-Baptiste; David félicite son maître en lui offrant la chanson de saint Jean et les vers luisants brillent dans la nuit de la Saint-Jean (des vers que l'on appelle aussi, en allemand, les vers de saint Jean), dans les buissons de lilas qui poussent dans les rues de Nuremberg.

À droite
Die Meistersinger von Nürnberg, la beuverie, illustration d'Hugo L. Braune, vers 1905 (TWS).
« Folie, folie ! Partout la folie ! » Beuverie d'une nuit d'été à Nuremberg. Wagner a été inspiré par une scène qu'il avait personnellement vécue au cours de l'été 1835. Il a été, à Nuremberg, témoin d'une bagarre nocturne « autour d'un chanteur de nuit, avec au bout du compte une mêlée générale et le rayon paisible de la lune sur les toits à pignon » (*Ma vie*). Paradoxalement, Wagner représente musicalement dans l'opéra ce moment de chaos suprême par la forme la plus claire et la plus rigoureuse : la fugue.

Beckmesser : une caricature de critique
La principale cible de l'attaque de Wagner est Beckmesser, le célibataire « qui se pavane comme un coq ». Beckmesser est apparu sous le nom de « Veit Hanslich » dans les deuxième et troisième ébauches du texte en prose. Eduard Hanslick, important critique viennois au goût conservateur, était un critique virulent de Wagner. Avec le personnage de Beckmesser, Wagner voulait se venger des critiques défavorables de son ennemi irréductible.

La sérénade de Beckmesser
L'interprétation schizophrène que donne Beckmesser du chant de louanges pendant le concours sur la prairie vaut une analyse psychologique. Beckmesser commence sa sérénade par un prélude au luth, mécanique et informe. Sachs « frappe » avec son marteau à chaque erreur qu'il commet. N 31

31.1. Prélude au luth de Beckmesser

31.2. Sérénade de Beckmesser

Den Tag seh' ich er-schei-nen, der mir wohl ge-fall'n tut

Die Meistersinger von Nürnberg, Beckmesser, illustration de Ferdinand Staeger, Munich, 1921 (TWS).
Beckmesser, personnage tordu, caricature de l'intellectuel, chante sa sérénade. On lui oppose le bon sens artistique d'Hans Sachs : « Un bon chant veut de la mesure : le cordonnier tape sur le cuir de celui qui l'écorne, l'écrivain avec sa plume ». Dans les textes sur Wagner on a toujours affirmé que le compositeur avait aussi prêté au personnage de Beckmesser des traits caricaturaux antisémites. Le texte de l'opéra ne donne aucun indice sur ce point. (Cependant, dans son funeste écrit *Le Judaïsme dans la musique*, 1850, Wagner comptait Hanslick parmi les Juifs !)

Eva Pogner et Hans Sachs, carte postale, dessin de Theodor Pixis, Bayreuth, 1877.
Est-ce vraiment juste une chaussure qui fait mal ? À y regarder de plus près, le texte et la musique des *Meistersinger*, influencés par l'univers intellectuel de → *Tristan*, se réfèrent à l'inclination faite de renoncement de Sachs pour Eva Pogner : « Mon enfant, je connais une pièce triste sur Tristan et Isolde : Hans Sachs est intelligent et ne veut rien du bonheur du seigneur Marke », affirme Sachs, résigné, à Eva (acte III, scène 4). Wagner cite ici le motif du désir de *Tristan und Isolde*. Le compositeur, qui dut renoncer à Mathilde Wesendonck, ne s'identifiait pas rétrospectivement à Tristan, mais au roi Marke.

Historicisme
« Cela dit, ne vous abusez pas : j'ai écrit de ma main tout ce qui s'y trouve ; seuls les huit vers par lesquels le peuple salue Sachs, dans la dernière scène, sont tirés du chant à Luther écrit par Hans Sachs. » N 34
« Les titres des chansons de maître et les notes – à l'exception de quelques-uns que j'ai inventés – sont eux aussi authentiques : au total, je suis étonné de voir ce que j'ai pu faire à partir de ces quelques notes. » (Lettre écrite depuis Karlsruhe à Mathilde Wesendonck, pendant le travail de composition, le 3 février 1862). Jamais auparavant Wagner n'avait utilisé pour sa création une source historique de manière aussi concrète et détaillée – et il ne le fit plus jamais par la suite – que le *Buch von der Meistersinger holdseligen Kunst* de Johann Christoph Wagenseil (1697). Les noms de douze anciens maîtres de Nuremberg, les titres des chansons, les prescriptions de tabulation, l'index des erreurs et des pénalités, les différentes expressions artistiques et les notes des maîtres ont une authenticité historique, et sont la plupart du temps repris littéralement. Le texte (le plus souvent des vers de mirliton agrémentés de rimes) est lui aussi historique : une reproduction du langage poétique d'Hans Sachs.

32. Chant de louange d'Hans Sachs

Wach' auf, es na-het gen den Tag; ich hör' sin-gen im grü-nen Hag ein' won-nigliche Nach-ti-gall, ihr' Stimm' durchdringet Berg und Tal;

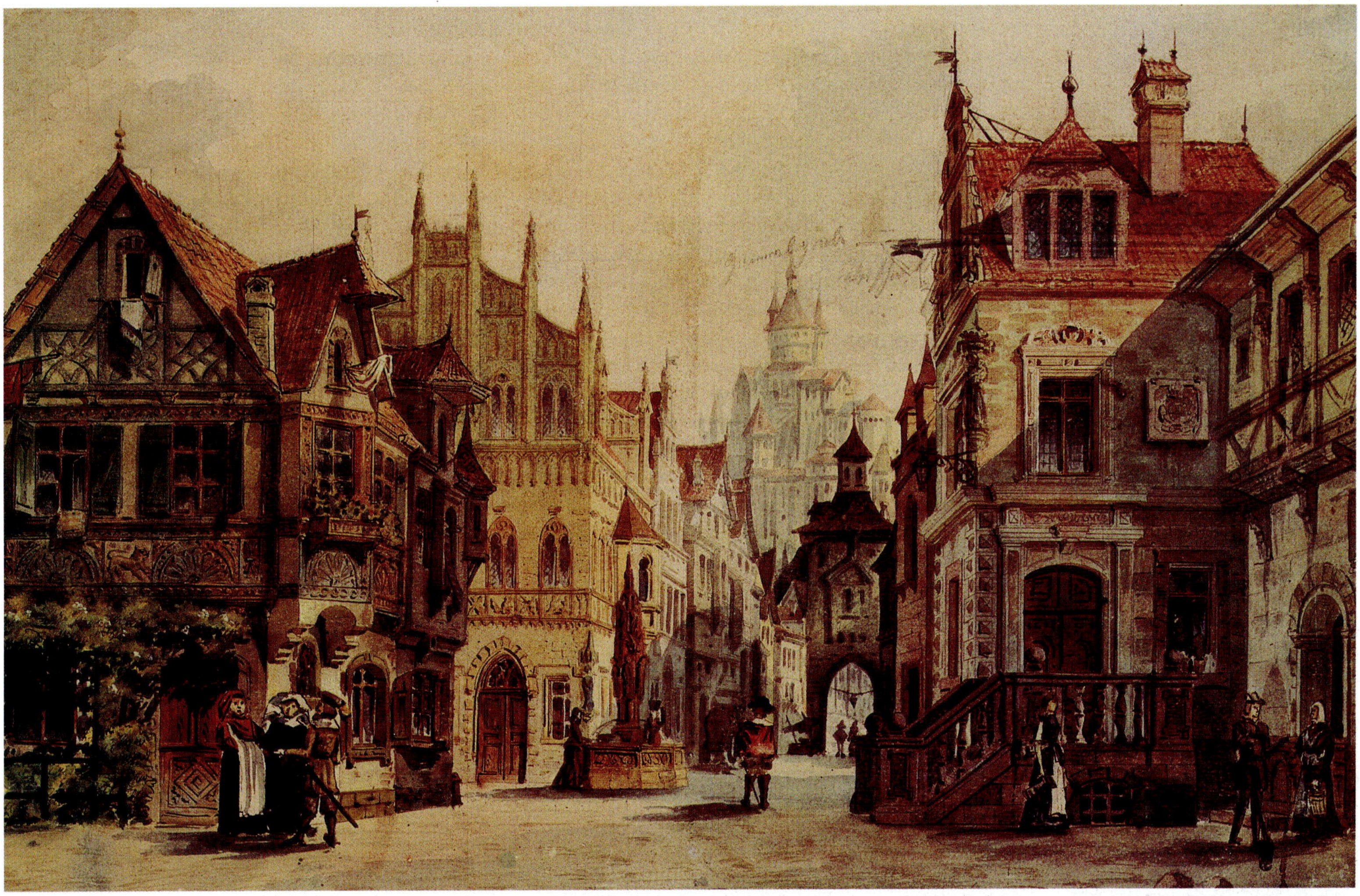

Die Meistersinger von Nürnberg, croquis de décor (image d'une vieille ville allemande) de l'atelier théâtral Julius Mühldorfer, Munich, vers 1880 (TWS).
Nuremberg – la vue d'une vieille ville, comme symbole du passé.

Bach *appliqué*

Le style musical des *Meistersinger* se réfère lui aussi au milieu temporel et géographique du Nuremberg historique. Mais contrairement à ce qui se passe pour la poésie, dans laquelle le coloris de l'époque est soigneusement conservé, Wagner utilise dans sa musique des archaïsmes totalement libres et non historiques – c'est-à-dire qu'il n'imagine pas le style du XVIe siècle, mais celui du début du XVIIIe. Même le titre authentique du chant de réforme d'Hans Sachs n'a pas chez lui sa mélodie d'origine : Wagner en a composé une nouvelle. *N 32* Il a lui-même qualifié son style de « Bach appliqué » (Curt von Westernhagen). Le défilé sur la prairie rappelle, avec ses rythmes ponctués, l'ouverture française baroque *N 33* ; la scène de la bagarre est composée comme une fugue ou une sorte de fantaisie chorale avec *fugato* d'introduction (le motif du luth de Beckmesser). *N 34* La vieille idée formelle de la passacaille revient dans la reprise du prélude ; les intermèdes placés dans les notes finales longuement tenues du choral *Da zu dir der Heiland kam* (acte I, scène 1) rappellent l'*Oratorio de Noël*. Même pour ce choral *N 35*, Wagner n'a pas utilisé un modèle de l'époque de la Réforme : il a suivi sa propre intuition. Il s'agit donc d'une musique ancienne à la Wagner. D'un point de vue musical, le quintette *Selig, wie die Sonne meines Glückes lacht* relève lui aussi de la « sphère Bach » de l'opéra (acte III, scène 4). Il constitue l'apogée du drame, dans lequel différents fils dramatiques s'unissent dans une polyphonie complexe et harmonieuse (le plein épanouissement de l'amour d'Eva et Walther, le renoncement de Sachs et l'apogée du bonheur terrestre de l'apprenti David et de la nourrice Magdalena). On relève ici une singulière analogie entre le thème du quintette et celui de la *Siegfried-Idyll* (→ *Siegfried*, acte III, *N 65*). *N 36* *Gy. K.*

33. Thème de la fête (ouverture)

34. Fugue de la scène de bagarre

35. Chant choral

36. Quintette (Eva-Magdalene-Walter-Sachs-David)

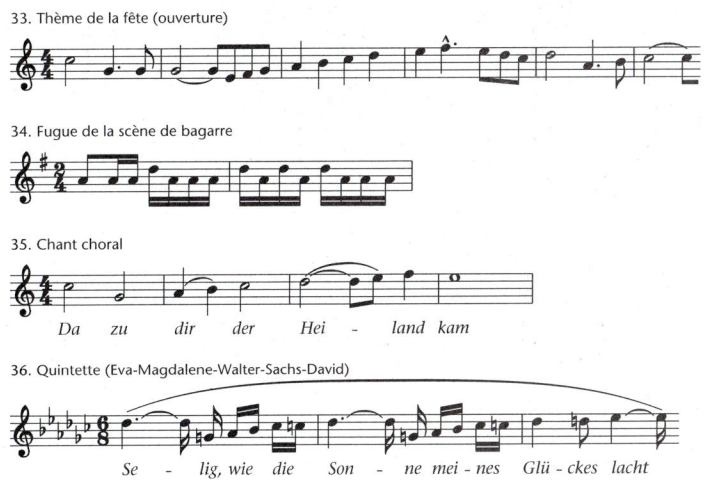

Interprétations

Il n'existe pas d'autre opéra de Wagner ayant fait l'objet d'interprétations aussi différentes que sa pièce la plus populaire et la plus réaliste *Die Meistersinger von Nürnberg*. À deux reprises, le compositeur lui-même s'est attelé à l'interprétation de son œuvre. De son texte *Programmatische Erläuterung zum Vorspiel der Oper* (1863), trois réflexions ressortent particulièrement. D'abord, l'intention historisante de dévoiler des formes d'art dépassées : « *leges tabulaturae*, les lois antiques et soigneusement dépassées d'une forme poétique dont le contenu avait disparu depuis longtemps ». (Cette idée peut être considérée comme le précurseur des courants néostylistiques tellement appréciés par la suite, au cours du XXe siècle.) Ensuite, l'idéalisation du « personnage véritablement populaire d'Hans Sachs », l'utopie romantique, projetée dans le passé, d'une identité faite de grand art et de folklore : « ses propres lieder l'accueillent dans la bouche du peuple ». En troisième lieu, la représentation du conflit d'artistes et de sa solution (« le chant d'amour résonne avec les chansons de maître : pédanterie et poésie sont réconciliés »). Au centre du « commentaire du prélude pour le troisième acte » (1869), l'interprétation du conflit intérieur de Sachs et les explications sur la nature de ses rapports avec la jeune Eva. Wagner estime que Sachs fait sentir sa résignation dès l'acte II, dans la troisième strophe du chant du cordonnier. « Cette plainte dissimulée, Eva l'a comprise et son cœur en a été tellement transpercé qu'elle a voulu fuir uniquement pour ne plus entendre ce chant apparemment si gai », écrit Wagner. Effectivement, Eva dit après la chanson du cordonnier « avec une grande émotion » : « Le chant me cause de la douleur, je ne sais comment ! » Dans le texte explicatif de 1869, Wagner représente de manière exemplaire l'élément poétique dans le personnage d'Hans Sachs. Il souligne le fait que, dans le prélude de l'acte III, les cordes « reprennent certains traits du véritable chant des cordonniers, comme lorsque l'homme levait son regard de son atelier et se perdait en tendres rêveries. »

Die Meistersinger von Nürnberg, croquis de décor de Ludwig Sievert pour la mise en scène de Rudolf Hartmann, direction musicale : Clemens Krauss, Munich, 1943 (TWS).
La prairie de fête en 1943 ; les tribunes, les hauts mâts porte-drapeau et la perspective étendue à l'infini révèlent qu'en Allemagne, à l'époque de cette représentation, on ne rêverait pas seulement dans le finale des *Meistersinger* le « gracieux art allemand ».

Ci-dessus
Die Meistersinger von Nürnberg, croquis de décor de l'atelier Franz Gruber, Vienne, 1909 (TWS).
La prairie de fête en 1916 : la lisière de la forêt, le ruisseau et la tente donnent une intériorité à l'atmosphère de fête.

Prenez garde !

Lorsque Wagner, le 28 janvier 1867, en arriva à l'allocution finale de Sachs, il eut des scrupules dramaturgiques sur la fonction de ce grand discours. Au bout du compte, Wagner ne supprima pas ce passage tellement discuté – mieux, il y ajouta une nouvelle strophe : « Prenez garde ! De vilaines menaces pèsent sur nous : si le peuple et l'empire allemands s'effondrent un jour, sous une fausse domination des romans, si aucun prince ne comprend plus son peuple, la mollesse et la futilité romanes s'implanteront dans le pays allemand. Ce qui est allemand et vrai, personne ne le saurait plus, si cela ne vivait pas dans l'honneur des maîtres allemands. » Ces vers, tout comme les traités de Wagner, parus en 1867-1868 sur *Deutsche Kunst und deutsche Politik*, sont sans aucun doute des témoignages de la peur et de la résignation politique de la bourgeoisie allemande après l'écrasement des mouvements de libération de 1848-1849. C'est Hugo von Hofmannsthal qui a le mieux résumé l'exaltation germanique, historique, nationale et populaire des *Meistersinger* dans ses propos sur Nuremberg : « Cet ensemble urbain, tel qu'il se dressait encore, intact, dans les années trente, ne reflétait pas seulement l'univers intellectuel, spirituel et existentiel de la bourgeoisie allemande vers 1500, mais le ramenait vraiment à la vie : c'était l'une des expériences décisives du romantisme (...). C'est cela qui donne à cet opéra son indestructible réalité : il ranime un monde véritable et cohérent qui a existé autrefois. »

Gy. K.

Die Meistersinger von Nürnberg, personnages d'apprentis d'Heinrich Lefler pour la dernière scène, Vienne, 1909 (TWS).
« Silentium ! Silentium ! Ne pas parler ni fredonner ! » La grande scène populaire offre à Wagner une occasion unique de faire aussi entendre des voix d'enfants. Dans le reste de son œuvre, l'enfant n'apparaît en effet jamais comme personnage dramatique sur la scène de l'opéra.

Das Rheingold, croquis de décor (détail) pour le Walhalla de Kurt William Kempin, Darmstadt, 1906 (TWS).
Le château divin du Walhalla, situé sur une hauteur inaccessible. Les excursions dans les Alpes pendant son exil suisse ont certainement inspiré à Wagner cette vision. Il a composé l'ensemble de → *Das Rheingold* en Suisse.

Ouverture au thème héroïque allemand

Dans la revue que Robert Schumann fonda et rédigea jusqu'en 1844, la *Neue Zeitschrift für Musik*, on présentait l'arrivée d'un artiste qui ferait monter sur scène l'esprit national et la mythologie allemande. En juin 1837 parut un article qui n'échappa pas à l'attention de Wagner, alors âgé de 24 ans : « Presque plus profondément encore que ces trésors d'un peuple étranger, ce sont nos traditions populaires qui s'adressent à nous (…). Seul l'art sonore peut ici dénouer le miracle (…). *Das Rotkäppchen*, la *Lorelei*, *Held Siegfried* sont des poèmes qui n'attendent que l'artiste, celui qui les réveillera pour revenir à la vie sous une forme rajeunie, comme ces vieilles images de légendes. » En 1844, l'esthète Friedrich Theodor Vischer recommanda que l'on fasse de « la légende des Nibelungen le livret d'un grand opéra héroïque » (in : *Kritische Gänge*). Mais comment ? « Les héros homériques peuvent parler, ils ne sont pas de cette dureté laconique et condensée qui fait les vieux héros allemands (…). Que l'on donne à ces hommes de fer, à ces femmes géantes l'éloquence qu'exige le drame (…) et ils seront soulevés (…). La musique exige des motifs simples, une action simple, la musique captive la sensation lorsque l'on s'adresse à elle de toute part (…). Le *Chant des Nibelungen* semble avoir été fait pour l'opéra. »

Toute une bibliothèque : les sources

Pendant les préparatifs de → *Lohengrin* (au milieu des années 1840), Wagner avait déjà travaillé sur la littérature du Moyen Âge. Le catalogue de sa bibliothèque de Dresde prouve l'ampleur et l'immense profondeur de ses études mythologiques, littéraires et philosophiques sur les Nibelungen. On trouve dans cette bibliographie pas moins de 28 œuvres. Les principales étaient des chants de l'*Edda* ancienne ou *Edda de Seamund* (mythologie islandaise), des poèmes et chants mythologiques scandinaves, *Heimskringla* (sagas des rois de Norvège), la saga de la *Volsunga*, la *Wilkinasaga* et la *Niflungasaga*, mais aussi la *Deutsche Mythologie* de Jacob Grimm, *Die Deutsche Heldensage* de Wilhelm Grimm, *Das deutsche Heldenbuch* (édition revue par Simrock), *Das*

Nibelungenlied (Simrock), *Der Nibelungen Noth und Klage* (Karl Lachmann, éd.).
À partir de ces sources très diverses, Wagner a créé sa propre « mythologie de l'humanité ».

La genèse
L'œuvre a débuté par sa conclusion. Wagner commença par écrire le livret d'un grand opéra héroïque, *Siegfrieds Tod*, la version originelle de ce qui devint → *Die Götterdämmerung* (28 novembre 1848). Ensuite, après avoir ajouté un prélude (scène des Nornes, Siegfried et Brünnhilde dans la chambre de roche, 24 juin 1851, → *Die Götterdämmerung*), il résuma en une seule action l'histoire du jeune Siegfried (→ *Siegfried*). Cinq mois plus tard, il rédigea le premier brouillon en prose pour → *Das Rheingold*, auquel succéda immédiatement l'ébauche de → *Die Walküre*. Mais cette succession est trompeuse. Avant que Wagner n'ait écrit le moindre mot pour *Siegfrieds Tod*, il avait déjà rédigé dans une version en prose la conception de toute la tétralogie (*Der Nibelungen-Mythus*, 20 octobre 1848). Désormais, il fallut près de 26 ans pour qu'il puisse écrire, sous la dernière mesure de la partition de → *Die Götterdämmerung* : « Je n'en dis pas plus. »

Contexte social et réforme du drame
À l'époque où il rédigea la conception d'ensemble de l'œuvre, Wagner était un pauvre Hofkapellmeister livré aux conditions sociales injustes d'une vie théâtrale féodale et capitaliste. La révolution de 1848 l'entraînant, il prit part au soulèvement de Dresde, écrivit des articles anticléricaux et présocialistes. Après l'écrasement de la révolution, il fut sous le coup d'un mandat d'amener et se réfugia en Suisse, d'où il ne put revenir qu'en 1860. Même en exil, il n'abandonna pas ses idées révolutionnaires : « si l'œuvre d'art grecque englobe l'esprit d'une belle nation, l'œuvre d'art de l'avenir doit concevoir l'esprit de l'homme libre par-delà toutes les barrières de la nationalité », écrivit-il dans son article *Die Kunst und die Revolution* (Zurich, 1849). Pendant la longue histoire de l'avènement de la tétralogie, il demeura fidèle aussi bien à ses intentions artistiques qu'à ses projets de Festspielhaus (→ Wagner, Bayreuth : interprétations et idéologies). Au niveau esthétique et philosophique, il déploya cette idée fondamentale dans son œuvre théorique centrale, *Oper und Drama* (Opéra et drame, 1850-1851).

Pourquoi une transformation de l'idée générale ?
Dans son projet original, Wagner avait assigné à Siegfried le rôle central de la tétralogie. Ce héros sans peur devait détruire une société empoisonnée par l'or et la violence et proclamer une nouvelle société fondée sur l'amour. Mais lorsqu'il commença à travailler sur cette œuvre, il constata que cette idée était une utopie. Après l'écrasement de la révolution, le héros du futur (Siegfried) était mort dans l'esprit de Wagner. Désormais, ce fut le dieu Wotan, considéré par Wagner comme le seul responsable du déclin, qui prit la première place. Le personnage de Wotan représente l'ancien ordre du monde marchant irrésistiblement vers son effondrement. Le dieu est ainsi devenu le personnage principal du drame. Son péché, fruit de la quête du pouvoir et du manque d'amour, et la découverte tragique du fait qu'il n'est pas capable de retenir et d'empêcher le déclin du monde ont transformé le drame héroïque optimiste en une élégie du pessimisme et de la résignation. Tant que progressera le « déclin de l'Occident », le plus grand opéra de Wagner demeurera actuel (→ Bayreuth : interprétations et idéologies).   S. N.

Die Götterdämmerung, croquis de décor de Max Brückner pour la dernière scène, Bayreuth, 1896 (TWS).
Der Ring des Nibelungen est la plus grande entreprise artistique jamais menée dans l'histoire de l'opéra. Il est rare qu'un auteur soit parvenu à mener jusqu'au bout ses idées de réforme, à faire construire un théâtre spécial, à susciter l'enthousiasme durable des mécènes et du public. Dans la réalité, le monde qu'il représente a effectivement basculé dans la catastrophe, mais l'œuvre a vaincu.

Die Walküre, Birgit Nilsson dans le rôle de Brünnhilde, Bayreuth, vers 1960.
Birgit Nilsson fut l'une des plus grandes cantatrices de l'après-guerre à Bayreuth. Elle a également interprété Isolde (→ *Tristan und Isolde*) et Elsa (→ *Lohengrin*). Le masque du visage souligne à lui seul les traits humains de Brünnhilde.

Who is who?

Alberich: gnome maléfique, chef des Nibelungen (*Das Rheingold, Siegfried*/II, *Die Götterdämmerung*/II)
Brünnhilde: Walkyrie, fille de Wotan et d'Erda, épouse de Siegfried (*Die Walküre*/II-III, *Siegfried*/III, *Die Götterdämmerung*/prologue, I-III)
Donner: dieu, force élémentaire (*Das Rheingold*)
Dragon: forme terrifiante prise par Fafner; c'est sous cette forme qu'il garde le trésor des Nibelungen
Erda: créature naturelle et force élémentaire (*Das Rheingold, Siegfried*/II)
Fafner: géant (*Das Rheingold*; sous forme d'un dragon: *Siegfried*/II)
Fasolt: géant (*Das Rheingold*)
Filles du Rhin (Woglinde, Wellgunde, Flosshilde): créatures élémentaires (*Das Rheingold, Die Götterdämmerung*/III)
Freia: déesse de l'amour et de l'éternelle jeunesse (*Das Rheingold*)
Fricka: déesse, protectrice du mariage, épouse de Wotan (*Das Rheingold, Die Walküre*/II)
Froh: dieu, frère de Donner et de Freia (*Das Rheingold*)
Gunther: roi des Gibichungen, frère de Gutrune (*Die Götterdämmerung*/I-III)
Gutrune: sœur du roi des Gibichungen, Gunther (*Die Götterdämmerung*/I-III)
Hagen: fils d'Alberich, demi-frère de Gunther et de Gutrune (*Die Götterdämmerung*/I-III)
Hunding: époux de Sieglinde, descendant des géants (*Die Walküre*/I-II)
Loge: demi-dieu, puissance élémentaire, conseiller de Wotan, incarnation du feu (sous forme humaine: *Das Rheingold*; sous forme de feu: *Die Walküre*/III, *Siegfried*/I, III, *Die Götterdämmerung*/III)
Mime: gnome maléfique, Nibelung, frère d'Alberich, maître forgeron, père adoptif de Siegfried (*Das Rheingold, Siegfried*/I-II)
Nornes: déesses du destin (*Die Götterdämmerung*/prélude)
Oiseau de la forêt: incarnation des forces naturelles favorables à l'homme, donne à Siegfried des conseils importants (*Siegfried*/II)
Siegfried: fils des enfants de Wotan, Siegmund et Sieglinde, héros sans crainte de la lignée des Wälsungen, époux de Brünnhilde et de Gutrune (*Siegfried*/I-III, *Die Götterdämmerung*/prologue, I-III)
Sieglinde: sœur jumelle et amante de Siegmund, fille de Wotan, de la lignée des Wälsungen, mère de Siegfried (*Die Walküre*/I-III)
Siegmund: frère jumeau et amant de Sieglinde, fils de Wotan, de la lignée des Wälsungen, père de Siegfried (*Die Walküre*/I-II)
Walkyries (Brünnhilde, Gerhilde, Ortlinde, Waltraute, Schwertleite, Helmwige, Siegrune, Grimgerde, Rossweisse): filles de Wotan et d'Erda (*Die Walküre*/III)
Waltraute: Walkyrie (*Die Götterdämmerung*/I)
Wanderer (le promeneur): personnage adopté par Wotan lorsqu'il ne peut plus maîtriser les événements (*Siegfried*/I-III)
Wotan: chef des dieux, père de Brünnhilde, Siegmund et Sieglinde, grand-père de Siegfried (*Das Rheingold, Die Walküre*/II, III; sous les traits du wanderer: *Siegfried*/I-III)

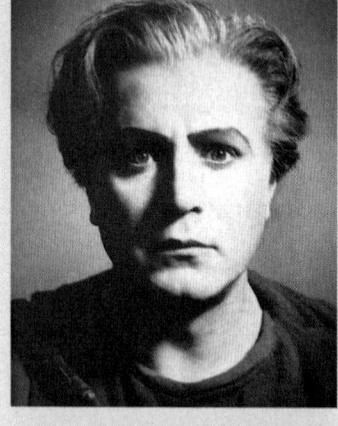

Ci-dessus au centre
Ramon Vinay dans le rôle de Siegmund, Bayreuth, 1953.

Ci-dessus en bas
Gré Brouwenstijn dans le rôle de Sieglinde, Bayreuth, 1956.
Deux visages en proie à la souffrance et à l'amour, pris dans la longue histoire de l'interprétation du Festival de Bayreuth: le frère et la sœur de la lignée des Wälsungen sont les plus humains parmi les héros de la tétralogie. Leur destin bref et tragique leur permet simplement de profiter d'une nuit de félicité.

Die Walküre, Hans Hotter dans le rôle de Wotan, Bayreuth, 1953.
Hans Hotter dans sa plus grande incarnation. Ayant abordé le rôle dès les années trente, Hans Hotter fut l'indispensable Wotan de Bayreuth dans les années cinquante. Il reste de ses représentations (dirigées par H. Knappertsbusch, C. Krauss ou J. Keilberth) de magnifiques témoignages discographiques.

À gauche
Das Rheingold, les filles du Rhin (Herta Töpper, Hanna Ludwig et Erika Zimmermann), Bayreuth, 1952.
Après la guerre, on donna pendant un certain temps au Festspielhaus des comédies musicales pour les soldats américains. Les filles du Rhin font donc aussi penser aux girls de Broadway.

Symboles et attributs

Anneau (le Ring): Symbole de la toute-puissance dans le monde. Alberich s'en empare en acceptant de renoncer à l'amour et en volant l'or du Rhin, dans lequel il forge un anneau. Lorsque Wotan lui vole l'anneau, il maudit tous ceux qui, désormais, le posséderont. (Dans la tétralogie, l'anneau passe par les personnages suivants: filles du Rhin – Alberich – Wotan – Fafner – Siegfried – Brünnhilde – Siegfried – filles du Rhin.)

Corbeaux: Oiseaux de Wotan, présages de la mort (*Die Götterdämmerung*/III).

Épée (Nothung): Une arme plantée dans un tronc de frêne, destinée par Wotan à son fils Siegmund. Symbole du courage héroïque des Wälsungen. Après que Wotan lui-même a été forcé de détruire son arme personnelle, le maître forgeron Mime a tenté, mais en vain, de ressouder les deux parties de l'épée. Seul Siegfried parvient à forger une nouvelle épée, Nothung, à partir des morceaux.

Grane: Cheval de Brünnhilde. Symbolise le goût du combat de Brünnhilde et son lien avec la nature (*Die Walküre, Siegfried, Die Götterdämmerung*).

Tarnhelm: Ouvrage réalisé par Mime. Le détenteur de ce casque de camouflage peut se rendre invisible et apparaître sous n'importe quelle forme. Symbolise aussi la tromperie et le mensonge. (*Das Rheingold, Die Götterdämmerung*/I-II).

Lance: Attribut de Wotan, à la fois symbole et arme, tiré du frêne universel, garant de l'ordre du monde par les pactes et les lois. Hunding combat lui aussi avec la lance (*Die Walküre*/II). Hagen tue Siegfried par traîtrise avec la lance (*Die Götterdämmerung*/III). La lance de Wotan brise l'épée de Siegmund, Nothung (*Die Walküre*/II), l'épée de Siegfried, Nothung, brise la lance de Wotan (*Siegfried*/III).

Marteau: Attribut du dieu Donner, instrument destiné à déchaîner les forces naturelles (*Das Rheingold*).

Or du Rhin: À l'origine, élément de la nature conservé par les filles du Rhin dans les profondeurs du fleuve.

Pommier d'or: Pousse dans le jardin divin, entretenu par Freia. Ses fruits donnent aux dieux une force vitale immortelle et la jeunesse perpétuelle (*Das Rheingold*).

Walhalla: Château bâti au-dessus des nuages par les géants pour la famille de Wotan, destiné à être le siège et le symbole des dieux.

Épisodes musicaux et dramatiques significatifs

Das Rheingold
Du fond du Rhin (prélude orchestral)
Salut de Wotan au Walhalla (« L'œuvre éternelle est achevée. », scène 2)
Nibelheim: la forge (scène 3)
Malédiction d'Alberich (« Suis-je libre à présent? », scène 4)
Mise en garde d'Erda (« Cède, Wotan, cède! », scène 5)
Entrée des dieux au Walhalla (« Au château mène le pont », scène 4)
Chant final de Wotan (« Au soir rayonne l'œil du soleil », scène 4)

Die Walküre
Récit de Siegmund (« Mon père m'a promis une épée », acte I, scène 3)
Chant d'amour Siegmund-Sieglinde (chant du printemps: « Les tempêtes hivernales ont laissé place au mois de mai », acte I, scène 3)
Annonce de la mort (« Siegmund! Regarde moi », acte II, scène 4)
Chevauchée des Walkyries (« Hojotoho! Heiaha! » acte II, scène 1)
Adieux de Wotan (« Longue vie, ô enfant téméraire et superbe », acte III, scène 3)
Enchantement du feu (« Loge, écoute! », acte III, scène 3)

Siegfried
Chant de l'épée de Siegfried (« Nothung! Nothung! Gracieuse épée », acte I, scène 3)
Chant de la forge de Siegfried (« Hoho! Hoho! Forge, mon marteau, une dure épée », acte I, scène 3)
Murmure de la forêt (« Qu'il n'est pas mon père », acte II, scène 2)
Plainte d'Erda (« Mon esprit se trouble depuis que je suis éveillée », acte III, scène 1)
Chant du destin de Wotan (« Tu n'es pas ce que tu crois être », acte III, scène 1)
Éveil de Brünnhilde (« Salut à toi, soleil! Salut à toi, lumière! », acte III, scène 3)
Salut amoureux de Brünnhilde (« Siegfried! Siegfried! Bienheureux héros », acte III, scène 3)

Die Götterdämmerung
Scène des Nornes (« Quelle lumière brille là-bas? », prélude)
Aube et chant de Brünnhilde (« Vers de nouveaux actes, chers héros », prélude)
Traversée du Rhin par Siegfried (prologue)
Chant de garde de Hagen (« Ici je monte la garde », acte I, scène 2)
Mort de Siegfried (« Brünnhilde! Sainte épouse », acte III, scène 2)
Marche funèbre (Transport de la dépouille de Siegfried, acte III, scène 2)
Immolation de Brünnhilde (« Empilez de fortes bûches au bord du Rhin », acte III, scène 3)

S. N.

À gauche
Die Walküre, Hans-Peter Scheidegger (Wotan) et les Walkyries, mise en scène: Michael Heinicke, direction musicale: Oleg Caetani, Städtisches Theater de Chemnitz, 1997.

Ci-dessus en haut
Der Ring des Nibelungen, Alberich, carte postale de personnage en costume, Bayreuth, vers 1900.
Un nain chevelu et répugnant: c'est ainsi que le caractérisent les filles du Rhin.

Ci-dessus au centre
Die Walküre, Hunding (Ludwig Hofmann), Bayreuth, vers 1950.
Le casque et la mimique symbolisent le seuil entre l'ancienne et la nouvelle Bayreuth.

Ci-dessus en bas
Der Ring des Nibelungen, Alberich (Gustav Neidlinger), Bayreuth, 1953.
Une créature en souffrance, à laquelle l'amour est interdit.

Der Ring des Nibelungen

L'Anneau du Nibelung

Bühnenfestspiel (festival scénique) en trois journées et un prologue

Prologue : ***Das Rheingold*** (L'Or du Rhin)
En un acte

Das Rheingold, Helene Schneiderman (Flosshilde), Catriona Smith (Woglinde) et Maria Theresa Ullrich (Wellgunde), mise en scène : Joachim Schlömer, décors et costumes : Jens Kilian, direction musicale : Lothar Zagrosek, Württembergisches Staatstheater de Stuttgart, 1999.

Livret : Richard Wagner
Création : le 22 septembre 1869 à Munich (Hoftheater)
Personnages : dieux et déesses : Wotan (basse), Fricka (sop.), Freia (sop.), Erda (alto), Donner (basse), Froh (tén.), Loge (tén.) ; Nibelungen : Alberich (basse), Mime (tén.) ; géants : Fafner (basse), Fasolt (basse) ; filles du Rhin : Woglinde, Wellgunde, Flosshilde (3 sop.)

Argument

Dans l'univers et l'éternité mythologiques. Les filles du Rhin s'ébattent dans le Rhin et protègent son trésor. Le Nibelung Alberich veut s'accoupler avec elles, mais elles le chassent et se moquent de lui. Il maudit alors l'amour et vole le trésor aux filles du Rhin, car celui qui s'empare de l'or et le fait fondre pour forger un anneau est doté d'une force illimitée. Jadis, pour pouvoir maîtriser tout le savoir et le monde, le dieu Wotan avait coupé une branche du frêne universel. De la même manière qu'Alberich forge un anneau avec l'or, Wotan avait fabriqué avec la branche une lance dans le bois de laquelle il avait gravé les textes des lois et des pactes, devenant ainsi le gardien de l'ordre du monde. Alberich et Wotan paient un prix élevé pour leur vol : Alberich a dû renoncer à l'amour, Wotan à un œil. L'injustice engendre l'injustice. Wotan s'est fait construire par les géants le château divin du Walhalla et leur a promis Freia en salaire. Mais sans Freia, les dieux deviendraient vieux. Suivant le conseil de Loge, il leur promet donc l'or et l'anneau du Nibelung. Le trésor du Nibelung Alberich est volé par la ruse et la violence ; celui-ci maudit son anneau. On donne aux géants le poids de Freia en or ; Wotan doit aussi abandonner la bague. Les géants se disputent leur part et Fafner tue son frère Fasolt : la malédiction d'Alberich agit. Après avoir déclenché une tempête pour décharger les tensions accumulées, les dieux empruntent le pont en arc-en-ciel pour entrer au Walhalla. Dans les profondeurs, les filles du Rhin pleurent l'or qu'on leur a volé.

Tableau 1
Les profondeurs du Rhin. Les filles du Rhin jouent dans les flots et font miroiter l'or du Rhin à Alberich. Celui-ci leur demande de lui accorder leurs faveurs, mais elles le repoussent. Le gnome maléfique arrache alors le métal à l'eau et renonce à l'amour.

Tableau 2
Une région dégagée sur les hauteurs des montagnes, près du Rhin. Wotan et Fricka se disputent à propos du Walhalla que les géants Fafner et Fasolt ont édifié : le prix du château est trop élevé. Wotan appelle Loge au secours ; celui-ci lui conseille de proposer aux constructeurs du Walhalla le trésor des Nibelungen. Les géants acceptent cette contrepartie, mais commencent par prendre Freia en gage. Pour s'emparer de l'or, Wotan se rend à Nibelheim. Loge l'accompagne.

Tableau 3
Les gorges souterraines de Nibelheim. Les Nibelungen sont les esclaves d'Alberich ; ils travaillent pour lui jour et nuit. Son frère, le maître forgeron Mime, a réalisé un anneau qui confère la toute-puissance et un casque de camouflage qui rend invisible. Alberich dispose ainsi du pouvoir et de la faculté de tromper (le casque lui permet en outre d'adopter n'importe quelle apparence). Par Mime, le bavard, Wotan et Loge apprennent l'histoire de l'anneau et du casque. Alberich fanfaronne avec ses trésors et se transforme en un gigantesque dragon ; provoqué par le malin Loge, il montre ensuite qu'il peut aussi se transformer en crapaud. Les dieux n'ont alors aucun mal à s'emparer d'Alberich. Ils sont ainsi devenus les maîtres de Nibelheim et remontent à la lumière du soleil avec le gnome soumis.

Tableau 4
Une région dégagée sur les hauteurs des montagnes. Les esclaves d'Alberich doivent monter tout le trésor des Nibelungen. Loge y ajoute le casque. Mais Wotan vole l'anneau à Alberich. Celui-ci maudit la bague et tous ses propriétaires. Freia est libérée contre son poids en or. Il ne manque que la bague pour que le prix d'achat soit rassemblé, mais Wotan ne veut pas la céder. C'est seulement lorsque Erda, l'omnisciente, explique que les dieux aussi sont soumis au destin inexorable de tout ce qui existe, au devenir et à la disparition éternels, et prédit que l'anneau accélérera la fin, que Wotan renonce à l'objet. La malédiction d'Alberich s'accomplit sur les géants : Fafner tue Fasolt après une dispute pour le trésor. Tempête et arc-en-ciel. Les dieux se hâtent d'entrer au Walhalla, ce logis chèrement acquis. On entend la plainte des filles du Rhin, que nul n'écoute.

S. N.

La patrie originelle

Au début était l'eau, affirme la mythologie wagnérienne. Wagner a ressenti cet état original le 5 septembre 1853, lors d'une sieste : « Je sombrai dans une sorte d'état de somnambule, dans lequel j'eus soudain la sensation de tomber dans une eau furieuse. Son bouillonnement se présenta bientôt à moi sous forme de l'accord en mi bémol majeur, qui ondulait irrésistiblement avec une réfraction figurée... » N 37

Cette vision musicale fut ultérieurement enrichie par le cor (symbole de la nature). Lors de l'apparition des filles du Rhin, un nouvel élément musical s'ajoute à la ligne chantée : le pentatonisme. Le langage sonore des filles du Rhin, leur « Weia ! Waga ! Roule, ô vague », renvoie lui aussi à la naissance, à la genèse, à l'origine, à un commencement mythique. N 38

Dans le domaine stylistique de l'éveil de la nature, on trouve aussi les images musicales de l'or qui repose depuis des temps immémoriaux dans les profondeurs du Rhin N 39, la vision du jardin où mûrissent les pommes d'or de Freia N 40, de l'orage, avec le dieu Donner brandissant son marteau N 41 et de l'arc-en-ciel N 42, que Froh et le soleil vespéral déploient au-dessus de la vallée jusqu'au Walhalla.

Gy. K.

À gauche
Das Rheingold, les filles du Rhin avec (de g. à dr.), Joyce Guyer, Jane Turner et Sarah Fryer, mise en scène : Alfred Kirchner, direction musicale : James Levine, Festival de Bayreuth, 1996.
Les filles du Rhin en sirènes dernier cri.

Das Rheingold, croquis de décor de l'atelier Franz Moser, Innsbruck, 1911 (TWS).
Dans les profondeurs du Rhin. Les filles du Rhin s'amusent encore tranquillement avec leur jouet, l'or du Rhin. Alberich (en bas à gauche) les regarde avec avidité.

Das Rheingold, portrait en costume de Wotan, Bayreuth, vers 1876 (TWS). Selon le récit de Sieglinde, c'est ainsi que Wotan est apparu parmi les invités de la noce, afin de planter, pour son fils Siegmund, l'épée dans le tronc d'un frêne (« un vieillard en habit gris, le chapeau profondément enfoncé, il lui couvre un œil, mais le rayonnement de l'autre a fait peur à tous »).

Das Rheingold, Günter von Kannen dans le rôle d'Alberich, mise en scène : Harry Kupfer, décors : Hans Schavernoch, direction musicale : Daniel Barenboim, Festival de Bayreuth, 1988.
Alberich n'est pas au premier abord le mal, mais un homme que les filles du Rhin ont vexé, puis raillé et chassé ; Wotan lui a ensuite volé son anneau si chèrement acquis, si bien qu'il n'est plus gouverné, au bout du compte, que par la haine et la vengeance.

Wotan et Alberich

Selon une théorie de Jacob Grimm, grand chercheur sur la mythologie allemande et les légendes héroïques au XIXe siècle, Alberich, le gnome maléfique, tout comme Wotan, le dieu lumineux, se sont rendus coupables en se lançant dans une quête égoïste du pouvoir. C'est cette idée qui a incité Wagner à représenter en miroir le Nibelung et le dieu. Tous deux commettent un vol pour obtenir l'anneau, tous deux se cramponnent convulsivement à la puissance qui s'exprime à travers l'anneau. Ce parallélisme, Wagner l'a créé en établissant une étroite parenté entre le motif de l'anneau N 43 et celui du Walhalla. N 44 Musicalement, le Walhalla est placé sous le signe du mi bémol majeur, le Nibelheim en si bémol mineur. On ne peut donc guère douter que le si bémol mineur représente pour Wagner le royaume des ombres du Walhalla. Cette unité contradictoire des deux royaumes transparaît aussi dans la caractérisation d'Alberich et de Wotan. Le maître du Nibelheim est fréquemment nommé « le noir Alberich » et l'on donne une fois à Wotan le nom de « gnome lumineux ». Le motif du renoncement est décisif pour l'évaluation d'Alberich et de Wotan. Manifestement, Wotan est au début le héros positif, Alberich le héros négatif. Le dieu donne des lois au monde et protège l'ordre avec sa lance. En revanche, Alberich est celui qui exploite son peuple. Mais que veut réellement Alberich ? Il renonce à l'amour parce que la nature (incarnée par les filles du Rhin) lui refuse toute satisfaction. Le pouvoir de l'anneau doit lui procurer un succédané d'amour. (« Si je n'ai pu obtenir l'amour par la force, par la ruse, obtiendrai-je le plaisir ? ») À Nibelheim aussi, au sommet de son pouvoir, il envie les dieux pour leur belle vie et leur puissance. Ne pouvant apaiser son désir de plaisir, il maudit le monde et lui souhaite l'absence d'amour. (« De même que j'ai renoncé à l'amour, vous devrez renoncer à tout ce qui vit : amadoués avec de l'or, vous n'aspirerez plus qu'à l'or. »)

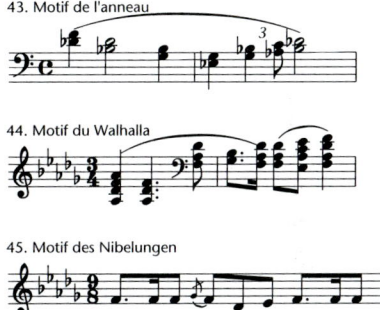

Dans le portrait que fait Wagner de Wotan, on ne trouve pas, en revanche, le signe de l'amour. Même dans la plénitude du pouvoir, Alberich ne peut oublier la mélodie d'amour de Wellgunde, la fille du Rhin. Si Wotan n'avait pas été contraint par la loi naturelle, il aurait sacrifié Freia, la déesse de l'amour, pour accéder au règne absolu. Dans la représentation de Wagner, Wotan est avide de pouvoir. Ses premiers mots le trahissent : « La porte et le portail protègent pour moi la salle bienheureuse du plaisir : l'honneur de l'homme, le pouvoir éternel s'élèvent vers la gloire infinie ! » Lorsque le récit de Loge lui fait comprendre l'importance de l'anneau, il veut aussitôt l'avoir en sa possession et oublie les filles du Rhin auxquelles, en tant que gardien de l'ordre du monde, il devrait rendre l'or volé. Mais plus tard, lors de sa confrontation avec Alberich, il invoque, démagogique, les filles du Rhin pour justifier sa rapine aux yeux du nain. Lorsque les géants pèsent le poids de Freia en or, il oublie le reste du monde, perdu dans la contemplation de l'anneau. Lorsqu'il comprend qu'il va aussi devoir donner la bague en échange de Freia, il exprime, au pied du mur, ses pensées les plus secrètes : « Laissez-moi en paix : je ne donnerai pas la bague ! » Tous sont consternés. Wotan, furieux, se détourne d'eux. Cet instant est l'un des points les plus bas dans la vie de Wotan. Son avidité de pouvoir est telle qu'il est prêt, pour obtenir le pouvoir absolu, à sacrifier l'ordre du monde qu'il a lui-même créé.

Nibelheim

La vision musicale de Nibelheim est aussi violente que celle du Rhin ou du Walhalla. Wagner, au début de la scène, fait résonner pendant 60 mesures une note naturelle (le fa) et répète 24 fois, sans modification, le motif de la forge des Nibelungen, exprimant la monotonie de ce lourd travail forcé dans les gorges souterraines. N 45 Apocalypse de la classe ouvrière ? Pendant que Wagner conçoit en exil *Der Ring des Nibelungen*, Karl Marx, lui aussi exilé, écrit son livre sur l'essence du capitalisme (*Le Capital*) dont le premier volume paraît en 1867, deux ans avant la création de *Das Rheingold*. (Wagner et Marx sont tous deux morts en 1883.)
Le motif est accompagné par les martèlements de la forge. Une occurrence précoce et, en son temps, audacieuse, de la musique concrète et répétitive.

Gy. K.

Das Rheingold, Alberich maudit l'anneau, illustration de Franz Stassen, Berlin, 1914 (TWS).
En forgeant l'anneau, Alberich a détourné l'or du Rhin de son état naturel. À l'aide de cet anneau, il a soumis les Nibelungen à son propre pouvoir. Mais la source de la puissance de la bague est la malédiction de l'amour. Le renoncement d'Alberich est une sorte d'automalédiction, une destruction de sa propre nature, de l'humain qui sommeille en lui. Sa deuxième malédiction, après que Wotan lui a ravi l'anneau, s'applique à tous ceux qui, désormais, porteront la bague. Avec la malédiction et le geste d'Alberich commence la destruction de la nature (au centre). L'ordre du monde a été transgressé, les Nornes (en haut) ne peuvent plus continuer à tresser le fil du temps. Erda disparaît sous le frêne universel dans un profond sommeil cosmique (en bas).

Wotan et Erda

Erda, qui s'élève dans une lueur bleuâtre hors de la ravine rocheuse, est par son nom une force élémentaire; par son motif musical, elle appartient à l'eau (le thème du Rhin revient ici, non pas en mi bémol majeur, mais en do dièse mineur N 39). Cela pourrait signifier qu'elle est le sens divin de Wotan, contraint au silence et s'élevant désormais jusqu'à son seuil de conscience, peut-être son instinct le reliant à la nature. Le do dièse mineur, n'est pas en effet apparenté au mi bémol majeur; il est plutôt la tonalité nocturne du château du Walhalla, de l'illusion de Wotan, de son rêve éveillé. (Ce n'est pas un hasard si l'on trouve aussi dans ce domaine les sonorités caractéristiques des «tubas Wagner», assignés au motif du Walhalla.) N 46

46. Motif d'Erda

C'est par une lettre de Wagner adressée à August Röckel le 25 janvier 1854 que nous connaissons le discours originel d'Erda (*Der Raub des Rheingoldes*, 1852). «Un sombre jour, les dieux connaîtront le crépuscule: ta noble lignée s'achève dans l'infamie si tu n'abandonnes pas cet anneau!» Cette formulation recèle une promesse: si Wotan se débarrasse de l'anneau, la fin (le crépuscule) peut encore être évitée. Dès le début de 1854, Wagner n'était cependant déjà plus satisfait de la prophétie d'Erda: il en changea les paroles et donna ainsi une nouvelle orientation à toute la tétralogie. «Je fais dire désormais à Erda: "Tout ce qui est s'achève: un sombre jour, les dieux connaîtront le crépuscule: je te le conseille, renonce à l'anneau."» Et Wagner ajoute: «Nous devons apprendre à mourir, à mourir au sens le plus complet du mot; la peur de la fin est la source de toute absence d'amour et elle ne se produit que là où même l'amour, déjà, pâlit (...). La malédiction attachée à l'anneau n'est pas levée avant que celui-ci soit redonné à la nature et que l'or ait replongé dans le Rhin. Cela aussi Wodan [sic] ne le reconnaît qu'à la fin, au dernier objectif de sa carrière tragique; ce que Loge lui a expliqué au début, à plusieurs reprises et en termes émouvants, est ce que le dieu avide de pouvoir a le plus négligé. Il a d'abord discerné (avec le crime de Fafner) le seul pouvoir de la malédiction. Il faut attendre le moment où l'anneau doit aussi corrompre Siegfried pour qu'il le comprenne: seule la restitution de l'anneau volé mettra un terme au malheur. Il associe alors la condition de sa propre disparition souhaitée à l'élimination d'une très ancienne injustice. L'expérience est tout.»

Loge

«Tu t'appelles Loge, mais je t'appelle Lüge, le Mensonge», dit Wotan, qui ne peut ni agir ni gouverner sans Loge. Il est son «ministre des Affaires étrangères». Loge – également appelé Loki – est le Lucifer de la tradition mythologique nordique. Il incarne la force luciférienne: pulsions et désirs brûlants, passions enflammées. Loge est le feu de l'esprit: il produit des idées incandescentes. Mais, transformé en feu, il peut tout détruire. Loge n'apparaît que dans *Das Rheingold* sous forme de personnage scénique tangible (en demi-dieu). Dans les trois drames musicaux suivants, nous le rencontrons sous la forme du feu. Son motif est comme sa nature: instable, brillant, scintillant comme le feu. N 47

Das Rheingold, avec (de g. à dr.) Marian Albert (Froh), Georg Tichy (Alberich), Alan Held (Wotan), Livia Budai-Batky (Fricka) et Ronnie Johansen (Donner), mise en scène, décors et costumes: Herbert Wernicke, direction musicale: Sylvain Cambreling, Théâtre Royal de la Monnaie, Bruxelles, 1991.
Das Rheingold considéré comme une sorte de saga familiale. La fameuse scène de la malédiction d'Alberich est pour une fois représentée différemment. Les arguments d'Alberich, son ardeur et ses gesticulations glissent sur la famille de Wotan. Elle a la tête à la fête, elle est prête à entrer au Walhalla, en frac et en haut-de-forme, un mélange de conscience de la faute et de frivolité.

Les pensées de Wotan

Wotan, avec un geste de grand seigneur, mène son épouse Fricka dans le nouveau foyer des dieux. Le soleil brille et un arc-en-ciel miraculeux relie le lointain horizon au Walhalla. Une fin heureuse en apparence : le château est debout, Freia a retrouvé la compagnie des dieux et Alberich est vaincu. Mais l'anneau se trouve quelque part dans le monde. La haine et l'avidité du pouvoir ont empoisonné la vie limpide de l'Eden. Le prix était trop élevé. Wotan est le mieux placé pour le savoir, lui qui s'arrête un instant sur le pont pour réfléchir : « Du matin au soir, dans la peine et la peur, on ne l'a pas conquise dans le plaisir ! La nuit s'approche : qu'elle lui offre un abri face à sa jalousie. » Alors vient au père des dieux une pensée que nous révèle l'orchestre. N 48

C'est le motif qui, dans la deuxième soirée de la tétralogie, dans → *Die Walküre*, accompagne l'épée (Nothung). L'épée appartiendra à un héros qui s'appelle Siegmund et qui est le fils de Wotan. Celui-ci doit reconquérir l'anneau au profit de son père. Par sa propre volonté, mais guidé par son père. Cela pourra-t-il empêcher la fin du monde ? Wotan se berce d'illusions. Il est condamné, avec la lignée des dieux, à disparaître dès son entrée au Walhalla, à la fin de *Das Rheingold*. « J'ai presque honte d'avoir affaire à eux ; j'ai une envie séduisante de me consacrer à nouveau aux flammes ardentes », dit Loge en commentant cette ambiance ambiguë et euphorique. L'avenir lui donnera raison.

Gy. K.

Das Rheingold, avec (de g. à dr.) Margaret Jane Wray (Freia), Frode Olsen (Fasolt), Alan Held (Wotan), Dieter Schweikart (Fafner) et Livia Budai-Batky (Fricka), mise en scène, décors et costumes : Herbert Wernicke, direction musicale : Sylvain Cambreling, Théâtre Royal de la Monnaie, Bruxelles, 1991.
Wotan prive de leur salaire les deux géants qui ont bâti le Walhalla. Ils réclament donc un membre de la famille : Freia. Le divan est une forteresse que l'on défend.

47. Motif du feu (Loge)

48. Motif de l'épée (Nothung)

Der Ring des Nibelungen
L'Anneau du Nibelung

Bühnenfestspiel (festival scénique) en trois journées et un prologue

Première journée : Die Walküre (La Walkyrie)
En trois actes

Livret : Richard Wagner
Création : le 26 juillet 1870 à Munich (Hoftheater)

Personnages : Wotan, père des dieux (basse), Fricka, déesse, épouse de Wotan (sop.), Siegmund et Sieglinde, jumeaux, enfants de Wotan et d'une humaine (tén., sop.), Hunding, époux de Sieglinde (basse), Brünnhilde, Walkyrie, fille préférée de Wotan (sop.) ; autres Walkyries, filles de Wotan, huit sœurs de Brünnhilde : Gerhilde, Ortlinde, Helmwige (sop.), Waltraute, Siegrune, Rossweisse (mezzosop.), Schwertleite, Grimgerde (alto)

Argument
Dans l'univers et l'éternité mythologiques.
Contexte
Wotan, fasciné par l'idée paradoxale qu'un héros libre pourrait reconquérir l'anneau à son profit, le restituer aux filles du Rhin et sauver ainsi les dieux menacés de disparition, a engendré avec une humaine la lignée des Wälsungen. Sous la forme d'un homme-loup (le Wälse), Wotan a donné naissance dans la forêt au couple de jumeaux Siegmund et Sieglinde. Alors que le jeune garçon et son père, Wälse, revenaient un jour de la chasse, ils ont trouvé leur maison brûlée, leur mère abattue et plus aucune trace de Sieglinde. Celle-ci a été enlevée et forcée à se marier avec Hunding, membre d'une lignée hostile. Mais lors de ses noces, un étranger (Wälse-Wotan, le père) est apparu et a planté une épée (Nothung) dans le tronc d'un frêne. Nul n'est encore parvenu à en retirer l'épée.

Acte I L'intérieur du logement d'Hunding.
Scènes 1, 2 et 3 Après une violente tempête, traqué par ses ennemis, un homme étranger et épuisé (Siegmund) cherche refuge dans la maison d'Hunding. Il dit s'appeler Wehwalt (l'élu du malheur) et trouve réconfort auprès de la femme de la maison, Sieglinde, sans que le frère et la sœur ne se reconnaissent. À son retour, Hunding, l'époux de Sieglinde, demande d'où vient l'étranger ; il est clair que les deux hommes sont des ennemis mortels. Pour cette nuit unique, la maison d'Hunding abritera Wehwalt. Mais le lendemain matin, le maître des lieux provoquera l'étranger pour un combat à mort. Siegmund, qui n'a pas d'arme, reste seul avec Sieglinde et vit un miracle au cours de cette même nuit : dans la naissance d'un amour, les jumeaux se reconnaissent et Siegmund parvient à arracher l'épée du tronc de l'arbre. Dans l'extase de l'amour, emplis d'espoir dans le futur, tous deux se précipitent à l'extérieur, dans la nuit du printemps.

Acte II Une sauvage montagne rocheuse.
Scènes 1 et 2 Depuis les hauteurs divines, Wotan observe avec satisfaction l'union de ses enfants. Si Siegmund, armé de Nothung, l'emporte sur Hunding pendant leur duel, rien ne s'opposera plus au projet de Wotan. Par précaution, celui-ci envoie Brünnhilde sur le lieu du combat pour protéger Siegmund. Mais Fricka, qui est la protectrice du mariage, est d'un autre avis. Elle exhorte son époux, à ne pas multiplier le nombre de ses tromperies. Le dieu des lois ne peut soutenir une transgression de la loi (le mariage illégitime entre frère et sœur). Wotan est forcé de donner raison à Fricka. Il ordonne à Brünnhilde de ne pas prêter main forte à Siegmund, mais à Hunding.

Scènes 3, 4 et 5 Brünnhilde annonce solennellement sa mort à Siegmund (*Todesverkündigung*). Mais elle est subjuguée et bouleversée par l'amour de Siegmund et décide d'agir selon la première volonté de Wotan. Elle promet au Wälsung la victoire sur Hunding. Wotan ne peut tolérer pareille désobéissance et intervient lui-même dans le duel. L'épée Nothung, que le père avait jadis destinée à son fils, se brise sur la lance de Wotan. Siegmund tombe, Hunding est abattu par Wotan. Brünnhilde fuit la colère de son père et emporte avec elle Sieglinde et Nothung, l'épée brisée.

Acte III Le sommet d'une montagne rocheuse.
Scènes 1, 2 et 3 Brünnhilde cherche en vain à se réfugier auprès des Walkyries. Les filles de Wotan n'ont pas l'audace de défier leur père. Brünnhilde se sépare donc de Sieglinde. Elle lui remet l'épée brisée de Siegmund et lui annonce qu'elle porte en son ventre le plus sublime héros du monde : Siegfried. Ensuite, elle attend sa punition. Wotan, le dieu qui venge et sanctionne, la chasse du Walhalla, lui retire sa divinité et veut la plonger dans un profond sommeil : elle reviendra ainsi au premier homme qui la réveillera. Mais les implorations de Brünnhilde émeuvent Wotan. Bouleversé, il prend congé de sa fille et entoure le rocher où dormira son enfant préférée d'une mer de feu que seul pourra franchir le plus courageux et le plus fort des héros.

A. G.

Die Walküre, Lilli (Helmwige) et Marie Lehmann (Ortlinde), Bayreuth 1876, photographie de J. Albert, Munich.
Casque de fer et cuirasse de guerre forçaient les interprètes des Walkyries, à l'époque héroïque de Bayreuth, à accomplir aussi de singulières performances physiques. Pour ces rôles, il fallait véritablement avoir une stature de Walkyrie.

Die Walküre, croquis de décor d'Adolph Mahnke, Königsberg, 1842 (TWS).
Les deux tiers de *Die Walküre* se jouent sur un « rocher sauvage ». D'un côté, le monde sombre et vide des dieux condamnés à mort – Wotan est le plus coupable et le plus solitaire. Il perd aux premiers jours de la tétralogie ses derniers espoirs, les plus ardents : à la fois Siegmund et Brünnhilde. « Je me suis pris dans mes propres liens, moi, le moins libre de tous ! », se plaint-il dans l'acte II. « Je ne veux plus qu'une seule chose : la fin ». La fin qui s'approche lui a été annoncée par la naissance du fils d'Alberich. Le maître de Nibelheim a engendré Hagen, par la force et sans amour. Dans *Die Walküre*, la tragédie de Wotan est scellée.

Die Walküre, figure de la Walkyrie de Karl Emil Doepler, Bayreuth, 1876 (TWS).
Cette figure de la Walkyrie a été dessinée pour la première représentation complète de la tétralogie à Bayreuth.

Die Walküre, Poul Elming (Siegmund) et Nadine Secunde (Sieglinde), mise en scène : Harry Kupfer, décors : Hans Schavernoch, direction musicale : Daniel Barenboim, Festival de Bayreuth, 1988.
Siegmund et Sieglinde sont à la fois jumeaux et amants. Dans le plus bel acte du *Ring*, sur le plan musical, ils jouissent pour une nuit (à l'ombre de la mort) du bonheur paradisiaque de l'amour. Ils entrent en communion avec les dieux (par le biais de Nothung, l'épée) et avec la nature (par le biais du printemps florissant).

Acte d'amour

Au sein de la tragédie, le premier acte de *Die Walküre* est l'acte de l'amour, et il débouche sur une rencontre amoureuse entre Siegmund et Sieglinde. N 49

D'un point de vue musical, cette rencontre, mis à part une interruption provoquée par une conversation avec Hunding, représente plus qu'une scène amoureuse d'une heure : c'est un sommet dans la création de Wagner. À part lui, peu ont su exprimer d'une manière aussi suggestive et captivante l'amour, avec tous ses détails spirituels et corporels. « L'amour entre jumeaux » (il s'agit de l'unité la plus absolue entre deux êtres) respire l'espoir et promet l'accomplissement. Le lyrisme musical de cet amour qui éclôt entre le frère et la sœur, lesquels ne reconnaissent que leur penchant mais pas leur origine obscure et commune, est d'une tout autre nature que la musique des images sculpturales de la nature, ou que le style parlé mélodique des personnages mythologiques dans la partition de → *Das Rheingold*. La grande porte devant la cabane d'Hunding sert de symbole à la métamorphose de la sphère mythique en sphère humaine, de symbole à la libération des sentiments et à la rédemption hors d'un mariage forcé. Selon le récit de Sieglinde, celle-ci s'est ouverte devant l'étranger qui a plongé son épée dans le tronc du frêne « et elle est restée grande ouverte ; à l'extérieur, c'est une superbe nuit de printemps ; la pleine lune brille à l'intérieur et projette sa lumière claire sur le couple. » (Instruction de mise en scène de Wagner.) La « nature bénit » ainsi l'union de Siegmund et Sieglinde. La musique nous dit aussi quelle passion des sens enflammés porte les deux jumeaux dans les bras l'un de l'autre, avec les longues courbes entremêlées de la « mélodie infinie », du parfum « érotique et harmonique » de l'orchestre. C'est dans cette scène nocturne qu'est né le style wagnérien de *Tristan*. N 50

49. Motif de l'amour des Wälsungen

50. Chant du printemps de Siegmund

Win-ter-stür-me wi-chen dem Won-ne-mond, — in mil-dem Lich-te leuch-tet der Lenz ; — auf lau-en Lüf-ten lind und lieb-lich, Wun-der we-bend er sich wiegt ; durch Wald und Au-en weht sein A-tem, weit ge-öff-net lacht sein Aug

Les Walkyries

Dans la mythologie nordique, les Walkyries sont les messagères de Wodan (Wotan). Le mot « Walkyrie » est dérivé de « Wal » et de « Kür » – *Walstatt* signifie en moyen et haut allemand « lieu de combat », et *Kür* signifie « le choix ». Les Walkyries guident les héros morts au combat et choisis depuis le champ de bataille jusqu'au Walhalla.

La musique de la « chevauchée des Walkyries » (prologue à l'acte II, totalement déployée dans le prélude à l'acte III) est l'un des épisodes les plus célèbres de la tétralogie. La « chevauchée des Walkyries » suggère l'espace infini du monde cosmique, surnaturel. Elle est également devenue populaire comme musique de film dans *Apocalypse now* de Francis Ford Coppola. C'est sur cette musique que les pilotes américains lançaient leurs attaques au Vietnam. En quoi réside la grandeur effrayante de ces notes ? Wagner a constitué pour l'orchestre du *Ring* une section de cuivres jamais entendue jusqu'alors : huit cors (dont deux « tubas Wagner » pourvus d'une embouchure de cor), deux tubas, un tuba contrebasse, trois trompettes, une trompette basse, trois trombones et un trombone contrebasse.

Brünnhilde, le renégat divin

Il est étrange (même si l'on peut le comprendre au cours du drame) que l'héroïne-titre de la première journée de la tétralogie (la Walkyrie, Brünnhilde) n'apparaisse pour la première fois que dans l'acte II. À côté de Wotan, elle est le personnage-clef du *Ring*. On la découvre en même temps que les autres Walkyries : à cheval, armée, en cuirasse, sonnant le signal – comme ses sœurs. N 51

Die Walküre, croquis de décor (l'enchantement du feu) de Leo Pasetti, Munich, 1921 (TWS).
Le cadeau nuptial du renoncement – c'est ainsi que l'on pourrait qualifier l'accomplissement par Wotan du vœu de Brünnhilde : « Qu'un feu nuptial te brûle à présent comme jamais il n'a brûlé une épouse ! (...) Car un seul homme libérera l'épouse, qui sera plus libre que moi ! » « L'enchantement du feu » n'est pas seulement un effet de scène décoratif. C'est le feu de Wotan, son purgatoire. Ici, l'acte de Brünnhilde est justifié. Wotan cesse définitivement d'être un personnage actif. Dans → *Siegfried*, il n'apparaît plus que comme un observateur (et non pas un participant), un « promeneur » – le Wanderer.

51. Entrée en scène de Brünnhilde

Ho-jo-to-ho! — ho-jo-to-ho!

Et malgré tout, Brünnhilde occupe une position exceptionnelle parmi les autres Walkyries: elle est l'enfant préférée de Wotan. Elle incarne le désir le plus ardent de Wotan, son subconscient. Lorsqu'elle entre pour la première fois en conflit avec son père, c'est la disharmonie interne de Wotan qui se reflète dans sa résistance. Wotan sacrifie certes Siegmund, mais il ne reste pas sans descendant. Il sait sans doute que Sieglinde porte désormais Siegfried. Cette idée du salut, qui est déjà la troisième illusion de Wotan, se distingue des précédentes par le fait que Wotan n'est pas autorisé à agir en personne, comme il a encore pu le faire avec l'épée. C'est la raison pour laquelle il n'agit qu'indirectement, à travers Brünnhilde, sa fille rêvée qui met en œuvre ses propres idées. Comment débute la métamorphose de Brünnhilde? Elle mène, suivant l'ordre de Wotan, une conversation nocturne avec Siegmund, auquel elle doit annoncer une mort prochaine. N 52

52. Annonce de la mort

Brünnhilde apprend à Siegmund, auquel est apparu le messager de la mort, que la voie ramenant à la vie n'est plus ouverte. Lorsque Siegmund se réfère à son épée invincible, Brünnhilde annonce au héros que ce même dieu qui lui a jadis donné son épée le condamne aujourd'hui à mort. Cette nouvelle cause une profonde douleur à Siegmund, parce qu'elle le force à laisser Sieglinde seule et sans protection. Il se révolte alors contre son père et son dieu. Il croit que Brünnhilde ne peut le comprendre, parce qu'elle est de nature divine. C'est cela qui déclenche la métamorphose de Brünnhilde et lui ouvre le chemin qui en fera une humaine. Elle annonce à Siegmund que Sieglinde porte un enfant en son sein: Siegmund veut alors tuer de sa main sa bien-aimée endormie, pour ne pas la laisser sans protection. À cet instant, Brünnhilde s'interpose pour empêcher cet acte fatal. Elle aussi agit désormais comme une femme humaine: suivant son sentiment, elle promet à Siegmund qu'elle lui prêtera assistance pendant son duel contre Hunding. Elle, la Walkyrie, s'opposera à son père et défendra les Wälsungen. La décision de Brünnhilde est une résolution humaine et autonome. Elle comprend et accepte l'idée que la morale de Siegmund est plus haute que celle des dieux. C'est son sentiment qui la fait accéder à cette connaissance et elle assume la responsabilité de son acte: elle devient humaine.

La plongée de Brünnhilde dans le sommeil (*Die Walküre*, acte III) et son réveil à la suite du baiser de Siegfried (→ *Siegfried*, acte III) sont ainsi une conséquence naturelle de cette métamorphose interne de Brünnhilde pendant l'annonce de la mort. Cet instant joue un rôle central dans le déroulement et l'issue de la tétralogie.

Gy. K.

Ci-dessus
Die Walküre, Siegfried Wagner avec les harpistes et leur instrument, Bayreuth, 1928. Siegfried (1869-1930) était un fils doué de Richard Wagner, compositeur, chef d'orchestre et metteur en scène. Après la mort de son père, il reprit avec sa mère Cosima l'administration du festival. Il était fier de « ses » harpes et harpistes. Dans la tétralogie, on n'en a besoin « que » de six. La septième est disponible en cas d'urgence.

Ci-dessous
Die Walküre, Eva Marton (Brünnhilde) et James Morris (Wotan), mise en scène: August Everding, décors et costumes: John Conklin, direction musicale: Zubin Mehta, Lyric Opera of Chicago, 1996.
Au cours des deux dernières décennies, dans différentes interprétations, on a souvent constaté un passage de la mythologie à l'histoire. Le décor historique et les costumes, liés à l'époque, allaient au moins dans ce sens pour la production du *Ring* au Lyric Opera of Chicago.

Les adieux

Brünnhilde qui, au deuxième acte, est apparue devant Siegmund comme un ange de la mort, est chassée du Walhalla par son père, comme un ange déchu, à la fin de l'acte III. Apparemment, la Walkyrie désobéissante se plie au jugement de son père. Mais en réalité, c'est la fille qui donne une leçon au père. Elle lui montre quelle a été sa honte face à la plainte humaine, à l'amour du cœur libre, aux souffrances humaines défiant le destin. Ne serait-ce que pour cette raison, elle s'est révoltée contre l'intention de celui qui a mis dans son cœur l'amour pour la lignée des Wälsungen. Arrivée à ce point dans son souvenir et sa réflexion, l'orchestre donne le jour à un nouveau thème. Il résonne dans les hautbois et les clarinettes. C'est une variante pleine de sentiments, et même émouvante, du motif de la lance joué au trombone – la lance rigide qui ne change jamais de direction et mène mécaniquement vers l'aigu. N 53, N 54

53. Motif de la lance de Wotan

54. Amour de Brünnhilde pour son père

55. Adieux de Wotan

56.1. Motif des étincelles (enchantement du feu)

56.2. Motif des flammes (enchantement du feu)

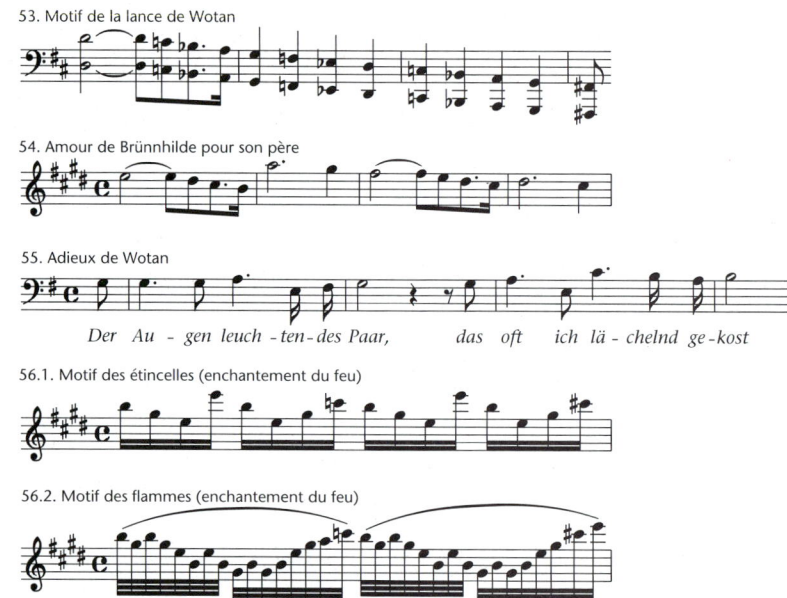

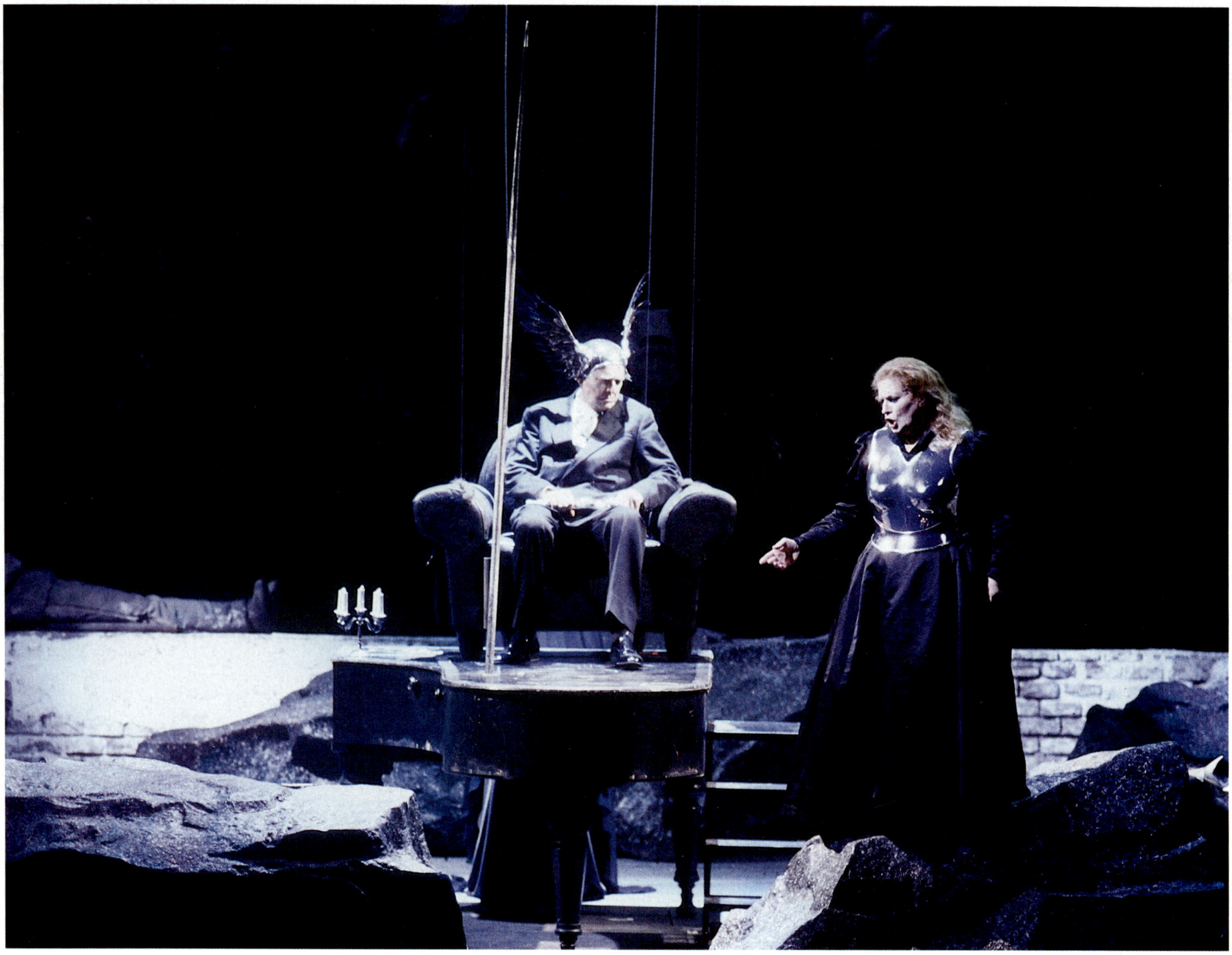

Die Walküre, Hans-Peter Scheidegger dans le rôle de Wotan, mise en scène : Michael Heinicke, décors : Wolfgang Bellach, costumes : Ralf Winkler, direction musicale : Oleg Caetani, Opéra de Chemnitz, 1998. « Celui qui craint la pointe de ma lance, qu'il ne franchisse jamais le feu ! » – ce sont les derniers mots prononcés par Wotan dans *Die Walküre*. Il trace un cercle infranchissable autour de Brünnhilde. Mais, dans le même temps, son cercle d'action se referme aussi : il est prisonnier de sa propre volonté et cela le prive de tout pouvoir dans la suite de la tétralogie.

Page de gauche
Die Walküre, Janis Martin (Brünnhilde) et Franz Ferdinand Nentwig (Wotan), mise en scène, décors et costumes : Herbert Wernicke, direction musicale : Sylvain Cambreling, Théâtre Royal de la Monnaie, Bruxelles, 1991.
Le jeu avec les mythes germaniques (ou ce que l'on considérait comme tel) a commencé de manière tout à fait anodine, dans les salons et les salles de musique allemandes. Un amusement pour la famille : le père se mettait en scène en dieu, la fille en Walkyrie.

Dans cette parenté avec le motif de la lance transparaît l'amour paternel, qui se dissimule derrière l'avidité de pouvoir de Wotan, et l'intention du dieu, qui veut organiser le monde en bon ordre. Mais Wotan lui-même a fait taire son meilleur côté, représenté par Brünnhilde. La dernière scène de *Die Walküre* est pour Wotan une situation de mise à l'épreuve dans laquelle il reconnaît peu à peu son injustice. Brünnhilde dénoue progressivement la disharmonie intérieure en son père. Le dieu lui-même prend ici congé de ses rêves de jeunesse, de la conception d'un bon ordre du monde régi par les dieux, une idée qui est devenue une illusion. Ainsi s'achèvent les années d'apprentissage de Wotan. Les projets visant à se sauver soi-même, à préserver le règne des dieux et à maintenir l'équilibre de l'ordre du monde sont abandonnés, et l'on commence à comprendre qu'un nouvel ordre du monde doit venir, qui se déploiera sans les dieux. N 55

L'enchantement du feu

À la fin de l'acte II, la lance qui a brisé l'épée est devenue un symbole : Wotan était peu à peu convaincu par l'idée du renoncement, mais ses sentiments n'étaient pas encore mûrs pour cela. À la fin de l'acte III, il tient toujours l'épée en main. Le pouvoir de la lance sert à présent à appeler Loge et à le charger de protéger par un cercle de feu le rocher où dort Brünnhilde, afin que celle-ci et Siegfried puissent un jour se rencontrer. En quoi consiste la fascination sonore dégagée par le fameux « enchantement du feu » ? Les flammes qui dardent sont illustrées par un motif animé (flûte piccolo et six (!) harpes). Le motif est pratiquement englouti par les passages rapides aux cordes, tandis que les bois et le glockenspiel reflètent l'expansion rapide du feu. N 56

Gy. K.

Der Ring des Nibelungen
L'Anneau du Nibelung

Bühnenfestspiel (festival scénique) en trois journées et un prologue

Deuxième journée : **Siegfried**
En trois actes

Livret : Richard Wagner
Création : le 18 août 1876 à Bayreuth (Festspielhaus)
Personnages : Siegfried, petit-fils de Wotan, enfant de Sieglinde et de Siegmund (tén.), Brünnhilde, Walkyrie (sop.), le Wanderer (le promeneur, Wotan) (basse), Alberich, le Nibelung (basse), Mime, son frère, père adoptif de Siegfried (tén.), Fafner, géant sous la forme d'un dragon (basse), Erda (alto), voix de l'oiseau de la forêt (sop.)

Siegfried, croquis de décor pour l'acte II, atelier Franz Moser, Innsbruck, 1911 (TWS). L'action de *Siegfried* est aussi palpitante et colorée qu'un conte des frères Grimm. Il existe en outre ici des situations humoristiques et grotesques que le spectateur de → *Die Walküre* ne pouvait guère soupçonner. Si la tétralogie, comme le pensent bon nombre d'esthètes, pouvait être conçue comme une symphonie dramatique en quatre mouvements, *Siegfried* tiendrait lieu de scherzo. Le dragon (Fafner) garde son trésor et l'anneau ; à l'arrière-plan, Siegfried approche.

Argument
Dans l'univers et l'éternité mythologiques.
Contexte
Face à la colère de Wotan, Brünnhilde a sauvé Sieglinde, enceinte de Siegmund, et lui a donné l'épée brisée Nothung (→ *Die Walküre*, acte III). C'est dans la forêt que Sieglinde a mis au monde son fils Siegfried. Elle-même est morte à la naissance. Le Nibelung et maître forgeron Mime a élevé Siegfried dans l'intention de reconquérir, grâce à son pouvoir, le trésor des Nibelungen, car celui-ci est gardé par Fafner, un géant ayant pris la forme d'un gigantesque dragon.
Action
Siegfried, qui a grandi loin du monde, a dix-huit ans. Mime l'a tenu dans une complète ignorance de son origine. Mais il devine que Mime ne peut pas être son père et que lui, Siegfried, est le seul à pouvoir reconstituer l'épée Nothung. Avec cette arme qu'il a lui-même forgée, il tue Fafner sans vraiment savoir ce qu'il fait : il n'a pas appris la crainte. C'est un oiseau de la forêt qui lui enseigne le mystère de l'anneau et du Tarnhelm (casque de camouflage) ; c'est aussi l'oiseau qui l'envoie au rocher de Brünnhilde. Il tue son père adoptif qui veut l'empoisonner et brise la lance de Wotan qui s'oppose à lui. Nul ne peut le retenir. Siegfried traverse le feu et éveille Brünnhilde. En voyant cette belle femme, il découvre à la fois la peur et l'amour.

Acte I Une grotte dans la forêt.
Scène 1 Aucune arme n'est assez maniable pour le jeune Siegfried, avec sa force d'ours. Mime tente de reforger Nothung, mais le maître forgeron n'y parvient pas.
Scène 2 Mime reçoit la visite d'un promeneur (Wotan) qui lui fait une prédiction : celui qui n'a pas appris la peur (Siegfried) lui donnera la mort.
Scène 3 Siegfried ressoude les morceaux de Nothung (chant de la forge). Mime lui prépare secrètement un plat empoisonné. Il prévoit de faire tuer Fafner par Siegfried, puis d'empoisonner le vainqueur pour se rendre maître de l'anneau et du trésor.

Acte II La forêt profonde.
Scène 1 Au petit matin, Alberich se réveille devant la grotte bien gardée par Fafner, où se trouve le trésor des Nibelungen. Le Nibelung attend que sa malédiction contre Fafner s'accomplisse. Par Wotan, qui a pris les traits d'un promeneur, Alberich apprend que Mime veut s'emparer de l'anneau avec l'aide de Siegfried. Wotan est même disposé à éveiller Fafner. Mais c'est en vain que lui-même et Alberich préviennent le géant de la proximité de l'ennemi qui va le tuer. Fafner ne se laisse pas déranger dans son repos.
Scène 2 Mime conduit Siegfried à la caverne de Fafner pour lui apprendre la peur. Tandis que Siegfried attend sous un arbre Fafner, le monstre terrifiant que lui a annoncé Mime, il réfléchit à son origine et écoute les « murmures de la forêt ». Il essaie de parler à un oiseau, mais celui-ci ne comprend pas la mélodie jouée sur une flûte rapidement taillée et seul Fafner réagit au signal du cor de Siegfried. Celui-ci l'affronte sans peur et abat le gigantesque monstre. Le sang du mort brûle comme du feu et, lorsque Siegfried s'en humecte la langue, il comprend d'un seul coup le langage de l'oiseau de la forêt. Celui-ci lui conseille d'aller chercher l'anneau et le Tarnhelm dans la caverne, et de prendre garde à la ruse de Mime.
Scène 3 Alberich et Mime, devant la caverne, guettent le butin comme deux vautours. Ni l'un ni l'autre ne veulent partager le trésor qu'ils espèrent trouver. Mime offre la boisson empoisonnée à Siegfried en guise de réconfort. Mais derrière les paroles hypocrites de Mime, Siegfried perçoit la véritable intention du nain et l'abat à l'aide de Nothung. L'oiseau de la forêt lui raconte l'histoire de Brünnhilde.

Acte III
Tableau 1 Une région sauvage au pied d'une montagne rocheuse.
Scène 1 Wotan est rongé par l'inquiétude et réveille Erda pour qu'elle lui apprenne comment on peut arrêter le cours du destin. Mais Erda ne peut lui donner aucun conseil à ce sujet.
Scène 2 Wotan, le promeneur, tente de barrer le chemin qui mène au rocher des Walkyries. Mais Siegfried brise avec son épée la lance sur laquelle Nothung se cassa jadis. Sans crainte, il traverse le feu et atteint le sommet du rocher de Brünnhilde.
Tableau 2 Au sommet d'une montagne rocheuse.
Scène 3 Sur le rocher des Walkyries, Siegfried trouve Brünnhilde endormie. Il la réveille d'un baiser. Elle salue le monde comme si elle venait de naître. Au nom de l'amour, elle renonce à son caractère divin et, prise d'un bonheur jubilatoire, tombe dans les bras du héros.

A. G.

Siegfried, Siegfried Jerusalem dans le rôle-titre, mise en scène : Harry Kupfer, décors : Hans Schavernoch, direction musicale : Daniel Barenboim, Festival de Bayreuth, 1988.
Le poète Heiner Müller (1929-1995) montre (dans *Herakles*) que le combat contre le dragon commence par une défense contre une menace extérieure et mène au bout du compte à une confrontation avec ses propres pulsions intérieures. Ici, Siegfried, qui se bat avec les ombres, semble vouloir chasser plus qu'un ennemi extérieur.

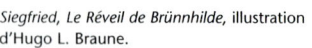

Siegfried, croquis de décor (Siegfried et le dragon) de l'atelier Franz Moser, Innsbruck, 1911 (TWS).
Le héros sans peur va combattre le dragon dans la forêt enchantée. La première mise en scène qui rompit avec la tradition d'une interprétation tournée vers le passé, mythologique et féerique, fut l'interprétation scénique de Wieland Wagner (1965), qui s'interrogea pour la première fois sur ce que son grand père Richard voulait réellement raconter dans ce conte.

Détresse et nature

La forêt de l'acte I est un lieu lugubre, tel qu'on en voyait dans les cauchemars enfantins du XIXe siècle. Ses éléments musicaux caractéristiques sont le rythme entêtant de la forge N 57 et le couple de tierces de Mime réfléchissant, tiré de la chaîne de tierces du motif de l'anneau. N 58 Ici, Fafner garde l'anneau sous les traits d'un dragon N 59, là, Alberich attend le héros qui compte terrasser Fafner, afin de s'emparer de l'anneau par son intermédiaire.

Dans cet univers sylvestre et perfide, le seul élément contraire est le véritable enfant de la nature qu'est Siegfried. On le caractérise visuellement et musicalement comme tel, avec son cor et le son du cor. N 60

Wagner, c'est une particularité dans la partition de la tétralogie, a inventé un style de chant spécifique pour Siegfried. Son fameux chant de la forge, lorsqu'il forge Nothung, est un chant de travail monumental, à plusieurs strophes. N 61

Bruits de la forêt

À un seul moment, lorsque Siegfried se retrouve seul devant la caverne de Fafner (acte II), la musique de la

Siegfried, Le Réveil de Brünnhilde, illustration d'Hugo L. Braune.
La vue de la femme a appris la peur à Siegfried (« Un enchantement brûlant me ravit le cœur; une peur enflammée s'empare de mes yeux : mes sens vacillent, ils ont le vertige ! – Qui appeler au secours pour mon salut ? Mère ! Mère ! Songe à moi ! »). L'instant où le baiser de Siegfried éveille la jeune femme est devenu le moment le plus solennel de toute la tétralogie. Wagner a utilisé ici le texte de l'un des plus vieux rites païens, transmis par l'*Edda*, la salutation solennelle au lever du soleil (« Salut à toi, Soleil ! Salut à toi, Lumière ! Salut à toi, jour lumineux ! »). Et l'orchestre rappelle le motif du destin, « l'annonce de la mort » par Brünnhilde (→ *Die Walküre*). L'éveil et la mort comme mystère de la vie, énigme du futur. Mais c'est aussi un moment de rédemption, une musique en do majeur. Nous sommes sur une « hauteur » des espoirs, au sommet du monde, sous nos yeux s'ouvre un univers infini. Il promet plus que la seule vision superbe du Walhalla.

57. Motif de la forge

58. Réflexion de Mime

59. Motif du dragon

60.1. Motif du cor de Siegfried

60.2. Siegfried, l'enfant de la nature
Hoi - ho! ___ Hau ein! Hau ein!

peur et de la haine se transforme en une mélodie de la nature, un tendre bruissement. Le style du murmure de la forêt est étroitement apparenté à celui des tableaux naturels de → *Das Rheingold*, avec leurs trilles caractéristiques, mais aussi avec la musique de la flamme ardente (→ *Die Walküre*). De la même manière que l'eau a trouvé un langage grâce aux filles du Rhin N 38, la forêt parle à présent avec la voix de l'oiseau : les deux motifs sont identiques (→ *Das Rheingold*). N 62   Gy. K.

61. Chant de la forge de Siegfried
No - thung! No - thung! Neidliches Schwert! Was mußtest du zer springen?

62.1. Murmure de la forêt

62.2. Chant de l'oiseau

Siegfried, Janis Martin (Brünnhilde) et William Cochran (Siegfried), mise en scène, décors et costumes : Herbert Wernicke, direction musicale : Sylvain Cambreling, Théâtre Royal de la Monnaie, Bruxelles, 1991.
Le jeu avec les mythes a quitté le cadre des maisons et du cercle familial, il est devenu national et a laissé des traces dans les êtres et sur les bâtiments : Siegfried libère Brünnhilde.

Le promeneur

Dans *Siegfried*, Wotan s'appelle le wanderer (le promeneur). Il est en route afin d'aller de plus en plus loin dans la compréhension du monde et de soi-même, de l'état de la résignation et du renoncement à l'acceptation de la mort. « Je suis venu observer et non créer », dit-il de son propre rôle dans l'avant-dernier chapitre de son monde. Il peut comprendre l'indifférence hébétée du dragon, Fafner (acte II), qui, malgré la mise en garde d'Alberich, se retire dans sa grotte, et il peut dire à Alberich, avec une compréhension et une compassion profondes : « Tout est à sa manière ; tu ne pourras rien y changer. »

Ses derniers mots de renoncement, fiers et sublimes, sont transcendés au-delà de l'action scénique par une nouvelle mélodie. Ainsi le dieu qui abdique prophétise-t-il un monde nouveau et meilleur, sous la forme du motif de l'amour entre Siegfried et Brünnhilde. *N 63*

Au sommet du rocher

Le personnage de Siegfried disparaît devant nos yeux et nous le découvrons aussitôt au sommet du rocher. C'est « l'échelle de Jacob » d'une grande mélodie au violon qui l'y a mené. *N 64*

Sigfried-Idyll

Cette musique d'amour à la fois très intérieure et exaltée fait autant référence à la nature divine de Brünnhilde (elle reprend la tonalité naturelle de la tétralogie, le mi majeur) qu'aux racines profondes de l'amour de Siegfried (pour celui-ci, Brünnhilde représente à la fois la mère perdue et l'amante trouvée). Elle est l'une des pages musicales les plus célèbres de la tétralogie. Pour Wagner aussi, cette musique avait une note très personnelle. Elle avait sans doute été achevée dès l'automne 1869, avec la composition de l'acte III. Le 4 décembre 1870, le compositeur fit avec un petit orchestre une sérénade à Cosima, la version pour orchestre de chambre du *Siegfried-Idyll*. Wagner composa cette adaptation de la mélodie d'amour après la naissance de son fils. *N 65*

Gy. K.

Siegfried, Victor Braun dans le rôle du wanderer, mise en scène, décors et costumes : Herbert Wernicke, direction musicale : Sylvain Cambreling, Théâtre Royal de la Monnaie, Bruxelles, 1991.

63. Motif de l'amour (Siegfried-Brünnhilde)

Sieg-fried, mein Sohn, das siehst du wohl selbst, dein Le-ben mußt du mir las-sen.

64. Montée de Siegfried au sommet du rocher

65. *Siegfried-Idyll*

E-wig war ich, e-wig bin ich, e-wig in süß- seh-nen der Won-ne,

Siegfried, croquis de décor de Ludwig Sievert pour la mise en scène de Franz Ludwig Hoerth, Stadttheater de Fribourg, 1913 (TWS).
Wotan éveille Erda pour la dernière fois. Ce croquis de décor restitue la grandeur et l'aspect tragique de cette scène-clé. Le masculin et le féminin, l'ombre et la lumière s'imbriquent ici. La mère primitive et le père primitif prennent définitivement congé l'un de l'autre.

Der Ring des Nibelungen

L'Anneau du Nibelung

Bühnenfestspiel (festival scénique) en trois journées et un prologue

Troisième journée : ***Die Götterdämmerung*** **(Le Crépuscule des dieux)**
En un prologue et trois actes

Livret : Richard Wagner
Création : le 17 août 1876 à Bayreuth (Festspielhaus)
Personnages : Siegfried (tén.), Brünnhilde, épouse de Siegfried, ancienne Walkyrie, fille de Wotan (sop.), Gunther, roi des Gibichungen (bar.), Gutrune, sœur de Gunther (sop.), Hagen, fils d'Alberich, demi-frère et conseiller de Gunther (basse), Alberich, le Nibelung, père de Hagen (basse), Waltraute, une Walkyrie, sœur de Brünnhilde (mezzosop.), les trois Nornes, déesses du destin (alto, mezzosop., sop.), les filles du Rhin : Woglinde, Wellgunde, Flosshilde (3 sop.) ; hommes et femmes (chœur)

Argument

Dans l'univers et l'éternité mythologiques.
Siegfried, le héros sans peur, quitte le rocher de Brünnhilde et redescend vers les hommes, en quête de nouveaux grands actes. Il arrive dans le royaume des Gibichungen, chez Gunther, Gutrune et Hagen. Ce dernier a hérité de son père Alberich une haine primitive. Il veut venger sur la personne de Siegfried la honte qui pèse sur sa lignée et reconquérir l'anneau. Siegfried a offert l'anneau à Brünnhilde pour leurs adieux. Hagen conseille à son frère et à sa sœur d'envoyer Siegfried sauver Brünnhilde pour le compte de Gunther : en récompense, le héros sera ensuite marié à Gutrune. Celle-ci fait boire à Siegfried un philtre d'oubli. Siegfried est disposé à traverser le feu sous les traits de Gunther pour aller chercher Brünnhilde à l'attention de son nouvel ami. Lui-même veut épouser Gutrune. Le deuxième chapitre du plan de vengeance de Hagen consiste à s'allier à Brünnhilde, trompée (et à laquelle Siegfried a arraché l'anneau), afin de pouvoir tuer Siegfried. Il y parvient avec tant d'habileté qu'il respecte en apparence les limites de la légalité. Mais il ne conquiert pas l'anneau, fermement attaché au doigt du cadavre de Siegfried. Brünnhilde apprend toute la vérité par les filles du Rhin. Elle allume le feu des morts pour Siegfried et disparaît elle-même dans les flammes. Le Walhalla est lui aussi détruit par le feu, avec les dieux qui l'habitent. Le Rhin monte sur le rivage, les filles du Rhin reprennent l'anneau qu'on leur a volé et entraînent Hagen dans les profondeurs.

Prologue
Le rocher des Walkyries. La nuit. Les trois Nornes tissent le fil du destin et commentent ce qui se déroule dans le monde. La corde se tend et rompt. Les Nornes ne peuvent plus discerner le futur.
Emplis d'amour, Siegfried et Brünnhilde s'assurent de leur tendresse réciproque, mais le héros a soif de nouveaux actes. Il veut retourner dans le monde pour quelque temps. Il offre la bague à Brünnhilde, elle lui offre Grane, son cheval. Puis il se met en route (voyage de Siegfried sur le Rhin).

Acte I
Tableau 1 La grande salle du château de Gunther, au bord du Rhin.
Scène 1 Hagen raconte à son demi-frère et à sa demi-sœur, le roi Gunther et sa sœur Gutrune, l'histoire de Brünnhilde et de Siegfried, mais sans leur révéler toute la vérité. Il donne à Gunther l'envie de libérer la Walkyrie, éveille en Gutrune le désir d'avoir pour époux le héros le plus puissant du monde, Siegfried.
Scène 2 Comme si on l'avait appelé, Siegfried fait étape chez les Gibichungen. Suivant le plan de Hagen, Gutrune lui sert un philtre enchanté et Siegfried oublie son passé, y compris Brünnhilde. Concluant un pacte de sang avec Gunther, le héros accepte d'aller libérer la courageuse Brünnhilde à l'aide du Tarnhelm en prenant les traits de Gunther. En récompense, il recevra Gutrune comme épouse.
Tableau 2 Le rocher des Walkyries.
Scène 3 Waltraute tente de convaincre sa sœur Brünnhilde de restituer aux filles du Rhin l'anneau maudit. Brünnhilde ne veut se séparer à aucun prix du gage d'amour de son époux. À peine Waltraute, déçue, a-t-elle quitté le rocher, que l'on entend le cor de Siegfried. Mais au grand effroi de Brünnhilde, c'est un étranger qui sort des flammes, l'enlève et lui vole l'anneau : c'est Siegfried, sous les traits de Gunther.

Acte II
Devant la grande salle du château de Gunther.
Scène 1 Alberich apparaît à son fils Hagen, qui dort à moitié. Il exhorte son fils à accomplir la vengeance et à reprendre l'anneau.
Scène 2 À l'aide du Tarnhelm, Siegfried retrouve ses amis et raconte le succès de son entreprise. Il faut lancer les invitations pour un double mariage.

Die Götterdämmerung, les Nornes, mise en scène : Harry Kupfer, décors : Hans Schavernoch, costumes : Reinhard Heinrich, direction musicale : Daniel Barenboim, Bayreuth, 1988-1992.
Les Nornes sur le toit d'un cratère de nuages. Une antenne (au lieu d'une corde) est l'instrument moderne de ces voyantes pour explorer l'avenir de l'humanité. Recevront-elles encore des ondes ?

Die Götterdämmerung, Hagen et Alberich, illustration d'Hugo L. Braune, vers 1905 (TWS).
La scène la plus sombre dans toute l'œuvre de Wagner : Alberich apparaît pendant le sommeil de son fils : « J'ai engendré Hagen pour une haine tenace ; il doit me venger et reprendre l'anneau » (Alberich). Comme Wotan, Alberich n'a plus de prise sur les événements. Mais au contraire de Siegfried, Hagen connaît l'importance de l'anneau. Il le veut pour lui-même : « Je me le jure à moi-même ; fais taire ton souci ! »

Scène 3 Hagen appelle les hommes armés pour saluer comme il se doit la future épouse de Gunther.
Scène 4 Après l'arrivée à Gibichungen, Brünnhilde prend conscience de la situation tragique ; Siegfried porte à la main l'anneau qu'il lui a volé sous les traits de Gunther. Il ne reconnaît plus son épouse en Brünnhilde. Elle devine une tromperie et annonce à toute l'assistance que c'est elle, et non Gutrune, qui a épousé Siegfried. Celui-ci doit prouver son innocence. Il prête serment sur la pointe de l'épée de Hagen. Brünnhilde fait de même. L'un des deux serments est forcément un parjure, qu'il faut expier. Hagen veut se charger de le lui faire payer – car tel était son plan.
Scène 5 Brünnhilde veut venger cette infidélité qu'elle ne parvient pas à comprendre ; Hagen veut avoir l'anneau et Gunther soupçonne quant à lui Siegfried d'avoir transgressé leur pacte de sang. Brünnhilde, Gunther et Hagen s'allient contre Siegfried. Brünnhilde révèle qu'un enchantement des runes rend Siegfried invulnérable, mais que l'on peut l'atteindre mortellement au dos, qu'un héros de sa trempe ne tend jamais à son ennemi. Siegfried mourra le lendemain à la chasse.

Acte III
Tableau 1 Une région boisée au bord du Rhin.
Scène 1 Siegfried s'est perdu pendant la chasse et rencontre les filles du Rhin au bord du fleuve. Il serait disposé à offrir l'anneau aux filles du Rhin, mais il le garde, par défi, en apprenant que sa détention constitue un danger.
Scène 2 Pendant une halte, Siegfried raconte sa jeunesse. Hagen lui tend un philtre enchanté qui annule le poison de l'oubli. Siegfried commence alors à se rappeler son passé. Lorsqu'il en vient, dans son récit, à sa rencontre avec Brünnhilde, révélant ainsi son propre parjure, Hagen lui enfonce sa lance dans le dos. Un cortège funèbre conduit Siegfried à la grande salle (marche funèbre).
Tableau 2 La grande salle du château de Gunther au bord du Rhin. La nuit.
Scène 3 Hagen tente en vain d'ôter la bague sur la main de Siegfried. Brünnhilde a appris la vérité par les filles du Rhin et prépare son propre sacrifice. Sa mort par amour déclenche la catastrophe universelle. Le Walhalla et ses dieux sont anéantis par les flammes. Le Rhin inonde les lieux de l'incendie. Les filles du Rhin reprennent leur anneau en emportant Hagen dans les profondeurs.

S. N.

Die Götterdämmerung, croquis de décor d'Otto Müller-Godesberg, Bonn, vers 1900 (TWS).
Siegfried arrive au royaume des Gibichungen (le monde des êtres médiocres). C'est un instant important et extrêmement caractéristique de la dramaturgie « paradoxale » de *Die Götterdämmerung* : sur le rivage du Rhin, Hagen, son ennemi juré, est le premier à le saluer. Le décor à la fois naturaliste et féerique, avec des traits légèrement exotiques au premier plan, révèle qu'au début du XXe siècle on concevait encore un scénario d'opéra comme une fable palpitante. Le lieu de l'action et les situations étaient caractérisés dans l'atelier du décorateur. C'est seulement au cours des années suivantes qu'est apparue l'intention artistique de projeter sur scène les interprétations des évolutions et des symboles mentaux.

La chute de Siegfried

Le caractère pathétique et victorieux de l'union par amour (partie finale du duo dans → *Siegfried*, acte III) se prolonge dans la joie causée par le lever du soleil (dans *Die Götterdämmerung*), avec le motif de l'amour de Brünnhilde et la variante héroïque du thème du cor de Siegfried : « En découvrant Brünnhilde, Siegfried est devenu un homme. Le thème en mi bémol majeur qui accompagne son entrée en scène après la nuit nuptiale décrit de manière sculpturale sa transformation. Non seulement l'instrumentation de son thème, mais aussi toute sa diction est différente », a expliqué Wieland Wagner. Les amants échangent des gages d'amour. Brünnhilde offre à Siegfried son cheval, Grane, symbole de son statut de Walkyrie, laissant ainsi entendre qu'elle se sépare de son passé et abandonne à Siegfried le rôle actif. Siegfried lui offre quant à lui l'anneau. Comme il ne connaît ni son origine ni son rôle, il s'agit uniquement à ses yeux du souvenir d'un acte héroïque (« De tous les actes que j'ai accomplis, il inclut la vertu ») et d'un gage d'amour (« une salutation sacrée à mon épouse »). Emporté par la force de sa jeunesse, qui s'élève ici pour devenir un dithyrambe de la vie d'homme libre, il se met en route en traversant les flammes. N 66

Lorsqu'il arrive à la cour des Gibichungen, Siegfried ne reconnaît pas les missions et les jeux chevaleresques auxquels se prêteraient son cœur et son bras, mais une société mensongère, infâme, aiguillonnée par l'avidité du pouvoir, agissant par égoïsme, une société qui l'entoure instantanément de mensonges et le transforme en traître. La grande salle des Gibichungen devient pour lui une deuxième grotte du dragon (c'est ainsi que l'interprète Wieland Wagner) « sans qu'il entende encore les voix de la nature ». Car l'acte sexuel lui a fait perdre la conscience de la nature. Plus rien ne le met donc en garde contre le philtre empoisonné de Gutrune qui transforme en simple instrument un Siegfried arrogant : son désir d'amitié virile fait ainsi de Siegfried « la créature de la haine des Nibelungen », affirme Wieland Wagner.

Gy. K.

66. Motif héroïque de Siegfried

Die Götterdämmerung, mise en scène, décors et costumes : Herbert Wernicke, direction musicale : Sylvain Cambreling, Théâtre Royal de la Monnaie, Bruxelles, 1991.
Le jeu touche à sa fin : les trois Nornes tissent le fil du destin en gardant un regard sur le Walhalla, à bonne distance.

Référence sociale

Dans *Die Götterdämmerung*, qui, comme le drame *La Mort de Siegfried*, fut conçu en 1848, année de la révolution, on ressent très clairement les traits négatifs de cette société fortement critiquée par Wagner. Le compositeur lui-même a interprété, ici et là, la tétralogie dans une perspective politique et sociale (→ *Der Ring des Nibelungen* : naissance du drame universel). Curieusement, c'est justement le dramaturge anglais George Bernard Shaw qui a souligné cette possibilité d'interprétation dans son étude de pionnier sur la tétralogie (*The Perfect Wagnerite : A Commentary on "The Ring of the Niblungs"*, Londres, 1898). Les productions scéniques ne s'en sont pas soucié pendant des décennies (→ Bayreuth : interprétations et idéologies). La mise en scène très discutée de Patrice Chéreau pour le centième anniversaire de la création du *Ring* a aussi été remarquée parce qu'elle replaçait *Die Götterdämmerung* dans l'ambiance de la fin du XXe siècle.

Die Götterdämmerung, Janis Martin dans le rôle de Brünnhilde, mise en scène, décors et costumes : Herbert Wernicke, direction musicale : Sylvain Cambreling, Théâtre Royal de la Monnaie, Bruxelles, 1991.
Brünnhilde chez les Gibichungen. Ici, la fille de Wotan découvre une ambiance de fin des temps nationale-populiste, l'uniformité dans la pensée, les actes et les vêtements.

Die Götterdämmerung, Philip Kang (Hagen) et Günter von Kannen (Alberich), mise en scène : Harry Kupfer, décors : Hans Schavernoch, costumes : Reinhard Heinrich, direction musicale : Daniel Barenboim, Festival de Bayreuth, 1988.
Hagen est installé dans un mirador, au cœur d'une grande ville. Le masque et l'attitude sont des accessoires bien connus des films policiers. Le mal règne dans le monde.

À droite
Die Götterdämmerung, Philip Kang (Hagen) et Deborah Polaski (Brünnhilde), mise en scène : Harry Kupfer, Festival de Bayreuth, 1988.

L'anneau se referme

Le cercle se referme, les questions et les réponses forment des paires symétriques. De même que, plus tôt, Siegfried était arrivé jusqu'à elle en traversant l'anneau de feu, Brünnhilde traverse le feu pour rejoindre Siegfried. La mort qu'elle accepte pour Siegfried, pour les dieux et pour elle-même n'est pas seulement une mort rédemptrice, le feu brûle aussi la malédiction de l'anneau. Ce n'est pas seulement une union symbolique avec Siegfried, qui est mort : le trépas de Brünnhilde est aussi un symbole de la naissance. Wagner croyait en un avenir de l'humanité dans une nature purifiée et un nouvel ordre mondial : il a résumé cet avenir dans le symbole de la maternité. Depuis l'acte II de → *Die Walküre*, depuis la scène où l'on a donné un nom à Siegfried, on n'a plus jamais entendu la mélodie qui symbolisait la volonté de continuer à vivre exprimée par Sieglinde lorsqu'elle a appris qu'elle allait être mère. À l'époque, au sommet du rocher, lorsque Brünnhilde, corrigeant l'erreur de Wotan, a pris le parti de Sieglinde, la Walkyrie a vécu et reconnu pour la première fois le courage et la compassion maternels, et en a assumé les conséquences. Avec sa mort par le feu, elle sanctionne cette sympathie compatissante qui transcende l'ego et l'élève pour en faire une idée de rédemption. Jusqu'à cet instant, Wagner avait constamment manifesté ce principe de la rédemption, quelle que soit sa variante, comme l'idée de « l'éternel féminin ». Ici, à la fin de la tétralogie, il prend son sens définitif comme symbole de la nature, dans l'image de l'incendie des mondes et du déluge. Aux derniers mots de Brünnhilde, le motif de Siegfried se prolonge dans la mélodie de la maternité, du « sublime miracle ». Ainsi la vision de la fin se transforme-t-elle en vision de la vie. N 67

67. Motif du futur

Die Götterdämmerung, Deborah Polaski dans le rôle de Brünnhilde, mise en scène: Harry Kupfer, décors: Hans Schavernoch, direction musicale: Daniel Barenboim, Festival de Bayreuth, 1988.
Dans les mythes, et c'est aussi le cas de ceux que l'on a choisis pour *Die Götterdämmerung*, les conflits sociaux de l'histoire de l'humanité se reflètent de manière poétique. Mais ils reflètent également, et Wagner les suivait en cela, la position de l'être humain dans le cosmos. La dernière partie de la tétralogie du *Ring* dépasse elle aussi le social et l'historique. C'est ce qu'a restitué Harry Kupfer dans sa mise en scène.

Page de gauche
Die Götterdämmerung, William Cochran dans le rôle de Siegfried, mise en scène, décors et costumes: Herbert Wernicke, direction musicale: Sylvain Cambreling, Théâtre Royal de la Monnaie, Bruxelles, 1991.
Des combats de tranchée, ultime étape de ce jeu qui avait débuté d'une manière si joyeuse et anodine. Hagen a mortellement touché Siegfried.

Catastrophe et promesse

Lorsque Hagen est tiré dans les profondeurs du fleuve par les filles du Rhin, le motif de la malédiction se « noie » lui aussi. Il ne reste dans la musique que les motifs stables de la nature: le chant des filles du Rhin, la succession d'accords du thème du Walhalla. Les images musicales de la terre et du ciel, du fleuve et de la montagne s'unissent, les thèmes s'entremêlent, la naissance et la mort, l'ascension et la chute se succèdent comme des vagues. Les choses reprennent leur forme antique et se disposent selon leur ordre naturel d'origine. Pourtant, la fin et le début ne sont pas identiques. L'or brille à nouveau depuis la profondeur de l'eau, mais dans le souvenir de l'être humain l'anneau ne revient pas totalement à son statut de trésor naturel. Il est plus que de l'or, il intègre en lui la connaissance de la personne qui l'a créé, les causes et les conséquences de la malédiction. Les éléments naturels intègrent aussi dans leur cercle la mélodie de « l'éternel féminin ». Enfin, la vision de l'incendie des mondes s'apaise pour devenir « l'arc-en-ciel des harpes ». Au ciel de l'univers de Wagner apparaît encore une fois le motif de Siegfried, qui s'intègre au thème de la maternité. Cette scène se situe dans un rapport de correspondance symétrique avec la vision des dieux partant vers le Walhalla, l'image finale de → *Das Rheingold*. Mais, à la différence de cette première soirée, il n'y a plus de filles du Rhin dans → *Die Götterdämmerung*, pas plus que de marginal comme Loge. « L'arc-en-ciel », qui s'étend dans la musique à la fin de cette dernière transfiguration des thèmes n'est pas une image rêvée par Wotan. Ce « pont » promet un nouveau commencement, différent, qui recèle un plus grand nombre de possibilités.

Gy. K.

Parsifal

Bühnenweihfestspiel (festival scénique sacré) en trois actes

Livret: Richard Wagner
Création: le 26 juillet 1882 à Bayreuth (Festspielhaus)
Personnages: Amfortas, roi du Graal en exercice (bar.), Titurel, son père (basse), Gurnemanz, chevalier du Graal (basse), Parsifal (tén.), Klingsor, chevalier du Graal déchu (basse), Kundry (sop. ou mezzosop.), les filles-fleurs (6 sop.), deux chevaliers du Graal (tén., basse), quatre pages (sop., alto, 2 tén.), voix provenant des hauteurs (alto); la fraternité des chevaliers du Graal, jeunes gens et jeunes garçons (chœur)

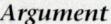

Parsifal, Anna Bahr-Mildenburg (Kundry) et Walter von Kirchhoff (Parsifal), Bayreuth, 1915.
Les longs gestes pathétiques sont intégrés à la musique de Wagner. Tout devait produire un effet scénique.

Parsifal, affiche d'une mise en scène à l'Opéra de Kiel.
La colombe, dans l'univers de *Parsifal*, est « le gracieux messager du Sauveur ». Dans l'Ancien Testament, c'est elle qui apporte la bonne nouvelle à Noé, en signe de paix entre Dieu et les hommes. *Parsifal* exprime aussi une profession de foi de ce type.

Argument

Au château de Montsalvat et dans les environs, au début du Moyen Âge.

Contexte

Le commandement de l'ordre du Graal est le suivant: seul celui qui est capable de renoncer à l'amour charnel peut avoir sa part dans la force miraculeuse du Graal (un calice rempli du sang du Christ). Klingsor ne s'en est pas senti capable spirituellement et s'est donc émasculé. Mais la communauté du Graal ne l'a pas admis pour autant. Par vengeance, il s'est construit un château magique, avec un jardin de plaisirs empli de jeunes filles d'une beauté enchanteresse, et l'a dressé non loin du château du Graal. Il a ainsi pu inciter de nombreux chevaliers du Graal à rompre leur serment. Même le roi Amfortas a succombé à la beauté séductrice de Kundry. Klingsor lui a ravi la sainte lance, causant à Amfortas une blessure qui ne se refermera pas avant qu'un « simple pur », ayant acquis la connaissance par sa compassion ne retrouve la lance. Elle seule pourra cicatriser la plaie.

Acte I

Tableau 1 Les environs du château du Graal à Montsalvat. À l'aube. Kundry est condamnée à errer à tout jamais sans pouvoir pleurer, parce qu'elle a ri jadis du Rédempteur sur son calvaire. Cherchant le salut, elle sert humblement les chevaliers du Graal et rapporte du monde entier les onguents les plus rares à Amfortas pour qu'il soigne sa plaie. Mais c'est en vain. Gurnemanz révèle aux pages la cause pour laquelle la blessure d'Amfortas ne peut se refermer et, en chemin, leur fait aussi une promesse: un simple pur leur apparaîtra un jour comme rédempteur. Un jeune homme étranger est entré sur le territoire du Graal et a tué un cygne avec sa flèche. Lorsque Gurnemanz lui fait avouer que ce n'était pas un « plaisir de la chasse » mais le meurtre d'une créature vivante, le garçon brise son outil de mort. Il était donc ignorant et capable de compassion. Plein d'espoir, Gurnemanz l'emmène au château du Graal.

Tableau 2 Une gigantesque salle dans le château du Graal. À chaque fois que l'on dévoile le Graal, les douleurs d'Amfortas s'amplifient. Mais les chevaliers du Graal réclament leur nourriture spirituelle et le roi doit faire son office. Le jeune innocent voit tout, mais ne comprend rien et ne montre pas la moindre compassion. Gurnemanz voit son espoir déçu et le chasse.

Acte II

Le château et les jardins enchantés de Klingsor. Kundry sert les chevaliers du Graal, mais elle est aussi aux ordres de Klingsor. Celui-ci fait venir Kundry et lui ordonne de séduire l'innocent qui s'approche. Les filles-fleurs l'entourent et le flattent. Mais Kundry, d'un baiser maternel, l'entraîne au royaume de l'amour et l'appelle par son nom: Parsifal. Elle éveille ainsi en lui la connaissance de son avenir et le deuil que lui cause la séparation avec sa mère. Parsifal ressent de la compassion pour tout ce qui est vivant, saisit la cause des souffrances d'Amfortas et résiste à Kundry. Klingsor lance la sainte lance dans sa direction, mais l'épée reste immobile dans l'air au-dessus de Parsifal. Celui-ci décrit alors le signe de la croix avec la lance sacrée, et le royaume enchanté et trompeur disparaît.

Acte III

Tableau 1 Le territoire du château du Graal à Montsalvat. Au printemps. Amfortas n'a plus dévoilé le Graal depuis des mois. Ayant renoncé à leur fortifiant spirituel, les chevaliers du Graal ne sortent plus pour apporter la paix dans le monde: ils mènent une vie misérable d'ermites dans la forêt. Pendant sa longue errance à travers le monde, Parsifal a pu se mettre à l'épreuve et expérimenter sa compassion. Il revient à présent sur les terres du Graal, sous les traits d'un chevalier noir, pour libérer Amfortas avec la sainte lance (enchantement du vendredi saint). Gurnemanz va le mener une seconde fois au château du Graal, mais auparavant le vieux chevalier fait du « sauveur sauvé » le roi du Graal et le premier acte accompli par Parsifal est d'accorder à Kundry le saint baptême.

Tableau 2 Le château du Graal. Le père d'Amfortas, Titurel, est mort et les chevaliers se rassemblent en demandant que l'on dévoile le Graal. Mais Amfortas se refuse à accomplir l'acte sacré. Parsifal reprend alors les fonctions royales et, grâce à la lance sacrée, apporte à Amfortas la rédemption à laquelle il aspire. Kundry s'effondre au sol, lavée de son péché.

S. N.

Parsifal, croquis de décor de Ludwig Sievert (acte II, dernière scène), Fribourg, 1913-1914 (TWS).
Parsifal vainc sans armes la sombre puissance de Klingsor et gagne la lance. Si cet instant n'est pas transfiguré, cela tient au fait que la mission de Parsifal n'est pas de détruire le royaume de Klingsor, mais de sauver celui du Graal. Il a encore un long chemin à parcourir, de nombreuses années d'apprentissage, avant de retrouver le territoire du Graal, de prendre conscience du mystère de l'enchantement du vendredi saint et d'être capable d'accomplir le nouvel acte rédempteur. La sombre vision scénique de Ludwig Sievert anticipe ces instants historiques au XXe siècle : du jour au lendemain, des symboles de pouvoir, des forteresses et des barbelés que l'on croyait invincibles ont perdu tout leur pouvoir.

Moquerie et glorification

Il n'existe aucun autre drame musical de Wagner que l'on ait critiqué d'une manière aussi vive et contradictoire que *Parsifal*. Nietzsche, qui avait admiré Wagner pour les accents pessimistes de la tétralogie du *Ring*, considéra les « adieux au monde » de Wagner comme une trahison. Il ne put pardonner au compositeur de s'être courbé devant la croix – et de l'avoir fait par faiblesse, du point de vue de Nietzsche. Du côté catholique, la compagne de Franz Liszt, la duchesse Carolyne von Wittgenstein, protesta contre le déshonneur et la raillerie infligés au saint sacrement. La longue histoire de l'interprétation de *Parsifal* connaît des points de vue plus stupéfiants encore : la communauté du Graal comme élite nazie, fraternité d'hommes homosexuels, le « sauveur sauvé » en Parsifal comme Christ « allemand », comme hermaphrodite, etc. Les différentes époques de l'histoire allemande font apparaître les pôles opposés des interprétations possibles : l'annonce de la guerre et la promesse de la paix.

Les attributs du Graal

La tradition veut que le sang du Christ ait été recueilli dans un récipient lors de sa crucifixion. Ce calice diffuse une lumière rouge qui dispense de l'énergie. Dans le sens étymologique, Wagner a décrypté ainsi le mot : *Sangue reale = San Greal = Sankt Gral* = le saint Graal. Le Graal, calice dispensant la vie, est un symbole de la mère originelle. Wagner a qualifié le Graal de « spiritualisation du trésor des Nibelungen ». La lance, selon Wagner, est l'opposé et le complément du Graal, le symbole du masculin (Yoni et Lingam en indien). La symbolique du Graal se retrouve effectivement au XIXe siècle dans la liturgie protestante et luthérienne. On l'a appelé « l'amen de Dresde » (Wagner l'a entendu lors de sa confirmation, à Dresde). Felix Mendelssohn-Bartholdy l'a lui aussi utilisé dans le premier mouvement de sa cinquième symphonie, dite *Symphonie Réformation*. N 68, N 69

On trouve aussi, autour du Graal, le motif de la foi. N 70

La colombe qui y est évoquée incarne, dans le mystère chrétien, le Saint-Esprit. Elle est donc aussi apparue lors du baptême du Christ par saint Jean (baptême dans le Jourdain). Dans le mystère du Graal, l'arrivée de la colombe est un événement important, comme le proclame Lohengrin, le fils de Parsifal, dans le récit du Graal (→ *Lohengrin*) : « Chaque année s'approche du ciel une colombe pour régénérer ses forces miraculeuses ». N 71 L'opéra débute avec le motif de la cène, mélodieux et éminent. N 72

Gy. K.

Un festival scénique sacré

Dans sa vieillesse (après 1872), Wagner aurait préféré donner le nom de *Bühnenweihfestspiel* (festival scénique sacré) à toutes ses œuvres composées après

Parsifal, croquis de décor de Ludwig Sievert pour la mise en scène de Paul Legband, Stadttheater de Fribourg, 1913 (TWS). Pour ce décor néoromantique de la première grande époque de Ludwig Sievert, on est tenté de se demander si cette vision idéale peut être mise en œuvre sur la scène. L'image suit la musique fervente qu'a composé Wagner pour le monde naturel du Graal (acte I, scène 1).

→ *Lohengrin*. Cette désignation renvoie aux scènes liturgiques du Graal, aux actes I et III. Wagner est décédé six mois après la création et n'a pu (peut-être ne l'aurait-il pas voulu non plus) éviter une mystification à ses partisans inconditionnels. Au contraire, il a renforcé la position exceptionnelle de *Parsifal* dans le corpus de ses œuvres scéniques en réservant à Bayreuth toute représentation du *Bühnenweihfestspiel* et en prescrivant après l'acte I une «interdiction d'applaudissement», comme si son dernier drame musical était une sorte de rituel ou de cérémonie. Mais il n'a pas pu empêcher le «vol du Graal»: en 1903, *Parsifal* entra au répertoire du Met de New York. Même si, jusqu'à ce jour, les questions adressées sur ce point à Wagner demeurent sans réponse, on trouve dans son texte *Religion et art* (1880) certaines indications qui permettent de comprendre cette dénomination énigmatique. Selon Wagner, dans les périodes où pâlit le rôle de la religion comme refuge et possibilité d'expression de l'âme, l'art peut reprendre cette fonction. Par les symboles, une œuvre d'art peut rendre crédible ce qui dans la religion apparaît comme un fait. Derrière l'action de *Parsifal* apparaissent aussi bien des symboles chrétiens que bouddhistes et l'univers intellectuel de Schopenhauer (→ *Tristan und Isolde*) exerça lui aussi une influence significative. Comme cela avait déjà été le cas dans la tétralogie du *Ring*, Wagner s'est créé dans *Parsifal* sa propre mythologie et un jeu religieux sur le déclin d'une civilisation européenne menacée.

Parsifal, Toni Krämer (Parsifal) et Matthias Hölle (Gurnemanz), mise en scène: Götz Friedrich, décors et costumes: Günther Uecker, direction musicale: Silvio Varviso, Württembergisches Staatstheater de Stuttgart, 1976 (photographie de 1993).
Parsifal (de dos) et Gurnemanz. Le prophète omniscient reconnaît le rédempteur et, dans un monologue poignant, lui fait prendre conscience de l'enchantement du vendredi saint. Si Parsifal était Dieu ou le fils de Dieu, le récit de Gurnemanz serait ici superflu. Cela montre que Parsifal est un être humain.

L'enchantement du vendredi saint

En quoi consiste l'enchantement du vendredi saint? En avril 1857 (pas le jour du vendredi saint, mais dans une ambiance qui lui correspondait), inspiré par une superbe journée de printemps, Wagner esquissa un drame en quelques traits. Ce fut la première ébauche en prose de *Parsifal*. Wagner travaillait sur le sujet depuis 1845, date à laquelle il avait lu l'épopée *Parzival* de Wolfram von Eschenbach. Comment associer la belle nature, le jour de la mort du Christ et la «rédemption du rédempteur»? C'est aussi ce que demande à Gurnemanz le chevalier vêtu de noir, Parsifal, qui regarde autour de lui la belle prairie fleurie. «(…) dans ce cas, j'imagine, ce qui fleurit, ce qui respire, vit et revit, ne pourrait, ah! que porter le deuil et pleurer!» Et le vieux sage lui donne cette réponse: «Toute créature se réjouit de la gracieuse trace du rédempteur (…). Elle ne peut le voir lui-même sur la croix; alors elle lève les yeux vers l'homme sauvé; celui-ci se sent libéré du péché et de l'effroi.» Ces pages de sa partition représentent l'apogée de la musique de Wagner: chaleur et ferveur, instrumentation en pastel. De la musique printanière composée à l'automne d'un grand compositeur.

Parsifal, croquis de décor de Leo Pasetti pour l'acte III, Munich, 1924 (TWS).
Le nom de Parsifal recèle des interprétations profondes. Dans la source française originelle (chez Chrétien de Troyes, au XIIe siècle), il s'appelle Perceval (celui qui traverse la vallée), une allusion aux longues pérégrinations et errances du héros. C'est la forme qu'a reprise, au début du XIIIe siècle, Wolfram von Eschenbach (auquel Wagner se référait pour l'essentiel) en lui donnant le nom de Parzival. Pendant deux décennies, Wagner a conservé cette orthographe. C'est en 1877 qu'il a choisi Parsifal. Wagner avait trouvé chez Joseph Görres, un important philosophe et esthète, une interprétation du nom encore plus convaincante pour le drame: Fal-parsi (arabe) = pur fou, Parsi-fal = fou pur. Le décorateur Leo Pasetti représente sur cette belle esquisse Parsifal en Perceval: le fou pur traverse enfin la vallée pour arriver sur les terres du Graal (début de l'acte III). Cette image joyeuse fait aussi sentir la métamorphose de l'hiver en printemps.

Parsifal, figure de Kundry d'Ewald Dülberg, Hambourg, 1914 (TWS).
« Je ne fais jamais le bien ; – je ne veux que le repos, ah ! juste le repos – oh, que nul ne m'éveille ! » (acte I).

Kundry

Kundry est l'un des personnages féminins les plus remarquables, non seulement de la création de Wagner, mais de tout le répertoire lyrique. Elle vit dans une situation schizophrénique : d'une part elle se comporte comme un animal, rampe au sol et s'humilie en servant les chevaliers du Graal, d'autre part elle obéit à Klingsor et apparaît ici comme une femme désirable, dotée d'une grande séduction érotique. Son motif musical de créature qui sert et qui souffre est mystérieux, comparable à un sourire : une montée et une descente en douceur. N 73

Ci-dessous
Parsifal, Martha Mödl dans le rôle de Kundry, Bayreuth, 1953.
À l'époque du « nouveau Bayreuth », Martha Mödl fut une Kundry mémorable. La photographie restitue de manière suggestive la nature de cette créature qui dort, rêve, sait et veut pourtant tout oublier. À l'époque de Bayreuth marquée par Wieland et Wolfgang Wagner, le visage, et par là même l'âme des héros wagnériens, prennent la première place.

Kundry, qui s'est jadis moquée du Christ sur son calvaire et a été condamnée à errer à tout jamais, est le pendant féminin personnage du Juif errant (et elle est, de ce point de vue, apparentée au Hollandais). Elle cherche la paix, aspire à la rédemption, mais on ne cesse de la repousser de part et d'autre dans le monde. Comme messagère du Graal, elle représente le type d'Ève, soumise à son mari. En tant que « femme diaboliquement belle » qui domine les hommes, elle est une variante de l'ange déchu. Kundry sait tout. Elle connaît l'enfance de Parsifal et tout son art de la séduction est de faire prendre conscience de lui-même au jeune héros. Parsifal découvre et comprend grâce à Kundry un passé qui s'était jusqu'alors déroulé sans avoir de sens. Le baiser de Kundry joue pour lui un rôle décisif : à cet instant, « sachant par compassion », il prend conscience de sa mission. Wagner exprime ce baiser par le motif de Kundry, déjà cité, mais cette fois le bref soupir se transforme en une longue mélodie érotique et nostalgique dont le style (comme toute la scène entre Kundry et Parsifal dans l'acte II) rappelle fortement la musique de → Tristan. N 74

Pendant qu'il travaillait à la composition, Wagner expliqua la signification du baiser de Kundry : « Le serpent du Paradis et sa promesse séduisante : Adam et Ève ont acquis le savoir. Ils ont pris conscience du péché. C'est de cette conscience que le genre humain a dû expier dans l'infamie et la misère, jusqu'à ce qu'il soit sauvé par le Christ, qui a assumé les péchés de l'humanité (...). Seul le clairvoyant peut se dire à lui-même (...). le sens intérieur. Adam-Ève : le Christ. – Que se passerait-il si nous leur adjoignions : Amfortas-Kundry : Parzival ? Mais avec une grande prudence ! » (7 septembre 1865 – Wagner utilisait encore à l'époque le nom de Parsifal avec une autre orthographe.)

Gy. K.

Les filles-fleurs sur un rythme de valse

Wagner a décrit avec précision ce que sont les jeunes filles de Klingsor : des filles enchanteresses, des fleurs dans le jardin tropical ensorcelé de Klingsor ; elles éclosent avec le printemps et vivent jusqu'à l'automne pour séduire les héros du Graal, totalement naïves et gracieuses. Les filles-fleurs de Wagner doivent chanter et danser sur une mesure à trois temps et une lente mélodie de valse. L'année où l'œuvre fut composée, la valse était au plus haut de sa popularité ; elle passait pour l'incarnation de l'ivresse et de l'oubli. Avec son décor, Ewald Dülberg répondait à ce courant néo-romantique. N 75

75. Mélodie de valse des filles-fleurs

Parsifal, Hans Hotter dans le rôle de Gurnemanz, Bayreuth.
Hans Hotter jouait le sauveur Gurnemanz d'une manière aussi convaincante que le rôle opposé, celui d'Amfortas. Un morceau de bravoure dans l'interprétation.

Parsifal, les filles-fleurs de Klingsor, croquis de décor d'Ewald Dülberg, Hambourg, 1914 (TWS).
« Êtes-vous donc des fleurs ? », demande Parsifal, étonné, aux filles-fleurs. Selon les indications de mise en scène de Wagner, leur visage doit être voilé. Elles forment un tableau collectif du sexe dépourvu de sentiments.

Prolongement et achèvement

Après la conclusion pessimiste de → *Die Götterdämmerung*, qui s'achevait sur une catastrophe pour l'humanité, Wagner voulut représenter sur scène avec autant de force dramatique la possibilité de la rédemption. Dans ce sens, *Parsifal* est un prolongement et un achèvement de l'ensemble de son œuvre. Mais il faut aussi savoir que Wagner travaillait avec l'idée d'un drame consacré à *Parsifal* depuis 1845, c'est-à-dire depuis son travail sur → *Tannhäuser* et → *Lohengrin*. L'angoisse de la catastrophe mondiale et l'espoir de pouvoir tout de même briser la force du mal ont parcouru parallèlement, pendant des décennies, sa pensée créative. *Parsifal* est une version positive de → *Tristan* et du → *Ring des Nibelungen*. Les fils qui relient *Parsifal* aux autres drames musicaux sont parfois évidents, parfois dissimulés. Des motifs isolés, mais aussi l'ensemble de l'atmosphère musicale, renvoient à → *Lohengrin* (monde du Graal, motif du cygne); le thème du Graal et celui du pape (dans le récit de Rome de Tannhäuser) sont apparentés. Derrière les protagonistes de *Parsifal* se trouvent d'autres créatures – derrière Kundry, Vénus, derrière Parsifal, le jeune Siegfried, derrière Klingsor, Hagen. Les connaisseurs des opéras de Wagner retrouvent dans le baiser de Kundry le baiser de Siegfried qui tire Brünnhilde de son sommeil (→ *Siegfried*, acte III). Amfortas, qui souffre et qui saigne, rappelle Tristan mourant (→ *Tristan*, acte III). Dans la première version de son drame sur *Parsifal* (1857), Wagner avait l'intention de faire apparaître Parsifal, pendant son errance, au chevet de Tristan et de lui faire soigner par la puissance magique de la lance cette blessure qui saignait en permanence à cause d'une intarissable nostalgie. Il voulait ainsi conforter l'idée que Tristan et Amfortas sont des héros déchus par la puissance de l'amour magique et subissent un sort analogue. Mais Amfortas fut finalement le seul à pouvoir être sauvé par Parsifal. En 1879, Wagner fit une remarque profonde à son épouse Cosima. Il estimait que Siegfried aurait dû vieillir pour devenir un Parsifal s'il avait voulu sauver un Wotan en souffrance. Mais il lui manquait « le messager ». Cela signifie que nul n'avait expliqué le passé à Siegfried, que nul ne lui avait

Parsifal, mise en scène : Peter Mussbach, direction musicale : Sylvain Cambreling, Théâtre Royal de la Monnaie, Bruxelles, 1989.
Les chevaliers du Graal réclament leur nourriture rituelle – et le roi doit remplir son office.

fait prendre conscience de sa mission. La similitude entre les origines de Siegfried et de Parsifal est en tout cas remarquable : tous deux grandissent dans la nature sans connaître les humains ; ils sont sans père, des créatures de la nature, sans peur et ignorants. Siegfried et Parsifal apparaissent d'une manière semblable sur la scène : Siegfried capture un ours, Parsifal tue le cygne sacré et tous deux sont caractérisés par un motif de cor rappelant un signal. Siegfried perd. Parsifal vainc parce qu'il peut se dépasser après avoir acquis le savoir par la compassion. N 76 Pourtant, la carrière des deux héros prend une forme différente, ce que symbolise déjà le contraste entre l'épée forgée par Siegfried (Nothung : → *Der Ring des Nibelungen*) et l'arc que Parsifal casse par compassion.

Gy. K.

Parsifal, croquis de décor d'Heinz Grete, Mannheim, 1924 (TWS).
Dans l'admirable cathédrale de Sienne, Wagner a trouvé en 1880 les motifs picturaux de son temple du Graal et les a utilisés pour le décor de la création. Cette tradition de décors s'est maintenue assez longtemps dans les mises en scène de *Parsifal*.

76. Motif de victoire de Parsifal

77. Enchantement du vendredi saint

Louis II, photographie colorée, cadeau personnel du roi à Richard Wagner, Richard-Wagner-Museum, Bayreuth.
Il suffit d'avoir visité l'extravagant château de Neuschwanstein, à Hohenschwangau, pour avoir une profonde impression de l'influence qu'a exercé sur Louis II, roi amateur d'art, l'atmosphère des opéras de Wagner. Louis II a été le premier véritable wagnérien ; il se sentait attiré, y compris dans la vie privée, par ce génie de la composition et s'identifiait volontiers à certains personnages wagnériens. Neuschwanstein fut construit parallèlement au Festspielhaus de Bayreuth, comme une réalisation du château du Graal. Quant à la salle des chanteurs du château c'est une copie précise de celle de la Wartburg. Sur le lac caverneux de son château Linderhof, le roi se promenait dans une barque en forme de cygne. On trouve sur des fresques et des peintures des représentations de scènes de → *Tannhäuser*, de → *Lohengrin* et de → *Parsifal*. Le jeune roi fut déclaré fou en 1886, trois ans après la mort de Wagner. Il se noya la même année dans des circonstances mystérieuses.

L'idée fondamentale des festivals

Le Festspielhaus (littéralement : maison du festival), une nouveauté dans l'histoire théâtrale des temps modernes, est née, comme les grands drames lyriques de Wagner, au fil de décennies de plans et de travail, développement d'une idée centrale de génie. Lors de son exil en Suisse, en 1850, l'année où fut créé → *Lohengrin*, Wagner voulait déjà faire construire un théâtre provisoire en planches, sur une prairie près de Zurich ; mais il ne pouvait espérer voir son projet mis en œuvre. On devait y donner trois fois de suite → *Siegfrieds Tod* (→ *Der Ring des Nibelungen* : naissance du drame universel), puis brûler la partition et raser le théâtre, un happening digne de la fin du XXe siècle. Wagner revint sur ce projet douze années plus tard ; dès cette époque, il se prononça en faveur de l'idée acoustique fondamentale du théâtre musical de l'avenir. Il considérait que le théâtre du futur devrait être pourvu d'une fosse d'orchestre enfoncée, dans laquelle l'orchestre serait placé de manière « invisible », et que l'auditorium devrait monter comme un amphithéâtre. Vingt-six années s'écoulèrent entre la première idée et la première représentation au Festspielhaus de Bayreuth.

Du projet à la réalisation

1859 : Wagner rencontre son plus grand mécène. Louis II est alors âgé de 14 ans ; à partir de 1864, il sera roi de Bavière.
1864 : Le roi imagine le Wagner-Theater (Festspiele) comme un bâtiment monumental, à Munich, non loin de sa résidence.
1864-1865 : Wagner implique dans les plans son vieil ami de Dresde, l'architecte Gottfried Semper (→ *Rienzi*). Le compositeur veut d'abord expérimenter les possibilités techniques et acoustiques dans un théâtre provisoire. Louis II approuve les deux projets.
1866-1867 : Louis II est enthousiasmé par les deux projets et demande à Semper de réaliser la maquette pour l'édifice monumental. Mais l'architecte ne touche pas d'honoraires.
1868-1869 : Débats politiques autour du coûteux projet. Après de longues tergiversations, Semper se retire. Dans un premier temps, le plan ne peut être mis en œuvre.
1871 : Richard et Cosima Wagner trouvent le lieu adapté pour le futur théâtre : ce sera Bayreuth. On offre en vain à Wagner l'Opéra baroque des Margraves (construit en 1748, architecte : Giuseppe Galli-Bibiena) pour une rénovation. Le compositeur choisit de faire construire un nouveau bâtiment.
1872 : Le jour du 59e anniversaire de Wagner (22 mai), on pose la première pierre du Festspielhaus sur la verte colline. Reprenant partiellement les idées de Semper, et avec les conseils du maître machiniste de théâtre Karl Brandt (1828-1881), on construit en quatre ans un théâtre selon les plans d'Otto Brückwald (1841-1904).
1876 : Au mois d'août, on ouvre le Festspielhaus avec la représentation intégrale de la tétralogie → *Der Ring des Nibelungen*. Hans Richter, le père originel des chefs d'orchestre de Bayreuth, est au pupitre. Parmi les invités, on trouve Liszt, Grieg, Bruckner, Tchaikovski, Saint-Saëns, Nietzsche, Tolstoï, l'empereur Guillaume Ier et, bien entendu, Louis II de Bavière.

Le Festspielhaus de Bayreuth : la salle.
Pour son nouveau théâtre, Wagner accordait une grande importance aux éléments suivants :
• Des places de même valeur ayant toutes une bonne vue (Louis II ordonna tout de même que l'on construise quelques loges pour la noblesse, mais elles demeurèrent discrètes).
• La salle peut être plongée dans l'obscurité (une nouveauté à l'époque de Wagner) pour encourager la concentration et diriger l'attention sur la scène.
• On peut donner à la scène un effet de distance grâce à la perspective et à l'illusion d'optique.
• L'orchestre, dans le sol, doit être utilisé comme un gouffre mystique entre la scène et le public ; l'attention de l'auditeur n'est pas distraite par les musiciens de l'orchestre.

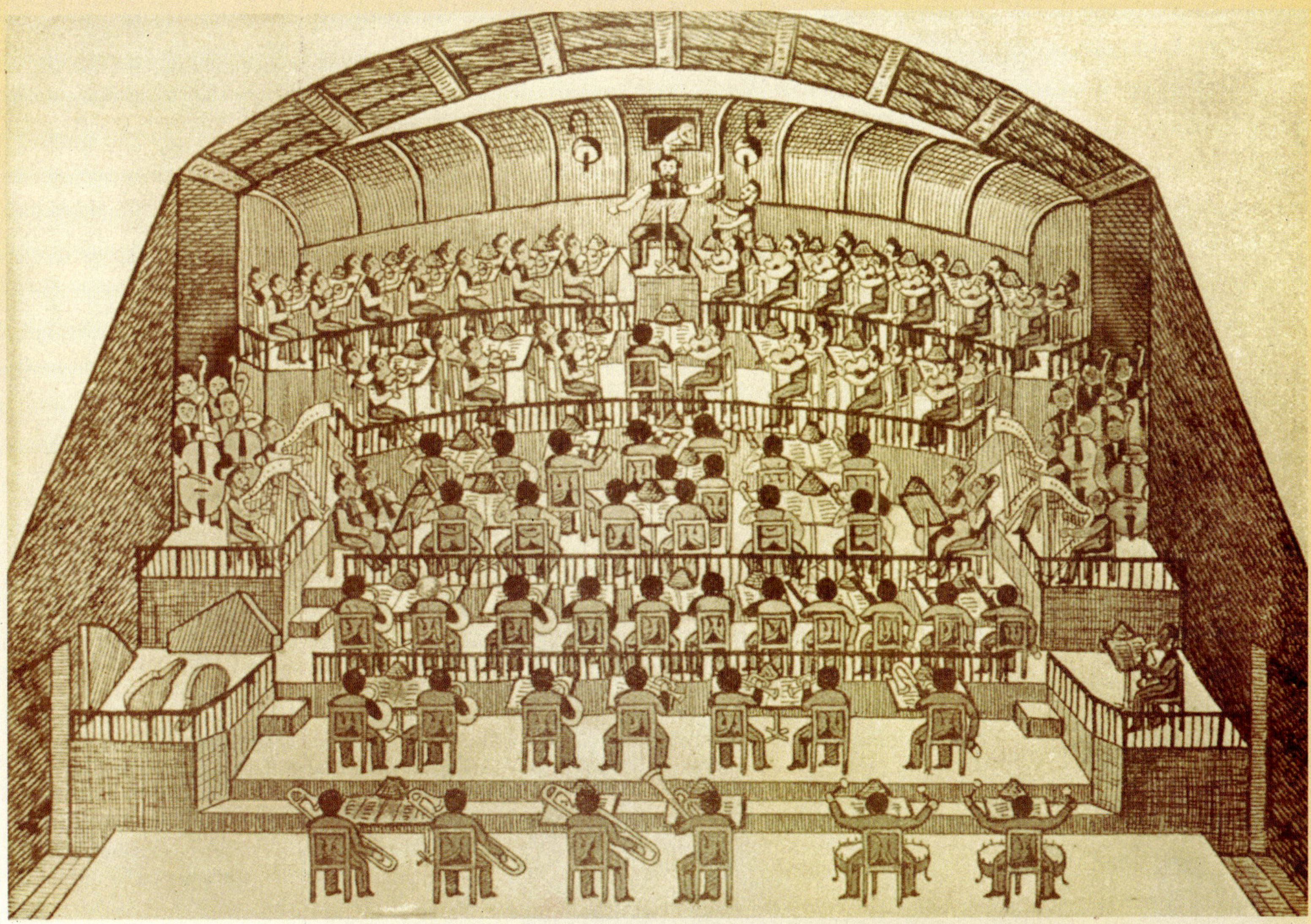

![Orchestra pit drawing]

La fosse d'orchestre à Bayreuth, dessin d'Heinrich Venzl, 1882.

Le Festspielhaus à Bayreuth, gravure d'Otto Brückwald, 1872-1876, Deutsches Theatermuseum de Munich.
Le théâtre de l'avenir : non pas un bâtiment d'apparat, mais un édifice utilitaire. Tout doit servir la grande œuvre musicale et dramatique. Le public ne va plus seulement à l'opéra pour s'amuser. Le nouvel opéra devient un lieu de pèlerinage, les représentations sont des révélations du génie. Des milliers de personnes font chaque année le pèlerinage à Bayreuth.

La fosse d'orchestre

À l'occasion d'une répétition de → *Parsifal* au Festspielhaus, en 1882, le premier clarinettiste Heinrich Venzl créa un document inestimable : un dessin de la fosse d'orchestre. L'orchestre est enfoncé dans le sol et recouvert : le son est assourdi et homogène, on comprend mieux le texte chanté sur la scène. L'orchestre est réparti sur six estrades. Les instruments les plus bruyants (trombones, tubas, percussions) sont installés à l'étage le plus bas, les violons sur l'estrade la plus élevée. Entre eux se trouvent les trompettes, les cors, le contrebasson (deuxième rangée en partant du bas), les cors, les bois (troisième rangée en partant du bas), les seconds et les flûtes (quatrième rangée), les seconds violons (cinquième rangée). On a installé sur les côtés les harpes et les contrebasses. Ce dessin fixe d'autre part pour l'éternité l'un des moments au cours desquels Wagner, depuis la salle, donnait, par une trappe installée sur le couvercle sonore, une instruction au Hofkapellmeister Franz Fischer. Cet «instantané» représente Franz Strauss, père de Richard Strauss, parmi les cornistes (deuxième à gauche, dans la troisième rangée à partir du bas).

L'époque héroïque

Désirant voir sur scène *Der Ring des Nibelungen*, Louis II ordonna, contre la volonté de Wagner, que l'on donne à Munich respectivement en 1869 et 1870 *Das Rheingold* et *Die Walküre*. Le cycle complet du *Ring* fut donné pour la première fois en 1876 dans le Festspielhaus que l'on venait de construire. Mais ce grand acte artistique s'acheva sur un désastre financier qui, dans un premier temps, rendit impossible la poursuite des festivals. Les portes du Festspielhaus ne rouvrirent qu'en 1882, pour la création de *Parsifal*. Entre-temps, l'impresario Angelo Neumann avait acquis le droit de donner des représentations en dehors de Bayreuth. Il présenta avec un grand succès la tétralogie du *Ring* en 1878 à Leipzig, en 1881 à Berlin (en présence de Wagner), en 1882 à Londres et en 1883 lors d'une tournée effectuée dans plusieurs villes européennes. En 1889, le *Ring* fut donné pour la première fois à New York ; à la fin du siècle, il avait conquis le monde entier.

Interprétations scéniques

Le style et les décors des créations assurées par Wagner lui-même demeurèrent longtemps des normes obligatoires. Seul son fils Siegfried commença à adapter prudemment cette tradition aux idées de mise en scène courantes du XXe siècle. Ailleurs, on eut moins de peine à trouver des interprétations scéniques autonomes – à Vienne, par exemple, où, à l'ère de Gustav Mahler, le décorateur Alfred Roller aida à percer les idées réformatrices du théoricien suisse Adolphe Appia. À Bayreuth, le renouveau artistique lancé sous la houlette du metteur en scène Heinz Tietjen et de son décorateur Emil Preetorius coïncida avec le début du nazisme. La belle-fille de Wagner, Winifred, qui avait repris la direction du festival en 1930, après la mort de Siegfried, était une proche amie d'Adolf Hitler, qui vint briller chaque année avec ses paladins à l'éclat du festival. Hitler ne rejetait pas du tout la volonté réformatrice mise en œuvre à Bayreuth. Le fait que l'on ait pu voir *Parsifal* pour la première fois dans une nouvelle mise en scène en 1934, dans des décors d'Alfred Roller, répondait à son vœu personnel. On modernisa aussi les salles réservées aux invités, dans lesquelles il séjournait pendant les semaines de festival ; au lieu de la peluche, un « design du pouvoir » fit son entrée à Bayreuth – c'est du moins ainsi que le décrit l'arrière-petite-fille, Nike Wagner. Dans le même temps débuta l'exode des artistes renommés, conduits par le chef d'orchestre Arturo Toscanini, qui refusa de se produire devant les chemises brunes au pouvoir. L'histoire du « nouveau Bayreuth » après la Seconde Guerre mondiale débuta en 1951, avec l'allègement de l'héritage douteux dont avaient abusé les nationaux-socialistes. Les petits-fils de Wagner, Wieland et Wolfgang, qui avaient accumulé depuis les années trente et quarante un bagage de metteurs en scène, y compris à l'extérieur de Bayreuth, créèrent une conception scénique radicalement nouvelle. Les éléments constitutifs du style de leur interprétation de Wagner, influencée par la psychanalyse, consistent en un disque disposé de biais et utilisé comme plateau, et une régie lumière audacieuse. Wieland Wagner monta *Der Ring des Nibelungen* en 1951 et 1965, Wolfgang en 1960 et 1970. Mais il y eut aussi de nouvelles approches scéniques, dramaturgiques et musicales en dehors de Bayreuth : en 1956, à Hambourg, par Günther Rennert (scénographie : Helmut Jürgens), par Herbert von Karajan (mise en scène et scénographie : Günther Schneider-Siemssen) à Vienne et à Salzbourg. Pour la mise en scène de Gustav Rudolf Sellner (direction musicale : Lorin Maazel) au Deutsche Oper de Berlin en 1967, le sculpteur Fritz Wotruba créa des éléments d'image archaïques. Après la démarche artistiquement stimulante de Joachim Herz, qui intégra de manière très cohérente la société de l'époque de Wagner dans la mythologie du *Ring* (Leipzig, 1973-1976, décors : Rudolph Heinrich), on donna à Bayreuth la mise en scène aussi remarquable que contestée de Patrice Chéreau – c'était l'année Wagner, le centenaire de la création du *Ring*. On y vit un *Ring* interprété sous un angle quasiment français : gai, plein d'esprit, détendu et très clair dans toutes les représentations de sentiments, dans la joie comme dans la tristesse. On parla, pour le critiquer ou pour l'applaudir, d'une « démystification » française de Wagner. La conception de « musique de chambre » de Pierre Boulez, qui soutenait cette vision de l'œuvre et dirigeait l'orchestre, ouvrit notamment une ère nouvelle dans la réception scénique de l'opéra. Patrice Chéreau se démarquait aussi clairement de la vision de Wieland Wagner, qui transfigurait le personnage central de Siegfried et en faisait un lien entre

Parsifal, mise en scène et décors : Wieland Wagner, Festival de Bayreuth, 1951-1973.

les différents éléments. Chez Chéreau, l'essentiel n'était plus le « gaillard primitif », mais le simple hébété et violent conçu par Wagner, qui ne s'éveille que peu à peu à l'amour et à la compassion. Dans le théâtre de mise en scène moderne, on trouve presque chaque année de nouvelles interprétations, tendant vers l'abstraction, la modernisation ou la vision historisante. Les visions scéniques audacieuses y prennent une place importante. Le Walhalla apparaît ainsi sous la forme de Wallstreet chez Rudolph Heinrich, à Leipzig. Chez le décorateur de Chéreau, Richard Peduzzi, le Rhin était déjà « dompté » par un gigantesque barrage. Erich Wonder, à Munich (mise en scène : Nikolaus Lenhoff), et Axel Manthey, à Francfort-sur-le-Main (mise en scène : Ruth Berghaus), situèrent le *Ring*, grâce à des techniques de collage, dans un univers et une éternité très allusifs. Peter Sykora dessina pour le metteur en scène Götz Friedrich, à Berlin, un « tunnel temporel » visualisant une ambiance de fin du monde. Les principaux metteurs en scène (et l'on ne trouve pas seulement parmi eux des metteurs en scène d'opéra) sont fiers de « leur » production du *Ring* : Götz Friedrich, Luca Ronconi, Peter Stein, Peter Hall, Ruth Berghaus, Otto Schenk, Nikolaus Lehnhoff, Harry Kupfer. Chacun peut porter au moins une fois « l'anneau » à son doigt. Wagner n'a rien perdu de sa force magique…

S. N. / J. J.

Die Walküre, croquis de décor d'Adolphe Appia pour une mise en scène au Staatsoper de Munich en 1923 (TWS).
Adolphe Appia est considéré, avec Edward Gordon Craig, comme le principal réformateur de la pratique de mise en scène au début du siècle. Ses innovations ont débuté avec le décor ; il les a ensuite minutieusement théorisées. On avait déjà refusé ses premiers croquis révolutionnaires pour Bayreuth, en 1892 – seul Wieland Wagner les a repris. Sa vision formelle de *Die Walküre* apparaît effectivement comme une anticipation des décors donnés au *Ring* par Fritz Wotruba.

Der Freischütz, croquis de décor de Simon Quaglio, Munich, 1822 (TWS). La gorge-aux-loups apparaît dans les croquis de décors romantiques comme une peinture de Caspar David Friedrich. *Der Freischütz* est un chef-d'œuvre, à la fois féerique et réaliste, raffiné et populaire. Le sujet remonte à un procès pénal engagé en 1710 en Bohême contre un jeune garçon de 18 ans : « Le lascar, tout nu en compagnie d'un chasseur, fondit 63 balles et toutes sortes de spectres diaboliques apparurent. » En 1810, Apel et Laun en tirèrent un *Livre des fantômes* dans lequel on trouve cette histoire sous le nom de *Légende du Freischütz*. Weber lut ce récit la même année.

Weber fut un véritable maître dans tous les domaines de la musique et un génie du théâtre.

Carl Maria von Weber

Né à Eutin (Allemagne) le 18 novembre 1786
Mort à Londres le 5 juin 1826

Le jeune Weber voyage avec la troupe itinérante de son père et fait des études, entre autres auprès de Michael Haydn à Salzbourg et de l'abbé Vogler à Vienne. D'abord nommé maître de chapelle de théâtre à Breslau (1804), puis intendant de la musique à la cour de Karlsruhe (1806), il devient en 1813 directeur d'opéra à Prague et enfin maître de chapelle au Hoftheater de Dresde en 1817. En tant que directeur d'opéra, Weber réforme le travail théâtral ; il exige des répétitions intensives et l'éducation des chœurs, tente de développer un art d'ensemble et d'établir un répertoire. Il devient le compositeur de l'opéra national allemand avec la création berlinoise du *Freischütz* (1821), qui est immédiatement reconnu et célébré comme une alternative à l'opéra italien et français. Avec les deux opéras suivants, *Euryanthe* et *Oberon*, il ouvre aux futurs compositeurs, notamment à → Richard Wagner, la voie vers de nouveaux horizons.
Œuvres : Œuvres scéniques : *Peter Schmoll und seine Nachbarn*, 1802 (Peter Schmoll et ses voisins) ; *Silvana*, 1810 ; *Abu Hassan*, 1811 ; *Der Freischütz*, 1821 (Le Freischütz) ; *Euryanthe*, 1823 ; *Oberon or the Elf King's Oath*, 1826 (Obéron ou Le Serment du roi des elfes). Lieder, œuvres chorales, œuvres pour orchestre (symphonies, ouvertures, concertos), œuvres pour piano, musique de chambre.

Der Freischütz

Le Freischütz

Opéra romantique en trois actes

Livret : Friedrich Kind
Création : le 18 juin 1821 à Berlin (Königliches Schauspielhaus)
Personnages : Ottokar, prince de Bohême (bar.), Kuno, chef garde forestier (basse), Agathe, sa fille (sop.), Ännchen, une jeune cousine (sop.), Kaspar, forestier (basse), Max, forestier (tén.), un ermite (basse), Kilian, un riche paysan (tén.), quatre demoiselles d'honneur (4 sop.), Samiel, chasseur noir (rôle parlé) ; archers, demoiselles d'honneur, jeunes filles, chasseurs, paysans, esprits invisibles, la chasse furieuse, vierges, gens de la cour, paysans (chœur)

Argument

En Bohême, peu après la fin de la guerre de Trente ans. « Un vieux chef garde forestier veut donner son office et sa fille au forestier Max et le prince en est satisfait ; mais une loi stipule que chacun doit réussir une difficile épreuve de tir. Un autre forestier, malveillant et charmant, Kaspar, a aussi des vues sur la jeune fille, mais il est vendu au diable. Max, d'ordinaire bon tireur, manque tous ses coups dans la période qui précède l'épreuve. Cela le désespère. Kaspar finit par le convaincre de fondre ce qu'il appelle des « balles franches » ; six d'entre elles atteignent leur but, mais la septième appartient au diable. Celle-ci doit atteindre la pauvre jeune fille. Mais le ciel en décide autrement : pendant l'épreuve, Agathe s'effondre, mais aussi Kaspar – celui-ci est vraiment la victime de Satan, tandis que la jeune fille s'est seulement évanouie de peur. Pourquoi ? C'est ce qu'explique cette pièce. Le tout s'achève dans la joie. » (Carl Maria von Weber, dans une lettre à sa promise.)

Acte I

Une place devant une auberge forestière. Agathe, la fille du chef forestier, a choisi pour fiancé Max, le forestier, et repoussé Kaspar, un vieux prétendant. Mais seule une épreuve de tir franchie avec succès peut permettre à Max de trouver son bonheur. Or, plus s'approche le jour de l'épreuve, plus Max est malheureux : il n'atteint plus la cible. Le paysan Kilian l'emporte au tir sur le chasseur. On rit de Max, on se moque de lui. Mais pourquoi, se demandent les gens, conserve-t-on ce vieil usage ? Kaspar, hypocrite, offre son aide à Max, désespéré, pour fondre des « balles franches ». Six atteignent leur cible, la septième appartient au Malin, le chasseur noir Samiel, qui s'en sert pour s'attribuer une vie humaine. Le temps est venu pour Kaspar de régler de sa vie son compte chez Samiel. Si Max accepte les « balles franches », la septième tuera sa fiancée Agathe et Kaspar sera sauvé. Kaspar prête son fusil à Max pour lui montrer comment on atteint bien la cible avec une « balle franche ». Un oiseau passe à hauteur des nuages, bien loin de la portée d'un fusil, à peine visible – et Max le touche. Un aigle gigantesque s'abat au sol. Max est prêt à monter avec Kaspar, à minuit, dans la redoutée gorge-aux-loups, pour fondre des « balles franches » qui serviront pendant l'épreuve de tir.

Acte II
Tableau 1 La maison forestière. Agathe est allée voir un ermite, qui lui a offert des roses blanches. L'homme pieux l'a aussi mise en garde contre un péril inconnu. Le tableau de son aïeul est effectivement tombé du mur et aurait pu l'assommer, mais ne l'a que légèrement blessée. Agathe demeure pourtant soucieuse. Même les tentatives d'Ännchen, une jeune cousine, pour la divertir ne servent à rien. Où est passé Max? Lui apportera-t-il une preuve de son habileté à la chasse afin de lui donner un espoir pour le jour de l'épreuve? Lorsque arrive enfin celui qu'elle attend ardemment, l'oiseau de proie abattu l'effraie plus qu'il ne la rassure sur l'adresse retrouvée de Max.
Tableau 2 La sombre gorge-aux-loups. La nuit. Avec l'assistance de Samiel et de Max, Kaspar fond des « balles franches ». La chasse furieuse fait rage autour d'eux. Deux apparitions mettent en garde Max : l'image de sa mère défunte et celle de sa fiancée Agathe. Ils réussissent à fondre les « balles franches ».

Acte III
Tableau 1 Une forêt claire et accueillante. Le jour. Max a déjà tiré sa part, trois des « balles franches », pour prouver son habileté au prince Ottokar – car, avec des balles normales, il continue de manquer toutes ses cibles. Il demande en vain à Kaspar de lui laisser une balle. Il devra donc utiliser la septième pour l'épreuve de tir.
Tableau 2 La chambre d'Agathe dans la maison forestière. Agathe a fait un rêve. Elle s'est vue transformée en blanche colombe. Max tirait sur l'oiseau, il tombait, mais elle redevenait soudain Agathe et un grand oiseau de proie noir se roulait dans son sang. Mais ce n'est pas encore la fin des mauvais présages : lorsque Agathe ouvre la boîte contenant la couronne de la mariée, elle y trouve une couronne funéraire. Les demoiselles d'honneur, et même l'insolente Ännchen, sont effrayées ; Agathe est consternée. Courageusement, elle se fait tresser les roses blanches de l'ermite en une couronne de mariée.
Tableau 3 Une belle région forestière. Le prince du Land, Ottokar, invite Max à passer l'épreuve de tir. Il lui montre une colombe blanche et lui ordonne de tirer dessus. À cet instant, Agathe arrive en toute hâte et crie : « Ne tire pas, je suis la colombe ! » Mais le coup part. Agathe et Kaspar s'effondrent. Derrière Agathe est apparu l'ermite, qui la tient sous sa protection. Elle vit et Kaspar meurt ; Samiel vient chercher son tribut. Le prince, auquel Max avoue son crime, veut le chasser du pays. Mais il s'incline ensuite devant l'ermite et lui laisse le soin de juger. La grâce doit passer avant le droit ; l'épreuve de tir n'aura plus jamais lieu et Max épousera son Agathe après une année de sursis.

S. N.

Der Freischütz, mise en scène : Christof Nel, décors : Axel Manthey, Opéra de Francfort, 1983.
Une scène fameuse de cet opéra riche en situations archétypiques : les demoiselles d'honneur (groupe de droite) veulent coiffer Agathe (assise) de la couronne de mariée ; mais c'est une couronne funèbre qui se trouve dans la boîte. Même l'insolente Ännchen (à gauche) est horrifiée.

La gorge-aux-loups : à la fois romantique et moderne

Dans la scène de la gorge-aux-loups (acte II, tableau final), la vision acoustique de Weber correspond à la vision scénique détaillée décrite dans le livret : on crée un espace sonore sombre avec les notes longuement tenues des clarinettes, sur une note exceptionnellement grave, et avec le trémolo des cordes, suivi d'un étrange dialogue entre Kaspar (chanté) et Samiel (parlé). Enfin arrive Max, et l'on commence à fondre les balles. La recette : du plomb, du verre brisé provenant de vitraux d'église cassés, du mercure, trois balles qui ont déjà atteint une fois leur cible, l'œil droit d'une huppe, l'œil gauche d'un lynx. Sans oublier la bénédiction de la balle, chuchotée par Kaspar : un mélodrame. À chaque fois que l'on fond l'une des neuf balles, un événement se produit : un verrat noir apparaît, on entend aboyer un chien, des cliquètements, des coups de fouet, le trot d'un cheval, etc., le tout esquissé par l'orchestre en brefs motifs sonores et picturaux. L'unique mélodie, dans le sens traditionnel du terme, est assignée à l'apparition du mal. N2 L'idée musicale de Weber est géniale : construire toute cette scène sur un total de quatre tonalités : fa dièse mineur, do mineur, la mineur et mi bémol mineur – la carte de visite de Samiel (la-do-mi bémol-fa dièse N 1). C'est son territoire et son heure est venue !

Der Freischütz, Ludwig Hofmann (1895-1963) dans le rôle de Kaspar, 1918. Kaspar est ici interprété comme l'incarnation du Mal.

Ci-dessous
Der Freischütz, croquis de décor d'Ewald Dülberg pour la mise en scène du Dr Heyn, direction musicale : Alexander von Zemlinsky, Krolloper de Berlin, 1928 (TWS).
La gorge-aux-loups, conçue dans un esprit non pas romantique et illustratif, mais comme un lieu existentiel du péril et de la décision.

Le ciel et l'enfer : une polarité musicale

Der Freischütz est construit avec une logique rigoureuse. L'enfer, la terre et le ciel sont caractérisés par les tonalités et séparés les uns des autres. Cette conception repose sur la vieille tradition de la caractéristique des tonalités, dans laquelle les tonalités mineures ayant des bémols à l'armure sont considérées comme sombres et troubles, tandis que les tonalités majeures ayant des dièses à l'armure sont considérées comme claires et pures. Samiel, le Mal, n'a pas de tonalité fixe : on lui a attribué un accord de septième mineure, qui était à l'époque ressenti comme une extrême dissonance : la-do-mi bémol-fa dièse. N 1 Samiel ne chante qu'une seule fois une mélodie (en do mineur), lorsqu'il triomphe en chasseur noir, au point culminant de la fonte des balles. N 2 La deuxième partie de la grande scène solo de Max, dans laquelle il lance des blasphèmes à Dieu et semble avoir déjà succombé au Mal, est également composée en do mineur. N 3 L'air de la vengeance de Kaspar est en ré mineur, à proximité de la tonalité de Samiel, dont il est le favori et la victime. Face à eux, Agathe et Ännchen chantent leur charmant duo en la majeur (début de l'acte II). Agathe lève son regard vers Dieu pour la prière du soir et l'on passe en mi majeur. N 4 (La deuxième prière d'Agathe, en la bémol majeur, est un pendant à son premier air. N 5) Le sommet de ces sphères célestes est atteint avec l'ermite, représentant de Dieu parmi les hommes, après qu'il a prononcé le jugement sous forme de remerciement en si majeur. N 6 Les paysans, les chasseurs, Kuno, Kilian, et même Ännchen N 7 ont des tonalités neutres, « quotidiennes » : do majeur, sol majeur, ré majeur.

1. Motif de Samiel (motif du diable)

2. Chasse furieuse

3. Air de Max

Doch mich um-gar-nen finst-re Mächte

4. Prière d'Agathe

Lei-se, lei-se, from-me Wei-se, schwing dich auf zum Sternen-krei-se!

5. Cavatine d'Agathe en prière

6. Serment de Max

Die Zu-kunft soll mein Herz be-wäh-ren, stets hei-lig sei mir Recht und Pflicht.

7. Ariette d'Ännchen (polonaise)

Kommt ein schlanker Bursch ge-gan-gen, blond von Lo-cken o-der braun

Der Freischütz, Beatrice Niehoff (Agathe), Barbara Bonney (Ännchen), Gerold Scheder (Kaspar) et Walter Raffeiner (Max), mise en scène : Christof Nel, décors : Axel Manthey, Opéra de Francfort, 1983.
Comme sur un plateau, on propose (au finale) le compromis négocié par une main surnaturelle. Max reçoit encore une chance. Au début des années quatre-vingts eut lieu une rupture avec la tradition romantisante du *Freischütz*. À cette époque, Axel Manthey (1945-1995) se faisait une réputation de décorateur de premier plan.

Der Freischütz, mise en scène : Günter Krämer, décors : Andreas Reinhardt, direction musicale : Rolf Reuter, Komische Oper de Berlin, 1989.
La gorge-aux-loups dans une tout autre interprétation : celle d'une situation existentielle où l'individu est refoulé par les exigences de l'époque et de la société (ici, des chasseurs de toutes sortes).

Une pièce d'après-guerre

Pour sa création en 1821 au Schauspielhaus de Berlin, *Der Freischütz* avait une actualité politique multiple. Cette œuvre brisait pour la première fois la domination de l'opéra italien sur la scène d'opéra allemande. C'est vers cet objectif que Weber avait orienté toute son activité musicale et littéraire. Par ailleurs, aussi bien par son sujet que par sa date de composition, *Der Freischütz* est une œuvre d'après-guerre. L'action se déroule peu après la guerre de Trente Ans. Kaspar a été soldat. Revenu à la paix, il n'a plus rien eu à manger et a vendu son âme au Mal. Il n'est pas seulement mauvais : c'est une victime tardive de la guerre. Weber a composé *Der Freischütz* dans une autre après-guerre, quelques années après la bataille des nations de Leipzig (1813), qui n'a pas apporté aux peuples la liberté à laquelle ils aspiraient, mais un nouveau particularisme féodal et un renforcement de la réaction. Weber, comme les autres, avait espéré la liberté et composé à cette occasion des chorals patriotiques. Un chœur, à la fois semblable et d'une tout autre nature, résonne aussi dans *Der Freischütz* : le chœur des chasseurs princiers. N 8

Il n'existe pratiquement pas un seul numéro musical de cet opéra qui ne soit pas devenu populaire : le chant de moquerie de Kilian, le chant rieur des paysans, le ländler devant l'auberge forestière N 9, la chanson à boire de Kaspar (à laquelle la petite flûte donne un ton strident et militaire), le chant des demoiselles d'honneur N 10 et la polonaise d'Ännchen. N 7

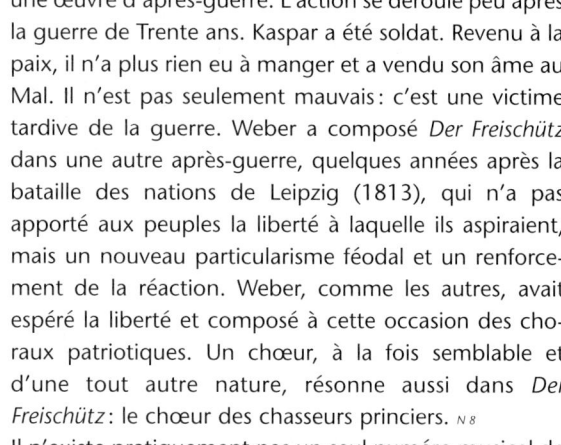

Der Freischütz, mise en scène: Christof Nel, décors: Axel Manthey, Opéra de Francfort, 1983.
Max dans une situation sans issue: il a tiré toutes ses « balles franches » et Kaspar lui refuse toute aide supplémentaire. Le mur, métaphore d'une situation sans issue.

Der Freischütz, Henriette Sontag (1805-1854) dans le rôle d'Agathe, illustration de N. L. Gosse/S. W. Reynolds, Vienne, 1825.

La musique « délicieuse »

Avec la multiplicité des styles musicaux du *Freischütz*, Weber offre à ses auditeurs un mets de choix. Il leur sert une grande variété de numéros de chant. De grandes scènes chantées (Agathe-Max) sont relayées par des chansons à strophes (chant de raillerie, chœur des rires, chanson à boire, chant des demoiselles d'honneur, chœur des chasseurs). On trouve un numéro dansé (ländler) et un air de danse sous forme de polonaise, fort appréciée au début du XIXe siècle (Ännchen). Les scènes mélodramatiques (gorge-aux-loups) paraissent d'une modernité ahurissante. Tout cela semble frais et élémentaire. La partie orchestrale, avec ses solos instrumentaux, est située au même rang que la partie chantée. Depuis *Der Freischütz*, les cors sont considérés comme le signal de la forêt allemande – la forêt n'est d'ailleurs pas seulement une image idyllique extérieure, mais aussi une projection du subconscient, des conflits menaçants et des angoisses. N 11 Le son du cor est un symbole de la chasse, mais aussi de la nostalgie (cor de la poste), une manifestation d'espoir, comme chez Agathe. N 12

Pour la prière d'Agathe, Weber a fait appel au violoncelle solo (cavatine). Pour Max, en revanche, il a employé la clarinette (l'instrument préféré du compositeur!). N 13

Pour Ännchen (qui serait un portrait musical de l'épouse de Weber, la cantatrice Caroline Brand), on trouve le hautbois (polonaise) et l'alto (romance). La flûte tient un grand rôle dans le discours de l'ermite (finale), dans la victoire de la sagesse humaine et de la justice divine (une allusion à → *Die Zauberflöte* de Mozart).

Page de gauche
Der Freischütz, Günter Neumann (Max) et les solistes du chœur du Komische Oper (chasseurs), mise en scène: Günter Krämer, décors: Andreas Reinhardt, direction musicale: Rolf Reuter, Komische Oper de Berlin, 1989.
Max rend de sombres puissances anonymes responsables de son désespoir à l'idée de faillir à l'épreuve du tir et de perdre Agathe. Mais son entourage sait ce qu'il en est. Le pauvre Max est poursuivi par une meute – des militaires de différentes époques.

8. Thème du cor (chœur des chasseurs)

9. Ländler

10. Chant populaire

Wir win-den dir den Jung-fern-kranz mit veil-chen-blau-er Sei-de

11. Motif de la forêt (cor, ouverture)

12. Mélodie de l'espoir (air d'Agathe)

Him-mel, - nimm des ___ Dan-kes Zäh-ren - für dies Pfand __ der Hoff-nung an!

13. Max, le bon chasseur (thème de l'air, acte I)

Euryanthe, Wilhelmine Schröder-Devrient (1804-1860) dans le rôle d'Euryanthe et Mathias Schuster dans celui d'Adolar. La sinistre ravine rocheuse (acte III) reflète la très profonde aliénation du couple d'amoureux ; il ne s'agit pas seulement d'un lieu extérieur, mais aussi d'un espace intérieur. On trouve son pendant dans la musique : la mélodie triste et plaintive (basson et flûte) est l'une des plus géniales inventions de Weber. N 14

Euryanthe

Grand opéra romantique en trois actes

Livret : Helmina von Chézy
Création : le 25 octobre 1823 à Vienne (Kärntnertortheater)
Personnages : le roi Louis VI (basse), Adolar, comte de Nevers (tén.), Euryanthe de Savoie, sa future épouse (sop.), Lysiart, comte de Forest (bar.), Églantine von Puiset, fille d'un rebelle (mezzosop.), Bertha (sop.) et Rudolf (tén.), couple de la noce ; princes, princesses, chevaliers, pages, chasseurs, vassaux, paysans, habitants du château, ménestrels, hérauts, lansquenets, soldats à cheval (chœur)

Euryanthe, Jürgen Freier (Lysiart) et Magdaléna Hayóssyová (Euryanthe), mise en scène : Christian Pöppelreiter, décors : Wilfried Werz, direction musicale : Siegfried Kurz, Staatsoper Unter den Linden de Berlin, 1986.
Lysiart trouble la fête de la cour et accuse Euryanthe d'infidélité. Christian Pöppelreiter a réussi à sauver l'honneur de ce livret dont on s'était tant moqué en pratiquant une interprétation historique et psychologique.

Argument
Au château de Préméry et au château fort de Nevers, vers 1110.

Acte I
À la cour de Louis VI, on célèbre une victoire. Le comte Adolar de Nevers pense avec nostalgie à sa jeune promise Euryanthe. Son rival secret est Lysiart, comte de Forest. Celui-ci met en doute la fidélité d'Euryanthe et Adolar le défie en duel. Mais on trouve un accord : après avoir mis en gage leurs deux héritages, Lysiart doit apporter une preuve de ses allégations. À Nevers, Euryanthe a la nostalgie d'Adolar. Églantine, une prisonnière noble, fille d'un rebelle, ne peut accepter l'infamie subie par son père. Elle n'a pas à l'égard d'Euryanthe des sentiments aussi bienveillants que le croit cette dernière et lui arrache un secret : la sœur d'Adolar s'est suicidée ; elle a mis fin à ses jours en buvant le contenu d'une bague remplie de poison lorsque son fiancé est mort à la guerre. À présent, son esprit cherche en vain à s'unir avec son aimé et ne pourra le trouver que lorsque les larmes d'une jeune fille innocente et au désespoir auront mouillé la bague. Connaissant ce secret qu'Euryanthe a juré de garder, Églantine espère pouvoir enfin changer sa situation.

Acte II
Lysiart vient à la demande du roi pour conduire Euryanthe à la cour. Il regrette presque ce « pari », mais il déteste Adolar. Il voit Églantine sortir la bague de la tombe d'Emma, la sœur d'Adolar, et lui propose un pacte. Elle accepte s'il promet de la sauver. À la cour du roi, Adolar et Euryanthe sont enfin à nouveau réunis. Mais Lysiart accuse Euryanthe d'infidélité et brandit la bague en guise de preuve. Euryanthe, consternée, se tait. Pour Adolar, son infidélité est prouvée : il la répudie et doit laisser ses terres à Lysiart.

Acte III
Dans une sinistre ravine rocheuse, Adolar veut tuer Euryanthe. Celle-ci tente en vain de le convaincre de son innocence. Lorsqu'un serpent menaçant approche, Euryanthe se jette devant son aimé pour le protéger. Bouleversé par cet acte d'amour, Adolar est incapable de la tuer, mais il la laisse seule dans ce paysage désertique. Le roi et son escorte de chasse retrouvent Euryanthe, qui leur révèle, à bout de forces, la trahison d'Églantine. Le roi la croit et lui promet son aide. Près du château de Nevers qui lui appartenait jadis, Adolar, errant, désespéré, se retrouve parmi les paysans et apprend la trahison d'Églantine par ses anciens sujets. Adolar va à la rencontre du cortège majestueux de Lysiart et d'Églantine et provoque le menteur en duel. Le roi apparaît entre-temps et prétend qu'Euryanthe est morte. Triomphale, Églantine révèle son crime. Lysiart la poignarde. Lui-même est emmené pour être exécuté. Plus rien ne s'oppose désormais à l'union d'Adolar et d'Euryanthe. Les chasseurs royaux font venir celle que l'on tenait pour morte. Heureux, les amoureux s'enlacent et une voix en Adolar affirme que l'esprit d'Emma a désormais trouvé le repos.

S. N.

Euryanthe, Elisabeth Meyer-Topsoe dans le rôle d'Euryanthe, mise en scène : Wolfgang Quetes, décors : Erich Fischer, costumes : Ute Frühling, direction musicale : Christian Thielemann, Opéra de Nuremberg, 1991. Euryanthe, innocente et persécutée, est affligée par les voix de ceux qui la calomnient. Wolfgang Quetes a vu des parallèles entre le cheminement du personnage imaginaire d'Euryanthe et celui de la librettiste Helmina von Chézy qui, en son temps, avait lutté sans crainte contre l'injustice. Elle avait par exemple demandé une aide pour les invalides de guerre et dénoncé des militaires corrompus – elle avait alors reçu le soutien du poète et avocat E. T. A. Hoffmann. Pendant l'ouverture, Quetes a présenté Euryanthe et Helmina von Chézy comme deux personnages parallèles.

Des joyaux du début à la fin

« La musique d'*Euryanthe* est encore bien trop peu connue et reconnue. C'est écrit du fond du cœur et de sa partie la plus noble (…). Une chaîne de bijoux resplendissants, depuis le début jusqu'à la fin. » Rien n'a changé à ce jour depuis les propos tenus par le contemporain de Weber, Robert Schumann, en 1847. La postérité a eu des relations difficiles avec ce chef-d'œuvre. On l'a relégué au rôle de précurseur du → *Lohengrin* de Richard Wagner et l'on n'a pas reconnu son originalité. Gustav Mahler a fondé en 1903, au Hofoper de Vienne, la tradition des adaptations rationalistes, où le fantôme d'Emma a disparu. Il a fallu attendre la fin des années quatre-vingts, avec de remarquables mises en scène (celle de Christian Pöppelreiter au Staatsoper de Berlin en 1986 et celle de Wolfgang Quete en 1991 à Nuremberg) et un enregistrement réalisé à Londres en 1994, sous la baguette de Mark Eldar, pour comprendre qu'*Euryanthe* est plus qu'une bonne musique sur un mauvais livret, que cet opéra présente aussi bien un monde extérieur qu'un univers intérieur et que l'action est psychologiquement crédible. Pour Weber, « l'alternance des tons » était importante, le passage entre le chevale-resque, le solennel, l'idyllique et le démoniaque. Le principe du double fond lyrique est ici magistralement utilisé. Lorsque les acteurs se croient en sécurité ou heureux, la musique raconte déjà le péril qui les menace. Dans ce sens, le prestigieux esthète de la musique Adolphe Bernhard Marx (1795-1866) a qualifié de « coup de génie » la marche nuptiale (acte III).

S. N.

14. Mélodie de la solitude (scène de la ravine rocheuse, acte III)

Oberon or the Elf King's Oath
Obéron ou Le Serment du roi des elfes

Grand opéra romantique et féerique en trois actes

Livret: James Robinson Planché, d'après Christoph Martin Wieland
Création: le 12 avril 1826 à Londres (Covent Garden Theatre)
Personnages: Obéron, roi des fées (tén.), Puck (alto), le chevalier Huon de Bordeaux, duc de Guyenne (tén.), Sherasmin, son page (tén.), Reiza, fille du calife (sop.), Fatima, sa servante (mezzo-sop.), deux sirènes (2 sop.); Haroun al Rachid, calife de Bagdad, Babekan, prince sarrasin, Namouna, grand-mère de Fatima, 1er et 2e esclaves sarrasins, Abdallah, pirate, Almansor, émir de Tunis, Roshana, son épouse, Nadina, femme du harem d'Almansor, un esclave nègre, Mesrous, chef des gardiens du harem, 3e et 4e esclaves sarrasins, un capitaine de vaisseau, deux Cupidons, Arcon, esclave grec de l'émir, Titania, reine des fées (rôles parlés); Charlemagne, empereur des Francs (rôle muet); fées, esprits, dignitaires à la cour du calife, esclaves aux cours du calife et de l'émir, pirates, sirènes, nymphes, cour de Charlemagne (chœur)

Oberon, croquis de décor d'Otto Reigbert pour la mise en scène de Walter Felsenstein, direction musicale: Fritz Zaun, Städtische Bühnen de Cologne, 1933 (TWS). La mer fait partie du coloris national anglais – il est vrai que l'opéra a été conçu pour l'Angleterre –, bien que la version originale ne soit que trop peu jouée; mais c'est celle qu'a donné John Eliot Gardiner à Lyon en 1985. Comme la forêt dans → *Der Freischütz*, l'océan est une force naturelle tantôt bienveillante, tantôt hostile; il donne à l'œuvre une dimension cosmique.

Argument
En France, à Bagdad et à Tunis, en 806.

Acte I
Obéron est en querelle avec Titania; il a juré de l'éviter jusqu'à ce que l'on trouve un couple d'humains amoureux demeurant fidèles en dépit de rudes épreuves. Puck n'a pu trouver pareil couple sur la terre entière, mais évoque un cas intéressant. Le chevalier Huon a tué en légitime défense un fils de Charlemagne. L'empereur accepte de ne pas appliquer la peine de mort à une seule condition: Huon doit tuer l'homme assis à la gauche du calife de Bagdad et « embrasser la fille du calife comme sa promise ». Une mission impossible. Obéron est touché par le destin du chevalier. À l'aide d'un sortilège, il rend Huon amoureux de Reiza, la fille du calife, et Reiza amoureuse du chevalier franc. Puck amène alors le chevalier et son page Sherasmin devant Obéron. Le roi des elfes propose son soutien à Huon, à condition que le chevalier reste fidèle à Reiza. Celui-ci prête serment; en contre-partie, il reçoit un cor magique.

Acte II
Huon et Sherasmin arrivent par hasard à la cabane de la vieille Namouna. Elle leur apprend que Reiza se refuse tout à coup à épouser son fiancé Babekan, parce qu'elle a rêvé d'un chevalier venu de l'Occident: c'est lui et lui seul qu'elle peut aimer. Huon pénètre chez le calife, tue Babekan, assis à sa gauche, et s'enfuit avec Reiza après que Sherasmin a soufflé dans le cor magique, figeant sur place toute l'assistance. La servante Fatima, à laquelle plaît Sherasmin, se rallie à eux. Obéron apparaît, fait jurer fidélité à Reiza et met un navire à leur disposition. Mais le couple a encore des épreuves à franchir. Puck ordonne aux esprits de la mer de mettre le bateau en détresse. Il accoste. Au cours d'un combat avec des pirates, Huon est capturé, puis séparé de Reiza, Sherasmin et Fatima. Mais sur ordre d'Obéron, Puck conduit Huon, inconscient, dans le nouveau lieu de séjour de Reiza.

Acte III
Huon s'éveille dans le jardin d'Almansor, l'émir de Tunis; c'est là que le découvrent Sherasmin et Fatima, qui ont été vendus comme esclaves à l'émir en même temps que Reiza. Celle-ci est courtisée par l'émir, mais demeure fidèle à Huon. Une main inconnue remet à Huon un bouquet de fleurs. Il le prend pour une salutation de Reiza, mais il a été envoyé par Roshana, la première femme de l'émir, une jalouse qui veut l'inciter à tuer Almansor. Roshana déploie toute sa séduction, mais laisse le chevalier de marbre. Almansor se trompe cependant sur la situation. Il ordonne de mettre Huon à mort, tout comme son épouse Roshana et Reiza, venues en toute hâte demander grâce pour Huon. Dans la plus grande détresse, Sherasmin souffle dans le cor; tous les esclaves et serviteurs de l'émir se mettent alors à danser. Les amoureux sont libres. Obéron apparaît avec Titania. Ils remercient le couple pour sa fidélité et sa constance. Charlemagne leur souhaite lui aussi la bienvenue.

S. N.

L'année où fut créé *Oberon* (1826), on donna aussi une autre musique féerique allemande, l'ouverture du *Sommernachtstraum* (Le Songe d'une nuit d'été) de Felix Mendelssohn. Le son du cor rêveur y illustre l'univers des fées. C'est avec un signal du cor à trois notes, celui d'Obéron, que débute l'ouverture de Weber et que s'ouvre un monde fantastique et féerique. N15 Les passages les plus originaux de l'opéra sont liés à ce code sonore, lorsque Huon, ensorcelé par l'amour, chante les attraits de Reiza N16 ou lorsque Reiza salue son Huon sur le rivage de l'océan. La mélodie au cor et le motif en trois notes parcourent toute l'œuvre. Un pied dans la tombe, le compositeur atteint d'une maladie mortelle mit en musique d'une manière inimitable le sentiment de l'espoir. N17

Oberon, croquis de décor de Paul Wolff, Duisbourg, 1924-1925 (TWS).
Le penchant de Weber pour l'Orient s'est déjà révélé dans son opéra précoce *Abu Hassan* (1811). Il a forcé son univers imaginaire coloré à s'inscrire dans le cadre bien proportionné de la forme musicale.

15. Motif du cor d'Obéron (ouverture)

16. Air de Huon

Jetzt gießt sich aus ein sanfter Glanz auf meines Lebens Wogentanz

17. Air de Reiza

Noch seh' ich die Wellen toben

Oberon, Eberhard Büchner (Obéron) et Friederike Wulff-Apelt (Puck), mise en scène : Luca Ronconi, direction musicale : Wolfgang Rennert, décors : Pier Luigi Pizzi, Deutsche Staatsoper Unter den Linden de Berlin, 1976. Sur ordre d'Obéron, Puck doit veiller sur Huon pour tirer le chevalier de son naufrage. Une vision quasi italienne du conte de fées allemand. En utilisant toute la machinerie scénique, on a donné une mise en scène gaie, légère et poétique.

Weill a créé une musique volontairement populaire, influencée par le jazz, marquée par un art mélodique évocateur et une importante rythmique. Elle se caractérise aussi par un grand savoir-faire artistique et une construction raffinée.

Die Dreigroschenoper, affiche, Berlin, années cinquante et soixante (TWS).
Affiche de 1960 pour la mise en scène donnée dans le fameux Theater am Schiffbauerdamm de Bertolt Brecht par le Berliner Ensemble, une fois encore avec Erich Engel comme metteur en scène.

Die Dreigroschenoper
L'Opéra de quat'sous

Pièce avec musique en un prélude et huit tableaux

Livret: Bertolt Brecht, d'après le livret de *The Beggar's Opera* de John Gay et John Christopher Pepusch, différents textes et inspirations de François Villon et de Karl Kraus
Création: le 31 août 1928 à Berlin (Theater am Schiffbauerdamm)
Personnages: Jonathan Peachum, chef d'une bande de mendiants; Mme Peachum; Polly, leur fille; Macheath, chef d'un groupe de bandits des rues; Jenny des Lupanars, putain; Brown, chef de la police de Londres; Lucy, sa fille; Matthias la Pièce; Jakob les Doigts crochus; Robert la Scie; Jimmie et Ede, hommes de Macheath; bandits; Filch, l'un des mendiants de Peachum; Smith, constable; le pasteur Kimball; un crieur; le messager du roi à cheval; putains, mendiants, bandits, constables, peuple.

Argument
Prélude: Fête foraine à Soho, pendant les fêtes du couronnement à la fin du XVIIIe. Une ballade célèbre le roi des bandits, Macheath, alias Mackie Messer (le Surineur). N 1

Acte I
Jonathan Peachum a fondé une entreprise; il distribue des autorisations d'exercer l'activité de mendiant et accorde sa protection moyennant 50 % des revenus. Ceux qui n'acceptent pas ou gardent de l'argent pour eux sont punis, comme Filch, qui a mendié pour son propre compte. Peachum a constamment des problèmes, y compris avec sa fille Polly qui, cette nuit, n'est pas rentrée à la maison. Pendant ce temps, Polly célèbre ses noces avec Macheath dans une vieille écurie équipée avec du mobilier volé. Le chef de la police, Brown, vieil ami et camarade de guerre du roi des escrocs, s'est lui aussi présenté à la noce. Polly avoue à ses parents son mariage avec Macheath. Ce gendre tapageur n'est pas le bienvenu pour Peachum, qui agit dans la discrétion. Il provoque l'arrestation de Macheath.

Acte II
L'intervention de Peachum force Brown à arrêter Macheath. Mis en garde par Polly, Macheath lui confie la direction de ses affaires et va chercher refuge dans un ancien logis, un bordel de Soho. Mais la putain Jenny, corrompue par Mme Peachum, le dénonce à la police. Le chef de la police Brown arrête à contrecœur son ami, contre lequel un mandat d'amener a été délivré pour plusieurs meurtres et vol. Lucy, la fille de Brown, fait une scène à Macheath: il lui avait promis de l'épouser. Lorsque Polly vient rendre visite à son époux, les deux femmes se crêpent le chignon. Tandis que Polly rentre gentiment à la maison, Lucy fait évader son Macheath.

Kurt **Weill**

Né à Dessau (Allemagne) le 2 mars 1900
Mort à New York le 3 avril 1950
Fils du Kantor de Dessau, Weill grandit dans un milieu musical. À l'âge de 17 ans, il travaille déjà comme répétiteur de chœurs au Herzogliches Hoftheater, sur recommandation de son professeur Albert Bing. Comme les instructions d'→ Humperdinck lui déplaisent, il s'adresse à → Busoni. Avant de connaître des succès notables en tant que dramaturge lyrique, il travaille comme critique à la revue *Der deutsche Rundfunk*. Il fait à Berlin la connaissance de la cantatrice Lotte Lenya, sa future épouse, et de Bertolt Brecht. À l'âge de 28 ans, il connaît un succès mondial avec *Die Dreigroschenoper*. En 1933, il émigre en France. La commande des *Sieben Todsünden* débouche sur sa dernière collaboration avec Brecht. Avec Lotte Lenya, il entame en 1935 une carrière réussie aux États-Unis, dont les Weill deviennent citoyens en 1943. Avec ses musiques de films et ses œuvres scéniques, il acquiert un grand prestige, aussi bien auprès du public que dans les milieux spécialisés. Il meurt d'une thrombose coronarienne peu de temps après son cinquantième anniversaire.
Œuvres: Principales œuvres scéniques: *Der Protagonist*, Dresde, 1926; *Royal Palace*, Berlin, 1927; *Der Zar lässt sich photographieren*, Leipzig, 1928 (Le Tsar se fait photographier); *Die Dreigroschenoper*, Berlin, 1928 (L'Opéra de quat'sous); *Aufstieg und Fall der Stadt Mahagonny*, Leipzig, 1930 (Grandeur et décadence de la ville de Mahagonny); *Die Bürgschaft*, Berlin, 1932 (La Caution); *Der Silbersee*, Leipzig, Magdebourg, Erfurt, 1933 (Le Lac d'argent); *Die sieben Todsünden*, Paris, 1933 (Les Sept Péchés capitaux); *Johnny Johnson*, New York, 1936; *Lady in the Dark*, New York, 1941; *One Touch of Venus*, New York, 1943; *Street Scene*, New York, 1947; *Down in the Valley*, Bloomington, 1948; *Lost in the Stars*, New York, 1949. Musiques de films, entre autres *You and Me* (1938, réalisé par Fritz Lang) et *Salute to France* (1944, réalisé par Jean Renoir), musique de chambre, lieder et mélodies.

Acte III
Peachum fait chanter Brown en le menaçant de rassembler ses mendiants le jour du couronnement. Les personnages en haillons gâteront la fête si Macheath ne se retrouve pas sous les verrous. Une fois encore, la putain Jenny trahit Macheath; il est arrêté et doit être pendu. Macheath tente en vain de soudoyer les gardiens. Les rues sont bouchées par la cérémonie du couronnement et l'argent n'arrive pas à temps. Les complices de Macheath prennent congé de leur chef, tout comme son épouse Polly. Tandis qu'il est mené à la potence. Le messager salvateur du roi apporte la grâce. Macheath obtient une pension et sa lettre de noblesse. N 1

S. N.

1. Ballade de Mackie Messer

Und der Hai-fisch, der hat Zäh-ne, und die trägt er im Ge-sicht, und Mac-heath der hat ein Mes-ser, doch das Mes-ser sieht man nicht.

Ci-dessus
Die Dreigroschenoper, projet de décor d'Ernst Preusser, Dresde, 1929 (TWS).
Un montage des reliques de la vie bourgeoise.

À droite
Die dreigroschenoper, Roma Bahn (Polly) et Harald Paulsen (Macheath) à la création, mise en scène : Erich Engel, costumes : Caspar Neher, direction musicale : Theo Mackeben, Theater am Schiffbauerdamm, Berlin, 1928. Lorsque le jeune comédien Ernst Josef Aufricht voulut ouvrir un théâtre à Berlin avec l'argent d'un héritage, il eut besoin d'une pièce saisissante. Après en avoir cherché une en vain, il prit contact avec Brecht. Celui-ci lui présenta des parties de son adaptation du *Beggar's Opera* de John Gay, qui avait été réanimé avec succès en 1920 à Londres et traduit en allemand par Elisabeth Hauptmann. La pièce lui plut franchement, mais la volonté de Brecht de l'illustrer avec la musique de Weill ne fut guère appréciée.

Antiromantique, antibourgeois

Comme on récuse les illusions, la psychologie laisse place à la décontraction, à l'agressivité et à une absence calculée de tension. L'action et la mise en forme conservent d'une manière ostentatoire les anciennes conventions : on se marie conformément aux bonnes mœurs et l'on chante un duo d'amour au moment adapté. Lorsque les mendiants appellent les passants à la piété, Monsieur Peachum accomplit son devoir de chrétien dans un pieux chant choral. En adoptant un point de vue sans illusions, une *happy end* serait impossible. C'est la raison pour laquelle on retient l'action et, conformément à la tradition de l'opéra, le *Deus ex machina* apparaît – ici, le messager du roi à cheval.

Mélodie chantante, son divertissant et rafraîchissant, donnent à cette œuvre aboutie une place inamovible dans l'histoire de l'opéra.

M. S.

Aufstieg und Fall der Stadt Mahagonny, avec (de g. à dr.): Lenus Carlson (Dreieinigkeitsmoses), Karan Armstrong (Leokadja) et Robert Wörle (Fatty), mise en scène: Günter Krämer, décors et costumes: Gottfried Pilz et Isabel Ines Glathar, direction musicale: Lawrence Foster, Deutsche Oper de Berlin, 1999.

Ci-dessus
Aufstieg und Fall der Stadt Mahagonny, Trude Hesterberg (Leokadja) et Lotte Lenya (Jenny), Theater am Kurfürstendamm de Berlin, 1931. Avec Lotte Lenya, c'est une comédienne qui a créé, avec un grand succès, le rôle de Jenny. De nombreux enregistrements témoignent de cette incarnation inoubliable.

Aufstieg und Fall der Stadt Mahagonny, Vera Little-Augustithis (Leokadja Begbick), Wolf Appel (Jack O'Brien) et Rolf Kühne (Dreieinigkeitsmoses), mise en scène: Barbara Karp, décors: Allen Charles Klein, direction musicale: Peter Keuschnig, Theater des Westens de Berlin, 1985.
Un peu plus de dix années séparent les versions du Theater des Westens et du Deutsche Oper. Mais quelle transformation! Le système socialiste s'était effondré. Krämer a fait sombrer Mahagonny, l'Allemagne du nouveau régime, dans une orgie de nourriture, de boisson et de consommation.

Aufstieg und Fall der Stadt Mahagonny

Grandeur et décadence de la ville de Mahagonny

Opéra en trois actes

Livret: Bertolt Brecht
Création: le 9 mars 1930 à Leipzig (Neues Theater)
Personnages (les noms de rôles peuvent être traduits selon le lieu de la mise en scène. À la création, on a volontairement utilisé les noms allemands): Leokadja Begbick (alto ou mezzosop.), Willy/Fatty, le fondé de pouvoir (tén.), Dreieinigkeitsmoses/Virginia-Moses (bar.), Jenny Hill (sop.), Tobby Higgins (tén.); les amis: Paul Ackermann/Jim Mahonney (tén.), Jakob Schmidt/Jack O'Brien (tén.), Heinrich Merg/Bill, dit Sparbüchsenbill (bar.), Joseph Lettner/Joe, dit Alaskawolfjoe (basse); jeunes filles et hommes de Mahagonny, gens avec des valises, personnes en fuite, blessés (chœur, figurants)

Argument
Dans une ville imaginaire, à l'époque actuelle.

Acte I
La veuve Leokadja Begbick, le fondé de pouvoir Willy et Dreieinigkeitsmoses fuient la police. Au milieu du désert, leur voiture tombe en panne; ils ne peuvent ni continuer leur chemin ni faire marche arrière. Ils fondent donc la ville-filet de Mahagonny et y capturent des gens, entre autres la prostituée Jenny et ses filles, et les amis bûcherons Paul, Jakob, Heinrich et Joseph. Ils ont gagné beaucoup d'argent en Alaska et viennent le dépenser ici. Au sommet de la prospérité survient la crise: partout, des interdictions et de l'ennui. Un ouragan approche de la ville. Face à la mort, Paul trouve la solution du problème: tout ira bien si l'on autorise tout.

Acte II
L'ouragan a fait un coude autour de Mahagonny. La ville se détruit elle-même, car on met en œuvre la devise de Paul « rien n'est interdit, tout est autorisé et tout peut être acheté ». Jakob perd la vie lors d'une orgie, Joseph est assommé par Dreieinigkeitsmoses lors d'un concours de boxe sans règles et Paul perd tout l'argent qu'il avait misé sur Joseph. Mais il continue à boire comme par le passé. Étant donné qu'il n'a pas un sou, et que son ami Heinrich et l'aimable putain Jenny ne l'aident pas, il est accusé du pire des crimes, ne pas pouvoir payer, et on l'emprisonne.

Acte III
Un tribunal siège. Le meurtrier Higgins est libéré parce qu'il peut payer un pot de vin. Paul est condamné à mort. La peine de mort pour incapacité de paiement relève de la loi humaine; elle est irrévocable, comme le démontre Dreieinigkeitsmoses dans le jeu de Dieu à Mahagonny. Le commandement de l'amour du prochain n'est qu'un principe impuissant et l'enfer n'effraie personne, puisque chacun le découvre chaque jour sur la terre. Paul est pendu. Une guerre de tous contre tous. Nul ne peut aider quiconque.

S. N.

Aufstieg und Fall der Stadt Mahagonny, Dagmar Peckova dans le rôle de Jenny, mise en scène : Ruth Berghaus, décors : Hans-Joachim Schlieker, direction musicale : Markus Stenz, Württembergisches Staatstheater de Stuttgart, 1992.
Ruth Berghaus ne s'intéresse pas aux situations excessives et exceptionnelles, mais au « capitalisme quotidien », lorsque le consommateur normal de produits devient producteur de froideur des sentiments, lorsque n'importe quel prétexte libère l'avidité de divertissement que ressentent les masses. La chaise à l'épaule, métaphore du désir permanent de sensations.

Le *Songspiel* : un scandale

En 1927, le festival de musique de chambre de Baden-Baden commanda à Kurt Weill un opéra court – une proposition qu'il voulut d'abord refuser faute de sujet adéquat. Il choisit finalement cinq poèmes du recueil *Hauspostille* de Bertolt Brecht et demanda à l'écrivain un sixième poème pour le finale. La manière inédite de représenter une violence omniprésente, dans l'action comme dans la musique, provoqua un scandale lors de la création, le 17 juillet 1927, au foyer municipal de Baden-Baden : les comédiens, munis de sifflets à roulette, s'opposèrent agressivement au public.

L'opéra blâmé

Le *Songspiel* traitait d'une communauté urbaine qui s'anéantit elle-même par excès de divertissements. Ce sujet devait désormais être adapté pour former un opéra long. Avec Brecht, Weill développa une logique du potentiel négatif : des criminels fondent la ville ; l'humanité est irréelle, l'amour vénal, l'amitié intéressée. Il existe aussi une justice, mais c'est le pauvre qui perd. Lorsque les moyens manquent pour corrompre, ce n'est pas le meurtrier qui paie de sa vie, mais celui qui n'a pas les moyens.

Cette concentration des pires comportements humains inspira, on le comprend, quelques doutes à Emil Hertzka, directeur de l'Universal Edition, sur la possibilité de présenter cette œuvre. Peu avant la création, le chef d'orchestre du Krolloper de Berlin, Otto Klemperer, rejeta l'œuvre, trop crue et déconcertante. Le suivant, Gustav Brecher, ne monta l'œuvre au Leipziger Oper qu'après l'avoir adoucie, ce que les auteurs acceptèrent même partiellement. D'autres adaptations suivirent après la création. Mais on ne créa pas de version définitive : dans l'émigration, les chemins des auteurs se séparèrent.

M. S.

Aufstieg und Fall der Stadt Mahagonny, affiche de Jeruam Naumann, 1961.
Musicalement, le nouveau style de Weill se manifeste déjà : des chansons évocatrices à l'harmonie ostentatoire, reposant sur la tonalité, une instrumentation transparente, des rythmes vivaces et un son provenant de la culture populaire assurèrent la célébrité de ce Song-opéra. Le sujet, en revanche, effrayait encore les bourgeois dans les années soixante.

Street Scene

Un Opéra américain

Livret: Elmer Rice (Elmer Leopold Reizenstein)
Texte des chansons: Elmer Rice et Langston Hughes
Arrangement: Kurt Weill; arrangement de *Wrapped in a Ribbon* et de *Moon-Faced, Starry-Eyed*: Ted Royal
Création: le 9 janvier 1947 à New York (Adelphi Theatre)
Personnages: Mrs Anna Maurrant (sop.), Mr Frank Maurrant (basse), Willie Maurrant (voix d'enfant), Rose Maurrant (sop.), Sam Kaplan (tén.), Mr Abraham Kaplan (tén.), Harry Easter (tén.), Henry Davis (tén.), Lippo Fiorentino (tén.), Mr George Jones (tén.), Mr Carl Olsen (basse), Mrs Fiorentino (sop.), Mrs Jones (sop. ou mezzosop.), Mrs Olsen (alto), Mr Daniel Buchanan (tén.), Jenny Hildebrand (sop.), Charlie (sop. ou voix de jeune fille), Mary (sop. ou voix de jeune fille), trois écolières (3 voix), deux nurses (2 sop.), Mrs Hildebrand (1 voix), Grace (voix de jeune fille), Joan (voix de jeune fille), Joe (voix d'enfant), Myrtle, Dick McGann (danseur chantant), Mae Jones (danseuse chantante), une Noire (sop.), deux jeunes filles de l'Armée du salut (2 sop.)

Rôles parlés: Steve Sankey, Shirley Kaplan, Vincent Jones, Dr Wilson, Officer Murphy, Marshal James Henry, Fred Cullen, laitier, policier, fripier, assistant médecin, élève violoniste, conducteur de l'ambulance, homme et femme, ouvrier, deux hommes, deux déménageurs, garçon de boutique, jeune fille; foule, enfants (chœur)

Street Scene, Sherri Greenawald (Anna Maurrant) et Lee Merrill (Rose), mise en scène: Francesca Zambello, direction musicale: Ward Holmquist, Grand Opera de Houston, 1994.
Rose assiste à l'échec de la communauté formée par ses parents et tente de consoler sa mère.

Argument

À New York, sur le trottoir, devant un misérable immeuble de location, en juin au XXe siècle.
Années de chien dans la grande ville. La vie se déroule dans la rue. Le principal sujet de conversation est l'aventure de Mrs Maurrant, une femme mariée, avec le laitier, lui aussi marié. On attend avec concupiscence que quelque chose se passe. Toutes sortes d'événements ont effectivement lieu, excepté ce que l'on attend. L'éternelle dispute entre Maurrant, le conservateur, et le démocrate critique qu'est Kaplan devient virulente sans que nul ne s'y attende. Une veuve sans moyens avec trois enfants a de la chance: sa fille obtient une bourse. Rose, la fille de Maurrant, est courtisée par toutes sortes de prétendants. Le jeune Sam Kaplan veut devenir juriste; il ne s'intéresse pas seulement à la littérature, mais aussi aux problèmes spirituels de ses concitoyens et montre de la compréhension, même à l'égard de Mrs Maurrant. Rose repousse tous ses prétendants et tombe d'accord avec Sam: il faut vivre d'une autre manière que les parents. Tous deux décident de fuir la grande ville et de commencer une nouvelle existence à la campagne. La veuve sans moyens est littéralement jetée à la rue. Mr Maurrant surprend sa femme avec son amant et les abat tous les deux. Le quartier, riche d'un scandale supplémentaire, devient un point d'attraction pour les amateurs de sensations et la presse à grand tirage. Arrêté et emmené, Maurrant a encore l'occasion de révéler son cœur bon, mais fermé, à sa fille Rose. Celle-ci décide de commencer dans un premier temps une nouvelle vie seule avec son frère, le petit Willie, et peut-être, ensuite, lorsqu'elle sera mûre et émancipée, de vivre avec Sam.

S. N.

À gauche
Street Scene, Kay Pascal et Robert McFarland, mise en scène: Francesca Zambello, direction musicale: James Holmes, décors: Adrianne Lobel, Theater des Westens de Berlin, 1994.
Une importation anglo-saxonne au Theater des Westens. Francesca Zambello avait assuré la mise en scène à Houston, James Holmes avait déjà dirigé *Street Scene* en 1989 et 1992 à l'English National Opera de Londres.

Street Scene, acte II, Lee Merrill (Rose) et Kip Wilborn (Sam), Grand Opera de Houston, 1994.
Rose quitte son quartier natal et veut bâtir ailleurs une vie selon ses propres conceptions, libre de tous liens, y compris à l'égard de Sam, l'homme qui l'aime.

Made in USA, **avec des avantages et des inconvénients**
Enthousiasmé par le public américain, parce qu'il « rit lorsque la musique est volontairement amusante » et se laisse, en quelques mesures, emporter dans une autre atmosphère, Weill prévoyait de composer un opéra américain dans lequel le langage passe tout naturellement dans la musique, et réciproquement. Pour atteindre cet objectif, il envisageait un sujet typiquement américain mais qu'il connaissait déjà pour l'avoir lu à Berlin : *Street Scene*, d'Elmer Rice, qui avait entre-temps obtenu le prix Pulitzer. Au début, Rice refusa que l'on mette la pièce en opéra. Dix ans plus tard, il réalisait le livret avec Langston Hughes. L'histoire d'amour entre Rose et Sam prit une plus grande importance, on fit passer au second plan l'analyse de l'antisémitisme. Mais sur les questions de détail, il fallut souvent de longues discussions pour que Rice accepte des adaptations.

Au niveau musical, Weill réalisa une synthèse entre l'opéra et la comédie musicale. Des leitmotive donnent à l'œuvre sa stabilité, des scènes parlées servent à retracer la réalité quotidienne, souvent avec un accompagnement à l'orchestre, une technique empruntée au cinéma. Le style populaire de Broadway, avec intermèdes dansés, est ici relié au vieux principe théâtral de l'unité de lieu et de temps.

À Philadelphie, le public bouda l'œuvre, même si les critiques s'exprimèrent en termes tout à fait positifs. Il fallut attendre New York pour que débute le succès espéré. Lorsque la pièce fut donnée à Düsseldorf, en 1955, un article de Theodor Adorno provoqua un scandale. Celui-ci reporta sur l'œuvre de Weill l'aversion que lui inspirait l'industrie américaine de la culture et affirma que Weill, en tant que compositeur, était devenu conformiste. Convaincue du primat de l'atonalité, la musicologie garda sa réserve à l'égard de la musique de Weill jusque dans les années quatre-vingt-dix.

M. S.

Street Scene, mise en scène : Francesca Zambello, décors : Adrianne Lobel, direction musicale : James Holmes, Theater des Westens de Berlin, 1994.
On dirait une scène idyllique, un bavardage dans la rue entre voisins. La canicule fait sortir les gens du trou où ils habitent. Mais ainsi, même la plus petite intimité devient publique – c'est le cas de l'amour d'Anna Maurrant, une femme mariée. La tragédie commence.

Jaromir Weinberger

Né à Prague le 8 janvier 1896
Mort à Saint Petersburg (Floride) le 8 août 1967

Devenu compositeur américain par l'émigration, Weinberger a d'abord été formé à Prague auprès de Jaroslav Kricka et de Vítezslav Novák, puis à Leipzig auprès de Max Reger. Dès l'âge de 26 ans, il travaille comme enseignant à Ithaca (États-Unis) et plus tard à Pressburg, Moscou et Prague. Il décide d'émigrer définitivement en 1939. Il a également enseigné le piano et la théorie.

Œuvres : *Svanda Dudák*, Prague, 1927 (Schwanda, le joueur de cornemuse) ; *Milovany hlas*, Munich, 1931 (La Voix aimée) ; *Lidè z Pokerflatu*, Brünn, 1933 (Les Gens de Poker Flat) ; *Wallenstein*, Vienne, 1937. Œuvres pour orchestre, *Symphonie Lincoln* (1941), musique de théâtre.

Schwanda, le joueur de cornemuse

Opéra en deux actes (cinq tableaux)

Livret : Miloš Kareš, d'après l'adaptation scénique d'un conte populaire par Josef Kajetán Tyl
Création : 1re version : le 27 avril 1927 à Prague (Nationaltheater) ; 2e version : le 16 décembre 1928 à Breslau (Stadttheater)
Personnages : Schwanda (bar.), Dorota (sop.), Babinsky (tén.), la reine (mezzosop.), le magicien (basse), le juge (tén.), le bourreau (tén.), le diable (basse), l'étudiant stagiaire du diable (tén.), le capitaine de l'enfer (tén.), deux lansquenets (tén., basse)

Argument
Dans une ferme, dans un château et en enfer, à une époque indéterminée.
Acte I
Tableau 1 La ferme de Schwanda. Le brigand Babinsky trouve refuge chez Dorota, la femme du joueur de cornemuse, et tombe amoureux d'elle. Schwanda invite l'étranger à manger ; celui-ci le remercie en lui racontant des récits sur le vaste monde, qui offrirait de grandes possibilités à l'homme talentueux qu'est Schwanda. Schwanda quitte alors sa femme et sa cour pour aller chercher bonheur au pays de la reine Cœur de glace.
Tableau 2 Le boudoir de la reine Cœur de glace. La reine a échangé son âme contre des bijoux. Lorsqu'elle entend la musique de Schwanda, elle regagne son cœur, changé en glace par un sortilège. Elle veut épouser son sauveur. Le magicien fait échouer le mariage en confrontant Schwanda et Dorota. Se rappelant son ancien bonheur, Schwanda refuse le nouveau mariage et doit être puni de mort.
Tableau 3 Une place devant la muraille de la ville, au royaume de la reine Cœur de glace. Le magicien s'approprie la cornemuse de Schwanda. Babinsky intervient alors : il arrache l'instrument au magicien et remplace la hache du bourreau par un balai. Schwanda commence à jouer et tous les badauds venus assister à l'exécution se mettent à danser. Dorota, Schwanda et Babinsky s'enfuient. Schwanda jure de sa fidélité – s'il ment, dit-il, que le diable vienne le chercher. Celui-ci ne se fait pas prier longtemps et Schwanda part pour l'enfer. Babinsky se croit enfin arrivé à son objectif, mais Dorota le presse d'aller sauver Schwanda.
Acte II
Tableau 1 L'enfer. Schwanda refuse de divertir le diable avec sa musique, comme on le lui demande. Babinsky apparaît à temps et gagne aux cartes le trésor du diable, la moitié de son royaume et l'âme de Schwanda – mais il ne réclame que cette dernière. Schwanda est sauvé et sème le diable et son escorte.
Tableau 2 La ferme de Schwanda. Une dernière fois, Babinsky tente d'éloigner Schwanda de Dorota. Il explique que vingt années se sont écoulées et que Dorota est désormais trop vieille pour lui. Imperturbable, Schwanda approche de la maison et aperçoit son épouse : jeune, belle et surtout prête à prendre un nouveau départ.

M. S.

La musique de Weinberger est caractérisée par le folklore de sa patrie ; ses instrumentations sont brillantes et épicées de gags musicaux.

Ci-dessus
Schwanda, le joueur de cornemuse, Kostas Paskalis dans le rôle de Schwanda, mise en scène : Wolfgang Weber, direction musicale : Ivan Pařík, Volksoper de Vienne, 1986. Schwanda est conduit à la mort, mais Babinsky le sauve et remplace la hache du bourreau par un balai (acte I, tableau 2).

Ci-dessous
Schwanda, Kostas Paskalis (Schwanda) et Jolanta Radek (Dorota), Volksoper de Vienne, 1986.
Perçoit-on encore l'air du temps dans cet opéra ? Cette histoire d'amour étourdissante met le conte populaire entre guillemets. L'issue est à la fois émouvante et ironique : Schwanda, heureux, serre sa Dorota dans ses bras (acte II, tableau 2).

Page de droite, en haut
Schwanda, Kurt Schreibmayer (Babinsky) et Jolanta Radek (Dorota), Volksoper de Vienne, 1986.
Une dernière fois, le brigand Babinsky tente de séduire la fidèle Dorota (acte II, tableau 2), mais en vain.

Page de droite, en bas
Schwanda, croquis de décor de Lothar Schenck von Trapp pour la mise en scène de Renato Mordo, direction musicale : Karl Maria Zwissler, Darmstadt, 1929-1930 (TWS).
À l'opposé de la musique populaire : un enfer constructiviste, conforme à la tendance moderne des années vingt.

Une pièce populaire attardée

Opposé à l'avant-garde, Weinberger n'avait pas besoin d'un sujet excessif. Il se contenta de quelques motifs de contes et de deux personnages populaires, le brigand Babinsky et le joueur de cornemuse de Strakonitz. Les liens thématiques avec la culture populaire justifient les citations de mélodies chantées et, avec les techniques traditionnelles, garantissent la compréhensibilité. Weinberger crée la tension nécessaire à une œuvre pourvue d'une *happy end*, en utilisant la densification sonore chromatique et une instrumentation très expressive. L'ironie s'exprime dans l'érudition universitaire, symbolisée par la fugue dans le ballet du diable (acte II, tableau 1). C'est la grande accessibilité de l'œuvre qui assura son succès international avant la Seconde Guerre mondiale. Impressionné par l'opéra, Max Brod le recommanda à l'Universal Edition. À la demande de l'éditeur, Weinberger transforma l'opéra, en collaboration avec Brod (deux nouveaux tableaux). L'œuvre se propagea rapidement, jusqu'aux États-Unis. Classé dans la catégorie des opéras populaires, on l'accueillit surtout sur de petites scènes après 1945.

M. S.

Hugo Wolf

Né à Windischgraz (aujourd'hui Slovenj Gradec, Slovénie) le 13 mars 1860
Mort à Vienne le 22 février 1903

À partir de 1875, Wolf, issu d'une famille fortunée, fait des études en même temps que Mahler au conservatoire de Vienne, sans obtenir de diplôme. Après avoir échoué comme chef d'orchestre à Salzbourg, redouté comme critique musical du *Wiener Salonblatt*, il s'assure à partir de 1887, avec l'aide de mécènes, une position de compositeur de lieder dans la vie musicale. En 1895, il compose l'opéra *Der Corregidor*; deux ans plus tard, il s'effondre. Il passe les dernières années de sa vie sous surveillance psychiatrique, atteint de paralysie progressive.
Œuvres: *Der Corregidor*, Mannheim, 1896 (Le Corrégidor); *Manuel Venegas*, Torso, 1897. Hormis les grands cycles de lieder – d'après Mörike, Goethe, Eichendorff, Michel-Ange, *Italienisches Liederbuch*, *Spanisches Liederbuch* –, il a écrit le poème symphonique *Penthesilea* et un *Quatuor à cordes en ré mineur*.

Der Corregidor
Le Corrégidor

Opéra en quatre actes

Livret: Rosa Mayreder, d'après le récit *El Sombrero de tres picos* de Pedro Antonio de Alarcón y Arriza
Création: 1re version: le 7 juin 1896 à Mannheim (Nationaltheater); 2e version: le 29 avril 1898 à Strasbourg (Stadttheater)
Personnages: Don Eugenio de Zuniga, corrégidor (tén.), Juan Lopez, Alcade (basse), Pedro, son secrétaire (tén.), Tonuelo, courrier du tribunal (basse), Repela, serviteur du corrégidor (basse), Tio Lukas, meunier (bar.), un voisin (tén.), Donna Mercedes, corrégidora (sop.), Frasquita, épouse du meunier (mezzo-sop.), Duenna, servante de la corrégidora (alto), Manuela, servante chez Juan Lopez (mezzosop.), le veilleur de nuit (basse), l'évêque (rôle muet), un valet (rôle muet); domestiques du corrégidor et de l'alcade, alguacils (valets de tribunal), musiciens (chœur)

Hugo Wolf (1860-1903), photographie du compositeur.
Avec Schubert, Hugo Wolf est l'un des compositeurs les plus méconnus de leur vivant.

Der Corregidor, Berlin, 1906.
Le meunier trouve le corrégidor dans sa maison et dans une situation compromettante (acte III). La mise en scène berlinoise s'inscrivait dans l'une des séries de représentations de l'œuvre lancées à la suite des efforts de Gustav Mahler.

Du lied à la scène
La naissance de cet opéra est tragiquement liée à la biographie d'Hugo Wolf: redouté, dans sa jeunesse, pour ses accointances wagnériennes, il adapta à partir de 1887 la vitalité méditerranéenne. Cherchant un livret racontant une histoire du Sud, il préféra, lors de ses courtes phases de création, composer sur de la poésie, très inquiet de ne pouvoir achever ses œuvres. En 1894, lorsque Wolf accepta enfin le sujet d'Alarcón (qu'il avait encore refusé en 1889) et que le baron Lipperheide lui offrit un domicile au calme dans le château Matzen, on ne parla plus de problèmes de création. Il acheva l'opéra en 1895.

Wolf a repris certaines grandes idées de Wagner; sa musique est caractérisée par un don mélodique éclatant, une harmonie parfois extrême et une dramaturgie subtile.

Argument
En Andalousie, en 1804.
Acte I
Le meunier Lukas et son épouse Frasquita vivent un mariage heureux. Le corrégidor fait la cour à la jolie femme, mais les époux le prennent pour un fou. Il jure vengeance.

Acte II
À l'instigation du corrégidor, Lukas est invité à une heure tardive chez l'alcade. Pendant ce temps, le corrégidor rejoint discrètement Frasquita, mais celle-ci

court chercher son mari. Tombé à l'eau, le corrégidor, resté seul, fait sécher ses vêtements et se glisse dans le lit du meunier. Chez l'alcade, on boit beaucoup. Lukas boit jusqu'à ce que toute l'assemblée ait roulé sous la table et repart chez lui.

Acte III
Dans l'obscurité, Frasquita et Lukas se croisent sans se voir. Rentré chez lui, le meunier trouve le corrégidor déshabillé dans son lit et veut se venger. Il passe ses vêtements et se précipite chez la corrégidora, supposée trompée. Le corrégidor doit se débrouiller tant bien que mal avec les vêtements du meunier. Il court chez l'alcade où, le prenant pour le meunier, on le roue de coups.

Acte IV
Au petit matin, le corrégidor arrive enfin chez lui, mais on ne le laisse pas entrer : le seigneur, lui dit-on, est au lit depuis longtemps. Là encore, on le prend pour le meunier ivre et il reçoit des coups. La corrégidora ne vient pas au secours de son mari. Elle le laisse se faire rosser, pour le punir de ses incartades. Il ne saura jamais ce qui s'est passé pendant la nuit entre elle et Lukas. À la fin, tout s'explique ; Lukas et Frasquita demeurent un couple heureux. S. N.

Der Corregidor, Berlin, 1906.
À l'instigation du corrégidor, le meunier part chez l'alcade, où il trouve une assemblée de buveurs (acte II).

Tragédie personnelle
C'est son état de santé qui causait tant de souci à Wolf : sa syphilis atteignait à cette époque le stade final et se manifestait par la rigidité de la pupille, mais sans troubles mentaux. Deux années plus tard, Wolf proposa à son ami Gustav Mahler, directeur de l'Opéra, une représentation du *Corregidor*, mais celui-ci s'esquiva. Peu après, Wolf se croyant lui-même directeur d'opéra, une assistance psychiatrique devint indispensable. M. S.

Ci-dessous
Der Corregidor, croquis de décor d'Heinz Grete, Nuremberg, 1942 (TWS).
Les modèles ne pourraient être plus différents : → *Die Meistersinger* de Wagner et → *Carmen* de Bizet, la polyphonie, l'utilisation du leitmotiv et l'instrumentation massive sont associés à la mélodie, à la danse et au comique de situation. Sans ralentir l'action, Wolf parvient à intégrer des lieder – par exemple *In dem Schatten meiner Locken*, extrait du *Spanisches Liederbuch* de 1891, ici attribué à Frasquita. N 1 Cet opéra était conçu pour l'avenir (il est vrai que la seconde École de Vienne reprit des techniques puisées dans la création de Wolf) ; on se vit forcé d'adapter à nouveau l'opéra pour chaque représentation, ce qui lui valut toujours des succès d'estime.

1. Lied de Frasquita

In dem Schat-ten mei-ner Lo-cken schlief mir mein Ge-lieb-ter ein.

Le Donne curiose
Les Femmes curieuses

Comédie musicale en trois actes

Livret: Luigi Sugana et Ermanno Wolf-Ferrari, d'après la pièce de Carlo Goldoni

Création: le 27 novembre 1903 à Munich (Residenztheater)

Personnages: Ottavio, riche bourgeois vénitien (basse), Beatrice, son épouse (mezzosop.), Rosaura, leur fille (sop.), Florindo, fiancé de Rosaura (tén.), Pantalone, marchand vénitien (bar.), Lelio (bar.) et Leandro (tén.), amis de Pantalone, Colombina, femme de chambre de Beatrice et Rosaura (sop.), Eleonora, épouse de Lelio (sop.), Arlecchino, serviteur de Pantalone (basse), Asdrubale (tén.), Almorò (tén.), Alvise (tén.), Lunardo (basse), Mòmolo (basse), Mènego (basse), deux gondoliers (tén., basse), un serviteur de la maison d'Ottavio (rôle muet); serviteurs, gondoliers, hommes et femmes du peuple (chœur, figurants)

Ermanno **Wolf-Ferrari**

Né à Venise le 12 janvier 1876
Mort à Venise le 21 janvier 1948

Après des débuts dans les arts plastiques, Wolf-Ferrari décide de faire des études à l'Akademie der Tonkunst de Munich (1892-1895) auprès de Joseph Rheinberger. Ayant connu une popularité rapide à la suite du succès de ses opéras, il vit en Allemagne et en Italie, travaille comme chef de chœur à Milan, directeur du conservatorio di Musica Benedetto Marcello à Venise (1902-1909), puis comme professeur au Mozarteum de Salzbourg (à partir de 1939). Ne pouvant accepter ni la politique culturelle du Troisième Reich ni les principes de l'avant-garde qui la remplacent, il se retire et passe les dernières années de sa vie dans la maison de son frère, à Venise.

Œuvres: *La Cenerentola*, Venise, 1900 (Cendrillon); *Le Donne curiose*, Munich, 1903 (Les Femmes curieuses); *I Quattro Rusteghi*, Munich, 1906 (Les Quatre Rustres); *Il Segreto di Susanna*, Munich, 1909 (Le Secret de Susanne); *I Gioielli della madonna*, Berlin, 1911 (Les Joyaux de la Madone); *L'Amore medico*, Dresde, 1913 (L'Amour médecin); *Gli Amanti Sposi*, Venise, Dresde, 1925 (Les Époux amants); *Das Himmelskleid*, Munich, 1927; *Sly*, Milan, 1927; *La Vedova scaltra*, Rome, Berlin, 1931 (La Veuve rusée); *Il Campiello*, Milan, 1936; *La Dama boba*, Milan, 1939; *Gli Dei a Tebe*, Hanovre, 1943. Musique vocale, œuvres pour orchestre, musique de chambre.

Le Donne curiose, croquis de décor de Paul Schönke, Kassel, 1927-1928 (TWS). Wolf-Ferrari lui-même croyait que ses *Donne curiose* ne seraient considérées que comme un « accident » par la postérité. En réalité, cet opéra lui valut le titre honorifique de Mozart *redivivus* et 27 salles allemandes montèrent l'œuvre dans les années vingt.

Argument

À Venise, au milieu du XVIIIe siècle.
Les femmes n'entrent pas dans le club masculin de Pantalone. Le jour où il organise une fête pour les noces d'un membre de son club, Florindo, la curiosité des femmes est à son apogée: elles se demandent si l'on y pratique le péché du jeu ou celui des amours interdites. Malgré les tentatives acharnées des femmes pour se faire une idée précise, les hommes parviennent à éluder la question. Même Florindo résiste à sa Rosaura. La menace de rompre les fiançailles reste elle aussi vaine; la jeune femme simule alors un évanouissement et lui arrache au moins le mot de passe, « amicizia ». Beatrice, Eleonora et Rosaura dérobent avec force ruse les clés de leur mari. Reconnues malgré leur déguisement, on les chasse. Arlecchino les laisse jeter un regard dans la salle par la porte entrebâillée. La porte s'ouvre: hommes et femmes se font face. Plus rien ne s'oppose désormais à la fête commune.

M. S.

La Vedova scaltra, croquis de décor de Max Bignens pour la mise en scène d'Harro Dicks, Darmstadt, 1964 (TWS).
Une comédie vénitienne mise en musique par un compositeur vénitien. À une époque où l'école de Schönberg était déjà établie et où le film sonore enrichissait la culture quotidienne, Wolf-Ferrari fit appel pour la troisième fois à Goldoni en 1929, en collaboration avec le librettiste Mario Ghisalberti. Convaincu que toute personne, vue de l'extérieur, est d'une certaine manière un personnage comique, et de l'intérieur un personnage tragique, il présenta sur un tempo rapide ce délicieux opéra. Une valse comme liant, le *parlando* caractéristique qui assure la compréhension du texte, et un style de création vivant, orienté sur la danse, sont des moyens d'expression musicaux adaptés au sujet. La création allemande au Staatsoper de Berlin (le 20 octobre 1931) eut lieu plus de six mois après la création romaine, le 5 mars de la même année.

À droite
Sly, José Carreras dans le rôle de Sly, mise en scène : Hans Hollmann, décors : Hans Hoffer, costumes : Dirk von Bodisco, direction musicale : Rafael Frühbeck de Burgos, Opernhaus de Zurich, 1998.
Sly, l'histoire du pauvre homme victime de gens de pouvoir qui s'ennuient et ont soif de sensations, n'a cessé d'éveiller l'intérêt des salles lyriques et des ténors de composition depuis sa création à la Scala de Milan, en 1927.

> Wolf-Ferrari a développé à partir de la tradition de l'opera buffa *un style adapté à son époque. Les courants avant-gardistes de son temps l'intéressaient moins.*

La renaissance de l'*opera buffa*

Lorsque Wolf-Ferrari, à l'âge de 24 ans, donna à Venise son premier opéra *La Cenerentola*, il connut un fiasco dans sa patrie, mais un succès d'estime lors de la première à Brême, en 1902. Il suivit le conseil du directeur du Théâtre de Brême, Friedrich Erdmann-Jesnitzer : utiliser la renaissance de Goldoni, mettre en musique, en italien, sa comédie *Le Donne curiose* et la faire traduire ensuite pour l'Allemagne. Ce fut un acte de pionnier qui lui permit de lancer une résurrection de l'*opera buffa*. Wolf-Ferrari utilisait une harmonique facilement compréhensible et un art de la mélodie au niveau de composition de la fin du siècle enrichi d'idiomes stylistiques puisés dans l'histoire. En opposition avec le monumentalisme sonore de son époque, il choisit pour son œuvre burlesque un petit orchestre assurant une grande transparence. Sans devoir renoncer aux avantages de la composition par leitmotive, il intégra des airs clairement perceptibles, perfectionnés structurellement par la suite sous la forme « d'opéras à numéros intégralement composés ». Immédiatement après la création, l'œuvre fut donnée sur 27 scènes allemandes ; à Vienne (1905), Gustav Mahler dirigea lui-même les dix représentations. Le succès gigantesque confirma Wolf-Ferrari dans sa volonté de poursuivre sur la même voie. Des années plus tard, Richard Strauss se rallia à ce courant avec son → *Rosenkavalier*.

M. S.

La Vedova scaltra
La Veuve rusée

Comédie lyrique en trois actes

Argument
Vivant en marge de la société après avoir soigné son vieil époux malade, une riche veuve vénitienne décide de rattraper le temps perdu. Lors d'un bal, elle fait la connaissance de quatre admirateurs qui tentent de conquérir son cœur avec des dons personnels : l'Anglais avec un superbe diamant, le Français avec une magnifique peinture, l'Espagnol avec l'arbre généalogique de sa famille, l'Italien – un comte – avec une lettre fervente qui n'est pas totalement dénuée de jalousie et de fierté nationale. Pour être certaine qu'ils n'aiment vraiment qu'elle, la veuve met à l'épreuve les quatre prétendants : au carnaval, elle se présente en transformant sa voix dans les quatre tenues nationales : pour l'Anglais, c'est une compagne froide, pour le Français une partenaire amusante, pour l'Espagnol une dame sévère et pour l'Italien une jeune fille amoureuse. Mis à part l'Italien, tous tombent amoureux de cette prétendue compatriote. Elle les invite alors tous les quatre à un bal et avoue avoir testé la sincérité de leurs sentiments. Seul le comte a franchi l'épreuve avec succès : elle donne la main à l'heureux homme et ouvre le bal.

M. S.

Alexander (von) Zemlinsky

Né à Vienne le 14 octobre 1871
Mort à Larchmont (New York) le 15 mars 1942

Zemlinsky suit de 1884 à 1892 une formation musicale au Conservatoire de Vienne auprès de Franz Krenn et de Robert Fuchs. En 1894, il fait la connaissance d'Arnold Schönberg, avec lequel il noue une longue amitié; Zemlinsky devient son professeur. En 1896, il rencontre Brahms, qui lui apporte son aide et son soutien. En 1897, son premier opéra, *Sarema*, est donné à Munich. Il se lie d'amitié avec Mahler, qui crée en 1900, à Vienne, son deuxième opéra *Es war einmal*. En 1901, Arnold Schönberg épouse la sœur de Zemlinsky, Mathilde. En 1904, Zemlinsky devient maître de chapelle au Volksoper de Vienne, puis au Hofoper en 1907; après la démission de Mahler, il est congédié par le successeur du compositeur, Felix von Weingartner. De 1911 à 1926, il est directeur musical du Deutsches Theater de Prague et directeur de la Deutsche Musikakademie en 1920. *Eine florentinische Tragödie* est créé en 1917 à Stuttgart, *Der Zwerg* en 1922 à Cologne; les deux œuvres sont un succès. De 1927 à 1930, Zemlinsky travaille au Krolloper de Berlin et, à partir de 1930, à la Musikhochschule. Il part pour Vienne en 1933 et, de là, émigre pour l'Amérique en 1938, alors qu'il est déjà gravement malade. Zemlinsky meurt en 1942, dans une complète solitude.

Œuvres: Opéras: *Sarema*, 1897; *Es war einmal*, 1900; *Der Traumgörge*, 1906, création 1980 (Görge le rêveur); *Kleider machen Leute*, 1910, 2ᵉ version 1922 (L'Habit fait le moine); *Eine florentinische Tragödie*, 1917 (Une Tragédie florentine); *Der Zwerg oder der Geburtstag der Infantin*, 1922 (Le Nain ou L'Anniversaire de l'infante); *Der Kreidekreis*, 1933 (Le Cercle de craie); *Der König Kandaules*, 1936, achevé d'après le brouillon par Antony Beaumont, création 1996 (Le Roi Candaule). Symphonies en ré mineur et si bémol majeur, *Lyrische Symphonie* pour soprano, baryton et orchestre, *Sinfonietta*, cycles de lieder avec piano ou orchestre, trois mises en musique de psaumes pour chœur et orchestre. Musique de chambre: quatre quatuors à cordes, trio pour clarinette, violoncelle et piano, musique de chambre pour instruments à vent, œuvres pour piano.

Der Traumgörge
Görge le rêveur

Opéra en deux actes et un postlude

Livret: Leo Feld
Création: le 11 octobre 1980 à Nuremberg (Opéra)
Personnages: Görge (tén.), Grete (sop.), Müller (basse), Pastor (basse), Hans (bar.), la princesse (sop.), Gertraud (sop.), Züngl (tén.), Kaspar (bar.), Matthes (basse), Marei (sop.), Wirt (tén.); jeunes gens et jeunes filles, enfants, voix oniriques (chœur)

Argument
En Allemagne, à l'époque de Napoléon Iᵉʳ.

Acte I
Plongé dans ses livres, Görge se crée un univers de rêve et découvre la félicité des contes de fées, qui le protège de la vie quotidienne abrutissante du village natal où il est resté, mais l'éloigne aussi de ses habitants, entre autres de Grete, sa fiancée. Lorsqu'il a la vision d'une princesse, il se sent emporté au loin. Même la crainte qu'Hans lui prenne Grete ne suffit pas à le retenir.

Acte II
Görge se retrouve dans un groupe d'ouvriers insurgés qui veulent en faire leur chef. Il se lie d'amitié avec Gertraud, une femme rejetée prise pour une sorcière. Mais comme les rebelles n'expriment que leurs envies de pillage et de meurtre et l'invitent à se séparer de la « sorcière », il les quitte et revient dans son village natal.

Postlude
Görge tente d'unir réalité et utopie. Devenu un citoyen respecté, il vit avec Gertraud dans son village.

H. L.

Les œuvres lyriques de Zemlinsky ont presque toutes comme thème central la recherche de l'identité. Un sujet qui fut au bout du compte le thème existentiel du compositeur lui-même: la quête d'une situation concluante, entre le romantisme tardif de Brahms, Wagner et Mahler, et l'école de Schönberg, à laquelle Zemlinsky se sentit lié intellectuellement, mais aussi en tant que remarquable chef d'orchestre, sans reprendre pour autant cette démarche dans ses compositions.

Der Traumgörge, photographie de la création, mise en scène: Gilbert Deflo, décors et costumes: Ekkehard Grübler, direction musicale: Hans Gierster, Musiktheater de Nuremberg, 1980.
Görge, le rêveur, est pris dans les tourbillons de l'époque; des ouvriers qui répètent l'insurrection le considèrent comme leur chef (acte II).

Der Traumgörge, photographie de la création, Sharon Markovich (Grete) et Karl-Heinz Thiemann (Görge), mise en scène : Gilbert Deflo, décors et costumes : Ekkehard Grübler, direction musicale : Hans Gierster, Musiktheater de Nuremberg, 1980. Grete tente en vain de retenir son Görge. Il a fait ses bagages et s'en va.

Kleider machen Leute
L'Habit fait le moine

Première version : opéra en un prélude et trois actes
Seconde version : comédie musicale en deux actes et un prologue
Livret : Leo Feld, d'après la nouvelle de Gottfried Keller
Création : le 2 décembre 1910 à Vienne
Création de la version révisée : le 20 avril 1922 à Prague (Neues Deutsches Theater)
Personnages : Wenzel Strapinski, apprenti couturier de Seldwyla (tén.), le haut fonctionnaire (basse), Nettchen, sa fille (sop.), Melchior Böhni, fondé de pouvoir (bar.), Adam Litumlei, notaire (bar.), Eulalia, son épouse (alto), Lieselein, sa fille (sop.), Polycarpus Federspiel, secrétaire de mairie (tén.), le maître couturier (basse), le fils aîné de la maison Häberlein & Cie (tén.), Mme Häberlein (sop.), le fils cadet de la maison Pütschli-Nivergelt (basse), l'aubergiste (basse), sa femme (mezzosop.), un garçon de salle (sop.), une cuisinière (alto), un serveur (tén.), un valet (tén.), « prologue » (rôle parlé), deux apprentis tailleurs (tén., basse), cocher (bar.) ; hommes et femmes de Goldach et Seldwyla (chœur)

Argument
En Suisse, au XIXe siècle.

Prélude
Sur une route de campagne, Wenzel Strapinski, de Seldwyla, prend congé de deux camarades, deux apprentis tailleurs comme lui. Soudain, un magnifique carrosse s'arrête à côté de lui. Le cocher l'emmène à Goldach, le présente dans la ville comme « son altesse le comte » et décampe après cette plaisanterie.

Acte I
Les habitants de Goldach se rassemblent à l'auberge, admirent le « comte » invité et le courtisent. Le haut fonctionnaire et sa fille Nettchen se rallient eux aussi aux curieux. Seul l'admirateur transi de Nettchen, Böhni, garde sa méfiance.

Acte II
Wenzel aime Nettchen et ne voudrait pas apparaître devant elle comme un escroc. Il veut donc s'en aller, mais elle le retient. Böhni, le rival, démasque le faux comte. Wenzel contre-attaque alors : ce sont les habitants de Goldach qui l'ont voulu ainsi. Lui-même n'a joué le jeu que par amour, pour être proche de Nettchen. Lorsqu'il veut à nouveau quitter Goldach, celle-ci le retient définitivement en faisant de lui son fiancé. « Si je ne puis être Madame la comtesse, je deviendrai Madame la maîtresse ! »

H. L.

Le thème du tailleur
Zemlinsky joue en virtuose avec le « thème du tailleur » (il s'agit du thème de lied de Strapinski), *Schneiderlein, was machst denn du* (que l'on rencontre pour la première fois dans le prélude), et fait apparaître la double dimension des personnages. Le thème du tailleur apparaît musicalement sous une forme pauvre et grotesque, puis majestueuse (le comte), et finalement gracieuse. Les scènes d'ensemble, d'inspiration mozartienne, sont dans cette œuvre tout à fait considérables. N 1

H. L.

La renaissance de Zemlinsky
Ôté de l'affiche en 1907 au Hofoper de Vienne pendant les premières répétitions, *Der Traumgörge* avait été rangé dans un tiroir et dut attendre 1980 pour être créé, avec beaucoup de succès, à Nuremberg ; l'opéra jouissait pourtant d'une haute estime dans le cercle des amis de Schönberg. La modestie exagérée de Zemlinsky (un signe de la crise d'identité qu'il traversait à l'instar de Görge le rêveur) l'empêcha de produire d'autres efforts pour faire donner l'œuvre de son vivant. Il fallut attendre les années quatre-vingts et la fin d'une conception linéaire de l'avant-garde pour que l'on accorde à l'œuvre de Zemlinsky la place qui lui revenait, celle d'une teinte originale dans la première moitié de ce siècle.

1. Le chant du tailleur

»Schnei-der-lein, was machst denn du, wachst denn du, gar so flei-ßig heu-te?« Ich näh', ich näh', ich näh' im-mer-zu, wir brau-chen Bür-ger und Stut-zer im Frack

Eine florentinische Tragödie
Une Tragédie florentine
Opéra en un acte

Livret: d'après le drame d'Oscar Wilde dans la traduction de Max Meyerfeld
Création: le 30 janvier 1917 à Stuttgart (Hoftheater)
Personnages: Guido Bardi, prince de Florence (tén.), Simone, marchand de drap (bar.), Bianca, son épouse (mezzosop.)

Eine florentinische Tragödie, Wicus Salabbert (Simone) et Kurt Schreibmayr (le prince Bardi), mise en scène: Adolf Dresen, décors et costumes: Pal Bardy, direction musicale: Karabtchevsky, Volksoper de Vienne, 1990. La victoire du petit bourgeois. Simone est peut-être le seul héros de Zemlinsky qui surmonte sa crise d'identité (et, par délégation, celle du compositeur): affronter, pour une fois, des rapports de violence déprimants et « rendre coup pour coup ».

Argument
À Florence, sous la Renaissance (XVIe siècle). Simone, de retour d'un voyage d'affaires, surprend sa femme Bianca dans une situation sans équivoque avec le prince florentin Guido Bardi. Simone commence par jouer le naïf; il flatte le prince, lui offre du drap et l'invite à dîner. Par de sombres allusions, il sème l'inquiétude en l'amant de sa femme. Pendant qu'il se rend un bref instant au jardin, son épouse et le prince s'enlacent, et il les prend à nouveau en flagrant délit. Un jeu aux épées, qui semble d'abord peu sérieux, prend sans que l'on s'y attende un caractère d'extrême gravité: Simone l'emporte sur Guido en duel et l'étrangle. Au-dessus du cadavre, les époux tombent dans les bras l'un de l'autre.

H. L.

Une comédie décadente
En réalité, *Eine florentinische Tragödie* n'est pas une tragédie, mais une comédie cynique. Dès le début, Simone sait ce qu'il veut et mystifie son rival en jouant le rôle du fripier soumis. Dans le même temps, il ne laisse aucun doute sur le fait que ce n'est pas une liaison amoureuse qui l'attache à sa femme: il la considère simplement comme un objet en sa propriété, parmi d'autres. La deuxième scène d'amour, pendant le séjour de Simone dans le jardin (on a abandonné une première scène d'amour qui figure dans le manuscrit original d'Oscar Wilde; Zemlinsky l'a remplacée par le long prélude magnifiquement coloré), est l'élément qui retarde et prépare un finale précipité. L'œuvre se conclut sur une pointe brutale: un duo d'amour sous forme d'aphorismes sarcastiques, « Pourquoi ne m'as-tu pas dit que tu es si fort? » (Bianca) et « Pourquoi ne m'as-tu pas dit que tu es si belle? » (Simone).

Une pièce de son temps
Dans cette pièce en un acte, Zemlinsky apparaît au sommet de sa création. Il relie l'héritage et la polyphonie de musique de chambre de Brahms avec la superbe coloration romantique d'un → Strauss et d'un → Schreker, et aboutit à un dessin raffiné des rapports toujours ambigus entre les êtres. La structure formelle complexe, la multiplicité des voix séparées et des valeurs d'ambiance minutieuses rapprochent *Ein florentinische Tragödie* de l'expressionnisme musical. Le retour à la Renaissance est également typique de l'époque (→ *Die Gezeichneten* de Franz Schreker ou → *Mona Lisa* de Max von Schillings) et de ce « renversement de toutes les valeurs » qui caractérisait la fin du siècle de Wilde: la morale devient une farce, le sentiment un commerce; on marche sur les cadavres pourvu que l'on y ait intérêt.

Alexander von Zemlinsky et Harald Paulsen, Berlin, 1931. Zemlinsky a aussi fait preuve d'un grand engagement dans l'interprétation musicale d'œuvres d'autres compositeurs. On le voit ici lors d'une répétition avec le comédien Harald Paulsen, pour → *Die Dreigroschenoper* de Kurt Weill.

Der Zwerg oder der Geburtstag der Infantin

Le Nain ou L'Anniversaire de l'infante

Un conte tragique pour musique en un acte

Livret : Georg C. Klaren, d'après la nouvelle d'Oscar Wilde
Création : le 28 mai 1922 à Cologne (Opéra)
Personnages : Donna Clara, infante d'Espagne (sop.), Ghita, sa servante préférée (sop.), Don Estoban, intendant (basse), le nain (tén.) ; suivantes et escorte de l'infante, dames de cour (chœur féminin)

Argument
À la cour d'Espagne, dans un passé légendaire. Pour son dix-huitième anniversaire, l'infante d'Espagne reçoit de précieux cadeaux, parmi lesquels un nain malformé. Celui-ci ne sait cependant rien de sa malformation et devient un chanteur célèbre. Sous les rires de la cour, l'infante gâtée et glaciale joue avec le nain, lui fait interpréter des chansons, tresser des compliments, danse avec lui et lui offre une rose blanche en le laissant croire qu'elle l'aime. La servante Ghita voudrait mettre un terme à ce jeu cruel, mais ne trouve pas la force de révéler au nain la vérité sur ce qu'il est. Pendant que la cour et l'infante s'amusent dans le jardin, le nain trébuche dans la salle du trône, arrachant un lourd rideau qui dévoile un grand miroir – pour la première fois, le nain voit sa propre image et s'effondre avec un cri d'horreur. Impitoyable, l'infante lui explique qu'il n'a jamais été pour elle qu'un « jouet ». Lorsqu'il meurt, le cœur brisé, elle court dans le jardin pour continuer ses jeux ailleurs.

H. L.

Der Zwerg, Ulrike Steinsky (l'infante) et Kurt Schreibmayr (le nain), mise en scène : Adolf Dresen, décors et costumes : Pal Bardy, direction musicale : Karabtchevsky, Volksoper de Vienne, 1990.
On a vu, peut-être à juste titre, dans le personnage du nain une créature élémentaire ayant encore de véritables sentiments, et dans celui de l'infante un rejeton glacial de la haute société, les symboles de Zemlinsky lui-même et de son ancienne élève et maîtresse Alma Schindler, qui le quitta pour Gustav Mahler (et abandonna ce dernier pour d'autres hommes encore). Zemlinsky connaissait bien entendu les aventures de cette femme fatale. Mais ce thème est éternel et le « thème existentiel » de Zemlinsky est une fois de plus celui de l'identité.

Les personnages et leurs couleurs sonores

La sphère de l'infante et du cérémonial rigide de la cour et celle du nain et de la servante Ghita compatissante sont caractérisées musicalement par une image sonore extraordinairement raffinée : la première sphère par des mélodies diatoniques et des instruments « froids » comme le celesta, la seconde par une chromatique extrêmement expressive et une mélodie somptueuse. Bien que cet opéra en un acte (contrairement à *Ein florentinische Tragödie*) privilégie constamment des sons plutôt lyriques et retenus – enrichis par des couleurs surchargées jusqu'à l'ironie et au grotesque lorsque la cour se moque du nain qui traîne en boitillant –, on entend dans la scène du miroir, après le cri du nain, un *tutti* orchestral explosif et dissonant, d'une puissance expressionniste stupéfiante et sans pareil dans le répertoire lyrique de cette époque. On est aussi impressionné par la fusion du mouvement de l'orchestre oscillant entre le romantisme tardif et l'atonalité, et des musiques de genre ou scènes d'ensemble jouant la naïveté. Des correspondances sous-jacentes, portant sur la musique ou sur l'argument, permettent de combiner de manière tout à fait judicieuse les deux œuvres en un acte de Zemlinsky en une seule soirée d'opéra.

H. L.

Des nains dans le miroir

Alma Mahler décrivait son ami musicien comme un homme « petit, sans menton, sans dents » et Zemlinsky souffrait de voir son apparence physique ainsi méprisée. On retrouve beaucoup de tout cela dans l'opéra en un acte *Der Zwerg* qu'il mit en scène en 1922, en proie à une vive émotion : une petite histoire personnelle de la souffrance déguisée en conte. Il y a beaucoup de nains dans le répertoire lyrique, notamment depuis le romantisme. Le prédécesseur immédiat du *Zwerg* de Zemlinsky est le bossu Alviano dans l'opéra de Franz Schreker → *Die Gezeichneten* (1918) qui, malgré sa grandeur d'âme, perd sa promise parce qu'il est laid. Le nain, lui, se reconnaît lui-même et en meurt. En réalité, c'était déjà la tragédie de → *Rigoletto* (Verdi, 1851). Rigoletto joue le rôle du fou à la cour du duc de Mantoue. C'est seulement lorsqu'il se moque d'un père qui souffre parce que sa fille a été séduite par le duc qu'il reconnaît sa véritable identité ; derrière le masque de clown se cache un père aimant, un homme sain et noble. Ce « double visage » est aussi la « maladie » de Mime, le nain Nibelung dans la deuxième journée de la tétralogie de Wagner (→ *Siegfried*, 1876). Mime éduque Siegfried pour pouvoir conquérir la puissance universelle par le courage et la force. Il ment constamment au noble garçon. Lorsque Siegfried, instruit par l'oiseau de la forêt sur les intentions véritables de Mime, confronte le nain avec ses mensonges, celui-ci est pris, au deuxième acte, d'une ivresse hystérique qui provoque la dissolution de son existence : il meurt par l'épée de son beau et fort fils adoptif.

Der König Kandaules

Le Roi Candaule

Opéra en trois actes

Livret: d'après la nouvelle *Le Roi Candaule* d'André Gide, dans l'adaptation allemande de Franz Blei
Création: le 6 octobre 1996 à Hambourg (Staatsoper)
Personnages: le roi Candaule (tén. dramatique), Gyges (bar. dramatique), Phedros (bar. lyrique), Syphax (tén. lyrique), Nicomedes (bar.), Pharnaces (basse), Philebos (basse), Simias (tén.), Sebas (tén.), Archelaos (basse), le cuisinier (basse), Nyssia (sop. dramatique), Trydo (rôle muet); voix, invités (chœur)

Argument

En Lydie, dans l'Antiquité.

Acte I

Le roi Candaule, souverain de Lydie démesurément riche, fait préparer un festin auquel il a invité ses favoris, afin de leur montrer pour la première fois sans voile son épouse Nyssia. Lorsque l'on trouve un anneau magique dans un poisson, Candaule fait appeler le pêcheur Gyges. Celui-ci se montre d'abord indifférent; mais lorsqu'on lui révèle l'infidélité de son épouse Trydo, il l'abat devant toute l'assemblée. Candaule, fasciné, invite Gyges dans son château.

Acte II

Candaule, qui aimerait faire participer tous ses amis à sa richesse (dans laquelle il compte aussi sa belle épouse), convainc Gyges d'observer Nyssia dévêtue à l'aide de l'anneau magique (qui rend invisible celui qui le porte). Mais il perd ainsi son épouse: Gyges, devenu invisible, passe la nuit avec Nyssia qui, dans la pénombre, l'a pris pour Candaule.

Acte III

Gyges se révèle à Nyssia et attend sa mort; mais celle-ci l'invite à tuer le roi lubrique, car elle considère qu'il l'a ignominieusement trompée. Dans une situation qui demeure ambiguë (« Candaule a déchiré mon voile! », estime Nyssia), Gyges devient le nouveau roi, pour un avenir politique incertain.

H. L.

Der König Kandaules, photo de la création, avec (de g. à dr.) Kurt Gysen, Klaus Häger, Mariusz Kwiecień, Ferdinand Seiler, Peter Galliard, James O'Neal et Simon Yang, mise en scène: Günter Krämer, décors et costumes: Gottfried Pilz, direction musicale: Gerd Albrecht, Staatsoper de Hambourg, 1996.
Le roi Candaule (James O'Neal) en compagnie de ses amis. Les mises en scène hambourgeoises de *Ein florentinische Tragödie* (1981) et de *Der Zwerg* (1983) avaient débouché sur une renaissance de Zemlinsky. Hambourg s'en est servi en 1996 avec la création de *Der König Kandaules*.

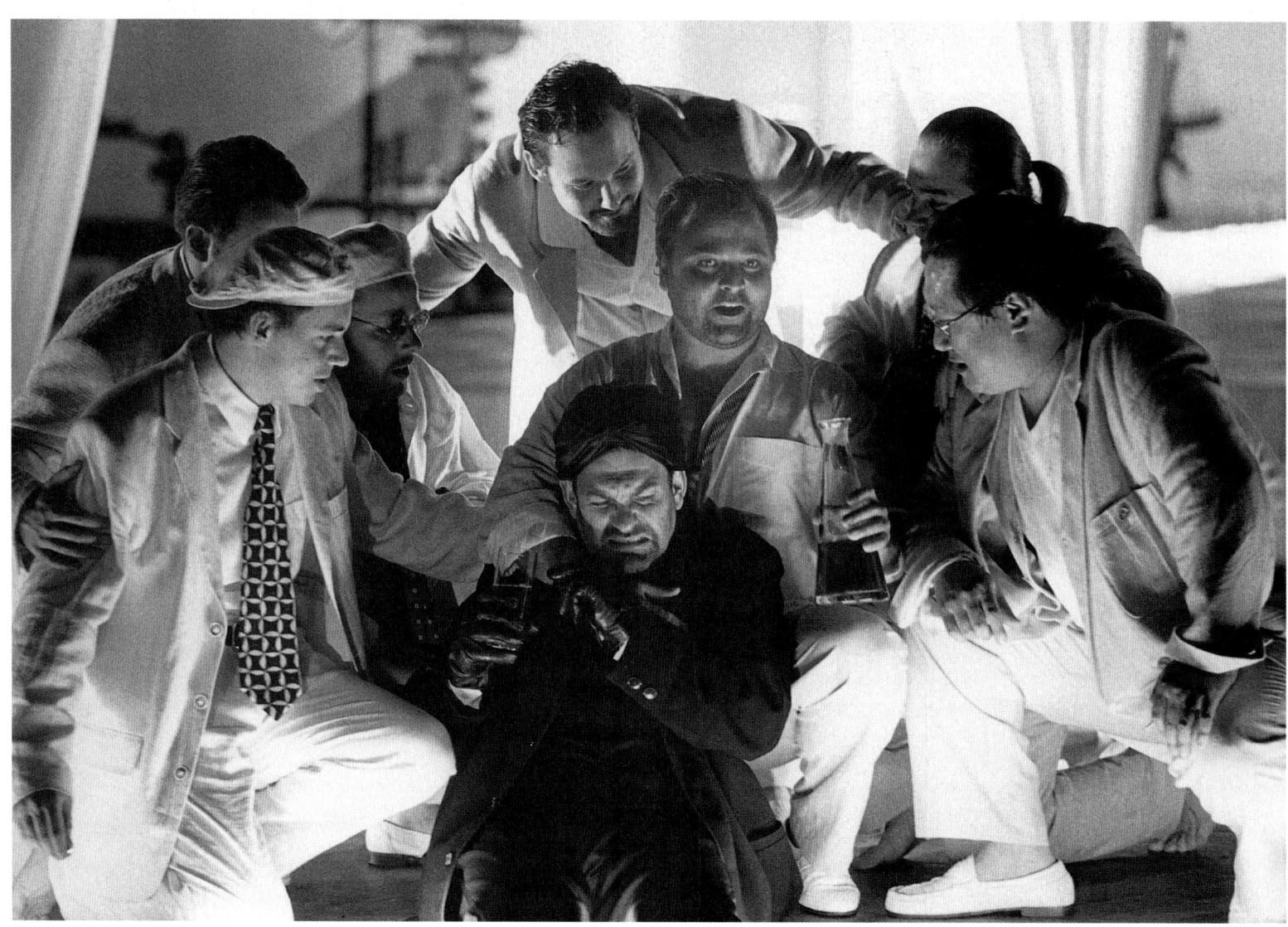

Der König Kandaules, photo de la création, avec (de g. à dr.) Mariusz Kwiecień, Kurt Gysen, Peter Galliard et Ferdinand Seiler, mise en scène : Günter Krämer, décors et costumes : Gottfried Pilz, direction musicale : Gerd Albrecht, Staatsoper de Hambourg, 1996.
Le brouillon de la partition contenant suffisamment d'indications sur l'instrumentation, Beaumont put recomposer une œuvre uniforme et adéquate dans le domaine des sonorités et de la caractérisation tonale, éminemment importante pour le compositeur, et sauver ainsi l'apogée tardif de la création lyrique de Zemlinsky, comme l'a prouvé avec force la création à Hambourg, 54 ans après la mort du compositeur.

L'œuvre maîtresse, avec du retard

Avant d'émigrer aux États-Unis, Zemlinsky avait achevé l'œuvre sous forme de brouillon, mais n'en avait instrumenté qu'un tiers environ. Les tentatives pour placer l'opéra à New York échouèrent en raison de la scène de lit « immorale » de l'acte II. Heureusement, la transmission du texte ne connut pas d'interruption, si bien que le chef d'orchestre Antony Beaumont, un spécialiste de Zemlinsky, put achever l'œuvre à titre posthume. Il a ainsi offert à l'art lyrique de la première moitié du siècle, après → *Wozzeck*, → *Lulu* (Berg) et → *Moses und Aron* (Schönberg), un chef-d'œuvre découvert tardivement, une œuvre maîtresse, non seulement en raison du lien avec son époque et de l'universalité du sujet, mais aussi parce que Zemlinsky dressait ici, dans une « œuvre tardive » typique, un résumé artistique de sa vie – avec des allusions et des citations stylistiques provenant de toute sa création antérieure.

Ici aussi, on reconnaît « son » sujet – la quête et la crise d'identité – dans une constellation de personnages que l'on peut toujours réinterpréter, depuis la mythologie de la Grèce antique jusqu'à nos jours, en passant par la situation politique à l'époque de la composition de l'œuvre : Candaule évolue entre richesse, gaspillage et libéralisme moral ; on peut user et abuser de Gyges au profit de son pouvoir ; la gardienne conservatrice de la morale, Nyssia, devenue une « femme déshonorée », se transforme en ange vengeur du fondamentalisme, quelle qu'en soit la nature. La caractérisation des personnages et le dessin musical spécifique des trois actes sont très réfléchis. L'anneau magique est suggéré par des coups légers sur la cymbale suspendue et, à l'acte III, s'adaptant à l'intensification dramatique, Zemlinsky cite à plusieurs reprises le motif du premier mouvement de sa *Lyrische Symphonie* (sur les mots *Ich bin friedlos* – Je ne trouve pas la paix).

H. L.

Bernd Alois Zimmermann

Né à Bliesheim (aujourd'hui Erftstadt, près de Cologne) le 20 mars 1918
Mort à Gross-Königsdorf (aujourd'hui Frechen, près de Cologne) le 10 août 1970

Zimmermann étudie la pédagogie musicale à Cologne ; de 1938 à 1945, il doit se soumettre au travail obligatoire, puis au service militaire, avant de poursuivre ses études à Cologne auprès d'Heinrich Lemacher (théorie) et de Philipp Jarnach (composition). En 1948-1950, il fréquente les cours d'été de Darmstadt auprès de Wolfgang Fortner et de René Leibowitz ; il compose des musiques de pièces radiophoniques pour le Westdeutscher Rundfunk (WDR) et donne ses premiers concerts. En 1956-1957, il est président de la section allemande de l'IGNM et, à partir de 1957, professeur de composition à la Musikhochschule de Cologne. Il fait deux séjours à la Villa Massimo à Rome, où il travaille à l'opéra *Die Soldaten*. En 1960, Zimmermann reçoit le prix d'art du Land de Rhénanie-du-Nord-Westphalie et, en 1966, celui de la ville de Cologne ; il est admis la même année à l'Académie des beaux-arts de Berlin. En 1970, atteint d'une maladie incurable, il se suicide.

Œuvres : Pour la scène : *Die Soldaten*, opéra en quatre actes, 1965 (Les Soldats) ; ballets, entre autres *Alagoana*, *Kontraste*, *Perspektiven*, *Musique pour les soupers du roi Ubu*. Pour orchestre : *Sinfonie in einem Satz*, *Photoptosis*, *Stille und Umkehr*, concertos pour violon, alto, violoncelle (2), hautbois, trompette, deux pianos. Œuvre symphonique vocale : *Requiem für einen jungen Dichter*. Action ecclésiastique : *Ich wandte mich und sah an alles Unrecht, das geschah unter der Sonne*. Musique de chambre, musique pour piano, œuvres vocales, musique électronique

Zimmermann fait partie, au sens le plus large, de l'école « sérielle » de l'après-guerre ; lui-même se décrivait en plaisantant comme « le plus vieux des jeunes compositeurs » ; ceux-ci, notamment ses élèves, le célébraient comme « le dernier à savoir encore tout ».

Die Soldaten

Les Soldats

Opéra en quatre actes

Livret : d'après la pièce de Jakob Michael Reinhold Lenz
Création : le 15 février 1965 à Cologne (Städtische Oper)
Personnages : Wesener, marchand de lingerie (basse), Marie et Charlotte, ses filles (sop., mezzo-sop.), la vieille mère de Wesener (alto), Stolzius, marchand de drap (bar.), sa mère (alto), le colonel, comte de Spannheim (basse), Desportes, un noble (tén.), Pirzel, capitaine (tén.), Eisenhardt, aumônier militaire (bar.), Haudy et Mary, capitaines (2 bar.), la comtesse de la Roche (mezzosop.), le jeune comte, son fils (tén.) ; officiers et aspirants (chœur)

Argument
Dans les Flandres françaises, hier, aujourd'hui et demain.

Acte I
Scène 1 Dans la maison du marchand de lingerie Wesener, à Lille, Marie écrit une lettre à son futur fiancé, Stolzius.
Scène 2 Celui-ci reçoit la lettre et veut y répondre aussitôt. Sa mère tente en vain de réfréner ses sentiments et de lui rappeler ses devoirs commerciaux.
Scène 3 Pendant ce temps, le baron Desportes, officier et client de Wesener, courtise sa fille Marie. Le père Wesener commence par le repousser, mais conseille ensuite à Marie d'éloigner Stolzius, dans la mesure où une liaison avec Wesener permettrait une promotion sociale.
Scène 4 L'aumônier Eisenhardt et quelques officiers débattent du théâtre et de la morale.

Acte II
Scène 5 Le père Wesener ne sait pas à qui, du baron ou de Stolzius, il doit donner Marie pour femme. Celle-ci est en proie à un dilemme analogue : elle aime Stolzius, mais aimerait devenir baronne.
Scène 6 Au café d'Armantières, les officiers s'ennuient et s'amusent. Lorsque Stolzius arrive, ils le taquinent avec des allusions à Marie et Desportes.
Scène 7 (l'action se déroule en parallèle) Stolzius se plaint par lettre à Marie de son infidélité. Desportes dicte à la jeune fille une réponse anéantissante, puis la séduit.
Scène 8 Le capitaine Pirzel et l'aumônier dissertent des attitudes humaines fondamentales, sans parvenir à un accord.
Scène 9 Stolzius devient soldat pour approcher le baron.

Acte III
Scène 10 Charlotte reproche à Marie d'être devenue une « fille à soldats » : après avoir été quittée par Desportes, elle s'est en effet rabattue sur son camarade, Mary.
Scènes 11 et 12 Dans le même temps, Marie fait des tentatives d'approche avec le jeune comte de la Roche, mais la mère du jeune homme lui fait perdre tout espoir. Pour préserver la réputation déjà mise à mal de la jeune femme, elle veut cependant la prendre comme dame de compagnie. Marie prend la fuite.

Acte IV
Différentes actions simultanées :
Scène 13 Marie est violée par un subalterne de Desportes.
Scène 14 Stolzius entend par hasard une conversation entre Desportes et Mary, avec des remarques dédaigneuses sur son ex-maîtresse. Il empoisonne Desportes, puis se suicide.
Scène 15 Mary, devenue une prostituée, demande l'aumône à son père, qui ne la reconnaît pas. Dans un pandémonium sonore qui franchit les frontières des époques, on entend des pas de défilé, des ordres de manœuvre en différentes langues, des déflagrations de bombes ; on voit parallèlement des scènes cinématographiques avec des cortèges de blindés et un nuage de bombe atomique descendant sur la terre.

H.L.

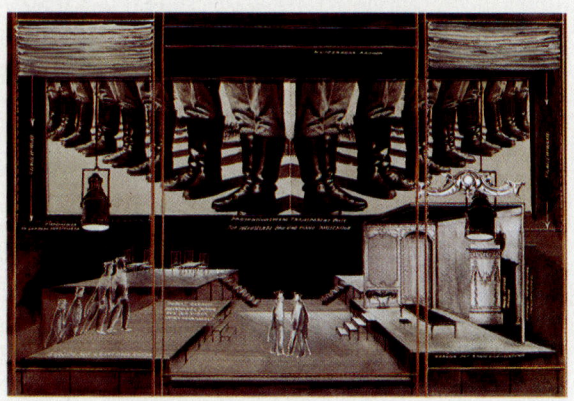

Die Soldaten, croquis de décor de Max Bignens pour la création à Cologne, mise en scène : Hans Neugebauer, direction musicale : Michael Gielen, 1965 (TWS).
« Ce qui m'a enthousiasmé dans cette pièce, ce n'est pas tant le drame de classe, l'aspect sociologique ou la critique sociale que la pièce contient d'une manière évidente et, à sa manière, grandiose, mais le fait qu'ici, dans une situation exemplaire, moins conditionnée par le destin que par la constellation fatale des caractères et des situations telles qu'elles sont, des gens comme nous pouvons en rencontrer à n'importe quelle époque et n'importe quel jour, au fond innocents, sont anéantis. »
(Bernd Alois Zimmermann à propos du modèle littéraire des *Soldaten*.)

La pluralité des idiomes

Sur la base technique du sérialisme, Zimmermann a développé ses conceptions d'une simultanéité des différents styles et idiomes, d'une omniprésence de l'histoire musicale sous forme de « sphère du temps » symbolique, intégrant des citations et des collages. Ce « pluralisme » (un terme qui n'est pas tout à fait adapté, mais qui a aujourd'hui droit de cité) était lié à une critique culturelle fondée sur le catholicisme de gauche, qui a joué un rôle essentiel dans la teneur intellectuelle des *Soldaten*, du *Requiem* et de l'*Action ecclésiastique*. S. N.

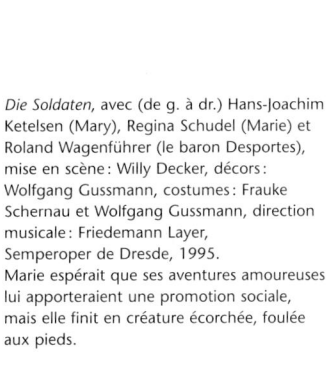

Die Soldaten, avec (de g. à dr.) Hans-Joachim Ketelsen (Mary), Regina Schudel (Marie) et Roland Wagenführer (le baron Desportes), mise en scène : Willy Decker, décors : Wolfgang Gussmann, costumes : Frauke Schernau et Wolfgang Gussmann, direction musicale : Friedemann Layer, Semperoper de Dresde, 1995.
Marie espérait que ses aventures amoureuses lui apporteraient une promotion sociale, mais elle finit en créature écorchée, foulée aux pieds.

L'opéra comme « figure sphérique du temps »

L'opéra *Die Soldaten*, composé au cours des années 1957-1959 et 1962-1964, est un chef-d'œuvre de technique de composition : toute la composition est fondée sur une seule série d'intervalles complets symétriques (→ Schönberg N 1) dont les rapports numériques sont transposés à d'autres paramètres, comme la durée des notes, la dynamique, la densité de la composition et la métrique. Chaque scène est par ailleurs construite selon une forme musicale rigoureuse : chaconne, *ricercare*, toccata, etc. Comme dans → *Wozzeck* d'Alban Berg, leurs structures sont uniquement utilisées comme infrastructure d'une action théâtrale efficace. Les formes musicales cristallisées n'excluent pas le dessin des caractères des personnages. Même les tableaux de genre sonores, des citations de Bach à la musique de jazz (scène du café) prennent une fonction dans le gigantesque système sonore et scénique de l'œuvre. À cela s'ajoute l'étrange procédé scénique consistant à créer une certaine polyphonie à partir de la simultanéité de scénarios différents et indépendants les uns des autres. Zimmermann intègre totalement l'esthétique *Sturm und Drang* typique de Lenz dans sa conception lyrique et la relève par son idée de la « forme sphérique du temps », c'est-à-dire de la simultanéité et de la disponibilité du passé, du présent et du futur (la vision d'horreur de l'apocalypse nucléaire placée en conclusion, comme une mise en garde). Ainsi naît un lien indissociable entre l'action réelle et l'abstraction exemplaire. Orchestre sur scène, groupes de percussions, combo de jazz, enregistrements sonores électroniques, plans de cinéma et sons originaux sont certes monstrueusement coûteux, mais s'intègrent, dans une dissociation et réassociation parfaitement logique et conséquente, pour former une unité. Comme l'ont prouvé la création dirigée par Michael Gielen et les innombrables représentations qui l'ont suivie sur des scènes de taille moyenne, en Allemagne et à l'étranger, le jugement porté en 1960 par le directeur de l'Opéra de Cologne à cette époque, Oscar Fritz Schuh, et par son directeur général de la musique, Wolfgang Sawallisch, qui considérèrent cette œuvre comme « injouable », est aujourd'hui l'un des scandales de l'histoire musicale du XXe siècle, mais relève déjà de l'histoire. H. L.

Udo Zimmermann

Né à Dresde le 6 octobre 1943

Udo Zimmermann est, pendant son enfance, membre du chœur de la Sainte-Croix de Dresde, l'un des plus célèbres chœurs d'enfants du monde. À l'école supérieure de musique de sa ville natale, il fait des études de composition, de chant et de direction d'orchestre. Puis, en 1970, il devient directeur de scène au Staatsoper de Dresde, où il fonde le Studio für Neue Musik. Il devient en 1985 directeur artistique de la Werkstattbühne de Bonn et, en 1986, directeur du Centre de musique contemporaine de Dresde. Nommé en 1982 professeur de composition à la Musikhochschule de Dresde, il dirige à partir de 1988 le « musica-viva-ensemble-dresden ». Il est depuis 1990 intendant de l'Opéra de Leipzig. Depuis 1997, il est en outre directeur artistique de la série traditionnelle « Musica viva » du Bayerischer Rundfunk. Il dirige dans le monde entier les orchestres les plus renommés.

Œuvres : *Weisse Rose*, 1967 (Rose blanche) ; *Die zweite Entscheidung*, 1970 ; *Levins Mühle*, 1973 ; *Der Schuhu und die fliegende Prinzessin*, 1976 ; *Die wundersame Schustersfrau*, 1982 ; *Weisse Rose*, 1986 ; *Gantenbein*, 1998. Compositions pour orchestre, concertos, œuvres chorales symphoniques, lieder, motets et musique de chambre.

Die wundersame Schustersfrau
La Savetière prodigieuse

Opéra en deux actes

Livret : Udo Zimmermann et Eberhard Schmidt, d'après la pièce *La Zapatera prodigiosa* de Federico García Lorca
Création : le 25 avril 1982 au Festival de Schwetzingen (Schlosstheater)
Personnages : la savetière (sop.), le savetier (bar.-basse), voisine jaune (sop.), voisine verte (sop.), voisine violette (mezzosop.), voisine rouge (alto), voisine noire (alto), deux filles de la voisine rouge (2 sop.), la femme du bedeau (mezzosop.), le maire (basse), Don Amsel (tén.), garçon avec écharpe (tén.), garçon avec chapeau (bar.), petit garçon (voix parlée composée : mezzosop.)

Argument

En Andalousie, au XXᵉ siècle.
Un vieux a épousé une jeune. Mais l'amour ne fonctionne pas vraiment comme il faut : la jeune créature est grossière et flirte avec d'autres. Le vieux s'enfuie, quitte son foyer et son atelier de savetier. Les prétendants de la femme abandonnée prennent alors la maison d'assaut. Mais elle aspire à retrouver son époux, dont elle reconnaît elle-même les qualités une fois qu'il est parti. Alors, le savetier, déguisé en marionnettiste, revient de l'étranger dans son village. Constatant que sa femme est restée fidèle, il dévoile son identité. Il la sauve ainsi d'un péril mortel : après un duel entre prétendants repoussés, les habitants du village voulaient lyncher la jeune femme.

S. N.

L'œuvre de Zimmermann est caractérisée par sa diversité stylistique et son pluralisme, dans le style sensible et intensifié par des montées éruptives qui constitue son label, expression d'une attitude musicale centrée sur la méditation et le silence.

Die wundersame Schustersfrau, Beatrice Niehoff (la femme du savetier) et Peter-Christoph Runge (le savetier), mise en scène : Elmar Fulda, décors et costumes : Gottfried Pilz, direction musicale : Martin Fratz, Deutsche Oper am Rhein, Duisbourg, 1995.
Le savetier est revenu, déguisé, auprès de sa femme. Elle ne le reconnaît pas, ne le voit pas, mais devine sa présence et retrouve ainsi ses sentiments véritables.

Une *farsa violenta*
Le cinquième opéra d'Udo Zimmermann a été composé entre 1978 et 1981 ; c'était une commande du Staatsoper de Hambourg pour le Festival de Schwetzingen. L'action s'inspire d'une pièce de Lorca, une *farsa violenta* (farce violente). C'est avec cette farce que Tadeusz Kantor avait inauguré en 1955 son légendaire théâtre « Cricot 2 » à Cracovie. La musique de Zimmermann, avec sa tonalité située entre la comédie et la tragédie, correspond à une action qui mêle réel et fantastique. Le compositeur plaide ici pour l'élément merveilleux en chaque être. Avec son rôle-titre, il a créé l'un des personnages féminins les plus expressifs du répertoire lyrique du XXᵉ siècle, ce qui a assuré à l'opéra une place inamovible au répertoire.

Weisse Rose, Gabriele Fontana dans le rôle de Sophie Scholl, mise en scène: Stephan Mettin, décors et costumes: Waltraut Engelberg, direction musicale: Stefan Soltesz, Opera Stabile du Staatsoper de Hambourg, 1986.
Sophie Scholl, quelques heures avant son exécution à la guillotine. Avec seulement deux chanteurs et 15 musiciens, *Weisse Rose* paraît se prêter particulièrement bien à une mise en scène à bon marché. Mais l'œuvre est un défi aux interprètes, dont il exige une présence constante. Selon Zimmermann lui-même, elle requiert « une ouverture scénique à la poésie, au rêve et à l'utopie », mais les frontières entre le réel et l'irréel doivent rester floues.

Weisse Rose
Rose blanche

Scènes pour deux chanteurs et 15 instrumentistes

Livret: Wolfgang Willaschek
Création: le 27 février 1986 à Hambourg (Hamburgische Staatsoper, Opera Stabile)
Personnages: Sophie Scholl (sop.), Hans Scholl (tén. ou bar.)

Argument
Dans la prison de Munich-Stadelheim, le 22 février 1943.
Une heure avant leur exécution, Sophie et Hans Scholl se rappellent leur résistance au régime fasciste, leur vie et les mobiles de leur action. Au plus profond du désespoir, leur âme devient lumineuse. Ils s'interrogent: « Quand, au juste, commence le fascisme ? » Bien avant que la première personne ne soit persécutée. Il commence avec l'inattention et l'indifférence, il débute lorsque l'on s'emmure dans le bonheur privé. On assiste constamment aux sursauts de la peur primitive face à l'exécution et à la mort. Mais plus que la mort corporelle, c'est la mort spirituelle qu'ils redoutent.
S. N.

Pourquoi eux, tout seuls, et non des millions d'autres ?
Weisse Rose, composé en 1984-1985 pour le Staatsoper de Hambourg, rappelle un événement réel du passé allemand. Deux jeunes antifascistes, Sophie et Hans Scholl, avaient été interpellés pendant une distribution de tracts, condamnés et exécutés en 1943. Leur groupe de résistance portait le nom de « Weisse Rose ». À l'occasion du quarantième anniversaire de leur mort héroïque, beaucoup se demandèrent pourquoi, aux yeux des Scholl, la résistance était « normale », alors que des millions d'Allemands ne faisaient rien de comparable. Michael Verhoeven et Percy Adlon, dans leurs films *Die weisse Rose* et *Fünf letzte Tage*, l'écrivain Franz Fühmann dans son discours de réception du prix Scholl, Christa Wolf dans son récit *Kassandra* et Udo Zimmermann ont posé la même question. En 1967, Zimmermann avait réalisé une première œuvre sur le sujet. Pour Hambourg, c'est une œuvre entièrement nouvelle qui vit le jour. Elle n'avait plus en commun avec la première que le titre. Wolfgang Willascheck a réalisé un montage de lettres et de notes du journal des Scholl, mêlés de versets de la Bible et de ses propres textes. Dans l'histoire récente de l'opéra, il n'existe aucune autre œuvre qui ait été acceptée aussi spontanément par le public comme par la critique et qui ait été donnée en aussi peu de temps sur autant de scènes du monde. En l'espace de trois ans seulement, cet opéra a été mis en scène 70 fois en Europe et outre-Atlantique.
S. N.

Table des annexes

Glossaire	868
Index des œuvres	878
L'histoire de l'opéra Index des digressions	883
Chronologie des créations	884
Bibliographie Un choix	890
Index des noms propres	892
Exemples musicaux Index des notes	910
Index des notions	915
Crédits photographiques	918
Abréviations	920
Les auteurs	922
Remerciements	924

Notions musicales de base

A cappella (latin) Chanter (seul ou en chœur) sans le soutien d'instruments.

Accord Son composé d'au moins trois notes différentes jouées simultanément.

Acte (du latin *actus*) Articulation principale d'une œuvre dramatique. Découle de l'articulation des drames grecs. En musique, ce terme désigne les sections principales d'un opéra. Un acte constitue une entité homogène, aussi bien dans l'action que dans le déroulement musical.

Acte de ballet Intermède dansé somptueux dans l'opéra à l'époque de Louis XIV.

Affetti (italien, émotions, affects) Accents exprimant le sentiment et la passion, notamment dans la musique baroque.

Air/Aria (de l'italien *aria*) Chant solo accompagné par l'orchestre ou un instrument soliste. Élément des opéras et œuvres religieuses, ou bien élément autonome (air de concert). D'abord considéré comme un chant strophique, l'air s'est développé dans les grandes heures de l'opéra baroque (vers 1670-1750) pour devenir un exercice exigeant, parfois très virtuose. La forme de strophe la plus appréciée de l'air baroque était en trois parties (A-B-A), appelé air *da capo* puisque l'on reprenait la première partie à la fin. Une alternative à l'air italien et français apparut au XIXe siècle avec le monologue dramatique déclamatoire (par exemple, dans les drames musicaux de Wagner), mais on trouve aussi des airs dans de nombreuses œuvres contemporaines.

Allegro (italien, gai, joyeux) À interpréter sur un tempo rapide, avec joie et allant. Le terme d'allegro peut aussi désigner un morceau musical (un *Allegro* de Mozart) ou un mouvement portant cette qualification (l'*allegro* d'un concerto de Mozart).

Alto (du latin *altus*, haut) La plus grave des voix de femmes ou d'enfants, la plus aiguë des voix d'hommes.

Archicembalo (italien, archiclavecin) Instrument de musique, vers 1570, fonctionnant selon le système de tonalités antiques. Décrit pour la première fois par le compositeur de madrigaux et théoricien Nicola Vicentino (1511-1576).

Ariette I. Petit air sous une forme musicale simple (dans l'opéra-comique français). II. Air virtuose, sur le modèle du *da capo* italien (→ Air).

Arioso (italien) Chant dont la ligne vocale est à mi-chemin entre le → récitatif et l' → air.

Atonalité Matériau musical dépourvu de → tonalité. Concept né après 1910, employé d'abord dans une acception polémique pour caractériser la musique des compositeurs de la Seconde École de Vienne (→ Schönberg, → Berg, Webern).

Azione musicale (italien, action musicale) Action en musique pour chant et accompagnement instrumental. Également dénommée *Azione scenica*.

Azione sacra (italien, action sacrée) Œuvre religieuse présentant un récit, essentiellement présente aux XVIIe et XVIIIe siècles en Autriche.

Azione scenica → *Azione musicale*.

Azione teatrale (italien, action théâtrale) Fêtes d'allégeance données en grande pompe, aux XVIIe et XVIIIe siècles, dans les cours princières. Ces brefs morceaux rappelant l'opéra étaient le plus souvent exécutés par des solistes et un chœur ; ils contenaient des intermèdes de ballets.

Ballad Opera (anglais, opéra ballade) Genre anglais du → *singspiel*, avec dialogues en prose et *songs* (chants). Il fleurit au cours de la seconde partie du XVIIe siècle et de la première moitié du XVIIIe. Les chants étaient le plus souvent des adaptations de mélodies populaires. Le plus célèbre *ballad opera* reste *The Beggar's Opera* de John Gay et Christopher Pepusch (1728).

Ballade (du vieux français *ballada*, de *balar*, danser) Chant ayant un caractère narratif. Désigna d'abord la chanson médiévale accompagnant la danse populaire. Développé à partir de l'art des troubadours et trouvères français, au Moyen Âge, pour devenir un art du chant rigoureux avec un accompagnement instrumental à plusieurs voix. Au cours du → romantisme, lorsque la ballade littéraire fut à la mode, elle eut aussi une influence sur l'opéra. On ne reprit pas seulement sa forme close (l'alternance de strophes en solo et de refrains en chœur), mais aussi le mode féerique et narratif qui se rapprochait beaucoup de la sensibilité romantique. Les ballades les plus célèbres du répertoire d'opéra sont celles de Senta (Wagner → *Der fliegende Holländer*), de Vaarlam (Moussorgski → *Boris Godounov*) et la *Ballatella* de Nedda (Leoncavallo → *I Pagliacci*).

Ballet (de l'italien *ballare*, danser) Pièce musicale dansée. Occupe une place établie dans l'histoire de la musique, non seulement comme genre scénique indépendant, mais aussi comme intermède d'opéra. La danse a d'emblée fait partie de l'opéra. Dans les différents courants de l'opéra français et jusqu'au XXe siècle, la danse a joué un rôle important, alors que sa signification dans l'opéra italien depuis la fin du XVIIe siècle était plutôt réduite. Les compositeurs d'opéras nationaux romantiques ont volontiers apporté des éléments folkloriques sur la scène en faisant appel aux intermèdes de ballets, du → *Zar und Zimmermann* de Lortzing aux *Danses povlotsiennes* du → *Prince Igor* de Borodine.

Ballet de cour Ballet aux costumes somptueux et au contenu mythologique, avec accompagnement vocal et instrumental (également dénommé ballet héroïque), qui a été présenté depuis la fin du XVIe siècle jusqu'au XVIIIe siècle à la cour royale française. Le ballet de cour est considéré comme une source importante de l'opéra baroque français (→ Tragédie lyrique).

Ballet héroïque → Ballet de cour.

Bänkelgesang (allemand, chant des rues) Mode de chant en cours du XVIIe au XIXe siècle par des troubadours itinérants, debout sur un petit banc dans des foires. Le plus souvent, on reprenait des mélodies connues pour accompagner le récit d'événements et d'histoires terrifiantes.

Baroque (du portugais *barroco*, irrégulier, oblique) Époque musicale qui s'étend environ de 1600 à 1750, et que l'on appelle aussi époque de la basse continue, en raison du principe du → *basso continuo* qui dominait alors. À l'ère baroque se développèrent des genres musicaux importants comme l'opéra, l'oratorio, le concerto. La tonalité majeure/mineure et l'organisation en mesures s'imposèrent. C'est aussi à l'époque baroque que se situent les débuts du concert bourgeois, ce qui se traduit également par la construction d'opéras publics. Les formes dominantes de l'opéra étaient l' → *opera seria* et la → tragédie lyrique. Parmi les importants compositeurs baroques, on trouve par exemple → Claudio Monteverdi, → Jean-Baptiste Lully, → Jean-Philippe Rameau, → Henry Purcell, Jean-Sébastien Bach et → Georg Friedrich Haendel.

Baryton (du grec *barytonos*, sonnant bien, sonnant profondément) Tessiture masculine intermédiaire entre le ténor et la basse. Les principaux registres du baryton sont baryton lyrique (Germont → *La Traviata* de Verdi), baryton de caractère (Fra Melitone → *La Forza del destino* de Verdi), baryton bouffe (rôle-titre de *Gianni Schicchi* de Puccini). Le baryton-basse (Hans Sachs → *Die Meistersinger* de Wagner) se situe entre la → basse et le baryton.

Basse (du latin *bassus*, bas) La plus grave des voix masculines. On peut distinguer entre les registres suivants : basse profonde (*basso profondo*, Sarastro → *Die Zauberflöte* de Mozart), basse bouffe (Don Basilio → *Il Barbiere di Siviglia* de Rossini), *basso serioso* ou *basso cantante* (le roi Philippe → *Don Carlo* de Verdi), basse de caractère (Méphistophélès → *Faust* de Gounod), basse haute (Kaspar → *Der Freischütz* de Weber). Le baryton-basse constitue une forme intermédiaire entre la basse et le → baryton (Wotan → *Der Ring des Nibelungen* de Wagner).

Basse continue (de l'italien *basso continuo*) Élément stylistique fondamental de la musique baroque depuis le début du XVIIe siècle : la basse continue accompagne les chanteurs, ainsi que les instrumentistes. La succession d'accords, selon des règles harmoniques déterminées, est définie par des chiffres au-dessus de la voix de basse (basse chiffrée). La basse continue et le chant sont des éléments essentiels des premiers opéras baroques italiens (vers 1600, appelés → monodies). Au XVIIIe siècle, le → récitatif conserva dans l'opéra ce type de pratique musicale baroque et était accompagné au clavecin.

Bel canto (italien, beau chant) Art du chant italien, entre les XVIIe et XIXe siècles. Ses caractéristiques fondamentales sont le respect de règles vocales précises et la beauté du son. Le chanteur soliste a obtenu une place dominante dans la représentation, le compositeur lui laissant un espace pour l'ornementation improvisée et virtuose de la mélodie. Dans les opéras de Bellini et de Donizetti, la culture du *bel canto* a connu ses derniers triomphes.

Brindisi (italien, toast, ban) Chanson à boire, le plus souvent joyeuse et strophique, que l'on rencontre dans beaucoup d'opéras. Deux exemples fameux : le *Libiamo*, chanté par Alfredo et Violetta dans → *La Traviata* de Verdi, et *Si colmi il calice* chanté par lady Macbeth dans → *Macbeth* de Verdi.

Byline (du russe) Légende ou épopée de la vieille Russie. Les bylines furent l'une des principales sources d'inspiration de l'opéra russe au XIXe siècle, et notamment de Rimski-Korsakov (→ *Sadko*, → *La Légende de la ville invisible de Kitège*).

Cabalette (de l'italien *cabaletta*) Section finale virtuose d'un air, dans le répertoire italien essentiellement.

Cadence (du latin *cadere*, tomber) Succession fixe d'accords faisant office de formule de conclusion. Désigne aussi la partie virtuose, parfois improvisée, achevant les mouvements d'un concerto pour soliste ou d'un air (→ *Coloratura*), dans lequel le soliste peut faire valoir son savoir-faire technique et artistique sans accompagnement de l'orchestre.

Cakewalk (anglais, danse du gâteau) Danse afro-américaine contenant des mouvements de mime et des gestes grotesques. Née en 1870 aux États-Unis, on l'a appréciée dès les années 1900 en Europe. La musique du *cakewalk* est une mesure à deux temps syncopée (c'est-à-dire au rythme décalé) qui lui donne un léger caractère de jazz.

Canto fiorito (italien, chant fleuri) Style de chant très orné faisant appel à toutes les ressources de la virtuosité.

Canto jondo (espagnol) Chant populaire andalou faisant partie du → *flamenco*.

Canzone (du latin *cantio*, chanson) Pièce lyrique chantée ou instrumentale. Du XIIIe au XVIIe siècle, genre poétique italien d'origine provençale. À l'origine en plusieurs strophes, avec rimes alternées, la *canzone* est devenue un motet chanté à plusieurs voix. Aux XVIIe et XVIIIe siècles, la *canzone* désignait des mouvements instrumentaux rappelant la chanson, tandis qu'aux XIXe et XXe siècles cette dénomination a été appliquée à différents genres de pièces musicales lyriques.

Capriccio (italien, caprice) Composition musicale, vocale ou instrumentale où s'exprime la fantaisie. Un capriccio se distingue par sa liberté formelle, son extrême virtuosité, ses idées surprenantes ou ses qualités parodiques. Le capriccio théâtral ou lyrique (*capriccio drammatico*) obéit aux règles internes de l'opéra. Le thème des *capricci* lyriques (par exemple, Mozart → *Der Schauspieldirektor*, Salieri → *Prima la musica poi le parole*, Richard Strauss → *Ariadne auf Naxos* et → *Capriccio*) est souvent l'opéra lui-même.

Castrat (du latin *castrare*, couper) Chanteur châtré dans son enfance pour éviter la mue de la voix. Entre le XVe et le XVIIIe siècle, notamment, on pratiquait déjà la castration de jeunes garçons ayant un don musical. Chez les castrats adultes, le volume de la cage thoracique masculine et les plus grands espaces de résonance, joints à la tessiture élevée d'un jeune garçon, produisaient un grand volume sonore, un rayonnement fantastique et une virtuosité inconnue jusqu'alors. La pratique de la castration a été fondée en Espagne et en Italie pour pouvoir faire intervenir des tessitures élevées dans la musique religieuse, où les voix de femmes n'étaient pas admises. Avec l'établissement du genre de l'opéra débuta la véritable grande époque des castrats, dont le plus célèbre représentant fut Farinelli (de son vrai nom Carlo Broschi). À l'époque baroque (→ *Opera seria*), les chanteurs les plus célèbres étaient des castrats. Seul le public français refusait les castrats. Lorsque à la fin du XVIIIe siècle environ, apparut un nouvel idéal du naturel, la grande époque des castrats s'acheva. Malgré tout, on continua à employer des castrats dans l'orchestre pontifical jusqu'à la fin du XIXe siècle.

Cavatine (de l'italien *cavatina*) Chant solo, ressemblant à un lied, dans les opéras et les oratorios des XVIIIe et XIXe siècles. La cavatine a conservé une forme simple, en deux parties ; elle renonce largement au → *da capo* et à la virtuosité.

Célesta (italien, céleste) Clavier de plaques d'acier dans un châssis en forme d'harmonium, dans lequel le son est produit par un système de marteaux et des résonateurs en bois. Il a un son de cloche doux et argenté. Le célesta a été construit pour la première fois en 1886 à Paris et a rapidement été utilisé pour la musique symphonique (par exemple, par Gustav Mahler) et dans des opéras (Leoncavallo, Puccini, R. Strauss). La scène d'opéra la plus fameuse employant le célesta est la présentation de la rose dans → *Der Rosenkavalier* de Richard Strauss.

Chaconne Danse lente à trois temps d'origine espagnole, exclusivement composée en majeur et sur une mesure irrégulière. Elle s'est développée au XVIIe siècle pour devenir une forme instrumentale. Vers la fin du XVIIe siècle, c'est la forme qu'a prise l'opéra (notamment chez → Lully). Au XVIIIe siècle, la chaconne s'est confondue avec la → passacaille, fondée sur un motif de basse répétitif.

Chanson (du latin *cantio*) Chant ayant une forte connotation lyrique. À l'origine, il désigne aussi bien les chants des troubadours que les polyphonies profanes dans la France médiévale. Après 1500, on donna le nom de chanson à différentes espèces de chants. La chanson est une poésie chantée, notamment en France au XXe siècle. Les contenus politiques, sentimentaux ou humoristiques sont caractéristiques des chansons.

Chiaroscuro (italien, du français clair-obscur) Technique de composition de la musique dramatique basée sur d'importants contrastes. Les plus beaux exemples se trouvent dans les *opere serie* de Mozart.

Chœur (du grec *khoros*) Groupe de chanteurs, avec différents registres, interprétant une pièce musicale. Le chant choral remonte aux origines de l'humanité. Dans la tradition écrite, le chœur apparaît d'abord dans le drame antique. Le chœur constitue un élément indispensable dans la musique populaire, mais aussi dans la musique religieuse de toutes sortes de peuples et de religions. Avec le développement de la polyphonie, le chœur a pris à partir du XIe siècle un rôle particulièrement important dans l'histoire européenne de la musique. Correspondant à l'idéal dramatique grec (considéré comme le modèle du genre de l'opéra), le chœur, dans l'histoire de l'opéra, est immédiatement présent sur la scène lyrique. Dans l'opéra italien, le chœur n'eut d'abord qu'une faible importance, alors que dans l'opéra français (notamment chez → Gluck) il reçut rapidement une fonction dramaturgique essentielle. Mais c'est seulement au XIXe siècle que le chœur gagna en importance sur la scène de l'opéra.

Chromatique (du grec *khroma*, couleur) Coloration d'une note d'un demi-ton en plus ou en moins. Hormis la gamme → diatonique en sept niveaux (par exemple, au piano, les touches blanches), les douze demi-tons qui se succèdent constituent une gamme chromatique (au piano, les touches noires et blanches).

Classicisme (du latin *classicus*, de premier ordre, exemplaire) Époque musicale se situant à peu près entre 1750 et 1820. Les Lumières ont forgé les idéaux de la clarté, de la simplicité, de la lisibilité et de l'intelligibilité qui fondent la musique classique. Le classicisme est né de la volonté de remplacer les surcharges et la pompe de la musique du → baroque par des compositions plus faciles à appréhender, sous une forme claire, avec une expression davantage liée aux sentiments. La forme de composition dominante à cette époque était la → forme sonate. La période allant de 1750 à 1770 est qualifiée de préclassique ; c'est alors qu'ont été posées les bases essentielles de la période située entre 1770 et environ 1820, celle dite du haut classique. L'époque des classiques viennois est représentée et dominée par les œuvres de Haydn, Mozart et Beethoven. Dans l'opéra, le changement d'époque se déroula plus lentement que dans la musique instrumentale : la forme baroque de l'→ *opera seria* n'a été définitivement remplacée que dans les années 1770 et 1780 par de nouvelles formes de drame musical (les opéras réformés de → Gluck, le → *singspiel* et les derniers opéras de Mozart).

Cluster (anglais, grappe) Accord de plusieurs notes très proches les unes des autres. Les intervalles petits et très petits qui résonnent les uns en même temps que les autres sont ressentis comme un phénomène situé entre le son et le bruit. En musique contemporaine, le *cluster* est un effet souvent employé.

Coloratura (du latin *colorare*, colorer) Ornementation virtuose de morceaux chantés par des courses rapides, des bonds et des trilles. Jusqu'au début du XIXe siècle, les chanteurs de tous les registres avaient la possibilité de démontrer leur virtuosité par le biais des coloratures. Les morceaux de bravoure de l'opéra baroque leur laissaient à cette fin une → cadence improvisée. À partir du XIXe siècle, on trouve essentiellement les coloratures dans les airs de soprano. Les airs de coloratures célèbres sont l'air de la vengeance de la reine de la Nuit dans → *Die Zauberflöte* de Mozart, l'air de la folie de Lucia dans → *Lucia di Lammermoor* (Donizetti) et l'air de Zerbinetta dans → *Ariadne auf Naxos* (Richard Strauss).

Comédie-ballet Comédie en prose avec intermèdes de ballets et chants, genre qui vit le jour en 1663-1664 à l'instigation de Louis XIV, au cours d'une collaboration entre Molière et → Lully.

Comédie madrigalesque Apparue en Italie à la fin du XVIe siècle et s'épanouissant au XVIIe siècle, c'est une comédie, dans le style de la *commedia dell'arte*, où s'insèrent des → madrigaux.

Commedia per musica → *Opera buffa*.

Concertato (de l'italien *concertare*, agir de concert) Dans un opéra, grande scène d'ensemble à laquelle participent plusieurs protagonistes, y compris le chœur. Le terme est issu de la pratique italienne de l'opéra au XIXe siècle. Chez → Bellini, → Rossini, → Donizetti et → Verdi, le *concertato* correspondait le plus souvent au finale de l'acte.

Consonance (du latin *consonantia*, accord) Accord de deux ou plusieurs notes, que l'on ressent comme harmonieux. Dans la musique tonale (→ Tonalité), la consonance est considérée comme un son calme qui ne cherche pas une issue tonale comme le fait la → dissonance. La sensation de consonance s'est fortement transformée au cours de l'histoire de la musique. Elle diffère aussi selon les cultures.

Contralto → Alto.

Corde à vide Pour un instrument à cordes, corde vibrant librement (c'est-à-dire non entravée par la pression d'un doigt).

Countertenor (anglais, contre-ténor) Nom donné au → haute-contre dans la tradition lyrique anglaise.

Couplet (français) Chant strophique avec une pointe humoristique dans le refrain. Apparu au XVIIIe siècle. Particulièrement apprécié dans l'→ opéra-comique et l'→ opérette.

Demi-ton → Intervalle.

Diatonique (du grec *diatonos*, par ton) Système sonore procédant par tons et demi-tons consécutifs. Opposé à → chromatique.

Dispositione scenica (italien, indication scénique) Livret de mise en scène de l'opéra italien du XIXe siècle. Il contenait les instructions pour la présentation de l'opéra sur la scène.

Dissonance (du latin *dissonantia*, sonner de manière non harmonieuse) Deux notes ou plus jouées ensemble qui, dans le cadre de la musique tonale, sonnent d'une manière relativement peu harmonieuse et produisent un sentiment de tension cherchant à se libérer dans l'harmonie. Le contraire de la dissonance est la → consonance. Il existe différents degrés de dissonances. La sensation de dissonance est relative : elle dépend de la position de l'→ accord dans la composition ; c'est aussi une question de contexte culturel et d'époque ; on peut s'habituer à des sons d'abord déconcertants.

Divertissement Intermède de ballet généralement somptueux et comprenant parfois du chant dans la → comédie-ballet et dans la → tragédie lyrique à l'époque de la musique → baroque française.

Dodécaphonie → Musique dodécaphonique.

Dramma buffo → *Opera buffa*.

Dramma eroico-comico → *Opera buffa*.

Dramma giocoso → *Opera buffa*.

Dramma in musica → *Opera seria*.

Dramma pastorale-giocoso (italien, drame joyeux et pastoral) Morceau musical gai, au sujet le plus souvent bucolique.

Dramma per musica → *Opera seria*.

Dramma tragico → *Opera seria*.

Duo (de l'italien *due*, deux) Chant pour deux voix solistes avec accompagnement instrumental. Le premier opéra de Monteverdi, → *L'Orfeo* (1607), s'achève déjà sur un duo. À partir du XVIIIe siècle, le duo a pris de plus en plus d'importance dans l'opéra. Au XIXe siècle, le duo d'amour était un élément constant de la quasi-totalité des opéras, du *bel canto* à Wagner. Le *duetto d'adio* (duo d'adieu) en est une célèbre variante.

Early Music (anglais, musique ancienne) Style d'interprétation qui se donne pour objectif l'interprétation historiquement fidèle de la musique ancienne (essentiellement du Moyen Âge au classicisme). Comme lors de la restauration d'un tableau, les interprètes tentent de reconstituer correctement l'histoire de la musique. Ils jouent sur des instruments et avec une technique qui tiennent compte, autant que possible, des anciennes sources musicales. Les efforts pour donner des représentations fidèles de la musique ancienne apparaissent dès le début du XXe siècle, mais c'est vers 1960 que l'intérêt est devenu suffisant pour que l'on puisse parler d'une école d'interprétation autonome. À l'origine, c'est surtout la musique des époques préclassiques que l'on a traitée sous un angle historique. Mais aujourd'hui, l'approche historique est utilisée pour tous les morceaux qui ne relèvent pas de l'art contemporain.

Ensemble Groupe d'instruments ou de chanteurs pratiquant la musique en commun. Il existe différentes formations d'ensemble : le → duo (deux chanteurs), le trio (trois), le quatuor (quatre), le quintette (cinq), le sextuor (six), le septuor (sept), l'octuor (huit) et le nonet (neuf). Dans l'opéra baroque, on ne trouve pratiquement pas de grands ensembles, surtout des arias et des duos, plus rarement des trios. La grande époque des scènes d'ensemble débute avec l'opéra mozartien (à partir de → *Idomeneo*). Les ensembles de ses grands opéras (→ *Le Nozze di Figaro*, → *Don Giovanni*) sont un sommet de l'histoire de l'opéra.

Exposition Présentation des thèmes musicaux caractéristiques d'une œuvre. L'exposition est un moment obligé dans les formes de la → sonate et de la → fugue.

Fanfare Brève et éclatante phrase musicale, généralement attribuée aux cuivres et annonçant un moment important ou l'arrivée d'un personnage puissant. Les plus célèbres fanfares de l'histoire de l'opéra sont celles de → *Fidelio* et d'→ *Aïda*.

Farsa per musica → *Opera buffa*.

Favola in musica Opéra italien légendaire ou mystique au début du XVIIe siècle, également appelé *favellar in musica*. → *L'Orfeo* de Monteverdi en est le plus célèbre exemple.

Finale (italien, conclusion) Morceau de conclusion d'une œuvre musicale. Dans l'opéra, le finale est la scène de conclusion d'un acte.

Flageolet (de *flageoler*) Petite flûte à bec à tessiture élevée que l'on a utilisée depuis le XVIe siècle, aussi bien dans la musique de ballet que dans les scènes pastorales de l'opéra italien et français. Jusqu'au XVIIIe siècle, le flageolet, dans l'orchestre d'opéra, a repris la partie de la flûte *piccolo* (c'est encore le cas dans le → singspiel de Mozart → *Die Entführung aus dem Serail*). Sa sonorité est frêle et légèrement sifflante.

Flamenco (de l'espagnol) Danse du Sud de l'Espagne, avec chant et beaucoup de tempérament. Au XIXe siècle, les gitans de l'Andalousie et de l'ancienne Castille diffusèrent ce type de musique. Le flamenco est caractérisé par un style de chant élégiaque et abondamment orné, fortement soutenu par des castagnettes, des battements des pieds et des mains. Lors des représentations, la *bailora* (danseuse) est entourée par les *tocaoras* (guitaristes) et les *cantaoras* (chanteurs).

Flûte de Pan (d'après Pan, le nom du dieu-berger grec) Instrument à vent composé de plusieurs tuyaux reliés entre eux, dont on retrouve déjà la trace dans de nombreuses cultures primitives. Ces tuyaux, le plus souvent taillés dans le roseau ou le bambou, sont refermés dans leur partie inférieure. Dans la musique classique, la flûte de Pan n'est utilisée qu'extrêmement rarement. Elle est entrée dans son histoire comme instrument de Papageno (→ *Die Zauberflöte* de Mozart).

Folklorisme Courant musical imitant volontairement les singularités de style et de caractère musicales locales de la musique populaire.

Forme sonate Forme de composition dominante à l'époque du → classicisme viennois. La forme sonate fixe les traits formels fondamentaux d'une composition : exposition, développement, reprise et, éventuellement, une coda (qui jouait un rôle particulièrement important chez Beethoven). Dans l'exposition, on présente un thème central (dans la tonalité de base), un thème secondaire (éventuellement modulé) et parfois aussi un thème de conclusion. Dans le développement, les thèmes sont repris et variés dans différentes tonalités. Dans la reprise, les thèmes réapparaissent dans la tonalité de base. Dans la coda, on a la possibilité de traiter à nouveau le matériau musical.

Forte, fortissimo, fortefortissimo (italien, fort, très fort, extrêmement fort) Indication musicale signalant la puissance du son désirée.

Fugue (du latin *fuga*, fuite) Morceau de musique dans lequel différentes voix (de deux à six) de même importance interprètent un ou plusieurs thèmes dans les diverses registres. La composition de la fugue est une trame polyphonique répondant à des règles rigoureuses. La grande période de la fugue s'est située entre 1650 et 1750 et le grand maître en a été Jean-Sébastien Bach.

Gagaku (japonais, musique aristocratique) Musique de cour japonaise avec danses, qui n'a pratiquement pas changé depuis la fin du VIIIe siècle (période Heian ; 794 à 1185).

Galop Danse de salon extrêmement populaire au XIXe siècle. Le galop est articulé en trois parties, sur une mesure à deux temps, et caractérisé par des bonds rapides.

Gamelan (indonésien) Ensemble instrumental des îles indonésiennes, notamment de Java et de Bali. Il est composé, pour l'essentiel, de percussions et d'instruments à vent. Depuis l'exposition universelle de 1889, la musique du gamelan a inspiré les compositeurs européens (par exemple → Debussy et Boulez).

Gamme Succession échelonnée de notes dans le cadre d'une octave, avec des intervalles fixes.

Gammes → Tonalité.

Genres Dans l'opéra du XVIIe au XIXe siècle, on attribuait souvent aux personnages et aux situations dramatiques des caractéristiques musicales qui furent, au cours du temps, standardisées et classées en genres et en types. Par exemple, les types de caractères étaient presque indissociablement liés à certaines tessitures : le jeune amoureux est toujours un ténor, la vieille comique toujours une alto, etc.

Gigue (de l'anglais *jig*) Danse animée d'origine irlandaise et écossaise, sur une mesure le plus souvent irrégulière. Dans la musique baroque, la gigue était aussi très appréciée comme mouvement de la suite. Sur la scène lyrique, on trouve surtout la gigue chez → Lully et Rameau.

Grand opéra Genre d'opéra monumental et mélodramatique, prédominant entre 1830 et 1850 à Paris. Ses principaux compositeurs étaient → Auber et → Meyerbeer, son librettiste le plus réputé, Eugène Scribe. Le grand opéra était spectaculaire. Il lui fallait des décors et des machineries de grande ampleur, un grand orchestre, un grand chœur et de nombreux protagonistes. Ses sujets étaient presque tous empruntés à l'histoire.

Harmonie (du grec *harmonia*, ordre, accord) Accord de notes et suites d'accords respectant certaines règles. Les bases théoriques de leur assemblage sont fixées par la théorie de l'harmonie. On qualifie de liaisons d'accords harmoniques, au sens strict, les harmonies en majeur et en mineur au sein de la musique tonale. L'harmonique, en revanche, regroupe toutes les espèces d'accords musicaux, y compris ceux de la musique moderne (non liée à la tonalité) ou de la musique ancienne et prébaroque. On appelle en outre musique d'harmonie la musique composée pour les bois (hautbois, clarinettes, bassons) et les cors, une musique particulièrement appréciée du temps de Mozart.

Hautbois d'amour Hautbois à tessiture d'alto ayant une sonorité tendre et légèrement nasale, avec un pavillon en forme de poire. Ce type de hautbois était fréquemment employé dans la musique baroque. Il passait pour l'instrument préféré de Jean-Sébastien Bach. Par la suite, les compositeurs (par exemple, → Meyerbeer et → Richard Strauss) ont utilisé ce hautbois, avec sa sonorité caractéristique, pour décrire des situations dramatiques particulières et obtenir des sonorités orchestrales extraordinaires.

Haute-contre (français) Tessiture masculine la plus aiguë, à la hauteur de l'alto féminin, également appelée alto ou contre-ténor. Voix souvent utilisée en France et en Angleterre à l'époque baroque. Avec l'arrivée du courant d'interprétation de la → Early Music, on a de nouveau utilisé le haute-contre, notamment pour approcher de ce que faisaient les → castrats.

Imprésario (italien) Directeur d'un opéra privé ou d'une compagnie d'opéra. La direction financière et artistique des entreprises lyriques devint à partir du milieu du XVIIIe siècle un emploi à plein temps. Parmi les imprésarios les plus célèbres, on trouvait Domenico Barbaja (Milan, Naples), Giulio Gatti-Casazza (Milan, New York) et plus récemment Rudolf Bing (New York), Rolf Liebermann (Hambourg, Paris) et August Everding (Vienne, Munich).

Intermède/Intermezzo (de l'italien *intermedio*, ce qui se trouve au milieu) Morceau instrumental ou vocal placé entre deux scènes ou deux actes d'un opéra. Au début du XVIIIe siècle, on jouait pendant la pause des → *opere serie* des intermèdes comiques dont est issu l'→ *opera buffa*. Plus tard, les opéras bouffes en un acte ont aussi porté le nom d'*intermezzo* (ou *intermezzo in musica*).

Intervalle (du latin *intervallum*) Différence de hauteur entre deux notes jouées en même temps ou l'une après l'autre. Les plus petits intervalles → diatoniques sont le demi-ton (seconde mineure, par exemple do – do dièse) et le ton (seconde, par exemple do – ré). La tierce est un intervalle qui revient fréquemment dans la musique classique et romantique. Sous sa forme de tierce mineure, elle est composée de trois intervalles d'un demi-ton – caractéristiques de la gamme mineure ; la tierce majeure est composée de deux intervalles d'un ton (gamme majeure). Les autres intervalles, au sein d'une octave, sont la quarte, la quinte, la sixte, la septième et l'octave. Mais il existe aussi des intervalles qui dépassent une octave.

Intonation Adéquation de la voix humaine ou d'un instrument à la juste hauteur du son.

Introduction Partie introductive, le plus souvent lente, au premier mouvement d'une symphonie ou d'un *divertimento*. Elle s'achève souvent par une cadence suspendue. Les œuvres instrumentales de → Haydn comportent de nombreuses introductions et l'on peut citer également la célèbre introduction du quatuor à cordes *Dissonances* de Mozart. Dans l'opéra, on donne le nom d'introduction à la scène chantée qui suit l'ouverture.

Invention Composition contenant une idée musicale singulière. Apparu au XVIe siècle, ce terme a pris une signification étendue à l'époque → baroque ; l'invention désigne désormais un morceau de musique ayant une forme libre dans lequel l'idée musicale est développée par différentes techniques de composition. Le principe de composition de l'invention a encore été employé après le baroque, par exemple chez Alban Berg, à l'acte III de → *Wozzeck*.

Kapellmeister (allemand, maître de chapelle) Chef d'orchestre et responsable musical d'un ensemble profane (théâtre, orchestre philharmonique) ou religieux (église).

Lamento (italien, plainte) Morceau de musique plaintif, en général lent et solennel. Le lamento était un type d'air apprécié aux XVIIe et XVIIIe siècles, avec un puissant effet émotionnel. Parmi les plus fameux *lamenti* de l'histoire de l'opéra, on trouve le *Lamento d'Arianna* de Monteverdi (l'unique partie de l'opéra *Arianna* qui ait été conservée), la mort de Didon dans → *Dido and Aeneas* de Purcell et la plainte d'Orphée dans → *Orphée et Eurydice* de Gluck.

Largo (italien, large) À interpréter sur un rythme très lent. Ce terme désigne en outre un morceau portant cette indication. Le célèbre *Largo* du *Serse* de Händel est cependant un *larghetto*, et il faut l'exécuter un peu moins lentement qu'un *largo*. Un *largo* a dans la plupart des cas un caractère musical éminent.

Legato (italien, lié) Les notes doivent être jouées ou chantées liées les unes aux autres. Lorsque l'on chante, on n'interrompt pas le souffle dans les passages *legato*.

Leitmotiv (allemand, motif directeur) → Motif musical déterminant attribué à une chose, une personnage ou un concept, et les symbolisant. La technique de composition par *leitmotive* joue un rôle central dans les drames lyriques de Richard Wagner et notamment pour le → *Ring*.

Libretto (italien, petit livre) → Livret.

Lied (allemand, chanson) Chant pour voix seule et accompagnement (généralement au piano, puis par l'orchestre à partir de la fin du XIXe siècle) dans l'histoire de la musique allemande. Trouvant son origine dans la chanson des troubadours au Moyen Âge, le lied connaît une grande vogue au XVIIIe siècle et a connu son apogée au temps du romantisme (→ Schubert, → Schumann, plus tard Brahms), ainsi qu'à la fin du XIXe siècle avec → Wolf, → R. Strauss et Mahler.

Lieto fine (italien, fin heureuse) La fin heureuse, ou *happy end*, de rigueur dans l'opéra italien des XVIIe et XVIIIe siècles.

Livret Texte des œuvres musicales jouées sur scène. Au XVIIIe siècle, le livret était souvent plus connu que l'opéra proprement dit ; on citait encore souvent les librettistes avant les compositeurs. Malgré leur valeur littéraire parfois très élevée, les livrets sont en un sens des œuvres incomplètes, que vient achever la musique. Parmi les plus célèbres librettistes de l'histoire de l'opéra, citons Pietro Metastasio, Philippe Quinault, Lorenzo da Ponte, Eugène Scribe, Arrigo Boito et Hugo von Hofmannsthal.

Madrigal (vraisemblablement du latin *cantus matricalis*, chant dans la langue maternelle) Genre de chant profane polyphonique et strophique. Existant depuis le XIVe siècle en Italie, il fut sans doute entre 1520 et 1650 la forme de chant la plus appréciée. Ses règles, aussi bien littéraires que musicales, sont extrêmement libres. Interprété dans la langue du pays, le madrigal était chanté par de petits ensembles d'amateurs, mais aussi par des chanteurs professionnels. En raison de la théâtralité des textes et de l'alliance recherchée entre les mots et les notes, le madrigal est l'une des sources principales du genre de l'opéra, dont le véritable inventeur, Claudio Monteverdi, fut aussi l'un des plus grands madrigalistes.

Maître de chapelle → Kapellmeister.

Majeur → Tonalité.

Masque (de l'anglais *mask*) Divertissement dansé et chanté à la cour d'Angleterre aux XVIe et XVIIe siècles. Ce sont les membres de la cour, masqués, qui participaient au spectacle, composé de scènes mythologiques et allégoriques.

Mazurka (du polonais *mazur, mazurek*, danse masure) Danse polonaise à trois temps en bonds et en rotations, sur un rythme souple et syncopé. Avec la polonaise, la mazurka, originaire de Mazurie, est la plus célèbre danse nationale polonaise. Depuis 1600, la mazurka s'était propagée dans la haute société polonaise. Anoblie par Chopin, elle passa au XIXe siècle pour le symbole de l'esprit national polonais (ce fut aussi le cas chez → Moniuszko).

Mélisme (du grec *melisma*, chant) Série de notes chantées sur une seule syllabe. Le mélisme désigne aussi, d'une manière générale, l'ornementation des lignes de chant. On trouve des passages mélismatiques aussi bien dans le chant grégorien que dans la musique populaire (notamment orientale) et dans l'opéra (→ Colorature). Le terme s'applique aussi à la musique intrumentale.

Mélodie infinie Musique qui, semblable à la déclamation, se développe constamment par des associations de passages différents et ne présente donc pas de caractère délimité. Wagner a utilisé ce terme pour définir son art mélodique (*Zukunftsmusik*, 1860). On trouve déjà les premiers échos de la mélodie infinie dans les mélodies de → Schubert et de → Bellini, composées en grandes phrases.

Mélodrame (du grec *melos*, chant et *drama*, action, en italien : *melodramma*). Genre scénique dans lequel le mot parlé est souligné et illustré par la musique. Beaucoup d'opéras, notamment les → *singspiele* allemands, contiennent des scènes de mélodrame (par exemple, la scène du cachot dans → *Fidelio* de Beethoven ou la scène de la gorge-aux-loups dans le → *Der Freischütz* de Weber). Dans l'opéra italien et français, le mot est synonyme du genre de l'opéra lui-même.

Menuet (du français menu pas, petit pas) Danse courtoise française qui devint populaire sous le règne de Louis XIV et qui fut pendant un siècle la danse la plus appréciée à la cour. Le menuet était un élément important de la suite baroque (succession de danses), du *divertimento* et de formes instrumentales classiques comme la symphonie, le quatuor à cordes et la sonate. La danse favorite de l'Ancien Régime conserva aussi sa place dans l'histoire de la musique, même après la fin de la royauté. Dans les œuvres instrumentales, Beethoven l'a remplacé par le → scherzo.

Métrique (du grec *metriké techné*, art de la mesure) Théorie de la succession et de l'accentuation rythmiques des notes, classées en fonction des mesures. Depuis le XVIIe siècle (l'époque de la musique baroque), le compositeur place au début d'un morceau, d'un mouvement ou d'un passage un rapport chiffré (par exemple, 3/4 ou 6/8) qui indique l'organisation des temps au sein d'une mesure.

Mezzosoprano Voix de femme intermédiaire entre le → soprano et l' → alto. La partie de mezzosoprano la plus célèbre est celle de Carmen dans l'opéra de → Bizet.

Micropolyphonie → Polyphonie.

Mineur → Mode.

Minimal music (anglais) Courant stylistique de composition caractérisé par la répétition constante, avec de très faibles variations, de brefs schémas sonores et rythmiques. La répétition constante donne naissance à des champs sonores qui reposent et vibrent en eux-mêmes. La *Minimal music* (également dénommée musique répétitive ou Minimal art) est apparue dans les années soixante aux Etats-Unis, en réaction au → sérialisme intellectuel et spéculatif. On y retrouve l'effet produit par les courants philosophiques d'Extrême-Orient, ainsi que l'univers sonore nuancé des percussions d'Afrique noire. Les principaux représentants de ce courant stylistique sur la scène de l'opéra sont → Steve Reich, → Philipp Glass et → John Adams.

Mode Détermination de la dominante et de la structure de la → gamme sur laquelle se fonde un morceau de musique. Jusqu'au XVIIe siècle, les → modes grégoriens ou antiques étaient les tonalités dominantes en musique. Dans la musique tonale (→ Tonalité), le mode majeur ou mineur et la note tonique donnent la tonalité (par exemple, la majeur : le la comme dominante, et c'est sur cette note que l'on bâtit une gamme en majeur). On attribue souvent une caractéristique aux différents modes : les modes majeurs sont par exemple considérés comme clairs et rayonnants, les modes mineurs comme tendres et mélancoliques.

Modes grégoriens ou antiques (du latin *modi*, les genres ; également appelés modes ecclésiastiques) Modes musicaux du Moyen Âge et du début des temps modernes. Les modes religieux ont leurs racines historiques dans la musique byzantine ou grecque. Les tonalités modales sont fondées sur des échelles de notes sans niveaux élevés ou abaissés, partant de différentes notes de la gamme actuelle de do majeur, par exemple ionien (do), dorien (ré), phrygien (mi), lydien (fa), mixolydien (sol), éolien (la). Le système des modes religieux a été remplacé à partir du XVIIe siècle par le système majeur-mineur.

Modulation (du latin *modulatio*) Passage d'un mode à un autre. La modulation est obtenue par la transposition d'accords communs aux deux modes. Comme chaque tonalité possède une couleur différente et (au moins dans la musique classique et romantique) suscite d'autres associations d'idées musicales, les modulations ont le plus souvent aussi une fonction dramatique dans l'opéra.

Monodie (du grec *monodia*, chant à une voix) Dans la musique ancienne, chant déclamatoire pour voix soliste, accompagné par une → basse continue. Avec la monodie, des théoriciens et musiciens crurent pouvoir ressusciter la pratique d'interprétation du drame grec antique. Le type de chant monodique, qui rappelle le → récitatif, devait illustrer l'état d'âme des protagonistes et la teneur poétique du texte. Les premiers opéras (de Peri et Caccini) sont composés sous forme monodique. Monteverdi a utilisé la monodie dans son → *Orfeo* (1607), en alternance avec des passages en madrigal ou en aria.

Morendo (italien, mourant) La musique doit devenir de plus en plus douce et lente. Sur la scène de l'opéra, cette indication d'exécution est en particulier utilisée pour les extases et les agonies, mais on la trouve aussi dans la musique instrumentale.

Moresca (italien, de l'espagnol *morisco*, maure) Danse masculine énergique et joyeuse que l'on interprète le plus souvent, depuis le XIVe siècle, masqué et déguisé, comme une danse de combat et d'épée. Entre les XVe et XVIIe siècles, la *moresca*, sous une forme stylisée, est aussi entrée dans les œuvres pour la scène, par exemple dans le ballet final de *L'Orfeo* de Monteverdi, vraisemblablement en guise d'allusion aux bacchantes sauvages qui ont tué le chanteur mythique.

Motif (du latin *motivus*, mobile) Plus petit élément chargé d'un sens thématique dans une œuvre musicale. Plusieurs motifs constituent un → thème. Dans la musique d'opéra, un motif (en guise de carte de visite musicale) peut par exemple caractériser un personnage ou un phénomène naturel (→ *Leitmotiv*).

Mouvement Passage musicalement homogène d'une grande œuvre, par exemple d'une symphonie, d'une sonate ou d'une suite.

Musica villereccia (italien, musique campagnarde) Musique rurale pour instruments à vents dans l'Italie du XIXe siècle. Dans → *Macbeth*, le jeune Verdi accompagna l'entrée muette du roi dans le château avec de la *musica villereccia*.

Musikdrama (allemand, drame musical) Désignation pour les opéras réformés de → Richard Wagner et ses successeurs allemands ou italiens. Le terme pourrait cependant désigner le genre de l'opéra tout entier.

Musique concrète Genre musical dans lequel la combinaison de bruits réels (concrets) enregistrés sur bande magnétique et déformés par l'électroacoustique donne jour à des montages sonores. L'inventeur de ce procédé musical, Pierre Schaeffer, a expérimenté ces types de montages à Paris à partir de 1948. La musique concrète a surtout été employée dans l'opéra moderne et dans la musique appliquée (cinéma, radio, télévision, théâtre).

Musique dodécaphonique Composition reposant sur une succession déterminée (série) des douze notes chromatiques d'une octave (→ Intervalle). Aucune note ne peut y être répétée avant que les onze autres n'aient été jouées. La série de notes, fixée à l'avance, peut être transformée en fonction de critères bien précis (Renversement et renversement rétrograde). → Arnold Schönberg a développé la dodécaphonie comme principe de composition vers 1920 et l'a transmise à ses élèves → Alban Berg et Anton Webern (Seconde École de Vienne). Avec la musique dodécaphonique, on voulait opposer à la musique postromantique un principe de composition réfléchi et strictement rationnel. C'est en s'appuyant sur la technique dodécaphonique rigoureuse d'Anton Webern qu'est apparu, vers 1950, le → sérialisme.

Néoclassicisme Courant stylistique de la musique du XXe siècle, qui a repris des éléments formels et stylistiques du classicisme musical (→ Gluck, → Haydn, Mozart). Le néoclassicisme est né par nostalgie ou par réaction à une musique romantique fortement influencée par les émotions et les modèles littéraires. Ce concept a aussi été étendu à d'autres courants stylistiques (→ Baroque, Renaissance, Moyen Âge). Le néoclassicisme a connu sa grande époque dans les années vingt et a rencontré un grand succès entre les deux guerres. Le compositeur dominant du néoclassicisme a été → Igor Stravinsky. Le néoclassicisme a retrouvé une actualité avec les idéaux des courants postmodernes.

No (japonais *nô*, savoir-faire, art) Genre du théâtre japonais classique dans lequel le mot parlé, le chant, la danse et le mime s'unissent pour former une œuvre d'art total. Les comédiens (huit, le plus souvent) du théâtre *nô* sont exclusivement des hommes. L'accompagnement instrumental est constitué d'un petit ensemble avec un nô-kan (flûte), deux tsuzumis (tambours en forme de sablier) et un taiko (tambour porté). Le comédien principal, nommé Shité, est caractérisé par un masque. Le personnage de Waki a un rôle de narrateur ; dans la plupart des cas, il joue le rôle d'un promeneur.

Numéros (opéra à) Forme de l'opéra dans lequel les airs, les morceaux d'ensemble et les passages instrumentaux constituent des entités cohérentes et indépendantes. À partir de la fin du XVIIe siècle et jusqu'au XIXe siècle, l'opéra à numéros fut la véritable forme de l'opéra, même si l'on voyait déjà dans les → finales de Mozart les ébauches d'un style entièrement composé. Richard Wagner et → Giuseppe Verdi ont rompu avec la pratique des opéras à numéros et ont utilisé dans leurs opéras la technique de la composition intégrale, avec des transitions fluides entre les scènes. Sous l'influence du → néoclassicisme, on composa encore des opéras à numéros au XXe siècle (→ *The Rake's Progress* de Stravinsky).

Objet trouvé Pratique de composition au XXe siècle, dans laquelle des thèmes musicaux, des effets, des phénomènes qui menaient auparavant une existence autonome sont intégrés à l'œuvre comme des corps étrangers.

Octave → Intervalle.

Opéra (de l'italien *opera*, œuvre) Genre scénique européen déterminant dans le drame musical. Entre 1600 et 1900, il fut sans contestation le genre musical dominant. À lui seul, le terme qui désigne ce genre (il signifie « œuvre ») et qui a fait son apparition en Italie à la fin du XVIIe siècle souligne l'importance et la complexité de l'opéra. L'opéra est apparu comme une forme d'expression extrêmement stylisée et raffinée, aussi bien de la culture aristocratique que du mode de vie de la bourgeoisie. Les conditions historiques, sociales, politiques et musicales différentes selon les pays et les classes sociales ont conduit à une diversification des opéras, que l'on peut classer en sous-catégories. L'opéra a perdu au XXe siècle sa domination absolue dans la musique ; pourtant, presque aucun compositeur important n'a pu résister à la tentation de l'opéra, qui est resté la forme la plus populaire de la musique dite classique.

Opéra bouffe → *Opera buffa*.

Opera buffa/Opéra bouffe (italien, opéra gai) Genre d'opéra italien des XVIIIe et XIXe siècles dont les racines remontent à la *commedia dell'arte*. L'opéra bouffe a d'abord été un bref → intermède comique que l'on jouait au début du XVIIIe siècle pendant la pause d'un → *opera seria*, par exemple → *La Serva padrona* de Pergolesi. De là, l'opéra bouffe est devenu un genre musical à part entière. Le plus célèbre est sans doute → *Il Barbiere di Siviglia* de Rossini.

Opera semiseria (italien, opéra semi-tragique) Genre d'opéra des XVIIIe et XIXe siècles, résultat d'un mélange d'éléments musico-dramatiques sérieux et comiques.

Opera seria (italien, opéra tragique) Genre d'opéra italien qui s'est constitué vers la fin du XVIIe siècle à partir de différents éléments stylistiques pour composer une œuvre scénique au caractère éminent. Le sujet de l'*opera seria* était emprunté à la mythologie gréco-romaine ou à l'histoire. Jusqu'en 1770 environ, l'*opera seria* a été considéré comme le genre d'opéra le plus ambitieux et le plus important. → *La Clemenza di Tito* de Mozart, composé en 1791, est considéré comme le dernier chef-d'œuvre du genre.

Opéra-comique Genre d'opéra français apparu dans la première moitié du XVIIIe siècle ; il a servi de modèle au → singspiel allemand. L'opéra-comique est constitué de dialogues parlés et de numéros chantés au contenu le plus souvent joyeux, mais aussi parfois lyrique et émouvant, ou encore, exceptionnellement, tragique. L'opéra-comique a connu sa grande période entre 1770 et 1870 ; le dernier représentant significatif du genre est en même temps celui qui en a brisé les règles, la → *Carmen* de Bizet (1875).

Opérette (de l'italien *operetta*, petite œuvre) Genre musical joyeux avec des dialogues parlés, des chansons et des danses qui prospéra dans les années 1850 à Paris sous l'égide de Jacques Offenbach. L'opérette, qui est aussi née sous forme de parodie de l'opéra et de l'univers qu'il mettait en scène, a toujours répondu au goût du public pour l'amusement. L'âge d'or de l'opérette s'est étendue du milieu du XIXe siècle jusqu'au milieu du XXe. En un siècle, on a composé des milliers d'opérettes dans les pays et les langues les plus divers. Parmi les genres de l'opéra, l'opérette est le plus apparenté au → singspiel et à l' → opéra-comique. La différence fondamentale avec l'opéra réside dans son ton insolent et satirique, ou encore suave et sentimental. Les opérettes de → Jacques Offenbach, → Johann Strauss et Franz Lehar ont aussi conquis la scène de l'opéra.

Oratorio (latin, salle de prière) Œuvre vocale de grande envergure ayant un contenu spirituel ou profane, pour chœur, orchestre et chanteurs solistes, et où un narrateur raconte l'action. L'oratorio baroque italien, apparu au milieu du XVIIe siècle, avait une origine plutôt religieuse, bien qu'il n'ait jamais été un élément de la liturgie. L'oratorio dramatique, une invention de Haendel extrêmement importante dans l'histoire de la musique, remplissait plutôt la fonction d'un opéra et pouvait aussi être donné sur scène. Quelques oratorios du XXe siècle ont été directement conçus pour la scène. Ces œuvres (par exemple, → *Oedipus Rex* de Stravinsky et → *Jeanne au bûcher* de Honegger) ne montrent pratiquement aucune différence avec un opéra.

Oratorio dramatique → Oratorio.

Oratorio scénique → Oratorio.

Organo di legno (italien, orgue de bois, pendule à carillon) Petit orgue portable disposant de tuyaux en bois (flûtes). Malgré sa tessiture limitée, il fut particulièrement apprécié aux XVIe et XVIIe siècles.

Ostinato (italien, du latin *obstinatus*, obstiné, entêté) Motif court et constamment répété, revenant en permanence. Le plus souvent, l'*ostinato* se situe dans le registre des graves (*basso ostinato*), et c'est au-dessus de lui que les autres voix peuvent se déployer librement. L'*ostinato* a une importance particulière dans la → basse continue. Son caractère obsessionnel peut lui donner une grande puissance dramatique.

Ouverture Musique d'introduction instrumentale pour des œuvres scéniques ou de grandes œuvres vocales. Très vite, certains compositeurs ont donné une introduction instrumentale à leurs opéras. Ces premières ouvertures (dites *sinfonia*) étaient encore très courtes. Le terme d'ouverture a d'abord été utilisé en France à l'époque de Louis XIV ; il désignait une musique de marche solennelle avec un rythme souple, qui accompagnait l'entrée du roi. Au XVIIIe siècle, on cultivait aussi à Naples et à Venise l'ouverture d'opéra en trois parties. C'est avec les opéras tardifs de → Mozart que l'ouverture est devenue cette introduction musicale, étroitement liée, par son atmosphère ou son thème, au drame proprement dit. Au XIXe siècle, on donna à l'ouverture une plus grande signification dramatique. On peut discerner cette nouvelle importance au fait que Beethoven ait composé quatre ouvertures différentes pour → *Fidelio*. Dans les drames musicaux de → Wagner et de Verdi, l'ouverture fut remplacée par le → prélude. Celui-ci représente et symbolise le plus souvent l'idée fondamentale de toute l'œuvre. Au contraire de l'ouverture, il n'a pas de caractère musical homogène.

Parlando (italien, en parlant) La voix chantée doit se rapprocher de la voix parlée. Les modes d'exécution du *parlando*, ou encore *parlante* (italien, en parlant) et *parlar cantando* (italien, parler en chantant), sont utilisés dans les passages ou dialogues narratifs dans lesquels l'intelligibilité du texte joue un rôle particulièrement important. Cette indication revient très souvent dans l'→ *opera buffa* des XVIIIe et XIXe siècles. Dans la musique instrumentale, le *parlando* ou *parlante* réclame une exécution libre et déclamatoire.

Parlante → *Parlando*.

Parlar cantando → *Parlando*.

Parte sinfonica (italien, mouvement symphonique) Mouvement orchestral indépendant dans un opéra, tenant le plus souvent fonction d'introduction ou d'intermède.

Partition (du latin *partire*, introduire) Notation de toutes les voix d'un opéra ou d'une autre composition polyphonique. Dans la partition, née vers 1600, les voix sont inscrites les unes au-dessous des autres. On a ainsi la vision précise du déroulement de l'œuvre. Pour le chef d'orchestre, elle est indispensable lors de la préparation d'une représentation. La plupart du temps, les chanteurs travaillent d'abord sur une réduction de la partition, où le piano remplace l'orchestre tout entier.

Passacaille (de l'italien *passacaglia*, de l'espagnol *pasar*, aller et *calle*, la rue) Forme de variation sur une figure de basse en quatre ou huit mesures revenant régulièrement, avec un tempo lent à trois temps. Danse espagnole dont on retrouve la trace dès le Moyen Âge tardif, la passacaille s'est développée au XVIIe siècle pour devenir une forme musicale autonome. Au contraire de la → chaconne qui lui est apparentée, la passacaille est le plus souvent composée en mineur.

Pastiche (de l'italien *pasticcio*, pâté) Opéra composé d'airs, d'ensembles et de morceaux instrumentaux puisés dans divers opéras (ou autres compositions vocales) existants, d'un ou même de différents compositeurs. Forme d'opéra typique du XVIIIe siècle, son apparition s'explique par l'engouement du public pour l'opéra italien (notamment pour → l'*opera seria*). Comme il n'existait pas de répertoire forgé par l'histoire, au sens actuel du terme, on pouvait ainsi proposer rapidement au public de nouveaux morceaux sur un nouveau livret, comportant des airs et des ensembles dont la qualité était reconnue et que le public appréciait.

Pastorale (du latin *pastor*, berger) Pièce chantée et dansée mettant en scène des bergers et des bergères dans un cadre le plus souvent léger et idyllique. Se rattachant au théâtre parlé, la pastorale s'est développée dès le début de l'opéra, vers 1600, pour devenir une forme musicale autonome, comme dans *Dafne* de Jacopo Peri. On appréciait particulièrement les scènes pastorales dans l'opéra baroque. Elles se développèrent même pour devenir un genre d'opéra à part entière, l'opéra pastoral italien. Dans l'opéra français des XVIIe et XVIIIe siècles, la pastorale, sous sa forme de pastorale héroïque, célèbre la beauté de la nature et les plaisirs de l'amour.

Pause générale Pause simultanée de toutes les voix d'un ensemble musical. Le silence commun interrompt, de manière généralement inattendue, le cours de la musique. La pause générale a toujours une signification dramatique. Elle a un effet ahurissant ou augmente la tension.

Pavane (de l'italien *padana*, de Padoue) Danse lente et solennelle ayant connu son apogée aux XVIIe et XVIIIe siècles.

Petite Bande, La Orchestre à cordes d'élite du roi Louis XIV, dirigé par → Jean-Baptiste Lully.

Phrygien → Modes grégoriens.

Piano, Pianissimo (italien, doux, tendre) Interpréter respectivement doucement et très doucement. Dans la notation, abrégé par *p* ou *pp*.

Pizzicato Pour les instruments à cordes frottées, manière de jouer en pinçant les cordes.

Polka (du tchèque *pulka*, demi-pas) Danse nationale tchèque à deux temps et de caractère vif. La polka, apparue vers 1830, était avec la → valse la danse de salon préférée dans l'Europe du XIXe siècle. Dans les opéras romantiques, on utilisait également la polka pour son caractère populaire de bohème – ce fut par exemple le cas dans → *La Fiancée vendue* de Smetana. Dans → *Die Fledermaus* de Johann Strauss, la polka donne aussi son caractère à quelques numéros chantés.

Polyphonie (du grec *polyphonia*, à plusieurs voix). Musique à plusieurs voix dans laquelle les différentes voix jouissent d'une autonomie rythmique et mélodique. La musique polyphonique existe en Europe depuis le Xe siècle. La polyphonie a atteint son point culminant au XVIe siècle. Dans l'opéra, c'est dans les scènes d'ensemble que la polyphonie s'épanouit le mieux. Les grands maîtres de ce type de polyphonie scénique furent → Mozart et → Verdi. Au XXe siècle s'est développée dans l'opéra la micropolyphonie, dans laquelle des voix abondamment ornées constituent, dans le cadre de brefs passages, une trame musicale complexe (surtout chez → Ligeti).

Preghiera (italien, prière) Scène de prière dans l'opéra italien des XVIIIe et XIXe siècles. Une scène de *preghiera* peut avoir un caractère intime et lyrique, comme la prière de Desdemona dans les → *Otello* de Rossini et de Verdi, ou celui d'un grand hymne ou d'une grande imploration du protagoniste en faveur de son peuple – par exemple, les prières de Moïse (→ Rossini, *Mosè en Egitto*), d'Oroveso (→ Bellini, *Norma*) et de Zaccaria (→ Verdi, *Nabucco*).

Prélude Introduction musicale d'un opéra, qui a un lien thématique étroit avec l'œuvre qui lui succède et débouche le plus souvent directement sur la première scène, au contraire de l'→ ouverture, qui constitue un morceau indépendant. Le prélude a été introduit dans l'opéra par → *Lohengrin* de Wagner, mais les premières approches d'un lien thématique étroit apparaissent déjà dans les derniers opéras de Mozart.

Prima donna (italien, première dame) Premier rôle féminin dans l'opéra du XVIIe au XIXe siècle. C'est à la *prima donna* que l'on confiait la partie la plus difficile, mais qui produisait le plus grand effet. Le rôle de *prima donna* était presque exclusivement réservé aux sopranos ; lorsqu'une mezzo-soprano reprenait la partie principale, on parlait, dans la pratique théâtrale italienne, de *prima donna* mezzosoprano.

Primo baritone brillante (italien, premier baryton brillant) Chanteur baryton auquel revenait, dans la pratique italienne de l'opéra au XIXe siècle, un grand rôle de virtuose. Verdi, en particulier, a composé pour la voix de baryton (→ baryton) des parties dramatiques importantes, par exemple celle de Rigoletto, de Germont (→ *La Traviata*) et de Posa (→ *Don Carlo*).

Primo buffo (italien, premier chanteur bouffe) Meneur de jeu dans un opéra bouffe, rôle souvent dévolu à une voix grave.

Primo uomo (italien, premier homme) Rôle masculin dominant dans l'opéra italien des XVIIe et XVIIIe siècles. Le rôle du *primo uomo* était à l'origine tenu par des castrats ; plus tard, il fut le généralement dévolu aux ténors.

Quarte → Intervalle.

Quatuor → Ensemble.

Querelle des bouffons Querelle entre les partisans de l'→ *opera buffa* italien et l'opéra français, forgé par → Lully et → Rameau, qui s'enflamma au milieu du XVIIIe siècle à propos de l'œuvre de Pergolesi, → *La Serva padrona*. Cette vive polémique, qui s'étendit sur des années, contribua au développement du genre de → l'opéra-comique.

Quintette → Ensemble.

Ragtime (de l'anglais *ragged time*, temps déchiré) Musique de divertissement populaire américaine, qui se développa à partir des années 1860. Le *ragtime* a d'abord été interprété au piano, dans des bars, par des musiciens noirs. Il comprend des éléments musicaux de danse et de marche ; il a apporté une contribution essentielle au développement du jazz. Vers la fin du siècle, le *ragtime* était considéré comme la caractéristique musicale des États-Unis. Dans cet esprit, il a été utilisé dans différentes compositions de musiciens européens, par exemple dans → *La Fanciulla del West* de Puccini.

Rappresentazione sacra (italien, représentation religieuse) Oratorio interprété sur scène en langue italienne, forme pratiquée aux XVe et XVIe siècles, particulièrement à Florence. La *rappresentazione sacra* devint le précurseur de l'oratorio sacré et de l'opéra. Au début du XVIIe siècle, on donna le nom de *rappresentazione* à des morceaux scéniques rappelant l'opéra et ayant un contenu religieux moralisateur.

Récitatif (du latin *recitare*, réciter, lire à voix haute) Style de chant se rapprochant de la déclamation parlée, le plus souvent accompagné par un instrument. Le récitatif s'est développé vers 1600, vraisemblablement à partir de la → monodie. Dans la seconde moitié du XVIIe siècle, il s'est progressivement dissocié, comme forme de chant, de l'→ air. Dans les opéras italiens du XVIIIe siècle, (→ *opera seria*), l'action se déroulait sous forme de récitatifs, alors que les airs exprimaient la teneur affective. Le récitatif apparaissait sous la forme de *recitativo secco* (italien, récitatif sec), avec accompagnement en accords par la → basse continue, ou, dans les moments importants d'un point de vue dramaturgique, sous forme de *recitativo accompagnato* (italien, récitatif accompagné) avec accompagnement orchestral. L'opéra baroque français (→ Tragédie lyrique) contient lui aussi de longues parties chantées en récitatif, qui ressemblent cependant plus à la monodie qu'au récitatif. Avec la fin de l'→ opéra à numéros, le récitatif perdit aussi de sa signification. Au XIXe siècle, on trouve surtout des récitatifs dans les → opéras-comiques et, au XXe siècle, dans les opéras néoclassiques.

Registre Coloration de la voix caractéristique des différentes zones de résonance. Les éléments principaux du timbre d'une voix sont le registre de tête et le registre de poitrine, auxquels s'ajoutent encore, dans les aigus, le fausset *(falsetto,* chez les hommes) et le registre du sifflet (chez les soprano aiguës). La formation vocale classique se donne pour objectif l'obtention d'un mélange équilibré des registres et un passage sans rupture d'un registre à l'autre. À l'orgue, un registre regroupe tous les tuyaux ayant la même sonorité.

Renversement Exécution en miroir d'une série de notes (→ Musique dodécaphonique, → Sérialisme) ou d'un thème. Ici, l'orientation de l'→ intervalle est inversée (par exemple, une quarte ascendante au lieu d'une quarte descendante).

Requiem Premier mot de la prière *Requiem æternam dona eis* (Donnez-leur le repos éternel). Dans la liturgie catholique, désigne une prière ou un chant pour les morts. → Mozart, → Berlioz, Brahms, Fauré et → Verdi ont écrit de célèbres *Requiem*.

Retard Jeu d'une note dissonante (→ Dissonance) au lieu de la note spécifique de l'accord sur une partie accentuée de la mesure. Un retard doit ralentir la survenue de l'harmonie que l'on attend, et faire ainsi monter la tension.

Ricercare (italien, chercher) Morceau instrumental en forme de fantaisie, caractérisé par l'imitation fragmentaire de thèmes et de motifs. À l'origine, le *ricercare* était un morceau d'improvisation au luth ; il était particulièrement apprécié à l'époque de la Renaissance et du → baroque.

Romance Chant strophique d'origine espagnole. La romance raconte des actes héroïques et des aventures amoureuses. Aux XVIIIe et XIXe siècles, la romance est aussi devenue populaire en France et en Allemagne ; elle a conquis le → lied et l'opéra (notamment l'→ opéra-comique et le → *singspiel*). Le chant populaire russe du XIXe siècle, apprécié dans les salons, mais aussi, sous une forme stylisée, sur la scène de l'opéra (notamment chez → Tchaikovski et → Glinka), est une variante de la romance.

Romantisme Style et époque musicaux dont les limites sont difficiles à établir, variables selon les pays, mais qui recouvrent à peu près le XIXe siècle. La sensibilité romantique – le goût pour le fantastique, le féerique et le mystique, l'intérêt croissant pour l'histoire et l'importance singulière que l'on attribuait à la sensation individuelle – constituait la base de la musique romantique (notamment en Europe centrale et de l'Est). Le canon formel rigoureux du → classicisme se décomposa sous le romantisme. La diversité formelle caractérise la musique romantique. La subjectivité de l'artiste est devenue un critère important (ce qui a aussi produit une idéalisation du statut d'artiste, aussi bien le compositeur que l'interprète). Les principaux compositeurs lyriques que l'on peut rattacher au romantisme sont des personnalités aussi différentes que Giacomo Meyerbeer, Gaetano Donizetti, Gioacchino Rossini, Franz Schubert, Vincenzo Bellini, Hector Berlioz, Robert Schumann, Giuseppe Verdi, Richard Wagner, Charles Gounod, Bedřich Smetana, Modeste Moussorgski, Piotr Ilitch Tchaikovski, Antonín Dvořák et Richard Strauss.

Rondo (italien, place ronde) Morceau musical dans lequel le thème revient comme un refrain après de brefs épisodes musicaux. Au contraire du rondeau vocal, apparu en France à la fin du Moyen Âge, le rondo s'est établi sous forme de morceau d'abord instrumental à l'époque du → classicisme : c'était alors un mouvement musical ou un morceau indépendant. Mais les principes formels du rondo ont rapidement été transposés au domaine vocal. Un exemple de morceau chanté composé sous la forme d'un rondo est le célèbre →*Veau d'or* de Méphisto dans le → *Faust* de Gounod.

Saxophone (du nom de son inventeur, Adolphe Sax) Instrument à vent à anche, existant en huit tailles différentes. Hormis le grand rôle qu'il joue dans le jazz et dans la musique de divertissement, le saxophone, inventé en 1840-1841, est aussi utilisé dans la musique classique (par exemple et notamment chez des compositeurs français comme → Massenet, → Thomas, → Bizet, → Debussy et → Ravel, et chez les compositeurs du XXe siècle). C'est → Meyerbeer qui a introduit le saxophone à l'opéra.

Scena → Scène.

Scène (du grec *skené,* italien *scena*) Scène théâtrale ou musicale. On désigne en outre par ce terme une section d'un drame ou d'un opéra située entre l'entrée et la sortie d'un personnage. L'appellation scène et air *(scena ed aria)* désigne un ensemble réunissant → récitatif, → arioso et → air.

Scherzo (italien, plaisanterie) Mouvement rapide, animé, en trois parties d'une composition musicale. Le scherzo, qui désignait au XVIIe siècle tous les morceaux ayant un caractère gai, s'est imposé à partir des quatuors à cordes de → Haydn avant de s'épanouir pleinement chez → Beethoven. Au XIXe siècle, le scherzo est ainsi devenu une pièce musicale autonome (chez → Schubert ou Chopin, par exemple). Dans la symphonie du XIXe siècle, le scherzo se situe en troisième position, c'est-à-dire en avant-dernier, entre le mouvement lent *(adagio)* et le finale *(allegro)*. Dans la sonate, il a remplacé le menuet. L'indication *scherzando* signifie « à exécuter comme un scherzo ».

Scrittura (italien, écriture) Scénario de l'action d'un opéra aux XVIIe et XVIIIe siècles. Le compositeur recevait la *scrittura* de ses commanditaires et, sur cette base, faisait écrire un livret.

Seconda donna (italien, deuxième femme) Principal second rôle féminin dans l'→ *opera seria* italien.

Seconde → Intervalle.

Secondo uomo (italien, deuxième homme) Principal second rôle masculin dans l'→ *opera seria* italien, le plus souvent composé pour un castrat.

Séguedille (espagnol) Danse populaire espagnole au caractère sensuel, exécutée avec accompagnement de castagnettes, guitare et tambourin. Bizet (dans → *Carmen*) l'a introduite dans l'univers de l'opéra.

Semi-opera (anglais, demi opéra) Genre d'opéra anglais au XVIIe siècle. Le *semi-opera* est constitué d'une action principale parlée, avec intégration de chants *(songs)* et de danses. Le plus grand représentant du *semi-opera* a été Henry Purcell (→ *King Arthur, The Fairy Queen*).

Septuor → Ensemble.

Sérénade (de l'italien *serenata,* belle nuit) Concert que l'on donne la nuit sous le balcon de la femme aimée. L'une des plus célèbres sérénades du répertoire d'opéra est celle de → *Don Giovanni* de Mozart. Par extension, pièce de musique vocale ou instrumentale de composition assez libre, en plusieurs mouvements, destinée à être exécutée en plein air et la nuit.

Sérialisme (du latin *series,* série) Courant de composition entre 1950 et 1965 qui développa les principes de la → musique dodécaphonique. Hormis la fixation de la succession des notes (série) – qui, contrairement à ce qui se passe dans la musique dodécaphonique, peut aussi être composée de moins de douze notes –, on utilise dans la musique sérielle d'autres paramètres comme la durée, l'intensité, la densité et la couleur des notes, fixés par des séries. Cette détermination absolue de la musique déboucha cependant bientôt sur son contraire et encouragea des courants musicaux qui renonçaient à toute détermination du matériau sonore et faisaient du hasard un principe de base de la composition (musique aléatoire). → Olivier Messiaen, → Karlheinz Stockhausen et → Luigi Nono ont apporté d'importantes contributions à la musique sérielle.

Série → Dodécaphonisme, → Sérialisme.

Série à intervalles complets Série de notes dans laquelle apparaissent tous les intervalles musicaux au sein d'une octave (→ Sérialisme).

Sextuor → Ensemble.

Singspiel (allemand, pièce chantée) Comédie en musique en langue allemande, avec des dialogues parlés. Le *singspiel* allemand s'est développé au XVIIIe siècle (tout comme l'→ opéra-comique français) comme contre-projet à l'→ *opera seria* et a trouvé son apogée dans les *singspiels* de Mozart, *Die Entführung aus dem Serail* et → *Die Zauberflöte*. Le *singspiel* a marqué l'évolution de l'opéra national romantique allemand.

Solmisation (du latin) Principe de la désignation des notes par les syllabes do, ré, mi, fa, sol, la, si, do. Guido von Arezzo a introduit au XIe siècle la solmisation (à l'époque, c'était encore avec les noms ut, ré, mi, fa, fol, la) comme méthode permettant d'apprendre les mélodies grégoriennes complexes. Depuis le Moyen Âge, cette méthode de la solmisation ou des syllabes de solfège n'a cessé d'être perfectionnée. On l'emploie encore aujourd'hui en enseignement musical.

Sonate (du latin *sonare*, sonner) Composition instrumentale cyclique, généralement en plusieurs mouvements, pour instruments seuls ou ensembles de chambre. Au XVIIe siècle s'est constituée la sonate en solo et en trio (toujours avec un accompagnement de → basse continue). À l'époque du → classicisme viennois, la sonate était le genre de composition le plus apprécié en musique de chambre. Sa composition était régie par la rigoureuse → forme sonate.

Soprano (du latin *suprema vox*, la plus haute voix) Plus haut registre vocal de femme ou d'enfant. On peut subdiviser le soprano selon les catégories vocales suivantes: soprano colorature (par exemple, la reine de la Nuit → *Die Zauberflöte* de Mozart), soprano dramatique (Leonore → *Fidelio* de Beethoven ou Isolde → *Tristan und Isolde* de Wagner), soprano lyrique (Mimi → *La Bohème* de Puccini) et soprano léger (Blonde → *Die Entführung aus dem Serail* de Mozart).

Sostenuto (italien) Soutenu, retenu dans le tempo, un peu plus lentement, plus traînant, plus pesant.

Soubrette → Soprano.

Staccato (italien, détaché, séparé) Procédé expressif indiquant que les notes doivent être jouées bien séparées les unes des autres.

Style postsériel Style de composition qui s'est développé en réaction au → sérialisme. Le postsérialisme ne constitue pas une orientation stylistique homogène, mais rassemble différentes tendances au sein de la jeune génération de compositeurs à partir de la seconde moitié des années cinquante, tendances qui se sont de plus en plus démarquées du sérialisme spéculatif.

Syllabes de solfège → Solmisation.

Syrinx (grec, tuyau) Forme antique de la → flûte de Pan, constituée de cinq, sept tuyaux ou plus, de différentes longueurs.

Tableau Partie dramatiquement homogène (acte, tableau, scène) d'un opéra. Ce terme est le plus souvent utilisé en français.

Tango (espagnol, du portugais *tanger*, toucher, ou de l'espagnol *tango*, chanson) Danse latino-américaine. Le tango s'est développé à Buenos Aires vers la fin du XIXe siècle, essentiellement à partir d'éléments de la habanera cubaine et d'influences européennes. À partir de 1910, il s'est aussi propagé en Europe et s'est développé pour devenir internationalement célèbre. Nombre de compositeurs du XXe siècle (par exemple → Stravinsky ou → Hindemith) ont utilisé le tango dans leurs compositions.

Tarentelle (de l'italien *tarantola*) Danse du Sud de l'Italie, très rythmée et très rapide. Introduite au XIXe siècle dans l'univers de l'opéra, elle a notamment inspiré Auber dans → *La Muette de Portici*.

Ténor (de l'italien *tenere*, tenir) Tessiture masculine aiguë. Les registres du ténor, dans l'opéra, peuvent être répartis entre *tenore di forza* (Otello → *Otello* de Verdi), ténor héroïque (Siegfried → *Der Ring des Nibelungen* de Wagner), ténor lyrique (Belmonte → *Die Entführung aus dem Serail* de Mozart), ténor altino (Pedrillo → *Die Entführung aus dem Serail* de Mozart), ténor spinto (duc de Mantoue → *Rigoletto* de Verdi), ténor bouffe (Trabuco → *La Forza del destino* de Verdi), ténor de caractère (Hérode → *Salome* de Strauss), ténor brillant (le roi Gustave III → *Un Ballo in maschera* de Verdi). Le ténorino est un ténor léger, utilisant la voix de tête dans l'aigu.

Tessiture Amplitude d'une voix sur la gamme. Dans le chant classique, les tessitures sont réparties selon les catégories de base suivantes: → soprano, → mezzo-soprano, → alto, → ténor, → baryton et → basse.

Thème (du grec *thitemi*, poser) Pensée musicale caractéristique, dont la forme mélodique et le rythme forment un morceau. A l'intérieur du morceau, ce thème est exposé, repris et varié (→ Forme sonate).

Thème central Thème musical qui détermine le caractère d'un morceau musical. Sous la forme de la sonate, le premier thème de l'→ exposition constitue le thème central.

Thème secondaire → Forme sonate.

Tierce → intervalle.

Tierce majeure → Intervalle.

Tierce mineure → Intervalle.

Timbre Désigne la qualité spécifique du son d'une voix ou d'un instrument, indépendamment de sa hauteur ou de son intensité. Le timbre d'une voix est sa personnalité, quelque chose qui la rend immédiatement reconnaissable. Une voix timbrée est une voix dont les couleurs sont riches.

Toccata (de l'italien *toccare*, toucher, frapper) Morceau de forme libre, souvent virtuose, généralement composé pour instruments à clavier. Aux XVe et XVIe siècles, le terme de toccata a aussi désigné une musique de fanfare solennelle pour cuivres et timbales. Dans cet esprit, Monteverdi a utilisé la toccata comme musique d'introduction à son → *Orfeo* (1607).

Tonalité Système de référence des notes à une note centrale, par laquelle on attribue à chaque note une fonction et une place dans la hiérarchie des notes. Dans la musique du XVIIe au XIXe siècle, cette note centrale est la note tonique de la gamme majeure ou mineure. Les accords à la tierce au-dessus des premiers (tonique), quatrième (sous-dominante) et cinquième (dominante) niveaux de la gamme forment la → cadence. Dans le système de la tonalité, on distingue les intervalles et les accords en fonction du degré de leur → consonance ou de leur → dissonance. Dans la musique du XXe siècle, le cadre de la tonalité a été étendu ou supprimé. Dans ce que l'on appelle la musique atonale (→ Atonalité, → Musique dodécaphonique), on considère que les notes, les intervalles et les accords ont la même valeur.

Tragédie (mise) en musique Désignation alternative pour la → tragédie-lyrique.

Tragédie-lyrique Principal genre de l'opéra baroque français aux XVIIe et XVIIIe siècles. La tragédie lyrique a été mise au point par → Jean-Baptiste Lully à partir d'éléments de la tragédie française, de la → comédie-ballet, du → ballet de cour et de l'opéra italien, et prolongée par → Jean-Philippe Rameau. Elle est composée d'un prologue (qui, dans la plupart des cas, se réfère à l'actualité de la cour et célèbre le souverain) et de cinq actes. Les sujets sont issus de la mythologie gréco-romaine. Ses caractéristiques importantes sont des monologues déclamatoires, des airs et des duos brefs, ainsi que des divertissements avec danses et pantomimes.

Trémolo (de l'italien, tremblement) Répétition rapide et régulière de notes de même niveau ou à intervalle d'une octave (→ Intervalle). Le trémolo donne à la musique un caractère tempétueux et instable. Dans le chant, le trémolo désigne les variations d'intensité dans l'exécution d'une note.

Trille Ornementation d'une note par l'alternance rapide, à plusieurs reprises, entre la note principale et la note située au-dessus.

Trio → Ensemble.

Tutti (italien, tous) Grand ensemble ou passage musical dans lequel tous les membres d'un chœur ou d'un orchestre jouent ou chantent en même temps, à la différence du solo ou des → ensembles de moindre envergure.

Unisson Jeu simultané de la même note ou du même passage musical par plusieurs musiciens.

Valse Danse à trois temps née dans les faubourgs de Vienne. La valse s'est développée vers 1770 à partir de la danse traditionnelle allemande et du *ländler*. → Beethoven et → Wagner, avaient déjà introduit la valse dans la musique classique. Avec le Congrès de Vienne, cette danse s'est imposée dans toute l'Europe. → Johann Strauss père et Joseph Lanner ont marqué l'évolution de la valse comme forme de danse populaire. → Johann Strauss fils est finalement devenu le roi de cette danse de salon, la plus appréciée du XIXe siècle. → Richard Strauss a encore rendu hommage à la valse dans son → *Der Rosenkavalier* (1911).

Vaudeville (dérivé de voix de ville) À l'origine, chanson populaire. Par extension, théâtre musical populaire avec intermèdes chantés qui s'est développé à partir de l'impromptu français. Le chant en ronde typique du vaudeville a été repris au XVIIIe siècle comme chant de conclusion dans → l'opéra comique et le → *singspiel* (→ *Die Entführung aus dem Serail* de Mozart).

Vérisme (de l'italien *vero*, véritable) Courant de l'opéra italien souhaitant exprimer les sentiments dans toute leur violence et ancrer l'opéra dans la réalité. Sous l'influence du courant stylistique littéraire du naturalisme, le vérisme se développa entre 1890 et 1910 comme contre-mouvement à l'opéra romantique. Les principaux opéras du vérisme sont → *Cavalleria rusticana* de Mascagni et → *I Pagliacci* de Leoncavallo. Le type d'exécution vériste intégrait dans le chant des expressions naturalistes comme les cris, les soupirs, les étranglements. On ressent les influences du vérisme dans de nombreux opéras de l'époque (par exemple, dans → *Tosca* de Puccini, → *Louise* de Charpentier, → *Tiefland* de d'Albert).

Viole d'amour Instrument à cordes frottées apprécié aux XVIIe et XVIIIe siècles sous la forme de l'alto actuel. Outre les cordes pincées (5 à 7), la viole d'amour avait aussi en-dessous de la touche des cordes de résonance (7 à 14), ce qui produisait un son assourdi, nasal et gracieux. La viole d'amour fut aussi utilisée pour son effet sonore intéressant dans l'orchestre (par exemple chez → Meyerbeer et → Erkel, ainsi que dans → *Katia Kabanova* de Janáček).

Vocalise Chant ou fragment chanté s'exécutant sur une voyelle. C'est un procédé de virtuosité mettant en valeur les capacités du chanteur.

Volkslied (allemand, chanson populaire) → Lied directement inspiré de chansons folkloriques.

Xylophone (du grec *xylon*, le bois et *phoné* la voix) Instrument à percussion composé de lattes de bois de longueur différente. L'instrument a été baptisé ainsi au XIXe siècle. Le xylophone est utilisé dans la musique populaire (Autriche, Afrique) et dans la musique classique (par exemple, chez → Saint-Saëns, → Strauss, → Orff ou → Puccini).

Zeitoper (allemand) Opéra d'actualité, genre lyrique des années vingt et du début des années trente du XXe siècle dans lequel l'action se déroule dans la vie quotidienne et où l'on intègre les inventions techniques modernes (par exemple, le téléphone, le télégramme, les moyens de transport modernes comme le train, la voiture et autres machines). Avec le genre assez éphémère du *Zeitoper*, les compositeurs ont tenté de renouveler le genre lyrique.

Index des œuvres

Cet index est classé par ordre alphabétique des œuvres.
Le titre traduit en français renvoie au titre original de l'œuvre.
Les noms des compositeurs sont placés entre parenthèses.
Les numéros en gras renvoient aux pages où l'œuvre est commentée.

A

Abandon d'Ariane, L' (Milhaud) 321
Acis and Galatea/Acis et Galatée (Haendel) 199
Adriana Lecouvreur (Cilea) 100
Affaire Makropulos, L' (Janáček) 254
Africaine, L' (Meyerbeer) 178, 318
Agrippina (Haendel) 196, 441
ägyptische Helena, Die (Strauss, R.) 620
Aida (Verdi) 474, 738
Akhnaton (Glass) 161
Al Gran sole carico d'amore (Nono) 424
Albert Herring (Britten) 76
Alceste (Gluck) 174
Alceste ou Le Triomphe d'Alcide (Lully) 290
Alcina (Haendel) 210
Aleko (Rachmaninov) 498
Alfonso und Estrella (Schubert) 564
Alzira (Verdi) 680
Amour de Danaé, L' → Die Liebe der Danae
Amour des trois oranges, L' (Prokofiev) 448
Andrea Chénier/André Chénier (Giordano) 154
Anima del filosofo ossia Orfeo ed Euridice, L' (Haydn) 220
Anneau du Nibelung → Ring des Nibelungen
Antigone (Honegger) 239
Antigonae (Orff) 434
Âme du philosophe ou Orphée et Eurydice, L' → L'Anima del filosofo ossia Orfeo ed Euridice
Arabella (Strauss, R.) 622
Ariadne auf Naxos (Strauss, R.) 599, 606
Ariane et Barbe-Bleue (Dukas) 17
Arlecchino (Busoni) 82
Armurier, L' → Der Waffenschmied
Assasin, espoir des femmes → Mörder, Hoffnung der Frauen
Astutuli (Orff) 434
Attente → Erwartung
Attila (Verdi) 682
Aufstieg und Fall der Stadt Mahagonny (Weill) 846
Aventures de Monsieur Brouček, Les (Janáček) 248
Aventures de Nagyabony jusqu'à la cour du château, Les → Háry János
Aventures & Nouvelles Aventures (Ligeti) 279

B

Baal (Cerha) 90
Ballo in maschera, Un/Un bal masqué (Verdi) 472, 547, 675, 720
Barbier von Bagdad, Der/Le Barbier de Bagdad (Cornelius) 105
Barbiere di Siviglia, Il/Le Barbier de Séville (Rossini) 23, 135, 373, 530
Bassariden, Die/Les Bassarides (Henze) 225, 645
Bastien und Bastienne/Bastien et Bastienne (Mozart) 342
Battaglia di Legnano, La (Verdi) 689
Béatrice et Bénédict (Berlioz) 46
Benvenuto Cellini (Berlioz) 46, 47
Besuch der alten Dame, Der (Einem) 140

Bohème, La (Puccini) 456, 474, 476
Boris Godounov (Moussorgski) 162, 165, 405, 414, 416, 474
Boulevard Solitude (Henze) 222
Braconnier ou la Voix de la nature, Le → Der Wildschütz oder Die Stimme der Natur
Bremer Freiheit (Hölszky) 236
Brigands, Les (Verdi) → I Masnadieri

C

Capriccio (Strauss, R.) 632
Cardillac (Hindemith) 232
Carmen (Bizet) 56, 113, 472, 547
Carmina Burana (Orff) 435
Castor et Pollux 504
Catulli Carmina (Orff) 435
Cavalleria Rusticana (Mascagni) 145, 277, 297, 450
Cave, The/ La Caverne (Reich) 508
Cendrillon ou Le Triomphe de la bonté → La Cenerentola
Cenerentola ossia La Bontà in trionfo, La (Rossini) 538
Château, Le → Das Schloss
Château de Barbe-Bleue, Le (Bartók) 16, 554
Chatte anglaise, La → Die englische Katze
Chauve-souris, La → Die Fledermaus
Chercheur de trésors, Le → Der Schatzgräber
Chevalier à la rose, le → Der Rosenkavalier
Chevalier ladre, Le (Rachmaninov) 499
Chute de la maison Usher, La → The Fall of the House of Usher
Clemenza di Tito, La/La Clémence de Titus (Mozart) 96, 390, 392
Cocu magnifique, Le → Der gewaltige Hahnrei
Comte Ory, Le (Rossini) 23
Condamnation de Lukullus → Die Verurteilung des Lukullus
Consul, The/Le Consul (Menotti) 307
Contes d'Hoffmann, Les (Offenbach) 428
Coq d'or, Le (Rimski-Korsakov) 522
Corregidor, Der (Wolf) 852
Corsaro, Il /Le Corsaire (Verdi) 688
Così fan tutte (Mozart) 20, 103, 365, 376, 386, 529, 605
Couronnement de Poppée, Le → L'Incoronazione di Poppea

D

Dame blanche, La (Boieldieu) 64
Dame de pique, La (Tchaikovski) 654
Dantons Tod (Einem) 138
Daphne (Strauss, R.) 631
De la maison des morts (Janáček) 256
Death in Venice (Britten) 81
Death of Klinghoffer, The (Adams) 11
Défense d'aimer → Das Liebesverbot
Deidamia (Haendel) 213
Destin → Osud
Deux journées ou le Porteur d'eau, Les (Cherubini) 98
Diables de Loudun, Les → Die Teufel von Loudun
Dialogue des Carmélites (Poulenc) 446
Dido and Aeneas/Didon et Énée (Purcell) 50, 70, 199, 490, 496
Diktator, Der/Le Dictateur (Krenek) 270
Directeur de théâtre, Le → Der Schauspieldirektor
Doktor Faust/Docteur Faust (Busoni) 84
Doktor und Apotheker (Dittersdorf) 116

Index des œuvres 879

Don Carlo/Don Carlos (Verdi) 135, 675, **732**
Don Giovanni (Mozart) 20, 23, 82, 220, 349, 364, 376, **378**, 642
Don Pasquale (Donizetti) **132**, 628
Donne curiose, Le (Wolf-Ferrari) **854**
Dreigroschenoper, Die (Weill) **844**, 201
Due Foscari, I/Les deux Foscari (Verdi) **676**
Du Jour au lendemain → Von heute auf morgen

E

Edgar (Puccini) **451**
Einstein on the Beach (Glass) **158**
Elektra/Électre (Strauss, R.) 177, **594**
Enfant et les sortilèges, L' (Ravel) **507**
englische Katze, Die (Henze) **227**
Elisir d'amore, L'/L'Elixir d'amour (Donizetti) 22, **120**
Entführung aus dem Serail, Die/L'Enlèvement au sérail (Mozart) 356, 364, 376, **383**
Enlèvement d'Europe, L' (Milhaud) **320**
Empereur d'Atlantis ou le refus de la mort → Der Kaiser von Atlantis oder Die Todverweigerung
Ernani (Verdi) 567, **674**
Erwartung (Schönberg) **552**
Eugène Onéguine (Tchaikovski) **646**
Europera (Cage) **86**
Euryanthe (Weber) 64, **840**

F

Fairy Queen, The (Purcell) **494**
Fall of the House of Usher, The (Glass) **160**
Falstaff (Verdi) 280, 373, **748**
Fanciulla del West, La (Puccini) **472**
Fausse jardinière, La → La Finta giardiniera
Fausse naïve, La → La Finta semplice
Faust (Gounod) **184**, 191, 474
Faust (Spohr) **574**
Favorite, La (Donizetti) **130**
Feen, Die/Les Fées (Wagner) **754**
Frau ohne Schatten, Die (Strauss, R.) 486, **612**
Femme intelligente, La → Die Kluge
Femme sans ombre, La → Die Frau ohne Schatten
Femme silencieuse, La → Die schweigsame Frau
Femmes curieuses, Les → Le Donne curiose
ferne Klang, Der (Schreker) **558**
Feuersnot /Le Feu de la Saint-Jean (Strauss, R.) **586**
Fiancée du tsar, La (Rimski-Korsakov) 411
Fiancée vendue, La (Smetana) **572**
Fidelio (Beethoven) **18**, 23, 98, 99, 209
Fierrabras (Schubert) **565**
Fille du régiment, La (Donizetti) **128**
Finta semplice, La (Mozart) **340**
Finta giardiniera, La (Mozart) **348**
Fledermaus, Die (Strauss, J.) **582**
fliegende Holländer, Der (Wagner) **764**
florentinische Tragödie, Eine (Zemlinsky) **858**
Flûte enchantée, La → Die Zauberflöte
Forza del destino, La /La Force du destin (Verdi) 162, **726**
Fra Diavolo (Aubert) **14**

Francesca da Rimini (Rachmaninov) **500**
Frau ohne Schatten, Die (Strauss, R.) 486, **612**
Freischütz, Der/Le Freischütz (Weber) 292, 575, 577, **834**
Friedenstag (Strauss, R.) **630**

G

geheime Königreich, Das (Krenek) **270**
Genoveva (Schumann) **566**
gewaltige Hahnrei, Der (Goldschmidt) **181**
Gezeichneten, Die (Schreker) **560**
Gianni Schicchi (Puccini) **482**
Gioconda, La/La Joconde (Ponchielli) **444**
Giorno di regno, Un /Il Finto Stanislao (Verdi) **667**
Giovanna d'Arco (Verdi) **678**
Giulio Cesare in Egitto (Haendel) **206**
Giustino (Haendel) **213**
glückliche Hand, Die (Schönberg) **554**
Görge, le rêveur → Der Traumgörge
Götterdämmerung (Wagner) 427, 474, **816**
Grandeur et décadence de la ville de Mahagonny → Aufstieg und Fall der Stadt Mahagonny (Weill) **846**
Grand Macabre, Le (Ligeti) **280**
Guarany, Il (Gomes) **182**
Guillaume Tell (Rossini) 23, 30, **542**
Guntram (Strauss, R.) **584**, 587

H

Hélène d'Égypte → Die ägyptische Helena
Halka (Moniuszko) **322**
Hamlet (Thomas) **661**
Hans Heiling (Marschner) 292, **755**
Hänsel und Gretel/Hansel et Gretel (Humperdinck) **242**
Háry János (Kodály) **262**
Heure espagnole, L' (Ravel) **506**
Hippolyte et Aricie (Rameau) **502**, 505
Hirondelle, L' → La Rondine
Histoire vraie, L' → La Vera Storia
Houppelande, La → Il Tabarro
Huguenots, Les (Meyerbeer) **312**

I

Incoronazione di Poppea, L' (Monteverdi) 197, **334**, 441
Idomeneo/Idoménée (Mozart) **350**
Intermezzo (Strauss, R.) **618**
Intolleranza 1960 (Nono) **422**
Iolanta (Tchaikovski) **658**
Iphigenie auf Tauris/Iphigénie en Tauride (Gluck) **177**
Iphigenie in Aulis/Iphigénie en Aulide (Gluck) **176**
Italiana in Algeri, L'/L'Italienne à Alger (Rossini) **528**, 543
Ivan Sousanine → Une Vie pour le tsar

J

Jeanne d'Arc → Giovanna d'Arco
Jakob Lenz (Rihm) **512**
Jeanne au bûcher (Honegger) **240**
Jenufa (Janáček) **244**

Jeune lord, Le → Der junge Lord
Joconde, La → La Gioconda
Jonny spielt auf /Jonny mène la danse (Krenek) **266**
Jour de paix → Friedenstag
Jour de règne, Un/Le Feint Stanislas → Un Giorno di regno/Il Finto Stanislao
joyeuses Commères de Windsor, Les → Die lustigen Weiber von Windsor
Judith (Honegger) **238**
Juive, La (Halévy) 131, **194**
Jules César en Égypte → Giulio Cesare in Egitto
Julietta ou la Clé des songes (Martinů) **294**
junge Lord, Der (Henze) **224**

K

Kaiser von Atlantis oder Die Todverweigerung, Der (Ullmann) **664**
Karl V. (Krenek) **272**
Katia Kabanova (Janáček) 80, **250**
Khovanchtchina, La (Moussorgski) **412**
King Arthur (Purcell) **492**
Kleider machen Leute (Zemlinsky) **857**
Kluge, Die (Orff) **433**
König Hirsch (Henze) **223**
König Kandaules, Der (Zemlinsky) **860**
Königin von Saba, Die (Goldmark) **178**

L

Lady Macbeth du district de Mzensk (Chostakovitch) 80, **570**
Lakmé (Delibes) **112**, 544
Légende de la ville invisible de Kitège
 et de la vierge Fevronia, La (Rimski-Korsakov) **518**
LICHT – Die sieben Tage der Woche (Stockhausen) **578**
Liebe der Danae, Die (Strauss, R.) **634**
Liebesverbot, Das (Wagner) **756**
Lohengrin (Wagner) 17, **776**
Lombardi alla prima crociata, I / Les Lombards à la première croisade (Verdi) **672**
Louise (Charpentier) **92**
Lucia di Lammermoor (Donizetti) 65, **124**
Lucio Silla (Mozart) **346**
Lucrezia Borgia (Donizetti) **22**
Luisa Miller (Verdi) **690**
Lulu (Berg) **38**, 90, 91, 320
Lumière → LICHT – Die sieben Tage der Woche
Lune, La → Der Mond
lustigen Weiber von Windsor, Die (Nicolai) **420**

M

Macbeth (Verdi) 23, **684**
Madama Butterfly/Madame Butterfly (Puccini) 113, 450, **469**
Main heureuse, La → Die glückliche Hand
Maîtres chanteurs de Nuremberg → Die Meistersinger von Nürnberg
Malheurs d'Orphée, Les (Milhaud) **320**
Mamelles de Tirésias, Les (Poulenc) **446**
Manon (Massenet) 130, **300**
Manon Lescaut (Puccini) 89, 130, 450, **452**
Mariage du soltice d'été → The Midsummer marriage
Mariage secret, le → Il Matrimonio segreto
Martha oder Der Markt zu Richmond/Martha ou le marché
 de Richmond (Flotow) **148**

Masnadieri, I (Verdi) **688**
Masque noir, Le → Die schwarze Maske
Mathis, der Maler/Mathis, le peintre (Hindemith) **234**
Matrimonio segreto, Il (Cimarosa) **102**
Maudits, Les → Die Gezeichneten
Mavra (Stravinsky) **637**
Mazeppa (Tchaikovski) 411, **652**
Medea (Cherubini) **97**
Médée (Charpentier) **94**
Médecin et pharmacien → Doktor und Apotheker
Meistersinger von Nürnberg, Die (Wagner) 135, 375, 494, 527, 586, **788**
Midsummer marriage, The (Tippett) **662**
Midsummer Night's Dream, A (Britten) 25, **78**
Mignon (Thomas) **660**
Mireille (Gounod) **188**, 191
Mitridate, re di Ponto/Mithridate, roi du pont (Mozart) **344**
M. K. Gandhi en Afrique du Sud → Satyagraha
Moïse en Égypte → Mosè in Egitto
Moïse et Aaron → Moses und Aron
Moïse et Pharaon ou Le Passage de la mer Rouge (Rossini) 23, **540**
Mona Lisa (Schillings) **584**
Mond, Der (Orff) **432**
Mörder, Hoffnung der Frauen (Hindemith) **230**
Mort à Venise → Death in Venice
Mort de Danton, La → Dantons Tod
Mosè in Egitto (Rossini) **540**, 543
Moses und Aron (Schönberg) **556**

N

Nabucco (Verdi) 119, 540, **668**
Nain, Le → Der Zwerg
Nez, Le (Chostakovitch) **568**
Neues vom Tage (Hindemith) **231**
Nixon in China (Adams) **10**
Noces de Figaro, Les → Le Nozze di Figaro
Norma (Bellini) 22, **26**, 96, 130, 577
Nouvelles du jour → Neues vom Tage
Nozze di Figaro, Le (Mozart) 23, 103, 117, 340, 364, **368**, 376, 380,
 531, 605, 757
Nusch-Nuschi, Das (Hindemith) **230**

O

Oberon or the Elf King' Oath/Obéron ou Le Serment du roi des elfes (Weber) **842**
Oberto, conte di San Bonifacio/Oberto, comte de San Bonifacio (Verdi) **666**
Oedipus Rex (Stravinsky) **638**
Ondine → Undine
Opéra de quat'sous, L' → Die Dreigroschenoper
Orfeo, L' (Monteverdi) 171, **324**, 441
Orfeo ed Euridice (Gluck) 75, **172**
Orlando (Haendel) **210**
Orphée et Eurydice → Orfeo ed Euridice
Osud (Janáček) **246**
Otello (Verdi) 445, 536, **742**
Otello ossia Il Moro di Venezia (Rossini) **536**
Othello → Otello
Othello ou La maure de Venise → Otello ossia Il Moro di Venezia

P

Pagliacci, I /Paillasse (Leoncavallo) 89, **275**
Palestrina (Pfitzner) 272, **442**, 560
Parsifal (Wagner) 516, 520, **822**
Passagio (Berio) **42**
Passion grecque, La (Martinů) **295**
Pauvre matelot, Le (Milhaud) **321**
Pêcheurs de Perles, Les (Bizet) **54**, 113, **544**
Pelléas et Mélisande (Debussy) 17, **108**, 474
Peter Grimes (Britten) **71**, 81
Petite Renarde rusée, La (Janáček) **252**
Poids lourd ou L'Honneur des nations → Schwergewicht oder Die Ehre der Nation
Porgy and Bess/Porgy et Bess (Gershwin) **150**
Prigioniero, Il (Dallapiccola) **106**
Prince Igor, Le (Borodin) **67**
Prisonnier, Le → Il Prigioniero
Procès, Le → Der Prozess
Prometeo/Prométhée (Nono) **425**
Prophète, Le (Meyerbeer) 13, 23, **316**, 567
Prozess, Der (Einem) **139**
Puritani, I /Les Puritains (Bellini) **30**, 65, 133

R

Radamisto (Haendel) **204**
Rape of Lucretia, The (Britten) **74**, 77
Rake's Progress, The (Stravinsky) 65, 103, 119, **640**
Re in ascolto, Un (Berio) **45**
Reine de Saba, La → Die Königin von Saba
Reine des fées, La → The Fairy Queen
Retablo de maese Pedro, El (de Falla) **146**
Retour d'Ulysse dans sa patrie, Le → Il Ritorno d'Ulisse in patria
Rheingold, Das (Wagner) **798**
Rienzi, der letzte der Tribunen/Rienzi, le dernier des tribuns (Wagner) **758**
Rigoletto (Verdi) 474, **696**
Rinaldo (Haendel) **198**
Ring des Nibelungen, Der (Wagner) 427, **794**
Ritorno d'Ulisse in patria, Il (Monteverdi) **328**, 441
Robert le diable (Meyerbeer) 30, **311**
Rodelinda (Haendel) **209**
Roi à l'écoute, Un → Un Re in ascolto
Roi cerf, Le → König Hirsch
Roi Roger, Le (Szymanowski) **644**
Roméo et Juliette (Gounod) **190**
Rondine, La (Puccini) **476**
Rose blanche → Weisse Rose
Rosenkavalier, Der (Strauss, R.) 103, 375, **600**
Rossignol, Le (Stravinsky) **636**
Royaume secret, Le → Das geheime Königreich
Rusalka (Dvořák) **136**
Russlan et Ludmila (Glinka) **168**

S

Sadko (Rimski-Korsakov) **514**
Saint-François d'Assise (Messiaen) **308**
Salome/Salomé (Strauss, R.) **588**
Samson et Dalila (Saint-Saëns) **544**
Sancta Susanna (Hindemith) **231**
Satyagraha (Glass) **159**
Savetière prodigieuse, La → Die wundersame Schustersfrau
Schatzgräber, Der (Schreker) **562**
Schauspieldirektor, Der (Mozart) 349, **362**, 632
Schloss, Das (Reimann) **510**
Schwanda, le joueur de cornemuse (Weinberger) **850**
schwarze Maske, Die (Penderecki) **439**
schweigsame Frau, Die (Strauss, R.) 134, **626**
Schwergewicht oder Die Ehre der Nation (Krenek) **271**
Serse (Haendel) **212**
Siegfried (Wagner) **810**
Serva Padrona, la /La Servante maîtresse (Pergolesi) 135, **440**
Simone Boccanegra (Verdi) **714**
Simplicius Simplicissimus (Hartmann) **214**
Sœur Angelica → Suor Angelica
Soldaten, Die/Les Soldats (Zimmermann, B. A.) **862**
Somnambule, La → La Sonnambula
Son Lointain, Le → Der ferne Klang
Songe d'une nuit d'été, Le → A Midsummer Night's Dream
Sonnambula, La (Bellini) 22, **24**, 28
Speziale, Lo (Haydn) 135
Staatstheater (Kagel) **258**
Stiffelio (Verdi) **694**
Street Scene (Weill) **848**
Suor Angelica (Puccini) **480**

T

Tabarro, Il (Puccini) 277, 477, **478**
Théâtre National → Staatstheater
Tamerlano/Tamerlan (Haendel) **208**
Tancredi/Tancrède (Rossini) **526**
Tannhäuser (Wagner) 46, 65, **770**
Telephon or L'Amour à trois, The/Le Téléphone ou L'Amour à trois (Menotti) **306**
Teufel von Loudun, Die (Penderecki) **438**
Tiefland (d'Albert) **13**
Tosca (Puccini) 157, 235, **462**, 450, 454
tote Stadt, Die (Korngold) **264**
Traviata, La (Verdi) 130, 476, 477, **704**
Traumgörge, Der (Zemlinsky) **856**
Tragédie florentine, Une → Eine florentinische Tragödie
Tréteaux de maître Pierre, Les → El Retablo de maese Pedro
Trionfo di Afrodite (Orff) **437**
Tristan und Isolde/Tristan et Isolde (Wagner) 28, 77, 93, 135, 454, 474, 553, 586, 592, 724, **782**
Triomphe de Aphrodite, Le → Trionfo di Afrodite
Trovatore, Il/ Le Trouvère (Verdi) 44, 151, 546, 675, **700**
Troyens, Les (Berlioz) **46**, 48
Turandot (Busoni) **83**
Turandot (Puccini) 83, **484**
Turco in Italia, Il/Le Turc en Italie (Rossini) **529**
Tsar et charpentier → Zar und Zimmermann

U

Undine (Lortzing) **284**, 755

V

Vaisseau fantôme, Le → Der fliegende Holländer
Vedova scaltra, La (Wolf-Ferrari) **855**
Vêpres siciliennes, Les → Vespri Siciliani
Venus und Adonis/Vénus et Adonis (Henze) **229**
Vera Storia, La (Berio) **44**
verratene Meer, Das (Henze) **228**
Verurteilung des Lukullus, Die (Dessau) **114**
Vespri Siciliani (Verdi) **710**
Vestale, La (Spontini) **576**
Veuve rusée, La → La Vedova scaltra
Vida breve, La/La Vie brève (de Falla y Matheu) **144**
Vie avec un idiot, La (Schnittke) **550**
Vie pour le tsar, Une (Glinka) **164**
Ville morte, La → Die tote Stadt
Villi, Le (Puccini) **450**
Viol de Lucrèce, Le → The Rape of Lucretia
Visite de la vieille dame, La → Der Besuch der alten Dame
Voix humaine, La (Poulenc) **447**
Von heute auf morgen (Schönberg) **555**

W

Wally, La (Catalani) **88**
Waffenschmied, Der (Lortzing) **285**
Walküre, Die (Wagner) 28, 597, **804**
We come to the River (Henze) **226**
Weisse Rose (Zimmermann, U.) **865**
Werther (Massenet) **302**
Wildschütz oder Die Stimme der Natur, Der (Lortzing) **284**
Willi, Les → Le Villi
Wozzeck (Berg) **34**, 40, 70, 91
wundersame Schustersfrau, Die (Zimmermann, U.) **864**

X

Xerxès → Serse

Z

Zar und Zimmermann (Lortzing) **282**
Zauberflöte, Die (Mozart) 20, 166, 173, 375 f., 390, 393 f., 393, **396**, 605
Zwerg, Der (Zemlinsky) 561, **859**

Carl Orff, *Carmina Burana*, figurine de Hans Aeberli, Essen, 1980.

Digressions

22/23	Le roi du *bel canto* et ses reines (→ Bellini)
118/119	Le compositeur et ses personnages (→ Donizetti)
142/143	L'opéra hongrois (→ Erkel)
162/163	Naissance de l'opéra russe (→ Glinka)
170/171	La réforme de l'opéra (→ Gluck)
192/193	L'Opéra de Paris (→ Gounod)
200/201	L'Opéra de Londres (→ Haendel/Haendel)
202/203	Les généraux de la bataille de l'opéra (→ Händel/Haendel)
216/217	Eszterháza, paradis de l'opéra (→ Haydn)
218/219	Un compositeur d'opéras découvert tardivement (→ Haydn)
268/269	L'opéra d'actualité (→ Krenek)
286/289	L'opéra à la cour du Roi Soleil (→ Lully)
326/327	La naissance de l'opéra (→ Monteverdi)
330	Le chant, support du drame (→ Monteverdi)
331	La nouvelle importance des instruments de musique (→ Monteverdi)
332/333	La naissance des théâtres lyriques (→ Monteverdi)
338/339	Ses successeurs : Cavalli et Cesti (→ Monteverdi)
364/365	La scène lyrique viennoise (→ Mozart)
366/367	Mozart et Salieri (→ Mozart)
376/377	L'érotisme au XVIIIe siècle (→ Mozart)
406/407	Boris Godounov : personnages et interprétations (→ Mussorgski/Moussorgski)
426/427	Le baiser de la muse (→ Offenbach)
474/475	Toscanini et le Metropolitan Opera (→ Puccini)
490/491	Les racines de l'opéra anglais (→ Purcell)
534/535	Les rois de Naples (→ Rossini)
616/617	Le Festival de Salzbourg (→ Strauss)
670/671	Esprit du temps et vie privée (→ Verdi)
760/761	Le nouveau Semper-Oper (→ Wagner)
794/795	Der Ring des Nibelungen : naissance du drame universel (→ Wagner)
796/797	Points de repère dans le labyrinthe du *Ring* (→ Wagner)
830/831	Bayreuth : le Festspielhaus (→ Wagner)
832/833	Bayreuth : interprétations et idéologies (→ Wagner)

Chronologie des créations

Date	Opéra	Compositeur	Lieu	Théâtre
Dix-septième siècle				
24.02.1607	L'Orfeo	Monteverdi	Mantoue	Palazzo Ducale
1640	Il Ritorno d'Ulisse	Monteverdi	Venise	Teatro di San Cassiano
1642	L'Incoronazione di Poppea	Monteverdi	Venise	Teatro di SS. Giovanni e Paolo
19.01.1674	Alceste	Lully	Paris	Opéra, Palais Royal
11.04.1689	Dido and Aeneas	Purcell	Londres	Josias Priest's School of Young Ladies
1691	King Arthur	Purcell	Londres	Queen's Theatre, Dorset Garden
02.05.1692	The Fairy Queen	Purcell	Londres	Queen's Theatre, Dorset Garden
Dix-huitième siècle				
26.12.1709	Agrippina	Haendel	Venise	Teatro di San Giovanni Grisostoma
24.02.1711	Rinaldo (première version)	Haendel	Londres	Haymarket Theatre
1718	Acis and Galatea	Haendel	Cannons	Edgeware
27.04.1720	Radamisto (première version)	Haendel	Londres	Haymarket Theatre
28.12.1720	Radamisto (deuxième version)	Haendel	Londres	Haymarket Theatre
20.02.1724	Giulio Cesare	Haendel	Londres	Haymarket Theatre
13.02.1725	Rodelinda	Haendel	Londres	Haymarket Theatre
01.10.1730	Hippolyte et Aricie	Rameau	Paris	Opéra, Palais Royal
06.04.1731	Rinaldo (deuxième version)	Haendel	Londres	Haymarket Theatre
27.01.1733	Orlando	Haendel	Londres	Haymarket Theatre
05.09.1733	La Serva padrona	Pergolesi	Naples	Teatro San Bartolomeo
16.04.1735	Alcina	Haendel	Londres	Covent Garden Theatre
16.02.1737	Giustino	Haendel	Londres	Covent Garden Theatre
24.10.1737	Castor et Pollux (première version)	Rameau	Paris	Opéra, Palais Royal
26.04.1738	Serse	Haendel	Londres	Haymarket Theatre
10.01.1741	Deidamia	Haendel	Londres	Theatre Royal Lincoln's
11.01.1754	Castor et Pollux (deuxième version)	Rameau	Paris	Opéra, Palais Royal
05.10.1762	Orfeo (première version)	Gluck	Vienne	Kaiserliches Hoftheater
26.12.1767	Alceste (première version)	Gluck	Vienne	Kaiserliches Hoftheater
1769	La Finta semplice	Mozart	Salzbourg	Hoftheater
26.12.1770	Mitridate	Mozart	Milan	Teatro Regio Ducale
26.12.1772	Lucio Silla	Mozart	Milan	Teatro Regio Ducale
19.04.1774	Iphigénie en Aulide	Gluck	Paris	Opéra, Palais Royal
02.08.1774	Orphée et Eurydice (deuxième version)	Gluck	Paris	Académie Royale
13.01.1775	La Finta giardiniera (première version)	Mozart	Munich	Opernhaus Saint Salvator
23.04.1776	Alceste (deuxième version)	Gluck	Paris	Académie Royale
18.05.1779	Iphigénie en Tauride	Gluck	Paris	Opéra, Palais Royal
05.1780	La Finta giardiniera (deuxième version)	Mozart	Augsbourg	Komödienstadl
29.01.1781	Idomeneo	Mozart	Munich	Hoftheater
16.07.1782	Die Entführung aus dem Serail	Mozart	Vienne	Burgtheater
07.02.1786	Der Schauspieldirektor	Mozart	Schönbrunn	Orangerie
01.05.1786	Le Nozze di Figaro	Mozart	Vienne	Altes Burgtheater
29.10.1787	Don Giovanni	Mozart	Prague	Théâtre National
26.01.1790	Così fan tutte	Mozart	Vienne	Burgtheater
06.09.1791	La Clemenza di Tito	Mozart	Prague	Théâtre National
30.09.1791	Die Zauberflöte	Mozart	Vienne	Freihaustheater auf der Wieden
Dix-neuvième siècle				
20.11.1805	Fidelio (première version)	Beethoven	Vienne	Theater an der Wien
15.12.1807	La Vestale	Spontini	Paris	Opéra
06.02.1813	Tancredi	Rossini	Venise	Teatro La Fenice
22.05.1813	L'Italiana in Algeri	Rossini	Venise	Teatro di San Benedetto
23.05.1814	Fidelio (version définitive)	Beethoven	Vienne	Kärntnertor Theater
14.08.1814	Il Turco in Italia	Rossini	Milan	Teatro alla Scala
20.02.1816	Il Barbiere di Siviglia	Rossini	Rome	Teatro Argentina
01.09.1816	Faust (première version)	Spohr	Prague	Ständetheater
04.12.1816	Otello	Rossini	Naples	Teatro del Fondo
25.01.1817	La Cenerentola	Rossini	Rome	Teatro Valle
05.03.1818	Mosé in Egitto (première version, ital.)	Rossini	Naples	Teatro San Carlo
07.03.1819	Mosé in Egitto (deuxième version, ital.)	Rossini	Naples	Teatro San Carlo
18.11.1821	Der Freischütz	Weber	Berlin	Königliches Schauspielhaus
25.10.1823	Euryanthe	Weber	Vienne	Kärntnertor Theater
10.12.1825	La Dame blanche	Boieldieu	Paris	Opéra-Comique
12.04.1826	Oberon	Weber	Londres	Covent Garden

Date	Opéra	Compositeur	Lieu	Théâtre
Dix-neuvième siècle				
26.03.1827	Moïse et Pharaon (troisième version, franç.)	Rossini	Paris	Opéra
03.08.1829	Guglielmo Tell	Rossini	Paris	Opéra
28.01.1830	Fra Diavolo	Auber	Paris	Opéra-Comique
06.03.1831	La Sonnambula	Bellini	Milan	Theatro Carcano
21.11.1831	Robert le diable	Meyerbeer	Paris	Opéra
26.12.1831	Norma	Bellini	Milan	Teatro alla Scala
24.05.1833	Hans Heiling	Marschner	Berlin	Königliches Opernhaus
24.01.1835	I Puritani	Bellini	Paris	Théâtre-Italien
23.02.1835	La Juive	Halévy	Paris	Opéra
29.02.1836	Les Huguenots	Meyerbeer	Paris	Opéra
29.03.1836	Das Liebesverbot	Wagner	Magdebourg	Stadttheater
09.12.1836	Ivan Sousanine (première version)	Glinka	Saint-Pétersbourg	Théâtre Mariinski
22.12.1837	Zar und Zimmermann	Lortzing	Leipzig	Stadttheater
17.11.1839	Oberto	Verdi	Milan	Teatro alla Scala
05.09.1840	Un Giorno di regno	Verdi	Milan	Teatro alla Scala
09.03.1842	Nabucco	Verdi	Milan	Teatro alla Scala
20.10.1842	Rienzi	Wagner	Dresde	Hoftheater
09.12.1842	Russlan et Ludmila	Glinka	Saint-Pétersbourg	Théâtre Mariinski
31.12.1842	Der Wildschütz	Lortzing	Leipzig	Stadttheater
22.01.1843	Der fliegende Holländer	Wagner	Dresde	Hoftheater
11.02.1843	I Lombardi	Verdi	Milan	Teatro alla Scala
09.03.1844	Ernani	Verdi	Venise	Teatro La Fenice
03.11.1844	I Due Foscari	Verdi	Rome	Teatro Argentina
15.02.1845	Giovanna d'Arco	Verdi	Milan	Teatro alla Scala
13.03.1845	Tannhäuser (version de Dresde)	Wagner	Dresde	Hoftheater
21.04.1845	Undine (première version)	Lortzing	Magdebourg	Stadttheater
12.08.1845	Alzira	Verdi	Naples	Teatro San Carlo
17.03.1846	Attila	Verdi	Venise	Teatro La Fenice
30.05.1846	Der Waffenschmied	Lortzing	Vienne	Theater an der Wien
22.07.1847	Die Räuber	Verdi	Londres	Her Majesty's Theatre
20.10.1847	Undine (deuxième version)	Lortzing	Vienne	Theater an der Wien
01.01.1848	Halka (première version, concert)	Moniuszko	Vilna	n. d.
25.10.1848	Il Corsaro	Verdi	Trieste	Teatro Grande
27.01.1849	La Battaglia di Legnano	Verdi	Rome	Teatro Argentina
09.03.1849	Die lustigen Weiber von Windsor	Nicolai	Berlin	Königliches Opernhaus
16.04.1849	Le Prophète	Meyerbeer	Paris	Opéra
08.12.1849	Luisa Miller	Verdi	Naples	Teatro San Carlo
16.11.1850	Stiffelio	Verdi	Trieste	Teatro Grande
28.08.1850	Lohengrin	Wagner	Weimar	Hoftheater
11.03.1851	Rigoletto	Verdi	Venise	Teatro La Fenice
15.07.1852	Faust (deuxième version, italienne)	Spohr	Londres	Covent Garden
19.01.1853	Il Trovatore	Verdi	Rome	Teatro Apollo
06.03.1853	La Traviata	Verdi	Venise	Teatro La Fenice
28.02.1854	Halka (première version, scènique)	Moniuszko	Vilna	n. d.
24.06.1854	Alfonso und Estrella	Schubert	Weimar	n. d.
13.06.1855	I Vespri siciliani	Verdi	Paris	Grand Opéra
12.03.1857	Simone Boccanegra	Verdi	Venise	Teatro La Fenice
01.01.1858	Halka (deuxième version)	Moniuszko	Varsovie	n. d.
17.02.1859	Un Ballo in maschera	Verdi	Rome	Teatro Apollo
19.03.1859	Faust	Gounod	Paris	Théâtre-Lyrique
25.06.1859	Genoveva	Schumann	Leipzig	Stadttheater
13.03.1861	Tannhäuser (version de Paris)	Wagner	Paris	Théâtre Imperial de l'Opéra
09.08.1862	Béatrice und Bénédict	Berlioz	Baden-Baden	Neues Theater
10.11.1862	La Forza del destino	Verdi	Saint-Pétersbourg	Théâtre Mariinski
30.09.1863	Les Pêcheurs de perles	Bizet	Paris	Théâtre-Lyrique
04.11.1863	Les Troyens (acte III-V)	Berlioz	Paris	Théâtre-Lyrique
19.03.1864	Mireille	Gounod	Paris	Théâtre-Lyrique
21.04.1865	Macbeth	Verdi	Paris	Théâtre-Lyrique
28.04.1865	L'Africaine	Meyerbeer	Paris	Opéra
10.06.1865	Tristan und Isolde	Wagner	Munich	Hoftheater
30.05.1866	La Fiancée vendue (première version)	Smetana	Prague	Théâtre provisoire
17.11.1866	Mignon	Thomas	Paris	Opéra-Comique
11.03.1867	Don Carlo	Verdi	Paris	Opéra

Date	Opéra	Compositeur	Lieu	Théâtre
Dix-neuvième siècle				
27.04.1867	Roméo et Juliette	Gounod	Paris	Théâtre-Lyrique
28.08.1867	Andrea Chénier	Giordano	Milan	Teatro alla Scala
09.03.1868	Hamlet	Thomas	Paris	Opéra
21.06.1868	Die Meistersinger von Nürnberg	Wagner	Munich	Hofoper
29.01.1869	La Fiancée vendue (deuxième version)	Smetana	Prague	Théâtre provisoire
01.06.1869	La Fiancée vendue (troisième version)	Smetana	Prague	Théâtre provisoire
22.09.1869	Der Ring des Nibelungen : Rheingold	Wagner	Munich	Hoftheater
19.03.1870	Il Guaraní	Gomes	Milan	Teatro alla Scala
26.07.1870	Der Ring des Nibelungen : Walküre	Wagner	Munich	Hoftheater
25.09.1870	La Fiancée vendue (quatrième version)	Smetana	Prague	Théâtre provisoire
24.12.1871	Aida	Verdi	Le Caire	Opéra
08.02.1874	Boris Godounov	Moussorgski	Saint-Pétersbourg	Théâtre Mariinski
05.04.1874	Die Fledermaus	Strauss, Johann	Vienne	Theater an der Wien
03.03.1875	Carmen	Bizet	Paris	Opéra-Comique
10.03.1875	Die Königin von Saba	Goldmark	Vienne	Hofoper
08.04.1876	La Gioconda	Ponchielli	Milan	Teatro alla Scala
17.08.1876	Der Ring des Nibelungen : Götterdämmerung	Wagner	Bayreuth	Festspielhaus
18.08.1876	Der Ring des Nibelungen : Siegfried	Wagner	Bayreuth	Festspielhaus
02.12.1877	Samson et Dalila	Saint-Saëns	Weimar	Hoftheater
29.03.1879	Eugène Onéguine	Tchaikovski	Moscou	Théâtre Maly
07.12.1879	Les Troyens (acte I et II)	Berlioz	Paris	Théâtre du Châtelet
10.02.1881	Les Contes d'Hoffmann	Offenbach	Paris	Opéra-Comique
26.07.1882	Parsifal	Wagner	Bayreuth	Festspielhaus
17.01.1884	Manon	Massenet	Paris	Opéra-Comique
15.02.1884	Mazeppa	Tchaikovski	Moscou	Théâtre Bolchoï
31.05.1884	Le Villi	Puccini	Milan	Teatro dal Verme
05.02.1887	Otello	Verdi	Milan	Teatro alla Scala
29.06.1888	Die Feen	Wagner	Munich	Hoftheater
21.04.1889	Edgar	Puccini	Milan	Teatro alla Scala
17.05.1890	Cavalleria rusticana	Mascagni	Rome	Teatro Costanzi
02.10.1890	Bastien und Bastienne (version originale)	Mozart	Berlin	n. d.
04.11.1890	Le Prince Igor	Borodin	Saint-Pétersbourg	Théâtre Mariinski
05.12.1890	Les Troyens (version complète)	Berlioz	Karlsruhe	Hoftheater
12.12.1890	La Dame de Pique	Tchaikovski	Saint-Pétersbourg	Théâtre Mariinski
16.02.1892	Werther	Massenet	Vienne	Hofoper
21.05.1892	I Pagliacci	Leoncavallo	Milan	Teatro dal Verme
01.02.1893	Manon Lescaut	Puccini	Turin	Teatro Regio
09.02.1893	Falstaff	Verdi	Milan	Teatro alla Scala
09.05.1893	Aleko	Rachmaninov	Moscou	Théâtre Bolchoï
23.12.1893	Hänsel und Gretel	Humperdinck	Weimar	Hoftheater
10.05.1894	Guntram	Strauss, Richard	Weimar	Hoftheater
01.02.1896	La Bohème	Puccini	Turin	Teatro Regio
07.06.1896	Der Corregidor (première version)	Wolf	Mannheim	Nationaltheater
07.01.1898	Sadko	Rimski-Korsakov	Moscou	Théâtre Solodovnikov
Vingtième siècle				
14.01.1900	Tosca	Puccini	Rome	Teatro Costanzi
31.03.1901	Rusalka	Dvorak	Prague	Théâtre National
21.11.1901	Feuersnot	Strauss, Richard	Dresde	Hofoper
06.11.1902	Adriana Lecouvreur	Cilea	Milan	Teatro Lirico
30.04.1902	Pelléas et Mélisande	Debussy	Paris	Opéra-Comique
15.11.1903	Tiefland (première version)	d'Albert	Prague	Neues Deutsches Theater
27.11.1903	Le Donne curiose	Wolf-Ferrari	Munich	Residenztheater
21.01.1904	Jenufa	Janáček	Brno	Théâtre National
17.02.1904	Madama Butterfly	Puccini	Milan	Teatro alla Scala
16.01.1905	Tiefland (deuxième version)	d'Albert	Magdebourg	Stadttheater
09.12 1905	Salome	Strauss, Richard	Dresde	Hofoper
24.01.1906	Le Chevalier ladre	Rachmaninov	Moscou	Théâtre Bolchoï
24.01.1906	Francesca da Rimini	Rachmaninov	Moscou	Théâtre Bolchoï
20.02.1907	Kitège	Rimski-Korsakov	Saint-Pétersbourg	Théâtre Mariinski
25.01.1909	Elektra	Strauss, Richard	Dresde	Hofoper
07.10.1909	Le Coq d'or	Rimski-Korsakov	Moscou	Théâtre Solodovnikov
02.12.1910	Kleider machen Leute (première version)	Zemlinsky	Vienne	n. d.
10.12.1910	La Fanciulla del West	Puccini	New York	Metropolitan Opera
26.01.1911	Der Rosenkavalier	Strauss, Richard	Dresde	Hofoper
19.05.1911	L'Heure espagnole	Ravel	Paris	Opéra-Comique

Date	Opéra	Compositeur	Lieu	Théâtre
Vingtième siècle				
18.08.1912	Der ferne Klang	Schreker	Francfort/Main	Opernhaus
25.10.1912	Ariadne auf Naxos	Strauss, Richard	Stuttgart	Hoftheater, Kleines Haus
01.04.1913	La Vida breve	de Falla	Nice	Théâtre du Casino Municipal
26.05.1914	Le Rossignol	Stravinsky	Paris	Opéra
26.09.1915	Mona Lisa	Schillings	Stuttgart	Hoftheater
30.01.1917	Eine florentinische Tragödie	Zemlinsky	Stuttgart	Hoftheater
27.03.1917	La Rondine	Puccini	Monte Carlo	Opéra du Casino
11.05.1917	Arlecchino	Busoni	Zurich	Stadttheater
11.05.1917	Turandot	Busoni	Zurich	Stadttheater
12.06.1917	Palestrina	Pfitzner	Munich	Prinzregententheater
25.04.1918	Die Gezeichneten	Schreker	Francfort/Main	Opernhaus
24.05.1918	Le Château de Barbe-Bleue	Bartók	Budapest	Opéra Royal
14.12.1918	Il Tabarro	Puccini	New York	Metropolitan Opera
14.12.1918	Suor Angelica	Puccini	New York	Metropolitan Opera
14.12.1918	Gianni Schicchi	Puccini	New York	Metropolitan Opera
10.10.1919	Die Frau ohne Schatten	Strauss, Richard	Vienne	Staatsoper
23.04.1920	Les Aventures de M. Broucek	Janáček	Prague	Théâtre National
04.12.1920	Die tote Stadt	Korngold	Hambourg	Stadttheater
04.12.1920	Die tote Stadt	Korngold	Cologne	Opernhaus
21.05.1921	Doktor Faust	Busoni	Bologne	Teatro Comunale
04.06.1921	Mörder, Hoffnung der Frauen	Hindemith	Stuttgart	Württembergisches Landestheater
04.06.1921	Das Nusch-Nuschi	Hindemith	Stuttgart	Württembergisches Landestheater
23.11.1921	Katia Kabanova	Janáček	Brno	Nationaltheater
30.12.1921	L'Amour des trois oranges	Prokofiev	Chicago	Auditorium Theatre
26.03.1922	Sancta Susanna	Hindemith	Francfort/Main	Opernhaus
03.06.1922	Mavra	Stravinsky	Paris	Opéra
20.04.1922	Kleider machen Leute (deuxième version)	Zemlinsky	Prague	Neues Deutsches Theater
28.05.1922	Der Zwerg	Zemlinsky	Cologne	Oper
23.03.1923	El Retablo de maese Pedro (concert)	de Falla	Séville	Teatro San Fernando
25.06.1923	El Retablo de maese Pedro (scénique)	de Falla	Paris	chez la princesse de Polignac
06.06.1924	Erwartung	Schönberg	Prague	Deutsches Theater
06.09.1924	La Petite renarde rusée	Janáček	Brno	Théâtre National
14.10.1924	Die glückliche Hand	Schönberg	Vienne	Volksoper
04.11.1924	Intermezzo	Strauss, Richard	Dresde	Schauspielhaus
21.03.1925	L'Enfant et les sortilèges	Ravel	Monte Carlo	Grand Théâtre
21.05.1925	Doktor Faust (version allemande)	Busoni	Dresde	Opernhaus
11.06.1925	Judith (première version)	Hindemith	Mézières	Théâtre du Jorat
14.12.1925	Wozzek	Berg	Berlin	Staatsoper
13.02.1926	Judith (deuxième version)	Honegger	Monte Carlo	Opéra
25.04.1926	Turandot	Puccini	Milan	Teatro alla Scala
07.05.1926	Les Malheurs d' Orphée	Milhaud	Bruxelles	Théâtre de la Monnaie
12.06.1926	Le Roi Roger	Szymanowski	Varsovie	Théâtre Wielki
16.10.1926	Háry János	Kodály	Budapest	Opéra Royal
09.11.1926	Cardillac (première version)	Hindemith	Dresde	Sächsisches Staatstheater/Opernhaus
10.02.1927	Jonny spielt auf	Krenek	Leipzig	Stadttheater
27.04.1927	Svanda Dudák (première version)	Weinberger	Prague	Théâtre National
17.07.1927	L'Enlèvement d'Europe	Milhaud	Baden-Baden	Stadthalle
16.12.1927	Le Pauvre matelot	Milhaud	Paris	Opéra-Comique
28.12.1927	Antigone	Honegger	Bruxelles	Théâtre de la Monnaie
20.04.1928	Ariane abandonnée	Milhaud	Wiesbaden	n. d.
06.05.1928	Der Diktator	Krenek	Wiesbaden	Staatstheater
06.05.1928	Das geheime Königreich	Krenek	Wiesbaden	Staatstheater
06.05.1928	Schwergewicht	Krenek	Wiesbaden	Staatstheater
06.06.1928	Die ägyptische Helena	Strauss, Richard	Dresde	Staatsoper
21.08.1928	Die Dreigroschenoper	Weill	Berlin	Theater am Schiffbauerdamm
16.12.1928	Svanda Dudák (deuxième version)	Weinberger	Breslau	Stadttheater
21.01.1929	Die Schatzgräber	Schreker	Francfort/Main	Opernhaus
08.06.1929	Neues vom Tage (première version)	Hindemith	Berlin	Kroll oper
16.06.1929	Le Nez	Chostakovitch	Leningrad	Théâtre Maly
01.02.1930	Von heute auf morgen	Schönberg	Francfort/Main	Oper
09.03.1930	Aufstieg und Fall der Stadt Mahagony	Weill	Leipzig	Neues Theater
12.04.1930	De la maison des morts	Janáček	Brno	Théâtre National
14.02.1932	Der gewaltige Hahnrei	Goldmark	Mannheim	Nationaltheater
01.07.1933	Arabella	Strauss, Richard	Dresde	Staatsoper
22.01.1934	Lady Macbeth de Mzensk (première version)	Chostakovitch	Leningrad	Théâtre Maly
10.10.1935	Porgy and Bess	Gershwin	New York	Alvin Theatre

Date	Opéra	Compositeur	Lieu	Théâtre
Vingtième siècle				
04.06.1935	Die schweigsame Frau	Strauss, Richard	Dresde	Staatsoper
18.12.1936	L'Affaire Makropoulos	Janáček	Brno	Théâtre National
02.06.1937	Lulu (version inachevée)	Berg	Zurich	Stadttheater
08.06.1937	Carmina Burana	Orff	Francfort/Main	Opernhaus
28.05.1938	Mathis, der Maler	Hindemith	Zurich	Stadttheater
12.05.1938	Jeanne au bûcher (concert)	Honegger	Bâle	Grosser Musiksaal
22.06.1938	Karl V.	Krenek	Prague	Neues Deutsches Theater
16.03.1938	Julietta	Martinů	Prague	Théâtre National
28.05.1938	Mathis, der Maler	Hindemith	Zurich	Stadttheater
21.02.1939	Ivan Sousanine (deuxième version)	Glinka	Moscou	Théâtre Bolchoï
05.02.1939	Der Mond	Orff	Munich	Nationaltheater
13.06.1942	Jeanne au bûcher (scénique)	Honegger	Zurich	Stadttheater
20.02.1943	Der Kluge	Orff	Francfort/Main	Städtische Bühnen
06.11.1943	Catulli carmina	Orff	Leipzig	Städtische Bühnen
16.08.1944	Die Liebe der Danae	Strauss, Richard	Salzbourg	Festspielhaus
07.06.1945	Peter Grimes	Britten	Londres	Saddler's Wells Theatre
12.07.1946	The Rape of Lucretia	Britten	Glyndebourne	Opera House
09.01.1947	Street Scene	Weill	New York	Adelphi Theatre
18.02.1947	The Telephone or L'Amour à trois	Menotti	New York	Heckscher Theatre
03.06.1947	Les Mamelles de Tirésias	Poulenc	Paris	Opéra-Comique
20.06.1947	Albert Herring	Britten	Glyndebourne	Opera House
06.08.1947	Dantons Tod	Einem	Salzbourg	n. d.
02.04.1948	Simplicius Simplicissimus (concert)	Hartmann	Munich	Bayerischer Rundfunk
09.08.1949	Antigonae	Orff	Salzbourg	Felsenreitschule
20.10.1949	Simplicius Simplicissimus (scénique)	Hartmann	Cologne	Theater der Stadt, Kammerspiele
01.12.1949	Il Prigioniero (concert)	Dallapiccola	Turin	Radiotelevisione Italiana
01.03.1950	The Consul	Menotti	Philadelphie	Shubert Theatre
20.05.1950	Il Prigioniero (scénique)	Dallapiccola	Florence	Teatro Communale
17.03.1951	Die Verurteilung des Lukullus (première version)	Dessau	Berlin	Deutsche Staatsoper
09.06.1951	Orfeo ed Euridice	Haydn	Florence	Teatro della Pergola
11.09.1951	The Rake's Progress	Stravinsky	Venise	Teatro la Fenice
01.12.1951	Billy Budd	Britten	Londres	Covent Garden Opera
12.10.1951	Die Verurteilung des Lukullus (deuxième version)	Dessau	Berlin	Deutsche Staatsoper
17.02.1952	Boulevard Solitude	Henze	Hannovre	Landesthester
20.06.1952	Cardillac (deuxième version)	Hindemith	Zurich	Stadttheater
14.02.1953	Trionfo di Afrodite	Orff	Milan	Teatro alla Scala
17.08.1953	Der Prozess	Einem	Salzbourg	Salzburger Festspiele
20.10.1953	Astutuli	Orff	Munich	Kammerspiele
13.03.1954	Moses und Aron	Schönberg	Hambourg	Musikhalle
07.04.1954	Neues vom Tage (deuxième version)	Hindemith	Naples	Teatro San Carlo
27.01.1955	The Midsummer's marriage	Tippett	Londres	Covent Garden
24.09.1956	König Hirsch (version abrégée)	Henze	Berlin	Städtische Oper
01.12.1956	Candide	Bernstein	New York	n. d.
26.01.1957	Dialogues des carmélites	Poulenc	Milan	Teatro alla Scala
09.07.1957	Simplicius Simplicissimus (troisième version)	Hartmann	Mannheim	Nationalthater
25.10.1958	Destin	Janáček	Brno	Théâtre National
06.02.1959	La Voix humaine	Poulenc	Paris	Opéra-Comique
11.06.1960	A Midsummer's night dream	Britten	Aldeburgh	Jubilee Hall
25.11.1960	La Khovantchtchina (version Chostakovitch)	Moussorgski	Leningrad	Théâtre Kirov
13.04.1961	Intolleranza 1960	Nono	Venise	Teatro La Fenice
12.06.1961	La Passion grecque	Martinů	Zurich	Stadttheater
08.01.1963	Lady Macbeth de Mzensk (deuxième version)	Chostakovitch	Moscou	Théâtre musical Stanislavski
10.03.1963	König Hirsch (deuxième version)	Henze	Kassel	Staatstheater
06.05.1963	Passaggio	Berio	Milan	Piccola Scala
15.02.1965	Die Soldaten	Zimmermann, B.A.	Cologne	Städtische Oper
07.04.1965	Der junge Lord	Henze	Berlin	Deutsche Oper
06.08.1966	Die Bassariden	Henze	Salzbourg	Grosses Festspielhaus
19.10.1966	Aventures & Nouvelles Aventures	Ligeti	Stuttgart	Württembergisches Staatstheater
20.06.1969	Die Teufel von Loudun	Penderecki	Hambourg	Staatsoper
25.04.1971	Staatstheater	Kagel	Hambourg	Staatsoper
23.05.1971	Der Besuch der alten Dame	Einem	Vienne	Staatsoper
16.06.1973	Death in Venice	Britten	Snape	The Maltings
04.04.1975	Al Gran sole carico d'amore (première version)	Nono	Milan	Teatro Lirico
16.12.1975	Der Kaiser von Atlantis	Ullmann	Amsterdam	Bellevue-Theater
12.07.1976	Wir erreichen den Fluss	Henze	Londres	Covent Garden
25.07.1976	Einstein on the Beach	Glass	Avignon	Théâtre Municipal

Date	Opéra	Compositeur	Lieu	Théâtre
Vingtième siècle				
12.04.1978	Le Grand macabre	Ligeti	Stockholm	Kungliga Operan
26.06.1978	Al Gran sole carico d'amore (deuxième version)	Nono	Francfort/Main	Städtische Oper
24.02.1979	Lulu (version complétée)	Berg	Paris	Opéra
08.03.1979	Jakob Lenz	Rihm	Hambourg	Staatsoper, Opera stabile
05.09.1980	Satyagraha	Glass	Rotterdam	Stadsschouwburg
11.10.1980	Der Traumgörge	Zemlinsky	Nuremberg	Opernhaus
15.03.1981	Donnerstag aus LICHT	Stockhausen	Milan	Teatro alla Scala
07.08.1981	Baal	Cerha	Salzbourg	Kleines Festspielhaus
09.03.1982	La Vera storia	Berio	Milan	Teatro alla Scala
25.04.1982	Die wundersame Schustersfrau	Zimmermann, U.	Schwetzingen	Schwetzinger Festspiele
02.06.1983	Die englische Katze	Henze	Schwetzingen	Schlosstheater
17.06.1983	A quiet place	Bernstein	Houston	Jones Hall
29.11.1983	Saint-François d'Assise	Messiaen	Paris	Opéra
24.03.1984	Echnaton	Glass	Stuttgart	Württembergisches Staatstheater
25.05.1984	Samstag aus LICHT	Stockhausen	Milan	Teatro alla Scala
07.08.1984	Ein König horcht	Berio	Salzbourg	Kleines Festspielhaus
25.09.1984	Prometeo (première version)	Nono	Venise	Eglise San Lorenzo
02.04.1985	Doktor Faust (version italienne)	Busoni	Bologne	Teatro Comunale
07.05.1985	König Hirsch (version originale)	Henze	Stuttgart	Württembergisches Staatstheater
25.09.1985	Prometeo (deuxième version)	Nono	Milan	Stabilemento Ansaldo
27.02.1986	Weisse Rose	Zimmermann, U.	Hambourg	Staatsoper, Opera stabile
15.08.1986	Die schwarze Maske	Penderecki	Salzbourg	Festspiele
22.10.1987	Nixon in China	Adams	Houston	Houston Opera House
12.12.1987	Europera	Cage	Francfort/Main	Städtische Bühnen
07.05.1988	Montag aus LICHT	Stockhausen	Milan	Teatro alla Scala
18.05.1988	The Fall of the Usher house	Glass	Cambridge (USA)	n. d.
04.06.1988	Bremer Freiheit	Hölszky	Munich	Biennale
29.04.1989	Der Corregidor (deuxième version)	Wolf	Strasbourg	Opéra
05.05.1990	Das verratene Meer	Henze	Berlin	Deutsche Oper
19.03.1991	The Death of Klinghoffer	Adams	Bruxelles	Théâtre Royal de la Monnaie
13.04.1992	La Vie avec un idiot	Schnittke	Amsterdam	De Nederlandse Opera
02.09.1992	Das Schloss	Reimann	Berlin	Deutsche Oper
15.05.1993	The Cave	Reich	Vienne	Wiener Festspielhaus
28.05.1993	Dienstag aus LICHT	Stockhausen	Leipzig	Oper
12.09.1996	Freitag aus LICHT	Stockhausen	Leipzig	Oper
06.10.1996	Der König Kandaules	Zemlinsky	Hambourg	Staatsoper
11.01.1997	Venus und Adonis	Henze	Munich	Bayerische Staatsoper
28.07.1997	Le Grand macabre (version révisée)	Ligeti	Salzbourg	Grosses Festspielhaus

Bibliographie

Encyclopédies, dictionnaires

Kobbé
Tout l'opéra
Édition révisée, Robert Laffont, 1999

L'Opéra de A à Z
Fayard, 1999

Marc Honegger et Paul Prevost
Dictionnaire des œuvres de l'art vocal
Bordas, 1992

Alain Pâris
Livrets d'opéra (2 vol.)
Robert Laffont, 1998

Ouvrages généraux sur l'histoire de l'opéra

Philippe Beaussant
Les plaisirs de Versailles
Fayard, 1996

Rodolfo Celletti
Histoire du bel canto
Fayard, 1995

Dominique Fernandez
Porporino ou les mystères de Naples
Grasset, 1994

Michel Fleury
L'impressionnisme et la musique
Fayard, 1996

Henri-Louis de la Grange
Vienne, une histoire musicale
Fayard, 1995

Pascal Huynh
La musique sous la république de Weimar
Fayard, 1998

Manfred Kelkel
Naturalisme, vérisme et réalisme dans l'opéra
Librairie J. Vrin, 1984

Hervé Lacombe
Les voies de l'opéra français au XIXe siècle
Fayard, 1997

Frans C. Lemaire
La musique au XXe siècle en Russie et dans les anciennes républiques soviétiques
Fayard, 1994

Jean-Louis Martinoty
Voyages à l'intérieur de l'opéra baroque
Fayard, 1990

Michel Maximovitch
L'opéra russe
L'Âge d'homme, 1987

Isabelle Moindrot
L'opera seria
Fayard, 1997

Danièle Pistone
L'opéra italien au XIXe siècle (de Rossini à Puccini)
Librairie Honoré Champion, 1986

Bernard Shaw
Écrits sur la musique
Robert Laffont, 1994

Beaux livres

Benoît Duteurtre
L'Opérette en France
Éditions du Seuil, 1997

Dietrich Fischer-Dieskau
La Légende du chant
Flammarion, 1998

Gérard Fontaine
Le Décor d'opéra – Un rêve éveillé
Éditions Plume, 1996

Jérôme de la Gorce
Féeries d'opéra (Décors, machines et costumes en France, 1645-1765)
Éditions du Patrimoine, 1997

Michel Parouty
L'Opéra-Comique
Asa Editions, 1999

André Tubeuf
Mozart – Chemins et chants
Arthaud, 1990

André Tubeuf
Wagner, l'opéra des images
Éditions du Chêne, 1993

Compositeurs

André Boucourechliev
Beethoven
Seuil, 1994

Pierre Brunel
Vincenzo Bellini
Fayard, 1998

Theodor W. Adorno
Berg
Gallimard, 1989

Henry Barraud
Hector Berlioz
Fayard, 1989

Rémi Stricker
Georges Bizet
Gallimard, 1999

Xavier de Gaulle
Benjamin Britten
Actes Sud, 1998

Edward Lockspeiser & Harry Halbreich
Claude Debussy
Fayard, 1980

Christopher Hogwood
Haendel
Jean-Claude Lattès, 1985

Marc Vignal
Joseph Haydn
Fayard, 1989

Guy Erisman
Janáček
Seuil, 1980

Philippe Beaussant
Lully ou le musicien du soleil
Gallimard, 1992

Brigitte Olivier
Jules Massenet
Actes Sud, 1996

Leo Schrade
Monteverdi
Presses Pocket, 1991

Roger Tellart
Claudio Monteverdi
Fayard, 1997.

H. C. Robins Landon
Mozart, l'âge d'or de la musique à Vienne, 1781-1791
Éditions Jean-Claude Lattès, 1991

Rémi Stricker
Mozart et ses opéras
Gallimard, 1987

Robert Pourvoyeur
Jacques Offenbach
Seuil, 1994

Renaud Machart
Francis Poulenc
Seuil, 1995

Michel Dorigné
Serge Prokofiev
Fayard, 1994

André Gauthier
Puccini
Seuil, 1998

Philippe Beaussant
Rameau de A à Z
Gallimard, 1983

Stendhal
Vie de Rossini
Gallimard, 1992

Richard Strauss
Correspondance avec Hugo von Hofmannsthal
Fayard, 1992

André Tubeuf
Richard Strauss – Le Voyageur et son ombre
Albin Michel, 1980

André Lischke
Piotr Illyitch Tchaikovski
Fayard, 1993

Guide des opéras de Verdi
collectif sous la direction de Jean Cabourg
Fayard, 1990

Wagner, guide raisonné
collectif sous la direction de Barry Millington
Fayard, 1996

En outre, la revue *L'Avant-Scène Opéra* propose un grand nombre de numéros conscacrés à la plupart des ouvrages du répertoire.
Chaque numéro comprend le livret en langue originale et sa traduction en français ainsi que de nombreuses analyses et une discographie.

Index des noms propres

A

Abbado, Claudio 36, 37, 108, 110, 347, 380, 404, 406, 408, 417, 422, 528, 538, 539, 565, 598, 674, 675, 714, 722, 725, 732, 733, 734, 735
Abbado, Daniele 690, 691, 692, 693
Abendroth, Martin 37
Ablinger-Sperrhocke, Wolfgang 436, 437
Abraham, F. Murray 366
Akhmatova, Anna 524
Adam, Adolphe 30, 112
Adam, Theo 45, 90, 91
Adami, Giuseppe 476, 478, 484
Adams, John **10**, 30
Adlon, Percy 865
Adorno, Theodor 849
Aeberli, Hans 307, 435
Aeschlimann, Roland 377, 387, 390
Ahna, Pauline de 584
Airizier, Csaba 541
Akina, Henry 160
Alagna, Roberto 121, 123, 698, 704
Alarcón y Ariza, Pedro Antonio de 852
Albéniz, Isaac 144
Albert, A. 713
Albert, Eugène d' **12**
Albert, J. 804
Albert, Marian 802
Albery, Tim 73, 88
Albinoni 170
Albrecht, Gerd 302, 304, 416, 480, 558-559, 562, 860, 861
Aleotti, Giovanni Battista 332
Alexandre III., tsar 163
Alexandrov, Y. 637
Alfano, Franco 484, 485
Algieri, Stefano 154, 155
Allemandi, Antonello 539
Allen, Tom 219
Alpár, Gitta 706
Alsaker, Timian 251
Amand (caricaturiste) 426
Amati, Pasquale 474
Ambros, August Wilhelm 443
Amiconi, Jacopo 203
Ana, Hugo de 540
Ancelot, Jacques 30
Anckarström, Johan Jacob 720
Andersen, Hans-Christian 136, 636
Andersen, Ivar 104
Anderson, June 676, 678, 679
Andreeva, Marina 523

Andrico, Giacomo 24
Anelli, Angelo 132, 528
Anfossi, Pasquale 103, 217, 349
Angele, Birgit 219, 236
Angeloni, Carlo 450
Angiolini, Gaspari 170
Angleterre, Thomas d' 786
Anicet-Bourgeois, Auguste 668
Anikhanov, Andreï 648, 651
Ansermet, Ernest 75
Antal, Csaba 66
Antheil, George 269
Antonacci, Anna Caterina 174
Antonucci, Paola 536
Apollinaire, Guillaume 446
Appel, Karl Adolf 133, 135
Appel, Wolf 846
Appia, Adolphe 833
Araiza, Francisco 184, 191
Araya, Graciela 206, 660
Arenski, Anton 498
Arioste (Ludovico Ariosto, dit l') 210
Armstrong, Karan 40, 231, 846
Armstrong, Richard 663
Arnals, Alexandre d' 283, 656
Arnaud, Baclaurd d' 130
Arnold, Heinz 213, 215, 608
Arnold, Irmgard 709
Arnone, John 508
Artaud, Antonin 513
Asagaroff, Grischa 119, 531, 532
Ashley, Robert 10
Asmus, Rudolf 79
Assmann, Arno 448
Attenborough, Richard 160
Attila, roi des Huns 683
Atwood, Thomas 99
Auber, Daniel François Esprit **14**, 47, 64, 149, 222, 660, 768
Auden, Wystan Hugh 119, 225, 640, 642
Audi, Pierre 229
Aufricht, Ernst Josef 845
Auguste le Fort 100
Auric, Georges 238, 320, 446
Aurich, Gunda 363
Avenarius, Eduard 759
Avogadro, Mauro 24
Azzaretti, Jail 64

B

Bacelli, Monica 389
Bach, Jean-Sébastien 115, 215, 544, 569
Bachmann, Ingeborg 223, 224
Bachrich, Sigismund 558
Badea, Christian 765

Badini, Carlo Francesco 220, 221
Badoaro, Giacomo 328
Baesler, Andreas 431
Bahn, Roma 845
Bahr-Mildenburg, Anna 822
Baini, Giuseppe 420
Baker, Anthony 523
Baker, Janet 173, 206
Bakst, Leon 516
Balakirev, Borodin 66
Balakirev, Mili 514
Balázs, Béla **16**, 17
Balocchi, Luigi 540
Balocchino 420
Balthes, Heinz 198, 211, 575
Baltsa, Agnes 61, 119, 528, 539, 546, 734
Balzac, Honoré de 227, 540
Banchieri, Adriano 326
Bandello, Matteo 23
Bär, Olaf 564
Barasorda, Antonio 479
Barbaja, Domenico 118, 534, 535
Barber, Samuel 306, 474
Barbier, Jules 184, 190, 428, 660, 661
Bardi, Giovanni 326
Bárdos, Lajos 278
Bardy, Pal 858, 859
Barenboim, Daniel 381, 800, 805, 811, 816, 820, 821
Barezzi, Antonio 666
Barezzi, Margherita 666
Barlog, Boleslaw 593
Barozzi, Giovanni 683
Barrat, Pierre 47
Barré, Kurt 613
Barth, Ruodi 39, 72, 252, 255, 294, 432, 463, 568, 639
Bartha, Clarry 251
Bartók, Béla **16**, 70, 235, 262, 278, 554
Bartoletti, Bruno 690, 691, 692, 693
Bartoli, Cecilia 221, 381, 388
Bartošová, Fedora 246
Baruch, Hugo 401, 775
Basini, Achille 119
Baso, Carla 714
Bassi, Luigi 379, 384
Bassl, James 508
Baudelaire, Charles 773
Baudo, Serge 191
Bauer, Jean 290
Baumgardt, Peter 102
Bayard, Jean-François Alfred 128
Bayer, Barbara 11
Bazsinka, Zsuzsanna 631
Bazzini, Antonio 88
Beardsley, Aubrey 592
Beauchamps, Charles Louis 288

Index des noms propres

Beaumarchais, Pierre-Augustin Caron de 162, 371, 530
Beaumont, Antony 84, 861
Bechstein, Ludwig 772
Beckenstein, Marlon 508
Beckett, Samuel 581
Beethoven, Ludwig van **18**, 64, 98, 99, 171, 209, 544, 766
Béguins, Albert 446
Behrend, Alfred 763
Behrens, Hildegard 20, 36, 37, 571, 594
Bei, Leo 141
Béjart, Maurice 508
Bekker, Paul 563
Belasco, David 468, 469, 471, 472, 474
Beliaïev, Mitrofon 514
Bellach, Wolfgang 809
Bellini, Vincenzo **22**, 65, 96, 118, 122, 130, 133, 162, 420, 534, 535, 540
Belski, Vladimir 514, 518, 522
Ben-Nun, Efrat 103
Beňačková-Čáp, Gabriela 136, 137, 157
Benezech, Olovier 503
Benini, Maurizio 680, 681
Benjamin, Walter 43, 425
Benois, Alessandro 303
Benois, Nicola 26, 42, 444, 689
Bensmann Rowe, Cheryl 508
Benso, Camillo 668
Bérain, Jean 288
Béranger, Pierre-Jean 765
Berberian, Cathy 42
Berdiaiev, Nicolaï 521
Berenstadt (chanteur) 200
Berg, Alban **34**, 70, 90, 91, 237, 257, 320, 552, 558,
Berghaus, Ruth 34, 114, 115, 159, 208, 355, 531, 565, 687, 847
Bergman, Ingrid 240, 241
Berio, Luciano **42**, 508
Berkel, Christian 363
Berlioz, Hector **46**, 104, 105, 118, 142, 170, 173, 544, 577, 686, 772
Bernanos, Georges 446
Bernard, Josef Karl 574
Bernard, Pierre Joseph 504
Bernart, Massimo de 293, 296
Bernhardt, Sarah 465, 590, 592
Bernstein, Leonard 42, **52**, 97, 600, 601, 604, 751
Béroul (poète) 786
Berry, Walter 613
Bertati, Giovanni 102
Berté, Heinrich 477
Bertman, Dmitri 522, 523, 652, 653
Besch, Anthony 75
Bettelheim, Karoline 178
Betterton, Thomas 493, 495

Beuther, Friedrich Christian 393
Bieber, Clemens 228
Bierbaum, Otto Julius 586
Bignens, Max 354, 431, 448, 518, 591, 854, 862
Billy, Bertrand de 55
Bilt, Peter van der 343
Bing, Albert 844
Bis, Hippolyte Louis Florent 542
Bischof, Hubert 90, 91
Bithorn, Willi 754, 776
Bizet, Georges **54**, 113, 192, 296, 418, 472, 544, 547, 656
Bjørnson, Maria 578, 579
Blacher, Boris 138, 139, 510
Blake, Rockwell 345
Blake, Scott 204, 205
Blanck, Kirsten 628
Blankenship, Rebecca 571
Blau, Eduard 302
Blei, Franz 230, 860
Blinkhof, Ian 570
Blow, John 490, 492
Bockelmann, Rudolf 740
Boder, Michael 510, 511
Bodisco, Dirk von 731, 855
Boemi, Marco 536, 537
Boesch, Ruthilde 300
Bogatcheva, Irina 648
Bogdanow, Michael 578, 579
Bogner, Alexander 360
Böhm, Karl 41, 268, 610, 613, 778
Böhm von Endert, Elisabeth 605
Bohn, Rüdiger 130
Boieldieu, François Adrien 30, **64**
Boito, Arrigo 88, 666, 714, 742, 743, 748
Bolton, Ivor 212
Bond, Edward 226, 227
Bondy, Luc 380, 387
Bonnart, Robert 286
Bonney, Barbara 600, 837
Bonno, Josef 116
Bononcini, Giovanni Battista 200
Bonturi, Elvira 450
Bonynge, Richard 31
Børch, Ole Jørgen 609
Borchert, Julia 135
Borgatti, Giuseppe 156
Borges, Jorge Luis 258
Bormann, Erich 478, 554
Börne, Ludwig 757
Bornemann, Barbara 115
Borodine, Alexandre Porfirievitch **66**, 69, 166, 514
Borosoni, Francesco 208
Borovski, David 133
Bortnianski, Dimitri Stepanovitch 162, 656

Boschi, Giuseppe Maria 199, 200
Boschkova, Nelly 750
Bosio, Gianfranco de 667, 720
Bouilly, Jean Nicolas 19, 20, 98, 99
Boulanger, Nadia 158
Boulez, Pierre 106, 160, 308
Bour, Ernst 278
Bourgeois, Eugène 694
Bowie, David 158
Bowman, James 79
Bracht, Roland 358
Bradel, Helmuth 781
Brahms, Johannes 16, 136, 856
Brambach, Joseph 548
Branca, Clenn 10
Brand, Max 268
Braun, Hans 307
Braun, Victor 814
Braune, Hugo L. 778, 790, 812, 816
Brecher, Gustav 847
Brecht, Bertolt 42, 83, 90, 91, 114, 115, 139, 273, 424, 844, 846, 847
Breedt, Michelle 536
Breen, Robert 151
Brehmer, Marcus 592
Brenner, Peter 341
Brentano, Antoine 18
Breton, André 86
Breuer, Josef 597
Bridge, Frank 70
Brieger, Nicolaus 222, 223, 532, 533
Brill, Maria José 727
Brioschi, Carlo 179
Britten, Benjamin 25, **70**, 80, 494
Bröcheler, John 107
Brockhaus, Henning 103, 742, 747
Brod, Max 510, 851
Brosch, Hans 688
Bruck, Wilhelm 259
Brückner, Max 764, 795
Brückwald, Otto 830, 831
Bruson, Renato 669, 677, 744
Bryars, Gavin 10, 422
Brydon, Roderick 79
Buchholz, Gerhard T. 82
Büchner, Eberhard 146, 843
Büchner, Georg 34, 36, 237, 512
Buck, Robin Timothy 130
Buckwitz, Harry 138
Budai-Batky, Livia 599, 802, 803
Bülow, Vicco von 148, 149
Bumbry, Grace 684
Bourenine, Victor 652
Burghardt, Susan 10
Burghart, Hermann 179
Burles, Charles 99

Burnacini, Lodovico Ottavio 338, 441
Busenello, Giovanni Francesco 334
Businger, Toni 60, 128, 129, 441, 539
Busoni, Ferruccio **82**, 276, 486, 844
Buss, Jan Geerd 260
Bussani, Giacomo Francesco 206
Buxbaum, Friedrich 264
Buzea, Jon 61
Bychkov, Seymon 467
Byron, George Gordon lord 536, 648, 676, 677, 688

C

Caballé, Montserrat 32, 712
Cacciari, Massimo 425
Caccini, Giulio 326
Cadle, Giler 663
Caetani, Oleg 460, 797, 809
Caffarelli 203
Cage, John 10, **86**, 215, 259
Cairns, Tom 460, 663
Cajetan, J. 118
Calderón, Pedro 630
Cali, Santuzza 720
Callara, Vincent 363
Callas, Maria 26, 31, 32, 96, 97, 221, 444, 464, 488, 705, 724
Callot, Jacques 326
Calvino, Italo 43, 44, 45
Calzabigi, Ranieri de' 170, 172, 173, 174
Cambert, Robert 286
Cambon, M. 317
Cambreling, Sylvain 20, 349, 802, 803, 809, 814, 818, 819, 821, 828
Cammarano, Salvatore 124, 666, 680, 681, 689, 690, 700
Campanella, Bruno 127
Capece, Carlo 210
Capek, Karel 254
Capponi, Giuseppe 741
Cappuccilli, Piero 156, 157, 714
Carillo, Gomez 590
Carissimi, Giacomo 94
Carlson, Lenus 846
Carosi, Mauro 350, 389, 391, 668, 669
Carré, Albert 506
Carré, Michel 54, 184, 188, 190, 428, 660, 661
Carreras, José 156, 489, 694, 695, 855
Carroll, Lewis 507
Carson, Robert 672
Caruso, Enrico 61, 156, 178, 274, 277, 470, 474, 700, 739
Carvalho, Léon 54
Casa, Lisa della 196, 623
Casanova, Giacomo Girolamo 203

Castets, Maryse 188
Casti, Giambattista 632
Catalani, Alfredo **88**, 101, 154
Catherina II 102, 162
Catteneo, Claudia 324
Catulle 436, 437
Cavalieri, Catarina 349
Cavalieri, Emilio de 326
Cavalli, Francesco 338
Cavalli, Frederigo 338
Cavani, Liliana 96, 296, 297, 704, 708
Cavos, Catterino 165
Ceborati, Maria 588
Čech, Svatopluk 248
Cerha, Friedrich 38, **90**, 279
Cervantes Saavedra, Miguel de 146
Cesarini, Mario 233
Cesti, Marc Antonio 338
Chagall, Marc 401
Chaignard, Jean-Luc 55
Chailly, Riccardo 156, 157
Chaliapine, Fiodor Ivanovitch 69, 164, 187, 407, 412, 414, 498
Chamisso, Adalbert 237, 261, 765
Champmeslé, Madame 286
Chaperon, Philippe 49
Charpentier, Gustave **92**, 300
Charpentier, Marc-Antoine **94**
Chausson, Carlos 103, 691, 692
Chazalettes, Giulio 682
Chéreau, Patrice 347, 381, 428, 429
Chéret, Jules 427, 660
Chermov, Vladimir 676
Cherubini, Luigi 14, 64, **96**
Chézy, Helmina von 840
Chiabrera, Gabriello 326
Chilovski, Konstantin 646
Chitty, Alison 81
Chodassevitch, Valentina 169
Chopin, Frédéric 22, 28, 30, 31, 33, 46, 322
Chostakovitch, Dimitri 70, 80, 550, **568**
Chrétien de Troyes 786
Christ, Reri 531
Christ, Volker 494, 495
Christiansen, Rolf 77
Christie, William 94, 95, 96, 502
Christoff, Boris 221, 411
Chtokolov, Boris 164, 167
Ciceri (décorateur) 310
Cilea, Francesco **100**, 154
Cimarosa, Domenico **102**, 217, 219, 466
Cinti-Damoreau, Laure 23
Cinzo, Giambattista Giraldi 757
Civinini, Guelfo 472
Claes-Haahna, Ahnsjö 531
Claudel, Paul 240, 320

Cluytens, André 567
Cobos, Jesus Lopez 172
Cochin, Charles Nicolas 287
Cochran, William 422, 442, 813, 821
Cocteau, Jean 238, 321, 447, 638, 639
Colautti, Arturo 100
Colbert, Helen 150
Colbran, Isabella 526, 534
Cole, Steven 64
Coles, Priti 425
Colette, Sidonie Gabrielle 507
Colman, George 102
Coni, Paolo 708
Conklin, John 103, 402, 807
Conrad, Andreas 19, 358
Conwell, Julia 223
Copeau, Jacques 74
Corbelli, Alessandro 389
Corboz, Michel 95
Corelli, Franco 276, 473
Corneille, Pierre 95, 209, 286,
Corneille, Thomas 94, 95
Cornelius, Peter **104**
Cornu, Francis 668
Corral, Santiago del 134
Corrodi, Annelies 191
Corsaro, Frank 198, 199
Corsi, Jacopo 326
Cortesi, Antonio 668
Corti, Francesco 126, 218, 219
Cortubas, Ileana 343
Cossotto, Fiorenza 131, 703
Cotrubas, Ileana 277
Coypel, Ch. A. 100
Crabbe, George 71, 73
Craig, Edward Gordon 833
Cramer, Heinz von 139, 223
Cranach, Lucas (l'Ancien) 234
Cranco, John 80
Cremer, Ernst 685, 769, 780
Crowley, Bob 663
Crozier, Eric John 70, 75, 76, 80
Cuccaro, Costanza 196
Cui, Cesar Antonovitch 66, 514
Culver, Andrew 87
Cunningham, Merce 86
Cura, José 297
Cuzzoni, Francesca 200
Czellnik, Katja 566, 567
Czerny, Carl 31
Czyz, Henryk 438

D

D'Annunzio, Gabriele 85
Da Ponte, Lorenzo 23, 365

Dahm, Heinz 241
Dallapiccola, Luigi 42, **106**
Dallapozza, Adolf 660
Dam, José van 309
Damiani, Luciano 680, 681
Damisch, Heinrich 616
Daniel, Paul 663
Danieli, Lucia 444
Danielou, Jean 638
Dannemann, Karl 85
Dante Alighieri 107, 221, 479, 482, 500, 537
Daszak, John 72
Dautresme, Lucien 233
Davies, Dennis Russel 159, 161, 223, 224, 227
Davies, Mary 490
Davies, Ryland 251
Davis, Andrew 73, 251
Davis, Blevins 151
Davis, Colin 40, 663
Davison, Peter J. 344
De Coster, Charles 106
Debussy, Claude 17, 72, **108**, 144, 160, 231, 237, 262, 308, 446, 474, 479, 506
Decker, Willy 85, 462, 479, 510, 511, 863
Deflo, Gilbert 856, 857
Dehmel, Richard 586
Del Carlo, John 749, 752
Delibes, Léo **112**, 544
Deller, Alfred 79
Denera, Erna 605
Dervaux, Pierre 99
Deschamps, Émile 312
Descuillers-Pélissier, Olympe 526, 534
Dessau, Paul **114**, 422
Dessì, Daniela 690, 692, 693
Destinn, Emmy 58, 92, 312, 470, 588
Deveaux, M. 192
Devinu, Ginsi 707
Devrient, Eduard 292
Dew, John 10, 32, 33, 194, 195, 394
Diadkova, Larissa 167
Diaghilev, Sergueï 320, 448, 514, 636, 639
Diappi, Carlos 438, 439
Dib, Marquan 527
Dicks, Harro 855
Didusch, Reingard 324, 325
Dietrich, Margret 381
Dimitrova, Ghena 487, 488
Dionisi, Stefano 203
Disney, Walt 643
Dittersdorf, Karl Ditters von **116**, 750
Dobber, Andrzej 231, 520, 521
Dobrowen, Issai 656
Doepler, Karl Emil 805
Dohnányi, Christoph von 34
Domgraf-Fassbaender, Willi 572

Domingo, Placido 32, 63, 183, 276, 277, 430, 455, 489, 544, 545, 546, 675, 706, 732, 733, 743, 745
Don, Robin 79
Dönch, Karl 14
Donizetti, Gaetano 32, 65, **118**, 162, 227, 420, 534, 535, 628, 639
Dorn, Heinrich 754
Dostoïevski, Fiodor 251, 256, 257, 648
Downs, Edward 738
Drach, Paul 105
Dresen, Adolf 36, 37, 858, 859
Dressel, Alfons 235
Dressel, Heinz 77
Drewanz, Hans 90, 91
Dreyfus (Éditeur) 150
Dryden, John 199, 492
Du Bose, Heyward 151, 152
Duchamp, Marcel 86
Duerr, Robert 576
Düggelin, Werner 39
Dukas, Paul 17, 144, 308, 320
Dülberg, Ewald 637, 769, 826, 827, 836
Dumas, Alexandre (Fils) 704
Duncan, Martin 212
Duncan, Roland 74
Dunlop, Frank 121, 123
Duplessis, Marie 705
Dupré, Marcel 308
Durastanti (interprète vers 1720) 200
Dürer, Albrecht 234
Durey, Louis 238, 320, 446
Dürr, Karl-Friedrich 219, 270, 271
Dürrenmatt, Friedrich 140
Douschikov 406
Duse, Éleonore 743
Dutertre, Annick 99
Duval, Denise 447
Duveyrier, Charles 710, 711
Dviguobsky, Nicolas 408
Dvořák, Antonín **136**, 166
Dvorsky, Peter 137, 452, 455
Dyk, Viktor 248

E

Eber, Peter 154
Eck, Franz 574
Eco, Umberto 42, 43
Edel, Alfredo 744, 745
Edelmann, Otto 120
Edwards, Sian 663
Efraty, Anat 219
Egenieff, Franz 113, 134
Ehrensperger, Vera 88
Eibenschütz, Siegmund 477
Eichendorff, Joseph von 261

Eichhorn, Kurt 448
Einem, Gottfried von **138**
Einstein, Alfred 231
Eisler, Hans 114
Eldar, Mark 663, 841
Elias, Rosalind 388
Eliot, T. S. 642
Ellis, Chris 578
Elming, Poul 805
Emler, Marc 545
Enescu, George 300
Engel, Erich 844, 845
Engelberg, Waltraut 420, 865
Enriquez, Franco 319
Ens, Phillip 697
Eötvös, Peter 578, 579
Erb, Karl 560
Erdmann-Jesnitzer, Friedrich 855
Erkel, Ferenc **142**, 166, 322
Ernst, Bettina 494, 495
Ernst, Max 86
Eschenbach, Wolfram von 776, 825
Eschenbrenner, Isabelle 507
Escudier (Éditeur) 687
Esdras, Hans 233
Esperian, Kallen 742
Espert, Núria 597, 599
Esser, Konstanze 53
Esser, Werner Michael 436, 437
Estes, Simon 727
Eszterházy, Nikolaus I. 216, 564
Eszterházy, Pál 216
Euripide 96, 225, 326, 437
Everding, August 240, 441, 676, 807
Ewing, Maria 377
Eysoldt, Gertrud 589

F

Fabrizi, Paolo 99
Fabuccini, Tiziana 704, 708
Faccio, Franco 88
Falcon, Marie-Cornélie 194
Falik, Juri 66
Falla y Matheu, Manuel Maria de **144**
Fanto, Leonard 430
Fanzaglia, Antonio 210
Farina, Franco 469
Farinelli (Carlo Broschi, dit) 203
Farkas, Ferenc 278
Fassbaender, Brigitte 598
Fassbender, Hedwig 211
Fassbinder, Rainer Werner 236
Fauré, Gabriel M. 506
Fauré, Jean-Baptiste 661
Federico, Gennaro Antonio 440

Fedorov, Victor 167
Fedorovski, F. F. 413, 419
Fedosseiev, Vladimir 167
Felbermeyer, Anni 323
Feld, Leo 856, 857
Felicia-Malibran, Maria 23
Felsenstein, Walter 38, 78, 79, 275, 359, 429, 583, 709, 763, 842
Fenneker, Josef 59, 76, 105, 549, 765
Ferdinand VI 203
Fernstein, Joseph von 217
Ferretti, Dante 296, 690, 692, 693, 704, 708
Ferretti, Jacopo 538
Ferri, Domenico 30
Ferrier, Kathleen 75, 173
Feuchter, Hermann 11
Fielding, David 353
Filatova, A. 654
Findeisen, Nikolai 514
Finke, Martin 227
Firth, Tazeena 245, 487
Fisch, Asher 103, 282, 667
Fischer, Adam 103, 119, 276, 277
Fischer, Erhard 524
Fischer, Erich 841
Fischer, Georg 403
Fischer, Gudrun 524
Fischer, Hanne 382
Fischer, Pit 147
Fischer, Torsten 55
Fischer, Wilhelm 760
Fischer-Dieskau, Dietrich 41, 173, 309, 510, 684, 771, 751
Fitzau, Fritz 618
Fiume, Salvatore 28
Flagstad, Nina 425
Flaubert, Gustave 125, 589
Fleischmann, Trude 616
Fleischmann, Venjamin 665
Flimm, Dieter 755
Flimm, Jürgen 210, 220, 221, 368, 369, 424, 558, 564
Florenski, Pavel Aleksandrovitch 521
Florian, Jean Pierre Claris de 542
Flotow, Friedrich von **148**
Flüggen, Josef 788
Foerster, Else 763
Foerster, Josef Bohuslav 136
Fomin, Evstigneï Ipatovitch 162
Fontana, Carlo 332
Fontana, Ferdinando 450
Fontana, Gabriele 865
Forman, Milos 366, 367
Forster, Edward Morgan 80
Försterová-Lauterová, Berta 650
Fortner, Wolfgang 222, 862

Fortunatov, Iouri 66
Fortune, Robert 188
Forzano, Giovacchino 480, 482
Foster, Lawrence 846
Franci, Carlo 673
François Ier (empereur, Autriche) 19
Frankenberg, Emanuela 360
Franschini, Gaetano 683
Franzos, Karl Emil 36
Frass, Dorothea 300
Fratz, Martin 864
Franzzoni, Gigliola 473
Fredro, Alexander 322
Freier, Jürgen 19, 840
Freni, Mirella 122, 382, 452, 455, 459, 461, 650, 651, 675, 714, 718, 735
Freud, Sigmund 40, 177, 597
Frey-Rabine, Lia 85
Freyer, Achim 158, 159, 160, 161, 174, 177, 399
Freyer, Ilona 159, 160, 161
Fricke, Heinz 524
Frédéric Guillaume III de Prusse 313, 576, 577
Friedrich, Elisabeth 555
Friedrich, Gerd 130, 576
Friedrich, Götz 28, 40, 45, 150, 152, 153, 184, 234, 235, 264, 546, 825
Frigerio, Ezio 96, 371, 674, 675, 714
Fritsch, Herbert 279
Frittoli, Barbara 389, 391
Fröhlich, Michael 512
Frühbeck de Burgos, Rafael 184, 855
Frühling, Ute 212, 841
Fryer, Sarah 799
Fuchs, Anton von 21
Fuchs, Robert 264, 558, 559, 856
Fuentes, Giorgio 393
Fühmann, Franz 865
Fukushima, Keiko 680
Fulda, Elmar 238, 864
Fuller, Lorenzo 86, 151
Funicello, Ralph 476, 477
Furlanetto, Ferruccio 381, 498
Furtwängler, Wilhelm 235, 548, 606, 616, 622, 796

G

Gabrieli, Giovanni 324
Gades, Antonio 63
Gagarine, G. 165
Gale, Elisabeth 344
Galibine, Alexander 657
Galilei, Galileo 326
Galilei, Vincenzo 326
Galli-Bibiena, Giuseppe 830
Galliard, Peter 860, 861
Gallini, John 211

Galuppi, Baldassare 103, 162
Gambaro, Adelaide 118
Gambaro, Maria Antonietta 667
Gandhi 160
Gantner, Martin 228
Garcia, Manuel 23, 316, 531
García Lorca, Federico 146, 864
Gardelli, Lamberto 541
Garden, Mary 110
Gardiner, John Eliot 205, 503, 842
Garibaldi, Giuseppe 689
Garner, Françoise 99
Garnier, Charles 192
Garrick, David 102
Gaspar, Francine 357, 358
Gasparini, Francesco 203, 208
Gatti, Daniele 527, 540, 676, 678, 679
Gatti-Casazza, Giulio 474
Gaudassinski, Stanislav 648, 651
Gautier, Théophile 133
Gavazzeni, Gianandrea 240
Gaveaux, Pierre 19
Gay, John 199, 201, 844
Gayler, Wolfgang 226
Gazzaniga 217
Gedda, Nicolai 178, 221, 712
Gehmacher, Friedrich 616
Geister, Jutta 237
Geldern, Juliane van 672
Geller, Brigitte 19
Gelzer, Anatoli 149
Gencer, Leyla 28
Genée, Richard 582
Genet, Jean 237
Genter-Fischer, Else 555
George Ier, roi d'Angleterre 205
George, Donald 449
Guerguiev, Valeri 69, 168, 169, 410, 413, 419, 647, 657
Gerkan, Florence von 645
Gerl, Barbara 399
Gerl, Franz Xaver 399
Gershwin, George **150**
Gershwin, Ira 152
Gerstl, Richard 554f.
Gerstner, Muriel 714, 718
Geyer, Cäcilie 759
Geyer, Ludwig 754
Ghedeni (professeur) 42
Ghedini, Giorgio Federico 225
Ghelderode, Michel de 280
Gheorghiu, Angela 121, 123, 750
Ghiaurov, Nicolaï 382, 411, 414, 532, 651, 735
Ghiglio, L. 480
Ghislanzoni, Antonio 726, 732, 738
Giacosa, Giuseppe 452, 453, 456, 462, 469

Gide, André 860
Gielen, Josef 627
Gielen, Michael 19, 260, 424, 862, 863
Giering, Jane 363
Gierke, Henning von 84
Gierster, Hans 856, 857
Gigli, Benjamino 466
Gilbert (compositeur) 426
Gille, Philippe 112, 300
Gillibrand, Nicky 663
Giordani, Marcello 33
Giordano, Umberto **154**
Giovanetti, Reynald 122
Girolami, Renato 667
Glashob, Wolfgang 138
Glass, Philip **158**, 215, 508
Glasounov, Alexandre 66
Glathar, Isabel Ines 846
Gliese, Rochus 248, 249, 633
Gliewe, Helene 274
Glinka, Michaïl Ivanovitch 68, 69, **162**, 322, 525, 637
Glittenberg, Rolf 558, 559
Gluck, Christoph Willibald 49, 96, **170**, 199, 203, 217, 221, 276, 504, 576
Gobbi, Tito 464, 473, 483
Godard, Jean-Luc 63
Goebbels, Josef 231, 635
Goethe, Johann Wolfgang von 85, 170, 184, 261, 302, 304, 396, 567, 660
Gogol, Nikolaï 251, 568
Gold, Didier 478, 479
Goldberg, Reiner 115
Goldmann, Friedrich 237
Goldmark, Karl **178**
Goldoni, Carlo 219, 854
Goldschlager, Roberto 87
Goldschmidt, Berthold **180**, 276
Goldschmidt, Dagmar 342
Goloubov, Jevgueni 550
Gomes, Antônio Carlos **182**
Gondinert, Edmond 112
Gondolf, Walter 85, 554
Goodall, Reginald 70
Goodman, Alice 10
Goosey, Iain 70
Gorki, Maxime 424
Gorr, Rita 188
Görres, Joseph 776, 825
Gorrio, Tobia 444
Gosse, N. L. 839
Gostic, Josef 635
Godefroy de Strasbourg 786
Gottlieb, Anna 399
Götze, Helmuth 563
Götze, Marie 598

Gounod, Charles 54, **184**, 300, 474
Gozzi, Carlo 223, 448, 484, 486, 755
Graedener, Hermann 558
Graf, Herbert 35, 555
Graham, Colin 81
Grange, Ana de la 143
Greb, Ulrich 219
Green, Kenneth 70, 72
Greenwald, Sherri 848
Gregor, Hans 13, 430
Gregor, Joseph 630, 631, 632, 634
Grete, Heinz 55, 68, 354, 358, 630, 728, 829, 853
Grétry, André Ernest Modeste 656
Griep, Joachim 106
Griesinger, Georg August 218
Grigozain, J. 654
Grimani, cardinal Vincenzo 196, 197
Grimm, Jacob 432, 772, 776, 800
Grimm, Wilhelm 432, 772
Grimmelshausen, Hans Jacob Christoph von 214
Grisi, Giuditta 23
Grisi, Giulia 23, 26, 32, 33, 133
Grist, Reri 626
Gropius, Manon 34
Gropius, Walter 34
Gröschl, Werner 328
Grossi, Pasquale 539
Grossi, Tommaso 672
Grötzinger, Andreas 358
Groves, Paul 389
Gruber, Franz 12
Gruberová, Edita 31, 32, 126, 610
Grübler, Ekkehard 856, 857
Gründgens, Gustaf 567
Grundheber, Franz 36, 37
Grünewald, Matthias 234
Guadagini, Gaetano 173
Guarini, Giovanni Battista 326
Guasco, Carlo 118
Güchner, Georg 138
Guelfi, Gian Giacomo 319, 473
Guglielmi, Pietro 217
Guicciardini, R. 480
Guidarini, Marco 376, 379, 382, 384
Guiraud, Ernest 426, 430
Gunter, John 226, 749, 752
Günther, Dorothee 432
Guschlbauer, Theodor 527, 583
Gussmann, Wolfgang 85, 510, 511, 614, 863
Gustafson, Nancy 750
Gustave III 720
Gustavson, Nancy 250, 251
Gutheim, Karlheinz 321
Gutiérrez, Antonio García 700, 715
Gutstein, Ernst 323, 709
Guyer, Joyce 799

Guzhov, Michaïl 522, 523
Gysen, Kurt 860, 861

H

Haas, Hanns 57, 786
Haas, Lore 639
Hába, Alois 558, 664
Haček, Jaroslaw 248
Haddock, Marcus 431
Haendel, Georg, Friedrich 115, 170, **196**, 337, 441
Haenchen, Hartmut 115, 173
Haferung, Paul 240, 273, 557, 686
Hagemann, Carl 606
Häger, Klaus 860
Hager, Leopold 343, 420
Haitink, Bernard 663
Hal, Johnny van 609
Halévy, Jacques Fromental 47, 54, 131, 184, 192, **194**
Halévy, Ludovic 56, 426, 582, 660
Halgrimson, Amanda 403
Hall, Janice 197
Hallberg, Elisabeth 341
Halmen, Pet 362, 592, 756
Hamari, Julia 345
Hamary, Andras 236, 237
Hamman, Edouard 205
Hammons, Thomas 11
Hampe, Michael 197, 226, 749, 752
Hampson, Thomas 379, 564
Hannan, Eilene 11
Hanslick, Eduard 136, 790
Harfouch, Corinna 846
Harnoncourt, Nikolaus 210, 220, 221, 324, 325, 328, 344, 345, 350, 353, 355, 361, 394, 398, 564
Harries, Kathryn 570
Harrison, Wallace 474
Harsányi, Zsolt 262
Harteb, Hans 447
Hartelius, Malin 103
Hartleb, Hans 117, 211, 273, 555, 649
Hartmann, Georg 173, 375
Hartmann, Georges 302
Hartmann, Karl Amadeus **214**, 422
Hartmann, Maria 363
Hartmann, Rudolf 378, 603, 615, 635, 774, 792
Hartmann, Sidwill 645
Hass, Sabine 634
Hasse, Johann Adolf 202
Hässlin, Franz von 173
Hauff, Wilhelm 224
Haugland, Aage 37
Hauptmann, Gerhart 136, 439
Hausner, Xenia 272, 560, 561
Haussmann, Leander 279

Hawlata, Franz 358
Haydn, Joseph 22, 82, 135, 116, **216**
Haydn, Michael 834
Haym, Nicola Francesco 204, 205, 208, 209
Hayóssyová, Magdaléna 840
Hebbel, Christian Friedrich 566f.
Heckmüller, Helga 575
Heckroth, Hein 185, 320, 321, 406, 459, 496, 497, 649, 716, 766, 784
Heeley, Desmond 455, 456, 675
Hein, Richard 180, 737, 769, 780
Heine, Ferdinand 761
Heine, Heinrich 30, 261, 386, 427, 303, 310, 543, 589, 757, 765, 772
Heinicke, Michael 797, 809
Heinrich, Reinhard 181, 518, 519, 520, 521, 598, 816, 820
Heinrich, Rudolf 79, 372, 600, 601, 604
Heinse, Wilhelm 757, 763
Hejnova, Sázka 742, 747
Held, Alan 802, 803
Hellman, Lilian 52
Heltau, Michael 356
Hengelbrock, Thomas 174
Henneberger, Jörg 261
Henning, Hartmut 556
Henze, Hans Werner 114, **222**, 227, 236, 259, 645
Herlischka, Bohumil 252, 432, 463, 568
Hermann, Dagmar 300
Hermann, Karl-Ernst 349, 361, 387
Hermann, Roland 293
Hermann, Ursel 349, 361
Herschkovitch, Filip 550
Hertz, Henrik 658
Hertzka, Emil 847
Hervé (Florimond Ronger, dit) 129, 427
Herz, Henri 31
Herz, Joachim 38, 246, 250, 621
Herzl, Robert 420, 660
Herzog, Antje 160
Herzog, Joachim 167, 417
Herzog, Werner 84, 182, 183
Hesterberg, Trude 846
Heyn, Dr 836
Heyward, Dorothy Hartzell 151, 152
Heyward, Edwin 152
Hezel, Erich 766
Hiestermann, Horst 85, 225
Hildburghausen, prince Josef de 116
Hill, Aaron 198, 199
Hiller, Paul 30, 508, 509
Hilpert, Heinz 22
Hindemith, Paul 180, **230**, 268, 269
Hinds, Esther 95
Hirte, Josefin 219
Hitler, Adolf 107, 635

Hoerth, Franz Ludwig 815
Hofer, Josepha 399
Hoffer, Hans 223, 228, 855
Hoffman, François-Benoît 96, 97
Hoffmann, E. T. A. 170, 567, 575, 677, 772
Hoffmann, Fred 53, 664, 665
Hoffmann, R. 552
Hoffmeister, Jakob 420
Höfling, Lukas 238
Hofmann, Alois 587
Hofmann, Hubert 235
Hofmann, Ludwig 797, 836
Hofmann, Wolfgang 494, 495
Hofmannsthal, Hugo von 594, 600, 606, 607, 608, 612, 614, 616, 620, 621, 622, 793
Hofmüller, Max 207, 618
Hofstetter, Michael 206, 211
Hogarth, William 103, 602, 641, 642
Hogwood, Christopher 221
Hoheisel, Tobias 81, 251, 353
Hohenstein, Adolfo 468
Hölderlin, Friedrich 261, 422, 434
Hölle, Matthias 19, 825
Hollmann, Hans 223, 855
Hollreiser, Heinrich 264
Hollweg, Werner 328
Holmes, James 848, 849
Holmquist, Ward 848
Hölszky, Adriana **236**
Hölzer, Sabrina 513
Holzmeister, Clemens 616
Holzner, Michael 564
Homère 328
Homoki, Andreas 376, 379, 382, 384, 403, 449, 614
Honegger, Arthur 235, **238**, 294, 320, 446, 639
Hopkins, Tim 523
Hoppenot, Henri Étienne 320, 321
Horne, Marilyn 173
Hornsteiner, Ludwig 117
Horres, Andreas 91
Horres, Gregor 548
Horres, Kurt 90, 657
Horvátová, Gabriela 244
Hotter, Hans 442, 635, 796, 827
Hraby, Rudolf 443
Hrdlicka, Alfred 422, 423
Huan, Ying 471
Huber, Klaus 512
Hubertus, Roman 307
Hubrich, Susanne 43
Hudson, Richard 31, 52
Huffstott, Karen 614
Hughes, John 199
Hughes, Langston 848, 849
Hugo, Victor 107, 444, 674, 696

Hulce, Tom 367
Hülgert, Alfred 114
Humperdinck, Engelbert **242**, 844
Hunt, Lorraine 94, 95
Hupach, Gerald 107
Husman, Mathias 441
Huttenlocher, Philippe 324
Huxley, Aldous 438
Hynninen, Jorma 234, 235
Hytner, Nicholas 663

I

Ifland, Benno 260
Ihloff, Jutta-Renate 441
Ikaia-Purdy, Keth 304
Ikonomou, Katerina 488
Illica, Luigi 154, 155, 452, 453, 456, 462, 469
Immendorf, Jörg 642, 643
Indy, Vincent d' 320, 504
Irving, Washington 524
Ivanov, Emil 673
Ivanov, Igor 647, 654, 656, 656
Iwaskiewicz, Jaroslaw 645

J

Jacob, Walter 441, 506
Jacob, Werner 105
Jacquin, Gottfried von 368
Jambon, Marcel 188
Janáček, Leoš 80, 136, **244**, 509
Janigro, Antonio 236
Jara, Jorge 223, 387
Jarnach, Philipp 84, 862
Jarry, Alfred 281
Jastrebzev, Vassili 514
Jelosits, Peter 694
Jenkins, Graeme 81
Jerger, Alfred 619, 624
Jeritza, Maria 245, 465, 488, 609, 620
Jerofeiev, Viktor 550
Jerschov, I. V. 164
Jerusalem, Siegfried 178, 811, 821
Jevseïeva, Jelena 658, 659
Joel, Nicolas 154, 155
Johannsen, Kristian 742
Johansen, Ronnie 765, 802
Johnson, James 714
Johnson, Patricia 141
Jokisch, Walter 222
Joll, Phillip 714, 718
Jonasson, Andrea 240
Jones, Brynmor Llewelyn 160
Jones, Gwyneth 488
Jones, Richard 242, 663
Jong, Constance de 159

Jonin, Georgi 568
Jonson, Ben 626
Jooss, Kurt 496
Jordan, Armin 614, 402
Jordan, Jun 10
Jordanov, Georgi Roussev 658
Joseph II, empereur d'Autriche 20, 21, 116, 170, 203, 362
Joséphine, impératrice des Français 576
Jourovski, Michail 449, 501, 569, 658, 659
Jourovski, Vladimir 242, 523
Jouy, Victor-Joseph Étienne 540, 542, 576
Judic, Anna 427
Jügel, Friedrich 577
Jules Henri Venoy marquis de Saint-Georges 148
Jürgens, Helmut 213, 215, 434
Jurinac, Sena 480
Just, Franziska 513

K

Kabakov, Ilia 551
Kafka, Franz 139, 510
Kagel, Jurgkart 259
Kagel, Mauricio 85, 237, **258**, 281
Kalkbrenner, Christian 660
Kallman, Chester 640, 642
Kálmán, Emmerich 129
Kalman, Jean 513
Kalmar, Carlos 532, 533
Kandinsky, Wassily 554, 555
Kang, Philip 820
Kannen, Günter von 628, 800, 820
Kant, Emmanuel 181
Kantor, Tadeusz 864
Kapp, Julius 549
Kapplmüller, Herbert 36, 37
Karabtchevsky (chef d'orchestre) 858, 859
Karajan, Herbert von 242, 603, 616, 734
Kareš, Miloš 850
Karkoschka, Erhard 236
Karlstadt, Liesl 572, 573
Karp, Barbara 846
Karr, Jean Baptiste Alphonse 450
Kasandsakis, Nikos 295
Kassarova, Vera 391
Kassarova, Vesselina 100, 750
Kass, János 17
Kastler, Heide 424
Kastu, Matti 621
Kasurdua 344
Katchour, Svetlana 501
Katona, József 143
Kaufmann, Dietrich 38
Kaufmann, Hans 646
Kaufmann, Ludwig 72, 294

Kaulbach, Wilhelm von 777
Kautsky, Johann 179, 274, 313, 318
Kavrakova-Lorenz, K. 147
Keilberth, Joseph 248, 249
Kelch, Werner 76
Kelernen, Milko 236
Keller, Gottfried 857
Keller, Peter
Kemp, Barbara 57, 786
Kempe, Rudolf 240
Kempin, Kurt William 794
Kenny, Yvonne 345
Kerényi, Miklós Gábor 541
Kermann, Joseph 786
Ketelsen, Hans-Joachim 863
Keusching, Peter 512, 846
Kien, Petr 664
Kietz, Ernst Benedikt 755, 761
Kilian, Jens 798
Kind, Friedrich 834
Kindermann, Heinz-Lukas 512
King, James 613
Kippenberg, Anton 626
Kirch, Daniel 19, 449
Kirchhoff, Walter von 822
Kirchner, Alfred 167, 363, 417, 569, 799
Kirchschlager, Angelika 389
Kirkpatrick, Sam 476, 477
Kirnberger, Johann Philipp 292
Kirstein, Lincoln 306
Kitajenko, Dmitri 637
Klaren, Georg C. 859
Kleber, Bernhard 479, 482
Kleiber, Carlos 57
Kleiber, Eleonore 173, 246, 572, 621
Kleiber, Erich 37, 221
Klein, Allen Charles 846
Klein, Bernhard 763
Klembt, Holger 53
Klemperer, Otto 231, 269, 443, 637, 847
Klimentova-Mouromzeva, Maria Nikolaïevna 650
Klink, Matthias 360
Kmentt, Waldemar 245
Knaack, Wilhelm 427
Knappertsbusch, Hans 21, 207, 613, 616, 618
Kniepert, Erni 600, 601, 604
Knipper, Karl 162
Knutson 228
Koch, Rainer 195
Kochno, Boris 637
Kodály, Zoltán 16, **262**
Koechlin, Charles 446
Koening, Jan Latham 245
Koessler, Hans 16, 262
Köhler, Axel 208
Kohlhoff, Roland 508

Kohlmann, Christian 236, 237
Kokkos, Yannis 108, 398
Kokoschka, Oskar 266, 552
Kolisch, Rudolf 555
Kolisch-Schönberg, Gertrud (Max Blonda) 555
Kollo, René 73, 264
Koloseus, Wolfram 133, 135
Könemann, Günter 66
Konieczny, Jan 219
König, Gustav 273
König, Heinrich 763
König, Ilona 425
Königslöw, Otto von 548
Kontarsky, Bernhard 260, 423
Kontarsky, Hans 422
Konwitschny, Peter 16, 208, 630, 631, 781
Kopf, Stephan 664, 665
Koppendorfer, Margit 569
Körner, Thomas 236
Korngold, Erich Wolfgang **264**
Korngold, Julius Leopold 264
Környeys, Bela von 609
Korovine, Konstantin Alexeïevitch 67, 414, 415
Kortner, Fritz 582
Koslovski, Ivan 410
Kossdorf, Jörg 107
Kotzebue, August Friedrich Ferdinand von 284
Koussevitzki, Sergueï 308
Kout, Jiri 234, 235, 309, 403
Kowalewitz, Andreas 11
Kowalski, Jochen 173
Kozlik, Gustav 185
Kozlowski, Tadeusz 322
Krafft, Barbara 340
Krahl, Karl Heinz 557
Kralingen, Miranda van 518, 520
Krämer, Günter 224, 231, 422, 438, 439, 560, 561, 562, 838, 839, 846, 860, 861
Krämer, Toni 223, 825
Kränzle, Martin 223
Krasatkowitz, Fürst 292
Krasselt, Rudolf 646
Kraszewski, Józef Ignacy 322
Kraus, Alfredo 126, 707
Kraus, Karl 34, 426, 427, 533
Kraus, Margarete 619
Krauss, Clemens 273, 378, 484, 615, 616, 632, 635, 774, 792
Kreizberg, Yakov 19, 181, 638
Krenek, Ernst **266**, 558
Krenn, Franz 856
Kreutzer, Conradin 420
Kricka, Jaroslav 850
Krips, Josef 707
Kristensen, Michael 382
Krull, Annie 599

Kruse, Björn 86, 87
Kruse, Max 591, 595
Kuhlmann, Kathleen 304
Kuhn, Gustav 536, 537
Kühn, Josef 770
Kuhn, Wilhelm 285
Kühne, Rolf 846
Kujawa, Teresa 322
Kukolnik, Nestor 163
Kulka, János 438, 439
Kunde, Gregory 64
Kupelwieser, Josef 565
Kupfer, Harry 19, 61, 66, 173, 181, 225, 302, 304, 416, 429, 439, 480, 518, 519, 520, 521, 556, 572, 598, 800, 805, 811, 816, 820, 821
Kurosawa, Akira 44
Kurtág, György 308
Kurtz, Hermann 786
Kurz, Selma 609
Kurz, Siegfried 556, 840
Kušej, Martin 19, 424
Kvapil, Jaroslav 136
Kwiecienň, Mariusž 860, 861
Kwow, Hellen 134

L

Ma Motte-Fouqué, Friedrich de 136, 284
La Pouplinières (Mécène) 502
Lablache, Luigi 32, 33, 133, 530
Lachmann, Hedwig 588
Lachner, Franz 242
Lacoste, Pierre Eugène 402
Lafont, Jean-Philippe 99, 155
Laki, Krisztina 148, 369
Lalli, Benedetto Domenico 204
Lamari, Mario 694
Lambert 286
Lamm, Pavel 66
Landwoska, Wanda 147
Lane, R. J. 32
Lang, Sebastian 363
Lange, Inge 240
Langenfass, Rolf 91
Lanner, Joseph 604
Lassen, Eduard 544
Lattermann, Theodor 764
Lau, Theo 171, 323, 506
Laube, Heinrich 757
Lavelli, Jorge 354
Lavigna, Vincenzo 666
Layard, Austen Henry 179
Layer, Friedemann 863
Lazaridis, Stefanos 670
Le Blanc du Roullet, Bailli 174, 176
Le Pautre, Antoine 289

Le Rochois, Marthe 95
Le Roux, François 108
Le Sueur, Eustache 660
Lecouvreur, Adrienne 100
Lee, Ella 79
Lee, Wing Cho 31
Lefebvre, Scalbert 192
Leffer, Heinrich 373, 401, 699, 775, 778, 782, 793
Legal, Ernst 267, 269, 431
Legband, Paul 824
Legouvé, Ernest 100
Legrenzi, Giovanni 326
Lehár, Franz 426, 477
Lehmann, Lilli 32, 804
Lehmann, Lotte 156, 465, 488, 604, 609, 614, 619, 622, 624, 777
Lehmann, Marie 804
Lehmann, Richard 77
Lehmann-Köbler, Regine 659
Lehnhoff, Nikolaus 293, 369, 399, 402, 442
Lehr, Franz 570, 726, 728, 730
Lehrberger, Thomas 343
Leiacker, Johannes 630, 631
Leibowitz, René 114, 222, 862
Leibrecht, Florian-Malte 702, 703
Leiland, Hild 362
Leinbacher, Edith 55
Leinsdorf, Erich 264, 272
Leisinger, Elisabeth 128
Lemacher, Heinrich 862
Lemaire, Ferdinand 544
Lemière, Jean Frédéric Auguste 99
Lenya, Lotte 844, 846
Lenz, Jakob Michael Reinhold 237, 862
Léon, Victor 310
Léopold Ier, empereur d'Autriche 338
Leopold II., roi d'Autriche 96, 102, 103
Leonard, Sarah 425
Leoncavallo, Ruggiero 89, 92, 154, **274**, 453, 459
Lermontov, Michail Jourïevitch 648
Lert, Richard 68
Leschetzky, Ludwig 441
Leskov, Nikolaï 570
Lessing, Gotthold Ephraim 195
Levetzow, Karl von 586
Levi, Hermann 105, 242
Levin, Ira 702, 703
Levine, James 430, 594, 799
Levaschov, Ievgueni 66
Liang, Ning 533
Liberts, Ludolfs 413, 525, 525
Lichtenfeld, Monika 280
Lichtenstein, Karl August von 282
Liebermann, Rolf 259, 281, 309, 439
Ligeti, György 85, **278**
Lind, Jenny 32, 129, 688

Lindner, Johannes 616
Lindsley, Celina 402
Ling, Peter Anton 53
Linkens, Jan 638
Lintl, Alexander 697, 714, 718
Lion, Ferdinand 232
Liszt, Franz 12, 16, 22, 30, 31, 46, 66, 85, 104, 105, 136, 142, 149, 300, 544, 564, 572, 652, 686, 776, 785
Little-Augustithis, Vera 846
Litton, Andrew 150, 152, 153
Livingstone, Laureen 75
Livius 74
Lioubimov, Youri 422, 424
Lobel, Adriane 848, 849
Locke, Matthew 490, 492
Locle, Camille du 732
Löffler, Eduard 101, 173, 180, 256, 283, 284, 407, 481, 483, 656, 698, 717, 735, 737, 769, 780
Lojarro, Daniela 129
Lolli, Anna 170, 299
Lomonosso, Alexander 164
Long, John Luther 469
Loos, Adolf 34
Lorengar, Pilar 154
Lorenz, Hartmut 146, 147
Lortzing, Gustav Albert **282**
Löschenkohl, Hieronymus 349
Lothar, Rudolf 13
Loti, Pierre 471
Lott, Felicity 345
Louis II, roi de Bavière 830
Louis XIV 94, 286, 338
Loy, Christof 126
Lü, Shao-Chia 518, 521
Lublin, Eliane 99
Lucas, Maria 755
Lucchetti, Veriono 718
Lucia, Fernando de 277
Ludwig, Christa 141
Ludwig, Hanna 796
Ludwig, Leopold 139, 239
Luisi, Fabio 695, 749, 752
Lukas, Christian Theodor Ludwig 772, 776
Lukas, Ralf 228
Lukas-Kindermann, Heinz 282
Lully Jean-Baptiste 94, 176, 276, **286**, 338, 493, 607
Lunel, Armand 320
Lüpertz, Markus 702, 703
Lüttichau, August Freiherr von 760
Lutzer, Jenny 575
Luzzaschi, Luzzasco 326

M

Maazel, Lorin 45, 58, 487
MacFarlane, John 242
Mackeben, Theo 845
Maclean, Susan 238
Maddalena, James 11
Maderna, Bruno 42
Maendler, Karl 432
Maeterlinck, Maurice 17, 108
Maffei, Andrea 688
Maffei, Clara comtesse 688
Magi, Fortunato 88, 450
Magnani, Anna 447
Magni, Constantin 155
Mahler, Alma 34, 859
Mahler, Gustav 34, 92, 242, 264, 474, 561, 569, 583, 589, 616, 770, 841, 852, 853, 855, 856, 859
Mahnberg, Urban 134
Mahnke, Adolph 125, 608, 627, 805
Mahnke, Claudia 387
Makart, Hans 179
Malfitano, Catherine 558
Malibran, Maria-Felicia 32, 316
Malipiero, Gian Francesco 422
Mallarmé, Stéphane 589
Malonette-Montresor, Adelaide 526
Malta, Alexander 134
Mameli, Goffredo 671
Mamontov, Savva 414, 516
Mandak, Evelyne 43
Manelli, Francesco 333
Mann, Erika 642
Mann, Thomas 81, 642, 785
Mannov, Johannes 379, 384
Mansfeld, Johann Ernst l'Ancien 200
Mansouri, Lotfi 169, 476, 477
Manthey, Axel 835, 837, 839
Mantler, Ludwig 134
Manuguerra, Matteo 277
Manzoni, Alessandro 688
Marelli, Marco Arturo 281, 628, 785
Marie-Thérèse, impératrice d'Autriche 170
Marie-Antoinette, reine des Français 96, 176
Mariette, Auguste 738
Mario, Giovanni 133
Marjinen, Franz 134
Márk, Tivadar 262, 263
Märkl, Jun 341
Markovich, Sharon 857
Markwander, Anette 211
Marra, Marie von 125
Marschner, Heinrich **292**, 755
Marshall, Wayne 150, 152, 153
Marthaler, Christoph 20
Martin, Frank 578

Martin, Janis 809, 813, 819
Martinoty, Jean Louis 198
Martinsen, Tom 107
Martinů, Bohuslav **294**
Martiu, Janis 599
Marton, Eva 156, 464, 488, 597, 599 ,614, 621, 807
Marx, Adolphe Bernhard 841
Marx, Karl 427
Märzendorfer, Ernst 548, 660
Marzot, Vera 543
Mascagni, Pietro 145, 154, 277, **296**, 299
Massenet, Jules 101, 112, 130, 222, **300**, 506, 589
Masson, Diego 354
Masur, Kurt 79, 709
Materna, Amalie 178
Mäthger, Thomas 658
Mathis, Edith 110
Matič, Peter 363, 511
Mattei, Stanislao 526
Mauceri, John 52
Maupassant, Guy de 76
Maurice de Saxe 100
Maurin, Antoine 22
Maus, Peter 510
Mautius, Eduard 314
Mayer, Stefan 71, 72
Mayr, Johannes Simon (Giovanni Simone) 118
Mayr, Simon 99
Mayreder, Rosa 852
Mayrhofer, Manfred 231
Mazzini, Giuseppe 668
Mazzolà, Caterino 529
Mazzola, Rudolf 748
McFarland, Robert 848
McGegan, Nicholas 204, 205
McInhyre, Ronald 45
McKechnie, Gordon 377, 386, 387, 390
McLuhan 86
McRae, Pamela 455, 456
Meck, Nadeshda von 646
Mehta, Zubin 743, 744, 745, 747, 807
Méhul, Étienne Nicolas 64, 96
Mei, Eva 24, 210, 220, 360
Meilhac, Henri 56, 300, 426, 582
Meissner, Hans 62, 759
Melba, Nellie 186
Melbye, Mikael 398
Melnikov, Ivan Alexandrovitch 404
Melville, Herman 80
Menasci, Guido 297
Mendelssohn, Arnold Ludwig 129, 162, 230, 494, 566, 575, 843
Mendelssohn-Bartholdy, Félix 162, 574
Menotti, Gian Carlo (Compositeur) **306**
Menotti, Gian-Carlo (Régisseur) 539

Mercadante, G. 535
Merelli, Bartolomeo 667, 670
Mereschkovski, Dmitri 521
Merighi, Giorgio 727
Mérimée, Prosper 56, 60
Merrill, Lee 848, 849
Merrill, Nathaniel 14
Merritt, Chris 309
Méry, François Joseph 689, 732
Merz, Bettina 360
Meschke, Michael 280
Mesmer, Dr 389
Messiaen, Olivier 578, 581, **308**
Mészaár, Renatus 342
Métastase, Pierre 200, 202, 218
Mettin, Stephan 865
Metzmacher, Ingo 107, 425, 431, 570, 696, 697, 781
Mewes, Karsten 146
Meyer, Hartmut 376, 379, 382, 384, 403
Meyer-Oertel, Friedrich 493, 755
Meyer-Topsoe, Elisabeth 841
Meyer-Waldens, Richard 68
Meyer zur Heide, Jutta 260
Meyerbeer, Giacomo 13, 30, 96, 192, 265, **310**, 567, 575, 577, 730
Meyerfeld, Max 858
Meyerhold, Vsevolod 180, 448, 568
Michaels, Brian 270, 271
Mickel, Karl 114
Mielitz, Christine 71, 225, 254, 571, 576
Migenes, Julia 58, 63
Mignotti 170
Mickerey, Hans 321
Milder, Anna 20
Milhaud, Darius 152, 288, 294, **320**, 446, 508
Milioukova, Antonina 646, 648
Millard, Michael 664, 665
Miller, Jonathan 52, 103, 344
Millico, Giuseppe 173
Milliet, Paul 302
Milnes, Sherrill 712
Milton, John 260
Milva (chanteuse) 44
Minkowski, Marc 290, 357, 358
Minter, Drew 204, 205
Minton, Eva 172
Michenkine, Arkadi 501
Mishima, Yukio 228
Mistral, Frédéric 188
Mitropoulos, Dimitrios 52
Mitterand, Frédéric 471
Mitousso, Stepan 636
Mockenhaupt, Beate 341
Mödl, Martha 244, 826
Moholy-Nagy, László 86, 431

Molière, Jean-Baptiste 94, 286, 607
Moline, Pierre-Louis 172
Moll, Kurt 441
Molsberger, Friedrich 228
Monaco, Giancarlo del 128, 129, 539, 634
Monaco, Mario del 489, 747
Monaldi, Gino 749
Mondrian, Piet 86
Mongiardino, Renzo 722, 725
Moniuszko, Stanislaw 166, **322**
Monk, Meredith 10
Monloup, Hubert 154, 155
Monnier, Philippe 607
Montarsolo, Paolo 134
Monte, Toti dal 129
Monteverdi, Claudio 171, **324**, 434, 441, 628, 643
Moore, Thomas 148
Morax, René 239
Mordo, Renato 268, 619, 850
Moreau, Gustave 589
Moreau, Jean-Michel 377
Morelli, Domenico 744
Morgny, Bengt-Ola 363
Mörike, Eduard 567
Morris, James 807
Mortier, Gérard 616
Morzin, Graf 216
Mosenthal, Salomon Hermann comte de 178, 420
Moser, Edda 41
Moser, Ferdinand 617, 773
Moser, Franz 15, 799
Moser, Thomas 260, 346, 558, 559, 781
Moshinsky, Elijah 545, 695, 738
Moskalkov, Sergueï 652
Mosuc, Elena 167
Mottl, Felix 242, 616
Moull, Geoffrey 566, 567, 575
Moussorgski, Modeste Petrovitch 66, 69, 166, **403**, 446, 474, 514, 652
Möwes, Tomas 85
Mozart, Wolfgang Amadeus 22, 49, 82, 96, 116, 117, 162, 170, 203, 218, 219, 220, **340**, 529, 531, 544, 605, 614, 628, 632, 642, 643, 656, 757
Müller, Hajo 107
Müller, Heiner 114, 160, 422, 513
Müller, Petra 342
Müller, Traugott 269
Müller-Godesberg, Otto 298, 357, 817
Munday, Hugo 508
Munz, Wolfram 447
Murauer, Herbert 126
Murger, Henri 92, 456, 458
Murgu, Corneliu 702
Murray, Ann 212, 394

Murschetz, Anette 569
Mussbach, Peter 645, 828
Musset, Alfred de 451
Mussolini, Benito 107, 296
Muti, Riccardo 133, 319, 350, 388, 389, 543, 668, 669, 704, 708

N

Nafé, Alicia 28
Nagano, Kent 47, 309, 469, 488
Naglestad, Catherine 360, 377, 387, 462
Nahowski, Helene 34
Nähr, Moriz 616
Naida, Sergei 521
Nakamaru, Michiè 469
Napoléon Ier, empereur des Français 49, 99
Napoléon III, empereur des Français 192
Nattier, Jean-Marc 371
Naumann, Jeruam 847
Navarro, Garcia 748, 750
Neblett, Carol 264
Nedbal, Oskar 136
Neef, Sigrid 659
Neefe, Christian Gottlieb 18
Negin, Mark 198, 199
Neher, Caspar 139, 845
Neidlinger, Gustav 797
Neill, Stuart 31
Nel, Christof 422, 423, 835, 837, 839
Nemeth, Maria 488
Nemirovitch-Dantschenko, Vladimir 498
Nentwig, Franz Ferdinand 809
Nes, Jard van 281
Neschling, John 182, 183
Nestorenko, Ievgueni 136, 164, 167
Nestroy, Johann Nepomuk 427
Netzebko, L. 168, 169
Neuenfels, Hans 237, 357, 360, 727, 731
Neugebauer, Eduard 688
Neugebauer, Hans 518, 862
Neumann, Günter 181, 518, 839
Neumann, Vaclav 136, 137
Neveux, Georges 294
Nejny, Igor 522, 523, 652, 653
Nick, Graham 31
Nicolai, Claudio 197
Nicolai, Otto **420**, 494, 669, 750
Nicoletti, Odette 350, 388, 389, 391, 668, 669
Nicolini, Ernest 741
Niculescu, Stefan 236
Niedermeier, Jakob 227
Niefind-Marelli, Dagmar 785
Niehoff, Beatrice 90, 91, 837, 864
Nielsen, Inga 781
Nielsen, Inge 227

Nietzsche, Friedrich 17, 585
Nicolas Ier (Esterházy) s. Esterházy, Nikolaus I.
Nicolas Ier (de Hongrie) 216
Nicolas Ier (tsar) 165, 166
Nilsson, Birgit 276, 488, 613, 778, 787, 796
Nobili, Lila de 724
Nolan, Sidney 545
Nono, Luigi 114, 237, **422**, 259
Nordin, Lea 382
Norman, Jessye 319
Norrington, Roger 344
Nourrit, Adolphe 195
Novák, Vítezslav 850
Novalis 772
Novaro, Michele 669
Nowotna, Jarmila 572
Nuell, Eduard van der 530

O

O'Brian, Timothy 40, 487
O'Neil, James 195, 860
Oberge, Eilhard von 786
Oberhöltzer, William 238
Obey, André 74
Obolenski, Chloé 229
Oelze, Christiane 344
Oenel, Pia 433
Oertel, Rüdiger 500, 521
Oeser, Fritz 430
Offenbach, Jacques 15, 112, 129, **426**, 635
Ognovenko, N. 168, 169
Okoniev, Viachesla 648, 651
Oláh, Gusztáv 263
Oldag, Matthias 575
Oldinius, Lothar 342
Oliva, Domenico 452, 453
Olmi, Paolo 731
Olsen, Frode 281, 803
Ophüls, Max 572, 573
Oppenheim, Max 552
Oppo (décorateur) 451
Oren, Daniel 740
Orff, Carl **432**
Orlandi, Elisa 118
Orlov, Alexander 657
Östmann, Arnold 197
Ostrovski, Alexander 250, 251
Otter, Anne-Sophie von 600
Otto, Teo 239, 684
Ovide 74, 199
Oyen, Caren van 449
Ozawa, Seiji 309

P

Pachkevitch, Vassili Alexeïevitch 162
Padmore, Mark 503
Paër, Ferdinando 30
Paganini, Nicolò 30, 574
Pagano, Mauro 197
Paisiello, Giovanni 217, 370, 531
Palatschek, Ossip 406
Palestrina, Giovanni Pierluigi 443
Palffy, Ferdinand Graf 575
Pancani, Giovanni 125
Panerai, Rolando 459
Panni, Marcello 128, 129
Pantaleoni, Romilda 451
Panzarella, Anne-Maria 503
Papis, Christian 251
Pappenheim, Marie 552
Pariati, Pietro 213
Parigi, Giulio 326
Pařík, Ivan 14, 850
Parks, Marcia 86, 87
Parmeggiani, Frida 344
Pascal, Kay 848
Pasetti, Leo 21, 207, 396, 587, 613, 746, 806, 825
Paskalis, Kostas 850
Pasqual, Luis 44
Pasquetto, Giancarlo 680, 681
Passow, Sabine 572
Pasta, Giuditta 526, 536
Pasternak, Boris 648
Patti, Adelina 124, 129, 148, 190, 741
Pattiera, Tino 156
Patzak, Julius 21, 442
Pauer, Ernst 12
Paulavitchus, A. 637
Paulini, Béla 262
Paulsen, Harald 845, 858
Pavarotti, Luciano 31, 122, 123, 350, 489, 544, 675, 676, 721
Pavese, Cesare 424
Pears, Peter 70, 78, 80
Pecková, Dagmar 130, 131, 847
Pecoraro, Herwig 282, 573
Pedrell, Felipe 144
Pedro, Don 131
Peduzzi, Richard 347, 381, 428, 429
Pellegrin, Simon-Joseph 502
Penderecki, Krzysztof 260, **438**
Pepoli, Carlo 30
Pepusch, Johann Christoph (John Christopher) 201, 844
Pergolesi, Giovanni Battista 22, 135, **440**
Peri, Jacopo 171, 325, 326
Perisson, Jean 428
Perraguin, Hélène 47
Perrault, Charles 538

Perrin, Pierre 286
Perry, Janet 134, 531
Pertusi, Michele 24
Pescucci, Gabriella 704, 708
Peskó, Zoltán 281, 667
Pétrarque, Francesco 715
Petrov, A. 636
Petrov, Ossip Afanasïevitch 166, 167, 406
Petzet, Wolfgang 214
Pfitzner, Hans 272, **442**, 560
Philipp II, roi d'Espagne 106, 107
Piave, Francesco Maria 666, 674, 676, 684, 688, 694, 696, 704, 714, 726
Piazza, Antonio 666
Picasso, Pablo 146
Piccaver, Alfred 122, 471, 696
Piccinni, Niccolò 102, 176, 217, 348
Picconi, Maurizio 129
Pichon, Jean-Louis 64
Pido, Evelino 121, 123
Pieczonka, Adrianne 510
Pier'Alli 31
Pierre le Grand, tsar de Russie 162
Pierce, Judith 75
Piesbergen, Hans 494
Pilarzyk, Helga 239
Pilato, Boris 171
Pillet, Léon 131
Pilz, Gottfried 10, 194, 195, 225, 394, 846, 860, 861, 864
Pineau, Frédéric 64
Pineux-Duval, Alexandre Vincent 667
Pint, Kurt 436, 437
Piontek, Steffen 499
Piovene, Agostino 208
Piper, John 75, 80
Piper, Myfawny 81
Pistor, Gotthelf 763
Pitt, Susan 399, 402
Pivovarov, Valentin 673
Pixis, Johann Peter 31
Pixis, Theodor 758, 790
Pizzi, Pier Luigi 503, 504, 505, 527, 677, 732, 733, 734, 735, 740, 843
Plaichinger, Thila 598, 599
Plate, Roberto 44, 123
Plate, Wilfried 341
Platonova, Julia Fiodorovna 406
Poe, Edgar Allan 108, 160
Pohl, Walter 255, 294
Pokorný, Marcel 343
Pokrovski, Boris 551
Polaski, Deborah 820
Polgár, László 565, 692
Polixa, Helmut 667, 726, 728, 730
Pollak, Anna 75

Pollarolo, Antonio 170
Pollini, Mauricio 422
Pölzer, Julius 588
Pompadour, Madame de 371
Ponchielli, Amilcare 88, 296, **444**, 450
Ponitz, Franziska 562
Ponnelle, Jean-Pierre 61, 122, 171, 172, 222, 233, 276, 277, 324, 325, 328, 336, 337, 344, 345, 350, 355, 377, 388, 429, 430, 458, 460, 528, 538, 756
Pons, Juan 693
Ponte voir Da Ponte
Pop, Marian 132
Pope, Alexander 199
Popp, Lucia 172, 604
Pöppelreiter, Christian 66, 107, 840, 841
Porloff, Carey 508
Porpora, Nicola 216
Porta, Giovanni 170, 200
Potchapski, Viatscheslav 659
Pouchkine, Alexandre 168, 498, 499, 522, 637, 646, 648, 652, 652, 654
Poulenc, Francis 238, 320, **446**
Pountney, David 670
Povracková, Joanna 88
Pradon, Jacques 208
Praga, Marco 452, 453
Prahm, Gabriele 117
Prawy, Marcel 465
Preetorius, Emil 634, 635
Preiss, Alexander 568, 570
Preissová, Gabriela 244
Preobaschenskaïa, Sofia 418
Preston, Travis 425
Prêtre, Georges 429, 546
Preusser, Ernst 845
Prévost (L'abbé) 222, 300, 452
Prey, Hermann 531, 583
Price, Leontyne 151, 382
Price, Margaret 28, 377, 721
Prick, Christof 628, 785
Priest, Josias 491
Pritchard, John 387
Procházka, František Serafin 248
Prohaska, Jaro 622
Prokofiev, Sergueï Sergueïevitch 215, **448**
Prokop, Josef Alois 293
Proksch, Josef 572
Protschka, Josef 562
Prousse, Philip 678, 679
Provesi, Ferdinando 666
Puccini, Giacomo 83, 89, 92, 101, 130, 155, 222, 245, 257, 265, 276, 277, **450**, 456, 628
Puecher, Virginio 42
Purcell, Henry 51, 70, 78, 199, 201, 210, **490**, **492**
Purgstaller, Oskar 302

Q

Quaglio, Lorenzo 351
Quaglio, Simon 403, 834
Quaranta, Gianni 543
Quetes, Wolfgang 841
Quinault, Philippe 286, 288, 290

R

Rabenalt, Erich Maria 180
Rabsilber, Michael 572
Rachmaninov, Sergueï Vassilievitch **498**
Racine, Jean 176, 286
Radek, Jolanta 850
Radok, David 245
Raffalli, Tibère 47, 99
Raffeiner, Walter 837
Raftery, Patrick 20
Raimondi, Giovanni (Gianni) 459, 461
Raimondi, Ruggero 63, 380, 540, 682
Raisa, Rosa 488
Rakov, Nikolaï 550
Ramacci, A. 29
Rameau, Jean-Philippe 176, **502**
Ramey, Samuel 199, 672
Ramicova, Dunà 399
Ranconi, Luca 843
Rank, Andreas 53
Ranuzzini 203
Rapp, Ulrich 433
Raschig, Susanne 380
Rasilainen, Jukka 479
Rassmanith, Gabriele 302
Rätz, Christian 507
Rausch, Otto 510
Ravel, Maurice 144, 446, **506**
Raymond, Georges 264
Rebner, Alfred 230
Reger, Max 850
Reggio, Godfrey 158
Rehbock, Diana 449
Reich, Steve 10, 215, **508**
Reich, Willi 553, 555
Reichardt, Elisabeth 237
Reigbert, Otto 275, 359, 478, 625, 699, 842
Reihs-Gromes 707
Reimann, Aribert **510**
Reinhardt, Andreas 184, 224, 422, 531, 548, 657, 838, 839
Reinhardt, Max 83, 583, 589, 607, 616
Reinick, Robert 566
Reinthaller, Sebastian 132
Reisen, Mark 167, 411
Reissiger, Carl Gottlieb 754
Rennert, Günther 107, 139, 239, 329, 553
Rennert, Wolfgang 843

Renshaw, Christopher 79
Renzi, Anna 337
Repine, Ilja 516
Repschläger, Kornelia 117
Reszké, Jean de 190
Reuter, Johann 382
Reuter, Rolf 572, 838, 839
Reynolds, S. W. 839
Rheinberger, Joseph 242, 854
Riccardi, Franco 731
Riccarelli, Katia 157
Rice, Elmer 848, 849
Rich, John 211
Richter, Ernst 154
Richter, Hans 12, 616
Richter, Karl 177
Richter, Sviatoslav 70
Richter, Tobias 132, 133
Ricketts, Charles 590
Ricordi, Giulio 274, 450, 452, 589, 714, 734, 749
Ricordi, Tito 474
Rieck, Emil 591, 595
Riegel, Kenneth 428
Riese, Friedrich Wilhelm 148
Riesmann, Michael 158
Righetti-Giorgi, Geltrude 531
Rihm, Wolfgang **512**
Riley, Terry 508
Rimbaud, Arthur 424
Rimski-Korsakov, Nikolaï Andreïevitch 66, 69, 166, **514**, 636, 652
Ringhieri, Francesco 540
Rinuccini, Ottavio 326
Rioton, Marthe 92
Ripellino, Angelo Maria 422
Rischner, Alfons 459
Ritchie, Margaret 75
Ritter, Alexander 242, 585
Ritter, Nina 570
Ritterbusch, Sabine 425
Rizzi, Carlo 70, 71, 72
Robbins, Jerome 158, 508
Robbins Landon, H. C. 400
Robertson, Graham 590
Robson, Nigel 242
Rochegrosse, G. 93
Rochholl, Andreas 130, 131
Röckel, August 802
Rodenbach, Constantin 264
Roller, Alfred 600, 601, 616
Roller, Andreij 166
Romani, Felice 22, 24, 26, 120, 529, 667
Romanul, Myron 53
Römer, Georg Christian 282
Ronconi, Giorgio 118, 119
Ronconi, Luca 467, 543, 674, 675

Rosbaud, Hans 557
Rosé, Arnold 264
Rosé, Josef 558
Rose, Jürgen 593, 594
Rose, Peter 519
Rosen, Georgi von 164
Rosenstock, Joseph 83, 180
Rosi, Francesco 58, 63
Ross, Theodor 259
Rossellini, Roberto 240, 241, 447
Rossi, Attilo 691
Rossi, Gaetano 526
Rossi, Giacomo 198
Rossi, Lauro 274
Rossi-Lemini, Nicola 29, 529
Rossini, Gioacchino 22, 23, 25, 30, 32, 65, 118, 135, 227, 370, **526**, 577, 749
Rossini, Giuseppe 526
Rost, Andrea 122, 127, 374, 696
Rostropovitch, Mstislav 70, 71, 550, 571
Roswaenge, Helge 706
Rot, Wolfgang 362
Rotari, Pietro Antonio 202
Rothenberger, Anneliese 356, 388, 623
Rottonara, Franz Angelo 48, 50, 186
Roubaud, B. 14
Rousseau, Jean Jacques 505
Royer, Alphonse 130
Rubini, Giovanni Battista 32
Rubinstein, Anton 646
Rudolf, Max 619
Rudzinski, Witold 323
Rufer, Ernst 563
Ruffini, Giovanni 132
Rumstadt, Guido Johannes 599
Runge, Peter-Christoph 864
Rungenhagen, C. F. 322
Runnicles, Donald 571
Rupprecht, Martin 499
Rusin, Barbara 322
Ruzicka, Wenzel 564
Rydl, Kurt 601
Ryleïev, Kondrati 165
Rysanke, Leonie 613, 614

S

Saar, Ferdinand 559
Saavedra, Angel de 726
Sabattini, Nicola 325, 333
Sabina, Karel 572
Saccà, Roberto 220, 221
Saccani, Rico 154, 155
Sacchi, Filippo 474
Sacher, Paul 295, 663

Sachs, Hans 786, 790
Sacrati, Francesco 333, 337
Sadovnikov, V. 162
Saeden, Erik 40
Sagi, Emilio 31
Saint-Georges, Jules Henry de 128
Saint-Saëns, Camille 446, **544**
Saintine, Joseph-Xavier Boniface 30
Saks, Gidon 195
Sala, Mario 155
Salabbert, Wicus 858
Saladino, Michele 296
Salem, François Abou 357, 358
Salieri, Antonio 103, 349, 564, 632, 750
Salle, Marie 211
Salminen, Matti 167
Salonen, Esa-Pekka 279, 281
Salsa, Francesco Berio di 536
Salter, Richard 512
Salvi, Antonio 209
Samaritani, Pier Luigi 675
Samel, Udo 479, 482
Samjatin, Jevgueni 568
Sammartini, Giovanni Battista 170
Sanguinetti, Edoardo 42
Sanjust, Edita 610
Sanjust, Filippo 41, 748, 750, 753
Santi, Nello 157, 455, 456
Santucci, Luigi 117
Saporta, Karine 290
Sarabhai, Gita 86
Sardou, Victorien 462, 465
Sarti, Giuseppe 102, 103, 217
Sass, Sylvia 455
Satie, Erik 446, 639
Saura, Carlos 63
Sawallisch, Wolfgang 233, 621, 634, 684, 751, 756, 863
Sbarra, Francesco 338
Scalchi, Gloria 526
Scaleri, Rosario 306
Scarlatti, Alessandro 202
Scarlatti, Domenico 203
Schaaf, Johannes 353, 429, 570, 697, 714, 718
Schaal, Hans-Dieter 34
Schaefer, Ruth 238
Schaeffer, Pierre 578
Schak, Benedikt 399
Schalk, Franz 609, 616
Scharre, Rolf 279
Schavernoch, Hans 150, 152, 153, 173, 181, 302, 304, 416, 480, 518, 519, 520, 521, 598, 800, 805, 811, 816, 820, 821
Schawlinsky, Wera 144
Scheder, Gerold 837
Scheele, Heike 566, 567

Scheidegger, Hans-Peter 797, 809
Schenck von Trapp, Lothar 267, 268, 619, 850
Schendel, Thomas 363
Schenk, Otto 90, 91, 136, 137, 140, 141, 157, 272, 398, 452, 583, 594, 600, 601, 604, 707
Scherchen, Hermann 114, 115, 214, 422, 556
Schernau, Frauke 863
Schiffer, Marcellus 231
Schiller, Friedrich 261, 484, 540, 678, 688, 690, 726, 732
Schillings, Max von 57, **548**
Schindler, Alma 561, 859
Schinkel, Karl Friedrich 400, 403, 536, 577
Schirkov, Valerian 168
Schirmer, Ulf 237, 250
Schlegel, Friedrich 786
Schleim, Friedrich 83
Schlieker, Hans-Joachim 115, 847
Schlömer, Joachim 798
Schlöndorff, Volker 571
Schlössmann, Frank Philipp 449
Schlusnus, Heinrich 706
Schmalbrock, Sibylle 664, 665
Schmeller, Johann Andreas 437
Schmelzer, Heidrun 282, 341, 493
Schmidt, Andreas 228
Schmidt, Christian 360
Schmidt, Eberhard 864
Schmidt, Hans 235
Schmidt, Jacques 121, 347, 428
Schmidt, Johannes 19
Schmidt, Trudeliese 328, 601, 604
Schmidt, Wolfgang 785
Schmiege, Marilyn 61
Schmitt, Saladin 265
Schmitt-Walter, Karl 611
Schmöhe, Georg 85
Schnapka, Georg 323
Schnaut, Gabriele 562
Schneider, Elrike 431
Schneider, Günther 137
Schneider, Peter 571, 593
Schneider-Siemssen, Günther 140, 707
Schneidermann, Helene 798
Schneiders, Frank 341
Schnittke, Alfred Garriievitch 422, **550**
Schoeber, Franz von 565
Schoeller, Johann Christian 129
Schoenbohm, Siegfried 231
Schöffler, Paul 635
Scholz, Katrin 271
Schönberg, Arnold 34, 41, 70, 82, 86, 106, 150, 235, 255, 446, 512, **552**, 555, 558, 581, 586, 664, 856, 863
Schöne, Wolfgang 510, 511
Schönke, Paul 267 854

Schopenhauer, Arthur 785
Schoras, Dietrich 51
Schott, Paul 264
Schrader, Paul 158
Schramm, Friedrich 72
Schreibmayer, Kurt 254, 571, 850, 858, 859
Schreier, Manfred 270, 271
Schreier, Peter 353, 355, 442
Schreker, Franz 180, 266, **558**
Schröder-Devrient, Wilhelmine 21, 23, 314, 754, 768, 840
Schroeder, Johannes 265, 268
Schroek, Sophia 555
Schroeter, Viktor 163
Schtrub, Nikolai 514
Schubert, Franz 530, **564**, 605
Schubert, R. 232
Schubert, Wolfgang 483
Schuch, Ernst von 13
Schudel, Regina 863
Schuh, Oscar Fritz 235, 684, 863
Schuh, Willi 635
Schüler, Dr. 83
Schulin, Alexander 218
Schultz, Carl 302
Schulz, Rudolf 257
Schulz, Zdenka 244
Schulz-Dornburg, Rudolf 496, 716, 784
Schumacher, Erich 307
Schumann, Robert 136, 237, 564, **566**, 794, 841
Schuster, Mathias 840
Schwarz, Reinhard 755
Schwarzkopf, Elisabeth 382, 603, 611, 632, 705
Schweikart, Dieter 803
Schwertsik, Kurt 90
Schwind, Moritz von 98, 116, 292, 530, 547, 574
Scorsin, Giuseppe 527
Scott, Walter 32, 64, 65, 124, 125
Scotto, Renata 32, 483
Scriabine, Alexandre 308, 554
Scribe, Eugène 14, 24, 64, 100, 120, 130, 194, 311, 312, 316, 318, 710, 711, 720
Secunde, Nadine 805
Segui, Sandro 31
Seibel, Klauspeter 231
Seibel, Peter 147
Seifried, Reinhard 106
Seiler, Ferdinand 860, 861
Seipel, Mechthild 376, 379, 449
Sellars, Peter 10, 11, 280, 281, 309, 399
Sellner, Gustav Rudolf 41, 556
Semper, Gottfried 760, 830
Senesino, Bernardi 200, 203, 206
Sequi, Sandro 696, 698
Serafin, Tullio 26
Serban, Andreï 100, 101, 127

Seydel, Carl 117
Shadwell, Thomas 490
Shakespeare, William 46, 49, 74, 78, 190, 420, 490, 494, 536, 661, 684, 686, 742, 748, 757
Shamir, Michal 363
Shankar, Ravi 158
Shaw, Carlos Fernández 144, 276, 819
Shicoff, Neil 71, 100
Shirrer, René 95
Shore, Andrew 663
Siccardsburg, August 530
Siciliani, Alessandro 476, 477
Siercke, Alfred 139, 329, 553
Sievert, Ludwig 35, 62, 230, 233, 243, 269, 378, 381, 385, 484, 606, 615, 630, 631, 741, 759, 774, 792, 815, 823, 824
Silins, Egils 131
Silja, Anja 254, 589
Siloti, Alexander 498
Simionato, Giulietta 59, 131, 731
Simone, Roberto de 350, 388, 389, 391, 668, 669
Simoni, Renato 484
Sinjen, Sabine 363
Sinopoli, Giuseppe 452, 682
Sjöberg, Gitta-Maria 245
Skinazi, Sylvie 290
Skovhus, Bo 282, 389
Slabbert, Wious 442
Slater, Montagu 71
Slatkin, Leonard 472
Slezak, Leo 178, 195, 474, 770
Smallens, Alexander 151
Smechov, Venjamin 133, 135
Smetana, Bedřich 166, 322, **572**
Smith, Catriona 697, 798
Smolianinova, Soïa 479
Sobel, Bernard 99
Soffel, Doris 233
Söhnlein, Kurt 154
Sol, Laura 63
Soldene, Emmy 60
Solera, Temistocle 666, 667, 668, 672, 678, 682
Solovïov, Vladimir 448, 521
Soltesz, Stefan 134, 630, 865
Solti, Georg 242, 603, 649, 716, 748, 750, 753, 784
Somma, Antonio 720
Sonnleithner, Joseph 18, 19
Sonntag, Ulrike 270
Sontag, Henriette 64, 839
Sonzogno, Edoardo 274
Sophocle 638
Soumet, Louis Alexandre 26
Souvestre, Émile 694
Spano, Robert 81
Spinoza, Baruch 258, 260

Spohr, Louis **574**
Spontini, Gaspare 49, **576**, 762
Squarciapino, Franca 599, 674, 675, 371
Stade, Frederika von 108, 110, 538
Staeger, Ferdinand 790
Stamm, Harald 562
Stampiglia, Silvio 212
Stancin, Virgil 436
Starke, Ottomar 109
Stassen, Franz 782, 801
Stassov, Vladimir 514
Stefano, Giuseppe di 489
Stein, Horst 140, 141
Stein, Peter 70, 71, 72
Steinberg, Hans Wilhelm 555
Steinberger, Birgid 282
Steiner, Johann Nepomuk 200
Steiner, Max 264
Steiner, Rudolf 664
Steinitzer, Max 605
Steinsky, Ulrike 859
Stemme, Nina 403
Stendhal 527
Stenz, Markus 225, 228, 229, 847
Stepanov, N. 163
Stepanova, Maria 166
Stephanie, Johann Gottlieb 116
Sterbini, Cesare 530
Stern, Ernst 606, 611
Steuermann, Eduard 664
Stockhausen, Karlheinz 85, 215, 308, 512, **578**, 581
Stoddart, John 75
Stolz, Rosine 130, 131
Storch, Gisela 19
Storoïev, Nikita 658
Stösslová, Kamila 244, 250
Stottler, Andry 607, 609
Strahammer, Silva 136
Straka, Peter 394
Stramm, August 231
Strandt, Marie-Luise 355
Stratas, Teresa 705, 706
Straube, Monika 658, 659
Strauss, Franz 584, 645
Strauch, Jacek 436, 437
Strauss, Eduard 582
Strauss, Johann (Fils) 426, **582**, 582, 604
Strauss, Josef 582, 604
Strauss, Richard 96, 103, 134, 177, 242, 486, 487, 558, 582, **584**, 616, 619, 624, 855
Stravinski, Fiodor Ignatevitch 167, 168, 407, 636
Stravinsky, Igor Fiodorovitch 65, 103, 115, 119, 146, 167, 168, 180, 215, 235, 294, 407, 446, 448, 498, 514, 550, **636**
Strehler, Giorgio 103, 371, 714

Strelow, Cornelia 659
Strepponi, Giuseppina 666, 668, 670
Streubel, Joachim 433
Striegler, Kurt 125
Striggio, Alessandro (le Jeune) 324
Strobel, Heinrich 268
Strohbach, Hans 111, 209, 243, 458, 685, 787
Štros, Ladislav 343
Studer, Cheryl 599
Sturm, Imke 342, 343
Stürmer, Helmut 260
Sturminger, Michael 526, 527
Šubert, František 136
Succliffe, Jeremy 545
Suétone 197
Sugana, Luigi 854
Suhonen, Antti 103
Suk, Josef 136
Suleimanov, Stanislav 500
Sullivan (compositeur de chansons) 426
Sulzberger, Nikolaus 656
Sulzer, Frank O. 86, 87
Sundine, Stephanie 228
Süss, Christian 463
Süss, Reiner 524
Suthaus, Ludwig 60
Sutherland, Joan 31, 32, 127, 211, 221
Suzuki, Daisetz T. 86
Svoboda, Josef 501, 658, 659, 742, 747
Swinarski, Konrad 438
Sykora, Peter 234, 235
Sylvan, Sanford 11
Syri, Erich 133, 135
Szemere, Laszló 635
Szenkar, Eugen 111, 787
Szymanovski, Karol 323, **644**

T

Tabori, George 665
Tacchinardi-Persiani, Fanny 125
Tacite 197, 336
Taddei, Giuseppe 539, 748, 752, 753
Tadolini, Eugenia 118
Tailleferre, Germaine 238, 320, 446
Tanejev, Sergue 498, 648
Tappy, Eric 337, 507
Targioni-Tozzetti, Giovanni 297
Tarkovski, Andreï 408, 409
Taskova, Slavka 422
Tasso, Torquato 198, 326
Tate, Nahum 496
Tavolaccini, Giuliana 42
Tchaikovski, Modeste 654, 658
Tchaikovski, Piotr ilitch 500, 637, **646**, 654, 658

Tear, Robert 81
Teepe, Klaus 494, 495
Telemann, Georg Philipp 441
Temirkanov, Youri 647, 654, 656
Tennstedt, Klaus 222
Terfel, Bryn 381
Terhal, Karl 141
Teshigahara, Hiroshi 488
Těsnohlídek, Rudolf 252
Thalberg, Sigismund 31
Thannen, Reinhard von der 237
Tharp, Twyla 158
Thate, Hilmar 361
Theoduridu, Sonia 211
Theorin, Irene 376, 382, 765
Thiede, Helga 107
Thielemann, Christian 742, 747, 841
Thiemann, Karl-Heinz 857
Thoman, István 16
Thomas, Ambroise 300, **660**
Thomas, Birgit 665
Thomassin, Bernard 99
Thoreau, Henry 86
Thuille, Ludwig 242
Tichatschek, Joseph 761
Tichonov, Kirill 652
Tichy, Georg 802
Tieck, Johann Ludwig 566, 567, 772
Tiefensee, K. 147
Tietjen, Heinz 622
Tikhomirov, Roman 167
Tillawi, Akram 357
Tippett, Michael 494, **662**
Titov, A. 636
Titien 273
Tocca, Ferdinando 338
Todoky, Ilona 727
Tolomelli, Roberto 24
Tolstoï, Léon 125, 251, 273, 427, 521, 648
Tomasi, Beppe de 673
Tomova-Sintov, Anna 747
Topitz, Anton Maria 555
Topor, Roland 398
Töpper, Herta 796
Torelli, Giacomo 333
Tosca, Floria 466
Toscanini, Arturo 89, 92, 296, 416, 451, 474, 484, 616, 626
Tottola, Andrea Leone 540
Traëtta, Tommaso 217
Treichel, Hans-Ulrich 228, 229
Treitschke, Friedrich 18, 20
Trommer, Wolfgang 447
Tchekov 251, 648
Tcherkasskaja, Marianna 520
Tchernich, Lidija 648

Tschudi, Ägidius 542
Tsypin, Georges 280, 281
Tuchatchevski, Général 568
Tudor, Marie 490, 491
Tulubieva, Tatiana 522, 523, 652, 653
Tumagian, Eduard 688
Turaczek, Emilie 624
Tourgueniev, Ivan Sergueïevitch 251, 646, 648
Türk, Joseph 292
Turner, Eva 488
Turner, Jane 799
Turner, Rebecca 702
Tyggeson, Tygge 221
Tyl, Josef Kajetán 850

U

Uecker, Günter 825
Ullmann, Viktor **664**
Ullrich, Maria Theresia 798
Ultz (décorateur) 212
Uppman, Theodor 80
Urmacher, Dorothee 377, 386, 387, 390
Urmana, Violeta 297
Ursuleac, Viorica 620, 622, 635
Urválková, Kamila 244, 246
Ustinov, Peter 500, 501, 658, 659
Ustinova, Elena 164
Uzan, Bernard 191

V

Vaez, Gustave 130
Valayre, Sylvie 740
Valentin, Karl 572, 573
Valentin, Pierre-Jean 147
Valentine, Graham 45
Valéry, Paul 146
Varady, Julia 727
Varèse, Edgar 512
Varviso, Silvio 240, 531, 825
Vassilenko, Ekaterina 652
Vay-Dovsky, Beatrice 548, 549
Vecchi, Orazio 326
Velázquez, Diego 630
Velte, Eugen 512
Veltri, Michelangelo 688
Venzl, Heinrich 831
Verdi, Giuseppe 14, 22, 23, 28, 44, 96, 125, 130, 135, 227, 280, 296, 311, 317, 418, 445, 451, 472, 474, 476, 477, 494, 534, 536, 540, 547, 567, 628, 639, **666**
Vedernikov, Alexandre 167
Veress, Sándor 278
Verga, Giovanni 297, 743

Verhoeven, Michael 865
Vernier, ´Zmile 64
Verstovski, Alexeï Nikolaïevitch 162
Véronèse, Paolo 338
Viardot-Garcia, Pauline 23, 173, 316
Vicentino, Nicola 326
Vick, Graham 45, 663
Vickers, John 264
Viebrock, Anna 20
Vigarni, Carlo 288
Viliarroel, Veronica 488
Villagrossi, Ferruccio 673
Villain 529
Villaroel, Veronica 183
Villégier, Jean-Marie 94, 95, 502, 503
Villiers de l'Isle-Adam, Philipe-Auguste 106
Vinci, Léonard de 85
Vines, Ricardo 446
Vink, Elena 425
Viotti, Marcello 727
Virgile, 48, 49, 496
Vischer, Friedrich Theodor 794
Visconti, Luchino 724, 751
Vitez, Antoine 108, 110
Vivaldi, Antonio 170, 203
Vizioli, Stefano 133
Vocke, Charlotte 233
Vogel, Siegfried 302
Vogler (Abbé) 310, 834
Völker, Wolf 114, 185, 248, 249, 459, 591
Volle, Michael 135
Volsky, Raphael 571
Volsky, Viktor A. 571
Voltaire, François-Maris Arouet, dit 52, 162, 526, 680
Vries, Thomas de 106
Vrieslander, John Jack 586

W

Waart, Edo de 10
Waechter, Eberhard 14, 107, 531
Wadsworth, Stephen 53
Waechter, Franz 531
Wagenführer, Roland 863
Wagner, Adolf 755
Wagner, Carl Friedrich Wilhelm 755
Wagner, Cosima (née Liszt) 776
Wagner, J. (dessinateur) 203
Wagner, Richard 13, 17, 22, 28, 49, 50, 64, 77, 88, 96, 135, 136, 156, 170, 176, 232, 242, 274, 276, 277, 300, 311, 427, 452, 474, 514, 520, 527, 548, 553, 567, 572, 574, 577, 520, 578, 586, 592, 597, 628, 724, **754**, 755, 834
Wagner, Siegfried 242, 807
Wagner, Wieland 818, 832
Walbeck, Günter 656

Waldner, Therese 66
Walek, Maria-Luisa 198, 211
Wallat, Hans 251, 560, 561
Wallat, Klaus 442
Wallerstein, Lothar 243, 484, 619, 624
Wallmann, Margarethe/Margherita 28, 691
Walter, Bruno 52, 264, 616, 626
Walter, Erich 283
Wälterlin, Oscar 385
Warfield, William 150, 152
Warsar, Nina 571
Warth, Martin 527
Wash, John 199
Watson, Janice 70
Watson, Lilian 79
Watteau, Antoine 608
Weber, Carl Maria von 64, 96, 99, 163, 292, 310, 486, 535, 575, 577, 692, 754, **834**
Weber, Peter 138
Weber, Wolfgang 472, 850
Webern, Anton 70, 214, 552, 554
Wedekind, Frank 38, 40, 320, 586
Weder, Ulrich 392, 393
Weigl, Joseph 282
Weikert, Ralf 531, 532
Weikl, Bernd 752, 753
Weil, Grete 222
Weill, Kurt 83, 114, 201, 227, 268, 273, 294, **844**, 848
Weinberger, Jaromir **850**
Weingartner, Felix von 264, 616, 856
Weinmeister, Sigmund 342
Weinstein, Leo 381
Weiss, Hans-Otto 664
Wellesz, Egon 225
Wells, John 52
Wendler, Anton 141
Werner, Peter 102
Werner, Zacharias 682
Wernicke, Herbert 145, 206, 211, 261, 392, 393, 404, 802, 803, 809, 813, 814, 818, 819, 821
Werth, Alexandra von der 126
Werz, Wilfried 524, 840
Wesendonck, Mathilde 785
Wesendonck, Otto 785
Wette, Adelheid 242, 243
White, Willard 280
Whiteman, Paul 150
Whiting, John Robert 438
Wich, Günter 591
Widor, Charles-Marie 320
Wieck, Clara 566

Wieck, Friedrich 566
Wiedey, Ferdinand 585
Wiedstruck, Yvonne 181
Wilborn, Kip 849
Wilde, Oscar 588, 589, 858, 859
Wilden, Egon 271
Wilder, Billy 222
Wildheber, Helmut 237
Wilkens, Andreas 431
Willaschek, Wolfgang 865
Williams, Janet 222
Wilsing, Jörn W. 148
Wilson, Neil 61
Wilson, Robert 95, 158, 159, 397, 402
Winckelmann, Heinrich 170
Windgassen, Wolfgang 787
Winge, Stein 251
Winkler, Ralf 809
Winska, Aga 361
Winter, Louise 251
Winterson, Alexander 433
Wittgenstein, Carolyne von 823
Wogak, Konstantin 448
Wolf, Christa 865
Wolf, Hugo **852**
Wolf-Ferrari, Ermanno **854**
Wolff, Paul 843
Wolff, Thomas 363
Wolski, Wlodzimierz 322
Wolzogen, Ernst von 586
Wonder, Erich 210, 380, 417, 687, 727, 731
Wood, Peter 743, 744, 745, 747
Wörle, Robert 846
Wörle, Willy 104
Wray, Margaret Jane 803
Wulff-Apelt, Friederike 843
Wunderlich, Fritz 442
Wunderwald, Gustav 176, 375, 646

X

Xenakis, Yannis 308

Y

Yakar, Rachel 337, 350
Yang, Simon 860
Yeargan, Michael 695
Yorinks, Arthur 160
Yoshida, Kiju 469
Young, La Monte 508
Young, Simone 146, 147, 696, 698

Z

Zachow, Friedrich Wilhelm 196
Zadek, Hilde 306
Zagrosek, Lothar 360, 424, 462, 645, 798
Zakowska, Donna 508
Zallinger, Monika von 634
Zambello, Francesca 81, 848, 849
Zampieri, Mara 89, 101, 593, 694, 732
Zanardini, Angelo 589
Zander, Hans 422
Zandonai, Riccardo 101
Zandt, Marie van 112
Zanessi, Mario 691
Zanetti, Monique 95
Zangarini, Carlo 472
Zaremba 646
Zaun, Fritz 275, 763, 842
Zednik, Heinz 36, 601
Zeffirelli, Franco 57, 62, 127, 211, 379, 484, 486, 487, 705, 722, 725, 745, 751
Zeh, Gisela 279
Zehelein, Klaus 377, 386, 387, 390
Zehetgruber, Martin 424
Zeilinger, Roman 436, 437
Zeller, Heinrich 585
Zelter, Carl Friedrich 420
Zeltzer, Sandra 64
Zemlinsky, Alexander (von) 231, 264, 431, 554, 561, 664, 836, **856**, 858
Zemlinsky, Mathilde 856
Zender, Hans 422
Zhu, Ai-Lan 399
Zichy, Graf 292
Ziegler, Benno 555
Ziegler, Delores 353
Ziegler, Friedrich Julius Wilhelm 285
Ziegler, Karl 619
Zilio, Elana 498
Zimmer, Hans E. 246, 499
Zimmermann, Bernd Alois 159, **862**
Zimmermann, Erika 796
Zimmermann, Jörg 621
Zimmermann, Reinhart 246, 556
Zimmermann, Udo **864**
Zingarelli, Nicola 22
Zinke, J. W. 118
Zola, Émile 257
Zubin, Mehta 744
Zuckermandel-Bassermann, Ludwig 441, 701
Zweig, Stefan 626, 630, 632
Zwissler, Karl Maria 835, 850

Exemples musicaux

Cet index des exemples musicaux recense tous ceux présentés dans le livre. La liste reprend la numérotation de chaque compositeur.

Auber
Fra Diavolo
1. Couplet de Zerline 15
2. Barcarolle des Fra Diavolo 15

Bartók
Le Château de Barbe-Bleue
1.1 Motif initial 17
1.2 Debussy : *Pelléas et Mélisande,* motif de la forêt 17
2.1 Motif de la lumière, 5ᵉ porte 17
2.2 Motif du royaume de Barbe-Bleue 17

Beethoven
Fidelio
1. Message de liberté 19
2. Signal des trompettes 20
3. Mélodie de la délivrance miraculeuse 20
4. Hymne à la liberté 20
5. Motif d'accompagnement du chœur des prisonniers 20
6. Quatuor du premier acte 21
7. Motif des cors (air de Leonore) 21
8.1 Air de Florestan (ligne de chant) 21
8.2 Air de Florestan (motif des hautbois) 21

Bellini
La Sonnanbula
1. Le grand air d'Amina 25
Norma
2. Mélodie de la catharsis 28
3. Prière de Norma 28
4. Duo Norma-Adalgisa 28
5. *Arioso* de Norma 29
6. Chopin : étude opus 25, n° 7 29
7. Cabalette d'Oroveso 29
8. Chœur guerrier 29
I Puritani
9. Le duo du combat (Riccardo-Giorgio) 31
10. *Polonaise* d'Elvira 32
11. Air de Giorgio 32

Berg
Wozzeck
1. Le « j'accuse » de Wozzeck 34
2. Le thème du capitaine 36
3. Le thème du médecin 36
4. Le thème du cor 36
5. La berceuse de Marie 36

Berlioz
Béatrice et Bénédict
1. Duettino Béatrice-Bénédict 47
2. Le grand air de Béatrice 47
3. Nocturne (Ursule-Héro) 47
Les Troyens
4. Marche troyenne 50
5. Chant national 50
6. Duo d'amour (Didon-Énée) 51
7. Adieux de Didon 51

Bernstein
Candide
1. L'air de Cunégonde, un morceau de bravoure 52

Bizet
Les Pêcheurs de perles
1. Romance de Nadir 55
2. Duo Léila-Nadir 55
3. Duo Nadir-Zurga 55
Carmen
4. Motif du destin 59
5. Portrait musical de Carmen 59
6. Trio des cartes 59
7. Air de la fleur de Don José 61
8. Séguédille 61
9. Duo Carmen-Don José (acte II) 61
10. Duo Carmen-Don José (acte IV) 61
11. Air de Micaëla 62
12. Couplet d'Escamillo 63
13. Chanson Tzigane 63
14.1 *Habanera* (stophe en mineur) 63
14.2 *Habanera* (stophe en majeur) 63
15. Chanson de Carmen 63

Boieldieu
La Dame blanche
1. Chant national écossais 65
2. Air d'Anna 65
3. Cavatine de Georges 65

Borodin
Le Prince Igor
1. Chœur des boyards 68
2. Air d'Igor 69
3. Danses polovtsiennes (thème des femmes) 69
4. Danses polovtsiennes (thème des hommes) 69

Britten
A Midsummer Night's Dream
1. Sons de la forêt 79
2. Accords du sommeil 79

Chostakovitch → Shostakovitsh

Catalani
La Wally
1. Les adieux de Wally 89
2. Ländler des chasseurs tyroliens 89
3. Chant de Walter 89

Charpentier
Louise
1. Thème de Paris 93
2. Air de Louise 93

Cilea
Adriana Lecouvreur
1. Air de Maurizio 101
2. La princesse laisse éclater ses sentiments 101
3. Air d'entrée d'Adriana 101

Dallapiccola
Il Prigioniero
1. Prière du prisonnier 107
2. Air du Grand Inquisiteur 107

Debussy
Pelléas et Mélisande
1. Chant de Mélisande 111

Delibes
Lakmé
1. Duo Lakmé – Mallika 113
2. Air des clochettes de Lakmé 113

Donizetti
Anna Bolena
1. Prière d'Anna Bolena 119
L'Elisir d'amore
2. Romance de Nemorino 122
3. Air d'Adina 122
Lucia di Lammermoor
4. Les adieux d'Elgardo 125
5. Coloratures de Lucia (air, acte I) 127
6. Scène de folie sur un rythme à trois temps 127
7. Melodie du sextuor (acte II) 127
La Fille du régiment
8. Air de Marie 128
9. Air de Tonio 128
10. Rataplan 128
La Favorite
11. Air de Fernand 131
Don Pasquale
12. Moquerie de Norina 134
13. Tristesse d'Ernesto 134
14. Sérénade d'Ernesto 134
15. Mélancolie de Don Pasquale 134
16. Duo des bavards (Pasquale-Malatesta) 134

Erkel
Bánk bán
1. La profession de foi patriotique de Bánk bán 143

Gershwin
Porgy and Bess
1. Summertime (berceuse de Clara) 153
2. Berceuse de Jake 153
3. Chanson au banjo de Porgy 153
4. Chanson de Sportin' Life 153
5. Thème d'amour de Porgy et Bess 153
6. Duo de Porgy et Bess 153
7. La plainte de Porgy 153
8. Chanson finale de Porgy 153

Giordano
Andrea Chénier
1. Duo final (Madeleine-André) 157
2. Air d'André (acte I) 157
3. Air d'André (acte IV) 157

Glinka
Une Vie pour le tsar
1. Chœur de Slavsia 166
2. Les adieux de Sousanine (acte VI) 166

Gluck
Orphée et Eurydice
1. Chœur du deuil 172
2. Plainte d'Orphée 172
Alceste
3. Chant d'imploration d'Alceste 175
4. Adieux d'Alceste 175

Goldmark
Die Königin von Saba
1. Air d'Assad 179
2. Chœur sacral 179
3. Romance d'Assad 179

Gounod
Faust
1. Valse 186

2. Chœur des soldats **186**
  3. Prière de Valentin **187**
  4. Couplet de Siébel **187**
  5. Air des bijoux de Marguerite **187**
  6. Cavatine de Faust **187**
  7. Rondo du Veau d'Or **187**
  8. Sérénade **187**
Mireille
  9. Valse de Mireille **189**
  10. Cavatine de Mireille **189**
  11. Air de Mireille **189**
Roméo et Juliette
  12. Valse Juliette **191**
  13. Notturno **191**
  14. Cavatine de Roméo **191**
  15. Finale **191**
  16. Thème de l'amour **191**
  17. Duo Juliette-Roméo **191**

Halévy
La Juive
  1. Air d'Eléazar **195**

Händel (Haendel)
Rinaldo
  1. Air de Rinaldo **199**
  4. Air d'Alminera **200**
Acis and Galatea
  2. Chœur du deuil **199**
  3. Air funèbre de Galatée **199**
Radamisto
  5. Air de Radamisto **205**
  6. Duo Radamisto -Zenobia (acte II) **205**
  7. Duett Radamisto – Zenobia (acte III) **205**
Giulio Cesare in Egitto
  8. Air de chasse de César **207**
  9. Lamentation de Cléopâtre **207**
  10. Air de vengeance de Sextus **207**
  11. Duo Cornélie-Sextus **207**
Serse
  12. Larghetto (air de Serse) **212**

Hindemith
Sancta Susanna
  1. Extase de Susanna **231**
Mathis der Maler
  2. *Es sungen drei Engel* **235**

Humperdinck
Hänsel und Gretel
  1. Ronde (Hänsel, Gretel) **242**
  2. Prière du soir de Gretel **242**

Janáček
Les Aventures de Monsieur Brouček
  1. Valse de la taverne **249**
  2. Motif de la Lune **249**
  3. Choral des hussites **249**
La Petite renarde rusée
  4. Ronde nuptiale des animaux de la forêt **253**
L'Affaire Makropoulos
  5. Lecture du testament **255**
De la maison des morts
  6. Motif de la liberté (chœur final) **257**

Kodály
Háry János
  1. Intermezzo (*Verbunkos*) **263**
  2. Chanson populaire **263**

Korngold
Die tote Stadt
  1. Duo Marietta-Paul **265**

Krenek
Jonny spielt auf
  1. Mélodie de Jonny **267**
  2. Motif de la locomotive **267**

Leoncavallo
I Plagliacci
  1. Prologue de Tonio **277**
  2. Ris, Paillasse **277**
  3. *Cantabile* de Canio **277**
  4. Motif d'amour de Canio **277**
  5. *Ballatella* de Nedda **277**
  6. Tendres accords de Tonio **277**
  7. Mélancolie de Silvio **277**
  8. Duo d'amour (Nedda-Silvio) **277**

Ligeti
Le Grand Macabre
  1. Intermède pour douze klaxons **281**

Lortzing
Zar und Zimmermann
  1. Lied du tsar **283**
  2. Lied du marquis **283**
  3. Air du bourgmestre van Bett **283**
  4. Chant nuptial de Marie **283**

Mascagni
Cavalleria rusticana
  1. Mélodie de l'*Intermezzo* **296**
  2. Aveu d'amour de Santuzza **297**
  3. Doute de Santuzza **297**
  3. Supplications de Santuzza **297**
  5. Sicilienne de Turiddu **298**
  6. Chanson d'Alfio **299**
  7. Chœur pascal **299**
  8. Romance de Santuzza **299**
  9. Apothéose triste de Santuzza **299**
  10. Chanson à boire de Turiddu **299**
  11. Adieux de Turiddu **299**

Massenet
Manon
  1. Gavotte **301**
  2. Air de Manon (acte III) **301**
  3. Air de Manon (acte I) **301**
  4. Thème d'amour (Manon-Des Grieux) **301**
  5. Air de Des Grieux **301**
Werther
  6. Chant de Noël **304**
  7. Air de Werther (acte I) **305**
  8. Charlotte, air des lettres (acte III) **305**
  9. Duo final (Charlotte-Werther, acte IV) **305**

Meyerbeer
Robert le diable
  1. Sicilienne de Robert **311**
  2. Valse infernale **311**
Les Huguenots
  3. Air de la reine Marguerite **315**
  4. Choral des huguenots (Marcel) **315**
  5. Septuor (acte III) **315**
  6. Serment des catholiques **315**
  7. Duo d'amour (Valentine-Raoul) **315**

Le Prophète
  8. Cavatine de Fidès **317**
  9. Chœur des anabaptiste **317**
  10. Ballet des patineurs **317**
  11. Chant de triomphe de Jean **317**
L'Africaine
  12. Air de Vasco de Gama **319**

Moussorgski → Mussorgski

Mozart
La Finta Semplice
  1. Air de Rosina (acte I) **341**
  2. Air de Giacinta **341**
  3. Symphonie in sol mineur, K. 550 (3ᵉ mouvement) **341**
  4. Air de Rosina (acte II) **341**
Bastien und Bastienne
  5. Ouverture, « motif pastoral » **343**
  6. Air du sorcier (Colas) **343**
Lucio Silla
  7. Air d'entrée de Cecilio **346**
  8. Air de bravoure de Giunia **346**
  9. Air d'adieu de Cecilio **346**
Idomeneo
  10. Mélodie d'Idamante (quatuor, acte III) **352**
Die Entführung aus dem Serail
  11. Explosion de rage d'Osmin (air en fa majeur) **359**
  12. Osmin fou furieux (partie finale en la mineur de l'air en fa majeur) **359**
  13. Chanson de vengeance d'Osmin **359**
  14. Musique turque (ouverture) **359**
  15. Duo de Bacchus (Osmin-Pedrillo) **359**
  16. Souvenirs d'amour de Constance (air en si bémol majeur) **361**
  17. Tristesse de Constance (air en sol mineur) **361**
  18. Résolution de Constance (air en ut majeur) **361**
  19. Espoirs de Belmonte (air en la majeur) **361**
  20. Réconciliation des amants (quatuor) **361**
Le Nozze di Figaro
  21. Paisiello : *Le Barbier de Séville*, air de Figaro **370**
  22. Cavatine de Figaro **379**
  23. Pasiello : *Le Barbier de Séville,* cavatine du comte **370**
  24. Air de Chérubin **370**
  25. Pasiello : *Le Barbier de Séville,* air de Rosina **370**
  26. Cavatine de la comtesse (acte III) **370**
  27. Air de la vengeance de Figaro **373**
  28. Air de la comtesse (acte III) **374**
  29. Air des roses de Suzanne **374**
  30. Air de Figaro **377**
Don Giovanni
  31. Gazzaniga : *Don Juan Tenorino,* chanson à boire **381**
  32. Gazzaniga : *Don Juan Tenorino,* chant final **381**
  33. Air en si bémol majeur d'Ottavio (pour Prague) **381**
  34. Air en sol majeur d'Ottavio (pour Vienne) **381**
  35. Air du champagne de Don Giovanni **383**
  36. Sérénade de Don Giovanni **383**
  37. Air du catalogue de Leporello **383**
  38. Serment de vengeance (Donna Anna-Don Ottavio) **383**
  39. Air de Zerlina (acte I) **383**
  40. Air de Zerlina (acte II) **383**
  41. Duo d'amour inassouvi (Don Giovanni-Zerlina) **383**
  42. Air d'Elvira (acte I) **383**

43. Menuet **385**
44. Contredanse **385**
45. *Ländler* **385**
Così fan tutte
46. L'épigraphe **387**
47. Airr de Fiordiligi (acte I) **388**
48. Canon nuptial **389**
49. Hommage au docteur Mesmer
    (Despina déguisé en médecin) **389**
50. Air de Gugliemo **391**
51. Air de remplacement de Guglielmo **391**
52. Air de Ferrando **391**
53. Duo d'amour Dorabella-Guglielmo **391**
54. Duo d'amour Fiordiligi-Ferrando **391**
La Clemenza di Tito
55. Titus et son peuple **395**
Die Zauberflöte
56. Notes de l'appel de Papageno **397**
57. Air de Tamino accompagné
    de la flûte enchantée **397**
58. *Glockenspiel* de Papageno **397**
59. Chanson de Papageno avec le *glockenspiel* **398**
60. Air d'entrée de Papageno avec la flûte de Pan **398**
61. Thème principal de l'ouverture **400**
62. Chant choral des deux hommes en armures **400**
63. Le désespoir de Pamina (air en sol mineur) **403**
64. Sarastro, le prêtre (air en fa majeur) **403**
65. Sarastro, l'ami paternel (ai en mi majeur) **403**
66. La reine de la Nuit en mère affligée
    (air en si bémol majeur) **403**
67. La reine de la Nuit en démon vengeur
    (air en ré mineur) **403**

Mussorgski
Boris Godounov
1. Monologue de Boris **411**
2. La mort de Boris **411**
3. La lamentation du peuple **411**
4. Mélodie « russe » (prélude) **411**
5. Chanson populaire dans la forêt de Kromy **411**
6. Thème choral du couronnement **411**
7. Chœur des pèlerins (prologue) **411**
La Khovanchtchina
8. Lever de soleil (prélude) **416**
9. Chanson de Marfa **419**
10. Mélodie du peuple souffrant **419**
11. Air de Chaklovity **419**

Nicolai
Die lustigen Weiber von Windsor
1. Mélodie du chœur de la lune **421**
2. Danse et chœur des elfes **421**
3. Chanson à boire de Falstaff **421**
4. Romance de Fenton **421**
5. Air d'Anna **421**

Offenbach
Les Contes d'Hoffmann
1. La légende de Kleinzach (Hoffmann) **429**
2. Air de la poupée Olympia **429**
3. Barcarolle **429**
4. Chant d'amour d'Hoffmann **429**

Orff
Carmina Burana
1. *Fortune plango vulnera* **435**
2. *Chramer, gip die varwe mir* **435**

Ponchielli
La Gioconda
1. Mélodie du rosaire de l'aveugle **445**
2. Romance d'Enzo **445**
3. Air du poison de Gioconda **445**

Puccini
Le Villi
1. Air d'Anna **450**
Edgar
2. Le faux requiem **451**
Manon Lescaut
3. Couplet des Des Grieux **455**
4. Menuet **455**
5. Madrigal **455**
6. Air de Manon (acte II) **455**
7. Thème de Manon (dans le duo d'amour de
    Manon et Des Grieux, acte I) **455**
8. Duo d'amour (Manon-Des Grieux, acte II) **455**
La Bohème
9. Valse de Musetta **459**
10. Air de Colline **460**
11. Rodolfo (acte I) **461**
12. Thème de l'amour de Rodolfo **461**
13. Thème de Mimi (acte I) **461**
14. L'amour de Mimi (acte I) **461**
Tosca
15. Chanson du berger **463**
16. La prière de Tosca **465**
17. Thème du destin de Tosca **467**
18. Air de Cavaradossi (acte I) **467**
19. Air de Cavaradossi (acte III) **467**
20. Chant de victoire de Cavaradossis (acte II) **467**
Madama Butterfly
21. Chœur (bouche fermée) **468**
22. Hymne impérial japonais **471**
23. Air de Cio-Cio-San (acte II) **471**
24. Duo des fleurs (Cio-Cio-San-Suzuki, acte II) **471**
25. Duo d'amour
    (Cio-Cio-San-Pinkerton, acte I) **471**
26. Hymne des États-Unis **471**
27. Air d'entrée de Pinkerton (acte I) **471**
28. L'adieu de Pinkerton (acte III) **471**
Il Trittico : Il Tabarro
29. Thème de la Seine **479**
30. Air du chanteur de rue **479**
Suor Angelica
31. Air d'Angelica **481**
Gianni Schicchi
32. Air di Lauretta **483**
Turandot
33. Hymne impérial chinois **486**
34. Air de Turandot (acte II) **489**
35. Air de Liù (acte III) **489**
36. Air de Calaf (acte I) **489**
37. Air de Calaf (acte III) **489**

Purcell
King Arthur
1. *How blest are shepherds* **493**
2. *Cold Genius*, air du gel **493**
3. *How happy the lover* **493**
4. *Fairest isle* **493**
The Fairy Queen
5. Chant de l'hiver **495**,
Dido and Æneas
6. Plainte de Didon **497**
7. Motif en *ostinato* **497**

8. Chant des matelots **497**

Rachmaninov
Aleko
1. Leitmotiv d'Aleko **498**

Rimski-Korsakow
Sadko
1. Plainte de Lioubiava **515**
2. Berceuse de Volkhova **515**
3. Chant des ondine **516**
4. Chant de Sadko **516**
5. Chant du Viking **516**
6. Chant de l'Indien **516**
7. Chant du Vénitien **516**
8. Métamorphose de Volkhova **516**
*La Légende de la ville invisible de Kitège et de la vierge
Fevronia*
9. Prière de Fevronia **521**
10. Thème de la nature de Fevronia **521**
11. Marche des Tatars **521**
Le Coq d'or
12. Chant des louanges du tsar **524**
13. Plainte du peuple **524**
14. Appartition dans l'aurore de la tsarine
    Chemakha **524**
15. Entrée de l'atrologue **524**
16. Motif du coq **524**

Rossini
Tancredi
1. Air de Tancredi **527**
Il Turci in Italia
2. Trio *Pappataci* **529**
3. Motif de la cloche (acte I, finale) **529**
Il Barbiere di Siviglia
4. Sérénade d'Almaviva **533**
5. Cavatine de Figaro **533**
6. Chanson d'Almaviva **533**
7. Duo d'Almaviva et de Figaro **533**
8. Cavatine de Rosina **533**
9. Air de la calomnie de Basilio **533**
10. Air de Bartolo **533**
11. Canon de la confusion (acte I, finale) **533**
12. Thème de la stupéfaction (acte I, finale) **533**
Otello
13. Chant du gondolier **537**
14. Chant du saule (Desdemona) **537**
La Cenerentola
15. Air de Cenerentola (acte I) **539**
Mosè in Egitto
16. Prière de Moïse **540**

Saint-Saëns
Samson et Dalila
1.1 Motif fougueux de danse (bacchanale) **545**
1.2 Motif mélancolique (bacchanale) **545**
2. Motif orchestral accompagnant la prière de
    Samson **547**
3. Le baiser de Dalila **547**

Shostakovitch
Le Nez
1. Fugue pour percussions **569**

Strauss, Johann
Die Fledermaus
1. Valse de la Chauve-Souris **583**

2. Duidu (valse) **583**
  3. Chanson à boire d'Alfred **583**

Strauss, Richard
Salome
  1. Le baiser de Salomé **592**
Elektra
  2. Motif d'Agamemnon **597**
  3. Motiv de l'amour paternel (Elektra) **597**
  4. Chrysothémis aspirant à la maternité **599**
Der Rosenkavalier
  5. Motif de la rose d'argent **601**
  6. Air du chanteur italien **602**
  7. Trio (la maréchale-Sophie-Octavian) **603**
  8. Valse du baron Ochs **604**
  9. Duo final (Sophie-Octavian) **605**
  10. Mozart : *Die Zauberflöte* (Pamina-Papageno) **605**
  11. Schubert : *Heideröslein* **605**
Ariadne auf Naxos
  12. Duo d'amour (Ariadne-Bacchus) **606**
  13. Sérénade d'Harlekin **610**
  14. Danse des comédiens **610**
  15. Air de Zerbinetta
      (cadence et thème du rondeau) **611**
Die Frau ohne Schatten
  16. Mélodie au violoncelle
      de l'empereur solitaire **615**
Arabella
  17. Chant d'espoir d'Arabella **623**
  18. Tyrolienne de Fiakermilli **624**
Die schweigsame Frau
  19. Musique du silence (acte III, finale) **628**
Daphne
  20. Métamorphose de Daphné **631**
Capriccio
  21. Sextuor à cordes **633**
  22. Sonnet (Flamand) **633**
  23. Duo italien (soprano-ténor) **633**
  24. Gavotte **633**,
Die Liebe der Danae
  25. Musique de la pluie d'or **634**
  26. Amour de Danaé **634**

Stravinsky
Le Rossignol
  1.1. Le vrai rossignol (chant) **636**
  1.2. le rossignol mécanique (hautbois) **636**
Oedipus Rex
  2. Air de Jocaste **639**
  3. Oedipe comprend **639**
  4. Air de Créon **639**
The Rake's Progress
  5. Cabalette d'Anne **643**

Szymanowski
Le Roi Roger
  1. Chant de Roxane **644**

Tchaikovski
Eugène Onéguine
  1. Duo (Tatiana-Olga) **649**
  2. Leitmotiv de Tatiana **649**
  3. Débordement émotionnel de Tatiana
      (scène de la lettre) **649**
  4. Motif de Tatiana avant la scène de bal **651**
  5. Monologue de Tatiana (cate I) **651**,
  6. Air de Lenski (acte II) **651**
  7. Air de Grémine (acte III) **651**

  8. Mazurka **651**
Mazeppa
  9. Marche victorieuse **653**
  10. Berceuse de Maria **653**
La Dame de pique
  11. Air de Lisa **657**
  12. Monologue de la comtesse **657**
Iolanta
  13. Duo (Iolanta-Vaudémont) **659**
  12. Monologue de la comtesse **657**

Verdi
Un Giorno di regno
  1. Fanfare d'*Aida* par anticipation
      (*Oberto*, duo bouffe) **667**
Nabucco
  2. Chœur des Hébreux
      (chœur des prisonniers) **671**
  3. Hymne national italien **671**
I Lombardi alla prima crociata
  4. Chœur des pèlerins **673**
Ernani
  5. Cabalette d'Ernani **675**
I Due Foscari
  6. Thème de Jacopo Foscari **677**
  7. Thème de Lucrezia **677**
  8. Thème du doge **677**
Attila
  9. Duo Ezio-Attila **683**
  10. Cabalette de Foresto **683**
Macbeth
  11. Monologue de Macbeth **687**
  12. Scène de folie de lady Macbeth **687**
  13. Danse des sorcières **687**
  14. Chœur des proscrits (1847) **687**
  15. Chœur des proscrits (1865) **687**
Luisa Miller
  16. Thème principal de l'ouverture **693**
  17. Duo Walter-Wurm **693**
  18. Motif du méchant (Wurm) **693**
  19. Motif du méchant (Iago dans *Otello*) **693**
  20. Désir de mort de Luisa **693**
  21. Trio final (Luisa-Rodolfo-Miller) **693**
Stiffelio
  22.1. Scène du cimetière
      (introduction orchestrale de *Stifelio*) **695**
  22.2. Scène au champ des supplices
      (introduction orchestrale de
      Un Ballo in maschera) **695**
Rigoletto
  23. Explosion de colère de Rigoletto **699**
  24. Chœur nocturne des courtisans **699**
  25. Duo final (Gilda-Rigoletto) **699**
  26. Air de Gilda **699**
  27. Air du duc (acte I) **699**
  28. Chanson du duc (acte III) **699**
  29. Polyphonie vocale des âmes (quatuor) **699**
Il Trovatore
  30. Romance de Manrico **701**
  31. Strette de Manrico **701**
  32. *Canzona* d'Azucena **703**
  33. Motif des flammes (vision d'Azucena) **703**
  34. Récit d'Azucena **703**,
  35. Rêve d'Azucena (scène de la prison) **703**
La Traviata
  36. Chanson à boire (Violetta-Alfredo) **707**
  37. Violetta, la dame de salon (air, acte I)) **707**
  38. Violetta, l'héroïne (finale, acte II) **707**

  39. Imploration de Germont (air, acte II) **709**
  40. Violetta au cours de son entretien
      avec Germont (duo, acte II)) **709**
  41. Germont au cours de son entretien
      avec Violetta (duo, acte II) **709**
  42. Violetta sacrifie son amour (duo, acte II) **709**
  43. Violetta prend sa décision (duo, acte II) **709**
I Vespri siciliani
  44. Thème de la scène du massacre (ouverture) **713**
  45. Thème du duo Montforte-Arrigo
      (ouverture) **713**
  46. Tarentelle **713**
  47. Idylle sur la mer (barcarolle) **713**
  48. *Canzone* d'Elena (boléro) **713**
  49. Air de Montforte **713**
Simone Boccanegra
  50. Scène de la reconnaissance mutuelle
      (duo Boccanegra-Amelia) **717**
  51. Discours de Boccanegra
      (scène du Conseil, acte I) **717**
  52. Hymne à la paix (scène du Conseil, acte I) **717**
  53. Motif de la malédiction
      (scène du Conseil, acte I) **717**
  54. Air d'Amelia (acte I) **719**
  55. Musique de la mer (acte III) **719**
  56. Air de Fiesco (acte III) **719**
Un Ballo in maschera
  57. Air du roi déguisé en pêcheur (acte I) **723**
  58. Air du roi (acte III) **723**
  59. Chanson d'Oscar (scène de bal, acte III) **723**
  60. Motif orchestral d'Ulrica **723**
  61. Air de René (acte I) **723**
  62. Air de René (acte III) **723**
  63. Air d'Amélia (acte II) **723**
  64. Cabalette du duo (Gustave III-Amelia) **724**
  65. Thème orchestral de la déclaration d'amour
      (Gustave III-Amelia) **724**
  66. Quintette du rire : Ulrica **724**
  67. Quintette du rire : les conjurés **724**
  68. Quintette du rire : Oscar **724**
  69. Menuet-Mazurka (scène de bal) **725**
  70. Motif de mort **725**,
La Forza del destino
  71. Air final de Leonora (acte IV) **727**
  72. Duo Guardiano-Leonora **729**
  73. Romance d'Alvaro (acte III) **729**
  74. Duo de l'amitié (Alvaro-Carlos, acte III) **729**
  75. Règlement de compte
      (duo Alvaro-Carlos, acte IV) **729**
  76. Motif du destin **729**
Don Carlo
  77. Monologue de Philippe II **735**
  78. Romance d'Élisabeth **735**
  79. Air d'Élisabeth **735**
  80. Chanson du voile (princesse Éboli) **735**
  81. Air de la princesse Éboli **735**
  82. Duo de la liberté (Carlo-Posa) **736**
  83. Mélodie de la résignation
      (duo Élisabeth-Carlo) **736**
  84. Motif orchestral dur roi
      (duo Philippe II-le Grand Inquisiteur) **737**
  85. Motif orchestral du Grand Inquisiteur
      (duo Philippe II-le Grand Inquisiteur) **737**
Aida
  86. Romance de Radames **739**
  87. Romance d'Aida (acte I) **739**
  88. Marche des vainqueurs **739**
  89. Hymne de la vixtoire **739**

90. Romance d'Aida
    (acte III, sur les rives du Nil) 739
91. Duo final (Aida-Radames) 739
92. Chœur des prêtresses égyptiennes 741
93.1. Musique sur les rives du Nil
    (motif des violons) 741
93.2. Musique sur les rives du Nil
    (sons harmoniques des violoncelles) 741
93.3. Musique sur le Nil (son de la flûte) 741
94. Fanfare 741
95. Fin de la romance de Radames (acte I) 741

Otello
19. Motif du méchant (Iago dans *Otello*) 693
96. Chanson à boire de Iago 744
97. Credo de Iago 744
98. Arrivée d'Otello 745
99. Adieu à la gloire (Otello) 745
100. Duo de vengeance (Otello-Iago) 745
101. Prière de Desdemona 746
102. Chanson du saule (Desdemona) 746
103. Duo d'amour (Desdemona-Otello) 747
104. Motif du baiser d'Otello à l'agonie 747
105. Rumination d'Otello 747
106. Douleur d'Otello 747
107. Plainte d'Otello 747
108. Motif tragique du destin (scène finale) 747
109. Motif annonçant le motif du destin
    (*Don Carlo*) 747

Falstaff
110. Duo d'amour et citation de Boccace 751
111. Psaume pour Falstaff 752
112. Sonnet de Fenton 752
113. Chant des fées de Nanetta 752
114. Menuet 752
115. Le monde des fées (motif des violons) 752
116. Fugue finale 752

Wagner
Das Liebesverbot
1. Motif de l'amour interdit 757
2. Thème du carnaval, thème d'Isabella 757
3. *Salve Regina* 757
4. Motif de la grâce (*Tannhäuser*) 757

Rienzi, der letzte der Tribunen
5. Prière de Rienzi 763,

Der fliegende Holländer
6. Motif de la tempête 765
7. Appel des matelots et écho 765
8. Motiv de la rédemption (ballade de Senta) 766
9. Motif de la damnation (ballade de Senta) 766
10. Chant du fuseau 766
11. Chant des matelots 766
12. Air de Daland 766
13. Air d'Erik 766

Tannhäuser
14. Vetige amoureux dans la grotte de Vénus 771
15. Louange à Vénus (Tannhäuser) 771
16.1. Chant des bergers 771
16.2. Chœur des pèlerins en pénitence 771
17.1. Introduction orchestrale à l'air
    d'entrée d'Elisabeth 771
17.2. Air d'entrée d'Elisabeth 771
18.1. Chevaliers et nobles à la fête
    des chanteurs 771
18.2. Femmes nobles à la fête des chanteurs 771
19. Chœur des pèlerins à leur retour 771
20. Romance à l'étoile (Wolfram) 771
21. Motif du tourment
    (le retour de Rome, récit de Tannhäuser) 771
22. Motif de la malédiction
    (le retour de Rome, récit de Tannhäuser) 771

Lohengrin
23. Marche nuptiale 778
24. Sphère du Graal 780
25. Motif d'Ortrud 780
26. Motif d'Elsa 780

Tristan und Isolde
27. Motif du désir (début) 785
28. Motif du désir apaisé (fin) 785
29. Hymne nocturne à l'amour (Isolde-Tristan) 785

Die Meistersinger von Nürnberg
30. Chant de Walther 789
31.1. Prélude au luth de Beckmesser 790
31.2. Sérénade de Beckmessers 790
32. Chant de louange d'Hans Sachs 790
33. Thème de la fête (ouverture) 791
34. Fugue de la scène de la bagarre 791
35. Chant choral 791
36. Quintette
    (Eva-Magdalene-Walter-Sachs-David) 791

Das Rheingold
37.1. Motif du Rhin 799
37.2. Motif des vagues 799
38. Chant des filles du Rhin 799
39. Motif de l'or du Rhin 799
40. Chant des pommes d'or 799
41. Motif de l'orage 799
42. Motif de l'arc-en-ciel 799
43. Motif de l'anneau 801
44. Motif de Walhalla 801
45. Motif des Nibelungen 801
46. Motif d'Erda 802
47. Motif du feu (Loge) 803
48. Motif de l'épée (Nothung) 803

Die Walküre
49. Motif de l'amour des Wälsungen 806
50. Chant du printemps de Siegmund 806
51. Entrée en scène de Brünnhilde 806
52. Annonce de la mort 807
53. Motif de la lance de Wotan 808
54. Amour de Brünnhilde pour son père 808
55. Adieux de Wotan 808
56.1. Motif des étincelles
    (enchantement du feu) 808
56.2. Motif des flammes
    (enchantement du feu) 808

Siegfried
57. Motif de la forge 813
58. Réflexion de Mime 813
59. Motif du dragon 813
60.1. Motif du cor de Siegfried 813
60.2. Siegfried, l'enfant de la nature 813
61. Chant de la forge de Siegfried 813
62.1. Murmure de la forêt 813
62.2. Chant de l'oiseau 813
63. Motif de l'amour (Siegfried-Brünnhilde) 815
64. Montée de Siegfried au sommet du rocher 815
65. *Siegfried-Idyll* 815

Die Götterdämmerung
66. Motif héroïque de Siegfried 818
67. Motif du futur 820

Parsifal
68. Motif de la foi 824
69. Amen de Dresde
    (Mendessohn : *Symphonie Réformation*) 824
70. Motif du Graal 824
71. Récit du Graal (*Lohengrin*) 824
72. Motif de la cène 824
73. Motif de Kundry en servante 826
74. Motif du baiser (Parsifal-Kundry) 826
75. Mélodie de valse des filles-fleurs 827
76. Motif de victoire de Parsifal 829
77. Enchantment du vendredi saint 829

Weber
Der Freischütz
1. Motif de Samiel (motif du diable) 837
2. Chasse furieuse 837
3. Air de Max 837
4. Prière d'Agathe 837
5. Cavatine d'Agathe en prière 837
6. Serment de Max 837
7. Ariette d'Ännchen (polonaise) 837
8. Thème du cor (chœur des chasseurs) 839
9. Ländler 839
10. Chant populaire 839
11. Motif de la forêt (cor, ouverture) 839
12. Mélodie de l'espoir (air d'Agathe) 839
13. Max, le bon chasseur
    (thème de l'air, acte I) 839

Euryanthe
14. Mélodie de la solitude (scène de la ravine
    rocheuse, acte III) 841

Oberon
15. Motif du cor d'Oberon (ouverture) 843
16. Air de Huon 843
17. Air de Reiza 843

Weill
Die Dreigroschenoper
1. Ballade de Mackie Messer 845

Wolf
Der Corregidor
1. Lied de Frasquita 853

Zemlinsky
Kleider machen Leute
1. Le chant du tailleur 857

Index des notions

L'index présente par ordre alphabétique les notions mentionnées dans les textes de commentaire. Les numéros de page qui apparaissent en gras renvoient à l'explication du terme dans le glossaire.

A la polacca 32
Accompagnati 170
Affetti 527, **868**
Affiche 59
Air 289, **868**
Air d'entrée 10, 101
Air des clochettes 113
    américain 152
American Way of Life 150
Anarchisme 86
Anthroposophie 664
Anti héros 244
Anti-Opéra 85
Arènes de Vérone 739
Arioso 686
Art mélodique 15, 126
Art sans intention 86
Artiste romantique 677
Atmosphère 470
Avant mars 143

Ballade populaire 17
Ballet 170
Ballet de cour 286, **868**
Bel canto 28, 330, 450, 700, **868**
Bouffons 505

Cabalette 724, **869**
Camerata 326
Camerata Fresobaldiana 90
Cantate 20
Cantilènes 28
Canto jondo 146, **869**
Caractériser 331
Caractéristique des rôles 202
Castrat 173, 200, 203, 208, 337, 700, **869**
Censure 19, 697, 712
Chanson 219, **869**
Chanson à strophes 15
Chanson populaire 244, 322, 410, 520
Chanson populaire 68
Chant 330
Chant liturgique 410
Chant solo 330
Chiaroscuro 346
Chœur 29, 74, 153, 170, 171, 213, 257, 355, 450, 524, 557, 686, 687, **869**
Chromatique 255, 558, **869**
Cinéma 849
Citation 45, 82
Claire obscure 631
Classicisme viennois 340
Claviers 41

Clichés de l'opéra 507
Coloratura 25, **869**
    Soprano coloratura 129
Coloris national 183
Comédie musicale 52, 152, 849
Comédie musicale baroque 78
Comédie-ballet 286, **869**
Comédie-musicale 506
Commedia dell'arte 82, 83, 103, 116, 122, 276, 348, 441, 483, 486f., 506, 757
Compositeur national 142, 296, 322
    américain 151
    hongrois 142
    romantique 166
    russe 162
    tchèque 572
Concerto 202
Conservatoire de Paris 96
Constructiviste 274, 637
Convention de l'opéra 23, 656
    romantique 125
Couleur 554, 601
    instrumentale 571
Couplets 15, **870**
Courant réaliste 695
Cours d'été de Darmstadt 422
Critique sociale 259

Danse 288-289
    Danse 707
    Série de danse 113
Début du siècle 92
Déclamation 287
Décor scénique 288
Description de la nature 251
Deus ex machina 187, 350, 352
Distribution 169
Divertissement 287, 289, **870**
Dodécaphonisme 552, **870**
    Série dodécaphonique 79, 107
    Technique dodécaphonique 41, 106, 114, 273, 422, 552., 555
Drame 49
    lyrique 15
    musical 12, 13, 326, 666, 873
    populaire 416
    satyrique 225
Dramma
    per musica 202, 326, **870**
    giocoso 219, **870**
Duo 289, **870**
    d'amour 60

École napolitaine 202
Écriture personnelle 311
Effet d'adieu 45
Emigration, intérieure 215
Ensemble 33, **870**
Entourage de Schönberg 35

Espace 423
    Effet dans l'espace 50
Esthétique de l'opéra 85
Exotisme 55, 113, 398, 450, 470, 528, 544, 593, 740
Expressionnisme 251, 274, 552, 555, 560, 636, 858

Fauvisme 636
Favola in musica 326, **870**
Femme fatale 40, 58
Fin de siècle 179, 274, 525, 591, 858
Fin du romantisme 101, 645, 858
Finale 20, **870**
Folie 25
    Coloratura de la démence 119
    Scène de folie 25, 95, 127
Folklorisme 17, 90, 136, 144, 245, 323, 402, 544, **870**
    afro-américain 152
    américain 152
    andalou 145, 147
    hongrois 262
    polonais 322, 644
    russe 637, 646
Forme scénique 25
Fosse d'orchestre 831
Franc-maçonnerie 400
Futuriste 268

Genres musicaux typiques 215, **871**
Giovine Italia 670
Gluckistes 176
Goût
    baroque 337
    scénique 129
Grand Guignol 237
Grand opéra 14, 130, 183, 310, **871**
Grotesque 181
Groupe des Six 446, 639

Happening 85
Histoire de l'opéra 86
Historicisme 179, 577
    hongrois 262

I Ging 86
Idée d'humanité 99
Idée de la musique 18
Impressionnisme 252, 479, 548, 636
Innocent 410
    Insert du ballet 131
Instrumentarium 529, 697, 740
    des percussionnistes 486
Intermèdes 326
Interprète lyrique 69

Jazz 152
    Musique de jazz 637
Jeune Allemagne 757, 763
Jugendstil 179, 357, 525, 549, 601

Langage musical 12
Leitklang 237
Leitmotiv 849, **871**
Les Arts Florissants 94, 96, 502
Les Lumières 202, 352, 356, 393, 486
Lied 564, **871**
    d'opéra 282
Lieder-Oper 261, **871**
Lieto fine 170
Livret 202, 394, 679, **871**
    d'opéra 129
Lullistes 505

Madrigaux 326, **872**
    Comédie madrigaux 326
Marionnette 146
Masque 199, 483, 490, 495, **872**
Mélancolie 450
Mélodie 686
Mélodrame 768, **872**
Mer 72, 352, 516, 718, 765
Metropolitan Opera 474
Mezzo-soprano 702, **872**
Micropolyphonie 278
Minimalisme 10
Modernité 93
Monodie 325, **872**
Morale sexuelle 230
Motif **872**
    de croix 231
    de souvenir 101, 574
Mouvement de libération 778
Musique
    ancienne 197, 213, 221, 504
    atonale 552
    de chambre 18
    folk 10
    minimaliste 10, 158, 508, **872**
    modulaire 508
    nationale, russe 162
    populaire 262
        hongroise 16
    pour piano 18
    religieuse 68
Mystère 85
Mystique des nombres 34, 36, 401
Mythologie 352

Naturalisme imposé à l'opéra 274
Nature 12, 136, 252, 520, 543, 718, 765
Néoclassicisme 393, 394, 503, 543, 577
    classique 610
    français 51
Néoclassicisme 85, 545, 636, 643, 656, **873**
Néoclassique 639
Néoréalisme 563
Néoromantisme, italien 88
Nouvelle Ecole russe 416, 514
Nouvelle simplicité 512

Opéra 216, 326, 441, **873**
    anglais 490
    à scène 769
    baroque 95, 204, 286, 326
    bel canto 183
    choral 355, 489
    d'actualité 231, 255, 257, 267, 268, 557, 618, 619
    de chambre 75
    de femme 597
    en forme de procès 115
    féerique 636
    héroïque 205
    multiculrel 113
    politique 10
    populaire 851
    seria 202, 344, 345, 352, 355, 390, 527, **873**
    sur la fraternité 99
Opéra à numéros 143, 186, 233, 769
    allemand 115, 566
    anglais 70
    comique 441
    espagnol 145
    français 288
    grand héroïque 176
    italien 12, 64
    romantique 17, 33, 125, 408, 574, 575
    symphonique 20
Opéra-comique 14, 15, 47, 64, 282, 505, **873**
Opéra-bouffe 170, 348, 370, 441, 448, 483, 505, 531, 539, 757, 855, 170, **873**
Opéra-dialogue 246
Opéra-oratorio 238
Opéra national 143, 165, 245, 286, 296
    anglais 496
    brésilien 183
Opérations aléatoire 86
Opérette 15, 129, 271, 427, 477, 533, 583, **873**
Oratorio 199, 213, **873**
Orient 68
Orientalisme 179, 525
Ouverture 20, 287, 712, **873**

Palais Garnier 192
Pantomime 768
Pantomime scénique 50
Paradis artificiel 773
Parenté entre les thèmes 140
Parties de basse russes 166
Pasticcio /Pastiche 200, **874**
Pastorale 286-287, 343, **874**
Pastorales 326
Percutions 615
Personnages lyriques 119
Petit opéra 231
Phase Music 508
Philosophes Zen 86
Piccinnistes 176
Pièce merveilleuse 486

    polonais 322, 644
Postmoderne 267, 611
Pratique de l'exécution 197, 331
Preghiera 746, **874**
    Culte de la *prima donna* 25
    Prima donna 95, 347, **874**
Primo uomo 347, **874**
Procédé de parodie 82
Proportions 170
Psychologie des profondeurs 558, 597, 605
Pulse Music 508

Ralenti 10
Ramistes 505
Rationalisme 40, 486
Réalisme 92
Récitatif 286, 289, **874**
Récitatifs *secco* 170
Réforme de l'opéra 170, 175, 199, 504
Registre vocal 702
Répétition des notes 103
Représentation des sentiments 340
Restauration 96, 543
Risorgimento 143, 670, 687, 689, 721
Rôle
    de basse 166
    de travesti 373
    solo 326
Romance 68
Romantisme 49, 438, 543, 574, 688, 772, 778, **875**
    italien 25
Royal Academy of Music 200, 213
Rupture dramatique 20
    russe 637, 646

Scala de Milan 22
Schéma de l'opéra-bouffe 103
Seconde École de Vienne 853
Semi-Opéra 490, 492f.
Semperoper 760
Sérialisme 90, 106, **875**
Série 41, 90, **875**
    d'intervalles 863, **871**
    de notes 106
Simultanéité 159
Singspiel 357, 364, **875**
    allemand 64
    national 116
Somnambulisme 25
Soprano Falkon 194
Spectacle 355
Style bouffon 103
Style d'opéra 32
    français 32
Style de Broadway 849
Stylisation 152
Subjectivité 86
Sujet d'opéra 219
Surréalisme 320, 446

Symbolisme 92
Symétrie 390
Symphonie 18, 225
    Genre symphonique 18

Teatro La Fenice 683
Teatro San Carlo 535
Techniques impressionnistes 136
Ténor 700, **876**
    héroïque 208
    rôle de ténor 125
Théâtre
    baroque 332
    de marionnettes 216
    populaire, espagnol 147
    épique 83

Thème 10, 677, **876**
    directeur 101
Timbre 571, 601, **876**
    Atmosphère sonore 143
    Gamme de 585
    Sonorités 41, 108, 127, 558, 593, 684, 686, 778, 859
Tinta 718
Tonalité 496, 643, 684, **876**
    Caractéristique des tonalités 639, 837
    Esthétique des tonalités 343
    Mise en scène des tonalités 233
Tragédie 286, 288
    en musique 286, **876**
Tragédie-lyrique 176, 286, 288, 503, 505, **876**
Trance Music 508

Trompettes d'Aïda 741
Type d'opéra 148
Type de chanteur 119
Type de scène 11
Typologie des rôles 119

Valse 604, 706
Vérisme 13, 54, 88, 89, 152, 245, 274, 275, 296, 307, 459, 548, **876**
Versailles 287
Virtuosité 347
Voix 648

Wagnériens 276

Crédits photographiques

L'éditeur s'est efforcé jusqu'à la mise sous presse de l'ouvrage, de contacter tous les détenteurs des droits d'auteur d'illustrations et de textes. Les personnes ou institutions qui n'auraient pas été contactées, et qui revendiquent les droits d'auteurs d'illustrations et de textes utilisés dans le présent ouvrage sont priées de prendre contact avec l'éditeur.
(h = haut ; b = bas ; dr = droit ;
g = gauche ; m = milieu)

Akademie der Künste (Berlin)
p. 79 h, g (Felsenstein-Archiv)
AKG – Archiv für Kunst und Geschichte (Berlin)
p. 200 h, dr, p. 200 b, g, p. 202 m, g, p. 286, p. 326, p. 332 m, dr, p. 340, p. 456, h, g, p. 517, p. 616 dr, m, h, p. 616 g, p. 616 dr, h, p. 616 m, p. 616 dr, m, b, p. 666 b, g, p. 679 h, dr
Amsellem, Gérard (Lyon)
p. 47 h, dr, p. 95 m, dr, p. 121 b, p. 123 b, p. 154 h, g, p. 155 b, p. 203 h, g, p. 205 m, dr, p. 290 dr, p. 291 h, p. 322, p. 469 h, dr, p. 488 m, g, p. 503 h, p. 507 b, dr, p. 507 h, m, p. 513
Archives András Batta (Budapest)
p. 202 b, dr, p. 330/331
Archives Andrea Rost (Budapest)
p. 122 h, dr, p. 374 (Opéra National de Paris), p. 697 b, g (Lelli & Masotti, Milan)
Archives Márta Papp/János Bojti (Budapest)
p. 66 h, g, p. 67 h, p. 67 g, p. 69 b, dr, p. 69 b, g, p. 162 b, p. 163 h, p. 163 b, p. 164 h, g, p. 165 h, p. 166 h, g, p. 166 h, dr, p. 166 b, p. 168 b, g, p. 169 g, p. 169 h, dr, p. 187, p. 404 m, g, p. 407 h, g, p. 407 m, dr, p. 410 g, h, p. 411 m, g, p. 411 g, h, p. 411 dr, h, p. 412, p. 414 h, p. 414 b, g, p. 415, p. 418 h, p. 520 b, p. 523 h, dr, p. 650 b, g, p. 650 h, g
Archives de Robert Schumann-Hauses (Zwickau)
p. 566 m, p. 567 b
Archiv Salzburger Festspiele
p. 381 h (Ros Ribas), p. 381 b, g (Ros Ribas), p. 617 b (Ellinger)
Archives Dr. Zoltán G. Marton (Hambourg/Monaco)
p. 464 b, p. 596, p. 614 g, m (Photo Schaffler, Salzbourg), p. 807 b
Archivio Teatro San Carlo (Naples)
p. 241 h, g, p. 241 m, b
Archivio Storico del Teatro La Fenice (Venise)
p. 31 b, g
Archivio Teatro alla Scala (Milan)
p. 26, p. 28 h (E. Piccagliani), p. 29 h (E. Piccagliani), p. 42 (E. Piccagliani), p. 44 b, g (Lelli & Masotti), p. 44 b, dr (Lelli & Masotti), p. 58 m, dr (E. Piccagliani), p. 97 (E. Piccagliani), p. 103 m, dr, p. 107 h (E. Piccagliani), p. 131 b (E. Piccagliani), p. 133 b (Andrea Tamoni), p.156 h (Lelli & Masotti), p. 164 b, g (Lelli & Masotti), p. 276 b, h (E. Piccagliani), p. 303, p. 347 (Lelli & Masotti), p. 351 b (Lelli & Masotti), p. 352 (Lelli & Masotti), p. 353 h (Lelli & Masotti), p. 371 b (Lelli & Masotti), p. 382 b (E. Piccagliani), p. 444 (E. Piccagliani), p. 453, p. 454 (E. Piccagliani), p. 467, p. 469 b, dr, p. 473 h (E. Piccagliani), p. 473 b (E. Piccagliani), p. 480 h, dr (E. Piccagliani), p. 480 b, dr, p. 483 b, dr, p. 486 m, g (Lelli & Masotti), p. 486 b, dr (Lelli & Masotti), p. 487 b (Lelli & Masotti), p. 527 b (Lelli & Masotti), p. 529 m, g, p. 543 h (Lelli & Masotti), p. 580 (Lelli & Masotti), p. 581 (Lelli & Masotti), p. 668 (Lelli & Masotti), p. 669 h (Lelli & Masotti), p. 669 b (Lelli & Masotti), p. 674 (Lelli & Masotti), p. 675 h, g (Lelli & Masotti), p. 677 h (Lelli & Masotti), p. 689 (E. Piccagliani), p. 691 h, dr (E. Piccagliani), p. 704 (Lelli & Masotti), p. 708 (Lelli & Masotti), p. 710/711 (Lelli & Masotti), p. 714 (Lelli & Masotti), p. 718 b, p. 719 h, dr (E. Piccagliani), p. 722 h, dr (E. Piccagliani), p. 724 (Lelli & Masotti), p. 725 (E. Piccagliani), p. 731 b, dr (E. Piccagliani), p. 921 (Piccagliani)
Arena di Verona/Ufficio Stampe (Vérone)
p. 739 h, p. 740 h
Arnold Schönberg Center (Vienne)
p. 552 b (© VG Bild-Kunst, Bonn 1999), p. 555 h (© VG Bild-Kunst, Bonn 1999), p. 555 b, p. 556 b

Aumüller, Barbara (Francfort-sur-le-Main)
p. 20 b, p. 341, p. 460 b, dr
Baranovski, Valentin (Saint-Pétersbourg)
p. 69 h, p. 164 b, p. 167 m, g, p. 168 g, h, p. 169 h, dr, p. 413 b, p. 418 b, p. 419, p. 514, p. 515, p. 636, p. 637 h, p. 647, p. 654 h, g, p. 655 b, p. 656 b, p. 657 h
Bassewitz, Gert von (Hambourg)
p. 122 h, g
Bastian, Peter (Karlsruhe)
p. 66 b, dr
Baus, Hermann et Clärchen (Cologne)
p. 220, p. 221, p. 564
© Bayreuther Festspiele GmbH
p. 799 m (Wilhelm Rauh), p. 816 h, g (Wilhelm Rauh), p. 820 h, g (Wilhelm Rauh), p. 830 b (Jörg Schulze), p. 832
Bergmann, Wonge (Francfort-sur-le-Main)
p. 279 h
Betz, Rudolf (Munich)
p.117 b
Beu, Thilo (Bonn)
p. 631 g
Bianconero/Franz Schlechter (Heidelberg)
p. 494, p. 495 b
Bibliothèque Nationale de France (Paris)
p. 30, p. 32 m, g, p. 33 b, g, p. 46, p. 48, p. 49, p. 51, p. 64 h, dr, p. 65 b, g, p. 93, p. 96 b, p. 112, p. 189, p. 190, p. 194 h, g, p. 288 h, p. 290 g, p. 291 dr, b, p. 316, p. 426 b, dr, p. 426 m, b, p. 447 h, p. 507 m, g, p. 547, p. 661 m, g, p. 661 h, dr, p. 713
Bibliothèque Nationale hongroise (Budapest)
p. 142 h, p. 143 h, dr, p. 143 m, g, p. 262, p. 263 m, p. 263 dr, b
Birkigt, Andreas (Leipzig)
p. 16 b, p. 85 b, p. 569
Bregenzer Festspiele GmbH
p. 8/9 (Benno Hagleitner/Vision Fotostudio AG) p. 89 h, p. 89 b (Reinfried Böcher), p. 150 b, p. 152 m, g, p. 153, p. 721 b (Miro Kuzmanovic)
Brinkhoff/Mögenburg (Geesthacht)
p. 425, p. 562, p. 860, p. 861
Caldwell, Jim
p. 848 h, p. 849 h (Courtesy of Houston Grand Opera Archives)
Cande, Daniel (Boulogne)
p. 99, p. 428, p. 429,
Cinetext Bildarchiv (Francfort)
p. 58 b, g, p.63, p. 203 b, g, p. 366, p. 367, p. 572 g, p. 573 b, p. 603, p. 705 dr, h, p. 706 b
Collection Comédie-Française (Paris)
p. 371 h
Columbia University in the City of New York/Office of Art Properties (New York)
p. 365 (Rick Osentoski)
Cooper, Bill (Londres)
p. 70 h, dr, p. 71 b, g, p. 72 h, dr
Deutsches Spielkarten-Museum (Leinfelden-Echterdingen)
p. 345 h, p. 449 h, p. 449 m, dr, p. 473 h, p. 543 b, p. 655 h, dr
Döring, Erwin (Dresde)
p. 246 m, h, p. 247, p. 479 b, g, p. 482 b, p. 499, p. 630 h, p. 863
DTM – Deutsches Theatermuseum (Munich)
p. 39 h, p. 40 b, p. 41 b (Archiv Abisag Tüllmann), p. 102 (Archiv Hildegard Steinmetz), p. 114 m, g (Archiv Willy Saeger), p. 217 h, p. 308 (Archiv Abisag Tüllmann), p. 309 m, dr (Archiv Abisag Tüllmann), p. 309 b, (Archiv Abisag Tüllmann), p. 493 (Archiv Hildegard Steinmetz), p. 539 b (Archiv Abisag Tüllmann), p. 687 (Archiv Abisag Tüllmann), p. 828 (Archiv Abisag Tüllmann), p. 831 b, p. 835 (Archiv Abisag Tüllmann), p. 837 (Archiv Abisag Tüllmann), p. 839 h, g (Archiv Abisag Tüllmann), p. 847 h (Archiv Abisag Tüllmann)
EMI ELECTROLA GmbH (Cologne)
p. 464 h, dr (Houston Rogers), p. 705 m, dr
Felix, Claus (Nuremberg)
p. 841
Fotoarchiv Theodor Eisner (Salzbourg)
p. 363 b, dr, p. 363 b, g
Gehlen, Hannelore (Hambourg)
p. 258

Georg Wenderoth-Verlag/Louis Spohr-Archiv (Kassel)
p. 574 b, p. 575 b, g, p. 575 b, dr
Giesel, Joachim (Hanovre)
p. 458 h, dr, p. 460 b, dr
Grand Théâtre de Genève
p. 614 dr (J. Straesslé)
© Green, Gordon/The Britten-Pears Library (Aldeburgh)
p. 72 h, g
Guy Gravett Picture Index (Hurstpierpoint)
p. 251 m, dr, p. 251 b, dr, p. 399 b
Händel Gesellschaft (Göttingen)
p. 204, p. 205, h
Helikon Oper (Moscou)
p. 522, p. 523 b, p. 652, p. 653 b (Oleg Natchine kin)
Herrmann, Oliver (Berlin)
p. 349 h, p. 357 b, p. 358 b, g, p. 394
Heysel, Claudia (Dessau)
p. 117 h
Hiltmann, Joachim (Hambourg)
p. 106
Historisches Museum (Vienne)
p. 364, p. 400 b
Hösl, Wilfried (Munich)
p. 212 h, dr, p. 224, p. 229, p. 571 g, p. 663 h
Hoppens, Claudia (Brême)
p. 86, p. 87 h, m
Huber, Horst (Stuttgart)
p. 160
© Hulton Getty Picture Collection (Londres)
p. 40 h, p. 60 b, m (Lafosse), p. 70 b, m, p. 75 h, dr, p. 127 h, 186 h, p. 201 h, p. 490 h, g, p. 490 dr b, p. 491
Jack, Robbie (Londres)
p. 495 h, p. 678, p. 679 h, g, p. 679 b, dr, p. 738
Jauk, Thomas Maximilian (Mainz)
p. 19 h
Kass-Galerie (Szeged)
p. 16 h, dr, p. 16 h, g
Keßler, Astrid (Hambourg)
p. 182
Kiermeyer, Gert (Halle)
p. 208 h, p. 208 m
Kilian, Gundel (Wäschenbeuren)
p. 148 h, p. 149 b, p. 158 h, dr, p. 223 b, p. 227 m, p. 227 m, b, p. 260, p. 270 dr, h, p. 271 h, p. 278/279
Kilian, Hannes (Wäschenbeuren)
p. 227 m, g
Kirsch, Guido (Fribourg)
p. 688, b
Kowatsch, Uli (Nuremberg)
p. 226, p. 856, p. 857
Kranichphoto (Berlin)
p. 61 b, m, p. 107 b, dr, p. 228 h, p. 228 b, p. 234 b, dr, p. 235 b, g, p. 363 h, p. 510, p. 511, p. 518 b, p. 519, p. 726, p. 727 h, p. 727 b, dr, p. 731 h, p. 846 b, p. 846 h, p. 848 b, p. 849 b
Kunsthistorisches Museum (Vienne)
p. 395
Laboratoire Municipal de la Ville (Aix-en-Provence)
p. 504, p. 505 h, p. 505 b
Lagenpusch, Arwid (Berlin)
p. 173 h, p. 181, p. 520 h, p. 521, p. 572 h, dr, p. 638, p. 838 b, p. 838 h
Landsberg, Jörg (Brême)
p. 225, p. 416, p. 430 b, p. 480 m, g, p. 726, p. 728, p. 730, p. 781 b, p. 781 h
Lefebvre, Klaus (Ennepetal)
p. 88 g, m, p. 231 b, p. 392 b, p. 392 h, p. 393 b, p. 397 h, p. 398 b, p. 403 b, p. 404 m, b, p. 406 b, dr, p. 438 b, p. 439, p. 479 h, dr, m, b, dr, p. 552 h, dr, p. 599 b, p. 642, p. 643, p. 802, p. 803, p. 808, p. 813, p. 814, p. 818, p. 819, p. 820 b, p. 925
Les Arts Florissants (Paris)
p. 94, p. 95 b, g (Michael Szabo)
Lyric Opera of Chicago
p. 489 (Dan Rest)
Magic Vision/F.lli Gnani (Bologne)
p. 296, p. 297, p. 666 m, dr, p. 742, p. 747 h, g
Matthias, Monica (Lochham)
p. 755 h
Mentzos, Dominik (Francfort-sur-le-Main)
p. 11 h, p. 158 b, g, p. 159
Metropolitan Opera (New York)

p. 31 m, g, (Winnie Klotz), p. 198 b (Winnie Klotz), p. 199 (Winnie Klotz), p. 379 h (Winnie Klotz), p. 401 b, p. 455 h (Winnie Klotz), p. 455 b, g (Winnie Klotz), p. 474 m (Winnie Klotz), p. 474 b, dr, p. 594 (Winnie Klotz), p. 675 b, dr (Winnie Klotz), p. 712 (Louis Mélancon)

Mezey, Béla (Budapest)
p. 541

Michel, Hans Jörg (Mannheim)
p.133 h, g, p. 135 h

Moatti, Jacques (Paris)
p. 34 p. 44 h, p. 44 b, g (Moatti/Kleinefenn), p. 45 h (Moatti/Kleinefenn), p. 45 b, g (Moatti/Kleinefenn), p. 96 h, p. 127 b, dr, p. 188, p. 397 b (Moatti/Kleinefenn), p. 402 b (Moatti/Kleinefenn)

Müller, Bettina (Wiesbaden)
p. 131 h, g, p. 576

Musée d'Art et d'Histoire (Ville de Genève)
p. 335

Musée morave (Brno)
p. 246 m, g

Musée National hongrois (Budapest)
p. 216 g, h, p. 216 g, m, p. 217 dr, b

Museo Teatrale alla Scala (Milan)
p. 22 m, dr, p. 370, p. 451 h, g, p. 451 b, g, p. 457, p. 466 g, p. 468, p. 472 h, g, p. 485, p. 534 g, p. 534 dr, p. 670 h, p. 670 b

Mydtskov-Rønne, Martin (Copenhague)
p. 66 b, p. 245 m, dr, p. 376, p. 379 b, p. 382 h, p. 384 b, p. 607, p. 609 h, p. 765 h, dr

National Gallery Picture Library (Londres)
p.103 h, g, p. 602

Österreichische Nationalbibliothek/Bildarchiv (Vienne)
p. 21 h, p. 21 b, g, p. 23, dr, p. 23 b, g, p. 25 h, p. 27, p. 29 h, p. 61 m, dr, p. 82 b, g, p. 98, p. 116, p. 118 h, g, p. 118 h, dr, p. 119 b, g, p. 120, p. 122 b, dr, p. 124 h, g, p. 125 h, p. 125 b, p. 128 g, p. 131 h, dr, p. 148 h, p. 149 h, p. 178 h, g, p. 178 m, g, p. 178 m, b, p. 179, p. 244 m, b, p. 245 b, p. 277 dr, h, p. 292, p. 293 h, p. 293 dr, p. 300, p. 305, p. 306 h, dr, p. 307 h, p. 307 dr, p. 310, p. 317, p. 362 h, p. 406 h, g, p. 406 b, dr, p. 440 m, g, p. 440 b, p. 465 m, dr, p. 465 g, b, p. 488 h, dr, p. 529 h, dr, p. 530 h, p. 536 h, g, p. 542, p. 577, p. 589, p. 604 h, p. 609 b, m, p. 609 dr, h, p. 614 g, h, p. 614 g, m, p. 619 g, p. 620, p. 622 b, p. 624, p. 632, p. 667, p. 700 h, g, p. 705 g, p. 768 g, p. 777 h, dr, p. 840 h

Österreichischer Bundestheaterverband/ Bildarchiv (Vienne)
p. 14 b, p. 20 h, p. 32, p. 33 h, p. 36 h, p. 36 b, dr, p. 37 h, p. 37 b, dr, p. 41 h, m, p. 53 b, p. 55 h, p. 56/57 (Hannes Gsell), p. 71 h, g (Axel Zeininger), p. 90 m (Axel Zeininger), p. 91 h, p. 108, p. 110, dr, p. 119 h, p. 121 h, p. 123 h, p. 126 b, p. 132 h, g (Axel Zeininger), p. 133 h, g, p. 136, p. 137 h, p. 138, p. 140, p. 141 h, p. 141 b, p. 157 h, 157 b, p. 253, p. 250, p. 254, p. 264 dr, b, p. 266, p. 267, p. 268 m, g, p. 268 dr, h, p. 268 b, p. 269 h, p. 269 b, p. 272 m, g (Foto-Fayer, Vienne), p. 272 dr (Foto-Fayer, Vienne), p. 276 b, g, p. 277 h, g, p. 277 b, p. 282, p. 346 g, p. 353 h, p. 360 g, p. 361, p. 380, p. 388 h, g, p. 389 (Axel Zeininger), p. 398 h, dr, p. 408, p. 409, p. 417, p. 420, p. 452, p. 472 h, p. 487 h, dr, p. 488 b, g, p. 512, p. 528 b, p. 528 h, g, p. 531 m, dr, p. 532 h, p. 539 h, g, p. 539 h, dr, p. 546, p. 548 (Reinhard Werner), p. 558, p. 559, p. 571 dr, p. 573 h, p. 582, p. 583 g, p. 583 dr, p. 593, p. 598 b, p. 599 h, p. 600 b, p. 601, p. 604 b, p. 610, p. 650 m, g, p. 651, p. 657 b, p. 660 b, p. 672 b, p. 682, p. 694 (Axel Zeininger), p. 695 (Axel Zeininger), p. 698 b, p. 707, p. 721 h, p. 723, p. 732 (Axel Zeininger), p. 733, p. 734 h, g, p. 734 m, h, p. 735, p. 743 b, p. 744 m, h, p. 745, p. 747 b, dr (Axel Zeininger), p. 748, p. 750, p. 753, p. 850 h, p. 850 b, p. 851 h, p. 858 h, p. 859

Opernhaus Zürich/Bildarchiv
p. 87 b, dr (Schlegel & Egle), p. 100 b, g (Schlegel), p.101 b, g, p. 103 h, p. 128 dr (Schlegel), p. 129 b (Schlegel), p. 167 h, dr (Schlegel), p. 191 dr (Schlegel), p. 210/211 (Schlegel), p. 281 h (Schlegel & Egle)

Palffy (Vienne)
p. 237, p. 323, h

Paul Sacher-Stiftung (Basel)
p. 43 (Sammlung Luciano Berio)

© PAL – Performing Arts Library (Londres)
p. 28 h, g (Clive Barda), p. 79 h, dr (Clive Barda), p. 80 h, dr (Clive Barda), p. 81 (Clive Barda), p. 242 b (Clive Barda), p. 508 (Fritz Curzon), p. 523 h, g, p. 544 (Clive Barda), p. 545 (Clive Barda), p. 578 g (Clive Barda), p. 578 dr (Clive Barda), p. 579 (Clive Barda), p. 662 (Clive Barda), p. 663 b, dr (Clive Barda), p. 663 m, g (Fritz Curzon), p. 676

Peyer, Fritz (Hambourg)
p. 259, p. 441

Pieper, Jaap (Heemstede)
p. 551

Pohlmann, Andreas
p. 532 h (Théâtre Royal de la Monnaie, Bruxelles), p. 533 (Théâtre Royal de la Monnaie, Bruxelles)

Rabanus, Winfried (Munich)
p. 621, p. 634 b, p. 634 h

Ramella & Giannese (Turin)
p. 24, p. 25 b

Richard, Pierre (Paris)
p. 65 h, dr, p. 65 b, g

Richard Strauss-Archiv (Garmisch-Patenkirchen)
p. 584 h, p. 585, p. 586

Richard Wagner-Museum (Bayreuth)
p. 754 h, p. 755 b, dr, p. 807 h (Ramme), p. 830 h, g

Rittershaus, Monika (Berlin)
p. 174 m, g, p. 174/175, p. 218 h, p. 218 b, p. 399 h, dr, p. 449 b, p. 785

Robert, Marie-Noëlle (Paris)
p. 502, p. 503 b

Rocholl, Juergen (Berlin)
p. 161 h, dr, p. 161 b, g

Rosegg, Carol (New York)
p. 476, p. 477

Salzburger Marionettentheater
p. 348

Sattmann, Didi (Niederkrenzstetten)
p. 509 (Wiener Festwochen)

Schaefer, A. T. (Stuttgart)
p. 19 b, p. 222 b, p. 223 h, p. 329 h, p. 358 h, p. 360 h, p. 377 h, p. 386, p. 387 b, p. 390, p. 423 h, p. 423 b, p. 424 h, p. 424 b, p. 462, p. 570, p. 644, p. 645, p. 696 h, p. 697 h, dr, p. 715, p. 719 b, p. 798, p. 825 h, p. 866/867

Schär, Ernst (St. Gallen)
p. 673 h, p. 673 b

Schilling, Katrin (Francfort-sur-le-Main)
p. 219, p. 236, p. 270 g, b, p. 460 h, g

Schimert-Ramme, Susan (Zurich)
p. 60 h, dr, p. 324, p. 325, p. 328 g, h, p. 337 g, b, p. 344 g, p. 345 b, p. 355 b

Schnetz, Peter (Bâle)
p. 130 h, dr, p. 145, p. 191

Schnur, Christian (Bâle!)
p. 206 b, g, p. 211 h, dr, p. 211 m, dr, p. 261 h, p. 261 b

Schöne, Marion (Berlin)
p. 147 h, p. 355 h, p. 524, p. 840 b,

Schreckenberg, Günter (Darmstadt)
p. 90 h, p. 91 b, dr

Schwiertz, Suzanne (Hambourg/Zurich)
p. 167 b, h, dr, p. 184, p. 346 dr, p. 368, p. 369 h, p. 526 h, dr, p. 527 b, p. 690, p. 691 b, m, p. 692 b, dr, p. 692 h, g, p. 693, p. 855 b

Sigmund Freud-Museum (Vienne)
p. 597

Sir John Soane's Museum (Londres)
p. 332 m, g, p. 332 h, dr, p. 640, p. 641

Söllner, Robert (Nuremberg)
p. 11 b

Speidel, Elisabeth (Archives du Staatsoper de Hambourg)
p. 235 h, p. 239 b

Staatstheater Brunswick
p. 342, p. 343 dr, p. 536 b, dr, p. 537 (Thomas Ammerpohl)

Stadtarchiv Bonn
p. 183 (Astrid Kessler)

Stadtarchiv und Landesgeschichtliche Bibliothek (Bielefeld)
p. 566 b, p. 567 h (Fritz Stockmeier, Bielefeld)

Stadttheater Heilbronn
p. 410 b, g, p. 648, p. 650 b, dr

Stiftung Stadtmuseum (Berlin)
p. 103 m (Ludwig Binder), p. 114 h, dr (Eva Kemlein), p. 146 (Ludwig Binder), p. 843 b (Marion Schöne)

Stockmeier, Fritz (Bielefeld)
p. 10, p. 194 b, p. 195 h, p. 238, p. 574 h

Straub, Eduard (Meerbusch)
p. 126 b, p. 132 b, dr, p. 133 h, dr, p. 172, p. 251 h, p. 251 m, g, p. 325 b, dr, p. 328 b, p. 336, p. 337 dr, p. 350, p. 369 b, p. 377 b, g, p. 399 g, m, p. 402 h, dr, p. 430 h, dr, p. 442 b, p. 458 b, g, p. 538, p. 560 b, p. 561 h, p. 561 b, p. 702 h, p. 703 h, p. 749, p. 752, p. 864,

Strauss, Bettina (Mayence)
p. 53 h, dr, p. 664, p. 665

Süddeutscher Verlag Bilderdienst (Munich)
p. 584 (Scherl)

Südostbayerisches Städttheater (Landshut)
p. 117 h, dr (Atelier KAPS)

Teatro Communale di Bologna
p. 31 h, dr (Primo Gnani), p. 84 (Lorenzo Cappellini), p. 540 (Primo Gnani)

Teatro Communale/Maggio Musicale (Florence)
p. 319 g (Studio Associato PRESS PHOTO)

Teatro Regio di Torino
p. 498

Theater Hof
p. 88 b (SFF Fotodesign GmbH, Hofmann/Dietz)

Thode, Joachim (Kiel)
p. 134 b, dr, p. 147 b, p. 231 h, p. 302, p. 304, p. 422, p. 865

Thorburn, Eric/The Glasgow Picture Library (Bishopton)
p. 52, p. 75 b, g

Theaterwissenschaftliche Sammlung der Universität zu Köln (TWS)
p. 6/7, p. 1 h, p. 12 b, p. 13, p. 14 h, p. 15, p. 17, p. 18, p. 21 b, dr, p. 22 m, g, p. 23 h, g (Sammlung Niessen), p. 23 b, dr (Sammlung Niessen), p. 33 b, dr (Sammlung Burggraf), p. 35, p. 37 b, g, p. 38, p. 39 b, p. 41 h, p. 47 m, p. 49, p. 54, p. 50, p. 55 h, p. 55 b, p. 57 dr (Sammlung Niessen), p. 58 h, g, p. 59, p. 60 h, g (Willi Saeger), p. 62, p. 64 b (Sammlung Burggraf), p. 68, p. 72 b, m, p. 74, p. 76 m, g, p. 76 m, dr, p. 77, p. 78, p. 80 b, g, p. 82 m, p. 83, p. 85 h, p. 92, p. 100 h, p. 101 h, dr, p. 104 h, dr, 104 b, g, 105, b, g, p. 109, p. 110 g, h, p. 110 g, b, p. 111, p. 113, p. 117 h, g, p. 124 b, p. 129 h, p. 130 b (Sammlung Burggraf), p. 134 h, g (Emil Schwab, Berlin), p. 134 h, dr (Hildegard Steinmetz), p. 135 b, dr, p. 139, p. 144, p. 150 h, p. 151, p. 152 m, dr, p. 154 b, dr, p. 155 h, dr, p. 156 b, p. 171 h, p. 171 b, p. 173 b, p. 176, p. 177 h (© Achim Freyer, Berlin), p. 177 b (© Achim Freyer, Berlin), p. 180, p. 185, p. 186 b, p. 192 h, p. 192 m, g, p. 192 m, b, p. 193, p. 195 b, dr, p. 196 Susan Schimert-Ramme, Zurich), p. 197 (Paul Leclaire, Cologne), p. 198 h, p. 201 b, p. 203 h, dr (Sammlung Burggraf), p. 206 h, dr (Clive Barda, Londres), p. 207, p. 209, p. 211 m, g, p. 212 b, g, p. 213, p. 214, p. 215, p. 230, p. 232, p. 233 h, p. 234 m, g, p. 235 b, dr, p. 239 h, p. 240 h, p. 240 b (Hildegard Steinmetz), p. 241 h, p. 242 h, g, p. 243 h, p. 243 b, p. 248, p. 249, p. 252, p. 255, p. 256, p. 257, p. 264 g, h, p. 265 b, p. 271 b, p. 273, p. 274 h, dr, p. 274 b, p. 275, p. 283, p. 284, p. 285, p. 287, p. 288 b, p. 289, p. 294, p. 295, p. 298, p. 299, p. 307 g, p. 307 b, p. 312 h, g, p. 312 m, b, p. 313, p. 314, p. 318, p. 319 dr, p. 320, p. 321, p. 323 b, p. 327, p. 329 b, p. 333 dr, p. 338, p. 339 dr, h, p. 338 b, p. 343 g (Salzburger Festspiele), p. 351 h, p. 354 h, p. 354 b, p. 356, p. 357 h, p. 359, p. 358 dr, b, p. 362 b, p. 372, p. 373, p. 375, p. 377 b, dr, p. 378, p. 381 m, dr, p. 384 h (Sammlung Niessen), p. 385, p. 388 b (Felicitas Timpe, Munich), p. 393 h, p. 396, p. 398 h (aus Topor's theatralischer Sendung, © Topor/Kehayoff Verlag, Munich), p. 400 h, p. 401 h, p. 402 h, g, p. 403 h, p. 406 h, dr, p. 407 b, g, p. 413 h, p. 421 h, dr, p. 421 b, dr, p. 421 m, h, dr, p. 421 m, b, dr, p. 426 b, g, p. 426 h, g, p. 427, p. 430 h, g, p. 430 m, g, p. 431 h (Lazlo Moholy-Nagy © VG Bild-

Kunst, Bonn 1999), p. 431 b, p. 432, p. 433 b (Joachim Streubel © VG Bild-Kunst, Bonn 1999), p. 434, p. 435 h, dr, p. 435 h, m, p. 435 m, g, p. 438 h, g, p. 440 b, dr, p. 442 h, p. 443, p. 447 b, p. 448, p. 450 h, g, p. 456 b, g, p. 458 h, g, p. 459 h, p. 459 b, g, p. 461 (WDR), p. 463, p. 465 h, dr (Sammlung Niessen), p. 466 dr, p. 470 b, p. 470 h, g, p. 471 h, dr, p. 475, p. 474 h, dr, p. 478, p. 481 b, p. 483, p. 484, p. 496, p. 497, p. 506, p. 518 h, p. 525, p. 526 h, g (Sammlung Niessen), p. 530 m, g (Sammlung Burggraf), p. 535, p. 536 h, g, p. 549, p. 553, p. 554, p. 555 m, dr, p. 556 h, g, p. 557, p. 560 h, g, p. 563, p. 568, p. 575 h, m, p. 587, p. 588 h, p. 588 b, p. 590, p. 591 b, p. 591 h, p. 592, p. 595 h, p. 595 b, p. 598 h, p. 600 h, p. 605, p. 606 h, p. 606 b, p. 608, p. 611 g, p. 611 dr, p. 613, p. 615, p. 617 h, p. 618, p. 618/619, p. 622 h, p. 623, p. 625, p. 626 (Felicitas Timpe, Munich), p. 627, p. 630 b, p. 631 dr, p. 633, p. 635, p. 637 b, p. 639 m, dr, p. 639 h, dr, p. 646, p. 649, p. 653 h, dr, p. 654 b, dr, p. 656 h, dr, p. 656 h, g, p. 671, p. 672 h, g, p. 677 b (Sammlung Burggraf), p. 683 h, p. 683 m, dr, p. 684 (Felicitas Timpe, Munich), p. 685, p. 686, p. 688 h, g (Sammlung Niessen), p. 696 m, g, p. 699 m, g, p. 699 h, g, p. 698 h, p. 701, p. 702 b, dr, p. 702 b, g, p. 702 m, b, g, p. 702 m, b, dr, p. 703 b (Felicitas Timpe, Munich), p. 706 g, h, p. 709, p. 711, b, dr, p. 716, p. 717, p. 718 h, g, p. 718 h, dr, p. 720 h, dr, p. 720 m, dr, p. 722 b, p. 729, p. 734 b, p. 737, p. 739 b, p. 740 m, dr, p. 741, p. 743 h, p. 744 g, h, p. 744 b, dr, p. 746, p. 747 h, dr (WDR), p. 751 (Felicitas Timpe, Munich), p. 754 b, g, p. 758, p. 759, p. 760, p. 761 h, p. 761 b (Sammlung Sarneck), p. 762/763, p. 763 dr, p. 764 h, g, p. 764 b, p. 765 m, dr, p. 766/767, p. 768 h, p. 769, p. 770 h, p. 770 b, g, p. 771 h, dr (Rudolf Betz), p. 772/773 m, p. 774 m p. 775 g, p. 775 h, dr, p. 776 b, p. 777 h, dr, (J. Albert), p. 777 b, p. 778 h, g, (Siegfried Lauterwasser, © Bayreuther Festspiele GmbH), p. 778 m, g (Liselotte Strelow © VG Bild-Kunst, Bonn 1999), p. 778 dr, p. 779, p. 780, p. 782 p. 783, p. 784, p. 786, (Sammlung Niessen), p. 787 h, dr (Walter Kane), p. 787 b, p. 788, p. 789, p. 790 h, dr, p. 790 m, g, p. 790 b (J. Albert), p. 791, p. 792, p. 793 h, p. 793 b, p. 794, p. 795, p. 796 m, dr (Siegfried Lauterwasser, © Bayreuther Festspiele GmbH), p. 796 h, g, (Siegfried Lauterwasser, © Bayreuther Festspiele GmbH), p. 796 m, g (Liselotte Strelow © VG Bild-Kunst, Bonn 1999), p. 796 b, g, (Liselotte Strelow © VG Bild-Kunst, Bonn 1999), p. 796 b, m (Liselotte Strelow © VG Bild-Kunst, Bonn 1999), p. 797 h, dr, (Willy Dose, Brême), p. 797 m, dr (Atelier Weirich, Eisenach), p. 797 b, dr (Liselotte Strelow © VG Bild-Kunst, Bonn 1999), p. 799 b, p. 800 m, g (W. Höffert), p. 801, p. 804 (J. Albert), p. 805 b, p. 805 h, dr, p. 806, p. 810, p. 812 h, p. 812 b, p. 815, p. 816 b, p. 817, p. 822 m (A. Pieperhoff), p. 822 b, g, p. 823, p. 824, p. 825 dr, p. 826 h, p. 826 b (Liselotte Strelow © VG Bild-Kunst, Bonn 1999), p. 827 b, p. 827 h (Wilhelm Rauh), p. 829, p. 833, p. 834, p. 836 h, g, p. 836 b, p. 839 h, dr (Sammlung Niessen), p. 842, p. 843 h, p. 844, p. 845 h, p. 845 b, (Sarneck), p. 846 m, g, (Willy Saeger), p. 847 b, p. 851 b, p. 852, m, g, p. 852 m, dr (Emil Schwalb, Berlin), p. 853 h (Emil Schwalb, Berlin), p. 853 b, p. 854, p. 855 h, p. 858 b, p. 862, p. 882

Toepffer, Sabine (Munich)
p. 73, p. 222 h, p. 233 b, p. 531 g, p. 756

Tomasina, Alberto dalla (Parme)
p. 680, p. 681

Trippel, Michael (Berlin)
p. 115 h, p. 115 b, p. 628/629

Uhlig, Bernd (Berlin)
p. 344 dr

Unitel Film- und Fernseh-Produktionsgesellschaft mbH & Co (Munich)
p. 800 dr, p. 805 b, g, p. 811, p. 820 m, p. 821

Walz, Ruth (Berlin)
p. 280, p. 281 b

Wiener Festwochen/Fotoarchiv
p. 387 h (Théâtre Royal de la Monnaie, Bruxelles), p. 391, p. 565 (Monika Rittershaus)

© Wood, Roger (Canterbury)
p. 80 h, g

Wurst, Peter (Linz)
p. 436, p. 437 h, dr, p. 437 b, g

Wuschanski, Dieter (Chemnitz)
p. 658, p. 659 h, p. 659 b, p. 500, p. 501, p. 797 b, g, p. 809

Abréviations utilisées dans l'ouvrage

bar.	baryton
mezzosop.	mezzosoprano
sop.	soprano
tén.	ténor
TWS	Theaterwissenschaftliche Sammlung der Universität zu Köln

Vincenzo Bellini, *La Sonnambula*, Maria Callas dans le rôle d'Amina, Teatro alla Scala, Milan, 1956

Auteurs et traducteurs

András Batta Docteur ès lettres, Budapest ; a étudié la musicologie et le violoncelle à l'Académie de musique Franz Liszt de Budapest ; a été boursier de l'université de Vienne en 1978-1979. Entre 1976 et 1996, il a été responsable de nombreuses émissions musicales à la Radio hongroise et à l'ORF, Vienne (Pasticcio). Après 1979, il a enseigné l'histoire de la musique à l'Académie de musique de Budapest. Depuis 1996, il travaille en outre aux Éditions musicales Könemann Music à Budapest, comme rédacteur de livres sur la musique. Nombreux articles et publications scientifiques, textes pour programmes de concerts et pour la maison de disques Hungaroton. Bibliographie : le premier grand livre illustré consacré à Richard Strauss en langue hongroise (Budapest, 1984), *Träume sind Schäume. Die Operette in der Donaumonarchie* (en allemand, Budapest 1992).

Miklós Dolinszky (M. D.) Budapest ; a étudié la musicologie à l'Académie de musique Franz Liszt à Budapest, puis a travaillé comme directeur de la dramaturgie à l'Opéra National hongrois. Depuis 1993, il enseigne à la faculté d'esthétique de l'université Eötvös Loránd et à la faculté de musique de l'Académie de musique Franz Liszt à Budapest. En tant qu'auteur, il a publié de nombreux articles d'esthétique musicale (axes de son travail : Schubert, Mozart, problèmes des partitions d'origine) ; en tant que directeur d'édition, il a supervisé les recueils de partitions chez Könemann Music à Budapest. Bibliographie : *Le Vaisseau spatial Mozart* (recueil d'essais en hongrois, Budapest, 1999).

Ágnes Gádor (Á. G.) Budapest ; a étudié la géographie et les sciences bibliothécaires à l'université Eötvös Loránd de Budapest. Travaille depuis 1971 à la bibliothèque centrale de l'Académie de musique Franz Liszt à Budapest. Centres de recherche : Schubert, histoire de l'Académie de musique de Budapest. Elle est également traductrice.

Péter Halász (P. H.) Budapest ; a étudié la musicologie à l'École supérieure Franz Liszt de Budapest. 1989-1992, boursier du DAAD à l'université de Hambourg ; 1993-1994, boursier Herder à l'université de Vienne. Depuis 1995, il est collaborateur de l'Institut de Musicologie de Budapest. Son domaine de recherche est l'histoire musicale hongroise du XXe siècle. Halász est un rédacteur de nombreux recueils de partitions des éditions musicales Könemann Music à Budapest.

Johannes Jansen (J. J.) Cologne, a étudié la musicologie, exerce une activité de journaliste et d'auteur de livres. Il est rédacteur en chef et directeur de la revue musicale colonoise *Concerto*.

György Kroó (G. K.) Professeur, Budapest (1926-1997) ; a fait des études de musicologie et de violon (1951-1956) à l'Académie de musique Franz Liszt de Budapest, où il a enseigné l'histoire de la musique à partir de 1961. Il a dirigé la faculté de musicologie à partir de 1972. Rédacteur en chef des émissions musicales de vulgarisation scientifique à la radio hongroise, il a eu en outre pendant quarante ans une activité de critique musical. Kroó a écrit de nombreux livres et d'autres publications musicologiques, y compris en anglais, sur la nouvelle musique hongroise (sujet principal : György Kurtág) dans la revue *The New Hungarian Quarterly*. Bibliographie : *Guide de concert Bartók* (publié en plusieurs langues) ; a également écrit sur Berlioz, Wagner, Schumann, le genre de l'opéra « sauveur », les œuvres scéniques de Bartók, Aladár Rácz (le grand cymbaliste hongrois).

János Kovács (J. K.) Professeur, Budapest ; a étudié la musicologie (1951-1956) de l'Académie de musique Franz Liszt de Budapest ; a ensuite été critique musical au quotidien hongrois *Magyar Nemzet* (1960-1977). À partir de 1963, il est rédacteur, puis dès 1980 directeur artistique de l'agence de concert de la Philarmonie de Hongrie. Après 1971, il a enseigné Mozart et l'histoire de l'opéra italien à la faculté de musicologie à l'Académie musicale de Budapest. Au centre de ses travaux scientifiques, on trouve Mozart, Verdi et Puccini. Il a publié plusieurs articles scientifiques.

Sándor Kovács (S. K.) Docteur ès lettres, Budapest ; a étudié la musicologie et le piano à l'Académie de musique Franz Liszt de Budapest. Il y enseigne l'histoire de la musique depuis 1978. Depuis 1976, il supervise de nombreuses émissions de radio et de télévision à Budapest ; il travaille aussi comme rédacteur à la Radio hongroise. Depuis 1978, Kovács est collaborateur des archives Bartók et éditeur des volumes de recueil de mélodies populaires de Béla Bartók. Domaines de recherche : la musique de Béla Bartók, la musique populaire hongroise et la musique du XXe siècle.

Hartmut Lück (H. L.) Docteur ès lettres, Brême ; a étudié la musicologie, la slavistique et la germanistique à Hambourg, Marbourg et Munich ; il a passé son professorat avec un travail comparatiste sur les utopies littéraires. Auteur indépendant, il travaille pour des journaux, des revues spécialisées et la radio. Ses principaux axes de travail sont la musique d'Europe de l'Est et la musique contemporaine. Il a été chargé de cours, de 1972 à 1978, aux Universités de Brême et d'Oldenbourg. 1979-1986, rédacteur à la *Neue Musikzeitung*, 1995-1996, codirecteur de *Musica*. Il a obtenu en 1998 le prix « Hörfunkpreis Vermittlungsformen Neuer Musik » de l'Akademie der Künste, à Berlin.

János Malina (J. M.)	Budapest; a étudié les mathématiques à l'université Eötvös Loránd et la musicologie à l'Académie de musique Franz Liszt à Budapest. Il travaille comme rédacteur à la maison d'édition hongroise Editio Musica. Spécialiste de la musique de la Renaissance et de la musique baroque, il donne, en tant que directeur musical et flûtiste à bec, de nombreux concerts avec l'ensemble « Affetti Musicali », qu'il a fondé. Axe central de sa recherche : la musique de chambre vocale des XVIIe et XVIIIe siècles.
Paul William Merrick (P. M.)	Docteur ès lettres, Budapest ; né à Leicester (Grande-Bretagne), a fait ses études au Wadham College Oxford, B. A., M. A. Oxon. (1969) et à la Sheffield University Ph. D. (1985). Il vit à Budapest, où il enseigne depuis 1982 la musique anglaise à l'Académie de musique Franz Liszt. Bibliographie : *Revolution and Religion in the Music of Liszt* (Cambridge, 1987) ; articles de musicologie, en dernier lieu : « The Role of Tonality in the Swiss Book of Année de Pèlerinage », in *Studia Musicologica Academiae Scientiarum Hungaricae* 39, 1998.
Sigrid Neef (S. N.)	Docteur ès lettres, Berlin/Herstelle ; a étudié la musique et les sciences théoriques à l'Université Humboldt de Berlin, a travaillé de 1979 à 1993 avec Ruth Berghaus dans différents opéras internationaux, a tenu des conférences, a écrit pour des périodiques spécialisés (*MGG, Pipers Enzyklopädie des Musiktheaters*) et a rédigé des articles sur la musique russe (*BMG Classics/Melodiya*). De 1993 à 1995, elle a donné des cours à la Freie Universität de Berlin. Bibliographie : *Handbuch der russischen und sovjetischen Oper*, Berlin 1985, monographie illustrée sur Ruth Berghaus, Berlin/Francfort-sur-le-Main, 1995, *Die Russischen Fünf*, Berlin, 1992, *Deutsche Oper im 20 Jahrhundert*, Berne/Francfort-sur-le-Main, 1991.
Alexander E. Osthelder	Düsseldorf; a étudié la musicologie à Leeds (Grande-Bretagne) puis le chant (alto) à la Robert-Schumann-Hochschule de Düsseldorf. Il est soliste indépendant. Pour le présent volume, A. Osthelder a traduit en allemand les articles de P. W. Merrick, rédigés en anglais.
Márta Papp (M. P.)	Budapest ; a étudié la musicologie à l'Académie de musique Franz Liszt de Budapest. Depuis 1975, exerce une activité de rédactrice à la Radio hongroise. Parallèlement à son travail de journaliste, elle a publié des textes musicologiques sur différents thèmes de la musique russe (surtout Moussorgski, Rimski-Korsakov et Glinka) et sur les compositeurs et interprètes russo-soviétiques du XXe siècle. Elle est chargée de cour à l'Académie de musique de Budapest. Bibliographie : *Moussorgski. Lettres et documents* (en hongrois, Budapest, 1997).
Éva Pintér-Lück (É. P. L.)	Docteur ès lettres, Brême (née à Budapest) ; a étudié la musicologie à Budapest et a passé son professorat en 1992 à Hambourg (« Claudio Saracini, vie et œuvre »). Installée à Brême depuis 1982, elle vit de ses textes sur la musique. Depuis 1989, elle rédige les programmes des Concerts philharmoniques à Brême ; depuis 1999, elle travaille au conseil des spécialistes de l'encyclopédie *Musik in Geschichte und Gegenwart*. Les axes de ses recherches sont la musique vocale de la Renaissance et du baroque précoce, ainsi que l'opéra romantique italien.
Margareta Saary (M. S.)	Docteur ès lettres, professeur d'université ; a étudié la musicologie et l'histoire de l'art à l'université de Vienne. Elle a obtenu en 1983 un poste d'assistant de recherche à l'Institut viennois de musicologie. Elle a travaillé comme rédactrice à l'*Österreichische Musikzeitschrift*. Après 1986, elle a été assistante de l'enseignement supérieur à l'Institut d'analyse musicale de l'Universität für Musik und Darstellende Kunst à Vienne. En 1995, elle a obtenu une chaire à l'Institut de musicologie à l'université de Graz. Depuis 1998, elle donne des cours à l'Institut viennois de musicologie. Bibliographie : *Persönlichkeit und musikdramatische Kreativität Hugo Wolfs* (Vienne, 1984), *Österreichische Komponistinnen der Gegenwart* (CD-ROM, 1997-1998), *Die Musik der audiovisuellen Medien. Von romantischer Allmacht zu medialer Allgegenwärtigkeit* (Vienne, 1999), *Johann Strauss und das Musiktheater. Opulentes Amusement mit weltweiter Nachfrage* (1999).
Tünde Szitha (T. Sz.)	Budapest ; a étudié la musicologie à l'Académie de musique Franz Liszt à Budapest. Elle a travaillé comme programmatrice et rédactrice dans différentes agences de concerts hongroises, entre autres à l'agence de la Philharmonie de Hongrie ; elle a également travaillé comme auteur pour la radio et la presse. Domaine de recherche : musique hongroise contemporaine, musique du XXe siècle.

(Les auteurs sont mentionnés dans le texte par leurs initiales.)

L'éditeur a eu l'honneur de trouver en la personne de Mme Sigrid Neef, l'inspiration pour ce livre. Sans ses vastes connaissances, sans sa relation fervente et intense avec l'opéra, sans l'amour désintéressé qu'elle porte au sujet, ce livre n'aurait pu voir le jour. Je remercie également les auteurs pour leurs idées nombreuses et fertiles. Je remercie particulièrement János Álmos, Kottamester Bt, Budapest, qui s'est chargé des belles partitions que l'on trouve dans ce livre et m'a sacrifié d'innombrables heures de travail. Au cours des travaux préparatoires, Gerald Köhler et Silke Krischker du Theaterwissenschaftliche Sammlung de l'Université de Cologne, m'ont apporté une aide inestimable dans le choix et l'étude des illustrations. Pascal Duc s'est chargé de l'iconographie historique française ; Dagobert Gliencke, des archives de presse du Staatsoper de Vienne et Edit Barta, du service de presse des Festwochen de Vienne, ont fourni l'abondante scénographie de la vie lyrique viennoise ; Annie Rado m'a apporté un précieux soutien dans les recherches iconographiques menées aux archives de la Scala de Milan ; Zoltán Marton m'a aidé à trouver des images et des informations indispensables.
Je remercie tout particulièrement mon cher ami Helmut Zehetner, membre de l'Orchestre philharmonique de Vienne, pour les soirées passées ensemble à l'opéra et nos discussions sur l'art lyrique.
Les membres de la rédaction des partitions aux Éditions Könemann Music Budapest m'ont toujours apporté leurs conseils : Éva Arató, István Máriássy, Rita Takács, Tamás Zászkaliczky et Andrea Sári (assistance éditoriale).
Enfin, je tiens à remercier Judit, mon épouse, pour sa perspicacité lors de la correction des partitions, pour sa confiance et sa patience au cours des années de rédaction de ce livre.

András Batta

La maison d'édition remercie tous ceux qui ont contribué, par leur soutien, à la réalisation de ce volume. Pour tous les photographes de scène qui ont mis leurs clichés à notre disposition, nous remercions notamment Gérard Amsellem, Lyon ; Klaus Lefebvre, Cologne ; A. T. Schaefer, Stuttgart ; Eduard Straub, Düsseldorf et la Performing Arts Library, Londres. Pour leur soutien dans les recherches iconographiques, nous remercions, entre autres, Mme Bär, Robert Schumann-Haus, Zwickau ; Mme Contrini, Museo Teatrale alla Scala, Milan ; Mme Fumagalli, Teatro alla Scala, Milan ; Andreas Homoki, Cologne ; Mme Jäckl, Deutsches Theatermuseum, Munich ; Mme Köger, Deutsches Spielkarten-Museum, Leinfelden-Echterdingen ; Ulrich Mosch, Paul Sacher-Stiftung, Bâle ; Andrea Rost et Anna Tóth ; M. Schirmer, Stiftung Stadtmuseum, Berlin ; Michaela Zahorik, ORF Opernredaktion, Vienne. Nous remercions pour leur collaboration à l'iconographie Kamilla Kisari, Sylvia Mayer, Nicole Klemme, Pia Oddo et Nicolai Thesenwitz.

Pour la correction de l'ouvrage, nous remercions Claudia Hammer, Thomas Ristow et Kirsten Skacel – qui s'est en outre chargée d'établir l'imposant index. Pour leur soutien actif à la mise en page, aux corrections de partitions et à la composition, nous remercions Bernd Schreyer, Susanne Happe, Benjamin Knabe, Sonja Nieß, Annette Eichler, Sabine Schwarz, pour le traitement des images Birgit Beyer et Sabine Emrich.

Giacomo Puccini, *Giannni Schichi*, mise en scène : Willy Decker, Opéra de Cologne, 1999.

La magie de l'opéra sur grand écran
LES GRANDES SCÈNES EUROPÉENNES

Grâce au cinéma numérique, des opéras prestigieux présentés en haute définition et avec un son « surround »

La Forza del Destino
Giuseppe Verdi

TEATRO DEL MAGGIO MUSICALE FIORENTINO
Fondazione

La Forza del Destino *(Giuseppe Verdi)*

Premier acte

Séville. Le marquis de Calatrava souhaite à sa fille, Leonora, une bonne nuit et lui demande instamment de renoncer à son amour pour « l'étranger ». Après que le marquis a quitté la chambre, Leonora fait part à sa camériste, Curra, de ses angoisses et de ses doutes sur son projet de fuite avec son amant Alvaro, fils du vice-roi d'Espagne au Pérou et de la dernière descendante des souverains incas. Alvaro surgit et exhorte Leonora à le suivre sans tarder, mais elle hésite. Entre temps le marquis entre dans la chambre. Ignorant les insultes du marquis, Alvaro ne veut pas se servir de son pistolet : il se rend et jette son arme aux pieds du marquis. L'arme se déclenche et la balle blesse mortellement le marquis. À l'agonie, celui-ci maudit sa fille. Dans le désarroi, les protagonistes se dispersent.

Deuxième acte

Dans et autour du village d'Hornachuelos, entre Séville et Cordoue

Première scène : une auberge dans le village d'Hornachuelos

Après la mort de son père, Leonora vit cachée pendant un an, craignant la vengeance de son frère. À présent que ce dernier la talonne, elle a l'intention de se réfugier au couvent d'Hornachuelos, après avoir passé une dernière nuit à l'auberge du village.

À table, une société bigarrée attend le dîner. Leonora – vêtue en homme – reconnaît dans cette assemblée son frère, Carlo, qui se fait passer pour un étudiant mais qui, sous ce couvert, traque sa sœur pour laver dans son sang la mort de son père.

Preziosilla, une voyante gitane, fait son entrée tandis que des soldats enrôlent de nouvelles recrues italiennes pour la guerre contre les Allemands. Leurs propos sont interrompus par les chants de pèlerins passant par là. Carlo entend le muletier, Trabuco, parler du personnage imberbe qui s'est retiré de la société et est convaincu qu'il s'agit de Leonora.

À la demande de l'Alcalde, Carlo raconte son histoire ; il parle de la mort du marquis, mais prétend n'être qu'un ami de la famille de Vargas. Preziosilla le devine mais se tait.

Deuxième scène : devant l'église du couvent de Hornachuelos

Toujours déguisée en homme, Leonora, qui a fui l'auberge au milieu de la nuit pour échapper à son frère, frappe à la porte du couvent de Hornachuelos. Frère Melitone ne veut pas laisser entrer l'étranger mais cède devant l'insistance de Leonora et appelle le Supérieur. Leonora lui confie qu'elle est une femme et lui raconte toute son histoire. Elle souhaite se confier à Dieu dans un ermitage caché à proximité du couvent. Le Supérieur y consent, lui promet de la nourriture une fois par semaine, et interdit aux moines de s'approcher de l'ermitage.

Toisième acte

À Velletri et dans les environs, le camp de l'armée espagnole en Italie, au sud de Rome

Après les tragiques événements de Séville, Alvaro s'est enrôlé sous un faux nom dans l'armée espagnole. Tandis qu'il déplore son malheur, il entend des cris. Il arrive juste à temps pour sauver un « adjudant » – alias Carlo – des mains de fripons qui le menacent de mort. Tous deux se lient d'amitié sans avoir révélé leur véritable identité. Peu après, la guerre éclate et Alvaro est gravement blessé, mais grâce à « l'adjudant », il est rapidement évacué et amené chez un médecin. Lorsque « l'adjudant » lui promet l'ordre de Calatrava en récompense de son courage, Alvaro réagit avec véhémence, ce qui éveille le soupçon de Carlo. Pendant l'intervention médicale, Alvaro lui confie ses documents de valeur et lui demande de brûler un paquet de lettres si par malheur il devait succomber à l'opération. Carlo a du mal à dominer sa curiosité mais, lorsqu'il tombe sur le portrait de Leonora, il comprend. Entre temps, dans le camp militaire la vie de soldat suit sa routine : Preziosilla cherche à égayer les jeunes recrues, Melitone prêche la rectitude et Trabuco cherche à vendre sa camelote aux soldats... Lorsqu'Alvaro est suffisamment rétabli de ses blessures, Carlo lui dévoile sa véritable identité et le provoque en duel à la vie à la mort. Au plus fort de la lutte, des gardiens s'interposent et arrêtent Carlo ; Alvaro décide d'entrer au couvent.

Quatrième acte

Au couvent de Hornachuelos et dans ses environs

Au couvent de Hornachuelos, frère Melitone distribue de la nourriture aux pauvres, mais ne semble pas vraiment pratiquer l'amour du prochain. Tant le peuple que le Supérieur le comparent au père Rafael – alias Alvaro –, ce qui suscite la jalousie de Melitone. Soudain apparaît Carlo. Il a cherché Alvaro pendant cinq ans, toujours mû par la même haine et le désir de vengeance. À nouveau il provoque Alvaro en duel. La scène de leur dernier combat se déroule tout juste devant l'ermitage où Leonora vit retirée. Au cours du duel, Carlo est mortellement blessé. Lorsqu'il veut se confesser pour la dernière fois, Alvaro va chercher de l'aide à l'ermitage. Leonora se sent menacée, sonne la cloche mais reconnaît Alvaro. Carlo fait un dernier effort et poignarde sa sœur. Leonora meurt, trouvant enfin la paix divine. Alvaro se recueille et sent qu'il est aussi pardonné.

La Forza Del Destino

Opéra en quatre actes, de Giuseppe Verdi
Musique : Giuseppe Verdi
Libretto : Francesco Maria Piave
Enregistré au Teatro del Maggio Musicale Fiorentino, Florence en novembre 2007
Durée approximative : 3 h 31, avec un entracte

Distribution

Duccio Dal Monte (Il Marchese di Calatrava)
Carlo Guelfi (Don Carlos de Vargas)
Julia Gertseva (Preziosilla)
Bruno De Simone (Fra Melitone)
Filippo Polinelli (un Alcade)

Violeta Urmana (Doña Leonora)
Marcello Giordani (Don Alvaro)
Roberto Scandiuzzi (Padre Guardiano)
Antonella Trevisan (Curra)
Carlo Bosi (Maestro Trabuco)

Production

Direction musicale : Zubin Mehta
Décors : Ezio Frigerio

Mise en scène : Nicolas Joel
Costumes : Franca Squarciapino

À propos de *La Forza del Destino*

La fascination de Verdi pour le destin et la vengeance trouve ici son apogée et pour cela, on a donné à cet opéra la réputation d'une œuvre « maudite » vu toutes les malchances qu'on lui attribue. Violeta Urmana et Marcello Giordani offrent ici des performances remarquables dans les rôles de Donna Leonora et Don Alvaro, mettant en évidence l'amour tragique entre ces deux personnages.

À propos de la nouvelle tendance d'offrir l'opéra dans les cinémas, Marcello Giordani affirme que « C'est une idée fantastique que les opéras soient présentés dans les cinémas partout sur la planète. Une des raisons principales, c'est que cela met le public en contact rapproché avec les chanteurs. Pour nous, c'est un grand défi parce qu'on doit porter attention à l'ensemble du public tout le temps. Globalement, cela fait de nous de meilleurs chanteurs et artistes. »

L'histoire

La Forza del Destino (La Force du destin) est un opéra en quatre actes de Giuseppe Verdi, sur un livret en italien de Francesco Maria Piave d'après Don Alvaro o la Fuerza del Sino (1835) de Angel de Saavedra Ramirez de Banquedano. Il a été créé le 10 novembre 1862 au théâtre impérial de Saint-Pétersbourg, puis dans une version révisée, à la Scala de Milan le 27 février 1869.

L'action se joue en Espagne et en Italie, au milieu du XVIIIe siècle et raconte la tragique histoire d'amour de Don Alvaro et Doña Leonora et leurs efforts pour le protéger malgré toutes les épreuves qui les frappent. On y retrouve les thèmes du racisme, de la religion, de la vengeance et de la camaraderie.